Diccionario Español-Inglés Merriam-Webster

MERRIAM-WEBSTER, INCORPORATED
Springfield, Massachusetts, EEUU

UN GENUINO PRODUCTO MERRIAM-WEBSTER

El mero nombre de *Webster* no constituye en sí una garantía de excelencia. Este nombre es usado por varias casas editoriales y puede servir a engañar al comprador incauto.

Merriam-Webster™ es el nombre que debe buscarse al considerar la compra de un diccionario o de cualquier otro libro de referencia de calidad. Esta denominación lleva consigo la reputación de una compañía que ha publicado obras de referencia desde 1831, y le brinda a usted la garantía de calidad y de autoridad.

ISBN 978-0-87779-821-7

HECHO EN LOS ESTADOS UNIDOS DE AMÉRICA

2nd printing Quad Graphics Martinsburg, WV 11/2014

Índice

Prefacio

El Diccionario Español-Inglés Merriam-Webster es un diccionario completamente nuevo, diseñado con el fin de satisfacer las necesidades de lenguaje de angloparlantes e hispanoparlantes en una era de continuo crecimiento en la comunicación entre los países del hemisferio occidental. El diccionario está destinado a los estudiantes de estos idiomas, así como a los maestros, oficinistas, turistas, viajeros de negocios, o a cualquier persona que necesite expresarse claramente y eficazmente en los idiomas inglés o español tal como se hablan y se escriben en las Américas. Este diccionario provee una cobertura exacta y actualizada del vocabulario corriente en ambos idiomas, así como abundantes ejemplos de palabras empleadas en contexto para ilustrar su uso idiomático. La selección de vocablos y modismos en español se efectuó a base de una vasta gama de fuentes latinoamericanas modernas y fue interpretada por especialistas en lexicografía bilingüe de Merriam-Webster. Las voces inglesas fueron extraídas de los más recientes diccionarios Merriam-Webster por editores de Merriam-Webster, y representan el vocabulario básico actual del inglés americano.

El material se ha organizado en un formato basado en el estilo tradicional característico de los diccionarios monolingües Merriam-Webster. El lector ya familiarizado con los diccionarios Merriam-Webster reconocerá de inmediato este estilo, con su énfasis en la conveniencia y la facilidad de uso, en la claridad y la concisión de la información presentada, en el preciso discernimiento de los sentidos de cada vocablo, y en la frecuente inclusión de frases ejemplares que ilustran el uso de una palabra. Aparecen también pronunciaciones (compuestas en el Alfabeto Fonético Internacional) para todas las voces inglesas, así como una cobertura plena de verbos irregulares en ambos idiomas, una sección de gramática inglesa básica, tablas de abreviaturas comunes, y una sección de Notas explicativas que contesta en detalle cualquier pregunta que pueda tener el lector tocante al uso de este libro.

El *Diccionario Español-Inglés Merriam-Webster* es el fruto del esfuerzo combinado de muchos miembros del departamento editorial de Merriam-Webster, junto con el asesoramiento y la asistencia de consultores exteriores. La obra de definición primaria fue llevada a cabo por Charlene M. Chateauneuf, Seán O'Mannion-Espejo, Karen L. Wilkinson, y Jocelyn Woods; contribuciones textuales preliminares fueron aportadas por Cèsar Alegre, Hilton Alers, Marién Díaz, Anne Gatschet, y María D. Guijarro, y valiosas sugerencias con respecto al estilo del diccionario fueron hechas por Victoria E. Neufeldt, Ph.D., y James L. Rader. La corrección de pruebas fue realizada por Susan L. Brady, Daniel B. Brandon, Charlene M. Chateauneuf, Deanna Stathis Chiasson, Seán O'Mannion-Espejo, James L. Rader, Donna L. Rickerby, Adrienne M. Scholz, Amy West, Karen L. Wilkinson, y Linda Picard Wood. Las pronunciaciones fueron proporcionadas por Brian M. Sietsema, Ph.D. Los servicios de remisión textual fueron provistos por Donna L. Rickerby. Karen L. Levister asistió con la entrada de revisiones. Carol Fugiel contribuyó muchas horas de labor de oficina y otros valiosos apoyos. La labor editorial de composición y producción fue comenzada por Jennifer S. Goss y fue continuada por Susan L. Brady, la cual también ofreció sugerencias importantes con respecto al formato. Madeline L. Novak proveyó orientación en asuntos tipográficos. John M. Morse fue responsable de la concepción de este libro, y contribuyó numerosas ideas y apoyo continuo durante su elaboración.

Eileen M. Haraty
Editora

Esta nueva tirada del *Diccionario Español-Inglés Merriam-Webster* incluye cobertura considerablemente ampliada en más de 700 de las entradas que corresponden al vocabulario más esencial del inglés y el español. Esta ampliación abarca muchas acepciones adicionales, miles de ejemplos que muestran el uso típico de las palabras en contexto, y más de dos mil de los modismos y verbos preposicionales en los cuales estas palabras tan esenciales suelen aparecer.

Muchos miembros del departamento editorial de Merriam-Webster contribuyeron a la actualización de este libro. Susan L. Brady ayudó en la selección inicial del vocabulario. La obra de definición primaria que sentó las bases del proyecto fue realizada por Rose Martino Bigelow. Paul S. Wood también contribuyó a esta obra, y además llevó a cabo la revisión preliminar. La corrección de pruebas fue hecha en gran parte por los redactores Martino Bigelow y Wood. Las pronunciaciones fueron provistas por Joshua S. Guenter, Ph.D. La administración de archivos de datos fue ejecutada por Daniel B. Brandon, con el asesoramiento y apoyo de Robert D. Copeland. Mark A. Stevens se coordinó con los asesores externos, supervisó la composición del libro, y aconsejó en varios asuntos relacionados. Madeline L. Novak proporcionó apoyo y orientación editorial durante todo el proyecto. John M. Morse, presidente de la compañía, ayudó con la planificación y programación del proyecto de actualización, y también proporcionó orientación y apoyo general.

Karen L. Wilkinson
Editora

Notas explicativas

Entradas

1. Lemas

Toda letra, palabra o frase en negrita que aparece al margen izquierdo de una columna de texto de la que forma parte es un lema, o entrada principal. La composición del lema puede constar de letras continuas, de letras unidas por un guión, o bien de letras separadas por un espacio:

lip–read . . . *vi* . . .
computer science *n* . . .

El lema, junto con el texto que lo sigue tanto en la misma línea como en las líneas sangradas subsiguientes, constituye una entrada del diccionario.

2. Orden de los lemas

El orden alfabético del diccionario concuerda con el orden alfabético latino universal, en el que la letra *ñ* aparece después de la *n* y antes de la *o*, y la *ch* y la *ll* no se consideran letras independientes. Los lemas se suceden alfabéticamente, letra por letra, sin tener en cuenta guiones o espacios intermediarios; por ejemplo, *shake-up* aparece después de *shaker*.

Los homógrafos (palabras que se escriben igual) que pertenecen a distintas categorías gramaticales por lo general aparecen en entradas individuales. Estas entradas tienen un número volado:

hail[1] . . . *vt* . . .
hail[2] *n* . . .
hail[3] *interj* . . .
madrileño[1], **-ña** *adj* . . .
madrileño[2], **-ña** *n* . . .

Las entradas que siguen una secuencia numerada se listan en el siguiente orden: verbo, adverbio, adjetivo, sustantivo, conjunción, preposición, pronombre, interjección, y por último, artículo.

Los homógrafos que se clasifican bajo una misma categoría gramatical son normalmente incluidos dentro de la misma entrada del diccionario, sin tener en cuenta diferencias de origen semántico. Sin embargo, en la sección Inglés-Español se les asigna a cada uno de estos homógrafos una entrada individual si entre ellos existe alguna diferencia ya sea en la inflexión o en la pronunciación. En la sección Español-Inglés, se les asigna una entrada individual si existe una diferencia de género.

3. Palabras guía

En el margen superior de cada página aparecen dos palabras guía, que indican la primera y última entrada de la página correspondiente:

bardo • bateo

4. Variantes

Cuando un lema aparece seguido de la palabra *or* y otra ortografía, las dos ortografías se consideran como variantes. Ambas ortografías son estándar, y cualquiera de las dos puede usarse:

jailer *or* **jailor** . . . *n* . . .

quizá *or* **quizás** *adv* . . .

Hay ocasiones en las que una variante ortográfica se emplea únicamente para una de las acepciones de una palabra. En tales casos, la variante ortográfica aparece después del número de la acepción a la cual corresponde:

electric . . . *adj* **1** *or* **electrical** . . .

En otros casos, el lema puede usarse intercambiablemente con una frase de la que forma parte. Para los fines de este diccionario, tales frases se consideran como variantes del lema:

bunk[2] *n* **1** *or* **bunk bed** . . .

angina *nf* **1** *or* **angina de pecho** : angina . . .

Las frases en negrita también pueden, a su vez, presentar variantes:

madera *nf* . . . **3 madera dura** *or* **madera noble** . . .

atención[1] *nf* . . . **2 poner atención** *or* **prestar atención** . . .

gasto *nm* . . . **3 gastos fijos/generales/indirectos** . . .

5. Entradas secundarias

Una entrada principal puede ser seguida de uno o más derivados del lema, o de un homógrafo de distinta categoría gramatical. Éstas son entradas secundarias. Cada una de estas entradas aparece después de un guión en negrita, y cada una posee su propio calificativo. Tales entradas aparecen sin definición, ya que sus equivalentes en el idioma extranjero pueden derivarse fácilmente al combinar la definición del lema con el sufijo correspondiente, o como sucede con los homógrafos, al sustituir la categoría gramatical por otra. Véase por ejemplo:

> **illegal** . . . *adj* : ilegal — **illegally** *adv* (el adverbio español es *ilegalmente*)
>
> **transferir** . . . *vt* TRASLADAR : to transfer — **transferible** *adj* (el adjetivo inglés es *transferable*)
>
> **Bosnian** . . . *n* : bosnio *m,* -nia *f* — **Bosnian** *adj* (el adjetivo español es *bosnio, -nia*)

En la sección Español-Inglés, los verbos pronominales aparecen en ocasiones como entradas secundarias, sin definición:

> **enrollar** *vt* : to roll up, to coil — **enrollarse** *vr*

La ausencia de la definición en este caso comunica al lector que el verbo *enrollarse* tiene una función expresamente reflexiva. Esto elimina la necesidad de agregar una definición que resultaría superflua como "to become rolled up or coiled," o "to roll itself up."

6. Frases en negrita

Un lema puede aparecer acompañado de una o varias frases en negrita que contienen ya sea el lema, o una inflexión de éste. Cada una de estas frases se presenta como una de las acepciones numeradas del lema:

> **álamo** *nm* **1** : poplar **2 álamo temblón** : aspen
>
> **hold**[1] . . . *vi* . . . **3 to hold forth** : . . . **4 to hold off** WAIT : . . .

Cuando la frase en negrita consta únicamente de una combinación del lema con una preposición, el lema se representa entonces por medio de una tilde en negrita **~**.

> **pegar** . . . *vi* . . . **3 ~ con** : to match, to go with . . .

Si la frase en cuestión tiene más de un sentido, entonces puede aparecer en dos o más acepciones del mismo lema:

> **wear**[1] . . . *vt* . . . **8 to wear out** : gastar <he wore out his shoes . . . > **9 to wear out** EXHAUST : agotar, fatigar <to wear oneself out . . . > . . .

estar . . . *vi* . . . **16 ∼ por** : to be in favor of **17 ∼ por** : to be about to <está por cerrar . . . > . . .

Se utiliza una barra inclinada / entre las palabras de una frase en negrita para indicar que cualquiera de las palabras así separadas puede usarse en esa posición dentro de la frase:

casa *nf* . . . **10 echar/tirar/botar la casa por la ventana** . . .

same[2] *pron* . . . **4 all/just the same** . . .

Las palabras separadas por barras no siempre tienen el mismo significado.

Cuando una frase en negrita contiene una barra, la definición que sigue puede o no contener una barra correspondiente:

agua *nf* . . . **4 agua dulce/salada** : fresh/salt water . . .

go[1] . . . *vi* . . . **59 to go down well/badly** : caer bien/mal, tener una buena/mala acogida . . .

pedir . . . *vt* . . . **3 pedir disculpas/perdón** : to apologize . . .

break[1] . . . *vi* . . . **17 to break free/loose** : soltarse . . .

Si la definición no incluye una barra correspondiente, esto indica que todas las versiones de la frase en negrita tienen el mismo significado.

Cuando una de las palabras de una frase en negrita aparece seguida de "(etc.)", esto indica que hay otras palabras parecidas a la que precede al "(etc.)" que pueden usarse en esa posición dentro de la frase:

part[2] . . . *n* . . . **6 for my/his (etc.) part** : por mi/su (etc.) parte . . .

hablar . . . *vr* . . . **2 se habla inglés (etc.)** : English (etc.) spoken

Un "(etc.)" correspondiente se incluye en la definición que sigue a no ser que ésta o se sustituya por un ejemplo de uso o esté construida de tal manera que el "(etc.)" no haga falta:

ser[1] . . . *vi* . . . **17 sea cual/quien/como (etc.) sea** <sean cuales sean las circunstancias : whatever the circumstances might be> . . .

hell . . . *n* . . . **8 like hell I did/will (etc.)!** *fam* ¡y un cuerno! . . .

Si el uso común de una palabra es generalmente limitado a una frase determinada, la frase es presentada como la única acepción del lema:

> **ward**[1] . . . *vt* **to ward off** : . . .

Pronunciación

1. Pronunciación de los lemas ingleses

El texto que aparece entre corchetes [ ] inmediatamente después de un lema en la sección Inglés-Español indica la pronunciación del lema. Para una explicación de los símbolos empleados, véase la tabla titulada Símbolos de pronunciación que aparece en la página 57a.

Cuando se incluyen dos o más pronunciaciones que corresponden a la misma palabra, esto indica que diferentes hablantes educados del idioma pronuncian esta palabra de distintas maneras. La segunda variante puede ser tan común como la primera. Todas las pronunciaciones incluidas son comunes y aceptables.

> **tomato** [tə'meɪt̬o, -'mɑ-] . . .

Cuando un término compuesto aparece con sólo una pronunciación parcial, el resto de la pronunciación puede obtenerse bajo la entrada que corresponde a la parte del término cuya pronunciación se ha omitido:

> **gamma ray** ['gæmə] . . .
> **ray** ['reɪ] . . .
> **smoke**[1] ['smo:k] . . .
> **smoke detector** [dɪ'tktər] . . .

En general, no se indica la pronunciación de términos compuestos cuando éstos están formados de dos o más palabras inglesas que aparecen en el diccionario como lemas:

> **water lily** *n* : nenúfar *m*

Solamente la primera entrada en una serie de homógrafos numerados incluye la pronunciación si ésta es la misma para todos los otros homógrafos:

> **dab**[1] ['dæb] *vt* . . .
> **dab**[2] *n* . . .

No se indica la pronunciación de las partes principales de los verbos formados regularmente por añadir un sufijo, ni por otros derivados formados por sufijos comunes.

2. Pronunciación de los lemas españoles

Dada la alta regularidad de la pronunciación del español, no se indica la pronunciación de la mayor parte de las entradas que aparecen en la sección Español-Inglés. Sin embargo, se han hecho excepciones para ciertas palabras (tales como aquéllas que se han adaptado de otras lenguas) cuya pronunciación en español no puede derivarse naturalmente de su ortografía:

> **pizza** [ˈpitsɑ, ˈpisɑ] *nf* : pizza
>
> **footing** [ˈfuˌtɪŋ] . . .

Calificativos funcionales

Un calificativo en itálicas que indica la categoría gramatical u otra clasificación funcional del lema aparece inmediatamente después de la pronunciación, o si la pronunciación se ha omitido, después del lema. Las ocho categorías gramaticales tradicionales, el adjetivo, el adverbio, la conjunción, la interjección, el sustantivo, la preposición, el pronombre, y el verbo, se indican como sigue:

> **daily**[2] *adj* . . .
>
> **vagamente** *adv* . . .
>
> **and** . . . *conj* . . .
>
> **huy** *interj* . . .
>
> **jackal** . . . *n* . . .
>
> **para** *prep* . . .
>
> **neither**[3] *pron* . . .
>
> **leer** . . . *v* . . .

Los verbos intransitivos se identifican con el calificativo *vi,* y los transitivos, *vt.* Las entradas para aquellos verbos que son a la vez transitivos e intransitivos llevan el calificativo *v.* Si una de estas entradas incluye inflexiones irregulares, el calificativo *v* aparece inmediatamente después del lema, y las acepciones transitivas e intransitivas son introducidas con los calificativos *vt* y *vi* respectivamente.

> **deliberar** *vi* : to deliberate
>
> **necessitate** . . . *vt* **-tated; -tating** : necesitar, requerir
>
> **satisfy** . . . *v* **-fied; -fying** *vt* . . . — *vi* . . .

Por último, dos otros calificativos se emplean para indicar la clasificación funcional de los verbos: *v aux* (auxiliary verb) y *v impers* (impersonal verb).

may . . . *v aux, past* **might** . . .

hacer . . . *vt* . . . — *v impers* 1 *(referring to weather)* <hace frío : it's cold> . . .

Los prefijos se identifican con el calificativo *pref*:

ciber- *pref* . . .

e- *pref* . . .

Calificativos de género

En toda entrada cuyo lema es un sustantivo español, el género de éste se indica con los calificativos *m* (masculino), *f* (femenino), o *mf* (masculino o femenino), que aparecen inmediatamente después del calificativo funcional:

magnesio *nm* . . .

galaxia *nf* . . .

turista *nmf* . . .

Si se dan las formas tanto masculina como femenina de un sustantivo que denota a una persona, se aplica el calificativo *n.*

director, -tora *n* . . .

Todo sustantivo español que aparece como definición de un lema inglés es acompañado de un calificativo de género:

amnesia . . . *n* : amnesia *f*

earache . . . *n* : dolor *m* de oído

gamekeeper . . . *n* : guardabosque *mf*

Inflexiones

1. Sustantivos

En este diccionario se indica el plural de un sustantivo en los siguientes casos: cuando el plural es irregular, cuando la acentuación o la ortografía del vocablo raíz cambia al añadir el sufijo del plural, cuando un sustantivo inglés termina en una consonante seguida de *-o* o de *-ey,* cuando un sustantivo inglés termina en *-oo,* cuando un sustantivo inglés es un término compuesto del cual el elemento a pluralizar es el primero y no el último, cuando un sustantivo tiene variantes en el plural, o cuando podría suscitarse una duda razonable en cuanto a la ortografía del plural:

tooth . . . *n, pl* **teeth** . . .

garrafón *nm, pl* **-fones** . . .

potato . . . *n, pl* **-toes** . . .

abbey . . . *n, pl* **-beys** . . .

cuckoo[2] *n, pl* **-oos** . . .

brother-in-law . . . *n, pl* **brothers-in-law** . . .

quail[2] *n, pl* **quail** *or* **quails** . . .

hábitat *nm, pl* **-tats** . . .

tahúr *nm, pl* **tahúres** . . .

En la sección Inglés-Español, la forma plural de la mayor parte de los sustantivos se indica por medio de una inflexión reducida, sin tener en cuenta el número de sílabas que el lema contenga. En la sección Español-Inglés, se dan inflexiones reducidas sólo para aquellos sustantivos que contengan tres o más sílabas, mientras que las formas plurales de sustantivos más breves se presentan enteras:

shampoo[2] *n, pl* **-poos** . . .

calamity . . . *n, pl* **-ties** . . .

mouse . . . *n, pl* **mice** . . .

sartén *nmf, pl* **sartenes** . . .

hámster *nm, pl* **hámsters** . . .

federación *nf, pl* **-ciones** . . .

Si se produce un plural irregular en sólo uno de los géneros, la forma plural se da con el calificativo correspondiente:

campeón, -peona *n, mpl* **-peones** : champion

La forma plural de un sustantivo generalmente no aparece si el vocablo raíz permanece inalterado por la adición del sufijo plural regular, o cuando no es probable que el sustantivo se use en el plural:

apple . . . *n* : manzana *f*

inglés[3] *nm* : English (language)

Aquellos sustantivos que siempre son plurales en forma y que ocurren en construcciones plurales son clasificados *npl* si son sustantivos ingleses, *nmpl* si son sustantivos masculinos españoles, o *nfpl* si son sustantivos femeninos españoles:

knickers . . . *npl* . . .

enseres *nmpl* . . .

mancuernas *nfpl* . . .

Toda entrada que permanece inalterada en el plural es clasificada *ns & pl* si es un sustantivo inglés, *nms & pl* si es un sustantivo masculino español, *nfs & pl* si es un sustantivo femenino español, y *nmfs & pl* si es un sustantivo español que puede ser o masculino o femenino:

deer . . . *ns & pl* . . .
lavaplatos *nms & pl* . . .
tesis *nfs & pl* . . .
rompehuelgas *nmfs & pl* . . .

2. Verbos

VERBOS INGLESES

En la sección Inglés-Español, las partes principales de los verbos se indican en los siguientes casos: cuando el verbo es irregular, cuando la ortografía del vocablo raíz cambia al añadir un sufijo verbal, cuando el verbo termina en *-ey*, cuando una inflexión tiene variantes, o cuando puede suscitarse una duda razonable en cuanto a la ortografía de una inflexión:

break[1] . . . *v* **broke** . . . ; **broken** . . . ; **breaking** . . .
drag[1] . . . *v* **dragged; dragging** . . .
monkey[1] . . . *vi* **-keyed; -keying** . . .
label[1] . . . *vt* **-beled** *or* **-belled; -beling** *or* **-belling** . . .
imagine . . . *vt* **-ined; -ining** . . .

Si el verbo consta de dos o más sílabas, se da generalmente una forma reducida de la inflexión:

multiply . . . *v* **-plied; -plying** . . .
bevel[1] . . . *v* **-eled** *or* **-elled; -eling** *or* **-elling** . . .
forgo *or* **forego** . . . *vt* **-went; -gone; -going** . . .
commit . . . *vt* **-mitted; -mitting** . . .

Las partes principales de un verbo inglés no aparecen cuando el vocablo raíz no cambia al añadir *-s, -ed,* y *-ing*.

delay[1] . . . *vt*
pitch[1] . . . *vt*

VERBOS ESPAÑOLES

En cada entrada correspondiente a un verbo irregular español aparece un número entre llaves que remite al lector a los modelos de conjugación que aparecen en la sección titulada Conjugación de verbos españoles:

abnegarse {49} *vr* . . .
volver {89} *vi* . . .

Aunque estas remisiones no aparecen en las entradas que corresponden a los verbos regulares españoles, los modelos de conjugación de estas formas pueden consultarse en la susodicha sección, que comienza en la página 44a.

Adverbios y adjetivos

Los lemas de adjetivos y adverbios ingleses incluyen las formas comparativas y superlativas cuando la ortografía del vocablo raíz cambia al añadir un sufijo, cuando la inflexión es de forma irregular, o cuando existen variantes de la inflexión:

wet[2] *adj* **wetter; wettest** . . .
good[2] *adj* **better** . . . ; **best** . . .
evil[1] . . . *adj* **eviler** *or* **eviller; evilest** *or* **evillest** . . .

Las formas superlativas de adjetivos y adverbios ingleses de más de una sola sílaba son representadas generalmente por la forma reducida *-est*:

early[1] . . . *adv* **earlier; -est** . . .
gaudy . . . *adj* **gaudier; -est** . . .
secure[2] *adj* **-curer; -est** . . .

En algunas entradas aparece únicamente la forma superlativa porque no existe evidencia del uso de la forma comparativa:

mere *adj, superlative* **merest** . . .

Las formas comparativas y superlativas de los adjetivos y adverbios generalmente no se muestran si el vocablo raíz no cambia al añadir el sufijo:

quiet[3] *adj* **1** . . .

Uso

1. Calificativos de uso

En este diccionario se emplean dos tipos de calificativo de uso: regional y estilístico. Las palabras españolas cuyo uso se limita a ciertas regiones de Latinoamérica o a España reciben calificativos que indican los países en que suelen usarse con más frecuencia:

guarachear *vi Cuba, PRi fam* . . .

bucket . . . *n* : . . . cubeta *f Mex*

Los siguientes calificativos regionales se han empleado en la redacción de este libro: *Arg* (Argentina), *Bol* (Bolivia), *CA* (Centroamérica), *Car* (el Caribe), *Chile* (Chile), *Col* (Colombia), *CoRi* (Costa Rica), *Cuba* (Cuba), *DomRep* (República Dominicana), *Ecua* (Ecuador), *Sal* (El Salvador), *Guat* (Guatemala), *Hond* (Honduras), *Mex* (México), *Nic* (Nicaragua), *Pan* (Panamá), *Par* (Paraguay), *Peru* (Perú), *PRi* (Puerto Rico), *Spain* (España), *Uru* (Uruguay), *Ven* (Venezuela).

Dado el foco primordialmente latinoamericano de este diccionario, la mayoría de los regionalismos que contiene provienen de América Latina. Sin embargo, se han incluido también algunos regionalismos comunes de España.

Varios vocablos en español reciben un calificativo de *fam* (familiar), lo cual indica que el uso de tales palabras es apropiado solamente en contextos informales. El calificativo estilístico *usu considered vulgar* se emplea para indicar que el uso de la palabra indicada puede considerarse como vulgar u ofensivo. Se han omitido la mayoría de este tipo de voces, pero hay algunas cuyo uso es tan común que el omitirlas resultaría negligente. El propósito de este calificativo es, pues, de servir de advertencia al lector.

2. Notas de uso

En algunos casos, una acepción puede venir precedida de una nota entre paréntesis que proporciona al lector información semántica o gramatical:

not . . . *adv* **1** (*used to form a negative*) : no . . .

within[2] *prep* . . . **2** (*in expressions of distance*) : . . . **3** (*in expressions of time*) : . . .

e[2] *conj* (*used instead of* **y** *before words beginning with i- or hi-*) : . . .

poder[1] . . . *v aux* . . . **2** (*expressing possibility*) : . . . **3** (*expressing permission*) : . . .

Este tipo de orientación semántica puede aparecer también entre paréntesis como parte de la definición:

calibrate . . . *vt* . . . : calibrar (armas), graduar (termómetros)

palco *nm* : box (in a theater or stadium)

En algunas ocasiones, una nota de uso aparece en lugar de una definición. Esto ocurre generalmente cuando el lema carece de un equivalente sencillo en el otro idioma. Estas notas de uso aparecen acompañadas de ejemplos que ilustran el uso común del lema:

> **shall** . . . *v aux* . . . **1** (*used formally to express a command*) <you shall do as I say : harás lo que te digo> . . .

3. Ejemplos de uso

Varias definiciones vienen acompañadas de ejemplos de uso. Estos ejemplos sirven para ilustrar un empleo típico del lema en un contexto dado, o un uso idiomático común de la palabra. Los ejemplos de uso incluyen una traducción, y aparecen entre paréntesis angulares:

> **lejos** *adv* **1** : far away, distant <a lo lejos : in the distance, far off> . . .
>
> **make**[1] . . . **15** . . . : hacer (dinero, amigos) <to make a living : ganarse la vida> . . .

Se utiliza una barra inclinada / entre las palabras de un ejemplo de uso para indicar que cualquiera de las palabras así separadas puede usarse en esa posición dentro de la frase:

> **tener** . . . *vt* . . . **2** : to have (available) <tener dinero/tiempo para : to have money/time for> . . .
>
> **money** . . . *n* . . . **1** : dinero *m*, plata *f* <to make/lose money : ganar/perder dinero> . . .

Las palabras separadas por barras no siempre tienen el mismo significado.

Cuando una de las palabras de un ejemplo de uso aparece seguida de "(etc.)", esto indica que hay otras palabras parecidas a la que precede al "(etc.)" que pueden usarse en esa posición dentro de la frase:

> **dar** . . . *vt* . . . **16** CAUSAR : to cause <darle miedo/sed (etc.) a alguien : to make someone frightened/thirsty (etc.)> . . .
>
> **turn**[2] *n* . . . **3** INTERSECTION : bocacalle *f* <we took a wrong turn : nos equivocamos de calle/salida (etc.), . . . > . . .

En algunas ocasiones, un ejemplo de uso aparece en lugar de una definición. Esto ocurre generalmente cuando una frase en negrita carece de un equivalente en el otro idioma de una sola frase, o cuando su uso se entiende mejor en contexto.

saber[1] . . . *vt* . . . **6 qué sé yo** <diamantes, perlas, y qué sé yo : diamonds, pearls, and whatnot> <y qué sé yo dónde : and who knows where (else)> . . .

all[1] . . . *adv* . . . **8 ~ over** *fam* <to be all over someone for something : criticar duramente a alguien por algo> . . .

Definiciones

En este diccionario, una definición consta de una o más traducciones que corresponden a una sola acepción de un lema, una entrada secundaria, o una frase en negrita. Se introduce una acepción o definición por medio de dos puntos en negrita:

fable . . . *n* **:** fábula *f*

sonrojar . . . — **sonrojarse** *vr* **:** to blush

aback . . . *adv* . . . **2 to be taken aback : ** quedarse desconcertado

Si se incluye más de una traducción dentro de la misma definición, las traducciones se separan por comas:

as of *prep* **:** desde, a partir de

Cuando las comas aparecen en una definición por otras razones, las traducciones se separan por un punto y coma en lugar de una coma:

love[2] *n* . . . **3** BELOVED **:** amor *m;* amado *m,* -da *f;* enamorado *m,* -da *f* . . .

Se utiliza una barra inclinada / entre las palabras de una traducción para indicar que cualquiera de las palabras así separadas puede usarse en esa posición dentro de la frase:

bajar *vt* . . . **2 :** to bring/take/carry down, to get/lift down . . .

Las palabras separadas por barras no siempre tienen el mismo significado.

División de las acepciones

Cuando una entrada principal tiene varias acepciones, éstas se indican con un número arábigo, compuesto también en negrita:

laguna *nf* **1 :** lagoon **2 :** lacuna, gap

Cuando alguna información (como un sinónimo, una palabra o frase en negrita, una nota de uso, una remisión, o un calificativo) aparece después de un número de acepción, ésta se aplica específicamente a dicha acepción:

abanico *nm* . . . **2** GAMA **:** . . .

tonic[2] *n* . . . **2** *or* **tonic water :** . . .

grillo *nm* . . . **2 grillos** *nmpl* **:** . . .

fairy . . . *n, pl* **fairies** . . . **2 fairy tale :** . . .

myself . . . *pron* **1** (*used reflexively*) **:** . . .

pike . . . *n* . . . **3 → turnpike**

atado[2] *nm* . . . **2** *Arg* **:** . . .

Remisiones

Una flecha en negrita indica que información correspondiente al lema que precede a la flecha puede encontrarse en la entrada que corresponde a la palabra que la sigue. Si el lema es una inflexión, la remisión que viene después de la flecha dirige al lector a la forma raíz de la palabra:

fue, etc. → ir, ser

mice → mouse

En otros casos, la remisión señala otro lema que tiene el mismo significado que la palabra buscada:

scapula . . . **→ shoulder blade**

amuck . . . **→ amok**

Sinónimos

Frecuentemente se provee un sinónimo compuesto en mayúsculas pequeñas antes de los dos puntos en negrita que preceden a una definición. Toda palabra empleada como sinónimo tiene su propia entrada en el diccionario, ya sea como lema o como frase en negritas. El propósito de estos sinónimos es de orientar al lector y ayudarlo a elegir la acepción correcta, así como de proveer un término que podría usarse alternativamente en el mismo contexto.

Gramática inglesa

El adjetivo

El adjetivo inglés es invariable en cuanto a número o género, y suele preceder al sustantivo que modifica:

the ***tall*** woman	la mujer ***alta***
the ***tall*** women	las mujeres ***altas***
a ***happy*** child	un niño ***contento***
happy children	niños ***contentos***

1. Adjetivos positivos, comparativos, y superlativos

Las formas comparativas y superlativas del adjetivo inglés se pueden construir de tres maneras. Cuando el adjetivo positivo consta de una sola sílaba, la construcción más común es de añadir los sufijos *-er* o *-est* al vocablo raíz; si el adjetivo positivo consta de más de dos sílabas, suele entonces combinarse con los adverbios *more*, *most*, *less* o *least;* al adjetivo positivo de dos sílabas puede aplicarse cualquiera de las dos fórmulas; y por último, existen los adjetivos irregulares cuyas formas comparativas y superlativas son únicas.

Positivo	Comparativo	Superlativo
clean (limpio)	**cleaner** (más limpio)	**cleanest** (el más limpio)
narrow (angosto)	**narrower** (más angosto)	**narrowest** (el más angosto)
meaningful (significativo)	**more meaningful** (más significativo)	**most meaningful** (el más significativo)
	less meaningful (menos significativo)	**least meaningful** (el menos significativo)
good (bueno)	**better** (mejor)	**best** (el mejor)
bad (malo)	**worse** (peor)	**worst** (el peor)

2. Adjetivos demostrativos

Los adjetivos demostrativos *this* y *that* corresponden a los adjetivos españoles *este* y *ese*, respectivamente, y sirven esencialmente la misma función. Debe notarse que este tipo de adjetivo es el único que tiene forma plural:

Singular		Plural	
this	este, esta	**these**	estos, estas
that	ese, esa	**those**	esos, esas

3. Adjetivos descriptivos

Un adjetivo descriptivo describe o indica una cualidad, clase o condición (*a fascinating conversation,* una conversación fascinante; *a positive attitude,* una actitud positiva; *a fast computer,* una computadora rápida).

4. Adjetivos indefinidos

Un adjetivo indefinido se usa para designar personas o cosas no identificadas (*some children,* unos niños *o* algunos niños; *other hotels,* otros hoteles).

5. Adjetivos interrogativos

El adjetivo interrogativo se usa para formular preguntas:

Whose office is this?	¿***De quién*** es esta oficina?
Which book do you want?	¿***Cuál*** libro quieres?

6. El sustantivo empleado como adjetivo

Un sustantivo puede usarse para modificar otro sustantivo. De esta manera el sustantivo funciona igual que un adjetivo (*the Vietnam War,* la Guerra de Vietnam; *word processing,* procesamiento de textos).

7. Adjetivos posesivos

Llámase adjetivo posesivo a la forma posesiva del pronombre personal. A continuación se listan los adjetivos posesivos ingleses y algunos ejemplos de su uso:

Singular	Plural
my	our
your	your
his/her/its	their

Where's ***my*** watch? — ¿Dónde está ***mi*** reloj?
Your cab's here. — Ha llegado ***su*** taxi; ha llegado ***tu*** taxi.
It was ***her*** idea. — Fue ***su*** idea.
They read ***his*** book. — Leyeron ***su*** libro.
The box and ***its*** contents. — La caja y ***su*** contenido.
We paid for ***their*** ticket. — Pagamos por ***su*** boleto.
Your tables are ready. — ***Sus*** mesas están listas.

8. Adjetivos predicativos

Un adjetivo predicativo modifica el sujeto de un verbo copulativo (como *be, become, feel, taste, smell,* o *seem*):

She is ***happy*** with the outcome. — Está ***contenta*** con el resultado.
The milk tastes ***sour.*** — La leche sabe ***agria.***
The student seems ***puzzled.*** — El estudiante parece estar ***desconcertado.***

9. Adjetivos propios

Un adjetivo propio es derivado de un nombre propio y suele escribirse con mayúscula:

Victorian furniture — muebles ***victorianos***
a ***Puerto Rican*** product — un producto ***puertorriqueño***

10. Adjetivos relativos

Un adjetivo relativo (tal como *which, that, who, whom, whose, where*) se emplea para introducir una cláusula adjetival o sustantiva:

toward late April, by ***which*** time the report should be finished	para fines de abril, fecha para la cual deberá estar listo el reporte
not knowing ***whose*** advice she should follow	sin saber a quién escuchar

El adverbio

La mayor parte de los adverbios ingleses se forman a partir de un adjetivo al que se le agrega el sufijo *-ly*:

mad***ly***	loca***mente***
wonderful***ly***	maravillosa***mente***

Para formar un adverbio de un adjetivo que termina en *-y*, suele cambiarse primero esta terminación a una *-i*, y luego se añade el sufijo *-ly*:

happily	felizmente
daintily	delicadamente

La forma adverbial que corresponde a varios adjetivos que terminan en *-ic* recibe el sufijo *-ally*:

basically	básicamente
numerically	numéricamente

Si un adjetivo termina en *-ly*, el adverbio que le corresponde suele escribirse de la misma manera:

she called her mother ***daily***	llamaba a su madre ***todos los días***
the show started ***early***	la función empezó ***temprano***

Por último, hay adverbios que no terminan en *-ly*, por ejemplo:

again (otra vez)	now (ahora)
too (demasiado)	too (también)

1. Adverbios positivos, comparativos, y superlativos

Al igual que el adjetivo, la mayoría de los adverbios ingleses poseen tres grados de comparación: positivo, comparativo, y superlativo. Como regla general, a un adverbio monosilábico se le añade el sufijo *-er* cuando es comparativo, y *-est* cuando es superlativo. Si el adverbio consta de tres o más sílabas, las formas comparativas y superlativas se forman al combinarlo con los adverbios *more/most* o *less/least*. Las formas comparativas y superlativas de un adverbio de dos sílabas pueden obtenerse empleando uno u otro de los dos métodos:

Positivo	Comparativo	Superlativo
fast	faster	fastest
easy	easier	easiest
madly	more madly	most madly
happily	more happily	most happily

Finalmente, hay algunos adverbios, tales como *quite* y *very*, que no poseen comparativo.

2. Adverbios de énfasis

Adverbios tales como *just* y *only* suelen usarse para poner el énfasis en otras palabras. El énfasis producido puede cambiar según la posición del adverbio en la oración:

He ***just*** nodded to me as he passed. — ***Sólo*** me saludó con la cabeza al pasar.
He nodded to me ***just*** as he passed. — Me saludó con la cabeza ***justamente*** cuando me pasó.

3. Adverbios relativos

Los adverbios relativos (tales como *when*, *where*, y *why*) se utilizan principalmente para introducir preguntas:

When will he return? — ***¿Cuándo*** volverá?
Where have the children gone? — ***¿A dónde*** fueron los niños?
Why did you do it? — ***¿Por qué*** lo hiciste?

El artículo

1. El artículo definido

En inglés existe solamente una forma del artículo definido, *the*. Este artículo es invariable en cuanto a género o número.

The boys were expelled.	***Los*** chicos fueron expulsados.
The First Lady dined with ***the*** ambassador.	***La*** Primera Dama cenó con ***el*** embajador.

2. El artículo indefinido

El artículo indefinido *a* se usa con cualquier sustantivo o abreviatura que comience ya sea con una consonante, o con un *sonido* consonántico:

a door	a hat
a B.A. degree	a one
a union	a U.S. Senator

El artículo *a* se emplea también antes de un sustantivo cuya primera sílaba comienza con *h-,* y esta sílaba o no es acentuada, o tiene solamente una acentuación moderada (*a* historian, *a* heroic attempt, *a* hilarious performance). Sin embargo, en el inglés hablado, suele más usarse el artículo *an* en estos casos (*an* historian, *an* heroic attempt, *an* hilarious performance). Ambas formas son perfectamente aceptables.

El artículo indefinido *an* se usa con cualquier sustantivo o abreviatura que comience con un *sonido* vocal, sin tener en cuenta si la primera letra del sustantivo es vocal o consonante (*an* icicle, *an* nth degree, *an* honor, *an* FBI investigation).

La conjunción

Existen tres tipos principales de conjunciones: la conjunción coordinante, la correlativa, y la subordinante.

1. Conjunciones coordinantes

Las conjunciones coordinantes, tales como *and, because, but, for, or, nor, since, so,* y *yet,* se emplean para unir elementos gramaticales de igual valor. Estos elementos pueden ser palabras, frases, cláusulas subordinadas, cláusulas principales, u oraciones completas. Las conjunciones coordinantes se emplean para unir elementos similares, para excluir o contrastar, para indicar una alternativa, para indicar una razón, o para precisar un resultado.

unión de elementos similares:	She ordered pencils, pens, ***and*** erasers.

exclusión o contraste:	He is a brilliant ***but*** arrogant man.
	They offered a promising plan, ***but*** it had not yet been tested.
alternativa:	She can wait here ***or*** go on ahead.
razón:	The report is useless, ***for*** its information is no longer current.
resultado:	His diction is excellent, ***so*** every word is clear.

2. Conjunciones correlativas

Las conjunciones correlativas se usan en pares, y sirven para unir alternativas y elementos de igual valor gramatical.

Either you go ***or*** you stay.	***O*** te vas ***o*** te quedas.
He had ***neither*** looks ***nor*** wit.	No tenía ***ni*** atractivo físico ***ni*** inteligencia.

3. Conjunciones subordinantes

Las conjunciones subordinantes se usan para unir una cláusula subordinada a una cláusula principal. Estas conjunciones pueden emplearse para expresar la causa, la condición o concesión, el modo, el propósito o resultado, el tiempo, el lugar o la circunstancia, así como las condiciones o posibilidades alternativas.

causa:	***Because*** she learns quickly, she is doing well in her new job.
condición o concesión:	Don't call ***unless*** you are coming.
modo:	We'll do it ***however*** you tell us to.
propósito o resultado:	He distributes the mail early ***so*** that they can read it.
tiempo:	She kept meetings to a minimum ***when*** she was president.

El sustantivo

A diferencia del sustantivo español, el sustantivo inglés generalmente carece de género. En algunos sustantivos, el género femenino se identifica por la presencia del sufijo *-ess* (*empress, hostess*); existen también aquellos sustantivos que sólo se aplican a miembros de uno u otro sexo, por ejemplo: *husband, wife; father, mother; brother, sister;* así como nombres de ciertos animales: *bull, cow; buck, doe;* etc. Sin embargo, la mayoría de los sustantivos ingleses son neutros. Cuando es preciso atribuirle un género a un sustantivo neutro, suele combinarse éste con palabras como *male, female, man, woman,* etc., por ejemplo:

a ***male*** parrot	un loro ***macho***
women writers	escritoras

1. Usos básicos

Los sustantivos ingleses suelen usarse como sujetos, objetos directos, objetos de una preposición, objetos indirectos, objetos retenidos, nominativos predicativos, complementos objetivos, construcciones apositivas, y en trato directo:

sujeto:	The ***office*** was quiet.
objeto directo:	He locked the ***office.***
objeto de una preposición:	The file is in the ***office.***
objeto indirecto:	He gave his ***client*** the papers.
objeto retenido:	His client was given the ***papers.***
nominativo predicativo:	Mrs. Adams is the managing ***partner.***
complemento objetivo:	They made Mrs. Adams managing ***partner.***
construcción apositiva:	Mrs. Adams, the managing ***partner,*** wrote that memo.
trato directo:	***Mrs. Adams,*** may I present Mr. Bonkowski.

2. El sustantivo empleado como adjetivo

Los sustantivos desempeñan una función adjetival cuando preceden a otros sustantivos:

olive oil	aceite de olivo
business management	administración de empresas
emergency room	sala de emergencias

3. La formación del plural

La mayoría de los sustantivos ingleses se pluralizan añadiendo *-s* al final del singular (*book, books; cat, cats; dog, dogs; tree, trees*).

Cuando el sustantivo singular termina en *-s, -x, -z, -ch,* o *-sh,* su forma plural se obtiene añadiendo *-es* al final (*cross, crosses; fox, foxes; witch, witches; wish, wishes; fez, fezes*).

Si el sustantivo singular termina en *-y* precedida de una consonante, la *-y* es convertida en *-i* y se le añade la terminación *-es* (*fairy, fairies; pony, ponies; guppy, guppies*).

No todos los sustantivos ingleses obedecen estas normas. Hay algunos sustantivos (generalmente nombres de animales) que no siempre cambian en el plural (*fish, fish* o *fishes; caribou, caribou* o *caribous*). Por último, hay algunos sustantivos que poseen una forma plural única (*foot, feet; mouse, mice; knife, knives*).

4. El posesivo

La forma posesiva del sustantivo singular generalmente se obtiene al añadir un apóstrofe seguido de una *-s* al final:

Jackie's passport	el pasaporte ***de Jackie***
this hat is ***Billy's***	este sombrero es ***de Billy***

Cuando el sustantivo termina en *-s,* suele añadirse únicamente el apóstrofe, como sigue:

the ***neighbors'*** dog	el perro ***de los vecinos***
Mr. Ross' briefcase	portafolios ***del Sr. Ross***

La preposición

La preposición inglesa se combina generalmente con un sustantivo, un pronombre, o el equivalente de un sustantivo (como una frase o cláusula) para formar una frase con función adjetival, adverbial, o sustantiva. Suele distinguirse dos tipos de preposiciones: la preposición simple, es decir, aquélla que consta de una sola palabra (p. ej., *against, from, near, of, on, out,* o *without*), y la compuesta, que consta de más de un elemento (como *according to, by means of,* o *in spite of*).

1. Usos básicos

La preposición se emplea generalmente para unir un sustantivo, un pronombre, o el equivalente de un sustantivo al resto de la oración. Una frase preposicional suele emplearse como adverbio o adjetivo.

She expected resistance ***on*** his part.
He sat down ***beside*** her.

2. La conjunción vs. la preposición

Las palabras inglesas *after, before, but, for,* y *since* pueden funcionar como preposiciones así como conjunciones. El papel que desempeñan estas palabras suele determinarse según su posición dentro de la oración. Las conjunciones generalmente sirven para unir dos elementos de igual valor gramatical, mientras que las preposiciones suelen preceder a un sustantivo, un pronombre, o una frase sustantiva.

conjunción: I was a bit concerned ***but*** not panicky.
[***but*** vincula dos adjetivos]

preposición: I was left with nothing ***but*** hope.
[***but*** precede a un sustantivo]

conjunción: The device conserves fuel, ***for*** it is battery-powered.
[***for*** vincula dos cláusulas]

preposición: The device conserves fuel ***for*** residual heating.
[***for*** precede a una frase sustantiva]

3. Posición

Una preposición puede aparecer antes de un sustantivo o un pronombre (*below* the desk, *beside* them), después de un adjetivo (antagonistic *to,* insufficient *in,* symbolic *of*), o después de un elemento verbal con el cual combina para formar una frase con función verbal (take *for,* take *over,* come *across*).

A diferencia de la preposición española, la preposición inglesa puede aparecer al final de una oración, lo cual sucede frecuentemente en el uso común, especialmente si la preposición forma parte de una frase con función verbal.

After Rourke left, Joyce took ***over.***
What does this all add up ***to***?

El pronombre

Los pronombres pueden poseer las características siguientes: caso (nominativo, posesivo, u objetivo); número (singular o plural); persona (primera, segunda, o tercera), y género (masculino, femenino, o neutro). Los pronombres ingleses se clasifican en siete categorías principales, de las cuales cada una juega un papel específico.

1. Pronombres demostrativos

Las palabras *this, that, these* y *those* se consideran como pronombres cuando funcionan como sustantivos. (Se les clasifica como adjetivos demostrativos cuando modifican un sustantivo.) El pronombre demostrativo indica a una persona o cosa para distinguirla de otras.

These are the best designs we've seen to date.
Those are strong words.

El pronombre demostrativo también se usa para distinguir a una persona o cosa cercana de otra que se encuentre a mayor distancia (*this* is my desk; *that* is yours).

2. Pronombres indefinidos

El pronombre indefinido se emplea para designar a una persona o cosa cuya identidad se desconoce o no se puede establecer de inmediato. Estos pronombres se usan generalmente como referencias en la tercera persona, y no se distinguen en cuanto a género. A continuación se listan ejemplos de pronombres indefinidos.

all	either	none
another	everybody	no one
any	everyone	one
anybody	everything	other
anyone	few	several
anything	many	some
both	much	somebody
each	neither	someone
each one	nobody	something

Los pronombres indefinidos deben concordar en cuanto a número con los verbos que les corresponden. Los siguientes pronombres son singulares y deben usarse con un verbo conjugado en singular: *another, anything, each, each one, everything, much, nobody, no one, one, other, someone, something.*

Much *is* being done.
No one *wants* to go.

Los pronombres indefinidos *both, few, many, several* entre otros son plurales, y por lo tanto deben emplearse con verbos conjugados en plural:

Many *were* called; **few** *were* chosen.

Algunos pronombres, tales como *all, any, none,* y *some,* pueden presentar un problema ya que pueden usarse tanto con verbos singulares como plurales. Como regla general, los pronombres que se usan con sustantivos no numerables emplean verbos singulares, mientras que aquéllos que se usan con sustantivos numerables suelen tomar un verbo plural.

con sustantivo no numerable:	***All*** of the property is affected. ***None*** of the soup was spilled. ***Some*** of the money was spent.
con sustantivo numerable:	***All*** of my shoes are black. ***None*** of the clerks were available. ***Some*** of your friends were there.

3. Pronombres interrogativos

Los pronombres interrogativos *what, which, who, whom,* y *whose,* así como las combinaciones de estos con el sufijo *-ever* (*whatever, whichever,* etc.) se usan para introducir una pregunta:

Who is she?	He asked me ***who*** she was.
Whoever can that be?	We wondered ***whoever*** that could be.

4. Pronombres personales

El pronombre personal refleja la persona, el número, y el género del ser u objeto que representa. La mayoría de los pronombres personales toman una forma distinta para cada uno de estos tres casos.

Persona	Nominativo	Posesivo	Objetivo
PRIMERA			
SINGULAR:	I	my, mine	me
PLURAL:	we	our, ours	us
SEGUNDA			
SINGULAR:	you	your, yours	you
PLURAL:	you	your, yours	you
TERCERA			
SINGULAR:	he	his, his	him
	she	her, hers	her
	it	its, its	it
PLURAL:	they	their, theirs	them

Nótese que los pronombres personales en el caso posesivo no llevan apóstrofe, y no deben confundirse con los homófonos *you're, they're, there's, it's.*

5. Pronombres recíprocos

Los pronombres recíprocos *each other* y *one another* se emplean para indicar una acción o relación mutua:

They do not quarrel with ***one another.*** — No se pelean (el uno con el otro).

Lou and Andy saw ***each other*** at the party. — Lou y Andy se vieron en la fiesta.

Un pronombre recíproco puede usarse también en el caso posesivo:

They always borrowed ***one another's*** money. — Siempre se prestaban dinero.

The two companies depend on ***each other's*** success. — Cada una de las dos compañías depende del éxito de la otra.

6. Pronombres reflexivos

Los pronombres reflexivos se forman al combinar los pronombres personales *him, her, it, my, our, them* y *your* con *-self* o *-selves.* El pronombre reflexivo se usa generalmente para expresar una acción reflexiva, o bien para recalcar el sujeto de una oración, cláusula, o frase.

She dressed ***herself.***
He asked ***himself*** if it was worth it.
I ***myself*** am not concerned.

7. Pronombres relativos

Los pronombres relativos son *that, what, which, who, whom,* y *whose,* así como las combinaciones de éstos con la terminación *-ever.* Estos pronombres se emplean para introducir oraciones subordinadas con función sustantiva o adjetival.

El pronombre relativo *who* se usa para referirse a personas y, en ciertas ocasiones, algunos animales. *Which* suele usarse para referirse a animales o cosas, y *that* puede usarse para personas, animales, o cosas.

a man ***who*** sought success
a woman ***whom*** we trust
Kentucky Firebolt, ***who*** won yesterday's horse race
a movie ***which*** was a big hit
a dog ***which*** kept barking
a boy ***that*** behaves well
a movie ***that*** was a big hit
a dog ***that*** kept barking

En ciertas ocasiones el pronombre relativo puede omitirse:

The man [***whom***] I was talking to is the senator.

El verbo

El verbo inglés posee típicamente las siguientes características: inflexión (p. ej., *help, helps, helping, helped*), persona (primera, segunda, o tercera), número (singular o plural), tiempo (presente, pasado, futuro), aspecto (categorías temporales distintas a los tiempos simples de presente, pasado y futuro), voz (activa o pasiva), y modo (indicativo, subjuntivo e imperativo).

1. La inflexión

Los verbos regulares ingleses tienen cuatro inflexiones diferentes, las cuales se producen al añadir los sufijos *-s* o *-es, -ed,* e *-ing.* La mayoría de los verbos irregulares poseen cuatro o cinco inflexiones (p. ej., *see, sees, seeing, saw, seen*); y el verbo *be* tiene ocho (*be, is, am, are, being, was, were, been*).

Los verbos que terminan en una *-e* muda conservan por lo general la *-e* al añadírsele un sufijo que comienza con una consonante (como *-s*), pero esta *-e* desaparece si el sufijo comienza con una vocal (como sucede con *-ed* o *-ing*):

arrange; arranges; arranged; arranging
hope; hopes; hoped; hoping

Sin embargo, algunos de estos verbos conservan la *-e* final para no ser confundidos con otras palabras de ortografía igual, por ejemplo:

dye; dyes; dyed; dyeing [vs. ***dying,*** del verbo ***die***]
singe; singes; singed; singeing [vs. ***singing,*** del verbo ***sing***]

Si un verbo consta de una sílaba y termina en una sola consonante a la cual precede una sola vocal, la consonante final se repite al añadir el sufijo *-ed* o *-ing*:

brag; brags; bra***gg***ed; bra***gg***ing
grip; grips; gri***pp***ed; gri***pp***ing

Cuando un verbo posee esta misma terminación, pero consta de dos o más sílabas, y la última de éstas es acentuada, se repite también al añadir el sufijo *-ed* o *-ing*:

commit; commits; commi***tt***ed; commi***tt***ing
occur; occurs; occu***rr***ed; occu***rr***ing

Los verbos que terminan en *-y*, precedida de una consonante, suelen cambiar esta *-y* en *-i* en toda inflexión excepto cuando el sufijo correspondiente es *-ing*:

carry; carr***i***es; carr***i***ed; carrying
study; stud***i***es; stud***i***ed; studying

Cuando un verbo termina en *-c,* se le añade una *-k* en inflexiones cuyos sufijos comienzan con *-e* o *-i*:

mimic; mimics; mimic***k***ed; mimic***k***ing
traffic; traffics; traffic***k***ed; traffic***k***ing

2. El tiempo y el aspecto

Los verbos ingleses exhiben generalmente su presente simple o pasado simple en una sola palabra, por ejemplo:

I do, I did we write, we wrote

El tiempo futuro suele expresarse al combinar el verbo auxiliar *shall* o *will* con la forma presente simple o presente progresiva del verbo:

I ***shall*** do it.	Lo haré.
We ***will*** come tomorrow.	Vendremos mañana.

Llámase aspecto de un verbo a aquellos tiempos que difieren del presente simple, pasado simple, o futuro simple. A continuación se presentan cuatro de estos tiempos o aspectos: el progresivo, el presente perfecto, el pasado perfecto, y el futuro perfecto.

El tiempo progresivo expresa una acción que está teniendo lugar en el presente o en el futuro.

He ***is*** reading the paper.	***Está*** leyendo el periódico.

El presente perfecto se emplea para expresar una acción que ha comenzado en el pasado y que continúa en el presente, o también para expresar una acción que haya tenido lugar en un momento indefinido del pasado.

She ***has*** written a book.	***Ha*** escrito un libro.

El pasado perfecto expresa una acción que fue llevada a cabo antes de otra acción o evento en el pasado.

She ***had*** written many books previously.	***Había*** escrito muchos libros anteriormente.

El futuro perfecto indica una acción que será llevada a cabo antes de una acción o evento en el futuro.

We ***will*** have finished the project by then.	A esas alturas ***habremos*** terminado el proyecto.

3. La voz

La voz (activa o pasiva) indica si el sujeto de la oración es el que desempeña la acción del verbo o si es el objeto de esta acción:

Voz activa:	He ***respected*** his colleagues.
	Respetaba a sus colegas.
Voz pasiva:	He ***was*** respected by his colleagues.
	Era respetado por sus colegas.

4. El modo

En inglés existen tres modos: indicativo, imperativo, y subjuntivo.

El modo indicativo se emplea ya sea para indicar un hecho, o para hacer una pregunta:

He ***is*** here.	***Está*** aquí.
Is he here?	¿***Está*** aquí?

El modo imperativo se usa para expresar una orden o una petición:

Come here.	***Ven*** aquí.
Please ***come*** here.	***Ven*** aquí, por favor.

El modo subjuntivo expresa una condición contraria a los hechos. El modo subjuntivo en inglés ha caído en desuso, pero suele aparecer en cláusulas introducidas por *if*, y después del verbo *wish*.

I wish he ***were*** here.	Quisiera que ***estuviera*** él aquí.
If she ***were*** there, she could answer that.	Si ***estuviera*** ella allá, podría haberlo contestado.

5. Verbos transitivos e intransitivos

Como en español, el verbo inglés puede ser transitivo o intransitivo. El verbo transitivo es el que puede llevar un complemento directo:

She ***sold*** her car.	***Vendió*** su coche.

El verbo intransitivo no lleva un complemento directo:

He ***talked*** all day.	***Habló*** todo el día.

Abreviaturas empleadas en este libro

Las abreviaturas empleadas en este diccionario son formas acortadas de las palabras inglesas que aparecen entre paréntesis.

adj	adjetivo (adjective)
adv	adverbio (adverb)
Arg	Argentina (Argentina)
Bol	Bolivia (Bolivia)
Brit	británico
CA	Centroamérica (Central America)
Car	Región del Caribe (Caribbean region)
Col	Colombia (Colombia)
conj	conjunción (conjunction)
CoRi	Costa Rica (Costa Rica)
DomRep	República Dominicana (Dominican Republic)
Ecua	Ecuador (Ecuador)
esp	especialmente (especially)
f	femenino (feminine)
fam	familiar o coloquial (familiar or colloquial)
fpl	femenino plural (feminine plural)
Guat	Guatemala (Guatemala)
Hond	Honduras (Honduras)
interj	interjección (interjection)
m	masculino (masculine)
Mex	México (Mexico)
mf	masculino o femenino (masculine or feminine)
mfpl	plural masculino o femenino (masculine or feminine plural)
mpl	plural masculino (masculine plural)
n	sustantivo (noun)
nf	sustantivo femenino (feminine noun)
nfpl	sustantivo plural femenino (feminine plural noun)
nfs & pl	sustantivo plural femenino, invariable en cuanto a número (invariable singular or plural feminine noun)
Nic	Nicaragua (Nicaragua)
nm	sustantivo masculino (masculine noun)

nmf sustantivo masculino o femenino (masculine or feminine noun)

nmfpl sustantivo plural, invariable en cuanto a género (plural noun invariable for gender)

nmfs & pl sustantivo invariable en cuanto a género y número (noun invariable for both gender and number)

nmpl sustantivo plural masculino (masculine plural noun)

nms & pl sustantivo masculino, invariable en cuanto a número (invariable singular or plural masculine noun)

npl sustantivo plural (plural noun)

ns & pl sustantivo invariable en cuanto a número (noun invariable for plural)

Pan Panamá (Panama)

Par Paraguay (Paraguay)

pl plural (plural)

pp participio pasado (past participle)

pref prefijo (prefix)

prep preposición (preposition)

PRi Puerto Rico (Puerto Rico)

pron pronombre (pronoun)

s singular

Sal El Salvador (El Salvador)

Uru Uruguay (Uruguay)

usu generalmente (usually)

v verbo (verb)

v aux verbo auxiliar (auxiliary verb)

Ven Venezuela (Venezuela)

vi verbo intransitivo (intransitive verb)

v impers verbo impersonal (impersonal verb)

vr verbo pronominal (reflexive verb)

vt verbo transitivo (transitive verb)

Conjugación de verbos españoles

Tiempos simples

Tiempo	Verbos Regulares Terminando en -AR hablar	
PRESENTE DE INDICATIVO	hablo	hablamos
	hablas	habláis
	habla	hablan
PRESENTE DE SUBJUNTIVO	hable	hablemos
	hables	habléis
	hable	hablen
PRETÉRITO PERFECTO DE INDICATIVO	hablé	hablamos
	hablaste	hablasteis
	habló	hablaron
PRETÉRITO IMPERFECTO DE INDICATIVO	hablaba	hablábamos
	hablabas	hablabais
	hablaba	hablaban
PRETÉRITO IMPERFECTO DE SUBJUNTIVO	hablara	habláramos
	hablaras	hablarais
	hablara	hablaran
	o	
	hablase	hablásemos
	hablases	hablaseis
	hablase	hablasen
FUTURO DE INDICATIVO	hablaré	hablaremos
	hablarás	hablaréis
	hablará	hablarán
FUTURO DE SUBJUNTIVO	hablare	habláremos
	hablares	hablareis
	hablare	hablaren
CONDICIONAL	hablaría	hablaríamos
	hablarías	hablaríais
	hablaría	hablarían
IMPERATIVO		hablemos
	habla	hablad
	hable	hablen
GERUNDIO O PARTICIPIO PRESENTE	hablando	
PARTICIPIO PASADO	hablado	

Verbos Regulares Terminando en -ER comer		Verbos Regulares Terminando en -IR vivir	
como	comemos	vivo	vivimos
comes	coméis	vives	vivís
come	comen	vive	viven
coma	comamos	viva	vivamos
comas	comáis	vivas	viváis
coma	coman	viva	vivan
comí	comimos	viví	vivimos
comiste	comisteis	viviste	vivisteis
comió	comieron	vivió	vivieron
comía	comíamos	vivía	vivíamos
comías	comíais	vivías	vivíais
comía	comían	vivía	vivían
comiera	comiéramos	viviera	viviéramos
comieras	comierais	vivieras	vivierais
comiera	comieran	viviera	vivieran
o		*o*	
comiese	comiésemos	viviese	viviésemos
comieses	comieseis	vivieses	vivieseis
comiese	comiesen	viviese	viviesen
comeré	comeremos	viviré	viviremos
comerás	comeréis	vivirás	viviréis
comerá	comerán	vivirá	vivirán
comiere	comiéremos	viviere	viviéremos
comieres	comiereis	vivieres	viviereis
comiere	comieren	viviere	vivieren
comería	comeríamos	viviría	viviríamos
comerías	comeríais	vivirías	viviríais
comería	comerían	viviría	vivirían
	comamos		vivamos
come	comed	vive	vivid
coma	coman	viva	vivan
comiendo		viviendo	
comido		vivido	

Tiempos compuestos

1. Tiempos perfectos

Los tiempos perfectos se forman con *haber* y el participio pasado:

PRETÉRITO PERFECTO

he hablado, etc. (*indicativo*);
haya hablado, etc. (*subjuntivo*)

PRETÉRITO PLUSCUAMPERFECTO

había hablado, etc. (*indicativo*);
hubiera hablado, etc. (*subjuntivo*)
o
hubiese hablado, etc. (*subjuntivo*)

PRETÉRITO ANTERIOR

hube hablado, etc. (*indicativo*)

FUTURO PERFECTO

habré hablado, etc. (*indicativo*)

CONDICIONAL PERFECTO

habría hablado, etc. (*indicativo*)

2. Tiempos progresivos

Los tiempos progresivos se forman con *estar* y el gerundio o participio presente:

PRESENTE PROGRESIVO

estoy llamando, etc. (*indicativo*);
esté llamando, etc. (*subjuntivo*)

IMPERFECTO PROGRESIVO

estaba llamando, etc. (*indicativo*);
estuviera llamando, etc. (*subjuntivo*)
o
estuviese llamando, etc. (*subjuntivo*)

PRETÉRITO PROGRESIVO

estuve llamando, etc. (*indicativo*)

FUTURO PROGRESIVO

estaré llamando, etc. (*indicativo*)

CONDICIONAL PROGRESIVO

estaría llamando, etc. (*indicativo*)

PRESENTE PERFECTO PROGRESIVO

he estado llamando, etc. (*indicativo*);
haya estado llamando, etc. (*subjuntivo*)

PRETÉRITO PERFECTO PROGRESIVO

había estado llamando, etc. (*indicativo*);
hubiera estado llamando, etc. (*subjuntivo*)
o
hubiese estado llamando, etc. (*subjuntivo*)

Verbos irregulares

El *pretérito imperfecto de subjuntivo,* el *futuro de subjuntivo,* el *condicional*, y las formas correspondientes a la tercera persona singular, y a la primera, segunda, y tercera personas plurales del *imperativo* no aparecen en la lista de modelos de conjugación, pero pueden formarse de la siguiente manera:

El *pretérito imperfecto de subjuntivo* y el *futuro de subjuntivo* se forman a partir de la forma correspondiente a la tercera persona plural del tiempo pretérito, a la cual se le reemplaza la última sílaba (*-ron*) con el sufijo apropiado:

PRETÉRITO DE INDICATIVO, TERCERA PERSONA PLURAL (querer)	quisieron
PRETÉRITO IMPERFECTO DE SUBJUNTIVO (querer)	quisiera, quisieras, etc. *o* quisiese, quisieses, etc.
FUTURO DE SUBJUNTIVO (querer)	quisiere, quisieres, etc.

El conditional emplea la misma raíz que el futuro de indicativo:

FUTURO DE INDICATIVO (poner)	pondré, pondrás, etc.
CONDICIONAL (poner)	pondría, pondrías, etc.

Las formas que corresponden a la tercera persona singular, la primera persona plural, y la tercera persona plural del *imperativo* son iguales a aquéllas del presente de subjuntivo.

La forma correspondiente a la segunda persona plural *(vosotros)* del *imperativo* se obtiene omitiendo la *-r* final de la forma infinitiva y añadiendo una *-d* (ej.: *oír → oíd)*.

Modelos de conjugación de verbos irregulares

Los modelos de conjugación que aparecen abajo incluyen los siguientes tiempos simples: el ***presente de indicativo*** (*IND*), el ***presente de subjuntivo*** (*SUBJ*), el ***pretérito perfecto de indicativo*** (*PRET*), el ***pretérito imperfecto de indicativo*** (*IMPF*), el ***futuro de indicativo*** (*FUT*), la forma de la segunda persona singular del *imperativo* (*IMPER*), el ***gerundio*** o ***participio presente*** (*PRP*), y el ***participio pasado*** (*PP*). Cada juego de conjugaciones está encabezado por la forma infinitiva del verbo correspondiente, compuesta en negrita. Solamente aparecen aquellos tiempos que contienen irregularidades, y las formas irregulares dentro de cada tiempo se indican asimismo con negrita.

Toda entrada correspondiente a un verbo irregular en la sección español-inglés de este diccionario viene acompañada de un número que remite al lector a uno de los siguientes modelos de conjugación. Estos números de remisión aparecen entre dos corchetes { } y preceden inmediatamente al calificativo funcional de la entrada.

1 **abolir** *(verbo defectivo)* : *IND* abolimos, abolís *(las otras formas no se usan); SUBJ (no se usa); IMPER (se usa únicamente en la segunda persona plural)*

2 **abrir** : *PP* abierto

3 **actuar** : *IND* **actúo, actúas, actúa**, actuamos, actuáis, **actúan**; *SUBJ* **actúe, actúes, actúe**, actuemos, actuéis, **actúen**; *IMPER* **actúa**

4 **adquirir** : *IND* **adquiero, adquieres, adquiere**, adquirimos, adquirís, **adquieren**; *SUBJ* **adquiera, adquieras, adquiera**, adquiramos, adquiráis, **adquieran**; *IMPER* **adquiere**

5 **airar** : *IND* **aíro, aíras, aíra**, airamos, airáis, **aíran**; *SUBJ* **aíre, aíres, aíre**, airemos, airéis, **aíren**; *IMPER* **aíra**

6 **andar** : *PRET* **anduve, anduviste, anduvo, anduvimos, anduvisteis, anduvieron**

7 **asir** : *IND* **asgo,** ases, ase, asimos, asís, asen; *SUBJ* **asga, asgas, asga, asgamos, asgáis, asgan**

8 **aunar** : *IND* **aúno, aúnas, aúna,** aunamos, aunáis, **aúnan;** *SUBJ* **aúne, aúnes, aúne,** aunemos, aunéis, **aúnen;** *IMPER* **aúna**

9 **avergonzar** : *IND* **avergüenzo, avergüenzas, avergüenza,** avergonzamos, avergonzáis, **avergüenzan;** *SUBJ* **avergüence, avergüences, avergüence, avergoncemos, avergoncéis, avergüencen;** *PRET* **avergoncé;** *IMPER* **avergüenza**

10 **averiguar** : *SUBJ* **averigüe, averigües, averigüe, averigüemos, averigüéis, averigüen;** *PRET* **averigüé,** averiguaste, averiguó, averiguamos, averiguasteis, averiguaron

11 **bendecir** : *IND* **bendigo, bendices, bendice,** bendecimos, bendecís, **bendicen;** *SUBJ* **bendiga, bendigas, bendiga, bendigamos, bendigáis, bendigan;** *PRET* **bendije, bendijiste, bendijo, bendijimos, bendijisteis, bendijeron;** *IMPER* **bendice**

12 **caber** : *IND* **quepo,** cabes, cabe, cabemos, cabéis, caben; *SUBJ* **quepa, quepas, quepa, quepamos, quepáis, quepan;** *PRET* **cupe, cupiste, cupo, cupimos, cupisteis, cupieron;** *FUT* **cabré, cabrás, cabrá, cabremos, cabréis, cabrán**

13 **caer** : *IND* **caigo,** caes, cae, caemos, caéis, caen; *SUBJ* **caiga, caigas, caiga, caigamos, caigáis, caigan;** *PRET* caí, **caíste, cayó, caímos, caísteis, cayeron;** *PRP* **cayendo;** *PP* **caído**

14 **cocer** : *IND* **cuezo, cueces, cuece,** cocemos, cocéis, **cuecen;** *SUBJ* **cueza, cuezas, cueza, cozamos, cozáis, cuezan;** *IMPER* **cuece**

15 **coger** : *IND* **cojo,** coges, coge, cogemos, cogéis, cogen; *SUBJ* **coja, cojas, coja, cojamos, cojáis, cojan**

16 **colgar** : *IND* **cuelgo, cuelgas, cuelga,** colgamos, colgáis, **cuelgan;** *SUBJ* **cuelgue, cuelgues, cuelgue, colguemos, colguéis, cuelguen;** *PRET* **colgué,** colgaste, colgó, colgamos, colgasteis, colgaron; *IMPER* **cuelga**

17 **concernir** *(verbo defectivo; se usa únicamente en la tercera persona singular y plural del presente de indicativo, presente de subjuntivo, y pretérito imperfecto de subjuntivo) véase* 25 **discernir**

18 **conocer** : *IND* **conozco,** conoces, conoce, conocemos, conocéis, conocen; *SUBJ* **conozca, conozcas, conozca, conozcamos, conozcáis, conozcan**

19 **contar** : *IND* **cuento, cuentas, cuenta,** contamos, contáis, **cuentan;** *SUBJ* **cuente, cuentes, cuente,** contemos, contéis, **cuenten;** *IMPER* **cuenta**

20 **creer** : *PRET* creí, **creíste, creyó, creímos, creísteis, creyeron;** *PRP* **creyendo;** *PP* **creído**

21 **cruzar** : *SUBJ* **cruce, cruces, cruce, crucemos, crucéis, crucen;** *PRET* **crucé,** cruzaste, cruzó, cruzamos, cruzasteis, cruzaron

22 **dar** : *IND* **doy,** das, da, damos, **dais,** dan; *SUBJ* **dé,** des, **dé,** demos, **deis,** den; *PRET* **di, diste, dio, dimos, disteis, dieron**

23 **decir** : *IND* **digo, dices, dice,** decimos, decís, **dicen;** *SUBJ* **diga, digas, diga, digamos, digáis, digan;** *PRET* **dije, dijiste, dijo, dijimos, dijisteis, dijeron;** *FUT* **diré, dirás, dirá, diremos, diréis, dirán;** *IMPER* **di;** *PRP* **diciendo;** *PP* **dicho**

24 **delinquir** : *IND* **delinco,** delinques, delinque, delinquimos, delinquís, delinquen; *SUBJ* **delinca, delincas, delinca, delincamos, delincáis, delincan**

25 **discernir** : *IND* **discierno, disciernes, discierne,** discernimos, discernís, **disciernen;** *SUBJ* **discierna, disciernas, discierna,** discernamos, discernáis, **disciernan;** *IMPER* **discierne**

26 **distinguir** : *IND* **distingo,** distingues, distingue, distinguimos, distinguís, distinguen; *SUBJ* **distinga, distingas, distinga, distingamos, distingáis, distingan**

27 **dormir** : *IND* **duermo, duermes, duerme,** dormimos, dormís, **duermen;** *SUBJ* **duerma, duermas, duerma, durmamos, durmáis, duerman;** *PRET* dormí, dormiste, **durmió,** dormimos, dormisteis, **durmieron;** *IMPER* **duerme;** *PRP* **durmiendo**

28 **elegir** : *IND* **elijo, eliges, elige,** elegimos, elegís, **eligen;** *SUBJ* **elija, elijas, elija, elijamos, elijáis, elijan;** *PRET* elegí, elegiste, **eligió,** elegimos, elegisteis, **eligieron;** *IMPER* **elige;** *PRP* **eligiendo**

29 **empezar** : *IND* **empiezo, empiezas, empieza,** empezamos, empezáis, **empiezan;** *SUBJ* **empiece, empieces, empiece, empecemos, empecéis, empiecen;** *PRET* **empecé,** empezaste, empezó, empezamos, empezasteis, empezaron; *IMPER* **empieza**

30 **enraizar** : *IND* **enraízo, enraízas, enraíza,** enraizamos, enraizáis, **enraízan;** *SUBJ* **enraíce, enraíces, enraíce, enraicemos, enraicéis, enraícen;** *PRET* **enraicé,** enraizaste,

enraizó, enraizamos, enraizasteis, enraizaron; *IMPER* **enraíza**

31 **erguir** : *IND* **irgo** *o* **yergo, irgues** *o* **yergues, irgue** *o* **yergue,** erguimos, erguís, **irguen** *o* **yerguen;** *SUBJ* **irga** *o* **yerga, irgas** *o* **yergas, irga** *o* **yerga, irgamos, irgáis, irgan** *o* **yergan;** *PRET* erguí, erguiste, **irguió,** erguimos, erguisteis, **irguieron;** *IMPER* **irgue** *o* **yergue;** *PRP* **irguiendo**

32 **errar** : *IND* **yerro, yerras, yerra,** erramos, erráis, **yerran;** *SUBJ* **yerre, yerres, yerre,** erremos, erréis, **yerren;** *IMPER* **yerra**

33 **escribir** : *PP* **escrito**

34 **estar** : *IND* **estoy, estás, está,** estamos, estáis, **están;** *SUBJ* **esté, estés, esté,** estemos, estéis, **estén;** *PRET* **estuve, estuviste, estuvo, estuvimos, estuvisteis, estuvieron;** *IMPER* **está**

35 **exigir** : *IND* **exijo,** exiges, exige, exigimos, exigís, exigen; *SUBJ* **exija, exijas, exija, exijamos, exijáis, exijan**

36 **forzar** : *IND* **fuerzo, fuerzas, fuerza,** forzamos, forzáis, **fuerzan;** *SUBJ* **fuerce, fuerces, fuerce, forcemos, forcéis, fuercen;** *PRET* **forcé,** forzaste, forzó, forzamos, forzasteis, forzaron; *IMPER* **fuerza**

37 **freír** : *IND* **frío, fríes, fríe, freímos,** freís, **fríen;** *SUBJ* **fría, frías, fría, friamos, friáis, frían;** *PRET* freí, **freíste, frió, freímos, freísteis, frieron;** *IMPER* **fríe;** *PRP* **friendo;** *PP* **frito**

38 **gruñir** : *PRET* gruñí, gruñiste, **gruñó,** gruñimos, gruñisteis, **gruñeron;** *PRP* **gruñendo**

39 **haber** : *IND* **he, has, ha, hemos,** habéis, **han;** *SUBJ* **haya, hayas, haya, hayamos, hayáis, hayan;** *PRET* **hube, hubiste, hubo, hubimos, hubisteis, hubieron;** *FUT* **habré, habrás, habrá, habremos, habréis, habrán;** *IMPER* **he**

40 **hacer** : *IND* **hago,** haces, hace, hacemos, hacéis, hacen; *SUBJ* **haga, hagas, haga, hagamos, hagáis, hagan;** *PRET* **hice, hiciste, hizo, hicimos, hicisteis, hicieron;** *FUT* **haré, harás, hará, haremos, haréis, harán;** *IMPER* **haz;** *PP* **hecho**

41 **huir** : *IND* **huyo, huyes, huye,** huimos, huís, **huyen;** *SUBJ* **huya, huyas, huya, huyamos, huyáis, huyan;** *PRET* huí, huiste, **huyó,** huimos, huisteis, **huyeron;** *IMPER* **huye;** *PRP* **huyendo**

42 **imprimir** : *PP* **impreso**

43 **ir** : *IND* **voy, vas, va, vamos, vais, van;** *SUBJ* **vaya, vayas, vaya, vayamos, vayáis, vayan;** *PRET* **fui, fuiste, fue, fuimos, fuis-**

teis, fueron; *IMPF* **iba, ibas, iba, íbamos, ibais, iban**; *IMPER* **ve**; *PRP* **yendo**; *PP* **ido**

44 **jugar** : *IND* **juego, juegas, juega**, jugamos, jugáis, **juegan**; *SUBJ* **juegue, juegues, juegue, juguemos, juguéis, jueguen**; *PRET* **jugué**, jugaste, jugó, jugamos, jugasteis, jugaron; *IMPER* **juega**

45 **lucir** : *IND* **luzco**, luces, luce, lucimos, lucís, lucen; *SUBJ* **luzca, luzcas, luzca, luzcamos, luzcáis, luzcan**

46 **morir** : *IND* **muero, mueres, muere**, morimos, morís, **mueren**; *SUBJ* **muera, mueras, muera, muramos, muráis, mueran**; *PRET* morí, moriste, **murió**, morimos, moristeis, **murieron**; *IMPER* **muere**; *PRP* **muriendo**; *PP* **muerto**

47 **mover** : *IND* **muevo, mueves, mueve**, movemos, movéis, **mueven**; *SUBJ* **mueva, muevas, mueva**, movamos, mováis, **muevan**; *IMPER* **mueve**

48 **nacer** : *IND* **nazco**, naces, nace, nacemos, nacéis, nacen; *SUBJ* **nazca, nazcas, nazca, nazcamos, nazcáis, nazcan**

49 **negar** : *IND* **niego, niegas, niega**, negamos, negáis, **niegan**; *SUBJ* **niegue, niegues, niegue, neguemos, neguéis, nieguen**; *PRET* **negué**, negaste, negó, negamos, negasteis, negaron; *IMPER* **niega**

50 **oír** : *IND* **oigo, oyes, oye, oímos**, oís, **oyen**; *SUBJ* **oiga, oigas, oiga, oigamos, oigáis, oigan**; *PRET* oí, **oíste, oyó, oímos, oísteis, oyeron**; *IMPER* **oye**; *PRP* **oyendo**; *PP* **oído**

51 **oler** : *IND* **huelo, hueles, huele**, olemos, oléis, **huelen**; *SUBJ* **huela, huelas, huela**, olamos, oláis, **huelan**; *IMPER* **huele**

52 **pagar** : *SUBJ* **pague, pagues, pague, paguemos, paguéis, paguen**; *PRET* **pagué**, pagaste, pagó, pagamos, pagasteis, pagaron

53 **parecer** : *IND* **parezco**, pareces, parece, parecemos, parecéis, parecen; *SUBJ* **parezca, parezcas, parezca, parezcamos, parezcáis, parezcan**

54 **pedir** : *IND* **pido, pides, pide**, pedimos, pedís, **piden**; *SUBJ* **pida, pidas, pida, pidamos, pidáis, pidan**; *PRET* pedí, pediste, **pidió**, pedimos, pedisteis, **pidieron**; *IMPER* **pide**; *PRP* **pidiendo**

55 **pensar** : *IND* **pienso, piensas, piensa**, pensamos, pensáis, **piensan**; *SUBJ* **piense, pienses, piense**, pensemos, penséis, **piensen**; *IMPER* **piensa**

56 **perder** : *IND* **pierdo, pierdes, pierde**, perdemos, perdéis, **pierden**; *SUBJ* **pierda, pierdas, pierda**, perdamos, perdáis, **pierdan**; *IMPER* **pierde**

57 **placer** : *IND* **plazco**, places, place, placemos, placéis, placen; *SUBJ* **plazca, plazcas, plazca, plazcamos, plazcáis, plazcan**; *PRET* plací, placiste, plació *o* **plugo**, placimos, placisteis, placieron *o* **pluguieron**

58 **poder** : *IND* **puedo, puedes, puede**, podemos, podéis, **pueden**; *SUBJ* **pueda, puedas, pueda**, podamos, podáis, **puedan**; *PRET* **pude, pudiste, pudo, pudimos, pudisteis, pudieron**; *FUT* **podré, podrás, podrá, podremos, podréis, podrán**; *IMPER* **puede**; *PRP* **pudiendo**

59 **podrir** *o* **pudrir** : *PP* **podrido** *(las demás formas están basadas en* pudrir*)*

60 **poner** : *IND* **pongo**, pones, pone, ponemos, ponéis, ponen; *SUBJ* **ponga, pongas, ponga, pongamos, pongáis, pongan**; *PRET* **puse, pusiste, puso, pusimos, pusisteis, pusieron**; *FUT* **pondré, pondrás, pondrá, pondremos, pondréis, pondrán**; *IMPER* **pon**; *PP* **puesto**

61 **producir** : *IND* **produzco**, produces, produce, producimos, producís, producen; *SUBJ* **produzca, produzcas, produzca, produzcamos, produzcáis, produzcan**; *PRET* **produje, produjiste, produjo, produjimos, produjisteis, produjeron**

62 **prohibir** : *IND* **prohíbo, prohíbes, prohíbe**, prohibimos, prohibís, **prohíben**; *SUBJ* **prohíba, prohíbas, prohíba**, prohibamos, prohibáis, **prohíban**; *IMPER* **prohíbe**

63 **proveer** : *PRET* proveí, **proveíste, proveyó, proveímos, proveísteis, proveyeron**; *PRP* **proveyendo**; *PP* **provisto**

64 **querer** : *IND* **quiero, quieres, quiere**, queremos, queréis, **quieren**; *SUBJ* **quiera, quieras, quiera**, queramos, queráis, **quieran**; *PRET* **quise, quisiste, quiso, quisimos, quisisteis, quisieron**; *FUT* **querré, querrás, querrá, querremos, querréis, querrán**; *IMPER* **quiere**

65 **raer** : *IND* rao *o* **raigo** *o* **rayo**, raes, rae, raemos, raéis, raen; *SUBJ* **raiga** *o* **raya, raigas** *o* **rayas, raiga** *o* **raya, raigamos** *o* **rayamos, raigáis** *o* **rayáis, raigan** *o* **rayan**; *PRET* **raí, raíste, rayó, raímos, raísteis, rayeron**; *PRP* **rayendo**; *PP* **raído**

66 **reír** : *IND* **río, ríes, ríe, reímos**, reís, **ríen**; *SUBJ* **ría, rías, ría, riamos, riáis, rían**; *PRET* reí, **reíste, rió, reímos, reísteis, rieron**; *IMPER* **ríe**; *PRP* **riendo**; *PP* **reído**

67 **reñir** : *IND* **riño, riñes, riñe**, reñimos, reñís, **riñen**; *SUBJ* **riña, riñas, riña, riñamos, riñáis, riñan**; *PRET* reñí, reñiste, **riñó**, reñimos, reñisteis, **riñeron**; *PRP* **riñendo**

68 **reunir** : *IND* **reúno, reúnes, reúne**, reunimos, reunís, **reúnen**; *SUBJ* **reúna, reúnas, reúna**, reunamos, reunáis, **reúnan**; *IMPER* **reúne**

69 **roer** : *IND* roo *o* **roigo** *o* **royo**, roes, roe, roemos, roéis, roen; *SUBJ* roa *o* **roiga** *o* **roya**, roas *o* **roigas** *o* **royas**, roa *o* **roiga** *o* **roya**, roamos *o* **roigamos** *o* **royamos**, roáis *o* **roigáis** *o* **royáis**, roan *o* **roigan** *o* **royan**; *PRET* roí, **roíste, royó, roímos, roísteis, royeron**; *PRP* **royendo**; *PP* **roído**

70 **romper** : *PP* **roto**

71 **saber** : *IND* **sé**, sabes, sabe, sabemos, sabéis, saben; *SUBJ* **sepa, sepas, sepa, sepamos, sepáis, sepan**; *PRET* **supe, supiste, supo, supimos, supisteis, supieron**; *FUT* **sabré, sabrás, sabrá, sabremos, sabréis, sabrán**

72 **sacar** : *SUBJ* **saque, saques, saque, saquemos, saquéis, saquen**; *PRET* **saqué**, sacaste, sacó, sacamos, sacasteis, sacaron

73 **salir** : *IND* **salgo**, sales, sale, salimos, salís, salen; *SUBJ* **salga, salgas, salga, salgamos, salgáis, salgan**; *FUT* **saldré, saldrás, saldrá, saldremos, saldréis, saldrán**; *IMPER* **sal**

74 **satisfacer** : *IND* **satisfago**, satisfaces, satisface, satisfacemos, satisfacéis, satisfacen; *SUBJ* **satisfaga, satisfagas, satisfaga, satisfagamos, satisfagáis, satisfagan**; *PRET* **satisfice, satisficiste, satisfizo, satisficimos, satificisteis, satisficieron**; *FUT* **satisfaré, satisfarás, satisfará, satisfaremos, satisfaréis, satisfarán**; *IMPER* **satisfaz** *o* **satisface**; *PP* **satisfecho**

75 **seguir** : *IND* **sigo, sigues, sigue**, seguimos, seguís, **siguen**; *SUBJ* **siga, sigas, siga, sigamos, sigáis, sigan**; *PRET* seguí, seguiste, **siguió**, seguimos, seguisteis, **siguieron**; *IMPER* **sigue**; *PRP* **siguiendo**

76 **sentir** : *IND* **siento, sientes, siente**, sentimos, sentís, **sienten**; *SUBJ* **sienta, sientas, sienta, sintamos, sintáis, sientan**; *PRET* sentí, sentiste, **sintió**, sentimos, sentisteis, **sintieron**; *IMPER* **siente**; *PRP* **sintiendo**

77 **ser** : *IND* **soy, eres, es, somos, sois, son**; *SUBJ* **sea, seas, sea, seamos, seáis, sean**; *PRET* **fui, fuiste, fue, fuimos, fuisteis, fueron**; *IMPF* **era, eras, era, éramos, erais, eran**; *IMPER* **sé**; *PRP* **siendo**; *PP* **sido**

78 **soler** *(verbo defectivo; se usa únicamente en el presente, el pretérito, y el pretérito imperfecto de indicativo, así como en el presente y el pretérito imperfecto de subjuntivo) véase* 47 **mover**

79 **tañer** : *PRET* tañí, tañiste, **tañó**, tañimos, tañisteis, **tañeron**; *PRP* **tañendo**

80 **tener** : *IND* **tengo, tienes, tiene**, tenemos, tenéis, **tienen**; *SUBJ* **tenga, tengas, tenga, tengamos, tengáis, tengan**; *PRET* **tuve, tuviste, tuvo, tuvimos, tuvisteis, tuvieron**; *FUT* **tendré, tendrás, tendrá, tendremos, tendréis, tendrán**; *IMPER* **ten**

81 **traer** : *IND* **traigo**, traes, trae, traemos, traéis, traen; *SUBJ* **traiga, traigas, traiga, traigamos, traigáis, traigan**; *PRET* **traje, trajiste, trajo, trajimos, trajisteis, trajeron**; *PRP* **trayendo**; *PP* **traído**

82 **trocar** : *IND* **trueco, truecas, trueca**, trocamos, trocáis, **truecan**; *SUBJ* **trueque, trueques, trueque, troquemos, troquéis, truequen**; *PRET* **troqué**, trocaste, trocó, trocamos, trocasteis, trocaron; *IMPER* **trueca**

83 **uncir** : *IND* **unzo**, unces, unce, uncimos, uncís, uncen; *SUBJ* **unza, unzas, unza, unzamos, unzáis, unzan**

84 **valer** : *IND* **valgo**, vales, vale, valemos, valéis, valen; *SUBJ* **valga, valgas, valga, valgamos, valgáis, valgan**; *FUT* **valdré, valdrás, valdrá, valdremos, valdréis, valdrán**

85 **variar** : *IND* **varío, varías, varía**, variamos, variáis, **varían**; *SUBJ* **varíe, varíes, varíe**, variemos, variéis, **varíen**; *IMPER* **varía**

86 **vencer** : *IND* **venzo**, vences, vence, vencemos, vencéis, vencen; *SUBJ* **venza, venzas, venza, venzamos, venzáis, venzan**

87 **venir** : *IND* **vengo, vienes, viene**, venimos, venís, **vienen**; *SUBJ* **venga, vengas, venga, vengamos, vengáis, vengan**; *PRET* **vine, viniste, vino, vinimos, vinisteis, vinieron**; *FUT* **vendré, vendrás, vendrá, vendremos, vendréis, vendrán**; *IMPER* **ven**; *PRP* **viniendo**

88 **ver** : *IND* veo, **ves, ve, vemos, veis, ven**; *PRET* **vi, viste, vio, vimos, visteis, vieron**; *IMPER* **ve**; *PRP* **viendo**; *PP* **visto**

89 **volver** : *IND* **vuelvo, vuelves, vuelve**, volvemos, volvéis, **vuelven**; *SUBJ* **vuelva, vuelvas, vuelva**, volvamos, volváis, **vuelvan**; *IMPER* **vuelve**; *PP* **vuelto**

90 **yacer :** *IND* **yazco** *o* **yazgo** *o* **yago,** yaces, yace, yacemos, yacéis, yacen; *SUBJ* **yazca** *o* **yazga** *o* **yaga, yazcas** *o* **yazgas** *o* **yagas, yazca** *o* **yazga** *o* **yaga, yazcamos** *o* **yazgamos** *o* **yagamos, yazcáis** *o* **yazgáis** *o* **yagáis, yazcan** *o* **yazgan** *o* **yagan;** *IMPER* yace *o* **yaz**

Verbos irregulares en inglés

INFINITIVO	PRETÉRITO	PARTICIPIO PASADO
arise	arose	arisen
awake	awoke	awoken *or* awaked
be	was, were	been
bear	bore	borne
beat	beat	beaten *or* beat
become	became	become
befall	befell	befallen
begin	began	begun
behold	beheld	beheld
bend	bent	bent
beseech	beseeched *or* besought	beseeched *or* besought
beset	beset	beset
bet	bet	bet
bid	bade *or* bid	bidden *or* bid
bind	bound	bound
bite	bit	bitten
bleed	bled	bled
blow	blew	blown
break	broke	broken
breed	bred	bred
bring	brought	brought
build	built	built
burn	burned *or* burnt	burned *or* burnt
burst	burst	burst
buy	bought	bought
can	could	—
cast	cast	cast
catch	caught	caught
choose	chose	chosen
cling	clung	clung
come	came	come
cost	cost	cost
creep	crept	crept
cut	cut	cut
deal	dealt	dealt
dig	dug	dug
do	did	done
draw	drew	drawn
dream	dreamed *or* dreamt	dreamed *or* dreamt
drink	drank	drunk *or* drank
drive	drove	driven
dwell	dwelled *or* dwelt	dwelled *or* dwelt

INFINITIVO	PRETÉRITO	PARTICIPIO PASADO
eat	ate	eaten
fall	fell	fallen
feed	fed	fed
feel	felt	felt
fight	fought	fought
find	found	found
flee	fled	fled
fling	flung	flung
fly	flew	flown
forbid	forbade	forbidden
forecast	forecast	forecast
forego	forewent	foregone
foresee	foresaw	foreseen
foretell	foretold	foretold
forget	forgot	forgotten *or* forgot
forgive	forgave	forgiven
forsake	forsook	forsaken
freeze	froze	frozen
get	got	got *or* gotten
give	gave	given
go	went	gone
grind	ground	ground
grow	grew	grown
hang	hung	hung
have	had	had
hear	heard	heard
hide	hid	hidden *or* hid
hit	hit	hit
hold	held	held
hurt	hurt	hurt
keep	kept	kept
kneel	knelt *or* kneeled	knelt *or* kneeled
know	knew	known
lay	laid	laid
lead	led	led
lean	leaned	leaned
leap	leaped *or* leapt	leaped *or* leapt
learn	learned	learned
leave	left	left
lend	lent	lent
let	let	let
lie	lay	lain
light	lit *or* lighted	lit *or* lighted
lose	lost	lost
make	made	made
may	might	—

INFINITIVO	PRETÉRITO	PARTICIPIO PASADO
mean	meant	meant
meet	met	met
mow	mowed	mowed *or* mown
pay	paid	paid
put	put	put
quit	quit	quit
read	read	read
rend	rent	rent
rid	rid	rid
ride	rode	ridden
ring	rang	rung
rise	rose	risen
run	ran	run
saw	sawed	sawed *or* sawn
say	said	said
see	saw	seen
seek	sought	sought
sell	sold	sold
send	sent	sent
set	set	set
shake	shook	shaken
shall	should	—
shear	sheared	sheared *or* shorn
shed	shed	shed
shine	shone *or* shined	shone *or* shined
shoot	shot	shot
show	showed	shown *or* showed
shrink	shrank *or* shrunk	shrunk *or* shrunken
shut	shut	shut
sing	sang *or* sung	sung
sink	sank *or* sunk	sunk
sit	sat	sat
slay	slew	slain
sleep	slept	slept
slide	slid	slid
sling	slung	slung
smell	smelled *or* smelt	smelled *or* smelt
sow	sowed	sown *or* sowed
speak	spoke	spoken
speed	sped *or* speeded	sped *or* speeded
spell	spelled	spelled
spend	spent	spent
spill	spilled	spilled
spin	spun	spun
spit	spit *or* spat	spit *or* spat
split	split	split

INFINITIVO	PRETÉRITO	PARTICIPIO PASADO
spoil	spoiled	spoiled
spread	spread	spread
spring	sprang *or* sprung	sprung
stand	stood	stood
steal	stole	stolen
stick	stuck	stuck
sting	stung	stung
stink	stank *or* stunk	stunk
stride	strode	stridden
strike	struck	struck
swear	swore	sworn
sweep	swept	swept
swell	swelled	swelled *or* swollen
swim	swam	swum
swing	swung	swung
take	took	taken
teach	taught	taught
tear	tore	torn
tell	told	told
think	thought	thought
throw	threw	thrown
thrust	thrust	thrust
tread	trod	trodden *or* trod
wake	woke	woken *or* waked
waylay	waylaid	waylaid
wear	wore	worn
weave	wove *or* weaved	woven *or* weaved
wed	wedded	wedded
weep	wept	wept
will	would	—
win	won	won
wind	wound	wound
withdraw	withdrew	withdrawn
withhold	withheld	withheld
withstand	withstood	withstood
wring	wrung	wrung
write	wrote	written

Símbolos de pronunciación

VOCALES

æ **a**sk, b**a**t, gl**a**d

ɑ c**o**t, b**o**mb

a *Nueva Inglaterra* **au**nt, *inglés británico* **a**sk, gl**a**ss, *español* c**a**sa

e *español* p**e**so, j**e**f**e**

ɛ **e**gg, b**e**t, f**e**d

ə **a**bout, jav**e**lin, Al**a**bam**a**

ə cuando aparece en itálica (*ə*l, *ə*m, *ə*n), denota una pronunciación silábica del consonante, como en bott**le**, pris**m**, butt**on**

i ver**y**, an**y**, thirt**y**, *español* p**i**ña

iː **ea**t, b**ea**d, b**ee**

ɪ **i**d, b**i**d, p**i**t

o **O**hio, yell**o**wer, potat**o**, *español* **ó**valo

oː **oa**ts, **ow**n, z**o**ne, bl**ow**

ɔ **aw**l, m**au**l, c**au**ght, p**aw**

ʊ s**u**re, sh**ou**ld, c**ou**ld

u *español* **u**va, c**u**lpa

uː b**oo**t, f**ew**, c**oo**

ʌ **u**nder, p**u**tt, b**u**d

eɪ **ei**ght, w**a**de, b**ay**

aɪ **i**ce, b**i**te, t**ie**

aʊ **ou**t, g**ow**n, pl**ow**

ɔɪ **oy**ster, c**oi**l, b**oy**

ɒ *inglés británico* b**o**nd, g**o**d

ø *francés* d**eu**x, *alemán* H**ö**hle

œ *francés* b**œu**f, *alemán* H**ö**lle

y *francés* l**u**ne, *alemán* f**ü**hlen

ʏ *alemán* f**ü**llt

˜ (tilde como en ã, ɔ̃, ẽ) *francés* v**in**, b**on**, bi**en**

ː indica que la vocal precedente es larga. En el inglés, las vocales largas casi siempre son diptongos, pero no en español.

CONSONANTES

b **b**a**b**y, la**b**or, ca**b**

β *español* ca**b**o, óvalo

d **d**ay, rea**d**y, ki**d**

ʤ **j**ust, ba**dg**er, fu**dg**e

ð **th**en, ei**th**er, ba**th**e

f **f**oe, tou**gh**, bu**ff**

g **g**o, bi**gg**er, ba**g**

ɣ *español* tra**g**ar, da**g**a

h **h**ot, a**h**a

j **y**es, vine**y**ard

ʲ marca la palatalización como en *francés* digne [dinʲ]

k **c**at, **k**eep, la**cqu**er, flo**ck**

l **l**aw, ho**ll**ow, boi**l**

m **m**at, he**m**p, ha**mm**er, ri**m**

n **n**ew, te**n**t, te**n**or, ru**n**

ŋ ru**ng**, ha**ng**, swi**ng**er

ɲ *español* caba**ñ**a, pi**ñ**a

p **p**ay, la**p**se, to**p**

r **r**ope, bu**r**n, ta**r**

s **s**ad, mi**s**t, ki**ss**

ʃ **sh**oe, mi**ss**ion, slu**sh**

t **t**oe, bu**tt**on, ma**t**

t̬ indica que algunos angloparlantes pronuncian este sonido como un flap alveolar sonoro [ɾ], como en la**t**er, ca**tt**y, ba**tt**le

ʧ **ch**oose, ba**tch**

θ **th**in, e**th**er, ba**th**

v **v**at, ne**v**er, ca**v**e

w **w**et, soft**w**are

x *alemán* Ba**ch**, *escocés* lo**ch**

z **z**oo, ea**s**y, bu**zz**

ʒ a**z**ure, bei**g**e

ʔ indica una oclusión glótica, el sonido que introduce las sílabas en **uh-oh**

h, k, p, t cuando aparecen en itálicas denotan sonidos presentes en la forma de pronunciar de algunos angloparlantes pero ausentes en el habla de otros angloparlantes, lo cual indica, por ejemplo, que *whence* [ˈ*h*wɛn*t*s] puede pronunciarse como [ˈwɛns], [ˈhwɛns], [ˈwɛnts], o también [ˈhwɛnts]

MARCAS DE ACENTUACIÓN

ˈ	acento alto	**pen**manship
ˌ	acento bajo	penman**ship**

Diccionario Español-Inglés

A

a[1] *nf* : first letter of the Spanish alphabet

a[2] *prep* **1** (*indicating direction*) : to ⟨vamos a México : we're going to Mexico⟩ ⟨fui a casa : I went home⟩ ⟨gira a la derecha : turn right⟩ **2** (*indicating location*) : at ⟨llegué al hotel : I arrived at the hotel⟩ ⟨al fondo del pasillo : at the end of the hall⟩ ⟨a mi lado : beside me⟩ ⟨vivo a cinco minutos de aquí : I live five minutes from here⟩ **3** (*used before direct objects referring to persons*) ⟨¿llamaste a tu papá? : did you call your dad?⟩ **4** (*used before indirect objects*) ⟨como a usted le guste : as you wish⟩ ⟨le echó un vistazo a la página : she glanced over the page⟩ **5** : in the manner of ⟨papas a la francesa : french fries⟩ ⟨una boda a lo Hollywood : a Hollywood-style wedding⟩ **6** : on, by means of ⟨a pie : on foot⟩ ⟨a mano : by hand⟩ **7** : per, each ⟨tres pastillas al día : three pills per day⟩ **8** (*indicating rate or measure*) ⟨lo venden a 50 pesos el kilo : they sell it for 50 pesos a kilo⟩ ⟨a una velocidad de . . . : at a speed of . . .⟩ **9** (*indicating comparison*) : to ⟨prefiero el vino a la cerveza : I prefer wine to beer⟩ ⟨un margen de dos a uno : a two-to-one margin⟩ **10** (*indicating time*) : at, on ⟨a las dos : at two o'clock⟩ ⟨al principio : at first⟩ ⟨al salir : on/upon leaving⟩ ⟨al día siguiente : on the following day⟩ **11** (*with infinitive*) ⟨enséñales a leer : teach them to read⟩ ⟨problemas a resolver : problems to be solved⟩

ábaco *nm* : abacus

abad *nm* : abbot

abadesa *nf* : abbess

abadía *nf* : abbey

abajo *adv* **1** : down ⟨póngalo más abajo : put it further down⟩ ⟨arriba y abajo : up and down⟩ **2** : downstairs **3** : under, beneath ⟨el abajo firmante : the undersigned⟩ **4** : down with ⟨¡abajo la inflación! : down with inflation!⟩ **5 ~ de** : under, beneath **6 de ~** : bottom ⟨el cajón de abajo : the bottom drawer⟩ **7 hacia ~** *or* **para ~** : downwards **8 cuesta abajo** : downhill **9 río abajo** : downstream

abalanzarse {21} *vr* : to hurl oneself, to rush

abanderado, -da *n* : standard-bearer

abandonado, -da *adj* **1** : abandoned, deserted **2** : neglected **3** : slovenly, unkempt

abandonar *vt* **1** DEJAR : to abandon, to leave **2** : to give up, to quit ⟨abandonaron la búsqueda : they gave up the search⟩ — **abandonarse** *vr* **1** : to neglect oneself **2 ~ a** : to succumb to, to give oneself over to

abandono *nm* **1** : abandonment **2** : neglect **3** : withdrawal ⟨ganar por abandono : to win by default⟩

abanicar {72} *vt* : to fan — **abanicarse** *vr*

abanico *nm* **1** : fan **2** GAMA : range, gamut

abaratamiento *nm* : price reduction

abaratar *vt* : to lower the price of — **abaratarse** *vr* : to go down in price

abarcar {72} *vt* **1** : to cover, to include, to embrace **2** : to undertake **3** : to monopolize

abaritonado, -da *adj* : baritone

abarrotado, -da *adj* : packed, crammed

abarrotar *vt* : to fill up, to pack

abarrotería *nf CA, Mex* : grocery store

abarrotero, -ra *n Col, Mex* : grocer

abarrotes *nmpl* **1** : groceries, supplies **2 tienda de abarrotes** : general store, grocery store

abastecedor, -dora *n* : supplier

abastecer {53} *vt* : to supply, to stock — **abastecerse** *vr* : to stock up

abastecimiento → **abasto**

abasto *nm* : supply, supplying ⟨no da abasto : there isn't enough for all⟩

abatido, -da *adj* : dejected, depressed

abatimiento *nm* **1** : drop, reduction **2** : dejection, depression

abatir *vt* **1** DERRIBAR : to demolish, to knock down **2** : to shoot down **3** DEPRIMIR : to depress, to bring low — **abatirse** *vr* **1** DEPRIMIRSE : to get depressed **2 ~ sobre** : to swoop down on

abdicación *nf, pl* **-ciones** : abdication

abdicar {72} *vt* : to relinquish, to abdicate

abdomen *nm, pl* **-dómenes** : abdomen

abdominal *adj* : abdominal

abecé *nm* : ABC's *pl*

abecedario *nm* ALFABETO : alphabet

abedul *nm* : birch (tree)

abeja *nf* : bee

abejorro *nm* : bumblebee

aberración *nf, pl* **-ciones** : aberration

aberrante *adj* : aberrant, perverse

abertura *nf* **1** : aperture, opening **2** AGUJERO : hole **3** : slit (in a skirt, etc.) **4** GRIETA : crack

abeto *nm* : fir (tree)

abierto[1] *pp* → **abrir**

abierto[2], **-ta** *adj* **1** : open **2** : candid, frank **3** : generous — **abiertamente** *adv*

abigarrado, -da *adj* : multicolored, variegated

abigeato *nm* : rustling (of livestock)

abismal *adj* : abysmal, vast

abismo *nm* : abyss, chasm ⟨al borde del abismo : on the brink of ruin⟩

abjurar *vi* **~ de** : to abjure — **abjuración** *nf*

ablandamiento *nm* : softening, moderation

ablandar *vt* **1** SUAVIZAR : to soften **2** CALMAR : to soothe, to appease — *vi* : to moderate, to get milder — **ablandarse** *vr* **1** : to become soft, to soften **2** CEDER : to yield, to relent
ablución *nf, pl* **-ciones** : ablution
abnegación *nf, pl* **-ciones** : abnegation, self-denial
abnegado, -da *adj* : self-sacrificing, selfless
abnegarse {49} *vr* : to deny oneself
abobado, -da *adj* **1** : silly, stupid **2** : bewildered
abocarse {72} *vr* **1** DIRIGIRSE : to head, to direct oneself **2** DEDICARSE : to dedicate oneself
abochornar *vt* AVERGONZAR : to embarrass, to shame — **abochornarse** *vr*
abofetear *vt* : to slap
abogacía *nf* : law, legal profession
abogado, -da *n* : lawyer, attorney
abogar {52} *vi* ~ **por** : to plead for, to defend, to advocate
abolengo *nm* LINAJE : lineage, ancestry
abolición *nf, pl* **-ciones** : abolition
abolir {1} *vt* DEROGAR : to abolish, to repeal
abolladura *nf* : dent
abollar *vt* : to dent
abombar *vt* : to warp, to cause to bulge — **abombarse** *vr* : to decompose, to go bad
abominable *adj* ABORRECIBLE : abominable
abominación *nf, pl* **-ciones** : abomination
abominar *vt* ABORRECER : to abominate, to abhor
abonado, -da *n* : subscriber
abonar *vt* **1** : to pay **2** FERTILIZAR : to fertilize — **abonarse** *vr* : to subscribe
abono *nm* **1** : payment, installment **2** FERTILIZANTE : fertilizer **3** : season ticket
abordaje *nm* : boarding
abordar *vt* **1** : to address, to broach **2** : to accost, to waylay **3** : to come on board
aborigen[1] *adj, pl* **-rígenes** : aboriginal, native
aborigen[2] *nmf, pl* **-rígenes** : aborigine, indigenous inhabitant
aborrecer {53} *vt* ABOMINAR, ODIAR : to abhor, to detest, to hate
aborrecible *adj* ABOMINABLE, ODIOSO : abominable, detestable
aborrecimiento *nm* : abhorrence, loathing
abortar *vi* : to have an abortion — *vt* **1** : to abort **2** : to quash, to suppress
abortista *nmf* : abortionist
abortivo, -va *adj* : abortive
aborto *nm* **1** : abortion **2** : miscarriage
abotonar *vt* : to button — **abotonarse** *vr* : to button up
abovedado, -da *adj* : vaulted
abrasador, -dora *adj* : burning, scorching
abrasar *vt* QUEMAR : to burn, to sear, to scorch
abrasivo[1], **-va** *adj* : abrasive
abrasivo[2] *nm* : abrasive
abrazadera *nf* : clamp, brace
abrazar {21} *vt* : to hug, to embrace — **abrazarse** *vr*
abrazo *nm* : hug, embrace
abrebotellas *nms & pl* : bottle opener
abrelatas *nms & pl* : can opener
abrevadero *nm* BEBEDERO : watering trough
abreviación *nf, pl* **-ciones** : abbreviation
abreviar *vt* **1** : to abbreviate **2** : to shorten, to cut short
abreviatura → **abreviación**
abridor *nm* : bottle opener, can opener
abrigadero *nm* : shelter, windbreak
abrigado, -da *adj* **1** : sheltered **2** : warm, wrapped up (with clothing)
abrigar {52} *vt* **1** : to shelter, to protect **2** : to keep warm, to dress warmly **3** : to cherish, to harbor ⟨abrigar esperanzas : to cherish hopes⟩ — **abrigarse** *vr* : to dress warmly
abrigo *nm* **1** : coat, overcoat **2** : shelter, refuge
abril *nm* : April
abrillantador *nm* : polish
abrillantar *vt* : to polish, to shine
abrir {2} *vt* **1** : to open **2** : to unlock, to undo **3** : to turn on (a tap or faucet) — *vi* : to open, to open up — **abrirse** *vr* **1** : to open up **2** : to clear (of the skies)
abrochar *vt* : to button, to fasten — **abrocharse** *vr* : to fasten, to hook up
abrogación *nf, pl* **-ciones** : abrogation, annulment, repeal
abrogar {52} *vt* : to abrogate, to annul, to repeal
abrojo *nm* : bur (of a plant)
abrumador, -dora *adj* : crushing, overwhelming
abrumar *vt* **1** AGOBIAR : to overwhelm **2** OPRIMIR : to oppress, to burden
abrupto, -ta *adj* **1** : abrupt **2** ESCARPADO : steep — **abruptamente** *adv*
absceso *nm* : abscess
absolución *nf, pl* **-ciones** **1** : absolution **2** : acquittal
absolutismo *nm* : absolutism
absoluto, -ta *adj* **1** : absolute, unconditional **2 en** ~ : not at all ⟨no me gustó en absoluto : I did not like it at all⟩ — **absolutamente** *adv*
absolver {89} *vt* **1** : to absolve **2** : to acquit
absorbente *adj* **1** : absorbent **2** : absorbing, engrossing
absorber *vt* **1** : to absorb, to soak up **2** : to occupy, to take up, to engross
absorción *nf, pl* **-ciones** : absorption
absorto, -ta *adj* : absorbed, engrossed
abstemio[1], **-mia** *adj* : abstemious, teetotal
abstemio[2], **-mia** *n* : teetotaler

abstención *nf, pl* **-ciones** : abstention
abstenerse {80} *vr* : to abstain, to refrain
abstinencia *nf* : abstinence
abstracción *nf, pl* **-ciones** : abstraction
abstracto, -ta *adj* : abstract
abstraer {81} *vt* : to abstract — **abstraerse** *vr* : to lose oneself in thought
abstraído, -da *adj* : preoccupied, withdrawn
abstruso, -sa *adj* : abstruse
abstuvo, etc. → **abstenerse**
absuelto *pp* → **absolver**
absurdo[1], **-da** *adj* DISPARATADO, RIDÍCULO : absurd, ridiculous — **absurdamente** *adv*
absurdo[2] *nm* : absurdity
abuchear *vt* : to boo, to jeer
abucheo *nm* : booing, jeering
abuela *nf* **1** : grandmother **2** : old woman **3 ¡tu abuela!** *fam* : no way!, forget about it!
abuelo *nm* **1** : grandfather **2** : old man **3 abuelos** *nmpl* : grandparents, ancestors
abulia *nf* : apathy, lethargy
abúlico, -ca *adj* : lethargic, apathetic
abultado, -da *adj* : bulging, bulky
abultar *vi* : to bulge — *vt* : to enlarge, to expand
abundancia *nf* : abundance
abundante *adj* : abundant, plentiful — **abundantemente** *adv*
abundar *vi* **1** : to abound, to be plentiful **2 ~ en** : to be in agreement with
aburrido, -da *adj* **1** : bored, tired, fed up **2** TEDIOSO : boring, tedious
aburrimiento *nm* : boredom, weariness
aburrir *vt* : to bore, to tire — **aburrirse** *vr* : to get bored
abusado, -da *adj Mex fam* : sharp, on the ball
abusador, -dora *n* : abuser
abusar *vi* **1** : to go too far, to do something to excess **2 ~ de** : to abuse (as drugs) **3 ~ de** : to take unfair advantage of
abusivo, -va *adj* **1** : abusive **2** : outrageous, excessive
abuso *nm* **1** : abuse **2** : injustice, outrage
abyecto, -ta *adj* : despicable, contemptible
acá *adv* AQUÍ : here, over here ⟨¡ven acá! : come here!⟩
acabado[1], **-da** *adj* **1** : finished, done, completed **2** : old, worn-out
acabado[2] *nm* : finish ⟨un acabado brillante : a glossy finish⟩
acabar *vi* **1** TERMINAR : to finish, to end ⟨ya acabo : I'm almost done⟩ **2 ~ de** : to have just ⟨acabo de ver a tu hermano : I just saw your brother⟩ **3 ~ con** : to put an end to, to stamp out **4 acabar por hacer algo** *or* **acabar haciendo algo** : to end up doing something — *vt* TERMINAR : to finish — **acabarse** *vr* TERMINARSE : to come to an end, to run out ⟨se me acabó el dinero : I ran out of money⟩ ⟨¡se acabó! : that's it!⟩
acacia *nf* : acacia
academia *nf* : academy
académico[1], **-ca** *adj* : academic, scholastic — **académicamente** *adv*
académico[2], **-ca** *n* : academic, academician
acaecer {53} *vt* (*3rd person only*) : to happen, to take place
acalambrarse *vr* : to cramp up, to get a cramp
acallar *vt* : to quiet, to silence
acalorado, -da *adj* : emotional, heated
acaloramiento *nm* **1** : heat **2** : ardor, passion
acalorar *vt* : to heat up, to inflame — **acalorarse** *vr* : to get upset, to get worked up
acampada *nf* : camp, camping ⟨ir de acampada : to go camping⟩
acampar *vi* : to camp
acanalar *vt* **1** : to groove, to furrow **2** : to corrugate
acantilado *nm* : cliff
acanto *nm* : acanthus
acantonar *vt* : to station, to quarter
acaparador, -dora *adj* : greedy, selfish
acaparar *vt* **1** : to stockpile, to hoard **2** : to monopolize
acápite *nm* : paragraph
acariciar *vt* : to caress, to stroke, to pet
ácaro *nm* : mite
acarrear *vt* **1** : to haul, to carry **2** : to bring, to give rise to ⟨los problemas que acarrea : the problems that come along with it⟩
acarreo *nm* : transport, haulage
acartonarse *vr* **1** : to stiffen **2** : to become wizened
acaso *adv* **1** : perhaps, by any chance **2 por si acaso** : just in case
acatamiento *nm* : compliance, observance
acatar *vt* : to comply with, to respect
acaudalado, -da *adj* RICO : wealthy, rich
acaudillar *vt* : to lead, to command
acceder *vi* **1 ~ a** : to accede to, to agree to **2** : to assume (a position) **3** : to gain access to
accesar *vt* : to access (on a computer)
accesibilidad *nf* : accessibility
accesible *adj* ASEQUIBLE : accessible, attainable
acceso *nm* **1** : access **2** : admittance, entrance
accesorio[1], **-ria** *adj* **1** : accessory **2** : incidental
accesorio[2] *nm* **1** : accessory **2** : prop (in the theater)
accidentado[1], **-da** *adj* **1** : eventful, turbulent **2** : rough, uneven **3** : injured
accidentado[2], **-da** *n* : accident victim
accidental *adj* : accidental, unintentional — **accidentalmente** *adv*
accidentarse *vr* : to have an accident

accidente *nm* **1** : accident **2** : unevenness **3 accidente geográfico** : geographical feature

acción *nf, pl* **acciones** **1** : action **2** ACTO : act, deed **3** : share, stock

accionamiento *nm* : activation

accionar *vt* : to put into motion, to activate — *vi* : to gesticulate

accionario, -ria *adj* : stock ⟨mercado accionario : stock market⟩

accionista *nmf* : stockholder, shareholder

acebo *nm* : holly

acechar *vt* **1** : to watch, to spy on **2** : to stalk, to lie in wait for

acecho *nm* **al acecho** : lying in wait

acedera *nf* : sorrel (herb)

acéfalo, -la *adj* : leaderless

aceitar *vt* : to oil

aceite *nm* **1** : oil **2 aceite de ricino** : castor oil **3 aceite de oliva** : olive oil

aceitera *nf* **1** : cruet (for oil) **2** : oilcan **3** *Mex* : oil refinery

aceitoso, -sa *adj* : oily

aceituna *nf* OLIVA : olive

aceituno *nm* OLIVO : olive tree

aceleración *nf, pl* **-ciones** : acceleration, speeding up

acelerado, -da *adj* : accelerated, speedy

acelerador *nm* : accelerator

aceleramiento *nm* → **aceleración**

acelerar *vt* **1** : to accelerate, to speed up **2** AGILIZAR : to expedite — *vi* : to accelerate (of an automobile) — **acelerarse** *vr* : to hasten, to hurry up

acelga *nf* : chard, Swiss chard

acendrado, -da *adj* : pure, unblemished

acendrar *vt* : to purify, to refine

acento *nm* **1** : accent **2** : stress, emphasis

acentuación *nf, pl* **-ciones** : accentuation

acentuado, -da *adj* : marked, pronounced

acentuar {3} *vt* **1** : to accent **2** : to emphasize, to stress — **acentuarse** *vr* : to become more pronounced

acepción *nf, pl* **-ciones** SIGNIFICADO : sense, meaning

aceptabilidad *nf* : acceptability

aceptable *adj* : acceptable

aceptación *nf, pl* **-ciones** **1** : acceptance **2** APROBACIÓN : approval

aceptar *vt* **1** : to accept **2** : to approve

acequia *nf* **1** : irrigation ditch **2** *Mex* : sewer

acera *nf* : sidewalk

acerado, -da *adj* **1** : made of steel **2** : steely, tough

acerbo, -ba *adj* **1** : harsh, cutting ⟨comentarios acerbos : cutting remarks⟩ **2** : bitter — **acerbamente** *adv*

acerca *prep* ~ **de** : about, concerning

acercamiento *nm* : rapprochement, reconciliation

acercar {72} *vt* APROXIMAR, ARRIMAR : to bring near, to bring closer — **acercarse** *vr* APROXIMARSE, ARRIMARSE : to approach, to draw near

acería *nf* : steel mill

acerico *nm* : pincushion

acero *nm* : steel ⟨acero inoxidable : stainless steel⟩

acérrimo, -ma *adj* **1** : staunch, steadfast **2** : bitter ⟨un acérrimo enemigo : a bitter enemy⟩

acertado, -da *adj* CORRECTO : accurate, correct, on target — **acertadamente** *adv*

acertante[1] *adj* : winning

acertante[2] *nmf* : winner

acertar {55} *vt* : to guess correctly — *vi* **1** ATINAR : to be correct, to be on target **2** ~ **a** : to manage to

acertijo *nm* ADIVINANZA : riddle

acervo *nm* **1** : pile, heap **2** : wealth, heritage ⟨el acervo artístico del instituto : the artistic treasures of the institute⟩

acetato *nm* : acetate

acético, -ca *adj* : acetic ⟨ácido acético : acetic acid⟩

acetileno *nm* : acetylene

acetona *nf* **1** : acetone **2** : nail-polish remover

achacar {72} *vt* : to attribute, to impute ⟨te achaca todos sus problemas : he blames all his problems on you⟩

achacoso, -sa *adj* : frail, sickly

achaparrado, -da *adj* : stunted, scrubby ⟨árboles achaparrados : scrubby trees⟩

achaques *nmpl* : aches and pains

achatar *vt* : to flatten

achicar {72} *vt* **1** REDUCIR : to make smaller, to reduce **2** : to intimidate **3** : to bail out (water) — **achicarse** *vr* : to become intimidated

achicharrar *vt* : to scorch, to burn to a crisp

achicoria *nf* : chicory

achispado, -da *adj fam* : tipsy

achote *or* **achiote** *nm* : annatto seed

achuchón *nm, pl* **-chones** **1** : push, shove **2** *fam* : squeeze, hug **3** *fam* : mild illness

aciago, -ga *adj* : fateful, unlucky

acicalar *vt* **1** PULIR : to polish **2** : to dress up, to adorn — **acicalarse** *vr* : to get dressed up

acicate *nm* **1** : spur **2** INCENTIVO : incentive, stimulus

acidez *nf, pl* **-deces** **1** : acidity **2** : sourness **3 acidez estomacal** : heartburn

acidificar {72} *vt* : to acidify

ácido[1], **-da** *adj* AGRIO : acid, sour

ácido[2] *nm* : acid

acierto *nm* **1** : correct answer, right choice **2** : accuracy, skill, deftness

acimut *nm* : azimuth

acitronar *vt Mex* : to fry until crisp

aclamación *nf, pl* **-ciones** : acclaim, acclamation

aclamar *vt* : to acclaim, to cheer, to applaud

aclaración *nf, pl* **-ciones** CLARIFICACIÓN : clarification, explanation
aclarar *vt* **1** CLARIFICAR : to clarify, to explain, to resolve **2** : to lighten **3** **aclarar la voz** : to clear one's throat — *vi* **1** : to get light, to dawn **2** : to clear up — **aclararse** *vr* : to become clear
aclaratorio, -ria *adj* : explanatory
aclimatar *vt* : to acclimatize — **aclimatarse** *vr* ~ **a** : to get used to — **aclimatación** *nf*
acné *nm* : acne
acobardar *vt* INTIMIDAR : to frighten, to intimidate — **acobardarse** *vr* : to be frightened, to cower
acodarse *vr* ~ **en** : to lean (one's elbows) on
acogedor, -dora *adj* : cozy, warm, friendly
acoger {15} *vt* **1** REFUGIAR : to take in, to shelter **2** : to receive, to welcome — **acogerse** *vr* **1** REFUGIARSE : to take refuge **2** ~ **a** : to resort to, to avail oneself of
acogida *nf* **1** AMPARO, REFUGIO : refuge, protection **2** RECIBIMIENTO : reception, welcome
acolchar *vt* **1** : to pad (a wall, etc.) **2** : to quilt
acólito *nm* **1** MONAGUILLO : altar boy **2** : follower, helper, acolyte
acomedido, -da *adj* : helpful, obliging
acometer *vt* **1** ATACAR : to attack, to assail **2** EMPRENDER : to undertake, to begin — *vi* ~ **contra** : to rush against
acometida *nf* ATAQUE : attack, assault
acomodado, -da *adj* **1** : suitable, appropriate **2** : well-to-do, prosperous
acomodador, -dora *n* : usher, usherette *f*
acomodar *vt* **1** : to accommodate, to make room for **2** : to adjust, to adapt — **acomodarse** *vr* **1** : to settle in **2** ~ **a** : to adapt to
acomodaticio, -cia *adj* : accommodating, obliging
acomodo *nm* **1** : job, position **2** : arrangement, placement **3** : accommodation, lodging
acompañamiento *nm* : accompaniment
acompañante *nmf* **1** COMPAÑERO : companion **2** : accompanist
acompañar *vt* : to accompany, to go with
acompasado, -da *adj* : rhythmic, regular, measured
acomplejado, -da *adj* : full of complexes, neurotic
acomplejar *vt* : to give a complex, to make neurotic
acondicionado, -da *adj* **1** : equipped, fitted-out **2** **bien acondicionado** : in good shape, in a fit state
acondicionador *nm* **1** : conditioner **2** **acondicionador de aire** : air conditioner
acondicionar *vt* **1** : to condition **2** : to fit out, to furnish
acongojado, -da *adj* : distressed, upset
acongojarse *vr* : to grieve, to become distressed
aconsejable *adj* : advisable
aconsejar *vt* : to advise, to counsel
acontecer {53} *vt* (*3rd person only*) : to occur, to happen
acontecimiento *nm* SUCESO : event
acopiar *vt* : to gather, to collect, to stockpile
acopio *nm* : collection, stock
acoplamiento *nm* : connection, coupling
acoplar *vt* : to couple, to connect — **acoplarse** *vr* : to fit together
acoquinar *vt* : to intimidate
acorazado[1], **-da** *adj* BLINDADO : armored
acorazado[2] *nm* : battleship
acordado, -da *adj* : agreed upon
acordar {19} *vt* **1** : to agree on **2** OTORGAR : to award, to bestow — **acordarse** *vr* RECORDAR : to remember, to recall
acorde[1] *adj* **1** : in agreement, in accordance **2** ~ **con** : in keeping with
acorde[2] *nm* : chord
acordeón *nm, pl* **-deones** : accordion — **acordeonista** *nmf*
acordonar *vt* **1** : to cordon off **2** : to lace up **3** : to mill (coins)
acorralar *vt* ARRINCONAR : to corner, to hem in, to corral
acortar *vt* : to shorten, to cut short — **acortarse** *vr* **1** : to become shorter **2** : to end early
acosar *vt* PERSEGUIR : to pursue, to hound, to harass
acoso *nm* ASEDIO : harassment ⟨acoso sexual : sexual harassment⟩
acostar {19} *vt* **1** : to lay (something) down **2** : to put to bed — **acostarse** *vr* **1** : to lie down **2** : to go to bed
acostumbrado, -da *adj* **1** HABITUADO : accustomed **2** HABITUAL : usual, customary
acostumbrar *vt* : to accustom — *vi* : to be accustomed, to be in the habit — **acostumbrarse** *vr*
acotación *nf, pl* **-ciones** **1** : marginal note **2** : stage direction
acotado, -da *adj* : enclosed
acotamiento *nm Mex* : shoulder (of a road)
acotar *vt* **1** ANOTAR : to note, to annotate **2** DELIMITAR : to mark off (land), to demarcate
acre[1] *adj* **1** : acrid, pungent **2** MORDAZ : caustic, biting
acre[2] *nm* : acre
acrecentamiento *nm* : growth, increase
acrecentar {55} *vt* AUMENTAR : to increase, to augment
acreditación *nf, pl* **-ciones** : accreditation

acreditado, -da *adj* **1** : accredited, authorized **2** : reputable

acreditar *vt* **1** : to accredit, to authorize **2** : to credit **3** : to prove, to verify — **acreditarse** *vr* : to gain a reputation

acreedor[1], **-dora** *adj* : deserving, worthy

acreedor[2], **-dora** *n* : creditor

acribillar *vt* **1** : to riddle, to pepper (with bullets, etc.) **2** : to hound, to harass

acrílico *nm* : acrylic

acrimonia *nf* **1** : pungency **2** : acrimony

acrimonioso, -sa *adj* : acrimonious

acriollarse *vr* : to adopt local customs, to go native

acritud *nf* **1** : pungency, bitterness **2** : intensity, sharpness **3** : harshness, asperity

acrobacia *nf* : acrobatics

acróbata *nmf* : acrobat

acrobático, -ca *adj* : acrobatic

acrónimo *nm* : acronym

acta *nf* **1** : document, certificate ⟨acta de nacimiento : birth certificate⟩ **2 actas** *nfpl* : minutes (of a meeting)

actitud *nf* **1** : attitude **2** : posture, position

activación *nf, pl* **-ciones** **1** : activation, stimulation **2** ACELERACIÓN : acceleration, speeding up

activar *vt* **1** : to activate **2** : to stimulate, to energize **3** : to speed up

actividad *nf* : activity

activista *nmf* : activist

activo[1], **-va** *adj* : active — **activamente** *adv*

activo[2] *nm* : assets *pl* ⟨activo y pasivo : assets and liabilities⟩

acto *nm* **1** ACCIÓN : act, deed **2** : act (in a play) **3 el acto sexual** : sexual intercourse **4 en el acto** : right away, on the spot **5 acto seguido** : immediately after

actor *nm* ARTISTA : actor

actriz *nf, pl* **actrices** ARTISTA : actress

actuación *nf, pl* **-ciones** **1** : performance **2 actuaciones** *nfpl* DILIGENCIAS : proceedings

actual *adj* PRESENTE : present, current

actualidad *nf* **1** : present time ⟨en la actualidad : at present⟩ **2 actualidades** *nfpl* : current affairs

actualización *nf, pl* **-ciones** : updating, modernization

actualizar {21} *vt* : to modernize, to bring up to date

actualmente *adv* : at present, nowadays

actuar {3} *vi* : to act, to perform

actuarial *adj* : actuarial

actuario, -ria *n* : actuary

acuarela *nf* : watercolor

acuario *nm* : aquarium

Acuario *nmf* : Aquarius, Aquarian

acuartelar *vt* : to quarter (troops)

acuático, -ca *adj* : aquatic, water

acuchillar *vt* APUÑALAR : to knife, to stab

acuciante *adj* : pressing, urgent

acucioso, -sa → **acuciante**

acudir *vi* **1** : to go, to come (someplace for a specific purpose) ⟨acudió a la puerta : he went to the door⟩ ⟨acudimos en su ayuda : we came to her aid⟩ **2** : to be present, to show up ⟨acudí a la cita : I showed up for the appointment⟩ **3 ~ a** : to turn to, to have recourse to ⟨hay que acudir al médico : you must consult the doctor⟩

acueducto *nm* : aqueduct

acuerdo *nm* **1** : agreement **2 estar de acuerdo** : to agree **3 de acuerdo con** : in accordance with **4 de ~** : OK, all right

acuicultura *nf* : aquaculture

acullá *adv* : yonder, over there

acumulación *nf, pl* **-ciones** : accumulation

acumulador *nm* : storage battery

acumular *vt* : to accumulate, to amass — **acumularse** *vr* : to build up, to pile up

acumulativo, -va *adj* : cumulative — **acumulativamente** *adv*

acunar *vt* : to rock, to cradle

acuñar *vt* : to coin, to mint

acuoso, -sa *adj* : aqueous, watery

acupuntura *nf* : acupuncture

acurrucarse {72} *vr* : to cuddle, to nestle, to curl up

acusación *nf, pl* **-ciones** **1** : accusation, charge **2 la acusación** : the prosecution

acusado[1], **-da** *adj* : prominent, marked

acusado[2], **-da** *n* : defendant

acusador, -dora *n* **1** : accuser **2** FISCAL : prosecutor

acusar *vt* **1** : to accuse, to charge **2** : to reveal, to betray ⟨sus ojos acusaban la desconfianza : his eyes revealed distrust⟩ — **acusarse** *vr* : to confess

acusativo *nm* : objective (in grammar)

acusatorio, -ria *adj* : accusatory

acuse *nm* **acuse de recibo** : acknowledgment of receipt

acústica *nf* : acoustics

acústico, -ca *adj* : acoustic

adagio *nm* **1** REFRÁN : adage, proverb **2** : adagio

adalid *nm* : leader, champion

adaptable *adj* : adaptable — **adaptabilidad** *nf*

adaptación *nf, pl* **-ciones** : adaptation, adjustment

adaptado, -da *adj* : suited, adapted

adaptador *nm* : adapter (in electricity)

adaptar *vt* **1** MODIFICAR : to adapt **2** : to adjust, to fit — **adaptarse** *vr* : to adapt oneself, to conform

adecentar *vt* : to tidy up

adecuación *nf, pl* **-ciones** ADAPTACIÓN : adaptation

adecuadamente *adv* : adequately

adecuado, -da *adj* **1** IDÓNEO : suitable, appropriate **2** : adequate

adecuar {8} *vt* : to adapt, to make suitable — **adecuarse** *vr* ~ **a** : to be appropriate for, to fit in with

adefesio *nm* : eyesore, monstrosity

adelantado, -da *adj* **1** : advanced, ahead **2** : fast (of a clock or watch) **3 por ~** : in advance

adelantamiento *nm* **1** : advancement **2** : speeding up

adelantar *vt* **1** : to advance, to move forward ⟨adelantar el reloj : to set one's watch/clock ahead⟩ ⟨adelantar una fecha : to move up a date⟩ **2** : to pass, to overtake **3** : to reveal (information) in advance **4** : to advance, to lend (money) — **adelantarse** *vr* **1** : to go ahead ⟨se adelantó para recibirlos : she went ahead to meet them⟩ **2** : to run fast (of a watch or clock) **3** : to get ahead ⟨alguien se me adelantó : someone beat me to it⟩ ⟨no nos adelantemos : let's not get ahead of ourselves⟩ **4 adelantarse a su tiempo** : to be ahead of one's time

adelante *adv* **1** : ahead, in front, forward **2 más adelante** : further on, later on **3 ¡adelante!** : come in!

adelanto *nm* **1** : advance, progress **2** : advance payment **3** : earliness ⟨llevamos una hora de adelanto : we're running an hour ahead of time⟩

adelfa *nf* : oleander

adelgazar {21} *vt* : to thin, to reduce — *vi* : to lose weight

ademán *nm, pl* **-manes 1** GESTO : gesture **2 ademanes** *nmpl* : manners

además *adv* **1** : besides, furthermore **2 ~ de** : in addition to, as well as

adenoides *nfpl* : adenoids

adentrarse *vr* ~ **en** : to go into, to penetrate

adentro *adv* : inside, within

adentros *nmpl* **decirse para sus adentros** : to say to oneself ⟨me dije para mis adentros que nunca regresaría : I told myself that I'd never go back⟩

adepto[1], -ta *adj* : supportive ⟨ser adepto a : to be a follower of⟩

adepto[2], -ta *n* PARTIDARIO : follower, supporter

aderezar {21} *vt* **1** SAZONAR : to season, to dress (salad) **2** : to embellish, to adorn

aderezo *nm* **1** : dressing, seasoning **2** : adornment, embellishment

adeudar *vt* **1** : to debit **2** DEBER : to owe

adeudo *nm* **1** DÉBITO : debit **2** *Mex* : debt, indebtedness

adherencia *nf* **1** : adherence, adhesiveness **2** : appendage, accretion

adherente *adj* : adhesive, sticky

adherirse {76} *vr* : to adhere, to stick

adhesión *nf, pl* **-siones 1** : adhesion **2** : attachment, commitment (to a cause, etc.)

adhesivo[1], -va *adj* : adhesive

adhesivo[2] *nm* : adhesive

adicción *nf, pl* **-ciones** : addiction

adición *nf, pl* **-ciones** : addition

adicional *adj* : additional — **adicionalmente** *adv*

adicionar *vt* : to add

adictivo, -va *adj* : addictive

adicto[1], -ta *adj* **1** : addicted **2** : devoted, dedicated

adicto[2], -ta *n* **1** : addict **2** PARTIDARIO : supporter, advocate

adiestrador, -dora *n* : trainer

adiestramiento *nm* : training

adiestrar *vt* : to train

adinerado, -da *adj* : moneyed, wealthy

adiós *nm, pl* **adioses 1** DESPEDIDA : farewell, good-bye **2 ¡adiós!** : good-bye!

aditamento *nm* : attachment, accessory

aditivo *nm* : additive

adivinación *nf, pl* **-ciones 1** : guess **2** : divination, prediction

adivinanza *nf* ACERTIJO : riddle

adivinar *vt* **1** : to guess **2** : to foretell, to predict

adivino, -na *n* : fortune-teller

adjetivo[1], -va *adj* : adjectival

adjetivo[2] *nm* : adjective

adjudicación *nf, pl* **-ciones 1** : adjudication **2** : allocation, awarding, granting

adjudicar {72} *vt* **1** : to adjudge, to adjudicate **2** : to assign, to allocate ⟨adjudicar la culpa : to assign the blame⟩ **3** : to award, to grant

adjuntar *vt* : to enclose, to attach

adjunto[1], -ta *adj* : enclosed, attached

adjunto[2], -ta *n* : deputy, assistant

adjunto[3] *nm* : adjunct

administración *nf, pl* **-ciones 1** : administration, management **2 administración de empresas** : business administration

administrador, -dora *n* : administrator, manager

administrar *vt* : to administer, to manage, to run

administrativo, -va *adj* : administrative

admirable *adj* : admirable, impressive — **admirablemente** *adv*

admiración *nf, pl* **-ciones** : admiration

admirador, -dora *n* : admirer

admirar *vt* **1** : to admire **2** : to amaze, to astonish — **admirarse** *vr* : to be amazed

admirativo, -va *adj* : admiring

admisibilidad *nf* : admissibility

admisible *adj* : admissible, allowable

admisión *nf, pl* **-siones** : admission, admittance

admitir *vt* **1** : to admit, to let in **2** : to acknowledge, to concede **3** : to allow, to make room for ⟨la ley no admite cambios : the law doesn't allow for changes⟩

admonición *nf, pl* **-ciones** : admonition, warning

admonitorio, -ria *adj* : admonitory

ADN *nm* (*á*cido *d*esoxirribo*n*ucleico) : DNA

adobar *vt* : to marinate

adobe *nm* : adobe

adobo *nm* **1** : marinade, seasoning **2** *Mex* : spicy marinade used for cooking pork

adoctrinamiento *nm* : indoctrination

adoctrinar *vt* : to indoctrinate

adolecer {53} *vi* PADECER : to suffer ⟨adolece de timidez : he suffers from shyness⟩

adolescencia *nf* : adolescence

adolescente[1] *adj* : adolescent, teenage

adolescente[2] *nmf* : adolescent, teenager

adonde *conj* : where ⟨el lugar adonde vamos es bello : the place where we're going is beautiful⟩

adónde *adv* : where ⟨¿adónde vamos? : where are we going?⟩

adondequiera *adv* : wherever, anywhere ⟨adondequiera que vayas : anywhere you go⟩

adopción *nf, pl* **-ciones** : adoption

adoptar *vt* **1** : to adopt (a measure), to take (a decision) **2** : to adopt (children)

adoptivo, -va *adj* **1** : adopted (children, country) **2** : adoptive (parents)

adoquín *nm, pl* **-quines** : paving stone, cobblestone

adorable *adj* : adorable, lovable

adoración *nf, pl* **-ciones** : adoration, worship

adorador[1], **-dora** *adj* : adoring, worshipping

adorador[2], **-dora** *n* : worshipper

adorar *vt* : to adore, to worship

adormecer {53} *vt* **1** : to make sleepy, to lull to sleep **2** : to numb — **adormecerse** *vr* **1** : to doze off **2** : to go numb

adormecimiento *nm* **1** SUEÑO : drowsiness, sleepiness **2** INSENSIBILIDAD : numbness

adormilarse *vr* : to doze, to drowse

adornar *vt* DECORAR : to decorate, to adorn

adorno *nm* : ornament, decoration

adquirido, -da *adj* **1** : acquired **2 mal adquirido** : ill-gotten

adquirir {4} *vt* **1** : to acquire, to gain **2** COMPRAR : to purchase

adquisición *nf, pl* **-ciones** **1** : acquisition **2** COMPRA : purchase

adquisitivo, -va *adj* **poder adquisitivo** : purchasing power

adrede *adv* : intentionally, on purpose

adrenalina *nf* : adrenaline

adscribir {33} *vt* : to assign, to appoint — **adscribirse** *vr* ~ **a** : to become a member of

adscripción *nf, pl* **-ciones** : assignment, appointment

adscrito *pp* → **adscribir**

aduana *nf* : customs, customs office

aduanero[1], **-ra** *adj* : customs

aduanero[2], **-ra** *n* : customs officer

aducir {61} *vt* : to adduce, to offer as proof

adueñarse *vr* ~ **de** : to take possession of, to take over

adulación *nf, pl* **-ciones** : adulation, flattery

adulador[1], **-dora** *adj* : flattering

adulador[2], **-dora** *n* : flatterer, toady

adular *vt* LISONJEAR : to flatter

adulteración *nf, pl* **-ciones** : adulteration

adulterar *vt* : to adulterate

adulterio *nm* : adultery

adúltero[1], **-ra** *adj* : adulterous

adúltero[2], **-ra** *n* : adulterer

adultez *nf* : adulthood

adulto, -ta *adj & n* : adult

adusto, -ta *adj* : harsh, severe

advenedizo, -za *n* **1** : upstart, parvenu **2** : newcomer

advenimiento *nm* : advent

adverbio *nm* : adverb — **adverbial** *adj*

adversario[1], **-ria** *adj* : opposing, contrary

adversario[2], **-ria** *n* OPOSITOR : adversary, opponent

adversidad *nf* : adversity

adverso, -sa *adj* DESFAVORABLE : adverse, unfavorable — **adversamente** *adv*

advertencia *nf* AVISO : warning

advertir {76} *vt* **1** AVISAR : to warn **2** : to notice, to tell ⟨no advertí que estuviera enojada : I couldn't tell she was angry⟩

Adviento *nm* : Advent

adyacente *adj* : adjacent

aéreo, -rea *adj* **1** : aerial, air **2 correo aéreo** : airmail

aeróbic *nm* : aerobics

aeróbico, -ca *adj* : aerobic

aerobio, -bia *adj* : aerobic

aerodeslizador *nm* : hovercraft

aerodinámica *nf* : aerodynamics

aerodinámico, -ca *adj* : aerodynamic, streamlined

aeródromo *nm* : airfield

aeroespacial *adj* : aerospace

aerogenerador *nm* : wind-powered generator

aerolínea *nf* : airline

aeromozo, -za *n* : flight attendant, steward *m*, stewardess *f*

aeronáutica *nf* : aeronautics

aeronáutico, -ca *adj* : aeronautical

aeronave *nf* : aircraft

aeropostal *adj* : airmail

aeropuerto *nm* : airport

aerosol *nm* : aerosol, aerosol spray

aeróstata *nmf* : balloonist

aerotransportado, -da *adj* : airborne

aerotransportar *vt* : to airlift

afabilidad *nf* : affability

afable *adj* : affable — **afablemente** *adv*

afamado, -da *adj* : well-known, famous

afán *nm, pl* **afanes** **1** ANHELO : eagerness, desire **2** EMPEÑO : effort, determination

afanador, -dora *n Mex* : cleaning person, cleaner

afanarse *vr* : to toil, to strive

afanosamente *adv* : zealously, industriously, busily

afanoso, -sa *adj* **1** : eager, industrious **2** : arduous, hard

afear *vt* : to make ugly, to disfigure

afección *nf, pl* **-ciones** **1** : fondness, affection **2** : illness, complaint

afectación *nf, pl* **-ciones** : affectation

afectado, -da *adj* **1** : affected, mannered **2** : influenced **3** : afflicted **4** : feigned

afectar *vt* **1** : to affect **2** : to upset **3** : to feign, to pretend

afectísimo, -ma *adj* **suyo afectísimo** : yours truly

afectivo, -va *adj* : emotional

afecto[1], -ta *adj* **1** : affected, afflicted **2** : fond, affectionate

afecto[2] *nm* CARIÑO : affection

afectuoso, -sa *adj* CARIÑOSO : affectionate, caring

afeitadora *nf* : shaver, electric razor

afeitar *vt* RASURAR : to shave — **afeitarse** *vr*

afelpado, -da *adj* : plush

afeminado, -da *adj* : effeminate

aferrado, -da *adj* : obstinate, stubborn

aferrarse {55} *vr* : to cling, to hold on

affidávit *nm, pl* **-dávits** : affidavit

afgano, -na *adj & n* : Afghan

AFI *nm* (*A*lfabeto *F*onético *I*nternacional) : IPA

afianzar {21} *vt* **1** : to secure, to strengthen **2** : to guarantee, to vouch for — **afianzarse** *vr* ESTABLECERSE : to establish oneself

afiche *nm* : poster

afición *nf, pl* **-ciones** **1** : enthusiasm, penchant, fondness ⟨afición al deporte : love of sports⟩ **2** PASATIEMPO : hobby

aficionado[1], -da *adj* ENTUSIASTA : enthusiastic, keen

aficionado[2], -da *n* **1** ENTUSIASTA : enthusiast, fan **2** : amateur

áfido *nm* : aphid

afiebrado, -da *adj* : feverish

afilado, -da *adj* **1** : sharp **2** : long, pointed ⟨una nariz afilada : a sharp nose⟩

afilador *nm* : sharpener

afilalápices *nms & pl* : pencil sharpener

afilar *vt* : to sharpen

afiliación *nf, pl* **-ciones** : affiliation

afiliado[1], -da *adj* : affiliated

afiliado[2], -da *n* : member

afiliarse *vr* : to become a member, to join, to affiliate

afín *adj, pl* **afines** **1** PARECIDO : related, similar ⟨la biología y disciplinas afines : biology and related disciplines⟩ **2** PRÓXIMO : adjacent, nearby

afinación *nf, pl* **-ciones** **1** : tune-up **2** : tuning (of an instrument)

afinador, -dora *n* : tuner (of musical instruments)

afinar *vt* **1** : to perfect, to refine **2** : to tune (an instrument) — *vi* : to sing or play in tune

afincarse {72} *vr* : to establish oneself, to settle in

afinidad *nf* : affinity, similarity

afirmación *nf, pl* **-ciones** **1** : statement **2** : affirmation

afirmar *vt* **1** : to state, to affirm **2** REFORZAR : to make firm, to strengthen

afirmativo, -va *adj* : affirmative — **afirmativamente** *adj*

aflicción *nf, pl* **-ciones** DESCONSUELO, PESAR : grief, sorrow

afligido, -da *adj* : grief-stricken, sorrowful

afligir {35} *vt* **1** : to distress, to upset **2** : to afflict — **afligirse** *vr* : to grieve

aflojar *vt* **1** : to loosen, to slacken **2** *fam* : to pay up, to fork over — *vi* : to slacken, to ease up — **aflojarse** *vr* : to become loose, to slacken

afloramiento *nm* : outcropping, emergence

aflorar *vi* : to come to the surface, to emerge

afluencia *nf* **1** : flow, influx **2** : abundance, plenty

afluente *nm* : tributary

afluir {41} *vi* **1** : to flock ⟨la gente afluía a la frontera : people were flocking to the border⟩ **2** : to flow

aforismo *nm* : aphorism

aforo *nm* **1** : appraisal, assessment **2** : maximum capacity (of a theater, highway, etc.)

afortunado, -da *adj* : fortunate, lucky — **afortunadamente** *adv*

afrecho *nm* : bran, mash

afrenta *nf* : affront, insult

afrentar *vt* : to affront, to dishonor, to insult

africano, -na *adj & n* : African

afroamericano, -na *adj & n* : Afro-American

afrodisiaco *or* **afrodisíaco** *nm* : aphrodisiac

afrontamiento *nm* : confrontation

afrontar *vt* : to confront, to face up to

afrutado, -da *adj* : fruity

afuera *adv* **1** : out ⟨¡afuera! : get out!⟩ **2** : outside, outdoors

afueras *nfpl* ALEDAÑOS : outskirts

agachadiza *nf* : snipe (bird)

agachar *vt* : to lower (a part of the body) ⟨agachar la cabeza : to bow one's head⟩ — **agacharse** *vr* : to crouch, to stoop, to bend down

agalla *nf* **1** BRANQUIA : gill **2 tener agallas** *fam* : to have guts, to have courage

agarradera *nf* ASA, ASIDERO : handle, grip

agarrado, -da *adj fam* : cheap, stingy

agarrar *vt* **1** : to grab, to grasp **2** : to catch, to take — *vi* **agarrar y** *fam* : to do (something) abruptly ⟨el día siguiente agarró y se fue : the next day he up and left⟩ — **agarrarse** *vr* **1** : to hold on, to cling **2** *fam* : to get into a fight ⟨se agarraron a golpes : they came to blows⟩

agarre *nm* : grip, grasp

agarrotarse *vr* **1** : to stiffen up **2** : to seize up

agasajar *vt* : to fête, to wine and dine

agasajo *nm* : lavish attention

ágata *nf* : agate

agave *nm* : agave

agazaparse *vr* **1** AGACHARSE : to crouch **2** : to hide

agencia *nf* : agency, office

agenciar *vt* : to obtain, to procure — **agenciarse** *vr* : to manage, to get by

agenda *nf* **1** : agenda **2** : appointment book

agente *nmf* **1** : agent **2 agente de viajes** : travel agent **3 agente de bolsa** : stockbroker **4 agente de tráfico** : traffic officer

agigantado, -da *adj* GIGANTESCO : gigantic

agigantar *vt* **1** : to increase greatly, to enlarge **2** : to exaggerate

ágil *adj* **1** : agile, nimble **2** : sharp, lively (of a response, etc.) — **ágilmente** *adv*

agilidad *nf* : agility, nimbleness

agilizar {21} *vt* ACELERAR : to expedite, to speed up

agitación *nf, pl* **-ciones** **1** : agitation **2** NERVIOSISMO : nervousness

agitado, -da *adj* **1** : agitated, excited **2** : choppy, rough, turbulent

agitador, -dora *n* PROVOCADOR : agitator

agitar *vt* **1** : to agitate, to shake **2** : to wave, to flap **3** : to stir up — **agitarse** *vr* **1** : to toss about, to flap around **2** : to get upset

aglomeración *nf, pl* **-ciones** **1** : conglomeration, mass **2** GENTÍO : crowd

aglomerar *vt* : to cluster, to amass — **aglomerarse** *vr* : to crowd together

aglutinar *vt* : to bring together, to bind

agnóstico, -ca *adj & n* : agnostic

agobiado, -da *adj* : weary, worn-out, weighted-down

agobiante *adj* **1** : exhausting, overwhelming **2** : stifling, oppressive

agobiar *vt* **1** OPRIMIR : to oppress, to burden **2** ABRUMAR : to overwhelm **3** : to wear out, to exhaust

agonía *nf* : agony, death throes

agonizante *adj* : dying

agonizar {21} *vi* **1** : to be dying **2** : to be in agony **3** : to dim, to fade

agorero, -ra *adj* : ominous

agostar *vt* **1** : to parch **2** : to wither — **agostarse** *vr*

agosto *nm* **1** : August **2 hacer uno su agosto** : to make a fortune, to make a killing

agotado, -da *adj* **1** : exhausted, used up **2** : sold out **3** FATIGADO : worn-out, tired

agotador, -dora *adj* : exhausting

agotamiento *nm* FATIGA : exhaustion

agotar *vt* **1** : to exhaust, to use up **2** : to weary, to wear out — **agotarse** *vr*

agraciado[1], -da *adj* **1** : attractive **2** : fortunate

agraciado[2], -da *n* : winner

agradable *adj* GRATO, PLACENTERO : pleasant, agreeable — **agradablemente** *adv*

agradar *vi* : to be pleasing ⟨nos agradó mucho el resultado : we were very pleased with the result⟩

agradecer {53} *vt* **1** : to be grateful for **2** : to thank

agradecido, -da *adj* : grateful, thankful

agradecimiento *nm* : gratitude, thankfulness

agrado *nm* **1** GUSTO : taste, liking ⟨no es de su agrado : it's not to his liking⟩ **2** : graciousness, agreeableness **3 con ~** : with pleasure, willingly ⟨lo haré con agrado : I will be happy to do it⟩

agrandar *vt* **1** : to exaggerate **2** : to enlarge — **agrandarse** *vr*

agrario, -ria *adj* : agrarian, agricultural

agravación *nf, pl* **-ciones** : aggravation, worsening

agravante *adj* : aggravating

agravar *vt* **1** : to increase (weight), to make heavier **2** EMPEORAR : to aggravate, to worsen — **agravarse** *vr*

agraviar *vt* INJURIAR, OFENDER : to offend, to insult

agravio *nm* INJURIA : affront, offense, insult

agredir {1} *vt* : to assail, to attack

agregado[1], -da *n* **1** : attaché **2** : assistant professor

agregado[2] *nm* **1** : aggregate **2** AÑADIDURA : addition, something added

agregar {52} *vt* **1** AÑADIR : to add, to attach **2** : to appoint — **agregarse** *vr* : to join

agresión *nf, pl* **-siones** **1** : aggression **2** ATAQUE : attack

agresividad *nf* : aggressiveness, aggression

agresivo, -va *adj* : aggressive — **agresivamente** *adv*

agresor[1], -sora *adj* : hostile, attacking

agresor[2], -sora *n* **1** : aggressor **2** : assailant, attacker

agreste *adj* **1** CAMPESTRE : rural **2** : wild, untamed

agriar *vt* **1** : to sour, to make sour **2** : to embitter — **agriarse** *vr* : to turn sour

agrícola *adj* : agricultural

agricultor, -tora *n* : farmer, grower

agricultura *nf* : agriculture, farming

agridulce *adj* **1** : bittersweet **2** : sweet-and-sour

agrietar *vt* : to crack — **agrietarse** *vr* **1** : to crack **2** : to chap

agrimensor, -sora *n* : surveyor

agrimensura *nf* : surveying

agrio, agria *adj* **1** ÁCIDO : sour **2** : caustic, acrimonious

agriparse *vr* : to catch the flu

agroindustria *nf* : agribusiness

agronomía *nf* : agronomy

agropecuario, -ria *adj* : pertaining to livestock and agriculture

agrupación *nf, pl* **-ciones** GRUPO : group, association

agrupamiento *nm* : grouping, concentration

agrupar *vt* : to group together

agua *nf* **1** : water **2 agua bendita** : holy water **3 agua corriente** : running water **4 agua dulce/salada** : fresh/salt water **5 agua mineral** : mineral water **6 agua oxigenada** : hydrogen peroxide **7 agua potable** : drinking water **8 aguas** *nfpl* : waters ⟨en aguas internacionales : in international waters⟩ **9 aguas negras/residuales** : sewage **10 como agua para chocolate** *Mex fam* : furious **11 echar aguas** *Mex fam* : to keep an eye out, to be on the lookout

aguacate *nm* : avocado

aguacero *nm* : shower, downpour

aguado, -da *adj* **1** DILUIDO : watered-down, diluted **2** *CA, Col, Mex fam* : soft, flabby **3** *Mex, Peru fam* : dull, boring

aguafiestas *nmfs & pl* : killjoy, stick-in-the-mud, spoilsport

aguafuerte *nm* : etching

aguamanil *nm* : ewer, pitcher

aguanieve *nf* : sleet ⟨caer aguanieve : to be sleeting⟩

aguantar *vt* **1** SOPORTAR : to bear, to tolerate, to withstand **2** : to hold **3 aguantar las ganas** : to resist an urge ⟨no pude aguantar las ganas de reír : I couldn't keep myself from laughing⟩ — *vi* : to hold out, to last — **aguantarse** *vr* **1** : to resign oneself **2** : to restrain oneself

aguante *nm* **1** TOLERANCIA : tolerance, patience **2** RESISTENCIA : endurance, strength

aguar {10} *vt* **1** : to water down, to dilute **2 aguar la fiesta** *fam* : to spoil the party

aguardar *vt* ESPERAR : to wait for, to await — *vi* : to be in store

aguardiente *nm* : clear brandy

aguarrás *nm* : turpentine

agudeza *nf* **1** : keenness, sharpness **2** : shrillness **3** : witticism

agudizar {21} *vt* : to intensify, to heighten

agudo, -da *adj* **1** : acute, sharp **2** : shrill, high-pitched **3** PERSPICAZ : clever, shrewd

agüero *nm* AUGURIO, PRESAGIO : augury, omen

aguijón *nm, pl* **-jones** **1** : stinger (of a bee, etc.) **2** : goad

aguijonear *vt* : to goad

águila *nf* **1** : eagle **2 águila o sol** *Mex* : heads or tails

aguileño, -ña *adj* : aquiline

aguilera *nf* : aerie, eagle's nest

aguilón *nm, pl* **-lones** : gable

aguinaldo *nm* **1** : Christmas bonus, year-end bonus **2** *PRi, Ven* : Christmas carol

agüitarse *vr Mex fam* : to have the blues, to feel discouraged

aguja *nf* **1** : needle **2** : steeple, spire

agujerear *vt* : to make a hole in, to pierce

agujero *nm* **1** : hole **2 agujero negro** : black hole (in astronomy)

agujeta *nf* **1** *Mex* : shoelace **2 agujetas** *nfpl* : muscular soreness or stiffness

agusanado, -da *adj* : worm-eaten

aguzar {21} *vt* **1** : to sharpen ⟨aguzar el ingenio : to sharpen one's wits⟩ **2 aguzar el oído** : to prick up one's ears

ah *interj* : oh!

ahí *adv* **1** : there ⟨ahí está : there it is⟩ **2 por** ~ : somewhere, thereabouts **3 de ahí que** : with the result that, so that

ahijado, -da *n* : godchild, godson *m*, goddaughter *f*

ahijar {5} *vt* : to adopt (a child)

ahínco *nm* : eagerness, zeal

ahogar {52} *vt* **1** : to drown **2** : to smother **3** : to choke back, to stifle — **ahogarse** *vr*

ahogo *nm* : breathlessness, suffocation

ahondar *vt* : to deepen — *vi* : to elaborate, to go into detail

ahora *adv* **1** : now **2 ahora mismo** : right now **3 hasta** ~ : so far **4 por** ~ : for the time being

ahorcar {72} *vt* : to hang, to kill by hanging — **ahorcarse** *vr*

ahorita *adv fam* : right now, right away

ahorquillado, -da *adj* : forked

ahorrador, -dora *adj* : thrifty

ahorrar *vt* **1** : to save (money) **2** : to spare, to conserve — *vi* : to save up — **ahorrarse** *vr* : to spare oneself

ahorrativo, -va *adj* : thrifty, frugal

ahorro *nm* : saving ⟨cuenta de ahorros : savings account⟩

ahuecar {72} *vt* **1** : to hollow out **2** : to cup (one's hands) **3** : to plump up, to fluff up

ahuizote *nm Mex fam* : annoying person, pain in the neck

ahumar {8} *vt* : to smoke, to cure

ahuyentar *vt* **1** : to scare away, to chase away **2** : to banish, to dispel ⟨ahuyentar las dudas : to dispel doubts⟩

airado, -da *adj* FURIOSO : angry, irate

airar {5} *vt* : to make angry, to anger

aire *nm* **1** : air ⟨aire frío : cold air⟩ ⟨un aire caliente : a hot breeze⟩ **2** : air ⟨un aire de autoridad : an air of authority⟩ **3 aire acondicionado** : air-conditioning **4 al aire libre** : in the open air **5 darse aires** : to give oneself airs **6 en el aire** : on the air, broadcasting **7 en el aire** : up in the air, unresolved

airear *vt* : to air, to air out — **airearse** *vr* : to get some fresh air

airoso, -sa *adj* **1** : elegant, graceful **2 salir airoso** : to come out winning

aislacionismo *nm* : isolationism

aislacionista *adj & nmf* : isolationist

aislado, -da *adj* : isolated, alone

aislador *nm* : insulator (part)

aislamiento *nm* **1** : isolation **2** : insulation

aislante *nm* : insulator, nonconductor

aislar {5} *vt* **1** : to isolate **2** : to insulate

ajado, -da *adj* **1** : worn, shabby **2** : wrinkled, crumpled

ajar *vt* : to wear out, to spoil

ajardinado, -da *adj* : landscaped

ajedrecista *nmf* : chess player

ajedrez *nm, pl* **-dreces** **1** : chess **2** : chess set

ajeno, -na *adj* **1** : alien **2** : of another, of others ⟨propiedad ajena : somebody else's property⟩ **3 ~ a** : foreign to **4 ~ de** : devoid of, free from

ajetreado, -da *adj* : hectic, busy

ajetrearse *vr* : to bustle about, to rush around

ajetreo *nm* : hustle and bustle, fuss

ají *nm, pl* **ajíes** : chili pepper

ajo *nm* : garlic

ajonjolí *nm, pl* **-líes** : sesame

ajuar *nm* : trousseau

ajustable *adj* : adjustable

ajustado, -da *adj* **1** CEÑIDO : tight, tight-fitting **2** : close, tight ⟨una ajustada victoria : a close victory⟩

ajustar *vt* **1** : to adjust, to adapt **2** : to take in (clothing) **3** : to settle, to resolve — **ajustarse** *vr* : to fit, to conform

ajuste *nm* **1** : adjustment **2** : tightening

ajusticiar *vt* EJECUTAR : to execute, to put to death

al *prep, contraction of* A *and* EL → **a**[2]

ala *nf* **1** : wing **2** : brim (of a hat) **3** : end (in football) ⟨ala cerrada : tight end⟩

Alá *nm* : Allah

alabanza *nf* ELOGIO : praise

alabar *vt* : to praise — **alabarse** *vr* : to boast

alabastro *nm* : alabaster

alabear *vt* : to warp — **alabearse** *vr*

alabeo *nm* : warp, warping

alacena *nf* : cupboard, larder

alacrán *nm, pl* **-cranes** ESCORPIÓN : scorpion

alado, -da *adj* : winged

alambique *nm* : still (to distill alcohol)

alambre *nm* **1** : wire **2 alambre de púas** : barbed wire

alameda *nf* **1** : poplar grove **2** : tree-lined avenue

álamo *nm* **1** : poplar **2 álamo temblón** : aspen

alar *nm* : eaves *pl*

alarde *nm* **1** : show, display **2 hacer alarde de** : to make show of, to boast about

alardear *vi* PRESUMIR : to boast, to brag

alargado, -da *adj* : elongated, slender

alargamiento *nm* : lengthening, extension, elongation

alargar {52} *vt* **1** : to extend, to lengthen **2** PROLONGAR : to prolong — **alargarse** *vr*

alarido *nm* : howl, shriek

alarma *nf* : alarm

alarmante *adj* : alarming — **alarmantemente** *adv*

alarmar *vt* : to alarm

alazán *nm, pl* **-zanes** : sorrel (color or animal)

alba *nf* AMANECER : dawn, daybreak

albacea *nmf* TESTAMENTARIO : executor, executrix *f*

albahaca *nf* : basil

albanés, -nesa *adj & n, mpl* **-neses** : Albanian

albañil *nmf* : bricklayer, mason

albañilería *nf* : bricklaying, masonry

albaricoque *nm* : apricot

albatros *nm* : albatross

albedrío *nm* : will ⟨libre albedrío : free will⟩

alberca *nf* **1** : reservoir, tank **2** *Mex* : swimming pool

albergar {52} *vt* ALOJAR : to house, to lodge, to shelter

albergue *nm* **1** : shelter, refuge **2** : hostel

albino, -na *adj & n* : albino — **albinismo** *nm*

albóndiga *nf* : meatball

albor *nm* **1** : dawning, beginning **2** BLANCURA : whiteness

alborada *nf* : dawn

alborear *v impers* : to dawn

alborotado, -da *adj* **1** : excited, agitated **2** : rowdy, unruly

alborotador[1], **-dora** *adj* **1** : noisy, boisterous **2** : rowdy, unruly

alborotador[2], **-dora** *n* : agitator, troublemaker, rioter

alborotar *vt* **1** : to excite, to agitate **2** : to incite, to stir up — **alborotarse** *vr* **1** : to get excited **2** : to riot

alboroto *nm* **1** : disturbance, ruckus **2** MOTÍN : riot

alborozado, -da *adj* : jubilant

alborozar {21} *vt* : to gladden, to cheer

alborozo *nm* : joy, elation

álbum *nm* : album ⟨álbum de recortes : scrapbook⟩

albúmina *nf* : albumin

albur *nm* **1** : chance, risk **2** *Mex* : pun

alca *nf* : auk

alcachofa *nf* : artichoke

alcahuete, -ta *n* CHISMOSO : gossip

alcaide *nm* : warden (in a prison)

alcalde, -desa *n* : mayor

alcaldía *nf* **1** : mayoralty **2** AYUNTAMIENTO : city hall

álcali *nm* : alkali

alcalino, -na *adj* : alkaline — **alcalinidad** *nf*

alcance *nm* **1** : reach **2** : range, scope

alcancía *nf* **1** : piggy bank, money box **2** : collection box (for alms, etc.)

alcanfor *nm* : camphor

alcantarilla *nf* CLOACA : sewer, drain

alcanzar {21} *vt* **1** : to reach **2** : to catch up with **3** LOGRAR : to achieve, to at-

tain — *vi* **1** DAR : to suffice, to be enough **2 ∼ a** : to manage to
alcaparra *nf* : caper
alcapurria *nf PRi* : stuffed fritter made with taro and green banana
alcaravea *nf* : caraway
alcatraz *nm, pl* **-traces** : gannet
alcázar *nm* : fortress, castle
alce[1], **etc.** → **alzar**
alce[2] *nm* : moose, European elk
alcoba *nf* : bedroom
alcohol *nm* : alcohol
alcohólico, -ca *adj & n* : alcoholic
alcoholismo *nm* : alcoholism
alcoholizarse {21} *vr* : to become an alcoholic
alcornoque *nm* **1** : cork oak **2** *fam* : idiot, fool
alcurnia *nf* : ancestry, lineage
aldaba *nf* : door knocker
aldea *nf* : village
aldeano[1], **-na** *adj* : village, rustic
aldeano[2], **-na** *n* : villager
aleación *nf, pl* **-ciones** : alloy
alear *vt* : to alloy
aleatorio, -ria *adj* : random, fortuitous — **aleatoriamente** *adv*
alebrestar *vt* : to excite, to make nervous — **alebrestarse** *vr*
aledaño, -ña *adj* : bordering, neighboring
aledaños *nmpl* AFUERAS : outskirts, surrounding area
alegar {52} *vt* : to assert, to allege — *vi* DISCUTIR : to argue
alegato *nm* **1** : allegation, claim **2** *Mex* : argument, summation (in law) **3** : argument, dispute
alegoría *nf* : allegory
alegórico, -ca *adj* : allegorical
alegrar *vt* : to make happy, to cheer up — **alegrarse** *vr* : to be glad, to rejoice
alegre *adj* **1** : glad, cheerful **2** : colorful, bright **3** *fam* : tipsy
alegremente *adv* : happily, cheerfully
alegría *nf* : joy, cheer, happiness
alejado, -da *adj* : remote
alejamiento *nm* **1** : removal, separation **2** : estrangement
alejar *vt* **1** : to remove, to move away **2** : to estrange, to alienate — **alejarse** *vr* **1** : to move away, to stray **2** : to drift apart
alelado, -da *adj* **1** : bewildered, stupefied **2** : foolish, stupid
aleluya *interj* : hallelujah!, alleluia!
alemán[1], **-mana** *adj & n, mpl* **-manes** : German
alemán[2] *nm* : German (language)
alentador, -dora *adj* : encouraging
alentar {55} *vt* : to encourage, to inspire — *vi* : to breathe
alerce *nm* : larch
alérgeno *nm* : allergen
alergia *nf* : allergy
alérgico, -ca *adj* : allergic
alero *nm* **1** : eaves *pl* **2** : forward (in basketball)
alerón *nm, pl* **-rones** : aileron
alerta[1] *adv* : on the alert
alerta[2] *adj & nf* : alert
alertar *vt* : to alert
aleta *nf* **1** : fin **2** : flipper **3** : small wing
aletargado, -da *adj* : lethargic, sluggish, torpid
aletargarse {52} *vr* : to feel drowsy, to become lethargic
aletear *vi* : to flutter, to flap one's wings
aleteo *nm* : flapping, flutter
alevín *nm, pl* **-vines 1** : fry, young fish **2** PRINCIPIANTE : beginner
alevosía *nf* **1** : treachery **2** : premeditation
alevoso, -sa *adj* : treacherous
alfabético, -ca *adj* : alphabetical — **alfabéticamente** *adv*
alfabetismo *nm* : literacy
alfabetizado, -da *adj* : literate
alfabetizar {21} *vt* : to alphabetize
alfabeto *nm* : alphabet
alfalfa *nf* : alfalfa
alfanje *nm* : cutlass, scimitar
alfarería *nf* : pottery
alfarero, -ra *n* : potter
alféizar *nm* : sill, windowsill
alfeñique *nm fam* : wimp, weakling
alférez *nmf, pl* **-reces 1** : second lieutenant **2** : ensign
alfil *nm* : bishop (in chess)
alfiler *nm* **1** : pin **2** BROCHE : brooch
alfiletero *nm* : pincushion
alfombra *nf* : carpet, rug
alfombrado *nm* : carpeting
alfombrar *vt* : to carpet
alfombrilla *nf* : small rug, mat
alforfón *nm, pl* **-fones** : buckwheat
alforja *nf* : saddlebag
alforza *nf* : pleat, tuck
alga *nf* **1** : aquatic plant, alga **2** : seaweed
algarabía *nf* **1** : gibberish, babble **2** : hubbub, uproar
álgebra *nf* : algebra
algebraico, -ca *adj* : algebraic
álgido, -da *adj* **1** : critical, decisive **2** : icy cold
algo[1] *adv* : somewhat, rather ⟨es simpático, pero algo tacaño : he's nice but rather stingy⟩
algo[2] *pron* **1** : something, anything ⟨¿pasa algo? : is something wrong?⟩ ⟨¿dijo algo más? : did he say anything else?⟩ ⟨por algo lo escogió : she chose him for a reason⟩ ⟨algo para/de comer : something to eat⟩ **2 ∼ de** : some, a little ⟨tengo algo de dinero : I've got some money⟩ **3 (o) algo así** : (or) something like that
algodón *nm, pl* **-dones** : cotton
algoritmo *nm* : algorithm
alguacil *nm* : constable
alguien *pron* : somebody, someone
alguno[1], **-na** *adj* (**algún** *before masculine singular nouns*) **1** : some, any ⟨en algunos casos : in some cases⟩ ⟨algún día : someday, one day⟩ ⟨algunas se-

manas después : a few weeks later⟩ ⟨¿alguna pregunta? : any questions?⟩ **2** (*in negative constructions*) : not any, not at all ⟨no tengo noticia alguna : I have no news at all⟩ **3 algún que otro, alguna que otra** : the odd, the occasional

alguno[2], **-na** *pron* **1** : one, someone, somebody ⟨alguno de ellos : one of them⟩ **2 algunos, -nas** *pron pl* : some, a few ⟨algunos quieren trabajar : some want to work⟩

alhaja *nf* : jewel, gem

alhajar *vt* : to adorn with jewels

alharaca *nf* : fuss

alhelí *nm* : wallflower

aliado[1], **-da** *adj* : allied

aliado[2], **-da** *n* : ally

alianza *nf* : alliance

aliarse {85} *vr* : to form an alliance, to ally oneself

alias *adv & nm* : alias

alicaído, -da *adj* : depressed, discouraged

alicates *nmpl* PINZAS : pliers

aliciente *nm* **1** INCENTIVO : incentive **2** ATRACCIÓN : attraction

alienación *nf, pl* **-ciones** : alienation, derangement

alienar *vt* ENAJENAR : to alienate

aliento *nm* **1** : breath **2** : courage, strength **3 dar aliento a** : to encourage

aligerar *vt* **1** : to lighten **2** ACELERAR : to hasten, to quicken

alijo *nm* : cache, consignment (of contraband)

alimaña *nf* : pest, vermin

alimentación *nf, pl* **-ciones** NUTRICIÓN : nutrition, nourishment

alimentar *vt* **1** NUTRIR : to feed, to nourish **2** MANTENER : to support (a family) **3** FOMENTAR : to nurture, to foster — **alimentarse** *vr* ~ **con** : to live on

alimentario, -ria → **alimenticio**

alimenticio, -cia *adj* **1** : nutritional, food, dietary **2** : nutritious, nourishing

alimento *nm* : food, nourishment

aliñar *vt* **1** : to dress (salad) **2** CONDIMENTAR : to season

alineación *nf, pl* **-ciones 1** : alignment **2** : lineup (in sports)

alineamiento *nm* : alignment

alinear *vt* **1** : to align **2** : to line up — **alinearse** *vr* **1** : to fall in, to line up **2** ~ **con** : to align oneself with

aliño *nm* : seasoning, dressing

alipús *nm, pl* **-puses** *Mex fam* : booze, drink

alisar *vt* : to smooth

aliso *nm* : alder

alistamiento *nm* : enlistment, recruitment

alistar *vt* **1** : to recruit **2** : to make ready — **alistarse** *vr* : to join up, to enlist

aliteración *nf, pl* **-ciones** : alliteration

aliviar *vt* MITIGAR : to relieve, to alleviate, to soothe — **aliviarse** *vr* : to recover, to get better

alivio *nm* : relief

aljaba *nf* : quiver (for arrows)

aljibe *nm* : cistern, well

allá *adv* **1** : there, over there **2 más allá** : farther away **3 más allá de** : beyond **4 allá tú** : that's up to you

allanamiento *nm* **1** : (police) raid **2 allanamiento de morada** : breaking and entering

allanar *vt* **1** : to raid, to search **2** : to resolve, to solve **3** : to smooth, to level out

allegado[1], **-da** *adj* : close, intimate

allegado[2], **-da** *n* : close friend, relation ⟨parientes y allegados : friends and relations⟩

allegar {52} *vt* : to gather, to collect

allende[1] *adv* : beyond, on the other side

allende[2] *prep* : beyond ⟨allende las montañas : beyond the mountains⟩

allí *adv* : there, over there ⟨allí mismo : right there⟩ ⟨hasta allí : up to that point⟩

alma *nf* **1** : soul **2** : person, human being **3 no tener alma** : to be pitiless **4 tener el alma en un hilo** : to have one's heart in one's mouth

almacén *nm, pl* **-cenes 1** BODEGA : warehouse, storehouse **2** TIENDA : shop, store **3 gran almacén** *Spain* : department store

almacenaje → **almacenamiento**

almacenamiento *nm* : storage ⟨almacenamiento de datos : data storage⟩

almacenar *vt* : to store, to put in storage

almacenero, -ra *n* : shopkeeper

almacenista *nm* MAYORISTA : wholesaler

almádena *nf* : sledgehammer

almanaque *nm* : almanac

almeja *nf* : clam

almendra *nf* **1** : almond **2** : kernel

almendro *nm* : almond tree

almiar *nm* : haystack

almíbar *nm* : syrup

almidón *nm, pl* **-dones** : starch

almidonar *vt* : to starch

alminar *nm* MINARETE : minaret

almirante *nm* : admiral

almizcle *nm* : musk

almohada *nf* : pillow

almohadilla *nf* **1** : small pillow, cushion **2** : bag, base (in baseball)

almohadón *nm, pl* **-dones** : bolster, cushion

almohazar {21} *vt* : to curry (a horse)

almoneda *nf* SUBASTA : auction

almorranas *nfpl* HEMORROIDES : hemorrhoids, piles

almorzar {36} *vi* : to have lunch — *vt* : to have for lunch

almuerzo *nm* : lunch

alocado, -da *adj* **1** : crazy **2** : wild, reckless **3** : silly, scatterbrained

alocución *nf, pl* **-ciones** : speech, address
áloe *or* **aloe** *nm* : aloe
alojamiento *nm* : lodging, accommodations *pl*
alojar *vt* ALBERGAR : to house, to lodge — **alojarse** *vr* : to lodge, to room
alondra *nf* : lark, skylark
alpaca *nf* : alpaca
alpinismo *nm* : mountain climbing, mountaineering
alpinista *nmf* : mountain climber
alpino, -na *adj* : Alpine, alpine
alpiste *nm* : birdseed
alquilar *vt* ARRENDAR : to rent, to lease
alquiler *nm* ARRENDAMIENTO : rent, rental
alquimia *nf* : alchemy
alquimista *nmf* : alchemist
alquitrán *nm, pl* **-tranes** BREA : tar
alquitranar *vt* : to tar, to cover with tar
alrededor[1] *adv* **1** : around, about <todo temblaba alrededor : all around things were shaking> **2 ~ de** : around, approximately <alrededor de quince personas : around fifteen people>
alrededor[2] *prep* **~ de** : around, about <corrió alrededor de la casa : she ran around the house> <llegaré alrededor de diciembre : I will get there around December>
alrededores *nmpl* ALEDAÑOS : surroundings, outskirts
alta *nf* **1** : admission, entry, enrollment **2 dar de alta** : to release, to discharge (a patient)
altanería *nf* ALTIVEZ, ARROGANCIA : arrogance, haughtiness
altanero, -ra *adj* ALTIVO, ARROGANTE : arrogant, haughty — **altaneramente** *adv*
altar *nm* : altar
altavoz *nm, pl* **-voces** ALTOPARLANTE : loudspeaker
alteración *nf, pl* **-ciones** **1** MODIFICACIÓN : alteration, modification **2** PERTURBACIÓN : disturbance, disruption
alterado, -da *adj* : upset
alterar *vt* **1** MODIFICAR : to alter, to modify **2** PERTURBAR : to disturb, to disrupt — **alterarse** *vr* : to get upset, to get worked up
altercado *nm* DISCUSIÓN, DISPUTA : altercation, argument, dispute
alternador *nm* : alternator
alternancia *nf* : alternation, rotation
alternar *vi* **1** : to alternate **2** : to mix, to socialize — *vt* : to alternate — **alternarse** *vr* : to take turns
alternativa *nf* OPCIÓN : alternative, option
alternativo, -va *adj* **1** : alternating **2** : alternative — **alternativamente** *adv*
alterno, -na *adj* : alternate <corriente alterna : alternating current>
alteza *nf* **1** : loftiness, lofty height **2 Alteza** : Highness
altibajos *nmpl* **1** : unevenness (of terrain) **2** : ups and downs
altímetro *nm* : altimeter
altiplanicie *nf* → **altiplano**
altiplano *nm* : high plateau, upland
altisonante *adj* **1** : pompous, affected (of language) **2** *Mex* : rude, obscene (of language)
altitud *nf* : altitude
altivez *nf, pl* **-veces** ALTANERÍA, ARROGANCIA : arrogance, haughtiness
altivo, -va *adj* ALTANERO, ARROGANTE : arrogant, haughty
alto[1] *adv* **1** : high **2** : loud, loudly
alto[2], **-ta** *adj* **1** : tall, high **2** : loud <en voz alta : aloud, out loud>
alto[3] *nm* **1** ALTURA : height, elevation **2** : stop, halt **3 altos** *nmpl* : upper floors
alto[4] *interj* : halt!, stop!
altoparlante *nm* ALTAVOZ : loudspeaker
altozano *nm* : hillock
altruismo *nm* : altruism
altruista[1] *adj* : altruistic
altruista[2] *nmf* : altruist
altura *nf* **1** : height **2** : altitude **3** : loftiness, nobleness **4 a la altura de** : near, up by <en la avenida San Antonio a la altura de la Calle Tres : on San Antonio Avenue up near Third Street> **5 a estas alturas** : at this point, at this stage of the game
alubia *nf* : kidney bean
alucinación *nf, pl* **-ciones** : hallucination
alucinante *adj* : hallucinatory
alucinar *vi* : to hallucinate
alucinógeno[1], **-na** *adj* : hallucinogenic
alucinógeno[2] *nm* : hallucinogen
alud *nm* AVALANCHA : avalanche, landslide
aludido, -da *n* **1** : person in question <el aludido : the aforesaid> **2 darse por aludido** : to take it personally
aludir *vi* : to allude, to refer
alumbrado *nm* ILUMINACIÓN : lighting
alumbramiento *nm* **1** : lighting **2** : childbirth
alumbrar *vt* **1** ILUMINAR : to light, to illuminate **2** : to give birth to
alumbre *nm* : alum
aluminio *nm* : aluminum
alumnado *nm* : student body
alumno, -na *n* **1** : pupil, student **2 ex–alumno, -na** : alumnus, alumna *f* **3 ex–alumnos, -nas** *npl* : alumni, alumnae *f*
alusión *nf, pl* **-siones** : allusion, reference
alusivo, -va *adj* **1** : allusive **2 ~ a** : in reference to, regarding
aluvión *nm, pl* **-viones** : flood, barrage
alza *nf* SUBIDA : rise <precios en alza : rising prices>
alzamiento *nm* LEVANTAMIENTO : uprising, insurrection
alzar {21} *vt* **1** ELEVAR, LEVANTAR : to lift, to raise **2** : to erect — **alzarse** *vr* LEVANTARSE : to rise up
ama *nf* → **amo**
amabilidad *nf* : kindness

amable *adj* : kind, nice — **amablemente** *adv*
amado[1], **-da** *adj* : beloved, darling
amado[2], **-da** *n* : sweetheart, loved one
amaestrar *vt* : to train (animals)
amafiarse *vr Mex fam* : to conspire, to be in cahoots
amagar {52} *vt* **1** : to show signs of (an illness, etc.) **2** : to threaten — *vi* **1** : to be imminent, to threaten **2** : to feint, to dissemble
amago *nm* **1** AMENAZA : threat **2** : sign, hint
amainar *vi* : to abate, to ease up, to die down
amalgama *nf* : amalgam
amalgamar *vt* : to amalgamate, to unite
amamantar *v* : to breast-feed, to nurse, to suckle
amanecer[1] {53} *v impers* **1** : to dawn **2** : to begin to show, to appear **3** : to wake up (in the morning)
amanecer[2] *nm* ALBA : dawn, daybreak
amanerado, -da *adj* : affected, mannered
amansar *vt* **1** : to tame **2** : to soothe, to calm down — **amansarse** *vr*
amante[1] *adj* : loving, fond
amante[2] *nmf* : lover
amañar *vt* : to rig, to fix, to tamper with — **amañarse** *vr* **amañárselas** : to manage
amaño *nm* **1** : skill, dexterity **2** : trick, ruse
amapola *nf* : poppy
amar *vt* : to love — **amarse** *vr*
amargado, -da *adj* : embittered, bitter
amargar {52} *vt* : to make bitter, to embitter — *vi* : to taste bitter
amargo[1], **-ga** *adj* : bitter — **amargamente** *adv*
amargo[2] *nm* : bitterness, tartness
amargura *nf* **1** : bitterness **2** : grief, sorrow
amarilis *nf* : amaryllis
amarillear *vi* : to yellow, to turn yellow
amarillento, -ta *adj* : yellowish
amarillismo *nm* : yellow journalism, sensationalism
amarillo[1], **-lla** *adj* : yellow
amarillo[2] *nm* : yellow
amarra *nf* **1** : mooring, mooring line **2** **soltar las amarras de** : to loosen one's grip on
amarrar *vt* **1** : to moor (a boat) **2** ATAR : to fasten, to tie up, to tie down
amartillar *vt* : to cock (a gun)
amasar *vt* **1** : to amass **2** : to knead **3** : to mix, to prepare
amasijo *nm* : jumble, hodgepodge
amasio, -sia *n* : lover, paramour
amateur *adj & nmf* : amateur — **amateurismo** *nm*
amatista *nf* : amethyst
amatorio, -ria *adj* : amatory, sexual ⟨poesía amatoria : love poems⟩
amazona *nf* **1** : Amazon (in mythology) **2** : horsewoman
amazónico, -ca *adj* : amazonian
ambages *nmpl* **sin** ~ : without hesitation, straight to the point
ámbar *nm* **1** : amber **2** **ámbar gris** : ambergris
ambición *nf, pl* **-ciones** : ambition
ambicionar *vt* : to aspire to, to seek
ambicioso, -sa *adj* : ambitious — **ambiciosamente** *adv*
ambidextro, -tra *adj* : ambidextrous
ambientación *nf, pl* **-ciones** : setting, atmosphere
ambiental *adj* : environmental — **ambientalmente** *adv*
ambientalista *nmf* : environmentalist
ambientar *vt* : to give atmosphere to, to set (in literature and drama) — **ambientarse** *vr* : to adjust, to get one's bearings
ambiente *nm* **1** : atmosphere **2** : environment **3** : surroundings *pl*
ambigüedad *nf* : ambiguity
ambiguo, -gua *adj* : ambiguous
ámbito *nm* : domain, field, area
ambivalencia *nf* : ambivalence
ambivalente *adj* : ambivalent
ambos, -bas *adj & pron* : both
ambulancia *nf* : ambulance
ambulante *adj* **1** : traveling, itinerant **2** **vendedor ambulante** : street vendor
ameba *nf* : amoeba
amedrentar *vt* : to frighten, to intimidate — **amedrentarse** *vr*
amén *nm* **1** : amen **2** ~ **de** : in addition to, besides **3** **en un decir amén** : in an instant
amenaza *nf* : threat ⟨amenazas de muerte/bomba : death/bomb threats⟩
amenazador, -dora *adj* : threatening, menacing
amenazante → **amenazador**
amenazar {21} *v* : to threaten
amenguar {10} *vt* **1** : to diminish **2** : to belittle, to dishonor
amenidad *nf* : pleasantness, amenity
amenizar {21} *vt* **1** : to make pleasant **2** : to brighten up, to add life to
ameno, -na *adj* : agreeable, pleasant
amento *nm* : catkin
americano, -na *adj & n* : American
amerindio, -dia *adj & n* : Amerindian
ameritar *vt* MERECER : to deserve
ametralladora *nf* : machine gun
amianto *nm* : asbestos
amiba → **ameba**
amigable *adj* : friendly, amicable — **amigablemente** *adv*
amígdala *nf* : tonsil
amigdalitis *nf* : tonsilitis
amigo[1], **-ga** *adj* : friendly, close
amigo[2], **-ga** *n* : friend
amigote *nm* : crony, pal
amilanar *vt* **1** : to frighten **2** : to daunt, to discourage — **amilanarse** *vr* : to lose heart
aminoácido *nm* : amino acid
aminorar *vt* : to reduce, to lessen — *vi* : to diminish
amistad *nf* : friendship
amistoso, -sa *adj* : friendly — **amistosamente** *adv*

amnesia *nf* : amnesia
amnésico, -ca *adj & n* : amnesiac, amnesic
amnistía *nf* : amnesty
amnistiar {85} *vt* : to grant amnesty to
amo, ama *n* **1** : master *m*, mistress *f* **2** : owner, keeper (of an animal) **3 ama de casa** : housewife **4 ama de llaves** : housekeeper
amodorrado, -da *adj* : drowsy
amolar {19} *vt* **1** : to grind, to sharpen **2** : to pester, to annoy
amoldable *adj* : adaptable
amoldar *vt* **1** : to mold **2** : to adapt, to adjust — **amoldarse** *vr*
amonestación *nf, pl* **-ciones 1** APERCIBIMIENTO : admonition, warning **2 amonestaciones** *nfpl* : banns
amonestar *vt* APERCIBIR : to admonish, to warn
amoníaco *or* **amoniaco** *nm* : ammonia
amontonamiento *nm* : accumulation, piling up
amontonar *vt* **1** APILAR : to pile up, to heap up **2** : to collect, to gather **3** : to hoard — **amontonarse** *vr*
amor *nm* **1** : love **2** : loved one, beloved **3 amor propio** : self-esteem **4 hacer el amor** : to make love
amoral *adj* : amoral
amoratado, -da *adj* : black-and-blue, bruised, livid
amordazar {21} *vt* **1** : to gag, to muzzle **2** : to silence
amorfo, -fa *adj* : shapeless, amorphous
amorío *nm* : love affair, fling
amoroso, -sa *adj* **1** : loving, affectionate **2** : amorous ⟨una mirada amorosa : an amorous glance⟩ **3** : charming, cute — **amorosamente** *adv*
amortiguación *nf* : cushioning, absorption
amortiguador *nm* : shock absorber
amortiguar {10} *vt* : to soften (an impact)
amortizar {21} *vt* : to amortize, to pay off — **amortización** *nf*
amotinado[1], **-da** *adj* : rebellious, insurgent, mutinous
amotinado[2], **-da** *n* : rebel, insurgent, mutineer
amotinamiento *nm* : uprising, rebellion
amotinar *vt* : to incite (to riot), to agitate — **amotinarse** *vr* **1** : to riot, to rebel **2** : to mutiny
amparar *vt* : to safeguard, to protect — **ampararse** *vr* **1 ~ de** : to take shelter from **2 ~ en** : to have recourse to
amparo *nm* ACOGIDA, REFUGIO : protection, refuge
amperímetro *nm* : ammeter
amperio *nm* : ampere
ampliable *adj* : expandable, enlargeable, extendible
ampliación *nf, pl* **-ciones** : expansion, extension
ampliar {85} *vt* **1** : to expand, to extend **2** : to widen **3** : to enlarge (photographs) **4** : to elaborate on, to develop (ideas)
amplificador *nm* : amplifier
amplificar {72} *vt* : to amplify — **amplificación** *nf*
amplio, -plia *adj* : broad, wide, ample — **ampliamente** *adj*
amplitud *nf* **1** : breadth, extent **2** : spaciousness
ampolla *nf* **1** : blister **2** : vial, ampoule
ampollar *vt* : to blister — **ampollarse** *vr*
ampolleta *nf* **1** : small vial **2** : hourglass **3** *Chile* : light bulb
ampulosidad *nf* : pompousness, bombast
ampuloso, -sa *adj* GRANDILOCUENTE : pompous, bombastic — **ampulosamente** *adv*
amputar *vt* : to amputate — **amputación** *nf*
amueblar *vt* : to furnish
amuleto *nm* TALISMÁN : amulet, charm
amurallar *vt* : to wall in, to fortify
anacardo *nm* : cashew nut
anaconda *nf* : anaconda
anacrónico, -ca *adj* : anachronistic
anacronismo *nm* : anachronism
ánade *nmf* **1** : duck **2 ánade real** : mallard
anagrama *nm* : anagram
anal *adj* : anal
anales *nmpl* : annals
analfabetismo *nm* : illiteracy
analfabeto, -ta *adj & n* : illiterate
analgésico[1], **-ca** *adj* : analgesic, painkilling
analgésico[2] *nm* : painkiller, analgesic
análisis *nm* : analysis
analista *nmf* **1** : analyst **2** : annalist
analítico, -ca *adj* : analytical, analytic — **analíticamente** *adv*
analizar {21} *vt* : to analyze
analogía *nf* : analogy
analógico, -ca *adj* **1** : analogical **2** : analog ⟨computadora analógica : analog computer⟩
análogo, -ga *adj* : analogous, similar
ananá *or* **ananás** *nm, pl* **-nás** : pineapple
anaquel *nm* REPISA : shelf
anaranjado[1], **-da** *adj* NARANJA : orange-colored
anaranjado[2] *nm* NARANJA : orange (color)
anarquía *nf* : anarchy
anárquico, -ca *adj* : anarchic
anarquismo *nm* : anarchism
anarquista *adj & nmf* : anarchist
anatema *nm* : anathema
anatomía *nf* : anatomy — **anatomista** *nmf*
anatómico, -ca *adj* : anatomical — **anatómicamente** *adv*
anca *nf* **1** : haunch, hindquarter **2 ancas de rana** : frogs' legs
ancestral *adj* **1** : ancient, traditional **2** : ancestral
ancestro *nm* ASCENDIENTE : ancestor, forefather *m*
ancho[1], **-cha** *adj* **1** : wide, broad **2** : ample, loose-fitting

ancho[2] *nm* **1** : width, breadth ⟨tiene dos metros de ancho : it's two meters wide⟩ **2 ancho de banda** : bandwidth
anchoa *nf* : anchovy
anchura *nf* : width, breadth
ancianidad *nf* SENECTUD : old age
anciano[1], **-na** *adj* : aged, old, elderly
anciano[2], **-na** *n* : elderly person
ancla *nf* : anchor
ancladero → **anclaje**
anclaje *nm* : anchorage
anclar *v* FONDEAR : to anchor
andadas *nfpl* **1** : tracks **2 volver a las andadas** : to go back to one's old ways, to backslide
andador[1] *nm* **1** : walker, baby walker **2** *Mex* : walkway
andador[2], **-dora** *n* : walker, one who walks
andadura *nf* : course, journey ⟨su agotadora andadura al campeonato : his exhausting journey to the championship⟩
andaluz, -luza *adj & n, mpl* **-luces** : Andalusian
andamiaje *nm* **1** : scaffolding **2** ESTRUCTURA : structure, framework
andamio *nm* : scaffold
andanada *nf* **1** : volley, broadside **2 soltar una andanada a** : to reprimand
andanzas *nfpl* : adventures
andar[1] {6} *vi* **1** CAMINAR : to walk **2** IR : to go, to travel **3** FUNCIONAR : to run, to function ⟨el auto anda bien : the car runs well⟩ **4** : to ride ⟨andar en bicicleta : to ride a bike⟩ ⟨andar a caballo : to ride on horseback⟩ **5** : to be ⟨su madre no anda bien : his mother isn't well⟩ ⟨lo andaban buscando : they were looking for him⟩ **6 ~ con** SALIR CON : to go out with, to date **7 ~ con** : to associate with **8 ~ con/sin** ⟨andaba sin camisa : he had no shirt on⟩ ⟨siempre anda con su guitarra : she always has her guitar with her⟩ **9 andar detrás de** : to be after **10 ~ en** : to be involved with **11 ~ en** REVOLVER : to rummage through **12 ~ por** : to be about ⟨anda por los 25 años : she's about 25 years old⟩ — *vt* : to walk, to travel — **andarse** *vr* : to leave, to go
andar[2] *nm* : walk, gait
andas *nfpl* : stand (for a coffin), bier
andén *nm, pl* **andenes** **1** : (train) platform **2** *CA, Col* : sidewalk
andino, -na *adj* : Andean
andorrano, -na *adj & n* : Andorran
andrajos *nmpl* : rags, tatters
andrajoso, -sa *adj* : ragged, tattered
andrógino, -na *adj* : androgynous
andurriales *nmpl* : remote place
anea *nf* : cattail
anduvo, etc. → **andar**
anécdota *nf* : anecdote
anecdótico, -ca *adj* : anecdotal
anegar {52} *vt* **1** INUNDAR : to flood **2** AHOGAR : to drown **3** : to overwhelm — **anegarse** *vr* : to be flooded
anejo *nm* → **anexo**[2]
anemia *nf* : anemia
anémico, -ca *adj* : anemic
anémona *nf* : anemone
anestesia *nf* : anesthesia
anestesiar *vt* : to anesthetize
anestésico[1], **-ca** *adj* : anesthetic
anestésico[2] *nm* : anesthetic
anestesista *nmf* : anesthetist
aneurisma *nmf* : aneurysm
anexar *vt* : to annex, to attach
anexión *nf, pl* **-xiones** : annexation
anexo[1], **-xa** *adj* : attached, joined, annexed
anexo[2] *nm* **1** : annex **2** : supplement (to a book), appendix
anfetamina *nf* : amphetamine
anfibio[1], **-bia** *adj* : amphibious
anfibio[2] *nm* : amphibian
anfiteatro *nm* **1** : amphitheater **2** : lecture hall
anfitrión, -triona *n, mpl* **-triones** : host, hostess *f*
ánfora *nf* **1** : amphora **2** *Mex, Peru* : ballot box
ángel *nm* : angel
angelical *adj* : angelic, angelical
angélico, -ca *adj* → **angelical**
angina *nf* **1** *or* **angina de pecho** : angina **2** *Mex* : tonsil
anglicano, -na *adj & n* : Anglican
angloparlante[1] *adj* : English-speaking
angloparlante[2] *nmf* : English speaker
anglosajón, -jona *adj & n, mpl* **-jones** : Anglo-Saxon
angoleño, -ña *adj & n* : Angolan
angora *nf* : angora
angostar *vt* : to narrow — **angostarse** *vr*
angosto, -ta *adj* : narrow
angostura *nf* : narrowness
anguila *nf* : eel
angular *adj* : angular — **angularidad** *nf*
ángulo *nm* **1** : angle **2** : corner **3 ángulo muerto** : blind spot
anguloso, -sa *adj* : angular, sharp ⟨una cara angulosa : an angular face⟩ — **angulosidad** *nf*
angustia *nf* **1** CONGOJA : anguish, distress **2** : anxiety, worry
angustiar *vt* **1** : to anguish, to distress **2** : to worry — **angustiarse** *vr*
angustioso, -sa *adj* **1** : anguished, distressed **2** : distressing, worrisome
anhelante *adj* : yearning, longing
anhelar *vt* : to yearn for, to crave
anhelo *nm* : longing, yearning
anidar *vi* **1** : to nest **2** : to make one's home, to dwell — *vt* : to shelter
anillo *nm* SORTIJA : ring
ánima *n* ALMA : soul
animación *nf, pl* **-ciones** **1** : animation **2** VIVEZA : liveliness
animado, -da *adj* **1** : animated, lively **2** : cheerful — **animadamente** *adv*
animador, -dora *n* **1** : (television) host **2** : cheerleader
animadversión *nf, pl* **-siones** ANIMOSIDAD : animosity, antagonism

animal[1] *adj* **1** : animal **2** ESTÚPIDO : stupid, idiotic **3** : rough, brutish
animal[2] *nm* : animal
animal[3] *nmf* **1** IDIOTA : idiot, fool **2** : brute, beastly person
animar *vt* **1** ALENTAR : to encourage, to inspire **2** : to animate, to enliven **3** : to brighten up, to cheer up — **animarse** *vr*
anímico, -ca *adj* : mental ⟨estado anímico : state of mind⟩
ánimo *nm* **1** ALMA : spirit, soul **2** : mood, spirits *pl* **3** : encouragement **4** PROPÓSITO : intention, purpose ⟨sociedad sin ánimo de lucro : nonprofit organization⟩ **5** : energy, vitality
animosidad *nf* ANIMADVERSIÓN : animosity, ill will
animoso, -sa *adj* : brave, spirited
aniñado, -da *adj* : childlike
aniquilación *nf* → **aniquilamiento**
aniquilamiento *nm* : annihilation, extermination
aniquilar *vt* **1** : to annihilate, to wipe out **2** : to overwhelm, to bring to one's knees — **aniquilarse** *vr*
anís *nm* **1** : anise **2 semilla de anís** : aniseed
aniversario *nm* : anniversary
ano *nm* : anus
anoche *adv* : last night
anochecer[1] {53} *v impers* : to get dark
anochecer[2] *nm* : dusk, nightfall
anodino, -na *adj* : insipid, dull
ánodo *nm* : anode
anomalía *nf* : anomaly
anómalo, -la *adj* : anomalous
anonadado, -da *adj* : dumbfounded, speechless
anonadar *vt* : to dumbfound, to stun
anonimato *nm* : anonymity
anónimo, -ma *adj* : anonymous — **anónimamente** *adv*
anorexia *nf* : anorexia
anoréxico, -ca *adj* : anorexic
anormal *adj* : abnormal — **anormalmente** *adv*
anormalidad *nf* : abnormality
anotación *nf, pl* **-ciones 1** : annotation, note **2** : scoring (in sports) ⟨lograron una anotación : they managed to score a goal⟩
anotar *vt* **1** : to annotate **2** APUNTAR, ESCRIBIR : to write down, to jot down **3** : to score (in sports) — *vi* : to score
anquilosado, -da *adj* **1** : stiff-jointed **2** : stagnated, stale
anquilosamiento *nm* **1** : stiffness (of joints) **2** : stagnation, paralysis
anquilosarse *vr* **1** : to stagnate **2** : to become stiff or paralyzed
anquilostoma *nm* : hookworm
ánsar *nm* : goose
ansarino *nm* : gosling
ansia *nf* **1** INQUIETUD : apprehensiveness, uneasiness **2** ANGUSTIA : anguish, distress **3** ANHELO : longing, yearning
ansiar {85} *vt* : to long for, to yearn for
ansiedad *nf* : anxiety
ansioso, -sa *adj* **1** : anxious, worried **2** : eager — **ansiosamente** *adv*
antagónico, -ca *adj* : conflicting, opposing
antagonismo *nm* : antagonism
antagonista[1] *adj* : antagonistic
antagonista[2] *nmf* : antagonist, opponent
antagonizar {21} *vt* : to antagonize
antaño *adv* : yesteryear, long ago
antártico, -ca *adj* **1** : antarctic **2 círculo antártico** : antarctic circle
ante[1] *nm* **1** : elk, moose **2** : suede
ante[2] *prep* **1** : before, in front of **2** : considering, in view of **3 ante todo** : first and foremost, above all
anteanoche *adv* : the night before last
anteayer *adv* : the day before yesterday
antebrazo *nm* : forearm
antecedente[1] *adj* : previous, prior
antecedente[2] *nm* **1** : precedent **2 antecedentes** *nmpl* : record, background
anteceder *v* : to precede
antecesor, -sora *n* **1** ANTEPASADO : ancestor **2** PREDECESOR : predecessor
antedicho, -cha *adj* : aforesaid, above
antelación *nf, pl* **-ciones 1** : advance notice **2 con ~** : in advance, beforehand
antemano *adv* **de ~** : in advance ⟨se lo agradezco de antemano : I thank you in advance⟩
antena *nf* : antenna
antenoche → **anteanoche**
anteojera *nf* **1** : eyeglass case **2 anteojeras** *nfpl* : blinders
anteojos *nmpl* GAFAS : glasses, eyeglasses
antepasado[1], **-da** *adj* : before last ⟨el domingo antepasado : the Sunday before last⟩
antepasado[2], **-da** *n* ANTECESOR : ancestor
antepecho *nm* **1** : guardrail **2** : ledge, sill
antepenúltimo, -ma *adj* : third from last
anteponer {60} *vt* **1** : to place before ⟨anteponer al interés de la nación el interés de la comunidad : to place the interests of the community before national interest⟩ **2** : to prefer
anteproyecto *nm* **1** : draft, proposal **2 anteproyecto de ley** : bill
antera *nf* : anther
anterior *adj* **1** : previous **2** : earlier ⟨tiempos anteriores : earlier times⟩ **3** : anterior, forward, front
anterioridad *nf* **1** : priority **2 con ~** : beforehand, in advance
anteriormente *adv* : previously, beforehand
antes *adv* **1** : before ⟨no se me ocurrió antes : it didn't occur to me before⟩ ⟨es igual que antes : it's the same as before⟩ ⟨una hora antes : an hour earlier⟩ ⟨antes eran más baratos : they used to be cheaper⟩ **2** : rather, sooner ⟨antes prefiero morir : I'd rather die⟩

3 ~ **de** : before, previous to ⟨antes de hoy : before today⟩ ⟨antes de salir : before leaving⟩ ⟨antes de un mes : within a month⟩ **4 antes que** : before ⟨antes que llegue Luis : before Luis arrives⟩ **5 cuanto antes** *or* **lo antes posible** : as soon as possible **6 antes bien** : on the contrary

antesala *nf* **1** : anteroom, waiting room, lobby **2** : prelude, prologue

antiaborto, -ta *adj* : antiabortion

antiácido *nm* : antacid

antiadherente *adj* : nonstick

antiaéreo, -rea *adj* : antiaircraft

antiamericano, -na *adj* : anti-American

antibalas *adj* : bulletproof

antibiótico[1], **-ca** *adj* : antibiotic

antibiótico[2] *nm* : antibiotic

antichoque *adj* : shockproof

anticipación *nf, pl* **-ciones 1** : expectation, anticipation **2 con ~** : in advance

anticipado, -da *adj* **1** : advance, early **2 por ~** : in advance

anticipar *vt* **1** : to anticipate, to forestall, to deal with in advance **2** : to pay in advance — **anticiparse** *vr* **1** : to be early **2** ADELANTARSE : to get ahead

anticipo *nm* **1** : advance (payment) **2** : foretaste, preview

anticlerical *adj* : anticlerical

anticlimático, -ca : anticlimactic

anticlímax *nm* : anticlimax

anticomunismo *nm* : anticommunism

anticomunista *adj & nmf* : anticommunist

anticoncepción *nf, pl* **-ciones** : birth control, contraception

anticonceptivo *nm* : contraceptive

anticongelante *nm* : antifreeze

anticuado, -da *adj* : antiquated, outdated

anticuario[1], **-ria** *adj* : antique, antiquarian

anticuario[2], **-ria** *n* : antiquarian, antiquary

anticuario[3] *nm* : antique shop

anticuerpo *nm* : antibody

antidemocrático, -ca *adj* : antidemocratic

antideportivo, -va *adj* : unsportsmanlike

antidepresivo *nm* : antidepressant

antídoto *nm* : antidote

antidrogas *adj* : antidrug

antier → **anteayer**

antiestético, -ca *adj* : unsightly, unattractive

antifascista *adj & nmf* : antifascist

antifaz *nm, pl* **-faces** : mask

antifeminista *adj & nmf* : antifeminist

antífona *nf* : anthem

antígeno *nm* : antigen

antigualla *nf* **1** : antique **2** : relic, old thing

antiguamente *adv* **1** : formerly, once **2** : long ago

antigüedad *nf* **1** : antiquity **2** : seniority **3** : age ⟨con siglos de antigüedad : centuries-old⟩ **4 antigüedades** *nfpl* : antiques

antiguo, -gua *adj* **1** : ancient, old **2** : former **3** : old-fashioned ⟨a la antigua : in the old-fashioned way⟩ **4 Antiguo Testamento** : Old Testament

antihigiénico, -ca *adj* INSALUBRE : unhygienic, unsanitary

antihistamínico *nm* : antihistamine

antiimperialismo *nm* : anti-imperialism

antiimperialista *adj & nmf* : anti-imperialist

antiinflacionario, -ria *adj* : anti-inflationary

antiinflamatorio, -ria *adj* : anti-inflammatory

antillano[1], **-na** *adj* CARIBEÑO : Caribbean, West Indian

antillano[2], **-na** *n* : West Indian

antílope *nm* : antelope

antimilitarismo *nm* : antimilitarism

antimilitarista *adj & nmf* : antimilitarist

antimonio *nm* : antimony

antimonopolista *adj* : antimonopoly, antitrust

antinatural *adj* : unnatural, perverse

antipatía *nf* : aversion, dislike

antipático, -ca *adj* : obnoxious, unpleasant

antipatriótico, -ca *adj* : unpatriotic

antirrábico, -ca *adj* : antirabies ⟨vacuna antirrábica : rabies vaccine⟩

antirreglamentario, -ria *adj* **1** : unlawful, illegal **2** : foul (in sports)

antirrevolucionario, -ria *adj & n* : antirevolutionary

antirrobo, -ba *adj* : antitheft

antisemita *adj* : anti-Semitic

antisemitismo *nm* : anti-Semitism

antiséptico[1], **-ca** *adj* : antiseptic

antiséptico[2] *nm* : antiseptic

antisocial *adj* : antisocial

antitabaco *adj* : antismoking

antiterrorista *adj* : antiterrorist

antítesis *nf* : antithesis

antitoxina *nf* : antitoxin

antitranspirante *nm* : antiperspirant

antiviral *adj* : antiviral

antivirus *nm, pl* **antivirus** : antivirus software

antojadizo, -za *adj* CAPRICHOSO : capricious

antojarse *vr* **1** APETECER : to be appealing, to be desirable ⟨se me antoja un helado : I feel like having ice cream⟩ **2** : to seem, to appear ⟨los árboles se antojaban fantasmas : the trees seemed like ghosts⟩

antojitos *nmpl Mex* : traditional Mexican snack foods

antojo *nm* **1** CAPRICHO : whim **2** : craving

antología *nf* **1** : anthology **2 de ~** *fam* : fantastic, incredible

antónimo *nm* : antonym

antonomasia *nf* **por ~** : par excellence

antorcha *nf* : torch

antracita *nf* : anthracite

antro *nm* **1** : cave, den **2** : dive, seedy nightclub
antropofagia *nf* CANIBALISMO : cannibalism
antropófago[1], **-ga** *adj* : cannibalistic
antropófago[2], **-ga** *n* CANÍBAL : cannibal
antropoide *adj & nmf* : anthropoid
antropología *nf* : anthropology
antropológico, -ca *adj* : anthropological
antropólogo, -ga *n* : anthropologist
anual *adj* : annual, yearly — **anualmente** *adv*
anualidad *nf* : annuity
anuario *nm* : yearbook, annual
anudar *vt* : to knot, to tie in a knot — **anudarse** *vr*
anuencia *nf* : consent
anulación *nf, pl* **-ciones** : annulment, nullification
anular *vt* : to annul, to cancel
anunciador, -dora *n* → **anunciante**
anunciante *nmf* : advertiser
anunciar *vt* **1** : to announce **2** : to advertise
anuncio *nm* **1** : announcement **2** : advertisement, commercial
anzuelo *nm* **1** : fishhook **2 morder el anzuelo** : to take the bait
añadido *nm* : addition
añadidura *nf* **1** : additive, addition **2 por ~** : in addition, furthermore
añadir *vt* **1** AGREGAR : to add **2** AUMENTAR : to increase
añejar *vt* : to age, to ripen
añejo, -ja *adj* **1** : aged, vintage **2** : age-old, musty, stale
añicos *nmpl* : smithereens, bits ⟨hacer(se) añicos : to shatter⟩
añil *nm* **1** : indigo **2** : bluing
año *nm* **1** : year ⟨el año pasado : last year⟩ ⟨en el año 1990 : in (the year) 1990⟩ ⟨en los años '70 : in the '70's⟩ ⟨tiene diez años : she is ten years old⟩ ⟨cumple hoy 80 años : he turns 80 today⟩ ⟨los menores de 18 años : those under the age of 18⟩ **2** : grade ⟨cuarto año : fourth grade⟩ **3 año bisiesto** : leap year **4 año luz** : light-year **5 Año Nuevo** : New Year
añoranza *nf* : longing, yearning
añorar *vt* **1** DESEAR : to long for **2** : to grieve for, to miss — *vi* : to mourn, to grieve
añoso, -sa *adj* : aged, old
aorta *nf* : aorta
apabullante *adj* : overwhelming, crushing
apabullar *vt* : to overwhelm
apacentar {55} *vt* : to pasture, to put to pasture
apache *adj & nmf* : Apache
apachurrado, -da *adj fam* : depressed, down
apachurrar *vt* : to crush, to squash
apacible *adj* : gentle, mild, calm — **apaciblemente** *adv*
apaciguador, -dora *adj* : calming
apaciguamiento *nm* : appeasement
apaciguar {10} *vt* APLACAR : to appease, to pacify — **apaciguarse** *vr* : to calm down
apadrinar *vt* **1** : to be a godparent to **2** : to sponsor, to support
apagado, -da *adj* **1** : off, out ⟨la luz está apagada : the light is off⟩ **2** : dull, subdued
apagador *nm Mex* : switch
apagar {52} *vt* **1** : to turn off, to shut off **2** : to extinguish, to put out — **apagarse** *vr* **1** : to go out, to fade **2** : to wane, to die down
apagón *nm, pl* **-gones** : blackout (of power)
apalancamiento *nm* : leverage
apalancar {72} *vt* **1** : to jack up **2** : to pry open
apalear *vt* : to beat up, to thrash
apantallar *vt Mex* : to dazzle, to impress
apañar *vt* **1** : to seize, to grasp **2** : to repair, to mend — **apañarse** *vr* : to manage, to get along
apaño *nm fam* **1** : patch **2** HABILIDAD : skill, knack
apapachar *vt Mex fam* : to cuddle, to caress — **apapacharse** *vr*
aparador *nm* **1** : sideboard, cupboard **2** ESCAPARATE, VITRINA : shop window
aparato *nm* **1** : machine, appliance, apparatus ⟨aparato auditivo : hearing aid⟩ ⟨aparato de televisión : television set⟩ **2** : system ⟨aparato digestivo : digestive system⟩ **3** : display, ostentation ⟨sin aparato : without ceremony⟩ **4 aparatos** *nmpl* : braces (for the teeth)
aparatoso, -sa *adj* **1** : ostentatious **2** : spectacular
aparcamiento *nm Spain* **1** : parking **2** : parking lot
aparcar {72} *v Spain* : to park
aparcero, -ra *n* : sharecropper
aparear *vt* **1** : to mate (animals) **2** : to match up — **aparearse** *vr* : to mate
aparecer {53} *vi* **1** : to appear **2** PRESENTARSE : to show up **3** : to turn up, to be found — **aparecerse** *vr* : to appear
aparejado, -da *adj* **1 ir aparejado con** : to go hand in hand with **2 llevar aparejado** : to entail
aparejar *vt* **1** PREPARAR : to prepare, to make ready **2** : to harness (a horse) **3** : to fit out (a ship)
aparejo *nm* **1** : equipment, gear **2** : harness, saddle **3** : rig, rigging (of a ship)
aparentar *vt* **1** : to seem, to appear ⟨no aparentas tu edad : you don't look your age⟩ **2** FINGIR : to feign, to pretend
aparente *adj* **1** : apparent **2** : showy, striking — **aparentemente** *adv*
aparición *nf, pl* **-ciones** **1** : appearance **2** PUBLICACIÓN : publication, release **3** FANTASMA : apparition, vision

apariencia *nf* **1** ASPECTO : appearance, look **2 en ~** : seemingly, apparently

apartado *nm* **1** : section, paragraph **2 apartado postal** : post office box

apartamento *nm* DEPARTAMENTO : apartment

apartar *vt* **1** ALEJAR : to move away, to put at a distance **2** : to put aside, to set aside, to separate — **apartarse** *vr* **1** : to step aside, to move away **2** DESVIARSE : to stray

aparte[1] *adv* **1** : apart, aside ⟨modestia aparte : if I say so myself⟩ **2** : separately **3 ~ de** : apart from, besides

aparte[2] *adj* : separate, special

aparte[3] *nm* : aside (in theater)

apartheid *nm* : apartheid

apasionado, -da *adj* : passionate, enthusiastic — **apasionadamente** *adv*

apasionante *adj* : fascinating, exciting

apasionar *vt* : to enthuse, to excite — **apasionarse** *vr*

apatía *nf* : apathy

apático, -ca *adj* : apathetic

apearse *vr* **1** DESMONTAR : to dismount **2** : to get out of or off (a vehicle)

apedrear *vt* : to stone, to throw stones at

apegado, -da *adj* : attached, close, devoted ⟨es muy apegado a su familia : he is very devoted to his family⟩

apegarse {52} *vr* **~ a** : to become attached to, to grow fond of

apego *nm* AFICIÓN : attachment, fondness, inclination

apelación *nf, pl* **-ciones** : appeal (in court)

apelar *vi* **1** : to appeal **2 ~ a** : to resort to

apelativo *nm* APELLIDO : last name, surname

apellidarse *vr* : to have for a last name ⟨¿cómo se apellida? : what is your last name?⟩

apellido *nm* : last name, surname

apelotonar *vt* : to roll into a ball, to bundle up

apenar *vt* : to aggrieve, to sadden — **apenarse** *vr* **1** : to be saddened **2** : to become embarrassed

apenas[1] *adv* : hardly, scarcely

apenas[2] *conj* : as soon as

apéndice *nm* **1** : appendix **2** : appendage

apendicectomía *nf* : appendectomy

apendicitis *nf* : appendicitis

apercibimiento *nm* **1** : preparation **2** AMONESTACIÓN : warning

apercibir *vt* **1** DISPONER : to prepare, to make ready **2** AMONESTAR : to warn **3** OBSERVAR : to observe, to perceive — **apercibirse** *vr* **1** : to get ready **2 ~ de** : to notice

aperitivo *nm* **1** : appetizer **2** : aperitif

apero *nm* : tool, implement

apertura *nf* **1** : opening, aperture **2** : commencement, beginning **3** : openness

apesadumbrar *vt* : to distress, to sadden — **apesadumbrarse** *vr* : to be weighed down

apestar *vt* **1** : to infect with the plague **2** : to corrupt — *vi* : to stink

apestoso, -sa *adj* : stinking, foul

apetecer {53} *vt* **1** : to crave, to long for ⟨apeteció la fama : he longed for fame⟩ **2** : to appeal to ⟨me apetece un bistec : I feel like having a steak⟩ ⟨¿cuándo te apetece ir? : when do you want to go?⟩ — *vi* : to be appealing

apetecible *adj* : appetizing, appealing

apetito *nm* : appetite

apetitoso, -sa *adj* : appetizing

apiario *nm* : apiary

ápice *nm* **1** : apex, summit **2** PIZCA : bit, smidgen

apicultor, -tora *n* : beekeeper

apicultura *nf* : beekeeping

apilar *vt* AMONTONAR : to heap up, to pile up — **apilarse** *vr*

apiñado, -da *adj* : jammed, crowded

apiñar *vt* : to pack, to cram — **apiñarse** *vr* : to crowd together, to huddle

apio *nm* : celery

apisonadora *nf* : steamroller

apisonar *vt* : to pack down, to tamp

aplacamiento *nm* : appeasement

aplacar {72} *vt* APACIGUAR : to appease, to placate — **aplacarse** *vr* : to calm down

aplanadora *nf* : steamroller

aplanar *vt* : to flatten, to level

aplastante *adj* : crushing, overwhelming

aplastar *vt* : to crush, to squash

aplaudir *v* : to applaud

aplauso *nm* **1** : applause, clapping **2** : praise, acclaim

aplazamiento *nm* : postponement

aplazar {21} *vt* : to postpone, to defer

aplicable *adj* : applicable — **aplicabilidad** *nf*

aplicación *nf, pl* **-ciones** **1** : application **2** : diligence, dedication

aplicado, -da *adj* : diligent, industrious

aplicador *nm* : applicator

aplicar {72} *vt* : to apply — **aplicarse** *vr* : to apply oneself

aplique *or* **apliqué** *nm* : appliqué

aplomar *vt* : to plumb, to make vertical

aplomo *nm* : aplomb, composure

apocado, -da *adj* : timid

apocalipsis *nms & pl* : apocalypse ⟨el Libro del Apocalipsis : the Book of Revelation⟩

apocalíptico, -ca *adj* : apocalyptic

apocamiento *nm* : timidity

apocarse {72} *vr* **1** : to shy away, to be intimidated **2** : to humble oneself, to sell oneself short

apócrifo, -fa *adj* : apocryphal

apodar *vt* : to nickname, to call — **apodarse** *vr*

apoderado, -da *n* : proxy, agent

apoderar *vt* : to authorize, to empower — **apoderarse** *vr* **~ de** : to seize, to take over

apodo *nm* SOBRENOMBRE : nickname

apogeo *nm* : acme, peak, zenith
apología *nf* : defense, apology
apoplejía *nf* : apoplexy, stroke
apoplético, -ca *adj* : apoplectic
aporrear *vt* : to bang on, to beat, to bludgeon
aportación *nf, pl* **-ciones** : contribution
aportar *vt* CONTRIBUIR : to contribute, to provide
aporte *nm* → **aportación**
apostador, -dora *n* : bettor, better
apostar {19} *v* : to bet, to wager ⟨apuesto que no viene : I bet he's not coming⟩
apostasía *nf* : apostasy
apóstata *nmf* : apostate
apostilla *nf* : note
apostillar *vt* : to annotate
apóstol *nm* : apostle
apostólico, -ca *adj* : apostolic
apóstrofe *nmf* : apostrophe
apostura *nf* : elegance, gracefulness
apoyacabezas *nms & pl* : headrest
apoyapiés *nms & pl* : footrest
apoyar *vt* **1** : to support, to back **2** : to lean, to rest — **apoyarse** *vr* **1** ~ **en** : to lean on **2** ~ **en** : to be based on, to rest on
apoyo *nm* : support, backing
apreciable *adj* : appreciable, substantial, considerable
apreciación *nf, pl* **-ciones 1** : appreciation **2** : appraisal, evaluation
apreciar *vt* **1** ESTIMAR : to appreciate, to value **2** EVALUAR : to appraise, to assess — **apreciarse** *vr* : to appreciate, to increase in value
aprecio *nm* **1** ESTIMO : esteem, appreciation **2** EVALUACIÓN : appraisal, assessment
aprehender *vt* **1** : to apprehend, to capture **2** : to conceive of, to grasp
aprehensión *nf, pl* **-siones** : apprehension, capture, arrest
apremiante *adj* : pressing, urgent
apremiar *vt* INSTAR : to pressure, to urge — *vi* URGIR : to be urgent ⟨el tiempo apremia : time is of the essence⟩
apremio *nm* : pressure, urgency
aprender *v* : to learn — **aprenderse** *vr*
aprendiz, -diza *n, mpl* **-dices** : apprentice, trainee
aprendizaje *nm* : apprenticeship
aprensión *nf, pl* **-siones** : apprehension, dread
aprensivo, -va *adj* : apprehensive, worried
apresamiento *nm* : seizure, capture
apresar *vt* : to capture, to seize
aprestar *vt* : to make ready, to prepare — **aprestarse** *vr* : to get ready
apresuradamente *adv* **1** : hurriedly **2** : hastily, too fast
apresurado, -da *adj* : hurried, in a rush
apresuramiento *nm* : hurry, haste
apresurar *vt* : to quicken, to speed up — **apresurarse** *vr* : to hurry up, to make haste
apretado, -da *adj* **1** : tight **2** *fam* : cheap, tightfisted — **apretadamente** *adv*
apretar {55} *vt* **1** : to press, to push (a button) **2** : to tighten **3** : to squeeze — *vi* **1** : to press, to push **2** : to fit tightly, to be too tight ⟨los zapatos me aprietan : my shoes are tight⟩
apretón *nm, pl* **-tones 1** : squeeze **2 apretón de manos** : handshake
apretujar *vt* : to squash, to squeeze — **apretujarse** *vr*
aprieto *nm* APURO : predicament, difficulty ⟨estar en un aprieto : to be in a fix⟩
aprisa *adv* : quickly, hurriedly
aprisionar *vt* **1** : to imprison **2** : to trap, to box in
aprobación *nf, pl* **-ciones** : approval, endorsement
aprobar {19} *vt* **1** : to approve of **2** : to pass (a law, an exam) — *vi* : to pass (in school)
aprobatorio, -ria *adj* : approving
aprontar *vt Chile, Uru* : to prepare, to ready — **aprontarse** *vr* : to get ready
apropiación *nf, pl* **-ciones** : appropriation
apropiado, -da *adj* : appropriate, proper, suitable — **apropiadamente** *adv*
apropiarse *vr* ~ **de** : to take possession of, to appropriate
aprovechable *adj* : usable
aprovechado[1], -da *adj* **1** : diligent, hardworking **2** : pushy, opportunistic
aprovechado[2], -da *n* : pushy person, opportunist
aprovechamiento *nm* : use, exploitation
aprovechar *vt* : to take advantage of, to make good use of — *vi* **1** : to be of use **2** : to progress, to improve — **aprovecharse** *vr* ~ **de** : to take advantage of, to exploit
aprovisionamiento *nm* : provisions *pl*, supplies *pl*
aprovisionar *vt* : to provide, to supply (with provisions)
aproximación *nf, pl* **-ciones 1** : approximation, estimate **2** : rapprochement
aproximado, -da *adj* : approximate, estimated — **aproximadamente** *adv*
aproximar *vt* ACERCAR, ARRIMAR : to approximate, to bring closer — **aproximarse** *vr* ACERCARSE, ARRIMARSE : to approach, to move closer
aptitud *nf* : aptitude, capability
apto, -ta *adj* **1** : suitable, suited, fit **2** HÁBIL : capable, competent
apuesta *nf* : bet, wager
apuesto, -ta *adj* : elegant, good-looking
apuntador, -dora *n* : prompter
apuntalar *vt* : to prop up, to shore up
apuntar *vt* **1** : to aim, to point **2** ANOTAR : to write down, to jot down **3** INDICAR, SEÑALAR : to point to, to point out **4** : to prompt (in the the-

ater) — *vi* **1** : to take aim **2** : to become evident — **apuntarse** *vr* **1** : to sign up, to enroll **2** : to score

apunte *nm* : note

apuñalar *vt* : to stab

apuradamente *adv* **1** : with difficulty **2** : hurriedly, hastily

apurado, -da *adj* **1** APRESURADO : rushed, pressured **2** : poor, needy **3** : difficult, awkward **4** : embarrassed

apurar *vt* **1** APRESURAR : to hurry, to rush **2** : to use up, to exhaust **3** : to trouble — **apurarse** *vr* **1** APRESURARSE : to hurry up **2** PREOCUPARSE : to worry

apuro *nm* **1** APRIETO : predicament, jam **2** : rush, hurry **3** : embarrassment

aquejar *vt* : to afflict

aquel, aquella *adj, mpl* **aquellos** : that, those

aquél, aquélla *pron, mpl* **aquéllos** **1** : that (one), those (ones) ⟨aquél fue un año récord : that was a record year⟩ ⟨aquéllos que la conocieron : those who knew her⟩ **2** : the former (of two) **3 todo aquél que** : anyone who

aquello *pron* (*neuter*) : that, that matter, that business ⟨aquello fue algo serio : that was something serious⟩

aquí *adv* **1** : here **2** : now ⟨de aquí en adelante : from now on⟩ **3 por ~** : around here, hereabouts

aquiescencia *nf* : acquiescence, approval

aquietar *vt* : to allay, to calm — **aquietarse** *vr* : to calm down

aquilatar *vt* **1** : to assay **2** : to assess, to size up

ara *nf* **1** : altar **2 en aras de** : in the interests of, for the sake of

árabe[1] *adj & nmf* : Arab, Arabian

árabe[2] *nm* : Arabic (language)

arabesco *nm* : arabesque — **arabesco, -ca** *adj*

arábigo, -ga *adj* **1** : Arabic, Arabian **2 número arábigo** : Arabic numeral

arable *adj* : arable

arado *nm* : plow

aragonés, -nesa *adj & n, mpl* **-neses** : Aragonese

arancel *nm* : tariff, duty

arándano *nm* : blueberry

arandela *nf* : washer (for a faucet, etc.)

araña *nf* **1** : spider **2** : chandelier

arañar *v* : to scratch, to claw

arañazo *nm* : scratch

arar *v* : to plow

arbitraje *nm* **1** : arbitration **2** : refereeing (in sports)

arbitrar *v* **1** : to arbitrate **2** : to referee, to umpire

arbitrariedad *nf* **1** : arbitrariness **2** INJUSTICIA : injustice, wrong

arbitrario, -ria *adj* **1** : arbitrary **2** : unfair, unjust — **arbitrariamente** *adv*

arbitrio *nm* **1** ALBEDRÍO : will **2** JUICIO : judgment

árbitro, -tra *n* **1** : arbitrator, arbiter **2** : referee, umpire

árbol *nm* **1** : tree **2 árbol genealógico** : family tree

arbolado[1], **-da** *adj* : wooded

arbolado[2] *nm* : woodland

arboleda *nf* : grove, wood

arbóreo, -rea *adj* : arboreal

arbusto *nm* : shrub, bush, hedge

arca *nf* **1** : ark **2** : coffer, chest

arcada *nf* **1** : arcade, series of arches **2 arcadas** *nfpl* : retching ⟨hacer arcadas : to retch⟩

arcaico, -ca *adj* : archaic

arcángel *nm* : archangel

arcano, -na *adj* : arcane

arce *nm* : maple tree

arcén *nm, pl* **arcenes** : hard shoulder, berm

archidiócesis *nfs & pl* : archdiocese

archipiélago *nm* : archipelago

archivador *nm* : filing cabinet

archivar *vt* **1** : to file **2** : to archive

archivero, -ra *n* : archivist

archivista *nmf* : archivist

archivo *nm* **1** : file **2** : archive, archives *pl*

arcilla *nf* : clay

arco *nm* **1** : arch, archway **2** : bow (in archery) **3** : arc **4** : wicket (in croquet) **5** PORTERÍA : goal, goalposts *pl* **6 arco iris** : rainbow

arder *vi* **1** : to burn ⟨el bosque está ardiendo : the forest is in flames⟩ ⟨arder de ira : to burn with anger, to be seething⟩ **2** : to smart, to sting, to burn ⟨le ardía el estómago : he had heartburn⟩

ardid *nm* : scheme, ruse

ardiente *adj* **1** : burning **2** : ardent, passionate — **ardientemente** *adv*

ardilla *nf* **1** : squirrel **2** *or* **ardilla listada** : chipmunk

ardor *nm* **1** : heat **2** : passion, ardor

ardoroso, -sa *adj* : heated, impassioned

arduo, -dua *adj* : arduous, grueling — **arduamente** *adv*

área *nf* : area

arena *nf* **1** : sand ⟨arena movediza : quicksand⟩ **2** : arena

arenga *nf* : harangue, lecture

arengar {52} *vt* : to harangue, to lecture

arenilla *nf* **1** : fine sand **2 arenillas** *nfpl* : kidney stones

arenisca *nf* : sandstone

arenoso, -sa *adj* : sandy, gritty

arenque *nm* : herring

arepa *nf* : cornmeal bread

arete *nm* : earring

argamasa *nf* : mortar (cement)

argelino, -na *adj & n* : Algerian

argentino, -na *adj & n* : Argentinian, Argentine

argolla *nf* : hoop, ring

argón *nm* : argon

argot *nm* : slang

argucia *nf* : sophistry, subtlety

argüir {41} *vi* : to argue — *vt* **1** ARGUMENTAR : to contend, to argue **2** IN-

FERIR : to deduce **3** PROBAR : to prove

argumentación *nf, pl* **-ciones** : line of reasoning, argument

argumentar *vt* : to argue, to contend

argumento *nm* **1** : argument, reasoning **2** : plot, story line

aria *nf* : aria

aridez *nf, pl* **-deces** : aridity, dryness

árido, -da *adj* : arid, dry

Aries *nmf* : Aries

ariete *nm* : battering ram

arisco, -ca *adj* : surly, sullen, unsociable

arista *nf* **1** : ridge, edge **2** : beard (of a plant) **3 aristas** *nfpl* : rough edges, complications, problems

aristocracia *nf* : aristocracy

aristócrata *nmf* : aristocrat

aristocrático, -ca *adj* : aristocratic

aritmética *nf* : arithmetic

aritmético, -ca *adj* : arithmetic, arithmetical — **aritméticamente** *adv*

arlequín *nm, pl* **-quines** : harlequin

arma *nf* **1** : weapon ⟨arma nuclear : nuclear weapon⟩ ⟨arma química/biológica : chemical/biological weapon⟩ ⟨arma de destrucción masiva : weapon of mass destruction⟩ **2 armas** *nfpl* : armed forces **3 arma blanca** : sharp weapon **4 arma de fuego** : firearm

armada *nf* : navy, fleet

armadillo *nm* : armadillo

armado, -da *adj* **1** : armed **2** : assembled, put together **3** *PRi* : obstinate, stubborn

armador, -dora *n* : shipowner

armadura *nf* **1** : armor **2** ARMAZÓN : skeleton, framework

armamento *nm* : armament, arms *pl*, weaponry

armar *vt* **1** : to assemble, to put together **2** : to create, to cause ⟨armar un escándalo : to cause a scene⟩ **3** : to arm — **armarse** *vr* **armarse de valor** : to steel oneself

armario *nm* **1** CLÓSET, ROPERO : closet **2** ALACENA : cupboard

armatoste *nm fam* : monstrosity, contraption

armazón *nmf, pl* **-zones 1** ESQUELETO : framework, skeleton ⟨armazón de acero : steel framework⟩ **2** : frames *pl* (of eyeglasses)

armenio, -nia *adj & n* : Armenian

armería *nf* **1** : armory **2** : arms museum **3** : gunsmith's shop **4** : gunsmith's craft

armiño *nm* : ermine

armisticio *nm* : armistice

armonía *nf* : harmony

armónica *nf* : harmonica

armónico, -ca *adj* **1** : harmonic **2** : harmonious — **armónicamente** *adv*

armonioso, -sa *adj* : harmonious — **armoniosamente** *adv*

armonizar {21} *vt* **1** : to harmonize **2** : to reconcile — *vi* : to harmonize, to blend together

arnés *nm, pl* **arneses** : harness

aro *nm* **1** : hoop **2** : napkin ring **3** *Arg, Chile, Uru* : earring

aroma *nm* : aroma, scent

aromático, -ca *adj* : aromatic

arpa *nf* : harp

arpegio *nm* : arpeggio

arpía *nf* : shrew, harpy

arpillera *nf* : burlap

arpista *nmf* : harpist

arpón *nm, pl* **arpones** : harpoon — **arponear** *vt*

arquear *vt* : to arch, to bend — **arquearse** *vr* : to bend, to bow

arqueología *nf* : archaeology

arqueológico, -ca *adj* : archaeological

arqueólogo, -ga *n* : archaeologist

arquero, -ra *n* **1** : archer **2** PORTERO : goalkeeper, goalie

arquetípico, -ca *adj* : archetypal

arquetipo *nm* : archetype

arquitecto, -ta *n* : architect

arquitectónico, -ca *adj* : architectural — **aquitectónicamente** *adv*

arquitectura *nf* : architecture

arrabal *nm* **1** : slum **2 arrabales** *nmpl* : outskirts, outlying area

arracada *nf* : hoop earring

arracimarse *vr* : to cluster together

arraigado, -da *adj* : deep-seated, ingrained

arraigar {52} *vi* : to take root, to become established — **arraigarse** *vr*

arraigo *nm* : roots *pl* ⟨con mucho arraigo : deep-rooted⟩

arrancar {72} *vt* **1** : to pull out (hair), to tear out (a page), to pull up (a weed), to pull off (a piece) **2** : to pick (a flower) **3** : to draw (applause, tears) **4** : to start (a car, etc.), to boot (a computer) **5** ARREBATAR : to snatch — *vi* **1** : to start, to boot **2** : to get going — **arrancarse** *vr* : to pull out, to pull off

arrancón *nm, pl* **-cones** *Mex* **1** : sudden loud start (of a car) **2 carrera de arrancones** : drag race

arranque *nm* **1** : starter (of a car) **2** ARREBATO : outburst, fit **3 punto de arranque** : beginning, starting point

arrasar *vt* **1** : to level, to smooth **2** : to devastate, to destroy **3** : to fill to the brim

arrastrar *vt* **1** : to drag, to tow **2** : to draw, to attract — *vi* : to hang down, to trail — **arrastrarse** *vr* **1** : to crawl **2** : to grovel

arrastre *nm* **1** : dragging **2** : pull, attraction **3 red de arrastre** : dragnet, trawling net

arrayán *nm, pl* **-yanes 1** MIRTO : myrtle **2 arrayán brabántico** : bayberry, wax myrtle

arrear *vt* : to urge on, to drive — *vi* : to hurry along

arrebatado, -da *adj* **1** PRECIPITADO : impetuous, hotheaded, rash **2** : flushed, blushing

arrebatar *vt* **1** : to snatch, to seize **2** CAUTIVAR : to captivate — **arrebatarse** *vr* : to get carried away (with anger, etc.)

arrebato *nm* ARRANQUE : fit, outburst

arreciar *vi* : to intensify, to worsen

arrecife *nm* : reef

arreglado, -da *adj* **1** : fixed, repaired **2** : settled, sorted out **3** : neat, tidy **4** : smart, dressed-up

arreglar *vt* **1** COMPONER : to repair, to fix **2** : to tidy up ⟨arregla tu cuarto : pick up your room⟩ **3** : to solve, to work out ⟨quiero arreglar este asunto : I want to settle this matter⟩ — **arreglarse** *vr* **1** : to get dressed (up) ⟨arreglarse el pelo : to get one's hair done⟩ **2 arreglárselas** *fam* : to get by, to manage

arreglo *nm* **1** : repair **2** : arrangement **3** : agreement, understanding

arrellanarse *vr* : to settle (in a chair)

arremangarse {52} *vr* : to roll up one's sleeves

arremeter *vi* EMBESTIR : to attack, to charge

arremetida *nf* EMBESTIDA : attack, onslaught

arremolinarse *vr* **1** : to crowd around, to mill about **2** : to swirl (about)

arrendador, -dora *n* **1** : landlord, landlady *f* **2** : tenant, lessee

arrendajo *nm* : jay

arrendamiento *nm* **1** ALQUILER : rental, leasing **2 contrato de arrendamiento** : lease

arrendar {55} *vt* ALQUILAR : to rent, to lease

arrendatario, -ria *n* : tenant, lessee, renter

arreos *nmpl* GUARNICIONES : tack, harness, trappings

arrepentido, -da *adj* : repentant, remorseful

arrepentimiento *nm* : regret, remorse, repentance

arrepentirse {76} *vr* **1** : to regret, to be sorry **2** : to repent

arrestar *vt* DETENER : to arrest, to detain

arresto *nm* **1** DETENCIÓN : arrest **2 arrestos** *nmpl* : boldness, daring

arriar {85} *vt* **1** : to lower (a flag, etc.) **2** : to slacken (a rope, etc.)

arriate *nm Mex, Spain* : bed (for plants), border

arriba *adv* **1** : up, upwards ⟨póngalo más arriba : put it higher (up)⟩ ⟨arriba y abajo : up and down⟩ ⟨¡manos arriba! : (put your) hands up!⟩ ⟨cuesta/río arriba : uphill/upstream⟩ **2** : above, overhead ⟨desde arriba : from above⟩ ⟨el arriba mencionado : the above-mentioned⟩ **3** : upstairs ⟨los vecinos de arriba : the upstairs neighbors⟩ **4** : up with ⟨¡arriba la democracia! : up with democracy!⟩ **5 ~ de** : above, on top of **6 ~ de** : more than ⟨arriba de cien : more than a hundred⟩ **7 de ~** : top, upper ⟨el cajón de arriba : the top drawer⟩ **8 de arriba abajo** : from top to bottom, from head to foot **9 hacia/para ~** : upwards

arribar *vi* **1** : to arrive **2** : to dock, to put into port

arribista *nmf* : parvenu, upstart

arribo *nm* : arrival

arriendo *nm* ARRENDAMIENTO : rent, rental

arriero, -ra *n* : mule driver, muleteer

arriesgado, -da *adj* **1** : risky **2** : bold, daring

arriesgar {52} *vt* : to risk, to venture — **arriesgarse** *vr* : to take a chance

arrimado, -da *n Mex fam* : sponger, freeloader

arrimar *vt* ACERCAR, APROXIMAR : to bring closer, to draw near — **arrimarse** *vr* ACERCARSE, APROXIMARSE : to approach, to get close

arrinconar *vt* **1** ACORRALAR : to corner, to box in **2** : to push aside, to abandon

arroba *nf* **1** (*used for the symbol* @) : at sign ⟨arroba merriam-webster punto com : at merriam-webster dot com⟩ **2** : former unit of measurement

arrobamiento *nm* : rapture, ecstasy

arrobar *vt* : to enrapture, to enchant — **arrobarse** *vr*

arrocero[1], -ra *adj* : rice

arrocero[2], -ra *n* : rice grower

arrodillarse *vr* : to kneel (down)

arrogancia *nf* ALTANERÍA, ALTIVEZ : arrogance, haughtiness

arrogante *adj* ALTANERO, ALTIVO : arrogant, haughty

arrogarse {52} *vr* : to usurp, to arrogate

arrojado, -da *adj* : daring, fearless

arrojar *vt* **1** : to hurl, to cast, to throw **2** : to give off, to spew out **3** : to yield, to produce **4** *fam* : to vomit — **arrojarse** *vr* PRECIPITARSE : to throw oneself, to leap

arrojo *nm* : boldness, fearlessness

arrollador, -dora *adj* : sweeping, overwhelming

arrollar *vt* **1** : to sweep away, to carry away **2** : to crush, to overwhelm **3** : to run over (with a vehicle)

arropar *vt* : to clothe, to cover (up) — **arroparse** *vr*

arrostrar *vt* : to confront, to face (up to)

arroyo *nm* **1** RIACHUELO : brook, creek, stream **2** : gutter

arroz *nm, pl* **arroces** : rice

arrozal *nm* : rice field, rice paddy

arruga *nf* : wrinkle, fold, crease

arrugado, -da *adj* : wrinkled, creased, lined

arrugar {52} *vt* : to wrinkle, to crease, to pucker — **arrugarse** *vr*

arruinar *vt* : to ruin, to wreck — **arruinarse** *vr* **1** : to be ruined **2** : to fall into ruin, to go bankrupt

arrullar *vt* : to lull to sleep — *vi* : to coo

arrullo *nm* **1** : lullaby **2** : coo (of a dove)

arrumaco *nm fam* : kissing, cuddling

arrumbar *vt* **1** : to lay aside, to put away **2** : to floor, to leave speechless

arsenal *nm* : arsenal

arsénico *nm* : arsenic

arte *nmf* (*usually m in singular, f in plural*) **1** : art ⟨artes y oficios : arts and crafts⟩ ⟨bellas artes : fine arts⟩ **2** HABILIDAD : skill **3** : cunning, cleverness

artefacto *nm* **1** : artifact **2** DISPOSITIVO : device

artemisa *nf* : sagebrush

arteria *nf* : artery — **arterial** *adj*

arteriosclerosis *nf* : arteriosclerosis, hardening of the arteries

artero, -ra *adj* : wily, crafty

artesanal *adj* : pertaining to crafts or craftsmanship, handmade

artesanía *nf* **1** : craftsmanship **2** : handicrafts *pl*

artesano, -na *n* : artisan, craftsman *m*, craftsperson

artesiano, -na *adj* : artesian ⟨pozo artesiano : artesian well⟩

ártico, -ca *adj* : arctic

articulación *nf, pl* **-ciones** **1** : articulation, pronunciation **2** COYUNTURA : joint

articular *vt* **1** : to articulate, to utter **2** : to connect with a joint **3** : to coordinate, to orchestrate

articulista *nmf* : columnist

artículo *nm* **1** : article, thing **2** : item, feature, report **3 artículo de comercio** : commodity **4 artículos de primera necesidad** : essentials **5 artículos de tocador** : toiletries

artífice *nmf* **1** ARTESANO : artisan **2** : mastermind, architect

artificial *adj* **1** : artificial, man-made **2** : feigned, false — **artificialmente** *adv*

artificio *nm* **1** HABILIDAD : skill **2** APARATO : device, appliance **3** ARDID : artifice, ruse

artificioso, -sa *adj* **1** : skillful **2** : cunning, deceptive

artillería *nf* : artillery

artillero, -ra *n* : artilleryman *m*, gunner

artilugio *nm* : gadget, contraption

artimaña *nf* : ruse, trick

artista *nmf* **1** : artist **2** ACTOR, ACTRIZ : actor, actress *f*

artístico, -ca *adj* : artistic — **artísticamente** *adv*

artrítico, -ca *adj* : arthritic

artritis *nfs & pl* : arthritis

artrópodo *nm* : arthropod

arveja *nf* GUISANTE : pea

arzobispado *nm* : archbishopric

arzobispo *nm* : archbishop

as *nm* : ace

asa *nf* AGARRADERA, ASIDERO : handle, grip

asado[1], **-da** *adj* : roasted, grilled, broiled

asado[2] *nm* **1** : roast **2** : barbecued meat **3** : barbecue, cookout

asador *nm* : spit, rotisserie

asaduras *nfpl* : entrails, offal

asalariado[1], **-da** *adj* : wage-earning, salaried

asalariado[2], **-da** *n* : wage earner

asaltante *nmf* **1** : mugger, robber **2** : assailant

asaltar *vt* **1** : to assault **2** : to mug, to rob **3 asaltar al poder** : to seize power

asalto *nm* **1** : assault **2** : mugging, robbery **3** : round (in boxing) **4 asalto al poder** : coup d'etat

asamblea *nf* : assembly, meeting

asambleísta *nmf* : assemblyman *m*, assemblywoman *f*

asar *vt* : to roast, to grill — **asarse** *vr fam* : to roast, to be dying from heat

asbesto *nm* : asbestos

ascendencia *nf* **1** : ancestry, descent **2** ∼ **sobre** : influence over

ascendente *adj* : ascending, upward ⟨un curso ascendente : an upward trend⟩

ascender {56} *vt* **1** : to ascend, to rise up **2** : to be promoted ⟨ascendió a gerente : she was promoted to manager⟩ **3** ∼ **a** : to amount to, to reach ⟨las deudas ascienden a 20 millones de pesos : the debt amounts to 20 million pesos⟩ — *vt* : to promote

ascendiente[1] *nmf* ANCESTRO : ancestor

ascendiente[2] *nm* INFLUENCIA : influence, ascendancy

ascensión *nf, pl* **-siones** **1** : ascent, rise **2 Fiesta de la Ascensión** : Ascension Day

ascenso *nm* **1** : ascent, rise **2** : promotion

ascensor *nm* ELEVADOR : elevator

asceta *nmf* : ascetic

ascético, -ca *adj* : ascetic

ascetismo *nm* : asceticism

asco *nm* **1** : disgust ⟨¡qué asco! : that's disgusting!, how revolting!⟩ **2 darle asco (a alguien)** : to sicken, to revolt **3 estar hecho un asco** : to be filthy **4 hacerle ascos a** : to turn up one's nose at

ascua *nf* **1** BRASA : ember **2 estar en ascuas** *fam* : to be on edge

asear *vt* **1** : to wash, to clean **2** : to tidy up — **asearse** *vr*

asechanza *nf* : snare, trap

asechar *vt* : to set a trap for

asediar *vt* **1** SITIAR : to besiege **2** ACOSAR : to harass

asedio *nm* **1** : siege **2** ACOSO : harassment

asegurador[1], **-dora** *adj* **1** : insuring, assuring **2** : pertaining to insurance

asegurador[2], **-dora** *n* : insurer, underwriter

aseguradora *nf* : insurance company

asegurar *vt* **1** : to assure **2** : to secure **3** : to insure — **asegurarse** *vr* **1** CERCIORARSE : to make sure **2** : to take out insurance, to insure oneself

asemejar *vt* **1** : to make similar ⟨ese bigote te asemeja a tu abuelo : that mustache makes you look like your grandfather⟩ **2** *Mex* : to be similar to, to resemble — **asemejarse** *vr* ~ **a** : to look like, to resemble

asentaderas *nfpl fam* : bottom, buttocks *pl*

asentado, -da *adj* : settled, established

asentamiento *nm* : settlement

asentar {55} *vt* **1** : to lay down, to set down, to place **2** : to settle, to establish **3** *Mex* : to state, to affirm — **asentarse** *vr* **1** : to settle **2** ESTABLECERSE : to settle down, to establish oneself

asentimiento *nm* : assent, consent

asentir {76} *vt* : to consent, to agree

aseo *nm* : cleanliness

aséptico, -ca *adj* : aseptic, germ-free

asequible *adj* ACCESIBLE : accessible, attainable

aserción *nf* → **aserto**

aserradero *nm* : sawmill

aserrar {55} *vt* : to saw

aserrín *nm, pl* **-rrines** : sawdust

aserto *nm* : assertion, affirmation

asesinar *vt* **1** : to murder **2** : to assassinate

asesinato *nm* **1** : murder **2** : assassination

asesino[1], **-na** *adj* : murderous, homicidal

asesino[2], **-na** *n* **1** : murderer, killer **2** : assassin

asesor, -sora *n* : advisor, consultant

asesoramiento *nm* : advice, counsel

asesorar *vt* : to advise, to counsel — **asesorarse** *vr* ~ **de** : to consult

asesoría *nf* **1** : consulting, advising **2** : consultant's office

asestar {55} *vt* **1** : to aim, to point (a weapon) **2** : to deliver, to deal (a blow)

aseveración *nf, pl* **-ciones** : assertion, statement

aseverar *vt* : to assert, to state

asexual *adj* : asexual — **asexualmente** *adv*

asfaltado[1], **-da** *adj* : asphalted, paved

asfaltado[2] *nm* PAVIMENTO : pavement, asphalt

asfaltar *vt* : to pave, to blacktop

asfalto *nm* : asphalt

asfixia *nf* : asphyxia, asphyxiation, suffocation

asfixiar *vt* : to asphyxiate, to suffocate, to smother — **asfixiarse** *vr*

asga, etc. → **asir**

así[1] *adv* **1** : like this, like that, so ⟨así se hace : that's how it's done⟩ ⟨no puede seguir así : it can't go on like this⟩ ⟨así sea : so be it⟩ ⟨y así sucesivamente : and so on⟩ **2 así así** : so-so, fair **3** ~ **como** : as well as **4 así como así** *or* **así nomás** : just like that **5** ~ **de** : so, about so ⟨una caja así de grande : a box about so big⟩ **6 así mismo** → **asimismo** **7 así que** : so, therefore **8 así y todo** : even so

así[2] *adj* : such, such a ⟨un talento así es inestimable : a talent like that is priceless⟩

así[3] *conj* AUNQUE : even if, even though ⟨no irá, así le paguen : he won't go, even if they pay him⟩

asiático[1], **-ca** *adj* : Asian, Asiatic

asiático[2], **-ca** *n* : Asian

asidero *nm* **1** AGARRADERA, ASA : grip, handle **2** AGARRE : grip, hold

asiduamente *adv* : regularly, frequently

asiduidad *nf* **1** : assiduousness **2** : regularity, frequency

asiduo, -dua *adj* **1** : assiduous **2** : frequent, regular

asiento *nm* **1** : seat, chair ⟨asiento trasero : back seat⟩ **2** : location, site

asignación *nf, pl* **-ciones** **1** : allocation **2** : appointment, designation **3** : allowance, pay **4** *PRi* : homework, assignment

asignar *vt* **1** : to assign, to allocate **2** : to appoint

asignatura *nf* MATERIA : subject, course

asilado, -da *n* : exile, refugee

asilo *nm* : asylum, refuge, shelter

asimetría *nf* : asymmetry

asimétrico, -ca *adj* : asymmetrical, asymmetric

asimilación *nf, pl* **-ciones** : assimilation

asimilar *vt* : to assimilate — **asimilarse** *vr* ~ **a** : to be similar to, to resemble

asimismo *adv* **1** IGUALMENTE : similarly, likewise **2** TAMBIÉN : as well, also

asir {7} *vt* : to seize, to grasp — **asirse** *vr* ~ **a** : to cling to

asistencia *nf* **1** : attendance **2** : assistance **3** : assist (in sports)

asistente[1] *adj* : attending, in attendance

asistente[2] *nmf* **1** : assistant **2 los asistentes** : those present, those in attendance

asistir *vi* : to attend, to be present ⟨asistir a clase : to attend class⟩ — *vt* : to aid, to assist

asma *nf* : asthma

asmático, -ca *adj* : asthmatic

asno *nm* BURRO : ass, donkey

asociación *nf, pl* **-ciones** **1** : association, relationship **2** : society, group, association

asociado[1], **-da** *adj* : associate, associated

asociado[2], **-da** *n* : associate, partner

asociar *vt* **1** : to associate, to connect **2** : to pool (resources) **3** : to take into partnership — **asociarse** *vr* **1** : to become partners **2** ~ **a** : to join, to become a member of

asolar {19} *vt* : to devastate, to destroy

asoleado, -da *adj* : sunny

asolear *vt* : to put in the sun — **asolearse** *vr* : to sunbathe
asomar *vt* : to show, to stick out — *vi* : to appear, to become visible — **asomarse** *vr* **1** : to show, to appear **2** : to lean out, to look out ⟨se asomó por la ventana : he leaned out the window⟩
asombrar *vt* MARAVILLAR : to amaze, to astonish — **asombrarse** *vr* : to marvel, to be amazed
asombro *nm* : amazement, astonishment
asombroso, -sa *adj* : amazing, astonishing — **asombrosamente** *adv*
asomo *nm* **1** : hint, trace **2 ni por asomo** : by no means
aspa *nf* : blade (of a fan or propeller)
aspaviento *nm* : exaggerated movement, fuss, flounce
aspecto *nm* **1** : aspect **2** APARIENCIA : appearance, look
aspereza *nf* RUDEZA : roughness, coarseness
áspero, -ra *adj* : rough, coarse, abrasive — **ásperamente** *adv*
aspersión *nf, pl* **-siones** : sprinkling
aspersor *nm* : sprinkler
aspiración *nf, pl* **-ciones** **1** : inhalation, breathing in **2** ANHELO : aspiration, desire
aspiradora *nf* : vacuum cleaner
aspirante *nmf* : applicant, candidate
aspirar *vi* ~ **a** : to aspire to — *vt* : to inhale, to breathe in
aspirina *nf* : aspirin
asquear *vt* : to sicken, to disgust
asquerosidad *nf* : filth, foulness
asqueroso, -sa *adj* : disgusting, sickening, repulsive — **asquerosamente** *adv*
asta *nf* **1** : flagpole ⟨a media asta : at half-mast⟩ **2** : horn, antler **3** : shaft (of a weapon)
ástaco *nm* : crayfish
astado, -da *adj* : horned
aster *nm* : aster
asterisco *nm* : asterisk
asteroide *nm* : asteroid
astigmatismo *nm* : astigmatism
astil *nm* : shaft (of an arrow or feather)
astilla *nf* **1** : splinter, chip **2 de tal palo, tal astilla** : like father, like son
astillar *vt* : to splinter — **astillarse** *vr*
astillero *nm* : dry dock, shipyard
astral *adj* : astral
astringente *adj & nm* : astringent — **astringencia** *nf*
astro *nm* **1** : heavenly body **2** : star
astrología *nf* : astrology
astrológico, -ca *adj* : astrological
astrólogo, -ga *n* : astrologer
astronauta *nmf* : astronaut
astronáutica *nf* : astronautics
astronáutico, -ca *adj* : astronautic, astronautical
astronave *nf* : spaceship
astronomía *nf* : astronomy
astronómico, -ca *adj* : astronomical — **astronómicamente** *adv*
astrónomo, -ma *n* : astronomer
astroso, -sa *adj* DESALIÑADO : slovenly, untidy
astucia *nf* **1** : astuteness, shrewdness **2** : cunning, guile
astuto, -ta *adj* **1** : astute, shrewd **2** : crafty, tricky — **astutamente** *adv*
asueto *nm* : time off, break
asumir *vt* **1** : to assume, to take on ⟨asumir el cargo : to take office⟩ **2** SUPONER : to assume, to suppose
asunción *nf, pl* **-ciones** : assumption
asunto *nm* **1** CUESTIÓN, TEMA : affair, matter, subject **2 asuntos** *nmpl* : affairs, business
asustadizo, -za *adj* : nervous, jumpy, skittish
asustado, -da *adj* : frightened, afraid
asustar *vt* ESPANTAR : to scare, to frighten — **asustarse** *vr*
atacante *nmf* : assailant, attacker
atacar {72} *v* : to attack
atado[1], -da *adj* : shy, inhibited
atado[2] *nm* **1** : bundle, bunch **2** *Arg* : pack (of cigarettes)
atadura *nf* LIGADURA : tie, bond
atajada *nf* : save (in sports)
atajar *vt* **1** IMPEDIR : to block, to stop **2** INTERRUMPIR : to interrupt, to cut off **3** CONTENER : to hold back, to restrain — *vi* ~ **por** : to take a shortcut through
atajo *nm* : shortcut
atalaya *nf* **1** : watchtower **2** : vantage point
atañer {79} *vt* ~ **a** (*3rd person only*) : to concern, to have to do with ⟨eso no me atañe : that does not concern me⟩
ataque *nm* **1** : attack, assault **2** : fit ⟨ataque de risa : fit of laughter⟩ **3 ataque de nervios** : nervous breakdown **4 ataque cardíaco** *or* **ataque al corazón** : heart attack
atar *vt* AMARRAR : to tie, to tie up, to tie down — **atarse** *vr*
atarantado, -da *adj fam* **1** : restless **2** : dazed, stunned
atarantar *vt fam* : to daze, to stun
atarazana *nf* : shipyard
atardecer[1] {53} *v impers* : to get dark
atardecer[2] *nm* : late afternoon, dusk
atareado, -da *adj* : busy, overworked
atascar {72} *vt* **1** ATORAR : to block, to clog, to stop up **2** : to hinder — **atascarse** *vr* **1** : to become obstructed **2** : to get bogged down **3** PARARSE : to stall
atasco *nm* **1** : blockage **2** EMBOTELLAMIENTO : traffic jam
ataúd *nm* : coffin, casket
ataviar {85} *vt* : to dress, to clothe — **ataviarse** *vr* : to dress up
atavío *nm* ATUENDO : dress, attire
ateísmo *nm* : atheism
atemorizar {21} *vt* : to frighten, to intimidate — **atemorizarse** *vr*
atemperar *vt* : to temper, to moderate
atención[1] *nf, pl* **-ciones** **1** : attention **2 poner atención** *or* **prestar atención** : to pay attention **3 llamar la atención**

: to attract attention **4 en atención a** : in view of

atención[2] *interj* **1** : attention! **2** : watch out!

atender {56} *vt* **1** : to help, to wait on **2** : to look after, to take care of **3** : to heed, to listen to — *vi* : to pay attention

atenerse {80} *vr* : to abide ⟨tendrás que atenerte a las reglas : you will have to abide by the rules⟩

atentado *nm* : attack, assault

atentamente *adv* **1** : attentively, carefully **2** (*used in correspondence*) : sincerely, sincerely yours

atentar {55} *vi* ~ **contra** : to make an attempt on, to threaten ⟨atentaron contra su vida : they made an attempt on his life⟩

atento, -ta *adj* **1** : attentive, mindful **2** CORTÉS : courteous

atenuación *nf, pl* **-ciones** **1** : lessening **2** : understatement

atenuante[1] *adj* : extenuating, mitigating

atenuante[2] *nmf* : extenuating circumstance, excuse

atenuar {3} *vt* **1** MITIGAR : to extenuate, to mitigate **2** : to dim (light), to tone down (colors) **3** : to minimize, to lessen

ateo[1], **atea** *adj* : atheistic

ateo[2], **atea** *n* : atheist

aterciopelado, -da *adj* : velvety, downy

aterido, -da *adj* : freezing, frozen

aterrador, -dora *adj* : terrifying

aterrar {55} *vt* : to terrify, to frighten

aterrizaje *nm* : landing (of a plane)

aterrizar {21} *vt* : to land, to touch down

aterrorizar {21} *vt* **1** : to terrify **2** : to terrorize — **aterrorizarse** *vr* : to be terrified

atesorar *vt* : to hoard, to amass

atestado, -da *adj* : crowded, packed

atestar {55} *vt* **1** ATIBORRAR : to crowd, to pack **2** : to witness, to testify to — *vi* : to testify

atestiguar {10} *vt* : to testify to, to bear witness to — *vi* DECLARAR : to testify

atiborrar *vt* : to pack, to crowd — **atiborrarse** *vr* : to stuff oneself

ático *nm* **1** : penthouse **2** BUHARDILLA, DESVÁN : attic

atigrado, -da *adj* : tabby (of cats), striped (of fur)

atildado, -da *adj* : smart, neat, dapper

atildar *vt* **1** : to put a tilde over **2** : to clean up, to smarten up — **atildarse** *vr* : to get spruced up

atinar *vi* ACERTAR : to be accurate, to be on target

atingencia *nf* : bearing, relevance

atípico, -ca *adj* : atypical

atiplado, -da *adj* : shrill, high-pitched

atirantar *vt* : to make taut, to tighten

atisbar *vt* **1** : to spy on, to watch **2** : to catch a glimpse of, to make out

atisbo *nm* : glimpse, sign, hint

atizador *nm* : poker (for a fire)

atizar {21} *vt* **1** : to poke, to stir, to stoke (a fire) **2** : to stir up, to rouse **3** *fam* : to give, to land (a blow)

atlántico, -ca *adj* : Atlantic

atlas *nm* : atlas

atleta *nmf* : athlete

atlético, -ca *adj* : athletic

atletismo *nm* : athletics

atmósfera *nf* : atmosphere

atmosférico, -ca *adj* : atmospheric

atole *nm Mex* **1** : thick hot beverage prepared with corn flour **2 darle atole con el dedo (a alguien)** : to string (someone) along

atollarse *vr* : to get stuck, to get bogged down

atolón *nm, pl* **-lones** : atoll

atolondrado, -da *adj* **1** ATURDIDO : bewildered, dazed **2** DESPISTADO : scatterbrained, absentminded

atómico, -ca *adj* : atomic

atomizador *nm* : atomizer

atomizar {21} *vt* FRAGMENTAR : to fragment, to break into bits

átomo *nm* : atom

atónito, -ta *adj* : astonished, amazed

atontar *vt* **1** : to stupefy **2** : to bewilder, to confuse

atorar *vt* ATASCAR : to block, to clog — **atorarse** *vr* **1** ATASCARSE : to get stuck **2** ATRAGANTARSE : to choke

atormentador, -dora *n* : tormenter

atormentar *vt* : to torment, to torture — **atormentarse** *vr* : to torment oneself, to agonize

atornillar *vt* : to screw (in, on, down)

atorrante *nmf Arg* : bum, loafer

atosigar {52} *vt* : to harass, to annoy

atracadero *nm* : dock, pier

atracador, -dora *n* : robber, mugger

atracar {72} *vt* : to dock, to land — *vt* : to hold up, to rob, to mug — **atracarse** *vr fam* ~ **de** : to gorge oneself with

atracción *nf, pl* **-ciones** : attraction

atraco *nm* : holdup, robbery

atractivo[1], **-va** *adj* : attractive

atractivo[2] *nm* : attraction, appeal, charm

atraer {81} *vt* : to attract — **atraerse** *vr* **1** : to attract (each other) **2** GANARSE : to gain, to win

atragantarse *vr* : to choke (on food)

atrancar {72} *vt* : to block, to bar — **atrancarse** *vr*

atrapada *nf* : catch

atrapar *vt* : to trap, to capture

atrás *adv* **1** DETRÁS : back, behind ⟨se quedó atrás : he stayed behind⟩ **2** ANTES : ago ⟨mucho tiempo atrás : long ago⟩ **3 para** ~ *or* **hacia** ~ : backwards, toward the rear **4** ~ **de** : in back of, behind

atrasado, -da *adj* **1** : late, overdue **2** : backward **3** : old-fashioned **4** : slow (of a clock or watch)

atrasar *vt* : to delay, to put off — *vi* : to lose time — **atrasarse** *vr* : to fall behind

atraso *nm* **1** RETRASO : lateness, delay ⟨llegó con 20 minutos de atraso : he was 20 minutes late⟩ **2** : backwardness **3 atrasos** *nmpl* : arrears

atravesar {55} *vt* **1** CRUZAR : to cross, to go across **2** : to pierce **3** : to lay across **4** : to go through (a situation or crisis) — **atravesarse** *vr* **1** : to be in the way ⟨se me atravesó : it blocked my path⟩ **2** : to interfere, to meddle

atrayente *adj* : attractive

atreverse *vr* **1** : to dare **2** : to be insolent

atrevido, -da *adj* **1** : bold, daring **2** : insolent

atrevimiento *nm* **1** : daring, boldness **2** : insolence

atribución *nf, pl* **-ciones** : attribution

atribuible *adj* IMPUTABLE : attributable, ascribable

atribuir {41} *vt* **1** : to attribute, to ascribe **2** : to grant, to confer — **atribuirse** *vr* : to take credit for

atribular *vt* : to afflict, to trouble — **atribularse** *vr*

atributo *nm* : attribute

atril *nm* : lectern, stand

atrincherar *vt* : to entrench — **atrincherarse** *vr* **1** : to dig in, to entrench oneself **2 ~ en** : to hide behind

atrio *nm* **1** : atrium **2** : portico

atrocidad *nf* : atrocity

atrofia *nf* : atrophy

atrofiar *v* : to atrophy

atronador, -dora *adj* : thunderous, deafening

atropellado, -da *adj* **1** : rash, hasty **2** : brusque, abrupt

atropellamiento → **atropello**

atropellar *vt* **1** : to knock down, to run over **2** : to violate, to abuse — **atropellarse** *vr* : to rush through (a task), to trip over one's words

atropello *nm* : abuse, violation, outrage

atroz *adj, pl* **atroces** : atrocious, appalling — **atrozmente** *adv*

atuendo *nm* ATAVÍO : attire, costume

atufar *vt* : to vex, to irritate — **atufarse** *vr* **1** : to get angry **2** : to smell bad, to stink

atún *nm, pl* **atunes** : tuna fish, tuna

aturdimiento *nm* : bewilderment, confusion

aturdir *vt* **1** : to stun, to shock **2** : to bewilder, to confuse, to stupefy

atuvo, etc. → **atenerse**

audacia *nf* OSADÍA : boldness, audacity

audaz *adj, pl* **audaces** : bold, audacious, daring — **audazmente** *adv*

audible *adj* : audible

audición *nf, pl* **-ciones** **1** : hearing **2** : audition

audiencia *nf* : audience

audífono *nm* **1** : hearing aid **2 audífonos** *nmpl* : headphones, earphones

audio *nm* : audio

audiovisual *adj* : audiovisual

auditar *vt* : to audit

auditivo, -va *adj* : auditory, hearing, aural ⟨aparato auditivo : hearing aid⟩

auditor, -tora *n* : auditor

auditoría *nf* : audit

auditorio *nm* **1** : auditorium **2** : audience

auge *nm* **1** : peak, height **2** : boom, upturn

augur *nm* : augur

augurar *vt* : to predict, to foretell

augurio *nm* AGÜERO, PRESAGIO : augury, omen

augusto, -ta *adj* : august

aula *nf* : classroom

aullar {8} *vt* : to howl, to wail

aullido *nm* : howl, wail

aumentar *vt* ACRECENTAR : to increase, to raise — *vi* : to rise, to increase, to grow

aumento *nm* INCREMENTO : increase, rise

aun *adv* **1** : even ⟨ni aun en coche llegaría a tiempo : I wouldn't arrive on time even if I drove⟩ **2 aun así** : even so **3 aun más** : even more

aún *adv* **1** TODAVÍA : still, yet ⟨¿aún no ha llegado el correo? : the mail still hasn't come?⟩ **2 más aún** : furthermore

aunar {8} *vt* : to join, to combine — **aunarse** *vr* : to unite

aunque *conj* **1** : though, although, even if, even though **2 aunque sea** : at least

aura *nf* **1** : aura **2** : turkey buzzard

áureo, -rea *adj* : golden

aureola *nf* **1** : halo **2** : aura (of power, fame, etc.)

aurícula *nf* : auricle

auricular *nm* **1** : telephone receiver **2 auriculares** *nmpl* : headphones, earphones

aurora *nf* **1** : dawn **2 aurora boreal** : aurora borealis

ausencia *nf* : absence

ausentarse *vr* **1** : to leave, to go away **2 ~ de** : to stay away from

ausente[1] *adj* : absent, missing

ausente[2] *nmf* **1** : absentee **2** : missing person

auspiciar *vt* **1** PATROCINAR : to sponsor **2** FOMENTAR : to foster, to promote

auspicios *nmpl* : sponsorship, auspices

austeridad *nf* : austerity

austero, -ra *adj* : austere

austral[1] *adj* : southern

austral[2] *nm* : former monetary unit of Argentina

australiano, -na *adj & n* : Australian

austriaco *or* **austríaco, -ca** *adj & n* : Austrian

autenticar {72} *vt* : to authenticate — **autenticación** *nf*

autenticidad *nf* : authenticity

auténtico, -ca *adj* : authentic — **auténticamente** *adv*

autentificar {72} *vt* : to authenticate — **autentificación** *nf*

autismo *nm* : autism

autista *adj* : autistic

auto *nm* : auto, car

autoayuda *nf* : self-help

autobiografía *nf* : autobiography

autobiográfico, -ca *adj* : autobiographical

autobús *nm, pl* **-buses** : bus

autocompasión *nf* : self-pity

autocontrol *nm* : self-control

autocracia *nf* : autocracy

autócrata *nmf* : autocrat

autocrático, -ca *adj* : autocratic

autóctono, -na *adj* : indigenous, native ⟨arte autóctono : indigenous art⟩

autodefensa *nf* : self-defense

autodestrucción *nf* : self-destruction — **autodestructivo, -va** *adj*

autodeterminación *nf* : self-determination

autodidacta[1] *adj* : self-taught

autodidacta[2] *nmf* : self-taught person, autodidact

autodidacto[1], **-ta** *adj* → **autodidacta**[1]

autodidacto[2], **-ta** *n* → **autodidacta**[2]

autodisciplina *nf* : self-discipline

autoestima *nf* : self-esteem

autogobierno *nm* : self-government

autografiar *vt* : to autograph

autógrafo *nm* : autograph

autoinfligido, -da *adj* : self-inflicted

automación → **automatización**

autómata *nm* : automaton

automático, -ca *adj* : automatic — **automáticamente** *adv*

automatización *nf* : automation

automatizar {21} *vt* : to automate

automotor, -tora *adj* **1** : self-propelled **2** : automotive, car

automotriz[1] *adj, pl* **-trices** : automotive, car

automotriz[2] *nf, pl* **-trices** : automaker

automóvil *nm* : automobile

automovilista *nmf* : motorist

automovilístico, -ca *adj* : automobile, car ⟨accidente automovilístico : automobile accident⟩

autonombrado, -da *adj* : self-appointed

autonomía *nf* : autonomy

autónomo, -ma *adj* : autonomous — **autónomamente** *adv*

autopista *nf* : expressway, highway

autoproclamado, -da *adj* : self-proclaimed, self-appointed

autopropulsado, -da *adj* : self-propelled

autopsia *nf* : autopsy

autor, -tora *n* **1** : author **2** : perpetrator

autoría *nf* : authorship

autoridad *nf* : authority

autoritario, -ria *adj* : authoritarian

autorización *nf, pl* **-ciones** : authorization

autorizado, -da *adj* **1** : authorized **2** : authoritative

autorizar {21} *vt* : to authorize, to approve

autorretrato *nm* : self-portrait

autoservicio *nm* **1** : self-service restaurant **2** SUPERMERCADO : supermarket

autostop *nm* **1** : hitchhiking **2 hacer autostop** : to hitchhike

autostopista *nmf* : hitchhiker

autosuficiencia *nf* : self-sufficiency — **autosuficiente** *adj*

auxiliar[1] *vt* : to aid, to assist

auxiliar[2] *adj* : assistant, auxiliary

auxiliar[3] *nmf* **1** : assistant, helper **2 auxiliar de vuelo** : flight attendant

auxilio *nm* **1** : aid, assistance **2 primeros auxilios** : first aid

aval *nm* : guarantee, endorsement

avalancha *nf* ALUD : avalanche

avalar *vt* : to guarantee, to endorse

avaluar {3} *vt* : to evaluate, to appraise

avalúo *nm* : appraisal, evaluation

avance *nm* ADELANTO : advance

avanzado, -da *adj* **1** : advanced **2** : progressive

avanzar {21} *v* : to advance, to move forward

avaricia *nf* CODICIA : greed, avarice

avaricioso, -sa *adj* : avaricious, greedy

avaro[1], **-ra** *adj* : miserly, greedy

avaro[2], **-ra** *n* : miser

avasallador, -dora *adj* : overwhelming

avasallamiento *nm* : subjugation, domination

avasallar *vt* : to overpower, to subjugate

avatar *nm* **1** : avatar **2 avatares** *nmpl* : vagaries, vicissitudes

ave *nf* **1** : bird **2 aves de corral** : poultry **3 ave rapaz** *or* **ave de presa** : bird of prey

avecinarse *vr* : to approach, to come near

avecindarse *vr* : to settle, to take up residence

avellana *nf* : hazelnut, filbert

avellano *nm* : hazel

avena *nf* **1** : oat, oats *pl* **2** : oatmeal

avenencia *nf* : agreement, pact

avenida *nf* : avenue

avenir {87} *vt* : to reconcile, to harmonize — **avenirse** *vr* **1** : to agree, to come to terms **2** : to get along

aventajado, -da *adj* : outstanding

aventajar *vt* **1** : to be ahead of, to lead **2** : to surpass, to outdo

aventar {55} *vt* **1** : to fan **2** : to winnow **3** *Col, Mex* : to throw, to toss — **aventarse** *vr* **1** *Col, Mex* : to hurl oneself **2** *Mex fam* : to dare, to take a chance

aventón *nm, pl* **-tones** *Col, Mex fam* : ride, lift

aventura *nf* **1** : adventure **2** RIESGO : venture, risk **3** : love affair

aventurado, -da *adj* : hazardous, risky

aventurar *vt* : to venture, to risk — **aventurarse** *vr* : to take a risk

aventurero[1], **-ra** *adj* : adventurous

aventurero[2], **-ra** *n* : adventurer

avergonzado, -da *adj* **1** : ashamed **2** : embarrassed

avergonzar {9} *vt* APENAR : to shame, to embarrass — **avergonzarse** *vr* APENARSE : to be ashamed, to be embarrassed

avería *nf* **1** : damage **2** : breakdown, malfunction

averiado, -da *adj* **1** : damaged, faulty **2** : broken down

averiar {85} *vt* : to damage — **averiarse** *vr* : to break down

averiguación *nf, pl* **-ciones** : investigation, inquiry

averiguar {10} *vt* **1** : to find out, to ascertain **2** : to investigate

aversión *nf, pl* **-siones** : aversion, dislike

avestruz *nm, pl* **-truces** : ostrich

avezado, -da *adj* : seasoned, experienced

aviación *nf, pl* **-ciones** : aviation

aviador, -dora *n* : aviator, flyer

aviar {85} *vt* **1** : to prepare, to make ready **2** : to tidy up **3** : to equip, to supply

avicultor, -tora *n* : poultry farmer

avicultura *nf* : poultry farming

avidez *nf, pl* **-deces** : eagerness

ávido, -da *adj* : eager, avid — **ávidamente** *adv*

avieso, -sa *adj* **1** : twisted, distorted **2** : wicked, depraved

avinagrado, -da *adj* : vinegary, sour

avío *nm* **1** : preparation, provision **2** : loan (for agriculture or mining) **3 avíos** *nmpl* : gear, equipment

avión *nm, pl* **aviones** : airplane

avioneta *nf* : light airplane

avisar *vt* **1** : to notify, to inform **2** : to advise, to warn

aviso *nm* **1** : notice **2** : advertisement, ad **3** ADVERTENCIA : warning **4 estar sobre aviso** : to be on the alert

avispa *nf* : wasp

avispado, -da *adj fam* : clever, sharp

avispero *nm* : wasps' nest

avispón *nm, pl* **-pones** : hornet

avistar *vt* : to sight, to catch sight of

avituallar *vt* : to suppy with food, to provision

avivar *vt* **1** : to enliven, to brighten **2** : to strengthen, to intensify

avizorar *vt* **1** ACECHAR : to spy on, to watch **2** : to observe, to perceive ⟨se avizoran dificultades : difficulties are expected⟩

axila *nf* : underarm, armpit

axioma *nm* : axiom

axiomático, -ca *adj* : axiomatic

ay *interj* **1** : oh! **2** : ouch!, ow!

ayer[1] *adv* : yesterday

ayer[2] *nm* ANTAÑO : yesteryear, days gone by

ayote *nm CA, Mex* : squash, pumpkin

ayuda *nf* **1** : help, assistance **2 ayuda de cámara** : valet

ayudante *nmf* : helper, assistant

ayudar *vt* : to help, to assist — **ayudarse** *vr* ~ **de** : to make use of

ayunar *vi* : to fast

ayunas *nfpl* **en** ~ : fasting ⟨este medicamento ha de tomarse en ayunas : this medication should be taken on an empty stomach⟩

ayuno *nm* : fast

ayuntamiento *nm* **1** : town hall, city hall **2** : town or city council

azabache *nm* : jet ⟨negro azabache : jet black⟩

azada *nf* : hoe

azafata *nf* **1** : stewardess *f* **2** : hostess *f* (on a TV show)

azafrán *nm, pl* **-franes** **1** : saffron **2** : crocus

azahar *nm* : orange blossom

azalea *nf* : azalea

azar *nm* **1** : chance ⟨juegos de azar : games of chance⟩ **2** : accident, misfortune **3 al azar** : at random, randomly

azaroso, -sa *adj* **1** : perilous, hazardous **2** : turbulent, eventful

azimut *nm* : azimuth

azogue *nm* : mercury, quicksilver

azorar *vt* **1** : to alarm, to startle **2** : to fluster, to embarrass — **azorarse** *vr* : to get embarrassed

azotar *vt* **1** : to whip, to flog **2** : to lash, to batter **3** : to devastate, to afflict

azote *nm* **1** LÁTIGO : whip, lash **2** *fam* : spanking, licking **3** : calamity, scourge

azotea *nf* : flat roof, terraced roof

azteca *adj & nmf* : Aztec

azúcar *nmf* : sugar — **azucarar** *vt*

azucarado, -da *adj* : sweetened, sugary

azucarera *nf* : sugar bowl

azucarero, -ra *adj* : sugar ⟨industria azucarera : sugar industry⟩

azucena *nf* : white lily

azuela *nf* : adze

azufre *nm* : sulphur — **azufroso, -sa** *adj*

azul *adj & nm* : blue

azulado, -da *adj* : bluish

azulejo *nm* : ceramic tile, floor tile

azuloso, -sa *adj* : bluish

azulete *nm* : bluing

azur[1] *adj* CELESTE : azure

azur[2] *n* CELESTE : azure, sky blue

azuzar {21} *vt* : to incite, to egg on

B

b *nf* : second letter of the Spanish alphabet

baba *nf* **1** : spittle, saliva **2** : dribble, drool (of a baby) **3** : slime, ooze

babear *vi* **1** : to drool, to slobber **2** : to ooze

babel *nmf* : babel, chaos, bedlam

babero *nm* : bib

babor *nm* : port, port side

babosa *nf* : slug (mollusk)

babosada *nf CA, Mex* : silly act or remark

baboso, -sa *adj* **1 :** drooling, slobbering **2 :** slimy **3** *CA, Mex fam* **:** silly, dumb

babucha *nf* **:** slipper

babuino *nm* **:** baboon

bacalao *nm* **:** cod (fish)

bache *nm* **1 :** pothole **2** *PRi* **:** deep puddle **3 :** bad period, rough time ⟨bache económico : economic slump⟩

bachiller *nmf* **:** high school graduate

bachillerato *nm* **:** high school diploma

bacilo *nm* **:** bacillus

bacon *nm Spain* **:** bacon

bacteria *nf* **:** bacterium

bacteriano, -na *adj* **:** bacterial

bacteriología *nf* **:** bacteriology

bacteriológico, -ca *adj* **:** bacteriologic, bacteriological

bacteriólogo, -ga *n* **:** bacteriologist

báculo *nm* **1 :** staff, stick **2 :** comfort, support

badajo *nm* **:** clapper (of a bell)

badén *nm, pl* **badenes 1 :** (paved) ford, channel **2 :** dip, ditch (in a road) **3 :** speed bump

bádminton *nm* **:** badminton

bafle *or* **baffle** *nm* **1 :** baffle **2 :** speaker, loudspeaker

bagaje *nm* **1** EQUIPAJE **:** baggage, luggage **2 :** background ⟨bagaje cultural : cultural baggage⟩

bagatela *nf* **:** trifle, trinket

bagre *nm* **:** catfish

bahía *nf* **:** bay

bailar *vt* **:** to dance — *vi* **1 :** to dance **2 :** to spin **3 :** to be loose, to be too big

bailarín[1], -rina *adj, mpl* **-rines 1 :** dancing **2 :** fond of dancing

bailarín[2], -rina *n, mpl* **-rines 1 :** dancer **2 :** ballet dancer, ballerina *f*

baile *nm* **1 :** dance **2 :** dance party, ball **3 llevarse al baile a** *Mex fam* **:** to take for a ride, to take advantage of

baja *nf* **1** DESCENSO **:** fall, drop **2 :** slump, recession **3 :** loss, casualty **4 dar de baja :** to discharge, to dismiss **5 darse de baja :** to withdraw, to drop out

bajada *nf* **1 :** descent **2 :** dip, slope **3 :** decrease, drop

bajar *vt* **1 :** to lower (a blind, zipper, etc.), to let down (a hem) **2 :** to bring/take/carry down, to get/lift down **3** REDUCIR **:** to lower (prices, a fever, one's voice, etc.) **4** INCLINAR **:** to lower (the eyes, etc.), to bow (the head) **5 :** to go/come down (stairs) **6** DESCARGAR **:** to download **7 bajar de categoría :** to downgrade — *vi* **1** DISMINUIR **:** to drop, to fall, to go down **2 :** to come/go down ⟨bajar por la escalera : to come/go down the stairs⟩ **3 :** to ebb (of tides) — **bajarse** *vr* **~ de :** to get off (a train, etc.), to get out of (a car)

bajeza *nf* **1 :** low or despicable act **2 :** baseness

bajío *nm* **1 :** lowland **2 :** shoal, sandbank, shallows

bajista *nmf* **:** bass player, bassist

bajo[1] *adv* **1 :** down, low **2 :** softly, quietly ⟨habla más bajo : speak more softly⟩

bajo[2], -ja *adj* **1 :** low **2 :** short (of stature) **3 :** soft, faint, deep (of sounds) **4 :** lower ⟨el bajo Amazonas : the lower Amazon⟩ **5 :** lowered ⟨con la mirada baja : with lowered eyes⟩ **6 :** base, vile **7 los bajos fondos :** the underworld

bajo[3] *nm* **1 :** bass (musical instrument) **2 :** first floor, ground floor **3 :** hemline

bajo[4] *prep* **:** under, beneath, below

bajón *nm, pl* **bajones :** sharp drop, slump

bajorrelieve *nm* **:** bas-relief

bala *nf* **1 :** bullet **2 :** bale

balacera *nf* TIROTEO **:** shoot-out, gunfight

balada *nf* **:** ballad

balance *nm* **1 :** balance **2 :** balance sheet

balancear *vt* **1 :** to balance **2 :** to swing (one's arms, etc.) **3 :** to rock (a boat) — **balancearse** *vr* **1** OSCILAR **:** to swing, to sway, to rock **2** VACILAR **:** to hesitate, to vacillate

balanceo *nm* **1 :** swaying, rocking **2 :** vacillation

balancín *nm, pl* **-cines 1 :** rocking chair **2** SUBIBAJA **:** seesaw

balandra *nf* **:** sloop

balanza *nf* BÁSCULA **:** scales *pl,* balance

balar *vi* **:** to bleat

balaustrada *nf* **:** balustrade

balaustre *nm* **:** baluster

balazo *nm* **1** TIRO **:** shot, gunshot **2 :** bullet wound

balboa *nf* **:** balboa (monetary unit of Panama)

balbucear *vi* **1 :** to mutter, to stammer **2 :** to prattle, to babble ⟨los niños están balbuceando : the children are prattling away⟩

balbuceo *nm* **:** mumbling, stammering

balbucir → **balbucear**

balcánico, -ca *adj* **:** Balkan

balcón *nm, pl* **balcones :** balcony

balde *nm* **1** CUBO **:** bucket, pail **2 en ~ :** in vain, to no avail

baldío[1], -día *adj* **1 :** fallow, uncultivated **2 :** useless, vain

baldío[2] *nm* **1 :** wasteland **2** *Mex* **:** vacant lot

baldosa *nf* LOSETA **:** floor tile

balear *vt* **:** to shoot, to shoot at

balero *nm* **1** *Mex* **:** ball bearing **2** *Mex, PRi* **:** cup-and-ball toy

balido *nm* **:** bleat

balín *nm, pl* **balines :** pellet

balística *nf* **:** ballistics

balístico, -ca *adj* **:** ballistic

baliza *nf* **1 :** buoy **2 :** beacon (for aircraft)

ballena *nf* **:** whale

ballenero[1], -ra *adj* **:** whaling

ballenero[2], -ra *n* **:** whaler

ballenero[3] *nm* **:** whaleboat, whaler

ballesta *nf* **1 :** crossbow **2 :** spring (of an automobile)

ballet *nm* : ballet

balneario *nm* : spa, bathing resort

balompié *nm* FUTBOL : soccer

balón *nm, pl* **balones** : ball

baloncesto *nm* BASQUETBOL : basketball

balsa *nf* **1** : raft **2** : balsa **3** : pond, pool

balsámico, -ca *adj* : soothing

bálsamo *nm* : balsam, balm

balsero, -ra *n* : boat person, refugee

báltico, -ca *adj* : Baltic

baluarte *nm* BASTIÓN : bulwark, bastion

bambolear *vi* **1** : to sway, to swing **2** : to wobble — **bambolearse** *vr*

bamboleo *nm* **1** : swaying, swinging **2** : wobbling

bambú *nm, pl* **bambúes** *or* **bambús** : bamboo

banal *adj* : banal, trivial

banalidad *nf* : banality

banana *nf* : banana

bananero[1], **-ra** *adj* : banana

bananero[2] *nm* : banana tree

banano *nm* **1** : banana tree **2** *CA, Col* : banana

banca *nf* **1** : banking **2** BANCO : bench

bancada *nf* **1** : group, faction **2** : workbench

bancal *nm* **1** : terrace (in agriculture) **2** : plot (of land)

bancario, -ria *adj* : bank, banking

bancarrota *nf* QUIEBRA : bankruptcy

banco *nm* **1** : bank ⟨banco central : central bank⟩ ⟨banco de datos : data bank⟩ ⟨banco de arena : sandbank⟩ ⟨banco de sangre : blood bank⟩ **2** BANCA : stool, bench **3** : pew **4** : school (of fish)

banda *nf* **1** : band, strip **2** : band (on arm), sash **3** *Mex* : belt ⟨banda transportadora : conveyor belt⟩ **4** : (frequency) band **5** : band (of musicians) **6** : gang (of persons), flock (of birds) **7** : side (of a ship) **8** : touchline (in soccer) **9 banda ancha** : broadband **10 banda de rodadura** : tread (of a tire) **11 banda sonora** *or* **banda de sonido** : sound track

bandada *nf* : flock (of birds), school (of fish)

bandazo *nm* : swerving, lurch

bandearse *vr* : to look after oneself, to cope

bandeja *nf* : tray, platter

bandera *nf* : flag, banner

banderazo *nm* : starting signal (in sports)

banderilla *nf* : banderilla, dart (in bullfighting)

banderín *nm, pl* **-rines** : pennant, small flag

bandidaje *nm* : banditry

bandido, -da *n* BANDOLERO : bandit, outlaw

bando *nm* **1** FACCIÓN : faction, side **2** EDICTO : proclamation

bandolerismo *nm* : banditry

bandolero, -ra *n* BANDIDO : bandit, outlaw

bangladesí *adj & nmf* : Bangladeshi

banjo *nm* : banjo

banquero, -ra *n* : banker

banqueta *nf* **1** : footstool, stool, bench **2** *Mex* : sidewalk

banquete *nm* : banquet

banquetear *v* : to feast

banquillo *nm* **1** : bench (in sports) **2** : dock, defendant's seat

bañadera *nf* → **bañera**

bañar *vt* **1** : to bathe, to wash **2** : to immerse, to dip **3** : to coat, to cover ⟨bañado en lágrimas : bathed in tears⟩ — **bañarse** *vr* **1** : to take a bath, to bathe **2** : to go for a swim

bañera *nf* TINA : bathtub

bañista *nmf* : bather

baño *nm* **1** : bath **2** : swim, dip **3** : bathroom **4 baño María** : double boiler

baqueta *nf* **1** : ramrod **2 baquetas** *nfpl* : drumsticks

bar *nm* : bar, tavern

baraja *nf* : deck of cards

barajar *vt* **1** : to shuffle (cards) **2** : to consider, to toy with

baranda *nf* : rail, railing

barandal *nm* **1** : rail, railing **2** : bannister, handrail

barandilla *nf Spain* : bannister, handrail, railing

barata *nf* **1** *Mex* : sale, bargain **2** *Chile* : cockroach

baratija *nf* : bauble, trinket

baratillo *nm* : rummage sale, flea market

barato[1] *adv* : cheap, cheaply ⟨te lo vendo barato : I'll sell it to you cheap⟩

barato[2], **-ta** *adj* : cheap, inexpensive

baratura *nf* **1** : cheapness **2** : cheap thing

barba *nf* **1** : beard, stubble **2** : chin

barbacoa *nf* : barbecue

bárbaramente *adv* : barbarously

barbaridad *nf* **1** : barbarity, atrocity **2 ¡qué barbaridad!** : that's outrageous!

barbarie *nf* : barbarism, savagery

bárbaro[1] *adv fam* : wildly ⟨anoche lo pasamos bárbaro : we had a wild time last night⟩

bárbaro[2], **-ra** *adj* **1** : barbarous, wild, uncivilized **2** *fam* : great, fantastic

bárbaro[3], **-ra** *n* : barbarian

barbecho *nm* : fallow land ⟨dejar en barbecho : to leave fallow⟩

barbero, -ra *n* : barber

barbilla *nf* MENTÓN : chin

barbitúrico *nm* : barbiturate

barbudo[1], **-da** *adj* : bearded

barbudo[2] *nm* : bearded man

barca *nf* **1** : boat **2 barca de pasaje** : ferryboat

barcaza *nf* : barge

barcia *nf* : chaff

barco *nm* **1** BARCA : boat **2** BUQUE, NAVE : ship

bardo *nm* : bard
bario *nm* : barium
barítono *nm* : baritone
barlovento *nm* : windward
barman *nm* : bartender
barniz *nm, pl* **barnices** **1** LACA : varnish, lacquer **2** : glaze (on ceramics, etc.)
barnizar {21} *vt* **1** : to varnish **2** : to glaze
barométrico, -ca *adj* : barometric
barómetro *nm* : barometer
barón *nm, pl* **barones** : baron
baronesa *nf* : baroness
baronet *nm* : baronet
barquero, -ra : boatman *m,* boatwoman *f*
barquillo *nm* : wafer, thin cookie or cracker
barra *nf* **1** : bar (of metal), rod (for curtains) **2** : bar (of soap, etc.), block (of ice) **3** MOSTRADOR : bar, counter **4** : gang (of friends) **5** : slash (in punctuation) **6** BANCO : bar, bank ⟨barra de arena : sandbar⟩ **7 barra de herramientas** : toolbar **8 barra de labios** : lipstick **9 barra de pan** *Mex, Spain* : baguette
barraca *nf* **1** CABAÑA, CHOZA : hut, cabin **2** : booth, stall
barracuda *nf* : barracuda
barranca *nf* **1** : hillside, slope **2** → **barranco**
barranco *nm* : ravine, gorge
barredora *nf* : street sweeper (machine)
barrena *nf* **1** TALADRO : drill, auger, gimlet **2** : tailspin
barrenar *vt* **1** : to drill **2** : to undermine
barrendero, -ra *n* : sweeper, street cleaner
barrer *v* : to sweep — **barrerse** *vr* : to slide (in sports)
barrera *nf* OBSTÁCULO : barrier, obstacle ⟨barrera de sonido : sound barrier⟩
barreta *nf* : crowbar
barriada *nf* **1** : district, quarter **2** : slums *pl*
barrica *nf* BARRIL, TONEL : barrel, cask, keg
barricada *nf* : barricade
barrida *nf* **1** : sweep **2** : slide (in sports)
barrido *nm* : sweeping
barriga *nf* PANZA : belly, paunch
barrigón, -gona *adj, mpl* **-gones** *fam* : potbellied, paunchy
barril *nm* **1** BARRICA : barrel, keg **2 cerveza de barril** : draft beer
barrio *nm* **1** : neighborhood, district **2 barrios bajos** : slums *pl*
barro *nm* **1** LODO : mud **2** ARCILLA : clay **3** ESPINILLA, GRANO : pimple, blackhead
barroco, -ca *adj* : baroque
barroso, -sa *adj* ENLODADO : muddy
barrote *nm* : bar (on a window)
barrunto *nm* **1** SOSPECHA : suspicion **2** INDICIO : sign, indication, hint
bártulos *nmpl* : things, belongings ⟨liar los bártulos : to pack one's things⟩
barullo *nm* BULLA : racket, ruckus
basa *nf* : base, pedestal
basalto *nm* : basalt
basar *vt* FUNDAR : to base — **basarse** *vr* FUNDARSE ∼ **en** : to be based on
báscula *nf* BALANZA : balance, scales *pl*
base *nf* **1** : base, bottom **2** : base (in baseball) **3** FUNDAMENTO : basis, foundation ⟨sentar las bases de : to lay the foundation for⟩ **4** : base ⟨base naval/aérea : naval/air base⟩ **5** REGLAS : rules *pl* **6** *or* **base de maquillaje** : foundation (makeup) **7 a base de** : based on, by means of **8 base de datos** : database **9 en base a** : based on, on the basis of
básico, -ca *adj* FUNDAMENTAL : basic — **básicamente** *adv*
basílica *nf* : basilica
basquetbol *or* **básquetbol** *nm* BALONCESTO : basketball
basset *nm* : basset hound
bastante[1] *adv* **1** : enough, sufficiently ⟨he trabajado bastante : I have worked enough⟩ **2** : fairly, rather, quite ⟨llegaron bastante temprano : they arrived quite early⟩
bastante[2] *adj* : enough, sufficient
bastante[3] *pron* : enough ⟨hemos visto bastante : we have seen enough⟩
bastar *vi* : to be enough, to suffice
bastardilla *nf* CURSIVA : italic type, italics *pl*
bastardo, -da *adj & n* : bastard
bastidor *nm* **1** : framework, frame **2** : wing (in theater) ⟨entre bastidores : backstage, behind the scenes⟩
bastilla *nf* : hem
bastión *nf, pl* **bastiones** BALUARTE : bastion, bulwark
basto, -ta *adj* : coarse, rough
bastón *nm, pl* **bastones** **1** : cane, walking stick **2** : baton **3 bastón de mando** : staff (of authority)
basura *nf* DESECHOS : garbage, waste, refuse
basurero[1], **-ra** *n* : garbage collector
basurero[2] *nm Mex* : garbage can
bata *nf* **1** : bathrobe, housecoat **2** : smock, coverall, lab coat
batalla *nf* **1** : battle **2** : fight, struggle **3 de** ∼ : ordinary, everyday ⟨mis zapatos de batalla : my everyday shoes⟩
batallar *vi* LIDIAR, LUCHAR : to battle, to fight
batallón *nm, pl* **-llones** : battalion
batata *nf* : yam, sweet potato
batazo *nm* HIT : hit (in baseball)
bate *nm* : baseball bat
batea *nf* **1** : tray, pan **2** : flat-bottomed boat, punt
bateador, -dora *n* : batter, hitter
batear *vi* : to bat — *vt* : to hit
bateo *nm* : batting (in baseball)

batería *nf* 1 PILA : battery 2 : drum kit, drums *pl* 3 **batería de cocina** : kitchen utensils *pl*
baterista *nmf* : drummer
batido *nm* LICUADO : milk shake
batidor *nm* : eggbeater, whisk, mixer
batidora *nf* : (electric) mixer
batir *vt* 1 GOLPEAR : to beat, to hit 2 VENCER : to defeat 3 REVOLVER : to mix, to beat 4 : to break (a record) — **batirse** *vr* : to fight
batista *nf* : batiste, cambric
batuta *nf* 1 : baton 2 **llevar la batuta** : to be the leader, to call the tune
baúl *nm* : trunk, chest
bautismal *adj* : baptismal
bautismo *nm* : baptism, christening
bautista *adj & nmf* : Baptist
bautizar {21} *vt* : to baptize, to christen
bautizo → **bautismo**
bávaro, -ra *adj & n* : Bavarian
baya *nf* 1 : berry 2 **baya de saúco** : elderberry
bayeta *nf* : cleaning cloth
bayoneta *nf* : bayonet
baza *nf* 1 : trick (in card games) 2 **meter baza en** : to butt in on
bazar *nm* : bazaar
bazo *nm* : spleen
bazofia *nf* 1 : table scraps *pl* 2 : slop, swill 3 : hogwash, rubbish
bazuca *nf* : bazooka
beagle *nm* : beagle
beatificar {72} *vt* : to beatify — **beatificación** *nf*
beatífico, -ca *adj* : beatific
beatitud *nf* : beatitude
beato, -ta *adj* 1 : blessed 2 : pious, devout 3 : sanctimonious, overly devout
bebé *nm* : baby
bebedero *nm* 1 ABREVADERO : watering trough 2 *Mex* : drinking fountain
bebedor, -dora *n* : drinker
beber *v* TOMAR : to drink
bebida *nf* : drink, beverage
beca *nf* : grant, scholarship
becado, -da *n* : scholar, scholarship holder
becerro, -rra *n* : calf
begonia *nf* : begonia
beige *adj & nm* : beige
beisbol *or* **béisbol** *nm* : baseball
beisbolista *nmf* : baseball player
beldad *nf* BELLEZA, HERMOSURA : beauty
belén *nf, pl* **belenes** NACIMIENTO : Nativity scene
belga *adj & nmf* : Belgian
beliceño, -ña *adj & n* : Belizean
belicista[1] *adj* : militaristic
belicista[2] *nmf* : warmonger
bélico, -ca *adj* GUERRERO : war, fighting ⟨esfuerzos bélicos : war efforts⟩
belicosidad *nf* : bellicosity
belicoso, -sa *adj* 1 : warlike, martial 2 : aggressive, belligerent
beligerancia *nf* : belligerence
beligerante *adj & nmf* : belligerent
bellaco[1], **-ca** *adj* : sly, cunning
bellaco[2], **-ca** *n* : rogue, scoundrel
belleza *nf* BELDAD, HERMOSURA : beauty
bello, -lla *adj* 1 HERMOSO : beautiful 2 **bellas artes** : fine arts
bellota *nf* : acorn
bemol *nm* : flat (in music) — **bemol** *adj*
benceno *nm* : benzene
bendecir {11} *vt* 1 CONSAGRAR : to bless, to consecrate 2 ALABAR : to praise, to extol 3 **bendecir la mesa** : to say grace
bendición *nf, pl* **-ciones** : benediction, blessing
bendiga, bendijo etc. → **bendecir**
bendito, -ta *adj* 1 : blessed, holy 2 : fortunate 3 : silly, simple-minded
benedictino, -na *adj & n* : Benedictine
benefactor[1], **-tora** *adj* : beneficent
benefactor[2], **-tora** *n* : benefactor, benefactress *f*
beneficencia *nf* : beneficence, charity
beneficiar *vt* : to benefit, to be of assistance to — **beneficiarse** *vr* : to benefit, to profit
beneficiario, -ria *n* : beneficiary
beneficio *nm* 1 GANANCIA, PROVECHO : gain, profit 2 : benefit
beneficioso, -sa *adj* PROVECHOSO : beneficial
benéfico, -ca *adj* : charitable, beneficent
benemérito, -ta *adj* : meritorious, worthy
beneplácito *nm* : approval, consent
benevolencia *nf* BONDAD : benevolence, kindness
benévolo, -la *adj* BONDADOSO : benevolent, kind, good
bengala *nf* 1 **luz de bengala** : flare (signal) 2 : sparkler
bengalí[1] *adj & nmf* : Bengali
bengalí[2] *nm* : Bengali (language)
benignidad *nf* : mildness, kindness
benigno, -na *adj* : benign, mild
beninés, -nesa *adj & n* : Beninese
benjamín, -mina *n, mpl* **-mines** : youngest child
beodo[1], **-da** *adj* : drunk, inebriated
beodo[2], **-da** *n* : drunkard
berberecho *nm* : cockle
berbiquí *nm* : brace (in carpentry)
berenjena *nf* : eggplant
bergantín *nm, pl* **-tines** : brig (ship)
berilo *nm* : beryl
berma *nf Chile, Col, Ecua, Peru* : shoulder (of a road)
bermudas *nfpl* : Bermuda shorts
berrear *vi* 1 : to bellow, to low 2 : to bawl, to howl
berrido *nm* 1 : bellowing 2 : howl, scream
berrinche *nm fam* : tantrum, conniption
berro *nm* : watercress
berza *nf* : cabbage
besar *vt* : to kiss
beso *nm* : kiss

bestia[1] *adj* **1** : ignorant, stupid **2** : boorish, rude

bestia[2] *nf* : beast, animal

bestia[3] *nmf* **1** IGNORANTE : ignoramus **2** : brute

bestial *adj* **1** : bestial, beastly **2** *fam* : huge, enormous ⟨hace un frío bestial : it's terribly cold⟩ **3** *fam* : great, fantastic

besuquear *vt fam* : to cover with kisses — **besuquearse** *vr fam* : to neck, to smooch

betabel *nm Mex* : beet

betún *nm, pl* **betunes** **1** : shoe polish **2** *Mex* : icing

bianual *adj* : biannual

biatlón *nm, pl* **-lones** : biathlon

biberón *nm, pl* **-rones** : baby's bottle

biblia *nf* **1** : bible **2 la Biblia** : the Bible

bíblico, -ca *adj* : biblical

bibliografía *nf* : bibliography

bibliográfico, -ca *adj* : bibliographic, bibliographical

bibliógrafo, -fa *n* : bibliographer

biblioteca *nf* : library

bibliotecario, -ria *n* : librarian

bicameral *adj* : bicameral

bicarbonato *nm* **1** : bicarbonate **2 bicarbonato de soda** : sodium bicarbonate, baking soda

bicentenario *nm* : bicentennial

bíceps *nms & pl* : biceps

bicho *nm* : small animal, bug, insect

bici *nf fam* : bike

bicicleta *nf* : bicycle

bicolor *adj* : two-tone

bicúspide *adj* : bicuspid

bidón *nm, pl* **bidones** : large can, (oil) drum

bien[1] *adv* **1** : well ⟨¿dormiste bien? : did you sleep well?⟩ ⟨todo va bien : everything's going well⟩ **2** : well, right, properly ⟨nos trata bien : she treats us well⟩ ⟨funcionar bien : to work right⟩ **3** : well, skillfully ⟨canta bien : she sings well⟩ ⟨¡bien dicho! : well said!⟩ **4** : well, thoroughly ⟨piénsalo bien : think it over carefully⟩ ⟨bien documentado : well-documented⟩ **5** : very, quite ⟨era bien divertido : it was very enjoyable⟩ **6** : easily ⟨bien podría decirse que . . . : it could very well be said that . . .⟩ **7 bien que** : willingly, readily ⟨no ayuda pero bien que critica : he doesn't help but he's quick to criticize⟩ **8 más bien** : rather **9 no bien** : as soon as **10 si bien** : although

bien[2] *adj* **1** : well, OK, all right ⟨¿te sientes bien? : are you feeling all right?⟩ **2** : pleasant, agreeable ⟨las flores huelen bien : the flowers smell very nice⟩ **3** : satisfactory **4** : correct, right

bien[3] *nm* **1** : good ⟨el bien y el mal : good and evil⟩ **2 bienes** *nmpl* : property, goods, possessions

bienal *adj & nf* : biennial — **bienalmente** *adv*

bienaventurado, -da *adj* **1** : blessed **2** : fortunate, happy

bienaventuranzas *nfpl* : Beatitudes

bienestar *nm* **1** : welfare, well-being **2** CONFORT : comfort

bienhechor[1], **-chora** *adj* : beneficent, benevolent

bienhechor[2], **-chora** *n* : benefactor, benefactress *f*

bienintencionado, -da *adj* : well-meaning

bienvenida *nf* **1** : welcome **2 dar la bienvenida a** : to welcome

bienvenido, -da *adj* : welcome

bies *nm* : bias (in sewing)

bife *nm Arg, Chile, Uru* : steak

bífido, -da *adj* : forked

bifocal *adj* : bifocal

bifocales *nmpl* : bifocals

bifurcación *nf, pl* **-ciones** : fork (in a river or road)

bifurcarse {72} *vr* : to fork

bigamia *nf* : bigamy

bígamo, -ma *n* : bigamist

bigote *nm* **1** : mustache **2** : whisker (of an animal)

bigotudo, -da *adj* : mustached, having a big mustache

bikini *nm* : bikini

bilateral *adj* : bilateral — **bilateralmente** *adv*

bilingüe *adj* : bilingual

bilioso, -sa *adj* **1** : bilious **2** : irritable

bilis *nf* : bile

billar *nm* : pool, billiards

billete *nm* **1** : bill ⟨un billete de cinco dólares : a five-dollar bill⟩ **2** BOLETO : ticket ⟨billete de ida y vuelta : round-trip ticket⟩

billetera *nf* : billfold, wallet

billón *nm, pl* **billones** **1** : billion (Great Britain) **2** : trillion (U.S.A.)

bimestral *adj* : bimonthly — **bimestralmente** *adv*

bimotor *adj* : twin-engined

binacional *adj* : binational

binario, -ria *adj* : binary

bingo *nm* : bingo

binocular *adj* : binocular

binoculares *nmpl* : binoculars

binomio *nm* **1** : binomial **2** PAREJA : pair, duo

biodegradable *adj* : biodegradable

biodegradarse *vr* : to biodegrade

biodiversidad *nf* : biodiversity

biofísica *nf* : biophysics

biofísico[1], **-ca** *adj* : biophysical

biofísico[2], **-ca** *n* : biophysicist

biografía *nf* : biography

biográfico, -ca *adj* : biographical

biógrafo, -fa *n* : biographer

biología *nf* : biology

biológico, -ca *adj* : biological, biologic — **biológicamente** *adv*

biólogo, -ga *n* : biologist

biombo *nm* MAMPARA : folding screen, room divider

biomecánica *nf* : biomechanics

biopsia *nf* : biopsy

bioquímica *nf* : biochemistry

bioquímico[1], **-ca** *adj* : biochemical
bioquímico[2], **-ca** *n* : biochemist
biosfera *or* **biósfera** *nf* : biosphere
biotecnología *nf* : biotechnology — **biotecnológico, -ca** *adj*
biótico, -ca *adj* : biotic
bipartidismo *nm* : two-party system
bipartidista *adj* : bipartisan
bípedo *nm* : biped
birlar *vt fam* : to swipe, to pinch
birmano, -na *adj & n* : Burmese
bis[1] *adv* **1** : twice, again (in music) **2** : a, A ⟨artículo 47 bis : Article 47A⟩ ⟨calle Bolívar, número 70 bis : Bolívar Street, number 70A⟩
bis[2] *nm* : encore
bisabuelo, -la *n* : great-grandfather *m*, great-grandmother *f*, great-grandparent
bisagra *nf* : hinge
bisecar {72} *vt* : bisect — **bisección** *nf*
bisel *nm* : bevel
biselar *vt* : to bevel
bisexual *adj* : bisexual — **bisexualidad** *nf*
bisiesto *adj* **año bisiesto** : leap year
bismuto *nm* : bismuth
bisnieto, -ta *n* : great-grandson *m*, great-granddaughter *f*, great-grandchild
bisonte *nm* : bison, buffalo
bisoñé *nm* : hairpiece, toupee
bisoño[1], **-ña** *adj* : inexperienced, green
bisoño[2], **-ña** *n* : rookie, greenhorn
bistec *nm* : steak, beefsteak
bisturí *nm* ESCALPELO : scalpel
bisutería *nf* : costume jewelry
bit *nm* : bit (unit of information)
bitácora *nf* **1** : ship's log **2** BLOG : blog
bivalvo *nm* : bivalve
bizarría *nf* **1** : courage, gallantry **2** : generosity
bizarro, -rra *adj* **1** VALIENTE : courageous, valiant **2** GENEROSO : generous
bizco, -ca *adj* : cross-eyed
bizcocho *nm* **1** : sponge cake **2** : biscuit **3** *Mex* : breadstick
bizquera *nf* : crossed eyes, squint
blanco[1], **-ca** *adj* : white
blanco[2], **-ca** *n* : white person
blanco[3] *nm* **1** : white **2** : target, bull's-eye ⟨dar en el blanco : to hit the target, to hit the nail on the head⟩ **3** : blank space, blank ⟨un cheque en blanco : a blank check⟩
blancura *nf* : whiteness
blancuzco, -ca *adj* **1** : whitish, off-white **2** PÁLIDO : pale
blandir {1} *vt* : to wave, to brandish
blando, -da *adj* **1** SUAVE : soft, tender **2** : weak (in character) **3** : lenient
blandura *nf* **1** : softness, tenderness **2** : leniency
blanqueador *nm* : bleach, whitener
blanquear *vt* **1** : to whiten, to bleach **2** : to shut out (in sports) **3** : to launder (money) — *vi* : to turn white
blanquillo *nm CA, Mex* : egg
blasfemar *vi* : to blaspheme
blasfemia *nf* : blasphemy
blasfemo, -ma *adj* : blasphemous
blazer *nm* : blazer
bledo *nm* **no me importa un bledo** *fam* : I couldn't care less, I don't give a damn
blindado, -da *adj* ACORAZADO : armored
blindaje *nm* **1** : armor, armor plating **2** : shield (for cables, machinery, etc.)
bloc *nm, pl* **blocs** : writing pad, pad of paper
blof *nm Col, Mex* : bluff
blofear *vi Col, Mex* : to bluff
blog [ˈblox] *nm, pl* **blogs** BITÁCORA : blog
blondo, -da *adj* : blond, flaxen
bloque *nm* **1** : block **2** GRUPO : bloc ⟨el bloque comunista : the Communist bloc⟩
bloquear *vt* **1** OBSTRUIR : to block, to obstruct **2** : to blockade
bloqueo *nm* **1** OBSTRUCCIÓN : blockage, obstruction **2** : blockade
blusa *nf* : blouse
blusón *nm, pl* **blusones** : loose shirt, smock
boa *nf* : boa
boato *nm* : ostentation, show
bobada *nf* **1** : stupid remark or action **2 decir bobadas** : to talk nonsense
bobalicón, -cona *adj, mpl* **-cones** *fam* : silly, stupid
bobina *nf* CARRETE : bobbin, reel
bobo[1], **-ba** *adj* : silly, stupid
bobo[2], **-ba** *n* : fool, simpleton
boca *nf* **1** : mouth **2 boca arriba** : face up, on one's back **3 boca abajo** : face down, prone **4 boca de riego** : hydrant **5 en boca de** : according to
bocacalle *nf* : entrance to a street ⟨gire a la última bocacalle : take the last turning⟩
bocadillo *nm Spain* : sandwich
bocado *nm* **1** : bite, mouthful **2** FRENO : bit (of a bridle)
bocajarro *nm* **a ~** : point-blank, directly
bocallave *nf* : keyhole
bocanada *nf* **1** : swig, swallow **2** : puff, mouthful (of smoke) **3** : gust (of air) **4** : stream (of people)
boceto *nm* : sketch, outline
bochinche *nm fam* : ruckus, uproar
bochorno *nm* **1** VERGÜENZA : embarrassment **2** : hot and humid weather **3** : hot flash
bochornoso, -sa *adj* **1** EMBARAZOSO : embarrassing **2** : hot and muggy
bocina *nf* **1** : horn, trumpet **2** : automobile horn **3** : mouthpiece (of a telephone) **4** *Mex* : loudspeaker
bocinazo *nm* : honk (of a horn)
bocio *nm* : goiter
bocón, -cona *n, mpl* **bocones** *fam* : blabbermouth, loudmouth
boda *nf* : wedding

bodega *nf* **1** : wine cellar **2** *Chile, Col, Mex* : storeroom, warehouse **3** (*in various countries*) : grocery store

bofetada *nf* CACHETADA : slap on the face

bofetear *vt* CACHETEAR : to slap

bofetón *nm* → **bofetada**

bofo, -fa *adj* : flabby

boga *nf* : fashion, vogue ⟨estar en boga : to be in style⟩

bogotano[1], **-na** *adj* : of or from Bogotá

bogotano[2], **-na** *n* : person from Bogotá

bohemio, -mia *adj & n* : bohemian, Bohemian

boicot *nm, pl* **boicots** : boycott

boicotear *vt* : to boycott

boina *nf* : beret

boiserie *nf* : wood paneling, wainscoting

boj *nm, pl* **bojes** : box (plant), boxwood

bola *nf* **1** : ball ⟨bola de nieve : snowball⟩ **2** *fam* : lie, fib **3** *Mex fam* : bunch, group ⟨una bola de rateros : a bunch of thieves⟩ **4** *Mex* : uproar, tumult

bolear *vt Mex* : to polish (shoes)

bolera *nf* : bowling alley

bolero *nm* : bolero

boleta *nf* **1** : ballot **2** : ticket **3** : receipt

boletería *nf* TAQUILLA : box office, ticket office

boletín *nm, pl* **-tines** **1** : bulletin **2** : journal, review **3 boletín de prensa** : press release

boleto *nm* BILLETE : ticket

boliche *nm* **1** BOLOS : bowling **2** *Arg* : bar, tavern

bólido *nm* **1** : race car **2** METEORO : meteor

bolígrafo *nm* : ballpoint pen

bolillo *nm* **1** : bobbin **2** *Mex* : roll, bun

bolívar *nm* : bolivar (monetary unit of Venezuela)

boliviano[1], **-na** *adj & n* : Bolivian

boliviano[2] *nm* : boliviano (monetary unit of Bolivia)

bollo *nm* : bun, sweet roll

bolo *nm* : bowling pin, tenpin

bolos *nmpl* BOLICHE : bowling

bolsa *nf* **1** : bag, sack ⟨bolsa de basura/plástico : garbage/plastic bag⟩ **2** *Mex* : pocketbook, purse **3** *Mex* : pocket **4** : pouch (of a marsupial) **5** : pocket (of minerals, etc.) **6** *or* **Bolsa** *or* **bolsa de valores** : stock market, stock exchange **7 bolsa de agua caliente** : hot-water bottle **8 bolsa de trabajo** : job bank

bolsear *vi Mex* : to pick pockets

bolsillo *nm* **1** : pocket **2 dinero de bolsillo** : pocket change, loose change

bolso *nm* : pocketbook, handbag

bomba *nf* **1** : bomb **2** : bubble **3** : pump ⟨bomba de gasolina : gas pump⟩

bombachos *nmpl* : baggy pants, bloomers

bombardear *vt* **1** : to bomb **2** : to bombard

bombardeo *nm* **1** : bombing, shelling **2** : bombardment

bombardero *nm* : bomber (airplane)

bombástico, -ca *adj* : bombastic

bombear *vt* : to pump

bombero, -ra *n* : firefighter, fireman *m*

bombilla *nf* : lightbulb

bombillo *nm CA, Col, Ven* : lightbulb

bombo *nm* **1** : bass drum **2** *fam* : exaggerated praise, hype ⟨con bombos y platillos : with great fanfare⟩

bombón *nm, pl* **bombones** **1** : bonbon, chocolate **2** *Mex* : marshmallow

bonachón[1], **-chona** *adj, mpl* **-chones** *fam* : good-natured, kindhearted

bonachón[2], **-chona** *n, mpl* **-chones** *fam* BUENAZO : kindhearted person

bonaerense[1] *adj* : of or from Buenos Aires

bonaerense[2] *nmf* : person from Buenos Aires

bonanza *nf* **1** PROSPERIDAD : prosperity ⟨bonanza económica : economic boom⟩ **2** : calm weather **3** : rich ore deposit, bonanza

bondad *nf* BENEVOLENCIA : goodness, kindness ⟨tener la bondad de hacer algo : to be kind enough to do something⟩

bondadoso, -sa *adj* BENÉVOLO : kind, kindly, good — **bondadosamente** *adv*

bonete *nm* : cap, mortarboard

boniato *nm* : sweet potato

bonificación *nf, pl* **-ciones** **1** : discount **2** : bonus, extra

bonito[1] *adv* : nicely, well ⟨¡qué bonito canta tu hermana! : your sister sings wonderfully!⟩

bonito[2], **-ta** *adj* LINDO : pretty, lovely ⟨tiene un apartamento bonito : she has a nice apartment⟩

bonito[3] *nm* : bonito (tuna)

bono *nm* **1** : bond ⟨bono bancario : bank bond⟩ **2** : voucher

boqueada *nf* : gasp ⟨dar la última boqueada : to give one's last gasp⟩

boquear *vi* **1** : to gasp **2** : to be dying

boquete *nm* : gap, opening, breach

boquiabierto, -ta *adj* : open-mouthed, speechless, agape

boquilla *nf* : mouthpiece (of a musical instrument)

borbollar *vi* : to bubble

borbotar *or* **borbotear** *vi* : to boil, to bubble, to gurgle

borboteo *nm* : bubbling, gurgling

borda *nf* : gunwale

bordado *nm* : embroidery, needlework

bordar *v* : to embroider

borde *nm* **1** : border, edge **2 al borde de** : on the verge of ⟨estoy al borde de la locura : I'm about to go crazy⟩

bordear *vt* **1** : to border, to skirt ⟨el Río Este bordea Manhattan : the East River borders Manhattan⟩ **2** : to bor-

der on ⟨bordea la irrealidad : it borders on unreality⟩ **3** : to line ⟨una calle bordeada de árboles : a street lined with trees⟩
bordillo *nm* : curb
bordo *nm* **a ~** : aboard, on board
boreal *adj* : northern
borgoña *nf* : burgundy
bórico, -ca *adj* : boric ⟨ácido bórico : boric acid⟩
boricua *adj & nmf fam* : Puerto Rican
borinqueño, -ña → **boricua**
borla *nf* **1** : pom-pom, tassel **2** : powder puff
boro *nm* : boron
borrachera *nf* : drunkenness ⟨agarró una borrachera : he got drunk⟩
borrachín, -china *n, mpl* **-chines** *fam* : lush, drunk
borracho[1], **-cha** *adj* EBRIO : drunk, intoxicated
borracho[2], **-cha** *n* : drunk, drunkard
borrador *nm* **1** : rough copy, first draft ⟨en borrador : in the rough⟩ **2** : eraser
borrar *vt* : to erase, to blot out — **borrarse** *vr* **1** : to fade, to fade away **2** : to resign, to drop out **3** *Mex fam* : to split, to leave ⟨me borro : I'm out of here⟩
borrascoso, -sa *adj* : gusty, blustery
borrego, -ga *n* **1** : lamb, sheep **2** : simpleton, fool
borrico → **burro**
borrón *nm, pl* **borrones** : smudge, blot ⟨borrón y cuenta nueva : let's start on a clean slate, let's start over again⟩
borronear *vt* : to smudge, to blot
borroso, -sa *adj* **1** : blurry, smudgy **2** CONFUSO : unclear, confused
boscoso, -sa *adj* : wooded
bosnio, -nia *adj & n* : Bosnian
bosque *nm* : woods, forest
bosquecillo *nm* : grove, copse, thicket
bosquejar *vt* ESBOZAR : to outline, to sketch
bosquejo *nm* **1** TRAZADO : outline, sketch **2** : draft
bostezar {21} *vi* : to yawn
bostezo *nm* : yawn
bota *nf* **1** : boot **2** : wineskin
botana *nf Mex* : snack, appetizer
botanear *vi Mex* : to have a snack
botánica *nf* : botany
botánico[1], **-ca** *adj* : botanical
botánico[2], **-ca** *n* : botanist
botar *vt* **1** ARROJAR : to throw, to fling, to hurl **2** TIRAR : to throw out, to throw away **3** : to launch (a ship)
bote *nm* **1** : small boat ⟨bote de remos : rowboat⟩ **2** : can, jar **3** : jump, bounce **4** *Mex fam* : jail
botella *nf* : bottle
botica *nf* FARMACIA : drugstore, pharmacy
boticario, -ria *n* FARMACÉUTICO : pharmacist, druggist
botín *nm, pl* **botines** **1** : baby's bootee **2** : ankle boot **3** : booty, plunder
botiquín *nm, pl* **-quines** **1** : medicine cabinet **2** : first-aid kit
botón *nm, pl* **botones** **1** : button **2** : bud **3** INSIGNIA : badge
botones *nmfs & pl* : bellhop
botulismo *nm* : botulism
boulevard [ˌbule'var] → **bulevar**
bouquet *nm* **1** : fragrance, bouquet (of wine) **2** RAMILLETE : bouquet (of flowers)
boutique *nf* : boutique
bóveda *nf* **1** : vault, dome **2** CRIPTA : crypt
bovino, -na *adj* : bovine
box *nm, pl* **boxes** **1** : pit (in auto racing) **2** *Mex* : boxing
boxeador, -dora *n* : boxer
boxear *vi* : to box
boxeo *nm* : boxing
boya *nf* : buoy
boyante *adj* **1** : buoyant **2** : prosperous, thriving
bozal *nm* **1** : muzzle **2** : halter (for a horse)
bracear *vi* **1** : to wave one's arms **2** : to make strokes (in swimming)
bracero, -ra *n* : migrant worker, day laborer
braguero *nm* : truss (in medicine)
bragueta *nf* : fly, pants zipper
braille *adj & nm* : braille
bramante *nm* : twine, string
bramar *vi* **1** RUGIR : to roar, to bellow **2** : to howl (of the wind)
bramido *nm* : bellowing, roar
brandy *nm* : brandy
branquia *nf* AGALLA : gill
brasa *nf* ASCUA : ember, live coal
brasero *nm* : brazier
brasier *nm Col, Mex* : brassiere, bra
brasileño, -ña *adj & n* : Brazilian
bravata *nf* **1** JACTANCIA : boast, bravado **2** AMENAZA : threat
bravo, -va *adj* **1** FEROZ : ferocious, fierce ⟨un perro bravo : a ferocious dog⟩ **2** EXCELENTE : excellent, great ⟨¡bravo! : bravo!, well done!⟩ **3** : rough, rugged, wild **4** : annoyed, angry
bravucón, -cona *n, mpl* **-cones** : bully
bravuconadas *nfpl* : bravado
bravura *nf* **1** FEROCIDAD : fierceness, ferocity **2** VALENTÍA : bravery
braza *nf* **1** : breaststroke **2** : fathom (unit of length)
brazada *nf* : stroke (in swimming)
brazalete *nm* PULSERA : bracelet, bangle
brazo *nm* **1** : arm **2** **brazo derecho** : right-hand man **3** **brazos** *nmpl* : hands, laborers
brea *nf* ALQUITRÁN : tar, pitch
brebaje *nm* : potion, brew
brecha *nf* **1** : gap, breach ⟨estar siempre en la brecha : to be always there when needed, to stay in the thick of things⟩ **2** : gash
brécol *nm* : broccoli
brega *nf* **1** LUCHA : struggle, fight **2** : hard work

bregar {52} *vi* **1** LUCHAR : to struggle **2** : to toil, to work hard **3 ~ con** : to deal with
brete *nm* : jam, tight spot
breve *adj* **1** CORTO : brief, short **2 en ~** : shortly, in short — **brevemente** *adv*
brevedad *nf* : brevity, shortness
breviario *nm* : breviary
brezal *nm* : heath, moor
brezo *nm* : heather
bribón, -bona *n, mpl* **bribones** : rascal, scamp
bricolaje *or* **bricolage** *nm* : do-it-yourself
brida *nf* : bridle
brigada *nf* **1** : brigade **2** : gang, team, squad
brigadier *nm* : brigadier
brillante[1] *adj* : brilliant, bright — **brillantemente** *adv*
brillante[2] *nm* DIAMANTE : diamond
brillantez *nf* : brilliance, brightness
brillar *vi* : to shine, to sparkle
brillo *nm* **1** LUSTRE : luster, shine **2** : brilliance
brilloso, -sa *adj* LUSTROSO : lustrous, shiny
brincar {72} *vi* **1** SALTAR : to jump around, to leap about **2** : to frolic, to gambol
brinco *nm* **1** SALTO : jump, leap, skip **2 pegar un brinco** : to give a start, to jump
brindar *vi* : to drink a toast <brindó por los vencedores : he toasted the victors> — *vt* OFRECER, PROPORCIONAR : to offer, to provide — **brindarse** *vr* : to offer one's assistance, to volunteer
brindis *nm* : toast, drink <hacer un brindis : to drink a toast>
brinque, etc. → **brincar**
brío *nm* **1** : force, determination **2** : spirit, verve
brioso, -sa *adj* : spirited, lively
briqueta *nf* : briquette
brisa *nf* : breeze
británico[1], **-ca** *adj* : British
británico[2], **-ca** *n* **1** : British person **2 los británicos** : the British
brizna *nf* **1** : strand, thread **2** : blade (of grass)
broca *nf* : drill bit
brocado *nm* : brocade
brocha *nf* : paintbrush
broche *nm* **1** ALFILER : brooch **2** : fastener, clasp **3 broche de oro** : finishing touch
brocheta *nf* : skewer
brócoli *nm* : broccoli
broma *nf* **1** CHISTE : joke, prank **2** : fun, merriment **3 en ~** : in jest, jokingly
bromear *vi* : to joke, to fool around <sólo estaba bromeando : I was only kidding>
bromista[1] *adj* : fun-loving, joking
bromista[2] *nmf* : joker, prankster
bromo *nm* : bromine
bronca *nf fam* : fight, quarrel, fuss
bronce *nm* : bronze
bronceado[1], **-da** *adj* **1** : tanned, suntanned **2** : bronze
bronceado[2] *nm* **1** : suntan, tan **2** : bronzing
broncearse *vr* : to get a suntan
bronco, -ca *adj* **1** : harsh, rough **2** : untamed, wild
bronquial *adj* : bronchial
bronquio *nm* : bronchial tube, bronchus
bronquitis *nf* : bronchitis
broqueta *nf* : skewer
brotar *vi* **1** : to bud, to sprout **2** : to spring up, to stream, to gush forth **3** : to break out, to appear
brote *nm* **1** : outbreak **2** : sprout, bud, shoot
broza *nf* **1** : brushwood **2** MALEZA : scrub, undergrowth
brujería *nf* HECHICERÍA : witchcraft, sorcery
brujo[1], **-ja** *adj* : bewitching
brujo[2], **-ja** *n* : warlock *m*, witch *f*, sorcerer
brújula *nf* : compass
bruma *nf* : haze, mist
brumoso, -sa *adj* : hazy, misty
bruñir {38} *vt* : to burnish, to polish (metals)
brusco, -ca *adj* **1** SÚBITO : sudden, abrupt **2** : curt, brusque — **bruscamente** *adv*
brusquedad *nf* **1** : abruptness, suddenness **2** : brusqueness
brutal *adj* **1** : brutal **2** *fam* : incredible, terrific — **brutalmente** *adv*
brutalidad *nf* CRUELDAD : brutality
brutalizar {21} *vt* : to brutalize, to maltreat
bruto[1], **-ta** *adj* **1** : gross <peso bruto : gross weight> <ingresos brutos : gross income> **2** : unrefined <petróleo bruto : crude oil> **3** : brutish, stupid
bruto[2], **-ta** *n* **1** : brute **2** : dunce, blockhead
bubónico, -ca *adj* : bubonic
bucal *adj* : oral
bucanero *nm* : buccaneer, pirate
buccino *nm* : whelk
buceador, -dora *n* : diver, scuba diver
bucear *vi* **1** : to dive, to swim underwater **2** : to explore, to delve
buceo *nm* **1** : diving, scuba diving **2** : exploration, searching
buche *nm* **1** : crop (of a bird) **2** *fam* : belly, gut **3** : mouthful <hacer buches : to rinse one's mouth>
bucle *nm* **1** : curl, ringlet **2** : loop
bucólico, -ca *adj* : bucolic
budín *nm, pl* **budines** : pudding
budismo *nm* : Buddhism
budista *adj & nmf* : Buddhist
buen *adj* → **bueno**[1]
buenamente *adv* **1** : easily **2** : willingly
buenaventura *nf* **1** : good luck **2** : fortune, future <le dijo la buenaventura : she told his fortune>

buenazo, -za *n fam* BONACHÓN : kindhearted person

bueno[1], **-na** *adj* (**buen** *before masculine singular nouns*) **1** : good ⟨una buena idea : a good idea⟩ ⟨en buenas condiciones : in good condition⟩ **2** : good, kind ⟨un buen hombre : a good man⟩ ⟨ser bueno con alguien : to be good to someone⟩ **3** : good, proper ⟨buenos modales : good manners⟩ ⟨es bueno ayudar a la gente : it's good to help people⟩ **4** : good, pleasant ⟨buen tiempo : good weather⟩ **5** : good, tasty ⟨esta sopa está buena : this soup is good⟩ **6** FRESCO : fresh **7** : good, healthy ⟨una buena alimentación : a good diet⟩ ⟨es bueno para el corazón : it's good for your heart⟩ **8** *fam* : sexy, hot ⟨está bueno : he's a hunk⟩ **9** : good, competent ⟨un buen abogado : a good lawyer⟩ ⟨hiciste un buen trabajo : you did a good job⟩ ⟨ser bueno para/en algo : to be good at something⟩ **10** : considerable, goodly ⟨una buena cantidad : a goodly amount, a lot⟩ **11 buenos días** : hello, good day **12 buenas tardes** : good afternoon **13 buenas noches** : good evening, good night **14 de buenas a primeras** : suddenly **15 ¡qué bueno!** : great! **16 un buen día** : one day

bueno[2] *interj* **1** : OK!, all right! **2** *Mex* : hello! (on the telephone)

buey *nm* : ox, steer

búfalo *nm* **1** : buffalo **2 búfalo de agua** : water buffalo

bufanda *nf* : scarf, muffler

bufar *vi* : to snort

bufet *or* **bufé** *nm* : buffet-style meal

bufete *nm* **1** : law firm, law office **2** : writing desk

bufido *nm* : snort

bufo, -fa *adj* : comic

bufón, -fona *n, mpl* **bufones** : clown, buffoon, jester

bufonada *nf* **1** : jest, buffoonery **2** : sarcasm

buhardilla *nf* **1** ÁTICO, DESVÁN : attic **2** : dormer window

búho *nm* **1** : owl **2** *fam* : hermit, recluse

buhonero, -ra *n* MERCACHIFLE : peddler

buitre *nm* : vulture

bujía *nf* : spark plug

bula *nf* : papal bull

bulbo *nm* : bulb

bulboso, -sa *adj* : bulbous

bulevar *nm* : boulevard

búlgaro, -ra *adj & n* : Bulgarian

bulla *nf* BARULLO : racket, rowdiness

bullicio *nm* **1** : ruckus, uproar **2** : hustle and bustle

bullicioso, -sa *adj* : noisy, busy, turbulent

bullir {38} *vi* **1** HERVIR : to boil **2** MOVERSE : to stir, to bustle about

bulto *nm* **1** : package, bundle **2** : piece of luggage, bag **3** : size, bulk, volume **4** : form, shape **5** : lump (on the body), swelling, bulge

bumerán *nm, pl* **-ranes** : boomerang

búnker *nm, pl* **búnkers** : bunker

búnquer → **búnker**

buñuelo *nm* : fried pastry

buque *nm* BARCO : ship, vessel

burbuja *nf* : bubble, blister (on a surface)

burbujear *vi* **1** : to bubble **2** : to fizz

burbujeo *nm* : bubbling

burdel *nm* : brothel, whorehouse

burdo, -da *adj* **1** : coarse, rough **2** : crude, clumsy ⟨una burda mentira : a clumsy lie⟩ — **burdamente** *adj*

burgués, -guesa *adj & n, mpl* **burgueses** : bourgeois

burguesía *nf* : bourgeoisie, middle class

burla *nf* **1** : mockery, ridicule **2** : joke, trick **3 hacer burla de** : to make fun of, to mock

burlar *vt* ENGAÑAR : to trick, to deceive — **burlarse** *vr* ~ **de** : to make fun of, to ridicule

burlesco, -ca *adj* : burlesque, comic

burlón[1], **-lona** *adj, mpl* **burlones** : joking, mocking

burlón[2], **-lona** *n, mpl* **burlones** : joker

burocracia *nf* : bureaucracy

burócrata *nmf* : bureaucrat

burocrático, -ca *adj* : bureaucratic

burrada *nf fam* : stupid act, nonsense

burrito *nm* : burrito

burro[1], **-rra** *adj fam* : dumb, stupid

burro[2], **-rra** *n* **1** ASNO : donkey, ass **2** *fam* : dunce, poor student

burro[3] *nm* **1** : sawhorse **2** *Mex* : ironing board **3** *Mex* : stepladder

bursátil *adj* : stock-market

bursitis *nf* : bursitis

burundés, -desa *adj & n* : Burundian

bus *nm* : bus

busca *nf* : search

buscador[1] *nm* : search engine

buscador[2], **-dora** *n* : hunter (for treasure, etc.), prospector

buscapersonas *nms & pl* : beeper, pager

buscapleitos *nmfs & pl* : troublemaker

buscar {72} *vt* **1** : to look for, to seek **2** : to pick up, to collect **3** : to provoke — *vi* : to look, to search ⟨buscó en los bolsillos : he searched through his pockets⟩

buscavidas *nmf & pl* **1** : busybody **2** : go-getter

busque, etc. → **buscar**

búsqueda *nf* : search

busto *nm* : bust

butaca *nf* **1** SILLÓN : armchair **2** : seat (in a theatre) **3** *Mex* : pupil's desk

butano *nm* : butane

buzo[1], **-za** *adj Mex fam* : smart, astute ⟨¡ponte buzo! : get with it!, get on the ball!⟩

buzo[2] *nm* : diver, scuba diver

buzón *nm, pl* **buzones** : mailbox ⟨buzón de voz : voicemail⟩

byte *nm* : byte

C

c *nf* : third letter of the Spanish alphabet
cabal *adj* **1** : exact, correct **2** : complete **3** : upright, honest
cabales *nmpl* **no estar en sus cabales** : not to be in one's right mind
cabalgar {52} *vi* : to ride (on horseback)
cabalgata *nf* : cavalcade, procession
cabalidad *nf* **a ∼** : thoroughly, conscientiously
caballa *nf* : mackerel
caballada *nf* **1** : herd of horses **2** *fam* : nonsense, stupidity, outrageousness
caballar *adj* EQUINO : horse, equine
caballeresco, -ca *adj* : gallant, chivalrous
caballería *nf* **1** : cavalry **2** : horse, mount **3** : knighthood, chivalry
caballeriza *nf* : stable
caballero[1] → **caballeroso**
caballero[2] *nm* **1** : gentleman **2** : knight
caballerosidad *nf* : chivalry, gallantry
caballeroso, -sa *adj* : gentlemanly, chivalrous
caballete *nm* **1** : ridge **2** : easel **3** : trestle (for a table, etc.) **4** : bridge (of the nose) **5** : sawhorse
caballista *nmf* : horseman *m*, horsewoman *f*
caballito *nm* **1** : rocking horse **2 caballito de mar** : seahorse **3 caballitos** *nmpl* : merry-go-round
caballo *nm* **1** : horse **2** : knight (in chess) **3 caballo de fuerza** *or* **caballo de vapor** : horsepower
cabalmente *adv* : fully, exactly
cabaña *nf* CHOZA : cabin, hut
cabaret *nm, pl* **-rets** : nightclub, cabaret
cabecear *vt* : to head (in soccer) — *vi* **1** : to nod one's head **2** : to lurch, to pitch
cabecera *nf* **1** : headboard **2** : head ⟨cabecera de la mesa : head of the table⟩ **3** : heading, headline **4** : headwaters *pl* **5 médico de cabecera** : family doctor **6 cabecera municipal** *CA, Mex* : downtown area
cabecilla *nmf* : ringleader, kingpin
cabellera *nf* : head of hair, mane
cabello *nm* : hair
cabelludo, -da *adj* **1** : hairy **2 cuero cabelludo** : scalp
caber {12} *vi* **1** : to fit, to go ⟨no sé si cabremos todos en el coche : I don't know if we'll all fit in the car⟩ **2** : to be possible ⟨no cabe duda alguna : there's no doubt about it⟩ ⟨cabe que llegue mañana : he may come tomorrow⟩
cabestrillo *nm* : sling ⟨llevo el brazo en cabestrillo : my arm is in a sling⟩
cabestro *nm* : halter (for an animal)
cabeza *nf* **1** : head ⟨de pies a cabeza : from head to toe⟩ ⟨negar/asentir con la cabeza : to shake/nod one's head⟩ ⟨levantar/bajar/volver la cabeza : to raise/lower/turn one's head⟩ **2** : head, mind ⟨pasar por la cabeza : to cross one's mind⟩ **3** PELO : hair **4** : head, leader **5** : head, front, top **6** : head ⟨por cabeza : each, a head⟩ ⟨500 cabezas de ganado : 500 head of cattle⟩ **7** : head (of cabbage, etc.) **8** : head (measurement) **9 de ∼** : headfirst **10 dolor de cabeza** : headache
cabezada *nf* **1** : butt, blow with the head **2** : nod ⟨echar una cabezada : to take a nap, to doze off⟩
cabezal *nm* : bolster
cabezazo *nm* : butt, blow with the head
cabezón, -zona *adj, mpl* **-zones** *fam* **1** : having a big head **2** : pigheaded, stubborn
cabida *nf* **1** : room, space, capacity **2 dar cabida a** : to accommodate, to hold
cabildear *vi* : to lobby
cabildeo *nm* : lobbying
cabildero, -ra *n* : lobbyist
cabildo *nm* AYUNTAMIENTO **1** : town or city hall **2** : town or city council
cabina *nf* **1** : cabin **2** : booth **3** : cab (of a truck), cockpit (of an airplane)
cabizbajo, -ja *adj* : dejected, downcast
cable *nm* : cable
cableado *nm* : wiring
cabo *nm* **1** : end ⟨al cabo de dos semanas : at the end of two weeks⟩ **2** : stub, end piece **3** : corporal **4** : cape, headland ⟨el Cabo Cañaveral : Cape Canaveral⟩ **5 al fin y al cabo** : after all, in the end **6 llevar a cabo** : to carry out, to do
caboverdiano, -na *adj & n* : Cape Verdean
cabrá, etc. → **caber**
cabra *nf* : goat
cabrestante *nm* : windlass
cabrío, -ría *adj* : goat, caprine
cabriola *nf* **1** : skip, jump **2 hacer cabriolas** : to prance
cabriolar *vi* : to prance
cabrito *nm* : kid, baby goat
cabús *nm, pl* **cabuses** *Mex* : caboose
cacahuate *or* **cacahuete** *nm* : peanut
cacalote *nm Mex* : crow
cacao *nm* : cacao, cocoa bean
cacarear *vi* : to crow, to cackle, to cluck — *vt, fam* : to boast about, to crow about ⟨cacarear un huevo : to brag about an accomplishment⟩
cacareo *nm* **1** : clucking (of a hen), crowing (of a rooster) **2** : boasting
cacatúa *nf* : cockatoo
cace, etc. → **cazar**
cacería *nf* **1** CAZA : hunt, hunting **2** : hunting party
cacerola *nf* : pan, saucepan
cacha *nf* : butt (of a gun)
cachar *vt fam* : to catch

cacharro *nm* **1** *fam* : thing, piece of junk **2** *fam* : jalopy **3 cacharros** *nmpl* : pots and pans
cache *nm* : cache, cache memory
caché *nm* : cachet
cachear *vt* : to search, to frisk
cachemir *nm* : cashmere
cachetada *nf* BOFETADA : slap on the face
cachete *nm* : cheek
cachetear *vt* BOFETEAR : to slap
cachiporra *nf* : bludgeon, club, blackjack
cachirul *nm Mex fam* : cheating ⟨hacer cachirul : to cheat⟩
cachivache *nm fam* : thing ⟨mete tus cachivaches en el maletero : put your stuff in the trunk⟩
cacho *nm fam* : piece, bit
cachorro, -rra *n* **1** : cub **2** PERRITO : puppy
cachucha *nf Mex* : cap, baseball cap
cacique *nm* **1** : chief (of a tribe) **2** : boss (in politics)
cacofonía *nf* : cacophony
cacofónico, -ca *adj* : cacophonous
cacto *nm* : cactus
cactus → **cacto**
cada *adj* **1** : each ⟨cuestan diez pesos cada una : they cost ten pesos each⟩ **2** : every ⟨cada vez : every time⟩ **3** : such, some ⟨sales con cada historia : you come up with such crazy stories⟩ **4 cada vez más** : more and more, increasingly **5 cada vez menos** : less and less
cadalso *nm* : scaffold, gallows
cadáver *nm* : corpse, cadaver
cadavérico, -ca *adj* **1** : cadaverous **2** PÁLIDO : deathly pale
caddie *or* **caddy** *nmf, pl* **caddies** : caddy
cadena *nf* **1** : chain **2** : network, channel **3 cadena de montaje** : assembly line **4 cadena perpetua** : life sentence
cadencia *nf* : cadence, rhythm
cadencioso, -sa *adj* : rhythmic, rhythmical
cadera *nf* : hip
cadete *nmf* : cadet
cadmio *nm* : cadmium
caducar {72} *vi* : to expire
caducidad *nf* : expiration
caduco, -ca *adj* **1** : outdated, obsolete **2** : deciduous
caer {13} *vi* **1** : to fall ⟨cayó al suelo : he fell on the floor/ground⟩ ⟨lo dejó caer : she dropped it⟩ **2** : to drop away, to slope **3** : to fall (of night) **4** : to collapse, to fall **5** : to hang (down) **6** : to realize, to understand ⟨caer (en) que . . . : to realize that . . .⟩ **7 ~ en** : to fall into (a trap, etc.) ⟨caer en el error de : to make the mistake of⟩ ⟨caer en manos de : to fall into the hands of⟩ ⟨caer en la tentación : to give in to temptation⟩ **8 caer en desgracia** : to fall out of favor **9 caer enfermo** : to fall ill **10 caerle bien/mal a alguien** *fam* : to sit well/poorly with someone ⟨me caes bien : I like you⟩ — **caerse** *vr* : to fall (down) ⟨se cayó de rodillas : she fell to her knees⟩
café[1] *adj* : brown ⟨ojos cafés : brown eyes⟩
café[2] *nm* **1** : coffee **2** : café
cafeína *nf* : caffeine
cafetal *nm* : coffee plantation
cafetalero[1], **-ra** *adj* : coffee ⟨cosecha cafetalera : coffee harvest⟩
cafetalero[2], **-ra** *n* : coffee grower
cafetera *nf* : coffeepot, coffeemaker
cafetería *nf* **1** : coffee shop, café **2** : lunchroom, cafeteria
cafetero[1], **-ra** *adj* : coffee-producing
cafetero[2], **-ra** *n* : coffee grower
cafeticultura *nf Mex* : coffee industry
caficultor, -tora *n* : coffee grower
caficultura *nf* : coffee industry
caguama *nf* **1** : large Caribbean turtle **2** *Mex* : large bottle of beer
caída *nf* **1** BAJA, DESCENSO : fall, drop **2** : collapse, downfall
caiga, etc. → **caer**
caimán *nm, pl* **caimanes** : alligator, caiman
caimito *nm* : star apple
caja *nf* **1** : box, case **2** *or* **caja registradora** : cash register, checkout **3** : bed (of a truck) **4** *fam* : coffin **5 caja de cambios** : gearbox **6 caja fuerte** *or* **caja de caudales** : safe **7 caja de seguridad** : safe-deposit box **8 caja negra** : black box **9 caja torácica** : rib cage
cajero, -ra *n* **1** : cashier **2** : teller **3 cajero automático** : automated teller machine, ATM
cajeta *nf Mex* : a sweet caramel-flavored spread
cajetilla *nf* : pack (of cigarettes)
cajón *nm, pl* **cajones 1** : drawer, till **2** : crate, case **3 cajón de estacionamiento** *Mex* : parking space
cajuela *nf Mex* : trunk (of a car)
cal *nf* : lime, quicklime
cala *nf* : cove, inlet
calabacín *nm, pl* **-cines** : zucchini
calabacita *nf Mex* : zucchini
calabaza *nf* **1** : pumpkin, squash **2** : gourd **3 dar calabazas a** : to give the brush-off to, to jilt
calabozo *nm* **1** : prison **2** : jail cell
calado[1], **-da** *adj* **1** : drenched **2** : openworked
calado[2] *nm* **1** : draft (of a ship) **2** : openwork
calafatear *vt* : to caulk
calamar *nm* **1** : squid **2 calamares** *nmpl* : calamari
calambre *nm* **1** ESPASMO : cramp **2** : electric shock, jolt
calamidad *nf* DESASTRE : calamity, disaster
calamina *nf* : calamine
calamitoso, -sa *adj* : calamitous, disastrous

calaña *nf* : ilk, kind, sort ⟨una persona de mala calaña : a bad sort⟩
calar *vt* **1** : to soak through **2** : to pierce, to penetrate — *vi* : to catch on — **calarse** *vr* : to get drenched
calavera[1] *nf* **1** : skull **2** *Mex* : taillight
calavera[2] *nm* : rake, rogue
calcar {72} *vt* **1** : to trace **2** : to copy, to imitate
calce, etc. → **calzar**
calceta *nf* : knee-high stocking
calcetería *nf* : hosiery
calcetín *nm, pl* **-tines** : sock
calcificar {72} *v* : to calcify — **calcificarse** *vr*
calcinar *vt* : to char, to burn
calcio *nm* : calcium
calco *nm* **1** : transfer, tracing **2** : copy, image
calcomanía *nf* : decal, transfer
calculador, -dora *adj* : calculating
calculadora *nf* : calculator
calcular *vt* **1** : to calculate, to estimate **2** : to plan, to scheme
cálculo *nm* **1** : calculation, estimation **2** : calculus **3** : plan, scheme **4 cálculo biliar** : gallstone **5 hoja de cálculo** : spreadsheet
caldas *nfpl* : hot springs
caldear *vt* : to heat, to warm — **caldearse** *vr* **1** : to heat up **2** : to become heated, to get tense
caldera *nf* **1** : cauldron **2** : boiler
caldo *nm* **1** CONSOMÉ : broth, stock **2 caldo de cultivo** : culture medium, breeding ground
caldoso, -sa *adj* : watery
calefacción *nf, pl* **-ciones** : heating, heat
calefactor *nm* : heater
caleidoscopio → **calidoscopio**
calendario *nm* **1** : calendar **2** : timetable, schedule
caléndula *nf* : marigold
calentador *nm* : heater
calentamiento *nm* **1** : heating, warming ⟨calentamiento global : global warming⟩ **2** : warm-up (in sports)
calentar {55} *vt* **1** : to heat, to warm **2** *fam* : to annoy, to anger **3** *fam* : to excite, to turn on — **calentarse** *vr* **1** : to get warm, to heat up **2** : to warm up (in sports) **3** *fam* : to become sexually aroused **4** *fam* : to get mad
calentura *nf* **1** FIEBRE : temperature, fever **2** : cold sore
calibrador *nm* : gauge, calipers *pl*
calibrar *vt* : to calibrate — **calibración** *nf*
calibre *nm* **1** : caliber, gauge **2** : importance, excellence **3** : kind, sort ⟨un problema de grueso calibre : a serious problem⟩
calidad *nf* **1** : quality, grade **2** : position, status **3 en calidad de** : as, in the capacity of
cálido, -da *adj* **1** : hot ⟨un clima cálido : a hot climate⟩ **2** : warm ⟨una cálida bienvenida : a warm welcome⟩
calidoscopio *nm* : kaleidoscope
caliente *adj* **1** : hot, warm ⟨mantenerse caliente : to stay warm⟩ **2** : heated, fiery ⟨una disputa caliente : a heated argument⟩ **3** *fam* : sexually excited, horny
califa *nm* : caliph
calificación *nf, pl* **-ciones** **1** NOTA : grade (for a course) **2** : rating, score **3** CLASIFICACIÓN : qualification, qualifying ⟨ronda de calificación : qualifying round⟩
calificar {72} *vt* **1** : to grade **2** : to describe, to rate ⟨la calificaron de buena alumna : they described her as a good student⟩ **3** : to qualify, to modify (in grammar)
calificativo[1], **-va** *adj* : qualifying
calificativo[2] *nm* : qualifier, epithet
caligrafía *nf* **1** ESCRITURA : handwriting **2** : calligraphy
calipso *nm* : calypso
calistenia *nf* : calisthenics
cáliz *nm, pl* **cálices** **1** : chalice, goblet **2** : calyx
caliza *nf* : limestone
callado, -da *adj* : quiet, silent — **calladamente** *adv*
callar *vi* : to keep quiet, to be silent — *vt* **1** : to silence, to hush ⟨¡calla a los niños! : keep the children quiet!⟩ **2** : to keep secret — **callarse** *vr* : to remain silent ⟨¡cállate! : be quiet!, shut up!⟩
calle *nf* : street, road
callejear *vi* : to wander about the streets, to hang out
callejero, -ra *adj* : street ⟨perro callejero : stray dog⟩
callejón *nm, pl* **-jones** **1** : alley **2 callejón sin salida** : dead-end street
callo *nm* **1** : callus, corn **2 callos** *nmpl* : tripe
calloso, -sa *adj* : callous
calma *nf* : calm, quiet
calmante[1] *adj* : calming, soothing
calmante[2] *nm* : tranquilizer, sedative
calmar *vt* TRANQUILIZAR : to calm, to soothe — **calmarse** *vr* : to calm down
calmo, -ma *adj* TRANQUILO : calm, tranquil
calmoso, -sa *adj* **1** TRANQUILO : calm, quiet **2** LENTO : slow, sluggish
calor *nm* **1** : heat ⟨hace calor : it's hot outside⟩ ⟨tener calor : to feel hot⟩ **2** : warmth, affection **3** : ardor, passion
caloría *nf* : calorie
calórico, -ca *adj* : caloric
calorífico, -ca *adj* : caloric
calque, etc. → **calcar**
calumnia *nf* : slander, libel — **calumnioso, -sa** *adj*
calumniar *vt* : to slander, to libel
caluroso, -sa *adj* **1** : hot **2** : warm, enthusiastic
calva *nf* : bald spot, bald head
calvario *nm* **1** : Calvary **2** : Stations of the Cross *pl* **3 vivir un calvario** : to suffer great adversity
calvicie *nf* : baldness

calvo[1], **-va** *adj* : bald
calvo[2], **-va** *n* : bald person
calza *nf* : block, wedge
calzada *nf* : roadway, avenue
calzado *nm* : footwear
calzador *nm* : shoehorn
calzar {21} *vt* **1** : to wear (shoes) ⟨¿de cuál calza? : what is your shoe size?⟩ ⟨siempre calzaban tenis : they always wore sneakers⟩ **2** : to provide with shoes
calzo *nm* : chock, wedge
calzoncillos *nmpl* : underpants, briefs
calzones *nmpl* : underpants, panties
cama *nf* **1** : bed **2 cama elástica** : trampoline
camada *nf* : litter, brood
camafeo *nm* : cameo
camaleón *nm, pl* **-leones** : chameleon
cámara *nf* **1** : camera **2** : chamber, room **3** : house (in government) **4** : inner tube
camarada *nmf* **1** : comrade, companion **2** : colleague
camaradería *nf* : camaraderie
camarero, -ra *n* **1** MESERO : waiter, waitress *f* **2** : bellhop *m,* chambermaid *f* (in a hotel) **3** : steward *m,* stewardess *f* (on a ship, etc.)
camarilla *nf* : political clique
camarín *nm, pl* **-rines 1** *Chile, Peru, Uru* : locker room **2** *Arg, Uru* : dressing room
camarógrafo, -fa *n* : cameraman *m,* camerawoman *f*
camarón *nm, pl* **-rones 1** : shrimp **2** : prawn
camarote *nm* : cabin, stateroom
camastro *nm* : small hard bed, pallet
cambalache *nm fam* : swap
cambiante *adj* **1** : changing **2** VARIABLE : changeable, variable
cambiar *vt* **1** ALTERAR, MODIFICAR : to change **2** : to exchange, to trade — *vi* **1** : to change **2 cambiar de velocidad** : to shift gears — **cambiarse** *vr* **1** : to change (clothing) **2** MUDARSE : to move (to a new address)
cambio *nm* **1** : change, alteration ⟨cambio climático : climate change⟩ ⟨cambio de horario : schedule change⟩ ⟨cambio de domicilio : change of address⟩ **2** : exchange (of goods, etc.) **3** : change (money) **4** : currency exchange **5** : gear ⟨palanca de cambio : gearshift⟩ ⟨caja de cambios : gearbox⟩ **6 a cambio (de)** : in exchange (for) **7 en ~** : instead **8 en ~** : however, on the other hand
cambista *nmf* : exchange broker
camboyano, -na *adj & n* : Cambodian
cambur *nm Ven* : banana
camelia *nf* : camellia
camello *nm* : camel
camellón *nm, pl* **-llones** *Mex* : traffic island
camerino *nm* : dressing room
camerunés, -nesa *adj, mpl* **-neses** : Cameroonian
camilla *nf* : stretcher
camillero, -ra *n* : orderly (in a hospital)
caminante *nmf* : wayfarer, walker
caminar *vi* ANDAR : to walk, to move — *vt* : to walk, to cover (a distance)
caminata *nf* : hike, long walk
camino *nm* **1** : path, road **2** : journey ⟨ponerse en camino : to set off⟩ **3** : way ⟨a medio camino : halfway there⟩
camión *nm, pl* **camiones 1** : truck **2** *Mex* : bus
camionero, -ra *n* **1** : truck driver **2** *Mex* : bus driver
camioneta *nf* : light truck, van
camisa *nf* **1** : shirt **2 camisa de fuerza** : straitjacket
camiseta *nf* **1** : T-shirt **2** : undershirt
camisón *nm, pl* **-sones** : nightshirt, nightgown
camorra *nf fam* : fight, trouble ⟨buscar camorra : to pick a fight⟩
camote *nm* **1** : root vegetable similar to the sweet potato **2 hacerse camote** *Mex fam* : to get mixed up
campal *adj* : pitched, fierce ⟨batalla campal : pitched battle⟩
campamento *nm* : camp
campana *nf* : bell
campanada *nf* TAÑIDO : stroke (of a bell), peal
campanario *nm* : bell tower, belfry
campanilla *nf* **1** : small bell, handbell **2** : uvula
campante *adj* : nonchalant, smug ⟨seguir tan campante : to go on as if nothing had happened⟩
campaña *nf* **1** CAMPO : countryside, country **2** : campaign **3 tienda de campaña** : tent
campañol *nm* : vole
campechana *nf Mex* : puff pastry
campechanía *nf* : geniality
campechano, -na *adj* : open, cordial, friendly
campeón, -peona *n, mpl* **-peones** : champion
campeonato *nm* : championship
cámper *nm* : camper (vehicle)
campero, -ra *adj* : country, rural
campesino, -na *n* : peasant, farm laborer
campestre *adj* : rural, rustic
camping *nm* **1** : camping **2** : campsite
campiña *nf* CAMPO : countryside, country
campista *nmf* : camper
campo *nm* **1** CAMPAÑA : countryside, country **2** : field ⟨campo de aviación : airfield⟩ ⟨su campo de responsabilidad : her field of responsibility⟩
camposanto *nm* : graveyard, cemetery
campus *nms & pl* : campus
camuflaje *nm* : camouflage
camuflajear *vt* : to camouflage
camuflar → **camuflajear**
can *nm* : hound, dog
cana *nf* **1** : gray hair **2 salirle canas** : to go gray, to get gray hair **3 echar**

una cana al aire : to let one's hair down
canadiense *adj & nmf* : Canadian
canal[1] *nm* **1** : canal **2** : channel
canal[2] *nmf* : gutter, groove
canalé *nm* : rib, ribbing (in fabric)
canaleta *nf* : gutter
canalete *nm* : paddle
canalizar {21} *vt* : to channel
canalla[1] *adj fam* : low, rotten
canalla[2] *nmf fam* : bastard, swine
canapé *nm* **1** : hors d'oeuvre, canapé **2** SOFÁ : couch, sofa
canario[1], **-ria** *adj* : of or from the Canary Islands
canario[2], **-ria** *n* : Canarian, Canary Islander
canario[3] *nm* : canary
canasta *nf* **1** : basket **2** : canasta (card game)
cancel *nm* **1** : sliding door **2** : partition
cancelación *nf, pl* **-ciones** **1** : cancellation **2** : payment in full
cancelar *vt* **1** : to cancel **2** : to pay off, to settle
cáncer *nm* : cancer
Cáncer *nmf* : Cancer
cancerígeno[1], **-na** *adj* : carcinogenic
cancerígeno[2] *nm* : carcinogen
canceroso, -sa *adj* : cancerous
cancha *nf* : court, field (for sports)
canciller *nm* : chancellor
cancillería *nf* : chancellery, ministry
canción *nf, pl* **canciones** **1** : song **2** **canción de cuna** : lullaby
cancionero[1] *nm* : songbook
cancionero[2], **-ra** *n Mex* : songster, songstress *f*
candado *nm* : padlock
candela *nf* **1** : flame, fire **2** : candle
candelabro *nm* : candelabra
candelero *nm* **1** : candlestick **2** **estar en el candelero** : to be the center of attention
candente *adj* : red-hot
candidato, -ta *n* : candidate, applicant
candidatura *nf* : candidacy
candidez *nf* **1** : simplicity **2** INGENUIDAD : naïveté, ingenuousness
cándido, -da *adj* **1** : simple, unassuming **2** INGENUO : naive, ingenuous
candil *nm* : oil lamp
candilejas *nfpl* : footlights
candor *nm* : naïveté, innocence
candoroso, -sa *adj* : naive, innocent
canela *nf* : cinnamon
canesú *nm* : yoke (of clothing)
cangrejo *nm* JAIBA : crab
canguro *nm* **1** : kangaroo **2** **hacer de canguro** *Spain* : to baby-sit
caníbal[1] *adj* : cannibalistic
caníbal[2] *nmf* ANTROPÓFAGO : cannibal
canibalismo *nm* ANTROPOFAGIA : cannibalism
canibalizar {21} *vt* : to cannibalize
canica *nf* : marble ⟨jugar a las canicas : to play marbles⟩
caniche *nm* : poodle
canijo, -ja *adj* **1** *fam* : puny, weak **2** *Mex fam* : tough, hard ⟨un examen muy canijo : a very tough exam⟩
canilla *nf* **1** : shin, shinbone **2** *Arg, Uru* : faucet
canino[1], **-na** *adj* : canine
canino[2] *nm* **1** COLMILLO : canine (tooth) **2** : dog, canine
canje *nm* INTERCAMBIO : exchange, trade
canjear *vt* INTERCAMBIAR : to exchange, to trade
cannabis *nm* : cannabis
cano, -na *adj* : gray ⟨un hombre de pelo cano : a gray-haired man⟩
canoa *nf* : canoe
canon *nm, pl* **cánones** : canon
canónico, -ca *adj* **1** : canonical **2** **derecho canónico** : canon law
canónigo *nm* : canon (of a church)
canonizar {21} *vt* : to canonize — **canonización** *nf*
canoso, -sa → **cano**
cansado, -da *adj* **1** : tired ⟨estar cansado : to be tired⟩ **2** : tiresome, wearying ⟨ser cansado : to be tiring⟩
cansancio *nm* FATIGA : fatigue, weariness
cansar *vt* FATIGAR : to wear out, to tire — *vi* : to be tiresome — **cansarse** *vr* **1** : to wear oneself out **2** : to get bored
cansino, -na *adj* : slow, weary, lethargic
cantaleta *nf fam* : nagging ⟨la misma cantaleta : the same old story⟩
cantalupo *nm* : cantaloupe
cantante *nmf* : singer
cantar[1] *v* : to sing
cantar[2] *nm* : song, ballad
cántaro *nm* **1** : pitcher, jug **2** **llover a cántaros** *fam* : to rain cats and dogs
cantata *nf* : cantata
cantautor, -tora *n* : singer-songwriter
cantera *nf* : quarry ⟨cantera de piedra : stone quarry⟩
cántico *nm* : canticle, chant
cantidad[1] *adv fam* : really ⟨ese carro me costó cantidad : that car cost me plenty⟩
cantidad[2] *nf* **1** : quantity **2** : sum, amount (of money) **3** *fam* : a lot, a great many ⟨había cantidad de niños en el parque : there were tons of kids in the park⟩
cantimplora *nf* : canteen, water bottle
cantina *nf* **1** : tavern, bar **2** : canteen, mess, dining quarters *pl*
cantinero, -ra *n* : bartender
canto *nm* **1** : singing **2** : chant ⟨canto gregoriano : Gregorian chant⟩ **3** : song (of a bird) **4** : edge, end ⟨de canto : on end, sideways⟩ **5** **canto rodado** : boulder
cantón *nm, pl* **cantones** **1** : canton **2** *Mex fam* : place, home
cantonés[1], **-nesa** *adj & n, mpl* **-neses** : Cantonese
cantonés[2] *nm, pl* **-neses** : Cantonese (language)

cantor[1], **-tora** *adj* **1** : singing **2 pájaro cantor** : songbird

cantor[2], **-tora** *n* **1** : singer **2** : cantor

caña *nf* **1** : cane ⟨caña de azúcar : sugarcane⟩ **2** : reed **3 caña de pescar** : fishing rod **4 caña del timón** : tiller (of a boat)

cañada *nf* : ravine, gully

cáñamo *nm* : hemp

cañaveral *nm* : sugarcane field

cañería *nf* TUBERÍA : pipes *pl,* piping

caño *nm* **1** : pipe **2** : spout **3** : channel (for navigation)

cañón *nm, pl* **cañones** **1** : cannon **2** : barrel (of a gun) **3** : canyon

cañonear *vt* : to shell, to bombard

cañoneo *nm* : shelling, bombardment

cañonero *nm* : gunboat

caoba *nf* : mahogany

caolín *nm* : kaolin

caos *nm* : chaos

caótico, -ca *adj* : chaotic

capa *nf* **1** : cape, cloak **2** : coating **3** : layer, stratum **4** : (social) class, stratum

capacidad *nf* **1** : capacity **2** : capability, ability

capacitación *nf, pl* **-ciones** : training

capacitar *vt* : to train, to qualify

caparazón *nm, pl* **-zones** : shell, carapace

capataz *nmf, pl* **-taces** : foreman *m,* forewoman *f*

capaz *adj, pl* **capaces** **1** APTO : capable, able **2** COMPETENTE : competent **3** : spacious ⟨capaz para : with room for⟩

capcioso, -sa *adj* : cunning, deceptive ⟨pregunta capciosa : trick question⟩

capea *nf* : amateur bullfight

capear *vt* **1** : to make a pass with the cape (in bullfighting) **2** : to dodge, to weather ⟨capear el temporal : to ride out the storm⟩

capellán *nm, pl* **-llanes** : chaplain

capilar *nm* : capillary — **capilar** *adj*

capilla *nf* : chapel

capirotada *nf Mex* : traditional bread pudding

capirotazo *nm* : flip, flick

capital[1] *adj* **1** : capital **2** : chief, principal

capital[2] *nm* : capital ⟨capital de riesgo : venture capital⟩

capital[3] *nf* : capital, capital city

capitalino[1], **-na** *adj* : of or from a capital city

capitalino[2], **-na** *n* : inhabitant of a capital city

capitalismo *nm* : capitalism

capitalista *adj & nmf* : capitalist

capitalizar {21} *vt* : to capitalize — **capitalización** *nf*

capitán, -tana *n, mpl* **-tanes** : captain

capitanear *vt* : to captain, to command

capitanía *nf* : captaincy

capitel *nm* : capital (of a column)

capitolio *nm* : capitol

capitulación *nf, pl* **-ciones** : capitulation

capitular *vi* : to capitulate, to surrender

capítulo *nm* **1** : chapter, section **2** : matter, subject

capó *nm* : hood (of a car)

capón *nm, pl* **capones** : capon

caporal *nm* **1** : chief, leader **2** : foreman (on a ranch)

capota *nf* : top (of a convertible)

capote *nm* **1** : cloak, overcoat **2** : bullfighter's cape **3** *Mex* COFRE : hood (of a car)

capricho *nm* ANTOJO : whim, caprice

caprichoso, -sa *adj* ANTOJADIZO : capricious, fickle

Capricornio *nmf* : Capricorn

cápsula *nf* : capsule

captar *vt* **1** : to catch, to grasp **2** : to gain, to attract **3** : to harness, to collect (waters)

captor, -tora *n* : captor

captura *nf* : capture, seizure

capturar *vt* : to capture, to seize

capucha *nf* : hood, cowl

capuchina *nf* : nasturtium

capuchino *nm* **1** : Capuchin (monk) **2** : capuchin (monkey) **3** : cappuccino

capullo *nm* **1** : cocoon **2** : bud (of a flower)

caqui *adj & nm* : khaki

cara *nf* **1** : face **2** : look, appearance ⟨¡qué buena cara tiene ese pastel! : that cake looks delicious!⟩ **3** *fam* : nerve, gall **4 (de) ~ a** : facing **5 de cara a** : in view of, in the light of

carabina *nf* : carbine

caracol *nm* **1** : snail **2** CONCHA : conch, seashell **3** : cochlea **4** : ringlet

caracola *nf* : conch

carácter *nm, pl* **caracteres** **1** ÍNDOLE : character, kind, nature **2** TEMPERAMENTO : disposition, temperament **3** : letter, symbol ⟨caracteres chinos : Chinese characters⟩

característica *nf* RASGO : trait, feature, characteristic

característico, -ca *adj* : characteristic — **característicamente** *adv*

caracterizar {21} *vt* : to characterize — **caracterización** *nf*

caramba *interj* **1** (*expressing annoyance*) : darn!, heck! **2** (*expressing disgust or surprise*) : jeez!

carámbano *nm* : icicle

carambola *nf* **1** : carom **2** : ruse, trick ⟨por carambola : by a lucky chance⟩

caramelo *nm* **1** : caramel **2** DULCE : candy

caramillo *nm* **1** : pipe, small flute **2** : heap, pile

caraqueño[1], **-ña** *adj* : of or from Caracas

caraqueño[2], **-ña** *n* : person from Caracas

carátula *nf* **1** : title page **2** : cover, dust jacket **3** CARETA : mask **4** *Mex* : face, dial (of a clock or watch)

caravana *nf* **1** : caravan **2** : convoy, motorcade **3** REMOLQUE : trailer

caray → **caramba**

carbohidrato *nm* : carbohydrate

carbón *nm, pl* **carbones 1** : coal **2** : charcoal

carbonatado, -da *adj* : carbonated

carbonato *nm* : carbonate

carboncillo *nm* : charcoal

carbonera *nf* : coal cellar, coal bunker (on a ship)

carbonero, -ra *adj* : coal

carbonizar {21} *vt* : to carbonize, to char

carbono *nm* : carbon

carbunco *or* **carbunclo** *nm* : carbuncle

carburador *nm* : carburetor

carburante *nm* : fuel

carca *nmf fam* : old fogy

carcacha *nf fam* : jalopy, wreck

carcaj *nm* : quiver (for arrows)

carcajada *nf* : loud laugh, guffaw ⟨reírse a carcajadas : to roar with laughter⟩

carcajearse *vr* : to roar with laughter, to be in stitches

cárcel *nf* PRISIÓN : jail, prison

carcelero, -ra *n* : jailer

carcinogénico, -ca *adj* : carcinogenic

carcinógeno *nm* CANCERÍGENO : carcinogen

carcinoma *nm* : carcinoma

carcomer *vt* : to eat away at, to consume

carcomido, -da *adj* **1** : worm-eaten **2** : decayed, rotten

cardán *nm, pl* **cardanes** : universal joint

cardar *vt* : to card, to comb

cardenal *nm* **1** : cardinal (in religion) **2** : bruise

cardíaco *or* **cardiaco, -ca** *adj* : cardiac, heart

cárdigan *nm, pl* **-gans** : cardigan

cardinal *adj* : cardinal

cardiología *nf* : cardiology

cardiólogo, -ga *n* : cardiologist

cardiovascular *adj* : cardiovascular

cardo *nm* : thistle

cardumen *nm* : school of fish

carear *vt* : to bring face-to-face

carecer {53} *vi* ~ **de** : to lack ⟨el cheque carecía de fondos : the check lacked funds⟩

carencia *nf* **1** FALTA : lack **2** ESCASEZ : shortage **3** DEFICIENCIA : deficiency

carente *adj* ~ **de** : lacking (in)

carero, -ra *adj fam* : pricey

carestía *nf* **1** : rise in cost ⟨la carestía de la vida : the high cost of living⟩ **2** : dearth, scarcity

careta *nf* MÁSCARA : mask

carey *nm* **1** : hawksbill turtle, sea turtle **2** : tortoiseshell

carga *nf* **1** : loading **2** : freight, load, cargo **3** : burden, responsibility **4** : charge ⟨carga eléctrica : electrical charge⟩ **5** : attack, charge

cargada *nf Arg, Uru* : joke

cargado, -da *adj* **1** : loaded **2** : bogged down, weighted down **3** : close, stuffy **4** : charged ⟨cargado de tensión : charged with tension⟩ **5** FUERTE : strong ⟨café cargado : strong coffee⟩ **6 cargado de hombros** : stoop-shouldered

cargador[1], **-dora** *n* : longshoreman *m*, longshorewoman *f*

cargador[2] *nm* **1** : magazine (for a firearm) **2** : charger (for batteries)

cargamento *nm* : cargo, load

cargar {52} *vt* **1** : to carry **2** : to load, to fill **3** : to charge — *vi* **1** : to load **2** : to rest (in architecture) **3** ~ **sobre** : to fall upon

cargo *nm* **1** : burden, load **2** : charge ⟨a cargo de : in charge of⟩ **3** : position, office

cargue, etc. → **cargar**

carguero[1], **-ra** *adj* : freight, cargo ⟨tren carguero : freight train⟩

carguero[2] *nm* : freighter, cargo ship

cariarse *vr* : to decay (of teeth)

caribe *adj* : Caribbean ⟨el mar Caribe : the Caribbean Sea⟩

caribeño, -ña *adj* : Caribbean

caribú *nm* : caribou

caricatura *nf* **1** : caricature **2** : cartoon

caricaturista *nmf* : caricaturist, cartoonist

caricaturizar {21} *vt* : to caricature

caricia *nf* **1** : caress **2 hacer caricias** : to pet, to stroke

caridad *nf* **1** : charity **2** LIMOSNA : alms *pl*

caries *nfs & pl* : cavity (in a tooth)

carillón *nm, pl* **-llones 1** : carillon **2** : glockenspiel

cariño *nm* AFECTO : affection, love

cariñoso, -sa *adj* AFECTUOSO : affectionate, loving — **cariñosamente** *adv*

carioca[1] *adj* : of or from Rio de Janeiro

carioca[2] *nmf* : person from Rio de Janeiro

carisma *nf* : charisma

carismático, -ca *adj* : charismatic

carita *adj Mex fam* : cute (said of a man) ⟨tu primo se cree muy carita : your cousin thinks he's gorgeous⟩

caritativo, -va *adj* : charitable

cariz *nm, pl* **carices** : appearance, aspect

carmesí *adj & nm* : crimson

carmín *nm, pl* **carmines 1** : carmine **2 carmín de labios** : lipstick

carnada *nf* CEBO : bait

carnal *adj* **1** : carnal **2 primo carnal** : first cousin

carnaval *nm* : carnival

carnaza *nf* : bait

carne *nf* **1** : meat ⟨carne molida : ground beef⟩ **2** : flesh ⟨carne de gallina : goose bumps⟩

carné → **carnet**

carnero *nm* **1** : ram, sheep **2** : mutton

carnet *nm* **1** : identification card, ID **2** : membership card **3 carnet de conducir** *Spain* : driver's license

carnicería *nf* **1** : butcher shop **2** MATANZA : slaughter, carnage
carnicero, -ra *n* : butcher
carnívoro[1], **-ra** *adj* : carnivorous
carnívoro[2] *nm* : carnivore
carnoso, -sa *adj* : fleshy, meaty
caro[1] *adv* : dearly, a lot ⟨pagué caro : I paid a high price⟩
caro[2], **-ra** *adj* **1** : expensive, dear **2** QUERIDO : dear, beloved
carpa *nf* **1** : carp **2** : big top (of a circus) **3** : tent
carpelo *nm* : carpel
carpeta *nf* : folder, binder, portfolio (of drawings, etc.)
carpetazo *nm* **dar carpetazo a** : to shelve, to defer
carpintería *nf* **1** : carpentry **2** : carpenter's workshop
carpintero, -ra *n* : carpenter
carraspear *vi* : to clear one's throat
carraspera *nf* : hoarseness ⟨tener carraspera : to have a frog in one's throat⟩
carrera *nf* **1** : run, running ⟨a la carrera : at full speed⟩ ⟨de carrera : hastily⟩ **2** : race **3** : course of study **4** : career, profession **5** : run (in baseball)
carreta *nf* : cart, wagon
carrete *nm* **1** BOBINA : reel, spool **2** : roll of film
carretel → **carrete**
carretera *nf* : highway, road ⟨carretera de peaje : turnpike⟩
carretero, -ra *adj* : highway ⟨el sistema carretero nacional : the national highway system⟩
carretilla *nf* **1** : wheelbarrow **2 carretilla elevadora** : forklift
carril *nm* **1** : lane ⟨carretera de doble carril : two-lane highway⟩ **2** : rail (on a railroad track)
carrillo *nm* : cheek, jowl
carrito *nm* : cart ⟨carrito de compras : shopping cart⟩
carrizo *nm* JUNCO : reed
carro *nm* **1** COCHE : car **2** : cart **3** *Chile, Mex* : coach (of a train) **4 carro alegórico** : float (in a parade)
carrocería *nf* : bodywork, body (of a vehicle)
carroña *nf* : carrion
carroñero, -ra *n* : scavenger (animal)
carroza *nf* **1** : carriage **2** : float (in a parade)
carruaje *nm* : carriage
carrusel *nm* **1** : merry-go-round **2** : carousel ⟨carrusel de equipaje : luggage carousel⟩
carta *nf* **1** : letter ⟨carta de amor : love letter⟩ ⟨carta de renuncia : letter of resignation⟩ **2** NAIPE : playing card **3** : charter, constitution **4** MENÚ : menu **5** : map, chart **6 tomar cartas en** : to intervene in
cártamo *nm* : safflower
cartearse *vr* ESCRIBIRSE : to write to one another, to correspond
cartel *nm* : sign, poster
cártel *or* **cartel** *nm* : cartel
cartelera *nf* **1** : billboard **2** : marquee
cartera *nf* **1** BILLETERA : wallet, billfold **2** BOLSO : pocketbook, purse **3** : portfolio ⟨cartera de acciones : stock portfolio⟩
carterista *nmf* : pickpocket
cartero, -ra *n* : letter carrier, mailman *m*
cartilaginoso, -sa *adj* : cartilaginous, gristly
cartílago *nm* : cartilage
cartilla *nf* **1** : primer, reader **2** : booklet ⟨cartilla de ahorros : bankbook⟩
cartografía *nf* : cartography
cartógrafo, -fa *n* : cartographer
cartón *nm, pl* **cartones** **1** : cardboard ⟨cartón madera : fiberboard⟩ **2** : carton
cartucho *nm* : cartridge
cartulina *nf* : poster board, cardboard
carúncula *nf* : wattle (of a bird)
casa *nf* **1** : house ⟨una casa de dos pisos : a two-story house⟩ ⟨la casa blanca : the White House⟩ **2** HOGAR : home ⟨en casa : at home⟩ ⟨ir a casa : to go home⟩ ⟨partido en casa : home game⟩ ⟨partido fuera de casa : away game⟩ **3** : household, family **4** : company, firm **5 casa de cambio** : currency exchange **6 casa de empeño** : pawn shop **7 casa de (altos) estudios** : institute of (higher) learning, college, university **8 casa de salud** : clinic **9 casa matriz** : headquarters **10 echar/tirar/botar la casa por la ventana** : to spare no expense
casaca *nf* : jacket
casado[1], **-da** *adj* : married
casado[2], **-da** *n* : married person
casamentero, -ra *n* : matchmaker
casamiento *nm* **1** : marriage **2** BODA : wedding
casar *vt* : to marry — *vi* : to go together, to match up — **casarse** *vr* **1** : to get married **2 ~ con** : to marry
casateniente *nmf Mex* : landlord, landlady *f*
cascabel[1] *nm* : small bell
cascabel[2] *nf* : rattlesnake
cascada *nf* CATARATA, SALTO : waterfall, cascade
cascajo *nm* **1** : pebble, rock fragment **2** *fam* : piece of junk
cascanueces *nms & pl* : nutcracker
cascar {72} *vt* : to crack (a shell) — **cascarse** *vr* : to crack, to chip
cáscara *nf* **1** : skin, peel, rind, husk **2** : shell (of a nut or egg)
cascarón *nm, pl* **-rones** **1** : eggshell **2** *Mex* : shell filled with confetti
cascarrabias *nmfs & pl fam* : grouch, crab
casco *nm* **1** : helmet **2** : hull **3** : hoof **4** : fragment, shard **5** : center (of a town) **6** *Mex* : empty bottle **7 cascos** *nmpl* : headphones
caserío *nm* **1** : country house **2** : hamlet
casero[1], **-ra** *adj* **1** : domestic, household **2** : homemade

casero[2], **-ra** *n* DUEÑO : landlord *m,* landlady *f*

caseta *nf* : booth, stand, stall ⟨caseta telefónica : telephone booth⟩

casete → **cassette**

casi *adv* **1** : almost, nearly, virtually **2** (*in negative phrases*) : hardly ⟨casi nunca : hardly ever⟩

casilla *nf* **1** : booth **2** : pigeonhole **3** : box (on a form)

casino *nm* **1** : casino **2** : (social) club

caso *nm* **1** : case **2 en caso de** : in case of, in the event of **3 hacer caso de** : to pay attention to, to notice **4 hacer caso omiso de** : to ignore, to take no notice of **5 no venir al caso** : to be beside the point

caspa *nf* : dandruff

casque, etc. → **cascar**

casquete *nm* **1** : skullcap **2 casquete glaciar** : ice cap **3 casquete polar** : polar ice cap **4 casquete corto** *Mex* : crew cut

casquillo *nm* : case, casing (of a bullet)

cassette *nmf* : cassette

casta *nf* **1** : caste **2** : lineage, stock ⟨de casta : thoroughbred, purebred⟩ **3 sacar la casta** *Mex* : to come out ahead

castaña *nf* : chestnut

castañetear *vi* : to chatter (of teeth)

castaño[1], **-ña** *adj* : chestnut, brown

castaño[2] *nm* **1** : chestnut tree **2** : chestnut, brown

castañuela *nf* : castanet

castellano[1], **-na** *adj & n* : Castilian

castellano[2] *nm* ESPAÑOL : Spanish, Castilian (language)

castidad *nf* : chastity

castigar {52} *vt* : to punish

castigo *nm* : punishment

castillo *nm* **1** : castle **2 castillo de proa** : forecastle

casto, -ta *adj* : chaste, pure — **castamente** *adv*

castor *nm* : beaver

castración *nf, pl* **-ciones** : castration

castrar *vt* **1** : to castrate, to spay, to neuter, to geld **2** DEBILITAR : to weaken, to debilitate

castrense *adj* : military

casual *adj* **1** FORTUITO : fortuitous, accidental **2** *Mex* : casual (of clothing)

casualidad *nf* **1** : chance **2 por ∼** *or* **de ∼** : by chance, by any chance

casualmente *adv* : accidentally, by chance

casucha *or* **casuca** *nf* : shanty, hovel

cataclismo *nm* : cataclysm

catacumbas *nfpl* : catacombs

catador, -dora *n* : wine taster

catalán[1], **-lana** *adj & n, mpl* **-lanes** : Catalan

catalán[2] *nm* : Catalan (language)

catálisis *nf* : catalysis

catalítico, -ca *adj* : catalytic

catalizador *nm* **1** : catalyst **2** : catalytic converter

catalogar {52} *vt* : to catalog, to classify

catálogo *nm* : catalog

catamarán *nm, pl* **-ranes** : catamaran

cataplasma *nf* : poultice

catapulta *nf* : catapult

catapultar *vt* : to catapult

catar *vt* **1** : to taste, to sample **2** : to look at, to examine

catarata *nf* **1** CASCADA, SALTO : waterfall **2** : cataract

catarro *nm* RESFRIADO : cold, catarrh

catarsis *nf* : catharsis

catártico, -ca *adj* : cathartic

catástrofe *nf* DESASTRE : catastrophe, disaster

catastrófico, -ca *adj* DESASTROSO : catastrophic, disastrous

catcher *nmf* : catcher (in baseball)

catecismo *nm* : catechism

cátedra *nf* **1** : chair, professorship **2** : subject, class **3 libertad de cátedra** : academic freedom

catedral *nf* : cathedral

catedrático, -ca *n* PROFESOR : professor

categoría *nf* **1** CLASE : category **2** RANGO : rank, standing **3 categoría gramatical** : part of speech **4 de ∼** : first-rate, outstanding

categórico, -ca *adj* : categorical, unequivocal — **categóricamente** *adv*

catéter *nm* : catheter

cátodo *nm* : cathode

catolicismo *nm* : Catholicism

católico, -ca *adj & n* : Catholic

catorce *adj & nm* : fourteen

catorceavo *nm* : fourteenth

catre *nm* : cot

catsup *nm* : ketchup

caucásico, -ca *adj & n* : Caucasian

cauce *nm* **1** LECHO : riverbed **2** : means *pl,* channel

caucho *nm* **1** GOMA : rubber **2** : rubber tree **3** *Ven* : tire

caución *nf, pl* **cauciones** FIANZA : bail, security

caudal *nm* **1** : volume of water **2** RIQUEZA : capital, wealth **3** ABUNDANCIA : abundance

caudillaje *nm* : leadership

caudillo *nm* : leader, commander

causa *nf* **1** MOTIVO : cause, reason, motive ⟨a causa de : because of⟩ **2** IDEAL : cause ⟨morir por una causa : to die for a cause⟩ **3** : lawsuit

causal[1] *adj* : causal

causal[2] *nm* : cause, grounds *pl*

causalidad *nf* : causality

causante[1] *adj* **∼ de** : causing, responsible for

causante[2] *nmf Mex* : taxpayer

causar *vt* **1** : to cause **2** : to provoke, to arouse ⟨eso me causa gracia : that strikes me as being funny⟩

cáustico, -ca *adj* : caustic

cautela *nf* : caution, prudence

cautelar *adj* : precautionary, preventive

cauteloso, -sa *adj* : cautious, prudent — **cautelosamente** *adv*

cauterizar {21} *vt* : to cauterize

cautivador, -dora *adj* : captivating

cautivar *vt* HECHIZAR : to captivate, to charm
cautiverio *nm* : captivity
cautivo, -va *adj & n* : captive
cauto, -ta *adj* : cautious, careful
cavar *vt* : to dig — *vi* ~ **en** : to delve into, to probe
caverna *nf* : cavern, cave
cavernoso, -sa *adj* **1** : cavernous **2** : deep, resounding
caviar *nm* : caviar
cavidad *nf* : cavity
cavilar *vi* : to ponder, to deliberate
cayado *nm* : crook, staff, crosier
cayena *nf* : cayenne pepper
cayó, etc. → **caer**
caza[1] *nf* **1** CACERÍA : hunt, hunting **2** : game
caza[2] *nm* : fighter plane
cazador, -dora *n* **1** : hunter **2 cazador furtivo** : poacher
cazar {21} *vt* **1** : to hunt **2** : to catch, to bag **3** *fam* : to land (a job, a spouse) — *vi* : to go hunting
cazatalentos *nmfs & pl* : talent scout
cazo *nm* **1** : saucepan, pot **2** CUCHARÓN : ladle
cazuela *nf* **1** : pan, saucepan **2** : casserole
cazurro, -ra *adj* : sullen, surly
CD *nm* : CD, compact disk
cebada *nf* : barley
cebar *vt* **1** : to bait **2** : to feed, to fatten **3** : to prime (a pump, etc.) — **cebarse** *vr* ~ **en** : to take it out on
cebo *nm* **1** CARNADA : bait **2** : feed **3** : primer (for firearms)
cebolla *nf* : onion
cebolleta *nf* : scallion, green onion
cebollino *nm* **1** : chive **2** : scallion
cebra *nf* : zebra
cebú *nm, pl* **cebús** *or* **cebúes** : zebu (cattle)
cecear *vi* : to lisp
ceceo *nm* : lisp
cecina *nf* : dried beef, beef jerky
cedazo *nm* : sieve
ceder *vi* **1** : to yield, to give way **2** : to diminish, to abate **3** : to give in, to relent — *vt* : to cede, to hand over
cedro *nm* : cedar
cédula *nf* : document, certificate
céfiro *nm* : zephyr
cegador, -dora *adj* : blinding
cegar {49} *vt* **1** : to blind **2** : to block, to stop up — *vi* : to be blinded, to go blind
cegatón, -tona *adj, mpl* **-tones** *fam* : blind as a bat
ceguera *nf* : blindness
ceiba *nf* : ceiba, silk-cotton tree
ceja *nf* **1** : eyebrow ⟨fruncir las cejas : to knit one's brows⟩ **2** : flange, rim
cejar *vi* : to give in, to back down
celada *nf* : trap, ambush
celador, -dora *n* GUARDIA : guard, warden
celda *nf* : cell (of a jail)
celebración *nf, pl* **-ciones** : celebration
celebrado, -da *adj* CÉLEBRE, FAMOSO : famous, celebrated
celebrante *nmf* OFICIANTE : celebrant
celebrar *vt* **1** FESTEJAR : to celebrate **2** : to hold (a meeting) **3** : to say (Mass) **4** : to welcome, to be happy about — *vi* : to be glad — **celebrarse** *vr* **1** : to be celebrated, to fall **2** : to be held, to take place
célebre *adj* CELEBRADO, FAMOSO : celebrated, famous
celebridad *nf* **1** : celebrity **2** FAMA : fame, renown
celeridad *nf* : celerity, swiftness
celeste[1] *adj* **1** : celestial **2** : sky blue, azure
celeste[2] *nm* : sky blue
celestial *adj* : heavenly, celestial
celibato *nm* : celibacy
célibe *adj & nmf* : celibate
cello *nm* : cello
celo *nm* **1** : zeal, fervor **2** : heat (of females), rut (of males) **3 celos** *nmpl* : jealousy ⟨tenerle celos a alguien : to be jealous of someone⟩
celofán *nm, pl* **-fanes** : cellophane
celosía *nf* **1** : lattice window **2** : latticework, trellis
celoso, -sa *adj* **1** : jealous **2** : zealous — **celosamente** *adv*
celta[1] *adj* : Celtic
celta[2] *nmf* : Celt
célula *nf* : cell
celular[1] *adj* : cellular
celular[2] *nm* : cell phone
celulitis *nf* : cellulite
celuloide *nm* **1** : celluloid **2** : film, cinema
celulosa *nf* : cellulose
cementar *vt* : to cement
cementerio *nm* : cemetery
cemento *nm* : cement
cena *nf* : supper, dinner
cenador *nm* : arbor
cenagal *nm* : bog, quagmire
cenagoso, -sa *adj* : swampy
cenar *vi* : to have dinner, to have supper — *vt* : to have for dinner or supper ⟨anoche cenamos tamales : we had tamales for supper last night⟩
cencerro *nm* : cowbell
cenicero *nm* : ashtray
ceniciento, -ta *adj* : ashen
cenit *nm* : zenith, peak
ceniza *nf* **1** : ash **2 cenizas** *nfpl* : ashes (of a deceased person)
cenizo, -za *n* : jinx
cenote *nm Mex* : natural deposit of spring water
censar *vt* : to take a census of
censo *nm* : census
censor, -sora *n* : censor, critic
censura *nf* **1** : censorship **2** : censure, criticism
censurable *adj* : reprehensible, blameworthy
censurar *vt* **1** : to censor **2** : to censure, to criticize
centauro *nm* : centaur

centavo *nm* **1** : cent (in English-speaking countries) **2** : unit of currency in various Latin-American countries

centella *nf* **1** : lightning flash **2** : spark

centellear *vi* **1** : to twinkle **2** : to gleam, to sparkle

centelleo *nm* : twinkling, sparkle

centenar *nm* **1** : hundred **2 a centenares** : by the hundreds

centenario[1], **-ria** *adj & n* : centenarian

centenario[2] *nm* : centennial

centeno *nm* : rye

centésimo[1], **-ma** *adj* : hundredth

centésimo[2] *nm* : hundredth

centígrado *adj* : centigrade, Celsius

centigramo *nm* : centigram

centímetro *nm* : centimeter

centinela *nmf* : sentinel, sentry

central[1] *adj* **1** : central **2** PRINCIPAL : main, principal

central[2] *nf* **1** : main office, headquarters **2 central camionera** *Mex* : bus terminal

centralita *nf* : switchboard

centralizar {21} *vt* : to centralize — **centralización** *nf*

centrar *vt* **1** : to center **2** : to focus — **centrarse** *vr* ~ **en** : to focus on, to concentrate on

céntrico, -ca *adj* : central

centrífugo, -ga *adj* : centrifugal

centrípeto, -ta *adj* : centripetal

centro[1] *nmf* : center (in sports)

centro[2] *nm* **1** MEDIO : center ⟨centro de atención/gravedad : center of attention/gravity⟩ **2** : downtown **3 centro comercial** : shopping plaza **4 centro de mesa** : centerpiece **5 centro de votación** : polling place

centroamericano, -na *adj & n* : Central American

ceñido, -da *adj* AJUSTADO : tight, tight-fitting

ceñir {67} *vt* **1** : to encircle, to surround **2** : to hug, to cling to ⟨me ciñe demasiado : it's too tight on me⟩ — **ceñirse** *vr* ~ **a** : to restrict oneself to, to stick to

ceño *nm* **1** : frown, scowl **2 fruncir el ceño** : to frown, to knit one's brows

cepa *nf* **1** : stump (of a tree) **2** : stock (of a vine) **3** LINAJE : ancestry, stock

cepillar *vt* **1** : to brush **2** : to plane (wood) — **cepillarse** *vr*

cepillo *nm* **1** : brush ⟨cepillo de dientes : toothbrush⟩ **2** : plane (for woodworking)

cepo *nm* : trap (for animals)

cera *nf* **1** : wax ⟨cera de abejas : beeswax⟩ **2** : polish

cerámica *nf* **1** : ceramics *pl* **2** : pottery

cerámico, -ca *adj* : ceramic

ceramista *nmf* ALFARERO : potter

cerca[1] *adv* **1** : close, near, nearby **2** ~ **de** : nearly, almost

cerca[2] *nf* **1** : fence **2** : (stone) wall

cercado *nm* : enclosure

cercanía *nf* **1** PROXIMIDAD : proximity, closeness **2 cercanías** *nfpl* : outskirts, suburbs

cercano, -na *adj* : near, close

cercar {72} *vt* **1** : to fence in, to enclose **2** : to surround

cercenar *vt* **1** : to cut off, to amputate **2** : to diminish, to curtail

cerceta *nf* : teal (duck)

cerciorarse *vr* ASEGURARSE ~ **de** : to make sure of, to verify

cerco *nm* **1** : siege **2** : cordon, circle **3** : fence

cerda *nf* **1** : bristle **2** : sow

cerdo *nm* **1** : pig, hog **2 carne de cerdo** : pork

cereal *nm* : cereal — **cereal** *adj*

cerebelo *nm* : cerebellum

cerebral *adj* : cerebral

cerebro *nm* : brain

ceremonia *nf* : ceremony — **ceremonial** *adj*

ceremonioso, -sa *adj* : ceremonious

cereza *nf* : cherry

cerezo *nm* : cherry tree

cerilla *nf* **1** : match **2** : earwax

cerillo *nm* (*in various countries*) : match

cerner {56} *vt* : to sift — **cernerse** *vr* **1** : to hover **2** ~ **sobre** : to loom over, to threaten

cernidor *nm* : sieve

cernir → **cerner**

cero *nm* : zero

ceroso, -sa *adj* : waxy

cerque, etc. → **cercar**

cerquita *adv fam* : very close, very near

cerrado, -da *adj* **1** : closed, shut **2** : thick, broad ⟨tiene un acento cerrado : she has a thick accent⟩ **3** : cloudy, overcast **4** : quiet, reserved **5** : dense, stupid

cerradura *nf* : lock

cerrajería *nf* : locksmith's shop

cerrajero, -ra *n* : locksmith

cerrar {55} *vt* **1** : to close, to shut (a door, a book, etc.) ⟨cerrar los ojos : to close one's eyes⟩ ⟨cerrar algo (con llave) : to lock something⟩ **2** : to turn off (a faucet, etc.) **3** : to close, to put the top on (a jar, etc.) **4** : to fasten, to button up (buttons), to zip up (a zipper) **5** CONCLUIR : to bring to an end, to close **6** : to close (a business, an account) **7** : to close, to close off (a street, etc.) — *vi* **1** : to close up, to lock up **2** : to close down — **cerrarse** *vr* **1** : to close **2** : to fasten, to button up, to zip up **3** : to conclude, to end

cerrazón *nf, pl* **-zones** : obstinacy, stubbornness

cerro *nm* COLINA, LOMA : hill

cerrojo *nm* PESTILLO : bolt, latch

certamen *nm, pl* **-támenes** : competition, contest

certero, -ra *adj* : accurate, precise — **certeramente** *adv*

certeza *nf* : certainty

certidumbre *nf* : certainty

certificable *adj* : certifiable
certificación *nf, pl* **-ciones** : certification
certificado[1], -da *adj* **1** : certified **2** : registered (of mail)
certificado[2] *nm* **1** : certificate **2** : registered letter
certificar {72} *vt* **1** : to certify **2** : to register (mail)
cervato *nm* : fawn
cervecera *nf* : brewery
cervecería *nf* **1** : brewery **2** : beer hall, bar
cerveza *nf* : beer ⟨cerveza de barril : draft beer⟩
cervical *adj* : cervical
cerviz *nf, pl* **cervices** : nape of the neck, cervix
cesación *nf, pl* **-ciones** : cessation, suspension
cesante *adj* : laid off, unemployed
cesantía *nf* : unemployment
cesar *vi* : to cease, to stop — *vt* : to dismiss, to lay off
cesárea *nf* : cesarean, C-section
cese *nm* **1** : cessation, stop ⟨cese del fuego : cease-fire⟩ **2** : dismissal
cesio *nm* : cesium
cesión *nf, pl* **cesiones** : transfer, assignment ⟨cesión de bienes : transfer of property⟩
césped *nm* : lawn, grass
cesta *nf* **1** : basket **2** : jai alai racket
cesto *nm* **1** : hamper **2** : basket (in basketball) **3 cesto de (la) basura** : wastebasket
cetrería *nf* : falconry
cetrino, -na *adj* : sallow
cetro *nm* : scepter
chabacano[1], -na *adj* : tacky, tasteless
chabacano[2] *nm Mex* : apricot
chacal *nm* : jackal
cháchara *nf fam* **1** : small talk, chatter **2 cháchara**s *nfpl* : trinkets, junk
chacharear *vi fam* : to chatter, to gab
chacra *nf Arg, Chile, Peru* : small farm
chadiano, -na *adj & n* : Chadian
chal *nm* MANTÓN : shawl
chalado[1], -da *adj fam* : crazy, nuts
chalado[2], -da *n* : nut, crazy person
chalán *nm, pl* **chalanes** *Mex* : barge
chalé → **chalet**
chaleco *nm* : vest
chalet *nm Spain* : house
chalupa *nf* **1** : small boat **2** *Mex* : small stuffed tortilla
chamaco, -ca *n Mex fam* : kid, boy *m*, girl *f*
chamarra *nf* **1** : sheepskin jacket **2** : poncho, blanket
chamba *nf Mex, Peru fam* : job, work
chambear *vi Mex, Peru fam* : to work
chamo, -ma *n Ven fam* **1** : kid, boy *m*, girl *f* **2** : buddy, pal
champaña *or* **champán** *nm* : champagne
champiñón *nm, pl* **-ñones** : mushroom
champú *nm, pl* **-pus** *or* **-púes** : shampoo
champurrado *nm Mex* : hot chocolate thickened with cornstarch
chamuco *nm Mex fam* : devil
chamuscar {72} *vt* : to singe, to scorch — **chamuscarse** *vr*
chamusquina *nf* : scorch
chance *nm* OPORTUNIDAD : chance, opportunity
chancho[1], -cha *adj fam* : dirty, filthy, gross
chancho[2], -cha *n* **1** : pig, hog **2** *fam* : slob
chanchullero, -ra *adj fam* : shady, crooked
chanchullo *nm fam* : shady deal, scam
chancla *nf* **1** : thong sandal, slipper **2** : old shoe
chancleta → **chancla**
chanclo *nm* **1** : clog **2 chanclos** *nmpl* : overshoes, galoshes, rubbers
chancro *nm* : chancre
changarro *nm Mex* : small shop, stall
chango, -ga *n Mex* : monkey
chantaje *nm* : blackmail
chantajear *vt* : to blackmail
chantajista *nmf* : blackmailer
chanza *nf* **1** : joke, jest **2** *Mex fam* : chance, opportunity
chapa *nf* **1** : sheet, panel, veneer **2** : lock **3** : badge
chapado, -da *adj* **1** : plated **2 chapado a la antigua** : old-fashioned
chapar *vt* **1** : to veneer **2** : to plate (metals)
chaparrón *nm, pl* **-rrones** **1** : downpour **2** : great quantity, torrent
chapeado, -da *adj Col, Mex* : flushed
chapopote *nm Mex* : tar, blacktop
chapotear *vi* : to splash about
chapucero[1], -ra *adj* **1** : crude, shoddy **2** *Mex fam* : dishonest
chapucero[2], -ra *n* **1** : sloppy worker, bungler **2** *Mex fam* : cheat, swindler
chapulín *nm, pl* **-lines** *CA, Mex* : grasshopper, locust
chapuza *nf* **1** : botched job **2** *Mex fam* : fraud, trick ⟨hacer chapuzas : to cheat⟩
chapuzón *nm, pl* **-zones** : dip, swim ⟨darse un chapuzón : to go for a quick dip⟩
chaqueta *nf* : jacket
charada *nf* : charades (game)
charango *nm* : traditional Andean stringed instrument
charca *nf* : pond, pool
charco *nm* : puddle, pool
charcutería *nf* : delicatessen
charla *nf* : chat, talk
charlar *vi* : to chat, to talk
charlatán[1], -tana *adj* : talkative, chatty
charlatán[2], -tana *n, mpl* **-tanes** **1** : chatterbox **2** FARSANTE : charlatan, phony
charlatanear *vi* : to chatter away
charol *nm* **1** : lacquer, varnish **2** : patent leather **3** : tray
charola *nf Bol, Mex, Peru* : tray
charreada *nf Mex* : charro show, rodeo

charretera *nf* : epaulet

charro[1], **-rra** *adj* **1** : gaudy, tacky **2** *Mex* : pertaining to charros

charro[2], **-rra** *n Mex* : charro (Mexican cowboy or cowgirl)

chascarrillo *nm fam* : joke, funny story

chasco *nm* **1** BROMA : trick, joke **2** DECEPCIÓN, DESILUSIÓN : disillusionment, disappointment

chasis *or* **chasís** *nm* : chassis

chasquear *vt* **1** : to click (the tongue, fingers, etc.) **2** : to snap (a whip)

chasquido *nm* **1** : click (of the tongue or fingers) **2** : snap, crack

chat *nm, pl* **chats** : chat room

chatarra *nf* : scrap metal

chato, -ta *adj* **1** : pug-nosed **2** : flat

chauvinismo *nm* : chauvinism

chauvinista[1] *adj* : chauvinistic

chauvinista[2] *nmf* : chauvinist

chaval, -vala *n fam* : kid, boy *m,* girl *f*

chavo[1], **-va** *adj Mex fam* : young

chavo[2], **-va** *n Mex fam* : kid, boy *m,* girl *f*

chavo[3] *nm fam* : cent, buck ⟨no tengo un chavo : I'm broke⟩

chayote *nm* : chayote (plant, fruit)

checar {72} *vt Mex* : to check, to verify

checo[1], **-ca** *adj & n* : Czech

checo[2] *nm* : Czech (language)

checoslovaco, -ca *adj & n* : Czechoslovakian

chef *nm* : chef

chelín *nm, pl* **chelines** : shilling

cheque[1], **etc.** → **checar**

cheque[2] *nm* **1** : check **2 cheque de viajero** : traveler's check

chequear *vt* **1** : to check, to verify **2** : to check in (baggage)

chequeo *nm* **1** INSPECCIÓN : check, inspection **2** : checkup, examination

chequera *nf* : checkbook

chévere *adj fam* : great, fantastic

chic *adj & nm* : chic

chica → **chico**

chicano, -na *adj & n* : Chicano *m,* Chicana *f*

chicha *nf* : fermented alcoholic beverage made from corn

chícharo *nm* : pea

chicharra *nf* **1** CIGARRA : cicada **2** : buzzer

chicharrón *nm, pl* **-rrones 1** : pork rind **2 darle chicharrón a** *Mex fam* : to get rid of

chichón *nm, pl* **chichones** : bump, swelling

chicle *nm* : chewing gum

chicloso *nm Mex* : taffy

chico[1], **-ca** *adj* **1** : little, small **2** : young

chico[2], **-ca** *n* **1** : child, boy *m,* girl *f* **2** : young man *m,* young woman *f*

chicote *nm* LÁTIGO : whip, lash

chiffon → **chifón**

chiflado[1], **-da** *adj fam* : nuts, crazy

chiflado[2], **-da** *n fam* : crazy person, lunatic

chiflar *vi* : to whistle — *vt* : to whistle at, to boo — **chiflarse** *vr fam* ~ **por** : to be crazy about

chiflido *nm* : whistle, whistling

chiflón *nm, pl* **chiflones** : draft (of air)

chifón *nm, pl* **chifones** : chiffon

chilango[1], **-ga** *adj Mex fam* : of or from Mexico City

chilango[2], **-ga** *n Mex fam* : person from Mexico City

chilaquiles *nmpl Mex* : shredded tortillas in sauce

chile *nm* : chili pepper

chileno, -na *adj & n* : Chilean

chillar *vi* **1** : to squeal, to screech **2** : to scream, to yell **3** : to be gaudy, to clash

chillido *nm* **1** : scream, shout **2** : squeal, screech, cry (of an animal)

chillo *nm PRi* : red snapper

chillón, -llona *adj, mpl* **chillones 1** : piercing, shrill **2** : loud, gaudy

chilpayate *nmf Mex fam* : child, little kid

chimenea *nf* **1** : chimney **2** : fireplace

chimichurri *nm Arg* : traditional hot sauce

chimpancé *nm* : chimpanzee

china *nf* **1** : pebble, small stone **2** *PRi* : orange

chinchar *vt fam* : to annoy, to pester — **chincharse** *vr fam* : to put up with something, to grin and bear it

chinchayote *nm Mex* : chayote root

chinche[1] *nf* **1** : bedbug **2** *Ven* : ladybug **3** : thumbtack

chinche[2] *nmf fam* : nuisance, pain in the neck

chinchilla *nf* : chinchilla

chino[1], **-na** *adj* **1** : Chinese **2** *Mex* : curly, kinky

chino[2], **-na** *n* : Chinese person

chino[3] *nm* : Chinese (language)

chip *nm, pl* **chips** : chip ⟨chip de memoria : memory chip⟩

chipote *nm Mex fam* : bump (on the head)

chipotle *nm Mex* : type of chili pepper

chipriota *adj & nmf* : Cypriot

chiquear *vt Mex* : to spoil, to indulge

chiquero *nm* POCILGA : pigpen, pigsty

chiquillada *nf* : childish prank

chiquillo[1], **-lla** *adj* : very young, little

chiquillo[2], **-lla** *n* : kid, youngster

chiquito[1], **-ta** *adj* : tiny

chiquito[2], **-ta** *n* : little one, baby

chiribita *nf* **1** : spark **2 chiribitas** *nfpl* : spots before the eyes

chiribitil *nm* **1** DESVÁN : attic, garret **2** : cubbyhole

chirigota *nf fam* : joke

chirimía *nf* : traditional reed pipe

chirimoya *nf* : cherimoya, custard apple

chiripa *nf* **1** : fluke **2 de** ~ : by sheer luck

chirivía *nf* : parsnip

chirona *nf fam* : slammer, jail

chirriar {85} *vi* **1** : to squeak, to creak **2** : to screech — **chirriante** *adj*

chirrido *nm* **1** : squeak, squeaking **2** : screech, screeching

chirrión *nm, pl* **chirriones** *Mex* : whip, lash

chisme *nm* **1** : gossip, tale **2** *Spain fam* : gadget, thingamajig

chismear *vi* : to gossip

chismoso[1], **-sa** *adj* : gossipy, gossiping

chismoso[2], **-sa** *n* **1** : gossiper, gossip **2** *Mex fam* : tattletale

chispa[1] *adj* **1** *Mex fam* : lively, vivacious ⟨un perrito chispa : a frisky puppy⟩ **2** *Spain fam* : tipsy

chispa[2] *nf* **1** : spark **2 echar chispas** : to be furious

chispeante *adj* : sparkling, scintillating

chispear *vi* **1** : to give off sparks **2** : to sparkle

chisporrotear *vi* : to crackle, to sizzle

chiste *nm* **1** : joke, funny story **2 tener chiste** : to be funny **3 tener su chiste** *Mex* : to be tricky

chistoso[1], **-sa** *adj* **1** : funny, humorous **2** : witty

chistoso[2], **-sa** *n* : wit, joker

chivas *nfpl Mex fam* : stuff, odds and ends

chivo[1], **-va** *n* **1** : kid, young goat **2 chivo expiatorio** : scapegoat

chivo[2] *nm* **1** : billy goat **2** : fit of anger

chocante *adj* **1** : shocking **2** : unpleasant, rude

chocar {72} *vi* **1** : to crash, to collide **2** : to clash, to conflict **3** : to be shocking ⟨le chocó : he was shocked⟩ **4** *Mex, Ven fam* : to be unpleasant or obnoxious ⟨me choca tu jefe : I can't stand your boss⟩ — *vt* **1** : to shake (hands) **2** : to clink glasses

chochear *vi* **1** : to be senile **2 ~ por** : to dote on, to be soft on

chochín *nm, pl* **-chines** : wren

chocho, -cha *adj* **1** : senile **2** : doting

choclo *nm* **1** : ear of corn, corncob **2** : corn **3 meter el choclo** *Mex fam* : to make a mistake

chocolate *nm* **1** : chocolate **2** : hot chocolate, cocoa

chofer *or* **chófer** *nm* **1** : chauffeur **2** : driver

choke *nm* : choke (of an automobile)

chole *interj Mex fam* **¡ya chole!** : enough!, cut it out!

cholo, -la *adj & n* : mestizo

cholla *nf fam* : head

chollo *nm Spain fam* : bargain

chongo *nm* **1** *Mex* : bun (chignon) **2 chongos** *nmpl Mex* : dessert made with fried bread

choque[1], **etc.** → **chocar**

choque[2] *nm* **1** : crash, collision **2** : clash, conflict **3** : shock

chorizo *nm* : chorizo, sausage

chorrear *vi* **1** : to drip **2** : to pour out, to gush out

chorrito *nm* : squirt, splash

chorro *nm* **1** : flow, stream, jet **2** *Mex fam* : heap, ton

choteado, -da *adj Mex fam* : worn-out, stale ⟨esa canción está bien choteada : that song's been played to death⟩

chotear *vt* : to make fun of

choteo *nm* : joking around, kidding

chovinismo, chovinista → **chauvinismo, chauvinista**

choza *nf* BARRACA, CABAÑA : hut, shack

chubasco *nm* : downpour, storm

chuchería *nf* : knickknack, trinket

chueco, -ca *adj* **1** : crooked, bent **2** *Chile, Mex fam* : dishonest, shady

chulada *nf Mex, Spain fam* : cute or pretty thing ⟨¡qué chulada de vestido! : what a lovely dress!⟩

chulear *vt Mex fam* : to compliment

chuleta *nf* : cutlet, chop

chulo[1], **-la** *adj* **1** *fam* : cute, pretty **2** *Spain fam* : cocky, arrogant

chulo[2] *nm Spain* : pimp

chupada *nf* **1** : suck, sucking **2** : puff, drag (on a cigarette)

chupado, -da *adj fam* **1** : gaunt, skinny **2** : plastered, drunk

chupaflor *nm* COLIBRÍ : hummingbird

chupamirto *nm Mex* : hummingbird

chupar *vt* **1** : to suck **2** : to absorb **3** : to puff on **4** *fam* : to drink, to guzzle — *vi* : to suckle — **chuparse** *vr* **1** : to waste away **2** *fam* : to put up with **3 ¡chúpate esa!** *fam* : take that!

chupete *nm* **1** : pacifier **2** *Chile, Peru* : lollipop

chupetear *vt* : to suck (at)

chupón *nm, pl* **chupones** **1** : sucker (of a plant) **2** : baby bottle, pacifier

churrasco *nm* **1** : steak **2** : barbecued meat

churro *nm* **1** : fried dough **2** *fam* : botch, mess **3** *fam* : attractive person, looker

chusco, -ca *adj* : funny, amusing

chusma *nf* GENTUZA : riffraff, rabble

chutar *vi* : to shoot (in soccer)

chute *nm* : shot (in soccer)

cianuro *nm* : cyanide

ciber- *pref* : cyber-

cibernética *nf* : cybernetics

cicatriz *nf, pl* **-trices** : scar

cicatrizarse {21} *vr* : to form a scar, to heal

cíclico, -ca *adj* : cyclical

ciclismo *nm* : bicycling

ciclista *nmf* : bicyclist

ciclo *nm* : cycle

ciclomotor *nm* : moped

ciclón *nm, pl* **ciclones** : cyclone

cicuta *nf* : hemlock

cidra *nf* : citron (fruit)

ciega, ciegue etc. → **cegar**

ciego[1], **-ga** *adj* **1** INVIDENTE : blind **2 a ciegas** : blindly **3 quedarse ciego** : to go blind — **ciegamente** *adv*

ciego[2], **-ga** *n* INVIDENTE : blind person

cielo *nm* **1** : sky **2** : heaven **3** : ceiling

ciempiés *nms & pl* : centipede

cien[1] *adj* **1** : a hundred, hundred ⟨las primeras cien páginas : the first hundred pages⟩ **2 cien por cien** *or* **cien por ciento** : a hundred percent, through and through, wholeheartedly

cien[2] *nm* : one hundred

ciénaga *nf* : swamp, bog

ciencia *nf* **1** : science **2** : learning, knowledge **3 a ciencia cierta** : for a fact, for certain

cieno *nm* : mire, mud, silt

científico[1], **-ca** *adj* : scientific — **científicamente** *adv*

científico[2], **-ca** *n* : scientist

ciento[1] *adj* (*used in compound numbers*) : one hundred ⟨ciento uno : one hundred and one⟩

ciento[2] *nm* **1** : hundred, group of a hundred **2 por ～** : percent

cierne, etc. → **cerner**

cierra, etc. → **cerrar**

cierre *nm* **1** : closing, closure **2** : fastener, clasp, zipper

cierto, -ta *adj* **1** : true, certain, definite ⟨lo cierto es que . . . : the fact is that . . .⟩ **2** : certain, one ⟨cierto día de verano : one summer day⟩ ⟨bajo ciertas circunstancias : under certain circumstances⟩ **3 por ～** : in fact, as a matter of fact — **ciertamente** *adv*

ciervo, -va *n* : deer, stag *m*, hind *f*

cifra *nf* **1** : figure, number **2** : quantity, amount **3** CLAVE : code, cipher

cifrar *vt* **1** : to write in code **2** : to place, to pin ⟨cifró su esperanza en la lotería : he pinned his hopes on the lottery⟩ **3** : to encrypt (a file, etc.) — **cifrarse** *vr* : to amount ⟨cifrarse en : to amount to⟩

cigarra *nf* CHICHARRA : cicada

cigarrera *nf* : cigarette case

cigarrillo *nm* : cigarette

cigarro *nm* **1** : cigarette **2** PURO : cigar

cigoto *nm* : zygote

cigüeña *nf* : stork

cilantro *nm* : cilantro, coriander

cilíndrico, -ca *adj* : cylindrical

cilindro *nm* : cylinder

cima *nf* CUMBRE : peak, summit, top

cimarrón, -rrona *adj, mpl* **-rrones** : untamed, wild

címbalo *nm* : cymbal

cimbel *nm* : decoy

cimbrar *vt* : to shake, to rock — **cimbrarse** *vr* : to sway, to swing

cimentar {55} *vt* **1** : to lay the foundation of, to establish **2** : to strengthen, to cement

cimientos *nmpl* : base, foundation(s)

cinc *nm* : zinc

cincel *nm* : chisel

cincelar *vt* **1** : to chisel **2** : to engrave

cincha *nf* : cinch, girth

cinchar *vt* : to cinch (a horse)

cinco *adj & nm* : five

cincuenta *adj & nm* : fifty

cincuentavo[1], **-va** *adj* : fiftieth

cincuentavo[2] *nm* : fiftieth (fraction)

cine *nm* **1** : cinema, movies *pl* **2** : movie theater

cineasta *nmf* : filmmaker

cinematográfico, -ca *adj* : movie, film, cinematic ⟨la industria cinematográfica : the film industry⟩

cingalés[1], **-lesa** *adj & n* : Sinhalese

cingalés[2] *nm* : Sinhalese (language)

cínico[1], **-ca** *adj* **1** : cynical **2** : shameless, brazen — **cínicamente** *adv*

cínico[2], **-ca** *n* : cynic

cinismo *nm* : cynicism

cinta *nf* **1** : ribbon **2** : tape ⟨cinta métrica : tape measure⟩ **3** : strap, belt ⟨cinta transportadora : conveyor belt⟩

cinto *nm* : strap, belt

cintura *nf* **1** : waist, waistline **2 meter en cintura** *fam* : to bring into line, to discipline

cinturón *nm, pl* **-rones 1** : belt **2 cinturón de seguridad** : seat belt

ciñe, etc. → **ceñir**

ciprés *nm, pl* **cipreses** : cypress

circo *nm* : circus

circón *nm, pl* **circones** : zircon

circonio *nm* : zirconium

circuitería *nf* : circuitry

circuito *nm* : circuit

circulación *nf, pl* **-ciones 1** : circulation **2** : movement **3** : traffic

circular[1] *vi* **1** : to circulate **2** : to move along **3** : to drive

circular[2] *adj* : circular

circular[3] *nf* : circular, flier

circulatorio, -ria *adj* : circulatory

círculo *nm* **1** : circle **2** : club, group

circuncidar *vt* : to circumcise

circuncisión *nf, pl* **-siones** : circumcision

circundar *vt* : to surround — **circundante** *adj*

circunferencia *nf* : circumference

circunflejo, -ja *adj* **acento circunflejo** : circumflex

circunlocución *nf, pl* **-ciones** : circumlocution

circunloquio *nm* → **circunlocución**

circunnavegar {52} *vt* : to circumnavigate — **circunnavegación** *nf*

circunscribir {33} *vt* : to circumscribe, to constrict, to limit — **circunscribirse** *vr*

circunscripción *nf, pl* **-ciones 1** : limitation, restriction **2** : constituency

circunscrito *pp* → **circunscribir**

circunspección *nf, pl* **-ciones** : circumspection, prudence

circunspecto, -ta *adj* : circumspect, prudent

circunstancia *nf* : circumstance

circunstancial *adj* : circumstantial, incidental

circunstante *nmf* **1** : onlooker, bystander **2 los circunstantes** : those present

circunvalación *nf, pl* **-ciones** : surrounding, encircling ⟨carretera de circunvalación : bypass, beltway⟩

circunvecino, -na *adj* : surrounding, neighboring

cirio *nm* : large candle

cirro *nm* : cirrus (cloud)
cirrosis *nf* : cirrhosis
ciruela *nf* **1** : plum **2 ciruela pasa** : prune
cirugía *nf* : surgery
cirujano, -na *n* : surgeon
cisma *nm* : schism, rift
cisne *nm* : swan
cisterna *nf* : cistern, tank
cita *nf* **1** : quote, quotation **2** : appointment, date
citable *adj* : quotable
citación *nf, pl* **-ciones** EMPLAZAMIENTO : summons, subpoena
citadino[1], **-na** *adj* : of the city, urban
citadino[2], **-na** *n* : city dweller
citado, -da *adj* : said, aforementioned
citar *vt* **1** : to quote, to cite **2** : to make an appointment with **3** : to summon (to court), to subpoena — **citarse** *vr* **~ con** : to arrange to meet (someone)
cítara *nf* : zither
citatorio *nm* : subpoena
citoplasma *nm* : cytoplasm
cítrico[1], **-ca** *adj* : citric
cítrico[2] *nm* : citrus fruit
ciudad *nf* **1** : city, town **2 ciudad deportiva** : sports complex **3 ciudad natal** : native city/town **4 ciudad perdida** *Mex* : shantytown **5 ciudad universitaria** : college or university campus
ciudadanía *nf* **1** : citizenship **2** : citizenry, citizens *pl*
ciudadano[1], **-na** *adj* : civic, city
ciudadano[2], **-na** *n* **1** NACIONAL : citizen **2** HABITANTE : resident, city dweller
ciudadela *nf* : citadel, fortress
cívico, -ca *adj* **1** : civic **2** : public-spirited
civil[1] *adj* **1** : civil **2** : civilian
civil[2] *nmf* : civilian
civilidad *nf* : civility, courtesy
civilización *nf, pl* **-ciones** : civilization
civilizar {21} *vt* : to civilize
civismo *nm* : community spirit, civic-mindedness, civics
cizaña *nf* : discord, rift
clamar *vi* : to clamor, to raise a protest — *vt* : to cry out for
clamor *nm* : clamor, outcry
clamoroso, -sa *adj* : clamorous, resounding, thunderous
clan *nm* : clan
clandestinidad *nf* : secrecy ⟨en la clandestinidad : underground⟩
clandestino, -na *adj* : clandestine, secret
clara *nf* : egg white
claraboya *nf* : skylight
claramente *adv* : clearly
clarear *v impers* **1** : to clear, to clear up **2** : to get light, to dawn — *vi* : to go gray, to turn white
claridad *nf* **1** NITIDEZ : clarity, clearness **2** : brightness, light
clarificación *nf, pl* **-ciones** ACLARACIÓN : clarification, explanation
clarificar {72} *vt* ACLARAR : to clarify, to explain
clarín *nm, pl* **clarines** : bugle
clarinete *nm* : clarinet
clarividencia *nf* **1** : clairvoyance **2** : perspicacity, discernment
clarividente[1] *adj* **1** : clairvoyant **2** : perspicacious, discerning
clarividente[2] *nmf* : clairvoyant
claro[1] *adv* **1** : clearly ⟨habla más claro : speak more clearly⟩ **2** : of course, surely ⟨¡claro!, {iexcl}claro que sí! : absolutely!, of course!⟩ ⟨claro que entendió : of course she understood⟩
claro[2], **-ra** *adj* **1** : bright, clear **2** : pale, fair, light **3** : clear, evident
claro[3] *nm* **1** : clearing **2 claro de luna** : moonlight
clase *nf* **1** : class **2** ÍNDOLE, TIPO : sort, kind, type
clasicismo *nm* : classicism
clásico[1], **-ca** *adj* **1** : classic **2** : classical
clásico[2] *nm* : classic
clasificación *nf, pl* **-ciones** **1** : classification, sorting out **2** : rating **3** CALIFICACIÓN : qualification (in competitions)
clasificado, -da *adj* : classified ⟨aviso clasificado : classified ad⟩
clasificar {72} *vt* **1** : to classify, to sort out **2** : to rate, to rank — *vi* CALIFICAR : to qualify (in competitions) — **clasificarse** *vr*
claudicación *nf, pl* **-ciones** : surrender, abandonment of one's principles
claudicar {72} *vi* : to back down, to abandon one's principles
claustro *nm* : cloister
claustrofobia *nf* : claustrophobia
claustrofóbico, -ca *adj* : claustrophobic
cláusula *nf* : clause
clausura *nf* **1** : closure, closing **2** : closing ceremony **3** : cloister
clausurar *vt* **1** : to close, to bring to a close **2** : to close down
clavada *nf* : slam dunk (in basketball)
clavadista *nmf* : diver
clavado[1], **-da** *adj* **1** : nailed, fixed, stuck **2** *fam* : punctual, on the dot **3** *fam* : identical ⟨es clavado a su padre : he's the image of his father⟩
clavado[2] *nm* : dive
clavar *vt* **1** : to nail, to hammer **2** HINCAR : to plunge, to stick **3** : to fix (one's eyes) on — **clavarse** *vr* : to stick oneself (with a sharp object)
clave[1] *adj* : key, essential
clave[2] *nf* **1** CIFRA : code **2** : key ⟨la clave del misterio : the key to the mystery⟩ **3** : clef **4** : keystone
clavel *nm* : carnation
clavelito *nm* : pink (flower)
clavicémbalo *nm* : harpsichord
clavícula *nf* : collarbone
clavija *nf* **1** : plug **2** : peg, pin
clavo *nm* **1** : nail ⟨clavo grande : spike⟩ **2** : clove **3 dar en el clavo** : to hit the nail on the head

claxon *nm, pl* **cláxones** : horn (of an automobile)
clemencia *nf* : clemency, mercy
clemente *adj* : merciful
cleptomanía *nf* : kleptomania
cleptómano, -na *n* : kleptomaniac
clerecía *nf* : ministry, ministers *pl*
clerical *adj* : clerical
clérigo, -ga *n* : cleric, member of the clergy
clero *nm* : clergy
clic *nm, pl* **clics** : click ⟨haz clic aquí : click here⟩ ⟨doble clic : double click⟩
cliché *nm* **1** : cliché **2** : stencil **3** : negative (of a photograph)
cliente, -ta *n* : customer, client
clientela *nf* : clientele, customers *pl*
clima *nm* **1** : climate **2** AMBIENTE : atmosphere, ambience
climático, -ca *adj* : climatic
climatización *nf, pl* **-ciones** : air-conditioning
climatizar {21} *vt* : to air-condition — **climatizado, -da** *adj*
clímax *nm* : climax
clinch *nm* : clinch (in boxing)
clínica *nf* : clinic
clínico, -ca *adj* : clinical — **clínicamente** *adv*
clip *nm, pl* **clips** **1** : clip **2** : paper clip
clítoris *nms & pl* : clitoris
cloaca *nf* ALCANTARILLA : sewer
clocar {82} *vi* : to cluck
cloche *nm CA, Car, Col, Ven* : clutch (of an automobile)
clon *nm* : clone
clonar *vt* : to clone
cloqué, etc. → **clocar**
cloquear *vi* : to cluck
clorar *vt* : to chlorinate — **cloración** *nf*
cloro *nm* : chlorine
clorofila *nf* : chlorophyll
cloroformo *nm* : chloroform
cloruro *nm* : chloride
clóset *nm, pl* **clósets** **1** : closet **2** : cupboard
club *nm* : club
clueca, clueque etc. → **clocar**
coa *nf Mex* : hoe
coacción *nf, pl* **-ciones** : coercion, duress
coaccionar *vt* : to coerce
coactivo, -va *adj* : coercive
coagular *v* : to clot, to coagulate — **coagulación** *nf*
coágulo *nm* : clot
coalición *nf, pl* **-ciones** : coalition
coartada *nf* : alibi
coartar *vt* : to restrict, to limit
cobalto *nm* : cobalt
cobarde[1] *adj* : cowardly
cobarde[2] *nmf* : coward
cobardía *nf* : cowardice
cobaya *nf* : guinea pig
cobertizo *nm* : shed, shelter
cobertor *nm* COLCHA : bedspread, quilt
cobertura *nf* **1** : coverage **2** : cover, collateral
cobija *nf* FRAZADA, MANTA : blanket
cobijar *vt* : to shelter — **cobijarse** *vr* : to take shelter
cobra *nf* : cobra
cobrador, -dora *n* **1** : collector **2** : conductor (of a bus or train)
cobrar *vt* **1** : to charge **2** : to collect, to draw, to earn **3** : to acquire, to gain **4** : to recover, to retrieve **5** : to cash (a check) **6** : to claim, to take (a life) **7** : to shoot (game), to bag — *vi* **1** : to be paid **2** **llamar por cobrar** *Mex* : to call collect
cobre *nm* : copper
cobrizo, -za *adj* : coppery
cobro *nm* : collection (of money), cashing (of a check)
coca *nf* **1** : coca **2** *fam* : coke, cocaine
cocaína *nf* : cocaine
cocal *nm* : coca plantation
cocción *nf, pl* **cocciones** : cooking
cocear *vi* : to kick (of an animal)
cocer {14} *vt* **1** COCINAR : to cook **2** HERVIR : to boil
cochambre *nmf fam* : filth, grime
cochambroso, -sa *adj* : filthy, grimy
coche *nm* **1** : car, automobile **2** : coach, carriage **3** **coche bomba** : car bomb **4** **coche cama** : sleeping car **5** **coche fúnebre** : hearse
cochecito *nm* : baby carriage, stroller
cochera *nf* : garage, carport
cochinada *nf fam* **1** : filthy language **2** : disgusting behavior **3** : dirty trick
cochinillo *nm* : suckling pig, piglet
cochino[1], -na *adj* **1** : dirty, filthy, disgusting **2** *fam* : rotten, lousy
cochino[2], -na *n* : pig, hog
cocido[1], -da *adj* **1** : boiled, cooked **2** **bien cocido** : well-done
cocido[2] *nm* ESTOFADO, GUISADO : stew
cociente *nm* : quotient
cocimiento *nm* : cooking, baking
cocina *nf* **1** : kitchen **2** : stove **3** : cuisine, cooking
cocinar *v* : to cook
cocinero, -ra *n* : cook, chef
cocineta *nf Mex* : kitchenette
coco *nm* **1** : coconut **2** *fam* : head **3** *fam* : bogeyman
cocoa *nf* : cocoa, hot chocolate
cocodrilo *nm* : crocodile
cocotero *nm* : coconut palm
coctel *or* **cóctel** *nm* **1** : cocktail **2** : cocktail party
coctelera *nf* : cocktail shaker
codazo *nm* **1** **darle un codazo a** : to elbow, to nudge **2** **abrirse paso a codazos** : to elbow one's way through
codearse *vr* : to rub elbows, to hobnob
códice *nm* : codex, manuscript
codicia *nf* AVARICIA : avarice, covetousness
codiciar *vt* : to covet
codicilo *nm* : codicil
codicioso, -sa *adj* : avaricious, covetous

codificación *nf, pl* **-ciones** **1** : codification **2** : coding, encoding
codificar {72} *vt* **1** : to codify **2** : to code, to encode
código *nm* **1** : code **2 código de barras** : bar code **3 código postal** : zip code **4 código morse** : Morse code
codo[1], **-da** *adj Mex* : cheap, stingy
codo[2], **-da** *n Mex* : tightwad, cheapskate
codo[3] *nm* : elbow
codorniz *nf, pl* **-nices** : quail
coeficiente *nm* **1** : coefficient **2 coeficiente intelectual** : IQ, intelligence quotient
coexistir *vi* : to coexist — **coexistencia** *nf*
cofa *nf* : crow's nest
cofre *nm* **1** BAÚL : trunk, chest **2** *Mex* CAPOTE : hood (of a car)
coger {15} *vt* **1** : to seize, to take hold of **2** : to catch **3** : to pick up **4** : to gather, to pick **5** : to gore — **cogerse** *vr* AGARRARSE : to hold on
cogida *nf* **1** : gathering, harvest **2** : goring
cognición *nf, pl* **-ciones** : cognition
cognitivo, -va *adj* : cognitive
cogollo *nm* **1** : heart (of a vegetable) **2** : bud, bulb **3** : core, crux ⟨el cogollo de la cuestión : the heart of the matter⟩
cogote *nm* : scruff, nape
cohabitar *vi* : to cohabit — **cohabitación** *nf*
cohechar *vt* SOBORNAR : to bribe
cohecho *nm* SOBORNO : bribe, bribery
coherencia *nf* : coherence — **coherente** *adj*
cohesión *nf, pl* **-siones** : cohesion
cohesivo, -va *adj* : cohesive
cohete *nm* : rocket
cohibición *nf, pl* **-ciones** **1** : (legal) restraint **2** INHIBICIÓN : inhibition
cohibido, -da *adj* : inhibited, shy
cohibir {62} *vt* : to inhibit, to make self-conscious — **cohibirse** *vr* : to feel shy or embarrassed
cohorte *nf* : cohort
coima *nf Arg, Chile, Peru* : bribe
coimear *vt Arg, Chile, Peru* : to bribe
coincidencia *nf* : coincidence
coincidente *adj* **1** : coincident **2** ACORDE : coinciding
coincidir *vi* **1** : to coincide **2** : to agree
coito *nm* : sexual intercourse, coitus
coja, etc. → **coger**
cojear *vi* **1** : to limp **2** : to wobble, to rock **3 cojear del mismo pie** : to be two of a kind
cojera *nf* : limp
cojín *nm, pl* **cojines** : cushion, throw pillow
cojinete *nm* **1** : bearing, bushing **2 cojinete de bola** : ball bearing
cojo[1], **-ja** *adj* **1** : limping, lame **2** : wobbly **3** : weak, ineffectual
cojo[2], **-ja** *n* : lame person
cojones *nmpl usu considered vulgar* **1** : testicles *pl* **2** : guts *pl,* courage
col *nf* **1** REPOLLO : cabbage **2 col de Bruselas** : Brussels sprout **3 col rizada** : kale
cola *nf* **1** RABO : tail ⟨cola de caballo : ponytail⟩ **2** FILA : line (of people) ⟨hacer cola : to wait in line⟩ **3** : cola, drink **4** : train (of a dress) **5** : tails *pl* (of a tuxedo) **6** PEGAMENTO : glue **7** *fam* : buttocks *pl,* rear end
colaboracionista *nmf* : collaborator, traitor
colaborador, -dora *n* **1** : contributor (to a periodical) **2** : collaborator
colaborar *vi* : to collaborate — **colaboración** *nf*
colación *nf, pl* **-ciones** **1** : light meal **2** : comparison, collation ⟨sacar a colación : to bring up, to broach⟩ **3** : conferral (of a degree)
colador *nm* **1** : colander, strainer **2** *PRi* : small coffeepot
colapso *nm* **1** : collapse **2** : standstill
colar {19} *vt* : to strain, to filter — **colarse** *vr* **1** : to sneak in, to cut in line, to gate-crash **2** : to slip up, to make a mistake
colateral[1] *adj* : collateral — **colateralmente** *adv*
colateral[2] *nm* : collateral
colcha *nf* COBERTOR : bedspread, quilt
colchón *nm, pl* **colchones** **1** : mattress **2** : cushion, padding, buffer
colchoneta *nf* : mat (for gymnastic sports)
colear *vi* **1** : to wag its tail **2 vivito y coleando** *fam* : alive and kicking
colección *nf, pl* **-ciones** : collection
coleccionar *vt* : to collect, to keep a collection of
coleccionista *nmf* : collector
colecta *nf* : collection (of donations)
colectar *vt* : to collect
colectividad *nf* : community, group
colectivo[1], **-va** *adj* : collective — **colectivamente** *adv*
colectivo[2] *nm* **1** : collective **2** *Arg, Bol, Peru* : city bus
colector[1], **-tora** *n* : collector ⟨colector de impuestos : tax collector⟩
colector[2] *nm* **1** : sewer **2** : manifold (of an engine)
colega *nmf* **1** : colleague **2** HOMÓLOGO : counterpart **3** *fam* : buddy
colegiado[1], **-da** *adj* : collegiate
colegiado[2], **-da** *n* **1** ÁRBITRO : referee **2** : member (of a professional association)
colegial[1], **-giala** *adj* **1** : school, collegiate **2** *Mex fam* : green, inexperienced
colegial[2], **-giala** *n* : schoolboy *m,* schoolgirl *f*
colegiatura *nf Mex* : tuition
colegio *nm* **1** : school **2** : college ⟨colegio electoral : electoral college⟩ **3** : professional association

colegir {28} *vt* **1** JUNTAR : to collect, to gather **2** INFERIR : to infer, to deduce

cólera[1] *nm* : cholera

cólera[2] *nf* FURIA, IRA : anger, rage

colérico, -ca *adj* **1** FURIOSO : angry **2** IRRITABLE : irritable

colesterol *nm* : cholesterol

coleta *nf* **1** : ponytail **2** : pigtail

coletazo *nm* : lash, flick (of a tail)

colgado, -da *adj* **1** : hanging, hanged **2** : pending **3 dejar colgado a** : to disappoint, to let down

colgante[1] *adj* : hanging, dangling

colgante[2] *nm* : pendant, charm (on a bracelet)

colgar {16} *vt* **1** : to hang (up), to put up **2** AHORCAR : to hang (someone) **3** : to hang up (a telephone) **4** *fam* : to fail (an exam) — **colgarse** *vr* **1** : to hang, to be suspended **2** AHORCARSE : to hang oneself **3** : to hang up a telephone

colibrí *nm* CHUPAFLOR : hummingbird

cólico *nm* : colic

coliflor *nf* : cauliflower

colilla *nf* : butt (of a cigarette)

colina *nf* CERRO, LOMA : hill

colindante *adj* CONTIGUO : adjacent, neighboring

colindar *vi* : to adjoin, to be adjacent

coliseo *nm* : coliseum

colisión *nf, pl* **-siones** : collision

colisionar *vi* : to collide

collage *nm* : collage

collar *nm* **1** : collar (for an animal) **2** : necklace ⟨collar de perlas : string of pearls⟩

colmado, -da *adj* : heaping

colmar *vt* **1** : to fill to the brim **2** : to fulfill, to satisfy **3** : to heap, to shower ⟨me colmaron de regalos : they showered me with gifts⟩

colmena *nf* : beehive

colmenar *nm* APIARIO : apiary

colmillo *nm* **1** CANINO : canine (tooth), fang **2** : tusk

colmilludo, -da *adj Mex, PRi* : astute, shrewd, crafty

colmo *nm* : height, extreme, limit ⟨el colmo de la locura : the height of folly⟩ ⟨¡eso es el colmo! : that's the last straw!⟩

colocación *nf, pl* **-ciones** **1** : placement, placing **2** : position, job **3** : investment

colocar {72} *vt* **1** PONER : to place, to put **2** : to find a job for **3** : to invest — **colocarse** *vr* **1** SITUARSE : to position oneself **2** : to get a job

colofón *nm, pl* **-fones** **1** : ending, finale **2** : colophon

colofonia *nf* : rosin

colombiano, -na *adj & n* : Colombian

colon *nm* : (intestinal) colon

colón *nm, pl* **colones** : Costa Rican and Salvadoran unit of currency

colonia *nf* **1** : colony **2** : cologne **3** *Mex* : residential area, neighborhood

colonial *adj* : colonial

colonización *nf, pl* **-ciones** : colonization

colonizador[1], **-dora** *adj* : colonizing

colonizador[2], **-dora** *n* : colonizer, colonist

colonizar {21} *vt* : to colonize, to settle

colono, -na *n* **1** : settler, colonist **2** : tenant farmer

coloquial *adj* : colloquial

coloquio *nm* **1** : discussion, talk **2** : conference, symposium

color *nm* **1** : color **2** : paint, dye **3 colores** *nmpl* : colored pencils

coloración *nf, pl* **-ciones** : coloring, coloration

colorado[1], **-da** *adj* **1** ROJO : red **2 ponerse colorado** : to blush **3 chiste colorado** *Mex* : off-color joke

colorado[2] *nm* ROJO : red

colorante *nm* : coloring ⟨colorante de alimentos : food coloring⟩

colorear *vt* : to color — *vi* **1** : to redden **2** : to ripen

colorete *nm* : rouge, blusher

colorido *nm* : color, coloring

colorín *nm, pl* **-rines** **1** : bright color **2** : goldfinch

colosal *adj* : colossal

coloso *nm* : colossus

coludir *vi* : to be in collusion, to conspire

columna *nf* **1** : column **2 columna vertebral** : spine, backbone

columnata *nf* : colonnade

columnista *nmf* : columnist

columpiar *vt* : to push (on a swing) — **columpiarse** *vr* : to swing

columpio *nm* : swing

colusión *nf, pl* **-siones** : collusion

colza *nf* : rape (plant)

coma[1] *nm* : coma

coma[2] *nf* : comma

comadre *nf* **1** : godmother of one's child **2** : mother of one's godchild **3** *fam* : neighbor, female friend **4** *fam* : gossip

comadrear *vi fam* : to gossip

comadreja *nf* : weasel

comadrona *nf* : midwife

comanche *nmf* : Comanche

comandancia *nf* **1** : command headquarters **2** : command

comandante *nmf* **1** : commander, commanding officer **2** : major

comandar *vt* : to command, to lead

comando *nm* **1** : commando **2** : command (for computers)

comarca *nf* REGIÓN : region

comarcal *adj* REGIONAL : regional, local

comatoso, -sa *adj* : comatose

combar *vt* : to bend, to curve — **combarse** *vr* **1** : to bend, to buckle **2** : to warp, to bulge, to sag

combate *nm* **1** : combat **2** : fight, boxing match

combatiente *nmf* : combatant, fighter

combatir *vt* : to combat, to fight against — *vi* : to fight

combatividad *nf* : fighting spirit

combativo, -va *adj* : combative, spirited
combinación *nf, pl* **-ciones** **1** : combination **2** : connection (in travel)
combinar *vt* **1** UNIR : to combine, to mix together **2** : to match, to put together — **combinarse** *vr* : to get together, to conspire
combo *nm* **1** : (musical) band **2** *Chile, Peru* : sledgehammer **3** *Chile, Peru* : punch
combustible[1] *adj* : combustible
combustible[2] *nm* : fuel
combustión *nf, pl* **-tiones** : combustion
comedero *nm* : trough, feeder
comedia *nf* : comedy
comediante *nmf* : actor, actress *f*
comedido, -da *adj* MESURADO : moderate, restrained
comediógrafo, -fa *n* : playwright
comedor *nm* : dining room
comején *nm, pl* **-jenes** : termite
comelón[1], **-lona** *adj, mpl* **-lones** *fam* : gluttonous
comelón[2], **-lona** *n, pl* **-lones** *fam* : big eater, glutton
comensal *nmf* : dinner guest
comentador, -dora *n* → **comentarista**
comentar *vt* **1** : to comment on, to discuss **2** : to mention, to remark
comentario *nm* **1** : comment, remark ⟨sin comentarios : no comment⟩ **2** : commentary
comentarista *nmf* : commentator
comenzar {29} *v* EMPEZAR : to begin, to start
comer[1] *vt* **1** : to eat **2** : to consume, to eat up, to eat into — *vi* **1** : to eat **2** CENAR : to have a meal **3 dar de comer** : to feed — **comerse** *vr* : to eat up
comer[2] *nm* : eating, dining
comercial *adj & nm* : commercial — **comercialmente** *adv*
comercializar {21} *vt* **1** : to commercialize **2** : to market
comerciante *nmf* : merchant, dealer
comerciar *vi* : to do business, to trade
comercio *nm* **1** : commerce, trade **2** NEGOCIO : business, place of business **3 comercio electrónico** : e-commerce
comestible *adj* : edible
comestibles *nmpl* VÍVERES : groceries, food
cometa[1] *nm* : comet
cometa[2] *nf* : kite
cometer *vt* **1** : to commit **2 cometer un error** : to make a mistake
cometido *nm* : assignment, task
comezón *nf, pl* **-zones** PICAZÓN : itchiness, itching
comible *adj fam* : eatable, edible
comic *or* **cómic** *nm* : comic strip, comic book
comicastro, -tra *n* : second-rate actor, ham
comicidad *nf* HUMOR : humor, wit
comicios *nmpl* : elections, voting
cómico[1], **-ca** *adj* : comic, comical
cómico[2], **-ca** *n* HUMORISTA : comic, comedian, comedienne *f*
comida *nf* **1** : food **2** : meal **3** : dinner **4 comida basura** : junk food **5 comida rápida** : fast food
comidilla *nf* : talk, gossip
comienzo *nm* **1** : start, beginning **2 al comienzo** : at first **3 dar comienzo** : to begin
comillas *nfpl* : quotation marks ⟨entre comillas : in quotes⟩
comilón, -lona → **comelón, -lona**
comilona *nf fam* : feast
comino *nm* **1** : cumin **2 me vale un comino** *fam* : not to matter to someone ⟨no me importa un comino : I couldn't care less⟩
comisaría *nf* : police station
comisario, -ria *n* : commissioner
comisión *nf, pl* **-siones** **1** : commission, committing **2** : committee **3** : percentage, commission ⟨comisión sobre las ventas : sales commission⟩
comisionado[1], **-da** *adj* : commissioned, entrusted
comisionado[2], **-da** *n* → **comisario**
comisionar *vt* : to commission
comité *nm* : committee
comitiva *nf* : retinue, entourage
como[1] *adv* **1** : around, about ⟨cuesta como 500 pesos : it costs around 500 pesos⟩ **2** : kind of, like ⟨tengo como mareos : I'm kind of dizzy⟩
como[2] *conj* **1** : how, as ⟨hazlo como dijiste que lo harías : do it the way you said you would⟩ **2** : since, given that ⟨como estaba lloviendo, no salí : since it was raining, I didn't go out⟩ **3** : if ⟨como lo vuelva a hacer lo arrestarán : if he does that again he'll be arrested⟩ **4 como quiera** : in any way
como[3] *prep* **1** : like, as ⟨ligero como una pluma : light as a feather⟩ **2 así como** : as well as
cómo *adv* : how ⟨¿cómo estás? : how are you?⟩ ⟨¿a cómo están las peras? : how much are the pears?⟩ ⟨¿cómo? : excuse me?, what was that?⟩ ⟨no sé cómo lo hace : I don't know how she does it⟩ ⟨¿cómo es eso? : how come?⟩ ⟨¿cómo que no hay dinero? : what do you mean there's no money?⟩ ⟨¿se puede? ¡cómo no! : may I? of course!⟩ ⟨¡cómo cambian los tiempos! : how times change!⟩
cómoda *nf* : bureau, chest of drawers
comodidad *nf* **1** : comfort **2** : convenience
comodín *nm, pl* **-dines** **1** : joker, wild card **2** : wildcard (symbol) **3** : all-purpose word or thing **4** : pretext, excuse
cómodo, -da *adj* **1** CONFORTABLE : comfortable **2** : convenient — **cómodamente** *adv*
comodoro *nm* : commodore
comoquiera *adv* **1** : in any way **2 comoquiera que** : in whatever way, how-

ever ⟨comoquiera que sea eso : however that may be⟩

compa *nm fam* : buddy, pal

compactar *vt* : to compact, to compress

compacto, -ta *adj* : compact

compadecer {53} *vt* : to sympathize with, to feel sorry for — **compadecerse** *vr* **1** ∼ **de** : to take pity on, to commiserate with **2** ∼ **con** : to fit, to accord (with)

compadre *nm* **1** : godfather of one's child **2** : father of one's godchild **3** *fam* : buddy, pal

compaginar *vt* **1** COORDINAR : to combine, to coordinate **2** : to collate

compañerismo *nm* : comradeship, camaraderie

compañero, -ra *n* : companion, mate, partner

compañía *nf* **1** : company ⟨llegó en compañía de su madre : he arrived with his mother⟩ **2** EMPRESA, FIRMA : firm, company

comparable *adj* : comparable

comparación *nf, pl* **-ciones** : comparison

comparado, -da *adj* : comparative ⟨literatura comparada : comparative literature⟩

comparar *vt* : to compare

comparativo[1], **-va** *adj* : comparative, relative — **comparativamente** *adv*

comparativo[2] *nm* : comparative degree or form

comparecencia *nf* **1** : appearance (in court) **2 orden de comparecencia** : subpoena, summons

comparecer {53} *vi* : to appear (in court)

compartimiento *or* **compartimento** *nm* : compartment

compartir *vt* : to share

compás *nm, pl* **-pases 1** : beat, rhythm, time **2** : compass

compasión *nf, pl* **-siones** : compassion, pity

compasivo, -va *adj* : compassionate, sympathetic

compatibilidad *nf* : compatibility

compatible *adj* : compatible

compatriota *nmf* PAISANO : compatriot, fellow countryman

compeler *vt* : to compel

compendiar *vt* : to summarize, to condense

compendio *nm* : summary

compenetración *nf, pl* **-ciones** : rapport, mutual understanding

compenetrarse *vr* **1** : to understand each other **2** ∼ **con** : to identify oneself with

compensación *nf, pl* **-ciones** : compensation

compensar *vt* : to compensate for, to make up for — *vi* : to be worth one's while

compensatorio, -ria *adj* : compensatory

competencia *nf* **1** : competition, rivalry **2** : competence

competente *adj* : competent, able — **competentemente** *adv*

competición *nf, pl* **-ciones** : competition

competidor[1], **-dora** *adj* RIVAL : competing, rival

competidor[2], **-dora** *n* RIVAL : competitor, rival

competir {54} *vi* : to compete

competitividad *nf* : competitiveness

competitivo, -va *adj* : competitive — **competitivamente** *adv*

compilar *vt* : to compile — **compilación** *nf*

compinche *nmf fam* **1** : buddy, pal **2** : partner in crime, accomplice

complacencia *nf* : pleasure, satisfaction

complacer {57} *vt* : to please — **complacerse** *vr* ∼ **en** : to take pleasure in

complaciente *adj* : obliging, eager to please

complejidad *nf* : complexity

complejo[1], **-ja** *adj* : complex

complejo[2] *nm* : complex

complementar *vt* : to complement, to supplement — **complementarse** *vr*

complementario, -ria *adj* : complementary

complemento *nm* **1** : complement, supplement **2** : supplementary pay, allowance

completamente *adv* : completely, totally

completar *vt* TERMINAR : to complete, to finish

completo, -ta *adj* **1** : complete **2** : perfect, absolute **3** : full, detailed

complexión *nf, pl* **-xiones** : (physical) constitution

complicación *nf, pl* **-ciones** : complication

complicado, -da *adj* : complicated

complicar {72} *vt* **1** : to complicate **2** : to involve — **complicarse** *vr*

cómplice *nmf* : accomplice

complicidad *nf* : complicity

complot *nm, pl* **complots** CONFABULACIÓN, CONSPIRACIÓN : conspiracy, plot

componenda *nf* : shady deal, scam

componente *adj & nm* : component, constituent

componer {60} *vt* **1** ARREGLAR : to fix, to repair **2** CONSTITUIR : to make up, to compose **3** : to compose, to write **4** : to set (a bone) — **componerse** *vr* **1** : to improve, to get better **2** ∼ **de** : to consist of

comportamiento *nm* CONDUCTA : behavior, conduct

comportarse *vr* : to behave, to conduct oneself

composición *nf, pl* **-ciones 1** OBRA : composition, work **2** : makeup, arrangement

compositor, -tora *n* : composer, songwriter

compostura *nf* **1** : composure **2** : mending, repair
compra *nf* **1** : purchase **2 ir de compras** : to go shopping **3 orden de compra** : purchase order
comprador, -dora *n* : buyer, shopper
comprar *vt* : to buy, to purchase
compraventa *nf* : buying and selling
comprender *vt* **1** ENTENDER : to comprehend, to understand **2** ABARCAR : to cover, to include — *vi* : to understand ⟨¡ya comprendo! : now I understand!⟩
comprensible *adj* : understandable — **comprensiblemente** *adv*
comprensión *nf, pl* **-siones 1** : comprehension, understanding, grasp **2** : understanding, sympathy
comprensivo, -va *adj* : understanding
compresa *nf* **1** : compress **2** *or* **compresa higiénica** : sanitary napkin
compresión *nf, pl* **-siones** : compression
compresor *nm* : compressor
comprimido *nm* PÍLDORA, TABLETA : pill, tablet
comprimir *vt* : to compress
comprobable *adj* : verifiable, provable
comprobación *nf, pl* **-ciones** : verification, confirmation
comprobante *nm* **1** : proof ⟨comprobante de identidad : proof of identity⟩ **2** : voucher, receipt ⟨comprobante de ventas : sales slip⟩
comprobar {19} *vt* **1** : to verify, to check **2** : to prove
comprometedor, -dora *adj* : compromising
comprometer *vt* **1** : to compromise **2** : to jeopardize **3** : to commit, to put under obligation — **comprometerse** *vr* **1** : to commit oneself **2** ~ **con** : to get engaged to
comprometido, -da *adj* **1** : compromising, awkward **2** : committed, obliged **3** : engaged (to be married)
compromiso *nm* **1** : obligation, commitment **2** : engagement ⟨anillo de compromiso : engagement ring⟩ **3** : agreement **4** : awkward situation, fix
compuerta *nf* : floodgate
compuesto[1] *pp* → **componer**
compuesto[2], **-ta** *adj* **1** : fixed, repaired **2** : compound, composite **3** : decked out, spruced up **4** ~ **de** : made up of, consisting of
compuesto[3] *nm* : compound
compulsión *nf, pl* **-siones** : compulsion
compulsivo, -va *adj* **1** : compelling, urgent **2** : compulsive — **compulsivamente** *adv*
compungido, -da *adj* : contrite, remorseful
compungirse {35} *vr* : to feel remorse
compuso, etc. → **componer**
computable *adj* : countable ⟨años computables : years accrued⟩ ⟨ingresos computables : qualifying income⟩
computación *nf, pl* **-ciones** : computing, computers *pl*
computador *nm* → **computadora**
computadora *nf* **1** : computer **2 computadora portátil** : laptop computer
computar *vt* : to compute, to calculate
computarizar {21} *vt* : to computerize
cómputo *nm* : computation, calculation
comulgar {52} *vi* : to receive Communion
común *adj, pl* **comunes 1** : common **2 común y corriente** : ordinary, regular **3 por lo común** : generally, as a rule
comuna *nf* : commune
comunal *adj* : communal
comunicación *nf, pl* **-ciones 1** : communication **2** : access, link **3** : message, report
comunicado *nm* **1** : communiqué **2 comunicado de prensa** : press release
comunicar {72} *vt* **1** : to communicate, to convey **2** : to notify — **comunicarse** *vr* ~ **con 1** : to contact, to get in touch with **2** : to be connected to
comunicativo, -va *adj* : communicative, talkative
comunidad *nf* : community
comunión *nf, pl* **-niones 1** : communion, sharing **2** : Communion
comunismo *nm* : communism, Communism
comunista *adj & nmf* : communist
comúnmente *adv* : commonly
con *prep* **1** : with ⟨vengo con mi padre : I'm going with my father⟩ ⟨¿con quién hablas? : who are you speaking to?⟩ **2** : in spite of ⟨con todo : in spite of it all⟩ **3** : to, towards ⟨ser amable con : to be kind to⟩ **4** : by ⟨con llegar temprano : by arriving early⟩ **5 con (tal) que** : as/so long as
conato *nm* : attempt, effort ⟨conato de robo : attempted robbery⟩
cóncavo, -va *adj* : concave
concebible *adj* : conceivable
concebir {54} *vt* **1** : to conceive **2** : to conceive of, to imagine — *vi* : to conceive, to become pregnant
conceder *vt* **1** : to grant, to bestow **2** : to concede, to admit
concejal, -jala *n* : councilman *m,* councilwoman *f,* alderman *m,* alderwoman *f*
concejo *nm* : council ⟨concejo municipal : town council⟩
concentración *nf, pl* **-ciones** : concentration
concentrado *nm* : concentrate
concentrar *vt* : to concentrate — **concentrarse** *vr*
concéntrico, -ca *adj* : concentric
concepción *nf, pl* **-ciones** : conception
concepto *nm* NOCIÓN : concept, idea, opinion
conceptuar {3} *vt* : to regard, to judge

concernir {17} *vi* : to be of concern

concertar {55} *vt* **1** : to arrange, to set up **2** : to agree on, to settle **3** : to harmonize — *vi* : to be in harmony

concesión *nf, pl* **-siones 1** : concession **2** : awarding, granting

concha *nf* : conch, seashell

conciencia *nf* **1** : conscience **2** : consciousness, awareness

concientizar {21} *vt* : to make aware — **concientizarse** *vr* ~ **de** : to realize, to become aware of

concienzudo, -da *adj* : conscientious

concierto *nm* **1** : concert **2** : agreement **3** : concerto

conciliador[1], **-dora** *adj* : conciliatory

conciliador[2], **-dora** *n* : arbitrator, peacemaker

conciliar *vt* : to conciliate, to reconcile — **conciliación** *nf*

conciliatorio, -ria *adj* → **conciliador**[1]

concilio *nm* : (church) council

conciso, -sa *adj* : concise — **concisión** *nf*

conciudadano, -na *n* : fellow citizen

cónclave *nm* : conclave, private meeting

concluir {41} *vt* **1** TERMINAR : to conclude, to finish **2** DEDUCIR : to deduce, to infer — *vi* : to end, to conclude

conclusión *nf, pl* **-siones** : conclusion

concluyente *adj* : conclusive

concomitante *adj* : concomitant

concordancia *nf* : agreement, accordance

concordar {19} *vi* : to agree, to coincide — *vt* : to reconcile

concordia *nf* : concord, harmony

concretar *vt* **1** : to pinpoint, to specify **2** : to fulfill, to realize — **concretarse** *vr* : to become real, to take shape

concretizar → **concretar**

concreto[1], **-ta** *adj* **1** : concrete, actual **2** : definite, specific ⟨en concreto : specifically⟩ — **concretamente** *adv*

concreto[2] *nm* HORMIGÓN : concrete

concubina *nf* : concubine

concurrencia *nf* **1** : audience, turnout **2** : concurrence

concurrente *adj* : concurrent — **concurrentemente** *adv*

concurrido, -da *adj* : busy, crowded

concurrir *vi* **1** : to converge, to come together **2** : to concur, to agree **3** : to take part, to participate **4** : to attend, to be present ⟨concurrir a una reunión : to attend a meeting⟩ **5** ~ **a** : to contribute to

concursante *nmf* : contestant, competitor

concursar *vt* : to compete in — *vi* : to compete, to participate

concurso *nm* **1** : contest, competition **2** : concurrence, coincidence **3** : crowd, gathering **4** : cooperation, assistance

condado *nm* **1** : county **2** : earldom

conde, -desa *n* : count *m*, earl *m*, countess *f*

condecoración *nf, pl* **-ciones** : decoration, medal

condecorar *vt* : to decorate, to award (a medal)

condena *nf* **1** REPROBACIÓN : disapproval, condemnation **2** SENTENCIA : sentence, conviction

condenable *adj* : reprehensible

condenación *nf, pl* **-ciones 1** : condemnation **2** : damnation

condenado[1], **-da** *adj* **1** : fated, doomed **2** : convicted, sentenced **3** *fam* : darn, damned

condenado[2], **-da** *n* : convict

condenar *vt* **1** : to condemn **2** : to sentence **3** : to board up, to wall up — **condenarse** *vr* : to be damned

condensación *nf, pl* **-ciones** : condensation

condensar *vt* : to condense

condesa *nf* → **conde**

condescendencia *nf* : condescension

condescender {56} *vi* **1** : to condescend **2** : to agree, to acquiesce

condición *nf, pl* **-ciones 1** : condition, state ⟨en buenas/malas condiciones : in good/bad condition⟩ ⟨no está en condiciones de trabajar : she's in no shape to work⟩ **2** : capacity, position ⟨estar en condiciones de : to be in a position to⟩ **3** : condition, stipulation ⟨a condición de que, con la condición de que : on the condition that⟩ **4 condiciones** *nfpl* : conditions, circumstances ⟨condiciones de vida : living conditions⟩ ⟨en igualdad de condiciones : on equal footing⟩

condicional *adj* : conditional — **condicionalmente** *adv*

condicionamiento *nm* : conditioning

condicionar *vt* **1** : to condition, to determine **2** ~ **a** : to be contingent on, to depend on

condimentar *vt* SAZONAR : to season, to spice

condimento *nm* : condiment, seasoning, spice

condiscípulo, -la *n* : classmate

condolencia *nf* : condolence, sympathy

condolerse {47} *vr* : to sympathize

condominio *nm* : condominium, condo

condón *nm, pl* **condones** : condom

cóndor *nm* : condor

conducción *nf, pl* **-ciones 1** : conduction (of electricity, etc.) **2** DIRECCIÓN : management, direction

conducir {61} *vt* **1** DIRIGIR, GUIAR : to direct, to lead **2** MANEJAR : to drive (a vehicle) — *vi* **1** : to drive a vehicle **2** ~ **a** : to lead to — **conducirse** *vr* PORTARSE : to behave, to conduct oneself

conducta *nf* COMPORTAMIENTO : conduct, behavior

conducto *nm* : conduit, channel, duct

conductor[1], **-tora** *adj* : conducting, leading

conductor[2], **-tora** *n* : driver

conductor[3] *nm* : conductor (of electricity, etc.)

conectar *vt* : to connect — *vi* ~ **con** : to link up with, to communicate with
conector *nm* : connector
conejera *nf* : rabbit hutch
conejillo *nm* **conejillo de Indias** : guinea pig
conejo, -ja *n* : rabbit
conexión *nf, pl* **-xiones** : connection
confabulación *nf, pl* **-ciones** COMPLOT, CONSPIRACIÓN : plot, conspiracy
confabularse *vr* : to plot, to conspire
confección *nf, pl* **-ciones** **1** : preparation **2** : tailoring, dressmaking
confeccionar *vt* : to make, to produce, to prepare
confederación *nf, pl* **-ciones** : confederation
confederarse *vr* : to confederate, to form a confederation
conferencia *nf* **1** REUNIÓN : conference, meeting **2** : lecture
conferenciante *nmf* : lecturer
conferencista → **conferenciante**
conferir {76} *vt* : to confer, to bestow
confesar {55} *v* : to confess — **confesarse** *vr* : to go to confession
confesión *nf, pl* **-siones** **1** : confession **2** : creed, denomination
confesionario *nm* : confessional
confesor *nm* : confessor
confeti *nm* : confetti
confiable *adj* : trustworthy, reliable
confiado, -da *adj* **1** : confident, self-confident **2** : trusting — **confiadamente** *adv*
confianza *nf* **1** : trust ⟨de poca confianza : untrustworthy⟩ **2** : confidence, self-confidence
confianzudo, -da *adj* : forward, presumptuous
confiar {85} *vi* : to have trust, to be trusting — *vt* **1** : to confide **2** : to entrust — **confiarse** *vr* **1** : to be overconfident **2** ~ **a** : to confide in
confidencia *nf* : confidence, secret
confidencial *adj* : confidential — **confidencialmente** *adv*
confidencialidad *nf* : confidentiality
confidente *nmf* **1** : confidant, confidante *f* **2** : informer
configuración *nf, pl* **-ciones** : configuration, shape
configurar *vt* : to shape, to form
confín *nm, pl* **confines** : boundary, limit
confinamiento *nm* : confinement
confinar *vt* **1** : to confine, to limit **2** : to exile — *vi* ~ **con** : to border on
confirmación *nf, pl* **-ciones** : confirmation
confirmar *vt* : to confirm, to substantiate
confiscación *nf, pl* **-ciones** : confiscation
confiscar {72} *vt* DECOMISAR : to confiscate, to seize
confitado, -da *adj* : candied
confite *nm* : comfit, candy
confitería *nf* **1** DULCERÍA : candy store, confectionery **2** : tearoom, café
confitero, -ra *n* : confectioner
confitura *nf* : preserves, jam
conflagración *nf, pl* **-ciones** **1** : conflagration, fire **2** : war
conflictivo, -va *adj* **1** : troubled **2** : controversial
conflicto *nm* : conflict
confluencia *nf* : junction, confluence
confluir {41} *vi* **1** : to converge, to join **2** : to gather, to assemble
conformar *vt* **1** : to form, to create **2** : to constitute, to make up — **conformarse** *vr* **1** RESIGNARSE : to resign oneself **2** : to comply, to conform **3** ~ **con** : to content oneself with, to be satisfied with
conforme[1] *adj* **1** : content, satisfied **2** ~ **a** : in accordance with
conforme[2] *conj* : as ⟨entreguen sus tareas conforme vayan saliendo : hand in your homework as you leave⟩
conformidad *nf* **1** : agreement, consent **2** : resignation
confort *nm* : comfort
confortable *adj* CÓMODO : comfortable
confortar *vt* CONSOLAR : to comfort, to console
confraternidad *nf* : brotherhood, fraternity
confraternización *nf, pl* **-ciones** : fraternization
confraternizar *vi* : to fraternize
confrontación *nf, pl* **-ciones** : confrontation
confrontar *vt* **1** ENCARAR : to confront **2** : to compare **3** : to bring face-to-face — *vi* : to border — **confrontarse** *vr* ~ **con** : to face up to
confundir *vt* : to confuse, to mix up — **confundirse** *vr* : to make a mistake, to be confused ⟨confundirse de número : to get the wrong number⟩
confusión *nf, pl* **-siones** : confusion
confuso, -sa *adj* **1** : confused, mixed-up **2** : obscure, indistinct
congelación *nf, pl* **-ciones** **1** : freezing **2** : frostbite
congelado, -da *adj* HELADO : frozen
congelador *nm* HELADORA : freezer
congelamiento *nm* → **congelación**
congelar *vt* : to freeze — **congelarse** *vr*
congeniar *vi* : to get along (with someone)
congénito, -ta *adj* : congenital
congestión *nf, pl* **-tiones** : congestion
congestionado, -da *adj* : congested
congestionamiento *nm* → **congestión**
congestionarse *vr* **1** : to become flushed **2** : to become congested
conglomerado[1], **-da** *adj* : conglomerate, mixed
conglomerado[2] *nm* : conglomerate, conglomeration
congoja *nf* ANGUSTIA : anguish, grief
congoleño, -ña *adj & n* : Congolese
congraciarse *vr* : to ingratiate oneself

congratular *vt* FELICITAR : to congratulate
congregación *nf, pl* **-ciones** : congregation, gathering
congregar {52} *vt* : to bring together — **congregarse** *vr* : to congregate, to assemble
congresista *nmf* : congressman *m*, congresswoman *f*
congreso *nm* : congress, conference
congruencia *nf* **1** : congruence **2** COHERENCIA : coherence — **congruente** *adj*
cónico, -ca *adj* : conical, conic
conífera *nf* : conifer
conífero, -ra *adj* : coniferous
conjetura *nf* : conjecture, guess
conjeturar *vt* : to guess, to conjecture
conjugación *nf, pl* **-ciones** : conjugation
conjugar {52} *vt* **1** : to conjugate **2** : to combine
conjunción *nf, pl* **-ciones** : conjunction
conjuntivo, -va *adj* : connective ⟨tejido conjuntivo : connective tissue⟩
conjunto[1], -ta *adj* : joint
conjunto[2] *nm* **1** : collection, group **2** : ensemble, outfit ⟨conjunto musical : musical ensemble⟩ **3** : whole, entirety ⟨en conjunto : as a whole, altogether⟩
conjurar *vt* **1** : to exorcise **2** : to avert, to ward off — *vi* CONSPIRAR : to conspire, to plot
conjuro *nm* **1** : exorcism **2** : spell
conllevar *vt* **1** : to bear, to suffer **2** IMPLICAR : to entail, to involve
conmemorar *vt* : to commemorate — **conmemoración** *nf*
conmemorativo, -va *adj* : commemorative, memorial
conmigo *pron* : with me ⟨habló conmigo : he talked with me⟩
conminar *vt* AMENAZAR : to threaten, to warn
conmiseración *nf, pl* **-ciones** : pity, commiseration
conmoción *nf, pl* **-ciones** **1** : shock, upheaval **2** *or* **conmoción cerebral** : concussion
conmocionar *vt* : to shake, to shock
conmovedor, -dora *adj* EMOCIONANTE : moving, touching
conmover {47} *vt* **1** EMOCIONAR : to move, to touch **2** : to shake up — **conmoverse** *vr*
conmutador *nm* **1** : switch **2** : switchboard
conmutar *vt* **1** : to commute (a sentence) **2** : to switch, to exchange
connivencia *nf* : connivance
connotación *nf, pl* **-ciones** : connotation
connotar *vt* : to connote, to imply
cono *nm* : cone
conocedor[1], -dora *adj* : knowledgeable
conocedor[2], -dora *n* : connoisseur, expert
conocer {18} *vt* **1** : to know, to be acquainted with ⟨¿lo conoces? : do you know him?⟩ **2** : to meet ⟨ya la conocí : I've already met her⟩ **3** : to know, to be familiar with (a topic, etc.) **4** : to get to know, to experience ⟨me gustaría conocer otros paises : I'd like to visit other countries⟩ ⟨conocer de primera mano : to experience firsthand⟩ **5** RECONOCER : to recognize ⟨no te conocí : I didn't recognize you⟩ **6 dar a conocer** : to disclose, to announce **7 darse a conocer** : to make oneself known — **conocerse** *vr* **1** : to know each other **2** : to meet **3** : to know oneself
conocido[1], -da *adj* **1** : familiar **2** : well-known, famous
conocido[2], -da *n* : acquaintance
conocimiento *nm* **1** : knowledge **2** SENTIDO : consciousness
conque *conj* : so, so then, and so ⟨¡ah, conque esas tenemos! : oh, so that's what's going on!⟩
conquista *nf* : conquest
conquistador[1], -dora *adj* : conquering
conquistador[2], -dora *n* : conqueror
conquistar *vt* : to conquer
consabido, -da *adj* : usual, typical
consagración *nf, pl* **-ciones** : consecration
consagrar *vt* **1** : to consecrate **2** DEDICAR : to dedicate, to devote
consciencia → **conciencia**
consciente *adj* : conscious, aware — **conscientemente** *adv*
conscripción *nf, pl* **-ciones** : conscription, draft
conscripto, -ta *n* : conscript, inductee
consecución *nf, pl* **-ciones** : attainment
consecuencia *nf* **1** : consequence, result ⟨a consecuencia de : as a result of⟩ **2 en ～** : accordingly
consecuente *adj* : consistent — **consecuentemente** *adv*
consecutivo, -va *adj* : consecutive, successive — **consecutivamente** *adv*
conseguir {75} *vt* **1** : to get, to obtain **2** : to achieve, to attain **3** : to manage to ⟨consiguió acabar el trabajo : she managed to finish the job⟩
consejero, -ra *n* : adviser, counselor
consejo *nm* **1** : advice, counsel **2** : council ⟨consejo de guerra : court-martial⟩
consenso *nm* : consensus
consentido, -da *adj* : spoiled, pampered
consentimiento *nm* : consent, permission
consentir {76} *vt* **1** PERMITIR : to consent to, to allow **2** MIMAR : to pamper, to spoil — *vi* **～ en** : to agree to, to approve of
conserje *nmf* : custodian, janitor, caretaker
conserva *nf* **1** : preserve(s), jam **2 conservas** *nfpl* : canned goods

conservación *nf, pl* **-ciones** : conservation, preservation

conservacionista *nmf* : conservationist

conservador[1], **-dora** *adj & n* : conservative

conservador[2] *nm* : preservative

conservadurismo *nf* : conservatism

conservante *nm* : preservative

conservar *vt* **1** : to preserve **2** GUARDAR : to keep, to conserve

conservatorio *nm* : conservatory

considerable *adj* : considerable — **considerablemente** *adv*

consideración *nf, pl* **-ciones** **1** : consideration **2** : respect **3 de ~** : considerable, important

considerado, -da *adj* **1** : considerate, thoughtful **2** : respected

considerar *vt* **1** : to consider, to think over **2** : to judge, to deem **3** : to treat with respect

consigna *nf* **1** ESLOGAN : slogan **2** : assignment, orders *pl* **3** : checkroom

consignación *nf, pl* **-ciones** **1** : consignment **2** ASIGNACIÓN : allocation

consignar *vt* **1** : to consign **2** : to record, to write down **3** : to assign, to allocate

consigo *pron* : with her, with him, with you, with oneself ⟨se llevó las llaves consigo : she took the keys with her⟩

consiguiente *adj* **1** : resulting, consequent **2 por ~** : consequently, as a result

consistencia *nf* : consistency

consistente *adj* **1** : firm, strong, sound **2** : consistent — **consistentemente** *adv*

consistir *vi* **1 ~ en** : to consist of **2 ~ en** : to lie in, to consist in

consola *nf* : console

consolación *nf, pl* **-ciones** : consolation ⟨premio de consolación : consolation prize⟩

consolar {19} *vt* CONFORTAR : to console, to comfort

consolidar *vt* : to consolidate — **consolidación** *nf*

consomé *nm* CALDO : consommé, clear soup

consonancia *nf* **1** : consonance, harmony **2 en consonancia con** : in accordance with

consonante[1] *adj* : consonant, harmonious

consonante[2] *nf* : consonant

consorcio *nm* : consortium

consorte *nmf* : consort, spouse

conspicuo, -cua *adj* : eminent, famous

conspiración *nf, pl* **-ciones** COMPLOT, CONFABULACIÓN : conspiracy, plot

conspirador, -dora *n* : conspirator

conspirar *vi* CONJURAR : to conspire, to plot

constancia *nf* **1** PRUEBA : proof, certainty **2** : record, evidence ⟨que quede constancia : for the record⟩ **3** : perseverance, constancy

constante[1] *adj* : constant — **constantemente** *adv*

constante[2] *nf* : constant

constar *vi* **1** : to be evident, to be on record ⟨que conste : believe me, have no doubt⟩ **2 ~ de** : to consist of

constatación *nf, pl* **-ciones** : confirmation, proof

constatar *vt* **1** : to verify **2** : to state

constelación *nf, pl* **-ciones** : constellation

consternación *nf, pl* **-ciones** : consternation, dismay

consternar *vt* : to dismay, to appall

constipación *nf, pl* **-ciones** : constipation

constipado[1], **-da** *adj* **estar constipado** : to have a cold

constipado[2] *nm* RESFRIADO : cold

constiparse *vr* : to catch a cold

constitución *nf, pl* **-ciones** : constitution — **constitucional** *adj* — **constitucionalmente** *adv*

constitucionalidad *nf* : constitutionality

constituir {41} *vt* **1** FORMAR : to constitute, to make up, to form **2** FUNDAR : to establish, to set up — **constituirse** *vr* **~ en** : to set oneself up as, to become

constitutivo, -va *adj* : constituent, component

constituyente *adj & nmf* : constituent

constreñir {67} *vt* **1** FORZAR, OBLIGAR : to constrain, to oblige **2** LIMITAR : to restrict, to limit

construcción *nf, pl* **-ciones** : construction, building

constructivo, -va *adj* : constructive — **constructivamente** *adv*

constructor, -tora *n* : builder

constructora *nf* : construction company

construir {41} *vt* : to build, to construct

consuelo *nm* : consolation, comfort

consuetudinario, -ria *adj* **1** : customary, habitual **2 derecho consuetudinario** : common law

cónsul *nmf* : consul — **consular** *adj*

consulado *nm* : consulate

consulta *nf* **1** : consultation **2** : inquiry

consultar *vt* : to consult

consultor[1], **-tora** *adj* : consulting ⟨firma consultora : consulting firm⟩

consultor[2], **-tora** *n* : consultant

consultorio *nm* : office (of a doctor or dentist)

consumación *nf, pl* **-ciones** : consummation

consumado, -da *adj* : consummate, perfect

consumar *vt* **1** : to consummate, to complete **2** : to commit, to carry out

consumible *adj* : consumable

consumición *nf, pl* **-ciones** **1** : consumption **2** : drink (in a restaurant)

consumido, -da *adj* : thin, emaciated

consumidor, -dora *n* : consumer
consumir *vt* : to consume — **consumirse** *vr* : to waste away
consumismo *nm* : consumerism
consumo *nm* : consumption
contabilidad *nf* **1** : accounting, bookkeeping **2** : accountancy
contabilizar {21} *vt* : to enter, to record (in accounting)
contable[1] *adj* : countable
contable[2] *nmf Spain* : accountant, bookkeeper
contactar *vt* : to contact — *vi* ~ **con** : to get in touch with, to contact
contacto *nm* : contact
contado[1], **-da** *adj* **1** : counted ⟨tenía los días contados : his days were numbered⟩ **2** : rare, scarce ⟨en contadas ocasiones : on rare occasions⟩
contado[2] *nm* **al contado** : cash ⟨pagar al contado : to pay in cash⟩
contador[1], **-dora** *n* : accountant
contador[2] *nm* : meter ⟨contador de agua : water meter⟩
contaduría *nf* **1** : accounting office **2** CONTABILIDAD : accountancy
contagiar *vt* **1** : to infect **2** : to transmit (a disease) — **contagiarse** *vr* **1** : to be contagious **2** : to become infected
contagio *nm* : contagion, infection
contagioso, -sa *adj* : contagious, catching
contaminación *nf, pl* **-ciones** : contamination, pollution
contaminante *nm* : pollutant, contaminant
contaminar *vt* : to contaminate, to pollute
contar {19} *vt* **1** : to count **2** : to tell **3** : to include — *vi* **1** : to count (up) **2** : to matter, to be of concern ⟨eso no cuenta : that doesn't matter⟩ **3** ~ **con** : to rely on, to count on — **contarse** *vr* ~ **entre** : to be numbered among
contemplación *nf, pl* **-ciones** : contemplation — **contemplativo, -va** *adj*
contemplar *vt* **1** : to contemplate, to ponder **2** : to gaze at, to look at
contemporáneo, -nea *adj & n* : contemporary
contención *nf, pl* **-ciones** : containment, holding
contencioso, -sa *adj* : contentious
contender {56} *vi* **1** : to contend, to compete **2** : to fight
contendiente *nmf* : contender
contenedor *nm* **1** : container, receptacle **2** : Dumpster™
contener {80} *vt* **1** : to contain, to hold **2** ATAJAR : to restrain, to hold back — **contenerse** *vr* : to restrain oneself
contenido[1], **-da** *adj* : restrained, reserved
contenido[2] *nm* : contents *pl*, content
contentar *vt* : to please, to make happy — **contentarse** *vr* : to be satisfied, to be pleased
contento[1], **-ta** *adj* : contented, glad, happy
contento[2] *nm* : joy, happiness
contestación *nf, pl* **-ciones** **1** : answer, reply **2** : protest
contestar *vt* RESPONDER : to answer — *vi* **1** RESPONDER : to answer, to reply **2** REPLICAR : to answer back
contexto *nm* : context
contienda *nf* **1** : dispute, conflict **2** : contest, competition
contigo *pron* : with you ⟨voy contigo : I'm going with you⟩
contiguo, -gua *adj* COLINDANTE : contiguous, adjacent
continencia *nf* : continence
continente *nm* : continent — **continental** *adj*
contingencia *nf* : contingency, eventuality
contingente *adj & nm* : contingent
continuación *nf, pl* **-ciones** **1** : continuation **2 a** ~ : next ⟨lo demás sigue a continuación : the rest follows⟩ **3 a continuación de** : after, following
continuar {3} *v* : to continue
continuidad *nf* : continuity
continuo, -nua *adj* : continuous, steady, constant — **continuamente** *adv*
contonearse *vr* : to sway one's hips
contoneo *nm* : swaying, wiggling (of the hips)
contorno *nm* **1** : outline **2 contornos** *nmpl* : outskirts
contorsión *nf, pl* **-siones** : contortion
contra[1] *nf* **1** *fam* : difficulty, snag **2** **llevar la contra a** : to oppose, to contradict
contra[2] *nm* : con ⟨los pros y los contras : the pros and cons⟩
contra[3] *prep* : against
contraalmirante *nm* : rear admiral
contraatacar {72} *v* : to counterattack — **contraataque** *nm*
contrabajo *nm* : double bass
contrabalancear *vt* : to counterbalance — **contrabalanza** *nf*
contrabandear *v* : to smuggle
contrabandista *nmf* : smuggler, black marketeer
contrabando *nm* **1** : smuggling **2** : contraband
contracción *nf, pl* **-ciones** : contraction
contracepción *nf, pl* **-ciones** : contraception
contraceptivo *nm* ANTICONCEPTIVO : contraceptive
contrachapado *nm* : plywood
contracorriente *nf* **1** : crosscurrent **2 ir a contracorriente** : to go against the tide
contractual *adj* : contractual
contradecir {11} *vt* DESMENTIR : to contradict — **contradecirse** *vr* DESDECIRSE : to contradict oneself
contradicción *nf, pl* **-ciones** : contradiction
contradictorio, -ria *adj* : contradictory
contraer {81} *vt* **1** : to contract (a disease) **2** : to establish by contract ⟨contraer matrimonio : to get married⟩ **3**

: to tighten, to contract — **contraerse** *vr* : to contract, to tighten up

contrafuerte *nm* : buttress

contragolpe *nm* **1** : counterblow **2** : backlash

contrahecho, -cha *adj* : deformed, hunchbacked

contraindicado, -da *adj* : contraindicated — **contraindicación** *nf*

contralor, -lora *n* : comptroller

contralto *nmf* : contralto

contramaestre *nm* **1** : boatswain **2** : foreman

contramandar *vt* : to countermand

contramano *nm* **a ~** : the wrong way (on a street)

contramedida *nf* : countermeasure

contraorden *nf* : countermand

contraparte *nf* **1** : counterpart **2 en ~** : on the other hand

contrapartida *nf* : compensation

contrapelo *nm* **a ~** : in the wrong direction, against the grain

contrapeso *nm* : counterbalance

contraponer {60} *vt* **1** : to counter, to oppose **2** : to contrast, to compare

contraposición *nf, pl* **-ciones** : comparison

contraproducente *adj* : counterproductive

contrapunto *nm* : counterpoint

contrariar {85} *vt* **1** : to contradict, to oppose **2** : to vex, to annoy

contrariedad *nf* **1** : setback, obstacle **2** : vexation, annoyance

contrario, -ria *adj* **1** : contrary, opposite ⟨al contrario : on the contrary⟩ **2** : conflicting, opposed

contrarrestar *vt* : to counteract

contrarrevolución *nf, pl* **-ciones** : counterrevolution — **contrarrevolucionario, -ria** *adj & n*

contrasentido *nm* : contradiction

contraseña *nf* : password

contrastante *adj* : contrasting

contrastar *vt* **1** : to resist **2** : to check, to confirm — *vi* : to contrast

contraste *nm* : contrast

contratar *vt* **1** : to contract for **2** : to hire, to engage

contratiempo *nm* **1** PERCANCE : mishap, accident **2** DIFICULTAD : setback, difficulty

contratista *nmf* : contractor

contrato *nm* : contract

contravenir {87} *vt* : to contravene, to infringe

contraventana *nf* : shutter

contribución *nf, pl* **-ciones** : contribution

contribuidor, -dora *n* : contributor

contribuir {41} *vt* **1** APORTAR : to contribute **2** : to pay (in taxes) — *vi* **1** : contribute, to help out **2** : to pay taxes

contribuyente[1] *adj* : contributing

contribuyente[2] *nmf* : taxpayer

contrición *nf, pl* **-ciones** : contrition

contrincante *nmf* : rival, opponent

contrito, -ta *adj* : contrite, repentant

control *nm* **1** : control **2** : inspection, check **3** : checkpoint, roadblock

controlador, -dora *n* : controller ⟨controlador aéreo : air traffic controller⟩

controlar *vt* **1** : to control **2** : to monitor, to check

controversia *nf* : controversy

controversial → **controvertido**

controvertido, -da *adj* : controversial

controvertir {76} *vt* : to dispute, to argue about — *vi* : to argue, to debate

contubernio *nm* : conspiracy

contumacia *nf* : obstinacy, stubbornness

contumaz *adj, pl* **-maces** : obstinate, stubbornly disobedient

contundencia *nf* **1** : forcefulness, weight **2** : severity

contundente *adj* **1** : blunt ⟨un objeto contundente : a blunt instrument⟩ **2** : forceful, convincing — **contundentemente** *adv*

contusión *nf, pl* **-siones** : bruise, contusion

contuvo, etc. → **contener**

convalecencia *nf* : convalescence

convalecer {53} *vi* : to convalesce, to recover

convaleciente *adj & nmf* : convalescent

convección *nf, pl* **-ciones** : convection

convencer {86} *vt* : to convince, to persuade — **convencerse** *vr*

convencimiento *nm* : belief, conviction

convención *nf, pl* **-ciones** **1** : convention, conference **2** : pact, agreement **3** : convention, custom

convencional *adj* : conventional — **convencionalmente** *adv*

convencionalismo *nm* : conventionality

conveniencia *nf* **1** : convenience **2** : fitness, suitability, advisability

conveniente *adj* **1** : convenient **2** : suitable, advisable

convenio *nm* PACTO : agreement, pact

convenir {87} *vi* **1** : to be suitable, to be advisable **2** : to agree

convento *nm* **1** : convent **2** : monastery

convergencia *nf* : convergence

convergente *adj* : convergent, converging

converger {15} *vi* **1** : to converge **2 ~ en** : to concur on

conversación *nf, pl* **-ciones** : conversation

conversador, -dora *n* : conversationalist, talker

conversar *vi* : to converse, to talk

conversatorio *nm CA, Carib, Mex* : talk, discussion

conversión *nf, pl* **-siones** : conversion

converso, -sa *n* : convert

convertible *adj & nm* : convertible

convertidor *nm* : converter

convertir {76} *vt* **1** : to convert **2** : to transform, to change **3** : to exchange (money) — **convertirse** *vr* ~ **en** : to turn into
convexo, -xa *adj* : convex
convicción *nf, pl* **-ciones** : conviction
convicto[1], **-ta** *adj* : convicted
convicto[2], **-ta** *n* : convict, prisoner
convidado, -da *n* : guest
convidar *vt* **1** INVITAR : to invite **2** : to offer
convincente *adj* : convincing — **convincentemente** *adv*
convivencia *nf* **1** : coexistence **2** : cohabitation
convivir *vi* **1** : to coexist **2** : to live together
convocación *nf, pl* **-ciones** : convocation
convocar {72} *vt* : to convoke, to call together
convocatoria *nf* : summons, call
convoy *nm* : convoy
convulsión *nf, pl* **-siones** **1** : convulsion **2** : agitation, upheaval
convulsionar *vt* : to shake, to convulse — **convulsionarse** *vr*
convulsivo, -va *adj* : convulsive
conyugal *adj* : conjugal
cónyuge *nmf* : spouse, partner
coñac *nm* : cognac, brandy
cooperación *nf, pl* **-ciones** : cooperation
cooperador, -dora *adj* : cooperative
cooperar *vi* : to cooperate
cooperativa *nf* : cooperative, co-op
cooperativo, -va *adj* : cooperative
cooptar *vt* : to co-opt
coordenada *nf* : coordinate
coordinación *nf, pl* **-ciones** : coordination
coordinador, -dora *n* : coordinator
coordinar *vt* COMPAGINAR : to coordinate, to combine
copa *nf* **1** : wineglass, goblet **2** : drink ⟨irse de copas : to go out drinking⟩ **3** : cup, trophy **4** : top, crown (of a tree) **5 copas** *nfpl* : cups (suit in the Spanish deck of cards)
copar *vt* **1** : to take ⟨ya está copado el puesto : the job is already taken⟩ **2** : to fill, to crowd
copartícipe *nmf* : joint partner
copete *nm* **1** : tuft (of hair) **2 estar hasta el copete** : to be completely fed up
copia *nf* **1** : copy **2** : imitation, replica
copiadora *nf* : photocopier
copiar *vt* : to copy
copiloto *nmf* : copilot
copioso, -sa *adj* : copious, abundant
copla *nf* **1** : popular song or ballad **2** : couplet, stanza
copo *nm* **1** : snowflake **2 copos de avena** : rolled oats **3 copos de maíz** : cornflakes
copra *nf* : copra
cópula *nf* : copulation
copular *vi* : to copulate
coque *nm* : coke (fuel)
coqueta *nf* : dressing table
coquetear *vi* : to flirt
coqueteo *nm* : flirting, coquetry
coqueto[1], **-ta** *adj* : flirtatious, coquettish
coqueto[2], **-ta** *n* : flirt
coraje *nm* **1** VALOR : valor, courage **2** IRA : anger ⟨darle coraje a alguien : to make someone angry⟩
corajudo, -da *adj* : brave
coral[1] *nm* **1** : coral **2** : chorale
coral[2] *nf* : choir
Corán *nm* **el Corán** : the Koran
coraza *nf* **1** : armor, armor plating **2** : shell (of an animal)
corazón *nm, pl* **-zones** **1** : heart ⟨de todo corazón : wholeheartedly⟩ ⟨de buen corazón : kindhearted⟩ **2** : core **3** : darling, sweetheart
corazonada *nf* : hunch, impulse
corbata *nf* : tie, necktie
corcel *nm* : steed, charger
corchete *nm* **1** : hook and eye, clasp **2** : square bracket
corcho *nm* : cork
corcholata *nf Mex* : cap, bottle top
corcovear *vi* : to buck
cordel *nm* : cord, string
cordero *nm* : lamb
cordial[1] *adj* : cordial, affable — **cordialmente** *adv*
cordial[2] *nm* : cordial (liqueur)
cordialidad *nf* : cordiality, warmth
cordillera *nf* : mountain range
córdoba *nf* : Nicaraguan unit of currency
cordón *nm, pl* **cordones** **1** : cord ⟨cordón umbilical : umbilical cord⟩ **2** : cordon
cordura *nf* **1** : sanity **2** : prudence, good judgment
coreano[1], **-na** *adj & n* : Korean
coreano[2] *nm* : Korean (language)
corear *vt* : to chant, to chorus
coreografía *nf* : choreography
coreografiar {85} *vt* : to choreograph
coreográfico, -ca *adj* : choreographic
coreógrafo, -fa *n* : choreographer
corista *nmf* **1** : chorister **2** : chorus girl *f*
cormorán *nm, pl* **-ranes** : cormorant
cornada *nf* : goring, butt (with the horns)
córnea *nf* : cornea
cornear *vt* : to gore
cornejo *nm* : dogwood (tree)
corneta *nf* : bugle, horn, cornet
cornisa *nf* : cornice
cornudo, -da *adj* : horned
coro *nm* **1** : choir **2** : chorus
corola *nf* : corolla
corolario *nm* : corollary
corona *nf* **1** : crown **2** : wreath, garland **3** : corona (in astronomy)
coronación *nf, pl* **-ciones** : coronation
coronar *vt* **1** : to crown **2** : to reach the top of, to culminate
coronario, -ria *adj* : coronary
coronel, -nela *n* : colonel

coronilla *nf* **1** : crown (of the head) **2** **estar hasta la coronilla** : to be completely fed up

corpiño *nm* **1** : bodice **2** *Arg* : brassiere, bra

corporación *nf, pl* **-ciones** : corporation

corporal *adj* : corporal, bodily

corporativo, -va *adj* : corporate

corpóreo, -rea *adj* : corporeal, physical

corpulencia *nf* : corpulence, stoutness, sturdiness

corpulento, -ta *adj* ROBUSTO : robust, stout, sturdy

corpúsculo *nm* : corpuscle

corral *nm* **1** : farmyard **2** : corral, pen, stockyard **3** *or* **corralito** : playpen

correa *nf* : strap, belt

correcaminos *nms & pl* : roadrunner

corrección *nf, pl* **-ciones** **1** : correction **2** : correctness, propriety **3** : rebuke, reprimand **4** **corrección de pruebas** : proofreading

correccional *nm* REFORMATORIO : reformatory

correctivo, -va *adj* : corrective ⟨lentes correctivos : corrective lenses⟩

correcto, -ta *adj* **1** : correct, right **2** : courteous, polite — **correctamente** *adv*

corrector, -tora *n* : proofreader

corredizo, -za *adj* : sliding ⟨puerta corrediza : sliding door⟩

corredor[1], **-dora** *n* **1** : runner, racer **2** : agent, broker ⟨corredor de bolsa : stockbroker⟩

corredor[2] *nm* PASILLO : corridor, hallway

correduría *nf* → **corretaje**

corregir {28} *vt* **1** ENMENDAR : to correct, to emend **2** : to reprimand **3** **corregir pruebas** : to proofread — **corregirse** *vr* : to reform, to mend one's ways

correlación *nf, pl* **-ciones** : correlation

correo *nm* **1** : mail ⟨correo aéreo : airmail⟩ **2** : post office

correoso, -sa *adj* : leathery, rough

correr *vi* **1** : to run ⟨corrió a/hacia la puerta : he ran to/towards the door⟩ ⟨salí corriendo : I took off running⟩ **2** : to race (in sports) **3** : to rush ⟨¡corre, que se acaban! : hurry, they're almost gone/done!⟩ **4** : to flow, to run **5** **a todo correr** : at top speed, in a hurry — *vt* **1** : to run, to race in **2** : to move, to slide, to roll, to draw (curtains) **3** ~ **con** : to be responsible for ⟨correr con los gastos : to foot the bill⟩ **4** **correr peligro** : to be in danger **5** **correr un riesgo** : to run a risk — **correrse** *vr* **1** : to move along **2** : to run, to spill over

correspondencia *nf* **1** : correspondence, mail **2** : equivalence **3** : connection, interchange

corresponder *vi* **1** : to correspond **2** : to pertain, to belong **3** : to be appropriate, to fit **4** : to reciprocate — **corresponderse** *vr* : to write to each other

correspondiente *adj* : corresponding, respective

corresponsal *nmf* : correspondent

corretaje *nm* : brokerage

corretear *vi* **1** VAGAR : to loiter, to wander about **2** : to run around, to scamper about — *vt* : to pursue, to chase

corrida *nf* **1** : run, dash **2** : bullfight

corrido[1], **-da** *adj* **1** : straight, continuous **2** : worldly, experienced

corrido[2] *nm* : Mexican narrative folk song

corriente[1] *adj* **1** : common, everyday **2** : current, present **3** *Mex* : cheap, trashy **4** **perro corriente** *Mex* : mutt

corriente[2] *nf* **1** : current ⟨corriente alterna : alternating current⟩ ⟨direct current : corriente continua⟩ **2** : draft **3** TENDENCIA : tendency, trend

corrillo *nm* : small group, clique

corro *nm* : ring, circle (of people)

corroboración *nf, pl* **-ciones** : corroboration

corroborar *vt* : to corroborate

corroer {69} *vt* **1** : to corrode **2** : to erode, to wear away

corromper *vt* **1** : to corrupt **2** : to rot — **corromperse** *vr*

corrompido, -da *adj* CORRUPTO : corrupt, rotten

corrosión *nf, pl* **-siones** : corrosion

corrosivo, -va *adj* : corrosive

corrugar {52} *vt* : to corrugate — **corrugación** *nf*

corrupción *nf, pl* **-ciones** **1** : decay **2** : corruption

corruptela *nf* : corruption, abuse of power

corrupto, -ta *adj* CORROMPIDO : corrupt

corsario *nm* : privateer

corsé *nm* : corset

cortada *nf* : cut, gash

cortador, -dora *n* : cutter

cortadora *nf* : cutter, slicer

cortadura *nf* : cut, slash

cortafuegos *nms & pl* **1** : firebreak **2** : firewall (program)

cortante *adj* : cutting, sharp

cortar *vt* **1** : to cut ⟨lo cortó en dos : he cut it in half⟩ ⟨cortar en pedazos : to cut into pieces⟩ ⟨cortar en rebanadas/trozos (etc.) : to slice⟩ ⟨cortar leña : to chop wood⟩ ⟨cortar el pasto : to mow the lawn, to cut the grass⟩ **2** CERCENAR : to cut off, to sever **3** TALAR : to cut down, to chop down **4** RECORTAR : to cut out, to clip (coupons, etc.) **5** EDITAR : to cut, to edit **6** INTERRUMPIR : to cut off, to interrupt **7** BLOQUEAR, CERRAR : to block (off), to close (off) **8** : to curdle (milk) — *vi* **1** : to cut **2** : to break up ⟨cortar con alguien : to break up with someone⟩ **3** : to hang up (the telephone) — **cortarse** *vr* **1** : to cut oneself ⟨cortarse el

pelo : to cut one's hair› **2** : to be cut off **3** : to sour (of milk)
cortauñas *nms & pl* : nail clippers
corte[1] *nm* **1** : cut, cutting ‹corte de pelo : haircut› **2** : style, fit
corte[2] *nf* **1** : court ‹corte suprema : supreme court› **2 hacer la corte a** : to court, to woo
cortejar *vt* GALANTEAR : to court, to woo
cortejo *nm* **1** GALANTEO : courtship **2** : retinue, entourage
cortés *adj* : courteous, polite — **cortésmente** *adv*
cortesano[1], **-na** *adj* : courtly
cortesano[2], **-na** *n* : courtier
cortesía *nf* **1** : courtesy, politeness **2 de ~** : complimentary, free
corteza *nf* **1** : bark **2** : crust **3** : peel, rind **4** : cortex ‹corteza cerebral : cerebral cortex›
cortijo *nm* : farmhouse
cortina *nf* : curtain
cortisona *nf* : cortisone
corto, -ta *adj* **1** : short (in length or duration) **2** : scarce **3** : timid, shy **4 corto de vista** : nearsighted
cortocircuito *nm* : short circuit
corvejón *nm, pl* **-jones** JARRETTE : hock
corvo, -va *adj* : curved, bent
cosa *nf* **1** : thing, object **2** : matter, affair **3 otra cosa** : anything else, something else
cosecha *nf* : harvest, crop
cosechador, -dora *n* : harvester, reaper
cosechadora *nf* : harvester (machine)
cosechar *vt* **1** : to harvest, to reap **2** : to win, to earn, to garner — *vi* : to harvest
coser *vt* **1** : to sew **2** : to stitch up — *vi* : to sew
cosmético[1], **-ca** *adj* : cosmetic
cosmético[2] *nm* : cosmetic
cósmico, -ca *adj* : cosmic
cosmonauta *nmf* : cosmonaut
cosmopolita *adj & nmf* : cosmopolitan
cosmos *nm* : cosmos
cosquillas *nfpl* **1** : tickling **2 hacer cosquillas** : to tickle
cosquilleo *nm* : tickling sensation, tingle
cosquilloso, -sa *adj* : ticklish
costa *nf* **1** : coast, shore **2** : cost ‹a toda costa : at all costs›
costado *nm* **1** : side **2 al costado** : alongside
costar {19} *v* : to cost ‹¿cuánto cuesta? : how much does it cost?›
costarricense *adj & nmf* : Costa Rican
costarriqueño, -ña → **costarricense**
coste → **costo**
costear *vt* : to pay for, to finance
costero, -ra *adj* : coastal, coast
costilla *nf* **1** : rib **2** : chop, cutlet **3** *fam* : better half, wife
costo *nm* **1** : cost, price **2 costo de vida** : cost of living
costoso, -sa *adj* : costly, expensive
costra *nf* **1** : crust **2** POSTILLA : scab
costumbre *nf* **1** : custom **2** HÁBITO : habit
costura *nf* **1** : seam **2** : sewing, dressmaking **3 alta costura** : haute couture
costurera *nf* : seamstress *f*
cotejar *vt* : to compare, to collate
cotejo *nm* : comparison, collation
cotidiano, -na *adj* : daily, everyday ‹la vida cotidiana : daily life›
cotización *nf, pl* **-ciones** **1** : market price **2** : quote, estimate
cotizado, -da *adj* : in demand, sought after
cotizar {21} *vt* : to quote, to value — **cotizarse** *vr* : to be worth
coto *nm* **1** : enclosure, reserve **2 poner coto a** : to put a stop to
cotorra *nf* **1** : small parrot **2** *fam* : chatterbox, windbag
cotorrear *vi fam* : to chatter, to gab, to blab
cotorreo *nm fam* : chatter, prattle
coyote *nm* **1** : coyote **2** *Mex fam* : smuggler (of illegal immigrants)
coyuntura *nf* **1** ARTICULACIÓN : joint **2** : occasion, moment
coz *nf, pl* **coces** : kick (of an animal)
crac *nm, pl* **cracs** : crash (of the stock market)
cozamos, etc. → **cocer**
craneal *adj* : cranial
cráneo *nf* : cranium, skull — **craneano, -na** *adj*
cráter *nm* : crater
crayón *nm, pl* **-yones** : crayon
creación *nf, pl* **-ciones** : creation
creador[1], **-dora** *adj* : creative, creating
creador[2], **-dora** *n* : creator
crear *vt* **1** : to create, to cause **2** : to originate
creatividad *nf* : creativity
creativo, -va *adj* : creative
crecer {53} *vi* **1** : to grow **2** : to increase
crecida *nf* : flooding, floodwater
crecido, -da *adj* **1** : grown, grown-up **2** : large (of numbers)
creciente *adj* **1** : growing, increasing **2 luna creciente** : waxing moon
crecientemente *adv* : increasingly
crecimiento *nm* **1** : growth **2** : increase
credencial *adj* **cartas credenciales** : credentials
credenciales *nfpl* : documents, documentation, credentials
credibilidad *nf* : credibility
crédito *nm* : credit
credo *nm* : creed, credo
credulidad *nf* : credulity
crédulo, -la *adj* : credulous, gullible
creencia *nf* : belief
creer {20} *v* **1** : to believe **2** : to suppose, to think ‹creo que sí : I think so› — **creerse** *vr* **1** : to believe, to think **2** : to regard oneself as ‹se cree guapísimo : he thinks he's so handsome›
creíble *adj* : believable, credible

creído, -da *adj* **1** *fam* : conceited **2** : confident, sure
crema *nf* **1** : cream ⟨crema batida : whipped cream⟩ **2 la crema y nata** : the pick of the crop
cremación *nf, pl* **-ciones** : cremation
cremallera *nf* : zipper
cremar *vt* : to cremate
cremoso, -sa *adj* : creamy
crepa *nf Mex* : crepe (pancake)
crepe *or* **crep** *nmf* : crepe (pancake)
crepé *nm* **1** → **crespón 2 papel crepé** : crepe paper
crepitar *vi* : to crackle
crepúsculo *nm* : twilight
crescendo *nm* : crescendo
crespo, -pa *adj* : curly, frizzy
crespón *nm, pl* **crespones** : crepe (fabric)
cresta *nf* **1** : crest **2** : comb (of a rooster)
creta *nf* : chalk (mineral)
cretino, -na *n* : cretin
creyente *nmf* : believer
creyó, etc. → **creer**
crezca, etc. → **crecer**
cría *nf* **1** : breeding, rearing **2** : young **3** : litter
criadero *nm* : hatchery
criado[1], **-da** *adj* **1** : raised, brought up **2 bien criado** : well-bred
criado[2], **-da** *n* : servant, maid *f*
criador, -dora *n* : breeder
crianza *nf* : upbringing, rearing
criar {85} *vt* **1** : to breed **2** : to bring up, to raise
criatura *nf* **1** : baby, child **2** : creature
criba *nf* : sieve, screen
cribar *vt* : to sift
cric *nm, pl* **crics** : jack
crimen *nm, pl* **crímenes** : crime
criminal *adj & nmf* : criminal
crin *nf* **1** : mane **2** : horsehair
criollo[1], **-lla** *adj* **1** : Creole **2** : native, national ⟨comida criolla : native cuisine⟩
criollo[2], **-lla** *n* : Creole
criollo[3] *nm* : Creole (language)
cripta *nf* : crypt
críptico, -ca *adj* **1** : cryptic, coded **2** : enigmatic, cryptic
criptón *nm* : krypton
críquet *nm* : cricket (game)
crisálida *nf* : chrysalis, pupa
crisantemo *nm* : chrysanthemum
crisis *nf* **1** : crisis **2 crisis nerviosa** : nervous breakdown
crisma *nf fam* : head ⟨romperle la crisma a alguien : to knock someone's block off⟩
crisol *nm* **1** : crucible **2** : melting pot
crispar *vt* **1** : to cause to contract **2** : to irritate, to set on edge ⟨eso me crispa : that gets on my nerves⟩ — **crisparse** *vr* : to tense up
cristal *nm* **1** VIDRIO : glass, piece of glass **2** : crystal
cristalería *nf* **1** : glassware shop ⟨como chivo en cristalería : like a bull in a china shop⟩ **2** : glassware, crystal
cristalino[1], **-na** *adj* : crystalline, clear
cristalino[2] *nm* : lens (of the eye)
cristalizar {21} *vi* : to crystallize — **cristalización** *nf*
cristiandad *nf* : Christendom
cristianismo *nm* : Christianity
cristiano, -na *adj & n* : Christian
Cristo *nm* : Christ
criterio *nm* **1** : criterion **2** : judgment, sense
crítica *nf* **1** : criticism **2** : review, critique
criticar {72} *vt* : to criticize
crítico[1], **-ca** *adj* : critical — **críticamente** *adv*
crítico[2], **-ca** *n* : critic
criticón[1], **-cona** *adj, mpl* **-cones** *fam* : hypercritical, captious
criticón[2], **-cona** *n, mpl* **-cones** *fam* : faultfinder, critic
croar *vi* : to croak
croata *adj & nmf* : Croatian
crocante *adj* : crunchy
croché *or* **crochet** *nm* : crochet
cromático, -ca *adj* : chromatic
cromo *nm* **1** : chromium, chrome **2** : picture card, sports card
cromosoma *nm* : chromosome
crónica *nf* **1** : news report **2** : chronicle, history
crónico, -ca *adj* : chronic
cronista *nmf* **1** : reporter, newscaster **2** HISTORIADOR : chronicler, historian
cronología *nf* : chronology
cronológico, -ca *adj* : chronological — **cronológicamente** *adv*
cronometrador, -dora *n* : timekeeper
cronometrar *vt* : to time, to clock
cronómetro *nm* : chronometer
croquet *nm* : croquet
croqueta *nf* : croquette
croquis *nm* : rough sketch
cruce[1], **etc.** → **cruzar**
cruce[2] *nm* **1** : crossing, cross **2** : crossroads, intersection ⟨cruce peatonal : crosswalk⟩
crucero *nm* **1** : cruise **2** : cruiser, warship **3** *Mex* : intersection
crucial *adj* : crucial — **crucialmente** *adv*
crucificar {72} *vt* : to crucify
crucifijo *nm* : crucifix
crucifixión *nf, pl* **-fixiones** : crucifixion
crucigrama *nm* : crossword puzzle
crudo[1], **-da** *adj* **1** : raw **2** : crude, harsh
crudo[2] *nm* : crude oil
cruel *adj* : cruel — **cruelmente** *adv*
crueldad *nf* : cruelty
cruento, -ta *adj* : bloody
crujido *nm* **1** : rustling **2** : creaking **3** : crackling (of a fire) **4** : crunching
crujiente *adj* : crunchy, crisp
crujir *vi* **1** : to rustle **2** : to creak, to crack **3** : to crunch
crup *nm* : croup

crustáceo *nm* : crustacean

crutón *nm, pl* **crutones** : crouton

cruz *nf, pl* **cruces** : cross

cruza *nf* : cross (hybrid)

cruzada *nf* : crusade

cruzado[1], **-da** *adj* : crossed ⟨espadas cruzadas : crossed swords⟩

cruzado[2] *nm* **1** : crusader **2** : Brazilian unit of currency

cruzar {21} *vt* **1** : to cross **2** : to exchange (words, greetings) **3** : to cross, to interbreed — **cruzarse** *vr* **1** : to intersect **2** : to meet, to pass each other

cuaderno *nm* LIBRETA : notebook

cuadra *nf* **1** : city block **2** : stable

cuadrado[1], **-da** *adj* : square

cuadrado[2] *nm* : square ⟨elevar al cuadrado : to square (a number)⟩

cuadragésimo[1] *adj* : fortieth, forty-

cuadragésimo[2], **-ma** *n* : fortieth, forty- (in a series)

cuadrante *nm* **1** : quadrant **2** : dial

cuadrar *vi* : to conform, to agree — *vt* : to square — **cuadrarse** *vr* : to stand at attention

cuadriculado *nm* : grid (on a map, etc.)

cuadrilátero *nm* **1** : quadrilateral **2** : ring (in sports)

cuadrilla *nf* : gang, team, group

cuadro *nm* **1** : square ⟨una blusa a cuadros : a checkered blouse⟩ **2** : painting, picture **3** : baseball diamond, infield **4** : panel, board, cadre

cuadrúpedo *nm* : quadruped

cuadruple *adj* : quadruple

cuadruplicar {72} *vt* : to quadruple — **cuadruplicarse** *vr*

cuajada *nf* : curd

cuajar *vi* **1** : to curdle **2** COAGULAR : to clot, to coagulate **3** : to set, to jell **4** : to be accepted ⟨su idea no cuajó : his idea didn't catch on⟩ — *vt* **1** : to curdle **2** ~ **de** : to fill with

cual[1] *prep* : like, as

cual[2] *pron* **1 el cual, la cual, los cuales, las cuales** : who, whom, which ⟨la razón por la cual lo dije : the reason I said it⟩ **2 lo cual** : which ⟨se rió, lo cual me dio rabia : he laughed, which made me mad⟩ **3 cada cual** : everyone, everybody

cuál[1] *adj* : which, what ⟨¿cuáles libros? : which books?⟩

cuál[2] *pron* **1** (*in questions*) : which (one), what (one) ⟨¿cuál es el mejor? : which one is the best?⟩ ⟨¿cuál es tu apellido? : what is your last name?⟩ **2 cuál más, cuál menos** : some more, some less

cualidad *nf* : quality, trait

cualitativo, -va *adj* : qualitative — **cualitativamente** *adv*

cualquier *adj* → **cualquiera**[1]

cualquiera[1] (**cualquier** *before nouns*) *adj, pl* **cualesquiera** **1** : any, whichever ⟨cualquier persona : any person⟩ **2** : everyday, ordinary ⟨un hombre cualquiera : an ordinary man⟩

cualquiera[2] *pron, pl* **cualesquiera** **1** : anyone, anybody, whoever **2** : whatever, whichever

cuán *adv* : how ⟨¡cuán risible fue todo eso! : how funny it all was!⟩

cuando[1] *conj* **1** : when ⟨cuando llegó : when he arrived⟩ **2** : since, if ⟨cuando lo dices : if you say so⟩ **3 cuando más** : at the most **4 de vez en cuando** : from time to time

cuando[2] *prep* : during, at the time of ⟨cuando la guerra : during the war⟩

cuándo *adv & conj* **1** : when ⟨¿cuándo llegará? : when will she arrive?⟩ ⟨no sabemos cuándo será : we don't know when it will be⟩ **2 ¿de cuándo acá?** : since when?, how come?

cuantía *nf* **1** : quantity, extent **2** : significance, import

cuántico, -ca *adj* : quantum ⟨teoría cuántica : quantum theory⟩

cuantificar {72} *vt* : to quantify

cuantioso, -sa *adj* **1** : abundant, considerable **2** : heavy, grave ⟨cuantiosos daños : heavy damage⟩

cuantitativo, -va *adj* : quantitative — **cuantitativamente** *adv*

cuanto[1] *adv* **1** : as much as ⟨come cuanto puedas : eat as much as you can⟩ **2 cuanto antes** : as soon as possible **3 en ~** : as soon as **4 en cuanto a** : as for, as regards

cuanto[2], **-ta** *adj* : as many, whatever ⟨llévate cuantas flores quieras : take as many flowers as you wish⟩

cuanto[3], **-ta** *pron* **1** : as much as, all that, everything ⟨tengo cuanto deseo : I have all that I want⟩ **2 unos cuantos, unas cuantas** : a few

cuánto[1] *adv* : how much, how many ⟨¿a cuánto están las peras? : how much are the pears?⟩ ⟨no sé cuánto desean : I don't know how much they want⟩

cuánto[2], **-ta** *adj* : how much, how many ⟨¿cuántos niños tiene? : how many children do you have?⟩

cuánto[3] *pron* : how much, how many ⟨¿cuántos quieren participar? : how many want to take part?⟩ ⟨¿cuánto cuesta? : how much does it cost?⟩

cuarenta *adj & nm* : forty

cuarentavo[1], **-va** *adj* : fortieth

cuarentavo[2] *nm* : fortieth (fraction)

cuarentena *nf* **1** : group of forty **2** : quarantine

Cuaresma *nf* : Lent

cuartear *vt* **1** : to quarter **2** : to divide up — **cuartearse** *vr* AGRIETARSE : to crack, to split

cuartel *nm* **1** : barracks, headquarters **2** : mercy ⟨una guerra sin cuartel : a merciless war⟩

cuartelazo *nm* : coup d'état

cuarteto *nm* : quartet

cuartilla *nf* : sheet (of paper)

cuarto[1], **-ta** *adj* : fourth

cuarto[2], **-ta** *n* : fourth (in a series)

cuarto[3] *nm* **1** : quarter, fourth ⟨cuarto de galón : quart⟩ **2** HABITACIÓN : room

cuarto oscuro *nm* : darkroom
cuarzo *nm* : quartz
cuate, -ta *n Mex* **1** : twin **2** *fam* : buddy, pal
cuatrero, -ra *n* : rustler
cuatrillizo, -za *n* : quadruplet
cuatro *adj & nm* : four
cuatrocientos[1], **-tas** *adj* : four hundred
cuatrocientos[2] *nms & pl* : four hundred
cuba *nf* BARRIL : cask, barrel
cubano, -na *adj & n* : Cuban
cubertería *nf* : flatware, silverware
cubeta *nf* **1** : keg, cask **2** : bulb (of a thermometer) **3** *Mex* : bucket, pail
cúbico, -ca *adj* : cubic, cubed
cubículo *nm* : cubicle
cubierta *nf* **1** : covering **2** FORRO : cover, jacket (of a book) **3** : deck
cubierto[1] *pp* → **cubrir**
cubierto[2] *nm* **1** : cover, shelter ⟨bajo cubierto : under cover⟩ **2** : table setting **3** : utensil, piece of silverware
cubil *nm* : den, lair
cúbito *nm* : ulna
cubo *nm* **1** : cube **2** BALDE : pail, bucket, can ⟨cubo de basura : garbage can⟩ **3** : hub (of a wheel)
cubrecama *nm* COLCHA : bedspread
cubrir {2} *vt* **1** : to cover ⟨cubierto de algo : covered in/with something⟩ **2** : to cover (costs, etc.) — **cubrirse** *vr*
cucaracha *nf* : cockroach, roach
cuchara *nf* : spoon
cucharada *nf* : spoonful
cucharilla *or* **cucharita** *nf* : teaspoon
cucharón *nm, pl* **-rones** : ladle
cuchichear *vi* : to whisper
cuchicheo *nm* : whisper
cuchilla *nf* **1** : kitchen knife, cleaver **2** : blade ⟨cuchilla de afeitar : razor blade⟩ **3** : crest, ridge
cuchillada *nf* : stab, knife wound
cuchillo *nm* : knife
cuclillas *nfpl* **en** ~ : squatting, crouching
cuco[1], **-ca** *adj fam* : pretty, cute
cuco[2] *nm* : cuckoo
cucurucho *nm* : ice-cream cone
cuece, cueza etc. → **cocer**
cuela, etc. → **colar**
cuelga, cuelgue etc. → **colgar**
cuello *nm* **1** : neck **2** : collar (of a shirt) **3 cuello del útero** : cervix
cuenca *nf* **1** : river basin **2** : eye socket
cuenco *nm* : bowl, basin
cuenta[1], **etc.** → **contar**
cuenta[2] *nf* **1** : calculation, count **2** : account ⟨cuenta corriente : checking account⟩ ⟨cuenta de ahorro(s) : savings account⟩ ⟨cuenta de correo(s) electrónico(s) : e-mail account⟩ **3** : responsibility, liability ⟨corre por cuenta del gobierno : the government is footing the bill⟩ ⟨trabajar por cuenta propia : to be self-employed⟩ **4** : check, bill **5 a fin de cuentas** : in the end **6 darse cuenta** : to realize **7 en buenas cuentas** *Chile* : in short **8 por cuenta de** : on account of, because of **9 rendir cuentas** : to be held accountable **10 tener en cuenta** : to bear in mind **11 tomar en cuenta** : to take into account
cuentagotas *nfs & pl* **1** : dropper **2 con** ~ : little by little
cuentista *nmf* **1** : short story writer **2** *fam* : liar, fibber
cuento *nm* **1** : story, tale **2 cuento de hadas** : fairy tale **3 sin** ~ : countless
cuerda *nf* **1** : cord, rope, string **2 cuerdas vocales** : vocal cords **3 darle cuerda a** : to wind up (a clock, a toy, etc.)
cuerdo, -da *adj* : sane, sensible
cuerno *nm* **1** : horn, antler **2** : cusp (of the moon) **3** : horn (musical instrument)
cuero *nm* **1** : leather, hide **2 cuero cabelludo** : scalp
cuerpo *nm* **1** : body **2** : corps
cuervo *nm* : crow, raven
cuesta[1], **etc.** → **costar**
cuesta[2] *nf* **1** : slope ⟨cuesta arriba : uphill⟩ **2 a cuestas** : on one's back
cuestión *nf, pl* **-tiones** ASUNTO, TEMA : matter, affair
cuestionable *adj* : questionable, dubious
cuestionar *vt* : to question
cuestionario *nm* **1** : questionnaire **2** : quiz
cueva *nf* : cave
cuidado *nm* **1** : care **2** : worry, concern **3 tener cuidado** : to be careful **4 ¡cuidado!** : watch out!, be careful!
cuidador, -dora *n* : caretaker
cuidadoso, -sa *adj* : careful, attentive — **cuidadosamente** *adv*
cuidar *vt* **1** : to take care of, to look after **2** : to pay attention to — *vi* **1** ~ **de** : to look after **2 cuidar de que** : to make sure that — **cuidarse** *vr* : to take care of oneself
culata *nf* : butt (of a gun)
culatazo *nf* : kick, recoil
culebra *nf* SERPIENTE : snake
culi *nmf* : coolie
culinario, -ria *adj* : culinary
culminante *adj* **punto culminante** : peak, high point, climax
culminar *vi* : to culminate — **culminación** *nf*
culo *nm* **1** *fam* : backside, behind **2** : bottom (of a glass)
culpa *nf* **1** : fault, blame ⟨echarle la culpa a alguien : to blame someone⟩ **2** : sin
culpabilidad *nf* : guilt
culpable[1] *adj* : guilty
culpable[2] *nmf* : culprit, guilty party
culpar *vt* : to blame
cultivado, -da *adj* **1** : cultivated, farmed **2** : cultured
cultivador, -dora *n* : cultivator
cultivar *vt* **1** : to cultivate **2** : to foster
cultivo *nm* **1** : cultivation, farming **2** : crop

culto[1], **-ta** *adj* : cultured, educated
culto[2] *nm* **1** : worship **2** : cult
cultura *nf* : culture
cultural *adj* : cultural — **culturalmente** *adv*
culturismo *nm* : bodybuilding
cumbre *nf* CIMA : top, peak, summit
cumpleaños *nms & pl* : birthday
cumplido[1], **-da** *adj* **1** : complete, full **2** : courteous, correct
cumplido[2] *nm* : compliment, courtesy ⟨por cumplido : out of courtesy⟩ ⟨andarse con cumplidos : to stand on ceremony, to be formal⟩
cumplimentar *vt* **1** : to congratulate **2** : to carry out, to perform
cumplimiento *nm* **1** : completion, fulfillment **2** : performance
cumplir *vt* **1** : to accomplish, to carry out **2** : to comply with, to fulfill **3** : to attain, to reach ⟨su hermana cumple (los) 20 (años) el viernes : her sister will be 20 on Friday⟩ — *vi* **1** : to expire, to fall due **2** : to fulfill one's obligations ⟨cumplir con el deber : to do one's duty⟩ ⟨cumplir con la palabra : to keep one's word⟩ — **cumplirse** *vr* **1** : to come true, to be fulfilled ⟨se cumplieron sus sueños : her dreams came true⟩ **2** : to run out, to expire
cúmulo *nm* **1** MONTÓN : heap, pile **2** : cumulus
cuna *nf* **1** : cradle **2** : birthplace ⟨Puerto Rico es la cuna de la música salsa : Puerto Rico is the birthplace of salsa music⟩
cundir *vi* **1** : to propagate, to spread ⟨cundió el pánico en el vecindario : panic spread throughout the neighborhood⟩ **2** : to progress, to make headway
cuneta *nf* : ditch (in a road), gutter
cuña *nf* : wedge
cuñado, -da *n* : brother-in-law *m,* sister-in-law *f*
cuño *nm* : die (for stamping)
cuota *nf* **1** : fee, dues **2** : quota, share **3** : installment, payment
cupé *nm* : coupe
cupo[1], **etc.** → **caber**
cupo[2] *nm* **1** : quota, share **2** : capacity, room
cupón *nm, pl* **cupones** **1** : coupon, voucher **2 cupón federal** : food stamp
cúpula *nf* : dome, cupola
cura[1] *nm* : priest
cura[2] *nf* **1** CURACIÓN, TRATAMIENTO : cure, treatment **2** : dressing, bandage
curación *nf, pl* **-ciones** CURA, TRATAMIENTO : cure, treatment
curandero, -ra *nm* **1** : witch doctor **2** : quack, charlatan
curar *vt* **1** : to cure, to heal **2** : to treat, to dress **3** CURTIR : to tan **4** : to cure (meat) — *vi* : to get well, to recover — **curarse** *vr*
curativo, -va *adj* : curative, healing
curiosear *vi* **1** : to snoop, to pry **2** : to browse — *vt* : to look over, to check
curiosidad *nf* **1** : curiosity **2** : curio
curioso, -sa *adj* **1** : curious, inquisitive **2** : strange, unusual, odd — **curiosamente** *adv*
currículo → **currículum**
currículum *nm, pl* **-lums** **1** : résumé, curriculum vitae **2** : curriculum, course of study
curry ['kurri] *nm, pl* **-rries** **1** : curry powder **2** : curry (dish)
cursar *vt* **1** : to attend (school), to take (a course) **2** : to dispatch, to pass on
cursi *adj fam* : affected, pretentious
cursilería *nf* **1** : vulgarity, poor taste **2** : pretentiousness
cursiva *nf* BASTARDILLA : italic type, italics *pl*
curso *nm* **1** : course, direction **2** : school year **3** : course, subject (in school)
cursor *nm* : cursor
curtido, -da *adj* : weather-beaten, leathery (of skin)
curtidor, -dora *n* : tanner
curtiduría *nf* : tannery
curtir *vt* **1** : to tan **2** : to harden, to weather — **curtirse** *vr*
curva *nf* : curve, bend
curvar *vt* : to bend
curvatura *nf* : curvature
curvilíneo, -nea *adj* : curvaceous, shapely
curvo, -va *adj* : curved, bent
cúspide *nf* : zenith, apex, peak
custodia *nf* : custody
custodiar *vt* : to guard, to look after
custodio, -dia *n* : keeper, guardian
cúter *nm* : cutter (boat)
cutícula *nf* : cuticle
cutis *nms & pl* : skin, complexion
cuyo, -ya *adj* **1** : whose, of whom, of which **2 en cuyo caso** : in which case

D

d *nf* : fourth letter of the Spanish alphabet
dable *adj* : feasible, possible
dactilar *adj* **huellas dactilares** : fingerprints
dádiva *nf* : gift, handout
dadivoso, -sa *adj* : generous
dado, -da *adj* **1** : given **2 dado que** : given that, since
dador, -dora *n* : giver, donor
dados *nmpl* : dice
daga *nf* : dagger
dalia *nf* : dahlia
dálmata *nm* : dalmatian

daltónico, -ca *adj* : color-blind
daltonismo *nm* : color blindness
dama *nf* **1** : lady **2 damas** *nfpl* : checkers
damasco *nm* : damask
damisela *nf* : damsel
damnificado, -da *n* : victim (of a disaster)
damnificar {72} *vt* : to damage, to injure
dance, etc. → **danzar**
dandi *nm* : dandy, fop
danés[1], **-nesa** *adj* : Danish
danés[2], **-nesa** *n, mpl* **daneses** : Dane, Danish person
danza *nf* : dance, dancing ⟨danza folklórica : folk dance⟩
danzante, -ta *n* BAILARÍN : dancer
danzar {21} *v* BAILAR : to dance
dañar *vt* **1** : to damage, to spoil **2** : to harm, to hurt — **dañarse** *vr*
dañino, -na *adj* : harmful
daño *nm* **1** : damage **2** : harm, injury **3 hacer daño a** : to harm, to damage **4 daños y perjuicios** : damages
dar {22} *vt* **1** : to give (a gift, a donation, etc.) **2** ENTREGAR : to give, to hand (over) **3** PROPORCIONAR : to give (supplies, support, etc.) ⟨dale una oportunidad : give him a chance⟩ **4** CONCEDER : to give (time, permission, etc.) **5** ADMINISTRAR : to give (medicine, etc.) **6** EXPRESAR : to give, to express ⟨dales recuerdos de mi parte : give them my regards⟩ ⟨darle las gracias a : to thank⟩ ⟨dar su palabra : to give one's word⟩ **7** MOSTRAR : to give (an indication, etc.) **8** OFRECER : to give (a reason, etc.) **9** : to give (an impression, etc.) **10** GOLPEAR : to hit ⟨me dio en la cara : it hit me in the face⟩ **11** : to strike ⟨el reloj dio las doce : the clock struck twelve⟩ **12** PRODUCIR : to yield, to produce **13** : to give (a performance, a party, etc.), to show (a film, etc.) **14** : to do (an action) ⟨dar un grito : to give a shout⟩ ⟨dar un paseo : to go for a walk⟩ ⟨me dio un beso : she gave me a kiss⟩ **15** VENDER : to give, to sell **16** CAUSAR : to cause ⟨darle miedo/sed (etc.) a alguien : to make someone frightened/thirsty (etc.)⟩ ⟨me da risa : it makes me laugh, it's funny⟩ ⟨le da problemas/esperanza : it gives her trouble/hope⟩ **17** APLICAR : to apply ⟨dale una mano de pintura : give it a coat of paint⟩ ⟨dar un impulso a : to give a boost to⟩ **18** CONFERIR : to give, to impart (a quality) **19 dar como/por** : to regard as, to consider ⟨dar por hecho : to take for granted⟩ ⟨dar a alguien por muerto : to give someone up for dead⟩ — *vi* **1** : to provide (enough) ⟨no me da para dos pasajes : I don't have enough for two fares⟩ ⟨no me da tiempo : I don't have time⟩ ⟨esto no da para más : this can't go on⟩ ⟨a todo lo que da : at full speed/power (etc.)⟩ **2** : to hand something over ⟨dame : give it to me⟩ **3** : to deal (in cards) **4** : to hit ⟨dar en el blanco : to hit the target⟩ **5** : to give a result ⟨dio positivo al virus : he tested positive for the virus⟩ **6 dale que dale** *or Spain* **dale que te pego** ⟨están dale que dale con el teléfono : they're constantly on the phone⟩ ⟨y ella dale que te pego con sus problemas : and she was going on and on about her problems⟩ **7 darle a** : to press (a button, etc.), to turn (a dial, etc.) **8 ~ a/sobre** : to overlook, to look out on **9 ~ con** : to run into **10 ~ con** : to hit upon (an idea) **11 dar de sí** : to give, to stretch (of clothing, etc.) — **darse** *vr* **1** : to consider oneself ⟨se dio por vencido : he gave in⟩ **2** : to occur, to arise **3** : to grow, to come up **4 ~ con/contra** : to hit oneself against, to bump into **5 dárselas de** : to boast about ⟨se las da de muy listo : he thinks he's very smart⟩ **6 dársele bien algo a uno** : to be good at something ⟨se le dan muy bien las matemáticas : she's very good at math⟩
dardo *nm* : dart
datar *vt* : to date — *vi* **~ de** : to date from, to date back to
dátil *nm* : date (fruit)
dato *nm* **1** : fact, piece of information **2 datos** *nmpl* : data, information
de *prep* **1** (*indicating connection or belonging*) : of ⟨la casa de Pepe : Pepe's house⟩ ⟨el cuatro de abril : the fourth of April, April fourth⟩ ⟨la reina de Inglaterra : the Queen of England⟩ ⟨el mejor de todos : the best of all⟩ **2** (*indicating a quality or condition*) : of ⟨un asunto de gran importancia : a matter of great importance⟩ ⟨un niño de tres años : a three-year-old boy⟩ ⟨estoy de vacaciones : I'm on vacation⟩ **3** (*indicating content, material, or quantity*) : of ⟨un vaso de agua : a glass of water⟩ ⟨una casa de madera : a wooden house, a house made of wood⟩ ⟨una gran cantidad de lluvia : a large amount of rain⟩ **4** (*indicating a source or starting point*) : from ⟨es de Managua : she's from Managua⟩ ⟨salió del edificio : he left the building⟩ **5** (*with time*) : in, at ⟨a las tres de la mañana : at three in the morning⟩ ⟨salen de noche : they go out at night⟩ **6** (*with numbers*) : than ⟨más de tres : more than three⟩ **7** (*indicating a particular example*) : of ⟨el mes de junio : the month of June⟩ **8** (*indicating a cause*) ⟨morirse de hambre : to be dying of/from starvation⟩ ⟨gritar de alegría : to shout with/for joy⟩ **9** : about ⟨libros de historia : history books, books about history⟩ **10** (*indicating purpose*) : for ⟨ropa de deporte : sportswear, athletic clothes⟩ ⟨máquina de coser : sewing machine⟩ **11** : as ⟨ella trabaja de camionera : she works as a truck driver⟩ **12** : if ⟨de haberlo sabido : if I

had known⟩ ⟨de continuar esta situación : if this situation continues⟩
dé → **dar**
deambular *vi* : to wander, to roam
debacle *nf* : debacle
debajo *adv* **1** : underneath, below, on the bottom **2** ~ **de** : under, underneath **3 por** ~ : below, beneath
debate *nm* : debate
debatir *vt* : to debate, to discuss — **debatirse** *vr* : to struggle
debe *nm* : debit column, debit
deber[1] *vt* : to owe — *v aux* **1** : must, have to ⟨debo ir : I must go⟩ ⟨no debes hacerlo : you mustn't do it⟩ **2** : should, ought to ⟨deberías buscar trabajo : you should look for work⟩ ⟨debería darte vergüenza : you ought to be ashamed of yourself⟩ **3** (*expressing probability*) : must ⟨debe ser muy tarde : it must be very late⟩ — **deberse** *vr* **1** ~ **a** : to be due to **2** ~ **a** : to have a responsibility towards
deber[2] *nm* **1** OBLIGACIÓN : duty, obligation **2 deberes** *nmpl Spain* : homework
debidamente *adv* : properly, duly
debido, -da *adj* **1** : right, proper, due **2** ~ **a** : due to, owing to
débil *adj* : weak, feeble — **débilmente** *adv*
debilidad *nf* : weakness, debility, feebleness
debilitamiento *nm* : debilitation, weakening
debilitar *vt* : to debilitate, to weaken — **debilitarse** *vr*
debilucho[1], **-cha** *adj* : weak, frail
debilucho[2], **-cha** *n* : weakling
debitar *vt* : to debit
débito *nm* **1** DEUDA : debt **2** : debit
debut [de'but] *nm, pl* **debuts** : debut
debutante[1] *nmf* : beginner, newcomer
debutante[2] *nf* : debutante *f*
debutar *vi* : to debut, to make a debut
década *nf* DECENIO : decade
decadencia *nf* **1** : decadence **2** : decline
decadente *adj* **1** : decadent **2** : declining
decaer {13} *vi* **1** : to decline, to decay, to deteriorate **2** FLAQUEAR : to weaken, to flag
decaiga, etc. → **decaer**
decano, -na *n* **1** : dean **2** : senior member
decantar *vt* : to decant
decapitar *vt* : to decapitate, to behead
decayó, etc. → **decaer**
decena *nf* : group of ten
decencia *nf* : decency
decenio *nm* DÉCADA : decade
decente *adj* : decent — **decentemente** *adv*
decepción *nf, pl* **-ciones** : disappointment, letdown
decepcionante *adj* : disappointing
decepcionar *vt* : to disappoint, to let down — **decepcionarse** *vr*
deceso *nm* DEFUNCIÓN : death, passing
dechado *nm* **1** : sampler (of embroidery) **2** : model, paragon
decibelio *or* **decibel** *nm* : decibel
decidido, -da *adj* : decisive, determined, resolute — **decididamente** *adv*
decidir *vt* **1** : to decide, to determine ⟨no he decidido nada : I haven't made a decision⟩ **2** : to persuade, to decide ⟨su padre lo decidió a estudiar : his father persuaded him to study⟩ — *vi* : to decide — **decidirse** *vr* : to make up one's mind
decimal *adj* : decimal
décimo, -ma *adj* : tenth — **décimo, -ma** *n*
decimoctavo[1], **-va** *adj* : eighteenth
decimoctavo[2], **-va** *n* : eighteenth (in a series)
decimocuarto[1], **-ta** *adj* : fourteenth
decimocuarto[2], **-ta** *n* : fourteenth (in a series)
decimonoveno[1], **-na** *or* **decimonono, -na** *adj* : nineteenth
decimonoveno[2], **-na** *or* **decimonono, -na** *n* : nineteenth (in a series)
decimoquinto[1], **-ta** *adj* : fifteenth
decimoquinto[2], **-ta** *n* : fifteenth (in a series)
decimoséptimo[1], **-ma** *adj* : seventeenth
decimoséptimo[2], **-ma** *n* : seventeenth (in a series)
decimosexto[1], **-ta** *adj* : sixteenth
decimosexto[2], **-ta** *n* : sixteenth (in a series)
decimotercero[1], **-ra** *adj* : thirteenth
decimotercero[2], **-ra** *n* : thirteenth (in a series)
decir[1] {23} *vt* **1** : to say ⟨dice que no irá : she says she won't go⟩ **2** : to tell ⟨dime lo que estás pensando : tell me what you're thinking⟩ ⟨ya te lo decía yo : I told you so⟩ **3** : to tell, to say ⟨haz lo que te digo : do as I say, do what I tell you⟩ ⟨te dije que callaras : I told you to be quiet⟩ **4** : to speak, to talk ⟨no digas tonterías : don't talk nonsense⟩ **5** : to call ⟨me dicen Rosy : they call me Rosy⟩ **6 como quien dice** : so to speak **7 es decir** : that is to say **8 dicho y hecho** : no sooner said than done **9 (o) mejor dicho** : (or) rather **10 ¡no me digas!** : you're kidding!, you don't say! **11 por así decirlo** : so to speak **12 querer decir** : to mean ⟨¿qué quiere decir? : what do you mean?⟩ — **decirse** *vr* **1** : to say to oneself **2** : to be said ⟨¿cómo se dice "lápiz" en francés? : how do you say "pencil" in French?⟩
decir[2] *nm* DICHO : saying, expression
decisión *nf, pl* **-siones** : decision, choice
decisivo, -va *adj* : decisive, conclusive — **decisivamente** *adv*
declamar *vi* : to declaim — *vt* : to recite
declaración *nf, pl* **-ciones** **1** : declaration, statement **2** TESTIMONIO : depo-

sition, testimony **3 declaración de derechos** : bill of rights **4 declaración jurada** : affidavit

declarado, -da *adj* : professed, open — **declaradamente** *adv*

declarar *vt* : to declare, to state ⟨declarar culpable : to find guilty⟩ ⟨declarar inocente : to find not guilty⟩ *vi* ATESTIGUAR : to testify — **declararse** *vr* **1** : to declare oneself (to be) ⟨declararse en huelga : to go on strike⟩ ⟨declararse en bancarrota : to declare bankruptcy⟩ **2** : to confess one's love **3** : to plead (in court) ⟨declararse culpable : to plead guilty⟩ ⟨declararse inocente : to plead not guilty⟩ **4** : to testify **5** : to break out (of a fire, etc.)

declinación *nf, pl* **-ciones** **1** : drop, downward trend **2** : declination **3** : declension (in grammar)

declinar *vt* : to decline, to turn down — *vi* **1** : to draw to a close **2** : to diminish, to decline

declive *nm* **1** DECADENCIA : decline **2** : slope, incline

decodificador *nm* : decoder

decolar *vi Chile, Col, Ecua* : to take off (of an airplane)

decolorar *vt* : to bleach — **decolorarse** *vr* : to fade

decomisar *vt* CONFISCAR : to seize, to confiscate

decomiso *nm* : seizure, confiscation

decoración *nf, pl* **-ciones** **1** : decoration **2** : decor **3** : stage set, scenery

decorado *nm* : stage set, scenery

decorador, -dora *n* : decorator

decorar *vt* ADORNAR : to decorate, to adorn

decorativo, -va *adj* : decorative, ornamental

decoro *nm* : decorum, propriety

decoroso, -sa *adj* : decent, proper, respectable

decrecer {53} *vi* : to decrease, to wane, to diminish — **decreciente** *adj*

decrecimiento *nm* : decrease, decline

decrépito, -ta *adj* : decrepit

decretar *vt* : to decree, to order

decreto *nm* : decree

decúbito *nm* : horizontal position ⟨en decúbito prono : prone⟩ ⟨en decúbito supino : supine⟩

dedal *nm* : thimble

dedalera *nf* DIGITAL : foxglove

dedicación *nf, pl* **-ciones** : dedication, devotion

dedicar {72} *vt* CONSAGRAR : to dedicate, to devote — **dedicarse** *vr* ∼ **a** : to devote oneself to, to engage in

dedicatoria *nf* : dedication (of a book, song, etc.)

dedo *nm* **1** : finger ⟨dedo meñique : little finger⟩ ⟨no mover un dedo : not to lift a finger⟩ ⟨hacer dedo, ir a dedo : to hitchhike⟩ ⟨poner el dedo en la llaga : to hit a nerve⟩ **2 dedo del pie** : toe

deducción *nf, pl* **-ciones** : deduction

deducible *adj* **1** : deducible, inferable **2** : deductible

deducir {61} *vt* **1** INFERIR : to deduce **2** DESCONTAR : to deduct

defecar {72} *vi* : to defecate — **defecación** *nf*

defecto *nm* **1** : defect, flaw, shortcoming **2 en su defecto** : lacking that, in the absence of that

defectuoso, -sa *adj* : defective, faulty

defender {56} *vt* : to defend, to protect — **defenderse** *vr* **1** : to defend oneself **2** : to get by, to know the basics ⟨su inglés no es perfecto pero se defiende : his English isn't perfect but he gets by⟩

defendible *adj* : defensible, tenable

defensa[1] *nf* : defense

defensa[2] *nmf* : defender, back (in sports)

defensiva *nf* : defensive, defense

defensivo, -va *adj* : defensive — **defensivamente** *adv*

defensor[1], **-sora** *adj* : defending, defense

defensor[2], **-sora** *n* **1** : defender, advocate **2** : defense counsel

defeño, -ña *n* : person from the Federal District (Mexico City)

deferencia *nf* : deference

deficiencia *nf* : deficiency, flaw

deficiente *adj* : deficient

déficit *nm, pl* **-cits** **1** : deficit **2** : shortage, lack

definición *nf, pl* **-ciones** : definition

definido, -da *adj* : definite, well-defined

definir *vt* **1** : to define **2** : to determine

definitivamente *adv* **1** : finally **2** : permanently, for good **3** : definitely, absolutely

definitivo, -va *adj* **1** : definitive, conclusive **2 en definitiva** : all in all, on the whole **3 en definitiva** *Mex* : permanently, for good

deflación *nf, pl* **-ciones** : deflation

deforestación *nf, pl* **-ciones** : deforestation

deformación *nf, pl* **-ciones** **1** : deformation **2** : distortion

deformar *vt* **1** : to deform, to disfigure **2** : to distort — **deformarse** *vr*

deforme *adj* : deformed, misshapen

deformidad *nf* : deformity

defraudación *nf, pl* **-ciones** : fraud

defraudar *vt* **1** ESTAFAR : to defraud, to cheat **2** : to disappoint

defunción *nf, pl* **-ciones** DECESO : death, passing

degeneración *nf, pl* **-ciones** **1** : degeneration **2** : degeneracy, depravity

degenerado, -da *adj* DEPRAVADO : degenerate

degenerar *vi* : to degenerate

degenerativo, -va *adj* : degenerative

degollar {19} *vt* **1** : to slit the throat of, to slaughter **2** DECAPITAR : to behead **3** : to ruin, to destroy

degradación *nf, pl* **-ciones 1 :** degradation **2 :** demotion

degradar *vt* **1 :** to degrade, to debase **2 :** to demote

degustación *nf, pl* **-ciones :** tasting, sampling

degustar *vt* **:** to taste

deidad *nf* **:** deity

deificar {72} *vt* **:** to idolize, to deify

dejado, -da *adj* **1 :** slovenly **2 :** careless, lazy

dejar *vt* **1 :** to leave ⟨dejé la cartera en casa : I left my purse at home⟩ ⟨déjalo allí : leave it there⟩ ⟨déjalo conmigo : leave it with me⟩ **2 :** to drop (someone) off **3 :** to leave (a tip, a package, etc.) **4** LEGAR **:** to leave, to bequeath **5** ABANDONAR **:** to leave (a spouse, a job, etc.), to give up (an activity) **6 :** to leave alone, to let be **7 :** to drop (a subject) ⟨déjalo, no importa : forget it—it's not important⟩ **8** POSPONER **:** to leave, to put off **9 :** to leave ⟨dejé las luces encendidas : I left the lights on⟩ ⟨no me dejes esperando : don't leave me waiting⟩ **10** GUARDAR **:** to leave, to set aside **11 :** to leave (a mark, etc.) **12** PERMITIR **:** to let, to allow ⟨déjalo hablar : let him speak⟩ ⟨deja que se enfríe : let it cool⟩ — *vi* **1 ~ de :** to stop, to quit ⟨dejar de fumar : to quit smoking⟩ **2 no dejar de :** to be sure to ⟨no dejes de llamar : be sure to call⟩ — **dejarse** *vr* **1 :** to let oneself be ⟨se deja insultar : he lets himself be insulted⟩ **2 :** to forget, to leave ⟨me dejé las llaves en el carro : I left the keys in the car⟩ **3 :** to neglect oneself, to let oneself go **4 :** to grow ⟨me estoy dejando el pelo largo : I'm growing my hair long⟩

dejo *nm* **1 :** aftertaste **2 :** touch, hint **3 :** (regional) accent

del *contraction of* DE *and* EL → **de**

delación *nf, pl* **-ciones :** denunciation, betrayal

delantal *nm* **1 :** apron **2 :** pinafore

delante *adv* **1** ENFRENTE **:** ahead, in front **2 ~ de :** before, in front of

delantera *nf* **1 :** front, front part, front row ⟨tomar la delantera : to take the lead⟩ **2 :** forward line (in sports)

delantero[1], **-ra** *adj* **1 :** front, forward **2 tracción delantera :** front-wheel drive

delantero[2], **-ra** *n* **:** forward (in sports)

delatar *vt* **1 :** to betray, to reveal **2 :** to denounce, to inform against

delegación *nf, pl* **-ciones :** delegation

delegado, -da *n* **:** delegate, representative

delegar {52} *vt* **:** to delegate

deleitar *vt* **:** to delight, to please — **deleitarse** *vr*

deleite *nm* **:** delight, pleasure

deletrear *vi* **:** to spell ⟨¿como se deletrea? : how do you spell it?⟩

deleznable *adj* **1 :** brittle, crumbly **2 :** slippery **3 :** weak, fragile ⟨una excusa deleznable : a weak excuse⟩

delfín *nm, pl* **delfines 1 :** dolphin **2 :** dauphin, heir apparent

delgadez *nf* **:** thinness, skinniness

delgado, -da *adj* **1** FLACO **:** thin, skinny **2** ESBELTO **:** slender, slim **3** DELICADO **:** delicate, fine **4** AGUDO **:** sharp, clever

deliberación *nf, pl* **-ciones :** deliberation

deliberado, -da *adj* **:** deliberate, intentional — **deliberadamente** *adv*

deliberar *vi* **:** to deliberate

deliberativo, -va *adj* **:** deliberative

delicadeza *nf* **1 :** delicacy, fineness **2 :** gentleness, softness **3 :** tact, discretion, consideration

delicado, -da *adj* **1 :** delicate, fine **2 :** sensitive, frail **3 :** difficult, tricky **4 :** fussy, hard to please **5 :** tactful, considerate

delicia *nf* **:** delight

delicioso, -sa *adj* **1** RICO **:** delicious **2 :** delightful

delictivo, -va *adj* **:** criminal

delictuoso, -sa → **delictivo**

delimitación *nf, pl* **-ciones 1 :** demarcation **2 :** defining, specifying

delimitar *vt* **1 :** to demarcate **2 :** to define, to specify

delincuencia *nf* **:** delinquency, crime

delincuente[1] *adj* **:** delinquent

delincuente[2] *nmf* CRIMINAL **:** delinquent, criminal

delinear *vt* **1 :** to delineate, to outline **2 :** to draft, to draw up

delinquir {24} *vi* **:** to break the law

delirante *adj* **:** delirious

delirar *vi* **1** DESVARIAR **:** to be delirious **2 :** to rave, to talk nonsense

delirio *nm* **1** DESVARÍO **:** delirium **2** DISPARATE **:** nonsense, ravings *pl* ⟨delirios de grandeza : delusions of grandeur⟩ **3** FRENESÍ **:** mania, frenzy ⟨¡fue el delirio! : it was wild!⟩

delito *nm* **:** crime, offense

delta *nm* **:** delta

demacrado, -da *adj* **:** emaciated, gaunt

demagogia *nf* **:** demagogy

demagógico, -ca *adj* **:** demagogic, demagogical

demagogo, -ga *n* **:** demagogue

demanda *nf* **1 :** demand ⟨la oferta y la demanda : supply and demand⟩ **2 :** petition, request **3 :** lawsuit

demandado, -da *n* **:** defendant

demandante *nmf* **:** plaintiff

demandar *vt* **1 :** to demand **2** REQUERIR **:** to call for, to require **3 :** to sue, to file a lawsuit against

demarcar {72} *vt* **:** to demarcate — **demarcación** *nf*

demás[1] *adj* **:** remaining ⟨acabó las demás tareas : she finished the rest of the chores⟩

demás[2] *pron* **1 lo (la, los, las) demás :** the rest, everyone else, everything else ⟨Pepe, Rosa, y los demás : Pepe, Rosa, and everybody else⟩ **2 estar por demás :** to be of no use, to be pointless ⟨no estaría por demás : it couldn't hurt, it's worth a try⟩ **3 por demás** : extremely **4 por lo demás** : otherwise **5 y demás** : and so on, et cetera

demasía *nf* **en ~** : excessively, in excess

demasiado[1] *adv* **1** : too ⟨vas demasiado aprisa : you're going too fast⟩ **2** : too much ⟨estoy comiendo demasiado : I'm eating too much⟩

demasiado[2], **-da** *adj* : too much, too many, excessive

demencia *nf* **1** : dementia **2** LOCURA : madness, insanity

demente[1] *adj* : insane, mad

demente[2] *nmf* : insane person

demeritar *vt* **1** : to detract from **2** : to discredit

demérito *nm* **1** : fault **2** : discredit, disrepute

democracia *nf* : democracy

demócrata[1] *adj* : democratic

demócrata[2] *nmf* : democrat

democrático, -ca *adj* : democratic — **democráticamente** *adv*

democratizar {21} *vt* : to democratize, to make democratic

demografía *nf* : demography

demográfico, -ca *adj* : demographic

demoledor, -dora *adj* : devastating

demoler {47} *vt* DERRIBAR, DERRUMBAR : to demolish, to destroy

demolición *nf, pl* **-ciones** : demolition

demonio *nm* DIABLO : devil, demon

demora *nf* : delay

demorar *vt* **1** RETRASAR : to delay **2** TARDAR : to take, to last ⟨la reparación demorará varios días : the repair will take several days⟩ — *vi* : to delay, to linger — **demorarse** *vr* **1** : to be slow, to take a long time **2** : to take too long

demostración *nf, pl* **-ciones** : demonstration

demostrar {19} *vt* : to demonstrate, to show

demostrativo, -va *adj* : demonstrative

demudar *vt* : to change, to alter — **demudarse** *vr* : to change one's expression

denegación *nf, pl* **-ciones** : denial, refusal

denegar {49} *vt* : to deny, to turn down

denigrante *adj* : degrading, humiliating

denigrar *vt* **1** DIFAMAR : to denigrate, to disparage **2** : to degrade, to humiliate

denodado, -da *adj* : bold, dauntless

denominación *nf, pl* **-ciones** **1** : name, designation **2** : denomination (of money)

denominador *nm* : denominator

denominar *vt* : to designate, to name

denostar {19} *vt* : to revile

denotar *vt* : to denote, to show

densidad *nf* : density, thickness

denso, -sa *adj* : dense, thick — **densamente** *adv*

dentado, -da *adj* SERRADO : serrated, jagged

dentadura *nf* **1** : teeth *pl* **2 dentadura postiza** : dentures *pl*

dental *adj* : dental

dentellada *nf* **1** : bite **2** : tooth mark

dentera *nf* **1** : envy, jealousy **2 dar dentera** : to set one's teeth on edge

dentición *nf, pl* **-ciones** **1** : teething **2** : dentition, set of teeth

dentífrico *nm* : toothpaste

dentista *nmf* : dentist

dentro *adv* **1** : in, inside **2** : indoors **3 ~ de** : within, inside, in **4 dentro de poco** : soon, shortly **5 dentro de todo** : all in all, all things considered **6 por ~** : inwardly, inside

denuedo *nm* : valor, courage

denuesto *nm* : insult

denuncia *nf* **1** : denunciation, condemnation **2** : police report

denunciante *nmf* : accuser (of a crime)

denunciar *vt* **1** : to denounce, to condemn **2** : to report (to the authorities)

deparar *vt* : to have in store for, to provide with ⟨no sabemos lo que nos depara el destino : we don't know what fate has in store for us⟩

departamental *adj* **1** : departmental **2 tienda departamental** *Mex* : department store

departamento *nm* **1** : department **2** APARTAMENTO : apartment

departir *vi* : to converse

dependencia *nf* **1** : dependence, dependency ⟨dependencia emocional : emotional dependence⟩ ⟨dependencia del alcohol : dependence on alcohol⟩ **2** : agency, branch office

depender *vi* **1** : to depend **2 ~ de** : to depend on **3 ~ de** : to be subordinate to

dependiente[1] *adj* : dependent

dependiente[2], **-ta** *n* : clerk, salesperson

deplorable *adj* : deplorable

deplorar *vt* **1** : to deplore **2** LAMENTAR : to regret

deponer {60} *vt* **1** : to depose, to overthrow **2** : to abandon (an attitude or stance) **3 deponer las armas** : to lay down one's arms — *vi* **1** TESTIFICAR : to testify, to make a statement **2** EVACUAR : to defecate

deportación *nf, pl* **-ciones** : deportation

deportar *vt* : to deport

deporte *nm* : sport, sports *pl* ⟨hacer deporte : to engage in sports⟩

deportista[1] *adj* **1** : fond of sports **2** : sporty

deportista[2] *nmf* **1** : sports fan **2** : athlete, sportsman *m*, sportswoman *f*

deportividad *nf Spain* : sportsmanship

deportivo, -va *adj* **1** : sports, sporting ⟨artículos deportivos : sporting goods⟩ **2** : sporty

deposición *nf, pl* **-ciones** **1** : statement, testimony **2** : removal from office

depositante *nmf* : depositor

depositar *vt* **1** : to deposit, to place **2** : to store — **depositarse** *vr* : to settle

depósito *nm* **1** : deposit **2** : warehouse, storehouse
depravación *nf, pl* **-ciones** : depravity
depravado, -da *adj* DEGENERADO : depraved, degenerate
depravar *vt* : to deprave, to corrupt
depreciación *nf, pl* **-ciones** : depreciation
depreciar *vt* : to depreciate, to reduce the value of — **depreciarse** *vr* : to lose value
depredación *nf* SAQUEO : depredation, plunder
depredador[1], **-dora** *adj* : predatory
depredador[2] *nm* **1** : predator **2** SAQUEADOR : plunderer
depresión *nf, pl* **-siones** **1** : depression **2** : hollow, recess **3** : drop, fall **4** : slump, recession
depresivo[1], **-va** *adj* **1** : depressive **2** : depressant
depresivo[2] *nm* : depressant
deprimente *adj* : depressing
deprimir *vt* **1** : to depress **2** : to lower — **deprimirse** *vr* ABATIRSE : to get depressed
depuesto *pp* → **deponer**
depuración *nf, pl* **-ciones** **1** PURIFICACIÓN : purification **2** PURGA : purge **3** : refinement, polish
depurar *vt* **1** PURIFICAR : to purify **2** PURGAR : to purge
depuso, etc. → **deponer**
derecha *nf* **1** : right **2** : right hand, right side **3** : right wing, right (in politics)
derechazo *nm* **1** : pass with the cape on the right hand (in bullfighting) **2** : right (in boxing) **3** : forehand (in tennis)
derechista[1] *adj* : rightist, right-wing
derechista[2] *nmf* : right-winger
derecho[1] *adv* **1** : straight **2** : upright **3** : directly
derecho[2], **-cha** *adj* **1** : right **2** : right-hand ⟨el margen derecho : the right-hand margin⟩ **3** RECTO : straight, upright, erect ⟨siéntate derecho : sit up straight⟩
derecho[3] *nm* **1** : right ⟨derechos humanos : human rights⟩ **2** : law ⟨derecho civil : civil law⟩ **3** : right side (of cloth or clothing)
deriva *nf* **1** : drift **2 a la deriva** : adrift
derivación *nf, pl* **-ciones** **1** : derivation **2** RAMIFICACIÓN : ramification, consequence
derivar *vi* **1** : to drift **2 ~ de** : to come from, to derive from **3 ~ en** : to result in — *vt* : to steer, to direct ⟨derivó la discusión hacia la política : he steered the discussion over to politics⟩ — **derivarse** *vr* : to be derived from, to arise from
dermatología *nf* : dermatology
dermatológico, -ca *adj* : dermatological
dermatólogo, -ga *n* : dermatologist
derogación *nf, pl* **-ciones** : abolition, repeal
derogar {52} *vt* ABOLIR : to abolish, to repeal
derramamiento *nm* **1** : spilling, overflowing **2 derramamiento de sangre** : bloodshed
derramar *vt* **1** : to spill **2** : to shed (tears, blood) — **derramarse** *vr* **1** : to spill over **2** : to scatter
derrame *nm* **1** : spilling, shedding **2** : leakage, overflow **3** : discharge, hemorrhage
derrapar *vi* : to skid
derrape *nm* : skid
derredor *nm* **al derredor** *or* **en derredor** : around, round about
derrengado, -da *adj* **1** : bent, twisted **2** : exhausted
derretir {54} *vt* : to melt, to thaw — **derretirse** *vr* **1** : to melt, to thaw **2 ~ por** *fam* : to be crazy about
derribar *vt* **1** DEMOLER, DERRUMBAR : to demolish, to knock down **2** : to shoot down, to bring down (an airplane) **3** DERROCAR : to overthrow
derribo *nm* **1** : demolition, razing **2** : shooting down **3** : overthrow
derrocamiento *nm* : overthrow
derrocar {72} *vt* DERRIBAR : to overthrow, to topple
derrochador[1], **-dora** *adj* : extravagant, wasteful
derrochador[2], **-dora** *n* : spendthrift
derrochar *vt* : to waste, to squander
derroche *nm* : extravagance, waste
derrota *nf* **1** : defeat, rout **2** : course (at sea)
derrotar *vt* : to defeat
derrotero *nm* RUTA : course
derrotista *adj & nmf* : defeatist
derruir {41} *vt* : to demolish, to tear down
derrumbamiento *nm* : collapse
derrumbar *vt* **1** DEMOLER, DERRIBAR : to demolish, to knock down **2** DESPEÑAR : to cast down, to topple — **derrumbarse** *vr* DESPLOMARSE : to collapse, to break down
derrumbe *nm* **1** DESPLOME : collapse, fall ⟨el derrumbe del comunismo : the fall of Communism⟩ **2** : landslide
desabastecimiento *nm* : shortage, scarcity
desabasto *nm Mex* : shortage, scarcity
desabrido, -da *adj* : tasteless, bland
desabrigar {52} *vt* **1** : to undress **2** : to uncover **3** : to deprive of shelter
desabrochar *vt* : to unbutton, to undo — **desabrocharse** *vr* : to come undone
desacatar *vt* **1** DESAFIAR : to defy **2** DESOBEDECER : to disobey
desacato *nm* **1** : disrespect **2** : contempt (of court)
desacelerar *vi* : to decelerate, to slow down
desacertado, -da *adj* **1** : mistaken **2** : unwise
desacertar {55} *vi* ERRAR : to err, to be mistaken
desacierto *nm* ERROR : error, mistake

desaconsejable *adj* : inadvisable
desaconsejado, -da *adj* : ill-advised, unwise
desacorde *adj* **1** : conflicting **2** : discordant
desacostumbrado, -da *adj* : unaccustomed, unusual
desacreditar *vt* DESPRESTIGIAR : to discredit, to disgrace
desactivar *vt* : to deactivate, to defuse
desacuerdo *nm* : disagreement
desafiante *adj* : defiant
desafiar {85} *vt* RETAR : to defy, to challenge
desafilado, -da *adj* : blunt
desafinado, -da *adj* : out-of-tune, off-key
desafinarse *vr* : to go out of tune
desafío *nm* **1** RETO : challenge **2** RESISTENCIA : defiance
desafortunado, -da *adj* : unfortunate, unlucky — **desafortunadamente** *adv*
desafuero *nm* ABUSO : injustice, outrage
desagradable *adj* : unpleasant, disagreeable — **desagradablemente** *adv*
desagradar *vi* : to be unpleasant, to be disagreeable
desagradecido, -da *adj* : ungrateful
desagrado *nm* **1** : displeasure **2 con ~** : reluctantly
desagravio *nm* **1** : apology **2** : amends, reparation
desagregarse {52} *vr* : to break up, to disintegrate
desaguar {10} *vi* : to drain, to empty
desagüe *nm* **1** : drain **2** : drainage
desahogado, -da *adj* **1** : well-off, comfortable **2** : spacious, roomy
desahogar {52} *vt* **1** : to relieve, to ease **2** : to give vent to — **desahogarse** *vr* **1** : to recover, to feel better **2** : to unburden oneself, to let off steam
desahogo *nm* **1** : relief, outlet **2 con ~** : comfortably
desahuciar *vt* **1** : to deprive of hope **2** : to evict — **desahuciarse** *vr* : to lose all hope
desahucio *nm* : eviction
desairar {5} *vt* : to snub, to rebuff
desaire *nm* : rebuff, snub, slight
desajustar *vt* **1** : to disarrange, to put out of order **2** : to upset (plans)
desajuste *nm* **1** : maladjustment **2** : imbalance **3** : upset, disruption
desalentador, -dora *adj* : discouraging, disheartening
desalentar {55} *vt* DESANIMAR : to discourage, to dishearten — **desalentarse** *vr*
desaliento *nm* : discouragement
desaliñado, -da *adj* : slovenly, untidy
desalmado, -da *adj* : heartless, callous
desalojar *vt* **1** : to remove, to clear **2** EVACUAR : to evacuate, to vacate **3** : to evict
desalojo *nm* **1** : removal, expulsion **2** : evacuation **3** : eviction
desamor *nm* **1** FRIALDAD : indifference **2** ENEMISTAD : dislike, enmity
desamparado, -da *adj* DESVALIDO : helpless, destitute
desamparar *vt* : to abandon, to forsake
desamparo *nm* **1** : abandonment, neglect **2** : helplessness
desamueblado, -da *adj* : unfurnished
desandar {6} *vt* : to go back, to return to the starting point
desangelado, -da *adj* : dull, lifeless
desangrar *vt* : to bleed, to bleed dry — **desangrarse** *vr* **1** : to be bleeding **2** : to bleed to death
desanimar *vt* DESALENTAR : to discourage, to dishearten — **desanimarse** *vr*
desánimo *nm* DESALIENTO : discouragement, dejection
desanudar *vt* : to untie, to disentangle
desapacible *adj* : unpleasant, disagreeable
desaparecer {53} *vt* : to cause to disappear — *vi* : to disappear, to vanish
desaparecido[1], **-da** *adj* **1** : late, deceased **2** : missing
desaparecido[2], **-da** *n* : missing person
desaparición *nf, pl* **-ciones** : disappearance
desapasionado, -da *adj* : dispassionate, impartial — **desapasionadamente** *adv*
desapego *nm* : coolness, indifference
desapercibido, -da *adj* **1** : unnoticed **2** DESPREVENIDO : unprepared, off guard
desaprobación *nf, pl* **-ciones** : disapproval
desaprobar {19} *vt* REPROBAR : to disapprove of
desaprovechar *vt* MALGASTAR : to waste, to misuse — *vi* : to lose ground, to slip back
desarmador *nm Mex* : screwdriver
desarmar *vt* **1** : to disarm **2** DESMONTAR : to disassemble, to take apart
desarme *nm* : disarmament
desarraigado, -da *adj* : rootless
desarraigar {52} *vt* : to uproot, to root out
desarreglado, -da *adj* : untidy, disorganized
desarreglar *vt* **1** : to mess up **2** : to upset, to disrupt
desarreglo *nm* **1** : untidiness **2** : disorder, confusion
desarrollar *vt* : to develop — **desarrollarse** *vr* : to take place
desarrollo *nm* : development
desarticulación *nf, pl* **-ciones** **1** : dislocation **2** : breaking up, dismantling
desarticular *vt* **1** DISLOCAR : to dislocate **2** : to break up, to dismantle
desaseado, -da *adj* **1** : dirty **2** : messy, untidy
desastre *nm* CATÁSTROFE : disaster
desastroso, -sa *adj* : disastrous, catastrophic
desatar *vt* **1** : to undo, to untie **2** : to unleash **3** : to trigger, to precipitate — **desatarse** *vr* : to break out, to erupt
desatascar {72} *vt* : to unblock, to clear

desatención *nf, pl* **-ciones 1** : absentmindedness, distraction **2** : discourtesy

desatender {56} *vt* **1** : to disregard **2** : to neglect

desatento, -ta *adj* **1** DISTRAÍDO : absentminded **2** GROSERO : discourteous, rude

desatinado, -da *adj* : foolish, silly

desatino *nm* : folly, mistake

desautorizar {21} *vt* : to deprive of authority, to discredit

desavenencia *nf* DISCORDANCIA : disagreement, dispute

desayunar *vi* : to have breakfast — *vt* : to have for breakfast

desayuno *nm* : breakfast

desazón *nf, pl* **-zones** INQUIETUD : uneasiness, anxiety

desbalance *nm* : imbalance

desbancar {72} *vt* : to displace, to oust

desbandada *nf* : scattering, dispersal

desbarajuste *nm* DESORDEN : disarray, disorder, mess

desbaratar *vt* **1** ARRUINAR : to destroy, to ruin **2** DESCOMPONER : to break, to break down — **desbaratarse** *vr* : to fall apart

desbloquear *vt* **1** : to open up, to clear, to break through **2** : to free, to release

desbocado, -da *adj* : unbridled, rampant

desbocarse {72} *vr* : to run away, to bolt

desbordamiento *nm* : overflowing

desbordante *adj* : overflowing, bursting ⟨desbordante de energía : bursting with energy⟩

desbordar *vt* **1** : to overflow, to spill over **2** : to surpass, to exceed — **desbordarse** *vr*

descabellado, -da *adj* : outlandish, ridiculous

descafeinado, -da *adj* : decaffeinated

descalabrar *vt* : to hit on the head — **descalabrarse** *vr*

descalabro *nm* : setback, misfortune, loss

descalificación *nf, pl* **-ciones 1** : disqualification **2** : disparaging remark

descalificar {72} *vt* **1** : to disqualify **2** DESACREDITAR : to discredit — **descalificarse** *vr*

descalzarse {21} *vr* : take off one's shoes

descalzo, -za *adj* : barefoot

descansado, -da *adj* **1** : rested, refreshed **2** : restful, peaceful

descansar *vi* : to rest, to relax — *vt* : to rest ⟨descansar la vista : to rest one's eyes⟩

descansillo *nm* : landing (of a staircase)

descanso *nm* **1** : rest, relaxation **2** : break **3** : landing (of a staircase) **4** : intermission

descapotable *adj & nm* : convertible

descarado, -da *adj* : brazen, impudent — **descaradamente** *adv*

descarga *nf* **1** : discharge **2** : unloading

descargable *adj* : downloadable

descargar {52} *vt* **1** : to discharge **2** : to unload **3** : to release, to free **4** : to take out, to vent (anger, etc.) — **descargarse** *vr* **1** : to unburden oneself **2** : to quit **3** : to lose power

descargo *nm* **1** : unloading **2** : defense ⟨testigo de descargo : witness for the defense⟩

descarnado, -da *adj* : scrawny, gaunt

descaro *nm* : audacity, nerve

descarriado, -da *adj* : lost, gone astray

descarrilar *vi* : to derail — **descarrilarse** *vr*

descartar *vt* : to rule out, to reject — **descartarse** *vr* : to discard

descascarar *vt* : to peel, to shell, to husk — **descascararse** *vr* : to peel off, to chip

descendencia *nf* **1** : descendants *pl* **2** LINAJE : descent, lineage

descendente *adj* : downward, descending

descender {56} *vt* **1** : to descend, to go down **2** BAJAR : to lower, to take down, to let down — *vi* **1** : to descend, to come down **2** : to drop, to fall **3** ~ **de** : to be a descendant of

descendiente *adj & nm* : descendant

descenso *nm* **1** : descent **2** BAJA, CAÍDA : drop, fall

descentralizar {21} *vt* : to decentralize — **descentralizarse** *vr* — **descentralización** *nf*

descifrable *adj* : decipherable

descifrar *vt* : to decipher, to decode

descodificar {72} *vt* : to decode

descolgar {16} *vt* **1** : to take down, to let down **2** : to pick up, to answer (the telephone)

descollar {19} *vi* SOBRESALIR : to stand out, to be outstanding, to excel

descolorarse *vr* : to fade

descolorido, -da *adj* : discolored, faded

descomponer {60} *vt* **1** : to rot, to decompose **2** DESBARATAR : to break, to break down — **descomponerse** *vr* **1** : to break down **2** : to decompose

descomposición *nf, pl* **-ciones 1** : breakdown, decomposition **2** : decay

descompresión *nf* : decompression

descompuesto[1] *pp* → **descomponer**

descompuesto[2], **-ta** *adj* **1** : broken down, out of order **2** : rotten, decomposed

descomunal *adj* **1** ENORME : enormous, huge **2** EXTRAORDINARIO : extraordinary

desconcertante *adj* : disconcerting

desconcertar {55} *vt* : to disconcert — **desconcertarse** *vr*

desconchar *vt* : to chip — **desconcharse** *vr* : to chip off, to peel

desconcierto *nm* : uncertainty, confusion

desconectar *vt* **1** : to disconnect, to switch off **2** : to unplug

desconfiado, -da *adj* : distrustful, suspicious

desconfianza *nf* RECELO : distrust, suspicion

desconfiar {85} *vi* ~ **de** : to distrust, to be suspicious of

descongelar *vt* **1** : to thaw **2** : to defrost **3** : to unfreeze (assets — **descongelarse** *vr*

descongestionante *adj & nm* : decongestant

desconocer {18} *vt* **1** IGNORAR : to be unaware of **2** : to fail to recognize

desconocido[1], **-da** *adj* : unknown, unfamiliar

desconocido[2], **-da** *n* EXTRAÑO : stranger

desconocimiento *nm* : ignorance

desconsiderado, -da *adj* : inconsiderate, thoughtless — **desconsideradamente** *adj*

desconsolado, -da *adj* : disconsolate, heartbroken

desconsuelo *nm* AFLICCIÓN : grief, distress, despair

descontaminar *vt* : to decontaminate — **descontaminación** *nf*

descontar {19} *vt* **1** : to discount, to deduct **2** EXCEPTUAR : to except, to exclude

descontento[1], **-ta** *adj* : discontented, dissatisfied

descontento[2] *nm* : discontent, dissatisfaction

descontrol *nm* : lack of control, disorder, chaos

descontrolarse *vr* : to get out of control, to be out of hand

descorazonado, -da *adj* : disheartened, discouraged

descorazonador, -dora *adj* : disheartening, discouraging

descorrer *vt* : to draw back

descortés *adj, pl* **-teses** : discourteous, rude

descortesía *nf* : discourtesy, rudeness

descrédito *nm* DESPRESTIGIO : discredit

descremado, -da *adj* : nonfat, skim

describir {33} *vt* : to describe

descripción *nf, pl* **-ciones** : description

descriptivo, -va *adj* : descriptive

descrito *pp* → **describir**

descuartizar {21} *vt* **1** : to cut up, to quarter **2** : to tear to pieces

descubierto[1] *pp* → **descubrir**

descubierto[2], **-ta** *adj* **1** : exposed, revealed **2 al descubierto** : out in the open

descubridor, -dora *n* : discoverer, explorer

descubrimiento *nm* : discovery

descubrir {2} *vt* **1** HALLAR : to discover, to find out **2** REVELAR : to uncover, to reveal — **descubrirse** *vr*

descuento *nm* REBAJA : discount

descuidado, -da *adj* **1** : neglectful, careless **2** : neglected, unkempt

descuidar *vt* : to neglect, to overlook — *vi* : to be careless — **descuidarse** *vr* **1** : to be careless, to drop one's guard **2** : to let oneself go

descuido *nm* **1** : carelessness, negligence **2** : slip, oversight

desde *prep* **1** : from ⟨desde arriba : from above⟩ ⟨desde la cabeza hasta los pies : from head to foot/toe⟩ **2** : since, from ⟨desde el lunes : since Monday⟩ ⟨desde el principio : right from the start⟩ ⟨desde la mañana hasta la noche : from morning to/until night⟩ **3 desde ahora** : from now on **4 desde entonces** : since then **5 desde hace** : for, since (a time) ⟨ha estado nevando desde hace dos días : it's been snowing for two days⟩ **6 desde luego** : of course **7 desde que** : since, ever since **8 desde ya** : right now, immediately

desdecir {11} *vi* **1** ~ **de** : to be unworthy of **2** ~ **de** : to clash with — **desdecirse** *vr* **1** CONTRADECIRSE : to contradict oneself **2** RETRACTARSE : to go back on one's word

desdén *nm, pl* **desdenes** DESPRECIO : disdain, scorn

desdentado, -da *adj* : toothless

desdeñar *vt* DESPRECIAR : to disdain, to scorn, to despise

desdeñoso, -sa *adj* : disdainful, scornful — **desdeñosamente** *adv*

desdibujar *vt* : to blur — **desdibujarse** *vr*

desdicha *nf* **1** : misery **2** : misfortune

desdichado[1], **-da** *adj* **1** : unfortunate **2** : miserable, unhappy

desdichado[2], **-da** *n* : wretch

desdicho *pp* → **desdecir**

desdiga, desdijo etc. → **desdecir**

desdoblar *vt* DESPLEGAR : to unfold

deseable *adj* : desirable

desear *vt* **1** : to wish ⟨te deseo buena suerte : I wish you good luck⟩ **2** QUERER : to want, to desire

desecar {72} *vt* : to dry (flowers, etc.)

desechable *adj* : disposable

desechar *vt* **1** : to discard, to throw away **2** RECHAZAR : to reject

desecho *nm* **1** : reject **2 desechos** *nmpl* RESIDUOS : rubbish, waste

desembarazarse {21} *vr* ~ **de** : to get rid of

desembarcadero *nm* : jetty, landing pier

desembarcar {72} *vi* : to disembark — *vt* : to unload

desembarco *nm* **1** : landing, arrival **2** : unloading

desembarque → **desembarco**

desembocadura *nf* **1** : mouth (of a river) **2** : opening, end (of a street)

desembocar {72} *vi* **1** ~ **en** *or* ~ **a** : to flow into, to join **2** : to lead to, to result in

desembolsar *vt* PAGAR : to disburse, to pay out
desembolso *nm* PAGO : disbursement, payment
desempacar {72} *v* : to unpack
desempate *nm* : tiebreaker, play-off
desempeñar *vt* **1** : to play (a role) **2** : to fulfill, to carry out **3** : to redeem (from a pawnshop) — **desempeñarse** *vr* : to function, to act
desempeño *nm* **1** : fulfillment, carrying out **2** : performance
desempleado[1], **-da** *adj* : unemployed
desempleado[2], **-da** *n* : unemployed person
desempleo *nm* : unemployment
desempolvar *vt* **1** : to dust off **2** : to resurrect, to revive
desencadenar *vt* **1** : to unchain **2** : to trigger, to unleash — **desencadenarse** *vr*
desencajar *vt* **1** : to dislocate **2** : to disconnect, to disengage
desencantar *vt* : to disenchant, to disillusion — **desencantarse** *vr*
desencanto *nm* : disenchantment, disillusionment
desenchufar *vt* : to disconnect, to unplug
desenfadado, -da *adj* **1** : uninhibited, carefree **2** : confident, self-assured
desenfado *nm* **1** DESENVOLTURA : self-assurance, confidence **2** : naturalness, ease
desenfrenadamente *adv* : wildly, with abandon
desenfrenado, -da *adj* : unbridled, unrestrained
desenfreno *nm* : abandon, unrestraint
desenganchar *vt* : to unhitch, to uncouple
desengañar *vt* : to disillusion, to disenchant — **desengañarse** *vr*
desengaño *nm* : disenchantment, disillusionment
desenlace *nm* : ending, outcome
desenlazar {21} *vt* **1** : to untie **2** : to clear up, to resolve
desenmarañar *vt* : to disentangle, to unravel
desenmascarar *vt* : to unmask, to expose
desenredar *vt* : to untangle, to disentangle
desenrollar *vt* : to unroll, to unwind
desentenderse {56} *vr* **1 ~ de** : to want nothing to do with, to be uninterested in **2 ~ de** : to pretend ignorance of
desenterrar {55} *vt* **1** EXHUMAR : to exhume **2** : to unearth, to dig up
desentonar *vi* **1** : to clash, to conflict **2** : to be out of tune, to sing off-key
desentrañar *vt* : to get to the bottom of, to unravel
desenvainar *vt* : to draw, to unsheathe (a sword)
desenvoltura *nf* **1** DESENFADO : confidence, self-assurance **2** ELOCUENCIA : eloquence, fluency
desenvolver {89} *vt* : to unwrap, to open — **desenvolverse** *vr* **1** : to unfold, to develop **2** : to manage, to cope
desenvuelto[1] *pp* → **desenvolver**
desenvuelto[2], **-ta** *adj* : confident, relaxed, self-assured
deseo *nm* : wish, desire
deseoso, -sa *adj* : eager, anxious
desequilibrar *vt* : to unbalance, to throw off balance — **desequilibrarse** *vr*
desequilibrio *nm* : imbalance
deserción *nf, pl* **-ciones** : desertion, defection
desertar *vi* **1** : to desert, to defect **2 ~ de** : to abandon, to neglect
desertor, -tora *n* : deserter, defector
desesperación *nf, pl* **-ciones** : desperation, despair
desesperado, -da *adj* : desperate, despairing, hopeless — **desesperadamente** *adv*
desesperanza *nf* : despair, hopelessness
desesperar *vt* : to exasperate — *vi* : to despair, to lose hope — **desesperarse** *vr* : to become exasperated
desestimar *vt* **1** : to reject, to disallow **2** : to have a low opinion of
desfachatez *nf, pl* **-teces** : audacity, nerve, cheek
desfalcador, -dora *n* : embezzler
desfalcar {72} *vt* : to embezzle
desfalco *nm* : embezzlement
desfallecer {53} *vi* **1** : to weaken **2** : to faint
desfallecimiento *nm* **1** : weakness **2** : fainting
desfasado, -da *adj* **1** : out of sync **2** : out of step, behind the times
desfase *nm* : gap, lag ⟨desfase horario : jet lag⟩
desfavorable *adj* : unfavorable, adverse — **desfavorablemente** *adv*
desfavorecido, -da *adj* : underprivileged
desfigurar *vt* **1** : to disfigure, to mar **2** : to distort, to misrepresent
desfiladero *nm* : narrow gorge, defile
desfilar *vi* : to parade, to march
desfile *nm* : parade, procession
desfogar {52} *vt* **1** : to vent **2** *Mex* : to unclog, to unblock — **desfogarse** *vr* : to vent one's feelings, to let off steam
desforestación *nf, pl* **-ciones** : deforestation
desgajar *vt* **1** : to tear off **2** : to break apart — **desgajarse** *vr* : to come apart
desgana *nf* **1** INAPETENCIA : lack of appetite **2** APATÍA : apathy, unwillingness, reluctance
desgano *nm* → **desgana**
desgarbado, -da *adj* : ungainly

desgarrador, -dora *adj* : heartrending, heartbreaking
desgarradura *nf* : tear, rip
desgarrar *vt* **1** : to tear, to rip **2** : to break (one's heart) — **desgarrarse** *vr*
desgarre → **desgarro**
desgarro *nm* : tear
desgarrón *nm, pl* **-rrones** : rip, tear
desgastar *vt* **1** : to use up **2** : to wear away, to wear down
desgaste *nm* : deterioration, wear and tear
desglosar *vt* : to break down, to itemize
desglose *nm* : breakdown, itemization
desgobierno *nm* : anarchy, disorder
desgracia *nf* **1** : misfortune **2** : disgrace **3 por ~** : unfortunately
desgraciadamente *adv* : unfortunately
desgraciado[1], **-da** *adj* **1** : unfortunate, unlucky **2** : vile, wretched
desgraciado[2], **-da** *n* : unfortunate person, wretch
desgranar *vt* : to shuck, to shell
deshabitado, -da *adj* : unoccupied, uninhabited
deshacer {40} *vt* **1** : to destroy, to ruin **2** DESATAR : to undo, to untie **3** : to break apart, to crumble **4** : to dissolve, to melt **5** : to break, to cancel — **deshacerse** *vr* **1** : to fall apart, to come undone **2 ~ de** : to get rid of
deshecho[1] *pp* → **deshacer**
deshecho[2], **-cha** *adj* **1** : destroyed, ruined **2** : devastated, shattered **3** : undone, untied
desheredado, -da *adj* MARGINADO : dispossessed, destitute
desheredar *vt* : to disinherit
deshicieron, etc. → **deshacer**
deshidratar *vt* : to dehydrate — **deshidratación** *nf*
deshielo *nm* : thaw, thawing
deshilachar *vt* : to fray — **deshilacharse** *vr*
deshizo → **deshacer**
deshonestidad *nf* : dishonesty
deshonesto, -ta *adj* : dishonest
deshonra *nf* : dishonor, disgrace
deshonrar *vt* : to dishonor, to disgrace
deshonroso, -sa *adj* : dishonorable, disgraceful
deshuesar *vt* **1** : to pit (a fruit, etc.) **2** : to bone, to debone
deshumanizar {21} *vt* : to dehumanize — **deshumanización** *nf*
desidia *nf* **1** APATÍA : apathy, indolence **2** NEGLIGENCIA : negligence, sloppiness
desierto[1], **-ta** *adj* : deserted, uninhabited
desierto[2] *nm* : desert
designación *nf, pl* **-ciones** NOMBRAMIENTO : appointment, naming (to an office, etc.)
designar *vt* NOMBRAR : to designate, to appoint, to name
designio *nm* : plan
desigual *adj* **1** : unequal **2** DISPAREJO : uneven
desigualdad *nf* **1** : inequality **2** : unevenness
desilusión *nf, pl* **-siones** DESENCANTO, DESENGAÑO : disillusionment, disenchantment
desilusionar *vt* DESENCANTAR, DESENGAÑAR : to disillusion, to disenchant — **desilusionarse** *vr*
desinfectante *adj & nm* : disinfectant
desinfectar *vt* : to disinfect — **desinfección** *nf*
desinflar *vt* : to deflate — **desinflarse** *vr*
desinhibido, -da *adj* : uninhibited, unrestrained
desintegración *nf, pl* **-ciones** : disintegration
desintegrar *vt* : to disintegrate, to break up — **desintegrarse** *vr*
desinterés *nm* **1** : lack of interest, indifference **2** : unselfishness
desinteresado, -da *adj* GENEROSO : unselfish
desintoxicar {72} *vt* : to detoxify, to detox
desistir *vi* **1** : to desist, to stop **2 ~ de** : to give up, to relinquish
deslave *nm Mex* : landslide
desleal *adj* INFIEL : disloyal — **deslealmente** *adv*
deslealtad *nf* : disloyalty
desleír {66} *vt* : to dilute, to dissolve
desligar {52} *vt* **1** : to separate, to undo **2** : to free (from an obligation) — **desligarse** *vr* **~ de** : to extricate oneself from
deslindar *vt* **1** : to mark the limits of, to demarcate **2** : to define, to clarify
deslinde *nm* : demarcation
desliz *nm, pl* **deslices** : error, mistake, slip ⟨desliz de la lengua : slip of the tongue⟩
deslizar {21} *vt* **1** : to slide, to slip **2** : to slip in — **deslizarse** *vr* **1** : to slide, to glide **2** : to slip away
deslucido, -da *adj* **1** : unimpressive, dull **2** : faded, dingy, tarnished
deslucir {45} *vt* **1** : to spoil **2** : to fade, to dull, to tarnish **3** : to discredit
deslumbrar *vt* : to dazzle — **deslumbrante** *adj*
deslustrado, -da *adj* : dull, lusterless
deslustrar *vt* : to tarnish, to dull
deslustre *nm* : tarnish
desmán *nm, pl* **desmanes** **1** : outrage, abuse **2** : misfortune
desmandarse *vr* : to behave badly, to get out of hand
desmantelar *vt* DESMONTAR : to dismantle
desmañado, -da *adj* : clumsy, awkward
desmayado, -da *adj* **1** : fainting, weak **2** : dull, pale
desmayar *vi* : to lose heart, to falter — **desmayarse** *vr* DESVANECERSE : to faint, to swoon

desmayo *nm* **1** : faint, fainting **2 sufrir un desmayo** : to faint
desmedido, -da *adj* DESMESURADO : excessive, undue
desmejorar *vt* : to weaken, to make worse — *vi* : to decline (in health), to get worse
desmembramiento *nm* : dismemberment
desmembrar {55} *vt* **1** : to dismember **2** : to break up
desmemoriado, -da *adj* : absentminded, forgetful
desmentido *nm* : denial
desmentir {76} *vt* **1** NEGAR : to deny, to refute **2** CONTRADECIR : to contradict
desmenuzar {21} *vt* **1** : to break down, to scrutinize **2** : to crumble, to shred — **desmenuzarse** *vr*
desmerecer {53} *vt* : to be unworthy of — *vi* **1** : to decline in value **2 ~ de** : to compare unfavorably with
desmesurado, -da *adj* DESMEDIDO : excessive, inordinate — **desmesuradamente** *adv*
desmigajar *vt* : to crumble — **desmigajarse** *vr*
desmilitarizado, -da *adj* : demilitarized
desmontar *vt* **1** : to clear, to level off **2** DESMANTELAR : to dismantle, to take apart — *vi* : to dismount
desmonte *nm* : clearing, leveling
desmoralizador, -dora *adj* : demoralizing
desmoralizar {21} *vt* DESALENTAR : to demoralize, to discourage
desmoronamiento *nm* : crumbling, falling apart
desmoronar *vt* : to wear away, to erode — **desmoronarse** *vr* : to crumble, to deteriorate, to fall apart
desmotadora *nf* : gin, cotton gin
desmovilizar {21} *vt* : to demobilize — **desmovilización** *nf*
desnaturalizar {21} *vt* **1** : to denature **2** : to distort, to alter
desnivel *nm* **1** : disparity, difference **2** : unevenness (of a surface)
desnivelado, -da *adj* **1** : uneven **2** : unbalanced
desnudar *vt* **1** : to undress **2** : to strip, to lay bare — **desnudarse** *vr* : to undress, to strip off one's clothing
desnudez *nf, pl* **-deces** : nudity, nakedness
desnudismo → **nudismo**
desnudista → **nudista**
desnudo[1], **-da** *adj* : nude, naked, bare
desnudo[2] *nm* : nude
desnutrición *nf, pl* **-ciones** MALNUTRICIÓN : malnutrition, undernourishment
desnutrido, -da *adj* MALNUTRIDO : malnourished, undernourished
desobedecer {53} *v* : to disobey
desobediencia *nf* : disobedience — **desobediente** *adj*
desocupación *nf, pl* **-ciones** : unemployment
desocupado, -da *adj* **1** : vacant, empty **2** : free, unoccupied **3** : unemployed
desocupar *vt* **1** : to empty **2** : to vacate, to move out of — **desocuparse** *vr* : to leave, to quit (a job)
desodorante *adj & nm* : deodorant
desolación *nf, pl* **-ciones** : desolation
desolado, -da *adj* **1** : desolate **2** : devastated, distressed
desolador, -dora *adj* **1** : devastating **2** : bleak, desolate
desollar *vt* : to skin, to flay
desorbitado, -da *adj* **1** : excessive, exorbitant **2 con los ojos desorbitados** : with eyes popping out of one's head
desorden *nm, pl* **desórdenes** **1** DESBARAJUSTE : disorder, mess **2** : disorder, disturbance, upset
desordenado, -da *adj* **1** : untidy, messy **2** : disorderly, unruly
desordenar *vt* : to mess up — **desordenarse** *vr* : to get messed up
desorganización *nf, pl* **-ciones** : disorganization
desorganizar {21} *vt* : to disrupt, to disorganize
desorientación *nf, pl* **-ciones** : disorientation, confusion
desorientar *vt* : to disorient, to mislead, to confuse — **desorientarse** *vr* : to become disoriented, to lose one's way
desovar *vi* : to spawn
despachar *vt* **1** : to complete, to conclude **2** : to deal with, to take care of, to handle **3** : to dispatch, to send off **4** *fam* : to finish off, to kill — **despacharse** *vr fam* : to gulp down, to polish off
despacho *nm* **1** : dispatch, shipment **2** OFICINA : office, study
despacio *adv* LENTAMENTE, LENTO : slowly, slow ⟨¡despacio! : take it easy!, easy does it!⟩
desparasitar *vt* : to worm (an animal), to delouse
desparpajo *nm fam* **1** : self-confidence, nerve **2** *CA* : confusion, muddle
desparramar *vt* **1** : to spill, to splatter **2** : to spread, to scatter
despatarrarse *vr* : to sprawl (out)
despavorido, -da *adj* : terrified, horrified
despecho *nm* **1** : spite **2 a despecho de** : despite, in spite of
despectivo, -va *adj* **1** : contemptuous, disparaging **2** : derogatory, pejorative
despedazar {21} *vt* : to cut to pieces, to tear apart
despedida *nf* **1** : farewell, good-bye **2 despedida de soltera** : bridal shower
despedir {54} *vt* **1** : to see off, to show out **2** : to dismiss, to fire **3** EMITIR : to give off, to emit ⟨despedir un olor : to give off an odor⟩ — **despedirse** *vr* : to take one's leave, to say good-bye
despegado, -da *adj* **1** : separated, detached **2** : cold, distant

despegar {52} *vt* : to remove, to detach — *vi* : to take off, to lift off, to blast off

despegue *nm* : takeoff, liftoff

despeinado, -da *adj* : disheveled, tousled ⟨estoy despeinada : my hair's a mess⟩

despeinarse *vr* **1** : to mess up one's hair **2** : to become disheveled ⟨me despeiné : my hair got messed up⟩

despejado, -da *adj* **1** : clear, fair **2** : alert, clear-headed **3** : uncluttered, unobstructed

despejar *vt* **1** : to clear, to free **2** : to clarify — *vi* **1** : to clear up **2** : to punt (in sports)

despeje *nm* **1** : clearing **2** : punt (in sports)

despellejar *vt* : to skin (an animal)

despenalizar {21} *vt* : to legalize — **despenalización** *nf*

despensa *nf* **1** : pantry, larder **2** PROVISIONES : provisions *pl*, supplies *pl*

despeñar *vt* : to hurl down

despepitar *vt* : to seed, to remove the seeds from

desperdiciar *vt* **1** DESAPROVECHAR, MALGASTAR : to waste **2** : to miss, to miss out on

desperdicio *nm* **1** : waste **2 desperdicios** *nmpl* RESIDUOS : refuse, scraps, rubbish

desperdigar {52} *vt* DISPERSAR : to disperse, to scatter

desperfecto *nm* **1** DEFECTO : flaw, defect **2** : damage

despertador *nm* : alarm clock

despertar {55} *vi* : to awaken, to wake up — *vt* **1** : to arouse, to wake **2** EVOCAR : to elicit, to evoke — **despertarse** *vr* : to wake (oneself) up

despiadado, -da *adj* CRUEL : cruel, merciless, pitiless — **despiadadamente** *adv*

despido *nm* : dismissal, layoff

despierto, -ta *adj* **1** : awake, alert **2** LISTO : clever, sharp ⟨con la mente despierta : with a sharp mind⟩

despilfarrador[1], -dora *adj* : extravagant, wasteful

despilfarrador[2], -dora *n* : spendthrift, prodigal

despilfarrar *vt* MALGASTAR : to squander, to waste

despilfarro *nm* : extravagance, wastefulness

despintar *vt* : to strip the paint from — **despintarse** *vr* : to fade, to wash off, to peel off

despistado[1], -da *adj* **1** DISTRAÍDO : absentminded, forgetful **2** CONFUSO : confused, bewildered

despistado[2], -da *n* : scatterbrain, absentminded person

despistar *vt* : to throw off the track, to confuse — **despistarse** *vr*

despiste *nm* **1** : absentmindedness **2** : mistake, slip

desplantador *nm* : garden trowel

desplante *nm* : insolence, rudeness

desplazamiento *nm* **1** : movement, displacement **2** : journey

desplazar {21} *vt* **1** : to replace, to displace **2** TRASLADAR : to move, to shift

desplegar {49} *vt* **1** : to display, to show, to manifest **2** DESDOBLAR : to unfold, to unfurl **3** : to spread (out) **4** : to deploy

despliegue *nm* **1** : display **2** : deployment

desplomarse *vr* **1** : to plummet, to fall **2** DERRUMBARSE : to collapse, to break down

desplome *nm* **1** : fall, drop **2** : collapse

desplumar *vt* : to pluck (a chicken, etc.)

despoblado[1], -da *adj* : uninhabited, deserted

despoblado[2] *nm* : open country, deserted area

despoblar {19} *vt* : to depopulate

despojar *vt* **1** : to strip, to clear **2** : to divest, to deprive — **despojarse** *vr* **1** ~ **de** : to remove (clothing) **2** ~ **de** : to relinquish, to renounce

despojos *nmpl* **1** : remains, scraps **2** : plunder, spoils

desportilladura *nf* : chip, nick

desportillar *vt* : to chip — **desportillarse** *vr*

desposeer {20} *vt* : to dispossess

déspota *nmf* : despot, tyrant

despotismo *nm* : despotism — **despótico, -ca** *adj*

despotricar {72} *vi* : to rant and rave, to complain excessively

despreciable *adj* **1** : despicable, contemptible **2** : negligible ⟨nada despreciable : not inconsiderable, significant⟩

despreciar *vt* DESDEÑAR, MENOSPRECIAR : to despise, to scorn, to disdain

despreciativo, -va *adj* : scornful, disdainful

desprecio *nm* DESDÉN, MENOSPRECIO : disdain, contempt, scorn

desprender *vt* **1** SOLTAR : to detach, to loosen, to unfasten **2** EMITIR : to emit, to give off — **desprenderse** *vr* **1** : to come off, to come undone **2** : to be inferred, to follow **3** ~ **de** : to part with, to get rid of

desprendido, -da *adj* : generous, unselfish, disinterested

desprendimiento *nm* **1** : detachment **2** GENEROSIDAD : generosity **3 desprendimiento de tierras** : landslide

despreocupación *nf, pl* **-ciones** : indifference, lack of concern

despreocupado, -da *adj* : carefree, easygoing, unconcerned

desprestigiar *vt* DESACREDITAR : to discredit, to disgrace — **desprestigiarse** *vr* : to lose prestige

desprestigio *nm* DESCRÉDITO : discredit, disrepute

desprevenido, -da *adj* DESAPERCIBIDO : unprepared, off guard, unsuspecting

desproporción *nf, pl* **-ciones** : disproportion, disparity
desproporcionado, -da : out of proportion
despropósito *nm* : piece of nonsense, absurdity
desprotegido, -da *adj* : unprotected, vulnerable
desprovisto, -ta *adj* ~ **de** : devoid of, lacking in
después *adv* **1** : afterward, later ⟨mucho después : much later⟩ ⟨me lo dijo después : she told me about it afterward⟩ **2** : then, next ⟨primero uno y después el otro : first one and then the other⟩ ⟨¿que hago después? : what do I do next?⟩ **3** ~ **de** : after, next after ⟨después de comer : after eating⟩ ⟨después del semáforo : after the stoplight⟩ **4 después (de) que** : after ⟨después que lo acabé : after I finished it⟩ **5 después de todo** : after all **6 poco después** : shortly after, soon thereafter
despuntado, -da *adj* : blunt, dull
despuntar *vt* : to blunt — *vi* **1** : to dawn **2** : to sprout **3** : to excel, to stand out
desquiciar *vt* **1** : to unhinge (a door) **2** : to drive crazy — **desquiciarse** *vr* : to go crazy
desquitarse *vr* **1** : to get even, to retaliate **2** ~ **con** : to take it out on
desquite *nm* : revenge
desregulación *nf, pl* **-ciones** : deregulation
desregular *vt* : to deregulate
desregularización *nf* → **desregulación**
destacadamente *adv* : outstandingly, prominently
destacado, -da *adj* **1** : outstanding, prominent **2** : stationed, posted
destacamento *nm* : detachment (of troops)
destacar {72} *vt* **1** ENFATIZAR, SUBRAYAR : to emphasize, to highlight, to stress **2** : to station, to post — *vi* : to stand out
destajo *nm* **1** : piecework **2 a** ~ : by the item, by the job
destapador *nm* : bottle opener
destapar *vt* **1** : to open, to take the top off **2** DESCUBRIR : to reveal, to uncover **3** : to unblock, to unclog
destape *nm* : uncovering, revealing
destartalado, -da *adj* : dilapidated, tumbledown
destellar *vi* **1** : to sparkle, to flash, to glint **2** : to twinkle
destello *nm* **1** : flash, sparkle, twinkle **2** : glimmer, hint
destemplado, -da *adj* **1** : out of tune **2** : irritable, out of sorts **3** : unpleasant (of weather)
desteñir {67} *vi* : to run, to fade — **desteñirse** *vr* DESCOLORARSE : to fade
desterrado[1], **-da** *adj* : banished, exiled
desterrado[2], **-da** *n* : exile
desterrar {55} *vt* **1** EXILIAR : to banish, to exile **2** ERRADICAR : to eradicate, to do away with
destetar *vt* : to wean
destiempo *adv* **a** ~ : at the wrong time
destierro *nm* EXILIO : exile
destilación *nf, pl* **-ciones** : distillation
destilador, -dora *n* : distiller
destilar *vt* **1** : to exude **2** : to distill
destilería *nf* : distillery
destinación *nf, pl* **-ciones** DESTINO : destination
destinado, -da *adj* : destined, bound
destinar *vt* **1** : to appoint, to assign **2** ASIGNAR : to earmark, to allot
destinatario, -ria *n* **1** : addressee **2** : payee
destino *nm* **1** : destiny, fate **2** DESTINACIÓN : destination **3** : use **4** : assignment, post
destitución *nf, pl* **-ciones** : dismissal, removal from office
destituir {41} *vt* : to dismiss, to remove from office
destorcer {14} *vt* : to untwist
destornillador *nm* : screwdriver
destornillar *vt* : to unscrew
destrabar *vt* **1** : to untie, to undo, to ease up **2** : to separate
destreza *nf* HABILIDAD : dexterity, skill
destronar *vt* : to depose, to dethrone
destrozado, -da *adj* **1** : ruined, destroyed **2** : devastated, brokenhearted
destrozar {21} *vt* **1** : to smash, to shatter **2** : to destroy, to wreck — **destrozarse** *vr*
destrozo *nm* **1** DAÑO : damage **2** : havoc, destruction
destrucción *nf, pl* **-ciones** : destruction
destructivo, -va *adj* : destructive
destructor[1], **-tora** *adj* : destructive
destructor[2] *nm* : destroyer (ship)
destruir {41} *vt* : to destroy — **destruirse** *vr*
desubicado, -da *adj* **1** : out of place **2** : confused, disoriented
desunión *nf, pl* **-niones** : disunity
desunir *vt* : to split, to divide
desusado, -da *adj* **1** INSÓLITO : unusual **2** OBSOLETO : obsolete, disused, antiquated
desuso *nm* : disuse, obsolescence ⟨caer en desuso : to fall into disuse⟩
desvaído, -da *adj* **1** : pale, washed-out **2** : vague, blurred
desvainar *vt* : to shell
desvalido, -da *adj* DESAMPARADO : destitute, helpless
desvalijar *vt* **1** : to ransack **2** : to rob
desvalorización *nf, pl* **-ciones** **1** DEVALUACIÓN : devaluation **2** : depreciation
desvalorizar {21} *vt* : to devalue
desván *nm, pl* **desvanes** ÁTICO, BUHARDILLA : attic
desvanecer {53} *vt* **1** DISIPAR : to make disappear, to dispel **2** : to fade, to blur — **desvanecerse** *vr* **1** : to vanish, to disappear **2** : to fade **3** DESMAYARSE : to faint, to swoon

desvanecimiento *nm* **1 :** disappearance **2** DESMAYO **:** faint **3 :** fading

desvariar {85} *vi* **1** DELIRAR **:** to be delirious **2 :** to rave, to talk nonsense

desvarío *nm* DELIRIO **:** delirium

desvelado, -da *adj* **:** sleepless

desvelar *vt* **1 :** to keep awake **2** REVELAR **:** to reveal, to disclose — **desvelarse** *vr* **1 :** to stay awake **2 :** to do one's utmost

desvelo *nm* **1 :** sleeplessness **2 desvelos** *nmpl* **:** efforts, pains

desvencijado, -da *adj* **:** dilapidated, rickety

desventaja *nf* **:** disadvantage, drawback

desventajoso, -sa *adj* **:** disadvantageous, unfavorable

desventura *nf* INFORTUNIO **:** misfortune

desventurado, -da *adj* **:** unfortunate, ill-fated

desvergonzado, -da *adj* **:** shameless, impudent

desvergüenza *nf* **:** shamelessness, impudence

desvestir {54} *vt* **:** to undress — **desvestirse** *vr* **:** to get undressed

desviación *nf, pl* **-ciones 1 :** deviation, departure **2 :** detour, diversion

desviar {85} *vt* **1 :** to change the course of, to divert **2 :** to turn away, to deflect — **desviarse** *vr* **1 :** to branch off **2** APARTARSE **:** to stray

desvinculación *nf, pl* **-ciones :** dissociation

desvincular *vt* **~ de :** to separate from, to dissociate from — **desvincularse** *vr*

desvío *nm* **1 :** diversion, detour **2 :** deviation

desvirtuar {3} *vt* **1 :** to impair, to spoil **2 :** to detract from **3 :** to distort, to misrepresent

detalladamente *adv* **:** in detail, at great length

detallar *vt* **:** to detail

detalle *nm* **1 :** detail **2 al detalle :** retail

detallista[1] *adj* **1 :** meticulous **2 :** retail

detallista[2] *nmf* **1 :** perfectionist **2 :** retailer

detección *nf, pl* **-ciones :** detection

detectar *vt* **:** to detect — **detectable** *adj*

detective *nmf* **:** detective

detector *nm* **:** detector ⟨detector de mentiras : lie detector⟩

detención *nf, pl* **-ciones 1** ARRESTO **:** detention, arrest **2 :** stop, halt **3 :** delay, holdup

detener {80} *vt* **1** ARRESTAR **:** to arrest, to detain **2** PARAR **:** to stop, to halt **3 :** to keep, to hold back — **detenerse** *vr* **1 :** to stop **2 :** to delay, to linger

detenidamente *adv* **:** thoroughly, at length

detenimiento *nm* **con ~ :** carefully, in detail

detentar *vt* **:** to hold, to retain

detergente *nm* **:** detergent

deteriorado, -da *adj* **:** damaged, worn

deteriorar *vt* ESTROPEAR **:** to damage, to spoil — **deteriorarse** *vr* **1 :** to get damaged, to wear out **2 :** to deteriorate, to worsen

deterioro *nm* **1 :** deterioration, wear **2 :** worsening, decline

determinación *nf, pl* **-ciones 1 :** determination, resolve **2 tomar una determinación :** to make a decision

determinado, -da *adj* **1 :** certain, particular **2 :** determined, resolute

determinante[1] *adj* **:** determining, deciding

determinante[2] *nm* **:** determinant

determinar *vt* **1 :** to determine **2 :** to cause, to bring about — **determinarse** *vr* **:** to make up one's mind, to decide

detestar *vt* **:** to detest — **detestable** *adj*

detonación *nf, pl* **-ciones :** detonation

detonador *nm* **:** detonator

detonante[1] *adj* **:** detonating, explosive

detonante[2] *nm* **1 → detonador 2 :** catalyst, cause

detonar *vi* **:** to detonate, to explode

detractor, -tora *n* **:** detractor, critic

detrás *adv* **1 :** behind **2 ~ de :** in back of **3 por ~ :** from behind

detrimento *nm* **:** detriment ⟨en detrimento de : to the detriment of⟩

detuvo, etc. → detener

deuda *nf* **1** DÉBITO **:** debt **2 en deuda con :** indebted to

deudo, -da *n* **:** relative

deudor[1]**, -dora** *adj* **:** indebted

deudor[2]**, -dora** *n* **:** debtor

devaluación *nf, pl* **-ciones** DESVALORIZACIÓN **:** devaluation

devaluar {3} *vt* **:** to devalue — **devaluarse** *vr* **:** to depreciate

devanarse *vr* **devanarse los sesos :** to rack one's brains

devaneo *nm* **1 :** flirtation, fling **2 :** idle pursuit

devastador, -dora *adj* **:** devastating

devastar *vt* **:** to devastate — **devastación** *nf*

devenir {87} *vi* **1 :** to come about **2 ~ en :** to become, to turn into

devoción *nf, pl* **-ciones :** devotion

devolución *nf, pl* **-ciones** REEMBOLSO **:** return, refund

devolver {89} *vt* **1 :** to return, to give back **2** REEMBOLSAR **:** to refund, to pay back **3 :** to vomit, to bring up — *vi* **:** to vomit, to throw up — **devolverse** *vr* **:** to return, to come back, to go back

devorar *vt* **1 :** to devour **2 :** to consume

devoto[1]**, -ta** *adj* **:** devout — **devotamente** *adv*

devoto[2]**, -ta** *n* **:** devotee, admirer

di → dar, decir

día *nm* **1 :** day ⟨buenos días : hello, good morning⟩ ⟨todos los días : every day⟩ ⟨todo el día : all day⟩ ⟨un día sí y otro no : every other day⟩ ⟨ocho horas al día : eight hours a day⟩ ⟨día hábil : workday, business day⟩ ⟨día festivo/feriado : public holiday⟩ ⟨día de pago : payday⟩ ⟨¿qué día es hoy? : what day is today?⟩ ⟨el día 21 de abril : the 21st of April, April 21st⟩ ⟨el día anterior : the previous day, the day before⟩ **2** : daytime, daylight ⟨de día : by day, in the daytime⟩ ⟨en pleno día : in broad daylight⟩ ⟨día y noche : day and night⟩ **3 al día** : up-to-date ⟨ponerse al día con : to get up to date with, to catch up on⟩ ⟨poner al día : to bring up to date, to update⟩ **4 en su día** : in due time **5 hoy (en) día** : nowadays, these days

diabetes *nf* : diabetes

diabético, -ca *adj & n* : diabetic

diablillo *nm* : little devil, imp

diablo *nm* DEMONIO : devil

diablura *nf* **1** : prank **2 diabluras** *nfpl* : mischief

diabólico, -ca *adj* : diabolical, diabolic, devilish

diaconisa *nf* : deaconess

diácono *nm* : deacon

diacrítico, -ca *adj* : diacritic, diacritical

diadema *nf* : diadem, crown

diáfano, -na *adj* : diaphanous

diafragma *nm* : diaphragm

diagnosticar {72} *vt* : to diagnose

diagnóstico[1], **-ca** *adj* : diagnostic

diagnóstico[2] *nm* : diagnosis

diagonal *adj & nf* : diagonal — **diagonalmente** *adv*

diagrama *nm* **1** : diagram **2 diagrama de flujo** ORGANIGRAMA : flowchart

dial *nm* : dial (on a radio, etc.)

dialecto *nm* : dialect

dialogar {52} *vi* : to have a talk, to converse

diálogo *nm* : dialogue

diamante *nm* : diamond

diametral *adj* : diametric, diametrical — **diametralmente** *adv*

diámetro *nm* : diameter

diana *nf* **1** : target, bull's-eye **2** *or* **toque de diana** : reveille

diapositiva *nf* : slide, transparency

diario[1] *adv Mex* : every day, daily

diario[2], **-ria** *adj* : daily, everyday — **diariamente** *adv*

diario[3] *nm* **1** : diary **2** PERIÓDICO : newspaper

diarrea *nf* : diarrhea

diatriba *nf* : diatribe, tirade

dibujante *nmf* **1** : draftsman *m*, draftswoman *f* **2** CARICATURISTA : cartoonist

dibujar *vt* **1** : to draw, to sketch **2** : to portray, to depict

dibujo *nm* **1** : drawing **2** : design, pattern **3 dibujos animados** : (animated) cartoons

dicción *nf, pl* **-ciones** : diction

diccionario *nm* : dictionary

dícese → **decir**

dicha *nf* **1** SUERTE : good luck **2** FELICIDAD : happiness, joy

dicho[1] *pp* → **decir**

dicho[2], **-cha** *adj* : said, aforementioned

dicho[3] *nm* DECIR : saying, proverb

dichoso, -sa *adj* **1** : blessed **2** FELIZ : happy **3** AFORTUNADO : fortunate, lucky

diciembre *nm* : December

diciendo → **decir**

dictado *nm* : dictation

dictador, -dora *n* : dictator

dictadura *nf* : dictatorship

dictamen *nm, pl* **dictámenes 1** : report **2** : judgment, opinion

dictaminar *vt* : to report — *vi* : to give an opinion, to pass judgment

dictar *vt* **1** : to dictate **2** : to pronounce (a judgment) **3** : to give, to deliver ⟨dictar una conferencia : to give a lecture⟩

dictatorial *adj* : dictatorial

didáctico, -ca *adj* : didactic

diecinueve *adj & nm* : nineteen

diecinueveavo[1], **-va** *adj* : nineteenth

diecinueveavo[2] *nm* : nineteenth (fraction)

dieciocho *adj & nm* : eighteen

dieciochoavo[1], **-va** *or* **dieciochavo, -va** *adj* : eighteenth

dieciochoavo[2] *or* **dieciochavo** *nm* : eighteenth (fraction)

dieciséis *adj & nm* : sixteen

dieciseisavo[1], **-va** *adj* : sixteenth

dieciseisavo[2] *nm* : sixteenth (fraction)

diecisiete *adj & nm* : seventeen

diecisieteavo[1], **-va** *adj* : seventeenth

diecisieteavo[2] *nm* : seventeenth

diente *nm* **1** : tooth ⟨diente canino : eyetooth, canine tooth⟩ **2** : tusk, fang **3** : prong, tine **4 diente de león** : dandelion

dieron, etc. → **dar**

diesel [ˈdisɛl] *nm* : diesel

diestra *nf* : right hand

diestramente *adv* : skillfully, adroitly

diestro[1], **-tra** *adj* **1** : right **2** : skillful, accomplished

diestro[2] *nm* : bullfighter, matador

dieta *nf* : diet

dietética *nf* : dietetics

dietético, -ca *adj* : dietetic

dietista *nmf* : dietitian

diez *adj & nm, pl* **dieces** : ten

difamación *nf, pl* **-ciones** : defamation, slander

difamar *vt* : to defame, to slander

difamatorio, -ria *adj* : slanderous, defamatory, libelous

diferencia *nf* **1** : difference **2 a diferencia de** : unlike, in contrast to

diferenciación *nf, pl* **-ciones** : differentiation

diferenciar *vt* : to differentiate between, to distinguish — **diferenciarse** *vr* : to differ

diferendo *nm* : dispute, conflict

diferente *adj* DISTINTO : different — **diferentemente** *adv*

diferir {76} *vt* DILATAR, POSPONER : to postpone, to put off — *vi* : to differ

difícil *adj* : difficult, hard

difícilmente *adv* **1** : with difficulty **2** : hardly
dificultad *nf* : difficulty
dificultar *vt* : to make difficult, to obstruct
dificultoso, -sa *adj* : difficult, hard
difteria *nf* : diphtheria
difundir *vt* **1** : to diffuse, to spread out **2** : to broadcast, to spread
difunto, -ta *adj & n* FALLECIDO : deceased
difusión *nf, pl* **-siones** **1** : spreading **2** : diffusion (of heat, etc.) **3** : broadcast, broadcasting ⟨los medios de difusión : the media⟩
difuso, -sa *adj* : diffuse, widespread
diga, etc. → **decir**
digerir {76} *vt* : to digest — **digerible** *adj*
digestión *nf, pl* **-tiones** : digestion
digestivo, -va *adj* : digestive
digital[1] *adj* : digital — **digitalmente** *adv*
digital[2] *nf* **1** DEDALERA : foxglove **2** : digitalis
digitalizar {21} *vt* : to digitalize
dígito *nm* : digit
dignarse *vr* : to deign, to condescend ⟨no se dignó contestar : he didn't deign to answer⟩
dignatario, -ria *n* : dignitary
dignidad *nf* **1** : dignity **2** : dignitary
dignificar {72} *vt* : to dignify
digno, -na *adj* **1** HONORABLE : honorable **2** : worthy — **dignamente** *adv*
digresión *nf, pl* **-ciones** : digression
dije *nm* : charm (on a bracelet)
dijo, etc. → **decir**
dilación *nf, pl* **-ciones** : delay
dilapidar *vt* : to waste, to squander
dilatar *vt* **1** : to dilate, to widen, to expand **2** DIFERIR, POSPONER : to put off, to postpone — **dilatarse** *vr* **1** : to expand (of gases, metals, etc.) **2** *Mex* : to take long, to be long
dilatorio, -ria *adj* : dilatory, delaying
dilema *nm* : dilemma
diletante *nmf* : dilettante
diligencia *nf* **1** : diligence, care **2** : promptness, speed **3** : action, step **4** : task, errand **5** : stagecoach **6 diligencias** *nfpl* : judicial procedures, formalities
diligente *adj* : diligent — **diligentemente** *adv*
dilucidar *vt* : to elucidate, to clarify
dilución *nf, pl* **-ciones** : dilution
diluir {41} *vt* : to dilute
diluviar *v impers* : to pour (with rain), to pour down
diluvio *nm* **1** : flood **2** : downpour
dimensión *nf, pl* **-siones** : dimension — **dimensional** *adj*
dimensionar *vt* : to measure, to gauge
diminutivo[1], **-va** *adj* : diminutive
diminutivo[2] *nm* : diminutive
diminuto, -ta *adj* : minute, tiny
dimisión *nf, pl* **-siones** : resignation
dimitir *vi* : to resign, to step down
dimos → **dar**
dinámica *nf* : dynamics
dinámico, -ca *adj* : dynamic — **dinámicamente** *adv*
dinamismo *nm* : energy, vigor
dinamita *nf* : dynamite
dinamitar *vt* : to dynamite
dínamo *or* **dinamo** *nm* : dynamo
dinastía *nf* : dynasty
dineral *nm* : fortune, large sum of money
dinero *nm* : money
dinosaurio *nm* : dinosaur
dintel *nm* : lintel
dio, etc. → **dar**
diocesano, -na *adj* : diocesan
diócesis *nfs & pl* : diocese
dios, diosa *n* : god, goddess *f*
Dios *nm* : God ⟨gracias a Dios : thank God⟩ ⟨si Dios quiere : God willing⟩ ⟨¡por Dios! : for God's sake!⟩ ⟨¡Dios mío! : good God!⟩ ⟨¡vaya por Dios! : for heaven's sake!⟩ ⟨¡Dios me libre : God/heaven forbid!⟩ ⟨que Dios te bendiga : God bless you⟩ ⟨como Dios manda : proper, properly⟩
dióxido de carbono *nm* : carbon dioxide
diploma *nm* : diploma
diplomacia *nf* : diplomacy
diplomado[1], **-da** *adj* : qualified, trained
diplomado[2] *nm Mex* : seminar
diplomático[1], **-ca** *adj* : diplomatic — **diplomáticamente** *adv*
diplomático[2], **-ca** *n* : diplomat
diptongo *nm* : diphthong
diputación *nf, pl* **-ciones** : deputation, delegation
diputado, -da *n* : delegate, representative
dique *nm* : dike
dirá, etc. → **decir**
dirección *nf, pl* **-ciones** **1** : address ⟨dirección particular/electrónica : home/e-mail address⟩ **2** : direction ⟨en dirección a : towards⟩ ⟨en dirección contraria : the opposite direction, the other way⟩ **3** : management, leadership **4** : steering (of an automobile) ⟨dirección asistida : power steering⟩
direccional[1] *adj* : directional
direccional[2] *nf* : directional, turn signal
directa *nf* : high gear
directamente *adv* : straight, directly
directiva *nf* **1** ORDEN : directive **2** DIRECTORIO, JUNTA : board of directors
directivo[1], **-va** *adj* : executive, managerial
directivo[2], **-va** *n* : executive, director
directo, -ta *adj* **1** : direct, straight, immediate **2 en ~** : live (in broadcasting)
director, -tora *n* **1** : director, manager, head **2** : conductor (of an orchestra)
directorial *adj* : managing, executive
directorio *nm* **1** : directory **2** DIRECTIVA, JUNTA : board of directors
directriz *nf, pl* **-trices** : guideline
dirigencia *nf* : leaders *pl,* leadership

dirigente[1] *adj* : directing, leading
dirigente[2] *nmf* : director, leader
dirigible *nm* : dirigible, blimp
dirigir {35} *vt* **1** : to run, to manage (a business, etc.), to lead (a group, etc.) **2** : to conduct (music), to direct (a film) **3** : to address (a letter, comment, etc.) **4** : to aim, to point ⟨dirigir la mirada a/hacia : to look at/towards⟩ ⟨dirigir la atención hacia : to turn one's attention to⟩ — **dirigirse** *vr* ~ **a 1** : to go towards **2** : to speak to, to address
dirimir *vt* **1** : to resolve, to settle **2** : to annul, to dissolve (a marriage)
discapacidad *nf* MINUSVALÍA : disability, handicap
discapacitado[1], **-da** *adj* : disabled, handicapped
discapacitado[2], **-da** *n* : disabled person, handicapped person
discar {72} *v* : to dial
discernimiento *nm* : discernment
discernir {25} *v* : to discern, to distinguish
disciplina *nf* : discipline
disciplinar *vt* : to discipline — **disciplinario, -ria** *adj*
discípulo, -la *n* : disciple, follower
disc jockey [ˌdiskˈjoke, -ˈʤo-] *nmf* : disc jockey
disco *nm* **1** : phonograph record **2** : disc, disk ⟨disco compacto : compact disc⟩ **3** : discus
díscolo, -la *adj* : unruly, disobedient
disconforme *adj* : in disagreement
discontinuidad *nf* : discontinuity
discontinuo, -nua *adj* : discontinuous
discordancia *nf* DESAVENENCIA : conflict, disagreement
discordante *adj* **1** : discordant **2** : conflicting
discordia *nf* : discord
discoteca *nf* **1** : disco, discotheque **2** *CA, Mex* : record store
discreción *nf, pl* **-ciones** : discretion
discrecional *adj* : discretionary
discrepancia *nf* : discrepancy
discrepar *vi* **1** : to disagree **2** : to differ
discreto, -ta *adj* : discreet — **discretamente** *adv*
discriminación *nf, pl* **-ciones** : discrimination
discriminar *vt* **1** : to discriminate against **2** : to distinguish, to differentiate
discriminatorio, -ria *adj* : discriminatory
disculpa *nf* **1** : apology **2** : excuse
disculpable *adj* : excusable
disculpar *vt* : to excuse, to pardon — **disculparse** *vr* : to apologize
discurrir *vi* **1** : to flow **2** : to pass, to go by **3** : to ponder, to reflect
discurso *nm* **1** ORACIÓN : speech, address **2** : discourse, treatise
discusión *nf, pl* **-siones 1** : discussion **2** ALTERCADO, DISPUTA : argument
discutible *adj* : arguable, debatable
discutidor, -dora *adj* : argumentative
discutir *vt* **1** : to discuss **2** : to dispute — *vi* : to argue, to quarrel
disecar {72} *vt* **1** : to dissect **2** : to stuff (for preservation)
disección *nf, pl* **-ciones** : dissection
diseminación *nf, pl* **-ciones** : dissemination, spreading
diseminar *vt* : to disseminate, to spread
disensión *nf, pl* **-siones** : dissension, disagreement
disentería *nf* : dysentery
disentir {76} *vi* : to dissent, to disagree
diseñador, -dora *n* : designer
diseñar *vt* **1** : to design, to plan **2** : to lay out, to outline
diseño *nm* : design
disentimiento *nm* : dissent
disertación *nf, pl* **-ciones 1** : lecture, talk **2** : dissertation
disertar *vi* : to lecture, to give a talk
disfraz *nm, pl* **disfraces 1** : disguise **2** : costume **3** : front, pretense
disfrazar {21} *vt* **1** : to disguise **2** : to mask, to conceal — **disfrazarse** *vr* : to wear a costume, to be in disguise
disfrutar *vt* : to enjoy — *vi* : to enjoy oneself, to have a good time
disfrute *nm* : enjoyment
disfunción *nf, pl* **-ciones** : dysfunction — **disfuncional** *adj*
disgresión → **digresión**
disgustar *vt* : to upset, to displease, to make angry — **disgustarse** *vr*
disgusto *nm* **1** : annoyance, displeasure **2** : argument, quarrel **3** : trouble, misfortune
disidencia *nf* : dissidence, dissent
disidente *adj & nmf* : dissident
disímbolo, -la *adj Mex* : dissimilar
disímil *adj* : dissimilar
disimulado, -da *adj* **1** : concealed, disguised **2** : furtive, sly
disimular *vi* : to dissemble, to pretend — *vt* : to conceal, to hide
disimulo *nm* **1** : dissembling, pretense **2** : slyness, furtiveness **3** : tolerance
disipar *vt* **1** : to dissipate, to dispel **2** : to squander — **disiparse** *vr*
diskette [diˈskɛt] *nm* : floppy disk, diskette
dislocar {72} *vt* : to dislocate — **dislocación** *nf*
disminución *nf, pl* **-ciones** : decrease, drop, fall
disminuir {41} *vt* REDUCIR : to reduce, to decrease, to lower — *vi* **1** : to lower **2** : to drop, to fall
disociación *nf, pl* **-ciones** : dissociation
disociar *vt* : to dissociate, to separate
disolución *nf, pl* **-ciones 1** : dissolution, dissolving **2** : breaking up **3** : dissipation
disoluto, -ta *adj* : dissolute, dissipated
disolver {89} *vt* **1** : to dissolve **2** : to break up — **disolverse** *vr*
disonancia *nf* : dissonance — **disonante** *adj*

dispar *adj* **1** : different, disparate **2** DIVERSO : diverse **3** DESIGUAL : inconsistent

disparado, -da *adj* **salir disparado** *fam* : to take off in a hurry, to rush away

disparar *vi* **1** : to shoot, to fire **2** *Mex fam* : to pay — *vt* **1** : to shoot **2** *Mex fam* : to treat to, to buy — **dispararse** *vr* : to shoot up, to skyrocket

disparatado, -da *adj* ABSURDO, RIDÍCULO : absurd, ridiculous, crazy

disparate *nm* : silliness, stupidity ⟨decir disparates : to talk nonsense⟩

disparejo, -ja *adj* DESIGUAL : uneven

disparidad *nf* : disparity

disparo *nm* TIRO : shot

dispendio *nm* : wastefulness, extravagance

dispendioso, -sa *adj* : wasteful, extravagant

dispensa *nf* : dispensation

dispensable *adj* **1** : dispensable **2** : excusable

dispensar *vt* **1** : to dispense, to give, to grant **2** EXCUSAR : to excuse, to forgive **3** EXIMIR : to exempt

dispensario *nm* **1** : dispensary, clinic **2** *Mex* : dispenser

dispersar *vt* DESPERDIGAR : to disperse, to scatter

dispersión *nf, pl* **-siones** : dispersion

disperso, -sa *adj* : dispersed, scattered

displicencia *nf* : indifference, coldness, disdain

displicente *adj* : indifferent, cold, disdainful

disponer {60} *vt* **1** : to arrange, to lay out **2** : to stipulate, to order **3** : to prepare — *vi* **~ de** : to have at one's disposal — **disponerse** *vr* **~ a** : to prepare to, to be about to

disponibilidad *nf* : availability

disponible *adj* : available

disposición *nf, pl* **-ciones** **1** : disposition **2** : aptitude, talent **3** : order, arrangement **4** : willingness, readiness **5** **última disposición** : last will and testament

dispositivo *nm* **1** APARATO, MECANISMO : device, mechanism **2** : force, detachment

dispuesto[1] *pp* → **disponer**

dispuesto[2], **-ta** *adj* PREPARADO : ready, prepared, disposed

dispuso, etc. → **disponer**

disputa *nf* ALTERCADO, DISCUSIÓN : dispute, argument

disputar *vi* : to argue, to contend, to vie — *vt* : to dispute, to question — **disputarse** *vr* : to be in competition for ⟨se disputan la corona : they're fighting for the crown⟩

disquera *nf* : record label, recording company

disquete → **diskette**

disquisición *nf, pl* **-ciones** **1** : formal discourse **2** **disquisiciones** *nfpl* : digressions

distancia *nf* : distance

distanciamiento *nm* **1** : distancing **2** : rift, estrangement

distanciar *vt* **1** : to space out **2** : to draw apart — **distanciarse** *vr* : to grow apart, to become estranged

distante *adj* **1** : distant, far-off **2** : aloof

distar *vi* **~ de** : to be far from ⟨dista de ser perfecto : he is far from perfect⟩

diste → **dar**

distender {56} *vt* : to distend, to stretch

distensión *nf, pl* **-siones** : distension

distinción *nf, pl* **-ciones** : distinction

distinguible *adj* : distinguishable

distinguido, -da *adj* : distinguished, refined

distinguir {26} *vt* **1** : to distinguish **2** : to honor — **distinguirse** *vr*

distintivo, -va *adj* : distinctive, distinguishing

distinto, -ta *adj* **1** DIFERENTE : different **2** CLARO : distinct, clear, evident

distorsión *nf, pl* **-siones** : distortion

distorsionar *vt* : to distort

distracción *nf, pl* **-ciones** **1** : distraction, amusement **2** : forgetfulness **3** : oversight

distraer {81} *vt* **1** : to distract **2** ENTRETENER : to entertain, to amuse — **distraerse** *vr* **1** : to get distracted **2** : to amuse oneself

distraídamente *adv* : absentmindedly

distraído[1] *pp* → **distraer**

distraído[2], **-da** *adj* **1** : distracted, preoccupied **2** DESPISTADO : absentminded

distribución *nf, pl* **-ciones** : distribution

distribuidor, -dora *n* : distributor

distribuir {41} *vt* : to distribute

distributivo, -va *adj* : distributive

distrital *adj* : district, of the district

distrito *nm* : district

distrofia *nf* : dystrophy ⟨distrofia muscular : muscular dystrophy⟩

disturbio *nm* : disturbance

disuadir *vt* : to dissuade, to discourage

disuasión *nf, pl* **-siones** : dissuasion

disuasivo, -va *adj* : deterrent, discouraging

disuasorio, -ria *adj* : discouraging

disuelto *pp* → **disolver**

disyuntiva *nf* : dilemma

DIU ['diu] *nm* (*d*ispositivo *i*ntra*u*terino) : IUD, intrauterine device

diurético[1], **-ca** *adj* : diuretic

diurético[2] *nm* : diuretic

diurno, -na *adj* : day, daytime

diva *nf* → **divo**

divagar {52} *vi* : to digress

diván *nm, pl* **divanes** : divan

divergencia *nf* : divergence, difference

divergente *adj* : divergent, differing

divergir {35} *vi* **1** : to diverge **2** : to differ, to disagree

diversidad *nf* : diversity, variety

diversificación *nf, pl* **-ciones** : diversification

diversificar {72} *vt* : to diversify

diversión *nf, pl* **-siones** ENTRETENIMIENTO : fun, amusement, diversion

diverso, -sa *adj* : diverse, various
divertido, -da *adj* **1** : amusing, funny **2** : entertaining, enjoyable
divertir {76} *vt* ENTRETENER : to amuse, to entertain — **divertirse** *vr* : to have fun, to have a good time
dividendo *nm* : dividend
dividir *vt* **1** : to divide, to split **2** : to distribute, to share out — **dividirse** *vr*
divieso *nm* : boil
divinidad *nf* : divinity
divino, -na *adj* : divine
divisa *nf* **1** : currency **2** LEMA : motto **3** : emblem, insignia
divisar *vt* : to discern, to make out
divisible *adj* : divisible
división *nf, pl* **-siones** : division
divisionismo *nm* : factionalism
divisivo, -va *adj* : divisive
divisor *nm* : denominator
divisorio, -ria *adj* : dividing
divo, -va *n* **1** : prima donna **2** : celebrity, star
divorciado[1], **-da** *adj* **1** : divorced **2** : split, divided
divorciado[2], **-da** *n* : divorcé *m*, divorcée *f*
divorciar *vt* : to divorce — **divorciarse** *vr* : to get a divorce
divorcio *nm* : divorce
divulgación *nf, pl* **-ciones** **1** : spreading, dissemination **2** : popularization
divulgar {52} *vt* **1** : to spread, to circulate **2** REVELAR : to divulge, to reveal **3** : to popularize — **divulgarse** *vr*
dizque *adv* : supposedly, apparently
dobladillar *vt* : to hem
dobladillo *nm* : hem
doblar *vt* **1** : to double **2** PLEGAR : to fold, to bend **3** : to turn ⟨doblar la esquina : to turn the corner⟩ **4** : to dub — *vi* **1** : to turn **2** : to toll, to ring — **doblarse** *vr* **1** : to fold up, to double over **2** : to give in, to yield
doble[1] *adj* : double — **doblemente** *adv*
doble[2] *nm* **1** : double **2** : toll (of a bell), knell
doble[3] *nmf* : stand-in, double
doblegar {52} *vt* **1** : to fold, to crease **2** : to force to yield — **doblegarse** *vr* : to yield, to bow
doblez[1] *nm, pl* **dobleces** : fold, crease
doblez[2] *nmf* : duplicity, deceitfulness
doce *adj & nm* : twelve
doceavo[1], **-va** *adj* : twelfth
doceavo[2] *nm* : twelfth (fraction)
docena *nf* **1** : dozen **2 docena de fraile** : baker's dozen
docencia *nf* : teaching
docente[1] *adj* : educational, teaching
docente[2] *n* : teacher, lecturer
dócil *adj* : docile — **dócilmente** *adv*
docilidad *nf* : docility
docto, -ta *adj* : learned, erudite
doctor, -tora *n* : doctor
doctorado *nm* : doctorate
doctrina *nf* : doctrine — **doctrinal** *adj*
documentación *nf, pl* **-ciones** : documentation
documental *adj & nm* : documentary
documentar *vt* : to document
documento *nm* : document
dogma *nm* : dogma
dogmático, -ca *adj* : dogmatic
dogmatismo *nm* : dogmatism
dólar *nm* : dollar
dolencia *nf* : ailment, malaise
doler {47} *vi* **1** : to hurt, to ache **2** : to grieve — **dolerse** *vr* **1** : to be distressed **2** : to complain
doliente *nmf* : mourner, bereaved
dolor *nm* **1** : pain, ache ⟨dolor de cabeza : headache⟩ **2** PENA, TRISTEZA : grief, sorrow
dolorido, -da *adj* **1** : sore, aching **2** : hurt, upset
doloroso, -sa *adj* **1** : painful **2** : distressing — **dolorosamente** *adv*
doloso, -sa *adj* : fraudulent — **dolosamente** *adv*
domador, -dora *n* : tamer
domar *vt* : to tame, to break in
domesticado, -da *adj* : domesticated, tame
domesticar {72} *vt* : to domesticate, to tame
doméstico, -ca *adj* : domestic, household
domiciliado, -da *adj* : residing
domiciliario, -ria *adj* **1** : home **2 arresto domiciliario** : house arrest
domiciliarse *vr* RESIDIR : to reside
domicilio *nm* : home, residence ⟨cambio de domicilio : change of address⟩
dominación *nf, pl* **-ciones** : domination
dominancia *nf* : dominance
dominante *adj* **1** : dominant **2** : domineering
dominar *vt* **1** : to dominate **2** : to master, to be proficient at — *vi* : to predominate, to prevail — **dominarse** *vr* : to control oneself
domingo *nm* : Sunday
dominical *adj* : Sunday ⟨periódico dominical : Sunday newspaper⟩
dominicano, -na *adj & n* : Dominican
dominio *nm* **1** : dominion, power **2** : mastery **3** : domain, field
dominó *nm, pl* **-nós** **1** : domino (tile) **2** : dominoes *pl* (game)
domo *nm* : dome
don[1] *nm* **1** : gift, present **2** : talent
don[2] *nm* **1** : title of courtesy preceding a man's first name **2 don nadie** : nobody, insignificant person
dona *nf Mex* : doughnut, donut
donación *nf, pl* **-ciones** : donation
donador, -dora *n* : donor
donaire *nm* **1** GARBO : grace, poise **2** : witticism
donante *nf* → **donador**
donar *vt* : to donate
donativo *nm* : donation
doncella *nf* : maiden, damsel
doncellez *nf* : maidenhood
donde[1] *conj* : where, in which ⟨el pueblo donde vivo : the town where I live⟩

donde[2] *prep* : over by <lo encontré donde la silla : I found it over by the chair>
dónde *adv* : where <¿dónde está su casa? : where is your house?>
dondequiera *adv* **1** : anywhere, no matter where **2 dondequiera que** : wherever, everywhere
doña *nf* : title of courtesy preceding a woman's first name
doquier *adv* **por ~** : everywhere, all over
dorado[1], **-da** *adj* : gold, golden
dorado[2], **-da** *nm* : gilt
dorar *vt* **1** : to gild **2** : to brown (food)
dormido, -da *adj* **1** : asleep **2** : numb <tiene el pie dormido : her foot's numb, her foot's gone to sleep>
dormilón, -lona *n* : sleepyhead, late riser
dormir {27} *vt* : to put to sleep — *vi* : to sleep — **dormirse** *vr* : to fall asleep
dormitar *vi* : to snooze, to doze
dormitorio *nm* **1** : bedroom **2** : dormitory
dorsal[1] *adj* : dorsal
dorsal[2] *nm* : number (worn in sports)
dorso *nm* **1** : back <el dorso de la mano : the back of the hand> **2** *Mex* : backstroke
dos *adj & nm* : two
doscientos[1], **-tas** *adj* : two hundred
doscientos[2] *nms & pl* : two hundred
dosel *nm* : canopy
dosificación *nf, pl* **-ciones** : dosage
dosis *nfs & pl* **1** : dose **2** : amount, quantity
dossier *nm* : dossier
dotación *nf, pl* **-ciones** **1** : endowment, funding **2** : staff, personnel
dotado, -da *adj* **1** : gifted **2 ~ de** : endowed with, equipped with
dotar *vt* **1** : to provide, to equip **2** : to endow
dote *nf* **1** : dowry **2 dotes** *nfpl* : talent, gift
doy → **dar**
draga *nf* : dredge
dragado *nm* : dredging
dragar {52} *vt* : to dredge
dragón *nm, pl* **dragones** **1** : dragon **2** : snapdragon
drague, etc. → **dragar**
drama *nm* : drama
dramático, -ca *adj* : dramatic — **dramáticamente** *adv*
dramatizar {21} *vt* : to dramatize — **dramatización** *nf*
dramaturgo, -ga *n* : dramatist, playwright
drástico, -ca *adj* : drastic — **drásticamente** *adv*
drenaje *nm* : drainage
drenar *vt* : to drain
drene *nm Mex* : drain
driblar *vi* : to dribble (in basketball)
drible *nm* : dribble (in basketball)
droga *nf* : drug
drogadicción *nf, pl* **-ciones** : drug addiction
drogadicto, -ta *n* : drug addict
drogar {52} *vt* : to drug — **drogarse** *vr* : to take drugs
drogue, etc. → **drogar**
droguería *nf* FARMACIA : drugstore
dromedario *nm* : dromedary
dual *adj* : dual
dualidad *nf* : duality
dualismo *nm* : dualism
ducha *nf* : shower <darse una ducha : to take a shower>
ducharse *vr* : to take a shower
ducho, -cha *adj* : experienced, skilled, expert
dúctil *adj* : ductile
ducto *nm* **1** : duct, shaft **2** : pipeline
duda *nf* : doubt <no cabe duda : there's no doubt about it>
dudar *vt* : to doubt — *vi* **~ en** : to hesitate to <no dudes en pedirme ayuda : don't hesitate to ask me for help>
dudoso, -sa *adj* **1** : doubtful **2** : dubious, questionable — **dudosamente** *adv*
duele, etc. → **doler**
duelo *nm* **1** : duel **2** LUTO : mourning
duende *nm* **1** : elf, goblin **2** ENCANTO : magic, charm <una bailarina que tiene duende : a dancer with a certain magic>
dueño, -ña *n* **1** : owner, proprietor, proprietress *f* **2** : landlord, landlady *f*
duerme, etc. → **dormir**
dueto *nm* : duet
dulce[1] *adv* : sweetly, softly
dulce[2] *adj* **1** : sweet **2** : mild, gentle, mellow — **dulcemente** *adv*
dulce[3] *nm* : candy, sweet
dulcería *nf* : candy store
dulcificante *nm* : sweetener
dulzura *nf* **1** : sweetness **2** : gentleness, mellowness
duna *nf* : dune
dúo *nm* : duo, duet
duodécimo[1], **-ma** *adj* : twelfth
duodécimo[2], **-ma** *nm* : twelfth (in a series)
dúplex *nms & pl* : duplex apartment
duplicación *nf, pl* **-ciones** : duplication, copying
duplicado *nm* : duplicate, copy
duplicar {72} *vt* **1** : to double **2** : to duplicate, to copy
duplicidad *nf* : duplicity
duque *nm* : duke
duquesa *nf* : duchess
durabilidad *nf* : durability
durable → **duradero**
duración *nf, pl* **-ciones** : duration, length
duradero, -ra *adj* : durable, lasting
duramente *adv* **1** : harshly, severely **2** : hard
durante *prep* : during <durante todo el

día : all day long⟩ ⟨trabajó durante tres horas : he worked for three hours⟩
durar *vi* : to last, to endure
durazno *nm* **1** : peach **2** : peach tree
dureza *nf* **1** : hardness, toughness **2** : severity, harshness
durmiente[1] *adj* : sleeping
durmiente[2] *nmf* : sleeper
durmió, etc. → **dormir**
duro[1] *adv* : hard ⟨trabajé tan duro : I worked so hard⟩
duro[2], **-ra** *adj* **1** : hard, tough **2** : harsh, severe

E

e[1] *nf* : fifth letter of the Spanish alphabet
e[2] *conj* (*used instead of* **y** *before words beginning with i- or hi-*) : and
ebanista *nmf* : cabinetmaker
ebanistería *nf* : cabinetmaking
ébano *nm* : ebony
e–book [ˈibuk] *nm, pl* **e–books** : e-book, electronic book
ebriedad *nf* EMBRIAGUEZ : inebriation, drunkenness
ebrio, -bria *adj* EMBRIAGADO : inebriated, drunk
ebullición *nf, pl* **-ciones** : boiling
eccéntrico → **excéntrico**
echar *vt* **1** LANZAR : to throw, to toss (a coin), to cast (an anchor, a net) ⟨lo echó a la basura : she threw it away⟩ ⟨echar la cabeza hacia atrás : to throw one's head back⟩ **2** : to throw out (of a place), to expel (from school) ⟨me echaron de la casa : they threw me out of the house⟩ **3** DESPEDIR : to fire, to dismiss **4** EMITIR : to emit, to give off **5** BROTAR : to sprout **6** : to put in, to add **7** : to take, to have (a look) **8** : to mail **9** : to pour **10** : to give (a blessing, etc.), to put (a curse) on **11** : to turn (a key), to slide (a bolt) ⟨echarle (la) llave (a la puerta) : to lock the door⟩ **12 echar abajo** : to demolish **13 echar a perder** : to spoil, to ruin **14 echar de menos** : to miss ⟨echan de menos a su madre : they miss their mother⟩ — *vi* **1** : to start off **2 ~ a** : to begin to — **echarse** *vr* **1** : to throw oneself ⟨se echó en sus brazos : she threw herself into his arms⟩ **2** : to lie down **3** : to put on **4 ~ a** : to begin to **5 echarse a perder** : to go bad, to spoil **6 echárselas de** : to pose as
ecléctico, -ca *adj* : eclectic
eclesiástico[1], **-ca** *adj* : ecclesiastical, ecclesiastic
eclesiástico[2] *nm* CLÉRIGO : cleric, clergyman
eclipsar *vt* **1** : to eclipse **2** : to outshine, to surpass
eclipse *nm* : eclipse
eco *nm* : echo
ecografía *nf* : ultrasound scanning
ecología *nf* : ecology
ecológico, -ca *adj* : ecological — **ecológicamente** *adv*
ecologista *nmf* : ecologist, environmentalist
ecólogo, -ga *n* : ecologist
economía *nf* **1** : economy **2** : economics
económicamente *adv* : financially
económico, -ca *adj* : economic, economical
economista *nmf* : economist
economizar {21} *vt* : to save, to economize on — *vi* : to save up, to be frugal
ecosistema *nm* : ecosystem
ecuación *nf, pl* **-ciones** : equation
ecuador *nm* : equator
ecuánime *adj* **1** : even-tempered **2** : impartial
ecuanimidad *nf* **1** : equanimity **2** : impartiality
ecuatorial *adj* : equatorial
ecuatoriano, -na *adj & n* : Ecuadorian
ecuestre *adj* : equestrian
ecuménico, -ca *adj* : ecumenical
eczema *nm* : eczema
edad *nf* **1** : age ⟨¿qué edad tiene? : how old is she?⟩ **2** ÉPOCA, ERA : epoch, era
edema *nm* : edema
Edén *nm, pl* **Edenes** : Eden, paradise
edición *nf, pl* **-ciones** **1** : edition **2** : publication, publishing
edicto *nm* : edict, proclamation
edificación *nf, pl* **-ciones** **1** : edification **2** : construction, building
edificante *adj* : edifying
edificar {72} *vt* **1** : to edify **2** CONSTRUIR : to build, to construct
edificio *nm* : building, edifice
editar *vt* **1** : to edit **2** PUBLICAR : to publish
editor[1], **-tora** *adj* : publishing ⟨casa editora : publishing house⟩
editor[2], **-tora** *n* **1** : editor **2** : publisher
editora *nf* : publisher, publishing company
editorial[1] *adj* **1** : publishing **2** : editorial
editorial[2] *nm* : editorial
editorial[3] *nf* : publishing house
editorializar {21} *vi* : to editorialize
edredón *nm, pl* **-dones** COBERTOR, COLCHA : comforter, eiderdown, quilt
educable *adj* : educable, teachable
educación *nf, pl* **-ciones** **1** ENSEÑANZA : education **2** : manners *pl* — **educacional** *adj*
educado, -da *adj* : polite, well-mannered

educador, -dora *n* : educator
educando, -da *n* ALUMNO, PUPILO : pupil, student
educar {72} *vt* **1** : to educate **2** CRIAR : to bring up, to raise **3** : to train — **educarse** *vr* : to be educated
educativo, -va *adj* : educational
efectista *adj* : dramatic, sensational
efectivamente *adv* : really, actually
efectividad *nf* : effectiveness
efectivo[1], **-va** *adj* **1** : effective **2** : real, actual **3** : permanent, regular (of employment)
efectivo[2] *nm* : cash
efecto *nm* **1** : effect ⟨tener efecto : to take effect⟩ ⟨surtir efecto, producir un efecto : to have an effect⟩ ⟨bajo los efectos del alcohol : under the influence of alcohol⟩ **2 en ~** : actually, in fact **3 efecto dominó** : domino effect **4 efecto secundario** : side effect **5 efectos** *nmpl* : goods, property ⟨efectos personales : personal effects⟩ **6 efectos** *nmpl* : effects ⟨efectos especiales : special effects⟩
efectuar {3} *vt* : to carry out, to bring about
efervescencia *nf* **1** : effervescence **2** : vivacity, high spirits *pl*
efervescente *adj* **1** : effervescent **2** : vivacious
eficacia *nf* **1** : effectiveness, efficacy **2** : efficiency
eficaz *adj, pl* **-caces 1** : effective **2** EFICIENTE : efficient — **eficazmente** *adv*
eficiencia *nf* : efficiency
eficiente *adj* EFICAZ : efficient — **eficientemente** *adv*
eficientizar {21} *vt Mex* : to streamline, to make more efficient
efigie *nf* : effigy
efímera *nf* : mayfly
efímero, -ra *adj* : ephemeral
efusión *nf, pl* **-siones 1** : effusion **2** : warmth, effusiveness **3 con ~** : effusively
efusivo, -va *adj* : effusive — **efusivamente** *adv*
egipcio, -cia *adj & n* : Egyptian
eglefino *nm* : haddock
ego *nm* : ego
egocéntrico, -ca *adj* : egocentric, self-centered
egoísmo *nm* : selfishness, egoism
egoísta[1] *adj* : selfish, egoistic
egoísta[2] *nmf* : egoist, selfish person
egotismo *nm* : egotism, conceit
egotista[1] *adj* : egotistic, egotistical, conceited
egotista[2] *nmf* : egotist, conceited person
egresado, -da *n* : graduate
egresar *vi* : to graduate
egreso *nm* **1** : graduation **2 ingresos y egresos** : income and expenditure
eh *interj* **1** : hey! **2** : eh?, huh?
eje *nm* **1** : axle **2** : axis
ejecución *nf, pl* **-ciones** : execution
ejecutante *nmf* : performer
ejecutar *vt* **1** : to execute, to put to death **2** : to carry out, to perform
ejecutivo, -va *adj & n* : executive
ejecutor, -tora *n* : executor
ejemplar[1] *adj* : exemplary, model
ejemplar[2] *nm* **1** : copy (of a book, magazine, etc.) **2** : specimen, example
ejemplificar {72} *vt* : to exemplify, to illustrate
ejemplo *nm* **1** : example **2 por ~** : for example **3 dar ejemplo** : to set an example
ejercer {86} *vi* **~ de** : to practice as, to work as — *vt* **1** : to practice **2** : exercise (a right) **3** : to exert
ejercicio *nm* **1** : exercise **2** : practice
ejercitar *vt* **1** : to exercise **2** ADIESTRAR : to drill, to train
ejército *nm* : army
ejidal *adj Mex* : cooperative
ejido *nm* **1** : common land **2** *Mex* : cooperative
ejote *nm Mex* : green bean
el[1] *pron* (*referring to masculine nouns*) **1** : the one ⟨me gusta el verde : I like the green one⟩ ⟨el de la camisa roja : the one with the red shirt⟩ ⟨mi papá y el tuyo : my dad and yours⟩ ⟨el partido de ayer y el de hoy : yesterday's game and today's⟩ **2 el que** : the one that/who, whoever, he who ⟨el que vino ayer : the one who came yesterday⟩ ⟨el que compré : the one (that) I bought⟩ ⟨el que gane : whoever wins⟩ ⟨el que trabaja duro estará contento : he who works hard will be happy⟩
el[2], **la** *art, pl* **los, las** : the ⟨los niños están en la casa : the boys are in the house⟩ ⟨me duele el pie : my foot hurts⟩
él *pron* : he, him ⟨él es mi amigo : he's my friend⟩ ⟨hablaremos con él : we will speak with him⟩
elaboración *nf, pl* **-ciones 1** PRODUCCIÓN : production, making **2** : preparation, devising
elaborado, -da *adj* : elaborate
elaborar *vt* **1** : to make, to produce **2** : to devise, to draw up
elasticidad *nf* : elasticity
elástico[1], **-ca** *adj* **1** FLEXIBLE : flexible **2** : elastic
elástico[2] *nm* **1** : elastic (material) **2** : rubber band
elección *nf, pl* **-ciones 1** SELECCIÓN : choice, selection **2** : election
electivo, -va *adj* : elective
electo, -ta *adj* : elect ⟨el presidente electo : the president-elect⟩
elector, -tora *n* : elector, voter
electorado *nm* : electorate
electoral *adj* : electoral, election
electricidad *nf* : electricity
electricista *nmf* : electrician
eléctrico, -ca *adj* : electric, electrical
electrificar {72} *vt* : to electrify — **electrificación** *nf*
electrizar {21} *vt* : to electrify, to thrill — **electrizante** *adj*

electrocardiógrafo *nm* : electrocardiograph

electrocardiograma *nm* : electrocardiogram

electrocutar *vt* : to electrocute — **electrocución** *nf*

electrodo *nm* : electrode

electrodoméstico *nm* : electric appliance

electroimán *nm, pl* **-manes** : electromagnet

electrólisis *nfs & pl* : electrolysis

electrolito *nm* : electrolyte

electromagnético, -ca *adj* : electromagnetic

electromagnetismo *nm* : electromagnetism

electrón *nm, pl* **-trones** : electron

electrónica *nf* : electronics

electrónico, -ca *adj* : electronic — **electrónicamente** *adv*

elefante, -ta *n* : elephant

elegancia *nf* : elegance

elegante *adj* : elegant, smart — **elegantemente** *adv*

elegía *nf* : elegy

elegíaco, -ca *adj* : elegiac

elegibilidad *nf* : eligibility

elegible *adj* : eligible

elegido, -da *adj* **1** : chosen, selected **2** : elected

elegir {28} *vt* **1** ESCOGER, SELECCIONAR : to choose, to select **2** : to elect

elemental *adj* **1** : elementary, basic **2** : fundamental, essential

elemento *nm* : element

elenco *nm* : cast (of actors)

elepé *nm* : long-playing record

elevación *nf, pl* **-ciones** : elevation, height

elevado, -da *adj* **1** : elevated, lofty **2** : high

elevador *nm* ASCENSOR : elevator

elevar *vt* **1** ALZAR : to raise, to lift **2** AUMENTAR : to raise, to increase **3** : to elevate (in a hierarchy), to promote **4** : to present, to submit — **elevarse** *vr* : to rise

elfo *nm* : elf

eliminación *nf, pl* **-ciones** : elimination, removal

eliminar *vt* **1** : to eliminate, to remove **2** : to do in, to kill

elipse *nf* : ellipse

elipsis *nf* : ellipsis

elíptico, -ca *adj* : elliptical, elliptic

elite *or* **élite** *nf* : elite

elixir *or* **elíxir** *nm* : elixir

ella *pron* : she, her ⟨ella es mi amiga : she is my friend⟩ ⟨nos fuimos con ella : we left with her⟩

ello *pron* : it ⟨es por ello que me voy : that's why I'm going⟩

ellos, ellas *pron pl* **1** : they, them **2 de ellos, de ellas** : theirs

elocución *nf, pl* **-ciones** : elocution

elocuencia *nf* : eloquence

elocuente *adj* : eloquent — **elocuentemente** *adv*

elogiar *vt* ENCOMIAR : to praise

elogio *nm* : praise

elote *nm* **1** *Mex* : corn, maize **2** *CA, Mex* : corncob

elucidación *nf, pl* **-ciones** ESCLARECIMIENTO : elucidation

elucidar *vt* ESCLARECER : to elucidate

eludir *vt* EVADIR : to evade, to avoid, to elude

email *nm, pl* **emails** : e-mail ⟨enviar algo por email : to e-mail something⟩

emanación *nf, pl* **-ciones** : emanation

emanar *vi* **~ de** : to emanate from — *vt* : to exude

emancipar *vt* : to emancipate — **emancipación** *nf*

embadurnar *vt* EMBARRAR : to smear, to daub

embajada *nf* : embassy

embajador, -dora *n* : ambassador

embalaje *nm* : packing, packaging

embalar *vt* EMPAQUETAR : to pack

embaldosar *vt* : to tile, to pave with tiles

embalsamar *vt* : to embalm

embalsar *vt* : to dam, to dam up

embalse *nm* : dam, reservoir

embarazada *adj* ENCINTA, PREÑADA : pregnant, expecting

embarazar {21} *vt* **1** : to obstruct, to hamper **2** PREÑAR : to make pregnant

embarazo *nm* : pregnancy

embarazoso, -sa *adj* : embarrassing, awkward

embarcación *nf, pl* **-ciones** : boat, craft

embarcadero *nm* : wharf, pier, jetty

embarcar {72} *vi* : to embark, to board — *vt* : to load

embarco *nm* : embarkation

embargar {52} *vt* **1** : to seize, to impound **2** : to overwhelm

embargo *nm* **1** : seizure **2** : embargo **3 sin ~** : however, nevertheless

embarque *nm* **1** : embarkation **2** : shipment

embarrancar {72} *vi* **1** : to run aground **2** : to get bogged down

embarrar *vt* **1** : to cover with mud **2** EMBADURNAR : to smear

embarullar *vt fam* : to muddle, to confuse — **embarullarse** *vr fam* : to get mixed up

embate *nm* **1** : onslaught **2** : battering (of waves or wind)

embaucador, -dora *n* : swindler, deceiver

embaucar {72} *vt* : to trick, to swindle

embeber *vt* : to absorb, to soak up — *vi* : to shrink

embelesado, -da *adj* : spellbound

embelesar *vt* : to enchant, to captivate

embellecer {53} *vt* : to embellish, to beautify

embellecimiento *nm* : beautification, embellishment

embestida *nf* **1** : charge (of a bull) **2** ARREMETIDA : attack, onslaught

embestir {54} *vt* : to hit, to run into, to charge at — *vi* ARREMETER : to charge, to attack
emblanquecer {53} *vt* BLANQUEAR : to bleach, to whiten — **emblanquecerse** *vr* : to turn white
emblema *nm* : emblem
emblemático, -ca *adj* : emblematic
embolia *nf* : embolism
émbolo *nm* : piston
embolsarse *vr* **1** : to pocket (money) **2** : to collect (payment)
emborracharse *vr* EMBRIAGARSE : to get drunk
emborronar *vt* **1** : to blot, to smudge **2** GARABATEAR : to scribble
emboscada *nf* : ambush
emboscar {72} *vt* : to ambush — **emboscarse** *vr* : to lie in ambush
embotadura *nf* : bluntness, dullness
embotar *vt* **1** : to dull, to blunt **2** : to weaken, to enervate
embotellamiento *nm* ATASCO : traffic jam
embotellar *vt* ENVASAR : to bottle
embragar {52} *vi* : to engage the clutch
embrague *nm* : clutch
embravecerse {53} *vr* **1** : to get furious **2** : to get rough ⟨el mar se embraveció : the sea became tempestuous⟩
embriagado, -da *adj* : inebriated, drunk
embriagador, -dora *adj* : intoxicating
embriagarse {52} *vr* EMBORRACHARSE : to get drunk
embriaguez *nf* EBRIEDAD : drunkenness, inebriation
embrión *nm, pl* **embriones** : embryo
embrionario, -ria *adj* : embryonic
embrollo *nm* ENREDO : imbroglio, confusion
embrujar *vt* HECHIZAR : to bewitch
embrujo *nm* : spell, curse
embudo *nm* : funnel
embuste *nm* **1** MENTIRA : lie, fib **2** ENGAÑO : trick, hoax
embustero[1], -ra *adj* : lying, deceitful
embustero[2], -ra *n* : liar, cheat
embutido *nm* **1** : sausage **2** : inlaid work
embutir *vt* **1** : to cram, to stuff, to jam **2** : to inlay
emergencia *nf* **1** : emergency **2** : emergence
emergente *adj* **1** : emergent **2** : consequent, resultant
emerger {15} *vi* : to emerge, to surface
emético[1], -ca *adj* : emetic
emético[2] *nm* : emetic
emigración *nf, pl* **-ciones** **1** : emigration **2** : migration
emigrante *adj & nmf* : emigrant
emigrar *vi* **1** : to emigrate **2** : to migrate
eminencia *nf* : eminence
eminente *adj* : eminent, distinguished
eminentemente *adv* : basically, essentially
emisario[1], -ria *n* : emissary
emisario[2] *nm* : outlet (of a body of water)
emisión *nf, pl* **-siones** **1** : emission **2** : broadcast **3** : issue ⟨emisión de acciones : stock issue⟩
emisor *nm* TRANSMISOR : television or radio transmitter
emisora *nf* : radio station
emitir *vt* **1** : to emit, to give off **2** : to broadcast **3** : to issue **4** : to cast (a vote)
emoción *nf, pl* **-ciones** : emotion — **emocional** *adj* — **emocionalmente** *adv*
emocionado, -da *adj* **1** : moved, affected by emotion **2** ENTUSIASMADO : excited
emocionante *adj* **1** CONMOVEDOR : moving, touching **2** EXCITANTE : exciting, thrilling
emocionar *vt* **1** CONMOVER : to move, to touch **2** : to excite, to thrill — **emocionarse** *vr*
emoticón *nm, pl* **-cones** : emoticon
emoticono → **emoticón**
emotivo, -va *adj* : emotional, moving
empacador, -dora *n* : packer
empacar {72} *vt* **1** EMPAQUETAR : to pack **2** : to bale — *vi* : to pack — **empacarse** *vr* **1** : to balk, to refuse to budge **2** *Col, Mex fam* : to eat ravenously, to devour
empachar *vt* **1** ESTORBAR : to obstruct **2** : to give indigestion to **3** DISFRAZAR : to disguise, to mask — **empacharse** *vr* **1** INDIGESTARSE : to get indigestion **2** AVERGONZARSE : to be embarrassed
empacho *nm* **1** INDIGESTIÓN : indigestion **2** VERGÜENZA : embarrassment **3 no tener empacho en** : to have no qualms about
empadronarse *vr* : to register to vote
empalagar {52} *vt* **1** : to cloy, to surfeit **2** FASTIDIAR : to annoy, to bother
empalagoso, -sa *adj* MELOSO : cloying, excessively sweet
empalar *vt* : to impale
empalizada *nf* : palisade (fence)
empalmar *vt* **1** : to splice, to link **2** : to combine — *vi* : to meet, to converge
empalme *nm* **1** CONEXIÓN : connection, link **2** : junction
empanada *nf* : pie, turnover
empanadilla *nf* : meat or seafood pie
empanar *vt* : to bread
empantanado, -da *adj* : bogged down, delayed
empañar *vt* **1** : to steam up **2** : to tarnish, to sully
empapado, -da *adj* : soggy, sodden
empapar *vt* MOJAR : to soak, to drench — **empaparse** *vr* **1** : to get soaking wet **2 ~ de** : to absorb, to be imbued with
empapelar *vt* : to wallpaper
empaque *nm fam* **1** : presence, bearing **2** : pomposity **3** DESCARO : impudence, nerve

empaquetar *vt* EMBALAR : to pack, to package — **empaquetarse** *vr fam* : to dress up
emparedado *nm* : sandwich
emparedar *vt* : to wall in, to confine
emparejar *vt* **1** : to pair, to match up **2** : to make even — *vi* : to catch up — **emparejarse** *vr* : to pair up
emparentado, -da *adj* : related
emparentar {55} *vi* : to become related by marriage
emparrillado *nm Mex* : gridiron (in football)
empastar *vt* **1** : to fill (a tooth) **2** : to bind (a book)
empaste *nm* : filling (of a tooth)
empatar *vt* : to tie, to connect — *vi* : to result in a draw, to be tied — **empatarse** *vr Ven* : to hook up, to link together
empate *nm* : draw, tie
empatía *nf* : empathy
empecinado, -da *adj* TERCO : stubborn
empecinarse *vr* OBSTINARSE : to be stubborn, to persist
empedernido, -da *adj* INCORREGIBLE : hardened, inveterate
empedrado *nm* : paving, pavement
empedrar {55} *vt* : to pave (with stones)
empeine *nm* : instep
empellón *nm, pl* **-llones** : shove, push
empelotado, -da *adj* **1** *Mex fam* : madly in love **2** *fam* : stark naked
empeñado, -da *adj* : determined, committed
empeñar *vt* **1** : to pawn **2** : to pledge, to give (one's word) — **empeñarse** *vr* **1** : to insist stubbornly **2** : to make an effort
empeño *nm* **1** : pledge, commitment **2** : insistence **3** ESFUERZO : effort, determination **4** : pawning ⟨casa de empeños : pawnshop⟩
empeoramiento *nm* : worsening, deterioration
empeorar *vi* : to deteriorate, to get worse — *vt* : to make worse
empequeñecer {53} *vi* : to diminish, to become smaller — *vt* : to minimize, to make smaller
emperador *nm* : emperor
emperatriz *nf, pl* **-trices** : empress
empero *conj* : however, nevertheless
empezar {29} *v* COMENZAR : to start, to begin
empinado, -da *adj* : steep
empinar *vt* ELEVAR : to lift, to raise — **empinarse** *vr* : to stand on tiptoe
empírico, -ca *adj* : empirical — **empíricamente** *adv*
emplasto *nm* : poultice, dressing
emplazamiento *nm* **1** : location, site **2** CITACIÓN : summons, subpoena
emplazar {21} *vt* **1** CONVOCAR : to convene, to summon **2** : to subpoena **3** UBICAR : to place, to position
empleado, -da *n* : employee
empleador, -dora *n* PATRÓN : employer
emplear *vt* **1** : to employ **2** USAR : to use — **emplearse** *vr* **1** : to get a job **2** : to occupy oneself
empleo *nm* **1** OCUPACIÓN : employment, occupation, job **2** : use, usage
empobrecer {53} *vt* : to impoverish — *vi* : to become poor — **empobrecerse** *vr*
empobrecimiento *nm* : impoverishment
empollar *vi* : to brood eggs — *vt* : to incubate
empolvado, -da *adj* **1** : dusty **2** : powdered, powdery
empolvar *vt* **1** : to cover with dust **2** : to powder — **empolvarse** *vr* **1** : to gather dust **2** : to powder one's face
emporio *nm* **1** : center, capital, empire ⟨un emporio cultural : a cultural center⟩ ⟨un emporio financiero : a financial empire⟩ **2** : department store
empotrado, -da *adj* : built-in ⟨armarios empotrados : built-in cabinets⟩
empotrar *vt* : to build into, to embed
emprendedor, -dora *adj* : enterprising
emprender *vt* : to undertake, to begin
empresa *nf* **1** COMPAÑÍA, FIRMA : company, corporation, firm **2** : undertaking, venture
empresariado *nm* **1** : business world **2** : management, managers *pl*
empresarial *adj* : business, managerial, corporate
empresario, -ria *n* **1** : manager **2** : businessman *m,* businesswoman *f* **3** : impresario
empréstito *nm* : loan
empujar *vi* : to push, to shove — *vt* **1** : to push **2** PRESIONAR : to spur on, to press
empuje *nm* : impetus, drive
empujón *nm, pl* **-jones** : push, shove
empuñadura *nf* MANGO : hilt, handle
empuñar *vt* **1** ASIR : to grasp **2 empuñar las armas** : to take up arms
emú *nm* : emu
emular *vt* IMITAR : to emulate — **emulación** *nf*
emulsión *nf, pl* **-siones** : emulsion
emulsionante *nm* : emulsifier
emulsionar *vt* : to emulsify
en *prep* **1** : in (a box, building, city, etc.) ⟨en el aire : in the air⟩ ⟨en el bolsillo : in one's pocket⟩ **2** : on (a surface, etc.) ⟨está en la mesa : it's on the table⟩ ⟨en la costa : on the coast⟩ ⟨en la planta baja : on the ground floor⟩ ⟨en la calle Sur : on South Street⟩ **3** : at (a place or event) ⟨en casa : at home⟩ ⟨en el trabajo : at work⟩ ⟨en la reunión : at the meeting⟩ ⟨todos en la mesa : everyone at the table⟩ ⟨en el 30 de la calle Sur : at 30 South Street⟩ **4** : in, on, as part of ⟨en la película : in the movie⟩ ⟨en el equipo : on the team⟩ **5** : on (television, etc.) **6** : by (plane, train, etc.) **7** : in, within (a day, week, etc.) **8** : in, during (a period) **9** : on, at ⟨en esa ocasión : on that occa-

sion⟩ ⟨en ese momento : at that moment⟩ **10** : in (a form) ⟨en francés/metros/pedazos : in French/meters/pieces⟩ **11** (*with numbers*) ⟨se ubica en el 26% : it's at 26%⟩ ⟨aumentó en un 90% : it increased by 90%⟩ ⟨se cifran en millones : they amount to millions⟩ **12** : in, made of (a material) **13** : in (a state, manner, circumstance) ⟨en peligro : in danger⟩ ⟨en broma : in jest⟩ ⟨en ese caso : in that case⟩ **14** : on (a subject) ⟨un experto en animales : an animal expert⟩ **15** : in (a field or profession) **16** (*with an infinitive verb*) ⟨el primero en ganar el título : the first to win the title⟩

enagua *nf* : petticoat, slip

enajenación *nf, pl* **-ciones** **1** : transfer (of property) **2** : alienation **3** : absentmindedness

enajenado, -da *adj* : out of one's mind

enajenar *vt* **1** : to transfer (property) **2** : to alienate **3** : to enrapture — **enajenarse** *vr* **1** : to become estranged **2** : to go mad

enaltecer {53} *vt* : to praise, to extol

enamorado[1], **-da** *adj* : in love

enamorado[2], **-da** *n* : lover, sweetheart

enamoramiento *nm* : infatuation, crush

enamorar *vt* : to enamor, to win the love of — **enamorarse** *vr* : to fall in love

enamoriscarse {72} *vr fam* : to have a crush, to be infatuated

enamorizado, -da *adj* : amorous, passionate

enano[1], **-na** *adj* : tiny, minute

enano[2], **-na** *n* : dwarf, midget

enarbolar *vt* **1** : to hoist, to raise **2** : to brandish

enarcar {72} *vt* : to arch, to raise

enardecer {53} *vt* **1** : to arouse (anger, passions) **2** : to stir up, to excite — **enardecerse** *vr*

encabezado *nm Mex* : headline

encabezamiento *nm* **1** : heading **2** : salutation, opening

encabezar {21} *vt* **1** : to head, to lead **2** : to put a heading on

encabritarse *vr* **1** : to rear up **2** *fam* : to get angry

encadenar *vt* **1** : to chain **2** : to connect, to link **3** INMOVILIZAR : to immobilize

encajar *vi* : to fit, to fit together, to fit in — *vt* **1** : to insert, to stick **2** : to take, to cope with ⟨encajó el golpe : he withstood the blow⟩

encaje *nm* **1** : lace **2** : financial reserve

encajonar *vt* **1** : to box, to crate **2** : to cram in

encalar *vt* : to whitewash

encallar *vi* **1** : to run aground **2** : to get stuck

encallecido, -da *adj* : callused

encamar *vt* : to confine to a bed

encaminado, -da *adj* **1** : on the right track **2** ~ **a** : aimed at, designed to

encaminar *vt* **1** : to direct, to channel **2** : to head in the right direction — **encaminarse** *vr* ~ **a** : to head for, to aim at

encandilar *vt* : to dazzle

encanecer {53} *vi* : to gray, to go gray

encantado, -da *adj* **1** : charmed, bewitched **2** : delighted

encantador[1], **-dora** *adj* : charming, delightful

encantador[2], **-dora** *n* : magician

encantamiento *nm* : enchantment, spell

encantar *vt* **1** : to enchant, to bewitch **2** : to charm, to delight ⟨me encanta esta canción : I love this song⟩

encanto *nm* **1** : charm, fascination **2** HECHIZO : spell **3** : delightful person or thing

encañonar *vt* : to point (a gun) at, to hold up

encapotado, -da *adj* : cloudy, overcast

encapotarse *vr* : to cloud over, to become overcast

encaprichado, -da *adj* : infatuated

encaprichamiento *nm* : infatuation

encapuchado, -da *adj* : hooded

encarado, -da *adj* **estar mal encarado** *fam* : to be ugly-looking, to look mean

encaramar *vt* : to raise, to lift up — **encaramarse** *vr* : to perch

encarar *vt* CONFRONTAR : to face, to confront

encarcelación *nf* → **encarcelamiento**

encarcelamiento *nm* : incarceration, imprisonment

encarcelar *vt* : to incarcerate, to imprison

encarecer {53} *vt* **1** : to increase, to raise (price, value) **2** : to beseech, to entreat — **encarecerse** *vr* : to become more expensive

encarecidamente *adv* : insistently, urgently

encarecimiento *nm* : increase, rise (in price)

encargado[1], **-da** *adj* : in charge

encargado[2], **-da** *n* : manager, person in charge

encargar {52} *vt* **1** : to put in charge of **2** : to recommend, to advise **3** : to order, to request — **encargarse** *vr* ~ **de** : to take charge of

encargo *nm* **1** : errand **2** : job assignment **3** : order ⟨hecho de encargo : custom-made, made to order⟩

encariñarse *vr* ~ **con** : to become fond of, to grow attached to

encarnación *nf, pl* **-ciones** : incarnation, embodiment

encarnado[1], **-da** *adj* **1** : incarnate **2** : flesh-colored **3** : red **4** : ingrown

encarnado[2] *nm* : red

encarnar *vt* : to incarnate, to embody — **encarnarse** *vr* **encarnarse una uña** : to have an ingrown nail

encarnizado, -da *adj* **1 :** bloodshot, inflamed **2 :** fierce, bloody

encarnizar {21} *vt* **:** to enrage, to infuriate — **encarnizarse** *vr* **:** to be brutal, to attack viciously

encarrilar *vt* **:** to guide, to put on the right track

encasillar *vt* CLASIFICAR **:** to classify, to pigeonhole, to categorize

encausar *vt* **:** to prosecute, to charge

encauzar {21} *vt* **:** to channel, to guide — **encauzarse** *vr*

encebollado, -da *adj* **:** cooked with onions

encefalitis *nms & pl* **:** encephalitis

enceguecedor, -dora *n* **:** blinding

encendedor *nm* **:** lighter

encender {56} *vi* **:** to light — *vt* **1 :** to light, to set fire to **2** PRENDER **:** to switch on **3 :** to start (a motor) **4 :** to arouse, to kindle — **encenderse** *vr* **1 :** to get excited **2 :** to blush

encendido[1], -da *adj* **1 :** burning **2 :** flushed **3 :** fiery, passionate

encendido[2] *nm* **:** ignition

encerado *nm* **1 :** waxing, polishing **2 :** blackboard

encerar *vt* **:** to wax, to polish

encerrar {55} *vt* **1 :** to lock up, to shut away **2 :** to contain, to include **3 :** to involve, to entail

encerrona *nf* **1** TRAMPA **:** trap, setup **2 prepararle una encerrona a alguien :** to set a trap for someone, to set someone up

encestar *vi* **:** to make a basket (in basketball)

enchapado *nm* **:** plating, coating (of metal)

encharcamiento *nm* **:** flood, flooding

encharcar {72} *vt* **:** to flood, to swamp — **encharcarse** *vr*

enchilada *nf* **:** enchilada

enchilar *vt Mex* **:** to season with chili

enchuecar {72} *vt Chile, Mex fam* **:** to make crooked, to twist

enchufar *vt* **1 :** to plug in **2 :** to connect, to fit together

enchufe *nm* **1 :** connection **2 :** plug, socket

encía *nf* **:** gum (tissue)

encíclica *nf* **:** encyclical

enciclopedia *nf* **:** encyclopedia

enciclopédico, -ca *adj* **:** encyclopedic

encierro *nm* **1 :** confinement **2 :** enclosure

encima *adv* **1 :** on top, above **2** ADEMÁS **:** as well, besides **3 ~ de :** on, on top of, over **4 por encima de :** above, beyond ⟨por encima de la ley : above the law⟩ **5 echarse encima :** to take upon oneself **6 estar encima de** *fam* **:** to nag, to criticize **7 quitarse de encima :** to get rid of

encina *nf* **:** evergreen oak

encinta *adj* EMBARAZADA, PREÑADA **:** pregnant, expecting

enclaustrado, -da *adj* **:** cloistered, shut away

enclavado, -da *adj* **:** buried

enclenque *adj* **:** weak, sickly

encoger {15} *vt* **1 :** to shrink, to make smaller **2 :** to intimidate — *vi* **:** to shrink, to contract — **encogerse** *vr* **1 :** to shrink **2 :** to be intimidated, to cower, to cringe **3 encogerse de hombros :** to shrug (one's shoulders)

encogido, -da *adj* **1 :** shriveled, shrunken **2** TÍMIDO **:** shy, inhibited

encogimiento *nm* **1 :** shrinking, shrinkage **2 :** shrug **3** TIMIDEZ **:** shyness

encolar *vt* **:** to paste, to glue

encolerizar {21} *vt* ENFURECER **:** to enrage, to infuriate — **encolerizarse** *vr*

encomendar {55} *vt* CONFIAR **:** to entrust, to commend — **encomendarse** *vr*

encomiable *adj* **:** commendable, praiseworthy

encomiar *vt* ELOGIAR **:** to praise, to pay tribute to

encomienda *nf* **1 :** charge, mission **2 :** royal land grant **3 :** parcel

encomio *nm* **:** praise, eulogy

encomioso, -sa *adj* **:** eulogistic, laudatory

enconar *vt* **1 :** to irritate, to anger **2 :** to inflame — **enconarse** *vr* **1 :** to become heated **2 :** to fester

encono *nm* **1** RENCOR **:** animosity, rancor **2 :** inflammation, infection

encontrado, -da *adj* **:** contrary, opposing

encontrar {19} *vt* **1** HALLAR **:** to find ⟨encontré el libro : I found the book⟩ ⟨encontraron al culpable : they found the culprit⟩ **2 :** to encounter, to meet **3 :** to find ⟨lo encuentro muy interesante : I find it very interesting⟩ — **encontrarse** *vr* **1 :** to clash, to conflict **2 :** to be, to feel ⟨su padre se encuentra mejor : her father is (feeling/doing) better⟩ **3 ~ con :** to meet, to bump into

encorvar *vt* **:** to bend, to curve — **encorvarse** *vr* **:** to hunch over, to stoop

encrespar *vt* **1 :** to curl, to ruffle, to ripple **2 :** to annoy, to irritate — **encresparse** *vr* **1 :** to curl one's hair **2 :** to become choppy **3 :** to get annoyed

encrucijada *nf* **:** crossroads

encuadernación *nf, pl* **-ciones :** bookbinding

encuadernar *vt* EMPASTAR **:** to bind (a book)

encuadrar *vt* **1** ENMARCAR **:** to frame **2** ENCAJAR **:** to fit, to insert **3** COMPRENDER **:** to contain, to include

encubierto *pp* → **encubrir**

encubrimiento *nm* **:** cover-up

encubrir {2} *vt* **:** to cover up, to conceal

encuentro *nm* **1 :** meeting, encounter **2 :** conference, congress

encuerado, -da *adj fam* **:** naked

encuerar *vt fam* **:** to undress

encuesta *nf* **1** INVESTIGACIÓN, PESQUISA **:** inquiry, investigation **2** SONDEO **:** survey

encuestador, -dora *n* **:** pollster

encuestar *vt* : to poll, to take a survey of

encumbrado, -da *adj* **1** : lofty, high **2** : eminent, distinguished

encumbrar *vt* **1** : to exalt, to elevate **2** : to extol — **encumbrarse** *vr* : to reach the top

encurtir *vt* ESCABECHAR : to pickle

ende *adv* **por ~** : therefore, consequently

endeble *adj* : feeble, weak

endeblez *nf* : weakness, frailty

endémico, -ca *adj* : endemic

endemoniado, -da *adj* : fiendish, diabolical

endentecer {53} *vi* : to teethe

enderezar {21} *vt* **1** : to straighten (out) **2** : to stand on end, to put upright

endeudado, -da *adj* : in debt, indebted

endeudamiento *nm* : indebtedness

endeudarse *vr* **1** : to go into debt **2** : to feel obliged

endiabladamente *adv* : extremely, diabolically

endiablado, -da *adj* **1** : devilish, diabolical **2** : complicated, difficult

endibia *or* **endivia** *nf* : endive

endilgar {52} *vt fam* : to spring, to foist ⟨me endilgó la responsabilidad : he saddled me with the responsibility⟩

endocrino, -na *adj* : endocrine

endogamia *nf* : inbreeding

endosar *vt* : to endorse

endoso *nm* : endorsement

endulzante *nm* : sweetener

endulzar {21} *vt* **1** : to sweeten **2** : to soften, to mellow — **endulzarse** *vr*

endurecer {53} *vt* : to harden, to toughen — **endurecerse** *vr*

enebro *nm* : juniper

eneldo *nm* : dill

enema *nm* : enema

enemigo, -ga *adj & n* : enemy

enemistad *nf* : enmity, hostility

enemistar *vt* : to make enemies of — **enemistarse** *vr* **~ con** : to fall out with

energía *nf* : energy

enérgico, -ca *adj* **1** : energetic, vigorous **2** : forceful, emphatic — **enérgicamente** *adv*

energúmeno, -na *n fam* : lunatic, crazy person

enero *nm* : January

enervar *vt* **1** : to enervate **2** *fam* : to annoy, to get on one's nerves — **enervante** *adj*

enésimo, -ma *adj* : umpteenth, nth

enfadar *vt* **1** : to annoy, to make angry **2** *Mex fam* : to bore — **enfadarse** *vr* : to get angry, to get annoyed

enfado *nm* : anger, annoyance

enfadoso, -sa *adj* : irritating, annoying

enfardar *vt* : to bale

énfasis *nms & pl* : emphasis

enfático, -ca *adj* : emphatic — **enfáticamente** *adv*

enfatizar {21} *vt* DESTACAR, SUBRAYAR : to emphasize

enfermar *vt* : to make sick — *vi* : to fall ill, to get sick — **enfermarse** *vr*

enfermedad *nf* **1** INDISPOSICIÓN : sickness, illness **2** : disease

enfermería *nf* : infirmary

enfermero, -ra *n* : nurse

enfermizo, -za *adj* : sickly

enfermo[1], **-ma** *adj* : sick, ill

enfermo[2], **-ma** *n* **1** : sick person, invalid **2** PACIENTE : patient

enfilar *vt* **1** : to take, to go along ⟨enfiló la carretera de Montevideo : she went up the road to Montevideo⟩ **2** : to line up, to put in a row **3** : to string, to thread **4** : to aim, to direct — *vi* : to make one's way

enflaquecer {53} *vi* : to lose weight, to become thin — *vt* : to emaciate

enfocar {72} *vt* **1** : to focus (on) **2** : to consider, to look at

enfoque *nm* : focus

enfrascamiento *nm* : immersion, absorption

enfrascarse {72} *vr* **~ en** : to immerse oneself in, to get caught up in

enfrentamiento *nm* : clash, confrontation

enfrentar *vt* : to confront, to face — **enfrentarse** *vr* **1 ~ con** : to clash with **2 ~ a** : to face up to

enfrente *adv* **1** DELANTE : in front **2** : opposite

enfriamiento *nm* **1** CATARRO : chill, cold **2** : cooling off, damper

enfriar {85} *vt* **1** : to chill, to cool **2** : to cool down, to dampen — *vi* : to get cold — **enfriarse** *vr* : to get chilled, to catch a cold

enfundar *vt* : to sheathe, to encase

enfurecer {53} *vt* ENCOLERIZAR : to infuriate — **enfurecerse** *vr* : to fly into a rage

enfurecido, -da *adj* : furious, raging

enfurruñarse *vr fam* : to sulk

engalanar *vt* : to decorate, to deck out — **engalanarse** *vr* : to dress up

enganchar *vt* **1** : to hook, to snag **2** : to attach, to hitch up — **engancharse** *vr* **1** : to get snagged, to get hooked **2** : to enlist

enganche *nm* **1** : hook **2** : coupling, hitch **3** *Mex* : down payment

engañar *vt* **1** EMBAUCAR : to trick, to deceive, to mislead **2** : to cheat on, to be unfaithful to — **engañarse** *vr* **1** : to be mistaken **2** : to deceive oneself

engaño *nm* **1** : deception, trick **2** : fake, feint (in sports)

engañoso, -sa *adj* **1** : deceitful **2** : misleading, deceptive

engarrotarse *vr* : to stiffen up, to go numb

engatusamiento *nm* : cajolery

engatusar *vt* : to coax, to cajole

engendrar *vt* **1** : to beget, to father **2** : to give rise to, to engender

engentarse *vr Mex* : to be in a daze

englobar *vt* : to include, to embrace

engomar *vt* : to glue
engordar *vt* : to fatten, to fatten up — *vi* : to gain weight
engorro *nm* : nuisance, bother
engorroso, -sa *adj* : bothersome
engranaje *nm* : gears *pl*, cogs *pl*
engranar *vt* : to mesh, to engage — *vi* : to mesh gears
engrandecer {53} *vt* **1** : to enlarge **2** : to exaggerate **3** : to exalt
engrandecimiento *nm* **1** : enlargement **2** : exaggeration **3** : exaltation
engrane *nm Mex* : cogwheel
engrapadora *nf* : stapler
engrapar *vt* : to staple
engrasar *vt* : to grease, to lubricate
engrase *nm* : greasing, lubrication
engreído, -da *adj* PRESUMIDO, VANIDOSO : vain, conceited, stuck-up
engreimiento *nm* ARROGANCIA : arrogance, conceit
engreír {66} *vt* ENVANECER : to make vain — **engreírse** *vr* : to become conceited
engrosar {19} *vt* : to enlarge, to increase, to swell — *vi* ENGORDAR : to gain weight
engrudo *nm* : paste
engullir {38} *vt* : to gulp down, to gobble up — **engullirse** *vr*
enharinar *vt* : to flour
enhebrar *vt* ENSARTAR : to string, to thread
enhiesto, -ta *adj* **1** : erect, upright **2** : lofty, towering
enhilar *vt* : to thread (a needle, etc.)
enhorabuena *nf* FELICIDADES : congratulations *pl*
enigma *nm* : enigma, mystery
enigmático, -ca *adj* : enigmatic — **enigmáticamente** *adv*
enjabonar *vt* : to soap up, to lather — **enjabonarse** *vr*
enjaezar {21} *vt* : to harness
enjalbegar {52} *vt* : to whitewash
enjambrar *vi* : to swarm
enjambre *nm* **1** : swarm **2** MUCHEDUMBRE : crowd, mob
enjaular *vt* **1** : to cage **2** *fam* : to jail, to lock up
enjuagar {52} *vt* : to rinse — **enjuagarse** *vr* : to rinse out
enjuague *nm* **1** : rinse **2 enjuague bucal** : mouthwash
enjugar {52} *vt* : to wipe away (tears)
enjuiciar *vt* **1** : to indict, to prosecute **2** JUZGAR : to try
enjundioso, -sa *adj* : substantial, weighty
enjuto, -ta *adj* : lean, gaunt
enlace *nm* **1** : bond, link, connection **2** : liaison
enladrillado *nm* : brick paving
enladrillar *vt* : to pave with bricks
enlatar *vt* ENVASAR : to can
enlazar {21} *v* : to join, to link, to fit together
enlistar *vt* : to list — **enlistarse** *vr* : to enlist
enlodado, -da *adj* BARROSO : muddy
enlodar *vt* **1** : to cover with mud **2** : to stain, to sully — **enlodarse** *vr*
enlodazar → **enlodar**
enloquecedor, -dora *adj* : maddening
enloquecer {53} *vt* ALOCAR : to drive crazy — **enloquecerse** *vr* : to go crazy
enlosado *nm* : flagstone pavement
enlosar *vt* : to pave with flagstone
enlutarse *vr* : to go into mourning
enmaderado *nm* **1** : wood paneling **2** : hardwood floor
enmarañar *vt* **1** : to tangle **2** : to complicate **3** : to confuse, to mix up — **enmarañarse** *vr*
enmarcar {72} *vt* **1** ENCUADRAR : to frame **2** : to provide the setting for
enmascarar *vt* : to mask, to disguise
enmasillar *vt* : to putty, to caulk
enmendar {55} *vt* **1** : to amend **2** CORREGIR : to emend, to correct **3** COMPENSAR : to compensate for — **enmendarse** *vr* : to mend one's ways
enmienda *nf* **1** : amendment **2** : correction, emendation
enmohecerse {53} *vr* **1** : to become moldy **2** OXIDARSE : to rust, to become rusty
enmudecer {53} *vt* : to mute, to silence — *vi* : to fall silent
enmugrar *vt* : to soil, to make dirty — **enmugrarse** *vr* : to get dirty
ennegrecer {53} *vt* : to blacken, to darken — **ennegrecerse** *vr*
ennoblecer {53} *vt* **1** : to ennoble **2** : to embellish
enojadizo, -za *adj* IRRITABLE : irritable, cranky
enojado, -da *adj* **1** : annoyed **2** : angry, mad
enojar *vt* **1** : to anger **2** : to annoy, to upset — **enojarse** *vr*
enojo *nm* **1** CÓLERA : anger **2** : annoyance
enojón, -jona *adj, pl* **-jones** *Chile, Mex fam* : irritable, cranky
enojoso, -sa *adj* FASTIDIOSO, MOLESTOSO : annoying, irritating
enorgullecer {53} *vt* : to make proud — **enorgullecerse** *vr* : to pride oneself
enorme *adj* INMENSO : enormous, huge — **enormemente** *adv*
enormidad *nf* **1** : enormity, seriousness **2** : immensity, hugeness
enraizado, -da *adj* : deep-seated, deeply rooted
enraizar {30} *vi* : to take root
enramada *nf* : arbor, bower
enramar *vt* : to cover with branches
enrarecer {53} *vt* : to rarefy — **enrarecerse** *vr*
enredadera *nf* : climbing plant, vine
enredar *vt* **1** : to tangle up, to entangle **2** : to confuse, to complicate **3** : to involve, to implicate — **enredarse** *vr*
enredo *nm* **1** EMBROLLO : muddle, confusion **2** MARAÑA : tangle
enredoso, -sa *adj* : complicated, tricky
enrejado *nm* **1** : railing **2** : grating, grille **3** : trellis, lattice

enrevesado, -da *adj* : complicated, involved

enriquecer {53} *vt* : to enrich — **enriquecerse** *vr* : to get rich

enriquecido, -da *adj* : enriched

enriquecimiento *nm* : enrichment

enrojecer {53} *vt* : to make red, to redden — **enrojecerse** *vr* : to blush

enrolar *vt* RECLUTAR : to recruit — **enrolarse** *vr* INSCRIBIRSE : to enlist, to sign up

enrollar *vt* : to roll up, to coil — **enrollarse** *vr*

enronquecerse {53} *vr* : to become hoarse

enroscar {72} *vt* TORCER : to twist — **enroscarse** *vr* : to coil, to twine

ensacar {72} *vt* : to bag (up)

ensalada *nf* : salad

ensaladera *nf* : salad bowl

ensalmo *nm* : incantation, spell

ensalzar {21} *vt* **1** : to praise, to extol **2** EXALTAR : to exalt

ensamblaje *nm* : assembly

ensamblar *vt* **1** : to assemble **2** : to join, to fit together

ensanchar *vt* **1** : to widen **2** : to expand, to extend — **ensancharse** *vr*

ensanche *nm* **1** : widening **2** : expansion, development

ensangrentado, -da *adj* : bloody, bloodstained

ensañarse *vr* : to act cruelly, to be merciless

ensartar *vt* **1** ENHEBRAR : to string, to thread **2** : to skewer, to pierce

ensayar *vi* : to rehearse — *vt* **1** : to try out, to test **2** : to assay

ensayista *nmf* : essayist

ensayo *nm* **1** : essay **2** : trial, test **3** : rehearsal **4** : assay (of metals)

enseguida *adv* INMEDIATAMENTE : right away, immediately, at once

ensenada *nf* : cove, inlet

enseña *nf* **1** INSIGNIA : emblem, insignia **2** : standard, banner

enseñanza *nf* **1** EDUCACIÓN : education **2** : teaching

enseñar *vt* **1** : to teach **2** MOSTRAR : to show, to display — **enseñarse** *vr* **~ a** : to learn to, to get used to

enseres *nmpl* : equipment, furnishings *pl* ⟨enseres domésticos : household goods⟩

ensillar *vt* : to saddle (up)

ensimismado, -da *adj* : absorbed, engrossed

ensimismarse *vr* : to lose oneself in thought

ensoberbecerse {53} *vr* : to become haughty

ensombrecer {53} *vt* : to cast a shadow over, to darken — **ensombrecerse** *vr*

ensoñación *nf, pl* **-ciones** : fantasy

ensopar *vt* **1** : to drench **2** : to dunk, to dip

ensordecedor, -dora *adj* : deafening, thunderous

ensordecer {53} *vt* : to deafen — *vi* : to go deaf

ensuciar *vt* : to soil, to dirty — **ensuciarse** *vr*

ensueño *nm* **1** : daydream, revery **2** FANTASÍA : illusion, fantasy

entablar *vt* **1** : to cover with boards **2** : to initiate, to enter into, to start

entallar *vt* AJUSTAR : to tailor, to fit, to take in — *vi* QUEDAR : to fit

ente *nm* **1** : being, entity **2** : body, organization ⟨ente rector : ruling body⟩ **3** *fam* : eccentric, crackpot

enteco, -ca *adj* : gaunt, frail

entenado, -da *n Mex* : stepchild, stepson *m*, stepdaughter *f*

entender[1] {56} *vt* **1** COMPRENDER : to understand ⟨no entiendo por qué : I don't understand why⟩ ⟨me has entendido mal : you've misunderstood me⟩ ⟨mis padres no me entienden : my parents don't understand me⟩ ⟨dar a entender : to imply⟩ **2** : to think, to believe ⟨él no lo entiende así : he doesn't see it that way⟩ **3** : to know, to get ⟨si me entiendes : if you know what I mean⟩ **4** : to infer ⟨dar algo a entender : to imply something⟩ — *vi* **1** : to understand ⟨¡ya entiendo! : now I understand!⟩ **2 ~ de** : to know about **3 ~ en** : to be in charge of — **entenderse** *vr* **1** : to be understood **2** : to get along well **3 ~ con** : to deal with

entender[2] *nm* **a mi entender** : in my opinion

entendible *adj* : understandable

entendido[1], **-da** *adj* **1** : skilled, expert **2** **tener entendido** : to understand, to be under the impression ⟨teníamos entendido que vendrías : we were under the impression you would come⟩ **3** **darse por entendido** : to go without saying

entendido[2] *nm* : expert, authority, connoisseur

entendimiento *nm* **1** : intellect, mind **2** : understanding, agreement

enterado, -da *adj* : aware, well-informed ⟨estar enterado de : to be privy to⟩

enteramente *adv* : entirely, completely

enterar *vt* INFORMAR : to inform — **enterarse** *vr* INFORMARSE : to find out, to learn

entereza *nf* **1** INTEGRIDAD : integrity **2** FORTALEZA : fortitude **3** FIRMEZA : resolve

enternecedor, -dora *adj* CONMOVEDOR : touching, moving

enternecer {53} *vt* CONMOVER : to move, to touch

entero[1], **-ra** *adj* **1** : entire, whole **2** : complete, absolute **3** : intact — **enteramente** *adv*

entero[2] *nm* **1** : integer, whole number **2** : point (in finance)

enterramiento *nm* : burial

enterrar {55} *vt* : to bury

entibiar *vt* : to cool (down) — **entibiarse** *vr* : to become lukewarm

entidad *nf* **1** ENTE : entity **2** : body, organization **3** : firm, company **4** : importance, significance

entierro *nm* **1** : burial **2** : funeral

entintar *vt* : to ink

entoldado *nm* : awning

entomología *nf* : entomology

entomólogo, -ga *n* : entomologist

entonación *nf, pl* **-ciones** : intonation

entonar *vi* : to be in tune — *vt* **1** : to intone **2** : to tone up

entonces *adv* **1** : then **2 desde** ~ : since then **3 en aquel entonces** : in those days

entornado, -da *adj* ENTREABIERTO : half-closed, ajar

entornar *vt* ENTREABRIR : to leave ajar

entorno *nm* : surroundings *pl,* environment

entorpecer {53} *vt* **1** : to hinder, to obstruct **2** : to dull — **entorpecerse** *vr* : to dull the senses

entrada *nf* **1** : entrance, entry ⟨prohibida la entrada : do not enter⟩ **2** : entrance ⟨entrada principal : main entrance⟩ **3** : ticket, admission ⟨entrada gratuita/libre : free admission⟩ **4** : beginning, onset ⟨de entrada : from the start⟩ **5** : entrée **6** : cue (in music) **7 entradas** *nfpl* : income ⟨entradas y salidas : income and expenditures⟩ **8 tener entradas** : to have a receding hairline

entrado, -da *adj* **entrado en años** : elderly

entramado *nm* : framework

entrampar *vt* **1** ATRAPAR : to entrap, to ensnare **2** ENGAÑAR : to deceive, to trick

entrante *adj* **1** : next, upcoming ⟨el año entrante : next year⟩ **2** : incoming, new ⟨el presidente entrante : the president elect⟩

entraña *nf* **1** MEOLLO : core, heart, crux **2 entrañas** *nfpl* VÍSCERAS : entrails

entrañable *adj* : close, intimate

entrañar *vt* : to entail, to involve

entrar *vi* **1** : to enter, to go in, to come in ⟨entré a la casa : I went in the house⟩ ⟨entrar por : to come/go in (through)⟩ ⟨¿puedo entrar? : can I come in?⟩ ⟨la llave no entra : the key won't go in⟩ **2** : to fit ⟨este vestido no me entra : this dress doesn't fit me⟩ **3** : to begin ⟨entro a trabajar a las ocho : I start work at eight⟩ **4** : to affect ⟨me entra el hambre : I'm getting hungry⟩ **5** ~ **en** : to enter (a phase, etc.) **6** ~ **en** : to be included/considered in **7** ~ **en** : to go into, to discuss (details, etc.) **8** ~ **en** : to enter into (negotiations, battle, etc.), to come into (contact, conflict, etc.), to go into (effect) **9** ~ **en** : to enter (college), to join (an organization), to go into (a profession) — *vt* **1** : to bring in, to introduce **2** : to access

entre *prep* **1** : between **2** : among

entreabierto[1] *pp* → **entreabrir**

entreabierto[2], **-ta** *adj* ENTORNADO : half-open, ajar

entreabrir {2} *vt* ENTORNAR : to leave ajar

entreacto *nm* : intermission, interval

entrecano, -na *adj* : grayish, graying

entrecejo *nm* **fruncir el entrecejo** : to knit one's brows

entrecomillar *vt* : to place in quotation marks

entrecortado, -da *adj* **1** : labored, difficult ⟨respiración entrecortada : shortness of breath⟩ **2** : faltering, hesitant ⟨con la voz entrecortada : with a catch in his voice⟩

entrecruzar {21} *vt* ENTRELAZAR : to interweave, to intertwine — **entrecruzarse** *vr*

entredicho *nm* **1** DUDA : doubt, question **2** : prohibition

entrega *nf* **1** : delivery **2** : handing over, surrender **3** : installment ⟨entrega inicial : down payment⟩

entregar {52} *vt* **1** : to deliver **2** DAR : to give, to present **3** : to hand in, to hand over — **entregarse** *vr* **1** : to surrender, to give in **2** : to devote oneself

entrelazar {21} *vt* ENTRECRUZAR : to interweave, to intertwine

entremedias *adv* **1** : in between, halfway **2** : in the meantime

entremés *nm, pl* **-meses 1** APERITIVO : appetizer, hors d'oeuvre **2** : interlude, short play

entremeterse → **entrometerse**

entremetido *nm* → **entrometido**

entremezclar *vt* : to intermingle

entrenador, -dora *n* : trainer, coach

entrenamiento *nm* : training, drill, practice

entrenar *vt* : to train, to drill, to practice — **entrenarse** *vr* : to train, to spar (in boxing)

entreoír {50} *vt* : to hear indistinctly

entrepierna *nf* **1** : inner thigh **2** : crotch **3** : inseam

entrepiso *nm* ENTRESUELO : mezzanine

entresacar {72} *vt* **1** SELECCIONAR : to pick out, to select **2** : to thin out

entresuelo *nm* ENTREPISO : mezzanine

entretanto[1] *adv* : meanwhile

entretanto[2] *nm* **en el entretanto** : in the meantime

entretejer *vt* : to interweave

entretela *nf* : facing (of a garment)

entretener {80} *vt* **1** DIVERTIR : to entertain, to amuse **2** DISTRAER : to distract **3** DEMORAR : to delay, to hold up — **entretenerse** *vr* **1** : to amuse oneself **2** : to dally

entretenido, -da *adj* DIVERTIDO : entertaining, amusing

entretenimiento *nm* **1** : entertainment, pastime **2** DIVERSIÓN : fun, amusement

entrever {88} *vt* **1** : to catch a glimpse of **2** : to make out, to see indistinctly

entreverar *vt* : to mix, to intermingle

entrevero *nm* : confusion, disorder

entrevista *nf* : interview

entrevistador, -dora *n* : interviewer
entrevistar *vt* : to interview — **entrevistarse** *vr* REUNIRSE ~ **con** : to meet with
entristecer {53} *vt* : to sadden
entrometerse *vr* : to interfere, to meddle
entrometido, -da *n* : meddler, busybody
entroncar {72} *vt* RELACIONAR : to establish a relationship between, to connect — *vi* **1** : to be related **2** : to link up, to be connected
entronque *nm* **1** : kinship **2** VÍNCULO : link, connection
entuerto *nm* : wrong, injustice
entumecer {53} *vt* : to make numb, to be numb — **entumecerse** *vr* : to go numb, to fall asleep
entumecido, -da *adj* **1** : numb **2** : stiff (of muscles, joints, etc.)
entumecimiento *nm* : numbness
enturbiar *vt* **1** : to cloud **2** : to confuse — **enturbiarse** *vr*
entusiasmar *vt* : to excite, to fill with enthusiasm — **entusiasmarse** *vr* : to get excited
entusiasmo *nm* : enthusiasm
entusiasta[1] *adj* : enthusiastic
entusiasta[2] *nmf* AFICIONADO : enthusiast
enumerar *vt* : to enumerate — **enumeración** *nf*
enunciación *nf, pl* **-ciones** : enunciation, statement
enunciar *vt* : to enunciate, to state
envainar *vt* : to sheathe
envalentonar *vt* : to make bold, to encourage — **envalentonarse** *vr*
envanecer {53} *vt* ENGREÍR : to make vain — **envanecerse** *vr*
envasar *vt* **1** EMBOTELLAR : to bottle **2** ENLATAR : to can **3** : to pack in a container
envase *nm* **1** : packaging, packing **2** : container **3** LATA : can **4** : empty bottle
envejecer {53} *vt* : to age, to make look old — *vi* : to age, to grow old
envejecido, -da *adj* : aged, old-looking
envejecimiento *nm* : aging
envenenamiento *nm* : poisoning
envenenar *vt* **1** : to poison **2** : to embitter
envergadura *nf* **1** : span, breadth, spread **2** : importance, scope
envés *nm, pl* **enveses** : reverse, opposite side
enviado, -da *n* : envoy, correspondent
enviar {85} *vt* **1** : to send **2** : to ship
envidia *nf* : envy, jealousy
envidiar *vt* : to envy — **envidiable** *adj*
envidioso, -sa *adj* : envious, jealous
envilecer {53} *vt* : to degrade, to debase
envilecimiento *nm* : degradation, debasement
envío *nm* **1** : shipment **2** : remittance
enviudar *vi* : to be widowed, to become a widower
envoltorio *nm* **1** : bundle, package **2** : wrapping, wrapper
envoltura *nf* : wrapper, wrapping
envolver {89} *vt* **1** : to wrap **2** : to envelop, to surround **3** : to entangle, to involve — **envolverse** *vr* **1** : to become involved **2** : to wrap oneself (up)
envuelto *pp* → **envolver**
enyerbar *vt Mex* : to bewitch
enyesar *vt* **1** : to plaster **2** ESCAYOLAR : to put in a plaster cast
enzima *nf* : enzyme
éon *nm, pl* **eones** : aeon
eperlano *nm* : smelt (fish)
épico, -ca *adj* : epic
epicúreo[1], **-rea** *adj* : epicurean
epicúreo[2], **-rea** *n* : epicure
epidemia *nf* : epidemic
epidémico, -ca *adj* : epidemic
epidermis *nf* : epidermis
epifanía *nf* : feast of the Epiphany (January 6th)
epigrama *nm* : epigram
epilepsia *nf* : epilepsy
epiléptico, -ca *adj & n* : epileptic
epílogo *nm* : epilogue
episcopal *adj* : episcopal
episcopaliano, -na *adj & n* : Episcopalian
episódico, -ca *adj* : episodic
episodio *nm* : episode
epístola *nf* : epistle
epitafio *nm* : epitaph
epíteto *nm* : epithet, name
epítome *nm* : summary, abstract
época *nf* **1** EDAD, ERA, PERÍODO : epoch, age, period **2** : time of year, season **3 de** ~ : vintage, antique
epopeya *nf* : epic poem
equidad *nf* JUSTICIA : equity, justice, fairness
equilátero, -ra *adj* : equilateral
equilibrado, -da *adj* : well-balanced
equilibrar *vt* : to balance — **equilibrarse** *vr*
equilibrio *nm* **1** : balance, equilibrium ⟨perder el equilibrio : to lose one's balance⟩ ⟨equilibrio político : balance of power⟩ **2** : poise, aplomb
equilibrista *nmf* ACRÓBATA, FUNÁMBULO : acrobat, tightrope walker
equino, -na *adj* : equine
equinoccio *nm* : equinox
equipaje *nm* BAGAJE : baggage, luggage
equipamiento *nm* : equipping, equipment
equipar *vt* : to equip — **equiparse** *vr*
equiparable *adj* : comparable
equiparar *vt* **1** IGUALAR : to put on a same level, to make equal **2** COMPARAR : to compare
equipo *nm* **1** : team, crew **2** : gear, equipment
equitación *nf, pl* **-ciones** : horseback riding, horsemanship

equitativo, -va *adj* JUSTO : equitable, fair, just — **equitativamente** *adv*
equivalencia *nf* : equivalence
equivalente *adj & nm* : equivalent
equivaler {84} *vi* : to be equivalent
equivocación *nf, pl* **-ciones** ERROR : error, mistake
equivocado, -da *adj* : mistaken, wrong — **equivocadamente** *adv*
equivocar {72} *vt* : to mistake, to confuse — **equivocarse** *vr* : to make a mistake, to be wrong
equívoco[1], **-ca** *adj* AMBIGUO : ambiguous, equivocal
equívoco[2] *nm* : misunderstanding
era[1], **etc.** → **ser**
era[2] *nf* EDAD, ÉPOCA : era, age
erario *nm* : public treasury
erección *nf, pl* **-ciones** : erection, raising
eremita *nmf* ERMITAÑO : hermit
ergonomía *nf* : ergonomics
erguido, -da *adj* : erect, upright
erguir {31} *vt* : to raise, to lift up — **erguirse** *vr* : to straighten up
erial *nm* : uncultivated land
erigir {35} *vt* : to build, to erect — **erigirse** *vr* ~ **en** : to set oneself up as
erizado, -da *adj* : bristly
erizarse {21} *vr* : to bristle, to stand on end
erizo *nm* **1** : hedgehog **2 erizo de mar** : sea urchin
ermitaño[1], **-ña** *n* EREMITA : hermit, recluse
ermitaño[2] *nm* : hermit crab
erogación *nf, pl* **-ciones** : expenditure
erogar {52} *vt* **1** : to pay out **2** : to distribute
erosión *nf, pl* **-siones** : erosion
erosionar *vt* : to erode
erótico, -ca *adj* : erotic
erotismo *nm* : eroticism
errabundo, -da *adj* ERRANTE, VAGABUNDO : wandering
erradicar {72} *vt* : to eradicate — **erradicación** *nf*
errado, -da *adj* : wrong, mistaken
errante *adj* ERRABUNDO, VAGABUNDO : errant, wandering
errar {32} *vt* FALLAR : to miss — *vi* **1** DESACERTAR : to be wrong, to be mistaken **2** VAGAR : to wander
errata *nf* : misprint, error
errático, -ca *adj* : erratic — **erráticamente** *adv*
erróneo, -nea *adj* EQUIVOCADO : erroneous, wrong — **erróneamente** *adv*
error *nm* EQUIVOCACIÓN : error, mistake
eructar *vi* : to belch, to burp
eructo *nm* : belch, burp
erudición *nf, pl* **-ciones** : erudition, learning
erudito[1], **-ta** *adj* LETRADO : erudite, learned
erudito[2], **-ta** *n* : scholar
erupción *nf, pl* **-ciones** **1** : eruption **2** SARPULLIDO : rash
eruptivo, -va *adj* : eruptive
es → **ser**
esbelto, -ta *adj* DELGADO : slender, slim
esbirro *nm* : henchman
esbozar {21} *vt* BOSQUEJAR : to sketch, to outline
esbozo *nm* **1** : sketch **2** : rough draft
escabechar *vt* **1** ENCURTIR : to pickle **2** *fam* : to kill, to rub out
escabeche *nm* : brine (for pickling)
escabechina *nf* MASACRE : massacre, bloodbath
escabel *nm* : footstool
escabroso, -sa *adj* **1** : rugged, rough **2** : difficult, tough **3** : risqué
escabullirse {38} *vr* : to slip away, to escape
escala *nf* **1** : scale **2** ESCALERA : ladder **3** : stopover
escalada *nf* : ascent, climb
escalador, -dora *n* ALPINISTA : mountain climber
escalafón *nm, pl* **-fones** **1** : list of personnel **2** : salary scale, rank
escalar *vt* : to climb, to scale — *vi* **1** : to go climbing **2** : to escalate
escaldar *vt* : to scald
escalera *nf* **1** : ladder <escalera de tijera : stepladder> **2** : stairs *pl,* staircase **3 escalera mecánica** : escalator
escalfador *nm* : chafing dish
escalfar *vt* : to poach (eggs)
escalinata *nf* : flight of stairs
escalofriante *adj* : horrifying, bloodcurdling
escalofrío *nm* : shiver, chill, shudder
escalón *nm, pl* **-lones** **1** : echelon **2** : step, rung
escalonado, -da *adj* GRADUAL : gradual, staggered
escalonar *vt* **1** : to terrace **2** : to stagger, to alternate
escalpelo *nm* BISTURÍ : scalpel
escama *nf* **1** : scale (of fish or reptiles) **2** : flake (of skin)
escamar *vt* **1** : to scale (fish) **2** : to make suspicious
escamocha *nf Mex* : fruit salad
escamoso, -sa *adj* : scaly
escamotear *vt* **1** : to palm, to conceal **2** *fam* : to lift, to swipe **3** : to hide, to cover up
escandalizar {21} *vt* : to shock, to scandalize — *vi* : to make a fuss — **escandalizarse** *vr* : to be shocked
escándalo *nm* **1** : scandal **2** : scene, commotion
escandaloso, -sa *adj* **1** : shocking, scandalous **2** RUIDOSO : noisy, rowdy **3** : flagrant, outrageous — **escandalosamente** *adv*
escandinavo, -va *adj & n* : Scandinavian
escandir *vt* : to scan (poetry)
escanear *vt* : to scan
escáner *nm* : scanner, scan
escaño *nm* **1** : seat (in a legislative body) **2** BANCO : bench
escapada *nf* HUIDA : flight, escape

escapar *vi* HUIR : to escape, to flee, to run away — **escaparse** *vr* : to escape notice, to leak out
escaparate *nm* **1** : shop window **2** : showcase
escapatoria *nf* **1** : loophole, excuse, pretext ⟨no tener escapatoria : to have no way out⟩ **2** ESCAPADA : escape, flight
escape *nm* **1** FUGA : escape **2** : exhaust (from a vehicle)
escapismo *nm* : escapism
escápula *nf* OMÓPLATO : scapula, shoulder blade
escapulario *nm* : scapular
escarabajo *nm* : beetle
escaramuza *nf* **1** : skirmish **2** : scrimmage
escaramuzar {21} *vi* : to skirmish
escarapela *nf* : rosette (ornament)
escarbar *vt* **1** : to dig, to scratch up **2** : to poke, to pick **3 ~ en** : to investigate, to pry into
escarcha *nf* **1** : frost **2** *Mex, PRi* : glitter
escarchar *vt* **1** : to frost (a cake) **2** : to candy (fruit)
escardar *vt* **1** : to weed, to hoe **2** : to weed out
escariar *vt* : to ream
escarlata *adj & nf* : scarlet
escarlatina *nf* : scarlet fever
escarmentar {55} *vt* : to punish, to teach a lesson to — *vi* : to learn one's lesson
escarmiento *nm* **1** : lesson, warning **2** CASTIGO : punishment
escarnecer {53} *vt* RIDICULIZAR : to ridicule, to mock
escarnio *nm* : ridicule, mockery
escarola *nf* : escarole
escarpa *nf* : escarpment, steep slope
escarpado, -da *adj* : steep, sheer
escarpia *nf* : hook, spike
escasamente *adv* : scarcely, barely
escasear *vi* : to be scarce, to run short
escasez *nf, pl* **-seces** : shortage, scarcity
escaso, -sa *adj* **1** : scarce, scant **2 ~ de** : short of
escatimar *vt* : to skimp on, to be sparing with ⟨no escatimar esfuerzos : to spare no effort⟩
escayola *nf* **1** : plaster (for casts) **2** : plaster cast
escayolar *vt* : to put in a plaster cast
escena *nf* **1** : scene **2** : stage
escenario *nm* **1** ESCENA : stage **2** : setting, scene ⟨el escenario del crimen : the scene of the crime⟩
escénico, -ca *adj* **1** : scenic **2** : stage
escenificar {72} *vt* : to stage, to dramatize
escepticismo *nm* : skepticism
escéptico[1], **-ca** *adj* : skeptical
escéptico[2], **-ca** *n* : skeptic
escindirse *vr* **1** : to split **2** : to break away
escisión *nf, pl* **-siones 1** : split, division **2** : excision
esclarecer {53} *vt* **1** ELUCIDAR : to elucidate, to clarify **2** ILUMINAR : to illuminate, to light up
esclarecimiento *nm* ELUCIDACIÓN : elucidation, clarification
esclavitud *nf* : slavery
esclavización *nf, pl* **-ciones** : enslavement
esclavizar {21} *vt* : to enslave
esclavo, -va *n* : slave
esclerosis *nf* **esclerosis múltiple** : multiple sclerosis
esclusa *nf* : floodgate, lock (of a canal)
escoba *nf* : broom
escobilla *nf* : small broom, brush, whisk broom
escobillón *nm, pl* **-llones** : swab
escocer {14} *vi* ARDER : to smart, to sting — **escocerse** *vr* : to be sore
escocés[1], **-cesa** *adj, mpl* **-ceses 1** : Scottish **2** : tartan, plaid
escocés[2], **-cesa** *n, mpl* **-ceses** : Scottish person, Scot
escocés[3] *nm* **1** : Scots (language) **2** *pl* **-ceses** : Scotch (whiskey)
escofina *nf* : file, rasp
escoger {15} *vt* ELEGIR, SELECCIONAR : to choose, to select
escogido, -da *adj* : choice, select
escolar[1] *adj* : school
escolar[2] *nmf* : student, pupil
escolaridad *nf* : schooling ⟨escolaridad obligatoria : compulsory education⟩
escolarización *nf, pl* **-ciones** : education, schooling
escollo *nm* **1** : reef **2** OBSTÁCULO : obstacle
escolta *nmf* : escort
escoltar *vt* : to escort, to accompany
escombro *nm* **1** : debris, rubbish **2 escombros** *nmpl* : ruins, rubble
esconder *vt* OCULTAR : to hide, to conceal
escondidas *nfpl* **1** : hide-and-seek **2 a ~** : secretly, in secret
escondimiento *nm* : concealment
escondite *nm* **1** ESCONDRIJO : hiding place **2** ESCONDIDAS : hide-and-seek
escondrijo *nm* ESCONDITE : hiding place
escopeta *nf* : shotgun
escoplear *vt* : to chisel (out)
escoplo *nm* : chisel
escora *nf* : list, heeling
escorar *vi* : to list, to heel (of a boat)
escorbuto *nm* : scurvy
escoria *nf* **1** : slag, dross **2** HEZ : dregs *pl*, scum ⟨la escoria de la sociedad : the dregs of society⟩
Escorpio *or* **Escorpión** *nmf* : Scorpio
escorpión *nm, pl* **-piones** ALACRÁN : scorpion
escote *nm* **1** : low neckline **2 pagar a escote** : to go dutch
escotilla *nf* : hatch, hatchway
escotillón *nf, pl* **-llones** : trapdoor
escozor *nm* : smarting, stinging

escriba *nm* : scribe
escribano, -na *n* **1** : court clerk **2** NOTARIO : notary public
escribir {33} *v* **1** : to write **2** : to spell — **escribirse** *vr* CARTEARSE : to write to one another, to correspond
escrito[1] *pp* → **escribir**
escrito[2], **-ta** *adj* : written
escrito[3] *nm* **1** : written document **2** **escritos** *nmpl* : writings, works
escritor, -tora *n* : writer
escritorio *nm* : desk
escritorzuelo, -la *n* : hack (writer)
escritura *nf* **1** : writing, handwriting **2** : deed **3 las Escrituras** : the Scriptures
escroto *nm* : scrotum
escrúpulo *nm* : scruple
escrupuloso, -sa *adj* **1** : scrupulous **2** METICULOSO : exact, meticulous — **escrupulosamente** *adv*
escrutador, -dora *adj* : penetrating, searching
escrutar *vt* ESCUDRIÑAR : to scrutinize, to examine closely
escrutinio *nm* : scrutiny
escuadra *nf* **1** : square (instrument) **2** : fleet, squadron
escuadrilla *nf* : squadron, formation, flight
escuadrón *nm, pl* **-drones** : squadron
escuálido, -da *adj* **1** : skinny, scrawny **2** INMUNDO : filthy, squalid
escuchar *vt* **1** : to listen to **2** : to hear — *vi* : to listen — **escucharse** *vr*
escudar *vt* : to shield — **escudarse** *vr* **~ en** : to hide behind
escudero *nm* : squire
escudo *nm* **1** : shield **2 escudo de armas** : coat of arms
escudriñar *vt* **1** ESCRUTAR : to scrutinize **2** : to inquire into, to investigate
escuela *nf* : school
escueto, -ta *adj* **1** : plain, simple **2** : succinct, concise — **escuetamente** *adv*
escuincle, -cla *n Mex fam* : child, kid
esculcar {72} *vt* : to search
esculpir *vt* **1** : to sculpt **2** : to carve, to engrave — *vi* : to sculpt
escultor, -tora *n* : sculptor
escultórico, -ca *adj* : sculptural
escultura *nf* : sculpture
escultural *adj* : statuesque
escupidera *nf* : spittoon, cuspidor
escupir *v* : to spit
escupitajo *nm* : spit
escurridizo, -za *adj* : slippery, elusive
escurridor *nm* **1** : dish rack **2** : colander
escurrir *vt* **1** : to wring out **2** : to drain — *vi* **1** : to drain **2** : to drip, to drip-dry — **escurrirse** *vr* : to slip away
ese, esa *adj, mpl* **esos** : that, those
ése, ésa *pron, mpl* **ésos** : that one, those ones *pl*
esencia *nf* : essence
esencial *adj* : essential — **esencialmente** *adv*
esfera *nf* **1** : sphere **2** : face, dial (of a watch)
esférico[1], **-ca** *adj* : spherical
esférico[2] *nm* : ball (in sports)
esfinge *nf* : sphinx
esforzado, -da *adj* **1** : energetic, vigorous **2** VALIENTE : courageous, brave
esforzar {36} *vt* : to strain — **esforzarse** *vr* : to make an effort
esfuerzo *nm* **1** : effort **2** ÁNIMO, VIGOR : spirit, vigor **3 sin ~** : effortlessly
esfumar *vt* : to tone down, to soften — **esfumarse** *vr* **1** : to fade away, to vanish **2** *fam* : to take off, to leave
esgrima *nf* : fencing (sport)
esgrimidor, -dora *n* : fencer
esgrimir *vt* **1** : to brandish, to wield **2** : to use, to resort to — *vi* : to fence
esguince *nm* : sprain, strain (of a muscle)
eslabón *nm, pl* **-bones** : link
eslabonar *vt* : to link, to connect, to join
eslavo[1], **-va** *adj* : Slavic
eslavo[2], **-va** *n* : Slav
eslogan *nm, pl* **-lóganes** : slogan
eslovaco, -ca *adj & n* : Slovakian, Slovak
esloveno, -na *adj & nm* : Slovene, Slovenian
esmaltar *vt* : to enamel
esmalte *nm* **1** : enamel **2 esmalte de uñas** : nail polish
esmerado, -da *adj* : careful, painstaking
esmeralda *nf* : emerald
esmerarse *vr* : to take great pains, to do one's utmost
esmeril *nm* : emery
esmero *nm* : meticulousness, great care
esmoquin *nm, pl* **-quins** : tuxedo
esnob[1] *adj, pl* **esnobs** : snobbish
esnob[2] *nmf, pl* **esnobs** : snob
esnobismo *nm* : snobbery, snobbishness
eso *pron* (*neuter*) **1** : that ⟨eso no me gusta : I don't like that⟩ **2 ¡eso es!** : that's it!, that's right! **3 a eso de** : around ⟨a eso de las tres : around three o'clock⟩ **4 en ~** : at that point, just then **5 por ~** : for that reason ⟨por eso me voy : that's why I'm leaving⟩
esófago *nm* : esophagus
esos → **ese**
ésos → **ése**
esotérico, -ca *adj* : esoteric — **esotéricamente** *adv*
espabilado, -da *adj* : bright, smart
espabilarse *vr* **1** : to awaken **2** : to get a move on **3** : to get smart, to wise up
espacial *adj* **1** : space **2** : spatial
espaciar *vt* DISTANCIAR : to space out, to spread out
espacio *nm* **1** : space, room **2** : period, length (of time) **3 espacio exterior** : outer space
espacioso, -sa *adj* : spacious, roomy

espada[1] *nf* **1** : sword **2 espadas** *nfpl* : spades (in playing cards)

espada[2] *nm* MATADOR, TORERO : bullfighter, matador

espadaña *nf* **1** : belfry **2** : cattail

espadilla *nf* : scull, oar

espagueti *nm or* **espaguetis** *nmpl* : spaghetti

espalda *nf* **1** : back **2 espaldas** *nfpl* : shoulders, back **3 por la espalda** : from behind

espaldarazo *nm* **1** : recognition, support **2** : slap on the back

espaldera *nf* : trellis

espantajo *nm* : scarecrow

espantapájaros *nms & pl* : scarecrow

espantar *vt* ASUSTAR : to scare, to frighten — **espantarse** *vr*

espanto *nm* : fright, fear, horror

espantoso, -sa *adj* **1** : frightening, terrifying **2** : frightful, dreadful

español[1], **-ñola** *adj* : Spanish

español[2], **-ñola** *n* : Spaniard

español[3] *nm* CASTELLANO : Spanish (language)

esparadrapo *nm* : adhesive bandage, Band-Aid™

esparcimiento *nm* **1** DIVERSIÓN, RECREO : entertainment, recreation **2** DESCANSO : relaxation **3** DISEMINACIÓN : dissemination, spreading

esparcir {83} *vt* DISPERSAR : to scatter, to spread — **esparcirse** *vr* **1** : to spread out **2** DESCANSARSE : to take it easy **3** DIVERTIRSE : to amuse oneself

espárrago *nm* : asparagus

espartano, -na *adj* : severe, austere

espasmo *nm* : spasm

espasmódico, -ca *adj* : spasmodic

espástico, -ca *adj* : spastic

espátula *nf* : spatula

especia *nf* : spice

especial *adj & nm* : special

especialidad *nf* : specialty

especialista *nmf* : specialist, expert

especialización *nf, pl* **-ciones** : specialization

especializarse {21} *vr* : to specialize

especialmente *adv* : especially, particularly

especie *nf* **1** : species **2** CLASE, TIPO : type, kind, sort

especificación *nf, pl* **-ciones** : specification

especificar {72} *vt* : to specify

específico, -ca *adj* : specific — **específicamente** *adv*

espécimen *nm, pl* **especímenes** : specimen

especioso, -sa *adj* : specious

espectacular *adj* : spectacular — **espectacularmente** *adv*

espectáculo *nm* **1** : spectacle, sight **2** : show, performance

espectador, -dora *n* : spectator, onlooker

espectro *nm* **1** : ghost, specter **2** : spectrum

especulación *nf, pl* **-ciones** : speculation

especulador, -dora *n* : speculator

especular *vi* : to speculate

especulativo, -va *adj* : speculative

espejismo *nm* **1** : mirage **2** : illusion

espejo *nm* : mirror

espejuelos *nmpl* ANTEOJOS : spectacles, glasses

espeluznante *adj* : hair-raising, terrifying

espera *nf* : wait

esperado, -da *adj* : anticipated

esperanza *nf* : hope, expectation

esperanzado, -da *adj* : hopeful

esperanzador, -dora *adj* : encouraging, promising

esperanzar {21} *vt* : to give hope to

esperar *vt* **1** AGUARDAR : to wait for ⟨espero a un amigo : I'm waiting for a friend⟩ ⟨esperé una hora : I waited for an hour⟩ **2** : to expect ⟨no esperaba visitas : I wasn't expecting visitors⟩ ⟨como era de esperar : as was to be expected⟩ ⟨cuando uno menos lo espera : when you least expect it⟩ **3** : to hope ⟨espero poder trabajar : I hope to be able to work⟩ ⟨espero que sí/no : I hope so/not⟩ ⟨espero que llame : I hope he calls⟩ — *vi* : to wait ⟨espere un momento, por favor : just a moment, please⟩ ⟨hay que esperar a que llueva : we have to wait for it to rain⟩ — **esperarse** *vr* **1** : to expect, to be hoped ⟨como podría esperarse : as would be expected⟩ **2** : to hold on, to hang on ⟨espérate un momento : hold on a minute⟩

esperma *nmf* : sperm

esperpéntico, -ca *adj* GROTESCO : grotesque

esperpento *nm fam* MAMARRACHO : sight, fright ⟨voy hecha un esperpento : I really look a sight⟩

espesante *nm* : thickener

espesar *vt* : to thicken — **espesarse** *vr*

espeso, -sa *adj* : thick, heavy, dense

espesor *nm* : thickness, density

espesura *nf* **1** : thickness **2** : thicket

espetar *vt* **1** : to blurt out **2** : to skewer

espía *nmf* : spy

espiar {85} *vt* : to spy on, to observe — *vi* : to spy

espiga *nf* **1** : ear (of wheat) **2** : spike (of flowers)

espigado, -da *adj* : willowy, slender

espigar {52} *vt* : to glean, to gather — **espigarse** *vr* : to grow quickly, to shoot up

espigón *nm, pl* **-gones** : breakwater

espina *nf* **1** : thorn **2** : spine ⟨espina dorsal : spinal column⟩ **3** : fish bone

espinaca *nf* **1** : spinach (plant) **2 espinacas** *nfpl* : spinach (food)

espinal *adj* : spinal

espinazo *nm* : backbone

espineta *nf* : spinet

espinilla *nf* **1** BARRO, GRANO : pimple **2** : shin

espino *nm* : hawthorn

espinoso, -sa *adj* **1** : thorny, prickly **2** : bony (of fish) **3** : knotty, difficult
espionaje *nm* : espionage
espiración *nf, pl* **-ciones** : exhalation
espiral *adj & nf* : spiral
espirar *vt* EXHALAR : to breathe out, to give off — *vi* : to exhale
espiritismo *nm* : spiritualism
espiritista *nmf* : spiritualist
espíritu *nm* **1** : spirit **2** ÁNIMO : state of mind, spirits *pl* **3 el Espíritu Santo** : the Holy Ghost
espiritual *adj* : spiritual — **espiritualmente** *adv*
espiritualidad *nf* : spirituality
espita *nf* : spigot, tap
esplendidez *nf, pl* **-deces** ESPLENDOR : magnificence, splendor
espléndido, -da *adj* **1** : splendid, magnificent **2** : generous, lavish — **espléndidamente** *adv*
esplendor *nm* ESPLENDIDEZ : splendor
esplendoroso, -sa *adj* MAGNÍFICO : magnificent, grand
espliego *nm* LAVANDA : lavender
espolear *vt* : to spur on
espoleta *nf* **1** DETONADOR : detonator, fuse **2** : wishbone
espolón *nm, pl* **-lones** : spur (of poultry), fetlock (of a horse)
espolvorear *vt* : to sprinkle, to dust
esponja *nf* **1** : sponge **2 tirar la esponja** : to throw in the towel
esponjado, -da *adj* : spongy
esponjoso, -sa *adj* **1** : spongy **2** : soft, fluffy
esponsales *nmpl* : betrothal, engagement
espontaneidad *nf* : spontaneity
espontáneo, -nea *adj* : spontaneous — **espontáneamente** *adv*
espora *nf* : spore
esporádico, -ca *adj* : sporadic — **esporádicamente** *adv*
esposar *vt* : to handcuff
esposas *nfpl* : handcuffs
esposo, -sa *n* : spouse, wife *f,* husband *m*
esprint *nm* : sprint
esprintar *vi* : to sprint
esprínter *nmf* : sprinter
espuela *nf* : spur
espuerta *nf* : two-handled basket
espulgar {52} *vt* **1** : to delouse **2** : to scrutinize
espuma *nf* **1** : foam **2** : lather **3** : froth, head (on beer)
espumar *vi* : to foam, to froth — *vt* : to skim off
espumoso, -sa *adj* : foamy, frothy
espurio, -ria *adj* : spurious
esputar *v* : to expectorate, to spit
esputo *nm* : spit, sputum
esqueje *nm* : cutting (from a plant)
esquela *nf* **1** : note **2** : notice, announcement
esquelético, -ca *adj* : emaciated, skeletal
esqueleto *nm* **1** : skeleton **2** ARMAZÓN : framework
esquema *nm* BOSQUEJO : outline, sketch, plan
esquemático, -ca *adj* : schematic
esquí *nm* **1** : ski **2 esquí acuático** : water ski, waterskiing
esquiador, -dora *n* : skier
esquiar {85} *vi* : to ski
esquife *nm* : skiff
esquila *nf* **1** CENCERRO : cowbell **2** : shearing
esquilar *vt* TRASQUILAR : to shear
esquimal *adj & nmf* : Eskimo
esquina *nf* : corner
esquinazo *nm* **1** : corner **2 dar esquinazo a** *fam* : to stand up, to give the slip to
esquirla *nf* : splinter (of bone, glass, etc.)
esquirol *nm* ROMPEHUELGAS : strikebreaker, scab
esquisto *nm* : shale
esquivar *vt* **1** EVADIR : to dodge, to evade **2** EVITAR : to avoid
esquivez *nf, pl* **-veces** **1** : aloofness **2** TIMIDEZ : shyness
esquivo, -va *adj* **1** HURAÑO : aloof, unsociable **2** : shy **3** : elusive, evasive
esquizofrenia *nf* : schizophrenia
esquizofrénico, -ca *adj & n* : schizophrenic
esta *adj* → **este**[1]
ésta → **éste**
estabilidad *nf* : stability
estabilización *nf, pl* **-ciones** : stabilization
estabilizador *nm* : stabilizer
estabilizar {21} *vt* : to stabilize — **estabilizarse** *vr*
estable *adj* : stable, steady
establecer {53} *vt* FUNDAR, INSTITUIR : to establish, to found, to set up — **establecerse** *vr* INSTALARSE : to settle, to establish oneself
establecimiento *nm* **1** : establishing **2** : establishment, institution, office
establo *nm* : stable
estaca *nf* : stake, picket, post
estacada *nf* **1** : picket fence **2** : stockade
estacar {72} *vt* **1** : to stake out **2** : to fasten down with stakes — **estacarse** *vr* : to remain rigid
estación *nf, pl* **-ciones** **1** : station ⟨estación de servicio : service station, gas station⟩ **2** : season
estacional *adj* : seasonal
estacionamiento *nm* **1** : parking **2** : parking lot
estacionar *vt* **1** : to place, to station **2** : to park — **estacionarse** *vr* **1** : to park **2** : to remain stationary
estacionario, -ria *adj* **1** : stationary **2** : stable
estada *nf* : stay
estadía *nf* ESTANCIA : stay, sojourn
estadio *nm* **1** : stadium **2** : phase, stage
estadista *nmf* : statesman
estadística *nf* **1** : statistic, figure **2** : statistics

estadístico[1], **-ca** *adj* : statistical — **estadísticamente** *adv*
estadístico[2], **-ca** *n* : statistician
estado *nm* **1** : state, condition ⟨estar en buen/mal estado : to be in good/bad condition⟩ **2** : state (nation or region) ⟨los Estados Unidos : the United States⟩ **3** : state, government **4** : status ⟨estado civil : marital status⟩ **5 estado de ánimo** : state of mind **6 estado de cuenta** : account statement **7 estado de emergencia** : state of emergency **8 estado de la nación** : state of the nation **9 estado de salud** : (state of) health, condition **10 estar en estado** : to be expecting, to be pregnant
estadounidense *adj & nmf* AMERICANO, NORTEAMERICANO : American
estafa *nf* : swindle, fraud
estafador, -dora *n* : cheat, swindler
estafar *vt* DEFRAUDAR : to swindle, to defraud
estalactita *nf* : stalactite
estalagmita *nf* : stalagmite
estallar *vi* **1** REVENTAR : to burst, to explode, to erupt **2** : to break out
estallido *nm* **1** EXPLOSIÓN : explosion **2** : report (of a gun) **3** : outbreak, outburst
estambre *nm* **1** : worsted (fabric) **2** : stamen
estampa *nf* **1** ILUSTRACIÓN, IMAGEN : printed image, illustration **2** ASPECTO : appearance, demeanor
estampado[1], **-da** *adj* : patterned, printed
estampado[2] *nm* : print, pattern
estampar *vt* : to stamp, to print, to engrave
estampida *nf* : stampede
estampilla *nf* **1** : rubber stamp **2** SELLO, TIMBRE : postage stamp
estancado, -da *adj* : stagnant
estancamiento *nm* : stagnation
estancar {72} *vt* **1** : to dam up, to hold back **2** : to bring to a halt, to deadlock — **estancarse** *vr* **1** : to stagnate **2** : to be brought to a standstill, to be deadlocked
estancia *nf* **1** ESTADÍA : stay, sojourn **2** : ranch, farm
estanciero, -ra *n* : rancher, farmer
estanco, -ca *adj* : watertight
estándar *adj & nm* : standard
estandarización *nf, pl* **-ciones** : standardization
estandarizar {21} *vt* : to standardize
estandarte *nm* : standard, banner
estanque *nm* **1** : pool, pond **2** : tank, reservoir
estante *nm* REPISA : shelf
estantería *nf* : shelves *pl*, bookcase
estaño *nm* : tin
estaquilla *nf* **1** : peg **2** ESPIGA : spike
estar {34} *v aux* : to be ⟨estoy aprendiendo inglés : I'm learning English⟩ ⟨está terminado : it's finished⟩ — *vi* **1** (*indicating a state or condition*) : to be ⟨está lleno : it's full⟩ ⟨está claro que . . . : it's clear that . . .⟩ ⟨¿ya estás mejor? : are you feeling better now?⟩ ⟨estoy casado : I'm married⟩ ⟨está sin trabajo : she's out of work, she has no job⟩ ⟨está muy alto : he's so tall, he's gotten very tall⟩ **2** (*indicating location*) : to be ⟨están en la mesa : they're on the table⟩ ⟨estamos en la página 2 : we're on page 2⟩ ⟨ahí está el problema : therein lies the problem⟩ **3** : to be at home ⟨¿está Julia? : is Julia in?⟩ **4** : to remain ⟨estaré aquí 5 días : I'll be here for 5 days⟩ **5** : to be ready, to be done ⟨estará para las diez : it will be ready by ten o'clock⟩ **6** : to agree ⟨¿estamos? : are we in agreement?⟩ ⟨estoy contigo : I'm with you⟩ **7 ¿cómo estás?** : how are you? **8 ¡está bien!** : all right!, that's fine! **9 ~ a** : to cost **10 ~ a** : to be ⟨¿a qué día estamos? : what day is today?, what's today's date?⟩ ⟨está a 15 kilómetros del centro : it's 15 kilometers from the downtown⟩ **11 ~ con** : to have ⟨está con fiebre : she has a fever⟩ **12 ~ de** : to be ⟨estoy de vacaciones : I'm on vacation⟩ ⟨está de director hoy : he's acting as director today⟩ **13 estar bien/mal** : to be well/sick **14 ~ para** : to be in the mood for **15 ~ para** : to be for (a purpose) ⟨para eso está : that's what it's here for⟩ **16 ~ por** : to be in favor of **17 ~ por** : to be about to ⟨está por cerrar : it's on the verge of closing⟩ **18 estar de más** : to be unnecessary **19 estar que** (*indicating a state or condition*) ⟨está que echa chispas : he's hopping mad⟩ — **estarse** *vr* QUEDARSE : to stay, to remain ⟨¡estáte quieto! : be still!⟩
estarcir {83} *vt* : to stencil
estatal *adj* : state, national
estática *nf* : static
estático, -ca *adj* : static
estatizar {21} *vt* : to nationalize — **estatización** *nf*
estatua *nf* : statue
estatuilla *nf* : statuette, figurine
estatura *nf* : height, stature ⟨de mediana estatura : of medium height⟩
estatus *nm* : status, prestige
estatutario, -ria *adj* : statutory
estatuto *nm* : statute
este[1], **esta** *adj, mpl* **estos** : this, these
este[2] *adj* : eastern, east
este[3] *nm* **1** ORIENTE : east **2** : east wind **3 el Este** : the East, the Orient
éste, ésta *pron, mpl* **éstos** **1** : this one, these ones *pl* ⟨éste es el mío : this one is mine⟩ ⟨ésta no es la primera vez : this isn't the first time⟩ ⟨un día de éstos : one of these days⟩ **2** : the latter ⟨se lo dijo a su hijo, y éste me llamó : he told his son, who called me⟩
estela *nf* **1** : wake (of a ship) **2** RASTRO : trail (of dust, smoke, etc.)
estelar *adj* : stellar
estelarizar {21} *vt Mex* : to star in, to be the star of
esténcil *nm* : stencil

estentóreo, -rea *adj* : loud, thundering
estepa *nf* : steppe
éster *nf* : ester
estera *nf* : mat
estercolero *nm* : dunghill
estéreo *adj & nm* : stereo
estereofónico, -ca *adj* : stereophonic
estereotipado, -da *adj* : stereotyped
estereotipar *vt* : to stereotype
estereotipo *nm* : stereotype
estéril *adj* **1** : sterile, germ-free **2** : infertile, barren **3** : futile, vain
esterilidad *nf* **1** : sterility **2** : infertility
esterilizar {21} *vt* **1** : to sterilize, to disinfect **2** : to sterilize (a person), to spay (an animal) — **esterilización** *nf*
esterlina *adj* : sterling
esternón *nm, pl* **-nones** : sternum
estero *nm* : estuary
estertor *nm* : death rattle
estética *nf* : aesthetics
estético, -ca *adj* : aesthetic — **estéticamente** *adv*
estetoscopio *nm* : stethoscope
estibador, -dora *n* : longshoreman, stevedore
estibar *vt* : to load (freight)
estiércol *nm* : dung, manure
estigma *nm* : stigma
estigmatizar {21} *vt* : to stigmatize, to brand
estilarse *vr* : to be in fashion
estilete *nm* : stiletto
estilista *nmf* : stylist
estilizar {21} *vt* : to stylize
estilo *nm* **1** : style **2** : fashion, manner **3** : stylus
estima *nf* ESTIMACIÓN : esteem, regard
estimable *adj* **1** : considerable **2** : estimable, esteemed
estimación *nf, pl* **-ciones** **1** ESTIMA : esteem, regard **2** : estimate
estimado, -da *adj* : esteemed, dear ⟨Estimado señor Ortiz : Dear Mr. Ortiz⟩
estimar *vt* **1** APRECIAR : to esteem, to respect **2** EVALUAR : to estimate, to appraise **3** OPINAR : to consider, to deem
estimulación *nf, pl* **-ciones** : stimulation
estimulante[1] *adj* : stimulating
estimulante[2] *nm* : stimulant
estimular *vt* **1** : to stimulate **2** : to encourage
estímulo *nm* **1** : stimulus **2** INCENTIVO : incentive, encouragement
estío *nm* : summertime
estipendio *nm* **1** : salary **2** : stipend, remuneration
estipular *vt* : to stipulate — **estipulación** *nf*
estirado, -da *adj* **1** : stretched, extended **2** PRESUMIDO : stuck-up, conceited
estiramiento *nm* **1** : stretching **2 estiramiento facial** : face-lift
estirar *vt* : to stretch (out), to extend — **estirarse** *vr*
estirón *nm, pl* **-rones** **1** : pull, tug **2 dar un estirón** : to grow quickly, to shoot up
estirpe *nf* LINAJE : lineage, stock
estival *adj* VERANIEGO : summer
esto *pron* (*neuter*) **1** : this ⟨¿qué es esto? : what is this?⟩ **2 en ~** : at this point **3 por ~** : for this reason
estocada *nf* **1** : final thrust (in bullfighting) **2** : thrust, lunge (in fencing)
estofa *nf* CLASE : class, quality ⟨de baja estofa : low-class, poor-quality⟩
estofado *nm* COCIDO, GUISADO : stew
estofar *vt* GUISAR : to stew
estoicismo *nm* : stoicism
estoico[1], **-ca** *adj* : stoic, stoical
estoico[2], **-ca** *n* : stoic
estola *nf* : stole
estomacal *adj* GÁSTRICO : stomach, gastric
estómago *nm* : stomach
estoniano, -na *adj & n* : Estonian
estonio, -nia *adj & n* : Estonian
estopa *nf* **1** : tow (yarn or cloth) **2** : burlap
estopilla *nf* : cheesecloth
estoque *nm* : rapier, sword
estorbar *vt* OBSTRUIR : to obstruct, to hinder — *vi* : to get in the way
estorbo *nm* **1** : obstacle, hindrance **2** : nuisance
estornino *nm* : starling
estornudar *vi* : to sneeze
estornudo *nm* : sneeze
estos *adj* → **este**[1]
éstos → **éste**
estoy → **estar**
estrabismo *nm* : squint
estrado *nm* **1** : dais, platform, bench (of a judge) **2 estrados** *nmpl* : courts of law
estrafalario, -ria *adj* ESTRAMBÓTICO, EXCÉNTRICO : eccentric, bizarre
estragar {52} *vt* DEVASTAR : to ruin, to devastate
estragón *nm* : tarragon
estragos *nmpl* **1** : ravages, destruction, devastation ⟨los estragos de la guerra : the ravages of war⟩ **2 hacer estragos en** *or* **causar estragos entre** : to play havoc with
estrambótico, -ca *adj* ESTRAFALARIO, EXCÉNTRICO : eccentric, bizarre
estrangulamiento *nm* : strangling, strangulation
estrangular *vt* AHOGAR : to strangle — **estrangulación** *nf*
estratagema *nf* ARTIMAÑA : stratagem, ruse
estratega *nmf* : strategist
estrategia *nf* : strategy
estratégico, -ca *adj* : strategic, tactical — **estratégicamente** *adv*
estratificación *nf, pl* **-ciones** : stratification
estratificado, -da *adj* : stratified
estrato *nm* : stratum, layer
estratosfera *nf* : stratosphere
estratosférico, -ca *adj* **1** : stratospheric **2** : astronomical, exorbitant
estrechamiento *nm* **1** : narrowing **2** : narrow point **3** : tightening, strengthening (of relations)

estrechar *vt* **1** : to narrow **2** : to tighten, to strengthen (a bond) **3** : to hug, to embrace **4 estrechar la mano de** : to shake hands with — **estrecharse** *vr*
estrechez *nf, pl* **-checes 1** : tightness, narrowness **2 estrecheces** *nfpl* : financial problems
estrecho[1], **-cha** *adj* **1** : tight, narrow **2** ÍNTIMO : close — **estrechamente** *adv*
estrecho[2] *nm* : strait, narrows
estrella *nf* **1** ASTRO : star ‹estrella fugaz : shooting star› **2** : destiny ‹tener buena estrella : to be born lucky› **3** : movie star **4 estrella de mar** : starfish
estrellado, -da *adj* **1** : starry **2** : star-shaped **3 huevos estrellados** : fried eggs
estrellamiento *nm* : crash, collision
estrellar *vt* : to smash, to crash — **estrellarse** *vr* : to crash, to collide
estrellato *nm* : stardom
estremecedor, -dora *adj* : horrifying
estremecer {53} *vt* : to cause to shake — *vi* : to tremble, to shake — **estremecerse** *vr* : to shudder, to shiver (with emotion)
estremecimiento *nm* : trembling, shaking, shivering
estrenar *vt* **1** : to use for the first time **2** : to premiere, to open — **estrenarse** *vr* : to make one's debut
estreno *nm* DEBUT : debut, premiere
estreñimiento *nm* : constipation
estreñirse {67} *vr* : to be constipated
estrépito *nm* ESTRUENDO : clamor, din
estrepitoso, -sa *adj* : clamorous, noisy — **estrepitosamente** *adv*
estrés *nm, pl* **estreses** : stress
estresante *adj* : stressful
estresar *vt* : to stress, to stress out
estría *nf* : fluting, groove
estribación *nf, pl* **-ciones 1** : spur, ridge **2 estribaciones** *nfpl* : foothills
estribar *vi* FUNDARSE **~ en** : to be due to, to stem from
estribillo *nm* : refrain, chorus
estribo *nm* **1** : stirrup **2** : abutment, buttress **3 perder los estribos** : to lose one's temper
estribor *nm* : starboard
estricnina *nf* : strychnine
estricto, -ta *adj* SEVERO : strict, severe — **estrictamente** *adv*
estridente *adj* : strident, shrill, loud — **estridentemente** *adv*
estrofa *nf* : stanza, verse
estrógeno *nm* : estrogen
estropajo *nm* : scouring pad
estropear *vt* **1** ARRUINAR : to ruin, to spoil **2** : to break, to damage — **estropearse** *vr* **1** : to spoil, to go bad **2** : to break down
estropicio *nm* DAÑO : damage, breakage
estructura *nf* : structure, framework
estructuración *nf, pl* **-ciones** : structuring, structure
estructural *adj* : structural — **estructuralmente** *adv*
estructurar *vt* : to structure, to organize
estruendo *nm* ESTRÉPITO : racket, din, roar
estruendoso, -sa *adj* : resounding, thunderous
estrujar *vt* APRETAR : to press, to squeeze
estuario *nm* : estuary
estuche *nm* : kit, case
estuco *nm* : stucco
estudiado, -da *adj* : affected, mannered
estudiantado *nm* : student body, students *pl*
estudiante *nmf* : student
estudiantil *adj* : student ‹la vida estudiantil : student life›
estudiar *v* : to study
estudio *nm* **1** : study ‹estar en estudio : to be under consideration› ‹un estudio sobre la salud nacional : a study of the nation's health› **2** : studio (room or office) **3** : studio (for filming, etc.) **4** : studio (apartment) **5 estudios** *nmpl* : studies, education ‹estudios primarios/secundarios/superiores : primary/secondary/higher education› ‹tener estudios en/de algo : to have studied something›
estudioso, -sa *adj* : studious
estufa *nf* **1** : stove, heater **2** *Col, Mex* : cooking stove, range
estupefacción *nf, pl* **-ciones** : stupefaction, astonishment
estupefaciente[1] *adj* : narcotic
estupefaciente[2] *nm* DROGA, NARCÓTICO : drug, narcotic
estupefacto, -ta *adj* : astonished, stunned
estupendo, -da *adj* MARAVILLOSO : stupendous, marvelous — **estupendamente** *adv*
estupidez *nf, pl* **-deces 1** : stupidity **2** : nonsense
estúpido[1], **-da** *adj* : stupid — **estúpidamente** *adj*
estúpido[2], **-da** *n* IDIOTA : idiot, fool
estupor *nm* **1** : stupor **2** : amazement
esturión *nm, pl* **-riones** : sturgeon
estuvo, etc. → **estar**
etano *nm* : ethane
etanol *nm* : ethanol
etapa *nf* FASE : stage, phase
etcétera[1] : et cetera, and so on
etcétera[2] *nmf* : et cetera
éter *nm* : ether
etéreo, -rea *adj* : ethereal, heavenly
eternidad *nf* : eternity
eternizar {21} *vt* PERPETUAR : to make eternal, to perpetuate — **eternizarse** *vr fam* : to take forever
eterno, -na *adj* : eternal, endless — **eternamente** *adv*
ética *nf* : ethics
ético, -ca *adj* : ethical — **éticamente** *adv*

etimología *nf* : etymology
etimológico, -ca *adj* : etymological
etimólogo, -ga *n* : etymologist
etíope *adj & nmf* : Ethiopian
etiqueta *nf* **1** : etiquette **2** : tag, label **3 de ~** : formal, dressy
etiquetar *vt* : to label
étnico, -ca *adj* : ethnic
etnología *nf* : ethnology
etnólogo, -ga *n* : ethnologist
eucalipto *nm* : eucalyptus
Eucaristía *nf* : Eucharist, communion
eucarístico, -ca *adj* : eucharistic
eufemismo *nm* : euphemism
eufemístico, -ca *adj* : euphemistic
eufonía *nf* : euphony
eufónico, -ca *adj* : euphonious
euforia *nf* : euphoria, joyousness
eufórico, -ca *adj* : euphoric, exuberant, joyous — **eufóricamente** *adv*
eunuco *nm* : eunuch
euro *nm* : euro
europeo, -pea *adj & n* : European
euskera *nm* : Basque (language)
eutanasia *nf* : euthanasia
evacuación *nf, pl* **-ciones** : evacuation
evacuar *vt* **1** : to evacuate, to vacate **2** : to carry out — *vi* : to have a bowel movement
evadir *vt* ELUDIR : to evade, to avoid — **evadirse** *vr* : to escape, to slip away
evaluación *nf, pl* **-ciones** : assessment, evaluation
evaluador, -dora *n* : assessor
evaluar {3} *vt* : to evaluate, to assess, to appraise
evangélico, -ca *adj* : evangelical — **evangélicamente** *adv*
evangelio *nm* : gospel
evangelismo *nm* : evangelism
evangelista *nm* : evangelist
evangelizador, -dora *n* : evangelist, missionary
evaporación *nf, pl* **-ciones** : evaporation
evaporar *vt* : to evaporate — **evaporarse** *vr* ESFUMARSE : to disappear, to vanish
evasión *nf, pl* **-siones 1** : escape, flight **2** : evasion, dodge
evasiva *nf* : excuse, pretext
evasivo, -va *adj* : evasive
evento *nm* : event
eventual *adj* **1** : possible **2** : temporary ⟨trabajadores eventuales : temporary workers⟩ — **eventualmente** *adv*
eventualidad *nf* : possibility, eventuality
evidencia *nf* **1** : evidence, proof **2 poner en evidencia** : to demonstrate, to make clear
evidenciar *vt* : to demonstrate, to show — **evidenciarse** *vr* : to be evident
evidente *adj* : evident, obvious, clear — **evidentemente** *adv*
eviscerar *vt* : to eviscerate
evitable *adj* : avoidable, preventable
evitar *vt* **1** : to avoid **2** PREVENIR : to prevent **3** ELUDIR : to escape, to elude
evocación *nf, pl* **-ciones** : evocation
evocador, -dora *adj* : evocative
evocar {72} *vt* **1** : to evoke **2** RECORDAR : to recall
evolución *nf, pl* **-ciones 1** : evolution **2** : development, progress
evolucionar *vi* **1** : to evolve **2** : to change, to develop
evolutivo, -va *adj* : evolutionary
exabrupto *nm* : pointed remark
exacción *nf, pl* **-ciones** : levying, exaction
exacerbar *vt* **1** : to exacerbate, to aggravate **2** : to irritate, to exasperate
exactamente *adv* : exactly
exactitud *nf* PRECISIÓN : accuracy, precision, exactitude
exacto, -ta *adj* PRECISO : accurate, precise, exact
exageración *nf, pl* **-ciones** : exaggeration
exagerado, -da *adj* **1** : exaggerated **2** : excessive — **exageradamente** *adv*
exagerar *v* : to exaggerate
exaltación *nf, pl* **-ciones 1** : exaltation **2** : excitement, agitation
exaltado[1], **-da** *adj* : excitable, hotheaded
exaltado[2], **-da** *n* : hothead
exaltar *vt* **1** ENSALZAR : to exalt, to extol **2** : to excite, to agitate — **exaltarse** *vr* ACALORARSE : to get overexcited
ex–alumno → **alumno**
examen *nm, pl* **exámenes 1** : examination, test **2** : consideration, investigation
examinar *vt* **1** : to examine **2** INSPECCIONAR : to inspect — **examinarse** *vr* : to take an exam
exánime *adj* **1** : lifeless **2** : exhausted
exasperante *adj* : exasperating
exasperar *vt* IRRITAR : to exasperate, to irritate — **exasperación** *nf*
excavación *nf, pl* **-ciones** : excavation
excavadora *nf* : excavator
excavar *v* : to excavate, to dig
excedente[1] *adj* **1** : excessive **2** : excess, surplus
excedente[2] *nm* : surplus, excess
exceder *vt* : to exceed, to surpass — **excederse** *vr* : to go too far
excelencia *nf* **1** : excellence **2** : excellency ⟨Su Excelencia : His Excellency⟩
excelente *adj* : excellent — **excelentemente** *adv*
excelso, -sa *adj* : lofty, sublime
excentricidad *nf* : eccentricity
excéntrico, -ca *adj & n* : eccentric
excepción *nf, pl* **-ciones** : exception
excepcional *adj* EXTRAORDINARIO : exceptional, extraordinary, rare
excepto *prep* SALVO : except
exceptuar {3} *vt* EXCLUIR : to except, to exclude
excesivo, -va *adj* : excessive — **excesivamente** *adv*

exceso *nm* **1** : excess **2 excesos** *nmpl* : excesses, abuses **3 exceso de velocidad** : speeding
excitabilidad *nf* : excitability
excitación *nf, pl* **-ciones** : excitement
excitante *adj* : exciting
excitar *vt* : to excite, to arouse — **excitarse** *vr*
exclamación *nf, pl* **-ciones** : exclamation
exclamar *v* : to exclaim
excluir {41} *vt* EXCEPTUAR : to exclude, to leave out
exclusión *nf, pl* **-siones** : exclusion
exclusividad *nf* **1** : exclusiveness **2** : exclusive rights *pl*
exclusivista *adj & nmf* : exclusivist
exclusivo, -va *adj* : exclusive — **exclusivamente** *adv*
excomulgar {52} *vt* : to excommunicate
excomunión *nf, pl* **-niones** : excommunication
excreción *nf, pl* **-ciones** : excretion
excremento *nm* : excrement
excretar *vt* : to excrete
exculpar *vt* : to exonerate, to exculpate — **exculpación** *nf*
excursión *nf, pl* **-siones** : excursion, outing
excursionista *nmf* **1** : sightseer, tourist **2** : hiker
excusa *nf* **1** PRETEXTO : excuse **2** DISCULPA : apology
excusado *nm Mex* : toilet
excusar *vt* **1** : to excuse **2** : to exempt — **excusarse** *vr* : to apologize, to send one's regrets
execrable *adj* : detestable, abominable
exención *nf, pl* **-ciones** : exemption
exento, -ta *adj* **1** : exempt, free **2 exento de impuestos** : tax-exempt
exequias *nfpl* FUNERALES : funeral rites
exhalación *nf, pl* **-ciones** **1** : exhalation **2** : shooting star ⟨salió como una exhalación : he took off like a shot⟩
exhalar *vt* ESPIRAR : to exhale, to give off
exhaustivo, -va *adj* : exhaustive — **exhaustivamente** *adv*
exhausto, -ta *adj* AGOTADO : exhausted, worn-out
exhibición *nf, pl* **-ciones** **1** : exhibition, show **2** : showing
exhibir *vt* : to exhibit, to show, to display — **exhibirse** *vr*
exhortación *nf, pl* **-ciones** : exhortation
exhortar *vt* : to exhort
exhumar *vt* DESENTERRAR : to exhume — **exhumación** *nf*
exigencia *nf* : demand, requirement
exigente *adj* : demanding, exacting
exigir {35} *vt* **1** : to demand, to require **2** : to exact, to levy
exiguo, -gua *adj* : meager
exiliado[1]**, -da** *adj* : exiled, in exile
exiliado[2]**, -da** *n* : exile
exiliar *vt* DESTERRAR : to exile, to banish — **exiliarse** *vr* : to go into exile
exilio *nm* DESTIERRO : exile
eximio, -mia *adj* : distinguished, eminent
eximir *vt* EXONERAR : to exempt
existencia *nf* **1** : existence **2 existencias** *nfpl* MERCANCÍA : goods, stock
existente *adj* **1** : existing, in existence **2** : in stock
existir *vi* : to exist
éxito *nm* **1** TRIUNFO : success, hit **2 tener éxito** : to be successful
exitoso, -sa *adj* : successful — **exitosamente** *adv*
éxodo *nm* : exodus
exoneración *nf, pl* **-ciones** EXENCIÓN : exoneration, exemption
exonerar *vt* **1** EXIMIR : to exempt, to exonerate **2** DESPEDIR : to dismiss
exorbitante *adj* : exorbitant
exorcismo *nm* : exorcism — **exorcista** *nmf*
exorcizar {21} *vt* : to exorcise
exótico, -ca *adj* : exotic
expandir *vt* EXPANSIONAR : to expand — **expandirse** *vr* : to spread
expansión *nf, pl* **-siones** **1** : expansion, spread **2** DIVERSIÓN : recreation, relaxation
expansionar *vt* EXPANDIR : to expand — **expansionarse** *vr* **1** : to expand **2** DIVERTIRSE : to amuse oneself, to relax
expansivo, -va *adj* : expansive
expatriado, -da *adj & n* : expatriate
expatriarse {85} *vr* **1** EMIGRAR : to emigrate **2** : to go into exile
expectación *nf, pl* **-ciones** : expectation, anticipation
expectante *adj* : expectant
expectativa *nf* **1** : expectation, hope **2 expectativas** *nfpl* : prospects
expedición *nf, pl* **-ciones** : expedition
expediente *nm* **1** : expedient, means **2** ARCHIVO : file, dossier, record
expedir {54} *vt* **1** EMITIR : to issue **2** DESPACHAR : to dispatch, to send
expedito, -ta *adj* **1** : free, clear **2** : quick, easy
expeler *vt* : to expel, to eject
expendedor, -dora *n* : dealer, seller
expendio *nm* TIENDA : store, shop
expensas *nfpl* **1** : expenses, costs **2 a expensas de** : at the expense of
experiencia *nf* **1** : experience **2** EXPERIMENTO : experiment
experimentación *nf, pl* **-ciones** : experimentation
experimental *adj* : experimental
experimentar *vi* : to experiment — *vt* **1** : to experiment with, to test out **2** : to experience
experimento *nm* EXPERIENCIA : experiment
experto, -ta *adj & n* : expert
expiación *nf, pl* **-ciones** : expiation, atonement
expiar {85} *vt* : to expiate, to atone for

expiración *nf, pl* **-ciones** VENCIMIENTO : expiration
expirar *vi* **1** FALLECER, MORIR : to pass away, to die **2** : to expire
explanada *nf* : esplanade, promenade
explayar *vt* : to extend — **explayarse** *vr* : to expound, to speak at length
explicable *adj* : explicable, explainable
explicación *nf, pl* **-ciones** : explanation
explicar {72} *vt* : to explain — **explicarse** *vr* : to understand
explicativo, -va *adj* : explanatory
explicitar *vt* : to state explicitly, to specify
explícito, -ta *adj* : explicit — **explícitamente** *adv*
exploración *nf, pl* **-ciones** : exploration
explorador, -dora *n* : explorer, scout
explorar *vt* : to explore — **exploratorio, -ria** *adj*
explosión *nf, pl* **-siones** **1** ESTALLIDO : explosion **2** : outburst ⟨una explosión de ira : an outburst of anger⟩
explosionar *vi* : to explode
explosivo, -va *adj* : explosive
explotación *nf, pl* **-ciones** **1** : exploitation **2** : operation, running
explotar *vt* **1** : to exploit **2** : to operate, to run — *vi* ESTALLAR, REVENTAR : to explode — **explotable** *adj*
exponencial *adj* : exponential — **exponencialmente** *adv*
exponente *nm* : exponent
exponer {60} *vt* **1** : to exhibit, to show, to display **2** : to explain, to present, to set forth **3** : to expose, to risk — *vi* : to exhibit
exportación *nf, pl* **-ciones** **1** : exportation **2** **exportaciones** *nfpl* : exports
exportador, -dora *n* : exporter
exportar *vt* : to export — **exportable** *adj*
exposición *nf, pl* **-ciones** **1** EXHIBICIÓN : exposition, exhibition **2** : exposure **3** : presentation, statement
expositor, -tora *n* **1** : exhibitor **2** : exponent
exprés *nms & pl* **1** : express, express train **2** : espresso
expresamente *adv* : expressly, on purpose
expresar *vt* : to express — **expresarse** *vr*
expresión *nf, pl* **-siones** : expression
expresivo, -va *adj* **1** : expressive **2** CARIÑOSO : affectionate — **expresivamente** *adv*
expreso[1], **-sa** *adj* : express, specific
expreso[2] *nm* : express train, express
exprimidor *nm* : squeezer, juicer
exprimir *vt* **1** : to squeeze **2** : to exploit
expropiar *vt* : to expropriate, to commandeer — **expropiación** *nf*
expuesto[1] *pp* → **exponer**
expuesto[2], **-ta** *adj* **1** : exposed **2** : hazardous, risky
expulsar *vt* : to expel, to eject
expulsión *nf, pl* **-siones** : expulsion
expurgar {52} *vt* : to expurgate
expuso, etc. → **exponer**
exquisitez *nf, pl* **-teces** **1** : exquisiteness, refinement **2** : delicacy, special dish
exquisito, -ta *adj* **1** : exquisite **2** : delicious
extasiarse {85} *vr* : to be in ecstasy, to be enraptured
éxtasis *nms & pl* : ecstasy, rapture
extático, -ca *adj* : ecstatic
extemporáneo, -nea *adj* **1** : unseasonable **2** : untimely
extender {56} *vt* **1** : to spread out, to stretch out **2** : to broaden, to expand ⟨extender la influencia : to broaden one's influence⟩ **3** : to draw up (a document), to write out (a check) — **extenderse** *vr* **1** : to spread **2** : to last
extendido, -da *adj* **1** : outstretched **2** : widespread
extensamente *adv* : extensively, at length
extensible *adj* : extensible, extendable
extensión *nf, pl* **-siones** **1** : extension, stretching **2** : expanse, spread **3** : extent, range **4** : length, duration
extensivo, -va *adj* **1** : extensive **2** **hacer extensivo** : to extend
extenso, -sa *adj* **1** : extensive, detailed **2** : spacious, vast
extenuar {3} *vt* : to exhaust, to tire out — **extenuarse** *vr* — **extenuante** *adj*
exterior[1] *adj* **1** : exterior, external **2** : foreign ⟨asuntos exteriores : foreign affairs⟩
exterior[2] *nm* **1** : outside **2** : abroad
exteriorizar {21} *vt* : to express, to reveal
exteriormente *adv* : outwardly
exterminar *vt* : to exterminate — **exterminación** *nf*
exterminio *nm* : extermination
externar *vt Mex* : to express, to display
externo, -na *adj* : external, outward
extinción *nf, pl* **-ciones** : extinction
extinguidor *nm* : fire extinguisher
extinguir {26} *vt* **1** APAGAR : to extinguish, to put out **2** : to wipe out — **extinguirse** *vr* **1** APAGARSE : to go out, to fade out **2** : to die out, to become extinct
extinto, -ta *adj* : extinct
extintor *nm* : extinguisher
extirpación *n, pl* **-ciones** : removal, excision
extirpar *vt* : to eradicate, to remove, to excise — **extirparse** *vr*
extorsión *nf, pl* **-siones** **1** : extortion **2** : harm, trouble
extorsionar *vt* : to extort
extra[1] *adv* : extra
extra[2] *adj* **1** : additional, extra **2** : superior, top-quality
extra[3] *nmf* : extra (in movies)
extra[4] *nm* : extra expense ⟨paga extra : bonus⟩

extracción *nf, pl* **-ciones** : extraction
extracto *nm* **1** : extract ⟨extracto de vainilla : vanilla extract⟩ **2** : abstract, summary
extractor *nm* : extractor
extracurricular *adj* : extracurricular
extradición *nf, pl* **-ciones** : extradition
extraditar *vt* : to extradite
extraer {81} *vt* : to extract
extraído *pp* → **extraer**
extrajudicial *adj* : out-of-court
extramatrimonial *adj* : extramarital
extranjerizante *adj* : foreign-sounding, foreign-looking
extranjero[1], **-ra** *adj* : foreign
extranjero[2], **-ra** *n* : foreigner
extranjero[3] *nm* : foreign countries *pl* ⟨viajó al extranjero : he traveled abroad⟩ ⟨trabajan en el extranjero : they work overseas⟩
extrañamente *adv* : strangely, oddly
extrañamiento *nm* ASOMBRO : amazement, surprise, wonder
extrañar *vt* : to miss (someone) — **extrañarse** *vr* : to be surprised
extrañeza *nf* **1** : strangeness, oddness **2** : surprise
extraño[1], **-ña** *adj* **1** RARO : strange, odd **2** EXTRANJERO : foreign
extraño[2], **-ña** *n* DESCONOCIDO : stranger
extraoficial *adj* OFICIOSO : unofficial — **extraoficialmente** *adv*
extraordinario, -ria *adj* EXCEPCIONAL : extraordinary — **extraordinariamente** *adv*
extrasensorial *adj* : extrasensory ⟨percepción extrasensorial : extrasensory perception⟩
extraterrestre *adj & nmf* : extraterrestrial, alien
extravagancia *nf* : extravagance, outlandishness, flamboyance
extravagante *adj* : extravagant, outrageous, flamboyant
extraviar {85} *vt* **1** : to mislead, to lead astray **2** : to misplace, to lose — **extraviarse** *vr* : to get lost, to go astray
extravío *nm* **1** PÉRDIDA : loss, misplacement **2** : misconduct
extremado, -da *adj* : extreme — **extremadamente** *adv*
extremar *vt* : to carry to extremes — **extremarse** *vr* : to do one's utmost
extremidad *nf* **1** : extremity, tip, edge **2** **extremidades** *nfpl* : extremities
extremista *adj & nmf* : extremist
extremo[1], **-ma** *adj* **1** : extreme, utmost **2** EXCESIVO : excessive **3 en caso extremo** : as a last resort
extremo[2] *nm* **1** : extreme, end **2 al extremo de** : to the point of **3 en ~** : in the extreme
extrovertido[1], **-da** *adj* : extroverted, outgoing
extrovertido[2], **-da** *n* : extrovert
extrudir *vt* : to extrude
exuberancia *nf* **1** : exuberance **2** : luxuriance, lushness
exuberante *adj* : exuberant, luxuriant — **exuberantemente** *adv*
exudar *vt* : to exude
exultación *nf, pl* **-ciones** : exultation, elation
exultante *adj* : exultant, elated — **exultantemente** *adv*
exultar *vi* : to exult, to rejoice
eyacular *vi* : to ejaculate — **eyaculación** *nf*
eyección *nf, pl* **-ciones** : ejection, expulsion
eyectar *vt* : to eject, to expel — **eyectarse** *vr*

F

f *nf* : sixth letter of the Spanish alphabet
fábrica *nf* FACTORÍA : factory
fabricación *nf, pl* **-ciones** : manufacture
fabricante *nmf* : manufacturer
fabricar {72} *vt* MANUFACTURAR : to manufacture, to make
fabril *adj* INDUSTRIAL : industrial, manufacturing
fábula *nf* **1** : fable **2** : fabrication, fib
fabuloso, -sa *adj* **1** : fabulous, fantastic **2** : mythical, fabled
facción *nf, pl* **facciones** **1** : faction **2** **facciones** *nfpl* RASGOS : features
faccioso, -sa *adj* : factious
faceta *nf* : facet
facha *nf* : appearance, look ⟨estar hecho una facha : to look a sight⟩
fachada *nf* : facade
facial *adj* : facial
fácil *adj* **1** : easy **2** : likely, probable ⟨es fácil que no pase : it probably won't happen⟩
facilidad *nf* **1** : facility, ease **2** **facilidades** *nfpl* : facilities, services **3** **facilidades** *nfpl* : opportunities
facilitar *vt* **1** : to facilitate **2** : to provide, to supply
fácilmente *adv* : easily, readily
facsímil *or* **facsímile** *nm* **1** : facsimile, copy **2** : fax
facsimilar *adj* : facsimile
factibilidad *nf* : feasibility
factible *adj* : feasible, practicable
facticio, -cia *adj* : artificial, factitious
factor[1], **-tora** *n* **1** : agent, factor **2** : baggage clerk
factor[2] *nm* ELEMENTO : factor, element
factoría *nf* FÁBRICA : factory
factótum *nm* : factotum

factura *nf* **1** : making, manufacturing **2** : bill, invoice
facturación *nf, pl* **-ciones** **1** : invoicing, billing **2** : check-in
facturar *vt* **1** : to bill, to invoice **2** : to register, to check in
facultad *nf* **1** : faculty, ability ⟨facultades mentales : mental faculties⟩ **2** : authority, power **3** : school (of a university) ⟨facultad de derecho : law school⟩
facultar *vt* : to authorize, to empower
facultativo, -va *adj* **1** OPTATIVO : voluntary, optional **2** : medical ⟨informe facultativo : medical report⟩
faena *nf* : task, job, work ⟨faenas domésticas : housework⟩
faenar *vi* **1** : to work, to labor **2** PESCAR : to fish
fagot *nm* : bassoon
faisán *nm, pl* **faisanes** : pheasant
faja *nf* **1** : sash, belt **2** : girdle **3** : strip (of land)
fajar *vt* **1** : to wrap (a sash or girdle) around **2** : to hit, to thrash — **fajarse** *vr* **1** : to put on a sash or girdle **2** : to come to blows
fajín *nm, pl* **-jines** : sash, belt
fajo *nm* : bundle, sheaf ⟨un fajo de billetes : a wad of cash⟩
falacia *nf* : fallacy
falaz, -laza *adj, mpl* **falaces** FALSO : fallacious, false
falda *nf* **1** : skirt ⟨falda escocesa : kilt⟩ **2** REGAZO : lap (of the body) **3** VERTIENTE : side, slope
faldón *nm, pl* **-dones** **1** : tail (of a shirt, etc.) **2** : full skirt **3 faldón bautismal** : christening gown
falible *adj* : fallible
fálico, -ca *adj* : phallic
falla *nf* **1** : flaw, defect **2** : (geological) fault **3** : fault, failing
fallar *vi* **1** FRACASAR : to fail, to go wrong **2** : to rule (in a court of law) — *vt* **1** ERRAR : to miss (a target) **2** : to pronounce judgment on
fallecer {53} *vi* MORIR : to pass away, to die
fallecido, -da *adj & n* DIFUNTO : deceased
fallecimiento *nm* : demise, death
fallido, -da *adj* : failed, unsuccessful
fallo *nm* **1** SENTENCIA : sentence, judgment, verdict **2** : error, fault
falo *nm* : phallus, penis
falsamente *adv* : falsely
falsear *vt* **1** : to falsify, to fake **2** : to distort — *vi* **1** CEDER : to give way **2** : to be out of tune
falsedad *nf* **1** : falseness, hypocrisy **2** MENTIRA : falsehood, lie
falsete *nm* : falsetto
falsificación *nf, pl* **-ciones** **1** : counterfeit, forgery **2** : falsification
falsificador, -dora *n* : counterfeiter, forger
falsificar {72} *vt* **1** : to counterfeit, to forge **2** : to falsify
falso, -sa *adj* **1** FALAZ : false, untrue **2** : counterfeit, forged
falta *nf* **1** CARENCIA : lack ⟨falta de dinero/interés : lack of money/interest⟩ **2** DEFECTO : defect, fault, error ⟨falta de ortografía : spelling mistake⟩ ⟨falta de educación : bad manners⟩ **3** AUSENCIA : absence **4** : offense, misdemeanor **5** : foul (in basketball), fault (in tennis) **6 a falta de** : in the absence of **7 hacer falta** : to be lacking, to be needed ⟨nos hace falta un líder : we need a leader⟩ ⟨no hace falta : it's not necessary⟩ ⟨me hace mucha falta mi familia : I really miss my family⟩ **8 por falta de** : for lack of **9 sin** ~ : without fail
faltar *vi* **1** : to be lacking, to be needed ⟨me falta tiempo : I don't have time⟩ ⟨le falta imaginación : he lacks imagination⟩ ⟨le falta sal : it needs salt⟩ ⟨falta algo : something's missing⟩ ⟨al libro le falta una página : the book is missing a page⟩ ⟨nos faltan sillas : we need more chairs⟩ **2** : to be absent, to be missing ⟨faltan Juan y María : Juan and Maria aren't here⟩ ⟨faltar al trabajo/colegio : to miss work/school⟩ **3** QUEDAR : to remain, to be left ⟨falta un mes para la boda : there's a month to go until the wedding, the wedding is a month away⟩ ⟨falta mucho por hacer : there is still a lot to be done⟩ ⟨¿te falta mucho? : are you almost ready/done?⟩ **4 faltar a su promesa/palabra** : to not keep one's promise/word **5 ¡no faltaba más!** : don't mention it!, you're welcome!
falto, -ta *adj* ~ **de** : lacking (in), short of
fama *nf* **1** : fame **2** REPUTACIÓN : reputation **3 de mala fama** : disreputable
famélico, -ca *adj* HAMBRIENTO : starving, famished
familia *nf* **1** : family **2 familia política** : in-laws
familiar[1] *adj* **1** CONOCIDO : familiar **2** : familial, family **3** INFORMAL : informal
familiar[2] *nmf* PARIENTE : relation, relative
familiaridad *nf* **1** : familiarity **2** : informality
familiarizarse {21} *vr* ~ **con** : to familiarize oneself with
famoso[1], **-sa** *adj* CÉLEBRE : famous
famoso[2], **-sa** *n* : celebrity
fanal *nm* **1** : beacon, signal light **2** *Mex* : headlight
fanático, -ca *adj & n* : fanatic
fanatismo *nm* : fanaticism
fandango *nm* : fandango
fanfarria *nf* **1** : (musical) fanfare **2** : pomp, ceremony
fanfarrón[1], **-rrona** *adj, mpl* **-rrones** *fam* : bragging, boastful
fanfarrón[2], **-rrona** *n, mpl* **-rrones** *fam* : braggart
fanfarronada *nf* : boast, bluster
fanfarronear *vi* : to brag, to boast

fango *nm* LODO : mud, mire
fangosidad *nf* : muddiness
fangoso, -sa *adj* LODOSO : muddy
fantasear *vi* : to fantasize, to daydream
fantasía *nf* **1** : fantasy **2** : imagination
fantasioso, -sa *adj* : fanciful
fantasma *nm* : ghost, phantom
fantasmagórico, -ca *adj* : phantasmagoric
fantasmal *adj* : ghostly
fantástico, -ca *adj* **1** : fantastic, imaginary, unreal **2** *fam* : great, fantastic
FAQ [ˈfak] *nm, pl* **FAQs** : FAQ
faquir *nm* : fakir
farándula *nf* : show business, theater
faraón *nm, pl* **faraones** : pharaoh
fardo *nm* **1** : bale **2** : bundle
farfulla *nf* : jabbering
farfullar *v* : to jabber, to gabble
faringe *nf* : pharynx
faríngeo, -gea *adj* : pharyngeal
fariña *nf* : coarse manioc flour
farmacéutico[1], **-ca** *adj* : pharmaceutical
farmacéutico[2], **-ca** *n* : pharmacist
farmacia *nf* : drugstore, pharmacy
fármaco *nm* : medicine, drug
farmacodependencia *nf* : drug addiction
farmacología *nf* : pharmacology
faro *nm* **1** : lighthouse **2** : headlight
farol *nm* **1** : streetlight **2** : lantern, lamp **3** *fam* : bluff **4** *Mex* : headlight
farola *nf* **1** : lamppost **2** : streetlight
farolero, -ra *n fam* : bluffer
farra *nf* : spree, revelry
fárrago *nm* REVOLTIJO : hodgepodge, jumble
farsa *nf* **1** : farce **2** : fake, sham
farsante *nmf* CHARLATÁN : charlatan, fraud, phony
fascículo *nm* : fascicle, part (of a publication)
fascinación *nf, pl* **-ciones** : fascination
fascinante *adj* : fascinating
fascinar *vt* **1** : to fascinate **2** : to charm, to captivate
fascismo *nm* : fascism
fascista *adj & nmf* : fascist
fase *nf* : phase, stage
fastidiar *vt* **1** MOLESTAR : to annoy, to bother, to hassle **2** ABURRIR : to bore — *vi* : to be annoying or bothersome
fastidio *nm* **1** MOLESTIA : annoyance, nuisance, hassle **2** ABURRIMIENTO : boredom
fastidioso, -sa *adj* **1** MOLESTO : annoying, bothersome **2** ABURRIDO : boring
fatal *adj* **1** MORTAL : fatal **2** *fam* : awful, terrible **3** : fateful, unavoidable
fatalidad *nf* **1** : fatality **2** DESGRACIA : misfortune, bad luck
fatalismo *nm* : fatalism
fatalista[1] *adj* : fatalistic
fatalista[2] *nmf* : fatalist
fatalmente *adv* **1** : unavoidably **2** : unfortunately
fatídico, -ca *adj* : fateful, momentous
fatiga *nf* CANSANCIO : fatigue
fatigado, -da *adj* AGOTADO : weary, tired
fatigar {52} *vt* CANSAR : to fatigue, to tire — **fatigarse** *vr* : to wear oneself out
fatigoso, -sa *adj* : fatiguing, tiring
fatuidad *nf* **1** : fatuousness **2** VANIDAD : vanity, conceit
fatuo, -tua *adj* **1** : fatuous **2** PRESUMIDO : vain
fauces *nfpl* : jaws *pl*, maw
faul *nm, pl* **fauls** : foul, foul ball
fauna *nf* : fauna
fausto *nm* : splendor, magnificence
favor *nm* **1** : favor **2** **a favor de** : in favor of **3** **por ~** : please
favorable *adj* : favorable — **favorablemente** *adv*
favorecedor, -dora *adj* : becoming, flattering
favorecer {53} *vt* **1** : to favor **2** : to look well on, to suit
favorecido, -da *adj* **1** : flattering **2** : fortunate
favoritismo *nm* : favoritism
favorito, -ta *adj & n* : favorite
fax *nm* : fax, facsimile
fayuca *nf Mex* **1** : contraband **2** : black market
fayuquero *nm Mex* : smuggler, black marketeer
faz *nf* **1** : face, countenance ⟨la faz de la tierra : the face of the earth⟩ **2** : side (of coins, fabric, etc.)
fe *nf* **1** : faith **2** : assurance, testimony ⟨dar fe de : to bear witness to⟩ **3** : intention, will ⟨de buena fe : bona fide, in good faith⟩
fealdad *nf* : ugliness
febrero *nm* : February
febril *adj* : feverish — **febrilmente** *adv*
fecal *adj* : fecal
fecha *nf* **1** : date **2** **fecha de caducidad** *or* **fecha de vencimiento** : expiration date **3** **fecha límite** : deadline
fechar *vt* : to date, to put a date on
fechoría *nf* : misdeed
fécula *nf* : starch
fecundar *vt* : to fertilize (an egg) — **fecundación** *nf*
fecundidad *nf* **1** : fecundity, fertility **2** : productiveness
fecundo, -da *adj* FÉRTIL : fertile, fecund
federación *nf, pl* **-ciones** : federation
federal *adj* : federal
federalismo *nm* : federalism
federalista *adj & nmf* : federalist
federar *vt* : to federate
fehaciente *adj* : reliable, irrefutable — **fehacientemente** *adv*
feldespato *nm* : feldspar
felicidad *nf* **1** : happiness **2** **¡felicidades!** : best wishes!, congratulations!, happy birthday!
felicitación *nf, pl* **-ciones** **1** : congratulation ⟨¡felicitaciones! : congratulations!⟩ **2** : greeting card

felicitar *vt* CONGRATULAR : to congratulate — **felicitarse** *vr* ~ **de** : to be glad about
feligrés, -gresa *n, mpl* **-greses** : parishioner
feligresía *nf* : parish
felino, -na *adj & n* : feline
feliz *adj, pl* **felices** **1** : happy **2 Feliz Navidad** : Merry Christmas
felizmente *adv* **1** : happily **2** : fortunately, luckily
felonía *nf* : felony
felpa *nf* **1** : terry cloth **2** : plush
felpudo *nm* : doormat
femenil *adj* : women's, girls' ⟨futbol femenil : women's soccer⟩
femenino, -na *adj* **1** : feminine **2** : women's ⟨derechos femeninos : women's rights⟩ **3** : female
femineidad *nf* : femininity
feminidad *nf* : femininity
feminismo *nm* : feminism
feminista *adj & nmf* : feminist
femoral *adj* : femoral
fémur *nm* : femur, thighbone
fenecer {53} *vi* **1** : to die, to pass away **2** : to come to an end, to cease
fénix *nm* : phoenix
fenomenal *adj* **1** : phenomenal **2** *fam* : fantastic, terrific — **fenomenalmente** *adv*
fenómeno *nm* **1** : phenomenon **2** : prodigy, genius
feo[1] *adv* : badly, bad
feo[2], **fea** *adj* **1** : ugly **2** : unpleasant, nasty
féretro *nm* ATAÚD : coffin, casket
feria *nf* **1** : fair, market **2** : festival, holiday **3** *Mex* : change (money)
feriado, -da *adj* **día feriado** : public holiday
ferial *nm* : fairground
fermentar *v* : to ferment — **fermentación** *nf*
fermento *nm* : ferment
ferocidad *nf* : ferocity, fierceness
feroz *adj, pl* **feroces** FIERO : ferocious, fierce — **ferozmente** *adv*
férreo, -rrea *adj* **1** : iron **2** : strong, steely ⟨una voluntad férrea : an iron will⟩ **3** : strict, severe **4 vía férrea** : railroad track
ferretería *nf* **1** : hardware store **2** : hardware **3** : foundry, ironworks
férrico, -ca *adj* : ferric
ferrocarril *nm* : railroad, railway
ferrocarrilero → **ferroviario**
ferroso, -sa *adj* : ferrous
ferroviario, -ria *adj* : rail, railroad
ferry *nm, pl* **ferrys** : ferry
fértil *adj* FECUNDO : fertile, fruitful
fertilidad *nf* : fertility
fertilizante[1] *adj* : fertilizing ⟨droga fertilizante : fertility drug⟩
fertilizante[2] *nm* ABONO : fertilizer
fertilizar *vt* ABONAR : to fertilize — **fertilización** *nf*
ferviente *adj* FERVOROSO : fervent
fervor *nm* : fervor, zeal
fervoroso, -sa *adj* FERVIENTE : fervent, zealous
festejar *vt* **1** CELEBRAR : to celebrate **2** AGASAJAR : to entertain, to wine and dine **3** *Mex fam* : to thrash, to beat
festejo *nm* : celebration, festivity
festín *nm, pl* **festines** : banquet, feast
festinar *vt* : to hasten, to hurry up
festival *nm* : festival
festividad *nf* **1** : festivity **2** : (religious) feast, holiday
festivo, -va *adj* **1** : festive **2 día festivo** : holiday — **festivamente** *adv*
fetal *adj* : fetal
fetiche *nm* : fetish
fétido, -da *adj* : fetid, foul
feto *nm* : fetus
feudal *adj* : feudal — **feudalismo** *nm*
feudo *nm* **1** : fief **2** : domain, territory
fiabilidad *nf* : reliability, trustworthiness
fiable *adj* : trustworthy, reliable
fiado, -da *adj* : on credit
fiador, -dora *n* : bondsman, guarantor
fiambrería *nf* : delicatessen
fiambres *nfpl* : cold cuts
fianza *nf* **1** CAUCIÓN : bail, bond **2** : surety, deposit
fiar {85} *vt* **1** : to sell on credit **2** : to guarantee — **fiarse** *vr* ~ **de** : to place trust in
fiasco *nm* FRACASO : fiasco, failure
fibra *nf* **1** : fiber **2 fibra de vidrio** : fiberglass
fibrilar *vi* : to fibrillate — **fibrilación** *nf*
fibroso, -sa *adj* : fibrous
ficción *nf, pl* **ficciones** **1** : fiction **2** : fabrication, lie
ficha *nf* **1** : index card **2** : file, record **3** : token **4** : domino, checker, counter, poker chip
fichar *vt* **1** : to open a file on **2** : to sign up — *vi* : to punch in, to punch out
fichero *nm* **1** : card file **2** : filing cabinet
ficticio, -cia *adj* : fictitious
fidedigno, -na *adj* FIABLE : reliable, trustworthy
fideicomisario, -ria *n* : trustee
fideicomiso *nm* : trusteeship, trust ⟨guardar en fideicomiso : to hold in trust⟩
fidelidad *nf* : fidelity, faithfulness
fideo *nm* : noodle
fiduciario[1], **-ria** *adj* : fiduciary
fiduciario[2], **-ria** *n* : trustee
fiebre *nf* **1** CALENTURA : fever, temperature ⟨fiebre amarilla : yellow fever⟩ ⟨fiebre palúdica : malaria⟩ **2** : fever, excitement
fiel[1] *adj* **1** : faithful, loyal **2** : accurate — **fielmente** *adv*
fiel[2] *nm* **1** : pointer (of a scale) **2 los fieles** : the faithful
fieltro *nm* : felt
fiera *nf* **1** : wild animal, beast **2** : fiend, demon ⟨una fiera para el trabajo : a demon for work⟩
fiereza *nf* : fierceness, ferocity
fiero, -ra *adj* FEROZ : fierce, ferocious

fierro *nm* HIERRO : iron
fiesta *nf* **1** : party, fiesta **2** : holiday, feast day
figura *nf* **1** : figure **2** : shape, form **3 figura retórica** : figure of speech
figurado, -da *adj* : figurative — **figuradamente** *adv*
figurar *vi* **1** : to figure, to be included ⟨Rivera figura entre los más grandes pintores de México : Rivera is among Mexico's greatest painters⟩ **2** : to be prominent, to stand out — *vt* : to represent ⟨esta línea figura el horizonte : this line represents the horizon⟩ — **figurarse** *vr* : to imagine, to think ⟨¡figúrate el lío en que se metió! : imagine the mess she got into!⟩
fijación *nf, pl* **-ciones** **1** : fixation, obsession **2** : fixing, establishing **3** : fastening, securing
fijador *nm* **1** : fixative **2** : hair spray
fijamente *adv* : fixedly
fijar *vt* **1** : to fasten, to affix **2** ESTABLECER : to establish, to set up **3** CONCRETAR : to set, to fix ⟨fijar la fecha : to set the date⟩ — **fijarse** *vr* **1** : to settle, to become fixed **2 ~ en** : to notice, to pay attention to
fijeza *nf* **1** : firmness (of convictions) **2** : persistence, constancy ⟨mirar con fijeza a : to stare at⟩
fijiano, -na *adj & n* : Fijian
fijo, -ja *adj* **1** : fixed, firm, steady **2** PERMANENTE : permanent
fila *nf* **1** HILERA : line, file ⟨ponerse en fila : to get in line⟩ **2** : rank, row **3 filas** *nfpl* : ranks ⟨cerrar filas : to close ranks⟩
filamento *nm* : filament
filantropía *nf* : philanthropy
filantrópico, -ca *adj* : philanthropic
filántropo, -pa *n* : philanthropist
filatelia *nf* : philately, stamp collecting
filatelista *nmf* : stamp collector, philatelist
fildeador, -dora *n* : fielder
filete *nm* **1** : fillet **2** SOLOMILLO : sirloin **3** : thread (of a screw)
filiación *nf, pl* **-ciones** **1** : affiliation, connection **2** : particulars *pl,* (police) description
filial[1] *adj* : filial
filial[2] *nf* : affiliate, subsidiary
filibustero *nm* : freebooter, pirate
filigrana *nf* **1** : filigree **2** : watermark (on paper)
filipino, -na *adj & n* : Filipino
filmación *nf, pl* **-ciones** : filming, shooting
filmar *vt* : to film, to shoot
filme *or* **film** *nm* PELÍCULA : film, movie
filmina *nf* : slide, transparency
filo *nm* **1** : cutting edge, blade **2** : edge ⟨al filo del escritorio : at the edge of the desk⟩ ⟨al filo de la medianoche : at the stroke of midnight⟩
filología *nf* : philology
filólogo, -ga *n* : philologist
filón *nm, pl* **filones** **1** : seam, vein (of minerals) **2** *fam* : successful business, gold mine
filoso, -sa *adj* : sharp
filosofar *vi* : to philosophize
filosofía *nf* : philosophy
filosófico, -ca *adj* : philosophic, philosophical — **filosóficamente** *adv*
filósofo, -fa *n* : philosopher
filtración *nf* : seepage, leaking
filtrar *v* : to filter — **filtrarse** *vr* : to seep through, to leak
filtro *nm* : filter
filudo, -da *adj* : sharp
fin *nm* **1** : end **2** : purpose, aim, objective **3 en ~** : in short **4 fin de semana** : weekend **5 por ~** : finally, at last
finado, -da *adj & n* DIFUNTO : deceased
final[1] *adj* : final, ultimate — **finalmente** *adv*
final[2] *nm* : end, conclusion, finale
final[3] *nf* : final, play-off
finalidad *nf* **1** : purpose, aim **2** : finality
finalista *nmf* : finalist
finalización *nf* : completion, end
finalizar {21} *v* : to finish, to end
financiación *nf, pl* **-ciones** : financing, funding
financiamiento *nm* → **financiación**
financiar *vt* : to finance, to fund
financiero[1], **-ra** *adj* : financial
financiero[2], **-ra** *n* : financier
financista *nmf* : financier
finanzas *nfpl* : finances, finance ⟨altas finanzas : high finance⟩
finca *nf* **1** : farm, ranch **2** : country house
fineza *nf* FINURA, REFINAMIENTO : refinement
fingido, -da *adj* : false, feigned
fingimiento *nm* : pretense
fingir {35} *v* : to feign, to pretend
finiquitar *vt* **1** : to settle (an account) **2** : to conclude, to bring to an end
finiquito *nm* : settlement (of an account)
finito, -ta *adj* : finite
finja, etc. → **fingir**
finlandés, -desa *adj & n* : Finnish
fino, -na *adj* **1** : fine, excellent **2** : delicate, slender **3** REFINADO : refined **4** : sharp, acute ⟨olfato fino : keen sense of smell⟩ **5** : subtle
finta *nf* : feint
fintar *or* **fintear** *vi* : to feint
finura *nf* **1** : fineness, high quality **2** FINEZA, REFINAMIENTO : refinement
fiordo *nm* : fjord
fique *nm* : sisal
firma *nf* **1** : signature **2** : signing **3** EMPRESA : firm, company
firmamento *nm* : firmament, sky
firmante *nmf* : signer, signatory
firmar *v* : to sign
firme *adj* **1** : firm, resolute **2** : steady, stable

firmemente *adv* : firmly

firmeza *nf* **1** : firmness, stability **2** : strength, resolve

firuletes *nmpl* : frills, adornments

fiscal[1] *adj* : fiscal — **fiscalmente** *adv*

fiscal[2] *nmf* : district attorney, prosecutor

fiscalizar {21} *vt* **1** : to audit, to inspect **2** : to oversee **3** : to criticize

fisco *nm* : national treasury, exchequer

fisgar {52} *vt* HUSMEAR : to pry into, to snoop on

fisgón, -gona *n, mpl* **fisgones** : snoop, busybody

fisgonear *vi* : to snoop, to pry

fisgue, etc. → **fisgar**

física *nf* : physics

físico[1], **-ca** *adj* : physical — **físicamente** *adv*

físico[2], **-ca** *n* : physicist

físico[3] *nm* : physique, figure

fisiología *nf* : physiology

fisiológico, -ca *adj* : physiological, physiologic

fisiólogo, -ga *n* : physiologist

fisión *nf, pl* **fisiones** : fission — **fisionable** *adj*

fisionomía → **fisonomía**

fisioterapeuta *nmf* : physical therapist

fisioterapia *nf* : physical therapy

fisonomía *nf* : physiognomy, features *pl*

fistol *nm Mex* : tie clip

fisura *nf* : fissure, crevasse

fláccido, -da *or* **flácido, -da** *adj* : flaccid, flabby

flaco, -ca *adj* **1** DELGADO : thin, skinny **2** : feeble, weak ⟨una flaca excusa : a feeble excuse⟩

flagelar *vt* : to flagellate — **flagelación** *nf*

flagelo *nm* **1** : scourge, whip **2** : calamity

flagrante *adj* : flagrant, glaring, blatant — **flagrantemente** *adv*

flama *nf* LLAMA : flame

flamante *adj* **1** : bright, brilliant **2** : brand-new

flamear *vi* **1** LLAMEAR : to flame, to blaze **2** ONDEAR : to flap, to flutter

flamenco[1], **-ca** *adj* **1** : flamenco **2** : Flemish

flamenco[2], **-ca** *n* : Fleming, Flemish person

flamenco[3] *nm* **1** : Flemish (language) **2** : flamingo **3** : flamenco (music or dance)

flanco *nm* : flank, side

flanquear *vt* : to flank

flaquear *vi* DECAER : to flag, to weaken

flaqueza *nf* **1** DEBILIDAD : frailty, feebleness **2** : thinness **3** : weakness, failing

flato *nm* : gloom, melancholy

flatulento, -ta *adj* : flatulent — **flatulencia** *nf*

flauta *nf* **1** : flute **2 flauta dulce** : recorder

flautín *nm, pl* **flautines** : piccolo

flautista *nmf* : flute player, flutist

flebitis *nf* : phlebitis

flecha *nf* : arrow

fleco *nm* **1** : bangs *pl* **2** : fringe

flema *nf* : phlegm

flemático, -ca *adj* : phlegmatic, stolid, impassive

flequillo *nm* : bangs *pl*

fletar *vt* **1** : to charter, to hire **2** : to load (freight)

flete *nm* **1** : charter fee **2** : shipping cost **3** : freight, cargo

fletero *nm* : shipper, carrier

flexibilidad *nf* : flexibility

flexibilizar {21} *vt* : to make more flexible

flexible[1] *adj* : flexible

flexible[2] *nm* **1** : flexible electrical cord **2** : soft hat

flirtear *vi* : to flirt

flojear *vi* **1** DEBILITARSE : to weaken, to flag **2** : to idle, to loaf around

flojedad *nf* : weakness

flojera *nf fam* **1** : lethargy, feeling of weakness **2** : laziness

flojo, -ja *adj* **1** SUELTO : loose, slack **2** : weak, poor ⟨está flojo en las ciencias : he's weak in science⟩ **3** PEREZOSO : lazy

flor *nf* **1** : flower **2 flor de Pascua** : poinsettia

flora *nf* : flora

floración *nf* : flowering ⟨en plena floración : in full bloom⟩

floral *adj* : floral

floreado, -da *adj* : flowered, flowery

florear *vi* FLORECER : to flower, to bloom — *vt* **1** : to adorn with flowers **2** *Mex* : to flatter, to compliment

florecer {53} *vi* **1** : to bloom, to blossom **2** : to flourish, to thrive

floreciente *adj* **1** : flowering **2** PRÓSPERO : flourishing, thriving

florecimiento *nm* : flowering

floreo *nm* : flourish

florería *nf* : flower shop, florist's

florero[1], **-ra** *n* : florist

florero[2] *nm* JARRÓN : vase

floresta *nf* **1** : glade, grove **2** BOSQUE : woods

florido, -da *adj* **1** : full of flowers **2** : florid, flowery ⟨escritos floridos : flowery prose⟩

florista *nmf* : florist

floritura *nf* : frill, embellishment

flota *nf* : fleet

flotabilidad *nf* : buoyancy

flotación *nf, pl* **-ciones** : flotation

flotador *nm* **1** : float **2** : life preserver

flotante *adj* : floating, buoyant

flotar *vi* : to float

flote *nm* **a ~** : afloat

flotilla *nf* : flotilla, fleet

fluctuar {3} *vi* **1** : to fluctuate **2** VACILAR : to vacillate — **fluctuación** *nf* — **fluctuante** *adj*

fluidez *nf* **1** : fluency **2** : fluidity

fluido[1], **-da** *adj* **1** : flowing **2** : fluent **3** : fluid

fluido[2] *nm* : fluid

fluir {41} *vi* : to flow

flujo *nm* **1** : flow **2** : discharge
flúor *nm* : fluorine
fluoración *nf, pl* **-ciones** : fluoridation
fluorescencia *nf* : fluorescence — **fluorescente** *adj*
fluorescente *nm* : fluorescent light — **fluorescente** *adj*
fluorizar {21} *vt* : to fluoridate
fluoruro *nm* : fluoride
fluvial *adj* : fluvial, river
fluye, etc. → **fluir**
fobia *nf* : phobia
foca *nf* : seal (animal)
focal *adj* : focal
focha *nf* : coot
foco *nm* **1** : focus **2** : center, pocket **3** : lightbulb **4** : spotlight **5** : headlight
fofo, -fa *adj* **1** ESPONJOSO : soft, spongy **2** : flabby
fogaje *nm* **1** FUEGO : skin eruption, cold sore **2** BOCHORNO : hot and humid weather
fogata *nf* : bonfire
fogón *nm, pl* **fogones** : bonfire
fogonazo *nm* : flash, explosion
fogonero, -ra *n* : stoker (of a furnace), fireman
fogoso, -sa *adj* ARDIENTE : ardent
foguear *vt* : to inure, to accustom
foja *nf* : sheet (of paper)
folículo *nm* : follicle
folio *nm* : folio, leaf
folklore *nm* : folklore
folklórico, -ca *adj* : folk, traditional
follaje *nm* : foliage
folleto *nm* : pamphlet, leaflet, circular
fomentar *vt* **1** : to foment, to stir up **2** PROMOVER : to promote, to foster
fomento *nm* : promotion, encouragement
fonda *nf* **1** POSADA : inn **2** : small restaurant
fondeado, -da *adj fam* : rich, in the money
fondear *vt* **1** : to sound **2** : to sound out, to examine **3** *Mex* : to fund, to finance — *vi* ANCLAR : to anchor — **fondearse** *vr fam* : to get rich
fondeo *nm* **1** : anchoring **2** *Mex* : funding, financing
fondillos *mpl* : seat, bottom (of clothing)
fondo *nm* **1** : bottom ⟨el fondo del océano/barril : the bottom of the ocean/barrel⟩ ⟨llegar al fondo de algo : to get to the bottom of something⟩ **2** : rear, back, end ⟨al fondo de la casa : at the back of the house⟩ **3** PROFUNDIDAD : depth **4** : background ⟨al fondo : in the background⟩ ⟨música de fondo : background music⟩ **5** CONTENIDO : content **6** *Mex* : slip, petticoat **7** : fund ⟨fondo de inversiones/pensiones : investment/pension fund⟩ ⟨fondo común : joint fund⟩ **8 fondos** *nmpl* : funds, resources ⟨cheque sin fondos : bounced check⟩ ⟨recaudar fondos : to raise funds⟩ ⟨fondos públicos : public funds⟩ ⟨fondos de campaña : campaign funds⟩ **9 a ～** : thoroughly, in depth **10 de ～** : fundamental **11 de ～** : long-distance (in sports) **12 en ～** : abreast **13 en el fondo** : deep down, at heart **14 tocar fondo** : to touch bottom (in the sea, etc.), to hit rock bottom
fonema *nm* : phoneme
fonética *nf* : phonetics
fonético, -ca *adj* : phonetic
fontanería *nf* PLOMERÍA : plumbing
fontanero, -ra *n* PLOMERO : plumber
footing [ˈfuˌtɪŋ] *nm* : jogging ⟨hacer footing : to jog⟩
foque *nm* : jib
forajido, -da *n* : bandit, fugitive, outlaw
foráneo, -nea *adj* : foreign, strange
forastero, -ra *n* : stranger, outsider
forcejear *vi* : to struggle
forcejeo *nm* : struggle
fórceps *nms & pl* : forceps *pl*
forense *adj* : forensic, legal
forestal *adj* : forest
forja *nf* FRAGUA : forge
forjar *vt* **1** : to forge **2** : to shape, to create ⟨forjar un compromiso : to hammer out a compromise⟩ **3** : to invent, to concoct
forma *nf* **1** : form, shape ⟨tomar forma : to take shape⟩ ⟨dar forma a : to form, to give shape to⟩ ⟨en forma de corazón : in the shape of a heart⟩ **2** MANERA, MODO : manner, way ⟨su forma de vida : their way of life⟩ ⟨formas de pago : payment methods⟩ **3** : fitness ⟨estar en forma : to be fit, to be in shape⟩ ⟨estar en baja forma : to be out of shape⟩ **4 formas** *nfpl* : appearances, conventions ⟨guardar las formas : to keep up appearances⟩ **5 de cualquier forma** *or* **de todas formas** : anyway, in any case **6 de forma que** : so that
formación *nf, pl* **-ciones** **1** : formation **2** : training ⟨formación profesional : vocational training⟩
formal *adj* **1** : formal **2** : serious, dignified **3** : dependable, reliable
formaldehído *nm* : formaldehyde
formalidad *nf* **1** : formality **2** : seriousness, dignity **3** : dependability, reliability
formalizar {21} *vt* : to formalize, to make official
formalmente *adv* : formally
formar *vt* **1** : to form, to make **2** CONSTITUIR : to constitute, to make up **3** : to train, to educate — **formarse** *vr* **1** DESARROLLARSE : to develop, to take shape **2** EDUCARSE : to be educated
formatear *vt* : to format
formativo, -va *adj* : formative
formato *nm* : format
formidable *adj* **1** : formidable, tremendous **2** *fam* : fantastic, terrific
formón *nm, pl* **formones** : chisel
fórmula *nf* : formula
formulación *nf, pl* **-ciones** : formulation

formular *vt* **1** : to formulate, to draw up **2** : to make, to lodge (a protest or complaint)

formulario *nm* : form ⟨rellenar un formulario : to fill out a form⟩

fornicar {72} *vi* : to fornicate — **fornicación** *nf*

fornido, -da *adj* : well-built, burly, hefty

foro *nm* **1** : forum **2** : public assembly, open discussion

forraje *nm* **1** : forage, fodder **2** : foraging **3** *fam* : hodgepodge

forrajear *vi* : to forage

forrar *vt* **1** : to line (a garment) **2** : to cover (a book)

forro *nm* **1** : lining **2** CUBIERTA : book cover

forsitia *nf* : forsythia

fortachón, -chona *adj, pl* **-chones** *fam* : brawny, strong, tough

fortalecer {53} *vt* : to strengthen, to fortify — **fortalecerse** *vr*

fortalecimiento *nm* **1** : strengthening, fortifying **2** : fortifications

fortaleza *nf* **1** : fortress **2** FUERZA : strength **3** : resolution, fortitude

fortificación *nf, pl* **-ciones** : fortification

fortificar {72} *vt* **1** : to fortify **2** : to strengthen

fortín *nm, pl* **fortines** : small fort

fortuito, -ta *adj* : fortuitous

fortuna *nf* **1** SUERTE : fortune, luck **2** RIQUEZA : wealth, fortune

forzar {36} *vt* **1** OBLIGAR : to force, to compel **2** : to force open **3** : to strain ⟨forzar los ojos : to strain one's eyes⟩

forzosamente *adv* **1** : forcibly, by force **2** : necessarily, inevitably ⟨forzosamente tendrán que pagar : they'll have no choice but to pay⟩

forzoso, -sa *adj* **1** : forced, compulsory **2** : necessary, inevitable

fosa *nf* **1** : ditch, pit ⟨fosa séptica : septic tank⟩ **2** TUMBA : grave **3** : cavity ⟨fosas nasales : nasal cavities, nostrils⟩

fosfato *nm* : phosphate

fosforescencia *nf* : phosphorescence — **fosforescente** *adj*

fósforo *nm* **1** CERILLA : match **2** : phosphorus

fósil[1] *adj* : fossilized, fossil

fósil[2] *nm* : fossil

fosilizarse {21} *vr* : to fossilize, to become fossilized

foso *nm* **1** FOSA, ZANJA : ditch **2** : pit (of a theater) **3** : moat

foto *nf* : photo, picture

fotocopia *nf* : photocopy — **fotocopiar** *vt*

fotocopiadora *nf* COPIADORA : photocopier

fotoeléctrico, -ca *adj* : photoelectric

fotogénico, -ca *adj* : photogenic

fotografía *nf* **1** : photograph **2** : photography

fotografiar {85} *vt* : to photograph

fotográfico, -ca *adj* : photographic — **fotográficamente** *adv*

fotógrafo, -fa *n* : photographer

fotosíntesis *nf* : photosynthesis

fotosintético, -ca *adj* : photosynthetic

fracasado[1], **-da** *adj* : unsuccessful, failed

fracasado[2], **-da** *n* : failure

fracasar *vi* **1** FALLAR : to fail **2** : to fall through

fracaso *nm* FIASCO : failure

fracción *nf, pl* **fracciones** **1** : fraction **2** : part, fragment **3** : faction, splinter group

fraccionamiento *nm* **1** : division, breaking up **2** *Mex* : residential area, housing development

fraccionar *vt* : to divide, to break up

fraccionario, -ria *adj* : fractional

fractura *nf* **1** : fracture **2 fractura complicada** : compound fracture

fracturarse *vr* QUEBRARSE, ROMPERSE : to fracture, to break ⟨fracturarse el brazo : to break one's arm⟩

fragancia *nf* : fragrance, scent

fragante *adj* : fragrant

fragata *nf* : frigate

frágil *adj* **1** : fragile **2** : frail, delicate

fragilidad *nf* **1** : fragility **2** : frailty, delicacy

fragmentar *vt* : to fragment — **fragmentación** *nf*

fragmentario, -ria *adj* : fragmentary, sketchy

fragmento *nm* **1** : fragment, shard **2** : bit, snippet **3** : excerpt, passage

fragor *nm* : clamor, din, roar

fragoroso, -sa *adj* : thunderous, deafening

fragoso, -sa *adj* **1** : rough, uneven **2** : thick, dense

fragua *nf* FORJA : forge

fraguar {10} *vt* **1** : to forge **2** : to conceive, to concoct, to hatch — *vi* : to set, to solidify

fraile *nm* : friar, monk

frambuesa *nf* : raspberry

francamente *adv* **1** : frankly, candidly **2** REALMENTE : really ⟨es francamente admirable : it's really impressive⟩

francés[1], **-cesa** *adj, mpl* **franceses** : French

francés[2], **-cesa** *n, mpl* **franceses** : French person, Frenchman *m*, Frenchwoman *f*

francés[3] *nm* : French (language)

franciscano, -na *adj & n* : Franciscan

francmasón, -sona *n, mpl* **-sones** : Freemason — **francmasonería** *nf*

franco[1], **-ca** *adj* **1** CÁNDIDO : frank, candid **2** PATENTE : clear, obvious **3** : free ⟨franco a bordo : free on board⟩

franco[2] *nm* : franc

francotirador, -dora *n* : sniper

franela *nf* : flannel

franja *nf* **1** : stripe, band **2** : border, fringe

franquear *vt* **1** : to clear **2** ATRAVESAR : to cross, to go through **3** : to pay the postage on

franqueo *nm* : postage

franqueza *nf* : frankness

franquicia *nf* **1** EXENCIÓN : exemption **2** : franchise

frasco *nm* : small bottle, flask, vial

frase *nf* **1** : phrase **2** ORACIÓN : sentence

frasear *vt* : to phrase

fraternal *adj* : fraternal, brotherly

fraternidad *nf* **1** : brotherhood **2** : fraternity

fraternizar {21} *vi* : to fraternize — **fraternización** *nf*

fraterno, -na *adj* : fraternal, brotherly

fratricida *adj* : fratricidal

fratricidio *nm* : fratricide

fraude *nm* : fraud

fraudulento, -ta *adj* : fraudulent — **fraudulentamente** *adv*

fray *nm* : brother (title of a friar) ⟨Fray Bartolomé : Brother Bartholomew⟩

frazada *nf* COBIJA, MANTA : blanket

frecuencia *nf* : frequency

frecuentar *vt* : to frequent, to haunt

frecuente *adj* : frequent — **frecuentemente** *adv*

fregadera *nf fam* : hassle, pain in the neck

fregadero *nm* : kitchen sink

fregado[1], **-da** *adj fam* : annoying, bothersome

fregado[2] *nm* **1** : scrubbing, scouring **2** *fam* : mess, muddle

fregar {49} *vt* **1** : to scrub, to scour, to wash ⟨fregar los trastes : to do the dishes⟩ ⟨fregar el suelo : to scrub the floor⟩ **2** *fam* : to annoy — *vi* **1** : to wash the dishes **2** : to clean, to scrub **3** *fam* : to be annoying

freidera *nf Mex* : frying pan

freír {37} *vt* : to fry — **freírse** *vr*

frenar *vt* **1** : to brake **2** DETENER : to curb, to check — *vi* : to apply the brakes — **frenarse** *vr* : to restrain oneself

frenesí *nm* : frenzy

frenético, -ca *adj* : frantic, frenzied — **frenéticamente** *adv*

freno *nm* **1** : brake **2** : bit (of a bridle) **3** : check, restraint **4 frenos** *nmpl Mex* : braces (for teeth)

frente[1] *nm* **1** : front ⟨al frente de : at the head of⟩ ⟨en frente : in front, opposite⟩ **2** : facade **3** : front line, sphere of activity **4** : front (in meteorology) ⟨frente frío : cold front⟩ **5 hacer frente a** : to face up to, to brave

frente[2] *nf* **1** : forehead, brow **2 frente a frente** : face to face

fresa *nf* **1** : strawberry **2** : drill (in dentistry)

fresco[1], **-ca** *adj* **1** : fresh **2** : cool **3** *fam* : insolent, nervy

fresco[2] *nm* **1** : coolness **2** : fresh air ⟨al fresco : in the open air, outdoors⟩ **3** : fresco

frescor *nm* : cool air ⟨el frescor de la noche : the cool of the evening⟩

frescura *nf* **1** : freshness **2** : coolness **3** : calmness **4** DESCARO : nerve, audacity

fresno *nm* : ash (tree)

freza *nf* : spawn, roe

frezar {21} *vi* DESOVAR : to spawn

friable *adj* : friable

frialdad *nf* **1** : coldness **2** INDIFERENCIA : indifference, unconcern

fríamente *adv* : coldly, indifferently

fricasé *nm* : fricassee

fricción *nf, pl* **fricciones** **1** : friction **2** : rubbing, massage **3** : discord, disagreement ⟨fricción entre los hermanos : friction between the brothers⟩

friccionar *vt* **1** FROTAR : to rub **2** : to massage

friega[1], **friegue, etc.** → **fregar**

friega[2] *nf* **1** FRICCIÓN : rubdown, massage **2** : annoyance, bother

frigidez *nf* : (sexual) frigidity

frigorífico *nm Spain* : refrigerator

frijol *nm* : bean ⟨frijoles refritos : refried beans⟩

frío[1], **fría** *adj* **1** : cold **2** INDIFERENTE : cool, indifferent

frío[2] *nm* **1** : cold ⟨hace mucho frío esta noche : it's very cold tonight⟩ **2** INDIFERENCIA : coldness, indifference **3 tener frío** : to feel cold ⟨tengo frío : I'm cold⟩ **4 tomar frío** RESFRIARSE : to catch a cold

friolento, -ta *adj* : sensitive to cold

friolera *nf* (*used ironically or humorously*) : trifling amount ⟨una friolera de mil dólares : a mere thousand dollars⟩

friso *nm* : frieze

fritar *vt* : to fry

frito[1] *pp* → **freír**

frito[2], **-ta** *adj* **1** : fried **2** *fam* : worn-out, fed up ⟨tener frito a alguien : to get on someone's nerves⟩ **3** *fam* : fast asleep ⟨se quedó frito en el sofá : she fell asleep on the couch⟩

fritura *nf* **1** : frying **2** : fried food

frivolidad *nf* : frivolity

frívolo, -la *adj* : frivolous — **frívolamente** *adv*

fronda *nf* **1** : frond **2 frondas** *nfpl* : foliage

frondoso, -sa *adj* : leafy, luxuriant

frontal *adj* : frontal, head-on ⟨un choque frontal : a head-on collision⟩

frontalmente *adv* : head-on

frontera *nf* : border, frontier

fronterizo, -za *adj* : border, on the border ⟨estados fronterizos : neighboring states⟩

frontispicio *nm* : frontispiece

frotar *vt* **1** : to rub **2** : to strike (a match) — **frotarse** *vr* : to rub (together)

frote *nm* : rubbing, rub

fructífero, -ra *adj* : fruitful, productive

fructificar {72} *vi* **1** : to bear or produce fruit **2** : to be productive

fructuoso, -sa *adj* : fruitful

frugal *adj* : frugal, thrifty — **frugalmente** *adv*
frugalidad *adj* : frugality
frunce *nm* : gather (in cloth), pucker
fruncido *nm* : gathering, shirring
fruncir {83} *vt* **1** : to gather, to shirr **2 fruncir el ceño** : to knit one's brow, to frown **3 fruncir la boca** : to pucker up, to purse one's lips
frunza, etc. → **fruncir**
frustración *nf, pl* **-ciones** : frustration
frustrado, -da *adj* **1** : frustrated **2** : failed, unsuccessful
frustrante *adj* : frustrating
frustrar *vt* : to frustrate, to thwart — **frustrarse** *vr* FRACASAR : to fail, to come to nothing ⟨se frustraron sus esperanzas : his hopes were dashed⟩
fruta *nf* : fruit
frutal[1] *adj* : fruit, fruit-bearing
frutal[2] *nm* : fruit tree
frutilla *nf* : South American strawberry
fruto *nm* **1** : fruit, agricultural product ⟨los frutos de la tierra : the fruits of the earth⟩ **2** : result, consequence ⟨los frutos de su trabajo : the fruits of his labor⟩
fucsia *adj & nm* : fuchsia
fue, etc. → **ir, ser**
fuego *nm* **1** : fire **2** : light ⟨¿tienes fuego? : have you got a light?⟩ **3** : flame, burner (on a stove) **4** : ardor, passion **5** FOGAJE : skin eruption, cold sore **6 fuegos artificiales** nmpl : fireworks
fuelle *nm* : bellows
fuente *nf* **1** MANANTIAL : spring **2** : fountain **3** ORIGEN : source ⟨fuentes informativas : sources of information⟩ **4** : platter, serving dish
fuera *adv* **1** AFUERA : outside, out ⟨por fuera : on the outside⟩ ⟨hacia fuera : out, outside, outwards⟩ **2** : abroad, away **3 ~ de** : out of, outside of, beyond ⟨fuera del alcance : out of reach⟩ ⟨fuera de peligro : out of danger⟩ **4 ~ de** : besides, in addition to ⟨fuera de eso : aside from that⟩ **5 fuera de lugar** : out of place, amiss
fuerce, fuerza etc. → **forzar**
fuero *nm* **1** JURISDICCIÓN : jurisdiction **2** : privilege, exemption **3 fuero interno** : conscience, heart of hearts
fuerte[1] *adv* **1** : strongly, tightly, hard **2** : loudly **3** : abundantly
fuerte[2] *adj* **1** : strong **2** : intense ⟨un fuerte dolor : an intense pain⟩ **3** : loud **4** : extreme, excessive
fuerte[3] *nm* **1** : fort, stronghold **2** : forte, strong point
fuerza *nf* **1** : strength ⟨tener fuerzas para : to have the strength to⟩ ⟨cobrar fuerza : to gather strength⟩ ⟨recuperar fuerzas : to get one's strength back⟩ ⟨con todas sus fuerzas : with all your might⟩ **2** VIOLENCIA : force ⟨fuerza bruta : brute force⟩ **3** : force, strength, power ⟨la fuerza del impacto : the force of the impact⟩ **4** : force, power ⟨fuerza de costumbre : force of habit⟩ ⟨fuerza de voluntad : willpower⟩ ⟨la fuerza de la razón : the power of reason⟩ **5** : (natural) force ⟨la fuerza de la gravedad : the force of gravity⟩ **6** : force ⟨fuerzas armadas/militares : armed/military forces⟩ ⟨fuerzas de seguridad : security forces⟩ ⟨fuerza pública, fuerzas del orden : police⟩ ⟨fuerza de trabajo : workforce⟩ **7 a fuerza de** : by, by dint of **8 a/por la fuerza** : by force, forcibly **9 con ~** : hard, firmly, tightly **10 por ~** : necessarily, unavoidably
fuetazo *nm* : lash
fuga *nf* **1** HUIDA : flight, escape **2** : fugue **3** : leak ⟨fuga de gas : gas leak⟩
fugarse {52} *vr* **1** : to escape **2** HUIR : to flee, to run away **3** : to elope
fugaz *adj, pl* **fugaces** : brief, fleeting
fugitivo, -va *adj & n* : fugitive
fulana *nf* : hooker, slut
fulano, -na *n* : so-and-so, what's-his-name, what's-her-name ⟨fulano, mengano, y zutano : Tom, Dick, and Harry⟩ ⟨señora fulana de tal : Mrs. so-and-so⟩
fulcro *nm* : fulcrum
fulgor *nm* : brilliance, splendor
fulgurar *vi* : to shine brightly, to gleam, to glow
fulminante *adj* **1** : fulminating, explosive **2** : devastating, terrible ⟨una mirada fulminante : a withering look⟩
fulminar *vt* **1** : to strike with lightning **2** : to strike down ⟨fulminar a alguien con la mirada : to look daggers at someone⟩
fumador, -dora *n* : smoker
fumar *v* : to smoke
fumble *nm* : fumble (in football)
fumblear *vt* : to fumble (in football)
fumigante *nm* : fumigant
fumigar {52} *vt* : to fumigate — **fumigación** *nf*
funámbulo, -la *n* EQUILIBRISTA : tightrope walker
función *nf, pl* **funciones** **1** : function **2** : duty **3** : performance, show
funcional *adj* : functional — **funcionalmente** *adv*
funcionamiento *nm* **1** : functioning **2 en ~** : in operation
funcionar *vi* **1** : to function **2** : to run, to work
funcionario, -ria *n* : civil servant, official
funda *nf* **1** : case, cover, sheath **2** : pillowcase
fundación *nf, pl* **-ciones** : foundation, establishment
fundado, -da *adj* : well-founded, justified
fundador, -dora *n* : founder
fundamental *adj* BÁSICO : fundamental, basic — **fundamentalmente** *adv*
fundamentalismo *nm* : fundamentalism
fundamentalista *nmf* : fundamentalist

fundamentar *vt* **1** : to lay the foundations for **2** : to support, to back up **3** : to base, to found

fundamento *nm* : basis, foundation, groundwork

fundar *vt* **1** ESTABLECER, INSTITUIR : to found, to establish **2** BASAR : to base — **fundarse** *vr* ~ **en** : to be based on, to stem from

fundición *nf, pl* **-ciones** **1** : founding, smelting **2** : foundry

fundir *vt* **1** : to melt down, to smelt **2** : to fuse, to merge **3** : to burn out (a lightbulb) — **fundirse** *vr* **1** : to fuse together, to blend, to merge **2** : to melt, to thaw **3** : to fade (in television or movies)

fúnebre *adj* **1** : funeral, funereal **2** LÚGUBRE : gloomy, mournful

funeral[1] *adj* : funeral, funerary

funeral[2] *nm* **1** : funeral **2** **funerales** *nmpl* EXEQUIAS : funeral rites

funeraria *nf* **1** : funeral home, funeral parlor **2** **director de funeraria** : funeral director, undertaker

funerario, -ria *adj* : funeral

funesto, -ta *adj* : terrible, disastrous ⟨consecuencias funestas : disastrous consequences⟩

fungicida[1] *adj* : fungicidal

fungicida[2] *nm* : fungicide

fungir {35} *vi* : to act, to function ⟨fungir de asesor : to act as a consultant⟩

fungoso, -sa *adj* : fungous

funja, etc. → **fungir**

furgón *nm, pl* **furgones** **1** : van, truck **2** : freight car, boxcar **3** **furgón de cola** : caboose

furgoneta *nf* : van

furia *nf* **1** CÓLERA, IRA : fury, rage **2** : violence, fury ⟨la furia de la tormenta : the fury of the storm⟩

furibundo, -da *adj* : furious

furiosamente *adv* : furiously, frantically

furioso, -sa *adj* **1** AIRADO : furious, irate **2** : intense, violent

furor *nm* **1** : fury, rage **2** : violence (of the elements) **3** : passion, frenzy **4** : enthusiasm ⟨hacer furor : to be all the rage⟩

furtivo, -va *adj* : furtive — **furtivamente** *adv*

furúnculo *nm* DIVIESO : boil

fuselaje *nm* : fuselage

fusible *nm* : (electrical) fuse

fusil *nm* : rifle

fusilar *vt* **1** : to shoot, to execute (by firing squad) **2** *fam* : to plagiarize, to pirate

fusilería *nf* **1** : rifles *pl,* rifle fire **2** **descarga de fusilería** : fusillade

fusión *nf, pl* **fusiones** **1** : fusion **2** : union, merger

fusionar *vt* **1** : to fuse **2** : to merge, to amalgamate — **fusionarse** *vr*

fusta *nf* : riding crop

fustigar {52} *vt* **1** AZOTAR : to whip, to lash **2** : to upbraid, to berate

futbol *or* **fútbol** *nm* **1** : soccer **2** **futbol americano** : football

futbolista *nmf* : soccer player

futesa *nf* **1** : small thing, trifle **2** **futesas** *nfpl* : small talk

fútil *adj* : trifling, trivial

futurista *adj* : futuristic

futuro[1], **-ra** *adj* : future

futuro[2] *nm* PORVENIR : future

G

g *nf* : seventh letter of the Spanish alphabet

gabán *nm, pl* **gabanes** : topcoat, overcoat

gabardina *nf* **1** : gabardine **2** : trench coat, raincoat

gabarra *nf* : barge

gabinete *nm* **1** : cabinet (in government) **2** : study, office (in the home) **3** : (professional) office

gablete *nm* : gable

gabonés, -nesa *adj & n, mpl* **-neses** : Gabonese

gacela *nf* : gazelle

gaceta *nf* : gazette, newspaper

gachas *nfpl* : porridge

gacho, -cha *adj* **1** : drooping, turned downward **2** *Mex fam* : nasty, awful **3** **ir a gachas** *fam* : to go on all fours

gaélico[1], **-ca** *adj* : Gaelic

gaélico[2] *nm* : Gaelic (language)

gafas *nfpl* ANTEOJOS : eyeglasses, glasses

gaita *nf* : bagpipes *pl*

gajes *nmpl* **gajes del oficio** : occupational hazards

gajo *nm* **1** : broken branch (of a tree) **2** : cluster, bunch (of fruit) **3** : segment (of citrus fruit)

gala *nf* **1** : gala ⟨vestido de gala : formal dress⟩ ⟨tener algo a gala : to be proud of something⟩ **2** **galas** *nfpl* : finery, attire

galáctico, -ca *adj* : galactic

galán *nm, pl* **galanes** **1** : ladies' man, gallant **2** : leading man, hero **3** : boyfriend, suitor

galano, -na *adj* **1** : elegant **2** *Mex* : mottled

galante *adj* : gallant, attentive — **galantemente** *adv*

galantear *vt* **1** CORTEJAR : to court, to woo **2** : to flirt with

galanteo *nm* **1** CORTEJO : courtship **2** : flirtation, flirting

galantería *nf* **1** : gallantry, attentiveness **2** : compliment

galápago *nm* : aquatic turtle

galardón *nm, pl* **-dones** : award, prize

galardonado, -da *adj* : prize-winning

galardonar *vt* : to give an award to

galaxia *nf* : galaxy

galeno *nm fam* : physician, doctor

galeón *nm, pl* **galeones** : galleon

galera *nf* : galley

galería *nf* **1** : gallery, balcony (in a theater) ⟨galería comercial : shopping mall⟩ **2** : corridor, passage

galerón *nm, pl* **-rones** *Mex* : large hall

galés[1], **-lesa** *adj* : Welsh

galés[2], **-lesa** *n, mpl* **galeses** **1** : Welshman *m,* Welshwoman *f* **2 los galeses** : the Welsh

galés[3] *nm* : Welsh (language)

galgo *nm* : greyhound

galimatías *nms & pl* : gibberish, nonsense

galio *nm* : gallium

gallardete *nm* : pennant, streamer

gallardía *nf* **1** VALENTÍA : bravery **2** APOSTURA : elegance, gracefulness

gallardo, -da *adj* **1** VALIENTE : brave **2** APUESTO : elegant, graceful

gallear *vi* : to show off, to strut around

gallego[1], **-ga** *adj* **1** : Galician **2** *fam* : Spanish

gallego[2], **-ga** *n* **1** : Galician **2** *fam* : Spaniard

galleta *nf* **1** : cookie **2** : cracker

gallina *nf* **1** : hen **2 gallina de Guinea** : guinea fowl

gallinazo *nm* : vulture, buzzard

gallinero *nm* : chicken coop, henhouse

gallito, -ta *adj fam* : cocky, belligerent

gallo *nm* **1** : rooster, cock **2** *fam* : squeak or crack in the voice **3** *Mex* : serenade **4 gallo de pelea** : gamecock

galo[1], **-la** *adj* **1** : Gaulish **2** : French

galo[2], **-la** *n* : Frenchman *m,* Frenchwoman *f*

galocha *nf* : galosh

galón *nm, pl* **galones** **1** : gallon **2** : stripe (military insignia)

galopada *nf* : gallop

galopante *adj* : galloping ⟨inflación galopante : galloping inflation⟩

galopar *vi* : to gallop

galope *nm* : gallop

galpón *nm, pl* **galpones** : shed, storehouse

galvanizar {21} *vt* : to galvanize — **galvanización** *nf*

gama *nf* **1** : range, spectrum, gamut **2** → **gamo**

gamba *nf* : large shrimp, prawn

gamberro, -rra *n Spain* : hooligan, troublemaker

gambiano, -na *adj & n* : Gambian

gambito *nm* : gambit (in chess)

gameto *nm* : gamete

gamo, -ma *n* : fallow deer

gamuza *nf* **1** : suede **2** : chamois

gana *nf* **1** : desire, inclination **2 con ∼s** : enthusiastically, heartily ⟨trabajar con ganas : to work enthusiastically⟩ ⟨llover con ganas : to be pouring rain⟩ **3 darle ganas a alguien de hacer algo** : to make someone feel like doing something **4 de buena gana** : willingly, readily, gladly **5 de mala gana** : reluctantly, halfheartedly **6 tener ganas de hacer algo** : to feel like doing something ⟨tengo ganas de bailar : I feel like dancing⟩ **7 morirse de ganas de hacer algo** : to be dying to do something **8 ponerle ganas a algo** : to put effort into something **9 quedarse con las ganas (de hacer algo)** : to end up not doing something

ganadería *nf* **1** : cattle raising, stockbreeding **2** : cattle ranch **3** GANADO : cattle *pl,* livestock

ganadero[1], **-ra** *adj* : cattle, ranching

ganadero[2], **-ra** *n* : rancher, stockbreeder

ganado *nm* **1** : cattle *pl,* livestock **2 ganado ovino** : sheep *pl* **3 ganado porcino** : swine *pl*

ganador[1], **-dora** *adj* : winning

ganador[2], **-dora** *n* : winner

ganancia *nf* **1** : profit **2 ganancias** *nfpl* : winnings, gains

ganancioso, -sa *adj* : profitable

ganar *vt* **1** : to win **2** : to gain ⟨ganar tiempo : to buy time⟩ **3** : to earn ⟨ganar dinero : to make money⟩ **4** : to acquire, to obtain — *vi* **1** : to win **2** : to profit ⟨salir ganando : to come out ahead⟩ — **ganarse** *vr* **1** : to gain, to win ⟨ganarse a alguien : to win someone over⟩ **2** : to earn ⟨ganarse la vida : to make a living⟩ **3** : to deserve

gancho *nm* **1** : hook **2** : clothes hanger **3** : hairpin, bobby pin **4** *Col* : safety pin

gandul[1] *nm CA, Car, Col* : pigeon pea

gandul[2], **-dula** *n fam* : idler, lazybones

gandulear *vi* : to idle, to loaf, to lounge about

ganga *nf* : bargain

ganglio *nm* **1** : ganglion **2** : gland

gangrena *nf* : gangrene — **gangrenoso, -sa** *adj*

gángster *nmf, pl* **gángsters** : gangster

gansada *nf* : silly thing, nonsense

ganso, -sa *n* **1** : goose, gander *m* **2** : idiot, fool

gañido *nm* : yelp (of a dog)

gañir {38} *vi* : to yelp

garabatear *v* : to scribble, to scrawl, to doodle

garabato *nm* **1** : doodle **2 garabatos** *nmpl* : scribble, scrawl

garaje *nm* : garage

garante *nmf* : guarantor

garantía *nf* **1** : guarantee, warranty **2** : security ⟨garantía de trabajo : job security⟩

garantizar {21} *vt* : to guarantee

garapiña *nf* : pineapple drink

garapiñar *vt* : to candy

garbanzo *nm* : chickpea, garbanzo

garbo *nm* **1** DONAIRE : grace, poise **2** : jauntiness

garboso, -sa *adj* **1** : graceful **2** : elegant, stylish

garceta *nf* : egret

gardenia *nf* : gardenia
garfio *nm* : hook, gaff, grapnel
gargajo *nm fam* : phlegm
garganta *nf* **1** : throat **2** : neck (of a person or a bottle) **3** : ravine, narrow pass
gargantilla *nf* : choker, necklace
gárgara *nf* **1** : gargle, gargling **2 hacer gárgaras** : to gargle
gargarizar *vi* : to gargle
gárgola *nf* : gargoyle
garita *nf* **1** : cabin, hut **2** : sentry box, lookout post
garoso, -sa *adj Col, Ven* : gluttonous, greedy
garra *nf* **1** : claw **2** : hand, paw **3 garras** *nfpl* : claws, clutches ⟨caer en las garras de alguien : to fall into someone's clutches⟩
garrafa *nf* : decanter, carafe
garrafal *adj* : terrible, monstrous
garrafón *nm, pl* **-fones** : large decanter, large bottle
garrapata *nf* : tick
garrobo *nm CA* : large lizard, iguana
garrocha *nf* **1** PICA : lance, pike **2** : pole ⟨salto con garrocha : pole vault⟩
garrotazo *nm* : blow (with a club)
garrote *nm* **1** : club, stick **2** *Mex* : brake
garúa *nf* : drizzle
garuar {3} *v impers* LLOVIZNAR : to drizzle
garza *nf* : heron
garzón, -zona *n, mpl* **-zones** *Chile* : waiter *m*, waitress *f*
gas *nm* : gas, vapor, fumes *pl* ⟨gas lacrimógeno : tear gas⟩
gasa *nf* : gauze
gasear *vt* **1** : to gas **2** : to aerate (a liquid)
gaseosa *nf* REFRESCO : soda, soft drink
gaseoso, -sa *adj* **1** : gaseous **2** : carbonated, fizzy
gasoducto *nm* : gas pipeline
gasolina *nf* : gasoline, gas
gasolinera *nf* : gas station, service station
gastado, -da *adj* **1** : spent **2** : worn, worn-out
gastador[1], **-dora** *adj* : extravagant, spendthrift
gastador[2], **-dora** *n* : spendthrift
gastar *vt* **1** : to spend **2** CONSUMIR : to consume, to use up **3** : to squander, to waste **4** : to wear ⟨gasta un bigote : he sports a mustache⟩ — **gastarse** *vr* **1** : to spend, to expend **2** : to run down, to wear out
gasto *nm* **1** : expense, expenditure **2** DETERIORO : wear **3 gastos fijos/generales/indirectos** : overhead **4 cubrir gastos** : to cover costs, to break even **5 gastos de seguro** : insurance costs **6 gastos de la casa** : household expenses **7 gastos de viaje** : travel expenses **8 gastos de envío** : shipping and handling **9 gasto público** : public spending
gástrico, -ca *adj* : gastric
gastritis *nf* : gastritis
gastronomía *nf* : gastronomy
gastronómico, -ca *adj* : gastronomic
gastrónomo, -ma *n* : gourmet
gatas *adv* **andar a gatas** : to crawl, to go on all fours
gatear *vi* **1** : to crawl **2** : to climb, to clamber (up)
gatillero *nm Mex* : gunman
gatillo *nm* : trigger
gatito, -ta *n* : kitten
gato[1], **-ta** *n* : cat
gato[2] *nm* : jack (for an automobile)
gauchada *nf Arg, Uru* : favor, kindness
gaucho *nm* : gaucho
gaveta *nf* **1** CAJÓN : drawer **2** : till
gavilla *nf* **1** : gang, band **2** : sheaf
gaviota *nf* : gull, seagull
gay [ˈge, ˈgai] *adj* : gay (homosexual)
gaza *nf* : loop
gazapo *nm* **1** : young rabbit **2** : misprint, error
gazmoñería *nf* MOJIGATERÍA : prudery, primness
gazmoño[1], **-ña** *adj* : prudish, prim
gazmoño[2], **-ña** *n* MOJIGATO : prude, prig
gaznate *nm* : throat, gullet
gazpacho *nm* : gazpacho
géiser *or* **géyser** *nm* : geyser
gel *nm* : gel
gelatina *nf* : gelatin
gélido, -da *adj* : icy, freezing cold
gelificarse *vr* : to jell
gema *nf* : gem
gemelo[1], **-la** *adj & n* MELLIZO : twin
gemelo[2] *nm* **1** : cuff link **2 gemelos** *nmpl* BINOCULARES : binoculars
gemido *nm* : moan, groan, wail
Géminis *nmf* : Gemini
gemir {54} *vi* : to moan, to groan, to wail
gen *or* **gene** *nm* : gene
gendarme *nmf* POLICÍA : police officer, policeman *m*, policewoman *f*
gendarmería *nf* : police
genealogía *nf* : genealogy
genealógico, -ca *adj* : genealogical
generación *nf, pl* **-ciones** **1** : generation ⟨tercera generación : third generation⟩ **2** : generating, creating **3** : class ⟨la generación del '97 : the class of '97⟩
generacional *adj* : generation, generational
generador *nm* : generator
general[1] *adj* **1** : general **2 en ~** *or* **por lo general** : in general, generally
general[2] *nmf* **1** : general **2 general de división** : major general
generalidad *nf* **1** : generality, generalization **2** : majority
generalización *nf, pl* **-ciones** **1** : generalization **2** : escalation, spread

generalizado, -da *adj* : generalized, widespread
generalizar {21} *vi* : to generalize — *vt* : to spread, to spread out — **generalizarse** *vr* : to become widespread
generalmente *adv* : usually, generally
generar *vt* : to generate — **generarse** *vr*
genérico, -ca *adj* : generic
género *nm* **1** : genre, class, kind ⟨el género humano : the human race, mankind⟩ **2** : gender (in grammar) **3 géneros** *nmpl* : goods, commodities
generosidad *nf* : generosity
generoso, -sa *adj* **1** : generous, unselfish **2** : ample — **generosamente** *adv*
genética *nf* : genetics
genético, -ca *adj* : genetic — **genéticamente** *adv*
genetista *nmf* : geneticist
genial *adj* **1** AGRADABLE : genial, pleasant **2** : brilliant ⟨una obra genial : a work of genius⟩ **3** *fam* FORMIDABLE : fantastic, terrific
genialidad *nf* **1** : genius **2** : stroke of genius **3** : eccentricity
genio *nm* **1** : genius **2** : temper, disposition ⟨de mal genio : bad-tempered⟩ **3** : genie
genital *adj* : genital
genitales *nmpl* : genitals, genitalia
genocidio *nm* : genocide
genotipo *nm* : genotype
gente *nf* **1** : people **2** : relatives *pl*, folks *pl* **3 gente menuda** *fam* : children, kids *pl* **4 ser buena gente** : to be nice, to be kind
gentil[1] *adj* **1** AMABLE : kind **2** : gentile
gentil[2] *nmf* : gentile
gentileza *nf* **1** AMABILIDAD : kindness **2** CORTESÍA : courtesy
gentilicio, -cia *adj* **1** : national, tribal **2** : family
gentío *nm* MUCHEDUMBRE, MULTITUD : crowd, mob
gentuza *nf* CHUSMA : riffraff, rabble
genuflexión *nf, pl* **-xiones** **1** : genuflection **2 hacer una genuflexión** : to genuflect
genuino, -na *adj* : genuine — **genuinamente** *adv*
geofísica *nf* : geophysics
geofísico, -ca *adj* : geophysical
geografía *nf* : geography
geográfico, -ca *adj* : geographic, geographical — **geográficamente** *adv*
geógrafo, -fa *n* : geographer
geología *nf* : geology
geológico, -ca *adj* : geologic, geological — **geológicamente** *adv*
geólogo, -ga *n* : geologist
geometría *nf* : geometry
geométrico, -ca *adj* : geometric, geometrical — **geométricamente** *adv*
geopolítica *nf* : geopolitics
geopolítico, -ca *adj* : geopolitical
georgiano, -na *adj & n* : Georgian
geranio *nm* : geranium
gerbo *nm* : gerbil
gerencia *nf* : management, administration
gerencial *adj* : managerial
gerente *nmf* : manager, director
geriatría *nf* : geriatrics
geriátrico, -ca *adj* : geriatric
germanio *nm* : germanium
germano, -na *adj* : Germanic, German
germen *nm, pl* **gérmenes** : germ
germicida *nf* : germicide
germinación *nf, pl* **-ciones** : germination
germinar *vi* : to germinate, to sprout
gerontología *nf* : gerontology
gerundio *nm* : gerund
gesta *nf* : deed, exploit
gestación *nf, pl* **-ciones** : gestation
gesticulación *nf, pl* **-ciones** : gesturing, gesticulation
gesticular *vi* : to gesticulate, to gesture
gestión *nf, pl* **gestiones** **1** TRÁMITE : procedure, step **2** ADMINISTRACIÓN : management **3 gestiones** *nfpl* : negotiations
gestionar *vt* **1** : to negotiate, to work towards **2** ADMINISTRAR : to manage, to handle
gesto *nm* **1** ADEMÁN : gesture **2** : facial expression **3** MUECA : grimace
gestor[1], **-tora** *adj* : facilitating, negotiating, managing
gestor[2], **-tora** *n* : facilitator, manager
géyser → **géiser**
ghanés, -nesa *adj & n, mpl* **ghaneses** : Ghanaian
ghetto → **gueto**
giba *nf* **1** : hump (of an animal) **2** : hunchback (of a person)
gibón *nm, pl* **gibones** : gibbon
giboso[1], **-sa** *adj* : hunchbacked, humpbacked
giboso[2], **-sa** *n* : hunchback, humpback
gigabyte *nm* : gigabyte
gigante[1] *adj* : giant, gigantic
gigante[2], **-ta** *n* : giant
gigantesco, -ca *adj* : gigantic, huge
gime, etc. → **gemir**
gimnasia *nf* : gymnastics
gimnasio *nm* : gymnasium, gym
gimnasta *nmf* : gymnast
gimnástico, -ca *adj* : gymnastic
gimotear *vi* LLORIQUEAR : to whine, to whimper
gimoteo *nm* : whimpering
ginebra *nf* : gin
ginecología *nf* : gynecology
ginecológico, -ca *adj* : gynecologic, gynecological
ginecólogo, -ga *n* : gynecologist
ginseng *nm* : ginseng
gira *nf* : tour
giralda *nf* : weather vane
girar *vi* **1** : to turn around, to revolve **2** : to swing around, to swivel — *vt* **1** : to turn, to twist, to rotate **2** : to draft (checks) **3** : to transfer (funds)
girasol *nm* MIRASOL : sunflower
giratorio, -ria *adj* : revolving
giro *nm* **1** VUELTA : turn, rotation **2** : change of direction ⟨giro de 180 gra-

dos : U-turn, about-face⟩ **3 giro bancario** : bank draft **4 giro postal** : money order
giroscopio *or* **giróscopo** *nm* : gyroscope
gis *nm Mex* : chalk
gitano, -na *adj & n* : Gypsy
glacial *adj* : glacial, icy — **glacialmente** *adv*
glaciar *nm* : glacier
gladiador *nm* : gladiator
gladiolo *or* **gladíolo** *nm* : gladiolus
glándula *nf* : gland — **glandular** *adj*
glaseado *nm* : glaze, icing
glasear *vt* : to glaze
glaucoma *nm* : glaucoma
glicerina *nf* : glycerin, glycerol
glicinia *nf* : wisteria
global *adj* **1** : global, worldwide **2** : full, comprehensive **3** : total, overall
globalizar {21} *vt* **1** ABARCAR : to include, to encompass **2** : to extend worldwide
globalmente *adv* : globally, as a whole
globo *nm* **1** : globe, sphere **2** : balloon **3 globo ocular** : eyeball
glóbulo *nm* **1** : globule **2** : blood cell, corpuscle
gloria *nf* **1** : glory **2** : fame, renown **3** : delight, enjoyment **4** : star, legend ⟨las glorias del cine : the great names in motion pictures⟩
glorieta *nf* **1** : rotary, traffic circle **2** : bower, arbor
glorificar {72} *vt* ALABAR : to glorify — **glorificación** *nf*
glorioso, -sa *adj* : glorious — **gloriosamente** *adv*
glosa *nf* **1** : gloss **2** : annotation, commentary
glosar *vt* **1** : to gloss **2** : to annotate, to comment on (a text)
glosario *nm* : glossary
glotis *nf* : glottis
glotón[1], **-tona** *adj, mpl* **glotones** : gluttonous
glotón[2], **-tona** *n, mpl* **glotones** : glutton
glotón[3] *nm, pl* **glotones** : wolverine
glotonería *nf* GULA : gluttony
glucosa *nf* : glucose
glutinoso, -sa *adj* : glutinous
gnomo ['nomo] *nm* : gnome
gobernación *nf, pl* **-ciones** : governing, government
gobernador, -dora *n* : governor
gobernante[1] *adj* : ruling, governing
gobernante[2] *nmf* : ruler, leader, governor
gobernar {55} *vt* **1** : to govern, to rule **2** : to steer, to sail (a ship) — *vi* **1** : to govern **2** : to steer
gobierno *nm* : government
goce[1], **etc.** → **gozar**
goce[2] *nm* **1** PLACER : enjoyment, pleasure **2** : use, possession
gol *nm* : goal (in soccer)
golear *vt* : to rout, to score many goals against (in soccer)
goleta *nf* : schooner
golf *nm* : golf
golfista *nmf* : golfer
golfo *nm* : gulf, bay
golondrina *nf* **1** : swallow (bird) **2 golondrina de mar** : tern
golosina *nf* : sweet, snack
goloso, -sa *adj* : fond of sweets ⟨ser goloso : to have a sweet tooth⟩
golpazo *nm* : heavy blow, bang, thump
golpe *nm* **1** : blow ⟨caerle/cogerle a golpes a alguien : to give someone a beating⟩ ⟨darse un golpe en la cabeza : to hit one's head⟩ **2** : knock **3** : job, heist ⟨dar el golpe : to do the job⟩ **4 de ~** : suddenly **5 de un golpe** : all at once, in one fell swoop **6 golpe de estado** : coup, coup d'etat **7 golpe de suerte** : stroke of luck **8 golpe de viento** : gust of wind **9 no dar/pegar (ni) golpe** : not to lift a finger, not to do a bit of work
golpeado, -da *adj* **1** : beaten, hit **2** : bruised (of fruit) **3** : dented
golpear *vt* **1** : to beat (up), to hit **2** : to slam, to bang, to strike — *vi* **1** : to knock (at a door) **2** : to beat ⟨la lluvia golpeaba contra el tejado : the rain beat against the roof⟩ — **golpearse** *vr*
golpetear *v* : to knock, to rattle, to tap
golpeteo *nm* : banging, knocking, tapping
goma *nf* **1** : gum ⟨goma de mascar : chewing gum⟩ **2** CAUCHO : rubber ⟨goma espuma : foam rubber⟩ **3** PEGAMENTO : glue **4** : rubber band **5** *Arg* : tire **6** *or* **goma de borrar** : eraser
gomita *nf* : rubber band
gomoso, -sa *adj* : gummy, sticky
góndola *nf* : gondola
gong *nm* : gong
gonorrea *nf* : gonorrhea
gorda *nf Mex* : thick corn tortilla
gordinflón[1], **-flona** *adj, mpl* **-flones** *fam* : chubby, pudgy
gordinflón[2], **-flona** *n, mpl* **-flones** *fam* : chubby person
gordo[1], **-da** *adj* **1** : fat **2** : thick **3** : fatty, greasy, oily **4** : unpleasant ⟨me cae gorda tu tía : I can't stand your aunt⟩
gordo[2], **-da** *n* : fat person
gordo[3] *nm* **1** GRASA : fat **2** : jackpot
gordura *nf* : fatness, flab
gorgojo *nm* : weevil
gorgotear *vi* : to gurgle, to bubble
gorgoteo *nm* : gurgle
gorila *nm* : gorilla
gorjear *vi* **1** : to chirp, to tweet, to warble **2** : to gurgle
gorjeo *nm* **1** : chirping, warbling **2** : gurgling
gorra *nf* **1** : bonnet **2** : cap **3 de ~** *fam* : for free, at someone else's expense ⟨vivir de gorra : to sponge, to freeload⟩
gorrear *vt fam* : to bum, to scrounge — *vi fam* : to freeload

gorrero, -ra *n fam* : freeloader, sponger
gorrión *nm, pl* **gorriones** : sparrow
gorro *nm* **1** : cap **2 estar hasta el gorro** : to be fed up
gorrón, -rrona *n, mpl* **gorrones** *fam* : freeloader, scrounger
gorronear *vt fam* : to bum, to scrounge — *vi fam* : to freeload
gota *nf* **1** : drop ⟨una gota de sudor : a bead of sweat⟩ ⟨como dos gotas de agua : like two peas in a pod⟩ ⟨sudar la gota gorda : to sweat buckets, to work very hard⟩ **2** : gout
gotear *v* **1** : to drip **2** : to leak — *v impers* LLOVIZNAR : to drizzle
goteo *nm* : drip, dripping
gotera *nf* **1** : leak **2** : stain (from dripping water)
gotero *nm* : (medicine) dropper
gótico, -ca *adj* : Gothic
gourmet *nmf* : gourmet
gozar {21} *vi* **1** : to enjoy oneself, to have a good time **2 ~ de** : to enjoy, to have, to possess ⟨gozar de buena salud : to enjoy good health⟩ **3 ~ con** : to take delight in
gozne *nm* BISAGRA : hinge
gozo *nm* **1** : joy **2** PLACER : enjoyment, pleasure
gozoso, -sa *adj* : joyful
grabación *nf, pl* **-ciones** : recording
grabado *nm* **1** : engraving **2 grabado al aguafuerte** : etching
grabador, -dora *n* : engraver
grabadora *nf* : tape recorder
grabar *vt* **1** : to engrave **2** : to record, to tape — *vi* **grabar al aguafuerte** : to etch — **grabarse** *vr* **grabársele a alguien en la memoria** : to become engraved on someone's mind
gracia *nf* **1** : grace ⟨lo hizo con gracia : she did it gracefully⟩ ⟨una casa con mucha gracia : a very stylish/elegant house⟩ **2** : favor, kindness ⟨por la gracia de Dios : by the grace of God⟩ **3** : humor, wit ⟨su comentario no me hizo gracia : I wasn't amused by his remark⟩ ⟨tener gracia : to be funny⟩ **4** : grace, respite ⟨una semana de gracia : a week's grace⟩ ⟨período de gracia : grace period⟩ **5 gracias** *nfpl* : thanks ⟨¡gracias! : thank you!⟩ ⟨dar gracias : to give thanks⟩
grácil *adj* **1** : graceful **2** : delicate, slender, fine
gracilidad *nm* : gracefulness
gracioso, -sa *adj* **1** CHISTOSO : funny, amusing **2** : cute, attractive
grada *nf* **1** : harrow **2** PELDAÑO : step, stair **3 gradas** *nfpl* : bleachers, grandstand
gradación *nf, pl* **-ciones** : gradation, scale
gradar *vt* : to harrow, to hoe
gradería *nf* : tiers *pl,* stands *pl,* rows *pl* (in a theater)
gradiente *nf* : gradient, slope
grado *nm* **1** : degree (in meteorology and mathematics) ⟨grado centígrado : degree centigrade⟩ **2** : extent, level, degree ⟨en grado sumo : greatly, to the highest degree⟩ **3** RANGO : rank **4** : year, class (in education) **5 de buen grado** : willingly, readily
graduable *adj* : adjustable
graduación *nf, pl* **-ciones** **1** : graduation (from a school) **2** GRADO : rank **3** : alcohol content, proof
graduado[1], -da *adj* **1** : graduated **2 lentes graduados** : prescription lenses
graduado[2], -da *n* : graduate
gradual *adj* : gradual — **gradualmente** *adv*
graduar {3} *v* **1** : to regulate, to adjust **2** CALIBRAR : to calibrate, to gauge — **graduarse** *vr* : to graduate (from a school)
graffiti *or* **grafiti** *nmpl* : graffiti *pl*
gráfica *nf* → **gráfico[2]**
gráfico[1], -ca *adj* : graphic — **gráficamente** *adv*
gráfico[2] *nm* **1** : graph, chart **2** : graphic (for a computer, etc.) **3 gráfico de barras** : bar graph
grafismo *nm* : graphics *pl*
grafito *nm* : graphite
gragea *nf* **1** : coated pill or tablet **2 grageas** *nfpl* : sprinkles, jimmies
grajo *nm* : rook (bird)
grama *nf* : grass
gramática *nf* : grammar
gramatical *adj* : grammatical — **gramaticalmente** *adv*
gramo *nm* : gram
gran → **grande**
grana *nf* : scarlet, deep red
granada *nf* **1** : pomegranate **2** : grenade ⟨granada de mano : hand grenade⟩
granadero *nm* **1** : grenadier **2 granaderos** *nmpl Mex* : riot squad
granadino, -na *adj & n* : Grenadian
granado, -da *adj* **1** DISTINGUIDO : distinguished **2** : choice, select
granate *nm* **1** : garnet **2** : deep red, maroon
grande *adj* (**gran** *before singular nouns*) **1** : large, big ⟨un libro grande : a big book⟩ ⟨un grupo grande : a large group⟩ ⟨grandes cantidades : large quantities⟩ ⟨grandes corporaciones : big corporations⟩ ⟨esta camisa me queda grande : this shirt's (too) big on me⟩ **2** ALTO : tall ⟨¡qué grande estás! : look how much you've grown!⟩ **3** NOTABLE : great ⟨un gran autor : a great writer⟩ **4** (*indicating significance*) : big ⟨un gran error : a big mistake⟩ ⟨su gran oportunidad : his big chance⟩ **5** (*indicating degree*) : great, big ⟨con gran placer : with great pleasure⟩ ⟨un gran éxito : a big/great success⟩ ⟨a gran velocidad : at great speed⟩ ⟨grandes amigos : great friends⟩ ⟨un gran admirador : a great/big admirer, a big fan⟩ **6** : old, grown-up, big ⟨hijos grandes : grown

children⟩ ⟨ya eres (una niña/un niño) grande : you're a big girl/boy now⟩ **7 a lo grande** : in style

grandeza *nf* **1** MAGNITUD : greatness, size **2** : nobility **3** : generosity, graciousness **4** : grandeur, magnificence

grandilocuencia *nf* : grandiloquence — **grandilocuente** *adj*

grandiosidad *nf* : grandeur

grandioso, -sa *adj* **1** MAGNÍFICO : grand, magnificent **2** : grandiose

granel *adv* **1 a ~** : galore, in great quantities **2 a ~** : in bulk ⟨vender a granel : to sell in bulk⟩

granero *nm* : barn, granary

granito *nm* : granite

granizada *nf* : hailstorm

granizar {21} *v impers* : to hail

granizo *nm* : hail

granja *nf* : farm

granjear *vt* : to earn, to win — **granjearse** *vr* : to gain, to earn

granjero, -ra *n* : farmer

grano *nm* **1** PARTÍCULA : grain, particle ⟨un grano de arena : a grain of sand⟩ **2** : grain (of rice, etc.), bean (of coffee), seed **3** : grain (of wood or rock) **4** BARRO, ESPINILLA : pimple **5 ir al grano** : to get to the point

granuja *nmf* PILLUELO : rascal, urchin

granular[1] *vt* : to granulate — **granularse** *vr* : to break out in spots

granular[2] *adj* : granular, grainy

granza *nf* : chaff

grapa *nf* **1** : staple **2** : clamp

grapadora *nf* ENGRAPADORA : stapler

grapar *vt* ENGRAPAR : to staple

grasa *nf* **1** : grease **2** : fat **3** *Mex* : shoe polish

grasiento, -ta *adj* : greasy, oily

graso, -sa *adj* **1** : fatty **2** : greasy, oily

grasoso, -sa *adj* GRASIENTO : greasy, oily

gratificación *nf, pl* **-ciones** **1** SATISFACCIÓN : gratification **2** : bonus **3** RECOMPENSA : recompense, reward

gratificar {72} *vt* **1** SATISFACER : to satisfy, to gratify **2** RECOMPENSAR : to reward **3** : to give a bonus to

gratinado, -da *adj* : au gratin

gratis[1] *adv* GRATUITAMENTE : free, for free, gratis

gratis[2] *adj* GRATUITO : free, gratis

gratitud *nf* : gratitude

grato, -ta *adj* AGRADABLE, PLACENTERO : pleasant, agreeable — **gratamente** *adv*

gratuitamente *adv* **1** : gratuitously **2** GRATIS : free, for free, gratis

gratuito, -ta *adj* **1** : gratuitous, unwarranted **2** GRATIS : free, gratis

grava *nf* : gravel

gravamen *nm, pl* **-vámenes** **1** : burden, obligation **2** : (property) tax

gravar *vt* **1** : to burden, to encumber **2** : to levy (a tax)

grave *adj* **1** : grave, important **2** : serious, somber **3** : serious (of an illness)

gravedad *nf* **1** : gravity ⟨centro de gravedad : center of gravity⟩ **2** : seriousness, severity

gravemente *adv* : gravely, seriously

gravilla *nf* : (fine) gravel

gravitación *nf, pl* **-ciones** : gravitation

gravitacional *adj* : gravitational

gravitar *vi* **1** : to gravitate **2 ~ sobre** : to rest on **3 ~ sobre** : to loom over

gravoso, -sa *adj* **1** ONEROSO : burdensome, onerous **2** : costly

graznar *vi* : to caw, to honk, to quack, to squawk

graznido *nm* : cawing, honking, quacking, squawking

gregario, -ria *adj* : gregarious

gregoriano, -na *adj* : Gregorian

gremial *adj* SINDICAL : union, labor

gremio *nm* SINDICATO : union, guild

greña *nf* **1** : mat, tangle **2 greñas** *nfpl* MELENAS : shaggy hair, mop

greñudo, -da *n* HIPPIE, MELENUDO : longhair, hippie

grey *nf* : congregation, flock

griego[1], **-ga** *adj & n* : Greek

griego[2] *nm* : Greek (language)

grieta *nf* : crack, crevice

grifo *nm* **1** : faucet ⟨agua del grifo : tap water⟩ **2** : griffin

grillete *nm* : shackle

grillo *nm* **1** : cricket **2 grillos** *nmpl* : fetters, shackles

grima *nf* **1** : disgust, uneasiness **2 darle grima a alguien** : to get on someone's nerves

gringo, -ga *adj & n* YANQUI : Yankee, gringo

gripa *nf Col, Mex* : flu

gripe *nf* : flu

gris *adj* **1** : gray **2** : overcast, cloudy

grisáceo, -cea *adj* : grayish

gritar *v* : to shout, to scream, to cry

gritería *nf* : shouting, clamor

grito *nm* : shout, scream, cry ⟨a grito pelado : at the top of one's voice⟩

groenlandés, -desa *adj & n* : Greenlander

grogui *adj fam* : dazed, groggy

grosella *nf* **1** : currant **2 grosella espinosa** : gooseberry

grosería *nf* **1** : insult, coarse language **2** : rudeness, discourtesy

grosero[1], **-ra** *adj* **1** : rude, fresh **2** : coarse, vulgar

grosero[2], **-ra** *n* : rude person

grosor *nm* : thickness

grosso *adj* **a grosso modo** : roughly, broadly, approximately

grotesco, -ca *adj* : grotesque, hideous

grúa *nf* **1** : crane (machine) **2** : tow truck

gruesa *nf* : gross

grueso[1], **-sa** *adj* **1** : thick, bulky **2** : heavy, big **3** : heavyset, stout

grueso[2] *nm* **1** : thickness **2** : main body, mass **3 en ~** : in bulk

grulla *nf* : crane (bird)

grumo *nm* : lump, glob

gruñido *nm* : growl, grunt

gruñir {38} *vi* **1** : to growl, to grunt **2** : to grumble
gruñón[1], **-ñona** *adj, mpl* **gruñones** *fam* : grumpy, crabby
gruñón[2], **-ñona** *n, mpl* **gruñones** *fam* : grumpy person, nag
grupa *nf* : rump, hindquarters *pl*
grupo *nm* : group
gruta *nf* : grotto, cave
guacal *nm Col, Mex, Ven* : crate
guacamayo *nm* : macaw
guacamole *or* **guacamol** *nm* : guacamole
guacamote *nm Mex* : yuca, cassava
guachinango → **huachinango**
guacho, -cha *adj* **1** *Arg, Col, Chile, Peru* : orphaned **2** *Chile, Peru* : odd, unmatched
guadaña *nf* : scythe
guagua *nf* **1** *Arg, Col, Chile, Peru* : baby **2** *Cuba, PRi* : bus
guaira *nf* **1** *CA* : traditional flute **2** *Peru* : smelting furnace
guajiro, -ra *n Cuba* : peasant
guajolote *nm Mex* : turkey
guanábana *nf* : guanabana, soursop (fruit)
guanaco *nm* : guanaco
guandú *nm CA, Car, Col* : pigeon pea
guango, -ga *adj Mex* **1** : loose-fitting, baggy **2** : slack, loose
guano *nm* : guano
guante *nm* **1** : glove ⟨guante de boxeo : boxing glove⟩ **2 arrojarle el guante (a alguien)** : to throw down the gauntlet (to someone)
guantelete *nm* : gauntlet
guapo, -pa *adj* **1** : handsome, good-looking, attractive **2** : elegant, smart **3** *fam* : bold, dashing
guapura *nf fam* : handsomeness, attractiveness, good looks *pl* ⟨¡qué guapura! : what a vision!⟩
guarache → **huarache**
guarachear *vi Cuba, PRi fam* : to go on a spree, to go out on the town
guaraní[1] *adj & nmf* : Guarani
guaraní[2] *nm* : Guarani (language of Paraguay)
guarda *nmf* **1** GUARDIÁN : security guard **2** : keeper, custodian
guardabarros *nms & pl* : fender, mudguard
guardabosque *nmf* : forest ranger, gamekeeper
guardacostas[1] *nmfs & pl* : coastguardsman
guardacostas[2] *nms & pl* : coast guard vessel
guardaespaldas *nmfs & pl* : bodyguard
guardafangos *nms & pl* : fender, mudguard
guardameta *nmf* ARQUERO, PORTERO : goalkeeper, goalie
guardapelo *nm* : locket
guardapolvo *nm* **1** : dustcover **2** : duster, housecoat
guardar *vt* **1** : to guard **2** : to maintain, to preserve **3** CONSERVAR : to put away **4** RESERVAR : to save **5** : to keep (a secret or promise) — **guardarse** *vr* **1 ~ de** : to refrain from **2 ~ de** : to guard against, to be careful not to
guardarropa *nm* **1** : cloakroom, checkroom **2** ARMARIO : closet, wardrobe
guardería *nf* : nursery, day-care center
guardia[1] *nf* **1** : guard, defense **2** : guard duty, watch **3 en ~** : on guard
guardia[2] *nmf* **1** : sentry, guardsman, guard **2** : police officer, policeman *m*, policewoman *f*
guardiamarina *nmf* : midshipman
guardián, -diana *n, mpl* **guardianes** **1** GUARDA : security guard, watchman **2** : guardian, keeper **3 perro guardián** : watchdog
guarecer {53} *vt* : to shelter, to protect — **guarecerse** *vr* : to take shelter
guarida *nf* **1** : den, lair **2** : hideout
guarismo *nm* : figure, numeral
guarnecer {53} *vt* **1** : to adorn **2** : to garnish **3** : to garrison
guarnición *nf, pl* **-ciones** **1** : garnish **2** : garrison **3** : decoration, trimming, setting (of a jewel)
guaro *nm CA* : liquor distilled from sugarcane
guasa *nf fam* **1** : joking, fooling around **2 de ~** : in jest, as a joke
guasón[1], **-sona** *adj, mpl* **guasones** *fam* : funny, witty
guasón[2], **-sona** *n, mpl* **guasones** *fam* : joker, clown
guatemalteco, -ca *adj & n* : Guatemalan
guau *interj* : wow!
guay *adj Spain fam* : cool, neat, great
guayaba *nf* : guava (fruit)
gubernamental *adj* : governmental
gubernativo, -va → **gubernamental**
gubernatura *nf Mex* : governing body
guepardo *nm* : cheetah
güero, -ra *adj Mex* : blond, fair
guerra *nf* **1** : war ⟨declarar la guerra : to declare war⟩ ⟨estar en guerra : to be at war⟩ ⟨guerra sin cuartel : all-out war⟩ ⟨guerra civil/nuclear : civil/nuclear war⟩ ⟨hacer la guerra : to wage war⟩ **2** : warfare ⟨guerra de guerrillas : guerrilla warfare⟩ ⟨guerra biológica : biological warfare⟩ **3** LUCHA : conflict, struggle ⟨guerra a muerte : fight to the death⟩ **4 dar guerra** *fam* : to be annoying, to cause trouble
guerrear *vi* : to wage war
guerrero[1], **-ra** *adj* **1** : war, fighting **2** : warlike
guerrero[2], **-ra** *n* : warrior
guerrilla *nf* : guerrilla warfare
guerrillero, -ra *adj & n* : guerrilla
gueto *nm* : ghetto
guía[1] *nf* **1** : directory, guidebook **2** ORIENTACIÓN : guidance, direction ⟨la conciencia me sirve como guía : conscience is my guide⟩
guía[2] *nmf* : guide, leader ⟨guía de turismo : tour guide⟩

guiar {85} *vt* **1** : to guide, to lead **2** CONDUCIR : to manage — **guiarse** *vr* : to be guided by, to go by
guija *nf* : pebble
guijarro *nm* : pebble
guillotina *nf* : guillotine — **guillotinar** *vt*
guinda[1] *adj & nm Mex* : burgundy (color)
guinda[2] *nf* : morello (cherry)
guineo *nm Car* : banana
guinga *nf* : gingham
guiñada → **guiño**
guiñar *vi* : to wink
guiño *nm* : wink
guión *nm, pl* **guiones** **1** : script, screenplay **2** : hyphen, dash **3** ESTANDARTE : standard, banner
guirnalda *nf* : garland
guisa *nf* **1** : manner, fashion **2 a guisa de** : like, by way of **3 de tal guisa** : in such a way
guisado ESTOFADO *nm* : stew
guisante *nm* : pea
guisar *vt* **1** ESTOFAR : to stew **2** *Spain* : to cook
guiso *nm* **1** : stew **2** : casserole
güisqui → **whisky**
guita *nf* : string, twine
guitarra *nf* : guitar
guitarrista *nmf* : guitarist
gula *nf* GLOTONERÍA : gluttony, greed
gusano *nm* **1** LOMBRIZ : worm, earthworm ⟨gusano de seda : silkworm⟩ **2** : caterpillar, maggot, grub
gustar *vt* **1** : to taste **2** : to like ⟨¿gustan pasar? : would you like to come in?⟩ — *vi* **1** : to be pleasing ⟨me gustan los dulces : I like sweets⟩ ⟨a María le gusta Carlos : Maria is attracted to Carlos⟩ ⟨no me gusta que me griten : I don't like to be yelled at⟩ **2 ~ de** : to like, to enjoy ⟨no gusta de chismes : she doesn't like gossip⟩ **3 como guste** : as you wish, as you like
gustativo, -va *adj* : taste ⟨papilas gustativas : taste buds⟩
gusto *nm* **1** : flavor, taste ⟨tiene gusto a chocolate : it tastes like chocolate⟩ **2** : taste, style ⟨de buen/mal gusto : in good/bad taste⟩ ⟨no es de mi gusto : it's not to my taste⟩ **3** : pleasure, liking ⟨tener el gusto de : to have the pleasure of⟩ ⟨con mucho gusto : gladly, with pleasure⟩ ⟨dar gusto : to be a pleasure⟩ ⟨darse el gusto de : to treat oneself to⟩ **4** : whim, fancy ⟨a gusto : at will⟩ **5 a ~** : comfortable, at ease **6 al gusto** : to taste, as one likes **7 mucho gusto** : pleased to meet you **8 por ~** : for pleasure
gustosamente *adv* : gladly
gustoso, -sa *adj* **1** : willing, glad ⟨nuestra empresa participará gustosa : our company will be pleased to participate⟩ **2** : zesty, tasty
gutural *adj* : guttural

H

h *nf* : eighth letter of the Spanish alphabet
ha → **haber**
haba *nf* : broad bean
habanero[1], **-ra** *adj* : of or from Havana
habanero[2], **-ra** *n* : native or resident of Havana
haber[1] {39} *v aux* **1** : have, has ⟨no ha llegado el envío : the shipment hasn't arrived⟩ ⟨de haberlo sabido : if I had known⟩ ⟨debería haberlo pensado : I should have thought of it⟩ **2 ~ de** : must ⟨ha de ser tarde : it must be late⟩ — *v impers* **hay** *in the present tense* **1** : there is, there are ⟨hay dos mensajes : there are two messages⟩ ⟨¿hay postre? : do you have any dessert?⟩ ⟨hubo muchos errores : there were a lot of errors⟩ ⟨ha habido varios casos : there have been various cases⟩ **2 hay que** : it is necessary ⟨hay que trabajar más rápido : you have to work faster⟩ ⟨habrá que hacerlo : it will have to be done⟩ ⟨hubo que esperar : we had to wait⟩ **3 no hay de qué** : thank you, don't mention it **4 ¿qué hay?** : what's up?, how are things? **5 ¿qué hay de nuevo?** : what's new?
haber[2] *nm* **1** : assets *pl* **2** : credit, credit side **3 haberes** *nmpl* : salary, income, remuneration
habichuela *nf* **1** : bean, kidney bean **2** : green bean
hábil *adj* **1** : able, skillful **2** : working ⟨días hábiles : working days⟩
habilidad *nf* CAPACIDAD : ability, skill
habilidoso, -sa *adj* : skillful, clever
habilitación *nf, pl* **-ciones** **1** : authorization **2** : furnishing, equipping
habilitar *vt* **1** : to enable, to authorize, to empower **2** : to equip, to furnish
hábilmente *adv* : skillfully, expertly
habiloso, -sa *adj Chile fam* : bright, smart, clever
habitable *adj* : habitable, inhabitable
habitación *nf, pl* **-ciones** **1** CUARTO : room **2** DORMITORIO : bedroom **3** : habitation, occupancy
habitante *nmf* : inhabitant, resident
habitar *vt* : to inhabit — *vi* : to reside, to dwell
hábitat *nm, pl* **-tats** : habitat
hábito *nm* **1** : habit, custom **2** : habit (of a monk or nun)
habitual *adj* : habitual, customary — **habitualmente** *adv*

habituar {3} *vt* : to accustom, to habituate — **habituarse** *vr* ~ **a** : to get used to, to grow accustomed to
habla *nf* **1** : speech **2** : language, dialect **3 de** ~ : speaking ‹de habla inglesa : English-speaking›
hablado, -da *adj* **1** : spoken **2 mal hablado** : foulmouthed
hablador[1], **-dora** *adj* : talkative
hablador[2], **-dora** *n* : chatterbox
habladuría *nf* **1** : rumor **2 habladurías** *nfpl* : gossip, scandal
hablante *nmf* : speaker
hablar *vi* **1** : to speak, to talk ‹hablar en broma : to be joking› ‹hablar más alto : to speak up, to speak/talk louder› ‹hablar más bajo : to quiet down, to speak/talk more quietly› **2** ~ **con** : to talk to, to speak to/with **3** ~ **de** : to mention, to talk about ‹hablar bien/mal de : to speak well/ill of› **4 dar que hablar** : to make people talk ‹va a dar que hablar : people will start talking/gossiping about him› **5 ¡ni hablar!** : no way! — *vt* **1** : to speak (a language) **2** : to talk about, to discuss ‹háblalo con tu jefe : discuss it with your boss› — **hablarse** *vr* **1** : to speak to each other, to be on speaking terms **2 se habla inglés (etc.)** : English (etc.) spoken
habrá, etc. → **haber**
hacedor, -dora *n* : creator, maker, doer
hacendado, -da *n* : landowner
hacer {40} *vt* **1** CREAR, CONSTRUIR : to make (a cake, a list, a law, etc.), to build (a building) ‹hacer planes : to make plans› ‹hacer un libro/cheque : to write a book/check› ‹hacer una película : to make a movie› ‹hacer un fuego : to make/build a fire› ‹lo hizo de madera : he made it out of wood› **2** : to do (a task, an activity, etc.), to make (a gesture, a trip, an agreement, etc.), to pay (a visit) ‹hacer mandados : to do/run errands› ‹hacer los deberes : to do one's homework› ‹¿me haces un favor? : will you do me a favor?› **3** : to make, to cause, to produce ‹hacer ruido : to make noise› **4** EXPRESAR : to voice (an objection, etc.), to ask (a question) **5** : to make, to force, to oblige ‹los hice esperar : I made them wait› ‹hizo que todos se callaran : he made everyone be quiet› **6** : to make, to cause, to provoke ‹me hizo reír/llorar : it made me laugh/cry› ‹¿te hice daño? : did I hurt you?› **7** : to make, to cause to (be) ‹la hizo famosa : it made her famous› ‹te hará (un) hombre : it will make a man out of you› ‹lo hizo funcionar : she made it work› ‹hace que el color parezca más oscuro : it makes the color seem darker› **8** : to make (a bed), to pack (a suitcase) **9** PREPARAR : to make, to fix (a meal, etc.) **10** ADQUIRIR : to make (money, friends, etc.) — *vi* **1** : to act ‹haces bien : you're doing the right thing› **2** : to play, to perform as ‹hizo de Ofelia en "Hamlet" : she played Ophelia in "Hamlet"› **3** : to serve as, to function as **4 hacer como que/si** : to act as if **5 hacer por** : to try to ‹hicieron por entendernos : they tried to understand us› **6 hacer y deshacer** : to do as one pleases — *v impers* **1** (*referring to weather*) ‹hace frío : it's cold› ‹hacía mucho viento : it was very windy› **2** (*referring to time*) ‹eso pasó hace mucho tiempo : that happened a long time ago› ‹vivo aquí desde hace dos años, hace dos años que vivo aquí : I've lived here for two years› ‹hacía años que no sabía nada de él : I hadn't heard from him in years› **3 no le hace** : it doesn't matter, it makes no difference **4 hacer falta** : to be necessary, to be needed — **hacerse** *vr* **1** : to become **2** : to pretend, to act, to play ‹hacerse el tonto : to play dumb› **3** : to seem ‹el examen se me hizo difícil : the exam seemed difficult to me› **4** : to get, to grow ‹se hace tarde : it's getting/growing late›
hacha *nf* : hatchet, ax
hachazo *nm* : blow, chop (with an ax)
hachís *nm* : hashish
hacia *prep* **1** : toward, towards ‹hacia abajo : downward› ‹hacia adelante : forward› **2** : near, around, about ‹hacia las seis : about six o'clock›
hacienda *nf* **1** : estate, ranch, farm **2** : property **3** : livestock **4 la Hacienda** : department of revenue, tax office
hacinar *vt* **1** : to pile up, to stack **2** : to overcrowd — **hacinarse** *vr* : to crowd together
hada *nf* : fairy
hado *nm* : destiny, fate
haga, etc. → **hacer**
haitiano, -na *adj & n* : Haitian
hala *interj Spain* **1** (*expressing encouragement or disbelief*) : come on! **2** (*expressing surprise*) : wow! **3** (*expressing protest*) : hey!
halagador[1], **-dora** *adj* : flattering
halagador[2], **-dora** *n* : flatterer
halagar {52} *vt* : to flatter, to compliment
halago *nm* : flattery, praise
halagüeño, -ña *adj* **1** : flattering **2** : encouraging, promising
halar *vt CA, Car* → **jalar**
halcón *nm, pl* **halcones** : hawk, falcon
halibut *nm, pl* **-buts** : halibut
hálito *nm* **1** : breath **2** : gentle breeze
hallar *vt* **1** ENCONTRAR : to find **2** DESCUBRIR : to discover, to find out — **hallarse** *vr* **1** : to be situated, to find oneself **2** : to feel ‹no se halla bien : he doesn't feel comfortable, he feels out of place›
hallazgo *nm* **1** : discovery **2** : find ‹¡es un verdadero hallazgo! : it's a real find!›
halo *nm* **1** : halo **2** : aura
halógeno *nm* : halogen
hamaca *nf* : hammock

hambre *nf* **1** : hunger **2** : starvation **3** **tener hambre** : to be hungry **4** **dar hambre** : to make hungry
hambriento, -ta *adj* : hungry, starving
hambruna *nf* : famine
hamburguesa *nf* : hamburger
hampa *nf* : criminal underworld
hampón, -pona *n, mpl* **hampones** : criminal, thug
hámster ['xamster] *nm, pl* **hámsters** : hamster
han → **haber**
handicap *or* **hándicap** ['handi,kap] *nm, pl* **-caps** : handicap (in sports)
hangar *nm* : hangar
hará, etc. → **hacer**
haragán[1], **-gana** *adj, mpl* **-ganes** : lazy, idle
haragán[2], **-gana** *n, mpl* **-ganes** HOLGAZÁN : slacker, good-for-nothing
haraganear *vi* : to be lazy, to waste one's time
haraganería *nf* : laziness
harapiento, -ta *adj* : ragged, tattered
harapos *nmpl* ANDRAJOS : rags, tatters
hardware ['hard,wɛr] *nm* : computer hardware
harén *nm, pl* **harenes** : harem
harina *nf* **1** : flour **2** **harina de maíz** : cornmeal
hartar *vt* **1** : to glut, to satiate **2** FASTIDIAR : to tire, to irritate, to annoy — **hartarse** *vr* : to be weary, to get fed up
harto[1] *adv* : most, extremely, very
harto[2], **-ta** *adj* **1** : full, satiated **2** : fed up
hartura *nf* **1** : surfeit **2** : abundance, plenty
has → **haber**
hasta[1] *adv* : even
hasta[2] *prep* **1** : until, up until ⟨hasta ahora/entonces : until now/then⟩ ⟨until Friday : hasta el viernes⟩ ⟨¡hasta luego! : see you later!⟩ **2** : as far as ⟨nos fuimos hasta Managua : we went all the way to Managua⟩ **3** : to, up/down to ⟨hasta cierto punto : up to a certain point⟩ ⟨tengo el pelo hasta la cintura : my hair is down to my waist⟩ **4** **hasta que** : until ⟨hasta que lleguen : until they arrive⟩
hastiar {85} *vt* **1** : to make weary, to bore **2** : to disgust, to sicken — **hastiarse** *vr* ~ **de** : to get tired of
hastío *nm* **1** TEDIO : tedium **2** REPUGNANCIA : disgust
hato *nm* **1** : flock, herd **2** : bundle (of possessions)
hawaiano, -na *adj & n* : Hawaiian
hay → **haber**[1]
haya[1], **etc.** → **haber**
haya[2] *nf* : beech (tree and wood)
hayuco *nm* : beechnut
haz[1] → **hacer**
haz[2] *nm, pl* **haces** **1** FARDO : bundle **2** : beam (of light)
haz[3] *nf, pl* **haces** **1** : face **2** **haz de la tierra** : surface of the earth
hazaña *nf* PROEZA : feat, exploit
hazmerreír *nm fam* : laughingstock
he[1] {39} → **haber**
he[2] *v impers* **he aquí** : here is, here are, behold
hebilla *nf* : buckle, clasp
hebra *nf* : strand, thread
hebreo[1], **-brea** *adj & n* : Hebrew
hebreo[2] *nm* : Hebrew (language)
hecatombe *nf* **1** MATANZA : massacre **2** : disaster
heces → **hez**
hechicería *nf* **1** BRUJERÍA : sorcery, witchcraft **2** : curse, spell
hechicero[1], **-ra** *adj* : bewitching, enchanting
hechicero[2], **-ra** *n* : sorcerer, sorceress *f*
hechizar {21} *vt* **1** EMBRUJAR : to bewitch **2** CAUTIVAR : to charm
hechizo *nm* **1** SORTILEGIO : spell, enchantment **2** ENCANTO : charm, fascination
hecho[1] *pp* → **hacer**
hecho[2], **-cha** *adj* **1** : made, done **2** : ready-to-wear **3** : complete, finished ⟨hecho y derecho : full-fledged⟩
hecho[3] *nm* **1** : fact **2** : event ⟨hechos históricos : historic events⟩ **3** : act, action **4** **de** ~ : in fact, in reality
hechura *nf* **1** : style **2** : craftsmanship, workmanship **3** : product, creation
hectárea *nf* : hectare
heder {56} *vi* : to stink, to reek
hediondez *nf, pl* **-deces** : stink, stench
hediondo, -da *adj* MALOLIENTE : foul-smelling, stinking
hedor *nm* : stench, stink
hegemonía *nf* **1** : dominance **2** : hegemony (in politics)
helada *nf* : frost (in meteorology)
heladería *nf* : ice-cream parlor, ice-cream stand
helado[1], **-da** *adj* **1** GÉLIDO : icy, freezing cold **2** CONGELADO : frozen
helado[2] *nm* : ice cream
heladora *nf* CONGELADOR : freezer
helar {55} *v* CONGELAR : to freeze — *v impers* : to produce frost ⟨anoche heló : there was frost last night⟩ — **helarse** *vr*
helecho *nm* : fern, bracken
hélice *nf* **1** : spiral, helix **2** : propeller
helicóptero *nm* : helicopter
helio *nm* : helium
helipuerto *nm* : heliport
hembra *adj & nf* : female
hemisférico, -ca *adj* : hemispheric, hemispherical
hemisferio *nm* : hemisphere
hemofilia *nf* : hemophilia
hemofílico, -ca *adj & n* : hemophiliac
hemoglobina *nf* : hemoglobin
hemorragia *nf* **1** : hemorrhage **2** **hemorragia nasal** : nosebleed
hemorroides *nfpl* ALMORRANAS : hemorrhoids, piles
hemos → **haber**
henchido, -da *adj* : swollen, bloated
henchir {54} *vt* **1** : to stuff, to fill **2** : to swell, to swell up — **henchirse** *vr* **1**

: to stuff oneself **2** LLENARSE : to fill up, to be full

hender {56} *vt* : to cleave, to split

hendidura *nf* : crack, crevice, fissure

henequén *nm, pl* **-quenes** : sisal hemp

heno *nm* : hay

hepatitis *nf* : hepatitis

heráldica *nf* : heraldry

heráldico, -ca *adj* : heraldic

heraldo *nm* : herald

herbario, -ria *adj* : herbal

herbicida *nm* : herbicide, weed killer

herbívoro[1], **-ra** *adj* : herbivorous

herbívoro[2] *nm* : herbivore

herbolario, -ria *n* : herbalist

hercio *nm* : hertz

hercúleo, -lea *adj* : herculean

heredar *vt* : to inherit

heredero, -ra *n* : heir, heiress *f*

hereditario, -ria *adj* : hereditary

hereje *nmf* : heretic

herejía *nf* : heresy

herencia *nf* **1** : inheritance **2** : heritage **3** : heredity

herético, -ca *adj* : heretical

herida *nf* : injury, wound

herido[1], **-da** *adj* **1** : injured, wounded **2** : hurt, offended

herido[2], **-da** *n* : injured person, casualty

herir {76} *vt* **1** : to injure, to wound **2** : to hurt, to offend

hermafrodita *nmf* : hermaphrodite

hermanar *vt* **1** : to unite, to bring together **2** : to match up, to twin (cities)

hermanastro, -tra *n* : half brother *m,* half sister *f*

hermandad *nf* **1** FRATERNIDAD : brotherhood ⟨hermandad de mujeres : sisterhood, sorority⟩ **2** : association

hermano, -na *n* : sibling, brother *m,* sister *f*

hermético, -ca *adj* : hermetic, watertight — **herméticamente** *adv*

hermoso, -sa *adj* BELLO : beautiful, lovely — **hermosamente** *adv*

hermosura *nf* BELLEZA : beauty, loveliness

hernia *nf* : hernia

héroe *nm* : hero

heroicidad *nf* : heroism, heroic deed

heroico, -ca *adj* : heroic — **heroicamente** *adv*

heroína *nf* **1** : heroine **2** : heroin

heroísmo *nm* : heroism

herpes *nms & pl* **1** : herpes **2** : shingles

herradura *nf* : horseshoe

herraje *nm* : ironwork

herramienta *nf* : tool

herrar {55} *vt* : to shoe (a horse)

herrería *nf* : blacksmith's shop

herrero, -ra *n* : blacksmith

herrumbre *nf* ORÍN : rust

herrumbroso, -sa *adj* OXIDADO : rusty

hertzio *nm* : hertz

hervidero *nm* **1** : mass, swarm **2** : hotbed (of crime, etc.)

hervidor *nm* : kettle

hervir {76} *vi* **1** BULLIR : to boil, to bubble **2** ~ **de** : to teem with, to be swarming with — *vt* : to boil

hervor *nm* **1** : boiling **2** : fervor, ardor

heterogeneidad *nf* : heterogeneity

heterogéneo, -nea *adj* : heterogeneous

heterosexual *adj & nmf* : heterosexual

heterosexualidad *nf* : heterosexuality

hexágono *nm* : hexagon — **hexagonal** *adj*

hez *nf, pl* **heces** **1** ESCORIA : scum, dregs *pl* **2** : sediment, lees *pl* **3 heces** *nfpl* : feces, excrement

hiato *nm* : hiatus

hibernar *vi* : to hibernate — **hibernación** *nf*

híbrido[1], **-da** *adj* : hybrid

híbrido[2] *nm* : hybrid

hicieron, etc. → **hacer**

hidalgo, -ga *n* : nobleman *m,* noblewoman *f*

hidrante *nm CA, Col* : hydrant

hidratar *vt* : to moisturize — **hidratante** *adj*

hidrato *nm* **1** : hydrate **2 hidrato de carbono** : carbohydrate

hidráulico, -ca *adj* : hydraulic

hidroavión *nm, pl* **-viones** : seaplane

hidrocarburo *nm* : hydrocarbon

hidroeléctrico, -ca *adj* : hydroelectric

hidrofobia *nf* RABIA : hydrophobia, rabies

hidrófugo, -ga *adj* : water-repellent

hidrógeno *nm* : hydrogen

hidroplano *nm* : hydroplane

hiede, etc. → **heder**

hiedra *nf* **1** : ivy **2 hiedra venenosa** : poison ivy

hiel *nf* **1** BILIS : bile **2** : bitterness

hiela, etc. → **helar**

hielo *nm* **1** : ice **2** : coldness, reserve ⟨romper el hielo : to break the ice⟩

hiena *nf* : hyena

hiende, etc. → **hender**

hierba *nf* **1** : herb **2** : grass **3 mala hierba** : weed

hierbabuena *nf* : mint, spearmint

hiere, etc. → **herir**

hierra, etc. → **herrar**

hierro *nm* **1** : iron ⟨hierro fundido : cast iron⟩ **2** : branding iron

hierve, etc. → **hervir**

hígado *nm* : liver

higiene *nf* : hygiene

higiénico, -ca *adj* : hygienic — **higiénicamente** *adv*

higienista *nmf* : hygienist

higo *nm* **1** : fig **2 higo chumbo** : prickly pear (fruit)

higrómetro *nm* : hygrometer

higuera *nf* : fig tree

hijastro, -tra *n* : stepson *m,* stepdaughter *f*

hijo, -ja *n* **1** : son *m,* daughter *f* **2 hijos** *nmpl* : children, offspring

híjole *interj Mex* : wow!, good grief!

hilacha *nf* **1** : ravel, loose thread **2 mostrar la hilacha** : to show one's true colors

hilado *nm* **1** : spinning **2** HILO : yarn, thread

hilar *vt* **1** : to spin (thread) **2** : to consider, to string together (ideas) — *vi* **1** : to spin **2 hilar delgado** : to split hairs
hilarante *adj* **1** : humorous, hilarious **2 gas hilarante** : laughing gas
hilaridad *nf* : hilarity
hilera *nf* FILA : file, row, line
hilo *nm* **1** : thread ⟨colgar de un hilo : to hang by a thread⟩ ⟨hilo dental : dental floss⟩ **2** LINO : linen **3** : (electric) wire **4** : theme, thread (of a discourse) **5** : trickle (of water, etc.)
hilvanar *vt* **1** : to baste, to tack **2** : to piece together
himnario *nm* : hymnal
himno *nm* **1** : hymn **2 himno nacional** : national anthem
hincapié *nm* **hacer hincapié en** : to emphasize, to stress
hincar {72} *vt* CLAVAR : to stick, to plunge — **hincarse** *vr* **hincarse de rodillas** : to kneel down, to fall to one's knees
hinchado, -da *adj* **1** : swollen, inflated **2** : pompous, overblown
hinchar *vt* **1** INFLAR : to inflate **2** : to exaggerate — **hincharse** *vr* **1** : to swell up **2** : to become conceited, to swell with pride
hinchazón *nf, pl* **-zones** : swelling
hinche, etc. → **henchir**
hindi *nm* : Hindi
hindú *adj & nmf* : Hindu
hinduismo *nm* : Hinduism
hiniesta *nf* : broom (plant)
hinojo *nm* **1** : fennel **2 de hinojos** : on bended knee
hinque, etc. → **hincar**
hipar *vi* : to hiccup
hiperactividad *nf* : hyperactivity
hiperactivo, -va *adj* : hyperactive, overactive
hipérbole *nf* : hyperbole
hiperbólico, -ca *adj* : hyperbolic, exaggerated
hipercrítico, -ca *adj* : hypercritical
hiperenlace *nm* : hyperlink
hipermercado *nm* : large supermarket, hypermarket
hipermetropía *nf* : farsightedness
hipersensibilidad *nf* : hypersensitivity
hipersensible *adj* : hypersensitive
hipertensión *nf, pl* **-siones** : hypertension, high blood pressure
hip–hop [ˌxipˈxop] *nm* : hip-hop (music)
hípico, -ca *adj* : equestrian ⟨concurso hípico : horse show⟩
hipil → **huipil**
hipnosis *nfs & pl* : hypnosis
hipnótico, -ca *adj* : hypnotic
hipnotismo *nm* : hypnotism
hipnotizador[1], **-dora** *adj* **1** : hypnotic **2** : spellbinding, mesmerizing
hipnotizador[2], **-dora** *n* : hypnotist
hipnotizar {21} *vt* : to hypnotize
hipo *nm* : hiccup, hiccups *pl*
hipocampo *nm* : sea horse
hipocondría *nf* : hypochondria
hipocondríaco, -ca *adj & n* : hypochondriac
hipocresía *nf* : hypocrisy
hipócrita[1] *adj* : hypocritical — **hipócritamente** *adv*
hipócrita[2] *nmf* : hypocrite
hipodérmico, -ca *adj* **aguja hipodérmica** : hypodermic needle
hipódromo *nm* : racetrack
hipopótamo *nm* : hippopotamus
hipoteca *nf* : mortgage
hipotecar {72} *vt* **1** : to mortgage **2** : to compromise, to jeopardize
hipotecario, -ria *adj* : mortgage
hipotensión *nf* : low blood pressure
hipotenusa *nf* : hypotenuse
hipótesis *nfs & pl* : hypothesis
hipotético, -ca *adj* : hypothetical — **hipotéticamente** *adv*
hippie *or* **hippy** [ˈhipi] *nmf, pl* **hippies** [-pis] : hippie
hiriente *adj* : hurtful, offensive
hirió, etc. → **herir**
hirsuto, -ta *adj* **1** : hirsute, hairy **2** : bristly, wiry
hirviente *adj* : boiling
hirvió, etc. → **hervir**
hisopo *nm* **1** : hyssop **2** : cotton swab
hispánico, -ca *adj & n* : Hispanic
hispano[1], **-na** *adj* : Hispanic ⟨de habla hispana : Spanish-speaking⟩
hispano[2], **-na** *n* : Hispanic (person)
hispanoamericano[1], **-na** *adj* LATINOAMERICANO : Latin-American
hispanoamericano[2], **-na** *n* LATINOAMERICANO : Latin American
hispanohablante[1] *adj* : Spanish-speaking
hispanohablante[2] *nmf* : Spanish speaker
histerectomía *nf* : hysterectomy
histeria *nf* **1** : hysteria **2** : hysterics
histérico, -ca *adj* : hysterical — **histéricamente** *adv*
histerismo *nm* **1** : hysteria **2** : hysterics
historia *nf* **1** : history **2** NARRACIÓN, RELATO : story
historiador, -dora *n* : historian
historial *nm* **1** : record, document **2** CURRÍCULUM : résumé, curriculum vitae
histórico, -ca *adj* **1** : historical **2** : historic, important — **históricamente** *adv*
historieta *nf* : comic strip
histrionismo *nm* : histrionics, acting
hit [ˈhit] *nm, pl* **hits** **1** ÉXITO : hit, popular song **2** : hit (in baseball)
hito *nm* : milestone, landmark
hizo → **hacer**
hobby [ˈhɔbi] *nm, pl* **hobbies** [-bis] : hobby
hocico *nm* : snout, muzzle
hockey [ˈhɔke, -ki] *nm* : hockey
hogar *nm* **1** : home **2** : hearth, fireplace
hogareño, -ña *adj* **1** : home-loving **2** : domestic, homelike
hogaza *nf* : large loaf (of bread)

hoguera *nf* **1** FOGATA : bonfire **2 morir en la hoguera** : to burn at the stake
hoja *nf* **1** : leaf, petal, blade (of grass) **2** : sheet (of paper), page (of a book) ⟨hoja de cálculo : spreadsheet⟩ **3** FORMULARIO : form ⟨hoja de pedido : order form⟩ **4** : blade (of a knife) ⟨hoja de afeitar : razor blade⟩
hojalata *nf* : tinplate
hojaldre *nm* : puff pastry
hojarasca *nf* : fallen leaves *pl*
hojear *vt* : to leaf through (a book or magazine)
hojuela *nf* **1** : leaflet, young leaf **2** : flake
hola *interj* : hello!, hi!
holandés[1], **-desa** *adj, mpl* **-deses** : Dutch
holandés[2], **-desa** *n, mpl* **-deses** : Dutch person, Dutchman *m,* Dutchwoman *f* ⟨los holandeses : the Dutch⟩
holandés[3] *nm* : Dutch (language)
holgadamente *adv* : comfortably, easily ⟨vivir holgadamente : to be well-off⟩
holgado, -da *adj* **1** : loose, baggy **2** : at ease, comfortable
holganza *nf* : leisure, idleness
holgazán[1], **-zana** *adj, mpl* **-zanes** : lazy
holgazán[2], **-zana** *n, mpl* **-zanes** HARAGÁN : slacker, idler
holgazanear *vi* HARAGANEAR : to laze around, to loaf
holgazanería *nf* PEREZA : idleness, laziness
holgura *nf* **1** : looseness **2** COMODIDAD : comfort, ease
holístico, -ca *adj* : holistic
hollar {19} *vt* : to tread on, to trample
hollín *nm, pl* **hollines** TIZNE : soot
holocausto *nm* : holocaust
holograma *nm* : hologram
hombre[1] *nm* **1** : man ⟨el hombre : man, mankind⟩ ⟨la escuela hizo de él un hombre : the school made a man out of him⟩ **2 hombre de confianza** : right-hand man **3 hombre de estado** : statesman **4 hombre de negocios** : businessman **5 hombre lobo** : werewolf **6 el hombre de la calle** : the man in/on the street, the average person
hombre[2] *interj fam* **1** : well, hey **2** : of course!, you bet! **3** : come on!
hombrera *nf* **1** : shoulder pad **2** : epaulet
hombría *nf* : manliness
hombro *nm* : shoulder ⟨encogerse de hombros : to shrug one's shoulders⟩
hombruno, -na *adj* : mannish
homenaje *nm* : homage, tribute ⟨rendir homenaje a : to pay tribute to⟩
homenajear *vt* : to pay homage to, to honor
homeopatía *nf* : homeopathy
homicida[1] *adj* : homicidal, murderous
homicida[2] *nmf* ASESINO : murderer
homicidio *nm* ASESINATO : homicide, murder
homilía *nf* : homily, sermon
homófono *nm* : homophone
homogeneidad *nf* : homogeneity
homogeneización *nf* : homogenization
homogeneizar {21} *vt* : to homogenize
homogéneo, -nea *adj* : homogeneous
homógrafo *nm* : homograph
homologación *nf, pl* **-ciones** **1** : sanctioning, approval **2** : parity
homologar {52} *vt* **1** : to sanction **2** : to bring into line
homólogo[1], **-ga** *adj* : homologous, equivalent
homólogo[2], **-ga** *n* : counterpart
homónimo[1], **-ma** *n* TOCAYO : namesake
homónimo[2] *nm* : homonym
homosexual *adj & nmf* : homosexual
homosexualidad *nf* : homosexuality
honda *nf* : sling
hondo[1] *adv* : deeply
hondo[2], **-da** *adj* PROFUNDO : deep ⟨en lo más hondo de : in the depths of⟩ — **hondamente** *adv*
hondonada *nf* **1** : hollow, depression **2** : ravine, gorge
hondura *nf* : depth
hondureño, -ña *adj & n* : Honduran
honestidad *nf* **1** : decency, modesty **2** : honesty, uprightness
honesto, -ta *adj* **1** : decent, virtuous **2** : honest, honorable — **honestamente** *adv*
hongo *nm* **1** : fungus **2** : mushroom
honor *nm* **1** : honor ⟨en honor a la verdad : to be quite honest⟩ **2 honores** *nmpl* : honors ⟨hacer los honores : to do the honors⟩
honorable *adj* HONROSO : honorable — **honorablemente** *adv*
honorario, -ria *adj* : honorary
honorarios *nmpl* : payment, fees (for professional services)
honorífico, -ca *adj* : honorary ⟨mención honorífica : honorable mention⟩
honra *nf* **1** : dignity, self-respect ⟨tener a mucha honra : to take great pride in⟩ **2** : good name, reputation
honradamente *adv* : honestly, decently
honradez *nf, pl* **-deces** : honesty, integrity, probity
honrado, -da *adj* **1** HONESTO : honest, upright **2** : honored
honrar *vt* **1** : to honor **2** : to be a credit to ⟨su generosidad lo honra : his generosity does him credit⟩
honroso, -sa *adj* HONORABLE : honorable — **honrosamente** *adv*
hora *nf* **1** : hour ⟨media hora : half an hour⟩ ⟨a la última hora : at the last minute⟩ ⟨se pasa horas viendo televisión : he spends hours watching television⟩ **2** : time ⟨¿qué hora es? : what time is it?⟩ ⟨llegar a la hora : to arrive on time⟩ ⟨a la hora en punto : on the dot⟩ ⟨a la hora de comer : at mealtime⟩ ⟨es hora de irnos a casa : it's time to go home⟩ ⟨ya es hora de tomarlo en serio : it's about time we took it seriously⟩ **3** CITA : appointment ⟨pedir/dar/tener hora : to make/give/have an appointment⟩ **4 hora de cierre** : closing time **5 hora local** : local time **6 horas de oficina/trabajo**

: office/work hours **7 hora pico** : rush hour **8 horas extras** : overtime **9 trabajar por ~s** : to work by the hour
horario *nm* : schedule, timetable, hours *pl* ⟨horario de visita : visiting hours⟩
horca *nf* **1** : gallows *pl* **2** : pitchfork
horcajadas *nfpl* **a ~** : astride, astraddle
horcón *nm, pl* **horcones** : wooden post, prop
horda *nf* : horde
horizontal *adj* : horizontal — **horizontalmente** *adv*
horizonte *nm* : horizon, skyline
horma *nf* **1** : shoe tree **2** : shoemaker's last
hormiga *nf* : ant
hormigón *nm, pl* **-gones** CONCRETO : concrete
hormigonera *nf* : cement mixer
hormigueo *nm* **1** : tingling, pins and needles *pl* **2** : uneasiness
hormiguero *nm* **1** : anthill **2** : swarm (of people)
hormona *nf* : hormone — **hormonal** *adj*
hornacina *nf* : niche, recess
hornada *nf* : batch
hornear *vt* : to bake
hornilla *nf* : burner (of a stove)
horno *nm* **1** : oven ⟨horno crematorio : crematorium⟩ ⟨horno de microondas : microwave oven⟩ **2** : kiln
horóscopo *nm* : horoscope
horqueta *nf* **1** : fork (in a river or road) **2** : crotch (in a tree) **3** : small pitchfork
horquilla *nf* **1** : hairpin, bobby pin **2** : pitchfork
horrendo, -da *adj* : horrendous, horrible
horrible *adj* : horrible, dreadful — **horriblemente** *adv*
horripilante *adj* : horrifying, hair-raising
horripilar *vt* : to horrify, to terrify
horror *nm* : horror, dread
horrorizado, -da *adj* : terrified
horrorizar {21} *vt* : to horrify, to terrify — **horrorizarse** *vr*
horroroso, -sa *adj* **1** : horrifying, terrifying **2** : dreadful, bad
hortaliza *nf* **1** : vegetable **2 hortalizas** *nfpl* : garden produce
hortera *adj Spain fam* : tacky, gaudy
hortícola *adj* : horticultural
horticultor, -ra *n* : horticulturist
horticultura *nf* : horticulture
hosco, -ca *adj* : sullen, gloomy
hospedaje *nm* : lodging, accommodations *pl*
hospedar *vt* : to provide with lodging, to put up — **hospedarse** *vr* : to stay, to lodge
hospicio *nm* : orphanage
hospital *nm* : hospital
hospitalario, -ria *adj* : hospitable
hospitalidad *nf* : hospitality
hospitalización *nf, pl* **-ciones** : hospitalization
hospitalizar {21} *vt* : to hospitalize — **hospitalizarse** *vr*
hostería *nf* POSADA : inn
hostia *nf* : host, Eucharist
hostigamiento *nm* : harassment
hostigar {52} *vt* ACOSAR, ASEDIAR : to harass, to pester
hostil *adj* : hostile
hostilidad *nf* **1** : hostility, antagonism **2 hostilidades** *nfpl* : (military) hostilities
hostilizar {21} *vt* : to harass
hotel *nm* : hotel
hotelero[1], **-ra** *adj* : hotel ⟨la industria hotelera : the hotel business⟩
hotelero[2], **-ra** *n* : hotel manager, hotelier
hoy *adv* **1** : today ⟨hoy mismo : right now, this very day⟩ **2** : now, nowadays ⟨de hoy en adelante : from now on⟩
hoyo *nm* AGUJERO : hole
hoyuelo *nm* : dimple
hoz *nf, pl* **hoces** : sickle
hozar {21} *vi* : to root (of a pig)
huachinango *nm Mex* : red snapper
huarache *nm* : huarache sandal
hubo, etc. → **haber**
hueco[1], **-ca** *adj* **1** : hollow, empty **2** : soft, spongy **3** : hollow-sounding, resonant **4** : proud, conceited **5** : superficial
hueco[2] *nm* **1** : hole, hollow, cavity **2** : gap, space **3** : recess, alcove
huele, etc. → **oler**
huelga *nf* **1** PARO : strike **2 hacer huelga** : to strike, to go on strike
huelguista *nmf* : striker
huella[1], **etc.** → **hollar**
huella[2] *nf* **1** : footprint ⟨seguir las huellas de alguien : to follow in someone's footsteps⟩ **2** : mark, impact ⟨dejar huella : to leave one's mark⟩ ⟨sin dejar huella : without a trace⟩ **3 huella digital** *or* **huella dactilar** : fingerprint
huérfano[1], **-na** *adj* **1** : orphan, orphaned **2** : defenseless **3 ~ de** : lacking, devoid of
huérfano[2], **-na** *n* : orphan
huerta *nf* **1** : large vegetable garden, truck farm **2** : orchard **3** : irrigated land
huerto *nm* **1** : vegetable garden **2** : orchard
hueso *nm* **1** : bone **2** : pit, stone (of a fruit)
huésped[1], **-peda** *n* INVITADO : guest
huésped[2] *nm* : host ⟨organismo huésped : host organism⟩
huestes *nfpl* **1** : followers **2** : troops, army
huesudo, -da *adj* : bony
hueva *nf* : roe, spawn
huevo *nm* : egg ⟨huevos revueltos : scrambled eggs⟩
huida *nf* : flight, escape
huidizo, -za *adj* **1** ESCURRIDIZO : elusive, slippery **2** : shy, evasive
huipil *nm CA, Mex* : traditional sleeveless blouse or dress
huir {41} *vi* **1** ESCAPAR : to escape, to flee **2 ~ de** : to avoid
huiro *nm Chile, Peru* : seaweed
huizache *nm* : huisache, acacia

hule *nm* **1** : oilcloth, oilskin **2** *Mex* : rubber **3 hule espuma** *Mex* : foam rubber
humanidad *nf* **1** : humanity, mankind **2** : humaneness **3 humanidades** *nfpl* : humanities *pl*
humanismo *nm* : humanism
humanista *nmf* : humanist
humanístico, -ca *adj* : humanistic
humanitario, -ria *adj & n* : humanitarian
humano[1], -na *adj* **1** : human **2** BENÉVOLO : humane , benevolent — **humanamente** *adv*
humano[2] *nm* : human being, human
humareda *nf* : cloud of smoke
humeante *adj* **1** : smoky **2** : smoking, steaming
humear *vi* **1** : to smoke **2** : to steam
humectante[1] *adj* : moisturizing
humectante[2] *nm* : moisturizer
humedad *nf* **1** : humidity **2** : dampness, moistness
humedecer {53} *vt* **1** : to humidify **2** : to moisten, to dampen
húmedo, -da *adj* **1** : humid **2** : moist, damp
humidificador *nm* : humidifier
humidificar {72} *vt* : to humidify
humildad *nf* **1** : humility **2** : lowliness
humilde *adj* **1** : humble **2** : lowly ⟨gente humilde : poor people⟩
humildemente *adv* : meekly, humbly
humillación *nf, pl* **-ciones** : humiliation
humillante *adj* : humiliating
humillar *vt* : to humiliate — **humillarse** *vr* : to humble oneself ⟨humillarse a hacer algo : to stoop to doing something⟩
humo *nm* **1** : smoke, steam, fumes **2 humos** *nmpl* : airs *pl,* conceit
humor *nm* **1** : humor **2** : mood, temper ⟨está de buen humor : she's in a good mood⟩
humorada *nf* **1** BROMA : joke, witticism **2** : whim, caprice
humorismo *nm* : humor, wit
humorista *nmf* : humorist, comedian, comedienne *f*
humorístico, -ca *adj* : humorous — **humorísticamente** *adv*
humoso, -sa *adj* : smoky, steamy
humus *nm* : humus
hundido, -da *adj* **1** : sunken **2** : depressed
hundimiento *nm* **1** : sinking **2** : collapse, ruin
hundir *vt* **1** : to sink **2** : to destroy, to ruin — **hundirse** *vr* **1** : to sink down **2** : to cave in **3** : to break down, to go to pieces
húngaro[1], -ra *adj & n* : Hungarian
húngaro[2] *nm* : Hungarian (language)
huracán *nm, pl* **-canes** : hurricane
huraño, -ña *adj* **1** : unsociable, aloof **2** : timid, skittish (of an animal)
hurgar {52} *vt* : to poke, to jab, to rake (a fire) — *vi* ~ **en** : to rummage in, to poke through
hurgue, etc. → **hurgar**
hurón *nm, pl* **hurones** : ferret
huronear *vi* : to pry, to snoop
hurra *interj* : hurrah!, hooray!
hurtadillas *nfpl* **a** ~ : stealthily, on the sly
hurtar *vt* ROBAR : to steal
hurto *nm* **1** : theft, robbery **2** : stolen property, loot
husmear *vt* **1** : to follow the scent of, to track **2** : to sniff out, to pry into — *vi* **1** : to pry, to snoop **2** : to sniff around (of an animal)
huso *nm* **1** : spindle **2 huso horario** : time zone
huy *interj* : ow!, ouch!
huye, etc. → **huir**

I

i *nf* : ninth letter of the Spanish alphabet
iba, etc. → **ir**
ibérico, -ca *adj* : Iberian
ibero, -ra *or* **íbero, -ra** *adj & n* : Iberian
iberoamericano, -na *adj* HISPANOAMERICANO, LATINOAMERICANO : Latin-American
ibis *nfs & pl* : ibis
ice, etc. → **izar**
iceberg *nm, pl* **icebergs** : iceberg
icono *nm* : icon
iconoclasia *nf* : iconoclasm
iconoclasta *nmf* : iconoclast
ictericia *nf* : jaundice
ida *nf* **1** : going, departure **2 ida y vuelta** : round-trip **3 idas y venidas** : comings and goings
idea *nf* **1** : idea, notion ⟨una buena/mala idea : a good/bad idea⟩ ⟨tengo una idea : I have an idea⟩ ⟨no tengo (ni) idea : I have no idea⟩ ⟨me hago una idea de cómo es : I'm getting an/some idea of what he's like⟩ **2** : opinion, belief ⟨siempre puedes cambiar de idea : you can always change your mind⟩ ⟨¿de dónde sacaste esa idea? : where did you get that idea?⟩ **3** PROPÓSITO : intention, idea ⟨la idea era llegar temprano : the idea was to arrive early⟩
ideal *adj & nm* : ideal — **idealmente** *adv*
idealismo *nm* : idealism
idealista[1] *adj* : idealistic
idealista[2] *nmf* : idealist
idealizar {21} *vt* : to idealize — **idealización** *nf*
idear *vt* : to devise, to think up
ideario *nm* : ideology
ídem *nm* : idem, the same, ditto

idéntico, -ca *adj* : identical, alike — **idénticamente** *adv*

identidad *nf* : identity

identificable *adj* : identifiable

identificación *nf, pl* **-ciones** **1** : identification, identifying **2** : identification document, ID

identificar {72} *vt* : to identify — **identificarse** *vr* **1** : to identify oneself **2** ∼ **con** : to identify with

ideología *nf* : ideology — **ideológicamente** *adv*

ideológico, -ca *adj* : ideological

idílico, -ca *adj* : idyllic

idilio *nm* : idyll

idioma *nm* : language ⟨el idioma inglés : the English language⟩

idiomático, -ca *adj* : idiomatic — **idiomáticamente** *adv*

idiosincrasia *nf* : idiosyncrasy

idiosincrásico, -ca *adj* : idiosyncratic

idiota[1] *adj* : idiotic, stupid, foolish

idiota[2] *nmf* : idiot, foolish person

idiotez *nf, pl* **-teces** **1** : idiocy **2** : idiotic act or remark ⟨¡no digas idioteces! : don't talk nonsense!⟩

ido *pp* → **ir**

idólatra[1] *adj* : idolatrous

idólatra[2] *nmf* : idolater

idolatrar *vt* : to idolize

idolatría *nf* : idolatry

ídolo *nm* : idol

idoneidad *nf* : suitability

idóneo, -nea *adj* ADECUADO : suitable, fitting

iglesia *nf* : church

iglú *nm* : igloo

ignición *nf, pl* **-ciones** : ignition

ignífugo, -ga *adj* : fire-resistant, fireproof

ignominia *nf* : ignominy, disgrace

ignominioso, -sa *adj* : ignominious, shameful

ignorancia *nf* : ignorance

ignorante[1] *adj* : ignorant

ignorante[2] *nmf* : ignorant person, ignoramus

ignorar *vt* **1** : to ignore **2** DESCONOCER : to be unaware of ⟨lo ignoramos por absoluto : we have no idea⟩

ignoto, -ta *adj* : unknown

igual[1] *adv* **1** : in the same way ⟨las cosas siguen igual : things are the same as ever⟩ **2** : perhaps ⟨igual llueve : it might rain, it may rain⟩ **3** : anyway ⟨iba a venir igual : I was going to come anyway⟩ **4 al igual que** : as well as **5 igual que** : (just) like, the same as ⟨juega básquetbol, igual que su prima : she plays basketball, just like her cousin⟩ ⟨pienso igual que tú : I agree with you, I think the same thing⟩ **6 por** ∼ : equally

igual[2] *adj* **1** : equal **2** IDÉNTICO : the same, alike **3** : even, smooth **4** SEMEJANTE : similar **5** CONSTANTE : constant

igual[3] *nmf* : equal, peer

igualación *nf* **1** : equalization **2** : leveling, smoothing **3** : equating (in mathematics)

igualado, -da *adj* **1** : even (of a score) **2** : level **3** *Mex* : disrespectful

igualar *vt* **1** : to equalize **2** : to tie ⟨igualar el marcador : to even the score⟩

igualdad *nf* **1** : equality **2** UNIFORMIDAD : evenness, uniformity

igualmente *adv* **1** : equally **2** ASIMISMO : likewise

iguana *nf* : iguana

ijada *nf* : flank, loin, side

ijar *nm* → **ijada**

ilegal[1] *adj* : illegal, unlawful — **ilegalmente** *adv*

ilegal[2] *nmf CA, Mex* : illegal alien

ilegalidad *nf* : illegality, unlawfulness

ilegibilidad *nf* : illegibility

ilegible *adj* : illegible — **ilegiblemente** *adv*

ilegitimidad *nf* : illegitimacy

ilegítimo, -ma *adj* : illegitimate, unlawful

ileso, -sa *adj* : uninjured, unharmed

ilícito, -ta *adj* : illicit — **ilícitamente** *adv*

ilimitado, -da *adj* : unlimited

ilógico, -ca *adj* : illogical — **ilógicamente** *adv*

iluminación *nf, pl* **-ciones** **1** : illumination **2** ALUMBRADO : lighting

iluminado, -da *adj* : illuminated, lighted

iluminar *vt* **1** : to illuminate, to light (up) **2** : to enlighten

ilusión *nf, pl* **-siones** **1** : illusion, delusion **2** ESPERANZA : hope ⟨hacerse ilusiones : to get one's hopes up⟩

ilusionado, -da *adj* ESPERANZADO : hopeful, eager

ilusionar *vt* : to build up hope, to excite — **ilusionarse** *vr* : to get one's hopes up

iluso[1], **-sa** *adj* : naive, gullible

iluso[2], **-sa** *n* SOÑADOR : dreamer, visionary

ilusorio, -ria *adj* ENGAÑOSO : illusory, misleading

ilustración *nf, pl* **-ciones** **1** : illustration **2** : erudition, learning ⟨la Ilustración : the Enlightenment⟩

ilustrado, -da *adj* **1** : illustrated **2** DOCTO : learned, erudite

ilustrador, -dora *n* : illustrator

ilustrar *vt* **1** : to illustrate **2** ACLARAR, CLARIFICAR : to explain

ilustrativo, -va *adj* : illustrative

ilustre *adj* : illustrious, eminent

imagen *nf, pl* **imágenes** : image, picture

imaginable *adj* : imaginable, conceivable

imaginación *nf, pl* **-ciones** : imagination

imaginar *vt* : to imagine — **imaginarse** *vr* **1** : to suppose, to imagine **2** : to picture

imaginario, -ria *adj* : imaginary

imaginativo, -va *adj* : imaginative — **imaginativamente** *adv*

imaginería *nf* **1** : imagery **2** : image making (in religion)
imán *nm, pl* **imanes** : magnet
imantar *vt* : to magnetize
imbatible *adj* : unbeatable
imbécil[1] *adj* : stupid, idiotic
imbécil[2] *nmf* **1** : imbecile **2** *fam* : idiot, dope
imborrable *adj* : indelible
imbuir {41} *vt* : to imbue — **imbuirse** *vr*
imitación *nf, pl* **-ciones 1** : imitation **2** : mimicry, impersonation
imitador[1], **-dora** *adj* : imitative
imitador[2], **-dora** *n* **1** : imitator **2** : mimic
imitar *vt* **1** : to imitate, to copy **2** : to mimic, to impersonate
imitativo, -va *adj* → **imitador**[1]
impaciencia *nf* : impatience
impacientar *vt* : to make impatient, to exasperate — **impacientarse** *vr*
impaciente *adj* : impatient — **impacientemente** *adv*
impactado, -da *adj* : shocked, stunned
impactante *adj* **1** : shocking **2** : impressive, powerful
impactar *vt* **1** GOLPEAR : to hit **2** IMPRESIONAR : to impact, to affect — **impactarse** *vr*
impacto *nm* **1** : impact, effect **2** : shock, collision
impagable *adj* **1** : unpayable **2** : priceless
impago *nm* : nonpayment
impalpable *adj* INTANGIBLE : impalpable, intangible
impar[1] *adj* : odd ⟨números impares : odd numbers⟩
impar[2] *nm* : odd number
imparable *adj* : unstoppable
imparcial *adj* : impartial — **imparcialmente** *adv*
imparcialidad *nf* : impartiality
impartir *vt* : to impart, to give
impasible *adj* : impassive, unmoved — **impasiblemente** *adv*
impasse *nm* : impasse
impávido, -da *adj* : undaunted, unperturbed
impecable *adj* INTACHABLE : impeccable, faultless — **impecablemente** *adv*
impedido, -da *adj* : disabled, crippled
impedimento *nm* **1** : impediment, obstacle **2** : disability
impedir {54} *vt* **1** : to prevent, to block **2** : to impede, to hinder
impeler *vt* **1** : to drive, to propel **2** : to impel
impenetrable *adj* : impenetrable — **impenetrabilidad** *nf*
impenitente *adj* : unrepentant, impenitent
impensable *adj* : unthinkable
impensado, -da *adj* : unforeseen, unexpected
imperante *adj* : prevailing
imperar *vi* **1** : to reign, to rule **2** PREDOMINAR : to prevail
imperativo[1], **-va** *adj* : imperative
imperativo[2] *nm* : imperative
imperceptible *adj* : imperceptible — **imperceptiblemente** *adv*
imperdible *nm Spain* : safety pin
imperdonable *adj* : unpardonable, unforgivable
imperecedero, -ra *adj* **1** : imperishable **2** INMORTAL : immortal, everlasting
imperfección *nf, pl* **-ciones 1** : imperfection **2** DEFECTO : defect, flaw
imperfecto[1], **-ta** *adj* : imperfect, flawed
imperfecto[2] *nm* : imperfect tense
imperial *adj* : imperial
imperialismo *nm* : imperialism
imperialista *adj & nmf* : imperialist
impericia *nf* : lack of skill, incompetence
imperio *nm* : empire
imperioso, -sa *adj* **1** : imperious **2** : pressing, urgent — **imperiosamente** *adv*
impermeabilizante *adj* : water-repellent
impermeabilizar {21} *vt* : to waterproof
impermeable[1] *adj* **1** : impervious **2** : impermeable, waterproof
impermeable[2] *nm* : raincoat
impersonal *adj* : impersonal — **impersonalmente** *adv*
impertinencia *nf* INSOLENCIA : impertinence, insolence
impertinente *adj* **1** INSOLENTE : impertinent, insolent **2** INOPORTUNO : inappropriate, uncalled-for **3** IRRELEVANTE : irrelevant
imperturbable *adj* : imperturbable, impassive, stolid
ímpetu *nm* **1** : impetus, momentum **2** : vigor, energy **3** : force, violence
impetuoso, -sa *adj* : impetuous, impulsive — **impetuosamente** *adv*
impiedad *nf* : impiety
impío, -pía *adj* : impious, ungodly
implacable *adj* : implacable, relentless — **implacablemente** *adv*
implantación *nf, pl* **-ciones 1** : implantation **2** ESTABLECIMIENTO : establishment, introduction
implantado, -da *adj* : well-established
implantar *vt* **1** : to implant **2** ESTABLECER : to establish, to introduce — **implantarse** *vr*
implante *nm* : implant
implementar *vt* : to implement — **implementarse** *vr* — **implementación** *nf*
implemento *nm* : implement, tool
implicación *nf, pl* **-ciones** : implication
implicar {72} *vt* **1** ENREDAR, ENVOLVER : to involve, to implicate **2** : to imply
implícito, -ta *adj* : implied, implicit — **implícitamente** *adv*
implorar *vt* : to implore
implosión *nf, pl* **-siones** : implosion — **implosivo, -va** *adj*
implosionar *vi* : to implode
imponderable *adj & nm* : imponderable
imponente *adj* : imposing, impressive
imponer {60} *vt* **1** : to impose **2** : to confer — *vi* : to be impressive, to command respect — **imponerse** *vr* **1** : to

take on (a duty) **2** : to assert oneself **3** : to prevail
imponible *adj* : taxable
impopular *adj* : unpopular — **impopularidad** *nf*
importación *nf, pl* **-ciones** **1** : importation **2** **importaciones** *nfpl* : imports
importado, -da *adj* : imported
importador[1], **-dora** *adj* : importing
importador[2], **-dora** *n* : importer
importancia *nf* : importance
importante *adj* : important — **importantemente** *adv*
importar *vi* **1** : to matter, to be important ⟨no importa : it doesn't matter, it's not important⟩ ⟨lo que importa es el resultado : what matters is the result⟩ ⟨no le importa lo que piensen : she doesn't care what they think⟩ ⟨¿qué importa que no les guste? : who cares if they don't like it?⟩ ⟨(no) me importa un bledo/comino : I don't give a damn, I couldn't care less⟩ ⟨no te importo : you don't care about me⟩ **2** : to bother ⟨no le importa hacerlo : he doesn't mind doing it⟩ ⟨si no te importa : if you don't mind, if it's OK with you⟩ — *vt* : to import
importe *nm* **1** : price, cost **2** : sum, amount
importunar *vt* : to bother, to inconvenience — *vi* : to be inconvenient
importuno, -na *adj* **1** : inopportune, inconvenient **2** : bothersome, annoying
imposibilidad *nf* : impossibility
imposibilitado, -da *adj* **1** : disabled, crippled **2** **verse imposibilitado** : to be unable (to do something)
imposibilitar *vt* **1** : to make impossible **2** : to disable, to incapacitate — **imposibilitarse** *vr* : to become disabled
imposible *adj* : impossible
imposición *nf, pl* **-ciones** **1** : imposition **2** EXIGENCIA : demand, requirement **3** : tax **4** : deposit
impositivo, -va *adj* : tax ⟨tasa impositiva : tax rate⟩
impostor, -tora *n* : impostor
impostura *nf* **1** : fraud, imposture **2** CALUMNIA : slander
impotencia *nf* **1** : impotence, powerlessness **2** : impotence (in medicine)
impotente *adj* **1** : powerless **2** : impotent
impracticable *adj* : impracticable
imprecisión *nf, pl* **-siones** **1** : imprecision, vagueness **2** : inaccuracy
impreciso, -sa *adj* **1** : imprecise, vague **2** : inaccurate
impredecible *adj* : unpredictable
impregnar *vt* : to impregnate
imprenta *nf* **1** : printing **2** : printing shop, press
imprescindible *adj* : essential, indispensable
impresentable *adj* : unpresentable, unfit
impresión *nf, pl* **-siones** **1** : print, printing **2** : impression, feeling
impresionable *adj* : impressionable
impresionante *adj* : impressive, incredible, amazing — **impresionantemente** *adv*
impresionar *vt* **1** : to impress, to strike **2** : to affect, to move — *vi* : to make an impression — **impresionarse** *vr* : to be affected, to be removed
impresionismo *nm* : impressionism
impresionista[1] *adj* : impressionist, impressionistic
impresionista[2] *nmf* : impressionist
impreso[1] *pp* → **imprimir**
impreso[2], **-sa** *adj* : printed
impreso[3] *nm* PUBLICACIÓN : printed matter, publication
impresor, -sora *n* : printer
impresora *nf* : (computer) printer
imprevisible *adj* : unforeseeable
imprevisión *nf, pl* **-siones** : lack of foresight, thoughtlessness
imprevisto[1], **-ta** *adj* : unexpected, unforeseen
imprevisto[2] *nm* : unexpected occurrence, contingency
imprimir {42} *vt* **1** : to print **2** : to imprint, to stamp, to impress
improbabilidad *nf* : improbability
improbable *adj* : improbable, unlikely
improcedente *adj* **1** : inadmissible **2** : inappropriate, improper
improductivo, -va *adj* : unproductive
improperio *nm* : affront, insult
impropiedad *nf* : impropriety
impropio, -pia *adj* **1** : improper, incorrect **2** INADECUADO : unsuitable, inappropriate
improvisación *nf, pl* **-ciones** : improvisation, ad-lib
improvisado, -da *adj* : improvised, ad-lib
improvisar *v* : to improvise, to ad-lib
improviso *adj* **de ～** : all of a sudden, unexpectedly
imprudencia *nf* INDISCRECIÓN : imprudence, indiscretion
imprudente *adj* INDISCRETO : imprudent, indiscreet — **imprudentemente** *adv*
impúdico, -ca *adj* : shameless, indecent
impuesto[1] *pp* → **imponer**
impuesto[2] *nm* : tax
impugnar *vt* : to challenge, to contest
impulsar *vt* : to propel, to drive
impulsividad *nf* : impulsiveness
impulsivo, -va *adj* : impulsive — **impulsivamente** *adv*
impulso *nm* **1** : drive, thrust **2** : impulse, urge
impune *adj* : unpunished
impunemente *adv* : with impunity
impunidad *nf* : impunity
impureza *nf* : impurity
impuro, -ra *adj* : impure
impuso, etc. → **imponer**
imputable *adj* ATRIBUIBLE : attributable
imputación *nf, pl* **-ciones** **1** : attribution, imputation **2** : accusation
imputar *vt* ATRIBUIR : to impute, to attribute
inacabable *adj* : endless

inacabado, -da *adj* INCONCLUSO : unfinished
inaccesibilidad *nf* : inaccessibility
inaccesible *adj* **1** : inaccessible **2** : unattainable
inacción *nf, pl* **-ciones** : inactivity, inaction
inaceptable *adj* : unacceptable
inactividad *nf* : inactivity, idleness
inactivo, -va *adj* : inactive, idle
inadaptado[1], **-da** *adj* : maladjusted
inadaptado[2], **-da** *n* : misfit
inadecuación *nf, pl* **-ciones** : inadequacy
inadecuado, -da *adj* **1** : inadequate **2** IMPROPIO : inappropriate — **inadecuadamente** *adv*
inadmisible *adj* **1** : inadmissible **2** : unacceptable
inadvertencia *nf* : oversight
inadvertidamente *adv* : inadvertently
inadvertido, -da *adj* **1** : unnoticed <pasar inadvertido : to go unnoticed> **2** DESPISTADO, DISTRAÍDO : inattentive, distracted
inagotable *adj* : inexhaustible
inaguantable *adj* INSOPORTABLE : insufferable, unbearable
inalámbrico, -ca *adj* : wireless, cordless
inalcanzable *adj* : unreachable, unattainable
inalienable *adj* : inalienable
inalterable *adj* **1** : unalterable, unchangeable **2** : impassive **3** : colorfast
inamovible *adj* : immovable, fixed
inanición *nf, pl* **-ciones** : starvation
inanimado, -da *adj* : inanimate
inapelable *adj* : indisputable
inapetencia *nf* : lack of appetite
inaplicable *adj* : inapplicable
inapreciable *adj* **1** : imperceptible, negligible **2** : invaluable
inapropiado, -da *adj* : inappropriate, unsuitable
inarticulado, -da *adj* : inarticulate, unintelligible — **inarticuladamente** *adv*
inasequible *adj* : unattainable, inaccessible
inasistencia *nf* AUSENCIA : absence
inatacable *adj* : unassailable, indisputable
inaudible *adj* : inaudible
inaudito, -ta *adj* : unheard-of, unprecedented
inauguración *nf, pl* **-ciones** : inauguration
inaugural *adj* : inaugural, opening
inaugurar *vt* **1** : to inaugurate **2** : to open
inca *adj & nmf* : Inca
incalculable *adj* : incalculable
incalificable *adj* : indescribable
incandescencia *nf* : incandescence — **incandescente** *adj*
incansable *adj* INFATIGABLE : tireless — **incansablemente** *adv*
incapacidad *nf* **1** : inability, incapacity **2** : disability, handicap
incapacitado, -da *adj* **1** : disqualified **2** : disabled, handicapped
incapacitar *vt* **1** : to incapacitate, to disable **2** : to disqualify
incapaz *adj, pl* **-paces 1** : incapable, unable **2** : incompetent, inept
incautación *nf, pl* **-ciones** : seizure, confiscation
incautar *vt* CONFISCAR : to confiscate, to seize — **incautarse** *vr*
incauto, -ta *adj* : unwary, unsuspecting
incendiar *vt* : to set fire to, to burn (down) — **incendiarse** *vr* : to catch fire
incendiario[1], **-ria** *adj* : incendiary, inflammatory
incendiario[2], **-ria** *n* : arsonist
incendio *nm* **1** : fire **2 incendio premeditado** : arson
incensario *nm* : censer
incentivar *vt* : to encourage, to stimulate
incentivo *nm* : incentive
incertidumbre *nf* : uncertainty, suspense
incesante *adj* : incessant — **incesantemente** *adv*
incesto *nm* : incest
incestuoso, -sa *adj* : incestuous
incidencia *nf* **1** : incident **2** : effect, impact **3 por ~** : by chance, accidentally
incidental *adj* : incidental
incidentalmente *adv* : by chance
incidente *nm* : incident, occurrence
incidir *vi* **1 ~ en** : to fall into, to enter into <incidimos en el mismo error : we fell into the same mistake> **2 ~ en** : to affect, to influence, to have a bearing on
incienso *nm* : incense
incierto, -ta *adj* **1** : uncertain **2** : untrue **3** : unsteady, insecure
incineración *nf, pl* **-ciones 1** : incineration **2** : cremation
incinerador *nm* : incinerator
incinerar *vt* **1** : to incinerate **2** : to cremate
incipiente *adj* : incipient
incisión *nf, pl* **-siones** : incision
incisivo[1], **-va** *adj* : incisive
incisivo[2] *nm* : incisor
inciso *nm* : digression, aside
incitación *nf, pl* **-ciones** : incitement
incitador[1], **-dora** *n* : instigator, agitator
incitador[2], **-dora** *adj* : provocative
incitante *adj* : provocative
incitar *vt* : to incite, to rouse
incivilizado, -da *adj* : uncivilized
inclemencia *nf* : inclemency, severity
inclemente *adj* : inclement
inclinación *nf, pl* **-ciones 1** PROPENSIÓN : inclination, tendency **2** : incline, slope
inclinado, -da *adj* **1** : sloping **2** : inclined, apt
inclinar *vt* : to tilt, to lean, to incline <inclinar la cabeza : to bow one's head> — **inclinarse** *vr* **1** : to lean, to lean over **2 ~ a** : to be inclined to
incluir {41} *vt* : to include
inclusión *nf, pl* **-siones** : inclusion

inclusive *adv* : inclusively, up to and including
inclusivo, -va *adj* : inclusive
incluso *adv* **1** AUN : even, in fact ⟨es importante e incluso crucial : it is important and even crucial⟩ **2** : inclusively
incógnita *nf* **1** : unknown quantity (in mathematics) **2** : mystery
incógnito, -ta *adj* **1** : unknown **2 de incógnito** : incognito
incoherencia *nf* : incoherence
incoherente *adj* : incoherent — **incoherentemente** *adv*
incoloro, -ra *adj* : colorless
incombustible *adj* : fireproof
incomible *adj* : inedible
incomodar *vt* **1** : to make uncomfortable **2** : to inconvenience — **incomodarse** *vr* : to put oneself out, to take the trouble
incomodidad *nf* **1** : discomfort, awkwardness **2** MOLESTIA : inconvenience, bother
incómodo, -da *adj* **1** : uncomfortable, awkward **2** INCONVENIENTE : inconvenient
incomparable *adj* : incomparable
incompatibilidad *nf* : incompatibility
incompatible *adj* : incompatible, uncongenial
incompetencia *nf* : incompetence
incompetente *adj & nmf* : incompetent
incompleto, -ta *adj* : incomplete
incomprendido, -da *adj* : misunderstood
incomprensible *adj* : incomprehensible
incomprensión *nf, pl* **-siones** : lack of understanding, incomprehension
incomunicación *nf, pl* **-ciones** : lack of communication
incomunicado, -da *adj* **1** : cut off, isolated **2** : in solitary confinement
inconcebible *adj* : inconceivable, unthinkable — **inconcebiblemente** *adv*
inconcluso, -sa *adj* INACABADO : unfinished
incondicional *adj* : unconditional — **incondicionalmente** *adv*
inconexo, -xa *adj* : unconnected, disconnected
inconfesable *adj* : unspeakable, shameful
inconforme *adj & nmf* : nonconformist
inconformidad *nf* : nonconformity
inconformista *adj & nmf* : nonconformist
inconfundible *adj* : unmistakable, obvious — **inconfundiblemente** *adv*
incongruencia *nf* : incongruity
incongruente *adj* : incongruous
inconmensurable *adj* : vast, immeasurable
inconquistable *adj* : unyielding
inconsciencia *nf* **1** : unconsciousness, unawareness **2** : irresponsibility
inconsciente[1] *adj* **1** : unconscious, unaware **2** : reckless, needless — **inconscientemente** *adv*
inconsciente[2] *nm* **el inconsciente** : the unconscious
inconsecuente *adj* : inconsistent — **inconsecuencia** *nf*
inconsiderado, -da *adj* : inconsiderate, thoughtless
inconsistencia *nf* : inconsistency
inconsistente *adj* **1** : weak, flimsy **2** : inconsistent, weak (of an argument)
inconsolable *adj* : inconsolable — **inconsolablemente** *adv*
inconstancia *nf* : inconstancy
inconstante *adj* : inconstant, fickle, changeable
inconstitucional *adj* : unconstitutional
inconstitucionalidad *nf* : unconstitutionality
incontable *adj* INNUMERABLE : countless, innumerable
incontenible *adj* : uncontrollable, unstoppable
incontestable *adj* INCUESTIONABLE, INDISCUTIBLE : irrefutable, indisputable
incontinencia *nf* : incontinence — **incontinente** *adj*
incontrolable *adj* : uncontrollable
incontrolado, -da *adj* : uncontrolled, out of control
incontrovertible *adj* : indisputable
inconveniencia *nf* **1** : inconvenience, trouble **2** : unsuitability, inappropriateness **3** : tactless remark
inconveniente[1] *adj* **1** INCÓMODO : inconvenient **2** INAPROPIADO : improper, unsuitable
inconveniente[2] *nm* : obstacle, problem, snag ⟨no tengo inconveniente en hacerlo : I don't mind doing it⟩
incorporación *nf, pl* **-ciones** : incorporation
incorporar *vt* **1** : to incorporate **2** : to add, to include — **incorporarse** *vr* **1** : to sit up **2 ~ a** : to join
incorpóreo, -rea *adj* : incorporeal, bodiless
incorrección *n, pl* **-ciones** : impropriety, improper word or action
incorrecto, -ta *adj* : incorrect — **incorrectamente** *adv*
incorregible *adj* : incorrigible — **incorregibilidad** *nf*
incorruptible *adj* : incorruptible
incredulidad *nf* : incredulity, skepticism
incrédulo[1], **-la** *adj* : incredulous, skeptical
incrédulo[2], **-la** *n* : skeptic
increíble *adj* : incredible, unbelievable — **increíblemente** *adv*
incrementar *vt* : to increase — **incrementarse** *vr*
incremento *nm* AUMENTO : increase
incriminar *vt* : to incriminate — **incriminación** *nf*
incriminatorio, -ria *adj* : incriminating, incriminatory
incruento, -ta *adj* : bloodless
incrustación *nf, pl* **-ciones** : inlay

incrustar *vt* **1 :** to embed **2 :** to inlay — **incrustarse** *vr* **:** to become embedded
incubación *nf, pl* **-ciones :** incubation
incubadora *nf* **:** incubator
incubar *v* **:** to incubate
incuestionable *adj* INCONTESTABLE, INDISCUTIBLE **:** unquestionable, indisputable — **incuestionablemente** *adv*
inculcar {72} *vt* **:** to inculcate, to instill
inculpar *vt* ACUSAR **:** to accuse, to charge
inculto, -ta *adj* **1 :** uncultured, ignorant **2 :** uncultivated, fallow
incumbencia *nf* **:** obligation, responsibility
incumbir *vi* (*3rd person only*) **~ a :** to be incumbent upon, to be of concern to ‹a mí no me incumbe : it's not my concern›
incumplido, -da *adj* **:** irresponsible, unreliable
incumplimiento *nm* **1 :** nonfulfillment, neglect **2 incumplimiento de contrato :** breach of contract
incumplir *vt* **:** to fail to carry out, to break (a promise, a contract)
incurable *adj* **:** incurable
incurrir *vi* **1 ~ en :** to incur ‹incurrir en gastos : to incur expenses› **2 ~ en :** to fall into, to commit ‹incurrió en un error : he made a mistake›
incursión *nf, pl* **-siones :** incursion, raid
incursionar *vi* **1 :** to raid **2 ~ en :** to go into, to enter ‹el actor incursionó en el baile : the actor worked in dance for a while›
indagación *nf, pl* **-ciones :** investigation, inquiry
indagar {52} *vt* **:** to inquire into, to investigate
indebido, -da *adj* **:** improper, undue — **indebidamente** *adv*
indecencia *nf* **:** indecency, obscenity
indecente *adj* **:** indecent, obscene
indecible *adj* **:** indescribable, inexpressible
indecisión *nf, pl* **-siones :** indecision
indeciso, -sa *adj* **1** IRRESOLUTO **:** indecisive **2 :** undecided
indeclinable *adj* **:** unavoidable
indecoro *nm* **:** impropriety, indecorousness
indecoroso, -sa *adj* **:** indecorous, unseemly
indefectible *adj* **:** unfailing, sure
indefendible *adj* **:** indefensible
indefenso, -sa *adj* **:** defenseless, helpless
indefinible *adj* **:** indefinable
indefinido, -da *adj* **1 :** undefined, vague **2** INDETERMINADO **:** indefinite — **indefinidamente** *adv*
indeleble *adj* **:** indelible — **indeleblemente** *adv*
indelicado, -da *adj* **:** indelicate, tactless
indemnización *nf, pl* **-ciones 1 :** indemnity **2 indemnización por despido :** severance pay
indemnizar {21} *vt* **:** to indemnify, to compensate
independencia *nf* **:** independence
independiente *adj* **:** independent — **independientemente** *adv*
independizarse {21} *vr* **:** to become independent, to gain independence
indescifrable *adj* **:** indecipherable
indescriptible *adj* **:** indescribable — **indescriptiblemente** *adv*
indeseable *adj & nmf* **:** undesirable
indestructible *adj* **:** indestructible
indeterminación *nf, pl* **-ciones :** indeterminacy
indeterminado, -da *adj* **1** INDEFINIDO **:** indefinite **2 :** indeterminate
indexar *vt* INDICIAR **:** to index (wages, prices, etc.)
indicación *nf, pl* **-ciones 1 :** sign, signal **2 :** direction, instruction **3 :** suggestion, hint
indicado, -da *adj* **1** APROPIADO **:** appropriate, suitable **2 :** specified, indicated ‹al día indicado : on the specified day›
indicador *nm* **1 :** gauge, dial, meter **2 :** indicator ‹indicadores económicos : economic indicators›
indicar {72} *vt* **1** SEÑALAR **:** to indicate **2** ENSEÑAR, MOSTRAR **:** to show
indicativo[1], **-va** *adj* **:** indicative
indicativo[2] *nm* **:** indicative (mood)
índice *nm* **1 :** index **2 :** index finger, forefinger **3** INDICIO **:** indication
indiciar *vt* **:** to index (prices, wages, etc.)
indicio *nm* **:** indication, sign
indiferencia *nf* **:** indifference
indiferente *adj* **1 :** indifferent, unconcerned **2 ser indiferente :** to be of no concern ‹me es indiferente : it doesn't matter to me›
indígena[1] *adj* **:** indigenous, native
indígena[2] *nmf* **:** native
indigencia *nf* MISERIA **:** poverty, destitution
indigente *adj & nmf* **:** indigent
indigestarse *vr* **1** EMPACHARSE **:** to have indigestion **2** *fam* **:** to nauseate, to disgust ‹ese tipo se me indigesta : that guy makes me sick›
indigestión *nf, pl* **-tiones** EMPACHO **:** indigestion
indigesto, -ta *adj* **:** indigestible, difficult to digest
indignación *nf, pl* **-ciones :** indignation
indignado, -da *adj* **:** indignant
indignante *adj* **:** outrageous, infuriating
indignar *vt* **:** to outrage, to infuriate — **indignarse** *vr*
indignidad *nf* **:** indignity
indigno, -na *adj* **:** unworthy
índigo *nm* **:** indigo
indio[1], **-dia** *adj* **1 :** American Indian, Indian, Amerindian **2 :** Indian (from India)
indio[2], **-dia** *n* **1 :** American Indian **2 :** Indian (from India)
indirecta *nf* **1 :** hint, innuendo **2 echar indirectas** *or* **lanzar indirectas :** to drop a hint, to insinuate

indirecto, -ta *adj* : indirect — **indirectamente** *adv*
indisciplina *nf* : indiscipline, unruliness
indisciplinado, -da *adj* : undisciplined, unruly
indiscreción *nf, pl* **-ciones** **1** IMPRUDENCIA : indiscretion **2** : tactless remark
indiscreto, -ta *adj* IMPRUDENTE : indiscreet, imprudent — **indiscretamente** *adv*
indiscriminado, -da *adj* : indiscriminate — **indiscriminadamente** *adv*
indiscutible *adj* INCONTESTABLE, INCUESTIONABLE : indisputable, unquestionable — **indiscutiblemente** *adv*
indispensable *adj* : indispensable — **indispensablemente** *adv*
indisponer {60} *vt* **1** : to spoil, to upset **2** : to make ill — **indisponerse** *vr* **1** : to become ill **2** ~ **con** : to fall out with
indisposición *nf, pl* **-ciones** : indisposition, illness
indispuesto, -ta *adj* : unwell, indisposed
indistinguible *adj* : indistinguishable
indistintamente *adv* **1** : indistinctly **2** : indiscriminately
indistinto, -ta *adj* : indistinct, vague, faint
individual *adj* : individual — **individualmente** *adv*
individualidad *nf* : individuality
individualismo *nm* : individualism
individualista[1] *adj* : individualistic
individualista[2] *nmf* : individualist
individualizar {21} *vt* : to individualize
individuo *nm* : individual, person
indivisible *adj* : indivisible — **indivisibilidad** *nf*
indocumentado, -da *n* : illegal immigrant
índole *nf* **1** : nature, character **2** CLASE, TIPO : sort, kind
indolencia *nf* : indolence, laziness
indolente *adj* : indolent, lazy
indoloro, -ra *adj* : painless
indomable *adj* **1** : indomitable **2** : unruly, unmanageable
indómito, -ta *adj* : indomitable
indonesio, -sia *adj & n* : Indonesian
inducción *nf, pl* **-ciones** : induction
inducir {61} *vt* **1** : to induce, to cause **2** : to infer, to deduce
inductivo, -va *adj* : inductive
indudable *adj* : unquestionable, beyond doubt
indudablemente *adv* : undoubtedly, unquestionably
indulgencia *nf* **1** : indulgence, leniency **2** : indulgence (in religion)
indulgente *adj* : indulgent, lenient
indultar *vt* : to pardon, to reprieve
indulto *nm* : pardon, reprieve
indumentaria *nf* : clothing, attire
industria *nf* : industry
industrial[1] *adj* : industrial
industrial[2] *nmf* : industrialist, manufacturer
industrialización *nf, pl* **-ciones** : industrialization
industrializar {21} *vt* : to industrialize
industrioso, -sa *adj* : industrious
inédito, -ta *adj* **1** : unpublished **2** : unprecedented
inefable *adj* : ineffable
ineficacia *nf* **1** : inefficiency **2** : ineffectiveness
ineficaz *adj, pl* **-caces** **1** : inefficient **2** : ineffective — **ineficazmente** *adv*
ineficiencia *nf* : inefficiency
ineficiente *adj* : inefficient — **ineficientemente** *adv*
inelegancia *nf* : inelegance — **inelegante** *adj*
inelegible *adj* : ineligible — **inelegibilidad** *nf*
ineludible *adj* : inescapable, unavoidable — **ineludiblemente** *adv*
ineptitud *nf* : ineptitude, incompetence
inepto, -ta *adj* : inept, incompetent
inequidad *nf* : inequity
inequitativo, -va *adj* : inequitable
inequívoco, -ca *adj* : unequivocal, unmistakable — **inequívocamente** *adv*
inercia *nf* **1** : inertia **2** : apathy, passivity **3 por** ~ : out of habit
inerme *adj* : unarmed, defenseless
inerte *adj* : inert
inescrupuloso, -sa *adj* : unscrupulous
inescrutable *adj* : inscrutable
inesperado, -da *adj* : unexpected — **inesperadamente** *adv*
inestabilidad *nf* : instability, unsteadiness
inestable *adj* : unstable, unsteady
inestimable *adj* : inestimable, invaluable
inevitabilidad *nf* : inevitability
inevitable *adj* : inevitable, unavoidable — **inevitablemente** *adv*
inexactitud *nf* : inaccuracy
inexacto, -ta *adj* : inexact, inaccurate
inexcusable *adj* : inexcusable, unforgivable
inexistencia *nf* : lack, nonexistence
inexistente *adj* : nonexistent
inexorable *adj* : inexorable — **inexorablemente** *adv*
inexperiencia *nf* : inexperience
inexperto, -ta *adj* : inexperienced, unskilled
inexplicable *adj* : inexplicable — **inexplicablemente** *adv*
inexplorado, -da *adj* : unexplored
inexpresable *adj* : inexpressible
inexpresivo, -va *adj* : inexpressive, expressionless
inexpugnable *adj* : impregnable
inextinguible *adj* **1** : inextinguishable **2** : unquenchable
inextricable *adj* : inextricable — **inextricablemente** *adv*
infalibilidad *nf* : infallibility
infalible *adj* : infallible — **infaliblemente** *adv*

infame *adj* **1** : infamous **2** : loathsome, vile ⟨tiempo infame : terrible weather⟩
infamia *nf* : infamy, disgrace
infancia *nf* **1** NIÑEZ : infancy, childhood **2** : children *pl* **3** : beginnings *pl*
infante *nm* **1** : infante, prince **2** : infantryman
infantería *nf* : infantry
infantil *adj* **1** : childish, infantile **2** : child's, children's
infantilismo *nm* **1** : infantilism **2** INMADUREZ : childishness
infarto *nm* : heart attack
infatigable *adj* : indefatigable, tireless — **infatigablemente** *adv*
infección *nf, pl* **-ciones** : infection
infeccioso, -sa *adj* : infectious
infectar *vt* : to infect — **infectarse** *vr*
infecto, -ta *adj* **1** : infected **2** : repulsive, sickening
infecundidad *nf* : infertility
infecundo, -da *adj* : infertile, barren
infelicidad *nf* : unhappiness
infeliz[1] *adj, pl* **-lices** **1** : unhappy **2** : hapless, unfortunate, wretched
infeliz[2] *nmf, pl* **-lices** : wretch
inferencia *nf* : inference
inferior[1] *adj* : inferior, lower
inferior[2] *nmf* : inferior, underling
inferioridad *nf* : inferiority
inferir {76} *vt* **1** DEDUCIR : to infer, to deduce **2** : to cause (harm or injury), to inflict
infernal *adj* : infernal, hellish
infestación *n, pl* **-ciones** : infestation
infestar *vt* **1** : to infest **2** : to overrun, to invade
infición *nf, pl* **-ciones** *Mex* : pollution
infidelidad *nf* : unfaithfulness, infidelity
infiel[1] *adj* : unfaithful, disloyal
infiel[2] *nmf* : infidel, heathen
infierno *nm* **1** : hell **2 el quinto infierno** : the middle of nowhere
infiltrar *vt* : to infiltrate — **infiltrarse** *vr* — **infiltración** *nf*
infinidad *nf* **1** : infinity **2** SINFÍN : great number, huge quantity ⟨una infinidad de veces : countless times⟩
infinitesimal *adj* : infinitesimal
infinitivo *nm* : infinitive
infinito[1] *adv* : infinitely, vastly
infinito[2]**, -ta** *adj* **1** : infinite **2** : limitless, endless **3 hasta lo infinito** : ad infinitum — **infinitamente** *adv*
infinito[3] *nm* : infinity
inflable *adj* : inflatable
inflación *nf, pl* **-ciones** : inflation
inflacionario, -ria *adj* : inflationary
inflacionista → **inflacionario**
inflamable *adj* : flammable
inflamación *nf, pl* **-ciones** : inflammation
inflamar *vt* : to inflame
inflamatorio, -ria *adj* : inflammatory
inflar *vt* HINCHAR : to inflate — **inflarse** *vr* **1** : to swell **2** : to become conceited
inflexibilidad *nf* : inflexibility
inflexible *adj* : inflexible, unyielding
inflexión *nf, pl* **-xiones** : inflection
infligir {35} *vt* : to inflict
influencia *nf* INFLUJO : influence
influenciable *adj* : easily influenced, suggestible
influenciar *vt* : to influence
influenza *nf* : influenza
influir {41} *vt* : to influence — *vi* ∼ **en** *or* ∼ **sobre** : to have an influence on, to affect
influjo *nm* INFLUENCIA : influence
influyente *adj* : influential
infografía *nf* : computer graphics *pl*
información *nf, pl* **-ciones** **1** : information **2** INFORME : report, inquiry **3** NOTICIAS : news
informado, -da *adj* : informed ⟨bien informado : well-informed⟩
informador, -dora *n* : informer, informant
informal *adj* **1** : unreliable (of persons) **2** : informal, casual — **informalmente** *adv*
informalidad *nf* : informality
informante *nmf* : informant
informar *vt* ENTERAR : to inform — *vi* : to report — **informarse** *vr* ENTERARSE : to get information, to find out
informática *nf* : computer science, computing
informativo[1]**, -va** *adj* : informative
informativo[2] *nm* : news program, news
informatización *nf, pl* **-ciones** : computerization
informatizar {21} *vt* : to computerize
informe[1] *adj* AMORFO : shapeless, formless
informe[2] *nm* **1** : report **2** : reference (for employment) **3 informes** *nmpl* : information, data
infortunado, -da *adj* : unfortunate, unlucky
infortunio *nm* **1** DESGRACIA : misfortune **2** CONTRATIEMPO : mishap
infracción *nf, pl* **-ciones** : violation, offense, infraction
infractor, -tora *n* : offender
infraestructura *nf* : infrastructure
infrahumano, -na *adj* : subhuman
infranqueable *adj* **1** : impassable **2** : insurmountable
infrarrojo, -ja *adj* : infrared
infrecuente *adj* : infrequent
infringir {35} *vt* : to infringe, to breach
infructuoso, -sa *adj* : fruitless — **infructuosamente** *adv*
ínfulas *nfpl* **1** : conceit **2 darse ínfulas** : to put on airs
infundado, -da *adj* : unfounded, baseless
infundio *nm* : false story, lie, tall tale ⟨todo eso son infundios : that's a pack of lies⟩
infundir *vt* **1** : to instill **2 infundir ánimo a** : to encourage **3 infundir miedo a** : to intimidate
infusión *nf, pl* **-siones** : infusion
ingeniar *vt* : to devise, to think up — **ingeniarse** *vr* : to manage, to find a way
ingeniería *nf* : engineering
ingeniero, -ra *n* : engineer

ingenio *nm* **1** : ingenuity **2** CHISPA : wit, wits **3** : device, apparatus **4 ingenio azucarero** : sugar refinery

ingenioso, -sa *adj* **1** : ingenious **2** : clever, witty — **ingeniosamente** *adv*

ingente *adj* : huge, enormous

ingenuidad *nf* : naïveté, ingenuousness

ingenuo[1], **-nua** *adj* CÁNDIDO : naive — **ingenuamente** *adv*

ingenuo[2], **-nua** *n* : naive person

ingerencia → **injerencia**

ingerir {76} *vt* : to ingest, to consume

ingestión *nf, pl* **-tiones** : ingestion

ingle *nf* : groin

inglés[1], **-glesa** *adj, mpl* **ingleses** : English

inglés[2], **-glesa** *n, mpl* **ingleses** : Englishman *m*, Englishwoman *f*

inglés[3] *nm* : English (language)

inglete *nm* : miter joint

ingobernable *adj* : ungovernable, lawless

ingratitud *nf* : ingratitude

ingrato[1], **-ta** *adj* **1** : ungrateful **2** : thankless

ingrato[2], **-ta** *n* : ingrate

ingrediente *nm* : ingredient

ingresar *vt* **1** : to admit ⟨ingresaron a Luis al hospital : Luis was admitted into the hospital⟩ **2** : to deposit — *vi* **1** : to enter, to go in **2** ~ **en** : to join, to enroll in

ingreso *nm* **1** : entrance, entry **2** : admission **3 ingresos** *nmpl* : income, earnings *pl*

íngrimo, -ma *adj* : all alone, all by oneself

inhábil *adj* : unskillful, clumsy

inhabilidad *nf* **1** : unskillfulness **2** : unfitness

inhabilitar *vt* **1** : to disqualify, to bar **2** : to disable

inhabitable *adj* : uninhabitable

inhabituado, -da *adj* ~ **a** : unaccustomed to

inhalador *nm* : inhaler

inhalante *nm* : inhalant

inhalar *vt* : to inhale — **inhalación** *nf*

inherente *adj* : inherent

inhibición *nf, pl* **-ciones** COHIBICIÓN : inhibition

inhibir *vt* : to inhibit — **inhibirse** *vr*

inhóspito, -ta *adj* : inhospitable

inhumación *nf, pl* **-ciones** : interment, burial

inhumanidad *nf* : inhumanity

inhumano, -na *adj* : inhuman, cruel, inhumane

inhumar *vt* : to inter, to bury

iniciación *nf, pl* **-ciones 1** : initiation **2** : introduction

iniciado, -da *n* : initiate

iniciador[1], **-dora** *adj* : initiatory

iniciador[2], **-dora** *n* : initiator, originator

inicial[1] *adj* : initial, original — **inicialmente** *adv*

inicial[2] *nf* : initial (letter)

iniciar *vt* COMENZAR : to initiate, to begin — **iniciarse** *vr*

iniciativa *nf* : initiative

inicio *nm* COMIENZO : beginning

inicuo, -cua *adj* : iniquitous, wicked

inigualado, -da *adj* : unequaled

inimaginable *adj* : unimaginable

inimitable *adj* : inimitable

ininteligible *adj* : unintelligible

ininterrumpido, -da *adj* : uninterrupted, continuous — **ininterrumpidamente** *adv*

iniquidad *nf* : iniquity, wickedness

injerencia *nf* : interference

injerirse {76} *vr* ENTROMETERSE, INMISCUIRSE : to meddle, to interfere

injertar *vt* : to graft

injerto *nm* : graft ⟨injerto de piel : skin graft⟩

injuria *nf* AGRAVIO : affront, insult

injuriar *vt* INSULTAR : to insult, to revile

injurioso, -sa *adj* : insulting, abusive

injusticia *nf* : injustice, unfairness

injustificable *adj* : unjustifiable

injustificadamente *adv* : unjustifiably, unfairly

injustificado, -da *adj* : unjustified, unwarranted

injusto, -ta *adj* : unfair, unjust — **injustamente** *adv*

inmaculado, -da *adj* : immaculate, spotless

inmadurez *nf, pl* **-reces** : immaturity

inmaduro, -ra *adj* **1** : immature **2** : unripe

inmediaciones *nfpl* : environs, surrounding area

inmediatamente *adv* ENSEGUIDA : immediately

inmediatez *nf, pl* **-teces** : immediacy

inmediato, -ta *adj* **1** : immediate **2** CONTIGUO : adjoining **3 de** ~ : immediately, right away **4** ~ **a** : next to, close to

inmejorable *adj* : excellent, unbeatable

inmemorial *adj* : immemorial ⟨tiempos inmemoriales : time immemorial⟩

inmensidad *nf* : immensity, vastness

inmenso, -sa *adj* ENORME : immense, huge, vast — **inmensamente** *adv*

inmensurable *adj* : boundless, immeasurable

inmerecido, -da *adj* : undeserved — **inmerecidamente** *adv*

inmersión *nf, pl* **-siones** : immersion

inmerso, -sa *adj* **1** : immersed **2** : involved, absorbed

inmigración *nf, pl* **-ciones** : immigration

inmigrado, -da *adj & n* : immigrant

inmigrante *adj & nmf* : immigrant

inmigrar *vi* : to immigrate

inminencia *nf* : imminence

inminente *adj* : imminent — **inminentemente** *adv*

inmiscuirse {41} *vr* ENTROMETERSE, INJERIRSE : to meddle, to interfere

inmobiliario, -ria *adj* : real estate, property

inmoderación *n, pl* **-ciones** : immoderation, intemperance

inmoderado, -da *adj* : immoderate, excessive — **inmoderamente** *adv*

inmodestia *nf* : immodesty — **inmodesto, -ta** *adj*

inmolar *vt* : to immolate — **inmolación** *nf*

inmoral *adj* : immoral

inmoralidad *nf* : immorality

inmortal *adj & nmf* : immortal

inmortalidad *nf* : immortality

inmortalizar {21} *vt* : to immortalize

inmotivado, -da *adj* **1** : unmotivated **2** : groundless

inmovible *adj* : immovable, fixed

inmóvil *adj* **1** : still, motionless **2** : steadfast

inmovilidad *nf* : immobility

inmovilizar {21} *vt* : to immobilize

inmueble *nm* : building, property

inmundicia *nf* : dirt, filth, trash

inmundo, -da *adj* : dirty, filthy, nasty

inmune *adj* : immune

inmunidad *nf* : immunity

inmunizar {21} *vt* : to immunize — **inmunización** *nf*

inmunología *nf* : immunology

inmunológico, -ca *adj* : immune ⟨sistema inmunológico : immune system⟩

inmutabilidad *nf* : immutability

inmutable *adj* : immutable, unchangeable

innato, -ta *adj* : innate, inborn

innecesario, -ria *adj* : unnecessary — **innecesariamente** *adv*

innegable *adj* : undeniable

innoble *adj* : ignoble — **innoblemente** *adv*

innovación *nf, pl* **-ciones** : innovation

innovador, -dora *adj* : innovative

innovar *vt* : to introduce — *vi* : to innovate

innumerable *adj* INCONTABLE : innumerable, countless

inobjetable *adj* : indisputable, unobjectionable

inocencia *nf* : innocence

inocente[1] *adj* **1** : innocent **2** INGENUO : naive — **inocentemente** *adv*

inocente[2] *nmf* : innocent person

inocentón[1], **-tona** *adj, mpl* **-tones** : naive, gullible

inocentón[2], **-tona** *n, mpl* **-tones** : simpleton, dupe

inocuidad *nf* : harmlessness

inocular *vt* : to inoculate, to vaccinate — **inoculación** *nf*

inocuo, -cua *adj* : innocuous, harmless

inodoro[1], **-ra** *adj* : odorless

inodoro[2] *nm* : toilet

inofensivo, -va *adj* : inoffensive, harmless

inolvidable *adj* : unforgettable

inoperable *adj* : inoperable

inoperante *adj* : ineffective, inoperative

inopinado, -da *adj* : unexpected — **inopinadamente** *adv*

inoportuno, -na *adj* : untimely, inopportune, inappropriate

inorgánico, -ca *adj* : inorganic

inoxidable *adj* **1** : rustproof **2** **acero inoxidable** : stainless steel

inquebrantable *adj* : unshakable, unwavering

inquietante *adj* : disturbing, worrisome

inquietar *vt* PREOCUPAR : to disturb, to upset, to worry — **inquietarse** *vr*

inquieto, -ta *adj* **1** : anxious, uneasy, worried **2** : restless

inquietud *nf* **1** : anxiety, uneasiness, worry **2** AGITACIÓN : restlessness

inquilinato *nm* : tenancy

inquilino, -na *n* : tenant, occupant

inquina *nf* **1** : aversion, dislike **2** : ill will ⟨tener inquina a alguien : to have a grudge against someone⟩

inquirir {4} *vi* : to make inquiries — *vt* : to investigate

inquisición *nf, pl* **-ciones** : investigation, inquiry

inquisidor, -dora *adj* : inquisitive

inquisitivo, -va *adj* : inquisitive, curious — **inquisitivamente** *adv*

insaciable *adj* : insatiable

insalubre *adj* **1** : unhealthy **2** ANTIHIGIÉNICO : unsanitary

insalubridad *nf* : unhealthiness

insalvable *adj* : insuperable, insurmountable

insano, -na *adj* **1** LOCO : insane, mad **2** INSALUBRE : unhealthy

insatisfacción *nf, pl* **-ciones** : dissatisfaction

insatisfactorio *nm* : unsatisfactory

insatisfecho, -cha *adj* **1** : dissatisfied **2** : unsatisfied

inscribir {33} *vt* **1** MATRICULAR : to enroll, to register **2** GRABAR : to engrave — **inscribirse** *vr* : to register, to sign up

inscripción *nf, pl* **-ciones** **1** MATRÍCULA : enrollment, registration **2** : inscription

inscrito *pp* → **inscribir**

insecticida[1] *adj* : insecticidal

insecticida[2] *nm* : insecticide

insecto *nm* : insect

inseguridad *nf* **1** : insecurity **2** : lack of safety **3** : uncertainty

inseguro, -ra *adj* **1** : insecure **2** : unsafe **3** : uncertain

inseminar *vt* : to inseminate — **inseminación** *nf*

insensatez *nf, pl* **-teces** : foolishness, stupidity

insensato[1], **-ta** *adj* : foolish, senseless

insensato[2], **-ta** *n* : fool

insensibilidad *nf* : insensitivity

insensible *adj* : insensitive, unfeeling

inseparable *adj* : inseparable — **inseparablemente** *adv*

inserción *nf, pl* **-ciones** : insertion

insertar *vt* : to insert

inservible *adj* INÚTIL : useless, unusable

insidia *nf* **1** : snare, trap **2** : malice

insidioso, -sa *adj* : insidious

insigne *adj* : noted, famous

insignia *nf* ENSEÑA : insignia, emblem, badge

insignificancia *nf* **1** : insignificance **2** NIMIEDAD : trifle, triviality
insignificante *adj* : insignificant
insincero, -ra *adj* : insincere — **insinceridad** *nf*
insinuación *nf, pl* **-ciones** : insinuation, hint
insinuante *adj* : suggestive
insinuar {3} *vt* : to insinuate, to hint at — **insinuarse** *vr* **1** ~ **a** : to make advances to **2** ~ **en** : to worm one's way into
insipidez *nf, pl* **-deces** : insipidness, blandness
insípido, -da *adj* : insipid, bland
insistencia *nf* : insistence
insistente *adj* : insistent — **insistentemente** *adv*
insistir *v* : to insist
insociable *adj* : unsociable
insolación *nf, pl* **-ciones** : sunstroke
insolencia *nf* IMPERTINENCIA : insolence
insolente *adj* IMPERTINENTE : insolent
insólito, -ta *adj* : rare, unusual
insoluble *adj* : insoluble — **insolubilidad** *nf*
insolvencia *nf* : insolvency, bankruptcy
insolvente *adj* : insolvent, bankrupt
insomne *adj & nmf* : insomniac
insomnio *nm* : insomnia
insondable *adj* : fathomless, deep
insonorizado, -da *adj* : soundproof
insoportable *adj* INAGUANTABLE : unbearable, intolerable
insoslayable *adj* : unavoidable, inescapable
insospechado, -da *adj* : unexpected, unforeseen
insostenible *adj* : untenable
inspección *nf, pl* **-ciones** : inspection
inspeccionar *vt* : to inspect
inspector, -tora *n* : inspector
inspiración *nf, pl* **-ciones** **1** : inspiration **2** INHALACIÓN : inhalation
inspirador, -dora *adj* : inspiring
inspirar *vt* : to inspire — *vi* INHALAR : to inhale
instalación *nf, pl* **-ciones** : installation
instalar *vt* **1** : to install **2** : to instate — **instalarse** *vr* ESTABLECERSE : to settle, to establish oneself
instancia *nf* **1** : petition, request **2 en última instancia** : as a last resort
instantánea *nf* : snapshot
instantáneo, -nea *adj* : instantaneous — **instantáneamente** *adv*
instante *nm* **1** : instant, moment **2 al instante** : immediately **3 a cada instante** : frequently, all the time **4 por instantes** : constantly, incessantly
instar *vt* APREMIAR : to urge, to press — *vi* URGIR : to be urgent or pressing ⟨insta que vayamos pronto : it is imperative that we leave soon⟩
instauración *nf, pl* **-ciones** : establishment
instaurar *vt* : to establish
instigador, -dora *n* : instigator
instigar {52} *vt* : to instigate, to incite
instintivo, -va *adj* : instinctive — **instintivamente** *adv*
instinto *nm* : instinct
institución *nf, pl* **-ciones** : institution
institucional *adj* : institutional — **institucionalmente** *adv*
institucionalización *nf, pl* **-ciones** : institutionalization
institucionalizar {21} *vt* : to institutionalize
instituir {41} *vt* ESTABLECER, FUNDAR : to institute, to establish, to found
instituto *nm* : institute
institutriz *nf, pl* **-trices** : governess *f*
instrucción *nf, pl* **-ciones** **1** EDUCACIÓN : education **2 instrucciones** *nfpl* : instructions, directions
instructivo, -va *adj* : instructive, educational
instructor, -tora *n* : instructor
instruir {41} *vt* **1** ADIESTRAR : to instruct, to train **2** ENSEÑAR : to educate, to teach
instrumentación *nf, pl* **-ciones** : orchestration
instrumental *adj* : instrumental
instrumentar *vt* : to orchestrate
instrumentista *nmf* : instrumentalist
instrumento *nm* : instrument
insubordinado, -da *adj* : insubordinate — **insubordinación** *nf*
insubordinarse *vr* : to rebel
insuficiencia *nf* **1** : insufficiency, inadequacy **2 insuficiencia cardíaca** : heart failure
insuficiente *adj* : insufficient, inadequate — **insuficientemente** *adv*
insufrible *adj* : insufferable
insular *adj* : insular
insularidad *nf* : insularity
insulina *nf* : insulin
insulso, -sa *adj* **1** INSÍPIDO : insipid, bland **2** : dull
insultante *adj* : insulting
insultar *vt* : to insult
insulto *nm* : insult
insumos *nmpl* : supplies ⟨insumos agrícolas : agricultural supplies⟩
insuperable *adj* : insuperable, insurmountable
insurgente *adj & nmf* : insurgent — **insurgencia** *nf*
insurrección *nf, pl* **-ciones** : insurrection, uprising
insustancial *adj* : insubstantial, flimsy
insustituible *adj* : irreplaceable
intachable *adj* : irreproachable, faultless
intacto, -ta *adj* : intact
intangible *adj* IMPALPABLE : intangible, impalpable
integración *nf, pl* **-ciones** : integration
integral *adj* **1** : integral, essential **2 pan integral** : whole grain bread
integrante[1] *adj* : integrating, integral
integrante[2] *nmf* : member
integrar *vt* : to make up, to compose — **integrarse** *vr* : to integrate, to fit in

integridad *nf* **1** RECTITUD : integrity, honesty **2** : wholeness, completeness
integrismo *nm* : fundamentalism
integrista *adj & nmf* : fundamentalist
íntegro, -gra *adj* **1** : honest, upright **2** ENTERO : whole, complete **3** : unabridged
intelecto *nm* : intellect
intelectual *adj & nmf* : intellectual — **intelectualmente** *adv*
intelectualidad *nf* : intelligentsia
inteligencia *nf* : intelligence
inteligente *adj* : intelligent — **inteligentemente** *adv*
inteligible *adj* : intelligible — **inteligibilidad** *nf*
intemperancia *adj* : intemperance, excess
intemperie *nf* **1** : bad weather, elements *pl* **2 a la intemperie** : in the open air, outside
intempestivo, -va *adj* : inopportune, untimely — **intempestivamente** *adv*
intención *nf, pl* **-ciones** : intention, plan
intencionado, -da → **intencional**
intencional *adj* : intentional — **intencionalmente** *adv*
intendencia *nf* : management, administration
intendente *nmf* : quartermaster
intensidad *nf* : intensity
intensificación *nf, pl* **-ciones** : intensification
intensificar {72} *vt* : to intensify — **intensificarse** *vr*
intensivo, -va *adj* : intensive — **intensivamente** *adv*
intenso, -sa *adj* : intense — **intensamente** *adv*
intentar *vt* : to attempt, to try
intento *nm* **1** PROPÓSITO : intent, intention **2** TENTATIVA : attempt, try
interacción *nf, pl* **-ciones** : interaction
interactivo, -va *adj* : interactive
interactuar {3} *vi* : to interact
intercalar *vt* : to intersperse, to insert
intercambiable *adj* : interchangeable
intercambiar *vt* CANJEAR : to exchange, to trade
intercambio *nm* CANJE : exchange, trade
interceder *vi* : to intercede
intercepción *nf, pl* **-ciones** : interception
interceptar *vt* **1** : to intercept, to block **2 interceptar las líneas** : to wiretap
intercesión *nf, pl* **-siones** : intercession
intercomunicación *nf, pl* **-ciones** : intercommunication
interconexión *nf, pl* **-xiones** : interconnection
interconfesional *adj* : interdenominational
interdepartamental *adj* : interdepartmental
interdependencia *nf* : interdependence — **interdependiente** *adj*
interdicción *nf, pl* **-ciones** : interdiction, prohibition
interés *nm, pl* **-reses** **1** : interest ⟨su interés por la ciencia : her interest in science⟩ ⟨tiene interés en aprender español : he is interested in learning Spanish⟩ ⟨perder interés : to lose interest⟩ **2** BENEFICIO : interest ⟨por su propio interés : for one's own benefit⟩ ⟨por puro interés : purely out of self-interest⟩ ⟨el interés público : the public interest⟩ ⟨conflicto de intereses : conflict of interest⟩ **3** : interest, interest rate **4 intereses** *nmpl* : interest, stake ⟨tener intereses en : to have an interest in⟩
interesado, -da *adj* **1** : interested **2** : selfish, self-seeking
interesante *adj* : interesting
interesar *vt* : to interest — *vi* : to be of interest, to be interesting — **interesarse** *vr*
interestatal *adj* : interstate ⟨autopista interestatal : interstate highway⟩
interestelar *adj* : interstellar
interfase → **interfaz**
interfaz *nf, pl* **-faces** : interface
interferencia *nf* : interference, static
interferir {76} *vi* : to interfere, to meddle — *vt* : to interfere with, to obstruct
interfón *nm, pl* **-fones** *Mex* : intercom
interfono *nm Spain* : intercom
intergaláctico, -ca *adj* : intergalactic
intergubernamental *adj* : intergovernmental
interín[1] *or* **ínterin** *adv* : meanwhile
interín[2] *or* **ínterin** *nm, pl* **-rines** : meantime, interim ⟨en el interín : in the meantime⟩
interinamente *adv* : temporarily
interino, -na *adj* : acting, temporary, interim
interior[1] *adj* : interior, inner
interior[2] *nm* **1** : interior, inside **2** : inland region
interiormente *adv* : inwardly
interjección *nf, pl* **-ciones** : interjection
interlocutor, -tora *n* : interlocutor, speaker
interludio *nm* : interlude
intermediario, -ria *adj & n* : intermediary, go-between
intermedio[1], **-dia** *adj* : intermediate
intermedio[2] *nm* **1** : intermission **2 por intermedio de** : by means of
interminable *adj* : interminable, endless — **interminablemente** *adv*
intermisión *nf, pl* **-siones** : intermission, pause
intermitente[1] *adj* **1** : intermittent **2** : flashing, blinking (of a light) — **intermitentemente** *adv*
intermitente[2] *nm* : blinker, turn signal
internacional *adj* : international — **internacionalmente** *adv*
internacionalismo *nm* : internationalism
internacionalizar {21} *vt* : to internationalize
internado *nm* : boarding school

internar *vt* : to commit, to confine — **internarse** *vr* **1** : to penetrate, to advance into **2** ~ **en** : to go into, to enter
internauta *nmf* : Internet user
Internet *or* **internet** *nmf* : Internet
internista *nmf* : internist
interno[1], **-na** *adj* : internal — **internamente** *adv*
interno[2], **-na** *n* **1** : intern **2** : inmate, internee
interpelación *nf, pl* **-ciones** : appeal, plea
interpelar *vt* : to question (formally)
interpersonal *adj* : interpersonal
interpolar *vt* : to insert, to interpolate
interponer {60} *vt* : to interpose — **interponerse** *vr* : to intervene
interpretación *nf, pl* **-ciones** : interpretation
interpretar *vt* **1** : to interpret **2** : to play, to perform
interpretativo, -va *adj* : interpretive
intérprete *nmf* **1** TRADUCTOR : interpreter **2** : performer
interpuesto *pp* → **interponer**
interracial *adj* : interracial
interrelación *nf, pl* **-ciones** : interrelationship
interrelacionar *vi* : to interrelate
interrogación *nf, pl* **-ciones** **1** : interrogation, questioning **2 signo de interrogación** : question mark
interrogador, -dora *n* : interrogator, questioner
interrogante[1] *adj* : questioning
interrogante[2] *nm* **1** : question mark **2** : query
interrogar {52} *vt* : to interrogate, to question
interrogativo, -va *adj* : interrogative
interrogatorio *nm* : interrogation, questioning
interrumpir *v* : to interrupt
interrupción *nf, pl* **-ciones** : interruption
interruptor *nm* **1** : (electrical) switch **2** : circuit breaker
intersección *nf, pl* **-ciones** : intersection
intersticio *nm* : interstice — **intersticial** *adj*
interuniversitario, -ria *adj* : intercollegiate
interurbano, -na *adj* **1** : intercity **2** : long-distance <llamadas interurbanas : long-distance calls>
intervalo *nm* : interval
intervención *nf, pl* **-ciones** **1** : intervention **2** : audit **3 intervención quirúrgica** : operation
intervencionista *adj & nmf* : interventionist
intervenir {87} *vi* **1** : to take part **2** INTERCEDER : to intervene, to intercede — *vt* **1** : to control, to supervise **2** : to audit **3** : to operate on **4** : to tap (a telephone)
interventor, -tora *n* **1** : inspector **2** : auditor, comptroller
intestado, -da *adj* : intestate
intestinal *adj* : intestinal
intestino *nm* : intestine
intimar *vi* ~ **con** : to become friendly with — *vt* : to require, to call on
intimidación *nf, pl* **-ciones** : intimidation
intimidad *nf* **1** : intimacy **2** : privacy, private life
intimidar *vt* ACOBARDAR : to intimidate
íntimo, -ma *adj* **1** : intimate, close **2** PRIVADO : private — **íntimamente** *adv*
intitular *vt* : to entitle, to title
intocable *adj* : untouchable
intolerable *adj* : intolerable, unbearable
intolerancia *nf* : intolerance
intolerante[1] *adj* : intolerant
intolerante[2] *nmf* : intolerant person, bigot
intoxicación *nf, pl* **-ciones** : poisoning
intoxicante *nm* : poison
intoxicar {72} *vt* : to poison
intranquilidad *nf* PREOCUPACIÓN : worry, anxiety
intranquilizar {21} *vt* : to upset, to make uneasy — **intranquilizarse** *vr* : to get worried, to be anxious
intranquilo, -la *adj* PREOCUPADO : uneasy, worried
intransigencia *nf* : intransigence
intransigente *adj* : intransigent, unyielding
intransitable *adj* : impassable
intransitivo, -va *adj* : intransitive
intrascendente *adj* : unimportant, insignificant
intratable *adj* **1** : intractable **2** : awkward **3** : unsociable
intravenoso, -sa *adj* : intravenous
intrepidez *nf* : fearlessness
intrépido, -da *adj* : intrepid, fearless
intriga *nf* : intrigue
intrigante *nmf* : schemer
intrigar {52} *v* : to intrigue — **intrigante** *adj*
intrincado, -da *adj* : intricate, involved
intrínseco, -ca *adj* : intrinsic — **intrínsecamente** *adv*
introducción *nf, pl* **-ciones** : introduction
introducir {61} *vt* **1** : to introduce **2** : to bring in **3** : to insert **4** : to input, to enter — **introducirse** *vr* : to penetrate, to get into
introductorio, -ria *adj* : introductory
intromisión *nf, pl* **-siones** : interference, meddling
introspección *nf, pl* **-ciones** : introspection
introspectivo, -va *adj* : introspective
introvertido[1], **-da** *adj* : introverted
introvertido[2], **-da** *n* : introvert
intrusión *nf, pl* **-siones** : intrusion
intruso[1], **-sa** *adj* : intrusive
intruso[2], **-sa** *n* : intruder

intuición *nf, pl* **-ciones** : intuition
intuir {41} *vt* : to intuit, to sense
intuitivo, -va *adj* : intuitive — **intuitivamente** *adv*
inundación *nf, pl* **-ciones** : flood, inundation
inundar *vt* : to flood, to inundate
inusitado, -da *adj* : unusual, uncommon — **inusitadamente** *adv*
inusual *adj* : unusual, uncommon — **inusualmente** *adv*
inútil[1] *adj* INSERVIBLE : useless — **inútilmente** *adv*
inútil[2] *nmf* : good-for-nothing
inutilidad *nf* : uselessness
inutilizar {21} *vt* **1** : to make useless **2** INCAPACITAR : to disable, to put out of commission
invadir *vt* : to invade
invalidar *vt* : to nullify, to invalidate
invalidez *nf, pl* **-deces** **1** : invalidity **2** : disablement
inválido, -da *adj & n* : invalid
invalorable *adj* : invaluable
invariable *adj* : invariable — **invariablemente** *adv*
invasión *nf, pl* **-siones** : invasion
invasivo, -va *adj* : invasive
invasor[1], **-sora** *adj* : invading
invasor[2], **-sora** *n* : invader
invectiva *nf* : invective, abuse
invencibilidad *nf* : invincibility
invencible *adj* **1** : invincible **2** : insurmountable
invención *nf, pl* **-ciones** **1** INVENTO : invention **2** MENTIRA : fabrication, lie
inventar *vt* **1** : to invent **2** : to fabricate, to make up
inventariar {85} *vt* : to inventory
inventario *nm* : inventory
inventiva *nf* : ingenuity, inventiveness
inventivo, -va *adj* : inventive
invento *nm* INVENCIÓN : invention
inventor, -tora *n* : inventor
invernadero *nm* : greenhouse, hothouse
invernal *adj* : winter, wintry
invernar {55} *vi* **1** : to spend the winter **2** HIBERNAR : to hibernate
inverosímil *adj* : unlikely, far-fetched
inversión *nf, pl* **-siones** **1** : inversion **2** : investment
inversionista *nmf* : investor
inverso[1], **-sa** *adj* **1** : inverse, inverted **2** CONTRARIO : opposite **3 a la inversa** : on the contrary, vice versa **4 en orden inverso** : in reverse order — **inversamente** *adv*
inverso[2] *n* : inverse
inversor, -sora *n* : investor
invertebrado[1], **-da** *adj* : invertebrate
invertebrado[2] *nm* : invertebrate
invertir {76} *vt* **1** : to invert, to reverse **2** : to invest — *vi* : to make an investment — **invertirse** *vr* : to be reversed
investidura *nf* : investiture, inauguration
investigación *nf, pl* **-ciones** **1** ENCUESTA, INDAGACIÓN : investigation, inquiry **2** : research
investigador[1], **-dora** *adj* : investigative
investigador[2], **-dora** *n* **1** : investigator **2** : researcher
investigar {52} *vt* **1** INDAGAR : to investigate **2** : to research — *vi* ~ **sobre** : to do research into
investir {54} *vt* **1** : to empower **2** : to swear in, to inaugurate
inveterado, -da *adj* : inveterate, deep-seated
invicto, -ta *adj* : undefeated
invidente[1] *adj* CIEGO : blind, sightless
invidente[2] *nmf* CIEGO : blind person
invierno *nm* : winter, wintertime
inviolable *adj* : inviolable — **inviolabilidad** *nf*
inviolado, -da *adj* : inviolate, pure
invisibilidad *nf* : invisibility
invisible *adj* : invisible — **invisiblemente** *adv*
invitación *nf, pl* **-ciones** : invitation
invitado, -da *n* : guest
invitar *vt* : to invite
invocación *nf, pl* **-ciones** : invocation
invocar {72} *vt* : to invoke, to call on
involucramiento *nm* : involvement
involucrar *vt* : to implicate, to involve — **involucrarse** *vr* : to get involved
involuntario, -ria *adj* : involuntary — **involuntariamente** *adv*
invulnerable *adj* : invulnerable
inyección *nf, pl* **-ciones** : injection, shot
inyectado, -da *adj* **ojos inyectados** : bloodshot eyes
inyectar *vt* : to inject
ion *nm* : ion
iónico, -ca *adj* : ionic
ionizar {21} *vt* : to ionize — **ionización** *nf*
ionosfera *nf* : ionosphere
ir {43} *vi* **1** : to go ⟨ir a pie : to go on foot, to walk⟩ ⟨ir a caballo : to ride horseback⟩ ⟨ir a casa : to go home⟩ ⟨ir por mar : to go by sea⟩ ⟨iba para Lima : he was headed for Lima ⟩ ⟨fui a ver una película : I went to see a movie⟩ ⟨el ir y venir de la gente : the comings and goings of the people⟩ ⟨vamos : let's go⟩ ⟨¡voy! : I'm coming!⟩ **2** : to lead, to extend, to stretch ⟨el camino va de Cali a Bogotá : the road goes from Cali to Bogotá⟩ **3** FUNCIONAR : to work, to function ⟨esta computadora ya no va : this computer doesn't work anymore⟩ **4** : to get on, to get along ⟨¿cómo te va? : how are you?, how's it going?⟩ ⟨el negocio no va bien : the business isn't doing well⟩ ⟨ir a mejor/peor : to get better/worse⟩ ⟨ir de mal en peor : to go from bad to worse⟩ **5** : to suit ⟨ese vestido te va bien : that dress really suits you⟩ ⟨el cambio te irá bien : the change will do you good⟩ **6** ~ **a** ASISTIR : to go to, to attend **7** ~ **con/en/de** : to wear ⟨voy a ir con/en falda : I'm

going to wear a skirt⟩ ⟨iba de azul : she was wearing blue ⟩ **8 ~ con** (*with a noun*) : to be ⟨ir con prisa : to be in a hurry⟩ ⟨ir con cuidado : to be cautious⟩ **9 ~ con** : to go with, to complement **10 ~ para** : to be studying to be ⟨va para médico : she's studying to be a doctor ⟩ **11 ~ para** : to be going on, to be close to (an age) **12 ~ por** : to be aimed at ⟨también va por ti : that goes for you, too⟩ **13 ~ por** : to follow, to go along ⟨fueron por la costa : they followed the shoreline⟩ **14 ~ por** : to be up to (a point or stage) ⟨voy por la última página : I'm on the last page⟩ **15 ~ por** : to go (and) get, to fetch **16 dejarse ir** : to let oneself go **17 ir a parar** : to end up **18 ¡qué va!** *fam* : hardly! **19 ¡vamos!** : come on! **20 vamos a ver** : let's see — *v aux* **1** (*indicating manner*) ⟨ir caminando : to walk, to go on foot⟩ ⟨¡voy corriendo! : I'll be right there!⟩ **2** (*indicating a process*) ⟨va mejorando : he's getting better⟩ ⟨lo iremos haciendo poco a poco : we'll do it little by little⟩ **3 ~ a** : to be going to ⟨voy a hacerlo : I'm going to do it⟩ ⟨el avión va a despegar : the plane is about to take off⟩ — **irse** *vr* **1** : to leave, to go ⟨¡vámonos! : let's go!⟩ ⟨todo el mundo se fue : everyone left⟩ **2** ESCAPARSE : to leak **3** GASTARSE : to be used up, to be gone

ira *nf* CÓLERA, FURIA : wrath, anger

iracundo, -da *adj* : irate, angry

iraní *adj & nmf* : Iranian

iraquí *adj & nmf* : Iraqi

irascible *adj* : irascible, irritable — **irascibilidad** *nf*

irga, irgue etc. → **erguir**

iridio *nm* : iridium

iridiscencia *nf* : iridescence — **iridiscente** *adj*

iris *nms & pl* **1** : iris **2 arco iris** : rainbow

irlandés[1], **-desa** *adj, mpl* **-deses** : Irish

irlandés[2], **-desa** *n, pl* **-deses** : Irish person, Irishman *m,* Irishwoman *f*

irlandés[3] *nm* : Irish (language)

ironía *nf* : irony

irónico, -ca *adj* : ironic, ironical — **irónicamente** *adv*

irracional *adj* : irrational — **irracionalmente** *adv*

irracionalidad *nf* : irrationality

irradiación *nf, pl* **-ciones** : irradiation

irradiar *vt* : to radiate, to irradiate

irrazonable *adj* : unreasonable

irreal *adj* : unreal

irrebatible *adj* : unanswerable, irrefutable

irreconciliable *adj* : irreconcilable

irreconocible *adj* : unrecognizable

irrecuperable *adj* : irrecoverable, irretrievable

irredimible *adj* : irredeemable

irreductible *adj* : unyielding

irreemplazable *adj* : irreplaceable

irreflexión *nf, pl* **-xiones** : thoughtlessness, impetuosity

irreflexivo, -va *adj* : rash, unthinking — **irreflexivamente** *adv*

irrefrenable *adj* : uncontrollable, unstoppable ⟨un impulso irrefrenable : an irresistable urge⟩

irrefutable *adj* : irrefutable

irregular *adj* : irregular — **irregularmente** *adv*

irregularidad *nf* : irregularity

irrelevante *adj* : irrelevant — **irrelevancia** *nf*

irreligioso, -sa *adj* : irreligious

irremediable *adj* : incurable — **irremediablemente** *adv*

irreparable *adj* : irreparable

irreprimible *adj* : irrepressible

irreprochable *adj* : irreproachable

irresistible *adj* : irresistible — **irresistiblemente** *adv*

irresolución *nf, pl* **-ciones** : indecision, hesitation

irresoluto, -ta *adj* INDECISO : undecided

irrespeto *nm* : disrespect

irrespetuoso, -sa *adj* : disrespectful — **irrespetuosamente** *adv*

irresponsabilidad *nf* : irresponsibility

irresponsable *adj* : irresponsible — **irresponsablemente** *adv*

irrestricto, -ta *adj* : unrestricted, unconditional

irreverencia *nf* : disrespect

irreverente *adj* : disrespectful

irreversible *adj* : irreversible

irrevocable *adj* : irrevocable — **irrevocablemente** *adv*

irrigar {52} *vt* : to irrigate — **irrigación** *nf*

irrisible *adj* : laughable

irrisión *nf, pl* **-siones** : derision, ridicule

irrisorio, -ria *adj* RISIBLE : ridiculous, ludicrous

irritabilidad *nf* : irritability

irritable *adj* : irritable

irritación *nf, pl* **-ciones** : irritation

irritante *adj* : irritating

irritar *vt* : to irritate — **irritación** *nf*

irrompible *adj* : unbreakable

irrumpir *vi* **~ en** : to burst into

irrupción *nf, pl* **-ciones** **1** : irruption **2** : invasion

isla *nf* : island

islámico, -ca *adj* : Islamic, Muslim

islandés[1], **-desa** *adj, mpl* **-deses** : Icelandic

islandés[2], **-desa** *n, mpl* **-deses** : Icelander

islandés[3] *nm* : Icelandic (language)

isleño, -ña *n* : islander

islote *nm* : islet

isometría *nfs & pl* : isometrics

isométrico, -ca *adj* : isometric

isósceles *adj* : isosceles ⟨triángulo isósceles : isosceles triangle⟩

isótopo *nm* : isotope

israelí *adj & nmf* : Israeli

istmo *nm* : isthmus

itacate *nm Mex* : pack, provisions *pl*

italiano[1], **-na** *adj & n* : Italian
italiano[2] *nm* : Italian (language)
iterbio *nm* : ytterbium
itinerante *adj* AMBULANTE : traveling, itinerant
itinerario *nm* : itinerary, route
itrio *nm* : yttrium
izar {21} *vt* : to hoist, to raise ‹izar la bandera : to raise the flag›
izquierda *nf* : left
izquierdista *adj & nmf* : leftist
izquierdo, -da *adj* : left

J

j *nf* : tenth letter of the Spanish alphabet
ja *interj* **1** : ha! **2 ja, ja** : ha-ha!
jabalí *nm* : wild boar
jabalina *nf* : javelin
jabón *nm, pl* **jabones** : soap
jabonar *vt* ENJABONAR : to soap up, to lather — **jabonarse** *vr*
jabonera *nf* : soap dish
jabonoso, -sa *adj* : soapy
jaca *nf* **1** : pony **2** YEGUA : mare
jacal *nm Mex* : shack, hut
jacinto *nm* : hyacinth
jactancia *nf* **1** : boastfulness **2** : boasting, bragging
jactancioso[1], **-sa** *adj* : boastful
jactancioso[2], **-sa** *n* : boaster, braggart
jactarse *vr* : to boast, to brag
jade *nm* : jade
jadear *vi* : to pant, to gasp, to puff — **jadeante** *adj*
jadeo *nm* : panting, gasping, puffing
jaez *nm, pl* **jaeces 1** : harness **2** : kind, sort, ilk **3 jaeces** *nmpl* : trappings
jaguar *nm* : jaguar
jai alai *nm* : jai alai
jaiba *nf* CANGREJO : crab
jalapeño *nm Mex* : jalapeño pepper
jalar *vt* **1** : to pull, to tug **2** *fam* : to attract, to draw in ‹las ideas nuevas lo jalan : new ideas appeal to him› — *vi* **1** : to pull, to pull together **2** *fam* : to hurry up, to get going **3** *Mex fam* : to be in working order ‹esta máquina no jala : this machine doesn't work›
jalbegue *nm* : whitewash
jalea *nf* : jelly
jalear *vt* : to encourage, to urge on
jaleo *nm* **1** *fam* : uproar, ruckus, racket **2** *fam* : confusion, hassle **3** : cheering and clapping (for a dance)
jalón *nm, pl* **jalones 1** : milestone, landmark **2** TIRÓN : pull, tug
jalonar *vt* : to mark, to stake out
jalonear *vt Mex, Peru fam* : to tug at — *vi* **1** *fam* : to pull, to tug **2** *CA fam* : to haggle
jamaica *nf* : hibiscus
jamaicano, -na → **jamaiquino**
jamaiquino, -na *adj & n* : Jamaican
jamás *adv* **1** NUNCA : never **2 nunca jamás** *or* **jamás de los jamases** : never ever **3 para siempre jamás** : for ever and ever
jamba *nf* : jamb
jamelgo *nm* : nag (horse)
jamón *nm, pl* **jamones** : ham
Januká *nmf* : Hanukkah
japonés[1], **-nesa** *adj & n, mpl* **-neses** : Japanese
japonés[2] *nm, pl* **-neses** : Japanese (language)
jaque *nm* **1** : check (in chess) ‹jaque mate : checkmate› **2 tener en jaque** : to intimidate, to bully
jaqueca *nf* : headache, migraine
jarabe *nm* **1** : syrup **2** : Mexican folk dance
jarana *nf* **1** *fam* : revelry, partying, spree **2** *fam* : joking, fooling around **3** : small guitar
jaranear *vi fam* : to go on a spree, to party
jarcia *nf* **1** : rigging **2** : fishing tackle
jardín *nm, pl* **jardines 1** : garden **2 jardín de niños** : kindergarten **3 los jardines** *nmpl* : the outfield
jardinería *nf* : gardening
jardinero, -ra *n* **1** : gardener **2** : outfielder (in baseball)
jarra *nf* **1** : pitcher, jug **2** : stein, mug **3 de jarras** *or* **en jarras** : akimbo
jarrete *nm* **1** : back of the knee **2** CORVEJÓN : hock
jarro *nm* **1** : pitcher, jug **2** : mug
jarrón *nm, pl* **jarrones** FLORERO : vase
jaspe *nm* : jasper
jaspeado, -da *adj* **1** VETEADO : streaked, veined **2** : speckled, mottled
jaula *nf* : cage
jauría *nf* : pack of hounds
javanés, -nesa *adj & n* : Javanese
jazmín *nm, pl* **jazmines** : jasmine
jazz [ˈjas, ˈʤas] *nm* : jazz
jeans [ˈjins, ˈʤins] *nmpl* : jeans
jeep [ˈjip, ˈʤip] *nm, pl* **jeeps** : jeep
jefatura *nf* **1** : leadership **2** : headquarters ‹jefatura de policía : police headquarters›
jefe, -fa *n* **1** : chief, head, leader ‹jefe de bomberos : fire chief› **2** : boss
Jehová *nm* : Jehovah
jején *nm, pl* **jejenes** : gnat, small mosquito
jengibre *nm* : ginger
jeque *nm* : sheikh, sheik
jerarca *nmf* : leader, chief

jerarquía *nf* **1** : hierarchy **2** RANGO : rank
jerárquico, -ca *adj* : hierarchical
jerbo *nm* : gerbil
jerez *nm, pl* **jereces** : sherry
jerga *nf* **1** : jargon, slang **2** : coarse cloth
jerigonza *nf* GALIMATÍAS : mumbo jumbo, gibberish
jeringa *nf* : syringe
jeringar {52} *vt* **1** : to inject **2** *fam* JOROBAR : to annoy, to pester — *vi fam* JOROBAR : to be annoying, to be a nuisance
jeringuear → **jeringar**
jeringuilla → **jeringa**
jeroglífico *nm* : hieroglyphic
jersey *nm, pl* **jerseys** **1** : jersey (fabric) **2** *Spain* : sweater
Jesucristo *nm* : Jesus Christ
jesuita *adj & nm* : Jesuit
Jesús *nm* **1** : Jesus **2** **¡Jesús!** : goodness!, good heavens!
jeta *nf* **1** : snout **2** *fam* : face, mug
jíbaro, -ra *adj* **1** : Jivaro **2** : rustic, rural
jibia *nf* : cuttlefish
jícama *nf* : jicama
jícara *nf Mex* : calabash
jilguero *nm* : European goldfinch
jinete *nmf* : horseman, horsewoman *f*, rider
jinetear *vt* **1** : to ride, to perform (on horseback) **2** DOMAR : to break in (a horse) — *vi* CABALGAR : to ride horseback
jingoísmo [ˌjɪŋgoˈizmo, ˌʤɪŋ-] *nm* : jingoism
jingoísta *adj* : jingoist, jingoistic
jiote *nm Mex* : rash
jira *nf* : outing, picnic
jirafa *nf* **1** : giraffe **2** : boom microphone
jirón *nm, pl* **jirones** : shred, rag ⟨hecho jirones : in tatters⟩
jitomate *nm Mex* : tomato
jockey [ˈjɔki, ˈʤɔ-] *nmf, pl* **jockeys** [-kis] : jockey
jocosidad *nf* : humor, jocularity
jocoso, -sa *adj* : playful, jocular — **jocosamente** *adv*
jofaina *nf* : washbowl
jogging [ˈjɔgɪŋ, ˈʤɔ-] *nm* : jogging
jolgorio *nm* : merrymaking, fun
jonrón *nm, pl* **jonrones** : home run
jordano, -na *adj & n* : Jordanian
jornada *nf* **1** : expedition, day's journey **2** **jornada de trabajo** : working day **3** **jornadas** *nfpl* : conference, congress
jornal *nm* **1** : day's pay **2** **a ~** : by the day
jornalero, -ra *n* : day laborer
joroba *nf* **1** GIBA : hump **2** *fam* : nuisance, pain in the neck
jorobado[1], -da *adj* GIBOSO : hunchbacked, humpbacked
jorobado[2], -da *n* GIBOSO : hunchback, humpback
jorobar *vt fam* JERINGAR : to bother, to annoy — *vi fam* JERINGAR : to be annoying, to be a nuisance
jorongo *nm Mex* : full-length poncho
jota *nf* **1** : jot, bit ⟨no entiendo ni jota : I don't understand a word of it⟩ ⟨no se ve ni jota : you can't see a thing⟩ **2** : jack (in playing cards)
joven[1] *adj, pl* **jóvenes** **1** : young **2** : youthful
joven[2] *nmf, pl* **jóvenes** : young man *m*, young woman *f*, young person
jovial *adj* : jovial, cheerful — **jovialmente** *adv*
jovialidad *nf* : joviality, cheerfulness
joya *nf* **1** : jewel, piece of jewelry **2** : treasure, gem ⟨la nueva empleada es una joya : the new employee is a real gem⟩
joyería *nf* **1** : jewelry store **2** : jewelry **3** **joyería de fantasía** : costume jewelry
joyero, -ra *n* : jeweler
juanete *nm* : bunion
jubilación *nf, pl* **-ciones** **1** : retirement **2** PENSIÓN : pension
jubilado[1], -da *adj* : retired, in retirement
jubilado[2], -da *nmf* : retired person, retiree
jubilar *vt* **1** : to retire, to pension off **2** *fam* : to get rid of, to discard — **jubilarse** *vr* : to retire
jubileo *nm* : jubilee
júbilo *nm* : jubilation, joy
jubiloso, -sa *adj* : jubilant, joyous
judaico, -ca *adj* : Judaic, Jewish
judaísmo *nm* : Judaism
judía *nf* **1** : bean **2** *or* **judía verde** : green bean, string bean
judicatura *nf* **1** : judiciary, judges *pl* **2** : office of judge
judicial *adj* : judicial — **judicialmente** *adv*
judío[1], -día *adj* : Jewish
judío[2], -día *n* : Jewish person, Jew
judo [ˈjuðo, ˈʤu-] *nm* : judo
juega, juegue etc. → **jugar**
juego *nm* **1** : play, playing ⟨poner en juego : to bring into play⟩ ⟨juego limpio/sucio : fair/foul play⟩ **2** : game, sport ⟨juego de cartas : card game⟩ ⟨juego de mesa : board game⟩ ⟨Juegos Olímpicos : Olympic Games⟩ **3** : gaming, gambling ⟨estar en juego : to be at stake⟩ **4** : ride (at an amusement park) **5** : set ⟨un juego de herramientas/platos : a set of tools/dishes⟩ **6** SOLTURA : play, slack **7** **hacer juego** : to go together, to match **8** **hacerle el juego a** : to play along with **9** **juego de ma-**

nos : trick, sleight of hand **10 juego de palabras** : play on words, pun
juerga *nf* : partying, binge ⟨irse de juerga : to go on a spree⟩
juerguista *nmf* : reveler, carouser
jueves *nms & pl* : Thursday
juez[1] *nmf, pl* **jueces** **1** : judge **2** ÁRBITRO : umpire, referee
juez[2], **jueza** *n* → **juez**[1]
jugada *nf* **1** : play, move **2** : trick ⟨hacer una mala jugada : to play a dirty trick⟩
jugador, -dora *n* **1** : player **2** : gambler
jugar {44} *vi* **1** : to play ⟨jugar al fútbol : to play soccer⟩ ⟨jugar a la lotería : to play the lottery⟩ ⟨jugar a las muñecas : to play with dolls⟩ ⟨jugar limpio/sucio : to play fair/dirty⟩ **2** APOSTAR : to gamble, to bet ⟨jugar a la Bolsa : to play the stock market⟩ **3** : to joke, to kid **4 jugar con alguien** : to toy with someone — *vt* **1** : to play ⟨jugar un papel : to play a role⟩ ⟨jugar una carta : to play a card⟩ **2** : to bet ⟨jugarlo todo a : to bet everything on⟩ — **jugarse** *vr* **1** : to risk, to gamble away ⟨jugarse la vida : to risk one's life⟩ **2 jugarse el todo por el todo** : to risk everything
jugarreta *nf fam* : prank, dirty trick
juglar *nm* : minstrel
jugo *nm* **1** : juice **2** : substance, essence ⟨sacarle el jugo a algo : to get the most out of something⟩
jugosidad *nf* : juiciness, succulence
jugoso, -sa *adj* : juicy
juguete *nm* : toy
juguetear *vi* **1** : to play, to cavort, to frolic **2** : to toy, to fiddle
juguetería *nf* : toy store
juguetón, -tona *adj, mpl* **-tones** : playful — **juguetonamente** *adv*
juicio *nm* **1** : good judgment, reason, sense **2** : opinion ⟨a mi juicio : in my opinion⟩ **3** : trial ⟨llevar a juicio : to take to court⟩
juicioso, -sa *adj* : judicious, wise — **juiciosamente** *adv*
julio *nm* : July
juncia *nf* : sedge
junco *nm* **1** : reed, rush **2** : junk (boat)
jungla *nf* : jungle
junio *nm* : June
junquillo *nm* : jonquil
junta *nf* **1** : board, committee ⟨junta directiva : board of directors⟩ **2** REUNIÓN : meeting, session **3** : junta **4** : joint, gasket
juntamente *adv* **1** : jointly, together ⟨juntamente con : together with⟩ **2** : at the same time
juntar *vt* **1** UNIR : to unite, to combine, to put together **2** REUNIR : to collect, to gather together, to assemble **3** : to close partway ⟨juntar la puerta : to leave the door ajar⟩ — **juntarse** *vr* **1** : to join together **2** : to socialize, to get together
junto, -ta *adj* **1** UNIDO : joined, united **2** : close, adjacent ⟨colgaron los dos retratos juntos : they hung the two paintings side by side⟩ **3** (*used adverbially*) : together ⟨llegamos juntos : we arrived together⟩ **4 ~ a** : next to, alongside of **5 ~ con** : together with, along with
juntura *nf* : joint, coupling
Júpiter *nm* : Jupiter
jura *nf* : oath, pledge ⟨jura de bandera : pledge of allegiance⟩
jurado[1] *nm* : jury
jurado[2], **-da** *n* : juror
juramento *nm* **1** : oath ⟨juramento hipocrático : Hippocratic oath⟩ **2** : swearword, oath
jurar *vt* **1** : to swear ⟨jurar lealtad : to swear loyalty⟩ **2** : to take an oath ⟨el alcalde juró su cargo : the mayor took the oath of office⟩ — *vi* : to curse, to swear
jurídico, -ca *adj* : legal
jurisdicción *nf, pl* **-ciones** : jurisdiction
jurisdiccional *adj* : jurisdictional, territorial
jurisprudencia *nf* : jurisprudence, law
jurista *nmf* : jurist
justa *nf* **1** : joust **2** TORNEO : tournament, competition
justamente *adv* **1** PRECISAMENTE : precisely, exactly **2** : justly, fairly
justar *vi* : to joust
justicia *nf* **1** : justice, fairness ⟨hacerle justicia a : to do justice to⟩ ⟨ser de justicia : to be only fair⟩ **2 la justicia** : the law ⟨tomarse la justicia por su mano : to take the law into one's own hands⟩
justiciero, -ra *adj* : righteous, avenging
justificable *adj* : justifiable
justificación *nf, pl* **-ciones** : justification
justificante *nm* **1** : justification **2** : proof, voucher
justificar {72} *vt* **1** : to justify **2** : to excuse, to vindicate
justo[1] *adv* **1** : justly **2** : right, exactly ⟨justo a tiempo : just in time⟩ **3** : tightly
justo[2], **-ta** *adj* **1** : just, fair **2** : right, exact **3** : tight ⟨estos zapatos me quedan muy justos : these shoes are too tight⟩
justo[3], **-ta** *n* : just person ⟨los justos : the just⟩
juvenil *adj* **1** : juvenile, young, youthful **2** ADOLESCENTE : teenage
juventud *nf* **1** : youth **2** : young people
juzgado *nm* TRIBUNAL : court, tribunal
juzgar {52} *vt* **1** : to try, to judge (a case in court) **2** : to pass judgment on **3** CONSIDERAR : to consider, to deem
juzgue, etc. → **juzgar**

K

k *nf* : eleventh letter of the Spanish alphabet
káiser *nm* : kaiser
kaki → **caqui**
kaleidoscopio → **caleidoscopio**
kamikaze *adj & nm* : kamikaze
kampucheano, -na *adj & n* : Kampuchean
kan *nm* : khan
karaoke *nm* : karaoke
karate *or* **kárate** *nm* : karate
kayac *or* **kayak** *nm, pl* **kayacs** *or* **kayaks** : kayak
keniano, -na *adj & n* : Kenyan
kepí *nm* : kepi
kermesse *or* **kermés** [kɛrˈmɛs] *nf, pl* **kermesses** *or* **kermeses** [-ˈmɛsɛs] : charity fair, bazaar
kerosene *or* **kerosén** *or* **keroseno** *nm* : kerosene, paraffin
kibutz *or* **kibbutz** *nms & pl* : kibbutz
kilo *nm* **1** : kilo, kilogram **2** *fam* : large amount
kilobyte [ˌkiloˈbait] *nm* : kilobyte
kilociclo *nm* : kilocycle
kilogramo *nm* : kilogram
kilohertzio *nm* : kilohertz
kilometraje *nm* : distance in kilometers, mileage
kilométrico, -ca *adj fam* : endless, very long
kilómetro *nm* : kilometer
kilovatio *nm* : kilowatt
kimono *nm* : kimono
kinder [ˈkɪndɛr] → **kindergarten**
kindergarten [ˌkɪndɛrˈgartɛn] *nm, pl* **kindergartens** [-tɛns] : kindergarten, nursery school
kinesiología *nf* : physical therapy
kinesiólogo, -ga *n* : physical therapist
kiosco → **quiosco**
kit *nm, pl* **kits** : kit
kiwi [ˈkiwi] *nm* **1** : kiwi (bird) **2** : kiwifruit
klaxon → **claxon**
knockout [nɔˈkaut] → **nocaut**
koala *nm* : koala bear
kriptón *nm* : krypton
kurdo[1], -da *adj* : Kurdish
kurdo[2], -da *n* : Kurd
kuwaití [kuˌwaiˈti] *adj & nmf* : Kuwaiti

L

l *nf* : twelfth letter of the Spanish alphabet
la[1] *pron* **1** : her, it ⟨llámala hoy : call her today⟩ ⟨sacó la botella y la abrió : he took out the bottle and opened it⟩ **2** (*formal*) : you ⟨no la vi a usted, Señora Díaz : I didn't see you, Mrs. Díaz⟩ **3** : the one ⟨mi casa y la de la puerta roja : my house and the one with the red door⟩ **4 la que** : the one who
la[2] *art* → **el[2]**
laberíntico, -ca *adj* : labyrinthine
laberinto *nm* : labyrinth, maze
labia *nf fam* : gift of gab ⟨tu amigo tiene labia : your friend has a way with words⟩
labial *adj* : labial, lip ⟨lápiz labial : lipstick⟩
labio *nm* **1** : lip **2 labio leporino** : harelip
labor *nf* : work, labor
laborable *adj* **1** : arable **2 día laborable** : workday, business day
laboral *adj* : work, labor ⟨costos laborales : labor costs⟩
laborar *vi* : to work
laboratorio *nm* : laboratory, lab
laboriosidad *nf* : industriousness, diligence
laborioso, -sa *adj* **1** : laborious, hard **2** : industrious, hardworking
labrado[1], -da *adj* **1** : cultivated, tilled **2** : carved, wrought
labrado[2] *nm* : cultivated field
labrador, -dora *n* : farmer
labranza *nf* : farming
labrar *vt* **1** : to carve, to work (metal) **2** : to cultivate, to till **3** : to cause, to bring about
laca *nf* **1** : lacquer, shellac **2** : hair spray **3 laca de uñas** : nail polish
lacayo *nm* : lackey
lace, etc. → **lazar**
lacear *vt* : to lasso
laceración *nf, pl* **-ciones** : laceration
lacerante *adj* : hurtful, wounding
lacerar *vt* **1** : to lacerate, to cut **2** : to hurt, to wound (one's feelings)
lacio, -cia *adj* **1** : limp, lank **2 pelo lacio** : straight hair
lacónico, -ca *adj* : laconic — **lacónicamente** *adv*
lacra *nf* **1** : scar, mark (on the skin) **2** : stigma, blemish
lacrar *vt* : to seal (with wax)
lacrimógeno, -na *adj* **gas lacrimógeno** : tear gas
lacrimoso, -sa *adj* : tearful, moving
lactancia *nf* **1** : lactation **2** : breastfeeding
lactante *nmf* : nursing infant, suckling
lactar *v* : to breast-feed
lácteo, -tea *adj* **1** : dairy **2 Vía Láctea** : Milky Way
láctico, -ca *adj* : lactic
lactosa *nf* : lactose
ladeado, -da *adj* : crooked, tilted, lopsided

ladear *vt* : to tilt, to tip — **ladearse** *vr* : to bend (over)
ladera *nf* : slope, hillside
ladino[1], **-na** *adj* **1** : cunning, shrewd **2** *CA, Mex* : mestizo
ladino[2], **-na** *n* **1** : trickster **2** *CA, Mex* : Spanish-speaking Indian **3** *CA, Mex* : mestizo
lado *nm* **1** : side ⟨el lado izquierdo/derecho : the left/right side⟩ ⟨el otro lado : the other side⟩ ⟨el lado de arriba/abajo : the top/bottom⟩ **2** PARTE : place ⟨miró por todos lados : he looked everywhere⟩ **3** : side (in an argument, etc.) ⟨se puso de mi lado : she took my side⟩ **4 al ∼** ⟨los que viven al lado : the people who live next door⟩ ⟨tenemos una tienda al lado : there's a store beside/near us⟩ **5 al lado de** : next to, beside ⟨al lado de la calle : on/at the side of the road⟩ ⟨a mi lado : beside me⟩ **6 de al lado** ⟨los de al lado : the next-door neighbors⟩ ⟨el asiento de al lado : the seat next to mine/yours (etc.)⟩ **7 de ∼** : tilted, sideways ⟨está de lado : it's lying on its side⟩ **8 de un lado a otro** : to and fro, back and forth **9 dejar a un lado** : to set aside **10 hacerse a un lado** : to step aside **11 lado a lado** : side by side **12 por un lado . . . , por otro lado . . .** : on the one hand . . . , on the other hand . . .
ladrar *vi* : to bark
ladrido *nm* : bark (of a dog), barking
ladrillo *nm* **1** : brick **2** AZULEJO : tile
ladrón, -drona *n, mpl* **ladrones** : robber, thief, burglar
lagartija *nf* : small lizard
lagarto *nm* **1** : lizard **2 lagarto de Indias** : alligator
lago *nm* : lake
lágrima *nf* : tear, teardrop
lagrimear *vi* **1** : to water (of eyes) **2** : to weep easily
laguna *nf* **1** : lagoon **2** : lacuna, gap
laicado *nm* : laity
laico[1], **-ca** *adj* : lay, secular
laico[2], **-ca** *n* : layman *m*, laywoman *f*
laja *nf* : slab
lama[1] *nf* : slime, ooze
lama[2] *nm* : lama
lamber *vt* : to lick
lamé *nm* : lamé
lamentable *adj* **1** : unfortunate, lamentable **2** : pitiful, sad
lamentablemente *adv* : unfortunately, regrettably
lamentación *nf, pl* **-ciones** : lamentation, groaning, moaning
lamentar *vt* **1** : to lament **2** : to regret ⟨lo lamento : I'm sorry⟩ — **lamentarse** *vr* : to grumble, to complain
lamento *nm* : lament, groan, cry
lamer *vt* **1** : to lick **2** : to lap against
lamida *nf* : lick
lámina *nf* **1** PLANCHA : sheet, plate **2** : plate, illustration
laminado[1], **-da** *adj* : laminated
laminado[2] *nm* : laminate
laminar *vt* : to laminate — **laminación** *nf*
lámpara *nf* : lamp
lampiño, -ña *adj* : hairless
lamprea *nf* : lamprey
lana *nf* **1** : wool ⟨lana de acero : steel wool⟩ **2** *Mex fam* : money, dough
lance[1], **etc.** → **lanzar**
lance[2] *nm* **1** INCIDENTE : event, incident **2** RIÑA : quarrel **3** : throw, cast (of a net, etc.) **4** : move, play (in a game), throw (of dice)
lancear *vt* : to spear
lanceta *nf* : lancet
lancha *nf* **1** : small boat, launch **2 lancha motora** : motorboat, speedboat
langosta *nf* **1** : lobster **2** : locust
langostino *nm* : prawn, crayfish
languidecer {53} *vi* : to languish
languidez *nf, pl* **-deces** : languor, listlessness
lánguido, -da *adj* : languid, listless — **lánguidamente** *adv*
lanolina *nf* : lanolin
lanudo, -da *adj* : woolly
lanza *nf* : spear, lance
lanzadera *nf* **1** : shuttle (for weaving) **2 lanzadera espacial** : space shuttle
lanzado, -da *adj* **1** : impulsive, brazen **2** : forward, determined ⟨ir lanzado : to hurtle along⟩
lanzador, -dora *n* : thrower, pitcher
lanzallamas *nms & pl* : flamethrower
lanzamiento *nm* **1** : throw **2** : pitch (in baseball) **3** : launching, launch
lanzar {21} *vt* **1** : to throw, to hurl **2** : to pitch **3** : to launch — **lanzarse** *vr* **1** : to throw oneself (at, into) **2 ∼ a** : to embark upon, to undertake
laosiano, -na *adj & n* : Laotian
lapicero *nm* **1** : mechanical pencil **2** *CA, Peru* : ballpoint pen
lápida *nf* : marker, tombstone
lapidar *vt* APEDREAR : to stone
lapidario, -ria *adj & n* : lapidary
lápiz *nm, pl* **lápices** **1** : pencil **2 lápiz de labios** *or* **lápiz labial** : lipstick
lapón, -pona *adj & n, mpl* **lapones** : Lapp
lapso *nm* : lapse, space (of time)
lapsus *nms & pl* : error, slip
laptop *nm, pl* **laptops** : laptop
laquear *vt* : to lacquer, to varnish, to shellac
largamente *adv* **1** : at length, extensively **2** : easily, comfortably **3** : generously
largar {52} *vt* **1** SOLTAR : to let loose, to release **2** AFLOJAR : to loosen, to slacken **3** *fam* : to give, to hand over **4** *fam* : to hurl, to let fly (insults, etc.) — **largarse** *vr fam* : to scram, to beat it
largo[1], **-ga** *adj* **1** : long **2 a lo largo** : lengthwise **3 a lo largo de** : along **4 a la larga** : in the long run
largo[2] *nm* : length ⟨tres metros de largo : three meters long⟩
largometraje *nm* : feature film
largue, etc. → **largar**

larguero *nm* : crossbeam
largueza *nf* : generosity, largesse
larguirucho, -cha *adj fam* : lanky
largura *nf* : length
laringe *nf* : larynx
laringitis *nfs & pl* : laryngitis
larva *nf* : larva — **larval** *adj*
las → **el**[2], los[1]
lasaña *nf* : lasagna
lasca *nf* : chip, chipping
lascivia *nf* : lasciviousness, lewdness
lascivo, -va *adj* : lascivious, lewd — **lascivamente** *adv*
láser *nm* : laser
lasitud *nf* : lassitude, weariness
laso, -sa *adj* : languid, weary
lástima *nf* **1** : compassion, pity **2** PENA : shame, pity ⟨¡qué lástima! : what a shame!⟩
lastimadura *nf* : injury, wound
lastimar *vt* **1** DAÑAR, HERIR : to hurt, to injure **2** AGRAVIAR : to offend — **lastimarse** *vr* : to hurt oneself
lastimero, -ra *adj* : pitiful, wretched
lastimoso, -sa *adj* **1** : shameful **2** : pitiful, terrible
lastrar *vt* **1** : to ballast **2** : to burden, to encumber
lastre *nm* **1** : burden **2** : ballast
lata *nf* **1** : tinplate **2** : tin can **3** *fam* : pest, bother, nuisance **4 dar lata** *fam* : to bother, to annoy
latencia *nf* : latency
latente *adj* : latent
lateral[1] *adj* **1** : lateral, side **2** : indirect — **lateralmente** *adv*
lateral[2] *nm* : end piece, side
látex *nms & pl* : latex
latido *nm* : beat, throb ⟨latido del corazón : heartbeat⟩
latifundio *nm* : large estate
latigazo *nm* : lash (with a whip)
látigo *nm* AZOTE : whip
latín *nm* : Latin (language)
latino[1], **-na** *adj* **1** : Latin **2** *fam* : Latin-American
latino[2], **-na** *n fam* : Latin American
latinoamericano[1], **-na** *adj* HISPANOAMERICANO : Latin American
latinoamericano, -na *n* : Latin American
latir *vi* **1** : to beat, to throb **2 latirle a uno** *Mex fam* : to have a hunch ⟨me late que no va a venir : I have a feeling he's not going to come⟩
latitud *nf* **1** : latitude **2** : breadth
lato, -ta *adj* **1** : extended, lengthy **2** : broad (in meaning)
latón *nm, pl* **latones** : brass
latoso[1], **-sa** *adj fam* : annoying, bothersome
latoso[2], **-sa** *n fam* : pest, nuisance
latrocinio *nm* : larceny
laúd *nm* : lute
laudable *adj* : laudable, praiseworthy
laudo *nm* : findings, decision
laureado, -da *adj & n* : laureate
laurear *vt* : to award, to honor
laurel *nm* **1** : laurel **2** : bay leaf **3 dormirse en sus laureles** : to rest on one's laurels
lava *nf* : lava
lavable *adj* : washable
lavabo *nm* **1** LAVAMANOS : sink, washbowl **2** : lavatory, toilet
lavadero *nm* : laundry room
lavado *nm* **1** : laundry, wash **2** : laundering ⟨lavado de dinero : money laundering⟩
lavadora *nf* : washing machine
lavamanos *nms & pl* LAVABO : sink, washbowl
lavanda *nf* ESPLIEGO : lavender
lavandería *nf* : laundry (service)
lavandero, -ra *n* : launderer, laundress *f*
lavaplatos *nms & pl* **1** : dishwasher **2** *Chile, Col, Mex* : kitchen sink
lavar *vt* **1** : to wash, to clean **2** : to launder (money) **3 lavar en seco** : to dry-clean — **lavarse** *vr* **1** : to wash oneself **2 lavarse las manos de** : to wash one's hands of
lavativa *nf* : enema
lavatorio *nm* : lavatory, washroom
lavavajillas *nms & pl* : dishwasher
laxante *adj & nm* : laxative
laxitud *nf* : laxity, slackness
laxo, -xa *adj* : lax, slack
lazada *nf* : bow, loop
lazar {21} *vt* : to rope, to lasso
lazo *nm* **1** VÍNCULO : link, bond **2** : bow, ribbon **3** : lasso, lariat
le *pron* **1** : to her, to him, to it ⟨¿qué le dijiste? : what did you tell him?⟩ **2** : from her, from him, from it ⟨el ladrón le robó la cartera : the thief stole his wallet⟩ **3** : for her, for him, for it ⟨cómprale flores a tu mamá : buy your mom some flowers⟩ **4** (*formal*) : to you, for you ⟨le traje un regalo : I brought you a gift⟩
leal *adj* : loyal, faithful — **lealmente** *adv*
lealtad *nf* : loyalty, allegiance
lebrel *nm* : hound
lección *nf, pl* **lecciones** : lesson
lechada *nf* **1** : whitewash **2** : grout
lechal *adj* : suckling, unweaned ⟨cordero lechal : suckling lamb⟩
leche *nf* **1** : milk ⟨leche en polvo : powdered milk⟩ ⟨leche de magnesia : milk of magnesia⟩ **2** : milky sap
lechera *nf* **1** : milk jug **2** : dairymaid *f*
lechería *nf* : dairy store
lechero[1], **-ra** *adj* : dairy
lechero[2], **-ra** *n* : milkman *m,* milk dealer
lecho *nm* **1** : bed ⟨un lecho de rosas : a bed of roses⟩ ⟨lecho de muerte : deathbed⟩ **2** : riverbed **3** : layer, stratum (in geology)
lechón, -chona *n, mpl* **lechones** : suckling pig
lechoso, -sa *adj* : milky
lechuga *nf* : lettuce
lechuza *nf* BÚHO : owl, barn owl

lectivo, -va *adj* : school ⟨año lectivo : school year⟩
lector[1], **-tora** *adj* : reading ⟨nivel lector : reading level⟩
lector[2], **-tora** *n* : reader
lector[3] *nm* : scanner, reader ⟨lector óptico : optical scanner⟩
lectura *nf* **1** : reading **2** : reading matter
leer {20} *v* : to read
legación *nf, pl* **-ciones** : legation
legado *nm* **1** : legacy, bequest **2** : legate, emissary
legajo *nm* : dossier, file
legal *adj* : legal, lawful — **legalmente** *adv*
legalidad *nf* : legality, lawfulness
legalista *adj* : legalistic
legalizar {21} *vt* : to legalize — **legalización** *nf*
legar {52} *vt* **1** : to bequeath, to hand down **2** DELEGAR : to delegate
legendario, -ria *adj* : legendary
legible *adj* : legible
legión *nf, pl* **legiones** : legion
legionario, -ria *n* : legionnaire
legislación *nf* **1** : legislation, lawmaking **2** : laws *pl*, legislation
legislador[1], **-dora** *adj* : legislative
legislador[2], **-dora** *n* : legislator
legislar *vi* : to legislate
legislativo, -va *adj* : legislative
legislatura *nf* **1** : legislature **2** : term of office
legitimar *vt* **1** : to legitimize **2** : to authenticate — **legitimación** *nf*
legitimidad *nf* : legitimacy
legítimo, -ma *adj* **1** : legitimate **2** : genuine, authentic — **legítimamente** *adv*
lego[1], **-ga** *adj* **1** : secular, lay **2** : uninformed, ignorant
lego[2], **-ga** *n* : layperson, layman *m*, laywoman *f*
legua *nf* **1** : league **2 notarse a leguas** : to be very obvious ⟨se notaba a leguas : you could tell from a mile away⟩
legue, etc. → **legar**
legumbre *nf* **1** HORTALIZA : vegetable **2** : legume
leíble *adj* : readable
leída *nf* : reading, read ⟨de una leída : in one reading, at one go⟩
leído[1] *pp* → **leer**
leído[2], **-da** *adj* : well-read
lejanía *nf* : remoteness, distance
lejano, -na *adj* : remote, distant, far away
lejía *nf* **1** : lye **2** : bleach
lejos *adv* **1** : far away, distant ⟨a lo lejos : in the distance, far off⟩ ⟨desde lejos : from a distance⟩ **2** : long ago, a long way off ⟨está lejos de los 50 años : he's a long way from 50 years old⟩ **3 de ~** : by far ⟨esta decisión fue de lejos la más fácil : this decision was by far the easiest⟩ **4 ~ de** : far from ⟨lejos de ser reprobado, recibió una nota de B : far from failing, he got a B⟩
lelo, -la *adj* : silly, stupid
lema *nm* : motto, slogan
lencería *nf* : lingerie
lengua *nf* **1** : tongue ⟨le sacó la lengua a su hermano : she stuck her tongue out at her brother⟩ ⟨se le traba la lengua : he gets tongue-tied⟩ **2** IDIOMA : language ⟨lengua materna : mother tongue⟩ ⟨lengua nativa : native language⟩ ⟨lengua muerta : dead language⟩ **3** : tongue (of flame) **4** : spit (of land) **5 irse de la lengua** : to let something slip, to blab **6 morderse la lengua** : to bite one's tongue
lenguado *nm* : sole, flounder
lenguaje *nm* **1** : language, speech **2 lenguaje gestual** *or* **lenguaje de gestos** : sign language **3 lenguaje de programación** : programming language
lengüeta *nf* **1** : tongue (of a shoe), tab, flap **2** : reed (of a musical instrument) **3** : barb, point
lengüetada *nf* **beber a lengüetadas** : to lap (up)
lenidad *nf* : leniency
lenitivo, -va *adj* : soothing
lente *nmf* **1** : lens ⟨lentes de contacto : contact lenses⟩ **2 lentes** *nmpl* ANTEOJOS : eyeglasses ⟨lentes de sol : sunglasses⟩
lenteja *nf* : lentil
lentejuela *nf* : sequin, spangle
lentitud *nf* : slowness
lento[1] *adv* DESPACIO : slowly
lento[2], **-ta** *adj* **1** : slow **2** : slow-witted, dull — **lentamente** *adv*
leña *nf* : wood, firewood
leñador, -dora *n* : lumberjack, woodcutter
leñera *nf* : woodshed
leño *nm* : log
leñoso, -sa *adj* : woody
Leo *nmf* : Leo
león, -ona *n, mpl* **leones** **1** : lion, lioness *f* **2** (*in various countries*) : puma, cougar
leonado, -da *adj* : tawny
leonino, -na *adj* **1** : leonine **2** : one-sided, unfair
leopardo *nm* : leopard
leotardo *nm* MALLA : leotard, tights *pl*
leperada *nf Mex* : obscenity
lépero, -ra *adj Mex* : vulgar, coarse
lepra *nf* : leprosy
leproso[1], **-sa** *adj* : leprous
leproso[2], **-sa** *n* : leper
lerdo, -da *adj* **1** : clumsy **2** : dull, oafish, slow-witted
les *pron* **1** : to them ⟨dales una propina : give them a tip⟩ **2** : from them ⟨se les privó de su herencia : they were deprived of their inheritance⟩ **3** : for them ⟨les hice sus tareas : I did their homework for them⟩ **4** : to you *pl*, for you *pl* ⟨les compré un regalo : I bought you all a present⟩
lesbiana *nf* : lesbian — **lesbiano, -na** *adj*
lesbianismo *nm* : lesbianism

lesión *nf, pl* **lesiones** HERIDA : lesion, wound, injury ⟨una lesión grave : a serious injury⟩

lesionado, -da *adj* HERIDO : injured, wounded

lesionar *vt* : to injure, to wound — **lesionarse** *vr* : to hurt oneself

lesivo, -va *adj* : harmful, damaging

letal *adj* MORTÍFERO : deadly, lethal — **letalmente** *adv*

letanía *nf* **1** : litany **2** *fam* : spiel, song and dance

letárgico, -ca *adj* : lethargic

letargo *nm* : lethargy, torpor

letón[1], **-tona** *adj & n, mpl* **letones** : Latvian

letón[2] *nm* : Latvian (language)

letra *nf* **1** : letter ⟨letra mayúscula/minúscula : capital/small letter⟩ ⟨letra en negrilla/negrita : boldface, bold type⟩ ⟨letra cursiva : italics, italic type⟩ ⟨leer la letra pequeña/chica : to read the small print⟩ ⟨aprender las primeras letras : to learn how to read and write⟩ **2** CALIGRAFÍA : handwriting, lettering **3** : lyrics *pl* **4 al pie de la letra** : word for word, by the book **5 letra de imprenta** : print **6 letras** *nfpl* : arts (in education)

letrado[1], **-da** *adj* ERUDITO : learned, erudite

letrado[2], **-da** *n* : attorney-at-law, lawyer

letrero *nm* RÓTULO : sign, notice

letrina *nf* : latrine

letrista *nmf* : lyricist, songwriter

leucemia *nf* : leukemia

leva *nf* : cam

levadizo, -za *adj* **1** : liftable **2 puente levadizo** : drawbridge

levadura *nf* **1** : yeast, leavening **2 levadura en polvo** : baking powder

levantamiento *nm* **1** ALZAMIENTO : uprising **2** : raising, lifting ⟨levantamiento de pesas : weight lifting⟩

levantar *vt* **1** ALZAR : to lift, to raise ⟨levantar pesas : to lift weights⟩ ⟨levantar la mano : to raise one's hand⟩ ⟨levantar la mirada/vista : to look up⟩ ⟨levantar la voz : to raise one's voice⟩ ⟨levanté la tapa : I raised the lid⟩ **2** : to put up, to erect (a building, etc.) **3** : to give a boost to ⟨me levantó el ánimo : it lifted my spirits⟩ ⟨un plan para levantar al país : a plan to get the country back on its feet⟩ **4** : to lift (an embargo, etc.), to call off (a strike, etc.), to adjourn (a meeting, etc.) **5** : to give rise to, to arouse ⟨levantar sospechas : to arouse suspicion⟩ ⟨levantar una polémica : to spark controversy⟩ **6 levantar cabeza** : to get back on one's feet, to recover — **levantarse** *vr* **1** : to rise, to stand up **2** : to get out of bed, to get up ⟨se levanta a las seis : he gets up at six⟩

levar *vt* **levar anclas** : to weigh anchor

leve *adj* **1** : light, slight **2** : trivial, unimportant — **levemente** *adv*

levedad *nf* : lightness

levemente *adv* LIGERAMENTE : lightly, softly

leviatán *nm, pl* **-tanes** : leviathan

léxico[1], **-ca** *adj* : lexical

léxico[2] *nm* : lexicon, glossary

lexicografía *nf* : lexicography

lexicográfico, -ca *adj* : lexicographical, lexicographic

lexicógrafo, -fa *n* : lexicographer

ley *nf* **1** : law ⟨aprobar/derogar una ley : to pass/repeal a law⟩ ⟨violar la ley : to break the law⟩ ⟨fuera de la ley : outside the law⟩ ⟨proyecto de ley : bill (of law)⟩ ⟨la ley de gravedad : the law of gravity⟩ ⟨es ley de vida : it's a fact of life⟩ ⟨con todas las de la ley : proper, properly⟩ **2** : purity (of metals) ⟨oro de ley : pure gold⟩

leyenda *nf* **1** : legend **2** : caption, inscription

leyó, etc. → **leer**

liar {85} *vt* **1** ATAR : to bind, to tie (up) **2** : to roll (a cigarette) **3** : to confuse — **liarse** *vr* : to get mixed up

libanés, -nesa *adj & n, mpl* **-neses** : Lebanese

libar *vt* **1** : to suck (nectar) **2** : to sip, to swig (liquor, etc.)

libelo *nm* **1** : libel, lampoon **2** : petition (in court)

libélula *nf* : dragonfly

liberación *nf, pl* **-ciones** : liberation, deliverance ⟨liberación de la mujer : women's liberation⟩

liberado, -da *adj* **1** : liberated ⟨una mujer liberada : a liberated woman⟩ **2** : freed, delivered

liberal *adj & nmf* : liberal

liberalidad *nf* : generosity, liberality

liberalismo *nm* : liberalism

liberalizar {21} *vt* : to liberalize — **liberalización** *nf*

liberar *vt* : to liberate, to free — **liberarse** *vr* : to get free of

liberiano, -na *adj & n* : Liberian

libertad *nf* **1** : freedom, liberty ⟨tomarse la libertad de : to take the liberty of⟩ **2 libertad bajo fianza** : bail **3 libertad condicional** : parole

libertador[1], **-dora** *adj* : liberating

libertador[2], **-dora** *n* : liberator

libertar *vt* LIBRAR : to set free

libertario, -ria *adj & n* : libertarian

libertinaje *nm* : licentiousness, dissipation

libertino[1], **-na** *adj* : licentious, dissolute

libertino[2], **-na** *n* : libertine

libidinoso, -sa *adj* : lustful, lewd

libido *nf* : libido

libio, -bia *adj & n* : Libyan

libra *nf* **1** : pound **2 libra esterlina** : pound sterling

Libra *nmf* : Libra

libramiento *nm* **1** : liberating, freeing **2** LIBRANZA : order of payment **3** *Mex* : beltway

libranza *nf* : order of payment

librar *vt* **1** LIBERTAR : to free (from punishment, etc.), to save (from death, etc.) ⟨líbranos del mal : deliver us from evil⟩ ⟨lo libró de culpas : it absolved him of guilt⟩ **2** : to wage ⟨librar batalla : to do battle⟩ **3** : to issue ⟨librar una orden : to issue an order⟩ — **librarse** *vr* ~ **de** : to free oneself from, to get out of ⟨se libró de pagar una multa : he got out of paying a fine⟩ ⟨librarse de morir : to escape death⟩

libre[1] *adj* **1** : free ⟨un país libre : a free country⟩ ⟨libre de : free from, exempt from⟩ ⟨libre albedrío : free will⟩ **2** DESOCUPADO : vacant **3 día libre** : day off

libre[2] *nm Mex* : taxi

librea *nf* : livery

librecambio *nm* : free trade

libremente *adv* : freely

librería *nf* : bookstore

librero[1], **-ra** *n* : bookseller

librero[2] *nm Mex* : bookcase

libresco, -ca *adj* : bookish

libreta *nf* CUADERNO : notebook

libretista *nmf* **1** : librettist **2** : scriptwriter

libreto *nm* : libretto, script

libro *nm* **1** : book ⟨libro de texto/cocina : textbook/cookbook⟩ ⟨libro de consulta : reference book⟩ ⟨libro en rústica, libro de tapa/pasta blanda : paperback⟩ ⟨libro de tapa/pasta dura : hardcover⟩ ⟨libro de instrucciones : instruction manual⟩ **2 libros** *nmpl* : books (in bookkeeping), accounts ⟨llevar los libros : to keep the books⟩

licencia *nf* **1** : permission **2** : leave, leave of absence **3** : permit, license ⟨licencia de conducir : driver's license⟩

licenciado, -da *n* **1** : university graduate **2** ABOGADO : lawyer

licenciar *vt* **1** : to license, to permit, to allow **2** : to discharge **3** : to grant a university degree to — **licenciarse** *vr* : to graduate

licenciatura *nf* **1** : college degree **2** : course of study (at a college or university)

licencioso, -sa *adj* : licentious, lewd

liceo *nm* : secondary school, high school

licitación *nf, pl* **-ciones** : bid, bidding

licitar *vt* : to bid on

lícito, -ta *adj* **1** : lawful, licit **2** JUSTO : just, fair

licor *nm* **1** : liquor **2** : liqueur

licorera *nf* : decanter

licuado *nm* BATIDO : milk shake

licuadora *nf* : blender

licuar {3} *vt* : to liquefy — **licuarse** *vr*

lid *nf* **1** : fight, combat **2** : argument, dispute **3 lides** *nfpl* : matters, affairs **4 en buena lid** : fair and square

líder[1] *adj* : leading, foremost

líder[2] *nmf* : leader

liderar *vt* DIRIGIR : to lead, to head

liderato *nm* : leadership, leading

liderazgo → **liderato**

lidiar *vt* : to fight — *vi* BATALLAR, LUCHAR : to struggle, to battle, to wrestle

liebre *nf* : hare

liendre *nf* : nit

lienzo *nm* **1** : linen **2** : canvas, painting **3** : stretch of wall or fencing

liga *nf* **1** ASOCIACIÓN : league **2** GOMITA : rubber band **3** : garter

ligado, -da *adj* : linked, connected

ligadura *nf* **1** ATADURA : tie, bond **2** : ligature

ligamento *nm* : ligament

ligar {52} *vt* : to bind, to tie (up)

ligeramente *adv* **1** : slightly **2** LEVEMENTE : lightly, gently **3** : casually, flippantly

ligereza *nf* **1** : lightness **2** : flippancy **3** : agility

ligero, -ra *adj* **1** : light, lightweight **2** : slight, minor **3** : agile, quick **4** : lighthearted, superficial

light ['lait] *adj* : light, low-calorie

lignito *nm* : lignite

ligue, etc. → **ligar**

lija *nf or* **papel de lija** : sandpaper

lijar *vt* : to sand

lila[1] *adj* : lilac, light purple

lila[2] *nf* : lilac

lima *nf* **1** : lime (fruit) **2** : file ⟨lima de uñas : nail file⟩

limadora *nf* : polisher

limar *vt* **1** : to file **2** : to polish, to put the final touch on **3** : to smooth over ⟨limar las diferencias : to iron out differences⟩

limbo *nm* **1** : limbo **2** : limb (in botany and astronomy)

limeño[1], **-ña** *adj* : of or from Lima, Peru

limeño[2], **-ña** *n* : person from Lima, Peru

limero *nm* : lime tree

limitación *nf, pl* **-ciones** **1** : limitation **2** : limit, restriction ⟨sin limitación : unlimited⟩

limitado, -da *adj* **1** RESTRINGIDO : limited **2** : dull, slow-witted

limitar *vt* RESTRINGIR : to limit, to restrict — *vi* ~ **con** : to border on — **limitarse** *vr* ~ **a** : to limit oneself to

límite *nm* **1** : boundary, border **2** : limit ⟨el límite de mi paciencia : the limit of my patience⟩ ⟨límite de velocidad : speed limit⟩ **3 fecha límite** : deadline

limítrofe *adj* LINDANTE, LINDERO : bordering, adjoining

limo *nm* : slime, mud

limón *nm, pl* **limones** **1** : lemon **2** : lemon tree **3 limón verde** *Mex* : lime

limonada *nf* : lemonade

limosna *nf* : alms, charity

limosnear *vi* : to beg (for alms)

limosnero, -ra *n* MENDIGO : beggar

limoso, -sa *adj* : slimy

limpiabotas *nmfs & pl* : bootblack

limpiador[1], **-dora** *adj* : cleaning

limpiador[2], **-dora** *n* : cleaning person, cleaner

limpiamente *adv* : cleanly, honestly, fairly

limpiaparabrisas *nms & pl* : windshield wiper

limpiar *vt* **1** : to clean, to cleanse **2** : to clean up, to remove defects **3** *fam* : to clean out (in a game) **4** *fam* : to swipe, to pinch — *vi* : to clean — **limpiarse** *vr*

limpiavidrios *nmfs & pl Mex* : windshield wiper

límpido, -da *adj* : limpid

limpieza *nf* **1** : cleanliness, tidiness **2** : cleaning **3** HONRADEZ : integrity, honesty **4** DESTREZA : skill, dexterity

limpio[1] *adv* : fairly

limpio[2], **-pia** *adj* **1** : clean, neat **2** : honest ⟨un juego limpio : a fair game⟩ **3** : free ⟨limpio de impurezas : pure, free from impurities⟩ **4** : clear, net ⟨ganancia limpia : clear profit⟩

limusina *nf* : limousine

linaje *nm* ABOLENGO : lineage, ancestry

linaza *nf* : linseed

lince *nm* : lynx

linchamiento *nm* : lynching

linchar *vt* : to lynch

lindante *adj* LIMÍTROFE, LINDERO : bordering, adjoining

lindar *vi* **1** ~ **con** : to border, to skirt **2** ~ **con** BORDEAR : to border on, to verge on

linde *nmf* : boundary, limit

lindero[1], **-ra** *adj* LIMÍTROFE, LINDANTE : bordering, adjoining

lindero[2] *nm* : boundary, limit

lindeza *nf* **1** : prettiness **2** : clever remark **3 lindezas** *nfpl* (*used ironically*) : insults

lindo[1] *adv* **1** : beautifully, wonderfully ⟨canta lindo tu mujer : your wife sings beautifully⟩ **2 de lo lindo** : a lot, a great deal ⟨los zancudos nos picaban de lo lindo : the mosquitoes were biting away at us⟩

lindo[2], **-da** *adj* **1** BONITO : pretty, lovely **2** MONO : cute

línea *nf* **1** : line ⟨línea divisoria : dividing line⟩ ⟨línea de banda : sideline⟩ ⟨línea de puntos : dotted line⟩ ⟨líneas enemigas : enemy lines⟩ ⟨línea de producción : production line⟩ ⟨leer entre líneas : to read between the lines⟩ **2** : line, course, position ⟨en líneas generales : in general terms, along general lines⟩ ⟨línea de conducta : course of action⟩ ⟨línea de investigación : line of inquiry⟩ ⟨la línea del partido : the party line⟩ **3** : line, range ⟨línea de productos : product line⟩ **4** : line, side ⟨línea de sucesión : line of succession⟩ ⟨un primo suyo por línea materna : a cousin on his mother's side⟩ **5** : line, service ⟨línea aérea : airline⟩ ⟨línea telefónica : telephone line⟩ ⟨en línea : online⟩ ⟨fuera de línea : offline⟩ **6** : figure ⟨guardar la línea : to watch one's figure⟩

lineal *adj* : linear

linfa *nf* : lymph

linfático, -ca *adj* : lymphatic

lingote *nm* : ingot

lingüista *nmf* : linguist

lingüística *nf* : linguistics

lingüístico, -ca *adj* : linguistic

linimento *nm* : liniment

lino *nm* **1** : linen **2** : flax

linóleo *nm* : linoleum

linterna *nf* **1** : lantern **2** : flashlight

lío *nm fam* **1** : confusion, mess **2** : hassle, trouble, jam ⟨meterse en un lío : to get into a jam⟩ **3** : affair, liaison

liofilizar {21} *vt* : to freeze-dry

lioso, -sa *adj fam* **1** : confusing, muddled **2** : troublemaking

liquen *nm* : lichen

liquidación *nf, pl* **-ciones** **1** : liquidation **2** : clearance sale **3** : settlement, payment

liquidar *vt* **1** : to liquefy **2** : to liquidate **3** : to settle, to pay off **4** *fam* : to rub out, to kill

liquidez *nf, pl* **-deces** : liquidity

líquido[1], **-da** *adj* **1** : liquid, fluid **2** : net ⟨ingresos líquidos : net income⟩

líquido[2] *nm* **1** : liquid, fluid ⟨líquido de frenos : brake fluid⟩ **2** : ready cash, liquid assets

lira *nf* : lyre

lírica *nf* : lyric poetry

lírico, -ca *adj* : lyric, lyrical

lirio *nm* **1** : iris **2 lirio de los valles** MUGUETE : lily of the valley

lirismo *nm* : lyricism

lirón *nm, pl* **lirones** : dormouse

lisiado[1], **-da** *adj* : disabled, crippled

lisiado[2], **-da** *n* : disabled person, cripple

lisiar *vt* : to cripple, to disable — **lisiarse** *vr*

liso, -sa *adj* **1** : smooth **2** : flat **3** : straight ⟨pelo liso : straight hair⟩ **4** : plain, unadorned ⟨liso y llano : plain and simple⟩

lisonja *nf* : flattery

lisonjear *vt* ADULAR : to flatter

lista *nf* **1** : list **2** : roster, roll ⟨pasar lista : to take attendance⟩ **3** : stripe, strip **4** : menu

listado[1], **-da** *adj* : striped

listado[2] *nm* : listing

listar *vt* : to list

listeza *nf* : smartness, alertness

listo, -ta *adj* **1** DISPUESTO, PREPARADO : ready ⟨¿estás listo? : are you ready?⟩ **2** : clever, smart

listón *nm, pl* **listones** **1** : ribbon **2** : strip (of wood), lath **3** : high bar (in sports)

lisura *nf* : smoothness

litera *nf* : bunk bed, berth

literal *adj* : literal — **literalmente** *adv*

literario, -ria *adj* : literary

literato, -ta *n* : writer, author

literatura *nf* : literature

litigante *adj & nmf* : litigant
litigar {52} *vi* : to litigate, to be in litigation
litigio *nm* **1** : litigation, lawsuit **2 en ~** : in dispute
litigioso, -sa *adj* : litigious
litio *nm* : lithium
litografía *nf* **1** : lithography **2** : lithograph
litógrafo, -fa *n* : lithographer
litoral[1] *adj* : coastal
litoral[2] *nm* : shore, seaboard
litosfera *nf* : lithosphere
litro *nm* : liter
lituano[1], **-na** *adj & n* : Lithuanian
lituano[2] *nm* : Lithuanian (language)
liturgia *nf* : liturgy
litúrgico, -ca *adj* : liturgical — **litúrgicamente** *adv*
liviandad *nf* LIGEREZA : lightness
liviano, -na *adj* **1** : light, slight **2** INCONSTANTE : fickle
lividez *nf* PALIDEZ : pallor
lívido, -da *adj* **1** AMORATADO : livid **2** PÁLIDO : pallid, extremely pale
living *nm* : living room
llaga *nf* : sore, wound
llama *nf* **1** : flame **2** : llama
llamada *nf* : call ⟨llamada a larga distancia : long-distance call⟩ ⟨llamada al orden : call to order⟩
llamado[1], **-da** *adj* : named, called ⟨una mujer llamada Rosa : a woman called Rosa⟩
llamado[2] → **llamamiento**
llamador *nm* : door knocker
llamamiento *nm* : call, appeal
llamar *vt* **1** : to call, to name ⟨la llamamos Paulita : we call her Paulita⟩ ⟨lo llamaban loco : they called him crazy⟩ ⟨así lo llamamos en Cuba : that's what we call it in Cuba⟩ **2** : to call, to summon ⟨llamar un taxi : to call a taxi⟩ ⟨me llamó desde abajo : she called up to me (from downstairs)⟩ ⟨fue llamado a declarar : he was called to testify⟩ **3** : to phone, to call (up) ⟨me llama todos los días : she calls me every day⟩ — *vi* : to knock (on a door), to ring (a doorbell) ⟨llaman a la puerta : there's someone at the door⟩ — **llamarse** *vr* : to be called, to be named ⟨¿cómo te llamas? : what's your name?⟩ ⟨me llamo Ana : my name is Ana⟩
llamarada *nf* **1** : flare-up, sudden blaze **2** : flushing (of the face)
llamativo, -va *adj* : flashy, showy, striking
llameante *adj* : flaming, blazing
llamear *vi* : to flame, to blaze
llana *nf* **1** : trowel **2** → **llano**[2]
llanamente *adv* : simply, plainly, straightforwardly
llaneza *nf* : simplicity, naturalness
llano[1], **-na** *adj* **1** : even, flat **2** : frank, open **3** LISO : plain, simple
llano[2] *nm* : plain
llanta *nf* **1** NEUMÁTICO : tire **2** : rim
llantén *nm, pl* **llantenes** : plantain (weed)
llanto *nm* : crying, weeping
llanura *nf* : plain, prairie
llave *nf* **1** : key ⟨bajo llave : under lock and key⟩ ⟨llave maestra : master key⟩ ⟨cerrar (algo) con llave : to lock (something)⟩ **2** : faucet **3** : valve (in plumbing) **4** INTERRUPTOR : switch **5** : (curly) brace, curly bracket (punctuation mark) **6** : wrench ⟨llave inglesa : monkey wrench⟩
llavero *nm* : key chain, key ring
llegada *nf* : arrival
llegar {52} *vi* **1** : to arrive ⟨llegar temprano/tarde : to arrive early/late⟩ ⟨llegué a Lisboa : I arrived in Lisbon⟩ ⟨llegué al hotel : I arrived at the hotel⟩ ⟨llegó hasta la frontera : he got as far as the border⟩ ⟨cuando llegue el momento : when the time comes⟩ ⟨va a llegar lejos : she's going to go far⟩ **2** : to be enough ⟨no nos llega el sueldo para todo : we can't afford it all on our salary⟩ **3 ~ a/hasta** : to reach ⟨llega hasta el techo : it goes (all the way) up to the ceiling⟩ ⟨llegué hasta la página 85 : I got up to page 85, I got as far as page 85⟩ ⟨podría llegar a los 35 grados : it could get up to 35 degrees⟩ **4 ~ a** : to reach (an agreement, etc.) **5 ~ a** : to manage to ⟨llegó a terminar la novela : she managed to finish the novel⟩ **6 llegar a ser** : to become ⟨llegó a ser presidente : he became President⟩
llegue, etc. → **llegar**
llenar *vt* **1** : to fill, to fill up, to fill in **2** : to meet, to fulfill ⟨los regalos no llenaron sus expectativas : the gifts did not meet her expectations⟩ — **llenarse** *vr* : to fill up, to become full
llenito, -ta *adj fam* REGORDETE : chubby, plump
lleno[1], **-na** *adj* **1** : full, filled **2 de ~** : completely, fully **3 estar lleno de sí mismo** : to be full of oneself
lleno[2] *nm* **1** *fam* : plenty, abundance **2** : full house, sellout
llevadero, -ra *adj* : bearable
llevar *vt* **1** : to carry, to take (away) ⟨le llevé las maletas : I carried her bags⟩ ⟨siempre lo lleva consigo : he always has it with him⟩ ⟨me gusta, me lo llevo : I like it—I'll take it⟩ **2** : to wear ⟨llevaba un vestido azul : she wore a blue dress⟩ ⟨llevar el pelo corto/largo : to wear one's hair short/long⟩ **3** : to take ⟨llevamos a Pedro al cine : we took Pedro to the movies⟩ ⟨la llevaron al hospital : they took her to the hospital⟩ **4** : to lead ⟨nos llevó por un pasillo : he led us down a hallway⟩ ⟨me lleva a pensar que . . . : it leads me to believe that . . .⟩ **5** : to lead ⟨llevar una vida sana : to lead a healthy life⟩ **6** : to run, to be in charge of ⟨lleva la biblioteca : she runs the library⟩ **7** : to keep ⟨llevar el ritmo : to keep time⟩ ⟨llevar un diario : to keep a diary⟩ **8** : to take, to require ⟨le llevó horas hacerlo : it

took him hours to do it⟩ **9** : to have . . . more than ⟨nos llevan cinco puntos : they're five points ahead of us⟩ ⟨te llevo tres años : I'm three years older than you⟩ **10 llevar a cabo** : to carry out **11 llevar adelante** : to carry on, to keep going — *vi* : to lead ⟨un problema lleva al otro : one problem leads to another⟩ — *v aux* : to have ⟨llevo mucho tiempo buscándolo : I've been looking for it for a long time⟩ ⟨lleva leído medio libro : he's halfway through the book⟩ — **llevarse** *vr* **1** : to take away, to carry off ⟨una ola se lo llevó : a wave carried him away⟩ ⟨se llevó el primer premio : she took/won first prize⟩ **2** : to get along ⟨siempre nos llevábamos bien : we always got along well⟩

llorar *vi* : to cry, to weep — *vt* : to mourn, to bewail

lloriquear *vi* : to whimper, to whine

lloriqueo *nm* : whimpering, whining

llorón, -rona *n, mpl* **llorones** : crybaby, whiner

lloroso, -sa *adj* : tearful, sad

llovedizo, -za *adj* : rain ⟨agua llovediza : rainwater⟩

llover {47} *v impers* : to rain ⟨está lloviendo : it's raining⟩ ⟨llover a cántaros : to rain cats and dogs⟩ — *vi* : to rain down, to shower ⟨le llovieron regalos : he was showered with gifts⟩

llovizna *nf* : drizzle, sprinkle

lloviznar *v impers* : to drizzle, to sprinkle

llueve, etc. → **llover**

lluvia *nf* **1** : rain, rainfall **2** : barrage, shower

lluvioso, -sa *adj* : rainy

lo[1] *pron* **1** : him, it ⟨lo vi ayer : I saw him yesterday⟩ ⟨lo entiendo : I understand it⟩ ⟨no lo creo : I don't believe so⟩ **2** (*formal, masculine*) : you ⟨disculpe, señor, no lo oí : excuse me sir, I didn't hear you⟩ **3 lo que** : what, that which ⟨eso es lo que más le gusta : that's what he likes the most⟩

lo[2] *art* **1** : the ⟨lo mejor : the best, the best thing⟩ **2** : how ⟨sé lo bueno que eres : I know how good you are⟩

loa *nf* : praise

loable *adj* : laudable, praiseworthy — **loablemente** *adv*

loar *vt* : to praise, to laud

lobato, -ta *n* : wolf cub

lobby *nm* : lobby, pressure group

lobo, -ba *n* : wolf

lóbrego, -ga *adj* SOMBRÍO : gloomy, dark

lobulado, -da *adj* : lobed

lóbulo *nm* : lobe ⟨lóbulo de la oreja : earlobe⟩

locación *nf, pl* **-ciones 1** : location (in moviemaking) **2** *Mex* : place

local[1] *adj* : local — **localmente** *adv*

local[2] *nm* : premises *pl*

localidad *nf* : town, locality

localización *nf, pl* **-ciones 1** : locating, localization **2** : location

localizar {21} *vt* **1** UBICAR : to locate, to find **2** : to localize — **localizarse** *vr* UBICARSE : to be located ⟨se localiza en el séptimo piso : it is located on the seventh floor⟩

locatario, -ria *n* : tenant

loción *nf, pl* **lociones** : lotion

lócker *nm, pl* **lóckers** : locker

loco[1], **-ca** *adj* **1** DEMENTE : crazy, insane, mad **2 a lo loco** : wildly, recklessly **3 volverse loco** : to go mad

loco[2], **-ca** *n* **1** : crazy person, lunatic **2 hacerse el loco** : to act the fool

locomoción *nf, pl* **-ciones** : locomotion

locomotor, -tora *adj* : locomotive

locomotora *nf* **1** : locomotive **2** : driving force

locuacidad *nf* : loquacity, talkativeness

locuaz *adj, pl* **locuaces** : loquacious, talkative

locución *nf, pl* **-ciones** : locution, phrase ⟨locución adverbial : adverbial phrase⟩

locura *nf* **1** : insanity, madness **2** : crazy thing, folly

locutor, -tora *n* : announcer

lodazal *nm* : bog, quagmire

lodo *nm* BARRO : mud, mire

lodoso, -sa *adj* : muddy

logaritmo *nm* : logarithm

logia *nf* : lodge ⟨logia masónica : Masonic lodge⟩

lógica *nf* : logic

lógico, -ca *adj* : logical — **lógicamente** *adv*

logística *nf* : logistics *pl*

logístico, -ca *adj* : logistic, logistical

logo → **logotipo**

logotipo *nm* : logo

logrado, -da *adj* : successful, well done

lograr *vt* **1** : to get, to obtain **2** : to achieve, to attain — **lograrse** *vr* : to be successful

logro *nm* : achievement, attainment

loma *nf* : hill, hillock

lombriz *nf, pl* **lombrices** : worm ⟨lombriz de tierra : earthworm, night crawler⟩ ⟨lombriz solitaria : tapeworm⟩ ⟨tener lombrices : to have worms⟩

lomo *nm* **1** : back (of an animal) **2** : loin ⟨lomo de cerdo : pork loin⟩ **3** : spine (of a book) **4** : blunt edge (of a knife)

lona *nf* : canvas

loncha *nf* LONJA, REBANADA : slice

lonche *nm* **1** ALMUERZO : lunch **2** *Mex* : submarine sandwich

lonchería *nf Mex* : luncheonette

londinense[1] *adj* : of or from London

londinense[2] *nmf* : Londoner

longaniza *nf* : spicy pork sausage

longevidad *nf* : longevity

longevo, -va *adj* : long-lived

longitud *nf* **1** LARGO : length ⟨longitud de onda : wavelength⟩ **2** : longitude

longitudinal *adj* : longitudinal
lonja *nf* LONCHA, REBANADA : slice
lontananza *nf* : background ⟨en lontananza : in the distance, far away⟩
lord *nm, pl* **lores** (*title in England*) : lord
loro *nm* : parrot
los[1], **las** *pron* **1** : them ⟨hice galletas y se las di a los nuevos vecinos : I made cookies and gave them to the new neighbors⟩ **2** : you ⟨voy a llevarlos a los dos : I am going to take both of you⟩ **3 los que, las que** : those, who, the ones ⟨los que van a cantar deben venir temprano : those who are singing must come early⟩ **4** (*used with* **haber**) ⟨los hay en varios colores : they come in various colors⟩
los[2] *art* → **el**[2]
losa *nf* : flagstone, paving stone
loseta *nf* BALDOSA : floor tile
lote *nm* **1** : part, share **2** : batch, lot **3** : plot of land, lot
lotería *nf* : lottery
loto *nm* : lotus
loza *nf* **1** : crockery, earthenware **2** : china
lozanía *nf* **1** : healthiness, robustness **2** : luxuriance, lushness
lozano, -na *adj* **1** : robust, healthy-looking ⟨un rostro lozano : a smooth, fresh face⟩ **2** : lush, luxuriant
LSD *nm* : LSD
lubricante[1] *adj* : lubricating
lubricante[2] *nm* : lubricant
lubricar {72} *vt* : to lubricate, to oil — **lubricación** *nf*
lucero *nm* : bright star ⟨lucero del alba : morning star⟩
lucha *nf* **1** : struggle, fight **2** : wrestling
luchador, -dora *n* **1** : fighter **2** : wrestler
luchar *vi* **1** : to fight, to struggle **2** : to wrestle
luchón, -chona *adj, mpl* **luchones** *Mex* : industrious, hardworking
lucidez *nf, pl* **-deces** : lucidity, clarity
lucido, -da *adj* MAGNÍFICO : magnificent, splendid
lúcido, -da *adj* : lucid
luciérnaga *nf* : firefly, glowworm
lucimiento *nm* **1** : brilliance, splendor, sparkle **2** : triumph, success ⟨salir con lucimiento : to succeed with flying colors⟩
lucio *nm* : pike (fish)
lucir {45} *vi* **1** : to shine **2** : to look good, to stand out **3** : to seem, to appear ⟨ahora luce contento : he looks happy now⟩ — *vt* **1** : to wear, to sport **2** : to flaunt, to show off — **lucirse** *vr* **1** : to distinguish oneself, to excel **2** : to show off
lucrarse *vr* : to make a profit
lucrativo, -va *adj* : lucrative, profitable — **lucrativamente** *adv*
lucro *nm* GANANCIA : profit, gain
luctuoso, -sa *adj* : mournful, tragic
luego[1] *adv* **1** DESPUÉS : then, afterwards **2** : later (on) **3 desde ∼** : of course **4 ¡hasta luego!** : see you later! **5 luego que** : as soon as **6 luego luego** *Mex fam* : right away, immediately
luego[2] *conj* : therefore ⟨pienso, luego existo : I think, therefore I am⟩
lugar *nm* **1** : place, position ⟨lugar de nacimiento/trabajo : birthplace/workplace⟩ ⟨en algún lugar : somewhere⟩ ⟨en otro lugar : somewhere else⟩ ⟨cambiar algo de lugar : to move something⟩ ⟨poner las cosas en su lugar : to put things away, to straighten up⟩ ⟨te guardo el lugar : I'll save your spot⟩ ⟨yo en tu lugar : if I were in your place, if I were you⟩ ⟨se llevó el primer lugar : she took first place⟩ **2** ESPACIO : space, room ⟨no hay lugar para todos : there isn't room for everyone⟩ **3 dar lugar a** : to give rise to, to lead to ⟨puede dar lugar a complicaciones : it can lead to complications⟩ **4 en lugar de** : instead of, on behalf of **5 en primer lugar** : in the first place, firstly **6 en último lugar** : last, lastly **7 lugar común** : cliché, platitude **8 sin lugar a dudas** : without a doubt, undoubtedly **9 tener lugar** : to take place
lugareño[1], **-ña** *adj* : village, rural
lugareño[2], **-ña** *n* : villager
lugarteniente *nmf* : lieutenant, deputy
lúgubre *adj* : gloomy, lugubrious
lujo *nm* **1** : luxury **2 de ∼** : deluxe
lujoso, -sa *adj* : luxurious
lujuria *nf* : lust, lechery
lujurioso, -sa *adj* : lustful, lecherous
lumbago *nm* : lumbago
lumbar *adj* : lumbar
lumbre *nf* **1** FUEGO : fire **2** : brilliance, splendor **3 poner en la lumbre** : to put on the stove, to warm up
lumbrera *nf* **1** : skylight **2** : vent, port **3** : brilliant person, luminary
luminaria *nf* **1** : altar lamp **2** LUMBRERA : luminary, celebrity
luminiscencia *nf* : luminescence — **luminiscente** *adj*
luminosidad *nf* : luminosity, brightness
luminoso, -sa *adj* : shining, luminous
luna *nf* **1** : moon **2 luna de miel** : honeymoon
lunar[1] *adj* : lunar
lunar[2] *nm* **1** : mole, beauty spot **2** : defect, blemish **3** : polka dot
lunático, -ca *adj & n* : lunatic
lunes *nms & pl* : Monday
luneta *nf* **1** : lens (of eyeglasses) **2** : windshield (of an automobile) **3** : crescent
lupa *nf* : magnifying glass
lúpulo *nm* : hops (plant)
lustrar *vt* : to shine, to polish
lustre *nm* **1** BRILLO : luster, shine **2** : glory, distinction
lustroso, -sa *adj* BRILLOSO : lustrous, shiny

luto *nm* : mourning ⟨estar de luto : to be in mourning⟩
luz *nf, pl* **luces** **1** : light ⟨luz del sol : sunlight⟩ ⟨luz eléctrica/artificial : electric/artificial light⟩ ⟨iluminado con una luz tenue : dimly lit⟩ ⟨a plena luz del día : in full/broad daylight⟩ **2** *fam* : power, electricity ⟨se fue la luz : the power/electricity went out⟩ ⟨cortar la luz : to cut off the power⟩ ⟨pagar la luz : to pay the electricity bill⟩ **3** : light, lamp ⟨apagar la luz : to turn off the light⟩ ⟨encender/prender la luz : to turn on the light⟩ ⟨luz de bengala : flare⟩ ⟨luz neón/LED/estroboscópica : neon/LED/strobe light⟩ **4** : span, spread (between supports) **5 a la luz de** : in light of **6 a todas luces** : by any measure **7 dar a luz** : to give birth **8 sacar a la luz** : to make known, to bring to light **9 salir a la luz** : to become known, to come to light **10 traje de luces** : matador's costume
luzca, etc. → **lucir**

M

m *nf* : thirteenth letter of the Spanish alphabet
macabro, -bra *adj* : macabre
macaco[1], -ca *adj* : ugly, misshapen
macaco[2], -ca *n* : macaque
macadán *nm, pl* **-danes** : macadam
macana *nf* **1** : club, cudgel **2** *fam* : nonsense, silliness **3** *fam* : lie, fib
macanudo, -da *adj fam* : great, fantastic
macarrón *nm, pl* **-rrones** **1** : macaroon **2 macarrones** *nmpl* : macaroni
maceta *nf* **1** : flowerpot **2** : mallet **3** *Mex fam* : head
macetero *nm* **1** : plant stand **2** TIESTO : flowerpot, planter
machacar {72} *vt* **1** : to crush, to grind **2** : to beat, to pound — *vi* : to insist, to go on (about)
machacón, -cona *adj, mpl* **-cones** : insistent, tiresome
machete *nm* : machete
machetear *vt* : to hack with a machete — *vi, Mex fam* : to plod, to work tirelessly
machismo *nm* **1** : machismo **2** : male chauvinism
machista *nm* : male chauvinist
macho[1] *adj* **1** : male **2** : macho, virile, tough
macho[2] *nm* **1** : male **2** : he-man
machote *nm* **1** *fam* : tough guy, heman **2** *CA, Mex* : rough draft, model **3** *Mex* : blank form
machucar {72} *vt* **1** : to pound, to beat, to crush **2** : to bruise
machucón *nm, pl* **-cones** **1** MORETÓN : bruise **2** : smashing, pounding
macilento, -ta *adj* : gaunt, wan
macis *nm* : mace (spice)
macizo, -za *adj* **1** : solid ⟨oro macizo : solid gold⟩ **2** : strong, strapping **3** : massive
macrocosmo *nm* : macrocosm
mácula *nf* : blemish, stain
madeja *nf* **1** : skein, hank **2** : tangle (of hair)
madera *nf* **1** : wood **2** : lumber, timber **3 madera dura** *or* **madera noble** : hardwood
maderero, -ra *adj* : timber, lumber
madero *nm* : piece of lumber, plank
madrastra *nf* : stepmother
madrazo *nm Mex fam* : punch, blow ⟨se agarraron a madrazos : they beat each other up⟩
madre *nf* **1** : mother **2 madre política** : mother-in-law **3 la Madre Patria** : the mother country (said of Spain)
madrear *vt Mex fam* : to beat up
madreperla *nf* NÁCAR : mother-of-pearl
madreselva *nf* : honeysuckle
madriguera *nf* : burrow, den, lair
madrileño[1], -ña *adj* : of or from Madrid
madrileño[2], -ña *n* : person from Madrid
madrina *nf* **1** : godmother **2** : bridesmaid **3** : sponsor
madrugada *nf* **1** : early morning, wee hours **2** ALBA : dawn, daybreak
madrugador, -dora *n* : early riser
madrugar {52} *vi* **1** : to get up early **2** : to get a head start
madurar *v* **1** : to ripen **2** : to mature
madurez *nf, pl* **-reces** **1** : maturity **2** : ripeness
maduro, -ra *adj* **1** : mature **2** : ripe
maestría *nf* **1** : mastery, skill **2** : master's degree
maestro[1], -tra *adj* **1** : masterly, skilled **2** : chief, main **3** : trained ⟨un elefante maestro : a trained elephant⟩
maestro[2], -tra *n* **1** : teacher (in grammar school) **2** : expert, master **3** : maestro
Mafia *nf* : Mafia
mafioso, -sa *n* : mafioso, gangster
magdalena *nf* : bun, muffin
magenta *adj & n* : magenta
magia *nf* : magic
mágico, -ca *adj* : magic, magical — **mágicamente** *adv*
magisterio *nm* **1** : teaching **2** : teachers *pl,* teaching profession
magistrado, -da *n* : magistrate, judge
magistral *adj* **1** : masterful, skillful **2** : magisterial
magistralmente *adv* : masterfully, brilliantly
magistratura *nf* : judgeship, magistracy
magma *nm* : magma

magnanimidad *nf* : magnanimity
magnánimo, -ma *adj* GENEROSO : magnanimous — **magnánimamente** *adv*
magnate *nmf* : magnate, tycoon
magnesia *nf* : magnesia
magnesio *nm* : magnesium
magnético, -ca *adj* : magnetic
magnetismo *nm* : magnetism
magnetizar {21} *vt* : to magnetize
magnetófono *nm* : tape recorder
magnetofónico, -ca *adj* **cinta magnetofónica** : magnetic tape
magnificar {72} *vt* **1** : to magnify **2** EXAGERAR : to exaggerate **3** ENSALZAR : to exalt, to extol, to praise highly
magnificencia *nf* : magnificence, splendor
magnífico, -ca *adj* ESPLENDOROSO : magnificent, splendid — **magníficamente** *adv*
magnitud *nf* : magnitude
magnolia *nf* : magnolia (flower)
magnolio *nm* : magnolia (tree)
mago, -ga *n* **1** : magician **2** : wizard (in folk tales, etc.) **3 los Reyes Magos** : the Magi
magro, -gra *adj* **1** : lean (of meat) **2** : meager
maguey *nm* : maguey
magulladura *nf* MORETÓN : bruise
magullar *vt* : to bruise — **magullarse** *vr*
mahometano[1], -na *adj* ISLÁMICO : Islamic, Muslim
mahometano[2], -na *n* : Muslim
mahonesa → **mayonesa**
maicena *nf* : cornstarch
mainframe ['mein,freim] *nm* : mainframe
maíz *nm* : corn, maize
maizal *nm* : cornfield
maja *nf* : pestle
majadería *nf* **1** TONTERÍA : stupidity, foolishness **2** *Mex* LEPERADA : insult, obscenity
majadero[1], -ra *adj* **1** : foolish, silly **2** *Mex* LÉPERO : crude, vulgar
majadero[2], -ra *n* **1** TONTO : fool **2** *Mex* : rude person, boor
majar *vt* : to crush, to mash
majestad *nf* : majesty ⟨Su Majestad : Your Majesty⟩
majestuosamente *adv* : majestically
majestuosidad *nf* : majesty, grandeur
majestuoso, -sa *adj* : majestic, stately
majo, -ja *adj Spain* **1** : nice, likeable **2** GUAPO : attractive, good-looking
mal[1] *adv* **1** : badly, poorly ⟨baila muy mal : he dances very badly⟩ ⟨hablar mal de alguien : to speak ill of someone⟩ ⟨hice mal en decirlo : I was wrong to say it⟩ ⟨comió algo que le hizo mal : he ate something that didn't agree with him⟩ ⟨algo anda mal : something's wrong⟩ ⟨todo le salió mal : everything went wrong for her⟩ ⟨el primer día no me fue mal : my first day wasn't bad⟩ **2** : wrong, incorrectly ⟨me entendió mal : she misunderstood me⟩ ⟨no lo tomes a mal : don't take it the wrong way⟩ ⟨esta palabra está mal escrita : this word is spelled wrong⟩ ⟨si mal no recuerdo : if I remember correctly⟩ **3** : hardly, with difficulty ⟨te oigo mal : I can hardly hear you⟩ ⟨mal se pueden comparar : you can hardly compare them⟩ ⟨mal puedo esperar : I can hardly wait⟩ **4 de mal en peor** : from bad to worse **5 menos mal** : it's a good thing, it's just as well ⟨menos mal que reaccioné a tiempo : it's a good thing I reacted in time⟩ ⟨menos mal que no viniste : it's just as well you didn't come⟩
mal[2] *adj* → **malo**
mal[3] *nm* **1** : evil, wrong **2** DAÑO : harm, damage **3** DESGRACIA : misfortune **4** ENFERMEDAD : illness, sickness
malabar *adj* **juegos malabares** : juggling
malabarista *nmf* : juggler
malaconsejado, -da *adj* : ill-advised
malacostumbrado, -da *adj* CONSENTIDO : spoiled, pampered
malacostumbrar *vt* : to spoil
malagradecido, -da *adj* INGRATO : ungrateful
malaisio → **malasio**
malaquita *nf* : malachite
malaria *nf* PALUDISMO : malaria
malasio, -sia *adj & n* : Malaysian
malauiano, -na *adj & n* : Malawian
malaventura *nf* : misadventure, misfortune
malaventurado, -da *adj* MALHADADO : ill-fated, unfortunate
malayo, -ya *adj & n* : Malay, Malayan
malbaratar *vt* **1** MALGASTAR : to squander **2** : to undersell
malcriado[1], -da *adj* **1** : ill-bred, ill-mannered **2** : spoiled, pampered
malcriado[2], -da *n* : spoiled brat
maldad *nf* **1** : evil, wickedness **2** : evil deed
maldecir {11} *vt* : to curse, to damn — *vi* **1** : to curse, to swear **2 ~ de** : to speak ill of, to slander, to defame
maldición *nf, pl* **-ciones** : curse
maldiga, maldijo etc. → **maldecir**
maldito, -ta *adj* **1** : cursed, damned ⟨¡maldita sea! : damn it all!⟩ **2** : wicked
maldoso, -sa *adj Mex* : mischievous
maleable *adj* : malleable
maleante *nmf* : crook, thug
malecón *nm, pl* **-cones** : jetty, breakwater
maleducado, -da *adj* : ill-mannered, rude
maleficio *nm* : curse, hex
maléfico, -ca *adj* : evil, harmful
malentender {56} *vt* : to misunderstand
malentendido *nm* : misunderstanding
malestar *nm* **1** : discomfort **2** IRRITACIÓN : annoyance **3** INQUIETUD : uneasiness, unrest
maleta *nf* : suitcase, bag ⟨haz tus maletas : pack your bags⟩
maletero[1], -ra *n* : porter

maletero[2] *nm* : trunk (of an automobile)
maletín *nm, pl* **-tines** **1** PORTAFOLIO : briefcase **2** : overnight bag, satchel
malevolencia *nf* : malevolence, wickedness
malévolo, -la *adj* : malevolent, wicked
maleza *nf* **1** : thicket, underbrush **2** : weeds *pl*
malformación *nf, pl* **-ciones** : malformation
malgache *adj & nmf* : Madagascan
malgastar *vt* : to squander (resources), to waste (time, effort)
malhablado, -da *adj* : foul-mouthed
malhadado, -da *adj* MALAVENTURADO : ill-fated
malhechor, -chora *n* : criminal, delinquent, wrongdoer
malherir {76} *vt* : to injure seriously
malhumor *nm* : bad mood, sullenness
malhumorado, -da *adj* : bad-tempered, cross
malicia *nf* **1** : wickedness, malice **2** : mischief, naughtiness **3** : cunning, craftiness
malicioso, -sa *adj* **1** : malicious **2** PÍCARO : mischievous
malignidad *nf* **1** : malignancy **2** MALDAD : evil
maligno, -na *adj* **1** : malignant ⟨un tumor maligno : a malignant tumor⟩ **2** : evil, harmful, malign
malinchismo *nm Mex* : preference for foreign goods or people — **malinchista** *adj*
malintencionado, -da *adj* : malicious, spiteful
malinterpretar *vt* : to misinterpret
malla *nf* **1** : mesh **2** LEOTARDO : leotard, tights *pl* **3 malla de baño** : bathing suit
mallorquín, -quina *adj & n* : Majorcan
malnutrición *nf, pl* **-ciones** DESNUTRICIÓN : malnutrition
malnutrido, -da *adj* DESNUTRIDO : malnourished, undernourished
malo[1], **-la** *adj* (**mal** *before masculine singular nouns*) **1** : bad ⟨mala suerte : bad luck⟩ ⟨malas noticias : bad news⟩ ⟨es mala idea : it's a bad idea⟩ ⟨mal aliento : bad breath⟩ ⟨un mal sabor : a bad taste⟩ ⟨un mal actor : a bad actor⟩ ⟨tener un mal día : to have a bad day⟩ ⟨una situación muy mala : a very bad situation⟩ ⟨recibió muy malas críticas : it got very bad reviews⟩ ⟨ese sombrero te queda mal : that hat doesn't look good on you⟩ ⟨llegaste en mal momento : you arrived at a bad time⟩ **2** : bad, poor ⟨en malas condiciones : in bad condition⟩ ⟨es de mala calidad : it's poor quality⟩ **3** : bad, wicked, naughty ⟨una mala persona : a bad person⟩ ⟨malas intenciones : bad intentions⟩ ⟨fuiste muy malo : you were very bad⟩ **4** : bad, improper ⟨ser de mala educación : to be bad manners⟩ ⟨malas palabras : bad words⟩ **5** : bad, harmful ⟨malo para la salud : bad for one's health⟩ **6** (*using the form* **mal**) : sick, ill, unwell ⟨estar/ponerse mal : to be/fall ill⟩ ⟨me siento/encuentro mal : I feel sick⟩ ⟨ando mal del estómago : my stomach is upset⟩ ⟨estar mal del corazón : to have heart trouble⟩ **7** : bad, spoiled (of food) **8 estar de malas** : to be in a bad mood
malo[2], **-la** *n* : villain, bad guy (in novels, movies, etc.)
malogrado, -da *adj* : failed, unsuccessful
malograr *vt* **1** : to spoil, to ruin **2** : to waste (an opportunity, time) — **malograrse** *vr* **1** FRACASAR : to fail **2** : to die young
malogro *nm* **1** : untimely death **2** FRACASO : failure
maloliente *adj* HEDIONDO : foul-smelling, smelly
malparado, -da *adj* **salir malparado** *or* **quedar malparado** : to come out of (something) badly, to end up in a bad state
malpensado, -da *adj* : distrustful, suspicious, nasty-minded
malquerencia *nf* AVERSIÓN : ill will, dislike
malquerer {64} *vt* : to dislike
malquiso, etc. → **malquerer**
malsano, -na *adj* : unhealthy
malsonante *adj* : rude, offensive ⟨palabras malsonantes : foul language⟩
malta *nf* : malt
malteada *nf* : malted milk ⟨malteada de chocolate : chocolate malt⟩
maltés, -tesa *adj & n, mpl* **malteses** : Maltese
maltratar *vt* **1** : to mistreat, to abuse **2** : to damage, to spoil
maltrato *nm* : mistreatment, abuse
maltrecho, -cha *adj* : battered, damaged
malucho, -cha *adj fam* : sick, under the weather
malva *adj & nm* : mauve
malvado[1], **-da** *adj* : evil, wicked
malvado[2], **-da** *n* : evildoer, wicked person
malvavisco *nm* : marshmallow
malvender *vt* : to sell at a loss
malversación *nf, pl* **-ciones** : misappropriation (of funds), embezzlement
malversador, -dora *n* : embezzler
malversar *vt* : to embezzle
malvivir *vi* : to live badly, to just scrape by
mamá *nf fam* : mom, mama
mamar *vi* **1** : to suckle **2 darle de mamar a** : to breast-feed — *vt* **1** : to suckle, to nurse **2** : to learn from childhood, to grow up with — **mamarse** *vr fam* : to get drunk
mamario, -ria *adj* : mammary
mamarracho *nm fam* **1** ESPERPENTO : mess, sight **2** : laughingstock, fool **3** : rubbish, junk

mambo *nm* : mambo

mami *nf fam* : mommy

mamífero[1], **-ra** *adj* : mammalian

mamífero[2] *nm* : mammal

mamila *nf* **1** : nipple **2** *Mex* : baby bottle, pacifier

mamografía *nf* : mammogram

mamola *nf* : pat, chuck under the chin

mamotreto *nm fam* **1** : huge book, tome **2** ARMATOSTE : hulk, monstrosity

mampara *nf* BIOMBO : screen, room divider

mamparo *nm* : bulkhead

mampostería *nf* : masonry, stonemasonry

mampostero *nm* : mason, stonemason

mamut *nm, pl* **mamuts** : mammoth

maná *nm* : manna

manada *nf* **1** : flock, herd, pack **2** *fam* : horde, mob ⟨llegaron en manada : they came in droves⟩

manantial *nm* **1** FUENTE : spring **2** : source

manar *vi* **1** : to flow **2** : to abound

manatí *nm* : manatee

mancha *nf* **1** : stain, spot, mark ⟨mancha de sangre : bloodstain⟩ **2** : blemish, blot ⟨una mancha en su reputación : a blemish on his reputation⟩ **3** : patch

manchado, -da *adj* : stained

manchar *vt* **1** ENSUCIAR : to stain, to soil **2** DESHONRAR : to sully, to tarnish — **mancharse** *vr* : to get dirty

mancillar *vt* : to sully, to besmirch

manco, -ca *adj* : one-armed, one-handed

mancomunar *vt* : to combine, to pool — **mancomunarse** *vr* : to unite, to join together

mancomunidad *nf* **1** : commonwealth **2** : association, confederation

mancuernas *nfpl* : cuff links

mancuernillas *nf Mex* : cuff links

mandadero, -ra *n* : errand boy *m*, errand girl *f*, messenger

mandado *nm* **1** : order, command **2** : errand ⟨hacer los mandados : to run errands, to go shopping⟩

mandamás *nmf, pl* **-mases** *fam* : boss, bigwig, honcho

mandamiento *nm* **1** : commandment **2** : command, order, warrant ⟨mandamiento judicial : warrant, court order⟩

mandar *vt* **1** ORDENAR : to command, to order ⟨los mandó (a) callar, los mandó (a) que callaran : she ordered them to be quiet⟩ ⟨mandó (a) construir un monumento : he had a monument built⟩ **2** ENVIAR : to send ⟨te manda saludos : he sends you his regards⟩ ⟨la mandaron a Buenos Aires : they sent her to Buenos Aires⟩ **3** ECHAR : to hurl, to throw **4 ¿mande?** *Mex* : yes?, pardon? **5 mandar algo a arreglar** : to have something fixed **6 mandar (a) decir** : to send word, to send a message **7 mandar (a) llamar** : to send for, to summon — *vi* : to be the boss, to be in charge — **mandarse** *vr Mex* : to take liberties, to take advantage

mandarín *nm* : Mandarin

mandarina *nf* : mandarin orange, tangerine

mandatario, -ria *n* **1** : leader (in politics) ⟨primer mandatario : head of state⟩ **2** : agent (in law)

mandato *nm* **1** : term of office **2** : mandate

mandíbula *nf* **1** : jaw **2** : mandible

mandil *nm* **1** DELANTAL : apron **2** : horse blanket

mandilón *nm, pl* **-lones** *fam* : wimp, coward

mandioca *nf* **1** : manioc, cassava **2** : tapioca

mando *nm* **1** : command, leadership **2** : control (for a device) ⟨mando a distancia : remote control⟩ **3 al mando de** : in charge of **4 al mando de** : under the command of

mandolina *nf* : mandolin

mandón, -dona *adj, mpl* **mandones** : bossy, domineering

mandonear *vt fam* MANGONEAR : to boss around

mandrágora *nf* : mandrake

manecilla *nf* : hand (of a clock), pointer

manejable *adj* **1** : manageable **2** : docile, easily led

manejar *vt* **1** CONDUCIR : to drive (a car) **2** OPERAR : to handle, to operate **3** : to manage **4** : to manipulate (a person) — *vi* : to drive — **manejarse** *vr* **1** COMPORTARSE : to behave **2** : to get along, to manage

manejo *nm* **1** : handling, operation **2** : management

manera *nf* **1** MODO : way, manner, fashion ⟨cada uno lo hace a su manera : everyone does it their own way⟩ ⟨a mi manera de ver : the way I see it⟩ ⟨de esta/esa manera : in this/that way⟩ ⟨de una manera u otra : one way or another⟩ ⟨de manera inmediata : immediately⟩ ⟨de mala manera : badly, rudely⟩ **2 a manera de** : by way of **3 de alguna manera** : somehow, in some way **4 de cualquier manera** *or* **de todas maneras** : anyway, anyhow ⟨de todas maneras tenía que hacerlo : I had to do it anyway⟩ **5 de manera que** : so, in order that **6 de ninguna manera** : by no means, absolutely not **7 de otra manera** : differently, in another way ⟨para decirlo de otra manera : in other words⟩ ⟨de otra manera no hubiera sobrevivido : otherwise he wouldn't have survived⟩ **8 manera de ser** : personality, demeanor **9 no hay manera** : there's no way, it's not possible ⟨no hay manera de saberlo : there's no way to know⟩ **10 maneras** *nfpl* : manners

manga *nf* **1** : sleeve **2** MANGUERA : hose

manganeso *nm* : manganese

mangle *nm* : mangrove

mango *nm* **1** : hilt, handle **2** : mango

mangonear *vt fam* : to boss around, to bully — *vi* **1** : to be bossy **2** : to loaf, to fool around

mangosta *nf* : mongoose

manguera *nf* : hose

manguito *nm* **1** : muff **2** : sleeve (of a pipe, etc.), hose (of a car)

maní *nm, pl* **maníes** : peanut

manía *nf* **1** OBSESIÓN : mania, obsession **2** : craze, fad **3** : odd habit, peculiarity **4** : dislike, aversion

maníaco[1], **-ca** *adj* : maniacal

maníaco[2], **-ca** *n* : maniac

maniatar *vt* : to tie the hands of, to manacle

maniático[1], **-ca** *adj* **1** MANÍACO : maniacal **2** : obsessive **3** : fussy, finicky

maniático[2], **-ca** *n* **1** MANÍACO : maniac, lunatic **2** : obsessive person, fanatic **3** : eccentric, crank

manicomio *nm* : insane asylum, madhouse

manicura *nf* : manicure

manicuro, -ra *n* : manicurist

manido, -da *adj* : hackneyed, stale, trite

manifestación *nf, pl* **-ciones** **1** : manifestation, sign **2** : demonstration, rally

manifestante *nmf* : demonstrator

manifestar {55} *vt* **1** : to demonstrate, to show **2** : to declare — **manifestarse** *vr* **1** : to be or become evident **2** : to state one's position ⟨se han manifestado a favor del acuerdo : they have declared their support for the agreement⟩ **3** : to demonstrate, to rally

manifiesto[1], **-ta** *adj* : manifest, evident, clear — **manifiestamente** *adv*

manifiesto[2] *nm* : manifesto

manija *nf* MANGO : handle

manilla → **manecilla**

manillar *nm* : handlebars *pl*

maniobra *nf* : maneuver, stratagem

maniobrar *v* : to maneuver

manipulación *nf, pl* **-ciones** : manipulation

manipulador[1], **-dora** *adj* : manipulating, manipulative

manipulador[2], **-dora** *n* : manipulator

manipular *vt* **1** : to manipulate **2** MANEJAR : to handle

maniquí[1] *nmf, pl* **-quíes** : mannequin, model

maniquí[2] *nm, pl* **-quíes** : mannequin, dummy

manirroto[1], **-ta** *adj* : extravagant

manirroto[2], **-ta** *n* : spendthrift

manito, -ta → [2] mano

manivela *nf* : crank

manjar *nm* : delicacy, special dish

mano[1] *nf* **1** : hand ⟨lávate las manos : wash your hands!⟩ ⟨agárralo con las dos manos : hold it with both hands⟩ ⟨tenía algo en la mano : she had something in her hand⟩ ⟨con mis propias manos : with my own two hands⟩ **2** : coat (of paint or varnish) **3** : hand (in games) **4 a ~** : by hand **5 a ~** *or* **a la mano** : handy, at hand, nearby ⟨tenía los libros a (la) mano : I kept the books handy⟩ **6 bajo ~** : secretly, on the sly **7 caer en manos de** : to fall into the hands of **8 con las manos en la masa** : red-handed **9 darle la mano a alguien** : to shake someone's hand **10 darse la mano** : to shake hands **11 de la mano** : by the hand, hand in hand ⟨me tomó de la mano : he took me by the hand⟩ ⟨la política y la economía van de la mano : politics and economics go hand in hand⟩ **12 de mano en mano** : from one person to the next ⟨pasar de mano en mano : to be passed along/around⟩ **13 de primera mano** : firsthand, at firsthand ⟨conocer de primera mano : to experience firsthand⟩ **14 de segunda mano** : secondhand, used ⟨ropa de segunda mano : secondhand clothing⟩ **15 echar una mano** : to lend a hand **16 mano a mano** : one-on-one **17 mano de obra** : labor, manpower **18 mano de mortero** : pestle **19 mano negra** *Mex fam* : shady dealings *pl* **20 ¡manos arriba!** *or* **¡arriba las manos!** : stick 'em up!, (put your) hands up! **21 tener (buena) mano para** : to be good at

mano[2], **-na** *n Mex fam* : buddy, pal ⟨¡oye, mano! : hey man!⟩

manojo *nm* PUÑADO : handful, bunch

manopla *nf* **1** : mitten, mitt **2** : brass knuckles *pl*

manosear *vt* **1** : to handle or touch excessively **2** ACARICIAR : to fondle, to caress

manotazo *nm* : slap, smack, swipe

manotear *vi* : to wave one's hands, to gesticulate

mansalva *adv* **a ~** : at close range

mansarda *nf* BUHARDILLA : attic

mansedumbre *nf* **1** : gentleness, meekness **2** : tameness

mansión *nf, pl* **-siones** : mansion

manso, -sa *adj* **1** : gentle, meek **2** : tame — **mansamente** *adv*

manta *nf* **1** COBIJA, FRAZADA : blanket **2** : poncho **3** *Mex* : coarse cotton fabric

manteca *nf* **1** GRASA : lard, fat **2** : butter

mantecoso, -sa *adj* : buttery

mantel *nm* **1** : tablecloth **2** : altar cloth

mantelería *nf* : table linen

mantener {80} *vt* **1** SUSTENTAR : to support, to feed ⟨mantener uno su familia : to support one's family⟩ **2** CONSERVAR : to keep, to preserve ⟨mantener la calma : to keep one's calm⟩ ⟨mantener la paz : to keep the peace⟩ **3** CONTINUAR : to keep up, to sustain ⟨man-

tener una correspondencia : to keep up a correspondence⟩ **4** AFIRMAR : to maintain, to affirm — **mantenerse** *vr* **1** : to support oneself, to subsist **2 mantenerse firme** : to hold one's ground
mantenimiento *nm* **1** : maintenance, upkeep **2** : sustenance, food **3** : preservation
mantequera *nf* **1** : churn **2** : butter dish
mantequería *nf* **1** : creamery, dairy **2** : grocery store
mantequilla *nf* : butter
mantilla *nf* : mantilla
mantis *nf* **mantis religiosa** : praying mantis
manto *nm* **1** : cloak **2** : mantle (in geology)
mantón *nm, pl* **-tones** CHAL : shawl
mantuvo, etc. → **mantener**
manual[1] *adj* **1** : manual ⟨trabajo manual : manual labor⟩ **2** : handy, manageable — **manualmente** *adv*
manual[2] *nm* : manual, handbook
manualidades *nfpl* : handicrafts (in schools)
manubrio *nm* **1** : handle, crank **2** : handlebars *pl*
manufactura *nf* **1** FABRICACIÓN : manufacture **2** : manufactured item, product **3** FÁBRICA : factory
manufacturar *vt* FABRICAR : to manufacture
manufacturero[1], **-ra** *adj* : manufacturing
manufacturero[2], **-ra** *n* FABRICANTE : manufacturer
manuscrito[1], **-ta** *adj* : handwritten
manuscrito[2] *nm* : manuscript
manutención *nf, pl* **-ciones** : maintenance, support
manzana *nf* **1** : apple **2** CUADRA : block (enclosed by streets or buildings) **3** *or* **manzana de Adán** : Adam's apple
manzanal *nm* **1** : apple orchard **2** MANZANO : apple tree
manzanar *nm* : apple orchard
manzanilla *nf* **1** : chamomile **2** : chamomile tea
manzano *nm* : apple tree
maña *nf* **1** : dexterity, skill **2** : cunning, guile **3 mañas** *or* **malas mañas** *nfpl* : bad habits, vices
mañana *nf* **1** : morning **2** : tomorrow
mañanero, -ra *adj* MATUTINO : morning ⟨rocío mañanero : morning dew⟩
mañanitas *nfpl Mex* : birthday serenade
mañoso, -sa *adj* **1** HÁBIL : skillful **2** ASTUTO : cunning, crafty **3** : fussy, finicky
mapa *nm* CARTA : map
mapache *nm* : raccoon
mapamundi *nm* : map of the world
maqueta *nf* : model, mock-up
maquillador, -dora *n* : makeup artist
maquillaje *nm* : makeup
maquillarse *vr* : to put on makeup, to make oneself up
máquina *nf* **1** : machine ⟨máquina de afeitar : electric razor⟩ ⟨máquina de coser : sewing machine⟩ ⟨máquina de escribir : typewriter⟩ ⟨máquina tragamonedas : slot machine⟩ ⟨máquina del tiempo : time machine⟩ ⟨máquina de votación : voting machine⟩ ⟨máquina expendedora : vending machine⟩ ⟨hecho a máquina : machine-made⟩ ⟨escribir a máquina : to type⟩ **2** LOCOMOTORA : engine, locomotive **3** : machine (in politics) **4** *or* **máquina de fotos** CÁMARA : camera **5 a toda máquina** : at full speed
maquinación *nf, pl* **-ciones** : machination, scheme, plot
maquinal *adj* : mechanical, automatic — **maquinalmente** *adv*
maquinar *vt* : to plot, to scheme
maquinaria *nf* **1** : machinery **2** : mechanism, works *pl*
maquinilla *nf* **1** : small machine or device **2** *CA, Car* : typewriter
maquinista *nmf* **1** : machinist **2** : railroad engineer
mar *nmf* **1** : sea ⟨un mar agitado : a rough sea⟩ ⟨hacerse a la mar : to set sail⟩ **2 alta mar** : high seas
maraca *nf* : maraca
maraña *nf* **1** : thicket **2** ENREDO : tangle, mess
marasmo *nm* : paralysis, stagnation
maratón *nm, pl* **-tones** : marathon
maravilla *nf* **1** : wonder, marvel ⟨a las mil maravillas : wonderfully, marvelously⟩ ⟨hacer maravillas : to work wonders⟩ **2** : marigold
maravillar *vt* ASOMBRAR : to astonish, to amaze — **maravillarse** *vr* : to be amazed, to marvel
maravilloso, -sa *adj* ESTUPENDO : wonderful, marvelous — **maravillosamente** *adv*
marbete *nm* **1** ETIQUETA : label, tag **2** *PRi* : registration sticker (of a car)
marca *nf* **1** : mark **2** : brand, make **3** : trademark ⟨marca registrada : registered trademark⟩ **4** : record (in sports) ⟨batir la marca : to beat the record⟩
marcado, -da *adj* : marked ⟨un marcado contraste : a marked contrast⟩
marcador *nm* **1** TANTEADOR : scoreboard **2** : marker, felt-tipped pen **3 marcador de libros** : bookmark
marcaje *nm* **1** : scoring (in sports) **2** : guarding (in sports)
marcapasos *nms & pl* : pacemaker
marcar {72} *vt* **1** : to mark **2** : to brand (livestock) **3** : to indicate, to show **4** RESALTAR : to emphasize **5** : to dial (a telephone) **6** : to guard (an opponent) **7** ANOTAR : to score (a goal, a point) — *vi* **1** ANOTAR : to score **2** : to dial
marcha *nf* **1** : march ⟨cerrar la marcha : to bring up the rear⟩ **2** : hike, walk ⟨ir de marcha : to go hiking⟩ **3** : pace, speed ⟨a toda marcha : at top speed⟩ **4** : gear (of an automobile) ⟨marcha

atrás : reverse, reverse gear⟩ **5** : departure **6** : march (en música) ⟨marcha fúnebre/nupcial : funeral/wedding march⟩ **7** : course ⟨la marcha de los acontecimientos : the course of events⟩ **8 en ~** : in motion, in gear, under way ⟨poner en marcha : to activate, to start, to set in motion⟩ ⟨ponerse en marcha : to set off⟩

marchar *vi* **1** IR : to go, to travel **2** ANDAR : to walk **3** FUNCIONAR : to work, to go **4** : to march — **marcharse** *vr* : to leave

marchitar *vi* : to make wither, to wilt — **marchitarse** *vr* **1** : to wither, to shrivel up, to wilt **2** : to languish, to fade away

marchito, -ta *adj* : withered, faded

marcial *adj* : martial, military

marco *nm* **1** : frame, framework **2** : goalposts *pl* **3** AMBIENTE : setting, atmosphere **4** : mark (unit of currency)

marea *nf* : tide

mareado, -da *adj* **1** : dizzy, lightheaded **2** : queasy, nauseous **3** : seasick

marear *vt* **1** : to make sick ⟨los gases me marearon : the fumes made me sick⟩ **2** : to bother, to annoy — **marearse** *vr* **1** : to get sick, to become nauseated **2** : to feel dizzy **3** : to get tipsy

marejada *nf* **1** : surge, swell (of the sea) **2** : undercurrent, ferment, unrest

maremoto *nm* : tidal wave

mareo *nm* **1** : dizzy spell **2** : nausea **3** : seasickness, motion sickness **4** : annoyance, vexation

marfil *nm* : ivory

margarina *nf* : margarine

margarita *nf* **1** : daisy **2** : margarita (cocktail)

margen[1] *nf, pl* **márgenes** : bank (of a river), side (of a street)

margen[2] *nm, pl* **márgenes** **1** : edge, border **2** : margin ⟨margen de ganancia : profit margin⟩

marginación *nf, pl* **-ciones** : marginalization, exclusion

marginado[1], **-da** *adj* **1** DESHEREDADO : outcast, alienated, dispossessed **2 clases marginadas** : underclass

marginado[2], **-da** *n* : outcast, misfit

marginal *adj* : marginal, fringe

marginalidad *nf* : marginality

marginar *vt* : to ostracize, to exclude

mariachi *nm* : mariachi musician or band

maridaje *nm* : marriage, union

maridar *vt* UNIR : to marry, to unite

marido *nm* ESPOSO : husband

marihuana *or* **mariguana** *or* **marijuana** *nf* : marihuana

marimacho *nmf fam* **1** : mannish woman **2** : tomboy

marimba *nf* : marimba

marina *nf* **1** : coast, coastal area **2** : navy, fleet ⟨marina mercante : merchant marine⟩

marinada *nf* : marinade

marinar *vt* : to marinate

marinero[1], **-ra** *adj* **1** : seaworthy **2** : sea, marine

marinero[2] *nm* : sailor

marino[1], **-na** *adj* : marine, sea

marino[2] *nm* : sailor, seaman

marioneta *nf* TÍTERE : puppet, marionette

mariposa *nf* **1** : butterfly **2 mariposa nocturna** : moth

mariquita[1] *nf* : ladybug

mariquita[2] *nm fam* : sissy, wimp

mariscal *nm* **1** : marshal **2 mariscal de campo** : field marshal (in the military), quarterback (in football)

marisco *nm* **1** : shellfish **2 mariscos** *nmpl* : seafood

marisma *nf* : marsh, salt marsh

marital *adj* : marital, married ⟨la vida marital : married life⟩

marítimo, -ma *adj* : maritime, shipping ⟨la industria marítima : the shipping industry⟩

marmita *nf* : (cooking) pot

mármol *nm* : marble

marmóreo, -rea *adj* : marble, marmoreal

marmota *nf* **1** : marmot **2 marmota de América** : woodchuck, groundhog

maroma *nf* **1** : rope **2** : acrobatic stunt **3** *Mex* : somersault

marque, etc. → **marcar**

marqués, -quesa *n, mpl* **marqueses** : marquis *m,* marquess *m,* marquise *f,* marchioness *f*

marquesina *nf* : marquee, canopy

marqueta *nf Mex* : block (of chocolate), lump (of sugar or salt)

marranada *nf* **1** : disgusting thing **2** : dirty trick

marrano[1], **-na** *adj* : filthy, disgusting

marrano[2], **-na** *n* **1** CERDO : pig, hog **2** : dirty pig, slob

marrar *vt* : to miss (a target) — *vi* : to fail, to go wrong

marras *adv* **1** : long ago **2 de ~** : said, aforementioned ⟨el individuo de marras : the individual in question⟩

marrasquino *nm* : maraschino

marrón *adj & nm, pl* **marrones** CASTAÑO : brown

marroquí *adj & nmf, pl* **-quíes** : Moroccan

marsopa *nf* : porpoise

marsupial *nm* : marsupial

marta *nf* **1** : marten **2 marta cebellina** : sable (animal)

Marte *nm* : Mars

martes *nms & pl* : Tuesday

martillar *v* : to hammer

martillazo *nm* : blow with a hammer

martillo *nm* **1** : hammer **2 martillo neumático** : jackhammer

martinete *nm* **1** : heron **2** : pile driver

mártir *nmf* : martyr

martirio *nm* **1** : martyrdom **2** : ordeal, torment

martirizar {21} *vt* **1** : to martyr **2** ATORMENTAR : to torment

marxismo *nm* : Marxism
marxista *adj & nmf* : Marxist
marzo *nm* : March
mas *conj* PERO : but
más[1] *adv* **1** : more ⟨¿hay algo más grande? : is there anything bigger?⟩ ⟨unos días más tarde : a few days later⟩ ⟨es más complicado de lo que parece : it's more complicated than it seems⟩ ⟨no puedo esperar más : I can't wait any longer⟩ ⟨éste me gusta más que ése : I like this one better than that one⟩ ⟨ahora más que nunca : now more than ever⟩ **2** : most ⟨Luis es el más alto (del grupo) : Luis is the tallest (in the group)⟩ ⟨el que más me gusta : the one I like the most/best⟩ ⟨estudia lo más posible : he studies as much as possible⟩ **3** : rather ⟨más querría andar : I would rather walk⟩ **4 a ~** : besides, in addition **5 más allá** : further, farther ⟨la tienda está más allá : the shop is farther down⟩ **6 más allá de** : beyond, past ⟨está más allá de la iglesia : it's beyond/past the church⟩ ⟨ir más allá de los límites : to go beyond the limits⟩ **7 ~ de** : more than (a number or amount) ⟨más de cien personas : more than a hundred people⟩ ⟨más de una hora : more than an hour⟩ **8 qué . . . más . . .** : what . . . , what a . . . ⟨¡qué día más bonito! : what a beautiful day!⟩
más[2] *adj* **1** : more ⟨dáme dos kilos más : give me two more kilos⟩ **2** : most ⟨la que ganó más dinero : the one who earned the most money⟩ **3** : else ⟨¿quién más quiere vino? : who else wants wine?⟩
más[3] *n* : plus sign
más[4] *prep* : plus ⟨tres más dos es igual a cinco : three plus two equals five⟩
más[5] *pron* **1** : more ⟨¿tienes más? : do you have more?⟩ **2 a lo más** : at most **3 de ~** : extra, excess **4 más o menos** : more or less, approximately **5 por más que** : no matter how much ⟨por más que corras no llegarás a tiempo : no matter how fast you run you won't arrive on time⟩
masa *nf* **1** : mass, volume ⟨masa atómica : atomic mass⟩ ⟨producción en masa : mass production⟩ **2** : dough, batter **3 masas** *nfpl* : people, masses ⟨las masas populares : the common people⟩ **4 masa harina** *Mex* : corn flour (for tortillas, etc.)
masacrar *vt* : to massacre
masacre *nf* : massacre
masaje *nm* : massage
masajear *vt* : to massage
masajista *nmf* : masseur *m*, masseuse *f*
mascar {72} *v* MASTICAR : to chew
máscara *nf* **1** CARETA : mask **2** : appearance, pretense **3 máscara antigás** : gas mask
mascarada *nf* : masquerade
mascarilla *nf* **1** : mask (in medicine) ⟨mascarilla de oxígeno : oxygen mask⟩ **2** : facial mask (in cosmetology)
mascota *nf* : mascot
masculinidad *nf* : masculinity
masculino, -na *adj* **1** : masculine, male **2** : manly **3** : masculine (in grammar)
mascullar *v* : to mumble, to mutter
masificado, -da *adj* : overcrowded
masilla *nf* : putty
masivamente *adv* : en masse
masivo, -va *adj* : mass ⟨comunicación masiva : mass communication⟩
masón *nm, pl* **masones** FRANCMASÓN : Mason, Freemason
masonería *nf* FRANCMASONERÍA : Masonry, Freemasonry
masónico, -ca *adj* : Masonic
masoquismo *nm* : masochism
masoquista[1] *adj* : masochistic
masoquista[2] *nmf* : masochist
masque, etc. → **mascar**
masticar {72} *v* MASCAR : to chew, to masticate
mástil *nm* **1** : mast **2** ASTA : flagpole **3** : neck (of a stringed instrument)
mastín *nm, pl* **mastines** : mastiff
mástique *nm* : putty, filler
mastodonte *nm* : mastodon
masturbación *nf, pl* **-ciones** : masturbation
masturbarse *vr* : to masturbate
mata *nf* **1** ARBUSTO : bush, shrub **2** : plant ⟨mata de tomate : tomato plant⟩ **3** : sprig, tuft **4 mata de pelo** : mop of hair
matadero *nm* : slaughterhouse, abattoir
matado, -da *adj Mex* : strenuous, exhausting
matador *nm* TORERO : matador, bullfighter
matamoscas *nms & pl* : flyswatter
matanza *nf* MASACRE : slaughter, butchering
matar *vt* **1** : to kill **2** : to slaughter, to butcher **3** APAGAR : to extinguish, to put out (fire, light) **4** : to tone down (colors) **5** : to pass, to waste (time) **6** : to trump (in card games) — *vi* : to kill — **matarse** *vr* **1** : to be killed **2** SUICIDARSE : to commit suicide **3** *fam* : to exhaust oneself ⟨se mató tratando de terminarlo : he knocked himself out trying to finish it⟩
matasanos *nms & pl fam* : quack
matasellar *vt* : to cancel (a stamp), to postmark
matasellos *nms & pl* : postmark
matatena *nf Mex* : jacks
mate[1] *adj* : matte, dull
mate[2] *nm* **1** : maté **2 jaque mate** : checkmate ⟨darle mate a *or* darle jaque mate a : to checkmate⟩
matemática → **matemáticas**
matemáticas *nfpl* : mathematics, math
matemático[1], **-ca** *adj* : mathematical — **matemáticamente** *adv*
matemático[2], **-ca** *n* : mathematician
materia *nf* **1** : matter ⟨materia gris : gray matter⟩ **2** : material ⟨materia prima : raw material⟩ **3** : (academic)

subject **4 en materia de** : on the subject of, concerning

material[1] *adj* **1** : material, physical, real **2 daños materiales** : property damage

material[2] *nm* **1** : material ⟨material de construcción : building material⟩ **2** EQUIPO : equipment, gear

materialismo *nm* : materialism

materialista[1] *adj* : materialistic

materialista[2] *nmf* **1** : materialist **2** *Mex* : truck driver

materializar {21} *vt* : to bring to fruition, to realize — **materializarse** *vr* : to materialize, to come into being

materialmente *adv* **1** : materially, physically ⟨materialmente imposible : physically impossible⟩ **2** : really, absolutely

maternal *adj* : maternal, motherly

maternidad *nf* **1** : maternity, motherhood **2** : maternity hospital, maternity ward

materno, -na *adj* : maternal

matinal *adj* MATUTINO : morning ⟨la pálida luz matinal : the pale morning light⟩

matinée *or* **matiné** *nf* : matinee

matiz *nm, pl* **matices** **1** : hue, shade **2** : nuance

matización *nf, pl* **-ciones** **1** : tinting, toning, shading **2** : clarification (of a statement)

matizar {21} *vt* **1** : to tinge, to tint (colors) **2** : to vary, to modulate (sounds) **3** : to qualify (statements)

matón *nm, pl* **matones** : thug, bully

matorral *nm* **1** : thicket **2** : scrub, scrubland

matraca *nf* **1** : rattle, noisemaker **2 dar la matraca a** : to pester, to nag

matriarca *nf* : matriarch

matriarcado *nm* : matriarchy

matrícula *nf* **1** : list, roll, register **2** INSCRIPCIÓN : registration, enrollment **3** : license plate, registration number

matriculación *nf, pl* **-ciones** : matriculation, registration

matricular *vt* **1** INSCRIBIR : to enroll, to register (a person) **2** : to register (a vehicle) — **matricularse** *vr* : to matriculate

matrimonial *adj* : marital, matrimonial ⟨la vida matrimonial : married life⟩

matrimonio *nm* **1** : marriage, matrimony **2** : married couple

matriz *nf, pl* **matrices** **1** : uterus, womb **2** : original, master copy **3** : main office, headquarters **4** : stub (of a check) **5** : matrix ⟨matriz de puntos : dot matrix⟩

matrona *nf* : matron

matronal *adj* : matronly

matutino[1], **-na** *adj* : morning ⟨la edición matutina : the morning edition⟩

matutino[2] *nm* : morning paper

maullar {8} *vi* : to meow

maullido *nm* : meow

mauritano, -na *adj & n* : Mauritanian

mausoleo *nm* : mausoleum

maxilar *nm* : jaw, jawbone

máxima *nf* : maxim

máxime *adv* ESPECIALMENTE : especially, principally

maximizar {21} *vt* : to maximize

máximo[1], **-ma** *adj* : maximum, greatest, highest

máximo[2] *nm* **1** : maximum **2 al máximo** : to the utmost **3 como ~** : at the most, at the latest

maya[1] *adj & nmf* : Mayan

maya[2] *nmf* : Maya, Mayan

mayo *nm* : May

mayonesa *nf* : mayonnaise

mayor[1] *adj* **1** *comparative of* **grande** : bigger, larger, greater, elder, older **2** *superlative of* **grande** : biggest, largest, greatest, eldest, oldest **3** : grown-up, mature **4** : main, major **5 mayor de edad** : of (legal) age **6 al por mayor** *or* **por ~** : wholesale

mayor[2] *nmf* **1** : major (in the military) **2** : adult

mayoral *nm* CAPATAZ : foreman, overseer

mayordomo *nm* : butler, majordomo

mayoreo *nm* : wholesale

mayores *nmpl* : grown-ups, elders

mayoría *nf* **1** : majority **2 en su mayoría** : on the whole

mayorista[1] *adj* ALMACENISTA : wholesale

mayorista[2] *nmf* : wholesaler

mayoritariamente *adv* : primarily, chiefly

mayoritario, -ria *adj & n* : majority ⟨un consenso mayoritario : a majority consensus⟩

mayormente *adv* : primarily, chiefly

mayúscula *nf* : capital letter

mayúsculo, -la *adj* **1** : capital, uppercase **2** : huge, terrible ⟨un problema mayúsculo : a huge problem⟩

maza *nf* **1** : mace (weapon) **2** : drumstick **3** *fam* : bore, pest

mazacote *nm* **1** : concrete **2** : lumpy mess (of food) **3** : eyesore, crude work of art

mazapán *nm, pl* **-panes** : marzipan

mazmorra *nf* CALABOZO : dungeon

mazo *nm* **1** : mallet **2** : pestle **3** MANOJO : handful, bunch

mazorca *nf* **1** CHOCLO : cob, ear of corn **2 pelar la mazorca** *Mex fam* : to smile from ear to ear

me *pron* **1** : me ⟨me vieron : they saw me⟩ **2** : to me, for me, from me ⟨dame el libro : give me the book⟩ ⟨me lo compró : he bought it for me⟩ ⟨me robaron la cartera : they stole my pocketbook⟩ **3** : myself, to myself, for myself, from myself ⟨me preparé una buena comida : I cooked myself a good dinner⟩ ⟨me equivoqué : I made a mistake⟩

mecánica *nf* : mechanics

mecánico[1], **-ca** *adj* : mechanical — **mecánicamente** *adv*

mecánico[2], **-ca** *n* **1** : mechanic **2** : technician ⟨mecánico dental : dental technician⟩

mecanismo *nm* : mechanism

mecanización *nf, pl* **-ciones** : mechanization

mecanizar {21} *vt* : to mechanize

mecanografía *nf* : typing

mecanografiar {85} *vt* : to type

mecanógrafo, -fa *n* : typist

mecate *nm CA, Mex, Ven* : rope, twine, cord

mecedor *nm* : glider (seat)

mecedora *nf* : rocking chair

mecenas *nmfs & pl* : patron (of the arts), sponsor

mecenazgo *nm* PATROCINIO : sponsorship, patronage

mecer {86} *vt* **1** : to rock **2** COLUMPIAR : to push (on a swing) — **mecerse** *vr* : to rock, to swing, to sway

mecha *nf* **1** : fuse **2** : wick **3 mechas** *nfpl* : highlights (in hair)

mechero *nm* **1** : burner **2** *Spain* : lighter

mechón *nm, pl* **mechones** : lock (of hair)

medalla *nf* : medal, medallion

medallista *nmf* : medalist

medallón *nm, pl* **-llones** **1** : medallion **2** : locket

media *nf* **1** CALCETÍN : sock **2** : average, mean **3 medias** *nfpl* : stockings, hose, tights **4 a medias** : by halves, half and half, halfway ⟨ir a medias : to go halves⟩ ⟨verdad a medias : half-truth⟩

mediación *nf, pl* **-ciones** : mediation

mediado, -da *adj* **1** : half full, half empty, half over **2** : halfway through ⟨mediada la tarea : halfway through the job⟩

mediador, -dora *n* : mediator

mediados *nmpl* **a mediados de** : halfway through, in the middle of ⟨a mediados del mes : towards the middle of the month, mid-month⟩

medialuna *nf* **1** : crescent **2** : croissant, crescent roll

medianamente *adv* : fairly, moderately

medianero, -ra *adj* **1** : dividing **2** : mediating

medianía *nf* **1** : middle position **2** : mediocre person, mediocrity

mediano, -na *adj* **1** : medium, average ⟨la mediana edad : middle age⟩ **2** : mediocre

medianoche *nf* : midnight

mediante *prep* : through, by means of ⟨Dios mediante : God willing⟩

mediar *vi* **1** : to mediate ⟨mediar en algo : to mediate something⟩ ⟨mediar por : to intercede on behalf of⟩ ⟨mediar con/ante : to intercede with⟩ **2** : to be in the middle, to be halfway through **3** : to elapse, to pass ⟨mediaron cinco años entre el inicio de la guerra y el armisticio : five years passed between the start of the war and the armistice⟩ **4** : to be a consideration ⟨media el hecho de que cuesta mucho : one must take into account that it is costly⟩ **5** : to come up, to happen ⟨medió algo urgente : something pressing came up⟩

mediatizar {21} *vt* : to influence, to interfere with

medicación *nf, pl* **-ciones** : medication, treatment

medicamento *nm* : medication, medicine, drug

medicar {72} *vt* : to medicate — **medicarse** *vr* : to take medicine

medicina *nf* : medicine

medicinal *adj* **1** : medicinal **2** : medicated

medicinar *vt* : to give medication to, to dose

medición *nf, pl* **-ciones** : measuring, measurement

médico[1], **-ca** *adj* : medical ⟨una receta médica : a doctor's prescription⟩

médico[2], **-ca** *n* DOCTOR : doctor, physician

medida *nf* **1** : measurement, measure ⟨hecho a medida : custom-made⟩ ⟨tomar las medidas de algo : to measure something⟩ ⟨tomarle las medidas a alguien : to measure someone⟩ **2** : measure, step ⟨tomar medidas : to take steps⟩ ⟨medidas cautelares : precautionary measures⟩ ⟨medidas de seguridad : security measures⟩ **3** : moderation, prudence ⟨sin medida : immoderately⟩ **4** : extent, degree ⟨en cierta/gran medida : to a certain/great extent⟩ ⟨en la medida de lo posible : as far as possible, to the extent possible⟩ **5 a medida que** : as ⟨a medida que aumenta : as it increases⟩

medidor *nm* : meter, gauge

medieval *adj* : medieval — **medievalista** *nmf*

medievo → **medioevo**

medio[1] *adv* **1** : half ⟨está medio dormida : she's half asleep⟩ **2** : rather, kind of ⟨está medio aburrida esta fiesta : this party is rather boring⟩

medio[2], **-dia** *adj* **1** : half ⟨una media hora : half an hour⟩ ⟨a media tarde : mid-afternoon⟩ ⟨medio hermano : half brother⟩ ⟨a media luz : in the half-light⟩ ⟨son las tres y media : it's half past three, it's three-thirty⟩ **2** : midway, halfway ⟨a medio camino : halfway there⟩ **3** : middle ⟨la clase media : the middle class⟩ **4** : average ⟨la temperatura media : the average temperature⟩

medio[3] *nm* **1** CENTRO : middle, center ⟨en medio de : in the middle of, amid⟩ ⟨estar por en medio : to be in the way⟩ ⟨ponerse en medio : to get in the way⟩ **2** AMBIENTE : milieu, environment **3** : medium, spiritualist **4** : means *pl*, way ⟨por medio de : by means of⟩ ⟨los medios de comunicación : the media⟩ **5 medios** *nmpl* : means, resources

mediocampista *nmf* : midfielder

mediocre *adj* : mediocre, average
mediocridad *nf* : mediocrity
mediodía *nm* : noon, midday
medioevo *nm* : Middle Ages
medir {54} *vt* **1** : to measure **2** : to weigh, to consider ⟨medir los riesgos : to weigh the risks⟩ — *vi* : to measure — **medirse** *vr* : to be moderate, to exercise restraint
meditabundo, -da *adj* PENSATIVO : pensive, thoughtful
meditación *nf, pl* **-ciones** : meditation, thought
meditar *vi* : to meditate, to think ⟨meditar sobre la vida : to contemplate life⟩ — *vt* **1** : to think over, to consider **2** : to plan, to work out
meditativo, -va *adj* : pensive
mediterráneo, -nea *adj* : Mediterranean
medrar *vi* **1** PROSPERAR : to prosper, to thrive **2** AUMENTAR : to increase, to grow
medro *nm* PROSPERIDAD : prosperity, growth
medroso, -sa *adj* : fainthearted, fearful
médula *nf* **1** : marrow, pith **2 médula espinal** : spinal cord
medular *adj* : fundamental, core ⟨el punto medular : the crux of the matter⟩
medusa *nf* : jellyfish, medusa
megabyte *nm* : megabyte
megáfono *nm* : megaphone
megahercio *nm* : megahertz
megahertzio *nm* : megahertz
megatón *nm, pl* **-tones** : megaton
megavatio *nm* : megawatt
mejicano → **mexicano**
mejilla *nf* : cheek
mejillón *nm, pl* **-llones** : mussel
mejor[1] *adv* **1** : better ⟨Carla cocina mejor que Ana : Carla cooks better than Ann⟩ **2** : best ⟨ella es la que lo hace mejor : she's the one who does it best⟩ **3** : rather ⟨mejor morir que rendirme : I'd rather die than give up⟩ **4** : it's better that . . . ⟨mejor te vas : you'd better go⟩ **5 a lo mejor** : maybe, perhaps
mejor[2] *adj* **1** *comparative of* **bueno** : better ⟨a falta de algo mejor : for lack of something better⟩ **2** *comparative of* **bien** : better ⟨está mucho mejor : he's much better⟩ **3** *superlative of* **bueno** : best, the better ⟨mi mejor amigo : my best friend⟩ **4** *superlative of* **bien** : best, the better ⟨duermo mejor en un clima seco : I sleep best in a dry climate⟩ **5** PREFERIBLE : preferable, better **6 lo mejor** : the best thing, the best part
mejor[3] *nmf* (*with definite article*) : the better (one), the best (one)
mejora *nf* : improvement
mejoramiento *nm* : improvement
mejorana *nf* : marjoram
mejorar *vt* : to improve, to make better — *vi* : to improve, to get better — **mejorarse** *vr*
mejoría *nf* : improvement, betterment
mejunje *nm* : concoction, brew
melancolía *nf* : melancholy, sadness
melancólico, -ca *adj* : melancholy, sad
melanoma *nm* : melanoma
melaza *nf* : molasses
melena *nf* **1** : mane **2** : long hair **3 melenas** *nfpl* GREÑAS : shaggy hair, mop
melenudo[1], **-da** *adj fam* : longhaired
melenudo[2], **-da** *n* GREÑUDO : longhair, hippie
melindres *nmpl* **1** : affectation, airs *pl* **2** : finickiness
melindroso[1], **-sa** *adj* **1** : affected **2** : fussy, finicky
melindroso[2], **-sa** *n* : finicky person, fussbudget
melisa *nf* : lemon balm
mella *nf* **1** : dent, nick **2 hacer mella en** : to have an effect on, to make an impression on
mellado, -da *adj* **1** : chipped, dented **2** : gap-toothed
mellar *vt* : to dent, to nick
mellizo, -za *adj & n* GEMELO : twin
melocotón *nm, pl* **-tones** : peach
melodía *nf* : melody, tune
melódico, -ca *adj* : melodic
melodioso, -sa *adj* : melodious
melodrama *nm* : melodrama
melodramático, -ca *adj* : melodramatic
melón *nm, pl* **melones** : melon, cantaloupe
meloso, -sa *adj* **1** : honeyed, sweet **2** EMPALAGOSO : cloying, saccharine
membrana *nf* **1** : membrane **2 membrana interdigital** : web, webbing (of a bird's foot) — **membranoso, -sa** *adj*
membresía *nf* : membership, members *pl*
membrete *nm* : letterhead, heading
membrillo *nm* : quince
membrudo, -da *adj* FORNIDO : muscular, well-built
memez *nf, pl* **memeces** : stupid thing
memo, -ma *adj* : silly, stupid
memorabilia *nf* : memorabilia
memorable *adj* : memorable
memorándum *or* **memorando** *nm, pl* **-dums** *or* **-dos** **1** : memorandum, memo **2** : memo book, appointment book
memoria *nf* **1** : memory ⟨de memoria : by heart⟩ ⟨hacer memoria : to try to remember⟩ ⟨traer a la memoria : to call to mind⟩ **2** RECUERDO : remembrance, memory ⟨su memoria perdurará para siempre : his memory will live forever⟩ **3** : report ⟨memoria annual : annual report⟩ **4 memorias** *nfpl* : memoirs
memorizar {21} *vt* : to memorize — **memorización** *nf*
mena *nf* : ore
menaje *nm* : household goods *pl*, furnishings *pl*
mención *nf, pl* **-ciones** : mention
mencionar *vt* : to mention, to refer to

mendaz *adj, pl* **mendaces** : mendacious, lying
mendicidad *nf* : begging
mendigar {52} *vi* : to beg — *vt* : to beg for
mendigo, -ga *n* LIMOSNERO : beggar
mendrugo *nm* : crust (of bread)
menear *vt* **1** : to shake (one's head) **2** : to sway, to wiggle (one's hips) **3** : to wag (a tail) **4** : to stir (a liquid) — **menearse** *vr* **1** : to wiggle one's hips **2** : to fidget
meneo *nm* **1** : movement **2** : shake, toss **3** : swaying, wagging, wiggling **4** : stir, stirring
menester *nm* **1** : activity, occupation, duties *pl* **2 ser menester** : to be necessary ⟨es menester que vengas : you must come⟩
mengano, -na → **fulano**
mengua *nf* **1** : decrease, decline **2** : lack, want **3** : discredit, dishonor
menguar *vt* : to diminish, to lessen — *vi* **1** : to decline, to decrease **2** : to wane — **menguante** *adj*
meningitis *nf* : meningitis
menisco *nm* : meniscus, cartilage
menjurje → **mejunje**
menopausia *nf* : menopause
menor[1] *adj* **1** *comparative of* **pequeño** : smaller, lesser, younger ⟨es menor que su hermana : he's younger than his sister⟩ ⟨en menor medida : to a lesser extent/degree⟩ **2** *superlative of* **pequeño** : smallest, least, youngest **3** : minor ⟨un problema menor : a minor problem⟩ ⟨en tono de mi menor : in the key of E minor⟩ **4 al por menor** : retail **5 ser menor de edad** : to be a minor, to be underage
menor[2] *nmf* : minor, juvenile
menos[1] *adv* **1** : less ⟨llueve menos en agosto : it rains less in August⟩ ⟨éste me gusta menos que ése : I like this one less than that one⟩ ⟨soy menos alta que mis hermanas : I'm not as tall as my sisters⟩ ⟨es menos difícil de lo que parece : it's less difficult than it looks⟩ **2** : least ⟨el coche menos caro : the least expensive car⟩ ⟨en el momento menos pensado : when you least expect it⟩ ⟨es lo menos que puedo hacer : it's the least I can do⟩ ⟨trabaja lo menos posible : he works as little as possible⟩ ⟨los que menos ganan : those who earn the least⟩ ⟨lo que menos necesitamos es otra crisis : the last thing we need is another crisis⟩ **3 ~ de** : less than, fewer than ⟨tienen menos de 50 empleados : they have fewer than 50 employees⟩ ⟨en menos de un minuto : in less than a minute⟩
menos[2] *adj* **1** : less, fewer ⟨tengo más trabajo y menos tiempo : I have more work and less time⟩ ⟨hay menos sillas que personas : there are fewer chairs than people⟩ **2** : least, fewest ⟨la clase que tiene menos estudiantes : the class that has the fewest students⟩
menos[3] *prep* **1** SALVO, EXCEPTO : except **2** : minus ⟨quince menos cuatro son once : fifteen minus four is eleven⟩
menos[4] *pron* **1** : less, fewer ⟨no deberías aceptar menos : you shouldn't accept less⟩ **2 al menos** *or* **por lo menos** : at least **3 a menos que** : unless
menoscabar *vt* **1** : to lessen, to diminish **2** : to disgrace, to discredit **3** PERJUDICAR : to harm, to damage
menoscabo *nm* **1** : lessening, diminishing **2** : disgrace, discredit **3** : harm, damage
menospreciar *vt* **1** DESPRECIAR : to scorn, to look down on **2** : to underestimate, to undervalue
menosprecio *nm* DESPRECIO : contempt, scorn
mensaje *nm* : message
mensajero, -ra *n* : messenger
menso, -sa *adj Mex fam* : foolish, stupid
menstrual *adj* : menstrual
menstruar {3} *vi* : to menstruate — **menstruación** *nf*
mensual *adj* : monthly
mensualidad *nf* **1** : monthly payment, installment **2** : monthly salary
mensualmente *adv* : every month, monthly
mensurable *adj* : measurable
menta *nf* **1** : mint, peppermint **2 menta verde** : spearmint
mentado, -da *adj* **1** : aforementioned **2** FAMOSO : renowned, famous
mental *adj* : mental, intellectual — **mentalmente** *adv*
mentalidad *nf* : mentality
mentar {55} *vt* **1** : to mention, to name **2 mentar la madre a** *fam* : to insult, to swear at
mente *nf* : mind ⟨tener en mente : to have in mind⟩
mentecato[1], **-ta** *adj* : foolish, simple
mentecato[2], **-ta** *n* : fool, idiot
mentir {76} *vi* : to lie
mentira *nf* : lie
mentiroso[1], **-sa** *adj* EMBUSTERO : lying, untruthful
mentiroso[2], **-sa** *n* EMBUSTERO : liar
mentís *nm, pl* **mentises** : denial, repudiation ⟨dar el mentís a : to deny, to refute⟩
mentol *nm* : menthol
mentón *nm, pl* **mentones** BARBILLA : chin
mentor *nm* : mentor, counselor
menú *nm, pl* **menús** : menu
menudear *vi* : to occur frequently — *vt* : to do repeatedly
menudencia *nf* **1** : trifle **2 menudencias** *nfpl* : giblets
menudeo *nm* : retail, retailing
menudillos *nmpl* : giblets
menudo[1], **-da** *adj* **1** : minute, small **2 a ~** FRECUENTEMENTE : often, frequently

menudo[2] *nm* **1** *Mex* : tripe stew **2 menudos** *nmpl* : giblets

meñique *nm or* **dedo meñique** : little finger, pinkie

meollo *nm* **1** MÉDULA : marrow **2** SESO : brains *pl* **3** ENTRAÑA : essence, core ⟨el meollo del asunto : the heart of the matter⟩

mequetrefe *nm fam* : good-for-nothing

mercachifle *nm* : peddler, hawker

mercadeo *nm* : marketing

mercadería *nf* : merchandise, goods *pl*

mercado *nm* : market ⟨mercado de trabajo *or* mercado laboral : labor market⟩ ⟨mercado de valores *or* mercado bursátil : stock market⟩

mercadotecnia *nf* : marketing

mercancía *nf* : merchandise, goods *pl*

mercante *nmf* : merchant, dealer

mercantil *adj* COMERCIAL : commercial, mercantile

merced *nf* **1** : favor **2 ~ a** : thanks to, due to **3 a merced de** : at the mercy of

mercenario, -ria *adj & n* : mercenary

mercería *nf* : notions store

Mercosur *nm* : economic community consisting of Argentina, Brazil, Paraguay, and Uruguay

mercurio *nm* : mercury

Mercurio *nm* : Mercury (planet)

merecedor, -dora *adj* : deserving, worthy

merecer {53} *vt* : to deserve, to merit — *vi* : to be worthy

merecidamente *adv* : rightfully, deservedly

merecido *nm* : something merited, due ⟨recibieron su merecido : they got their just deserts⟩

merecimiento *nm* : merit, worth

merendar {55} *vi* : to have an afternoon snack — *vt* : to have as an afternoon snack

merendero *nm* **1** : lunchroom, snack bar **2** : picnic area

merengue *nm* **1** : meringue **2** : merengue (dance)

meridiano[1], **-na** *adj* **1** : midday **2** : crystal clear

meridiano[2] *nm* : meridian

meridional *adj* SUREÑO : southern

merienda *nf* : afternoon snack, tea

mérito *nm* : merit

meritorio[1], **-ria** *adj* : deserving, meritorious

meritorio[2], **-ria** *n* : intern, trainee

merluza *nf* : hake

merma *nf* **1** : decrease, cut **2** : waste, loss

mermar *vi* : to decrease, to diminish — *vt* : to reduce, to cut down

mermelada *nf* : marmalade, jam

mero[1], **-ra** *adv Mex fam* **1** : nearly, almost ⟨ya mero me caí : I almost fell⟩ **2** : just, exactly ⟨aquí mero : right here⟩

mero[2], **-ra** *adj* **1** : mere, simple **2** *Mex fam, (used as an intensifier)* : very ⟨en el mero centro : in the very center of town⟩

mero[3] *nm* : grouper

merodeador, -dora *n* **1** : marauder **2** : prowler

merodear *vi* **1** : to maraud, to pillage **2** : to prowl around, to skulk

mes *nm* : month

mesa *nf* **1** : table **2** : committee, board

mesada *nf* : allowance, pocket money

mesarse *vr* : to pull at ⟨mesarse los cabellos : to tear one's hair⟩

mesero, -ra *n* CAMARERO : waiter, waitress *f*

meseta *nf* : plateau, tableland

Mesías *nm* : Messiah

mesón *nm, pl* **mesones** : inn

mesonero, -ra *nm* : innkeeper

mestizo[1], **-za** *adj* **1** : of mixed ancestry **2** HÍBRIDO : hybrid

mestizo[2], **-za** *n* : person of mixed ancestry

mesura *nf* **1** MODERACIÓN : moderation, discretion **2** CORTESÍA : courtesy **3** GRAVEDAD : seriousness, dignity

mesurado, -da *adj* COMEDIDO : moderate, restrained

mesurar *vt* : to moderate, to restrain, to temper — **mesurarse** *vr* : to restrain oneself

meta *nf* : goal, objective

metabólico, -ca *adj* : metabolic

metabolismo *nm* : metabolism

metabolizar {21} *vt* : to metabolize

metafísica *nf* : metaphysics

metafísico, -ca *adj* : metaphysical

metáfora *nf* : metaphor

metafórico, -ca *adj* : metaphoric, metaphorical

metal *nm* **1** : metal **2** : brass section (in an orchestra)

metálico, -ca *adj* : metallic, metal

metalistería *nf* : metalworking

metalurgia *nf* : metallurgy

metalúrgico[1], **-ca** *adj* : metallurgical

metalúrgico[2], **-ca** *n* : metallurgist

metamorfosis *nfs & pl* : metamorphosis

metano *nm* : methane

metedura *nf* **metedura de pata** : blunder, faux pas

meteórico, -ca *adj* : meteoric

meteorito *nm* : meteorite

meteoro *nm* : meteor

meteorología *nf* : meteorology

meteorológico, -ca *adj* : meteorologic, meteorological

meteorólogo, -ga *n* : meteorologist

meter *vt* **1** : to put ⟨lo metió en un cajón : he put it in a drawer⟩ ⟨metieron su dinero en el banco : they put their money in the bank⟩ ⟨se le metió en la cabeza que . . . : he got it in his head that . . .⟩ **2** : to shut (in a place) ⟨la metieron en la cárcel : they put her in jail⟩ ⟨estuve todo el día metida en la casa : I was stuck in the house all day⟩ **3** : to fit, to squeeze ⟨puedes meter dos líneas más en esa página : you can fit two more lines on that page⟩ **4** : to place (in a job) ⟨lo metieron de dependiente : they got him a job as a store clerk⟩ **5** : to involve ⟨lo metió en un buen lío : she got him in an awful mess⟩ **6** : to make, to cause ⟨meten demasiado ruido : they make too much noise⟩ ⟨un cuento que mete miedo : a scary story⟩ **7** : to spread (a rumor) **8** : to strike (a blow) **9** : to score (a goal or point) **10** : to take up, to take in (clothing) **11 a todo meter** : at top speed — **meterse** *vr* **1** : to get (in), to enter ⟨se metió en la cama : she got in bed⟩ ⟨el ladrón se metió por la ventana : the thief got in through the window⟩ ⟨¿dónde te has metido? : where are you hiding?, where have you gotten to?⟩ **2** : to put, to stick ⟨no te lo metas en la boca : don't put it in your mouth⟩ ⟨se metió la mano en el bolsillo : he stuck his hand in his pocket⟩ **3** *fam* : to meddle ⟨no te metas en lo que no te importa : mind your own business⟩ **4 ~ con** *fam* : to pick a fight with, to provoke ⟨no te metas conmigo : don't mess with me⟩ **5 ~ a/de** : to become ⟨se metió a monja : she became a nun⟩

metiche[1] *adj Mex fam* : nosy

metiche[2] *nmf Mex fam* : busybody

meticulosidad *nf* : thoroughness, meticulousness

meticuloso, -sa *adj* : meticulous, thorough — **meticulosamente** *adv*

metida *nf* **metida de pata** *fam* : blunder, gaffe, blooper

metódico, -ca *adj* : methodical — **metódicamente** *adv*

metodista *adj & nmf* : Methodist

método *nm* : method

metodología *nf* : methodology

metomentodo *nmf fam* : busybody

metraje *nm* : length (of a film) ⟨de largo metraje : feature-length⟩

metralla *nf* : shrapnel

metralleta *nf* : submachine gun

métrico, -ca *adj* **1** : metric **2 cinta métrica** : tape measure

metro *nm* **1** : meter **2** : subway

metrónomo *nm* : metronome

metrópoli *nf or* **metrópolis** nfs & pl : metropolis

metropolitano, -na *adj* : metropolitan

mexicanismo *nm* : Mexican word or expression

mexicano, -na *adj & n* : Mexican

mexicoamericano, -na *adj & n* : Mexican-American

meza, etc. → **mecer**

mezcla *nf* **1** : mixing **2** : mixture, blend **3** : mortar (masonry material)

mezclar *vt* **1** : to mix, to blend **2** : to mix up, to muddle **3** INVOLUCRAR : to involve — **mezclarse** *vr* **1** : to get mixed up (in) **2** : to mix, to mingle (socially)

mezclilla *nf Chile, Mex* : denim ⟨pantalones de mezclilla : jeans⟩

mezcolanza *nf* : jumble, hodgepodge

mezquindad *nf* **1** : meanness, stinginess **2** : petty deed, mean action

mezquino[1], **-na** *adj* **1** : mean, petty **2** : stingy **3** : paltry

mezquino[2] *nm Mex* : wart

mezquita *nf* : mosque

mezquite *nm* : mesquite

mi *adj* : my

mí *pron* **1** : me ⟨es para mí : it's for me⟩ ⟨a mí no me importa : it doesn't matter to me⟩ **2 mí mismo, mí misma** : myself

miasma *nm* : miasma

miau *nm* : meow

mica *nf* : mica

mico *nm* : monkey, long-tailed monkey

micra *nf* : micron

microbio *nm* : microbe, germ

microbiología *nf* : microbiology

microbiológico, -ca *adj* : microbiological

microbús *nm, pl* **-buses** : minibus

microchip *nm, pl* **microchips** : microchip

microcomputadora *nf* : microcomputer

microcosmos *nms & pl* : microcosm

microficha *nf* : microfiche

microfilm *nm, pl* **-films** : microfilm

micrófono *nm* : microphone

micrómetro *nm* : micrometer

microonda *nf* : microwave

microondas *nms & pl* : microwave, microwave oven

microordenador *nm Spain* : microcomputer

microorganismo *nm* : microorganism

microprocesador *nm* : microprocessor

microscópico, -ca *adj* : microscopic

microscopio *nm* : microscope

mide, etc. → **medir**

miedo *nm* **1** TEMOR : fear ⟨le tiene miedo al perro : he's scared of the dog⟩ ⟨tenían miedo de hablar : they were afraid to speak⟩ **2 dar miedo** : to frighten

miedoso, -sa *adj* TEMEROSO : fearful

miel *nf* : honey

miembro *nm* **1** : member **2** EXTREMIDAD : limb, extremity

mienta, etc. → **mentar**

miente, etc. → **mentir**

mientras[1] *adv* **1** *or* **mientras tanto** : meanwhile, in the meantime **2 mientras más** : the more ⟨mientras más como, más quiero : the more I eat, the more I want⟩

mientras[2] *conj* **1** : while, as ⟨roncaba mientras dormía : he snored while he was sleeping⟩ **2** : as long as ⟨luchará mientras pueda : he will fight as long as he is able⟩ **3 mientras que** : while, whereas ⟨él es alto mientras que ella es muy baja : he is tall, whereas she is very short⟩

miércoles *nms & pl* : Wednesday

miga *nf* **1** : crumb **2 hacer buenas (malas) migas con** : to get along well (poorly) with
migaja *nf* **1** : crumb **2 migajas** *nfpl* SOBRAS : leftovers, scraps
migración *nf, pl* **-ciones** : migration
migrante *nmf* : migrant
migraña *nf* : migraine
migratorio, -ria *adj* : migratory
mijo *nm* : millet
mil[1] *adj* : thousand
mil[2] *nm* : one thousand, a thousand
milagro *nm* : miracle ⟨de milagro : miraculously⟩
milagroso, -sa *adj* : miraculous, marvelous — **milagrosamente** *adv*
milenio *nm* : millennium
milésimo, -ma *adj* : thousandth — **milésimo** *nm*
milicia *nf* **1** : militia **2** : military service
miligramo *nm* : milligram
mililitro *nm* : milliliter
milímetro *nm* : millimeter
militancia *nf* : militancy
militante[1] *adj* : militant
militante[2] *nmf* : militant, activist
militar[1] *vi* **1** : to serve (in the military) **2** : to be active (in politics)
militar[2] *adj* : military
militar[3] *nmf* SOLDADO : soldier
militarismo *nm* : militarism
militarista *adj & nmf* : militarist
militarizar {21} *vt* : to militarize
milla *nf* : mile
millar *nm* : thousand
millón *nm, pl* **millones** : million
millonario, -ria *n* : millionaire
millonésimo[1], **-ma** *adj* : millionth
millonésimo[2] *nm* : millionth
mil millones *nms & pl* : billion
milpa *nf CA, Mex* : cornfield
milpiés *nms & pl* : millipede
mimar *vt* CONSENTIR : to pamper, to spoil
mimbre *nm* : wicker
mimeógrafo *nm* : mimeograph
mímica *nf* **1** : mime, sign language **2** IMITACIÓN : mimicry
mimo *nm* **1** : pampering, indulgence ⟨hacerle mimos a alguien : to pamper someone⟩ **2** : mime
mimoso, -sa *adj* **1** : fussy, finicky **2** : affectionate, clinging
mina *nf* **1** : mine **2** : lead (for pencils)
minar *vt* **1** : to mine **2** DEBILITAR : to undermine
minarete *nm* ALMINAR : minaret
mineral *adj & nm* : mineral
minería *nf* : mining
minero[1], **-ra** *adj* : mining
minero[2], **-ra** *n* : miner, mine worker
miniatura *nf* : miniature
minicomputadora *nf* : minicomputer
minifalda *nf* : miniskirt
minifundio *nm* : small farm
minimizar {21} *vt* : to minimize
mínimo[1], **-ma** *adj* **1** : minimum ⟨salario mínimo : minimum wage⟩ **2** : least, smallest **3** : very small, minute
mínimo[2] *nm* **1** : minimum, least amount **2** : modicum, small amount **3 como ~** : at least
minino, -na *n fam* : pussy, pussycat
miniserie *nf* : miniseries
ministerial *adj* : ministerial
ministerio *nm* : ministry, department
ministro, -tra *n* : minister, secretary ⟨primer ministro : prime minister⟩ ⟨Ministro de Defensa : Secretary of Defense⟩
minivan [ˌminiˈban, -ˈvan] *nf, pl* **-vanes** : minivan
minoría *nf* : minority
minorista[1] *adj* : retail
minorista[2] *nmf* : retailer
minoritario, -ria *adj* : minority
mintió, etc. → **mentir**
minuciosamente *adv* **1** : minutely **2** : in great detail **3** : thoroughly, meticulously
minucioso, -sa *adj* **1** : minute **2** DETALLADO : detailed **3** : thorough, meticulous
minué *nm* : minuet
minúsculo, -la *adj* DIMINUTO : tiny, miniscule
minusvalía *nf* : disability, handicap
minusválido[1], **-da** *adj* : handicapped, disabled
minusválido[2], **-da** *n* : handicapped person
minuta *nf* **1** BORRADOR : rough draft **2** : bill, fee
minutero *nm* : minute hand
minuto *nm* : minute
mío[1], **mía** *adj* **1** : my, of mine ⟨¡Dios mío! : my God!, good heavens!⟩ ⟨una amiga mía : a friend of mine⟩ **2** : mine ⟨es mío : it's mine⟩
mío[2], **mía** *pron* (*with definite article*) : mine, my own ⟨tus zapatos son iguales a los míos : your shoes are just like mine⟩
miope *adj* : nearsighted, myopic
miopía *nf* : myopia, nearsightedness
mira *nf* **1** : sight (of a firearm or instrument) **2** : aim, objective ⟨con miras a : with the intention of, with a view to⟩ ⟨de amplias miras : broad-minded⟩ ⟨poner la mira en : to aim at, to aspire to⟩
mirada *nf* **1** : look, glance, gaze **2** EXPRESIÓN : look, expression ⟨una mirada de sorpresa : a look of surprise⟩
mirado, -da *adj* **1** : cautious, careful **2** : considerate **3 bien mirado** : well thought of **4 mal mirado** : disliked, disapproved of
mirador *nm* : balcony, lookout, vantage point
miramiento *nm* **1** CONSIDERACIÓN : consideration, respect **2 sin miramientos** : without due consideration, carelessly

mirar *vt* **1** : to look at ⟨miró el reloj : she looked at her watch⟩ ⟨mirar fijamente : to stare at⟩ ⟨mirar algo (muy) por encima : to glance something over⟩ ⟨la miré en los ojos : I looked her straight in the eye⟩ **2** OBSERVAR : to watch ⟨mirar televisión : to watch television⟩ **3** REFLEXIONAR : to consider, to think over ⟨míralo desde su punto de vista : look at it from her point of view⟩ **4** (*used for emphasis*) ⟨¡mira que eres lista! : you're so clever!⟩ ⟨mire que no soy experto, pero . . . : I'm no expert, but . . .⟩ ⟨¡mira qué gracia! : how funny!⟩ — *vi* **1** : to look ⟨miraba por la ventana : I was looking out the window⟩ ⟨mira bien y lo verás : look carefully and you'll see it⟩ ⟨¡mira! ahí está : look! there he is⟩ ⟨mira, a mí no me importa : look, it doesn't matter to me⟩ **2** : to face, to overlook **3 ~ por** : to look after, to look out for — **mirarse** *vr* **1** : to look at oneself **2** : to look at each other

mirasol *nm* GIRASOL : sunflower

miríada *nf* : myriad

mirlo *nm* : blackbird

mirra *nf* : myrrh

mirto *nm* ARRAYÁN : myrtle

misa *nf* : Mass

misantropía *nf* : misanthropy

misantrópico, -ca *adj* : misanthropic

misántropo, -pa *n* : misanthrope

miscelánea *nf* : miscellany

misceláneo, -nea *adj* : miscellaneous

miserable *adj* **1** LASTIMOSO : miserable, wretched **2** : paltry, meager **3** MEZQUINO : stingy, miserly **4** : despicable, vile

miseria *nf* **1** POBREZA : poverty **2** : misery, suffering **3** : pittance, meager amount

misericordia *nf* COMPASIÓN : mercy, compassion

misericordioso, -sa *adj* : merciful

mísero, -ra *adj* **1** : wretched, miserable **2** : stingy **3** : paltry, meager

misil *nm* : missile

misión *nf, pl* **misiones** : mission

misionero, -ra *adj & n* : missionary

misiva *nf* : missive, letter

mismísimo, -ma *adj* (*used as an intensifier*) : very, selfsame ⟨el mismísimo día : that very same day⟩

mismo[1] *adv* (*used as an intensifier*) : right, exactly ⟨hazlo ahora mismo : do it right now⟩ ⟨te llamará hoy mismo : he'll definitely call you today⟩

mismo[2], **-ma** *adj* **1** : same **2** (*used as an intensifier*) : very ⟨en ese mismo momento : at that very moment⟩ **3** : oneself ⟨lo hizo ella misma : she made it herself⟩ **4 por lo mismo** : for that reason

misoginia *nf* : misogyny

misógino *nm* : misogynist

misterio *nm* : mystery

misterioso, -sa *adj* : mysterious — **misteriosamente** *adv*

misticismo *nm* : mysticism

místico[1], **-ca** *adj* : mystic, mystical

místico[2], **-ca** *n* : mystic

mitad *nf* **1** : half ⟨mitad y mitad : half and half⟩ **2** MEDIO : middle ⟨a mitad de : halfway through⟩ ⟨por la mitad : in half⟩

mítico, -ca *adj* : mythical, mythic

mitigar {52} *vt* ALIVIAR : to mitigate, to alleviate — **mitigación** *nf*

mitin *nm, pl* **mítines** : (political) meeting, rally

mito *nm* LEYENDA : myth, legend

mitología *nf* : mythology

mitológico, -ca *adj* : mythological

mitosis *nfs & pl* : mitosis

mitra *nf* : miter (bishop's hat)

mixto, -ta *adj* **1** : mixed, joint **2** : coeducational

mixtura *nf* : mixture, blend

mnemónico, -ca *adj* : mnemonic

mobiliario *nm* : furniture

mocasín *nm, pl* **-sines** : moccasin

mocedad *nf* **1** JUVENTUD : youth **2** : youthful prank

mochila *nf* MORRAL : backpack, knapsack

moción *nf, pl* **-ciones** **1** MOVIMIENTO : motion, movement **2** : motion (to a court or assembly)

moco *nm* **1** : mucus **2** *fam* : snot ⟨limpiarse los mocos : to wipe one's (runny) nose⟩

mocoso, -sa *n* : kid, brat

moda *nf* **1** : fashion, style **2 a la moda** *or* **de ~** : in style, fashionable **3 moda pasajera** : fad

modales *nmpl* : manners

modalidad *nf* **1** CLASE : kind, type **2** MANERA : way, manner

modelar *vt* : to model, to mold — **modelarse** *vr* : to model oneself after, to emulate

modelo[1] *adj* : model ⟨una casa modelo : a model home⟩

modelo[2] *nm* : model, example, pattern

modelo[3] *nmf* : model, mannequin

módem *or* **modem** ['moðɛm] *nm* : modem

moderación *nf, pl* **-ciones** MESURA : moderation

moderado, -da *adj & n* : moderate — **moderadamente** *adv*

moderador, -dora *n* : moderator, chair

moderar *vt* **1** TEMPERAR : to temper, to moderate **2** : to curb, to reduce ⟨moderar gastos : to curb spending⟩ **3** PRESIDIR : to chair (a meeting) — **moderarse** *vr* **1** : to restrain oneself **2** : to diminish, to calm down

modernidad *nf* **1** : modernity, modernness **2** : modern age

modernismo *nm* : modernism

modernista[1] *adj* : modernist, modernistic

modernista[2] *nmf* : modernist

modernizar {21} *vt* : to modernize — **modernización** *nf*

moderno, -na *adj* : modern, up-to-date

modestia *nf* : modesty

modesto, -ta *adj* : modest — **modestamente** *adv*

modificación *nf, pl* **-ciones** : alteration

modificador[1], -dora *adj* : modifying, moderating

modificador[2] → **modificante**

modificante *nm* : modifier

modificar {72} *vt* ALTERAR : to modify, to alter, to adapt

modismo *nm* : idiom

modista *nmf* **1** : dressmaker **2** : fashion designer

modo *nm* **1** MANERA : way, manner, mode ⟨de un modo u otro : one way or another⟩ ⟨a mi modo de ver : to my way of thinking⟩ ⟨modo de vida : way of life⟩ **2** : mood (in grammar) **3** : mode (in music) **4 a modo de** : by way of, in the manner of, like ⟨a modo de ejemplo : by way of example⟩ **5 de este/ese modo** : in this/that way **6 de cualquier modo** : in any case, anyway **7 de modo que** : so, in such a way that **8 de ningún modo** : (in) no way **9 de todos modos** : in any case, anyway **10 en cierto modo** : in a way, to a certain extent

modorra *nf* : drowsiness, lethargy

modular[1] *v* : to modulate — **modulación** *nf*

modular[2] *adj* : modular

módulo *nm* : module, unit

mofa *nf* **1** : mockery, ridicule **2 hacer mofa de** : to make fun of, to ridicule

mofarse *vr* ~ **de** : to scoff at, to make fun of

mofeta *nf* ZORRILLO : skunk

mofle *nm CA, Mex* : muffler (of a car)

moflete *nm fam* : fat cheek

mofletudo, -da *adj fam* : fat-cheeked, chubby

mohín *nm, pl* **mohines** : grimace, face

mohino, -na *adj* : gloomy, melancholy

moho *nm* **1** : mold, mildew **2** : rust

mohoso, -sa *adj* **1** : moldy **2** : rusty

moisés *nm, pl* **moiseses** : bassinet, cradle

mojado[1], -da *adj* : wet

mojado[2], -da *n Mex fam* : illegal immigrant

mojar *vt* **1** : to wet, to moisten **2** : to dunk — **mojarse** *vr* : to get wet

mojigatería *nf* **1** : hypocrisy **2** GAZMOÑERÍA : primness, prudery

mojigato[1], -ta *adj* : prudish, prim — **mojigatamente** *adv*

mojigato[2], -ta *n* : prude, prig

mojón *nm, pl* **mojones** : boundary stone, marker

molar *nm* MUELA : molar

molcajete *nm Mex* : mortar

molde *nm* **1** : mold, form **2 letras de molde** : printing, block lettering

moldear *vt* **1** FORMAR : to mold, to shape **2** : to cast

moldura *nf* : molding

mole[1] *nm Mex* **1** : spicy sauce made with chilies and usually chocolate **2** : meat served with mole sauce

mole[2] *nf* : mass, bulk

molécula *nf* : molecule — **molecular** *adj*

moler {47} *vt* **1** : to grind, to crush **2** CANSAR : to exhaust, to wear out

molestar *vt* **1** FASTIDIAR : to annoy, to bother **2** : to disturb, to disrupt — *vi* : to be a nuisance — **molestarse** *vr* ~ **en** : to take the trouble to

molestia *nf* **1** FASTIDIO : annoyance, bother, nuisance **2** : trouble ⟨se tomó la molestia de investigar : she took the trouble to investigate⟩ **3** MALESTAR : discomfort

molesto, -ta *adj* **1** ENOJADO : bothered, annoyed **2** FASTIDIOSO : bothersome, annoying

molestoso, -sa *adj* : bothersome, annoying

molido, -da *adj* **1** MACHACADO : ground, crushed **2 estar molido** : to be exhausted

molienda *nf* : milling, grinding

molinero, -ra *n* : miller

molinillo *nm* : grinder, mill ⟨molinillo de café : coffee grinder⟩

molino *nm* **1** : mill **2 molino de viento** : windmill

molla *nf* : soft fleshy part, flesh (of fruit), lean part (of meat)

molleja *nf* : gizzard

molusco *nm* : mollusk

momentáneamente *adv* : momentarily

momentáneo, -nea *adj* **1** : momentary **2** TEMPORARIO : temporary

momento *nm* **1** : moment, instant ⟨espera un momentito : wait just a moment⟩ **2** : time, period of time ⟨momentos difíciles : hard times⟩ **3** : time, moment (in time) ⟨en este momento : right now, at the moment⟩ ⟨llegar en mal momento : to come at a bad time⟩ ⟨momento decisivo : turning point, critical time⟩ **4** : present, moment ⟨los atletas del momento : the athletes of the moment, today's popular athletes⟩ **5** : momentum **6 a cada momento** : constantly **7 al momento** : right away, at once **8 de** ~ : at the moment, for the moment **9 de un momento a otro** : any time now **10 en algún momento** : at some point, sometime **11 en cualquier momento** : at any time **12 en ningún momento** : never, at no time **13 en todo momento** : at all times **14 por el momento** : for the time being **15 por** ~s : at times

momia *nf* : mummy

monada *nf* **1** : attractive person **2** : cute or pretty thing

monaguillo *nm* ACÓLITO : altar boy

monarca *nmf* : monarch

monarquía *nf* : monarchy

monárquico, -ca *n* : monarchist

monasterio *nm* : monastery

monástico, -ca *adj* : monastic
mondadientes *nms & pl* PALILLO : toothpick
mondar *vt* : to peel
mondongo *nm* ENTRAÑAS : innards *pl,* insides *pl,* guts *pl*
moneda *nf* **1** : coin **2** : money, currency
monedero *nm* : change purse
monetario, -ria *adj* : monetary, financial
mongol, -gola *adj & n* : Mongol, Mongolian
monitor[1], **-tora** *n* : instructor (in sports)
monitor[2] *nm* : monitor ⟨monitor de televisión : television monitor⟩
monitorear *vt* : to monitor
monja *nf* : nun
monje *nm* : monk
mono[1], **-na** *adj fam* : lovely, pretty, cute, darling
mono[2], **-na** *n* : monkey
monóculo *nm* : monocle
monogamia *nf* : monogamy
monógamo, -ma *adj* : monogamous
monografía *nf* : monograph
monograma *nm* : monogram
monolingüe *adj* : monolingual
monolítico, -ca *adj* : monolithic
monolito *nm* : monolith
monólogo *nm* : monologue
monomanía *nf* : obsession
monopatín *nm, pl* **-tines** **1** : scooter **2** : skateboard
monopolio *nm* : monopoly
monopolizar {21} *vt* : to monopolize — **monopolización** *nf*
monosilábico, -ca *adj* : monosyllabic
monosílabo *nm* : monosyllable
monoteísmo *nm* : monotheism
monoteísta[1] *adj* : monotheistic
monoteísta[2] *nmf* : monotheist
monotonía *nf* **1** : monotony **2** : monotone
monótono, -na *adj* : monotonous — **monótonamente** *adv*
monovolumen *nm, pl* **-lúmenes** *Spain* : minivan
monóxido *nm* : monoxide ⟨monóxido de carbono : carbon monoxide⟩
monserga *nf* : gibberish, drivel
monstruo *nm* : monster
monstruosidad *nf* : monstrosity
monstruoso, -sa *adj* : monstrous — **monstruosamente** *adv*
monta *nf* **1** : sum, total **2** : importance, value ⟨de poca monta : unimportant, insignificant⟩
montaje *nm* **1** : assembling, assembly **2** : montage
montante *nm* : transom, fanlight
montaña *nf* **1** MONTE : mountain **2** **montaña rusa** : roller coaster
montañero, -ra *n* : mountaineer, mountain climber
montañoso, -sa *adj* : mountainous
montar *vt* **1** : to mount, to get on **2** : to ride (a horse, a bicycle, etc.) **3** ESTABLECER : to set up, to establish **4** ARMAR : to assemble, to put together, to set up **5** : to set, to mount (gems, etc.) **6** : to edit (a film) **7** : to stage, to put on (a show) **8** : to cock (a gun) **9** : to mount (of a male animal) — *vi* **1** : to get on (a bus, etc), to get in (a car, a truck), to mount (a horse) **2** **montar en bicicleta** : to ride a bicycle **3** **montar a caballo** CABALGAR : to ride horseback — **montarse** *vr* : to get in, to get on, to mount ⟨se montó en el avión : she got on the plane⟩ ⟨volvió a montarse : he got back on again⟩
monte *nm* **1** MONTAÑA : mountain, mount **2** : woodland, scrubland ⟨monte bajo : underbrush⟩ **3** : outskirts (of a town), surrounding country **4** **monte de piedad** : pawnshop
montés *adj, pl* **monteses** : wild (of animals or plants)
montículo *nm* **1** : mound, heap **2** : hillock, knoll
monto *nm* : amount, total
montón *nm, pl* **-tones** **1** : heap, pile **2** *fam* : ton, load ⟨un montón de preguntas : a ton of questions⟩ ⟨montones de gente : loads of people⟩
montura *nf* **1** : mount (horse) **2** : saddle, tack **3** : setting, mounting (of jewelry) **4** : frame (of glasses)
monumental *adj fam* **1** : tremendous, terrific **2** : massive, huge
monumento *nm* : monument
monzón *nm, pl* **monzones** : monsoon
moño *nm* **1** : bun (chignon) **2** LAZO : bow, knot ⟨corbata de moño : bow tie⟩
moquear *vi* : to snivel
moquillo *nm* : distemper
mora *nf* **1** : blackberry **2** : mulberry
morada *nf* RESIDENCIA : dwelling, abode
morado[1], **-da** *adj* : purple
morado[2] *nm* : purple
morador, -dora *n* : dweller, inhabitant
moral[1] *adj* : moral — **moralmente** *adv*
moral[2] *nf* **1** MORALIDAD : ethics, morality, morals *pl* **2** ÁNIMO : morale, spirits *pl*
moraleja *nf* : moral (of a story)
moralidad *nf* : morality
moralista[1] *adj* : moralistic
moralista[2] *nmf* : moralist
morar *vi* : to dwell, to reside
moratoria *nf* : moratorium
mórbido, -da *adj* : morbid
morboso, -sa *adj* : morbid — **morbosidad** *nf*
morcilla *nf* : blood sausage, blood pudding
mordacidad *nf* : bite, sharpness
mordaz *adj* : caustic, scathing
mordaza *nf* **1** : gag **2** : clamp
mordedura *nf* : bite (of an animal)
morder {47} *v* : to bite
mordida *nf* **1** : bite **2** *CA, Mex* : bribe, payoff
mordisco *nm* : bite, nibble
mordisquear *vt* : to nibble (on), to bite
morena *nf* **1** : moraine **2** : moray (eel)

moreno[1], **-na** *adj* **1** : brunette **2** : dark, dark-skinned
moreno[2], **-na** *n* **1** : brunette **2** : dark-skinned person
moretón *nm, pl* **-tones** : bruise
morfina *nf* : morphine
morfología *nf* : morphology
morgue *nf* : morgue
moribundo[1], **-da** *adj* : dying, moribund
moribundo[2], **-da** *n* : dying person
morillo *nm* : andiron
morir {46} *vi* **1** FALLECER : to die ⟨murió de cáncer : he died of cancer⟩ **2** APAGARSE : to die out, to go out — **morirse** *vr* **1** : to die **2 ~ de** (*expressing an extreme state*) ⟨¡me muero de frío/hambre! : I'm freezing/starving!⟩ ⟨cuando lo vi casi me muero de vergüenza : when I saw it I nearly died of embarrassment⟩ ⟨morirse de risa : to die laughing⟩ **3 ~ por** : to be dying for (something), to be dying to (do something) ⟨se muere por jugar : she's dying to play⟩ ⟨se muere por ti : he's crazy about you⟩
mormón, -mona *adj & n, pl* **mormones** : Mormon
moro[1], **-ra** *adj* : Moorish
moro[2], **-ra** *n* **1** : Moor **2** : Muslim
morosidad *nf* **1** : delinquency (in payment) **2** : slowness
moroso, -sa *adj* **1** : delinquent, in arrears ⟨cuentas morosas : delinquent accounts⟩ **2** : slow, sluggish
morral *nm* MOCHILA : backpack, knapsack
morralla *nf* **1** : small fish **2** : trash, riffraff **3** *Mex* : small change
morriña *nf* : homesickness
morro *nm* HOCICO : snout
morsa *nf* : walrus
morse *nm* : Morse code
mortaja *nf* SUDARIO : shroud
mortal[1] *adj* **1** : mortal **2** FATAL : fatal, deadly — **mortalmente** *adv*
mortal[2] *nmf* : mortal
mortalidad *nf* : mortality
mortandad *nf* **1** : loss of life, death toll **2** : carnage, slaughter
mortero *nm* : mortar (bowl, cannon, or building material)
mortífero, -ra *adj* LETAL : deadly, fatal
mortificación *nf, pl* **-ciones** **1** : mortification **2** TORMENTO : anguish, torment
mortificar {72} *vt* **1** : to mortify **2** TORTURAR : to trouble, to torment — **mortificarse** *vr* : to be mortified, to feel embarrassed
mosaico *nm* : mosaic
mosca *nf* **1** : fly **2 mosca común** : housefly
moscada *adj* **nuez moscada** : nutmeg
moscovita *adj & nmf* : Muscovite
mosquearse *vr* **1** : to become suspicious **2** : to take offense
mosquete *nm* : musket
mosquetero *nm* : musketeer
mosquitero *nm* : mosquito net
mosquito *nm* ZANCUDO : mosquito
mostachón *nm, pl* **-chones** : macaroon
mostaza *nf* : mustard
mostrador *nm* : counter (in a store)
mostrar {19} *vt* **1** : to show **2** EXHIBIR : to exhibit, to display — **mostrarse** *vr* : to show oneself, to appear
mota *nf* **1** : fleck, speck **2** : defect, blemish
mote *nm* SOBRENOMBRE : nickname
moteado, -da *adj* : dotted, spotted, dappled
motel *nm* : motel
motín *nm, pl* **motines** **1** : riot **2** : rebellion, mutiny
motivación *nf, pl* **-ciones** : motivation — **motivacional** *adj*
motivar *vt* **1** CAUSAR : to cause **2** IMPULSAR : to motivate
motivo *nm* **1** MÓVIL : motive **2** CAUSA : cause, reason **3** TEMA : theme, motif
moto *nf* : motorcycle, motorbike
motocicleta *nf* : motorcycle
motociclismo *nm* : motorcycling
motociclista *nmf* : motorcyclist
motoneta *nf Mex* : scooter
motor[1], **-ra** *adj* MOTRIZ : motor
motor[2] *nm* **1** : motor, engine **2** : driving force, cause
motorista *nmf* : motorist
motriz *adj, pl* **motrices** : driving
motu proprio *adv* **de motu proprio** [deˈmotuˈproprio] : voluntarily, of one's own accord
mousse [ˈmus] *nmf* : mousse
mover {47} *vt* **1** TRASLADAR : to move, to shift **2** AGITAR : to shake, to move ⟨mover la cabeza (diciendo que sí) : to nod⟩ ⟨mover la cabeza (diciendo que no) : to shake one's head⟩ **3** ACCIONAR : to power, to drive **4 ~ a** : to cause to (do something) ⟨me movió a pensar : it made me think⟩ ⟨lo movió a escribir : it inspired him to write⟩ — **moverse** *vr* **1** : to move **2** : to hurry, to get a move on **3** : to get moving, to make an effort
movible *adj* : movable
movida *nf* : move (in a game)
móvil[1] *adj* : mobile
móvil[2] *nm* **1** MOTIVO : motive **2** : mobile
movilidad *nf* : mobility
movilizar {21} *vt* : to mobilize — **movilización** *nf*
movimiento *nm* : movement, motion ⟨movimiento del cuerpo : bodily movement⟩ ⟨movimiento sindicalista : labor movement⟩
mozo[1], **-za** *adj* : young, youthful
mozo[2], **-za** *n* **1** JOVEN : young man *m*, young woman *f*, youth **2** : helper, servant **3** *Arg, Chile, Col, Peru* : waiter *m*, waitress *f*
MP3 *nm, pl* **MP3** : MP3
mucamo, -ma *n* : servant, maid *f*
muchacha *nf* : maid
muchacho, -cha *n* **1** : kid, boy *m*, girl *f* **2** JOVEN : young man *m*, young woman *f*

muchedumbre *nf* MULTITUD : crowd, multitude

mucho[1] *adv* : (very) much, a lot ⟨mucho más fácil/rápido/grande : much easier/faster/bigger⟩ ⟨mucho más tarde : much later⟩ ⟨te quiero mucho : I love you very much⟩ ⟨lo siento mucho : I'm very sorry⟩ ⟨le gusta mucho : he likes it a lot⟩ ⟨¿viajas mucho? : do you travel a lot?⟩ ⟨no habla mucho : she doesn't talk (very) much⟩

mucho[2], **-cha** *adj* **1** : a lot of, many, much ⟨mucha gente : a lot of people, many people⟩ ⟨mucho dinero : a lot of money⟩ ⟨¡muchas gracias! : thank you very much!⟩ ⟨no tengo mucha hambre : I'm not very hungry⟩ ⟨hace mucho tiempo que no lo veo : I haven't seen him in ages⟩ **2 muchas veces** : often

mucho[3], **-cha** *pron* **1** : a lot, many, much ⟨hay mucho que hacer : there is a lot to do⟩ ⟨muchos no vinieron : many didn't come⟩ **2 mucho** : long, a long time ⟨tardó mucho en venir : he was a long time getting here⟩ ⟨¿te falta mucho? : will you be much longer?⟩ ⟨hace mucho que no te veo : it's been a long time since I've seen you⟩ **3 cuando/como ~** : at most **4 con ~** : by far **5 ni mucho menos** : not at all, far from it **6 por mucho que** : no matter how much, (as) much as ⟨por mucho que quiera no puedo : as much as I would like to, I can't⟩

mucílago *nm* : mucilage

mucosidad *nf* : mucus

mucoso, -sa *adj* : mucous, slimy

muda *nf* **1** : change ⟨muda de ropa : change of clothes⟩ **2** : molt, molting

mudanza *nf* **1** CAMBIO : change **2** TRASLADO : move, moving

mudar *v* **1** CAMBIAR : to change **2** : to molt, to shed — **mudarse** *vr* **1** TRASLADARSE : to move (one's residence) **2** : to change (clothes)

mudo[1], **-da** *adj* **1** SILENCIOSO : silent ⟨el cine mudo : silent films⟩ **2** : mute, dumb

mudo[2], **-da** *n* : mute

mueble *nm* **1** : piece of furniture **2 muebles** *nmpl* : furniture, furnishings

mueblería *nf* : furniture store

mueca *nf* : grimace, face

muela *nf* **1** : tooth, molar ⟨dolor de muelas : toothache⟩ ⟨muela de juicio : wisdom tooth⟩ **2** : millstone **3** : whetstone

muele, etc. → **moler**

muelle[1] *adj* : soft, comfortable, easy

muelle[2] *nm* **1** : wharf, dock **2** RESORTE : spring

muérdago *nm* : mistletoe

muerde, etc. → **morder**

muere, etc. → **morir**

muerte *nf* : death

muerto[1] *pp* → **morir**

muerto[2], **-ta** *adj* **1** : dead **2** : lifeless, flat, dull **3 ~ de** : dying of ⟨estoy muerto de hambre : I'm dying of hunger⟩

muerto[3], **-ta** *nm* DIFUNTO : dead person, deceased

muesca *nf* : nick, notch

muestra[1], **etc.** → **mostrar**

muestra[2] *nf* **1** : sample **2** SEÑAL : sign, show ⟨una muestra de respeto : a show of respect⟩ **3** EXPOSICIÓN : exhibition, exposition **4** : pattern, model

mueve, etc. → **mover**

mugido *nm* : moo, lowing, bellow

mugir {35} *vi* : to moo, to low, to bellow

mugre *nf* SUCIEDAD : grime, filth

mugriento, -ta *adj* : filthy

muguete *nm* : lily of the valley

muja, etc. → **mugir**

mujer *nf* **1** : woman **2** ESPOSA : wife

mulato, -ta *adj & n* : mulatto

muleta *nf* : crutch

mullido, -da *adj* **1** : soft, fluffy **2** : spongy, springy

mulo, -la *n* : mule

multa *nf* : fine

multar *vt* : to fine

multicolor *adj* : multicolored

multicultural *adj* : multicultural

multidisciplinario, -ria *adj* : multidisciplinary

multifacético, -ca *adj* : multifaceted

multifamiliar *adj* : multifamily

multilateral *adj* : multilateral

multimedia *nf* : multimedia

multimillonario, -ria *n* : multimillionaire

multinacional *adj* : multinational

múltiple *adj* : multiple

multiplicación *nf, pl* **-ciones** : multiplication

multiplicar {72} *v* **1** : to multiply **2** : to increase — **multiplicarse** *vr* : to multiply, to reproduce

multiplicidad *nf* : multiplicity

múltiplo *nm* : multiple

multitud *nf* MUCHEDUMBRE : crowd, multitude

multiuso, -sa *adj* : multipurpose

multivitamínico, -ca *adj* : multivitamin

mundano, -na *adj* : worldly, earthly

mundial *adj* : world, worldwide

mundialmente *adv* : worldwide, all over the world

mundo *nm* **1** : world **2 todo el mundo** : everyone, everybody

municiones *nfpl* : ammunition, munitions

municipal *adj* : municipal

municipio *nm* **1** : municipality **2** AYUNTAMIENTO : town council

muñeca *nf* **1** : doll **2** MANIQUÍ : mannequin **3** : wrist

muñeco *nm* **1** : doll, boy doll **2** MARIONETA : puppet

muñón *nm, pl* **muñones** : stump (of an arm or leg)

mural *adj & nm* : mural

muralista *nmf* : muralist

muralla *nf* : rampart, wall

murciélago *nm* : bat (animal)

murga *nf* : band of street musicians

murió, etc. → **morir**

murmullo *nm* **1** : murmur, murmuring **2** : rustling, rustle ⟨el murmullo de las hojas : the rustling of the leaves⟩

murmurar *vt* **1** : to murmur, to mutter **2** : to whisper (gossip) — *vi* **1** : to murmur **2** CHISMEAR : to gossip

muro *nm* : wall

musa *nf* : muse

musaraña *nf* : shrew

muscular *adj* : muscular

musculatura *nf* : muscles *pl,* musculature

músculo *nm* : muscle

musculoso, -sa *adj* : muscular, brawny

muselina *nf* : muslin

museo *nm* : museum

musgo *nm* : moss

musgoso, -sa *adj* : mossy

música *nf* : music

musical *adj* : musical — **musicalmente** *adv*

músico[1]**, -ca** *adj* : musical

músico[2]**, -ca** *n* : musician

musitar *vt* : to mumble, to murmur

muslo *nm* : thigh

musulmán, -mana *adj & n, mpl* **-manes** : Muslim

mutación *nf, pl* **-ciones** : mutation

mutante *adj & nm* : mutant

mutar *v* : to mutate

mutilar *vt* : to mutilate — **mutilación** *nf*

mutis *nm* **1** : exit (in theater) **2** : silence

mutual *adj* : mutual

mutuo, -tua *adj* : mutual, reciprocal — **mutuamente** *adv*

muy *adv* **1** : very, quite ⟨es muy inteligente : she's very intelligent⟩ ⟨muy bien : very well, fine⟩ ⟨eso es muy americano : that's typically American⟩ **2** : too ⟨es muy grande para él : it's too big for him⟩

N

n *nf* : fourteenth letter of the Spanish alphabet

nabo *nm* : turnip

nácar *nm* MADREPERLA : nacre, mother-of-pearl

nacarado, -da *adj* : pearly

nacer {48} *vi* **1** : to be born ⟨nací en Guatemala : I was born in Guatemala⟩ ⟨no nació ayer : he wasn't born yesterday⟩ **2** : to hatch **3** : to bud, to sprout **4** : to rise, to originate **5 nacer para algo** : to be born to be something **6 volver a nacer** : to have a lucky escape

nacido[1]**, -da** *adj* **1** : born **2 recién nacido** : newborn

nacido[2]**, -da** *n* **1 los nacidos** : those born (at a particular time) **2 recién nacido** : newborn baby

naciente *adj* **1** : newfound, growing **2** : rising ⟨el sol naciente : the rising sun⟩

nacimiento *nm* **1** : birth **2** : source (of a river) **3** : beginning, origin **4** BELÉN : Nativity scene, crèche

nación *nf, pl* **naciones** : nation, country, people (of a country)

nacional[1] *adj* : national

nacional[2] *nmf* CIUDADANO : national, citizen

nacionalidad *nf* : nationality

nacionalismo *nm* : nationalism

nacionalista[1] *adj* : nationalist, nationalistic

nacionalista[2] *nmf* : nationalist

nacionalización *nf, pl* **-ciones** **1** : nationalization **2** : naturalization

nacionalizar {21} *vt* **1** : to nationalize **2** : to naturalize (as a citizen) — **nacionalizarse** *vr*

naco, -ca *adj Mex* : trashy, vulgar, common

nada[1] *adv* : not at all, not in the least ⟨no estamos nada cansados : we are not at all tired⟩

nada[2] *nf* **1** : nothingness **2** : smidgen, bit ⟨una nada le disgusta : the slightest thing upsets him⟩

nada[3] *pron* **1** : nothing ⟨no estoy haciendo nada : I'm not doing anything⟩ ⟨es mejor que nada : it's better than nothing⟩ ⟨empecé sin nada : I started out with nothing⟩ ⟨no tengo nada que decir : I have nothing to say⟩ ⟨no tiene nada de extraño : there's nothing strange about it⟩ ⟨esta pluma no sirve para nada : this pen is useless⟩ ⟨no me interesa para nada : it doesn't interest me at all⟩ ⟨no es nada comparado con . . . : it's nothing compared to . . .⟩ ⟨no hay nada como la comida casera : there's nothing like home cooking⟩ **2 antes que nada** : first of all (in order), above all (in importance) **3 casi nada** : next to nothing **4 de ∼** : you're welcome **5 dentro de nada** : very soon, in no time **6 nada de eso** : nothing of the kind, nothing like that **7 nada más** : nothing else, nothing more **8 nada más** : as soon as, no sooner . . . than ⟨nada más comenzar el partido, marcó : as soon as the game started, he scored; no sooner did the game start than he scored⟩ **9 pues nada** *fam* : anyway

nadador, -dora *n* : swimmer

nadar *vi* **1** : to swim **2 ∼ en** : to be swimming in, to be rolling in — *vt* : to swim

nadería *nf* : small thing, trifle

nadie *pron* : nobody, no one ⟨no vi a nadie : I didn't see anyone⟩

nadir *nm* : nadir

nado *nm* **1** *Mex* : swimming **2 a ~** : swimming ⟨cruzó el río a nado : he swam across the river⟩
nafta *nf* **1** : naphtha **2** (*in various countries*) : gasoline
naftalina *nf* : naphthalene, mothballs *pl*
náhuatl[1] *adj & nmf, pl* **nahuas** : Nahuatl
náhuatl[2] *nm* : Nahuatl (language)
nailon → **nilón**
naipe *nm* : playing card
nalga *nf* **1** : buttock **2 nalgas** *nfpl* : buttocks, bottom
nalgada *nf* : smack on the bottom, spanking
namibio, -bia *adj & n* : Namibian
nana *nf* **1** : lullaby **2** *fam* : grandma **3** *CA, Col, Mex, Ven* : nanny
nanay *interj fam* : no way!, not likely!
naranja[1] *adj & nm* : orange (color)
naranja[2] *nf* : orange (fruit)
naranjal *nm* : orange grove
naranjo *nm* : orange tree
narcisismo *nm* : narcissism
narcisista[1] *adj* : narcissistic
narcisista[2] *nmf* : narcissist
narciso *nm* : narcissus, daffodil
narcótico[1], **-ca** *adj* : narcotic
narcótico[2] *nm* : narcotic
narcotizar {21} *vt* : to drug, to dope
narcotraficante *nmf* : drug trafficker
narcotráfico *nm* : drug trafficking
narigón, -gona *adj, mpl* **-gones** : big-nosed
narigudo → **narigón**
nariz *nf, pl* **narices** **1** : nose ⟨sonar(se) la nariz : to blow one's nose⟩ **2** : sense of smell
narración *nf, pl* **-ciones** : narration, account
narrador, -dora *n* : narrator
narrar *vt* : to narrate, to tell
narrativa *nf* : narrative, story
narrativo, -va *adj* : narrative
narval *nm* : narwhal
nasa *nf* : creel
nasal *adj* : nasal
nata *nf* **1** *Spain* : cream ⟨nata montada : whipped cream⟩ **2** : skin (on boiled milk)
natación *nf, pl* **-ciones** : swimming
natal *adj* : native, natal
natalicio *nm* : birthday ⟨el natalicio de George Washington : George Washington's birthday⟩
natalidad *nf* : birthrate
natillas *nfpl* : custard
natividad *nf* : birth, nativity
nativo, -va *adj & n* : native
nato, -ta *adj* : born, natural
natural[1] *adj* **1** : natural **2** : normal ⟨como es natural : naturally, as expected⟩ **3 ~ de** : native of, from **4 de tamaño natural** : life-size
natural[2] *nm* **1** CARÁCTER : disposition, temperament **2** : native ⟨un natural de Venezuela : a native of Venezuela⟩
naturaleza *nf* **1** : nature ⟨la madre naturaleza : mother nature⟩ **2** ÍNDOLE : nature, disposition, constitution ⟨la naturaleza humana : human nature⟩ **3 naturaleza muerta** : still life
naturalidad *nf* : simplicity, naturalness
naturalismo *nm* : naturalism
naturalista[1] *adj* : naturalistic
naturalista[2] *nmf* : naturalist
naturalización *nf, pl* **-ciones** : naturalization
naturalizar {21} *vt* : to naturalize — **naturalizarse** *vr* NACIONALIZARSE : to become naturalized
naturalmente *adv* **1** : naturally, inherently **2** : of course
naufragar {52} *vi* **1** : to be shipwrecked **2** FRACASAR : to fail, to collapse
naufragio *nm* **1** : shipwreck **2** FRACASO : failure, collapse
náufrago[1], **-ga** *adj* : shipwrecked, castaway
náufrago[2], **-ga** *n* : shipwrecked person, castaway
náusea *nf* **1** : nausea **2 dar náuseas** : to nauseate, to disgust **3 náuseas matutinas** : morning sickness
nauseabundo, -da *adj* : nauseating, sickening
náutica *nf* : navigation
náutico, -ca *adj* : nautical
nautilo *nm* : nautilus
navaja *nf* **1** : pocketknife, penknife ⟨navaja de muelle : switchblade⟩ **2 navaja de afeitar** : straight razor, razor blade
navajo, -ja *adj & n* : Navajo
naval *adj* : naval
nave *nf* **1** : ship ⟨nave capitana : flagship⟩ ⟨nave espacial : spaceship⟩ **2** : nave ⟨nave lateral : aisle⟩ **3 quemar uno sus naves** : to burn one's bridges
navegabilidad *nf* : navigability
navegable *adj* : navigable
navegación *nf, pl* **-ciones** : navigation
navegante[1] *adj* : sailing, seafaring
navegante[2] *nmf* : navigator
navegar {52} *v* : to navigate, to sail
Navidad *nf* : Christmas, Christmastime ⟨Feliz Navidad : Merry Christmas⟩
navideño, -ña *adj* : Christmas
naviero, -ra *adj* : shipping
náyade *nf* : naiad
nazca, etc. → **nacer**
nazi *adj & nmf* : Nazi
nazismo *nm* : Nazism
nébeda *nf* : catnip
neblina *nf* : light fog, mist
neblinoso, -sa *adj* : misty, foggy
nebulosa *nf* : nebula
nebulosidad *nf* : mistiness, haziness
nebuloso, -sa *adj* **1** : hazy, misty **2** : nebulous, vague
necedad *nf* : stupidity, foolishness ⟨decir necedades : to talk nonsense⟩
necesariamente *adv* : necessarily
necesario, -ria *adj* **1** : necessary **2 si es necesario** : if need be **3 hacerse necesario** : to be required
neceser *nm* : toilet kit, vanity case
necesidad *nf* **1** : need, necessity **2** : poverty, want **3 necesidades** *nfpl*

: hardships **4 hacer sus necesidades** : to relieve oneself
necesitado, -da *adj* : needy
necesitar *vt* **1** : to need **2** : to necessitate, to require — *vi* ~ **de** : to have need of
necio[1], **-cia** *adj* **1** : foolish, silly, dumb **2** *fam* : naughty
necio[2], **-cia** *n* ESTÚPIDO : fool, idiot
necrología *nf* : obituary
necrópolis *nfs & pl* : cemetery
néctar *nm* : nectar
nectarina *nf* : nectarine
neerlandés[1], **-desa** *adj, mpl* **-deses** HOLANDÉS : Dutch
neerlandés[2], **-desa** *n, mpl* **-deses** HOLANDÉS : Dutch person, Dutchman *m*
nefando, -da *adj* : unspeakable, heinous
nefario, -ria *adj* : nefarious
nefasto, -ta *adj* **1** : ill-fated, unlucky **2** : disastrous, terrible
negación *nf, pl* **-ciones** **1** : negation, denial **2** : negative (in grammar)
negar {49} *vt* **1** : to deny **2** REHUSAR : to refuse **3** : to disown — **negarse** *vr* **1** : to refuse **2** : to deny oneself
negativa *nf* **1** : denial **2** : refusal
negativo[1], **-va** *adj* : negative
negativo[2] *nm* : negative (of a photograph)
negligé *nm* : negligee
negligencia *nf* : negligence
negligente *adj* : neglectful, negligent — **negligentemente** *adv*
negociable *adj* : negotiable
negociación *nf, pl* **-ciones** **1** : negotiation **2 negociación colectiva** : collective bargaining
negociador, -dora *n* : negotiator
negociante *nmf* : businessman *m*, businesswoman *f*
negociar *vt* : to negotiate — *vi* : to deal, to do business
negocio *nm* **1** : business, place of business **2** : deal, transaction **3 negocios** *nmpl* : commerce, trade, business
negrero, -ra *n* **1** : slave trader **2** *fam* : slave driver, brutal boss
negrita *nf* : boldface (type)
negro[1], **-gra** *adj* **1** : black, dark **2** BRONCEADO : suntanned **3** : gloomy, awful, desperate ⟨la cosa se está poniendo negra : things are looking bad⟩ **4 mercado negro** : black market
negro[2], **-gra** *n* **1** : dark-skinned person, black person **2** *fam* : darling, dear
negro[3] *nm* : black (color)
negrura *nf* : blackness
negruzco, -ca *adj* : blackish
nene, -na *n* : baby, small child
nenúfar *nm* : water lily
neocelandés → **neozelandés**
neoclasicismo *nm* : neoclassicism
neoclásico, -ca *adj* : neoclassical
neófito, -ta *n* : neophyte, novice
neologismo *nm* : neologism
neón *nm, pl* **neones** : neon
neoyorquino[1], **-na** *adj* : of or from New York
neoyorquino[2], **-na** *n* : New Yorker
neozelandés[1], **-desa** *adj, mpl* **-deses** : of or from New Zealand
neozelandés[2], **-desa** *n, mpl* **-deses** : New Zealander
nepalés, -lesa *adj & n, mpl* **-leses** : Nepali
nepotismo *nm* : nepotism
neptunio *nm* : neptunium
Neptuno *nm* : Neptune
nervio *nm* **1** : nerve **2** : tendon, sinew, gristle (in meat) **3** : energy, drive **4** : rib (of a vault) **5 nervios** *nmpl* : nerves ⟨estar mal de los nervios : to be a bundle of nerves⟩ ⟨ataque de nervios : nervous breakdown⟩
nerviosamente *adv* : nervously
nerviosidad → **nerviosismo**
nerviosismo *nf* : nervousness, anxiety
nervioso, -sa *adj* **1** : nervous, nerve ⟨sistema nervioso : nervous system⟩ **2** : high-strung, restless, anxious ⟨ponerse nervioso : to get nervous⟩ **3** : vigorous, energetic
nervudo, -da *adj* : sinewy, wiry
neta *nf Mex fam* : truth ⟨la neta es que me cae mal : the truth is, I don't like her⟩
netamente *adv* : clearly, obviously
neto, -ta *adj* **1** : net ⟨peso neto : net weight⟩ **2** : clear, distinct
neumático[1], **-ca** *adj* : pneumatic
neumático[2] *nm* LLANTA : tire
neumonía *nf* PULMONÍA : pneumonia
neural *adj* : neural
neuralgia *nf* : neuralgia
neuritis *nf* : neuritis
neurología *nf* : neurology
neurológico, -ca *adj* : neurological, neurologic
neurólogo, -ga *n* : neurologist
neurosis *nfs & pl* : neurosis
neurótico, -ca *adj & n* : neurotic
neutral *adj* : neutral
neutralidad *nf* : neutrality
neutralizar {21} *vt* : to neutralize — **neutralización** *nf*
neutro, -tra *adj* **1** : neutral **2** : neuter
neutrón *nm, pl* **neutrones** : neutron
nevada *nf* : snowfall
nevado, -da *adj* **1** : snowcapped **2** : snow-white
nevar {55} *v impers* : to snow
nevasca *nf* : snowstorm, blizzard
nevera *nf* REFRIGERADOR : refrigerator
nevería *nf Mex* : ice cream parlor
nevisca *nf* : light snowfall, flurry
nevoso, -sa *adj* : snowy
nexo *nm* VÍNCULO : link, connection, nexus
ni *conj* **1** : neither, nor ⟨no es (ni) bueno ni malo : it's neither good nor bad⟩ ⟨ni hoy ni mañana : neither today nor tomorrow⟩ ⟨ni confirma ni niega las acusaciones : he neither confirms nor denies the allegations⟩ ⟨zo-

nas sin agua ni electricidad : areas without water or power, areas with no water or power⟩ ⟨no pagó ni un centavo : he didn't pay a single cent⟩ ⟨él no lo cree, ni yo tampoco : he doesn't believe it, and neither do I⟩ ⟨no le beneficia a ella ni a nadie : it doesn't benefit her or anyone else⟩ **2 ni que** : not even if, not as if ⟨ni que me pagaran : not even if they paid me⟩ ⟨ni que fuera (yo) su madre : it's not as if I were his mother⟩ **3 ni siquiera** : not even ⟨ni siquiera nos llamaron : they didn't even call us⟩

nicaragüense *adj & nmf* : Nicaraguan

nicho *nm* : niche

nicotina *nf* : nicotine

nido *nm* **1** : nest **2** : hiding place, den

niebla *nf* : fog, mist

niega, niegue etc. → **negar**

nieto, -ta *n* **1** : grandson *m,* granddaughter *f* **2 nietos** *nmpl* : grandchildren

nieva, etc. → **nevar**

nieve *nf* **1** : snow **2** *Cuba, Mex, PRi* : sherbet

nigeriano, -na *adj & n* : Nigerian

nigua *nf* : sand flea, chigger

nihilismo *nm* : nihilism

nilón *or* **nilon** *nm, pl* **nilones** : nylon

nimbo *nm* **1** : halo **2** : nimbus

nimiedad *nf* INSIGNIFICANCIA : trifle, triviality

nimio, -mia *adj* INSIGNIFICANTE : insignificant, trivial

ninfa *nf* : nymph

ningunear *vt Mex fam* : to disrespect

ninguno[1], **-na** (**ningún** *before masculine singular nouns*) *adj, mpl* **ningunos** : no, none ⟨no es ninguna tonta : she's no fool⟩ ⟨no debe hacerse en ningún momento : that should never be done⟩

ninguno[2], **-na** *pron* **1** : neither, none ⟨ninguno de los dos ha vuelto aún : neither one has returned yet⟩ **2** : no one, no other ⟨te quiero más que a ninguna : I love you more than any other⟩

niña *nf* **1** PUPILA : pupil (of the eye) **2 la niña de los ojos** : the apple of one's eye

niñada *nf* **1** : childishness **2** : trifle, silly thing

niñería → **niñada**

niñero, -ra *n* : baby-sitter, nanny

niñez *nf, pl* **niñeces** INFANCIA : childhood

niño, -ña *n* : child, boy *m,* girl *f*

niobio *nm* : niobium

nipón, -pona *adj & n, mpl* **nipones** JAPONÉS : Japanese

níquel *nm* : nickel

nitidez *nf, pl* **-deces** CLARIDAD : clarity, vividness, sharpness

nítido, -da *adj* CLARO : clear, vivid, sharp

nitrato *nm* : nitrate

nítrico, -ca *adj* **ácido nítrico** : nitric acid

nitrito *nm* : nitrite

nitrógeno *nm* : nitrogen

nitroglicerina *nf* : nitroglycerin

nivel *nm* **1** : level, height ⟨nivel del mar : sea level⟩ **2** : level, standard ⟨nivel de vida : standard of living⟩

nivelar *vt* : to level (out)

nixtamal *nm Mex* : limed corn used for tortillas

no *adv* **1** (*indicating a negative response*) : no ⟨¿quieres más?—no, gracias : do you want more?—no, thanks⟩ ⟨¿la conoces?—no : do you know her?—no⟩ **2** : no, not ⟨no sé : I don't know⟩ ⟨no tengo ni idea : I have no idea⟩ ⟨¡no hagas eso! : don't do that!⟩ ⟨no le gusta : she doesn't like it⟩ ⟨no es fácil : it's not easy⟩ ⟨creo que no : I don't think so⟩ ⟨no puedo ver nada : I can't see a thing, I can't see anything⟩ ⟨no hay nadie : there's no one there⟩ ⟨es interesante, ¿no? : it's interesting, isn't it?⟩ ⟨¡se casó! ¡no! : he got married! no way!⟩ **3** : non- ⟨no fumador : nonsmoker⟩ **4 ¡cómo no!** : of course! **5 no bien** : as soon as, no sooner

nobelio *nm* : nobelium

noble[1] *adj* : noble — **noblemente** *adv*

noble[2] *nmf* : nobleman *m,* noblewoman *f*

nobleza *nf* **1** : nobility **2** HONRADEZ : honesty, integrity

nocaut *nm* : knockout, KO

noche *nf* **1** : night, nighttime, evening ⟨esta noche : tonight⟩ ⟨la noche anterior : the night before⟩ ⟨la noche del lunes : (on) Monday night⟩ ⟨todas las noches : every night⟩ ⟨a altas horas de la noche : late at night⟩ ⟨en medio/mitad de la noche : in the middle of the night⟩ ⟨las diez de la noche : ten (o'clock) at night⟩ ⟨al caer la noche : at nightfall⟩ ⟨pasar la noche : to spend the night⟩ **2 buenas noches** : good evening, good night **3 de noche** *or* **en/por/a la noche** : at night ⟨salir de noche : to go out at night⟩ ⟨era de noche : it was nighttime⟩ ⟨mañana en/por/a la noche : tomorrow night⟩ **4 de la noche a la mañana** : overnight, suddenly **5 hacerse de noche** : to get dark

Nochebuena *nf* : Christmas Eve

nochecita *nf* : dusk

Nochevieja *nf* : New Year's Eve

noción *nf, pl* **nociones** **1** CONCEPTO : notion, concept **2 nociones** *nfpl* : smattering, rudiments *pl*

nocivo, -va *adj* DAÑINO : harmful, noxious

noctámbulo, -la *n* **1** : sleepwalker **2** : night owl

nocturno[1], **-na** *adj* : night, nocturnal

nocturno[2] *nm* : nocturne

nodriza *nf* : wet nurse

nódulo *nm* : nodule

nogal *nm* **1** : walnut tree **2** *Mex* : pecan tree **3 nogal americano** : hickory
nómada[1] *adj* : nomadic
nómada[2] *nmf* : nomad
nomás *adv* : only, just ⟨lo hice nomás porque sí : I did it just because⟩ ⟨nomás de recordarlo me enojo : I get angry just remembering it⟩ ⟨nomás faltan dos semanas para Navidad : there are only two weeks left till Christmas⟩
nombradía *nf* RENOMBRE : fame, renown
nombrado, -da *adj* : famous, well-known
nombramiento *nm* : appointment, nomination
nombrar *vt* **1** : to appoint **2** : to mention, to name
nombre *nm* **1** : name ⟨nombre y apellido : first and last name, full name⟩ ⟨nombre de pila : first name⟩ ⟨nombre de soltera : maiden name⟩ ⟨nombre de usuario : username⟩ ⟨nombre artístico : stage name⟩ ⟨nombre de pluma : pen name⟩ ⟨nombre comercial : trade name⟩ ⟨en nombre de : on behalf of⟩ ⟨sin nombre : nameless⟩ ⟨sólo de nombre : in name only⟩ ⟨lo cambiaron de nombre : they changed its name⟩ ⟨no lo conozco de nombre : I don't know him by name⟩ ⟨lo que están haciendo no tiene nombre : what they're doing is an outrage⟩ **2** : noun ⟨nombre propio : proper noun⟩ **3** : fame, renown ⟨hacerse un nombre : to make a name for oneself⟩
nomenclatura *nf* : nomenclature
nomeolvides *nmfs & pl* : forget-me-not
nómina *nf* : payroll
nominación *nf, pl* **-ciones** : nomination
nominal *adj* : nominal — **nominalmente** *adv*
nominar *vt* : to nominate
nominativo[1], **-va** *adj* : nominative
nominativo[2] *nm* : nominative (case)
nomo *nm* : gnome
non[1] *adj* IMPAR : odd, not even
non[2] *nm* : odd number
nonagésimo[1], **-ma** *adj* : ninetieth, ninety-
nonagésimo[2], **-ma** *n* : ninetieth, ninety- (in a series)
nono, -na *adj* : ninth — **nono** *nm*
nopal *nm* : nopal, cactus
nopalitos *nmpl Mex* : pickled cactus leaves
noquear *vt* : to knock out, to KO
norcoreano, -na *adj & n* : North Korean
nordeste[1] *or* **noreste** *adj* **1** : northeastern **2** : northeasterly
nordeste[2] *or* **noreste** *nm* : northeast
nórdico, -ca *adj & n* **1** ESCANDINAVO : Scandinavian **2** : Norse
noreste → **nordeste**
noria *nf* **1** : waterwheel **2** : Ferris wheel
norirlandés[1], **-desa** *adj, mpl* **-deses** : Northern Irish
norirlandés[2], **-desa** *n, mpl* **-deses** : person from Northern Ireland
norma *nf* **1** : rule, regulation **2** : norm, standard
normal *adj* **1** : normal, usual **2** : standard **3 escuela normal** : teacher-training college
normalidad *nf* : normality, normalcy
normalización *nf, pl* **-ciones** *nf* **1** REGULARIZACIÓN : normalization **2** ESTANDARIZACIÓN : standardization
normalizar {21} *vt* **1** REGULARIZAR : to normalize **2** ESTANDARIZAR : to standardize — **normalizarse** *vr* : to return to normal
normalmente *adv* GENERALMENTE : ordinarily, generally
noroeste[1] *adj* **1** : northwestern **2** : northwesterly
noroeste[2] *nm* : northwest
norte[1] *adj* : north, northern
norte[2] *nm* **1** : north **2** : north wind **3** META : aim, objective
norteamericano, -na *adj & n* **1** : North American **2** AMERICANO, ESTADOUNIDENSE : American, native or inhabitant of the United States
norteño[1], **-ña** *adj* : northern
norteño[2], **-ña** *n* : Northerner
noruego[1], **-ga** *adj & n* : Norwegian
noruego[2] *nm* : Norwegian (language)
nos *pron* **1** : us ⟨nos enviaron a la frontera : they sent us to the border⟩ **2** : ourselves ⟨nos divertimos muchísimo : we enjoyed ourselves a great deal⟩ **3** : each other, one another ⟨nos vimos desde lejos : we saw each other from far away⟩ **4** : to us, for us, from us ⟨nos lo dio : he gave it to us⟩ ⟨nos lo compraron : they bought it from us⟩
nosotros, -tras *pron* **1** : we ⟨nosotros llegamos ayer : we arrived yesterday⟩ **2** : us ⟨ven con nosotros : come with us⟩ **3 nosotros mismos** : ourselves ⟨lo arreglamos nosotros mismos : we fixed it ourselves⟩
nostalgia *nf* **1** : nostalgia, longing **2** : homesickness
nostálgico, -ca *adj* **1** : nostalgic **2** : homesick
nota *nf* **1** : note, message **2** : announcement ⟨nota de prensa : press release⟩ **3** : grade, mark (in school) **4** : characteristic, feature, touch **5** : note (in music) **6** : bill, check (in a restaurant)
notable *adj* **1** : notable, noteworthy **2** : outstanding
notación *nf, pl* **-ciones** : notation
notar *vt* **1** : to notice ⟨hacer notar algo : to point out something⟩ **2** : to tell ⟨la diferencia se nota inmediatamente : you can tell the difference right away⟩ — **notarse** *vr* **1** : to be evident, to show **2** : to feel, to seem
notario, -ria *n* : notary, notary public
noticia *nf* **1** : news item, piece of news **2 noticias** *nfpl* : news
noticiero *nm* : news program, newscast

noticioso, -sa *adj* : news ⟨agencia noticiosa : news agency⟩

notificación *nf, pl* **-ciones** : notification

notificar {72} *vt* : to notify, to inform

notoriedad *nf* **1** : knowledge, obviousness **2** : fame, notoriety

notorio, -ria *adj* **1** OBVIO : obvious, evident **2** CONOCIDO : well-known

novato[1], **-ta** *adj* : inexperienced, new

novato[2], **-ta** *n* : beginner, novice

novecientos[1], **-tas** *adj* : nine hundred

novecientos[2] *nms & pl* : nine hundred

novedad *nf* **1** : newness, novelty **2** : innovation

novedoso, -sa *adj* : original, novel

novel *adj* NOVATO : inexperienced, new

novela *nf* **1** : novel **2** : soap opera

novelar *vt* : to fictionalize, to make a novel out of

novelesco, -ca *adj* **1** : fictional **2** : fantastic, fabulous

novelista *nmf* : novelist

novena *nf* : novena

noveno, -na *adj* : ninth — **noveno, -na** *n*

noventa *adj & nm* : ninety

noventavo[1], **-va** *adj* : ninetieth

noventavo[2] *nm* : ninetieth (fraction)

noviazgo *nm* **1** : courtship, relationship **2** : engagement, betrothal

novicio, -cia *n* **1** : novice (in religion) **2** PRINCIPIANTE : novice, beginner

noviembre *nm* : November

novilla *nf* : heifer

novillada *nf* : bullfight featuring young bulls

novillero, -ra *n* : apprentice bullfighter

novillo *nm* : young bull

novio, -via *n* **1** : boyfriend *m*, girlfriend *f* **2** PROMETIDO : fiancé *m*, fiancée *f* **3** : bridegroom *m*, bride *f*

novocaína *nf* : novocaine

nubarrón *nm, pl* **-rrones** : storm cloud

nube *nf* **1** : cloud ⟨andar en las nubes : to have one's head in the clouds⟩ ⟨por las nubes : sky-high⟩ **2** : cloud (of dust), swarm (of insects, etc.)

nublado[1], **-da** *adj* **1** NUBOSO : cloudy, overcast **2** : clouded, dim

nublado[2] *nm* **1** : storm cloud **2** AMENAZA : menace, threat

nublar *vt* **1** : to cloud **2** OSCURECER : to obscure — **nublarse** *vr* : to get cloudy

nubosidad *nf* : cloudiness

nuboso, -sa *adj* NUBLADO : cloudy

nuca *nf* : nape, back of the neck

nuclear *adj* : nuclear

núcleo *nm* **1** : nucleus **2** : center, heart, core

nudillo *nm* : knuckle

nudismo *nm* : nudism

nudista *adj & nmf* : nudist

nudo *nm* **1** : knot ⟨nudo de rizo : square knot⟩ ⟨un nudo en la garganta : a lump in one's throat⟩ **2** : node **3** : junction, hub ⟨nudo de comunicaciones : communication center⟩ **4** : crux, heart (of a problem, etc.)

nudoso, -sa *adj* : knotty, gnarled

nuera *nf* : daughter-in-law

nuestro[1], **-tra** *adj* : our

nuestro[2], **-tra** *pron* (*with definite article*) : ours, our own ⟨el nuestro es más grande : ours is bigger⟩ ⟨es de los nuestros : it's one of ours⟩

nuevamente *adv* : again, anew

nuevas *nfpl* : tidings *pl*

nueve *adj & nm* : nine

nuevecito, -ta *adj* : brand-new

nuevo, -va *adj* **1** : new ⟨una casa nueva : a new house⟩ ⟨¿qué hay de nuevo? : what's new?⟩ **2 de ~** : again, once more **3 Nuevo Testamento** : New Testament

nuez *nf, pl* **nueces 1** : nut **2** : walnut **3** *Mex* : pecan **4 nuez de Adán** : Adam's apple **5 nuez moscada** : nutmeg

nulidad *nf* **1** : nullity **2** : incompetent person ⟨¡es una nulidad! : he's hopeless!⟩

nulo, -la *adj* **1** : null, null and void **2** INEPTO : useless, inept ⟨es nula para la cocina : she's hopeless at cooking⟩

numen *nm* : poetic muse, inspiration

numerable *adj* : countable

numeración *nf, pl* **-ciones 1** : numbering **2** : numbers *pl*, numerals *pl* ⟨numeración romana : Roman numerals⟩

numerador *nm* : numerator

numeral *adj* : numeral

numerar *vt* : to number

numerario, -ria *adj* : long-standing, permanent ⟨profesor numerario : tenured professor⟩

numérico, -ca *adj* : numerical — **numéricamente** *adv*

número *nm* **1** : number ⟨número impar : odd number⟩ ⟨número ordinal : ordinal number⟩ ⟨número arábico : Arabic numeral⟩ ⟨número quebrado : fraction⟩ **2** : issue (of a publication) **3** : size ⟨¿qué número calza? : what's his shoe size?⟩ **4** : lottery ticket **5** : act, routine, number **6 sin ~** : countless

numeroso, -sa *adj* : numerous

numismática *nf* : numismatics

nunca *adv* **1** : never, ever ⟨nunca es tarde : it's never too late⟩ ⟨no trabaja casi nunca : he hardly ever works⟩ **2 nunca más** : never again **3 nunca jamás** : never ever

nuncio *nm* : harbinger, herald

nupcial *adj* : nuptial, wedding

nupcias *nfpl* : nuptials *pl*, wedding

nutria *nf* **1** : otter **2** : nutria

nutrición *nf, pl* **-ciones** : nutrition, nourishment

nutrido, -da *adj* **1** : nourished ⟨mal nutrido : undernourished, malnourished⟩ **2** : considerable, abundant ⟨de nutrido : full of, abounding in⟩

nutriente *nm* : nutrient

nutrimento *nm* : nutriment

nutrir *vt* **1** ALIMENTAR : to feed, to nourish **2** : to foster, to provide

nutritivo, -va *adj* : nourishing, nutritious
nylon → **nilón**
ñ *nf* : fifteenth letter of the Spanish alphabet
ñame *nm* : yam
ñandú *nm* : rhea
ñapa *nf* : extra amount ⟨de ñapa : for good measure⟩
ñoñear *vi fam* : to whine
ñoño, -ña *adj fam* : whiny, fussy ⟨no seas tan ñoño : don't be such a wimp⟩
ñoquis *nmpl* : gnocchi *pl*
ñu *nm* : gnu, wildebeest

O

o[1] *nf* : sixteenth letter of the Spanish alphabet
o[2] *conj* (**u** *before words beginning with o- or ho-*) **1** : or ⟨¿vienes con nosotros o te quedas? : are you coming with us or staying?⟩ **2** : either ⟨o vienes con nosotros o te quedas : either you come with us or you stay⟩ **3 o sea** : that is to say, in other words
oasis *ms & pl* : oasis
obcecado, -da *adj* **1** : blinded ⟨obcecado por la ira : blinded by rage⟩ **2** : stubborn, obstinate
obcecar {72} *vt* : to blind (by emotions) — **obcecarse** *vr* : to become stubborn
obedecer {53} *vt* : to obey ⟨obedecer órdenes : to obey orders⟩ ⟨obedece a tus padres : obey your parents⟩ — *vi* **1** : to obey **2** ~ **a** : to respond to **3** ~ **a** : to be due to, to result from
obediencia *nf* : obedience
obediente *adj* : obedient — **obedientemente** *adv*
obelisco *nm* : obelisk
obertura *nf* : overture
obesidad *nf* : obesity
obeso, -sa *adj* : obese
óbice *nm* : obstacle, impediment
obispado *nm* DIÓCESIS : bishopric, diocese
obispo *nm* : bishop
obituario *nm* : obituary
objeción *nf, pl* **-ciones** : objection ⟨ponerle objeciones a algo : to object to something⟩
objetar *v* : to object ⟨no tengo nada que objetar : I have no objections⟩
objetividad *nf* : objectivity
objetivo[1], **-va** *adj* : objective — **objetivamente** *adv*
objetivo[2] *nm* **1** META : objective, goal, target **2** : lens
objeto *nm* **1** COSA : object, thing **2** OBJETIVO : objective, purpose ⟨con objeto de : in order to, with the aim of⟩ **3 objeto volador no identificado** : unidentified flying object
objetor, -tora *n* : objector ⟨objetor de conciencia : conscientious objector⟩
oblea *nf* **1** : wafer **2 hecho una oblea** *fam* : skinny as a rail
oblicuo, -cua *adj* : oblique — **oblicuamente** *adv*
obligación *nf, pl* **-ciones** **1** DEBER : obligation, duty **2** : bond, debenture
obligado, -da *adj* **1** : obliged **2** : obligatory, compulsory **3** : customary
obligar {52} *vt* : to force, to require, to oblige — **obligarse** *vr* : to commit oneself, to undertake (to do something)
obligatorio, -ria *adj* : mandatory, required, compulsory
obliterar *vt* : to obliterate, to destroy — **obliteración** *nf*
oblongo, -ga *adj* : oblong
obnubilación *nf, pl* **-ciones** : bewilderment, confusion
obnubilar *vt* : to daze, to bewilder
oboe[1] *nm* : oboe
oboe[2] *nmf* : oboist
obra *nf* **1** : work ⟨obra de arte : work of art⟩ ⟨obra de teatro : play⟩ ⟨obra de consulta : reference work⟩ **2** : deed ⟨una buena obra : a good deed⟩ **3** : construction work ⟨en obra(s) : under construction⟩ ⟨obras viales : roadwork⟩ **4 obra maestra** : masterpiece **5 obras públicas** : public works **6 poner en obra** : to put into effect **7 por obra de** : thanks to, because of
obrar *vt* : to work, to produce ⟨obrar milagros : to work miracles⟩ — *vi* **1** : to act, to behave ⟨obrar con cautela : to act with caution⟩ **2 obrar en poder de** : to be in possession of
obrero[1], **-ra** *adj* : working ⟨la clase obrera : the working class⟩
obrero[2], **-ra** *n* : worker, laborer
obscenidad *nf* : obscenity
obsceno, -na *adj* : obscene
obscurecer, obscuridad, obscuro → **oscurecer, oscuridad, oscuro**
obsequiar *vt* REGALAR : to give, to present ⟨lo obsequiaron con una placa : they presented him with a plaque⟩
obsequio *nm* REGALO : gift, present
obsequiosidad *nf* : attentiveness, deference
obsequioso, -sa *adj* : obliging, attentive
observable *adj* : observable
observación *nf, pl* **-ciones** **1** : observation, watching **2** : remark, comment
observador[1], **-dora** *adj* : observant
observador[2], **-dora** *n* : observer, watcher
observancia *nf* : observance
observante *adj* : observant ⟨los judíos observantes : observant Jews⟩
observar *vt* **1** : to observe, to watch ⟨estábamos observando a los niños

: we were watching the children⟩ **2** NOTAR : to notice **3** ACATAR : to obey, to abide by **4** COMENTAR : to remark, to comment

observatorio *nm* : observatory

obsesión *nf, pl* **-siones** : obsession

obsesionar *vt* : to obsess, to preoccupy excessively — **obsesionarse** *vr*

obsesivo, -va *adj* : obsessive

obseso, -sa *adj* : obsessed

obsolescencia *nf* DESUSO : obsolescence — **obsolescente** *adj*

obsoleto, -ta *adj* DESUSADO : obsolete

obstaculizar {21} *vt* IMPEDIR : to obstruct, to hinder

obstáculo *nm* IMPEDIMENTO : obstacle

obstante[1] *conj* **no obstante** : nevertheless, however

obstante[2] *prep* **no obstante** : in spite of, despite ⟨mantuvo su inocencia no obstante la evidencia : he maintained his innocence in spite of the evidence⟩

obstar *v impers* **~** a *or* **~** para : to hinder, to prevent ⟨eso no obsta para que me vaya : that doesn't prevent me from leaving⟩

obstetra *nmf* TOCÓLOGO : obstetrician

obstetricia *nf* : obstetrics

obstétrico, -ca *adj* : obstetric, obstetrical

obstinación *nf, pl* **-ciones** **1** TERQUEDAD : obstinacy, stubbornness **2** : perseverance, tenacity

obstinado, -da *adj* **1** TERCO : obstinate, stubborn **2** : persistent — **obstinadamente** *adv*

obstinarse *vr* EMPECINARSE : to be obstinate, to be stubborn

obstrucción *nf, pl* **-ciones** : obstruction, blockage

obstruccionismo *nm* : obstructionism, filibustering

obstruccionista *adj* : obstructionist, filibustering

obstructor, -tora *adj* : obstructive

obstruir {41} *vt* BLOQUEAR : to obstruct, to block, to clog — **obstruirse** *vr*

obtención *nf* : obtaining, procurement

obtener {80} *vt* : to obtain, to secure, to get — **obtenible** *adj*

obturador *nm* : shutter (of a camera)

obtuso, -sa *adj* : obtuse

obtuvo, etc. → **obtener**

obús *nm, pl* **obuses** **1** : mortar (weapon) **2** : mortar shell

obviar *vt* : to get around (a difficulty), to avoid

obvio, -via *adj* : obvious — **obviamente** *adv*

oca *nf* : goose

ocasión *nf, pl* **-siones** **1** : occasion, time **2** : opportunity, chance **3** : bargain **4 de ~** : secondhand **5 aviso de ocasión** *Mex* : classified ad

ocasional *adj* **1** : occasional **2** : chance, fortuitous

ocasionalmente *adv* **1** : occasionally **2** : by chance

ocasionar *vt* CAUSAR : to cause, to occasion

ocaso *nm* **1** ANOCHECER : sunset, sundown **2** DECADENCIA : decline, fall

occidental *adj* : western, occidental

occidente *nm* **1** OESTE, PONIENTE : west **2 el Occidente** : the West

oceánico, -ca *adj* : oceanic

océano *nm* : ocean

oceanografía *nf* : oceanography

oceanográfico, -ca *adj* : oceanographic

ocelote *nm* : ocelot

ochenta *adj & nm* : eighty

ochentavo[1], **-va** *adj* : eightieth

ochentavo[2] *nm* : eightieth (fraction)

ocho *adj & nm* : eight

ochocientos[1], **-tas** *adj* : eight hundred

ochocientos[2] *ms & pl* : eight hundred

ocio *nm* **1** : free time, leisure **2** : idleness

ociosidad *nf* : idleness, inactivity

ocioso, -sa *adj* **1** INACTIVO : idle, inactive **2** INÚTIL : pointless, useless

ocre *nm* : ocher

octágono *nm* : octagon — **octagonal** *adj*

octava *nf* : octave

octavo, -va *adj* : eighth — **octavo, -va** *n*

octeto *nm* **1** : octet **2** : byte

octogésimo[1], **-ma** *adj* : eightieth, eighty-

octogésimo[2], **-ma** *n* : eightieth, eighty- (in a series)

octubre *nm* : October

ocular *adj* **1** : ocular, eye ⟨músculos oculares : eye muscles⟩ **2 testigo ocular** : eyewitness

oculista *nmf* : oculist, ophthalmologist

ocultación *nf, pl* **-ciones** : concealment

ocultar *vt* ESCONDER : to conceal, to hide — **ocultarse** *vr*

oculto, -ta *adj* **1** ESCONDIDO : hidden, concealed **2** : occult

ocupación *nf, pl* **-ciones** **1** : occupation, activity **2** : occupancy **3** EMPLEO : employment, job

ocupacional *adj* : occupational, job-related

ocupado, -da *adj* **1** : busy **2** : taken ⟨este asiento está ocupado : this seat is taken⟩ **3** : occupied ⟨territorios ocupados : occupied territories⟩ **4 señal de ocupado** : busy signal

ocupante *nmf* : occupant

ocupar *vt* **1** : to occupy, to take possession of **2** : to hold (a position) **3** : to employ, to keep busy **4** : to fill (space, time) **5** : to inhabit (a dwelling) **6** : to bother, to concern — **ocuparse** *vr* **1 ~ de** : to be concerned with **2** : to take care of

ocurrencia *nf* **1** : occurrence, event **2** : witticism **3** : bright idea

ocurrente *adj* **1** : witty **2** : clever, sharp

ocurrir *vi* : to occur, to happen — **ocurrirse** *vr* **~ a** : to occur to, to strike ⟨se me ocurrió una mejor idea : a better idea occurred to me⟩

oda *nf* : ode

odiar *vt* ABOMINAR, ABORRECER : to hate

odio *nm* : hate, hatred

odioso, -sa *adj* ABOMINABLE, ABORRECIBLE : hateful, detestable

odisea *nf* : odyssey

odontología *nf* : dentistry, dental surgery

odontólogo, -ga *n* : dentist, dental surgeon

oeste[1] *adj* **1** : west, western ⟨la región oeste : the western region⟩ **2** : westerly

oeste[2] *nm* **1** : west, West **2** : west wind

ofender *vt* AGRAVIAR : to offend, to insult — *vi* : to offend, to be insulting — **ofenderse** *vr* : to take offense

ofensa *nf* : offense, insult

ofensiva *nf* : offensive ⟨pasar a la ofensiva : to go on the offensive⟩

ofensivo, -va *adj* : offensive, insulting

ofensor, -sora *n* : offender

oferente *nmf* **1** : supplier **2** FUENTE : source ⟨un oferente no identificado : an unidentified source⟩

oferta *nf* **1** : offer **2** : sale, bargain ⟨las camisas están en oferta : the shirts are on sale⟩ **3 oferta y demanda** : supply and demand

ofertar *vt* OFRECER : to offer

oficial[1] *adj* : official — **oficialmente** *adv*

oficial[2] *nmf* **1** : officer, police officer, commissioned officer (in the military) **2** : skilled worker

oficializar {21} *vt* : to make official

oficiante *nmf* : celebrant

oficiar *vt* **1** : to inform officially **2** : to officiate at, to celebrate (Mass) — *vi* **∼ de** : to act as

oficina *nf* : office

oficinista *nmf* : office worker

oficio *nm* **1** : trade, profession ⟨es electricista de oficio : he's an electrician by trade⟩ **2** : function, role **3** : official communication **4** : experience ⟨tener oficio : to be experienced⟩ **5** : religious ceremony

oficioso, -sa *adj* **1** EXTRAOFICIAL : unofficial **2** : officious — **oficiosamente** *adv*

ofrecer {53} *vt* **1** : to offer **2** : to provide, to give **3** : to present (an appearance, etc.) — **ofrecerse** *vr* **1** : to offer oneself, to volunteer **2** : to open up, to present itself

ofrecimiento *nm* : offer, offering

ofrenda *nf* : offering

oftalmología *nf* : ophthalmology

oftalmólogo, -ga *n* : ophthalmologist

ofuscación *nf, pl* **-ciones** : blindness, confusion

ofuscar {72} *vt* **1** : to blind, to dazzle **2** CONFUNDIR : to bewilder, to confuse — **ofuscarse** *vr* **∼ con** : to be blinded by

ogro *nm* : ogre

ohm *nm, pl* **ohms** : ohm

ohmio → **ohm**

oídas *nfpl* **de ∼** : by hearsay

oído *nm* **1** : ear ⟨oído interno : inner ear⟩ **2** : hearing ⟨duro de oído : hard of hearing⟩ **3 tocar de oído** : to play by ear

oiga, etc. → **oír**

oír {50} *vi* : to hear — *vt* **1** : to hear **2** ESCUCHAR : to listen to **3** : to pay attention to, to heed **4 ¡oye!** *or* **¡oiga!** : listen!, excuse me!, look here!

ojal *nm* : buttonhole

ojalá *interj* **1** : I hope so!, if only!, God willing! **2** : I hope, I wish, hopefully ⟨¡ojalá que le vaya bien! : I hope things go well for her!⟩ ⟨¡ojalá no llueva! : hopefully it won't rain!⟩

ojeada *nf* : glimpse, glance ⟨echar una ojeada : to have a quick look⟩

ojear *vt* : to eye, to have a look at

ojete *nm* : eyelet

ojiva *nf* : warhead

ojo *nm* **1** : eye ⟨un hombre con/de ojos verdes : a man with green eyes⟩ ⟨ojos negros : dark eyes⟩ ⟨la miré a los ojos : I looked her in the eye⟩ ⟨lo vi con mis propios ojos : I saw it with my own two eyes⟩ ⟨apareció ante nuestros ojos : it appeared before our very eyes⟩ ⟨con los ojos abiertos : with one's eyes open⟩ **2** : judgment, sharpness ⟨tener buen ojo para : to be a good judge of, to have a good eye for⟩ **3** : hole (in cheese), eye (in a needle), center (of a storm) ⟨ojo de cerradura : keyhole⟩ **4** : span (of a bridge) **5 a ojos vistas** : openly, publicly **6 andar con ojo** : to be careful **7 costar un ojo de la cara** : to cost an arm and a leg **8 en un abrir y cerrar de ojos** : in the blink of an eye **9 ojo de agua** *Mex* : spring, source **10 ¡ojo!** : look out!, pay attention! **11 tener ojos de águila** : to have eyes like a hawk

ola *nf* **1** : wave **2 ola de calor** : heat wave

oleada *nf* : swell, wave ⟨una oleada de protestas : a wave of protests⟩

oleaje *nm* : waves *pl*, surf

óleo *nm* **1** : oil **2** : oil painting

oleoducto *nm* : oil pipeline

oleoso, -sa *adj* : oily

oler {51} *vt* **1** : to smell **2** INQUIRIR : to pry into, to investigate **3** AVERIGUAR : to smell out, to uncover — *vi* **1** : to smell ⟨huele mal : it smells bad⟩ **2 ∼ a** : to smell like, to smell of ⟨huele a pino : it smells like pine⟩ — **olerse** *vr* : to have a hunch, to suspect

olfatear *vt* **1** : to sniff **2** : to sense, to sniff out

olfativo, -va *adj* : olfactory

olfato *nm* **1** : sense of smell **2** : nose, instinct

oligarquía *nf* : oligarchy

olimpiada *or* **olimpíada** *nf* **1** : Olympiad **2** *or* **olympiadas** nfpl : Olympics *pl*

olímpico, -ca *adj* : Olympic

olisquear *vt* : to sniff at

oliva *nf* ACEITUNA : olive ⟨aceite de oliva : olive oil⟩

olivo *nm* : olive tree

olla *nf* **1** : pot ⟨olla de presión : pressure cooker⟩ **2** **olla podrida** : Spanish stew

olmeca *adj & nmf* : Olmec

olmo *nm* : elm

olor *nm* : smell, odor

oloroso, -sa *adj* : scented, fragrant

olote *nm Mex* : cob, corncob

olvidadizo, -za *adj* : forgetful, absent-minded

olvidar *vt* **1** : to forget, to forget about ⟨olvida lo que pasó : forget about what happened⟩ **2** : to leave behind ⟨olvidé mi chequera en la casa : I left my checkbook at home⟩ — **olvidarse** *vr* : to forget ⟨se me olvidó mi cuaderno : I forgot my notebook⟩ ⟨se le olvidó llamarme : he forgot to call me⟩

olvido *nm* **1** : forgetfulness **2** : oblivion **3** DESCUIDO : oversight

omaní *adj & nmf* : Omani

ombligo *nm* : navel, belly button

ombudsman *nmfs & pl* : ombudsman

omelette *nmf* : omelet

ominoso, -sa *adj* : ominous — **ominosamente** *adv*

omisión *nf, pl* **-siones** : omission, neglect

omiso, -sa *adj* **1** NEGLIGENTE : neglectful **2** **hacer caso omiso de** : to ignore

omitir *vt* **1** : to omit, to leave out **2** : to fail to ⟨omitió dar su nombre : he failed to give his name⟩

ómnibus *n, pl* **-bus** *or* **-buses** : bus, coach

omnipotencia *nf* : omnipotence

omnipotente *adj* TODOPODEROSO : omnipotent, almighty

omnipresencia *nf* : ubiquity, omnipresence

omnipresente *adj* : ubiquitous, omnipresent

omnisciente *adj* : omniscient — **omnisciencia** *nf*

omnívoro, -ra *adj* : omnivorous

omóplato *or* **omoplato** *nm* : shoulder blade

once *adj & nm* : eleven

onceavo[1], **-va** *adj* : eleventh

onceavo[2] *nm* : eleventh (fraction)

onda *nf* **1** : wave, ripple, undulation ⟨onda sonora : sound wave⟩ **2** : wave (in hair) **3** : scallop (on clothing) **4** *fam* : wavelength, understanding ⟨agarrar la onda : to get the point⟩ ⟨en la onda : on the ball, with it⟩ **5** **¿qué onda?** *fam* : what's happening?, what's up?

ondear *vi* : to ripple, to undulate, to flutter

ondulación *nf, pl* **-ciones** : undulation

ondulado, -da *adj* **1** : wavy ⟨pelo ondulado : wavy hair⟩ **2** : undulating

ondulante *adj* : undulating

ondular *vt* : to wave (hair) — *vi* : to undulate, to ripple

oneroso, -sa *adj* GRAVOSO : onerous, burdensome

ónix *nm* : onyx

onza *nf* : ounce

opacar {72} *vt* **1** : to make opaque or dull **2** : to outshine, to overshadow

opacidad *nf* **1** : opacity **2** : dullness

opaco, -ca *adj* **1** : opaque **2** : dull

ópalo *nm* : opal

opción *nf, pl* **opciones** **1** ALTERNATIVA : option, choice **2** : right, chance ⟨tener opción a : to be eligible for⟩

opcional *adj* : optional — **opcionalmente** *adv*

ópera *nf* : opera

operación *nf, pl* **-ciones** **1** : operation **2** : transaction, deal

operacional *adj* : operational

operador, -dora *n* **1** : operator **2** : cameraman, projectionist

operante *adj* : operating, working

operar *vt* **1** : to produce, to bring about **2** INTERVENIR : to operate on ⟨me operaron : I had an operation, I had surgery⟩ ⟨me operaron de la rodilla : I had surgery on my knee, I had knee surgery⟩ ⟨la operaron de cáncer : she had cancer surgery⟩ ⟨fue operado de un tumor : he had surgery to remove a tumor⟩ **3** *Mex* : to operate, to run (a machine) — *vi* **1** : to operate, to function **2** : to deal, to do business — **operarse** *vr* **1** : to come about, to take place **2** : to have an operation, to have surgery

operario, -ria *n* : laborer, worker

operático, -ca → **operístico**

operativo[1], **-va** *adj* **1** : operating ⟨capacidad operativa : operating capacity⟩ **2** : operative

operativo[2] *nm* : operation ⟨operativo militar : military operation⟩

opereta *nf* : operetta

operístico, -ca *adj* : operatic

opiato *nm* : opiate

opinable *adj* : arguable

opinar *vi* **1** : to think, to have an opinion **2** : to express an opinion **3** **opinar bien de** : to think highly of — *vt* : to think ⟨opinamos lo mismo : we're of the same opinion, we're in agreement⟩

opinión *nf, pl* **-niones** : opinion, belief

opio *nm* : opium

oponente *nmf* : opponent

oponer {60} *vt* **1** CONTRAPONER : to oppose, to place against **2** **oponer resistencia** : to resist, to put up a fight — **oponerse** *vr* ~ **a** : to object to, to be against

oporto *nm* : port (wine)

oportunamente *adv* **1** : at the right time, opportunely **2** : appropriately

oportunidad *nf* : opportunity, chance

oportunismo *nm* : opportunism

oportunista[1] *adj* : opportunistic

oportunista[2] *nmf* : opportunist

oportuno, -na *adj* **1** : opportune, timely **2** : suitable, appropriate

oposición *nf, pl* **-ciones** : opposition

opositor, -tora *n* ADVERSARIO : opponent

oposum *nm* ZARIGÜEYA : opossum

opresión *nf, pl* **-siones** **1** : oppression **2 opresión de pecho** : tightness in the chest

opresivo, -va *adj* : oppressive

opresor[1], **-sora** *adj* : oppressive

opresor[2], **-sora** *n* : oppressor

oprimir *vt* **1** : to oppress **2** : to press, to squeeze ⟨oprima el botón : push the button⟩

oprobio *nm* : opprobrium, shame

optar *vi* **1 ~ por** : to opt for, to choose **2 ~ a** : to aspire to, to apply for ⟨dos candidatos optan a la presidencia : two candidates are running for president⟩

optativo, -va *adj* FACULTATIVO : optional

óptica *nf* **1** : optics **2** : optician's shop **3** : viewpoint

óptico[1], **-ca** *adj* : optical, optic

óptico[2], **-ca** *n* : optician

optimismo *nm* : optimism

optimista[1] *adj* : optimistic

optimista[2] *nmf* : optimist

óptimo, -ma *adj* : optimum, optimal

optometría *nf* : optometry — **optometrista** *nmf*

opuesto[1] *pp* → **oponer**

opuesto[2] *adj* **1** : opposite, contrary **2** : opposed

opulencia *nf* : opulence — **opulento, -ta** *adj*

opus *nm* : opus

opuso, etc. → **oponer**

ora *conj* : now ⟨los matices eran variados, ora verdes, ora ocres : the hues were varied, now green, now ocher⟩

oración *nf, pl* **-ciones** **1** DISCURSO : oration, speech **2** PLEGARIA : prayer **3** FRASE : sentence, clause

oráculo *nm* : oracle

orador, -dora *n* : speaker, orator

oral *adj* : oral — **oralmente** *adv*

órale *interj Mex fam* **1** : sure!, OK! ⟨¿los dos por cinco pesos? ¡órale! : both for five pesos? you've got a deal!⟩ **2** : come on! ⟨¡órale, vámonos! : come on, let's go!⟩

orangután *nm, pl* **-tanes** : orangutan

orar *vi* REZAR : to pray

oratoria *nf* : oratory

oratorio *nm* **1** CAPILLA : oratory, chapel **2** : oratorio

orbe *nm* **1** : orb, sphere **2** GLOBO : globe, world

órbita *nf* **1** : orbit **2** : eye socket **3** ÁMBITO : sphere, field

orbitador *nm* : space shuttle, orbiter

orbital *adj* : orbital

orbitar *v* : to orbit

orden[1] *nm, pl* **órdenes** **1** : order ⟨todo está en orden : everything's in order⟩ ⟨por orden cronológico : in chronological order⟩ **2 orden del día** : agenda (at a meeting) **3 orden público** : law and order

orden[2] *nf, pl* **órdenes** **1** : order ⟨una orden religiosa : a religious order⟩ ⟨una orden de tacos : an order of tacos⟩ **2 orden de compra** : purchase order **3 estar a la orden del día** : to be the order of the day, to be prevalent

ordenación *nf, pl* **-ciones** **1** : ordination **2** : ordering, organizing

ordenadamente *adv* : in an orderly fashion, neatly

ordenado, -da *adj* : orderly, neat

ordenador *nm Spain* : computer

ordenamiento *nm* **1** : ordering, organizing **2** : code (of laws)

ordenanza[1] *nf* REGLAMENTO : ordinance, regulation

ordenanza[2] *nm* : orderly (in the armed forces)

ordenar *vt* **1** MANDAR : to order, to command **2** ARREGLAR : to put in order, to arrange **3** : to ordain (a priest)

ordeñar *vt* : to milk

ordeño *nm* : milking

ordinal *nm* : ordinal (number)

ordinariamente *adv* **1** : usually **2** : coarsely

ordinariez *nf* : coarseness, vulgarity

ordinario, -ria *adj* **1** : ordinary **2** : coarse, common, vulgar **3 de ~** : usually

orear *vt* : to air

orégano *nm* : oregano

oreja *nf* : ear

orfanato *nm* : orphanage

orfanatorio *nm Mex* : orphanage

orfebre *nmf* : goldsmith, silversmith

orfebrería *nf* : articles of gold or silver

orfelinato *nm* : orphanage

orgánico, -ca *adj* : organic — **orgánicamente** *adv*

organigrama *nm* : organization chart, flowchart

organismo *nm* **1** : organism **2** : agency, organization

organista *nmf* : organist

organización *nf, pl* **-ciones** : organization

organizador[1], **-dora** *adj* : organizing

organizador[2], **-dora** *n* : organizer

organizar {21} *vt* : to organize, to arrange — **organizarse** *vr* : to get organized

organizativo, -va *adj* : organizational

órgano *nm* : organ

orgasmo *nm* : orgasm

orgía *nf* : orgy

orgullo *nm* : pride

orgulloso, -sa *adj* : proud — **orgullosamente** *adv*

orientación *nf, pl* **-ciones 1** : orientation **2** DIRECCIÓN : direction, course **3** GUÍA : guidance, direction
oriental[1] *adj* **1** : eastern **2** : oriental **3** *Arg, Uru* : Uruguayan
oriental[2] *nmf* **1** : Easterner **2** : Oriental **3** *Arg, Uru* : Uruguayan
orientar *vt* **1** : to orient, to position **2** : to guide, to direct — **orientarse** *vr* **1** : to orient oneself, to get one's bearings **2 ~ hacia** : to turn towards, to lean towards
oriente *nm* **1** : east, East **2 el Oriente** : the Orient
orífice *nmf* : goldsmith
orificio *nm* : orifice, opening
origen *nm, pl* **orígenes 1** : origin **2** : lineage, birth **3 dar origen a** : to give rise to **4 en su origen** : originally
original *adj & nm* : original — **originalmente** *adv*
originalidad *nf* : originality
originar *vt* : to originate, to give rise to — **originarse** *vr* : to originate, to begin
originario, -ria *adj* **~ de** : native of
originariamente *adv* : originally
orilla *nf* **1** BORDE : border, edge **2** : bank (of a river) **3** : shore
orillar *vt* **1** : to skirt, to go around **2** : to trim, to edge (cloth) **3** : to settle, to wind up **4** *Mex* : to pull over (a vehicle)
orín *nm* **1** HERRUMBRE : rust **2 orines** *nmpl* : urine
orina *nf* : urine
orinación *nf* : urination
orinal *nm* : urinal (vessel)
orinar *vi* : to urinate — **orinarse** *vr* : to wet oneself
oriol *nm* OROPÉNDOLA : oriole
oriundo, -da *adj* **~ de** : native of
orla *nf* : border, edging
orlar *vt* : to edge, to trim
ornamentación *nf, pl* **-ciones** : ornamentation
ornamental *adj* : ornamental
ornamentar *vt* ADORNAR : to ornament, to adorn
ornamento *nm* : ornament, adornment
ornar *vt* : to adorn, to decorate
ornitología *nf* : ornithology
ornitólogo, -ga *n* : ornithologist
ornitorrinco *nm* : platypus
oro *nm* : gold
orondo, -da *adj* **1** : rounded, potbellied (of a container) **2** *fam* : smug, self-satisfied
oropel *nm* : glitz, glitter, tinsel
oropéndola *nf* : oriole
orquesta *nf* : orchestra — **orquestal** *adj*
orquestar *vt* : to orchestrate — **orquestación** *nf*
orquídea *nf* : orchid
ortiga *nf* : nettle
ortodoncia *nf* : orthodontics
ortodoncista *nmf* : orthodontist
ortodoxia *nf* : orthodoxy
ortodoxo, -xa *adj* : orthodox
ortografía *nf* : orthography, spelling
ortográfico, -ca *adj* : orthographic, spelling
ortopedia *nf* : orthopedics
ortopédico, -ca *adj* : orthopedic
ortopedista *nmf* : orthopedist
oruga *nf* **1** : caterpillar **2** : track (of a tank, etc.)
orzuelo *nm* : sty, stye (in the eye)
os *pron pl, objective form of* VOSOTROS **1** *Spain* : you, to you **2** : yourselves, to yourselves **3** : each other, to each other
osa *nf* → **oso**
osadía *nf* **1** VALOR : boldness, daring **2** AUDACIA : audacity, nerve
osado, -da *adj* **1** : bold, daring **2** : audacious, impudent — **osadamente** *adv*
osamenta *nf* : skeletal remains *pl*, bones *pl*
osar *vi* : to dare
oscilación *nf, pl* **-ciones 1** : oscillation **2** : fluctuation **3** : vacillation, wavering
oscilar *vi* **1** BALANCEARSE : to swing, to sway, to oscillate **2** FLUCTUAR : to fluctuate **3** : to vacillate, to waver
oscuramente *adv* : obscurely
oscurecer {53} *vt* **1** : to darken **2** : to obscure, to confuse, to cloud **3 al oscurecer** : at dusk, at nightfall — *v impers* : to grow dark, to get dark — **oscurecerse** *vr* : to darken, to dim
oscuridad *nf* **1** : darkness **2** : obscurity
oscuro, -ra *adj* **1** : dark **2** : obscure **3 a oscuras** : in the dark, in darkness
óseo, ósea *adj* : skeletal, bony
ósmosis *or* **osmosis** *nf* : osmosis
oso, osa *n* **1** : bear **2 Osa Mayor** : Big Dipper **3 Osa Menor** : Little Dipper **4 oso blanco** : polar bear **5 oso hormiguero** : anteater **6 oso de peluche** : teddy bear
ostensible *adj* : ostensible, apparent — **ostensiblemente** *adv*
ostentación *nf, pl* **-ciones** : ostentation, display
ostentar *vt* **1** : to display, to flaunt **2** POSEER : to have, to hold ⟨ostenta el récord mundial : he holds the world record⟩
ostentoso, -sa *adj* : ostentatious, showy — **ostentosamente** *adv*
osteópata *nmf* : osteopath
osteopatía *n* : osteopathy
osteoporosis *nf* : osteoporosis
ostión *nm, pl* **ostiones 1** *Mex* : oyster **2** *Chile* : scallop
ostra *nf* : oyster
ostracismo *nm* : ostracism
otear *vt* : to scan, to survey, to look over
otero *nm* : knoll, hillock
otomana *nf* : ottoman (mueble)
otomano, -na *adj & n* : Ottoman
otoñal *adj* : autumn, autumnal
otoño *nm* : autumn, fall
otorgamiento *nm* : granting, awarding

otorgar {52} *vt* **1 :** to grant, to award **2 :** to draw up, to frame (a legal document)

otro[1], **otra** *adj* **1 :** other **2 :** another ⟨en otro juego, ellos ganaron : in another game, they won⟩ **3 otra vez :** again **4 de otra manera :** otherwise **5 otra parte :** elsewhere **6 en otro tiempo :** once, formerly

otro[2], **otra** *pron* **1 :** another one ⟨dame otro : give me another⟩ **2 :** other one ⟨el uno o el otro : one or the other⟩ **3 los otros, las otras :** the others, the rest ⟨me dio una y se quedó con las otras : he gave me one and kept the rest⟩

ovación *nf, pl* **-ciones :** ovation

ovacionar *vt* **:** to cheer, to applaud

oval → **ovalado**

ovalado, -da *adj* **:** oval

óvalo *nm* **:** oval

ovárico, -ca *adj* **:** ovarian

ovario *nm* **:** ovary

oveja *nf* **1 :** sheep, ewe **2 oveja negra :** black sheep

overol *nm* **:** overalls *pl*

ovillar *vt* **:** to roll into a ball

ovillo *nm* **1 :** ball (of yarn) **2 :** tangle

ovni *or* **OVNI** *nm* (*o*bjeto *v*olador *no* *i*dentificado) **:** UFO

ovoide *adj* **:** ovoid, ovoidal

ovulación *nf, pl* **-ciones :** ovulation

ovular *vi* **:** to ovulate

óvulo *nm* **:** ovum

oxidación *nf, pl* **-ciones 1 :** oxidation **2 :** rusting

oxidado, -da *adj* **:** rusty

oxidar *vt* **1 :** to cause to rust **2 :** to oxidize — **oxidarse** *vr* **:** to rust, to become rusty

óxido *nm* **1** HERRUMBRE, ORÍN **:** rust **2 :** oxide

oxigenar *vt* **1 :** to oxygenate **2 :** to bleach (hair)

oxígeno *nm* **:** oxygen

oxiuro *nm* **:** pinworm

oye, etc. → **oír**

oyente *nmf* **1 :** listener **2 :** auditor, auditing student

ozono *nm* **:** ozone

P

p *nf* **:** seventeenth letter of the Spanish alphabet

pabellón *nm, pl* **-llones 1 :** pavilion **2 :** summerhouse, lodge **3 :** flag (of a vessel)

pabilo *nm* MECHA **:** wick

paca *nf* FARDO **:** bale

pacana *nf* **:** pecan

pacer {48} *v* **:** to graze, to pasture

paces → **paz**

pachanga *nf fam* **:** party, bash

paciencia *nf* **:** patience

paciente *adj & nmf* **:** patient — **pacientemente** *adv*

pacificación *nf, pl* **-ciones :** pacification

pacíficamente *adv* **:** peacefully, peaceably

pacificar {72} *vt* **:** to pacify, to calm — **pacificarse** *vr* **:** to calm down, to abate

pacífico, -ca *adj* **:** peaceful, pacific

pacifismo *nm* **:** pacifism

pacifista *adj & nmf* **:** pacifist

pacotilla *nf* **de ~ :** shoddy, trashy

pactar *vt* **:** to agree on — *vi* **:** to come to an agreement

pacto *nm* CONVENIO **:** pact, agreement

padecer {53} *vt* **:** to suffer, to endure — *vi* ADOLECER **~ de :** to suffer from

padecimiento *nm* **1 :** suffering **2 :** ailment, condition

padrastro *nm* **1 :** stepfather **2 :** hangnail

padre[1] *adj Mex fam* **:** fantastic, great

padre[2] *nm* **1 :** father **2 padres** *nmpl* **:** parents

padrenuestro *nm* **:** Lord's Prayer, paternoster

padrino *nm* **1 :** godfather **2 :** best man **3 :** sponsor, patron

padrón *nm, pl* **padrones :** register, roll ⟨padrón municipal : city register⟩

paella *nf* **:** paella

paga *nf* **1 :** payment **2 :** pay, wages *pl*

pagadero, -ra *adj* **:** payable

pagado, -da *adj* **1 :** paid **2 pagado de sí mismo :** self-satisfied, smug

pagador, -dora *n* **:** payer

paganismo *nm* **:** paganism

pagano, -na *adj & n* **:** pagan

pagar {52} *vt* **:** to pay, to pay for, to repay — *vi* **:** to pay

pagaré *nm* VALE **:** promissory note, IOU

página *nf* **:** page

pago *nm* **1 :** payment **2 en pago de :** in return for

pagoda *nf* **:** pagoda

pague, etc. → **pagar**

país *nm* **1** NACIÓN **:** country, nation **2** REGIÓN **:** region, territory

paisaje *nm* **:** scenery, landscape

paisano, -na *n* COMPATRIOTA **:** compatriot, fellow countryman

paja *nf* **1 :** straw **2** *fam* **:** trash, tripe

pajar *nm* **:** hayloft, haystack

pajarera *nf* **:** aviary

pájaro *nm* **:** bird ⟨pájaro cantor : songbird⟩ ⟨pájaro bobo : penguin⟩ ⟨pájaro carpintero : woodpecker⟩

pajita *nf* **:** (drinking) straw

pajote *nm* **:** straw, mulch

pala *nf* **1 :** shovel, spade **2 :** blade (of an oar or a rotor) **3 :** paddle, racket

palabra *nf* **1** VOCABLO **:** word **2** PROMESA **:** word, promise ⟨un hombre de

palabra : a man of his word⟩ **3** HABLA : speech **4** : right to speak ⟨tener la palabra : to have the floor⟩
palabrería *nf* : empty talk
palabrota *nf* : swearword
palacio *nm* **1** : palace, mansion **2 palacio de justicia** : courthouse
paladar *nm* **1** : palate **2** GUSTO : taste
paladear *vt* SABOREAR : to savor
paladín *nm, pl* **-dines** : champion, defender
palanca *nf* **1** : lever, crowbar **2** *fam* : leverage, influence **3 palanca de cambio** *or* **palanca de velocidad** : gearshift
palangana *nf* : washbowl
palanqueta *nf* : jimmy, small crowbar
palco *nm* : box (in a theater or stadium)
palear *vt* **1** : to shovel **2** : to paddle
palenque *nm* **1** ESTACADA : stockade, palisade **2** : arena, ring
paleontología *nf* : paleontology
paleontólogo, -ga *n* : paleontologist
palestino, -na *adj & n* : Palestinian
palestra *nf* : arena ⟨salir a la palestra : to join the fray⟩
paleta *nf* **1** : palette **2** : trowel **3** : spatula **4** : blade, vane **5** : paddle **6** *CA, Mex* : lollipop, Popsicle
paletilla *nf* : shoulder blade
paliar *vt* MITIGAR : to alleviate, to palliate
paliativo[1], **-va** *adj* : palliative
paliativo[2] *nm* : palliative
palidecer {53} *vi* : to turn pale
palidez *nf, pl* **-deces** : paleness, pallor
pálido, -da *adj* : pale
palillo *nm* **1** MONDADIENTES : toothpick **2 palillos** *nmpl* : chopsticks **3 palillo de tambor** : drumstick
paliza *nf* : beating, pummeling ⟨darle una paliza a : to beat, to thrash⟩
palma *nf* **1** : palm (of the hand) **2** : palm (tree or leaf) **3 batir palmas** : to clap, to applaud **4 llevarse la palma** *fam* : to take the cake
palmada *nf* **1** : pat **2** : slap **3** : clap
palmarés *nm* : record (of achievements)
palmario, -ria *adj* MANIFIESTO : clear, manifest
palmeado, -da *adj* : webbed
palmear *vt* : to slap on the back — *vi* : to clap, to applaud
palmera *nf* : palm tree
palmo *nm* **1** : span, small amount **2 palmo a palmo** : bit by bit, inch by inch **3 dejar con un palmo de narices** : to disappoint
palmotear *vi* : to applaud
palmoteo *nm* : clapping, applause
palo *nm* **1** : stick, pole, post **2** : shaft, handle ⟨palo de escoba : broomstick⟩ **3** : mast, spar **4** : wood **5** : blow (with a stick) **6** : suit (of cards)
paloma *nf* **1** : pigeon, dove **2 paloma mensajera** : carrier pigeon
palomilla *nf* : moth
palomitas *nfpl* : popcorn
palpable *adj* : palpable, tangible
palpar *vt* : to feel, to touch
palpitación *nf, pl* **-ciones** : palpitation
palpitar *vi* : to palpitate, to throb — **palpitante** *adj*
palta *nf* : avocado
paludismo *nm* MALARIA : malaria
palurdo, -da *n* : boor, yokel, bumpkin
pampa *nf* : pampa
pampeano, -na *adj* : pampean, pampas
pampero → **pampeano**
pan *nm* **1** : bread ⟨una rebanada de pan : a slice of bread⟩ ⟨pan rallado : (grated) bread crumbs⟩ **2** : loaf of bread **3** : cake, bar ⟨pan de jabón : bar of soap⟩ **4 pan blanco** : white bread **5 pan de molde** : sandwich bread (baked in a loaf pan) **6 pan dulce** *CA, Mex* : traditional pastry **7 pan integral** : whole wheat bread **8 pan tostado** : toast **9 ser pan comido** *fam* : to be a piece of cake, to be a cinch
pana *nf* : corduroy
panacea *nf* : panacea
panadería *nf* : bakery, bread shop
panadero, -ra *n* : baker
panal *nm* : honeycomb
panameño, -ña *adj & n* : Panamanian
pancarta *nf* : placard, sign
pancita *nf Mex* : tripe
páncreas *nms & pl* : pancreas
panda *nmf* : panda
pandeado, -da *adj* : warped
pandearse *vr* **1** : to warp **2** : to bulge, to sag
pandemonio *or* **pandemónium** *nm* : pandemonium
pandereta *nf* : tambourine
pandero *nm* : tambourine
pandilla *nf* **1** : group, clique **2** : gang
panecito *nm* : roll, bread roll
panegírico[1], **-ca** *adj* : eulogistic, panegyrical
panegírico[2] *nm* : eulogy, panegyric
panel *nm* : panel — **panelista** *nmf*
panela *nf Col, Ecua* : unrefined sugar
panera *nf* : bread box
panfleto *nm* : pamphlet
pánico *nm* : panic
panorama *nm* **1** VISTA : panorama, view **2** : scene, situation ⟨el panorama nacional : the national scene⟩ **3** PERSPECTIVA : outlook
panorámico, -ca *adj* : panoramic
panqueque *nm* : pancake
pantaletas *nfpl* : panties
pantalla *nf* **1** : screen, monitor **2** : lampshade **3** : fan
pantalón *nm, pl* **-lones** **1** : pants *pl*, trousers *pl* **2 pantalones vaqueros** : jeans **3 pantalones de mezclilla** *Chile, Mex* : jeans **4 pantalones de montar** : jodhpurs
pantano *nm* **1** : swamp, marsh, bayou **2** : reservoir **3** : obstacle, difficulty
pantanoso, -sa *adj* **1** : marshy, swampy **2** : difficult, thorny

panteón *nm, pl* **-teones** **1** CEMENTERIO : cemetery **2** : pantheon, mausoleum

pantera *nf* : panther

pantimedias *nfpl Mex* : panty hose

pantomima *nf* : pantomime

pantorrilla *nf* : calf (of the leg)

pantufla *nf* ZAPATILLA : slipper

panza *nf* BARRIGA : belly, paunch

panzón, -zona *adj, mpl* **panzones** : potbellied, paunchy

pañal *nm* : diaper

pañería *nf* **1** : cloth, material **2** : fabric store

pañito *nm* : doily

paño *nm* **1** : cloth **2** : rag, dust cloth **3** **paño de cocina** : dishcloth **4** **paño higiénico** : sanitary napkin

pañuelo *nm* **1** : handkerchief **2** : scarf

papa[1] *nm* : pope

papa[2] *nf* **1** : potato **2** **papa dulce** : sweet potato **3** **papas fritas** : potato chips, french fries **4** **papas a la francesa** *Mex* : french fries

papá *nm fam* **1** : dad, pop **2** **papás** *nmpl* : parents, folks

papada *nf* **1** : double chin, jowl **2** : dewlap

papagayo *nm* LORO : parrot

papal *adj* : papal

papalote *nm Mex* : kite

papaya *nf* : papaya

papel *nm* **1** : paper, piece of paper **2** : role, part ⟨hizo el papel de Romeo : he played the part of Romeo⟩ ⟨jugar un papel importante en algo : to play an important role in something⟩ **3** **papel (de) aluminio** : tinfoil, aluminum foil **4** **papel de empapelar** *or* **papel pintado** : wallpaper **5** **papel de envolver** : wrapping paper **6** **papel de fumar** : cigarette paper **7** **papel de lija** : sandpaper **8** **papel de periódico** : newspaper, newsprint **9** **papel higiénico** : toilet paper **10** **papel maché** : papier-mâché **11** **papel moneda** : paper money

papeleo *nm* : paperwork, red tape

papelera *nf* : wastebasket

papelería *nf* : stationery store

papelero, -ra *adj* : paper

papeleta *nf* **1** : ballot **2** : ticket, slip

paperas *nfpl* : mumps

papi *nm fam* : daddy, papa

papilla *nf* **1** : pap, mash **2** **hacer papilla** : to beat to a pulp

papiro *nm* : papyrus

paquete *nm* BULTO : package, parcel

paquistaní *adj & nmf* : Pakistani

par[1] *adj* : even (in number)

par[2] *nm* **1** : pair, couple **2** : equal, peer ⟨sin par : matchless, peerless⟩ **3** : par (in golf) **4** : rafter **5** **de par en par** : wide open

par[3] *nf* **1** : par ⟨por encima de la par : above par⟩ **2** **a la par que** : at the same time as, as well as ⟨interesante a la par que instructivo : both interesting and informative⟩

para *prep* **1** (*indicating a recipient*) : for ⟨un regalo para ti : a present for you⟩ **2** (*indicating a purpose or goal*) : for ⟨la comida es para la fiesta : the food is for the party⟩ ⟨¿para qué? : what for?⟩ **3** (*indicating comparison*) : for ⟨alta para su edad : tall for her age⟩ ⟨es bueno para lo que cuesta : it's good for what it costs⟩ **4** : for (a time) ⟨una cita para el lunes : an appointment for Monday⟩ **5** : to (a time) ⟨faltan cinco para las ocho : it's five (minutes) to eight⟩ **6** : around, by (a time) ⟨para mañana estarán listos : they'll be ready by tomorrow⟩ **7** : to, towards ⟨para adelante/atrás : forwards/backwards⟩ ⟨para la derecha/izquierda : to the right/left⟩ ⟨van para el río : they're heading towards the river⟩ **8** (*used before an infinitive*) : to, in order to ⟨lo hace para molestarte : he does it to annoy you⟩ ⟨para no ser visto : in order not to be seen⟩ **9** (*used before an infinitive*) : to ⟨estoy listo para salir : I'm ready to leave⟩ ⟨demasiado joven para entender : too young to understand⟩ ⟨lo compré para devolverlo el mismo día : I bought it only to return it the same day⟩ **10** **para que** : so, so that, in order that ⟨te lo digo para que sepas : I'm telling you so you'll know⟩

parabién *nm, pl* **-bienes** : congratulations *pl*

parábola *nf* **1** : parable **2** : parabola

parabrisas *nms & pl* : windshield

paracaídas *nms & pl* : parachute

paracaidista *nmf* **1** : parachutist **2** : paratrooper

parachoques *nms & pl* : bumper

parada *nf* **1** : stop ⟨parada de autobús : bus stop⟩ **2** : catch, save, parry (in sports) **3** DESFILE : parade

paradero *nm* : whereabouts

paradigma *nm* : paradigm

paradisíaco, -ca *or* **paradisiaco, -ca** *adj* : heavenly

parado, -da *adj* **1** : motionless, idle, stopped **2** : standing (up) **3** : confused, bewildered **4** **bien (mal) parado** : in good (bad) shape ⟨salió bien parado : it turned out well for him⟩

paradoja *nf* : paradox

paradójico, -ca *adj* : paradoxical

parafernalia *nf* : paraphernalia

parafina *nf* : paraffin

parafrasear *vt* : to paraphrase

paráfrasis *nfs & pl* : paraphrase

paraguas *nms & pl* : umbrella

paraguayo, -ya *adj & n* : Paraguayan

paraíso *nm* **1** : paradise, heaven **2** **paraíso fiscal** : tax shelter

paraje *nm* : spot, place

paralelismo *nm* : parallelism, similarity

paralelo[1], **-la** *adj* : parallel

paralelo[2] *nm* : parallel

paralelogramo *nm* : parallelogram

parálisis *nfs & pl* **1** : paralysis **2** : standstill **3** **parálisis cerebral** : cerebral palsy

paralítico, -ca *adj & n* : paralytic

paralizar {21} *vt* **1** : to paralyze **2** : to bring to a standstill — **paralizarse** *vr*

parámetro *nm* : parameter

páramo *nm* : barren plateau, moor

parangón *nm, pl* **-gones 1** : comparison **2 sin ∼** : incomparable

paraninfo *nm* : auditorium, assembly hall

paranoia *nf* : paranoia

paranoico, -ca *adj & n* : paranoid

parapeto *nm* : parapet, rampart

parapléjico, -ca *adj & n* : paraplegic

parar *vt* **1** DETENER : to stop **2** : to stand, to prop ⟨parar la oreja : to perk up one's ears⟩ **3** : to stop, to block (a blow, etc.) — *vi* **1** CESAR : to stop ⟨habla sin parar : she talks nonstop⟩ ⟨no paraba de llorar : he wouldn't stop crying⟩ **2** : to stay, to put up **3** : to go on strike **4 ir a parar** : to end up, to wind up ⟨ir a parar a manos de alguien : to fall into someone's hands⟩ ⟨va a parar al hospital : he's going to end up in the hospital⟩ — **pararse** *vr* **1** : to stop ⟨pararse en seco : to stop dead⟩ **2** ATASCARSE : to stall (out) **3** : to stand up, to get up

pararrayos *nms & pl* : lightning rod

parasitario, -ria *adj* : parasitic

parasitismo *nm* : parasitism

parásito *nm* : parasite

parasol *nm* SOMBRILLA : parasol

parcela *nf* : parcel, tract of land

parcelar *vt* : to parcel (land)

parchar *vt* : to patch, to patch up

parche *nm* : patch

parcial *adj* : partial — **parcialmente** *adv*

parcialidad *nf* : partiality, bias

parco, -ca *adj* **1** : sparing, frugal **2** : moderate, temperate

pardo, -da *adj* : brownish grey

pardusco → **pardo**

parecer[1] {53} *vi* **1** : to seem, to look, to appear to be ⟨parece fácil : it looks easy⟩ ⟨parece que van a ganar : it looks like they're going to win⟩ ⟨así parece : so it seems⟩ ⟨pareces una princesa : you look like a princess⟩ **2** *expressing an opinion* ⟨¿qué te parece? : what do you think?⟩ ⟨me parece que sí : I think so⟩ ⟨me parece bien : that seems fine to me⟩ **3** : to like, to be in agreement ⟨si te parece : if you like, if it's all right with you⟩ — **parecerse** *vr* **∼ a** : to resemble

parecer[2] *nm* **1** OPINIÓN : opinion **2** ASPECTO : appearance ⟨al parecer : apparently⟩

parecido[1], **-da** *adj* **1** : similar, alike **2 bien parecido** : good-looking

parecido[2] *nm* : resemblance, similarity

pared *nf* : wall

pareja *nf* **1** : couple, pair **2** : partner, mate

parejo, -ja *adj* **1** : even, smooth, level **2** : equal, similar

parentela *nf* : relations *pl,* kinfolk

parentesco *nm* : relationship, kinship

paréntesis *nms & pl* **1** : parenthesis **2** : digression

parentético, -ca *adj* : parenthetic, parenthetical

paria *nmf* : pariah, outcast

paridad *nf* : parity, equality

pariente *nmf* : relative, relation

parir *vi* : to give birth — *vt* : to give birth to, to bear

parking *nm* : parking lot

parlamentar *vi* : to talk, to parley

parlamentario[1], **-ria** *adj* : parliamentary

parlamentario[2], **-ria** *n* : member of parliament

parlamento *nm* **1** : parliament **2** : negotiations *pl,* talks *pl*

parlanchín[1], **-china** *adj, mpl* **-chines** : chatty, talkative

parlanchín[2], **-china** *n, mpl* **-chines** : chatterbox

parlante *nm* ALTOPARLANTE : loudspeaker

parlotear *vi fam* : to gab, to chat, to prattle

parloteo *nm fam* : prattle, chatter

paro *nm* **1** HUELGA : strike **2** : stoppage, stopping **3 paro forzoso** : layoff

parodia *nf* : parody

parodiar *vt* : to parody

paroxismo *nm* **1** : fit, paroxysm **2** : peak, height ⟨llevar al paroxismo : to carry to the extreme⟩

parpadear *vi* **1** : to blink **2** : to flicker

parpadeo *nm* **1** : blink, blinking **2** : flickering

párpado *nm* : eyelid

parque *nm* **1** : park **2 parque de atracciones** : amusement park

parquear *vt* : to park — **parquearse** *vr*

parqueo *nm* : parking

parquet *or* **parqué** *nm* : parquet

parquímetro *nm* : parking meter

parra *nf* : vine, grapevine

párrafo *nm* : paragraph

parranda *nf fam* : party, spree

parrilla *nf* **1** : broiler, grill **2** : grate

parrillada *nf* BARBACOA : barbecue

párroco *nm* : parish priest

parroquia *nf* **1** : parish **2** : parish church **3** : customers *pl,* clientele

parroquial *adj* : parochial

parroquiano, -na *nm* **1** : parishioner **2** : customer, patron

parsimonia *nf* **1** : calm **2** : parsimony, thrift

parsimonioso, -sa *adj* **1** : calm, unhurried **2** : parsimonious, thrifty

parte[1] *nm* : report, dispatch

parte[2] *nf* **1** : part (of a whole) ⟨la mayor parte de : the majority of⟩ ⟨una quinta parte de : one-fifth of⟩ **2** : part, place ⟨en alguna/cualquier parte : somewhere/anywhere⟩ ⟨en ninguna parte : nowhere, not anywhere⟩ ⟨por todas partes : everywhere⟩ ⟨ir a otra parte : to go somewhere else⟩ **3** : party (in negotiations, etc.) **4 de parte de** : on behalf of ⟨de mi parte : on my behalf, for me⟩ **5 ¿de parte de quién?** : may

I ask who's calling? **6 en gran parte** : largely, in large part **7 en ~** : partly, in part **8 la mayor parte de** : most of, the majority of **9 por otra parte** : on the other hand **10 por parte de** : on the part of ⟨por mi parte : on my part, as far as I'm concerned⟩ **11 tomar parte** : to take part

partero, -ra *n* : midwife

partición *nf, pl* **-ciones** : division, sharing

participación *nf, pl* **-ciones** **1** : participation **2** : share, interest **3** : announcement, notice

participante *nmf* **1** : participant **2** : competitor, entrant

participar *vi* **1** : to participate, to take part **2 ~ en** : to have a share in — *vt* : to announce, to notify

partícipe *nmf* : participant

participio *nm* : participle

partícula *nf* : particle

particular[1] *adj* **1** : particular, specific **2** : private, personal **3** : special, unique

particular[2] *nm* **1** : matter, detail **2** : individual

particularidad *nf* : characteristic, peculiarity

particularizar {21} *vt* **1** : to distinguish, to characterize **2** : to specify

partida *nf* **1** : departure **2** : item, entry **3** : certificate ⟨partida de nacimiento : birth certificate⟩ **4** : game, match, hand **5** : party, group

partidario, -ria *n* : follower, supporter

partido *nm* **1** : (political) party **2** : game, match ⟨partido de futbol : soccer game⟩ **3** APOYO : support, following **4** PROVECHO : profit, advantage ⟨sacar partido de : to profit from⟩

partir *vt* **1** : to cut, to split **2** : to break, to crack **3** : to share (out), to divide — *vi* **1** : to leave, to depart **2 ~ de** : to start from **3 a partir de** : as of, from ⟨a partir de hoy : as of today⟩ — **partirse** *vr* **1** : to smash, to split open **2** : to chap

partisano, -na *adj & n* : partisan

partitura *nf* : (musical) score

parto *nm* **1** : childbirth, delivery, labor ⟨estar de parto : to be in labor⟩ **2** : product, creation, brainchild

parvulario *nm* : nursery school

párvulo, -la *n* : toddler, preschooler

pasa *nf* **1** : raisin **2 pasa de Corinto** : currant

pasable *adj* : passable, tolerable — **pasablemente** *adv*

pasada *nf* **1** : passage, passing **2** : pass, wipe, coat (of paint) **3 de ~** : in passing **4 mala pasada** : dirty trick

pasadizo *nm* : passageway, corridor

pasado[1], **-da** *adj* **1** : past ⟨el año pasado : last year⟩ ⟨pasado mañana : the day after tomorrow⟩ ⟨pasadas las siete : after seven o'clock⟩ **2** : stale, bad, overripe **3** : old-fashioned, out-of-date **4** : overripe, slightly spoiled

pasado[2] *nm* : past

pasador *nm* **1** : bolt, latch **2** : barrette **3** *Mex* : bobby pin

pasaje *nm* **1** : ticket (for travel) **2** TARIFA : fare **3** : passageway **4** : passengers *pl*

pasajero[1], **-ra** *adj* : passing, fleeting

pasajero[2], **-ra** *n* : passenger

pasamanos *nms & pl* **1** : handrail **2** : bannister

pasante *nmf* : assistant

pasaporte *nm* : passport

pasar *vi* **1** : to pass, to go ⟨la gente que pasa : the people who are passing (by)⟩ ⟨nos dejaron pasar : they let us (go) through⟩ ⟨pasamos por el centro : we went through the downtown⟩ ⟨nunca paso por esa calle : I never go down that street⟩ ⟨pasé por delante de la escuela : I went by/past the school⟩ **2** : to pass (of time) **3** : to pass, to pass down ⟨el trono pasó a su hijo : the throne passed to his son⟩ **4** : to go (on), to move (on) ⟨pasaron a la final : they moved on to the finals⟩ ⟨pasar a ser : to go on to become⟩ ⟨pasar de . . . a . . . : to go from . . . to . . .⟩ **5** : to drop by/in, to stop by ⟨pasamos por su casa : we dropped by his house⟩ **6** : to come in, to enter ⟨¿se puede pasar? : may we come in?⟩ **7** CABER : to go through, to fit **8** : to happen ⟨¿qué pasa? : what's happening?, what's going on?⟩ ⟨lo que pasa es que . . . : what's happening is that . . . , the thing is that . . .⟩ ⟨¿qué le pasa? : what's the matter with him?⟩ ⟨pase lo que pase : come what may⟩ **9** : to manage, to get by ⟨pasar sin algo : to manage without something⟩ **10** : to be acceptable, to pass ⟨puede pasar : it will do⟩ **11** : to pass (in an exam, etc.) **12** TERMINAR : to be over, to end **13 ~ de** : to exceed, to go beyond **14 ~ por** : to pass as/for ⟨podría pasar por tu hermana : she could pass as/for your sister⟩ **15 ~ por** : to go through, to experience (difficulties, etc.) — *vt* **1** : to pass, to give ⟨¿me pasas la sal? : would you pass me the salt?⟩ **2** PEGAR : to give (an illness) **3** : to pass (a test) **4** : to cross (a bridge, river, etc.), to go through (a barrier) **5** : to spend (time) ⟨pasamos una semana en Acapulco : we spent a week in Acapulco⟩ **6** TOLERAR : to tolerate **7** SUFRIR : to go through, to suffer **8** : to show (a movie, etc.) **9** ADELANTAR, SUPERAR : to overtake, to pass, to surpass **10** : to pass (something over something) ⟨le pasó un trapo : he wiped it with a cloth⟩ ⟨pasar la aspiradora (por algo) : to vacuum (something)⟩ **11 ~ con** : to put (a caller) through to ⟨pásame con el jefe : put me through to the boss⟩ **12 pasar de largo** : to go right past (without stopping) **13 pasarlo/pasarla bien** : to have a good time **14 pasarlo/pasarla mal** : to have a bad time, to have a hard time **15 ~ por** : to put through ⟨pasa la sopa por un colador : put the soup through a strainer⟩ **16 pasar por alto** : to overlook, to omit — **pasarse** *vr* **1** : to pass, to go away ⟨se me pasó el mareo : the/my nausea has passed⟩ **2** : to stop by **3** : to slip one's mind, to slip by ⟨la fecha se me pasó : the date slipped by me⟩ **4** : to go too far ⟨se pasa de listo : he's too clever for his own good⟩ ⟨no te pases con la sal : go easy with/on the salt⟩ **5** : to go bad, to spoil

pasarela *nf* **1** : gangplank **2** : footbridge **3** : runway, catwalk

pasatiempo *nm* : pastime, hobby

Pascua *nf* **1** : Easter **2** : Passover **3** : Christmas **4 Pascuas** *nfpl* : Christmas season

pase *nm* **1** PERMISO : pass, permit **2 pase de abordar** *Mex* : boarding pass

pasear *vi* : to take a walk, to go for a ride — *vt* **1** : to take for a walk **2** : to parade around, to show off — **pasearse** *vr* : to walk around

paseo *nm* **1** : walk, stroll **2** : ride **3** EXCURSIÓN : outing, trip **4** : avenue, walk **5** *or* **paseo marítimo** : boardwalk

pasiflora *nf* : passionflower

pasillo *nm* CORREDOR : hallway, corridor, aisle

pasión *nf, pl* **pasiones** : passion

pasional *adj* : passionate ⟨crimen pasional : crime of passion⟩

pasionaria → **pasiflora**

pasivo[1], **-va** *adj* : passive — **pasivamente** *adv*

pasivo[2] *nm* **1** : liability ⟨activos y pasivos : assets and liabilities⟩ **2** : debit side (of an account)

pasmado, -da *adj* : stunned, flabbergasted

pasmar *vt* : to amaze, to stun — **pasmarse** *vr*

pasmo *nm* **1** : shock, astonishment **2** : wonder, marvel

pasmoso, -sa *adj* : incredible, amazing — **pasmosamente** *adv*

paso[1], **-sa** *adj* : dried ⟨ciruela pasa : prune⟩

paso[2] *nm* **1** : passage, passing ⟨de paso : in passing, on the way⟩ ⟨estar de paso : to be passing through⟩ ⟨el paso del tiempo : the passage of time⟩ **2** : way, path ⟨abrir/dejar paso a : to make way for⟩ ⟨ceda el paso : yield⟩ ⟨prohibido el paso : do not enter, no entry⟩ **3** : crossing ⟨paso de peatones : crosswalk⟩ ⟨paso elevado : overpass⟩ ⟨paso subterráneo : underpass, tunnel⟩ ⟨paso a desnivel : underpass, overpass⟩ ⟨paso a nivel : railroad crossing⟩ **4** : pass (through mountains) ⟨salir del paso : to get out of a jam⟩ **5** : step ⟨dar un paso para adelante/atrás : to take a step forward/back⟩ ⟨estar a un paso de : to be within spitting distance of⟩ ⟨oír pasos : to hear footsteps⟩ **6** : step (in a process) ⟨paso a paso : step by step⟩ ⟨un paso positivo : a step in the right direction⟩ **7** : pace, gait ⟨a buen paso : quickly, at a good rate⟩ ⟨a este paso : at this rate⟩

pasta *nf* **1** : paste ⟨pasta de dientes *or* pasta dental : toothpaste⟩ **2** : pasta **3** : pastry dough **4 libro en pasta dura** : hardcover book **5 tener pasta de** : to have the makings of

pastar *vi* : to graze — *vt* : to put to pasture

pastel[1] *adj* : pastel

pastel[2] *nm* **1** : cake ⟨pastel de cumpleaños : birthday cake⟩ **2** : pie, turnover **3** : pastel

pastelería *nf* : pastry shop

pasteurización *nf, pl* **-ciones** : pasteurization

pasteurizar {21} *vt* : to pasteurize

pastilla *nf* **1** COMPRIMIDO, PÍLDORA : pill, tablet **2** : lozenge ⟨pastilla para la tos : cough drop⟩ **3** : cake (of soap), bar (of chocolate)

pastizal *nm* : pasture, grazing land

pasto *nm* **1** : pasture **2** HIERBA : grass, lawn

pastor, -tora *n* **1** : shepherd, shepherdess *f* **2** : minister, pastor

pastoral *adj & nf* : pastoral

pastorear *vt* : to shepherd, to tend

pastorela *nf* **1** : pastoral, pastourelle **2** *Mex* : a traditional Christmas play

pastoso, -sa *adj* **1** : pasty, doughy **2** : smooth, mellow (of sounds)

pata *nf* **1** : paw, leg (of an animal) **2** : foot, leg (of furniture) **3 patas de gallo** : crow's-feet **4 meter la pata** *fam* : to put one's foot in it, to make a blunder

patada *nf* **1** PUNTAPIÉ : kick **2** : stamp (of the foot)

patalear *vi* **1** : to kick **2** : to stamp one's feet

pataleta *nf fam* : tantrum

patán[1] *adj, pl* **patanes** : boorish, crude

patán[2] *nm, pl* **patanes** : boor, lout

patata *nf Spain* : potato

pateador, -dora *n* : kicker (in sports)

patear *vt* : to kick — *vi* : to stamp one's foot

patentar *vt* : to patent

patente[1] *adj* EVIDENTE : obvious, patent — **patentemente** *adv*

patente[2] *nf* : patent

paternal *adj* : fatherly, paternal

paternidad *nf* **1** : fatherhood, paternity **2** : parenthood **3** : authorship

paterno, -na *adj* : paternal ⟨abuela paterna : paternal grandmother⟩

patético, -ca *adj* : pathetic, moving

patetismo *nm* : pathos

patíbulo *nm* : gallows, scaffold

patillas *nfpl* : sideburns

patín *nm, pl* **patines** : skate ⟨patín de ruedas : roller skate⟩

patinador, -dora *n* : skater

patinaje *nm* : skating

patinar *vi* **1** : to skate **2** : to skid, to slip **3** *fam* : to slip up, to blunder

patinazo *nm* **1** : skid **2** *fam* : blunder, slipup
patineta *nf* **1** : scooter **2** : skateboard
patinete *nm* : scooter
patio *nm* **1** : courtyard, patio **2 patio de recreo** : playground
patito, -ta *n* : duckling
pato, -ta *n* **1** : duck **2 pato real** : mallard **3 pagar el pato** *fam* : to take the blame
patología *nf* : pathology
patológico, -ca *adj* : pathological
patólogo, -ga *n* : pathologist
patraña *nf* : tall tale, humbug, nonsense
patria *nf* : native land
patriarca *nm* : patriarch — **patriarcal** *adj*
patriarcado *nm* : patriarchy
patrimonio *nm* : patrimony, legacy
patrio, -tria *adj* **1** : native, home ⟨suelo patrio : native soil⟩ **2** : paternal
patriota[1] *adj* : patriotic
patriota[2] *nmf* : patriot
patriotería *nf* : jingoism, chauvinism
patriotero[1], **-ra** *adj* : jingoistic, chauvinistic
patriotero[2], **-ra** *n* : jingoist, chauvinist
patriótico, -ca *adj* : patriotic
patriotismo *nm* : patriotism
patrocinador, -dora *n* : sponsor, patron
patrocinar *vt* : to sponsor
patrocinio *nm* : sponsorship, patronage
patrón[1], **-trona** *n, mpl* **patrones 1** JEFE : boss **2** : patron saint
patrón[2] *nm, pl* **patrones 1** : standard **2** : pattern (in sewing)
patronal *adj* **1** : management, employers' ⟨sindicato patronal : employers' association⟩ **2** : pertaining to a patron saint ⟨fiesta patronal : patron saint's day⟩
patronato *nm* **1** : board, council **2** : foundation, trust
patrono, -na *n* **1** : employer **2** : patron saint
patrulla *nf* **1** : patrol **2** : police car, cruiser
patrullar *v* : to patrol
patrullero *nm* **1** : police car **2** : patrol boat
paulatino, -na *adj* : gradual
paupérrimo, -ma *adj* : destitute, poverty-stricken
pausa *nf* : pause, break
pausado[1] *adv* : slowly, deliberately ⟨habla más pausado : speak more slowly⟩
pausado[2], **-da** *adj* : slow, deliberate — **pausadamente** *adv*
pauta *nf* **1** : rule, guideline **2** : lines *pl* (on paper)
pava *nf Arg, Bol, Chile* : kettle
pavimentar *vt* : pave
pavimento *nm* : pavement
pavo, -va *n* **1** : turkey **2 pavo real** : peacock **3 comer pavo** : to be a wallflower
pavón *nm, pl* **pavones** : peacock
pavonearse *vr* : to strut, to swagger
pavoneo *nm* : strut, swagger
pavor *nm* TERROR : dread, terror
pavoroso, -sa *adj* ATERRADOR : dreadful, terrifying
payasada *nf* BUFONADA : antic, buffoonery
payasear *vi* : to clown around
payaso, -sa *n* : clown
paz *nf, pl* **paces 1** : peace **2 dejar en paz** : to leave alone **3 hacer las paces** : to make up, to reconcile
pazca, etc. → **pacer**
PC *nmf* : PC, personal computer
peaje *nm* : toll
peatón *nm, pl* **-tones** : pedestrian
peatonal *adj* : pedestrian
peca *nf* : freckle
pecado *nm* : sin
pecador[1], **-dora** *adj* : sinful, sinning
pecador[2], **-dora** *n* : sinner
pecaminoso, -sa *adj* : sinful
pecar {72} *vi* **1** : to sin **2 ~ de** : to be too much (something) ⟨no pecan de amabilidad : they're not overly friendly⟩
pécari *or* **pecarí** *nm* : peccary
pececillo *nm* : small fish
pecera *nf* : fishbowl, fish tank
pecho *nm* **1** : chest **2** SENO : breast, bosom **3** : heart, courage **4 dar el pecho** : to breast-feed **5 tomar a pecho** : to take to heart
pechuga *nf* : breast (of fowl)
pecoso, -sa *adj* : freckled
pectoral *adj* : pectoral
peculado *nm* : embezzlement
peculiar *adj* **1** CARACTERÍSTICO : particular, characteristic **2** RARO : peculiar, uncommon
peculiaridad *nf* : peculiarity
pecuniario, -ria *adj* : pecuniary
pedagogía *nf* : pedagogy
pedagógico, -ca *adj* : pedagogic, pedagogical
pedagogo, -ga *n* : educator, pedagogue
pedal *nm* : pedal
pedalear *vi* : to pedal
pedante[1] *adj* : pedantic
pedante[2] *nmf* : pedant
pedantería *nf* : pedantry
pedazo *nm* TROZO : piece, bit, chunk ⟨caerse a pedazos : to fall to pieces⟩ ⟨hacer pedazos : to tear into shreds, to smash to pieces⟩
pedernal *nm* : flint
pedestal *nm* : pedestal
pedestre *adj* : commonplace, pedestrian
pediatra *nmf* : pediatrician
pediatría *nf* : pediatrics
pediátrico, -ca *adj* : pediatric
pedido *nm* **1** : order (of merchandise) **2** : request
pedigrí *nm* : pedigree
pedir {54} *vt* **1** : to ask for, to request ⟨le pedí un préstamo a Claudia : I asked Claudia for a loan⟩ ⟨le pedí que nos llamara : I asked her to call us⟩ ⟨me pidieron ayuda/permiso : they asked me for help/permission⟩ ⟨pide

200 dólares por la bici : he's asking 200 dollars for the bike⟩ **2** : to order (food, merchandise) **3 pedir disculpas/perdón** : to apologize — *vi* **1** : to order **2** : to beg

pedrada *nf* **1** : blow (with a rock or stone) ⟨la ventana se quebró de una pedrada : the window was broken by a rock⟩ **2** *fam* : cutting remark, dig

pedregal *nm* : rocky ground

pedregoso, -sa *adj* : rocky, stony

pedrera *nf* CANTERA : quarry

pedrería *nf* : precious stones *pl*, gems *pl*

pegado, -da *adj* **1** : glued, stuck, stuck together **2 ∼ a** : right next to

pegajoso, -sa *adj* **1** : sticky, gluey **2** : catchy ⟨una tonada pegajosa : a catchy tune⟩

pegamento *nm* : adhesive, glue

pegar {52} *vt* **1** : to stick, to glue, to paste **2** : to attach, to sew on **3** : to infect with, to give ⟨me pegó el resfriado : he gave me his cold⟩ **4** : to give (a slap, a kick, etc.), to deal (a blow) ⟨le pegó un tiro/puñetazo : she shot/punched him⟩ ⟨me pegó un susto : he startled me⟩ **5** : to give (a shout, a jump, etc.) ⟨pegó un alarido : she let out a scream⟩ **6** : to put against, to put near — *vi* **1** ADHERIRSE : to stick, to adhere **2** : to hit ⟨pegar en algo : to hit (against) something⟩ ⟨pegarle a alguien : to hit someone⟩ **3 ∼ con** : to match, to go with — **pegarse** *vr* **1** : to hit oneself ⟨me pegué en el codo : I hit my elbow⟩ **2** : to hit each other **3** : to stick, to take hold **4** : to be contagious

pegote *nm* **1** : sticky mess **2** *Mex* : sticker, adhesive label

pegue, etc. → **pegar**

peinado *nm* : hairstyle, hairdo

peinador, -dora *n* : hairdresser

peinar *vt* : to comb — **peinarse** *vr*

peine *nm* : comb

peineta *nf* : ornamental comb

peladez *nf, pl* **-deces** *Mex fam* : obscenity, bad language

pelado, -da *adj* **1** : bald, hairless **2** : peeled **3** : bare, barren **4** : broke, penniless **5** *Mex fam* : coarse, crude

pelador *nm* : peeler

pelagra *nf* : pellagra

pelaje *nm* : coat (of an animal), fur

pelar *vt* **1** : to peel, to shell **2** : to skin **3** : to pluck **4** : to remove hair from **5** *fam* : to clean out (of money) — **pelarse** *vr* **1** : to peel **2** *fam* : to get a haircut **3** *Mex fam* : to split, to leave

peldaño *nm* **1** : step, stair **2** : rung

pelea *nf* **1** LUCHA : fight **2** : quarrel

pelear *vi* **1** LUCHAR : to fight **2** DISPUTAR : to quarrel — **pelearse** *vr*

peleón, -ona *adj, mpl* **-ones** *Spain* : quarrelsome, argumentative

peleonero, -ra *adj Mex* : quarrelsome

peletería *nf* **1** : fur shop **2** : fur trade

peletero, -ra *n* : furrier

peliagudo, -da *adj* : tricky, difficult, ticklish

pelícano *nm* : pelican

película *nf* **1** : movie, film **2** : (photographic) film **3** : thin covering, layer

peligrar *vi* : to be in danger

peligro *nm* **1** : danger, peril **2** : risk ⟨correr peligro de : to run the risk of⟩

peligroso, -sa *adj* : dangerous, hazardous

pelirrojo[1], **-ja** *adj* : red-haired, redheaded

pelirrojo[2], **-ja** *n* : redhead

pellejo *nm* **1** : hide, skin **2 salvar el pellejo** : to save one's neck

pellizcar {72} *vt* **1** : to pinch **2** : to nibble on

pellizco *nm* : pinch

pelo *nm* **1** : hair **2** : fur **3** : pile, nap **4 a pelo** : bareback **5 con pelos y señales** : in great detail **6 no tener pelos en la lengua** : to not mince words, to be blunt **7 tomarle el pelo a alguien** : to tease someone, to pull someone's leg

pelón, -lona *adj, mpl* **pelones** **1** : bald **2** *fam* : broke **3** *Mex fam* : tough, difficult

pelota *nf* **1** : ball **2** *fam* : head **3 en pelotas** *fam* : naked **4 pelota vasca** : jai alai **5 pasar la pelota** *fam* : to pass the buck

pelotón *nm, pl* **-tones** : squad, detachment

peltre *nm* : pewter

peluca *nf* : wig

peluche *nm* : plush (fabric)

peludo, -da *adj* : hairy, shaggy, bushy

peluquería *nf* **1** : hairdresser's, barber shop **2** : hairdressing

peluquero, -ra *n* : barber, hairdresser

peluquín *nm, pl* **-quines** TUPÉ : hairpiece, toupee

pelusa *nf* : lint, fuzz

pélvico, -ca *adj* : pelvic

pelvis *nfs & pl* : pelvis

pena *nf* **1** SENTENCIA : sentence, penalty ⟨pena de muerte, pena capital : death penalty⟩ **2** AFLICCIÓN : sorrow, grief ⟨me da pena : it makes me sad⟩ ⟨morir de pena : to die of a broken heart⟩ ⟨¡qué pena! : what a shame!, how sad!⟩ **3** VERGÜENZA : shame, embarrassment **4 penas** *nfpl* : problems, troubles ⟨olvidar tus penas : to forget your troubles⟩ **5 penas** *nfpl* : difficulty, trouble ⟨a duras penas : with great difficulty⟩ **6 valer la pena** : to be worthwhile

penacho *nm* **1** : crest, tuft **2** : plume (of feathers)

penal[1] *adj* : penal

penal[2] *nm* CÁRCEL : prison, penitentiary

penalidad *nf* **1** : hardship **2** : penalty, punishment

penalizar {21} *vt* : to penalize

penalty *nm* : penalty (in sports)

penar *vt* : to punish, to penalize — *vi* : to suffer, to grieve
pendenciero, -ra *adj* : argumentative, quarrelsome
pender *vi* **1** : to hang **2** : to be pending
pendiente[1] *adj* **1** : pending **2 estar pendiente de** : to be watchful of, to be on the lookout for
pendiente[2] *nm Spain* : earring
pendiente[3] *nf* : slope, incline
pendón *nm, pl* **pendones** : banner
péndulo *nm* : pendulum
pene *nm* : penis
penetración *nf, pl* **-ciones** **1** : penetration **2** : insight
penetrante *adj* **1** : penetrating, piercing **2** : sharp, acute **3** : deep (of a wound)
penetrar *vi* **1** : to penetrate, to sink in **2 ~ por** *or* **~ en** : to pierce, to go in, to enter into ⟨el frío penetra por la ventana : the cold comes right in through the window⟩ — *vt* **1** : to penetrate, to permeate **2** : to pierce ⟨el dolor penetró su corazón : sorrow pierced her heart⟩ **3** : to fathom, to understand
penicilina *nf* : penicillin
península *nf* : peninsula — **peninsular** *adj*
penitencia *nf* : penance, penitence
penitenciaría *nf* : penitentiary
penitente *adj & nmf* : penitent
penol *nm* : yardarm
penoso, -sa *adj* **1** : painful, distressing **2** : difficult, arduous **3** : shy, bashful
pensado, -da *adj* **1 bien pensado** : well thought-out **2 en el momento menos pensado** : when least expected **3 poco pensado** : badly thought-out **4 mal pensado** : evil-minded
pensador, -dora *n* : thinker
pensamiento *nm* **1** : thought **2** : thinking **3** : pansy
pensar {55} *vi* **1** : to think ⟨pensar bien/mal de alguien : to think well/poorly of someone⟩ **2 ~ en** : to think about ⟨pensaba en otra cosa : I was thinking about something else⟩ **3 dar que pensar** : to provide food for thought — *vt* **1** : to think ⟨pienso que es necesario : I think it's necessary⟩ ⟨¿qué piensas de su nueva canción? : what do you think about her new song?⟩ **2** : to think about ⟨está pensando comprar una casa : she's thinking about buying a house⟩ **3** : to intend, to plan on ⟨¿qué piensas hacer? : what do you plan to do?⟩ ⟨no pienso casarme : I don't intend to get married⟩ — **pensarse** *vr* : to think over
pensativo, -va *adj* : pensive, thoughtful
pensión *nf, pl* **pensiones** **1** JUBILACIÓN : pension **2** : boarding house **3 pensión alimenticia** : alimony
pensionado, -da *n* → **pensionista**
pensionista *nmf* **1** JUBILADO : pensioner, retiree **2** : boarder, lodger
pentágono *nm* : pentagon — **pentagonal** *adj*
pentagrama *nm* : staff (in music)
penúltimo, -ma *adj* : next to last, penultimate
penumbra *nf* : semidarkness
penuria *nf* **1** ESCASEZ : shortage, scarcity **2** : poverty
peña *nf* : rock, crag
peñasco *nm* : crag, large rock
peñón → **peñasco**
peón *nm, pl* **peones** **1** : laborer, peon **2** : pawn (in chess)
peonía *nf* : peony
peor[1] *adv* **1** *comparative of* **mal** : worse ⟨se llevan peor que antes : they get along worse than before⟩ **2** *superlative of* **mal** : worst ⟨me fue peor que a nadie : I did the worst of all⟩
peor[2] *adj* **1** *comparative of* **malo** : worse ⟨es peor que el original : it's worse than the original⟩ **2** *superlative of* **malo** : worst ⟨el peor de todos : the worst of all⟩
pepa *nf* : seed, pit (of a fruit)
pepenador, -dora *n CA, Mex* : scavenger
pepenar *vt CA, Mex* : to scavenge, to scrounge
pepinillo *nm* : pickle, gherkin
pepino *nm* : cucumber
pepita *nf* **1** : seed, pip **2** : nugget **3** *Mex* : dried pumpkin seed
peque, etc. → **pecar**
pequeñez *nf, pl* **-ñeces** **1** : smallness **2** : trifle, triviality **3 pequeñez de espíritu** : pettiness
pequeño[1], **-ña** *adj* **1** : small, little ⟨un libro pequeño : a small book⟩ **2** : young **3** BAJO : short
pequeño[2], **-ña** *n* : child, little one
pera *nf* : pear
peraltar *vt* : to bank (a road)
perca *nf* : perch (fish)
percal *nm* : percale
percance *nm* : mishap, misfortune
percatarse *vr* **~ de** : to notice, to become aware of
percebe *nm* : barnacle
percepción *nf, pl* **-ciones** **1** : perception **2** : idea, notion **3** COBRO : receipt (of payment), collection
perceptible *adj* : perceptible, noticeable — **perceptiblemente** *adv*
percha *nf* **1** : perch **2** : coat hanger **3** : coatrack, coat hook
perchero *nm* : coatrack
percibir *vt* **1** : to perceive, to notice, to sense **2** : to earn, to draw (a salary)
percudido, -da *adj* : grimy
percudir *vt* : to make grimy — **percudirse** *vr*
percusión *nf, pl* **-siones** : percussion
percusor *or* **percutor** *nm* : hammer (of a firearm)
perdedor[1], **-dora** *adj* : losing
perdedor[2], **-dora** *n* : loser
perder {56} *vt* **1** : to lose ⟨perdió las llaves : he lost his keys⟩ ⟨perder di-

nero/peso : to lose money/weight⟩ ⟨perder la paciencia/confianza : to lose patience/confidence⟩ ⟨perder la vida : to lose one's life⟩ **2** : to lose (a game, contest, etc.) **3** : to miss (a train, an event, etc.) ⟨perdimos la oportunidad : we missed the opportunity⟩ **4** : to waste (time) — *vi* : to lose — **perderse** *vr* **1** EXTRAVIARSE : to get lost **2** : to miss **3** DESAPARECER : to disappear

perdición *nf, pl* **-ciones** : perdition, damnation

pérdida *nf* **1** : loss **2 pérdida de tiempo** : waste of time

perdidamente *adv* : hopelessly

perdido, -da *adj* **1** : lost **2** : inveterate, incorrigible ⟨es un caso perdido : he's a hopeless case⟩ **3** : in trouble, done for **4 de ~** *Mex fam* : at least

perdigón *nm, pl* **-gones** : shot, pellet

perdiz *nf, pl* **perdices** : partridge

perdón[1] *nm, pl* **perdones** : forgiveness, pardon

perdón[2] *interj* : excuse me!, sorry!

perdonable *adj* : forgivable

perdonar *vt* **1** DISCULPAR : to forgive, to pardon **2** : to exempt, to excuse

perdurable *adj* : lasting

perdurar *vi* : to last, to endure, to survive

perecedero, -ra *adj* : perishable

perecer {53} *vi* : to perish, to die

peregrinación *nf, pl* **-ciones** : pilgrimage

peregrinaje *nm* → **peregrinación**

peregrino[1], **-na** *adj* **1** : unusual, odd **2** MIGRATORIO : migratory

peregrino[2], **-na** *n* : pilgrim

perejil *nm* : parsley

perenne *adj* : perennial

perentorio, -ria *adj* **1** : peremptory **2** URGENTE : urgent **3** FIJO : fixed, set

pereza *nf* FLOJERA, HOLGAZANERÍA : laziness, idleness

perezoso[1], **-sa** *adj* FLOJO, HOLGAZÁN : lazy

perezoso[2] *nm* : sloth (animal)

perfección *nf, pl* **-ciones** : perfection

perfeccionamiento *nm* : perfecting, refinement

perfeccionar *vt* : to perfect, to refine

perfeccionismo *nm* : perfectionism

perfeccionista *nmf* : perfectionist

perfecto, -ta *adj* : perfect — **perfectamente** *adv*

perfidia *nf* : perfidy, treachery

pérfido, -da *adj* : perfidious

perfil *nm* **1** : profile **2 de ~** : sideways, from the side **3 perfiles** *nmpl* RASGOS : features, characteristics

perfilar *vt* : to outline, to define — **perfilarse** *vr* **1** : to be outlined, to be silhouetted **2** : to take shape

perforación *nf, pl* **-ciones** **1** : perforation **2** : drilling

perforadora *nf* **1** : hole punch (for paper) **2** : drill (in mining, etc.)

perforar *vt* **1** : to perforate, to pierce **2** : to drill, to bore

perfumar *vt* : to perfume, to scent — **perfumarse** *vr*

perfume *nm* : perfume, scent

pergamino *nm* : parchment

pérgola *nf* : pergola, arbor

pericia *nf* : skill, expertise

pericial *adj* : expert ⟨testigo pericial : expert witness⟩

perico *nm* COTORRA : small parrot

periferia *nf* : periphery

periférico[1], **-ca** *adj* : peripheral

periférico[2] *nm* **1** *CA, Mex* : beltway **2** : peripheral

perilla *nf* **1** : goatee **2** : pommel (on a saddle) **3** *Col, Mex* : knob, handle **4 perilla de la oreja** : earlobe **5 de perillas** *fam* : handy, just right

perímetro *nm* : perimeter

periódico[1], **-ca** *adj* : periodic — **periódicamente** *adv*

periódico[2] *nm* DIARIO : newspaper

periodismo *nm* : journalism

periodista *nmf* : journalist

periodístico, -ca *adj* : journalistic, news

período *or* **periodo** *nm* : period

peripecia *nf* VICISITUD : vicissitude, reversal ⟨las peripecias de su carrera : the ups and downs of her career⟩

periquito *nm* **1** : parakeet **2 periquito australiano** : budgerigar

periscopio *nm* : periscope

perito, -ta *adj & n* : expert

perjudicar {72} *vt* : to harm, to be detrimental to

perjudicial *adj* : harmful, detrimental

perjuicio *nm* **1** : harm, damage **2 en perjuicio de** : to the detriment of

perjurar *vi* : to perjure oneself

perjurio *nm* : perjury

perjuro, -ra *n* : perjurer

perla *nf* **1** : pearl **2 de perlas** *fam* : wonderfully ⟨me viene de perlas : it suits me just fine⟩

permanecer {53} *vi* **1** QUEDARSE : to remain, to stay **2** SEGUIR : to remain, to continue to be

permanencia *nf* **1** : permanence, continuance **2** ESTANCIA : stay

permanente[1] *adj* **1** : permanent **2** : constant — **permanentemente** *adv*

permanente[2] *nf* : permanent (wave)

permeabilidad *nf* : permeability

permeable *adj* : permeable

permisible *adj* : permissible, allowable

permisividad *nf* : permissiveness

permisivo, -va *adv* : permissive

permiso *nm* **1** : permission **2** : permit, license **3** : leave, furlough **4 con ~** : excuse me, pardon me

permitir *vt* : to permit, to allow — **permitirse** *vr*

permuta *nf* : exchange

permutar *vt* INTERCAMBIAR : to exchange

pernicioso, -sa *adj* : pernicious, destructive

pernil *nm* **1** : haunch (of an animal) **2** : leg (of meat), ham **3** : trouser leg

perno *nm* : bolt, pin

pernoctar *vi* : to stay overnight, to spend the night

pero[1] *nm* **1** : fault, defect ⟨ponerle peros a : to find fault with⟩ **2** : objection

pero[2] *conj* : but

perogrullada *nf* : truism, platitude, cliché

peroné *nm* : fibula

perorar *vi* : to deliver a speech

perorata *nf* : oration, long-winded speech

peróxido *nm* : peroxide

perpendicular *adj & nf* : perpendicular

perpetrar *vt* : to perpetrate

perpetuar {3} *vt* ETERNIZAR : to perpetuate

perpetuidad *nf* : perpetuity

perpetuo, -tua *adj* : perpetual — **perpetuamente** *adv*

perplejidad *nf* : perplexity

perplejo, -ja *adj* : perplexed, puzzled

perrada *nf fam* : dirty trick

perrera *nf* : kennel, dog pound

perrero, -ra *n* : dogcatcher

perrito, -ta *n* CACHORRO : puppy, small dog

perro, -rra *n* **1** : dog, bitch *f* **2 perro caliente** : hot dog **3 perro salchicha** : dachshund **4 perro faldero** : lapdog **5 perro cobrador** : retriever

persa[1] *adj & nmf* : Persian

persa[2] *nm* : Persian (language)

persecución *nf, pl* **-ciones 1** : pursuit, chase **2** : persecution

perseguidor, -dora *n* **1** : pursuer **2** : persecutor

perseguir {75} *vt* **1** : to pursue, to chase **2** : to persecute **3** : to pester, to annoy

perseverancia *nf* : perseverance

perseverar *vi* : to persevere

persiana *nf* : blind, venetian blind

persignarse *vr* SANTIGUARSE : to cross oneself, to make the sign of the cross

persistir *vi* : to persist — **persistencia** *nf* — **persistente** *adj*

persona *nf* : person

personaje *nm* **1** : character (in drama or literature) **2** : personage, celebrity

personal[1] *adj* : personal — **personalmente** *adv*

personal[2] *nm* : personnel, staff

personalidad *nf* : personality

personalizar {21} *vt* : to personalize

personificar {72} *vi* : to personify — **personificación** *nf*

perspectiva *nf* **1** : perspective, view **2** : prospect, outlook

perspicacia *nf* : shrewdness, perspicacity, insight

perspicaz *adj, pl* **-caces** : shrewd, perspicacious

persuadir *vt* : to persuade — **persuadirse** *vr* : to become convinced

persuasión *nf, pl* **-siones** : persuasion

persuasivo, -va *adj* : persuasive

pertenecer {53} *vi* : to belong

perteneciente *adj* **~ a** : belonging to

pertenencia *nf* **1** : membership **2** : ownership **3 pertenencias** *nfpl* : belongings, possessions

pértiga *nf* GARROCHA : pole ⟨salto de pértiga : pole vault⟩

pertinaz *adj, pl* **-naces 1** OBSTINADO : obstinate **2** PERSISTENTE : persistent

pertinencia *nf* : pertinence, relevance — **pertinente** *adj*

pertrechos *nmpl* : equipment, gear

perturbación *nf, pl* **-ciones** : disturbance, disruption

perturbador, -dora *adj* **1** INQUIETANTE : disturbing, troubling **2** : disruptive

perturbar *vt* **1** : to disturb, to trouble **2** : to disrupt

peruano, -na *adj & n* : Peruvian

perversidad *nf* : perversity, depravity

perversión *nf, pl* **-siones** : perversion

perverso, -sa *adj* : wicked, depraved

pervertido[1], **-da** *adj* DEPRAVADO : perverted, depraved

pervertido[2], **-da** *n* : pervert

pervertir {76} *vt* : to pervert, to corrupt

pesa *nf* **1** : weight **2 levantamiento de pesas** : weightlifting

pesadamente *adv* **1** : heavily **2** : slowly, clumsily

pesadez *nf, pl* **-deces 1** : heaviness **2** : slowness **3** : tediousness

pesadilla *nf* : nightmare

pesado[1], **-da** *adj* **1** : heavy **2** : slow **3** : irritating, annoying **4** : tedious, boring **5** : tough, difficult

pesado[2], **-da** *n fam* : bore, pest

pesadumbre *nf* AFLICCIÓN : grief, sorrow, sadness

pésame *nm* : condolences *pl* ⟨mi más sentido pésame : my heartfelt condolences⟩

pesar[1] *vt* **1** : to weigh **2** EXAMINAR : to consider, to think over — *vi* **1** : to weigh ⟨¿cuánto pesa? : how much does it weigh?⟩ **2** : to be heavy **3** : to weigh heavily, to be a burden ⟨no le pesa : it's not a burden on him⟩ ⟨pesa sobre mi corazón : it weighs upon my heart⟩ **4** INFLUIR : to carry weight, to have bearing **5** (*with personal pronouns*) : to grieve, to sadden ⟨me pesa mucho : I'm very sorry⟩ **6 pese a** : in spite of, despite

pesar[2] *nm* **1** AFLICCIÓN, PENA : sorrow, grief **2** REMORDIMIENTO : remorse **3 a pesar de** : in spite of, despite

pesaroso, -sa *adj* **1** : sad, mournful **2** ARREPENTIDO : sorry, regretful

pesca *nf* : fishing

pescadería *nf* : fish market

pescado *nm* : fish (as food)

pescador, -dora *n* : fisherman *m*, fisherwoman *f*

pescar {72} *vt* **1** : to fish for **2** : to catch **3** *fam* : to get a hold of, to land — *vi* : to fish, to go fishing

pescuezo *nm* : neck

pesebre *nm* : manger
pesero *nm Mex* : minibus
peseta *nf* : peseta (Spanish unit of currency)
pesimismo *nm* : pessimism
pesimista[1] *adj* : pessimistic
pesimista[2] *nmf* : pessimist
pésimo, -ma *adj* : dreadful, abominable
peso *nm* **1** : weight, heaviness **2** : burden, responsibility **3** : weight (in sports) **4** BÁSCULA : scales *pl* **5** : peso
pesque, etc. → **pescar**
pesquería *nf* : fishery
pesquero[1], **-ra** *adj* : fishing ⟨pueblo pesquero : fishing village⟩
pesquero[2] *nm* : fishing boat
pesquisa *nf* INVESTIGACIÓN : inquiry, investigation
pestaña *nf* **1** : eyelash **2** : flange, rim
pestañear *vi* : to blink
pestañeo *nm* : blink
peste *nf* **1** : plague, pestilence **2** : stench, stink **3** : nuisance, pest
pesticida *nm* : pesticide
pestilencia *nf* **1** : stench, foul odor **2** : pestilence
pestilente *adj* **1** : foul, smelly **2** : pestilent
pestillo *nm* CERROJO : bolt, latch
petaca *nf* **1** *Mex* : suitcase **2** **petacas** *nfpl Mex fam* : bottom, behind
pétalo *nm* : petal
petardear *vi* : to backfire
petardeo *nm* : backfiring
petardo *nm* : firecracker
petate *nm Mex* : mat
petición *nf, pl* **-ciones** : petition, request
peticionar *vt* : to petition
peticionario, -ria *n* : petitioner
petirrojo *nm* : robin
peto *nm* : bib (of clothing)
pétreo, -trea *adj* : stone, stony
petrificar {72} *vt* : to petrify
petróleo *nm* : oil, petroleum
petrolero[1], **-ra** *adj* : oil ⟨industria petrolera : oil industry⟩
petrolero[2] *nm* : oil tanker
petrolífero, -ra *adj* → **petrolero**[1]
petulancia *nf* INSOLENCIA : insolence, petulance
petulante *adj* INSOLENTE : insolent, petulant — **petulantemente** *adv*
petunia *nf* : petunia
peyorativo, -va *adj* : pejorative
pez[1] *nm, pl* **peces** **1** : fish **2** **pez de colores** : goldfish **3** **pez espada** : swordfish **4** **pez gordo** : big shot
pez[2] *nf, pl* **peces** : pitch, tar
pezón *nm, pl* **pezones** : nipple
pezuña *nf* : hoof ⟨pezuña hendida : cloven hoof⟩
pi *nf* : pi
piadoso, -sa *adj* **1** : compassionate, merciful **2** DEVOTO : pious, devout
pianista *nmf* : pianist, piano player
piano *nm* : piano
piar {85} *vi* : to chirp, to cheep, to tweet
pibe, -ba *n Arg, Uru fam* : kid, child
pica *nf* **1** : pike, lance **2** : goad (in bullfighting) **3** : spade (in playing cards)
picada *nf* **1** : bite, sting (of an insect) **2** : sharp descent
picadillo *nm* **1** : minced meat, hash **2** **hacer picadillo a** : to beat to a pulp
picado, -da *adj* **1** : perforated **2** : minced, chopped **3** : decayed (of teeth) **4** : choppy, rough **5** *fam* : annoyed, miffed
picador *nm* : picador
picadura *nf* **1** : sting, bite **2** : prick, puncture **3** : decay, cavity
picaflor *nm* COLIBRÍ : hummingbird
picana *nf* : goad, prod
picante[1] *adj* **1** : hot, spicy **2** : sharp, cutting **3** : racy, risqué
picante[2] *nm* **1** : spiciness **2** : hot spices *pl*, hot sauce
picaporte *nm* **1** : latch **2** : door handle **3** ALDABA : door knocker
picar {72} *vt* **1** : to sting (of bees, etc.), to bite (of fleas, etc.) **2** : to peck at (of birds) **3** COMER : to nibble on **4** : to prick (of a needle, etc.), to punch (a ticket) **5** : to break, to chip (stone, etc.) **6** : to grind, to chop **7** : to goad, to incite **8** : to pique, to provoke — *vi* **1** : to itch ⟨esta camisa me pica : this shirt is itchy⟩ **2** : to sting **3** : to be spicy, to be hot **4** : to nibble **5** : to take the bait **6** ~ **en** : to dabble in **7** **picar muy alto** : to aim too high — **picarse** *vr* **1** : to get a cavity, to decay **2** : to go bad (of food) **3** : to get annoyed, to take offense **4** : to become choppy (of the sea)
picardía *nf* **1** : cunning, craftiness **2** : prank, dirty trick
picaresco, -ca *adj* **1** : picaresque **2** : rascally, roguish
pícaro[1], **-ra** *adj* **1** : mischievous **2** : cunning, sly **3** : off-color, risqué
pícaro[2], **-ra** *n* **1** : rogue, scoundrel **2** : rascal
picazón *nf, pl* **-zones** COMEZÓN : itch
picea *nf* : spruce (tree)
pichel *nm* : pitcher, jug
pichón, -chona *n, mpl* **pichones** **1** : young pigeon, squab **2** *Mex fam* : novice, greenhorn
picnic *nm* : picnic
pico *nm* **1** : peak **2** : point, spike **3** : beak, bill **4** : pick, pickax **5** **y pico** : and a little, and a bit ⟨las siete y pico : a little after seven⟩ ⟨dos metros y pico : a bit over two meters⟩
picor *nm* : itch, irritation
picoso, -sa *adj Mex* : very hot, spicy
picota *nf* **1** : pillory, stock **2** **poner a alguien en la picota** : to put someone on the spot
picotada *nf* → **picotazo**
picotazo *nm* : peck (of a bird)
picotear *vt* : to peck — *vi* : to nibble, to pick
pictórico, -ca *adj* : pictorial
picudo, -da *adj* **1** : pointy, sharp **2** ~ **para** *Mex fam* : clever at, good at

pide, etc. → pedir

pie *nm* **1** : foot **2** : base, bottom, stem, foot ⟨pie de la cama : foot of the bed⟩ ⟨pie de una lámpara : base of a lamp⟩ ⟨pie de la escalera : bottom of the stairs⟩ ⟨pie de una copa : stem of a glass⟩ ⟨pie de la página : foot of the page⟩ ⟨pie de foto : caption⟩ **3** : foot (in measurement) ⟨pie cuadrado : square foot⟩ **4** : cue (in theater) **5 a ~** : on foot **6 de ~** : on one's feet, standing ⟨estar de pie : to be standing⟩ ⟨ponerse de pie : to stand up⟩ **7 en ~** : standing ⟨mantenerse en pie : to remain standing⟩ ⟨seguir en pie : to remain valid, to stand⟩ **8 al pie de la letra** : word for word **9 con buen pie** : well ⟨comenzar con buen pie : to start on the right foot, to get off to a good start⟩ **10 con pies de plomo** : very cautiously **11 dar pie a** : to give cause for, to give rise to **12 de a pie** : average, ordinary **13 de pies a cabeza** : from head to toe **14 en pie de guerra** : ready for war **15 en pie de igualdad** : on equal footing **16 hacer pie** : to touch bottom (in water) **17 no tener ni pies ni cabeza** : to make no sense

piedad *nf* **1** COMPASIÓN : mercy, pity **2** DEVOCIÓN : piety, devotion

piedra *nf* **1** : stone **2** : flint (of a lighter) **3** : hailstone **4 piedra de afilar** : whetstone, grindstone **5 piedra angular** : cornerstone **6 piedra arenisca** : sandstone **7 piedra caliza** : limestone **8 piedra imán** : lodestone **9 piedra de molino** : millstone **10 piedra de toque** : touchstone

piel *nf* **1** : skin **2** CUERO : leather, hide ⟨piel de venado : deerskin⟩ **3** : fur, pelt **4** CÁSCARA : peel, skin **5 piel de gallina** : goose bumps *pl* ⟨me pone la piel de gallina : it gives me goose bumps⟩

piélago *nm* **el piélago** : the deep, the ocean

piensa, etc. → pensar

pienso *nm* : feed, fodder

pierde, etc. → perder

pierna *nf* : leg

pieza *nf* **1** ELEMENTO : piece, part, component ⟨vestido de dos piezas : two-piece dress⟩ ⟨pieza de recambio : spare part⟩ ⟨pieza clave : key element⟩ **2** : piece (in chess) **3** OBRA : piece, work ⟨pieza de teatro : play⟩ **4** : room, bedroom

pifia *nf fam* : goof, blunder

pigargo *nm* : osprey

pigmentación *nf, pl* **-ciones** : pigmentation

pigmento *nm* : pigment

pigmeo, -mea *adj & n* : pygmy, Pygmy

pijama *nm* : pajamas *pl*

pila *nf* **1** BATERÍA : battery ⟨pila de linterna : flashlight battery⟩ **2** MONTÓN : pile, heap **3** : sink, basin, font ⟨pila bautismal : baptismal font⟩ ⟨pila para pájaros : birdbath⟩

pilar *nm* **1** : pillar, column **2** : support, mainstay

píldora *nf* PASTILLA : pill

pillaje *nm* : pillage, plunder

pillar *vt* **1** *fam* : to catch ⟨¡cuidado! ¡nos pillarán! : watch out! they'll catch us!⟩ **2** *fam* : to grasp, to catch on ⟨¿no lo pillas? : don't you get it?⟩

pillo[1], **-lla** *adj* : cunning, crafty

pillo[2], **-lla** *n* **1** : rascal, brat **2** : rogue, scoundrel

pilluelo, -la *n* : urchin

pilón *nm, pl* **pilones** **1** PILA : basin **2** : pillar, tower (for cables), pylon (of a bridge) **3** *Mex* : extra, lagniappe

pilotar *vt* : to pilot, to drive

pilote *nm* : pile (stake)

pilotear → pilotar

piloto *nm* **1** : pilot, driver **2** : pilot light

piltrafa *nf* **1** : poor quality meat **2** : wretch **3 piltrafas** *nfpl* : food scraps

pimentero *nm* : pepper shaker

pimentón *nm, pl* **-tones** **1** : paprika **2** : cayenne pepper

pimienta *nf* **1** : pepper (condiment) **2 pimienta de Jamaica** : allspice

pimiento *nm* : pepper (fruit) ⟨pimiento verde : green pepper⟩

pináculo *nm* **1** : pinnacle (of a building) **2** : peak, acme

pincel *nm* : paintbrush

pincelada *nf* **1** : brushstroke **2 últimas pinceladas** : final touches

pinchar *vt* **1** : to puncture (a tire, balloon, etc.) **2** : to prick, to stick (with a needle, etc.), to jab (with a fork, etc.) **3** PROVOCAR : to goad, to tease, to needle **4** : to give an injection **5** : to click on (a link, etc.) ⟨pinche aquí : click here⟩ — *vi* **1** : to be prickly **2** : to get a flat tire **3** *fam* : to get beaten, to lose out — **pincharse** *vr* **1** INYECTARSE : to shoot up **2** : to go flat (of a tire)

pinchazo *nm* **1** : prick, jab **2** : puncture, flat tire

pingüe *adj* **1** : rich, huge (of profits) **2** : lucrative

pingüino *nm* : penguin

pininos *or* **pinitos** *nmpl* : first steps ⟨hacer pininos : to take one's first steps, to toddle⟩

pino *nm* : pine, pine tree

pinta *nf* **1** : dot, spot **2** : pint **3** *fam* : aspect, appearance ⟨las peras tienen buena pinta : the pears look good⟩ **4 pintas** *nfpl Mex* : graffiti

pintadas *nfpl* : graffiti

pintar *vt* **1** : to paint **2** : to draw, to mark **3** : to describe, to depict — *vi* **1** : to paint, to draw **2** : to look ⟨no pinta bien : it doesn't look good⟩ **3** *fam* : to count ⟨aquí no pinta nada : he has no say here⟩ — **pintarse** *vr* **1** MAQUILLARSE : to put on makeup **2 pintárselas solo** *fam* : to manage by oneself, to know it all

pintarrajear *vt* : to daub (with paint)

pinto, -ta *adj* : speckled, spotted

pintor, -tora *n* **1** : painter **2 pintor de brocha gorda** : housepainter, dauber
pintoresco, -ca *adj* : picturesque, quaint
pintura *nf* **1** : paint **2** : painting (art, work of art)
pinza *nf* **1** : clothespin **2** : claw, pincer **3** : pleat, dart **4 pinzas** *nfpl* : tweezers **5 pinzas** *nfpl* ALICATES : pliers, pincers
pinzón *nm, pl* **pinzones** : finch
piña *nf* **1** : pineapple **2** : pine cone
piñata *nf* : piñata
piñón *nm, pl* **piñones** **1** : pine nut **2** : pinion
pío[1], **pía** *adj* **1** DEVOTO : pious, devout **2** : piebald, pied, dappled
pío[2] *nm* : peep, tweet, cheep
piocha *nf* **1** : pickax **2** *Mex* : goatee
piojo *nm* : louse
piojoso, -sa *adj* **1** : lousy **2** : filthy
pionero[1], **-ra** *adj* : pioneering
pionero[2], **-ra** *n* : pioneer
pipa *nf* : pipe (for smoking)
pipí *nm fam* : pee *fam* ⟨hacer pipí : to take a pee⟩
pipián *nm, pl* **pipianes** *Mex* : a spicy sauce or stew
pipiolo, -la *n fam* **1** : greenhorn, novice **2** : kid, youngster
pique[1], **etc.** → **picar**
pique[2] *nm* **1** : pique, resentment **2** : rivalry, competition **3 a pique de** : about to, on the verge of **4 irse a pique** : to sink, to founder
piqueta *nf* : pickax
piquete *nm* **1** : picketers *pl*, picket line **2** : squad, detachment **3** *Mex* : prick, jab
piquetear *vt* **1** : to picket **2** *Mex* : to prick, to jab
pira *nf* : pyre
piragua *nf* : canoe — **piragüista** *nmf*
pirámide *nf* : pyramid
piraña *nf* : piranha
pirata[1] *adj* : bootleg, pirated
pirata[2] *nmf* **1** : pirate **2** : bootlegger **3 pirata aéreo** : hijacker
piratear *vt* **1** : to hijack, to commandeer **2** : to bootleg, to pirate
piratería *nf* : piracy, bootlegging
piromanía *nf* : pyromania
pirómano, -na *n* : pyromaniac
piropo *nm* : flirtatious compliment
pirotecnia *nf* : fireworks *pl*, pyrotechnics *pl*
pirotécnico, -ca *adj* : fireworks, pyrotechnic
pírrico, -ca *adj* : Pyrrhic
pirueta *nf* : pirouette
pirulí *nm* : cone-shaped lollipop
pisada *nf* **1** : footstep **2** HUELLA : footprint
pisapapeles *nms & pl* : paperweight
pisar *vt* **1** : to step on, to set foot in **2** : to walk all over, to mistreat — *vi* : to step, to walk, to tread
piscina *nf* **1** : swimming pool **2** : fish pond
Piscis *nmf* : Pisces
piso *nm* **1** PLANTA : floor, story **2** SUELO : floor **3** *Spain* : apartment
pisotear *vt* **1** : to stamp on, to trample **2** PISAR : to walk all over **3** : to flout, to disregard
pisotón *nm, pl* **-tones** : stamp, step ⟨sufrieron empujones y pisotones : they were pushed and stepped on⟩
pista *nf* **1** RASTRO : trail, track ⟨siguen la pista de los sospechosos : they're on the trail of the suspects⟩ **2** : clue **3** CAMINO : road, trail **4** : track, racetrack **5** : ring, arena, rink **6 pista de aterrizaje** : runway, airstrip **7 pista de baile** : dance floor
pistacho *nm* : pistachio
pistilo *nm* : pistil
pistola *nf* **1** : pistol, handgun **2** : spray gun
pistolera *nf* : holster
pistolero *nm* : gunman
pistón *nm, pl* **pistones** : piston
pita *nf* **1** : agave **2** : pita fiber **3** : twine
pitar *vi* **1** : to blow a whistle **2** : to whistle, to boo **3** : to beep, to honk, to toot — *vt* : to whistle at, to boo
pitido *nm* **1** : whistle, whistling **2** : beep, honk, toot
pito *nm* **1** SILBATO : whistle **2 no me importa un pito** *fam* : I don't give a damn
pitón *nm, pl* **pitones** **1** : python **2** : point of a bull's horn
pituitario, -ria *adj* : pituitary
pívot *nmf, pl* **pívots** : center (in basketball)
pivote *nm* : pivot
piyama *nmf* : pajamas *pl*
pizarra *nf* **1** : slate **2** : blackboard **3** : scoreboard
pizarrón *nm, pl* **-rrones** : blackboard, chalkboard
pizca *nf* **1** : pinch ⟨una pizca de canela : a pinch of cinnamon⟩ **2** : speck, trace ⟨ni pizca : not a bit⟩ **3** *Mex* : harvest
pizcar {72} *vt Mex* : to harvest
pizque, etc. → **pizcar**
pizza ['pitsa, 'pisa] *nf* : pizza
pizzería *nf* : pizzeria, pizza parlor
placa *nf* **1** : sheet, plate **2** : plaque, nameplate **3** : plate (in photography) **4** : badge, insignia **5 placa de matrícula** : license plate, tag **6 placa dental** : plaque, tartar
placebo *nm* : placebo
placenta *nf* : placenta, afterbirth
placentero, -ra *adj* AGRADABLE, GRATO : pleasant, agreeable
placer[1] {57} *vi* GUSTAR : to be pleasing ⟨hazlo como te plazca : do it however you please⟩
placer[2] *nm* **1** : pleasure, enjoyment **2 a ~** : as much as one wants
plácido, -da *adj* TRANQUILO : placid, calm
plaga *nf* **1** : plague, infestation, blight **2** CALAMIDAD : disaster, scourge

plagado, -da *adj* ~ **de** : filled with, covered with
plagar {52} *vt* : to plague
plagiar *vt* **1** : to plagiarize **2** SECUESTRAR : to kidnap, to abduct
plagiario, -ria *n* **1** : plagiarist **2** SECUESTRADOR : kidnapper, abductor
plagio *nm* **1** : plagiarism **2** SECUESTRO : kidnapping, abduction
plague, etc. → **plagar**
plan *nm* **1** : plan, strategy, program ⟨plan de inversiones : investment plan⟩ ⟨plan de estudios : curriculum⟩ **2** PLANO : plan, diagram **3** : attitude, intent, purpose ⟨ponte en plan serio : be serious⟩ ⟨estamos en plan de divertirnos : we're looking to have some fun⟩
plana *nf* **1** : page ⟨noticias en primera plana : front-page news⟩ **2 plana mayor** : staff (in the military)
plancha *nf* **1** : iron, ironing **2** : grill, griddle ⟨a la plancha : grilled⟩ **3** : sheet, plate ⟨plancha para hornear : baking sheet⟩ **4** *fam* : blunder, blooper
planchada *nf* : ironing, pressing
planchado *nm* → **planchada**
planchar *v* : to iron
planchazo *nm fam* : goof, blunder
plancton *nm* : plankton
planeación *nf* → **planeamiento**
planeador *nm* : glider (aircraft)
planeamiento *nm* : plan, planning
planear *vt* : to plan — *vi* : to glide (in the air)
planeo *nm* : gliding, soaring
planeta *nm* : planet
planetario[1], **-ria** *adj* **1** : planetary **2** : global, worldwide
planetario[2] *nm* : planetarium
planicie *nf* : plain
planificación *nf* : planning ⟨planificación familiar : family planning⟩
planificar {72} *vt* : to plan
planilla *nf* **1** LISTA : list **2** NÓMINA : payroll **3** TABLA : chart, table **4** *Mex* : slate, ticket (of candidates) **5 planilla de cálculo** *Arg, Chile* : spreadsheet
plano[1], **-na** *adj* : flat, level, plane
plano[2] *nm* **1** PLAN : map, plan **2** : plane (surface) **3** NIVEL : level ⟨en un plano personal : on a personal level⟩ **4** : shot (in photography) **5 de** ~ : flatly, outright, directly ⟨se negó de plano : he flatly refused⟩
planta *nf* **1** : plant ⟨planta de interior : houseplant⟩ **2** FÁBRICA : plant, factory **3** PISO : floor, story **4** : staff, employees *pl* **5** : sole (of the foot)
plantación *nf, pl* **-ciones 1** : plantation **2** : planting
plantado, -da *adj* **1** : planted **2 dejar plantado** : to stand up (a date), to dump (a lover)
plantar *vt* **1** : to plant, to sow ⟨plantar de flores : to plant with flowers⟩ **2** : to put in, to place **3** *fam* : to plant, to land ⟨plantar un beso : to plant a kiss⟩ **4** *fam* : to leave, to jilt — **plantarse** *vr* **1** : to stand firm **2** *fam* : to arrive, to show up **3** *fam* : to balk
planteamiento *nm* **1** : approach, position ⟨el planteamiento feminista : the feminist viewpoint⟩ **2** : explanation, exposition **3** : proposal, suggestion, plan
plantear *vt* **1** : to set forth, to bring up, to suggest **2** : to establish, to set up **3** : to create, to pose (a problem) — **plantearse** *vr* **1** : to think about **2** : to arise
plantel *nm* **1** : educational institution **2** : staff, team
planteo → **planteamiento**
plantilla *nf* **1** : insole **2** : pattern, template, stencil **3** *Mex, Spain* : staff, roster of employees
plantío *nm* : field (planted with a crop)
plantón *nm, pl* **plantones 1** : seedling **2** : long wait ⟨darle a alguien un plantón : to stand someone up⟩
plañidero[1], **-ra** *adj* : mournful
plañidero[2], **-ra** *nf* : hired mourner
plañir {38} *v* : to mourn, to lament
plasma *nm* : plasma
plasmar *vt* : to express, to give form to — **plasmarse** *vr*
plasta *nf* : soft mass, lump
plástica *nf* : modeling, sculpture
plasticidad *nf* : plasticity
plástico[1], **-ca** *adj* : plastic
plástico[2] *nm* : plastic
plastificar {72} *vt* : to laminate
plata *nf* **1** : silver **2** : money
plataforma *nf* **1** ESTRADO, TARIMA : platform, dais **2** : platform (in politics) **3** : springboard, stepping stone **4 plataforma continental** : continental shelf **5 plataforma de lanzamiento** : launchpad **6 plataforma petrolífera** : oil rig (at sea)
platal *nm* : large sum of money, fortune
platanal *nm* : banana plantation
platanero[1], **-ra** *adj* : banana, banana-producing
platanero[2], **-ra** *n* : banana grower
plátano *nm* **1** : banana **2** : plantain **3 plátano macho** *Mex* : plantain
platea *nf* : orchestra, pit (in a theater)
plateado, -da *adj* **1** : silver, silvery **2** : silver-plated
plática *nf* **1** : talk, lecture **2** : chat, conversation
platicar {72} *vi* : to talk, to chat — *vt, Mex* : to tell, to say
platija *nf* : flatfish, flounder
platillo *nm* **1** : saucer ⟨platillo volador : flying saucer⟩ **2** : cymbal **3** *Mex* : dish ⟨platillos típicos : local dishes⟩
platino *nm* : platinum
plato *nm* **1** : plate, dish ⟨lavar los platos : to do the dishes⟩ **2** : serving, helping **3** : course (of a meal) ⟨primer/segundo plato : first/second course⟩ ⟨plato fuerte/principal : main course⟩ **4** : dish ⟨plato típico : typical dish⟩ ⟨plato dulce/salado : sweet/savory

dish⟩ **5** : home plate (in baseball) **6 plato hondo** : soup bowl **7 plato llano** : dinner plate

plató *nm* : set (in the movies)

platónico, -ca *adj* : platonic

playa *nf* : beach, seashore

playera *nf* **1** : canvas sneaker **2** *CA, Mex* : T-shirt

plaza *nf* **1** : square, plaza **2** : marketplace **3** : room, space, seat (in a vehicle) **4** : post, position **5 plaza fuerte** : stronghold, fortified city **6 plaza de toros** : bullring

plazca, etc. → **placer**

plazo *nm* **1** : period, term ⟨un plazo de cinco días : a period of five days⟩ ⟨a largo plazo : long-term⟩ **2** ABONO : installment ⟨pagar a plazos : to pay in installments⟩

pleamar *nf* : high tide

plebe *nf* : common people, masses *pl*

plebeyo[1], **-ya** *adj* : plebeian

plebeyo[2], **-ya** *n* : plebeian, commoner

plegable *adj* : folding, collapsible

plegadizo → **plegable**

plegar {49} *vt* DOBLAR : to fold, to bend — **plegarse** *vr* : to give in, to yield

plegaria *nf* ORACIÓN : prayer

pleito *nm* **1** : lawsuit **2** : fight, argument, dispute

plenamente *adv* COMPLETAMENTE : fully, completely

plenario, -ria *adj* : plenary, full

plenilunio *nm* : full moon

plenipotenciario, -ria *n* : plenipotentiary

plenitud *nf* : fullness, abundance

pleno, -na *adj* COMPLETO (*often used as an intensifier*) : full, complete ⟨en pleno uso de sus facultades : in full command of his faculties⟩ ⟨en plena noche : in the middle of the night⟩ ⟨en pleno corazón de la ciudad : right in the heart of the city⟩

plétora *nf* : plethora

pleuresía *nf* : pleurisy

pliega, pliegue etc. → **plegar**

pliego *nm* **1** HOJA : sheet of paper **2** : sealed document

pliegue *nm* **1** DOBLEZ : crease, fold **2** : pleat

plisar *vt* : to pleat

plomada *nf* **1** : plumb line **2** : sinker

plomería *nf* FONTANERÍA : plumbing

plomero, -ra *n* FONTANERO : plumber

plomizo, -za *adj* : leaden

plomo *nm* **1** : lead **2** : plumb line **3** : fuse **4** *fam* : bore, drag **5 a ~** : plumb, straight

plugo, etc. → **placer**

pluma *nf* **1** : feather **2** : pen **3 pluma fuente** : fountain pen

plumaje *nm* : plumage

plumero *nm* : feather duster

plumilla *nf* : nib

plumón *nm, pl* **plumones** : down

plumoso, -sa *adj* : feathery, downy

plural *adj & nm* : plural

pluralidad *nf* : plurality

pluralizar {21} *vt* : to pluralize

pluriempleado, -da *adj* : holding more than one job

pluriempleo *nm* : moonlighting

plus *nm* : bonus

plusvalía *nf* : appreciation, capital gain

Plutón *nm* : Pluto

plutocracia *nf* : plutocracy

plutonio *nm* : plutonium

población *nf, pl* **-ciones 1** : population **2** : city, town, village

poblado[1], **-da** *adj* **1** : inhabited, populated **2** : full, thick ⟨cejas pobladas : bushy eyebrows⟩

poblado[2] *nm* : village, settlement

poblador, -dora *n* : settler

poblar {19} *vt* **1** : to populate, to inhabit **2** : to settle, to colonize **3 ~ de** : to stock with, to plant with — **poblarse** *vr* : to fill up, to become crowded

pobre[1] *adj* **1** : poor, impoverished **2** : unfortunate ⟨¡pobre de mí! : poor me!⟩ **3** : weak, deficient ⟨una dieta pobre : a poor diet⟩

pobre[2] *nmf* : poor person ⟨los pobres : the poor⟩ ⟨¡pobre! : poor thing!⟩

pobremente *adv* : poorly

pobreza *nf* : poverty

pocilga *nf* CHIQUERO : pigsty, pigpen

pocillo *nm* : small coffee cup, demitasse

poción *nf, pl* **pociones** : potion

poco[1] *adv* **1** : little, not much ⟨poco probable : not very likely⟩ ⟨come poco : he doesn't eat much⟩ **2** : a short time, a while ⟨tardaremos poco : we won't be very long⟩ **3 poco antes** : shortly before **4 poco después** : shortly after

poco[2], **-ca** *adj* **1** : little, not much, (a) few ⟨tengo poco dinero : I don't have much money⟩ ⟨en no pocas ocasiones : on more than a few occasions⟩ ⟨unos pocos meses : a few months⟩ ⟨muy poca gente : very few people⟩ **2 pocas veces** : rarely

poco[3], **-ca** *pron* **1** : little, few ⟨le falta poco para terminar : he's almost finished⟩ ⟨uno de los pocos que quedan : one of the remaining few⟩ **2 un poco** : a little, a bit ⟨un poco de vino : a little wine⟩ ⟨un poco extraño : a bit strange⟩ **3 a ~** *Mex (used to express disbelief)* ⟨¿a poco no se te hizo difícil? : you mean you didn't find it difficult?⟩ **4 de a poco** : little by little **5 dentro de poco** : shortly, in a little while **6 hace poco** : not long ago **7 poco a poco** : little by little **8 por ~** : nearly, almost

podar *vt* : to prune, to trim

podcast *nm, pl* **podcasts** : podcast

poder[1] {58} *v aux* **1** : to be able to, can ⟨no puede hablar : he can't speak⟩ ⟨no pude acabarlo : I couldn't finish it⟩ **2** (*expressing possibility*) : might, may ⟨puede llover : it may rain at any moment⟩ ⟨¿cómo puede ser? : how can that be?⟩ ⟨se podría/podía haber evitado : it could have been avoided⟩

3 (*expressing permission*) : can, may ⟨¿puedo ir a la fiesta? : can I go to the party?⟩ ⟨¿se puede? : may I come in?⟩ **4** (*expressing a request*) : can ⟨¿me puedes ayudar? : can you help me?⟩ ⟨¿me lo podrías explicar? : could/would you explain it to me?⟩ **5** (*expressing annoyance*) : can ⟨¿no puedes estarte quieto? : can't you sit still?⟩ ⟨¡podrías/podías haberme llamado! : you could have called me!⟩ **6** (*expressing moral obligation*) : can ⟨no puedo juzgarlo : I can't judge him⟩ — *vi* **1** : to beat, to defeat ⟨cree que le puede a cualquiera : he thinks he can beat anyone⟩ **2** : to be possible ⟨¿crees que vendrán? — puede (que sí) : do you think they'll come? — maybe⟩ **3 ~ con** : to cope with, to manage ⟨¡no puedo con estos niños! : I can't handle these children!⟩ **4 a/hasta más no poder** ⟨es competitivo a más no poder : he's as competitive as they come⟩ ⟨comimos hasta más no poder : we ate until we couldn't eat another bite⟩ **5 no poder más** : to have had enough ⟨no puede más : she can't take anymore⟩ **6 no poder menos que** : to not be able to help ⟨no pudo menos que asombrarse : she couldn't help but be amazed⟩

poder[2] *nm* **1** : power, control ⟨tener poder sobre alguien : to have power over someone⟩ **2** : power, influence ⟨el poder del amor : the power of love⟩ **3** : power, ability ⟨poderes mágicos : magical powers⟩ ⟨poder adquisitivo : purchasing power⟩ **4** : power, control (of a country, etc.) ⟨llegar al poder : to come to power⟩ ⟨estar en el poder : to be in power⟩ **5** : power, authority ⟨el poder de veto : veto power⟩ ⟨tener el poder para : to have the authority to⟩ **6** : branch (of government) ⟨el poder legislativo : the legislature⟩ ⟨los poderes públicos : the authorities⟩ **7** : power, force ⟨poder militar : military might⟩ **8** : possession ⟨estar en el poder de : to be in the hands of⟩ **9** : power of attorney

poderío *nm* **1** : power **2** : wealth, influence

poderoso, -sa *adj* **1** : powerful **2** : wealthy, influential **3** : effective

podiatría *nf* : podiatry

podio *nm* : podium

pódium → **podio**

podología *nf* : podiatry, chiropody

podólogo, -ga *n* : podiatrist, chiropodist

podrá, etc. → **poder**

podredumbre *nf* **1** : decay, rottenness **2** : corruption

podrido, -da *adj* **1** : rotten, decayed **2** : corrupt

podrir → **pudrir**

poema *nm* : poem

poesía *nf* **1** : poetry **2** POEMA : poem

poeta *nmf* : poet

poético, -ca *adj* : poetic, poetical

pogrom *nm* : pogrom

póker *or* **poker** *nm* : poker (card game)

polaco[1], **-ca** *adj* : Polish

polaco[2], **-ca** *n* : Pole, Polish person

polaco[3] *nm* : Polish (language)

polar *adj* : polar

polarizar {21} *vt* : to polarize — **polarizarse** *vr* — **polarización** *nf*

polea *nf* : pulley

polémica *nf* CONTROVERSIA : controversy, polemics

polémico, -ca *adj* CONTROVERTIDO : controversial, polemical

polen *nm, pl* **pólenes** : pollen

policía[1] *nf* : police

policía[2] *nmf* : police officer, policeman *m,* policewoman *f*

policíaco, -ca *or* **policiaco, -ca** *adj* : police ⟨novela policíaca : detective story⟩

policial *adj* : police

poliéster *nm* : polyester

poligamia *nf* : polygamy

polígamo[1], **-ma** *adj* : polygamous

polígamo[2], **-ma** *n* : polygamist

polígono *nm* : polygon — **polígonal** *adj*

poliinsaturado, -da *adj* : polyunsaturated

polilla *nf* : moth

polimerizar {21} *vt* : to polymerize

polímero *nm* : polymer

polinesio, -sia *adj & n* : Polynesian

polinizar {21} *vt* : to pollinate — **polinización** *nf*

polio *nf* : polio

poliomielitis *nf* : poliomyelitis, polio

polisón *nm, pl* **-sones** : bustle (on clothing)

politécnico, -ca *adj* : polytechnic

politeísmo *nm* : polytheism — **politeísta** *adj & nmf*

política *nf* **1** : politics **2** : policy

políticamente *adv* : politically

político[1], **-ca** *adj* **1** : political **2** : tactful, politic **3** : by marriage ⟨padre político : father-in-law⟩

político[2], **-ca** *n* : politician

póliza *nf* : policy ⟨póliza de seguros : insurance policy⟩

polizón *nm, pl* **-zones** : stowaway ⟨viajar de polizón : to stow away⟩

polka *nf* : polka

polla *nf* APUESTA : bet

pollera *nf* **1** : chicken coop **2** : skirt

pollero, -ra *n* **1** : poulterer **2** : poultry farm **3** *Mex fam* COYOTE : smuggler of illegal immigrants

pollito, -ta *n* : chick, young bird, fledgling

pollo, -lla *n* **1** : chicken **2** POLLITO : chick **3** JOVEN : young man *m,* young lady *f*

polluelo *nm* → **pollito**

polo *nm* **1** : pole ⟨el Polo Norte : the North Pole⟩ ⟨polo negativo : negative pole⟩ **2** : polo (sport) **3** : polo shirt **4** : focal point, center **5 polo opuesto** : exact opposite

polución *nf, pl* **-ciones** CONTAMINACIÓN : pollution

polvareda *nf* **1** : cloud of dust **2** : uproar, fuss

polvera *nf* : compact (for face powder)

polvo *nm* **1** : dust **2** : powder **3 polvos** *nmpl* : face powder **4 polvos de hornear** : baking powder **5 hacer polvo** *fam* : to crush, to shatter ⟨vas a hacer polvo el reloj : you're going to destroy your watch⟩

pólvora *nf* **1** : gunpowder **2** : fireworks *pl*

polvoriento, -ta *adj* : dusty, powdery

polvorín *nm, pl* **-rines** : magazine, storehouse (for explosives)

pomada *nf* : ointment, cream

pomelo *nm* : grapefruit

pómez *nf or* **piedra pómez** : pumice

pomo *nm* **1** : pommel (on a sword) **2** : knob, handle **3** : perfume bottle

pompa *nf* **1** : bubble **2** : pomp, splendor **3 pompas fúnebres** : funeral

pompón *nm, pl* **pompones** BORLA : pom-pom

pomposidad *nf* **1** : pomp, splendor **2** : pomposity, ostentation

pomposo, -sa *adj* : pompous — **pomposamente** *adv*

pómulo *nm* : cheekbone

pon → **poner**

ponchadura *nf Mex* : puncture, flat (tire)

ponchar *vt* **1** : to strike out (in baseball) **2** *Mex* : to puncture — **poncharse** *vr* **1** *Col, Ven* : to strike out (in baseball) **2** *Mex* : to blow out (of a tire)

ponche *nm* **1** : punch (drink) **2 ponche de huevo** : eggnog

poncho *nm* : poncho

ponderación *nf, pl* **-ciones** **1** : consideration, deliberation **2** : high praise

ponderar *vt* **1** : to weigh, to consider **2** : to speak highly of

pondrá, etc. → **poner**

ponencia *nf* **1** DISCURSO : paper, presentation, address **2** INFORME : report

ponente *nmf* : speaker, presenter

poner {60} *vt* **1** COLOCAR : to put, to place ⟨pon el libro en la mesa : put the book on the table⟩ **2** AGREGAR, AÑADIR : to put in, to add (an ingredient, etc.) **3** : to put on (clothes) ⟨le puse el suéter : I put her sweater on (her)⟩ **4** CONTRIBUIR : to contribute **5** ESCRIBIR : to put in writing ⟨no le puso su nombre : he didn't put his name on it⟩ **6** : to give (a task, etc.), to impose (a fine) **7** : to prepare, to arrange ⟨poner la mesa : to set the table⟩ **8** : to name ⟨le pusimos Ana : we called her Ana⟩ **9** ESTABLECER : to set up, to establish ⟨puso un restaurante : he opened up a restaurant⟩ **10** INSTALAR : to install, to put in **11** (*with an adjective or adverb*) : to make ⟨me pone nervioso : it makes me nervous⟩ ⟨siempre lo pones de mal humor : you always put him in a bad mood⟩ **12** : to turn on, to switch on **13** : to set (an alarm, etc.) ⟨pon la música más alta/fuerte : turn up the music⟩ **14** SUPONER : to suppose ⟨pongamos que no viene : supposing he doesn't come⟩ **15** : to give (an example) **16** : to raise (objections), to create (problems, etc.) **17** : to lay (eggs) **18** ~ **a** : to start (someone doing something) ⟨lo puse a trabajar : I put him to work⟩ **19** ~ **de** : to place as ⟨la pusieron de directora : they made her director⟩ **20** ~ **en** : to put in (a state or condition) ⟨poner en duda : to call into question⟩ ⟨lo puso en peligro : she put him in danger⟩ — *vi* **1** : to contribute **2** : to lay eggs — **ponerse** *vr* **1** : to move (into a position) ⟨ponerse de pie : to stand up⟩ **2** : to put on, to wear **3** : to become, to turn ⟨se puso colorado : he turned red⟩ **4** : to start ⟨me puse a llorar : I started to cry⟩ **5** : to set (of the sun or moon)

poni *or* **poney** *nm* : pony

ponga, etc. → **poner**

poniente *nm* **1** OCCIDENTE : west **2** : west wind

ponqué *nm Col, Ven* : cake

pontifical *adj* : pontifical

pontificar {72} *vi* : to pontificate

pontífice *nm* : pontiff, pope

pontón *nm, pl* **pontones** : pontoon

ponzoña *nf* VENENO : poison — **ponzoñoso, -sa** *adj*

popa *nf* **1** : stern **2 a** ~ : astern, abaft, aft

popelín *nm, pl* **-lines** : poplin

popelina *nf* : poplin

popote *nm Mex* : (drinking) straw

populachero, -ra *adj* : common, popular, vulgar

populacho *nm* : rabble, masses *pl*

popular *adj* **1** : popular **2** : traditional **3** : colloquial

popularidad *nf* : popularity

popularizar {21} *vt* : to popularize — **popularizarse** *vr*

populista *adj & nmf* : populist — **populismo** *nm*

populoso, -sa *adj* : populous

popurrí *nm* : potpourri

por *prep* **1** : for, during ⟨se quedaron allí por la semana : they stayed there for the week⟩ ⟨por el momento : for now, at the moment⟩ **2** : around, during ⟨por noviembre empieza a nevar : around November it starts to snow⟩ ⟨por la mañana : in the morning⟩ ⟨por la noche : at night⟩ **3** : around (a place) ⟨debe estar por allí : it must be over there⟩ ⟨por todas partes : everywhere⟩ **4** : by, through, along ⟨por la puerta : through the door⟩ ⟨pasamos por el centro : we went through the downtown⟩ ⟨pasé por tu casa : I stopped by your house⟩ ⟨por la costa : along the coast⟩ ⟨caminando por la calle : walking down the street⟩ **5** : for, for the sake of ⟨lo hizo por su madre : he did it for his mother⟩ ⟨¡por

Dios! : for heaven's sake!⟩ **6** : because of, on account of ⟨llegué tarde por el tráfico : I arrived late because of the traffic⟩ ⟨dejar por imposible : to give up as impossible⟩ ⟨perdón por la demora : sorry for the delay⟩ **7** : per ⟨60 millas por hora : 60 miles per hour⟩ ⟨por docena : by the dozen⟩ **8** : for, in exchange for, instead of ⟨su hermana habló por él : his sister spoke on his behalf⟩ ⟨lo vendió por cien dólares : he sold it for a hundred dollars⟩ **9** : by means of ⟨hablar por teléfono : to talk on the phone⟩ ⟨por escrito : in writing⟩ ⟨por avión : by plane⟩ **10** : as for ⟨por mí : as far as I'm concerned⟩ **11** : times ⟨tres por dos son seis : three times two is six⟩ **12** SEGÚN : from, according to ⟨por lo que dices : judging from what you're telling me⟩ **13** : as, for ⟨por ejemplo : for example⟩ **14** : by ⟨hecho por mi abuela : made by my grandmother⟩ ⟨por correo : by mail⟩ **15** : for, in order to ⟨lucha por ganar su respeto : he struggles to win her respect⟩ **16 estar por** : to be about to **17 por ciento** : percent **18 por favor** : please **19 por lo tanto** : therefore, consequently **20 ¿por qué?** : why? **21 por que** → **porque** **22 por . . . que** : no matter how ⟨por mucho que intente : no matter how hard I try⟩ **23 por si** *or* **por si acaso** : just in case

porcelana *nf* : china, porcelain

porcentaje *nm* : percentage

porche *nm* : porch

porción *nf, pl* **porciones 1** : portion **2** PARTE : part, share **3** RACIÓN : serving, helping

pordiosear *vi* MENDIGAR : beg

pordiosero, -ra *n* MENDIGO : beggar

porfiado, -da *adj* OBSTINADO, TERCO : obstinate, stubborn — **porfiadamente** *adv*

porfiar {85} *vi* : to insist, to persist

pormenor *nm* DETALLE : detail

pormenorizar {21} *vi* : to go into detail — *vt* : to tell in detail

pornografía *nf* : pornography

pornográfico, -ca *adj* : pornographic

poro *nm* : pore

poroso, -sa *adj* : porous — **porosidad** *nf*

poroto *nm Arg, Chile, Uru* : bean

porque *conj* **1** : because **2** *or* **por que** : in order that

porqué *nm* : reason, cause

porquería *nf* **1** SUCIEDAD : dirt, filth **2** : nastiness, vulgarity **3** : worthless thing, trifle **4** : junk food

porra *nf* **1** : nightstick, club **2** *Mex* : cheer, yell ⟨los aficionados le echaban porras : the fans cheered him on⟩

porrazo *nm* **1** : blow, whack **2 de golpe y porrazo** : suddenly

porrista *nmf* **1** : cheerleader **2** : fan, supporter

portaaviones *nms & pl* : aircraft carrier

portada *nf* **1** : title page **2** : cover **3** : facade, front

portador, -dora *n* : carrier, bearer

portafolio *or* **portafolios** *nm, pl* **-lios 1** MALETÍN : briefcase **2** : portfolio (of investments)

portal *nm* **1** : portal, doorway **2** VESTÍBULO : vestibule, hall

portar *vt* **1** : to carry, to bear **2** : to wear — **portarse** *vr* CONDUCIRSE : to behave ⟨pórtate bien : behave yourself⟩

portátil[1] *adj* : portable

portátil[2] *nmf* : laptop computer

portaviandas *nms & pl* : lunch box

portaviones *nm* → **portaaviones**

portavoz *nmf, pl* **-voces** : spokesperson, spokesman *m*, spokeswoman *f*

portazo *nm* : slam (of a door)

porte *nm* **1** ASPECTO : bearing, demeanor **2** TRANSPORTE : transport, carrying ⟨porte pagado : postage paid⟩

portento *nm* MARAVILLA : marvel, wonder

portentoso, -sa *adj* MARAVILLOSO : marvelous, wonderful

porteño, -ña *adj* : of or from Buenos Aires

portería *nf* **1** ARCO : goal, goalposts *pl* **2** : superintendent's office

portero, -ra *n* **1** ARQUERO : goalkeeper, goalie **2** : doorman *m* **3** : janitor, superintendent

pórtico *nm* : portico

portilla *nf* : porthole

portón *nm, pl* **portones 1** : main door **2** : gate

portugués[1], **-guesa** *adj & n, mpl* **-gueses** : Portuguese

portugués[2] *nm* : Portuguese (language)

porvenir *nm* FUTURO : future

pos *adv* **en pos de** : in pursuit of

posada *nf* **1** : inn **2** *Mex* : Advent celebration

posadero, -ra *n* : innkeeper

posar *vi* : to pose — *vt* : to place, to lay — **posarse** *vr* **1** : to land, to light, to perch **2** : to settle, to rest

posavasos *nms & pl* : coaster (for drinks)

posdata → **postdata**

pose *nf* : pose

poseedor, -dora *n* : possessor, holder

poseer {20} *vt* : to possess, to hold, to have

poseído, -da *adj* : possessed

posesión *nf, pl* **-siones** : possession

posesionarse *vr* ~ **de** : to take possession of, to take over

posesivo[1], **-va** *adj* : possessive

posesivo[2] *nm* : possessive case

posguerra *nf* : postwar period

posibilidad *nf* **1** : possibility **2 posibilidades** *nfpl* : means, income

posibilitar *vt* : to make possible, to permit

posible *adj* : possible — **posiblemente** *adv*
posición *nf, pl* **-ciones** **1** : position, place **2** : status, standing **3** : attitude, stance
posicionar *vt* **1** : to position, to place **2** : to establish — **posicionarse** *vr*
positivo[1], **-va** *adj* : positive
positivo[2] *nm* : print (in photography)
poso *nm* **1** : sediment, dregs *pl* **2** : grounds *pl* (of coffee)
posoperatorio, -ria *adj* : postoperative
posponer {60} *vt* **1** : to postpone **2** : to put behind, to subordinate
pospuso, etc. → **posponer**
posta *nf* : relay race
postal[1] *adj* : postal
postal[2] *nf* : postcard
postdata *nf* : postscript
poste *nm* : post, pole ⟨poste de teléfonos : telephone pole⟩
póster *or* **poster** *nm, pl* **pósters** *or* **posters** : poster, placard
postergación *nf, pl* **-ciones** : postponement, deferring
postergar {52} *vt* **1** : to delay, to postpone **2** : to pass over (an employee)
posteridad *nf* : posterity
posterior *adj* **1** ULTERIOR : later, subsequent **2** TRASERO : back, rear
postgrado *nm* : graduate course
postgraduado, -da *n* : graduate student, postgraduate
postigo *nm* **1** CONTRAVENTANA : shutter **2** : small door, wicket gate
postilla *nf* : scab
postizo, -za *adj* : artificial, false ⟨dentadura postiza : dentures⟩
postnatal *adj* : postnatal
postor, -tora *n* : bidder ⟨mejor postor : highest bidder⟩
postración *nf, pl* **-ciones** **1** : prostration **2** ABATIMIENTO : depression
postrado, -da *adj* **1** : prostrate **2 postrado en cama** : bedridden
potranco, -ca *n* → **potro**[1]
postrar *vt* DEBILITAR : to debilitate, to weaken — **postrarse** *vr* : to prostrate oneself
postre *nm* : dessert
postrero, -ra *adj* (**postrer** before masculine singular nouns) ÚLTIMO : last
postulación *nf, pl* **-ciones** **1** : collection **2** : nomination (of a candidate)
postulado *nm* : postulate, assumption
postulante, -ta *n* **1** : postulant **2** : candidate, applicant
postular *vt* **1** : to postulate **2** : to nominate **3** : to propose — **postularse** *vr* : to run, to be a candidate
póstumo, -ma *adj* : posthumous — **póstumamente** *adv*
postura *nf* **1** : posture, position (of the body) **2** ACTITUD, POSICIÓN : position, stance
potable *adj* : drinkable, potable
potaje *nm* : thick vegetable soup, pottage
potasa *nf* : potash
potasio *nm* : potassium
pote *nm* **1** OLLA : pot **2** : jar, container
potencia *nf* **1** : power ⟨potencias extranjeras : foreign powers⟩ ⟨elevado a la tercera potencia : raised to the third power⟩ **2** : capacity, potency
potencial *adj & nm* : potential
potenciar *vt* : to promote, to foster
potenciómetro *nm* : dimmer, dimmer switch
potentado, -da *n* **1** SOBERANO : potentate, sovereign **2** MAGNATE : tycoon, magnate
potente *adj* **1** : powerful, strong **2** : potent, virile
potestad *nf* **1** AUTORIDAD : authority, jurisdiction **2 patria potestad** : custody, guardianship
potrero *nm* **1** : field, pasture **2** : cattle ranch
potro[1], **-tra** *n* : colt *m*, filly *f*
potro[2] *nm* **1** : rack (for torture) **2** : horse (in gymnastics)
pozo *nm* **1** : well ⟨pozo de petróleo : oil well⟩ **2** : deep pool (in a river) **3** : mine shaft **4** *Arg, Par, Uru* : pothole **5 pozo séptico** : cesspool
pozole *nm Mex* : spicy stew made with pork and hominy
práctica *nf* **1** : practice, experience **2** EJERCICIO : exercising ⟨la práctica de la medicina : the practice of medicine⟩ **3** APLICACIÓN : application, practice ⟨poner en práctica : to put into practice⟩ **4 prácticas** *nfpl* : training
practicable *adj* : practicable, feasible
prácticamente *adv* : practically
practicante[1] *adj* : practicing ⟨católicos practicantes : practicing Catholics⟩
practicante[2] *nmf* : practicer, practitioner
practicar {72} *vt* **1** : to practice **2** : to perform, to carry out **3** : to exercise (a profession) — *vi* : to practice
práctico, -ca *adj* : practical, useful
pradera *nf* : grassland, prairie
prado *nm* **1** CAMPO : field, meadow **2** : park
pragmático, -ca *adj* : pragmatic — **pragmáticamente** *adv*
pragmatismo *nm* : pragmatism
preámbulo *nm* **1** INTRODUCCIÓN : preamble, introduction **2** RODEO : evasion ⟨gastar preámbulos : to beat around the bush⟩
prebélico, -ca *adj* : antebellum
prebenda *nf* : privilege, perquisite
precalentar {55} *vt* : to preheat
precariedad *nf* : precariousness
precario, -ria *adj* : precarious — **precariamente** *adv*
precaución *nf, pl* **-ciones** **1** : precaution ⟨medidas de precaución : precautionary measures⟩ **2** PRUDENCIA : caution, care ⟨con precaución : cautiously⟩
precautorio, -ria *adj* : precautionary
precaver *vt* PREVENIR : to prevent, to guard against — **precaverse** *vr* PRE-

VENIRSE : to take precautions, to be on guard
precavido, -da *adj* CAUTELOSO : cautious, prudent
precedencia *nf* : precedence, priority
precedente[1] *adj* : preceding, previous
precedente[2] *nm* : precedent
preceder *v* : to precede
precepto *nm* : rule, precept
preciado, -da *adj* : esteemed, prized, valuable
preciarse *vr* **1** JACTARSE : to boast, to brag **2 ~ de** : to pride oneself on
precinto *nm* : seal
precio *nm* **1** : price **2** : cost, sacrifice ⟨a cualquier precio : whatever the cost⟩
preciosidad *nf* : beautiful thing ⟨este vestido es una preciosidad : this dress is lovely⟩
precioso, -sa *adj* **1** HERMOSO : beautiful, exquisite **2** VALIOSO : precious, valuable
precipicio *nm* **1** : precipice **2** RUINA : ruin
precipitación *nf, pl* **-ciones** **1** PRISA : haste, hurry, rush **2** : precipitation, rain, snow
precipitado, -da *adj* **1** : hasty, sudden **2** : rash — **precipitadamente** *adv*
precipitar *vt* **1** APRESURAR : to hasten, to speed up **2** ARROJAR : to hurl, to throw — **precipitarse** *vr* **1** APRESURARSE : to rush **2** : to act rashly **3** ARROJARSE : to throw oneself
precisamente *adv* JUSTAMENTE : precisely, exactly
precisar *vt* **1** : to specify, to determine exactly **2** NECESITAR : to need, to require — *vi* : to be necessary
precisión *nf, pl* **-siones** **1** EXACTITUD : precision, accuracy **2** CLARIDAD : clarity (of style, etc.) **3** NECESIDAD : necessity ⟨tener precisión de : to have need of⟩
preciso, -sa *adj* **1** EXACTO : precise **2** : very, exact ⟨en ese preciso instante : at that very instant⟩ **3** NECESARIO : necessary
precocidad *nf* : precocity
precocinar *vt* : to precook
preconcebir {54} *vt* : to preconceive
precondición *nf, pl* **-ciones** : precondition
preconizar {21} *vt* **1** : to recommend, to advocate **2** : to extol
precoz *adj, pl* **precoces** **1** : precocious **2** : early, premature — **precozmente** *adv*
precursor, -sora *n* : forerunner, precursor
predecesor, -sora *n* ANTECESOR : predecessor
predecir {11} *vt* : to foretell, to predict
predestinado, -da *adj* : predestined, fated
predestinar *vt* : to predestine — **predestinación** *nf*
predeterminar *vt* : to predetermine
prédica *nf* SERMÓN : sermon
predicado *nm* : predicate
predicador, -dora *n* : preacher
predicar {72} *v* : to preach
predicción *nf, pl* **-ciones** **1** : prediction **2** PRONÓSTICO : forecast ⟨predicción del tiempo : weather forecast⟩
prediga, predijo etc. → **predecir**
predilección *nf, pl* **-ciones** : predilection, preference
predilecto, -ta *adj* : favorite
predio *nm* : property, piece of land
predisponer {60} *vt* **1** : to predispose, to incline **2** : to prejudice, to bias
predisposición *nf, pl* **-ciones** **1** : predisposition, tendency **2** : prejudice, bias
predominante *adj* : predominant — **predominantemente** *adv*
predominar *vi* PREVALECER : to predominate, to prevail
predominio *nm* : predominance, prevalence
preeminente *adj* : preeminent — **preeminencia** *nf*
preescolar *adj & nm* : preschool
preestreno *nm* : preview
prefabricado, -da *adj* : prefabricated
prefacio *nm* : preface
prefecto *nm* : prefect
preferencia *nf* **1** : preference **2** PRIORIDAD : priority **3 de ~** : preferably
preferencial *adj* : preferential
preferente *adj* : preferential, special ⟨trato preferente : special treatment⟩
preferentemente *adv* : preferably
preferible *adj* : preferable
preferido, -da *adj & n* : favorite
preferir {76} *vt* : to prefer
prefigurar *vt* : foreshadow, prefigure
prefijo *nm* : prefix
pregonar *vt* **1** : to proclaim, to announce **2** : to hawk (merchandise) **3** : to extol **4** : to reveal, to disclose
pregunta *nf* **1** : question **2 hacer una pregunta** : to ask a question
preguntar *vt* : to ask, to question — *vi* : to ask, to inquire — **preguntarse** *vr* : to wonder
preguntón, -tona *adj, mpl* **-tones** : inquisitive
prehistórico, -ca *adj* : prehistoric
prejuiciado, -da *adj* : prejudiced
prejuicio *nm* : prejudice
prejuzgar {52} *vt* : to prejudge
prelado *nm* : prelate
preliminar *adj & nm* : preliminary
preludio *nm* : prelude
prematrimonial *adj* : premarital
prematuro, -ra *adj* : premature
premeditación *nf, pl* **-ciones** : premeditation
premeditar *vt* : to premeditate, to plan
premenstrual *adj* : premenstrual
premiado, -da *adj* : winning, prizewinning
premiar *vt* **1** : to award a prize to **2** : to reward
premier *nmf* : premier, prime minister
premio *nm* **1** : prize ⟨premio gordo : grand prize, jackpot⟩ **2** : reward **3** : premium

premisa *nf* : premise, basis
premolar *nm* : bicuspid (tooth)
premonición *nf, pl* **-ciones** : premonition
premura *nf* : haste, urgency
prenatal *adj* : prenatal
prenda *nf* **1** : piece of clothing **2** : security, pledge
prendar *vt* **1** : to charm, to captivate **2** : to pawn, to pledge — **prendarse** *vr* **~ de** : to fall in love with
prendedor *nm* : brooch, pin
prender *vt* **1** SUJETAR : to pin, to fasten **2** APRESAR : to catch, to apprehend **3** : to light (a cigarette, a match) **4** : to turn on ⟨prende la luz : turn on the light⟩ **5 prender fuego a** : to set fire to — *vi* **1** : to take root **2** : to catch fire **3** : to catch on
prensa *nf* **1** : printing press **2** : press ⟨conferencia de prensa : press conference⟩
prensar *vt* : to press
prensil *adj* : prehensile
preñado, -da *adj* **1** : pregnant **2 ~ de** : filled with
preñar *vt* EMBARAZAR : to make pregnant
preñez *nf, pl* **preñeces** : pregnancy
preocupación *nf, pl* **-ciones** INQUIETUD : worry, concern
preocupante *adj* : worrisome
preocupar *vt* INQUIETAR : to worry, to concern — **preocuparse** *vr* APURARSE : to worry, to be concerned
preparación *nf, pl* **-ciones 1** : preparation, readiness **2** : education, training **3** : (medicinal) preparation
preparado[1], **-da** *adj* **1** : ready, prepared **2** : trained
preparado[2] *nm* : preparation, mixture
preparar *vt* **1** : to prepare, to make ready **2** : to teach, to train, to coach — **prepararse** *vr*
preparativos *nmpl* : preparations
preparatoria *nf Mex* : high school
preparatorio, -ria *adj* : preparatory
preponderante *adj* : preponderant, predominant — **preponderancia** *nf* — **preponderantemente** *adv*
preposición *nf, pl* **-ciones** : preposition — **preposicional** *adj*
prepotente *adj* : arrogant, domineering, overbearing — **prepotencia** *nf*
prerrogativa *nf* : prerogative, privilege
presa *nf* **1** : capture, seizure ⟨hacer presa de : to seize⟩ **2** : catch, prey ⟨presa de : prey to, seized with⟩ **3** : claw, fang **4** DIQUE : dam **5** : morsel, piece (of food)
presagiar *vt* : to presage, to portend
presagio *nm* : omen, portent
presbiterio *nm* : presbytery, sanctuary (of a church)
presbítero *nm* : presbyter
presciencia *nf* : prescience
prescindible *adj* : expendable, dispensable
prescindir *vi* **1 ~ de** : to do without, to dispense with **2** DESATENDER : to ignore, to disregard **3** OMITIR : to omit, to skip
prescribir {33} *vt* : to prescribe
prescripción *nf, pl* **-ciones** : prescription
prescrito *pp* → **prescribir**
presencia *nf* **1** : presence **2** ASPECTO : appearance
presenciar *vt* : to be present at, to witness
presentable *adj* : presentable
presentación *nf, pl* **-ciones 1** : presentation **2** : introduction **3** : appearance
presentador, -dora *n* : newscaster, anchorman *m,* anchorwoman *f*
presentar *vt* **1** MOSTRAR : to present, to show **2** : to have, to show (a symptom) **3** : to offer, to give (an excuse, etc.) **4** : to submit (a document), to file (a complaint) **5** : to launch (a product) **6** : to introduce (a person) **7** : to host (a show), to anchor (a newscast) — **presentarse** *vr* **1** : to show up, to appear ⟨preséntese en la oficina central : report to the central office⟩ **2** SURGIR : to arise, to come up **3** : to introduce oneself **4 presentarse a** : to enter (a competition), to run in (an election)
presente[1] *adj* **1** : present, in attendance **2** : present, current **3 tener presente** : to keep in mind
presente[2] *nm* **1** : present (time, tense) **2** : one present ⟨entre los presentes se encontraban . . . : those present included . . .⟩
presentimiento *nm* : premonition, hunch, feeling
presentir {76} *vt* : to sense, to intuit ⟨presentía lo que iba a pasar : he sensed what was going to happen⟩
preservación *nf, pl* **-ciones** : preservation
preservar *vt* **1** : to preserve **2** : to protect
preservativo *nm* CONDÓN : condom
presidencia *nf* **1** : presidency **2** : chairmanship
presidencial *adj* : presidential
presidente, -ta *n* **1** : president **2** : chair, chairperson **3** : presiding judge
presidiario, -ria *n* : convict, prisoner
presidio *nm* : prison, penitentiary
presidir *vt* **1** MODERAR : to preside over, to chair **2** : to dominate, to rule over
presilla *nf* : eye, loop, fastener
presión *nf, pl* **presiones 1** : pressure **2 presión arterial** : blood pressure
presionar *vt* **1** : to pressure **2** : to press, to push — *vi* : to put on the pressure
preso[1], **-sa** *adj* : imprisoned
preso[2], **-sa** *n* : prisoner
prestado, -da *adj* **1** : borrowed, on loan **2 pedir prestado** : to borrow
prestamista *nmf* : moneylender, pawnbroker
préstamo *nm* : loan
prestar *vt* **1** : to lend, to loan **2** : to render (a service), to give (aid) **3**

prestar atención : to pay attention 4 **prestar juramento** : to take an oath — **prestarse** *vr* : to lend oneself ⟨se presta a confusiones : it lends itself to confusion⟩

prestatario, -ria *n* : borrower

presteza *nf* : promptness, speed

prestidigitación *nf, pl* **-ciones** : sleight of hand, prestidigitation

prestidigitador, -dora *n* : conjurer, magician

prestigio *nm* : prestige — **prestigioso, -sa** *adj*

presto[1] *adv* : promptly, at once

presto[2], **-ta** *adj* **1** : quick, prompt **2** DISPUESTO, PREPARADO : ready

presumido, -da *adj* VANIDOSO : conceited, vain

presumir *vt* SUPONER : to presume, to suppose — *vi* **1** ALARDEAR : to boast, to show off **2** ~ **de** : to consider oneself ⟨presume de inteligente : he thinks he's intelligent⟩

presunción *nf, pl* **-ciones** **1** SUPOSICIÓN : presumption, supposition **2** VANIDAD : conceit, vanity

presunto, -ta *adj* : presumed, supposed, alleged — **presuntamente** *adv*

presuntuoso, -sa *adj* : conceited

presuponer {60} *vt* : to presuppose

presupuestal *adj* : budget, budgetary

presupuestar *vi* : to budget — *vt* : to budget for

presupuestario, -ria *adj* : budget, budgetary

presupuesto *nm* **1** : budget, estimate **2** : assumption, supposition

presurizar {21} *vt* : to pressurize

presuroso, -sa *adj* : hasty, quick

pretencioso, -sa *adj* : pretentious

pretender *vt* **1** INTENTAR : to attempt, to try ⟨pretendo estudiar : I'm trying to study⟩ **2** AFIRMAR : to claim ⟨pretende ser pobre : he claims he's poor⟩ **3** : to seek, to aspire to ⟨¿qué pretendes tú? : what are you after?⟩ **4** CORTEJAR : to court **5** **pretender que** : to expect ⟨¿pretendes que lo crea? : do you expect me to believe you?⟩

pretendiente[1] *nmf* **1** : candidate, applicant **2** : pretender, claimant (to a throne, etc.)

pretendiente[2] *nm* : suitor

pretensión *nf, pl* **-siones** **1** : intention, hope, plan **2** : pretension ⟨sin pretensiones : unpretentious⟩

pretérito *nm* : preterit, past (tense)

pretexto *nm* EXCUSA : pretext, excuse

pretil *nm* : parapet, railing

prevalecer {53} *vi* : to prevail, to triumph

prevaleciente *adj* : prevailing, prevalent

prevalerse {84} *vr* ~ **de** : to avail oneself of, to take advantage of

prevención *nf, pl* **-ciones** **1** : prevention **2** : preparation, readiness **3** : precautionary measure **4** : prejudice, bias

prevenido, -da *adj* **1** PREPARADO : prepared, ready **2** ADVERTIDO : forewarned **3** CAUTELOSO : cautious

prevenir {87} *vt* **1** : to prevent **2** : to warn — **prevenirse** *vr* ~ contra *or* ~ de : to take precautions against

preventivo, -va *adj* : preventive, precautionary

prever {88} *vt* ANTICIPAR : to foresee, to anticipate

previo, -via *adj* **1** : previous, prior **2** : after, upon ⟨previo pago : after paying, upon payment⟩

previsible *adj* : foreseeable

previsión *nf, pl* **-siones** **1** : foresight **2** : prediction, forecast **3** : precaution

previsor, -sora *adj* : farsighted, prudent

prieto, -ta *adj* **1** : blackish, dark **2** : dark-skinned, swarthy **3** : tight, compressed

prima *nf* **1** : premium **2** : bonus **3** → **primo**

primacía *nf* **1** : precedence, priority **2** : superiority, supremacy

primado *nm* : primate (bishop)

primario, -ria *adj* : primary

primate *nm* : primate

primavera *nf* **1** : spring (season) **2** PRÍMULA : primrose

primaveral *adj* : spring, springlike

primero[1] *adv* **1** : first **2** : rather, sooner

primero[2], **-ra** *adj* (**primer** *before masculine singular nouns*) **1** : first **2** : top, leading **3** : fundamental, basic **4** **de primera** : first-rate

primero[3], **-ra** *n* : first

primicia *nf* **1** : first fruits **2** : scoop, exclusive

primigenio, -nia *adj* : original, primary

primitivo, -va *adj* **1** : primitive **2** ORIGINAL : original

primo, -ma *n* : cousin

primogénito, -ta *adj & n* : firstborn

primor *nm* **1** : skill, care **2** : beauty, elegance

primordial *adj* **1** : primordial **2** : basic, fundamental

primoroso, -sa *adj* **1** : exquisite, fine, delicate **2** : skillful

prímula *nf* : primrose

princesa *nf* : princess

principado *nm* : principality

principal[1] *adj* **1** : main, principal **2** : foremost, leading

principal[2] *nm* : capital, principal

príncipe *nm* : prince

principesco, -ca *adj* : princely

principiante[1] *adj* : beginning

principiante[2] *nmf* : beginner, novice

principiar *vt* EMPEZAR : to begin

principio *nm* **1** COMIENZO : beginning **2** : principle **3** **al principio** : at first **4** **a principios de** : at the beginning of ⟨a principios de agosto : at the beginning of August⟩ **5** **en** ~ : in principle

pringar {52} *vt* **1** : to dip (in grease) **2** : to soil, to spatter (with grease) — **pringarse** *vr*
pringoso, -sa *adj* : greasy
pringue[1], **etc.** → **pringar**
pringue[2] *nm* : grease, drippings *pl*
prior, priora *n* : prior *m,* prioress *f*
priorato *nm* : priory
prioridad *nf* : priority, precedence
prisa *nf* **1** : hurry, rush **2 a ~** *or* **de ~** : quickly, fast **3 a toda prisa** : as fast as possible **4 darse prisa** : to hurry **5 tener prisa** : to be in a hurry
prisión *nf, pl* **prisiones** **1** CÁRCEL : prison, jail **2** ENCARCELAMIENTO : imprisonment
prisionero, -ra *n* : prisoner
prisma *nm* : prism
prismáticos *nmpl* : binoculars
prístino, -na *adj* : pristine
privacidad *nf* : privacy
privación *nf, pl* **-ciones** **1** : deprivation **2** : privation, want
privado, -da *adj* : private — **privadamente** *adv*
privar *vt* **1** DESPOJAR : to deprive **2** : to stun, to knock out — **privarse** *vr* : to deprive oneself
privativo, -va *adj* : exclusive, particular
privilegiado, -da *adj* : privileged
privilegiar *vt* : to grant a privilege to, to favor
privilegio *nm* : privilege
pro[1] *nm* **1** : pro, advantage ⟨los pros y contras : the pros and cons⟩ **2 en pro de** : for, in favor of
pro[2] *prep* : for, in favor of ⟨grupos pro derechos humanos : groups supporting human rights⟩
proa *nf* : bow, prow
probabilidad *nf* : probability
probable *adj* : probable, likely
probablemente *adv* : probably
probar {19} *vt* **1** : to demonstrate, to prove **2** : to test, to try out **3** : to try on (clothing) **4** : to taste, to sample — *vi* : to try — **probarse** *vr* : to try on (clothing)
probeta *nf* : test tube
probidad *nf* : probity
problema *nm* : problem
problemática *nf* : set of problems ⟨la problemática que debemos enfrentar : the problems we must face⟩
probóscide *nf* : proboscis
problemático, -ca *adj* : problematic
procaz *adj, pl* **procaces** **1** : insolent, impudent **2** : indecent
procedencia *nf* : origin, source
procedente *adj* **1** : proper, fitting **2 ~ de** : coming from
proceder *vi* **1** AVANZAR : to proceed **2** : to act, to behave **3** : to be appropriate, to be fitting **4 ~ de** : to originate from, to come from
procedimiento *nm* : procedure, process
prócer *nmf* : eminent person, leader
procesado, -da *n* : accused, defendant
procesador *nm* : processor ⟨procesador de textos : word processor⟩
procesamiento *nm* : processing ⟨procesamiento de datos : data processing⟩
procesar *vt* **1** : to prosecute, to try **2** : to process
procesión *nf, pl* **-siones** : procession
proceso *nm* **1** : process **2** : trial, proceedings *pl*
proclama *nf* : proclamation
proclamación *nf, pl* **-ciones** : proclamation
proclamar *vt* : to proclaim — **proclamarse** *vr*
proclive *adj* **~ a** : inclined to, prone to
proclividad *nf* : proclivity, inclination
procrear *vi* : to procreate — **procreación** *nf*
procurador, -dora *n* ABOGADO : attorney
procurar *vt* **1** INTENTAR : to try, to endeavor **2** CONSEGUIR : to obtain, to procure **3 procurar hacer** : to manage to do
prodigar {52} *vt* : to lavish, to be generous with
prodigio *nm* : wonder, marvel
prodigioso, -sa *adj* : prodigious, marvelous
pródigo[1], **-ga** *adj* **1** : generous, lavish **2** : wasteful, prodigal
pródigo[2], **-ga** *n* : spendthrift, prodigal
producción *nf, pl* **-ciones** **1** : production **2 producción en serie** : mass production
producir {61} *vt* **1** : to produce, to make, to manufacture **2** : to cause, to bring about **3** : to bear (interest) — **producirse** *vr* : to take place, to occur
productividad *nf* : productivity
productivo, -va *adj* **1** : productive **2** LUCRATIVO : profitable
producto *nm* **1** : product **2** : proceeds *pl*, yield
productor, -tora *n* : producer
proeza *nf* HAZAÑA : feat, exploit
profanar *vt* : to profane, to desecrate — **profanación** *nf*
profano[1], **-na** *adj* **1** : profane **2** : worldly, secular
profano[2], **-na** *n* : nonspecialist
profecía *nf* : prophecy
proferir {76} *vt* **1** : to utter **2** : to hurl (insults)
profesar *vt* **1** : to profess, to declare **2** : to practice, to exercise
profesión *nf, pl* **-siones** : profession
profesional *adj & nmf* : professional — **profesionalmente** *adv*
profesionalismo *nm* : professionalism
profesionalizar {21} *vt* : to professionalize
profesionista *nmf Mex* : professional
profesor, -sora *n* **1** MAESTRO : teacher **2** : professor
profesorado *nm* **1** : faculty **2** : teaching profession
profeta *nm* : prophet
profético, -ca *adj* : prophetic
profetisa *nf* : prophetess, prophet

profetizar {21} *vt* : to prophesy
prófugo, -ga *adj & n* : fugitive
profundidad *nf* : depth, profundity
profundizar {21} *vt* **1** : to deepen **2** : to study in depth — *vi* ~ **en** : to go deeply into, to study in depth
profundo, -da *adj* **1** HONDO : deep **2** : profound — **profundamente** *adv*
profusión *nf, pl* **-siones** : abundance, profusion
profuso, -sa *adj* : profuse, abundant, extensive
progenie *nf* : progeny, offspring
progenitor, -tora *n* ANTEPASADO : ancestor, progenitor
progesterona *nf* : progesterone
prognóstico *nm* : prognosis
programa *nm* **1** : program **2** : plan **3 programa de estudios** : curriculum
programable *adj* : programmable
programación *nf, pl* **-ciones** **1** : programming **2** : planning
programador, -dora *n* : programmer
programar *vt* **1** : to schedule, to plan **2** : to program (a computer, etc.)
progresar *vi* : to progress, to make progress
progresista *adj & nmf* : progressive
progresivo, -va *adj* : progressive, gradual
progreso *nm* : progress
prohibición *nf, pl* **-ciones** : ban, prohibition
prohibir {62} *vt* : to prohibit, to ban, to forbid
prohibitivo, -va *adj* : prohibitive
prohijar {5} *vt* ADOPTAR : to adopt
prójimo *nm* : neighbor, fellow man
prole *nf* : offspring, progeny
proletariado *nm* : proletariat, working class
proletario, -ria *adj & n* : proletarian
proliferar *vi* : to proliferate — **proliferación** *nf*
prolífico, -ca *adj* : prolific
prolijo, -ja *adj* : wordy, long-winded
prólogo *nm* : prologue, preface, foreword
prolongación *nf, pl* **-ciones** : extension, lengthening
prolongar {52} *vt* **1** : to prolong **2** : to extend, to lengthen — **prolongarse** *vr* CONTINUAR : to last, to continue
promediar *vt* **1** : to average **2** : to divide in half — *vi* : to be half over
promedio *nm* **1** : average **2** : middle, midpoint
promesa *nf* : promise
prometedor, -dora *adj* : promising, hopeful
prometer *vt* : to promise — *vi* : to show promise — **prometerse** *vr* COMPROMETERSE : to get engaged
prometido[1], **-da** *adj* : engaged
prometido[2], **-da** *n* NOVIO : fiancé *m,* fiancée *f*
prominente *adj* : prominent — **prominencia** *nf*
promiscuo, -cua *adj* : promiscuous — **promiscuidad** *nf*
promisorio, -ria *adj* **1** : promising **2** : promissory
promoción *nf, pl* **-ciones** **1** : promotion **2** : class, year **3** : play-off (in soccer)
promocionar *vt* : to promote — **promocional** *adj*
promontorio *nm* : promontory, headland
promotor, -tora *n* : promoter
promover {47} *vt* **1** : to promote, to advance **2** FOMENTAR : to foster, to encourage **3** PROVOCAR : to provoke, to cause
promulgación *nf, pl* **-ciones** **1** : enactment **2** : proclamation, enactment
promulgar {52} *vt* **1** : to promulgate, to proclaim **2** : to enact (a law or decree)
prono, -na *adj* : prone
pronombre *nm* : pronoun
pronosticar {72} *vt* : to predict, to forecast
pronóstico *nm* **1** PREDICCIÓN : forecast, prediction **2** : prognosis
prontitud *nf* **1** PRESTEZA : promptness, speed **2 con** ~ : promptly, quickly
pronto[1] *adv* **1** : quickly, promptly **2** : soon **3 de** ~ : suddenly **4 lo más pronto posible** : as soon as possible **5 tan pronto como** : as soon as
pronto[2], **-ta** *adj* **1** RÁPIDO : quick, speedy, prompt **2** PREPARADO : ready
pronunciación *nf, pl* **-ciones** : pronunciation
pronunciado, -da *adj* **1** : pronounced, sharp, steep **2** : marked, noticeable
pronunciamiento *nm* **1** : pronouncement **2** : military uprising
pronunciar *vt* **1** : to pronounce, to say **2** : to give, to deliver (a speech) **3 pronunciar un fallo** : to pronounce sentence — **pronunciarse** *vr* : to declare oneself
propagación *nf, pl* **-ciones** : propagation, spreading
propaganda *nf* **1** : propaganda **2** PUBLICIDAD : advertising
propagar {52} *vt* **1** : to propagate **2** : to spread, to disseminate — **propagarse** *vr*
propalar *vt* **1** : to divulge **2** : to spread
propano *nm* : propane
propasarse *vr* : to go too far, to overstep one's bounds
propensión *nf, pl* **-siones** INCLINACIÓN : inclination, propensity
propenso, -sa *adj* : prone, susceptible
propiamente *adv* **1** : properly, correctly **2** : exactly, precisely ⟨propiamente dicho : strictly speaking⟩
propiciar *vt* **1** : to propitiate **2** : to favor, to foster
propicio, -cia *adj* : favorable, propitious
propiedad *nf* **1** : property ⟨propiedad privada : private property⟩ **2** : ownership **3** CUALIDAD : property, quality **4** : suitability, appropriateness
propietario[1], **-ria** *adj* : proprietary

propietario[2], **-ria** *n* DUEÑO : owner, proprietor
propina *nf* : tip, gratuity
propinar *vt* : to give, to strike ⟨propinar una paliza : to give a beating⟩
propio, -pia *adj* **1** : own ⟨su propia casa : his own house⟩ ⟨sus recursos propios : their own resources⟩ **2** APROPIADO : appropriate, suitable **3** CARACTERÍSTICO : characteristic, typical **4** MISMO : oneself ⟨el propio director : the director himself⟩
proponer {60} *vt* **1** : to propose, to suggest **2** : to nominate — **proponerse** *vr* : to intend, to plan, to set out ⟨lo que se propone lo cumple : he does what he sets out to do⟩
proporción *nf, pl* **-ciones** **1** : proportion **2** : ratio (in mathematics) **3 proporciones** *nfpl* : proportions, size ⟨de grandes proporciones : very large⟩
proporcionado, -da *adj* **1** : proportionate **2** : proportioned ⟨bien proporcionado : well-proportioned⟩ — **proporcionadamente** *adv*
proporcional *adj* : proportional — **proporcionalmente** *adv*
proporcionar *vt* **1** : to provide, to give **2** : to proportion, to adapt
proposición *nf, pl* **-ciones** : proposal, proposition
propósito *nm* **1** INTENCIÓN : purpose, intention **2 a ~** : by the way **3 a ~** : on purpose, intentionally
propuesta *nf* PROPOSICIÓN : proposal
propulsar *vt* **1** IMPULSAR : to propel, to drive **2** PROMOVER : to promote, to encourage
propulsión *nf, pl* **-siones** : propulsion
propulsor *nm* : propellant
propuso, etc. → **proponer**
prorrata *nf* **1** : share, quota **2 a ~** : pro rata, proportionately
prórroga *nf* **1** : extension, deferment **2** : overtime (in sports)
prorrogar {52} *vt* **1** : to extend (a deadline) **2** : to postpone
prorrumpir *vi* : to burst forth, to break out ⟨prorrumpí en lágrimas : I burst into tears⟩
prosa *nf* : prose
prosaico, -ca *adj* : prosaic, mundane
proscribir {33} *v* **1** PROHIBIR : to prohibit, to ban, to proscribe **2** DESTERRAR : to banish, to exile
proscripción *nf, pl* **-ciones** **1** PROHIBICIÓN : ban, proscription **2** DESTIERRO : banishment
proscrito[1] *pp* → **proscribir**
proscrito[2], **-ta** *n* **1** DESTERRADO : exile **2** : outlaw
prosecución *nf, pl* **-ciones** **1** : continuation **2** : pursuit
proseguir {75} *vt* **1** CONTINUAR : to continue **2** : to pursue (studies, goals) — *vi* : to continue, to go on
prosélito, -ta *n* : proselyte
prospección *nf, pl* **-ciones** : prospecting, exploration
prospectar *vi* : to prospect
prospecto *nm* : prospectus, leaflet, brochure
prosperar *vi* : to prosper, to thrive
prosperidad *nf* : prosperity
próspero, -ra *adj* : prosperous, flourishing
próstata *nf* : prostate
prostitución *nf, pl* **-ciones** : prostitution
prostituir {41} *vt* : to prostitute — **prostituirse** *vr* : to prostitute oneself
prostituto, -ta *n* : prostitute
protagonista *nmf* **1** : protagonist, main character **2** : leader
protagonizar {21} *vt* : to star in
protección *nf, pl* **-ciones** : protection
protector[1], **-tora** *adj* : protective
protector[2], **-tora** *n* **1** : protector, guardian **2** : patron
protector[3] *nm* : protector, guard ⟨chaleco protector : chest protector⟩
protectorado *nm* : protectorate
proteger {15} *vt* : to protect, to defend — **protegerse** *vr*
protegido, -da *n* : protégé
proteína *nf* : protein
prótesis *nfs & pl* : prosthesis
protesta *nf* **1** : protest **2** *Mex* : promise, oath
protestante *adj & nmf* : Protestant
protestantismo *nm* : Protestantism
protestar *vi* : to protest, to object — *vt* **1** : to protest, to object to **2** : to declare, to profess
protocolo *nm* : protocol
protón *nm, pl* **protones** : proton
protoplasma *nm* : protoplasm
prototipo *nm* : prototype
protozoario *or* **protozoo** *nm* : protozoan
protuberancia *nf* : protuberance — **protuberante** *adj*
provecho *nm* : benefit, advantage
provechoso, -sa *adj* BENEFICIOSO : beneficial, profitable, useful — **provechosamente** *adv*
proveedor, -dora *n* : provider, supplier
proveer {63} *vt* : to provide, to supply — **proveerse** *vr* **~ de** : to obtain, to supply oneself with
provenir {87} *vi* **~ de** : to come from
provenzal[1] *adj* : Provençal
provenzal[2] *nmf* : Provençal
provenzal[3] *nm* : Provençal (language)
proverbio *nm* REFRÁN : proverb — **proverbial** *adj*
providencia *nf* **1** : providence, foresight **2** : Providence, God **3 providencias** *nfpl* : steps, measures
providencial *adj* : providential
provincia *nf* : province — **provincial** *adj*
provinciano, -na *adj* : provincial, unsophisticated
provisión *nf, pl* **-siones** : provision
provisional *adj* : provisional, temporary
provisionalmente *adv* : provisionally, tentatively

provisorio, -ria *adj* : provisional, temporary

provisto *pp* → **proveer**

provocación *nf, pl* **-ciones** : provocation

provocador[1], **-dora** *adj* : provocative, provoking

provocador[2], **-dora** *n* AGITADOR : agitator

provocar {72} *vt* **1** CAUSAR : to provoke, to cause **2** IRRITAR : to provoke, to pique

provocativo, -va *adj* : provocative

proxeneta *nmf* : pimp *m*

próximamente *adv* : shortly, soon

proximidad *nf* **1** : nearness, proximity **2 proximidades** *nfpl* : vicinity

próximo, -ma *adj* **1** : near, close ⟨la Navidad está próxima : Christmas is almost here⟩ **2** SIGUIENTE : next, following ⟨la próxima semana : the following week⟩

proyección *nf, pl* **-ciones 1** : projection **2** : showing, screening (of a film) **3** : range, influence, diffusion

proyectar *vt* **1** : to plan **2** LANZAR : to throw, to hurl **3** : to project, to cast (light or shadow) **4** : to show, to screen (a film)

proyectil *nm* : projectile, missile

proyecto *nm* **1** : plan, project **2 proyecto de ley** : bill

proyector *nm* **1** : projector **2** : spotlight

prudencia *nf* : prudence, care, discretion

prudente *adj* : prudent, sensible, reasonable

prueba[1], **etc.** → **probar**

prueba[2] *nf* **1** : proof, (piece of) evidence ⟨como prueba de : as proof of⟩ ⟨pruebas científicas : scientific evidence⟩ **2** : trial, test ⟨prueba del embarazo : pregnancy test⟩ ⟨vamos a hacer la prueba : let's try it⟩ **3** : proof (in printing or photography) **4** : event, qualifying round (in sports) **5 a** ~ : on a trial basis **6 a prueba de agua** : waterproof **7 prueba de fuego** : acid test **8 poner a prueba** : to put to the test

prurito *nm* **1** : itching **2** : desire, urge

psicoanálisis *nm* : psychoanalysis — **psicoanalista** *nmf*

psicoanalítico, -ca *adj* : psychoanalytic

psicoanalizar {21} *vt* : to psychoanalyze

psicología *nf* : psychology

psicológico, -ca *adj* : psychological — **psicológicamente** *adv*

psicólogo, -ga *n* : psychologist

psicópata *nmf* : psychopath

psicopático, -ca *adj* : psycopathic

psicosis *nfs & pl* : psychosis

psicosomático, -ca *adj* : psychosomatic

psicoterapeuta *nmf* : psychotherapist

psicoterapia *nf* : psychotherapy

psicótico, -ca *adj & n* : psychotic

psique *nf* : psyche

psiquiatra *nmf* : psychiatrist

psiquiatría *nf* : psychiatry

psiquiátrico[1], **-ca** *adj* : psychiatric

psiquiátrico[2] *nm* : mental hospital

psíquico, -ca *adj* : psychic

psiquis *nfs & pl* : psyche

psoriasis *nf* : psoriasis

ptomaína *nf* : ptomaine

púa *nf* **1** : barb ⟨alambre de púas : barbed wire⟩ **2** : tooth (of a comb) **3** : quill, spine

pubertad *nf* : puberty

pubiano → **púbico**

púbico, -ca *adj* : pubic

publicación *nf, pl* **-ciones** : publication

publicar {72} *vt* **1** : to publish **2** DIVULGAR : to divulge, to disclose

publicidad *nf* **1** : publicity **2** : advertising

publicista *nmf* : publicist

publicitar *vt* **1** : to publicize **2** : to advertise

publicitario, -ria *adj* : advertising, publicity ⟨agencia publicitaria : advertising agency⟩

público[1], **-ca** *adj* : public — **públicamente** *adv*

público[2] *nm* **1** : public **2** : audience, spectators *pl*

puchero *nm* **1** : pot **2** : stew **3** : pout ⟨hacer pucheros : to pout⟩

pucho *nm* **1** : waste, residue **2** : cigarette butt **3 a puchos** : little by little, bit by bit

púdico, -ca *adj* : chaste, modest

pudiente *adj* **1** : powerful **2** : rich, wealthy

pudín *nm, pl* **pudines** BUDÍN : pudding

pudo, etc. → **poder**

pudor *nm* : modesty, reserve

pudoroso, -sa *adj* : modest, reserved, shy

pudrir {59} *vt* **1** : to rot **2** *fam* : to annoy, to upset — **pudrirse** *vr* **1** : to rot **2** : to languish

pueblerino, -na *adj* : provincial, countrified

puebla, etc. → **poblar**

pueblo *nm* **1** NACIÓN : people **2** : common people **3** ALDEA, POBLADO : town, village

puede, etc. → **poder**

puente *nm* **1** : bridge ⟨puente levadizo : drawbridge⟩ **2** : denture, bridge **3 puente aéreo** : airlift

puerco[1], **-ca** *adj* : dirty, filthy

puerco[2], **-ca** *n* **1** CERDO, MARRANO : pig, hog **2** : pig, dirty or greedy person **3 puerco espín** : porcupine

pueril *adj* : childish, puerile

puerro *nm* : leek

puerta *nf* **1** : door, entrance, gate **2 a puerta cerrada** : behind closed doors

puerto *nm* **1** : port, harbor **2** : mountain pass **3 puerto marítimo** : seaport

puertorriqueño, -ña *adj & n* : Puerto Rican

pues *conj* **1** : since, because, for ⟨no puedo ir, pues no tengo plata : I can't go, since I don't have any money⟩ ⟨lo hace, pues a él le gusta : he does it because he likes to⟩ **2** (*used interjectionally*) : well, then ⟨¡pues claro que sí! : well, of course!⟩ ⟨¡pues no voy! : well then, I'm not going!⟩

puesta *nf* **1** : setting ⟨puesta del sol : sunset⟩ **2** : laying (of eggs) **3 puesta a punto** : tune-up **4 puesta en marcha** : start, starting up

puestero, -ra *n* : seller, vendor

puesto[1] *pp* → **poner**

puesto[2], **-ta** *adj* : dressed ⟨bien puesto : well-dressed⟩

puesto[3] *nm* **1** LUGAR, SITIO : place, position **2** : position, job **3** : kiosk, stand, stall **4 puesto que** : since, given that

pugilato *nm* BOXEO : boxing, pugilism

pugilista *nm* BOXEADOR : boxer, pugilist

pugna *nf* **1** CONFLICTO, LUCHA : conflict, struggle **2 en ~** : at odds, in conflict

pugnar *vi* LUCHAR : to fight, to strive, to struggle

pugnaz *adj* : pugnacious

pujante *adj* : mighty, powerful

pujanza *nf* : strength, vigor ⟨pujanza económica : economic strength⟩

pulcritud *nf* **1** : neatness, tidiness **2** ESMERO : meticulousness

pulcro, -cra *adj* **1** : clean, neat **2** : exquisite, delicate, refined

pulga *nf* **1** : flea **2 tener malas pulgas** : to be bad-tempered

pulgada *nf* : inch

pulgar *nm* **1** : thumb **2** : big toe

pulir *vt* **1** : to polish, to shine **2** REFINAR : to refine, to perfect

pulla *nf* **1** : cutting remark, dig, gibe **2** : obscenity

pulmón *nm, pl* **pulmones** : lung

pulmonar *adj* : pulmonary

pulmonía *nf* NEUMONÍA : pneumonia

pulpa *nf* : pulp, flesh

pulpería *nf* : small grocery store

púlpito *nm* : pulpit

pulpo *nm* : octopus

pulsación *nf, pl* **-ciones** **1** : beat, pulsation, throb **2** : keystroke

pulsar *vt* **1** APRETAR : to press, to push **2** : to strike (a key) **3** : to assess — *vi* : to beat, to throb

pulsera *nf* : bracelet

pulso *nm* **1** : pulse ⟨tomarle el pulso a alguien : to take someone's pulse⟩ ⟨tomarle el pulso a la opinión : to sound out opinion⟩ **2** : steadiness (of hand) ⟨dibujo a pulso : freehand sketch⟩

pulular *vi* ABUNDAR : to abound, to swarm ⟨en el río pululan los peces : the river is teeming with fish⟩

pulverizador *nm* **1** : atomizer, spray **2** : spray gun

pulverizar {21} *vt* **1** : to pulverize, to crush **2** : to spray

puma *nf* : cougar, puma

puna *nf* : bleak Andean tableland

punción *nf, pl* **punciones** : puncture

punible *adj* : punishable

punitivo, -va *adj* : punitive

punce, etc. → **punzar**

punta *nf* **1** : tip, end ⟨punta del dedo : fingertip⟩ ⟨en la punta de la lengua : at the tip of one's tongue⟩ **2** : point (of a weapon or pencil) ⟨punta de lanza : spearhead⟩ **3** : point, headland **4** : bunch, lot ⟨una punta de ladrones : a bunch of thieves⟩ **5 a punta de** : by, by dint of

puntada *nf* **1** : stitch (in sewing) **2** PUNZADA : sharp pain, stitch, twinge **3** *Mex* : witticism, quip

puntal *nm* **1** : prop, support **2** : stanchion

puntapié *nm* PATADA : kick

puntazo *nm* CORNADA : wound (from a goring)

puntear *vt* **1** : to pluck (a guitar) **2** : to lead (in sports)

puntería *nf* : aim, marksmanship

puntero *nm* **1** : pointer **2** : leader

puntiagudo, -da *adj* : sharp, pointed

puntilla *nf* **1** : lace edging **2** : dagger (in bullfighting) **3 de puntillas** : on tiptoe

puntilloso, -sa *adj* : punctilious

punto *nm* **1** : dot, point **2** : period (in punctuation) **3** : point, item, question **4** : spot, place **5** : point, moment, stage **6** : point, extent **7** : point (in a score) **8** : stitch **9 en ~** : on the dot, sharp ⟨a las dos en punto : at two o'clock sharp⟩ **10 al punto** : at once **11 a punto de** : about to, on the verge of ⟨estaba a punto de salir : I was about to leave⟩ ⟨a punto del colapso : on the verge of collapse⟩ **12 a punto fijo** : exactly, certainly **13 dos puntos** : colon **14 en su punto** : just right **15 hasta cierto punto** : up to a point **16 punto decimal** : decimal point **17 punto de partida** : starting point **18 punto de vista** : point of view **19 punto final** : period (in punctuation) ⟨poner punto final a algo : to end something⟩ **20 punto fuerte/débil** : strong/weak point **21 punto muerto** : neutral (in an automobile), deadlock (in talks, etc.) **22 puntos cardinales** : points of the compass **23 puntos suspensivos** : ellipsis (in punctuation) **24 punto y aparte** : (period and) new paragraph **25 punto y coma** : semicolon **26 y punto** : period ⟨es el mejor que hay y punto : it's the best there is, period⟩

puntocom *nm, pl* **puntocom** : dot-com

puntuación *nf, pl* **-ciones** **1** : punctuation **2** : scoring, score, grade

puntual *adj* **1** : prompt, punctual **2** : exact, accurate — **puntualmente** *adv*

puntualidad *nf* **1** : promptness, punctuality **2** : exactness, accuracy

puntualizar {21} *vt* **1** : to specify, to state **2** : to point out

puntuar {3} *vt* : to punctuate — *vi* : to score points

punzada *nf* : sharp pain, twinge, stitch

punzante *adj* **1** : sharp **2** CÁUSTICO : biting, caustic

punzar {21} *vt* : to pierce, to puncture

punzón *nm, pl* **punzones** **1** : awl **2** : hole punch

puñado *nm* **1** : handful **2 a puñados** : lots of, by the handful

puñal *nm* DAGA : dagger

puñalada *nf* : stab, stab wound

puñetazo *nm* : punch (with the fist)

puño *nm* **1** : fist **2** : handful, fistful **3** : cuff (of a shirt) **4** : handle, hilt

pupila *nf* : pupil (of the eye)

pupilo, -la *n* **1** : pupil, student **2** : ward, charge

pupitre *nm* : writing desk

puré *nm* : purée ⟨puré de papas : mashed potatoes⟩

pureza *nf* : purity

purga *nf* **1** : laxative **2** : purge

purgante *adj & nm* : laxative, purgative

purgar {52} *vt* **1** : to purge, to cleanse **2** : to liquidate (in politics) **3** : to give a laxative to — **purgarse** *vr* **1** : to take a laxative **2** ~ **de** : to purge oneself of

purgatorio *nm* : purgatory

purgue, etc. → **purgar**

purificador *nm* : purifier

purificar {72} *vt* : to purify — **purificación** *nf*

puritano[1], -na *adj* : puritanical, puritan

puritano[2], -na *n* **1** : Puritan **2** : puritan

puro[1] *adv* : sheer, much ⟨de puro terco : out of sheer stubbornness⟩

puro[2], -ra *adj* **1** : pure ⟨aire puro : fresh air⟩ **2** : plain, simple, sheer ⟨por pura curiosidad : from sheer curiosity⟩ **3** : only, just ⟨emplean puras mujeres : they only employ women⟩ **4 pura sangre** : Thoroughbred horse

puro[3] *nm* : cigar

púrpura *nf* : purple

purpúreo, -rea *adj* : purple

purpurina *nf* : glitter (for decoration)

pus *nm* : pus

pusilánime *adj* COBARDE : pusillanimous, cowardly

puso, etc. → **poner**

pústula *nf* : pustule, pimple

puta *nf* : whore, slut

putrefacción *nf, pl* **-ciones** : putrefaction

putrefacto, -ta *adj* **1** PODRIDO : putrid, rotten **2** : decayed

pútrido, -da *adj* : putrid, rotten

puya *nf* **1** : point (of a lance) **2 lanzar una puya** : to gibe, to taunt

Q

q *nf* : eighteenth letter of the Spanish alphabet

que[1] *conj* **1** : that ⟨dice que está listo : he says (that) he's ready⟩ ⟨espero que lo haga : I hope (that) she does it⟩ ⟨es posible que vuelva a pasar : it's possible (that) it will happen again⟩ ⟨estaba tan cansado que casi se durmió : he was so tired (that) he almost fell asleep⟩ ⟨me di cuenta de que era ella : I realized (that) it was her⟩ **2** : than ⟨ella es más alta que él : she is taller than he is⟩ ⟨más que nada : more than anything⟩ **3** (*expressing permission or desire*) ⟨¡que entre! : send him in!⟩ ⟨¡que te vaya bien! : I wish you well!⟩ **4** (*used in repeating a statement or question*) ⟨¡que no lo toques! : I told you not to touch it!⟩ ⟨¿cómo?—que si quieres más : what?—I asked if you wanted more⟩ ⟨¿cómo que no lo sabes? : what do you mean you don't know?⟩ **5** (*indicating a reason or cause*) ⟨¡cuidado, que te caes! : be careful, you're about to fall!⟩ ⟨no provoques al perro, que te va a morder : don't provoke the dog or (else) he'll bite⟩ **6** (*indicating a continuing or repeated action*) ⟨estaba todo el día corre que (te) corre : I was running around nonstop all day⟩ **7 es que** : the thing is that, I'm afraid that ⟨es que no tengo ganas de ir : the thing is that I don't want to go⟩ **8 yo que tú** : if I were you

que[2] *pron* **1** : who, that ⟨la niña que viene : the girl who is coming⟩ ⟨todos los chicos que están aquí : all (of) the boys who are here⟩ ⟨es el hombre que llamó ayer : he's the man who called yesterday⟩ ⟨no conozco a nadie que lo crea : I don't know anyone who believes that⟩ **2** : whom, that ⟨los alumnos que enseñé : the students that I taught⟩ ⟨la persona con que habló : the person with whom he spoke⟩ ⟨el hombre al que pertenece : the man to whom it belongs⟩ **3** : that, which ⟨el carro que me gusta : the car that I like⟩ ⟨el asunto al que hizo referencia : the matter to which she referred⟩ ⟨el delito del que fue acusado : the crime of which he was accused⟩ **4 el (la, lo, las, los) que** → **el[1]**, la[1], lo[1], los[1]

qué[1] *adv* : how, what ⟨¡qué bonito! : how pretty!⟩

qué[2] *adj* : what, which ⟨¿qué hora es? : what time is it?⟩

qué[3] *pron* : what ⟨¿qué quieres? : what do you want?⟩

quebracho *nm* : quebracho (tree)

quebrada *nf* DESFILADERO : ravine, gorge

quebradizo, -za *adj* FRÁGIL : breakable, delicate, fragile

quebrado[1], **-da** *adj* **1** : bankrupt **2** : rough, uneven **3** ROTO : broken
quebrado[2] *nm* : fraction
quebrantamiento *nm* **1** : breaking **2** : deterioration, weakening
quebrantar *vt* **1** : to break, to split, to crack **2** : to weaken **3** : to violate (a law or contract)
quebranto *nm* **1** : break, breaking **2** AFLICCIÓN : affliction, grief **3** PÉRDIDA : loss
quebrar {55} *vt* **1** ROMPER : to break **2** DOBLAR : to bend, to twist — *vi* **1** : to go bankrupt **2** : to fall out, to break up — **quebrarse** *vr*
queda *nf* : curfew
quedar *vi* **1** PERMANECER : to remain, to stay ⟨queda abierto hasta el 31 : it will remain open until the 31st⟩ **2** : to be, to end up being ⟨quedamos contentos con las mejoras : we were pleased with the improvements⟩ ⟨el partido quedó empatado : the game ended in a tie⟩ ⟨el pastel quedó muy rico : the cake came out really well, the cake was delicious⟩ ⟨queda claro que . . . : it's clear that . . .⟩ **3** : to be situated ⟨queda muy lejos : it's very far, it's too far away⟩ **4** : to be left ⟨quedan sólo dos alternativas : there are only two options left⟩ ⟨no me queda mucho dinero : I don't have much money left⟩ ⟨queda mucho por hacer : there's still a lot left to do⟩ **5** : to fit, to suit ⟨estos zapatos no me quedan : these shoes don't fit⟩ ⟨me queda grande : it's big on me⟩ ⟨ese color te queda bien : that color looks good on you⟩ **6** : to agree to meet ⟨¿a qué hora quedamos? : what time are we meeting?⟩ ⟨quedé con un amigo para cenar : I arranged to have dinner with a friend⟩ **7 quedar bien/mal con alguien** : to make a good/bad impression on someone **8 ~ en** : to agree, to arrange ⟨¿en qué quedamos? : what's the plan?, what are we doing?⟩ — **quedarse** *vr* **1** : to stay ⟨se quedó en casa : she stayed at home⟩ **2** : to keep on ⟨se quedó esperando : he kept on waiting⟩ **3 quedarse atrás** : to stay behind, to get left behind ⟨no quedarse atrás : to be no slouch⟩ **4 ~ con** : to remain ⟨me quedé con hambre después de comer : I was still hungry after I ate⟩
quedo[1] *adv* : softly, quietly
quedo[2], **-da** *adj* : quiet, still
quehacer *nm* **1** : work **2 quehaceres** *nmpl* : chores
queja *nf* : complaint
quejarse *vr* **1** : to complain **2** : to groan, to moan
quejido *nm* **1** : groan, moan **2** : whine, whimper
quejoso, -sa *adj* : complaining, whining
quejumbroso, -sa *adj* : querulous, whining
quema *nf* **1** FUEGO : fire **2** : burning
quemado, -da *adj* **1** : burned, burnt **2** : annoyed **3** : burned-out
quemador *nm* : burner
quemadura *nf* : burn
quemar *vt* **1** : to burn (wood, letters, etc.), to burn down (a building) **2** : to burn (calories, etc.) **3** : to burn, to overcook **4** : to burn (skin, clothes, etc.) ⟨te ha quemado el sol : you have a sunburn⟩ **5** DERROCHAR : to squander **6** : to burn (a DVD, etc.) **7** : to burn out (an engine), to blow (a fuse) — *vi* **1** : to burn ⟨en el trópico el sol quema mucho : the sun is very strong in the tropics⟩ **2** : to be burning hot — **quemarse** *vr* **1** : to burn, to burn down **2** : to burn oneself ⟨me quemé la mano : I burned my hand⟩ **3** : to get sunburned **4** : to burn out, to blow
quemarropa *nf* **a ~** : point-blank
quemazón *nf, pl* **-zones** **1** : burning **2** : intense heat **3** : itch **4** : cutting remark
quena *nf* : Peruvian reed flute
quepa, etc. → **caber**
querella *nf* **1** : complaint **2** : lawsuit
querellante *nmf* : plaintiff
querellarse *vr* **~ contra** : to bring suit against, to sue
querer[1] {64} *vt* **1** DESEAR : to want, to desire ⟨quiere ser profesor : he wants to be a teacher⟩ ⟨¿cuánto quieres por esta computadora? : how much do you want for this computer?⟩ ⟨¿qué quieres que haga? : what do you want me to do?⟩ ⟨quiero que ella me ayude : I want her to help me⟩ ⟨quisiera cancelar la cuenta : I'd like to cancel the account⟩ ⟨quisiera que no fuera así : I wish it weren't so⟩ ⟨léelo cuando quieras : read it whenever you like⟩ ⟨no quería decírselo : he didn't want to tell her⟩ ⟨no quiso dar detalles : she wouldn't give any details⟩ **2** : to love, to like, to be fond of ⟨te quiero : I love you⟩ ⟨te quiere bien : he's very fond of you⟩ **3** (*indicating a request*) ⟨¿quieres pasarme la leche? : please pass the milk⟩ ⟨¿quieres decirme qué pasa? : do you mind telling me what's going on?⟩ **4 querer decir** : to mean ⟨¿qué quieres decir con eso? : what do you mean by that?⟩ ⟨eso no es lo que quiero decir : that is not what I meant to say⟩ **5 sin ~** : unintentionally — *vi* : like, want ⟨si quieres : if you like⟩ ⟨¡no quiero! : I don't want to!⟩
querer[2] *nm* : love, affection
querido[1], **-da** *adj* : dear, beloved
querido[2], **-da** *n* : dear, sweetheart
queroseno *nm* : kerosene
querrá, etc. → **querer**
querúbico, -ca *adj* : cherubic
querubín *nm, pl* **-bines** : cherub
quesadilla *nf* : quesadilla

quesería *nf* : cheese shop
queso *nm* : cheese
quetzal *nm* **1** : quetzal (bird) **2** : monetary unit of Guatemala
quicio *nm* **1 estar fuera de quicio** : to be beside oneself **2 sacar de quicio** : to exasperate, to drive crazy
quid *nm* : crux, gist ⟨el quid de la cuestión : the crux of the matter⟩
quiebra[1], **etc.** → **quebrar**
quiebra[2] *nf* **1** : break, crack **2** BANCARROTA : failure, bankruptcy
quien *pron, pl* **quienes 1** : who, whom ⟨no sé quien ganará : I don't know who will win⟩ ⟨las personas con quienes trabajo : the people with whom I work⟩ ⟨su amigo, a quien conoció en México : his friend, whom he met in Mexico⟩ **2** : whoever, whomever ⟨quien quiere salir que salga : whoever wants to can leave⟩ **3** : anyone, some people ⟨hay quienes no están de acuerdo : some people don't agree⟩ ⟨no hay quien lo aguante : there's no one who could tolerate it⟩
quién *pron, pl* **quiénes 1** : who, whom ⟨¿quién sabe? : who knows?⟩ ⟨¿con quién hablo? : with whom am I speaking?⟩ **2 de ~** : whose ⟨¿de quién es este libro? : whose book is this?⟩
quienquiera *pron, pl* **quienesquiera** : whoever, whomever
quiere, etc. → **querer**
quieto, -ta *adj* **1** : calm, quiet **2** INMÓVIL : still
quietud *nf* **1** : calm, tranquility **2** INMOVILIDAD : stillness
quijada *nf* : jaw, jawbone
quijotesco, -ca *adj* : quixotic
quilate *nm* : karat
quilla *nf* : keel
quimera *nf* : chimera, illusion
quimérico, -ca *adj* : chimeric, fanciful
química *nf* : chemistry
químico[1], **-ca** *adj* : chemical
químico[2], **-ca** *n* : chemist
quimioterapia *nf* : chemotherapy
quimono *nm* : kimono
quince *adj & nm* : fifteen
quinceañero, -ra *n* : fifteen-year-old, teenager
quinceavo[1], **-va** *adj* : fifteenth
quinceavo[2] *nm* : fifteenth (fraction)
quincena *nf* : two week period, fortnight
quincenal *adj* : bimonthly, twice a month
quincuagésimo[1], **-ma** *adj* : fiftieth, fifty-
quincuagésimo[2], **-ma** *n* : fiftieth, fifty- (in a series)
quingombó *nm* : okra
quiniela *nf* : sports lottery
quinientos[1], **-tas** *adj* : five hundred
quinientos[2] *nms & pl* : five hundred
quinina *nf* : quinine
quino *nm* : cinchona
quinqué *nm* : oil lamp
quinquenal *adj* : five-year ⟨un plan quinquenal : a five-year plan⟩
quinta *nf* : country house, villa
quintaesencia *nf* : quintessence — **quintaesencial** *adj*
quintal *nm* : hundredweight
quinteto *nm* : quintet
quintillizo, -za *n* : quintuplet
quinto, -ta *adj* : fifth — **quinto, -ta** *n*
quíntuplo, -la *adj* : quintuple, five-fold
quiosco *nm* **1** : kiosk **2** : newsstand **3 quiosco de música** : bandstand
quirófano *nm* : operating room
quiromancia *nf* : palmistry
quiropráctica *nf* : chiropractic
quiropráctico, -ca *n* : chiropractor
quirúrgico, -ca *adj* : surgical — **quirúrgicamente** *adv*
quiso, etc. → **querer**
quisquilloso[1], **-sa** *adj* : fastidious, fussy
quisquilloso[2], **-sa** *n* : fussy person, fussbudget
quiste *nm* : cyst
quitaesmalte *nm* : nail polish remover
quitamanchas *nms & pl* : stain remover
quitanieves *nms & pl* : snowplow
quitar *vt* **1** : to remove, to take away/off/out ⟨quita la olla del fuego : take the pot off the heat/burner⟩ ⟨quitarle el polvo a algo : to dust something⟩ ⟨quítalo de en medio : get it out of the way⟩ ⟨¡quítame las manos (de encima)! : get your hands off me!⟩ **2** : to take, to take away ⟨le quitó las llaves : she took away his keys⟩ ⟨trataron de quitarle el dinero : they tried to take her money⟩ ⟨le quitaron la vida : they took his life, they killed him⟩ ⟨no me quita el sueño : I'm not losing any sleep over it⟩ **3** : to take off (clothes) ⟨le quitó los zapatos al paciente : she took the patient's shoes off⟩ **4** : to get rid of, to relieve ⟨quitar el dolor : to relieve the pain⟩ ⟨nadie le va a quitar esa idea de la cabeza : nobody's going to change his mind⟩ **5** : to take up (time) — **quitarse** *vr* **1** : to withdraw, to leave, to go away ⟨se me quitaron las ganas de salir : I don't feel like going out anymore⟩ **2** : to take off (one's clothes) **3 ~ de** : to give up (a habit) **4 quitarse de encima** : to get rid of ⟨me he quitado un peso de encima : that's a load off my mind⟩
quitasol *nm* : parasol
quiteño[1], **-ña** *adj* : of or from Quito
quiteño[2], **-ña** *n* : person from Quito
quizá *or* **quizás** *adv* : maybe, perhaps
quórum *nm, pl* **quórums** : quorum

R

r *nf* : nineteenth letter of the Spanish alphabet
rábano *nm* **1** : radish **2 rábano picante** : horseradish
rabí *nmf, pl* **rabíes** : rabbi
rabia *nf* **1** HIDROFOBIA : rabies, hydrophobia **2** : rage, anger
rabiar *vi* **1** : to rage, to be furious **2** : to be in great pain **3 a ∼** *fam* : like crazy, like mad
rabieta *nf* BERRINCHE : tantrum
rabino, -na *n* : rabbi
rabioso, -sa *adj* **1** : enraged, furious **2** : rabid
rabo *nm* **1** COLA : tail **2 el rabo del ojo** : the corner of one's eye
racha *nf* **1** : gust of wind **2** : run, series, string ⟨racha perdedora : losing streak⟩
racheado, -da *adj* : gusty, windy
racial *adj* : racial
racimo *nm* : bunch, cluster ⟨un racimo de uvas : a bunch of grapes⟩
raciocinio *nm* : reason, reasoning
ración *nf, pl* **raciones** **1** : share, ration **2** PORCIÓN : portion, helping
racional *adj* : rational, reasonable — **racionalmente** *adv*
racionalidad *nf* : rationality
racionalización *nf, pl* **-ciones** : rationalization
racionalizar {21} *vt* **1** : to rationalize **2** : to streamline
racionamiento *nm* : rationing
racionar *vt* : to ration
racismo *nm* : racism
racista *adj & nmf* : racist
radar *nm* : radar
radiación *nf, pl* **-ciones** : radiation, irradiation
radiactividad *nf* : radioactivity
radiactivo, -va *adj* : radioactive
radiador *nm* : radiator
radial *adj* **1** : radial **2** : radio, broadcasting ⟨emisora radial : radio transmitter⟩
radiante *adj* : radiant
radiar *vt* **1** : to radiate **2** : to irradiate **3** : to broadcast (on the radio)
radical[1] *adj* : radical, extreme — **radicalmente** *adv*
radical[2] *nmf* : radical
radicalismo *nm* : radicalism
radicar {72} *vi* **1** : to be found, to lie **2** ARRAIGAR : to take root — **radicarse** *vr* : to settle, to establish oneself
radio[1] *nm* **1** : radius **2** : radium
radio[2] *nmf* : radio
radioactividad *nf* : radioactivity
radioactivo, -va *adj* : radioactive
radioaficionado, -da *n* : ham radio operator
radiodifusión *nf, pl* **-siones** : radio broadcasting
radiodifusora *nf* : radio station
radioemisora *nf* : radio station
radiofaro *nm* : radio beacon
radiofónico, -ca *adj* : radio ⟨estación radiofónica pública : public radio station⟩
radiofrecuencia *nf* : radio frequency
radiografía *nf* : X ray (photograph)
radiografiar {85} *vt* : to x-ray
radiología *nf* : radiology
radiólogo, -ga *n* : radiologist
radón *nm* : radon
raer {65} *vt* RASPAR : to scrape, to scrape off
ráfaga *nf* **1** : gust (of wind) **2** : flash, burst ⟨una ráfaga de luz : a flash of light⟩
raid *nm CA, Mex fam* : lift, ride
raído, -da *adj* : worn, shabby
raiga, etc. → **raer**
raíz *nf, pl* **raíces** **1** : root **2** : origin, source **3 a raíz de** : following, as a result of **4 echar raíces** : to take root
raja *nf* **1** : crack, slit **2** : slice, wedge
rajá *nm* : raja
rajadura *nf* : crack, split
rajar *vt* HENDER : to crack, to split — *vi* **1** *fam* : to chatter **2** *fam* : to boast, to brag — **rajarse** *vr* **1** : to crack, to split open **2** *fam* : to back out
rajatabla *adv* **a ∼** : strictly, to the letter
ralea *nf* : kind, sort, ilk ⟨son de la misma valea : they're two of a kind⟩
ralentí *nm* **dejar al ralentí** : to leave (a motor) idling
rallado, -da *adj* **1** : grated **2 pan rallado** : bread crumbs *pl*
rallador *nm* : grater
rallar *vt* : to grate
ralo, -la *adj* : sparse, thin
RAM *nf* : RAM, random-access memory
rama *nf* : branch
ramaje *nm* : branches *pl*
ramal *nm* **1** : branchline **2** : halter, strap
ramera *nf* : harlot, prostitute
ramificación *nf, pl* **-ciones** : ramification
ramificarse {72} *vr* : to branch out, to divide into branches
ramillete *nm* **1** RAMO : bouquet **2** : select group, cluster
ramo *nm* **1** : branch **2** RAMILLETE : bouquet **3** : division (of science or industry) **4 Domingo de Ramos** : Palm Sunday
rampa *nf* : ramp, incline
rana *nf* **1** : frog **2 rana toro** : bullfrog
ranchera *nf Mex* : traditional folk song
ranchería *nf* : settlement
ranchero, -ra *n* : rancher, farmer
rancho *nm* **1** : ranch, farm **2** : hut **3** : settlement, camp **4** : food, mess (for soldiers, etc.)
rancio, -cia *adj* **1** : aged, mellow (of wine) **2** : ancient, old **3** : rancid

rango *nm* **1** : rank, status **2** : high social standing **3** : pomp, splendor
ranúnculo *nm* : buttercup
ranura *nf* : groove, slot
rap *nm* : rap (music)
rapacidad *nf* : rapacity
rapar *vt* **1** : to crop **2** : to shave
rapaz[1] *adj, pl* **rapaces** : rapacious, predatory
rapaz[2], **-paza** *n, mpl* **rapaces** : youngster, child
rape *nm* : close haircut
rapé *nm* : snuff
rapero, -ra *n* : rapper, rap artist
rapidez *nf* : rapidity, speed
rápido[1] *adv* : quickly, fast ⟨¡manejas tan rápido! : you drive so fast!⟩
rápido[2], **-da** *adj* : rapid, quick — **rápidamente** *adv*
rápido[3] *nm* **1** : express train **2 rápidos** *nmpl* : rapids
rapiña *nf* **1** : plunder, pillage **2 ave de rapiña** : bird of prey
raposa *nf* : vixen (fox)
rapsodia *nf* : rhapsody
raptar *vt* SECUESTRAR : to abduct, to kidnap
rapto *nm* **1** SECUESTRO : kidnapping, abduction **2** ARREBATO : fit, outburst
raptor, -tora *n* SECUESTRADOR : kidnapper
raque *nm* : beachcombing
raquero, -ra *n* : beachcomber
raqueta *nf* **1** : racket (in sports) **2** : snowshoe
raquítico, -ca *adj* **1** : scrawny, weak **2** : measly, skimpy
raquitismo *nm* : rickets
raramente *adv* : seldom, rarely
rareza *nf* **1** : rarity **2** : peculiarity, oddity
raro, -ra *adj* **1** EXTRAÑO : odd, strange, peculiar **2** : unusual, rare **3** : exceptional **4 rara vez** : seldom, rarely
ras *nm* **a ras de** : level with
rasar *vt* **1** : to skim, to graze **2** : to level
rascacielos *nms & pl* : skyscraper
rascar {72} *vt* **1** : to scratch **2** : to scrape — **rascarse** *vr* : to scratch an itch
rasgadura *nf* : tear, rip
rasgar {52} *vt* : to rip, to tear — **rasgarse** *vr*
rasgo *nm* **1** : stroke (of a pen) ⟨a grandes rasgos : in broad outlines⟩ **2** CARACTERÍSTICA : trait, characteristic **3** : gesture, deed **4 rasgos** *nmpl* FACCIONES : features
rasgón *nm, pl* **rasgones** : rip, tear
rasgue, etc. → **rasgar**
rasguear *vt* : to strum
rasguñar *vt* **1** : to scratch **2** : to sketch, to outline
rasguño *nm* **1** : scratch **2** : sketch
raso[1], **-sa** *adj* **1** : level, flat **2 soldado raso** : private (in the army) ⟨los soldados rasos : the ranks⟩
raso[2] *nm* : satin
raspadura *nf* **1** : scratching, scraping **2 raspaduras** *nfpl* : scrapings
raspar *vt* **1** : to scrape **2** : to file down, to smooth — *vi* : to be rough
rasque, etc. → **rascar**
rastra *nf* **1** : harrow **2 a rastras** : by dragging, unwillingly
rastrear *vt* **1** : to track, to trace **2** : to comb, to search **3** : to trawl
rastrero, -ra *adj* **1** : creeping, crawling **2** : vile, despicable
rastrillar *vt* : to rake, to harrow
rastrillo *nm* **1** : rake **2** *Mex* : razor
rastro *nm* **1** PISTA : trail, track **2** VESTIGIO : trace, sign
rastrojo *nm* : stubble (of plants)
rasuradora *nf Mex, CA* : electric razor, shaver
rasurar *vt* AFEITAR : to shave — **rasurarse** *vr*
rata[1] *nm fam* : pickpocket, thief
rata[2] *nf* **1** : rat **2** *Col, Pan, Peru* : rate, percentage
ratear *vt* : to pilfer, to steal
ratero, -ra *n* : petty thief
ratificación *nf, pl* **-ciones** : ratification
ratificar {72} *vt* **1** : to ratify **2** : to confirm
rato *nm* **1** : while **2 pasar el rato** : to pass the time **3 a cada rato** : all the time, constantly ⟨les sacaba dinero a cada rato : he was always taking money from them⟩ **4 al poco rato** : later, shortly after
ratón[1], **-tona** *n, mpl* **ratones** **1** : mouse **2 ratón de biblioteca** *fam* : bookworm
ratón[2] *nm, pl* **ratones** **1** : (computer) mouse **2** *CoRi* : biceps
ratonera *nf* : mousetrap
raudal *nm* **1** : torrent **2 a raudales** : in abundance
raya[1], **etc.** → **raer**
raya[2] *nf* **1** : line **2** : stripe **3** : skate, ray **4** : part (in the hair) **5** : crease (in clothing)
rayar *vt* **1** ARAÑAR : to scratch **2** : to scrawl on, to mark up ⟨rayaron las paredes : they covered the walls with graffiti⟩ — *vi* **1** : to scratch **2** AMANECER : to dawn, to break ⟨al rayar el alba : at break of day⟩ **3 ~ con** : to be adjacent to, to be next to **4 ~ en** : to border on, to verge on ⟨su respuesta raya en lo ridículo : his answer borders on the ridiculous⟩ — **rayarse** *vr*
rayo *nm* **1** : ray, beam ⟨rayo láser : laser beam⟩ ⟨rayo de gamma : gamma ray⟩ ⟨rayo de sol : sunbeam⟩ **2** RELÁMPAGO : lightning bolt **3 rayo X** : X-ray
rayón *nm, pl* **rayones** : rayon
raza *nf* **1** : race ⟨raza humana : human race⟩ **2** : breed, strain **3 de ~** : thoroughbred, pedigreed
razón *nf, pl* **razones** **1** MOTIVO : reason, motive ⟨en razón de : by reason of, because of⟩ ⟨tuvo sus razones : she had her reasons⟩ ⟨razón de más para

hacerlo : all the more reason to do it⟩ **2** : reasoning, sense ⟨perder la razón : to lose one's mind⟩ **3 con ~** : with good reason ⟨se quejaron, y con razón : they complained, and with good reason⟩ ⟨con razón no tiene novia : no wonder he doesn't have a girlfriend⟩ **4 con razón o sin ella** : rightly or wrongly **5 tener razón** : to be right ⟨en algo tiene razón : he's right about one thing⟩ **6 darle la razón a alguien** : to say/admit that someone is right

razonable *adj* : reasonable — **razonablemente** *adv*

razonado, -da *adj* : itemized, detailed

razonamiento *nm* : reasoning

razonar *v* : to reason, to think

reabastecimiento *nm* : replenishment

reabierto *pp* → **reabrir**

reabrir {2} *vt* : to reopen — **reabrirse** *vr*

reacción *nf, pl* **-ciones 1** : reaction **2 motor a reacción** : jet engine

reaccionar *vi* : to react, to respond

reaccionario, -ria *adj & n* : reactionary

reacio, -cia *adj* : resistant, opposed

reacondicionar *vt* : to recondition

reactivación *nf, pl* **-ciones** : reactivation, revival

reactivar *vt* : reactivate, revive

reactor *nm* **1** : reactor ⟨reactor nuclear : nuclear reactor⟩ **2** : jet engine **3** : jet airplane, jet

reafirmar *vt* : to reaffirm, to assert, to strengthen

reajustar *vt* : to readjust, to adjust

reajuste *nm* : readjustment ⟨reajuste de precios : price increase⟩

real *adj* **1** : real, true **2** : royal

realce *nm* **1** : embossing, relief **2 dar realce** : to highlight, to bring out

realeza *nf* : royalty

realidad *nf* **1** : reality **2 en ~** : in truth, actually

realinear *vt* : to realign

realismo *nm* **1** : realism **2** : royalism

realista[1] *adj* **1** : realistic **2** : realist **3** : royalist

realista[2] *nmf* **1** : realist **2** : royalist

realización *nf, pl* **-ciones** : execution, realization

realizar {21} *vt* **1** : to carry out, to execute **2** : to produce, to direct (a film or play) **3** : to fulfill, to achieve **4** : to realize (a profit) — **realizarse** *vr* **1** : to come true **2** : to fulfill oneself

realmente *adv* : really, in reality

realzar {21} *vt* **1** : to heighten, to raise **2** : to highlight, to enhance

reanimación *nf, pl* **-ciones** : revival, resuscitation

reanimar *vt* **1** : to revive, to restore **2** : to resuscitate — **reanimarse** *vr* : to come around, to recover

reanudación *nf, pl* **-ciones** : resumption, renewal

reanudar *vt* : to resume, to renew — **reanudarse** *vr* : to resume, to continue

reaparecer {53} *vi* **1** : to reappear **2** : to make a comeback

reaparición *nf, pl* **-ciones** : reappearance

reapertura *nf* : reopening

reata *nf* **1** : rope **2** *Mex* : lasso, lariat **3 de ~** : single file

reavivar *vt* : to revive, to reawaken

rebaja *nf* **1** : reduction **2** DESCUENTO : discount **3 rebajas** *nfpl* : sale

rebajar *vt* **1** : to reduce, to lower ⟨a precios rebajados : at reduced prices, on sale⟩ **2** : to lessen, to diminish **3** : to humiliate — **rebajarse** *vr* **1** : to humble oneself **2 rebajarse a** : to stoop to

rebanada *nf* : slice

rebañar *vt* : to mop up, to sop up

rebaño *nm* **1** : flock **2** : herd

rebasar *vt* **1** : to surpass, to exceed **2** *Mex* : to pass, to overtake

rebatiña *nf* : scramble, fight (over something)

rebatir *vt* REFUTAR : to refute

rebato *nm* **1** : surprise attack **2 tocar a rebato** : to sound the alarm

rebelarse *vr* : to rebel

rebelde[1] *adj* : rebellious, unruly

rebelde[2] *nmf* **1** : rebel **2** : defaulter

rebeldía *nf* **1** : rebelliousness **2 en ~** : in default

rebelión *nf, pl* **-liones** : rebellion

rebobinar *vt* : to rewind

reborde *nm* : border, flange, rim

rebosante *adj* : brimming, overflowing ⟨rebosante de salud : brimming with health⟩

rebosar *vi* **1** : to overflow **2 ~ de** : to abound in, to be bursting with — *vt* : to radiate

rebotar *vi* **1** : to bounce **2** : to ricochet, to rebound

rebote *nm* **1** : bounce **2** : rebound, ricochet

rebozar {21} *vt* : to coat in batter

rebozo *nm* **1** : shawl, wrap **2 sin ~** : frankly, openly

rebullir {38} *v* : to move, to stir — **rebullirse** *vr*

rebuscado, -da *adj* : affected, pretentious

rebuscar {72} *vi* : to search thoroughly

rebuznar *vi* : to bray

rebuzno *nm* : bray, braying

recabar *vt* **1** : to gather, to obtain, to collect **2 recabar fondos** : to raise money

recado *nm* **1** : message ⟨mandar recado : to send word⟩ **2** *Spain* : errand

recaer {13} *vi* **1** : to relapse **2 ~** en *or* **~** sobre : to fall on, to fall to

recaída *nf* : relapse

recaiga, etc. → **recaer**

recalar *vi* : to arrive

recalcar {72} *vt* : to emphasize, to stress

recalcitrante *adj* : recalcitrant

recalentar {55} *vt* **1** : to reheat, to warm up **2** : to overheat

recámara *nf* **1** *Col, Mex, Pan* : bedroom **2** : chamber (of a firearm)
recamarera *nf Mex* : chambermaid
recambio *nm* **1** : spare part **2** : refill (for a pen, etc.)
recapacitar *vi* **1** : to reconsider **2** ~ **en** : to reflect on, to weigh
recapitular *v* : to recapitulate — **recapitulación** *nf*
recargable *adj* : rechargeable
recargado, -da *adj* : overly elaborate or ornate
recargar {52} *vt* **1** : to recharge (a battery), to reload (a gun) **2** : to reload (a web page, etc.) **3** : to overload — **recargarse** *vr Mex* ~ **contra** : to lean against
recargo *nm* : surcharge
recatado, -da *adj* MODESTO : modest, demure
recato *nm* PUDOR : modesty
recaudación *nf, pl* **-ciones** **1** : collection **2** : earnings *pl*, takings *pl*
recaudador, -dora *n* **recaudador de impuestos** : tax collector
recaudar *vt* : to collect
recaudo *nm* : safe place ⟨a (buen) recaudo : in safe keeping⟩
recayó, etc. → **recaer**
rece, etc. → **rezar**
recelo *nm* : distrust, suspicion
receloso, -sa *adj* : distrustful, suspicious
recepción *nf, pl* **-ciones** : reception
recepcionista *nmf* : receptionist
receptáculo *nm* : receptacle
receptividad *nf* : receptivity, receptiveness
receptivo, -va *adj* : receptive
receptor[1], **-tora** *adj* : receiving
receptor[2], **-tora** *n* **1** : recipient **2** : catcher (in baseball), receiver (in football)
receptor[3] *nm* : receiver ⟨receptor de televisión : television set⟩
recesión *nf, pl* **-siones** : recession
recesivo, -va *adj* : recessive
receso *nm* : recess, adjournment
receta *nf* **1** : recipe **2** : prescription
recetar *vt* : to prescribe (medications)
rechazar {21} *vt* **1** : to reject **2** : to turn down, to refuse
rechazo *nm* : rejection, refusal
rechifla *nf* : booing, jeering
rechinar *vi* **1** : to squeak **2** : to grind, to gnash ⟨hacer rechinar los dientes : to grind one's teeth⟩
rechoncho, -cha *adj fam* : chubby, squat
recibidor *nm* : vestibule, entrance hall
recibimiento *nm* : reception, welcome
recibir *vt* **1** : to receive, to get **2** : to welcome — *vi* : to receive visitors — **recibirse** *vr* ~ **de** : to qualify as
recibo *nm* : receipt
reciclable *adj* : recyclable
reciclado → **reciclaje**
reciclaje *nm* **1** : recycling **2** : retraining
reciclar *vt* **1** : to recycle **2** : to retrain
recién *adv* **1** : newly, recently ⟨recién nacido : newborn⟩ ⟨recién casados : newlyweds⟩ ⟨recién llegado : newcomer⟩ **2** : just, only just ⟨recién ahora me acordé : I just now remembered⟩
reciente *adj* : recent — **recientemente** *adv*
recinto *nm* **1** : enclosure **2** : site, premises *pl*
recio[1] *adv* **1** : strongly, hard **2** : loudly, loud
recio[2], **-cia** *adj* **1** : severe, harsh **2** : tough, strong
recipiente[1] *nm* : container, receptacle
recipiente[2] *nmf* : recipient
reciprocar {72} *vi* : to reciprocate
reciprocidad *nf* : reciprocity
recíproco, -ca *adj* : reciprocal, mutual
recitación *nf, pl* **-ciones** : recitation, recital
recital *nm* : recital
recitar *vt* : to recite
reclamación *nf, pl* **-ciones** **1** : claim, demand **2** QUEJA : complaint
reclamar *vt* **1** EXIGIR : to demand, to require **2** : to claim — *vi* : to complain
reclamo *nm* **1** : bird call, lure **2** : lure, decoy **3** : inducement, attraction **4** : advertisement **5** : complaint
reclinar *vt* : to rest, to lean — **reclinarse** *vr* : to recline, to lean back
recluir {41} *vt* : to confine, to lock up — **recluirse** *vr* : to shut oneself up, to withdraw
reclusión *nf, pl* **-siones** : imprisonment
recluso, -sa *n* **1** : inmate, prisoner **2** SOLITARIO : recluse
recluta *nmf* : recruit, draftee
reclutamiento *nm* : recruitment, recruiting
reclutar *vt* ENROLAR : to recruit, to enlist
recobrar *vt* : to recover, to regain — **recobrarse** *vr* : to recover, to recuperate
recocer {14} *vt* : to overcook, to cook again
recodo *nm* : bend
recogedor *nm* : dustpan
recoger {15} *vt* **1** : to collect, to gather **2** : to get, to retrieve, to pick up **3** : to clean up, to tidy (up)
recogido, -da *adj* : quiet, secluded
recogimiento *nm* **1** : collecting, gathering **2** : withdrawal **3** : absorption, concentration
recolección *nf, pl* **-ciones** **1** : collection ⟨recolección de basura : trash pickup⟩ **2** : harvest
recolectar *vt* **1** : to gather, to collect **2** : to harvest, to pick
recomendable *adj* : advisable, recommended
recomendación *nf, pl* **-ciones** : recommendation
recomendar {55} *vt* **1** : to recommend **2** ACONSEJAR : to advise

recompensa *nf* : reward, recompense

recompensar *vt* **1** PREMIAR : to reward **2** : to compensate

reconciliación *nf, pl* **-ciones** : reconciliation

reconciliar *vt* : to reconcile — **reconciliarse** *vr*

recóndito, -ta *adj* **1** : remote, isolated **2** : hidden, recondite **3 en lo más recóndito de** : in the depths of

reconfortar *vt* : to comfort — **reconfortante** *adj*

reconocer {18} *vt* **1** : to recognize **2** : to admit **3** : to examine

reconocible *adj* : recognizable

reconocido, -da *adj* **1** : recognized, accepted **2** : grateful

reconocimiento *nm* **1** : acknowledgment, recognition, avowal **2** : (medical) examination **3** : reconnaissance

reconquista *nf* : reconquest

reconquistar *vt* **1** : to reconquer, to recapture **2** RECUPERAR : to regain, to recover

reconsiderar *vt* : to reconsider — **reconsideración** *nf*

reconstrucción *nf, pl* **-ciones** : reconstruction

reconstruir {41} *vt* : to rebuild, to reconstruct

reconversión *nf, pl* **-siones** : restructuring

reconvertir {76} *vt* **1** : to restructure **2** : to retrain

recopilación *nf, pl* **-ciones** **1** : summary **2** : collection, compilation

recopilar *vt* : to compile, to collect

récord *or* **record** [ˈrɛkɔr] *nm, pl* **récords** *or* **records** [-kɔrs] : record ⟨record mundial : world record⟩ — **récord** *or* **record** *adj*

recordar {19} *vt* **1** : to recall, to remember **2** : to remind — *vi* **1** ACORDARSE : to remember **2** DESPERTAR : to wake up

recordatorio[1], **-ria** *adj* : commemorative

recordatorio[2] *nm* : reminder

recorrer *vt* **1** : to travel through, to tour **2** : to cover (a distance) **3** : to go over, to look over

recorrido *nm* **1** : journey, trip **2** : path, route, course **3** : round (in golf)

recortar *vt* **1** : to cut, to reduce **2** : to cut out **3** : to trim, to cut off **4** : to outline — **recortarse** *vr* : to stand out ⟨los árboles se recortaban en el horizonte : the trees were silhouetted against the horizon⟩

recorte *nm* **1** : cut, reduction **2** : clipping ⟨recortes de periódicos : newspaper clippings⟩

recostar {19} *vt* : to lean, to rest — **recostarse** *vr* : to lie down, recline

recoveco *nm* **1** VUELTA : bend, turn **2** : nook, corner **3 recovecos** *nmpl* : intricacies, ins and outs

recreación *nf, pl* **-ciones** **1** : re-creation **2** DIVERSIÓN : recreation, entertainment

recrear *vt* **1** : to re-create **2** : to entertain, to amuse — **recrearse** *vr* : to enjoy oneself

recreativo, -va *adj* : recreational

recreo *nm* **1** DIVERSIÓN : entertainment, amusement **2** : recess, break

recriminación *nf, pl* **-ciones** : reproach, recrimination

recriminar *vt* : to reproach — *vi* : to recriminate — **recriminarse** *vr*

recrudecer {53} *v* : to intensify, to worsen — **recrudecerse** *vr*

rectal *adj* : rectal

rectangular *adj* : rectangular

rectángulo *nm* : rectangle

rectificación *nf, pl* **-ciones** : rectification, correction

rectificar {72} *vt* **1** : to rectify, to correct **2** : to straighten (out)

rectitud *nf* **1** : straightness **2** : honesty, rectitude

recto[1] *adv* : straight

recto[2], **-ta** *adj* **1** : straight **2** : upright, honorable **3** : sound

recto[3] *nm* : rectum

rector[1], **-tora** *adj* : governing, managing

rector[2], **-tora** *n* : rector

rectoría *nf* : rectory

recubierto *pp* → **recubrir**

recubrir {2} *vt* : to cover, to coat

recuento *nm* : recount, count ⟨un recuento de los votos : a recount of the votes⟩

recuerdo *nm* **1** : memory **2** : souvenir, memento **3 recuerdos** *nmpl* : regards

recular *vi* **1** : to back up **2** REPLEGARSE : to retreat, to fall back **3** RETRACTARSE : to back down

recuperación *nf, pl* **-ciones** **1** : recovery, recuperation **2 recuperación de datos** : data retrieval

recuperar *vt* **1** : to recover, to get back, to retrieve **2** : to recuperate **3** : to make up for ⟨recuperar el tiempo perdido : to make up for lost time⟩ — **recuperarse** *vr* ~ **de** : to recover from, to get over

recurrente *adj* : recurrent, recurring

recurrir *vi* **1** ~ **a** : to turn to, to appeal to **2** ~ **a** : to resort to **3** : to appeal (in law)

recurso *nm* **1** : recourse ⟨el último recurso : the last resort⟩ **2** : appeal (in law) **3 recursos** *nmpl* : resources, means ⟨recursos naturales : natural resources⟩

red *nf* **1** : net, mesh **2** : network, system, chain **3** : trap, snare

redacción *nf, pl* **-ciones** **1** : writing, composition **2** : editing

redactar *vt* **1** : to write, to draft **2** : to edit

redactor, -tora *n* : editor

redada *nf* **1** : raid **2** : catch, haul

redefinir *vt* : to redefine — **redefinición** *nf*

redención *nf, pl* **-ciones** : redemption

redentor[1], **-tora** *adj* : redeeming

redentor[2], **-tora** *n* : redeemer

redescubierto *pp* → **redescubrir**

redescubrir {2} *vt* : to rediscover

redicho, -cha *adj fam* : affected, pretentious

redil *nm* **1** : sheepfold **2 volver al redil** : to return to the fold

redimir *vt* : to redeem, to deliver (from sin)

rediseñar *vt* : to redesign

redistribuir {41} *vt* : to redistribute — **redistribución** *nf*

rédito *nm* : return, yield

redituar {3} *vt* : to produce, to yield

redoblar *vt* : to redouble, to strengthen — **redoblado, -da** *adj*

redoble *nm* : drum roll

redomado, -da *adj* **1** : sly, crafty **2** : utter, out-and-out

redonda *nf* **1** : region, surrounding area **2 a la redonda** ALREDEDOR : around ⟨de diez millas a la redonda : for ten miles around⟩

redondear *vt* : to round off, to round out

redondel *nm* **1** : ring, circle **2** : bullring, arena

redondez *nf* : roundness

redondo, -da *adj* **1** : round ⟨mesa redonda : round table⟩ **2** : great, perfect ⟨un negocio redondo : an excellent deal⟩ **3** : straightforward, flat ⟨un rechazo redondo : a flat refusal⟩ **4** *Mex* : round-trip **5 en ~** : around

reducción *nf, pl* **-ciones** : reduction, decrease

reducido, -da *adj* **1** : reduced, limited **2** : small

reducir {61} *vt* **1** DISMINUIR : to reduce, to decrease, to cut **2** : to subdue **3** : to boil down — **reducirse** *vr* **~ a** : to come down to, to be nothing more than

redundancia *nf* : redundancy

redundante *adj* : redundant

reedición *nf, pl* **-ciones** : reprint

reelegir {28} *vt* : to reelect — **reelección** *nf*

reembolsable *adj* : refundable

reembolsar *vt* **1** : to refund, to reimburse **2** : to repay

reembolso *nm* : refund, reimbursement

reemplazable *adj* : replaceable

reemplazar {21} *vt* : to replace, to substitute

reemplazo *nm* : replacement, substitution

reencarnación *nf, pl* **-ciones** : reincarnation

reencuentro *nm* : reunion

reestablecer {53} *vt* : to reestablish

reestructurar *vt* : to restructure

reexaminar *vt* : to reexamine

refaccionar *vt* : to repair, to renovate

refacciones *nfpl* : repairs, renovations

referencia *nf* **1** : reference **2 hacer referencia a** : to refer to

referendo → **referéndum**

referéndum *nm, pl* **-dums** : referendum

referente *adj* **~ a** : concerning

réferi *or* **referi** [ˈrɛfɛri] *nmf* : referee

referir {76} *vt* **1** : to relate, to tell **2** : to refer ⟨nos refirió al diccionario : she referred us to the dictionary⟩ — **referirse** *vr* **1 ~ a** : to refer to **2 ~ a** : to be concerned, to be in reference to ⟨en lo que se refiere a la educación : as far as education is concerned⟩

refinado[1], -da *adj* : refined

refinado[2] *nm* : refining

refinamiento *nm* **1** : refining **2** FINURA : refinement

refinanciar *vt* : to refinance

refinar *vt* : to refine

refinería *nf* : refinery

reflectante *adj* : reflective, reflecting

reflector[1], -tora *adj* : reflecting

reflector[2] *nm* **1** : spotlight, searchlight **2** : reflector

reflejar *vt* : to reflect — **reflejarse** *vr* : to be reflected ⟨la decepción se refleja en su rostro : the disappointment shows on her face⟩

reflejo *nm* **1** : reflection **2** : reflex **3 reflejos** *nmpl* : highlights, streaks (in hair)

reflexión *nf, pl* **-xiones** : reflection, thought

reflexionar *vi* : to reflect, to think

reflexivo, -va *adj* **1** : reflective, thoughtful **2** : reflexive

reflujo *nm* : ebb, ebb tide

reforma *nf* **1** : reform **2** : alteration, renovation

reformador, -dora *n* : reformer

reformar *vt* **1** : to reform **2** : to change, to alter **3** : to renovate, to repair — **reformarse** *vr* : to mend one's ways

reformatorio *nm* : reformatory

reformular *vt* : to reformulate — **reformulación** *nf*

reforzar {36} *vt* **1** : to reinforce, to strengthen **2** : to encourage, to support

refracción *nf, pl* **-ciones** : refraction

refractar *vt* : to refract — **refractarse** *vr*

refractario, -ria *adj* : refractory, obstinate

refrán *nm, pl* **refranes** ADAGIO : proverb, saying

refregar {49} *vt* : to scrub

refrenar *vt* **1** : to rein in (a horse) **2** : to restrain, to check — **refrenarse** *vr* : to restrain oneself

refrendar *vt* **1** : to countersign, to endorse **2** : to stamp (a passport)

refrescante *adj* : refreshing

refrescar {72} *vt* **1** : to refresh, to cool **2** : to brush up (on) **3 refrescar la memoria** : to refresh one's memory — *vi* : to turn cooler

refresco *nm* : refreshment, soft drink

refriega *nf* : skirmish, scuffle

refrigeración *nf, pl* **-ciones** **1** : refrigeration **2** : air-conditioning

refrigerador *nmf* NEVERA : refrigerator

refrigeradora *nf Col, Peru* : refrigerator
refrigerante *nm* : coolant
refrigerar *vt* **1** : to refrigerate **2** : to air-condition
refrigerio *nm* : snack, refreshments *pl*
refrito[1], **-ta** *adj* : refried
refrito[2] *nm* : rehash
refuerzo *nm* : reinforcement, support
refugiado, -da *n* : refugee
refugiar *vt* : to shelter — **refugiarse** *vr* ACOGERSE : to take refuge
refugio *nm* : refuge, shelter
refulgencia *nf* : brilliance, splendor
refulgir {35} *vi* : to shine brightly
refundir *vt* **1** : to recast (metals) **2** : to revise, to rewrite
refunfuñar *vi* : to grumble, to groan
refutar *vt* : to refute — **refutación** *nf*
regadera *nf* **1** : watering can **2** : shower head, shower **3** : sprinkler
regaderazo *nm Mex* : shower
regalar *vt* **1** OBSEQUIAR : to present (as a gift), to give away **2** : to regale, to entertain **3** : to flatter, to make a fuss over — **regalarse** *vr* : to pamper oneself
regalía *nf* : royalty, payment
regaliz *nm, pl* **-lices** : licorice
regalo *nm* **1** OBSEQUIO : gift, present **2** : pleasure, comfort **3** : treat
regalón, -lona *adj, mpl* **-lones** *Chile fam* : spoiled (of a person)
regañadientes *mpl* **a ~** : reluctantly, unwillingly
regañar *vt* : to scold, to give a talking to — *vi* **1** QUEJARSE : to grumble, to complain **2** REÑIR : to quarrel, to argue
regaño *nm fam* : scolding
regañon, -ñona *adj, mpl* **-ñones** *fam* : grumpy, irritable
regar {49} *vt* **1** : to irrigate **2** : to water **3** : to wash, to hose down **4** : to spill, to scatter
regata *nf* : regatta, yacht race
regate *nm* : dodge, feint
regatear *vt* **1** : to haggle over **2** ESCATIMAR : to skimp on, to be sparing with — *vi* : to bargain, to haggle
regateo *nm* : bargaining, haggling
regatón *nm, pl* **-tones** : ferrule, tip
regazo *nm* : lap (of a person)
regencia *nf* : regency
regenerar *vt* : to regenerate — **regenerarse** *vr* — **regeneración** *nf*
regentar *vt* : to run, to manage
regente *nmf* : regent
reggae [ˈrege, ˈrigi] *nm* : reggae
regidor, -dora *n* : town councillor
régimen *nm, pl* **regímenes** **1** : regime **2** : diet **3** : regimen, rules *pl* 〈régimen de vida : lifestyle〉
regimiento *nm* : regiment
regio, -gia *adj* **1** : great, magnificent **2** : regal, royal
región *nf, pl* **regiones** : region, area
regional *adj* : regional — **regionalmente** *adv*
regir {28} *vt* **1** : to rule **2** : to manage, to run **3** : to control, to govern 〈las costumbres que rigen la conducta : the customs which govern behavior〉 — *vi* : to apply, to be in force 〈las leyes rigen en los tres países : the laws apply in all three countries〉 — **regirse** *vr* **~ por** : to go by, to be guided by
registrador[1], **-dora** *adj* **caja registradora** : cash register
registrador[2], **-dora** *n* : registrar, recorder
registrar *vt* **1** : to register, to record **2** GRABAR : to record, to tape **3** : to search, to examine — **registrarse** *vr* **1** INSCRIBIRSE : to register **2** OCURRIR : to happen, to occur
registro *nm* **1** : register **2** : registration **3** : registry, record office **4** : range (of a voice or musical instrument) **5** : search
regla *nf* **1** NORMA : rule, regulation **2** : ruler 〈regla de cálculo : slide rule〉 **3** MENSTRUACIÓN : period, menstruation
reglamentación *nf, pl* **-ciones** **1** : regulation **2** : rules *pl*
reglamentar *vt* : to regulate, to set rules for
reglamentario, -ria *adj* : regulation, official 〈equipo reglamentario : standard equipment〉
reglamento *nm* : regulations *pl*, rules *pl* 〈reglamento de tráfico : traffic regulations〉
regocijar *vt* : to gladden, to delight — **regocijarse** *vr* : to rejoice
regocijo *nm* : delight, rejoicing
regordete, -ta *adj fam* LLENITO : chubby
regresar *vt* DEVOLVER : to give back — *vi* : to return, to come back, to go back
regresión *nf, pl* **-siones** : regression, return
regresivo, -va *adj* : regressive
regreso *nm* **1** : return **2 estar de regreso** : to be back, to be home
reguero *nm* **1** : irrigation ditch **2** : trail, trace **3 propagarse como reguero de pólvora** : to spread like wildfire
regulable *adj* : adjustable
regulación *nf, pl* **-ciones** : regulation, control
regulador[1], **-dora** *adj* : regulating, regulatory
regulador[2] *nm* **1** : regulator, governor **2 regulador de tiro** : damper (in a chimney)
regular[1] *vt* : to regulate, to control
regular[2] *adj* **1** : regular **2** : fair, OK, so-so **3** : medium, average **4 por lo regular** : in general, generally
regularidad *nf* : regularity
regularización *nf, pl* **-ciones** NORMALIZACIÓN : normalization
regularizar {21} *vt* NORMALIZAR : to normalize, to make regular

regularmente *adv* : regularly
regusto *nm* : aftertaste
rehabilitar *vt* **1** : to rehabilitate **2** : to reinstate **3** : renovate, to restore — **rehabilitación** *nf*
rehacer {40} *vt* **1** : to redo **2** : to remake, to repair, to renew — **rehacerse** *vr* **1** : to recover **2 ~ de** : to get over
rehecho *pp* → **rehacer**
rehén *nm, pl* **rehenes** : hostage
rehicieron, etc. → **rehacer**
rehizo → **rehacer**
rehuir {41} *vt* : to avoid, to shun
rehusar {8} *v* : to refuse
reimprimir *vt* : to reprint
reina *nf* : queen
reinado *nm* : reign
reinante *adj* **1** : reigning **2** : prevailing, current
reinar *vi* **1** : to reign **2** : to prevail
reincidencia *nf* : recidivism, relapse
reincidente *nmf* : backslider, recidivist
reincidir *vi* : to backslide, to retrogress
reincorporar *vt* : to reinstate — **reincorporarse** *vr* **~ a** : to return to, to rejoin
reiniciar *vt* **1** : to resume, to restart **2** : to reboot (a computer)
reino *nm* : kingdom, realm ⟨reino animal : animal kingdom⟩
reinstalar *vt* **1** : to reinstall **2** : to reinstate
reintegración *nf, pl* **-ciones** **1** : reinstatement, reintegration **2** : refund, reimbursement
reintegrar *vt* **1** : to reintegrate, reinstate **2** : to refund, to reimburse — **reintegrarse** *vr* **~ a** : to return to, to rejoin
reír {66} *vi* : to laugh — *vt* : to laugh at — **reírse** *vr*
reiteración *nf, pl* **-ciones** : reiteration, repetition
reiterado, -da *adj* : repeated ⟨lo explicó en reiteradas ocasiones : he explained it repeatedly⟩ — **reiteradamente** *adv*
reiterar *vt* : to reiterate, to repeat
reiterativo, -va *adj* : repetitive, repetitious
reivindicación *nf, pl* **-ciones** **1** : demand, claim **2** : vindication
reivindicar {72} *vt* **1** : to vindicate **2** : to demand, to claim **3** : to restore
reja *nf* **1** : grille, grating ⟨entre rejas : behind bars⟩ **2** : plowshare
rejilla *nf* : grille, grate, screen
rejuvenecer {53} *vt* : to rejuvenate — *vi* : to be rejuvenated — **rejuvenecerse** *vr*
rejuvenecimiento *nm* : rejuvenation
relación *nf, pl* **-ciones** **1** : relation, connection, relevance **2** : relationship **3** RELATO : account **4** LISTA : list **5** : ratio (in mathematics) **6 con relación a** *or* **en relación con** : in relation to, concerning **7 relaciones públicas** : public relations
relacionar *vt* : to relate, to connect — **relacionarse** *vr* **~ con** : to be connected to, to be linked with
relajación *nf, pl* **-ciones** : relaxation
relajado, -da *adj* **1** : relaxed, loose **2** : dissolute, depraved
relajante *adj* : relaxing
relajar *vt* : to relax, to slacken — *vi* : to be relaxing — **relajarse** *vr*
relajo *nm* **1** : commotion, ruckus **2** : joke, laugh ⟨lo hizo de relajo : he did it for a laugh⟩
relamerse *vr* : to smack one's lips, to lick one's chops
relámpago *nm* : flash of lightning
relampaguear *vi* : to flash
relanzar {21} *vt* : to relaunch
relatar *vt* : to relate, to tell
relatividad *nf* : relativity
relativo, -va *adj* **1** : relative **2 en lo relativo a** : with regard to, concerning — **relativamente** *adv*
relato *nm* **1** : story, tale **2** : account
releer {20} *vt* : to reread
relegar {52} *vt* **1** : to relegate **2 relegar al olvido** : to consign to oblivion
relevante *adj* : outstanding, important
relevar *vt* **1** : to relieve, to take over from **2 ~ de** : to exempt from — **relevarse** *vr* : to take turns
relevo *nm* **1** : relief, replacement **2** : relay ⟨carrera de relevos : relay race⟩
relicario *nm* **1** : reliquary **2** : locket
relieve *nm* **1** : relief, projection ⟨mapa en relieve : relief map⟩ ⟨letras en relieve : embossed letters⟩ **2** : prominence, importance **3 poner en relieve** : to highlight, to emphasize
religión *nf, pl* **-giones** : religion
religiosamente *adv* : religiously, faithfully
religioso[1], **-sa** *adj* : religious
religioso[2], **-sa** *n* : monk *m*, nun *f*
relinchar *vi* : to neigh, to whinny
relincho *nm* : neigh, whinny
reliquia *nf* **1** : relic **2 reliquia de familia** : family heirloom
rellenar *vt* **1** : to refill **2** : to stuff, to fill **3** : to fill out
relleno[1], **-na** *adj* : stuffed, filled
relleno[2] *nm* : stuffing, filling
reloj *nm* **1** : clock **2** : watch **3 reloj de arena** : hourglass **4 reloj de pulsera** : wristwatch **5 como un reloj** : like clockwork
relojería *nf* **1** : watchmaker's shop **2** : watchmaking, clockmaking
reluciente *adj* : brilliant, shining
relucir {45} *vi* **1** : to glitter, to shine **2 salir a relucir** : to come to the surface **3 sacar a relucir** : to bring up, to mention
relumbrante *adj* : dazzling
relumbrar *vi* : to shine brightly
relumbrón *nm, pl* **-brones** **1** : flash, glare **2 de ~** : flashy, showy
remachar *vt* **1** : to rivet **2** : to clinch (a nail) **3** : to stress, to drive home — *vi* : to smash, to spike (a ball)
remache *nm* **1** : rivet **2** : smash, spike (in sports)
remanente *nm* **1** : remainder, balance **2** : surplus

remanso *nm* : pool
remar *vi* **1** : to row, to paddle **2** : to struggle, to toil
remarcar {72} *vt* : to emphasize, to stress
rematado, -da *adj* : utter, complete
rematador, -dora *n* : auctioneer
rematar *vt* **1** : to finish off **2** : to auction — *vi* **1** : to shoot **2** : to end
remate *nm* **1** : shot (in sports) **2** : auction **3** : end, conclusion **4 como ~** : to top it off **5 de ~** : completely, utterly
remecer {86} *vt* : to sway, to swing
remedar *vt* **1** IMITAR : to imitate, to copy **2** : to mimic, to ape
remediar *vt* **1** : to remedy, to repair **2** : to help out, to assist **3** EVITAR : to prevent, to avoid
remedio *nm* **1** : remedy, cure **2** : solution **3** : option ⟨no me quedó más remedio : I had no other choice⟩ ⟨no hay remedio : it can't be helped⟩ **4 poner remedio a** : to put a stop to **5 sin ~** : unavoidable, inevitable
remedo *nm* : imitation
rememorar *vi* : to recall ⟨rememorar los viejos tiempos : to reminisce⟩
remendar {55} *vt* **1** : to mend, to patch, to darn **2** : to correct
remero, -ra *n* : rower
remesa *nf* **1** : remittance **2** : shipment
remezón *nm, pl* **-zones** : mild earthquake, tremor
remiendo *nm* **1** : patch **2** : correction
remilgado, -da *adj* **1** : prim, prudish **2** : affected
remilgo *nm* : primness, affectation
reminiscencia *nf* : reminiscence
remisión *nf, pl* **-siones 1** ENVÍO : sending, delivery **2** : remission **3** : reference, cross-reference
remiso, -sa *adj* **1** : lax, remiss **2** : reluctant
remitente[1] *nm* : return address
remitente[2] *nmf* : sender (of a letter, etc.)
remitir *vt* **1** : to send, to remit **2 ~ a** : to refer to, to direct to ⟨nos remitió al diccionario : he referred us to the dictionary⟩ — *vi* : to subside, to let up
remo *nm* **1** : paddle, oar **2** : rowing (sport)
remoción *nf, pl* **-ciones 1** : removal **2** : dismissal
remodelación *nf, pl* **-ciones 1** : remodeling **2** : reorganization, restructuring
remodelar *vt* **1** : to remodel **2** : to restructure
remojar *vt* **1** : to soak, to steep **2** : to dip, to dunk **3** : to celebrate with a drink
remojo *nm* **1** : soaking, steeping **2 poner en remojo** : to soak, to leave soaking
remolacha *nf* : beet
remolcador *nm* : tugboat
remolcar {72} *vt* : to tow, to haul
remolino *nm* **1** : whirlwind **2** : eddy, whirlpool **3** : crowd, throng **4** : cowlick
remolque *nm* **1** : towing, tow **2** : trailer **3 a ~** : in tow
remontar *vt* **1** : to overcome **2** SUBIR : to go up — **remontarse** *vr* **1** : to soar **2 ~ a** : to date from, to go back to
rémora *nf* : obstacle, hindrance
remorder {47} *vt* INQUIETAR : to trouble, to distress
remordimiento *nm* : remorse
remotamente *adv* : remotely, vaguely
remoto, -ta *adj* **1** : remote, unlikely ⟨hay una posibilidad remota : there is a slim possibility⟩ **2** : distant, far-off
remover {47} *vt* **1** : to stir **2** : to move around, to turn over **3** : to stir up **4** : to remove **5** : to dismiss
remozamiento *nm* : renovation
remozar {21} *vt* **1** : to renew, to brighten up **2** : to redo, to renovate
remuneración *nf, pl* **-ciones** : remuneration, pay
remunerar *vt* : to pay, to remunerate
remunerativo, -va *adj* : remunerative
renacer {48} *vi* : to be reborn, to revive
renacimiento *nm* **1** : rebirth, revival **2 el Renacimiento** : the Renaissance
renacuajo *nm* : tadpole, pollywog
renal *adj* : renal, kidney
rencilla *nf* : quarrel
renco, -ca *adj* : lame
rencor *nm* **1** : rancor, enmity, hostility **2 guardar rencor** : to hold a grudge
rencoroso, -sa *adj* : resentful, rancorous
rendición *nf, pl* **-ciones 1** : surrender, submission **2** : yield, return
rendido, -da *adj* **1** : submissive **2** : worn-out, exhausted **3** : devoted
rendija *nf* GRIETA : crack, split
rendimiento *nm* **1** : performance **2** : yield
rendir {54} *vt* **1** : to render, to give ⟨rendir las gracias : to give thanks⟩ ⟨rendir homenaje a : to pay homage to⟩ **2** : to yield **3** CANSAR : to exhaust — *vi* **1** CUNDIR : to progress, to make headway **2** : to last, to go a long way — **rendirse** *vr* : to surrender, to give up
renegado, -da *n* : renegade
renegar {49} *vi* **1 ~ de** : to renounce, to disown, to give up **2 ~ de** : to complain about — *vt* **1** : to deny vigorously **2** : to abhor, to hate
renegociar *vt* : to renegotiate — **renegociación** *nf*
renglón *nm, pl* **renglones 1** : line (of writing) **2** : merchandise, line (of products)
rengo, -ga *adj* : lame
renguear *vi* : to limp
reno *nm* : reindeer
renombrado, -da *adj* : renowned, famous
renombre *nm* NOMBRADÍA : renown, fame
renovable *adj* : renewable

renovación *nf, pl* **-ciones** **1** : renewal ⟨renovación de un contrato : renewal of a contract⟩ **2** : change, renovation

renovar {19} *vt* **1** : to renew, to restore **2** : to renovate

renquear *vi* : to limp, to hobble

renquera *nf* COJERA : limp, lameness

renta *nf* **1** : income **2** : rent **3 impuesto sobre la renta** : income tax

rentable *adj* : profitable

rentar *vt* **1** : to produce, to yield **2** ALQUILAR : to rent

renuencia *nf* : reluctance, unwillingness

renuente *adj* : reluctant, unwilling

renuncia *nf* **1** : resignation **2** : renunciation **3** : waiver

renunciar *vi* **1** : to resign **2 ～ a** : to renounce, to relinquish ⟨renunció al título : herelinquished the title⟩

reñido, -da *adj* **1** : tough, hard-fought **2** : at odds, on bad terms

reñir {67} *vi* **1** : to argue **2 ～ con** : to fall out with, to go up against — *vt* : to scold, to reprimand

reo, rea *n* **1** : accused, defendant **2** : offender, culprit

reojo *nm* **de ～** : out of the corner of one's eye ⟨una mirada de reojo : a sidelong glance⟩

reorganizar {21} *vt* : to reorganize — **reorganización** *nf*

repantigarse {52} *vr* : to slouch, to loll about

reparación *nf, pl* **-ciones** **1** : reparation, amends **2** : repair

reparar *vt* **1** : to repair, to fix, to mend **2** : to make amends for **3** : to correct **4** : to restore, to refresh — *vi* **1 ～ en** : to observe, to take notice of **2 ～ en** : to consider, to think about

reparo *nm* **1** : repair, restoration **2** : reservation, qualm ⟨no tuvieron reparos en decírmelo : they didn't hesitate to tell me⟩ **3 poner reparos a** : to find fault with, to object to

repartición *nf, pl* **-ciones** **1** : distribution **2** : department, division

repartidor[1], **-dora** *adj* : delivery ⟨camión repartidor : delivery truck⟩

repartidor[2], **-dora** *n* : delivery person, distributor

repartimiento *nm* → **repartición**

repartir *vt* **1** : to allocate **2** DISTRIBUIR : to distribute, to hand out **3** : to spread

reparto *nm* **1** : allocation **2** : distribution **3** : cast (of characters)

repasar *vt* **1** : to pass by again **2** : to review, to go over **3** : to mend

repaso *nm* **1** : review **2** : mending **3** : checkup, overhaul

repatriar {85} *vt* : to repatriate — **repatriación** *nf*

repavimentar *vt* : to resurface

repelente[1] *adj* : repellent, repulsive

repelente[2] *nm* : repellent ⟨repelente de insectos : insect repellent⟩

repeler *vt* **1** : to repel, to resist, to repulse **2** : to reject **3** : to disgust ⟨el sabor me repele : I find the taste repulsive⟩

repensar {55} *v* : to rethink, to reconsider

repente *nm* **1** : sudden movement, start ⟨de repente : suddenly⟩ **2** : fit, outburst ⟨un repente de ira : a fit of anger⟩

repentino, -na *adj* : sudden — **repentinamente** *adv*

repercusión *nf, pl* **-siones** : repercussion

repercutir *vi* **1** : to reverberate, to echo **2 ～ en** : to have effects on, to have repercussions on

repertorio *nm* : repertoire

repetición *nf, pl* **-ciones** **1** : repetition **2** : rerun, repeat

repetidamente *adv* : repeatedly

repetido, -da *adj* **1** : repeated, numerous **2 repetidas veces** : repeatedly, time and again

repetir {54} *vt* **1** : to repeat **2** : to have a second helping of — **repetirse** *vr* **1** : to repeat oneself **2** : to recur

repetitivo, -va *adj* : repetitive, repetitious

repicar {72} *vt* : to ring — *vi* : to ring out, to peal

repique *nm* : ringing, pealing

repisa *nf* : shelf, ledge ⟨repisa de chimenea : mantelpiece⟩ ⟨repisa de ventana : windowsill⟩

replantear *vt* : to redefine, to restate — **replantearse** *vr* : to reconsider

replegar {49} *vt* : to fold — **replegarse** *vr* RETIRARSE : to retreat, to withdraw

repleto, -ta *adj* **1** : replete, full **2 ～ de** : packed with, crammed with

réplica *nf* **1** : reply **2** : replica, reproduction **3** *Chile, Mex* : aftershock

replicación *nf, pl* **-ciones** : replication

replicar {72} *vi* **1** : to reply, to retort **2** : to argue, to answer back

repliegue *nm* **1** : fold **2** : retreat, withdrawal

repollo *nm* COL : cabbage

reponer {60} *vt* **1** : to replace, to put back **2** : to reinstate **3** : to reply — **reponerse** *vr* : to recover

reportaje *nm* : article, story, report

reportar *vt* **1** : to check, to restrain **2** : to bring, to carry, to yield ⟨me reportó numerosos beneficios : it brought me many benefits⟩ **3** : to report — **reportarse** *vr* **1** CONTENERSE : to control oneself **2** PRESENTARSE : to report, to show up

reporte *nm* : report

reportear *vt* : to report on, to cover

reportero, -ra *n* **1** : reporter **2 reportero gráfico** : photojournalist

reposado, -da *adj* : calm

reposar *vi* **1** : to rest, to repose **2** : to stand, to settle ⟨deje reposar la masa media hora : let the dough stand for

half an hour〉 **3** : to lie, to be buried — **reposarse** *vr* : to settle
reposición *nf, pl* **-ciones** **1** : replacement **2** : reinstatement **3** : revival
repositorio *nm* : repository
reposo *nm* : repose, rest
repostar *vi* **1** : to stock up **2** : to refuel
repostería *nf* **1** : confectioner's shop **2** : pastry-making
repostero, -ra *n* : confectioner
repreguntar *vt* : to cross-examine
repreguntas *nfpl* : cross-examination
reprender *vt* : to reprimand, to scold
reprensible *adj* : reprehensible
represa *nf* : dam
represalia *nf* **1** : reprisal, retaliation **2 tomar represalias** : to retaliate
represar *vt* : to dam
representación *nf, pl* **-ciones** **1** : representation **2** : performance **3 en representación de** : on behalf of
representante *nmf* **1** : representative **2** : performer
representar *vt* **1** : to represent, to act for **2** : to perform **3** : to look, to appear as **4** : to symbolize, to stand for **5** : to signify, to mean — **representarse** *vr* : to imagine, to picture
representativo, -va *adj* : representative
represión *nf, pl* **-siones** : repression
represivo, -va *adj* : repressive
reprimenda *nf* : reprimand
reprimir *vt* **1** : to repress **2** : to suppress, to stifle
reprobable *adj* : reprehensible, culpable
reprobación *nf* : disapproval
reprobar {19} *vt* **1** DESAPROBAR : to condemn, to disapprove of **2** : to fail (a course)
reprobatorio, -ria *adj* : disapproving, admonitory
reprochable *adj* : reprehensible, reproachable
reprochar *vt* : to reproach — **reprocharse** *vr*
reproche *nm* : reproach
reproducción *nf, pl* **-ciones** : reproduction
reproducir {61} *vt* : to reproduce — **reproducirse** *vr* **1** : to breed, to reproduce **2** : to recur
reproductor, -tora *adj* : reproductive
reptar *vi* : to crawl, to slither
reptil[1] *adj* : reptilian
reptil[2] *nm* : reptile
república *nf* : republic
republicanismo *nm* : republicanism
republicano, -na *adj & n* : republican
repudiar *vt* : to repudiate — **repudiación** *nf*
repudio *nm* : repudiation
repuesto[1] *pp* → **reponer**
repuesto[2] *nm* **1** : spare part **2 de ～** : spare 〈rueda de repuesto : spare wheel〉
repugnancia *nf* : repugnance
repugnante *adj* : repulsive, repugnant, revolting
repugnar *vt* : to cause repugnance, to disgust — **repugnarse** *vr*
repujar *vt* : to emboss
repulsivo, -va *adj* : repulsive
repuntar *vt Arg, Chile* : to round up (cattle) — *vi* : to begin to appear — **repuntarse** *vr* : to fall out, to quarrel
repuso, etc. → **reponer**
reputación *nf, pl* **-ciones** : reputation
reputar *vt* : to consider, to deem
requerir {76} *vt* **1** : to require, to call for **2** : to summon, to send for
requesón *nm, pl* **-sones** : curd cheese, cottage cheese
réquiem *nm* : requiem
requisa *nf* **1** : requisition **2** : seizure **3** : inspection
requisar *vt* **1** : to requisition **2** : to seize **3** INSPECCIONAR : to inspect
requisito *nm* **1** : requirement **2 requisito previo** : prerequisite
res *nf* **1** : beast, animal **2** *CA, Mex* : beef **3 reses** *nfpl* : cattle 〈60 reses : 60 head of cattle〉
resabio *nm* **1** VICIO : bad habit, vice **2** DEJO : aftertaste
resaca *nf* **1** : undertow **2** : hangover
resaltar *vi* **1** SOBRESALIR : to stand out **2 hacer resaltar** : to bring out, to highlight — *vt* : to stress, to emphasize
resarcimiento *nm* **1** : compensation **2** : reimbursement
resarcir {83} *vt* : to compensate, to indemnify — **resarcirse** *vr* **～ de** : to make up for
resbaladizo, -za *adj* **1** RESBALOSO : slippery **2** : tricky, ticklish, delicate
resbalar *vi* **1** : to slip, to slide **2** : to slip up, to make a mistake **3** : to skid — **resbalarse** *vr*
resbalón *nm, pl* **-lones** : slip
resbaloso, -sa *adj* : slippery
rescatar *vt* **1** : to rescue, to save **2** : to recover, to get back
rescate *nm* **1** : rescue **2** : recovery **3** : ransom
rescindir *vt* : to rescind, to annul, to cancel
rescisión *nf, pl* **-siones** : annulment, cancellation
rescoldo *nm* : embers *pl*
resecar {72} *vt* : to make dry, to dry up — **resecarse** *vr* : to dry up
reseco, -ca *adj* : dry, dried-up
resentido, -da *adj* : resentful
resentimiento *nm* : resentment
resentirse {76} *vr* **1** : to suffer, to be weakened **2** OFENDERSE : to be upset 〈se resintió porque la insultaron : she got upset when they insulted her, she resented being insulted〉 **3 ～ de** : to feel the effects of
reseña *nf* **1** : report, summary, review **2** : description
reseñar *vt* **1** : to review **2** DESCRIBIR : to describe
reserva *nf* **1** : reservation **2** : reserve **3** : confidence, privacy 〈con la mayor

reserva : in strictest confidence⟩ **4 de ~** : spare, in reserve **5 reservas** *nfpl* : reservations, doubts
reservación *nf, pl* **-ciones** : reservation
reservado, -da *adj* **1** : reserved, reticent **2** : confidential
reservar *vt* : to reserve — **reservarse** *vr* **1** : to save oneself **2** : to conceal, to keep to oneself
reservorio *nm* : reservoir, reserve
resfriado *nm* CATARRO : cold
resfriar {85} *vt* : to cool — **resfriarse** *vr* **1** : to cool off **2** : to catch a cold
resfrío *nm* : cold
resguardar *vt* : to safeguard, to protect — **resguardarse** *vr*
resguardo *nm* **1** : safeguard, protection **2** : receipt, voucher **3** : border guard, coast guard
residencia *nf* **1** : residence **2** : boarding house
residencial *adj* : residential
residente *adj & nmf* : resident
residir *vi* **1** VIVIR : to reside, to dwell **2 ~ en** : to lie in, to consist of
residual *adj* : residual
residuo *nm* **1** : residue **2** : remainder **3 residuos** *nmpl* : waste ⟨residuos nucleares : nuclear waste⟩
resignación *nf, pl* **-ciones** : resignation
resignar *vt* : to resign — **resignarse** *vr* **~ a** : to resign oneself to
resina *nf* **1** : resin **2 resina epoxídica** : epoxy
resistencia *nf* **1** : resistance **2** AGUANTE : endurance, strength, stamina
resistente *adj* **1** : resistant **2** : strong, tough
resistir *vt* **1** TOLERAR : to stand, to bear, to tolerate **2** : to withstand, to resist **3** : to resist (temptation, etc.) — *vi* : to resist ⟨resistió hasta el último minuto : he held out until the last minute⟩ — **resistirse** *vr* **~ a** : to be resistant to, to be reluctant ⟨se resiste a aceptarlo : she's reluctant to accept it⟩
resollar {19} *vi* : to breathe heavily, to wheeze
resolución *nf, pl* **-ciones 1** : resolution, settlement **2** : decision **3** : determination, resolve
resolver {89} *vt* **1** : to resolve, to settle **2** : to decide — **resolverse** *vr* : to make up one's mind
resonancia *nf* **1** : resonance **2** : impact, repercussions *pl*
resonante *adj* **1** : resonant **2** : tremendous, resounding ⟨un éxito resonante : a resounding success⟩
resonar {19} *vi* : to resound, to ring
resoplar *vi* **1** : to puff, to pant **2** : to snort
resoplo *nm* **1** : puffing, panting **2** : snort
resorte *nm* **1** MUELLE : spring **2** : elasticity **3** : influence, means *pl* ⟨tocar resortes : to pull strings⟩
resortera *nf Mex* : slingshot
respaldar *vt* : to back, to support, to endorse — **respaldarse** *vr* : to lean back
respaldo *nm* **1** : back (of an object) **2** : support, backing
respectar *vt* : to concern, to relate to ⟨por lo que a mí respecta : as far as I'm concerned⟩
respectivo, -va *adj* : respective — **respectivamente** *adv*
respecto *nm* **1 ~ a** : in regard to, concerning **2 al respecto** : on this matter, in this respect
respetable *adj* : respectable — **respetabilidad** *nf*
respetar *vt* : to respect
respeto *nm* **1** : respect, consideration **2 respetos** *nmpl* : respects ⟨presentar sus respetos : to pay one's respects⟩
respetuosidad *nf* : respectfulness
respetuoso, -sa *adj* : respectful — **respetuosamente** *adv*
respingo *nm* : start, jump
respiración *nf, pl* **-ciones** : respiration, breathing
respiradero *nm* : vent, ventilation shaft
respirador *nm* : respirator
respirar *v* : to breathe
respiratorio, -ria *adj* : respiratory
respiro *nm* **1** : breath **2** : respite, break
resplandecer {53} *vi* **1** : to shine **2** : to stand out
resplandeciente *adj* **1** : resplendent, shining **2** : radiant
resplandor *nm* **1** : brightness, brilliance, radiance **2** : flash
responder *vt* : to answer — *vi* **1** : to answer, to reply, to respond **2 ~ a** : to respond to ⟨responder al tratamiento : to respond to treatment⟩ **3 ~ de** : to answer for, to vouch for (something) **4 ~ por** : to vouch for (someone)
responsabilidad *nf* : responsibility
responsable *adj* : responsible — **responsablemente** *adv*
respuesta *nf* : answer, response
resquebrajar *vt* : to split, to crack — **resquebrajarse** *vr*
resquemor *nm* : resentment, bitterness
resquicio *nm* **1** : crack **2** : opportunity, chance **3** : trace ⟨sin un resquicio de remordimiento : without a trace of remorse⟩ **4 resquicio legal** : loophole
resta *nf* SUSTRACCIÓN : subtraction
restablecer {53} *vt* : to reestablish, to restore — **restablecerse** *vr* : to recover
restablecimiento *nm* **1** : reestablishment, restoration **2** : recovery
restallar *vi* : to crack, to crackle, to click
restallido *nm* : crack, crackle
restante *adj* **1** : remaining **2 lo restante, los restantes** : the rest
restañar *vt* : to stanch

restar *vt* **1** : to deduct, to subtract ⟨restar un punto : to deduct a point⟩ **2** : to minimize, to play down — *vi* : to remain, to be left

restauración *nf, pl* **-ciones** **1** : restoration **2** : catering, food service

restaurante *nm* : restaurant

restaurar *vt* : to restore

restitución *nf, pl* **-ciones** : restitution, return

restituir {41} *vt* : to return, to restore, to reinstate

resto *nm* **1** : rest, remainder **2 restos** *nmpl* : remains ⟨restos de comida : leftovers⟩ ⟨restos arqueológicos : archeological ruins⟩ **3 restos mortales** : mortal remains

restorán *nm, pl* **-ranes** : restaurant

restregadura *nf* : scrub, scrubbing

restregar {49} *vt* **1** : to rub **2** : to scrub — **restregarse** *vr*

restricción *nf, pl* **-ciones** : restriction, limitation

restrictivo, -va *adj* : restrictive

restringido, -da *adj* LIMITADO : limited, restricted

restringir {35} *vt* LIMITAR : to restrict, to limit

restructuración *nf* : restructuring

restructurar *vt* : to restructure

resucitación *nf* : resuscitation ⟨resucitación cardiopulmonar : CPR, cardiopulmonary resuscitation⟩

resucitar *vt* **1** : to resuscitate, to revive, to resurrect **2** : to revitalize

resuello *nm* **1** : puffing, heavy breathing, wheezing **2** : break, breather

resuelto[1] *pp* → **resolver**

resuelto[2], **-ta** *adj* : determined, resolved, resolute

resulta *nf* **1** : consequence, result **2 a resultas de** *or* **de resultas de** : as a result of

resultado *nm* : result, outcome

resultante *adj & nf* : resultant

resultar *vi* **1** : to work, to work out ⟨mi idea no resultó : my idea didn't work out⟩ **2** : to be, to turn out to be, to end up being ⟨resultó bien simpático : he turned out to be very nice⟩ ⟨resultó cancelado : it was canceled, it ended up being canceled⟩ ⟨resulta más sencillo/barato : it's simpler/cheaper, it ends up being simpler/cheaper⟩ ⟨me resulta muy interesante : I find it very interesting⟩ ⟨resultó (ser) una falsa alarma : it turned out to be a false alarm⟩ ⟨resulta que ya lo había hecho : it turns out she'd already done it⟩ ⟨resultó con heridas graves : he sustained serious injuries⟩ **3 ~ en** : to lead to, to result in **4 ~ de** : to be the result of

resumen *nm, pl* **-súmenes** **1** : summary, summation **2 en ~** : in summary, in short

resumidero *nm* : drain

resumir *v* : to summarize, to sum up

resurgimiento *nm* : resurgence

resurgir {35} *vi* : to reappear, to revive

resurrección *nf, pl* **-ciones** : resurrection

retablo *nm* **1** : tableau **2** : altarpiece

retador, -dora *n* : challenger (in sports)

retaguardia *nf* : rear guard

retahíla *nf* : string, series ⟨una retahíla de insultos : a volley of insults⟩

retaliación *nf, pl* **-ciones** : retaliation

retama *nf* : broom (plant)

retar *vt* DESAFIAR : to challenge, to defy

retardante *adj* : retardant

retardar *vt* **1** RETRASAR : to delay, to retard **2** : to postpone

retazo *nm* **1** : remnant, scrap **2** : fragment, piece ⟨retazos de su obra : bits and pieces from his writings⟩

retención *nf, pl* **-ciones** **1** : retention **2** : deduction, withholding

retener {80} *vt* **1** : to retain, to keep **2** : to withhold **3** : to detain

retentivo, -va *adj* : retentive

reticencia *nf* **1** : reluctance, reticence **2** : insinuation

reticente *adj* **1** : reluctant, reticent **2** : insinuating, misleading

retina *nf* : retina

retintín *nm, pl* **-tines** **1** : jingle, jangle **2 con ~** : sarcastically

retirada *nf* **1** : retreat ⟨batirse en retirada : to withdraw, to beat a retreat⟩ **2** : withdrawal (of funds) **3** : retirement **4** : refuge, haven

retirado, -da *adj* **1** : remote, distant, far off **2** : secluded, quiet

retirar *vt* **1** : to remove, to take away, to recall **2** : to withdraw, to take out — **retirarse** *vr* **1** REPLEGARSE : to retreat, to withdraw **2** JUBILARSE : to retire

retiro *nm* **1** JUBILACIÓN : retirement **2** : withdrawal, retreat **3** : seclusion

reto *nm* DESAFÍO : challenge, dare

retocar {72} *vt* : to touch up

retoñar *vi* : to sprout

retoño *nm* : sprout, shoot

retoque *nm* : retouching

retorcer {14} *vt* **1** : to twist **2** : to wring — **retorcerse** *vr* **1** : to get twisted, to get tangled up **2** : to squirm, to writhe, to wiggle about

retorcijón *nm, pl* **-jones** : cramp, sharp pain

retorcimiento *nm* **1** : twisting, wringing **2** : deviousness

retórica *nf* : rhetoric

retórico, -ca *adj* : rhetorical — **retóricamente** *adv*

retornar *v* : to return

retorno *nm* : return

retozar {21} *vi* : to frolic, to romp

retozo *nm* : frolicking

retozón, -zona *adj, mpl* **-zones** : playful

retracción *nf, pl* **-ciones** : retraction, withdrawal

retractable *adj* : retractable

retractación *nf, pl* **-ciones** : retraction (of a statement, etc.)

retractarse *vr* **1** : to withdraw, to back down **2** ~ **de** : to take back, to retract
retraer {81} *vt* **1** : to bring back **2** : to dissuade — **retraerse** *vr* **1** RETIRARSE : to withdraw, to retire **2** REFUGIARSE : to take refuge
retraído, -da *adj* : withdrawn, retiring, shy
retraimiento *nm* **1** : shyness, timidity **2** : withdrawal
retrasado, -da *adj* **1** : retarded, mentally slow **2** : behind, in arrears **3** : backward (of a country) **4** : slow (of a watch)
retrasar *vt* **1** DEMORAR, RETARDAR : to delay, to hold up **2** : to put off, to postpone — **retrasarse** *vr* **1** : to be late **2** : to fall behind
retraso *nm* **1** ATRASO : delay, lateness **2 retraso mental** : mental retardation
retratar *vt* **1** : to portray, to depict **2** : to photograph **3** : to paint a portrait of
retrato *nm* **1** : depiction, portrayal **2** : portrait, photograph
retrete *nm* : restroom, toilet
retribución *nf, pl* **-ciones** **1** : pay, payment **2** : reward
retribuir {41} *vt* **1** : to pay **2** : to reward
retroactivo, -va *adj* : retroactive — **retroactivamente** *adv*
retroalimentación *nf, pl* **-ciones** : feedback
retroceder *vi* **1** : to move back, to turn back **2** : to back off, to back down **3** : to recoil (of a firearm)
retroceso *nm* **1** : backward movement **2** : backing down **3** : setback, relapse **4** : recoil
retrógrado, -da *adj* **1** : reactionary **2** : retrograde
retropropulsión *nf* : jet propulsion
retrospectiva *nf* : retrospective, hindsight
retrospectivo, -va *adj* **1** : retrospective **2 mirada retrospectiva** : backward glance
retrovisor *nm* : rearview mirror
retruécano *nm* : pun, play on words
retumbar *vi* **1** : to boom, to thunder **2** : to resound, to reverberate
retumbo *nm* : booming, thundering, roll
retuvo, etc. → **retener**
reubicar {72} *vt* : to relocate — **reubicación** *nf*
reuma *or* **reúma** *nmf* → **reumatismo**
reumático, -ca *adj* : rheumatic
reumatismo *nm* : rheumatism
reunión *nf, pl* **-niones** **1** : meeting **2** : gathering, reunion
reunir {68} *vt* **1** : to unite, to join, to bring together **2** : to have, to possess <reunieron los requisitos necesarios : they fulfilled the necessary requirements> **3** : to gather, to collect, to raise (funds) — **reunirse** *vr* : to meet
reutilizable *adj* : reusable
reutilizar {21} *vt* : to recycle, to reuse
revalidar *vt* **1** : to confirm, to ratify **2** : to defend (a title)
revaluar {3} *vt* : to reevaluate — **revaluación** *n*
revancha *nf* **1** DESQUITE : revenge, requital **2** : rematch
revelación *nf, pl* **-ciones** : revelation
revelado *nm* : developing (of film)
revelador[1], **-dora** *adj* : revealing
revelador[2] *nm* : developer
revelar *vt* **1** : to reveal, to disclose **2** : to develop (film)
revendedor, -dora *n* **1** : scalper **2** DETALLISTA : retailer
revender *vt* **1** : to resell **2** : to scalp
reventa *nf* **1** : resale **2** : scalping
reventar {55} *vi* **1** ESTALLAR, EXPLOTAR : to burst, to blow up **2** ~ **de** : to be bursting with — *vt* **1** : to burst **2** *fam* : to annoy, to rile
reventón *nm, pl* **-tones** **1** : burst, bursting **2** : blowout, flat tire **3** *Mex fam* : bash, party
reverberar *vi* : to reverberate — **reverberación** *nf*
reverdecer {53} *vi* **1** : to grow green again **2** : to revive
reverencia *nf* **1** : reverence **2** : bow, curtsy
reverenciar *vt* : to revere, to venerate
reverendo[1], **-da** *adj* **1** : reverend **2** *fam* : total, absolute <es un reverendo imbécil : he is a complete idiot>
reverendo[2], **-da** *n* : reverend
reverente *adj* : reverent
reversa *nf Col, Mex* : reverse (gear)
reversible *adj* : reversible
reversión *nf, pl* **-siones** : reversion
reverso *nm* **1** : back, other side **2 el reverso de la medalla** : the complete opposite
revertir {76} *vi* **1** : to revert, to go back **2** ~ **en** : to result in, to end up as
revés *nm, pl* **reveses** **1** : back, wrong side **2** : setback, reversal **3** : backhand (in sports) **4 al revés** : the other way around, upside down, inside out **5 al revés de** : contrary to
revestimiento *nm* : covering, facing (of a building)
revestir {54} *vt* **1** : to coat, to cover, to surface **2** : to conceal, to disguise **3** : to take on, to assume <la reunión revistió gravedad : the meeting took on a serious note>
revisar *vt* **1** : to examine, to inspect, to check **2** : to check over, to overhaul (machinery) **3** : to revise
revisión *nf, pl* **-siones** **1** : revision **2** : inspection, check
revisor, -sora *n* **1** : inspector **2** : conductor (on a train)
revista *nf* **1** : magazine, journal **2** : revue **3 pasar revista** : to review, to inspect
revistar *vt* : to review, to inspect
revitalizar {21} *vt* : to revitalize — **revitalización** *nf*

revivir *vi* : to revive, to come alive again — *vt* : to relive
revocación *nf, pl* **-ciones** : revocation, repeal
revocar {72} *vt* **1** : to revoke, to repeal **2** : to plaster (a wall)
revolcar {82} *vt* : to knock over, to knock down — **revolcarse** *vr* : to roll around, to wallow
revolcón *nm, pl* **-cones** *fam* : tumble, fall
revolotear *vi* : to flutter around, to flit
revoloteo *nm* : fluttering, flitting
revoltijo *nm* **1** FÁRRAGO : mess, jumble **2** *Mex* : traditional seafood dish
revoltoso, -sa *adj* : unruly, rebellious
revolución *nf, pl* **-ciones** : revolution
revolucionar *vt* : to revolutionize
revolucionario, -ria *adj & n* : revolutionary
revolver {89} *vt* **1** : to move about, to mix, to shake, to stir **2** : to upset (one's stomach) **3** : to mess up, to rummage through ⟨revolver la casa : to turn the house upside down⟩ — **revolverse** *vr* **1** : to toss and turn **2** VOLVERSE : to turn around
revólver *nm* : revolver
revoque *nm* : plaster
revuelo *nm* **1** : fluttering **2** : commotion, stir
revuelta *nf* : uprising, revolt
revuelto[1] *pp* → **revolver**
revuelto[2], **-ta** *adj* **1** : choppy, rough ⟨mar revuelto : rough sea⟩ **2** : untidy **3 huevos revueltos** : scrambled eggs
rey *nm* : king
reyerta *nf* : brawl, fight
rezagado, -da *n* : straggler, latecomer
rezagar {52} *vt* **1** : to leave behind **2** : to postpone — **rezagarse** *vr* : to fall behind, to lag
rezar {21} *vi* **1** : to pray **2** : to say ⟨como reza el refrán : as the saying goes⟩ **3** ~ **con** : to concern, to have to do with — *vt* : to say, to recite ⟨rezar un Ave María : to say a Hail Mary⟩
rezo *nm* : prayer, praying
rezongar {52} *vi* : to gripe, to grumble
rezumar *v* : to ooze, to leak
ría[1], **etc.** → **reír**
ría[2] *nf* : estuary
riachuelo *nm* ARROYO : brook, stream
riada *nf* : flood
ribera *nf* : bank, shore
ribete *nm* **1** : border, trim **2** : frill, adornment **3 ribetes** *nmpl* : hint, touch ⟨tiene sus ribetes de genio : there's a touch of genius in him⟩
ribetear *vt* : to border, to edge, to trim
ricamente *adv* : richly, splendidly
rice, etc. → **rizar**
rico[1], **-ca** *adj* **1** : rich, wealthy **2** : fertile **3** : luxurious, valuable **4** : delicious **5** : adorable, lovely **6** : great, wonderful
rico[2], **-ca** *n* : rich person
ridiculez *nf, pl* **-leces** : ridiculousness, absurdity
ridiculizar {21} *vt* : to ridicule
ridículo[1], **-la** *adj* ABSURDO, DISPARATADO : ridiculous, ludicrous — **ridículamente** *adv*
ridículo[2], **-la** *n* **1 hacer el ridículo** : to make a fool of oneself **2 poner en ridículo** : to ridicule
ríe, etc. → **reír**
riega, riegue etc. → **regar**
riego *nm* : irrigation
riel *nm* : rail, track
rienda *nf* **1** : rein **2 dar rienda suelta a** : to give free rein to **3 llevar las riendas** : to be in charge **4 tomar las riendas** : to take control
riesgo *nm* : risk
riesgoso, -sa *adj* : risky
rifa *nf* : raffle
rifar *vt* : to raffle — *vi* : to quarrel, to fight
rifle *nm* : rifle
rige, rija etc. → **regir**
rigidez *nf, pl* **-deces** **1** : rigidity, stiffness ⟨rigidez cadavérica : rigor mortis⟩ **2** : inflexibility
rígido, -da *adj* **1** : rigid, stiff **2** : strict — **rígidamente** *adv*
rigor *nm* **1** : rigor, harshness **2** : precision, meticulousness **3 de** ~ : usual ⟨la respuesta de rigor : the standard reply⟩ **4 de** ~ : essential, obligatory **5 en** ~ : strictly speaking, in reality
riguroso, -sa *adj* : rigorous — **rigurosamente** *adv*
rima *nf* **1** : rhyme **2 rimas** *nfpl* : verse, poetry
rimar *vi* : to rhyme
rimbombante *adj* **1** : grandiose, showy **2** : bombastic, pompous
rímel *or* **rimel** *nm* : mascara
rin *nm Col, Mex* : wheel, rim (of a tire)
rincón *nm, pl* **rincones** : corner, nook
rinde, etc. → **rendir**
rinoceronte *nm* : rhinoceros
riña *nf* **1** : fight, brawl **2** : dispute, quarrel
riñe, etc. → **reñir**
riñón *nm, pl* **riñones** : kidney
río[1] → **reír**
río[2] *nm* **1** : river **2** : torrent, stream ⟨un río de lágrimas : a flood of tears⟩
ripio *nm* **1** : debris, rubble **2** : gravel
riqueza *nf* **1** : wealth, riches *pl* **2** : richness **3 riquezas naturales** : natural resources
risa *nf* **1** : laughter, laugh **2 dar risa** : to make laugh ⟨me dio mucha risa : I found it very funny⟩ **3** *fam* **morirse de la risa** : to die laughing, to crack up
risco *nm* : crag, cliff
risible *adj* IRRISORIO : ludicrous, laughable
risita *nf* : giggle, titter, snicker
risotada *nf* : guffaw
ristra *nf* : string, series *pl*
risueño, -ña *adj* **1** : cheerful, pleasant **2** : promising
rítmico, -ca *adj* : rhythmical, rhythmic — **rítmicamente** *adv*

ritmo *nm* **1** : rhythm **2** : pace, tempo ⟨trabajó a ritmo lento : she worked at a slow pace⟩

rito *nm* : rite, ritual

ritual *adj & nm* : ritual — **ritualmente** *adv*

rival *adj & nmf* COMPETIDOR : rival

rivalidad *nf* : rivalry, competition

rivalizar {21} *vi* ~ **con** : to rival, to compete with

rizado, -da *adj* **1** : curly **2** : ridged **3** : ripply, undulating

rizar {21} *vt* **1** : to curl **2** : to ripple, to ruffle (a surface) **3** : to crumple, to fold — **rizarse** *vr* **1** : to frizz **2** : to ripple

rizo *nm* **1** : curl **2** : loop (in aviation)

robalo *or* **róbalo** *nm* : sea bass

robar *vt* **1** : to steal **2** : to rob, to burglarize **3** SECUESTRAR : to abduct, to kidnap **4** : to captivate — *vi* ~ **en** : to break into

roble *nm* : oak

robo *nm* : robbery, theft

robot *nm, pl* **robots** : robot

robótica *nf* : robotics

robustecer {53} *vt* : to grow stronger, to strengthen

robustez *nf* : sturdiness, robustness

robusto, -ta *adj* : robust, sturdy

roca *nf* : rock, boulder

roce[1], **etc.** → **rozar**

roce[2] *nm* **1** : rubbing, chafing **2** : brush, graze, touch **3** : close contact, familiarity **4** : friction, disagreement

rociador *nm* : sprinkler

rociar {85} *vt* : to spray, to sprinkle

rocío *nm* **1** : dew **2** : shower, light rain

rock *or* **rock and roll** *nm* : rock, rock and roll

rocola *nf* : jukebox

rocoso, -sa *adj* : rocky

rodada *nf* : track (of a tire), rut

rodado, -da *adj* **1** : wheeled **2** : dappled (of a horse)

rodadura *nf* : rolling, taxiing

rodaja *nf* : round, slice

rodaje *nm* **1** : filming, shooting **2** : breaking in (of a vehicle)

rodamiento *nm* **1** : bearing ⟨rodamiento de bolas : ball bearings⟩ **2** : rolling

rodante *adj* : rolling

rodar {19} *vi* **1** : to roll, to roll down, to roll along ⟨rodé por la escalera : I tumbled down the stairs⟩ ⟨todo rodaba bien : everthing was going along well⟩ **2** GIRAR : to turn, to go around **3** : to move about, to travel ⟨andábamos rodando por todas partes : we drifted along from place to place⟩ — *vt* **1** : to film, to shoot **2** : to break in (a new vehicle)

rodear *vt* **1** : to surround **2** : to round up (cattle) — *vi* **1** : to go around **2** : to beat around the bush — **rodearse** *vr* ~ **de** : to surround oneself with

rodeo *nm* **1** : rodeo, roundup **2** DESVÍO : detour **3** : evasion ⟨andar con rodeos : to beat around the bush⟩ ⟨sin rodeos : without reservations⟩

rodilla *nf* : knee

rodillo *nm* **1** : roller **2** : rolling pin

rododendro *nm* : rhododendron

roedor[1], **-dora** *adj* : gnawing

roedor[2] *nm* : rodent

roer {69} *vt* **1** : to gnaw **2** : to eat away at, to torment

rogar {16} *vt* : to beg, to request — *vi* **1** : to beg, to plead **2** : to pray

roiga, etc. → **roer**

rojez *nf* : redness

rojizo, -za *adj* : reddish

rojo[1], **-ja** *adj* **1** : red **2 ponerse rojo** : to blush

rojo[2] *nm* : red

rol *nm* **1** : role **2** : list, roll

rollo *nm* **1** : roll, coil ⟨un rollo de cinta : a roll of tape⟩ ⟨en rollo : rolled up⟩ **2** *fam* : roll of fat **3** *fam* : boring speech, lecture

romance *nm* **1** : Romance language **2** : ballad **3** : romance **4 en buen romance** : simply stated, simply put

romano, -na *adj & n* : Roman

romanticismo *nm* : romanticism

romántico, -ca *adj* : romantic — **románticamente** *adv*

rombo *nm* : rhombus

romería *nf* **1** : pilgrimage, procession **2** : crowd, gathering

romero[1], **-ra** *n* PEREGRINO : pilgrim

romero[2] *nm* : rosemary

romo, -ma *adj* : blunt, dull

rompecabezas *nms & pl* : puzzle, riddle

rompehielos *nms & pl* : icebreaker (ship)

rompehuelgas *nmfs & pl* ESQUIROL : strikebreaker, scab

rompenueces *nms & pl* : nutcracker

rompeolas *ns & pl* : breakwater, jetty

romper {70} *vt* **1** : to break (a glass, a bone, etc.) **2** : to rip, to tear (cloth, paper) **3** : to break off (relations), to break (a contract) **4** : to break through/down (a door, etc.) **5** GASTAR : to wear out **6** : to break ⟨romper el hielo/silencio : to break the ice/silence⟩ — *vi* **1** : to break ⟨al romper del día : at the break of day⟩ **2** ~ **a** : to begin to, to burst out with ⟨romper a llorar : to burst into tears⟩ **3** ~ **con** : to break with (tradition, etc.), to break away from **4** ~ **con alguien** : to break up with someone — **romperse** *vr*

rompope *nm CA, Mex* : drink similar to eggnog

ron *nm* : rum

roncar {72} *vi* **1** : to snore **2** : to roar

ronco, -ca *adj* **1** : hoarse **2** : husky (of the voice) — **roncamente** *adv*

ronda *nf* **1** : beat, patrol **2** : round (of drinks, of negotiations, of a game)

rondar *vt* **1** : to patrol **2** : to hang around ⟨siempre está rondando la calle : he's always hanging around the street⟩ **3** : to be approximately ⟨debe rondar los cincuenta : he must be about 50⟩ — *vi* **1** : to be on patrol **2** : to prowl around, to roam about

ronque, etc. → **roncar**

ronquera *nf* : hoarseness

ronquido *nm* **1** : snore **2** : roar

ronronear *vi* : to purr

ronroneo *nm* : purr, purring

ronzal *nm* : halter (for an animal)

ronzar {21} *v* : to munch, to crunch

roña *nf* **1** : mange **2** : dirt, filth **3** *fam* : stinginess

roñoso, -sa *adj* **1** : mangy **2** : dirty **3** *fam* : stingy

ropa *nf* **1** : clothes *pl,* clothing **2 ropa interior** : underwear

ropaje *nm* : apparel, garments *pl,* regalia

ropero *nm* ARMARIO, CLÓSET : wardrobe, closet

rosa[1] *adj* : rose-colored, pink

rosa[2] *nm* : rose, pink (color)

rosa[3] *nf* : rose (flower)

rosáceo, -cea *adj* : pinkish

rosado[1], **-da** *adj* **1** : pink **2 vino rosado** : rosé

rosado[2] *nm* : pink (color)

rosal *nm* : rosebush

rosario *nm* **1** : rosary **2** : series ⟨un rosario de islas : a string of islands⟩

rosbif *nm* : roast beef

rosca *nf* **1** : thread (of a screw) ⟨una tapa a rosca : a screw top⟩ **2** : ring, coil

roseta *nf* : rosette

rosquilla *nf* : ring-shaped pastry, doughnut

rostro *nm* : face, countenance

rotación *nf, pl* **-ciones** : rotation

rotar *vt* : to rotate, to turn — *vi* : to turn, to spin

rotativo[1], **-va** *adj* : rotary

rotativo[2] *nm* : newspaper

rotatorio, -ria *adj* → **rotativo**[1]

roto[1] *pp* → **romper**

roto[2], **-ta** *adj* **1** : broken **2** : ripped, torn

rotonda *nf* **1** : traffic circle, rotary **2** : rotunda

rotor *nm* : rotor

rótula *nf* : kneecap

rotular *vt* **1** : to head, to entitle **2** : to label

rótulo *nm* **1** : heading, title **2** : label, sign

rotundo, -da *adj* **1** REDONDO : round **2** : categorical, absolute ⟨un éxito rotundo : a resounding success⟩ — **rotundamente** *adv*

rotura *nf* : break, tear, fracture

roya *nf* : plant rust

roya, etc. → **roer**

rozado, -da *adj* GASTADO : worn

rozadura *nf* **1** : scratch, abrasion **2** : rubbed spot, sore

rozar {21} *vt* **1** : to chafe, to rub against **2** : to border on, to touch on **3** : to graze, to touch lightly — **rozarse** *vr* ~ **con** *fam* : to rub shoulders with

ruandés, -desa *adj & n* : Rwandan

ruano, -na *adj* : roan

rubí *nm, pl* **rubíes** : ruby

rubio, -bia *adj & n* : blond

rublo *nm* : ruble

rubor *nm* **1** : flush, blush **2** : rouge, blusher

ruborizarse {21} *vr* : to blush

rubrica *nf* : title, heading

rubricar {72} *vt* **1** : sign with a flourish ⟨firmado y rubricado : signed and sealed⟩ **2** : to endorse, to sanction

rubro *nm* **1** : heading, title **2** : line, area (in business)

rudeza *nf* ASPEREZA : roughness, coarseness

rudimentario, -ria *adj* : rudimentary — **rudimentariamente** *adv*

rudimento *nm* : rudiment, basics *pl*

rudo, -da *adj* **1** : rough, harsh **2** : coarse, unpolished — **rudamente** *adv*

rueda[1], **etc.** → **rodar**

rueda[2] *nf* **1** : wheel **2** RODAJA : round slice **3** : circle, ring **4 rueda de andar** : treadmill **5 rueda de prensa** : press conference **6 ir sobre ruedas** : to go smoothly

ruedita *nf* : caster (on furniture)

ruedo *nm* **1** : bullring, arena **2** : rotation, turn **3** : hem

ruega, ruegue etc. → **rogar**

ruego *nm* : request, appeal, plea

rugido *nm* : roar

rugir {35} *vi* : to roar

ruibarbo *nm* : rhubarb

ruido *nm* : noise, sound

ruidoso, -sa *adj* : loud, noisy — **ruidosamente** *adv*

ruin *adj* **1** : base, despicable **2** : mean, stingy

ruina *nf* **1** : ruin, destruction **2** : downfall, collapse **3 ruinas** *nfpl* : ruins, remains

ruinoso, -sa *adj* **1** : run-down, dilapidated **2** : ruinous, disastrous

ruiseñor *nm* : nightingale

ruja, etc. → **rugir**

ruleta *nf* : roulette

rulo *nm* : curler, roller

rumano, -na *n* : Romanian, Rumanian

rumbo *nm* **1** : direction, course ⟨con rumbo a : bound for, heading for⟩ ⟨perder el rumbo : to go off course, to lose one's bearings⟩ ⟨sin rumbo : aimless, aimlessly⟩ **2** : ostentation, pomp **3** : lavishness, generosity

rumiante *adj & nm* : ruminant

rumiar *vt* : to ponder, to mull over — *vi* **1** : to chew the cud **2** : to ruminate, to ponder

rumor *nm* **1** : rumor **2** : murmur

rumorearse *or* **rumorarse** *vr* : to be rumored ⟨se rumorea que se va : rumor has it that she's leaving⟩

rumoroso, -sa *adj* : murmuring, bab-

bling ⟨un arroyo rumoroso : a babbling brook⟩
rupia *nf* : rupee
ruptura *nf* **1** : break **2** : breaking, breach (of a contract) **3** : breaking off, breakup
rural *adj* : rural
ruso[1], -sa *adj & n* : Russian
ruso[2] *nm* : Russian (language)
rústico[1], -ca *adj* : rural, rustic
rústico[2], -ca *n* : rustic, country dweller
ruta *nf* : route
rutina *nf* : routine, habit
rutinario, -ria *adj* : routine, ordinary ⟨visita rutinaria : routine visit⟩ — **rutinariamente** *adv*

S

s *nf* : twentieth letter of the Spanish alphabet
sábado *nm* **1** : Saturday ⟨el sábado : (on) Saturday⟩ ⟨los sábados : (on) Saturdays⟩ ⟨cada (dos) sábados : every (other) Saturday⟩ ⟨el sábado pasado : last Saturday⟩ ⟨el próximo sábado : next Saturday⟩ **2** : Sabbath
sábalo *nm* : shad
sabana *nf* : savanna
sábana *nf* : sheet, bedsheet
sabandija *nf* BICHO : bug, small reptile, pesky creature
sabático, -ca *adj* : sabbatical
sabedor, -dora *adj* : aware, informed
sabelotodo *nmf fam* : know-it-all
saber[1] {71} *vt* **1** : to know ⟨no lo sé : I don't know⟩ ⟨no sé qué decirte : I don't know what to tell you⟩ ⟨no sabes lo que te espera : you don't know what you're in for⟩ ⟨saber la respuesta : to know the answer⟩ ⟨sabe mucho de política : he knows a lot about politics⟩ ⟨¿sabes dónde está? : do you know where it is?⟩ ⟨creo que no, pero ¿qué sé yo? : I don't think so, but what do I know?⟩ ⟨quién sabe qué va a pasar : who knows what will happen⟩ **2** : to know how to, to be able to ⟨sabe tocar el violín : she can play the violin⟩ **3** : to learn, to find out ⟨lo supe ayer : I found out yesterday⟩ ⟨no sé nada de ellos : I haven't heard from them⟩ **4 a ~** : to wit, namely **5 que yo sepa** : as far as I know **6 qué sé yo** ⟨diamantes, perlas, y qué sé yo : diamonds, pearls, and whatnot⟩ ⟨y qué sé yo dónde : and who knows where (else)⟩ — *vi* **1** : to know, to suppose ⟨¿quién sabe? : who knows?⟩ ⟨nunca se sabe : you never know, one never knows⟩ **2** : to be informed ⟨supimos del desastre : we heard about the disaster⟩ **3** : to taste ⟨esto no sabe bien : this doesn't taste right⟩ **4 ~ a** : to taste like ⟨sabe a naranja : it tastes like orange⟩ — **saberse** *vr* : to know ⟨ese chiste no me lo sé : I don't know that joke⟩
saber[2] *nm* : knowledge, learning
sabiamente *adv* : wisely
sabido, -da *adj* : well-known
sabiduría *nf* **1** : wisdom **2** : learning, knowledge
sabiendas *adv* **1 a ~** : knowingly **2 a sabiendas de que** : knowing full well that
sabio[1], -bia *adj* **1** PRUDENTE : wise, sensible **2** DOCTO : learned
sabio[2], -bia *n* **1** : wise person **2** : savant, learned person
sable *nm* : saber, cutlass
sabor *nm* **1** : flavor, taste **2 sin ~** : flavorless
saborear *vt* **1** : to taste, to savor **2** : to enjoy, to relish
sabotaje *nm* : sabotage
saboteador, -dora *n* : saboteur
sabotear *vt* : to sabotage
sabrá, etc. → **saber**
sabroso, -sa *adj* **1** RICO : delicious, tasty **2** AGRADABLE : pleasant, nice, lovely
sabueso *nm* **1** : bloodhound **2** *fam* : detective, sleuth
sacacorchos *nms & pl* : corkscrew
sacapuntas *nms & pl* : pencil sharpener
sacar {72} *vt* **1** : to pull out, to take out ⟨saca el pollo del congelador : take the chicken out of the freezer⟩ ⟨me sacaron de la cama : they dragged me out of bed⟩ ⟨sacó un as : he drew an ace⟩ ⟨sacar la basura : to take out the garbage⟩ ⟨¡sácalo de la casa! : get it out of the house!⟩ **2** : to get, to obtain ⟨saqué un 100 en el examen : I got 100 on the exam⟩ ⟨sacó cuatro puntos de ventaja : she got a four point lead⟩ **3** : to get out, to extract ⟨le saqué la información : I got the information from him⟩ ⟨sacar sangre : to draw blood⟩ ⟨me sacó de un apuro : she got me out of a jam⟩ ⟨sacar provecho de : to profit from⟩ **4** : to take (someone) out ⟨lo saqué a comer : I took him out to eat⟩ ⟨la sacó a bailar : he asked her to dance⟩ **5** : to stick out ⟨sacar la lengua : to stick out one's tongue⟩ **6** : to bring out, to introduce ⟨sacar un libro : to publish a book⟩ ⟨sacaron una moda nueva : they introduced a new style⟩ ⟨sacar algo a la venta : to release something for sale⟩ ⟨sacar a relucir un tema : to bring up a topic⟩ **7** : to take (a photo, a shot) **8** : to make (copies) **9** RETIRAR : to withdraw (money) **10** : to draw, to reach (a conclusion) **11** CALCULAR : to work out, to tally up **12 sacar adelante** AVAN-

ZAR : to get started, to move forward **13 sacar adelante** MANTENER : to support, to keep afloat **14 sacar de encima** : to get rid of — *vi* **1** : to kick off (in soccer or football) **2** : to serve (in sports)

sacarina *nf* : saccharin

sacarosa *nf* : sucrose

sacerdocio *nm* : priesthood

sacerdotal *adj* : priestly

sacerdote, -tisa *n* : priest *m*, priestess *f*

saciar *vt* **1** HARTAR : to sate, to satiate **2** SATISFACER : to satisfy

saciedad *nf* : satiety

saco *nm* **1** : bag, sack **2** : sac **3** : jacket, sport coat

sacramento *nm* : sacrament — **sacramental** *adj*

sacrificar {72} *vt* : to sacrifice — **sacrificarse** *vr* : to sacrifice oneself, to make sacrifices

sacrificio *nm* : sacrifice

sacrilegio *nm* : sacrilege

sacrílego, -ga *adj* : sacrilegious

sacristán *nm, pl* **-tanes** : sexton, sacristan

sacristía *nf* : sacristy, vestry

sacro, -cra *adj* SAGRADO : sacred ⟨arte sacro : sacred art⟩

sacrosanto, -ta *adj* : sacrosanct

sacudida *nf* **1** : shaking **2** : jerk, jolt, shock **3** : shake-up, upheaval

sacudir *vt* **1** : to shake, to beat **2** : to jerk, to jolt **3** : to dust off **4** CONMOVER : to shake up, to shock — **sacudirse** *vr* : to shake off

sacudón *nm, pl* **-dones** : intense jolt or shake-up

sádico[1]**, -ca** *adj* : sadistic

sádico[2]**, -ca** *n* : sadist

sadismo *nm* : sadism

safari *nm* : safari

saga *nf* : saga

sagacidad *nf* : sagacity, shrewdness

sagaz *adj, pl* **sagaces** PERSPICAZ : shrewd, discerning, sagacious

Sagitario *nmf* : Sagittarius, Sagittarian

sagrado, -da *adj* : sacred, holy

sainete *nm* : comedy sketch, one-act farce ⟨este proceso es un sainete : these proceedings are a farce⟩

sajar *vt* : to lance, to cut open

sal[1] → **salir**

sal[2] *nf* **1** : salt **2** *CA, Mex* : misfortune, bad luck

sala *nf* **1** : living room **2** : room, hall ⟨sala de conferencias : lecture hall⟩ ⟨sala de urgencias : emergency room⟩ ⟨sala de baile : ballroom⟩

salado, -da *adj* **1** : salty **2 agua salada** : salt water

salamandra *nf* : salamander

salami *nm* : salami

salar *vt* **1** : to salt **2** : to spoil, to ruin **3** *CoRi, Mex* : to jinx, to bring bad luck

salarial *adj* : salary, salary-related

salario *nm* **1** : salary **2 salario mínimo** : minimum wage

salaz *adj, pl* **salaces** : salacious, lecherous

salchicha *nf* **1** : sausage **2** : frankfurter, wiener

salchichón *nf, pl* **-chones** : a type of deli meat

salchichonería *nf Mex* **1** : delicatessen **2** : cold cuts *pl*

saldar *vt* : to settle, to pay off ⟨saldar una cuenta : to settle an account⟩

saldo *nm* **1** : settlement, payment **2** : balance ⟨saldo de cuenta : account balance⟩ **3** : remainder, leftover merchandise

saldrá, etc. → **salir**

salero *nm* **1** : saltshaker **2** : wit, charm

salga, etc. → **salir**

salida *nf* **1** : exit ⟨salida de emergencia/incendios : emergency/fire exit⟩ ⟨una calle sin salida : a road with no outlet, a dead end⟩ **2** : leaving, departure **3** SOLUCIÓN : way out, solution **4** : start (of a race) **5** OCURRENCIA : wisecrack, joke **6 salida del sol** : sunrise

saliente[1] *adj* **1** : departing, outgoing **2** : projecting **3** DESTACADO : salient, prominent

saliente[2] *nm* **1** : projection, protrusion **2 ventana en saliente** : bay window

salinidad *nf* : salinity, saltiness

salino, -na *adj* : saline ⟨solución salina : saline solution⟩

salir {73} *vi* **1** : to go out, to come out, to get out ⟨salió del edificio : she came/went out of the building⟩ ⟨salí a la calle : I went outside⟩ ⟨salimos todas las noches : we go out every night⟩ ⟨salimos a desayunar : we went out for breakfast⟩ ⟨me ayudó a salir del apuro : he helped me out of a jam⟩ ⟨salieron ilesos : they escaped unharmed⟩ ⟨por la tarde salió el sol : in the afternoon the sun came out⟩ **2** PARTIR : to leave, to depart ⟨salí de casa a las seis : I left home at six o'clock⟩ ⟨salió del hospital : she's out of the hospital⟩ ⟨salieron para Bogotá : they left for Bogotá⟩ ⟨salió a buscarla : he went to go pick her up⟩ ⟨¿a qué hora sale el vuelo? : what time does the flight leave?⟩ ⟨salió corriendo : she took off running⟩ **3** APARECER : to appear ⟨salió en todos los diarios : it came out in all the papers⟩ ⟨le están saliendo los dientes : she's teething⟩ ⟨me salen canas : I'm going gray, I'm getting gray hairs⟩ ⟨le salen granos : she breaks out, she gets pimples⟩ ⟨le salió un sarpullido : he broke out in a rash⟩ **4** : to come out, to become available ⟨su libro acaba de salir : her book just came out⟩ ⟨salir a la venta : to be released (for sale)⟩ **5** : to rise (of the sun) **6** : to come up (of a topic), to come out (of news) ⟨salir a relucir : to come out, to come to light⟩ **7** : to project, to stick out **8** : to cost, to come to ⟨sale muy caro : it's very expensive⟩ **9** RESULTAR : to turn out, to prove ⟨salir bien/mal : to turn out well/badly⟩ **10 :** to come up, to occur ⟨salga lo que salga : whatever happens⟩ ⟨salió una oportunidad : an opportunity came up⟩ **11 ~ a :** to take after, to look like, to resemble **12 salir adelante :** to overcome difficulties, to advance ⟨salir adelante en la vida : to get ahead in life⟩ ⟨es difícil, pero saldremos adelante : it's difficult, but we'll get through it⟩ ⟨sin ello el país/proyecto no saldrá adelante : without it the country/project won't move forward⟩ **13 ~ con :** to go out with, to date — **salirse** *vr* **1 :** to escape, to get out, to leak out **2 :** to come loose, to come off **3 salirse con la suya :** to get one's own way

saliva *nf* : saliva

salivar *vi* : to salivate

salmo *nm* : psalm

salmón[1] *adj* : salmon-colored

salmón[2] *nm, pl* **salmones :** salmon

salmuera *nf* : brine

salobre *adj* : brackish, briny

salón *nm, pl* **salones 1 :** hall, large room ⟨salón de clase : classroom⟩ ⟨salón de baile : ballroom⟩ **2 :** salon ⟨salón de belleza : beauty salon⟩ **3 :** parlor, sitting room

salpicadera *nf Mex* : fender

salpicadura *nf* : spatter, splash

salpicar {72} *vt* **1 :** to spatter, to splash **2 :** to sprinkle, to scatter about

salpimentar {55} *vt* **1 :** to season (with salt and pepper) **2 :** to spice up

salsa *nf* **1 :** sauce ⟨salsa picante : hot sauce⟩ ⟨salsa inglesa : Worcestershire sauce⟩ ⟨salsa tártara : tartar sauce⟩ **2 :** gravy **3 :** salsa (music) **4 salsa mexicana :** salsa (sauce)

salsero, -ra *n* : salsa musician

saltador, -dora *n* : jumper

saltamontes *nms & pl* : grasshopper

saltar *vi* **1** BRINCAR : to jump, to leap ⟨saltó de la silla : he jumped out of his chair⟩ ⟨el gato saltó sobre el ratón : the cat pounced on the mouse⟩ ⟨saltó a la fama : she rose to fame⟩ **2** REBOTAR : to bounce **3 :** to come off, to pop out ⟨el corcho saltó de la botella : the cork popped out of the bottle⟩ **4 :** to shatter, to break **5 :** to explode, to blow up **6 :** to jump, to increase ⟨saltó de 50.000 a un millón : it jumped from 50,000 to a million⟩ **7 saltar a la vista :** to be glaringly obvious **8 saltar de alegría :** to jump for joy — *vt* **1 :** to jump, to jump over ⟨saltó la reja : he jumped over the railing⟩ **2 :** to skip, to miss — **saltarse** *vr* **1** OMITIR : to skip, to omit ⟨me salté ese capítulo : I skipped that chapter⟩ **2 :** to come off, to fall off

saltarín, -rina *adj, mpl* **-rines :** leaping, hopping ⟨frijol saltarín : jumping bean⟩

salteado, -da *adj* **1 :** sautéed **2 :** jumbled up ⟨los episodios se transmitieron salteados : the episodes were broadcast in random order⟩

salteador *nm* : highwayman

saltear *vt* **1** SOFREÍR : to sauté **2 :** to skip around, to skip over

saltimbanqui *nmf* : acrobat

salto *nm* **1** BRINCO : jump, leap, skip **2 :** jump, dive (in sports) **3 :** gap, omission **4 dar saltos :** to jump up and down **5** *or* **salto de agua** CATARATA : waterfall

saltón, -tona *adj, mpl* **saltones :** bulging, protruding

salubre *adj* : healthful, salubrious

salubridad *nf* : healthfulness, health

salud *nf* **1 :** health ⟨buena salud : good health⟩ **2 ¡salud! :** bless you! (when someone sneezes) **3 ¡salud! :** cheers!, to your health!

saludable *adj* **1** SALUBRE : healthful **2** SANO : healthy, well

saludar *vt* **1 :** to greet, to say hello to **2 :** to salute — **saludarse** *vr*

saludo *nm* **1 :** greeting, regards *pl* **2 :** salute

salutación *nf, pl* **-ciones :** salutation

salva *nf* **1 :** salvo, volley **2 salva de aplausos :** round of applause

salvación *nf, pl* **-ciones 1 :** salvation **2** RESCATE : rescue

salvado *nm* : bran

salvador, -dora *n* **1 :** savior, rescuer **2 el Salvador :** the Savior

salvadoreño, -ña *adj & n* : Salvadoran, El Salvadoran

salvaguardar *vt* : to safeguard

salvaguardia *or* **salvaguarda** *nf* : safeguard, defense

salvajada *nf* ATROCIDAD : atrocity, act of savagery

salvaje[1] *adj* **1 :** wild ⟨animales salvajes : wild animals⟩ **2 :** savage, cruel **3 :** primitive, uncivilized

salvaje[2] *nmf* : savage

salvajismo *nm* : savagery

salvamento *nm* **1 :** rescuing, lifesaving **2 :** salvation **3 :** refuge

salvar *vt* **1 :** to save, to rescue **2 :** to cover (a distance) **3 :** to get around (an obstacle), to overcome (a difficulty) **4 :** to cross, to jump across **5 salvando :** except for, excluding — **salvarse** *vr* **1 :** to survive, to escape **2 :** to save one's soul

salvavidas[1] *nms & pl* **1 :** life preserver **2 bote salvavidas :** lifeboat

salvavidas[2] *nmf* : lifeguard

salvedad *nf* **1** EXCEPCIÓN : exception **2 :** proviso, stipulation

salvia *nf* : sage (plant)

salvo[1], **-va** *adj* **1 :** unharmed, sound ⟨sano y salvo : safe and sound⟩ **2 a ~ :** safe from danger

salvo[2] *prep* **1** EXCEPTO : except (for), save ⟨todos asistirán salvo Jaime : all will attend except for Jaime⟩ **2 salvo que :** unless ⟨salvo que llueva : unless it rains⟩

salvoconducto *nm* : safe-conduct

samba *nf* : samba

San *adj* → **santo**[1]

sanar *vt* : to heal, to cure — *vi* : to get well, to recover

sanatorio *nm* **1** : sanatorium **2** : clinic, private hospital

sanción *nf, pl* **sanciones** : sanction

sancionar *vt* **1** : to penalize, to impose a sanction on **2** : to sanction, to approve

sancochar *vt* : to parboil

sandalia *nf* : sandal

sándalo *nm* : sandalwood

sandez *nf, pl* **sandeces** ESTUPIDEZ : nonsense, silly thing to say

sandía *nf* : watermelon

sandwich [ˈsandwitʃ, ˈsaŋgwitʃ] *nm, pl* **sandwiches** [-dwitʃɛs, -gwi-] EMPAREDADO : sandwich

saneamiento *nm* **1** : cleaning up, sanitation **2** : reorganizing, streamlining

sanear *vt* **1** : to clean up, to sanitize **2** : to reorganize, to streamline

sangrante *adj* **1** : bleeding **2** : flagrant, blatant

sangrar *vi* : to bleed — *vt* : to indent (a paragraph, etc.)

sangre *nf* **1** : blood **2 a sangre fría** : in cold blood **3 a sangre y fuego** : by violent force **4 pura sangre** : thoroughbred

sangría *nf* **1** : bloodletting **2** : sangria (wine punch) **3** : drain, draining ⟨una sangría fiscal : a financial drain⟩ **4** : indentation, indenting

sangriento, -ta *adj* **1** : bloody **2** : cruel

sanguijuela *nf* **1** : leech, bloodsucker **2** : sponger, leech

sanguinario, -ria *adj* : bloodthirsty

sanguíneo, -nea *adj* **1** : blood ⟨vaso sanguíneo : blood vessel⟩ **2** : sanguine, ruddy

sanidad *nf* **1** : health **2** : public health, sanitation

sanitario[1], **-ria** *adj* **1** : sanitary **2** : health ⟨centro sanitario : health center⟩

sanitario[2], **-ria** *n* : sanitation worker

sanitario[3] *nm Col, Mex, Ven* : toilet ⟨los sanitarios : the toilets, the restroom⟩

sano, -na *adj* **1** SALUDABLE : healthy **2** : wholesome **3** : whole, intact

santiaguino, -na *adj* : of or from Santiago, Chile

santiamén *nm* **en un santiamén** : in no time at all

santidad *nf* : holiness, sanctity

santificar {72} *vt* : to sanctify, to consecrate, to hallow

santiguarse {10} *vr* PERSIGNARSE : to cross oneself

santo[1], **-ta** *adj* **1** : holy, saintly ⟨el Santo Padre : the Holy Father⟩ ⟨una vida santa : a saintly life⟩ **2 Santo, Santa** (**San** before names of masculine saints except those beginning with D or T) : Saint ⟨Santa Clara : Saint Claire⟩ ⟨Santo Tomás : Saint Thomas⟩ ⟨San Francisco : Saint Francis⟩

santo[2], **-ta** *n* : saint

santo[3] *nm* **1** : saint's day **2** CUMPLEAÑOS : birthday

santuario *nm* : sanctuary

santurrón, -rrona *adj, mpl* **-rrones** : overly pious, sanctimonious — **santurronamente** *adv*

saña *nf* **1** : fury, rage **2** : viciousness ⟨con saña : viciously⟩

sapo *nm* : toad

saque[1], etc. → **sacar**

saque[2] *nm* **1** : kickoff (in soccer or football) **2** : serve, service (in sports)

saqueador, -dora *n* DEPREDADOR : plunderer, looter

saquear *vt* : to sack, to plunder, to loot

saqueo *nm* DEPREDACIÓN : sacking, plunder, looting

sarampión *nm* : measles *pl*

sarape *nm CA, Mex* : serape, blanket

sarcasmo *nm* : sarcasm

sarcástico, -ca *adj* : sarcastic

sarcófago *nm* : sarcophagus

sardina *nf* : sardine

sardónico, -ca *adj* : sardonic

sarga *nf* : serge

sargento *nmf* : sergeant

sarna *nf* : mange

sarnoso, -sa *adj* : mangy

sarpullido *nm* ERUPCIÓN : rash

sarro *nm* **1** : deposit, coating **2** : tartar, plaque

sarta *nf* **1** : string, series (of insults, etc.) **2** : string (of pearls, etc.)

sartén *nmf, pl* **sartenes 1** : frying pan **2 tener la sartén por el mango** : to call the shots, to be in control

sasafrás *nm* : sassafras

sastre, -tra *n* : tailor

sastrería *nf* **1** : tailoring **2** : tailor's shop

Satanás *or* **Satán** *nm* : Satan, the devil

satánico, -ca *adj* : satanic

satélite *nm* : satellite

satín *or* **satén** *nm, pl* **satines** *or* **satenes** : satin

satinado, -da *adj* : satiny, glossy

sátira *nf* : satire

satírico, -ca *adj* : satirical, satiric

satirizar {21} *vt* : to satirize

sátiro *nm* : satyr

satisfacción *nf, pl* **-ciones** : satisfaction

satisfacer {74} *vt* **1** : to satisfy **2** : to fulfill, to meet **3** : to pay, to settle — **satisfacerse** *vr* **1** : to be satisfied **2** : to take revenge

satisfactorio, -ria *adj* : satisfactory — **satisfactoriamente** *adv*

satisfecho, -cha *adj* : satisfied, content, pleased

saturación *nf, pl* **-ciones** : saturation

saturar *vt* **1** : to saturate, to fill up **2** : to satiate, to surfeit

saturnismo *nm* : lead poisoning

Saturno *nm* : Saturn

sauce *nm* : willow

saúco *nm* : elder (tree)

saudí *or* **saudita** *adj & nmf* : Saudi, Saudi Arabian

sauna *nmf* : sauna

savia *nf* : sap

saxofón *nm, pl* **-fones** : saxophone

sazón[1] *nf, pl* **sazones** **1** : flavor, seasoning **2** : ripeness, maturity ⟨en sazón : in season, ripe⟩ **3 a la sazón** : at that time, then

sazón[2] *nmf, pl* **sazones** *Mex* : flavor, seasoning

sazonar *vt* CONDIMENTAR : to season, to spice

scanner *nm* → **escáner**

se *pron* **1** : to him, to her, to you, to them ⟨se los daré a ella : I'll give them to her⟩ **2** : each other, one another ⟨se abrazaron : they hugged each other⟩ **3** : himself, herself, itself, yourself, yourselves, themselves ⟨se afeitó antes de salir : he shaved before leaving⟩ **4** (*used in passive constructions*) ⟨se dice que es hermosa : they say she's beautiful⟩ ⟨se habla inglés : English spoken⟩

sé → **saber, ser**

sea, etc. → **ser**

sebo *nm* **1** : grease, fat **2** : tallow **3** : suet

secado *nm* : drying

secador *nm* : hair dryer

secadora *nf* **1** : dryer, clothes dryer **2** *Mex* : hair dryer

secante *nm* : blotting paper, blotter

secar {72} *v* : to dry — **secarse** *vr* **1** : to get dry **2** : to dry up

sección *nf, pl* **secciones** **1** : section ⟨sección transversal : cross section⟩ **2** : department, division

seco, -ca *adj* **1** : dry **2** DISECADO : dried ⟨fruta seca : dried fruit⟩ **3** : thin, lean **4** : curt, brusque **5** : sharp ⟨un golpe seco : a sharp blow⟩ **6 a secas** : simply, just ⟨se llama Chico, a secas : he's just called Chico⟩ **7 en ~** : abruptly, suddenly ⟨frenar en seco : to make a sudden stop⟩

secoya *nf* : sequoia, redwood

secreción *nf, pl* **-ciones** : secretion

secretar *vt* : to secrete

secretaría *nf* **1** : secretariat, administrative department **2** *Mex* : ministry, cabinet office

secretariado *nm* **1** : secretariat **2** : secretarial profession

secretario, -ria *n* : secretary — **secretarial** *adj*

secreto[1], **-ta** *adj* **1** : secret **2** : secretive — **secretamente** *adv*

secreto[2] *nm* **1** : secret **2** : secrecy

secta *nf* : sect

sectario, -ria *adj & n* : sectarian

sector *nm* : sector

secuaz *nmf, pl* **secuaces** : follower, henchman, underling

secuela *nf* : consequence, sequel ⟨las secuelas de la guerra : the aftermath of the war⟩

secuencia *nf* : sequence

secuestrador, -dora *n* **1** : kidnapper, abductor **2** : hijacker

secuestrar *vt* **1** RAPTAR : to kidnap, to abduct **2** : to hijack, to commandeer **3** CONFISCAR : to confiscate, to seize

secuestro *nm* **1** RAPTO : kidnapping, abduction **2** : hijacking **3** : seizure, confiscation

secular *adj* : secular — **secularismo** *nm* — **secularización** *nf*

secundar *vt* : to support, to second

secundaria *nf* **1** : secondary education, high school **2** *Mex* : junior high school, middle school

secundario, -ria *adj* : secondary

secuoya *nf* : sequoia

sed *nf* **1** : thirst ⟨tener sed : to be thirsty⟩ **2 tener sed de** : to hunger for, to thirst for

seda *nf* : silk

sedación *nf, pl* **-ciones** : sedation

sedal *nm* : fishing line

sedán *nm, pl* **sedanes** : sedan

sedante *adj & nm* CALMANTE : sedative

sedar *vt* : to sedate

sede *nf* **1** : seat, headquarters **2** : venue, site **3 la Santa Sede** : the Holy See

sedentario, -ria *adj* : sedentary

sedición *nf, pl* **-ciones** : sedition — **sedicioso, -sa** *adj*

sediento, -ta *adj* : thirsty, thirsting

sedimentación *nf, pl* **-ciones** : sedimentation

sedimentario, -ria *adj* : sedimentary

sedimento *nm* : sediment

sedoso, -sa *adj* : silky, silken

seducción *nf, pl* **-ciones** : seduction

seducir {61} *vt* **1** : to seduce **2** : to captivate, to charm

seductivo, -va *adj* : seductive

seductor[1], **-tora** *adj* **1** SEDUCTIVO : seductive **2** ENCANTADOR : charming, alluring

seductor[2], **-tora** *n* : seducer

segador, -dora *n* : harvester

segar {49} *vt* **1** : to reap, to harvest, to cut **2** : to sever abruptly ⟨una vida segada por la enfermedad : a life cut short by illness⟩

seglar[1] *adj* LAICO : lay, secular

seglar[2] *nm* LAICO : layperson, layman *m*, laywoman *f*

segmentación *nf, pl* **-ciones** : segmentation

segmentado, -da *adj* : segmented

segmento *nm* : segment

segregar {52} *vt* **1** : to segregate **2** SECRETAR : to secrete

seguida *nf* **en ~** : right away, immediately ⟨vuelvo en seguida : I'll be right back⟩

seguidamente *adv* **1** : next, immediately after **2** : without a break, continuously

seguido[1] *adv* **1** RECTO : straight, straight ahead **2** : often, frequently

seguido[2], **-da** *adj* **1** CONSECUTIVO : consecutive, successive ⟨tres días seguidos : three days in a row⟩ **2** : straight, unbroken **3** ~ por *or* ~ de : followed by

seguidor, -dora *n* : follower, supporter

seguimiento *nm* **1** : following, pursuit **2** : continuation **3** : tracking, monitoring

seguir {75} *vt* **1** : to follow ⟨el policía los siguió : the policeman followed them⟩ ⟨me siguieron con la mirada : they followed me with their eyes⟩ ⟨seguiré tu consejo : I'll follow your advice⟩ ⟨seguir el ejemplo de : to follow the example of⟩ ⟨me cuesta seguirle el ritmo : I have trouble keeping up with her⟩ ⟨seguir el procedimiento : to follow procedure⟩ ⟨en los meses que siguieron a la tragedia : in the months that followed the tragedy⟩ **2** : to go along, to keep on ⟨seguimos toda la carretera panamericana : we continued along the PanAmerican Highway⟩ ⟨siguió hablando : he kept on talking⟩ ⟨sigue aumentando : it continues to increase⟩ ⟨lo sigue creyendo : he still believes it⟩ ⟨seguir el curso : to stay on course⟩ **3** : to take (a course, a treatment) — *vi* **1** : to go on, to keep going ⟨sigue adelante : keep going, carry on⟩ ⟨sigue derecho : keep going straight⟩ **2** : to remain, to continue to be ⟨¿todavía sigues aquí? : you're still here?⟩ ⟨sigue con vida : she's still alive⟩ ⟨todo sigue igual : everything's still the same⟩ ⟨seguimos a la espera de noticias : we're still awaiting news⟩ **3** : to follow, to come after ⟨la frase que sigue : the following sentence⟩ ⟨¿qué sigue después? : what comes next?⟩

según[1] *adv* : it depends ⟨según y como : it all depends on⟩

según[2] *conj* **1** COMO, CONFORME : as, just as ⟨según lo dejé : just as I left it⟩ **2** : depending on how ⟨según se vea : depending on how one sees it⟩

según[3] *prep* **1** : according to ⟨según los rumores : according to the rumors⟩ **2** : depending on ⟨según los resultados : depending on the results⟩

segundo[1], **-da** *adj* : second ⟨el segundo lugar : second place⟩

segundo[2], **-da** *n* **1** : second (in a series) **2** : second (person), second-in-command

segundo[3] *nm* : second ⟨sesenta segundos : sixty seconds⟩

seguramente *adv* **1** : for sure, surely **2** : probably

seguridad *nf* **1** : safety (against accidents, etc.), security (against attacks, etc.) ⟨seguridad ciudadana : public safety⟩ ⟨seguridad nacional : national security⟩ ⟨de alta/máxima seguridad : high/maximum security⟩ ⟨medidas de seguridad : safety/security measures⟩ **2** : (financial) security ⟨seguridad social : Social Security⟩ **3** CERTEZA : certainty, assurance ⟨con toda seguridad : with complete certainty⟩ **4** : confidence, self-confidence

seguro[1] *adv* : certainly, definitely ⟨va a llover, seguro : it's going to rain for sure⟩ ⟨¡seguro que sí! : of course!⟩

seguro[2], **-ra** *adj* **1** : safe, secure **2** : sure, certain ⟨estoy segura que es él : I'm sure that's him⟩ **3** : reliable, trustworthy **4** : self-assured

seguro[3] *nm* **1** : insurance ⟨seguro de vida : life insurance⟩ **2** : fastener, clasp **3** *Mex* : safety pin

seis *adj & nm* : six

seiscientos[1], **-tas** *adj* : six hundred

seiscientos[2] *nms & pl* : six hundred

selección *nf, pl* **-ciones** **1** ELECCIÓN : selection, choice **2 selección natural** : natural selection

seleccionar *vt* ELEGIR : to select, to choose

selectivo, -va *adj* : selective — **selectivamente** *adv*

selecto, -ta *adj* **1** : choice, select **2** EXCLUSIVO : exclusive

selenio *nm* : selenium

sellar *vt* **1** : to seal **2** : to stamp

sello *nm* **1** : seal **2** ESTAMPILLA, TIMBRE : postage stamp **3** : hallmark, characteristic

selva *nf* **1** BOSQUE : woods *pl*, forest ⟨selva húmeda : rain forest⟩ **2** JUNGLA : jungle

selvático, -ca *adj* **1** : forest, jungle ⟨sendero selvático : jungle path⟩ **2** : wild

semáforo *nm* **1** : traffic light **2** : stop signal

semana *nf* : week

semanal *adj* : weekly — **semanalmente** *adv*

semanario *nm* : weekly (publication)

semántica *nf* : semantics

semántico, -ca *adj* : semantic

semblante *nm* **1** : countenance, face **2** : appearance, look

semblanza *nf* : biographical sketch, profile

sembrado *nm* : cultivated field

sembrador, -dora *n* : planter, sower

sembradora *nf* : seeder (machine)

sembrar {55} *vt* **1** : to plant, to sow **2** : to scatter, to strew ⟨sembrar el pánico : to spread panic⟩

semejante[1] *adj* **1** PARECIDO : similar, alike **2** TAL : such ⟨nunca he visto cosa semejante : I have never seen such a thing⟩

semejante[2] *nm* PRÓJIMO : fellowman

semejanza *nf* PARECIDO : similarity, resemblance

semejar *vi* : to resemble, to look like — **semejarse** *vr* : to be similar, to look alike

semen *nm* : semen

semental *nm* : stud (animal) ⟨caballo semental : stallion⟩

semestre *nm* : semester

semicírculo *nm* : semicircle, half circle

semiconductor *nm* : semiconductor
semidiós *nm, pl* **-dioses** : demigod *m*
semifinal *nf* : semifinal
semifinalista[1] *adj* : semifinal
semifinalista[2] *nmf* : semifinalist
semiformal *adj* : semiformal
semilla *nf* : seed
semillero *nm* **1** : seedbed **2** : hotbed, breeding ground
seminario *nm* **1** : seminary **2** : seminar, graduate course
seminarista *nm* : seminarian
semiprecioso, -sa *adj* : semiprecious
semita[1] *adj* : Semitic
semita[2] *nmf* : Semite
sémola *nf* : semolina
sempiterno, -na *adj* ETERNO : eternal, everlasting
senado *nm* : senate
senador, -dora *n* : senator
sencillamente *adv* : simply, plainly
sencillez *nf* : simplicity
sencillo[1], **-lla** *adj* **1** : simple, easy **2** : plain, unaffected **3** : single
sencillo[2] *nm* **1** : single (recording) **2** : small change (coins) **3** : one-way ticket
senda *nf* CAMINO, SENDERO : path, way
sendero *nm* CAMINO, SENDA : path, way
sendos, -das *adj pl* : each, both ⟨llevaban sendos vestidos nuevos : they were each wearing a new dress⟩
senectud *nf* ANCIANIDAD : old age
senegalés, -lesa *adj & n, mpl* **-leses** : Senegalese
senil *adj* : senile — **senilidad** *nf*
seno *nm* **1** : breast, bosom ⟨los senos : the breasts⟩ ⟨el seno de la familia : the bosom of the family⟩ **2** : sinus **3** **seno materno** : womb
sensación *nf, pl* **-ciones** **1** IMPRESIÓN : feeling ⟨tener la sensación : to have a feeling⟩ **2** : sensation ⟨causar sensación : to cause a sensation⟩
sensacional *adj* : sensational
sensacionalista *adj* : sensationalistic, lurid
sensatez *nf* **1** : good sense **2** **con ~** : sensibly
sensato, -ta *adj* : sensible, sound — **sensatamente** *adv*
sensibilidad *nf* **1** : sensitivity, sensibility **2** SENSACIÓN : feeling
sensibilizar {21} *vt* : to sensitize
sensible *adj* **1** : sensitive **2** APRECIABLE : considerable, significant
sensiblemente *adv* : considerably, significantly
sensiblería *nf* : sentimentality, mush
sensiblero, -ra *adj* : mawkish, sentimental, mushy
sensitivo, -va *adj* **1** : sense ⟨órganos sensitivos : sense organs⟩ **2** : sentient, capable of feeling
sensor *nm* : sensor
sensorial *adj* : sensory
sensual *adj* : sensual, sensuous — **sensualmente** *adv*
sensualidad *nf* : sensuality
sentado, -da *adj* **1** : sitting, seated **2** : established, settled ⟨dar por sentado : to take for granted⟩ ⟨dejar sentado : to make clear⟩ **3** : sensible, steady, judicious
sentar {55} *vt* **1** : to seat, to sit **2** : to establish, to set — *vi* **1** : to suit ⟨ese color te sienta : that color suits you⟩ **2** : to agree with (of food or drink) ⟨las cebollas no me sientan : onions don't agree with me⟩ **3** : to please ⟨le sentó mal el paseo : she didn't enjoy the trip⟩ — **sentarse** *vr* : to sit, to sit down ⟨siéntese, por favor : please have a seat⟩
sentencia *nf* **1** : sentence, judgment **2** : maxim, saying
sentenciar *vt* : to sentence
sentido[1], **-da** *adj* **1** : heartfelt, sincere ⟨mi más sentido pésame : my sincerest condolences⟩ **2** : touchy, sensitive **3** : offended, hurt
sentido[2] *nm* **1** : sense ⟨sentido común : common sense⟩ ⟨los cinco sentidos : the five senses⟩ ⟨sin sentido : senseless⟩ **2** CONOCIMIENTO : consciousness **3** SIGNIFICADO : meaning, sense ⟨doble sentido : double entendre⟩ **4** : direction ⟨calle de sentido único : one-way street⟩
sentimental[1] *adj* **1** : sentimental **2** : love, romantic ⟨vida sentimental : love life⟩
sentimental[2] *nmf* : sentimentalist
sentimentalismo *nm* : sentimentality, sentimentalism
sentimiento *nm* **1** : feeling, emotion **2** PESAR : regret, sorrow
sentir {76} *vt* **1** : to feel, to experience ⟨no siento nada de dolor : I don't feel any pain⟩ ⟨sentía sed : he was feeling thirsty⟩ ⟨sentir amor : to feel love⟩ **2** PERCIBIR : to perceive, to sense ⟨sentir un ruido : to hear a noise⟩ **3** LAMENTAR : to regret, to feel sorry for ⟨lo siento mucho : I'm very sorry⟩ — *vi* **1** : to have feeling, to feel **2** **sin ~** : without noticing, inadvertently — **sentirse** *vr* **1** : to feel ⟨¿te sientes mejor? : are you feeling better?⟩ **2** *Chile, Mex* : to take offense
seña *nf* **1** : sign, signal **2** **dar señas de** : to show signs of
señal *nf* **1** : signal ⟨señales de radio/televisión : radio/television signals⟩ **2** : sign ⟨señal de tráfico/tránsito : traffic sign⟩ **3** : signal (with the hand, etc.) ⟨señales de humo : smoke signals⟩ **4** INDICIO : sign, indication ⟨señales de vida : signs of life⟩ ⟨señal de alarma/alerta : warning sign⟩ ⟨no hay señales de violencia : there are no signs of violence⟩ ⟨como señal de protesta : as a sign of protest⟩ ⟨en señal de : as a token of⟩ ⟨sin dejar señal : without leaving a trace⟩ ⟨una buena señal : a good sign⟩ **5** MARCA : mark
señalado, -da *adj* : distinguished, notable

señalador *nm* : marker ⟨señalador de libros : bookmark⟩

señalar *vt* **1** INDICAR : to indicate, to show **2** : to mark **3** : to point out, to stress **4** : to fix, to set — **señalarse** *vr* : to distinguish oneself

señor, -ñora *n* **1** : gentleman *m,* man *m,* lady *f,* woman *f,* wife *f* ⟨señoras y señores : ladies and gentlemen⟩ ⟨un señor de setenta años : a 70-year-old man⟩ ⟨la señora de la casa : the lady of the house⟩ ⟨mi señora : my wife⟩ **2** : Mr. *m,* Mrs. *f* ⟨buenos días, señor López : good morning, Mr. López⟩ ⟨¿conoces a la señora Ortega? : do you know Mrs. Ortega?⟩ **3** : Sir *m,* Madam *f* ⟨Estimados señores : Dear Sirs⟩ **4** : Mr. *m,* Madam *f* ⟨Señora presidenta: . . . : Madam President: . . .⟩ ⟨Señor presidente: . . . : Mr. President: . . .⟩ ⟨habló con el señor embajador : she spoke with the ambassador⟩ **5** : lord *m,* lady *f* ⟨el Señor : the Lord⟩

señoría *nf* **1** : lordship **2 Su Señoría** : Your Honor

señorial *adj* : stately, regal

señorío *nm* **1** : manor, estate **2** : dominion, power **3** : elegance, class

señorita *nf* **1** : young lady, young woman **2** : Miss

señuelo *nm* **1** : decoy **2** : bait

sépalo *nm* : sepal

sepa, etc. → **saber**

separación *nf, pl* **-ciones** **1** : separation, division **2** : gap, space

separadamente *adv* : separately, apart

separado, -da *adj* **1** : separated **2** : separate ⟨vidas separadas : separate lives⟩ **3 por ~** : separately

separar *vt* **1** : to separate, to divide **2** : to split up, to pull apart — **separarse** *vr*

sepelio *nm* : interment, burial

sepia[1] *adj & nm* : sepia

sepia[2] *nf* : cuttlefish

septentrional *adj* : northern

séptico, -ca *adj* : septic

septiembre *nm* : September ⟨el cinco de septiembre : (on) the fifth of September⟩

séptimo[1], **-ma** *adj* : seventh

séptimo[2] *nm* : seventh

septuagésimo[1], **-ma** *adj* : seventieth

septuagésimo[2] *nm* : seventieth

sepulcral *adj* **1** : sepulchral **2** : dismal, gloomy

sepulcro *nm* TUMBA : tomb, sepulchre

sepultar *vt* ENTERRAR : to bury

sepultura *nf* **1** : burial **2** TUMBA : grave, tomb

seque, etc. → **secar**

sequedad *nf* **1** : dryness **2** : brusqueness, curtness

sequía *nf* : drought

séquito *nm* : retinue, entourage

ser[1] {77} *vi* **1** (*expressing identity*) : to be ⟨él es mi hermano : he is my brother⟩ ⟨¿quién es? : who is it?⟩ ⟨soy yo : it's me⟩ **2** (*expressing a quality*) : to be ⟨Camila es linda : Camila is pretty⟩ ⟨no seas tonto : don't be silly⟩ ⟨éste es el mejor : this one is the best⟩ ⟨es mío : it's mine⟩ ⟨es para ti : it's for you⟩ ⟨es para abrir latas : it's for opening cans⟩ ⟨son de Juan : they're Juan's⟩ ⟨somos de Managua : we're from Managua⟩ ⟨no creo que sea necesario : I don't think it's necessary⟩ ⟨quiero que seas feliz : I want you to be happy⟩ **3** (*indicating group, category, etc.*) : to be ⟨soy abogada : I'm a lawyer⟩ ⟨es un mamífero : it's a mammal⟩ **4** : to be, to exist, to live ⟨ser, o no ser : to be or not to be⟩ **5** : to be, to take place, to occur ⟨el concierto es el domingo : the concert is on Sunday⟩ ⟨la reunión fue en la escuela : the meeting was at the school⟩ **6** (*expressing time, date, season*) ⟨son las diez : it's ten o'clock⟩ ⟨hoy es el 9 : today's the 9th⟩ **7** : to be (a price), to cost, to come to ⟨¿cuánto es? : how much is it?⟩ **8** : to be, to equal ⟨dos más dos son cuatro : two plus two is four⟩ **9** (*with the future tense*) ⟨¿será posible? : can it be possible?⟩ ⟨serán las ocho : it must be eight o'clock⟩ **10 a no ser que** : unless **11 como sea** : one way or another, somehow ⟨hay que terminarlo como sea : one way or another, we have to finish it⟩ **12 cuando sea** : anytime, whenever **13 donde sea** : anywhere, wherever **14 es que** : the thing is that ⟨es que no lo conozco : it's just that I don't know him⟩ **15 o sea** : in other words **16 ¡sea!** : agreed!, all right! **17 sea cual/quien/como (etc.) sea** ⟨sean cuales sean las circunstancias : whatever the circumstances might be⟩ ⟨sea quien sea, no lo van a permitir : no matter who he is, they're not going to allow it⟩ ⟨hay que terminarlo, sea como sea : one way or another, we have to finish it⟩ **18 sea . . . sea** : either . . . or — *v aux* (*used in passive constructions*) : to be ⟨la cuenta ha sido pagada : the bill has been paid⟩ ⟨él fue asesinado : he was murdered⟩

ser[2] *nm* : being ⟨ser humano : human being⟩

seráfico, -ca *adj* : angelic, seraphic

serbio[1], **-bia** *adj & n* : Serb, Serbian

serbio[2] *nm* : Serbian (language)

serbocroata[1] *adj* : Serbo-Croatian

serbocroata[2] *nm* : Serbo-Croatian (language)

serenar *vt* : to calm, to soothe — **serenarse** *vr* CALMARSE : to calm down

serenata *nf* : serenade

serendipia *nf* : serendipity

serenidad *nf* : serenity, calmness

sereno[1], **-na** *adj* **1** SOSEGADO : serene, calm, composed **2** : fair, clear (of weather) **3** : calm, still (of the sea) — **serenamente** *adv*

sereno[2] *nm* : night watchman

seriado, -da *adj* : serial

serial *nm* : serial (on radio or television)
seriamente *adv* : seriously
serie *nf* **1** : series **2** SERIAL : serial **3 fabricación en serie** : mass production **4 fuera de serie** : extraordinary, amazing
seriedad *nf* **1** : seriousness, earnestness **2** : gravity, importance
serio, -ria *adj* **1** : serious, earnest **2** : reliable, responsible **3** : important **4 en ~** : seriously, in earnest — **seriamente** *adv*
sermón *nm, pl* **sermones 1** : sermon **2** *fam* : harangue, lecture
sermonear *vt fam* : to harangue, to lecture
serpentear *vi* : to twist, to wind — **serpenteante** *adj*
serpentina *nf* : paper streamer
serpiente *nf* : serpent, snake
serrado, -da *adj* DENTADO : serrated
serranía *nf* : mountainous area
serrano, -na *adj* : from the mountains
serrar {55} *vt* : to saw
serrín *nm, pl* **serrines** : sawdust
serruchar *vt* : to saw up
serrucho *nm* : saw, handsaw
servicentro *nm Peru* : gas station
servicial *adj* : obliging, helpful
servicio *nm* **1** : service **2** SAQUE : serve (in sports) **3 servicios** *nmpl* : restroom
servidor, -dora *n* **1** : servant **2 su seguro servidor** : yours truly (in correspondence)
servidumbre *nf* **1** : servitude **2** : help, servants *pl*
servil *adj* **1** : servile, subservient **2** : menial
servilismo *nm* : servility, subservience
servilleta *nf* : napkin
servir {54} *vi* **1** : to work, to be useful ⟨esta máquina no sirve para nada : this machine is completely useless⟩ ⟨esa excusa ya no sirve : that excuse doesn't work anymore⟩ ⟨su talento no le sirvió de mucho : his talent didn't do him much good⟩ ⟨deshazte de lo que no te sirve : get rid of what you don't need⟩ ⟨¿para qué sirve? : what's it for?⟩ **2** : to serve ⟨¿en qué puedo servirle? : how may I help you?⟩ **3** : to serve (in sports) **4** : to serve (in the military, etc.) **5 ~ de** : to serve as ⟨servir de ejemplo : to serve as an example⟩ — *vt* **1** : to serve ⟨¿en qué puedo servirlo? : how may I help you?⟩ ⟨¿te sirvo más café? : would you like more coffee?⟩ **2** SURTIR : to fill (an order) — **servirse** *vr* **1** : to help oneself to **2** : to be kind enough ⟨sírvase enviarnos un catálogo : please send us a catalog⟩
sésamo *nm* AJONJOLÍ : sesame, sesame seeds *pl*
sesenta *adj & nm* : sixty
sesentavo¹, -va *adj* : sixtieth
sesentavo² *n* : sixtieth (fraction)
sesgado, -da *adj* **1** : inclined, tilted **2** : slanted, biased
sesgar {52} *vt* **1** : to cut on the bias **2** : to tilt **3** : to bias, to slant
sesgo *nm* : bias
sesgue, etc. → **sesgar**
sesión *nf, pl* **sesiones 1** : session **2** : showing, performance
sesionar *vi* REUNIRSE : to meet, to be in session
seso *nm* **1** : brains, intelligence **2 sesos** *nmpl* : brains (as food)
sesudo, -da *adj* **1** : prudent, sensible **2** : brainy
set *nm, pl* **sets** : set (in tennis)
seta *nf* : mushroom
setecientos¹, -tas *adj* : seven hundred
setecientos² *nms & pl* : seven hundred
setenta *adj & nm* : seventy
setentavo¹, -va *adj* : seventieth
setentavo² *nm* : seventieth
setiembre → **septiembre**
seto *nm* **1** : fence, enclosure **2 seto vivo** : hedge
seudónimo *nm* : pseudonym
severidad *nf* **1** : harshness, severity **2** : strictness
severo, -ra *adj* **1** : harsh, severe **2** ESTRICTO : strict — **severamente** *adv*
sexagésimo¹, -ma *adj* : sixtieth, sixty-
sexagésimo², -ma *n* : sixtieth, sixty- (in a series)
sexismo *nm* : sexism — **sexista** *adj & nmf*
sexo *nm* : sex
sextante *nm* : sextant
sexteto *nm* : sextet
sexto, -ta *adj* : sixth — **sexto, -ta** *n*
sexual *adj* : sexual, sex ⟨educación sexual : sex education⟩ — **sexualmente** *adv*
sexualidad *nf* : sexuality
sexy *adj, pl* **sexy** *or* **sexys** : sexy
shock [ˈʃɔk, ˈʧɔk] *nm* : shock ⟨estado de shock : state of shock⟩
short *nm, pl* **shorts** : shorts *pl*
show *nm, pl* **shows** : show
si *conj* **1** : if ⟨lo haré si me pagan : I'll do it if they pay me⟩ ⟨si lo supiera te lo diría : if I knew it I would tell you⟩ **2** : whether, if ⟨no importa si funciona o no : it doesn't matter whether it works (or not)⟩ **3** (*expressing desire, protest, or surprise*) ⟨si supiera la verdad : if only I knew the truth⟩ ⟨¡si no quiero! : but I don't want to!⟩ **4 si bien** : although ⟨si bien se ha progresado : although progress has been made⟩ **5 si no** : otherwise, or else ⟨si no, no voy : otherwise I won't go⟩
sí¹ *adv* **1** : yes ⟨sí, gracias : yes, please⟩ ⟨creo que sí : I think so⟩ **2 sí que** : indeed, absolutely ⟨esta vez sí que ganaré : this time I'm sure to win⟩ **3 porque sí** *fam* : because, just because ⟨lo hizo porque sí : she did it just because⟩
sí² *nm* : yes ⟨dar el sí : to say yes, to express consent⟩

sí[3] *pron* **1** : oneself, yourself, yourselves *pl*, itself, himself, herself, themselves *pl* ⟨puede decidir por sí mismo : he can decide for himself⟩ ⟨los hechos hablan por sí solos : the facts speak for themselves⟩ ⟨se culpa a sí misma : she blames herself⟩ ⟨dio lo mejor de sí : he gave it his all⟩ **2 de por sí** *or* **en sí** : by itself, in itself, per se **3 fuera de sí** : beside oneself/yourself (etc.) **4 para sí (mismo)** : to oneself/yourself (etc.), for oneself/yourself (etc.) ⟨¿qué quiere decir?—dijo para sí : "what does it mean?" she said to herself⟩ ⟨lo hicieron para sí mismos : they did it for themselves⟩ **5 entre ~** : among themselves
siamés, -mesa *adj & n, mpl* **siameses** : Siamese
sibilante *adj & nf* : sibilant
siciliano, -na *adj & n* : Sicilian
sico- → **psico-**
sicomoro *or* **sicómoro** *nm* : sycamore
SIDA *or* **sida** *nm* (*s*índrome de *i*nmuno*d*eficiencia *a*dquirida) : AIDS
siderurgia *nf* : iron and steel industry
siderúrgico, -ca *adj* : steel, iron ⟨la industria siderúrgica : the steel industry⟩
sidra *nf* : hard cider
siega[1], **siegue, etc.** → **segar**
siega[2] *nf* **1** : harvesting **2** : harvest time **3** : harvested crop
siembra[1], **etc.** → **sembrar**
siembra[2] *nf* **1** : sowing **2** : sowing season **3** SEMBRADO : cultivated field
siempre *adv* **1** : always ⟨siempre tienes hambre : you're always hungry⟩ **2** : still ⟨¿siempre te vas? : are you still going?⟩ **3** *Mex* : after all ⟨siempre no fui : I didn't go after all⟩ **4 siempre que** : whenever, every time ⟨siempre que pasa : every time he walks by⟩ **5 para ~** : forever, for good **6 siempre y cuando** : provided that
sien *nf* : temple (on the forehead)
sienta, etc. → **sentar**
siente, etc. → **sentir**
sierpe *nf* : serpent, snake
sierra[1], **etc.** → **serrar**
sierra[2] *nf* **1** : saw ⟨sierra de vaivén : jigsaw⟩ **2** CORDILLERA : mountain range **3** : mountains *pl* ⟨viven en la sierra : they live in the mountains⟩
siervo, -va *n* **1** : slave **2** : serf
siesta *nf* : nap, siesta
siete *adj & nm* : seven
sífilis *nf* : syphilis
sifón *nm, pl* **sifones** : siphon
siga, sigue etc. → **seguir**
sigilo *nm* : secrecy, stealth
sigiloso, -sa *adj* FURTIVO : furtive, stealthy — **sigilosamente** *adv*
sigla *nf* : acronym, abbreviation
siglo *nm* **1** : century **2** : age ⟨el Siglo de Oro : the Golden Age⟩ ⟨hace siglos que no te veo : I haven't seen you in ages⟩ **3** : world, secular life
signar *vt* : to sign (a treaty or agreement)
signatario, -ria *n* : signatory
significación *nf, pl* **-ciones 1** : significance, importance **2** : signification, meaning
significado *nm* **1** : sense, meaning **2** : significance
significante *adj* : significant
significar {72} *vt* **1** : to mean, to signify **2** : to express, to make known — **significarse** *vr* **1** : to draw attention, to become known **2** : to take a stance
significativo, -va *adj* **1** : significant, important **2** : meaningful — **significativamente** *adv*
signo *nm* **1** : sign ⟨signo de igual : equal sign⟩ ⟨un signo de alegría : a sign of happiness⟩ **2** : (punctuation) mark ⟨signo de interrogación : question mark⟩ ⟨signo de admiración : exclamation point⟩ ⟨signo de intercalación : caret⟩
siguiente *adj* : next, following
sílaba *nf* : syllable
silábico, -ca *adj* : syllabic
silbar *v* : to whistle
silbato *nm* PITO : whistle
silbido *nm* : whistle, whistling
silenciador *nm* **1** : muffler (of an automobile) **2** : silencer
silenciar *vt* **1** : to silence **2** : to muffle
silencio *nm* **1** : silence, quiet ⟨¡silencio! : be quiet!⟩ **2** : rest (in music)
silencioso, -sa *adj* : silent, quiet — **silenciosamente** *adv*
sílice *nf* : silica
silicio *nm* : silicon
silla *nf* **1** : chair **2 silla de ruedas** : wheelchair
sillón *nm, pl* **sillones** : armchair, easy chair
silo *nm* : silo
silueta *nf* **1** : silhouette **2** : figure, shape
silvestre *adj* : wild ⟨flor silvestre : wildflower⟩
silvicultor, -tora *n* : forester
silvicultura *nf* : forestry
sima *nf* ABISMO : chasm, abyss
simbólico, -ca *adj* : symbolic — **simbólicamente** *adj*
simbolismo *nm* : symbolism
simbolizar {21} *vt* : to symbolize
símbolo *nm* : symbol
simetría *nf* : symmetry
simétrico, -ca *adj* : symmetrical, symmetric
simiente *nf* : seed
símil *nm* **1** : simile **2** : analogy, comparison
similar *adj* SEMEJANTE : similar, alike
similitud *nf* : similarity, resemblance
simio *nm* : ape
simpatía *nf* **1** : liking, affection ⟨tomarle simpatía a : to take a liking to⟩ **2** : warmth, friendliness **3** : support, solidarity
simpático, -ca *adj* : nice, friendly, likeable

simpatizante *nf* : sympathizer, supporter
simpatizar {21} *vi* **1** : to get along, to hit it off ⟨simpaticé mucho con él : I really liked him⟩ **2** ~ **con** : to sympathize with, to support
simple[1] *adj* **1** SENCILLO : plain, simple, easy **2** : pure, mere ⟨por simple vanidad : out of pure vanity⟩ **3** : simpleminded, foolish
simple[2] *n* : fool, simpleton
simplemente *adv* : simply, merely, just
simpleza *nf* **1** : foolishness, simpleness **2** NECEDAD : nonsense
simplicidad *nf* : simplicity
simplificar {72} *vt* : to simplify — **simplificación** *nf*
simplista *adj* : simplistic
simposio *or* **simposium** *nm* : symposium
simulación *nf, pl* **-ciones** : simulation
simulacro *nm* : imitation, sham ⟨simulacro de juicio : mock trial⟩
simular *vt* **1** : to simulate **2** : to feign, to pretend
simultáneo, -nea *adj* : simultaneous — **simultáneamente** *adv*
sin *prep* **1** : without ⟨sin querer : unintentionally⟩ ⟨sin refinar : unrefined⟩ **2 sin que** : without ⟨lo hicimos sin que él se diera cuenta : we did it without him noticing⟩
sinagoga *nf* : synagogue
sinceridad *nf* : sincerity
sincero, -ra *adj* : sincere, honest, true — **sinceramente** *adv*
síncopa *nf* : syncopation
sincopar *vt* : to syncopate
sincronizar {21} *vt* : to synchronize — **sincronización** *nf*
sindical *adj* GREMIAL : union, labor ⟨representante sindical : union representative⟩
sindicalización *nf, pl* **-ciones** : unionizing, unionization
sindicalizar {21} *vt* : to unionize — **sindicalizarse** *vr* **1** : to form a union **2** : to join a union
sindicar → **sindicalizar**
sindicato *nm* GREMIO : union, guild
síndrome *nm* : syndrome
sinecura *nf* : sinecure
sinfín *nm* : endless number ⟨un sinfín de problemas : no end of problems⟩
sinfonía *nf* : symphony
sinfónica *nf* : symphony orchestra
sinfónico, -ca *adj* : symphonic, symphony
singular[1] *adj* **1** : singular, unique **2** PARTICULAR : peculiar, odd **3** : singular (in grammar) — **singularmente** *adv*
singular[2] *nm* : singular
singularidad *nf* : uniqueness, singularity
singularizar {21} *vt* : to make unique or distinct — **singularizarse** *vr* : to stand out, to distinguish oneself
siniestrado, -da *adj* : damaged, wrecked ⟨zona siniestrada : disaster zone⟩
siniestro[1], **-tra** *adj* **1** IZQUIERDO : left, left-hand **2** MALVADO : sinister, evil
siniestro[2] *nm* : accident, disaster
sinnúmero → **sinfín**
sino *conj* **1** : but, rather ⟨no será hoy, sino mañana : it won't be today, but tomorrow⟩ **2** EXCEPTO : but, except ⟨no hace sino despertar suspicacias : it does nothing but arouse suspicion⟩
sinónimo[1], **-ma** *adj* : synonymous
sinónimo[2] *nm* : synonym
sinopsis *nfs & pl* RESUMEN : synopsis, summary
sinrazón *nf, pl* **-zones** : wrong, injustice
sinsabores *nmpl* : woes, troubles
sinsonte *nm* : mockingbird
sintáctico, -ca *adj* : syntactic, syntactical
sintaxis *nfs & pl* : syntax
síntesis *nfs & pl* **1** : synthesis, fusion **2** SINOPSIS : synopsis, summary
sintético, -ca *adj* : synthetic — **sintéticamente** *adv*
sintetizar {21} *vt* **1** : to synthesize **2** RESUMIR : to summarize
sintió, etc. → **sentir**
síntoma *nm* : symptom
sintomático, -ca *adj* : symptomatic
sintonía *nf* **1** : tuning in (of a radio) **2 en sintonía con** : in tune with, attuned to
sintonizador *nm* : tuner, knob for tuning (of a radio, etc.)
sintonizar {21} *vt* : to tune (in) to — *vi* **1** : to tune in **2** ~ **con** : to be in tune with, to empathize with
sinuosidad *nf* : sinuosity
sinuoso, -sa *adj* **1** : winding, sinuous **2** : devious
sinvergüenza[1] *adj* **1** DESCARADO : shameless, brazen, impudent **2** TRAVIESO : naughty
sinvergüenza[2] *nmf* **1** : rogue, scoundrel **2** : brat, rascal
sionista *adj & nmf* : Zionist — **sionismo** *nm*
siqui- → **psiqui-**
siquiera *adv* **1** : at least ⟨dame siquiera un poquito : at least give me a little bit⟩ **2** (*in negative constructions*) : not even ⟨ni siquiera nos saludaron : they didn't even say hello to us⟩
sirena *nf* **1** : mermaid **2** : siren ⟨sirena de niebla : foghorn⟩
sirio, -ria *adj & n* : Syrian
sirope *nm* : syrup
sirve, etc. → **servir**
sirviente, -ta *n* : servant, maid *f*
sisal *nm* : sisal
sisear *vi* : to hiss
siseo *nm* : hiss
sísmico, -ca *adj* : seismic
sismo *nm* **1** TERREMOTO : earthquake **2** TEMBLOR : tremor
sismógrafo *nm* : seismograph
sistema *nm* : system
sistemático, -ca *adj* : systematic — **sistemáticamente** *adv*
sistematizar {21} *vt* : to systematize

sistémico, -ca *adj* : systemic
sitiar *vt* ASEDIAR : to besiege
sitio *nm* **1** LUGAR : place, site ⟨vámonos a otro sitio : let's go somewhere else⟩ **2** ESPACIO : room, space ⟨hacer sitio a : to make room for⟩ **3** : siege ⟨estado de sitio : state of siege⟩ **4** *Mex* : taxi stand
situación *nf, pl* **-ciones** : situation
situado, -da *adj* : situated, placed
situar {3} *vt* UBICAR : to situate, to place, to locate — **situarse** *vr* **1** : to be placed, to be located **2** : to make a place for oneself, to do well
sketch *nm* : sketch, skit
slip *nm* : briefs *pl*, underpants *pl*
smog *nm* : smog
smoking *nm* ESMOQUIN : tuxedo
SMS ['ese'eme'ese, 'es'em'es] *nm, pl* **SMS** : text message
snob → **esnob**
so *prep* : under ⟨so pena de : under penalty of⟩
sobaco *nm* : armpit
sobado, -da *adj* **1** : worn, shabby **2** : well-worn, hackneyed
sobar *vt* **1** : to finger, to handle **2** : to knead **3** : to rub, to massage **4** *fam* : to beat, to pummel
soberanía *nf* : sovereignty
soberano, -na *adj & n* : sovereign
soberbia *nf* **1** ORGULLO : pride, arrogance **2** MAGNIFICENCIA : magnificence
soberbio, -bia *adj* **1** : proud, arrogant **2** : grand, magnificent
sobornable *adv* : venal, bribable
sobornar *vt* : to bribe
soborno *nm* **1** : bribery **2** : bribe
sobra *nf* **1** : excess, surplus **2 de ～** : extra, to spare **3 sobras** *nfpl* : leftovers, scraps
sobrado, -da *adj* : abundant, excessive, more than enough
sobrante[1] *adj* : remaining, superfluous
sobrante[2] *nm* : remainder, surplus
sobrar *vi* : to be in excess, to be superfluous ⟨más vale que sobre a que falte : it's better to have too much than not enough⟩
sobre[1] *nm* **1** : envelope **2** : packet ⟨un sobre de sazón : a packet of seasoning⟩
sobre[2] *prep* **1** : on, on top of ⟨sobre la mesa : on the table⟩ ⟨apilados uno sobre otro : piled one on top of another⟩ **2** : over, above ⟨hay montañas sobre la ciudad : there are mountains above the city⟩ ⟨se inclinó sobre mí : she leaned over me⟩ ⟨temperaturas sobre los 30 grados : temperatures above 30 degrees⟩ **3** : about ⟨¿tiene libros sobre Bolivia? : do you have books on Bolivia?⟩ **4 sobre todo** : especially, above all
sobrealimentar *vt* : to overfeed
sobrecalentar {55} *vt* : to overheat — **sobrecalentarse** *vr*
sobrecama *nmf* : bedspread
sobrecargar {52} *vt* : to overload, to overburden, to weigh down
sobrecoger {15} *vt* **1** : to surprise, to startle **2** : to scare — **sobrecogerse** *vr*
sobrecubierta *nf* : dust jacket
sobredosis *nfs & pl* : overdose
sobreentender {56} *vt* : to infer, to understand
sobreestimar *vt* : to overestimate, to overrate
sobreexcitado, -da *adj* : overexcited
sobreexponer {60} *vt* : to overexpose
sobregirar *vt* : to overdraw
sobregiro *nm* : overdraft
sobrehumano, -na *adj* : superhuman
sobrellevar *vt* : to endure, to bear
sobremanera *adv* : exceedingly
sobremesa *nf* : after-dinner conversation
sobrenatural *adj* : supernatural
sobrenombre *nm* APODO : nickname
sobrentender → **sobreentender**
sobrepasar *vt* : to exceed, to surpass — **sobrepasarse** *vr* PASARSE : to go too far
sobrepelliz *nf, pl* **-pellices** : surplice
sobrepeso *nm* **1** : excess weight **2** : overweight, obesity
sobrepoblación, sobrepoblado → **superpoblación, superpoblado**
sobreponer {60} *vt* **1** SUPERPONER : to superimpose **2** ANTEPONER : to put first, to give priority to — **sobreponerse** *vr* **1** : to pull oneself together **2 ～ a** : to overcome
sobreprecio *nm* : surcharge
sobreproducción *nf, pl* **-ciones** : overproduction
sobreproducir {61} *vt* : to overproduce
sobreprotector, -tora *adj* : overprotective
sobreproteger {15} *vt* : to overprotect
sobresaliente[1] *adj* **1** : protruding, projecting **2** : outstanding, noteworthy **3** : significant, salient
sobresaliente[2] *nmf* : understudy
sobresalir {73} *vi* **1** : to protrude, to jut out, to project **2** : to stand out, to excel
sobresaltar *vt* : to startle, to frighten — **sobresaltarse** *vr*
sobresalto *nm* : start, fright
sobresueldo *nm* : bonus, additional pay
sobretasa *nf* : surcharge ⟨sobretasa a la gasolina : gas tax⟩
sobretodo *nm* : overcoat
sobrevalorar *or* **sobrevaluar** {3} *vt* : to overvalue, to overrate
sobrevender *vt* : to oversell
sobrevenir {87} *vi* ACAECER : to take place, to come about ⟨podrían sobrevenir complicaciones : complications could occur⟩
sobrevivencia → **supervivencia**
sobreviviente → **superviviente**
sobrevivir *vi* : to survive — *vt* : to outlive, to outlast

sobrevolar {19} *vt* : to fly over, to overfly
sobriedad *nf* : sobriety, moderation
sobrino, -na *n* : nephew *m*, niece *f*
sobrio, -bria *adj* : sober — **sobriamente** *adv*
socarrón, -rrona *adj, mpl* **-rrones** **1** : sly, cunning **2** : sarcastic
socavar *vt* : to undermine
sociabilidad *nf* : sociability
sociable *adj* : sociable
social *adj* : social — **socialmente** *adv*
socialista *adj & nmf* : socialist — **socialismo** *nm*
sociedad *nf* **1** : society **2** : company, enterprise **3 sociedad anónima** : incorporated company
socio, -cia *n* **1** : member **2** : partner
socioeconómico, -ca *adj* : socioeconomic
sociología *nf* : sociology
sociológico, -ca *adj* : sociological — **sociológicamente** *adv*
sociólogo, -ga *n* : sociologist
socorrer *vt* : to assist, to come to the aid of
socorrido, -da *adj* ÚTIL : handy, practical
socorrista *nmf* **1** : rescue worker **2** : lifeguard
socorro *nm* AUXILIO **1** : aid, help ⟨equipo de socorro : rescue team⟩ **2 ¡socorro!** : help!
soda *nf* : soda, soda water
sodio *nf* : sodium
soez *adj, pl* **soeces** GROSERO : rude, vulgar — **soezmente** *adv*
sofá *nm* : couch, sofa
sofistería *nf* : sophistry — **sofista** *nmf*
sofisticación *nf, pl* **-ciones** : sophistication
sofisticado, -da *adj* : sophisticated
sofocante *adj* : suffocating, stifling
sofocar {72} *vt* **1** AHOGAR : to suffocate, to smother **2** EXTINGUIR : to extinguish, to put out (a fire) **3** APLASTAR : to crush, to put down ⟨sofocar una rebelión : to crush a rebellion⟩ — **sofocarse** *vr* **1** : to suffocate **2** *fam* : to get upset, to get mad
sofreír {66} *vt* : to sauté
sofrito[1], **-ta** *adj* : sautéed
sofrito[2] *nm* : seasoning sauce
softbol *nm* : softball
software *nm* : software
soga *nf* : rope
soja → **soya**
sojuzgar *vt* : to subdue, to conquer, to subjugate
sol *nm* **1** : sun **2** : Peruvian unit of currency
solamente *adv* SÓLO : only, just
solapa *nf* **1** : lapel (of a jacket) **2** : flap (of an envelope)
solapado, -da *adj* : secret, underhanded
solapar *vt* : to cover up, to keep secret — **solaparse** *vr* : to overlap
solar[1] {19} *vt* : to floor, to tile
solar[2] *adj* : solar, sun
solar[3] *nm* **1** TERRENO : lot, piece of land, site **2** *Cuba, Peru* : tenement building
solariego, -ga *adj* : ancestral
solaz *nm, pl* **solaces** **1** CONSUELO : solace, comfort **2** DESCANSO : relaxation, recreation
solazarse {21} *vr* : to relax, to enjoy oneself
soldado *nm* **1** : soldier **2 soldado raso** : private, enlisted man
soldador[1], **-dora** *n* : welder
soldador[2] *nm* : soldering iron
soldadura *nf* **1** : welding **2** : soldering, solder
soldar {19} *vt* **1** : to weld **2** : to solder
soleado, -da *adj* : sunny
soledad *nf* : loneliness, solitude
solemne *adj* : solemn — **solemnemente** *adv*
solemnidad *nf* : solemnity
soler {78} *vi* : to be in the habit of, to tend to ⟨solía tomar café por la tarde : she usually drank coffee in the afternoon⟩ ⟨eso suele ocurrir : that frequently happens⟩
solera *nf* **1** : prop, support **2** : tradition
solicitante *nmf* : applicant
solicitar *vt* **1** : to request, to solicit **2** : to apply for ⟨solicitar empleo : to apply for employment⟩
solícito, -ta *adj* : solicitous, attentive, obliging
solicitud *nf* **1** : solicitude, concern **2** : request **3** : application
solidaridad *nf* : solidarity
solidario, -ria *adj* : supportive, united in support ⟨se declararon solidarios con la nueva ley : they declared their support for the new law⟩ ⟨espíritu solidario : spirit of solidarity⟩
solidarizar {21} *vi* : to be in solidarity ⟨solidarizamos con la huelga : we support the strike⟩
solidez *nf* **1** : solidity, firmness **2** : soundness (of an argument, etc.)
solidificar {72} *vt* : to solidify, to make solid — **solidificarse** *vr* — **solidificación** *nf*
sólido[1], **-da** *adj* **1** : solid, firm **2** : sturdy, well-made **3** : sound, well-founded — **sólidamente** *adv*
sólido[2] *nm* : solid
soliloquio *nm* : soliloquy
solista *nmf* : soloist
solitaria *nf* TENIA : tapeworm
solitario[1], **-ria** *adj* **1** : lonely **2** : lone, solitary **3** DESIERTO : deserted, lonely ⟨una calle solitaria : a deserted street⟩
solitario[2], **-ria** *n* : recluse, loner
solitario[3] *nm* : solitaire
sollozar {21} *vi* : to sob
sollozo *nm* : sob
solo[1], **-la** *adj* **1** : alone, by oneself **2** : lonely **3** ÚNICO : only, sole, unique ⟨hay un solo problema : there's only one problem⟩ **4 a solas** : alone

solo[2] *nm* : solo

sólo *adv* SOLAMENTE : just, only ⟨sólo quieren comer : they just want to eat⟩

solomillo *nm* : sirloin, loin

solsticio *nm* : solstice

soltar {19} *vt* **1** : to let go of, to drop ⟨¡suéltame el brazo! : let go of my arm!⟩ ⟨soltó las riendas : he dropped the reins⟩ **2** : to release, to set free **3** : to pay out (a rope, etc.) **4** AFLOJAR : to loosen, to slacken **5** : to undo, to untie (a knot, etc.) **6** : to give, to let out (a shout, etc.) **7** : to come out with (a swearword, etc.) — **soltarse** *vr* **1** : to get loose, to break free **2** : to come undone

soltería *nf* : bachelorhood, spinsterhood

soltero[1], **-ra** *adj* : single, unmarried

soltero[2], **-ra** *n* **1** : bachelor *m*, single man *m*, single woman *f* **2 apellido de soltera** : maiden name

soltura *nf* **1** : looseness, slackness **2** : fluency (of language) **3** : agility, ease of movement

soluble *adj* : soluble — **solubilidad** *nf*

solución *nf, pl* **-ciones** **1** : solution (in a liquid) **2** : answer, solution

solucionar *vt* RESOLVER : to solve, to resolve — **solucionarse** *vr*

solvencia *nf* **1** : solvency **2** : settling, payment (of debts) **3** : reliability ⟨solvencia moral : trustworthiness⟩

solvente[1] *adj* **1** : solvent **2** : reliable, trustworthy

solvente[2] *nm* : solvent

somalí *adj & nmf* : Somalian

sombra *nf* **1** : shadow **2** : shade **3 sombras** *nfpl* : darkness, shadows *pl* **4 sin sombra de duda** : without a shadow of a doubt

sombreado, -da *adj* **1** : shady **2** : shaded, darkened

sombrear *vt* : to shade

sombrerero, -ra *n* : milliner, hatter

sombrero *nm* **1** : hat **2 sin ~** : bareheaded **3 sombrero hongo** : derby

sombrilla *nf* : parasol, umbrella

sombrío, -bría *adj* LÓBREGO : dark, somber, gloomy — **sombríamente** *adv*

someramente *adv* : cursorily, summarily

somero, -ra *adj* : superficial, cursory, shallow

someter *vt* **1** : to subjugate, to conquer **2** : to subordinate **3** : to subject (to treatment or testing) **4** : to submit, to present ⟨lo someterán a votación : they will put it to a vote⟩ ⟨someter a la justicia : to bring to justice⟩ — **someterse** *vr* **1** : to submit, to yield **2** : to undergo

sometimiento *nm* **1** : submission, subjection **2** : presentation

somnífero[1], **-ra** *adj* : soporific

somnífero[2] *nm* : sleeping pill

somnolencia *nf* : drowsiness, sleepiness

somnoliento, -ta *adj* : drowsy, sleepy

somorgujo *or* **somormujo** *nm* : loon, grebe

somos → **ser**[1]

son[1] → **ser**

son[2] *nm* **1** : sound ⟨al son de la trompeta : at the sound of the trumpet⟩ **2** : news, rumor **3 en son de** : as, in the manner of, by way of ⟨en son de broma : as a joke⟩ ⟨en son de paz : in peace⟩

sonado, -da *adj* : celebrated, famous, much-discussed

sonaja *nf* : rattle

sonajero *nm* : rattle (toy)

sonámbulo, -la *n* : sleepwalker

sonar[1] {19} *vi* **1** : to sound ⟨suena bien : it sounds good⟩ ⟨sonaba contenta : she sounded happy⟩ **2** : to sound, to ring (of bells, a phone, etc.), to go off (of an alarm), to ring out (of shots), to play (of music) **3** : to be pronounced (of a letter) **4** : to look or sound familiar ⟨me suena ese nombre : that name rings a bell⟩ **5** : to fly (of rumors), to be talked about ⟨suena para reemplazar a Díaz : there is talk that he might replace Díaz⟩ **6 ~ a** : to sound like — *vt* **1** : to ring **2** : to blow (a trumpet, a nose) — **sonarse** *vr* : to blow one's nose

sonar[2] *nm* : sonar

sonata *nf* : sonata

sonda *nf* **1** : sounding line **2** : probe **3** CATÉTER : catheter

sondar *vt* **1** : to sound, to probe (in medicine, drilling, etc.) **2** : to probe, to explore (outer space)

sondear *vt* **1** : to sound **2** : to probe **3** : to sound out, to test (opinions, markets)

sondeo *nm* **1** : sounding, probing **2** : drilling **3** ENCUESTA : survey, poll

soneto *nm* : sonnet

sónico, -ca *adj* : sonic

sonido *nm* : sound

sonoridad *nf* : sonority, resonance

sonoro, -ra *adj* **1** : resonant, sonorous, voiced (in linguistics) **2** : resounding, loud **3 banda sonora** : soundtrack

sonreír {66} *vi* : to smile

sonriente *adj* : smiling

sonrisa *nf* : smile

sonrojar *vt* : to cause to blush — **sonrojarse** *vr* : to blush

sonrojo *nm* RUBOR : blush

sonrosado, -da *adj* : rosy, pink

sonsacar {72} *vt* : to wheedle, to extract

sonsonete *nm* **1** : tapping **2** : drone **3** : mocking tone

soñador[1], **-dora** *adj* : dreamy

soñador[2], **-dora** *n* : dreamer

soñar {19} *v* **1** : to dream **2 ~ con** : to dream about **3 soñar despierto** : to daydream

soñoliento, -ta *adj* : sleepy, drowsy

sopa *nf* **1** : soup **2 estar hecho una sopa** : to be soaked to the bone

sopera *nf* : soup tureen

sopesar *vt* : to weigh, to evaluate

soplar *vi* : to blow — *vt* : to blow on, to blow out, to blow off

soplete *nm* : blowtorch

soplido *nm* : puff

soplo *nm* : puff, gust

soplón, -plona *n, mpl* **soplones** *fam* : tattletale, sneak

sopor *nm* SOMNOLENCIA : drowsiness, sleepiness

soporífero, -ra *adj* : soporific

soportable *adj* : bearable, tolerable

soportar *vt* **1** SOSTENER : to support, to hold up **2** RESISTIR : to withstand, to resist **3** AGUANTAR : to bear, to tolerate

soporte *nm* : base, stand, support

soprano *nmf* : soprano

sor *nf* : Sister (religious title)

sorber *vt* **1** : to sip, to suck in **2** : to absorb, to soak up

sorbete *nm* : sherbet

sorbo *nm* **1** : sip, gulp, swallow **2 beber a sorbos** : to sip

sordera *nf* : deafness

sordidez *nf, pl* **-deces** : sordidness, squalor

sórdido, -da *adj* : sordid, dirty, squalid

sordina *nf* : mute (for a musical instrument)

sordo, -da *adj* **1** : deaf **2** : muted, muffled

sordomudo, -da *n* : deaf-mute

sorgo *nm* : sorghum

soriasis *nfs & pl* : psoriasis

sorna *nf* : sarcasm, mocking tone

sorprendente *adj* : surprising — **sorprendentemente** *adv*

sorprender *vt* : to surprise — **sorprenderse** *vr*

sorpresa *nf* : surprise

sorpresivo, -va *adj* **1** : surprising, surprise **2** IMPREVISTO : sudden, unexpected

sortear *vt* **1** RIFAR : to raffle, to draw lots for **2** : to dodge, to avoid

sorteo *nm* : drawing, raffle

sortija *nf* **1** ANILLO : ring **2** : curl, ringlet

sortilegio *nm* **1** HECHIZO : spell, charm **2** HECHICERÍA : sorcery

SOS *nm* : SOS

sosegado, -da *adj* SERENO : calm, tranquil, serene

sosegar {49} *vt* : to calm, to pacify — **sosegarse** *vr*

sosiego *nm* : tranquillity, serenity, calm

soslayar *vt* ESQUIVAR : to dodge, to evade

soslayo *nm* **de ~** : obliquely, sideways ⟨mirar de soslayo : to look askance⟩

soso, -sa *adj* **1** INSÍPIDO : bland, flavorless **2** ABURRIDO : dull, boring

sospecha *nf* : suspicion

sospechar *vt* : to suspect — *vi* : to be suspicious

sospechosamente *adv* : suspiciously

sospechoso[1], **-sa** *adj* : suspicious, suspect

sospechoso[2], **-sa** *n* : suspect

sostén *nm, pl* **sostenes** **1** APOYO : support **2** : sustenance **3** : brassiere, bra

sostener {80} *vt* **1** : to support, to hold up **2** : to hold ⟨sostenme la puerta : hold the door for me⟩ ⟨sostener una conversación : to hold a conversation⟩ **3** : to sustain, to maintain — **sostenerse** *vr* **1** : to stand, to hold oneself up **2** : to continue, to remain

sostenible *adj* : sustainable, tenable

sostenido[1], **-da** *adj* **1** : sustained, prolonged **2** : sharp (in music)

sostenido[2] *nm* : sharp (in music)

sostuvo, etc. → **sostener**

sotana *nf* : cassock

sótano *nm* : basement

sotavento *nm* : lee ⟨a sotavento : leeward⟩

soterrar {55} *vt* **1** : to bury **2** : to conceal, to hide away

soto *nm* : grove, copse

souvenir *nm, pl* **-nirs** RECUERDO : souvenir, memento

soviético, -ca *adj* : Soviet

soy → **ser**

soya *nf* : soy, soybean

spaghetti → **espagueti**

spam *nm, pl* **spams** : spam

sport [ɛˈspor] *adj* : sport, casual

sprint [ɛˈsprin, -ˈsprint] *nm* : sprint — **sprinter** *nmf*

squash [ɛˈskwaʃ, -ˈskwatʃ] *nm* : squash (sport)

Sr. *nm* : Mr.

Sra. *nf* : Mrs., Ms.

Srta. *or* **Srita.** *nf* : Miss, Ms.

standard → **estándar**

stress → **estrés**

su *adj* **1** : his, her, its, their, one's ⟨su libro : her book⟩ ⟨sus consecuencias : its consequences⟩ **2** (*formal*) : your ⟨tómese su medicina, señor : take your medicine, sir⟩

suave *adj* **1** BLANDO : soft **2** LISO : smooth **3** : gentle, mild **4** *Mex fam* : great, fantastic

suavemente *adj* : smoothly, gently, softly

suavidad *nf* : softness, smoothness, mellowness

suavizante *nm* : softener, fabric softener

suavizar {21} *vt* **1** : to soften, to smooth out **2** : to tone down — **suavizarse** *vr*

subacuático, -ca *adj* : underwater

subalterno[1], **-na** *adj* **1** SUBORDINADO : subordinate **2** SECUNDARIO : secondary

subalterno[2], **-na** *n* SUBORDINADO : subordinate

subarrendar {55} *vt* : to sublet

subasta *nf* : auction

subastador, -dora *n* : auctioneer

subastar *vt* : to auction, to auction off

subcampeón, -peona *n, mpl* **-peones** : runner-up

subcomité *nm* : subcommittee

subconsciente *adj & nm* : subconscious — **subconscientemente** *adv*
subcontratar *vt* : to subcontract
subcontratista *nmf* : subcontractor
subcultura *nf* : subculture
subdesarrollado, -da *adj* : underdeveloped
subdirector, -tora *n* : assistant manager
súbdito, -ta *n* : subject (of a monarch)
subdividir *vt* : to subdivide
subdivisión *nf, pl* **-siones** : subdivision
subestimar *vt* : to underestimate, to undervalue
subexponer {60} *vt* : to underexpose
subexposición *nf, pl* **-ciones** : underexposure
subgrupo *nm* : subgroup
subibaja *nm* : seesaw
subida *nf* **1** : ascent, climb **2** : rise, increase **3** : slope, hill ⟨ir de subida : to go uphill⟩
subido, -da *adj* **1** : intense, strong ⟨amarillo subido : bright yellow⟩ **2 subido de tono** : risqué
subir *vt* **1** : to bring/take/carry up, to lift up **2** : to climb, to go/come up (stairs, etc.) **3** : to raise (a blind, etc.), to pull up (a zipper, etc.), to take up (a hem) **4** AUMENTAR : to raise (prices, etc.) ⟨subir el volumen : to turn up the volume⟩ **5** CARGAR : to upload — *vi* **1** : to go/come up **2** AUMENTAR : to rise, to increase **3** : to be promoted **4 ~ a** : to get on, to mount ⟨subir a un tren : to get on a train⟩ — **subirse** *vr* **1** : to climb (up) **2** : to pull up (clothing) **3 subirse a la cabeza** : to go to one's head
súbito, -ta *adj* **1** REPENTINO : sudden **2 de ~** : all of a sudden, suddenly — **súbitamente** *adv*
subjetivo, -va *adj* : subjective — **subjetivamente** *adv* — **subjetividad** *nf*
subjuntivo[1], -va *adj* : subjunctive
subjuntivo[2] *nm* : subjunctive
sublevación *nf, pl* **-ciones** ALZAMIENTO : uprising, rebellion
sublevar *vt* : to incite to rebellion — **sublevarse** *vr* : to rebel, to rise up
sublimar *vt* : to sublimate — **sublimación** *nf*
sublime *adj* : sublime
submarinismo *nm* : scuba diving
submarinista *nmf* : scuba diver
submarino[1], -na *adj* : submarine, undersea
submarino[2] *nm* : submarine
suboficial *nmf* : noncommissioned officer, petty officer
subordinado, -da *adj & n* : subordinate
subordinar *vt* : to subordinate — **subordinarse** *vr* — **subordinación** *nf*
subproducto *nm* : by-product
subrayar *vt* **1** : to underline, to underscore **2** ENFATIZAR : to highlight, to emphasize
subrepticio, -cia *adj* : surreptitious — **subrepticiamente** *adv*
subsahariano, -na *adj* : sub-Saharan
subsanar *vt* **1** RECTIFICAR : to rectify, to correct **2** : to overlook, to excuse **3** : to make up for
subscribir → **suscribir**
subsecretario, -ria *n* : undersecretary
subsecuente *adj* : subsequent — **subsecuentemente** *adv*
subsidiar *vt* : to subsidize
subsidiaria *nf* : subsidiary
subsidio *nm* : subsidy
subsiguiente *adj* : subsequent
subsistencia *nf* **1** : subsistence **2** : sustenance
subsistir *vi* **1** : to subsist, to live **2** : to endure, to survive
substancia → **sustancia**
subteniente *nmf* : second lieutenant
subterfugio *nm* : subterfuge
subterráneo[1], -nea *adj* : underground, subterranean
subterráneo[2] *nm* **1** : underground passage, tunnel **2** *Arg, Uru* : subway
subtítulo *nm* : subtitle, subheading
subtotal *nm* : subtotal
suburbano, -na *adj* : suburban
suburbio *nm* **1** : suburb **2** : slum (outside a city)
subvención *nf, pl* **-ciones** : subsidy, grant
subvencionar *vt* : to subsidize
subversivo, -va *adj & n* : subversive — **subversión** *nf*
subvertir {76} *vt* : to subvert
subyacente *adj* : underlying
subyugar {52} *vt* : to subjugate — **subyugación** *nf*
succión *nf, pl* **succiones** : suction
succionar *vt* : to suck up, to draw in
sucedáneo *nm* : substitute ⟨sucedáneo de azucar : sugar substitute⟩
suceder *vi* **1** OCURRIR : to happen, to occur ⟨¿qué sucede? : what's going on?⟩ ⟨suceda lo que suceda : come what may⟩ **2 ~ a** : to follow, to succeed ⟨suceder al trono : to succeed to the throne⟩ ⟨a la primavera sucede el verano : summer follows spring⟩
sucesión *nf, pl* **-siones** **1** : succession **2** : sequence, series **3** : issue, heirs *pl*
sucesivamente *adv* : successively, consecutively ⟨y así sucesivamente : and so on⟩
sucesivo, -va *adj* : successive ⟨en los días sucesivos : in the days that followed⟩
suceso *nm* **1** : event, happening, occurrence **2** : incident, crime
sucesor, -sora *n* : successor
suciedad *nf* **1** : dirtiness, filthiness **2** MUGRE : dirt, filth
sucinto, -ta *adj* CONCISO : succinct, concise — **sucintamente** *adv*
sucio, -cia *adj* : dirty, filthy
sucre *nm* : Ecuadoran unit of currency
suculento, -ta *adj* : succulent
sucumbir *vi* : to succumb
sucursal *nf* : branch (of a business)
sudadera *nf* : sweatshirt
sudado, -da → **sudoroso**

sudafricano, -na *adj & n* : South African
sudamericano, -na *adj & n* : South American
sudanés, -nesa *adj & n, mpl* **-neses** : Sudanese
sudar *vi* TRANSPIRAR : to sweat, to perspire
sudario *nm* : shroud
sudeste → **sureste**
sudoeste → **suroeste**
sudor *nm* TRANSPIRACIÓN : sweat, perspiration
sudoroso, -sa *adj* : sweaty
sueco[1], **-ca** *adj* : Swedish
sueco[2], **-ca** *n* : Swede
sueco[3] *nm* : Swedish (language)
suegro, -gra *n* **1** : father-in-law *m,* mother-in-law *f* **2 suegros** *nmpl* : in-laws
suela *nf* : sole (of a shoe)
suelda, etc. → **soldar**
sueldo *nm* : salary, wage
suele, etc. → **soler**
suelo *nm* **1** : ground ⟨caerse al suelo : to fall down, to hit the ground⟩ **2** : floor, flooring **3** TIERRA : soil, land
suelta, etc. → **soltar**
suelto[1], **-ta** *adj* : loose, free, unattached
suelto[2] *nm* : loose change
suena, etc. → **sonar**
sueña, etc. → **soñar**
sueño *nm* **1** : dream **2** : sleep ⟨perder el sueño : to lose sleep⟩ **3** : sleepiness ⟨tener sueño : to be sleepy⟩
suero *nm* **1** : serum **2** : whey
suerte *nf* **1** FORTUNA : luck, fortune ⟨tener suerte : to be lucky⟩ ⟨estar de suerte : to be in luck⟩ ⟨le deseo suerte : I wish him luck⟩ ⟨¡buena suerte! : good luck!⟩ ⟨por suerte : luckily⟩ ⟨con suerte : with any luck⟩ ⟨traer mala suerte : to be/bring bad luck⟩ ⟨fue una suerte que . . . : it's a lucky thing that . . .⟩ **2** DESTINO : fate, destiny, lot ⟨tentar a la suerte : to tempt fate⟩ ⟨la dejaron a su suerte : they left her to her fate⟩ ⟨correr la misma suerte : to meet the same fate⟩ **3** CLASE, GÉNERO : sort, kind ⟨toda suerte de cosas : all kinds of things⟩
suertudo, -da *adj fam* : lucky
suéter *nm* : sweater
suficiencia *nf* **1** : adequacy, sufficiency **2** : competence, fitness **3** : smugness, self-satisfaction
suficiente *adj* **1** BASTANTE : enough, sufficient ⟨tener suficiente : to have enough⟩ **2** : suitable, fit **3** : smug, complacent
suficientemente *adv* : sufficiently, enough
sufijo *nm* : suffix
suflé *nm* : soufflé
sufragar {52} *vt* **1** AYUDAR : to help out, to support **2** : to defray (costs) — *vi* : to vote
sufragio *nm* : suffrage, vote
sufrido, -da *adj* **1** : long-suffering, patient **2** : sturdy, serviceable (of clothing)
sufrimiento *nm* : suffering
sufrir *vt* **1** : to suffer ⟨sufrir una pérdida : to suffer a loss⟩ **2** : to tolerate, to put up with ⟨ella no lo puede sufrir : she can't stand him⟩ — *vi* : to suffer
sugerencia *nf* : suggestion
sugerir {76} *vt* **1** PROPONER, RECOMENDAR : to suggest, to recommend, to propose **2** : to suggest, to bring to mind
sugestión *nf, pl* **-tiones** : suggestion, prompting ⟨poder de sugestión : power of suggestion⟩
sugestionable *adj* : suggestible, impressionable
sugestionar *vt* : to influence, to sway — **sugestionarse** *vr* **~ con** : to talk oneself into, to become convinced of
sugestivo, -va *adj* **1** : suggestive **2** : interesting, stimulating
suicida[1] *adj* : suicidal
suicida[2] *nmf* : suicide victim, suicide
suicidarse *vr* : to commit suicide
suicidio *nm* : suicide
suite *nf* : suite
suizo, -za *adj & n* : Swiss
sujeción *nf, pl* **-ciones** **1** : holding, fastening **2** : subjection
sujetador *nm* **1** : fastener **2** : holder ⟨sujetador de tazas : cup holder⟩
sujetalibros *nms & pl* : bookend
sujetapapeles *nms & pl* CLIP : paper clip
sujetar *vt* **1** : to hold on to, to steady, to hold down **2** FIJAR : to fasten, to attach **3** DOMINAR : to subdue, to conquer — **sujetarse** *vr* **1** : to hold on, to hang on **2 ~ a** : to abide by
sujeto[1], **-ta** *adj* **1** : secure, fastened **2 ~ a** : subject to
sujeto[2] *nm* **1** INDIVIDUO : individual, character **2** : subject (in grammar)
sulfúrico, -ca *adj* : sulfuric
sulfuro *nm* : sulfur
sultán *nm, pl* **sultanes** : sultan
suma *nf* **1** CANTIDAD : sum, quantity **2** : addition
sumamente *adv* : extremely, exceedingly
sumar *vt* **1** : to add, to add up **2** : to add up to, to total — *vi* : to add up — **sumarse** *vr* **~ a** : to join
sumario[1], **-ria** *adj* SUCINTO : succinct, summary — **sumariamente** *adv*
sumario[2] *nm* : summary
sumergir {35} *vt* : to submerge, to immerse, to plunge — **sumergirse** *vr*
sumersión *nf, pl* **-siones** : submersion, immersion
sumidero *nm* : drain, sewer
suministrar *vt* : to supply, to provide
suministro *nm* : supply, provision
sumir *vt* SUMERGIR : to plunge, to immerse, to sink — **sumirse** *vr*
sumisión *nf, pl* **-siones** **1** : submission **2** : submissiveness

sumiso, -sa *adj* : submissive, acquiescent, docile

sumo, -ma *adj* **1** : extreme, great, high ⟨la suma autoridad : the highest authority⟩ **2 a lo sumo** : at the most — **sumamente** *adv*

suntuoso, -sa *adj* : sumptuous, lavish — **suntuosamente** *adv*

supeditar *vt* SUBORDINAR : to subordinate — **supeditación** *nf*

super[1] *or* **súper** *adj fam* : super, great

super[2] *nm* SUPERMERCADO : market, supermarket

superable *adj* : surmountable

superabundancia *nf* : overabundance, superabundance — **superabundante** *adj*

superar *vt* **1** : to surpass, to exceed **2** : to overcome, to surmount — **superarse** *vr* : to improve oneself

superávit *nm, pl* **-vit** *or* **-vits** : surplus

superchería *nf* : trickery, fraud

supercomputadora *nf* : supercomputer

superestructura *nf* : superstructure

superficial *adj* : superficial — **superficialmente** *adv*

superficialidad *nf* : superficiality

superficie *nf* **1** : surface **2** : area ⟨la superficie de un triángulo : the area of a triangle⟩

superfluidad *nf* : superfluity

superfluo, -flua *adj* : superfluous

superintendente *nmf* : supervisor, superintendent

superior[1] *adj* **1** : superior **2** : upper ⟨nivel superior : upper level⟩ **3** : higher ⟨educación superior : higher education⟩ **4** ∼ **a** : above, higher than, in excess of

superior[2] *nm* : superior

superioridad *nf* : superiority

superlativo[1], **-va** *adj* : superlative

superlativo[2] *nm* : superlative

supermercado *nm* : supermarket

superpoblación *nf, pl* **-ciones** : overpopulation

superpoblado, -da *adj* : overpopulated

superponer {60} *vt* : to superimpose

superpotencia *nf* : superpower

superproducción → **sobreproducción**

supersónico, -ca *adj* : supersonic

superstición *nf, pl* **-ciones** : superstition

supersticioso, -sa *adj* : superstitious

supervisar *vt* : to supervise, to oversee

supervisión *nf, pl* **-siones** : supervision

supervisor, -sora *n* : supervisor, overseer

supervivencia *nf* : survival

superviviente *nmf* : survivor

supino, -na *adj* : supine

suplantar *vt* : to supplant, to replace

suplemental → **suplementario**

suplementario, -ria *adj* : supplementary, additional, extra

suplemento *nm* : supplement

suplencia *nf* : substitution, replacement

suplente *adj & nmf* : substitute ⟨equipo suplente : replacement team⟩

supletorio, -ria *adj* : extra, additional ⟨teléfono supletorio : extension phone⟩ ⟨cama supletoria : spare bed⟩

súplica *nf* : plea, entreaty

suplicar {72} *vt* IMPLORAR, ROGAR : to entreat, to implore, to supplicate

suplicio *nm* TORMENTO : ordeal, torture

suplir *vt* **1** COMPENSAR : to make up for, to compensate for **2** REEMPLAZAR : to replace, to substitute

supo, etc. → **saber**

suponer {60} *vt* **1** PRESUMIR : to suppose, to assume ⟨supongo que sí : I guess so, I suppose so⟩ ⟨se supone que van a llegar mañana : they're supposed to arrive tomorrow⟩ **2** : to imply, to suggest **3** : to involve, to entail ⟨el éxito supone mucho trabajo : success involves a lot of work⟩

suposición *nf, pl* **-ciones** PRESUNCIÓN : supposition, assumption

supositorio *nm* : suppository

supremacía *nf* : supremacy

supremo, -ma *adj* : supreme

supresión *nf, pl* **-siones** **1** : suppression, elimination **2** : deletion

suprimir *vt* **1** : to suppress, to eliminate **2** : to delete

supuestamente *adv* : supposedly, allegedly

supuesto, -ta *adj* **1** : supposed, alleged **2 por** ∼ : of course, absolutely

supurar *vi* : to ooze, to discharge

supuso, etc. → **suponer**

sur[1] *adj* : southern, southerly, south

sur[2] *nm* **1** : south, South **2** : south wind

surafricano, -na → **sudafricano**

suramericano, -na → **sudamericano**

surcar {72} *vt* **1** : to plow (through) **2** : to groove, to score, to furrow

surco *nm* : groove, furrow, rut

sureño[1], **-ña** *adj* : southern, Southern

sureño[2], **-ña** *n* : Southerner

sureste[1] *adj* **1** : southeast, southeastern **2** : southeasterly

sureste[2] *nm* : southeast, Southeast

surf *nm* : surfing

surfear *vi* : to surf

surfing → **surf**

surfista *nmf* : surfer

surgimiento *nm* : rise, emergence

surgir {35} *vi* : to rise, to arise, to emerge

suroeste[1] *adj* **1** : southwest, southwestern **2** : southwesterly

suroeste[2] *nm* : southwest, Southwest

surtido[1], **-da** *adj* **1** : assorted, varied **2** : stocked, provisioned

surtido[2] *nm* : assortment, selection

surtidor *nm* **1** : jet, spout **2** *Arg, Chile, Spain* : gas pump

surtir *vt* **1** : to supply, to provide ⟨surtir un pedido : to fill an order⟩ **2 surtir efecto** : to have an effect — *vi* : to spout, to spurt up — **surtirse** *vr* : to stock up

susceptible *adj* : susceptible, sensitive — **susceptibilidad** *nf*

suscitar *vt* : to provoke, to give rise to
suscribir {33} *vt* **1** : to sign (a formal document) **2** : to endorse, to sanction — **suscribirse** *vr* ~ **a** : to subscribe to
suscripción *nf, pl* **-ciones 1** : subscription **2** : endorsement, sanction **3** : signing
suscriptor, -tora *n* : subscriber
susodicho, -cha *adj* : aforementioned, aforesaid
suspender *vt* **1** COLGAR : to suspend, to hang **2** : to suspend, to discontinue **3** : to suspend, to dismiss
suspensión *nf, pl* **-siones** : suspension
suspenso *nm* : suspense
suspicacia *nf* : suspicion, mistrust
suspicaz *adj, pl* **-caces** DESCONFIADO : suspicious, wary
suspirar *vi* : to sigh
suspiro *nm* : sigh
surque, etc. → **surcar**
suscrito *pp* → **suscribir**
sustancia *nf* **1** : substance **2 sin** ~ : shallow, lacking substance
sustancial *adj* **1** : substantial **2** ESENCIAL, FUNDAMENTAL : essential, fundamental — **sustancialmente** *adv*
sustancioso, -sa *adj* **1** NUTRITIVO : hearty, nutritious **2** : substantial, solid
sustantivo *nm* : noun
sustentación *nf, pl* **-ciones** SOSTÉN : support
sustentar *vt* **1** : to support, to hold up **2** : to sustain, to nourish **3** : to maintain, to hold (an opinion) — **sustentarse** *vr* : to support oneself
sustento *nm* **1** : means of support, livelihood **2** : sustenance, food
sustitución *nf, pl* **-ciones** : replacement, substitution
sustituir {41} *vt* **1** : to replace, to substitute for **2** : to stand in for
sustituto, -ta *n* : substitute, stand-in
susto *nm* : fright, scare
sustracción *nf, pl* **-ciones 1** RESTA : subtraction **2** : theft
sustraer {81} *vt* **1** : to remove, to take away **2** RESTAR : to subtract **3** : to steal — **sustraerse** *vr* ~ **a** : to avoid, to evade
susurrar *vi* **1** : to whisper **2** : to murmur **3** : to rustle (leaves, etc.) — *vt* : to whisper
susurro *nm* **1** : whisper **2** : murmur **3** : rustle, rustling
sutil *adj* **1** : delicate, thin, fine **2** : subtle
sutileza *nf* **1** : delicacy **2** : subtlety
sutura *nf* : suture
suturar *vt* : to suture
suyo[1], -ya *adj* **1** : his, her, its, theirs ⟨los libros suyos : his books⟩ ⟨un amigo suyo : a friend of hers⟩ ⟨esta casa es suya : this house is theirs⟩ **2** (*formal*) : yours ⟨¿este abrigo es suyo, señor? : is this your coat, sir?⟩
suyo[2], -ya *pron* **1** : his, hers, theirs ⟨mi guitarra y la suya : my guitar and hers⟩ ⟨ellos trajeron las suyas : they brought theirs, they brought their own⟩ **2** (*formal*) : yours ⟨usted olvidó la suya : you forgot yours⟩
switch *nm* : switch

T

t *nf* : twenty-first letter of the Spanish alphabet
taba *nf* : anklebone
tabacalero[1], -ra *adj* : tobacco ⟨industria tabacalera : tobacco industry⟩
tabacalero[2], -ra *n* : tobacco grower
tabaco *nm* : tobacco
tábano *nm* : horsefly
taberna *nf* : tavern, bar
tabernáculo *nm* : tabernacle
tabicar {72} *vt* : to wall up
tabique *nm* : thin wall, partition
tabla *nf* **1** : table, list ⟨tabla de multiplicar : multiplication table⟩ **2** : board, plank, slab ⟨tabla de planchar : ironing board⟩ **3** : plot, strip (of land) **4 tablas** *nfpl* : stage, boards *pl*
tablado *nm* **1** : floor **2** : platform, scaffold **3** : stage
tablero *nm* **1** : bulletin board **2** : board (in games) ⟨tablero de ajedrez : chessboard⟩ ⟨tablero de damas : checkerboard⟩ **3** PIZARRA : blackboard **4** : switchboard **5 tablero de instrumentos** : dashboard, instrument panel
tableta *nf* **1** COMPRIMIDO, PÍLDORA : tablet, pill **2** : bar (of chocolate)
tabletear *vi* : to rattle, to clack
tableteo *nm* : clack, rattling
tablilla *nf* **1** : small board or tablet **2** : bulletin board **3** : splint
tabloide *nm* : tabloid
tablón *nm, pl* **tablones 1** : plank, beam **2 tablón de anuncios** : bulletin board
tabú[1] *adj* : taboo
tabú[2] *nm, pl* **tabúes** *or* **tabús** : taboo
tabulador *nm* : tabulator
tabular[1] *vt* : to tabulate
tabular[2] *adj* : tabular
taburete *nm* : footstool, stool
tacañería *nf* : miserliness, stinginess
tacaño[1], -ña *adj* MEZQUINO : stingy, miserly
tacaño[2], -ña *n* : miser, tightwad
tacha *nf* **1** : flaw, blemish, defect **2 poner tacha a** : to find fault with **3 sin** ~ : flawless
tachadura *nf* : erasure, correction
tachar *vt* **1** : to cross out, to delete **2** ~ **de** : to accuse of, to label as ⟨lo tacharon de mentiroso : they accused him of being a liar⟩
tachón *nm, pl* **tachones** : stud, hobnail
tachonar *vt* : to stud

tachuela *nf* : tack, hobnail, stud

tácito, -ta *adj* : tacit, implicit — **tácitamente** *adv*

taciturno, -na *adj* **1** : taciturn **2** : sullen, gloomy

tacle *nm* : tackle

taclear *vt* : to tackle (in football)

taco *nm* **1** : wad, stopper, plug **2** : pad (of paper) **3** : cleat **4** : heel (of a shoe) **5** : cue (in billiards) **6** : light snack, bite **7** : taco

tacón *nm, pl* **tacones** : heel (of a shoe) ⟨de tacón alto : high-heeled⟩

táctica *nf* : tactic, tactics *pl*

táctico[1], **-ca** *adj* : tactical

táctico[2], **-ca** *n* : tactician

táctil *adj* : tactile

tacto *nm* **1** : touch, touching, feel **2** DELICADEZA : tact

tafetán *nm, pl* **-tanes** : taffeta

tahúr *nm, pl* **tahúres** : gambler

tailandés[1], **-desa** *adj & n, pl* **-deses** : Thai

tailandés[2] *nm* : Thai (language)

taimado, -da *adj* **1** : crafty, sly **2** *Chile* : sullen, sulky

tajada *nf* **1** : slice **2 sacar tajada** *fam* : to get one's share

tajante *adj* **1** : cutting, sharp **2** : decisive, categorical

tajantemente *adj* : emphatically, categorically

tajar *vt* : to cut, to slice

tajo *nm* **1** : cut, slash, gash **2** ESCARPA : steep cliff

tal[1] *adv* **1** : so, in such a way **2 tal como** : just as ⟨tal como lo hice : just the way I did it⟩ **3 con tal que** : provided that, as long as **4 ¿qué tal?** : how are you?, how's it going?

tal[2] *adj* **1** : such, such a **2 tal vez** : maybe, perhaps

tal[3] *pron* **1** : such a one, someone **2** : such a thing, something **3 tal para cual** : two of a kind

tala *nf* : felling (of trees)

taladrar *vt* : to drill

taladro *nm* : drill, auger ⟨taladro eléctrico : power drill⟩

talante *nm* **1** HUMOR : mood, disposition **2** VOLUNTAD : will, willingness

talar *vt* **1** : to cut down, to fell **2** DEVASTAR : to devastate, to destroy

talco *nm* **1** : talc **2** : talcum powder

talego *nm* : sack

talento *nm* : talent, ability

talentoso, -sa *adj* : talented, gifted

talismán *nm, pl* **-manes** AMULETO : talisman, charm

talla *nf* **1** ESTATURA : height **2** : size (in clothing) **3** : stature, status **4** : sculpture, carving

tallar *vt* **1** : to sculpt, to carve **2** : to measure (someone's height) **3** : to deal (cards)

tallarín *nf, pl* **-rines** : noodle

talle *nm* **1** : size **2** : waist, waistline **3** : figure, shape

taller *nm* **1** : shop, workshop **2** : studio (of an artist)

tallo *nm* : stalk, stem ⟨tallo de maíz : cornstalk⟩

talón *nm, pl* **talones** **1** : heel (of the foot) **2** : stub (of a check) **3 talón de Aquiles** : Achilles' heel

talud *nm* : slope, incline

tamal *nm* : tamale

tamaño[1], **-ña** *adj* : such a big ⟨¿crees tamaña mentira? : do you believe such a lie?⟩

tamaño[2] *nm* **1** : size **2 de tamaño natural** : life-size

tamarindo *nm* : tamarind

tambalearse *vr* **1** : to teeter **2** : to totter, to stagger, to sway — **tambaleante** *adj*

tambaleo *nm* : staggering, lurching, swaying

también *adv* : too, as well, also

tambor *nm* : drum

tamborilear *vi* : to drum, to tap

tamborileo *nm* : tapping, drumming

tamiz *nm* : sieve

tamizar {21} *vt* : to sift

tampoco *adv* : neither, not either ⟨ni yo tampoco : me neither⟩

tampón *nm, pl* **tampones** **1** : ink pad **2** : tampon

tam–tam *nm* : tom-tom

tan *adv* **1** : so, so very ⟨no es tan difícil : it is not that difficult⟩ **2** : as ⟨tan pronto como : as soon as⟩ **3 tan siquiera** : at least, at the least **4 tan sólo** : only, merely

tanda *nf* **1** : turn, shift **2** : batch, lot, series

tándem *nm* **1** : tandem (bicycle) **2** : duo, pair

tangente *adj & nf* : tangent — **tangencial** *adj*

tangible *adj* : tangible

tango *nm* : tango

tanino *nm* : tannin

tanque *nm* **1** : tank, reservoir **2** : tanker, tank (vehicle)

tanteador *nm* MARCADOR : scoreboard

tantear *vt* **1** : to feel, to grope **2** : to size up, to weigh — *vi* **1** : to keep score **2** : to feel one's way

tanteo *nm* **1** : estimate, rough calculation **2** : testing, sizing up **3** : scoring

tanto[1] *adv* **1** : so much ⟨te quiero tanto : I love you so much⟩ ⟨ha cambiado tanto que no lo reconocí : he has changed so much that I didn't recognize him⟩ ⟨tanto mejor : so much the better⟩ ⟨tanto es así que . . . : so much so that . . .⟩ **2** : so long ⟨¿por qué te tardaste tanto? : why did you take so long?⟩ **3 tanto como** : as much as ⟨trabajo tanto como ella : I work as much as she does⟩ ⟨¿te gustó tanto como a mí? : did you like it as much as I did?⟩

tanto[2], **-ta** *adj* **1** : so much, so many, such ⟨no hagas tantas preguntas : don't ask so many questions⟩ ⟨tiene tanto encanto : he has such charm, he's so charming⟩ **2** : as much, as many ⟨come tantos dulces como yo

: she eats as many sweets as I do⟩ **3** : odd, however many ⟨cuarenta y tantos años : forty-odd years⟩

tanto[3] *nm* **1** : certain amount **2** : goal, point (in sports) **3 al tanto** : abreast, in the picture **4 un tanto** : somewhat, rather ⟨un tanto cansado : rather tired⟩

tanto[4], **-ta** *pron* **1** : so much, so many ⟨tiene tanto que hacer : she has so much to do⟩ ⟨¡no me des tantos! : don't give me so many!⟩ **2 en ∼** : while **3 entre ∼** : meanwhile **4 otro tanto** : again as much, again as many ⟨tiene un metro de ancho y otro tanto de altura : it's a meter wide and a meter high⟩ ⟨otro tanto podría decirse de . . . : the same can be said of . . .⟩ **5 por lo tanto** : therefore

tañer {79} *vt* **1** : to ring (a bell) **2** : to play (a musical instrument)

tañido *nm* **1** CAMPANADA : ring, peal, toll **2** : sound (of an instrument)

tapa *nf* **1** : cover, top, lid **2** *Spain* : bar snack

tapacubos *nms & pl* : hubcap

tapadera *nf* **1** : cover, lid **2** : front, cover (for an organization or person)

tapar *vt* **1** CUBRIR : to cover, to cover up **2** OBSTRUIR : to block, to obstruct — **taparse** *vr*

tapete *nm* **1** : small rug, mat **2** : table cover **3 poner sobre el tapete** : to bring up for discussion

tapia *nf* : (adobe) wall, garden wall

tapiar *vt* **1** : to wall in **2** : to enclose, to block off

tapicería *nf* **1** : upholstery **2** TAPIZ : tapestry

tapicero, -ra *n* : upholsterer

tapioca *nf* : tapioca

tapir *nm* : tapir

tapiz *nm, pl* **tapices** : tapestry

tapizar {21} *vt* **1** : to upholster **2** : to cover, to carpet

tapón *nm, pl* **tapones** **1** : cork **2** : bottle cap **3** : plug, stopper

tapujo *nm* **1** : deceit, pretension **2 sin tapujos** : openly, frankly

taquigrafía *nf* : stenography, shorthand

taquigráfico, -ca *adj* : stenographic

taquígrafo, -fa *n* : stenographer

taquilla *nf* **1** : box office, ticket office **2** : earnings *pl*, take

taquillero, -ra *adj* : box-office, popular ⟨un éxito taquillero : a box-office success⟩

tarántula *nf* : tarantula

tararear *vt* : to hum

tardanza *nf* : lateness, delay

tardar *vi* **1** : to take time, to delay ⟨tardaron en responder : they took a while to respond⟩ ⟨no tardes : don't take too long⟩ **2 a más tardar** : at the latest — *vt* DEMORAR : to take (time) ⟨tarda una hora : it takes an hour⟩ ⟨tardar mucho : to take a long time⟩ ⟨tardar el doble : to take twice as long⟩ — **tardarse** *vr*

tarde[1] *adv* **1** : late **2 tarde o temprano** : sooner or later

tarde[2] *nf* **1** : afternoon, evening **2 ¡buenas tardes!** : good afternoon!, good evening! **3 en la tarde** *or* **por la tarde** : in the afternoon, in the evening

tardío, -día *adj* : late, tardy

tardo, -da *adj* : slow

tarea *nf* **1** : task, job **2** : homework

tarifa *nf* **1** : rate ⟨tarifas postales : postal rates⟩ **2** : fare (for transportation) **3** : price list **4** ARANCEL : duty

tarima *nf* PLATAFORMA : dais, platform, stage

tarjeta *nf* : card ⟨tarjeta de crédito : credit card⟩ ⟨tarjeta postal : postcard⟩

tarro *nm* **1** : jar, pot **2** *Arg, Chile* : can, tin

tarta *nf* **1** : tart **2** : cake

tartaleta *nf* : tart

tartamudear *vi* : to stammer, to stutter

tartamudeo *nm* : stutter, stammer

tartán *nm, pl* **tartanes** : tartan, plaid

tártaro *nm* : tartar

tasa *nf* **1** : rate ⟨tasa de desempleo : unemployment rate⟩ **2** : tax, fee **3** : appraisal, valuation

tasación *nf, pl* **-ciones** : appraisal, assessment

tasador, -dora *n* : assessor, appraiser

tasar *vt* **1** VALORAR : to appraise, to value **2** : to set the price of **3** : to ration, to limit

tasca *nf* : cheap bar, dive

tatuaje *nm* : tattoo, tattooing

tatuar {3} *vt* : to tattoo

taurino, -na *adj* : bull, bullfighting

Tauro *nmf* : Taurus

tauromaquia *nf* : (art of) bullfighting

taxi *nm, pl* **taxis** : taxi, taxicab

taxidermia *nf* : taxidermy

taxidermista *nmf* : taxidermist

taxímetro *nm* : taximeter

taxista *nmf* : taxi driver

taza *nf* **1** : cup **2** : cupful **3** : (toilet) bowl **4** : basin (of a fountain)

tazón *nm, pl* **tazones** **1** : bowl **2** : large cup, mug

te *pron* **1** : you ⟨te quiero : I love you⟩ **2** : for you, to you, from you ⟨me gustaría dártelo : I would like to give it to you⟩ **3** : yourself, for yourself, to yourself, from yourself ⟨¡cálmate! : calm yourself!⟩ ⟨¿te guardaste uno? : did you keep one for yourself?⟩ **4** : thee

té *nm* **1** : tea **2** : tea party

tea *nf* : torch

teatral *adj* : theatrical — **teatralmente** *adv*

teatro *nm* **1** : theater **2 hacer teatro** : to put on an act, to exaggerate

teca *nf* : teak

techado *nm* **1** : roof **2 bajo techado** : under cover, indoors

techar *vt* : to roof, to shingle

techo *nm* **1** TEJADO : roof **2** : ceiling **3** : upper limit, ceiling

techumbre *nf* : roofing

tecla *nf* **1** : key (of a musical instrument or a machine) **2 dar en la tecla** : to hit the nail on the head

teclado *nm* : keyboard

teclear *vt* : to type in, to enter

técnica *nf* **1** : technique, skill **2** : technology

técnico[1], **-ca** *adj* : technical — **técnicamente** *adv*

técnico[2], **-ca** *n* : technician, expert, engineer

tecnología *nf* : technology

tecnológico, -ca *adj* : technological — **tecnológicamente** *adv*

tecolote *nm Mex* : owl

tedio *nm* : tedium, boredom

tedioso, -sa *adj* : tedious, boring — **tediosamente** *adv*

teja *nf* : tile

tejado *nm* TECHO : roof

tejedor, -dora *n* : weaver

tejer *vt* **1** : to knit, to crochet **2** : to weave **3** FABRICAR : to concoct, to make up, to fabricate

tejido *nm* **1** TELA : fabric, cloth **2** : weave, texture **3** : tissue ⟨tejido muscular : muscle tissue⟩

tejo *nm* **1** : yew **2** : hopscotch (children's game)

tejón *nm, pl* **tejones** : badger

tela *nf* **1** : fabric, cloth, material **2 tela de araña** : spiderweb **3 poner en tela de juicio** : to call into question, to doubt

telar *nm* : loom

telaraña *nf* : spiderweb, cobweb

tele *nf fam* : TV, television

telecomunicación *nf, pl* **-ciones** : telecommunication

teleconferencia *nf* : teleconference

teledifusión *nf, pl* **-siones** : television broadcasting

teledirigido, -da *adj* : remote-controlled

telefonear *v* : to telephone, to call

telefónico, -ca *adj* : phone, telephone ⟨llamada telefónica : phone call⟩

telefonista *nmf* : telephone operator

teléfono *nm* **1** : telephone **2 llamar por teléfono** : to telephone, to make a phone call

telegrafiar {85} *v* : to telegraph

telegráfico, -ca *adj* : telegraphic

telégrafo *nm* : telegraph

telegrama *nm* : telegram

telenovela *nf* : soap opera

telepatía *nf* : telepathy

telepático, -ca *adj* : telepathic — **telepáticamente** *adv*

telescópico, -ca *adj* : telescopic

telescopio *nm* : telescope

telespectador, -dora *n* : television viewer

telesquí *nm, pl* **-squís** : ski lift

televidente *nmf* : television viewer

televisar *vt* : to televise

televisión *nf, pl* **-siones** : television, TV

televisivo, -va *adj* : television ⟨serie televisiva : television series⟩

televisor *nm* : television set

telón *nm, pl* **telones 1** : curtain (in theater) **2 telón de fondo** : backdrop, background

tema *nm* **1** ASUNTO : theme, topic, subject **2** MOTIVO : motif, central theme

temario *nm* **1** : set of topics (for study) **2** : agenda

temática *nf* : subject matter

temático, -ca *adj* : thematic

temblar {55} *vi* **1** : to tremble, to shake, to shiver ⟨le temblaban las rodillas : his knees were shaking⟩ **2** : to shudder, to be afraid ⟨tiemblo con sólo pensarlo : I shudder to think of it⟩

temblor *nm* **1** : shaking, trembling **2** : tremor, earthquake

tembloroso, -sa *adj* : tremulous, trembling, shaking ⟨con la voz temblorosa : with a shaky voice⟩

temer *vt* : to fear, to dread — *vi* : to be afraid

temerario, -ria *adj* : reckless, rash — **temerariamente** *adv*

temeridad *nf* **1** : temerity, recklessness, rashness **2** : rash act

temeroso, -sa *adj* MIEDOSO : fearful, frightened

temible *adj* : fearsome, dreadful

temor *nm* MIEDO : fear, dread

témpano *nm* : ice floe

temperamento *nm* : temperament — **temperamental** *adj*

temperancia *nf* : temperance

temperar *vt* MODERAR : to temper, to moderate — *vi* : to have a change of air

temperatura *nf* : temperature

tempestad *nf* **1** : storm, tempest **2 tempestad de arena** : sandstorm

tempestuoso, -sa *adj* : tempestuous, stormy

templado, -da *adj* **1** : temperate, mild **2** : moderate, restrained **3** : warm, lukewarm **4** VALIENTE : courageous, bold

templanza *nf* **1** : temperance, moderation **2** : mildness (of weather)

templar *vt* **1** : to temper (steel) **2** : to restrain, to moderate **3** : to tune (a musical instrument) **4** : to warm up, to cool down — **templarse** *vr* **1** : to be moderate **2** : to warm up, to cool down

temple *nm* **1** : temper (of steel, etc.) **2** HUMOR : mood ⟨de buen temple : in a good mood⟩ **3** : tuning **4** VALOR : courage

templo *nm* **1** : temple **2** : church, chapel

tempo *nm* : tempo (in music)

temporada *nf* **1** : season, time ⟨temporada de béisbol : baseball season⟩ **2** : period, spell ⟨por temporadas : on and off⟩

temporal[1] *adj* **1** : temporal **2** : temporary

temporal[2] *nm* **1** : storm **2 capear el temporal** : to weather the storm
temporalmente *adv* : temporarily
temporario, -ria *adj* : temporary — **temporariamente** *adv*
temporero[1], **-ra** *adj* : temporary, seasonal
temporero[2], **-ra** *n* : temporary or seasonal worker
temporizador *nm* : timer
tempranero, -ra *adj* **1** : early **2** : early-rising
temprano[1] *adv* : early ⟨lo más temprano posible : as soon as possible⟩
temprano[2], **-na** *adj* : early ⟨la parte temprana del siglo : the early part of the century⟩
ten → **tener**
tenacidad *nf* : tenacity, perseverance
tenaz *adj, pl* **tenaces** **1** : tenacious, persistent **2** : strong, tough
tenaza *nf, or* **tenazas** *nfpl* **1** : pliers, pincers **2** : tongs **3** : claw (of a crustacean)
tenazmente *adv* : tenaciously
tendedero *nm* : clothesline
tendencia *nf* **1** PROPENSIÓN : tendency, inclination **2** : trend
tendencioso, -sa *adj* : tendentious, biased
tendente → **tendiente**
tender {56} *vt* **1** EXTENDER : to spread out, to lay out **2** EXTENDER : to extend, to hold out (one's hand) **3** : to hang out (clothes) **4** : to run (cables, etc.) **5** : to set (a trap) **6** : to set (a table), to make (a bed) — *vi* **~ a** : to tend to, to have a tendency towards — **tenderse** *vr* : to stretch out, to lie down
tendero, -ra *n* : shopkeeper, storekeeper
tendido *nm* **1** : laying (of cables, etc.) **2** : seats *pl,* section (at a bullfight)
tendiente *adj* **~ a** : aimed at, designed to
tendón *nm, pl* **tendones** : tendon
tenebrosidad *nf* : darkness, gloom
tendrá, etc. → **tener**
tenebroso, -sa *adj* **1** OSCURO : gloomy, dark **2** SINIESTRO : sinister
tenedor[1], **-dora** *n* **1** : holder **2 tenedor de libros, tenedora de libros** : bookkeeper
tenedor[2] *nm* : table fork
tenencia *nf* **1** : possession, holding **2** : tenancy **3** : tenure
tener {80} *vt* **1** : to have ⟨tiene un coche azul : he has a blue car⟩ ⟨¿lo tienes contigo? : do you have it with you?⟩ ⟨tienen tres hijos : they have three children⟩ ⟨tiene ojos verdes : she has green eyes⟩ ⟨tiene mucha experiencia : she has a lot of experience⟩ ⟨¿tiene hora? : do you have the time?, can you tell me what time it is?⟩ **2** : to have (available) ⟨tener dinero/tiempo para : to have money/time for⟩ ⟨no tuve más remedio : I had no choice⟩ **3** : to have (plans, etc.) ⟨tengo mucho que hacer : I have a lot to do⟩ ⟨hoy tiene clase : he has class today⟩ **4** : to have, to cause (consequences, etc.) **5** (*indicating age*) ⟨tiene veinte años : he's twenty years old⟩ **6** (*indicating dimensions*) ⟨tiene un metro de largo : it's one meter long⟩ **7** (*expressing thoughts, feelings, or sensations*) ⟨tengo frío/hambre/miedo : I'm cold/hungry/scared⟩ ⟨no tengo ni idea : I have no idea⟩ ⟨tengo confianza en ti : I have confidence in you⟩ ⟨eso nos tiene contentos : that makes us happy⟩ **8** : to have (an illness or injury) **9** : to have, to experience (problems, etc.) ⟨tuve un buen día : I had a good day⟩ **10** : to have, to receive (news, etc.) **11** : to have, to show (a quality) ⟨tienes razón : you're right⟩ ⟨eso no tiene sentido : that doesn't make sense⟩ ⟨no tiene nada de malo/raro : there's nothing bad/strange about it⟩ **12** : to have, to include ⟨el libro tiene 500 páginas : the book has 500 pages⟩ **13** : to use, to exercise ⟨tener cuidado : to be careful⟩ **14** (*indicating condition*) ⟨tenía la camisa manchada : his shirt was stained⟩ **15** (*indicating position*) ⟨tenía las manos en los bolsillos : she had her hands in her pockets⟩ **16** : to hold ⟨ten esto : hold this⟩ **17** : to have, to give birth to **18 ~ por** : to think, to consider ⟨me tienes por loco : you think I'm crazy⟩ — *v aux* **1 tener que** : to have to ⟨tengo que salir : I have to leave⟩ ⟨tiene que estar aquí : it has to be here, it must be here⟩ **2** (*with past participle*) ⟨tenía pensado escribirte : I've been thinking of writing to you⟩ **3** (*in expressions of time*) ⟨tengo diez años haciendo esto : I have been doing this for ten years⟩ ⟨tiene años de estar aquí : it's been here for years⟩ — **tenerse** *vr* **1** : to stand up **2 ~ por** : to consider oneself ⟨me tengo por afortunado : I consider myself lucky⟩
tenería *nf* CURTIDURÍA : tannery
tenga, etc. → **tener**
tenia *nf* SOLITARIA : tapeworm
teniente *nmf* **1** : lieutenant **2 teniente coronel** : lieutenant colonel
tenis *nms & pl* **1** : tennis **2 tenis** *nmpl* : sneakers *pl*
tenista *nmf* : tennis player
tenor *nm* **1** : tenor **2** : tone, sense
tensar *vt* **1** : to tense, to make taut **2** : to draw (a bow) — **tensarse** *vr* : to become tense
tensión *nf, pl* **tensiones** **1** : tension, tautness **2** : stress, strain **3 tensión arterial** : blood pressure
tenso, -sa *adj* : tense
tentación *nf, pl* **-ciones** : temptation
tentáculo *nm* : tentacle, feeler
tentador[1], **-dora** *adj* : tempting
tentador[2], **-dora** *n* : tempter, temptress *f*

tentar {55} *vt* **1** TOCAR : to feel, to touch **2** PROBAR : to test, to try **3** ATRAER : to tempt, to entice

tentativa *nf* : attempt, try

tentempié *nm fam* : snack, bite

tenue *adj* **1** : tenuous **2** : faint, weak, dim **3** : light, fine **4** : thin, slender

teñir {67} *vt* **1** : to dye **2** : to stain

teodolito *nm* : theodolite, transit (for surveying)

teología *nf* : theology

teológico, -ca *adj* : theological

teólogo, -ga *n* : theologian

teorema *nm* : theorem

teoría *nf* : theory

teórico[1], **-ca** *adj* : theoretical — **teóricamente** *adv*

teórico[2], **-ca** *n* : theorist

teorizar {21} *vi* : to theorize

tepe *nm* : sod, turf

teponaztle *nm Mex* : traditional drum

tequila *nm* : tequila

terapeuta *nmf* : therapist

terapéutica *nf* : therapeutics

terapéutico, -ca *adj* : therapeutic

terapia *nf* **1** : therapy **2 terapia intensiva** : intensive care

tercer → **tercero**

tercermundista *adj* : third-world

tercero[1], **-ra** *adj* (**tercer** *before masculine singular nouns*) **1** : third **2 el Tercer Mundo** : the Third World

tercero[2], **-ra** *n* : third (in a series)

terceto *nm* **1** : tercet, triplet (in literature) **2** : trio (in music)

terciar *vt* **1** : to place diagonally **2** : to divide into three parts — *vi* **1** : to mediate **2** ~ **en** : to take part in

terciario, -ria *adj* : tertiary

tercio[1], **-cia** → **tercero**

tercio[2] *nm* : third ⟨dos tercios : two thirds⟩

terciopelo *nm* : velvet

terco, -ca *adj* OBSTINADO : obstinate, stubborn

tergiversación *nf, pl* **-ciones** : distortion

tergiversar *vt* : to distort, to twist

termal *adj* : thermal, hot

termas *nfpl* : hot springs

térmico, -ca *adj* : thermal, heat ⟨energía térmica : thermal energy⟩

terminación *nf, pl* **-ciones** : termination, conclusion

terminal[1] *adj* : terminal — **terminalmente** *adv*

terminal[2] *nm* (*in some regions f*) : (electric or electronic) terminal

terminal[3] *nf* (*in some regions m*) : terminal, station

terminante *adj* : final, definitive, categorical — **terminantemente** *adv*

terminar *vt* **1** CONCLUIR : to end, to conclude **2** ACABAR : to complete, to finish off — *vi* **1** : to finish **2** : to stop, to end — **terminarse** *vr* **1** : to run out **2** : to come to an end

término *nm* **1** CONCLUSIÓN : end, conclusion **2** : term, expression **3** : period, term of office **4** : place, position ⟨en primer término : first of all⟩ **5 término medio** : happy medium **6 por término medio** : on average **7 términos** *nmpl* : terms, specifications ⟨los términos del acuerdo : the terms of the agreement⟩

terminología *nf* : terminology

termita *nf* : termite

termo *nm* : thermos

termodinámica *nf* : thermodynamics

termómetro *nm* : thermometer

termostato *nm* : thermostat

ternera *nf* : veal

ternero, -ra *n* : calf

terno *nm* **1** : set of three **2** : three-piece suit

ternura *nf* : tenderness

terquedad *nf* OBSTINACIÓN : obstinacy, stubbornness

terracota *nf* : terra-cotta

terraplén *nm, pl* **-plenes** : terrace, embankment

terráqueo, -quea *adj* **1** : earth **2 globo terráqueo** : the earth, globe (of the earth)

terrateniente *nmf* : landowner

terraza *nf* **1** : terrace, veranda **2** : balcony (in a theater) **3** : terrace (in agriculture)

terremoto *nm* : earthquake

terrenal *adj* : worldly, earthly

terreno *nm* **1** : terrain **2** SUELO : earth, ground **3** : plot, tract of land **4 perder terreno** : to lose ground **5 preparar el terreno** : to pave the way

terrestre *adj* : terrestrial

terrible *adj* : terrible, horrible — **terriblemente** *adv*

terrier *nmf* : terrier

territorial *adj* : territorial

territorio *nm* : territory

terrón *nm, pl* **terrones** **1** : clod (of earth) **2 terrón de azúcar** : lump of sugar

terror *nm* : terror

terrorífico, -ca *adj* : horrific, terrifying

terrorismo *nm* : terrorism

terrorista *adj & nmf* : terrorist

terroso, -sa *adj* : earthy ⟨colores terrosos : earthy colors⟩

terruño *nm* : native land, homeland

terso, -sa *adj* **1** : smooth **2** : glossy, shiny **3** : polished, flowing (of a style)

tersura *nf* **1** : smoothness **2** : shine

tertulia *nf* : gathering, group ⟨tertulia literaria : literary circle⟩

tesauro *nm* : thesaurus

tesis *nfs & pl* : thesis

tesón *nm* : persistence, tenacity

tesonero, -ra *adj* : persistent, tenacious

tesorería *nf* : treasurer's office

tesorero, -ra *n* : treasurer

tesoro *nm* **1** : treasure **2** : thesaurus

test *nm* : test

testaferro *nm* : figurehead

testamentario[1], **-ria** *adj* : testamentary

testamentario[2], **-ria** *n* ALBACEA : executor, executrix *f*

testamento *nm* : testament, will

testar *vi* : to draw up a will
testarudo, -da *adj* : stubborn, pigheaded
testículo *nm* : testicle
testificar {72} *v* : to testify
testigo *nmf* : witness
testimonial *adj* **1** : testimonial **2** : token
testimoniar *vi* : to testify
testimonio *nm* : testimony, statement
teta *nf* : teat
tétano *or* **tétanos** *nm* : tetanus, lockjaw
tetera *nf* **1** : teapot **2** : teakettle
tetilla *nf* **1** : teat **2** : nipple
tetina *nf* : nipple (on a bottle)
tétrico, -ca *adj* : somber, gloomy
textil *adj & nm* : textile
texto *nm* : text
textual *adj* : literal, exact — **textualmente** *adv*
textura *nf* : texture
tez *nf, pl* **teces** : complexion, coloring
ti *pron* **1** : you ⟨es para ti : it's for you⟩ **2 ti mismo, ti misma** : yourself **3** : thee
tía → **tío**
tiamina *nf* : thiamine
tianguis *nm Mex* : open-air market
tibetano[1], **-na** *adj & n* : Tibetan
tibetano[2] *nm* : Tibetan (language)
tibia *nf* : tibia
tibieza *nf* **1** : tepidness **2** : halfheartedness
tibio, -bia *adj* **1** : lukewarm, tepid **2** : cool, unenthusiastic
tiburón *nm, pl* **-rones** **1** : shark **2** : raider (in finance)
tic *nm* **1** : click, tick **2 tic nervioso** : tic
tico, -ca *adj & n fam* : Costa Rican
tictac *nm* **1** : ticking, tick-tock **2 hacer tictac** : to tick
tiembla, etc. → **temblar**
tiempo *nm* **1** : time ⟨justo a tiempo : just in time⟩ ⟨ahorrar/matar/perder tiempo : to save/kill/waste time⟩ ⟨ganar tiempo : to buy time⟩ ⟨tiempo libre : spare time⟩ ⟨al poco tiempo : soon after⟩ ⟨al tiempo que : while at the same time⟩ ⟨con tiempo : in good time, in advance⟩ ⟨con el tiempo : in/with/over time⟩ ⟨no tengo tiempo, no me da tiempo : I don't have time⟩ ⟨hace tiempo que vive aquí : she has lived here for a while⟩ ⟨desde hace mucho tiempo : for quite a while⟩ **2** : period of time ⟨un tiempo de : a period of⟩ ⟨esperamos un tiempo : we waited a while⟩ ⟨cada cierto tiempo : every so often⟩ ⟨en los tiempos que corren : nowadays⟩ **3** : season, moment ⟨antes de tiempo : prematurely⟩ ⟨fuera de tiempo : at the wrong time⟩ **4** : weather ⟨hace buen tiempo : the weather is fine, it's nice outside⟩ **5** : tempo (in music) **6** : half (in sports) **7** : tense (in grammar) **8 trabajar a tiempo completo/parcial** : to work full-time/part-time
tienda *nf* **1** : store, shop **2** *or* **tienda de campaña** : tent
tiende, etc. → **tender**
tiene, etc. → **tener**
tienta[1], **etc.** → **tentar**
tienta[2] *nf* **andar a tientas** : to feel one's way, to grope around
tiernamente *adv* : tenderly
tierno, -na *adj* **1** : affectionate, tender **2** : tender, young
tierra *nf* **1** : land ⟨vender tierra : to sell land⟩ **2** SUELO : ground, earth ⟨camino de tierra : dirt road⟩ ⟨tomar tierra : to land⟩ ⟨caer a tierra : to fall to earth⟩ **3** : country, homeland, soil **4 tierra adentro** : inland **5 tierra firme** : dry/solid ground **6 tierra natal** : native land **7 tierras altas** : highlands **8 tierras bajas** : lowlands **9 la Tierra** : the Earth
tieso, -sa *adj* **1** : stiff, rigid **2** : upright, erect
tiesto *nm* **1** : potsherd **2** MACETA : flowerpot
tiesura *nf* : stiffness, rigidity
tifoidea *nf* : typhoid
tifoideo, -dea *adj* : typhoid ⟨fiebre tifoidea : typhoid fever⟩
tifón *nm, pl* **tifones** : typhoon
tifus *nm* : typhus
tigre, -gresa *n* **1** : tiger, tigress *f* **2** : jaguar
tijera *nf* **1** *or* **tijeras** nfpl : scissors **2 de ~** : folding ⟨escalera de tijera : stepladder⟩
tijereta *nf* : earwig
tijeretada *nf* *or* **tijeretazo** nm : cut, snip
tildar *vt* **~ de** : to brand as, to call ⟨lo tildaron de traidor : they branded him as a traitor⟩
tilde *nf* **1** : accent mark **2** : tilde (accent over *ñ*)
tilo *nm* : linden (tree)
timador, -dora *n* : swindler
timar *vt* : to swindle, to cheat
timbal *nm* **1** : kettledrum **2 timbales** *nmpl* : timpani
timbre *nm* **1** : bell ⟨tocar el timbre : to ring the doorbell⟩ **2** : tone, timbre **3** SELLO : seal, stamp **4** *CA, Mex* : postage stamp
timidez *nf* : timidity, shyness
tímido, -da *adj* : timid, shy — **tímidamente** *adv*
timo *nm fam* : swindle, trick, hoax
timón *nm, pl* **timones** : rudder ⟨estar al timón : to beat the helm⟩
timonel *nm* : helmsman, coxswain
timorato, -ta *adj* **1** : timorous **2** : sanctimonious
tímpano *nm* **1** : eardrum **2 tímpanos** *nmpl* : timpani, kettledrums
tina *nf* **1** BAÑERA : tub, bathtub **2** : vat
tinaco *nm Mex* : water tank
tinieblas *nfpl* **1** OSCURIDAD : darkness **2** : ignorance

tino *nm* **1** : good judgment, sense **2** : tact, sensitivity, insight
tinta *nf* : ink
tinte *nm* **1** : dye, coloring **2** : overtone ⟨tintes raciales : racial overtones⟩
tintero *nm* **1** : inkwell **2 quedarse en el tintero** : to remain unsaid
tintinear *vt* : to jingle, to clink, to tinkle
tintineo *nm* : clink, jingle, tinkle
tinto, -ta *adj* **1** : dyed, stained ⟨tinto en sangre : bloodstained⟩ **2** : red (of wine)
tintorería *nf* : dry cleaner (service)
tintura *nf* **1** : dye, tint **2** : tincture ⟨tintura de yodo : tincture of iodine⟩
tiña *nf* : ringworm
tiñe, etc. → **teñir**
tío, tía *n* : uncle *m,* aunt *f*
tiovivo *nm* : merry-go-round
tipi *nm* : tepee
típico, -ca *adj* : typical — **típicamente** *adv*
tipificar {72} *vt* **1** : to classify, to categorize **2** : to typify
tiple *nm* : soprano
tipo[1] *nm* **1** CLASE : type, kind, sort **2** : figure, build, appearance **3** : rate ⟨tipo de interés : interest rate⟩ **4** : (printing) type, typeface **5** : style, model ⟨un vestido tipo 60's : a 60's-style dress⟩
tipo[2], **-pa** *n fam* : guy *m,* gal *f,* character
tipografía *nf* : typography, printing
tipográfico, -ca *adj* : typographic, typographical
tipográfo, -fa *n* : printer, typographer
tique *or* **tiquet** *nm* **1** : ticket **2** : receipt
tira *nf* **1** : strip, strap **2 tira cómica** : comic, comic strip
tirabuzón *nf, pl* **-zones** : corkscrew
tirada *nf* **1** : throw **2** : distance, stretch **3** IMPRESIÓN : printing, issue
tiradero *nm Mex* **1** : dump **2** : mess, clutter
tirador[1] *nm* : handle, knob
tirador[2], **-dora** *n* : marksman *m,* markswoman *f*
tiragomas *nms & pl* : slingshot
tiranía *nf* : tyranny
tiránico, -ca *adj* : tyrannical
tiranizar {21} *vt* : to tyrannize
tirano[1], **-na** *adj* : tyrannical, despotic
tirano[2], **-na** *n* : tyrant
tirante[1] *adj* **1** : tense, strained **2** : taut
tirante[2] *nm* **1** : shoulder strap **2 tirantes** *nmpl* : suspenders
tirantez *nf* **1** : tautness **2** : tension, friction, strain
tirar *vt* **1** : to throw, to hurl, to toss ⟨tírame la pelota : throw/toss me the ball⟩ **2** BOTAR : to throw away/out (garbage), to waste (money, etc.) **3** DERRIBAR : to knock down **4** : to shoot, to fire, to launch (a rocket), to drop (a bomb) **5** : to shoot (in sports) **6** *Car, Spain* : to take (a photo) **7** : to print, to run off **8** *Arg, Chile, Uru* : to pull — *vi* **1** : to pull, to draw **2** : to shoot ⟨tirar a matar : to shoot to kill⟩ **3** : to shoot (in sports) **4** : to attract **5** : to get by, to manage ⟨va tirando : he's getting along, he's managing⟩ **6** ~ **a** : to tend towards, to be rather ⟨tira a picante : it's a bit spicy⟩ — **tirarse** *vr* **1** : to throw oneself **2** *fam* : to spend (time)
tiritar *vi* : to shiver, to tremble
tiro *nm* **1** BALAZO, DISPARO : shot, gunshot ⟨pegarle un tiro a alguien : to shoot someone⟩ ⟨matar a alguien a tiros : to shoot someone dead⟩ ⟨errar el tiro : to miss the mark⟩ **2** : shot, kick (in sports) ⟨tiro libre : free shot/throw/kick⟩ ⟨tiro penal : penalty shot/kick⟩ **3** : flue **4** : team (of horses, etc.) **5 a** ~ : within range ⟨ponerse a tiro : to come within range⟩ ⟨estar a tiro : to be within range, to be within reach⟩ **6 al tiro** : right away **7 tiro de gracia** : coup de grace, death blow
tiroideo, -dea *adj* : thyroid
tiroides *nmf* : thyroid, thyroid gland — **tiroides** *adj*
tirolés, -lesa *adj* : Tyrolean
tirón *nm, pl* **tirones** **1** : pull, tug, yank **2 de un tirón** : all at once, in one go
tiroteo *nm* **1** : shooting **2** : gunfight, shoot-out
tirria *nf* **tener tirria a** *fam* : to have a grudge against
titánico, -ca *adj* : titanic, huge
titanio *nm* : titanium
títere *nm* : puppet
tití *nm* : marmoset
titilar *vi* : to twinkle, to flicker
titileo *nm* : twinkle, flickering
titiritero, -ra *n* **1** : puppeteer **2** : acrobat
titubear *vi* **1** : to hesitate **2** : to stutter, to stammer — **titubeante** *adj*
titubeo *nm* **1** : hesitation **2** : stammering
titulado, -da *adj* **1** : titled, entitled **2** : qualified
titular[1] *vt* : to title, to entitle — **titularse** *vr* **1** : to be called, to be entitled **2** : to receive a degree
titular[2] *adj* : titular, official
titular[3] *nm* : headline
titular[4] *nmf* **1** : owner, holder **2** : officeholder, incumbent
titularidad *nf* **1** : ownership, title **2** : position, office (with a title) **3** : starting position (in sports)
título *nm* **1** : title **2** : degree, qualification **3** : security, bond **4 a título de** : by way of, in the capacity of
tiza *nf* : chalk
tiznar *vt* : to blacken (with soot, etc.)
tizne *nm* HOLLÍN : soot
tiznón *nm, pl* **tiznones** : stain, smudge
tlapalería *nf Mex* : hardware store
TNT *nm* (*tri*nitro*to*lueno) : TNT
toalla *nf* : towel
toallita *nf* : washcloth
tobillo *nm* : ankle

tobogán *nm, pl* **-ganes** **1 :** toboggan, sled **2 :** slide, chute

tocadiscos *nms & pl* **:** record player, phonograph

tocado[1], **-da** *adj* **1 :** bad, bruised (of fruit) **2** *fam* **:** touched, not all there

tocado[2] *nm* **:** headdress

tocador[1] *nm* **1 :** dressing table, vanity table **2 artículos de tocador :** toiletries

tocador[2], **-dora** *n* **:** player (of music)

tocante *adj* **~ a :** with regard to, regarding

tocar {72} *vt* **1 :** to touch, to feel, to handle **2 :** to touch on, to refer to **3 :** to concern, to affect **4 :** to play (a musical instrument) **5 :** to ring (a bell), to sound **6 tocar fondo :** to hit/reach rock bottom — *vi* **1 :** to knock ⟨tocar a la puerta : to knock on the door⟩ **2 :** to sound, to ring ⟨tocó el timbre : the doorbell rang⟩ **3 :** to fall to, to be up to, to be one's turn ⟨¿a quién le toca manejar? : whose turn is it to drive?⟩ ⟨a él le toca decidir : it's up to him to decide⟩ ⟨nos toca el 50 por ciento : we get 50 percent⟩ **4 :** to come by chance ⟨les tocó la lotería : they won the lottery⟩ ⟨nos toca vivir en tiempos difíciles : it's our fate to live in difficult times⟩ **5 ~ en :** to touch on, to border on ⟨eso toca en lo ridículo : that's almost ludicrous⟩ — **tocarse** *vr*

tocayo, -ya *n* **:** namesake

tocineta *nf Col, Ven* **:** bacon

tocino *nm* **1 :** bacon **2 :** salt pork

tocología *nf* OBSTETRICIA **:** obstetrics

tocólogo, -ga *n* OBSTETRA **:** obstetrician

tocón *nm, pl* **tocones** CEPA **:** stump (of a tree)

todavía *adv* **1** AÚN **:** still, yet ⟨todavía puedes verlo : you can still see it⟩ **2 :** even ⟨todavía más rápido : even faster⟩ **3 todavía no :** not yet

todo[1], **-da** *adj* **1 :** all, whole, entire ⟨toda la comunidad : the whole community⟩ ⟨toda la noche : all night, the whole night⟩ ⟨todo tipo de : all kinds of⟩ ⟨con toda sinceridad : with all sincerity⟩ **2 :** every, each, any ⟨a todo nivel : at every level⟩ ⟨todos los días : every day⟩ ⟨toda persona menor de 18 años : anyone under the age of 18⟩ **3 :** maximum ⟨a toda velocidad : at top speed⟩ **4 todo el mundo :** everyone, everybody

todo[2] *nm* **:** whole

todo[3], **-da** *pron* **1 :** everything, all, every bit ⟨lo sabe todo : he knows it all⟩ ⟨tienen de todo : they have some of everything⟩ ⟨hizo todo lo que pudo : she did everything she could⟩ ⟨no los encontré todos : I didn't find all of them⟩ ⟨es todo un soldado : he's a soldier through and through⟩ ⟨fue todo un éxito : it was quite a success⟩ **2 todos, -das** *pl* **:** everybody, everyone, all ⟨todos estamos de acuerdo : everybody agrees, we all agree⟩ ⟨¿estamos todos? : are we all here?⟩ ⟨es mejor para todos : it's better for everyone⟩ ⟨agradeció a todos : he thanked everyone⟩ ⟨es la más famosa de todos : she's the most famous of them all⟩ **3 ante ~ :** above all, first and foremost **4 con todo (y eso) :** even so, nevertheless **5 del todo :** completely **6 sobre ~ :** above all

todopoderoso, -sa *adj* OMNIPOTENTE **:** almighty, all-powerful

todoterreno *nm* **:** all-terrain vehicle

toga *nf* **1 :** toga **2 :** gown, robe (for magistrates, etc.)

toldo *nm* **:** awning, canopy

tolerable *adj* **:** tolerable — **tolerablemente** *adv*

tolerancia *nf* **:** tolerance, toleration

tolerante *adj* **:** tolerant — **tolerantemente** *adv*

tolerar *vt* **:** to tolerate

tolete *nm* **:** oarlock

tolva *nf* **:** hopper (container)

toma *nf* **1 :** taking, seizure, capture **2** DOSIS **:** dose **3 :** take, shot **4 toma de corriente :** wall socket, outlet **5 toma y daca :** give-and-take

tomar *vt* **1 :** to take ⟨tomé el libro : I took the book⟩ ⟨tomar un taxi : to take a taxi⟩ ⟨tomar una foto : to take a photo⟩ ⟨toma dos años : it takes two years⟩ ⟨tomaron medidas drásticas : they took drastic measures⟩ **2 :** to make (a decision) **3** BEBER **:** to drink **4** CONSUMIR **:** to have (food), to take (medicine) **5** CAPTURAR **:** to capture, to seize **6 :** to take, to interpret ⟨no lo tomes a mal : don't take it the wrong way⟩ **7 ~ por :** to take for, to mistake for **8 tomar el sol :** to sunbathe **9 tomar prestado :** to borrow **10 tomar tierra :** to land — *vi* **1 :** to take something ⟨toma, te lo presto : here, I'll lend it to you⟩ **2 :** to drink (alcohol) — **tomarse** *vr* **1 :** to take ⟨tomarse la molestia de : to take the trouble to⟩ **2 :** to drink, to eat, to have

tomate *nm* **:** tomato

tomillo *nm* **:** thyme

tomo *nm* **:** volume, tome

ton *nm* **sin ton ni son :** without rhyme or reason

tonada *nf* **1 :** tune, song **2 :** accent

tonalidad *nf* **:** tonality

tonel *nm* BARRICA **:** barrel, cask

tonelada *nf* **:** ton

tonelaje *nm* **:** tonnage

tónica *nf* **1 :** tonic (water) **2 :** tonic (in music) **3 :** trend, tone ⟨dar la tónica : to set the tone⟩

tónico[1], **-ca** *adj* **:** tonic

tónico[2] *nm* **:** tonic ⟨tónico capilar : hair tonic⟩

tono *nm* **1 :** tone ⟨tono muscular : muscle tone⟩ **2 :** shade (of colors) **3 :** key (in music)

tontamente *adv* **:** foolishly, stupidly

tontear *vi* **1** : to fool around, to play the fool **2** : to flirt

tontería *nf* **1** : foolishness **2** : stupid remark or action **3 decir tonterías** : to talk nonsense

tonto[1], -ta *adj* **1** : dumb, stupid **2** : silly **3 a tontas y a locas** : without thinking, haphazardly

tonto[2], -ta *n* : fool, idiot

topacio *nm* : topaz

toparse *vr* **~ con** : to bump into, to run into, to come across ⟨me topé con algunas dificultades : I ran into some problems⟩

tope *nm* **1** : limit, end ⟨hasta el tope : to the limit, to the brim⟩ **2** : stop, check, buffer ⟨tope de puerta : doorstop⟩ **3** : bump, collision **4** *Mex* : speed bump

tópico[1], -ca *adj* **1** : topical, external **2** : trite, commonplace

tópico[2] *nm* **1** : topic, subject **2** : cliché, trite expression

topo *nm* **1** : mole (animal) **2** *fam* : clumsy person, blunderer

topografía *nf* : topography

topográfico, -ca *adj* : topographic, topographical

topógrafo, -fa *n* : topographer

toque[1], etc. → **tocar**

toque[2] *nm* **1** : touch ⟨el último toque : the finishing touch⟩ ⟨un toque de color : a touch of color⟩ **2** : ringing, peal, chime **3** *Mex* : shock, jolt **4 toque de queda** : curfew **5 toque de diana** : reveille

toquetear *vt* : to touch, to handle, to finger

tórax *nm* : thorax

torbellino *nm* : whirlwind

torcedura *nf* **1** : twisting, buckling **2** : sprain

torcer {14} *vt* **1** : to bend, to twist **2** : to sprain **3** : to turn (a corner) **4** : to wring, to wring out **5** : to distort — *vi* : to turn — **torcerse** *vr*

torcido, -da *adj* **1** : twisted, crooked **2** : devious

tordo *nm* ZORZAL : thrush

torear *vt* **1** : to fight (bulls) **2** : to dodge, to sidestep

toreo *nm* : bullfighting

torero, -ra *n* MATADOR : bullfighter, matador

tormenta *nf* **1** : storm ⟨tormenta de nieve : snowstorm⟩ **2** : turmoil, frenzy

tormento *nm* **1** : torment, anguish **2** : torture

tormentoso, -sa *adj* : stormy, turbulent

tornado *nm* : tornado

tornamesa *nmf* : turntable

tornar *vt* **1** : to return, to give back **2** : to make, to render — *vi* : to go back — **tornarse** *vr* : to become, to turn into

tornasol *nm* **1** : reflected light **2** : sunflower **3** : litmus

tornear *vt* : to turn (in carpentry)

torneo *nm* : tournament

tornillo *nm* **1** : screw **2 tornillo de banco** : vise

torniquete *nm* **1** : tourniquet **2** : turnstile

torno *nm* **1** : lathe **2** : winch **3 torno de banco** : vise **4 en torno a** : around, about ⟨en torno a este asunto : about this issue⟩ ⟨en torno suyo : around him⟩

toro *nm* : bull

toronja *nf* : grapefruit

toronjil *nm* : balm, lemon balm

torpe *adj* **1** DESMAÑADO : clumsy, awkward **2** : stupid, dull — **torpemente** *adv*

torpedear *vt* : to torpedo

torpedo *nm* : torpedo

torpeza *nf* **1** : clumsiness, awkwardness **2** : stupidity **3** : blunder

torre *nf* **1** : tower ⟨torre de perforación : oil rig⟩ **2** : turret **3** : rook, castle (in chess)

torrencial *adj* : torrential — **torrencialmente** *adv*

torrente *nm* **1** : torrent **2 torrente sanguíneo** : bloodstream

torreón *nm, pl* **-rreones** : tower (of a castle)

torreta *nf* : turret (of a tank, ship, etc.)

tórrido, -da *adj* : torrid

torsión *nf, pl* **torsiones** : torsion — **torsional** *adj*

torso *nm* : torso, trunk

torta *nf* **1** : torte, cake **2** *Mex* : sandwich

tortazo *nm fam* : blow, wallop

tortilla *nf* **1** : tortilla **2** *or* **tortilla de huevo** : omelet

tórtola *nf* : turtledove

tortuga *nf* **1** : turtle, tortoise **2 tortuga de agua dulce** : terrapin **3 tortuga boba** : loggerhead

tortuoso, -sa *adj* : tortuous, winding

tortura *nf* : torture

torturador, -dora *n* : torturer

torturar *vt* : to torture, to torment

torvo, -va *adj* : grim, stern, baleful

torzamos, etc. → **torcer**

tos *nf* **1** : cough **2 tos ferina** : whooping cough

tosco, -ca *adj* : rough, coarse

toser *vi* : to cough

tosquedad *nf* : crudeness, coarseness, roughness

tostada *nf* **1** : piece of toast **2** : tostada

tostador *nm* **1** : toaster **2** : roaster (for coffee)

tostar {19} *vt* **1** : to toast **2** : to roast (coffee) **3** : to tan — **tostarse** *vr* : to get a tan

tostón *nm, pl* **tostones** *Car* : fried plantain chip

total[1] *adv* : in the end, so ⟨total, que no fui : in short, I didn't go⟩

total[2] *adj & nm* : total — **totalmente** *adv*

totalidad *nf* : totality, whole

totalitario, -ria *adj & n* : totalitarian

totalitarismo *nm* : totalitarianism
totalizar {21} *vt* : total, to add up to
tótem *nm, pl* **tótems** : totem
totopo *nm CA, Mex* : tortilla chip
totuma *nf* : calabash
tour ['tur] *nm, pl* **tours** : tour, excursion
toxicidad *nf* : toxicity
tóxico[1], **-ca** *adj* : toxic, poisonous
tóxico[2] *nm* : poison
toxicomanía *nf* : drug addiction
toxicómano, -na *n* : drug addict
toxina *nf* : toxin
tozudez *nf* : stubbornness, obstinacy
tozudo, -da *adj* : stubborn, obstinate — **tozudamente** *adv*
traba *nf* **1** : tie, bond **2** : obstacle, hindrance
trabajador[1], **-dora** *adj* : hardworking
trabajador[2], **-dora** *n* : worker
trabajar *vi* **1** : to work ⟨trabaja mucho : he works hard⟩ ⟨trabajo de secretaria : I work as a secretary⟩ **2** : to strive ⟨trabajan por mejores oportunidades : they're striving for better opportunities⟩ **3** : to act, to perform ⟨trabajar en una película : to be in a movie⟩ — *vt* **1** : to work (metal) **2** : to knead **3** : to till **4** : to work on ⟨tienes que trabajar el español : you need to work on your Spanish⟩
trabajo *nm* **1** : work, job **2** LABOR : labor, work ⟨tengo mucho trabajo : I have a lot of work to do⟩ **3** TAREA : task **4** ESFUERZA : effort **5 costar trabajo** : to be difficult **6 tomarse el trabajo** : to take the trouble **7 trabajo en equipo** : teamwork **8 trabajos** *nmpl* : hardships, difficulties
trabajoso, -sa *adj* LABORIOSO : laborious — **trabajosamente** *adv*
trabalenguas *nms & pl* : tongue twister
trabar *vt* **1** : to join, to connect **2** : to impede, to hold back **3** : to strike up (a conversation), to form (a friendship) **4** : to thicken (sauces) — **trabarse** *vr* **1** : to jam **2** : to become entangled **3** : to be tongue-tied, to stammer
trabucar {72} *vt* : to confuse, to mix up
trabuco *nm* : blunderbuss
tracalero, -ra *adj Mex* : dishonest, tricky
tracción *nf* : traction
trace, etc. → **trazar**
tracto *nm* : tract
tractor *nm* : tractor
tradición *nf, pl* **-ciones** : tradition
tradicional *adj* : traditional — **tradicionalmente** *adv*
traducción *nf, pl* **-ciones** : translation
traducible *adj* : translatable
traducir {61} *vt* **1** : to translate **2** : to convey, to express — **traducirse** *vr* ~ **en** : to result in
traductor, -tora *n* : translator
traer {81} *vt* **1** : to bring ⟨trae una ensalada : bring a salad⟩ **2** CAUSAR : to cause, to bring about ⟨el problema puede traer graves consecuencias : the problem could have serious consequences⟩ **3** : to carry, to have ⟨todos los periódicos traían las mismas noticias : all of the newspapers carried the same news⟩ **4** LLEVAR : to wear — **traerse** *vr* **1** : to bring along **2 traérselas** : to be difficult
traficante *nmf* : dealer, trafficker
traficar {72} *vi* **1** : to trade, to deal **2** ~ **con** : to traffic in
tráfico *nm* **1** : trade **2** : traffic
tragaluz *nf, pl* **-luces** : skylight, fanlight
tragar {52} *v* : to swallow — **tragarse** *vr*
tragedia *nf* : tragedy
trágico, -ca *adj* : tragic — **trágicamente** *adv*
trago *nm* **1** : swallow, swig **2** : drink, liquor **3 trago amargo** : hard time
trague, etc. → **tragar**
traición *nf, pl* **traiciones** **1** : treason **2** : betrayal, treachery
traicionar *vt* : to betray
traicionero, -ra → **traidor**
traidor[1], **-dora** *adj* : traitorous, treasonous
traidor[2], **-dora** *n* : traitor
traiga, etc. → **traer**
tráiler *or* **trailer** *nm* : trailer
traílla *nf* **1** : leash **2** : harrow
traje *nm* **1** : suit **2** : dress **3** : costume **4 traje de baño** : bathing suit
trajín *nm, pl* **trajines** **1** : transport **2** *fam* : hustle and bustle
trajinar *vt* : to transport, to carry — *vi* : to rush around
trajo, etc. → **traer**
trama *nf* **1** : plot **2** : weave, weft (fabric)
tramar *vt* **1** : to plot, to plan **2** : to weave
tramitar *vt* : to transact, to negotiate, to handle
trámite *nm* : procedure, step
tramo *nm* **1** : stretch, section **2** : flight (of stairs)
trampa *nf* **1** : trap **2 hacer trampas** : to cheat
trampear *vt* : to cheat
trampero, -ra *n* : trapper
trampilla *nf* : trapdoor
trampolín *nm, pl* **-lines** **1** : diving board **2** : trampoline **3** : springboard ⟨un trampolín al éxito : a springboard to success⟩
tramposo[1], **-sa** *adj* : crooked, cheating
tramposo[2], **-sa** *n* : cheat, swindler
tranca *nf* **1** : stick, club **2** : bar, crossbar
trancar {72} *vt* : to bar (a door or window)
trancazo *nm* GOLPE : blow, hit
trance *nm* **1** : critical juncture, tough time **2** : trance **3 en trance de** : in the process of ⟨en trance de extinción : on the verge of extinction⟩
tranco *nm* **1** : stride **2** UMBRAL : threshold

tranque, etc. → **trancar**

tranquilidad *nf* : tranquility, peace

tranquilizador, -dora *adj* **1** : soothing **2** : reassuring

tranquilizante[1] *adj* **1** : reassuring **2** : tranquilizing

tranquilizante[2] *nm* : tranquilizer

tranquilizar {21} *vt* CALMAR : to calm down, to soothe ⟨tranquilizar la conciencia : to ease the conscience⟩ — **tranquilizarse** *vr*

tranquilo, -la *adj* CALMO : calm, tranquil ⟨una vida tranquila : a quiet life⟩ — **tranquilamente** *adv*

transacción *nf, pl* **-ciones** : transaction

transar *vi* TRANSIGIR : to give way, to compromise — *vt* : to buy and sell

transatlántico[1], **-ca** *adj* : transatlantic

transatlántico[2] *nm* : ocean liner

transbordador *nm* **1** : ferry **2 transbordador espacial** : space shuttle

transbordar *v* : to transfer

transbordo *nm* : transfer

transcendencia → **trascendencia**

transcender → **trascender**

transcribir {33} *vt* : to transcribe

transcrito *pp* → **transcribir**

transcripción *nf, pl* **-ciones** : transcription

transcurrir *vi* : to elapse, to pass

transcurso *nm* : course, progression ⟨en el transcurso de cien años : over the course of a hundred years⟩

transeúnte *nmf* **1** : passerby **2** : transient

transferencia *nf* : transfer, transference

transferir {76} *vt* TRASLADAR : to transfer — **transferible** *adj*

transfigurar *vt* : to transfigure, to transform — **transfiguración** *nf*

transformación *nf, pl* **-ciones** : transformation, conversion

transformador *nm* : transformer

transformar *vt* **1** CONVERTIR : to convert **2** : to transform, to change, to alter — **transformarse** *vr*

transfusión *nf, pl* **-siones** : transfusion

transgénico[1], **-ca** *adj* : genetically modified

transgénico[2], **-ca** *n* : genetically modified plant or animal

transgredir {1} *vt* : to transgress — **transgresión** *nf*

transgresor, -sora *n* : transgressor

transición *nf, pl* **-ciones** : transition ⟨período de transición : transition period⟩

transido, -da *adj* : overcome, beset ⟨transido de dolor : racked with pain⟩

transigir {35} *vi* **1** : to give in, to compromise **2** ~ **con** : to tolerate, to put up with

transistor *nm* : transistor

transitable *adj* : passable

transitar *vi* : to go, to pass, to travel ⟨transitar por la ciudad : to travel through the city⟩

transitivo, -va *adj* : transitive

tránsito *nm* **1** TRÁFICO : traffic ⟨hora de máximo tránsito : rush hour⟩ **2** : transit, passage, movement **3** : death, passing

transitorio, -ria *adj* **1** : transitory **2** : provisional, temporary — **transitoriamente** *adv*

translúcido, -da *adj* : translucent

translucir → **traslucir**

transmisible *adj* : transmissible

transmisión *nf, pl* **-siones** **1** : transmission, broadcast **2** : transfer **3** : transmission (of an automobile)

transmisor *nm* : transmitter

transmitir *vt* **1** : to transmit, to broadcast **2** : to pass on, to transfer — *vi* : to transmit, to broadcast

transparencia *nf* : transparency

transparentar *vt* : to reveal, to betray — **transparentarse** *vr* **1** : to be transparent **2** : to show through

transparente[1] *adj* : transparent — **transparentemente** *adv*

transparente[2] *nm* : shade, blind

transpiración *nf, pl* **-ciones** SUDOR : perspiration, sweat

transpirado, -da *adj* : sweaty

transpirar *vi* **1** SUDAR : to perspire, to sweat **2** : to transpire

transplantar, transplante → **trasplantar, trasplante**

transponer {60} *vt* **1** : to transpose, to move about **2** TRASPLANTAR : to transplant — **transponerse** *vr* **1** OCULTARSE : to hide **2** PONERSE : to set, to go down (of the sun or moon) **3** DORMITAR : to doze off

transportación *nf, pl* **-ciones** : transportation

transportador *nm* **1** : protractor **2** : conveyor

transportar *vt* **1** : to transport, to carry **2** : to transmit **3** : to transpose (music) — **transportarse** *vr* : to get carried away

transporte *nm* : transport, transportation

transportista *nmf* : hauler, carrier, trucker

transpuso, etc. → **transponer**

transversal *adj* : transverse, cross ⟨corte transversal : cross section⟩

transversalmente *adv* : obliquely

transverso, -sa *adj* : transverse

tranvía *nm* : streetcar, trolley

trapeador *nm* : mop

trapear *vt* : to mop

trapecio *nm* **1** : trapezoid **2** : trapeze

trapezoide *nm* : trapezoid

trapo *nm* **1** : cloth, rag ⟨trapo de polvo : dust cloth⟩ **2 soltar el trapo** : to burst into tears **3 trapos** *nmpl fam* : clothes

tráquea *nf* : trachea, windpipe

traquetear *vi* : to clatter, to jolt

traqueteo *nm* **1** : jolting **2** : clattering, clatter

tras *prep* **1** : after ⟨día tras día : day after day⟩ ⟨uno tras otro : one after another⟩ **2** : behind ⟨tras la puerta : behind the door⟩

trasbordar, trasbordo → **transbordar, transbordo**

trascendencia *nf* **1** : importance, significance **2** : transcendence

trascendental *adj* **1** : transcendental **2** : important, momentous

trascendente *adj* **1** : important, significant **2** : transcendent

trascender {56} *vi* **1** : to leak out, to become known **2** : to spread, to have a wide effect **3** ~ **a** : to smell of ⟨la casa trascendía a flores : the house smelled of flowers⟩ **4** ~ **de** : to transcend, to go beyond — *vt* : to transcend

trasero[1], **-ra** *adj* POSTERIOR : rear, back

trasero[2] *nm* : buttocks

trasfondo *nm* **1** : background, backdrop **2** : undertone, undercurrent

trasformación → **transformación**

trasgo *nm* : goblin, imp

trasgredir → **transgredir**

trasladar *vt* **1** TRANSFERIR : to transfer, to move **2** POSPONER : to postpone **3** TRADUCIR : to translate **4** COPIAR : to copy, to transcribe — **trasladarse** *vr* MUDARSE : to move, to relocate

traslado *nm* **1** : transfer, move **2** : copy

traslapar *vt* : to overlap — **traslaparse** *vr*

traslapo *nm* : overlap

traslúcido, -da → **translúcido**

traslucir {45} *vi* : to reveal, to show — **traslucirse** *vr* : to show through

trasmano *nm* **a** ~ : out of the way, out of reach

trasmisión, trasmitir → **transmisión, transmitir**

trasnochar *vi* : to stay up all night

trasparencia *nf* **trasparente** → **transparencia, transparente**

traspasar *vt* **1** PERFORAR : to pierce, to go through **2** : to go beyond ⟨traspasar los límites : to overstep the limits⟩ **3** ATRAVESAR : to cross, to go across **4** : to sell, to transfer

traspaso *nm* : transfer, sale

traspié *nm* **1** : stumble **2** : blunder

traspiración → **transpiración**

trasplantar *vt* : to transplant

trasplante *nm* : transplant

trasponer → **transponer**

trasportar → **transportar**

trasquilar *vt* ESQUILAR : to shear

traste *nm* **1** : fret (on a guitar) **2** *CA, Mex, PRi* : kitchen utensil ⟨lavar los trastes : to do the dishes⟩ **3 dar al traste con** : to ruin, to destroy **4 irse al traste** : to fall through

trastornar *vt* : to disturb, to upset, to disrupt — **trastornarse** *vr*

trastorno *nm* **1** : disorder ⟨trastorno mental : mental disorder⟩ **2** : disturbance, upset

trastos *nmpl* **1** : implements, utensils **2** *fam* : pieces of junk, stuff

trasunto *nm* : image, likeness

tratable *adj* **1** : friendly, sociable **2** : treatable

tratado *nm* **1** : treatise **2** : treaty

tratamiento *nm* : treatment

tratante *nmf* : dealer, trader

tratar *vi* **1** ~ **con** : to deal with, to have contact with ⟨no trato mucho con los clientes : I don't have much contact with customers⟩ **2** ~ **de** : to try to ⟨estoy tratando de comer : I am trying to eat⟩ **3** ~ **de/sobre** : to be about, to concern ⟨el libro trata de las plantas : the book is about plants⟩ **4** ~ **en** : to deal in ⟨trata en herramientas : he deals in tools⟩ — *vt* **1** : to treat ⟨tratan bien a sus empleados : they treat their employees well⟩ **2** : to treat (a patient, a condition) **3** : to handle ⟨trató el tema con delicadeza : he handled the subject tactfully⟩ **4** : to treat (wood, etc.) — **tratarse** *vr* **1** : to socialize with **2** ~ **de** : to be about, to concern

trato *nm* **1** : deal, agreement **2** : relationship, dealings *pl* **3** : treatment ⟨malos tratos : ill-treatment⟩

trauma *nm* : trauma

traumático, -ca *adj* : traumatic — **traumáticamente** *adv*

traumatismo *nm* : injury ⟨traumatismo cervical : whiplash⟩

través *nm* **1 a través de** : across, through **2 al través** : crosswise, across **3 de través** : sideways

travesaño *nm* **1** : crossbar **2** : crossbeam, crosspiece, transom (of a window)

travesía *nf* : voyage, crossing (of the sea)

travesura *nf* **1** : prank, mischievous act **2 travesuras** *nfpl* : mischief

travieso, -sa *adj* : mischievous, naughty — **traviesamente** *adv*

trayecto *nm* **1** : journey **2** : route **3** : trajectory, path

trayectoria *nf* : course, path, trajectory

trayendo → **traer**

traza *nf* **1** DISEÑO : design, plan **2** : appearance

trazado *nm* **1** BOSQUEJO : outline, sketch **2** PLAN : plan, layout

trazar {21} *vt* **1** : to trace **2** : to draw up, to devise **3** : to outline, to sketch

trazo *nm* **1** : stroke, line **2** : sketch, outline

trébol *nm* **1** : clover, shamrock **2** : club (playing card)

trece *adj & nm* : thirteen

treceavo[1], **-va** *adj* : thirteenth

treceavo[2] *nm* : thirteenth (fraction)

trecho *nm* **1** : stretch, period ⟨de trecho en trecho : at intervals⟩ **2** : distance, space

tregua *nf* **1** : truce **2** : lull, respite **3 sin** ~ : relentless, unrelenting

treinta *adj & nm* : thirty

treintavo[1], **-va** *adj* : thirtieth

treintavo[2] *nm* : thirtieth (fraction)
tremendo, -da *adj* **1** : tremendous, enormous **2** : terrible, dreadful **3** *fam* : great, super
trementina *nf* AGUARRÁS : turpentine
trémulo, -la *adj* **1** : trembling, shaky **2** : flickering
tren *nm* **1** : train **2** : set, assembly ⟨tren de aterrizaje : landing gear⟩ **3** : speed, pace ⟨a todo tren : at top speed⟩
trence, etc. → **trenzar**
trenza *nf* : braid, pigtail
trenzar {21} *vt* : to braid — **trenzarse** *vr* : to get involved
trepador, -dora *adj* : climbing ⟨rosal trepador : rambling rose⟩
trepadora *nf* **1** : climbing plant, climber **2** : nuthatch
trepar *vi* **1** : to climb ⟨trepar a un árbol : to climb up a tree⟩ **2** : to creep, to spread (of a plant)
trepidación *nf, pl* **-ciones** : vibration
trepidante *adj* **1** : vibrating **2** : fast, frantic
trepidar *vi* **1** : to shake, to vibrate **2** : to hesitate, to waver
tres *adj & nm* : three
trescientos[1], **-tas** *adj* : three hundred
trescientos[2] *nms & pl* : three hundred
treta *nf* : trick, ruse
tríada *nf* : triad
triángulo *nm* : triangle — **triangular** *adj*
tribal *adj* : tribal
tribu *nf* : tribe
tribulación *nf, pl* **-ciones** : tribulation
tribuna *nf* **1** : dais, platform **2** : stands *pl*, bleachers *pl*, grandstand
tribunal *nm* : court, tribunal
tributar *vt* : to pay, to render — *vi* : to pay taxes
tributario[1], **-ria** *adj* : tax ⟨evasión tributaria : tax evasion⟩
tributario[2] *nm* : tributary
tributo *nm* **1** : tax **2** : tribute
triciclo *nm* : tricycle
tricolor *adj* : tricolor, tricolored
tridente *nm* : trident
tridimensional *adj* : three-dimensional, 3-D
trienal *adj* : triennial
trifulca *nf fam* : row, ruckus
trigésimo[1], **-ma** *adj* : thirtieth, thirty-
trigésimo[2], **-ma** *n* : thirtieth, thirty- (in a series)
trigo *nm* **1** : wheat **2 trigo rubión** : buckwheat
trigonometría *nf* : trigonometry
trigueño, -ña *adj* **1** : light brown (of hair) **2** MORENO : dark, olive-skinned
trillado, -da *adj* : trite, hackneyed
trilladora *nf* : thresher, threshing machine
trillar *vt* : to thresh
trillizo, -za *n* : triplet
trilogía *nf* : trilogy
trimestral *adj* : quarterly — **trimestralmente** *adv*
trinar *vi* **1** : to thrill **2** : to warble
trinchar *vt* : to carve, to cut up
trinchera *nf* **1** : trench, ditch **2** : trench coat
trineo *nm* : sled, sleigh
trinidad *nf* **la Trinidad** : the Trinity
trino *nm* : trill, warble
trinquete *nm* : ratchet
trío *nm* : trio
tripa *nf* **1** INTESTINO : gut, intestine **2 tripas** *nfpl fam* : belly, tummy, insides *pl* ⟨dolerle a uno las tripas : to have a stomach ache⟩
tripartito, -ta *adj* : tripartite
triple *adj & nm* : triple
triplicado *nm* : triplicate
triplicar {72} *vt* : to triple, to treble
trípode *nm* : tripod
tripulación *nf, pl* **-ciones** : crew
tripulante *nmf* : crew member
tripular *vt* : to man
tris *nm* **estar en un tris de** : to be within an inch of, to be very close to
triste *adj* **1** : sad, gloomy ⟨ponerse triste : to become sad⟩ **2** : desolate, dismal ⟨una perspectiva triste : a dismal outlook⟩ **3** : sorry, sorry-looking ⟨la triste verdad : the sorry truth⟩
tristeza *nf* DOLOR : sadness, grief
tristón, -tona *adj, mpl* **-tones** : melancholy, downhearted
tritón *nm, pl* **tritones** : newt
triturar *vt* : to crush, to grind
triunfal *adj* : triumphal, triumphant — **triunfalmente** *adv*
triunfante *adj* : triumphant, victorious
triunfar *vi* : to triumph, to win
triunfo *nm* **1** : triumph, victory **2** ÉXITO : success **3** : trump (in card games)
triunvirato *nm* : triumvirate
trivial *adj* **1** : trivial **2** : trite, commonplace
trivialidad *nf* : triviality
triza *nf* **1** : shred, bit **2 hacer trizas** : to tear into shreds, to smash to pieces
trocar {82} *vt* **1** CAMBIAR : to exchange, to trade **2** CAMBIAR : to change, to alter, to transform **3** CONFUNDIR : to confuse, to mix up
trocha *nf* : path, trail
troce, etc. → **trozar**
trofeo *nm* : trophy
tromba *nf* **1** : whirlwind **2 tromba de agua** : downpour, cloudburst
trombón *nm, pl* **trombones** **1** : trombone **2** : trombonist — **trombonista** *nmf*
trombosis *nf* : thrombosis
trompa *nf* **1** : trunk (of an elephant), proboscis (of an insect) **2** : horn ⟨trompa de caza : hunting horn⟩ **3** : tube, duct (in the body)
trompada *nf fam* **1** : punch, blow **2** : bump, collision (of persons)
trompeta *nf* : trumpet
trompetista *nmf* : trumpet player, trumpeter
trompo *nm* : spinning top
tronada *nf* : thunderstorm

tronar {19} *vi* **1** : to thunder, to roar **2** : to be furious, to rage **3** *CA, Mex fam* : to shoot — *v impers* : to thunder ⟨está tronando : it's thundering⟩

tronchar *vt* **1** : to snap, to break off **2** : to cut off (relations)

tronco *nm* **1** : trunk (of a tree) **2** : log **3** : torso

trono *nm* **1** : throne **2** *fam* : toilet

tropa *nf* **1** : troop, soldiers *pl* **2** : crowd, mob **3** : herd (of livestock)

tropel *nm* : mob, swarm

tropezar {29} *vi* **1** : to trip, to stumble **2** : to slip up, to blunder **3 ~ con** : to run into, to bump into **4 ~ con** : to come up against (a problem)

tropezón *nm, pl* **-zones** **1** : stumble **2** : mistake, slip

tropical *adj* : tropical

trópico *nm* **1** : tropic ⟨trópico de Cáncer : tropic of Cancer⟩ **2 el trópico** : the tropics

tropiezo *nm* **1** CONTRATIEMPO : snag, setback **2** EQUIVOCACIÓN : mistake, slip

troqué, etc. → **trocar**

troquel *nm* : die (for stamping)

trotamundos *nmf* : globe-trotter

trotar *vi* **1** : to trot **2** : to jog **3** *fam* : to rush about

trote *nm* **1** : trot **2** *fam* : rush, bustle **3 de ~** : durable, for everyday use

trovador, -dora *n* : troubadour

trozar {21} *vt* : to cut up, to dice

trozo *nm* **1** PEDAZO : piece, bit, chunk **2** : passage, extract

trucha *nf* : trout

truco *nm* **1** : trick **2** : knack

truculento, -ta *adj* : horrifying, gruesome

trueca, trueque etc. → **trocar**

truena, etc. → **tronar**

trueno *nm* : thunder

trueque *nm* : barter, exchange

trufa *nf* : truffle

truncar {72} *vt* **1** : to truncate, to cut short **2** : to thwart, to frustrate ⟨truncó sus esperanzas : she shattered their hopes⟩

trunco, -ca *adj* **1** : truncated **2** : unfinished, incomplete

trunque, etc. → **truncar**

tu *adj* **1** : your ⟨tu vestido : your dress⟩ ⟨toma tus vitaminas : take your vitamins⟩ **2** : thy

tú *pron* **1** : you ⟨tú eres mi hijo : you are my son⟩ **2** : thou

tuba *nf* : tuba

tubérculo *nm* : tuber

tuberculosis *nf* : tuberculosis

tuberculoso, -sa *adj* : tuberculous, tubercular

tubería *nf* : pipes *pl*, tubing

tuberoso, -sa *adj* : tuberous

tubo *nm* **1** : tube ⟨tubo de ensayo : test tube⟩ **2** : pipe ⟨tubo de desagüe : drainpipe⟩ **3 tubo digestivo** : alimentary canal

tubular *adj* : tubular

tuerca *nf* : nut ⟨tuercas y tornillos : nuts and bolts⟩

tuerce, etc. → **torcer**

tuerto, -ta *adj* : one-eyed, blind in one eye

tuerza, etc. → **torcer**

tuesta, etc. → **tostar**

tuétano *nm* : marrow

tufo *nm* **1** : fume, vapor **2** *fam* : stench, stink

tugurio *nm* : hovel

tulipán *nm, pl* **-panes** : tulip

tumba *nf* **1** SEPULCRO : tomb **2** FOSA : grave **3** : felling of trees

tumbar *vt* **1** : to knock down **2** : to fell, to cut down — *vi* : to fall down — **tumbarse** *vr* ACOSTARSE : to lie down

tumbo *nm* **1** : tumble, fall **2 dar tumbos** : to jolt, to bump around

tumor *nm* : tumor

túmulo *nm* : burial mound

tumulto *nm* **1** ALBOROTO : commotion, tumult **2** MOTÍN : riot **3** MULTITUD : crowd

tumultuoso, -sa *adj* : tumultuous

tuna *nf* : prickly pear (fruit)

tundra *nf* : tundra

tunecino, -na *adj & n* : Tunisian

túnel *nm* : tunnel

tungsteno *nm* : tungsten

túnica *nf* : tunic

tupé *nm* PELUQUÍN : toupee

tupido, -da *adj* **1** DENSO : dense, thick **2** OBSTRUIDO : obstructed, blocked up

turba *nf* **1** : peat **2** : mob, throng

turbación *nf, pl* **-ciones** **1** : disturbance **2** : alarm, concern **3** : confusion

turbante *nm* : turban

turbar *vt* **1** : to disturb, to disrupt **2** : to worry, to upset **3** : to confuse

turbina *nf* : turbine

turbio, -bia *adj* **1** : cloudy, murky, turbid **2** : dim, blurred **3** : shady, crooked

turbopropulsor *nm* : turboprop

turborreactor *nm* : turbojet

turbulencia *nf* : turbulence

turbulento, -ta *adj* : turbulent

turco[1], **-ca** *adj* : Turkish

turco[2], **-ca** *n* : Turk

turco[3] *nm* : Turkish (language)

turgente *adj* : turgid, swollen

turismo *nm* : tourism, tourist industry

turista *nmf* : tourist, vacationer

turístico, -ca *adj* : tourist, travel

turnar *vi* : to take turns, to alternate

turno *nm* **1** : turn ⟨ya te tocará tu turno : you'll get your turn⟩ **2** : shift, duty ⟨turno de noche : night shift⟩ **3 por turno** : alternately

turón *nm, pl* **turones** : polecat

turquesa *nf* : turquoise

turrón *nm, pl* **turrones** : nougat

tusa *nf* : corn husk

tutear *vt* : to address as *tú*

tutela *nf* **1** : guardianship **2** : tutelage, protection

tuteo *nm* : addressing as *tú*
tutor, -tora *n* **1** : tutor **2** : guardian
tuvo, etc. → **tener**
tuyo[1], **-ya** *adj* : yours, of yours ⟨un amigo tuyo : a friend of yours⟩ ⟨¿es tuya esta casa? : is this house yours?⟩
tuyo[2], **-ya** *pron* **1** : yours ⟨ése es el tuyo : that one is yours⟩ ⟨trae la tuya : bring your own⟩ **2 los tuyos** : your relations, your friends ⟨¿vendrán los tuyos? : are your folks coming?⟩
tweed ['twið] *nm* : tweed

U

u[1] *nf* : twenty-second letter of the Spanish alphabet
u[2] *conj* (*used instead of* **o** before words beginning with o- or ho-) : or
ualabí *nm* : wallaby
uapití *nm* : American elk, wapiti
ubicación *nf, pl* **-ciones** : location, position
ubicar {72} *vt* **1** SITUAR : to place, to put, to position **2** LOCALIZAR : to locate, to find — **ubicarse** *vr* **1** LOCALIZARSE : to be placed, to be located **2** SITUARSE : to position oneself
ubicuidad *nf* OMNIPRESENCIA : ubiquity
ubicuo, -cua *adj* OMNIPRESENTE : ubiquitous
ubre *nf* : udder
ucraniano[1], **-na** *adj & n* : Ukranian
ucraniano[2] *nm* : Ukranian (language)
Ud., Uds. → **usted**
uf *interj* : phew!
ufanarse *vr* ∼ **de** : to boast about, to pride oneself on
ufano, -na *adj* **1** ORGULLOSO : proud **2** : self-satisfied, smug
ugandés, -desa *adj & n, mpl* **-deses** : Ugandan
ukelele *nm* : ukulele
úlcera *nf* : ulcer — **ulceroso, -sa** *adj*
ulcerar *vt* : to ulcerate — **ulcerarse** *vr* — **ulceración** *nf*
ulceroso, -sa *adj* : ulcerous
ulterior *adj* : later, subsequent — **ulteriormente** *adv*
últimamente *adv* : lately, recently
ultimar *vt* **1** CONCLUIR : to complete, to finish, to finalize **2** MATAR : to kill
ultimátum *nm, pl* **-tums** : ultimatum
último, -ma *adj* **1** : last, final ⟨la última galleta : the last cookie⟩ ⟨en último caso : as a last resort⟩ **2** : last, latest, most recent ⟨su último viaje a España : her last trip to Spain⟩ ⟨en los últimos años : in recent years⟩ **3 por** ∼ : finally
ultrajar *vt* INSULTAR : to offend, to outrage, to insult
ultraje *nm* INSULTO : outrage, insult
ultramar *nm* **de** ∼ *or* **en** ∼ : overseas, abroad
ultranza *nf* **1 a** ∼ : to the extreme ⟨lo defendió a ultranza : she defended him fiercely⟩ **2 a** ∼ : extreme, out-and-out ⟨perfeccionismo a ultranza : rabid perfectionism⟩
ultrarrojo, -ja *adj* : infrared
ultrasónico, -ca *adj* : ultrasonic
ultrasonido *nm* : ultrasound
ultravioleta *adj* : ultraviolet
ulular *vi* **1** : to hoot **2** : to howl, to wail
ululato *nm* : hoot (of an owl), wail (of a person)
umbilical *adj* : umbilical ⟨cordón umbilical : umbilical cord⟩
umbral *nm* : threshold, doorstep
un[1] *adj* → **uno**[1]
un[2], **una** *art, mpl* **unos** **1** : a, an **2 unos** *or* **unas** *pl* : some, a few ⟨hace unas semanas : a few weeks ago⟩ **3 unos** *or* **unas** *pl* : about, approximately ⟨unos veinte años antes : about twenty years before⟩
unánime *adj* : unanimous — **unánimemente** *adv*
unanimidad *nf* **1** : unanimity **2 por** ∼ : unanimously
unción *nf, pl* **-ciones** : unction
uncir {83} *vt* : to yoke
undécimo[1], **-ma** *adj* : eleventh
undécimo[2], **-ma** *n* : eleventh (in a series)
ungir {35} *vt* : to anoint
ungüento *nm* : ointment, salve
únicamente *adv* : only, solely
unicelular *adj* : unicellular
único[1], **-ca** *adj* **1** : only, sole **2** : unique, extraordinary
único[2], **-ca** *n* : only one ⟨los únicos que vinieron : the only ones who showed up⟩
unicornio *nm* : unicorn
unidad *nf* **1** : unity **2** : unit
unidireccional *adj* : unidirectional
unido, -da *adj* **1** : joined, united **2** : close ⟨unos amigos muy unidos : very close friends⟩
unificar {72} *vt* : to unify — **unificación** *nf*
uniformado, -da *adj* : uniformed
uniformar *vt* ESTANDARIZAR : to standardize, to make uniform
uniforme[1] *adj* : uniform — **uniformemente** *adv*
uniforme[2] *nm* : uniform
uniformidad *nf* : uniformity
unilateral *adj* : unilateral — **unilateralmente** *adv*
unión *nf, pl* **uniones** **1** : union **2** JUNTURA : joint, coupling
unir *vt* **1** JUNTAR : to unite, to join **2** CONECTAR : to link, to connect **3** COMBINAR : to combine, to blend — **unirse** *vr* **1** : to join together **2** : to

combine, to mix together **3 ~ a** : to join (a group, etc.)
unísono *nm* : unison ⟨al unísono : in unison⟩
unitario, -ria *adj* : unitary, unit ⟨precio unitario : unit price⟩
universal *adj* : universal — **universalmente** *adv*
universidad *nf* : university
universitario[1], **-ria** *adj* : university, college
universitario[2], **-ria** *n* : university student, college student
universo *nm* : universe
unja, etc. → **ungir**
uno[1], **una** *adj* (**un** before masculine singular nouns) : one ⟨una cosa más : one more thing⟩ ⟨tiene treinta y un años : he's thirty-one years old⟩ ⟨el tomo uno : volume one⟩
uno[2] *nm* : one, number one
uno[3], **una** *pron* **1** : one (number) ⟨uno por uno : one by one⟩ ⟨es la una : it's one o'clock⟩ **2** : one (person or thing) ⟨una es mejor que las otras : one (of them) is better than the others⟩ ⟨hacerlo uno mismo : to do it oneself⟩ ⟨uno no puede vivir así : you/one can't live like that⟩ **3 unos, unas** *pl* : some (ones), some people **4 uno y otro** : both **5 unos y otros** : all of them **6 el uno al otro** : one another, each other ⟨se enseñaron los unos a los otros : they taught each other⟩
untar *vt* **1** : to anoint **2** : to smear, to grease **3** : to bribe
unza, etc. → **uncir**
uña *nf* **1** : fingernail, toenail **2** : claw, hoof, stinger
uranio *nm* : uranium
Urano *nm* : Uranus
urbanidad *nf* : urbanity, courtesy
urbanización *nf, pl* **-ciones** : housing development, residential area
urbanizar {21} *vt* : to develop (an area)
urbano, -na *adj* **1** : urban **2** CORTÉS : urbane, polite
urbe *nf* : large city, metropolis
urdimbre *nf* : warp (in a loom)
urdu *nm* : Urdu
uretra *nf* : urethra
urgencia *nf* **1** : urgency **2** EMERGENCIA : emergency
urgente *adj* : urgent — **urgentemente** *adv*
urgir {35} *v impers* : to be urgent, to be pressing ⟨me urge localizarlo : I urgently need to find him⟩ ⟨el tiempo urge : time is running out⟩
urinario[1], **-ria** *adj* : urinary
urinario[2] *nm* : urinal (place)
urja, etc. → **urgir**
urna *nf* **1** : urn **2** : ballot box ⟨acudir a las urnas : to go to the polls⟩
urogallo *nm* : grouse (bird)
urraca *nf* **1** : magpie **2 urraca de América** : blue jay
urticaria *nf* : hives
uruguayo, -ya *adj & n* : Uruguayan
usado, -da *adj* **1** : used, secondhand **2** : worn, worn-out
usanza *nf* : custom, usage
usar *vt* **1** EMPLEAR, UTILIZAR : to use, to make use of **2** CONSUMIR : to consume, to use (up) **3** LLEVAR : to wear **4 de usar y tirar** : disposable — **usarse** *vr* **1** : to be used **2** : to be in fashion
uso *nm* **1** EMPLEO, UTILIZACIÓN : use ⟨de uso personal : for personal use⟩ ⟨hacer uso de : to make use of⟩ **2** : wear ⟨uso y desgaste : wear and tear⟩ **3** USANZA : custom, usage, habit ⟨al uso de : in the manner of, in the style of⟩
usted *pron* **1** (*formal form of address in most countries; often written as* **Ud.** or **Vd.**) : you **2 ustedes** *pl* (*often written as* **Uds.** or **Vds.**) : you, all of you
usual *adj* : usual, common, normal ⟨poco usual : not very common⟩ — **usualmente** *adv*
usuario, -ria *n* : user
usura *nf* : usury — **usurario, -ria** *adj*
usurero, -ra *n* : usurer
usurpador, -dora *n* : usurper
usurpar *vt* : to usurp — **usurpación** *nf*
utensilio *nm* : utensil, tool
uterino, -na *adj* : uterine
útero *nm* : uterus, womb
útil *adj* : useful, handy, helpful
útiles *nmpl* : implements, tools
utilidad *nf* **1** : utility, usefulness **2 utilidades** *nfpl* : profits
utilitario, -ria *adj* : utilitarian
utilizable *adj* : usable, fit for use
utilización *nf, pl* **-ciones** : utilization, use
utilizar {21} *vt* : to use, to utilize
útilmente *adv* : usefully
utopía *nf* : utopia
utópico, -ca *adj* : utopian
uva *nf* : grape
uvular *adj* : uvular
uy *interj* **1** : oh! **2** : ow!

V

v *nf* : twenty-third letter of the Spanish alphabet
va → **ir**
vaca *nf* : cow
vacación *nf, pl* **-ciones** **1** : vacation ⟨dos semanas de vacaciones : two weeks of vacation⟩ **2 estar de vacaciones** : to be on vacation **3 irse de vacaciones** : to go on vacation
vacacionar *vi Mex* : to vacation
vacacionista *nmf CA, Mex* : vacationer
vacante[1] *adj* : vacant, empty
vacante[2] *nf* : vacancy (for a job)

vaciado *nm* : cast, casting ⟨vaciado de yeso : plaster cast⟩
vaciar {85} *vt* **1** : to empty, to empty out, to drain **2** AHUECAR : to hollow out **3** : to cast (in a mold) — *vi* ~ **en** : to flow into, to empty into
vacilación *nf, pl* **-ciones** : hesitation, vacillation
vacilante *adj* **1** : hesitant, unsure **2** : shaky, unsteady **3** : flickering
vacilar *vi* **1** : to hesitate, to vacillate, to waver **2** : to be unsteady, to wobble **3** : to flicker **4** *fam* : to joke, to fool around
vacío[1], **-cía** *adj* **1** : vacant **2** : empty **3** : meaningless
vacío[2] *nm* **1** : emptiness, void **2** : space, gap **3** : vacuum **4 hacerle el vacío a alguien** : to ostracize someone, to give someone the cold shoulder
vacuidad *nf* : vacuity, vacuousness
vacuna *nf* : vaccine
vacunación *nf, pl* **-ciones** INOCULACIÓN : vaccination, inoculation
vacunar *vt* INOCULAR : to vaccinate, to inoculate
vacuno[1], **-na** *adj* : bovine ⟨ganado vacuno : beef cattle⟩
vacuno[2] *nm* : bovine
vacuo, -cua *adj* : empty, shallow, inane
vadear *vt* : to ford, to wade across
vado *nm* : ford
vagabundear *vi* : to wander, to roam about
vagabundo[1], **-da** *adj* **1** ERRANTE : wandering **2** : stray
vagabundo[2], **-da** *n* : vagrant, bum, vagabond
vagamente *adv* : vaguely
vagancia *nf* **1** : vagrancy **2** PEREZA : laziness, idleness
vagar {52} *vi* ERRAR : to roam, to wander
vagina *nf* : vagina — **vaginal** *adj*
vago[1], **-ga** *adj* **1** : vague **2** PEREZOSO : lazy, idle
vago[2], **-ga** *n* **1** : idler, loafer **2** VAGABUNDO : vagrant, bum
vagón *nm, pl* **vagones** : car (of a train)
vague, etc. → **vagar**
vaguear *vi* **1** : to loaf, to lounge around **2** VAGAR : to wander
vaguedad *nf* : vagueness
vahído *nm* : dizzy spell
vaho *nm* **1** : breath **2** : vapor, steam (on glass, etc.)
vaina *nf* **1** : sheath, scabbard **2** : pod (of a pea or bean) **3** *fam* : nuisance, bother
vainilla *nf* : vanilla
vaivén *nm, pl* **vaivenes 1** : swinging, swaying, rocking **2** : change, fluctuation ⟨los vaivenes de la vida : life's ups and downs⟩
vajilla *nf* : dishes *pl*, set of dishes
valdrá, etc. → **valer**
vale *nm* **1** : voucher **2** PAGARÉ : promissory note, IOU
valedero, -ra *adj* : valid
valentía *nf* : courage, valor
valer {84} *vt* **1** : to be worth ⟨valen una fortuna : they're worth a fortune⟩ ⟨no vale protestar : there's no point in protesting⟩ ⟨valer la pena : to be worth the trouble⟩ **2** : to cost ⟨¿cuánto vale? : how much does it cost?⟩ **3** : to earn, to gain ⟨le valió una reprimenda : it earned him a reprimand⟩ **4** : to protect, to aid ⟨¡válgame Dios! : God help me!⟩ **5** : to be equal to — *vi* **1** : to have value ⟨sus consejos no valen para nada : his advice is worthless⟩ **2** : to be valid, to count ⟨¡eso no vale! : that doesn't count!⟩ **3 hacerse valer** : to assert oneself **4 más vale** : it's better ⟨más vale que te vayas : you'd better go⟩ — **valerse** *vr* **1** ~ **de** : to take advantage of **2 valerse solo** *or* **valerse por sí mismo** : to look after oneself **3** *Mex* : to be fair ⟨no se vale : it's not fair⟩
valeroso, -sa *adj* : brave, valiant
valet ['balɛt, -'le] *nm* : jack (in playing cards)
valga, etc. → **valer**
valía *nf* : value, worth
validar *vt* : to validate — **validación** *nf*
validez *nf* : validity
válido, -da *adj* : valid
valiente *adj* **1** : brave, valiant **2** (*used ironically*) : fine, great ⟨¡valiente amiga! : what a fine friend!⟩ — **valientemente** *adv*
valija *nf* : suitcase, valise
valioso, -sa *adj* PRECIOSO : valuable, precious
valla *nf* **1** : fence, barricade **2** : hurdle (in sports) **3** : obstacle, hindrance
vallar *vt* : to fence, to put a fence around
valle *nm* : valley, vale
valor *nm* **1** : value, worth, importance **2** CORAJE : courage, valor **3 valores** *nmpl* : values, principles **4 valores** *nmpl* : securities, bonds **5 sin** ~ : worthless
valoración *nf, pl* **-ciones 1** EVALUACIÓN : valuation, appraisal, assessment **2** APRECIACIÓN : appreciation
valorar *vt* **1** EVALUAR : to evaluate, to appraise, to assess **2** APRECIAR : to value, to appreciate
valorizarse {21} *vr* : to appreciate, to increase in value — **valorización** *nf*
vals *nm* : waltz
valsar *vi* : to waltz
valuación *nf, pl* **-ciones** : valuation, appraisal
valuar {3} *vt* : to value, to appraise, to assess
válvula *nf* **1** : valve **2 válvula reguladora** : throttle
vamos → **ir**
vampiro *nm* : vampire
van → **ir**
vanadio *nm* : vanadium
vanagloriarse *vr* : to boast, to brag
vanamente *adv* : vainly, in vain
vandalismo : vandalism

vándalo *nm* : vandal — **vandalismo** *nm*
vanguardia *nf* **1** : vanguard **2** : avante-garde **3 a la vanguardia** : at the forefront
vanidad *nf* : vanity
vanidoso, -sa *adj* PRESUMIDO : vain, conceited
vano, -na *adj* **1** INÚTIL : vain, useless **2** : vain, worthless ⟨vanas promesas : empty promises⟩ **3 en ~** : in vain, of no avail
vapor *nm* **1** : vapor, steam **2** : steamer, steamship **3 al vapor** : steamed
vaporizador *nm* : vaporizer
vaporizar {21} *vt* : to vaporize — **vaporizarse** *vr* — **vaporización** *nf*
vaporoso, -sa *adj* **1** : vaporous **2** : sheer, airy
vapulear *vt* : to beat, to thrash
vaquero[1], **-ra** *adj* : cowboy ⟨pantalón vaquero : jeans⟩
vaquero[2], **-ra** *n* : cowboy *m,* cowgirl *f*
vaqueros *nmpl* JEANS : jeans
vaquilla *nf* : heifer
vara *nf* **1** : pole, stick, rod **2** : staff (of office) **3** : lance, pike (in bullfighting) **4** : yardstick **5 vara de oro** : goldenrod
varado, -da *adj* **1** : beached, aground **2** : stranded
varar *vt* : to beach (a ship), to strand — *vi* : to run aground
variable *adj & nf* : variable — **variabilidad** *nf*
variación *nf, pl* **-ciones** : variation
variado, -da *adj* : varied, diverse
variante *adj & nf* : variant
varianza *nf* : variance
variar {85} *vt* **1** : to change, to alter **2** : to diversify — *vi* **1** : to vary, to change **2 variar de opinión** : to change one's mind
varicela *nf* : chicken pox
varices *or* **várices** *nfpl* : varicose veins
varicoso, -sa *adj* : varicose
variedad *nf* DIVERSIDAD : variety, diversity
varilla *nf* **1** : rod, bar **2** : spoke (of a wheel) **3** : rib (of an umbrella)
vario, -ria *adj* **1** : varied, diverse **2** : variegated, motley **3** : changeable **4 varios, varias** *pl* : various, several
variopinto, -ta *adj* : diverse, assorted, motley
varita *nf* : wand ⟨varita mágica : magic wand⟩
varón *nm, pl* **varones 1** HOMBRE : man, male **2** NIÑO : boy
varonil *adj* **1** : masculine, manly **2** : mannish
vas → **ir**
vasallo *nm* : vassal — **vasallaje** *nm*
vasco[1], **-ca** *adj & n* : Basque
vasco[2] *nm* : Basque (language)
vascular *adj* : vascular
vasija *nf* : container, vessel
vaso *nm* **1** : glass, tumbler **2** : glassful **3** : vessel ⟨vaso sanguíneo : blood vessel⟩
vástago *nm* **1** : offspring, descendant **2** : shoot (of a plant)
vastedad *nf* : vastness, immensity
vasto, -ta *adj* : vast, immense
vataje *nm* : wattage
vaticinar *vt* : to predict, to foretell
vaticinio *nm* : prediction, prophecy
vatio *nm* : watt
vaya, etc. → **ir**
Vd., Vds. → **usted**
ve, etc. → **ir, ver**
vea, etc. → **ver**
vecinal *adj* : local
vecindad *nf* **1** : neighborhood, vicinity **2 casa de vecindad** : tenement
vecindario *nm* **1** : neighborhood, area **2** : residents *pl*
vecino, -na *n* **1** : neighbor **2** : resident, inhabitant
veda *nf* **1** PROHIBICIÓN : prohibition **2** : closed season (for hunting or fishing)
vedar *vt* **1** : to prohibit, to ban **2** IMPEDIR : to impede, to prevent
vega *nf* : fertile lowland
vegetación *nf, pl* **-ciones 1** : vegetation **2 vegetaciones** *nfpl* : adenoids
vegetal *adj & nm* : vegetable, plant
vegetar *vi* : to vegetate
vegetarianismo *nm* : vegetarianism
vegetariano, -na *adj & n* : vegetarian
vegetativo, -va *adj* : vegetative
vehemente *adj* : vehement — **vehemencia** *nf*
vehículo *nm* : vehicle — **vehicular** *adj*
veía, etc. → **ver**
veinte *adj & nm* : twenty
veinteavo[1], **-va** *adj* : twentieth
veinteavo[2] *nm* : twentieth (fraction)
veintena *nf* : group of twenty, score ⟨una veintena de participantes : about twenty participants⟩
vejación *nf, pl* **-ciones** : ill-treatment, humiliation
vejar *vt* : to mistreat, to ridicule, to harass
vejete *nm* : old fellow, codger
vejez *nf* : old age
vejiga *nf* **1** : bladder **2** AMPOLLA : blister
vela *nf* **1** VIGILIA : wakefulness ⟨pasé la noche en vela : I stayed awake all night⟩ **2** : watch, vigil, wake **3** : candle **4** : sail
velada *nf* : evening party, soirée
velado, -da *adj* **1** : veiled, hidden **2** : blurred **3** : muffled
velador[1], **-dora** *n* : guard, night watchman
velador[2] *nm* **1** : candlestick **2** : night table
velar *vt* **1** : to hold a wake over **2** : to watch over, to sit up with **3** : to blur, to expose (a photo) **4** : to veil, to conceal — *vi* **1** : to stay awake **2 ~ por** : to watch over, to look after

velatorio *nm* VELORIO : wake (for the dead)

veleidad *nf* **1** : fickleness **2** : whim, caprice

veleidoso, -sa : fickle, capricious

velero *nm* **1** : sailing ship **2** : sailboat

veleta *nf* : weather vane

vello *nm* **1** : body hair **2** : down, fuzz

vellocino *nm* : fleece

vellón *nm, pl* **vellones 1** : fleece, sheepskin **2** *PRi* : nickel (coin)

vellosidad *nf* : downiness, hairiness

velloso, -sa *adj* : downy, fluffy, hairy

velo *nm* : veil

velocidad *nf* **1** : speed, velocity ⟨velocidad máxima : speed limit⟩ **2** MARCHA : gear (of an automobile)

velocímetro *nm* : speedometer

velocista *nmf* : sprinter

velorio *nm* VELATORIO : wake (for the dead)

velour *nm* : velour, velours

veloz *adj, pl* **veloces** : fast, quick, swift — **velozmente** *adv*

ven → **venir**

vena *nf* **1** : vein ⟨vena yugular : jugular vein⟩ **2** : vein, seam, lode **3** : grain (of wood) **4** : style ⟨en vena lírica : in a lyrical vein⟩ **5** : strain, touch ⟨una vena de humor : a touch of humor⟩ **6** : mood

venado *nm* **1** : deer **2** : venison

venal *adj* : venal — **venalidad** *nf*

vencedor, -dora *n* : winner, victor

vencejo *nm* : swift (bird)

vencer {86} *vt* **1** DERROTAR : to vanquish, to defeat **2** SUPERAR : to overcome, to surmount — *vi* **1** GANAR : to win, to triumph **2** CADUCAR : to expire ⟨el plazo vence el jueves : the deadline is Thursday⟩ **3** : to be due, to mature — **vencerse** *vr* **1** DOMINARSE : to control oneself **2** : to break, to collapse

vencido, -da *adj* **1** : defeated **2** : expired **3** : due, payable **4 darse por vencido** : to give up

vencimiento *nm* **1** : defeat **2** : expiration **3** : maturity (of a loan)

venda *nf* : bandage

vendaje *nm* : bandage, dressing

vendar *vt* **1** : to bandage **2 vendar los ojos** : to blindfold

vendaval *nm* : gale, strong wind

vendedor, -dora *n* : salesperson, salesman *m,* saleswoman *f*

vender *vt* **1** : to sell **2** : to sell out, to betray — **venderse** *vr* **1** : to be sold ⟨se vende : for sale⟩ **2** : to sell out

vendetta *nf* : vendetta

vendible *adj* : salable, marketable

vendimia *nf* : grape harvest

vendrá, etc. → **venir**

veneno *nm* **1** : poison **2** : venom

venenoso, -sa *adj* : poisonous, venomous

venerable *adj* : venerable

veneración *nf, pl* **-ciones** : veneration, reverence

venerar *vt* : to venerate, to revere

venéreo, -rea *adj* : venereal

venero *nm* **1** VENA : seam, lode, vein **2** MANANTIAL : spring **3** FUENTE : origin, source

venezolano, -na *adj & n* : Venezuelan

venga, etc. → **venir**

vengador, -dora *n* : avenger

venganza *nf* : vengeance, revenge

vengar {52} *vt* : to avenge — **vengarse** *vr* : to get even, to revenge oneself

vengativo, -va *adj* : vindictive, vengeful

vengue, etc. → **vengar**

venia *nf* **1** PERMISO : permission, leave **2** PERDÓN : pardon **3** : bow (of the head)

venial *adj* : venial

venida *nf* **1** LLEGADA : arrival, coming **2** REGRESO : return **3 idas y venidas** : comings and goings

venidero, -ra *adj* : coming, future

venir {87} *vi* **1** : to come ⟨lo vi venir : I saw him coming⟩ ⟨vino a verte : she came to see you⟩ ⟨vino a/de la oficina : he came to/from the office⟩ ⟨¡no me vengas con cuentos! : I don't want to hear your excuses!⟩ ⟨¡venga! : come on!⟩ **2** : to arrive ⟨vinieron en coche : they came by car⟩ **3** : to come, to originate ⟨sus zapatos vienen de Italia : her shoes are from Italy⟩ **4** : to come, to be available ⟨viene envuelto en plástico : it comes wrapped in plastic⟩ **5** : to come back, to return ⟨no vengas tarde : don't come back late⟩ **6** : to affect, to overcome ⟨me vino un vahído : a dizzy spell came over me⟩ **7** : to fit ⟨te viene un poco grande : it's a little big for you⟩ **8** (*with the present participle*) : to have been ⟨viene entrenando diariamente : he's been training daily⟩ **9 ~ a** (*with the infinitive*) : to end up, to turn out ⟨viene a ser lo mismo : it comes out the same⟩ **10 que viene** : coming, next ⟨el año que viene : next year⟩ **11 venir bien** : to be suitable, to be just right — **venirse** *vr* **1** : to come, to arrive ⟨¿te vienes conmigo? : are you coming with me?⟩ **2** : to come back **3 venirse abajo** : to fall apart, to collapse

venta *nf* **1** : sale **2 venta al por menor** *or* **venta al detalle** : retail sales

ventaja *nf* **1** : advantage **2** : lead, head start **3 ventajas** *nfpl* : perks, extras

ventajoso, -sa *adj* **1** : advantageous **2** : profitable — **ventajosamente** *adv*

ventana *nf* **1** : window (of a building) **2 ventana de la nariz** : nostril

ventanal *nm* : large window

ventanilla *nf* **1** : window (of a vehicle or airplane) **2** : ticket window, box office

ventero, -ra *n* : innkeeper

ventilación *nf, pl* **-ciones** : ventilation

ventilador *nm* **1** : ventilator **2** : fan

ventilar *vt* **1** : to ventilate, to air out **2** : to air, to discuss **3** : to make public, to reveal — **ventilarse** *vr* : to get some air

ventisca *nf* : snowstorm, blizzard

ventisquero *nm* ; snowdrift

ventosear *vi* : to break wind

ventosidad *nf* : wind, flatulence

ventoso, -sa *adj* : windy

ventrículo *nm* : ventricle

ventrílocuo, -cua *n* : ventriloquist

ventriloquia *nf* : ventriloquism

ventura *nf* **1** : fortune, luck, chance **2** : happiness **3 a la ventura** : at random, as it comes

venturoso, -sa *adj* **1** AFORTUNADO : fortunate, lucky **2** : successful

Venus *nm* : Venus

venza, etc. → **vencer**

ver[1] {88} *vt* **1** : to see ⟨no veo nada : I can't see anything⟩ ⟨lo vi con mis propios ojos : I saw it with my own eyes⟩ ⟨vimos una película : we saw a movie⟩ **2** ENTENDER : to understand, to see ⟨ya lo veo : now I get it⟩ ⟨no veo por qué : I don't see why⟩ ⟨¿ves lo que quiero decir? : do you see what I mean?⟩ **3** EXAMINAR : to examine, to look into ⟨lo veré : I'll take a look at it⟩ **4** JUZGAR : to see, to judge ⟨otra forma de verlo : another way of looking at it⟩ ⟨lo veo bien : I think it's good/fine⟩ **5** VISITAR : to see, to meet, to visit ⟨vino a verte : she came to see you⟩ **6** AVERIGUAR : to see, to find out ⟨vino a ver cómo estabas : she came to see how you were⟩ — *vi* **1** : to see **2** ENTERARSE : to learn, to find out **3** ENTENDER : to understand ⟨ya veo : (so) I see⟩ ⟨a mi modo de ver : to my way of thinking, the way I see it⟩ **4 (vamos) a ver** : let's see — **verse** *vr* **1** HALLARSE : to find oneself **2** PARECER : to look, to appear **3** ENCONTRARSE : to see each other, to meet

ver[2] *nm* **1** : looks *pl*, appearance **2** : opinion ⟨a mi ver : in my view⟩

vera *nf* : side ⟨a la vera del camino : alongside the road⟩

veracidad *nf* : truthfulness, veracity

veranda *nf* : veranda

veraneante *nmf* : summer vacationer

veranear *vi* : to spend the summer

veraniego, -ga *adj* **1** ESTIVAL : summer ⟨el sol veraniego : the summer sun⟩ **2** : summery

verano *nm* : summer

veras *nfpl* **de ~** : really, truly

veraz *adj, pl* **veraces** : truthful, veracious

verbal *adj* : verbal — **verbalmente** *adv*

verbalizar {21} *vt* : to verbalize, to express

verbena *nf* **1** FIESTA : festival, fair **2** : verbena, vervain

verbigracia *adv* : for example

verbo *nm* : verb

verborrea *nf* : verbiage

verbosidad *nf* : verbosity, wordiness

verboso, -sa *adj* : verbose, wordy

verdad *nf* **1** : truth **2 de ~** : really, truly **3 ¿verdad?** : right?, isn't that so?

verdaderamente *adv* : really, truly

verdadero, -dera *adj* **1** REAL, VERÍDICO : true, real **2** AUTÉNTICO : genuine

verde[1] *adj* **1** : green (in color) **2** : green, unripe **3** : inexperienced, green **4** : dirty, risqué

verde[2] *nm* : green

verdear *vi* : to turn green, to become verdant

verdín *nm, pl* **verdines** : slime, scum

verdor *nm* **1** : greenness **2** : verdure

verdoso, -sa *adj* : greenish

verdugo *nm* **1** : executioner, hangman **2** : tyrant

verdugón *nm, pl* **-gones** : welt, wheal

verdura *nf* : vegetable(s), green(s)

vereda *nf* **1** SENDA : path, trail **2** : sidewalk, pavement

veredicto *nm* : verdict

verga *nf* : spar, yard (of a ship)

vergonzoso, -sa *adj* **1** : disgraceful, shameful **2** : bashful, shy — **vergonzosamente** *adv*

vergüenza *nf* **1** : disgrace, shame **2** : embarrassment **3** : bashfulness, shyness

vericueto *nm* : rough terrain

verídico, -ca *adj* **1** REAL, VERDADERO : true, real **2** VERAZ : truthful

verificación *nf, pl* **-ciones** **1** : verification **2** : testing, checking

verificador, -dora *n* : inspector, tester

verificar {72} *vt* **1** : to verify, to confirm **2** : to test, to check **3** : to carry out, to conduct — **verificarse** *vr* **1** : to take place, to occur **2** : to come true

verja *nf* **1** : rails *pl* (of a fence) **2** : grating, grille **3** : gate

vermut *nm, pl* **vermuts** : vermouth

vernáculo, -la *adj* : vernacular

vernal *adj* : vernal, spring

verosímil *adj* **1** : probable, likely **2** : credible, realistic

verosimilitud *nf* **1** : probability, likeliness **2** : verisimilitude

verraco *nm* : boar

verruga *nf* : wart

versado, -da *adj* **~ en** : versed in, knowledgeable about

versar *vi* **~ sobre** : to deal with, to be about

versátil *adj* **1** : versatile **2** : fickle

versatilidad *nf* **1** : versatility **2** : fickleness

versículo *nm* : verse (in the Bible)

versión *nf, pl* **versiones** **1** : version **2** : translation

verso *nm* : verse

versus *prep* : versus, against

vértebra *nf* : vertebra — **vertebral** *adj*

vertebrado[1], **-da** *adj* : vertebrate

vertebrado[2] *nm* : vertebrate

vertedero *nm* **1** : garbage dump **2** DESAGÜE : drain, outlet

verter {56} *vt* **1** : to pour **2** : to spill, to shed **3** : to empty out **4** : to express, to voice **5** : to translate, to render — *vi* : to flow

vertical *adj & nf* : vertical — **verticalmente** *adv*

vértice *nm* : vertex, apex

vertido *nm* : spilling, spill

vertiente *nf* **1** : slope **2** : aspect, side, element

vertiginoso, -sa *adj* : vertiginous — **vertiginosamente** *adv*

vértigo *nm* : vertigo, dizziness

vesícula *nf* **1** : vesicle **2 vesícula biliar** : gallbladder

vesicular *adj* : vesicular

vestíbulo *nm* : vestibule, hall, lobby, foyer

vestido *nm* **1** : dress, costume, clothes *pl* **2** : dress (garment)

vestidor *nm* : dressing room

vestiduras *nfpl* **1** : clothing, raiment, regalia **2** *or* **vestiduras sacerdotales** : vestments

vestigio *nm* : vestige, sign, trace

vestimenta *nf* ROPA : clothing, clothes *pl*

vestir {54} *vt* **1** : to dress, to clothe **2** LLEVAR : to wear **3** ADORNAR : to decorate, to dress up — *vi* **1** : to dress ⟨vestir bien : to dress well⟩ **2** : to look good, to suit the occasion — **vestirse** *vr* **1** : to get dressed **2 ~ de** : to dress up as ⟨se vistieron de soldados : they dressed up as soldiers⟩ **3 ~ de** : to wear, to dress in

vestuario *nm* **1** : wardrobe **2** : dressing room, locker room

veta *nf* **1** : grain (in wood) **2** : vein, seam, lode **3** : trace, streak ⟨una veta de terco : a stubborn streak⟩

vetar *vt* : to veto

veteado, -da *adj* : streaked, veined

veterano, -na *adj & n* : veteran

veterinaria *nf* : veterinary medicine

veterinario[1], **-ria** *adj* : veterinary

veterinario[2], **-ria** *n* : veterinarian

veto *nm* : veto

vetusto, -ta *adj* ANTIGUO : ancient, very old

vez *nf, pl* **veces** **1** : time, occasion ⟨a la vez : at the same time⟩ ⟨a veces : at times, occasionally⟩ ⟨algunas veces : sometimes⟩ ⟨cada vez : each/every time⟩ ⟨cada vez más : more and more⟩ ⟨cada vez menos : less and less⟩ ⟨de vez en cuando : from time to time⟩ **2** (*with numbers*) : time ⟨una vez : once⟩ ⟨dos veces : twice⟩ ⟨de una vez : all at once⟩ ⟨de una vez para siempre : once and for all⟩ **3** : turn ⟨a su vez : in turn⟩ ⟨en vez de : instead of⟩ ⟨hacer las veces de : to act as, to stand in for⟩ **4 alguna vez** : sometime (in the future), on occasion (in the past) ⟨¿has viajado alguna vez? : have you ever traveled?⟩

vía[1] *nf* **1** RUTA, CAMINO : road, route, way ⟨vía pública : public thoroughfare⟩ ⟨Vía Láctea : Milky Way⟩ **2** MEDIO : means, way ⟨por la vía diplomática : through diplomatic channels⟩ ⟨por vía aérea : by air, airmail⟩ ⟨por vía oral : orally⟩ **3** : track, line (of a railroad) **4** : tract ⟨vía urinaria : urinary tract⟩ **5 en vías de** : in the process of ⟨en vías de solución : on the road to a solution⟩ ⟨países en vías de desarrollo : developing countries⟩ ⟨animales en vías de extinción : endangered animals⟩

vía[2] *prep* : via

viable *adj* : viable, feasible — **viabilidad** *nf*

viaducto *nm* : viaduct

viajante *mf* : traveling salesman, traveling saleswoman

viajar *vi* : to travel, to journey

viaje *nm* : trip, journey ⟨ir de viaje : to go on a trip⟩ ⟨estar de viaje : to be away⟩ ⟨¡buen viaje! : have a good trip!⟩ ⟨viaje de ida : one-way trip⟩ ⟨viaje de ida y vuelta/regreso : round trip⟩ ⟨viaje de regreso/vuelta : return trip⟩ ⟨viaje de negocios : business trip⟩ ⟨viaje en tren : train trip⟩

viajero[1], **-ra** *adj* : traveling

viajero[2], **-ra** *n* **1** : traveler **2** PASAJERO : passenger

vial *adj* : road, traffic

viático *nm* : travel allowance, travel expenses *pl*

víbora *nf* : viper

vibración *nf, pl* **-ciones** : vibration

vibrador *nm* : vibrator

vibrante *adj* **1** : vibrant **2** : vibrating

vibrar *vi* : to vibrate

vibratorio, -ria *adj* : vibratory

vicario, -ria *n* : vicar

vicealmirante *nmf* : vice admiral

vicepresidente, -ta *n* : vice president — **vicepresidencia** *nf*

viceversa *adv* : vice versa, conversely

viciado, -da *adj* : stuffy, close

viciar *vt* **1** : to corrupt **2** : to invalidate **3** FALSEAR : to distort **4** : to pollute, to adulterate

vicio *nm* **1** : vice, depravity **2** : bad habit **3** : defect, blemish

vicioso, -sa *adj* : depraved, corrupt

vicisitud *nf* : vicissitude

víctima *nf* : victim

victimario, -ria *n* ASESINO : killer, murderer

victimizar {21} *vt Arg, Mex* : to victimize

victoria *nf* : victory — **victorioso, -sa** *adj* — **victoriosamente** *adv*

victoriano, -na *adj* : Victorian

vid *nf* : vine, grapevine

vida *nf* **1** : life ⟨la vida cotidiana : everyday life⟩ **2** : life span, lifetime **3** BIOGRAFÍA : biography, life **4** : way of life, lifestyle **5** : livelihood ⟨ganarse la vida : to earn one's living⟩ **6** VIVEZA : liveliness **7 media vida** : half-life

vidente *nmf* **1** : psychic, clairvoyant **2** : sighted person

video *or* **vídeo** *nm* : video

videocasete *or* **videocassette** *nm* : videocassette

videocasetera *or* **videocassettera** *nf* : videocassette recorder, VCR

videocinta *nf* : videotape

videograbar *vt* : to videotape

videojuego *nm* : video game

vidriado *nm* : glaze

vidriar *vt* : to glaze (pottery, tile, etc.)
vidriera *nf* **1** : stained-glass window **2** : glass door or window **3** : store window
vidriero, -ra *n* : glazier
vidrio *nm* **1** : glass, piece of glass **2** : windowpane
vidrioso, -sa *adj* **1** : brittle, fragile **2** : slippery **3** : glassy, glazed (of eyes) **4** : touchy, delicate
vieira *nf* **1** : scallop **2** : scallop shell
viejo[1], **-ja** *adj* **1** ANCIANO : old, elderly **2** ANTIGUO : former, longstanding ⟨viejas tradiciones : old traditions⟩ ⟨viejos amigos : old friends⟩ **3** GASTADO : old, worn, worn-out
viejo[2], **-ja** *n* ANCIANO : old man *m,* old woman *f*
viene, etc. → **venir**
viento *nm* **1** : wind **2 hacer viento** : to be windy **3 contra viento y marea** : against all odds **4 viento alisio** : trade wind **5 viento en popa** : splendidly, successfully
vientre *nm* **1** : abdomen, belly **2** : womb **3** : bowels *pl*
viernes *nms & pl* : Friday
vierte, etc. → **verter**
vietnamita[1] *adj & nmf* : Vietnamese
vietnamita[2] *nm* : Vietnamese (language)
viga *nf* **1** : beam, rafter, girder **2 viga voladiza** : cantilever
vigencia *nf* **1** : validity **2** : force, effect ⟨entrar en vigencia : to go into effect⟩
vigente *adj* : valid, in force
vigésimo[1], **-ma** *adj* : twentieth, twenty- ⟨la vigésima segunda edición : the twenty-second edition⟩
vigésimo[2], **-ma** *n* : twentieth, twenty- (in a series)
vigía *nmf* : lookout
vigilancia *nf* : vigilance, watchfulness ⟨bajo vigilancia : under surveillance⟩
vigilante[1] *adj* : vigilant, watchful
vigilante[2] *nmf* : watchman, guard
vigilar *vt* **1** CUIDAR : to look after, to keep an eye on **2** GUARDAR : to watch over, to guard — *vi* **1** : to be watchful **2** : to keep watch
vigilia *nf* **1** VELA : wakefulness **2** : night work **3** : vigil (in religion)
vigor *nm* **1** : vigor, energy, strength **2** VIGENCIA : force, effect
vigorizante *adj* : invigorating
vigorizar {21} *vt* : to strengthen, to invigorate
vigoroso, -sa *adj* : vigorous — **vigorosamente** *adv*
VIH *nm* (*v*irus de *i*nmunodeficiencia *h*umana) : HIV
vikingo, -ga *adj & n* : Viking
vil *adj* : vile, despicable
vileza *nf* **1** : vileness **2** : despicable action, villainy
vilipendiar *vt* : to vilify, to revile
villa *nf* **1** : town, village **2** : villa
villancico *nm* : carol, Christmas carol
villano, -na *n* **1** : villain **2** : peasant
vilo *nm* **1 en ~** : in the air **2 en ~** : uncertain, in suspense
vinagre *nm* : vinegar
vinagrera *nf* : cruet (for vinegar)
vinatería *nf* : wine shop
vinculación *nf, pl* **-ciones** **1** : linking **2** RELACIÓN : bond, link, connection
vincular *vt* CONECTAR, RELACIONAR : to tie, to link, to connect
vínculo *nm* LAZO : tie, link, bond
vindicación *nf, pl* **-ciones** : vindication
vindicar *vt* **1** : to vindicate **2** : to avenge
vinilo *nm* : vinyl
vino[1], **etc.** → **venir**
vino[2] *nm* : wine
viña *nf* : vineyard
viñedo *nm* : vineyard
vio, etc. → **ver**
viola *nf* : viola
violación *nf, pl* **-ciones** **1** : violation, offense **2** : rape
violador[1], **-dora** *n* : violator, offender
violador[2] *nm* : rapist
violar *vt* **1** : to rape **2** : to violate (a law or right) **3** PROFANAR : to desecrate
violencia *nf* : violence
violentamente *adv* : by force, violently
violentar *vt* **1** FORZAR : to break open, to force **2** : to distort (words or ideas) — **violentarse** *vr* : to force oneself
violento, -ta *adj* **1** : violent **2** EMBARAZOSO, INCÓMODO : awkward, embarassing
violeta[1] *adj & nm* : violet (color)
violeta[2] *nf* : violet (flower)
violín *nm, pl* **-lines** : violin
violinista *nmf* : violinist
violonchelista *nmf* : cellist
violonchelo *nm* : cello, violoncello
VIP *nmf, pl* **VIPs** : VIP
vira *nf* : welt (of a shoe)
virago *nf* : virago, shrew
viraje *nm* **1** : turn, swerve **2** : change
viral *adj* : viral
virar *vi* : to tack, to turn, to veer
virgen[1] *adj* : virgin ⟨lana virgen : virgin wool⟩
virgen[2] *nmf, pl* **vírgenes** : virgin ⟨la Santísima Virgen : the Blessed Virgin⟩
virginal *adj* : virginal, chaste
virginidad *nf* : virginity
Virgo *nmf* : Virgo
vírico, -ca *adj* : viral
viril *adj* : virile — **virilidad** *nf*
virrey, -rreina *n* : viceroy *m,* vicereine *f*
virtual *adj* : virtual — **virtualmente** *adv*
virtud *nf* **1** : virtue **2 en virtud de** : by virtue of
virtuosismo *nm* : virtuosity
virtuoso[1], **-sa** *adj* : virtuous — **virtuosamente** *adv*
virtuoso[2], **-sa** *n* : virtuoso
viruela *nf* **1** : smallpox **2** : pockmark
virulencia *nf* : virulence
virulento, -ta *adj* : virulent
virus *nm* : virus
viruta *nf* : shaving

visa *nf* : visa
visado *nm Spain* : visa
visaje *nm* : face, grimace ⟨hacer visajes : to make faces⟩
visceral *adj* : visceral
vísceras *nfpl* : viscera, entrails
visconde, -desa *n* : viscount *m*, viscountess *f*
viscosidad *nf* : viscosity
viscoso, -sa *adj* : viscous
visera *nf* : visor
visibilidad *nf* : visibility
visible *adj* : visible — **visiblemente** *adv*
visión *nf, pl* **visiones** **1** : vision, eyesight **2** : view, perspective **3** : vision, illusion ⟨ver visiones : to be seeing things⟩
visionario, -ria *adj & n* : visionary
visita *nf* **1** : visit, call **2** : visitor **3 ir de visita** : to go visiting
visitador, -dora *n* : visitor, frequent caller
visitante[1] *adj* : visiting
visitante[2] *nmf* : visitor
visitar *vt* : to visit
vislumbrar *vt* **1** : to discern, to make out **2** : to begin to see, to have an inkling of
vislumbre *nf* : glimmer, gleam
viso *nm* **1** APARIENCIA : appearance ⟨tener visos de : to seem, to show signs of⟩ **2** DESTELLO : glint, gleam **3** : sheen, iridescence
visón *nm, pl* **visones** : mink
víspera *nf* **1** : eve, day before **2 vísperas** *nfpl* : vespers
vista *nf* **1** VISIÓN : vision, eyesight ⟨perder la vista : to lose one's eyesight⟩ **2** MIRADA : look, gaze, glance ⟨bajó la vista : he looked down⟩ ⟨fijar la vista en : to fix one's gaze on⟩ **3** PANORAMA : view, vista, panorama **4** : hearing (in court) **5 a la vista** : in sight, in view **6 a primera vista** : at first sight **7 con vistas a** : with a view to **8 en vista de** : in view of **9 hacer la vista gorda** : to turn a blind eye **10 ¡hasta la vista!** : so long!, see you! **11 perder de vista** : to lose sight of **12 punto de vista** : point of view **13 saltar a la vista** : to be obvious, to stand out
vistazo *nm* : glance, look
viste, etc. → **ver**[1], vestir
visto[1] *pp* → **ver**
visto[2], **-ta** *adj* **1** : obvious, clear **2** : in view of, considering **3 estar bien visto** : to be approved of **4 estar mal visto** : to be frowned upon **5 por lo visto** : apparently **6 nunca visto** : unheard-of **7 visto que** : since, given that
visto[3] *nm* **visto bueno** : approval
vistoso, -sa *adj* : colorful, bright
visual *adj* : visual — **visualmente** *adv*
visualización *nf, pl* **-ciones** : visualization
visualizar {21} *vt* **1** : to visualize **2** : to display (on a screen)
vital *adj* **1** : vital **2** : lively, dynamic
vitalicio, -cia *adj* : life, lifetime
vitalidad *nf* : vitality
vitamina *nf* : vitamin
vitamínico, -ca *adj* : vitamin ⟨complejos vitamínicos : vitamin compounds⟩
vitorear *vt* : to cheer, to acclaim
vitral *nm* : stained-glass window
vítreo, -rea *adj* : vitreous, glassy
vitrina *nf* **1** : showcase, display case **2** : store window
vitriolo *nm* : vitriol
vituperar *vt* : to condemn, to vituperate against
vituperio *nm* : vituperation, censure
viudez *nf* : widowerhood, widowhood
viudo, -da *n* : widower *m*, widow *f*
vivacidad *nf* VIVEZA : vivacity, liveliness
vivamente *adv* **1** : in a lively manner **2** : vividly **3** : strongly, acutely ⟨lo recomendamos vivamente : we strongly recommend it⟩
vivaque *nm* : bivouac
vivaquear *vi* : to bivouac
vivar *vi* : to cheer
vivaz *adj, pl* **vivaces** **1** : lively, vivacious **2** : clever, sharp **3** : perennial
víveres *nmpl* : provisions, supplies, food
vivero *nm* **1** : nursery (for plants) **2** : hatchery, fish farm
viveza *nf* **1** VIVACIDAD : liveliness **2** BRILLO : vividness, brightness **3** ASTUCIA : cleverness, sharpness
vívido, -da *adj* : vivid, lively
vividor, -dora *n* : sponger, parasite
vivienda *nf* **1** : housing **2** MORADA : dwelling, home
viviente *adj* : living
vivificar {72} *vt* : to vivify, to give life to
vivir[1] *vi* **1** : to live, to be alive **2** SUBSISTIR : to subsist, to make a living **3** RESIDIR : to reside **4** : to spend one's life ⟨vive para trabajar : she lives to work⟩ **5 ∼ de** : to live on — *vt* **1** : to live ⟨vivir su vida : to live one's life⟩ **2** EXPERIMENTAR : to go through, to experience
vivir[2] *nm* **1** : life, lifestyle **2 de mal vivir** : disreputable
vivisección *nf, pl* **-ciones** : vivisection
vivo, -va *adj* **1** : alive **2** INTENSO : vivid, bright, intense **3** ANIMADO : lively, vivacious **4** ASTUTO : sharp, clever **5 en ∼** : live ⟨transmisión en vivo : live broadcast⟩ **6 al rojo vivo** : red-hot
vizconde, -desa *n* : viscount *m*, viscountess *f*
vocablo *nm* PALABRA : word
vocabulario *nm* : vocabulary
vocación *nf, pl* **-ciones** : vocation
vocacional *adj* : vocational
vocal[1] *adj* : vocal
vocal[2] *nmf* : member (of a committee, board, etc.)
vocal[3] *nf* : vowel
vocalista *nmf* CANTANTE : singer, vocalist

vocalizar {21} *vi* : to vocalize
vocear *v* : to shout
vocerío *nm* : clamor, shouting
vocero, -ra *n* PORTAVOZ : spokesperson, spokesman *m,* spokeswoman *f*
vociferante *adj* : vociferous
vociferar *vi* GRITAR : to shout, to yell
vodevil *nm* : vaudeville
vodka *nm* : vodka
voladizo[1], -za *adj* : projecting
voladizo[2] *nm* : projection
volador, -dora *adj* : flying
volando *adv* : quickly, in a hurry
volante[1] *adj* : flying
volante[2] *nm* **1** : steering wheel **2** FOLLETO : flier, circular **3** : shuttlecock **4** : flywheel **5** : balance wheel (of a watch) **6** : ruffle, flounce
volar {19} *vi* **1** : to fly **2** CORRER : to hurry, to rush ⟨el tiempo vuela : time flies⟩ ⟨pasar volando : to fly past⟩ **3** DIVULGARSE : to spread ⟨unos rumores volaban : rumors were spreading around⟩ **4** DESAPARECER : to disappear ⟨el dinero ya voló : the money's already gone⟩ — *vt* **1** : to blow up, to demolish **2** : to irritate
volátil *adj* : volatile — **volatilidad** *nf*
volatilizar {21} *vt* : to volatize — **volatilizarse** *vr*
volcán *nm, pl* **volcanes** : volcano
volcánico, -ca *adj* : volcanic
volcar {82} *vt* **1** : to upset, to knock over, to turn over **2** : to empty out **3** : to make dizzy **4** : to cause a change of mind in **5** : to irritate — *vi* **1** : to overturn, to tip over **2** : to capsize — **volcarse** *vr* **1** : to overturn **2** : to do one's utmost
volea *nf* : volley (in sports)
volear *vi* : to volley (in sports)
voleibol *nm* : volleyball
voleo *nm* **al voleo** : haphazardly, at random
volframio *nm* : wolfram, tungsten
volición *nf, pl* **-ciones** : volition
volqué, etc. → **volcar**
voltaje *nm* : voltage
voltear *vt* **1** : to turn over, to turn upside down **2** : to reverse, to turn inside out **3** : to turn ⟨voltear la cara : to turn one's head⟩ **4** : to knock down — *vi* **1** : to roll over, to do somersaults **2** : to turn ⟨volteó a la izquierda : he turned left⟩ — **voltearse** *vr* **1** : to turn around **2** : to change one's allegiance
voltereta *nf* : somersault, tumble
voltio *nm* : volt
volubilidad *nf* : fickleness, changeableness
voluble *adj* : fickle, changeable
volumen *nm, pl* **-lúmenes** **1** TOMO : volume, book **2** : capacity, size, bulk **3** CANTIDAD : amount ⟨el volumen de ventas : the volume of sales⟩ **4** : volume, loudness
voluminoso, -sa *adj* : voluminous, massive, bulky
voluntad *nf* **1** : will, volition **2** DESEO : desire, wish **3** INTENCIÓN : intention **4 a voluntad** : at will **5 buena voluntad** : good will **6 mala voluntad** : ill will **7 fuerza de voluntad** : willpower
voluntario[1], -ria *adj* : voluntary — **voluntariamente** *adv*
voluntario[2], -ria *n* : volunteer
voluntarioso, -sa *adj* **1** : stubborn **2** : willing, eager
voluptuosidad *nf* : voluptuousness
voluptuoso, -sa *adj* : voluptuous — **voluptuosamente** *adv*
voluta *nf* : spiral, column (of smoke)
volver {89} *vi* **1** : to return, to come/go back ⟨volver a casa : to return home⟩ ⟨volver de vacaciones : to get back from vacation⟩ ⟨no vuelvas por aquí : don't come back here⟩ ⟨volver atrás : to turn back⟩ **2 ~ a** : to return to ⟨volver al tema : to get back to the subject⟩ ⟨volver a la normalidad : to get back to normal⟩ **3 ~ a** : to do again ⟨volvieron a llamar : they called again⟩ ⟨volver a pasar/ocurrir/suceder : to happen again⟩ **4 volver en sí** : to come to, to regain consciousness — *vt* **1** : to turn, to turn over, to turn inside out **2** : to return, to repay, to restore **3** : to cause, to make ⟨la volvía loca : it was driving her crazy⟩ — **volverse** *vr* **1** : to become ⟨se volvió deprimido : he became depressed⟩ **2** : to turn around
vomitar *vi* : to vomit — *vt* **1** : to vomit **2** : to spew out (lava, etc.)
vómito *nm* **1** : vomiting **2** : vomit
voracidad *nf* : voracity
vorágine *nf* : whirlpool, maelstrom
voraz *adj, pl* **voraces** : voracious — **vorazmente** *adv*
vórtice *nm* **1** : whirlpool, vortex **2** TORBELLINO : whirlwind
vos *pron* (*in some regions of Latin America*) : you
vosear *vt* : to address as *vos*
vosotros, -tras *pron pl Spain* **1** : you, yourselves **2** : ye
votación *nf, pl* **-ciones** : vote, voting
votante *nmf* : voter
votar *vi* : to vote — *vt* : to vote for
votivo, -va *adj* : votive
voto *nm* **1** : vote **2** : vow (in religion) **3 votos** *nmpl* : good wishes
voy → **ir**
voz *nf, pl* **voces** **1** : voice ⟨alzar la voz : to raise one's voice⟩ **2** : opinion, say **3** GRITO : shout, yell **4** : sound **5** VOCABLO : word, term **6** : rumor **7 a voces** : loudly, in a loud voice **8 a voz en cuello** : at the top of one's lungs **9 dar voces** : to shout **10 en voz alta** : aloud, in a loud voice **11 en voz baja** : softly, in a low voice
vudú *nm* : voodoo
vuelco *nm* : upset, overturning ⟨me dio un vuelco el corazón : my heart skipped a beat⟩
vuela, etc. → **volar**
vuelca, vuelque etc. → **volcar**

vuelo *nm* **1** : flight, flying ⟨alzar el vuelo : to take flight⟩ **2** : flight (of an aircraft) ⟨vuelo espacial : space flight⟩ **3** : flare, fullness (of clothing) **4 al vuelo** : on the wing

vuelta *nf* **1** GIRO : turn ⟨se dio la vuelta : he turned around⟩ **2** REVOLUCIÓN : circle, revolution ⟨dio la vuelta al mundo : she went around the world⟩ ⟨las ruedas daban vueltas : the wheels were spinning⟩ **3** : flip, turn ⟨le dio la vuelta : she flipped it over⟩ **4** : bend, curve ⟨a la vuelta de la esquina : around the corner⟩ **5** REGRESO : return ⟨de ida y vuelta : round-trip⟩ ⟨a vuelta de correo : by return mail⟩ **6** : round, lap (in sports or games) **7** PASEO : walk, drive, ride ⟨dio una vuelta : he went for a walk⟩ **8** DORSO, REVÉS : back, other side ⟨a la vuelta : on the back⟩ **9** : cuff (of pants) **10 darle vueltas a algo** : to think something over **11 darle vuelta a la página** : to move on, to begin a new phase **12 dar una vuelta de campana** : to roll over (completely) **13 estar de vuelta** : to be back

vuelto *pp* → **volver**

vuelve, etc. → **volver**

vuestro[1], **-stra** *adj Spain* : your, of yours ⟨vuestros coches : your cars⟩ ⟨una amiga vuestra : a friend of yours⟩

vuestro[2], **-stra** *pron Spain,* (*with definite article*) : yours ⟨la vuestra es más grande : yours is bigger⟩ ⟨esos son los vuestros : those are yours⟩

vulcanizar {21} *vt* : to vulcanize

vulgar *adj* **1** : common **2** : vulgar

vulgaridad *nf* : vulgarity

vulgarismo *nm* : vulgarism

vulgarizar {21} *vt* : to vulgarize, to popularize

vulgarmente *adv* : vulgarly, popularly

vulgo *nm* **el vulgo** : the masses, common people

vulnerable *adj* : vulnerable — **vulnerabilidad** *nf*

vulnerar *vt* **1** : to injure, to damage (one's reputation or honor) **2** : to violate, to break (a law or contract)

W

w *nf* : twenty-fourth letter of the Spanish alphabet

wafle *nm* : waffle

waflera *nf* : waffle iron

wapití *nm* : wapiti, elk

webcam *nf, pl* **webcams** : webcam

webmaster *nmf, pl* **-ters** : webmaster

whisky *nm, pl* **whiskys** *or* **whiskies** : whiskey

wigwam *nm* : wigwam

windsurf [ˈwinsurf] *nm* : windsurfing

X

x *nf* : twenty-fifth letter of the Spanish alphabet

xenofobia *nf* : xenophobia

xenófobo[1], **-ba** *adj* : xenophobic

xenófobo[2], **-ba** *n* : xenophobe

xenón *nm* : xenon

xerocopiar *vt* : to photocopy, to xerox

xilófono *nm* : xylophone

Y

y[1] *nf* : twenty-sixth letter of the Spanish alphabet

y[2] *conj* (**e** *before words beginning with i- or hi-*) **1** : and ⟨mi hermano y yo : my brother and I⟩ ⟨¿y los demás? : and (what about) the others?⟩ **2** (*used in numbers*) ⟨cincuenta y cinco : fifty-five⟩ **3** *fam* : well ⟨y por supuesto : well, of course⟩

ya[1] *adv* **1** : already ⟨ya terminó : she's finished already⟩ ⟨ya en los años sesenta : as early as the 1960's⟩ **2** : now, right now ⟨¡hazlo ya! : do it now!⟩ ⟨ya mismo : right away⟩ ⟨desde ya : as of now, immediately⟩ **3** : later, soon ⟨ya iremos : we'll go later on⟩ **4** : no longer, anymore ⟨ya no fuma : he no longer smokes⟩ **5** : yes, right ⟨ya, pero . . . : yes, I know, but . . .⟩ **6** (*used for emphasis*) ⟨¡ya lo sé! : I know!⟩ ⟨ya lo creo : of course⟩ **7 no ya** : not only ⟨no ya lloran sino gritan : they're not only crying but screaming⟩ **8 ya que** : now that, since ⟨ya que sabe la verdad : now that she knows the truth⟩

ya[2] *conj* **ya . . . ya** : whether . . . or, first . . . then ⟨ya le gusta, ya no : first he likes it, then he doesn't⟩

yac *nm* : yak

yacer {90} *vi* : to lie ⟨en esta tumba yacen sus abuelos : his grandparents lie in this grave⟩

yacimiento *nm* : bed, deposit ⟨yacimiento petrolífero : oil field⟩
yaga, etc. → **yacer**
yanqui *adj & nmf* : Yankee
yarda *nf* : yard
yate *nm* : yacht
yaz, yazca, yazga etc. → **yacer**
yedra *nf* : ivy
yegua *nf* : mare
yelmo *nm* : helmet
yema *nf* **1** : bud, shoot **2** : yolk (of an egg) **3 yema del dedo** : fingertip
yemenita *adj & nmf* : Yemenite
yen *nm* : yen (currency)
yendo → **ir**
yerba *nf* **1** *or* **yerba mate** : maté **2** → **hierba**
yerga, yergue etc. → **erguir**
yermo[1], **-ma** *adj* : barren, deserted
yermo[2] *nm* : wasteland
yerno *nm* : son-in-law
yerra, etc. → **errar**
yerro *nm* : blunder, mistake
yerto, -ta *adj* : rigid, stiff
yesca *nf* : tinder
yeso *nm* **1** : plaster **2** : gypsum
yo[1] *nm* : ego, self
yo[2] *pron* **1** : I **2** : me ⟨todos menos yo : everyone except me⟩ ⟨tan bajo como yo : as short as me⟩ **3 soy yo** : it is I, it's me
yodado, -da *adj* : iodized
yodo *nm* : iodine
yoduro *nm* : iodide
yoga *nm* : yoga
yogui *nm* : yogi
yogurt *or* **yogur** *nm* : yogurt
yola *nf* : yawl
yoyo *or* **yoyó** *nm* : yo-yo
yuca *nf* **1** : yucca (plant) **2** : cassava, manioc
yucateco[1], **-ca** *adj* : of or from the Yucatán
yucateco[2], **-ca** *n* : person from the Yucatán
yudo → **judo**
yugo *nm* : yoke
yugoslavo, -va *adj & n* : Yugoslavian
yugular *adj* : jugular ⟨vena yugular : jugular vein⟩
yungas *nfpl Bol, Chile, Peru* : warm tropical valleys
yunque *nm* : anvil
yunta *nf* : yoke, team (of oxen)
yuppy *nmf, pl* **yuppies** : yuppie
yute *nm* : jute
yuxtaponer {60} *vt* : to juxtapose — **yuxtaposición** *nf*

Z

z *nf* : twenty-seventh letter of the Spanish alphabet
zacate *nm CA, Mex* **1** : grass, forage **2** : hay
zafacón *nm, pl* **-cones** *Car* : wastebasket
zafar *vt* : to loosen, to untie — **zafarse** *vr* **1** : to loosen up, to come undone **2** : to get free of
zafio, -fia *adj* : coarse, crude
zafiro *nm* : sapphire
zaga *nf* **1** : defense (in sports) **2 a la zaga** *or* **en ~** : behind, in the rear
zagual *nm* : paddle (of a canoe)
zaguán *nm, pl* **zaguanes** : front hall, vestibule
zaherir {76} *vt* **1** : to criticize sharply **2** : to wound, to mortify
zahones *nmpl* : chaps
zaino, -na *adj* : chestnut (color)
zalamería *nf* : flattery, sweet talk
zalamero[1], **-ra** *adj* : flattering, fawning
zalamero[2], **-ra** *n* : flatterer
zambiano, -na *adj & nmf* : Zambian
zambullida *nf* : dive, plunge
zambullirse {38} *vr* : to dive, to plunge
zanahoria *nf* : carrot
zancada *nf* : stride, step
zancadilla *nf* **1** : trip, stumble **2** *fam* : trick, ruse
zancos *nmpl* : stilts
zancuda *nf* : wading bird
zancudo *nm* MOSQUITO : mosquito
zángano *nm* : drone, male bee
zanja *nf* : ditch, trench
zanjar *vt* ACLARAR : to settle, to clear up, to resolve
zapallo *nm Arg, Chile, Peru, Uru* : pumpkin
zapapico *nm* : pickax
zapata *nf* : brake shoe
zapatería *nf* **1** : shoemaker's, shoe factory **2** : shoe store
zapatero[1], **-ra** *adj* : dry, tough, poorly cooked
zapatero[2], **-ra** *n* : shoemaker, cobbler
zapatilla *nf* **1** PANTUFLA : slipper **2** *or* **zapatilla de deporte** : sneaker
zapato *nm* : shoe
zapping [ˈsapin, ˈθapin] *nm* : channel surfing
zar, zarina *n* : czar *m,* czarina *f*
zarandear *vt* **1** : to sift, to sieve **2** : to shake, to jostle, to jiggle
zarapito *nm* : curlew
zarcillo *nm* **1** : earring **2** : tendril (of a plant)
zarigüeya *nf* : opossum
zarista *adj & nmf* : czarist
zarpa *nf* : paw
zarpar *vi* : to set sail, to raise anchor
zarza *nf* : bramble, blackberry bush
zarzamora *nf* **1** : blackberry **2** : bramble, blackberry bush
zarzaparrilla *nf* : sarsaparilla
zepelín *nm, pl* **-lines** : zeppelin
zigoto *nm* : zygote
zigzag *nm, pl* **zigzags** *or* **zigzagues** : zigzag

zigzaguear *vi* : to zigzag
zimbabuense *adj & nmf* : Zimbabwean
zinc *nm* : zinc
zinnia *nf* : zinnia
zíper *nm CA, Mex* : zipper
zircón *nm, pl* **zircones** : zircon
zócalo *nm Mex* : main square
zodíaco *or* **zodiaco** *nm* : zodiac — **zodíacal** *adj*
zombi *or* **zombie** *nmf* : zombie
zona *nf* : zone, district, area
zonzo[1], **-za** *adj* : stupid, silly
zonzo[2], **-za** *n* : idiot, nitwit
zoo *nm* : zoo
zoología *nf* : zoology
zoológico[1], **-ca** *adj* : zoological
zoológico[2] *nm* : zoo
zoólogo, -ga *n* : zoologist
zoom *nm* : zoom lens
zopilote *nm CA, Mex* : buzzard
zoquete *nmf fam* : oaf, blockhead
zorrillo *nm* MOFETA : skunk
zorro[1], **-rra** *adj* : sly, crafty
zorro[2], **-rra** *n* **1** : fox, vixen **2** : sly crafty person
zorzal *nm* : thrush
zozobra *nf* : anxiety, worry
zozobrar *vi* : to capsize
zueco *nm* : clog (shoe)
zulú[1] *adj & nmf* : Zulu
zulú[2] *nm* : Zulu (language)
zumaque *nm* : sumac
zumbar *vi* : to buzz, to hum — *vt fam* **1** : to hit, to thrash **2** : to make fun of
zumbido *nm* : buzzing, humming
zumo *nf* JUGO : juice
zurcir {83} *vt* : to darn, to mend
zurdo[1], **-da** *adj* : left-handed
zurdo[2], **-da** *n* : left-handed person
zurza, etc. → **zurcir**
zutano, -na → **fulano**

Diccionario Inglés-Español

A

a[1] [ˈeɪ] *n, pl* **a's** *or* **as** [ˈeɪz] : primera letra del alfabeto inglés
a[2] [ə, ˈeɪ] *art* (**an** [ən, ˈæn] before vowel or silent h) **1** : un *m*, una *f* ⟨a house : una casa⟩ ⟨a little more : un poco más⟩ ⟨half an hour : media hora⟩ ⟨what a surprise! : ¡qué sorpresa!⟩ ⟨she's a lawyer : es abogada⟩ ⟨it's a Rembrandt : es un Rembrandt⟩ ⟨a Mr. Jones called : llamó un tal señor Jones⟩ **2** PER : por, a la, al ⟨30 kilometers an hour : 30 kilómetros por hora⟩ ⟨twice a month : dos veces al mes⟩
aardvark [ˈɑrdˌvɑrk] *n* : oso *m* hormiguero
aback [əˈbæk] *adv* **1** : por sorpresa **2 to be taken aback** : quedarse desconcertado
abacus [ˈæbəkəs] *n, pl* **abaci** [ˈæbəˌsaɪ, -ˌkiː] *or* **abacuses** : ábaco *m*
abaft [əˈbæft] *adv* : a popa
abalone [ˌæbəˈloːni] *n* : abulón *m*, oreja *f* marina
abandon[1] [əˈbændən] *vt* **1** DESERT, FORSAKE : abandonar, desamparar (a alguien), desertar de (algo) **2** GIVE UP, SUSPEND : renunciar a, suspender ⟨he abandoned the search : suspendió la búsqueda⟩ **3** EVACUATE, LEAVE : abandonar, evacuar, dejar ⟨to abandon ship : abandonar el buque⟩ **4 to abandon oneself** : entregarse, abandonarse
abandon[2] *n* : desenfreno *m* ⟨with wild abandon : desenfrenadamente⟩
abandoned [əˈbændənd] *adj* **1** DESERTED : abandonado **2** UNRESTRAINED : desenfrenado, desinhibido
abandonment [əˈbændənmənt] *n* : abandono *m*, desamparo *m*
abase [əˈbeɪs] *vt* **abased; abasing** : degradar, humillar, rebajar
abash [əˈbæʃ] *vt* : avergonzar, abochornar
abashed [əˈbæʃt] *adj* : avergonzado
abate [əˈbeɪt] *vi* **abated; abating** : amainar, menguar, disminuir
abattoir [ˈæbəˌtwɑr] *n* : matadero *m*
abbess [ˈæbɪs, -ˌbɛs, -bəs] *n* : abadesa *f*
abbey [ˈæbi] *n, pl* **-beys** : abadía *f*
abbot [ˈæbət] *n* : abad *m*
abbreviate [əˈbriːviˌeɪt] *vt* **-ated; -ating** : abreviar
abbreviation [əˌbriːviˈeɪʃən] *n* : abreviación *f*, abreviatura *f*
ABC's [ˌeɪˌbiːˈsiːz] *npl* : abecé *m*
abdicate [ˈæbdɪˌkeɪt] *v* **-cated; -cating** : abdicar
abdication [ˌæbdɪˈkeɪʃən] *n* : abdicación *f*
abdomen [ˈæbdəmən, æbˈdoːmən] *n* : abdomen *m*, vientre *m*
abdominal [æbˈdɑmənəl] *adj* : abdominal — **abdominally** *adv*
abduct [æbˈdʌkt] *vt* : raptar, secuestrar
abduction [æbˈdʌkʃən] *n* : rapto *m*, secuestro *m*
abductor [æbˈdʌktər] *n* : raptor *m*, -tora *f*; secuestrador *m*, -dora *f*
abed [əˈbɛd] *adv & adj* : en cama
aberrant [æˈbɛrənt, ˈæbərənt] *adj* **1** ABNORMAL : anormal, aberrante **2** ATYPICAL : anómalo, atípico
aberration [ˌæbəˈreɪʃən] *n* **1** : aberración *f* **2** DERANGEMENT : perturbación *f* mental
abet [əˈbɛt] *vt* **abetted; abetting** ASSIST : ayudar ⟨to aid and abet : ser cómplice de⟩
abeyance [əˈbeɪənts] *n* : desuso *m*, suspensión *f*
abhor [əbˈhɔr, æb-] *vt* **-horred; -horring** : abominar, aborrecer
abhorrence [əbˈhɔrənts, æb-] *n* : aborrecimiento *m*, odio *m*
abhorrent [əbˈhɔrənt, æb-] *adj* : abominable, aborrecible, odioso
abide [əˈbaɪd] *v* **abode** [əˈboːd] *or* **abided; abiding** *vt* STAND : soportar, tolerar ⟨I can't abide them : no los puedo ver⟩ — *vi* **1** ENDURE : quedar, permanecer **2** DWELL : morar, residir **3 to abide by** : atenerse a
ability [əˈbɪləṭi] *n, pl* **-ties** **1** CAPABILITY : aptitud *f*, capacidad *f*, facultad *f* **2** COMPETENCE : competencia *f* **3** TALENT : talento *m*, don *m*, habilidad *f*
abject [ˈæbˌʤɛkt, æbˈ-] *adj* **1** WRETCHED : miserable, desdichado **2** HOPELESS : abatido, desesperado **3** SERVILE : servil ⟨abject flattery : halagos serviles⟩ — **abjectly** *adv*
abjure [æbˈʤʊr] *vt* **-jured; -juring** : abjurar de
ablaze [əˈbleɪz] *adj* **1** BURNING : ardiendo, en llamas **2** RADIANT : resplandeciente, radiante
able [ˈeɪbəl] *adj* **abler; ablest** **1** CAPABLE : capaz, hábil **2** COMPETENT : competente
ablution [əˈbluːʃən] *n* : ablución *f* ⟨to perform one's ablutions : lavarse⟩
ably [ˈeɪbəli] *adv* : hábilmente, eficientemente
abnormal [æbˈnɔrməl] *adj* : anormal — **abnormally** *adv*
abnormality [ˌæbnərˈmæləṭi, -nɔr-] *n, pl* **-ties** : anormalidad *f*
aboard[1] [əˈbord] *adv* : a bordo
aboard[2] *prep* : a bordo de
abode[1] → **abide**
abode[2] [əˈboːd] *n* : morada *f*, residencia *f*, vivienda *f*
abolish [əˈbɑlɪʃ] *vt* : abolir, suprimir
abolition [ˌæbəˈlɪʃən] *n* : abolición *f*, supresión *f*
abominable [əˈbɑmənəbəl] *adj* DETESTABLE : abominable, aborrecible, espantoso
abominate [əˈbɑməˌneɪt] *vt* **-nated; -nating** : abominar, aborrecer
abomination [əˌbɑməˈneɪʃən] *n* : abominación *f*

aboriginal [ˌæbəˈrɪʤənəl] *adj* : aborigen, indígena
aborigine [ˌæbəˈrɪʤəni] *n* NATIVE : aborigen *mf*, indígena *mf*
abort [əˈbɔrt] *vt* **1** : abortar (en medicina) **2** CALL OFF : suspender, abandonar — *vi* : abortar, hacerse un aborto
abortion [əˈbɔrʃən] *n* : aborto *m*
abortive [əˈbɔrt̬ɪv] *adj* UNSUCCESSFUL : fracasado, frustrado, malogrado
abound [əˈbaʊnd] *vi* **to abound in** : abundar en, estar lleno de
about[1] [əˈbaʊt] *adv* **1** APPROXIMATELY : aproximadamente, casi, más o menos **2** AROUND : por todas partes, alrededor ⟨the children are running about : los niños están corriendo por todas partes⟩ **3 to be about to** : estar a punto de **4 to be up and about** : estar levantado
about[2] *prep* **1** AROUND : alrededor de **2** CONCERNING : de, acerca de, sobre ⟨he always talks about politics : siempre habla de política⟩
above[1] [əˈbʌv] *adv* **1** OVERHEAD : por encima, arriba **2** : más arriba ⟨as stated above : como se indica más arriba⟩
above[2] *adj* : anterior, antedicho ⟨for the above reasons : por las razones antedichas⟩
above[3] *prep* **1** OVER : encima de, arriba de, sobre **2** : superior a, por encima de ⟨he's above those things : él está por encima de esas cosas⟩ **3** : más de, superior a ⟨he earns above $50,000 : gana más de $50,000⟩ ⟨a number above 10 : un número superior a 10⟩ **4 above all** : sobre todo
aboveboard[1] [əˈbʌvˈbord, -ˌbord] *adv* **open and aboveboard** : sin tapujos
aboveboard[2] *adj* : legítimo, sincero
abrade [əˈbreɪd] *vt* **abraded; abrading 1** ERODE : erosionar, corroer **2** SCRAPE : escoriar, raspar
abrasion [əˈbreɪʒən] *n* **1** SCRAPE, SCRATCH : raspadura *f*, rasguño *m* **2** EROSION : erosión *f*
abrasive[1] [əˈbreɪsɪv] *adj* **1** ROUGH : abrasivo, áspero **2** BRUSQUE, IRRITATING : brusco, irritante
abrasive[2] *n* : abrasivo *m*
abreast [əˈbrɛst] *adv* **1** : en fondo, al lado ⟨to march three abreast : marchar de tres en fondo⟩ **2 to keep abreast** : mantenerse al día
abridge [əˈbrɪʤ] *vt* **abridged; abridging** : compendiar, resumir
abridgment *or* **abridgement** [əˈbrɪʤmənt] *n* : compendio *m*, resumen *m*
abroad [əˈbrɔd] *adv* **1** ABOUT, WIDELY : por todas partes, en todas direcciones ⟨the news spread abroad : la noticia corrió por todas partes⟩ **2** OVERSEAS : en el extranjero, en el exterior
abrogate [ˈæbrəˌgeɪt] *vt* **-gated; -gating** : abrogar
abrupt [əˈbrʌpt] *adj* **1** SUDDEN : abrupto, repentino, súbito **2** BRUSQUE, CURT : brusco, cortante — **abruptly** *adv*
abscess [ˈæbˌsɛs] *n* : absceso *m*
abscond [æbˈskɑnd] *vi* : huir, fugarse
absence [ˈæbsənts] *n* **1** : ausencia *f* (de una persona) **2** LACK : falta *f*, carencia *f*
absent[1] [æbˈsɛnt] *vt* **to absent oneself** : ausentarse
absent[2] [ˈæbsənt] *adj* : ausente
absentee [ˌæbsənˈtiː] *n* : ausente *mf*
absentminded [ˌæbsəntˈmaɪndəd] *adj* : distraído, despistado
absentmindedly [ˌæbsəntˈmaɪndədli] *adv* : distraídamente
absentmindedness [ˌæbsəntˈmaɪndədnəs] *n* : distracción *f*, despiste *m*
absolute [ˈæbsəˌluːt, ˌæbsəˈluːt] *adj* **1** COMPLETE, PERFECT : completo, pleno, perfecto **2** UNCONDITIONAL : absoluto, incondicional **3** DEFINITE : categórico, definitivo
absolutely [ˈæbsəˌluːtli, ˌæbsəˈluːtli] *adv* **1** COMPLETELY : completamente, absolutamente **2** CERTAINLY : desde luego ⟨do you agree? absolutely! : ¿estás de acuerdo? ¡desde luego!⟩
absolution [ˌæbsəˈluːʃən] *n* : absolución *f*
absolutism [ˈæbsəˌluːˌtɪzəm] *n* : absolutismo *m*
absolve [əbˈzɑlv, æb-, -ˈsɑlv] *vt* **-solved; -solving** : absolver, perdonar
absorb [əbˈzɔrb, æb-, -ˈsɔrb] *vt* **1** : absorber, embeber (un líquido), amortiguar (un golpe, la luz) **2** ENGROSS : absorber **3** ASSIMILATE : asimilar
absorbed [əbˈzɔrbd, æb-, -ˈsɔrbd] *adj* ENGROSSED : absorto, ensimismado
absorbency [əbˈzɔrbəntsi, æb-, -ˈsɔr-] *n* : absorbencia *f*
absorbent [əbˈzɔrbənt, æb-, -ˈsɔr-] *adj* : absorbente
absorbing [əbˈzɔrbɪŋ, æb-, -ˈsɔr-] *adj* : absorbente, fascinante
absorption [əbˈzɔrpʃən, æb-, -ˈsɔrp-] *n* **1** : absorción *f* **2** CONCENTRATION : concentración *f*
abstain [əbˈsteɪn, æb-] *vi* : abstenerse
abstainer [əbˈsteɪnər, æb-] *n* : abstemio *m*, -mia *f*
abstemious [æbˈstiːmiəs] *adj* : abstemio, sobrio — **abstemiously** *adv*
abstention [əbˈstɛnʧən, æb-] *n* : abstención *f*
abstinence [ˈæbstənənts] *n* : abstinencia *f*
abstract[1] [æbˈstrækt, ˈæbˌ-] *vt* **1** EXTRACT : abstraer, extraer **2** SUMMARIZE : compendiar, resumir
abstract[2] *adj* : abstracto — **abstractly** [æbˈstræktli, ˈæbˌ-] *adv*
abstract[3] [ˈæbˌstrækt] *n* : resumen *m*, compendio *m*, sumario *m*
abstraction [æbˈstrækʃən] *n* **1** : abstracción *f*, idea *f* abstracta **2** ABSENTMINDEDNESS : distracción *f*

abstruse [əb'stru:s, æb-] *adj* : abstruso, recóndito — **abstrusely** *adv*
absurd [əb'sərd, -'zərd] *adj* : absurdo, ridículo, disparatado — **absurdly** *adv*
absurdity [əb'sərdəṭi, -'zər-] *n, pl* **-ties** **1** : absurdo *m* **2** NONSENSE : disparate *m*, despropósito *m*
abundance [ə'bʌndənts] *n* : abundancia *f*
abundant [ə'bʌndənt] *adj* : abundante, cuantioso, copioso
abundantly [ə'bʌndəntli] *adv* : abundantemente, en abundancia
abuse[1] [ə'bju:z] *vt* **abused; abusing** **1** MISUSE : abusar de **2** MISTREAT : maltratar **3** REVILE : insultar, injuriar, denostar
abuse[2] [ə'bju:s] *n* **1** MISUSE : abuso *m* **2** MISTREATMENT : abuso *m*, maltrato *m* **3** INSULTS : insultos *mpl*, improperios *mpl* ⟨a string of abuse : una serie de improperios⟩
abuser [ə'bju:zər] *n* : abusador *m*, -dora *f*
abusive [ə'bju:sɪv] *adj* **1** ABUSING : abusivo **2** INSULTING : ofensivo, injurioso, insultante — **abusively** *adv*
abut [ə'bʌt] *v* **abutted; abutting** *vt* : bordear — *vi* **to abut on** : colindar con
abutment [ə'bʌtmənt] *n* **1** BUTTRESS : contrafuerte *m*, estribo *m* **2** CLOSENESS : contigüidad *f*
abysmal [ə'bɪzməl] *adj* **1** DEEP : abismal, insondable **2** TERRIBLE : atroz, desastroso
abysmally [ə'bɪzməli] *adv* : desastrosamente, terriblemente
abyss [ə'bɪs, 'æbɪs] *n* : abismo *m*, sima *f*
acacia [ə'keɪʃə] *n* : acacia *f*
academic[1] [ˌækə'dɛmɪk] *adj* **1** : académico **2** THEORETICAL : teórico — **academically** [-mɪkli] *adv*
academic[2] *n* : académico *m*, -ca *f*
academician [ˌækədə'mɪʃən] *n* → **academic**
academy [ə'kædəmi] *n, pl* **-mies** : academia *f*
acanthus [ə'kæntθəs] *n* : acanto *m*
accede [æk'si:d] *vi* **-ceded; -ceding** **1** AGREE : acceder, consentir **2** ASCEND : subir, acceder ⟨he acceded to the throne : subió al trono⟩
accelerate [ɪk'sɛləˌreɪt, æk-] *v* **-ated; -ating** *vt* : acelerar, apresurar — *vi* : acelerar (dícese de un carro)
acceleration [ɪkˌsɛlə'reɪʃən, æk-] *n* : aceleración *f*
accelerator [ɪk'sɛləˌreɪṭər, æk-] *n* : acelerador *m*
accent[1] ['ækˌsɛnt, æk'sɛnt] *vt* : acentuar
accent[2] ['ækˌsɛnt, -sənt] *n* **1** : acento *m* **2** EMPHASIS, STRESS : énfasis *m*, acento *m*
accentuate [ɪk'sɛntʃʊˌeɪt, æk-] *vt* **-ated; -ating** : acentuar, poner énfasis en
accept [ɪk'sɛpt, æk-] *vt* **1** : aceptar **2** ACKNOWLEDGE : admitir, reconocer
acceptability [ɪkˌsɛptə'bɪləṭi, æk-] *n* : aceptabilidad *f*
acceptable [ɪk'sɛptəbəl, æk-] *adj* : aceptable, admisible — **acceptably** [-bli] *adv*
acceptance [ɪk'sɛptənts, æk-] *n* : aceptación *f*, aprobación *f*
access[1] ['ækˌsɛs] *vt* : obtener acceso a, entrar a
access[2] *n* : acceso *m*
accessibility [ɪkˌsɛsə'bɪləṭi] *n, pl* **-ties** : accesibilidad *f*
accessible [ɪk'sɛsəbəl, æk-] *adj* : accesible, asequible
accession [ɪk'sɛʃən, æk-] *n* **1** : ascenso *f*, subida *f* (al trono, etc.) **2** ACQUISITION : adquisición *f*
accessory[1] [ɪk'sɛsəri, æk-] *adj* : auxiliar
accessory[2] *n, pl* **-ries** **1** : accesorio *m*, complemento *m* **2** ACCOMPLICE : cómplice *mf*
accident ['æksədənt] *n* **1** MISHAP : accidente *m* **2** CHANCE : casualidad *f*
accidental [ˌæksə'dɛntəl] *adj* : accidental, casual, imprevisto, fortuito
accidentally [ˌæksə'dɛntəli, -'dɛntli] *adv* **1** BY CHANCE : por casualidad **2** UNINTENTIONALLY : sin querer, involuntariamente
acclaim[1] [ə'kleɪm] *vt* : aclamar, elogiar
acclaim[2] *n* : aclamación *f*, elogio *m*
acclamation [ˌæklə'meɪʃən] *n* : aclamación *f*
acclimate ['ækləˌmeɪt, ə'klaɪmət] → **acclimatize**
acclimatize [ə'klaɪməˌtaɪz] *v* **-tized; -tizing** *vt* **1** : aclimatar **2 to acclimatize oneself** : aclimatarse
accolade ['ækəˌleɪd, -ˌlɑd] *n* **1** PRAISE : elogio *m* **2** AWARD : galardón *m*
accommodate [ə'kɑməˌdeɪt] *vt* **-dated; -dating** **1** ADAPT : acomodar, adaptar **2** SATISFY : tener en cuenta, satisfacer **3** HOLD : dar cabida a, tener cabida para
accommodation [əˌkɑmə'deɪʃən] *n* **1** : adaptación *f*, adecuación *f* **2 accommodations** *npl* LODGING : alojamiento *m*, hospedaje *m*
accompaniment [ə'kʌmpənəmənt, -'kɑm-] *n* : acompañamiento *m*
accompanist [ə'kʌmpənɪst, -'kɑm-] *n* : acompañante *mf*
accompany [ə'kʌmpəni, -'kɑm-] *vt* **-nied; -nying** : acompañar
accomplice [ə'kɑmpləs, -'kʌm-] *n* : cómplice *mf*
accomplish [ə'kɑmplɪʃ, -'kʌm-] *vt* : efectuar, realizar, lograr, llevar a cabo
accomplished [ə'kɑmplɪʃt, -'kʌm-] *adj* : consumado, logrado
accomplishment [ə'kɑmplɪʃmənt, -'kʌm-] *n* **1** ACHIEVEMENT : logro *m*, éxito *m* **2** SKILL : destreza *f*, habilidad *f*

accord[1] [ə'kɔrd] *vt* GRANT : conceder, otorgar — *vi* **to accord with** : concordar con, conformarse con
accord[2] *n* **1** AGREEMENT : acuerdo *m*, convenio *m* **2** VOLITION : voluntad *f* ⟨of one's own accord : voluntariamente, de motu proprio⟩
accordance [ə'kɔrdənts] *n* **1** ACCORD : acuerdo *m*, conformidad *f* **2 in accordance with** : conforme a, según, de acuerdo con
accordingly [ə'kɔrdɪŋli] *adv* **1** CORRESPONDINGLY : en consecuencia **2** CONSEQUENTLY : por consiguiente, por lo tanto
according to [ə'kɔrdɪŋ] *prep* : según, de acuerdo con, conforme a
accordion [ə'kɔrdiən] *n* : acordeón *m*
accordionist [ə'kɔrdiənɪst] *n* : acordeonista *mf*
accost [ə'kɔst] *vt* : abordar, dirigirse a
account[1] [ə'kaʊnt] *vt* : considerar, estimar ⟨he accounts himself lucky : se considera afortunado⟩ — *vi* **to account for** : dar cuenta de, explicar
account[2] *n* **1** : cuenta *f* ⟨bank account : cuenta bancaria⟩ ⟨checking account : cuenta corriente⟩ ⟨savings account : cuenta de ahorros⟩ ⟨e-mail account : cuenta de email⟩ **2** EXPLANATION : versión *f*, explicación *f* **3** REPORT : relato *m*, informe *m* **4** IMPORTANCE : importancia *f* ⟨to be of no account : no tener importancia⟩ **5 accounts** *npl* : contabilidad *f* **6 by all accounts** : a decir de todos **7 by one's own account** ⟨by her own account : según ella misma⟩ **8 on account of** BECAUSE OF : a causa de, debido a, por **9 on no account** : de ninguna manera **10 on someone's account** : por alguien **11 to take into account** : tener en cuenta
accountability [əˌkaʊntə'bɪlət̬i] *n* : responsabilidad *f*
accountable [ə'kaʊntəbəl] *adj* : responsable
accountant [ə'kaʊntənt] *n* : contador *m*, -dora *f*; contable *mf Spain*
accounting [ə'kaʊntɪŋ] *n* : contabilidad *f*
accoutrements *or* **accouterments** [ə'ku:trəmənts, -'ku:t̬ər-] *npl* **1** EQUIPMENT : equipo *m*, avíos *mpl* **2** ACCESSORIES : accesorios *mpl* **3** TRAPPINGS : símbolos *mpl* ⟨the accoutrements of power : los símbolos del poder⟩
accredit [ə'krɛdət] *vt* : acreditar, autorizar
accreditation [əˌkrɛdə'teɪʃən] *n* : acreditación *f*, homologación *f*
accretion [ə'kri:ʃən] *n* **1** : acrecentamiento *m* (proceso) **2** : acreción *f*, acrecencia *f* (producto)
accrual [ə'kru:əl] *n* : incremento *m*, acumulación *f*
accrue [ə'kru:] *vi* **-crued; -cruing** : acumularse, aumentarse
accumulate [ə'kju:mjəˌleɪt] *v* **-lated; -lating** *vt* : acumular, amontonar — *vi* : acumularse, amontonarse
accumulation [əˌkju:mjə'leɪʃən] *n* : acumulación *f*, amontonamiento *m*
accuracy ['ækjərəsi] *n* : exactitud *f*, precisión *f*
accurate ['ækjərət] *adj* : exacto, correcto, fiel, preciso — **accurately** *adv*
accusation [ˌækjə'zeɪʃən] *n* : acusación *f*
accusatory [ə'kju:zəˌtori] *adj* : acusatorio
accuse [ə'kju:z] *vt* **-cused; -cusing** : acusar, delatar, denunciar
accused [ə'kju:zd] *ns & pl* DEFENDANT : acusado *m*, -da *f*
accuser [ə'kju:zər] *n* : acusador *m*, -dora *f*
accustom [ə'kʌstəm] *vt* : acostumbrar, habituar
ace ['eɪs] *n* : as *m*
acerbic [ə'sərbɪk, æ-] *adj* : acerbo, mordaz
acetate ['æsəˌteɪt] *n* : acetato *m*
acetic [ə'si:t̬ɪk] *adj* : acético
acetone ['æsəˌto:n] *n* : acetona *f*
acetylene [ə'sɛt̬ələn, -t̬əˌli:n] *n* : acetileno *m*
ache[1] ['eɪk] *vi* **ached; aching 1** : doler **2 to ache for** : anhelar, ansiar
ache[2] *n* : dolor *m*
achieve [ə'ʧi:v] *vt* **achieved; achieving** : lograr, alcanzar, conseguir, realizar
achievement [ə'ʧi:vmənt] *n* : logro *m*, éxito *m*, realización *f*
acid[1] ['æsəd] *adj* **1** SOUR : ácido, agrio **2** CAUSTIC, SHARP : acerbo, mordaz — **acidly** *adv*
acid[2] *n* : ácido *m*
acidic [ə'sɪdɪk, æ-] *adj* : ácido
acidity [ə'sɪdət̬i, æ-] *n, pl* **-ties** : acidez *f*
acid rain *n* : lluvia *f* ácida
acknowledge [ɪk'nɑlɪʤ, æk-] *vt* **-edged; -edging 1** ADMIT : reconocer, admitir **2** RECOGNIZE : reconocer **3 to acknowledge receipt of** : acusar recibo de
acknowledgment [ɪk'nɑlɪʤmənt, æk-] *n* **1** RECOGNITION : reconocimiento *m* **2** THANKS : agradecimiento *m*
acme ['ækmi] *n* : colmo *m*, apogeo *m*, cúspide *f*
acne ['ækni] *n* : acné *m*
acolyte ['ækəˌlaɪt] *n* : acólito *m*
acorn ['eɪˌkɔrn, -kərn] *n* : bellota *f*
acoustic [ə'ku:stɪk] *or* **acoustical** [-stɪkəl] *adj* : acústico — **acoustically** *adv*
acoustics [ə'ku:stɪks] *ns & pl* : acústica *f*
acquaint [ə'kweɪnt] *vt* **1** INFORM : enterar, informar **2** FAMILIARIZE : familiarizar **3 to be acquainted with** : conocer a (una persona), estar al tanto de (un hecho)
acquaintance [ə'kweɪntənts] *n* **1** KNOWLEDGE : conocimiento *m* **2** : conocido *m*, -da *f* ⟨friends and acquaintances : amigos y conocidos⟩

acquiesce [ˌækwiˈɛs] *vi* **-esced; -escing** : consentir, conformarse
acquiescence [ˌækwiˈɛsənts] *n* : consentimiento *m*, aquiescencia *f*
acquire [əˈkwaɪr] *vt* **-quired; -quiring** : adquirir, obtener
acquisition [ˌækwəˈzɪʃən] *n* : adquisición *f*
acquisitive [əˈkwɪzət̬ɪv] *adj* : adquisitivo, codicioso
acquit [əˈkwɪt] *vt* **-quitted; -quitting** **1** : absolver, exculpar **2 to acquit oneself** : comportarse, defenderse
acquittal [əˈkwɪt̬əl] *n* : absolución *f*, exculpación *f*
acre [ˈeɪkər] *n* : acre *m*
acreage [ˈeɪkərɪʤ] *n* : superficie *f* en acres
acrid [ˈækrəd] *adj* **1** BITTER : acre **2** CAUSTIC : acre, mordaz — **acridly** *adv*
acrimonious [ˌækrəˈmoːniəs] *adj* : áspero, cáustico, sarcástico
acrimony [ˈækrəˌmoːni] *n, pl* **-nies** : acrimonia *f*
acrobat [ˈækrəˌbæt] *n* : acróbata *mf*, saltimbanqui *mf*
acrobatic [ˌækrəˈbæt̬ɪk] *adj* : acrobático
acrobatics [ˌækrəˈbæt̬ɪks] *ns & pl* : acrobacia *f*
acronym [ˈækrəˌnɪm] *n* : acrónimo *m*
across[1] [əˈkrɔs] *adv* **1** CROSSWISE : al través **2** : a través, del otro lado ⟨he's already across : ya está del otro lado⟩ **3** : de ancho ⟨40 feet across : 40 pies de ancho⟩
across[2] *prep* **1** : al otro lado de ⟨across the street : al otro lado de la calle⟩ **2** : a través de ⟨a log across the road : un tronco a través del camino⟩
acrylic [əˈkrɪlɪk] *n* : acrílico *m*
act[1] [ˈækt] *vi* **1** : actuar ⟨he acted alone : actuó solo⟩ ⟨she acted courageously : actuó con coraje⟩ ⟨to act in one's own interests : actuar uno en su propio interés⟩ **2** : tomar medidas ⟨he acted to save the business : tomó medidas para salvar el negocio⟩ **3** BEHAVE : comportarse ⟨to act like children : actuar como niños⟩ **4** PERFORM : actuar, interpretar **5** : fingir, simular ⟨to act dumb : hacerse el tonto⟩ ⟨he acted as if nothing had happened : actuó como si no hubiera pasado nada⟩ **6** FUNCTION : actuar, servir, funcionar **7 to act as** : servir de, hacer de **8 to act on** : seguir (un consejo, etc.), actuar respecto a **9 to act on** AFFECT : actuar sobre **10 to act out** MISBEHAVE : portarse mal (para hacerse notar) **11 to act out** PERFORM : representar **12 to act up** MISBEHAVE : portarse mal **13 to act up** MALFUNCTION : funcionar mal **14 to act up** WORSEN : agravarse
act[2] *n* **1** DEED : acto *m*, hecho *m*, acción *f* **2** DECREE : ley *f*, decreto *m* **3** : acto *m* (en una obra de teatro), número *m* (en un espectáculo) **4** PRETENSE : fingimiento *m*
action [ˈækʃən] *n* **1** DEED : acción *f*, acto *m*, hecho *m* ⟨to take action : tomar medidas⟩ **2** BEHAVIOR : actuación *f*, comportamiento *m* **3** LAWSUIT : demanda *f* **4** MOVEMENT : movimiento *m* **5** COMBAT : combate *m* **6** PLOT : acción *f*, trama *f* **7** MECHANISM : mecanismo *m* **8 in action** : en acción **9 to go into action** : entrar en acción
activate [ˈæktəˌveɪt] *vt* **-vated; -vating** : activar
activation [ˌæktəˈveɪʃən] *n* : activación *f*
active [ˈæktɪv] *adj* **1** MOVING : activo, en movimiento **2** LIVELY : vigoroso, enérgico **3** : en actividad ⟨an active volcano : un volcán en actividad⟩ **4** OPERATIVE : vigente
actively [ˈæktɪvli] *adv* : activamente, enérgicamente
activist [ˈæktɪvɪst] *n* : activista *mf* — **activist** *adj*
activity [ækˈtɪvət̬i] *n, pl* **-ties** **1** MOVEMENT : actividad *f*, movimiento *m* **2** VIGOR : vigor *m*, energía *f* **3** OCCUPATION : actividad *f*, ocupación *f*
actor [ˈæktər] *n* : actor *m*, artista *mf*
actress [ˈæktrəs] *n* : actriz *f*
actual [ˈæktʃʊəl] *adj* : real, verdadero
actuality [ˌæktʃʊˈæləti] *n, pl* **-ties** : realidad *f*
actually [ˈæktʃʊəli, -ʃəli] *adv* : realmente, en realidad
actuary [ˈæktʃʊˌɛri] *n, pl* **-aries** : actuario *m*, -ria *f* de seguros
acumen [əˈkjuːmən] *n* : perspicacia *f*
acupuncture [ˈækjʊˌpʌŋktʃər] *n* : acupuntura *f*
acute [əˈkjuːt] *adj* **acuter; acutest** **1** SHARP : agudo **2** PERCEPTIVE : perspicaz, sagaz **3** KEEN : fino, muy desarrollado, agudo ⟨an acute sense of smell : un fino olfato⟩ **4** SEVERE : grave **5 acute angle** : ángulo *m* agudo
acutely [əˈkjuːtli] *adv* : intensamente ⟨to be acutely aware : estar perfectamente consciente⟩
acuteness [əˈkjuːtnəs] *n* : agudeza *f*
ad [ˈæd] → **advertisement**
adage [ˈædɪʤ] *n* : adagio *m*, refrán *m*, dicho *m*
adamant [ˈædəmənt, -ˌmænt] *adj* : firme, categórico, inflexible — **adamantly** *adv*
Adam's apple [ˈædəmz] *n* : nuez *f* de Adán
adapt [əˈdæpt] *vt* : adaptar, ajustar — *vi* : adaptarse
adaptability [əˌdæptəˈbɪlət̬i] *n* : adaptabilidad *f*, flexibilidad *f*
adaptable [əˈdæptəbəl] *adj* : adaptable, amoldable
adaptation [ˌæˌdæpˈteɪʃən, -dəp-] *n* **1** : adaptación *f*, modificación *f* **2** VERSION : versión *f*
adapter [əˈdæptər] *n* : adaptador *m*

add ['æd] *vt* **1** : añadir, agregar ⟨add the flour : añadir la harina⟩ **2** : agregar, añadir ⟨to add a comment : añadir una observación⟩ **3** : sumar (números) **4** INCLUDE : incluir **5 to add up** : sumar ⟨add up the costs : suma los gastos⟩ — *vi* **1** : sumar **2 to add to** INCREASE : aumentar ⟨to add to the confusion : para aumentar la confusión⟩ **3 to add up** SQUARE : cuadrar **4 to add up to** : sumar en total
adder ['ædər] *n* : víbora *f*
addict[1] [ə'dɪkt] *vt* : causar adicción en
addict[2] ['ædɪkt] *n* **1** : adicto *m*, -ta *f* **2 drug addict** : drogadicto *m*, -ta *f*; toxicómano *m*, -na *f*
addiction [ə'dɪkʃən] *n* **1** : adicción *f*, dependencia *f* **2 drug addiction** : drogadicción *f*
addictive [ə'dɪktɪv] *adj* : adictivo
addition [ə'dɪʃən] *n* **1** : adición *f*, añadidura *f* **2 in** ∼ : además, también
additional [ə'dɪʃənəl] *adj* : extra, adicional, de más
additionally [ə'dɪʃənəli] *adv* : además, adicionalmente
additive ['ædəṭɪv] *n* : aditivo *m*
addle ['ædəl] *vt* **-dled; -dling** : confundir, enturbiar
address[1] [ə'drɛs] *vt* **1** : dirigirse a, pronunciar un discurso ante ⟨to address a jury : dirigirse a un jurado⟩ **2** : dirigir, ponerle la dirección a ⟨to address a letter : dirigir una carta⟩
address[2] [ə'drɛs, 'æˌdrɛs] *n* **1** SPEECH : discurso *m*, alocución *f* **2** : dirección *f* (de una residencia, etc.)
addressee [ˌæˌdrɛ'si:, ə-] *n* : destinatario *m*, -ria *f*
adduce [ə-'du:s, 'dju:s] *vt* **-duced; -ducing** : aducir
adenoids ['ædˌnɔɪd, -dənˌɔɪd] *npl* : adenoides *fpl*
adept [ə'dɛpt] *adj* : experto, hábil — **adeptly** *adv*
adequacy ['ædɪkwəsi] *n, pl* **-cies** : cantidad *f* suficiente
adequate ['ædɪkwət] *adj* **1** SUFFICIENT : adecuado, suficiente **2** ACCEPTABLE, PASSABLE : adecuado, aceptable
adequately ['ædɪkwətli] *adv* : suficientemente, apropiadamente
adhere [æd'hɪr, əd-] *vi* **-hered; -hering 1** STICK : pegarse, adherirse **2 to adhere to** : adherirse a (una política, etc.), cumplir con (una promesa)
adherence [æd'hɪrənts, əd-] *n* : adhesión *f*, adherencia *f*, observancia *f* (de una ley, etc.)
adherent[1] [æd'hɪrənt, əd-] *adj* : adherente, adhesivo, pegajoso
adherent[2] *n* : adepto *m*, -ta *f*; partidario *m*, -ria *f*
adhesion [æd'hi:ʒən, əd-] *n* : adhesión *f*
adhesive[1] [æd'hi:sɪv, əd-, -zɪv] *adj* : adhesivo
adhesive[2] *n* : adhesivo *m*, pegamento *m*
adjacent [ə'ʤeɪsənt] *adj* : adyacente, colindante, contiguo
adjective ['æʤɪktɪv] *n* : adjetivo *m* — **adjectival** [ˌæʤɪk'taɪvəl] *adj*
adjoin [ə'ʤɔɪn] *vt* : lindar con, colindar con
adjoining [ə'ʤɔɪnɪŋ] *adj* : contiguo, colindante
adjourn [ə'ʤərn] *vt* : levantar, suspender ⟨the meeting is adjourned : se levanta la sesión⟩ — *vi* : aplazarse
adjournment [ə'ʤərnmənt] *n* : suspensión *f*, aplazamiento *m*
adjudicate [ə'ʤu:dɪˌkeɪt] *vt* **-cated; -cating** : juzgar, arbitrar
adjudication [əˌʤu:dɪ'keɪʃən] *n* **1** JUDGING : arbitrio *m* (judicial) **2** JUDGMENT : fallo *m*
adjunct ['æˌʤʌŋkt] *n* : adjunto *m*, complemento *m*
adjust [ə'ʤʌst] *vt* : ajustar, arreglar, regular — *vi* **to adjust to** : adaptarse a
adjustable [ə'ʤʌstəbəl] *adj* : ajustable, regulable, graduable
adjustment [ə'ʤʌstmənt] *n* : ajuste *m*, modificación *f*
ad–lib[1] ['æd'lɪb] *v* **-libbed; -libbing** : improvisar
ad–lib[2] *adj* : improvisado
administer [æd'mɪnəstər, əd-] *vt* : administrar
administration [ædˌmɪnə'streɪʃən, əd-] *n* **1** MANAGING : administración *f*, dirección *f* **2** GOVERNMENT, MANAGEMENT : administración *f*, gobierno *m*
administrative [æd'mɪnəˌstreɪṭɪv, əd-] *adj* : administrativo — **administratively** *adv*
administrator [æd'mɪnəˌstreɪṭər, əd-] *n* : administrador *m*, -dora *f*
admirable ['ædmərəbəl] *adj* : admirable, loable — **admirably** *adv*
admiral ['ædmərəl] *n* : almirante *mf*
admiration [ˌædmə'reɪʃən] *n* : admiración *f*
admire [æd'maɪr] *vt* **-mired; -miring** : admirar
admirer [æd'maɪrər] *n* : admirador *m*, -dora *f*
admiring [æd'maɪrɪŋ] *adj* : admirativo, de admiración
admiringly [æd'maɪrɪŋli] *adv* : con admiración
admissible [æd'mɪsəbəl] *adj* : admisible, aceptable
admission [æd'mɪʃən] *n* **1** ADMITTANCE : entrada *f*, admisión *f* **2** ACKNOWLEDGMENT : reconocimiento *m*, admisión *f*
admit [æd'mɪt, əd-] *vt* **-mitted; -mitting 1** : admitir, dejar entrar ⟨the museum admits children : el museo deja entrar a los niños⟩ **2** ACKNOWLEDGE : reconocer, admitir
admittance [æd'mɪtənts, əd-] *n* : admisión *f*, entrada *f*, acceso *m*
admittedly [æd'mɪṭədli, əd-] *adv* : la verdad es que, lo cierto es que ⟨admittedly we went too fast : la verdad es que fuimos demasiado de prisa⟩

admonish [æd'mɑnɪʃ, əd-] *vt* : amonestar, reprender
admonition [ˌædmə'nɪʃən] *n* : admonición *f*
ado [ə'du:] *n* **1** FUSS : ruido *m*, alboroto *m* **2** TROUBLE : dificultad *f*, lío *m* **3** **without further ado** : sin más preámbulos
adobe [ə'do:bi] *n* : adobe *m*
adolescence [ˌædəl'ɛsənts] *n* : adolescencia *f*
adolescent[1] [ˌædəl'ɛsənt] *adj* : adolescente, de adolescencia
adolescent[2] *n* : adolescente *mf*
adopt [ə'dɑpt] *vt* : adoptar
adoption [ə'dɑpʃən] *n* : adopción *f*
adoptive [ə'dɑptɪv] *adj* : adoptivo
adorable [ə'dorəbəl] *adj* : adorable, encantador
adorably [ə'dorəbli] *adv* : de manera adorable
adoration [ˌædə'reɪʃən] *n* : adoración *f*
adore [ə'dor] *vt* **adored; adoring** **1** WORSHIP : adorar **2** LOVE : querer, adorar **3** LIKE : encantarle (algo a uno), gustarle mucho (algo a uno) ⟨I adore your new dress : me encanta tu vestido nuevo⟩
adorn [ə'dɔrn] *vt* : adornar, ornar, engalanar
adornment [ə'dɔrnmənt] *n* : adorno *m*, decoración *f*
adrenaline [ə'drɛnələn] *n* : adrenalina *f*
adrift [ə'drɪft] *adj & adv* : a la deriva
adroit [ə'drɔɪt] *adj* : diestro, hábil — **adroitly** *adv*
adroitness [ə'drɔɪtnəs] *n* : destreza *f*, habilidad *f*
adult[1] [ə'dʌlt, 'æˌdʌlt] *adj* : adulto
adult[2] *n* : adulto *m*, -ta *f*
adulterate [ə'dʌltəˌreɪt] *vt* **-ated; -ating** : adulterar
adulterous [ə'dʌltərəs] *adj* : adúltero
adultery [ə'dʌltəri] *n, pl* **-teries** : adulterio *m*
adulthood [ə'dʌltˌhʊd] *n* : adultez *f*, edad *f* adulta
advance[1] [æd'vænts, əd-] *v* **-vanced; -vancing** *vt* **1** : avanzar, adelantar ⟨to advance troops : avanzar las tropas⟩ **2** PROMOTE : ascender, promover **3** PROPOSE : proponer, presentar **4** : adelantar, anticipar ⟨they advanced me next month's salary : me adelantaron el sueldo del próximo mes⟩ — *vi* **1** PROCEED : avanzar, adelantarse **2** PROGRESS : progresar
advance[2] *adj* : anticipado ⟨advance notice : previo aviso⟩
advance[3] *n* **1** PROGRESSION : avance *m* **2** PROGRESS : adelanto *m*, mejora *f*, progreso *m* **3** RISE : aumento *m*, alza *f* **4** LOAN : anticipo *m*, préstamo *m* **5** **in ~** : por adelantado
advanced [æd'væntst, əd-] *adj* **1** DEVELOPED : avanzado, desarrollado **2** PRECOCIOUS : adelantado, precoz **3** HIGHER : superior
advancement [æd'væntsmənt, əd-] *n* **1** FURTHERANCE : fomento *m*, adelantamiento *m*, progreso *m* **2** PROMOTION : ascenso *m*
advantage [əd'væntɪʤ, æd-] *n* **1** SUPERIORITY : ventaja *f*, superioridad *f* **2** GAIN : provecho *m*, partido *m* **3** **to take advantage of** : aprovecharse de
advantageous [ˌædˌvæn'teɪʤəs, -vən-] *adj* : ventajoso, provechoso — **advantageously** *adv*
advent ['ædˌvɛnt] *n* **1** **Advent** : Adviento *m* **2** ARRIVAL : advenimiento *m*, venida *f*
adventure [æd'vɛnʧər, əd-] *n* : aventura *f*
adventurer [æd'vɛnʧərər, əd-] *n* : aventurero *m*, -ra *f*
adventurous [æd'vɛnʧərəs, əd-] *adj* **1** : intrépido, aventurero ⟨an adventurous traveler : un viajero intrépido⟩ **2** RISKY : arriesgado, aventurado
adverb ['ædˌvərb] *n* : adverbio *m* — **adverbial** [æd'vərbiəl] *adj*
adversary ['ædvərˌsɛri] *n, pl* **-saries** : adversario *m*, -ria *f*
adverse [æd'vərs, 'ædˌ] *adj* **1** OPPOSING : opuesto, contrario **2** UNFAVORABLE : adverso, desfavorable — **adversely** *adv*
adversity [æd'vərsəṭi, əd-] *n, pl* **-ties** : adversidad *f*
advertise ['ædvərˌtaɪz] *v* **-tised; -tising** *vt* : anunciar, hacerle publicidad a — *vi* : hacer publicidad, hacer propaganda
advertisement ['ædvərˌtaɪzmənt; æd'vərṭəzmənt] *n* : anuncio *m*
advertiser ['ædvərˌtaɪzər] *n* : anunciante *mf*
advertising ['ædvərˌtaɪzɪŋ] *n* : publicidad *f*, propaganda *f*
advice [æd'vaɪs] *n* : consejo *m*, recomendación *f* ⟨take my advice : sigue mis consejos⟩
advisability [ædˌvaɪzə'bɪləṭi, əd-] *n* : conveniencia *f*
advisable [æd'vaɪzəbəl, əd-] *adj* : aconsejable, recomendable, conveniente
advise [æd'vaɪz, əd-] *v* **-vised; -vising** *vt* **1** COUNSEL : aconsejar, asesorar ⟨I advise you to wait : le aconsejo esperar⟩ ⟨she advised me against buying it : me aconsejó que no lo comprara⟩ **2** RECOMMEND : recomendar ⟨I advise that you wait, I advise waiting : les aconsejo que esperen⟩ ⟨he advised caution : aconsejó actuar con cautela⟩ **3** INFORM : informar, notificar ⟨they advised him of his rights : le informaron de sus derechos⟩ — *vi* : dar consejo ⟨to advise against : desaconsejar⟩
adviser *or* **advisor** [æd'vaɪzər, əd-] *n* : consejero *m*, -ra *f*; asesor *m*, -sora *f*
advisory [æd'vaɪzəri, əd-] *adj* **1** : consultivo **2** **in an advisory capacity** : como asesor
advocacy ['ædvəkəsi] *n* : promoción *f*, apoyo *m*

advocate[1] [ˈædvəˌkeɪt] *vt* **-cated; -cating** : recomendar, abogar por, ser partidario de
advocate[2] [ˈædvəkət] *n* : defensor *m*, -sora *f*; partidario *m*, -ria *f*
adze [ˈædz] *n* : azuela *f*
aeon [ˈiːən, ˈiːˌɑn] *n* : eón *m*, siglo *m*, eternidad *f*
aerate [ˈærˌeɪt] *vt* **-ated; -ating** : gasear (un líquido), oxigenar (la sangre)
aerial[1] [ˈæriəl] *adj* : aéreo
aerial[2] *n* : antena *f*
aerie [ˈæri, ˈɪri, ˈeɪəri] *n* : aguilera *f*
aerobic [ˌærˈoːbɪk] *adj* : aerobio, aeróbico ⟨aerobic exercises : ejercicios aeróbicos⟩
aerobics [ˌærˈoːbɪks] *ns & pl* : aeróbic *m*
aerodynamic [ˌæroːdaɪˈnæmɪk] *adj* : aerodinámico — **aerodynamically** [-mikli] *adv*
aerodynamics [ˌæroːdaɪˈnæmɪks] *n* : aerodinámica *f*
aeronautical [ˌærəˈnɔt̬ɪkəl] *adj* : aeronáutico
aeronautics [ˌærəˈnɔt̬ɪks] *n* : aeronáutica *f*
aerosol [ˈærəˌsɔl] *n* : aerosol *m*
aerospace[1] [ˈæroˌspeɪs] *adj* : aeroespacial
aerospace[2] *n* : espacio *m*
aesthetic [ɛsˈθɛt̬ɪk] *adj* : estético — **aesthetically** [-t̬ɪkli] *adv*
aesthetics [ɛsˈθɛt̬ɪks] *n* : estética *f*
afar [əˈfɑr] *adv* : lejos, a lo lejos
affability [ˌæfəˈbɪlət̬i] *n* : afabilidad *f*
affable [ˈæfəbəl] *adj* : afable — **affably** *adv*
affair [əˈfær] *n* **1** MATTER : asunto *m*, cuestión *f*, caso *m* **2** EVENT : ocasión *f*, acontecimiento *m* **3** LIAISON : amorío *m*, aventura *f* **4 business affairs** : negocios *mpl* **5 current affairs** : actualidades *fpl*
affect [əˈfɛkt, æ-] *vt* **1** INFLUENCE, TOUCH : afectar, tocar **2** FEIGN : fingir
affectation [ˌæˌfɛkˈteɪʃən] *n* : afectación *f*
affected [əˈfɛktəd, æ-] *adj* **1** FEIGNED : afectado, fingido **2** MOVED : conmovido
affecting [əˈfɛktɪŋ, æ-] *adj* : conmovedor
affection [əˈfɛkʃən] *n* : afecto *m*, cariño *m*
affectionate [əˈfɛkʃənət] *adj* : afectuoso, cariñoso — **affectionately** *adv*
affidavit [ˌæfəˈdeɪvət, ˈæfəˌ-] *n* : declaración *f* jurada, affidávit *m*
affiliate[1] [əˈfɪliˌeɪt] *v* **-ated; -ating** *vt* : afiliar, asociar ⟨to be affiliated with : estar afiliado a⟩
affiliate[2] [əˈfɪliət] *n* : afiliado *m*, -da *f* (persona), filial *f* (organización)
affiliation [əˌfɪliˈeɪʃən] *n* : afiliación *f*, filiación *f*
affinity [əˈfɪnət̬i] *n, pl* **-ties** : afinidad *f*
affirm [əˈfərm] *vt* : afirmar, aseverar, declarar
affirmation [ˌæfərˈmeɪʃən] *n* : afirmación *f*, aserto *m*, declaración *f*
affirmative[1] [əˈfərmət̬ɪv] *adj* : afirmativo ⟨affirmative action : acción afirmativa⟩
affirmative[2] *n* **1** : afirmativa *f* **2 to answer in the affirmative** : responder afirmativamente, dar una respuesta afirmativa
affix [əˈfɪks] *vt* : fijar, poner, pegar
afflict [əˈflɪkt] *vt* **1** : afligir, aquejar **2 to be afflicted with** : padecer de, sufrir de
affliction [əˈflɪkʃən] *n* **1** TRIBULATION : aflicción *f*, tribulación *f* **2** AILMENT : enfermedad *f*, padecimiento *m*
affluence [ˈæˌfluːənts; æˈfluː-, ə-] *n* : afluencia *f*, abundancia *f*, prosperidad *f*
affluent [ˈæˌfluːənt; æˈfluː-, ə-] *adj* : próspero, adinerado
afford [əˈford] *vt* **1** : tener los recursos para, permitirse el lujo de ⟨I can afford it : puedo permitírmelo, tengo con que comprarlo⟩ **2** PROVIDE : ofrecer, proporcionar, dar
affront[1] [əˈfrʌnt] *vt* : afrentar, insultar, ofender
affront[2] *n* : afrenta *f*, insulto *m*, ofensa *f*
Afghan [ˈæfˌgæn, -gən] *n* : afgano *m*, -na *f* — **Afghan** *adj*
afire [əˈfaɪr] *adj* : ardiendo, en llamas
aflame [əˈfleɪm] *adj* : llameante, en llamas
afloat [əˈfloːt] *adv & adj* : a flote
afoot [əˈfʊt] *adj* **1** WALKING : a pie, andando **2** UNDER WAY : en marcha ⟨something suspicious is afoot : algo sospechoso se está tramando⟩
aforementioned [əˈforˈmɛntʃənd] *adj* : antedicho, susodicho
aforesaid [əˈforˌsɛd] *adj* : antes mencionado, antedicho
afraid [əˈfreɪd] *adj* **1 to be afraid** : tener miedo **2 to be afraid that** : temerse que ⟨I'm afraid not : me temo que no⟩
afresh [əˈfrɛʃ] *adv* **1** : de nuevo, otra vez **2 to start afresh** : volver a empezar
African [ˈæfrɪkən] *n* : africano *m*, -na *f* — **African** *adj*
Afro–American[1] [ˌæfroəˈmɛrɪkən] *adj* : afroamericano *m*, -na *f*
Afro–American[2] *n* : afroamericano
aft [ˈæft] *adv* : a popa
after[1] [ˈæftər] *adv* **1** AFTERWARD : después **2** BEHIND : detrás, atrás
after[2] *adj* : posterior, siguiente ⟨in after years : en los años posteriores⟩
after[3] *conj* : después de, después de que ⟨after we ate : después de que comimos, después de comer⟩
after[4] *prep* **1** FOLLOWING : después de, tras ⟨after Saturday/lunch : después del sábado/almuerzo⟩ ⟨after a year : después de un año⟩ ⟨day after day

: día tras día⟩ ⟨the day after tomorrow : pasado mañana⟩ ⟨it's ten (minutes) after six : son las seis y diez⟩ ⟨I shouted after him : le grité (mientras se alejaba)⟩ ⟨I'm not cleaning up after you : no voy a limpiar lo que tú ensucias⟩ **2** BEHIND : tras, detrás de ⟨she ran after the dog : corrió tras el perro⟩ **3** CONCERNING : por ⟨they asked after you : preguntaron por ti⟩ **4** CONSIDERING : después de **5** PURSUING : tras ⟨to be after someone : andar tras alguien⟩ **6** : al estilo de ⟨to be named after : llevar el nombre de⟩ ⟨to take after : parecerse a⟩ **7 after all** : después de todo

aftereffect ['æftərɪˌfɛkt] *n* : efecto *m* secundario

afterlife ['æftərˌlaɪf] *n* : vida *f* venidera, vida *f* después de la muerte

aftermath ['æftərˌmæθ] *n* : consecuencias *fpl*, resultados *mpl*

afternoon [ˌæftər'nu:n] *n* : tarde *f*

aftertaste ['æftərˌteɪst] *n* : resabio *m*, regusto *m*

afterthought ['æftərˌθɔt] *n* : ocurrencia *f* tardía, idea *f* tardía

afterward ['æftərwərd] *or* **afterwards** [-wərdz] *adv* : después, luego ⟨soon afterward : poco después⟩

again [ə'gɛn, -'gɪn] *adv* **1** ANEW, OVER : de nuevo, otra vez **2** BESIDES : además **3 then again** : por otra parte ⟨I may stay, then again I may not : puede ser que me quede, por otra parte, puede que no⟩

against [ə'gɛntst, -'gɪntst] *prep* **1** TOUCHING : contra ⟨against the wall : contra la pared⟩ **2** OPPOSING : contra, en contra de ⟨I voted against the proposal : voté en contra de la propuesta⟩ ⟨he acted against my advice : no siguió mi consejo⟩ ⟨against her wishes/will : en contra de su voluntad⟩

agape [ə'geɪp] *adj* : boquiabierto

agate ['ægət] *n* : ágata *f*

age[1] ['eɪʤ] *vi* **aged; aging** : envejecer, madurar

age[2] *n* **1** : edad *f* ⟨ten years of age : diez años de edad⟩ ⟨at the age of 35 : a los 35 años, a la edad de 35⟩ ⟨at your age : a tu edad⟩ ⟨people of all ages : personas de todas las edades⟩ ⟨those under age 18 : los menores de 18 años⟩ ⟨from an early age : desde pequeño⟩ ⟨to be of age : ser mayor de edad⟩ ⟨to come of age : cumplir la mayoría de edad⟩ ⟨he came of age as a writer : alcanzó su madurez como escritor⟩ ⟨to act one's age : actuar con madurez⟩ **2** PERIOD : era *f*, siglo *m*, época *f* **3 old age** : vejez *f* **4 ages** *npl* : siglos *mpl*, eternidad *f* ⟨it's been ages since I've seen her : hace mucho tiempo que no la veo⟩

aged *adj* **1** ['eɪʤəd, 'eɪʤd] OLD : anciano, viejo, vetusto **2** ['eɪʤd] (*indicating a specified age*) ⟨a girl aged 10 : una niña de 10 años de edad⟩

ageless ['eɪʤləs] *adj* **1** YOUTHFUL : eternamente joven **2** TIMELESS : eterno, perenne

agency ['eɪʤəntsi] *n, pl* **-cies** **1** : agencia *f*, oficina *f* ⟨travel agency : agencia de viajes⟩ **2 through the agency of** : a través de, por medio de

agenda [ə'ʤɛndə] *n* : agenda *f*, orden *m* del día

agent ['eɪʤənt] *n* **1** MEANS : agente *m*, medio *m*, instrumento *m* **2** REPRESENTATIVE : agente *mf*, representante *mf*

aggravate ['ægrəˌveɪt] *vt* **-vated; -vating** **1** WORSEN : agravar, empeorar **2** ANNOY : irritar, exasperar

aggravation [ˌægrə'veɪʃən] *n* **1** WORSENING : empeoramiento *m* **2** ANNOYANCE : molestia *f*, irritación *f*, exasperación *f*

aggregate[1] ['ægrɪˌgeɪt] *vt* **-gated; -gating** : juntar, sumar

aggregate[2] ['ægrɪgət] *adj* : total, global, conjunto

aggregate[3] ['ægrɪgət] *n* **1** CONGLOMERATE : agregado *m*, conglomerado *m* **2** WHOLE : total *m*, conjunto *m*

aggression [ə'grɛʃən] *n* **1** ATTACK : agresión *f* **2** AGGRESSIVENESS : agresividad *f*

aggressive [ə'grɛsɪv] *adj* : agresivo — **aggressively** *adv*

aggressiveness [ə'grɛsɪvnəs] *n* : agresividad *f*

aggressor [ə'grɛsər] *n* : agresor *m*, -sora *f*

aggrieved [ə'gri:vd] *adj* : ofendido, herido

aghast [ə'gæst] *adj* : espantado, aterrado, horrorizado

agile ['æʤəl] *adj* : ágil

agility [ə'ʤɪləṭi] *n, pl* **-ties** : agilidad *f*

agitate ['æʤəˌteɪt] *v* **-tated; -tating** *vt* **1** SHAKE : agitar **2** UPSET : inquietar, perturbar — *vi* **to agitate against** : hacer campaña en contra de

agitation [ˌæʤə'teɪʃən] *n* : agitación *f*, inquietud *f*

agitator ['æʤəˌteɪṭər] *n* : agitador *m*, -dora *f*

agnostic [æg'nɑstɪk] *n* : agnóstico *m*, -ca *f*

ago [ə'go:] *adv* : hace ⟨two years ago : hace dos años⟩ ⟨long ago : hace tiempo, hace mucho tiempo⟩

agog [ə'gɑg] *adj* : ansioso, curioso

agonize ['ægəˌnaɪz] *vi* **-nized; -nizing** : tormentarse, angustiarse

agonizing ['ægəˌnaɪzɪŋ] *adj* : angustioso, terrible — **agonizingly** [-zɪŋli] *adv*

agony ['ægəni] *n, pl* **-nies** **1** PAIN : dolor *m* **2** ANGUISH : angustia *f*

agrarian [ə'grɛriən] *adj* : agrario

agree [ə'gri:] *v* **agreed; agreeing** *vt* **1** : estar de acuerdo ⟨we all agree that . . . : todos estamos de acuerdo que . . .⟩ **2** ADMIT, CONCEDE : reconocer, admitir **3** : acceder a, consentir en

⟨she agreed to come : accedió a venir⟩ ⟨he agreed that she could come : consintió en que viniera⟩ ⟨she agreed to be interviewed : concedió una entrevista⟩ — *vi* **1** CONCUR : estar de acuerdo ⟨to agree with someone/something : estar de acuerdo con alguien/algo⟩ ⟨to agree about/on something : estar de acuerdo en algo⟩ **2** TALLY, SQUARE : concordar **3** : concordar (en gramática) **4 to agree on** : ponerse de acuerdo en **5 to agree to** : acceder a ⟨he agreed to the plan : accedió al plan⟩ **6 to agree with** SUIT : sentarle bien (a alguien)

agreeable [ə'gri:əbəl] *adj* **1** PLEASING : agradable, simpático **2** WILLING : dispuesto **3** AGREEING : de acuerdo, conforme

agreeably [ə'gri:əbli] *adv* : agradablemente

agreement [ə'gri:mənt] *n* **1** : acuerdo *m*, conformidad *f* ⟨in agreement with : de acuerdo con⟩ **2** CONTRACT, PACT : acuerdo *m*, pacto *m*, convenio *m* **3** CONCORD, HARMONY : concordia *f*

agriculture ['ægrɪˌkʌltʃər] *n* : agricultura *f* — **agricultural** [ˌægrɪ'kʌltʃərəl] *adj*

aground [ə'graʊnd] *adj* : encallado, varado

ahead [ə'hɛd] *adv* **1** : al frente, delante, adelante ⟨he walked ahead : caminó delante⟩ **2** BEFOREHAND : por adelantado, con antelación **3** LEADING : a la delantera **4 to get ahead** : adelantar, progresar

ahead of *prep* **1** : al frente de, delante de, antes de **2 to get ahead of** : adelantarse a

ahoy [ə'hɔɪ] *interj* **ship ahoy!** : ¡barco a la vista!

aid[1] ['eɪd] *vt* : ayudar, auxiliar

aid[2] *n* **1** HELP : ayuda *f*, asistencia *f* **2** ASSISTANT : asistente *mf*

aide ['eɪd] *n* : ayudante *mf*

AIDS ['eɪdz] *n* : SIDA *m*, sida *m*

ail ['eɪl] *vt* : molestar, afligir — *vi* : sufrir, estar enfermo

aileron ['eɪləˌrɑn] *n* : alerón *m*

ailment ['eɪlmənt] *n* : enfermedad *f*, dolencia *f*, achaque *m*

aim[1] ['eɪm] *vt* **1** : apuntar (un arma), dirigir (una observación) **2** INTEND : proponerse, querer ⟨he aims to do it tonight : se propone hacerlo esta noche⟩ — *vi* **1** POINT : apuntar **2 to aim at** : aspirar a

aim[2] *n* **1** MARKSMANSHIP : puntería *f* **2** GOAL : propósito *m*, objetivo *m*, fin *m*

aimless ['eɪmləs] *adj* : sin rumbo, sin objeto

aimlessly ['eɪmləsli] *adv* : sin rumbo, sin objeto

air[1] ['ær] *vt* **1** : airear, ventilar ⟨to air out a mattress : airear un colchón⟩ **2** EXPRESS : airear, manifestar, comunicar **3** BROADCAST : transmitir, emitir

air[2] *n* **1** : aire *m* ⟨in the open air : al aire libre⟩ ⟨to vanish into thin air : desaparecerse⟩ **2** MELODY : aire *m* **3** APPEARANCE : aire *m*, aspecto *m* **4** → **air-conditioning 5 airs** *npl* : aires *mpl*, afectación *f* **6 by ~** : por avión (dícese de una carta), en avión (dícese de una persona) **7 to be on the air** : estar en el aire, estar emitiendo **8 to be up in the air** : estar en el aire, no estar resuelto

airborne ['ærˌborn] *adj* **1** : aerotransportado ⟨airborne troops : tropas aerotransportadas⟩ **2** FLYING : volando, en el aire

air–condition [ˌærkən'dɪʃən] *vt* : climatizar, condicionar con el aire

air conditioner [ˌærkən'dɪʃənər] *n* : acondicionador *m* de aire

air–conditioning [ˌærkən'dɪʃənɪŋ] *n* : aire *m* acondicionado

aircraft ['ærˌkræft] *ns & pl* **1** : avión *m*, aeronave *f* **2 aircraft carrier** : portaaviones *m*

airfield ['ærˌfi:ld] *n* : aeródromo *m*, campo *m* de aviación

air force *n* : fuerza *f* aérea

airlift ['ærˌlɪft] *n* : puente *m* aéreo, transporte *m* aéreo

airline ['ærˌlaɪn] *n* : aerolínea *f*, línea *f* aérea

airliner ['ærˌlaɪnər] *n* : avión *m* de pasajeros

airmail[1] ['ærˌmeɪl] *vt* : enviar por vía aérea

airmail[2] *n* : correo *m* aéreo

airman ['ærmən] *n, pl* **-men** [-mən, -ˌmɛn] **1** AVIATOR : aviador *m*, -dora *f* **2** : soldado *m* de la fuerza aérea

airplane ['ærˌpleɪn] *n* : avión *m*

airport ['ærˌport] *n* : aeropuerto *m*

airship ['ærˌʃɪp] *n* : dirigible *m*, zepelín *m*

airstrip ['ærˌstrɪp] *n* : pista *f* de aterrizaje

airtight ['ær'taɪt] *adj* : hermético, herméticamente cerrado

airwaves ['ærˌweɪvz] *npl* : radio *m*, televisión *f*

airy ['æri] *adj* **airier** [-iər]; **-est** **1** DELICATE, LIGHT : delicado, ligero **2** BREEZY : aireado, bien ventilado

aisle ['aɪl] *n* : pasillo *m*, nave *f* lateral (de una iglesia)

ajar [ə'dʒɑr] *adj* : entreabierto, entornado

akimbo [ə'kɪmbo] *adj & adv* : en jarras

akin [ə'kɪn] *adj* **1** RELATED : emparentado **2** SIMILAR : semejante, parecido

alabaster ['æləˌbæstər] *n* : alabastro *m*

alacrity [ə'lækrəṭi] *n* : presteza *f*, prontitud *f*

alarm[1] [ə'lɑrm] *vt* **1** WARN : alarmar, alertar **2** FRIGHTEN : asustar

alarm[2] *n* **1** WARNING : alarma *f*, alerta *f* **2** APPREHENSION, FEAR : aprensión *f*, inquietud *f*, temor *m* **3 alarm clock** : despertador *m*

alarming [ə'lɑrmɪŋ] *adj* : alarmante

alas [ə'læs] *interj* : ¡ay!

Albanian [æl'beɪniən] *n* : albanés *m*, -nesa *f* — **Albanian** *adj*
albatross ['ælbə,trɔs] *n, pl* **-tross** *or* **-trosses** : albatros *m*
albeit [ɔl'bi:ət, æl-] *conj* : aunque
albino [æl'baɪno] *n, pl* **-nos** : albino *m*, -na *f*
album ['ælbəm] *n* : álbum *m*
albumen [æl'bju:mən] *n* **1** : clara *f* de huevo **2** → **albumin**
albumin [æl'bju:mən] *n* : albúmina *f*
alchemist ['ælkəmɪst] *n* : alquimista *mf*
alchemy ['ælkəmi] *n, pl* **-mies** : alquimia *f*
alcohol ['ælkə,hɔl] *n* **1** ETHANOL : alcohol *m*, etanol *m* **2** LIQUOR : alcohol *m*, bebidas *fpl* alcohólicas
alcoholic[1] [,ælkə'hɔlɪk] *adj* : alcohólico
alcoholic[2] *n* : alcohólico *m*, -ca *f*
alcoholism ['ælkəhɔ,lɪzəm] *n* : alcoholismo *m*
alcove ['æl,ko:v] *n* : nicho *m*, hueco *m*
alderman ['ɔldərmən] *n, pl* **-men** [-mən, -,mɛn] : concejal *mf*
ale ['eɪl] *n* : cerveza *f*
alert[1] [ə'lərt] *vt* : alertar, poner sobre aviso
alert[2] *adj* **1** WATCHFUL : alerta, vigilante **2** QUICK : listo, vivo
alert[3] *n* : alerta *f*, alarma *f*
alertly [ə'lərtli] *adv* : con listeza
alertness [ə'lərtnəs] *n* **1** WATCHFULNESS : vigilancia *f* **2** ASTUTENESS : listeza *f*, viveza *f*
alfalfa [æl'fælfə] *n* : alfalfa *f*
alga ['ælgə] *n, pl* **-gae** ['æl,ʤi:] : alga *f*
algebra ['ælʤəbrə] *n* : álgebra *m*
algebraic [,ælʤə'breɪɪk] *adj* : algebraico — **algebraically** [-ɪkli] *adv*
Algerian [æl'ʤɪriən] *n* : argelino *m*, -na *f* — **Algerian** *adj*
algorithm ['ælgə,rɪðəm] *n* : algoritmo *m*
alias[1] ['eɪliəs] *adv* : alias
alias[2] *n* : alias *m*
alibi[1] ['ælə,baɪ] *vi* : ofrecer una coartada
alibi[2] *n* **1** : coartada *f* **2** EXCUSE : pretexto *m*, excusa *f*
alien[1] ['eɪliən] *adj* **1** STRANGE : ajeno, extraño **2** FOREIGN : extranjero, foráneo **3** EXTRATERRESTRIAL : extraterrestre
alien[2] *n* **1** FOREIGNER : extranjero *m*, -ra *f*; forastero *m*, -ra *f* **2** EXTRATERRESTRIAL : extraterrestre *mf*
alienate ['eɪliə,neɪt] *vt* **-ated; -ating** **1** ESTRANGE : alienar, enajenar **2 to alienate oneself** : alejarse, distanciarse
alienation [,eɪliə'neɪʃən] *n* : alienación *f*, enajenación *f*
alight [ə'laɪt] *vi* **1** DISMOUNT : bajarse, apearse **2** LAND : posarse, aterrizar
align [ə'laɪn] *vt* : alinear
alignment [ə'laɪnmənt] *n* : alineación *f*, alineamiento *m*
alike[1] [ə'laɪk] *adv* : igual, del mismo modo
alike[2] *adj* : igual, semejante, parecido
alimentary [,ælə'mɛntəri] *adj* **1** : alimenticio **2 alimentary canal** : tubo *m* digestivo
alimony ['ælə,mo:ni] *n, pl* **-nies** : pensión *f* alimenticia
alive [ə'laɪv] *adj* **1** LIVING : vivo, viviente **2** LIVELY : animado, activo **3** ACTIVE : vigente, en uso **4** AWARE : consciente ⟨alive to the danger : consciente del peligro⟩
alkali ['ælkə,laɪ] *n, pl* **-lies** [-,laɪz] *or* **-lis** [-,laɪz] : álcali *m*
alkaline ['ælkələn, -,laɪn] *adj* : alcalino
all[1] ['ɔl] *adv* **1** COMPLETELY : todo, completamente ⟨all wet : todo mojado⟩ ⟨all alone : completamente solo⟩ ⟨all too often : con demasiada frecuencia⟩ ⟨it's all yours : es todo para ti⟩ ⟨I'm all for it : estoy totalmente a su favor⟩ ⟨she forgot all about it : lo olvidó por completo⟩ **2** : igual ⟨the score is 14 all : es 14 iguales, están empatados a 14⟩ **3 all around** : para todos **4 all but** ALMOST : casi **5 ~ of** ONLY : sólo, solamente **6 ~ of** AT LEAST : por lo menos **7 ~ over** EVERYWHERE : por todas partes **8 ~ over** *fam* ⟨to be all over someone for something : criticar duramente a alguien por algo⟩ **9 ~ over** : aglomerados alrededor de ⟨to be all over each other : estar muy acaramelados⟩ **10 all that** : tan ⟨it hasn't changed all that much : no ha cambiado tanto/demasiado⟩ ⟨it's not all that bad : no es para tanto⟩ **11 all the better** : tanto mejor **12 all the more** : aún/todavía más
all[2] *adj* : todo ⟨all the children : todos los niños⟩ ⟨in all likelihood : con toda probabilidad, con la mayor probabilidad⟩
all[3] *pron* **1** : todo, -da ⟨they ate it all : lo comieron todo⟩ ⟨that's all : eso es todo⟩ ⟨enough for all : suficiente para todos⟩ ⟨the best of all : el mejor de todos⟩ ⟨all I know is that . . . : lo único que sé es que . . . , todo lo que sé es que . . .⟩ ⟨for all I know : que yo sepa⟩ **2 all in all** : en general **3 all told** *or* **in ~** : en total **4 and all** : y todo eso **5 at ~** (*in questions*) ⟨did you find out anything at all? : ¿supiste algo?⟩ **6 not at all** (*in negative constructions*) : en absoluto, para nada ⟨he did nothing at all, he didn't do anything at all : no hizo nada en absoluto⟩ ⟨I don't like it at all : no me gusta para nada⟩ **7 to give it one's all** : dar todo de sí **8 when all is said and done** : a fin de cuentas
Allah ['ɑlɑ, ɑ'lɑ] *n* : Alá *m*
all–around [,ɔlə'raʊnd] *adj* : completo, amplio
allay [ə'leɪ] *vt* **1** ALLEVIATE : aliviar, mitigar **2** CALM : aquietar, calmar
allegation [,ælɪ'geɪʃən] *n* : alegato *m*, acusación *f*

allege [ə'lɛʤ] *vt* **-leged; -leging 1 :** alegar, afirmar **2 to be alleged :** decirse, pretenderse ⟨she is alleged to be wealthy : se dice que es adinerada⟩
alleged [ə'lɛʤd, ə'lɛʤəd] *adj* **:** presunto, supuesto
allegedly [ə'lɛʤədli] *adv* **:** supuestamente, según se alega
allegiance [ə'li:ʤənts] *n* **:** lealtad *f*, fidelidad *f*
allegorical [ˌælə'gɔrɪkəl] *adj* **:** alegórico
allegory ['æləˌgori] *n, pl* **-ries :** alegoría *f*
alleluia [ˌɑlə'lu:jə, ˌæ-] → **hallelujah**
allergen ['ælərʤən] *n* **:** alérgeno *m*
allergic [ə'lərʤɪk] *adj* **:** alérgico
allergy ['ælərʤi] *n, pl* **-gies :** alergia *f*
alleviate [ə'li:viˌeɪt] *vt* **-ated; -ating :** aliviar, mitigar, paliar
alleviation [əˌli:vi'eɪʃən] *n* **:** alivio *m*
alley ['æli] *n, pl* **-leys 1 :** callejón *m* **2 bowling alley :** bolera *f*
alliance [ə'laɪənts] *n* **:** alianza *f*, coalición *f*
alligator ['æləˌgeɪt̬ər] *n* **:** caimán *m*
alliteration [əˌlɪt̬ə'reɪʃən] *n* **:** aliteración *f*
allocate ['æləˌkeɪt] *vt* **-cated; -cating :** asignar, adjudicar
allocation [ˌælə'keɪʃən] *n* **:** asignación *f*, reparto *m*, distribución *f*
allot [ə'lɑt] *vt* **-lotted; -lotting :** repartir, distribuir, asignar
allotment [ə'lɑtmənt] *n* **:** reparto *m*, asignación *f*, distribución *f*
allow [ə'laʊ] *vt* **1** PERMIT **:** permitir, dejar ⟨she allowed him to leave : le permitió irse, le permitió que se fuera⟩ ⟨we won't allow that to happen : no permitiremos que eso pase⟩ ⟨it allows you to create web pages : permite crear páginas web⟩ ⟨no dogs allowed : no se admiten perros⟩ **2** ALLOT **:** conceder, dar (tiempo, etc.) **3** ADMIT, CONCEDE **:** admitir, conceder **4 :** admitir (pruebas) — *vi* **to allow for :** tener en cuenta
allowable [ə'laʊəbəl] *adj* **1** PERMISSIBLE **:** permisible, lícito **2 :** deducible ⟨allowable expenditure : gasto deducible⟩
allowance [ə'laʊənts] *n* **1 :** complemento *m* (para gastos, etc.), mesada *f* (para niños) **2 to make allowance(s) :** tener en cuenta, disculpar
alloy ['æˌlɔɪ] *n* **:** aleación *f*
all–purpose ['ɔl'pərpəs] *adj* **:** multiuso ⟨all-purpose flour : harina común⟩
all right[1] *adv* **1** YES **:** sí, por supuesto **2** WELL **:** bien ⟨I did all right : me fue bien⟩ **3** DEFINITELY **:** bien, ciertamente, sin duda ⟨he's sick all right : está bien enfermo⟩
all right[2] *adj* **1** OK **:** bien ⟨are you all right? : ¿estás bien?⟩ **2** SATISFACTORY **:** bien, bueno ⟨your work is all right : tu trabajo es bueno⟩
all–round [ˌɔl'raʊnd] → **all–around**
allspice ['ɔlspaɪs] *n* **:** pimienta *f* de Jamaica
all–terrain vehicle ['ɔltə'reɪn-] *n* **:** (vehículo *m*) todoterreno *m*
allude [ə'lu:d] *vi* **-luded; -luding :** aludir, referirse
allure[1] [ə'lʊr] *vt* **-lured; -luring :** cautivar, atraer
allure[2] *n* **:** atractivo *m*, encanto *m*
allusion [ə'lu:ʒən] *n* **:** alusión *f*
ally[1] [ə'laɪ, 'æˌlaɪ] *vi* **-lied; -lying :** aliarse
ally[2] ['æˌlaɪ, ə'laɪ] *n* **:** aliado *m*, -da *f*
almanac ['ɔlməˌnæk, 'æl-] *n* **:** almanaque *m*
almighty [ɔl'maɪt̬i] *adj* **:** omnipotente, todopoderoso
almond ['ɑmənd, 'ɑl-, 'æ-, 'æl-] *n* **:** almendra *f*
almost ['ɔlˌmo:st, ɔl'mo:st] *adv* **:** casi, prácticamente
alms ['ɑmz, 'ɑlmz, 'ælmz] *ns & pl* **:** limosna *f*, caridad *f*
aloe ['ælo:] *n* **:** áloe *m*
aloft [ə'lɔft] *adv* **:** en alto, en el aire
alone[1] [ə'lo:n] *adv* **:** sólo, solamente, únicamente
alone[2] *adj* **:** solo ⟨they're alone in the house : están solos en la casa⟩
along[1] [ə'lɔŋ] *adv* **1** FORWARD **:** adelante ⟨farther along : más adelante⟩ ⟨move along! : ¡circulen, por favor!⟩ **2 to bring along :** traer **3 ~ with :** con, junto con **4 all along :** desde el principio
along[2] *prep* **1 :** por, a lo largo de ⟨along the coast : a lo largo de la costa⟩ **2 :** en, en el curso de, por ⟨along the way : en el curso del viaje⟩
alongside[1] [əˌlɔŋ'saɪd] *adv* **:** al costado, al lado
alongside[2] *or* **alongside of** *prep* **:** junto a, al lado de
aloof [ə'lu:f] *adj* **:** distante, reservado
aloofness [ə'lu:fnəs] *n* **:** reserva *f*, actitud *f* distante
aloud [ə'laʊd] *adv* **:** en voz alta
alpaca [æl'pækə] *n* **:** alpaca *f*
alphabet ['ælfəˌbɛt] *n* **:** alfabeto *m*
alphabetical [ˌælfə'bɛt̬ɪkəl] *or* **alphabetic** [-'bɛt̬ɪk] *adj* **:** alfabético — **alphabetically** [-t̬ɪkli] *adv*
alphabetize ['ælfəbəˌtaɪz] *vt* **-ized; -izing :** alfabetizar, poner en orden alfabético
alpine ['ælˌpaɪn] *adj* **:** alpino
already [ɔl'rɛdi] *adv* **:** ya
also ['ɔlˌso:] *adv* **:** también, además
altar ['ɔltər] *n* **:** altar *m*
alter ['ɔltər] *vt* **:** alterar, cambiar, modificar
alteration [ˌɔltə'reɪʃən] *n* **:** alteración *f*, cambio *m*, modificación *f*
altercation [ˌɔltər'keɪʃən] *n* **:** altercado *m*, disputa *f*
alternate[1] ['ɔltərˌneɪt] *v* **-nated; -nating :** alternar
alternate[2] ['ɔltərnət] *adj* **1 :** alterno ⟨alternate cycles of inflation and depression : ciclos alternos de inflación y

depresión⟩ 2 : uno sí y otro no ⟨he cooks on alternate days : cocina un día sí y otro no⟩
alternate[3] [ˈɔltərnət] *n* : suplente *mf*; sustituto *m*, -ta *f*
alternately [ˈɔltərnətli] *adv* : alternativamente, por turno
alternating current [ˈɔltərˌneɪt̬ɪŋ] *n* : corriente *f* alterna
alternation [ˌɔltərˈneɪʃən] *n* : alternancia *f*, rotación *f*
alternative[1] [ɔlˈtərnət̬ɪv] *adj* : alternativo
alternative[2] *n* : alternativa *f*
alternator [ˈɔltərˌneɪt̬ər] *n* : alternador *m*
although [ɔlˈðo:] *conj* : aunque, a pesar de que
altitude [ˈæltəˌtu:d, -ˌtju:d] *n* : altitud *f*, altura *f*
alto [ˈælˌto:] *n, pl* **-tos** : alto *mf*, contralto *mf*
altogether [ˌɔltəˈgɛðər] *adv* **1** COMPLETELY : completamente, totalmente, del todo **2** ON THE WHOLE : en suma, en general
altruism [ˈæltrʊˌɪzəm] *n* : altruismo *m*
altruistic [ˌæltrʊˈɪstɪk] *adj* : altruista — **altruistically** [-tɪkli] *adv*
alum [ˈæləm] *n* : alumbre *m*
aluminum [əˈlu:mənəm] *n* : aluminio *m*
alumna [əˈlʌmnə] *n, pl* **-nae** [-ˌni:] : exalumna *f*
alumnus [əˈlʌmnəs] *n, pl* **-ni** [-ˌnaɪ] : exalumno *m*
always [ˈɔlwiz, -ˌweɪz] *adv* **1** INVARIABLY : siempre, invariablemente **2** FOREVER : para siempre
am → **be**
amalgam [əˈmælgəm] *n* : amalgama *f*
amalgamate [əˈmælgəˌmeɪt] *vt* **-ated; -ating** : amalgamar, unir, fusionar
amalgamation [əˌmælgəˈmeɪʃən] *n* : fusión *f*, unión *f*
amaryllis [ˌæməˈrɪləs] *n* : amarilis *f*
amass [əˈmæs] *vt* : amasar, acumular
amateur [ˈæmətʃər, -tər, -ˌtʊr, -ˌtjʊr] *n* **1** : amateur *mf* **2** BEGINNER : principiante *mf*; aficionado *m*, -da *f*
amateurish [ˈæməˌtʃərɪʃ, -ˌtər-, -ˌtʊr-, -ˌtjʊr-] *adj* : amateur, inexperto
amaze [əˈmeɪz] *vt* **amazed; amazing** : asombrar, maravillar, pasmar
amazement [əˈmeɪzmənt] *n* : asombro *m*, sorpresa *f*
amazing [əˈmeɪzɪŋ] *adj* : asombroso, sorprendente — **amazingly** [-zɪŋli] *adv*
Amazon [ˈæməˌzɑn] *n* : amazona *f* (en mitología)
Amazonian [ˌæməˈzo:niən] *adj* : amazónico
ambassador [æmˈbæsədər] *n* : embajador *m*, -dora *f*
amber [ˈæmbər] *n* : ámbar *m*
ambergris [ˈæmbərˌgrɪs, -ˌgri:s] *n* : ámbar *m* gris
ambidextrous [ˌæmbɪˈdɛkstrəs] *adj* : ambidextro — **ambidextrously** *adv*
ambience *or* **ambiance** [ˈæmbiənts, ˈɑmbiˌɑnts] *n* : ambiente *m*, atmósfera *f*
ambiguity [ˌæmbəˈgju:ət̬i] *n, pl* **-ties** : ambigüedad *f*
ambiguous [æmˈbɪgjʊəs] *adj* : ambiguo
ambition [æmˈbɪʃən] *n* : ambición *f*
ambitious [æmˈbɪʃəs] *adj* : ambicioso — **ambitiously** *adv*
ambivalence [æmˈbɪvələnts] *n* : ambivalencia *f*
ambivalent [æmˈbɪvələnt] *adj* : ambivalente
amble[1] [ˈæmbəl] *vi* **-bled; -bling** : ir tranquilamente, pasearse despreocupadamente
amble[2] *n* : paseo *m* tranquilo
ambulance [ˈæmbjələnts] *n* : ambulancia *f*
ambush[1] [ˈæmˌbʊʃ] *vt* : emboscar
ambush[2] *n* : emboscada *f*, celada *f*
ameliorate [əˈmi:ljəˌreɪt] *v* **-rated; -rating** IMPROVE : mejorar
amelioration [əˌmi:ljəˈreɪʃən] *n* : mejora *f*
amen [ˈeɪˈmɛn, ˈɑ-] *interj* : amén
amenable [əˈmi:nəbəl, -ˈmɛ-] *adj* RESPONSIVE : susceptible, receptivo, sensible
amend [əˈmɛnd] *vt* **1** IMPROVE : mejorar, enmendar **2** CORRECT : enmendar, corregir
amendment [əˈmɛndmənt] *n* : enmienda *f*
amends [əˈmɛndz] *ns & pl* : compensación *f*, reparación *f*, desagravio *m*
amenity [əˈmɛnət̬i, -ˈmi:-] *n, pl* **-ties 1** PLEASANTNESS : lo agradable, amenidad *f* **2 amenities** *npl* : servicios *mpl*, comodidades *fpl*
American [əˈmɛrɪkən] *n* : americano *m*, -na *f* — **American** *adj*
American Indian *n* : indio *m* (americano), india *f* (americana)
amethyst [ˈæməθəst] *n* : amatista *f*
amiability [ˌeɪmi:əˈbɪlət̬i] *n* : amabilidad *f*, afabilidad *f*
amiable [ˈeɪmi:əbəl] *adj* : amable, afable — **amiably** [-bli] *adv*
amicable [ˈæmɪkəbəl] *adj* : amigable, amistoso, cordial — **amicably** [-bli] *adv*
amid [əˈmɪd] *or* **amidst** [əˈmɪdst] *prep* : en medio de, entre
amino acid [əˈmi:no] *n* : aminoácido *m*
amiss[1] [əˈmɪs] *adv* : mal, fuera de lugar ⟨to take amiss : tomar a mal, llevar a mal⟩
amiss[2] *adj* **1** WRONG : malo, inoportuno **2 there's something amiss** : pasa algo, algo anda mal
ammeter [ˈæˌmi:t̬ər] *n* : amperímetro *m*
ammonia [əˈmo:njə] *n* : amoníaco *m*
ammunition [ˌæmjəˈnɪʃən] *n* **1** : municiones *fpl* **2** ARGUMENTS : argumentos *mpl*
amnesia [æmˈni:ʒə] *n* : amnesia *f*
amnesty [ˈæmnəsti] *n, pl* **-ties** : amnistía *f*

amoeba [ə'mi:bə] *n, pl* **-bas** *or* **-bae** [-ˌbi:] : ameba *f*
amoebic [ə'mi:bɪk] *adj* : amébico
amok [ə'mʌk, -'mɑk] *adv* **to run amok** : correr a ciegas, enloquecerse, desbocarse (dícese de la economía, etc.)
among [ə'mʌŋ] *prep* : entre
amoral [eɪ'mɔrəl] *adj* : amoral
amorous ['æmərəs] *adj* **1** PASSIONATE : enamoradizo, apasionado **2** ENAMORED : enamorado **3** LOVING : amoroso, cariñoso
amorously ['æmərəsli] *adv* : con cariño
amorphous [ə'mɔrfəs] *adj* : amorfo, informe
amortize ['æmərˌtaɪz, ə'mɔr-] *vt* **-tized; -tizing** : amortizar
amount[1] [ə'maʊnt] *vi* **to amount to** **1** : equivaler a, significar ‹that amounts to treason : eso equivale a la traición› **2** : ascender (a) ‹my debts amount to $2000 : mis deudas ascienden a $2000›
amount[2] *n* : cantidad *f*, suma *f*
ampere ['æmˌpɪr] *n* : amperio *m*
ampersand ['æmpərˌsænd] *n* : el signo &
amphetamine [æm'fɛt̬əˌmi:n] *n* : anfetamina *f*
amphibian [æm'fɪbiən] *n* : anfibio *m*
amphibious [æm'fɪbiəs] *adj* : anfibio
amphitheater ['æmfəˌθi:ət̬ər] *n* : anfiteatro *m*
ample ['æmpəl] *adj* **-pler; -plest** **1** LARGE, SPACIOUS : amplio, extenso, grande **2** ABUNDANT : abundante, generoso
amplifier ['æmpləˌfaɪər] *n* : amplificador *m*
amplify ['æmpləˌfaɪ] *vt* **-fied; -fying** : amplificar
amply ['æmpli] *adv* : ampliamente, abundantemente, suficientemente
amputate ['æmpjəˌteɪt] *vt* **-tated; -tating** : amputar
amputation [ˌæmpjə'teɪʃən] *n* : amputación *f*
amuck [ə'mʌk] → **amok**
amulet ['æmjələt] *n* : amuleto *m*, talismán *m*
amuse [ə'mju:z] *vt* **amused; amusing** **1** ENTERTAIN : entretener, distraer **2** : hacer reír, divertir ‹the joke amused us : la broma nos hizo reír›
amusement [ə'mju:zmənt] *n* **1** ENTERTAINMENT : diversión *f*, entretenimiento *m*, pasatiempo *m* **2** LAUGHTER : risa *f*
an *art* → **a**[2]
anachronism [ə'nækrəˌnɪzəm] *n* : anacronismo *m*
anachronistic [əˌnækrə'nɪstɪk] *adj* : anacrónico
anaconda [ˌænə'kɑndə] *n* : anaconda *f*
anagram ['ænəˌgræm] *n* : anagrama *m*
anal ['eɪnəl] *adj* : anal
analgesic [ˌænəl'ʤi:zɪk, -sɪk] *n* : analgésico *m*
analog ['ænəˌlɔg] *adj* : analógico
analogical [ˌænə'lɑʤɪkəl] *adj* : analógico — **analogically** [-kli] *adv*
analogous [ə'næləgəs] *adj* : análogo
analogy [ə'næləʤi] *n, pl* **-gies** : analogía *f*
analysis [ə'næləsəs] *n, pl* **-yses** [-ˌsi:z] **1** : análisis *m* **2** PSYCHOANALYSIS : psicoanálisis *m*
analyst ['ænəlɪst] *n* **1** : analista *mf* **2** PSYCHOANALYST : psicoanalista *mf*
analytic [ˌænə'lɪt̬ɪk] *or* **analytical** [-t̬ɪkəl] *adj* : analítico — **analytically** [-t̬ɪkli] *adv*
analyze ['ænəˌlaɪz] *vt* **-lyzed; -lyzing** : analizar
anarchic [æ'nɑrkɪk] *adj* : anárquico — **anarchically** [-kɪkli] *adv*
anarchism ['ænərˌkɪzəm, -nɑr-] *n* : anarquismo *m*
anarchist ['ænərkɪst, -nɑr-] *n* : anarquista *mf*
anarchy ['ænərki, -nɑr-] *n* : anarquía *f*
anathema [ə'næθəmə] *n* : anatema *m*
anatomic [ˌænə'tɑmɪk] *or* **anatomical** [-mɪkəl] *adj* : anatómico — **anatomically** [-mɪkli] *adv*
anatomy [ə'næt̬əmi] *n, pl* **-mies** : anatomía *f*
ancestor ['ænˌsɛstər] *n* : antepasado *m*, -da *f*; antecesor *m*, -sora *f*
ancestral [æn'sɛstrəl] *adj* : ancestral, de los antepasados
ancestry ['ænˌsɛstri] *n* **1** DESCENT : ascendencia *f*, linaje *m*, abolengo *m* **2** ANCESTORS : antepasados *mpl*, -das *fpl*
anchor[1] ['æŋkər] *vt* **1** MOOR : anclar, fondear **2** FASTEN : sujetar, asegurar, fijar
anchor[2] *n* **1** : ancla *f* **2** : presentador *m*, -dora *f* (en televisión)
anchorage ['æŋkərɪʤ] *n* : anclaje *m*
anchovy ['ænˌʧo:vi, æn'ʧo:-] *n, pl* **-vies** *or* **-vy** : anchoa *f*
ancient ['eɪntʃənt] *adj* **1** : antiguo ‹ancient history : historia antigua› **2** OLD : viejo
ancients ['eɪntʃənts] *npl* : los antiguos *mpl*
and ['ænd] *conj* **1** : y (**e** *before words beginning with i- or hi-*) ‹books and papers : libros y papeles› ‹six and a half : seis y medio› ‹a hundred and ten : ciento diez› ‹2 and 2 equals 4 : 2 más 2 es igual a 4› ‹at (the corner of) First and Main : en la esquina de First y Main› **2** : con ‹ham and eggs : huevos con jamón› **3** IN ORDER TO : a, de ‹go and see : ve a ver› ‹try and finish it : trata de terminarlo› **4** (*indicating continuation*) ‹she cried and cried : no dejaba de llorar› **5** (*used for emphasis*) ‹hundreds and hundreds of people : cientos de personas› ‹more and more difficult : cada vez más difícil›
Andalusian [ˌændə'lu:ʒən] *n* : andaluz *m*, -luza *f* — **Andalusian** *adj*
Andean ['ændiən] *adj* : andino
andiron ['ænˌdaɪərn] *n* : morillo *m*

Andorran [æn'dɔrən] *n* : andorrano *m*, -na *f* — **Andorran** *adj*
androgynous [æn'drɑʤənəs] *adj* : andrógino
anecdotal [ˌænɪk'do:ṭəl] *adj* : anecdótico
anecdote ['ænɪkˌdo:t] *n* : anécdota *f*
anemia [ə'ni:miə] *n* : anemia *f*
anemic [ə'ni:mɪk] *adj* : anémico
anemone [ə'nɛməni] *n* : anémona *f*
anesthesia [ˌænəs'θi:ʒə] *n* : anestesia *f*
anesthetic[1] [ˌænəs'θɛṭɪk] *adj* : anestésico
anesthetic[2] *n* : anestésico *m*
anesthetist [ə'nɛsθətɪst] *n* : anestesista *mf*
anesthetize [ə'nɛsθəˌtaɪz] *vt* **-tize; -tized** : anestesiar
aneurysm ['ænjəˌrɪzəm] *n* : aneurisma *mf*
anew [ə'nu:, -'nju:] *adv* : de nuevo, otra vez, nuevamente
angel ['eɪnʤəl] *n* : ángel *m*
angelic [æn'ʤɛlɪk] *or* **angelical** [-lɪkəl] *adj* : angélico, angelical — **angelically** [-lɪkli] *adv*
anger[1] ['æŋgər] *vt* : enojar, enfadar
anger[2] *n* : enojo *m*, enfado *m*, ira *f*, cólera *f*, rabia *f*
angina [æn'ʤaɪnə] *n* : angina *f*
angle[1] ['æŋgəl] *v* **angled; angling** *vt* DIRECT, SLANT : orientar, dirigir — *vi* FISH : pescar (con caña)
angle[2] *n* **1** : ángulo *m* **2** POINT OF VIEW : perspectiva *f*, punto *m* de vista
angler ['æŋglər] *n* : pescador *m*, -dora *f*
Anglican ['æŋglɪkən] *n* : anglicano *m*, -na *f* — **Anglican** *adj*
Anglo–Saxon[1] [ˌæŋglo'sæksən] *adj* : anglosajón
Anglo–Saxon[2] *n* : anglosajón *m*, -jona *f*
Angolan [æŋ'go:lən, æn-] *n* : angoleño *m*, -ña *f* — **Angolan** *adj*
angora [æŋ'gorə, æn-] *n* : angora *f*
angrily ['æŋgrəli] *adv* : furiosamente, con ira
angry ['æŋgri] *adj* **-grier; -est** : enojado, enfadado, furioso
anguish ['æŋgwɪʃ] *n* : angustia *f*, congoja *f*
anguished ['æŋgwɪʃt] *adj* : angustiado, acongojado
angular ['æŋgjələr] *adj* : angular (dícese de las formas), anguloso (dícese de las caras)
animal ['ænəməl] *n* **1** : animal *m* **2** BRUTE : bruto *m*, -ta *f*
animate[1] ['ænəˌmeɪt] *vt* **-mated; -mating** : animar
animate[2] ['ænəmət] *adj* : animado
animated ['ænəˌmeɪṭəd] *adj* **1** LIVELY : animado, vivo, vivaz **2 animated cartoon** : dibujos *mpl* animados
animation [ˌænə'meɪʃən] *n* : animación *f*
animosity [ˌænə'mɑsəṭi] *n, pl* **-ties** : animosidad *f*, animadversión *f*
anise ['ænəs] *n* : anís *m*
aniseed ['ænəsˌsi:d] *n* : anís *m*, semilla *f* de anís
ankle ['æŋkəl] *n* : tobillo *m*
anklebone ['æŋkəlˌbo:n] *n* : taba *f*
annals ['ænəlz] *npl* : anales *mpl*, crónica *f*
anneal [ə'ni:l] *vt* **1** TEMPER : templar **2** STRENGTHEN : fortalecer
annex[1] [ə'nɛks, 'æˌnɛks] *vt* : anexar
annex[2] ['æˌnɛks, -nɪks] *n* : anexo *m*, anejo *m*
annexation [ˌæˌnɛk'seɪʃən] *n* : anexión *f*
annihilate [ə'naɪəˌleɪt] *vt* **-lated; -lating** : aniquilar
annihilation [əˌnaɪə'leɪʃən] *n* : aniquilación *f*, aniquilamiento *m*
anniversary [ˌænə'vərsəri] *n, pl* **-ries** : aniversario *m*
annotate ['ænəˌteɪt] *vt* **-tated; -tating** : anotar
annotation [ˌænə'teɪʃən] *n* : anotación *f*
announce [ə'naʊnts] *vt* **-nounced; -nouncing** : anunciar
announcement [ə'naʊntsmənt] *n* : anuncio *m*
announcer [ə'naʊntsər] *n* : anunciador *m*, -dora *f*; comentarista *mf*; locutor *m*, -tora *f*
annoy [ə'nɔɪ] *vt* : molestar, fastidiar, irritar
annoyance [ə'nɔɪənts] *n* **1** IRRITATION : irritación *f*, fastidio *m* **2** NUISANCE : molestia *f*, fastidio *m*
annoying [ə'nɔɪɪŋ] *adj* : molesto, fastidioso, engorroso — **annoyingly** [-ɪŋli] *adv*
annual[1] ['ænjʊəl] *adj* : anual — **annually** *adv*
annual[2] *n* **1** : planta *f* anual **2** YEARBOOK : anuario *m*
annuity [ə'nu:əṭi] *n, pl* **-ties** : anualidad *f*
annul [ə'nʌl] *vt* **anulled; anulling** : anular, invalidar
annulment [ə'nʌlmənt] *n* : anulación *f*
anode ['æˌno:d] *n* : ánodo
anoint [ə'nɔɪnt] *vt* : ungir
anomalous [ə'nɑmələs] *adj* : anómalo
anomaly [ə'nɑməli] *n, pl* **-lies** : anomalía *f*
anonymity [ˌænə'nɪməṭi] *n* : anonimato *m*
anonymous [ə'nɑnəməs] *adj* : anónimo — **anonymously** *adv*
anorexia [ˌænə'rɛksiə] *n* : anorexia *f*
anorexic [ˌænə'rɛksɪk] *adj* : anoréxico
another[1] [ə'nʌðər] *adj* : otro
another[2] *pron* : otro, otra
answer[1] ['æntsər] *vt* **1** : contestar (a), responder (a) ⟨to answer the telephone : contestar el teléfono⟩ ⟨to answer a question : contestar (a) una pregunta⟩ ⟨he didn't answer me : no me contestó⟩ **2** FULFILL : satisfacer **3** : responder a (acusaciones, etc.) — *vi* **1** : contestar, responder **2 to answer back** TALK BACK : contestar (con impertinencia) **3 to answer for some-**

one : contestar por alguien **4 to answer for something** : responder de algo, pagar por algo ‹she'll answer for that mistake : pagará por ese error› **5 to answer to** : responder a
answer[2] *n* **1** REPLY : respuesta *f*, contestación *f* ‹a straight answer : una respuesta clara› ‹there's no answer : no contestan› ‹I never got an answer : nunca me dieron respuesta› ‹in answer to your question : en respuesta a su pregunta› **2** : respuesta *f*, solución *f* (en un examen, etc.) **3** SOLUTION : solución *f* ‹there's no easy answer : no tiene una solución fácil›
answerable ['æntsərəbəl] *adj* : responsable
ant ['ænt] *n* : hormiga *f*
antacid [ænt'æsəd, 'æn,tæ-] *n* : antiácido *m*
antagonism [æn'tægə,nɪzəm] *n* : antagonismo *m*, hostilidad *f*
antagonist [æn'tægənɪst] *n* : antagonista *mf*
antagonistic [æn,tægə'nɪstɪk] *adj* : antagonista, hostil
antagonize [æn'tægə,naɪz] *vt* **-nized; -nizing** : antagonizar
antarctic [ænt'ɑrktɪk, -'ɑrṭɪk] *adj* : antártico
antarctic circle *n* : círculo *m* antártico
anteater ['ænt,i:ṭər] *n* : oso *m* hormiguero
antebellum [,æntɪ'bɛləm] *adj* : prebélico
antecedent[1] [,æntə'si:dənt] *adj* : antecedente, precedente
antecedent[2] *n* : antecedente *mf*; precursor *m*, -sora *f*
antelope ['æntəl,o:p] *n, pl* **-lope** *or* **-lopes** : antílope *m*
antenna [æn'tɛnə] *n, pl* **-nae** [-,ni:, -,naɪ] *or* **-nas** : antena *f*
anterior [æn'tɪriər] *adj* : anterior
anthem ['ænθəm] *n* : himno *m* ‹national anthem : himno nacional›
anther ['ænθər] *n* : antera *f*
anthill ['ænt,hɪl] *n* : hormiguero *m*
anthology [æn'θɑləʤi] *n, pl* **-gies** : antología *f*
anthracite ['ænθrə,saɪt] *n* : antracita *f*
anthropoid[1] ['ænθrə,pɔɪd] *adj* : antropoide
anthropoid[2] *n* : antropoide *mf*
anthropological [,ænθrəpə'lɑʤɪkəl] *adj* : antropológico
anthropologist [,ænθrə'pɑləʤɪst] *n* : antropólogo *m*, -ga *f*
anthropology [,ænθrə'pɑləʤi] *n* : antropología *f*
antiabortion [,æntiə'bɔrʃən, ,æntaɪ-] *adj* : antiaborto
antiaircraft [,ænti'ær,kræft, ,æntaɪ-] *adj* : antiaéreo
anti–American [,æntiə'mɛrɪkən, ,æntaɪ-] *adj* : antiamericano
antibiotic[1] [,æntibaɪ'ɑṭɪk, ,æntaɪ-, -bi-] *adj* : antibiótico
antibiotic[2] *n* : antibiótico *m*
antibody ['ænti,bɑdi] *n, pl* **-bodies** : anticuerpo *m*
antic[1] ['æntɪk] *adj* : extravagante, juguetón
antic[2] *n* : payasada *f*, travesura *f*
anticipate [æn'tɪsə,peɪt] *vt* **-pated; -pating** **1** FORESEE : anticipar, prever **2** EXPECT : esperar, contar con
anticipation [æn,tɪsə'peɪʃən] *n* **1** FORESIGHT : previsión *f* **2** EXPECTATION : anticipación *f*, expectación *f*, esperanza *f*
anticipatory [æn'tɪsəpə,tori] *adj* : en anticipación, en previsión
anticlimactic [,æntiklaɪ'mæktɪk] *adj* : anticlimático, decepcionante
anticlimax [,ænti'klaɪ,mæks] *n* : anticlímax *m*
anticommunism [,ænti'kɑmjə,nɪzəm, ,æntaɪ-] *n* : anticomunismo *m*
anticommunist[1] [,ænti'kɑmjənɪst, ,æntaɪ-] *adj* : anticomunista
anticommunist[2] *n* : anticomunista *mf*
antidemocratic [,ænti,dɛmə'kræṭɪk, ,æntaɪ-] *adj* : antidemocrático
antidepressant [,æntidi'prɛsənt] *n* : antidepresivo *m* — **antidepressant** *adj*
antidote ['æntɪ,do:t] *n* : antídoto *m*
antidrug [,ænti'drʌg, ,æntaɪ-; 'ænti-,drʌg, 'æntaɪ-] *adj* : antidrogas
antifascist [,ænti'fæʃɪst, ,æntaɪ-] *adj* : antifascista
antifeminist [,ænti'fɛmənɪst, ,æntaɪ-] *adj* : antifeminista
antifreeze ['ænti,fri:z] *n* : anticongelante *m*
antigen ['æntɪʤən, -,ʤɛn] *n* : antígeno *m*
antihistamine [,ænti'hɪstə,mi:n, -mən] *n* : antihistamínico *m*
anti–imperialism [,æntiɪm'pɪriə,lɪzəm, ,æntaɪ-] *n* : antiimperialismo *m*
anti–imperialist [,æntiɪm'pɪriəlɪst, ,æntaɪ-] *adj* : antiimperialista
anti–inflammatory [,ætiɪn'flæmətori] *adj* : antiinflamatorio
anti–inflationary [,æntiɪn'fleɪʃə,nɛri, ,æntaɪ-] *adj* : antiinflacionario
antimony ['æntə,mo:ni] *n* : antimonio *m*
antipathy [æn'tɪpəθi] *n, pl* **-thies** : antipatía *f*, aversión *f*
antiperspirant [,ænti'pərspərənt, ,æntaɪ-] *n* : antitranspirante *m*
antiquarian[1] [,æntə'kwɛriən] *adj* : antiguo, anticuario ‹an antiquarian book : un libro antiguo›
antiquarian[2] *n* : anticuario *m*, -ria *f*
antiquary ['æntə,kwɛri] *n* → **antiquarian**[2]
antiquated ['æntə,kweɪṭəd] *adj* : anticuado, pasado de moda
antique[1] [æn'ti:k] *adj* **1** OLD : antiguo, de época ‹an antique mirror : un espejo antiguo› **2** OLD-FASHIONED : anticuado, pasado de moda
antique[2] *n* : antigüedad *f*
antiquity [æn'tɪkwəṭi] *n, pl* **-ties** : antigüedad

antirevolutionary [ˌæntiˌrɛvəˈluːʃəˌnɛri, ˌæntaɪ-] *adj* : antirrevolucionario
anti–Semitic [ˌæntisəˈmɪṯɪk, ˌæntaɪ-] *adj* : antisemita
anti–Semitism [ˌæntiˈsɛməˌtɪzəm, ˌæntaɪ-] *n* : antisemitismo *m*
antiseptic[1] [ˌæntəˈsɛptɪk] *adj* : antiséptico — **antiseptically** [-tɪkli] *adv*
antiseptic[2] *n* : antiséptico *m*
antismoking [ˌæntiˈsmoːkɪŋ, ˌæntaɪ-] *adj* : antitabaco
antisocial [ˌæntiˈsoːʃəl, ˌæntaɪ-] *adj* **1** : antisocial **2** UNSOCIABLE : poco sociable
antitheft [ˌæntiˈθɛft, ˌæntaɪ-] *adj* : antirrobo
antithesis [ænˈtɪθəsɪs] *n, pl* **-eses** [-ˌsiːz] : antítesis *f*
antitoxin [ˌæntiˈtɑksən, ˌæntaɪ-] *n* : antitoxina *f*
antitrust [ˌæntiˈtrʌst, ˌæntaɪ-] *adj* : antimonopolista
antiviral [ˌæntiˈvaɪrəl, ˌæntaɪ-] *adj* : antiviral
antivirus [ˌæntiˈvaɪrəs, ˌæntaɪ-] *adj* → **antiviral**
antivirus software *n* : antivirus *m*
antler [ˈæntlər] *n* : asta *f*, cuerno *m*
antonym [ˈæntəˌnɪm] *n* : antónimo *m*
anus [ˈeɪnəs] *n* : ano *m*
anvil [ˈænvəl, -vɪl] *n* : yunque *m*
anxiety [æŋkˈzaɪəṯi] *n, pl* **-eties** **1** UNEASINESS : inquietud *f*, preocupación *f*, ansiedad *f* **2** APPREHENSION : ansiedad *f*, angustia *f*
anxious [ˈæŋkʃəs] *adj* **1** WORRIED : inquieto, preocupado, ansioso **2** WORRISOME : preocupante, inquietante **3** EAGER : ansioso, deseoso
anxiously [ˈæŋkʃəsli] *adv* : con inquietud, con ansiedad
any[1] [ˈɛni] *adv* **1** : algo ⟨is it any better? : ¿está (algo) mejor?⟩ **2** : para nada ⟨it is not any good : no sirve para nada⟩
any[2] *adj* **1** : alguno ⟨is there any doubt? : ¿hay alguna duda?⟩ ⟨call me if you have any questions : llámeme si tiene alguna pregunta⟩ **2** : cualquier ⟨I can answer any question : puedo responder a cualquier pregunta⟩ **3** : todo ⟨in any case : en todo caso⟩ **4** : ningún ⟨he would not accept it under any circumstances : no lo aceptaría bajo ninguna circunstancia⟩
any[3] *pron* **1** : alguno *m*, -na *f* ⟨are there any left? : ¿queda alguno?⟩ **2** : ninguno *m*, -na *f* ⟨I don't want any : no quiero ninguno⟩
anybody [ˈɛniˌbʌdi, -ˌbɑ-] → **anyone**
anyhow [ˈɛniˌhaʊ] *adv* **1** HAPHAZARDLY : de cualquier manera **2** IN ANY CASE : de todos modos, en todo caso
anymore [ˌɛniˈmor] *adv* **1** : ya, ya más ⟨he doesn't dance anymore : ya no baila más⟩ **2** : todavía ⟨do they sing anymore? : ¿cantan todavía?⟩
anyone [ˈɛniˌwʌn] *pron* **1** : alguien ⟨is anyone here? : ¿hay alguien aquí?⟩ ⟨if anyone wants to come : si alguno quiere venir⟩ **2** : cualquiera ⟨anyone can play : cualquiera puede jugar⟩ **3** : nadie ⟨I don't want anyone here : no quiero a nadie aquí⟩
anyplace [ˈɛniˌpleɪs] → **anywhere**
anything [ˈɛniˌθɪŋ] *pron* **1** : algo, alguna cosa ⟨do you want anything (else)? : ¿quieres algo (más)?, ¿quieres alguna cosa (más)?⟩ **2** : nada ⟨hardly anything : casi nada⟩ **3** : cualquier cosa ⟨I eat anything : como de todo⟩ **4 ~ but** : no . . . ni mucho menos ⟨he was anything but pleased : no estaba contento, ni mucho menos⟩ **5 anything goes** : todo vale **6 ~ like** ⟨it wasn't anything like what I expected : no fue en absoluto lo que esperaba⟩ ⟨we don't have anything like enough : no tenemos suficiente, ni mucho menos⟩
anytime [ˈɛniˌtaɪm] *adv* : en cualquier momento, a cualquier hora, cuando sea
anyway [ˈɛniˌweɪ] → **anyhow**
anywhere [ˈɛniˌhwɛr] *adv* **1** : en algún sitio, en alguna parte ⟨do you see it anywhere? : ¿lo ves en alguna parte?⟩ **2** : en ningún sitio, por ninguna parte ⟨I can't find it anywhere : no puedo encontrarlo por ninguna parte⟩ **3** : en cualquier parte, dondequiera, donde sea ⟨put it anywhere : ponlo dondequiera⟩
aorta [eɪˈɔrṯə] *n, pl* **-tas** *or* **-tae** [-ṯi, -ṯaɪ] : aorta *f*
Apache [əˈpætʃi] *n, pl* **Apache** *or* **Apaches** : apache *mf*
apart [əˈpɑrt] *adv* **1** SEPARATELY : aparte, separadamente **2** ASIDE : aparte, a un lado **3 to fall apart** : deshacerse, hacerse pedazos **4 to take apart** : desmontar, desmantelar
apartheid [əˈpɑrˌteɪt, -ˌtaɪt] *n* : apartheid *m*
apartment [əˈpɑrtmənt] *n* : apartamento *m*, departamento *m*, piso *m Spain*
apathetic [ˌæpəˈθɛṯɪk] *adj* : apático, indiferente — **apathetically** [-ṯɪkli] *adv*
apathy [ˈæpəθi] *n* : apatía *f*, indiferencia *f*
ape[1] [ˈeɪp] *vt* **aped; aping** : imitar, remedar
ape[2] *n* : simio *m*; mono *m*, -na *f*
aperitif [əˌpɛrəˈtiːf] *n* : aperitivo *m*
aperture [ˈæpərtʃər, -ˌtʃʊr] *n* : abertura *f*, rendija *f*, apertura *f* (en fotografía)
apex [ˈeɪˌpɛks] *n, pl* **apexes** *or* **apices** [ˈeɪpəˌsiːz, ˈæ-] : ápice *m*, cúspide *f*, cima *f*
aphid [ˈeɪfɪd, ˈæ-] *n* : áfido *m*
aphorism [ˈæfəˌrɪzəm] *n* : aforismo *m*
aphrodisiac [ˌæfrəˈdiːziˌæk, -ˈdɪ-] *n* : afrodisíaco *m*
apiary [ˈeɪpiˌɛri] *n, pl* **-aries** : apiario *m*, colmenar *m*
apiece [əˈpiːs] *adv* : cada uno
aplenty [əˈplɛnti] *adj* : en abundancia
aplomb [əˈplɑm, -ˈplʌm] *n* : aplomo *m*
apocalypse [əˈpɑkəˌlɪps] *n* : apocalipsis *m*

apocalyptic [ə,pɑkə'lɪptɪk] *adj* : apocalíptico
apocrypha [ə'pɑkrəfə] *n* : textos *mpl* apócrifos
apocryphal [ə'pɑkrəfəl] *adj* : apócrifo
apologetic [ə,pɑlə'ʤɛtɪk] *adj* : lleno de disculpas
apologetically [ə,pɑlə'ʤɛtɪkli] *adv* : disculpándose, con aire de disculpas
apologize [ə'pɑlə,ʤaɪz] *vi* **-gized; -gizing** : disculparse, pedir perdón
apology [ə'pɑləʤi] *n, pl* **-gies** : disculpa *f*, excusa *f*
apoplectic [,æpə'plɛktɪk] *adj* : apoplético
apoplexy ['æpə,plɛksi] *n* : apoplejía *f*
apostasy [ə'pɑstəsi] *n, pl* **-sies** : apostasía *f*
apostate [ə'pɑs,teɪt] *n* : apóstata *mf*
apostle [ə'pɑsəl] *n* : apóstol *m*
apostolic [,æpə'stɑlɪk] *adj* : apostólico
apostrophe [ə'pɑstrə,fi:] *n* : apóstrofo *m* (ortográfico)
apothecary [ə'pɑθə,kɛri] *n, pl* **-caries** : boticario *m*, -ria *f*
appall [ə'pɔl] *vt* : consternar, horrorizar
apparatus [,æpə'ræṭəs, -'reɪ-] *n, pl* **-tuses** *or* **-tus** : aparato *m*, equipo *m*
apparel [ə'pærəl] *n* : atavío *m*, ropa *f*
apparent [ə'pærənt] *adj* **1** VISIBLE : visible **2** OBVIOUS : claro, evidente, manifiesto **3** SEEMING : aparente, ostensible
apparently [ə'pærəntli] *adv* : aparentemente, al parecer
apparition [,æpə'rɪʃən] *n* : aparición *f*, visión *f*
appeal[1] [ə'pi:l] *vt* : apelar ⟨to appeal a decision : apelar contra una decisión⟩ — *vi* **1 to appeal for** : pedir, solicitar **2 to appeal to** : atraer a ⟨that doesn't appeal to me : eso no me atrae⟩
appeal[2] *n* **1** : apelación *f* (en derecho) **2** PLEA : ruego *m*, súplica *f* **3** ATTRACTION : atracción *f*, atractivo *m*, interés *m*
appear [ə'pɪr] *vi* **1** : aparecer, aparecerse, presentarse ⟨he suddenly appeared : apareció de repente⟩ **2** COME OUT : aparecer, salir, publicarse **3** : comparecer (ante el tribunal), actuar (en el teatro) **4** SEEM : parecer
appearance [ə'pɪrənts] *n* **1** APPEARING : aparición *f*, presentación *f*, comparecencia *f* (ante un tribunal), publicación *f* (de un libro) **2** LOOK : apariencia *f*, aspecto *m* **3 by all appearances** : según parece **4 to keep up appearances** : guardar las apariencias **5 to make an appearance** : hacer acto de presencia
appease [ə'pi:z] *vt* **-peased; -peasing 1** CALM, PACIFY : aplacar, apaciguar, sosegar **2** SATISFY : satisfacer, mitigar
appeasement [ə'pi:zmənt] *n* : aplacamiento *m*, apaciguamiento *m*
append [ə'pɛnd] *vt* : agregar, añadir, adjuntar
appendage [ə'pɛndɪʤ] *n* **1** ADDITION : apéndice *m*, añadidura *f* **2** LIMB : miembro *m*, extremidad *f*
appendectomy [,æpən'dɛktəmi] *n, pl* **-mies** : apendicectomía *f*
appendicitis [ə,pɛndə'saɪṭəs] *n* : apendicitis *f*
appendix [ə'pɛndɪks] *n, pl* **-dixes** *or* **-dices** [-də,si:z] : apéndice *m*
appetite ['æpə,taɪt] *n* **1** CRAVING : apetito *m*, deseo *m*, ganas *fpl* **2** PREFERENCE : gusto *m*, preferencia *f* ⟨the cultural appetites of today : los gustos culturales de hoy⟩
appetizer ['æpə,taɪzər] *n* : aperitivo *m*, entremés *m*, botana *f Mex*, tapa *f Spain*
appetizing ['æpə,taɪzɪŋ] *adj* : apetecible, apetitoso — **appetizingly** [-zɪŋli] *adv*
applaud [ə'plɔd] *v* : aplaudir
applause [ə'plɔz] *n* : aplauso *m*
apple ['æpəl] *n* : manzana *f*
appliance [ə'plaɪənts] *n* **1** : aparato *m* **2 household appliance** : electrodoméstico *m*, aparato *m* electrodoméstico
applicability [,æplɪkə'bɪləṭi, ə,plɪkə-] *n* : aplicabilidad *f*
applicable ['æplɪkəbəl, ə'plɪkə-] *adj* : aplicable, pertinente
applicant ['æplɪkənt] *n* : solicitante *mf*, aspirante *mf*, postulante *mf*; candidato *m*, -ta *f*
application [,æplə'keɪʃən] *n* **1** USE : aplicación *f*, empleo *m*, uso *m* **2** DILIGENCE : aplicación *f*, diligencia *f*, dedicación *f* **3** REQUEST : solicitud *f*, petición *f*, demanda *f*
applicator ['æplə,keɪṭər] *n* : aplicador *m*
appliqué[1] [,æplə'keɪ] *vt* : decorar con apliques
appliqué[2] *n* : aplique *m*
apply [ə'plaɪ] *v* **-plied; -plying** *vt* **1** : aplicar (una sustancia, los frenos, el conocimiento) **2 to apply oneself** : dedicarse, aplicarse — *vi* **1** : aplicarse, referirse ⟨the rules apply to everyone : las reglas se aplican a todos⟩ **2 to apply for** : solicitar, pedir
appoint [ə'pɔɪnt] *vt* **1** NAME : nombrar, designar **2** FIX, SET : fijar, señalar, designar ⟨to appoint a date : fijar una fecha⟩ **3** EQUIP : equipar ⟨a well-appointed office : una oficina bien equipada⟩
appointee [ə,pɔɪn'ti:, ,æ-] *n* : persona *f* designada
appointment [ə'pɔɪntmənt] *n* **1** APPOINTING : nombramiento *m*, designación *f* **2** ENGAGEMENT : cita *f*, hora *f* **3** POST : puesto *m*
apportion [ə'porʃən] *vt* : distribuir, repartir
apportionment [ə'porʃənmənt] *n* : distribución *f*, repartición *f*, reparto *m*
apposite ['æpəzət] *adj* : apropiado, oportuno, pertinente — **appositely** *adv*

appraisal [ə'preɪzəl] *n* : evaluación *f*, valoración *f*, tasación *f*, apreciación *f*
appraise [ə'preɪz] *vt* **-praised; -praising** : evaluar, valorar, tasar, apreciar
appraiser [ə'preɪzər] *n* : tasador *m*, -dora *f*
appreciable [ə'pri:ʃəbəl, -'prɪʃiə-] *adj* : apreciable, sensible, considerable — **appreciably** [-bli] *adv*
appreciate [ə'pri:ʃi,eɪt, -'prɪ-] *v* **-ated; -ating** *vt* **1** VALUE : apreciar, valorar **2** : agradecer ⟨we appreciate his frankness : agradecemos su franqueza⟩ **3** UNDERSTAND : darse cuenta de, entender — *vi* : apreciarse, valorizarse
appreciation [ə,pri:ʃi'eɪʃən, -,prɪ-] *n* **1** GRATITUDE : agradecimiento *m*, reconocimiento *m* **2** VALUING : apreciación *f*, valoración *f*, estimación *f* ⟨art appreciation : apreciación artística⟩ **3** UNDERSTANDING : comprensión *f*, entendimiento *m*
appreciative [ə'pri:ʃət̬ɪv, -'prɪ-; ə'pri:ʃi,eɪ-] *adj* **1** : apreciativo ⟨an appreciative audience : un público apreciativo⟩ **2** GRATEFUL : agradecido **3** ADMIRING : de admiración
apprehend [,æprɪ'hɛnd] *vt* **1** ARREST : aprehender, detener, arrestar **2** DREAD : temer **3** COMPREHEND : comprender, entender
apprehension [,æprɪ'hɛntʃən] *n* **1** ARREST : arresto *m*, detención *f*, aprehensión *f* **2** ANXIETY : aprensión *f*, ansiedad *f*, temor *m* **3** UNDERSTANDING : comprensión *f*, percepción *f*
apprehensive [,æprɪ'hɛntsɪv] *adj* : aprensivo, inquieto — **apprehensively** *adv*
apprentice[1] [ə'prɛntɪs] *vt* **-ticed; -ticing** : colocar de aprendiz
apprentice[2] *n* : aprendiz *m*, -diza *f*
apprenticeship [ə'prɛntɪs,ʃɪp] *n* : aprendizaje *f*
apprise [ə'praɪz] *vt* **-prised; -prising** : informar, avisar
approach[1] [ə'pro:tʃ] *vt* **1** NEAR : acercarse a **2** APPROXIMATE : aproximarse a **3** : abordar, dirigirse a ⟨I approached my boss with the proposal : me dirigí a mi jefe con la propuesta⟩ **4** TACKLE : abordar, enfocar, considerar — *vi* : acercarse, aproximarse
approach[2] *n* **1** NEARING : acercamiento *m*, aproximación *f* **2** POSITION : enfoque *m*, planteamiento *m* **3** OFFER : propuesta *f*, oferta *f* **4** ACCESS : acceso *m*, vía *f* de acceso
approachable [ə'pro:tʃəbəl] *adj* : accesible, asequible
approbation [,æprə'beɪʃən] *n* : aprobación *f*
appropriate[1] [ə'pro:pri,eɪt] *vt* **-ated; -ating** **1** SEIZE : apropiarse de **2** ALLOCATE : destinar, asignar
appropriate[2] [ə'pro:priət] *adj* : apropiado, adecuado, idóneo — **appropriately** *adv*
appropriateness [ə'pro:priətnəs] *n* : idoneidad *f*, propiedad *f*
appropriation [ə,pro:pri'eɪʃən] *n* **1** SEIZURE : apropiación *f* **2** ALLOCATION : asignación *f*
approval [ə'pru:vəl] *n* **1** : aprobación *f*, visto *m* bueno **2 on approval** : a prueba
approve [ə'pru:v] *vt* **-proved; -proving** **1** : aprobar, sancionar, darle el visto bueno a **2 to approve of** : consentir en, aprobar ⟨he doesn't approve of smoking : está en contra del tabaco⟩
approximate[1] [ə'prɑksə,meɪt] *vt* **-mated; -mating** : aproximarse a, acercarse a
approximate[2] [ə'prɑksəmət] *adj* : aproximado
approximately [ə'prɑksəmətli] *adv* : aproximadamente, más o menos
approximation [ə,prɑksə'meɪʃən] *n* : aproximación *f*
appurtenance [ə'pərtənənts] *n* : accesorio *m*
apricot ['æprə,kɑt, 'eɪ-] *n* : albaricoque *m*, chabacano *m Mex*
April ['eɪprəl] *n* : abril *m*
apron ['eɪprən] *n* : delantal *m*, mandil *m*
apropos[1] [,æprə'po:, 'æprə,po:] *adv* : a propósito
apropos[2] *adj* : pertinente, oportuno, acertado
apropos of *prep* : a propósito de
apt ['æpt] *adj* **1** FITTING : apto, apropiado, acertado, oportuno **2** LIABLE : propenso, inclinado **3** CLEVER, QUICK : listo, despierto
aptitude ['æptə,tu:d, -,tju:d] *n* **1** : aptitud *f*, capacidad *f* ⟨aptitude test : prueba de aptitud⟩ **2** TALENT : talento *m*, facilidad *f*
aptly ['æptli] *adv* : acertadamente
aqua ['ækwə, 'ɑ-] *n* : color *m* aguamarina
aquarium [ə'kwæriəm] *n, pl* **-iums** *or* **-ia** [-iə] : acuario *m*
Aquarius [ə'kwæriəs] *n* : Acuario *mf*
aquatic [ə'kwɑt̬ɪk, -'kwæ-] *adj* : acuático
aqueduct ['ækwə,dʌkt] *n* : acueducto *m*
aqueous ['eɪkwiəs, 'æ-] *adj* : acuoso
aquiline ['ækwə,laɪn, -lən] *adj* : aguileño
Arab[1] ['ærəb] *adj* : árabe
Arab[2] *n* : árabe *mf*
arabesque [,ærə'bɛsk] *n* : arabesco *m*
Arabian[1] [ə'reɪbiən] *adj* : árabe
Arabian[2] *n* → **Arab**[2]
Arabic[1] ['ærəbɪk] *adj* : árabe
Arabic[2] *n* : árabe *m* (idioma)
arable ['ærəbəl] *adj* : arable, cultivable
arbiter ['ɑrbət̬ər] *n* : árbitro *m*, -tra *f*
arbitrary ['ɑrbə,trɛri] *adj* : arbitrario — **arbitrarily** [,ɑrbə'trɛrəli] *adv*
arbitrate ['ɑrbə,treɪt] *v* **-trated; -trating** : arbitrar
arbitration [,ɑrbə'treɪʃən] *n* : arbitraje *m*

arbitrator [ˈɑrbəˌtreɪt̬ər] *n* : árbitro *m*, -tra *f*
arbor [ˈɑrbər] *n* : cenador *m*, pérgola *f*
arboreal [ɑrˈboriəl] *adj* : arbóreo
arc[1] [ˈɑrk] *vi* **arced; arcing** : formar un arco
arc[2] *n* : arco *m*
arcade [ɑrˈkeɪd] *n* **1** ARCHES : arcada *f* **2** MALL : galería *f* comercial
arcane [ɑrˈkeɪn] *adj* : arcano, secreto, misterioso
arch[1] [ˈɑrʧ] *vt* : arquear, enarcar — *vi* : formar un arco, arquearse
arch[2] *adj* **1** CHIEF : principal **2** MISCHIEVOUS : malicioso, pícaro
arch[3] *n* : arco *m*
archaeological [ˌɑrkiəˈlɑʤɪkəl] *adj* : arqueológico
archaeologist [ˌɑrkiˈɑləʤɪst] *n* : arqueólogo *m*, -ga *f*
archaeology *or* **archeology** [ˌɑrkiˈɑləʤi] *n* : arqueología *f*
archaic [ɑrˈkeɪɪk] *adj* : arcaico — **archaically** [-ɪkli] *adv*
archangel [ˈɑrkˌeɪnʤəl] *n* : arcángel *m*
archbishop [ɑrʧˈbɪʃəp] *n* : arzobispo *m*
archdiocese [ɑrʧˈdaɪəsəs, -ˌsiːz, -ˌsiːs] *n* : archidiócesis *f*
archer [ˈɑrʧər] *n* : arquero *m*, -ra *f*
archery [ˈɑrʧəri] *n* : tiro *m* al arco
archetypal [ˌɑrkɪˈtaɪpəl] *adj* : arquetípico
archetype [ˈɑrkɪˌtaɪp] *n* : arquetipo *m*
archipelago [ˌɑrkəˈpɛləˌgoː, ˌɑrʧə-] *n, pl* **-goes** *or* **-gos** [-goːz] : archipiélago *m*
architect [ˈɑrkəˌtɛkt] *n* : arquitecto *m*, -ta *f*
architectural [ˌɑrkəˈtɛkʧərəl] *adj* : arquitectónico — **architecturally** *adv*
architecture [ˈɑrkəˌtɛkʧər] *n* : arquitectura *f*
archive [ˈɑrˌkaɪv] *n or* **archives** [ˈɑrˌkaɪvz] *npl* : archivo *m*
archivist [ˈɑrkəvɪst, -ˌkaɪ-] *n* : archivero *m*, -ra *f*; archivista *mf*
archway [ˈɑrʧˌweɪ] *n* : arco *m*, pasadizo *m* abovedado
arctic [ˈɑrktɪk, ˈɑrt̬-] *adj* **1** : ártico ⟨arctic regions : zonas árticas⟩ **2** FRIGID : glacial
arctic circle *n* : círculo *m* ártico
ardent [ˈɑrdənt] *adj* **1** PASSIONATE : ardiente, fogoso, apasionado **2** FERVENT : ferviente, fervoroso — **ardently** *adv*
ardor [ˈɑrdər] *n* : ardor *m*, pasión *f*, fervor *m*
arduous [ˈɑrʤʊəs] *adj* : arduo, duro, riguroso — **arduously** *adv*
arduousness [ˈɑrʤʊəsnəs] *n* : dureza *f*, rigor *m*
are → **be**
area [ˈæriə] *n* **1** SURFACE : área *f*, superficie *f* **2** REGION : área *f*, región *f*, zona *f* **3** FIELD : área *f*, terreno *m*, campo *m* (de conocimiento)
area code *n* : código *m* de la zona, prefijo *m Spain*
arena [əˈriːnə] *n* **1** : arena *f*, estadio *m* ⟨sports arena : estadio deportivo⟩ **2** : arena *f*, ruedo *m* ⟨the political arena : el ruedo político⟩
Argentine [ˈɑrʤənˌtaɪn, -ˌtiːn] *or* **Argentinean** *or* **Argentinian** [ˌɑrʤənˈtɪniən] *n* : argentino *m*, -na *f* — **Argentine** *or* **Argentinean** *or* **Argentinian** *adj*
argon [ˈɑrˌgɑn] *n* : argón *m*
argot [ˈɑrgət, -ˌgoː] *n* : argot *m*
arguable [ˈɑrgjʊəbəl] *adj* : discutible
argue [ˈɑrˌgjuː] *v* **-gued; -guing** *vi* **1** REASON : argüir, argumentar, razonar **2** DISPUTE : discutir, pelear(se), alegar — *vt* **1** SUGGEST : sugerir **2** MAINTAIN : alegar, argüir, sostener **3** DISCUSS : discutir, debatir
argument [ˈɑrgjəmənt] *n* **1** REASONING : argumento *m*, razonamiento *m* **2** DISCUSSION : discusión *f*, debate *m* **3** QUARREL : pelea *f*, riña *f*, disputa *f*
argumentative [ˌɑrgjəˈmɛntət̬ɪv] *adj* : discutidor
argyle [ˈɑrˌgaɪl] *n* : diseño *m* de rombos
aria [ˈɑriə] *n* : aria *f*
arid [ˈærəd] *adj* : árido
aridity [əˈrɪdət̬i, æ-] *n* : aridez *f*
Aries [ˈɛriːz, -iˌiːz] *n* : Aries *mf*
arise [əˈraɪz] *vi* **arose** [əˈroːz]; **arisen** [əˈrɪzən]; **arising** **1** ASCEND : ascender, subir, elevarse **2** ORIGINATE : originarse, surgir, presentarse **3** GET UP : levantarse
aristocracy [ˌærəˈstɑkrəsi] *n, pl* **-cies** : aristocracia *f*
aristocrat [əˈrɪstəˌkræt] *n* : aristócrata *mf*
aristocratic [əˌrɪstəˈkræt̬ɪk] *adj* : aristocrático, noble
arithmetic[1] [ˌærɪθˈmɛt̬ɪk] *or* **arithmetical** [-t̬ɪkəl] *adj* : aritmético
arithmetic[2] [əˈrɪθməˌtɪk] *n* : aritmética
ark [ˈɑrk] *n* : arca *f*
arm[1] [ˈɑrm] *vt* : armar — *vi* : armarse
arm[2] *n* **1** : brazo *m* (del cuerpo, de un sillón, de una máquina), manga *f* (de una prenda) ⟨he took her (by the) arm : la tomó del brazo⟩ **2** BRANCH : rama *f*, sección *f* **3** WEAPON : arma *f* ⟨to take up arms : tomar las armas⟩ **4** **arms** *npl* WEAPONS : armas *fpl* **5** **arm in arm** : del brazo **6** → **coat of arms**
armada [ɑrˈmɑdə, -ˈmeɪ-] *n* : armada *f*, flota *f*
armadillo [ˌɑrməˈdɪlo] *n, pl* **-los** : armadillo *m*
armament [ˈɑrməmənt] *n* : armamento *m*
armchair [ˈɑrmˌʧɛr] *n* : butaca *f*, sillón *m*
armed [ˈɑrmd] *adj* **1** : armado ⟨armed robbery : robo a mano armada⟩ **2** **armed forces** : fuerzas *fpl* armadas
Armenian [ɑrˈmiːniən] *n* : armenio *m*, -nia *f* — **Armenian** *adj*
armistice [ˈɑrməstɪs] *n* : armisticio *m*
armor [ˈɑrmər] *n* : armadura *f*, coraza *f*
armored [ˈɑrmərd] *adj* : blindado, acorazado

armory ['ɑrməri] *n, pl* **-mories** : arsenal *m* (almacén), armería *f* (museo), fábrica *f* de armas
armpit ['ɑrm,pɪt] *n* : axila *f*, sobaco *m*
army ['ɑrmi] *n, pl* **-mies** 1 : ejército *m* (militar) 2 MULTITUDE : legión *f*, multitud *f*, ejército *m*
aroma [ə'ro:mə] *n* : aroma *f*
aromatic [,ærə'mæṱɪk] *adj* : aromático
around[1] [ə'raʊnd] *adv* 1 : en un círculo ⟨to go around (and around) : dar vueltas⟩ ⟨to turn around : darse la vuelta, voltearse⟩ ⟨the road goes around the lake : la carretera bordea el lago⟩ 2 : de circunferencia ⟨a tree three feet around : un árbol de tres pies de circunferencia⟩ 3 : alrededor ⟨for miles around : por millas a la redonda⟩ ⟨all around : por todos lados, todo alrededor⟩ ⟨he looked around : miró a su alrededor⟩ ⟨they crowded around to watch : se aglomeraron para observar⟩ 4 : por ahí ⟨they must be around : deben estar por ahí⟩ ⟨there was no one around : no había nadie⟩ 5 : por/en muchas partes ⟨to wander around : deambular⟩ ⟨scattered around : esparcidos⟩ 6 APPROXIMATELY : más o menos, aproximadamente ⟨around 5 o'clock : a eso de las 5⟩ ⟨it's around 50 dollars : cuesta unos 50 dólares⟩ 7 **the wrong way around** : al revés
around[2] *prep* 1 SURROUNDING : alrededor de, en torno a 2 THROUGH : por, en ⟨he traveled around Mexico : viajó por México⟩ ⟨around the house : en casa⟩ 3 : a la vuelta de ⟨around the corner : a la vuelta de la esquina⟩ 4 NEAR : alrededor de, cerca de
arousal [ə'raʊzəl] *n* : excitación *f*
arouse [ə'raʊz] *vt* **aroused; arousing** 1 AWAKE : despertar 2 EXCITE : despertar, suscitar, excitar
arraign [ə'reɪn] *vt* : hacer comparecer (ante un tribunal)
arraignment [ə'reɪnmənt] *n* : orden *m* de comparecencia, acusación *f*
arrange [ə'reɪnʤ] *vt* **-ranged; -ranging** 1 ORDER : arreglar, poner en orden, disponer 2 SETTLE : arreglar, fijar, concertar 3 ADAPT : arreglar, adaptar
arrangement [ə'reɪnʤmənt] *n* 1 ORDER : arreglo *m*, orden *m* 2 ARRANGING : disposición *f* ⟨floral arrangement : arreglo floral⟩ 3 AGREEMENT : arreglo *m*, acuerdo *m*, convenio *m* 4 **arrangements** *npl* : preparativos *mpl*, planes *mpl*
array[1] [ə'reɪ] *vt* 1 ORDER : poner en orden, presentar, formar 2 GARB : vestir, ataviar, engalanar
array[2] *n* 1 ORDER : orden *m*, formación *f* 2 ATTIRE : atavío *m*, galas *mpl* 3 RANGE, SELECTION : selección *f*, serie *f*, gama *f* ⟨an array of problems : una serie de problemas⟩
arrears [ə'rɪrz] *npl* : atrasos *mpl* ⟨to be in arrears : estar atrasado en los pagos⟩
arrest[1] [ə'rɛst] *vt* 1 APPREHEND : arrestar, detener 2 CHECK, STOP : detener, parar
arrest[2] *n* 1 APPREHENSION : arresto *m*, detención *f* ⟨under arrest : detenido⟩ 2 STOPPING : paro *m*
arrival [ə'raɪvəl] *n* : llegada *f*, venida *f*, arribo *m*
arrive [ə'raɪv] *vi* **-rived; -riving** 1 COME : llegar, arribar 2 SUCCEED : triunfar, tener éxito
arrogance ['ærəgənts] *n* : arrogancia *f*, soberbia *f*, altanería *f*, altivez *f*
arrogant ['ærəgənt] *adj* : arrogante, soberbio, altanero, altivo — **arrogantly** *adv*
arrogate ['ærə,geɪt] *vt* **-gated; -gating to arrogate to oneself** : arrogarse
arrow ['æro] *n* : flecha *f*
arrowhead ['æro,hɛd] *n* : punta *f* de flecha
arroyo [ə'rɔɪo] *n* : arroyo *m*
arsenal ['ɑrsənəl] *n* : arsenal *m*
arsenic ['ɑrsənɪk] *n* : arsénico *m*
arson ['ɑrsən] *n* : incendio *m* premeditado
arsonist ['ɑrsənɪst] *n* : incendiario *m*, -ria *f*; pirómano *m*, -na *f*
art ['ɑrt] *n* 1 : arte *m* 2 SKILL : destreza *f*, habilidad *f*, maña *f* 3 **arts** *npl* : letras *fpl* (en la educación) 4 **fine arts** : bellas artes *fpl*
arterial [ɑr'tɪriəl] *adj* : arterial
arteriosclerosis [ɑr,tɪriosklə'ro:sɪs] *n* : arteriosclerosis *f*
artery ['ɑrṱəri] *n, pl* **-teries** 1 : arteria *f* 2 THOROUGHFARE : carretera *f* principal, arteria *f*
artesian well [ɑr'ti:ʒən] *n* : pozo *m* artesiano
artful ['ɑrtfəl] *adj* 1 INGENIOUS : ingenioso, diestro 2 CRAFTY : astuto, taimado, ladino, artero — **artfully** *adv*
arthritic [ɑr'θrɪṱɪk] *adj* : artrítico
arthritis [ɑr'θraɪṱəs] *n, pl* **-tides** [ɑr'θrɪʰṱə,di:z] : artritis *f*
arthropod ['ɑrθrə,pɑd] *n* : artrópodo *m*
artichoke ['ɑrṱə,ʧo:k] *n* : alcachofa *f*
article ['ɑrtɪkəl] *n* 1 ITEM : artículo *m*, objeto *m* 2 ESSAY : artículo *m* 3 CLAUSE : artículo *m*, cláusula *f* 4 : artículo *m* ⟨definite article : artículo determinado⟩
articulate[1] [ɑr'tɪkjə,leɪt] *vt* **-lated; -lating** 1 UTTER : articular, enunciar, expresar 2 CONNECT : articular (en anatomía)
articulate[2] [ɑr'tɪkjələt] *adj* **to be articulate** : poder articular palabras, expresarse bien
articulately [ɑr'tɪkjələtli] *adv* : elocuentemente, con fluidez
articulateness [ɑr'tɪkjələtnəs] *n* : elocuencia *f*, fluidez *f*
articulation [ɑr,tɪkjə'leɪʃən] *n* 1 JOINT : articulación *f* 2 UTTERANCE : articulación *f*, declaración *f* 3 ENUNCIATION : articulación *f*, pronunciación *f*
artifact ['ɑrṱə,fækt] *n* : artefacto *m*

artifice ['ɑrṭəfəs] *n* : artificio *m*
artificial [ˌɑrṭə'fɪʃəl] *adj* **1** SYNTHETIC : artificial, sintético **2** FEIGNED : artificial, falso, afectado
artificially [ˌɑrṭə'fɪʃəli] *adv* : artificialmente, con afectación
artillery [ɑr'tɪləri] *n, pl* **-leries** : artillería *f*
artisan ['ɑrṭəzən, -sən] *n* : artesano *m*, -na *f*
artist ['ɑrṭɪst] *n* : artista *mf*
artistic [ɑr'tɪstɪk] *adj* : artístico — **artistically** [-tɪkli] *adv*
artistry ['ɑrṭəstri] *n* : maestría *f*, arte *m*
artless ['ɑrtləs] *adj* : sencillo, natural, ingenuo, cándido — **artlessly** *adv*
artlessness ['ɑrtləsnəs] *n* : ingenuidad *f*, candidez *f*
arty ['ɑrṭi] *adj* **artier; -est** : pretenciosamente artístico
as[1] ['æz] *adv* **1** : tan, tanto ⟨this one's not as difficult : éste no es tan difícil⟩ ⟨he has a lot of time, but I don't have as much : él tiene mucho tiempo, pero yo no tengo tanto⟩ ⟨he was angry, but she was just as angry : él estaba enojado, pero ella estaba tan enojada como él⟩ **2** SUCH AS : como ⟨some trees, as oak and pine : algunos árboles, como el roble y el pino⟩
as[2] *conj* **1** LIKE : como, igual que ⟨(as) white as snow : blanca como la nieve⟩ ⟨she's as smart/guilty as he is : ella es tan inteligente/culpable como él⟩ ⟨she's Italian, as am I : es italiana, igual que yo⟩ ⟨she believes it, as do I : ella lo cree, y yo también⟩ ⟨twice as big as : el doble de grande que⟩ ⟨as soon as possible : lo más pronto posible⟩ **2** : como ⟨do (it) as I do : haz como yo⟩ ⟨knowing him as I do : conociéndolo como lo conozco⟩ ⟨as it happens . . . : da la casualidad de que . . .⟩ ⟨as is often/usually the case : como suele ocurrir⟩ ⟨as was to be expected : como era de esperar⟩ **3** WHEN, WHILE : cuando, mientras, a la vez que ⟨I saw it as I was leaving : lo vi cuando salía⟩ **4** BECAUSE : porque ⟨as I was tired, I stayed home : porque estaba cansada, me quedé en casa⟩ **5** THOUGH : aunque, por más que ⟨strange as it may appear : por extraño que parezca⟩ ⟨much as it pains me to say so : aunque me da pena decirlo⟩ ⟨try as he might : por más que trataba⟩ **6 ~ for** CONCERNING : en cuanto a **7 as if** : como si ⟨it looks as if : parece que⟩ ⟨as if I weren't there : como si yo no estuviera ahí⟩ **8 as is** : tal (y) como está ⟨it's being sold as is : se vende tal como está⟩ **9 as it is** : tal (y) como está ⟨leave it as it is : déjalo tal como está⟩ **10 as it is** ALREADY : ya ⟨we have too much to do as it is : ya tenemos demasiado que hacer⟩ **11 ~ of** : a partir de **12 ~ to** CONCERNING : en cuanto a ⟨I'm at a loss as to how to explain it : no sé como explicarlo⟩ **13 so as to** IN ORDER TO : para
as[3] *prep* **1** : de ⟨I met her as a child : la conocí de pequeña⟩ **2** LIKE : como ⟨behave as a man : compórtate como un hombre⟩
as[4] *pron* : que ⟨in the same building as my brother : en el mismo edificio que mi hermano⟩
asbestos [æz'bɛstəs, æs-] *n* : asbesto *m*, amianto *m*
ascend [ə'sɛnd] *vi* : ascender, subir — *vt* : subir, subir a, escalar
ascendancy [ə'sɛndəntsi] *n* : ascendiente *m*, predominio *m*
ascendant[1] [ə'sɛndənt] *adj* **1** RISING : ascendente **2** DOMINANT : superior, dominante
ascendant[2] *n* **to be in the ascendant** : estar en alza, ir ganando predominio
ascension [ə'sɛntʃən] *n* : ascensión *f*
ascent [ə'sɛnt] *n* **1** RISE : ascensión *f*, subida *f*, ascenso *m* **2** SLOPE : cuesta *f*, pendiente *f*
ascertain [ˌæsər'teɪn] *vt* : determinar, establecer, averiguar
ascertainable [ˌæsər'teɪnəbəl] *adj* : determinable, averiguable
ascetic[1] [ə'sɛṭɪk] *adj* : ascético
ascetic[2] *n* : asceta *mf*
asceticism [ə'sɛṭəˌsɪzəm] *n* : ascetismo *m*
ascribable [ə'skraɪbəbəl] *adj* : atribuible, imputable
ascribe [ə'skraɪb] *vt* **-cribed; -cribing** : atribuir, imputar
aseptic [eɪ'sɛptɪk] *adj* : aséptico
asexual [ˌeɪ'sɛkʃʊəl] *adj* : asexual
as for *prep* CONCERNING : en cuanto a, respecto a, para
ash ['æʃ] *n* **1** : ceniza *f* ⟨to reduce to ashes : reducir a cenizas⟩ **2** : fresno *m* (árbol)
ashamed [ə'ʃeɪmd] *adj* : avergonzado, abochornado, apenado — **ashamedly** [ə'ʃeɪmədli] *adv*
ashen ['æʃən] *adj* : lívido, ceniciento, pálido
ashore [ə'ʃor] *adv* **1** : en tierra **2 to go ashore** : desembarcar
ashtray ['æʃˌtreɪ] *n* : cenicero *m*
Asian[1] ['eɪʒən, -ʃən] *adj* : asiático
Asian[2] *n* : asiático *m*, -ca *f*
aside [ə'saɪd] *adv* **1** : a un lado ⟨to step aside : hacerse a un lado⟩ **2** : de lado, aparte ⟨jesting aside : bromas aparte⟩ **3 to set aside** : guardar, apartar, reservar
aside from *prep* **1** BESIDES : además de **2** EXCEPT : aparte de, menos
as if *conj* : como si
asinine ['æsənˌaɪn] *adj* : necio, estúpido
ask ['æsk] *vt* **1** : preguntar ⟨to ask a question : hacer una pregunta⟩ ⟨ask him if he's coming : pregúntale si viene⟩ **2** REQUEST : pedir, solicitar ⟨to ask someone (for) a favor, to ask a favor of someone : pedirle un favor a alguien⟩ **3** INVITE : invitar ⟨she asked us to the party : nos invitó a la fiesta⟩

⟨we asked them over for dinner : los invitamos a cenar⟩ ⟨he asked her out : la invitó a salir⟩ — *vi* **1** INQUIRE : preguntar ⟨I asked about/after her children : pregunté por sus niños⟩ **2** REQUEST : pedir ⟨if you need help, just ask : si necesitas ayuda, pídela⟩ ⟨we asked for help : pedimos ayuda⟩

askance [əˈskænts] *adv* **1** SIDELONG : de reojo, de soslayo **2** SUSPICIOUSLY : con recelo, con desconfianza

askew [əˈskju:] *adj* : torcido, ladeado

asleep [əˈsli:p] *adj* **1** : dormido, durmiendo **2 to fall asleep** : quedarse dormido

as of *prep* : desde, a partir de

asparagus [əˈspærəgəs] *n* : espárrago *m*

aspect [ˈæˌspɛkt] *n* : aspecto *m*

aspen [ˈæspən] *n* : álamo *m* temblón

asperity [æˈspɛrəṭi, ə-] *n, pl* **-ties** : aspereza *f*

aspersion [əˈspərʒən] *n* : difamación *f*, calumnia *f*

asphalt [ˈæsˌfɔlt] *n* : asfalto *m*

asphyxia [æˈsfɪksiə, ə-] *n* : asfixia *f*

asphyxiate [æˈsfɪksiˌeɪt] *v* **-ated; -ating** *vt* : asfixiar — *vi* : asfixiarse

asphyxiation [æˌsfɪksiˈeɪʃən] *n* : asfixia *f*

aspirant [ˈæspərənt, əˈspaɪrənt] *n* : aspirante *mf*, pretendiente *mf*

aspiration [ˌæspəˈreɪʃən] *n* **1** DESIRE : aspiración *f*, anhelo *m*, ambición *f* **2** BREATHING : aspiración *f*

aspire [əˈspaɪr] *vi* **-pired; -piring** : aspirar

aspirin [ˈæsprən, ˈæspə-] *n, pl* **aspirin** *or* **aspirins** : aspirina *f*

ass [ˈæs] *n* **1** : asno *m* **2** IDIOT : imbécil *mf*, idiota *mf*

assail [əˈseɪl] *vt* : atacar, asaltar

assailant [əˈseɪlənt] *n* : asaltante *mf*, atacante *mf*

assassin [əˈsæsən] *n* : asesino *m*, -na *f*

assassinate [əˈsæsənˌeɪt] *vt* **-nated; -nating** : asesinar

assassination [əˌsæsənˈeɪʃən] *n* : asesinato *m*

assault[1] [əˈsɔlt] *vt* : atacar, asaltar, agredir

assault[2] *n* : ataque *m*, asalto *m*, agresión *f*

assay[1] [æˈseɪ, ˈæˌseɪ] *vt* : ensayar

assay[2] [ˈæˌseɪ, æˈseɪ] *n* : ensayo *m*

assemble [əˈsɛmbəl] *v* **-bled; -bling** *vt* **1** GATHER : reunir, recoger, juntar **2** CONSTRUCT : ensamblar, montar, construir — *vi* : reunirse, congregarse

assembly [əˈsɛmbli] *n, pl* **-blies** **1** MEETING : reunión *f* **2** CONSTRUCTING : ensamblaje *m*, montaje *m*

assemblyman [əˈsɛmblimən] *n, pl* **-men** [-mən, -ˌmɛn] : asambleísta *m*

assemblywoman [əˈsɛmbliˌwʊmən] *n, pl* **-women** [-ˌwɪmən] : asambleísta *f*

assent[1] [əˈsɛnt] *vi* : asentir, consentir

assent[2] *n* : asentimiento *m*, aprobación *f*

assert [əˈsərt] *vt* **1** AFFIRM : afirmar, aseverar, mantener **2 to assert oneself** : imponerse, hacerse valer

assertion [əˈsərʃən] *n* : afirmación *f*, aseveración *f*, aserto *m*

assertive [əˈsərṭɪv] *adj* : firme, enérgico

assertiveness [əˈsərṭɪvnəs] *n* : seguridad *f* en sí mismo

assess [əˈsɛs] *vt* **1** IMPOSE : gravar (un impuesto), imponer **2** EVALUATE : evaluar, valorar, aquilatar

assessment [əˈsɛsmənt] *n* : evaluación *f*, valoración *f*

assessor [əˈsɛsər] *n* : evaluador *m*, -dora *f*; tasador *m*, -dora *f*

asset [ˈæˌsɛt] *n* **1** : ventaja *f*, recurso *m* **2 assets** *npl* : bienes *mpl*, activo *m* ⟨assets and liabilities : activo y pasivo⟩

assiduous [əˈsɪdʒuəs] *adj* : diligente, aplicado, asiduo — **assiduously** *adv*

assign [əˈsaɪn] *vt* **1** APPOINT : designar, nombrar **2** ALLOT : asignar, señalar **3** ATTRIBUTE : atribuir, dar, conceder

assignment [əˈsaɪnmənt] *n* **1** TASK : función *f*, tarea *f*, misión *f* **2** HOMEWORK : tarea *f*, asignación *f PRi*, deberes *mpl Spain* **3** APPOINTMENT : nombramiento *m* **4** ALLOCATION : asignación *f*

assimilate [əˈsɪməˌleɪt] *v* **-lated; -lating** *vt* : asimilar — *vi* : adaptarse, integrarse

assimilation [əˌsɪməˈleɪʃən] *n* : asimilación *f*

assist[1] [əˈsɪst] *vt* : asistir, ayudar

assist[2] *n* : asistencia *f*, contribución *f*

assistance [əˈsɪstənts] *n* : asistencia *f*, ayuda *f*, auxilio *m*

assistant [əˈsɪstənt] *n* : ayudante *mf*, asistente *mf*

associate[1] [əˈso:ʃiˌeɪt, -si-] *v* **-ated; -ating** *vt* **1** CONNECT, RELATE : asociar, relacionar **2 to be associated with** : estar relacionado con, estar vinculado a — *vi* **to associate with** : relacionarse con, frecuentar

associate[2] [əˈso:ʃiət, -siət] *n* : asociado *m*, -da *f*; colega *mf*; socio *m*, -cia *f*

association [əˌso:ʃiˈeɪʃən, -si-] *n* **1** ORGANIZATION : asociación *f*, sociedad *f* **2** RELATIONSHIP : asociación *f*, relación *f*

as soon as *conj* : en cuanto, tan pronto como

assorted [əˈsɔrṭəd] *adj* : surtido

assortment [əˈsɔrtmənt] *n* : surtido *m*, variedad *f*, colección *f*

assuage [əˈsweɪdʒ] *vt* **-suaged; -suaging** **1** EASE : aliviar, mitigar **2** CALM : calmar, aplacar **3** SATISFY : saciar, satisfacer

assume [əˈsu:m] *vt* **-sumed; -suming** **1** SUPPOSE : suponer, asumir **2** UNDERTAKE : asumir, encargarse de **3** TAKE ON : adquirir, adoptar, tomar ⟨to assume importance : tomar importancia⟩ **4** FEIGN : adoptar, afectar, simular

assumption [ə'sʌmpʃən] *n* : asunción *f*, presunción *f*
assurance [ə'ʃʊrənts] *n* **1** CERTAINTY : certidumbre *f*, certeza *f* **2** CONFIDENCE : confianza *f*, aplomo *m*, seguridad *f*
assure [ə'ʃʊr] *vt* **-sured; -suring** : asegurar, garantizar <I assure you that I'll do it : te aseguro que lo haré>
assured [ə'ʃʊrd] *adj* **1** CERTAIN : seguro, asegurado **2** CONFIDENT : confiado, seguro de sí mismo
aster ['æstər] *n* : aster *m*
asterisk ['æstə,rɪsk] *n* : asterisco *m*
astern [ə'stərn] *adv* **1** BEHIND : detrás, a popa **2** BACKWARDS : hacia atrás
asteroid ['æstə,rɔɪd] *n* : asteroide *m*
asthma ['æzmə] *n* : asma *m*
asthmatic [æz'mæṭɪk] *adj* : asmático
as though → **as if**
astigmatism [ə'stɪgmə,tɪzəm] *n* : astigmatismo *m*
as to *prep* **1** ABOUT : sobre, acerca de **2** → **according to**
astonish [ə'stɑnɪʃ] *vt* : asombrar, sorprender, pasmar
astonishing [ə'stɑnɪʃɪŋ] *adj* : asombroso, sorprendente, increíble — **astonishingly** *adv*
astonishment [ə'stɑnɪʃmənt] *n* : asombro *m*, estupefacción *f*, sorpresa *f*
astound [ə'staʊnd] *vt* : asombrar, pasmar, dejar estupefacto
astounding [ə'staʊndɪŋ] *adj* : asombroso, pasmoso — **astoundingly** *adv*
astraddle [ə'strædəl] *adv* : a horcajadas
astral ['æstrəl] *adj* : astral
astray [ə'streɪ] *adv & adj* : perdido, extraviado, descarriado
astride [ə'straɪd] *adv* : a horcajadas
astringency [ə'strɪnʤəntsi] *n* : astringencia *f*
astringent[1] [ə'strɪnʤənt] *adj* : astringente
astringent[2] *n* : astringente *m*
astrologer [ə'strɑləʤər] *n* : astrólogo *m*, -ga *f*
astrological [,æstrə'lɑʤɪkəl] *adj* : astrológico
astrology [ə'strɑləʤi] *n* : astrología *f*
astronaut ['æstrə,nɔt] *n* : astronauta *mf*
astronautic [,æstrə'nɔṭɪk] *or* **astronautical** [-ṭɪkəl] *adj* : astronáutico
astronautics [,æstrə'nɔṭɪks] *ns & pl* : astronáutica *f*
astronomer [ə'strɑnəmər] *n* : astrónomo *m*, -ma *f*
astronomical [,æstrə'nɑmɪkəl] *adj* **1** : astronómico **2** ENORMOUS : astronómico, enorme, gigantesco
astronomy [ə'strɑnəmi] *n, pl* **-mies** : astronomía *f*
astute [ə'stu:t, -'stju:t] *adj* : astuto, sagaz, perspicaz — **astutely** *adv*
astuteness [ə'stu:tnəs, -'stju:t-] *n* : astucia *f*, sagacidad *f*, perspicacia *f*
asunder [ə'sʌndər] *adv* : en dos, en pedazos <to tear asunder : hacer pedazos>
as well as[1] *conj* : tanto como
as well as[2] *prep* BESIDES : además de, aparte de
as yet *adv* : aún, todavía
asylum [ə'saɪləm] *n* **1** REFUGE : refugio *m*, santuario *m*, asilo *m* **2 insane asylum** : manicomio *m*
asymmetrical [,eɪsə'mɛtrɪkəl] *or* **asymmetric** [-'mɛtrɪk] *adj* : asimétrico
asymmetry [,eɪ'sɪmətri] *n* : asimetría *f*
at ['æt] *prep* **1** (*indicating location*) : en, a <at the top : en lo alto> <at the rear : al fondo> <at Ann's house : en casa de Ana> <is she at home? : ¿está en casa?> <he was sitting at the table : estaba sentado a la mesa> <someone is knocking at the door : llaman a la puerta> **2** (*indicating the recipient of an action, motion, or feeling*) <she shouted at me : me gritó> <don't look at me! : ¡a mí no me mires!> <he's laughing at you : está riéndose de ti> <to be angry at someone : estar enojado con alguien> **3** (*indicating a reaction or cause*) <he laughed at the joke : se rió con el chiste> <to be surprised at something : sorprenderse por algo> <at the invitation of : por invitación de> **4** (*indicating an activity*) <children who are at play : niños que están jugando> <you're good at this : eres bueno para esto> <he's at peace now : ahora descansa en paz> <at peace/war : en paz/guerra> <to be at risk : peligrar> **5** (*used for the symbol* @) : arroba <at merriam-webster dot com : arroba merriam-webster punto com> **6** (*indicating a rate or measure*) : a <at 80 miles an hour : a 80 millas por hora> <they sell at a dollar each : se venden a un dólar cada uno> **7** (*indicating an age or time*) : a <at ten o'clock : a las diez> <at age 65 : a los 65 años (de edad)> <at last : por fin> **8 at it** <while we're at it : ya que estamos (en ello)> <they're at it again! : ¡ya empezaron otra vez!>
at all *adv* : en absoluto, para nada
ate → **eat**
atheism ['eɪθi,ɪzəm] *n* : ateísmo *m*
atheist ['eɪθiɪst] *n* : ateo *m*, atea *f*
atheistic [,eɪθi'ɪstɪk] *adj* : ateo
athlete ['æθ,li:t] *n* : atleta *mf*
athletic [æθ'lɛṭɪk] *adj* : atlético
athletics [æθ'lɛṭɪks] *ns & pl* : atletismo *m*
Atlantic [ət'læntɪk, æt-] *adj* : atlántico
atlas ['ætləs] *n* : atlas *m*
ATM [,eɪ,ti:'ɛm] *n* : cajero *m* automático
atmosphere ['ætmə,sfɪr] *n* **1** AIR : atmósfera *f*, aire *m* **2** AMBIENCE : ambiente *m*, atmósfera *f*, clima *m*
atmospheric [,ætmə'sfɪrɪk, -'sfɛr-] *adj* : atmosférico — **atmospherically** [-ɪkli] *adv*
atoll ['æ,tɔl, 'eɪ-, -,tɑl] *n* : atolón *m*
atom ['æṭəm] *n* **1** : átomo *m* **2** SPECK : ápice *m*, pizca *f*

atomic [ə'tɑmɪk] *adj* : atómico
atomic bomb *n* : bomba *f* atómica
atomizer ['æṯəˌmaɪzər] *n* : atomizador *m*, pulverizador *m*
atone [ə'to:n] *vt* **atoned; atoning to atone for** : expiar
atonement [ə'to:nmənt] *n* : expiación *f*, desagravio *m*
atop[1] [ə'tɑp] *adj* : encima
atop[2] *prep* : encima de, sobre
atrium ['eɪtriəm] *n, pl* **atria** [-triə] *or* **atriums** **1** : atrio *m* **2** : aurícula *f* (del corazón)
atrocious [ə'tro:ʃəs] *adj* : atroz — **atrociously** *adv*
atrocity [ə'trɑsəṯi] *n, pl* **-ties** : atrocidad *f*
atrophy[1] ['ætrəfi] *vt* **-phied; -phying** : atrofiar
atrophy[2] *n, pl* **-phies** : atrofia *f*
attach [ə'tæʧ] *vt* **1** FASTEN : sujetar, atar, amarrar, pegar **2** JOIN : juntar, adjuntar **3** ATTRIBUTE : dar, atribuir ⟨I attached little importance to it : le di poca importancia⟩ **4** SEIZE : embargar **5 to become attached to someone** : encariñarse con alguien
attaché [ˌæṯə'ʃeɪ, ˌæˌtæ-, əˌtæ-] *n* : agregado *m*, -da *f*
attachment [ə'tæʧmənt] *n* **1** ACCESSORY : accesorio *m* **2** CONNECTION : conexión *f*, acoplamiento *m* **3** FONDNESS : apego *m*, cariño *m*, afición *f*
attack[1] [ə'tæk] *vt* **1** ASSAULT : atacar, asaltar, agredir **2** TACKLE : acometer, combatir, enfrentarse con
attack[2] *n* **1** : ataque *m* ⟨an attack on/against : un ataque a/contra⟩ ⟨to launch an attack : lanzar un ataque⟩ **2** : ataque *m* ⟨heart attack : ataque cardíaco, infarto⟩ ⟨panic/anxiety attack : ataque de pánico/ansiedad⟩
attacker [ə'tækər] *n* : asaltante *mf*
attain [ə'teɪn] *vt* **1** ACHIEVE : lograr, conseguir, alcanzar, realizar **2** REACH : alcanzar, llegar a
attainable [ə'teɪnəbəl] *adj* : alcanzable, realizable, asequible
attainment [ə'teɪnmənt] *n* : logro *m*, consecución *f*, realización *f*
attempt[1] [ə'tɛmpt] *vt* : intentar, tratar de
attempt[2] *n* : intento *m*, tentativa *f*
attend [ə'tɛnd] *vt* **1** : asistir a ⟨to attend a meeting : asistir a una reunión⟩ **2** : atender, ocuparse de, cuidar ⟨to attend a patient : atender a un paciente⟩ **3** HEED : atender a, hacer caso de **4** ACCOMPANY : acompañar
attendance [ə'tɛndənts] *n* **1** ATTENDING : asistencia *f* **2** TURNOUT : concurrencia *f*
attendant[1] [ə'tɛndənt] *adj* : concomitante, inherente
attendant[2] *n* : asistente *mf*, acompañante *mf*, guarda *mf*
attention [ə'tɛnʧən] *n* **1** : atención *f* ⟨I brought the problem to his attention : le informé del problema⟩ ⟨it has come to our attention that . . . : se nos ha informado que . . .⟩ ⟨to attract someone's attention : atraer la atención de alguien⟩ **2 to pay attention** : prestar atención, hacer caso **3 to stand at attention** : estar firme
attentive [ə'tɛntɪv] *adj* : atento — **attentively** *adv*
attentiveness [ə'tɛntɪvnəs] *n* **1** THOUGHTFULNESS : cortesía *f*, consideración *f* **2** CONCENTRATION : atención *f*, concentración *f*
attest [ə'tɛst] *vt* : atestiguar, dar fe de
attestation [ˌæˌtɛs'teɪʃən] *n* : testimonio *m*
attic ['æṯɪk] *n* : ático *m*, desván *m*, buhardilla *f*
attire[1] [ə'taɪr] *vt* **-tired; -tiring** : ataviar
attire[2] *n* : atuendo *m*, atavío *m*
attitude ['æṯəˌtu:d, -ˌtju:d] *n* **1** FEELING : actitud *f* **2** POSTURE : postura *f*
attorney [ə'tərni] *n, pl* **-neys** : abogado *m*, -da *f*
attract [ə'trækt] *vt* **1** : atraer **2 to attract attention** : llamar la atención
attraction [ə'trækʃən] *n* : atracción *f*, atractivo *m*
attractive [ə'træktɪv] *adj* : atractivo, atrayente
attractively [ə'træktɪvli] *adv* : de manera atractiva, de buen gusto, hermosamente
attractiveness [ə'træktɪvnəs] *n* : atractivo *m*
attributable [ə'trɪbjuṯəbəl] *adj* : atribuible, imputable
attribute[1] [ə'trɪˌbju:t] *vt* **-tributed; -tributing** : atribuir
attribute[2] ['ætrəˌbju:t] *n* : atributo *m*, cualidad *f*
attribution [ˌætrə'bju:ʃən] *n* : atribución *f*
attune [ə'tu:n, -'tju:n] *vt* **-tuned; -tuning** **1** ADAPT : adaptar, adecuar **2 to be attuned to** : estar en armonía con
ATV [ˌeɪˌti:'vi:] → **all-terrain vehicle**
atypical [ˌeɪ'tɪpɪkəl] *adj* : atípico
auburn ['ɔbərn] *adj* : castaño rojizo
auction[1] ['ɔkʃən] *vt* : subastar, rematar
auction[2] *n* : subasta *f*, remate *m*
auctioneer [ˌɔkʃə'nɪr] *n* : subastador *m*, -dora *f*; rematador *m*, -dora *f*
audacious [ɔ'deɪʃəs] *adj* : audaz, atrevido
audacity [ɔ'dæsəṯi] *n, pl* **-ties** : audacia *f*, atrevimiento *m*, descaro *m*
audible ['ɔdəbəl] *adj* : audible — **audibly** [-bli] *adv*
audience ['ɔdiənts] *n* **1** INTERVIEW : audiencia *f* **2** PUBLIC : audiencia *f*, público *m*, auditorio *m*, espectadores *mpl*
audio[1] ['ɔdiˌo:] *adj* : de sonido, de audio
audio[2] *n* : audio *m*
audiovisual [ˌɔdio'vɪʒuəl] *adj* : audiovisual

audit[1] [ˈɔdət] *vt* **1** : auditar (finanzas) **2** : asistir como oyente a (una clase o un curso)
audit[2] *n* : auditoría *f*
audition[1] [ɔˈdɪʃən] *vi* : hacer una audición
audition[2] *n* : audición *f*
auditor [ˈɔdət̬ər] *n* **1** : auditor *m*, -tora *f* (de finanzas) **2** STUDENT : oyente *mf*
auditorium [ˌɔdəˈtoriəm] *n, pl* **-riums** *or* **-ria** [-riə] : auditorio *m*, sala *f*
auditory [ˈɔdəˌtori] *adj* : auditivo
auger [ˈɔgər] *n* : taladro *m*, barrena *f*
augment [ɔgˈmɛnt] *vt* : aumentar, incrementar
augmentation [ˌɔgmənˈteɪʃən] *n* : aumento *m*, incremento *m*
augur[1] [ˈɔgər] *vt* : augurar, presagiar — *vi* **to augur well** : ser de buen agüero
augur[2] *n* : augur *m*
augury [ˈɔgjʊri, -gər-] *n, pl* **-ries** : augurio *m*, presagio *m*, agüero *m*
august [ɔˈgʌst] *adj* : augusto
August [ˈɔgəst] *n* : agosto *m*
auk [ˈɔk] *n* : alca *f*
aunt [ˈænt, ˈant] *n* : tía *f*
aura [ˈɔrə] *n* : aura *f*
aural [ˈɔrəl] *adj* : auditivo
auricle [ˈɔrɪkəl] *n* : aurícula *f*
aurora borealis [əˈrorəˌboriˈæləs] *n* : aurora *f* boreal
auspices [ˈɔspəsəz, -ˌsiːz] *npl* : auspicios *mpl*
auspicious [ɔˈspɪʃəs] *adj* : prometedor, propicio, de buen augurio
austere [ɔˈstɪr] *adj* : austero, severo, adusto — **austerely** *adv*
austerity [ɔˈstɛrət̬i] *n, pl* **-ties** : austeridad *f*
Australian [ɔˈstreɪljən] *n* : australiano *m*, -na *f* — **Australian** *adj*
Austrian [ˈɔstriən] *n* : austriaco *m*, -ca *f* — **Austrian** *adj*
authentic [əˈθɛntɪk, ɔ-] *adj* : auténtico, genuino — **authentically** [-tɪkli] *adv*
authenticate [əˈθɛntɪˌkeɪt, ɔ-] *vt* **-cated; -cating** : autenticar, autentificar
authenticity [ɔˌθɛnˈtɪsət̬i] *n* : autenticidad *f*
author [ˈɔθər] *n* **1** WRITER : escritor *m*, -tora *f*; autor *m*, -tora *f* **2** CREATOR : autor *m*, -tora *f*; creador *m*, -dora *f*; artífice *mf*
authoritarian [ɔˌθɔrəˈtɛriən, ə-] *adj* : autoritario
authoritative [əˈθɔrəˌteɪt̬ɪv, ɔ-] *adj* **1** RELIABLE : fidedigno, autorizado **2** DICTATORIAL : autoritario, dictatorial, imperioso
authoritatively [əˈθɔrəˌteɪt̬ɪvli, ɔ-] *adv* **1** RELIABLY : con autoridad **2** DICTATORIALLY : de manera autoritaria
authority [əˈθɔrət̬i, ɔ-] *n, pl* **-ties** **1** EXPERT : autoridad *f* **2** POWER : autoridad *f* **3** AUTHORIZATION : autorización *f* **4 the authorities** : las autoridades **5 on good authority** : de buena fuente ⟨he has it on good authority that . . . : sabe de buena fuente que . . .⟩
authorization [ˌɔθərəˈzeɪʃən] *n* : autorización *f*
authorize [ˈɔθəˌraɪz] *vt* **-rized; -rizing** : autorizar, facultar
authorship [ˈɔθərˌʃɪp] *n* : autoría *f*
autism [ˈɔˌtɪzəm] *n* : autismo *m*
autistic [ɔˈtɪstɪk] *adj* : autista
auto [ˈɔt̬o] → **automobile**
autobiographical [ˌɔt̬oˌbaɪəˈgræfɪkəl] *adj* : autobiográfico
autobiography [ˌɔt̬obaɪˈɑgrəfi] *n, pl* **-phies** : autobiografía *f*
autocracy [ɔˈtɑkrəsi] *n, pl* **-cies** : autocracia *f*
autocrat [ˈɔt̬əˌkræt] *n* : autócrata *mf*
autocratic [ˌɔt̬əˈkræt̬ɪk] *adj* : autocrático — **autocratically** [-t̬ɪkli] *adv*
autograph[1] [ˈɔt̬əˌgræf] *vt* : autografiar
autograph[2] *n* : autógrafo *m*
automaker [ˈɔt̬oːmeɪkər] *n* : fabricante *mf* de autos, automotriz *f*
automate [ˈɔt̬əˌmeɪt] *vt* **-mated; -mating** : automatizar
automatic [ˌɔt̬əˈmæt̬ɪk] *adj* : automático — **automatically** [-t̬ɪkli] *adv*
automation [ˌɔt̬əˈmeɪʃə n] *n* : automatización *f*
automaton [ɔˈtɑməˌtɑn] *n, pl* **-atons** *or* **-ata** [-t̬ə, -ˌtɑ] : autómata *m*
automobile [ˌɔt̬əmoˈbiːl, -ˈmoːˌbiːl] *n* : automóvil *m*, auto *m*, carro *m*, coche *m*
automotive [ˌɔt̬əˈmoːt̬ɪv] *adj* : automotor
autonomous [ɔˈtɑnəməs] *adj* : autónomo — **autonomously** *adv*
autonomy [ɔˈtɑnəmi] *n, pl* **-mies** : autonomía *f*
autopsy [ˈɔˌtɑpsi, -təp-] *n, pl* **-sies** : autopsia *f*
autumn [ˈɔt̬əm] *n* : otoño *m*
autumnal [ɔˈtʌmnəl] *adj* : otoñal
auxiliary[1] [ɔgˈzɪljəri, -ˈzɪləri] *adj* : auxiliar
auxiliary[2] *n, pl* **-ries** : auxiliar *mf*, ayudante *mf*
avail[1] [əˈveɪl] *vt* **to avail oneself** : aprovecharse, valerse
avail[2] *n* **1** : provecho *m*, utilidad *f* **2 to no avail** : en vano **3 to be of no avail** : no servir de nada, ser inútil
availability [əˌveɪləˈbɪlət̬i] *n, pl* **-ties** : disponibilidad *f*
available [əˈveɪləbəl] *adj* : disponible
avalanche [ˈævəˌlæntʃ] *n* : avalancha *f*, alud *m*
avarice [ˈævərəs] *n* : avaricia *f*, codicia *f*
avaricious [ˌævəˈrɪʃəs] *adj* : avaricioso, codicioso
avatar [ˈævəˌtɑr] *n* : avatar *m*
avenge [əˈvɛndʒ] *vt* **avenged; avenging** : vengar
avenger [əˈvɛndʒər] *n* : vengador *m*, -dora *f*
avenue [ˈævəˌnuː, -ˌnjuː] *n* **1** : avenida *f* **2** MEANS : vía *f*, camino *m*

average[1] ['ævrɪʤ, 'ævə-] *vt* **-aged; -aging** **1** : hacer un promedio de ⟨he averages 8 hours a day : hace un promedio de 8 horas diarias⟩ **2** : calcular el promedio de, promediar (en matemáticas)

average[2] *adj* **1** MEAN : medio ⟨the average temperature : la temperatura media⟩ **2** ORDINARY : común, ordinario ⟨the average man : el hombre común⟩

average[3] *n* : promedio *m*

averse [ə'vərs] *adj* : reacio, opuesto

aversion [ə'vərʒən] *n* : aversión *f*

avert [ə'vərt] *vt* **1** : apartar, desviar ⟨he averted his eyes from the scene : apartó los ojos de la escena⟩ **2** AVOID, PREVENT : evitar, prevenir

aviary ['eɪvi,ɛri] *n, pl* **-aries** : pajarera *f*

aviation [,eɪvi'eɪʃən] *n* : aviación *f*

aviator ['eɪvi,eɪt̬ər] *n* : aviador *m*, -dora *f*

avid ['ævɪd] *adj* **1** GREEDY : ávido, codicioso **2** ENTHUSIASTIC : ávido, entusiasta, ferviente — **avidly** *adv*

avocado [,ævə'kɑdo, ,ɑvə-] *n, pl* **-dos** : aguacate *m*, palta *f*

avocation [,ævə'keɪʃən] *n* : pasatiempo *m*, afición *f*

avoid [ə'vɔɪd] *vt* **1** SHUN : evitar, eludir **2** FORGO : evitar, abstenerse de ⟨I always avoided gossip : siempre evitaba los chismes⟩ **3** EVADE : evitar ⟨if I can avoid it : si puedo evitarlo⟩

avoidable [ə'vɔɪdəbəl] *adj* : evitable

avoidance [ə'vɔɪdənts] *n* : el evitar

avoirdupois [,ævərdə'pɔɪz] *n* : sistema *m* inglés de pesos y medidas

avow [ə'vaʊ] *vt* : reconocer, confesar

avowal [ə'vaʊəl] *n* : reconocimiento *m*, confesión *f*

await [ə'weɪt] *vt* : esperar

awake[1] [ə'weɪk] *v* **awoke** [ə'wo:k]; **awoken** [ə'wo:kən] *or* **awaked; awaking** : despertar

awake[2] *adj* : despierto

awaken [ə'weɪkən] → **awake**[1]

award[1] [ə'wɔrd] *vt* : otorgar, conceder, conferir

award[2] *n* **1** PRIZE : premio *m*, galardón *m* **2** MEDAL : condecoración *f*

aware [ə'wær] *adj* : consciente ⟨to be aware of : darse cuenta de, estar consciente de⟩

awareness [ə'wærnəs] *n* : conciencia *f*, conocimiento *m*

awash [ə'wɔʃ] *adj* : inundado

away[1] [ə'weɪ] *adv* **1** : de aquí ⟨go away! : ¡fuera de aquí!, ¡vete!⟩ **2** : de distancia ⟨10 miles away : 10 millas de distancia, queda a 10 millas⟩ **3 far away** : lejos, a lo lejos **4 right away** : en seguida, ahora mismo **5 to be away** : estar ausente, estar de viaje **6 to give away** : regalar (una posesión), revelar (un secreto) **7 to go away** : irse, largarse **8 to put away** : guardar **9 to turn away** : volver la cara

away[2] *adj* **1** ABSENT : ausente ⟨away for the week : ausente por la semana⟩ **2 away game** : partido *m* que se juega fuera

awe[1] ['ɔ] *vt* **awed; awing** : abrumar, asombrar, impresionar

awe[2] *n* : asombro *m*

awesome ['ɔsəm] *adj* **1** IMPOSING : imponente, formidable **2** AMAZING : asombroso

awestruck ['ɔ,strʌk] *adj* : asombrado

awful ['ɔfəl] *adj* **1** AWESOME : asombroso **2** DREADFUL : horrible, terrible, atroz **3** ENORMOUS : enorme, tremendo ⟨an awful lot of people : muchísima gente, la mar de gente⟩

awfully ['ɔfəli] *adv* **1** EXTREMELY : terriblemente, extremadamente **2** BADLY : muy mal, espantosamente

awhile [ə'*h*waɪl] *adv* : un rato, algún tiempo

awkward ['ɔkwərd] *adj* **1** CLUMSY : torpe, desmañado **2** EMBARRASSING : embarazoso, delicado — **awkwardly** *adv*

awkwardness ['ɔkwərdnəs] *n* **1** CLUMSINESS : torpeza *f* **2** INCONVENIENCE : incomodidad *f*

awl ['ɔl] *n* : punzón *m*

awning ['ɔnɪŋ] *n* : toldo *m*

awry [ə'raɪ] *adj* **1** ASKEW : torcido **2 to go awry** : salir mal, fracasar

ax *or* **axe** ['æks] *n* : hacha *m*

axiom ['æksiəm] *n* : axioma *m*

axiomatic [,æksiə'mæt̬ɪk] *adj* : axiomático

axis ['æksɪs] *n, pl* **axes** [-,si:z] : eje *m*

axle ['æksəl] *n* : eje *m*

aye[1] ['aɪ] *adv* : sí

aye[2] *n* : sí *m*

azalea [ə'zeɪljə] *n* : azalea *f*

azimuth ['æzəməθ] *n* : azimut *m*, acimut *m*

Aztec ['æz,tɛk] *n* : azteca *mf*

azure[1] ['æʒər] *adj* : azur, celeste

azure[2] *n* : azur *m*

B

b ['bi:] *n, pl* **b's** *or* **bs** ['bi:z] : segunda letra del alfabeto inglés

babble[1] ['bæbəl] *vi* **-bled; -bling** **1** PRATTLE : balbucear **2** CHATTER : charlatanear, parlotear *fam* **3** MURMUR : murmurar

babble[2] *n* : balbuceo *m* (de bebé), parloteo *m* (de adultos), murmullo *m* (de voces, de un arroyo)

babe ['beɪb] *n* → **baby**[3]

babel ['beɪbəl, 'bæ-] *n* : babel *f*, caos *m*

baboon [bæ'bu:n] *n* : babuino *m*

baby[1] [ˈbeɪbi] *vt* **-bied; -bying** : mimar, consentir
baby[2] *adj* **1** : de niño ⟨a baby carriage : un cochecito⟩ ⟨baby talk : habla infantil⟩ **2** TINY : pequeño, minúsculo
baby[3] *n, pl* **-bies** : bebé *m*; niño *m*, -ña *f*
babyhood [ˈbeɪbi,hʊd] *n* : niñez *f*, primera infancia *f*
babyish [ˈbeɪbiɪʃ] *adj* : infantil, pueril
baby–sit [ˈbeɪbi,sɪt] *vi* **-sat** [-,sæt]; **-sitting** : cuidar niños, hacer de canguro *Spain*
baby–sitter [ˈbeɪbi,sɪtər] *n* : niñero *m*, -ra *f*; canguro *mf Spain*
baccalaureate [,bækəˈlɔriət] *n* : licenciatura *f*
bachelor [ˈbætʃələr] *n* **1** : soltero *m* **2** : licenciado *m*, -da *f* ⟨bachelor of arts degree : licenciatura en filosofía y letras⟩
bacillus [bəˈsɪləs] *n, pl* **-li** [-,laɪ] : bacilo *m*
back[1] [ˈbæk] *vt* **1** *or* **to back up** SUPPORT : apoyar, respaldar **2** *or* **to back up** REVERSE : dar marcha atrás a, dar reversa a *Col, Mex* (un vehículo) **3** : estar detrás de, formar el fondo de ⟨trees back the garden : detrás del jardín hay unos árboles⟩ **4** : apostar por (un caballo, etc.) **5** *or* **to back up** : acompañar (en música) **6** **to back up** : hacer una copia de seguridad de (archivos, etc.) **7** **to back up** BLOCK : atascar — *vi* **1** *or* **to back away/up** : echarse atrás **2** *or* **to back up** : dar marcha atrás, dar reversa *Col, Mex* **3** **to back off/down** : volverse atrás, echarse para atrás **4** **to back off/out** RENEGE : volverse atrás, echarse para atrás **5** **to back off** : dejar a alguien en paz **6** **to back up** : hacer copias de seguridad
back[2] *adv* **1** : atrás, hacia atrás, detrás ⟨to move back : moverse atrás⟩ ⟨to step back : dar un paso atrás⟩ ⟨to lean back : reclinarse⟩ ⟨it's two miles back : queda dos millas atrás⟩ ⟨back and forth : de acá para allá⟩ **2** AGO : atrás, antes, ya ⟨some years back : unos años atrás, ya unos años⟩ ⟨10 months back : hace diez meses⟩ **3** : de vuelta, de regreso ⟨we're back : estamos de vuelta⟩ ⟨I'll be back soon : vuelvo enseguida⟩ ⟨she ran back : volvió corriendo⟩ ⟨he never went back : nunca regresó⟩ ⟨I forgot to put it back : me olvidé de devolverlo a su lugar⟩ **4** : como respuesta, en cambio ⟨to call back : llamar de nuevo⟩ ⟨he smiled back at me : me devolvió la sonrisa⟩ ⟨she gave the money back : devolvió el dinero⟩
back[3] *adj* **1** REAR : de atrás, posterior, trasero **2** OVERDUE : atrasado **3** **back pay** : atrasos *mpl*
back[4] *n* **1** : espalda *f* (de un ser humano), lomo *m* (de un animal) **2** : respaldo *m* (de una silla), espalda *f* (de ropa) **3** REVERSE : reverso *m*, dorso *m*, revés *m* ⟨the back of an envelope : el reverso de un sobre⟩ **4** REAR : fondo *m*, parte *f* de atrás **5** : defensa *mf* (en deportes) **6** **back to back** : espalda con espalda **7** **back to back** CONSECUTIVE : seguido **8** **back to front** BACKWARD : al revés **9** **behind someone's back** : a espaldas de alguien ⟨behind my back : a mis espaldas⟩ **10** **in ~** : en la parte de atrás, al fondo **11** **in back of** : detrás de **12** **out ~** : detrás de la casa (etc.) **13** **to turn one's back on someone** : volverle la espalda a alguien
backache [ˈbæk,eɪk] *n* : dolor *m* de espalda
backbite [ˈbæk,baɪt] *v* **-bit** [-,bɪt]; **-bitten** [-,bɪtən]; **-biting** *vt* : calumniar, hablar mal de — *vi* : murmurar
backbiter [ˈbæk,baɪţər] *n* : calumniador *m*, -dora *f*
backbone [ˈbæk,bo:n] *n* **1** : columna *f* vertebral **2** FIRMNESS : firmeza *f*, carácter *m*
backdrop [ˈbæk,drɑp] *n* : telón *m* de fondo
backer [ˈbækər] *n* **1** SUPPORTER : partidario *m*, -ria *f* **2** SPONSOR : patrocinador *m*, -dora *f*
backfire[1] [ˈbæk,faɪr] *vi* **-fired; -firing** **1** : petardear (dícese de un automóvil) **2** FAIL : fallar, salir el tiro por la culata
backfire[2] *n* : petardeo *m*, explosión *f*
background [ˈbæk,graʊnd] *n* **1** : fondo *m* (de un cuadro, etc.), antecedentes *mpl* (de una situación) ⟨in the background : en el fondo⟩ **2** EXPERIENCE, TRAINING : experiencia *f* profesional, formación *f* **3** HISTORY : origen *m* (de una persona.), antecedentes *mpl*
backhand[1] [ˈbæk,hænd] *adv* : de revés, con el revés
backhand[2] *n* : revés *m*
backhanded [ˈbæk,hændəd] *adj* **1** : dado con el revés, de revés **2** INDIRECT : indirecto, ambiguo
backing [ˈbækɪŋ] *n* **1** SUPPORT : apoyo *m*, respaldo *m* **2** REINFORCEMENT : refuerzo *m* **3** SUPPORTERS : partidarios *mpl*, -rias *fpl*
backlash [ˈbæk,læʃ] *n* : reacción *f* violenta
backlog [ˈbæk,lɔg] *n* : atraso *m*, trabajo *m* acumulado
backpack[1] [ˈbæk,pæk] *vi* : viajar con mochila
backpack[2] *n* : mochila *f*
backrest [ˈbæk,rɛst] *n* : respaldo *m*
backside [ˈbæk,saɪd] *n* : trasero *m*
backslide [ˈbæk,slaɪd] *vi* **-slid** [-,slɪd]; **-slid** *or* **-slidden** [-,slɪdən]; **-sliding** : recaer, reincidir
backstage [,bækˈsteɪdʒ, ˈbæk,-] *adv & adj* : entre bastidores
backtrack [ˈbæk,træk] *vi* : dar marcha atrás, volverse atrás
backup [ˈbæk,ʌp] *n* **1** SUPPORT : respaldo *m*, apoyo *m* **2** : copia *f* de seguridad (para computadoras)

backward[1] ['bækwərd] *or* **backwards** [-wərdz] *adv* **1** : hacia atrás **2** : de espaldas ⟨he fell backwards : se cayó de espaldas⟩ **3** : al revés ⟨you're doing it backwards : lo estás haciendo al revés⟩ **4 to bend over backwards** : hacer todo lo posible

backward[2] *adj* **1** : hacia atrás ⟨a backward glance : una mirada hacia atrás⟩ **2** RETARDED : retrasado **3** SHY : tímido **4** UNDERDEVELOPED : atrasado

backwardness ['bækwərdnəs] *n* : atraso *m* (dícese de una región), retraso *m* (dícese de una persona)

backwoods [ˌbæk'wʊdz] *npl* : monte *m*, región *f* alejada

bacon ['beɪkən] *n* : tocino *m*, tocineta *f Col, Ven*, bacon *m Spain*

bacterial [bæk'tɪriəl] *adj* : bacteriano

bacteriologist [bækˌtɪri'ɑlədʒɪst] *n* : bacteriólogo *m*, -ga *f*

bacteriology [bækˌtɪri'ɑlədʒi] *n* : bacteriología *f*

bacterium [bæk'tɪriəm] *n, pl* **-ria** [-iə] : bacteria *f*

bad[1] ['bæd] *adv* → **badly**

bad[2] *adj* **1** : malo ⟨a bad example : un mal ejemplo⟩ ⟨a bad idea : una mala idea⟩ ⟨a bad dream : una pesadilla⟩ ⟨bad news : malas noticias⟩ ⟨in bad shape : en malas condiciones⟩ ⟨it smells/tastes bad : huele/sabe mal⟩ **2** ROTTEN : podrido ⟨to go bad : echarse a perder⟩ **3** SERIOUS, SEVERE : grave ⟨his health is bad : está mal de salud⟩ **4** DEFECTIVE : defectuoso ⟨a bad check : un cheque sin fondos⟩ **5** HARMFUL : perjudicial, malo **6** CORRUPT, EVIL : malo, corrupto ⟨the bad guys : los malos⟩ **7** NAUGHTY : malo, travieso **8 from bad to worse** : de mal en peor **9 to be bad about something** : ser malo para algo **10 to be in a bad way** : estar mal **11 too bad!** : ¡qué lástima!

bad[3] *n* : lo malo ⟨the good and the bad : lo bueno y lo malo⟩

bade → **bid**

badge ['bædʒ] *n* : insignia *f*, botón *m*, chapa *f*

badger[1] ['bædʒər] *vt* : fastidiar, acosar, importunar

badger[2] *n* : tejón *m*

badly ['bædli] *adv* **1** : mal **2** URGENTLY : mucho, con urgencia **3** SEVERELY : gravemente

badminton ['bædˌmɪntən, -ˌmɪt-] *n* : bádminton *m*

badness ['bædnəs] *n* : maldad *f*

baffle[1] ['bæfəl] *vi* **-fled; -fling 1** PERPLEX : desconcertar, confundir **2** FRUSTRATE : frustrar

baffle[2] *n* : deflector *m*, bafle *m* (acústico)

bafflement ['bæfəlmənt] *n* : desconcierto *m*, confusión *f*

bag[1] ['bæg] *v* **bagged; bagging** *vi* SAG : formar bolsas — *vt* **1** : ensacar, poner en una bolsa **2** : cobrar (en la caza), cazar

bag[2] *n* **1** : bolsa *f*, saco *m* **2** HANDBAG : cartera *f*, bolso *m*, bolsa *f Mex* **3** SUITCASE : maleta *f*, valija *f*

bagatelle [ˌbægə'tɛl] *n* : bagatela *f*

bagel ['beɪgəl] *n* : rosquilla *f* de pan

baggage ['bægɪdʒ] *n* : equipaje *m*

baggy ['bægi] *adj* **-gier; -est** : holgado, ancho

bagpipe ['bægˌpaɪp] *n or* **bagpipes** ['bægˌpaɪps] *npl* : gaita *f*

bail[1] ['beɪl] *vt* **1** : achicar (agua de un bote) **2 to bail out** : poner en libertad (de una cárcel) bajo fianza **3 to bail out** EXTRICATE : sacar de apuros

bail[2] *n* : fianza *f*, caución *f*

bailiff ['beɪləf] *n* : alguacil *mf*

bailiwick ['beɪliˌwɪk] *n* : dominio *m*

bailout ['beɪlˌaʊt] *n* : rescate *m* (financiero)

bait[1] ['beɪt] *vt* **1** : cebar (un anzuelo o cepo) **2** HARASS : acosar

bait[2] *n* : cebo *m*, carnada *f*

bake[1] ['beɪk] *vt* **baked; baking** : hornear, hacer al horno

bake[2] *n* : fiesta con platos hechos al horno

baker ['beɪkər] *n* : panadero *m*, -ra *f*

baker's dozen *n* : docena *f* de fraile

bakery ['beɪkəri] *n, pl* **-ries** : panadería *f*

bakeshop ['beɪkˌʃɑp] *n* : pastelería *f*, panadería *f*

baking powder *n* : levadura *f* en polvo

baking soda → **sodium bicarbonate**

balance[1] ['bælənts] *v* **-anced; -ancing** *vt* **1** : hacer el balance de (una cuenta) ⟨to balance the books : cuadrar las cuentas⟩ **2** EQUALIZE : balancear, equilibrar **3** HARMONIZE : armonizar — *vi* : balancearse

balance[2] *n* **1** SCALES : balanza *f*, báscula *f* **2** COUNTERBALANCE : contrapeso *m* **3** EQUILIBRIUM : equilibrio *m* ⟨to keep/lose one's balance : mantener/perder el equilibrio⟩ **4** REMAINDER : balance *m*, resto *m* **5 balance of trade** : balanza *f* comercial **6 balance of payments** : balanza *f* de pagos **7 to be/hang in the balance** : estar en el aire

balanced ['bæləntst] *adj* : equilibrado, balanceado

balcony ['bælkəni] *n, pl* **-nies 1** : balcón *m*, terraza *f* (de un edificio) **2** : galería *f* (de un teatro)

bald ['bɔld] *adj* **1** : calvo, pelado, pelón **2** PLAIN : simple, puro ⟨the bald truth : la pura verdad⟩

balding ['bɔldɪŋ] *adj* : quedándose calvo

baldly ['bɔldli] *adv* : sin reparos, sin rodeos, francamente

baldness ['bɔldnəs] *n* : calvicie *f*

bale[1] ['beɪl] *vt* **baled; baling** : empacar, hacer balas de

bale[2] *n* : bala *f*, fardo *m*, paca *f*

baleful ['beɪlfəl] *adj* **1** DEADLY : mortífero **2** SINISTER : siniestro, funesto, torvo ⟨a baleful glance : una mirada torva⟩

balk[1] [ˈbɔk] *vt* : obstaculizar, impedir — *vi* **1** : plantarse *fam* (dícese de un caballo, etc.) **2 to balk at** : resistarse a, mostrarse reacio a

balk[2] *n* : obstáculo *m*

Balkan [ˈbɔlkən] *adj* : balcánico

balky [ˈbɔki] *adj* **balkier; -est** : reacio, obstinado, terco

ball[1] [ˈbɔl] *vt* : apelotonar, ovillar

ball[2] *n* **1** : pelota *f*, bola *f*, balón *m*, bollo *m Arg, Uru* ⟨ball of yarn : ovillo de lana⟩ **2** DANCE : baile *m*, baile *m* de etiqueta **3** : parte *f* anterior de la planta (de un pie) **4** : bola *f*, bola *f* mala (en beisbol) **5 on the ball** : espabilado, alerta **6 the ball is in your (etc.) court** : ahora te corresponde a ti **7 to drop the ball** : cometer un gran error **8 to keep the ball rolling** : mantener el impulso **9 to get/set/start the ball rolling** : poner las cosas en marcha **10 to play ball** : jugar al beisbol/baloncesto (etc.) **11 to play ball** COOPERATE : cooperar

ballad [ˈbæləd] *n* : romance *m*, balada *f*

balladeer [ˌbæləˈdɪr] *n* : cantante *mf* de baladas

ballast[1] [ˈbæləst] *vt* : lastrar

ballast[2] *n* : lastre *m*

ball bearing *n* : cojinete *m* de bola

ballerina [ˌbæləˈri:nə] *n* : bailarina *f*

ballet [bæˈleɪ, ˈbæˌleɪ] *n* : ballet *m*

ballistic [bəˈlɪstɪk] *adj* : balístico

ballistics [bəˈlɪstɪks] *ns & pl* : balística *f*

balloon[1] [bəˈlu:n] *vi* **1** : viajar en globo **2** SWELL : hincharse, inflarse

balloon[2] *n* : globo *m*

balloonist [bəˈlu:nɪst] *n* : aeróstata *mf*

ballot[1] [ˈbælət] *vi* : votar

ballot[2] *n* **1** : papeleta *f* (de voto) **2** BALLOTING : votación *f* **3** VOTE : voto *m*

ballpoint pen [ˈbɔlˌpɔɪnt] *n* : bolígrafo *m*

ballroom [ˈbɔlˌru:m, -ˌrʊm] *n* : sala *f* de baile

ballyhoo [ˈbæliˌhu:] *n* : propaganda *f*, publicidad *f*, bombo *m fam*

balm [ˈbɑm, ˈbɑlm] *n* : bálsamo *m*, ungüento *m*

balmy [ˈbɑmi, ˈbɑl-] *adj* **balmier; -est 1** MILD : templado, agradable **2** SOOTHING : balsámico **3** CRAZY : chiflado *fam*, chalado *fam*

baloney [bəˈlo:ni] *n* NONSENSE : tonterías *fpl*, estupideces *fpl*

balsa [ˈbɔlsə] *n* : balsa *f*

balsam [ˈbɔlsəm] *n* **1** : bálsamo *m* **2** *or* **balsam fir** : abeto *m* balsámico

Baltic [ˈbɔltɪk] *adj* : báltico

baluster [ˈbæləstər] *n* : balaustre *m*

balustrade [ˈbæləˌstreɪd] *n* : balaustrada *f*

bamboo [bæmˈbu:] *n* : bambú *m*

bamboozle [bæmˈbu:zəl] *vt* **-zled; -zling** : engañar, embaucar

ban[1] [ˈbæn] *vt* **banned; banning** : prohibir, proscribir

ban[2] *n* : prohibición *f*, proscripción *f*

banal [bəˈnɑl, bəˈnæl, ˈbeɪnəl] *adj* : banal, trivial

banality [bəˈnæləṭi] *n, pl* **-ties** : banalidad *f*, trivialidad *f*

banana [bəˈnænə] *n* : banano *m*, plátano *m*, banana *f*, cambur *m Ven*, guineo *m Car*

band[1] [ˈbænd] *vt* **1** BIND : fajar, atar **2 to band together** : unirse, juntarse

band[2] *n* **1** STRIP : banda *f*, cinta *f* (de un sombrero, etc.) **2** STRIPE : franja *f* **3** : banda *f* (de radiofrecuencia) **4** RING : anillo *m* **5** GROUP : banda *f*, grupo *m*, conjunto *m* ⟨jazz band : conjunto de jazz⟩

bandage[1] [ˈbændɪʤ] *vt* **-daged; -daging** : vendar

bandage[2] *n* : vendaje *m*, venda *f*

bandanna *or* **bandana** [bænˈdænə] *n* : pañuelo *m* (de colores)

bandit [ˈbændət] *n* : bandido *m*, -da *f*; bandolero *m*, -ra *f*

banditry [ˈbændətri] *n* : bandolerismo *m*, bandidaje *m*

bandstand [ˈbændˌstænd] *n* : quiosco *m* de música

bandwagon [ˈbændˌwægən] *n* **1** : carroza *f* de músicos **2 to jump on the bandwagon** : subirse al carro, seguir la moda

bandy[1] [ˈbændi] *vt* **-died; -dying 1** EXCHANGE : intercambiar **2 to bandy about** : circular, propagar

bandy[2] *adj* : arqueado, torcido ⟨bandy-legged : de piernas arqueadas⟩

bane [ˈbeɪn] *n* **1** POISON : veneno *m* **2** RUIN : ruina *f*, pesadilla *f*

baneful [ˈbeɪnfəl] *adj* : nefasto, funesto

bang[1] [ˈbæŋ] *vt* **1** STRIKE : golpear, darse ⟨he banged his elbow against the door : se dio con el codo en la puerta⟩ **2** SLAM : cerrar (la puerta) con/de un portazo **3 to bang up** : rayar o abollar (algo), dejar (a alguien) con moretones — *vi* **1** SLAM : cerrarse de un golpe **2 to bang on** : aporrear, golpear ⟨she was banging on the table : aporreaba la mesa⟩

bang[2] *adv* : directamente, exactamente

bang[3] *n* **1** BLOW : golpe *m*, porrazo *m*, trancazo *m* **2** EXPLOSION : explosión *f*, estallido *m* **3** SLAM : portazo *m* **4 bangs** *npl* : flequillo *m*, fleco *m*

Bangladeshi [ˌbɑŋgləˈdɛʃi, ˌbæŋ-, ˌbʌŋ-, -ˈdeɪ-] *n* : bangladesí *mf* — **Bangladeshi** *adj*

bangle [ˈbæŋgəl] *n* : brazalete *m*, pulsera *f*

banish [ˈbænɪʃ] *vt* **1** EXILE : desterrar, exiliar **2** EXPEL : expulsar

banishment [ˈbænɪʃmənt] *n* **1** EXILE : destierro *m*, exilio *m* **2** EXPULSION : expulsión *f*

banister [ˈbænəstər] *n* **1** BALUSTER : balaustre *m* **2** HANDRAIL : pasamanos *m*, barandilla *f*, barandal *m*

banjo [ˈbænˌʤo:] *n, pl* **-jos** : banjo *m*

bank[1] [ˈbæŋk] *vt* **1** TILT : peraltar (una carretera), ladear (un avión) **2** HEAP

: amontonar **3** : cubrir (un fuego) **4** : depositar (dinero en un banco) — *vi* **1** : ladearse (dícese de un avión) **2** : tener una cuenta (en un banco) **3 to bank on** : contar con

bank² *n* **1** MASS : montón *m*, montículo *m*, masa *f* **2** : orilla *f*, ribera *f* (de un río) **3** : peralte *m* (de una carretera) **4** : banco *m* ⟨World Bank : Banco Mundial⟩ ⟨banco de sangre : blood bank⟩

bankbook [ˈbæŋkˌbʊk] *n* : libreta *f* bancaria, libreta *f* de ahorros

banker [ˈbæŋkər] *n* : banquero *m*, -ra *f*

banking [ˈbæŋkɪŋ] *n* : banca *f*

bankrupt¹ [ˈbæŋˌkrʌpt] *vt* : hacer quebrar, llevar a la quiebra, arruinar

bankrupt² *adj* **1** : en bancarrota, en quiebra **2 ~ of** LACKING : carente de, falto de

bankrupt³ *n* : fallido *m*, -da *f*; quebrado *m*, -da *f*

bankruptcy [ˈbæŋˌkrʌp*t*si] *n, pl* **-cies** : ruina *f*, quiebra *f*, bancarrota *f*

banner¹ [ˈbænər] *adj* : excelente

banner² *n* : estandarte *m*, bandera *f*

banns [ˈbænz] *npl* : amonestaciones *fpl*

banquet¹ [ˈbæŋkwət] *vi* : celebrar un banquete

banquet² *n* : banquete *m*

banter¹ [ˈbæntər] *vi* : bromear, hacer bromas

banter² *n* : bromas *fpl*

baptism [ˈbæpˌtɪzəm] *n* : bautismo *m*

baptismal [bæpˈtɪzməl] *adj* : bautismal

Baptist [ˈbæptɪst] *n* : bautista *mf* — **Baptist** *adj*

baptize [bæpˈtaɪz, ˈbæpˌtaɪz] *vt* **-tized; -tizing** : bautizar

bar¹ [ˈbɑr] *vt* **barred; barring** **1** OBSTRUCT : obstruir, bloquear **2** EXCLUDE : excluir **3** PROHIBIT : prohibir **4** SECURE : atrancar, asegurar ⟨bar the door! : ¡atranca la puerta!⟩

bar² *n* **1** : barra *f*, barrote *m* (de una ventana), tranca *f* (de una puerta) ⟨behind bars : entre rejas⟩ **2** BARRIER : barrera *f*, obstáculo *m* **3** LAW : abogacía *f* **4** STRIPE : franja *f* **5** COUNTER : mostrador *m*, barra *f* **6** TAVERN : bar *m*, taberna *f* **7** MEASURE : compás *m* (en música)

bar³ *prep* **1** : excepto, con excepción de **2 bar none** : sin excepción

barb [ˈbɑrb] *n* **1** POINT : púa *f*, lengüeta *f* **2** GIBE : pulla *f*

barbarian¹ [bɑrˈbæriən] *adj* **1** : bárbaro **2** CRUDE : tosco, bruto

barbarian² *n* : bárbaro *m*, -ra *f*

barbaric [bɑrˈbærɪk] *adj* **1** PRIMITIVE : primitivo **2** CRUEL : brutal, cruel

barbarity [bɑrˈbærət̬i] *n, pl* **-ties** : barbaridad *f*

barbarous [ˈbɑrbərəs] *adj* **1** UNCIVILIZED : bárbaro **2** MERCILESS : despiadado, cruel

barbarously [ˈbɑrbərəsli] *adv* : bárbaramente

barbecue¹ [ˈbɑrbɪˌkjuː] *vt* **-cued; -cuing** : asar a la parrilla

barbecue² *n* : barbacoa *f*, parrillada *f*

barbed [ˈbɑrbd] *adj* **1** : con púas ⟨barbed wire : alambre de púas⟩ **2** BITING : mordaz

barber [ˈbɑrbər] *n* : barbero *m*, -ra *f*

barbiturate [bɑrˈbɪʧərət] *n* : barbitúrico *m*

bar code *n* : código *m* de barras

bard [ˈbɑrd] *n* : bardo *m*

bare¹ [ˈbær] *vt* **bared; baring** : desnudar

bare² *adj* **1** NAKED : desnudo **2** EXPOSED : descubierto, sin protección **3** EMPTY : desprovisto, vacío **4** MINIMUM : mero, mínimo ⟨the bare necessities : las necesidades mínimas⟩ **5** PLAIN : puro, sencillo

bareback [ˈbærˌbæk] *or* **barebacked** [-ˌbækt] *adv & adj* : a pelo

barefaced [ˈbærˌfeɪst] *adj* : descarado

barefoot [ˈbærˌfʊt] *or* **barefooted** [-ˌfʊt̬əd] *adv & adj* : descalzo

bareheaded [ˈbærˈhɛdəd] *adv & adj* : sin sombrero, con la cabeza descubierta

barely [ˈbærli] *adv* : apenas, por poco

bareness [ˈbærnəs] *n* : desnudez *f*

bargain¹ [ˈbɑrgən] *vi* HAGGLE : regatear, negociar — *vt* BARTER : trocar, cambiar

bargain² *n* **1** AGREEMENT : acuerdo *m*, convenio *m* ⟨to strike a bargain : cerrar un trato⟩ **2** : ganga *f* ⟨bargain price : precio de ganga⟩

barge¹ [ˈbɑrʤ] *vi* **barged; barging** **1** : mover con torpeza **2 to barge in** : entrometerse, interrumpir

barge² *n* : barcaza *f*, gabarra *f*

bar graph *n* : gráfico *m* de barras

baritone [ˈbærəˌtoːn] *n* : barítono *m*

barium [ˈbæriəm] *n* : bario *m*

bark¹ [ˈbɑrk] *vi* : ladrar — *vt or* **to bark out** : gritar ⟨to bark out an order : dar una orden a gritos⟩

bark² *n* **1** : ladrido *m* (de un perro) **2** : corteza *f* (de un árbol) **3** *or* **barque** : tipo de embarcación con velas de proa y popa

barley [ˈbɑrli] *n* : cebada *f*

barn [ˈbɑrn] *n* : granero *m* (para cosechas), establo *m* (para ganado)

barnacle [ˈbɑrnɪkəl] *n* : percebe *m*

barnyard [ˈbɑrnˌjɑrd] *n* : corral *m*

barometer [bəˈrɑmət̬ər] *n* : barómetro *m*

barometric [ˌbærəˈmɛtrɪk] *adj* : barométrico

baron [ˈbærən] *n* **1** : barón *m* **2** TYCOON : magnate *mf*

baroness [ˈbærənɪs, -nəs, -ˌnɛs] *n* : baronesa *f*

baronet [ˌbærəˈnɛt, ˈbærənət] *n* : baronet *m*

baronial [bəˈroːniəl] *adj* **1** : de barón **2** STATELY : señorial, majestuoso

baroque [bəˈroːk, -ˈrɑk] *adj* : barroco

barracks [ˈbærəks] *ns & pl* : cuartel *m*

barracuda [ˌbærəˈkuːdə] *n, pl* **-da** *or* **-das** : barracuda *f*

barrage [bəˈrɑʒ, -ˈrɑʤ] *n* **1** : descarga *f* (de artillería) **2** DELUGE : aluvión *m* ⟨a barrage of questions : un aluvión de preguntas⟩
barred [ˈbɑrd] *adj* : excluido, prohibido
barrel[1] [ˈbærəl] *v* **-reled** *or* **-relled; -reling** *or* **-relling** *vt* : embarrilar — *vi* : ir disparado
barrel[2] *n* **1** : barril *m*, tonel *m* **2** : cañón *m* (de un arma de fuego), cilindro *m* (de una cerradura)
barren [ˈbærən] *adj* **1** STERILE : estéril (dícese de las plantas o la mujer), árido (dícese del suelo) **2** DESERTED : yermo, desierto
barrette [bɑˈrɛt, bə-] *n* : pasador *m*, broche *m* para el cabello
barricade[1] [ˈbærəˌkeɪd, ˌbærəˈ-] *vt* **-caded; -cading** : cerrar con barricadas
barricade[2] *n* : barricada *f*
barrier [ˈbæriər] *n* **1** : barrera *f* **2** OBSTACLE : obstáculo *m*, impedimento *m*
barring [ˈbɑrɪŋ] *prep* : excepto, salvo, a excepción de
barrio [ˈbɑrio, ˈbær-] *n* : barrio *m*
barroom [ˈbɑrˌruːm, -ˌrʊm] *n* : bar *m*
barrow [ˈbærˌoː] → **wheelbarrow**
bartender [ˈbɑrˌtɛndər] *n* : camarero *m*, -ra *f*; barman *m*
barter[1] [ˈbɑrt̬ər] *vt* : cambiar, trocar
barter[2] *n* : trueque *m*, permuta *f*
basalt [bəˈsɔlt, ˈbeɪˌ-] *n* : basalto *m*
base[1] [ˈbeɪs] *vt* **based; basing** : basar, fundamentar, establecer
base[2] *adj* **baser; basest** **1** : de baja ley (dícese de un metal) **2** CONTEMPTIBLE : vil, despreciable
base[3] *n, pl* **bases** **1** : base *f* **2** : pie *m* (de una montaña, una estatua, etc.)
baseball [ˈbeɪsˌbɔl] *n* : beisbol *m*, béisbol *m*
baseless [ˈbeɪsləs] *adj* : infundado
basely [ˈbeɪsli] *adv* : vilmente
basement [ˈbeɪsmənt] *n* : sótano *m*
baseness [ˈbeɪsnəs] *n* : vileza *f*, bajeza *f*
bash[1] [ˈbæʃ] *vt* : golpear violentamente
bash[2] *n* **1** BLOW : golpe *m*, porrazo *m*, madrazo *m Mex fam* **2** PARTY : fiesta *f*, juerga *f fam*
bashful [ˈbæʃfəl] *adj* : tímido, vergonzoso, penoso
bashfulness [ˈbæʃfəlnəs] *n* : timidez *f*
basic[1] [ˈbeɪsɪk] *adj* **1** FUNDAMENTAL : básico, fundamental **2** RUDIMENTARY : básico, elemental **3** : básico (en química)
basic[2] *n* : fundamento *m*, rudimento *m*
basically [ˈbeɪsɪkli] *adv* : fundamentalmente
basil [ˈbeɪzəl, ˈbæzəl] *n* : albahaca *f*
basilica [bəˈsɪlɪkə] *n* : basílica *f*
basin [ˈbeɪsən] *n* **1** WASHBOWL : palangana *f*, lavamanos *m*, lavabo *m* **2** : cuenca *f* (de un río)
basis [ˈbeɪsəs] *n, pl* **bases** [-ˌsiːz] **1** BASE : base *f*, pilar *m* **2** FOUNDATION : fundamento *m*, base *f* **3 on a weekly basis** : semanalmente
bask [ˈbæsk] *vi* : disfrutar, deleitarse ⟨to bask in the sun : disfrutar del sol⟩
basket [ˈbæskət] *n* : cesta *f*, cesto *m*, canasta *f*
basketball [ˈbæskətˌbɔl] *n* : baloncesto *m*, basquetbol *m*
bas–relief [ˌbɑrɪˈliːf] *n* : bajorrelieve *m*
bass[1] [ˈbæs] *n, pl* **bass** *or* **basses** : róbalo *m* (pesca)
bass[2] [ˈbeɪs] *n* : bajo *m* (tono, voz, cantante)
bass drum *n* : bombo *m*
basset hound [ˈbæsətˌhaʊnd] *n* : basset *m*
bassinet [ˌbæsəˈnɛt] *n* : moisés *m*, cuna *f*
bassist [ˈbeɪsɪst] *n* : bajista *mf*
bassoon [bəˈsuːn, bæ-] *n* : fagot *m*
bass viol [ˈbeɪsˈvaɪəl, -ˌoːl] → **double bass**
bastard[1] [ˈbæstərd] *adj* : bastardo
bastard[2] *n* : bastardo *m*, -da *f*
bastardize [ˈbæstərˌdaɪz] *vt* **-ized; -izing** DEBASE : degradar, envilecer
baste [ˈbeɪst] *vt* **basted; basting** **1** STITCH : hilvanar **2** : bañar (con su jugo durante la cocción)
bastion [ˈbæsʧən] *n* : bastión *m*, baluarte *m*
bat[1] [ˈbæt] *vt* **batted; batting** **1** HIT : batear **2 without batting an eye** : sin pestañear
bat[2] *n* **1** : murciélago *m* (animal) **2** : bate *m* ⟨baseball bat : bate de beisbol⟩
batch [ˈbæʧ] *n* : hornada *f*, tanda *f*, grupo *m*, cantidad *f*
bate [ˈbeɪt] *vt* **bated; bating** **1** : aminorar, reducir **2 with bated breath** : con ansiedad, aguantando la respiración
bath [ˈbæθ, ˈbɑθ] *n, pl* **baths** [ˈbæðz, ˈbæθs, ˈbɑðz, ˈbɑθs] **1** BATHING : baño *m* ⟨to take a bath : bañarse⟩ **2** : baño *m* (en fotografía, etc.) **3** BATHROOM : baño *m*, cuarto *m* de baño **4** SPA : balneario *m* **5** LOSS : pérdida *f*
bathe [ˈbeɪð] *v* **bathed; bathing** *vt* **1** WASH : bañar, lavar **2** SOAK : poner en remojo **3** FLOOD : inundar ⟨to bathe with light : inundar de luz⟩ — *vi* : bañarse, ducharse
bather [ˈbeɪðər] *n* : bañista *mf*
bathrobe [ˈbæθˌroːb] *n* : bata *f* (de baño)
bathroom [ˈbæθˌruːm, -ˌrʊm] *n* : baño *m*, cuarto *m* de baño
bathtub [ˈbæθˌtʌb] *n* : bañera *f*, tina *f* (de baño)
batiste [bəˈtiːst] *n* : batista *f*
baton [bəˈtɑn] *n* : batuta *f*, bastón *m*
battalion [bəˈtæljən] *n* : batallón *m*
batten [ˈbætən] *vt* **to batten down the hatches** : cerrar las escotillas
batter[1] [ˈbæt̬ər] *vt* **1** BEAT : aporrear, golpear **2** MISTREAT : maltratar
batter[2] *n* **1** : masa *f* para rebozar **2** HITTER : bateador *m*, -dora *f*
battering ram *n* : ariete *m*

battery ['bæt̬əri] *n, pl* **-teries** **1** : lesiones *fpl* ⟨assault and battery : agresión con lesiones⟩ **2** ARTILLERY : batería *f* **3** : batería *f*, pila *f* (de electricidad) **4** SERIES : serie *f*

batting ['bæt̬ɪŋ] *n* **1** *or* **cotton batting** : algodón *m* en láminas **2** : bateo *m* (en beisbol)

battle[1] ['bæt̬əl] *vi* **-tled; -tling** : luchar, pelear

battle[2] *n* : batalla *f*, lucha *f*, pelea *f*

battle–ax ['bæt̬əl,æks] *n* : hacha *f* de guerra

battlefield ['bæt̬əl,fi:ld] *n* : campo *m* de batalla

battlements ['bæt̬əlmənts] *npl* : almenas *fpl*

battleship ['bæt̬əl,ʃɪp] *n* : acorazado *m*

batty ['bæt̬i] *adj* **-tier; -est** : chiflado *fam*, chalado *fam*

bauble ['bɔbəl] *n* : chuchería *f*, baratija *f*

Bavarian [bə'vɛriən] *n* : bávaro *m*, -ra *f* — **Bavarian** *adj*

bawdiness ['bɔdinəs] *n* : picardía *f*

bawdy ['bɔdi] *adj* **bawdier; -est** : subido de tono, verde, colorado *Mex*

bawl[1] ['bɔl] *vi* : llorar a gritos

bawl[2] *n* : grito *m*, alarido *m*

bawl out *vt* SCOLD : regañar

bay[1] ['beɪ] *vi* HOWL : aullar

bay[2] *adj* : castaño, zaino (dícese de los caballos)

bay[3] *n* **1** : bahía *f* ⟨Bay of Campeche : Bahía de Campeche⟩ **2** *or* **bay horse** : caballo *m* castaño **3** LAUREL : laurel *m* **4** HOWL : aullido *m* **5** : saliente *m* ⟨bay window : ventana en saliente⟩ **6** COMPARTMENT : área *f*, compartimento *m* **7 at ~** : acorralado

bayberry ['beɪ,bɛri] *n, pl* **-ries** : arrayán *m* brabántico

bayonet[1] [,beɪə'nɛt, 'beɪə,nɛt] *vt* **-neted; -neting** : herir *o* matar) con bayoneta

bayonet[2] *n* : bayoneta *f*

bayou ['baɪ,u:, -,o:] *n* : pantano *m*

bazaar [bə'zɑr] *n* **1** : bazar *m* **2** SALE : venta *f* benéfica

bazooka [bə'zu:kə] *n* : bazuca *f*

BB ['bi:bi] *n* : balín *m*

be ['bi:] *v* **was** ['wəz, 'wɑz]; **were** ['wər]; **been** ['bɪn]; **being; am** ['æm]; **is** ['ɪz]; **are** ['ɑr] *vi* **1** (*expressing identity or category*) : ser ⟨José is a doctor : José es doctor⟩ ⟨I'm Ann's sister : soy la hermana de Ann⟩ ⟨who is it?—it's me : ¿quién es?—soy yo⟩ ⟨apes are mammals : los simios son mamíferos⟩ ⟨if I were you : yo en tu lugar, yo que tú⟩ **2** (*expressing a quality*) : ser ⟨the tree is tall : el árbol es alto⟩ ⟨the dress is red : el vestido es rojo⟩ ⟨she's very pretty/intelligent : ella es muy bonita/inteligente⟩ ⟨she's 10 years old : tiene 10 años⟩ ⟨you're so silly! : ¡qué tonto eres!⟩ ⟨I want you to be happy : quiero que seas feliz⟩ **3** (*expressing origin or possession*) : ser ⟨she's from Managua : es de Managua⟩ ⟨it's mine : es mío⟩ **4** (*expressing location*) : estar ⟨my mother is at home : mi madre está en casa⟩ ⟨the cups are on the table : las tazas están en la mesa⟩ ⟨the store is ten miles away : la tienda queda diez millas de aquí⟩ **5** (*expressing existence*) : ser, existir ⟨to be or not to be : ser, o no ser⟩ ⟨I think, therefore I am : pienso, luego existo⟩ **6** COME, GO : estar, ir, venir ⟨have you been to Paris? : ¿has estado en París?, ¿has ido a París?⟩ ⟨she's been and gone : llegó y se fue⟩ **7** (*expressing a state of being*) : estar, tener ⟨how are you? : ¿cómo estás?⟩ ⟨I'm cold/hungry : tengo frío/hambre⟩ ⟨they're both sick : están enfermos los dos⟩ ⟨she's not happy with the situation : no está nada contenta con la situación⟩ ⟨to be frank : para serte franco⟩ **8** (*expressing measurement or cost*) : ser, costar ⟨it's $5 : cuesta $5⟩ ⟨two plus two is four : dos más dos son cuatro⟩ **9** OCCUR : ser ⟨the concert is (on) Sunday : el concierto es el domingo⟩ — *v impers* **1** (*indicating time*) : ser ⟨it's eight o'clock : son las ocho⟩ ⟨it's Friday : hoy es viernes⟩ **2** (*indicating a condition*) : hacer, estar ⟨it's sunny : hace sol⟩ ⟨it's very dark in here : está muy oscuro aquí dentro⟩ **3** (*used with* **there**) : haber ⟨there's a book on the table : hay un libro en la mesa⟩ ⟨there was an accident : hubo un accidente⟩ ⟨there's someone at the door : llaman a la puerta⟩ — *v aux* **1** (*expressing progression*) : estar ⟨what are you doing?—I'm working : ¿qué haces?—estoy trabajando⟩ ⟨what were you saying? : ¿qué estabas diciendo?⟩ ⟨it's snowing : está nevando⟩ ⟨we've been waiting : hemos estado esperando⟩ **2** (*expressing future action*) : ir a ⟨I'm seeing him tonight : voy a verlo esta noche⟩ ⟨are you coming tomorrow? : ¿vienes mañana?⟩ **3** (*expressing future action*) ⟨she was never/not to see him again : nunca volvería a verlo⟩ ⟨the best is yet to come : lo mejor está por venir⟩ **4** (*used in passive constructions*) : ser ⟨it was finished yesterday : fue acabado ayer, se acabó ayer⟩ **5** (*expressing possibility*) : poderse ⟨can she be trusted? : ¿se puede confiar en ella?⟩ ⟨it was nowhere to be found : no se pudo encontrar por ninguna parte⟩ ⟨you're not to blame : no tienes la culpa⟩ **6** (*expressing obligation*) : deber ⟨you are to stay here : debes quedarte aquí⟩ ⟨he was to come yesterday : se esperaba que viniese ayer⟩ **7 to be oneself** : ser uno mismo ⟨be yourself : sé tú mismo⟩

beach[1] ['bi:ʧ] *vt* : hacer embarrancar, hacer varar, hacer encallar

beach[2] *n* : playa *f*

beachcomber ['bi:ʧ,ko:mər] *n* : raquero *m*, -ra *f*

beachhead [ˈbiːtʃˌhɛd] *n* : cabeza *f* de playa

beacon [ˈbiːkən] *n* : faro *m*

bead[1] [ˈbiːd] *vi* : formarse en gotas

bead[2] *n* **1** : cuenta *f* **2** DROP : gota *f* **3** **beads** *npl* NECKLACE : collar *m*

beady [ˈbiːdi] *adj* **beadier; -est** **1** : de forma de cuenta **2 beady eyes** : ojos *mpl* pequeños y brillantes

beagle [ˈbiːgəl] *n* : beagle *m*

beak [ˈbiːk] *n* : pico *m*

beaker [ˈbiːkər] *n* **1** CUP : taza *f* alta **2** : vaso *m* de precipitados (en un laboratorio)

beam[1] [ˈbiːm] *vi* **1** SHINE : brillar **2** SMILE : sonreír radiantemente — *vt* BROADCAST : transmitir, emitir

beam[2] *n* **1** : viga *f*, barra *f* **2** RAY : rayo *m*, haz *m* de luz **3** : haz *m* de radiofaro (para guiar pilotos, etc.)

bean [ˈbiːn] *n* **1** : habichuela *f*, frijol *m* **2 broad bean** : haba *f* **3 string bean** : judía *f*

bear[1] [ˈbær] *v* **bore** [ˈbor]; **borne** [ˈbɔrn]; **bearing** *vt* **1** CARRY : llevar, portar **2** : dar a luz a (un niño) **3** PRODUCE : dar (frutas, cosechas) **4** ENDURE, SUPPORT : soportar, resistir, aguantar **5** SHOW : llevar, tener ⟨to bear a resemblance to : tener una similitud con (algo), tener un parecido con (alguien)⟩ **6 to bear out** : corroborar — *vi* **1** TURN : doblar, dar la vuelta ⟨bear right : doble a la derecha⟩ **2 to bear up** : resistir **3 to bear with** : tener paciencia con

bear[2] *n, pl* **bears** *or* **bear** : oso *m*, osa *f*

bearable [ˈbærəbəl] *adj* : soportable

beard [ˈbɪrd] *n* **1** : barba *f* **2** : arista *f* (de plantas)

bearded [ˈbɪrdəd] *adj* : barbudo, de barba

bearer [ˈbærər] *n* : portador *m*, -dora *f*

bearing [ˈbærɪŋ] *n* **1** CONDUCT, MANNERS : comportamiento *m*, modales *mpl* **2** SUPPORT : soporte *f* **3** SIGNIFICANCE : relación *f*, importancia *f* ⟨to have no bearing on : no tener nada que ver con⟩ **4** : cojinete *m*, rodamiento *m* (de una máquina) **5** COURSE, DIRECTION : dirección *f*, rumbo *m* ⟨to get one's bearings : orientarse⟩

beast [ˈbiːst] *n* **1** : bestia *f*, fiera *f* ⟨beast of burden : animal de carga⟩ **2** BRUTE : bruto *m*, -ta *f*; bestia *mf*

beastly [ˈbiːstli] *adj* : detestable, repugnante

beat[1] [ˈbiːt] *v* **beat; beaten** [ˈbiːtən] *or* **beat; beating** *vt* **1** STRIKE : golpear, pegar, darle una paliza (a alguien) **2** DEFEAT : vencer, derrotar (a un rival, etc.), batir (un récord) **3** : superar, ser mejor que ⟨nothing beats a nice, hot bath : no hay nada mejor que un baño caliente⟩ **4** AVOID : anticiparse a, evitar ⟨to beat the crowd : evitar el gentío⟩ **5** STIR, WHIP : batir **6** : batir (alas) **7 beat it!** : ¡lárgate! **8 it beats me** : no sé **9 to beat down** : echar abajo (una puerta) **10 to beat out** DEFEAT : vencer, derrotar **11 to beat up** : darle una paliza (a alguien) **12 to beat up on** : darle frecuentes palizas (a alguien) — *vi* **1** : batir **2** THROB : palpitar, latir **3 to beat down** : pegar fuerte, caer a plomo (dícese del sol)

beat[2] *adj* EXHAUSTED : derrengado, muy cansado ⟨I'm beat! : ¡estoy molido!⟩

beat[3] *n* **1** : golpe *m*, redoble *m* (de un tambor), latido *m* (del corazón) **2** RHYTHM : ritmo *m*, tiempo *m*

beater [ˈbiːt̬ər] *n* **1** : batidor *m*, -dora *f* **2** EGGBEATER : batidor *m*

beatific [ˌbiːəˈtɪfɪk] *adj* : beatífico

beatitude [biˈæt̬əˌtuːd] *n* **1** : beatitud *f* **2 the Beatitudes** : las bienaventuranzas

beau [ˈboː] *n, pl* **beaux** *or* **beaus** : pretendiente *m*, galán *m*

beautification [ˌbjuːt̬əfəˈkeɪʃən] *n* : embellecimiento *m*

beautiful [ˈbjuːt̬ɪfəl] *adj* : hermoso, bello, lindo, precioso

beautifully [ˈbjuːt̬ɪfəli] *adv* **1** ATTRACTIVELY : hermosamente **2** EXCELLENTLY : maravillosamente, excelentemente

beauty [ˈbjuːt̬i] *n, pl* **-ties** : belleza *f*, hermosura *f*, beldad *f*

beauty shop *or* **beauty salon** *n* : salón *m* de belleza

beaver [ˈbiːvər] *n* : castor *m*

because [bɪˈkʌz, -ˈkɔz] *conj* : porque

because of *prep* : por, a causa de, debido a

beck [ˈbɛk] *n* **to be at the beck and call of** : estar a la entera disposición de, estar sometido a la voluntad de

beckon [ˈbɛkən] *vi* **to beckon to someone** : hacerle señas a alguien

become [bɪˈkʌm] *v* **-came** [-ˈkeɪm]; **-come; -coming** *vi* : hacerse, volverse, ponerse ⟨he became famous : se hizo famoso⟩ ⟨to become sad : ponerse triste⟩ ⟨to become accustomed to : acostumbrarse a⟩ — *vt* **1** BEFIT : ser apropiado para **2** SUIT : favorecer, quedarle bien (a alguien) ⟨that dress becomes you : ese vestido te favorece⟩

becoming [bɪˈkʌmɪŋ] *adj* **1** SUITABLE : apropiado **2** FLATTERING : favorecedor

bed[1] [ˈbɛd] *v* **bedded; bedding** *vt* : acostar — *vi* : acostarse

bed[2] *n* **1** : cama *f*, lecho *m* ⟨to make the bed : hacer la cama⟩ ⟨to go to bed : acostarse⟩ ⟨to be time for bed : ser hora de acostarse⟩ **2** : cauce *m* (de un río), fondo *m* (del mar) **3** : arriate *m* (para plantas) **4** LAYER, STRATUM : capa *f*, estrato *m* **5** : caja *f* (de una camioneta)

bed and breakfast *n* : pensión *f* con desayuno

bedbug [ˈbɛdˌbʌg] *n* : chinche *f*

bedclothes [ˈbɛdˌkloːðz, -ˌkloːz] *npl* : ropa *f* de cama, sábanas *fpl*

bedding ['bɛdɪŋ] *n* **1** → **bedclothes** **2** : cama *f* (para animales)
bedeck [bɪ'dɛk] *vt* : adornar, engalanar
bedevil [bɪ'dɛvəl] *vt* **-iled** *or* **-illed; -iling** *or* **-illing** : acosar, plagar
bedlam ['bɛdləm] *n* : locura *f*, caos *m*, alboroto *m*
bedraggled [bɪ'drægəld] *adj* : desaliñado, despeinado
bedridden ['bɛd,rɪdən] *adj* : postrado en cama
bedrock ['bɛd,rɑk] *n* : lecho *m* de roca
bedroom ['bɛd,ru:m, -,rʊm] *n* : dormitorio *m*, habitación *f*, pieza *f*, recámara *f Col, Mex, Pan*
bedspread ['bɛd,sprd] *n* : cubrecama *m*, colcha *f*, cobertor *m*
bee ['bi:] *n* **1** : abeja *f* (insecto) **2** GATHERING : círculo *m*, reunión *f*
beech ['bi:ʧ] *n, pl* **beeches** *or* **beech** : haya *f*
beechnut ['bi:ʧ,nʌt] *n* : hayuco *m*
beef[1] ['bi:f] *vt* **to beef up** : fortalecer, reforzar — *vi* COMPLAIN : quejarse
beef[2] *n, pl* **beefs** ['bi:fs] *or* **beeves** ['bi:vz] : carne *f* de vaca, carne *f* de res *CA, Mex*
beefsteak ['bi:f,steɪk] *n* : filete *m*, bistec *m*
beehive ['bi:,haɪv] *n* : colmena *f*
beekeeper ['bi:,ki:pər] *n* : apicultor *m*, -tora *f*
beeline ['bi:,laɪn] *n* **to make a beeline for** : ir derecho a, ir directo hacia
been → **be**
beep[1] ['bi:p] *v* : pitar
beep[2] *n* : pitido *m*
beeper ['bi:pər] *n* : busca *m*, buscapersonas *m*
beer ['bɪr] *n* : cerveza *f*
beeswax ['bi:z,wæks] *n* : cera *f* de abejas
beet ['bi:t] *n* : remolacha *f*, betabel *m Mex*
beetle ['bi:ṭəl] *n* : escarabajo *m*
befall [bɪ'fɔl] *v* **-fell** [-'fl]; **-fallen** [-'fɔlən] *vt* : sucederle a, acontecerle a — *vi* : acontecer
befit [bɪ'fɪt] *vt* **-fitted; -fitting** : convenir a, ser apropiado para
before[1] [bɪ'for] *adv* **1** : antes ⟨before and after : antes y después⟩ **2** : anterior ⟨the month before : el mes anterior⟩
before[2] *conj* : antes que ⟨he would die before surrendering : moriría antes que rendirse⟩
before[3] *prep* **1** : antes de ⟨before eating : antes de comer⟩ **2** : delante de, ante ⟨I stood before the house : estaba parada delante de la casa⟩ ⟨before the judge : ante el juez⟩
beforehand [bɪ'for,hænd] *adv* : antes, por adelantado, de antemano, con anticipación
befriend [bɪ'frɛnd] *vt* : hacerse amigo de
befuddle [bɪ'fʌdəl] *vt* **-dled; -dling** : aturdir, ofuscar, confundir
beg ['bɛg] *v* **begged; begging** *vt* **1** : mendigar (dinero, etc.) **2** : pedir, suplicar ⟨I begged him to go : le supliqué que fuera⟩ — *vi* **1** : mendigar, pedir limosna **2 to beg for** : suplicar ⟨she begged for mercy : suplicó clemencia⟩
beget [bɪ'gɛt] *vt* **-got** [-'gɑt]; **-gotten** [-'gɑtən] *or* **-got; -getting** : engendrar
beggar ['bɛgər] *n* : mendigo *m*, -ga *f*; pordiosero *m*, -ra *f*
begin [bɪ'gɪn] *v* **-gan** [-'gæn]; **-gun** [-'gʌn]; **-ginning** *vt* : empezar, comenzar, iniciar ⟨she began to work, she began working : empezó a trabajar⟩ — *vi* **1** START : empezar, comenzar, iniciarse **2** ORIGINATE : nacer, originarse **3 to begin with** : en primer lugar, para empezar
beginner [bɪ'gɪnər] *n* : principiante *mf*
beginning [bɪ'gɪnɪŋ] *n* : principio *m*, comienzo *m*
begone [bi'gɔn] *interj* : ¡fuera de aquí!
begonia [bɪ'go:njə] *n* : begonia *f*
begrudge [bɪ'grʌʤ] *vt* **-grudged; -grudging** **1** : dar de mala gana **2** ENVY : envidiar, resentir
beguile [bɪ'gaɪl] *vt* **-guiled; -guiling** **1** DECEIVE : engañar **2** AMUSE : divertir, entretener
behalf [bɪ'hæf, -'haf] *n* **1** : favor *m*, beneficio *m*, parte *f* **2 on behalf of** *or* **in behalf of** : de parte de, en nombre de
behave [bɪ'heɪv] *vi* **-haved; -having** : comportarse, portarse
behavior [bɪ'heɪvjər] *n* : comportamiento *m*, conducta *f*
behead [bɪ'hd] *vt* : decapitar
behest [bɪ'hɛst] *n* **1** : mandato *m*, orden *f* **2 at the behest of** : a instancia de
behind[1] [bɪ'haɪnd] *adv* : atrás, detrás ⟨to fall behind : quedarse atrás⟩
behind[2] *prep* **1** : atrás de, detrás de, tras ⟨behind the house : detrás de la casa⟩ ⟨one behind another : uno tras otro⟩ **2** : atrasado con, después de ⟨behind schedule : atrasado con el trabajo⟩ ⟨I arrived behind the others : llegué después de los otros⟩ **3** SUPPORTING : en apoyo de, detrás ⟨we're behind you all the way! : ¡tienes todo nuestro apoyo!⟩
behind[3] [bɪ'haɪnd, 'bi:,haɪnd] *n* : trasero *m*
behold [bɪ'ho:ld] *vt* **-held; -holding** : contemplar
beholder [bɪ'ho:ldər] *n* : observador *m*, -dora *f*
behoove [bɪ'hu:v] *vt* **-hooved; -hooving** : convenirle a, corresponderle a ⟨it behooves us to help him : nos conviene ayudarlo⟩
beige[1] ['beɪʒ] *adj* : beige
beige[2] *n* : beige *m*
being ['bi:ɪŋ] *n* **1** EXISTENCE : ser *m*, existencia *f* **2** CREATURE : ser *m*, ente *m*
belabor [bɪ'leɪbər] *vt* **to belabor the point** : extenderse sobre el tema

belated [bɪˈleɪt̬əd] *adj* : tardío, retrasado
belch[1] [ˈbɛltʃ] *vi* **1** BURP : eructar **2** EXPEL : expulsar, arrojar
belch[2] *n* : eructo *m*
beleaguer [bɪˈliːgər] *vt* **1** BESIEGE : asediar, sitiar **2** HARASS : fastidiar, molestar
belfry [ˈbɛlfri] *n, pl* **-fries** : campanario *m*
Belgian [ˈbɛldʒən] *n* : belga *mf* — **Belgian** *adj*
belie [bɪˈlaɪ] *vt* **-lied; -lying** **1** MISREPRESENT : falsear, ocultar **2** CONTRADICT : contradecir, desmentir
belief [bəˈliːf] *n* **1** TRUST : confianza *f* **2** CONVICTION : creencia *f*, convicción *f* **3** FAITH : fe *f*
believable [bəˈliːvəbəl] *adj* : verosímil, creíble
believe [bəˈliːv] *v* **-lieved; -lieving** *vt* : creer ⟨I don't believe it! : ¡no puedo creerlo!⟩ ⟨believe it or not : aunque no lo creas, lo creas o no⟩ ⟨I can't believe my eyes : si no lo veo, no lo creo⟩ ⟨you'd better believe it! : ¡ya lo creo!, ¡por supuesto!⟩ — *vi* : creer
believer [bəˈliːvər] *n* **1** : creyente *mf* **2** : partidario *m*, -ria *f*; entusiasta *mf* ⟨she's a great believer in vitamins : ella es una gran partidaria de las vitaminas⟩
belittle [bɪˈlɪt̬əl] *vt* **-littled; -littling** **1** DISPARAGE : menospreciar, denigrar, rebajar **2** MINIMIZE : minimizar, quitar importancia a
Belizean [bəˈliːziən] *n* : beliceño *m*, -ña *f* — **Belizean** *adj*
bell[1] [ˈbɛl] *vt* : ponerle un cascabel a
bell[2] *n* : campana *f*, cencerro *m* (para una vaca o cabra), cascabel *m* (para un gato), timbre *m* (de teléfono, de la puerta)
belle [ˈbɛl] *n* : belleza *f*, beldad *f*
bellhop [ˈbɛlˌhɑp] *n* : botones *m*
bellicose [ˈbɛlɪˌkoːs] *adj* : belicoso *m* — **bellicosity** [ˌbɛlɪˈkɑsət̬i] *n*
belligerence [bəˈlɪdʒərən*t*s] *n* : agresividad *f*, beligerancia *f*
belligerent[1] [bəˈlɪdʒərənt] *adj* : agresivo, beligerante
belligerent[2] *n* : beligerante *mf*
bellow[1] [ˈbɛˌloː] *vi* : bramar, mugir — *vt* : gritar
bellow[2] *n* : bramido *m*, grito *m*
bellows [ˈbɛˌloːz] *ns & pl* : fuelle *m*
bellwether [ˈbɛlˌwɛðər] *n* : líder *mf*
belly[1] [ˈbɛli] *vi* **-lied; -lying** SWELL : hincharse, inflarse
belly[2] *n, pl* **-lies** : abdomen *m*, vientre *m*, barriga *f*, panza *f*
belong [bɪˈlɔŋ] *vi* **1** : pertenecer (a), ser propiedad (de) ⟨it belongs to her : pertenece a ella, es suyo, es de ella⟩ **2** : ser parte (de), ser miembro (de) ⟨he belongs to the club : es miembro del club⟩ **3** : deber estar, ir ⟨your coat belongs in the closet : tu abrigo va en el ropero⟩
belongings [bɪˈlɔŋɪŋz] *npl* : pertenencias *fpl*, efectos *mpl* personales
beloved[1] [bɪˈlʌvəd, -ˈlʌvd] *adj* : querido, amado
beloved[2] *n* : amado *m*, -da *f*; enamorado *m*, -da *f*; amor *m*
below[1] [bɪˈloː] *adv* : abajo
below[2] *prep* **1** : abajo de, debajo de ⟨below the window : debajo de la ventana⟩ **2** : por debajo de, bajo ⟨below average : por debajo del promedio⟩ ⟨5 degrees below zero : 5 grados bajo cero⟩
belt[1] [ˈbɛlt] *vt* **1** : ceñir con un cinturón, ponerle un cinturón a **2** THRASH : darle una paliza a, darle un trancazo a
belt[2] *n* **1** : cinturón *m*, cinto *m* (para el talle) **2** BAND, STRAP : cinta *f*, correa *f*, banda *f Mex* **3** AREA : frente *m*, zona *f*
beltway [ˈbɛltˌweɪ] *n* : carretera *f* de circunvalación; periférico *m CA, Mex*; libramiento *m Mex*
bemoan [bɪˈmoːn] *vt* : lamentarse de
bemuse [bɪˈmjuːz] *vt* **-mused; -musing** **1** BEWILDER : confundir, desconcertar **2** ENGROSS : absorber
bench [ˈbɛntʃ] *n* **1** SEAT : banco *m*, escaño *m*, banca *f* **2** : estrado *m* (de un juez) **3** COURT : tribunal *m*
bend[1] [ˈbɛnd] *v* **bent** [ˈbnt;]; **bending** *vt* : torcer, doblar, curvar, flexionar — *vi* **1** : torcerse, agacharse ⟨to bend over : inclinarse⟩ **2** TURN : torcer, hacer una curva
bend[2] *n* **1** TURN : vuelta *f*, recodo *m* **2** CURVE : curva *f*, ángulo *m*, codo *m*
beneath[1] [bɪˈniːθ] *adv* : bajo, abajo, debajo
beneath[2] *prep* : bajo de, abajo de, por debajo de
benediction [ˌbɛnəˈdɪkʃən] *n* : bendición *f*
benefactor [ˈbɛnəˌfæktər] *n* : benefactor *m*, -tora *f*
beneficence [bəˈnɛfəsən*t*s] *n* : beneficencia *f*
beneficent [bəˈnɛfəsənt] *adj* : benéfico, caritativo
beneficial [ˌbɛnəˈfɪʃəl] *adj* : beneficioso, provechoso — **beneficially** *adv*
beneficiary [ˌbɛnəˈfɪʃiˌɛri, -ˈfɪʃəri] *n, pl* **-ries** : beneficiario *m*, -ria *f*
benefit[1] [ˈbɛnəfɪt] *vt* : beneficiar — *vi* : beneficiarse
benefit[2] *n* **1** ADVANTAGE : beneficio *m*, ventaja *f*, provecho *m* **2** AID : asistencia *f*, beneficio *m* **3** : función *f* benéfica (para recaudar fondos)
benevolence [bəˈnɛvələn*t*s] *n* : bondad *f*, benevolencia *f*
benevolent [bəˈnɛvələnt] *adj* : benévolo, bondadoso — **benevolently** *adv*
Bengali [bɛnˈgɔli, bɛŋ-] *n* **1** : bengalí *mf* **2** : bengalí *m* (idioma) — **Bengali** *adj*
benign [bɪˈnaɪn] *adj* **1** GENTLE, KIND : benévolo, amable **2** FAVORABLE : propicio, favorable **3** MILD : benigno ⟨a benign tumor : un tumor benigno⟩

Beninese [bəˌnɪˈniːz, -ˌniː-, -ˈniːs; ˌbnɪˈ-] *n* : beninés *m*, -nesa *f* — **Beninese** *adj*

bent [ˈbɛnt] *n* : aptitud *f*, inclinación *f*

benumb [bɪˈnʌm] *vt* : entumecer

benzene [ˈbɛnˌziːn] *n* : benceno *m*

bequeath [bɪˈkwiːθ, -ˈkwiːð] *vt* : legar, dejar en testamento

bequest [bɪˈkwɛst] *n* : legado *m*

berate [bɪˈreɪt] *vt* **-rated; -rating** : reprender, regañar

bereaved[1] [bɪˈriːvd] *adj* : que está de luto, afligido (por la muerte de alguien)

bereaved[2] *n* **the bereaved** : los deudos del difunto (o de la difunta)

bereavement [bɪˈriːvmənt] *n* **1** SORROW : dolor *m*, pesar *m* **2** LOSS : pérdida *f*

bereft [bɪˈrɛft] *adj* : privado, desprovisto

beret [bəˈreɪ] *n* : boina *f*

beriberi [ˌbɛriˈbɛri] *n* : beriberi *m*

berm [ˈbərm] *n* : arcén *m*

berry [ˈbɛri] *n, pl* **-ries** : baya *f*

berserk [bərˈsərk, -ˈzərk] *adj* **1** : enloquecido **2 to go beserk** : volverse loco

berth[1] [ˈbərθ] *vi* : atracar

berth[2] *n* **1** DOCK : atracadero *m* **2** ACCOMMODATION : litera *f*, camarote *m* **3** POSITION : trabajo *m*, puesto *m*

beryl [ˈbɛrəl] *n* : berilo *m*

beseech [bɪˈsiːʧ] *vt* **-seeched** *or* **-sought** [-ˈsɔt]; **-seeching** : suplicar, implorar, rogar

beset [bɪˈsɛt] *vt* **-set; -setting** **1** HARASS : acosar **2** SURROUND : rodear

beside [bɪˈsaɪd] *prep* : al lado de, junto a

besides[1] [bɪˈsaɪdz] *adv* **1** ALSO : además, también, aparte **2** MOREOVER : además, por otra parte

besides[2] *prep* **1** : además de, aparte de ⟨six others besides you : seis otros además de ti⟩ **2** EXCEPT : excepto, fuera de, aparte de

besiege [bɪˈsiːʤ] *vt* **-sieged; -sieging** : asediar, sitiar, cercar

besmirch [bɪˈsmərʧ] *vt* : ensuciar, mancillar

best[1] [ˈbɛst] *vt* : superar, ganar a

best[2] *adv, superlative of* **well** : mejor ⟨as best I can : lo mejor que puedo⟩

best[3] *adj, superlative of* **good** : mejor ⟨my best friend : mi mejor amigo⟩

best[4] *n* **1 the best** : lo mejor, el mejor, la mejor, los mejores, las mejores **2 at ~** : a lo más **3 to do one's best** : hacer todo lo posible **4 to make the best of** ⟨I'll just have to make the best of it : tendré que arreglármelas como pueda⟩

bestial [ˈbɛsʧəl, ˈbiːs-] *adj* **1** : bestial **2** BRUTISH : brutal, salvaje

best man *n* : padrino *m*

bestow [bɪˈstoː] *vt* : conferir, otorgar, conceder

bestowal [bɪˈstoːəl] *n* : concesión *f*, otorgamiento *m*

bet[1] [ˈbɛt] *v* **bet; betting** *vt* : apostar — *vi* **1 to bet on** : apostarle a **2 you bet!** : ¡ya lo creo!, ¡por supuesto!

bet[2] *n* : apuesta *f*

betoken [bɪˈtoːkən] *vt* : denotar, ser indicio de

betray [bɪˈtreɪ] *vt* **1** : traicionar ⟨to betray one's country : traicionar uno a su patria⟩ **2** DIVULGE, REVEAL : delatar, revelar ⟨to betray a secret : revelar un secreto⟩

betrayal [bɪˈtreɪəl] *n* : traición *f*, delación *f*, revelación *f* ⟨betrayal of trust : abuso de confianza⟩

betrothal [bɪˈtroːðəl, -ˈtrɔ-] *n* : esponsales *mpl*, compromiso *m*

betrothed [bɪˈtroːðd, -ˈtrɔθt] *n* FIANCÉ : prometido *m*, -da *f*

better[1] [ˈbɛt̬ər] *vt* **1** IMPROVE : mejorar **2** SURPASS : superar

better[2] *adv, comparative of* **well** **1** : mejor **2** MORE : más ⟨better than 50 miles : más de 50 millas⟩

better[3] *adj, comparative of* **good** **1** : mejor ⟨the weather is better today : hace mejor tiempo hoy⟩ ⟨I was sick, but now I'm better : estuve enfermo, pero ahora estoy mejor⟩ **2** : mayor ⟨the better part of a month : la mayor parte de un mes⟩

better[4] *n* **1** : el mejor, la mejor ⟨the better of the two : el mejor de los dos⟩ **2 to get the better of** : vencer a, quedar por encima de, superar

betterment [ˈbɛt̬ərmənt] *n* : mejoramiento *m*, mejora *f*

bettor *or* **better** [ˈbɛt̬ər] *n* : apostador *m*, -dora *f*

between[1] [bɪˈtwiːn] *adv* **1** : en medio, por lo medio **2 in ~** : intermedio

between[2] *prep* : entre ⟨between the chair and the wall : entre la silla y la pared⟩ ⟨between now and then : de aquí a entonces⟩ ⟨between nine and ten o'clock : entre las nueve y las diez⟩ ⟨between five and ten people : entre cinco y diez personas⟩ ⟨between you and me : entre nosotros⟩ ⟨they divided it between them : se lo dividieron entre ellos/sí⟩ ⟨the difference between the two brands : la diferencia entre las dos marcas⟩ ⟨to choose between two options : escoger entre dos opciones⟩

bevel[1] [ˈbɛvəl] *v* **-eled** *or* **-elled; -eling** *or* **-elling** *vt* : biselar — *vi* INCLINE : inclinarse

bevel[2] *n* : bisel *m*

beverage [ˈbɛvrɪʤ, ˈbɛvə-] *n* : bebida *f*

bevy [ˈbɛvi] *n, pl* **bevies** : grupo *m* (de personas), bandada *f* (de pájaros)

bewail [bɪˈweɪl] *vt* : lamentarse de, llorar

beware [bɪˈwær] *vi* **to beware of** : tener cuidado con ⟨beware of the dog! : ¡cuidado con el perro!⟩ — *vt* : guardarse de, cuidarse de

bewilder [bɪˈwɪldər] *vt* : desconcertar, dejar perplejo

bewilderment [bɪˈwɪldərmənt] *n* : desconcierto *m*, perplejidad *f*

bewitch [bɪˈwɪʧ] *vt* **1** : hechizar, embrujar **2** CHARM : cautivar, encantar

bewitchment [bɪˈwɪʧmənt] *n* : hechizo *m*

beyond[1] [biˈjɑnd] *adv* **1** FARTHER, LATER : más allá, más lejos (en el espacio), más adelante (en el tiempo) **2** MORE : más ⟨$50 and beyond : $50 o más⟩

beyond[2] *n* **the beyond** : el más allá, lo desconocido

beyond[3] *prep* **1** : más allá de ⟨beyond the frontier : más allá de la frontera⟩ **2** : fuera de ⟨beyond one's reach : fuera de su alcance⟩ **3** BESIDES : además de

biannual [ˌbaɪˈænjʊəl] *adj* : bianual — **biannually** *adv*

bias[1] [ˈbaɪəs] *vt* **-ased** *or* **-assed; -asing** *or* **-assing 1** : predisponer, sesgar, influir en, afectar **2 to be biased against** : tener prejuicio contra

bias[2] *n* **1** : sesgo *m*, bies *m* (en la costura) **2** PREJUDICE : prejuicio *m* **3** TENDENCY : inclinación *f*, tendencia *f*

biased [ˈbaɪəst] *adj* : tendencioso, parcial

bib [ˈbɪb] *n* **1** : peto *m* **2** : babero *m* (para niños)

Bible [ˈbaɪbəl] *n* : Biblia *f*

biblical [ˈbɪblɪkəl] *adj* : bíblico

bibliographer [ˌbɪbliˈɑgrəfər] *n* : bibliógrafo *m*, -fa *f*

bibliographic [ˌbɪbliəˈgræfɪk] *adj* : bibliográfico

bibliography [ˌbɪbliˈɑgrəfi] *n, pl* **-phies** : bibliografía *f*

bicameral [ˌbaɪˈkæmərəl] *adj* : bicameral

bicarbonate [ˌbaɪˈkɑrbənət, -ˌneɪt] *n* : bicarbonato *m*

bicentennial [ˌbaɪsɛnˈtɛniəl] *n* : bicentenario *m*

biceps [ˈbaɪˌsɛps] *ns & pl* : bíceps *m*

bicker[1] [ˈbɪkər] *vi* : pelear, discutir, reñir

bicker[2] *n* : pelea *f*, riña *f*, discusión *f*

bicuspid [baɪˈkʌspɪd] *n* : premolar *m*, diente *m* bicúspide

bicycle[1] [ˈbaɪsɪkəl, -ˌsɪ-] *vi* **-cled; -cling** : ir en bicicleta

bicycle[2] *n* : bicicleta *f*

bicycling [ˈbaɪsɪkəlɪŋ] *n* : ciclismo *m*

bicyclist [ˈbaɪsɪkəlɪst] *n* : ciclista *mf*

bid[1] [ˈbɪd] *vt* **bade** [ˈbæd, ˈbeɪd] *or* **bid; bidden** [ˈbɪdən] *or* **bid; bidding 1** ORDER : pedir, mandar **2** INVITE : invitar **3** SAY : dar, decir ⟨to bid good evening : dar las buenas noches⟩ ⟨to bid farewell to : decir adiós a⟩ **4** : ofrecer (en una subasta), declarar (en juegos de cartas)

bid[2] *n* **1** OFFER : oferta *f* (en una subasta), declaración *f* (en juegos de cartas) **2** INVITATION : invitación *f* **3** ATTEMPT : intento *m*, tentativa *f*

bidder [ˈbɪdər] *n* : postor *m*, -tora *f*

bide [ˈbaɪd] *v* **bode** [ˈboːd] *or* **bided; bided; biding** *vt* : esperar, aguardar ⟨to bide one's time : esperar el momento oportuno⟩ — *vi* DWELL : morar, vivir

biennial [baɪˈɛniəl] *adj* : bienal — **biennially** *adv*

bier [ˈbɪr] *n* **1** STAND : andas *fpl* **2** COFFIN : ataúd *m*, féretro *m*

bifocals [ˈbaɪˌfoːkəlz] *npl* : lentes *mpl* bifocales, bifocales *mpl*

big [ˈbɪg] *adj* **bigger; biggest 1** LARGE : grande ⟨a big guy : un tipo grande⟩ ⟨a great big house : una casa grandísima⟩ ⟨a big group : un grupo grande/numeroso⟩ ⟨big words : palabras difíciles⟩ **2** (*indicating degree*) ⟨to be a big eater : ser un comelón⟩ ⟨to be a big believer in something : ser un gran partidario de algo⟩ **3** IMPORTANT, MAJOR : importante, grande ⟨a big decision : una gran decisión⟩ **4** POPULAR : popular, famoso, conocido ⟨the next big thing : el próximo exitazo⟩ **5** KIND : generoso ⟨it was very big of him : fue muy generoso de su parte⟩ **6 to be big on** : ser entusiasta de

bigamist [ˈbɪgəmɪst] *n* : bígamo *m*, -ma *f*

bigamous [ˈbɪgəməs] *adj* : bígamo

bigamy [ˈbɪgəmi] *n* : bigamia *f*

Big Dipper → **dipper**

bighorn [ˈbɪgˌhɔrn] *n, pl* **-horn** *or* **-horns** *or* **bighorn sheep** : oveja *f* salvaje de las montañas

bight [ˈbaɪt] *n* : bahía *f*, ensenada *f*, golfo *m*

bigot [ˈbɪgət] *n* : intolerante *mf*

bigoted [ˈbɪgəṭəd] *adj* : intolerante, prejuiciado, fanático

bigotry [ˈbɪgətri] *n, pl* **-tries** : intolerancia *f*

big shot *n* : pez *m* gordo *fam*, mandamás *mf*

bigwig [ˈbɪgˌwɪg] → **big shot**

bike [ˈbaɪk] *n* **1** : bicicleta *f*, bici *f fam* **2** : motocicleta *f*, moto *f*

bike lane *or* **bicycle lane** *n* : carril *m* para bicicletas

bikini [bəˈkiːni] *n* : bikini *m*

bilateral [baɪˈlæṭərəl] *adj* : bilateral — **bilaterally** *adv*

bile [ˈbaɪl] *n* **1** : bilis *f* **2** IRRITABILITY : mal genio *m*

bilingual [baɪˈlɪŋgwəl] *adj* : bilingüe

bilious [ˈbɪliəs] *adj* **1** : bilioso **2** IRRITABLE : bilioso, colérico

bilk [ˈbɪlk] *vt* : burlar, estafar, defraudar

bill[1] [ˈbɪl] *vt* : pasarle la cuenta a — *vi* : acariciar ⟨to bill and coo : acariciarse⟩

bill[2] *n* **1** LAW : proyecto *m* de ley, ley *f* **2** INVOICE : cuenta *f*, factura *f* **3** POSTER : cartel *m* **4** PROGRAM : programa *m* (del teatro) **5** : billete *m* ⟨a five-dollar bill : un billete de cinco dólares⟩ **6** BEAK : pico *m*

billboard [ˈbɪlˌbɔrd] *n* : cartelera *f*

billet[1] [ˈbɪlət] *vt* : acuartelar, alojar

billet[2] *n* : alojamiento *m*
billfold [ˈbɪl,fo:ld] *n* : billetera *f*, cartera *f*
billiards [ˈbɪljərdz] *n* : billar *m*
billion [ˈbɪljən] *n, pl* **billions** *or* **billion** : mil millones *mpl*
billow[1] [ˈbɪlo] *vi* : hincharse, inflarse
billow[2] *n* **1** WAVE : ola *f* **2** CLOUD : nube *f* ⟨a billow of smoke : un nube de humo⟩
billowy [ˈbɪlowi] *adj* : ondulante
billy goat [ˈbɪli,go:t] *n* : macho *m* cabrío
bin [ˈbɪn] *n* : cubo *m*, cajón *m*
binary [ˈbaɪnəri, -,nɛri] *adj* : binario *m*
bind [ˈbaɪnd] *vt* **bound** [ˈbaʊnd]; **binding** **1** TIE : atar, amarrar **2** OBLIGATE : obligar **3** UNITE : aglutinar, ligar, unir **4** BANDAGE : vendar **5** : encuadernar (un libro)
binder [ˈbaɪndər] *n* **1** FOLDER : carpeta *f* **2** : encuadernador *m*, -dora *f* (de libros)
binding [ˈbaɪndɪŋ] *n* **1** : encuadernación *f* (de libros) **2** COVER : cubierta *f*, forro *m*
binge [ˈbɪndʒ] *n* : juerga *f*, parranda *f fam*
bingo [ˈbɪŋ,go:] *n, pl* **-gos** : bingo *m*
binocular [baɪˈnɑkjələr, bə-] *adj* : binocular
binoculars [bəˈnɑkjələrz, baɪ-] *npl* : binoculares *mpl*
biochemical[1] [,baɪoˈkɛmɪkəl] *adj* : bioquímico
biochemical[2] *n* : bioquímico *m*
biochemist [,baɪoˈkɛmɪst] *n* : bioquímico *m*, -ca *f*
biochemistry [,baɪoˈkɛməstri] *n* : bioquímica *f*
biodegradable [,baɪodɪˈgreɪdəbəl] *adj* : biodegradable
biodegradation [,baɪodɛgrəˈdeɪʃən] *n* : biodegradación *f*
biodegrade [,baɪodɪˈgreɪd] *vi* **-graded; -grading** : biodegradarse
biodiversity [,baɪodəˈvərsət̬i, -daɪ-] *n, pl* **-ties** : bioversidad *f*
biographer [baɪˈɑgrəfər] *n* : biógrafo *m*, -fa *f*
biographical [,baɪəˈgræfɪkəl] *adj* : biográfico
biography [baɪˈɑgrəfi, bi:-] *n, pl* **-phies** : biografía *f*
biologic [,baɪəˈlɑdʒɪk] *or* **biological** [-dʒɪkəl] *adj* : biológico
biological weapon *n* : arma *f* biológica
biologist [baɪˈɑlədʒɪst] *n* : biólogo *m*, -ga *f*
biology [baɪˈɑlədʒi] *n* : biología *f*
biophysical [,baɪoˈfɪzɪkəl] *adj* : biofísico
biophysicist [,baɪoˈfɪzəsɪst] *n* : biofísico *m*, -ca *f*
biophysics [,baɪoˈfɪzɪks] *ns & pl* : biofísica *f*
biopsy [ˈbaɪ,ɑpsi] *n, pl* **-sies** : biopsia *f*
biosphere [ˈbaɪə,sfɪr] *n* : biosfera *f*, biósfera *f*
biotechnology [,baɪotɛkˈnɑlədʒi] *n* : biotecnología *f* — **biotechnological** [,baɪo,tɛknəˈlɑdʒɪkəl] *adj*
biotic [baɪˈɑtɪk] *adj* : biótico
bipartisan [baɪˈpɑrt̬əzən, -sən] *adj* : bipartidista, de dos partidas
biped [ˈbaɪ,pɛd] *n* : bípedo *m*
birch [ˈbərtʃ] *n* : abedul *m*
bird [ˈbərd] *n* : pájaro *m* (pequeño), ave *f* (grande)
birdbath [ˈbərd,bæθ, -,baθ] *n* : pila *f* para pájaros
bird dog *n* : perro *m*, -rra *f* de caza
bird of prey *n* : ave *f* rapaz, ave *f* de presa
birdseed [ˈbərd,si:d] *n* : alpiste *m*
bird's–eye [ˈbərdz,aɪ] *adj* **1** : visto desde arriba ⟨bird's-eye view : vista aérea⟩ **2** CURSORY : rápido, somero
birth [ˈbərθ] *n* **1** : nacimiento *m*, parto *m* **2** ORIGIN : origen *m*, nacimiento *m*
birth control *n* : control *m* de natalidad
birthday [ˈbərθ,deɪ] *n* : cumpleaños *m*, aniversario *m*
birthmark [ˈbərθ,mɑrk] *n* : mancha *f* de nacimiento
birthplace [ˈbərθ,pleɪs] *n* : lugar *m* de nacimiento
birthrate [ˈbərθ,reɪt] *n* : índice *m* de natalidad
birthright [ˈbərθ,raɪt] *n* : derecho *m* de nacimiento
biscuit [ˈbɪskət] *n* : bizcocho *m*
bisect [ˈbaɪ,sɛkt, ,baɪˈ-] *vt* : bisecar
bisexual [,baɪˈsekʃʊəl] *adj* : bisexual — **bisexuality** [,baɪ,sekʃʊˈæləti] *n*
bishop [ˈbɪʃəp] *n* **1** : obispo *m* **2** : alfil *m* (en ajedrez)
bismuth [ˈbɪzməθ] *n* : bismuto *m*
bison [ˈbaɪzən, -sən] *ns & pl* : bisonte *m*
bistro [ˈbi:stro, ˈbɪs-] *n, pl* **-tros** : bar *m*, restaurante *m* pequeño
bit [ˈbɪt] *n* **1** FRAGMENT, PIECE : pedazo *m*, trozo *m* ⟨he smashed it to bits : lo hizo pedazos⟩ **2** : freno *m*, bocado *m* (de una brida) **3** : broca *f* (de un taladro) **4** : bit *m* (de información) **5** : rato *m*, momento *m* ⟨stay a bit (longer) : quédate un ratito⟩ **6** SKETCH : sketch *m* (en teatro, etc.) **7** **a bit** SOMEWHAT : un poco **8** **a bit of** : un poco de **9** **bit by bit** : poco a poco **10** **every bit as . . . as** : tan . . . como **11** **quite a bit** : bastante
bitch[1] [ˈbɪtʃ] *vi* COMPLAIN : quejarse, reclamar
bitch[2] *n* : perra *f*
bite[1] [ˈbaɪt] *v* **bit** [ˈbɪt]; **bitten** [ˈbɪtən]; **biting** *vt* **1** : morder **2** STING : picar **3** PUNCTURE : punzar, pinchar **4** GRIP : agarrar **5** **to bite one's tongue** : morderse la lengua **6** **to bite someone's head off** : explotar, perder los estribos (sin provocación) **7** **to bite the bullet** : hacer de tripas corazón **8** **to bite the dust** : morder el polvo (dícese de una persona), pasar a mejor vida (dícese de una cosa) — *vi* **1**

: morder ⟨that dog bites : ese perro muerde⟩ **2** STING : picar (dícese de un insecto), cortar (dícese del viento) **3** : picar ⟨the fish are biting now : ya están picando los peces⟩ **4** GRAB : agarrarse

bite[2] *n* **1** BITING : mordisco *m*, dentellada *f* **2** SNACK : bocado *m* ⟨a bite to eat : algo de comer⟩ **3** : picadura *f* (de un insecto), mordedura *f* (de un animal) **4** SHARPNESS : mordacidad *f*, penetración *f*

biting *adj* **1** PENETRATING : cortante, penetrante **2** CAUSTIC : mordaz, sarcástico

bitter [ˈbɪt̬ər] *adj* **1** ACRID : amargo, acre **2** PENETRATING : cortante, penetrante ⟨bitter cold : frío glacial⟩ **3** HARSH : duro, amargo ⟨to the bitter end : hasta el final⟩ **4** INTENSE, RELENTLESS : intenso, extremo, implacable ⟨bitter hatred : odio implacable⟩

bitterly [ˈbɪt̬ərli] *adv* : amargamente

bitterness [ˈbɪt̬ərnəs] *n* : amargura *f*

bittersweet [ˈbɪt̬ərˌswiːt] *adj* : agridulce

bivalve [ˈbaɪˌvælv] *n* : bivalvo *m* — **bivalve** *adj*

bivouac[1] [ˈbɪvəˌwæk, ˈbɪvˌwæk] *vi* **-ouacked; -ouacking** : acampar, vivaquear

bivouac[2] *n* : vivaque *m*

bizarre [bəˈzɑr] *adj* : extraño, singular, estrafalario, estrambótico — **bizarrely** *adv*

blab [ˈblæb] *vi* **blabbed; blabbing** : parlotear *fam*, cotorrear *fam*

black[1] [ˈblæk] *vt* : ennegrecer

black[2] *adj* **1** : negro (color, raza) **2** SOILED : sucio **3** DARK : oscuro, negro **4** WICKED : malvado, perverso, malo **5** GLOOMY : negro, sombrío, deprimente

black[3] *n* **1** : negro *m* (color) **2** : negro *m*, -gra *f* (persona)

black–and–blue [ˌblækənˈbluː] *adj* : amoratado

blackball [ˈblækˌbɔl] *vt* **1** OSTRACIZE : hacerle el vacío a, aislar **2** BOYCOTT : boicotear

blackberry [ˈblækˌbɛri] *n, pl* **-ries** : mora *f*

blackbird [ˈblækˌbərd] *n* : mirlo *m*

blackboard [ˈblækˌbɔrd] *n* : pizarra *f*, pizarrón *m*

black box *n* : caja *f* negra

blacken [ˈblækən] *vt* **1** BLACK : ennegrecer **2** DEFAME : deshonrar, difamar, manchar

blackhead [ˈblækˌhɛd] *n* : espinilla *f*, punto *m* negro

black hole *n* : agujero *m* negro

blackjack [ˈblækˌʤæk] *n* **1** : cachiporra *f* (arma) **2** : veintiuna *f* (juego de cartas)

blacklist[1] [ˈblækˌlɪst] *vt* : poner en la lista negra

blacklist[2] *n* : lista *f* negra

blackmail[1] [ˈblækˌmeɪl] *vt* : chantajear, hacer chantaje a

blackmail[2] *n* : chantaje *m*

blackmailer [ˈblækˌmeɪlər] *n* : chantajista *mf*

blackout [ˈblækˌaʊt] *n* **1** : apagón *m* (de poder eléctrico) **2** FAINT : desmayo *m*, desvanecimiento *m*

black out *vt* : dejar sin luz — *vi* FAINT : perder el conocimiento, desmayarse

blacksmith [ˈblækˌsmɪθ] *n* : herrero *m*

blacktop [ˈblækˌtɑp] *n* : asfalto *m*

bladder [ˈblædər] *n* : vejiga *f*

blade [ˈbleɪd] *n* : hoja *f* (de un cuchillo), cuchilla *f* (de un patín), pala *f* (de un remo o una hélice), brizna *f* (de hierba)

blamable [ˈbleɪməbəl] *adj* : culpable

blame[1] [ˈbleɪm] *vt* **blamed; blaming** : culpar, echar la culpa a

blame[2] *n* : culpa *f*

blameless [ˈbleɪmləs] *adj* : intachable, sin culpa, inocente — **blamelessly** *adv*

blameworthiness [ˈbleɪmˌwərðinəs] *n* : culpa *f*, culpabilidad *f*

blameworthy [ˈbleɪmˌwərði] *adj* : culpable, reprochable, censurable

blanch [ˈblænʧ] *vt* WHITEN : blanquear — *vi* PALE : palidecer

bland [ˈblænd] *adj* : soso, insulso, desabrido ⟨a bland smile : una sonrisa insulsa⟩ ⟨a bland diet : una dieta fácil de digerir⟩

blandishments [ˈblændɪʃmənts] *npl* : lisonjas *fpl*, halagos *mpl*

blandly [ˈblændli] *adv* : de manera insulsa

blandness [ˈblændnəs] *n* : lo insulso, lo desabrido

blank[1] [ˈblæŋk] *vt* OBLITERATE : borrar

blank[2] *adj* **1** DAZED : perplejo, desconcertado **2** EXPRESSIONLESS : sin expresión, inexpresivo **3** : en blanco (dícese de un papel), liso (dícese de una pared) **4** EMPTY : vacío, en blanco ⟨a blank stare : una mirada vacía⟩ ⟨his mind went blank : se quedó en blanco⟩

blank[3] *n* **1** SPACE : espacio *m* en blanco **2** FORM : formulario *m* **3** CARTRIDGE : cartucho *m* de fogueo **4** *or* **blank key** : llave *f* ciega

blanket[1] [blæŋkət] *vt* : cubrir

blanket[2] *adj* : global

blanket[3] *n* : manta *f*, cobija *f*, frazada *f*

blankly [ˈblænkli] *adv* : sin comprender

blankness [ˈblænknəs] *n* **1** PERPLEXITY : desconcierto *m*, perplejidad *f* **2** EMPTINESS : vacío *m*, vacuidad *f*

blare[1] [ˈblær] *vi* **blared; blaring** : resonar

blare[2] *n* : estruendo *m*

blarney [ˈblɑrni] *n* : labia *f fam*

blasé [blɑˈzeɪ] *adj* : displicente, indiferente

blaspheme [blæsˈfiːm, ˈblæsˌ-] *vi* **-phemed; -pheming** : blasfemar

blasphemer [blæsˈfiːmər, ˈblæsˌ-] *n* : blasfemo *m*, -ma *f*

blasphemous [ˈblæsfəməs] *adj* : blasfemo

blasphemy ['blæsfəmi] *n, pl* **-mies** : blasfemia *f*
blast[1] ['blæst] *vt* **1** BLOW UP : volar, hacer volar **2** ATTACK : atacar, arremeter contra
blast[2] *n* **1** GUST : ráfaga *f* **2** EXPLOSION : explosión *f*
blast–off ['blæst,ɔf] *n* : despegue *m*
blast off *vi* : despegar
blatant ['bleɪtənt] *adj* : descarado — **blatantly** ['bleɪtəntli] *adv*
blaze[1] ['bleɪz] *v* **blazed; blazing** *vi* SHINE : arder, brillar, resplandecer — *vt* MARK : marcar, señalar ⟨to blaze a trail : abrir un camino⟩
blaze[2] *n* **1** FIRE : fuego *m* **2** BRIGHTNESS : resplandor *m*, brillantez *f* **3** OUTBURST : arranque *m* ⟨a blaze of anger : un arranque de cólera⟩ **4** DISPLAY : alarde *m*, llamarada *f* ⟨a blaze of color : un derroche de color⟩
blazer ['bleɪzər] *n* : chaqueta *f* deportiva, blazer *m*
bleach[1] ['bli:ʧ] *vt* : blanquear, decolorar
bleach[2] *n* : lejía *f*, blanqueador *m*
bleachers ['bli:ʧərz] *ns & pl* : gradas *fpl*, tribuna *f* descubierta
bleak ['bli:k] *adj* **1** DESOLATE : inhóspito, sombrío, desolado **2** DEPRESSING : deprimente, triste, sombrío
bleakly ['bli:kli] *adv* : sombríamente
bleakness ['bli:knəs] *n* : lo inhóspito, lo sombrío
blear ['blɪr] *adj* : empañado, nublado
bleary ['blɪri] *adj* **1** : adormilado, fatigado **2 bleary–eyed** : con los ojos nublados
bleat[1] ['bli:t] *vi* : balar
bleat[2] *n* : balido *m*
bleed ['bli:d] *v* **bled** ['bɛld]; **bleeding** *vi* **1** : sangrar **2** GRIEVE : sufrir, afligirse **3** EXUDE : exudar (dícese de una planta), correrse (dícese de los colores) — *vt* **1** : sangrar (a una persona), purgar (frenos) **2 to bleed someone dry** : sacarle todo el dinero a alguien
blemish[1] ['blɛmɪʃ] *vt* : manchar, marcar
blemish[2] *n* : imperfección *f*, mancha *f*, marca *f*
blend[1] ['blɛnd] *vt* **1** MIX : mezclar **2** COMBINE : combinar, aunar
blend[2] *n* : mezcla *f*, combinación *f*
blender ['blɛndər] *n* : licuadora *f*
bless ['blɛs] *vt* **blessed** ['blɛst]; **blessing 1** CONSECRATE : bendecir, consagrar **2** : bendecir ⟨may God bless you! : ¡que Dios te bendiga!⟩ **3 to bless with** : dotar de **4 to bless oneself** : santiguarse
blessed ['blɛsəd] *or* **blest** ['blɛst] *adj* : bienaventurado, bendito, dichoso
blessedly ['blɛsədli] *adv* : felizmente, alegremente, afortunadamente
blessing ['blɛsɪŋ] *n* **1** : bendición *f* **2** APPROVAL : aprobación *f*, consentimiento *m*
blew → **blow**
blight[1] ['blaɪt] *vt* : arruinar, infestar
blight[2] *n* **1** : añublo *m* **2** PLAGUE : peste *f*, plaga *f* **3** DECAY : deterioro *m*, ruina *f*
blimp ['blɪmp] *n* : dirigible *m*
blind[1] ['blaɪnd] *vt* **1** : cegar, dejar ciego **2** DAZZLE : deslumbrar
blind[2] *adj* **1** SIGHTLESS : ciego **2** INSENSITIVE : ciego, insensible, sin razón **3** CLOSED : sin salida ⟨blind alley : callejón sin salida⟩
blind[3] *n* **1** : persiana *f* (para una ventana) **2** COVER : escondite *m*, escondrijo *m*
blinders ['blaɪndərz] *npl* : anteojeras *fpl*
blindfold[1] ['blaɪnd,fo:ld] *vt* : vendar los ojos
blindfold[2] *n* : venda *f* (para los ojos)
blinding ['blaɪndɪŋ] *adj* : enceguecedor, cegador ⟨with blinding speed : con una rapidez inusitada⟩
blindly ['blaɪndli] *adv* : a ciegas, ciegamente
blindness ['blaɪndnəs] *n* : ceguera *f*
blink[1] ['blɪŋk] *vi* **1** WINK : pestañear, parpadear **2** : brillar intermitentemente
blink[2] *n* : pestañeo *m*, parpadeo *m*
blinker ['blɪŋkər] *n* : intermitente *m*, direccional *f*
bliss ['blɪs] *n* **1** HAPPINESS : dicha *f*, felicidad *f* absoluta **2** PARADISE : paraíso *m*
blissful ['blɪsfəl] *adj* : dichoso, feliz — **blissfully** *adv*
blister[1] ['blɪstər] *vi* : ampollarse
blister[2] *n* : ampolla *f* (en la piel o una superficie), burbuja *f* (en una superficie)
blithe ['blaɪθ, 'blaɪð] *adj* **blither; blithest 1** CAREFREE : despreocupado **2** CHEERFUL : alegre, risueño — **blithely** *adv*
blitz[1] ['blɪts] *vt* **1** BOMBARD : bombardear **2** : atacar con rapidez
blitz[2] *n* **1** : bombardeo *m* aéreo **2** CAMPAIGN : ataque *m*, acometida *f*
blizzard ['blɪzərd] *n* : tormenta *f* de nieve, ventisca *f*
bloat ['blo:t] *vi* : hincharse, inflarse
blob ['blɑb] *n* : gota *f*, mancha *f*, borrón *m*
bloc ['blɑk] *n* : bloque *m*
block[1] ['blɑk] *vt* **1** OBSTRUCT : bloquear (una calle, una arteria, etc.) ⟨you're blocking my light : me estás tapando la luz⟩ **2** *or* **to block up** CLOG : obstruir, atascar, atorar (una tubería, etc.) **3** IMPEDE : bloquear, impedir **4** : bloquear (en deportes) **5 to block off** BARRICADE : cortar (una calle) **6 to block in** : cerrarle el paso a (un vehículo) **7 to block out** : tapar (el sol, etc.) **8 to block out** FORGET, IGNORE : borrar de la mente
block[2] *n* **1** PIECE : bloque *m* ⟨building blocks : cubos de construcción⟩ ⟨auction block : plataforma de subastas⟩ ⟨starting block : taco de salida⟩ **2** OBSTRUCTION : obstrucción *f*, bloqueo *m*

3 : cuadra *f*, manzana *f* (de edificios) ⟨to go around the block : dar la vuelta a la cuadra⟩ **4** BUILDING : edificio *m* (de apartamentos, oficinas, etc.) **5** GROUP, SERIES : serie *f*, grupo *m* ⟨a block of tickets : una serie de entradas⟩ **6 block and tackle** : aparejo *m* de poleas

blockade[1] [blɑˈkeɪd] *vt* **-aded; -ading** : bloquear

blockade[2] *n* : bloqueo *m*

blockage [ˈblɑkɪʤ] *n* : bloqueo *m*, obstrucción *f*

blockbuster [ˈblɑkˌbʌstər] *n* : gran éxito *m* (de taquilla)

blockhead [ˈblɑkˌhɛd] *n* : bruto *m*, -ta *f*; estúpido *m*, -da *f*

blog [ˈblɔg, ˈblɑg] *n* : blog *m*, bitácora *f*

blond[1] *or* **blonde** [ˈblɑnd] *adj* : rubio, güero *Mex*, claro (dícese de la madera)

blond[2] *or* **blonde** *n* : rubio *m*, -bia *f*; güero *m*, -ra *f Mex*

blood [ˈblʌd] *n* **1** : sangre *f* ⟨to draw blood : sacar sangre⟩ **2** LIFEBLOOD : vida *f*, alma *f* **3** LINEAGE : linaje *m*, sangre *f* ⟨blood relatives : parientes consanguíneos⟩ **4 in cold blood** : a sangre fría

blood bank *n* : banco *m* de sangre

bloodcurdling [ˈblʌdˌkərdəlɪŋ] *adj* : espeluznante, aterrador

blooded [ˈblʌdəd] *adj* : de sangre ⟨cold-blooded animal : animal de sangre fría⟩

bloodhound [ˈblʌdˌhaʊnd] *n* : sabueso *m*

bloodless [ˈblʌdləs] *adj* **1** : incruento, sin derramamiento de sangre **2** LIFELESS : desanimado, insípido, sin vida

bloodmobile [ˈblʌdmoˌbi:l] *n* : unidad *f* móvil para donantes de sangre

blood pressure *n* : tensión *f*, presión *f* (arterial)

bloodshed [ˈblʌdˌʃɛd] *n* : derramamiento *m* de sangre

bloodshot [ˈblʌdˌʃɑt] *adj* : inyectado de sangre

bloodstain [ˈblʌdˌsteɪn] *n* : mancha *f* de sangre

bloodstained [ˈblʌdˌsteɪnd] *adj* : manchado de sangre

bloodstream [ˈblʌdˌstri:m] *n* : torrente *m* sanguíneo, corriente *f* sanguínea

bloodsucker [ˈblʌdˌsʌkər] *n* : sanguijuela *f*

bloodthirsty [ˈblʌdˌθərsti] *adj* : sanguinario

blood vessel *n* : vaso *m* sanguíneo

bloody [ˈblʌdi] *adj* **bloodier; -est** : ensangrentado, sangriento

bloom[1] [ˈblu:m] *vi* **1** FLOWER : florecer **2** MATURE : madurar

bloom[2] *n* **1** FLOWER : flor *f* ⟨to be in bloom : estar en flor⟩ **2** FLOWERING : floración *f* ⟨in full bloom : en plena floración⟩ **3** : rubor *m* (de la tez) ⟨in the bloom of youth : en plena juventud, en la flor de la vida⟩

bloomers [ˈblu:mərz] *npl* : bombachos *mpl*

blooper [ˈblu:pər] *n* : metedura *f* de pata *fam*

blossom[1] [ˈblɑsəm] *vi* : florecer, dar flor

blossom[2] *n* : flor *f*

blot[1] [ˈblɑt] *vt* **blotted; blotting 1** SPOT : emborronar, borronear **2** DRY : secar

blot[2] *n* **1** STAIN : mancha *f*, borrón *m* **2** BLEMISH : mancha *f*, tacha *f*

blotch[1] [ˈblɑʧ] *vt* : emborronar, borronear

blotch[2] *n* : mancha *f*, borrón *m*

blotchy [ˈblɑʧi] *adj* **blotchier; -est** : lleno de manchas

blotter [ˈblɑt̬ər] *n* : hoja *f* de papel secante, secante *m*

blouse [ˈblaʊs, ˈblaʊz] *n* : blusa *f*

blow[1] [ˈblo:] *v* **blew** [ˈblu:]; **blown** [ˈblo:n]; **blowing** *vi* **1** : soplar, volar ⟨the wind is blowing hard : el viento está soplando con fuerza⟩ ⟨it blew out the door : voló por la puerta⟩ ⟨the window blew shut : se cerró la ventana⟩ **2** SOUND : sonar ⟨the whistle blew : sonó el silbato⟩ **3 to blow off** *fam* : dejar plantado (a alguien) **4 to blow out** : fundirse (dícese de un fusible eléctrico), reventarse (dícese de una llanta) **5 to blow over** : pasar, dispersarse (dícese de una tormenta) **6 to blow over** : pasar, calmarse, caer en el olvido (dícese de una situación) — *vt* **1** : soplar, echar ⟨to blow smoke : echar humo⟩ **2** SOUND : tocar, sonar **3** SHAPE : soplar, dar forma a ⟨to blow glass : soplar vidrio⟩ **4** BUNGLE : echar a perder **5 to blow one's nose** : sonarse la nariz

blow[2] *n* **1** PUFF : soplo *m*, soplido *m* **2** GALE : vendaval *f* **3** HIT, STROKE : golpe *m* **4** CALAMITY : golpe *m*, desastre *m* **5 to come to blows** : llegar a las manos

blower [ˈblo:ər] *n* FAN : ventilador *m*

blowout [ˈblo:ˌaʊt] *n* : reventón *m*

blowtorch [ˈblo:ˌtɔrʧ] *n* : soplete *m*

blow up *vi* EXPLODE : estallar, hacer explosión — *vt* BLAST : volar, hacer volar

blubber[1] [ˈblʌbər] *vi* : lloriquear

blubber[2] *n* : esperma *f* de ballena

bludgeon [ˈblʌʤən] *vt* : aporrear

blue[1] [ˈblu:] *adj* **bluer; bluest 1** : azul **2** MELANCHOLY : melancólico, triste

blue[2] *n* : azul *m*

blueberry [ˈblu:ˌbɛri] *n, pl* **-ries** : arándano *m*

bluebird [ˈblu:ˌbərd] *n* : azulejo *m*

blue cheese *n* : queso *m* azul

blueprint [ˈblu:ˌprɪnt] *n* **1** : plano *m*, proyecto *m*, cianotipo *m* **2** PLAN : anteproyecto *m*, programa *m*

blues [ˈblu:z] *npl* **1** DEPRESSION : depresión *f*, melancolía *f* **2** : blues *m* ⟨to sing the blues : cantar blues⟩

bluff[1] [ˈblʌf] *vi* : hacer un farol, blofear *Col, Mex*

bluff[2] *adj* **1** STEEP : escarpado **2** FRANK : campechano, franco, directo
bluff[3] *n* **1** : farol *m*, blof *m Col, Mex* **2** CLIFF : acantilado *m*, risco *m*
bluing *or* **blueing** [ˈbluːɪŋ] *n* : añil *m*, azulete *m*
bluish [ˈbluːɪʃ] *adj* : azulado
blunder[1] [ˈblʌndər] *vi* **1** STUMBLE : tropezar, dar traspiés **2** ERR : cometer un error, tropezar, meter la pata *fam*
blunder[2] *n* : error *m*, fallo *m* garrafal, metedura *f* de pata *fam*
blunderbuss [ˈblʌndərˌbʌs] *n* : trabuco *m*
blunt[1] [ˈblʌnt] *vt* : despuntar (aguja o lápiz), desafilar (cuchillo o tijeras), suavizar (crítica)
blunt[2] *adj* **1** DULL : desafilado, despuntado **2** DIRECT : directo, franco, categórico
bluntly [ˈblʌntli] *adv* : sin rodeos, francamente, bruscamente
bluntness [ˈblʌntnəs] *n* **1** DULLNESS : falta *f* de filo, embotadura *f* **2** FRANKNESS : franqueza *f*
blur[1] [ˈblər] *vt* **blurred; blurring** : desdibujar, hacer borroso
blur[2] *n* **1** SMEAR : mancha *f*, borrón *m* **2** : aspecto *m* borroso ⟨everything was just a blur : todo se volvió borroso⟩
blurb [ˈblərb] *n* : propaganda *f*, nota *f* publicitaria
blurry [ˈbləri] *adj* : borroso
blurt [ˈblərt] *vt* : espetar, decir impulsivamente
blush[1] [ˈblʌʃ] *vi* : ruborizarse, sonrojarse, hacerse colorado
blush[2] *n* : rubor *m*, sonrojo *m*
bluster[1] [ˈblʌstər] *vi* **1** BLOW : soplar con fuerza **2** BOAST : fanfarronear, echar bravatas
bluster[2] *n* : fanfarronada *f*, bravatas *fpl*
blustery [ˈblʌstəri] *adj* : borrascoso, tempestuoso
boa [ˈboːə] *n* : boa *f*
boar [ˈbor] *n* : cerdo *m* macho, verraco *m*
board[1] [ˈbord] *vt* **1** : embarcarse en, subir a bordo de (una nave o un avión), subir a (un tren o carro) **2** LODGE : hospedar, dar hospedaje con comidas a **3 to board up** : cerrar con tablas
board[2] *n* **1** PLANK : tabla *f*, tablón *m* **2** : tablero *m* ⟨chessboard : tablero de ajedrez⟩ **3** → **cardboard 4** → **bulletin board 5** → **blackboard 6** → **surfboard 7** MEALS : comida *f* ⟨board and lodging : comida y alojamiento⟩ **8** COMMITTEE, COUNCIL : junta *f*, consejo *m* **9 across the board** : general, para todos **10 on ~** → **aboard 11 on ~** ⟨to get someone on board : conseguir el apoyo de alguien⟩ ⟨to be on board : apoyar algo/a alguien⟩
boarder [ˈbordər] *n* LODGER : huésped *m*, -peda *f*
boardinghouse [ˈbordɪŋˌhaʊs] *n* : casa *f* de huéspedes
boarding school *n* : internado *m*
boardwalk [ˈbordˌwɔk] *n* : paseo *m* marítimo
boast[1] [ˈboːst] *vi* : alardear, presumir, jactarse
boast[2] *n* : jactancia *f*, alarde *m*
boaster [ˈboːstər] *n* : presumido *m*, -da *f*; fanfarrón *m*, -rrona *f fam*
boastful [ˈboːstfəl] *adj* : jactancioso, fanfarrón *fam*
boastfully [ˈboːstfəli] *adv* : de manera jactanciosa
boat[1] [ˈboːt] *vt* : transportar en barco, poner a bordo
boat[2] *n* : barco *m*, embarcación *f*, bote *m*, barca *f*
boatman [ˈboːtmən] *n, pl* **-men** [-mən, -ˌmɛn] : barquero *m*
boat person *n* : balsero *m*, -ra *f*
boatswain [ˈboːsən] *n* : contramaestre *m*
bob[1] [ˈbɑb] *v* **bobbed; bobbing** *vi* **1** : balancearse, mecerse ⟨to bob up and down : subir y bajar⟩ **2** *or* **to bob up** APPEAR : presentarse, surgir — *vt* **1** : inclinar (la cabeza o el cuerpo) **2** CUT : cortar, recortar ⟨she bobbed her hair : se cortó el pelo⟩
bob[2] *n* **1** : inclinación *f* (de la cabeza, del cuerpo), sacudida *f* **2** FLOAT : flotador *m*, corcho *m* (de pesca) **3** : pelo *m* corto
bobbin [ˈbɑbən] *n* : bobina *f*, carrete *m*
bobby pin [ˈbɑbiˌpɪn] *n* : horquilla *f*
bobcat [ˈbɑbˌkæt] *n* : lince *m* rojo
bobolink [ˈbɑbəˌlɪŋk] *n* : tordo *m* arrocero
bobsled [ˈbɑbˌslɛd] *n* : bobsleigh *m*
bobwhite [ˈbɑbˈ*h*waɪt] *n* : codorniz *m* (del Nuevo Mundo)
bode[1] [ˈboːd] *v* **boded; boding** *vt* : presagiar, augurar — *vi* **to bode well** : ser de buen agüero
bode[2] → **bide**
bodice [ˈbɑdəs] *n* : corpiño *m*
bodied [ˈbɑdid] *adj* : de cuerpo ⟨lean-bodied : de cuerpo delgado⟩ ⟨able-bodied : no discapacitado⟩
bodiless [ˈbɑdiləs, ˈbɑdələs] *adj* : incorpóreo
bodily[1] [ˈbɑdəli] *adv* : en peso ⟨to lift someone bodily : levantar a alguien en peso⟩
bodily[2] *adj* : corporal, del cuerpo ⟨bodily harm : daños corporales⟩
body [ˈbɑdi] *n, pl* **bodies 1** : cuerpo *m*, organismo *m* **2** CORPSE : cadáver *m* **3** PERSON : persona *f*, ser *m* humano **4** : nave *f* (de una iglesia), carrocería (de un automóvil), fuselaje *m* (de un avión), casco *m* (de una nave) **5** COLLECTION, MASS : conjunto *m*, grupo *m*, masa *f* ⟨in a body : todos juntos, en masa⟩ **6** ORGANIZATION : organismo *m*, organización *f*
bodybuilding [ˈbɑdiˌbɪldɪŋ] *n* : culturismo *m*
bodyguard [ˈbɑdiˌgɑrd] *n* : guardaespaldas *mf*

bog[1] [ˈbɑg, ˈbɔg] *vt* **bogged; bogging** : empantanar, inundar ⟨to get bogged down : empantanarse⟩
bog[2] *n* : lodazal *m*, ciénaga *f*, cenagal *m*
bogey [ˈbʊgi, ˈbo:-] *n, pl* **-geys** : terror *m*, coco *m fam*
boggle [ˈbɑgəl] *vi* **-gled; -gling** : quedarse atónito, quedarse pasmado ⟨the mind boggles! : ¡es increíble!⟩
boggy [ˈbɑgi, ˈbɔ-] *adj* **boggier; -est** : cenagoso
bogus [ˈbo:gəs] *adj* : falso, fingido, falaz
bohemian [bo:ˈhi:miən] *n* : bohemio *m*, -mia *f* — **bohemian** *adj*
boil[1] [ˈbɔɪl] *vi* **1** : hervir **2 to boil down to** : reducirse a **3 to make one's blood boil** : hervirle la sangre a uno — *vt* **1** : hervir, hacer hervir ⟨to boil water : hervir agua⟩ **2** : cocer, hervir ⟨to boil potatoes : cocer papas⟩ **3 to boil something down to** : reducir algo a
boil[2] *n* **1** BOILING : hervor *m* **2** : furúnculo *m*, divieso *m* (en medicina)
boiler [ˈbɔɪlər] *n* : caldera *f*
boisterous [ˈbɔɪstərəs] *adj* : bullicioso, escandaloso — **boisterously** *adv*
bold [ˈbo:ld] *adj* **1** COURAGEOUS : valiente **2** INSOLENT : insolente, descarado **3** DARING : atrevido, audaz — **boldly** *adv*
boldface [ˈbo:ldˌfeɪs] *or* **boldface type** *n* : negrita *f*
boldness [ˈbo:ldnəs] *n* **1** COURAGE : valor *m*, coraje *m* **2** INSOLENCE : atrevimiento *m*, insolencia *f*, descaro *m* **3** DARING : audacia *f*
bolero [bəˈlɛro] *n, pl* **-ros** : bolero *m*
Bolivian [bəˈlɪviən] *n* : boliviano *m*, -na *f* — **Bolivian** *adj*
boll [ˈbo:l] *n* : cápsula *f* (del algodón)
boll weevil *n* : gorgojo *m* del algodón
bologna [bəˈlo:ni] *n* : salchicha *f* ahumada
bolster[1] [ˈbo:lstər] *vt* **-stered; -stering** : reforzar, reafirmar ⟨to bolster morale : levantar la moral⟩
bolster[2] *n* : cabezal *m*, almohadón *m*
bolt[1] [ˈbo:lt] *vt* **1** : atornillar, sujetar con pernos ⟨bolted to the floor : sujetado con pernos al suelo⟩ **2** : cerrar con pestillo, echar el cerrojo a ⟨to bolt the door : echar el cerrojo a la puerta⟩ **3 to bolt down** : engullir ⟨she bolted down her dinner : engulló su comida⟩ — *vi* : echar a correr, salir corriendo ⟨he bolted from the room : salió corriendo de la sala⟩
bolt[2] *n* **1** LATCH : pestillo *m*, cerrojo *m* **2** : tornillo *m*, perno *m* ⟨nuts and bolts : tuercas y tornillos⟩ **3** : rollo *m* ⟨a bolt of cloth : un rollo de tela⟩ **4 lightning bolt** : relámpago *m*, rayo *m*
bomb[1] [ˈbɑm] *vt* : bombardear
bomb[2] *n* : bomba *f*
bombard [bɑmˈbɑrd, bəm-] *vt* : bombardear
bombardier [ˌbɑmbəˈdɪr] *n* : bombardero *m*, -ra *f*
bombardment [bɑmˈbɑrdmənt] *n* : bombardeo *m*
bombast [ˈbɑmˌbæst] *n* : grandilocuencia *f*, ampulosidad *f*
bombastic [bɑmˈbæstɪk] *adj* : grandilocuente, ampuloso, bombástico
bomber [ˈbɑmər] *n* : bombardero *m*
bombproof [ˈbɑmˌpru:f] *adj* : a prueba de bombas
bombshell [ˈbɑmˌʃɛl] *n* : bomba *f* ⟨a political bombshell : una bomba política⟩
bona fide [ˈbo:nəˌfaɪd, ˈbɑ-; ˌbo:nəˈfaɪdi] *adj* **1** : de buena fe ⟨a bona fide offer : una oferta de buena fe⟩ **2** GENUINE : genuino, auténtico
bonanza [bəˈnænzə] *n* : bonanza *f*
bonbon [ˈbɑnˌbɑn] *n* : bombón *m*
bond[1] [ˈbɑnd] *vt* **1** INSURE : dar fianza a, asegurar **2** STICK : adherir, pegar — *vi* : adherirse, pegarse
bond[2] *n* **1** LINK, TIE : vínculo *m*, lazo *m* **2** BAIL : fianza *f*, caución *f* **3** : bono *m* ⟨stocks and bonds : acciones y bonos⟩ **4 bonds** *npl* FETTERS : cadenas *fpl*
bondage [ˈbɑndɪʤ] *n* : esclavitud *f*
bondholder [ˈbɑndˌho:ldər] *n* : tenedor *m*, -dora *f* de bonos
bondsman [ˈbɑndzmən] *n, pl* **-men** [-mən, -ˌmn] **1** SLAVE : esclavo *m* **2** SURETY : fiador *m*, -dora *f*
bone[1] [ˈbo:n] *vt* **boned; boning** : deshuesar
bone[2] *n* **1** : hueso *m* **2 to feel it in one's bones** : tener un presentimiento **3 to have a bone to pick with someone** : tener que arreglar cuentas con alguien **4 to the bone** : muchísimo ⟨it chilled me to the bone : se me heló la sangre⟩ **5 to throw someone a bone** : hacerle una pequeña concesión a alguien
boneless [ˈbo:nləs] *adj* : sin huesos, sin espinas
boner [ˈbo:nər] *n* : metedura *f* de pata, metida *f* de pata
bonfire [ˈbɑnˌfaɪr] *n* : hoguera *f*, fogata *f*, fogón *m*
bonito [bəˈni:t̬o] *n, pl* **-tos** *or* **-to** : bonito *m*
bonnet [ˈbɑnət] *n* : sombrero *m* (de mujer), gorra *f* (de niño)
bonus [ˈbo:nəs] *n* **1** : prima *f*, bonificación *f* (pagado al empleado) **2** ADVANTAGE, BENEFIT : beneficio *m*, provecho *m*
bony [ˈbo:ni] *adj* **bonier; -est** : huesudo
boo[1] [ˈbu:] *vt* : abuchear
boo[2] *n, pl* **boos** : abucheo *m*
booby [ˈbu:bi] *n, pl* **-bies** : bobo *m*, -ba *f*; tonto *m*, -ta *f*
book[1] [ˈbʊk] *vt* : reservar ⟨to book a flight : reservar un vuelo⟩
book[2] *n* **1** : libro *m* **2 the Book** : la Biblia **3 by the book** : según las reglas

bookcase [ˈbʊkˌkeɪs] *n* : estantería *f*, librero *m Mex*

bookend [ˈbʊkˌɛnd] *n* : sujetalibros *m*

bookie [ˈbʊki] → **bookmaker**

bookish [ˈbʊkɪʃ] *adj* : libresco

bookkeeper [ˈbʊkˌki:pər] *n* : tenedor *m*, -dora *f* de libros; contable *mf Spain*

bookkeeping [ˈbʊkˌki:pɪŋ] *n* : contabilidad *f*, teneduría *f* de libros

booklet [ˈbʊklət] *n* : folleto *m*

bookmaker [ˈbʊkˌmeɪkər] *n* : corredor *m*, -dora *f* de apuestas

bookmark[1] [ˈbʊkˌmɑrk] *n* **1** : señalador *m* de libros, marcador *m* de libros **2** : marcador *m* (de Internet)

bookmark[2] *vt* : marcar (una página web)

bookseller [ˈbʊkˌslər] *n* : librero *m*, -ra *f*

bookshelf [ˈbʊkˌʃɛlf] *n, pl* **-shelves** **1** : estante *m* **2 bookshelves** *npl* : estantería *f*

bookstore [ˈbʊkˌstor] *n* : librería *f*

bookworm [ˈbʊkˌwərm] *n* : ratón *m* de biblioteca *fam*

boom[1] [ˈbu:m] *vi* **1** THUNDER : tronar, resonar **2** FLOURISH, PROSPER : estar en auge, prosperar

boom[2] *n* **1** BOOMING : bramido *m*, estruendo *m* **2** FLOURISHING : auge *m* ⟨population boom : auge de población⟩

boomerang [ˈbu:məˌræŋ] *n* : bumerán *m*

boon[1] [ˈbu:n] *adj* **boon companion** : amigo *m*, -ga *f* del alma

boon[2] *n* : ayuda *f*, beneficio *m*, adelanto *m*

boondocks [ˈbu:nˌdɑks] *npl* : área *f* rural remota, región *f* alejada

boor [ˈbʊr] *n* : grosero *m*, -ra *f*

boorish [ˈbʊrɪʃ] *adj* : grosero

boost[1] [ˈbu:st] *vt* **1** LIFT : levantar, alzar **2** INCREASE : aumentar, incrementar **3** PROMOTE : promover, fomentar, hacer publicidad por

boost[2] *n* **1** THRUST : impulso *m*, empujón *m* **2** ENCOURAGEMENT : estímulo *m*, aliento *m* **3** INCREASE : aumento *m*, incremento *m*

booster [ˈbu:stər] *n* **1** SUPPORTER : partidario *m*, -ria *f* **2 booster rocket** : cohete *m* propulsor **3 booster shot** : vacuna *f* de refuerzo

boot[1] [ˈbu:t] *vt* KICK : dar una patada a, patear

boot[2] *n* **1** : bota *f*, botín *m* **2** KICK : puntapié *m*, patada *f*

bootee *or* **bootie** [ˈbu:t̬i] *n* : botita *f*, botín *m*

booth [ˈbu:θ] *n, pl* **booths** [ˈbu:ðz, ˈbu:θs] : cabina *f* (de teléfono, de votar), caseta *f* (de información), barraca *f* (a una feria)

bootleg[1] [ˈbu:tˌlɛg] *adj* : pirata ⟨bootleg software : software pirata⟩

bootleg[2] *vt* : piratear (un video, etc.)

bootlegger [ˈbu:tˌlɛgər] *n* : contrabandista *mf* del alcohol

booty [ˈbu:t̬i] *n, pl* **-ties** : botín *m*

booze [ˈbu:z] *n fam* : alcohol *m*

borax [ˈbɔrˌæks] *n* : bórax *m*

border[1] [ˈbɔrdər] *vt* **1** EDGE : ribetear, bordear **2** BOUND : limitar con, lindar con — *vi* VERGE : rayar, lindar ⟨that borders on absurdity : eso raya en el absurdo⟩

border[2] *n* **1** EDGE : borde *m*, orilla *f* **2** TRIM : ribete *m* **3** FRONTIER : frontera *f*

bore[1] [ˈbor] *vt* **bored; boring** **1** PIERCE : taladrar, perforar ⟨to bore metals : taladrar metales⟩ **2** OPEN : hacer, abrir ⟨to bore a tunnel : abrir un túnel⟩ **3** WEARY : aburrir

bore[2] → **bear**[1]

bore[3] *n* **1** : pesado *m*, -da *f* (persona aburrida) **2** TEDIOUSNESS : pesadez *f*, lo aburrido **3** DIAMETER : calibre *m*

boredom [ˈbordəm] *n* : aburrimiento *m*

boring [ˈborɪŋ] *adj* : aburrido, pesado

born [ˈbɔrn] *adj* **1** : nacido **2** : nato ⟨she's a born singer : es una cantante nata⟩ ⟨he's a born leader : nació para mandar⟩

borne *pp* → **bear**[1]

boron [ˈborˌɑn] *n* : boro *m*

borough [ˈbəro] *n* : distrito *m* municipal

borrow [ˈbɑro] *vt* **1** : pedir prestado, tomar prestado **2** APPROPRIATE : apropiarse de, adoptar

borrower [ˈbɑrəwər] *n* : prestatario *m*, -ria *f*

Bosnian [ˈbɑzniən, ˈbɔz-] *n* : bosnio *m*, -nia *f* — **Bosnian** *adj*

bosom[1] [ˈbʊzəm, ˈbu:-] *adj* : íntimo

bosom[2] *n* **1** CHEST : pecho *m* **2** BREAST : pecho *m*, seno *m* **3** CLOSENESS : seno *m* ⟨in the bosom of her family : en el seno de su familia⟩

bosomed [ˈbʊzəmd, ˈbu:-] *adj* : con busto ⟨big-bosomed : con mucho busto⟩

boss[1] [ˈbɔs] *vt* **1** SUPERVISE : dirigir, supervisar **2 to boss around** : mandonear *fam*, mangonear *fam*

boss[2] *n* : jefe *m*, -fa *f*; patrón *m*, -trona *f*

bossy [ˈbɔsi] *adj* **bossier; -est** : mandón *fam*, autoritario, dominante

botanist [ˈbɑtənɪst] *n* : botánico *m*, -ca *f*

botany [ˈbɑtəni] *n* : botánica *f* — **botanical** [bəˈtænɪkəl] *adj*

botch[1] [ˈbɑʧ] *vt* : hacer una chapuza de, estropear

botch[2] *n* : chapuza *f*

both[1] [ˈbo:θ] *adj* : ambos, los dos, las dos ⟨both books : ambos libros, los dos libros⟩

both[2] *conj* : tanto como ⟨both Ann and her mother are tall : tanto Ana como su madre son altas⟩

both[3] *pron* : ambos *m*, -bas *f*; los dos, las dos

bother[1] [ˈbɑðər] *vt* **1** IRK : preocupar ⟨nothing's bothering me : nada me preocupa⟩ ⟨what's bothering him? : ¿qué le pasa?⟩ **2** PESTER : molestar, fastidiar — *vi* **to bother to** : molestarse en, tomar la molestia de

bother[2] *n* **1** TROUBLE : molestia *f*, problemas *mpl* **2** ANNOYANCE : molestia *f*, fastidio *m*

bothersome [ˈbɑðərsəm] *adj* : molesto, fastidioso

bottle[1] [ˈbɑtəl] *vt* **bottled; bottling** : embotellar, envasar

bottle[2] *n* : botella *f*, frasco *m*

bottleneck [ˈbɑtəlˌnɛk] *n* **1** : cuello *m* de botella (en un camino) **2** : embotellamiento *m*, atasco *m* (de tráfico) **3** OBSTACLE : obstáculo *m*

bottom[1] [ˈbɑt̬əm] *adj* : más bajo, inferior, de abajo

bottom[2] *n* **1** : fondo *m* (de una caja, de una taza, del mar), pie *m* (de una escalera, una página, una montaña), asiento *m* (de una silla), parte *f* de abajo (de una pila) **2** CAUSE : origen *m*, causa *f* ⟨to get to the bottom of : llegar al fondo de⟩ **3** BUTTOCKS : trasero *m*, nalgas *fpl*

bottomless [ˈbɑt̬əmləs] *adj* : sin fondo, sin límites

botulism [ˈbɑʧəˌlɪzəm] *n* : botulismo *m*

boudoir [bəˈdwɑr, bʊ-; ˈbu:ˌ-, ˈbʊ-] *n* : tocador *m*

bough [ˈbaʊ] *n* : rama *f*

bought → **buy**[1]

bouillon [ˈbu:ˌjɑn; ˈbʊlˌjɑn, -jən] *n* : caldo *m*

boulder [ˈbo:ldər] *n* : canto *m* rodado, roca *f* grande

boulevard [ˈbʊləˌvɑrd, ˈbu:-] *n* : bulevar *m*, boulevard *m*

bounce[1] [ˈbaʊn*t*s] *v* **bounced; bouncing** *vt* **1** : hacer rebotar **2 to bounce a check** : emitir un cheque sin fondos — *vi* **1** : rebotar **2** : ser devuelto (dícese de un cheque)

bounce[2] *n* : rebote *m*

bouncy [ˈbaʊn*t*si] *adj* **bouncier; -est** **1** LIVELY : vivo, exuberante, animado **2** RESILIENT : elástico, flexible **3** : que rebota (dícese de una pelota)

bound[1] [ˈbaʊnd] *vt* : delimitar, rodear — *vi* LEAP : saltar, dar brincos

bound[2] *adj* **1** OBLIGED : obligado **2** : encuadernado, empastado ⟨a book bound in leather : un libro encuadernado en cuero⟩ **3** DETERMINED : decidido, empeñado **4 to be bound to** : ser seguro que, tener que, no caber duda que ⟨it was bound to happen : tenía que suceder⟩ **5 bound for** : con rumbo a ⟨bound for Chicago : con rumbo a Chicago⟩ ⟨to be homeward bound : ir camino a casa⟩

bound[3] *n* **1** LIMIT : límite *m* **2** LEAP : salto *m*, brinco *m*

boundary [ˈbaʊndri, -dəri] *n, pl* **-aries** : límite *m*, línea *f* divisoria, linde *mf*

boundless [ˈbaʊndləs] *adj* : sin límites, infinito

bounteous [ˈbaʊntiəs] *adj* **1** GENEROUS : generoso **2** ABUNDANT : copioso, abundante — **bounteously** *adv*

bountiful [ˈbaʊntɪfəl] *adj* **1** GENEROUS, LIBERAL : munificente, pródigo, generoso **2** ABUNDANT : copioso, abundante

bounty [ˈbaʊnti] *n, pl* **-ties** **1** GENEROSITY : generosidad *f*, munificencia *f* **2** REWARD : recompensa *f*

bouquet [bo:ˈkeɪ, bu:-] *n* **1** : ramo *m*, ramillete *m* **2** FRAGRANCE : bouquet *m*, aroma *m*

bourbon [ˈbərbən, ˈbʊr-] *n* : bourbon *m*, whisky *m* americano

bourgeois[1] [ˈbʊrʒˌwɑ, bʊrʒˈwɑ] *adj* : burgués

bourgeois[2] *n* : burgués *m*, -guesa *f*

bourgeoisie [ˌbʊrʒˌwɑˈzi] *n* : burguesía *f*

bout [ˈbaʊt] *n* **1** : encuentro *m*, combate *m* (en deportes) **2** ATTACK : ataque *m* (de una enfermedad) **3** PERIOD, SPELL : período *m* (de actividad)

boutique [bu:ˈti:k] *n* : boutique *f*

bovine[1] [ˈbo:ˌvaɪn, -ˌvi:n] *adj* : bovino, vacuno

bovine[2] *n* : bovino *m*

bow[1] [ˈbaʊ] *vi* **1** : hacer una reverencia, inclinarse **2** SUBMIT : ceder, resignarse, someterse — *vt* **1** LOWER : inclinar, bajar **2** BEND : doblar

bow[2] [ˈbaʊ:] *n* **1** BOWING : reverencia *f*, inclinación *f* **2** : proa *f* (de un barco)

bow[3] [ˈbo:] *vi* CURVE : arquearse, doblarse

bow[4] [ˈbo:] *n* **1** ARCH, CURVE : arco *m*, curva *f* **2** : arco *m* (arma o vara para tocar varios instrumentos de música) **3** : lazo *m*, moño *m* ⟨to tie a bow : hacer un moño⟩

bowels [ˈbaʊəls] *npl* **1** INTESTINES : intestinos *mpl* **2** : entrañas *fpl* ⟨in the bowels of the earth : en las entrañas de la tierra⟩

bower [ˈbaʊər] *n* : enramada *f*

bowl[1] [ˈbo:l] *vi* : jugar a los bolos

bowl[2] *n* : tazón *m*, cuenco *m*

bowler [ˈbo:lər] *n* : jugador *m*, -dora *f* de bolos

bowling [ˈbo:lɪŋ] *n* : bolos *mpl*

box[1] [ˈbɑks] *vt* **1** PACK : empaquetar, embalar, encajonar **2** SLAP : bofetear, cachetear — *vi* : boxear

box[2] *n* **1** CONTAINER : caja *f*, cajón *m* **2** COMPARTMENT : compartimento *m*, palco *m* (en el teatro) **3** SLAP : bofetada *f*, cachetada *f* **4** : boj *m* (planta)

boxcar [ˈbɑksˌkɑr] *n* : vagón *m* de carga, furgón *m*

boxer [ˈbɑksər] *n* : boxeador *m*, -dora *f*

boxing [ˈbɑksɪŋ] *n* : boxeo *m*

box office *n* : taquilla *f*, boletería *f*

boxwood [ˈbɑksˌwʊd] *n* : boj *m*

boy [ˈbɔɪ] *n* **1** : chico *m*, muchacho *m* **2** *or* **little boy** : niño *m*, chico *m* **3** SON : hijo *m*

boycott[1] [ˈbɔɪˌkɑt] *vt* : boicotear

boycott[2] *n* : boicot *m*

boyfriend [ˈbɔɪˌfrɛnd] *n* **1** FRIEND : amigo *m* **2** SWEETHEART : novio *m*

boyhood [ˈbɔɪˌhʊd] *n* : niñez *f*

boyish [ˈbɔɪɪʃ] *adj* : de niño, juvenil

bra [ˈbrɑ] → **brassiere**

brace[1] [ˈbreɪs] *v* **braced; bracing** *vt* **1** PROP UP, SUPPORT : apuntalar, apoyar, sostener **2** INVIGORATE : vigorizar **3** REINFORCE : reforzar — *vi* **to brace oneself** PREPARE : prepararse

brace[2] *n* **1** : berbiquí *m* ⟨brace and bit : berbiquí y barrena⟩ **2** CLAMP, REINFORCEMENT : abrazadera *f*, refuerzo *m* **3** : llave *f* (signo de puntuación) **4** **braces** *npl* : aparatos *mpl* (de ortodoncia), frenos *mpl Mex*

bracelet [ˈbreɪslət] *n* : brazalete *m*, pulsera *f*

bracken [ˈbrækən] *n* : helecho *m*

bracket[1] [ˈbrækət] *vt* **1** SUPPORT : asegurar, apuntalar **2** : poner entre corchetes **3** CATEGORIZE, GROUP : catalogar, agrupar

bracket[2] *n* **1** SUPPORT : soporte *m* **2** : corchete *m* (marca de puntuación) **3** CATEGORY, CLASS : clase *f*, categoría *f*

brackish [ˈbrækɪʃ] *adj* : salobre

brad [ˈbræd] *n* : clavo *m* con cabeza pequeña, clavito *m*

brag[1] [ˈbræg] *vi* **bragged; bragging** : alardear, fanfarronear, jactarse

brag[2] *n* : alarde *m*, jactancia *f*, fanfarronada *f*

braggart [ˈbrægərt] *n* : fanfarrón *m*, -rrona *f fam*; jactancioso *m*, -sa *f*

braid[1] [ˈbreɪd] *vt* : trenzar

braid[2] *n* : trenza *f*

braille [ˈbreɪl] *n* : braille *m*

brain[1] [ˈbreɪn] *vt* : romper la crisma a, aplastar el cráneo a

brain[2] *n* **1** : cerebro *m* **2** **brains** *npl* INTELLECT : inteligencia *f*, sesos *mpl*

brainless [ˈbreɪnləs] *adj* : estúpido, tonto

brainstorm [ˈbreɪnˌstɔrm] *n* : idea *f* brillante, idea *f* genial

brainy [ˈbreɪni] *adj* **brainier; -est** : inteligente, listo

braise [ˈbreɪz] *vt* **braised; braising** : cocer a fuego lento, estofar

brake[1] [ˈbreɪk] *v* **braked; braking** : frenar

brake[2] *n* : freno *m*

bramble [ˈbræmbəl] *n* : zarza *f*, zarzamora *f*

bran [ˈbræn] *n* : salvado *m*

branch[1] [ˈbræntʃ] *vi* **1** : echar ramas (dícese de una planta) **2** DIVERGE : ramificarse, separarse

branch[2] *n* **1** : rama *f* (de una planta) **2** EXTENSION : ramal *m* (de un camino, un ferrocarril, un río), rama *f* (de una familia o un campo de estudiar), sucursal *f* (de una empresa), agencia *f* (del gobierno)

brand[1] [ˈbrænd] *vt* **1** : marcar (ganado) **2** LABEL : tachar, tildar ⟨they branded him as a liar : lo tacharon de mentiroso⟩

brand[2] *n* **1** : marca *f* (de ganado) **2** STIGMA : estigma *m* **3** MAKE : marca *f* ⟨brand name : marca de fábrica⟩

brandish [ˈbrændɪʃ] *vt* : blandir

brand–new [ˈbrændˈnuː, -ˈnjuː] *adj* : nuevo, flamante

brandy [ˈbrændi] *n, pl* **-dies** : brandy *m*

brash [ˈbræʃ] *adj* **1** IMPULSIVE : impulsivo, impetuoso **2** BRAZEN : excesivamente desenvuelto, descarado

brass [ˈbræs] *n* **1** : latón *m* **2** GALL, NERVE : descaro *m*, cara *f fam* **3** OFFICERS : mandamases *mpl fam*

brassiere [brəˈzɪr, brɑ-] *n* : sostén *m*, brasier *m Col, Mex*

brassy [ˈbræsi] *adj* **brassier; -est** : dorado

brat [ˈbræt] *n* : mocoso *m*, -sa *f*; niño *m* mimado, niña *f* mimada

bravado [brəˈvɑdo] *n, pl* **-does** *or* **-dos** : bravuconadas *fpl*, bravatas *fpl*

brave[1] [ˈbreɪv] *vt* **braved; braving** : afrontar, hacer frente a

brave[2] *adj* **braver; bravest** : valiente, valeroso — **bravely** *adv*

brave[3] *n* : guerrero *m* indio

bravery [ˈbreɪvəri] *n* : valor *m*, valentía *f*

bravo [ˈbrɑˌvoː] *n, pl* **-vos** : bravo *m*

brawl[1] [ˈbrɔl] *vi* : pelearse, pegarse

brawl[2] *n* : pelea *f*, reyerta *f*

brawn [ˈbrɔn] *n* : fuerza *f* muscular

brawny [ˈbrɔni] *adj* **brawnier; -est** : musculoso

bray[1] [ˈbreɪ] *vi* : rebuznar

bray[2] *n* : rebuzno *m*

brazen [ˈbreɪzən] *adj* **1** : de latón **2** BOLD : descarado, directo

brazenly [ˈbreɪzənli] *adv* : descaradamente, insolentemente

brazenness [ˈbreɪzənnəs] *n* : descaro *m*, atrevimiento *m*

brazier [ˈbreɪʒər] *n* : brasero *m*

Brazilian [brəˈzɪljən] *n* : brasileño *m*, -ña *f* — **Brazilian** *adj*

Brazil nut [brəˈzɪlˌnʌt] *n* : nuez *f* de Brasil

breach[1] [ˈbriːtʃ] *vt* **1** PENETRATE : abrir una brecha en, penetrar **2** VIOLATE : infringir, violar

breach[2] *n* **1** VIOLATION : infracción *f*, violación *f* ⟨breach of trust : abuso de confianza⟩ **2** GAP, OPENING : brecha *f*

bread[1] [ˈbrɛd] *vt* : empanar

bread[2] *n* : pan *m*

breadth [ˈbrɛtθ] *n* : ancho *m*, anchura *f*

breadwinner [ˈbrɛdˌwɪnər] *n* : sostén *m* de la familia

break[1] [ˈbreɪk] *v* **broke** [ˈbroːk]; **broken** [ˈbroːkən]; **breaking** *vt* **1** : romper, quebrar (cristales, la pierna, etc.) ⟨to break something in two : partir algo en dos⟩ **2** : descomponer, romper (un aparato, etc.) **3** *or* **to break up** DIVIDE, SPLIT : dividir, separar **4** : abrir (la piel), salir a (la superficie) **5** : romper (el suelo) **6** VIOLATE : infringir, violar (la ley, etc.), romper (un contrato), faltar a (una promesa) ⟨to break the speed limit : exceder el límite de velocidad⟩ **7** SURPASS : batir (un récord), superar **8** CRUSH, RUIN : arruinar, deshacer, destrozar ⟨to break someone's spirit : quebrantar el espíritu de alguien⟩ **9** *or* **to break in** TAME : domar **10** : dar, comunicar ⟨to break the news to someone : darle la noticia a alguien⟩ **11** INTERRUPT, END : interrumpir, cortar (un circuito), romper (el silencio), hacer perder (la concentración), perder (una mala costumbre), superar (un punto muerto) **12** *or* **to break up** DISRUPT : romper (la monotonía, etc.) **13** SLOW : amortiguar (una caída) ⟨without breaking (one's) stride : sin cambiar el paso⟩ **14** SOLVE : esclarecer (un caso), descifrar (un código) **15** : cambiar ⟨to break a twenty : cambiar un billete de veinte dólares⟩ **16 to break down** KNOCK DOWN : derribar, romper **17 to break down** DIVIDE : desglosar (gastos, etc.), dividir **18 to break in** : ablandar (zapatos) **19 to break in** TRAIN : capacitar (a un nuevo empleado, etc.) **20 to break off** : partir, romper, separar (un pedazo) **21 to break open** : forzar (una puerta, etc.) **22 to break someone of something** : quitarle a alguien la costumbre de hacer algo **23 to break up** STOP : poner fin a, disolver (una manifestación, etc.), detener (una pelea) **24 to break up** : hacer pedazos (algo), deshacer (grumos, etc.) — *vi* **1** : romperse, quebrarse ⟨my computer broke : se me rompió la computadora⟩ **2** DISSIPATE : disiparse **3** DIVIDE, SPLIT : dividirse **4** : desatarse (dícese de una tormenta), romper (dícese del día) **5** : romper (dícese de olas) **6** CHANGE : cambiar (dícese de la voz), acabarse (dícese del calor, etc.) **7** FALTER : entrecortarse (dícese de la voz) **8** : no poder resistir ⟨he broke under the strain : no pudo con el estrés⟩ **9** DECREASE : bajar ⟨my fever broke : me bajó la fiebre⟩ **10** PAUSE : parar, hacer una pausa **11** : divulgarse, revelarse ⟨the news broke : la noticia se divulgó⟩ **12 to break away** : separarse **13 to break down** SEPARATE : descomponerse **14 to break down** MALFUNCTION : averiarse, descomponerse, estropearse **15 to break down** : perder el control ⟨she broke down in tears : rompió a llorar⟩ **16 to break even** : alcanzar su punto de equilibrio (financiero) **17 to break free/loose** : soltarse **18 to break in** : entrar (por la fuerza) **19 to break into** : entrar a (una casa, etc.) para robar **20 to break off** DETACH : romperse, desprenderse **21 to break off** END : romper (relaciones, etc.) ⟨she broke off in the middle of a sentence : se detuvo en la mitad de una frase⟩ **22 to break out** ERUPT : desencadenarse **23 to break out in** : salirle a uno (un sarpullido, etc.) **24 to break out of** : escaparse de **25 to break through** : penetrar **26 to break up** FRAGMENT : hacerse pedazos **27 to break up** DISPERSE : disolverse **28 to break up** : romper con ⟨she broke up with him : rompió con él⟩ ⟨they broke up : se separaron⟩

break[2] *n* **1** : ruptura *f*, rotura *f*, fractura *f* (de un hueso), claro *m* (entre las nubes), cambio *m* (del tiempo) **2** CHANCE : oportunidad *f* ⟨a lucky break : un golpe de suerte⟩ **3** REST : descanso *m* ⟨to take a break : tomar(se) un descanso⟩ **4** : corte *m*, pausa *f* ⟨commercial break : corte comercial/publicitaria, pausa publicitaria/comercial⟩

breakable [ˈbreɪkəbəl] *adj* : quebradizo, frágil

breakage [ˈbreɪkɪʤ] *n* **1** BREAKING : rotura *f* **2** DAMAGE : destrozos *mpl*, daños *mpl*

breakdown [ˈbreɪkˌdaʊn] *n* **1** : avería *f* (de máquinas), interrupción *f* (de comunicaciones), fracaso *m* (de negociaciones) **2** ANALYSIS : análisis *m*, desglose *m* **3** *or* **nervous breakdown** : crisis *f* nerviosa

break down *vi* **1** : estropearse, descomponerse ⟨the machine broke down : la máquina se descompuso⟩ **2** FAIL : fracasar **3** CRY : echarse a llorar — *vt* **1** DESTROY : derribar, echar abajo **2** OVERCOME : vencer (la resistencia), disipar (sospechas) **3** ANALYZE : analizar, descomponer

breaker [ˈbreɪkər] *n* **1** WAVE : ola *f* grande **2** : interruptor *m* automático (de electricidad)

breakfast[1] [ˈbrɛkfəst] *vi* : desayunar

breakfast[2] *n* : desayuno *m*

breakneck [ˈbreɪkˌnɛk] *adj* **at breakneck speed** : a una velocidad vertiginosa

break out *vi* **1** : salirse ⟨she broke out in spots : le salieron granos⟩ **2** ERUPT : estallar (dícese de una guerra, la violencia, etc.) **3** ESCAPE : fugarse, escaparse

breakup [ˈbreɪkˌəp] *n* **1** DIVISION : desintegración *f* **2** : ruptura *f*

break up *vt* **1** DIVIDE : dividir **2** : disolver (una muchedumbre, una pelea, etc.) — *vi* **1** BREAK : romperse **2** SEPARATE : deshacerse, separarse ⟨I broke up with him : terminé con él⟩

breast [ˈbrɛst] *n* **1** : pecho *m*, seno *m* (de una mujer) **2** CHEST : pecho *m*

breastbone [ˈbrɛstˌboːn] *n* : esternón *m*

breast–feed [ˈbrɛstˌfiːd] *vt* **-fed** [-ˌfɛd]; **-feeding** : amamantar, darle de mamar (a un niño)

breath [ˈbrɛθ] *n* **1** BREATHING : aliento *m* ⟨to hold one's breath : aguantar la respiración⟩ ⟨she was short of breath : le faltaba el aire⟩ **2** BREEZE : soplo *m* ⟨a breath of fresh air : un soplo de aire

fresco⟩ **3 under one's breath** : entre dientes, en voz baja
breathe ['bri:ð] *v* **breathed; breathing** *vi* **1** : respirar **2** LIVE : vivir, respirar **3 to breathe in** : aspirar **4 to breathe out** : espirar — *vt* **1** : respirar, aspirar ⟨to breathe fresh air : respirar el aire fresco⟩ ⟨to breathe a sigh of relief : suspirar aliviado⟩ **2** UTTER : decir ⟨I won't breathe a word of this : no diré nada de esto⟩ **3 to breathe in** : aspirar (aire, etc.) **4 to breathe out** : espirar (aire, etc.)
breathless ['brɛθləs] *adj* : sin aliento, jadeante
breathlessly ['brɛθləsli] *adv* : entrecortadamente, jadeando
breathlessness ['brɛθləsnəs] *n* : dificultad *f* al respirar
breathtaking ['brɛθ,teɪkɪŋ] *adj* IMPRESSIVE : impresionante, imponente
breeches ['brɪʧəz, 'bri:-] *npl* : pantalones *mpl*, calzones *mpl*, bombachos *mpl*
breed[1] ['bri:d] *v* **bred** ['brɛd]; **breeding** *vt* **1** : criar (animales) **2** ENGENDER : engendrar, producir ⟨familiarity breeds contempt : la confianza hace perder el respeto⟩ **3** RAISE, REAR : criar, educar — *vi* REPRODUCE : reproducirse
breed[2] *n* **1** : variedad *f* (de plantas), raza *f* (de animales) **2** CLASS : clase *f*, tipo *m*
breeder ['bri:dər] *n* : criador *m*, -dora *f* (de animales); cultivador *m*, -dora *f* (de plantas)
breeze[1] ['bri:z] *vi* **breezed; breezing** : pasar con ligereza ⟨to breeze in : entrar como si nada⟩
breeze[2] *n* : brisa *f*, soplo *m* (de aire)
breezy ['bri:zi] *adj* **breezier; -est** **1** AIRY, WINDY : aireado, ventoso **2** LIVELY : animado, alegre **3** NONCHALANT : despreocupado
brethren → **brother**
brevity ['brɛvəṭi] *n, pl* **-ties** : brevedad *f*, concisión *f*
brew[1] ['bru:] *vt* **1** : fabricar, elaborar (cerveza) **2** FOMENT : tramar, maquinar, fomentar — *vi* **1** : fabricar cerveza **2** : amenazar ⟨a storm is brewing : una tormenta amenaza⟩
brew[2] *n* **1** BEER : cerveza *f* **2** POTION : brebaje *m*
brewer ['bru:ər] *n* : cervecero *m*, -ra *f*
brewery ['bru:əri, 'brʊri] *n, pl* **-eries** : cervecería *f*
briar ['braɪər] → **brier**
bribe[1] ['braɪb] *vt* **bribed; bribing** : sobornar, cohechar, coimear *Arg, Chile, Peru*
bribe[2] *n* : soborno *m*, cohecho *m*, coima *f Arg, Chile, Peru*, mordida *f CA, Mex*
bribery ['braɪbəri] *n, pl* **-eries** : soborno *m*, cohecho *m*, coima *f*, mordida *f CA, Mex*
bric–a–brac ['brɪkə,bræk] *npl* : baratijas *fpl*, chucherías *fpl*
brick[1] ['brɪk] *vt* **to brick up** : tabicar, tapiar
brick[2] *n* : ladrillo *m*
bricklayer ['brɪk,leɪər] *n* : albañil *mf*
bricklaying ['brɪk,leɪɪŋ] *n* : albañilería *f*
bridal ['braɪdəl] *adj* : nupcial, de novia
bride ['braɪd] *n* : novia *f*
bridegroom ['braɪd,gru:m] *n* : novio *m*
bridesmaid ['braɪdz,meɪd] *n* : dama *f* de honor
bridge[1] ['brɪʤ] *vt* **bridged; bridging** **1** : tender un puente sobre **2 to bridge the gap** : salvar las diferencias
bridge[2] *n* **1** : puente *m* **2** : caballete *m* (de la nariz) **3** : puente *m* de mando (de un barco) **4** DENTURE : puente *m* (dental) **5** : bridge *m* (juego de naipes)
bridle[1] ['braɪdəl] *v* **-dled; -dling** *vt* **1** : embridar (un caballo) **2** RESTRAIN : refrenar, dominar, contener — *vi* **to bridle at** : molestarse por, picarse por
bridle[2] *n* : brida *f*
brief[1] ['bri:f] *vt* : dar órdenes a, instruir
brief[2] *adj* : breve, sucinto, conciso
brief[3] *n* **1** : resumen *m*, sumario *m* **2** **briefs** *npl* : calzoncillos *mpl*
briefcase ['bri:f,keɪs] *n* : portafolio *m*, maletín *m*
briefly ['bri:fli] *adv* : brevemente, por poco tiempo ⟨to speak briefly : discursar en pocas palabras⟩
brier ['braɪər] *n* **1** BRAMBLE : zarza *f*, rosal *m* silvestre **2** HEATH : brezo *m* veteado
brig ['brɪg] *n* **1** : bergantín *m* (barco) **2** : calabozo *m* (en un barco)
brigade [brɪ'geɪd] *n* : brigada *f*
brigadier general [,brɪgə'dɪr] *n* : general *m* de brigada
brigand ['brɪgənd] *n* : bandolero *m*, -ra *f*; forajido *m*, -da *f*
bright ['braɪt] *adj* **1** : brillante (dícese del sol, de los ojos), vivo (dícese de un color), claro, fuerte **2** CHEERFUL : alegre, animado ⟨bright and early : muy temprano⟩ **3** INTELLIGENT : listo, inteligente ⟨a bright idea : una idea luminosa⟩
brighten ['braɪtən] *vt* **1** ILLUMINATE : iluminar **2** ENLIVEN : alegrar, animar — *vi* **1** : hacerse más brillante **2** **to brighten up** : animarse, alegrarse, mejorar
brightly ['braɪtli] *adv* : vivamente, intensamente, alegremente
brightness ['braɪtnəs] *n* **1** LUMINOSITY : luminosidad *f*, brillantez *f*, resplandor *m*, brillo *m* **2** CHEERFULNESS : alegría *f*, ánimo *m*
brilliance ['brɪljən*t*s] *n* **1** BRIGHTNESS : resplandor *m*, fulgor *m*, brillo *m*, brillantez *f* **2** INTELLIGENCE : inteligencia *f*, brillantez *f*
brilliancy ['brɪljən*t*si] → **brilliance**
brilliant ['brɪljənt] *adj* : brillante
brilliantly ['brɪljəntli] *adv* : brillantemente, con brillantez

brim[1] [ˈbrɪm] *vi* **brimmed; brimming 1** *or* **to brim over** : desbordarse, rebosar **2 to brim with tears** : llenarse de lágrimas

brim[2] *n* **1** : ala *f* (de un sombrero) **2** : borde *m* (de una taza o un vaso)

brimful [ˈbrɪmˈfʊl] *adj* : lleno hasta el borde, repleto, rebosante

brimless [ˈbrɪmləs] *adj* : sin ala

brimstone [ˈbrɪmˌsto:n] *n* : azufre *m*

brindled [ˈbrɪndəld] *adj* : manchado, pinto

brine [ˈbraɪn] *n* **1** : salmuera *f*, escabeche *m* (para encurtir) **2** OCEAN : océano *m*, mar *m*

bring [ˈbrɪŋ] *vt* **brought** [ˈbrɔt]; **bringing 1** : traer, llevar ⟨bring me some coffee : tráigame un café⟩ **2** ATTRACT : traer, atraer **3** : traer (problemas), conseguir (la paz), dar (alegría), obtener (ganancias) ⟨it brought him fame : lo lanzó a la fama⟩ ⟨it brought a smile to her face : la hizo sonreír⟩ **4** : llevar (a un estado) ⟨bring it to a boil : dejarlo hervir⟩ **5** YIELD : rendir, alcanzar ⟨to bring a good price : alcanzar un precio alto⟩ **6** : aportar (experiencia, etc.) **7** : presentar (cargos, etc.) **8** : llevar (a un tema) **9 to bring about** : ocasionar, provocar **10 to bring around** CONVINCE : convencer **11 to bring back** RETURN : devolver **12 to bring back** REINSTATE, REINTRODUCE : restablecer, reintroducir **13 to bring back** : traer (de otro lugar) **14 to bring back** : recordar, traer (recuerdos) **15 to bring down** LOWER : hacer bajar **16 to bring down** OVERTHROW : derrocar **17 to bring down** : derribar (a balazos, etc.) **18 to bring forth** PRODUCE : producir **19 to bring in** : invitar a (expertos), atraer (clientes) **20 to bring in** : ganar (dinero), obtener (ganancias) **21 to bring on** : provocar ⟨you brought this on yourself : te la buscaste⟩ **22 to bring oneself to** : animarse a (hacer algo) **23 to bring out** : sacar, publicar (un libro, etc.) **24 to bring out** EMPHASIZE : hacer resaltar **25 to bring to** REVIVE : resucitar **26 to bring up** REAR : criar **27 to bring up** MENTION : sacar, mencionar

bring about *vt* : ocasionar, provocar, determinar

bring forth *vt* PRODUCE : producir

bring out *vt* : sacar, publicar (un libro, etc.)

bring to *vt* REVIVE : resucitar

bring up *vt* **1** REAR : criar **2** MENTION : sacar, mencionar

brininess [ˈbraɪninəs] *n* : salinidad *f*

brink [ˈbrɪŋk] *n* : borde *m*

briny [ˈbraɪni] *adj* **brinier; -est** : salobre

briquette *or* **briquet** [brɪˈkɛt] *n* : briqueta *f*

brisk [ˈbrɪsk] *adj* **1** LIVELY : rápido, enérgico, brioso **2** INVIGORATING : fresco, estimulante

brisket [ˈbrɪskət] *n* : falda *f*

briskly [ˈbrɪskli] *adv* : rápidamente, enérgicamente, con brío

briskness [ˈbrɪsknəs] *n* : brío *m*, rapidez *f*

bristle[1] [ˈbrɪsəl] *vi* **-tled; -tling 1** : erizarse, ponerse de punta **2** : enfurecerse, enojarse ⟨she bristled at the suggestion : se enfureció ante tal sugerencia⟩ **3** : estar plagado, estar repleto ⟨a city bristling with tourists : una ciudad repleta de turistas⟩

bristle[2] *n* : cerda *f* (de un animal), pelo *m* (de una planta)

bristly [ˈbrɪsəli] *adj* **bristlier; -est** : áspero y erizado

British[1] [ˈbrɪtɪʃ] *adj* : británico

British[2] *n* **the British** *npl* : los británicos

brittle [ˈbrɪtəl] *adj* **-tler; -tlest** : frágil, quebradizo

brittleness [ˈbrɪtəlnəs] *n* : fragilidad *f*

broach [ˈbro:ʧ] *vt* BRING UP : mencionar, abordar, sacar

broad [ˈbrɔd] *adj* **1** WIDE : ancho **2** SPACIOUS : amplio, extenso **3** FULL : pleno ⟨in broad daylight : en pleno día⟩ **4** OBVIOUS : claro, evidente **5** TOLERANT : tolerante, liberal **6** GENERAL : general **7** ESSENTIAL : principal, esencial ⟨the broad outline : los rasgos esenciales⟩

broadband[1] [ˈbrɔdˌbænd] *adj* : de banda ancha

broadband[2] *n* : banda *f* ancha

broadcast[1] [ˈbrɔdˌkæst] *vt* **-cast; -casting 1** SCATTER : esparcir, diseminar **2** CIRCULATE, SPREAD : divulgar, difundir, propagar **3** TRANSMIT : transmitir, emitir

broadcast[2] *n* **1** TRANSMISSION : transmisión *f*, emisión *f* **2** PROGRAM : programa *m*, emisión *f*

broadcaster [ˈbrɔdˌkæstər] *n* : presentador *m*, -dora *f*; locutor *m*, -tora *f*

broadcloth [ˈbrɔdˌklɔθ] *n* : paño *m* fino

broaden [ˈbrɔdən] *vt* : ampliar, ensanchar — *vi* : ampliarse, ensancharse

broadloom [ˈbrɔdˌlu:m] *adj* : tejido en telar ancho

broadly [ˈbrɔdli] *adv* **1** GENERALLY : en general, aproximadamente **2** WIDELY : extensivamente

broad–minded [ˈbrɔdˈmaɪndəd] *adj* : tolerante, de amplias miras

broad–mindedness [brɔdˈmaɪndədnəs] *n* : tolerancia *f*

broadside [ˈbrɔdˌsaɪd] *n* **1** VOLLEY : andanada *f* **2** ATTACK : ataque *m*, invectiva *f*, andanada *f*

brocade [broˈkeɪd] *n* : brocado *m*

broccoli [ˈbrɑkəli] *n* : brócoli *m*, brécol *m*

brochure [broˈʃʊr] *n* : folleto *m*

brogue [ˈbro:g] *n* : acento *m* irlandés

broil[1] [ˈbrɔɪl] *vt* : asar a la parrilla

broil[2] *n* : asado *m*

broiler [ˈbrɔɪlər] *n* **1** GRILL : parrilla *f* **2** : pollo *m* para asar
broke[1] [ˈbro:k] → **break**[1]
broke[2] *adj* : pelado, arruinado ⟨to go broke : arruinarse, quebrar⟩
broken [ˈbro:kən] *adj* **1** DAMAGED, SHATTERED : roto, quebrado, fracturado **2** IRREGULAR, UNEVEN : accidentado, irregular, recortado **3** VIOLATED : roto, quebrantado **4** INTERRUPTED : interrumpido, discontinuo **5** CRUSHED : abatido, quebrantado ⟨a broken man : un hombre destrozado⟩ **6** IMPERFECT : mal ⟨to speak broken English : hablar el inglés con dificultad⟩
brokenhearted [ˌbro:kənˈhɑrt̬əd] *adj* : descorazonado, desconsolado
broker[1] [ˈbro:kər] *vt* : hacer corretaje de
broker[2] *n* **1** : agente *mf*; corredor *m*, -dora *f* **2** → **stockbroker**
brokerage [ˈbro:kərɪʤ] *n* : corretaje *m*, agencia *f* de corredores
bromine [ˈbro:ˌmi:n] *n* : bromo *m*
bronchitis [brɑnˈkaɪt̬əs, brɑŋ-] *n* : bronquitis *f*
bronze[1] [ˈbrɑnz] *vt* **bronzed; bronzing** : broncear
bronze[2] *n* : bronce *m*
brooch [ˈbro:ʧ, ˈbru:ʧ] *n* : broche *m*, prendedor *m*
brood[1] [ˈbru:d] *vt* **1** INCUBATE : empollar, incubar **2** PONDER : sopesar, considerar — *vi* **1** INCUBATE : empollar **2** REFLECT : rumiar, reflexionar **3** WORRY : ponerse melancólico, inquietarse
brood[2] *adj* : de cría
brood[3] *n* : nidada *f* (de pájaros), camada *f* (de mamíferos)
brooder [ˈbru:dər] *n* **1** THINKER : pensador *m*, -dora *f* **2** INCUBATOR : incubadora *f*
brook[1] [ˈbrʊk] *vt* TOLERATE : tolerar, admitir
brook[2] *n* : arroyo *m*
broom [ˈbru:m, ˈbrʊm] *n* **1** : retama *f*, hiniesta *f* **2** : escoba *f* (para barrer)
broomstick [ˈbru:mˌstɪk, ˈbrʊm-] *n* : palo *m* de escoba
broth [ˈbrɔθ] *n, pl* **broths** [ˈbrɔθs, ˈbrɔðz] : caldo *m*
brothel [ˈbrɑθəl, ˈbrɔ-] *n* : burdel *m*
brother [ˈbrʌðər] *n, pl* **brothers** *also* **brethren** [ˈbrðrən, -ðərn] **1** : hermano *m* **2** KINSMAN : pariente *m*, familiar *m*
brotherhood [ˈbrʌðərˌhʊd] *n* **1** FELLOWSHIP : fraternidad *f* **2** ASSOCIATION : hermandad *f*
brother–in–law [ˈbrʌðərɪnˌlɔ] *n, pl* **brothers–in–law** : cuñado *m*
brotherly [ˈbrʌðərli] *adj* : fraternal
brought → **bring**
brow [ˈbraʊ] *n* **1** EYEBROW : ceja *f* **2** FOREHEAD : frente *f* **3** : cima *f* ⟨the brow of a hill : la cima de una colina⟩
browbeat [ˈbraʊˌbi:t] *vt* **-beat; -beaten** [-ˌbi:tən] *or* **-beat; -beating** : intimidar
brown[1] [ˈbraʊn] *vt* **1** : dorar (en cocina) **2** TAN : broncear — *vi* **1** : dorarse (en cocina) **2** TAN : broncearse
brown[2] *adj* : marrón, café, castaño (dícese del pelo), moreno (dícese de la piel)
brown[3] *n* : marrón *m*, café *m*
brownish [ˈbraʊnɪʃ] *adj* : pardo
browse [ˈbraʊz] *vi* **browsed; browsing** **1** GRAZE : pacer **2** LOOK : mirar, echar un vistazo **3** : navegar (la Internet)
browser [ˈbraʊzər] *n* : navegador *m* (para la Internet)
bruin [ˈbru:ɪn] *n* BEAR : oso *m*
bruise[1] [ˈbru:z] *vt* **bruised; bruising** **1** : contusionar, machucar, magullar (a una persona) **2** DAMAGE : magullar, dañar (frutas) **3** CRUSH : majar **4** HURT : herir (los sentimientos)
bruise[2] *n* : moretón *m*, cardenal *m*, magulladura *f* (dícese de frutas)
brunch [ˈbrʌnʧ] *n* : combinación *f* de desayuno y almuerzo
brunet[1] *or* **brunette** [bru:ˈnɛt] *adj* : moreno
brunet[2] *or* **brunette** *n* : moreno *m*, -na *f*
brunt [ˈbrʌnt] *n* **to bear the brunt of** : llevar el peso de, aguantar el mayor impacto de
brush[1] [ˈbrʌʃ] *vt* **1** : cepillar ⟨to brush one's teeth : cepillarse uno los dientes⟩ **2** SWEEP : barrer, quitar con un cepillo **3** GRAZE : rozar **4** **to brush off** DISREGARD : hacer caso omiso de, ignorar — *vi* **to brush up on** : repasar, refrescar, dar un repaso a
brush[2] *n* **1** *or* **brushwood** [ˈbrʌʃˌwʊd] : broza *f* **2** SCRUB, UNDERBRUSH : maleza *f* **3** : cepillo *m*, pincel *m* (de artista), brocha *f* (de pintor) **4** TOUCH : roce *m* **5** SKIRMISH : escaramuza *f*
brush–off [ˈbrʌʃˌɔf] *n* **to give the brush–off to** : dar calabazas a
brusque [ˈbrʌsk] *adj* : brusco — **brusquely** *adv*
brussels sprout [ˈbrʌsəlzˌspraʊt] *n* : col *f* de Bruselas
brutal [ˈbru:t̬əl] *adj* : brutal, cruel, salvaje — **brutally** *adv*
brutality [bru:ˈtæləţi] *n, pl* **-ties** : brutalidad *f*
brutalize [ˈbru:t̬əlˌaɪz] *vt* **-ized; -izing** : brutalizar, maltratar
brute[1] [ˈbru:t] *adj* : bruto ⟨brute force : fuerza bruta⟩
brute[2] *n* **1** BEAST : bestia *f*, animal *m* **2** : bruto *m*, -ta *f*; bestia *mf* (persona)
brutish [ˈbru:t̬ɪʃ] *adj* **1** : de animal **2** CRUEL : brutal, salvaje **3** STUPID : bruto, estúpido
bubble[1] [ˈbʌbəl] *vi* **-bled; -bling** : burbujear ⟨to bubble over with joy : rebosar de alegría⟩
bubble[2] *n* : burbuja *f*

bubbly [ˈbʌbəli] *adj* **bubblier; -est** **1** BUBBLING : burbujeante **2** LIVELY : vivaz, lleno de vida
bubonic plague [buːˈbɑnɪk, ˈbjuː-] *n* : peste *f* bubónica
buccaneer [ˌbʌkəˈnɪr] *n* : bucanero *m*
buck[1] [ˈbʌk] *vi* **1** : corcovear (dícese de un caballo o un burro) **2** JOLT : dar sacudidas **3 to buck against** : resistirse a, rebelarse contra **4 to buck up** : animarse, levantar el ánimo — *vt* OPPOSE : oponerse a, ir en contra de
buck[2] *n, pl* **buck** *or* **bucks** **1** : animal *m* macho, ciervo *m* (macho) **2** DOLLAR : dólar *m* **3 to pass the buck** *fam* : pasar la pelota *fam*
bucket [ˈbʌkət] *n* : balde *m*, cubo *m*, cubeta *f Mex*
bucketful [ˈbʌkətˌfʊl] *n* : balde *m* lleno
buckle[1] [ˈbʌkəl] *v* **-led; -ling** *vt* **1** FASTEN : abrochar **2** BEND, TWIST : combar, torcer — *vi* **1** BEND, TWIST : combarse, torcerse, doblarse (dícese de las rodillas) **2 to buckle down** : ponerse a trabajar con esmero **3 to buckle up** : abrocharse
buckle[2] *n* **1** : hebilla *f* **2** TWISTING : torcedura *f*
buckshot [ˈbʌkˌʃɑt] *n* : perdigón *m*
buckskin [ˈbʌkˌskɪn] *n* : gamuza *f*
bucktooth [ˈbʌkˌtuːθ] *n* : diente *m* saliente, diente *m* salido
buckwheat [ˈbʌkˌhwiːt] *n* : trigo *m* rubión, alforfón *m*
bucolic [bjuːˈkɑlɪk] *adj* : bucólico
bud[1] [ˈbʌd] *v* **budded; budding** *vt* GRAFT : injertar — *vi* : brotar, hacer brotes
bud[2] *n* : brote *m*, yema *f*, capullo *m* (de una flor)
Buddhism [ˈbuːˌdɪzəm, ˈbʊ-] *n* : budismo *m*
Buddhist [ˈbuːdɪst, ˈbʊ-] *n* : budista *mf* — **Buddhist** *adj*
buddy [ˈbʌdi] *n, pl* **-dies** : amigo *m*, -ga *f*; compinche *mf fam*; cuate *m*, -ta *f Mex fam*
budge [ˈbʌʤ] *vi* **budged; budging** **1** MOVE : moverse, desplazarse **2** YIELD : ceder
budget[1] [ˈbʌʤət] *vt* : presupuestar (gastos), asignar (dinero) — *vi* : presupuestar, planear el presupuesto
budget[2] *n* : presupuesto
budgetary [ˈbʌʤəˌtɛri] *adj* : presupuestario
buff[1] [ˈbʌf] *vt* POLISH : pulir, sacar brillo a, lustrar
buff[2] *adj* : beige, amarillento
buff[3] *n* **1** : beige *m*, amarillento *m* **2** ENTHUSIAST : aficionado *m*, -da *f*; entusiasta *mf*
buffalo [ˈbʌfəˌloː] *n, pl* **-lo** *or* **-loes** **1** : búfalo *m* **2** BISON : bisonte *m*
buffer [ˈbʌfər] *n* **1** BARRIER : barrera *f* ⟨buffer state : estado tapón⟩ **2** SHOCK ABSORBER : amortiguador *m*
buffet[1] [ˈbʌfət] *vt* : golpear, zarandear, sacudir
buffet[2] *n* BLOW : golpe *m*
buffet[3] [ˌbʌˈfeɪ, ˌbuː-] *n* **1** : bufete *m*, bufé *m* (comida) **2** SIDEBOARD : aparador *m*
buffoon [ˌbʌˈfuːn] *n* : bufón *m*, -fona *f*; payaso *m*, -sa *f*
buffoonery [ˌbʌˈfuːnəri] *n, pl* **-eries** : bufonada *f*, payasada *f*
bug[1] [ˈbʌg] *vt* **bugged; bugging** **1** PESTER : fastidiar, molestar **2** : ocultar micrófonos en
bug[2] *n* **1** INSECT : bicho *m*, insecto *m* **2** DEFECT : defecto *m*, falla *f*, problema *m* **3** GERM : microbio *m*, virus *m* **4** MICROPHONE : micrófono *m*
bugaboo [ˈbʌgəˌbuː] → **bogey**
bugbear [ˈbʌgˌbær] *n* : pesadilla *f*, coco *m*
buggy [ˈbʌgi] *n, pl* **-gies** : calesa *f* (tirada por caballos), cochecito *m* (para niños)
bugle [ˈbjuːgəl] *n* : clarín *m*, corneta *f*
bugler [ˈbjuːgələr] *n* : corneta *mf*
build[1] [ˈbɪld] *v* **built** [ˈbɪlt]; **building** *vt* **1** CONSTRUCT : construir, edificar, ensamblar, levantar **2** DEVELOP : desarrollar, elaborar, forjar **3** INCREASE : incrementar, aumentar — *vi* **1 to build on** : ampliar (conocimientos, etc.) **2 to build up** : aumentar, intensificar
build[2] *n* PHYSIQUE : físico *m*, complexión *f*
builder [ˈbɪldər] *n* : constructor *m*, -tora *f*; contratista *mf*
building [ˈbɪldɪŋ] *n* **1** EDIFICE : edificio *m* **2** CONSTRUCTION : construcción *f*
built–in [ˈbɪltˈɪn] *adj* **1** : empotrado ⟨built-in cabinets : armarios empotrados⟩ **2** INHERENT : incorporado, intrínseco
bulb [ˈbʌlb] *n* **1** : bulbo *m* (de una planta), cabeza *f* (de ajo), cubeta *f* (de un termómetro) **2** LIGHTBULB : bombilla *f*, foco *m*, bombillo *m CA*, *Col*, *Ven*
bulbous [ˈbʌlbəs] *adj* : bulboso
Bulgarian [bʌlˈgæriən, bʊl-] *n* **1** : búlgaro *m*, -ra *f* **2** : búlgaro *m* (idioma) — **Bulgarian** *adj*
bulge[1] [ˈbʌlʤ] *vi* **bulged; bulging** : abultar, sobresalir
bulge[2] *n* : bulto *m*, protuberancia *f*
bulk[1] [ˈbʌlk] *vt* : hinchar — *vi* EXPAND, SWELL : ampliarse, hincharse
bulk[2] *n* **1** SIZE, VOLUME : volumen *m*, tamaño *m* **2** FIBER : fibra *f* **3** MASS : mole *f* **4 the bulk of** : la mayor parte de **5 in ~** : en grandes cantidades
bulkhead [ˈbʌlkˌhɛd] *n* : mamparo *m*
bulky [ˈbʌlki] *adj* **bulkier; -est** : voluminoso, grande
bull[1] [ˈbʊl] *adj* : macho
bull[2] *n* **1** : toro *m*, macho *m* (de ciertas especies) **2** : bula *f* (papal) **3** DECREE : decreto *m*, edicto *m*
bulldog [ˈbʊlˌdɔg] *n* : bulldog *m*
bulldoze [ˈbʊlˌdoːz] *vt* **-dozed; -dozing** **1** LEVEL : nivelar (el terreno), derribar (un edificio) **2** FORCE : forzar ⟨he

bulldozed his way through : se abrió paso a codazos⟩
bulldozer [ˈbʊlˌdo:zər] *n* : bulldozer *m*
bullet [ˈbʊlət] *n* : bala *f*
bulletin [ˈbʊlətən, -lət̬ən] *n* **1** NOTICE : comunicado *m*, anuncio *m*, boletín *m* **2** NEWSLETTER : boletín *m* (informativo)
bulletin board *n* : tablón *m* de anuncios
bulletproof [ˈbʊlətˌpru:f] *adj* : antibalas, a prueba de balas
bullfight [ˈbʊlˌfaɪt] *n* : corrida *f* (de toros)
bullfighter [ˈbʊlˌfaɪt̬ər] *n* : torero *m*, -ra *f*; matador *m*
bullfighting [ˈbʊlˌfaɪt̬ɪŋ] *n* : lidia *f*, toreo *m*
bullfrog [ˈbʊlˌfrɔg] *n* : rana *f* toro
bullheaded [ˈbʊlˈhɛdəd] *adj* : testarudo
bullion [ˈbʊljən] *n* : oro *m* en lingotes, plata *f* en lingotes
bullock [ˈbʊlək] *n* **1** STEER : buey *m*, toro *m* castrado **2** : toro *m* joven, novillo *m*
bull's–eye [ˈbʊlzˌaɪ] *n, pl* **bull's–eyes** : diana *f*, blanco *m*
bully[1] [ˈbʊli] *vt* **-lied; -lying** : intimidar, amedrentar, mangonear
bully[2] *n, pl* **-lies** : matón *m*; bravucón *m*, -cona *f*
bulrush [ˈbʊlˌrʌʃ] *n* : especie *f* de junco
bulwark [ˈbʊlˌwərk, -ˌwɔrk; ˈbʌlˌwərk] *n* : baluarte *m*, bastión *f*
bum[1] [ˈbʌm] *v* **bummed; bumming** *vi* **to bum around** : vagabundear, vagar — *vt* : gorronear *fam*, sablear *fam*
bum[2] *adj* : inútil, malo ⟨a bum rap : una acusación falsa⟩
bum[3] *n* **1** LOAFER : vago *m*, -ga *f* **2** HOBO, TRAMP : vagabundo *m*, -da *f*
bumblebee [ˈbʌmbəlˌbi:] *n* : abejorro *m*
bump[1] [ˈbʌmp] *vt* : chocar contra, golpear contra, dar ⟨to bump one's head : darse (un golpe) en la cabeza⟩ — *vi* **to bump into** MEET : encontrarse con, tropezarse con
bump[2] *n* **1** BULGE : bulto *m*, protuberancia *f* **2** IMPACT : golpe *m*, choque *m* **3** JOLT : sacudida *f*
bumper[1] [ˈbʌmpər] *adj* : extraordinario, récord ⟨a bumper crop : una cosecha abundante⟩
bumper[2] *n* : parachoques *mpl*
bumpkin [ˈbʌmpkən] *n* : palurdo *m*, -da *f*
bumpy [ˈbʌmpi] *adj* **bumpier; -est** : desigual, lleno de baches (dícese de un camino), agitado (dícese de un vuelo en avión)
bun [ˈbʌn] *n* : bollo *m*
bunch[1] [ˈbʌntʃ] *vt* : agrupar, amontonar — *vi* **to bunch up** : amontonarse, agruparse, fruncirse (dícese de una tela)
bunch[2] *n* : grupo *m*, montón *m*, ramo *m* (de flores)
bundle[1] [ˈbʌndəl] *vt* **-dled; -dling** : liar, atar
bundle[2] *n* **1** : fardo *m*, atado *m*, bulto *m*, haz *m* (de palos) **2** PARCEL : paquete *m* **3** LOAD : montón *m* ⟨a bundle of money : un montón de dinero⟩
bungalow [ˈbʌŋgəˌlo:] *n* : tipo de casa de un solo piso
bungle[1] [ˈbʌŋgəl] *vt* **-gled; -gling** : echar a perder, malograr
bungle[2] *n* : chapuza *f*, desatino *m*
bungler [ˈbʌŋgələr] *n* : chapucero *m*, -ra *f*; inepto *m*, -ta *f*
bunion [ˈbʌnjən] *n* : juanete *m*
bunk[1] [ˈbʌŋk] *vi* : dormir (en una litera)
bunk[2] *n* **1** *or* **bunk bed** : litera *f* **2** NONSENSE : tonterías *fpl*, bobadas *fpl*
bunker [ˈbʌŋkər] *n* **1** : carbonera *f* (en un barco) **2** SHELTER : búnker *m*
bunny [ˈbʌni] *n, pl* **-nies** : conejo *m*, -ja *f*
buoy[1] [ˈbu:i, ˈbɔɪ] *vt* **to buoy up** **1** : mantener a flote **2** CHEER, HEARTEN : animar, levantar el ánimo a
buoy[2] *n* : boya *f*
buoyancy [ˈbɔɪən*t*si, ˈbu:jən-] *n* **1** : flotabilidad *f* **2** OPTIMISM : confianza *f*, optimismo *m*
buoyant [ˈbɔɪənt, ˈbu:jənt] *adj* : boyante, flotante
bur *or* **burr** [ˈbər] *n* : abrojo *m* (de una planta)
burden[1] [ˈbərdən] *vt* : cargar, oprimir
burden[2] *n* : carga *f*, peso *m*
burdensome [ˈbərdənsəm] *adj* : oneroso
burdock [ˈbərˌdɑk] *n* : bardana *f*
bureau [ˈbjʊro] *n* **1** CHEST OF DRAWERS : cómoda *f* **2** DEPARTMENT : departamento *m* (del gobierno) **3** AGENCY : agencia *f* ⟨travel bureau : agencia de viajes⟩
bureaucracy [bjʊˈrɑkrəsi] *n, pl* **-cies** : burocracia *f*
bureaucrat [ˈbjʊrəˌkræt] *n* : burócrata *mf*
bureaucratic [ˌbjʊrəˈkræt̬ɪk] *adj* : burocrático
burgeon [ˈbərdʒən] *vi* : florecer, retoñar, crecer
burglar [ˈbərglər] *n* : ladrón *m*, -drona *f*
burglarize [ˈbərgləˌraɪz] *vt* **-ized; -izing** : robar
burglary [ˈbərgləri] *n, pl* **-glaries** : robo *m*
burgle [ˈbərgəl] *vt* **-gled; -gling** : robar
burgundy [ˈbərgəndi] *n, pl* **-dies** : borgoña *m*, vino *m* de Borgoña
burial [ˈbɛriəl] *n* : entierro *m*, sepelio *m*
burlap [ˈbərˌlæp] *n* : arpillera *f*
burlesque[1] [bərˈlɛsk] *vt* **-lesqued; -lesquing** : parodiar
burlesque[2] *n* **1** PARODY : parodia *f* **2** REVUE : revista *f* (musical)
burly [ˈbərli] *adj* **-lier; -liest** : fornido, corpulento, musculoso
Burmese [ˌbərˈmi:z, -ˈmi:s] *n* : birmano *m*, -na *f* — **Burmese** *adj*
burn[1] [ˈbərn] *v* **burned** [ˈbərnd, ˈbərnt] *or* **burnt** [ˈbərnt]; **burning** *vt* **1** : quemar, incendiar ⟨to burn a building (down) : incendiar un edificio⟩ ⟨I

burned my hand : me quemé la mano⟩ **2** CONSUME : usar, gastar, consumir **3** **to burn down** : incendiar — *vi* **1** : arder (dícese de un fuego o un edificio), quemarse (dícese de la comida, etc.) **2** : estar prendido, estar encendido ⟨we left the lights burning : dejamos las luces encendidas⟩ **3 to burn down** : incendiarse **4 to burn out** : consumirse, apagarse **5 to burn out** : quemarse, agotarse (dícese de una persona) **6 to burn with** : arder de ⟨he was burning with jealousy : ardía de celos⟩

burn[2] *n* : quemadura *f*

burner [ˈbərnər] *n* : quemador *m*

burnish [ˈbərnɪʃ] *vt* : bruñir

burp[1] [ˈbərp] *vi* : eructar — *vt* : hacer eructar

burp[2] *n* : eructo *m*

burr → **bur**

burrito [bəˈriːt̬o] *n, pl* **-tos** : burrito *m*

burro [ˈbəro, ˈbʊr-] *n, pl* **-os** : burro *m*

burrow[1] [ˈbəro] *vi* **1** : cavar, hacer una madriguera **2 to burrow into** : hurgar en — *vt* : cavar, excavar

burrow[2] *n* : madriguera *f*, conejera *f* (de un conejo)

bursar [ˈbərsər] *n* : administrador *m*, -dora *f*

bursitis [bərˈsaɪt̬əs] *n* : bursitis *f*

burst[1] [ˈbərst] *v* **burst; bursting** *vi* **1** : reventarse (dícese de una llanta o un globo), estallar (dícese de obuses o fuegos artificiales), romperse (dícese de un dique) **2 to burst in** : irrumpir en **3 to burst into** : empezar a, echar a ⟨to burst into tears : echarse a llorar⟩ — *vt* : reventar

burst[2] *n* **1** EXPLOSION : estallido *m*, explosión *f*, reventón *m* (de una llanta) **2** OUTBURST : arranque *m* (de actividad, de velocidad), arrebato *m* (de ira), salva *f* (de aplausos)

Burundian [bʊˈruːndiən, -ˈrʊn-] *n* : burundés *m*, -desa *f* — **Burundian** *adj*

bury [ˈbɛri] *vt* **buried; burying** **1** INTER : enterrar, sepultar **2** HIDE : esconder, ocultar **3 to bury oneself in** : enfrascarse en

bus[1] [ˈbʌs] *v* **bused** *or* **bussed** [ˈbʌst]; **busing** *or* **bussing** [ˈbʌsɪŋ] *vt* : transportar en autobús — *vi* : viajar en autobús

bus[2] *n* : autobús *m*, bus *m*, camión *m Mex*, colectivo *m Arg, Bol, Peru*

busboy [ˈbʌsˌbɔɪ] *n* : ayudante *mf* de camarero

bush [ˈbʊʃ] *n* **1** SHRUB : arbusto *m*, mata *f* **2** THICKET : maleza *f*, matorral *m*

bushel [ˈbʊʃəl] *n* : medida de áridos igual a 35.24 litros

bushing [ˈbʊʃɪŋ] *n* : cojinete *m*

bushy [ˈbʊʃi] *adj* **bushier; -est** : espeso, poblado ⟨bushy eyebrows : cejas pobladas⟩

busily [ˈbɪzəli] *adv* : afanosamente, diligentemente

business [ˈbɪznəs, -nəz] *n* **1** OCCUPATION : ocupación *f*, oficio *m* **2** DUTY, MISSION : misión *f*, deber *m*, responsabilidad *f* **3** ESTABLISHMENT, FIRM : empresa *f*, firma *f*, negocio *m*, comercio *m* **4** COMMERCE : negocios *mpl*, comercio *m* ⟨to go out of business : cerrar⟩ ⟨to open for business : abrir al público⟩ ⟨business hours : horas de atención al público⟩ ⟨business meeting/trip : reunión/viaje de negocios⟩ **5** AFFAIR, MATTER : asunto *m*, cuestión *f*, cosa *f* ⟨it's none of your business : no es asunto tuyo⟩ ⟨to have no business doing something : no tener derecho a hacer algo⟩

businessman [ˈbɪznəsˌmæn, -nəz-] *n, pl* **-men** [-mən, -ˌmɛn] : empresario *m*, hombre *m* de negocios

businesswoman [ˈbɪznəsˌwʊmən, -nəz-] *n, pl* **-women** [-ˌwɪmən] : empresaria *f*, mujer *f* de negocios

bust[1] [ˈbʌst] *vt* **1** BREAK, SMASH : romper, estropear, destrozar **2** TAME : domar, amansar (un caballo) — *vi* : romperse, estropearse

bust[2] *n* **1** : busto *m* (en la escultura) **2** BREASTS : pecho *m*, senos *mpl*, busto *m*

bustle[1] [ˈbʌsəl] *vi* **-tled; -tling to bustle about** : ir y venir, trajinar, ajetrearse

bustle[2] *n* **1** *or* **hustle and bustle** : bullicio *m*, ajetreo *m* **2** : polisón *m* (en la ropa feminina)

busy[1] [ˈbɪzi] *vt* **busied; busying to busy oneself with** : ocuparse con, ponerse a, entretenerse con

busy[2] *adj* **busier; -est** **1** OCCUPIED : ocupado, atareado ⟨he's busy working : está ocupado en su trabajo⟩ ⟨the telephone was busy : el teléfono estaba ocupado⟩ **2** BUSTLING : concurrido, animado ⟨a busy street : una calle concurrida, una calle con mucho tránsito⟩

busybody [ˈbɪziˌbɑdi] *n, pl* **-bodies** : entrometido *m*, -da *f*; metiche *mf fam*; metomentodo *mf*

busy signal *n* : señal *f* de comunicando

but[1] [ˈbʌt] *conj* **1** NEVERTHELESS : pero, no obstante, sin embargo ⟨I called her but she didn't answer : la llamé pero no contestó⟩ **2** EXCEPT : pero ⟨I'd do it, but I don't have time : lo haría pero no me da tiempo⟩ ⟨I had no choice but to leave : no tuve más remedio que irme⟩ ⟨they do nothing but argue : no hacen más que discutir⟩ **3** (*used for emphasis*) : pero ⟨but it's not fair! : ¡pero no es justo!⟩ **4** THAT : que ⟨there is no doubt but he is lazy : no cabe duda que es perezoso⟩ **5** WITHOUT : sin que **6** YET : pero ⟨he was poor but proud : era pobre pero orgulloso⟩ **7 but then** HOWEVER : pero

but[2] *prep* **1** EXCEPT : excepto, menos ⟨everyone but Carlos : todos menos Carlos⟩ ⟨no one but you would think that : sólo a ti te ocurriría eso⟩ ⟨we've had nothing but rain : no hace más que llover⟩ ⟨the last but one : el penúltimo⟩ **2 but for** : si no fuera por

butcher[1] ['bʊʧər] *vt* **1** SLAUGHTER : matar (animales) **2** KILL : matar, asesinar, masacrar **3** BOTCH : estropear, hacer una chapuza

butcher[2] *n* **1** : carnicero *m*, -ra *f* **2** KILLER : asesino *m*, -na *f* **3** BUNGLER : chapucero *m*, -ra *f*

butler ['bʌtlər] *n* : mayordomo *m*

butt[1] ['bʌt] *vt* **1** : embestir (con los cuernos), darle un cabezazo a **2** ABUT : colindar con, bordear — *vi* **to butt in 1** INTERRUPT : interrumpir **2** MEDDLE : entrometerse, meterse

butt[2] *n* **1** BUTTING : embestida *f* (de cuernos), cabezazo *m* **2** TARGET : blanco *m* ⟨the butt of their jokes : el blanco de sus bromas⟩ **3** BOTTOM, END : extremo *m*, culata *f* (de un rifle), colilla *f* (de un cigarrillo)

butte ['bju:t] *n* : colina *f* empinada y aislada

butter[1] ['bʌt̬ər] *vt* **1** : untar con mantequilla **2 to butter up** : halagar

butter[2] *n* : mantequilla *f*

buttercup ['bʌt̬ər,kʌp] *n* : ranúnculo *m*

butterfat ['bʌt̬ər,fæt] *n* : grasa *f* de la leche

butterfly ['bʌt̬ər,flaɪ] *n, pl* **-flies** : mariposa *f*

buttermilk ['bʌt̬ər,mɪlk] *n* : suero *m* de la leche

butternut ['bʌt̬ər,nʌt] *n* : nogal *m* ceniciento (árbol)

butterscotch ['bʌt̬ər,skɑʧ] *n* : caramelo *m* duro hecho con mantequilla

buttery ['bʌt̬əri] *adj* : mantecoso

buttocks ['bʌt̬əks, -,tɑks] *npl* : nalgas *fpl*, trasero *m*

button[1] ['bʌtən] *vt* : abrochar, abotonar — *vi* : abrocharse, abotonarse

button[2] *n* : botón *m*

buttonhole[1] ['bʌtən,ho:l] *vt* **-holed; -holing** : acorralar

buttonhole[2] *n* : ojal *m*

buttress[1] ['bʌtrəs] *vt* : apoyar, reforzar

buttress[2] *n* **1** : contrafuerte *m* (en la arquitectura) **2** SUPPORT : apoyo *m*, sostén *m*

buxom ['bʌksəm] *adj* : con mucho busto, con mucho pecho

buy[1] ['baɪ] *vt* **bought** ['bɔt]; **buying** : comprar

buy[2] *n* BARGAIN : compra *f*, ganga *f*

buyer ['baɪər] *n* : comprador *m*, -dora *f*

buzz[1] ['bʌz] *vi* : zumbar (dícese de un insecto), sonar (dícese de un teléfono o un despertador)

buzz[2] *n* **1** : zumbido *m* (de insectos) **2** : murmullo *m*, rumor *m* (de voces)

buzzard ['bʌzərd] *n* VULTURE : buitre *m*, zopilote *m CA, Mex*

buzzer ['bʌzər] *n* : timbre *m*, chicharra *f*

buzzword ['bʌz,wərd] *n* : palabra *f* de moda

by[1] ['baɪ] *adv* **1** NEAR : cerca ⟨he lives close by : vive muy cerca⟩ **2** PAST : pasando ⟨the train went by : el tren pasó⟩ ⟨they rushed by : pasaron corriendo⟩ ⟨as time goes by : con el paso del tiempo⟩ **3 by and by** : poco después, dentro de poco **4 by and large** : en general **5 to put by** : reservar, poner a un lado **6 to stop by** : pasar por casa, hacer una visita

by[2] *prep* **1** NEAR : cerca de, al lado de, junto a ⟨she was standing by the window : estaba parada al lado de la ventana⟩ **2** PAST : por, por delante de ⟨they walked by him : pasaron por delante de él⟩ **3** VIA : por ⟨she left by the back door : salió por la puerta trasera⟩ **4** (*indicating manner*) ⟨made by hand : hecho a mano⟩ ⟨he took her by the hand : la tomó de la mano⟩ ⟨you learn by making mistakes : uno aprende equivocándose⟩ ⟨I know her by sight/name : la conozco de vista/nombre⟩ ⟨she read by candlelight : leía a la luz de una vela⟩ ⟨to travel by train : viajar en tren⟩ ⟨to pay by credit card : pagar con tarjeta de crédito⟩ **5** (*indicating cause or agent*) ⟨built by the Romans : construido por los romanos⟩ ⟨a book by Borges : un libro de Borges⟩ ⟨I was surprised by the result : el resultado me sorprendió⟩ **6** AT : por ⟨stop/come by my house tonight : pásate por casa esta noche⟩ **7** DURING : de, durante ⟨by night : de noche⟩ **8** (*in expressions of time*) : para ⟨we'll be there by ten : estaremos allí para las diez⟩ ⟨by then : para entonces⟩ **9** : por ⟨I swear by all that's sacred : te lo juro por todo lo sagrado⟩ ⟨he said he'd do it, and by God, he did it! : dijo que lo haría y, efectivamente, lo hizo⟩ **10** : con ⟨what do you mean by that? : ¿qué quieres decir con eso?⟩ **11** (*with numbers, rates, and amounts*) : por ⟨to pay by the hour : pagar por hora⟩ ⟨it was reduced by 10 percent : se redujo (en) un 10 por ciento⟩ ⟨by a narrow margin : por un estrecho margen⟩ ⟨10 feet by 20 feet : 10 pies por 20 pies⟩ ⟨divide 100 by 10 : dividir 100 por/entre 10⟩ **12** : según ⟨by my watch, it's ten o'clock : según mi reloj, son las diez⟩ ⟨that's fine by me : por mí no hay problema⟩ ⟨to play by the rules : respetar las reglas⟩ **13** : a ⟨little by little : poco a poco⟩ **14** : por ⟨one by one : uno por uno⟩ ⟨two by two : de dos en dos⟩ **15 by oneself** : solo

by and by *adv* : dentro de poco

bygone[1] ['baɪ,gɔn] *adj* : pasado

bygone[2] *n* **let bygones be bygones** : lo pasado, pasado está

bylaw *or* **byelaw** ['baɪ,lɔ] *n* : norma *f*, reglamento *m*

by–line ['baɪ,laɪn] *n* : data *f*

bypass[1] ['baɪ,pæs] *vt* : evitar

bypass[2] *n* **1** BELTWAY : carretera *f* de circunvalación **2** DETOUR : desvío *m*

by–product [ˈbaɪˌprɑdəkt] *n* : subproducto *m*, producto *m* derivado
bystander [ˈbaɪˌstændər] *n* : espectador *m*, -dora *f*
byte [ˈbaɪt] *n* : byte *m*
byway [ˈbaɪˌweɪ] *n* : camino *m* (apartado), carretera *f* secundaria
byword [ˈbaɪˌwərd] *n* **1** PROVERB : proverbio *m*, refrán *m* **2 to be a byword for** : ser sinónimo de

C

c [ˈsi:] *n, pl* **c's** *or* **cs** : tercera letra del alfabeto inglés
cab [ˈkæb] *n* **1** TAXI : taxi *m* **2** : cabina *f* (de un camión o una locomotora) **3** CARRIAGE : coche *m* de caballos
cabal [kəˈbɑl, -ˈbæl] *n* **1** INTRIGUE, PLOT : conspiración *f*, complot *m*, intriga *f* **2** : grupo *m* de conspiradores
cabaret [ˌkæbəˈreɪ] *n* : cabaret *m*
cabbage [ˈkæbɪʤ] *n* : col *f*, repollo *m*
cabbie *or* **cabby** [ˈkæbi] *n* : taxista *mf*
cabin [ˈkæbən] *n* **1** HUT : cabaña *f*, choza *f*, barraca *f* **2** STATEROOM : camarote *m* **3** : cabina *f* (de un automóvil o avión)
cabinet [ˈkæbnət] *n* **1** CUPBOARD : armario *m* **2** : gabinete *m*, consejo *m* de ministros **3 medicine cabinet** : botiquín *m*
cabinetmaker [ˈkæbnətˌmeɪkər] *n* : ebanista *mf*
cabinetmaking [ˈkæbnətˌmeɪkɪŋ] *n* : ebanistería *f*
cable[1] [ˈkeɪbəl] *vt* **-bled; -bling** : enviar un cable, telegrafiar
cable[2] *n* **1** : cable *m* (para colgar o sostener algo) **2** : cable *m* eléctrico **3** → **cablegram**
cablegram [ˈkeɪbəlˌgræm] *n* : telegrama *m*, cable *m*
caboose [kəˈbu:s] *n* : furgón *m* de cola, cabús *m Mex*
cabstand [ˈkæbˌstænd] *n* : parada *f* de taxis
cacao [kəˈkaʊ, -ˈkeɪo] *n, pl* **cacaos** : cacao *m*
cache[1] [ˈkæʃ] *vt* **cached; caching** : esconder, guardar en un escondrijo
cache[2] *n* **1** : escondite *m*, escondrijo *m* ⟨cache of weapons : escondite de armas⟩ **2** : cache *m* ⟨cache memory : memoria cache⟩
cachet [kæˈʃeɪ] *n* : caché *m*, prestigio *m*
cackle[1] [ˈkækəl] *vi* **-led; -ling** **1** CLUCK : cacarear **2** : reírse o carcajearse estridentemente ⟨he was cackling with delight : estaba carcajeándose de gusto⟩
cackle[2] *n* **1** : cacareo *m* (de una polla) **2** LAUGH : risa *f* estridente
cacophony [kæˈkɑfəni, -ˈkɔ-] *n, pl* **-nies** : cacofonía *f*
cactus [ˈkæktəs] *n, pl* **cacti** [-ˌtaɪ] *or* **-tuses** : cacto *m*, cactus *m*
cadaver [kəˈdævər] *n* : cadáver *m*
cadaverous [kəˈdævərəs] *adj* : cadavérico
caddie[1] *or* **caddy** [ˈkædi] *vi* **caddied; caddying** : trabajar de caddie, hacer de caddie
caddie[2] *or* **caddy** *n, pl* **-dies** : caddie *mf*
caddy [ˈkædi] *n, pl* **-dies** : cajita *f* para té
cadence [ˈkeɪdənts] *n* : cadencia *f*, ritmo *m*
cadenced [ˈkeɪdəntst] *adj* : cadencioso, rítmico
cadet [kəˈdɛt] *n* : cadete *mf*
cadmium [ˈkædmiəm] *n* : cadmio *m*
cadre [ˈkæˌdreɪ, ˈkɑ-, -ˌdri:] *n* : cuadro *m* (de expertos)
café [kæˈfeɪ, kə-] *n* : café *m*, cafetería *f*
cafeteria [ˌkæfəˈtɪriə] *n* : cafetería *f*, restaurante *m* de autoservicio
caffeine [kæˈfi:n] *n* : cafeína *f*
cage[1] [ˈkeɪʤ] *vt* **caged; caging** : enjaular
cage[2] *n* : jaula *f*
cagey [ˈkeɪʤi] *adj* **-gier; -est** **1** CAUTIOUS : cauteloso, reservado **2** SHREWD : astuto, vivo — **cagily** [-ʤəli] *adv*
caisson [ˈkeɪˌsɑn, -sən] *n* **1** : cajón *m* de municiones **2** : cajón *m* hidráulico
cajole [kəˈʤo:l] *vt* **-joled; -joling** : engatusar
cajolery [kəˈʤo:ləri] *n* : engatusamiento *m*
cake[1] [ˈkeɪk] *v* **caked; caking** *vt* : cubrir ⟨caked with mud : cubierto de barro⟩ — *vi* : endurecerse
cake[2] *n* **1** : torta *f*, bizcocho *m*, pastel *m* **2** : pastilla *f* (de jabón) **3 to take the cake** : llevarse la palma, ser el colmo
calabash [ˈkæləˌbæʃ] *n* : calabaza *f*
calamari [ˌkɑləˈmɑri] *ns & pl* : calamares *mpl*
calamine [ˈkæləˌmaɪn] *n* : calamina *f* ⟨calamine lotion : loción de calamina⟩
calamitous [kəˈlæmət̬əs] *adj* : desastroso, catastrófico, calamitoso — **calamitously** *adv*
calamity [kəˈlæmət̬i] *n, pl* **-ties** : desastre *m*, desgracia *f*, calamidad *f*
calcium [ˈkælsiəm] *n* : calcio *m*
calcium carbonate [ˈkɑrbəˌneɪt, -nət] *n* : carbonato *m* de calcio
calculable [ˈkælkjələbəl] *adj* : calculable, computable
calculate [ˈkælkjəˌleɪt] *v* **-lated; -lating** *vt* **1** COMPUTE : calcular, computar **2** ESTIMATE : calcular, creer **3** INTEND : planear, tener la intención de ⟨I cal-

culated on spending $100 : planeaba gastar $100⟩ — *vi* : calcular, hacer cálculos

calculated [ˈkælkjəˌleɪt̬əd] *adj* **1** ESTIMATED : calculado **2** DELIBERATE : intencional, premeditado, deliberado

calculating [ˈkælkjəˌleɪt̬ɪŋ] *adj* SHREWD : calculador, astuto

calculation [ˌkælkjəˈleɪʃən] *n* : cálculo *m*

calculator [ˈkælkjəˌleɪt̬ər] *n* : calculadora *f*

calculus [ˈkælkjələs] *n, pl* **-li** [-ˌlaɪ] **1** : cálculo *m* ⟨differential calculus : cálculo diferencial⟩ **2** TARTAR : sarro *m* (dental)

caldron [ˈkɔldrən] → **cauldron**

calendar [ˈkæləndər] *n* **1** : calendario *m* **2** SCHEDULE : calendario *m*, programa *m*, agenda *f*

calf [ˈkæf, ˈkaf] *n, pl* **calves** [ˈkævz, ˈkavz] **1** : becerro *m*, -rra *f*; ternero *m*, -ra *f* (de vacunos) **2** : cría *f* (de otros mamíferos) **3** : pantorrilla *f* (de la pierna)

calfskin [ˈkæfˌskɪn] *n* : piel *f* de becerro

caliber *or* **calibre** [ˈkæləbər] *n* **1** : calibre *m* ⟨a .38 caliber gun : una pistola de calibre .38⟩ **2** ABILITY : calibre *m*, valor *m*, capacidad *f*

calibrate [ˈkæləˌbreɪt] *vt* **-brated; -brating** : calibrar (armas), graduar (termómetros)

calibration [ˌkæləˈbreɪʃən] *n* : calibrado *m*, calibración *f*

calico [ˈkælɪˌkoː] *n, pl* **-coes** *or* **-cos** **1** : calicó *m*, percal *m* **2** *or* **calico cat** : gato *m* manchado

calipers [ˈkæləpərz] *npl* : calibrador *m*

caliph *or* **calif** [ˈkeɪləf, ˈkæ-] *n* : califa *m*

calisthenics [ˌkæləsˈθɛnɪks] *ns & pl* : calistenia *f*

calk [ˈkɔk] → **caulk**

call[1] [ˈkɔl] *vi* **1** CRY, SHOUT : llamar, gritar ⟨she called to me from upstairs : me llamó desde arriba⟩ **2** VISIT : hacer (una) visita, visitar **3** SING : cantar (dícese de las aves) **4 to call back** : volver a llamar (por teléfono) **5 to call for** : exigir, requerir, necesitar ⟨it calls for patience : requiere mucha paciencia⟩ **6 to call for** SUMMON : llamar **7 to call for** DEMAND : pedir **8 to call in** : llamar ⟨to call in sick : reportarse enfermo⟩ **9 to call on** VISIT : visitar **10 to call on** IMPLORE : intimar, apelar — *vt* **1** SUMMON : llamar (un perro, un taxi, a una persona, etc.) ⟨he called her name : la llamó⟩ ⟨I was called away : tuve que ausentarme⟩ **2** *or* **to call up** TELEPHONE : llamar (por teléfono), telefonear ⟨she called me (up) at work : me llamó al trabajo⟩ ⟨he called 911 : llamó al 911⟩ **3** NAME : llamar ⟨what do you call this? : ¿cómo se llama esto?⟩ ⟨call me Kathy : llámeme Kathy⟩ ⟨to call someone names : insultar a alguien⟩ **4** ANNOUNCE, READ : anunciar, leer ⟨to call roll : pasar lista⟩ **5** CONSIDER : considerar ⟨call me crazy, but . . . : quizá esté loco, pero . . .⟩ ⟨give me a dollar and we'll call it even : dame un dólar y estamos en paz⟩ ⟨let's call it a day : basta por hoy⟩ **6** PREDICT : pronosticar **7** : convocar (elecciones, etc.) **8** CANCEL : cancelar (un partido) **9** : cobrar (un penal, etc.) **10 to call down** : REPRIMAND : reprender, reñir **11 to call in a favor** : cobrar un favor **12 to call in an order** : llamar para hacer un pedido **13 to call into question/doubt** : poner en duda **14 to call off** CANCEL : cancelar **15 to call off** : llamar (un perro) **16 to call someone on something** ⟨he's rude, but no one calls him on it : es maleducado, pero nadie le dice nada⟩ **17 to call up** DRAFT : llamar a filas

call[2] *n* **1** SHOUT : grito *m*, llamada *f* **2** : grito *m* (de un animal), reclamo *m* (de un pájaro) **3** SUMMONS : llamada *f* ⟨call to action : llamada a la acción⟩ **4** DEMAND : llamado *m*, petición *f* **5** VISIT : visita *f* ⟨to pay a call on someone : hacerle una visita a alguien⟩ **6** DECISION : decisión *f* (en deportes) **7** ANNOUNCEMENT : llamada *f*, aviso *m* (para pasajeros, etc.) **8** *or* **telephone call** : llamada *f* (telefónica) ⟨to return someone's call : devolverle la llamada a alguien⟩ **9 to be on call** : estar de guardia

call center *n* : centro *m* de atención (telefónica), centro *m* de llamadas

call down *vt* REPRIMAND : reprender, reñir

caller [ˈkɔlər] *n* **1** VISITOR : visita *f* **2** : persona *f* que llama (por teléfono)

calligraphy [kəˈlɪgrəfi] *n, pl* **-phies** : caligrafía *f*

calling [ˈkɔlɪŋ] *n* : vocación *f*, profesión *f*

calliope [kəˈlaɪəˌpiː, ˈkæliˌoːp] *n* : órgano *m* de vapor

call off *vt* CANCEL : cancelar, suspender

callous[1] [ˈkæləs] *vt* : encallecer

callous[2] *adj* **1** CALLUSED : calloso, encallecido **2** UNFEELING : insensible, desalmado, cruel

callously [ˈkæləsli] *adv* : cruelmente, insensiblemente

callousness [ˈkæləsnəs] *n* : insensibilidad *f*, crueldad *f*

callow [ˈkælo] *adj* : inexperto, inmaduro

callus [ˈkæləs] *n* : callo *m*

callused [ˈkæləst] *adj* : encallecido, calloso

calm[1] [ˈkɑm, ˈkɑlm] *vt* : tranquilizar, calmar, sosegar — *vi* : tranquilizarse, calmarse ⟨calm down! : ¡tranquilízate!⟩

calm[2] *adj* **1** TRANQUIL : calmo, tranquilo, sereno, ecuánime **2** STILL : en calma (dícese del mar), sin viento (dícese del aire)

calm[3] *n* : tranquilidad *f*, calma *f*
calmly [ˈkɑmli, ˈkɑlm-] *adv* : con calma, tranquilamente
calmness [ˈkɑmnəs, ˈkɑlm-] *n* : calma *f*, tranquilidad *f*
caloric [kəˈlɔrɪk] *adj* : calórico (dícese de los alimentos), calorífico (dícese de la energía)
calorie [ˈkæləri] *n* : caloría *f*
calumniate [kəˈlʌmni,eɪt] *vt* **-ated; -ating** : calumniar, difamar
calumny [ˈkæləmni] *n, pl* **-nies** : calumnia *f*, difamación *f*
calve [ˈkæv, ˈkav] *vi* **calved; calving** : parir (dícese de los mamíferos)
calves → **calf**
calypso [kəˈlɪp,so:] *n, pl* **-sos** : calipso *m*
calyx [ˈkeɪlɪks, ˈkæ-] *n, pl* **-lyxes** *or* **-lyces** [-lə,si:z] : cáliz *m*
cam [ˈkæm] *n* : leva *f*
camaraderie [,kɑmˈrɑdəri, ,kæm-; ,kɑməˈrɑ-] *n* : compañerismo *m*, camaradería *f*
Cambodian [kæmˈbo:diən] *n* : camboyano *m*, -na *f* — **Cambodian** *adj*
came → **come**
camel [ˈkæməl] *n* : camello *m*
camellia [kəˈmi:ljə] *n* : camelia *f*
cameo [ˈkæmi,o:] *n, pl* **-eos** **1** : camafeo *m* **2** *or* **cameo performance** : actuación *f* especial
camera [ˈkæmrə, ˈkæmərə] *n* : cámara *f*, máquina *f* fotográfica
Cameroonian [,kæməˈru:niən] *n* : camerunés *m*, -nesa *f*
camouflage[1] [ˈkæmə,flɑʒ, -,flɑʤ] *vt* **-flaged; -flaging** : camuflajear, camuflar
camouflage[2] *n* : camuflaje *m*
camp[1] [ˈkæmp] *vi* : acampar, ir de camping
camp[2] *n* **1** : campamento *m* **2** FACTION : campo *m*, bando *m* ⟨in the same camp : del mismo bando⟩ **3 to pitch camp** : acampar, poner el campamento **4 to break camp** : levantar el campamento
campaign[1] [kæmˈpeɪn] *vi* : hacer (una) campaña
campaign[2] *n* : campaña *f*
campanile [,kæmpəˈni:,li:, -ˈni:l] *n, pl* **-niles** *or* **-nili** [-ˈni:,li:] : campanario *m*
camper [ˈkæmpər] *n* **1** : campista *mf* (persona) **2** : cámper *m* (vehículo)
campground [ˈkæmp,graʊnd] *n* : campamento *m*, camping *m*
camphor [ˈkæmpfər] *n* : alcanfor *m*
campsite [ˈkæmp,saɪt] *n* : campamento *m*, camping *m*
campus [ˈkæmpəs] *n* : campus *m*, recinto *m* universitario
can[1] [ˈkæn] *v aux, past* **could** [ˈkʊd]; *present s & pl* **can** **1** (*referring to ability*) : poder ⟨I can't hear you : no te oigo⟩ ⟨I can do it myself : puedo hacerlo yo mismo⟩ ⟨I can't decide : no me decido⟩ ⟨it can withstand high temperatures : puede soportar altas temperaturas⟩ **2** (*referring to knowledge*) : saber ⟨he can already read and write : ya sabe leer y escribir⟩ **3** MAY : poder, tener permiso para ⟨can I sit down? : ¿puedo sentarme?⟩ **4** (*expressing possibility*) : poder ⟨can/could you help me? : ¿podría ayudarme?⟩ ⟨sorry, I can't : lo siento pero no puedo⟩ ⟨I'll do what I can : haré lo que pueda⟩ ⟨she can't come : no puede venir⟩ ⟨he can be annoying : a veces es pesado⟩ ⟨it can get crowded : a veces se llena de gente⟩ ⟨it can't be! : ¡no puede ser!⟩ ⟨you can't be serious! : ¡no lo dirás en serio!⟩ ⟨where can they be? : ¿dónde estarán?⟩ ⟨we were as happy as can be : estábamos contentísimos⟩ **5** (*used to suggest or demand*) : poder ⟨why can't you be more romantic? : ¿por qué no puedes ser más romántico?⟩ ⟨you can always ask for help : siempre puedes pedir ayuda⟩ ⟨you can't leave so soon! : ¡no te vayas tan pronto!⟩ **6 no can do** *fam* : no puedo
can[2] [ˈkæn] *vt* **canned; canning** **1** : enlatar, envasar ⟨to can tomatoes : enlatar tomates⟩ **2** DISMISS, FIRE : despedir, echar
can[3] *n* : lata *f*, envase *m*, cubo *m* ⟨a can of beer : una lata de cerveza⟩ ⟨garbage can : cubo de basura⟩
Canadian [kəˈneɪdiən] *n* : canadiense *mf* — **Canadian** *adj*
canal [kəˈnæl] *n* **1** : canal *m*, tubo *m* ⟨alimentary canal : tubo digestivo⟩ **2** : canal *m* ⟨Panama Canal : Canal de Panamá⟩
canapé [ˈkænəpi, -,peɪ] *n* : canapé *m*
canary [kəˈnɛri] *n, pl* **-naries** : canario *m*
cancel [ˈkæntsəl] *vt* **-celed** *or* **-celled; -celing** *or* **-celling** : cancelar
cancellation [,kæntsəˈleɪʃən] *n* : cancelación *f*
cancer [ˈkæntsər] *n* : cáncer *m*
Cancer *n* : Cáncer *mf*
cancerous [ˈkæntsərəs] *adj* : canceroso
candelabrum [,kændəˈlɑbrəm, -ˈlæ-] *or* **candelabra** [-brə] *n, pl* **-bra** *or* **-bras** : candelabro *m*
candid [ˈkændɪd] *adj* **1** FRANK : franco, sincero, abierto **2** : natural, espontáneo (en la fotografía)
candidacy [ˈkændədəsi] *n, pl* **-cies** : candidatura *f*
candidate [ˈkændə,deɪt, -dət] *n* : candidato *m*, -ta *f*
candidly [ˈkændɪdli] *adv* : con franqueza
candied [ˈkændid] *adj* : confitado
candle [ˈkændəl] *n* : vela *f*, candela *f*, cirio *m* (ceremonial)
candlestick [ˈkændəl,stɪk] *n* : candelero *m*
candor [ˈkændər] *n* : franqueza *f*
candy [ˈkændi] *n, pl* **-dies** : dulce *m*, caramelo *m*
cane[1] [ˈkeɪn] *vt* **caned; caning** **1** : tapizar (muebles) con mimbre **2** FLOG : azotar con una vara

cane[2] *n* **1** : bastón *m* (para andar), vara *f* (para castigar) **2** REED : caña *f*, mimbre *m* (para muebles)

canine[1] [ˈkeɪˌnaɪn] *adj* : canino

canine[2] *n* **1** DOG : canino *m*; perro *m*, -rra *f* **2** *or* **canine tooth** : colmillo *m*, diente *m* canino

canister [ˈkænəstər] *n* : lata *f*, bote *m*

canker [ˈkæŋkər] *n* : úlcera *f* bucal

cannery [ˈkænəri] *n, pl* **-ries** : fábrica *f* de conservas

cannibal [ˈkænəbəl] *n* : caníbal *mf*; antropófago *m*, -ga *f*

cannibalism [ˈkænəbəˌlɪzəm] *n* : canibalismo *m*, antropofagia *f*

cannibalize [ˈkænəbəˌlaɪz] *vt* **-ized; -izing** : canibalizar

cannily [ˈkænəli] *adv* : astutamente, sagazmente

cannon [ˈkænən] *n, pl* **-nons** *or* **-non** : cañón *m*

cannot (can not) [ˈkænˌɑt, kəˈnɑt] → **can**[1]

canny [ˈkæni] *adj* **-nier; -est** SHREWD : astuto, sagaz

canoe[1] [kəˈnuː] *vt* **-noed; -noeing** : ir en canoa

canoe[2] *n* : canoa *f*, piragua *f*

canon [ˈkænən] *n* **1** : canon *m* ⟨canon law : derecho canónico⟩ **2** WORKS : canon *m* ⟨the canon of American literature : el canon de la literatura americana⟩ **3** : canónigo *m* (de una catedral) **4** STANDARD : canon *m*, norma *f*

canonical [kəˈnɑnɪkəl] *adj* : canónico

canonize [ˈkænəˌnaɪz] *vt* **-ized; -izing** : canonizar

canopy [ˈkænəpi] *n, pl* **-pies** : dosel *m*, toldo *m*

cant[1] [ˈkænt] *vt* TILT : ladear, inclinar — *vi* **1** SLANT : ladearse, inclinarse, escorar (dícese de un barco) **2** : hablar insinceramente

cant[2] *n* **1** SLANT : plano *m* inclinado **2** JARGON : jerga *f* **3** : palabras *fpl* insinceras

can't [ˈkænt, ˈkant] *contraction of* **can not** → **can**[1]

cantaloupe [ˈkæntəlˌoːp] *n* : melón *m*, cantalupo *m*

cantankerous [kænˈtæŋkərəs] *adj* : irritable, irascible — **cantankerously** *adv*

cantankerousness [kænˈtæŋkərəsnəs] *n* : irritabilidad *f*, irascibilidad *f*

cantata [kənˈtɑṭə] *n* : cantata *f*

canteen [kænˈtiːn] *n* **1** FLASK : cantimplora *f* **2** CAFETERIA : cantina *f*, comedor *m* **3** : club *m* para actividades sociales y recreativas

canter[1] [ˈkæntər] *vi* : ir a medio galope

canter[2] *n* : medio galope *m*

cantilever [ˈkæntəˌliːvər, -ˌlɛvər] *n* **1** : viga *f* voladiza **2** **cantilever bridge** : puente *m* voladizo

canto [ˈkænˌtoː] *n, pl* **-tos** : canto *m*

canton [ˈkæntən, -ˌtɑn] *n* : cantón *m*

Cantonese [ˌkæntənˈiːz, -ˈiːs] *n* **1** : cantonés *m*, -nesa *f* **2** : cantonés *m* (idioma) — **Cantonese** *adj*

cantor [ˈkæntər] *n* : solista *mf*

canvas [ˈkænvəs] *n* **1** : lona *f* **2** SAILS : velas *fpl* (de un barco) **3** : lienzo *m*, tela *f* (de pintar) **4** PAINTING : pintura *f*, óleo *m*, cuadro *m*

canvass[1] [ˈkænvəs] *vt* **1** SOLICIT : solicitar votos o pedidos de, hacer campaña entre **2** SOUND OUT : sondear (opiniones, etc.)

canvass[2] *n* SURVEY : sondeo *m*, encuesta *f*

canyon [ˈkænjən] *n* : cañón *m*

cap[1] [ˈkæp] *vt* **capped; capping** **1** COVER : tapar (un recipiente), enfundar (un diente), cubrir (una montaña) **2** CLIMAX : coronar, ser el punto culminante de ⟨to cap it all off : para colmo⟩ **3** LIMIT : limitar, poner un tope a

cap[2] *n* **1** : gorra *f*, gorro *m*, cachucha *f Mex* ⟨baseball cap : gorra de béisbol⟩ **2** COVER, TOP : tapa *f*, tapón *m* (de botellas), corcholata *f Mex* **3** LIMIT : tope *m*, límite *m*

capability [ˌkeɪpəˈbɪləṭi] *n, pl* **-ties** : capacidad *f*, habilidad *f*, competencia *f*

capable [ˈkeɪpəbəl] *adj* : competente, capaz, hábil — **capably** [-bli] *adv*

capacious [kəˈpeɪʃəs] *adj* : amplio, espacioso, de gran capacidad

capacity[1] [kəˈpæsəṭi] *adj* : completo, total ⟨a capacity crowd : un lleno completo⟩

capacity[2] *n, pl* **-ties** **1** ROOM, SPACE : capacidad *f*, cabida *f*, espacio *m* **2** CAPABILITY : habilidad *f*, competencia *f* **3** FUNCTION, ROLE : calidad *f*, función *f* ⟨in his capacity as ambassador : en su calidad de embajador⟩

cape [ˈkeɪp] *n* **1** : capa *f* **2** : cabo *m* ⟨Cape Horn : el Cabo de Hornos⟩

caper[1] [ˈkeɪpər] *vi* : dar saltos, correr y brincar

caper[2] *n* **1** : alcaparra *f* ⟨olives and capers : aceitunas y alcaparras⟩ **2** ANTIC, PRANK : broma *f*, travesura *f* **3** LEAP : brinco *m*, salto *m*

Cape Verdean [ˈkeɪpˈvərdiən] *n* : caboverdiano *m*, -na *f* — **Cape Verdean** *adj*

capful [ˈkæpˌfʊl] *n* : tapa *f*, tapita *f*

capillary[1] [ˈkæpəˌlɛri] *adj* : capilar

capillary[2] *n, pl* **-ries** : capilar *m*

capital[1] [ˈkæpəṭəl] *adj* **1** : capital ⟨capital punishment : pena capital⟩ **2** : mayúsculo (dícese de las letras) **3** : de capital ⟨capital assets : activo fijo⟩ ⟨capital gain : ganancia de capital, plusvalía⟩ **4** EXCELLENT : excelente, estupendo

capital[2] *n* **1** *or* **capital city** : capital *f*, sede *f* del gobierno **2** WEALTH : capital *m* **3** *or* **capital letter** : mayúscula *f* **4** : capitel *m* (de una columna)

capitalism [ˈkæpəṭəlˌɪzəm] *n* : capitalismo *m*

capitalist[1] [ˈkæpət̬əlɪst] *or* **capitalistic** [ˌkæpət̬əlˈɪstɪk] *adj* : capitalista
capitalist[2] *n* : capitalista *mf*
capitalization [ˌkæpət̬ələˈzeɪʃən] *n* : capitalización *f*
capitalize [ˈkæpət̬əlˌaɪz] *v* **-ized; -izing** *vt* **1** FINANCE : capitalizar, financiar **2** : escribir con mayúscula — *vi* **to capitalize on** : sacar partido de, aprovechar
capitol [ˈkæpət̬əl] *n* : capitolio *m*
capitulate [kəˈpɪʧəˌleɪt] *vi* **-lated; -lating** : capitular
capitulation [kəˌpɪʧəˈleɪʃən] *n* : capitulación *f*
capon [ˈkeɪˌpɑn, -pən] *n* : capón *m*
cappuccino [ˌkɑpəˈʧiːnoː] *n* : capuchino *m* (café)
caprice [kəˈpriːs] *n* : capricho *m*, antojo *m*
capricious [kəˈprɪʃəs, -ˈpriː-] *adj* : caprichoso — **capriciously** *adv*
Capricorn [ˈkæprɪˌkɔrn] *n* : Capricornio *mf*
capsize [ˈkæpˌsaɪz, kæpˈsaɪz] *v* **-sized; -sizing** *vi* : volcar, volcarse — *vt* : hacer volcar
capstan [ˈkæpstən, -ˌstæn] *n* : cabrestante *m*
capsule [ˈkæpsəl, -ˌsuːl] *n* **1** : cápsula *f* (en la farmacéutica y botánica) **2 space capsule** : cápsula *f* espacial
captain[1] [ˈkæptən] *vt* : capitanear
captain[2] *n* **1** : capitán *m*, -tana *f* **2** HEADWAITER : jefe *m*, -fa *f* de comedor **3 captain of industry** : magnate *mf*
caption[1] [ˈkæpʃən] *vt* : ponerle una leyenda a (una ilustración), titular (un artículo), subtitular (una película)
caption[2] *n* **1** HEADING : titular *m*, encabezamiento *m* **2** : leyenda *f* (al pie de una ilustración) **3** SUBTITLE : subtítulo *m*
captivate [ˈkæptəˌveɪt] *vt* **-vated; -vating** CHARM : cautivar, hechizar, encantar
captivating [ˈkæptəˌveɪt̬ɪŋ] *adj* : cautivador, hechicero, encantador
captive[1] [ˈkæptɪv] *adj* : cautivo
captive[2] *n* : cautivo *m*, -va *f*
captivity [kæpˈtɪvət̬i] *n* : cautiverio *m*
captor [ˈkæptər] *n* : captor *m*, -tora *f*
capture[1] [ˈkæpʃər] *vt* **-tured; -turing 1** SEIZE : capturar, apresar **2** CATCH : captar ⟨to capture one's interest : captar el interés de uno⟩
capture[2] *n* : captura *f*, apresamiento *m*
car [ˈkɑr] *n* **1** AUTOMOBILE : automóvil *m*, coche *m*, carro *m* **2** : vagón *m*, coche *m* (de un tren) **3** : cabina *f* (de un ascensor)
carafe [kəˈræf, -ˈrɑf] *n* : garrafa *f*
caramel [ˈkɑrməl; ˈkærəməl, -ˌmɛl] *n* **1** : caramelo *m*, azúcar *f* quemada **2** *or* **caramel candy** : caramelo *m*, dulce *m* de leche
carat [ˈkærət] *n* : quilate *m*
caravan [ˈkærəˌvæn] *n* : caravana *f*
caraway [ˈkærəˌweɪ] *n* : alcaravea *f*
carbine [ˈkɑrˌbaɪn, -ˌbiːn] *n* : carabina *f*
carbohydrate [ˌkɑrboˈhaɪˌdreɪt, -drət] *n* : carbohidrato *m*, hidrato *m* de carbono
carbon [ˈkɑrbən] *n* **1** : carbono *m* **2** → **carbon paper 3** → **carbon copy**
carbonated [ˈkɑrbəˌneɪt̬əd] *adj* : carbonatado (dícese del agua), gaseoso (dícese de las bebidas)
carbon copy *n* **1** : copia *f* al carbón **2** DUPLICATE : duplicado *m*, copia *f* exacta
carbon dioxide [-daɪˈɑkˌsaɪd] *n* : dióxido *m* de carbono
carbon footprint *n* : huella *f* de carbono
carbon monoxide [-məˈnɑkˌsaɪd] *n* : monóxido *m* de carbono
carbon paper *n* : papel *m* carbón
carbuncle [ˈkɑrˌbʌŋkəl] *n* : carbunco *m*
carburetor [ˈkɑrbəˌreɪt̬ər, -bjə-] *n* : carburador *m*
carcass [ˈkɑrkəs] *n* : cuerpo *m* (de un animal muerto)
carcinogen [kɑrˈsɪnəʤən, ˈkɑrsənəˌʤɛn] *n* : carcinógeno *m*, cancerígeno *m*
carcinogenic [ˌkɑrsənoˈʤɛnɪk] *adj* : carcinogénico
carcinoma [ˌkɑrsəˈnoːmə] *n* : carcinoma *m*
card[1] [ˈkɑrd] *vt* : cardar (fibras)
card[2] *n* **1** : carta *f*, naipe *m* ⟨to play cards : jugar a las cartas⟩ ⟨a deck of cards : una baraja⟩ **2** : tarjeta *f* ⟨birthday card : tarjeta de cumpleaños⟩ ⟨business card : tarjeta (de visita)⟩ **3** : tarjeta *f* (bancaria) ⟨credit/debit card : tarjeta de crédito/débito⟩ **4** : tarjeta *f* (de memoria, etc.) **5 to be in the cards** : estar escrito ⟨it just wasn't in the cards : estaba escrito que no iba a pasar⟩
cardboard [ˈkɑrdˌbord] *n* : cartón *m*, cartulina *f*
cardiac [ˈkɑrdiˌæk] *adj* : cardíaco, cardiaco
cardigan [ˈkɑrdɪgən] *n* : cárdigan *m*, chaqueta *f* de punto
cardinal[1] [ˈkɑrdənəl] *adj* FUNDAMENTAL : cardinal, fundamental
cardinal[2] *n* : cardenal *m*
cardinal number *n* : número *m* cardinal
cardinal point *n* : punto *m* cardinal
cardiologist [ˌkɑrdiˈɑləʤɪst] *n* : cardiólogo *m*, -ga *f*
cardiology [ˌkɑrdiˈɑləʤi] *n* : cardiología *f*
cardiovascular [ˌkɑrdioˈvæskjələr] *adj* : cardiovascular
care[1] [ˈkær] *v* **cared; caring** *vi* **1** : importarle a uno ⟨they don't care : no les importa⟩ ⟨I could/couldn't care less : (no) me importa un bledo/comino⟩ ⟨see if I care! : ¡me tiene sin cuidado!⟩ ⟨who cares? : ¿y qué?, ¿qué importa?⟩ **2** LOVE : querer ⟨show her that you care (about her) : demuéstrale que la quieres⟩ **3** : preocuparse, inquietarse ⟨she cares about the poor : se pre-

ocupa por los pobres〉 **4 to care for** TEND : cuidar (de), atender, encargarse de **5 to care for** LOVE : querer, sentir cariño por **6 to care for** LIKE : gustarle (algo a uno) 〈I don't care for your attitude : tu actitud no me agrada〉 — *vt* **1** WISH : desear, querer 〈if you care to go : si deseas ir〉 **2** : importarle a uno 〈I don't care what happens to her : a mí no me importa lo que le pase〉 〈for all I care, he can quit right now : por mí, puede renunciarse ahora mismo〉 〈what does she care? : ¿a ella qué le importa?〉

care[2] *n* **1** ANXIETY : inquietud *f*, preocupación *f* 〈to be without a care in the world : no tener ninguna preocupación〉 **2** CAREFULNESS : cuidado *m*, atención *f* 〈handle with care : manejar con cuidado〉 **3** : cargo *m*, cuidado *m* 〈medical care : asistencia médica〉 〈hair care : el cuidado del cabello/pelo〉 〈the children are in my care : los niños están a mi cuidado/cargo〉 **4 care of** : a casa de (en una carta) **5 take care!** : ¡cuídate! **6 to take care** : tener cuidado **7 to take care of** CARE FOR : cuidar (de), atender **8 to take care of** DEAL WITH : encargarse de

careen [kə'ri:n] *vi* **1** SWAY : oscilar, balancearse **2** CAREER : ir a toda velocidad

career[1] [kə'rɪr] *vi* : ir a toda velocidad

career[2] *n* VOCATION : vocación *f*, profesión *f*, carrera *f*

carefree ['kær,fri:, ,kær'-] *adj* : despreocupado

careful ['kærfəl] *adj* **1** CAUTIOUS : cuidadoso, cauteloso **2** PAINSTAKING : cuidadoso, esmerado, meticuloso

carefully ['kærfəli] *adv* : con cuidado, cuidadosamente

carefulness ['kærfəlnəs] *n* **1** CAUTION : cuidado *m*, cautela *f* **2** METICULOUSNESS : esmero *m*, meticulosidad *f*

caregiver ['kær,gɪvər] *n* : persona *f* que cuida a niños o enfermos

careless ['kærləs] *adj* : descuidado, negligente — **carelessly** *adv*

carelessness ['kærləsnəs] *n* : descuido *m*, negligencia *f*

caress[1] [kə'rɛs] *vt* : acariciar

caress[2] *n* : caricia *f*

caret ['kærət] *n* : signo *m* de intercalación

caretaker ['kɛr,teɪkər] *n* : conserje *mf*; velador *m*, -dora *f*

cargo ['kɑr,go:] *n, pl* **-goes** *or* **-gos** : cargamento *m*, carga *f*

Caribbean [kærə'bi:ən, kə'rɪbiən] *adj* : caribeño 〈the Caribbean Sea : el mar Caribe〉

caribou ['kærə,bu:] *n, pl* **-bou** *or* **-bous** : caribú *m*

caricature[1] ['kærɪkə,ʧʊr] *vt* **-tured; -turing** : caricaturizar

caricature[2] *n* : caricatura *f*

caricaturist ['kærɪkə,ʧʊrɪst] *n* : caricaturista *mf*

caries ['kær,i:z] *ns & pl* : caries *f*

carillon ['kærə,lɑn] *n* : carillón *m*

carmine ['kɑrmən, -,maɪn] *n* : carmín *m*

carnage ['kɑrnɪʤ] *n* : matanza *f*, carnicería *f*

carnal ['kɑrnəl] *adj* : carnal

carnation [kɑr'neɪʃən] *n* : clavel *m*

carnival ['kɑrnəvəl] *n* : carnaval *m*, feria *f*

carnivore ['kɑrnə,vor] *n* : carnívoro *m*

carnivorous [kɑr'nɪvərəs] *adj* : carnívoro

carol[1] ['kærəl] *vi* **-oled** *or* **-olled; -oling** *or* **-olling** : cantar villancicos

carol[2] *n* : villancico *m*

caroler *or* **caroller** ['kærələr] *n* : persona *f* que canta villancicos

carom[1] ['kærəm] *vi* **1** REBOUND : rebotar 〈the bullet caromed off the wall : la bala rebotó contra el muro〉 **2** : hacer carambola (en billar)

carom[2] *n* : carambola *f*

carouse [kə'raʊz] *vt* **-roused; -rousing** : irse de parranda, irse de juerga

carousel *or* **carrousel** [,kærə'sɛl, 'kærə,-] *n* : carrusel *m*, tiovivo *m*

carouser [kə'raʊzər] *n* : juerguista *mf*

carp[1] ['kɑrp] *vi* **1** COMPLAIN : quejarse **2 to carp at** : criticar

carp[2] *n, pl* **carp** *or* **carps** : carpa *f*

carpel ['kɑrpəl] *n* : carpelo *m*

carpenter ['kɑrpəntər] *n* : carpintero *m*, -ra *f*

carpentry ['kɑrpəntri] *n* : carpintería *f*

carpet[1] ['kɑrpət] *vt* : alfombrar

carpet[2] *n* : alfombra *f*

carpeting ['kɑrpəṭɪŋ] *n* : alfombrado *m*

carport ['kɑr,pɔrt] *n* : cochera *f*, garaje *m* abierto

carriage ['kærɪʤ] *n* **1** TRANSPORT : transporte *m* **2** POSTURE : porte *m*, postura *f* **3 horse–drawn carriage** : carruaje *m*, coche *m* **4 baby carriage** : cochecito *m*

carrier ['kæriər] *n* **1** : transportista *mf*, empresa *f* de transportes **2** : portador *m*, -dora *f* (de una enfermedad) **3 aircraft carrier** : portaaviones *m*

carrier pigeon : paloma *f* mensajera

carrion ['kæriən] *n* : carroña *f*

carrot ['kærət] *n* : zanahoria *f*

carry ['kæri] *v* **-ried; -rying** *vt* **1** : llevar, cargar, transportar (cargamento) 〈to carry a bag : cargar una bolsa〉 〈to carry money : llevar dinero encima, traer dinero consigo〉 **2** : llevar (sangre, agua, etc.) **3** HAVE : tener (una garantía, etc.), llevar (una advertencia) **4** BEAR : soportar, aguantar, resistir (peso) **5** STOCK : vender, tener en abasto **6** ENTAIL : llevar, implicar, acarrear **7** WIN, PASS : ganar (una elección o competición), aprobar (una moción) **8** : estar embarazada de (un hijo) **9** : portar, ser portador de (un virus, etc.) **10** : llevar (en matemáticas) **11 to be/get carried away** : pasarse, excederse 〈to be/get carried away by something : dejarse llevar por algo〉

12 to carry a tune : cantar bien **13 to carry off** ACHIEVE : conseguir, lograr **14 to carry off** TAKE : llevarse **15 to carry on** CONTINUE : seguir con, continuar con **16 to carry on** CONDUCT : realizar, ejercer, mantener ⟨to carry on research : realizar investigaciones⟩ ⟨to carry on a correspondence : mantener una correspondencia⟩ **17 to carry oneself** : portarse, comportarse ⟨he carried himself honorably : se comportó dignamente⟩ **18 to carry out** COMPLETE : llevar a cabo, realizar, efectuar **19 to carry out** FULFILL : cumplir (una orden, etc.) **20 to carry through** SUSTAIN : sustentar, sostener — *vi* **1** : oírse, proyectarse ⟨her voice carries well : su voz se puede oír desde lejos⟩ **2 to carry on** CONTINUE : seguir, continuar **3 to carry on** : portarse de manera escandalosa o inapropiada ⟨it's embarrassing how he carries on : su manera de comportarse da vergüenza⟩

carryall [ˈkæri,ɔl] *n* : bolsa *f* de viaje

carry away *vt* **to get carried away** : exaltarse, entusiasmarse

carry on *vt* CONDUCT : realizar, ejercer, mantener ⟨to carry on research : realizar investigaciones⟩ ⟨to carry on a correspondence : mantener una correspondencia⟩ — *vi* **1** : portarse de manera escandalosa o inapropiada ⟨it's embarrassing how he carries on : su manera de comportarse da vergüenza⟩ **2** CONTINUE : seguir, continuar

carry out *vt* **1** PERFORM : llevar a cabo, realizar **2** FULFILL : cumplir

cart[1] [ˈkɑrt] *vt* : acarrear, llevar

cart[2] *n* : carreta *f*, carro *m*

cartel [kɑrˈtɛl] *n* : cártel *m*

cartilage [ˈkɑrṭəlɪʤ] *n* : cartílago *m*

cartilaginous [,kɑrṭəlˈæʤənəs] *adj* : cartilaginoso

cartographer [kɑrˈtɑgrəfər] *n* : cartógrafo *m*, -fa *f*

cartography [kɑrˈtɑgrəfi] *n* : cartografía *f*

carton [ˈkɑrtən] *n* : caja *f* de cartón

cartoon [kɑrˈtu:n] *n* **1** : chiste *m* (gráfico), caricatura *f* ⟨a political cartoon : un chiste político⟩ **2** COMIC STRIP : tira *f* cómica, historieta *f* **3** *or* **animated cartoon** : dibujo *m* animado

cartoonist [kɑrˈtu:nɪst] *n* : caricaturista *mf*, dibujante *mf* (de chistes)

cartridge [ˈkɑrtrɪʤ] *n* : cartucho *m*

carve [ˈkɑrv] *vt* **carved; carving** **1** : tallar (madera), esculpir (piedra), grabar ⟨he carved his name in the bark : grabó su nombre en la corteza⟩ **2** SLICE : cortar, trinchar (carne)

cascade[1] [kæsˈkeɪd] *vi* **-caded; -cading** : caer en cascada

cascade[2] *n* : cascada *f*, salto *m* de agua

case[1] [ˈkeɪs] *vt* **cased; casing** **1** BOX, PACK : embalar, encajonar **2** INSPECT : observar, inspeccionar (antes de cometer un delito)

case[2] *n* **1** : caso *m* ⟨an unusual case : un caso insólito⟩ ⟨a case of the flu : un caso de gripe⟩ ⟨a murder case : un caso de asesinato⟩ **2** BOX : caja *f* **3** CONTAINER : funda *f*, estuche *m* **4** SUITCASE : maleta *f*, valija *f* **5** ARGUMENT : argumento *m* ⟨to make a case for : presentar argumentos a favor de⟩ **6** : caso *m* (en gramática) **7 in any case** : de todos modos, en cualquier caso **8 in ~** : como precaución ⟨just in case : por si acaso⟩ **9 in case of** : en caso de **10 in that case** : en ese caso

casement [ˈkeɪsmənt] *n* : ventana *f* con bisagras

cash[1] [ˈkæʃ] *vt* : convertir en efectivo, cobrar, cambiar (un cheque)

cash[2] *n* : efectivo *m*, dinero *m* en efectivo

cashew [ˈkæ,ʃu:, kəˈʃu:] *n* : anacardo *m*

cashier[1] [kæˈʃɪr] *vt* : destituir, despedir

cashier[2] *n* : cajero *m*, -ra *f*

cashmere [ˈkæʒ,mɪr, ˈkæʃ-] *n* : cachemir *m*

casino [kəˈsi:,no:] *n, pl* **-nos** : casino *m*

cask [ˈkæsk] *n* : tonel *m*, barrica *f*, barril *m*

casket [ˈkæskət] *n* COFFIN : ataúd *m*, féretro *m*

cassava [kəˈsɑvə] *n* : mandioca *f*, yuca *f*

casserole [ˈkæsə,ro:l] *n* **1** : cazuela *f* **2** : guiso *m*, guisado *m* ⟨tuna casserole : guiso de atún⟩

cassette [kəˈsɛt, kæ-] *n* : cassette *mf*

cassock [ˈkæsək] *n* : sotana *f*

cast[1] [ˈkæst] *vt* **cast; casting** **1** THROW : tirar, echar, arrojar ⟨the die is cast : la suerte está echada⟩ ⟨he cast a glance at the door : echó una mirada a la puerta⟩ ⟨to cast a spell on : hechizar⟩ **2** DIRECT : echar ⟨he cast a glance at the door : echó una mirada a la puerta⟩ **3** : depositar (un voto) **4** : asignar ⟨to cast a role : asignar un papel⟩ ⟨to cast someone as : asignarle a alguien el papel de⟩ **5** MOLD : moldear, fundir, vaciar **6** : proyectar (luz, etc.) ⟨to cast a shadow : proyectar una sombra⟩ ⟨to cast a shadow/pall on : ensombrecer⟩ **7 to be cast away** : quedarse varado (en un lugar remoto tras naufragar) **8 to cast adrift** : dejar a la deriva **9 to cast aside** : desechar (las preocupaciones, etc.) **10 to cast a spell on** : hechizar **11 to cast off** GET RID OF : deshacerse de **12 to cast out** EXPEL : expulsar — *vi* **1 to cast about/around for** : tratar de encontrar **2 to cast off** : desamarrar, soltar (las) amarras **3 to cast off** : cerrar (puntos) **4 to cast on** : montar puntos

cast[2] *n* **1** THROW : lance *m*, lanzamiento *m* **2** APPEARANCE : aspecto *m*, forma *f* **3** : elenco *m*, reparto *m* (de una obra de teatro) **4 plaster cast** : molde *m* de yeso, escayola *f*

castanets [ˌkæstəˈnɛts] *npl* : castañuelas *fpl*
castaway[1] [ˈkæstəˌweɪ] *adj* : náufrago
castaway[2] *n* : náufrago *m*, -ga *f*
caste [ˈkæst] *n* : casta *f*
caster [ˈkæstər] *n* : ruedita *f* (de un mueble)
castigate [ˈkæstəˌgeɪt] *vt* **-gated; -gating** : castigar severamente, censurar, reprobar
Castilian [kæˈstɪljən] *n* **1** : castellano *m*, -na *f* **2** : castellano *m* (idioma) — **Castilian** *adj*
cast iron *n* : hierro *m* fundido
castle [ˈkæsəl] *n* **1** : castillo *m* **2** : torre *f* (en ajedrez)
cast–off [ˈkæstˌɔf] *adj* : desechado
castoff [ˈkæstˌɔf] *n* : desecho *m*
castrate [ˈkæsˌtreɪt] *vt* **-trated; -trating** : castrar
castration [kæˈstreɪʃən] *n* : castración *f*
casual [ˈkæʒʊəl] *adj* **1** FORTUITOUS : casual, fortuito **2** INDIFFERENT : indiferente, despreocupado **3** INFORMAL : informal — **casually** [ˈkæʒʊəli, ˈkæʒəli] *adv*
casualness [ˈkæʒʊəlnəs] *n* **1** FORTUITOUSNESS : casualidad *f* **2** INDIFFERENCE : indiferencia *f*, despreocupación *f* **3** INFORMALITY : informalidad *f*
casualty [ˈkæʒʊəlti, ˈkæʒəl-] *n, pl* **-ties** **1** ACCIDENT : accidente *m* serio, desastre *m* **2** VICTIM : víctima *f*; baja *f*; herido *m*, -da *f*
cat [ˈkæt] *n* : gato *m*, -ta *f*
cataclysm [ˈkæt̬əˌklɪzəm] *n* : cataclismo *m*
cataclysmal [ˌkæt̬əˈklɪzməl] *or* **cataclysmic** [ˌkæt̬əˈklɪzmɪk] *adj* : catastrófico
catacombs [ˈkæt̬əˌko:mz] *npl* : catacumbas *fpl*
Catalan [ˈkæt̬ələn, -ˌlæn] *n* **1** : catalán *m*, catalana *f* **2** : catalán *m* (idioma) — **Catalan** *adj*
catalog[1] *or* **catalogue** [ˈkæt̬əˌlɔg] *vt* **-loged** *or* **-logued; -loging** *or* **-loguing** : catalogar
catalog[2] *n* : catálogo *m*
catalyst [ˈkæt̬ələst] *n* : catalizador *m*
catalytic [ˌkæt̬əlˈɪtɪk] *adj* : catalítico
catamaran [ˌkæt̬əməˈræn, ˈkæt̬əməˌræn] *n* : catamarán *m*
catapult[1] [ˈkæt̬əˌpʌlt, -ˌpʊlt] *vt* : catapultar
catapult[2] *n* : catapulta *f*
cataract [ˈkæt̬əˌrækt] *n* : catarata *f*
catarrh [kəˈtɑr] *n* : catarro *m*
catastrophe [kəˈtæstrəˌfi:] *n* : catástrofe *f*
catastrophic [ˌkæt̬əˈstrɑfɪk] *adj* : catastrófico — **catastrophically** [-fɪkli] *adv*
catcall [ˈkætˌkɔl] *n* : rechifla *f*, abucheo *m*
catch[1] [ˈkætʃ, ˈkɛtʃ] *v* **caught** [ˈkɔt]; **catching** *vt* **1** GRASP : agarrar, coger *Spain* **2** CAPTURE, TRAP : capturar, agarrar, atrapar, coger *Spain* **3** SURPRISE, INTERRUPT : agarrar, pillar *fam*, coger *Spain* ⟨they caught him red-handed : lo pillaron con las manos en la masa⟩ ⟨to catch by surprise : tomar por sorpresa⟩ ⟨we got caught in the rain : nos agarró la lluvia⟩ ⟨you've caught me at a bad time : llegas en mal momento⟩ ⟨I caught her just as she was leaving : llegué justo cuando ella salía⟩ **4** ENTANGLE : enganchar, enredar ⟨to get caught up in something : quedarse enredado en algo⟩ **5** MAKE : alcanzar (un tren, etc.) **6** TAKE : tomar (un tren, etc.) **7** : contagiarse de ⟨to catch a cold : contagiarse de un resfriado, resfriarse⟩ **8** ATTRACT : llamar (la atención), captar (el interés) **9** UNDERSTAND : captar ⟨if you catch my drift : si me entiendes⟩ **10** PERCEIVE : percibir ⟨to catch a glimpse of : alcanzar a ver⟩ **11** NOTICE, DETECT : darse cuenta de, detectar **12** : ver (una película), ir a (un concierto, etc.) — *vi* **1** GRASP : agarrar **2** HOOK : engancharse **3** IGNITE : prender, agarrar **4 to catch on** : hacerse popular **5 to catch on** LEARN : agarrarle la onda **6 to catch on** UNDERSTAND : entender, darse cuenta **7 to catch up** : ponerse al día ⟨to catch up on the news : ponerse al día con las noticias⟩ **8 to catch up to/with** : alcanzar
catch[2] *n* **1** CATCHING : captura *f*, atrapada *f*, parada *f* (de una pelota) **2** : redada *f* (de pescado), presa *f* (de caza) ⟨he's a good catch : es un buen partido⟩ **3** LATCH : pestillo *m*, pasador *m* **4** DIFFICULTY, TRICK : problema *m*, trampa *f*, truco *m*
catcher [ˈkætʃər, ˈkɛ-] *n* : catcher *mf*; receptor *m*, -tora *f* (en béisbol)
catching [ˈkætʃɪŋ, ˈkɛ-] *adj* : contagioso
catchup [ˈkætʃəp, ˈkɛ-] → **ketchup**
catchword [ˈkætʃˌwərd, ˈkɛtʃ-] *n* : eslogan *m*, lema *m*
catchy [ˈkætʃi, ˈkɛ-] *adj* **catchier; -est** : pegajoso ⟨a catchy song : una canción pegajosa⟩
catechism [ˈkæt̬əˌkɪzəm] *n* : catecismo *m*
categorical [ˌkæt̬əˈgɔrɪkəl] *adj* : categórico, absoluto, rotundo — **categorically** [-kli] *adv*
categorize [ˈkæt̬ɪgəˌraɪz] *vt* **-rized; -rizing** : clasificar, catalogar
category [ˈkæt̬əˌgori] *n, pl* **-ries** : categoría *f*, género *m*, clase *f*
cater [ˈkeɪt̬ər] *vi* **1** : proveer alimentos (para fiestas, bodas, etc.) **2 to cater to** : atender a ⟨to cater to all tastes : atender a todos los gustos⟩
catercorner[1] [ˈkæt̬iˌkɔrnər, ˈkæt̬ə-, ˈkɪt̬i-] *or* **cater–cornered** [-ˌkɔrnərd] *adv* : diagonalmente, en diagonal
catercorner[2] *or* **cater–cornered** *adj* : diagonal
caterer [ˈkeɪt̬ərər] *n* : proveedor *m*, -dora *f* de comida
caterpillar [ˈkæt̬ərˌpɪlər] *n* : oruga *f*

catfish [ˈkæt,fɪʃ] *n* : bagre *m*
catgut [ˈkæt,gʌt] *n* : cuerda *f* de tripa
catharsis [kəˈθɑrsɪs] *n, pl* **catharses** [-,siːz] : catarsis *f*
cathartic[1] [kəˈθɑrt̬ɪk] *adj* : catártico
cathartic[2] *n* : purgante *m*
cathedral [kəˈθiːdrəl] *n* : catedral *f*
catheter [ˈkæθət̬ər] *n* : catéter *m*, sonda *f*
cathode [ˈkæ,θoːd] *n* : cátodo *m*
catholic [ˈkæθəlɪk] *adj* **1** BROAD, UNIVERSAL : liberal, universal **2 Catholic** : católico
Catholic *n* : católico *m*, -ca *f*
Catholicism [kəˈθɑlə,sɪzəm] *n* : catolicismo *m*
catlike [ˈkæt,laɪk] *adj* : gatuno, felino
catnap[1] [ˈkæt,næp] *vi* **-napped; -napping** : tomarse una siestecita
catnap[2] *n* : siesta *f* breve, siestecita *f*
catnip [ˈkæt,nɪp] *n* : nébeda *f*
catsup [ˈkɛtʃəp, ˈkætsəp] → **ketchup**
cattail [ˈkæt,teɪl] *n* : espadaña *f*, anea *f*
cattiness [ˈkæt̬inəs] *n* : malicia *f*
cattle [ˈkæt̬əl] *npl* : ganado *m*, reses *fpl*
cattleman [ˈkæt̬əlmən, -,mæn] *n, pl* **-men** [-mən, -,mɛn] : ganadero *m*
catty [ˈkæt̬i] *adj* **-tier; -est** : malicioso, malintencionado
catwalk [ˈkæt,wɔk] *n* : pasarela *f*
Caucasian[1] [kɔˈkeɪʒən] *adj* : caucásico
Caucasian[2] *n* : caucásico *m*, -ca *f*
caucus [ˈkɔkəs] *n* : junta *f* de políticos
caught → **catch**
cauldron [ˈkɔldrən] *n* : caldera *f*
cauliflower [ˈkɑlɪ,flaʊər, ˈkɔ-] *n* : coliflor *f*
caulk[1] [ˈkɔk] *vt* : calafatear (un barco), enmasillar (una grieta)
caulk[2] *n* : masilla *f*
causal [ˈkɔzəl] *adj* : causal
causality [kɔˈzælət̬i] *n* : causalidad *f*
cause[1] [ˈkɔz] *vt* **caused; causing** : causar, provocar, ocasionar
cause[2] *n* **1** ORIGIN : causa *f*, origen *m* **2** REASON : causa *f*, razón *f*, motivo *m* **3** LAWSUIT : litigio *m*, pleito *m* **4** MOVEMENT : causa *f*, movimiento *m*
causeless [ˈkɔzləs] *adj* : sin causa
causeway [ˈkɔz,weɪ] *n* : camino *m* elevado
caustic [ˈkɔstɪk] *adj* **1** CORROSIVE : cáustico, corrosivo **2** BITING : mordaz, sarcástico
cauterize [ˈkɔt̬ə,raɪz] *vt* **-ized; -izing** : cauterizar
caution[1] [ˈkɔʃən] *vt* : advertir
caution[2] *n* **1** WARNING : advertencia *f*, aviso *m* **2** CARE, PRUDENCE : precaución *f*, cuidado *m*, cautela *f*
cautionary [ˈkɔʃə,nɛri] *adv* : admonitorio ⟨cautionary tale : cuento moral⟩
cautious [ˈkɔʃəs] *adj* : cauteloso, cuidadoso, precavido
cautiously [ˈkɔʃəsli] *adv* : cautelosamente, con precaución
cautiousness [ˈkɔʃəsnəs] *n* : cautela *f*, precaución *f*
cavalcade [,kævəlˈkeɪd, ˈkævəl,-] *n* **1** : cabalgata *f* **2** SERIES : serie *f*
cavalier[1] [,kævəˈlɪr] *adj* : altivo, desdeñoso — **cavalierly** *adv*
cavalier[2] *n* : caballero *m*
cavalry [ˈkævəlri] *n, pl* **-ries** : caballería *f*
cave[1] [ˈkeɪv] *vi* **caved; caving** *or* **to cave in** : derrumbarse
cave[2] *n* : cueva *f*
cavern [ˈkævərn] *n* : caverna *f*
cavernous [ˈkævərnəs] *adj* : cavernoso — **cavernously** *adv*
caviar *or* **caviare** [ˈkævi,ɑr, ˈkɑ-] *n* : caviar *m*
cavity [ˈkævət̬i] *n, pl* **-ties** **1** HOLE : cavidad *f*, hueco *m* **2** CARIES : caries *f*
cavort [kəˈvɔrt] *vi* : brincar, hacer cabriolas
caw[1] [ˈkɔ] *vi* : graznar
caw[2] *n* : graznido *m*
cayenne pepper [,kaɪˈɛn, ,keɪ-] *n* : pimienta *f* cayena, pimentón *m*
CD [,siːˈdiː] *n* : CD *m*, disco *m* compacto
CD–ROM [,siː,diːˈram] *n* : CD-ROM *m*
cease [ˈsiːs] *v* **ceased; ceasing** *vt* : dejar de ⟨they ceased bickering : dejaron de discutir⟩ — *vi* : cesar, pasarse
ceaseless [ˈsiːsləs] *adj* : incesante, continuo
cedar [ˈsiːdər] *n* : cedro *m*
cede [ˈsiːd] *vt* **ceded; ceding** : ceder, conceder
ceiling [ˈsiːlɪŋ] *n* **1** : techo *m*, cielo *m* raso **2** LIMIT : límite *m*, tope *m*
celebrant [ˈsɛləbrənt] *n* : celebrante *mf*, oficiante *mf*
celebrate [ˈsɛlə,breɪt] *v* **-brated; -brating** *vt* **1** : celebrar, oficiar ⟨to celebrate Mass : celebrar la misa⟩ **2** : celebrar, festejar ⟨we're celebrating our anniversary : estamos celebrando nuestro aniversario⟩ **3** EXTOL : alabar, ensalzar, exaltar — *vi* : estar de fiesta, divertirse
celebrated [ˈsɛlə,breɪt̬əd] *adj* : célebre, famoso, renombrado
celebration [,sɛləˈbreɪʃən] *n* : celebración *f*, festejos *mpl*
celebrity [səˈlɛbrət̬i] *n, pl* **-ties** **1** RENOWN : fama *f*, renombre *m*, celebridad *f* **2** PERSONALITY : celebridad *f*, personaje *m*
celery [ˈsɛləri] *n, pl* **-eries** : apio *m*
celestial [səˈlɛstʃəl, -ˈlstiəl] *adj* **1** : celeste **2** HEAVENLY : celestial, paradisiaco
celibacy [ˈsɛləbəsi] *n* : celibato *m*
celibate[1] [ˈsɛləbət] *adj* : célibe
celibate[2] *n* : célibe *mf*
cell [ˈsɛl] *n* **1** : célula *f* (de un organismo) **2** : celda *f* (en una cárcel, etc.) **3** : elemento *m* (de una pila)
cellar [ˈsɛlər] *n* **1** BASEMENT : sótano *m* **2** : bodega *f* (de vinos)
cellist [ˈtʃɛlɪst] *n* : violonchelista *mf*
cello [ˈtʃɛ,loː] *n, pl* **-los** : violonchelo *m*
cellophane [ˈsɛlə,feɪn] *n* : celofán *m*
cell phone *n* : teléfono *m* celular
cellular [ˈsɛljələr] *adj* : celular
cellulite [ˈsɛljə,laɪt] *n* : celulitis *f*

celluloid ['sɛljəˌlɔɪd] *n* : celuloide
cellulose ['sɛljəˌlo:s] *n* : celulosa *f*
Celsius ['sɛlsiəs] *adj* : centígrado ⟨100 degrees Celsius : 100 grados centígrados⟩
Celt ['kɛlt, 'sɛlt] *n* : celta *mf*
Celtic[1] ['kɛltɪk, 'sɛl-] *adj* : celta
Celtic[2] *n* : celta *m*
cement[1] [sɪ'mɛnt] *vi* : unir o cubrir algo con cemento, cementar
cement[2] *n* **1** : cemento *m* **2** GLUE : pegamento *m*
cemetery ['sɛməˌtɛri] *n, pl* **-teries** : cementerio *m*, panteón *m*
censer ['sɛntsər] *n* : incensario *m*
censor[1] ['sɛntsər] *vt* : censurar
censor[2] *n* : censor *m*, -sora *f*
censorious [sɛn'soriəs] *adj* : de censura, crítico
censorship ['sɛntsərˌʃɪp] *n* : censura *f*
censure[1] ['sɛntʃər] *vt* **-sured; -suring** : censurar, criticar, reprobar — **censurable** [-tʃərəbəl] *adj*
censure[2] *n* : censura *f*, reproche *m* oficial
census ['sɛntsəs] *n* : censo *m*
cent ['sɛnt] *n* : centavo *m*
centaur ['sɛnˌtɔr] *n* : centauro *m*
centennial[1] [sɛn'tɛniəl] *adj* : del centenario
centennial[2] *n* : centenario *m*
center[1] ['sɛntər] *vt* **1** : centrar **2** CONCENTRATE : concentrar, fijar, enfocar — *vi* : centrarse, enfocarse
center[2] *n* **1** : centro *m* ⟨center of gravity : centro de gravedad⟩ **2** : centro *mf* (en futbol americano), pívot *mf* (en basquetbol)
centerpiece ['sɛntərˌpi:s] *n* : centro *m* de mesa
centigrade ['sɛntəˌgreɪd, 'sɑn-] *adj* : centígrado
centigram ['sɛntəˌgræm, 'sɑn-] *n* : centigramo *m*
centimeter ['sɛntəˌmi:t̬ər, 'sɑn-] *n* : centímetro *m*
centipede ['sɛntəˌpi:d] *n* : ciempiés *m*
central ['sɛntrəl] *adj* **1** : céntrico, central ⟨in a central location : en un lugar céntrico⟩ **2** MAIN, PRINCIPAL : central, fundamental, principal
Central American[1] *adj* : centroamericano
Central American[2] *n* : centroamericano *m*, -na *f*
centralization [ˌsɛntrələ'zeɪʃən] *n* : centralización *f*
centralize ['sɛntrəˌlaɪz] *vt* **-ized; -izing** : centralizar
centrally ['sɛntrəli] *adv* **1 centrally heated** : con calefacción central **2 centrally located** : céntrico, en un lugar céntrico
centre ['sɛntər] → **center**
centrifugal [sɛn'trɪfjəgəl, -'trɪfɪ-] *adj* : centrífugo
centrifugal force *n* : fuerza *f* centrífuga
century ['sɛntʃəri] *n, pl* **-ries** : siglo *m*
ceramic[1] [sə'ræmɪk] *adj* : de cerámica
ceramic[2] *n* **1** : objeto *m* de cerámica, cerámica *f* **2 ceramics** *npl* : cerámica *f*
cereal[1] ['sɪriəl] *adj* : cereal
cereal[2] *n* : cereal *m*
cerebellum [ˌsɛrə'bɛləm] *n, pl* **-bellums** *or* **-bella** [-'bɛlə] : cerebelo *m*
cerebral [sə'ri:brəl, 'sɛrə-] *adj* : cerebral
cerebral palsy *n* : parálisis *f* cerebral
cerebrum [sə'ri:brəm, 'sɛrə-] *n, pl* **-brums** *or* **-bra** [-brə] : cerebro *m*
ceremonial[1] [ˌsɛrə'mo:niəl] *adj* : ceremonial
ceremonial[2] *n* : ceremonial *m*
ceremonious [ˌsɛrə'mo:niəs] *adj* **1** FORMAL : ceremonioso, formal **2** CEREMONIAL : ceremonial
ceremony ['sɛrəˌmo:ni] *n, pl* **-nies** : ceremonia *f*
cerise [sə'ri:s] *n* : rojo *m* cereza
certain[1] ['sərtən] *adj* **1** DEFINITE : cierto, determinado ⟨a certain percentage : un porcentaje determinado⟩ **2** TRUE : cierto, con certeza ⟨I don't know for certain : no sé exactamente⟩ **3** : cierto, alguno ⟨it has a certain charm : tiene cierta gracia⟩ **4** INEVITABLE : seguro, inevitable **5** ASSURED : seguro, asegurado ⟨she's certain to do well : seguro que le irá bien⟩
certain[2] *pron* : ciertos *pl*, algunos *pl* ⟨certain of my friends : algunos de mis amigos⟩
certainly ['sərtənli] *adv* **1** DEFINITELY : ciertamente, seguramente **2** OF COURSE : por supuesto
certainty ['sərtənti] *n, pl* **-ties** : certeza *f*, certidumbre *f*, seguridad *f*
certifiable [ˌsərt̬ə'faɪəbəl] *adj* : certificable
certificate [sər'tɪfɪkət] *n* : certificado *m*, acta *f* ⟨birth certificate : acta de nacimiento⟩
certification [ˌsərt̬əfə'keɪʃən] *n* : certificación *f*
certify ['sərt̬əˌfaɪ] *vt* **-fied; -fying** **1** VERIFY : certificar, verificar, confirmar **2** ENDORSE : endosar, aprobar oficialmente
certitude ['sərt̬əˌtu:d, -ˌtju:d] *n* : certeza *f*, certidumbre *f*
cervical ['sərvɪkəl] *adj* **1** : cervical (dícese del cuello) **2** : del cuello del útero
cervix ['sərvɪks] *n, pl* **-vices** [-vəˌsi:z] *or* **-vixes** **1** NECK : cerviz *f* **2** *or* **uterine cervix** : cuello *m* del útero
cesarean[1] [sɪ'zæriən] *adj* : cesáreo
cesarean[2] *n* : cesárea *f*
cesium ['si:ziəm] *n* : cesio *m*
cessation [sɛ'seɪʃən] *n* : cesación *f*, cese *m*
cesspool ['sɛsˌpu:l] *n* : pozo *m* séptico
Chadian ['tʃædiən] *n* : chadiano *m*, -na *f* — **Chadian** *adj*

chafe [ˈtʃeɪf] *v* **chafed; chafing** *vi* : enojarse, irritarse — *vt* : rozar

chaff [ˈtʃæf] *n* **1** : barcia *f*, granzas *fpl* **2 to separate the wheat from the chaff** : separar el grano de la paja

chafing dish [ˈtʃeɪfɪŋˌdɪʃ] *n* : escalfador *m*

chagrin[1] [ʃəˈgrɪn] *vt* : desilusionar, avergonzar

chagrin[2] *n* : desilusión *f*, disgusto *m*

chain[1] [ˈtʃeɪn] *vt* : encadenar

chain[2] *n* **1** : cadena *f* ⟨steel chain : cadena de acero⟩ ⟨restaurant chain : cadena de restaurantes⟩ **2** SERIES : serie *f* ⟨chain of events : serie de eventos⟩ **3 chains** *npl* FETTERS : grillos *mpl*

chair[1] [ˈtʃɛr] *vt* : presidir, moderar

chair[2] *n* **1** : silla *f* **2** CHAIRMANSHIP : presidencia *f* **3** → **chairman, chairwoman**

chairman [ˈtʃɛrmən] *n, pl* **-men** [-mən, -ˌmɛn] : presidente *m*

chairmanship [ˈtʃɛrmənˌʃɪp] *n* : presidencia *f*

chairwoman [ˈtʃɛrˌwʊmən] *n, pl* **-women** [-ˌwɪmən] : presidenta *f*

chaise longue [ˈʃeɪzˈlɔŋ] *n, pl* **chaise longues** [-lɔŋ, -ˈlɔŋz] : chaise longue *f*

chalet [ʃæˈleɪ] *n* : chalet *m*, chalé *m*

chalice [ˈtʃælɪs] *n* : cáliz *m*

chalk[1] [ˈtʃɔk] *vt* : escribir con tiza

chalk[2] *n* **1** LIMESTONE : creta *f*, caliza *f* **2** : tiza *f*, gis *m Mex* (para escribir)

chalkboard [ˈtʃɔkˌbord] → **blackboard**

chalk up *vt* **1** ASCRIBE : atribuir, adscribir **2** SCORE : apuntarse, anotarse (una victoria, etc.)

chalky [ˈtʃɔki] *adj* **chalkier; -est 1** : calcáreo **2** PALE : pálido **3** POWDERY : polvoriento

challenge[1] [ˈtʃælɪndʒ] *vt* **-lenged; -lenging 1** DISPUTE : disputar, cuestionar, poner en duda **2** DARE : desafiar, retar **3** STIMULATE : estimular, incentivar

challenge[2] *n* : reto *m*, desafío *m*

challenger [ˈtʃælɪndʒər] *n* : retador *m*, -dora *f*; contendiente *mf*

chamber [ˈtʃeɪmbər] *n* **1** ROOM : cámara *f*, sala *f* ⟨the senate chamber : la cámara del senado⟩ **2** : recámara *f* (de un arma de fuego), cámara *f* (de combustión) **3** : cámara *f* ⟨chamber of commerce : cámara de comercio⟩ **4 chambers** *npl or* **judge's chambers** : despacho *m* del juez

chambermaid [ˈtʃeɪmbərˌmeɪd] *n* : camarera *f*

chamber music *n* : música *f* de cámara

chameleon [kəˈmiːljən, -liən] *n* : camaleón *m*

chamois [ˈʃæmi] *n, pl* **chamois** [-mi, -miz] : gamuza *f*

champ[1] [ˈtʃæmp, ˈtʃɑmp] *vi* **1** : masticar ruidosamente **2 to champ at the bit** : impacientarse, comerle a uno la impaciencia

champ[2] [ˈtʃæmp] *n* : campeón *m*, -peona *f*

champagne [ʃæmˈpeɪn] *n* : champaña *m*, champán *m*

champion[1] [ˈtʃæmpiən] *vt* : defender, luchar por (una causa)

champion[2] *n* **1** ADVOCATE, DEFENDER : paladín *m*; campeón *m*, -peona *f*; defensor *m*, -sora *f* **2** WINNER : campeón *m*, -peona *f* ⟨world champion : campeón mundial⟩

championship [ˈtʃæmpiənˌʃɪp] *n* : campeonato *m*

chance[1] [ˈtʃænts] *v* **chanced; chancing** *vi* **1** HAPPEN : ocurrir por casualidad **2 to chance upon** : encontrar por casualidad — *vt* RISK : arriesgarse a (hacer algo) ⟨we can't chance it : no podemos arriesgarnos⟩

chance[2] *adj* : fortuito, casual ⟨a chance encounter : un encuentro casual⟩

chance[3] *n* **1** FATE, LUCK : azar *m*, suerte *f*, fortuna *f* **2** OPPORTUNITY : oportunidad *f*, ocasión *f* **3** PROBABILITY : probabilidad *f*, posibilidad *f* **4** RISK : riesgo *m* **5** : boleto *m* (de una rifa o lotería) **6 by chance** : por casualidad

chancellor [ˈtʃæntsələr] *n* **1** : canciller *m* **2** : rector *m*, -tora *f* (de una universidad)

chancre [ˈʃæŋkər] *n* : chancro *m*

chancy [ˈtʃæntsi] *adj* **chancier; -est** : riesgoso, arriesgado

chandelier [ˌʃændəˈlɪr] *n* : araña *f* de luces

change[1] [ˈtʃeɪndʒ] *v* **changed; changing** *vt* **1** ALTER : cambiar ⟨to change one's mind : cambiar de idea/opinión⟩ ⟨to change direction : cambiar de dirección⟩ **2** EXCHANGE, REPLACE : cambiar (pilas, etc.), cambiar de ⟨he changed the subject : cambió de tema⟩ ⟨to change jobs : cambiar de trabajo⟩ ⟨to change places : cambiar de sitio⟩ **3** : cambiar (dinero) ⟨can you change a twenty? : ¿me puedes cambiar un billete de veinte dólares?⟩ ⟨to change dollars into yen : cambiar dólares a yen⟩ **4** : cambiar ⟨I changed the baby, I changed the baby's diaper : le cambié el pañal al bebé⟩ ⟨to change the bed/sheets : cambiar las sábanas⟩ ⟨to change one's clothes : cambiarse (de ropa)⟩ **5 to change hands** : cambiar de manos/dueño — *vi* **1** : cambiar ⟨you haven't changed : no has cambiado⟩ **2** : cambiarse (de ropa) **3 to change over to** : cambiar a (otro sistema, etc.)

change[2] *n* **1** ALTERATION : cambio *m* ⟨a change for the better/worse : un cambio para mejor/peor⟩ ⟨for a change : para variar⟩ ⟨to make changes to : hacerle cambios a⟩ **2** REPLACEMENT, EXCHANGE : cambio *m* ⟨an oil change : un cambio de aceite⟩ ⟨a change of address : un cambio de dirección⟩ ⟨a change of scenery : un cambio de aire(s)⟩ ⟨a change of clothes : una muda de ropa⟩ **3** : cambio *m*, vuelto *m* ⟨two dollars change : dos dólares de vuelto⟩ ⟨do you have change for a twenty? : ¿tienes cambio de veinte dólares?⟩ **4** COINS : cambio *m*, monedas *fpl* ⟨loose change : dinero suelto⟩

changeable [ˈʧeɪnʤəbəl] *adj* : cambiante, variable

changeless [ˈʧeɪnʤləs] *adj* : invariable, constante

changer [ˈʧeɪnʤər] *n* **1** : cambiador *m* ⟨record changer : cambiador de discos⟩ **2** *or* **money changer** : cambista *mf* (de dinero)

channel[1] [ˈʧænəl] *vt* **-neled** *or* **-nelled; -neling** *or* **-nelling** : encauzar, canalizar

channel[2] *n* **1** RIVERBED : cauce *m* **2** STRAIT : canal *m*, estrecho *m* ⟨English Channel : Canal de la Mancha⟩ **3** COURSE, MEANS : vía *f*, conducto *m* ⟨the usual channels : las vías normales⟩ **4** : canal *m* (de televisión)

channel surfing *n* : zapping *m*

chant[1] [ˈʧænt] *v* : salmodiar, cantar

chant[2] *n* **1** : salmodia *f* **2 Gregorian chant** : canto *m* gregoriano

Chanukah [ˈxɑnəkə, ˈhɑ-] → **Hanukkah**

chaos [ˈkeɪˌɑs] *n* : caos *m*

chaotic [keɪˈɑt̬ɪk] *adj* : caótico — **chaotically** [-t̬ɪkli] *adv*

chap[1] [ˈʧæp] *vi* **chapped; chapping** : partirse, agrietarse

chap[2] *n* FELLOW : tipo *m*, hombre *m*

chapel [ˈʧæpəl] *n* : capilla *f*

chaperon[1] *or* **chaperone** [ˈʃæpəˌro:n] *vt* **-oned; -oning** : ir de chaperón, acompañar

chaperon[2] *or* **chaperone** *n* : chaperón *m*, -rona *f*; acompañante *mf*

chaplain [ˈʧæplɪn] *n* : capellán *m*

chapter [ˈʧæptər] *n* **1** : capítulo *m* (de un libro) **2** BRANCH : sección *f*, división *f* (de una organización)

char [ˈʧɑr] *vt* **charred; charring 1** BURN : carbonizar **2** SCORCH : chamuscar

character [ˈkærɪktər] *n* **1** LETTER, SYMBOL : carácter *m* ⟨Chinese characters : caracteres chinos⟩ **2** DISPOSITION : carácter *m*, personalidad *f* ⟨of good character : de buena reputación⟩ ⟨to build character : forjar el carácter⟩ **3** REPUTATION : carácter *m*, reputación *f* ⟨character attacks : ataques personales⟩ **4** NATURE, QUALITIES : carácter *m* ⟨the national character : el carácter nacional⟩ ⟨the character of the wine : el carácter del vino⟩ ⟨the room has no character : la habitación no tiene carácter⟩ **5** : tipo *m*, personaje *m* peculiar ⟨he's quite a character! : ¡él es algo serio!⟩ **6** : personaje *m* (ficticio) **7 to be in/out of character** : ser/no ser típico de alguien

characteristic[1] [ˌkærɪktəˈrɪstɪk] *adj* : característico, típico — **characteristically** [-tɪkli] *adv*

characteristic[2] *n* : característica *f*

characterization [ˌkærɪktərəˈzeɪʃən] *n* : caracterización *f*

characterize [ˈkærɪktəˌraɪz] *vt* **-ized; -izing** : caracterizar

charades [ʃəˈreɪdz] *ns & pl* : charada *f*

charcoal [ˈʧɑrˌko:l] *n* : carbón *m*

chard [ˈʧɑrd] → **Swiss chard**

charge[1] [ˈʧɑrʤ] *v* **charged; charging** *vt* **1** : cargar ⟨to charge the batteries : cargar las pilas⟩ **2** ENTRUST : encomendar, encargar **3** COMMAND : ordenar, mandar **4** ACCUSE : acusar ⟨charged with robbery : acusado de robo⟩ **5** : cargar a una cuenta, comprar a crédito — *vi* **1** : cargar (contra el enemigo) ⟨charge! : ¡a la carga!⟩ **2** : cobrar ⟨they charge too much : cobran demasiado⟩

charge[2] *n* **1** : carga *f* (eléctrica) **2** : carga *f* (de dinamita, etc.) **3** BURDEN : carga *f*, peso *m* **4** RESPONSIBILITY : cargo *m*, responsabilidad *f* ⟨to take charge of : hacerse cargo de⟩ ⟨to be in charge : ser el responsable⟩ ⟨to be in charge of something/someone : tener algo/a alguien a su cargo⟩ **5** : persona *f* al cuidado de alguien ⟨her young charges : los niños que están a su cargo⟩ **6** ACCUSATION : cargo *m*, acusación *f* ⟨to press charges : presentar cargos⟩ **7** COST : costo *m*, cargo *m*, precio *m* ⟨free of charge : gratis⟩ ⟨they gave it to us free of charge : nos lo regalaron gratuitamente⟩ **8** ATTACK : carga *f*, ataque *m* **9 to get a charge out of** ENJOY : disfrutar de, deleitarse con

charge card → **credit card**

chargeable [ˈʧɑrʤəbəl] *adj* **1** : acusable, perseguible (dícese de un delito) **2 ∼ to** : a cargo de (una cuenta)

charger [ˈʧɑrʤər] *n* : corcel *m*, caballo *m* (de guerra)

chariot [ˈʧæriət] *n* : carro *m* (de guerra)

charisma [kəˈrɪzmə] *n* : carisma *m*

charismatic [ˌkærəzˈmætɪk] *adj* : carismático

charitable [ˈʧærət̬əbəl] *adj* **1** GENEROUS : caritativo ⟨a charitable organization : una organización benéfica⟩ **2** KIND, UNDERSTANDING : generoso, benévolo, comprensivo — **charitably** [-bli] *adv*

charitableness [ˈʧærət̬əbəlnəs] *n* : caridad *f*

charity [ˈʧærət̬i] *n, pl* **-ties 1** GENEROSITY : caridad *f* **2** ALMS : caridad *f*, limosna *f* **3** : organización *f* benéfica, obra *f* de beneficencia

charlatan [ˈʃɑrlətən] *n* : charlatán *m*, -tana *f*; farsante *mf*

charley horse [ˈʧɑrliˌhɔrs] *n* : calambre *m*

charm[1] [ˈʧɑrm] *vt* : encantar, cautivar, fascinar

charm[2] *n* **1** AMULET : amuleto *m*, talismán *m* **2** ATTRACTION : encanto *m*, atractivo *m* ⟨it has a certain charm

: tiene cierto atractivo⟩ **3** : dije *m*, colgante *m* ⟨charm bracelet : pulsera de dijes⟩
charmer [ˈʧɑrmər] *n* : persona *f* encantadora
charming [ˈʧɑrmɪŋ] *adj* : encantador, fascinante
chart[1] [ˈʧɑrt] *vt* **1** : trazar un mapa de, hacer un gráfico de **2** PLAN : trazar, planear ⟨to chart a course : trazar un derrotero⟩
chart[2] *n* **1** MAP : carta *f*, mapa *m* **2** DIAGRAM : gráfico *m*, cuadro *m*, tabla *f*
charter[1] [ˈʧɑrt̬ər] *vt* **1** : establecer los estatutos de (una organización) **2** RENT : alquilar, fletar
charter[2] *n* **1** STATUTES : estatutos *mpl* **2** CONSTITUTION : carta *f*, constitución *f*
chartreuse [ʃɑrˈtruːz, -ˈtruːs] *n* : color *m* verde-amarillo intenso
chary [ˈʧæri] *adj* **charier; -est** **1** WARY : cauteloso, precavido **2** SPARING : parco
chase[1] [ˈʧeɪs] *vt* **chased; chasing** **1** PURSUE : perseguir, ir a la caza de **2** DRIVE : ahuyentar, echar ⟨he chased the dog from the garden : ahuyentó al perro del jardín⟩ **3** : grabar (metales)
chase[2] *n* **1** PURSUIT : persecución *f*, caza *f* **2 the chase** HUNTING : caza *f*
chaser [ˈʧeɪsər] *n* **1** PURSUER : perseguidor *m*, -dora *f* **2** : bebida *f* que se toma después de un trago de licor
chasm [ˈkæzəm] *n* : abismo *m*, sima *f*
chassis [ˈʧæsi, ˈʃæsi] *n, pl* **chassis** [-siz] : chasis *m*, armazón *m*
chaste [ˈʧeɪst] *adj* **chaster; -est** **1** : casto **2** MODEST : modesto, puro **3** AUSTERE : austero, sobrio
chastely [ˈʧeɪstli] *adv* : castamente
chasten [ˈʧeɪsən] *vt* : castigar, sancionar
chasteness [ˈʧeɪstnəs] *n* **1** MODESTY : modestia *f*, castidad *f* **2** AUSTERITY : sobriedad *f*, austeridad *f*
chastise [ˈʧæsˌtaɪz, ʧæsˈ-] *vt* **-tised; -tising** **1** REPRIMAND : reprender, corregir, reprobar **2** PUNISH : castigar
chastisement [ˈʧæsˌtaɪzmənt, ʧæsˈtaɪz-, ˈʧæstəz-] *n* : castigo *m*, corrección *f*
chastity [ˈʧæstət̬i] *n* : castidad *f*, decencia *f*, modestia *f*
chat[1] [ˈʧæt] *vi* **chatted; chatting** : charlar, platicar
chat[2] *n* : charla *f*, plática *f*
château [ʃæˈtoː] *n, pl* **-teaus** [-ˈtoːz] *or* **-teaux** [-ˈtoː, -ˈtoːz] : mansión *f* campestre
chat room *n* : (sala *f* de) chat *m*
chattel [ˈʧæt̬əl] *n* : bienes *fpl* muebles, enseres *mpl*
chatter[1] [ˈʧæt̬ər] *vi* **1** : castañetear (dícese de los dientes) **2** GAB : parlotear *fam*, cotorrear *fam*
chatter[2] *n* **1** CHATTERING : castañeteo *m* (de dientes) **2** GABBING : parloteo *m fam*, cotorreo *m fam*, cháchara *f fam*
chatterbox [ˈʧæt̬ərˌbɑks] *n* : parlanchín *m*, -china *f*; charlatán *m*, -tana *f*; hablador *m*, -dora *f*
chatty [ˈʧæt̬i] *adj* **chattier; chattiest** **1** TALKATIVE : parlanchín, charlatán **2** CONVERSATIONAL : familiar, conversador ⟨a chatty letter : una carta llena de noticias⟩
chauffeur[1] [ˈʃoːfər, ʃoˈfər] *vi* : trabajar de chofer privado — *vt* : hacer de chofer para
chauffeur[2] *n* : chofer *m* privado
chauvinism [ˈʃoːvəˌnɪzəm] *n* : chauvinismo *m*, patriotería *f*
chauvinist [ˈʃoːvənɪst] *n* : chauvinista *mf*; patriotero *m*, -ra *f*
chauvinistic [ˌʃoːvəˈnɪstɪk] *adj* : chauvinista, patriotero
cheap[1] [ˈʧiːp] *adv* : barato ⟨to sell cheap : vender barato⟩
cheap[2] *adj* **1** INEXPENSIVE : barato, económico **2** SHODDY : barato, mal hecho **3** STINGY : tacaño, agarrado *fam*, codo *Mex*
cheapen [ˈʧiːpən] *vt* : degradar, rebajar
cheaply [ˈʧiːpli] *adv* : barato, a precio bajo
cheapness [ˈʧiːpnəs] *n* **1** : baratura *f*, precio *m* bajo **2** STINGINESS : tacañería *f*
cheapskate [ˈʧiːpˌskeɪt] *n* : tacaño *m*, -ña *f*; codo *m*, -da *f Mex*
cheat[1] [ˈʧiːt] *vt* : defraudar, estafar, engañar — *vi* : hacer trampa
cheat[2] *n* **1** CHEATING : engaño *m*, fraude *m*, trampa *f* **2** → **cheater**
cheater [ˈʧiːt̬ər] *n* : estafador *m*, -dora *f*; tramposo *m*, -sa *f*
check[1] [ˈʧɛk] *vt* **1** VERIFY : verificar, comprobar (la ortografía, etc.) **2** INSPECT : revisar, chequear, inspeccionar **3** CONSULT : consultar, chequear ⟨let me check the files : déjame chequear los archivos⟩ **4** HALT : frenar, parar, detener **5** RESTRAIN : refrenar, contener, reprimir **6** MARK : marcar, señalar **7** *or* **to check in** : chequear, facturar (maletas, equipaje) **8** CHECKER : marcar con cuadros **9 to check off** : marcar (algo en una lista) **10 to check out** INVESTIGATE : investigar **11 to check out** *fam* LOOK AT : mirar **12 to check out** SIGN OUT : sacar (libros) **13 to check out** RING UP : cobrar (en una tienda) — *vi* **1** VERIFY : comprobar, verificar **2 to check back with** *fam* : volver a contactar ⟨I'll check back with you later : te llamaré/hablaré (etc.) más tarde⟩ **3 to check in** : registrarse (en un hotel) **4 to check into** INVESTIGATE : investigar **5 to check off on** APPROVE : aprobar **6 to check on** : ir a ver, visitar, llamar ⟨she checks on the patients regularly : visita a los pacientes regularmente⟩ **7 to check out** : pagar e irse (de un hotel) **8 to check out** SQUARE : cuadrar **9 to check up on** : vigilar, controlar **10 to check with** : consultar

check[2] *n* **1** HALT : detención *f* súbita, parada *f* **2** RESTRAINT : control *m*, freno *m* **3** INSPECTION : verificación *f*, comprobación *f*, inspección *f*, chequeo *m* ⟨she gave the list a quick check : le echó una ojeada a la lista⟩ ⟨security/background check : verificación de identidad/antecedentes⟩ ⟨system check : comprobación del sistema⟩ ⟨sound check : prueba de sonido⟩ **4** : cheque *m* ⟨to pay by check : pagar con cheque⟩ **5** VOUCHER : resguardo *m*, comprobante *m* **6** BILL : cuenta *f* (en un restaurante) **7** : jaque *m* (en ajedrez) **8** *or* **check mark** : marca *f* **9** *or* **check pattern** : dibujo *m* a/de cuadros

checkbook [ˈʧɛkˌbʊk] *n* : chequera *f*

checker[1] [ˈʧɛkər] *vt* : marcar con cuadros

checker[2] *n* **1** : pieza *f* (en el juego de damas) **2** : verificador *m*, -dora *f* **3** CASHIER : cajero *m*, -ra *f*

checkerboard [ˈʧɛkərˌbord] *n* : tablero *m* de damas

checkers [ˈʧɛkərz] *n* : damas *fpl*

checkmate[1] [ˈʧɛkˌmeɪt] *vt* **-mated; -mating** **1** : dar jaque mate a (en ajedrez) **2** THWART : frustrar, arruinar

checkmate[2] *n* : jaque mate *m*

checkout [ˈʧɛkˌaʊt] *n or* **checkout counter** : caja *f*

checkpoint [ˈʧɛkˌpɔɪnt] *n* : puesto *m* de control

checkup [ˈʧɛkˌʌp] *n* : examen *m* médico, chequeo *m*

cheddar [ˈʧɛdər] *n* : queso *m* Cheddar

cheek [ˈʧiːk] *n* **1** : mejilla *f*, cachete *m* **2** IMPUDENCE : insolencia *f*, descaro *m*

cheekbone [ˈʧiːkˌboːn] *n* : pómulo *m*

cheeky [ˈʧiːki] *adj* **cheekier; -est** : descarado, insolente, atrevido

cheep[1] [ˈʧiːp] *vi* : piar

cheep[2] *n* : pío *m*

cheer[1] [ˈʧɪr] *vt* **1** ENCOURAGE : alentar, animar **2** GLADDEN : alegrar, levantar el ánimo a **3** ACCLAIM : aclamar, vitorear, echar porras a

cheer[2] *n* **1** CHEERFULNESS : alegría *f*, buen humor *m*, jovialidad *f* **2** APPLAUSE : aclamación *f*, ovación *f*, aplausos *mpl* ⟨three cheers for the chief! : ¡viva el jefe!⟩ **3 cheers!** : ¡salud!

cheerful [ˈʧɪrfəl] *adj* : alegre, de buen humor

cheerfully [ˈʧɪrfəli] *adv* : alegremente, jovialmente

cheerfulness [ˈʧɪrfəlnəs] *n* : buen humor *m*, alegría *f*

cheerily [ˈʧɪrəli] *adv* : alegremente

cheeriness [ˈʧɪrinəs] *n* : buen humor *m*, alegría *f*

cheerleader [ˈʧɪrˌliːdər] *n* : porrista *mf*

cheerless [ˈʧɪrləs] *adj* BLEAK : triste, sombrío

cheerlessly [ˈʧɪrləsli] *adv* : desanimadamente

cheery [ˈʧɪri] *adj* **cheerier; -est** : alegre, de buen humor

cheese [ˈʧiːz] *n* : queso *m*

cheesecloth [ˈʧiːzˌklɔθ] *n* : estopilla *f*

cheesy [ˈʧiːzi] *adj* **cheesier; -est** **1** : a queso **2** : que contiene queso **3** CHEAP : barato, de mala calidad

cheetah [ˈʧiːt̬ə] *n* : guepardo *m*

chef [ˈʃɛf] *n* : chef *m*

chemical[1] [ˈkɛmɪkəl] *adj* : químico — **chemically** [-mɪkli] *adv*

chemical[2] *n* : sustancia *f* química

chemical weapon *n* : arma *f* química

chemise [ʃəˈmiːz] *n* **1** : camiseta *f*, prenda *f* interior de una pieza **2** : vestido *m* holgado

chemist [ˈkɛmɪst] *n* : químico *m*, -ca *f*

chemistry [ˈkɛmɪstri] *n, pl* **-tries** : química *f*

chemotherapy [ˌkiːmoˈθɛrəpi, ˌkɛmo-] *n, pl* **-pies** : quimioterapia *f*

chenille [ʃəˈniːl] *n* : felpilla *f*

cherish [ˈʧɛrɪʃ] *vt* **1** VALUE : apreciar, valorar **2** HARBOR : abrigar, albergar

cherry [ˈʧɛri] *n, pl* **-ries** **1** : cereza *f* (fruta) **2** : cerezo *m* (árbol)

cherub [ˈʧɛrəb] *n* **1** *pl* **-ubim** [ˈʧɛrəˌbɪm, ˈʧɛrjə-] ANGEL : ángel *m*, querubín *m* **2** *pl* **-ubs** : niño *m* regordete, niña *f* regordeta

cherubic [ʧəˈruːbɪk] *adj* : querúbico, angelical

chess [ˈʧɛs] *n* : ajedrez *m*

chessboard [ˈʧɛsˌbord] *n* : tablero *m* de ajedrez

chessman [ˈʧɛsmən, -ˌmæn] *n, pl* **-men** [-mən, -ˌmɛn] : pieza *f* de ajedrez

chest [ˈʧɛst] *n* **1** : cofre *m*, baúl *m* **2** : pecho *m* ⟨chest pains : dolores de pecho⟩

chestnut [ˈʧɛs*t*ˌnʌt] *n* **1** : castaña *f* (fruto) **2** : castaño *m* (árbol)

chest of drawers *n* : cómoda *f*

chevron [ˈʃɛvrən] *n* : galón *m* (de un oficial militar)

chew[1] [ˈʧuː] *vt* **1** : masticar, mascar **2 to chew out** SCOLD : regañar **3 to chew the fat** CHAT : charlar, platicar **4 to chew up** : destrozar a mordiscos **5 to chew up** DESTROY : destrozar — *vi* **to chew on/over** THINK OVER : pensar

chew[2] *n* : algo que se masca (como tabaco)

chewable [ˈʧuːəbəl] *adj* : masticable

chewing gum *n* : goma *f* de mascar, chicle *m*

chewy [ˈʧuːi] *adj* **chewier; -est** **1** : fibroso (dícese de las carnes o los vegetales) **2** : pegajoso, chicloso (dícese de los dulces)

chic[1] [ˈʃiːk] *adj* : chic, elegante, de moda

chic[2] *n* : chic *m*, elegancia *f*

Chicano [ʧɪˈkɑno] *n* : chicano *m*, -na *f* — **Chicano** *adj*

chick [ˈʧɪk] *n* : pollito *m*, -ta *f*; polluelo *m*, -la *f*

chicken [ˈʧɪkən] *n* **1** FOWL : pollo *m* **2** COWARD : cobarde *mf*

chickenhearted [ˈʧɪkənˌhɑrṭəd] *n* : miedoso, cobarde
chicken pox *n* : varicela *f*
chickpea [ˈʧɪkˌpi:] *n* : garbanzo *m*
chicle [ˈʧɪkəl] *n* : chicle *m* (resina)
chicory [ˈʧɪkəri] *n, pl* **-ries** **1** : endibia *f* (para ensaladas) **2** : achicoria *f* (aditivo de café)
chide [ˈʧaɪd] *vt* **chid** [ˈʧɪd] *or* **chided; chid** *or* **chidden** [ˈʧɪdən] *or* **chided; chiding** [ˈʧaɪdɪŋ] : regañar, reprender
chief[1] [ˈʧi:f] *adj* : principal, capital ⟨chief negotiator : negociador en jefe⟩ — **chiefly** *adv*
chief[2] *n* : jefe *m*, -fa *f*
chieftain [ˈʧi:ftən] *n* : jefe *m*, -fa *f* (de una tribu)
chiffon [ʃɪˈfɑn, ˈʃɪˌ-] *n* : chifón *m*
chigger [ˈʧɪgər] *n* : nigua *f*
chignon [ˈʃi:nˌjɑn, -ˌjɔn] *n* : moño *m*, chongo *m Mex*
chilblain [ˈʧɪlˌbleɪn] *n* : sabañón *m*
child [ˈʧaɪld] *n, pl* **children** [ˈʧɪldrən] **1** BABY, YOUNGSTER : niño *m*, -ña *f*; criatura *f* **2** OFFSPRING : hijo *m*, -ja *f*; progenie *f*
childbearing[1] [ˈʧaɪlbɛrɪŋ] *adj* : relativo al parto ⟨of childbearing age : en edad fértil⟩
childbearing[2] → **childbirth**
childbirth [ˈʧaɪldˌbərθ] *n* : parto *m*
childhood [ˈʧaɪldˌhʊd] *n* : infancia *f*, niñez *f*
childish [ˈʧaɪldɪʃ] *adj* : infantil, inmaduro — **childishly** *adv*
childishness [ˈʧaɪldɪʃnəs] *n* : infantilismo *m*, inmadurez *f*
childless [ˈʧaɪldləs] *adj* : sin hijos
childlike [ˈʧaɪldˌlaɪk] *adj* : infantil, inocente ⟨a childlike imagination : una imaginación infantil⟩
childproof [ˈʧaɪldˌpru:f] *adj* : a prueba de niños
Chilean [ˈʧɪliən, ʧɪˈleɪən] *n* : chileno *m*, -na *f* — **Chilean** *adj*
chili *or* **chile** *or* **chilli** [ˈʧɪli] *n, pl* **chilies** *or* **chiles** *or* **chillies** **1** *or* **chili pepper** : chile *m*, ají *m* **2** : chile *m* con carne
chill[1] [ˈʧɪl] *v* : enfriar
chill[2] *adj* : frío, gélido ⟨a chill wind : un viento frío⟩
chill[3] *n* **1** CHILLINESS : fresco *m*, frío *m* **2** SHIVER : escalofrío *m* **3** DAMPER : enfriamiento *m*, frío *m* ⟨to cast a chill over : enfriar⟩
chilliness [ˈʧɪlinəs] *n* : frío *m*, fresco *m*
chilly [ˈʧɪli] *adj* **chillier; -est** : frío ⟨it's chilly tonight : hace frío esta noche⟩
chime[1] [ˈʧaɪm] *v* **chimed; chiming** *vt* : hacer sonar (una campana) — *vi* : sonar una campana, dar campanadas
chime[2] *n* **1** BELLS : juego *m* de campanitas sintonizadas, carillón *m* **2** PEAL : tañido *m*, campanada *f*
chime in *vi* : meterse en una conversación
chimera *or* **chimaera** [kaɪˈmɪrə, kə-] *n* : quimera *f*
chimney [ˈʧɪmni] *n, pl* **-neys** : chimenea *f*
chimney sweep *n* : deshollinador *m*, -dora *f*
chimp [ˈʧɪmp, ˈʃɪmp] → **chimpanzee**
chimpanzee [ˌʧɪmˌpænˈzi:, ˌʃɪm-; ʧɪmˈpænzi, ʃɪm-] *n* : chimpancé *m*
chin [ˈʧɪn] *n* : barbilla *f*, mentón *m*, barba *f*
china [ˈʧaɪnə] *n* **1** PORCELAIN : porcelana *f*, loza *f* **2** CROCKERY, TABLEWARE : loza *f*, vajilla *f*
chinchilla [ʧɪnˈʧɪlə] *n* : chinchilla *f*
Chinese [ˈʧaɪˈni:z, -ˈni:s] *n* **1** : chino *m*, -na *f* **2** : chino *m* (idioma) — **Chinese** *adj*
chink [ˈʧɪŋk] *n* : grieta *f*, abertura *f*
chintz [ˈʧɪnts] *n* : chintz *m*, chinz *m*
chip[1] [ˈʧɪp] *v* **chipped; chipping** *vt* : desportillar, desconchar, astillar (madera) — *vi* : desportillarse, desconcharse, descascararse (dícese de la pintura, etc.)
chip[2] *n* **1** : astilla *f* (de madera o vidrio), lasca *f* (de piedra) ⟨he's a chip off the old block : de tal palo, tal astilla⟩ **2** : bocado *m* pequeño (en rodajas o rebanadas) ⟨tortilla chips : totopos, tortillitas tostadas⟩ **3** : ficha *f* (de póker, etc.) **4** NICK : desportilladura *f*, mella *f* **5** : chip *m* ⟨memory chip : chip de memoria⟩
chip in *v* CONTRIBUTE : contribuir
chipmunk [ˈʧɪpˌmʌŋk] *n* : ardilla *f* listada
chipper [ˈʧɪpər] *adj* : alegre y vivaz
chiropodist [kəˈrɑpədɪst, ʃə-] *n* : podólogo *m*, -ga *f*
chiropody [kəˈrɑpədi, ʃə-] *n* : podología *f*
chiropractic [ˈkaɪrəˌpræktɪk] *n* : quiropráctica *f*
chiropractor [ˈkaɪrəˌpræktər] *n* : quiropráctico *m*, -ca *f*
chirp[1] [ˈʧərp] *vi* : gorjear (dícese de los pájaros), chirriar (dícese de los grillos)
chirp[2] *n* : gorjeo *m* (de un pájaro), chirrido *m* (de un grillo)
chisel[1] [ˈʧɪzəl] *vt* **-eled** *or* **-elled; -eling** *or* **-elling** **1** : cincelar, tallar, labrar **2** CHEAT : estafar, defraudar
chisel[2] *n* : cincel *m* (para piedras y metales), escoplo *m* (para madera), formón *m*
chiseler [ˈʧɪzələr] *n* SWINDLER : estafador *m*, -dora *f*; fraude *mf*
chit [ˈʧɪt] *n* : resguardo *m*, recibo *m*
chitchat [ˈʧɪtˌʧæt] *n* : cotorreo *m*, charla *f*
chivalric [ʃəˈvælrɪk] → **chivalrous**
chivalrous [ˈʃɪvəlrəs] *adj* **1** KNIGHTLY : caballeresco, relativo a la caballería **2** GENTLEMANLY : caballeroso, honesto, cortés
chivalrousness [ˈʃɪvəlrəsnəs] *n* : caballerosidad *f*, cortesía *f*
chivalry [ˈʃɪvəlri] *n, pl* **-ries** **1** KNIGHTHOOD : caballería *f* **2** CHIVALROUS-

NESS : caballerosidad *f*, nobleza *f*, cortesía *f*
chive [ˈtʃaɪv] *n* : cebollino *m*
chloride [ˈklorˌaɪd] *n* : cloruro *m*
chlorinate [ˈklorəˌneɪt] *vt* **-nated; -nating** : clorar
chlorination [ˌklorəˈneɪʃən] *n* : cloración *f*
chlorine [ˈklorˌiːn] *n* : cloro *m*
chloroform [ˈklorəˌfɔrm] *n* : cloroformo *m*
chlorophyll [ˈklorəˌfɪl] *n* : clorofila *f*
chock–full [ˈtʃakˈfʊl, ˈtʃʌk-] *adj* : colmado, repleto
chocolate [ˈtʃakələt, ˈtʃɔk-] *n* **1** : chocolate *m* **2** BONBON : bombón *m* **3** : color *m* chocolate, marrón *m*
choice[1] [ˈtʃɔɪs] *adj* **choicer; -est** : selecto, escogido, de primera calidad
choice[2] *n* **1** CHOOSING : elección *f*, selección *f* **2** OPTION : elección *f*, opción *f* ⟨I have no choice : no tengo alternativa⟩ **3** PREFERENCE : preferencia *f*, elección *f* **4** VARIETY : surtido *m*, selección *f* ⟨a wide choice : un gran surtido⟩
choir [ˈkwaɪr] *n* : coro *m*
choirboy [ˈkwaɪrˌbɔɪ] *n* : niño *m* de coro
choke[1] [ˈtʃoːk] *v* **choked; choking** *vt* **1** ASPHYXIATE, STRANGLE : sofocar, asfixiar, ahogar, estrangular **2** BLOCK : tapar, obstruir — *vi* **1** SUFFOCATE : asfixiarse, sofocarse, ahogarse ⟨to choke on food : atragantarse con comida⟩ **2** CLOG : taparse, obstruirse
choke[2] *n* **1** CHOKING : estrangulación *f* **2** : choke *m* (de un motor)
choker [ˈtʃoːkər] *n* : gargantilla *f*
cholera [ˈkalərə] *n* : cólera *m*
cholesterol [kəˈlɛstəˌrɔl] *n* : colesterol *m*
choose [ˈtʃuːz] *v* **chose** [ˈtʃoːz]; **chosen** [ˈtʃoːzən]; **choosing** *vt* **1** SELECT : escoger, elegir ⟨choose only one : escoja sólo uno⟩ **2** DECIDE : decidir ⟨he chose to leave : decidió irse⟩ **3** PREFER : preferir ⟨which one do you choose? : ¿cuál prefiere?⟩ — *vi* : escoger ⟨much to choose from : mucho de donde escoger⟩
choosy *or* **choosey** [ˈtʃuːzi] *adj* **choosier; -est** : exigente, remilgado
chop[1] [ˈtʃap] *vt* **chopped; chopping 1** MINCE : picar, cortar, moler (carne) **2 to chop down** : cortar, talar (un árbol)
chop[2] *n* **1** CUT : hachazo *m* (con una hacha), tajo *m* (con una cuchilla) **2** BLOW : golpe *m* (penetrante) ⟨karate chop : golpe de karate⟩ **3** : chuleta *f* ⟨pork chops : chuletas de cerdo⟩
chopper [ˈtʃapər] → **helicopter**
choppy [ˈtʃapi] *adj* **choppier; -est 1** : agitado, picado (dícese del mar) **2** DISCONNECTED : incoherente, inconexo
chops [ˈtʃaps] *npl* **1** : quijada *f*, mandíbula *f*, boca *f* (de una persona) **2 to lick one's chops** : relamerse
chopsticks [ˈtʃapˌstɪks] *npl* : palillos *mpl*
choral [ˈkorəl] *adj* : coral
chorale [kəˈræl, -ˈral] *n* **1** : coral *f* (composición musical vocal) **2** CHOIR, CHORUS : coral *f*, coro *m*
chord [ˈkɔrd] *n* **1** : acorde *m* (en música) **2** : cuerda *f* (en anatomía o geometría)
chore [ˈtʃor] *n* **1** TASK : tarea *f* rutinaria **2** BOTHER, NUISANCE : lata *f fam*, fastidio *m* **3 chores** *npl* WORK : quehaceres *mpl*, faenas *fpl*
choreograph [ˈkoriəˌgræf] *vt* : coreografiar
choreographer [ˌkoriˈagrəfər] *n* : coreógrafo *m*, -fa *f*
choreographic [ˌkoriəˈgræfɪk] *adj* : coreográfico
choreography [ˌkoriˈagrəfi] *n, pl* **-phies** : coreografía *f*
chorister [ˈkorəstər] *n* : corista *mf*
chortle[1] [ˈtʃɔrtəl] *vi* **-tled; -tling** : reírse (con satisfacción o júbilo)
chortle[2] *n* : risa *f* (de satisfacción o júbilo)
chorus[1] [ˈkorəs] *vt* : corear
chorus[2] *n* **1** : coro *m* (grupo o composición musical) **2** REFRAIN : coro *m*, estribillo *m*
chose → **choose**
chosen [ˈtʃoːzən] *adj* : elegido, selecto
chow [ˈtʃaʊ] *n* **1** FOOD : comida *f* **2** : chow-chow *m* (perro)
chowder [ˈtʃaʊdər] *n* : sopa *f* de pescado
Christ [ˈkraɪst] *n* **1** : Cristo *m* **2 for Christ's sake** : ¡por Dios!
christen [ˈkrɪsən] *vt* **1** BAPTIZE : bautizar **2** NAME : bautizar con el nombre de
Christendom [ˈkrɪsəndəm] *n* : cristiandad *f*
christening [ˈkrɪsənɪŋ] *n* : bautismo *m*, bautizo *m*
Christian[1] [ˈkrɪstʃən] *adj* : cristiano
Christian[2] *n* : cristiano *m*, -na *f*
Christianity [ˌkrɪstʃiˈænəti, ˌkrɪsˈtʃæ-] *n* : cristianismo *m*
Christian name *n* : nombre *m* de pila
Christmas [ˈkrɪsməs] *n* : Navidad *f* ⟨Christmas season : las Navidades⟩
chromatic [kroːˈmætɪk] *adj* : cromático ⟨chromatic scale : escala cromática⟩
chrome [ˈkroːm] *n* : cromo *m* (metal)
chromium [ˈkroːmiəm] *n* : cromo *m* (elemento)
chromosome [ˈkroːməˌsoːm, -ˌzoːm] *n* : cromosoma *m*
chronic [ˈkranɪk] *adj* : crónico — **chronically** [-nɪkli] *adv*
chronicle[1] [ˈkranɪkəl] *vt* **-cled; -cling** : escribir (una crónica o historia)
chronicle[2] *n* : crónica *f*, historia *f*
chronicler [ˈkranɪklər] *n* : historiador *m*, -dora *f*; cronista *mf*

chronological [ˌkrɑnəlˈɑʤɪkəl] *adj* : cronológico — **chronologically** [-kli] *adv*
chronology [krəˈnɑləʤi] *n, pl* **-gies** : cronología *f*
chronometer [krəˈnɑmət̬ər] *n* : cronómetro *m*
chrysalis [ˈkrɪsələs] *n, pl* **chrysalides** [krɪˈsæləˌdiːz] *or* **chrysalises** : crisálida *f*
chrysanthemum [krɪˈsænɪθəməm] *n* : crisantemo *m*
chubbiness [ˈʧʌbinəs] *n* : gordura *f*
chubby [ˈʧʌbi] *adj* **-bier; -est** : gordito, regordete, rechoncho
chuck[1] [ˈʧʌk] *vt* **1** TOSS : tirar, lanzar, aventar *Col, Mex* **2 to chuck under the chin** : hacer la mamola
chuck[2] *n* **1** PAT : mamola *f*, palmada *f* **2** TOSS : lanzamiento *m* **3** *or* **chuck steak** : corte *m* de carne de res
chuckle[1] [ˈʧʌkəl] *vi* **-led; -ling** : reírse entre dientes
chuckle[2] *n* : risita *f*, risa *f* ahogada
chug[1] [ˈʧʌg] *vi* **chugged; chugging** : resoplar, traquetear
chug[2] *n* : resoplido *m*, traqueteo *m*
chum[1] [ˈʧʌm] *vi* **chummed; chumming** : ser camaradas, ser cuates *Mex fam*
chum[2] *n* : amigo *m*, -ga *f*; camarada *mf*; compinche *mf fam*
chummy [ˈʧʌmi] *adj* **-mier; -est** : amistoso ⟨they're very chummy : son muy amigos⟩
chump [ˈʧʌmp] *n* : tonto *m*, -ta *f*; idiota *mf*
chunk [ˈʧʌnk] *n* **1** PIECE : cacho *m*, pedazo *m*, trozo *m* **2** : cantidad *f* grande ⟨a chunk of money : mucho dinero⟩
chunky [ˈʧʌnki] *adj* **chunkier; -est 1** STOCKY : fornido, robusto **2** : que contiene pedazos
church [ˈʧərʧ] *n* **1** : iglesia *f* ⟨to go to church : ir a la iglesia⟩ **2** CHRISTIANS : iglesia *f*, conjunto *m* de fieles cristianos **3** DENOMINATION : confesión *f*, secta *f* **4** CONGREGATION : feligreses *mpl*, fieles *mpl*
churchgoer [ˈʧərʧˌgoːər] *n* : practicante *mf*
churchyard [ˈʧərʧˌjɑrd] *n* : cementerio *m* (junto a una iglesia)
churn[1] [ˈʧərn] *vt* **1** : batir (crema), hacer (mantequilla) **2** : agitar con fuerza, revolver — *vi* : agitarse, arremolinarse
churn[2] *n* : mantequera *f*
chute [ˈʃuːt] *n* : conducto *m* inclinado, vertedero *m* (para basuras)
chutney [ˈʧʌtni] *n, pl* **-neys** : chutney *m*
chutzpah [ˈhʊtspə, ˈxʊt-, -ˌspɑ] *n* : descaro *m*, frescura *f*, cara *f fam*
cicada [səˈkeɪdə, -ˈkɑ-] *n* : cigarra *f*, chicharra *f*
cider [ˈsaɪdər] *n* **1** : jugo *m* (de manzana, etc.) **2 hard cider** : sidra *f*
cigar [sɪˈgɑr] *n* : puro *m*, cigarro *m*
cigarette [ˌsɪgəˈrɛt, ˈsɪgəˌrɛt] *n* : cigarrillo *m*, cigarro *m*
cilantro [sɪˈlɑntroː, -ˈlæn-] *n* : cilantro *m*
cinch[1] [ˈsɪnʧ] *vt* **1** : cinchar (un caballo) **2** ASSURE : asegurar
cinch[2] *n* **1** : cincha *f* (para caballos) **2** : algo fácil o seguro ⟨it's a cinch : es bien fácil, es pan comido⟩
cinchona [sɪŋˈkoːnə] *n* : quino *m*
cinder [ˈsɪndər] *n* **1** EMBER : brasa *f*, ascua *f* **2 cinders** *npl* ASHES : cenizas *fpl*
cinema [ˈsɪnəmə] *n* : cine *m*
cinematic [ˌsɪnəˈmæt̬ɪk] *adj* : cinematográfico
cinnamon [ˈsɪnəmən] *n* : canela *f*
cipher [ˈsaɪfər] *n* **1** ZERO : cero *m* **2** CODE : cifra *f*, clave *f*
circa [ˈsərkə] *prep* : alrededor de, hacia ⟨circa 1800 : hacia el año 1800⟩
circle[1] [ˈsərkəl] *v* **-cled; -cling** *vt* **1** : encerrar en un círculo, poner un círculo alrededor de **2** : girar alrededor de, dar vueltas a ⟨we circled the building twice : le dimos vueltas al edificio dos veces⟩ — *vi* : dar vueltas
circle[2] *n* **1** : círculo *m* **2** CYCLE : ciclo *m* ⟨to come full circle : volver al punto de partida⟩ **3** GROUP : círculo *m*, grupo *m* (social)
circuit [ˈsərkət] *n* **1** BOUNDARY : circuito *m*, perímetro *m* (de una zona o un territorio) **2** TOUR : circuito *m*, recorrido *m*, tour *m* **3** : circuito *m* (eléctrico) ⟨a short circuit : un cortocircuito⟩
circuitous [ˌsərˈkjuːət̬əs] *adj* : sinuoso, tortuoso
circuitry [ˈsərkətri] *n, pl* **-ries** : sistema *m* de circuitos
circular[1] [ˈsərkjələr] *adj* ROUND : circular, redondo
circular[2] *n* : circular *f*
circulate [ˈsərkjəˌleɪt] *v* **-lated; -lating** *vi* : circular — *vt* **1** : circular (noticias, etc.) **2** DISSEMINATE : hacer circular, divulgar
circulation [ˌsərkjəˈleɪʃən] *n* : circulación *f*
circulatory [ˈsərkjələˌtori] *adj* : circulatorio
circumcise [ˈsərkəmˌsaɪz] *vt* **-cised; -cising** : circuncidar
circumcision [ˌsərkəmˈsɪʒən, ˈsərkəmˌ-] *n* : circuncisión *f*
circumference [sərˈkʌmpfrənts] *n* : circunferencia *f*
circumflex [ˈsərkəmˌflɛks] *n* : acento *m* circunflejo
circumlocution [ˌsərkəmloˈkjuːʃən] *n* : circunlocución *f*
circumnavigate [ˌsərkəmˈnævəˌgeɪt] *vt* **-gated; -gating** : circunnavegar
circumscribe [ˈsərkəmˌskraɪb] *vt* **-scribed; -scribing 1** : circunscribir, trazar una figura alrededor de **2** LIMIT : circunscribir, limitar
circumspect [ˈsərkəmˌspɛkt] *adj* : circunspecto, prudente, cauto

circumspection [ˌsərkəmˈspɛkʃən] *n* : circunspección *f*, cautela *f*
circumstance [ˈsərkəmˌstænts] *n* **1** EVENT : circunstancia *f*, acontecimiento *m* **2 circumstances** *npl* SITUATION : circunstancias *fpl*, situación *f* ⟨under the circumstances : dadas las circunstancias⟩ ⟨under no circumstances : de ninguna manera, bajo ningún concepto⟩ **3 circumstances** *npl* : situación *f* económica
circumstantial [ˌsərkəmˈstæntʃəl] *adj* : circunstancial
circumvent [ˌsərkəmˈvɛnt] *vt* : evadir, burlar (una ley o regla), sortear (una responsabilidad o dificultad)
circumvention [ˌsərkəmˈvɛntʃən] *n* : evasión *f*
circus [ˈsərkəs] *n* : circo *m*
cirrhosis [səˈroːsɪs] *n, pl* **-rhoses** [-ˈroːˌsiːz] : cirrosis *f*
cirrus [ˈsɪrəs] *n, pl* **-ri** [ˈsɪrˌaɪ] : cirro *m*
cistern [ˈsɪstərn] *n* : cisterna *f*, aljibe *m*
citadel [ˈsɪt̬ədəl, -ˌdɛl] *n* FORTRESS : ciudadela *f*, fortaleza *f*
citation [saɪˈteɪʃən] *n* **1** SUMMONS : emplazamiento *m*, citación *f*, convocatoria *f* (judicial) **2** QUOTATION : cita *f* **3** COMMENDATION : elogio *m*, mención *f* (de honor)
cite [ˈsaɪt] *vt* **cited; citing 1** ARRAIGN, SUBPOENA : emplazar, citar, hacer comparecer (ante un tribunal) **2** QUOTE : citar **3** COMMEND : elogiar, honrar (oficialmente)
citizen [ˈsɪt̬əzən] *n* : ciudadano *m*, -na *f*
citizenry [ˈsɪt̬əzənri] *n, pl* **-ries** : ciudadanía *f*, conjunto *m* de ciudadanos
citizenship [ˈsɪt̬əzənˌʃɪp] *n* : ciudadanía *f* ⟨Nicaraguan citizenship : ciudadanía nicaragüense⟩
citron [ˈsɪtrən] *n* : cidra *f*
citrus [ˈsɪtrəs] *n, pl* **-rus** *or* **-ruses** : cítrico *m*
city [ˈsɪt̬i] *n, pl* **cities** : ciudad *f*
civic [ˈsɪvɪk] *adj* : cívico
civics [ˈsɪvɪks] *ns & pl* : civismo *m*
civil [ˈsɪvəl] *adj* **1** : civil ⟨civil law : derecho civil⟩ **2** POLITE : civil, cortés
civilian [səˈvɪljən] *n* : civil *mf* ⟨soldiers and civilians : soldados y civiles⟩
civility [səˈvɪlət̬i] *n, pl* **-ties** : cortesía *f*, educación *f*
civilization [ˌsɪvələˈzeɪʃən] *n* : civilización *f*
civilize [ˈsɪvəˌlaɪz] *vt* **-lized; -lizing** : civilizar — **civilized** *adj*
civil liberties *npl* : derechos *mpl* civiles
civilly [ˈsɪvəli] *adv* : cortésmente
civil rights *npl* : derechos *mpl* civiles
civil service *n* : administración *f* pública
civil war *n* : guerra *f* civil
clack[1] [ˈklæk] *vi* : tabletear
clack[2] *n* : tableteo *m*
clad [ˈklæd] *adj* **1** CLOTHED : vestido **2** COVERED : cubierto
claim[1] [ˈkleɪm] *vt* **1** DEMAND : reclamar, reivindicar ⟨she claimed her rights : reclamó sus derechos⟩ **2** MAINTAIN : afirmar, sostener ⟨they claim it's theirs : sostienen que es suyo⟩
claim[2] *n* **1** DEMAND : demanda *f*, reclamación *f* **2** DECLARATION : declaración *f*, afirmación *f* **3 to stake a claim** : reclamar, reivindicar
claimant [ˈkleɪmənt] *n* : demandante *mf* (ante un juez), pretendiente *mf* (al trono, etc.)
clairvoyance [klærˈvɔɪənts] *n* : clarividencia *f*
clairvoyant[1] [klærˈvɔɪənt] *adj* : clarividente
clairvoyant[2] *n* : clarividente *mf*
clam [ˈklæm] *n* : almeja *f*
clamber [ˈklæmbər] *vi* : treparse o subirse torpemente
clammy [ˈklæmi] *adj* **-mier; -est** : húmedo y algo frío
clamor[1] [ˈklæmər] *vi* : gritar, clamar
clamor[2] *n* : clamor *m*
clamorous [ˈklæmərəs] *adj* : clamoroso, ruidoso, estrepitoso
clamp[1] [ˈklæmp] *vt* : sujetar con abrazaderas
clamp[2] *n* : abrazadera *f*
clan [ˈklæn] *n* : clan *m*
clandestine [klænˈdɛstɪn] *adj* : clandestino, secreto
clang[1] [ˈklæŋ] *vi* : hacer resonar (dícese de un objeto metálico)
clang[2] *n* : ruido *m* metálico fuerte
clangor [ˈklæŋər, -gər] *n* : estruendo *m* metálico
clank[1] [ˈklæŋk] *vi* : producir un ruido metálico seco
clank[2] *n* : ruido *m* metálico seco
clannish [ˈklænɪʃ] *adj* : exclusivista
clap[1] [ˈklæp] *v* **clapped; clapping** *vt* **1** SLAP, STRIKE : golpear ruidosamente, dar una palmada ⟨to clap one's hands : batir palmas, dar palmadas⟩ **2** APPLAUD : aplaudir — *vi* APPLAUD : aplaudir
clap[2] *n* **1** SLAP : palmada *f*, golpecito *m* **2** NOISE : ruido *m* seco ⟨a clap of thunder : un trueno⟩
clapboard [ˈklæbərd, ˈklæpˌbord] *n* : tabla *f* de madera (para revestir muros)
clapper [ˈklæpər] *n* : badajo *m* (de una campana)
clarification [ˌklærəfəˈkeɪʃən] *n* : clarificación *f*
clarify [ˈklærəˌfaɪ] *vt* **-fied; -fying 1** EXPLAIN : aclarar **2** : clarificar (un líquido)
clarinet [ˌklærəˈnɛt] *n* : clarinete *m*
clarion [ˈklæriən] *adj* : claro y sonoro
clarity [ˈklærət̬i] *n* : claridad *f*, nitidez *f*
clash[1] [ˈklæʃ] *vi* **1** : sonar, chocarse ⟨the cymbals clashed : los platillos sonaron⟩ **2** : chocar, enfrentarse ⟨the students clashed with the police : los estudiantes se enfrentaron con la policía⟩ **3** CONFLICT : estar en conflicto, oponerse **4** : desentonar (dícese de los colores), coincidir (dícese de los datos)

clash[2] *n* **1** : ruido *m* (producido por un choque) **2** CONFLICT, CONFRONTATION : enfrentamiento *m*, conflicto *m*, choque *m* **3** : desentono *m* (de colores), coincidencia *f* (de datos)

clasp[1] ['klæsp] *vt* **1** FASTEN : sujetar, abrochar **2** EMBRACE, GRASP : agarrar, sujetar, abrazar

clasp[2] *n* **1** FASTENING : broche *m*, cierre *m* **2** EMBRACE, SQUEEZE : apretón *m*, abrazo *m*

class[1] ['klæs] *vt* : clasificar, catalogar

class[2] *n* **1** KIND, TYPE : clase *f*, tipo *m*, especie *f* **2** : clase *f*, rango *m* social ⟨the working class : la clase obrera⟩ **3** LESSON : clase *f*, curso *m* ⟨English class : clase de inglés⟩ ⟨to take a class : tomar/hacer un curso⟩ **4** : clase *f* ⟨she told the whole class : se lo dijo a toda la clase⟩ ⟨the class of '97 : la promoción del 97⟩ **5** STYLE : clase *f*, estilo *m* **6** : clase *f* (en un vuelo) ⟨business class : clase ejecutiva⟩

classic[1] ['klæsɪk] *adj* : clásico

classic[2] *n* : clásico *m*, obra *f* clásica

classical ['klæsɪkəl] *adj* : clásico — **classically** [-kli] *adv*

classicism ['klæsəˌsɪzəm] *n* : clasicismo *m*

classification [ˌklæsəfə'keɪʃən] *n* : clasificación *f*

classified ['klæsəˌfaɪd] *adj* **1** : clasificado ⟨classified ads : avisos clasificados⟩ **2** RESTRICTED : confidencial, secreto ⟨classified documents : documentos secretos⟩

classify ['klæsəˌfaɪ] *vt* **-fied; -fying** : clasificar, catalogar

classless ['klæsləs] *adj* : sin clases

classmate ['klæsˌmeɪt] *n* : compañero *m*, -ra *f* de clase

classroom ['klæsˌru:m] *n* : aula *f*, salón *m* de clase

clatter[1] ['klæt̬ər] *vi* : traquetear, hacer ruido

clatter[2] *n* : traqueteo *m*, ruido *m*, estrépito *m*

clause ['klɔz] *n* : cláusula *f*

claustrophobia [ˌklɔstrə'fo:biə] *n* : claustrofobia *f*

claustrophobic [ˌklɔstrə'fo:bɪk] *adj* : claustrofóbico

clavicle ['klævɪkəl] *n* : clavícula *f*

claw[1] ['klɔ] *v* : arañar

claw[2] *n* : garra *f*, uña *f* (de un gato), pinza *f* (de un crustáceo)

clay ['kleɪ] *n* : arcilla *f*, barro *m*

clayey ['kleɪi] *adj* : arcilloso

clean[1] ['kli:n] *vt* **1** *or* **to clean up** : limpiar ⟨to clean oneself up : lavarse⟩ **2** : limpiar (pescado, etc.) **3 to clean one's plate** : comérselo todo **4 to clean out** : limpiar y ordenar (un lugar) **5 to clean out** : dejar pelado, limpiar, robarle todo — *vi* **1** *or* **to clean up** : limpiar **2 to clean up** : hacerse su agosto, enriquecerse

clean[2] *adv* : limpio, limpiamente ⟨to play clean : jugar limpio⟩

clean[3] *adj* **1** : limpio **2** UNADULTERATED : puro ⟨clean water : agua pura⟩ **3** IRREPROACHABLE : intachable, sin mancha ⟨to have a clean record : no tener antecedentes penales⟩ **4** GREEN : limpio ⟨clean energy : energía limpia⟩ **5** CLEAR, SHARP : claro, nítido ⟨clean lines : líneas sencillas/puras⟩ **6** DECENT : decente **7** COMPLETE : completo, absoluto ⟨a clean break with the past : un corte radical con el pasado⟩

cleaner ['kli:nər] *n* **1** : limpiador *m*, -dora *f* **2** : producto *m* de limpieza **3** DRY CLEANER : tintorería *f* (servicio)

cleanliness ['klɛnlinəs] *n* : limpieza *f*, aseo *m*

cleanly[1] ['kli:nli] *adv* : limpiamente, con limpieza

cleanly[2] ['klɛnli] *adj* **-lier; -est** : limpio, pulcro

cleanness ['kli:nnəs] *n* : limpieza *f*

cleanse ['klɛnz] *vt* **cleansed; cleansing** : limpiar, purificar

cleanser ['klɛnzər] *n* : limpiador *m*, purificador *m*

clean sweep *n* : barrida *f* (en una competencia)

clear[1] ['klɪr] *vt* **1** CLARIFY : aclarar, clarificar (un líquido) **2** : despejar (una superficie), desatascar (un tubo), desmontar (una selva) ⟨to clear the table : levantar la mesa⟩ ⟨to clear a path : abrir un camino⟩ ⟨to clear a space for : hacer lugar para⟩ ⟨to clear one's throat : carraspear, aclararse la voz⟩ **3** EMPTY, EVACUATE : vaciar, evacuar **4** EXONERATE : absolver, limpiar el nombre de **5** EARN : ganar, sacar (una ganancia de) **6** : pasar sin tocar ⟨he cleared the hurdle : saltó por encima de la valla⟩ **7** AUTHORIZE : autorizar **8 to clear away** : poner en su sitio **9 to clear off** : quitar de ⟨let me clear (the papers) off the table : déjame quitar los papeles de la mesa⟩ **10 to clear out** : ordenar **11 to clear up** RESOLVE : aclarar, resolver, esclarecer — *vi* **1** DISPERSE : irse, despejarse, disiparse **2** : ser compensado (dícese de un cheque) **3 to clear up** : despejar (dícese del tiempo), mejorarse (dícese de una enfermedad)

clear[2] *adv* : claro, claramente

clear[3] *adj* **1** BRIGHT : claro, lúcido **2** FAIR : claro, despejado **3** TRANSPARENT : transparente, translúcido **4** EVIDENT, UNMISTAKABLE : claro, evidente, obvio ⟨a clear explanation : una explicación clara⟩ ⟨is that clear?, do I make myself clear? : ¿está claro?⟩ ⟨I want to be clear : (quiero) que quede claro⟩ **5** SHARP : claro, nítido **6** CERTAIN : seguro ⟨to be clear on something : entender algo⟩ **7** ALERT : despejado, lúcido ⟨to have a clear head : estar despejado⟩ **8** : despejado (dícese de las vías, etc.) ⟨keep the area clear of clutter : mantener la zona libre de objetos⟩

clear[4] *n* **1 in the clear** : inocente, libre de toda sospecha **2 in the clear** SAFE : fuera de peligro
clearance [ˈklɪrənts] *n* **1** CLEARING : despeje *m* **2** SPACE : espacio *m* (libre), margen *m* **3** AUTHORIZATION : autorización *f*, despacho *m* (de la aduana)
clearing [ˈklɪrɪŋ] *n* : claro *m* (de un bosque)
clearly [ˈklɪrli] *adv* **1** DISTINCTLY : claramente, directamente **2** OBVIOUSLY : obviamente, evidentemente
cleat [ˈkli:t] *n* **1** : taco *m* **2 cleats** *npl* : zapatos *mpl* deportivos (con tacos)
cleavage [ˈkli:vɪʤ] *n* **1** CLEFT : hendidura *f*, raja *f* **2** : escote *m* (del busto)
cleave[1] [ˈkli:v] *vi* **cleaved** [ˈkli:vd] *or* **clove** [ˈklo:v]; **cleaving** ADHERE : adherirse, unirse
cleave[2] *vt* **cleaved; cleaving** SPLIT : hender, dividir, partir
cleaver [ˈkli:vər] *n* : cuchilla *f* de carnicero
clef [ˈklɛf] *n* : clave *f*
cleft [ˈklɛft] *n* : hendidura *f*, raja *f*, grieta *f*
clemency [ˈklɛməntsi] *n* : clemencia *f*
clement [ˈklɛmənt] *adj* **1** MERCIFUL : clemente, piadoso **2** MILD : clemente, apacible
clench [ˈklɛnʧ] *vt* **1** CLUTCH : agarrar **2** TIGHTEN : apretar (el puño, los dientes)
clergy [ˈklərʤi] *n, pl* **-gies** : clero *m*
clergyman [ˈklərʤimən] *n, pl* **-men** [-mən, -ˌmɛn] : clérigo *m*
cleric [ˈklɛrɪk] *n* : clérigo *m*, -ga *f*
clerical [ˈklɛrɪkəl] *adj* **1** : clerical ⟨a clerical collar : un alzacuello⟩ **2** : de oficina ⟨clerical staff : personal de oficina⟩
clerk[1] [ˈklərk, *Brit* ˈklɑrk] *vi* : trabajar de oficinista, trabajar de dependiente
clerk[2] *n* **1** : funcionario *m*, -ria *f* (de una oficina gubernamental) **2** : oficinista *mf*, empleado *m*, -da *f* de oficina **3** SALESPERSON : dependiente *m*, -ta *f*
clever [ˈklɛvər] *adj* **1** SKILLFUL : ingenioso, hábil **2** SMART : listo, inteligente, astuto
cleverly [ˈklɛvərli] *adv* **1** SKILLFULLY : ingeniosamente, hábilmente **2** INTELLIGENTLY : inteligentemente
cleverness [ˈklɛvərnəs] *n* **1** SKILL : ingenio *m*, habilidad *f* **2** INTELLIGENCE : inteligencia *f*
clew [ˈklu:] → **clue**
cliché [kliˈʃeɪ] *n* : cliché *m*, tópico *m*
click[1] [ˈklɪk] *vt* **1** : chasquear (los dedos, etc.) ⟨to click one's heels : dar un taconazo⟩ **2** : hacer clic en (un botón, etc.) — *vi* **1** : hacer clic **2** SNAP : chasquear **3** SUCCEED : tener éxito **4** GET ALONG : congeniar, llevarse bien
click[2] *n* : chasquido *m* (de los dedos, etc.), clic *m* (de un botón, etc.)
client [ˈklaɪənt] *n* : cliente *m*, -ta *f*
clientele [ˌklaɪənˈtɛl, ˌkli:-] *n* : clientela *f*
cliff [ˈklɪf] *n* : acantilado *m*, precipicio *m*, risco *m*
climate [ˈklaɪmət] *n* : clima *m*
climatic [klaɪˈmæṭɪk, klə-] *adj* : climático
climax[1] [ˈklaɪˌmæks] *vi* : llegar al punto culminante, culminar — *vt* : ser el punto culminante de
climax[2] *n* : clímax *m*, punto *m* culminante
climb[1] [ˈklaɪm] *vt* : escalar, trepar a, subir a ⟨to climb a mountain : escalar una montaña⟩ — *vi* **1** RISE : subir, ascender ⟨prices are climbing : los precios están subiendo⟩ **2** : subirse, treparse ⟨to climb up a tree : treparse a un árbol⟩
climb[2] *n* : ascenso *m*, subida *f*
climber [ˈklaɪmər] *n* **1** : escalador *m*, -dora *f* ⟨a mountain climber : un alpinista⟩ **2** : trepadora *f* (planta)
clinch[1] [ˈklɪnʧ] *vt* **1** FASTEN, SECURE : remachar (un clavo), afianzar, abrochar **2** SETTLE : decidir, cerrar ⟨to clinch the title : ganar el título⟩
clinch[2] *n* : abrazo *m*, clinch *m* (en el boxeo)
clincher [ˈklɪnʧər] *n* : argumento *m* decisivo
cling [ˈklɪŋ] *vi* **clung** [ˈklʌŋ]; **clinging 1** STICK : adherirse, pegarse **2** : aferrarse, agarrarse ⟨he clung to the railing : se aferró a la barandilla⟩
clinic [ˈklɪnɪk] *n* : clínica *f*
clinical [ˈklɪnɪkəl] *adj* : clínico — **clinically** [-kli] *adv*
clink[1] [ˈklɪŋk] *vi* : tintinear
clink[2] *n* : tintineo *m*
clip[1] [ˈklɪp] *vt* **clipped; clipping 1** CUT : cortar, recortar **2** HIT : golpear, dar un puñetazo a **3** FASTEN : sujetar (con un clip)
clip[2] *n* **1** → **clippers 2** BLOW : golpe *m*, puñetazo *m* **3** PACE : paso *m* rápido **4** FASTENER : clip *m* ⟨a paper clip : un sujetapapeles⟩
clipper [ˈklɪpər] *n* **1** : clíper *m* (buque de vela) **2 clippers** *npl* : tijeras *fpl* ⟨nail clippers : cortauñas⟩
clique [ˈkli:k, ˈklɪk] *n* : grupo *m* exclusivo, camarilla *f* (de políticos)
clitoris [ˈklɪṭərəs, klɪˈtɔrəs] *n, pl* **clitorides** [-ˈtɔrəˌdi:z] : clítoris *m*
cloak[1] [ˈklo:k] *vt* : encubrir, envolver (en un manto de)
cloak[2] *n* : capa *f*, capote *m*, manto *m* ⟨under the cloak of darkness : al amparo de la oscuridad⟩
clobber [ˈklɑbər] *vt* : dar una paliza a
clock[1] [ˈklɑk] *vt* : cronometrar
clock[2] *n* **1** : reloj *m* (de pared), cronómetro *m* (en deportes o competencias) **2 around the clock** : las veinticuatro horas
clockwise [ˈklɑkˌwaɪz] *adv & adj* : en la dirección de las manecillas del reloj

clockwork [ˈklɑk͵wərk] *n* : mecanismo *m* de relojería

clod [ˈklɑd] *n* **1** : terrón *m* **2** OAF : zoquete *mf*

clog[1] [ˈklɑg] *v* **clogged; clogging** *vt* **1** HINDER : estorbar, impedir **2** BLOCK : atascar, tapar — *vi* : atascarse, taparse

clog[2] *n* **1** OBSTACLE : traba *f*, impedimento *m*, estorbo *m* **2** : zueco *m* (zapato)

cloister[1] [ˈklɔɪstər] *vt* : enclaustrar

cloister[2] *n* : claustro *m*

clone[1] [ˈklo:n] *n* **1** : clon *m* (de un organismo) **2** COPY : copia *f*, reproducción *f*

clone[2] *vt* : clonar

close[1] [ˈklo:z] *v* **closed; closing** *vt* **1** : cerrar (una puerta, un libro, un archivo, etc.) ⟨to close one's eyes : cerrar los ojos⟩ **2** *or* **to close up** : cerrar (una empresa, etc.) ⟨they close the store at five o'clock : cierran la tienda a las cinco⟩ **3** *or* **to close down** : cerrar (una empresa, etc.) ⟨they had to close the restaurant : tuvieron que cerrar el restaurante⟩ **4** *or* **to close off** : cerrar (una calle) **5** *or* **to close out** : cerrar (una cuenta) **6** *or* **to close out** END : concluir, terminar **7** : hacer, cerrar (un trato) **8** REDUCE : cerrar, reducir (una distancia) **9 to close up** : cerrar (una casa, etc.) — *vi* **1** : cerrarse, cerrar ⟨the door closed behind her : la puerta se cerró tras ella⟩ ⟨they close on Sundays : cierran los domingos⟩ **2** TERMINATE : concluirse, terminar **3 to close at (a price)** : cotizar a (un precio) al cierre **4 to close down** : cerrar (dícese de una empresa, etc.) **5 to close in** APPROACH : acercarse, aproximarse **6 to close on** : cerrar (un trato), cerrar la compra/venta de (una casa)

close[2] [ˈklo:s] *adv* : cerca, de cerca

close[3] *adj* **closer; closest** **1** NEAR : cercano, próximo ⟨stay close to me : no te separes de mi lado⟩ ⟨don't get too close to the fire : no te acerques al fuego⟩ ⟨we must be getting close by now : ya estaremos muy cerca⟩ ⟨Christmas is getting close : se acerca la Navidad⟩ ⟨at close range/quarters : de cerca⟩ ⟨to live in close quarters : vivir muy apretados⟩ **2** SIMILAR : parecido, similar ⟨they're close in age : tienen casi la misma edad⟩ ⟨close in size : de tamaño parecido⟩ ⟨to bear a close resemblance to : tener un gran parecido con/a⟩ **3** (*indicating approximation*) ⟨did I guess right?—no, but you're close : ¿acerté?—no, pero casi⟩ ⟨not even close : ni por asomo⟩ ⟨close, but no cigar : casi, pero no⟩ **4** (*indicating that something nearly did or didn't happen*) ⟨that was close!, that was a close one/call/shave! : ¡nos salvamos por los pelos!⟩ ⟨we won, but it was close : ganamos por los pelos⟩ **5** STRICT : estricto, detallado ⟨keep a close eye/watch on him : vigílalo bien⟩ ⟨to pay close attention to : prestar mucha atención a⟩ **6** STUFFY : de aire viciado o sofocante (dícese de un lugar) **7** TIGHT : apretado, entallado, ceñido ⟨it's a close fit : es muy apretado⟩ **8** : cercano ⟨close relatives : parientes cercanos⟩ **9** INTIMATE : íntimo ⟨close friends : amigos íntimos⟩ ⟨those close to the president : los allegados del presidente⟩ **10** ACCURATE : fiel, exacto **11** : reñido ⟨a close election : una elección muy reñida⟩ ⟨she came in a close second : quedó en segundo lugar por una diferencia mínima⟩ **12 to be close to** : estar a punto de, estar al borde de ⟨he was close to crying/tears : estaba a punto de llorar/de las lágrimas⟩ ⟨to be close to death : estar al borde de la muerte⟩

close[4] [ˈklo:z] *n* : fin *m*, final *m*, conclusión *f*

closely [ˈklo:sli] *adv* : cerca, de cerca

closeness [ˈklo:snəs] *n* **1** NEARNESS : cercanía *f*, proximidad *f* **2** INTIMACY : intimidad *f*

closet[1] [ˈklɑzət] *vt* **to be closeted with** : estar encerrado con

closet[2] *n* : armario *m*, guardarropa *f*, clóset *m*

closure [ˈklo:ʒər] *n* **1** CLOSING, END : cierre *m*, clausura *f*, fin *m* **2** FASTENER : cierre *m*

clot[1] [ˈklɑt] *v* **clotted; clotting** *vt* : coagular, cuajar — *vi* : cuajarse, coagularse

clot[2] *n* : coágulo *m*

cloth [ˈklɔθ] *n, pl* **cloths** [ˈklɔðz, ˈklɔθs] **1** FABRIC : tela *f* **2** RAG : trapo *m* **3** TABLECLOTH : mantel *m*

clothe [ˈklo:ð] *vt* **clothed** *or* **clad** [ˈklæd]; **clothing** DRESS : vestir, arropar, ataviar

clothes [ˈklo:z, ˈklo:ðz] *npl* **1** CLOTHING : ropa *f* **2** BEDCLOTHES : ropa *f* de cama

clothespin [ˈklo:z͵pɪn] *n* : pinza *f* (para la ropa)

clothing [ˈklo:ðɪŋ] *n* : ropa *f*, indumentaria *f*

cloud[1] [ˈklaʊd] *vt* : nublar, oscurecer — *vi* **to cloud over** : nublarse

cloud[2] *n* : nube *f*

cloudburst [ˈklaʊd͵bərst] *n* : chaparrón *m*, aguacero *m*

cloudless [ˈklaʊdləs] *adj* : despejado, claro

cloudy [ˈklaʊdi] *adj* **cloudier; -est** : nublado, nuboso

clout[1] [ˈklaʊt] *vt* : bofetear, dar un tortazo a

clout[2] *n* **1** BLOW : golpe *m*, tortazo *m* *fam* **2** INFLUENCE : influencia *f*, palanca *f* *fam*

clove[1] [ˈkloːv] *n* **1** : diente *m* (de ajo) **2** : clavo *m* (especia)
clove[2] → **cleave**
cloven hoof [ˈkloːvən] *n* : pezuña *f* hendida
clover [ˈkloːvər] *n* : trébol *m*
cloverleaf [ˈkloːvərˌliːf] *n, pl* **-leafs** *or* **-leaves** [-ˌliːvz] : intersección *f* en trébol
clown[1] [ˈklaʊn] *vi* : payasear, bromear ⟨stop clowning around : déjate de payasadas⟩
clown[2] *n* : payaso *m*, -sa *f*
clownish [ˈklaʊnɪʃ] *adj* **1** : de payaso **2** BOORISH : grosero — **clownishly** *adv*
cloying [ˈklɔɪɪŋ] *adj* : empalagoso, meloso
club[1] [ˈklʌb] *vt* **clubbed; clubbing** : aporrear, dar garrotazos a
club[2] *n* **1** CUDGEL : garrote *m*, porra *f* **2** : palo *m* ⟨golf club : palo de golf⟩ **3** : trébol *m* (naipe) **4** ASSOCIATION : club *m*
clubfoot [ˈklʌbˌfʊt] *n, pl* **-feet** : pie *m* deforme
clubhouse [ˈklʌbˌhaʊs] *n* : sede *f* de un club
cluck[1] [ˈklʌk] *vi* : cloquear, cacarear
cluck[2] *n* : cloqueo *m*, cacareo *m*
clue[1] [ˈkluː] *vt* **clued; clueing** *or* **cluing** *or* **to clue in** : dar una pista a, informar
clue[2] *n* : pista *f*, indicio *m*
clump[1] [ˈklʌmp] *vi* **1** : caminar con pisadas fuertes **2** LUMP : agruparse, aglutinarse — *vt* : amontonar
clump[2] *n* **1** : grupo *m* (de arbustos o árboles), terrón *m* (de tierra) **2** : pisada *f* fuerte
clumsily [ˈklʌmzəli] *adv* : torpemente, sin gracia
clumsiness [ˈklʌmzinəs] *n* : torpeza *f*
clumsy [ˈklʌmzi] *adj* **-sier; -est** **1** AWKWARD : torpe, desmañado **2** TACTLESS : carente de tacto, poco delicado
clung → **cling**
clunky [ˈklʌŋki] *adj* : torpe, poco elegante
cluster[1] [ˈklʌstər] *vt* : agrupar, juntar — *vi* : agruparse, apiñarse, arracimarse
cluster[2] *n* : grupo *m*, conjunto *m*, racimo *m* (de uvas)
clutch[1] [ˈklʌtʃ] *vt* : agarrar, asir — *vi* **to clutch at** : tratar de agarrar
clutch[2] *n* **1** GRASP, GRIP : agarre *m*, apretón *m* **2** : embrague *m*, clutch *m* (de una máquina) **3 clutches** *npl* : garras *fpl* ⟨he fell into their clutches : cayó en sus garras⟩
clutter[1] [ˈklʌt̬ər] *vt* : atiborrar o atestar de cosas, llenar desordenadamente
clutter[2] *n* : desorden *m*, revoltijo *m*
coach[1] [ˈkoːtʃ] *vt* : entrenar (atletas, artistas), preparar (alumnos)
coach[2] *n* **1** CARRIAGE : coche *m*, carruaje *m*, carroza *f* **2** : vagón *m* de pasajeros (de un tren) **3** BUS : autobús *m*, ómnibus *m* **4** : pasaje *m* aéreo de segunda clase **5** TRAINER : entrenador *m*, -dora *f*
coagulate [koˈægjəˌleɪt] *v* **-lated; -lating** *vt* : coagular, cuajar — *vi* : coagularse, cuajarse
coal [ˈkoːl] *n* **1** EMBER : ascua *f*, brasa *f* **2** : carbón *m* ⟨a coal mine : una mina de carbón⟩
coalesce [ˌkoːəˈlɛs] *vi* **-alesced; -alescing** : unirse
coalition [ˌkoːəˈlɪʃən] *n* : coalición *f*
coarse [ˈkors] *adj* **coarser; -est** **1** : grueso (dícese de la arena o la sal), basto (dícese de las telas), áspero (dícese de la piel) **2** CRUDE, ROUGH : basto, tosco, ordinario **3** VULGAR : grosero — **coarsely** *adv*
coarsen [ˈkorsən] *vt* : hacer áspero o basto — *vi* : volverse áspero o basto
coarseness [ˈkorsnəs] *n* : aspereza *f*, tosquedad *f*
coast[1] [ˈkoːst] *vi* : deslizarse, rodar sin impulso
coast[2] *n* : costa *f*, litoral *m*
coastal [ˈkoːstəl] *adj* : costero
coaster [ˈkoːstər] *n* : posavasos *m*
coast guard *n* : guardia *f* costera, guardacostas *mpl*
coastline [ˈkoːstˌlaɪn] *n* : costa *f*
coat[1] [ˈkoːt] *vt* : cubrir, revestir, bañar (en un líquido)
coat[2] *n* **1** : abrigo *m* ⟨a sport coat : una chaqueta, un saco⟩ **2** : pelaje *m* (de animales) **3** LAYER : capa *f*, mano *f* (de pintura)
coating [ˈkoːt̬ɪŋ] *n* : capa *f*
coat of arms *n* : escudo *m* de armas
coax [ˈkoːks] *vt* : engatusar, persuadir
cob [ˈkɑb] → **corncob**
cobalt [ˈkoːˌbɔlt] *n* : cobalto *m*
cobble [ˈkɑbəl] *vt* **cobbled; cobbling** **1** : fabricar o remendar (zapatos) **2 to cobble together** : improvisar, hacer apresuradamente
cobbler [ˈkɑblər] *n* **1** SHOEMAKER : zapatero *m*, -ra *f* **2 fruit cobbler** : tarta *f* de fruta
cobblestone [ˈkɑbəlˌstoːn] *n* : adoquín *m*
cobra [ˈkoːbrə] *n* : cobra *f*
cobweb [ˈkɑbˌwɛb] *n* : telaraña *f*
coca [ˈkoːkə] *n* : coca *f*
cocaine [koːˈkeɪn, ˈkoːˌkeɪn] *n* : cocaína *f*
cock[1] [ˈkɑk] *vt* **1** : ladear ⟨to cock one's head : ladear la cabeza⟩ **2** : montar, amartillar (un arma de fuego)
cock[2] *n* **1** ROOSTER : gallo *m* **2** FAUCET : grifo *m*, llave *f* **3** : martillo *m* (de un arma de fuego)
cockatoo [ˈkɑkəˌtuː] *n, pl* **-toos** : cacatúa *f*
cockeyed [ˈkɑkˌaɪd] *adj* **1** ASKEW : ladeado, torcido, chueco **2** ABSURD : disparatado, absurdo
cockfight [ˈkɑkˌfaɪt] *n* : pelea *f* de gallos
cockiness [ˈkɑkinəs] *n* : arrogancia *f*
cockle [ˈkɑkəl] *n* : berberecho *m*

cockpit [ˈkɑkˌpɪt] *n* : cabina *f*
cockroach [ˈkɑkˌroːʧ] *n* : cucaracha *f*
cocktail [ˈkɑkˌteɪl] *n* **1** : coctel *m*, cóctel *m* **2** APPETIZER : aperitivo *m*
cocky [ˈkɑki] *adj* **cockier; -est** : creído, engreído
cocoa [ˈkoːˌkoː] *n* **1** CACAO : cacao *m* **2** : cocoa *f*, chocolate *m* (bebida)
coconut [ˈkoːkəˌnʌt] *n* : coco *m*
cocoon [kəˈkuːn] *n* : capullo *m*
cod [ˈkɑd] *n, pl* **cod** : bacalao *m*
coddle [ˈkɑdəl] *vt* **-dled; -dling** : mimar, consentir
code [ˈkoːd] *n* **1** : código *m* ⟨civil code : código civil⟩ **2** : código *m*, clave *f* ⟨secret code : clave secreta⟩
codeine [ˈkoːˌdiːn] *n* : codeína *f*
codex [ˈkoːˌdɛks] *n, pl* **-dexes** [-ˌdɛksəz] *or* **-dices** [-dəˌsiːz] : códice *m*
codger [ˈkɑʤər] *n* : viejo *m*, vejete *m*
codify [ˈkɑdəˌfaɪ, ˈkoː-] *vt* **-fied; -fying** : codificar
coeducation [ˌkoːˌɛʤəˈkeɪʃən] *n* : coeducación *f*, enseñanza *f* mixta
coeducational [ˌkoːˌɛʤəˈkeɪʃənəl] *adj* : mixto
coefficient [ˌkoːəˈfɪʃənt] *n* : coeficiente *m*
coerce [koˈərs] *vt* **-erced; -ercing** : coaccionar, forzar, obligar
coercion [koˈərʒən, -ʃən] *n* : coacción *f*
coercive [koˈərsɪv] *adj* : coactivo
coexist [ˌkoːɪgˈzɪst] *vi* : coexistir
coexistence [ˌkoːɪgˈzɪstənts] *n* : coexistencia *f*
coffee [ˈkɔfi] *n* : café *m*
coffeepot [ˈkɔfiˌpɑt] *n* : cafetera *f*
coffee table *n* : mesa *f* de centro
coffer [ˈkɔfər] *n* : cofre *m*
coffin [ˈkɔfən] *n* : ataúd *m*, féretro *m*
cog [ˈkɑg] *n* : diente *m* (de una rueda dentada)
cogent [ˈkoːʤənt] *adj* : convincente, persuasivo
cogitate [ˈkɑʤəˌteɪt] *vi* **-tated; -tating** : reflexionar, meditar, discurrir
cogitation [ˌkɑʤəˈteɪʃən] *n* : reflexión *f*, meditación *f*
cognac [ˈkoːnˌjæk] *n* : coñac *m*
cognate [ˈkɑgˌneɪt] *adj* : relacionado, afín
cognition [kɑgˈnɪʃən] *n* : cognición *f*
cognitive [ˈkɑgnət̬ɪv] *adj* : cognitivo
cogwheel [ˈkɑgˌhwiːl] *n* : rueda *f* dentada
cohabit [ˌkoːˈhæbət] *vi* : cohabitar
cohere [koˈhɪr] *vi* **-hered; -hering** **1** ADHERE : adherirse, pegarse **2** : ser coherente o congruente
coherence [koˈhɪrənts] *n* : coherencia *f*, congruencia *f*
coherent [koˈhɪrənt] *adj* : coherente, congruente — **coherently** *adv*
cohesion [koˈhiːʒən] *n* : cohesión *f*
cohesive [koːˈhiːsɪv, -zɪv] *adj* : cohesivo
cohort [ˈkoːˌhɔrt] *n* **1** : cohorte *f* (de soldados) **2** COMPANION : compañero *m*, -ra *f*; colega *mf*
coiffure [kwɑˈfjʊr] *n* : peinado *m*
coil[1] [ˈkɔɪl] *vt* : enrollar — *vi* : enrollarse, enroscarse
coil[2] *n* : rollo *m* (de cuerda, etc.), espiral *f* (de humo)
coin[1] [ˈkɔɪn] *vt* **1** MINT : acuñar (moneda) **2** INVENT : acuñar, crear, inventar ⟨to coin a phrase : como se suele decir⟩
coin[2] *n* : moneda *f*
coincide [ˌkoːɪnˈsaɪd, ˈkoːɪnˌsaɪd] *vi* **-cided; -ciding** : coincidir
coincidence [koˈɪntsədənts] *n* : coincidencia *f*, casualidad *f* ⟨what a coincidence! : ¡qué casualidad!⟩
coincident [koˈɪntsədənt] *adj* : coincidente, concurrente
coincidental [koˌɪntsəˈdɛntəl] *adj* : casual, accidental, fortuito
coitus [ˈkoːət̬əs] *n* : coito *m*
coke [ˈkoːk] *n* : coque *m*
colander [ˈkɑləndər, ˈkʌ-] *n* : colador *m*
cold[1] [ˈkoːld] *adj* : frío ⟨it's cold out : hace frío⟩ ⟨a cold reception : una fría recepción⟩ ⟨in cold blood : a sangre fría⟩
cold[2] *n* **1** : frío *m* ⟨to feel the cold : sentir frío⟩ **2** : resfriado *m*, catarro *m* ⟨to catch a cold : resfriarse⟩
cold–blooded [ˈkoːldˈblʌdəd] *adj* **1** CRUEL : cruel, despiadado **2** : de sangre fría (dícese de los reptiles, etc.)
coldly [ˈkoːldli] *adv* : fríamente, con frialdad
coldness [ˈkoːldnəs] *n* : frialdad *f* (de una persona o una actitud), frío *m* (de la temperatura)
coleslaw [ˈkoːlˌslɔ] *n* : ensalada *f* de col
colic [ˈkɑlɪk] *n* : cólico *m*
coliseum [ˌkɑləˈsiːəm] *n* : coliseo *m*, arena *f*
collaborate [kəˈlæbəˌreɪt] *vi* **-rated; -rating** : colaborar
collaboration [kəˌlæbəˈreɪʃə n] *n* : colaboración *f*
collaborator [kəˈlæbəˌreɪt̬ər] *n* **1** COLLEAGUE : colaborador *m*, -dora *f* **2** TRAITOR : colaboracionista *mf*
collage [kəˈlɑʒ] *n* : collage *m*
collapse[1] [kəˈlæps] *vi* **-lapsed; -lapsing** **1** : derrumbarse, desplomarse, hundirse ⟨the building collapsed : el edificio se derrumbó⟩ **2** FALL : desplomarse, caerse ⟨he collapsed on the bed : se desplomó en la cama⟩ ⟨to collapse with laughter : morirse de risa⟩ **3** FAIL : fracasar, quebrar, arruinarse **4** FOLD : plegarse
collapse[2] *n* **1** FALL : derrumbe *m*, desplome *m* **2** BREAKDOWN, FAILURE : fracaso *m*, colapso *m* (físico), quiebra *f* (económica)
collapsible [kəˈlæpsəbəl] *adj* : plegable
collar[1] [ˈkɑlər] *vt* : agarrar, atrapar
collar[2] *n* : cuello *m*
collarbone [ˈkɑlərˌboːn] *n* : clavícula *f*
collate [kəˈleɪt; ˈkɑˌleɪt, ˈkoː-] *vt* **-lated; -lating** **1** COMPARE : cotejar, comparar **2** : ordenar, recopilar (páginas)

collateral[1] [kə'lætərəl] *adj* : colateral
collateral[2] *n* : garantía *f*, fianza *f*, prenda *f*
colleague ['kɑˌli:g] *n* : colega *mf*; compañero *m*, -ra *f*
collect[1] [kə'lɛkt] *vt* **1** GATHER : recopilar, reunir, recoger ⟨she collected her thoughts : puso en orden sus ideas⟩ **2** : coleccionar, juntar ⟨to collect stamps : coleccionar timbres⟩ **3** : cobrar (una deuda), recaudar (un impuesto) **4** DRAW : cobrar, percibir (un sueldo, etc.) — *vi* **1** ACCUMULATE : acumularse, juntarse **2** CONGREGATE : congregarse, reunirse
collect[2] *adv & adj* : por cobrar, a cobro revertido
collectible *or* **collectable** [kə'lɛktəbəl] *adj* : coleccionable
collection [kə'lɛkʃən] *n* **1** COLLECTING : colecta *f* (de contribuciones), cobro *m* (de deudas), recaudación *f* (de impuestos) **2** GROUP : colección *f* (de objetos), grupo *m* (de personas)
collective[1] [kə'lɛktɪv] *adj* : colectivo — **collectively** *adv*
collective[2] *n* : colectivo *m*
collector [kə'lɛktər] *n* **1** : coleccionista *mf* (de objetos) **2** : cobrador *m*, -dora *f* (de deudas)
college ['kɑlɪʤ] *n* **1** : universidad *f* **2** : colegio *m* (de electores o profesionales)
collegiate [kə'li:ʤət] *adj* : universitario
collide [kə'laɪd] *vi* **-lided; -liding** : chocar, colisionar, estrellarse
collie ['kɑli] *n* : collie *mf*
collision [kə'lɪʒən] *n* : choque *m*, colisión *f*
colloquial [kə'lo:kwiəl] *adj* : coloquial
colloquialism [kə'lo:kwiəˌlɪzəm] *n* : expresión *f* coloquial
collusion [kə'lu:ʒən] *n* : colusión *f*
cologne [kə'lo:n] *n* : colonia *f*
Colombian [kə'lʌmbiən] *n* : colombiano *m*, -na *f* — **Colombian** *adj*
colon[1] ['ko:lən] *n, pl* **colons** *or* **cola** [-lə] : colon *m* (de los intestinos)
colon[2] *n, pl* **colons** : dos puntos *mpl* (signo ortográfico)
colonel ['kərnəl] *n* : coronel *m*
colonial[1] [kə'lo:niəl] *adj* : colonial
colonial[2] *n* : colono *m*, -na *f*
colonist ['kɑlənɪst] *n* : colono *m*, -na *f*; colonizador *m*, -dora *f*
colonization [ˌkɑlənə'zeɪʃən] *n* : colonización *f*
colonize ['kɑləˌnaɪz] *vt* **-nized; -nizing** **1** : establecer una colonia en **2** SETTLE : colonizar
colonnade [ˌkɑlə'neɪd] *n* : columnata *f*
colony ['kɑləni] *n, pl* **-nies** : colonia *f*
color[1] ['kʌlər] *vt* **1** : colorear, pintar **2** INFLUENCE : influir en, influenciar — *vi* BLUSH : sonrojarse, ruborizarse
color[2] *n* **1** : color *m* ⟨primary colors : colores primarios⟩ **2** INTEREST, VIVIDNESS : color *m*, colorido *m* ⟨local color : color local⟩
coloration [kələ'reɪʃən] *n* : coloración *f*
color–blind ['kʌlərˌblaɪnd] *adj* : daltónico
color blindness *n* : daltonismo *m*
colored ['kʌlərd] *adj* **1** : de color (dícese de los objetos) **2** : de color, negro (dícese de las personas)
colorfast ['kʌlərˌfæst] *adj* : que no se destiñe
colorful ['kʌlərfəl] *adj* **1** : lleno de colorido, de colores vivos **2** PICTURESQUE, STRIKING : pintoresco, llamativo
coloring ['kələrɪŋ] *n* **1** : color *m*, colorido *m* **2** **food coloring** : colorante *m*
colorless ['kʌlərləs] *adj* **1** : incoloro, sin color **2** DULL : soso, aburrido
colossal [kə'lɑsəl] *adj* : colosal
colossus [kə'lɑsəs] *n, pl* **-si** [-ˌsaɪ] : coloso *m*
colt ['ko:lt] *n* : potro *m*, potranco *m*
column ['kɑləm] *n* : columna *f*
columnist ['kɑləmnɪst, -ləmɪst] *n* : columnista *mf*
coma ['ko:mə] *n* : coma *m*, estado *m* de coma
Comanche [kə'mænʧi] *n* : comanche *mf* — **Comanche** *adj*
comatose ['ko:məˌto:s, 'kɑ-] *adj* : comatoso, en estado de coma
comb[1] ['ko:m] *vt* **1** : peinar (el pelo) **2** SEARCH : peinar, rastrear, registrar a fondo
comb[2] *n* **1** : peine *m* **2** : cresta *f* (de un gallo)
combat[1] [kəm'bæt, 'kɑmˌbæt] *vt* **-bated** *or* **-batted; -bating** *or* **-batting** : combatir, luchar contra
combat[2] ['kɑmˌbæt] *n* : combate *m*, lucha *f*
combatant [kəm'bætənt] *n* : combatiente *mf*
combative [kəm'bætɪv] *adj* : combativo
combination [ˌkɑmbə'neɪʃən] *n* : combinación *f*
combine[1] [kəm'baɪn] *v* **-bined; -bining** *vt* : combinar, aunar — *vi* : combinarse, mezclarse
combine[2] ['kɑmˌbaɪn] *n* **1** ALLIANCE : alianza *f* comercial o política **2** HARVESTER : cosechadora *f*
combustible [kəm'bʌstəbəl] *adj* : inflamable, combustible
combustion [kəm'bʌsʧən] *n* : combustión *f*
come ['kʌm] *vi* **came** ['keɪm]; **come; coming** **1** APPROACH : venir, aproximarse ⟨here they come : acá vienen⟩ **2** ARRIVE : venir, llegar ⟨they came yesterday : vinieron ayer⟩ ⟨did the mail come? : ¿llegó el correo?⟩ **3** : venir (a un lugar) ⟨you can come with me : puedes venir conmigo⟩ ⟨are you coming to the wedding? : ¿vienes a la boda?⟩ ⟨come (and) visit us sometime! : ¡ven a visitarnos algún día!⟩ ⟨I'm coming! : ¡voy!⟩ **4** HAPPEN : ocurrir, pasar ⟨it couldn't have come at a better time : no podía llegar en mejor mo-

mento⟩ **5** : venir ⟨it comes in three colors : viene en tres colores⟩ **6** : estar, ir (en una serie) ⟨*B* comes after *A* : la *B* va después de la *A*⟩ **7 come again?** : ¿cómo? **8 come on!** (*used to encourage or urge*) : ¡vamos! **9 come on!** (*expressing surprise, disbelief, etc.*) : ¡anda! **10 come to think of it** : ahora que lo pienso **11 come what may** : pase lo que pase **12 if it comes to that** : si es necesario **13 to be coming up** : acercarse ⟨her birthday is coming up : falta poco para su cumpleaños⟩ **14 to come about** HAPPEN : ocurrir, pasar **15 to come across** FIND : tropezarse con, dar con **16 to come across as** : dar la impresión de ser, parecer ser **17 to come along** APPEAR, ARRIVE : aparecer, llegar **18 to come along** : venir con alguien ⟨would you like to come along? : ¿quieres venir conmigo?⟩ **19 to come along** PROGRESS : ir ⟨how's the project coming along? : ¿qué tal va el proyecto?⟩ **20 to come apart** : deshacerse **21 to come around** : convencerse al final **22 to come around** : venir, pasar ⟨why don't you come around to my place tonight? : ¿por qué no pasas por casa esta noche?⟩ **23 to come back** RETURN : volver ⟨come back here! : ¡vuelve acá!⟩ ⟨that style's coming back : ese estilo está volviendo⟩ **24 to come back** RETORT : replicar, contestar **25 to come between** : interponerse entre **26 to come by** STOP BY : pasar por casa **27 to come by** GET, OBTAIN : conseguir **28 to come clean** : confesar, desahogar la conciencia **29 to come down** : caer (dícese de la lluvia, etc.), bajar (dícese de los precios, etc.) **30 to come down hard on** : ser duro con **31 to come down to** : reducirse a **32 to come down with** : caer enfermo de **33 to come forward** : presentarse **34 to come from** : venir de ⟨this wine comes from France : este vino viene de Francia⟩ **35 to come in** ENTER : entrar, pasar **36 to come in** ARRIVE : llegar **37 to come in** : desempeñar una función ⟨that's where you come in : ahí es donde entras tú⟩ ⟨to come in handy : venir bien, ser útil⟩ **38 to come into** ACQUIRE : adquirir ⟨to come into a fortune : heredar una fortuna⟩ **39 to come of** : resultar de **40 to come off** DETACH : soltarse, desprenderse **41 to come off** SUCCEED : tener éxito, ser un éxito **42 to come off as** : dar la impresión de ser, parecer ser **43 to come off well/poorly** : irle bien/mal a uno ⟨he came off poorly in the debate : le fue mal en el debate⟩ **44 to come on** TURN ON : encenderse **45 to come on** BEGIN : empezar **46 to come on to someone** : insinuársele a alguien **47 to come out** : salir, aparecer, publicarse **48 to come out** : declararse ⟨to come out in favor of : declararse a favor de⟩ **49 to come out** : declararse homosexual **50 to come out and say something** : decir algo sin rodeos **51 to come over** STOP BY : pasar por casa **52 to come over someone** : sobrevenirle (una emoción) a alguien ⟨I don't know what came over her : no sé qué le pasó⟩ **53 to come through** : pasar por, sobrevivir a **54 to come through** SHOW : ser evidente **55 to come through** : recibirse (dícese de una señal, etc.), llegar **56 to come to** REVIVE : recobrar el conocimiento, volver en sí **57 to come to** : llegar a (un lugar) **58 to come to** : llegar a, ascender a ⟨the investment came to two million : la inversión llegó a dos millones⟩ **59 to come to** REACH : llegar a, alcanzar (un acuerdo, etc.) ⟨to come to an end : llegar a su fin⟩ ⟨to come to a boil : empezar a hervir⟩ **60 to come to** : ocurrírsele a ⟨the answer came to me : la respuesta me vino, se me ocurrió la respuesta⟩ **61 to come to be/believe (etc.)** : llegar a ser/creer (etc.) **62 to come to pass** HAPPEN : acontecer **63 to come to terms** : llegar a un acuerdo **64 to come under** ⟨to come under attack/criticism : ser atacado/criticado⟩ ⟨to come under the control of : quedar bajo el control de⟩ **65 to come under** : ir bajo (una categoría, etc.) **66 to come undone** : desatarse, desabrocharse **67 to come up** ARISE : surgir **68 to come up** RISE, APPEAR : salir **69 to come up** : resultar, salir, quedar ⟨the shot came up short : el tiro se quedó corto⟩ ⟨to come up heads/tails : salir cara/cruz⟩ **70 to come up against** : tropezarse con **71 to come up to someone** : acercarse a alguien **72 to come up with** : encontrar (una solución), idear (un plan), conseguir (dinero) ⟨we couldn't come up with a better idea : no se nos ocurrió nada mejor⟩ **73 to have it coming** : tenerlo merecido **74 what's coming to someone** : lo que se le debe a alguien ⟨one day he'll get what's coming to him : algún día recibirá su merecido⟩ **75 when it comes to** : en cuanto a, cuando se trata de ⟨when it comes to chess, he's the best : cuando se trata de ajedrez, él es el mejor⟩

comeback [ˈkʌm,bæk] *n* **1** RETORT : réplica *f*, respuesta *f* **2** RETURN : retorno *m*, regreso *m* ⟨the champion announced his comeback : el campeón anunció su regreso⟩

come back *vi* **1** RETORT : replicar, contestar **2** RETURN : volver ⟨come back here! : ¡vuelve acá!⟩ ⟨that style's coming back : ese estilo está volviendo⟩

comedian [kəˈmi:diən] *n* : cómico *m*, -ca *f*; humorista *mf*

comedienne [kə,mi:diˈɛn] *n* : cómica *f*, humorista *f*

comedy [ˈkɑmədi] *n, pl* **-dies** : comedia *f*
comely [ˈkʌmli] *adj* **-lier; -est** : bello, bonito
comet [ˈkɑmət] *n* : cometa *m*
comfort[1] [ˈkʌmpfərt] *vt* **1** CHEER : confortar, alentar **2** CONSOLE : consolar
comfort[2] *n* **1** CONSOLATION : consuelo *m* **2** WELL-BEING : confort *m*, bienestar *m* **3** CONVENIENCE : comodidad *f* ⟨the comforts of home : las comodidades del hogar⟩
comfortable [ˈkʌmpfərt̬əbəl, ˈkʌmpftə-] *adj* : cómodo, confortable — **comfortably** [ˈkʌmpfərt̬əbli, ˈkʌmpftə-] *adv*
comforter [ˈkʌmpfərt̬ər] *n* QUILT : edredón *m*, cobertor *m*
comic[1] [ˈkɑmɪk] *adj* : cómico, humorístico
comic[2] *n* **1** COMEDIAN : cómico *m*, -ca *f*; humorista *mf* **2** *or* **comic book** : historieta *f*, cómic *m*
comical [ˈkɑmɪkəl] *adj* : cómico, gracioso, chistoso
comic strip *n* : tira *f* cómica, historieta *f*
coming [ˈkʌmɪŋ] *adj* : siguiente, próximo, que viene
comma [ˈkɑmə] *n* : coma *f*
command[1] [kəˈmænd] *vt* **1** ORDER : ordenar, mandar **2** CONTROL, DIRECT : comandar, tener el mando de — *vi* **1** : dar órdenes **2** GOVERN : estar al mando *m*, gobernar
command[2] *n* **1** CONTROL, LEADERSHIP : mando *m*, control *m*, dirección *f* **2** ORDER : orden *f*, mandato *m* **3** MASTERY : maestría *f*, destreza *f*, dominio *m* **4** : tropa *f* asignada a un comandante
commandant [ˈkɑmənˌdɑnt, -ˌdænt] *n* : comandante *mf*
commandeer [ˌkɑmənˈdɪr] *vt* : piratear, secuestrar (un vehículo, etc.)
commander [kəˈmændər] *n* : comandante *mf*
commandment [kəˈmændmənt] *n* : mandamiento *m*, orden *f* ⟨the Ten Commandments : los diez mandamientos⟩
commando [kəˈmændoː] *n* : comando *m*
commemorate [kəˈmɛməˌreɪt] *vt* **-rated; -rating** : conmemorar
commemoration [kəˌmɛməˈreɪʃən] *n* : conmemoración *f*
commemorative [kəˈmɛmrət̬ɪv, -ˈmɛməˌreɪt̬ɪv] *adj* : conmemorativo
commence [kəˈmɛnts] *v* **-menced; -mencing** *vt* : iniciar, comenzar — *vi* : iniciarse, comenzar
commencement [kəˈmɛntsmənt] *n* **1** BEGINNING : inicio *m*, comienzo *m* **2** : ceremonia *f* de graduación
commend [kəˈmɛnd] *vt* **1** ENTRUST : encomendar **2** RECOMMEND : recomendar **3** PRAISE : elogiar, alabar
commendable [kəˈmɛndəbəl] *adj* : loable, meritorio, encomiable
commendation [ˌkɑmənˈdeɪʃən, -ˌmɛn-] *n* : elogio *m*, encomio *m*
commensurate [kəˈmɛntsərət, -ˈmɛntʃʊrət] *adj* : proporcionado ⟨commensurate with : en proporción a⟩
comment[1] [ˈkɑˌmɛnt] *vi* **1** : hacer comentarios **2 to comment on** : comentar, hacer observaciones sobre
comment[2] *n* : comentario *m*, observación *f*
commentary [ˈkɑmənˌtɛri] *n, pl* **-taries** : comentario *m*, crónica *f* (deportiva)
commentator [ˈkɑmənˌteɪt̬ər] *n* : comentarista *mf*, cronista *mf* (de deportes)
commerce [ˈkɑmərs] *n* : comercio *m*
commercial[1] [kəˈmərʃəl] *adj* : comercial — **commercially** *adv*
commercial[2] *n* : comercial *m*
commercialize [kəˈmərʃəˌlaɪz] *vt* **-ized; -izing** : comercializar
commiserate [kəˈmɪzəˌreɪt] *vi* **-ated; -ating** : compadecerse, consolarse
commiseration [kəˌmɪzəˈreɪʃən] *n* : conmiseración *f*
commission[1] [kəˈmɪʃən] *vt* **1** : nombrar (un oficial) **2** : comisionar, encargar ⟨to commission a painting : encargar una pintura⟩
commission[2] *n* **1** : nombramiento *m* (al grado de oficial) **2** COMMITTEE : comisión *f*, comité *m* **3** COMMITTING : comisión *f*, realización *f* (de un acto) **4** PERCENTAGE : comisión *f* ⟨sales commissions : comisiones de venta⟩
commissioned officer *n* : oficial *mf*
commissioner [kəˈmɪʃənər] *n* **1** : comisionado *m*, -da *f*; miembro *m* de una comisión **2** : comisario *m*, -ria *f* (de policía, etc.)
commit [kəˈmɪt] *vt* **-mitted; -mitting 1** ENTRUST : encomendar, confiar **2** CONFINE : internar (en un hospital), encarcelar (en una prisión) **3** PERPETRATE : cometer ⟨to commit a crime : cometer un crimen⟩ **4 to commit oneself** : comprometerse
commitment [kəˈmɪtmənt] *n* **1** RESPONSIBILITY : compromiso *m*, responsabilidad *f* **2** DEDICATION : dedicación *f*, devoción *f* ⟨commitment to the cause : devoción a la causa⟩
committee [kəˈmɪt̬i] *n* : comité *m*
commodious [kəˈmoːdiəs] *adj* SPACIOUS : amplio, espacioso
commodity [kəˈmɑdət̬i] *n, pl* **-ties** : artículo *m* de comercio, mercancía *f*, mercadería *f*
commodore [ˈkɑməˌdor] *n* : comodoro *m*
common[1] [ˈkɑmən] *adj* **1** PUBLIC : común, público ⟨the common good : el bien común⟩ **2** SHARED : común ⟨a common interest : un interés común⟩ **3** GENERAL : común, general ⟨it's common knowledge : todo el mundo lo sabe⟩ **4** ORDINARY : ordinario, común y corriente ⟨the common

man : el hombre medio, el hombre de la calle⟩
common[2] *n* **1** : tierra *f* comunal **2 in ~** : en común
common cold *n* : resfriado *m* común
common denominator *n* : denominador *m* común
commoner [ˈkɑmənər] *n* : plebeyo *m*, -ya *f*
commonly [ˈkɑmənli] *adv* **1** FREQUENTLY : comúnmente, frecuentemente **2** USUALLY : normalmente
common noun *n* : nombre *m* común
commonplace[1] [ˈkɑmənˌpleɪs] *adj* : común, ordinario
commonplace[2] *n* : cliché *m*, tópico *m*
common sense *n* : sentido *m* común
commonwealth [ˈkɑmənˌwɛlθ] *n* : entidad *f* política ⟨the British Commonwealth : la Mancomunidad Británica⟩
commotion [kəˈmoːʃən] *n* **1** RACKET : alboroto *m*, jaleo *m*, escándalo *m* **2** STIR, UPSET : revuelo *m*, conmoción *f*
communal [kəˈmjuːnəl] *adj* : comunal
commune[1] [kəˈmjuːn] *vi* **-muned; -muning** : estar en comunión
commune[2] [ˈkɑˌmjuːn, kəˈmjuːn] *n* : comuna *f*
communicable [kəˈmjuːnɪkəbəl] *adj* CONTAGIOUS : transmisible, contagioso
communicate [kəˈmjuːnəˌkeɪt] *v* **-cated; -cating** *vt* **1** CONVEY : comunicar, expresar, hacer saber **2** TRANSMIT : transmitir (una enfermedad), contagiar — *vi* : comunicarse, expresarse
communication [kəˌmjuːnəˈkeɪʃən] *n* : comunicación *f*
communicative [kəˈmjuːnɪˌkeɪt̬ɪv, -kət̬ɪv] *adj* : comunicativo
communion [kəˈmjuːnjən] *n* **1** SHARING : comunión *f* **2 Communion** : comunión *f*, eucaristía *f*
communiqué [kəˈmjuːnəˌkeɪ, -ˌmjuːnəˈkeɪ] *n* : comunicado *m*
communism *or* **Communism** [ˈkɑmjəˌnɪzəm] *n* : comunismo *m*
communist[1] *or* **Communist** [ˈkɑmjəˌnɪst] *adj* : comunista ⟨the Communist Party : el Partido Comunista⟩
communist[2] *or* **Communist** *n* : comunista *mf*
communistic *or* **Communistic** [ˌkɑmjəˈnɪstɪk] *adj* : comunista
community [kəˈmjuːnət̬i] *n, pl* **-ties** : comunidad *f*
commute [kəˈmjuːt] *v* **-muted; -muting** *vt* REDUCE : conmutar, reducir (una sentencia) — *vi* : viajar de la residencia al trabajo
commuter [kəˈmjuːt̬ər] *n* : persona *f* que viaja diariamente al trabajo
compact[1] [kəmˈpækt, ˈkɑmˌpækt] *vt* : compactar, consolidar, comprimir
compact[2] [kəmˈpækt, ˈkɑmˌpækt] *adj* **1** DENSE, SOLID : compacto, macizo, denso **2** CONCISE : breve, conciso
compact[3] [ˈkɑmˌpækt] *n* **1** AGREEMENT : acuerdo *m*, pacto *m* **2** : polvera *f*, estuche *m* de maquillaje **3** *or* **compact car** : auto *m* compacto
compact disc [ˈkɑmˌpæktˈdɪsk] *n* : disco *m* compacto, compact disc *m*
compactly [kəmˈpæktli, ˈkɑmˌpækt-] *adv* **1** DENSELY : densamente, macizamente **2** CONCISELY : concisamente, brevemente
companion [kəmˈpænjən] *n* **1** COMRADE : compañero *m*, -ra *f*; acompañante *mf* **2** MATE : pareja *f* (de un zapato, etc.)
companionable [kəmˈpænjənəbəl] *adj* : sociable, amigable
companionship [kəmˈpænjənˌʃɪp] *n* : compañerismo *m*, camaradería *f*
company [ˈkʌmpəni] *n, pl* **-nies 1** FIRM : compañía *f*, empresa *f* **2** GROUP : compañía *f* (de actores o soldados) **3** GUESTS : visita *f* ⟨we have company : tenemos visita⟩ **4** COMPANIONSHIP : compañía *f* ⟨to keep someone company : hacerle compañía a alguien⟩ ⟨I enjoy her company : me gusta estar con ella⟩ **5 to be in good company** : no ser el único
comparable [ˈkɑmpərəbəl] *adj* : comparable, parecido
comparative[1] [kəmˈpærət̬ɪv] *adj* RELATIVE : comparativo, relativo — **comparatively** *adv*
comparative[2] *n* : comparativo *m*
compare[1] [kəmˈpær] *v* **-pared; -paring** *vt* : comparar — *vi* **to compare with** : poder comparar con, tener comparación con
compare[2] *n* : comparación *f* ⟨beyond compare : sin igual, sin par⟩
comparison [kəmˈpærəsən] *n* : comparación *f*
compartment [kəmˈpɑrtmənt] *n* : compartimento *m*, compartimiento *m*
compass [ˈkʌmpəs, ˈkɑm-] *n* **1** RANGE, SCOPE : alcance *m*, extensión *f*, límites *mpl* **2** : compás *m* (para trazar circunferencias) **3** : compás *m*, brújula *f* ⟨the points of the compass : los puntos cardinales⟩
compassion [kəmˈpæʃən] *n* : compasión *f*, piedad *f*, misericordia *f*
compassionate [kəmˈpæʃənət] *adj* : compasivo
compatibility [kəmˌpæt̬əˈbɪlət̬i] *n* : compatibilidad *f*
compatible [kəmˈpæt̬əbəl] *adj* : compatible, afín
compatriot [kəmˈpeɪtriət, -ˈpæ-] *n* : compatriota *mf*; paisano *m*, -na *f*
compel [kəmˈpɛl] *vt* **-pelled; -pelling** : obligar, compeler
compelling [kəmˈpɛlɪŋ] *adj* **1** FORCEFUL : fuerte **2** ENGAGING : absorbente **3** PERSUASIVE : persuasivo, convincente
compendium [kəmˈpɛndiəm] *n, pl* **-diums** *or* **-dia** [-diə] : compendio *m*
compensate [ˈkɑmpənˌseɪt] *v* **-sated; -sating** *vi* **to compensate for** : compensar — *vt* : indemnizar, compensar

compensation [ˌkɑmpən'seɪʃən] *n* : compensación *f*, indemnización *f*
compensatory [kəm'pɛntsəˌtori] *adj* : compensatorio
compete [kəm'pi:t] *vi* **-peted; -peting** : competir, contender, rivalizar
competence ['kɑmpətənts] *n* : competencia *f*, aptitud *f*
competency ['kɑmpətəntsi] → **competence**
competent ['kɑmpətənt] *adj* : competente, capaz
competition [ˌkɑmpə'tɪʃən] *n* : competencia *f*, concurso *m*
competitive [kəm'pɛṭəṭɪv] *adj* : competitivo
competitor [kəm'pɛṭəṭər] *n* : competidor *m*, -dora *f*
compilation [ˌkɑmpə'leɪʃən] *n* : recopilación *f*, compilación *f*
compile [kəm'paɪl] *vt* **-piled; -piling** : compilar, recopilar
complacency [kəm'pleɪsəntsi] *n* : satisfacción *f* consigo mismo, suficiencia *f*
complacent [kəm'pleɪsənt] *adj* : satisfecho de sí mismo, suficiente
complain [kəm'pleɪn] *vi* **1** GRIPE : quejarse, regañar, rezongar **2** PROTEST : reclamar, protestar
complaint [kəm'pleɪnt] *n* **1** GRIPE : queja *f* **2** AILMENT : afección *f*, dolencia *f* **3** ACCUSATION : reclamo *m*, acusación *f*
complement[1] ['kɑmpləˌmɛnt] *vt* : complementar
complement[2] ['kɑmpləmənt] *n* : complemento *m*
complementary [ˌkɑmplə'mɛntəri] *adj* : complementario
complete[1] [kəm'pli:t] *vt* **-pleted; -pleting** **1** : completar, hacer entero ⟨this piece completes the collection : esta pieza completa la colección⟩ **2** FINISH : completar, acabar, terminar ⟨she completed her studies : completó sus estudios⟩
complete[2] *adj* **-pleter; -est** **1** WHOLE : completo, entero, íntegro **2** FINISHED : terminado, acabado **3** TOTAL : completo, total, absoluto
completely [kəm'pli:tli] *adv* : completamente, totalmente
completion [kəm'pli:ʃən] *n* : finalización *f*, cumplimiento *m*
complex[1] [kɑm'plɛks, kəm-; 'kɑm-ˌplɛks] *adj* : complejo, complicado
complex[2] ['kɑmˌplɛks] *n* : complejo *m*
complexion [kəm'plɛkʃən] *n* : cutis *m*, tez *f* ⟨of dark complexion : de tez morena⟩
complexity [kəm'plɛksəṭi, kɑm-] *n, pl* **-ties** : complejidad *f*
compliance [kəm'plaɪənts] *n* : conformidad *f* ⟨in compliance with the law : conforme a la ley⟩
compliant [kəm'plaɪənt] *adj* : dócil, sumiso
complicate ['kɑmpləˌkeɪt] *vt* **-cated; -cating** : complicar
complicated ['kɑmpləˌkeɪṭəd] *adj* : complicado
complication [ˌkɑmplə'keɪʃən] *n* : complicación *f*
complicity [kəm'plɪsəṭi] *n, pl* **-ties** : complicidad *f*
compliment[1] ['kɑmpləˌmɛnt] *vt* : halagar, florear *Mex*
compliment[2] ['kɑmpləmənt] *n* **1** : halago *m*, cumplido *m* **2 compliments** *npl* : saludos *mpl* ⟨give them my compliments : déles saludos de mi parte⟩
complimentary [ˌkɑmplə'mɛntəri] *adj* **1** FLATTERING : halagador, halagüeño **2** FREE : de cortesía, gratis
comply [kəm'plaɪ] *vi* **-plied; -plying** : cumplir, acceder, obedecer
component[1] [kəm'po:nənt, 'kɑm-ˌpo:-] *adj* : componente
component[2] *n* : componente *m*, elemento *m*, pieza *f*
compose [kəm'po:z] *vt* **-posed; -posing** **1** : componer, crear ⟨to compose a melody : componer una melodía⟩ **2** CALM : calmar, serenar ⟨to compose oneself : serenarse⟩ **3** CONSTITUTE : constar, componer ⟨to be composed of : constar de⟩ **4** : componer (un texto a imprimirse)
composer [kəm'po:zər] *n* : compositor *m*, -tora *f*
composite[1] [kɑm'pɑzət, kəm-; 'kɑmpəzət] *adj* : compuesto (de varias partes)
composite[2] *n* : compuesto *m*, mezcla *f*
composition [ˌkɑmpə'zɪʃən] *n* **1** MAKEUP : composición *f* **2** ESSAY : ensayo *m*, trabajo *m*
compost ['kɑmˌpo:st] *n* : abono *m* vegetal
composure [kəm'po:ʒər] *n* : compostura *f*, serenidad *f*
compound[1] [kɑm'paʊnd, kəm-; 'kɑmˌpaʊnd] *vt* **1** COMBINE, COMPOSE : combinar, componer **2** AUGMENT : agravar, aumentar ⟨to compound a problem : agravar un problema⟩
compound[2] ['kɑmˌpaʊnd; kɑm'paʊnd, kəm-] *adj* : compuesto ⟨compound interest : interés compuesto⟩
compound[3] ['kɑmˌpaʊnd] *n* **1** MIXTURE : compuesto *m*, mezcla *f* **2** ENCLOSURE : recinto *m* (de residencias, etc.)
compound fracture *n* : fractura *f* complicada
comprehend [ˌkɑmprɪ'hɛnd] *vt* **1** UNDERSTAND : comprender, entender **2** INCLUDE : comprender, incluir, abarcar
comprehensible [ˌkɑmprɪ'hɛntsəbəl] *adj* : comprensible
comprehension [ˌkɑmprɪ'hɛntʃən] *n* : comprensión *f*
comprehensive [ˌkɑmprɪ'hɛntsɪv] *adj* **1** INCLUSIVE : inclusivo, exhaustivo **2** BROAD : extenso, amplio
compress[1] [kəm'prɛs] *vt* : comprimir
compress[2] ['kɑmˌprɛs] *n* : compresa *f*

compression [kəm'prɛʃən] *n* : compresión *f*
compressor [kəm'prɛsər] *n* : compresor *m*
comprise [kəm'praɪz] *vt* **-prised; -prising** **1** INCLUDE : comprender, incluir **2** : componerse de, constar de ⟨the installation comprises several buildings : la instalación está compuesta de varios edificios⟩
compromise[1] ['kɑmprə,maɪz] *v* **-mised; -mising** *vi* : transigir, avenirse — *vt* JEOPARDIZE : comprometer, poner en peligro
compromise[2] *n* : acuerdo *m* mutuo, compromiso *m*
comptroller [kən'tro:lər, 'kɑmp-,tro:-] *n* : contralor *m*, -lora *f*; interventor *m*, -tora *f*
compulsion [kəm'pʌlʃən] *n* **1** COERCION : coacción *f* **2** URGE : compulsión *f*, impulso *m*
compulsive [kəm'pʌlsɪv] *adj* : compulsivo
compulsory [kəm'pʌlsəri] *adj* : obligatorio
compunction [kəm'pʌŋkʃən] *n* **1** QUALM : reparo *m*, escrúpulo *m* **2** REMORSE : remordimiento *m*
computation [,kɑmpjʊ'teɪʃən] *n* : cálculo *m*, cómputo *m*
compute [kəm'pju:t] *vt* **-puted; -puting** : computar, calcular
computer [kəm'pju:t̬ər] *n* : computadora *f*, computador *m*, ordenador *m Spain*
computerize [kəm'pju:t̬ə,raɪz] *vt* **-ized; -izing** : computarizar, informatizar
computer programmer *n* : programador *m*, -dora *f*
computer programming *n* : programación *f*
computer science *n* : informática *f*
computing [kəm'pju:t̬ɪŋ] *n* : informática *f*
comrade ['kɑm,ræd] *n* : camarada *mf*; compañero *m*, -ra *f*
con[1] ['kɑn] *vt* **conned; conning** SWINDLE : estafar, timar
con[2] *adv* : contra
con[3] *n* : contra *m* ⟨the pros and cons : los pros y los contras⟩
concave [kɑn'keɪv, 'kɑn,keɪv] *adj* : cóncavo
conceal [kən'si:l] *vt* : esconder, ocultar, disimular
concealment [kən'si:lmənt] *n* : escondimiento *m*, ocultación *f*
concede [kən'si:d] *vt* **-ceded; -ceding** **1** ALLOW, GRANT : conceder **2** ADMIT : conceder, reconocer ⟨to concede defeat : reconocer la derrota⟩
conceit [kən'si:t] *n* : engreimiento *m*, presunción *f*
conceited [kən'si:t̬əd] *adj* : presumido, engreído, presuntuoso
conceivable [kən'si:vəbəl] *adj* : concebible, imaginable
conceivably [kən'si:vəbli] *adv* : posiblemente, de manera concebible
conceive [kən'si:v] *v* **-ceived; -ceiving** *vi* : concebir, embarazarse — *vt* IMAGINE : concebir, imaginar
concentrate[1] ['kɑntsən,treɪt] *v* **-trated; -trating** *vt* : concentrar — *vi* : concentrarse
concentrate[2] *n* : concentrado *m*
concentration [,kɑntsən'treɪʃən] *n* : concentración *f*
concentric [kən'sɛntrɪk] *adj* : concéntrico
concept ['kɑn,sɛpt] *n* : concepto *m*, idea *f*
conception [kən'sɛpʃən] *n* **1** : concepción *f* (de un bebé) **2** IDEA : concepto *m*, idea *f*
concern[1] [kən'sərn] *vt* **1** : tratarse de, tener que ver con ⟨the novel concerns a sailor : la novela se trata de un marinero⟩ **2** INVOLVE : concernir, incumbir a, afectar ⟨that does not concern me : eso no me incumbe⟩
concern[2] *n* **1** AFFAIR : asunto *m* **2** WORRY : inquietud *f*, preocupación *f* **3** BUSINESS : negocio *m*
concerned [kən'sərnd] *adj* **1** ANXIOUS : preocupado, ansioso **2** INTERESTED, INVOLVED : interesado, afectado
concerning [kən'sərnɪŋ] *prep* REGARDING : con respecto a, acerca de, sobre
concert ['kɑn,sərt] *n* **1** AGREEMENT : concierto *m*, acuerdo *m* **2** : concierto *m* (musical)
concerted [kən'sərt̬əd] *adj* : concertado, coordinado ⟨to make a concerted effort : coordinar los esfuerzos⟩
concertina [,kɑntsər'ti:nə] *n* : concertina *f*
concerto [kən'ʧɛrt̬o:] *n, pl* **-ti** [-t̬i, -,ti:] *or* **-tos** : concierto *m* ⟨violin concerto : concierto para violín⟩
concession [kən'sɛʃən] *n* : concesión *f*
conch ['kɑŋk, 'kɑnʧ] *n, pl* **conchs** ['kɑŋks] *or* **conches** ['kɑnʧəz] : caracol *m* (animal), caracola *f* (concha)
conciliatory [kən'sɪliə,tori] *adj* : conciliador, conciliatorio
concise [kən'saɪs] *adj* : conciso, breve — **concisely** *adv*
conclave ['kɑn,kleɪv] *n* : cónclave *m*
conclude [kən'klu:d] *v* **-cluded; -cluding** *vt* **1** END : concluir, finalizar ⟨to conclude a meeting : concluir una reunión⟩ **2** DECIDE : concluir, llegar a la conclusión de — *vi* END : concluir, terminar
conclusion [kən'klu:ʒən] *n* **1** INFERENCE : conclusión *f* **2** END : fin *m*, final *m*
conclusive [kən'klu:sɪv] *adj* : concluyente, decisivo — **conclusively** *adv*
concoct [kən'kɑkt, kɑn-] *vt* **1** PREPARE : preparar, confeccionar **2** DEVISE : inventar, tramar
concoction [kən'kɑkʃən] *n* : invención *f*, mejunje *m*, brebaje *m*

concomitant [kən'kɑmət̬ənt] *adj* : concomitante
concord ['kɑn,kɔrd, 'kɑŋ-] *n* **1** HARMONY : concordia *f*, armonía *f* **2** AGREEMENT : acuerdo *m*
concordance [kən'kɔrdənts] *n* : concordancia *f*
concourse ['kɑn,kors] *n* : explanada *f*, salón *m* (para pasajeros)
concrete[1] [kɑn'kri:t, 'kɑn,kri:t] *adj* **1** REAL : concreto ⟨concrete objects : objetos concretos⟩ **2** SPECIFIC : determinado, específico **3** : de concreto, de hormigón ⟨concrete walls : paredes de concreto⟩
concrete[2] ['kɑn,kri:t, kɑn'kri:t] *n* : concreto *m*, hormigón *m*
concur [kən'kər] *vi* **concurred; concurring** **1** COINCIDE : concurrir, coincidir **2** AGREE : concurrir, estar de acuerdo
concurrent [kən'kərənt] *adj* : concurrente, simultáneo
concussion [kən'kʌʃən] *n* : conmoción *f* cerebral
condemn [kən'dɛm] *vt* **1** CENSURE : condenar, reprobar, censurar **2** : declarar insalubre (alimentos), declarar ruinoso (un edificio) **3** SENTENCE : condenar ⟨condemned to death : condenado a muerte⟩
condemnation [,kɑn,dɛm'neɪʃən] *n* : condena *f*, reprobación *f*
condensation [,kɑn,dɛn'seɪʃən, -dən-] *n* : condensación *f*
condense [kən'dɛnts] *v* **-densed; -densing** *vt* **1** ABRIDGE : condensar, resumir **2** : condensar (vapor, etc.) — *vi* : condensarse
condescend [,kɑndɪ'sɛnd] *vi* **1** DEIGN : condescender, dignarse **2 to condescend to someone** : tratar a alguien con condescendencia
condescension [,kɑndɪ'sɛntʃən] *n* : condescendencia *f*
condiment ['kɑndəmənt] *n* : condimento *m*
condition[1] [kən'dɪʃən] *vt* **1** DETERMINE : condicionar, determinar **2** : acondicionar (el pelo o el aire), poner en forma (el cuerpo)
condition[2] *n* **1** STIPULATION : condición *f*, estipulación *f* ⟨on the condition that : a condición de que⟩ **2** STATE : condición *f*, estado *m* ⟨in good/poor condition : en buenas/malas condiciones⟩ ⟨he's in good condition : está en buena forma⟩ ⟨he's out of condition : no está en forma⟩ **3 conditions** *npl* : condiciones *fpl*, situación *f* ⟨working conditions : condiciones del trabajo⟩
conditional [kən'dɪʃənəl] *adj* : condicional — **conditionally** *adv*
conditioner [kən'dɪʃənər] *n* : acondicionador *m*
condo ['kɑndo:] → **condominium**
condolence [kən'do:lənts] *n* **1** SYMPATHY : condolencia *f* **2 condolences** *npl* : pésame *m*
condom ['kɑndəm] *n* : condón *m*
condominium [,kɑndə'mɪniəm] *n, pl* **-ums** : condominio *m*
condone [kən'do:n] *vt* **-doned; -doning** : aprobar, perdonar, tolerar
condor ['kɑndər, -,dɔr] *n* : cóndor *m*
conducive [kən'du:sɪv, -'dju:-] *adj* : propicio, favorable
conduct[1] [kən'dʌkt] *vt* **1** GUIDE : guiar, conducir ⟨to conduct a tour : guiar una visita⟩ **2** DIRECT : conducir, dirigir ⟨to conduct an orchestra : dirigir una orquesta⟩ **3** CARRY OUT : realizar, llevar a cabo ⟨to conduct an investigation : llevar a cabo una investigación⟩ **4** TRANSMIT : conducir, transmitir (calor, electricidad, etc.) **5 to conduct oneself** BEHAVE : conducirse, comportarse
conduct[2] ['kɑn,dʌkt] *n* **1** MANAGEMENT : conducción *f*, dirección *f*, manejo *m* ⟨the conduct of foreign affairs : la conducción de asuntos exteriores⟩ **2** BEHAVIOR : conducta *f*, comportamiento *m*
conduction [kən'dʌkʃən] *n* : conducción *f*
conductivity [,kɑn,dʌk'tɪvət̬i] *n, pl* **-ties** : conductividad *f*
conductor [kən'dʌktər] *n* **1** : conductor *m*, -tora *f*; revisor *m*, -sora *f* (en un tren); cobrador *m*, -dora *f* (en un bus); director *m*, -tora *f* (de una orquesta) **2** : conductor *m* (de electricidad, etc.)
conduit ['kɑn,du:ət, -,dju:-] *n* : conducto *m*, canal *m*, vía *f*
cone ['ko:n] *n* **1** : piña *f* (fruto de las coníferas) **2** : cono *m* (en geometría) **3 ice–cream cone** : cono *m*, barquillo *m*, cucurucho *m*
confection [kən'fɛkʃən] *n* : dulce *m*
confectioner [kən'fɛkʃənər] *n* : confitero *m*, -ra *f*
confederacy [kən'fɛdərəsi] *n, pl* **-cies** : confederación *f*
confederate[1] [kən'fɛdə,reɪt] *v* **-ated; -ating** *vt* : unir, confederar — *vi* : confederarse, aliarse
confederate[2] [kən'fɛdərət] *adj* : confederado
confederate[3] *n* : cómplice *mf*; aliado *m*, -da *f*
confederation [kən,fɛdə'reɪʃən] *n* : confederación *f*, alianza *f*
confer [kən'fər] *v* **-ferred; -ferring** *vt* : conferir, otorgar — *vi* **to confer with** : consultar
conference ['kɑnfrənts, -fərənts] *n* : conferencia *f* ⟨press conference : conferencia de prensa⟩
confess [kən'fɛs] *vt* : confesar — *vi* **1** : confesar ⟨the prisoner confessed : el detenido confesó⟩ **2** : confesarse (en religión)
confession [kən'fɛʃən] *n* : confesión *f*
confessional [kən'fɛʃənəl] *n* : confesionario *m*
confessor [kən'fɛsər] *n* : confesor *m*
confetti [kən'fɛt̬i] *n* : confeti *m*

confidant [ˈkɑnfəˌdɑnt, -ˌdænt] *n* : confidente *mf*

confide [kənˈfaɪd] *v* **-fided; -fiding** : confiar

confidence [ˈkɑnfədən*t*s] *n* **1** TRUST : confianza *f* **2** SELF-ASSURANCE : confianza *f* en sí mismo, seguridad *f* en sí mismo **3** SECRET : confidencia *f*, secreto *m*

confident [ˈkɑnfədənt] *adj* **1** SURE : seguro **2** SELF-ASSURED : confiado, seguro de sí mismo

confidential [ˌkɑnfəˈdɛnʧəl] *adj* : confidencial — **confidentially** [ˌkɑnfəˈdɛnʧəli] *adv*

confidently [ˈkɑnfədəntli] *adv* : con seguridad, con confianza

configuration [kənˌfɪgjəˈreɪʃən] *n* : configuración *f*

confine [kənˈfaɪn] *vt* **-fined; -fining** **1** LIMIT : confinar, restringir, limitar **2** IMPRISON : recluir, encarcelar, encerrar

confinement [kənˈfaɪnmənt] *n* : confinamiento *m*, reclusión *f*, encierro *m*

confines [ˈkɑnˌfaɪnz] *npl* : límites *mpl*, confines *mpl*

confirm [kənˈfərm] *vt* **1** RATIFY : ratificar **2** VERIFY : confirmar, verificar **3** : confirmar (en religión)

confirmation [ˌkɑnfərˈmeɪʃən] *n* : confirmación *f*

confiscate [ˈkɑnfəˌskeɪt] *vt* **-cated; -cating** : confiscar, incautar, decomisar

confiscation [ˌkɑnfəˈskeɪʃən] *n* : confiscación *f*, incautación *f*, decomiso *m*

conflagration [ˌkɑnfləˈgreɪʃən] *n* : conflagración *f*

conflict[1] [kənˈflɪkt] *vi* : estar en conflicto, oponerse

conflict[2] [ˈkɑnˌflɪkt] *n* : conflicto *m* ⟨to be in conflict : estar en desacuerdo⟩

confluence [ˈkɑnˌflu:ən*t*s, kənˈflu:ən*t*s] *n* : confluencia *f*

conform [kənˈfɔrm] *vi* **1** ACCORD, COMPLY : ajustarse, adaptarse, conformarse ⟨it conforms with our standards : se ajusta a nuestras normas⟩ **2** CORRESPOND : corresponder, encajar ⟨to conform to the truth : corresponder a la verdad⟩

conformity [kənˈfɔrməṭi] *n, pl* **-ties** : conformidad *f*

confound [kənˈfaʊnd, kɑn-] *vt* : confundir, desconcertar

confront [kənˈfrʌnt] *vt* : afrontar, enfrentarse a, encarar

confrontation [ˌkɑnfrənˈteɪʃən] *n* : enfrentamiento *m*, confrontación *f*

confuse [kənˈfju:z] *vt* **-fused; -fusing** **1** PUZZLE : confundir, enturbiar **2** COMPLICATE : confundir, enredar, complicar ⟨to confuse the issue : complicar las cosas⟩

confusing [kənˈfju:zɪŋ] *adj* : complicado, que confunde

confusion [kənˈfju:ʒən] *n* **1** PERPLEXITY : confusión *f* **2** MESS, TURMOIL : confusión *f*, embrollo *m*, lío *m fam*

congeal [kənˈʤi:l] *vi* **1** FREEZE : congelarse **2** COAGULATE, CURDLE : coagularse, cuajarse

congenial [kənˈʤi:niəl] *adj* : agradable, simpático

congenital [kənˈʤɛnəṭəl] *adj* : congénito

congest [kənˈʤɛst] *vt* **1** : congestionar (en la medicina) **2** OVERCROWD : abarrotar, atestar, congestionar (el tráfico) — *vi* : congestionarse

congestion [kənˈʤɛsʧən] *n* : congestión *f*

conglomerate[1] [kənˈglɑmərət] *adj* : conglomerado

conglomerate[2] [kənˈglɑmərət] *n* : conglomerado *m*

conglomeration [kənˌglɑməˈreɪʃən] *n* : conglomerado *m*, acumulación *f*

Congolese [ˌkɑŋgəˈli:z, -ˈli:s] *n* : congoleño *m*, -ña *f* — **Congolese** *adj*

congratulate [kənˈgrævʤəˌleɪt, -ˈgræʧə-] *vt* **-lated; -lating** : felicitar

congratulation [kənˌgræʤəˈleɪʃən, -ˌgræʧə-] *n* : felicitación *f* ⟨congratulations! : ¡felicidades!, ¡enhorabuena!⟩

congregate [ˈkɑŋgrɪˌgeɪt] *v* **-gated; -gating** *vt* : congregar, reunir — *vi* : congregarse, reunirse

congregation [ˌkɑŋgrɪˈgeɪʃən] *n* **1** GATHERING : congregación *f*, fieles *mpl* (a un servicio religioso) **2** PARISHIONERS : feligreses *mpl*

congress [ˈkɑŋgrəs] *n* : congreso *m*

congressional [kənˈgrɛʃənəl, kɑn-] *adj* : del congreso

congressman [ˈkɑŋgrəsmən] *n, pl* **-men** [-mən, -ˌmɛn] : congresista *m*, diputado *m*

congresswoman [ˈkɑŋgrəsˌwʊmən] *n, pl* **-women** [-ˌwɪmən] : congresista *f*, diputada *f*

congruence [kənˈgru:ən*t*s, ˈkɑŋgruən*t*s] *n* : congruencia *f*

congruent [kənˈgru:ənt, ˈkɑŋgruənt] *adj* : congruente

conic [ˈkɑnɪk] → **conical**

conical [ˈkɑnɪkəl] *adj* : cónico

conifer [ˈkɑnəfər, ˈko:-] *n* : conífera *f*

coniferous [ko:ˈnɪfərəs, kə-] *adj* : conífero

conjecture[1] [kənˈʤɛkʧər] *v* **-tured; -turing** : conjeturar

conjecture[2] *n* : conjetura *f*, presunción *f*

conjugal [ˈkɑnʤɪgəl, kənˈʤu:-] *adj* : conyugal

conjugate [ˈkɑnʤəˌgeɪt] *vt* **-gated; -gating** : conjugar

conjugation [ˌkɑnʤəˈgeɪʃən] *n* : conjugación *f*

conjunction [kənˈʤʌŋkʃən] *n* : conjunción *f* ⟨in conjunction with : en combinación con⟩

conjure [ˈkɑnʤər, ˈkʌn-] *v* **-jured; -juring** *vt* **1** ENTREAT : rogar, suplicar **2** **to conjure up** : hacer aparecer (apariciones), evocar (memorias, etc.) — *vi* : practicar la magia

conjurer *or* **conjuror** ['kɑnʤərər, 'kʌn-] *n* : mago *m*, -ga *f*; prestidigitador *m*, -dora *f*

connect [kə'nɛkt] *vt* **1** JOIN, LINK : conectar (cables, etc.), comunicar (habitaciones) **2** RELATE : relacionar, asociar (ideas) ⟨evidence that connects him with the crime : evidencias que lo vinculan con el crimen⟩ — *vi* **1** : conectar, comunicarse ⟨to connect to the Internet : conectar a la Internet⟩ **2 to connect with someone** : sintonizar con alguien

connection [kə'nɛkʃən] *n* : conexión *f*, enlace *m* ⟨professional connections : relaciones profesionales⟩

connective [kə'nɛktɪv] *adj* : conectivo, conjuntivo ⟨connective tissue : tejido conjuntivo⟩

connector [kə'nɛktər] *n* : conector *m*

connivance [kə'naɪvənts] *n* : connivencia *f*, complicidad *f*

connive [kə'naɪv] *vi* **-nived; -niving** CONSPIRE, PLOT : actuar en connivencia, confabularse, conspirar

connoisseur [ˌkɑnə'sər, -'sʊr] *n* : conocedor *m*, -dora *f*; entendido *m*, -da *f*

connotation [ˌkɑnə'teɪʃən] *n* : connotación *f*

connote [kə'no:t] *vt* **-noted; -noting** : connotar

conquer ['kɑŋkər] *vt* : conquistar, vencer

conqueror ['kɑŋkərər] *n* : conquistador *m*, -dora *f*

conquest ['kɑnˌkwɛst, 'kɑŋ-] *n* : conquista *f*

conscience ['kɑntʃənts] *n* : conciencia *f*, consciencia *f* ⟨to have a clear conscience : tener la conciencia limpia⟩

conscientious [ˌkɑntʃi'ɛntʃəs] *adj* : concienzudo — **conscientiously** *adv*

conscious ['kɑntʃəs] *adj* **1** AWARE : consciente ⟨to become conscious of : darse cuenta de⟩ **2** ALERT, AWAKE : consciente **3** INTENTIONAL : intencional, deliberado

consciously ['kɑntʃəsli] *adv* INTENTIONALLY : intencionalmente, deliberadamente, a propósito

consciousness ['kɑntʃəsnəs] *n* **1** AWARENESS : conciencia *f*, consciencia *f* **2** : conocimiento *m* ⟨to lose consciousness : perder el conocimiento⟩

conscript[1] [kən'skrɪpt] *vt* : reclutar, alistar, enrolar

conscript[2] ['kɑnˌskrɪpt] *n* : conscripto *m*, -ta *f*; recluta *mf*

consecrate ['kɑntsəˌkreɪt] *vt* **-crated; -crating** : consagrar

consecration [ˌkɑntsə'kreɪʃən] *n* : consagración *f*, dedicación *f*

consecutive [kən'sɛkjət̬ɪv] *adj* : consecutivo, seguido ⟨on five consecutive days : cinco días seguidos⟩

consecutively [kən'sɛkjət̬ivli] *adv* : consecutivamente

consensus [kən'sɛntsəs] *n* : consenso *m*

consent[1] [kən'sɛnt] *vi* **1** AGREE : acceder, ponerse de acuerdo **2 to consent to do something** : consentir en hacer algo

consent[2] *n* : consentimiento *m*, permiso *m* ⟨by common consent : de común acuerdo⟩

consequence ['kɑntsəˌkwɛnts, -kwənts] *n* **1** RESULT : consecuencia *f*, secuela *f* **2** IMPORTANCE : importancia *f*, trascendencia *f*

consequent ['kɑntsəkwənt, -ˌkwɛnt] *adj* : consiguiente

consequential [ˌkɑntsə'kwɛntʃəl] *adj* **1** CONSEQUENT : consiguiente **2** IMPORTANT : importante, trascendente, trascendental

consequently ['kɑntsəkwəntli, -ˌkwɛnt-] *adv* : por consiguiente, por ende, por lo tanto

conservation [ˌkɑntsər'veɪʃən] *n* : conservación *f*, protección *f*

conservationist [ˌkɑntsər'veɪʃənɪst] *n* : conservacionista *mf*

conservatism [kən'sərvəˌtɪzəm] *n* : conservadurismo *m*

conservative[1] [kən'sərvət̬ɪv] *adj* **1** : conservador **2** CAUTIOUS : moderado, cauteloso ⟨a conservative estimate : un cálculo moderado⟩

conservative[2] *n* : conservador *m*, -dora *f*

conservatory [kən'sərvəˌtori] *n, pl* **-ries** : conservatorio *m*

conserve[1] [kən'sərv] *vt* **-served; -serving** : conservar, preservar

conserve[2] ['kɑnˌsərv] *n* PRESERVES : confitura *f*

consider [kən'sɪdər] *vt* **1** CONTEMPLATE : considerar, pensar en ⟨we'd considered attending : habíamos pensado en asistir⟩ **2** : considerar, tener en cuenta ⟨consider the consequences : considera las consecuencias⟩ **3** JUDGE, REGARD : considerar, estimar

considerable [kən'sɪdərəbəl] *adj* : considerable — **considerably** [-bli] *adv*

considerate [kən'sɪdərət] *adj* : considerado, atento

consideration [kənˌsɪdə'reɪʃən] *n* : consideración *f* ⟨to take into consideration : tener en cuenta⟩

considering [kən'sɪdərɪŋ] *prep* : teniendo en cuenta, visto

consign [kən'saɪn] *vt* **1** COMMIT, ENTRUST : confiar, encomendar **2** TRANSFER : consignar, transferir **3** SEND : consignar, enviar (mercancía)

consignment [kən'saɪnmənt] *n* **1** : envío *m*, remesa *f* **2 on ~** : en consignación

consist [kən'sɪst] *vi* **1** LIE : consistir ⟨success consists in hard work : el éxito consiste en trabajar duro⟩ **2** : constar, componerse ⟨the set consists of 5 pieces : el juego se compone de 5 piezas⟩

consistency [kən'sɪstəntsi] *n, pl* **-cies** **1** : consistencia *f* (de una mezcla o sus-

tancia) **2** COHERENCE : coherencia *f* **3** UNIFORMITY : regularidad *f*, uniformidad *f*
consistent [kən'sɪstənt] *adj* **1** COMPATIBLE : compatible, coincidente ⟨consistent with policy : coincidente con la política⟩ **2** UNIFORM : uniforme, constante, regular — **consistently** [kən'sɪstəntli] *adv*
consolation [,kɑntsə'leɪʃə n] *n* **1** : consuelo *m* **2 consolation prize** : premio *m* de consolación
console[1] [kən'so:l] *vt* **-soled; -soling** : consolar
console[2] ['kɑn,so:l] *n* : consola *f*
consolidate [kən'sɑlə,deɪt] *vt* **-dated; -dating** : consolidar, unir
consolidation [kən,sɑlə'deɪʃən] *n* : consolidación *f*
consommé [,kɑntsə'meɪ] *n* : consomé *m*
consonant ['kɑntsənənt] *n* : consonante *m*
consort[1] [kən'sɔrt] *vi* : asociarse, relacionarse, tener trato ⟨to consort with criminals : tener trato con criminales⟩
consort[2] ['kɑn,sɔrt] *n* : consorte *mf*
consortium [kən'sɔrʃəm] *n, pl* **-tia** [-ʃə] *or* **-tiums** [-ʃəmz] : consorcio *m*
conspicuous [kən'spɪkjʊəs] *adj* **1** OBVIOUS : visible, evidente **2** STRIKING : llamativo
conspicuously [kən'spɪkjʊəsli] *adv* : de manera llamativa
conspiracy [kən'spɪrəsi] *n, pl* **-cies** : conspiración *f*, complot *m*, confabulación *f*
conspirator [kən'spɪrət̬ər] *n* : conspirador *m*, -dora *f*
conspire [kən'spaɪr] *vi* **-spired; -spiring** : conspirar, confabularse
constable ['kɑntstəbəl, 'kʌntstə-] *n* : agente *mf* de policía (en un pueblo)
constancy ['kɑntstəntsi] *n, pl* **-cies** : constancia *f*
constant[1] ['kɑntstənt] *adj* **1** FAITHFUL : leal, fiel **2** INVARIABLE : constante, invariable **3** CONTINUAL : constante, continuo
constant[2] *n* : constante *f*
constantly ['kɑntstəntli] *adv* : constantemente, continuamente
constellation [,kɑntstə'leɪʃən] *n* : constelación *f*
consternation [,kɑntstər'neɪʃən] *n* : consternación *f*
constipate ['kɑntstə,peɪt] *vt* **-pated; -pating** : estreñir
constipation ['kɑntstə'peɪʃən] *n* : estreñimiento *m*, constipación *f* (de vientre)
constituency [kən'stɪtʃʊəntsi] *n, pl* **-cies** **1** : distrito *m* electoral **2** : residentes *mpl* de un distrito electoral
constituent[1] [kən'stɪtʃʊənt] *adj* **1** COMPONENT : constituyente, componente **2** : constituyente, constitutivo ⟨a constituent assembly : una asamblea constituyente⟩
constituent[2] *n* **1** COMPONENT : componente *m* **2** ELECTOR, VOTER : elector *m*, -tora *f*; votante *mf*
constitute ['kɑntstə,tu:t, -,tju:t] *vt* **-tuted; -tuting** **1** ESTABLISH : constituir, establecer **2** COMPOSE, FORM : constituir, componer
constitution [,kɑntstə'tu:ʃən, -'tju:-] *n* : constitución *f*
constitutional [,kɑntstə'tu:ʃənəl, -'tju:-] *adj* : constitucional
constitutionality [,kɑntstə,tu:ʃə'næ-lət̬i, -,tju:-] *n* : constitucionalidad *f*
constrain [kən'streɪn] *vt* **1** COMPEL : constreñir, obligar **2** CONFINE : constreñir, limitar, restringir **3** RESTRAIN : contener, refrenar
constraint [kən'streɪnt] *n* : restricción *f*, limitación *f*
constrict [kən'strɪkt] *vt* : estrechar, apretar, comprimir
constriction [kən'strɪkʃən] *n* : estrechamiento *m*, compresión *f*
construct [kən'strʌkt] *vt* : construir
construction [kən'strʌkʃən] *n* : construcción *f*
constructive [kən'strʌktɪv] *adj* : constructivo
construe [kən'stru:] *vt* **-strued; -struing** : interpretar
consul ['kɑntsəl] *n* : cónsul *mf*
consular ['kɑntsələr] *adj* : consular
consulate ['kɑntsələt] *n* : consulado *m*
consult [kən'sʌlt] *vt* : consultar — *vi* **to consult with** : consultar con, solicitar la opinión de
consultant [kən'sʌltənt] *n* : consultor *m*, -tora *f*; asesor *m*, -sora *f*
consultation [,kɑntsəl'teɪʃən] *n* : consulta *f*
consumable [kən'su:məbəl] *adj* : consumible
consume [kən'su:m] *vt* **-sumed; -suming** : consumir, usar, gastar
consumer [kən'su:mər] *n* : consumidor *m*, -dora *f*
consumerism [kən'su:mə,rɪzəm] *n* : consumismo *m*
consummate[1] ['kɑntsə,meɪt] *vt* **-mated; -mating** : consumar
consummate[2] [kən'sʌmət, 'kɑntsə-mət] *adj* : consumado, perfecto
consummation [,kɑntsə'meɪʃən] *n* : consumación *f*
consumption [kən'sʌmpʃən] *n* **1** USE : consumo *m*, uso *m* ⟨consumption of electricity : consumo de electricidad⟩ **2** TUBERCULOSIS : tisis *f*, consunción *f*
contact[1] ['kɑn,tækt, kən'-] *vt* : ponerse en contacto con, contactar (con)
contact[2] ['kɑn,tækt] *n* **1** TOUCHING : contacto *m* ⟨to come into contact with : entrar en contacto con⟩ **2** TOUCH : contacto *m*, comunicación *f* ⟨to lose contact with : perder contacto con⟩ **3** CONNECTION : contacto *m* (en negocios) **4** → **contact lens**

contact lens [ˈkɑn,tækt ˈlɛnz] *n* : lente *mf* de contacto, pupilente *m Mex*
contagion [kənˈteɪʤən] *n* : contagio *m*
contagious [kənˈteɪʤəs] *adj* : contagioso
contain [kənˈteɪn] *vt* **1** : contener **2 to contain oneself** : contenerse
container [kənˈteɪnər] *n* : recipiente *m*, envase *m*
containment [kənˈteɪnmənt] *n* : contención *f*
contaminant [kənˈtæmənənt] *n* : contaminante *m*
contaminate [kənˈtæmə,neɪt] *vt* **-nated; -nating** : contaminar
contamination [kən,tæməˈneɪʃən] *n* : contaminación *f*
contemplate [ˈkɑntəm,pleɪt] *v* **-plated; -plating** *vt* **1** VIEW : contemplar **2** PONDER : contemplar, considerar **3** CONSIDER, PROPOSE : proponerse, proyectar, pensar en ⟨to contemplate a trip : pensar en viajar⟩ — *vi* MEDITATE : meditar
contemplation [,kɑntəmˈpleɪʃən] *n* : contemplación *f*
contemplative [kənˈtɛmplətɪv, ˈkɑntəm,pleɪtɪv] *adj* : contemplativo
contemporaneous [kən,tɛmpəˈreɪniəs] *adj* → **contemporary**[1]
contemporary[1] [kənˈtɛmpə,rɛri] *adj* : contemporáneo
contemporary[2] *n, pl* **-raries** : contemporáneo *m*, -nea *f*
contempt [kənˈtɛmpt] *n* **1** DISDAIN : desprecio *m*, desdén *m* ⟨to hold in contempt : despreciar⟩ **2** : desacato *m* (ante un tribunal)
contemptible [kənˈtɛmptəbəl] *adj* : despreciable, vil
contemptuous [kənˈtɛmptʃuəs] *adj* : despectivo, despreciativo, desdeñoso
contemptuously [kənˈtɛmptʃuəsli] *adv* : despectivamente, con desprecio
contend [kənˈtɛnd] *vi* **1** STRUGGLE : luchar, lidiar, contender ⟨to contend with a problem : lidiar con un problema⟩ **2** COMPETE : competir ⟨to contend for a position : competir por un puesto⟩ — *vt* **1** ARGUE, MAINTAIN : argüir, sostener, afirmar ⟨he contended that he was right : afirmó que tenía razón⟩ **2** CONTEST : protestar contra (una decisión, etc.), disputar
contender [kənˈtɛndər] *n* : contendiente *mf*; aspirante *mf*; competidor *m*, -dora *f*
content[1] [kənˈtɛnt] *vt* SATISFY : contentar, satisfacer
content[2] *adj* : conforme, contento, satisfecho
content[3] *n* CONTENTMENT : contento *m*, satisfacción *f* ⟨to one's heart's content : hasta quedar satisfecho, a más no poder⟩
content[4] [ˈkɑn,tɛnt] *n* **1** MEANING : contenido *m*, significado *m* **2** PROPORTION : contenido *m*, proporción *f* ⟨fat content : contenido de grasa⟩ **3**
contents *npl* : contenido *m*, sumario *m* (de un libro) ⟨table of contents : índice de materias⟩
contented [kənˈtɛntəd] *adj* : conforme, satisfecho ⟨a contented smile : una sonrisa de satisfacción⟩
contentedly [kənˈtɛntədli] *adv* : con satisfacción
contention [kənˈtɛntʃən] *n* **1** DISPUTE : disputa *f*, discusión *f* **2** COMPETITION : competencia *f*, contienda *f* **3** OPINION : argumento *m*, opinión *f*
contentious [kənˈtɛntʃəs] *adj* : disputador, pugnaz, combativo
contentment [kənˈtɛntmənt] *n* : satisfacción *f*, contento *m*
contest[1] [kənˈtɛst] *vt* : disputar, cuestionar, impugnar ⟨to contest a will : impugnar un testamento⟩
contest[2] [ˈkɑn,tɛst] *n* **1** STRUGGLE : lucha *f*, contienda *f* **2** GAME : concurso *m*, competencia *f*
contestable [kənˈtɛstəbəl] *adj* : discutible, cuestionable
contestant [kənˈtɛstənt] *n* : concursante *mf*; competidor *m*, -dora *f*
context [ˈkɑn,tɛkst] *n* : contexto *m*
contiguous [kənˈtɪgjuəs] *adj* : contiguo
continence [ˈkɑntənənts] *n* : continencia *f*
continent[1] [ˈkɑntənənt] *adj* : continente
continent[2] *n* : continente *m* — **continental** [,kɑntənˈɛntəl] *adj*
contingency [kənˈtɪnʤəntsi] *n, pl* **-cies** : contingencia *f*, eventualidad *f*
contingent[1] [kənˈtɪnʤənt] *adj* **1** POSSIBLE : contingente, eventual **2** ACCIDENTAL : fortuito, accidental **3 to be contingent on** : depender de, estar sujeto a
contingent[2] *n* : contingente *m*
continual [kənˈtɪnjuəl] *adj* : continuo, constante — **continually** [kən-ˈtɪnjuəli, -ˈtɪnjəli] *adv*
continuance [kənˈtɪnjuənts] *n* **1** CONTINUATION : continuación *f* **2** DURATION : duración *f* **3** : aplazamiento *m* (de un proceso)
continuation [kən,tɪnjuˈeɪʃən] *n* : continuación *f*, prolongación *f*
continue [kənˈtɪnju:] *v* **-tinued; -tinuing** *vi* **1** CARRY ON : continuar, seguir, proseguir ⟨please continue : continúe, por favor⟩ **2** ENDURE, LAST : continuar, prolongarse, durar **3** RESUME : continuar, reanudarse — *vt* **1** : continuar, seguir ⟨she continued writing : continuó escribiendo⟩ **2** RESUME : continuar, reanudar **3** EXTEND, PROLONG : continuar, prolongar
continuity [,kɑntəˈnu:əti, -ˈnju:-] *n, pl* **-ties** : continuidad *f*
continuous [kənˈtɪnjuəs] *adj* : continuo — **continuously** *adv*
contort [kənˈtɔrt] *vt* : torcer, retorcer, contraer (el rostro) — *vi* : contraerse, demudarse
contortion [kənˈtɔrʃən] *n* : contorsión *f*

contour ['kɑn,tʊr] *n* **1** OUTLINE : contorno *m* **2 contours** *npl* SHAPE : forma *f*, curvas *fpl* **3 contour map** : mapa *m* topográfico

contraband ['kɑntrə,bænd] *n* : contrabando *m*

contraception [,kɑntrə'sɛpʃən] *n* : anticoncepción *f*, contracepción *f*

contraceptive[1] [,kɑntrə'sɛptɪv] *adj* : anticonceptivo, contraceptivo

contraceptive[2] *n* : anticonceptivo *m*, contraceptivo *m*

contract[1] [kən'trækt, 1 *usu* 'kɑn-,trækt] *vt* **1** : contratar (servicios profesionales) **2** : contraer (una enfermedad, una deuda) **3** TIGHTEN : contraer (un músculo) **4** SHORTEN : contraer (una palabra) — *vi* : contraerse, reducirse

contract[2] ['kɑn,trækt] *n* : contrato *m*

contraction [kən'trækʃən] *n* : contracción *f*

contractor ['kɑn,træktər, kən'træk-] *n* : contratista *mf*

contractual [kən'træktʃʊəl] *adj* : contractual — **contractually** *adv*

contradict [,kɑntrə'dɪkt] *vt* : contradecir, desmentir

contradiction [,kɑntrə'dɪkʃən] *n* : contradicción *f*

contradictory [,kɑntrə'dɪktəri] *adj* : contradictorio

contralto [kən'træl,to:] *n, pl* **-tos** : contralto *m* (voz), contralto *mf* (vocalista)

contraption [kən'træpʃən] *n* DEVICE : aparato *m*, artefacto *m*

contrary[1] ['kɑn,trɛri, *2 often* kən-'trɛri] *adj* **1** OPPOSITE : contrario, opuesto **2** BALKY, STUBBORN : terco, testarudo **3 contrary to** : al contrario de, en contra de ⟨contrary to the facts : en contra de los hechos⟩

contrary[2] ['kɑn,trɛri] *n, pl* **-traries 1** OPPOSITE : lo contrario, lo opuesto **2 on the contrary** : al contrario, todo lo contrario

contrast[1] [kən'træst] *vi* DIFFER : contrastar, diferir — *vt* COMPARE : contrastar, comparar

contrast[2] ['kɑn,træst] *n* : contraste *m*

contravene [,kɑntrə'vi:n] *vt* **-vened; -vening** : contravenir, infringir

contribute [kən'trɪbjət] *v* **-uted; -uting** *vt* : contribuir, aportar (dinero, bienes, etc.) — *vi* : contribuir

contribution [,kɑntrə'bju:ʃən] *n* : contribución *f*

contributor [kən'trɪbjət̬ər] *n* : contribuidor *m*, -dora *f*; colaborador *m*, -dora *f* (en periodismo)

contrite ['kɑn,traɪt, kən'traɪt] *adj* REPENTANT : contrito, arrepentido

contrition [kən'trɪʃən] *n* : contrición *f*, arrepentimiento *m*

contrivance [kən'traɪvənts] *n* **1** DEVICE : aparato *m*, artefacto *m* **2** SCHEME : artimaña *f*, treta *f*, ardid *m*

contrive [kən'traɪv] *vt* **-trived; -triving 1** DEVISE : idear, ingeniar, maquinar **2** MANAGE : lograr, ingeniárselas para ⟨she contrived a way out of the mess : se las ingenió para salir del enredo⟩

control[1] [kən'tro:l] *vt* **-trolled; -trolling** : controlar, dominar

control[2] *n* **1** : control *m*, dominio *m*, mando *m* ⟨to be under control : estar bajo control⟩ ⟨to be out of control : estar fuera de control⟩ ⟨he likes to be in control : le gusta mandar⟩ ⟨to be in control of : controlar⟩ ⟨to lose control : perder el control⟩ ⟨it's beyond my control : no está en mis manos⟩ ⟨for reasons beyond our control : por causas ajenas a nuestra voluntad⟩ **2** RESTRAINT : control *m*, limitación *f* ⟨birth control : control natal⟩ ⟨gun control : control de armas⟩ **3** : control *m*, dispositivo *m* de mando ⟨remote control : control remoto⟩

controllable [kən'tro:ləbəl] *adj* : controlable

controller [kən'tro:lər, 'kɑn,-] *n* **1** → **comptroller 2** : controlador *m*, -dora *f* ⟨air traffic controller : controlador aéreo⟩

controversial [,kɑntrə'vərʃəl, -siəl] *adj* : controvertido ⟨a controversial decision : una decisión controvertida⟩

controversy ['kɑntrə,vərsi] *n, pl* **-sies** : controversia *f*

controvert ['kɑntrə,vərt, ,kɑntrə'-] *vt* : controvertir, contradecir

contusion [kən'tu:ʒən, -tju:-] *n* BRUISE : contusión *f*, moretón *m*

conundrum [kə'nʌndrəm] *n* RIDDLE : acertijo *m*, adivinanza *f*

convalesce [,kɑnvə'lɛs] *vi* **-lesced; -lescing** : convalecer

convalescence [,kɑnvə'lɛsənts] *n* : convalecencia *f*

convalescent[1] [,kɑnvə'lɛsənt] *adj* : convaleciente

convalescent[2] *n* : convaleciente *mf*

convection [kən'vɛkʃən] *n* : convección *f*

convene [kən'vi:n] *v* **-vened; -vening** *vt* : convocar — *vi* : reunirse

convenience [kən'vi:njənts] *n* **1** : conveniencia *f* ⟨at your convenience : cuando le resulte conveniente⟩ **2** AMENITY : comodidad *f* ⟨modern conveniences : comodidades modernas⟩

convenience store *n* : tienda *f* de conveniencia

convenient [kən'vi:njənt] *adj* : conveniente, cómodo — **conveniently** *adv*

convent ['kɑnvənt, -,vɛnt] *n* : convento *m*

convention [kən'vɛntʃən] *n* **1** PACT : convención *f*, convenio *m*, pacto *m* ⟨the Geneva Convention : la Convención de Ginebra⟩ **2** MEETING : convención *f*, congreso *m* **3** CUSTOM : convención *f*, convencionalismo *m*

conventional [kən'vɛntʃənəl] *adj* : convencional — **conventionally** *adv*

converge [kən'vərdʒ] *vi* **-verged; -verging** : converger, convergir

convergence [kən'vərʤənts] *n* : convergencia *f*
convergent [kən'vərʤənt] *adj* : convergente
conversant [kən'vərsənt] *adj* **conversant with** : versado con, experto en
conversation [ˌkɑnvər'seɪʃən] *n* : conversación *f*
conversational [ˌkɑnvər'seɪʃənəl] *adj* : familiar ⟨a conversational style : un estilo familiar⟩
converse[1] [kən'vərs] *vi* **-versed; -versing** : conversar
converse[2] [kən'vərs, 'kɑnˌvərs] *adj* : contrario, opuesto, inverso
conversely [kən'vərsli, 'kɑnˌvərs-] *adv* : a la inversa
conversion [kən'vərʒən] *n* **1** CHANGE : conversión *f*, transformación *f*, cambio *m* **2** : conversión *f* (a una religión)
convert[1] [kən'vərt] *vt* **1** : convertir (a una religión o un partido) **2** CHANGE : convertir, cambiar — *vi* : convertirse
convert[2] ['kɑnˌvərt] *n* : converso *m*, -sa *f*
converter *or* **convertor** [kən'vərt̬ər] *n* : convertidor *m*
convertible[1] [kən'vərt̬əbəl] *adj* : convertible
convertible[2] *n* : convertible *m*, descapotable *m*
convex [kɑn'vɛks, 'kɑnˌ-, kən'-] *adj* : convexo
convey [kən'veɪ] *vt* **1** TRANSPORT : transportar, conducir **2** TRANSMIT : transmitir, comunicar, expresar (noticias, ideas, etc.)
conveyance [kən'veɪənts] *n* **1** TRANSPORT : transporte *m*, transportación *f* **2** COMMUNICATION : transmisión *f*, comunicación *f* **3** TRANSFER : transferencia *f*, traspaso *m* (de una propiedad)
conveyor [kən'veɪər] *n* : transportador *m*, -dora *f* ⟨conveyor belt : cinta transportadora⟩
convict[1] [kən'vɪkt] *vt* : declarar culpable
convict[2] ['kɑnˌvɪkt] *n* : preso *m*, -sa *f*; presidiario *m*, -ria *f*; recluso *m*, -sa *f*
conviction [kən'vɪkʃən] *n* **1** : condena *f* (de un acusado) **2** BELIEF : convicción *f*, creencia *f*
convince [kən'vɪnts] *vt* **-vinced; -vincing** : convencer
convincing [kən'vɪntsɪŋ] *adj* : convincente, persuasivo
convincingly [kən'vɪntsɪŋli] *adv* : de forma convincente
convivial [kən'vɪvjəl, -'vɪviəl] *adj* : jovial, festivo, alegre
conviviality [kənˌvɪvi'ælət̬i] *n, pl* **-ties** : jovialidad *f*
convoke [kən'vo:k] *vt* **-voked; -voking** : convocar
convoluted ['kɑnvəˌlu:t̬əd] *adj* : intrincado, complicado
convoy ['kɑnˌvɔɪ] *n* : convoy *m*
convulse [kən'vʌls] *v* **-vulsed; -vulsing** *vt* : convulsionar ⟨convulsed with laughter : muerto de risa⟩ — *vi* : sufrir convulsiones
convulsion [kən'vʌlʃən] *n* : convulsión *f*
convulsive [kən'vʌlsɪv] *adj* : convulsivo — **convulsively** *adv*
coo[1] ['ku:] *vi* : arrullar
coo[2] *n* : arrullo *m* (de una paloma)
cook[1] ['kʊk] *vi* : cocinar — *vt* **1** : preparar (comida) **2 to cook up** CONCOCT : inventar, tramar
cook[2] *n* : cocinero *m*, -ra *f*
cookbook ['kʊkˌbʊk] *n* : libro *m* de cocina
cookery ['kʊkəri] *n, pl* **-eries** : cocina *f*
cookie *or* **cooky** ['kʊki] *n, pl* **-ies** : galleta *f* (dulce)
cooking ['kʊkɪŋ] *n* **1** COOKERY : cocina *f* **2** : cocción *f*, cocimiento *m* ⟨cooking time : tiempo de cocción⟩
cookout ['kʊkˌaʊt] *n* : comida *f* al aire libre
cool[1] ['ku:l] *vt* : refrescar, enfriar — *vi* **1** : refrescarse, enfriarse ⟨the pie is cooling : el pastel se está enfriando⟩ **2** : calmarse, tranquilizarse ⟨his anger cooled : su ira se calmó⟩
cool[2] *adj* **1** : fresco, frío ⟨cool weather : tiempo fresco⟩ **2** CALM : tranquilo, sereno **3** ALOOF : frío, distante
cool[3] *n* **1** : fresco *m* ⟨the cool of the evening : el fresco de la tarde⟩ **2** COMPOSURE : calma *f*, serenidad *f*
coolant ['ku:lənt] *n* : refrigerante *m*
cooler ['ku:lər] *n* : nevera *f* portátil
coolie ['ku:li] *n* : culi *m*
coolly ['ku:lli] *adv* **1** CALMLY : con calma, tranquilamente **2** COLDLY : fríamente, con frialdad
coolness ['ku:lnəs] *n* **1** : frescura *f*, frescor *m* ⟨the coolness of the evening : el frescor de la noche⟩ **2** CALMNESS : tranquilidad *f*, serenidad *f* **3** COLDNESS, INDIFFERENCE : frialdad *f*, indiferencia
coop[1] ['ku:p, 'kʊp] *vt or* **to coop up** : encerrar ⟨cooped up in the house : encerrado en la casa⟩
coop[2] *n* : gallinero *m*
co–op ['ko:ˌɑp] *n* → **cooperative**[2]
cooperate [ko'ɑpəˌreɪt] *vi* **-ated; -ating** : cooperar, colaborar
cooperation [koˌɑpə'reɪʃən] *n* : cooperación *f*, colaboración *f*
cooperative[1] [ko'ɑpərət̬ɪv, -'ɑpəˌreɪt̬ɪv] *adj* : cooperativo
cooperative[2] [ko'ɑpərət̬ɪv] *n* : cooperativa *f*
co–opt [ko'ɑpt] *vt* **1** : nombrar como miembro, cooptar **2** APPROPRIATE : apropiarse de
coordinate[1] [ko'ɔrdənˌeɪt] *v* **-nated; -nating** *vt* : coordinar — *vi* : coordinarse, combinar, acordar
coordinate[2] [ko'ɔrdənət] *adj* **1** COORDINATED : coordinado **2** EQUAL : igual, semejante

coordinate[3] [ko'ɔrdənət] *n* : coordenada *f*
coordination [ko,ɔrdən'eɪʃən] *n* : coordinación *f*
coordinator [ko'ɔrdən,eɪṭər] *n* : coordinador *m*, -dora *f*
cop ['kɑp] → **police officer**
cope ['ko:p] *vi* **coped; coping** **1** : arreglárselas **2 to cope with** : hacer frente a, poder con ‹I can't cope with all this! : ¡no puedo con todo esto!›
copier ['kɑpiər] *n* : copiadora *f*, fotocopiadora *f*
copilot ['ko:,paɪlət] *n* : copiloto *m*
copious ['ko:piəs] *adj* : copioso, abundante — **copiously** *adv*
copiousness ['ko:piəsnəs] *n* : abundancia *f*
copper ['kɑpər] *n* : cobre *m*
coppery ['kɑpəri] *adj* : cobrizo
copra ['ko:prə, 'kɑ-] *n* : copra *f*
copse ['kɑps] *n* THICKET : soto *m*, matorral *m*
copulate ['kɑpjə,leɪt] *vi* **-lated; -lating** : copular
copulation [,kɑpjə'leɪʃən] *n* : cópula *f*, relaciones *fpl* sexuales
copy[1] ['kɑpi] *vt* **copied; copying** **1** DUPLICATE : hacer una copia de, duplicar, reproducir **2** IMITATE : copiar, imitar
copy[2] *n, pl* **copies** **1** : copia *f*, duplicado *m* (de un documento), reproducción *f* (de una obra de arte) **2** : ejemplar *m* (de un libro), número *m* (de una revista) **3** TEXT : manuscrito *m*, texto *m*
copyright[1] ['kɑpi,raɪt] *vt* : registrar los derechos de
copyright[2] *n* : derechos *mpl* de autor
coral[1] ['kɔrəl] *adj* : de coral ‹a coral reef : un arrecife de coral›
coral[2] *n* : coral *m*
coral snake *n* : serpiente *f* de coral
cord ['kɔrd] *n* **1** ROPE, STRING : cuerda *f*, cordón *m*, cordel *m* **2** : cuerda *f*, cordón *m*, médula *f* (en la anatomía) ‹vocal cords : cuerdas vocales› **3** : cuerda *f* ‹a cord of firewood : una cuerda de leña› **4** *or* **electric cord** : cable *m* eléctrico
cordial[1] ['kɔrdʒəl] *adj* : cordial — **cordially** *adv*
cordial[2] *n* : cordial *m*
cordiality [,kɔrdʒi'æləṭi] *n* : cordialidad *f*
cordless ['kɔrdləs] *adj* : inalámbrico
cordon[1] ['kɔrdən] *vt* **to cordon off** : acordonar
cordon[2] *n* : cordón *m*
corduroy ['kɔrdə,rɔɪ] *n* **1** : pana *f* **2 corduroys** *npl* : pantalones *mpl* de pana
core[1] ['kor] *vt* **cored; coring** : quitar el corazón a (una fruta)
core[2] *n* **1** : corazón *m*, centro *m* (de algunas frutas) **2** CENTER : núcleo *m*, centro *m* **3** ESSENCE : núcleo *m*, meollo *m* ‹to the core : hasta la médula›
coriander ['kori,ændər] *n* : cilantro *m*
cork[1] ['kɔrk] *vt* : ponerle un corcho a
cork[2] *n* : corcho *m*
corkscrew ['kɔrk,skru:] *n* : tirabuzón *m*, sacacorchos *m*
cormorant ['kɔrmərənt, -,rænt] *n* : cormorán *m*
corn[1] ['kɔrn] *vt* : conservar en salmuera ‹corned beef : carne en conserva›
corn[2] *n* **1** GRAIN : grano *m* **2** : maíz *m*, elote *m Mex* ‹corn tortillas : tortillas de maíz› **3** : callo *m* ‹corn plaster : emplasto para callos›
corncob ['kɔrn,kɑb] *n* : mazorca *f* (de maíz), choclo *m*, elote *m CA, Mex*
cornea ['kɔrniə] *n* : córnea *f*
corner[1] ['kɔrnər] *vt* **1** TRAP : acorralar, arrinconar **2** MONOPOLIZE : monopolizar, acaparar (un mercado) — *vi* : tomar una curva, doblar una esquina (en un automóvil)
corner[2] *n* **1** ANGLE : rincón *m*, esquina *f* (de una mesa, etc.), ángulo *m* (de una página) ‹the corner of a room : el rincón de una habitación› ‹all corners of the world : todos los rincones del mundo› **2** INTERSECTION : esquina *f* **3** BEND : curva *f* (en una carretera) **4** PREDICAMENT, IMPASSE : aprieto *m*, impasse *m* ‹to be backed into a corner : estar acorralado› **5 corner of the eye** : lagrimal *m*, rabillo *m* **6 corner of the mouth** : comisura *f* de los labios **7 to cut corners** : economizar esfuerzos
cornerstone ['kɔrnər,sto:n] *n* : piedra *f* angular
cornet [kɔr'nɛt] *n* : corneta *f*
cornfield ['kɔrn,fi:ld] *n* : maizal *m*; milpa *f CA, Mex*
cornice ['kɔrnɪs] *n* : cornisa *f*
cornmeal ['kɔrn,mi:l] *n* : harina *f* de maíz
cornstalk ['kɔrn,stɔk] *n* : tallo *m* del maíz
cornstarch ['kɔrn,stɑrtʃ] *n* : maicena *f*, almidón *m* de maíz
cornucopia [,kɔrnə'ko:piə, -njə-] *n* : cornucopia *f*
corolla [kə'rɑlə] *n* : corola *f*
corollary ['kɔrə,lɛri] *n, pl* **-laries** : corolario *m*
corona [kə'ro:nə] *n* : corona *f* (del sol)
coronary[1] ['kɔrə,nɛri] *adj* : coronario
coronary[2] *n, pl* **-naries** **1** : trombosis *f* coronaria **2** HEART ATTACK : infarto *m*, ataque *m* al corazón
coronation [,kɔrə'neɪʃən] *n* : coronación *f*
coroner ['kɔrənər] *n* : médico *m* forense
corporal[1] ['kɔrpərəl] *adj* : corporal ‹corporal punishment : castigos corporales›
corporal[2] *n* : cabo *m*
corporate ['kɔrpərət] *adj* : corporativo, empresarial
corporation [,kɔrpə'reɪʃən] *n* : sociedad *f* anónima, corporación *f*, empresa *f*
corporeal [kɔr'poriəl] *adj* **1** PHYSICAL : corpóreo **2** MATERIAL : material, tangible — **corporeally** *adv*

corps [ˈkor] *n, pl* **corps** [ˈkorz] : cuerpo *m* ⟨medical corps : cuerpo médico⟩ ⟨diplomatic corps : cuerpo diplomático⟩
corpse [ˈkɔrps] *n* : cadáver *m*
corpulence [ˈkɔrpjələnts] *n* : obesidad *f*, gordura *f*
corpulent [ˈkɔrpjələnt] *adj* : obeso, gordo
corpuscle [ˈkɔrˌpʌsəl] *n* : corpúsculo *m*, glóbulo *m* (sanguíneo)
corral[1] [kəˈræl] *vt* **-ralled; -ralling** : acorralar, encorralar (ganado)
corral[2] *n* : corral *m*
correct[1] [kəˈrɛkt] *vt* **1** RECTIFY : corregir, rectificar **2** REPRIMAND : corregir, reprender
correct[2] *adj* **1** ACCURATE, RIGHT : correcto, exacto ⟨to be correct : estar en lo cierto⟩ **2** PROPER : correcto, apropiado
correction [kəˈrɛkʃən] *n* : corrección *f*
corrective [kəˈrɛktɪv] *adj* : correctivo
correctly [kəˈrɛktli] *adv* : correctamente
correctness [kəˈrɛk(t)nəs] *n* **1** ACCURACY : exactitud *f* **2** PROPRIETY : corrección *f*
correlate [ˈkɔrəˌleɪt] *vt* **-lated; -lating** : relacionar, poner en correlación
correlation [ˌkɔrəˈleɪʃən] *n* : correlación *f*
correspond [ˌkɔrəˈspɑnd] *vi* **1** MATCH : corresponder, concordar, coincidir **2** WRITE : corresponderse, escribirse
correspondence [ˌkɔrəˈspɑndənts] *n* : correspondencia *f*
correspondent [ˌkɔrəˈspɑndənt] *n* : corresponsal *mf*
corresponding [kɔrəˈspɑndɪŋ, kɑr-] *adj* : correspondiente
correspondingly [ˌkɔrəˈspɑndɪŋli] *adv* : en consecuencia, de la misma manera
corridor [ˈkɔrədər, -ˌdɔr] *n* : corredor *m*, pasillo *m*
corroborate [kəˈrɑbəˌreɪt] *vt* **-rated; -rating** : corroborar
corroboration [kəˌrɑbəˈreɪʃən] *n* : corroboración *f*
corrode [kəˈroːd] *v* **-roded; -roding** *vt* : corroer — *vi* : corroerse
corrosion [kəˈroːʒən] *n* : corrosión *f*
corrosive [kəˈroːsɪv] *adj* : corrosivo
corrugate [ˈkɔrəˌgeɪt] *vt* **-gated; -gating** : ondular, acanalar, corrugar
corrugated [ˈkɔrəˌgeɪṭəd] *adj* : ondulado, acanalado ⟨corrugated cardboard : cartón ondulado⟩
corrupt[1] [kəˈrʌpt] *vt* **1** PERVERT : corromper, pervertir, degradar (información) **2** BRIBE : sobornar
corrupt[2] *adj* : corrupto, corrompido
corruptible [kəˈrʌptəbəl] *adj* : corruptible
corruption [kəˈrʌpʃən] *n* : corrupción *f*
corsage [kɔrˈsɑʒ, -ˈsɑʤ] *n* : ramillete *m* que se lleva como adorno
corset [ˈkɔrsət] *n* : corsé *m*
cortex [ˈkɔrˌtɛks] *n, pl* **-tices** [ˈkɔrṭəˌsiːz] *or* **-texes** : corteza *f* ⟨cerebral cortex : corteza cerebral⟩
cortisone [ˈkɔrṭəˌsoːn, -zoːn] *n* : cortisona *f*
cosmetic[1] [kɑzˈmɛṭɪk] *adj* : cosmético
cosmetic[2] *n* : cosmético *m*
cosmic [ˈkɑzmɪk] *adj* **1** : cósmico ⟨cosmic ray : rayo cósmico⟩ **2** VAST : grandioso, inmenso, vasto
cosmonaut [ˈkɑzməˌnɔt] *n* : cosmonauta *mf*
cosmopolitan[1] [ˌkɑzməˈpɑlətən] *adj* : cosmopolita
cosmopolitan[2] *n* : cosmopolita *mf*
cosmos [ˈkɑzməs, -ˌmoːs, -ˌmɑs] *n* : cosmos *m*, universo *m*
cost[1] [ˈkɔst] *v* **cost; costing** *vt* : costar ⟨how much does it cost? : ¿cuánto cuesta?, ¿cuánto vale?⟩ — *vi* : costar ⟨these cost more : éstos cuestan más⟩
cost[2] *n* : costo *m*, precio *m*, coste *m* ⟨cost of living : costo de vida⟩ ⟨victory at all costs : victoria a toda costa⟩
Costa Rican[1] [ˌkɔstəˈriːkən] *adj* : costarricense
Costa Rican[2] *n* : costarricense *mf*
costly [ˈkɔstli] *adj* : costoso, caro
costume [ˈkɑsˌtuːm, -ˌtjuːm] *n* **1** : traje *m* ⟨national costume : traje típico⟩ **2** : disfraz *m* ⟨costume party : fiesta de disfraces⟩ **3** OUTFIT : vestimenta *f*, traje *m*, conjunto *m*
cosy [ˈkoːzi] → **cozy**
cot [ˈkɑt] *n* : catre *m*
coterie [ˈkoːṭəˌri, ˌkoːṭəˈ-] *n* : tertulia *f*, círculo *m* (social)
cottage [ˈkɑṭɪʤ] *n* : casita *f* (de campo)
cottage cheese *n* : requesón *m*
cotton [ˈkɑtən] *n* : algodón *m*
cottonmouth [ˈkɑtənˌmaʊθ] → **moccasin**
cottonseed [ˈkɑtənˌsiːd] *n* : semilla *f* de algodón
cotton swab → **swab**
cottontail [ˈkɑtənˌteɪl] *n* : conejo *m* de cola blanca
couch[1] [ˈkaʊʧ] *vt* : expresar, formular ⟨couched in strong language : expresado en lenguaje enérgico⟩
couch[2] *n* SOFA : sofá *m*
couch potato *n* : haragán *m*, -gana *f*; vago *m*, -ga *f*
cougar [ˈkuːgər] *n* : puma *m*
cough[1] [ˈkɔf] *vi* : toser
cough[2] *n* : tos *f*
could [ˈkʊd] → **can**
council [ˈkaʊntsəl] *n* **1** : concejo *m* ⟨city council : concejo municipal, ayuntamiento⟩ **2** MEETING : concejo *m*, junta *f* **3** BOARD : consejo *m* **4** : concilio *m* (eclesiástico)
councillor *or* **councilor** [ˈkaʊntsələr] *n* : concejal *m*, -jala *f*
councilman [ˈkaʊntsəlmən] *n, pl* **-men** [-mən, -ˌmɛn] : concejal *m*
councilwoman [ˈkaʊntsəlˌwʊmən] *n, pl* **-women** [-ˌwɪmən] : concejala *f*

counsel[1] ['kaʊntsəl] *v* **-seled** *or* **-selled; -seling** *or* **-selling** *vt* ADVISE : aconsejar, asesorar, recomendar — *vi* CONSULT : consultar
counsel[2] *n* **1** ADVICE : consejo *m*, recomendación *f* **2** CONSULTATION : consulta *f* **3 counsel** *ns & pl* LAWYER : abogado *m*, -da *f*
counselor *or* **counsellor** ['kaʊntsələr] *n* : consejero *m*, -ra *f*; consultor *m*, -tora *f*; asesor *m*, -sora *f*
count[1] ['kaʊnt] *vt* **1** : contar **2** INCLUDE : contar **3** CONSIDER : considerar ⟨count yourself (as) lucky : considérate afortunado⟩ **4 to count down** : contar (los días, etc.) que faltan **5 to count in/out** ⟨count me in : cuenta conmigo, yo me apunto⟩ ⟨count me out : no cuentes conmigo⟩ — *vi* **1** : contar ⟨to count out loud : contar en voz alta⟩ **2** MATTER : contar, valer, importar ⟨that's what counts : eso es lo que cuenta⟩ **3 to count on** : contar con **4 to count towards** : contar para
count[2] *n* **1** COMPUTATION : cómputo *m*, recuento *m*, cuenta *f* ⟨to lose count : perder la cuenta⟩ **2** CHARGE : cargo *m* ⟨two counts of robbery : dos cargos de robo⟩ **3** POINT : punto *m*, aspecto *m* ⟨you're wrong on all counts : se equivoca en todo lo que dice⟩ **4** : conde *m* (noble)
countable ['kaʊntəbəl] *adj* : numerable
countdown ['kaʊnt,daʊn] *n* : cuenta *f* atrás
countenance[1] ['kaʊntənənts] *vt* **-nanced; -nancing** : permitir, tolerar
countenance[2] *n* FACE : semblante *m*, rostro *m*
counter[1] ['kaʊntər] *vt* **1** → **counteract 2** OPPOSE : oponerse a, resistir — *vi* RETALIATE : responder, contraatacar
counter[2] *adv* **counter to** : contrario a, en contra de
counter[3] *adj* : contrario, opuesto
counter[4] *n* **1** PIECE : ficha *f* (de un juego) **2** : mostrador *m* (de un negocio), ventanilla *f* (en un banco) **3** : contador *m* (aparato) **4** COUNTERBALANCE : fuerza *f* opuesta, contrapeso *m*
counteract [,kaʊntər'ækt] *vt* : contrarrestar
counterattack ['kaʊntərə,tæk] *n* : contraataque *m*
counterbalance[1] [,kaʊntər'bælənts] *vt* **-anced; -ancing** : contrapesar
counterbalance[2] ['kaʊntər,bælənts] *n* : contrapeso *m*
counterclockwise [,kaʊntər'klɑk-,waɪz] *adv & adj* : en el sentido opuesto al de las manecillas del reloj
counterfeit[1] ['kaʊntər,fɪt] *vt* **1** : falsificar (dinero) **2** PRETEND : fingir, aparentar
counterfeit[2] *adj* : falso, inauténtico
counterfeit[3] *n* : falsificación *f*
counterfeiter ['kaʊntər,fɪtər] *n* : falsificador *m*, -dora *f*
countermand ['kaʊntər,mænd, ,kaʊntər'-] *vt* : contramandar
countermeasure ['kaʊntər,mɛʒər] *n* : contramedida *f*
counterpart ['kaʊntər,pɑrt] *n* : homólogo *m*, contraparte *f Mex*
counterpoint ['kaʊntər,pɔɪnt] *n* : contrapunto *m*
counterproductive [,kaʊntərprə'dʌktɪv] *adj* : contraproducente
counterrevolution [,kaʊntər,rɛvə-'lu:ʃən] *n* : contrarrevolución *f*
counterrevolutionary[1] [,kaʊntər,rɛvə-'lu:ʃən,ɛri] *adj* : contrarrevolucionario
counterrevolutionary[2] *n, pl* **-ries** : contrarrevolucionario *m*, -ria *f*
countersign ['kaʊntər,saɪn] *n* : contraseña *f*
countess ['kaʊntɪs] *n* : condesa *f*
countless ['kaʊntləs] *adj* : incontable, innumerable
country[1] ['kʌntri] *adj* : campestre, rural
country[2] *n, pl* **-tries 1** NATION : país *m*, nación *f*, patria *f* ⟨country of origin : país de origen⟩ ⟨love of one's country : amor a la patria⟩ **2** : campo *m* ⟨they left the city for the country : se fueron de la ciudad al campo⟩
countryman ['kʌntrimən] *n, pl* **-men** [-mən, -,mɛn] : compatriota *mf*; paisano *m*, -na *f*
countryside ['kʌntri,saɪd] *n* : campo *m*, campiña *f*
county ['kaʊnti] *n, pl* **-ties** : condado *m*
coup ['ku:] *n, pl* **coups** ['ku:z] **1** : golpe *m* maestro **2** *or* **coup d'etat** : golpe *m* (de estado), cuartelazo *m*
coupe ['ku:p] *n* : cupé *m*
couple[1] ['kʌpəl] *vt* **-pled; -pling** : acoplar, enganchar, conectar
couple[2] *n* **1** PAIR : par *m* ⟨a couple of hours : un par de horas, unas dos horas⟩ **2** : pareja *f* ⟨a young couple : una pareja joven⟩
coupling ['kʌplɪŋ] *n* : acoplamiento *m*
coupon ['ku:,pɑn, 'kju:-] *n* : cupón *m*
courage ['kərɪʤ] *n* : valor *m*, valentía *f*, coraje *m*
courageous [kə'reɪʤəs] *adj* : valiente, valeroso
courier ['kʊriər, 'kəriər] *n* : mensajero *m*, -ra *f*
course[1] ['kors] *vi* **coursed; coursing** : correr (a toda velocidad)
course[2] *n* **1** PROGRESS : curso *m*, transcurso *m* ⟨to run its course : seguir su curso⟩ ⟨to follow the normal course : seguir su curso normal⟩ ⟨in due course : a su debido tiempo⟩ ⟨in/during the course of : en/durante el transcurso de⟩ **2** DIRECTION : rumbo *m* (de un avión), derrota *f*, derrotero *m* (de un barco) ⟨to stay on course : mantener el rumbo⟩ ⟨to go off course : desviarse de su rumbo⟩ **3** PATH, WAY : camino *m*, vía *f* **4** : plato *m* (de una cena) ⟨the main course : el plato principal⟩ **5** : curso *m* (académico) **6** : pista *f* (de carreras, de esquí, de obstáculos), campo *m* (de golf) **7**

course of action : línea *f* de conducta **8 of course** : desde luego, por supuesto ⟨yes, of course! : ¡claro que sí!⟩
court[1] [ˈkort] *vt* WOO : cortejar, galantear
court[2] *n* **1** PALACE : palacio *m* **2** RETINUE : corte *f*, séquito *m* **3** COURTYARD : patio *m* **4** : cancha *f* (de tenis, baloncesto, etc.) **5** TRIBUNAL : corte *f*, tribunal *m* ⟨the Supreme Court : la Corte Suprema⟩
courteous [ˈkərt̬iəs] *adj* : cortés, atento, educado — **courteously** *adv*
courtesan [ˈkort̬əzən, ˈkər-] *n* : cortesana *f*
courtesy [ˈkərt̬əsi] *n, pl* **-sies** : cortesía *f*
courthouse [ˈkortˌhaʊs] *n* : palacio *m* de justicia, juzgado *m*
courtier [ˈkort̬iər, ˈkortjər] *n* : cortesano *m*, -na *f*
courtly [ˈkortli] *adj* **-lier; -est** : distinguido, elegante, cortés
court–martial[1] [ˈkortˌmɑrʃəl] *vt* : someter a consejo de guerra
court–martial[2] *n, pl* **courts–martial** [ˈkortsˌmɑrʃəl] : consejo *m* de guerra
court order *n* : mandamiento *m* judicial
courtroom [ˈkortˌruːm] *n* : tribunal *m*, corte *f*
courtship [ˈkortˌʃɪp] *n* : cortejo *m*, noviazgo *m*
courtyard [ˈkortˌjɑrd] *n* : patio *m*
cousin [ˈkʌzən] *n* : primo *m*, -ma *f*
couture [kuːˈtʊr] *n* : industria *f* de la moda ⟨haute couture : alta costura⟩
cove [ˈkoːv] *n* : ensenada *f*, cala *f*
covenant [ˈkʌvənənt] *n* : pacto *m*, contrato *m*
cover[1] [ˈkʌvər] *vt* **1** : cubrir, tapar ⟨cover your head : cúbrete la cabeza⟩ ⟨cover your eyes : tápate los ojos⟩ ⟨cover the pot : tapa la olla, ponle la tapa a la olla⟩ ⟨covered with mud : cubierto de lodo⟩ **2** : tratar (un tema), cubrir (noticias) **3** INSURE : cubrir, asegurar **4** GUARD, PROTECT : cubrir **5** : cubrir (gastos) **6** TRAVEL : recorrer, cubrir **7 to cover one's ass/butt** *fam* : cubrirse las espaldas **8 to cover up** : cubrir, tapar **9 to cover up** HIDE : ocultar — *vi* **1 to cover for** REPLACE : sustituir a **2 to cover for** PROTECT : encubrir a
cover[2] *n* **1** SHELTER : cubierta *f*, abrigo *m*, refugio *m* ⟨to take cover : ponerse a cubierto⟩ ⟨under cover of darkness : al amparo de la oscuridad⟩ **2** LID, TOP : cubierta *f*, tapa *f* **3** : cubierta *f* (de un libro), portada *f* (de una revista) ⟨to read from cover to cover : leer de principio a fin⟩ **4** : funda *f* (protectora) **5** FRONT, FACADE : fachada *f* **6 covers** *npl* BEDCLOTHES : ropa *f* de cama, cobijas *fpl*, mantas *fpl*
coverage [ˈkʌvərɪʤ] *n* : cobertura *f*
coverlet [ˈkʌvərlət] *n* : cobertor *m*
covert[1] [ˈkoːˌvərt, ˈkʌvərt] *adj* : encubierto, secreto ⟨covert operations : operaciones encubiertas⟩
covert[2] [ˈkʌvərt, ˈkoː-] *n* THICKET : espesura *f*, maleza *f*
cover–up [ˈkʌvərˌʌp] *n* : encubrimiento *m* (de algo ilícito)
covet [ˈkʌvət] *vt* : codiciar
covetous [ˈkʌvət̬əs] *adj* : codicioso
covey [ˈkʌvi] *n, pl* **-eys** **1** : bandada *f* pequeña (de codornices, etc.) **2** GROUP : grupo *m*
cow[1] [ˈkaʊ] *vt* : intimidar, acobardar
cow[2] *n* : vaca *f*, hembra *f* (de ciertas especies)
coward [ˈkaʊərd] *n* : cobarde *mf*
cowardice [ˈkaʊərdɪs] *n* : cobardía *f*
cowardly [ˈkaʊərdli] *adj* : cobarde
cowboy [ˈkaʊˌbɔɪ] *n* : vaquero *m*, cowboy *m*
cower [ˈkaʊər] *vi* : encogerse (de miedo), acobardarse
cowgirl [ˈkaʊˌgərl] *n* : vaquera *f*
cowherd [ˈkaʊˌhərd] *n* : vaquero *m*, -ra *f*
cowhide [ˈkaʊˌhaɪd] *n* : cuero *m*, piel *f* de vaca
cowl [ˈkaʊl] *n* : capucha *f* (de un monje)
cowlick [ˈkaʊˌlɪk] *n* : remolino *m*
cowpuncher [ˈkaʊˌpʌnʧər] → **cowboy**
cowslip [ˈkaʊˌslɪp] *n* : prímula *f*, primavera *f*
coxswain [ˈkɑksən, -ˌsweɪn] *n* : timonel *m*
coy [ˈkɔɪ] *adj* **1** SHY : tímido, cohibido **2** COQUETTISH : coqueto
coyote [kaɪˈoːt̬i, ˈkaɪˌoːt] *n, pl* **coyotes** *or* **coyote** : coyote *m*
cozy [ˈkoːzi] *adj* **-zier; -est** : acogedor, cómodo
CPU [ˌsiːˌpiːˈjuː] *n* (*c*entral *p*rocessing *u*nit) : CPU *f*
crab [ˈkræb] *n* : cangrejo *m*, jaiba *f*
crabby [ˈkræbi] *adj* **-bier; -est** : gruñón, malhumorado
crabgrass [ˈkræbˌgræs] *n* : garranchuelo *m*
crack[1] [ˈkræk] *vt* **1** : chasquear, hacer restallar (un látigo, etc.) ⟨to crack one's knuckles : hacer crujir los nudillos⟩ **2** SPLIT : rajar, agrietar, resquebrajar **3** BREAK : romper (un huevo), cascar (nueces), forzar (una caja fuerte) **4** OPEN : abrir (un libro), dejar entreabierta (una puerta, etc.) **5** SOLVE : resolver, descifrar (un código) **6 to crack a smile** : sonreír — *vi* **1** : restallar ⟨the whip cracked : el látigo restalló⟩ **2** SPLIT : rajarse, resquebrajarse, agrietarse **3** : quebrarse (dícese de la voz) **4** : dejar de resistirse (en un interrogatorio, etc.) ⟨he cracked under the strain : sufrió una crisis nerviosa⟩ **5 to crack down on** : tomar medidas severas contra **6 to crack up** : echarse a reír **7 to get cracking** : ponerse manos a la obra

crack[2] *adj* FIRST-RATE : buenísimo, de primera
crack[3] *n* **1** : chasquido *m*, restallido *m*, estallido *m* (de un arma de fuego), crujido *m* (de huesos) ⟨a crack of thunder : un trueno⟩ **2** WISECRACK : chiste *m*, ocurrencia *f*, salida *f* **3** CREVICE : raja *f*, grieta *f*, fisura *f* **4** BLOW : golpe *m* **5** ATTEMPT : intento *m*
crackdown ['kræk,daʊn] *n* : medidas *fpl* enérgicas
crack down *vt* : tomar medidas enérgicas
cracker ['krækər] *n* : galleta *f* (de soda, etc.)
crackle[1] ['krækəl] *vi* **-led; -ling** : crepitar, chisporrotear
crackle[2] *n* : crujido *m*, chisporroteo *m*
crackpot ['kræk,pɑt] *n* : excéntrico *m*, -ca *f*; chiflado *m*, -da *f*
crack–up ['kræk,ʌp] *n* **1** CRASH : choque *m*, estrellamiento *m* **2** BREAKDOWN : crisis *f* nerviosa
crack up *vt* **1** : estrellar (un vehículo) **2** : hacer reír **3** : elogiar ⟨it isn't all that it's cracked up to be : no es tan bueno como se dice⟩ — *vi* **1** : estrellarse **2** LAUGH : echarse a reír
cradle[1] ['kreɪdəl] *vt* **-dled; -dling** : acunar, mecer (a un niño)
cradle[2] *n* : cuna *f*
craft ['kræft] *n* **1** TRADE : oficio *m* ⟨the craft of carpentry : el oficio de carpintero⟩ **2** CRAFTSMANSHIP, SKILL : arte *m*, artesanía *f*, destreza *f* **3** CRAFTINESS : astucia *f*, maña *f* **4** *pl usually* **craft** BOAT : barco *m*, embarcación *f* **5** *pl usually* **craft** AIRCRAFT : avión *m*, aeronave *f*
craftiness ['kræftinəs] *n* : astucia *f*, maña *f*
craftsman ['kræftsmən] *n, pl* **-men** [-mən, -,mɛn] : artesano *m*, -na *f*
craftsmanship ['kræftsmən,ʃɪp] *n* : artesanía *f*, destreza *f*
crafty ['kræfti] *adj* **craftier; -est** : astuto, taimado
crag ['kræg] *n* : peñasco *m*
craggy ['krægi] *adj* **-gier; -est** : peñascoso
cram ['kræm] *v* **crammed; cramming** *vt* **1** JAM : embutir, meter **2** STUFF : atiborrar, abarrotar ⟨crammed with people : atiborrado de gente⟩ — *vi* : estudiar a última hora, memorizar (para un examen)
cramp[1] ['kræmp] *vt* **1** : dar calambre en **2** RESTRICT : limitar, restringir, entorpecer ⟨to cramp someone's style : cortarle el vuelo a alguien⟩ — *vi or* **to cramp up** : acalambrarse
cramp[2] *n* **1** SPASM : calambre *m*, espasmo *m* (de los músculos) **2 cramps** *npl* : retorcijones *mpl* ⟨stomach cramps : retorcijones de estómago⟩
cranberry ['kræn,bɛri] *n, pl* **-berries** : arándano *m* (rojo y agrio)
crane[1] ['kreɪn] *vt* **craned; craning** : estirar ⟨to crane one's neck : estirar el cuello⟩
crane[2] *n* **1** : grulla *f* (ave) **2** : grúa *f* (máquina)
cranial ['kreɪniəl] *adj* : craneal, craneano
cranium ['kreɪniəm] *n, pl* **-niums** *or* **-nia** [-niə] : cráneo *m*
crank[1] ['kræŋk] *vt or* **to crank up** : arrancar (con una manivela)
crank[2] *n* **1** : manivela *f*, manubrio *m* **2** ECCENTRIC : excéntrico *m*, -ca *f*
cranky ['kræŋki] *adj* **crankier; -est** : irritable, malhumorado, enojadizo
cranny ['kræni] *n, pl* **-nies** : grieta *f* ⟨every nook and cranny : todos los rincones⟩
crash[1] ['kræʃ] *vi* **1** SMASH : caerse con estrépito, estrellarse **2** COLLIDE : estrellarse, chocar **3** BOOM, RESOUND : retumbar, resonar — *vt* **1** SMASH : estrellar **2 to crash a party** : colarse en una fiesta **3 to crash one's car** : tener un accidente
crash[2] *n* **1** DIN : estrépito *m* **2** COLLISION : choque *m*, colisión *f* ⟨car crash : accidente automovilístico⟩ **3** FAILURE : quiebra *f* (de un negocio), crac *m* (de la bolsa)
crass ['kræs] *adj* : grosero, de mal gusto
crate[1] ['kreɪt] *vt* **crated; crating** : empacar en un cajón
crate[2] *n* : cajón *m* (de madera)
crater ['kreɪt̬ər] *n* : cráter *m*
cravat [krə'væt] *n* : corbata *f*
crave ['kreɪv] *vt* **craved; craving** : ansiar, apetecer, tener muchas ganas de
craven ['kreɪvən] *adj* : cobarde, pusilánime
craving ['kreɪvɪŋ] *n* : ansia *f*, antojo *m*, deseo *m*
crawfish ['krɔ,fɪʃ] → **crayfish**
crawl[1] ['krɔl] *vi* **1** CREEP : arrastrarse, gatear (dícese de un bebé) **2** TEEM : estar plagado
crawl[2] *n* : paso *m* lento
crayfish ['kreɪ,fɪʃ] *n* **1** : ástaco *m* (de agua dulce) **2** : langostino *m* (de mar)
crayon ['kreɪ,ɑn, -ən] *n* : crayón *m*
craze ['kreɪz] *n* : moda *f* pasajera, manía *f*
crazed ['kreɪzd] *adj* : enloquecido
crazily ['kreɪzəli] *adv* : locamente, erráticamente, insensatamente
craziness ['kreɪzinəs] *n* : locura *f*, demencia *f*
crazy ['kreɪzi] *adj* **-zier; -est** **1** (*usu offensive*) INSANE : loco, demente ⟨to go crazy : volverse loco⟩ **2** ABSURD, FOOLISH : loco, insensato, absurdo **3** WEIRD, OUTLANDISH : extraño, raro **4** WILD : loco ⟨the team won and the crowd went crazy : el equipo ganó y el público se enloqueció⟩ **5 like crazy** : como loco **6 to be crazy about** : estar loco por **7 to drive/make someone crazy** : sacar a alguien de quicio

creak[1] [ˈkriːk] *vi* : chirriar, rechinar, crujir
creak[2] *n* : chirrido *m*, crujido *m*
creaky [ˈkriːki] *adj* **creakier; -est** : chirriante, que cruje
cream[1] [ˈkriːm] *vt* **1** BEAT, MIX : batir, mezclar (azúcar y mantequilla, etc.) **2** : preparar (alimentos) con crema
cream[2] *n* **1** : crema *f*, nata *f Spain* (de leche) **2** LOTION : crema *f*, loción *f* **3** ELITE : crema *f*, elite *f* ⟨the cream of the crop : la crema y nata, lo mejor⟩
creamery [ˈkriːməri] *n, pl* **-eries** : fábrica *f* de productos lácteos
creamy [ˈkriːmi] *adj* **creamier; -est** : cremoso
crease[1] [ˈkriːs] *vt* **creased; creasing** **1** : plegar, poner una raya en (pantalones) **2** WRINKLE : arrugar
crease[2] *n* : pliegue *m*, doblez *m*, raya *f* (de pantalones)
create [kriˈeɪt] *vt* **-ated; -ating** : crear, hacer
creation [kriˈeɪʃən] *n* : creación *f*
creative [kriˈeɪtɪv] *adj* : creativo, original ⟨creative people : personas creativas⟩ ⟨a creative work : un obra original⟩
creatively [kriˈeɪtɪvli] *adv* : creativamente, con originalidad
creativity [ˌkriːeɪˈtɪvəti] *n* : creatividad *f*
creator [kriˈeɪtər] *n* : creador *m*, -dora *f*
creature [ˈkriːʧər] *n* : ser *m* viviente, criatura *f*, animal *m*
credence [ˈkriːdənts] *n* : crédito *m*
credentials [krɪˈdɛnʧəlz] *npl* : referencias *fpl* oficiales, cartas *fpl* credenciales
credibility [ˌkrɛdəˈbɪləti] *n* : credibilidad *f*
credible [ˈkrɛdəbəl] *adj* : creíble
credit[1] [ˈkrɛdɪt] *vt* **1** BELIEVE : creer, dar crédito a **2** : ingresar, abonar ⟨to credit $100 to an account : ingresar $100 en (una) cuenta⟩ **3** ATTRIBUTE : atribuir ⟨they credit the invention to him : a él se le atribuye el invento⟩
credit[2] *n* **1** : saldo *m* positivo, saldo *m* a favor (de una cuenta) **2** : crédito *m* ⟨to buy on credit : comprar a crédito⟩ ⟨credit card : tarjeta de crédito⟩ ⟨credit limit : límite de crédito⟩ ⟨credit history : historial crediticio⟩ **3** CREDENCE : crédito *m* ⟨I gave credit to everything he said : di crédito a todo lo que dijo⟩ **4** RECOGNITION : reconocimiento *m* ⟨he deserves all the credit : todo el mérito es suyo⟩ ⟨to get/take the credit for : llevarse/atribuirse el mérito de⟩ **5** : orgullo *m*, honor *m* ⟨she's a credit to the school : ella es el orgullo de la escuela⟩ **6** : crédito *m* ⟨a course worth three credits : un curso de tres créditos⟩ ⟨extra credit : puntos extras⟩ **7 credits** *npl* : créditos *mpl* (de una película)
creditable [ˈkrɛdɪtəbəl] *adj* : encomiable, loable — **creditably** [-bli] *adv*
credit card *n* : tarjeta de crédito
creditor [ˈkrɛdɪtər] *n* : acreedor *m*, -dora *f*
credo [ˈkriːdoː, ˈkreɪ-] *n* : credo *m*
credulity [krɪˈduːləti, -ˈdjuː-] *n* : credulidad *f*
credulous [ˈkrɛʤələs] *adj* : crédulo
creed [ˈkriːd] *n* : credo *m*
creek [ˈkriːk, ˈkrɪk] *n* : arroyo *m*, riachuelo *m*
creel [ˈkriːl] *n* : nasa *f*, cesta *f* (de pescador)
creep[1] [ˈkriːp] *vi* **crept** [ˈkrɛpt]; **creeping** **1** CRAWL : arrastrarse, gatear **2** : moverse lentamente o sigilosamente ⟨he crept out of the house : salió sigilosamente de la casa⟩ **3** SPREAD : trepar (dícese de una planta)
creep[2] *n* **1** CRAWL : paso *m* lento **2** : asqueroso *m*, -sa *f* **3 creeps** *npl* : escalofríos *mpl* ⟨that gives me the creeps : eso me da escalofríos⟩
creeper [ˈkriːpər] *n* : planta *f* trepadora, trepadora *f*
creepy [ˈkriːpi] *adj* **1** SPOOKY : espeluznante **2** UNPLEASANT : asqueroso
cremate [ˈkriːˌmeɪt] *vt* **-mated; -mating** : cremar
cremation [krɪˈmeɪʃən] *n* : cremación *f*
Creole [ˈkriːˌoːl] *n* **1** : criollo *m*, criolla *f* **2** : criollo *m* (idioma) — **Creole** *adj*
creosote [ˈkriːəˌsoːt] *n* : creosota *f*
crepe *or* **crêpe** [ˈkreɪp] *n* **1** : crespón *m* (tela) **2** PANCAKE : crepe *mf*, crepa *f Mex*
crescendo [krɪˈʃɛnˌdoː] *n, pl* **-dos** *or* **-does** : crescendo *m*
crescent [ˈkrɛsənt] *n* : creciente *m*
crest [ˈkrɛst] *n* **1** : cresta *f*, penacho *m* (de un ave) **2** PEAK, TOP : cresta *f* (de una ola), cima *f* (de una colina) **3** : emblema *m* (sobre un escudo de armas)
crestfallen [ˈkrɛstˌfɔlən] *adj* : alicaído, abatido
cretin [ˈkriːtən] *n* : cretino *m*, -na *f*
crevasse [krɪˈvæs] *n* : grieta *f*, fisura *f*
crevice [ˈkrɛvɪs] *n* : grieta *f*, hendidura *f*
crew [ˈkruː] *n* **1** : tripulación *f* (de una nave) **2** TEAM : equipo *m* (de trabajadores o atletas)
crib [ˈkrɪb] *n* **1** MANGER : pesebre *m* **2** GRANARY : granero *m* **3** : cuna *f* (de un bebé)
crick [ˈkrɪk] *n* : calambre *m*, espasmo *m* muscular
cricket [ˈkrɪkət] *n* **1** : grillo *m* (insecto) **2** : críquet *m* (juego)
crime [ˈkraɪm] *n* **1** : crimen *m*, delito *m* ⟨to commit a crime : cometer un delito⟩ **2** : crimen *m*, delincuencia *f* ⟨organized crime : crimen organizado⟩
criminal[1] [ˈkrɪmənəl] *adj* : criminal
criminal[2] *n* : criminal *mf*, delincuente *mf*
crimp [ˈkrɪmp] *vt* : ondular, rizar (el pelo), arrugar (una tela, etc.)
crimson [ˈkrɪmzən] *n* : carmesí *m*

cringe [ˈkrɪnʤ] *vi* **cringed; cringing** : encogerse
crinkle[1] [ˈkrɪŋkəl] *v* **-kled; -kling** *vt* : arrugar — *vi* : arrugarse
crinkle[2] *n* : arruga *f*
crinkly [ˈkrɪŋkəli] *adj* : arrugado
cripple[1] [ˈkrɪpəl] *vt* **-pled; -pling** **1** DISABLE : lisiar, dejar inválido **2** INCAPACITATE : inutilizar, incapacitar
cripple[2] *n* : lisiado *m*, -da *f*
crisis [ˈkraɪsɪs] *n, pl* **crises** [-ˌsiːz] : crisis *f*
crisp[1] [ˈkrɪsp] *vt* : tostar, hacer crujiente
crisp[2] *adj* **1** CRUNCHY : crujiente, crocante **2** FIRM, FRESH : firme, fresco ⟨crisp lettuce : lechuga fresca⟩ **3** LIVELY : vivaz, alegre ⟨a crisp tempo : un ritmo alegre⟩ **4** INVIGORATING : fresco, vigorizante ⟨the crisp autumn air : el fresco aire otoñal⟩ — **crisply** *adv*
crisp[3] *n* : postre *m* de fruta (con pedacitos de masa dulce por encima)
crispy [ˈkrɪspi] *adj* **crispier; -est** : crujiente ⟨crispy potato chips : papitas crujientes⟩
crisscross [ˈkrɪsˌkrɔs] *vt* : entrecruzar
criterion [kraɪˈtɪriən] *n, pl* **-ria** [-iə] : criterio *m*
critic [ˈkrɪt̬ɪk] *n* **1** : crítico *m*, -ca *f* (de las artes) **2** FAULTFINDER : detractor *m*, -tora *f*; criticón *m*, -cona *f*
critical [ˈkrɪt̬ɪkəl] *adj* : crítico
critically [ˈkrɪt̬ɪkli] *adv* : críticamente ⟨critically ill : gravemente enfermo⟩
criticism [ˈkrɪt̬əˌsɪzəm] *n* : crítica *f*
criticize [ˈkrɪt̬əˌsaɪz] *vt* **-cized; -cizing** **1** EVALUATE, JUDGE : criticar, analizar, evaluar **2** CENSURE : criticar, reprobar
critique [krɪˈtiːk] *n* : crítica *f*, evaluación *f*
croak[1] [ˈkroːk] *vi* : croar
croak[2] *n* : croar *m*, canto *m* (de la rana)
Croatian [kroˈeɪʃən] *n* : croata *mf* — **Croatian** *adj*
crochet[1] [kroːˈʃeɪ] *v* : tejer al croché
crochet[2] *n* : croché *m*, crochet *m*
crock [ˈkrɑk] *n* : vasija *f* de barro
crockery [ˈkrɑkəri] *n* : vajilla *f* (de barro)
crocodile [ˈkrɑkəˌdaɪl] *n* : cocodrilo *m*
crocus [ˈkroːkəs] *n, pl* **-cuses** : azafrán *m*
croissant [krəˈsɑnt] *n* : croissant *m*
crone [ˈkroːn] *n* : vieja *f* arpía, vieja *f* bruja
crony [ˈkroːni] *n, pl* **-nies** : amigote *m fam*; compinche *mf fam*
crook[1] [ˈkrʊk] *vt* : doblar (el brazo o el dedo)
crook[2] *n* **1** STAFF : cayado *m* (de pastor), báculo *m* (de obispo) **2** THIEF : ratero *m*, -ra *f*; ladrón *m*, -drona *f*
crooked [ˈkrʊkəd] *adj* **1** BENT : chueco, torcido **2** DISHONEST : deshonesto
crookedness [ˈkrʊkədnəs] *n* **1** : lo torcido, lo chueco **2** DISHONESTY : falta *f* de honradez
croon [ˈkruːn] *v* : cantar suavemente
crop[1] [ˈkrɑp] *v* **cropped; cropping** *vt* TRIM : recortar, cortar — *vi* **to crop up** : aparecer, surgir ⟨these problems keep cropping up : estos problemas no cesan de surgir⟩
crop[2] *n* **1** : buche *m* (de un ave o insecto) **2** WHIP : fusta *f* (de jinete) **3** HARVEST : cosecha *f*, cultivo *m*
croquet [ˌkroːˈkeɪ] *n* : croquet *m*
croquette [ˌkroːˈkɛt] *n* : croqueta *f*
cross[1] [ˈkrɔs] *vt* **1** : cruzar, atravesar ⟨to cross the street : cruzar la calle⟩ ⟨several canals cross the city : varios canales atraviesan la ciudad⟩ **2** : cruzar (los brazos, los dedos, las piernas) **3** INTERBREED : cruzar (en genética) **4 cross my heart** : te lo juro **5 to cross off/out** : tachar ⟨he crossed his name off the list : tachó su nombre de la planilla⟩ ⟨he crossed off/out his name : tachó su nombre⟩ **6 to cross one's mind** : ocurrírsele a uno **7 to cross paths** : cruzarse con alguien ⟨I crossed paths with him, we crossed paths : me crucé con él⟩
cross[2] *adj* **1** : que atraviesa ⟨cross ventilation : ventilación que atraviesa un cuarto⟩ **2** CONTRARY : contrario, opuesto ⟨cross purposes : objetivos opuestos⟩ **3** ANGRY : enojado, de mal humor
cross[3] *n* **1** : cruz *f* ⟨the sign of the cross : la señal de la cruz⟩ **2** : cruza *f* (en biología)
crossbones [ˈkrɔsˌboːnz] *npl* **1** : huesos *mpl* cruzados **2** → **skull**
crossbow [ˈkrɔsˌboː] *n* : ballesta *f*
crossbreed [ˈkrɔsˌbriːd] *vt* **-bred** [-ˌbrɛd]; **-breeding** : cruzar
crosscurrent [ˈkrɔsˌkərənt] *n* : contracorriente *f*
cross–examination [ˌkrɔsɪgˌzæməˈneɪʃən] *n* : repreguntas *fpl*, interrogatorio *m*
cross–examine [ˌkrɔsɪgˈzæmən] *vt* **-ined; -ining** : repreguntar
cross–eyed [ˈkrɔsˌaɪd] *adj* : bizco
crossing [ˈkrɔsɪŋ] *n* **1** INTERSECTION : cruce *m*, paso *m* ⟨pedestrian crossing : paso de peatones⟩ **2** VOYAGE : travesía *f* (del mar)
crossly [ˈkrɔsli] *adv* : con enojo, con enfado
cross–reference [ˌkrɔsˈrɛfrənts, -ˈrɛfərənts] *n* : referencia *f*, remisión *f*
crossroads [ˈkrɔsˌroːdz] *n* : cruce *m*, encrucijada *f*, crucero *m Mex*
cross section *n* **1** SECTION : corte *m* transversal **2** SAMPLE : muestra *f* representativa ⟨a cross section of the population : una muestra representativa de la población⟩
crosswalk [ˈkrɔsˌwɔk] *n* : cruce *m* peatonal, paso *m* de peatones
crossways [ˈkrɔsˌweɪz] → **crosswise**

crosswise[1] ['krɔs,waɪz] *adv* : transversalmente, diagonalmente
crosswise[2] *adj* : transversal, diagonal
crossword puzzle ['krɔs,wərd] *n* : crucigrama *m*
crotch ['krɑʧ] *n* : entrepierna *f*
crotchety ['krɑʧət̬i] *adj* CRANKY : malhumorado, irritable, enojadizo
crouch ['kraʊʧ] *vi* : agacharse, ponerse de cuclillas
croup ['kru:p] *n* : crup *m*
crouton ['kru:,tɑn] *n* : crutón *m*
crow[1] ['kro:] *vi* **1** : cacarear, cantar (como un cuervo) **2** BRAG : alardear, presumir
crow[2] *n* **1** : cuervo *m* (ave) **2** : cantar *m* (del gallo)
crowbar ['kro:,bɑr] *n* : palanca *f*
crowd[1] ['kraʊd] *vi* : aglomerarse, amontonarse — *vt* : atestar, atiborrar, llenar
crowd[2] *n* : multitud *f*, muchedumbre *f*, gentío *m*
crown[1] ['kraʊn] *vt* : coronar
crown[2] *n* : corona *f*
crow's nest *n* : cofa *f*
crucial ['kru:ʃəl] *adj* : crucial, decisivo
crucible ['kru:səbəl] *n* : crisol *m*
crucifix ['kru:sə,fɪks] *n* : crucifijo *m*
crucifixion [,kru:sə'fɪkʃən] *n* : crucifixión *f*
crucify ['kru:sə,faɪ] *vt* **-fied; -fying** : crucificar
crude ['kru:d] *adj* **cruder; -est** **1** RAW, UNREFINED : crudo, sin refinar <crude oil : petróleo crudo> **2** VULGAR : grosero, de mal gusto **3** ROUGH : tosco, burdo, rudo
crudely ['kru:dli] *adv* **1** VULGARLY : groseramente **2** ROUGHLY : burdamente, de manera rudimentaria
crudity ['kru:dət̬i] *n, pl* **-ties** **1** VULGARITY : grosería *f* **2** COARSENESS, ROUGHNESS : tosquedad *f*, rudeza *f*
cruel ['kru:əl] *adj* **-eler** *or* **-eller; -elest** *or* **-ellest** : cruel
cruelly ['kru:əli] *adv* : cruelmente
cruelty ['kru:əlti] *n, pl* **-ties** : crueldad *f*
cruet ['kru:ɪt] *n* : vinagrera *f*, aceitera *f*
cruise[1] ['kru:z] *vi* **cruised; cruising** **1** : hacer un crucero **2** : navegar o conducir a una velocidad constante <cruising speed : velocidad de crucero>
cruise[2] *n* : crucero *m*
cruiser ['kru:zər] *n* **1** WARSHIP : crucero *m*, buque *m* de guerra **2** : patrulla *f* (de policía)
crumb ['krʌm] *n* : miga *f*, migaja *f*
crumble ['krʌmbəl] *v* **-bled; -bling** *vt* : desmigajar, desmenuzar — *vi* : desmigajarse, desmoronarse, desmenuzarse
crumbly ['krʌmbli] *adj* : que se desmenuza fácilmente, friable
crumple ['krʌmpəl] *v* **-pled; -pling** *vt* RUMPLE : arrugar — *vi* **1** WRINKLE : arrugarse **2** COLLAPSE : desplomarse
crunch[1] ['krʌnʧ] *vt* **1** : ronzar (con los dientes) **2** : hacer crujir (con los pies, etc.) — *vi* : crujir
crunch[2] *n* : crujido *m*
crunchy ['krʌnʧi] *adj* **crunchier; -est** : crujiente
crusade[1] [kru:'seɪd] *vi* **-saded; -sading** : hacer una campaña (a favor de o contra algo)
crusade[2] *n* **1** : campaña *f* (de reforma, etc.) **2 Crusade** : cruzada *f*
crusader [kru:'seɪdər] *n* **1** : cruzado *m* (en la Edad Media) **2** : campeón *m*, -peona *f* (de una causa)
crush[1] ['krʌʃ] *vt* **1** SQUASH : aplastar, apachurrar **2** GRIND, PULVERIZE : triturar, machacar **3** SUPPRESS : aplastar, suprimir
crush[2] *n* **1** CROWD, MOB : gentío *m*, multitud *f*, aglomeración *f* **2** INFATUATION : enamoramiento *m*
crushing ['krʌʃɪŋ] *adj* : aplastante, abrumador
crust ['krʌst] *n* **1** : corteza *f*, costra *f* (de pan) **2** : tapa *f* de masa, pasta *f* (de un pastel) **3** LAYER : capa *f*, corteza *f* <the earth's crust : la corteza terrestre>
crustacean [,krʌs'teɪʃən] *n* : crustáceo *m*
crusty ['krʌsti] *adj* **crustier; -est** **1** : de corteza dura **2** CROSS, GRUMPY : enojado, malhumorado
crutch ['krʌʧ] *n* : muleta *f*
crux ['krʌks, 'krʊks] *n, pl* **cruxes** : quid *m*, esencia *f*, meollo *m* <the crux of the problem : el quid del problema>
cry[1] ['kraɪ] *vi* **cried; crying** **1** SHOUT : gritar **2** WEEP : llorar **3 to cry for** DEMAND : pedir a gritos, clamar por **4 to cry out** : gritar (de dolor, etc.) **5 to cry out against** : clamar contra **6 to cry over** : llorar por
cry[2] *n, pl* **cries** **1** SHOUT : grito *m* **2** WEEPING : llanto *m* **3** : chillido *m* (de un animal)
crybaby ['kraɪ,beɪbi] *n, pl* **-bies** : llorón *m*, -rona *f*
crypt ['krɪpt] *n* : cripta *f*
cryptic ['krɪptɪk] *adj* : enigmático, críptico
crystal ['krɪstəl] *n* : cristal *m*
crystalline ['krɪstəlɪn] *adj* : cristalino
crystallize ['krɪstə,laɪz] *v* **-lized; -lizing** *vt* : cristalizar, materializar <to crystallize one's thoughts : cristalizar uno sus pensamientos> — *vi* : cristalizarse
cub ['kʌb] *n* : cachorro *m*
Cuban ['kju:bən] *n* : cubano *m*, -na *f* — **Cuban** *adj*
cubbyhole ['kʌbi,ho:l] *n* : chiribitil *m*
cube[1] ['kju:b] *vt* **cubed; cubing** **1** : elevar (un número) al cubo **2** : cortar en cubos
cube[2] *n* **1** : cubo *m* **2 ice cube** : cubito *m* de hielo **3 sugar cube** : terrón *m* de azúcar
cubic ['kju:bɪk] *adj* : cúbico
cubicle ['kju:bɪkəl] *n* : cubículo *m*

cuckoo[1] ['ku:ˌku:, 'kʊ-] *adj* : loco, chiflado
cuckoo[2] *n, pl* **-oos** : cuco *m*, cuclillo *m*
cucumber ['kju:ˌkʌmbər] *n* : pepino *m*
cud ['kʌd] *n* **to chew the cud** : rumiar
cuddle ['kʌdəl] *v* **-dled; -dling** *vi* : abrazarse tiernamente, acurrucarse — *vt* : abrazar
cudgel[1] ['kʌʤəl] *vt* **-geled** *or* **-gelled; -geling** *or* **-gelling** : apalear, aporrear
cudgel[2] *n* : garrote *m*, porra *f*
cue[1] ['kju:] *vt* **cued; cuing** *or* **cueing** : darle el pie a, darle la señal a
cue[2] *n* **1** SIGNAL : señal *f*, pie *m* (en teatro), entrada *f* (en música) **2** : taco *m* (de billar)
cuff[1] ['kʌf] *vt* : bofetear, cachetear
cuff[2] *n* **1** : puño *m* (de una camisa), vuelta *f* (de pantalones) **2** SLAP : bofetada *f*, cachetada *f* **3 cuffs** *npl* HANDCUFFS : esposas *fpl*
cuisine [kwɪ'zi:n] *n* : cocina *f* ⟨Mexican cuisine : la cocina mexicana⟩
culinary ['kʌləˌnɛri, 'kju:lə-] *adj* : culinario
cull ['kʌl] *vt* : seleccionar, entresacar
culminate ['kʌlməˌneɪt] *vi* **-nated; -nating** : culminar
culmination [ˌkʌlmə'neɪʃən] *n* : culminación *f*, punto *m* culminante
culpable ['kʌlpəbəl] *adj* : culpable
culprit ['kʌlprɪt] *n* : culpable *mf*
cult ['kʌlt] *n* : culto *m*
cultivate ['kʌltəˌveɪt] *vt* **-vated; -vating** **1** TILL : cultivar, labrar **2** FOSTER : cultivar, fomentar **3** REFINE : cultivar, refinar ⟨to cultivate the mind : cultivar la mente⟩
cultivation [ˌkʌltə'veɪʃən] *n* **1** : cultivo *m* ⟨under cultivation : en cultivo⟩ **2** CULTURE, REFINEMENT : cultura *f*, refinamiento *m*
cultural ['kʌlʧərəl] *adj* : cultural — **culturally** *adv*
culture ['kʌlʧər] *n* **1** CULTIVATION : cultivo *m* **2** REFINEMENT : cultura *f*, educación *f*, refinamiento *m* **3** CIVILIZATION : cultura *f*, civilización *f* ⟨the Incan culture : la cultura inca⟩
cultured ['kʌlʧərd] *adj* **1** EDUCATED, REFINED : culto, educado, refinado **2** : de cultivo, cultivado ⟨cultured pearls : perlas de cultivo⟩
culvert ['kʌlvərt] *n* : alcantarilla *f*
cumbersome ['kʌmbərsəm] *adj* : torpe y pesado, difícil de manejar
cumin ['kʌmən] *n* : comino *m*
cumulative ['kju:mjələṭɪv, -ˌleɪṭɪv] *adj* : acumulativo
cumulus ['kju:mjələs] *n, pl* **-li** [-ˌlaɪ, -ˌli:] : cúmulo *m*
cunning[1] ['kʌnɪŋ] *adj* **1** CRAFTY : astuto, taimado **2** CLEVER : ingenioso, hábil **3** CUTE : mono, gracioso, lindo
cunning[2] *n* **1** SKILL : habilidad *f* **2** CRAFTINESS : astucia *f*, maña *f*
cup[1] ['kʌp] *vt* **cupped; cupping** : ahuecar (las manos)
cup[2] *n* **1** : taza *f* ⟨a cup of coffee : una taza de café⟩ **2** CUPFUL : taza *f* **3** : media pinta *f* (unidad de medida) **4** GOBLET : copa *f* **5** TROPHY : copa *f*, trofeo *m*
cupboard ['kʌbərd] *n* : alacena *f*, armario *m*
cupcake ['kʌpˌkeɪk] *n* : pastelito *m*
cupful ['kʌpˌfʊl] *n* : taza *f*
cupola ['kju:pələ, -ˌlo:] *n* : cúpula *f*
cur ['kər] *n* : perro *m* callejero, perro *m* corriente *Mex*
curate ['kjʊrət] *n* : cura *m*, párroco *m*
curator ['kjʊrˌeɪṭər, kjʊ'reɪṭər] *n* : conservador *m*, -dora *f* (de un museo); director *m*, -tora *f* (de un zoológico)
curb[1] ['kərb] *vt* : refrenar, restringir, controlar
curb[2] *n* **1** RESTRAINT : freno *m*, control *m* **2** : borde *m* de la acera
curd ['kərd] *n* : cuajada *f*
curdle ['kərdəl] *v* **-dled; -dling** *vi* : cuajarse — *vt* : cuajar ⟨to curdle one's blood : helarle la sangre a uno⟩
cure[1] ['kjʊr] *vt* **cured; curing** **1** HEAL : curar, sanar **2** REMEDY : remediar **3** PROCESS : curar (alimentos, etc.)
cure[2] *n* **1** RECOVERY : curación *f*, recuperación *f* **2** REMEDY : cura *f*, remedio *m*
curfew ['kərˌfju:] *n* : toque *m* de queda
curio ['kjʊriˌo:] *n, pl* **-rios** : curiosidad *f*, objeto *m* curioso
curiosity [ˌkjʊri'ɑsəṭi] *n, pl* **-ties** : curiosidad *f*
curious ['kjʊriəs] *adj* **1** INQUISITIVE : curioso **2** STRANGE : curioso, raro
curl[1] ['kərl] *vt* **1** : rizar, ondular (el pelo) **2** COIL : enrollar **3** TWIST : torcer ⟨to curl one's lip : hacer una mueca⟩ — *vi* **1** : rizarse, ondularse **2 to curl up** : acurrucarse (con un libro, etc.)
curl[2] *n* **1** RINGLET : rizo *m* **2** COIL : espiral *f*, rosca *f*
curler ['kərlər] *n* : rulo *m*
curlew ['kərˌlu:, 'kərlˌju:] *n, pl* **-lews** *or* **-lew** : zarapito *m*
curly ['kərli] *adj* **curlier; -est** : rizado, crespo
currant ['kərənt] *n* **1** : grosella *f* (fruta) **2** RAISIN : pasa *f* de Corinto
currency ['kərəntsi] *n, pl* **-cies** **1** PREVALENCE, USE : uso *m*, aceptación *f*, difusión *f* ⟨to be in currency : estar en uso⟩ **2** MONEY : moneda *f*, dinero *m*
current[1] ['kərənt] *adj* **1** PRESENT : actual ⟨current events : actualidades⟩ **2** PREVALENT : corriente, común — **currently** *adv*
current[2] *n* : corriente *f*
curriculum [kə'rɪkjələm] *n, pl* **-la** [-lə] : currículum *m*, currículo *m*, programa *m* de estudio
curriculum vitae ['vi:ˌtaɪ, 'vaɪṭi] *n, pl* **curricula vitae** : currículum *m*, currículo *m*
curry[1] ['kəri] *vt* **-ried; -rying** **1** GROOM : almohazar (un caballo) **2** : condimentar con curry **3 to curry favor** : congraciarse (con alguien)

curry[2] *n, pl* **-ries** : curry *m*

curse[1] [ˈkərs] *v* **cursed; cursing** *vt* **1** DAMN : maldecir **2** INSULT : injuriar, insultar, decir malas palabras a **3** AFFLICT : afligir — *vi* : maldecir, decir malas palabras

curse[2] *n* **1** : maldición *f* ⟨to put a curse on someone : echarle una maldición a alguien⟩ **2** AFFLICTION : maldición *f*, aflicción *f*, cruz *f*

cursor [ˈkərsər] *n* : cursor *m*

cursory [ˈkərsəri] *adj* : rápido, superficial, somero

curt [ˈkərt] *adj* : cortante, brusco, seco — **curtly** *adv*

curtail [kərˈteɪl] *vt* : acortar, limitar, restringir

curtailment [kərˈteɪlmənt] *n* : restricción *f*, limitación *f*

curtain [ˈkərtən] *n* : cortina *f* (de una ventana), telón *m* (en un teatro)

curtness [ˈkərtnəs] *n* : brusquedad *f*, sequedad *f*

curtsy[1] *or* **curtsey** [ˈkərtsi] *vi* **-sied** *or* **-seyed; -sying** *or* **-seying** : hacer una reverencia

curtsy[2] *or* **curtsey** *n, pl* **-sies** *or* **-seys** : reverencia *f*

curvature [ˈkərvəˌʧʊr] *n* : curvatura *f*

curve[1] [ˈkərv] *v* **curved; curving** *vi* : torcerse, describir una curva — *vt* : encorvar

curve[2] *n* : curva *f*

cushion[1] [ˈkʊʃən] *vt* **1** : poner cojines o almohadones a **2** SOFTEN : amortiguar, mitigar, suavizar ⟨to cushion a blow : amortiguar un golpe⟩

cushion[2] *n* **1** : cojín *m*, almohadón *m* **2** PROTECTION : colchón *m*, protección *f*

cusp [ˈkʌsp] *n* : cúspide *f* (de un diente), cuerno *m* (de la luna)

cuspid [ˈkʌspɪd] *n* : diente *m* canino, colmillo *m*

custard [ˈkʌstərd] *n* : natillas *fpl*

custodian [ˌkʌˈsto:diən] *n* : custodio *m*, -dia *f*; guardián, -diana *f*

custody [ˈkʌstədi] *n, pl* **-dies** : custodia *f*, cuidado *m* ⟨to be in custody : estar detenido⟩

custom[1] [ˈkʌstəm] *adj* : a la medida, a la orden

custom[2] *n* **1** : costumbre *f*, tradición *f* **2 customs** *npl* : aduana *f*

customarily [ˌkʌstəˈmɛrəli] *adv* : habitualmente, normalmente, de costumbre

customary [ˈkʌstəˌmɛri] *adj* **1** TRADITIONAL : tradicional **2** USUAL : habitual, de costumbre

customer [ˈkʌstəmər] *n* : cliente *m*, -ta *f*

custom–made [ˈkʌstəmˈmeɪd] *adj* : hecho a la medida

cut[1] [ˈkʌt] *v* **cut; cutting** *vt* **1** : cortar ⟨to cut paper : cortar papel⟩ ⟨cut the meat into strips : cortar la carne en tiras⟩ ⟨cut the apple in half : cortar la manzana por la mitad⟩ ⟨to cut a hole in : hacer un agujero en⟩ ⟨to cut (off) a piece : cortar un trozo⟩ **2** : cortarse ⟨to cut one's finger : cortarse uno el dedo⟩ **3** TRIM : cortar, recortar ⟨to have one's hair cut : cortarse el pelo⟩ **4** INTERSECT : cruzar, atravesar **5** SHORTEN : acortar, abreviar **6** REDUCE : reducir, rebajar ⟨to cut prices : rebajar los precios⟩ **7** : cortar (en informática) ⟨to cut and paste : cortar y pegar⟩ **8** : cortar (una baraja) **9** : sacar (de un equipo, etc.) **10** SKIP : faltar a (clase) **11** TURN OFF : apagar **12** DILUTE : cortar (drogas) **13 cut it out!** : ¡basta ya! **14 not to cut it** : no ser lo suficientemente bueno **15 to cut a deal** : hacer/cerrar un trato **16 to cut away** : cortar **17 to cut back** PRUNE : podar **18 to cut back** REDUCE : reducir (gastos, etc.) **19 to cut down** FELL : cortar, talar **20 to cut down** REDUCE : reducir **21 to cut down** KILL : matar **22 to cut in** : cortar y mezclar (mantequilla, etc.) **23 to cut off** : cortar (una rama, una pierna, etc.) **24 to cut off** : cortar (el acceso, etc.) **25 to cut off** INTERRUPT : interrumpir **26 to cut off** ISOLATE : aislar **27 to cut off** : cortarle el paso a (un vehículo, etc.) **28 to cut one's teeth** : salirle los dientes a uno **29 to cut out** CLIP : recortar **30 to cut out** EXCLUDE : excluir **31 to cut up** : cortar en pedazos — *vi* **1** : cortar, cortarse **2 to cut back** : hacer economías **3 to cut down** : moderarse **4 to cut in** : entrometerse **5 to cut in line** : colarse **6 to cut up** CLOWN AROUND : hacer payasadas

cut[2] *n* **1** : corte *m* ⟨a cut of meat : un corte de carne⟩ **2** SLASH : tajo *m*, corte *m*, cortadura *f* **3** REDUCTION : rebaja *f*, reducción *f* ⟨a cut in the rates : una rebaja en las tarifas⟩

cute [ˈkju:t] *adj* **cuter; -est** : mono *fam*, lindo

cuticle [ˈkju:tɪkəl] *n* : cutícula *f*

cutlass [ˈkʌtləs] *n* : alfanje *m*

cutlery [ˈkʌtləri] *n* : cubiertos *mpl*

cutlet [ˈkʌtlət] *n* : chuleta *f*

cutter [ˈkʌt̬ər] *n* **1** : cortadora *f* (implemento) **2** : cortador *m*, -dora *f* (persona) **3** : cúter *m* (embarcación)

cutthroat [ˈkʌtˌθro:t] *adj* : despiadado, desalmado ⟨cutthroat competition : competencia feroz⟩

cutting[1] [ˈkʌt̬ɪŋ] *adj* **1** : cortante ⟨a cutting wind : un viento cortante⟩ **2** CAUSTIC : mordaz

cutting[2] *n* : esqueje *m* (de una planta)

cuttlefish [ˈkʌt̬əlˌfɪʃ] *n, pl* **-fish** *or* **-fishes** : jibia *f*, sepia *f*

cyanide [ˈsaɪəˌnaɪd, -nɪd] *n* : cianuro *m*

cyber- [ˈsaɪbər-] *pref* : ciber- *m*

cycle[1] [ˈsaɪkəl] *vi* **-cled; -cling** : andar en bicicleta, ir en bicicleta

cycle[2] *n* **1** : ciclo *m* ⟨life cycle : ciclo de vida, ciclo vital⟩ **2** BICYCLE : bicicleta *f* **3** MOTORCYCLE : motocicleta *f*

cyclic ['saɪklɪk, 'sɪ-] *or* **cyclical** [-klɪkəl] *adj* : cíclico
cycling ['saɪklɪŋ] *n* : ciclismo *m*
cyclist ['saɪklɪst] *n* : ciclista *mf*
cyclone ['saɪˌklo:n] *n* **1** : ciclón *m* **2** TORNADO : tornado *m*
cyclopedia *or* **cyclopaedia** [ˌsaɪklə'pi:diə] → **encyclopedia**
cylinder ['sɪləndər] *n* : cilindro *m*
cylindrical [sə'lɪndrɪkəl] *adj* : cilíndrico
cymbal ['sɪmbəl] *n* : platillo *m*, címbalo *m*
cynic ['sɪnɪk] *n* : cínico *m*, -ca *f*
cynical ['sɪnɪkəl] *adj* : cínico
cynicism ['sɪnəˌsɪzəm] *n* : cinismo *m*
cypress ['saɪprəs] *n* : ciprés *m*
Cypriot ['sɪpriət, -ˌɑt] *n* : chipriota *mf* — **Cypriot** *adj*
cyst ['sɪst] *n* : quiste *m*
cytoplasm ['saɪt̬oˌplæzəm] *n* : citoplasma *m*
czar ['zɑr, 'sɑr] *n* : zar *m*
czarina [zɑ'ri:nə, sɑ-] *n* : zarina *f*
Czech ['ʧɛk] *n* **1** : checo *m*, -ca *f* **2** : checo *m* (idioma) — **Czech** *adj*
Czechoslovak [ˌʧɛko'slo:ˌvɑk, -ˌvæk] *or* **Czechoslovakian** [-slo'vɑkiən, -'væ-] *n* : checoslovaco *m*, -ca *f* — **Czechoslovak** *or* **Czechoslovakian** *adj*

D

d ['di:] *n, pl* **d's** *or* **ds** ['di:z] : cuarta letra del alfabeto inglés
dab[1] ['dæb] *vt* **dabbed; dabbing** : darle toques ligeros a, aplicar suavemente
dab[2] *n* **1** BIT : toque *m*, pizca *f*, poco *m* ⟨a dab of ointment : un toque de ungüento⟩ **2** PAT : toque *m* ligero, golpecito *m*
dabble ['dæbəl] *v* **-bled; -bling** *vt* SPATTER : salpicar — *vi* **1** SPLASH : chapotear **2** TRIFLE : jugar, interesarse superficialmente
dabbler ['dæbələr] *n* : diletante *mf*
dachshund ['dɑksˌhʊnt, -ˌhʊnd; 'dɑksənt, -sənd] *n* : perro *m* salchicha
dad ['dæd] *n* : papá *m fam*
daddy ['dædi] *n, pl* **-dies** : papi *m fam*
daffodil ['dæfəˌdɪl] *n* : narciso *m*
daft ['dæft] *adj* : tonto, bobo
dagger ['dægər] *n* : daga *f*, puñal *m*
dahlia ['dæljə, 'dɑl-, 'deɪl-] *n* : dalia *f*
daily[1] ['deɪli] *adv* : a diario, diariamente
daily[2] *adj* : diario, cotidiano
daily[3] *n, pl* **-lies** : diario *m*, periódico *m*
daintily ['deɪntəli] *adv* : delicadamente, con delicadeza
daintiness ['deɪntinəs] *n* : delicadeza *f*, finura *f*
dainty[1] ['deɪnti] *adj* **-tier; -est** **1** DELICATE : delicado **2** FASTIDIOUS : remilgado, melindroso **3** DELICIOUS : exquisito, sabroso
dainty[2] *n, pl* **-ties** DELICACY : exquisitez *f*, manjar *m*
dairy ['dæri] *n, pl* **-ies** **1** *or* **dairy store** : lechería *f* **2** *or* **dairy farm** : granja *f* lechera
dairymaid ['dæriˌmeɪd] *n* : lechera *f*
dairyman ['dærimən, -ˌmæn] *n, pl* **-men** [-mən, -ˌmɛn] : lechero *m*
dais ['deɪəs] *n* : tarima *f*, estrado *m*
daisy ['deɪzi] *n, pl* **-sies** : margarita *f*
dale ['deɪl] *n* : valle *m*
dally ['dæli] *vi* **-lied; -lying** **1** TRIFLE : juguetear **2** DAWDLE : entretenerse, perder tiempo
dalmatian [dæl'meɪʃən, dɔl-] *n* : dálmata *m*
dam[1] ['dæm] *vt* **dammed; damming** : represar, embalsar
dam[2] *n* **1** : represa *f*, dique *m* **2** : madre *f* (de animales domésticos)
damage[1] ['dæmɪʤ] *vt* **-aged; -aging** : dañar (un objeto o una máquina), perjudicar (la salud o una reputación)
damage[2] *n* **1** : daño *m*, perjuicio *m* **2** **damages** *npl* : daños y perjuicios *mpl*
damaging ['dæməʤɪŋ] *adj* : perjudicial
damask ['dæməsk] *n* : damasco *m*
dame ['deɪm] *n* LADY : dama *f*, señora *f*
damn[1] ['dæm] *vt* **1** CONDEMN : condenar **2** CURSE : maldecir
damn[2] *or* **damned** ['dæmd] *adj* : condenado *fam*, maldito *fam*
damn[3] *n* : pito *m*, bledo *m*, comino *m* ⟨it's not worth a damn : no vale un pito⟩ ⟨I don't give a damn : me importa un comino⟩
damnable ['dæmnəbəl] *adj* : condenable, detestable
damnation [dæm'neɪʃən] *n* : condenación *f*
damned[1] ['dæmd] *adv* VERY : muy
damned[2] *adj* **1** → **damnable** **2** REMARKABLE : extraordinario
damp[1] ['dæmp] *vt* → **dampen**
damp[2] *adj* : húmedo
damp[3] *n* MOISTURE : humedad *f*
dampen ['dæmpən] *vt* **1** MOISTEN : humedecer **2** DISCOURAGE : desalentar, desanimar
damper ['dæmpər] *n* **1** : regulador *m* de tiro (de una chimenea) **2** : sordina *f* (de un piano) **3** **to put a damper on** : desanimar, apagar (el entusiasmo), enfriar
dampness ['dæmpnəs] *n* : humedad *f*
damsel ['dæmzəl] *n* : damisela *f*
dance[1] ['dænts] *v* **danced; dancing** : bailar
dance[2] *n* : baile *m*
dancer ['dæntsər] *n* : bailarín *m*, -rina *f*
dandelion ['dændəlˌaɪən] *n* : diente *m* de león
dandruff ['dændrəf] *n* : caspa *f*

dandy[1] [ˈdændi] *adj* **-dier; -est** : excelente, magnífico, macanudo *fam*
dandy[2] *n, pl* **-dies** **1** FOP : dandi *m* **2** : algo *m* excelente ⟨this new program is a dandy : este programa nuevo es algo excelente⟩
Dane [ˈdeɪn] *n* : danés *m*, -nesa *f*
danger [ˈdeɪndʒər] *n* : peligro *m*
dangerous [ˈdeɪndʒərəs] *adj* : peligroso
dangle [ˈdæŋgəl] *v* **-gled; -gling** *vi* HANG : colgar, pender — *vt* **1** SWING : hacer oscilar **2** PROFFER : ofrecer (como incentivo) **3 to keep someone dangling** : dejar a alguien en suspenso
Danish[1] [ˈdeɪnɪʃ] *adj* : danés
Danish[2] *n* : danés *m* (idioma)
dank [ˈdæŋk] *adj* : frío y húmedo
dapper [ˈdæpər] *adj* : pulcro, atildado
dappled [ˈdæpəld] *adj* : moteado ⟨a dappled horse : un caballo rodado⟩
dare[1] [ˈdær] *v* **dared; daring** *vi* : osar, atreverse ⟨how dare you! : ¡cómo te atreves!⟩ — *vt* **1** CHALLENGE : desafiar, retar **2 to dare to do something** : atreverse a hacer algo, osar hacer algo
dare[2] *n* : desafío *m*, reto *m*
daredevil [ˈdær,dɛvəl] *n* : persona *f* temeraria
daring[1] [ˈdærɪŋ] *adj* : osado, atrevido, audaz
daring[2] *n* : arrojo *m*, coraje *m*, audacia *f*
dark [ˈdɑrk] *adj* **1** : oscuro (dícese del ambiente o de los colores), moreno (dícese del pelo o de la piel) **2** SOMBER : sombrío, triste
darken [ˈdɑrkən] *vt* **1** DIM : oscurecer **2** SADDEN : entristecer — *vi* : ensombrecerse, nublarse
darkly [ˈdɑrkli] *adv* **1** DIMLY : oscuramente **2** GLOOMILY : tristemente **3** MYSTERIOUSLY : misteriosamente, enigmáticamente
darkness [ˈdɑrknəs] *n* : oscuridad *f*, tinieblas *f*
darkroom [ˈdɑrk,ruːm, -,rʊm] *n* : cuarto *m* oscuro
darling[1] [ˈdɑrlɪŋ] *adj* **1** BELOVED : querido, amado **2** CHARMING : encantador, mono *fam*
darling[2] *n* **1** BELOVED : querido *m*, -da *f*; amado *m*, -da *f*; cariño *m*, -ña *f* **2** FAVORITE : preferido *m*, -da *f*; favorito *m*, -ta *f*
darn[1] [ˈdɑrn] *vt* : zurcir
darn[2] *n* **1** : zurcido *m* **2** → **damn**[3]
dart[1] [ˈdɑrt] *vt* THROW : lanzar, tirar — *vi* DASH : lanzarse, precipitarse
dart[2] *n* **1** : dardo *m* **2 darts** *npl* : juego *m* de dardos
dash[1] [ˈdæʃ] *vt* **1** SMASH : romper, estrellar **2** HURL : arrojar, lanzar **3** SPLASH : salpicar **4** FRUSTRATE : frustrar **5 to dash off** : hacer (algo) rápidamente — *vi* **1** SMASH : romperse, estrellarse **2** DART : lanzarse, irse apresuradamente
dash[2] *n* **1** BURST, SPLASH : arranque *m*, salpicadura *f* (de aguas) **2** : guión *m* largo (signo de puntuación) **3** DROP : gota *f*, pizca *f* **4** VERVE : brío *m* **5** RACE : carrera *f* ⟨a 100-meter dash : una carrera de 100 metros⟩ **6 to make a dash for it** : precipitarse (hacia), echarse a correr **7** → **dashboard**
dashboard [ˈdæʃ,bord] *n* : tablero *m* de instrumentos
dashing [ˈdæʃɪŋ] *adj* : gallardo, apuesto
data [ˈdeɪṭə, ˈdæ-, ˈdɑ-] *ns & pl* : datos *mpl*, información *f*
database [ˈdeɪṭə,beɪs, ˈdæ-, ˈdɑ-] *n* : base *f* de datos
date[1] [ˈdeɪt] *v* **dated; dating** *vt* **1** : fechar (una carta, etc.), datar (un objeto) ⟨it was dated June 9 : estaba fechada el 9 de junio⟩ **2** : salir con ⟨she's dating my brother : sale con mi hermano⟩ — *vi* : datar
date[2] *n* **1** : fecha *f* ⟨to date : hasta la fecha⟩ **2** EPOCH, PERIOD : época *f*, período *m* **3** APPOINTMENT : cita *f* **4** COMPANION : acompañante *mf* **5** : dátil *m* (fruta)
dated [ˈdeɪṭəd] *adj* OUT-OF-DATE : anticuado, pasado de moda
datum [ˈdeɪṭəm, ˈdæ-, ˈdɑ-] *n, pl* **-ta** [-ṭə] *or* **-tums** : dato *m*
daub[1] [ˈdɔb] *vt* : embadurnar
daub[2] *n* : mancha *f*
daughter [ˈdɔṭər] *n* : hija *f*
daughter-in-law [ˈdɔṭərɪn,lɔ] *n, pl* **daughters-in-law** : nuera *f*, hija *f* política
daunt [ˈdɔnt] *vt* : amilanar, acobardar, intimidar
dauntless [ˈdɔntləs] *adj* : intrépido, impávido
davenport [ˈdævən,port] *n* : sofá *m*
dawdle [ˈdɔdəl] *vi* **-dled; -dling** **1** DALLY : demorarse, entretenerse, perder tiempo **2** LOITER : vagar, holgazanear, haraganear
dawn[1] [ˈdɔn] *vi* **1** : amanecer, alborear, despuntar ⟨Saturday dawned clear and bright : el sábado amaneció claro y luminoso⟩ **2 to dawn on** : hacerse obvio ⟨it dawned on me that she was right : me di cuenta de que tenía razón⟩
dawn[2] *n* **1** DAYBREAK : amanecer *m*, alba *f* **2** BEGINNING : albor *m*, comienzo *m* ⟨the dawn of history : los albores de la historia⟩ **3 from dawn to dusk** : de sol a sol
day [ˈdeɪ] *n* **1** : día *m* ⟨the day after tomorrow : pasado mañana⟩ ⟨the day before yesterday : anteayer⟩ ⟨the other day : el otro día⟩ ⟨twice a day, two times a day : dos veces al día⟩ ⟨every day : todos los días⟩ ⟨all day : todo el día⟩ **2** DATE : fecha *f* ⟨what day is (it) today? : ¿qué día es hoy?⟩ **3** TIME : día *m*, tiempo *m* ⟨in those days : en aquellos tiempos⟩ ⟨in my day : en mis tiempos⟩ ⟨to the present day : hasta

nuestros días⟩ ⟨to this day : hasta el día de hoy⟩ **4** WORKDAY : jornada *f* laboral **5 any day now** SOON : cualquier día de estos **6 in this day and age** : hoy (en) día **7 one day** SOMEDAY : algún día **8 the good old days** : los viejos tiempos **9 these days** : hoy (en) día **10 to make someone's day** : alegrarle el día a alguien

daybreak ['deɪ,breɪk] *n* : alba *f*, amanecer *m*

day care *n* : servicio *m* de guardería infantil

daydream1 ['deɪ,dri:m] *vi* : soñar despierto, fantasear

daydream2 *n* : ensueño *m*, ensoñación *f*, fantasía *f*

daylight ['deɪ,laɪt] *n* **1** : luz *f* del día ⟨in broad daylight : a plena luz del día⟩ **2** → **daybreak 3** → **daytime**

daylight saving time *n* : hora *f* de verano

daytime ['deɪ,taɪm] *n* : horas *fpl* diurnas, día *m*

daze1 ['deɪz] *vt* **dazed; dazing 1** STUN : aturdir **2** DAZZLE : deslumbrar, ofuscar

daze2 *n* **1** : aturdimiento *m* **2 in a daze** : aturdido, atontado

dazzle1 ['dæzəl] *vt* **-zled; -zling** : deslumbrar, ofuscar

dazzle2 *n* : resplandor *m*, brillo *m*

DDT [,di:,di:'ti:] *n* : DDT *m*

deacon ['di:kən] *n* : diácono *m*

dead1 ['dɛd] *adv* **1** ABRUPTLY : repentinamente, súbitamente ⟨to stop dead : parar en seco⟩ **2** ABSOLUTELY : absolutamente ⟨I'm dead certain : estoy absolutamente seguro⟩ **3** DIRECTLY : justo ⟨dead ahead : justo adelante⟩

dead2 *adj* **1** LIFELESS : muerto ⟨to drop dead : caerse muerto⟩ **2** NUMB : entumecido, dormido **3** INDIFFERENT : indiferente, frío **4** INACTIVE : inactivo ⟨a dead volcano : un volcán inactivo⟩ **5** : desconectado (dícese de un teléfono), descargado (dícese de una batería) **6** EXHAUSTED : agotado, derrengado, muerto **7** OBSOLETE : obsoleto, muerto ⟨a dead language : una lengua muerta⟩ **8** EXACT : exacto ⟨(in the) dead center : justo en el blanco⟩ **9** QUIET, SLOW : muerto (dícese de una fiesta, etc.), de poco movimiento (comercial) **10** : perdido ⟨if she catches you, you're dead : si te agarra, te mata⟩ **11 drop dead!** : ¡vete al infierno! **12 to be caught dead in** ⟨I wouldn't be caught dead in that outfit : no me pondría ese conjunto ni muerta⟩

dead3 *n* **1 the dead** : los muertos **2 in the dead of night** : a las altas horas de la noche **3 in the dead of winter** : en pleno invierno

deadbeat ['dɛd,bi:t] *n* **1** LOAFER : vago *m*, -ga *f*; holgazán *m*, -zana *f* **2** FREELOADER : gorrón *m*, -rrona *f fam*; gorrero *m*, -ra *f fam*

deaden ['dɛdən] *vt* **1** : atenuar (un dolor), entorpecer (sensaciones) **2** DULL : deslustrar **3** DISPIRIT : desanimar **4** MUFFLE : amortiguar, reducir (sonidos)

dead–end ['dɛd'ɛnd] *adj* **1** : sin salida ⟨dead-end street : calle sin salida⟩ **2** : sin futuro ⟨a dead-end job : un trabajo sin porvenir⟩

dead end *n* : callejón *m* sin salida

dead heat *n* : empate *m*

deadline ['dɛd,laɪn] *n* : fecha *f* límite, fecha *f* tope, plazo *m* (determinado)

deadlock1 ['dɛd,lɑk] *vt* : estancar — *vi* : estancarse, llegar a punto muerto

deadlock2 *n* : punto *m* muerto, impasse *m*

deadly1 ['dɛdli] *adv* : extremadamente, sumamente ⟨deadly serious : muy en serio⟩

deadly2 *adj* **-lier; -est 1** LETHAL : mortal, letal, mortífero **2** ACCURATE : certero, preciso ⟨a deadly aim : una puntería infalible⟩ **3** CAPITAL : capital ⟨the seven deadly sins : los siete pecados capitales⟩ **4** DULL : funesto, aburrido **5** EXTREME : extremo, absoluto ⟨a deadly calm : una calma absoluta⟩

deadpan1 ['dɛd,pæn] *adv* : de manera inexpresiva, sin expresión

deadpan2 *adj* : inexpresivo, impasible

deaf ['dɛf] *adj* : sordo

deafen ['dɛfən] *vt* **-ened; -ening** : ensordecer

deafening ['dɛfənɪŋ] *adj* : ensordecedor

deaf–mute ['dɛf'mju:t] *n* : sordomudo *m*, -da *f*

deafness ['dɛfnəs] *n* : sordera *f*

deal1 ['di:l] *v* **dealt; dealing** *vt* **1** APPORTION : repartir ⟨to deal justice : repartir la justicia⟩ **2** DISTRIBUTE : repartir, dar (naipes) **3** DELIVER : asestar, propinar ⟨to deal a blow : asestar un golpe⟩ — *vi* **1** : dar, repartir (en juegos de naipes) **2 to deal in** : comerciar en, traficar con (drogas) **3 to deal with** CONCERN : tratar de, tener que ver con ⟨the book deals with poverty : el libro trata de la pobreza⟩ **4 to deal with** HANDLE : tratar (con), encargarse de **5 to deal with** TREAT : tratar ⟨the judge dealt with him severely : el juez lo trató con severidad⟩ **6 to deal with** ACCEPT : aceptar (una situación o desgracia)

deal2 *n* **1** : reparto *m* (de naipes) **2** AGREEMENT, TRANSACTION : trato *m*, acuerdo *m*, transacción *f* ⟨to cut/make/strike a deal : hacer un trato⟩ **3** TREATMENT : trato *m* ⟨he got a raw deal : le hicieron una injusticia⟩ **4** BARGAIN : ganga *f*, oferta *f* ⟨she got a (good) deal on the car : consiguió el coche a un precio barato⟩ **5 a good/great deal** : mucho, una gran cantidad **6 big deal** : cosa *f* importante ⟨don't worry, it's no big deal : no te preocupes, no tiene importancia⟩ ⟨so what? big deal! : ¿a quién le importa?⟩

dealer ['di:lər] *n* : comerciante *mf*, traficante *mf*
dealership ['di:lər,ʃɪp] *n* : concesión *f*
dealings ['di:lɪŋz] *npl* **1** : relaciones *fpl* (personales) **2** TRANSACTIONS : negocios *mpl*, transacciones *fpl*
dean ['di:n] *n* **1** : deán *m* (del clero) **2** : decano *m*, -na *f* (de una facultad o profesión)
dear[1] ['dɪr] *adj* **1** ESTEEMED, LOVED : querido, estimado ⟨a dear friend : un amigo querido⟩ ⟨Dear Sir : Estimado Señor⟩ **2** COSTLY : caro, costoso
dear[2] *n* : querido *m*, -da *f*; amado *m*, -da *f*
dearly ['dɪrli] *adv* **1** : mucho ⟨I love them dearly : los quiero mucho⟩ **2** : caro ⟨to pay dearly : pagar caro⟩
dearth ['dərθ] *n* : escasez *f*, carestía *f*
death ['dɛθ] *n* **1** : muerte *f*, fallecimiento *m* ⟨to be the death of : matar⟩ **2** FATALITY : víctima *f* (mortal); muerto *m*, -ta *f* **3** END : fin *m* ⟨the death of civilization : el fin de la civilización⟩
deathbed ['dɛθ,bɛd] *n* : lecho *m* de muerte
deathblow ['dɛθ,blo:] *n* : golpe *m* mortal
deathless ['dɛθləs] *adj* : eterno, inmortal
deathly ['dɛθli] *adj* : de muerte, sepulcral (dícese del silencio), cadavérico (dícese de la palidez)
debacle [dɪ'bɑkəl, -'bæ-] *n* : desastre *m*, debacle *m*, fiasco *m*
debar [di'bɑr] *vt* **-barred; -barring** : excluir, prohibir
debase [di'beɪs] *vt* **-based; -basing** : degradar, envilecer
debasement [di'beɪsmənt] *n* : degradación *f*, envilecimiento *m*
debatable [di'beɪṭəbəl] *adj* : discutible
debate[1] [di'beɪt] *vt* **-bated; -bating** : debatir, discutir
debate[2] *n* : debate *m*, discusión *f*
debauch [di'bɔʧ] *vt* : pervertir, corromper
debauchery [di'bɔʧəri] *n, pl* **-eries** : libertinaje *m*, disipación *f*, intemperancia *f*
debilitate [di'bɪlə,teɪt] *vt* **-tated; -tating** : debilitar
debility [di'bɪləṭi] *n, pl* **-ties** : debilidad *f*
debit[1] ['dɛbɪt] *vt* : adeudar, cargar, debitar
debit[2] *n* : débito *m*, cargo *m*, debe *m*
debonair [,dɛbə'nær] *adj* : elegante y desenvuelto, apuesto
debris [də'bri:, deɪ-; 'deɪ,bri:] *n, pl* **-bris** [-'bri:z, -,bri:z] **1** RUBBLE, RUINS : escombros *mpl*, ruinas *fpl*, restos *mpl* **2** RUBBISH : basura *f*, deshechos *mpl*
debt ['dɛt] *n* **1** : deuda *f* ⟨to pay a debt : saldar una deuda⟩ **2** INDEBTEDNESS : endeudamiento *m*
debtor ['dɛṭər] *n* : deudor *m*, -dora *f*
debunk [di'bʌŋk] *vt* DISCREDIT : desacreditar, desprestigiar
debut[1] [deɪ'bju:, 'deɪ,bju:] *vi* : debutar
debut[2] *n* **1** : debut *m* (de un actor), estreno *m* (de una obra) **2** : debut *m*, presentación *f* (en sociedad)
debutante ['dɛbjʊ,tɑnt] *n* : debutante *f*
decade ['dɛ,keɪd, dɛ'keɪd] *n* : década *f*
decadence ['dɛkədənts] *n* : decadencia *f*
decadent ['dɛkədənt] *adj* : decadente
decaf[1] ['di:,kæf] → **decaffeinated**
decaf[2] *n* : café *m* descafeinado
decaffeinated [di'kæfə,neɪṭəd] *adj* : descafeinado
decal ['di:,kæl, di'kæl] *n* : calcomanía *f*
decamp [di'kæmp] *vi* : irse, largarse *fam*
decant [di'kænt] *vt* : decantar
decanter [di'kæntər] *n* : licorera *f*, garrafa *f*
decapitate [di'kæpə,teɪt] *vt* **-tated; -tating** : decapitar
decay[1] [di'keɪ] *vi* **1** DECOMPOSE : descomponerse, pudrirse **2** DETERIORATE : deteriorarse **3** : cariarse (dícese de los dientes)
decay[2] *n* **1** DECOMPOSITION : descomposición *f* **2** DECLINE, DETERIORATION : decadencia *f*, deterioro *m* **3** : caries *f* (de los dientes)
decease[1] [di'si:s] *vi* **-ceased; -ceasing** : morir, fallecer
decease[2] *n* : fallecimiento *m*, defunción *f*, deceso *m*
deceit [di'si:t] *n* **1** DECEPTION : engaño *m* **2** DISHONESTY : deshonestidad *f*
deceitful [di'si:tfəl] *adj* : falso, embustero, engañoso, mentiroso
deceitfully [di'si:tfəli] *adv* : con engaño, con falsedad
deceitfulness [di'si:tfəlnəs] *n* : falsedad *f*, engaño *m*
deceive [di'si:v] *vt* **-ceived; -ceiving** : engañar, burlar
deceiver [di'si:vər] *n* : impostor *m*, -tora *f*
decelerate [di'sɛlə,reɪt] *vi* **-ated; -ating** : reducir la velocidad, desacelerar
December [di'sɛmbər] *n* : diciembre *m*
decency ['disəntsi] *n, pl* **-cies** : decencia *f*, decoro *m*
decent ['di:sənt] *adj* **1** CORRECT, PROPER : decente, decoroso, correcto **2** CLOTHED : vestido, presentable **3** MODEST : púdico, modesto **4** ADEQUATE : decente, adecuado ⟨decent wages : paga adecuada⟩
decently ['di:səntli] *adv* : decentemente
decentralize [di'sɛntrə,laɪz] *v* **-lized** [-,laɪzd]; **-lizing** [-,laɪzɪŋ] *vt* : descentralizar — *vi* : descentralizarse
deception [di'sɛpʃən] *n* : engaño *m*
deceptive [di'sɛptɪv] *adj* : engañoso, falaz — **deceptively** *adv*
decibel ['dɛsəbəl, -,bɛl] *n* : decibelio *m*
decide [di'saɪd] *v* **-cided; -ciding** *vt* **1** CONCLUDE : decidir, llegar a la conclusión de ⟨he decided what to do

: decidió qué iba a hacer⟩ **2** DETERMINE : decidir, determinar ⟨one blow decided the fight : un solo golpe determinó la pelea⟩ **3** CONVINCE : decidir ⟨her pleas decided me to help : sus súplicas me decidieron a ayudarla⟩ **4** RESOLVE : resolver — *vi* : decidirse

decided [di'saɪdəd] *adj* **1** UNQUESTIONABLE : indudable **2** RESOLUTE : decidido, resuelto — **decidedly** *adv*

deciduous [di'sɪʤuəs] *adj* : caduco, de hoja caduca

decimal[1] ['dɛsəməl] *adj* : decimal

decimal[2] *n* : número *m* decimal

decipher [di'saɪfər] *vt* : descifrar — **decipherable** [-əbəl] *adj*

decision [dɪ'sɪʒən] *n* : decisión *f*, determinación *f* ⟨to make a decision : tomar una decisión⟩

decisive [dɪ'saɪsɪv] *adj* **1** DECIDING : decisivo ⟨the decisive vote : el voto decisivo⟩ **2** CONCLUSIVE : decisivo, concluyente, contundente ⟨a decisive victory : una victoria contundente⟩ **3** RESOLUTE : decidido, resuelto, firme

decisively [dɪ'saɪsɪvli] *adv* : con decisión, de manera decisiva

decisiveness [dɪ'saɪsɪvnəs] *n* **1** FORCEFULNESS : contundencia *f* **2** RESOLUTION : firmeza *f*, decisión *f*, determinación *f*

deck[1] ['dɛk] *vt* **1** FLOOR : tumbar, derribar ⟨she decked him with one blow : lo tumbó de un solo golpe⟩ **2 to deck out** : adornar, engalanar

deck[2] *n* **1** : cubierta *f* (de un barco) **2** *or* **deck of cards** : baraja *f* (de naipes)

declaim [di'kleɪm] *v* : declamar

declaration [ˌdɛklə'reɪʃən] *n* : declaración *f*, pronunciamiento *m* (oficial)

declare [di'klær] *vt* **-clared; -claring** : declarar, manifestar ⟨to declare war : declarar la guerra⟩ ⟨they declared their support : manifestaron su apoyo⟩

decline[1] [di'klaɪn] *v* **-clined; -clining** *vi* **1** DESCEND : descender **2** DETERIORATE : deteriorarse, decaer ⟨her health is declining : su salud se está deteriorando⟩ **3** DECREASE : disminuir, decrecer, decaer **4** REFUSE : rehusar — *vt* **1** INFLECT : declinar **2** REFUSE, TURN DOWN : declinar, rehusar

decline[2] *n* **1** DETERIORATION : decadencia *f*, deterioro *m* **2** DECREASE : disminución *f*, descenso *m* **3** SLOPE : declive *m*, pendiente *f*

decode [di'ko:d] *vt* **-coded; -coding** : descifrar (un mensaje), descodificar (una señal)

decoder [di'ko:dər] *n* : descodificador *m*

decompose [ˌdi:kəm'po:z] *v* **-posed; -posing** *vt* **1** BREAK DOWN : descomponer **2** ROT : descomponer, pudrir — *vi* : descomponerse, pudrirse

decomposition [ˌdi:ˌkɑmpə'zɪʃən] *n* : descomposición *f*

decongestant [ˌdi:kən'ʤɛstənt] *n* : descongestionante *m*

decor *or* **décor** [deɪ'kɔr, 'deɪˌkɔr] *n* : decoración *f*

decorate ['dɛkəˌreɪt] *vt* **-rated; -rating** **1** ADORN : decorar, adornar **2** : condecorar ⟨he was decorated for bravery : lo condecoraron por valor⟩

decoration [ˌdɛkə'reɪʃən] *n* **1** ADORNMENT : decoración *f*, adorno *m* **2** : condecoración *f* (de honor)

decorative ['dɛkərəṭɪv, -ˌreɪ-] *adj* : decorativo, ornamental, de adorno

decorator ['dɛkəˌreɪṭər] *n* : decorador *m*, -dora *f*

decorum [di'korəm] *n* : decoro *m*

decoy[1] ['di:ˌkɔɪ, di'-] *vt* : atraer (con señuelo)

decoy[2] *n* : señuelo *m*, reclamo *m*, cimbel *m*

decrease[1] [di'kri:s] *v* **-creased; -creasing** *vi* : decrecer, disminuir, bajar — *vt* : reducir, disminuir

decrease[2] ['di:ˌkri:s] *n* : disminución *f*, descenso *m*, bajada *f*

decree[1] [di'kri:] *vt* **-creed; -creeing** : decretar

decree[2] *n* : decreto *m*

decrepit [di'krɛpɪt] *adj* **1** FEEBLE : decrépito, débil **2** DILAPIDATED : deteriorado, ruinoso

decry [di'kraɪ] *vt* **-cried; -crying** : censurar, criticar

dedicate ['dɛdɪˌkeɪt] *vt* **-cated; -cating** **1** : dedicar ⟨she dedicated the book to Carlos : le dedicó el libro a Carlos⟩ **2** : consagrar, dedicar ⟨to dedicate one's life : consagrar uno su vida⟩

dedication [ˌdɛdɪ'keɪʃən] *n* **1** DEVOTION : dedicación *f*, devoción *f* **2** : dedicatoria *f* (de un libro, una canción, etc.) **3** CONSECRATION : dedicación *f*

deduce [di'du:s, -'dju:s] *vt* **-duced; -ducing** : deducir, inferir

deduct [di'dʌkt] *vt* : deducir, descontar, restar

deductible [di'dʌktəbəl] *adj* : deducible

deduction [di'dʌkʃən] *n* : deducción *f*

deed[1] ['di:d] *vt* : ceder, transferir

deed[2] *n* **1** ACT : acto *m*, acción *f*, hecho *m* ⟨a good deed : una buena acción⟩ **2** FEAT : hazaña *f*, proeza *f* **3** TITLE : escritura *f*, título *m*

deem ['di:m] *vt* : considerar, juzgar

deep[1] ['di:p] *adv* : hondo, profundamente ⟨to dig deep : cavar hondo⟩

deep[2] *adj* **1** : hondo, profundo ⟨the deep end : la parte honda⟩ ⟨a deep wound : una herida profunda⟩ ⟨take a deep breath : respire hondo⟩ **2** : de fondo, de profundidad ⟨the shelf is six inches deep : el estante mide seis pulgadas de fondo⟩ ⟨the lake is 50 meters deep : el lago tiene 50 metros de profundidad⟩ **3** INTENSE : profundo, intenso ⟨with deep regret : con profundo pesar⟩ **4** SERIOUS : grave, serio ⟨to be in deep trouble : estar en serios aprietos⟩ **5** DARK : intenso, subido ⟨deep red : rojo subido⟩ **6** LOW : profundo

⟨a deep tone : un tono profundo⟩ **7** ABSORBED : absorto ⟨deep in thought : absorto en la meditación⟩

deep[3] *n* **1 the deep :** lo profundo, el piélago **2 the deep of night :** lo más profundo de la noche

deepen [ˈdiːpən] *vt* **1 :** ahondar, profundizar **2** INTENSIFY : intensificar — *vi* **1 :** hacerse más profundo **2** INTENSIFY : intensificarse

deeply [ˈdiːpli] *adv* : hondo, profundamente ⟨I'm deeply sorry : lo siento sinceramente⟩

deep–seated [ˈdiːpˈsiːt̬əd] *adj* : profundamente arraigado, enraizado

deer [ˈdɪr] *ns & pl* : ciervo *m*, venado *m*

deerskin [ˈdɪrˌskɪn] *n* : piel *f* de venado

deface [diˈfeɪs] *vt* **-faced; -facing** MAR : desfigurar

defacement [diˈfeɪsmənt] *n* : desfiguración *f*

defamation [ˌdɛfəˈmeɪʃən] *n* : difamación *f*

defamatory [diˈfæməˌtori] *adj* : difamatorio

defame [diˈfeɪm] *vt* **-famed; -faming** : difamar, calumniar

default[1] [diˈfɔlt, ˈdiːˌfɔlt] *vi* **1 :** no cumplir (con una obligación), no pagar **2 :** no presentarse (en un tribunal)

default[2] *n* **1** NEGLECT : omisión *f*, negligencia *f* **2** NONPAYMENT : impago *m*, falta *f* de pago **3 to win by default :** ganar por abandono

defaulter [diˈfɔltər] *n* : moroso *m*, -sa *f*; rebelde *mf* (en un tribunal)

defeat[1] [diˈfiːt] *vt* **1** FRUSTRATE : frustrar **2** BEAT : vencer, derrotar

defeat[2] *n* : derrota *f*, rechazo *m* (de legislación), fracaso *m* (de planes, etc.)

defecate [ˈdɛfɪˌkeɪt] *vi* **-cated; -cating** : defecar

defect[1] [diˈfɛkt] *vi* : desertar

defect[2] [ˈdiːˌfɛkt, diˈfɛkt] *n* : defecto *m*

defection [diˈfɛkʃən] *n* : deserción *f*, defección *f*

defective [diˈfɛktɪv] *adj* **1** FAULTY : defectuoso **2** DEFICIENT : deficiente

defector [diˈfɛktər] *n* : desertor *m*, -tora *f*

defend [diˈfɛnd] *vt* : defender

defendant [diˈfɛndənt] *n* : acusado *m*, -da *f*; demandado *m*, -da *f*

defender [diˈfɛndər] *n* **1** ADVOCATE : defensor *m*, -sora *f* **2 :** defensa *mf* (en deportes)

defense [diˈfɛnts, ˈdiːˌfɛnts] *n* : defensa *f*

defenseless [diˈfɛntsləs] *adj* : indefenso

defensive[1] [diˈfɛntsɪv] *adj* : defensivo

defensive[2] *n* **on the defensive :** a la defensiva

defer [diˈfər] *v* **-ferred; -ferring** *vt* POSTPONE : diferir, aplazar, posponer — *vi* **to defer to :** deferir a

deference [ˈdɛfərənts] *n* : deferencia *f*

deferential [ˌdɛfəˈrɛntʃəl] *adj* : respetuoso

deferment [diˈfərmənt] *n* : aplazamiento *m*

defiance [diˈfaɪənts] *n* : desafío *m*

defiant [diˈfaɪənt] *adj* : desafiante, insolente

deficiency [diˈfɪʃəntsi] *n, pl* **-cies :** deficiencia *f*, carencia *f*

deficient [diˈfɪʃənt] *adj* : deficiente, carente

deficit [ˈdɛfəsɪt] *n* : déficit *m*

defile [diˈfaɪl] *vt* **-filed; -filing 1** DIRTY : ensuciar, manchar **2** CORRUPT : corromper **3** DESECRATE, PROFANE : profanar **4** DISHONOR : deshonrar

defilement [diˈfaɪlmənt] *n* **1** DESECRATION : profanación *f* **2** CORRUPTION : corrupción *f* **3** CONTAMINATION : contaminación *f*

define [diˈfaɪn] *vt* **-fined; -fining 1** BOUND : delimitar, demarcar **2** CLARIFY : aclarar, definir **3 :** definir ⟨to define a word : definir una palabra⟩

definite [ˈdɛfənɪt] *adj* **1** CERTAIN : definido, determinado **2** CLEAR : claro, explícito **3** UNQUESTIONABLE : seguro, incuestionable

definite article *n* : artículo *m* definido

definitely [ˈdɛfənɪtli] *adv* **1** DOUBTLESSLY : indudablemente, sin duda **2** DEFINITIVELY : definitivamente, seguramente

definition [ˌdɛfəˈnɪʃən] *n* : definición *f*

definitive [diˈfɪnət̬ɪv] *adj* **1** CONCLUSIVE : definitivo, decisivo **2** AUTHORITATIVE : de autoridad, autorizado

deflate [diˈfleɪt] *v* **-flated; -flating** *vt* **1 :** desinflar (una llanta, etc.) **2** REDUCE : rebajar ⟨to deflate one's ego : bajarle los humos a uno⟩ — *vi* : desinflarse

deflation [diˈfleɪʃən] *n* **1 :** desinflación *f* (de una llanta, etc.) **2 :** deflación *f* (económica)

deflect [diˈflɛkt] *vt* : desviar — *vi* : desviarse

defoliant [diˈfoːliənt] *n* : defoliante *m*

deforestation [diˌfɔrəˈsteɪʃən] *n* : deforestación *f*, desforestación *f*

deform [diˈfɔrm] *vt* : deformar

deformation [ˌdiːˌfɔrˈmeɪʃən] *n* : deformación *f*

deformed [diˈfɔrmd] *adj* : deforme

deformity [diˈfɔrmət̬i] *n, pl* **-ties :** deformidad *f*

defraud [diˈfrɔd] *vt* : estafar, defraudar

defray [diˈfreɪ] *vt* : sufragar, costear

defrost [diˈfrɔst] *vt* : descongelar, deshelar — *vi* : descongelarse, deshelarse

deft [ˈdɛft] *adj* : hábil, diestro — **deftly** *adv*

defunct [diˈfʌŋkt] *adj* **1** DECEASED : difunto, fallecido **2** EXTINCT : extinto, fenecido

defuse [diˈfjuːz] *vt* : desactivar ⟨to defuse the situation : reducir las tensiones⟩

defy [diˈfaɪ] *vt* **-fied; -fying 1** CHALLENGE : desafiar, retar **2** DISOBEY : desobedecer **3** RESIST : resistir, hacer imposible, hacer inútil

degenerate[1] [di'ʤɛnəˌreɪt] *vi* **-ated; -ating** : degenerar
degenerate[2] [di'ʤɛnərət] *adj* : degenerado
degeneration [diˌʤɛnə'reɪʃən] *n* : degeneración *f*
degenerative [di'ʤɛnərətɪv] *adj* : degenerative
degradation [ˌdɛgrə'deɪʃən] *n* : degradación *f*
degrade [di'greɪd] *vt* **-graded; -grading 1** : degradar, envilecer **2 to degrade oneself** : rebajarse
degrading [di'greɪdɪŋ] *adj* : degradante
degree [di'gri:] *n* **1** EXTENT : grado *m* ⟨a third degree burn : una quemadura de tercer grado⟩ **2** : título *m* (de enseñanza superior) **3** : grado *m* (de un círculo, de la temperatura) **4 by degrees** : gradualmente, poco a poco
dehydrate [di'haɪˌdreɪt] *v* **-drated; -drating** *vt* : deshidratar — *vi* : deshidratarse
dehydration [ˌdi:haɪ'dreɪʃən] *n* : deshidratación *f*
deice [ˌdi:'aɪs] *vt* **-iced; -icing** : deshelar, descongelar
deify ['di:əˌfaɪ, 'deɪ-] *vt* **-fied; -fying** : deificar
deign ['deɪn] *vi* : dignarse, condescender
deity ['di:əṭi, 'deɪ-] *n, pl* **-ties 1 the Deity** : Dios *m* **2** GOD, GODDESS : deidad *f*; dios *m*, diosa *f*
dejected [di'ʤɛktəd] *adj* : abatido, desalentado, desanimado
dejection [di'ʤɛkʃən] *n* : abatimiento *m*, desaliento *m*, desánimo *m*
delay[1] [di'leɪ] *vt* **1** POSTPONE : posponer, postergar **2** HOLD UP : retrasar, demorar — *vi* : tardar, demorar
delay[2] *n* **1** LATENESS : tardanza *f* **2** HOLDUP : demora *f*, retraso *m*
delectable [di'lɛktəbəl] *adj* **1** DELICIOUS : delicioso, exquisito **2** DELIGHTFUL : encantador
delegate[1] ['dɛlɪˌgeɪt] *v* **-gated; -gating** : delegar
delegate[2] ['dɛlɪgət, -ˌgeɪt] *n* : delegado *m*, -da *f*
delegation [ˌdɛlɪ'geɪʃən] *n* : delegación *f*
delete [di'li:t] *vt* **-leted; -leting** : suprimir, tachar, eliminar
deletion [di'li:ʃən] *n* : supresión *f*, tachadura *f*, eliminación *f*
deli ['dɛli] → **delicatessen**
deliberate[1] [dɪ'lɪbəˌreɪt] *v* **-ated; -ating** *vt* : deliberar sobre, reflexionar sobre, considerar — *vi* : deliberar
deliberate[2] [dɪ'lɪbərət] *adj* **1** CONSIDERED : reflexionado, premeditado **2** INTENTIONAL : deliberado, intencional **3** SLOW : lento, pausado
deliberately [dɪ'lɪbərətli] *adv* **1** INTENTIONALLY : adrede, a propósito **2** SLOWLY : pausadamente, lentamente
deliberation [dɪˌlɪbə'reɪʃən] *n* **1** CONSIDERATION : deliberación *f*, consideración *f* **2** SLOWNESS : lentitud *f*
delicacy ['dɛlɪkəsi] *n, pl* **-cies 1** : manjar *m*, exquisitez *f* ⟨caviar is a real delicacy : el caviar es un verdadero manjar⟩ **2** FINENESS : delicadeza *f* **3** FRAGILITY : fragilidad *f*
delicate ['dɛlɪkət] *adj* **1** SUBTLE : delicado ⟨a delicate fragrance : una fragancia delicada⟩ **2** DAINTY : delicado, primoroso, fino **3** FRAGILE : frágil **4** SENSITIVE : delicado ⟨a delicate matter : un asunto delicado⟩
delicately ['dɛlɪkətli] *adv* : delicadamente, con delicadeza
delicatessen [ˌdɛlɪkə'tɛsən] *n* : charcutería *f*, fiambrería *f*, salchichonería *f Mex*
delicious [di'lɪʃəs] *adj* : delicioso, exquisito, rico — **deliciously** *adv*
delight[1] [dɪ'laɪt] *vt* : deleitar, encantar — *vi* **to delight in** : deleitarse con, complacerse en
delight[2] *n* **1** JOY : placer *m*, deleite *m*, gozo *m* **2** : encanto *m* ⟨your garden is a delight : su jardín es un encanto⟩
delightful [dɪ'laɪtfəl] *adj* : delicioso, encantador
delightfully [dɪ'laɪtfəli] *adv* : de manera encantadora, de maravilla
delineate [di'lɪniˌeɪt] *vt* **-eated; -eating** : delinear, trazar, bosquejar
delinquency [di'lɪŋkwən*t*si] *n, pl* **-cies** : delincuencia *f*
delinquent[1] [di'lɪŋkwənt] *adj* **1** : delincuente **2** OVERDUE : vencido y sin pagar, moroso
delinquent[2] *n* : delincuente *mf* ⟨juvenile delinquent : delincuente juvenil⟩
delirious [di'lɪriəs] *adj* : delirante ⟨delirious with joy : loco de alegría⟩
delirium [di'lɪriəm] *n* : delirio *m*, desvarío *m*
deliver [di'lɪvər] *vt* **1** FREE : liberar, librar **2** DISTRIBUTE : entregar, repartir (periódicos, etc.) **3** : asistir en el parto de (un niño) **4** : pronunciar ⟨to deliver a speech : pronunciar un discurso⟩ **5** PROJECT : despachar, lanzar ⟨he delivered a fast ball : lanzó una pelota rápida⟩ **6** DEAL : propinar, asestar ⟨to deliver a blow : asestar un golpe⟩ — *vi* **1** : hacer entregas **2** : cumplir ⟨to deliver on one's promise : cumplir (con) su promesa⟩
deliverance [di'lɪvərən*t*s] *n* : liberación *f*, rescate *m*, salvación *f*
deliverer [di'lɪvərər] *n* RESCUER : libertador *m*, -dora *f*; salvador *m*, -dora *f*
delivery [di'lɪvəri] *n, pl* **-eries 1** LIBERATION : liberación *f* **2** : entrega *f*, reparto *m* ⟨cash on delivery : entrega contra reembolso⟩ ⟨home delivery : servicio a domicilio⟩ **3** CHILDBIRTH : parto *m*, alumbramiento *m* **4** SPEECH : expresión *f* oral, modo *m* de hablar **5** THROW : lanzamiento *m*
dell ['dɛl] *n* : hondonada *f*, valle *m* pequeño

delta ['dɛltə] *n* : delta *m*
delude [di'lu:d] *vt* **-luded; -luding 1** : engañar **2 to delude oneself** : engañarse
deluge[1] ['dɛl,ju:ʤ, -,ju:ʒ] *vt* **-uged; -uging 1** FLOOD : inundar **2** OVERWHELM : abrumar ⟨deluged with requests : abrumado de pedidos⟩
deluge[2] *n* **1** FLOOD : inundación *f* **2** DOWNPOUR : aguacero *m* **3** BARRAGE : aluvión *m*
delusion [di'lu:ʒən] *n* **1** : ilusión *f* (falsa) **2 delusions of grandeur** : delirios *mpl* de grandeza
deluxe [di'lʌks, -'lʊks] *adj* : de lujo
delve ['dɛlv] *vi* **delved; delving 1** DIG : escarbar **2 to delve into** PROBE : cavar en, ahondar en
demagogue ['dɛmə,gɑg] *n* : demagogo *m*, demagoga *f*
demand[1] [di'mænd] *vt* : demandar, exigir, reclamar
demand[2] *n* **1** REQUEST : petición *f*, pedido *m*, demanda *f* ⟨by popular demand : a petición del público⟩ **2** CLAIM : reclamación *f*, exigencia *f* **3** MARKET : demanda *f* ⟨supply and demand : la oferta y la demanda⟩
demanding [di'mændɪŋ] *adj* : exigente
demarcation [,di:,mɑr'keɪʃən] *n* : demarcación *f*, deslinde *m*
demean [di'mi:n] *vt* : degradar, rebajar
demeanor [di'mi:nər] *n* : comportamiento *m*, conducta *f*
demented [di'mɛntəd] *adj* : demente, loco
dementia [di'mɛntʃə] *n* : demencia *f*
demerit [di'mɛrət] *n* : demérito *m*
demigod ['dɛmi,gɑd, -,gɔd] *n* : semidiós *m*
demise [dɪ'maɪz] *n* **1** DEATH : fallecimiento *m*, deceso *m* **2** END : hundimiento *m*, desaparición *f* (de una institución, etc.)
demitasse ['dɛmi,tæs, -,tɑs] *n* : taza *f* pequeña (de café)
demobilization [di,mo:bələ'zeɪʃən] *n* : desmovilización *f*
demobilize [di'mo:bə,laɪz] *vt* **-lized; -lizing** : desmovilizar
democracy [di'mɑkrəsi] *n, pl* **-cies** : democracia *f*
democrat ['dɛmə,kræt] *n* : demócrata *mf*
democratic [,dɛmə'kræṭɪk] *adj* : democrático — **democratically** [-ṭɪkli] *adv*
demographic [dɛmə'græfɪk] *adj* : demográfico
demolish [di'mɑlɪʃ] *vt* **1** RAZE : demoler, derribar, arrasar **2** DESTROY : destruir, destrozar
demolition [,dɛmə'lɪʃən, ,di:-] *n* : demolición *f*, derribo *m*
demon ['di:mən] *n* : demonio *m*, diablo *m*
demonstrably [di'mɑntstrəbli] *adv* : manifiestamente, claramente
demonstrate ['dɛmən,streɪt] *vt* **-strated; -strating 1** SHOW : demostrar **2** PROVE : probar, demostrar **3** EXPLAIN : explicar, ilustrar
demonstration [,dɛmən'streɪʃən] *n* **1** SHOW : muestra *f*, demostración *f* **2** RALLY : manifestación *f*
demonstrative [di'mɑntstrəṭɪv] *adj* **1** EFFUSIVE : efusivo, expresivo, demostrativo **2** : demostrativo (en lingüística) ⟨demonstrative pronoun : pronombre demostrativo⟩
demonstrator ['dɛmən,streɪṭər] *n* **1** : demostrador *m*, -dora *f* (de productos) **2** PROTESTER : manifestante *mf*
demoralize [di'mɔrə,laɪz] *vt* **-ized; -izing** : desmoralizar
demote [di'mo:t] *vt* **-moted; -moting** : degradar, bajar de categoría
demotion [di'mo:ʃən] *n* : degradación *f*, descenso *m* de categoría
demur [di'mər] *vi* **-murred; -murring 1** OBJECT : oponerse **2 to demur at** : ponerle objeciones a (algo)
demure [di'mjʊr] *adj* : recatado, modesto — **demurely** *adv*
den ['dɛn] *n* **1** LAIR : cubil *m*, madriguera *f* **2** HIDEOUT : guarida *f* **3** STUDY : estudio *m*, gabinete *m*
denature [di'neɪʧər] *vt* **-tured; -turing** : desnaturalizar
denial [di'naɪəl] *n* **1** REFUSAL : rechazo *m*, denegación *f*, negativa *f* **2** REPUDIATION : negación *f* (de una creencia, etc.), rechazo *m*
denigrate ['dɛnɪ,greɪt] *vt* **-grated; -grating** : denigrar
denim ['dɛnəm] *n* **1** : tela *f* vaquera, mezclilla *f Chile, Mex* **2 denims** *npl* → **jeans**
denizen ['dɛnəzən] *n* : habitante *mf*; morador *m*, -dora *f*
denomination [dɪ,nɑmə'neɪʃən] *n* **1** FAITH : confesión *f*, fe *f* **2** VALUE : denominación *f*, valor *m* (de una moneda)
denominator [dɪ'nɑmə,neɪṭər] *n* : denominador *m*
denote [di'no:t] *vt* **-noted; -noting 1** INDICATE, MARK : indicar, denotar, señalar **2** MEAN : significar
denouement [,deɪ,nu:'mɑ] *n* : desenlace *m*
denounce [di'naʊnts] *vt* **-nounced; -nouncing 1** CENSURE : denunciar, censurar **2** ACCUSE : denunciar, acusar, delatar
dense ['dɛnts] *adj* **denser; -est 1** THICK : espeso, denso ⟨dense vegetation : vegetación densa⟩ ⟨a dense fog : una niebla espesa⟩ **2** STUPID : estúpido, burro *fam*
densely ['dɛntsli] *adv* **1** THICKLY : densamente **2** STUPIDLY : torpemente
denseness ['dɛntsnəs] *n* **1** → **density 2** STUPIDITY : estupidez *f*
density ['dɛntsəṭi] *n, pl* **-ties** : densidad *f*
dent[1] ['dɛnt] *vt* : abollar, mellar
dent[2] *n* : abolladura *f*, mella *f*

dental ['dɛntəl] *adj* : dental
dental floss *n* : hilo *m* dental
dentifrice ['dɛntəfrɪs] *n* : dentífrico *m*, pasta *f* de dientes
dentist ['dɛntɪst] *n* : dentista *mf*
dentistry ['dɛntɪstri] *n* : odontología *f*
dentures ['dɛntʃərz] *npl* : dentadura *f* postiza
denude [di'nu:d, -'nju:d] *vt* **-nuded; -nuding** STRIP : desnudar, despojar
denunciation [di,nʌntsi'eɪʃən] *n* : denuncia *f*, acusación *f*
deny [di'naɪ] *vt* **-nied; -nying 1** REFUTE : desmentir, negar **2** DISOWN, REPUDIATE : negar, renegar de **3** REFUSE : denegar **4 to deny oneself** : privarse, sacrificarse
deodorant [di'o:dərənt] *n* : desodorante *m*
deodorize [di'o:də,raɪz] *vt* **-ized; -izing** : desodorizar
depart [di'pɑrt] *vt* : salirse de — *vi* **1** LEAVE : salir, partir, irse **2** DIE : morir
department [di'pɑrtmənt] *n* **1** DIVISION : sección *f* (de una tienda, una organización, etc.), departamento *m* (de una empresa, una universidad, etc.), ministerio *m* (del gobierno) **2** PROVINCE, SPHERE : esfera *f*, campo *m*, competencia *f*
departmental [di,pɑrt'mɛntəl, ,di:-] *adj* : departamental
department store *n* : grandes almacenes *mpl*
departure [di'pɑrtʃər] *n* **1** LEAVING : salida *f*, partida *f* **2** DEVIATION : desviación *f*
depend [di'pɛnd] *vi* **1** RELY : contar (con), confiar (en) ⟨depend on me! : ¡cuenta conmigo!⟩ **2 to depend on** : depender de ⟨success depends on hard work : el éxito depende de trabajar duro⟩ **3 that depends** : según, eso depende
dependable [di'pɛndəbəl] *adj* : responsable, digno de confianza, fiable
dependence [di'pɛndənts] *n* : dependencia *f*
dependency [di'pɛndəntsi] *n, pl* **-cies 1** → **dependence 2** : posesión *f* (de una unidad política)
dependent[1] [di'pɛndənt] *adj* : dependiente
dependent[2] *n* : persona *f* a cargo de alguien
depict [di'pɪkt] *vt* **1** PORTRAY : representar **2** DESCRIBE : describir
depiction [di'pɪkʃən] *n* : representación *f*, descripción *f*
deplete [di'pli:t] *vt* **-pleted; -pleting 1** EXHAUST : agotar **2** REDUCE : reducir
depletion [di'pli:ʃən] *n* **1** EXHAUSTION : agotamiento *m* **2** REDUCTION : reducción *f*, disminución *f*
deplorable [di'plorəbəl] *adj* **1** CONTEMPTIBLE : deplorable, despreciable **2** LAMENTABLE : lamentable
deplore [di'plor] *vt* **-plored; -ploring 1** REGRET : deplorar, lamentar **2** CONDEMN : condenar, deplorar
deploy [di'plɔɪ] *vt* : desplegar
deployment [di'plɔɪmənt] *n* : despliegue *m*
deport [di'port] *vt* **1** EXPEL : deportar, expulsar (de un país) **2 to deport oneself** BEHAVE : comportarse
deportation [,di:,por'teɪʃən] *n* : deportación *f*
depose [di'po:z] *vt* **-posed; -posing** : deponer
deposit[1] [di'pɑzət] *vt* **-ited; -iting** : depositar
deposit[2] *n* **1** : depósito *m* (en el banco) **2** DOWN PAYMENT : entrega *f* inicial **3** : depósito *m*, yacimiento *m* (en geología)
deposition [,dɛpə'zɪʃən] *n* TESTIMONY : deposición *f*
depositor [di'pɑzət̬ər] *n* : depositante *mf*
depository [di'pɑzə,tori] *n, pl* **-ries** : almacén *m*, depósito *m*
depot [*in sense 1 usu* 'dɛ,po:, *2 usu* 'di:-] *n* **1** STOREHOUSE : almacén *m*, depósito *m* **2** STATION, TERMINAL : terminal *mf*, estación *f* (de autobuses, ferrocarriles, etc.)
deprave [di'preɪv] *vt* **-praved; -praving** : depravar, pervertir
depraved [di'preɪvd] *adj* : depravado, degenerado
depravity [di'prævət̬i] *n, pl* **-ties** : depravación *f*
depreciate [di'pri:ʃi,eɪt] *v* **-ated; -ating** *vt* **1** DEVALUE : depreciar, devaluar **2** DISPARAGE : menospreciar, despreciar — *vi* : depreciarse, devaluarse
depreciation [di,pri:ʃi'eɪʃən] *n* : depreciación *f*, devaluación *f*
depress [di'prɛs] *vt* **1** PRESS, PUSH : apretar, presionar, pulsar **2** REDUCE : reducir, hacer bajar (precios, ventas, etc.) **3** SADDEN : deprimir, abatir, entristecer **4** DEVALUE : depreciar
depressant[1] [di'prɛsənt] *adj* : depresivo
depressant[2] *n* : depresivo *m*
depressed [di'prɛst] *adj* **1** DEJECTED : deprimido, abatido **2** : deprimido, en crisis (dícese de la economía)
depressing [di'prɛsɪŋ] *adj* : deprimente, triste
depression [di'prɛʃən] *n* **1** DESPONDENCY : depresión *f*, abatimiento *m* **2** : depresión (en una superficie) **3** RECESSION : depresión *f* económica, crisis *f*
deprivation [,dɛprə'veɪʃən] *n* : privación *f*
deprive [di'praɪv] *vt* **-prived; -priving** : privar
depth ['dɛpθ] *n, pl* **depths** ['dɛpθs, 'dɛps] **1** : profundidad *f* **2 depths** *npl* ⟨in the depths of winter : en pleno invierno⟩ ⟨in the depths of despair : en la más profunda desesperación⟩ **3 in depth** : a fondo **4 out of one's depth** : per-

dido ‹I'm out of my depth : esto es demasiado difícil/especializado (etc.) para mí›
deputize ['dɛpjʊ,taɪz] *vt* **-tized; -tizing** : nombrar como segundo
deputy ['dɛpjʊt̬i] *n, pl* **-ties** : suplente *mf*; sustituto *m*, -ta *f*
derail [di'reɪl] *v* : descarrilar
derailment [di'reɪlmənt] *n* : descarrilamiento *m*
derange [di'reɪndʒ] *vt* **-ranged; -ranging** **1** DISARRANGE : desarreglar, desordenar **2** DISTURB, UPSET : trastornar, perturbar **3** MADDEN : enloquecer, volver loco
derangement [di'reɪndʒmənt] *n* **1** DISTURBANCE, UPSET : trastorno *m* **2** INSANITY : locura *f*, perturbación *f* mental
derby ['dərbi] *n, pl* **-bies** **1** : derby *m* ‹the Kentucky Derby : el Derby de Kentucky› **2** : sombrero *m* hongo
deregulate [di'rɛgjʊ,leɪt] *vt* **-lated; -lating** : desregular
deregulation [di,rɛgjʊ'leɪʃən] *n* : desregulación *f*
derelict[1] ['dɛrə,lɪkt] *adj* **1** ABANDONED : abandonado, en ruinas **2** REMISS : negligente, remiso
derelict[2] *n* **1** : propiedad *f* abandonada **2** VAGRANT : vagabundo *m*, -da *f*
deride [di'raɪd] *vt* **-rided; -riding** : ridiculizar, burlarse de
derision [di'rɪʒən] *n* : escarnio *m*, irrisión *f*, mofa *f*
derisive [di'raɪsɪv] *adj* : burlón
derivation [,dɛrə'veɪʃən] *n* : derivación *f*
derivative[1] [di'rɪvət̬ɪv] *adj* **1** DERIVED : derivado **2** BANAL : carente de originalidad, banal
derivative[2] *n* : derivado *m*
derive [di'raɪv] *v* **-rived; -riving** *vt* **1** OBTAIN : obtener, sacar **2** DEDUCE : deducir, inferir — *vi* : provenir, derivar, proceder
dermatologist [,dərmə'tɑlədʒɪst] *n* : dermatólogo *m*, -ga *f*
dermatology [,dərmə'tɑlədʒi] *n* : dermatología *f*
derogatory [di'rɑgə,tori] *adj* : despectivo, despreciativo
derrick ['dɛrɪk] *n* **1** CRANE : grúa *f* **2** : torre *f* de perforación (sobre un pozo de petróleo)
descend [di'sɛnd] *vt* : descender, bajar — *vi* **1** : descender, bajar ‹he descended from the platform : descendió del estrado› **2** DERIVE : descender, provenir **3** STOOP : rebajarse ‹I descended to his level : me rebajé a su nivel› **4 to descend upon** : caer sobre, invadir
descendant[1] [di'sɛndənt] *adj* : descendente
descendant[2] *n* : descendiente *mf*
descent [di'sɛnt] *n* **1** : bajada *f*, descenso *m* ‹the descent from the mountain : el descenso de la montaña› **2** ANCESTRY : ascendencia *f*, linaje *f* **3** SLOPE : pendiente *f*, cuesta *f* **4** FALL : caída *f* **5** ATTACK : incursión *f*, ataque *m*
describe [di'skraɪb] *vt* **-scribed; -scribing** : describir
description [di'skrɪpʃən] *n* : descripción *f*
descriptive [di'skrɪptɪv] *adj* : descriptivo ‹descriptive adjective : adjetivo calificativo›
desecrate ['dɛsɪ,kreɪt] *vt* **-crated; -crating** : profanar
desecration [,dɛsɪ'kreɪʃən] *n* : profanación *f*
desegregate [di'sɛgrə,geɪt] *vt* **-gated; -gating** : eliminar la segregación racial de
desegregation [di,sɛgrə'geɪʃən] *n* : eliminación *f* de la segregación racial
desert[1] [di'zərt] *vt* : abandonar (una persona o un lugar), desertar de (una causa, etc.) — *vi* : desertar
desert[2] ['dɛzərt] *adj* : desierto ‹a desert island : una isla desierta›
desert[3] *n* **1** ['dɛzərt] : desierto *m* (en geografía) **2** [di'zərt] → **deserts**
deserter [di'zərt̬ər] *n* : desertor *m*, -tora *f*
desertion [di'zərʃən] *n* : abandono *m*, deserción *f* (militar)
deserts [di'zərts] *npl* : merecido *m* ‹to get one's just deserts : llevarse uno su merecido›
deserve [di'zərv] *vt* **-served; -serving** : merecer, ser digno de
deserving [di'zərvɪŋ] *adj* : meritorio ‹deserving of : digno de›
desiccate ['dɛsɪ,keɪt] *vt* **-cated; -cating** : desecar, deshidratar
design[1] [di'zaɪn] *vt* **1** DEVISE : diseñar, concebir, idear **2** PLAN : proyectar **3** SKETCH : trazar, bosquejar
design[2] *n* **1** PLAN, SCHEME : plan *m*, proyecto *m* ‹by design : a propósito, intencionalmente› **2** SKETCH : diseño *m*, bosquejo *m* **3** PATTERN, STYLE : diseño *m*, estilo *m* **4 designs** *npl* INTENTIONS : propósitos *mpl*, designios *mpl*
designate ['dɛzɪg,neɪt] *vt* **-nated; -nating** **1** INDICATE, SPECIFY : indicar, especificar **2** APPOINT : nombrar, designar
designation [,dɛzɪg'neɪʃən] *n* **1** NAMING : designación *f* **2** NAME : denominación *f*, nombre *m* **3** APPOINTMENT : designación *f*, nombramiento *m*
designer [di'zaɪnər] *n* : diseñador *m*, -dora *f*
desirability [di,zaɪrə'bɪlət̬i] *n, pl* **-ties** **1** ADVISABILITY : conveniencia *f* **2** ATTRACTIVENESS : atractivo *m*
desirable [di'zaɪrəbəl] *adj* **1** ADVISABLE : conveniente, aconsejable **2** ATTRACTIVE : deseable, atractivo
desire[1] [di'zaɪr] *vt* **-sired; -siring** **1** WANT : desear **2** REQUEST : rogar, solicitar

desire[2] *n* : deseo *m*, anhelo *m*, ansia *m*
desist [di'sɪst, -'zɪst] *vi* **to desist from** : desistir de, abstenerse de
desk ['dɛsk] *n* : escritorio *m*, pupitre *m* (en la escuela)
desktop ['dɛsk,tɑp] *adj* : de escritorio
desolate[1] ['dɛsə,leɪt, -zə-] *vt* **-lated; -lating** : devastar, desolar
desolate[2] ['dɛsələt, -zə-] *adj* **1** BARREN : desolado, desierto, yermo **2** DISCONSOLATE : desconsolado, desolado
desolation [,dɛsə'leɪʃən, -zə-] *n* : desolación *f*
despair[1] [di'spær] *vi* : desesperar, perder las esperanzas
despair[2] *n* : desesperación *f*, desesperanza *f*
desperate ['dɛspərət] *adj* **1** HOPELESS : desesperado, sin esperanzas **2** RASH : desesperado, precipitado **3** SERIOUS, URGENT : grave, urgente, apremiante ⟨a desperate need : una necesidad apremiante⟩
desperately ['dɛspərətli] *adv* : desesperadamente, urgentemente
desperation [,dɛspə'reɪʃən] *n* : desesperación *f*
despicable [di'spɪkəbəl, 'dɛspɪ-] *adj* : vil, despreciable, infame
despise [di'spaɪz] *vt* **-spised; -spising** : despreciar
despite [də'spaɪt] *prep* : a pesar de, aún con
despoil [di'spɔɪl] *vt* : saquear
despondency [di'spɑndəntsi] *n* : desaliento *m*, desánimo *m*, depresión *f*
despondent [di'spɑndənt] *adj* : desalentado, desanimado
despot ['dɛspət, -,pɑt] *n* : déspota *mf*; tirano *m*, -na *f*
despotic [dɛs'pɑṭɪk] *adj* : despótico
despotism ['dɛspə,tɪzəm] *n* : despotismo *m*
dessert [di'zərt] *n* : postre *m*
destination [,dɛstə'neɪʃən] *n* : destino *m*, destinación *f*
destined ['dɛstənd] *adj* **1** FATED : predestinado **2** BOUND : destinado, con destino (a), con rumbo (a)
destiny ['dɛstəni] *n, pl* **-nies** : destino *m*
destitute ['dɛstə,tu:t, -,tju:t] *adj* **1** LACKING : carente, desprovisto **2** POOR : indigente, en miseria
destitution [,dɛstə'tu:ʃən, -'tju:-] *n* : indigencia *f*, miseria *f*
destroy [di'strɔɪ] *vt* **1** KILL : matar **2** DEMOLISH : destruir, destrozar
destroyer [di'strɔɪər] *n* : destructor *m* (buque)
destructible [di'strʌktəbəl] *adj* : destructible
destruction [di'strʌkʃən] *n* : destrucción *f*, ruina *f*
destructive [di'strʌktɪv] *adj* : destructor, destructivo
desultory ['dɛsəl,tori] *adj* **1** AIMLESS : sin rumbo, sin objeto **2** DISCONNECTED : inconexo
detach [di'tætʃ] *vt* : separar, quitar, desprender
detached [di'tætʃt] *adj* **1** SEPARATE : separado, suelto **2** ALOOF : distante, indiferente **3** IMPARTIAL : imparcial, objetivo
detachment [di'tætʃmənt] *n* **1** SEPARATION : separación *f* **2** DETAIL : destacamento *m* (de tropas) **3** ALOOFNESS : reserva *f*, indiferencia *f* **4** IMPARTIALITY : imparcialidad *f*
detail[1] [di'teɪl, 'di:,teɪl] *vt* : detallar, exponer en detalle
detail[2] *n* **1** : detalle *m*, pormenor *m* **2** : destacamento *m* (de tropas)
detailed [di'teɪld, 'di:,teɪld] *adj* : detallado, minucioso
detain [di'teɪn] *vt* **1** HOLD : detener **2** DELAY : entretener, demorar, retrasar
detect [di'tɛkt] *vt* : detectar, descubrir
detection [di'tɛkʃən] *n* : descubrimiento *m*
detective [di'tɛktɪv] *n* : detective *mf* ⟨private detective : detective privado⟩
detector [di'tɛktər] *n* : detector *m*
detention [di'tɛntʃən] *n* : detención *m*
deter [di'tər] *vt* **-terred; -terring** : disuadir, impedir
detergent [di'tərdʒənt] *n* : detergente *m*
deteriorate [di'tɪriə,reɪt] *vi* **-rated; -rating** : deteriorarse, empeorar
deterioration [di,tɪriə'reɪʃən] *n* : deterioro *m*, empeoramiento *m*
determinant[1] [di'tərmənənt] *adj* : determinante
determinant[2] *n* **1** : factor *m* determinante **2** : determinante *m* (en matemáticas)
determination [dɪ,tərmə'neɪʃən] *n* **1** DECISION : determinación *f*, decisión *f* **2** RESOLUTION : resolución *f*, determinación *f* ⟨with grim determination : con una firme resolución⟩
determine [di'tərmən] *vt* **-mined; -mining 1** ESTABLISH : determinar, establecer **2** SETTLE : decidir **3** FIND OUT : averiguar **4** BRING ABOUT : determinar
determined [di'tərmənd] *adj* RESOLUTE : decidido, resuelto
deterrent [di'tərənt] *n* : medida *f* disuasiva
detest [di'tɛst] *vt* : detestar, odiar, aborrecer
detestable [di'tɛstəbəl] *adj* : detestable, odioso, aborrecible
dethrone [di'θro:n] *vt* **-throned; -throning** : destronar
detonate ['dɛtən,eɪt] *v* **-nated; -nating** *vt* : hacer detonar — *vi* : detonar, estallar
detonation [,dɛṭə'neɪʃən] *n* : detonación *f*
detour[1] ['di:,tʊr, di'tʊr] *vi* : desviarse
detour[2] *n* : desvío *m*, rodeo *m*
detract [di'trækt] *vi* **to detract from** : restarle valor a, quitarle méritos a
detractor [di'træktər] *n* : detractor *m*, -tora *f*

detriment ['dɛtrəmənt] *n* : detrimento *m*, perjuicio *m*
detrimental [ˌdɛtrə'mɛntəl] *adj* : perjudicial — **detrimentally** *adv*
devaluation [diˌvælju'eɪʃən] *n* : devaluación *f*
devalue [di'vælˌju:] *vt* **-ued; -uing** : devaluar, depreciar
devastate ['dɛvəˌsteɪt] *vt* **-tated; -tating** : devastar, arrasar, asolar
devastation [ˌdɛvə'steɪʃən] *n* : devastación *f*, estragos *mpl*
develop [di'vɛləp] *vt* **1** FORM, MAKE : desarrollar, elaborar, formar **2** : revelar (en fotografía) **3** FOSTER : desarrollar, fomentar **4** EXPLOIT : explotar (recursos), urbanizar (un área) **5** ACQUIRE : adquirir <to develop an interest : adquirir un interés> **6** CONTRACT : contraer (una enfermedad) — *vi* **1** GROW : desarrollarse **2** ARISE : aparecer, surgir
developed [di'vɛləpt] *adj* : avanzado, desarrollado
developer [di'vɛləpər] *n* **1** : inmobiliaria *f*, urbanizadora *f* **2** : revelador *m* (en fotografía)
development [di'vɛləpmənt] *n* **1** : desarrollo *m* <physical development : desarrollo físico> **2** : urbanización *f* (de un área), explotación *f* (de recursos), creación *f* (de inventos) **3** EVENT : acontecimiento *m*, suceso *m* <to await developments : esperar acontecimientos>
deviant ['di:viənt] *adj* : desviado, anormal
deviate ['di:viˌeɪt] *v* **-ated; -ating** *vi* : desviarse, apartarse — *vt* : desviar
deviation [ˌdi:vi'eɪʃən] *n* : desviación *f*
device [di'vaɪs] *n* **1** MECHANISM : dispositivo *m*, aparato *m*, mecanismo *m* **2** EMBLEM : emblema *m*
devil[1] ['dɛvəl] *vt* **-iled** *or* **-illed; -iling** *or* **-illing 1** : sazonar con picante y especias **2** PESTER : molestar
devil[2] *n* **1** SATAN : el diablo, Satanás *m* **2** DEMON : diablo *m*, demonio *m* **3** FIEND : persona *f* diabólica; malvado *m*, -da *f*
devilish ['dɛvəlɪʃ] *adj* : diabólico
devilry ['dɛvəlri] *n, pl* **-ries** : diabluras *fpl*, travesuras *fpl*
devious ['di:viəs] *adj* **1** CRAFTY : taimado, artero **2** WINDING : tortuoso, sinuoso
devise [di'vaɪz] *vt* **-vised; -vising 1** INVENT : idear, concebir, inventar **2** PLOT : tramar
devoid [di'vɔɪd] *adj* ~ **of** : carente de, desprovisto de
devote [di'vo:t] *vt* **-voted; -voting 1** DEDICATE : consagrar, dedicar <to devote one's life : dedicar uno su vida> **2 to devote oneself** : dedicarse
devoted [di'vo:ṭəd] *adj* **1** FAITHFUL : leal, fiel **2 to be devoted to someone** : tenerle mucho cariño a alguien
devotee [ˌdɛvə'ti:, -'teɪ] *n* : devoto *m*, -ta *f*
devotion [di'vo:ʃən] *n* **1** DEDICATION : dedicación *f*, devoción *f* **2 devotions** PRAYERS : oraciones *fpl*, devociones *fpl*
devour [di'vaʊər] *vt* : devorar
devout [di'vaʊt] *adj* **1** PIOUS : devoto, piadoso **2** EARNEST, SINCERE : sincero, ferviente — **devoutly** *adv*
devoutness [di'vaʊtnəs] *n* : devoción *f*, piedad *f*
dew ['du:, 'dju:] *n* : rocío *m*
dewlap ['duˌlæp, 'dju-] *n* : papada *f*
dew point *n* : punto *m* de condensación
dewy ['du:i, 'dju:i] *adj* **dewier; -est** : cubierto de rocío
dexterity [dɛk'stɛrəṭi] *n, pl* **-ties** : destreza *f*, habilidad *f*
dexterous ['dɛkstrəs] *adj* : diestro, hábil
dexterously ['dɛkstrəsli] *adv* : con destreza, con habilidad, hábilmente
dextrose ['dɛkˌstro:s] *n* : dextrosa *f*
diabetes [ˌdaɪə'bi:ṭiz] *n* : diabetes *f*
diabetic[1] [ˌdaɪə'bɛṭɪk] *adj* : diabético
diabetic[2] *n* : diabético *m*, -ca *f*
diabolic [ˌdaɪə'bɑlɪk] *or* **diabolical** [-lɪkəl] *adj* : diabólico, satánico
diacritical mark [ˌdaɪə'krɪṭɪkəl] *n* : signo *m* diacrítico
diadem ['daɪəˌdɛm, -dəm] *n* : diadema *f*
diagnose ['daɪɪgˌno:s, ˌdaɪɪg'no:s] *vt* **-nosed; -nosing** : diagnosticar
diagnosis [ˌdaɪɪg'no:sɪs] *n, pl* **-noses** [-'no:ˌsi:z] : diagnóstico *m*
diagnostic [ˌdaɪɪg'nɑstɪk] *adj* : diagnóstico
diagonal[1] [daɪ'ægənəl] *adj* : diagonal, en diagonal
diagonal[2] *n* : diagonal *f*
diagonally [daɪ'ægənəli] *adv* : diagonalmente, en diagonal
diagram[1] ['daɪəˌgræm] *vt* **-gramed** *or* **-grammed; -graming** *or* **-gramming** : hacer un diagrama de
diagram[2] *n* : diagrama *m*, gráfico *m*, esquema *m*
dial[1] ['daɪl] *v* **dialed** *or* **dialled; dialing** *or* **dialling** : marcar, discar
dial[2] *n* : esfera *f* (de un reloj), dial *m* (de un radio), disco *m* (de un teléfono)
dialect ['daɪəˌlɛkt] *n* : dialecto *m*
dialogue ['daɪəˌlɔg] *n* : diálogo *m*
diameter [daɪ'æməṭər] *n* : diámetro *m*
diamond ['daɪmənd, 'daɪə-] *n* **1** : diamante *m*, brillante *m* <a diamond necklace : un collar de brillantes> **2** : rombo *m*, forma *f* de rombo **3** : diamante *m* (en naipes) **4** INFIELD : cuadro *m*, diamante *m* (en béisbol)
diaper ['daɪpər, 'daɪə-] *n* : pañal *m*
diaphragm ['daɪəˌfræm] *n* : diafragma *m*
diarrhea [ˌdaɪə'ri:ə] *n* : diarrea *f*
diary ['daɪəri] *n, pl* **-ries** : diario *m*

diatribe [ˈdaɪəˌtraɪb] *n* : diatriba *f*

dice[1] [ˈdaɪs] *vt* **diced; dicing** : cortar en cubos

dice[2] *ns & pl* **1** → **die**[2] **2** : dados *mpl* (juego)

dicker [ˈdɪkər] *vt* : regatear

dictate[1] [ˈdɪkˌteɪt, dɪkˈteɪt] *v* **-tated; -tating** *vt* **1** : dictar ⟨to dictate a letter : dictar una carta⟩ **2** ORDER : mandar, ordenar — *vi* : dar órdenes

dictate[2] [ˈdɪkˌteɪt] *n* **1** : mandato *m*, orden *f* **2 dictates** *npl* : dictados *mpl* ⟨the dictates of conscience : los dictados de la conciencia⟩

dictation [dɪkˈteɪʃən] *n* : dictado *m*

dictator [ˈdɪkˌteɪţər] *n* : dictador *m*, -dora *f*

dictatorial [ˌdɪktəˈtoriəl] *adj* : dictatorial — **dictatorially** *adv*

dictatorship [dɪkˈteɪţərˌʃɪp, ˈdɪkˌ-] *n* : dictadura *f*

diction [ˈdɪkʃən] *n* **1** : lenguaje *m*, estilo *m* **2** ENUNCIATION : dicción *f*, articulación *f*

dictionary [ˈdɪkʃəˌnɛri] *n, pl* **-naries** : diccionario *m*

did → **do**

didactic [daɪˈdæktɪk] *adj* : didáctico

die[1] [ˈdaɪ] *vi* **died** [ˈdaɪd]; **dying** [ˈdaɪɪŋ] **1** : morir, morirse **2** CEASE : morir, morirse ⟨a dying civilization : una civilización moribunda⟩ **3** STOP : apagarse, dejar de funcionar ⟨the motor died : el motor se apagó⟩ **4 to be dying for/to** : morirse por ⟨I'm dying for a coffee : me muero por un café⟩ ⟨I'm dying to leave : me muero por irme⟩ **5 to die away** FADE : irse apagando, disminuir (dícese de un sonido) **6 to die down** SUBSIDE : disminuir, amainar (dícese del viento, etc.), irse apagando (dícese de los aplausos, las llamas, etc.), calmarse (dícese de un escándalo, etc.) **7 to die laughing** : morirse de risa **8 to die of** : morir de, morirse de ⟨he died of old age : murió de viejo⟩ **9 to die out** : extinguirse

die[2] [ˈdaɪ] *n, pl* **dice** [ˈdaɪs] : dado *m*

die[3] *n, pl* **dies** [ˈdaɪz] **1** STAMP : troquel *m*, cuño *m* **2** MOLD : matriz *f*, molde *m*

diesel [ˈdiːzəl, -səl] *n* : diesel *m*

diet[1] [ˈdaɪət] *vi* : ponerse a régimen, hacer dieta

diet[2] *n* : régimen *m*, dieta *f*

dietary [ˈdaɪəˌtɛri] *adj* : alimenticio, dietético

dietitian *or* **dietician** [ˌdaɪəˈtɪʃən] *n* : dietista *mf*

differ [ˈdɪfər] *vi* **-ferred; -ferring** **1** : diferir, diferenciarse **2** VARY : variar **3** DISAGREE : discrepar, diferir, no estar de acuerdo

difference [ˈdɪfrənts, ˈdɪfərənts] *n* **1** DISSIMILARITY : diferencia *f* ⟨to tell/notice the difference : notar/ver la diferencia⟩ **2** DISCREPANCY : diferencia *f* ⟨to split the difference : dividirse la diferencia (en partes iguales)⟩ **3** DISAGREEMENT : diferencia *f*, desacuerdo *m* ⟨to resolve/settle one's differences : resolver/saldar sus diferencias⟩ **4 same difference!** : ¡es casi lo mismo! **5 to make a difference** MATTER : importar ⟨what difference does it make? : ¿qué importa?⟩ ⟨it makes no difference to me : me da igual⟩ **6 to make a difference in** AFFECT : afectar, influir en

different [ˈdɪfrənt, ˈdɪfərənt] *adj* : distinto, diferente

differentiate [ˌdɪfəˈrɛntʃiˌeɪt] *v* **-ated; -ating** *vt* **1** : hacer diferente **2** DISTINGUISH : distinguir, diferenciar — *vi* : distinguir

differentiation [ˌdɪfəˌrɛntʃiˈeɪʃən] *n* : diferenciación *f*

differently [ˈdɪfrəntli, ˈdɪfərənt-] *adv* : de otra manera, de otro modo, distintamente

difficult [ˈdɪfɪˌkʌlt] *adj* : difícil

difficulty [ˈdɪfɪˌkʌlti] *n, pl* **-ties** **1** : dificultad *f* **2** PROBLEM : problema *f*, dificultad *f*

diffidence [ˈdɪfədənts] *n* **1** SHYNESS : retraimiento *m*, timidez *f*, apocamiento *m* **2** RETICENCE : reticencia *f*

diffident [ˈdɪfədənt] *adj* **1** SHY : tímido, apocado, inseguro **2** RESERVED : reservado

diffuse[1] [dɪˈfjuːz] *v* **-fused; -fusing** *vt* : difundir, esparcir — *vi* : difundirse, esparcirse

diffuse[2] [dɪˈfjuːs] *adj* **1** WORDY : prolijo, verboso **2** WIDESPREAD : difuso

diffusion [dɪfˈjuːʒən] *n* : difusión *f*

dig[1] [ˈdɪg] *v* **dug** [ˈdʌg]; **digging** *vt* **1** : cavar, excavar ⟨to dig a hole : cavar un hoyo⟩ **2** EXTRACT : sacar ⟨to dig up potatoes : sacar papas del suelo⟩ **3** POKE, THRUST : clavar, hincar ⟨he dug me in the ribs : me dio un codazo en las costillas⟩ **4 to dig out** RETRIEVE, EXTRACT : sacar **5 to dig up** DISCOVER : descubrir, sacar a luz — *vi* **1** : cavar, excavar ⟨to dig for : buscar (cavando/excavando)⟩ **2** *or* **to dig around** SEARCH : buscar (en los bolsillos, etc.) **3 to dig in** : atrincherarse **4 to dig in** : empezar a comer ⟨dig in! : ¡a comer!⟩ **5 to dig into** POKE : clavarse en **6 to dig into** INVESTIGATE : investigar

dig[2] *n* **1** POKE : codazo *m* **2** GIBE : pulla *f* **3** EXCAVATION : excavación *f*

digest[1] [daɪˈdʒɛst, dɪ-] *vt* **1** ASSIMILATE : digerir, asimilar **2** : digerir (comida) **3** SUMMARIZE : compendiar, resumir

digest[2] [ˈdaɪˌdʒɛst] *n* : compendio *m*, resumen *m*

digestible [daɪˈdʒɛstəbəl, dɪ-] *adj* : digerible

digestion [daɪˈdʒɛstʃən, dɪ-] *n* : digestión *f*

digestive [daɪˈdʒɛstɪv, dɪ-] *adj* : digestivo ⟨the digestive system : el sistema digestivo⟩

digit [ˈdɪʤət] *n* **1** NUMERAL : dígito *m*, número *m* **2** FINGER, TOE : dedo *m*
digital [ˈdɪʤəṭəl] *adj* : digital — **digitally** *adv*
digitalize [ˈdɪʤətəˌlaɪz] *vt* **-ized; -izing** : digitalizar
dignified [ˈdɪgnəˌfaɪd] *adj* : digno, decoroso
dignify [ˈdɪgnəˌfaɪ] *vt* **-fied; -fying** : dignificar, honrar
dignitary [ˈdɪgnəˌtɛri] *n, pl* **-taries** : dignatario *m*, -ria *f*
dignity [ˈdɪgnəṭi] *n, pl* **-ties** : dignidad *f*
digress [daɪˈgrɛs, də-] *vi* : desviarse del tema, divagar
digression [daɪˈgrɛʃən, də-] *n* : digresión *f*
dike *or* **dyke** [ˈdaɪk] *n* : dique *m*
dilapidated [dəˈlæpəˌdeɪṭəd] *adj* : ruinoso, desvencijado, destartalado
dilapidation [dəˌlæpəˈdeɪʃən] *n* : deterioro *m*, estado *m* ruinoso
dilate [daɪˈleɪt, ˈdaɪˌleɪt] *v* **-lated; -lating** *vt* : dilatar — *vi* : dilatarse
dilemma [dɪˈlɛmə] *n* : dilema *m*
dilettante [ˈdɪləˌtɑnt, -ˌtænt] *n, pl* **-tantes** [-ˌtɑnts, -ˌtænts] *or* **-tanti** [ˌdɪləˈtɑnti, -ˈtæn-] : diletante *mf*
diligence [ˈdɪləʤənts] *n* : diligencia *f*, aplicación *f*
diligent [ˈdɪləʤənt] *adj* : diligente ⟨a diligent search : una búsqueda minuciosa⟩ — **diligently** *adv*
dill [ˈdɪl] *n* : eneldo *m*
dillydally [ˈdɪliˌdæli] *vi* **-lied; lying** : demorarse, perder tiempo
dilute [daɪˈluːt, də-] *vt* **-luted; -luting** : diluir, aguar
dilution [daɪˈluːʃən, də-] *n* : dilución *f*
dim[1] [ˈdɪm] *v* **dimmed; dimming** *vt* : atenuar (la luz), nublar (la vista), borrar (la memoria), opacar (una superficie) — *vi* : oscurecerse, apagarse
dim[2] *adj* **dimmer; dimmest** **1** FAINT : oscuro, tenue (dícese de la luz), nublado (dícese de la vista), borrado (dícese de la memoria) **2** DULL : deslustrado **3** STUPID : tonto, torpe
dime [ˈdaɪm] *n* : moneda *f* de diez centavos
dimension [dəˈmɛntʃən, daɪ-] *n* **1** : dimensión *f* **2 dimensions** *npl* EXTENT, SCOPE : dimensiones *fpl*, extensión *f*, medida *f*
diminish [dəˈmɪnɪʃ] *vt* LESSEN : disminuir, reducir, amainar — *vi* DWINDLE, WANE : menguar, reducirse
diminutive [dəˈmɪnjuṭɪv] *adj* : diminutivo, minúsculo
dimly [ˈdɪmli] *adv* : indistintamente, débilmente
dimmer [ˈdɪmər] *n* : potenciómetro *m*, conmutador *m* de luces (en automóviles)
dimness [ˈdɪmnəs] *n* : oscuridad *f*, debilidad *f* (de la vista), imprecisión *f* (de la memoria)
dimple [ˈdɪmpəl] *n* : hoyuelo *m*
din [ˈdɪn] *n* : estrépito *m*, estruendo *m*
dine [ˈdaɪn] *vi* **dined; dining** : cenar
diner [ˈdaɪnər] *n* **1** : comensal *mf* (persona) **2** : vagón *m* restaurante (en un tren) **3** : cafetería *f*, restaurante *m* barato
dinghy [ˈdɪŋi, ˈdɪŋgi, ˈdɪŋki] *n, pl* **-ghies** : bote *m*
dinginess [ˈdɪnʤinəs] *n* **1** DIRTINESS : suciedad *f* **2** SHABBINESS : lo gastado, lo deslucido
dingy [ˈdɪnʤi] *adj* **-gier; -est** **1** DIRTY : sucio **2** SHABBY : gastado, deslucido
dinner [ˈdɪnər] *n* : cena *f*, comida *f*
dinosaur [ˈdaɪnəˌsɔr] *n* : dinosaurio *m*
dint [ˈdɪnt] *n* **by dint of** : a fuerza de
diocese [ˈdaɪəsəs, -ˌsiːz, -ˌsiːs] *n, pl* **-ceses** [ˈdaɪəsəsəz] : diócesis *f*
dip[1] [ˈdɪp] *v* **dipped; dipping** *vt* **1** DUNK, PLUNGE : sumergir, mojar, meter **2** LADLE : servir con cucharón **3** LOWER : bajar, arriar (una bandera) — *vi* **1** DESCEND, DROP : bajar en picada, descender **2** SLOPE : bajar, inclinarse
dip[2] *n* **1** SWIM : chapuzón *m* **2** DROP : descenso *m*, caída *f* **3** SLOPE : cuesta *f*, declive *m* **4** SAUCE : salsa *f*
diphtheria [dɪfˈθɪriə] *n* : difteria *f*
diphthong [ˈdɪfˌθɔŋ] *n* : diptongo *m*
diploma [dəˈploːmə] *n, pl* **-mas** : diploma *m*
diplomacy [dəˈploːməsi] *n* **1** : diplomacia *f* **2** TACT : tacto *m*, discreción *f*
diplomat [ˈdɪpləˌmæt] *n* **1** : diplomático *m*, -ca *f* (en relaciones internacionales) **2** : persona *f* diplomática
diplomatic [ˌdɪpləˈmæṭɪk] *adj* : diplomático ⟨diplomatic immunity : inmunidad diplomática⟩
dipper [ˈdɪpər] *n* **1** LADLE : cucharón *m*, cazo *m* **2 Big Dipper** : Osa *f* Mayor **3 Little Dipper** : Osa *f* Menor
dire [ˈdaɪr] *adj* **direr; direst** **1** HORRIBLE : espantoso, terrible, horrendo **2** EXTREME : extremo ⟨dire poverty : pobreza extrema⟩
direct[1] [dəˈrɛkt, daɪ-] *vt* **1** ADDRESS : dirigir, mandar **2** AIM, POINT : dirigir **3** GUIDE : indicarle el camino (a alguien), orientar **4** MANAGE : dirigir ⟨to direct a film : dirigir una película⟩ **5** COMMAND : ordenar, mandar
direct[2] *adv* : directamente
direct[3] *adj* **1** STRAIGHT : directo **2** FRANK : franco
direct current *n* : corriente *f* continua
direction [dəˈrɛkʃən, daɪ-] *n* **1** SUPERVISION : dirección *f* **2** INSTRUCTION, ORDER : instrucción *f*, orden *f* **3** COURSE : dirección *f*, rumbo *m* ⟨to change direction : cambiar de dirección⟩ **4 to ask directions** : pedir indicaciones
directional [dəˈrɛkʃənəl, daɪ-] *adj* : direccional
directive [dəˈrɛktɪv, daɪ-] *n* : directiva *f*
directly [dəˈrɛktli, daɪ-] *adv* **1** STRAIGHT : directamente ⟨directly north : directamente al norte⟩ **2** FRANKLY : fran-

camente **3** EXACTLY : exactamente, justo ⟨directly opposite : justo enfrente⟩ **4** IMMEDIATELY : en seguida, inmediatamente
directness [də'rɛktnəs, daɪ-] *n* : franqueza *f*
director [də'rɛktər, daɪ-] *n* **1** : director *m*, -tora *f* **2 board of directors** : junta *f* directiva, directorio *m*
directory [də'rɛktəri, daɪ-] *n, pl* **-ries** : guía *f*, directorio *m* ⟨telephone directory : directorio telefónico⟩
dirge ['dərʤ] *n* : canto *m* fúnebre
dirigible ['dɪrəʤəbəl, də'rɪʤə-] *n* : dirigible *m*, zepelín *m*
dirt ['dərt] *n* **1** FILTH : suciedad *f*, mugre *f*, porquería *f* **2** SOIL : tierra *f*
dirtiness ['dərtinəs] *n* : suciedad *f*
dirty[1] ['dərti] *vt* **dirtied; dirtying** : ensuciar, manchar
dirty[2] *adj* **dirtier; -est** **1** SOILED, STAINED : sucio, manchado **2** DISHONEST : sucio, deshonesto ⟨a dirty player : un jugador tramposo⟩ ⟨a dirty trick : una mala pasada⟩ **3** INDECENT : indecente, cochino ⟨a dirty joke : un chiste verde⟩
disability [,dɪsə'bɪləti] *n, pl* **-ties** : minusvalía *f*, discapacidad *f*, invalidez *f*
disable [dɪs'eɪbəl] *vt* **-abled; -abling** : dejar inválido, inutilizar, incapacitar
disabled [dɪs'eɪbəld] *adj* : minusválido, discapacitado
disabuse [,dɪsə'bju:z] *vt* **-bused; -busing** : desengañar, sacar del error
disadvantage [,dɪsəd'væntɪʤ] *n* : desventaja *f*
disadvantageous [,dɪs,æd,væn'teɪ-ʤəs] *adj* : desventajoso, desfavorable
disagree [,dɪsə'gri:] *vi* **1** DIFFER : discrepar, no coincidir **2** DISSENT : disentir, discrepar, no estar de acuerdo
disagreeable [,dɪsə'gri:əbəl] *adj* : desagradable
disagreement [,dɪsə'gri:mənt] *n* **1** : desacuerdo *m* **2** DISCREPANCY : discrepancia *f* **3** ARGUMENT : discusión *f*, altercado *m*, disputa *f*
disappear [,dɪsə'pɪr] *vi* : desaparecer, desvanecerse ⟨to disappear from view : perderse de vista⟩
disappearance [,dɪsə'pɪrənts] *n* : desaparición *f*
disappoint [,dɪsə'pɔɪnt] *vt* : decepcionar, defraudar, fallar
disappointing [,dɪsə'pɔɪntɪŋ] *adj* : decepcionante
disappointment [,dɪsə'pɔɪntmənt] *n* : decepción *f*, desilusión *f*, chasco *m*
disapproval [,dɪsə'pru:vəl] *n* : desaprobación *f*
disapprove [,dɪsə'pru:v] *vi* **-proved; -proving** : desaprobar, estar en contra
disapprovingly [,dɪsə'pru:vɪŋli] *adv* : con desaprobación
disarm [dɪs'ɑrm] *vt* : desarmar
disarmament [dɪs'ɑrməmənt] *n* : desarme *m* ⟨nuclear disarmament : desarme nuclear⟩
disarrange [,dɪsə'reɪnʤ] *vt* **-ranged; -ranging** : desarreglar, desordenar
disarray [,dɪsə'reɪ] *n* : desorden *m*, confusión *f*, desorganización *f*
disaster [dɪ'zæstər] *n* : desastre *m*, catástrofe *f*
disastrous [dɪ'zæstrəs] *adj* : desastroso
disband [dɪs'bænd] *vt* : disolver — *vi* : disolverse, dispersarse
disbar [dɪs'bɑr] *vt* **-barred; -barring** : prohibir de ejercer la abogacía
disbelief [,dɪsbɪ'li:f] *n* : incredulidad *f*
disbelieve [,dɪsbɪ'li:v] *v* **-lieved; -lieving** : no creer, dudar
disburse [dɪs'bərs] *vt* **-bursed; -bursing** : desembolsar
disbursement [dɪs'bərsmənt] *n* : desembolso *m*
disc → **disk**
discard [dɪs'kɑrd, 'dɪs,kɑrd] *vt* : desechar, deshacerse de, botar — *vi* : descartarse (en juegos de naipes)
discern [dɪ'sərn, -'zərn] *vt* : discernir, distinguir, percibir
discernible [dɪ'sərnəbəl, -'zər-] *adj* : perceptible, visible
discernment [dɪ'sərnmənt, -'zərn-] *n* : discernimiento *m*, criterio *m*
discharge[1] [dɪs'ʧɑrʤ, 'dɪs,-] *v* **-charged; -charging** **1** UNLOAD : descargar (carga), desembarcar (pasajeros) **2** SHOOT : descargar, disparar **3** FREE : liberar, poner en libertad **4** DISMISS : despedir **5** EMIT : despedir (humo, etc.), descargar (electricidad) **6** : cumplir con (una obligación), saldar (una deuda) — *vi* **1** : descargarse (dícese de una batería) **2** OOZE : supurar
discharge[2] ['dɪs,ʧɑrʤ, dɪs'-] *n* **1** EMISSION : descarga *f* (de electricidad), emisión *f* (de gases) **2** DISMISSAL : despido *m* (del empleo), baja *f* (del ejército) **3** SECRETION : secreción *f*
disciple [dɪ'saɪpəl] *n* : discípulo *m*, -la *f*
discipline[1] ['dɪsəplən] *vt* **-plined; -plining** **1** PUNISH : castigar, sancionar (a los empleados) **2** CONTROL : disciplinar **3 to discipline oneself** : disciplinarse
discipline[2] *n* **1** FIELD : disciplina *f*, campo *m* **2** TRAINING : disciplina *f* **3** PUNISHMENT : castigo *m* **4** SELF-CONTROL : dominio *m* de sí mismo
disc jockey *n* : disc jockey *mf*
disclaim [dɪs'kleɪm] *vt* DENY : negar
disclose [dɪs'klo:z] *vt* **-closed; -closing** : revelar, poner en evidencia
disclosure [dɪs'klo:ʒər] *n* : revelación *f*
disco ['dɪsko:] *n* **1** → **discotheque** **2** *or* **disco music** : disco *f*, música *f* disco

discolor [dɪsˈkʌlər] *vt* **1** BLEACH : decolorar **2** FADE : desteñir **3** STAIN : manchar — *vi* : decolorarse, desteñirse
discoloration [dɪsˌkʌləˈreɪʃən] *n* **1** FADING : decoloración *f* **2** STAIN : mancha *f*
discomfort [dɪsˈkʌmfərt] *n* **1** PAIN : molestia *f*, malestar *m* **2** UNEASINESS : inquietud *f*
disconcert [ˌdɪskənˈsərt] *vt* : desconcertar
disconcerting [ˌdɪskənˈsərṭɪŋ] *adj* : desconcertante
disconnect [ˌdɪskəˈnɛkt] *vt* : desconectar
disconnected [ˌdɪskəˈnɛktəd] *adj* : inconexo
disconsolate [dɪsˈkɑntsələt] *adj* : desconsolado
discontent [ˌdɪskənˈtɛnt] *n* : descontento *m*
discontented [ˌdɪskənˈtɛntəd] *adj* : descontento
discontinue [ˌdɪskənˈtɪnˌjuː] *vt* **-ued; -uing** : suspender, descontinuar
discontinuity [dɪsˌkɑntəˈnuːəṭi, -ˈnjuː-] *n, pl* **-ties** : discontinuidad *f*
discontinuous [ˌdɪskənˈtɪnjəwəs] *adj* : discontinuo
discord [ˈdɪsˌkɔrd] *n* **1** STRIFE : discordia *f*, discordancia *f* **2** : disonancia *f* (en música)
discordant [dɪsˈkɔrdənt] *adj* : discordante, discorde — **discordantly** *adv*
discotheque [ˈdɪskəˌtɛk, ˌdɪskəˈtɛk] *n* : discoteca *f*
discount[1] [ˈdɪsˌkaʊnt, dɪsˈ-] *vt* **1** REDUCE : descontar, rebajar (precios) **2** DISREGARD : descartar, ignorar
discount[2] [ˈdɪsˌkaʊnt] *n* : descuento *m*, rebaja *f*
discourage [dɪsˈkərɪʤ] *vt* **-aged; -aging** **1** DISHEARTEN : desalentar, desanimar **2** DISSUADE : disuadir
discouragement [dɪsˈkərɪʤmənt] *n* : desánimo *m*, desaliento *m*
discouraging [dɪsˈkərəʤɪŋ] *adj* : desalentador
discourse[1] [dɪsˈkors] *vi* **-coursed; -coursing** : disertar, conversar
discourse[2] [ˈdɪsˌkors] *n* **1** TALK : conversación *f* **2** SPEECH, TREATISE : discurso *m*, tratado *m*
discourteous [dɪsˈkərṭiəs] *adj* : descortés — **discourteously** *adv*
discourtesy [dɪsˈkərṭəsi] *n, pl* **-sies** : descortesía *f*
discover [dɪsˈkʌvər] *vt* : descubrir
discoverer [dɪsˈkʌvərər] *n* : descubridor *m*, -dora *f*
discovery [dɪsˈkʌvəri] *n, pl* **-ries** : descubrimiento *m*
discredit[1] [dɪsˈkrɛdət] *vt* **1** DISBELIEVE : no creer, dudar **2** : desacreditar, desprestigiar, poner en duda ⟨they discredited his research : desacreditaron sus investigaciones⟩
discredit[2] *n* **1** DISREPUTE : descrédito *m*, desprestigio *m* **2** DOUBT : duda *f*
discreet [dɪsˈkriːt] *adj* : discreto — **discreetly** *adv*
discrepancy [dɪsˈkrɛpəntsi] *n, pl* **-cies** : discrepancia *f*
discretion [dɪsˈkrɛʃən] *n* **1** CIRCUMSPECTION : discreción *f*, circunspección *f* **2** JUDGMENT : discernimiento *m*, criterio *m*
discretionary [dɪsˈkrɛʃəˌnɛri] *adj* : discrecional
discriminate [dɪsˈkrɪməˌneɪt] *v* **-nated; -nating** *vt* DISTINGUISH : distinguir, discriminar, diferenciar — *vi* : discriminar ⟨to discriminate against women : discriminar a las mujeres⟩
discrimination [dɪsˌkrɪməˈneɪʃən] *n* **1** PREJUDICE : discriminación *f* **2** DISCERNMENT : discernimiento *m*
discriminatory [dɪsˈkrɪmənəˌtori] *adj* : discriminatorio
discus [ˈdɪskəs] *n, pl* **-cuses** [-kəsəz] : disco *m*
discuss [dɪsˈkʌs] *vt* : hablar de, discutir, tratar (de)
discussion [dɪsˈkʌʃən] *n* : discusión *f*, debate *m*, conversación *f*
disdain[1] [dɪsˈdeɪn] *vt* : desdeñar, despreciar ⟨they disdained to reply : no se dignaron a responder⟩
disdain[2] *n* : desdén *m*
disdainful [dɪsˈdeɪnfəl] *adj* : desdeñoso — **disdainfully** *adv*
disease [dɪˈziːz] *n* : enfermedad *f*, mal *m*, dolencia *f*
diseased [dɪˈziːzd] *adj* : enfermo
disembark [ˌdɪsɪmˈbɑrk] *v* : desembarcar
disembarkation [dɪsˌɛmˌbɑrˈkeɪʃən] *n* : desembarco *m*, desembarque *m*
disembodied [ˌdɪsɪmˈbɑdid] *adj* : incorpóreo
disenchant [ˌdɪsɪnˈʧænt] *vt* : desilusionar, desencantar, desengañar
disenchantment [ˌdɪsɪnˈʧæntmənt] *n* : desencanto *m*, desilusión *f*
disengage [ˌdɪsɪnˈgeɪʤ] *vt* **-gaged; -gaging** **1** : soltar, desconectar (un mecanismo) **2 to disengage the clutch** : desembragar
disentangle [ˌdɪsɪnˈtæŋgəl] *vt* **-gled; -gling** UNTANGLE : desenredar, desenmarañar
disfavor [dɪsˈfeɪvər] *n* : desaprobación *f*
disfigure [dɪsˈfɪgjər] *vt* **-ured; -uring** : desfigurar (a una persona), afear (un edificio, un área)
disfigurement [dɪsˈfɪgjərmənt] *n* : desfiguración *f*, afeamiento *m*
disfranchise [dɪsˈfrænˌʧaɪz] *vt* **-chised; -chising** : privar del derecho a votar
disgrace[1] [dɪˈskreɪs] *vt* **-graced; -gracing** : deshonrar
disgrace[2] *n* **1** DISHONOR : desgracia *f*, deshonra *f* **2** SHAME : vergüenza *f*

⟨he's a disgrace to his family : es una vergüenza para su familia⟩
disgraceful [dɪˈskreɪsfəl] *adj* : vergonzoso, deshonroso, ignominioso
disgracefully [dɪˈskreɪsfəli] *adv* : vergonzosamente
disgruntle [dɪsˈgrʌntəl] *vt* **-tled; -tling** : enfadar, contrariar
disguise[1] [dɪˈskaɪz] *vt* **-guised; -guising** 1 : disfrazar, enmascarar (el aspecto) 2 CONCEAL : encubrir, disimular
disguise[2] *n* : disfraz *m*
disgust[1] [dɪˈskʌst] *vt* : darle asco (a alguien), asquear, repugnar ⟨that disgusts me : eso me da asco⟩
disgust[2] *n* : asco *m*, repugnancia *f*
disgusting [dɪˈskʌstɪŋ] *adj* : asqueroso, repugnante — **disgustingly** *adv*
dish[1] [ˈdɪʃ] *vt* SERVE : servir
dish[2] *n* 1 : plato *m* ⟨the national dish : el plato nacional⟩ 2 PLATE : plato *m* ⟨to wash the dishes : lavar los platos⟩ 3 **serving dish** : fuente *f*
dishcloth [ˈdɪʃˌklɔth] *n* : paño *m* de cocina (para secar), trapo *m* de fregar (para lavar)
dishearten [dɪsˈhɑrtən] *vt* : desanimar, desalentar
dishevel [dɪˈʃɛvəl] *vt* **-eled** *or* **-elled; -eling** *or* **-elling** : desarreglar, despeinar (el pelo)
disheveled *or* **dishevelled** [dɪˈʃɛvəld] *adj* : despeinado (dícese del pelo), desarreglado, desaliñado
dishonest [dɪˈsɑnəst] *adj* : deshonesto, fraudulento — **dishonestly** *adv*
dishonesty [dɪˈsɑnəsti] *n, pl* **-ties** : deshonestidad *f*, falta *f* de honradez
dishonor[1] [dɪˈsɑnər] *vt* : deshonrar
dishonor[2] *n* : deshonra *f*
dishonorable [dɪˈsɑnərəbəl] *adj* : deshonroso — **dishonorably** [-bli] *adv*
dishrag [ˈdɪʃˌræg] → **dishcloth**
dishwasher [ˈdɪʃˌwɔʃər] *n* : lavaplatos *m*, lavavajillas *m*
disillusion [ˌdɪsəˈluːʒən] *vt* : desilusionar, desencantar, desengañar
disillusionment [ˌdɪsəˈluːʒənmənt] *n* : desilusión *f*, desencanto *m*
disinclination [dɪsˌɪnkləˈneɪʃən, -ˌɪŋ-] *n* : aversión *f*
disinclined [ˌdɪsɪnˈklaɪnd] *adv* : poco dispuesto
disinfect [ˌdɪsɪnˈfɛkt] *vt* : desinfectar
disinfectant[1] [ˌdɪsɪnˈfɛktənt] *adj* : desinfectante
disinfectant[2] *n* : desinfectante *m*
disinherit [ˌdɪsɪnˈhɛrət] *vt* : desheredar
disintegrate [dɪsˈɪntəˌgreɪt] *v* **-grated; -grating** *vt* : desintegrar, deshacer — *vi* : desintegrarse, deshacerse
disintegration [dɪsˌɪntəˈgreɪʃən] *n* : desintegración *f*
disinterested [dɪsˈɪntərəstəd, -ˌrɛs-] *adj* 1 INDIFFERENT : indiferente 2 IMPARTIAL : imparcial, desinteresado
disinterestedness [dɪsˈɪntərəstədnəs, -ˌrɛs-] *n* : desinterés *m*
disjointed [dɪsˈʤɔɪntəd] *adj* : inconexo, incoherente
disk *or* **disc** [ˈdɪsk] *n* : disco *m*
disk drive *n* : unidad *f* de disco
diskette [ˌdɪsˈkɛt] *n* : diskette *m*, disquete *m*
dislike[1] [dɪsˈlaɪk] *vt* **-liked; -liking** : tenerle aversión a (algo), tenerle antipatía (a alguien), no gustarle (algo a uno)
dislike[2] *n* : aversión *f*, antipatía *f*
dislocate [ˈdɪsloˌkeɪt, dɪsˈloː-] *vt* **-cated; -cating** : dislocar
dislocation [ˌdɪsloˈkeɪʃən] *n* : dislocación *f*
dislodge [dɪsˈlɑʤ] *vt* **-lodged; -lodging** : sacar, desalojar, desplazar
disloyal [dɪsˈlɔɪəl] *adj* : desleal
disloyalty [dɪsˈlɔɪəlti] *n, pl* **-ties** : deslealtad *f*
dismal [ˈdɪzməl] *adj* 1 GLOOMY : sombrío, lúgubre, tétrico 2 DEPRESSING : deprimente, triste
dismantle [dɪsˈmæntəl] *vt* **-tled; -tling** : desmantelar, desmontar, desarmar
dismay[1] [dɪsˈmeɪ] *vt* : consternar
dismay[2] *n* : consternación *f*
dismember [dɪsˈmɛmbər] *vt* : desmembrar
dismiss [dɪsˈmɪs] *vt* 1 : dejar salir, darle permiso (a alguien) para retirarse 2 DISCHARGE : despedir, destituir 3 REJECT : descartar, desechar, rechazar
dismissal [dɪsˈmɪsəl] *n* 1 : permiso *m* para retirarse 2 DISCHARGE : despido *m* (de un empleado), destitución *f* (de un funcionario) 3 REJECTION : rechazo *m*
dismount [dɪsˈmaʊnt] *vi* : desmontar, bajarse, apearse
disobedience [ˌdɪsəˈbiːdiənts] *n* : desobediencia *f* — **disobedient** [-ənt] *adj*
disobey [ˌdɪsəˈbeɪ] *v* : desobedecer
disorder[1] [dɪsˈɔrdər] *vt* : desordenar, desarreglar
disorder[2] *n* 1 DISARRAY : desorden *m* 2 UNREST : disturbios *mpl*, desórdenes *mpl* 3 AILMENT : afección *f*, indisposición *f*, dolencia *f*
disorderly [dɪsˈɔrdərli] *adj* 1 UNTIDY : desordenado, desarreglado 2 UNRULY : indisciplinado, alborotado 3 **disorderly conduct** : conducta *f* escandalosa
disorganization [dɪsˌɔrgənəˈzeɪʃən] *n* : desorganización *f*
disorganize [dɪsˈɔrgəˌnaɪz] *vt* **-nized; -nizing** : desorganizar
disorient [dɪsˈoriˌɛnt] *vt* : desorientar
disown [dɪsˈoːn] *vt* : renegar de, repudiar
disparage [dɪsˈpærɪʤ] *vt* **-aged; -aging** : menospreciar, denigrar
disparagement [dɪsˈpærɪʤmənt] *n* : menosprecio *m*

disparate [ˈdɪspərət, dɪsˈpærət] *adj* : dispar, diferente
disparity [dɪsˈpærəṯi] *n, pl* **-ties** : disparidad *f*
dispassionate [dɪsˈpæʃənət] *adj* : desapasionado, imparcial — **dispassionately** *adv*
dispatch[1] [dɪsˈpæʧ] *vt* **1** SEND : despachar, enviar **2** KILL : despachar, matar **3** HANDLE : despachar
dispatch[2] *n* **1** SENDING : envío *m*, despacho *m* **2** MESSAGE : despacho *m*, reportaje *m* (de un periodista), parte *m* (en el ejército) **3** PROMPTNESS : prontitud *f*, rapidez *f*
dispel [dɪsˈpɛl] *vt* **-pelled; -pelling** : disipar, desvanecer
dispensable [dɪˈspɛntsəbəl] *adj* : prescindible
dispensation [ˌdɪspɛnˈseɪʃən] *n* EXEMPTION : exención *m*, dispensa *f*
dispense [dɪsˈpɛnts] *v* **-pensed; -pensing** *vt* **1** DISTRIBUTE : repartir, distribuir, dar **2** ADMINISTER, BESTOW : administrar (justicia), conceder (favores, etc.) **3** : preparar y despachar (medicamentos) — *vi* **to dispense with** : prescindir de
dispenser [dɪsˈpɛntsər] *n* : dispensador *m*, distribuidor *m* automático
dispersal [dɪsˈpərsəl] *n* : dispersión *f*
disperse [dɪsˈpərs] *v* **-persed; -persing** *vt* : dispersar, diseminar — *vi* : dispersarse
dispersion [dɪˈspərʒən] *n* : dispersión *f*
dispirit [dɪˈspɪrət] *vt* : desalentar, desanimar
displace [dɪsˈpleɪs] *vt* **-placed; -placing** **1** : desplazar (un líquido, etc.) **2** REPLACE : reemplazar
displacement [dɪsˈpleɪsmənt] *n* **1** : desplazamiento *m* (de personas) **2** REPLACEMENT : sustitución *f*, reemplazo *m*
display[1] [dɪsˈpleɪ] *vt* : exponer, exhibir, mostrar
display[2] *n* **1** : muestra *f*, exposición *f*, alarde *m* **2** : visualizador *m* (de una computadora)
displease [dɪsˈpli:z] *vt* **-pleased; -pleasing** : desagradar a, disgustar, contrariar
displeasure [dɪsˈplɛʒər] *n* : desagrado *m*
disposable [dɪsˈpo:zəbəl] *adj* **1** : desechable ⟨disposable diapers : pañales desechables⟩ **2** AVAILABLE : disponible
disposal [dɪsˈpo:zəl] *n* **1** PLACEMENT : disposición *f*, colocación *f* **2** REMOVAL : eliminación *f* **3 to have at one's disposal** : disponer de, tener a su disposición
dispose [dɪsˈpo:z] *v* **-posed; -posing** *vt* **1** ARRANGE : disponer, colocar **2** INCLINE : predisponer — *vi* **1 to dispose of** DISCARD : desechar, deshacerse de **2 to dispose of** HANDLE : despachar
disposition [ˌdɪspəˈzɪʃən] *n* **1** ARRANGEMENT : disposición *f* **2** TENDENCY : predisposición *f*, inclinación *f* **3** TEMPERAMENT : temperamento *m*, carácter *m*
dispossess [ˌdɪspəˈzɛs] *vt* : deposeer
disproportion [ˌdɪsprəˈporʃən] *n* : desproporción *f*
disproportionate [ˌdɪsprəˈporʃənət] *adj* : desproporcionado — **disproportionately** *adv*
disprove [dɪsˈpru:v] *vt* **-proved; -proving** : rebatir, refutar
disputable [dɪsˈpju:ṯəbəl, ˈdɪspjʊṯəbəl] *adj* : disputable, discutible
dispute[1] [dɪsˈpju:t] *v* **-puted; -puting** *vt* **1** QUESTION : discutir, cuestionar **2** OPPOSE : combatir, resistir — *vi* ARGUE, DEBATE : discutir
dispute[2] *n* **1** DEBATE : debate *m*, discusión *f* **2** QUARREL : disputa *f*, discusión *f*
disqualification [dɪsˌkwɑləfəˈkeɪʃən] *n* : descalificación *f*
disqualify [dɪsˈkwɑləˌfaɪ] *vt* **-fied; -fying** : descalificar, inhabilitar
disquiet[1] [dɪsˈkwaɪəṯ] *vt* : inquietar
disquiet[2] *n* : ansiedad *f*, inquietud *f*
disregard[1] [ˌdɪsrɪˈgɑrd] *vt* : ignorar, no prestar atención a
disregard[2] *n* : indiferencia *f*
disrepair [ˌdɪsrɪˈpær] *n* : mal estado *m*
disreputable [dɪsˈrɛpjʊṯəbəl] *adj* : de mala fama (dícese de una persona o un lugar), vergonzoso (dícese de la conducta)
disreputably [dɪsˈrɛpjʊṯəbli] *adv* : vergonzosamente
disrepute [ˌdɪsrɪˈpju:t] *n* : descrédito *m*, mala fama *f*, deshonra *f*
disrespect [ˌdɪsrɪˈspɛkt] *n* : falta *f* de respeto
disrespectful [ˌdɪsrɪˈspɛktfəl] *adj* : irrespetuoso — **disrespectfully** *adv*
disrobe [dɪsˈro:b] *v* **-robed; -robing** *vt* : desvestir, desnudar — *vi* : desvestirse, desnudarse
disrupt [dɪsˈrʌpt] *vt* : trastornar, perturbar
disruption [dɪsˈrʌpʃən] *n* : trastorno *m*
disruptive [dɪsˈrʌptɪv] *adj* : perjudicial, perturbador — **disruptively** *adv*
dissatisfaction [dɪsˌsæṯəsˈfækʃən] *n* : descontento *m*, insatisfacción *f*
dissatisfied [dɪsˈsæṯəsˌfaɪd] *adj* : descontento, insatisfecho
dissatisfy [dɪsˈsæṯəsˌfaɪ] *vt* **-fied; -fying** : no contentar, no satisfacer
dissect [dɪˈsɛkt] *vt* : disecar
dissection [dɪˈsɛkʃən] *n* : disección *f*
dissemble [dɪˈsɛmbəl] *v* **-bled; -bling** *vt* HIDE : ocultar, disimular — *vi* PRETEND : fingir, disimular
disseminate [dɪˈsɛməˌneɪt] *vt* **-nated; -nating** : diseminar, difundir, divulgar
dissemination [dɪˌsɛməˈneɪʃən] *n* : diseminación *f*, difusión *f*
dissension [dɪˈsɛnʧən] *n* : disensión *f*, desacuerdo *m*

dissent[1] [dɪ'sɛnt] *vi* : disentir
dissent[2] *n* : disentimiento *m*, disensión *f*
dissertation [ˌdɪsər'teɪʃən] *n* **1** DISCOURSE : disertación *f*, discurso *m* **2** THESIS : tesis *f*
disservice [dɪs'sərvɪs] *n* : perjuicio *m*
dissident[1] ['dɪsədənt] *adj* : disidente
dissident[2] *n* : disidente *mf*
dissimilar [dɪ'sɪmələr] *adj* : distinto, diferente, disímil
dissipate ['dɪsəˌpeɪt] *vt* **-pated; -pating** **1** DISPERSE : disipar, dispersar **2** SQUANDER : malgastar, desperdiciar, derrochar, disipar
dissipation [ˌdɪsə'peɪʃən] *n* : disipación *f*, libertinaje *m*
dissociate [dɪ'so:ʃiˌeɪt, -si-] *v* **-ated** [-ˌeɪt̬əd]; **-ating** [-ˌeɪt̬ɪŋ] *vt* : disociar ⟨to disassociate oneself : disociarse⟩ — *vi* : disociarse
dissociation [dɪˌso:ʃi'eɪʃən, -si-] *n* : disociación *f*
dissolute ['dɪsəˌlu:t] *adj* : disoluto
dissolution [ˌdɪsə'lu:ʃən] *n* : disolución *f*
dissolve [dɪ'zɑlv] *v* **-solved; -solving** *vt* : disolver — *vi* : disolverse
dissonance ['dɪsənənts] *n* : disonancia *f*
dissuade [dɪ'sweɪd] *vt* **-suaded; -suading** : disuadir
distance[1] ['dɪstənts] *vt* **-tanced** [-tənst]; **-tancing** [-təntsɪŋ] **to distance oneself** : distanciarse
distance[2] *n* **1** : distancia *f* ⟨the distance between two points : la distancia entre dos puntos⟩ ⟨in the distance : a lo lejos⟩ **2** RESERVE : actitud *f* distante, reserva *f* ⟨to keep one's distance : guardar las distancias⟩
distant ['dɪstənt] *adj* **1** FAR : distante, lejano **2** REMOTE : distante, lejano, remoto **3** ALOOF : distante, frío
distantly ['dɪstəntli] *adv* **1** LOOSELY : aproximadamente, vagamente **2** COLDLY : fríamente, con frialdad
distaste [dɪs'teɪst] *n* : desagrado *m*, aversión *f*
distasteful [dɪs'teɪstfəl] *adj* : desagradable, de mal gusto
distemper [dɪs'tɛmpər] *n* : moquillo *m*
distend [dɪs'tɛnd] *vt* : dilatar, hinchar — *vi* : dilatarse, hincharse
distill [dɪ'stɪl] *vt* : destilar
distillation [ˌdɪstə'leɪʃən] *n* : destilación *f*
distiller [dɪ'stɪlər] *n* : destilador *m*, -dora *f*
distillery [dɪ'stɪləri] *n, pl* **-ries** [-riz] : destilería *f*
distinct [dɪ'stɪŋkt] *adj* **1** DIFFERENT : distinto, diferente **2** CLEAR, UNMISTAKABLE : marcado, claro, evidente ⟨a distinct possibility : una clara posibilidad⟩
distinction [dɪ'stɪŋkʃən] *n* **1** DIFFERENTIATION : distinción *f* **2** DIFFERENCE : diferencia *f* **3** EXCELLENCE : distinción *f*, excelencia *f* ⟨a writer of distinction : un escritor destacado⟩
distinctive [dɪ'stɪŋktɪv] *adj* : distintivo, característico — **distinctively** *adv*
distinctiveness [dɪ'stɪŋktɪvnəs] *n* : peculiaridad *f*
distinctly [dɪ'stɪŋktli] *adv* : claramente, con claridad
distinguish [dɪs'tɪŋgwɪʃ] *vt* **1** DIFFERENTIATE : distinguir, diferenciar **2** DISCERN : distinguir ⟨he distinguished the sound of the piano : distinguió el sonido del piano⟩ **3 to distinguish oneself** : señalarse, distinguirse — *vi* DISCRIMINATE : distinguir
distinguishable [dɪs'tɪŋgwɪʃəbəl] *adj* : distinguible
distinguished [dɪs'tɪŋgwɪʃt] *adj* : distinguido
distort [dɪ'stɔrt] *vt* **1** MISREPRESENT : distorsionar, tergiversar **2** DEFORM : distorsionar, deformar
distortion [dɪ'stɔrʃən] *n* : distorsión *f*, deformación *f*, tergiversación *f*
distract [dɪ'strækt] *vt* : distraer, entretener
distracted [dɪ'stræktəd] *adj* : distraído
distraction [dɪ'strækʃən] *n* **1** INTERRUPTION : distracción *f*, interrupción *f* **2** CONFUSION : confusión *f* **3** AMUSEMENT : diversión *f*, entretenimiento *m*, distracción *f*
distraught [dɪ'strɔt] *adj* : afligido, turbado
distress[1] [dɪ'stɛrs] *vt* : afligir, darle pena (a alguien), hacer sufrir
distress[2] *n* **1** SORROW : dolor *m*, angustia *f*, aflicción *f* **2** PAIN : dolor *m* **3 in ~** : en peligro
distressful [dɪ'strɛsfəl] *adj* : doloroso, penoso
distribute [dɪ'strɪˌbju:t, -bjʊt] *vt* **-uted; -uting** : distribuir, repartir
distribution [ˌdɪstrə'bju:ʃən] *n* : distribución *f*, reparto *m*
distributive [dɪ'strɪbjʊt̬ɪv] *adj* : distributivo
distributor [dɪ'strɪbjʊt̬ər] *n* : distribuidor *m*, -dora *f*
district ['dɪsˌtrɪkt] *n* **1** REGION : región *f*, zona *f*, barrio *m* (de una ciudad) **2** : distrito *m* (zona política)
distrust[1] [dɪs'trʌst] *vt* : desconfiar de
distrust[2] *n* : desconfianza *f*, recelo *m*
distrustful [dɪs'trʌstfəl] *adj* : desconfiado, receloso, suspicaz
disturb [dɪ'stərb] *vt* **1** BOTHER : molestar, perturbar ⟨sorry to disturb you : perdone la molestia⟩ **2** DISARRANGE : desordenar **3** WORRY : inquietar, preocupar **4 to disturb the peace** : alterar el orden público
disturbance [dɪ'stərbənts] *n* **1** COMMOTION : alboroto *m*, disturbio *m* **2** INTERRUPTION : interrupción *f*
disuse [dɪs'ju:s] *n* : desuso *m*
ditch[1] ['dɪtʃ] *vt* **1** : cavar zanjas en **2** DISCARD : deshacerse de, botar

ditch[2] *n* : zanja *f*, fosa *f*, cuneta *f* (en una carretera)
dither [ˈdɪðər] *n* **to be in a dither** : estar nervioso, ponerse como loco
ditto [ˈdɪṭoː] *n, pl* **-tos** **1** : lo mismo, ídem *m* **2 ditto marks** : comillas *fpl*
ditty [ˈdɪṭi] *n, pl* **-ties** : canción *f* corta y simple
diurnal [daɪˈərnəl] *adj* **1** DAILY : diario, cotidiano **2** : diurno ⟨a diurnal animal : un animal diurno⟩
divan [ˈdaɪˌvæn, dɪˈ-] *n* : diván *m*
dive[1] [ˈdaɪv] *vi* **dived** *or* **dove** [ˈdoːv]; **dived; diving** **1** PLUNGE : tirarse al agua, zambullirse, dar un clavado **2** SUBMERGE : sumergirse **3** DROP : bajar en picada (dícese de un avión), caer en picada
dive[2] *n* **1** PLUNGE : zambullida *f*, clavado *m* (en el agua) **2** DESCENT : descenso *m* en picada **3** BAR, JOINT : antro *m*
diver [ˈdaɪvər] *n* : saltador *m*, -dora *f*; clavadista *mf*
diverge [dəˈvərʤ, daɪ-] *vi* **-verged; -verging** **1** SEPARATE : divergir, separarse **2** DIFFER : divergir, discrepar
divergence [dəˈvərʤənts, daɪ-] *n* : divergencia *f* — **divergent** [-ənt] *adj*
diverse [daɪˈvərs, də-, ˈdaɪˌvərs] *adj* : diverso, variado
diversification [daɪˌvərsəfəˈkeɪʃən, də-] *n* : diversificación *f*
diversify [daɪˈvərsəˌfaɪ, də-] *vt* **-fied; -fying** : diversificar, variar
diversion [daɪˈvərʒən, də-] *n* **1** DEVIATION : desviación *f* **2** AMUSEMENT, DISTRACTION : diversión *f*, distracción *f*, entretenimiento *m*
diversity [daɪˈvərsəṭi, də-] *n, pl* **-ties** : diversidad *f*
divert [dəˈvərt, daɪ-] *vt* **1** DEFLECT : desviar **2** DISTRACT : distraer **3** AMUSE : divertir, entretener
divest [daɪˈvɛst, də-] *vt* **1** UNDRESS : desnudar, desvestir **2 to divest of** : despojar de
divide [dəˈvaɪd] *v* **-vided; -viding** *vt* **1** HALVE : dividir, partir por la mitad **2** SHARE : repartir, dividir **3** : dividir (números) — *vi* : dividirse, dividir (en matemáticas)
dividend [ˈdɪvəˌdɛnd, -dənd] *n* **1** : dividendo *m* (en finanzas) **2** BONUS : benefício *m*, provecho *m* **3** : dividendo *m* (en matemáticas)
divider [dɪˈvaɪdər] *n* **1** : separador *m* (para ficheros, etc.) **2** *or* **room divider** : mampara *f*, biombo *m*
divination [ˌdɪvəˈneɪʃən] *n* : adivinación *f*
divine[1] [dəˈvaɪn] *adj* **-viner; -est** **1** : divino **2** SUPERB : divino, espléndido — **divinely** *adv*
divine[2] *n* : clérigo *m*, eclesiástico *m*
divinity [dəˈvɪnəṭi] *n, pl* **-ties** : divinidad *f*
divisible [dɪˈvɪzəbəl] *adj* : divisible
division [dɪˈvɪʒən] *n* **1** DISTRIBUTION : división *f*, reparto *m* ⟨division of labor : distribución del trabajo⟩ **2** PART : división *f*, sección *f* **3** : división *f* (en matemáticas)
divisive [dəˈvaɪsɪv] *adj* : divisivo
divisor [dɪˈvaɪzər] *n* : divisor *m*
divorce[1] [dəˈvors] *v* **-vorced; -vorcing** *vt* : divorciar — *vi* : divorciarse
divorce[2] *n* : divorcio *m*
divorcé [dɪˌvorˈseɪ, -ˈsiː; -ˈvorˌ-] *n* : divorciado *m*
divorcée [dɪˌvorˈseɪ, -ˈsiː; -ˈvorˌ-] *n* : divorciada *f*
divulge [dəˈvʌlʤ, daɪ-] *vt* **-vulged; -vulging** : revelar, divulgar
dizzily [ˈdɪzəli] *adv* : vertiginosamente
dizziness [ˈdɪzinəs] *n* : mareo *m*, vahído *m*, vértigo *m*
dizzy [ˈdɪzi] *adj* **dizzier; -est** **1** : mareado ⟨I feel dizzy : estoy mareado⟩ **2** : vertiginoso ⟨a dizzy speed : una velocidad vertiginosa⟩
DNA [ˌdiːˌɛnˈeɪ] *n* : ADN *m*
do[1] [ˈduː] *v* **did** [ˈdɪd]; **done** [ˈdʌn]; **doing; does** [ˈdʌz] *vt* **1** CARRY OUT, PERFORM : hacer, realizar, llevar a cabo ⟨she did her best : hizo todo lo posible⟩ ⟨I didn't do it! : ¡no fui yo!⟩ ⟨do something! : ¡haz algo!⟩ ⟨I did something to my knee : me lastimé la rodilla⟩ ⟨she did nothing to help : no hizo nada para ayudar⟩ ⟨I have nothing to do : no tengo nada que hacer⟩ ⟨are you doing anything tonight? : ¿haces algo esta noche?⟩ ⟨what can I do for you? : ¿en qué puedo servirle?⟩ ⟨to do the chores : hacer los quehaceres⟩ ⟨to do the right thing : hacer lo correcto⟩ ⟨to do someone a favor : hacerle un favor a alguien⟩ **2** : dedicarse a, trabajar en ⟨what do you do (for a living)? : ¿a qué te dedicas?⟩ **3** COMPLETE : hacer ⟨did you do your homework? : ¿hiciste la tarea?⟩ **4** PREPARE : hacer, preparar (comida) **5** ARRANGE : arreglar, peinar (el pelo) ⟨to do one's hair : peinarse⟩ ⟨to do one's makeup/face : maquillarse⟩ **6** GO : ir a (una velocidad) ⟨he was doing 90 (miles per hour) : iba a 90 millas por hora⟩ **7** VISIT : visitar (un lugar) **8** : hacer ⟨the change will do you good : el cambio te hará bien⟩ ⟨that color does nothing for you : ese color no te queda bien⟩ ⟨that song does nothing for me : esa canción no me dice nada⟩ **9** CREATE, PRODUCE : hacer **10** WASH, CLEAN : lavar, limpiar ⟨to do laundry : lavar la ropa⟩ **11** DECORATE : pintar, decorar **12 to do in** RUIN : estropear, arruinar **13 to do in** KILL : matar, liquidar *fam* **14 to do in** TIRE, EXHAUST : agotar **15 to do lunch/dinner (etc.)** : juntarse a almorzar/cenar (etc.) **16 to do over** : volver a hacer **17 to do up** FASTEN : atar, abrochar **18 what is/are . . . doing . . . ?** (*expressing surprise or anno-*

yance) ⟨what are you doing here? : ¿qué haces aquí?⟩ ⟨what is my coat doing on the floor? : ¿qué hace mi abrigo en el suelo?⟩ — *vi* **1** : hacer ⟨you did well : hiciste bien⟩ **2** FARE : estar, ir, andar ⟨how are you doing? : ¿cómo estás?, ¿cómo te va?⟩ **3** SERVE : servir, ser suficiente, alcanzar ⟨this will do for now : esto servirá por el momento⟩ **4 could do with** ⟨I could do with a cup of coffee : un café no me vendría mal⟩ **5 to do away with** ABOLISH : abolir, suprimir **6 to do away with** KILL : eliminar, matar **7 to do by** TREAT : tratar ⟨he does well by her : él la trata bien⟩ **8 to do well to** : hacer bien en **9 to do without** MANAGE : arreglárselas **10 to do without something** : pasar sin algo, prescindir de algo **11 to have to do with** : tener que ver con ⟨that has nothing to do with it : eso no tiene nada que ver (con el asunto)⟩ ⟨I didn't have anything to do with it : no tuve nada que ver con eso⟩ **12 to want nothing to do with** : hacerle la cruz a — *v aux* **1** (*used in questions and negative statements*) ⟨do you know her? : ¿la conoces?⟩ ⟨I don't like that : a mí no me gusta eso⟩ ⟨I don't know : no sé⟩ ⟨do not touch : no tocar⟩ **2** (*used for emphasis*) ⟨I do hope you'll come : espero que vengas⟩ **3** (*used as a substitute verb to avoid repetition*) ⟨do you speak English?—yes, I do : ¿habla inglés?—sí⟩ ⟨so do I : yo también⟩

do[2] [ˈdoː] *n* do *m* (en el canto)

docile [ˈdɑsəl] *adj* : dócil, sumiso

dock[1] [ˈdɑk] *vt* **1** CUT : cortar **2** : descontar dinero de (un sueldo) — *vi* ANCHOR, LAND : fondear, atracar

dock[2] *n* **1** PIER : atracadero *m* **2** WHARF : muelle *m* **3** : banquillo *m* de los acusados (en un tribunal)

doctor[1] [ˈdɑktər] *vt* **1** TREAT : tratar, curar **2** ALTER : adulterar, alterar, falsificar (un documento)

doctor[2] *n* **1** : doctor *m*, -tora *f* ⟨Doctor of Philosophy : doctor en filosofía⟩ **2** PHYSICIAN : médico *m*, -ca *f*; doctor *m*, -tora *f*

doctorate [ˈdɑktərət] *n* : doctorado *m*

doctrine [ˈdɑktrɪn] *n* : doctrina *f*

document[1] [ˈdɑkjʊˌmɛnt] *vt* : documentar

document[2] [ˈdɑkjʊmənt] *n* : documento *m*

documentary[1] [ˌdɑkjʊˈmɛntəri] *adj* : documental

documentary[2] *n, pl* **-ries** : documental *m*

documentation [ˌdɑkjʊmənˈteɪʃən] *n* : documentación *f*

dodge[1] [ˈdɑʤ] *v* **dodged; dodging** *vt* : esquivar, eludir, evadir (impuestos) — *vi* : echarse a un lado

dodge[2] *n* **1** RUSE : truco *m*, treta *f*, artimaña *f* **2** EVASION : regate *m*, evasión *f*

dodo [ˈdoːˌdoː] *n, pl* **-does** *or* **-dos** : dodo *m*

doe [ˈdoː] *n, pl* **does** *or* **doe** : gama *f*, cierva *f*

doer [ˈduːər] *n* : hacedor *m*, -dora *f*

does → **do**

doff [ˈdɑf, ˈdɔf] *vt* : quitarse ⟨to doff one's hat : quitarse el sombrero⟩

dog[1] [ˈdɔg, ˈdɑg] *vt* **dogged; dogging** : seguir de cerca, perseguir, acosar ⟨to dog someone's footsteps : seguir los pasos de alguien⟩ ⟨dogged by bad luck : perseguido por la mala suerte⟩

dog[2] *n* **1** : perro *m*, -rra *f* **2** → **hot dog** **3** *offensive* : mujer *f* fea **4 sick as a dog** : muy enfermo **5 to let sleeping dogs lie** : no remover el avispero

dogcatcher [ˈdɔgˌkæʧər] *n* : perrero *m*, -ra *f*

dog–eared [ˈdɔgˌɪrd] *adj* : con las esquinas dobladas

dogged [ˈdɔgəd] *adj* : tenaz, terco, obstinado

doggy [ˈdɔgi] *n, pl* **doggies** : perrito *m*, -ta *f*

doghouse [ˈdɔgˌhaʊs] *n* : casita *f* de perro

dogma [ˈdɔgmə] *n* : dogma *m*

dogmatic [dɔgˈmæt̬ɪk] *adj* : dogmático

dogmatism [ˈdɔgməˌtɪzəm] *n* : dogmatismo *m*

dogwood [ˈdɔgˌwʊd] *n* : cornejo *m*

doily [ˈdɔɪli] *n, pl* **-lies** : pañito *m*

doings [ˈduːɪŋz] *npl* : eventos *mpl*, actividades *fpl*

doldrums [ˈdoːldrəmz, ˈdɑl-] *npl* **1** : zona *f* de las calmas ecuatoriales **2 to be in the doldrums** : estar abatido (dícese de una persona), estar estancado (dícese de una empresa)

dole [ˈdoːl] *n* **1** ALMS : distribución *f* a los necesitados, limosna *f* **2** : subsidios *mpl* de desempleo

doleful [ˈdoːlfəl] *adj* : triste, lúgubre

dolefully [ˈdoːlfəli] *adv* : con pesar, de manera triste

dole out *vt* **doled out; doling out** : repartir

doll [ˈdɑl, ˈdɔl] *n* : muñeco *m*, -ca *f*

dollar [ˈdɑlər] *n* : dólar *m*

dolly [ˈdɑli] *n, pl* **-lies** **1** → **doll** **2** : plataforma *f* rodante

dolphin [ˈdɑlfən, ˈdɔl-] *n* : delfín *m*

dolt [ˈdoːlt] *n* : imbécil *mf*; tonto *m*, -ta *f*

domain [doˈmeɪn, də-] *n* **1** TERRITORY : dominio *m*, territorio *m* **2** FIELD : campo *m*, esfera *f*, ámbito *m* ⟨the domain of art : el ámbito de las artes⟩

dome [ˈdoːm] *n* : cúpula *f*, bóveda *f*

domestic[1] [dəˈmɛstɪk] *adj* **1** HOUSEHOLD : doméstico, casero **2** : nacional, interno ⟨domestic policy : política interna⟩ **3** TAME : domesticado

domestic[2] *n* : empleado *m* doméstico, empleada *f* doméstica

domestically [dəˈmɛstɪkli] *adv* : domésticamente

domesticate [dəˈmɛstɪˌkeɪt] *vt* **-cated; -cating** : domesticar
domicile [ˈdɑməˌsaɪl, ˈdo:-; ˈdɑməsɪl] *n* : domicilio *m*
dominance [ˈdɑmənənts] *n* : dominio *m*, dominación *f*
dominant [ˈdɑmənənt] *adj* : dominante
dominate [ˈdɑməˌneɪt] *v* **-nated; -nating** : dominar
domination [ˌdɑməˈneɪʃən] *n* : dominación *f*
domineer [ˌdɑməˈnɪr] *vt* : dominar sobre, avasallar, tiranizar
Dominican [dəˈmɪnɪkən] *n* : dominicano *m*, -na *f* — **Dominican** *adj*
dominion [dəˈmɪnjən] *n* **1** POWER : dominio *m* **2** DOMAIN, TERRITORY : dominio *m*, territorio *m*
domino [ˈdɑməˌno:] *n, pl* **-noes** *or* **-nos** **1** : dominó *m* **2 dominoes** *npl* : dominó *m* (juego)
don [ˈdɑn] *vt* **donned; donning** : ponerse
donate [ˈdo:ˌneɪt, do:ˈ-] *vt* **-nated; -nating** : donar, hacer un donativo de
donation [do:ˈneɪʃən] *n* : donación *f*, donativo *m*
done[1] [ˈdʌn] → **do**
done[2] *adj* **1** FINISHED : terminado, acabado, concluido **2** COOKED : cocinado
donkey [ˈdɑŋki, ˈdʌŋ-] *n, pl* **-keys** : burro *m*, asno *m*
donor [ˈdo:nər] *n* : donante *mf*; donador *m*, -dora *f*
don't [ˈdo:nt] *contraction of* **do not** → **do**
doodle[1] [ˈdu:dəl] *v* **-dled; -dling** : garabatear
doodle[2] *n* : garabato *m*
doom[1] [ˈdu:m] *vt* : condenar
doom[2] *n* **1** JUDGMENT : sentencia *f*, condena *f* **2** DEATH : muerte *f* **3** FATE : destino *m* **4** RUIN : perdición *f*, ruina *f*
door [ˈdor] *n* **1** : puerta *f* ⟨there's someone at the door : llaman a la puerta⟩ ⟨to answer the door : abrir la puerta⟩ ⟨can you get the door for me? : ¿me abres/cierras la puerta?⟩ ⟨garage/refrigerator door : puerta del garaje/refrigerador⟩ **2** ENTRANCE : entrada *f*
doorbell [ˈdorˌbɛl] *n* : timbre *m*
doorknob [ˈdorˌnɑb] *n* : pomo *m*, perilla *f*
doorman [ˈdormən] *n, pl* **-men** [-mən, -ˌmɛn] : portero *m*
doormat [ˈdorˌmæt] : felpudo *m*
doorstep [ˈdorˌstɛp] *n* : umbral *m*
doorway [ˈdorˌweɪ] *n* : entrada *f*, portal *m*
dope[1] [ˈdo:p] *vt* **doped; doping** : drogar, narcotizar
dope[2] *n* **1** DRUG : droga *f*, estupefaciente *m*, narcótico *m* **2** IDIOT : idiota *mf*; tonto *m*, -ta *f* **3** INFORMATION : información *f*
dormant [ˈdɔrmənt] *adj* : inactivo, latente
dormer [ˈdɔrmər] *n* : buhardilla *f*
dormitory [ˈdɔrməˌtori] *n, pl* **-ries** : dormitorio *m*, residencia *f* de estudiantes
dormouse [ˈdɔrˌmaʊs] *n* : lirón *m*
dorsal [ˈdɔrsəl] *adj* : dorsal — **dorsally** *adv*
dory [ˈdori] *n, pl* **-ries** : bote *m* de fondo plano
dosage [ˈdo:sɪʤ] *n* : dosis *f*
dose[1] [ˈdo:s] *vt* **dosed; dosing** : medicinar
dose[2] *n* : dosis *f*
dossier [ˈdɔsˌjeɪ, ˈdɑs-] *n* : dossier *m*
dot[1] [ˈdɑt] *vt* **dotted; dotting** **1** : poner el punto sobre (una letra) **2** SCATTER : esparcir, salpicar
dot[2] *n* : punto *m* ⟨at six on the dot : a las seis en punto⟩ ⟨dots and dashes : puntos y rayas⟩
dot–com [ˈdɑtˌkɑm] *n* : puntocom *m*
dote [ˈdo:t] *vi* **doted; doting** : chochear
double[1] [ˈdʌbəl] *v* **-bled; -bling** *vt* **1** : doblar, duplicar (una cantidad), redoblar (esfuerzos) **2** FOLD : doblar, plegar **3 to double one's fist** : apretar el puño — *vi* **1** : doblarse, duplicarse **2 to double over** : retorcerse
double[2] *adj* : doble — **doubly** *adv*
double[3] *n* : doble *mf*
double bass *n* : contrabajo *m*
double–cross [ˌdʌbəlˈkrɔs] *vt* : traicionar
double–crosser [ˌdʌbəlˈkrɔsər] *n* : traidor *m*, -dora *f*
double–jointed [ˌdʌbəlˈʤɔintəd] *adj* : con articulaciones dobles
double–talk [ˈdʌbəlˌtɔk] *n* : ambigüedades *fpl*, lenguaje *m* con doble sentido
doubt[1] [ˈdaʊt] *vt* **1** QUESTION : dudar de, cuestionar **2** DISTRUST : desconfiar de **3** : dudar, creer poco probable ⟨I doubt it very much : lo dudo mucho⟩
doubt[2] *n* **1** UNCERTAINTY : duda *f*, incertidumbre *f* **2** DISTRUST : desconfianza *f* **3** SKEPTICISM : duda *f*, escepticismo *m*
doubtful [ˈdaʊtfəl] *adj* **1** QUESTIONABLE : dudoso **2** UNCERTAIN : dudoso, incierto
doubtfully [ˈdaʊtfəli] *adv* : dudosamente, sin estar convencido
doubtless [ˈdaʊtləs] *or* **doubtlessly** *adv* : sin duda
douche[1] [ˈdu:ʃ] *vt* **douched; douching** : irrigar
douche[2] *n* : ducha *f*, irrigación *f*
dough [ˈdo:] *n* : masa *f*
doughnut *or* **donut** [ˈdo:ˌnʌt] *n* : rosquilla *f*, dona *f Mex*
doughty [ˈdaʊṭi] *adj* **-tier; -est** : fuerte, valiente
dour [ˈdaʊər, ˈdʊr] *adj* **1** STERN : severo, adusto **2** SULLEN : hosco, taciturno — **dourly** *adv*
douse [ˈdaʊs, ˈdaʊz] *vt* **doused; dousing** **1** DRENCH : empapar, mojar **2** EXTINGUISH : extinguir, apagar
dove[1] [ˈdo:v] → **dive**

dove[2] ['dʌv] *n* : paloma *f*

dovetail ['dʌv,teɪl] *vi* : encajar, enlazar

dowdy ['daʊdi] *adj* **dowdier; -est** : sin gracia, poco elegante

dowel ['daʊəl] *n* : clavija *f*

down[1] ['daʊn] *vt* **1** FELL : tumbar, derribar, abatir **2** DEFEAT : derrotar

down[2] *adv* **1** DOWNWARD : hacia abajo ⟨to bend down : agacharse⟩ ⟨to fall down : caer, caerse⟩ ⟨to look down : mirar (hacia) abajo⟩ ⟨she came down to say hello : bajó a saludarnos⟩ ⟨put it down on the table : ponlo en la mesa⟩ ⟨they knocked the wall down : tiraron abajo la pared⟩ **2** BELOW : abajo ⟨we keep it down in the basement : lo guardamos abajo en el sótano⟩ ⟨what's going on down there? : ¿qué pasa allí abajo?⟩ **3** LOWERED : bajado ⟨keep down! : ¡no te levantes!⟩ **4** : a, hacia ⟨he went down to the store : fue a la tienda⟩ ⟨come down and see us! : ¡ven a visitarnos!⟩ **5** : hacia el sur ⟨we went down to Florida : fuimos a Florida⟩ **6** AWAY, OVER : hacia el fondo/lado (etc.) ⟨move down so I can sit : córrete un poco para que pueda sentarme⟩ **7** (*indicating reduction*) ⟨she turned the volume down : bajó el volumen⟩ **8** THOROUGHLY : bien, completamente ⟨to hose down : lavar (con manguera)⟩ **9** (*indicating restriction of motion*) ⟨tie it down : átalo⟩ **10** (*indicating following to a place or source*) ⟨were you able to track her down? : ¿pudiste localizarla?⟩ ⟨they couldn't pin down the cause : no pudieron averiguar la causa⟩ **11** (*indicating lesser importance in a series, etc.*) ⟨it's pretty far/low down on my list : no es muy importante para mí⟩ **12** : en el estómago ⟨to keep food down : retener comida⟩ **13 down to** INCLUDING : hasta ⟨down to the last detail : hasta el último detalle⟩ **14 down with . . . !** : abajo . . . ! ⟨down with racism! : ¡abajo el racismo!⟩ **15 to hand/pass down** : transmitir (cuentos, etc.), pasar ⟨it was handed down to me by my grandmother : lo heredé de mi abuela⟩ **16 to lie down** : acostarse, echarse **17 to put down** ⟨to put down money, to put down a deposit : pagar un depósito⟩ **18 to sit down** : sentarse **19 to take/write down** : apuntar, anotar

down[3] *adj* **1** DESCENDING : de bajada ⟨the down elevator : el ascensor de bajada⟩ **2** : abajo ⟨it's down on the bottom shelf : está en el estante de abajo⟩ ⟨it's further down : está más abajo⟩ ⟨I'm down here : estoy aquí abajo⟩ **3** LOWERED : bajado **4** REDUCED : reducido, rebajado ⟨attendance is down : la concurrencia ha disminuido⟩ ⟨to keep prices down : mantener los precios bajos⟩ **5** DOWNCAST : abatido, deprimido ⟨to feel down : andar deprimido⟩ **6** INOPERATIVE : inoperante ⟨the system is down : el sistema no funciona⟩ **7** BEHIND : perdiendo ⟨they're down (by) ten points : van perdiendo por diez puntos⟩ **8** COMPLETED : hecho, acabado ⟨two down, one to go : dos menos, falta uno⟩

down[4] *n* **1** : plumón *m* **2** : down *m* (en deportes) **3 ups and downs** : altibajos *mpl*

down[5] *prep* **1** : (hacia) abajo ⟨down the mountain : montaña abajo⟩ ⟨I walked down the stairs : bajé por la escalera⟩ **2** ALONG : por, a lo largo de ⟨we ran down the beach : corrimos por la playa⟩ **3** : a través de ⟨down the years : a través de los años⟩

downcast ['daʊn,kæst] *adj* **1** SAD : triste, abatido **2 with downcast eyes** : con los ojos bajos, con los ojos mirando al suelo

downfall ['daʊn,fɔl] *n* : ruina *f*, perdición *f*

downgrade[1] ['daʊn,greɪd] *vt* **-graded; -grading** : bajar de categoría

downgrade[2] *n* : bajada *f*

downhearted ['daʊn,hɑrt̬əd] *adj* : desanimado, descorazonado

downhill ['daʊn'hɪl] *adv & adj* : cuesta abajo

download[1] ['daʊn,lo:d] *vt* : descargar (un archivo)

download[2] *n* : descarga *f* (de archivos, etc.)

downloadable *adj* : descargable

down payment *n* : entrega *f* inicial

downplay ['daʊn,pleɪ] *vt* : minimizar

downpour ['daʊn,por] *n* : aguacero *m*, chaparrón *m*

downright[1] ['daʊn,raɪt] *adv* THOROUGHLY : absolutamente, completamente

downright[2] *adj* : patente, manifiesto, absoluto ⟨a downright refusal : un rechazo categórico⟩

downside ['daʊn,saɪd] *n* : desventaja *f*

downstairs[1] ['daʊn'stærz] *adv* : abajo

downstairs[2] ['daʊn,stærz] *adj* : del piso de abajo

downstairs[3] ['daʊn'stærz, -,stærz] *n* : planta *f* baja

downstream ['daʊn'stri:m] *adv* : río abajo

down–to–earth [,daʊntu'ərth] *adj* : práctico, realista

downtown[1] [,daʊn'taʊn] *adv* : hacia el centro, al centro, en el centro (de la ciudad)

downtown[2] *adj* : del centro (de la ciudad) ⟨downtown Chicago : el centro de Chicago⟩

downtown[3] [,daʊn'taʊn, 'daʊn,taʊn] *n* : centro *m* (de la ciudad)

downtrodden ['daʊn,trɑdən] *adj* : oprimido

downward ['daʊnwərd] *or* **downwards** [-wərdz] *adv & adj* : hacia abajo

downwind ['daʊn'wɪnd] *adv & adj* : en la dirección del viento

downy ['dauni] *adj* **downier; -est** **1** : cubierto de plumón, plumoso **2** VELVETY : aterciopelado, velloso

dowry ['dauri] *n, pl* **-ries** : dote *f*

doze[1] ['do:z] *vi* **dozed; dozing** : dormitar

doze[2] *n* : sueño *m* ligero, cabezada *f*

dozen ['dʌzən] *n, pl* **dozens** *or* **dozen** : docena *f*

drab ['dræb] *adj* **drabber; drabbest** **1** BROWNISH : pardo **2** DULL, LACKLUSTER : monótono, gris, deslustrado

draft[1] ['dræft, 'draft] *vt* **1** CONSCRIPT : reclutar **2** COMPOSE, SKETCH : hacer el borrador de, redactar

draft[2] *adj* **1** : de barril ⟨draft beer : cerveza de barril⟩ **2** : de tiro ⟨draft horses : caballos de tiro⟩

draft[3] *n* **1** HAULAGE : tiro *m* **2** DRINK, GULP : trago *m* **3** OUTLINE, SKETCH : bosquejo *m*, borrador *m*, versión *f* **4** : corriente *f* de aire, chiflón *m*, tiro *m* (de una chimenea) **5** CONSCRIPTION : conscripción *f* **6 bank draft** : giro *m* bancario, letra *f* de cambio

draftee [dræf'ti:] *n* : recluta *mf*

draftsman ['dræftsmən] *n, pl* **-men** [-mən, -ˌmɛn] : dibujante *mf*

drafty ['dræfti] *adj* **draftier; -est** : con corrientes de aire

drag[1] ['dræg] *v* **dragged; dragging** *vt* **1** HAUL, TRAIL : arrastrar ⟨I could barely drag myself out of bed : me costó levantarme de la cama⟩ **2** DREDGE : dragar **3** INVOLVE : meter, involucrar ⟨don't drag me into this : no me metas en esto⟩ **4 to drag one's feet/heels** : dar largas a algo ⟨they're still dragging their feet (on the issue) : siguen dando largas al asunto⟩ **5 to drag out** PROLONG : alargar, dilatar — *vi* **1** TRAIL : arrastrarse **2** LAG : rezagarse **3** : hacerse pesado/largo ⟨the day dragged on : el día se hizo largo⟩

drag[2] *n* **1** RESISTANCE : resistencia *f* (aerodinámica) **2** HINDRANCE : traba *f*, estorbo *m* **3** BORE : pesadez *f*, plomo *m fam*

dragnet ['drægˌnɛt] *n* **1** : red *f* barredera (en pesca) **2** : operativo *m* policial de captura

dragon ['drægən] *n* : dragón *m*

dragonfly ['drægənˌflaɪ] *n, pl* **-flies** : libélula *f*

drain[1] ['dreɪn] *vt* **1** EMPTY : vaciar, drenar **2** EXHAUST : agotar, consumir — *vi* **1** : escurrir, escurrirse ⟨the dishes are draining : los platos están escurriéndose⟩ **2** EMPTY : desaguar **3 to drain away** : irse agotando

drain[2] *n* **1** : desagüe *m* **2** SEWER : alcantarilla *f* **3** GRATING : sumidero *m*, resumidero *m*, rejilla *f* **4** EXHAUSTION : agotamiento *m*, disminución *f* (de energía, etc.) ⟨to be a drain on : agotar, consumir⟩ **5 to throw down the drain** : tirar por la ventana

drainage ['dreɪnɪʤ] *n* : desagüe *m*, drenaje *m*

drainpipe ['dreɪnˌpaɪp] *n* : tubo *m* de desagüe, caño *m*

drake ['dreɪk] *n* : pato *m* (macho)

drama ['drɑmə, 'dræ-] *n* **1** THEATER : drama *m*, teatro *m* **2** PLAY : obra *f* de teatro, drama *m*

dramatic [drə'mæt̬ɪk] *adj* : dramático — **dramatically** [-t̬ɪkli] *adv*

dramatist ['dræmət̬ɪst, 'drɑ-] *n* : dramaturgo *m*, -ga *f*

dramatization [ˌdræmət̬ə'zeɪʃən, ˌdrɑ-] *n* : dramatización *f*

dramatize ['dræməˌtaɪz, 'drɑ-] *vt* **-tized; -tizing** : dramatizar

drank → **drink**

drape[1] ['dreɪp] *vt* **draped; draping** **1** COVER : cubrir (con tela) **2** HANG : drapear, disponer los pliegues de

drape[2] *n* **1** HANG : caída *f* **2 drapes** *npl* : cortinas *fpl*

drapery ['dreɪpəri] *n, pl* **-eries** **1** CLOTH : pañería *f*, tela *f* para cortinas **2 draperies** *npl* : cortinas *fpl*

drastic ['dræstɪk] *adj* **1** HARSH, SEVERE : drástico, severo **2** EXTREME : radical, excepcional — **drastically** [-tɪkli] *adv*

draught ['dræft, 'draft] *n* → **draft**[3]

draughty ['drafti] → **drafty**

draw[1] ['drɔ] *v* **drew** ['dru:]; **drawn** ['drɔn]; **drawing** *vt* **1** PULL : tirar de, jalar, correr (cortinas) **2** ATTRACT : atraer ⟨to feel drawn to : sentirse atraído por⟩ ⟨to draw attention : llamar la atención⟩ **3** PROVOKE, ELICIT : provocar, suscitar (críticas, etc.) ⟨to draw cheers/applause : arrancar vítores/aplausos⟩ **4** INHALE : aspirar ⟨to draw breath : respirar⟩ **5** EXTRACT : sacar (agua, sangre, etc.) ⟨to draw a gun : sacar una pistola⟩ **6** TAKE : sacar ⟨to draw a number : sacar un número⟩ **7** WITHDRAW : retirar, sacar (dinero) ⟨he drew a hundred dollars from his account : sacó cien dólares de su cuenta⟩ **8** WRITE : hacer, extender (un cheque) **9** COLLECT : cobrar, percibir (un sueldo, etc.) **10** BEND : tensar (un arco) **11** SKETCH : dibujar, trazar ⟨to draw a picture : dibujar algo, hacer un dibujo⟩ **12** FORMULATE : sacar, formular, llegar a ⟨to draw a conclusion : llegar a una conclusión⟩ **13** MAKE : hacer (una distinción, una comparación) **14 to draw oneself up** : erguirse **15 to draw out** : hacer hablar (sobre algo), hacer salir de sí mismo **16 to draw out** PROLONG : prolongar, alargar, extender **17 to draw up** DRAFT : redactar — *vi* **1** SKETCH : dibujar **2** TUG : tirar, jalar **3 to draw away** : alejarse **4 to draw near** : acercarse **5 to draw on/upon** USE : hacer uso de (información, etc.) **6 to draw to a close** : terminar, finalizar **7 to draw up** STOP : parar

draw[2] *n* **1** DRAWING, RAFFLE : sorteo *m* **2** TIE : empate *m* **3** ATTRACTION

: atracción *f* 4 PUFF : chupada *f* (de un cigarrillo, etc.)

drawback ['drɔ,bæk] *n* : desventaja *f*, inconveniente *m*

drawbridge ['drɔ,brɪdʒ] *n* : puente *m* levadizo

drawer ['drɔr, 'drɔər] *n* **1** ILLUSTRATOR : dibujante *mf* **2** : gaveta *f*, cajón *m* (en un mueble) **3 drawers** *npl* UNDERPANTS : calzones *mpl*

drawing ['drɔɪŋ] *n* **1** LOTTERY : sorteo *m*, lotería *f* **2** SKETCH : dibujo *m*, bosquejo *m*

drawl[1] ['drɔl] *vi* : hablar arrastrando las palabras

drawl[2] *n* : habla *f* lenta y con vocales prolongadas

dread[1] ['drɛd] *vt* : tenerle pavor a, temer

dread[2] *adj* : pavoroso, aterrado

dread[3] *n* : pavor *m*, temor *m*

dreadful ['drɛdfəl] *adj* **1** DREAD : pavoroso **2** TERRIBLE : espantoso, atroz, terrible — **dreadfully** *adv*

dream[1] ['dri:m] *v* **dreamed** ['drɛmpt, 'dri:md] *or* **dreamt** ['drɛmpt]; **dreaming** *vi* **1** : soñar ⟨to dream about : soñar con⟩ **2** FANTASIZE : fantasear — *vt* **1** : soñar **2** IMAGINE : imaginarse **3 to dream up** : inventar, idear

dream[2] *n* **1** : sueño *m*, ensueño *m* **2 bad dream** NIGHTMARE : pesadilla *f*

dreamer ['dri:mər] *n* : soñador *m*, -dora *f*

dreamlike ['dri:m,laɪk] *adj* : de ensueño

dreamy ['dri:mi] *adj* **dreamier; -est** **1** DISTRACTED : soñador, distraído **2** DREAMLIKE : de ensueño **3** MARVELOUS : maravilloso

drearily ['drɪrəli] *adv* : sombríamente

dreary ['drɪri] *adj* **-rier; -est** : deprimente, lóbrego, sombrío

dredge[1] ['drɛdʒ] *vt* **dredged; dredging** **1** DIG : dragar **2** COAT : espolvorear, enharinar

dredge[2] *n* : draga *f*

dredger ['drɛdʒər] *n* : draga *f*

dregs ['drɛgz] *npl* **1** LEES : posos *mpl*, heces *fpl* (de un líquido) **2** : heces *fpl*, escoria *f* ⟨the dregs of society : la escoria de la sociedad⟩

drench ['drɛntʃ] *vt* : empapar, mojar, calar

dress[1] ['drɛs] *vt* **1** CLOTHE : vestir ⟨she was dressed in red : iba (vestida) de rojo⟩ **2** DECORATE : decorar, adornar **3** : preparar (pollo o pescado), aliñar (ensalada) **4** : curar, vendar (una herida) **5** FERTILIZE : abonar (la tierra) **6 to dress down** SCOLD : regañar **7 to dress up** EMBELLISH : adornar, engalanar **8 to dress up** DISGUISE : disfrazar — *vi* **1** : vestirse ⟨to dress well/badly : vestir bien/mal⟩ **2 to dress down** : vestirse informalmente **3 to dress up** : ataviarse, engalanarse, ponerse de etiqueta **4 to dress up** : disfrazarse, vestirse ⟨we dressed up as ghosts : nos disfrazamos de fantasmas⟩

dress[2] *n* **1** APPAREL : indumentaria *f*, ropa *f* **2** : vestido *m*, traje *m* (de mujer)

dresser ['drɛsər] *n* : cómoda *f* con espejo

dressing ['drɛsɪŋ] *n* **1** : vestirse *m* **2** : aderezo *m*, aliño *m* (de ensalada), relleno *m* (de pollo) **3** BANDAGE : vendaje *m*, gasa *f*

dressmaker ['drɛs,meɪkər] *n* : modista *mf*

dressmaking ['drɛs,meɪkɪŋ] *n* : costura *f*

dressy ['drɛsi] *adj* **dressier; -est** : de mucho vestir, elegante

drew → **draw**

dribble[1] ['drɪbəl] *vi* **-bled; -bling** **1** DRIP : gotear **2** DROOL : babear **3** : driblar (en basquetbol)

dribble[2] *n* **1** TRICKLE : goteo *m*, hilo *m* **2** DROOL : baba *f* **3** : drible *m* (en basquetbol)

drier → **dry**[2], dryer

driest *adj* → **dry**[2]

drift[1] ['drɪft] *vi* **1** : dejarse llevar por la corriente, ir a la deriva (dícese de un bote), ir sin rumbo (dícese de una persona) **2** ACCUMULATE : amontonarse, acumularse, apilarse

drift[2] *n* **1** DRIFTING : deriva *f* **2** HEAP, MASS : montón *m* (de arena, etc.), ventisquero *m* (de nieve) **3** MEANING : sentido *m*

drifter ['drɪftər] *n* : vagabundo *m*, -da *f*

driftwood ['drɪft,wʊd] *n* : madera *f* flotante

drill[1] ['drɪl] *vt* **1** BORE : perforar, taladrar **2** INSTRUCT : instruir por repetición — *vi* **1** TRAIN : entrenarse **2 to drill for oil** : perforar en busca de petróleo

drill[2] *n* **1** : taladro *m*, barrena *f* **2** EXERCISE, PRACTICE : ejercicio *m*, instrucción *f*

drily → **dryly**

drink[1] ['drɪŋk] *v* **drank** ['dræŋk]; **drunk** ['drʌŋk] *or* **drank; drinking** *vt* **1** IMBIBE : beber, tomar **2 to drink up** ABSORB : absorber — *vi* **1** : beber **2** : beber alcohol, tomar

drink[2] *n* **1** : bebida *f* **2** : bebida *f* alcohólica

drinkable ['drɪŋkəbəl] *adj* : potable

drinker ['drɪŋkər] *n* : bebedor *m*, -dora *f*

drip[1] ['drɪp] *vi* **dripped; dripping** : gotear, chorrear

drip[2] *n* **1** DROP : gota *f* **2** DRIPPING : goteo *m*

drip–dry ['drɪp,draɪ] *adj* : de lavar y poner

drive[1] ['draɪv] *v* **drove** ['dro:v]; **driven** ['drɪvən]; **driving** *vt* **1** : manejar, conducir (un vehículo) **2** : llevar (en un automóvil) ⟨she drove me home : me llevó a casa⟩ **3** IMPEL : llevar, impulsar, impeler ⟨to drive someone to do something : llevar a alguien a hacer algo⟩ **4** COMPEL : obligar, forzar **5** : arrear (ganado) **6** POWER : hacer funcionar **7** PROPEL : impeler, impulsar **8** : clavar, hincar ⟨to drive a stake into : clavar una estaca en⟩ **9** : hacer trabajar mucho, exigir mucho ⟨he drives himself too hard : se exige demasiado⟩ **10** : lanzar (una pelota) **11 to drive away/off/out** : ahuyentar, echar, expulsar **12 to drive back** REPEL : hacer retroceder **13 to drive crazy** : volver loco **14 to drive up/down** : hacer subir/bajar (dícese de precios, etc.) — *vi* **1** : manejar, conducir ⟨do you know how to drive? : ¿sabes manejar?⟩ **2** : viajar (en auto) **3 to drive at** : querer decir, insinuar **4 to drive away/off** : alejarse (en un auto) ⟨they drove off : su auto se alejó⟩

drive[2] *n* **1** RIDE : viaje *m*, paseo *m* (en un automóvil) ⟨a two-hour drive : un viaje de dos horas⟩ **2** CAMPAIGN : campaña *f* ⟨fund-raising drive : campaña para recaudar fondos⟩ **3** DRIVEWAY : (camino *m* de) entrada *f* **4** TRANSMISSION : transmisión *f* ⟨front-wheel drive : tracción delantera⟩ **5** ENERGY : dinamismo *m*, energía *f* **6** INSTINCT, NEED : instinto *m*, necesidad *f* básica **7** AMBITION, INITIATIVE : empuje *m*, iniciativa *f* **8** : disparo *m* fuerte, tiro *m* fuerte (en deportes) **9** : ofensiva *f* (militar) **10** STREET : calle *f* ⟨she lives on Oak Drive : vive en la calle Oak⟩ **11** : marcha *f* ⟨to put a car in/into drive : poner en marcha un auto⟩ **12** : unidad *f* ⟨flash drive : unidad (de memoria) flash⟩

drivel [ˈdrɪvəl] *n* : tontería *f*, estupidez *f*

driver [ˈdraɪvər] *n* : conductor *m*, -tora *f*; chofer *m*

driveway [ˈdraɪvˌweɪ] *n* : camino *m* de entrada, entrada *f* (para coches)

drizzle[1] [ˈdrɪzəl] *vi* **-zled; -zling** : lloviznar, garuar

drizzle[2] *n* : llovizna *f*, garúa *f*

droll [ˈdroːl] *adj* : cómico, gracioso, chistoso — **drolly** *adv*

dromedary [ˈdrɑməˌdɛri] *n, pl* **-daries** : dromedario *m*

drone[1] [ˈdroːn] *vi* **droned; droning 1** BUZZ : zumbar **2** MURMUR : hablar con monotonía, murmurar

drone[2] *n* **1** : zángano *m* (abeja) **2** FREELOADER : gorrón *m*, -rrona *f fam*; parásito *m*, -ta *f* **3** BUZZ, HUM : zumbido *m*, murmullo *m*

drool[1] [ˈdruːl] *vi* : babear

drool[2] *n* : baba *f*

droop[1] [ˈdruːp] *vi* **1** HANG : inclinarse (dícese de la cabeza), encorvarse (dícese de los escombros), marchitarse (dícese de las flores) **2** FLAG : decaer, flaquear ⟨his spirits drooped : se desanimó⟩

droop[2] *n* : inclinación *f*, caída *f*

drop[1] [ˈdrɑp] *v* **dropped; dropping** *vt* **1** : dejar caer, soltar ⟨she dropped the glass : se le cayó el vaso⟩ **2** SEND : mandar ⟨drop me a line : mándame unas líneas⟩ **3** ABANDON : abandonar, dejar ⟨to drop the subject : cambiar de tema⟩ **4** LOWER : bajar ⟨he dropped his voice : bajó la voz⟩ **5** OMIT : omitir **6** REDUCE : reducir, rebajar (precios, etc.) **7** *fam* : perder (peso) **8** *fam* SPEND : gastar **9** : dejar caer (una noticia, etc.) ⟨to drop a hint : lanzar una indirecta⟩ **10 to drop off** : dejar ⟨I dropped her off at the store : la dejé en la tienda⟩ — *vi* **1** DRIP : gotear **2** FALL : caer(se) ⟨to drop to the ground : caer al suelo⟩ ⟨to drop out of sight : perderse de vista⟩ **3** *or* **to drop off** DECREASE, DESCEND : bajar, descender ⟨the wind dropped off : amainó el viento⟩ **4 to drop back/behind** : rezagarse, quedarse atrás **5 to drop by/in** : pasar ⟨he dropped by for a visit : pasó a visitarnos⟩ **6 to drop off** : quedarse dormido **7 to drop out (of something)** : abandonar algo ⟨he dropped out (of school) : abandonó los estudios⟩

drop[2] *n* **1** : gota *f* (de líquido) **2** DECLINE : caída *f*, bajada *f*, descenso *m* **3** INCLINE : caída *f*, pendiente *f* ⟨a 20-foot drop : una caída de 20 pies⟩ **4** SWEET : pastilla *f*, dulce *m* **5 drops** *npl* : gotas *fpl* (de medicina)

droplet [ˈdrɑplət] *n* : gotita *f*

dropper [ˈdrɑpər] *n* : gotero *m*, cuentagotas *m*

dross [ˈdrɑs, ˈdrɔs] *n* : escoria *f*

drought [ˈdraʊt] *n* : sequía *f*

drove[1] → **drive**

drove[2] [ˈdroːv] *n* : multitud *f*, gentío *m*, manada *f* (de ganado) ⟨in droves : en manada⟩

drown [ˈdraʊn] *vt* **1** : ahogar **2** INUNDATE : anegar, inundar **3 to drown out** : ahogar — *vi* : ahogarse

drowse[1] [ˈdraʊz] *vi* **drowsed; drowsing** DOZE : dormitar

drowse[2] *n* : sueño *m* ligero, cabezada *f*

drowsiness [ˈdraʊzinəs] *n* : somnolencia *f*, adormecimiento *m*

drowsy [ˈdraʊzi] *adj* **drowsier; -est** : somnoliento, soñoliento

drub [ˈdrʌb] *vt* **drubbed; drubbing 1** BEAT, THRASH : golpear, apalear **2** DEFEAT : derrotar por completo

drudge[1] [ˈdrʌʤ] *vi* **drudged; drudging** : trabajar como esclavo, trabajar duro

drudge[2] *n* : esclavo *m*, -va *f* del trabajo

drudgery [ˈdrʌʤəri] *n, pl* **-eries** : trabajo *m* pesado

drug[1] [ˈdrʌg] *vt* **drugged; drugging** : drogar, narcotizar

drug[2] *n* **1** MEDICATION : droga *f*, medicina *f*, medicamento *m* **2** NARCOTIC : narcótico *m*, estupefaciente *m*, droga *f*

druggist [ˈdrʌgɪst] *n* : farmacéutico *m*, -ca *f*

drugstore ['drʌgˌstor] *n* : farmacia *f*, botica *f*, droguería *f*
drum[1] ['drʌm] *v* **drummed; drumming** *vt* : meter a fuerza ⟨he drummed it into my head : me lo metió en la cabeza a fuerza⟩ — *vi* : tocar el tambor
drum[2] *n* **1** : tambor *m* **2** : bidón *m* ⟨oil drum : bidón de petróleo⟩
drummer ['drʌmər] *n* : baterista *mf*
drumstick ['drʌmˌstɪk] *n* **1** : palillo *m* (de tambor), baqueta *f* **2** : muslo *m* de pollo
drunk[1] *pp* → **drink**[1]
drunk[2] ['drʌŋk] *adj* : borracho, embriagado, ebrio
drunk[3] *n* : borracho *m*, -cha *f*
drunkard ['drʌŋkərd] *n* : borracho *m*, -cha *f*
drunken ['drʌŋkən] *adj* : borracho, ebrio ⟨drunken driver : conductor ebrio⟩ ⟨drunken brawl : pleito de borrachos⟩
drunkenly ['drʌŋkənli] *adv* : como un borracho
drunkenness ['drʌŋkənnəs] *n* : borrachera *f*, embriaguez *f*, ebriedad *f*
dry[1] ['draɪ] *v* **dried; drying** *vt* : secar ⟨to dry the dishes : secar los platos⟩ ⟨to dry one's eyes : secarse las lágrimas⟩ — *vi* **1** *or* **to dry out/up** : secarse **2 to dry up** RUN OUT : agotarse
dry[2] *adj* **drier; driest 1** : seco ⟨the well went dry : el pozo se secó⟩ ⟨to have a dry mouth : tener la boca seca⟩ ⟨there was not a dry eye in the house : no hubo quien no llorara⟩ **2** THIRSTY : sediento **3** : donde la venta de bebidas alcohólicas está prohibida ⟨a dry county : un condado seco⟩ **4** DULL : aburrido, árido ⟨she fell asleep in the dry class : se durmió en la clase aburrida⟩
dry–clean ['draɪˌkli:n] *v* : limpiar en seco
dry cleaner *n* : tintorería *f* (servicio)
dry cleaning *n* : limpieza *f* en seco
dryer ['draɪər] *n* **1 hair dryer** : secador *m* **2 clothes dryer** : secadora *f*
dry goods *npl* : artículos *mpl* de confección
dry ice *n* : hielo *m* seco
dryly ['draɪli] *adv* : secamente
dryness ['draɪnəs] *n* : sequedad *f*, aridez *f*
dual ['du:əl, 'dju:-] *adj* : doble
dualism ['du:əˌlɪzəm] *n* : dualismo *m*
dub ['dʌb] *vt* **dubbed; dubbing 1** CALL : apodar **2** : doblar (una película), mezclar (una grabación)
dubious ['du:biəs, 'dju:-] *adj* **1** UNCERTAIN : dudoso, indeciso **2** QUESTIONABLE : sospechoso, dudoso, discutible
dubiously ['du:biəsli, 'dju:-] *adv* **1** UNCERTAINLY : dudosamente, con desconfianza **2** SUSPICIOUSLY : de modo sospechoso, con recelo
duchess ['dʌtʃəs] *n* : duquesa *f*
duck[1] ['dʌk] *vt* **1** LOWER : agachar, bajar (la cabeza) **2** PLUNGE : zambullir **3** EVADE : eludir, evadir — *vi* **to duck down** : agacharse
duck[2] *n, pl* **duck** *or* **ducks** : pato *m*, -ta *f*
duckling ['dʌklɪŋ] *n* : patito *m*, -ta *f*
duct ['dʌkt] *n* : conducto *m*
ductile ['dʌktəl] *adj* : dúctil
dude ['du:d, 'dju:d] *n* **1** DANDY : dandi *m*, dandy *m* **2** GUY : tipo *m*
due[1] ['du:, 'dju:] *adv* : justo a, derecho hacia ⟨due north : derecho hacia el norte⟩
due[2] *adj* **1** PAYABLE : pagadero, sin pagar **2** APPROPRIATE : debido, apropiado ⟨after due consideration : con las debidas consideraciones⟩ **3** EXPECTED : esperado ⟨the train is due soon : esperamos el tren muy pronto, el tren debe llegar pronto⟩ **4 due to** : debido a, por
due[3] *n* **1 to give someone his (her) due** : darle a alguien su merecido **2 dues** *npl* : cuota *f*
duel[1] ['du:əl, 'dju:-] *vi* : batirse en duelo
duel[2] *n* : duelo *m*
duet [du'ɛt, dju-] *n* : dúo *m*
due to *prep* : debido a
dug → **dig**
dugout ['dʌgˌaʊt] *n* **1** CANOE : piragua *f* **2** SHELTER : refugio *m* subterráneo
duke ['du:k, 'dju:k] *n* : duque *m*
dull[1] ['dʌl] *vt* **1** DIM : opacar, quitar el brillo a, deslustrar **2** BLUNT : embotar (un filo), entorpecer (los sentidos), aliviar (el dolor), amortiguar (sonidos)
dull[2] *adj* **1** STUPID : torpe, lerdo, lento **2** BLUNT : desafilado, despuntado **3** LACKLUSTER : sin brillo, deslustrado **4** BORING : aburrido, soso, pesado — **dully** *adv*
dullness ['dʌlnəs] *n* **1** STUPIDITY : estupidez *f* **2** : embotamiento *m* (de los sentidos) **3** MONOTONY : monotonía *f*, insipidez *f* **4** : falta *f* de brillo **5** BLUNTNESS : falta *f* de filo, embotadura *f*
duly ['du:li, 'dju:-] *adv* PROPERLY : debidamente, a su debido tiempo
dumb ['dʌm] *adj* **1** MUTE : mudo **2** STUPID : estúpido, tonto, bobo — **dumbly** *adv*
dumbbell ['dʌmˌbɛl] *n* **1** WEIGHT : pesa *f* **2** : estúpido *m*, -da *f*
dumbfound *or* **dumfound** [ˌdʌm-'faʊnd] *vt* : dejar atónito, dejar sin habla
dummy ['dʌmi] *n, pl* **-mies 1** SHAM : imitación *f*, sustituto *m* **2** PUPPET : muñeco *m* **3** MANNEQUIN : maniquí *m* **4** IDIOT : tonto *m*, -ta *f*; idiota *mf*
dump[1] ['dʌmp] *vt* : descargar, verter
dump[2] *n* **1** : vertedero *m*, tiradero *m Mex* **2 down in the dumps** : triste, deprimido
dumpling ['dʌmplɪŋ] *n* : bola *f* de masa hervida
dumpy ['dʌmpi] *adj* **dumpier; -est** : rechoncho, regordete
dun[1] ['dʌn] *vt* **dunned; dunning** : apremiar (a un deudor)
dun[2] *adj* : pardo (color)

dunce ['dʌnts] *n* : estúpido *m*, -da *f*; burro *m*, -rra *f fam*
dune ['du:n, 'dju:n] *n* : duna *f*
dung ['dʌŋ] *n* **1** FECES : excrementos *mpl* **2** MANURE : estiércol *m*
dungaree [ˌdʌŋgə'ri:] *n* **1** DENIM : tela *f* vaquera, mezclilla *f Chile, Mex* **2 dungarees** *npl* : pantalones *mpl* de trabajo hechos de tela vaquera
dungeon ['dʌndʒən] *n* : mazmorra *f*, calabozo *m*
dunk ['dʌŋk] *vt* : mojar, ensopar
duo ['du:o:, 'dju:-] *n, pl* **duos** : dúo *m*, par *m*
dupe[1] ['du:p, dju:p] *vt* **duped; duping** : engañar, embaucar
dupe[2] *n* : inocentón *m*, -tona *f*; simple *mf*
duplex[1] ['du:ˌplɛks, 'dju:-] *adj* : doble
duplex[2] *n* : casa *f* de dos viviendas, dúplex *m*
duplicate[1] ['du:plɪˌkeɪt, 'dju:-] *vt* **-cated; -cating** **1** COPY : duplicar, hacer copias de **2** REPEAT : repetir, reproducir
duplicate[2] ['du:plɪkət, 'dju:-] *adj* : duplicado ⟨a duplicate invoice : una factura por duplicado⟩
duplicate[3] ['du:plɪkət, 'dju:-] *n* : duplicado *m*, copia *f*
duplication [ˌdu:plɪ'keɪʃən, ˌdju:-] *n* **1** DUPLICATING : duplicación *f*, repetición *f* (de esfuerzos) **2** DUPLICATE : copia *f*, duplicado *m*
duplicity [dʊ'plɪsət̬i, ˌdju:-] *n, pl* **-ties** : duplicidad *f*
durability [ˌdʊrə'bɪlət̬i, ˌdjʊr-] *n* : durabilidad *f* (de un producto) permanencia *f*
durable ['dʊrəbəl, 'djʊr-] *adj* : duradero
duration [dʊ'reɪʃən, djʊ-] *n* : duración *f*
duress [dʊ'rɛs, djʊ-] *n* : coacción *f*
during ['dʊrɪŋ, 'djʊr-] *prep* : durante
dusk ['dʌsk] *n* : anochecer *m*, crepúsculo *m*
dusky ['dʌski] *adj* **duskier; -est** : oscuro (dícese de los colores)
dust[1] ['dʌst] *vt* **1** : quitar el polvo de **2** SPRINKLE : espolvorear
dust[2] *n* : polvo *m*
duster ['dʌstər] *n* **1** *or* **dust cloth** : trapo *m* de polvo **2** ROBE : guardapolvo *m* **3 feather duster** : plumero *m*
dustpan ['dʌstˌpæn] *n* : recogedor *m*
dusty ['dʌsti] *adj* **dustier; -est** : cubierto de polvo, polvoriento
Dutch[1] ['dʌtʃ] *adj* : holandés
Dutch[2] *n* **1** : holandés *m* (idioma) **2 the Dutch** *npl* : los holandeses
Dutch treat *n* : invitación o pago a escote
dutiful ['du:t̬ɪfəl, 'dju:-] *adj* : motivado por sus deberes, responsable
duty ['du:t̬i, 'dju:-] *n, pl* **-ties** **1** OBLIGATION : deber *m*, obligación *f*, responsabilidad *f* **2** TAX : impuesto *m*, arancel *m*
DVD [ˌdi:ˌvi:'di:] *n* : DVD *m*
dwarf[1] ['dwɔrf] *vt* **1** STUNT : arrestar el crecimiento de **2** : hacer parecer pequeño
dwarf[2] *n, pl* **dwarfs** ['dwɔrfs] *or* **dwarves** ['dwɔrvz] : enano *m*, -na *f*
dwell ['dwɛl] *vi* **dwelled** *or* **dwelt** ['dwɛlt]; **dwelling** **1** RESIDE : residir, morar, vivir **2 to dwell on** : pensar demasiado en, insistir en
dweller ['dwɛlər] *n* : habitante *mf*
dwelling ['dwɛlɪŋ] *n* : morada *f*, vivienda *f*, residencia *f*
dwindle ['dwɪndəl] *vi* **-dled; -dling** : menguar, reducirse, disminuir
dye[1] ['daɪ] *vt* **dyed; dyeing** : teñir
dye[2] *n* : tintura *f*, tinte *m*
dying → **die**
dyke → **dike**
dynamic [daɪ'næmɪk] *adj* : dinámico
dynamics [daɪ'næmɪks] *npl* : dinámica *f*
dynamite[1] ['daɪnəˌmaɪt] *vt* **-mited; -miting** : dinamitar
dynamite[2] *n* : dinamita *f*
dynamo ['daɪnəˌmo:] *n, pl* **-mos** : dínamo *m*, generador *m* de electricidad
dynasty ['daɪnəsti, -ˌnæs-] *n, pl* **-ties** : dinastía *f*
dysentery ['dɪsənˌtɛri] *n, pl* **-teries** : disentería *f*
dysfunction [dɪs'fʌŋkʃən] *n* : disfunción *f*
dystrophy ['dɪstrəfi] *n, pl* **-phies** **1** : distrofia *f* **2** → **muscular dystrophy**

E

e ['i:] *n, pl* **e's** *or* **es** ['i:z] : quinta letra del alfabeto inglés
e- *pref* : electrónico ⟨e-mail : e-mail, correo electrónico⟩
each[1] ['i:tʃ] *adv* : cada uno, por persona ⟨they cost $10 each : costaron $10 cada uno⟩
each[2] *adj* : cada ⟨each student : cada estudiante⟩ ⟨each and every one : todos sin excepción⟩
each[3] *pron* **1** : cada uno *m*, cada una *f* ⟨each of us : cada uno de nosotros⟩ **2 each other** : el uno al otro, mutuamente ⟨we are helping each other : nos ayudamos el uno al otro⟩ ⟨they love each other : se aman⟩
eager ['i:gər] *adj* **1** ENTHUSIASTIC : entusiasta, ávido, deseoso **2** ANXIOUS : ansioso, impaciente
eagerly ['i:gərli] *adv* : con entusiasmo, ansiosamente
eagerness ['i:gərnəs] *n* : entusiasmo *m*, deseo *m*, impaciencia *f*
eagle ['i:gəl] *n* : águila *f*

ear [ˈɪr] *n* **1** : oído *m*, oreja *f* ⟨inner ear : oído interno⟩ ⟨big ears : orejas grandes⟩ **2 ear of corn** : mazorca *f*, choclo *m* **3 to play by ear** : tocar de oído **4 to play it by ear** : improvisar

earache [ˈɪrˌeɪk] *n* : dolor *m* de oído

eardrum [ˈɪrˌdrʌm] *n* : tímpano *m*

earl [ˈərl] *n* : conde *m*

earlobe [ˈɪrˌlo:b] *n* : lóbulo *m* de la oreja, perilla *f* de la oreja

early[1] [ˈərli] *adv* **earlier; -est** **1** : temprano ⟨he arrived early : llegó antes de la hora, llegó temprano⟩ ⟨she bought the tickets a month early : compró las entradas con un mes de antelación⟩ **2** SOON : pronto ⟨why didn't you tell me earlier? : ¿por qué no me lo dijiste antes?⟩ ⟨as early as possible : lo más pronto posible, cuanto antes⟩ **3** (*long ago*) ⟨as early as the 1960's : ya en los años sesenta⟩ **4** *or* ~ **on** : al principio ⟨early (on) in his career : al principio de su carrera⟩

early[2] *adj* **earlier; -est** **1** (*referring to a beginning*) : primero ⟨the early stages/hours : las primeras etapas/horas⟩ ⟨the earliest example : el primer ejemplo⟩ ⟨in early May : a principios de mayo⟩ ⟨early in the morning : por la mañana temprano⟩ **2** (*referring to antiquity*) : primitivo, antiguo ⟨early man : el hombre primitivo⟩ ⟨early painting : la pintura antigua⟩ ⟨in earlier times : antiguamente, en épocas anteriores⟩ **3** (*referring to a designated time*) : temprano, antes de la hora, prematuro ⟨he was early : llegó temprano⟩ ⟨early fruit : frutas tempraneras⟩ ⟨an early death : una muerte prematura⟩ ⟨early retirement : jubilación anticipada⟩ ⟨an earlier version : una versión anterior⟩

earmark [ˈirˌmɑrk] *vt* : destinar ⟨earmarked funds : fondos destinados⟩

earn [ˈərn] *vt* **1** : ganar ⟨to earn money : ganar dinero⟩ **2** DESERVE : ganarse, merecer

earnest[1] [ˈərnəst] *adj* : serio, sincero

earnest[2] *n* **in** ~ : en serio, de verdad ⟨we began in earnest : empezamos de verdad⟩

earnestly [ˈərnəstli] *adv* **1** SERIOUSLY : con seriedad, en serio **2** FERVENTLY : de todo corazón

earnestness [ˈərnəstnəs] *n* : seriedad *f*, sinceridad *f*

earnings [ˈərnɪŋz] *npl* : ingresos *mpl*, ganancias *fpl*, utilidades *fpl*

earphone [ˈɪrˌfo:n] *n* : audífono *m*

earplug [ˈɪrˌplʌg] *n* : tapón *m* para el oído

earring [ˈɪrˌrɪŋ] *n* : zarcillo *m*, arete *m*, aro *m Arg, Chile, Uru*, pendiente *m Spain*

earshot [ˈɪrˌʃɑt] *n* : alcance *m* del oído

earth [ˈərθ] *n* **1** LAND, SOIL : tierra *f*, suelo *m* **2 the Earth** : la Tierra

earthen [ˈərθən, -ðən] *adj* : de tierra, de barro

earthenware [ˈərθənˌwær, -ðən-] *n* : loza *f*, vajillas *fpl* de barro

earthly [ˈərθli] *adj* : terrenal, mundano

earthquake [ˈərθˌkweɪk] *n* : terremoto *m*, temblor *m*

earthworm [ˈərθˌwərm] *n* : lombriz *f* (de tierra)

earthy [ˈərθi] *adj* **earthier; -est** **1** : terroso ⟨earthy colors : colores terrosos⟩ **2** DOWN-TO-EARTH : realista, práctico, llano **3** COARSE, CRUDE : basto, grosero, tosco ⟨earthy jokes : chistes groseros⟩

earwax [ˈɪrˌwæks] *n* → **wax**[2]

earwig [ˈɪrˌwɪg] *n* : tijereta *f*

ease[1] [ˈi:z] *v* **eased; easing** *vt* **1** ALLEVIATE : aliviar, calmar, hacer disminuir **2** LOOSEN, RELAX : aflojar (una cuerda), relajar (restricciones), descargar (tensiones) **3** FACILITATE : facilitar — *vi* : calmarse, relajarse

ease[2] *n* **1** CALM, RELIEF : tranquilidad *f*, comodidad *f*, desahogo *m* **2** FACILITY : facilidad *f* **3 at** ~ : relajado, cómodo ⟨to put someone at ease : tranquilizar a alguien⟩

easel [ˈi:zəl] *n* : caballete *m*

easily [ˈi:zəli] *adv* **1** : fácilmente, con facilidad **2** UNQUESTIONABLY : con mucho, de lejos

easiness [ˈi:zinəs] *n* : facilidad *f*, soltura *f*

east[1] [ˈi:st] *adv* : al este

east[2] *adj* : este, del este, oriental ⟨east winds : vientos del este⟩

east[3] *n* **1** : este *m* **2 the East** : el Oriente

Easter [ˈi:stər] *n* : Pascua *f* (de Resurrección)

easterly [ˈi:stərli] *adv & adj* : del este

eastern [ˈi:stərn] *adj* **1** : Oriental, del Este ⟨Eastern Europe : Europa del Este⟩ **2** : oriental, este

Easterner [ˈi:stərnər] *n* : habitante *mf* del este

eastward [ˈi:stwərd] *adv & adj* : hacia el este

easy [ˈi:zi] *adj* **easier; -est** **1** : fácil **2** LENIENT : indulgente

easygoing [ˌi:ziˈgo:ɪŋ] *adj* : acomodaticio, tolerante, poco exigente

eat [ˈi:t] *v* **ate** [ˈeɪt]; **eaten** [ˈi:tən]; **eating** *vt* **1** : comer **2** CORRODE : corroer **3** *or* **to eat up** CONSUME : comerse (comida, ganancias), consumir (tiempo, recursos), gastar (combustible) — *vi* **1** : comer **2 to eat away at** *or* **to eat into** : comerse, consumir, corroer **3 to eat out** : comer fuera

eatable[1] [ˈi:t̬əbəl] *adj* : comestible, comible *fam*

eatable[2] *n* **1** : algo para comer **2 eatables** *npl* : comestibles *mpl*, alimentos *mpl*

eater [ˈi:t̬ər] *n* : comedor *m*, -dora *f*

eaves [ˈi:vz] *npl* : alero *m*

eavesdrop [ˈi:vzˌdrɑp] *vi* **-dropped; -dropping** : escuchar a escondidas

eavesdropper [ˈi:vzˌdrɑpər] *n* : persona *f* que escucha a escondidas

ebb[1] ['ɛb] *vi* **1** : bajar, menguar (dícese de la marea) **2** DECLINE : decaer, disminuir

ebb[2] *n* **1** : reflujo *m* (de una marea) **2** DECLINE : decadencia *f*, declive *m*, disminución *f*

ebony[1] ['ɛbəni] *adj* **1** : de ébano **2** BLACK : de color ébano, negro

ebony[2] *n, pl* **-nies** : ébano *m*

e–book ['i:ˌbʊk] *n* : libro *m* electrónico, e-book *m*

ebullience [ɪ'bʊljən*t*s, -'bʌl-] *n* : efervescencia *f*, vivacidad *f*

ebullient [ɪ'bʊljənt, -'bʌl-] *adj* : efervescente, vivaz

eccentric[1] [ɪk'sɛntrɪk] *adj* **1** : excéntrico ⟨an eccentric wheel : una rueda excéntrica⟩ **2** ODD, SINGULAR : excéntrico, extraño, raro — **eccentrically** [-trɪkli] *adv*

eccentric[2] *n* : excéntrico *m*, -ca *f*

eccentricity [ˌɛkˌsɛn'trɪsəţi] *n, pl* **-ties** : excentricidad *f*

ecclesiastic [ɪˌkli:zi'æstɪk] *n* : eclesiástico *m*, clérigo *m*

ecclesiastical [ɪˌkli:zi'æstɪkəl] *or* **ecclesiastic** *adj* : eclesiástico — **ecclesiastically** *adv*

echelon ['ɛʃəˌlɑn] *n* **1** : escalón *m* (de tropas o aviones) **2** LEVEL : nivel *m*, esfera *f*, estrato *m*

echo[1] ['ɛˌko:] *v* **echoed; echoing** *vi* : hacer eco, resonar — *vt* : repetir

echo[2] *n, pl* **echoes** : eco *m*

éclair [eɪ'klær, i-] *n* : pastel *m* relleno de crema

eclectic [ɛ'klɛktɪk, ɪ-] *adj* : ecléctico

eclipse[1] [ɪ'klɪps] *vt* **eclipsed; eclipsing** : eclipsar

eclipse[2] *n* : eclipse *m*

ecological [ˌi:kə'lɑʤɪkəl, ˌɛkə-] *adj* : ecológico — **ecologically** *adv*

ecologist [i'kɑləʤɪst, ɛ-] *n* : ecólogo *m*, -ga *f*

ecology [i'kɑləʤi, ɛ-] *n, pl* **-gies** : ecología *f*

e–commerce ['i:ˌkɑmərs] *n* : comercio *m* electrónico

economic [ˌi:kə'nɑmɪk, ˌɛkə-] *adj* : económico

economical [ˌi:kə'nɑmɪkəl, ˌɛkə-] *adj* : económico — **economically** *adv*

economics [ˌi:kə'nɑmɪks, ˌɛkə-] *n* : economía *f*

economist [i'kɑnəmɪst] *n* : economista *mf*

economize [i'kɑnəˌmaɪz] *v* **-mized; -mizing** : economizar, ahorrar

economy [i'kɑnəmi] *n, pl* **-mies** **1** : economía *f*, sistema *m* económico **2** THRIFT : economía *f*, ahorro *m*

ecosystem ['i:koˌsɪstəm] *n* : ecosistema *m*

ecru ['ɛˌkru:, 'eɪ-] *n* : color *m* crudo

ecstasy ['ɛkstəsi] *n, pl* **-sies** : éxtasis *m*

ecstatic [ɛk'stæţɪk, ɪk-] *adj* : extático

ecstatically [ɛk'stæţɪkli, ɪk-] *adv* : con éxtasis, con gran entusiasmo

Ecuadoran [ˌɛkwə'dorən] *or* **Ecuadorean** *or* **Ecuadorian** [-'doriən] *n* : ecuatoriano *m*, -na *f* — **Ecuadorean** *or* **Ecuadorian** *adj*

ecumenical [ˌɛkjʊ'mnɪkəl] *adj* : ecuménico

eczema [ɪg'zi:mə, 'ɛgzəmə, 'ɛksə-] *n* : eczema *m*

eddy[1] ['ɛdi] *vi* **eddied; eddying** : arremolinarse, hacer remolinos

eddy[2] *n, pl* **-dies** : remolino *m*

edema [ɪ'di:mə] *n* : edema *m*

Eden ['i:dən] *n* : Edén *m*

edge[1] ['ɛʤ] *v* **edged; edging** *vt* **1** BORDER : bordear, ribetear, orlar **2** SHARPEN : afilar, aguzar **3** *or* **to edge one's way** : avanzar poco a poco **4** **to edge out** : derrotar por muy poco — *vi* ADVANCE : ir avanzando (poco a poco)

edge[2] *n* **1** : filo *m* (de un cuchillo) **2** BORDER : borde *m*, orilla *f*, margen *m* **3** ADVANTAGE : ventaja *f*

edger ['ɛʤər] *n* : cortabordes *m*

edgewise ['ɛʤˌwaɪz] *adv* SIDEWAYS : de lado, de canto

edginess ['ɛʤinəs] *n* : tensión *f*, nerviosismo *m*

edgy ['ɛʤi] *adj* **edgier; -est** : tenso, nervioso

edible ['ɛdəbəl] *adj* : comestible

edict ['i:ˌdɪkt] *n* : edicto *m*, mandato *m*, orden *f*

edification [ˌɛdəfə'keɪʃən] *n* : edificación *f*, instrucción *f*

edifice ['ɛdəfɪs] *n* : edificio *m*

edify ['ɛdəˌfaɪ] *vt* **-fied; -fying** : edificar

edit ['ɛdɪt] *vt* **1** : editar, redactar, corregir **2** *or* **to edit out** DELETE : recortar, cortar

edition [ɪ'dɪʃən] *n* : edición *f*

editor ['ɛdɪţər] *n* : editor *m*, -tora *f*; redactor *m*, -tora *f*

editorial[1] [ˌɛdɪ'toriəl] *adj* **1** : de redacción **2** : editorial ⟨an editorial comment : un comentario editorial⟩

editorial[2] *n* : editorial *m*

editorship ['ɛdəţərˌʃɪp] *n* : dirección *f*

educable ['ɛʤəkəbəl] *adj* : educable

educate ['ɛʤəˌkeɪt] *vt* **-cated; -cating** **1** TEACH : educar, enseñar **2** INSTRUCT : formar, educar, instruir **3** INFORM : informar, concientizar

education [ˌɛʤə'keɪʃən] *n* : educación *f*

educational [ˌɛʤə'keɪʃənəl] *adj* **1** : docente, de enseñanza ⟨an educational institution : una institución docente⟩ **2** PEDAGOGICAL : pedagógico **3** INSTRUCTIONAL : educativo, instructivo

educator ['ɛʤəˌkeɪţər] *n* : educador *m*, -dora *f*

eel ['i:l] *n* : anguila *f*

eerie ['ɪri] *adj* **-rier; -est** **1** SPOOKY : que da miedo, espeluznante **2** GHOSTLY : fantasmagórico

eerily ['ɪrəli] *adv* : de manera extraña y misteriosa

efface [ɪˈfeɪs, -] *vt* **-faced; -facing** : borrar

effect[1] [ɪˈfɛkt] *vt* **1** CARRY OUT : efectuar, llevar a cabo **2** ACHIEVE : lograr, realizar

effect[2] *n* **1** RESULT : efecto *m*, resultado *m*, consecuencia *f* ⟨to no effect : sin resultado⟩ **2** MEANING : sentido *m* ⟨something to that effect : algo por el estilo⟩ **3** INFLUENCE : efecto *m*, influencia *f* **4 effects** *npl* BELONGINGS : efectos *mpl*, pertenencias *fpl* **5 to go into effect** : entrar en vigor **6 in ~** REALLY : en realidad, efectivamente

effective [ɪˈfɛktɪv] *adj* **1** EFFECTUAL : efectivo, eficaz **2** OPERATIVE : vigente — **effectively** *adv*

effectiveness [ɪˈfɛktɪvnəs] *n* : eficacia *f*, efectividad *f*

effectual [ɪˈfɛktʃuəl] *adj* : eficaz, efectivo — **effectually** *adv*

effeminate [əˈfɛmənət] *adj* : afeminado

effervesce [ˌɛfərˈvɛs] *vi* **-vesced; -vescing** **1** : estar en efervescencia, burbujear (dícese de líquidos) **2** : estar eufórico, estar muy animado (dícese de las personas)

effervescence [ˌɛfərˈvɛsənts] *n* **1** : efervescencia *f* **2** LIVELINESS : vivacidad *f*

effervescent [ˌɛfərˈvɛsənt] *adj* **1** : efervescente **2** LIVELY, VIVACIOUS : vivaz, animado

effete [ˈɛfiːt, ɪ-] *adj* **1** WORN-OUT : desgastado, agotado **2** DECADENT : decadente **3** EFFEMINATE : afeminado

efficacious [ˌɛfəˈkeɪʃəs] *adj* : eficaz, efectivo

efficacy [ˈɛfɪkəsi] *n, pl* **-cies** : eficacia *f*

efficiency [ɪˈfɪʃəntsi] *n, pl* **-cies** : eficiencia *f*

efficient [ɪˈfɪʃənt] *adj* : eficiente — **efficiently** *adv*

effigy [ˈɛfədʒi] *n, pl* **-gies** : efigie *f*

effluent [ˈɛˌfluːənt, ɛˈfluː-] *n* : efluente *m* — **effluent** *adj*

effort [ˈɛfərt] *n* **1** EXERTION : esfuerzo *m* **2** ATTEMPT : tentativa *f*, intento *m* ⟨it's not worth the effort : no vale la pena⟩

effortless [ˈɛfərtləs] *adj* : fácil, sin esfuerzo

effortlessly [ˈɛfərtləsli] *adv* : sin esfuerzo, fácilmente

effrontery [ɪˈfrʌntəri] *n, pl* **-teries** : insolencia *f*, desfachatez *f*, descaro *m*

effusion [ɪˈfjuːʒən, ɛ-] *n* : efusión *f*

effusive [ɪˈfjuːsɪv, ɛ-] *adj* : efusivo — **effusively** *adv*

egg[1] [ˈɛg] *vt* **to egg on** : incitar, azuzar, provocar

egg[2] *n* **1** : huevo *m* **2** OVUM : óvulo *m*

eggbeater [ˈɛgˌbiːt̬ər] *n* : batidor *m* (de huevos)

eggnog [ˈɛgˌnɑg] *n* : ponche *m* de huevo, rompope *m CA, Mex*

eggplant [ˈɛgˌplænt] *n* : berenjena *f*

eggshell [ˈɛgˌʃɛl] *n* : cascarón *m*

ego [ˈiːˌgoː] *n, pl* **egos** **1** SELF-ESTEEM : amor *m* propio **2** SELF : ego *m*, yo *m*

egocentric [ˌiːgoˈsɛntrɪk] *adj* : egocéntrico

egoism [ˈiːgoˌwɪzəm] *n* : egoísmo *m*

egoist [ˈiːgowɪst] *n* : egoísta *mf*

egoistic [ˌiːˌgoˈwɪstɪk] *adj* : egoísta

egotism [ˈiːgəˌtɪzəm] *n* : egotismo *m*

egotist [ˈiːgətɪst] *n* : egotista *mf*

egotistic [ˌiːgəˈtɪstɪk] *or* **egotistical** [-ˈtɪstɪkəl] *adj* : egotista — **egotistically** *adv*

egregious [ɪˈgriːdʒəs] *adj* : atroz, flagrante, mayúsculo — **egregiously** *adv*

egress [ˈiːˌgrɛs] *n* : salida *f*

egret [ˈiːgrət, -ˌgrɛt] *n* : garceta *f*

Egyptian [ɪˈdʒɪpʃən] *n* **1** : egipcio *m*, -cia *f* **2** : egipcio *m* (idioma) — **Egyptian** *adj*

eiderdown [ˈaɪdərˌdaʊn] *n* **1** : plumón *m* **2** COMFORTER : edredón *m*

eight[1] [ˈeɪt] *adj* : ocho

eight[2] *n* : ocho *m*

eight hundred[1] *adj* : ochocientos

eight hundred[2] *n* : ochocientos *m*

eighteen[1] [eɪtˈtiːn] *adj* : dieciocho

eighteen[2] *n* : dieciocho *m*

eighteenth[1] [eɪtˈtiːnθ] *adj* : decimoctavo

eighteenth[2] *n* **1** : decimoctavo *m*, -va *f* (en una serie) **2** : dieciochoavo *m*, dieciochoava parte *f*

eighth[1] [ˈeɪtθ] *adj* : octavo

eighth[2] *n* **1** : octavo *m*, -va *f* (en una serie) **2** : octavo *m*, octava parte *f*

eightieth[1] [ˈeɪt̬iəθ] *adj* : octogésimo

eightieth[2] *n* **1** : octogésimo *m*, -ma *f* (en una serie) **2** : ochentavo *m*, ochentava parte *f*

eighty[1] [ˈeɪt̬i] *adj* : ochenta

eighty[2] *n, pl* **eighties** **1** : ochenta *m* **2 the eighties** : los ochenta *mpl*

either[1] [ˈiːðər, ˈaɪ-] *adj* **1** : cualquiera (de los dos) ⟨we can watch either movie : podemos ver cualquiera de las dos películas⟩ **2** : ninguno de los dos ⟨she wasn't in either room : no estaba en ninguna de las dos salas⟩ **3** EACH : cada ⟨on either side of the street : a cada lado de la calle⟩

either[2] *pron* **1** : cualquiera *mf* (de los dos) ⟨either is fine : cualquiera de los dos está bien⟩ **2** : ninguno *m*, -na *f* (de los dos) ⟨I don't like either : no me gusta ninguno⟩ **3** : algún *m*, alguna *f* ⟨is either of you interested? : ¿está alguno de ustedes (dos) interesado?⟩

either[3] *conj* **1** : o, u ⟨either David or Daniel could go : puede ir (o) David o Daniel⟩ **2** : ni ⟨we won't watch either this movie or the other : no veremos ni esta película ni la otra⟩

ejaculate [iˈdʒækjəˌleɪt] *v* **-lated; -lating** *vt* **1** : eyacular **2** EXCLAIM : exclamar — *vi* : eyacular

ejaculation [iˌʤækjəˈleɪʃən] *n* **1** : eyaculación *f* (en fisiología) **2** EXCLAMATION : exclamación *f*
eject [iˈʤɛkt] *vt* : expulsar, expeler
ejection [iˈʤɛkʃən] *n* : expulsión *f*
eke [ˈiːk] *vt* **eked; eking** *or* **to eke out** : ganar a duras penas
elaborate[1] [iˈlæbəˌreɪt] *v* **-rated; -rating** *vt* : elaborar, idear, desarrollar — *vi* **to elaborate on** : ampliar, entrar en detalles
elaborate[2] [iˈlæbərət] *adj* **1** DETAILED : detallado, minucioso, elaborado **2** COMPLICATED : complicado, intrincado, elaborado — **elaborately** *adv*
elaboration [iˌlæbəˈreɪʃən] *n* : elaboración *f*
elapse [iˈlæps] *vi* **elapsed; elapsing** : transcurrir, pasar
elastic[1] [iˈlæstɪk] *adj* : elástico
elastic[2] *n* **1** : elástico *m* **2** RUBBER BAND : goma *f*, gomita *f*, elástico *m*, liga *f*
elasticity [iˌlæsˈtɪsəṭi, ˌiːˌlæs-] *n, pl* **-ties** : elasticidad *f*
elate [iˈleɪt] *vt* **elated; elating** : alborozar, regocijar
elation [iˈleɪʃən] *n* : euforia *f*, júbilo *m*, alborozo *m*
elbow[1] [ˈɛlˌboː] *vt* : darle un codazo a
elbow[2] *n* : codo *m*
elder[1] [ˈɛldər] *adj* : mayor
elder[2] *n* **1 to be someone's elder** : ser mayor que alguien **2** : anciano *m*, -na *f* (de un pueblo o una tribu) **3** : miembro *m* del consejo (en varias religiones)
elderberry [ˈɛldərˌbɛri] *n, pl* **-berries** : baya *f* de saúco (fruta), saúco *m* (árbol)
elderly [ˈɛldərli] *adj* : mayor, de edad, anciano
eldest [ˈɛldəst] *adj* : mayor, de más edad
elect[1] [iˈlɛkt] *vt* : elegir
elect[2] *adj* : electo <the president-elect : el presidente electo>
elect[3] *npl* **the elect** : los elegidos *mpl*
election [iˈlɛkʃən] *n* : elección *f*
elective[1] [iˈlɛktɪv] *adj* **1** : electivo **2** OPTIONAL : facultativo, optativo
elective[2] *n* : asignatura *f* electiva
elector [iˈlɛktər] *n* : elector *m*, -tora *f*
electoral [iˈlɛktərəl] *adj* : electoral
electorate [iˈlɛktərət] *n* : electorado *m*
electric [iˈlɛktrɪk] *adj* **1** *or* **electrical** [-trɪkəl] : eléctrico **2** THRILLING : electrizante, emocionante
electrician [iˌlɛkˈtrɪʃən] *n* : electricista *mf*
electricity [iˌlɛkˈtrɪsəṭi] *n, pl* **-ties** **1** : electricidad *f* **2** CURRENT : corriente *m* eléctrica
electrification [iˌlɛktrəfəˈkeɪʃən] *n* : electrificación *f*
electrify [iˈlɛktrəˌfaɪ] *vt* **-fied; -fying** **1** : electrificar **2** THRILL : electrizar, emocionar
electrocardiogram [iˌlɛktroˈkɑrdiəˌgræm] *n* : electrocardiograma *m*
electrocardiograph [iˌlɛktroˈkɑrdiəˌgræf] *n* : electrocardiógrafo *m*
electrocute [iˈlɛktrəˌkjuːt] *vt* **-cuted; -cuting** : electrocutar
electrocution [iˌlɛktrəˈkjuːʃən] *n* : electrocución *f*
electrode [iˈlɛkˌtroːd] *n* : electrodo *m*
electrolysis [iˌlɛkˈtrɑləsɪs] *n* : electrólisis *f*
electrolyte [iˈlɛktrəˌlaɪt] *n* : electrolito *m*
electromagnet [iˌlɛktroˈmægnət] *n* : electroimán *m*
electromagnetic [iˌlɛktromægˈnɛṭɪk] *adj* : electromagnético — **electromagnetically** [-ṭɪkli] *adv*
electromagnetism [iˌlɛktroˈmægnəˌtɪzəm] *n* : electromagnetismo *m*
electron [iˈlɛkˌtrɑn] *n* : electrón *m*
electronic [iˌlɛkˈtrɑnɪk] *adj* : electrónico — **electronically** [-nɪkli] *adv*
electronic mail *n* : correo *m* electrónico
electronics [iˌlɛkˈtrɑnɪks] *n* : electrónica *f*
electroplate [iˈlɛktrəˌpleɪt] *vt* **-plated; plating** : galvanizar mediante electrólisis
elegance [ˈɛlɪgənts] *n* : elegancia *f*
elegant [ˈɛlɪgənt] *adj* : elegante — **elegantly** *adv*
elegy [ˈɛləʤi] *n, pl* **-gies** : elegía *f*
element [ˈɛləmənt] *n* **1** COMPONENT : elemento *m*, factor *m* **2** : elemento *m* (en la química) **3** MILIEU : elemento *m*, medio *m* <to be in one's element : estar en su elemento> **4 elements** *npl* RUDIMENTS : elementos *mpl*, rudimentos *mpl*, bases *fpl* **5 the elements** WEATHER : los elementos *mpl*
elemental [ˌɛləˈmɛntəl] *adj* **1** BASIC : elemental, primario **2** : elemental (dícese de los elementos químicos)
elementary [ˌɛləˈmɛntri] *adj* **1** SIMPLE : elemental, simple, fundamental **2** : de enseñanza primaria
elementary school *n* : escuela *f* primaria
elephant [ˈɛləfənt] *n* : elefante *m*, -ta *f*
elevate [ˈɛləˌveɪt] *vt* **-vated; -vating** **1** RAISE : elevar, levantar, alzar **2** EXALT, PROMOTE : elevar, exaltar, ascender **3** ELATE : alborozar, regocijar
elevation [ˌɛləˈveɪʃən] *n* **1** : elevación *f* **2** ALTITUDE : altura *f*, altitud *f* **3** PROMOTION : ascenso *m*
elevator [ˈɛləˌveɪṭər] *n* : ascensor *m*, elevador *m*
eleven[1] [ɪˈlɛvən] *adj* : once
eleven[2] *n* : once *m*
eleventh[1] [ɪlɛvənθ] *adj* : undécimo
eleventh[2] *n* **1** : undécimo *m*, -ma *f* (en una serie) **2** : onceavo *m*, onceava parte *f*

elf [ˈɛlf] *n, pl* **elves** [ˈɛlvz] : elfo *m*, geniecillo *m*, duende *m*
elfin [ˈɛlfən] *adj* **1** : de elfo, menudo **2** ENCHANTING, MAGIC : mágico, encantador
elfish [ˈɛlfɪʃ] *adj* **1** : de elfo **2** MISCHIEVOUS : travieso
elicit [ɪˈlɪsət] *vt* : provocar
eligibility [ˌɛləʤəˈbɪləṯi] *n, pl* **-ties** : elegibilidad *f*
eligible [ˈɛləʤəbəl] *adj* **1** QUALIFIED : elegible **2** SUITABLE : idóneo
eliminate [ɪˈlɪməˌneɪt] *vt* **-nated; -nating** : eliminar
elimination [ɪˌlɪməˈneɪʃən] *n* : eliminación *f*
elite [eɪˈliːt, i-] *n* : elite *f*
elixir [iˈlɪksər] *n* : elixir *m*
elk [ˈɛlk] *n* : alce *m* (de Europa), uapití *m* (de América)
ellipse [ɪˈlɪps, -] *n* : elipse *f*
ellipsis [ɪˈlɪpsəs, -] *n, pl* **-lipses** [-ˌsiːz] **1** : elipsis *f* **2** : puntos *mpl* suspensivos (en la puntuación)
elliptical [ɪˈlɪptɪkəl, -] *or* **elliptic** [-tɪk] *adj* : elíptico
elm [ˈɛlm] *n* : olmo *m*
elocution [ˌɛləˈkjuːʃən] *n* : elocución *f*
elongate [iˈlɔŋˌgeɪt] *vt* **-gated; -gating** : alargar
elongation [ˌiːˌlɔŋˈgeɪʃən] *n* : alargamiento *m*
elope [iˈloːp] *vi* **eloped; eloping** : fugarse
elopement [iˈloːpmənt] *n* : fuga *f*
eloquence [ˈɛləkwənts] *n* : elocuencia *f*
eloquent [ˈɛləkwənt] *adj* : elocuente — **eloquently** *adv*
El Salvadoran [ˌɛlˌsælvəˈdorən] *n* : salvadoreño *m*, -ña *f* — **El Salvadoran** *adj*
else[1] [ˈɛls] *adv* **1** DIFFERENTLY : de otro modo, de otra manera ⟨how else? : ¿de qué otro modo?⟩ **2** ELSEWHERE : de otro sitio, de otro lugar ⟨where else? : ¿en qué otro sitio?⟩ **3 or else** OTHERWISE : si no, de lo contrario
else[2] *adj* **1** OTHER : otro ⟨anyone else : cualquier otro⟩ ⟨everyone else : todos los demás⟩ ⟨nobody else : ningún otro, nadie más⟩ ⟨somebody else : otra persona⟩ **2** MORE : más ⟨nothing else : nada más⟩ ⟨what else? : ¿qué más?⟩
elsewhere [ˈɛlsˌhwɛr] *adv* : en otra parte, en otro sitio, en otro lugar
elucidate [iˈluːsəˌdeɪt] *vt* **-dated; -dating** : dilucidar, elucidar, esclarecer
elucidation [iˌluːsəˈdeɪʃən] *n* : elucidación *f*, esclarecimiento *m*
elude [iˈluːd] *vt* **eluded; eluding** : eludir, evadir
elusive [iˈluːsɪv] *adj* **1** EVASIVE : evasivo, esquivo **2** SLIPPERY : huidizo, escurridizo **3** FLEETING, INTANGIBLE : impalpable, fugaz
elusively [iˈluːsɪvli] *adv* : de manera esquiva
elves → **elf**
emaciate [iˈmeɪʃiˌeɪt] *vt* **-ated; -ating** : enflaquecer
emaciation [iˌmeɪsiˈeɪʃən, -ʃi-] *n* : enflaquecimiento *m*, escualidez *f*, delgadez *f* extrema
e–mail [ˈiːˌmeɪl] *n* : e-mail *m*
emanate [ˈɛməˌneɪt] *v* **-nated; -nating** *vi* : emanar, provenir, proceder — *vt* : emanar
emanation [ˌɛməˈneɪʃən] *n* : emanación *f*
emancipate [iˈmæntsəˌpeɪt] *vt* **-pated; -pating** : emancipar
emancipation [iˌmæntsəˈpeɪʃən] *n* : emancipación *f*
emasculate [iˈmæskjəˌleɪt] *vt* **-lated; -lating** **1** CASTRATE : castrar, emascular **2** WEAKEN : debilitar
embalm [ɪmˈbɑm, ɛm-, -ˈbɑlm] *vt* : embalsamar
embankment [ɪmˈbæŋkmənt, ɛm-] *n* : terraplén *m*, muro *m* de contención
embargo[1] [ɪmˈbɑrgo, ɛm-] *vt* **-goed; -going** : imponer un embargo sobre
embargo[2] *n, pl* **-goes** : embargo *m*
embark [ɪmˈbɑrk, ɛm-] *vt* : embarcar — *vi* **1** : embarcarse **2 to embark on** START : emprender, embarcarse en
embarkation [ˌɛmˌbɑrˈkeɪʃən] *n* : embarque *m*, embarco *m*
embarrass [ɪmˈbærəs, ɛm-] *vt* : avergonzar, abochornar
embarrassing [ɪmˈbærəsɪŋ, ɛm-] *adj* : embarazoso, violento
embarrassment [ɪmˈbærəsmənt, ɛm-] *n* : vergüenza *f*, pena *f*
embassy [ˈɛmbəsi] *n, pl* **-sies** : embajada *f*
embed [ɪmˈbɛd, ɛm-] *vt* **-bedded; -bedding** : incrustar, empotrar, grabar (en la memoria)
embellish [ɪmˈbɛlɪʃ, ɛm-] *vt* : adornar, embellecer
embellishment [ɪmˈbɛlɪʃmənt, ɛm-] *n* : adorno *m*
ember [ˈɛmbər] *n* : ascua *f*, brasa *f*
embezzle [ɪmˈbɛzəl, ɛm-] *vt* **-zled; -zling** : desfalcar, malversar
embezzlement [ɪmˈbɛzəlmənt, ɛm-] *n* : desfalco *m*, malversación *f*
embezzler [ɪmˈbɛzələr, ɛm-] *n* : desfalcador *m*, -dora *f*; malversador *m*, -dora *f*
embitter [ɪmˈbɪṯər, ɛm-] *vt* : amargar
emblem [ˈɛmbləm] *n* : emblema *m*, símbolo *m*
emblematic [ˌɛmbləˈmæṯɪk] *adj* : emblemático, simbólico
embodiment [ɪmˈbɑdɪmənt, ɛm-] *n* : encarnación *f*, personificación *f*
embody [ɪmˈbɑdi, ɛm-] *vt* **-bodied; -bodying** : encarnar, personificar
emboss [ɪmˈbɑs, ɛm-, -ˈbɔs] *vt* : repujar, grabar en relieve
embrace[1] [ɪmˈbreɪs, ɛm-] *vt* **-braced; -bracing** **1** HUG : abrazar **2** ADOPT, TAKE ON : adoptar, aceptar **3** INCLUDE : abarcar, incluir

embrace[2] *n* : abrazo *m*
embroider [ɪmˈbrɔɪdər, ɛm-] *vt* : bordar (una tela), adornar (una historia)
embroidery [ɪmˈbrɔɪdəri, ɛm-] *n, pl* **-deries** : bordado *m*
embroil [ɪmˈbrɔɪl, ɛm-] *vt* : embrollar, enredar
embryo [ˈɛmbri͵oː] *n, pl* **embryos** : embrión *m*
embryonic [͵ɛmbriˈɑnɪk] *adj* : embrionario
emend [iˈmɛnd] *vt* : enmendar, corregir
emendation [͵iː͵mɛnˈdeɪʃən] *n* : enmienda *f*
emerald[1] [ˈɛmrəld, ˈɛmə-] *adj* : verde esmeralda
emerald[2] *n* : esmeralda *f*
emerge [iˈmərʤ] *vi* **emerged; emerging** : emerger, salir, aparecer, surgir
emergence [iˈmərʤən*t*s] *n* : aparición *f*, surgimiento *m*
emergency [iˈmərʤən*t*si] *n, pl* **-cies** : emergencia *f*
emergent [iˈmərʤənt] *adj* : emergente
emery [ˈɛməri] *n, pl* **-eries** : esmeril *m*
emetic[1] [iˈmɛt̬ɪk] *adj* : vomitivo, emético
emetic[2] *n* : vomitivo *m*, emético *m*
emigrant [ˈɛmɪgrənt] *n* : emigrante *mf*
emigrate [ˈɛmə͵greɪt] *vi* **-grated; -grating** : emigrar
emigration [͵ɛməˈgreɪʃən] *n* : emigración *f*
eminence [ˈɛmənən*t*s] *n* **1** PROMINENCE : eminencia *f*, prestigio *m*, renombre *m* **2** DIGNITARY : eminencia *f*; dignatario *m*, -ria *f* ⟨Your Eminence : Su Eminencia⟩
eminent [ˈɛmənənt] *adj* : eminente, ilustre
eminently [ˈɛmənəntli] *adv* : sumamente
emissary [ˈɛmə͵sɛri] *n, pl* **-saries** : emisario *m*, -ria *f*
emission [iˈmɪʃən] *n* : emisión *f*
emit [iˈmɪt] *vt* **emitted; emitting** : emitir, despedir, producir
emote [iˈmoːt] *vi* **emoted; emoting** : exteriorizar las emociones
emoticon [iˈmotɪ͵kɑn] *n* : emoticono *m*, emoticón *m*
emotion [iˈmoːʃən] *n* : emoción *f*, sentimiento *m*
emotional [iˈmoːʃənəl] *adj* **1** : emocional, afectivo ⟨an emotional reaction : una reacción emocional⟩ **2** MOVING : emocionante, emotivo, conmovedor
emotionally [iˈmoːʃənəli] *adv* : emocionalmente
empathy [ˈɛmpəθi] *n* : empatía *f*
emperor [ˈɛmpərər] *n* : emperador *m*
emphasis [ˈɛmfəsɪs] *n, pl* **-phases** [-͵siːz] : énfasis *m*, hincapié *m*
emphasize [ˈɛmfə͵saɪz] *vt* **-sized; -sizing** : enfatizar, destacar, subrayar, hacer hincapié en
emphatic [ɪmˈfætɪk, ɛm-] *adj* : enfático, enérgico, categórico — **emphatically** [-ɪkli] *adv*
empire [ˈɛm͵paɪr] *n* : imperio *m*
empirical [ɪmˈpɪrɪkəl, ɛm-] *adj* : empírico — **empirically** [-ɪkli] *adv*
employ[1] [ɪmˈplɔɪ, ɛm-] *vt* **1** USE : usar, utilizar **2** HIRE : contratar, emplear **3** OCCUPY : ocupar, dedicar, emplear
employ[2] [ɪmˈplɔɪ, ɛm-; ˈɪm͵-, ˈɛm͵-] *n* **1** : puesto *m*, cargo *m*, ocupación *f* **2 to be in the employ of** : estar al servicio de, trabajar para
employee [ɪm͵plɔɪˈiː, ɛm-, -ˈplɔɪ͵iː] *n* : empleado *m*, -da *f*
employer [ɪmˈplɔɪər, ɛm-] *n* : patrón *m*, -trona *f*; empleador *m*, -dora *f*
employment [ɪmˈplɔɪmənt, ɛm-] *n* : trabajo *m*, empleo *m*
empower [ɪmˈpaʊər, ɛm-] *vt* : facultar, autorizar, conferirle poder a
empowerment [ɪmˈpaʊərmənt, ɛm-] *n* : autorización *f*
empress [ˈɛmprəs] *n* : emperatriz *f*
emptiness [ˈɛmptinəs] *n* : vacío *m*, vacuidad *f*
empty[1] [ˈɛmpti] *v* **-tied; -tying** *vt* : vaciar — *vi* : desaguar (dícese de un río)
empty[2] *adj* **emptier; -est 1** : vacío **2** VACANT : desocupado, libre **3** MEANINGLESS : vacío, hueco, vano
empty–handed [͵ɛmptiˈhændəd] *adj* : con las manos vacías
empty–headed [͵ɛmptiˈhɛdəd] *adj* : cabeza hueca, tonto
emu [ˈiː͵mjuː] *n* : emú *m*
emulate [ˈɛmjə͵leɪt] *vt* **-lated; -lating** : emular
emulation [͵ɛmjəˈleɪʃən] *n* : emulación *f*
emulsifier [ɪˈmʌlsə͵faɪər] *n* : emulsionante *m*
emulsify [ɪˈmʌlsə͵faɪ] *vt* **-fied; -fying** : emulsionar
emulsion [ɪˈmʌlʃən] *n* : emulsión *f*
enable [ɪˈneɪbəl, ɛ-] *vt* **-abled; -abling 1** EMPOWER : habilitar, autorizar, facultar **2** PERMIT : hacer posible, posibilitar, permitir
enact [ɪˈnækt, ɛ-] *vt* **1** : promulgar (un ley o decreto) **2** : representar (un papel en el teatro)
enactment [ɪˈnæktmənt, ɛ-] *n* : promulgación *f*
enamel[1] [ɪˈnæməl] *vt* **-eled** *or* **-elled; -eling** *or* **-elling** : esmaltar
enamel[2] *n* : esmalte *m*
enamor [ɪˈnæmər] *vt* **1** : enamorar **2 to be enamored of** : estar enamorado de (una persona), estar entusiasmado con (algo)
encamp [ɪnˈkæmp, ɛn-] *vi* : acampar
encampment [ɪnˈkæmpmənt, ɛn-] *n* : campamento *m*
encase [ɪnˈkeɪs, ɛn-] *vt* **-cased; -casing** : encerrar, revestir
encephalitis [ɪn͵sɛfəˈlaɪt̬əs, ɛn-] *n, pl* **-litides** [ˈlɪt̬ə͵diːz] : encefalitis *f*
enchant [ɪnˈʧænt, ɛn-] *vt* **1** BEWITCH : hechizar, encantar, embrujar **2** CHARM, FASCINATE : cautivar, fascinar, encantar

enchanting [ɪn'ʧæntɪŋ, ɛn-] *adj* : encantador

enchanter [ɪn'ʧæntər, ɛn-] *n* SORCERER : mago *m*, encantador *m*

enchantment [ɪn'ʧæntmənt, ɛn-] *n* 1 SPELL : encanto *m*, hechizo *m* 2 CHARM : encanto *m*

enchantress [ɪn'ʧæntrəs, ɛn-] *n* 1 SORCERESS : maga *f*, hechicera *f* 2 CHARMER : mujer *f* cautivadora

enchilada [ˌɛnʧə'lɑdə] *n* : enchilada *f*

encircle [ɪn'sərkəl, ɛn-] *vt* **-cled; -cling** : rodear, ceñir, cercar

enclose [ɪn'klo:z, ɛn-] *vt* **-closed; -closing** 1 SURROUND : encerrar, cercar, rodear 2 INCLUDE : incluir, adjuntar, acompañar ⟨please find enclosed : le enviamos adjunto⟩

enclosure [ɪn'klo:ʒər, ɛn-] *n* 1 ENCLOSING : encierro *m* 2 : cercado *m* (de terreno), recinto *m* ⟨an enclosure for the press : un recinto para la prensa⟩ 3 ADJUNCT : anexo *m* (con una carta), documento *m* adjunto

encode [ɪn'ko:d, ɛn-] *vt* : cifrar (mensajes, etc.), codificar (en informática)

encompass [ɪn'kʌmpəs, ɛn-, -'kɑm-] *vt* 1 SURROUND : circundar, rodear 2 INCLUDE : abarcar, comprender

encore ['ɑnˌkor] *n* : bis *m*, repetición *f*

encounter[1] [ɪn'kaʊntər, ɛn-] *vt* 1 MEET : encontrar, encontrarse con, toparse con, tropezar con 2 FIGHT : combatir, luchar contra

encounter[2] *n* : encuentro *m*

encourage [ɪn'kərɪʤ, ɛn-] *vt* **-aged; -aging** 1 HEARTEN, INSPIRE : animar, alentar 2 FOSTER : fomentar, promover

encouragement [ɪn'kərɪʤmənt, ɛn-] *n* : ánimo *m*, aliento *m*

encouraging [ɪn'kərəʤɪŋ, ɛn-] *adj* : alentador, esperanzador

encroach [ɪn'kro:ʧ, ɛn-] *vi* **to encroach on** : invadir, abusar (derechos), quitar (tiempo)

encroachment [ɪn'kro:ʧmənt, ɛn-] *n* : invasión *f*, usurpación *f*

encrust [ɪn'krʌst, ɛn-] *vt* 1 : recubrir con una costra 2 INLAY : incrustar ⟨encrusted with gems : incrustado de gemas⟩

encumber [ɪn'kʌmbər, ɛn-] *vt* 1 BLOCK : obstruir, estorbar 2 BURDEN : cargar, gravar

encumbrance [ɪn'kʌmbrənts, ɛn-] *n* : estorbo *m*, carga *f*, gravamen *m*

encyclopedia [ɪnˌsaɪklə'pi:diə, ɛn-] *n* : enciclopedia *f*

encyclopedic [ɪnˌsaɪklə'pi:dɪk, ɛn-] *adj* : enciclopédico

end[1] ['ɛnd] *vt* 1 STOP : terminar, poner fin a 2 CONCLUDE : concluir, terminar — *vi* : terminar(se), acabar, concluir(se)

end[2] *n* 1 : extremo *m* (de una cuerda, etc.), punta *f* (de un lápiz, etc.), final *m* (de una calle, etc.) ⟨I'm at the end of my rope : no puedo aguantar más⟩ 2 CONCLUSION : fin *m*, final *m* ⟨to bring something to an end : terminar algo, poner fin a algo⟩ ⟨to come to an end : llegar a su fin⟩ ⟨to put an end to : acabar con, poner fin a⟩ 3 AIM : fin *m*, objetivo *m* 4 : ala *f* (en fútbol americano) ⟨tight end : ala cerrada⟩ 5 **at the end** : al fin, al final ⟨at the end of April : a fines/finales de abril⟩ 6 **end to end** : juntados por los extremos 7 **in the end** : al final 8 **on end** : parado, (en posición) vertical ⟨my hair stood on end : se me pusieron los pelos de punta⟩ 9 **on end** : sin parar ⟨he read for hours on end : pasaba horas enteras leyendo⟩

endanger [ɪn'deɪnʤər, ɛn-] *vt* : poner en peligro

endear [ɪn'dɪr, ɛn-] *vt* **to endear oneself to** : ganarse la simpatía de, granjearse el cariño de

endearment [ɪn'dɪrmənt, ɛn-] *n* : expresión *f* de cariño

endeavor[1] [ɪn'dɛvər, ɛn-] *vt* : intentar, esforzarse por ⟨he endeavored to improve his work : intentó por mejorar su trabajo⟩

endeavor[2] *n* : intento *m*, esfuerzo *m*

endemic [ɛn'dɛmɪk, ɪn-] *adj* : endémico

ending ['ɛndɪŋ] *n* 1 CONCLUSION : final *m*, desenlace *m* 2 SUFFIX : sufijo *m*, terminación *f*

endive ['ɛnˌdaɪv, ˌɑn'di:v] *n* : endibia *f*, endivia *f*

endless ['ɛndləs] *adj* 1 INTERMINABLE : interminable, inacabable, sin fin 2 INNUMERABLE : innumerable, incontable

endlessly ['ɛndləsli] *adv* : interminablemente, eternamente, sin parar

endocrine ['ɛndəkrən, -ˌkraɪn, -ˌkri:n] *adj* : endocrino

endorse [ɪn'dɔrs, ɛn-] *vt* **-dorsed; -dorsing** 1 SIGN : endosar, firmar 2 APPROVE : aprobar, sancionar

endorsement [ɪn'dɔrsmənt, ɛn-] *n* 1 SIGNATURE : endoso *m*, firma *f* 2 APPROVAL : aprobación *f*, aval *m*

endow [ɪn'daʊ, ɛn-] *vt* : dotar

endowment [ɪn'daʊmənt, ɛn-] *n* 1 FUNDING : dotación *f* 2 DONATION : donación *f*, legado *m* 3 ATTRIBUTE, GIFT : atributo *m*, dotes *fpl*

endurable [ɪn'dʊrəbəl, ɛn-, -'djʊr-] *adj* : tolerable, soportable

endurance [ɪn'dʊrənts, ɛn-, -'djʊr-] *n* : resistencia *f*, aguante *m*

endure [ɪn'dʊr, ɛn-, -'djʊr] *v* **-dured; -during** *vt* 1 BEAR : resistir, soportar, aguantar 2 TOLERATE : tolerar, soportar — *vi* LAST : durar, perdurar

enema ['ɛnəmə] *n* : enema *m*, lavativa *f*

enemy ['ɛnəmi] *n, pl* **-mies** : enemigo *m*, -ga *f*

energetic [ˌɛnər'ʤɛt̬ɪk] *adj* : enérgico, vigoroso — **energetically** [-t̬ɪkli] *adv*

energize ['ɛnərˌʤaɪz] *vt* **-gized; -gizing** 1 ACTIVATE : activar 2 INVIGORATE : vigorizar

energy ['ɛnərʤi] *n, pl* **-gies** 1 VITALITY : energía *f*, vitalidad *f* 2 EFFORT : es-

fuerzo *m*, energías *fpl* **3** POWER : energía *f* ⟨atomic energy : energía atómica⟩
enervate [ˈɛnərˌveɪt] *vt* **-vated; -vating** : enervar, debilitar
enfold [ɪnˈfo:ld, ɛn-] *vt* : envolver
enforce [ɪnˈfors, ɛn-] *vt* **-forced; -forcing** **1** : hacer respetar, hacer cumplir (una ley, etc.) **2** IMPOSE : imponer ⟨to enforce obedience : imponer la obediencia⟩
enforcement [ɪnˈforsmənt, ɛn-] *n* : imposición *f*
enfranchise [ɪnˈfrænˌʧaɪz, ɛn-] *vt* **-chised; -chising** : conceder el voto a
enfranchisement [ɪnˈfrænˌʧaɪzmənt, ɛn-] *n* : concesión *f* del voto
engage [ɪnˈgeɪʤ, ɛn-] *v* **-gaged; -gaging** *vt* **1** ATTRACT : captar, atraer, llamar ⟨to engage one's attention : captar la atención⟩ **2** MESH : engranar ⟨to engage the clutch : embragar⟩ **3** COMMIT : comprometer ⟨to get engaged : comprometerse⟩ **4** HIRE : contratar **5** : entablar combate con (un enemigo) — *vi* **1** PARTICIPATE : participar **2 to engage in combat** : entrar en combate
engagement [ɪnˈgeɪʤmənt, ɛn-] *n* **1** APPOINTMENT : cita *f*, hora *f* **2** BETROTHAL : compromiso *m*
engaging [ɪnˈgeɪʤɪŋ, ɛn-] *adj* : atractivo, encantador, interesante
engender [ɪnˈʤɛndər, ɛn-] *vt* **-dered; -dering** : engendrar
engine [ˈɛnʤən] *n* **1** MOTOR : motor *m* **2** LOCOMOTIVE : locomotora *f*, máquina *f*
engineer[1] [ˌɛnʤəˈnɪr] *vt* **1** : diseñar, construir (un sistema, un mecanismo, etc.) **2** CONTRIVE : maquinar, tramar, fraguar
engineer[2] *n* **1** : ingeniero *m*, -ra *f* **2** : maquinista *mf* (de locomotoras)
engineering [ˌɛnʤəˈnɪrɪŋ] *n* : ingeniería *f*
English[1] [ˈɪŋglɪʃ, ˈɪŋlɪʃ] *adj* : inglés
English[2] *n* **1** : inglés *m* (idioma) **2 the English** : los ingleses
Englishman [ˈɪŋglɪʃmən, ˈɪŋlɪʃ-] *n, pl* **-men** [-mən, -ˌmɛn] : inglés *m*
Englishwoman [ˈɪŋglɪʃˌwʊmən, ˈɪŋlɪʃ-] *n, pl* **-women** [-ˌwɪmən] : inglesa *f*
engrave [ɪnˈgreɪv, ɛn-] *vt* **-graved; -graving** : grabar
engraver [ɪnˈgreɪvər, ɛn-] *n* : grabador *m*, -dora *f*
engraving [ɪnˈgreɪvɪŋ, ɛn-] *n* : grabado *m*
engross [ɪnˈgro:s, ɛn-] *vt* : absorber
engrossed [ɪnˈgro:st, ɛn-] *adj* : absorto
engrossing [ɪnˈgro:sɪŋ, ɛn-] *adj* : fascinante, absorbente
engulf [ɪnˈgʌlf, ɛn-] *vt* : envolver, sepultar
enhance [ɪnˈhænts, ɛn-] *vt* **-hanced; -hancing** : realzar, aumentar, mejorar
enhancement [ɪnˈhæntsmənt, ɛn-] *n* : mejora *f*, realce *m*, aumento *m*
enigma [ɪˈnɪgmə] *n* : enigma *m*
enigmatic [ˌɛnɪgˈmæṭɪk, ˌi:nɪg-] *adj* : enigmático — **enigmatically** [-ṭɪkli] *adv*
enjoin [ɪnˈʤɔɪn, ɛn-] *vt* **1** COMMAND : ordenar, imponer **2** FORBID : prohibir, vedar
enjoy [ɪnˈʤɔɪ, ɛn-] *vt* **1** : disfrutar, gozar de ⟨did you enjoy the book? : ¿te gustó el libro?⟩ ⟨to enjoy good health : gozar de buena salud⟩ **2 to enjoy oneself** : divertirse, pasarlo bien
enjoyable [ɪnˈʤɔɪəbəl, ɛn-] *adj* : agradable, placentero, divertido
enjoyment [ɪnˈʤɔɪmənt, ɛn-] *n* : placer *m*, goce *m*, disfrute *m*, deleite *m*
enlarge [ɪnˈlɑrʤ, ɛn-] *v* **-larged; -larging** *vt* : extender, agrandar, ampliar — *vi* **1** : ampliarse **2 to enlarge upon** : extenderse sobre, entrar en detalles sobre
enlargement [ɪnˈlɑrʤmənt, ɛn-] *n* : expansión *f*, ampliación *f* (dícese de fotografías)
enlarger [ɪnˈlɑrʤər, ɛn-] *n* : ampliadora *f*
enlighten [ɪnˈlaɪtən, ɛn-] *vt* : iluminar, aclarar
enlightenment [ɪnˈlaɪtənmənt, ɛn-] *n* **1** : ilustración *f* ⟨the Enlightenment : la Ilustración⟩ **2** CLARIFICATION : aclaración *f*
enlist [ɪnˈlɪst, ɛn-] *vt* **1** ENROLL : alistar, reclutar **2** SECURE : conseguir ⟨to enlist the support of : conseguir el apoyo de⟩ — *vi* : alistarse
enlisted man [ɪnˈlɪstəd, ɛn-] *n* : soldado *m* raso
enlistment [ɪnˈlɪstmənt, ɛn-] *n* : alistamiento *m*, reclutamiento *m*
enliven [ɪnˈlaɪvən, ɛn-] *vt* : animar, alegrar, darle vida a
enmity [ˈɛnməṭi] *n, pl* **-ties** : enemistad *f*, animadversión *f*
ennoble [ɪˈno:bəl, ɛ-] *vt* **-bled; -bling** : ennoblecer
ennui [ˌɑnˈwi:] *n* : hastío *m*, tedio *m*, fastidio *m*, aburrimiento *m*
enormity [ɪˈnɔrməṭi] *n, pl* **-ties** **1** ATROCITY : atrocidad *f*, barbaridad *f* **2** IMMENSITY : enormidad *f*, inmensidad *f*
enormous [ɪˈnɔrməs] *adj* : enorme, inmenso, tremendo — **enormously** *adv*
enough[1] [ɪˈnʌf] *adv* **1** : bastante, suficientemente **2 fair enough!** : ¡está bien!, ¡de acuerdo! **3 strangely enough** : por extraño que parezca **4 sure enough** : en efecto, sin duda alguna **5 well enough** : muy bien, bastante bien
enough[2] *adj* : bastante, suficiente ⟨do we have enough chairs? : ¿tenemos suficientes sillas?⟩
enough[3] *pron* : (lo) suficiente, (lo) bastante ⟨enough to eat : lo suficiente para comer⟩ ⟨it's not enough : no basta⟩ ⟨I've had enough! : ¡estoy harto!, ¡está bueno ya!⟩

enquire [ɪnˈkwaɪr, ɛn-] **enquiry** [ˈɪn,kwaɪri, ˈɛn-, -kwəri; ɪnˈkwaɪri, ɛnˈ-] → **inquire, inquiry**

enrage [ɪnˈreɪʤ, ɛn-] *vt* **-raged; -raging** : enfurecer, encolerizar

enraged [ɪnˈreɪʤd, ɛn-] *adj* : enfurecido, furioso

enrich [ɪnˈrɪʧ, ɛn-] *vt* : enriquecer

enrichment [ɪnˈrɪʧmənt, ɛn-] *n* : enriquecimiento *m*

enroll *or* **enrol** [ɪnˈro:l, ɛn-] *v* **-rolled; -rolling** *vt* : matricular, inscribir — *vi* : matricularse, inscribirse

enrollment [ɪnˈro:lmənt, ɛn-] *n* : matrícula *f*, inscripción *f*

en route [ɑˈru:t, ɛnˈraʊt] *adv* : de camino, por el camino

ensconce [ɪnˈskɑnts, ɛn-] *vt* **-sconced; -sconcing** : acomodar, instalar, establecer cómodamente

ensemble [ɑnˈsɑmbəl] *n* : conjunto *m*

enshrine [ɪnˈʃraɪn, ɛn-] *vt* **-shrined; -shrining** : conservar religiosamente, preservar

ensign [ˈntsən, ˈɛn,saɪn] *n* **1** FLAG : enseña *f*, pabellón *m* **2** : alférez *mf* (de fragata)

enslave [ɪnˈsleɪv, ɛn-] *vt* **-slaved; -slaving** : esclavizar

enslavement [ɪnˈsleɪvmənt, ɛn-] *n* : esclavización *f*

ensnare [ɪnˈsnær, ɛn-] *vt* **-snared; -snaring** : atrapar

ensue [ɪnˈsu:, ɛn-] *vi* **-sued; -suing** : seguir, resultar

ensure [ɪnˈʃʊr, ɛn-] *vt* **-sured; -suring** : asegurar, garantizar

entail [ɪnˈteɪl, ɛn-] *vt* : implicar, suponer, conllevar

entangle [ɪnˈtæŋgəl, ɛn-] *vt* **-gled; -gling** : enredar

entanglement [ɪnˈtæŋgəlmənt, ɛn-] *n* : enredo *m*

enter [ˈɛntər] *vt* **1** : entrar en/a **2** JOIN : entrar en/a, incorporarse a, ingresar a **3** : entrar en/a (un debate, una profesión, etc.) **4** BEGIN : entrar en (una etapa, etc.) **5** RECORD : anotar, inscribir **6** INPUT : introducir, dar entrada a **7** : presentar (una queja, etc.) ⟨she entered a guilty plea : se declaró culpable⟩ **8** : presentarse a (un concurso, etc.), inscribirse en (una carrera, etc.) — *vi* **1** : entrar **2 to enter into** : entrar en, establecer (un acuerdo), entablar (negociaciones, etc.) **3 to enter into** AFFECT, INFLUENCE : incidir en, influir en

enterprise [ˈɛntər,praɪz] *n* **1** UNDERTAKING : empresa *f* **2** BUSINESS : empresa *f*, firma *f* **3** INITIATIVE : iniciativa *f*, empuje *m*

enterprising [ˈɛntər,praɪzɪŋ] *adj* : emprendedor

entertain [,ɛntərˈteɪn] *vt* **1** : recibir, agasajar ⟨to entertain guests : tener invitados⟩ **2** CONSIDER : considerar, contemplar **3** AMUSE : entretener, divertir

entertainer [,ɛntərˈteɪnər] *n* : artista *mf*

entertaining [,ɛntərˈteɪnɪŋ] *adj* : entretenido, divertido

entertainment [,ɛntərˈteɪnmənt] *n* : entretenimiento *m*, diversión *f*

enthrall *or* **enthral** [ɪnˈθrɔl, ɛn-] *vt* **-thralled; -thralling** : cautivar, embelesar

enthuse [ɪnˈθuiz, ɛn-] *v* **-thused; -thusing** *vt* **1** EXCITE : entusiasmar **2** : decir con entusiasmo — *vi* **to enthuse over** : hablar con entusiasmo sobre

enthusiasm [ɪnˈθu:zi,æzəm, ɛn-, -ˈθju:-] *n* : entusiasmo *m*

enthusiast [ɪnˈθu:zi,æst, ɛn-, -ˈθju:-, -əst] *n* : entusiasta *mf*; aficionado *m*, -da *f*

enthusiastic [ɪn,θu:ziˈæstɪk, ɛn-, -,θju:-] *adj* : entusiasta, aficionado

enthusiastically [ɪn,θu:ziˈæstɪkli, ɛn-, -,θju:-] *adv* : con entusiasmo

entice [ɪnˈtaɪs, ɛn-] *vt* **-ticed; -ticing** : atraer, tentar

enticement [ɪnˈtaɪsmənt, ɛn-] *n* : tentación *f*, atracción *f*, señuelo *m*

entire [ɪnˈtaɪr, ɛn-] *adj* : entero, completo

entirely [ɪnˈtaɪrli, ɛn-] *adv* : completamente, totalmente

entirety [ɪnˈtaɪrţi, ɛn-, -ˈtaɪrəţi] *n, pl* **-ties** : totalidad *f*

entitle [ɪnˈtaɪţəl, ɛn-] *vt* **-tled; -tling** **1** NAME : titular, intitular **2** : dar derecho a ⟨it entitles you to enter free : le da derecho a entrar gratis⟩ **3 to be entitled to** : tener derecho a

entitlement [ɪnˈtaɪţəlmənt, ɛn-] *n* RIGHT : derecho *m*

entity [ˈɛntəţi] *n, pl* **-ties** : entidad *f*, ente *m*

entomologist [,ɛntəˈmɑləʤɪst] *n* : entomólogo *m*, -ga *f*

entomology [,ɛntəˈmɑləʤi] *n* : entomología *f*

entourage [,ɑntʊˈrɑʒ] *n* : séquito *m*

entrails [ˈɛn,treɪlz, -trəlz] *npl* : entrañas *fpl*, vísceras *fpl*

entrance¹ [ɪnˈtrænts, ɛn-] *vt* **-tranced; -trancing** : encantar, embelesar, fascinar

entrance² [ˈɛntrənts] *n* **1** ENTERING : entrada *f* ⟨to make an entrance : entrar en escena⟩ **2** ENTRY : entrada *f*, puerta *f* **3** ADMISSION : entrada *f*, ingreso *m* ⟨entrance examination : examen de ingreso⟩

entrant [ˈɛntrənt] *n* : candidato *m*, -ta *f* (en un examen); participante *mf* (en un concurso)

entrap [ɪnˈtræp, ɛn-] *vt* **-trapped; -trapping** : atrapar, entrampar, hacer caer en una trampa

entrapment [ɪnˈtræpmənt, ɛn-] *n* : captura *f*

entreat [ɪnˈtri:t, ɛn-] *vt* : suplicar, rogar

entreaty [ɪnˈtri:ţi, ɛn-] *n, pl* **-treaties** : ruego *m*, súplica *f*

entrée *or* **entree** [ˈɑn,treɪ, ,ɑnˈ-] *n* : plato *m* principal

entrench [ɪn'trɛntʃ, ɛn-] *vt* **1** FORTIFY : atrincherar (una posición militar) **2** : consolidar, afianzar ⟨firmly entrenched in his job : afianzado en su puesto⟩
entrepreneur [ˌɑntrəprə'nər, -'njʊr] *n* : empresario *m*, -ria *f*
entrust [ɪn'trʌst, ɛn-] *vt* : confiar, encomendar
entry ['ɛntri] *n, pl* **-tries** **1** ENTRANCE : entrada *f* **2** NOTATION : entrada *f*, anotación *f*
entwine [ɪn'twaɪn, ɛn-] *vt* **-twined; -twining** : entrelazar, entretejer, entrecruzar
enumerate [ɪ'nu:məˌreɪt, ɛ-, -'nju:-] *vt* **-ated; -ating** **1** LIST : enumerar **2** COUNT : contar, enumerar
enumeration [ɪˌnu:mə'reɪʃən, ɛ-, -ˌnju:-] *n* : enumeración *f*, lista *f*
enunciate [i'nʌntsiˌeɪt, ɛ-] *vt* **-ated; -ating** **1** STATE : enunciar, decir **2** PRONOUNCE : articular, pronunciar
enunciation [iˌnʌntsi'eɪʃən, ɛ-] *n* **1** STATEMENT : enunciación *f*, declaración *f* **2** ARTICULATION : articulación *f*, pronunciación *f*, dicción *f*
envelop [ɪn'vləp, ɛn-] *vt* : envolver, cubrir
envelope ['ɛnvəˌlo:p, 'ɑn-] *n* : sobre *m*
enviable ['ɛnviəbəl] *adj* : envidiable
envious ['ɛnviəs] *adj* : envidioso — **enviously** *adv*
environment [ɪn'vaɪrənmənt, ɛn-, -'vaɪərn-] *n* : medio *m* (ambiente), ambiente *m*, entorno *m*
environmental [ɪnˌvaɪrən'mɛntəl, ɛn-, -ˌvaɪərn-] *adj* : ambiental
environmentalist [ɪnˌvaɪrən'mɛntəlɪst, ɛn-, -ˌvaɪərn-] *n* : ecologista *mf*
environs [ɪn'vaɪrənz, ɛn-, -'vaɪərnz] *npl* : alrededores *mpl*, entorno *m*, inmediaciones *fpl*
envisage [ɪn'vɪzɪdʒ, ɛn-] *vt* **-aged; -aging** **1** IMAGINE : imaginarse, concebir **2** FORESEE : prever
envision [ɪn'vɪʒən, ɛn-] *vt* : imaginar
envoy ['ɛnˌvɔɪ, 'ɑn-] *n* : enviado *m*, -da *f*
envy¹ ['ɛnvi] *vt* **-vied; -vying** : envidiar
envy² *n, pl* **envies** : envidia *f*
enzyme ['ɛnˌzaɪm] *n* : enzima *f*
eon ['i:ən, i:ˌɑn] → **aeon**
epaulet [ˌɛpə'lɛt] *n* : charretera *f*
ephemeral [ɪ'fɛmərəl, -'fi:-] *adj* : efímero, fugaz
epic¹ ['ɛpɪk] *adj* : épico
epic² *n* : poema *m* épico, epopeya *f*
epicure ['ɛpɪˌkjʊr] *n* : epicúreo *m*, -rea *f*; gastrónomo *m*, -ma *f*
epicurean [ˌɛpɪkjʊ'ri:ən, -'kjʊriən] *adj* : epicúreo
epidemic¹ [ˌɛpə'dɛmɪk] *adj* : epidémico
epidemic² *n* : epidemia *f*
epidermis [ˌɛpə'dərməs] *n* : epidermis *f*
epigram ['ɛpəˌgræm] *n* : epigrama *m*
epilepsy ['ɛpəˌlɛpsi] *n, pl* **-sies** : epilepsia *f*
epileptic¹ [ˌɛpə'lɛptɪk] *adj* : epiléptico
epileptic² *n* : epiléptico *m*, -ca *f*
epilogue ['ɛpəˌlɔg, -ˌlɑg] *n* : epílogo *m*
epiphany [ɪ'pɪfəni] *n, pl* **-nies** **1 Epiphany** : Epifanía *f* **2 to have an epiphany** : tener una revelación
episcopal [ɪ'pɪskəpəl] *adj* : episcopal
Episcopalian [ɪˌpɪskə'peɪljən] *n* : episcopalista *mf*; episcopaliano *m*, -na *f*
episode ['ɛpəˌso:d] *n* : episodio *m*
episodic [ˌɛpə'sɑdɪk] *adj* : episódico
epistle [ɪ'pɪsəl] *n* : epístola *f*, carta *f*
epitaph ['ɛpəˌtæf] *n* : epitafio *m*
epithet ['ɛpəˌθɛt, -θət] *n* : epíteto *m*
epitome [ɪ'pɪṭəmi] *n* **1** SUMMARY : epítome *m*, resumen *m* **2** EMBODIMENT : personificación *f*
epitomize [ɪ'pɪṭəˌmaɪz] *vt* **-mized; -mizing** **1** SUMMARIZE : resumir **2** EMBODY : ser la personificación de, personificar
epoch ['ɛpək, 'ɛˌpɑk, 'i:ˌpɑk] *n* : época *f*, era *f*
epoxy [ɪ'pɑksi] *n, pl* **epoxies** : resina *f* epoxídica
equable ['ɛkwəbəl, 'i:-] *adj* **1** CALM, STEADY : ecuánime **2** UNIFORM : estable (dícese de la temperatura), constante (dícese del clima), uniforme
equably ['ɛkwəbli, 'i:-] *adv* : con ecuanimidad
equal¹ ['i:kwəl] *vt* **equaled** *or* **equalled; equaling** *or* **equalling** **1** : ser igual a ⟨two plus three equals five : dos más tres es igual a cinco⟩ **2** MATCH : igualar
equal² *adj* **1** SAME : igual **2** ADEQUATE : adecuado, capaz
equal³ *n* : igual *mf*
equality [ɪ'kwɑləṭi] *n, pl* **-ties** : igualdad *f*
equalize ['i:kwəˌlaɪz] *vt* **-ized; -izing** : igualar, equiparar
equally ['i:kwəli] *adv* : igualmente, por igual
equanimity [ˌi:kwə'nɪməṭi, ˌɛ-] *n, pl* **-ties** : ecuanimidad *f*
equate [ɪ'kweɪt] *vt* **equated; equating** : equiparar, identificar
equation [ɪ'kweɪʒən] *n* : ecuación *f*
equator [ɪ'kweɪṭər] *n* : ecuador *m*
equatorial [ˌi:kwə'toriəl, ˌɛ-] *adj* : ecuatorial
equestrian¹ [ɪ'kwɛstriən, ɛ-] *adj* : ecuestre
equestrian² *n* : jinete *mf*, caballista *mf*
equilateral [ˌi:kwə'læṭərəl, ˌɛ-] *adj* : equilátero
equilibrium [ˌi:kwə'lɪbriəm, ˌɛ-] *n, pl* **-riums** *or* **-ria** [-briə] : equilibrio *m*
equine ['i:ˌkwaɪn, 'ɛ-] *adj* : equino, hípico
equinox ['i:kwəˌnɑks, 'ɛ-] *n* : equinoccio *m*
equip [ɪ'kwɪp] *vt* **equipped; equipping** **1** FURNISH : equipar **2** PREPARE : preparar

equipment [ɪ'kwɪpmənt] *n* : equipo *m*
equitable ['ɛkwət̬əbəl] *adj* : equitativo, justo, imparcial
equity ['ɛkwət̬i] *n, pl* **-ties** **1** FAIRNESS : equidad *f*, imparcialidad *f* **2** VALUE : valor *m* líquido
equivalence [ɪ'kwɪvələnts] *n* : equivalencia *f*
equivalent[1] [ɪ'kwɪvələnt] *adj* : equivalente
equivalent[2] *n* : equivalente *m*
equivocal [ɪ'kwɪvəkəl] *adj* **1** AMBIGUOUS : equívoco, ambiguo **2** QUESTIONABLE : incierto, dudoso, sospechoso
equivocate [ɪ'kwɪvəˌkeɪt] *vi* **-cated; -cating** : usar lenguaje equívoco, andarse con evasivas
equivocation [ɪˌkwɪvə'keɪʃən] *n* : evasiva *f*, subterfugio *m*
era ['ɪrə, 'ɛrə, 'i:rə] *n* : era *f*, época *f*
eradicate [ɪ'rædəˌkeɪt] *vt* **-cated; -cating** : erradicar
erase [ɪ'reɪs] *vt* **erased; erasing** : borrar
eraser [ɪ'reɪsər] *n* : goma *f* de borrar, borrador *m*
erasure [ɪ'reɪʃər] *n* : tachadura *f*
ere[1] ['ɛr] *conj* : antes de que
ere[2] *prep* **1** : antes de **2 ere long** : dentro de poco
erect[1] [ɪ'rɛkt] *vt* **1** CONSTRUCT : erigir, construir **2** RAISE : levantar **3** ESTABLISH : establecer
erect[2] *adj* : erguido, derecho, erecto
erection [ɪ'rɛkʃən] *n* **1** : erección *f* (en fisiología) **2** BUILDING : construcción *f*
ergonomics [ˌərgə'nɑmɪks] *npl* : ergonomía *f*
ermine ['ərmən] *n* : armiño *m*
erode [ɪ'ro:d] *vt* **eroded; eroding** : erosionar (el suelo), corroer (metales)
erosion [ɪ'ro:ʒən] *n* : erosión *f*, corrosión *f*
erotic [ɪ'rɑt̬ɪk] *adj* : erótico — **erotically** [-t̬ɪkli] *adv*
eroticism [ɪ'rɑt̬əˌsɪzəm] *n* : erotismo *m*
err ['ɛr, 'ər] *vi* : cometer un error, equivocarse, errar
errand ['ɛrənd] *n* : mandado *m*, encargo *m*, recado *m Spain* ⟨an errand of mercy : una misión de caridad⟩
errant ['ɛrənt] *adj* **1** WANDERING : errante **2** ASTRAY : descarriado
erratic [ɪ'ræt̬ɪk] *adj* **1** INCONSISTENT : errático, irregular, inconsistente **2** ECCENTRIC : excéntrico, raro
erratically [ɪ'ræt̬ɪkli] *adv* : erráticamente, de manera irregular
erroneous [ɪ'ro:niəs, ɛ-] *adj* : erróneo — **erroneously** *adv*
error ['ɛrər] *n* : error *m*, equivocación *f* ⟨to be in error : estar equivocado⟩
ersatz ['ɛrˌsɑts, 'ərˌsæts] *adj* : artificial, sustituto
erstwhile ['ərstˌhwaɪl] *adj* : antiguo
erudite ['ɛrəˌdaɪt, 'ɛrjʊ-] *adj* : erudito, letrado
erudition [ˌɛrə'dɪʃən, ˌɛrjʊ-] *n* : erudición *f*
erupt [ɪ'rʌpt] *vi* **1** : hacer erupción (dícese de un volcán o un sarpullido) **2** : estallar (dícese de la cólera o la violencia)
eruption [ɪ'rʌpʃən] *n* : erupción *f*, estallido *m*
eruptive [ɪ'rʌptɪv] *adj* : eruptivo
escalate ['ɛskəˌleɪt] *v* **-lated; -lating** *vt* : intensificar (un conflicto), aumentar (precios) — *vi* : intensificarse, aumentarse
escalation [ˌɛskə'leɪʃən] *n* : intensificación *f*, escalada *f*, aumento *m*, subida *f*
escalator ['ɛskəˌleɪt̬ər] *n* : escalera *f* mecánica
escapade ['ɛskəˌpeɪd] *n* : aventura *f*
escape[1] [ɪ'skeɪp, ɛ-] *v* **-caped; -caping** *vt* : escaparse de, librarse de, evitar — *vi* : escaparse, fugarse, huir
escape[2] *n* **1** FLIGHT : fuga *f*, huida *f*, escapada *f* **2** LEAKAGE : escape *m*, fuga *f* **3** : escapatoria *f*, evasión *f* ⟨to have no escape : no tener escapatoria⟩ ⟨escape from reality : evasión de la realidad⟩
escapee [ɪˌskeɪ'pi:, ˌɛ-] *n* : fugitivo *m*, -va *f*
escarole ['ɛskəˌro:l] *n* : escarola *f*
escarpment [ɪs'kɑrpmənt, ɛs-] *n* : escarpa *f*, escarpadura *f*
eschew [ɛ'ʃu:, ɪs'ʧu:] *vt* : evitar, rehuir, abstenerse de
escort[1] [ɪ'skɔrt, ɛ-] *vt* **1** : escoltar ⟨to escort a ship : escoltar un barco⟩ **2** ACCOMPANY : acompañar
escort[2] ['ɛsˌkɔrt] *n* **1** : escolta *f* ⟨armed escort : escolta armada⟩ **2** COMPANION : acompañante *mf*; compañero *m*, -ra *f*
escrow ['ɛsˌkro:] *n* **in escrow** : en depósito, en custodia de un tercero
Eskimo ['ɛskəˌmo:] *n* **1** : esquimal *mf* **2** : esquimal *m* (idioma) — **Eskimo** *adj*
esophagus [ɪ'sɑfəgəs, i:-] *n, pl* **-gi** [-ˌgaɪ, -ˌʤaɪ] : esófago *m*
esoteric [ˌɛsə'tɛrɪk] *adj* : esotérico, hermético
especially [ɪ'spɛʃəli] *adv* : especialmente, particularmente
espionage ['ɛspiəˌnɑʒ, -ˌnɑʤ] *n* : espionaje *m*
espouse [ɪ'spaʊz, ɛ-] *vt* **espoused; espousing** **1** MARRY : casarse con **2** ADOPT, ADVOCATE : apoyar, adherirse a, adoptar
espresso ['ɛsprɛˌso:] *n, pl* **-sos** : café *m* exprés
essay[1] ['ɛseɪ, 'ɛˌseɪ] *vt* : intentar, tratar
essay[2] ['ɛˌseɪ] *n* **1** COMPOSITION : ensayo *m*, trabajo *m* **2** ATTEMPT : intento *m*
essayist ['ɛˌseɪɪst] *n* : ensayista *mf*
essence ['ɛsənts] *n* **1** CORE : esencia *f*, núcleo *m*, meollo *m* ⟨in essence : esen-

cialmente〉 **2** EXTRACT : esencia *f*, extracto *m* **3** PERFUME : esencia *f*, perfume *m*
essential[1] [ɪˈsɛntʃəl] *adj* : esencial, imprescindible, fundamental — **essentially** *adv*
essential[2] *n* : elemento *m* esencial, lo imprescindible
establish [ɪˈstæblɪʃ, ɛ-] *vt* **1** FOUND : establecer, fundar **2** SET UP : establecer, instaurar, instituir **3** PROVE : demostrar, probar
establishment [ɪˈstæblɪʃmənt, ɛ-] *n* **1** ESTABLISHING : establecimiento *m*, fundación *f*, instauración *f* **2** BUSINESS : negocio *m*, establecimiento *m* **3 the Establishment** : la clase dirigente
estate [ɪˈsteɪt, ɛ-] *n* **1** POSSESSIONS : bienes *mpl*, propiedad *f*, patrimonio *m* **2** PROPERTY : hacienda *f*, finca *f*, propiedad *f*
esteem[1] [ɪˈsti:m, ɛ-] *vt* : estimar, apreciar
esteem[2] *n* : estima *f*, aprecio *m*
ester [ˈɛstər] *n* : éster *m*
esthetic [ɛsˈθɛt̬ɪk] → **aesthetic**
estimable [ˈɛstəməbəl] *adj* : estimable
estimate[1] [ˈɛstəˌmeɪt] *vt* **-mated; -mating** : calcular, estimar
estimate[2] [ˈɛstəmət] *n* **1** : cálculo *m* aproximado 〈to make an estimate : hacer un cálculo〉 **2** ASSESSMENT : valoración *f*, estimación *f*
estimation [ˌɛstəˈmeɪʃən] *n* **1** JUDGMENT : juicio *m*, opinión *f* 〈in my estimation : en mi opinión, según mis cálculos〉 **2** ESTEEM : estima *f*, aprecio *m*
estimator [ˈɛstəˌmeɪt̬ər] *n* : tasador *m*, -dora *f*
Estonian [ɛˈsto:niən] *n* : estonio *m*, -nia *f* — **Estonian** *adj*
estrange [ɪˈstreɪndʒ, ɛ-] *vt* **-tranged; -tranging** : enajenar, apartar, alejar
estrangement [ɪˈstreɪndʒmənt, ɛ-] *n* : alejamiento *m*, distanciamiento *m*
estrogen [ˈɛstrədʒən] *n* : estrógeno *m*
estrus [ˈɛstrəs] *n* : celo *m*
estuary [ˈɛstʃʊˌwɛri] *n, pl* **-aries** : estuario *m*, -ría *f*
et cetera [ɛtˈsɛt̬ərə, -ˈsɛtrə] : etcétera
etch [ˈɛtʃ] *v* : grabar al aguafuerte
etching [ˈɛtʃɪŋ] *n* : aguafuerte *m*, grabado *m* al aguafuerte
eternal [ɪˈtərnəl, i:-] *adj* **1** EVERLASTING : eterno **2** INTERMINABLE : constante, incesante
eternally [ɪˈtərnəli, i:-] *adv* : eternamente, para siempre
eternity [ɪˈtərnət̬i, i:-] *n, pl* **-ties** : eternidad *f*
ethane [ˈɛˌθeɪn] *n* : etano *m*
ethanol [ˈɛθəˌnɔl, -ˌno:l] *n* : etanol *m*
ether [ˈi:θər] *n* : éter *m*
ethereal [ɪˈθɪriəl, i:-] *adj* **1** CELESTIAL : etéreo, celeste **2** DELICATE : delicado
ethical [ˈɛθɪkəl] *adj* : ético — **ethically** *adv*
ethics [ˈɛθɪks] *ns & pl* **1** : ética *f* **2** MORALITY : ética *f*, moral *f*, moralidad *f*
Ethiopian [ˌi:θiˈo:piən] *n* : etíope *mf* — **Ethiopian** *adj*
ethnic [ˈɛθnɪk] *adj* : étnico
ethnologist [ɛθˈnɑlədʒɪst] *n* : etnólogo *m*, -ga *f*
ethnology [ɛθˈnɑlədʒi] *n* : etnología *f*
etiquette [ˈɛt̬ɪkət, -ˌkɛt] *n* : etiqueta *f*, protocolo *m*
etymological [ˌɛt̬əməˈlɑdʒɪkəl] *adj* : etimológico
etymology [ˌɛt̬əˈmɑlədʒi] *n, pl* **-gies** : etimología *f*
eucalyptus [ˌju:kəˈlɪptəs] *n, pl* **-ti** [-ˌtaɪ] *or* **-tuses** [-təsəz] : eucalipto *m*
Eucharist [ˈju:kərɪst] *n* : Eucaristía *f*
eulogize [ˈju:ləˌdʒaɪz] *vt* **-gized; -gizing** : elogiar, encomiar
eulogy [ˈju:lədʒi] *n, pl* **-gies** : elogio *m*, encomio *m*, panegírico *m*
eunuch [ˈju:nək] *n* : eunuco *m*
euphemism [ˈju:fəˌmɪzəm] *n* : eufemismo *m*
euphemistic [ˌju:fəˈmɪstɪk] *adj* : eufemístico
euphony [ˈju:fəni] *n, pl* **-nies** : eufonía *f*
euphoria [jʊˈforiə] *n* : euforia *f*
euphoric [jʊˈforɪk] *adj* : eufórico
euro [ˈjʊrˌo:] *n, pl* **-ros** *or* **-ro** : euro *m*
European [ˌjʊrəˈpi:ən] *n* : europeo *m*, europea *f* — **European** *adj*
euthanasia [ˌju:θəˈneɪʒə, -ʒiə] *n* : eutanasia *f*
evacuate [ɪˈvækjʊˌeɪt] *v* **-ated; -ating** *vt* VACATE : evacuar, desalojar — *vi* WITHDRAW : retirarse
evacuation [ɪˌvækjʊˈeɪʃən] *n* : evacuación *f*, desalojo *m*
evade [ɪˈveɪd] *vt* **evaded; evading** : evadir, eludir, esquivar
evaluate [ɪˈvæljʊˌeɪt] *vt* **-ated; -ating** : evaluar, valorar, tasar
evaluation [ɪˌvæljʊˈeɪʃən] *n* : evaluación *f*, valoración *f*, tasación *f*
evangelical [ˌi:ˌvænˈdʒɛlɪkəl, ˌɛvən-] *adj* : evangélico
evangelist [ɪˈvændʒəlɪst] *n* **1** : evangelista *m* **2** PREACHER : predicador *m*, -dora *f*
evaporate [ɪˈvæpəˌreɪt] *vi* **-rated; -rating** **1** VAPORIZE : evaporarse **2** VANISH : evaporarse, desvanecerse, esfumarse
evaporation [ɪˌvæpəˈreɪʃən] *n* : evaporación *f*
evasion [ɪˈveɪʒən] *n* : evasión *f*
evasive [ɪˈveɪsɪv] *adj* : evasivo
evasiveness [ɪˈveɪsɪvnəs] *n* : carácter *m* evasivo
eve [ˈi:v] *n* **1** : víspera *f* 〈on the eve of the festivities : en vísperas de las festividades〉 **2** → **evening**
even[1] [ˈi:vən] *vt* **1** LEVEL : allanar, nivelar, emparejar **2** EQUALIZE : igualar, equilibrar — *vi* **to even out** : nivelarse, emparejarse

even[2] *adv* **1** : hasta, incluso ⟨even a child can do it : hasta un niño puede hacerlo⟩ ⟨he looked content, even happy : se le veía satisfecho, incluso feliz⟩ **2** (*in negative constructions*) : ni siquiera ⟨he didn't even try : ni siquiera lo intentó⟩ **3** (*in comparisons*) : aún, todavía ⟨even better : aún mejor, todavía mejor⟩ **4 even if** : aunque **5 even so** : aun así **6 even though** : aun cuando, a pesar de que

even[3] *adj* **1** SMOOTH : uniforme, liso, parejo **2** FLAT : plano, llano **3** EQUAL : igual, igualado ⟨an even score : un marcador igualado⟩ **4** REGULAR : regular, constante ⟨an even pace : un ritmo constante⟩ **5** EXACT : exacto, justo **6** : par ⟨even number : número par⟩ **7 to be even** : estar en paz, estar a mano **8 to get even** : desquitarse, vengarse

evening [ˈiːvnɪŋ] *n* : tarde *f*, noche *f* ⟨in the evening : por la noche⟩

evenly [ˈiːvənli] *adv* **1** UNIFORMLY : de modo uniforme, de manera constante **2** FAIRLY : igualmente, equitativamente

evenness [ˈiːvənnəs] *n* : uniformidad *f*, igualdad *f*, regularidad *f*

event [ɪˈvɛnt] *n* **1** : acontecimiento *m*, suceso *m*, prueba *f* (en deportes) **2 in the event that** : en caso de que

eventful [ɪˈvɛntfəl] *adj* : lleno de incidentes, memorable

eventual [ɪˈvɛntʃʊəl] *adj* : final, consiguiente

eventuality [ɪˌvɛntʃʊˈæləṭi] *n, pl* **-ties** : eventualidad *f*

eventually [ɪˈvɛntʃʊəli] *adv* : al fin, con el tiempo, algún día

ever [ˈɛvər] *adv* **1** ALWAYS : siempre ⟨as ever : como siempre⟩ ⟨ever since (then) : desde entonces⟩ ⟨ever since we met : desde que nos conocimos⟩ **2** (*in questions*) : alguna vez, algún día ⟨have you ever been to Mexico? : ¿has estado en México alguna vez?⟩ ⟨do you ever plan to go back? : ¿piensas volver algún día?⟩ **3** (*in negative constructions*) : nunca ⟨doesn't he ever work? : ¿es que nunca trabaja?⟩ ⟨nobody ever helps me : nadie nunca me ayuda⟩ ⟨we hardly ever speak : casi nunca hablamos⟩ **4** (*in comparisons*) : nunca ⟨better than ever : mejor que nunca⟩ ⟨the best song I ever heard : la mejor canción que he oído nunca⟩ **5** (*as intensifier*) ⟨I'm ever so happy! : ¡estoy tan y tan feliz!⟩ ⟨he looks ever so angry : parece estar muy enojado⟩

evergreen[1] [ˈɛvərˌgriːn] *adj* : de hoja perenne

evergreen[2] *n* : planta *f* de hoja perenne

everlasting [ˌɛvərˈlæstɪŋ] *adj* : eterno, perpetuo, imperecedero

evermore [ˌɛvərˈmor] *adv* : eternamente

every [ˈɛvri] *adj* **1** EACH : cada ⟨every time : cada vez⟩ ⟨every other house : cada dos casas⟩ **2** ALL : todo ⟨every month : todos los meses⟩ ⟨every woman : toda mujer, todas las mujeres⟩ **3** COMPLETE : pleno, entero ⟨to have every confidence : tener plena confianza⟩

everybody [ˈɛvriˌbʌdi, -ˌbɑ-] *pron* : todos *mpl*, -das *fpl*; todo el mundo

everyday [ˌɛvriˈdeɪ, ˈɛvriˌ-] *adj* : cotidiano, diario, corriente ⟨everyday clothes : ropa de todos los días⟩

everyone [ˈɛvriˌwʌn] → **everybody**

everything [ˈɛvriˌθɪŋ] *pron* : todo

everywhere [ˈɛvriˌ*h*wɛr] *adv* : en todas partes, por todas partes, dondequiera ⟨I looked everywhere : busqué en todas partes⟩ ⟨everywhere we go : dondequiera que vayamos⟩

evict [ɪˈvɪkt] *vt* : desalojar, desahuciar

eviction [ɪˈvɪkʃən] *n* : desalojo *m*, desahucio *m*

evidence [ˈɛvədən*t*s] *n* **1** INDICATION : indicio *m*, señal *m* ⟨to be in evidence : estar a la vista⟩ **2** PROOF : evidencia *f*, prueba *f* **3** TESTIMONY : testimonio *m*, declaración *f* ⟨to give evidence : declarar como testigo, prestar declaración⟩

evident [ˈɛvidənt] *adj* : evidente, patente, manifiesto

evidently [ˈɛvidəntli, ˌɛviˈdɛntli] *adv* **1** CLEARLY : claramente, obviamente **2** APPARENTLY : aparentemente, evidentemente, al parecer

evil[1] [ˈiːvəl, -vɪl] *adj* **eviler** *or* **eviller**; **evilest** *or* **evillest** **1** WICKED : malvado, malo, maligno **2** HARMFUL : nocivo, dañino, pernicioso **3** UNPLEASANT : desagradable ⟨an evil odor : un olor horrible⟩

evil[2] *n* **1** WICKEDNESS : mal *m*, maldad *f* **2** MISFORTUNE : desgracia *f*, mal *m*

evildoer [ˌiːvəlˈduːər, ˌiːvɪl-] *n* : malvado *m*, -da *f*

evince [ɪˈvɪn*t*s] *vt* **evinced; evincing** : mostrar, manifestar, revelar

eviscerate [ɪˈvɪsəˌreɪt] *vt* **-ated; -ating** : eviscerar, destripar (un pollo, etc.)

evocation [ˌiːvoˈkeɪʃən, ˌɛ-] *n* : evocación *f*

evocative [iˈvɑkəṭɪv] *adj* : evocador

evoke [iˈvoːk] *vt* **evoked; evoking** : evocar, provocar

evolution [ˌɛvəˈluːʃən, ˌiː-] *n* : evolución *f*, desarrollo *m*

evolutionary [ˌɛvəˈluːʃəˌnɛri, ˌiː-] *adj* : evolutivo

evolve [iˈvɑlv] *vi* **evolved; evolving** : evolucionar, desarrollarse

ewe [ˈjuː] *n* : oveja *f*

exacerbate [ɪgˈzæsərˌbeɪt] *vt* **-bated; -bating** : exacerbar

exact[1] [ɪgˈzækt, ɛ-] *vt* : exigir, imponer, arrancar

exact[2] *adj* : exacto, preciso — **exactly** *adv*

exacting [ɪˈzæktɪŋ, ɛg-] *adj* : exigente, riguroso

exactitude [ɪg'zæktə,tu:d, ɛg-, -,tju:d] *n* : exactitud *f*, precisión *f*
exaggerate [ɪg'zædʒə,reɪt, ɛg-] *v* **-ated; -ating** : exagerar
exaggerated [ɪg'zædʒə,reɪt̬əd, ɛg-] *adj* : exagerado — **exaggeratedly** *adv*
exaggeration [ɪg,zædʒə'reɪʃən, ɛg-] *n* : exageración *f*
exalt [ɪg'zɔlt, ɛg-] *vt* : exaltar, ensalzar, glorificar
exaltation [,ɛg,zɔl'teɪʃən, ,ɛk,sɔl-] *n* : exaltación *f*
exam [ɪg'zæm, ɛg-] → **examination**
examination [ɪg,zæmə'neɪʃən, ɛg-] *n* **1** TEST : examen *m* **2** INSPECTION : inspección *f*, revisión *f* **3** INVESTIGATION : examen *m*, estudio *m*
examine [ɪg'zæmən, ɛg-] *vt* **-ined; -ining 1** TEST : examinar **2** INSPECT : inspeccionar, revisar **3** STUDY : examinar
example [ɪg'zæmpəl, ɛg-] *n* : ejemplo *m* ⟨for example : por ejemplo⟩ ⟨to set an example : dar ejemplo⟩
exasperate [ɪg'zæspə,reɪt, ɛg-] *vt* **-ated; -ating** : exasperar, sacar de quicio
exasperation [ɪg,zæspə'reɪʃən, ɛg-] *n* : exasperación *f*
excavate ['ɛkskə,veɪt] *vt* **-vated; -vating** : excavar
excavation [,ɛkskə'veɪʃən] *n* : excavación *f*
exceed [ɪk'si:d, ɛk-] *vt* **1** SURPASS : exceder, rebasar, sobrepasar **2** : exceder de, sobrepasar ⟨not exceeding two months : que no exceda de dos meses⟩
exceedingly [ɪk'si:dɪŋli, ɛk-] *adv* : extremadamente, sumamente
excel [ɪk'sɛl, ɛk-] *v* **-celled; -celling** *vi* : sobresalir, descollar, lucirse — *vt* : superar
excellence ['ɛksələnts] *n* : excelencia *f*
excellency ['ɛksələntsi] *n, pl* **-cies** : excelencia *f* ⟨His Excellency : Su Excelencia⟩
excellent ['ɛksələnt] *adj* : excelente, sobresaliente — **excellently** *adv*
except[1] [ɪk'sɛpt] *vt* : exceptuar, excluir
except[2] *conj* : pero, si no fuera por
except[3] *prep* : excepto, menos, salvo ⟨everyone except Carlos : todos menos Carlos⟩
exception [ɪk'sɛpʃən] *n* **1** : excepción *f* **2 to take exception to** : ofenderse por, objetar a
exceptional [ɪk'sɛpʃənəl] *adj* : excepcional, extraordinario — **exceptionally** *adv*
excerpt[1] [ɛk'sərpt, ɛg'zərpt, 'ɛk,-, 'g,-] *vt* : escoger, seleccionar
excerpt[2] ['ɛk,sərpt, 'ɛg,zərpt] *n* : pasaje *m*, selección *f*
excess[1] ['ɛk,sɛs, ɪk'sɛs] *adj* **1** : excesivo, de sobra **2 excess baggage** : exceso *m* de equipaje
excess[2] [ɪk'sɛs, 'ɛk,sɛs] *n* **1** SUPERFLUITY : exceso *m*, superfluidad *f* ⟨an excess of energy : un exceso de energía⟩ **2** SURPLUS : excedente *m*, sobrante *m* ⟨in excess of : superior a⟩
excessive [ɪk'sɛsɪv, ɛk-] *adj* : excesivo, exagerado, desmesurado — **excessively** *adv*
exchange[1] [ɪks'tʃeɪndʒ, ɛks-; 'ɛks-,tʃeɪndʒ] *vt* **-changed; -changing** : cambiar, intercambiar, canjear
exchange[2] *n* **1** : cambio *m*, intercambio *m*, canje *m* **2 stock exchange** : bolsa *f* (de valores)
exchangeable [ɪks'tʃeɪndʒəbəl, ɛks-] *adj* : canjeable
excise[1] [ɪk'saɪz, ɛk-] *vt* **-cised; -cising** : extirpar
excise[2] ['ɛk,saɪz] *n* **excise tax** : impuesto *m* interno, impuesto *m* sobre el consumo
excision [ɪk'sɪʒən, ɛk-] *n* : extirpación *f*, excisión *f*
excitability [ɪk,saɪtə'bɪləti, ɛk-] *n* : excitabilidad *f*
excitable [ɪk'saɪt̬əbəl, ɛk-] *adj* : excitable
excitation [,ɛk,saɪ'teɪʃən] *n* : excitación *f*
excite [ɪk'saɪt, ɛk-] *vt* **-cited; -citing 1** AROUSE, STIMULATE : excitar, mover, estimular **2** ANIMATE : entusiasmar, animar **3** EVOKE, PROVOKE : provocar, despertar, suscitar ⟨to excite curiosity : despertar la curiosidad⟩
excited [ɪk'saɪt̬əd, ɛk-] *adj* **1** STIMULATED : excitado, estimulado **2** ENTHUSIASTIC : entusiasmado, emocionado
excitedly [ɪk'saɪt̬ədli, ɛk-] *adv* : con excitación, con entusiasmo
excitement [ɪk'saɪtmənt, ɛk-] *n* **1** ENTHUSIASM : entusiasmo *m*, emoción *f* **2** AGITATION : agitación *f*, alboroto *m*, conmoción *f* **3** AROUSAL : excitación *f*
exciting [ɪk'saɪt̬ɪŋ, ɛk-] *adj* **1** : emocionante **2** AROUSING : excitante
exclaim [ɪks'kleɪm, ɛk-] *v* : exclamar
exclamation [,ɛksklə'meɪʃən] *n* : exclamación *f*
exclamation point *n* : signo *m* de admiración
exclamatory [ɪks'klæmə,tori, ɛks-] *adj* : exclamativo
exclude [ɪks'klu:d, ɛks-] *vt* **-cluded; -cluding 1** BAR : excluir, descartar, no admitir **2** EXPEL : expeler, expulsar
exclusion [ɪks'klu:ʒən, ɛks-] *n* : exclusión *f*
exclusive[1] [ɪks'klu:sɪv, ɛks-] *adj* **1** SOLE : exclusivo, único **2** SELECT : exclusivo, selecto
exclusive[2] *n* : exclusiva *f*
exclusively [ɪks'klu:sɪvli, ɛks-] *adv* : exclusivamente, únicamente
exclusiveness [ɪks'klu:sɪvnəs, ɛks-] *n* : exclusividad *f*
excommunicate [,ɛkskə'mju:nə,keɪt] *vt* **-cated; -cating** : excomulgar
excommunication [,ɛkskə,mju:nə'keɪʃən] *n* : excomunión *f*

excrement ['ɛkskrəmənt] *n* : excremento *m*
excrete [ɪk'skri:t, ɛk-] *vt* **-creted; -creting** : excretar
excretion [ɪk'skri:ʃən, ɛk-] *n* : excreción *f*
excruciating [ɪk'skru:ʃi,eɪt̬ɪŋ, ɛk-] *adj* : insoportable, atroz, terrible — **excruciatingly** *adv*
exculpate ['ɛkskəl,peɪt] *vt* **-pated; -pating** : exculpar
excursion [ɪk'skərʒən, ɛk-] *n* **1** OUTING : excursión *f*, paseo *m* **2** DIGRESSION : digresión *f*
excuse[1] [ɪk'skju:z, ɛk-] *vt* **-cused; -cusing** **1** PARDON : disculpar, perdonar ⟨excuse me : con permiso, perdóneme, perdón⟩ **2** EXEMPT : eximir, disculpar **3** JUSTIFY : excusar, justificar
excuse[2] [ɪk'skju:s, ɛk-] *n* **1** JUSTIFICATION : excusa *f*, justificación *f* **2** PRETEXT : pretexto *m* **3 to make one's excuses to someone** : pedirle disculpas a alguien
execute ['ɛksɪ,kju:t] *vt* **-cuted; -cuting** **1** CARRY OUT : ejecutar, llevar a cabo, desempeñar **2** ENFORCE : ejecutar, cumplir (un testamento, etc.) **3** KILL : ejecutar, ajusticiar
execution [,ɛksɪ'kju:ʃən] *n* **1** PERFORMANCE : ejecución *f*, desempeño *m* **2** IMPLEMENTATION : cumplimiento *m* **3** : ejecución *f* (por un delito)
executioner [,ɛksɪ'kju:ʃənər] *n* : verdugo *m*
executive[1] [ɪg'zɛkjət̬ɪv, ɛg-] *adj* : ejecutivo
executive[2] *n* : ejecutivo *m*, -va *f*
executor [ɪg'zɛkjət̬ər, ɛg-] *n* : albacea *m*, testamentario *m*
executrix [ɪg'zɛkjə,trɪks, ɛg-] *n, pl* **executrices** [-,zɛkjə'traɪ,si:z] *or* **executrixes** [-'zɛkjə,trɪksəz] : albacea *f*, testamentaria *f*
exemplary [ɪg'zɛmpləri, ɛg-] *adj* : ejemplar
exemplify [ɪg'zɛmplə,faɪ, ɛg-] *vt* **-fied; -fying** : ejemplificar, ilustrar, demostrar
exempt[1] [ɪg'zɛmpt, ɛg-] *vt* : eximir, dispensar, exonerar
exempt[2] *adj* : exento, eximido
exemption [ɪg'zɛmpʃən, ɛg-] *n* : exención *f*
exercise[1] ['ɛksər,saɪz] *v* **-cised; -cising** *vt* **1** : ejercitar (el cuerpo) **2** USE : ejercer, hacer uso de — *vi* : hacer ejercicio
exercise[2] *n* **1** : ejercicio *m* **2 exercises** *npl* WORKOUT : ejercicios *mpl* físicos **3 exercises** *npl* CEREMONY : ceremonia *f*
exert [ɪg'zərt, ɛg-] *vt* **1** : ejercer, emplear **2 to exert oneself** : esforzarse
exertion [ɪg'zərʃən, ɛg-] *n* **1** USE : ejercicio *m* (de autoridad, etc.), uso *m* (de fuerza, etc.) **2** EFFORT : esfuerzo *m*, empeño *m*
exhalation [,ɛksə'leɪʃən, ,ɛkshə-] *n* : exhalación *f*, espiración *f*
exhale [ɛks'heɪl] *v* **-haled; -haling** *vt* **1** : exhalar, espirar **2** EMIT : exhalar, despedir, emitir — *vi* : espirar
exhaust[1] [ɪg'zɔst, ɛg-] *vt* **1** DEPLETE : agotar **2** TIRE : cansar, fatigar, agotar **3** EMPTY : vaciar
exhaust[2] *n* **1 exhaust fumes** : gases *mpl* de escape **2 exhaust pipe** : tubo *m* de escape **3 exhaust system** : sistema *m* de escape
exhausted [ɪg'zɔstəd, ɛg-] *adj* : agotado, derrengado
exhausting [ɪg'zɔstɪŋ, ɛg-] *adj* : extenuante, agotador
exhaustion [ɪg'zɔstʃən, ɛg-] *n* : agotamiento *m*
exhaustive [ɪg'zɔstɪv, ɛg-] *adj* : exhaustivo
exhibit[1] [ɪg'zɪbət, ɛg-] *vt* **1** DISPLAY : exhibir, exponer **2** PRODUCE, SHOW : mostrar, presentar
exhibit[2] *n* **1** OBJECT : objeto *m* expuesto **2** EXHIBITION : exposición *f*, exhibición *f* **3** EVIDENCE : prueba *f* instrumental
exhibition [,ɛksə'bɪʃən] *n* **1** : exposición *f*, exhibición *f* **2 to make an exhibition of oneself** : dar el espectáculo, hacer el ridículo
exhibitor [ɪg'zɪbət̬ər] *n* : expositor *m*, -tora *f*
exhilarate [ɪg'zɪlə,reɪt, ɛg-] *vt* **-rated; -rating** : alegrar, levantar el ánimo de
exhilaration [ɪg,zɪlə'reɪʃən, ɛg-] *n* : alegría *f*, regocijo *m*, júbilo *m*
exhort [ɪg'zɔrt, ɛg-] *vt* : exhortar
exhortation [,ɛk,sɔr'teɪʃən, -sər-; ,ɛg,zɔr-] *n* : exhortación *f*
exhumation [,ɛksju'meɪʃən, -hju-; ,ɛgzu-, -zju-] *n* : exhumación *f*
exhume [ɪg'zu:m, -'zju:m; ɪks'ju:m, -'hju:m] *vt* **-humed; -huming** : exhumar, desenterrar
exigencies ['ɛksɪdʒəntsiz, ɪg'zɪdʒən,si:z] *npl* : exigencias *fpl*
exile[1] ['ɛg,zaɪl, 'ɛk,saɪl] *vt* **exiled; exiling** : exiliar, desterrar
exile[2] *n* **1** BANISHMENT : exilio *m*, destierro *m* **2** OUTCAST : exiliado *m*, -da *f*; desterrado *m*, -da *f*
exist [ɪg'zɪst, ɛg-] *vi* **1** BE : existir **2** LIVE : subsistir, vivir
existence [ɪg'zɪstənts, ɛg-] *n* : existencia *f*
existent [ɪg'zɪstənt, ɛg-] *adj* : existente
existing [ɪg'zɪstɪŋ] *adj* : existente
exit[1] ['ɛgzət, 'ɛksət] *vi* : salir, hacer mutis (en el teatro) — *vt* : salir de
exit[2] *n* **1** DEPARTURE : salida *f*, partida *f* **2** EGRESS : salida *f* ⟨emergency exit : salida de emergencia⟩
exodus ['ɛksədəs] *n* : éxodo *m*
exonerate [ɪg'zɑnə,reɪt, ɛg-] *vt* **-ated; -ating** : exonerar, disculpar, absolver
exoneration [ɪg,zɑnə'reɪʃən, ɛg-] *n* : exoneración *f*
exorbitant [ɪg'zɔrbətənt, ɛg-] *adj* : exorbitante, excesivo
exorcise ['ɛk,sɔr,saɪz, -sər-] *vt* **-cised; -cising** : exorcizar

exorcism [ˈɛksərˌsɪzəm] *n* : exorcismo *m*
exotic[1] [ɪgˈzɑtɪk, ɛg-] *adj* : exótico — **exotically** [-ɪkli] *adv*
exotic[2] *n* : planta *f* exótica
expand [ɪkˈspænd, ɛk-] *vt* **1** ENLARGE : expandir, dilatar, aumentar, ampliar **2** EXTEND : extender — *vi* **1** ENLARGE : ampliarse, extenderse **2** : expandirse, dilatarse (dícese de los metales, gases, etc.)
expanse [ɪkˈspænts, ɛk-] *n* : extensión *f*
expansion [ɪkˈspæntʃən, ɛk-] *n* **1** ENLARGEMENT : expansión *f*, ampliación *f* **2** EXPANSE : extensión *f*
expansive [ɪkˈspæntsɪv, ɛk-] *adj* **1** : expansivo **2** OUTGOING : expansivo, comunicativo **3** AMPLE : ancho, amplio — **expansively** *adv*
expansiveness [ɪkˈspæntsɪvnəs, ɛk-] *n* : expansibilidad *f*
expatriate[1] [ɛksˈpeɪtriˌeɪt] *vt* **-ated; -ating** : expatriar
expatriate[2] [ɛksˈpeɪtriət, -ˌeɪt] *adj* : expatriado
expatriate[3] [ɛksˈpeɪtriət, -ˌeɪt] *n* : expatriado *m*, -da *f*
expect [ɪkˈspkt, ɛk-] *vt* **1** SUPPOSE : suponer, imaginarse **2** ANTICIPATE : esperar **3** COUNT ON, REQUIRE : contar con, esperar — *vi* **to be expecting** : estar embarazada
expectancy [ɪkˈspɛktəntsi, ɛk-] *n, pl* **-cies** : expectativa *f*, esperanza *f*
expectant [ɪkˈspɛktənt, ɛk-] *adj* **1** ANTICIPATING : expectante **2** EXPECTING : futuro <expectant mother : futura madre>
expectantly [ɪkˈspɛktəntli, ɛk-] *adv* : con expectación
expectation [ˌɛkˌspɛkˈteɪʃən] *n* **1** ANTICIPATION : expectación *f* **2** EXPECTANCY : expectativa *f*
expedient[1] [ɪkˈspiːdiənt, ɛk-] *adj* : conveniente, oportuno
expedient[2] *n* : expediente *m*, recurso *m*
expedite [ˈɛkspəˌdaɪt] *vt* **-dited; -diting 1** FACILITATE : facilitar, dar curso a **2** HASTEN : acelerar
expedition [ˌɛkspəˈdɪʃən] *n* : expedición *f*
expeditious [ˌɛkspəˈdɪʃəs] *adj* : pronto, rápido
expel [ɪkˈspɛl, ɛk-] *vt* **-pelled; -pelling** : expulsar, expeler
expend [ɪkˈspɛnd, ɛk-] *vt* **1** DISBURSE : gastar, desembolsar **2** CONSUME : consumir, agotar
expendable [ɪkˈspɛndəbəl, ɛk-] *adj* : prescindible
expenditure [ɪkˈspɛndɪtʃər, ɛk-, -ˌtʃʊr] *n* : gasto *m*
expense [ɪkˈspɛnts, ɛk-] *n* **1** COST : gasto *m* **2 expenses** *npl* : gastos *mpl*, expensas *fpl* **3 at the expense of** : a expensas de
expensive [ɪkˈspɛntsɪv, ɛk-] *adj* : costoso, caro — **expensively** *adv*
experience[1] [ɪkˈspɪriənts, ɛk-] *vt* **-enced; -encing** : experimentar (sentimientos), tener (dificultades), sufrir (una pérdida)
experience[2] *n* : experiencia *f*
experienced [ɪkˈspɪriəntst, ɛk-] *adj* : con experiencia, experimentado
experiment[1] [ɪkˈspɛrəmənt, ɛk-, -ˈspɪr-] *vi* : experimentar, hacer experimentos
experiment[2] *n* : experimento *m*
experimental [ɪkˌspɛrəˈmɛntəl, ɛk-, -ˌspɪr-] *adj* : experimental — **experimentally** *adv*
experimentation [ɪkˌspɛrəmənˈteɪʃən, ɛk-, -ˌspɪr-] *n* : experimentación *f*
expert[1] [ˈɛkˌspərt, ɪkˈspərt] *adj* : experto, de experto, pericial (dícese de un testigo) — **expertly** *adv*
expert[2] [ˈɛkˌspərt] *n* : experto *m*, -ta *f*; perito *m*, -ta *f*; especialista *mf*
expertise [ˌɛkspərˈtiːz] *n* : pericia *f*, competencia *f*
expiate [ˈɛkspiˌeɪt] *vt* **-ated; -ating** : expiar
expiation [ˌɛkspiˈeɪʃən] *n* : expiación *f*
expiration [ˌɛkspəˈreɪʃən] *n* **1** EXHALATION : exhalación *f*, espiración *f* **2** DEATH : muerte *f* **3** TERMINATION : vencimiento *m*, caducidad *f*
expire [ɪkˈspaɪr, ɛk-] *vi* **-pired; -piring 1** EXHALE : espirar **2** DIE : expirar, morir **3** TERMINATE : caducar, vencer
explain [ɪkˈspleɪn, ɛk-] *vt* : explicar
explanation [ˌɛkspləˈneɪʃən] *n* : explicación *f*
explanatory [ɪkˈsplænəˌtori, ɛk-] *adj* : explicativo, aclaratorio
expletive [ˈɛkspləṭɪv] *n* : improperio *m*, palabrota *f fam*, grosería *f*
explicable [ɛkˈsplɪkəbəl, ˈɛksplɪ-] *adj* : explicable
explicit [ɪkˈsplɪsət, ɛk-] *adj* : explícito, claro, categórico, rotundo — **explicitly** *adv*
explicitness [ɪkˈsplɪsətnəs, ɛk-] *n* : claridad *f*, carácter *m* explícito
explode [ɪkˈsploːd, ɛk-] *v* **-ploded; -ploding** *vt* **1** BURST : hacer explosionar, hacer explotar **2** REFUTE : rebatir, refutar, desmentir — *vi* **1** BURST : explotar, estallar, reventar **2** SKYROCKET : dispararse
exploit[1] [ɪkˈsplɔɪt, ɛk-] *vt* : explotar, aprovecharse de
exploit[2] [ˈɛkˌsplɔɪt] *n* : hazaña *f*, proeza *f*
exploitation [ˌɛkˌsplɔɪˈteɪʃən] *n* : explotación *f*
exploration [ˌɛkspləˈreɪʃən] *n* : exploración *f*
exploratory [ɪkˈsplorəˌtori, ɛk-] *adj* : exploratorio
explore [ɪkˈsplor, ɛk-] *vt* **-plored; -ploring** : explorar, investigar, examinar
explorer [ɪkˈsplorər, ɛk-] *n* : explorador *m*, -dora *f*
explosion [ɪkˈsploːʒən, ɛk-] *n* : explosión *f*, estallido *m*

explosive[1] [ɪk'splo:sɪv, ɛk-] *adj* : explosivo, fulminante — **explosively** *adv*
explosive[2] *n* : explosivo *m*
exponent [ɪk'spo:nənt, 'ɛk,spo:-] *n* 1 : exponente *m* 2 ADVOCATE : defensor *m*, -sora *f*; partidario *m*, -ria *f*
exponential [,ɛkspə'nɛntʃəl] *adj* : exponencial — **exponentially** *adv*
export[1] [ɛk'sport, 'ɛk,sport] *vt* : exportar
export[2] ['ɛk,sport] *n* 1 : artículo *m* de exportación 2 → **exportation**
exportation [,ɛk,spor'teɪʃən] *n* : exportación *f*
exporter [ɛk'sporṭər, 'ɛk,spor-] *n* : exportador *m*, -dora *f*
expose [ɪk'spo:z, ɛk-] *vt* **-posed; -posing** 1 : exponer (al peligro, a los elementos, a una enfermedad) 2 : exponer (una película a la luz) 3 DISCLOSE : descubrir, revelar, poner en evidencia 4 UNMASK : desenmascarar
exposé *or* **expose** [,ɛkspo'zeɪ] *n* : exposición *f* (de hechos), revelación *f* (de un escándalo)
exposed [ɪk'spo:zd, ɛk-] *adj* : descubierto, sin protección
exposition [,ɛkspə'zɪʃən] *n* : exposición *f*
exposure [ɪk'spo:ʒər, ɛk-] *n* 1 : exposición *f* 2 CONTACT : exposición *f*, experiencia *f*, contacto *m* 3 UNMASKING : desenmascaramiento *m* 4 ORIENTATION : orientación *f* ⟨a room with a northern exposure : una sala orientada al norte⟩
expound [ɪk'spaʊnd, ɛk-] *vt* : exponer, explicar — *vi* : hacer comentarios detallados
express[1] [ɪk'sprɛs, ɛk-] *vt* 1 SAY : expresar, comunicar 2 SHOW : expresar, manifestar, externar *Mex* 3 SQUEEZE : exprimir ⟨to express the juice from a lemon : exprimir el jugo de un limón⟩
express[2] *adv* : por correo exprés, por correo urgente
express[3] *adj* 1 EXPLICIT : expreso, manifiesto 2 SPECIFIC : específico ⟨for that express purpose : con ese fin específico⟩ 3 RAPID : expreso, rápido
express[4] *n* 1 : correo *m* exprés, correo *m* urgente 2 : expreso *m* (tren)
expression [ɪk'sprɛʃən, ɛk-] *n* 1 UTTERANCE : expresión *f* ⟨freedom of expression : libertad de expresión⟩ 2 : expresión *f* (en la matemática) 3 PHRASE : frase *f*, expresión *f* 4 LOOK : expresión *f*, cara *f*, gesto *m* ⟨with a sad expression : con un gesto de tristeza⟩
expressionless [ɪk'sprɛʃənləs, ɛk-] *adj* : inexpresivo
expressive [ɪk'sprɛsɪv, ɛk-] *adj* : expresivo
expressway [ɪk'sprɛs,weɪ, ɛk-] *n* : autopista *f*
expulsion [ɪk'spʌlʃən, ɛk-] *n* : expulsión *f*
expurgate ['ɛkspər,geɪt] *vt* **-gated; -gating** : expurgar
exquisite [ɛk'skwɪzət, 'ɛk,skwɪ-] *adj* 1 FINE : exquisito, delicado, primoroso 2 INTENSE : intenso, extremo
extant ['ɛkstənt, ɛk'stænt] *adj* : existente
extemporaneous [ɛk,stɛmpə'reɪniəs] *adj* : improvisado — **extemporaneously** *adv*
extend [ɪk'stɛnd, ɛk-] *vt* 1 STRETCH : extender, tender 2 PROLONG : prolongar, prorrogar 3 ENLARGE : agrandar, ampliar, aumentar 4 PROFFER : extender, dar, ofrecer — *vi* : extenderse
extended [ɪk'stɛndəd, ɛk-] *adj* LENGTHY : prolongado, largo
extension [ɪk'stɛntʃən, ɛk-] *n* 1 EXTENDING : extensión *f*, ampliación *f*, prórroga *f*, prolongación *f* 2 ANNEX : ampliación *f*, anexo *m* 3 : extensión *f* (de teléfono)
extensive [ɪk'stɛntsɪv, ɛk-] *adj* : extenso, vasto, amplio — **extensively** *adv*
extent [ɪk'stɛnt, ɛk-] *n* 1 SIZE : extensión *f*, magnitud *f* 2 DEGREE, SCOPE : alcance *m*, grado *m* ⟨to a certain extent : hasta cierto punto⟩
extenuate [ɪk'stɛnjə,weɪt, ɛk-] *vt* **-ated; -ating** : atenuar, aminorar, mitigar ⟨extenuating circumstances : circunstancias atenuantes⟩
extenuation [ɪk,stɛnjə'weɪʃən, ɛk-] *n* : atenuación *f*, aminoración *f*
exterior[1] [ɛk'stɪriər] *adj* : exterior
exterior[2] *n* : exterior *m*
exterminate [ɪk'stərmə,neɪt, ɛk-] *vt* **-nated; -nating** : exterminar
extermination [ɪk,stərmə'neɪʃən, ɛk-] *n* : exterminación *f*, exterminio *m*
exterminator [ɪk'stərmə,neɪṭər, ɛk-] *n* : exterminador *m*, -dora *f*
external [ɪk'stərnəl, ɛk-] *adj* : externo, exterior — **externally** *adv*
extinct [ɪk'stɪŋkt, ɛk-] *adj* : extinto
extinction [ɪk'stɪŋkʃən, ɛk-] *n* : extinción *f*
extinguish [ɪk'stɪŋgwɪʃ, ɛk-] *vt* : extinguir, apagar
extinguisher [ɪk'stɪŋgwɪʃər, ɛk-] *n* : extinguidor *m*, extintor *m*
extirpate ['ɛkstər,peɪt] *vt* **-pated; -pating** : extirpar, exterminar
extol [ɪk'sto:l, ɛk-] *vt* **-tolled; -tolling** : exaltar, ensalzar, alabar
extort [ɪk'stɔrt, ɛk-] *vt* : extorsionar
extortion [ɪk'stɔrʃən, ɛk-] *n* : extorsión *f*
extra[1] ['ɛkstrə] *adv* : extra, más, extremadamente, super ⟨extra special : super especial⟩
extra[2] *adj* 1 ADDITIONAL : adicional, suplementario, de más 2 SUPERIOR : superior
extra[3] *n* : extra *m*
extract[1] [ɪk'strækt] *vt* : extraer, sacar
extract[2] ['ɛk,strækt] *n* 1 EXCERPT : pasaje *m*, selección *f*, trozo *m* 2 : ex-

tracto *m* ⟨vanilla extract : extracto de vainilla⟩

extraction [ɪk'strækʃən, ɛk-] *n* : extracción *f*

extractor [ɪk'stræktər, ɛk-] *n* : extractor *m*

extracurricular [ˌɛkstrəkə'rɪkjələr] *adj* : extracurricular

extradite ['ɛkstrəˌdaɪt] *vt* **-dited; -diting** : extraditar

extradition [ˌɛkstrə'dɪʃən] *n* : extradición *f*

extramarital [ˌɛkstrə'mærət̬əl] *adj* : extramatrimonial

extraneous [ɛk'streɪniəs] *adj* **1** OUTSIDE : extrínseco, externo **2** SUPERFLUOUS : superfluo, ajeno — **extraneously** *adv*

extraordinary [ɪk'strɔrdənˌɛri, ˌɛkstrə'ɔrd-] *adj* : extraordinario, excepcional — **extraordinarily** [ɪkˌstrɔrdən'ɛrəli, ˌkstrəˌɔrd-] *adv*

extrasensory [ˌɛkstrə'sɛntsəri] *adj* : extrasensorial

extraterrestrial[1] [ˌɛkstrətə'rɛstriəl] *adj* : extraterrestre

extraterrestrial[2] *n* : extraterrestre *mf*

extravagance [ɪk'strævɪgənts, ɛk-] *n* **1** EXCESS : exceso *m*, extravagancia *f* **2** WASTEFULNESS : derroche *m*, despilfarro *m* **3** LUXURY : lujo *m*

extravagant [ɪk'strævɪgənt, ɛk-] *adj* **1** EXCESSIVE : excesivo, extravagante **2** WASTEFUL : despilfarrador, derrochador, gastador **3** EXORBITANT : costoso, exorbitante

extravagantly [ɪk'strævɪgəntli, ɛk-] *adv* **1** LAVISHLY : a lo grande **2** EXCESSIVELY : exageradamente, desmesuradamente

extravaganza [ɪkˌstrævə'gænzə, ɛk-] *n* : gran espectáculo *m*

extreme[1] [ɪk'stri:m, ɛk-] *adj* **1** UTMOST : extremo, sumo ⟨of extreme importance : de suma importancia⟩ **2** INTENSE : intenso, extremado ⟨extreme cold : frío extremado⟩ **3** EXCESSIVE : excesivo, extremo ⟨extreme views : opiniones extremas⟩ ⟨extreme measures : medidas excepcionales, medidas drásticas⟩ **4** OUTERMOST : extremo ⟨the extreme north : el norte extremo⟩

extreme[2] *n* **1** : extremo *m* **2 in the extreme** : en extremo, en sumo grado

extremely [ɪk'stri:mli, ɛk-] *adv* : sumamente, extremadamente, terriblemente

extremist [ɪk'stri:mɪst, ɛk-] *n* : extremista *mf* — **extremist** *adj*

extremity [ɪk'strɛmət̬i, ɛk-] *n, pl* **-ties 1** EXTREME : extremo *m* **2 extremities** *npl* LIMBS : extremidades *fpl*

extricate ['ɛkstrəˌkeɪt] *vt* **-cated; -cating** : librar, sacar

extrinsic [ɪk'strɪnzɪk, -'strɪntsɪk] *adj* : extrínseco

extrovert ['ɛkstrəˌvərt] *n* : extrovertido *m*, -da *f*

extroverted ['ɛkstrəˌvərt̬əd] *adj* : extrovertido

extrude [ɪk'stru:d, ɛk-] *vt* **-truded; -truding** : extrudir, expulsar

exuberance [ɪg'zu:bərənts, ɛg-] *n* **1** JOYOUSNESS : euforia *f*, exaltación *f* **2** VIGOR : exuberancia *f*, vigor *m*

exuberant [ɪg'zu:bərənt, ɛg-] *adj* **1** JOYOUS : eufórico **2** LUSH : exuberante — **exuberantly** *adv*

exude [ɪg'zu:d, ɛg-] *vt* **-uded; -uding 1** OOZE : rezumar, exudar **2** EMANATE : emanar, irradiar

exult [ɪg'zʌlt, ɛg-] *vi* : exultar, regocijarse

exultant [ɪg'zʌltənt, ɛg-] *adj* : exultante, jubiloso — **exultantly** *adv*

exultation [ˌɛksəl'teɪʃən, ˌɛgzəl-] *n* : exultación *f*, júbilo *m*, alborozo *m*

eye[1] ['aɪ] *vt* **eyed; eyeing** *or* **eying** : mirar, observar

eye[2] *n* **1** : ojo *m* **2** VISION : visión *f*, vista *f*, ojo *m* ⟨to have a good eye for bargains : tener un buen ojo para las gangas⟩ **3** GAZE : mirada *f*, ojeada *f* ⟨before my (very) eyes : ante mis propios ojos⟩ ⟨keep an eye on him : vigílalo⟩ ⟨keep an eye out for her : fíjate a ver si la ves⟩ ⟨don't take your eyes off the road : no apartes la vista de la carretera⟩ **4** ATTENTION : atención *f* ⟨to catch one's eye : llamar la atención⟩ **5** POINT OF VIEW : punto *m* de vista ⟨in the eyes of the law : según la ley⟩ **6** : ojo *m* (de una aguja, una papa, una tormenta)

eyeball ['aɪˌbɔl] *n* : globo *m* ocular

eyebrow ['aɪˌbraʊ] *n* : ceja *f*

eyedropper ['aɪˌdrɑpər] *n* : cuentagotas *f*

eyeglasses ['aɪˌglæsəz] *npl* : anteojos *mpl*, lentes *mpl*, espejuelos *mpl*, gafas *fpl*

eyelash ['aɪˌlæʃ] *n* : pestaña *f*

eyelet ['aɪlət] *n* : ojete *m*

eyelid ['aɪˌlɪd] *n* : párpado *m*

eye–opener ['aɪˌo:pənər] *n* : revelación *f*, sorpresa *f*

eye–opening ['aɪˌo:pənɪŋ] *adj* : revelador

eyepiece ['aɪˌpi:s] *n* : ocular *m*

eyesight ['aɪˌsaɪt] *n* : vista *f*, visión *f*

eyesore ['aɪˌsor] *n* : monstruosidad *f*, adefesio *m*

eyestrain ['aɪˌstreɪn] *n* : fatiga *f* visual, vista *f* cansada

eyetooth ['aɪˌtu:θ] *n* : colmillo *m*

eyewitness ['aɪ'wɪtnəs] *n* : testigo *mf* ocular, testigo *mf* presencial

eyrie ['aɪri] → **aerie**

F

f [ˈɛf] *n, pl* **f's** *or* **fs** [ˈɛfs] : sexta letra del alfabeto inglés

fable [ˈfeɪbəl] *n* : fábula *f*

fabled [ˈfeɪbəld] *adj* : legendario, fabuloso

fabric [ˈfæbrɪk] *n* **1** MATERIAL : tela *f*, tejido *m* **2** STRUCTURE : estructura *f* ⟨the fabric of society : la estructura de la sociedad⟩

fabricate [ˈfæbrɪˌkeɪt] *vt* **-cated; -cating** **1** CONSTRUCT, MANUFACTURE : construir, fabricar **2** INVENT : inventar (excusas o mentiras)

fabrication [ˌfæbrɪˈkeɪʃən] *n* **1** LIE : mentira *f*, invención *f* **2** MANUFACTURE : fabricación *f*

fabulous [ˈfæbjələs] *adj* **1** LEGENDARY : fabuloso, legendario **2** INCREDIBLE : increíble, fabuloso ⟨fabulous wealth : riqueza fabulosa⟩ **3** WONDERFUL : magnífico, estupendo, fabuloso — **fabulously** *adv*

facade [fəˈsɑd] *n* : fachada *f*

face[1] [ˈfeɪs] *v* **faced; facing** *vt* **1** LINE : recubrir (una superficie), forrar (ropa) **2** CONFRONT : enfrentarse a, afrontar, hacer frente a ⟨to face the music : afrontar las consecuencias⟩ ⟨to face the facts : aceptar la realidad⟩ **3** : estar de cara a, estar enfrente de ⟨she's facing her brother : está de cara a su hermano⟩ **4** OVERLOOK : dar a — *vi* : mirar (hacia), estar orientado (a)

face[2] *n* **1** : cara *f*, rostro *m* ⟨he told me to my face : me lo dijo a la cara⟩ ⟨face to face : cara a cara⟩ **2** EXPRESSION : cara *f*, expresión *f* ⟨to make a face : poner mala cara⟩ ⟨he couldn't keep a straight face : no pudo aguantarse la risa⟩ ⟨to put on a brave face : no demostrar uno el miedo que tiene⟩ **3** GRIMACE : mueca *f* ⟨to make faces : hacer muecas⟩ **4** APPEARANCE : fisonomía *f*, aspecto *m* ⟨the face of society : la fisonomía de la sociedad⟩ ⟨on the face of it : aparentemente, a primera vista⟩ **5** PERSON : cara *f* **6** PRESTIGE : prestigio *m* ⟨to lose face : desprestigiarse⟩ ⟨to save face : salvar las apariencias⟩ **7** FRONT, SIDE : cara *f* (de una moneda), esfera *f* (de un reloj), fachada *f* (de un edificio), pared *f* (de una montaña) **8** SURFACE : superficie *f*, faz *f* (de la tierra), cara *f* (de la luna) **9 in the face of** DESPITE : en medio de, en visto de, ante **10 to be/get in someone's face** : gritarle a alguien, regañarle a alguien **11 to fly in the face of** : hacer caso omiso de algo

facedown [ˈfeɪsˌdaʊn] *adv* : boca abajo

faceless [ˈfeɪsləs] *adj* ANONYMOUS : anónimo

face–lift [ˈfeɪsˌlɪft] *n* **1** : estiramiento *m* facial **2** RENOVATION : renovación *f*, remozamiento *m*

facet [ˈfæsət] *n* **1** : faceta *f* (de una piedra) **2** ASPECT : faceta *f*, aspecto *m*

facetious [fəˈsiːʃəs] *adj* : gracioso, burlón, bromista

facetiously [fəˈsiːʃəsli] *adv* : en tono de burla

facetiousness [fəˈsiːʃəsnəs] *n* : jocosidad *f*

face–to–face *adv & adj* : cara a cara

faceup [ˈfeɪsˈʌp] *adv* : boca arriba

face value *n* : valor *m* nominal

facial[1] [ˈfeɪʃəl] *adj* : de la cara, facial

facial[2] *n* : tratamiento *m* facial, limpieza *f* de cutis

facile [ˈfæsəl] *adj* SUPERFICIAL : superficial, simplista

facilitate [fəˈsɪləˌteɪt] *vt* **-tated; -tating** : facilitar

facility [fəˈsɪləṭi] *n, pl* **-ties** **1** EASE : facilidad *f* **2** CENTER, COMPLEX : centro *m*, complejo *m* **3 facilities** *npl* AMENITIES : comodidades *fpl*, servicios *mpl*

facing [ˈfeɪsɪŋ] *n* **1** LINING : entretela *f* (de una prenda) **2** : revestimiento *m* (de un edificio)

facsimile [fækˈsɪməli] *n* : facsímile *m*, facsímil *m*

fact [ˈfækt] *n* **1** : hecho *m* ⟨as a matter of fact : de hecho⟩ **2** INFORMATION : información *f*, datos *mpl* ⟨facts and figures : datos y cifras⟩ **3** REALITY : realidad *f* ⟨in fact : en realidad⟩

faction [ˈfækʃən] *n* : facción *m*, bando *m*

factional [ˈfækʃənəl] *adj* : entre facciones

factious [ˈfækʃəs] *adj* : faccioso, contencioso

factitious [fækˈtɪʃəs] *adj* : artificial, facticio

factor [ˈfæktər] *n* : factor *m*

factory [ˈfæktəri] *n, pl* **-ries** : fábrica *f*

factual [ˈfæktʃʊəl] *adj* : basado en hechos, objetivo

factually [ˈfæktʃʊəli] *adv* : en cuanto a los hechos

faculty [ˈfækəlti] *n, pl* **-ties** **1** : facultad *f* ⟨the faculty of sight : las facultades visuales, el sentido de la vista⟩ **2** APTITUDE : aptitud *f*, facilidad *f* **3** TEACHERS : cuerpo *m* docente

fad [ˈfæd] *n* : moda *f* pasajera, manía *f*

fade [ˈfeɪd] *v* **faded; fading** *vi* **1** WITHER : debilitarse (dícese de las personas), marchitarse (dícese de las flores y las plantas) **2** DISCOLOR : desteñirse, decolorarse **3** DIM : apagarse (dícese de la luz), perderse (dícese de los sonidos), fundirse (dícese de las imágenes) **4** VANISH : desvanecerse, decaer — *vt* DISCOLOR : desteñir

fag [ˈfæg] *vt* **fagged; fagging** EXHAUST : cansar, fatigar

fagot *or* **faggot** [ˈfægət] *n* : haz *m* de leña

Fahrenheit [ˈfærənˌhaɪt] *adj* : Fahrenheit

fail[1] [ˈfeɪl] *vi* **1** WEAKEN : fallar, deteriorarse **2** STOP : fallar, detenerse ⟨his heart failed : le falló el corazón⟩ **3** : fracasar, fallar ⟨her plan failed : su plan fracasó⟩ ⟨the crops failed : se perdió la cosecha⟩ **4** : quebrar ⟨a business about to fail : una empresa a punto de quebrar⟩ **5 to fail in** : faltar a, no cumplir con ⟨to fail in one's duties : faltar a sus deberes⟩ — *vt* **1** FLUNK : reprobar (un examen) **2** : fallar ⟨words fail me : las palabras me fallan, no encuentro palabras⟩ **3** DISAPPOINT : fallar, decepcionar ⟨don't fail me! : ¡no me falles!⟩

fail[2] *n* : fracaso *m*

failing [ˈfeɪlɪŋ] *n* : defecto *m*

failure [ˈfeɪljər] *n* **1** : fracaso *m*, malogro *m* ⟨crop failure : pérdida de la cosecha⟩ ⟨heart failure : insuficiencia cardíaca⟩ ⟨engine failure : falla mecánica⟩ **2** BANKRUPTCY : bancarrota *f*, quiebra *f* **3** : fracaso *m* (persona) ⟨he was a failure as a manager : como gerente, fue un fracaso⟩

faint[1] [ˈfeɪnt] *vi* : desmayarse

faint[2] *adj* **1** COWARDLY, TIMID : cobarde, tímido **2** DIZZY : mareado ⟨faint with hunger : desfallecido de hambre⟩ **3** SLIGHT : leve, ligero, vago ⟨I haven't the faintest idea : no tengo la más mínima idea⟩ **4** INDISTINCT : tenue, indistinto, apenas perceptible

faint[3] *n* : desmayo *m*

fainthearted [ˈfeɪntˈhɑrt̬əd] *adj* : cobarde, pusilánime

faintly [ˈfeɪntli] *adv* : débilmente, ligeramente, levemente

faintness [ˈfeɪntnəs] *n* **1** INDISTINCTNESS : lo débil, falta *f* de claridad **2** FAINTING : desmayo *m*, desfallecimiento *m*

fair[1] [ˈfær] *adj* **1** ATTRACTIVE, BEAUTIFUL : bello, hermoso, atractivo **2** (*relating to weather*) : bueno, despejado **3** JUST : justo (dícese de personas, precios, etc.) ⟨fair elections : elecciones limpias⟩ ⟨one's fair share : lo que a uno le corresponde⟩ ⟨give her a fair chance : dale una oportunidad⟩ ⟨to be fair, . . . : en honor a la verdad, . . .⟩ **4** ADEQUATE : adecuado, aceptable ⟨fair to middling : mediano, regular⟩ ⟨he's in fair condition : se encuentra en estado estable⟩ ⟨a fair number : un buen número⟩ ⟨I have a fair idea of how it works : tengo una idea de como funciona⟩ ⟨they have a fair chance of winning : tienen (bastantes) posibilidades de ganar⟩ **5** BLOND, LIGHT : rubio (dícese del pelo), blanco (dícese de la tez) **6 all's fair in love and war** : en el amor y en la guerra todo vale **7 fair and square** : con todas las de la ley, en buena ley **8 fair enough** : de acuerdo, me parece razonable **9 fair's fair** : lo justo es justo **10 fair game** : presa *f* fácil **11 to play fair** : jugar limpio

fair[2] *n* : feria *f*

fairground [ˈfærˌgraʊnd] *n* : parque *m* de diversiones

fairly [ˈfærli] *adv* **1** IMPARTIALLY : imparcialmente, limpiamente, equitativamente **2** QUITE : bastante **3** MODERATELY : medianamente

fairness [ˈfærnəs] *n* **1** IMPARTIALITY : imparcialidad *f*, justicia *f* **2** LIGHTNESS : blancura *f* (de la piel), lo rubio (del pelo)

fairy [ˈfæri] *n, pl* **fairies** **1** : hada *f* **2 fairy tale** : cuento *m* de hadas

fairyland [ˈfæriˌlænd] *n* **1** : país *m* de las hadas **2** : lugar *m* encantador

faith [ˈfeɪθ] *n, pl* **faiths** [ˈfeɪθs, ˈfeɪðz] **1** BELIEF : fe *f* **2** ALLEGIANCE : lealtad *f* **3** CONFIDENCE, TRUST : confianza *f*, fe *f* **4** RELIGION : religión *f*

faithful [ˈfeɪθfəl] *adj* : fiel — **faithfully** *adv*

faithfulness [ˈfeɪθfəlnəs] *n* : fidelidad *f*

faithless [ˈfeɪθləs] *adj* **1** DISLOYAL : desleal **2** : infiel (en la religión) — **faithlessly** *adv*

faithlessness [ˈfeɪθləsnəs] *n* : deslealtad *f*

fake[1] [ˈfeɪk] *v* **faked; faking** *vt* **1** FALSIFY : falsificar, falsear **2** FEIGN : fingir — *vi* **1** PRETEND : fingir **2** : hacer un engaño, hacer una finta (en deportes)

fake[2] *adj* : falso, fingido, postizo

fake[3] *n* **1** IMITATION : imitación *f*, falsificación *f* **2** IMPOSTOR : impostor *m*, -tora *f*; charlatán *m*, -tana *f*; farsante *mf* **3** FEINT : engaño *m*, finta *f* (en deportes)

faker [ˈfeɪkər] *n* : impostor *m*, -tora *f*; charlatán *m*, -tana *f*; farsante *mf*

fakir [fəˈkɪr, ˈfeɪkər] *n* : faquir *m*

falcon [ˈfælkən, ˈfɔl-] *n* : halcón *m*

falconry [ˈfælkənri, ˈfɔl-] *n* : cetrería *f*

fall[1] [ˈfɔl] *vi* **fell** [ˈfɛl]; **fallen** [fɔlən]; **falling** **1** : caer, caerse ⟨the rain was falling : caía la lluvia⟩ ⟨a vase fell off the shelf : un jarrón se cayó del estante⟩ **2** : caerse, caer ⟨she tripped and fell down the stairs : tropezó y se cayó por las escaleras⟩ **3** HANG : caer **4** : caer (dícese de la noche) **5** DROP, LOWER : caer (dícese de los ingresos, etc.), bajar (dícese de los precios, las temperaturas, etc.), reducirse (dícese de la voz) ⟨her face fell : se le descompuso la cara⟩ **6** BECOME : volverse, quedarse ⟨to fall silent : callarse, quedarse callado⟩ ⟨to fall in love : enamorarse⟩ **7** : caer (ante un enemigo), rendirse ⟨the city fell : la ciudad se rindió⟩ **8** : caer ⟨to fall in battle : caer en combate⟩ **9** OCCUR : caer ⟨Christmas falls on a Friday : la Navidad cae en viernes⟩ **10 to fall (all) over oneself to** : desvivirse por **11 to fall apart** : deshacerse **12 to fall asleep** : dormirse, quedarse dormido **13 to fall away** : decaer, disminuir **14 to fall back** RETREAT : retirarse **15 to fall behind** : quedarse atrás **16 to fall behind on/with** : atrasarse en, retrasarse en **17 to fall down** : caerse **18 to fall down on**

the job : no cumplir con su deber **19 to fall flat** : no ser bien recibido (dícese de un chiste, etc.), no dar resultado **20 to fall for** : enamorarse de **21 to fall for** BELIEVE : tragarse **22 to fall in** COLLAPSE : hundirse **23 to fall in** : formar filas **24 to fall into the hands of** : caer en manos de **25 to fall in with** : juntarse con **26 to fall off** LESSEN : disminuir **27 to fall off** DETACH : desprenderse, caerse **28 to fall on** ATTACK : atacar, caer sobre **29 to fall out** : caerse (dícese del pelo, etc.) **30 to fall out** ARGUE : pelearse **31 to fall out** : romper filas **32 to fall out of favor** : caer en desgracia **33 to fall out of use** : caer en desuso **34 to fall over** : caerse **35 to fall sick** : caer enfermo, enfermarse **36 to fall through** : fracasar, caer en la nada **37 to fall to** : tocar a, corresponder a ⟨the task fell to him : le tocó hacerlo⟩

fall² *n* **1** TUMBLE : caída *f* ⟨to break one's fall : frenar uno su caída⟩ ⟨a fall of three feet : una caída de tres pies⟩ **2** FALLING : derrumbe *m* (de rocas), aguacero *m* (de lluvia), nevada *f* (de nieve), bajada *f* (de precios), disminución *f* (de cantidades) **3** AUTUMN : otoño *m* **4** DOWNFALL : caída *f*, ruina *f* **5 falls** *npl* WATERFALL : cascada *f*, catarata *f*

fallacious [fəˈleɪʃəs] *adj* : erróneo, engañoso, falaz

fallacy [ˈfæləsi] *n, pl* **-cies** : falacia *f*

fall back *vi* **1** RETREAT : retirarse, replegarse **2 to fall back on** : recurrir a

fall guy *n* SCAPEGOAT : chivo *m* expiatorio

fallible [ˈfæləbəl] *adj* : falible

fallout [ˈfɔlˌaʊt] *n* **1** : lluvia *f* radioactiva **2** CONSEQUENCES : secuelas *fpl*, consecuencias *fpl*

fallow¹ [ˈfælo] *vt* : barbechar

fallow² *adj* **to lie fallow** : estar en barbecho

fallow³ *n* : barbecho *m*

false [ˈfɔls] *adj* **falser; falsest** **1** UNTRUE : falso **2** ERRONEOUS : erróneo, equivocado **3** FAKE : falso, postizo **4** UNFAITHFUL : infiel **5** FRAUDULENT : fraudulento ⟨under false pretenses : por fraude⟩

falsehood [ˈfɔlsˌhʊd] *n* : mentira *f*, falsedad *f*

falsely [ˈfɔlsli] *adv* : falsamente, con falsedad

falseness [ˈfɔlsnəs] *n* : falsedad *f*

falsetto [fɔlˈsɛt̬oː] *n, pl* **-tos** : falsete *m*

falsification [ˌfɔlsəfəˈkeɪʃən] *n* : falsificación *f*, falseamiento *m*

falsify [ˈfɔlsəˌfaɪ] *vt* **-fied; fying** : falsificar, falsear

falsity [ˈfɔlsət̬i] *n, pl* **-ties** : falsedad *f*

falter [ˈfɔltər] *vi* **-tered; -tering** **1** TOTTER : tambalearse **2** STAMMER : titubear, tartamudear **3** WAVER : vacilar

faltering [ˈfɔltərɪŋ] *adj* : titubeante, vacilante

fame [ˈfeɪm] *n* : fama *f*

famed [ˈfeɪmd] *adj* : famoso, célebre, afamado

familial [fəˈmɪljəl, -liəl] *adj* : familiar

familiar¹ [fəˈmɪljər] *adj* **1** KNOWN : familiar, conocido ⟨to be familiar with : estar familiarizado con⟩ **2** INFORMAL : familiar, informal **3** INTIMATE : íntimo, de confianza **4** FORWARD : confianzudo, atrevido — **familiarly** *adv*

familiar² *n* : espíritu *m* guardián

familiarity [fəˌmɪliˈærət̬i, -ˌmɪlˈjær-] *n, pl* **-ties** **1** KNOWLEDGE : conocimiento *m*, familiaridad *f* **2** INFORMALITY, INTIMACY : confianza *f*, familiaridad *f* **3** FORWARDNESS : exceso *m* de confianza, descaro *m*

familiarize [fəˈmɪljəˌraɪz] *vt* **-ized; -izing** **1** : familiarizar **2 to familiarize oneself** : familiarizarse

family [ˈfæmli, ˈfæmə-] *n, pl* **-lies** : familia *f*

family room *n* : living *m*, sala *f* (informal)

family tree *n* : árbol *m* genealógico

famine [ˈfæmən] *n* : hambre *f*, hambruna *f*

famish [ˈfæmɪʃ] *vi* **to be famished** : estar famélico, estar hambriento, morir de hambre *fam*

famous [ˈfeɪməs] *adj* : famoso

famously [ˈfeɪməsli] *adv* **to get on famously** : llevarse de maravilla

fan¹ [ˈfæn] *vt* **fanned; fanning** **1** : abanicar (a una persona), avivar (un fuego) **2** STIMULATE : avivar, estimular

fan² *n* **1** : ventilador *m*, abanico *m* **2** ADMIRER, ENTHUSIAST : aficionado *m*, -da *f*; entusiasta *mf*; admirador *m*, -dora *f*

fanatic¹ [fəˈnæt̬ɪk] *or* **fanatical** [-t̬ɪ-kəl] *adj* : fanático

fanatic² *n* : fanático *m*, -ca *f*

fanaticism [fəˈnæt̬əˌsɪzəm] *n* : fanatismo *m*

fanciful [ˈfæntsɪfəl] *adj* **1** CAPRICIOUS : caprichoso, fantástico, extravagante **2** IMAGINATIVE : imaginativo — **fancifully** *adv*

fancy¹ [ˈfæntsi] *vt* **-cied; -cying** **1** IMAGINE : imaginarse, figurarse ⟨fancy that! : ¡figúrate!, ¡imagínate!⟩ **2** CRAVE : apetecer, tener ganas de

fancy² *adj* **-cier; -est** **1** ELABORATE : elaborado **2** LUXURIOUS : lujoso, elegante — **fancily** [ˈfæntsəli] *adv*

fancy³ *n, pl* **-cies** **1** LIKING : gusto *m*, afición *f* **2** WHIM : antojo *m*, capricho *m* **3** IMAGINATION : fantasía *f*, imaginación *f*

fandango [fænˈdæŋgo] *n, pl* **-gos** : fandango *m*

fanfare [ˈfænˌfær] *n* : fanfarria *f*

fang [ˈfæŋ] *n* : colmillo *m* (de un animal), diente *m* (de una serpiente)

fanlight [ˈfænˌlaɪt] *n* : tragaluz *m*

fantasia [fænˈteɪʒə, -ziə; ˌfæntəˈziːə] *n* : fantasía *f*

fantasize [ˈfæntəˌsaɪz] *vi* **-sized; -sizing** : fantasear

fantastic [fæn'tæstɪk] *adj* **1** UNBELIEVABLE : fantástico, increíble, extraño **2** ENORMOUS : fabuloso, inmenso ⟨fantastic sums : sumas fabulosas⟩ **3** WONDERFUL : estupendo, fantástico, bárbaro *fam*, macanudo *fam* — **fantastically** [-tɪkli] *adv*
fantasy ['fæntəsi] *n, pl* **-sies** : fantasía *f*
FAQ ['fæk, ˌɛfˌeɪ'kju:] *n, pl* **FAQs** : FAQ *m* (lista de preguntas)
far[1] ['fɑr] *adv* **farther** ['fɑrðər] *or* **further** ['fər-]; **farthest** *or* **furthest** [-ðəst] **1** : lejos ⟨far from here : lejos de aquí⟩ ⟨to go far : llegar lejos⟩ ⟨far away : a lo lejos⟩ ⟨in the far distant future : en un futuro lejano⟩ ⟨her birthday isn't far off/away : falta poco para su cumpleaños⟩ **2** MUCH : muy, mucho ⟨far bigger : mucho más grande⟩ ⟨far better : mucho mejor⟩ ⟨far different : muy distinto/diferente⟩ ⟨far too expensive : demasiado caro⟩ **3** (*indicating a particular point, degree, or extent*) ⟨we got as far as Chicago : llegamos hasta Chicago⟩ ⟨as far north as Toronto : tan al norte como Toronto⟩ ⟨to go so far as to say : decir tanto como⟩ ⟨as far as I know : que yo sepa⟩ **4** (*indicating an advanced point or extent*) : lejos ⟨to go far (in life) : llegar lejos (en la vida)⟩ ⟨not to go far enough : quedarse corto⟩ ⟨we've come too far to quit now : hemos llegado demasiado lejos para dejarlo ahora⟩ ⟨we still have far to go : aún nos queda un largo camino por recorrer⟩ ⟨to take something too far : llevar algo demasiado lejos⟩ **5 as/so far as** WITH REGARD TO : en lo que respecta a **6 as/so far as** (*expressing an opinion*) ⟨as far as I'm concerned : en lo que a mí respecta, por mí⟩ **7 by far** : con mucho ⟨it's by far the best : es con mucho el mejor⟩ **8 far and wide** : por todas partes **9 far from it!** : ¡todo lo contrario! **10 far off** : muy errado **11 so far** : hasta ahora, todavía
far[2] *adj* **farther** *or* **further; farthest** *or* **furthest** **1** REMOTE : lejano, remoto ⟨the Far East : el Lejano Oriente, el Extremo Oriente⟩ ⟨a far country : un país lejano⟩ **2** LONG : largo ⟨a far journey : un viaje largo⟩ **3** EXTREME : extremo ⟨the far right : la extrema derecha⟩ ⟨at the far end of the room : en el otro extremo de la sala⟩
faraway ['fɑrəˌweɪ] *adj* : remoto, lejano
farce ['fɑrs] *n* : farsa *f*
farcical ['fɑrsɪkəl] *adj* : absurdo, ridículo
fare[1] ['fær] *vi* **fared; faring** : ir, salir ⟨how did you fare? : ¿cómo te fue?⟩
fare[2] *n* **1** : pasaje *m*, billete *m*, boleto *m* ⟨half fare : medio pasaje⟩ **2** FOOD : comida *f*
farewell[1] [fær'wɛl] *adj* : de despedida
farewell[2] *n* : despedida *f*
far–fetched ['fɑr'fɛʧt] *adj* : improbable, exagerado
farina [fə'ri:nə] *n* : harina *f*
farm[1] ['fɑrm] *vt* **1** : cultivar, labrar **2** : criar (animales) — *vi* : ser agricultor
farm[2] *n* : granja *f*, hacienda *f*, finca *f*, estancia *f*
farmer ['fɑrmər] *n* : agricultor *m*, granjero *m*
farmhand ['fɑrmˌhænd] *n* : peón *m*
farmhouse ['fɑrmˌhaʊs] *n* : granja *f*, vivienda *f* del granjero, casa *f* de hacienda
farming ['fɑrmɪŋ] *n* : labranza *f*, cultivo *m*, crianza *f* (de animales)
farmland ['fɑrmˌlænd] *n* : tierras *fpl* de labranza
farmyard ['fɑrmˌjɑrd] *n* : corral *m*
far–off ['fɑrˌɔf, -'ɔf] *adj* : remoto, distante, lejano
far–reaching ['fɑr'ri:ʧɪŋ] *adj* : de gran alcance
farsighted ['fɑrˌsaɪt̬əd] *adj* **1** : hipermétrope **2** JUDICIOUS : con visión de futuro, previsor, precavido
farsightedness ['fɑrˌsaɪt̬ədnəs] *n* **1** : hipermetropía *f* **2** PRUDENCE : previsión *f*
farther[1] ['fɑrðər] *adv* **1** AHEAD : más lejos (en el espacio), más adelante (en el tiempo) **2** MORE : más
farther[2] *adj* : más lejano, más remoto
farthermost ['fɑrðərˌmo:st] *adj* : (el) más lejano
farthest[1] ['fɑrðəst] *adv* **1** : lo más lejos ⟨I jumped farthest : salté lo más lejos⟩ **2** : lo más avanzado ⟨he progressed farthest : progresó al punto más avanzado⟩ **3** : más ⟨the farthest developed plan : el plan más desarrollado⟩
farthest[2] *adj* : más lejano
fascicle ['fæsɪkəl] *n* : fascículo *m*
fascinate ['fæsənˌeɪt] *vt* **-nated; -nating** : fascinar, cautivar
fascinating ['fæsənˌeɪt̬ɪŋ] *adj* : fascinante
fascination [ˌfæsən'eɪʃən] *n* : fascinación *f*
fascism ['fæʃˌɪzəm] *n* : fascismo *m*
fascist[1] ['fæʃɪst] *adj* : fascista
fascist[2] *n* : fascista *mf*
fashion[1] ['fæʃən] *vt* : formar, moldear
fashion[2] *n* **1** MANNER : manera *f*, modo *m* **2** CUSTOM : costumbre *f* **3** STYLE : moda *f*
fashionable ['fæʃənəbəl] *adj* : de moda, chic
fashionably ['fæʃənəbli] *adv* : a la moda
fast[1] ['fæst] *vi* : ayunar
fast[2] *adv* **1** SECURELY : firmemente, seguramente ⟨to hold fast : agarrarse bien⟩ **2** RAPIDLY : rápidamente, rápido, de prisa **3 to run fast** : ir adelantado (dícese de un reloj) **4** SOUNDLY : profundamente ⟨fast asleep : profundamente dormido⟩
fast[3] *adj* **1** SECURE : firme, seguro ⟨to make fast : amarrar (un barco)⟩ **2** FAITHFUL : leal ⟨fast friends : amigos leales⟩ **3** RAPID : rápido, veloz **4** : adelantado ⟨my watch is fast : tengo

el reloj adelantado> 5 DEEP : profundo <a fast sleep : un sueño profundo> 6 COLORFAST : inalterable, que no destiñe 7 DISSOLUTE : extravagante, disipado, disoluto

fast[4] *n* : ayuno *m*

fasten ['fæsən] *vt* 1 ATTACH : sujetar, atar 2 FIX : fijar <to fasten one's eyes on : fijar los ojos en> 3 SECURE : abrochar (ropa o cinturones), atar (cordones), cerrar (una maleta) — *vi* : abrocharse, cerrar

fastener ['fæsənər] *n* : cierre *m*, sujetador *m*

fastening ['fæsənɪŋ] *n* : cierre *m*, sujetador *m*

fast food *n* : comida *f* rápida

fastidious [fæs'tɪdiəs] *adj* : quisquilloso, exigente — **fastidiously** *adv*

fat[1] ['fæt] *adj* **fatter; fattest** 1 OBESE : gordo, obeso 2 THICK : grueso

fat[2] *n* : grasa *f*

fatal ['feɪṭəl] *adj* 1 DEADLY : mortal 2 ILL-FATED : malhadado, fatal 3 MOMENTOUS : fatídico

fatalism ['feɪṭəl,ɪzəm] *n* : fatalismo *m*

fatalist ['feɪṭəlɪst] *n* : fatalista *mf*

fatalistic [,feɪṭəl'ɪstɪk] *adj* : fatalista

fatality [feɪ'tæləṭi, fə-] *n, pl* **-ties** : víctima *f* mortal

fatally ['feɪṭəli] *adv* : mortalmente

fate ['feɪt] *n* 1 DESTINY : destino *m* 2 END, LOT : final *m*, suerte *f*

fated ['feɪṭəd] *adj* : predestinado

fateful ['feɪtfəl] *adj* 1 MOMENTOUS : fatídico, aciago 2 PROPHETIC : profético — **fatefully** *adv*

father[1] ['fɑðər] *vt* : engendrar

father[2] *n* 1 : padre *m* <my father and my mother : mi padre y mi madre> <Father Smith : el padre Smith> **2 the Father** GOD : el Padre, Dios *m*

fatherhood ['fɑðər,hʊd] *n* : paternidad *f*

father–in–law ['fɑðərɪn,lɔ] *n, pl* **fathers–in–law** : suegro *m*

fatherland ['fɑðər,lænd] *n* : patria *f*

fatherless ['fɑðərləs] *adj* : huérfano de padre, sin padre

fatherly ['fɑðərli] *adj* : paternal

fathom[1] ['fæðəm] *vt* UNDERSTAND : entender, comprender

fathom[2] *n* : braza *f*

fatigue[1] [fə'ti:g] *vt* **-tigued; -tiguing** : fatigar, cansar

fatigue[2] *n* : fatiga *f*

fatness ['fætnəs] *n* : gordura *f* (de una persona o un animal), grosor *m* (de un objeto)

fatten ['fætən] *vt* : engordar, cebar

fatty ['fæṭi] *adj* **fattier; -est** : graso, grasoso, adiposo (dícese de los tejidos)

fatuous ['fætʃʊəs] *adj* : necio, fatuo — **fatuously** *adv*

faucet ['fɔsət] *n* : llave *f*, canilla *f*, *Arg, Uru*, grifo *m*

fault[1] ['fɔlt] *vt* : encontrar defectos a

fault[2] *n* 1 SHORTCOMING : defecto *m*, falta *f* 2 DEFECT : falta *f*, defecto *m*, falla *f* 3 BLAME : culpa *f* 4 FRACTURE : falla *f* (geológica)

faultfinder ['fɔlt,faɪndər] *n* : criticón *m*, -cona *f*

faultfinding ['fɔlt,faɪndɪŋ] *n* : crítica *f*

faultless ['fɔltləs] *adj* : sin culpa, sin imperfecciones, impecable

faultlessly ['fɔltləsli] *adv* : impecablemente, perfectamente

faulty ['fɔlti] *adj* **faultier; -est** : defectuoso, imperfecto — **faultily** ['fɔltəli] *adv*

fauna ['fɔnə] *n* : fauna *f*

faux ['fo:] *adj* : de imitación

faux pas [,fo:'pɑ] *n, pl* **faux pas** [*same or* -'pɑz] : metedura *f* de pata *fam*

favor[1] ['feɪvər] *vt* 1 SUPPORT : estar a favor de, ser partidario de, apoyar 2 OBLIGE : hacerle un favor a 3 PREFER : preferir 4 RESEMBLE : parecerse a, salir a

favor[2] *n* : favor *m* <in favor of : a favor de> <an error in his favor : un error a su favor>

favorable ['feɪvərəbəl] *adj* : favorable, propicio

favorably ['feɪvərəbli] *adv* : favorablemente, bien

favorite[1] ['feɪvərət] *adj* : favorito, preferido

favorite[2] *n* : favorito *m*, -ta *f*; preferido *m*, -da *f*

favoritism ['feɪvərə,tɪzəm] *n* : favoritismo *m*

fawn[1] ['fɔn] *vi* : adular, lisonjear

fawn[2] *n* : cervato *m*

fax ['fæks] *n* : facsímil *m*, facsímile *m*

faze ['feɪz] *vt* **fazed; fazing** : desconcertar, perturbar

fear[1] ['fɪr] *vt* : temer, tener miedo de — *vi* : temer

fear[2] *n* : miedo *m*, temor *m* <for fear of : por temor a>

fearful ['fɪrfəl] *adj* 1 FRIGHTENING : espantoso, aterrador, horrible 2 FRIGHTENED : temeroso, miedoso

fearfully ['fɪrfəli] *adv* 1 EXTREMELY : extremadamente, terriblemente 2 TIMIDLY : con temor

fearless ['fɪrləs] *adj* : intrépido, impávido

fearlessly ['fɪrləsli] *adv* : sin temor

fearlessness ['fɪrləsnəs] *n* : intrepidez *f*, impavidez *f*

fearsome ['fɪrsəm] *adj* : aterrador

feasibility [,fi:zə'bɪləṭi] *n* : viabilidad *f*, factibilidad *f*

feasible ['fi:zəbəl] *adj* : viable, factible, realizable

feast[1] ['fi:st] *vi* : banquetear — *vt* 1 : agasajar, festejar **2 to feast one's eyes on** : regalarse la vista con

feast[2] *n* 1 BANQUET : banquete *m*, festín *m* 2 FESTIVAL : fiesta *f*

feat ['fi:t] *n* : proeza *f*, hazaña *f*

feather[1] ['fɛðər] *vt* 1 : emplumar **2 to feather one's nest** : hacer su agosto

feather[2] *n* 1 : pluma *f* **2 a feather in one's cap** : un triunfo personal

feathered ['fɛðərd] *adj* : con plumas

feathery [ˈfɛðəri] *adj* **1** DOWNY : plumoso **2** LIGHT : liviano

feature[1] [ˈfiːʧər] *v* **-tured; -turing** *vt* **1** IMAGINE : imaginarse **2** PRESENT : presentar — *vi* : figurar

feature[2] *n* **1** CHARACTERISTIC : característica *f*, rasgo *m* **2** : largometraje *m* (en el cine), artículo *m* (en un periódico), documental *m* (en la televisión) **3 features** *npl* : rasgos *mpl*, facciones *fpl* ⟨delicate features : facciones delicadas⟩

February [ˈfɛbjʊˌri, ˈfɛbʊ-, ˈfbrʊ-] *n* : febrero *m*

fecal [ˈfiːkəl] *adj* : fecal

feces [ˈfiːˌsiːz] *npl* : heces *fpl*, excrementos *mpl*

feckless [ˈfɛkləs] *adj* : irresponsable

fecund [ˈfɛkənd, ˈfiː-] *adj* : fecundo

fecundity [fɪˈkʌndət̬i, fɛ-] *n* : fecundidad *f*

federal [ˈfɛdrəl, -dərəl] *adj* : federal

federalism [ˈfɛdrəˌlɪzəm, -dərə-] *n* : federalismo *m*

federalist[1] [ˈfɛdrəlɪst, -dərə-] *adj* : federalista

federalist[2] *n* : federalista *mf*

federate [ˈfɛdəˌreɪt] *vt* **-ated; -ating** : federar

federation [ˌfɛdəˈreɪʃən] *n* : federación *f*

fedora [fɪˈdorə] *n* : sombrero *m* flexible de fieltro

fed up *adj* : harto

fee [ˈfiː] *n* **1** : honorarios *mpl* (a un médico, un abogado, etc.) **2 entrance fee** : entrada *f*

feeble [ˈfiːbəl] *adj* **-bler; -blest** **1** WEAK : débil, endeble **2** INEFFECTIVE : flojo, pobre, poco convincente

feebleminded [ˌfiːbəlˈmaɪndəd] *adj* **1** : débil mental **2** FOOLISH, STUPID : imbécil, tonto

feebleness [ˈfiːbəlnəs] *n* : debilidad *f*

feebly [ˈfiːbli] *adv* : débilmente

feed[1] [ˈfiːd] *v* **fed** [ˈfɛd]; **feeding** *vt* **1** : dar de comer a, nutrir, alimentar (a una persona) **2** : alimentar (un fuego o una máquina), proveer (información), introducir (datos) — *vi* : comer, alimentarse

feed[2] *n* **1** NOURISHMENT : alimento *m* **2** FODDER : pienso *m*

feedback [ˈfiːdˌbæk] *n* **1** : realimentación *f* (electrónica) **2** RESPONSE : reacción *f*

feeder [ˈfiːdər] *n* : comedero *m* (para animales)

feel[1] [ˈfiːl] *v* **felt** [ˈfɛlt]; **feeling** *vi* **1** : sentirse, encontrarse ⟨I feel tired : me siento cansada⟩ ⟨he feels hungry/cold : tiene hambre/frío⟩ ⟨she feels like a fool : se siente como una idiota⟩ ⟨to feel like doing something : tener ganas de hacer algo⟩ **2** SEEM : parecer ⟨it feels like spring : parece primavera⟩ ⟨it feels like rain : parece que va a llover⟩ ⟨it feels smooth : es suave al tacto⟩ **3** THINK : parecerse, opinar, pensar ⟨how does he feel about that? : ¿qué opina él de eso?⟩ **4 to feel (around) for** : buscar a tientas **5 to feel for** PITY : compadecer — *vt* **1** TOUCH : tocar, palpar ⟨to feel one's way : tantear, ir a tientas⟩ **2** SENSE : sentir ⟨to feel the cold : sentir el frío⟩ **3** CONSIDER : sentir, creer, considerar ⟨to feel it necessary : creer necesario⟩ **4 to feel out** : tantear **5 to feel up** *fam* : manosear, meterle mano a *fam*

feel[2] *n* **1** SENSATION, TOUCH : sensación *f*, tacto *m* **2** ATMOSPHERE : ambiente *m*, atmósfera *f* **3 to have a feel for** : tener un talento especial para

feeler [ˈfiːlər] *n* : antena *f*, tentáculo *m*

feeling [ˈfiːlɪŋ] *n* **1** SENSATION : sensación *f*, sensibilidad *f* **2** EMOTION : sentimiento *m* **3** HUNCH, INTUITION : sensación *f* **4** OPINION : opinión *f* **5 feelings** *npl* SENSIBILITIES : sentimientos *mpl* ⟨to hurt/spare someone's feelings : herir/no herir los sentimientos de alguien⟩ ⟨no hard feelings, right? : no me guardas rencor, ¿verdad?⟩ ⟨to have feelings for someone : tener sentimientos por alguien⟩

feet → **foot**

feign [ˈfeɪn] *vt* : simular, aparentar, fingir

feint[1] [ˈfeɪnt] *vi* : fintar, fintear

feint[2] *n* : finta *f*

feldspar [ˈfɛld̬ˌspɑr] *n* : feldespato *m*

felicitate [fɪˈlɪsəˌteɪt] *vt* **-tated; -tating** : felicitar, congratular

felicitation [fɪˌlɪsəˈteɪʃən] *n* : felicitación *f*

felicitous [fɪˈlɪsət̬əs] *adj* : acertado, oportuno

feline[1] [ˈfiːˌlaɪn] *adj* : felino

feline[2] *n* : felino *m*, -na *f*

fell[1] [ˈfɛl] *vt* : talar (un árbol), derribar (a una persona)

fell[2] → **fall**

fellow [ˈfɛˌloː] *n* **1** COMPANION : compañero *m*, -ra *f*; camarada *mf* **2** ASSOCIATE : socio *m*, -cia *f* **3** MAN : tipo *m*, hombre *m*

fellowman [ˌfɛloˈmæn] *n, pl* **-men** : prójimo *m*, semejante *m*

fellowship [ˈfɛloˌʃɪp] *n* **1** COMPANIONSHIP : camaradería *f*, compañerismo *m* **2** ASSOCIATION : fraternidad *f* **3** GRANT : beca *f* (de investigación)

felon [ˈfɛlən] *n* : malhechor *m*, -chora *f*; criminal *mf*

felonious [fəˈloːniəs] *adj* : criminal

felony [ˈfɛləni] *n, pl* **-nies** : delito *m* grave

felt[1] [ˈfɛlt] *n* : fieltro *m*

felt[2] → **feel**

female[1] [ˈfiːˌmeɪl] *adj* : femenino

female[2] *n* **1** : hembra *f* (de animal) **2** WOMAN : mujer *f*

feminine [ˈfɛmənən] *adj* : femenino

femininity [ˌfɛməˈnɪnət̬i] *n* : feminidad *f*, femineidad *f*

feminism [ˈfɛməˌnɪzəm] *n* : feminismo *m*

feminist[1] [ˈfɛmənɪst] *adj* : feminista

feminist[2] *n* : feminista *mf*
femoral [ˈfɛmərəl] *adj* : femoral
femur [ˈfiːmər] *n, pl* **femurs** *or* **femora** [ˈfɛmərə] : fémur *m*
fence[1] [ˈfɛnts] *v* **fenced; fencing** *vt* : vallar, cercar — *vi* : hacer esgrima
fence[2] *n* : cerca *f*, valla *f*, cerco *m*
fencer [ˈfɛntsər] *n* : esgrimista *mf*; esgrimidor *m*, -dora *f*
fencing [ˈfɛntsɪŋ] *n* **1** : esgrima *m* (deporte) **2** : materiales *mpl* para cercas **3** ENCLOSURE : cercado *m*
fend [ˈfɛnd] *vt* **to fend off** : rechazar (un enemigo), parar (un golpe), eludir (una pregunta) — *vi* **to fend for oneself** : arreglárselas sólo, valerse por sí mismo
fender [ˈfɛndər] *n* : guardabarros *mpl*, salpicadera *f Mex*
fennel [ˈfɛnəl] *n* : hinojo *m*
ferment[1] [fərˈmɛnt] *v* : fermentar
ferment[2] [ˈfər,mɛnt] *n* **1** : fermento *m* (en la química) **2** TURMOIL : agitación *f*, conmoción *f*
fermentation [,fərmənˈteɪʃən, -,mɛn-] *n* : fermentación *f*
fern [ˈfərn] *n* : helecho *m*
ferocious [fəˈroːʃəs] *adj* : feroz — **ferociously** *adv*
ferociousness [fəˈroːʃəsnəs] *n* : ferocidad *f*
ferocity [fəˈrɑsət̬i] *n* : ferocidad *f*
ferret[1] [ˈfɛrət] *vi* SNOOP : hurgar, husmear — *vt* **to ferret out** : descubrir
ferret[2] *n* : hurón *m*
ferric [ˈfɛrɪk] *or* **ferrous** [ˈfɛrəs] *adj* : férrico
Ferris wheel [ˈfɛrɪs] *n* : noria *f*
ferry[1] [ˈfɛri] *vt* **-ried; -rying** : llevar, transportar
ferry[2] *n, pl* **-ries** : transbordador *m*, ferry *m*
ferryboat [ˈfɛri,boːt] *n* : transbordador *m*, ferry *m*
fertile [ˈfərt̬əl] *adj* : fértil, fecundo
fertility [fərˈtɪlət̬i] *n* : fertilidad *f*
fertilization [,fərt̬ələˈzeɪʃən] *n* : fertilización *f* (del suelo), fecundación (de un huevo)
fertilize [ˈfərt̬əl,aɪz] *vt* **-ized; -izing 1** : fecundar (un huevo) **2** : fertilizar, abonar (el suelo)
fertilizer [ˈfərt̬əl,aɪzər] *n* : fertilizante *m*, abono *m*
fervent [ˈfərvənt] *adj* : ferviente, fervoroso, ardiente — **fervently** *adv*
fervid [ˈfərvɪd] *adj* : ardiente, apasionado — **fervidly** *adv*
fervor [ˈfərvər] *n* : fervor *m*, ardor *m*
fester [ˈfɛstər] *vi* : enconarse, supurar
festival [ˈfɛstəvəl] *n* : fiesta *f*, festividad *f*, festival *m*
festive [ˈfɛstɪv] *adj* : festivo — **festively** *adv*
festivity [fɛsˈtɪvət̬i] *n, pl* **-ties** : festividad *f*, celebración *f*
festoon[1] [fɛsˈtuːn] *vt* : adornar, engalanar
festoon[2] *n* GARLAND : guirnalda *f*
fetal [ˈfiːt̬əl] *adj* : fetal
fetch [ˈfɛʧ] *vt* **1** BRING : traer, recoger, ir a buscar **2** REALIZE : realizar, venderse por <the jewelry fetched $10,000 : las joyas se vendieron por $10,000>
fetching [ˈfɛʧɪŋ] *adj* : atractivo, encantador
fête[1] [ˈfeɪt, ˈfɛt] *vt* **fêted; fêting** : festejar, agasajar
fête[2] *n* : fiesta *f*
fetid [ˈfɛt̬əd] *adj* : fétido
fetish [ˈfɛt̬ɪʃ] *n* : fetiche *m*
fetlock [ˈfɛt,lɑk] *n* : espolón *m*
fetter [ˈfɛt̬ər] *vt* : encadenar, poner grillos a
fetters [ˈfɛt̬ərz] *npl* : grillos *mpl*, grilletes *mpl*, cadenas *fpl*
fettle [ˈfɛt̬əl] *n* **in fine fettle** : en buena forma, en plena forma
fetus [ˈfiːt̬əs] *n* : feto *m*
feud[1] [ˈfjuːd] *vi* : pelear, contender
feud[2] *n* : contienda *f*, enemistad *f* (heredada)
feudal [ˈfjuːdəl] *adj* : feudal
feudalism [ˈfjuːdəl,ɪzəm] *n* : feudalismo *m*
fever [ˈfiːvər] *n* : fiebre *f*, calentura *f*
feverish [ˈfiːvərɪʃ] *adj* **1** : afiebrado, con fiebre, febril **2** FRANTIC : febril, frenético
few[1] [ˈfjuː] *adj* : pocos <with few exceptions : con pocas excepciones> <a few times : varias veces>
few[2] *pron* **1** : pocos <few (of them) were ready : pocos estaban listos> **2 a few** : algunos, unos cuantos **3 few and far between** : contados
fewer [ˈfjuːər] *pron* : menos <the fewer the better : cuantos menos mejor>
fez [ˈfɛz] *n, pl* **fezzes** : fez *m*
fiancé [,fiː,ɑnˈseɪ, ,fiːˈɑn,seɪ] *n* : prometido *m*, novio *m*
fiancée [,fiː,ɑnˈseɪ, ,fiːˈɑn,seɪ] *n* : prometida *f*, novia *f*
fiasco [fiˈæs,koː] *n, pl* **-coes** : fiasco *m*, fracaso *m*
fiat [ˈfiː,ɑt, -,æt, -ət; ˈfaɪət, -,æt] *n* : decreto *m*, orden *m*
fib[1] [ˈfɪb] *vi* **fibbed; fibbing** : decir mentirillas
fib[2] *n* : mentirilla *f*, bola *f fam*
fibber [ˈfɪbər] *n* : mentirosillo *m*, -lla *f*; cuentista *mf fam*
fiber *or* **fibre** [ˈfaɪbər] *n* : fibra *f*
fiberboard [ˈfaɪbər,bord] *n* : cartón *m* madera
fiberglass [ˈfaɪbər,glæs] *n* : fibra *f* de vidrio
fibrillate [ˈfɪbrə,leɪt, ˈfaɪ-] *vi* **-lated; -lating** : fibrilar
fibrillation [,fɪbrəˈleɪʃən, ,faɪ-] *n* : fibrilación *f*
fibrous [ˈfaɪbrəs] *adj* : fibroso
fibula [ˈfɪbjələ] *n, pl* **-lae** [-,liː, -,laɪ] *or* **-las** : peroné *m*
fickle [ˈfɪkəl] *adj* : inconstante, voluble, veleidoso
fickleness [ˈfɪkəlnəs] *n* : volubilidad *f*, inconstancia *f*, veleidad *f*
fiction [ˈfɪkʃən] *n* : ficción *f*
fictional [ˈfɪkʃənəl] *adj* : ficticio

fictitious [fɪk'tɪʃəs] *adj* **1** IMAGINARY : ficticio, imaginario **2** FALSE : falso, ficticio

fiddle[1] ['fɪdəl] *vi* **-dled; -dling 1** : tocar el violín **2 to fiddle with** : juguetear con, toquetear

fiddle[2] *n* : violín *m*

fiddler ['fɪdlər, 'fɪdələr] *n* : violinista *mf*

fiddlesticks ['fɪdəl,stɪks] *interj* : ¡tonterías!

fidelity [fə'dɛləṭi, faɪ-] *n, pl* **-ties** : fidelidad *f*

fidget[1] ['fɪʤət] *vi* **1** : moverse, estarse inquieto **2 to fidget with** : juguetear con

fidget[2] *n* **1** : persona *f* inquieta **2 fidgets** *npl* RESTLESSNESS : inquietud *f*

fidgety ['fɪʤəṭi] *adj* : inquieto

fiduciary[1] [fə'du:ʃi,ɛri, -'dju:-, -ʃəri] *adj* : fiduciario

fiduciary[2] *n, pl* **-ries** : fiduciario *m*, -ria *f*

field[1] ['fi:ld] *vt* : interceptar y devolver (una pelota), presentar (un candidato), sortear (una pregunta)

field[2] *adj* : de campaña, de campo <field hospital : hospital de campaña> <field goal : gol de campo> <field trip : viaje de estudio>

field[3] *n* **1** : campo *m* (de cosechas, de batalla, de magnetismo) **2** : campo *m*, cancha *f* (en deportes) <baseball field : campo de beisbol> **3** : campo *m* (de trabajo), esfera *f* (de actividades) <the field of economics : el campo de la economía>

fielder ['fi:ldər] *n* : jugador *m*, -dora *f* de campo; fildeador *m*, -dora *f*

field glasses *n* : binoculares *mpl*, gemelos *mpl*

fiend ['fi:nd] *n* **1** DEMON : demonio *m* **2** EVILDOER : persona *f* maligna; malvado *m*, -da *f* **3** FANATIC : fanático *m*, -ca *f*

fiendish ['fi:ndɪʃ] *adj* : diabólico — **fiendishly** *adv*

fierce ['fɪrs] *adj* **fiercer; -est 1** FEROCIOUS : fiero, feroz **2** HEATED : acalorado **3** INTENSE : intenso, violento, fuerte — **fiercely** *adv*

fierceness ['fɪrsnəs] *n* **1** FEROCITY : ferocidad *f*, fiereza *f* **2** INTENSITY : intensidad *f*, violencia *f*

fieriness ['faɪərinəs] *n* : pasión *f*, ardor *m*

fiery ['faɪəri] *adj* **fierier; -est 1** BURNING : ardiente, llameante **2** GLOWING : encendido **3** PASSIONATE : acalorado, ardiente, fogoso

fiesta [fi'ɛstə] *n* : fiesta *f*

fife ['faɪf] *n* : pífano *m*

fifteen[1] [fɪf'ti:n] *adj* : quince

fifteen[2] *n* : quince *m*

fifteenth[1] [fɪf'ti:nθ] *adj* : decimoquinto

fifteenth[2] *n* **1** : decimoquinto *m*, -ta *f* (en una serie) **2** : quinceavo *m*, quinceava parte *f*

fifth[1] ['fɪfθ] *adj* : quinto

fifth[2] *n* **1** : quinto *m*, -ta *f* (en una serie) **2** : quinto *m*, quinta parte *f* **3** : quinta *f* (en la música)

fiftieth[1] ['fɪftiəθ] *adj* : quincuagésimo

fiftieth[2] *n* **1** : quincuagésimo *m*, -ma *f* (en una serie) **2** : cincuentavo *m*, cincuentava parte *f*

fifty[1] ['fɪfti] *adj* : cincuenta

fifty[2] *n, pl* **-ties** : cincuenta *m*

fifty–fifty[1] [,fɪfti'fɪfti] *adv* : a medias, mitad y mitad

fifty–fifty[2] *adj* **to have a fifty–fifty chance** : tener un cincuenta por ciento de posibilidades

fig ['fɪg] *n* : higo *m*

fight[1] ['faɪt] *v* **fought** ['fɔt]; **fighting** *vi* **1** : luchar, combatir, pelear <to fight to the death : pelear a muerte> <to fight for one's life : debatirse entre la vida y la muerte> **2 to fight back** : defenderse **3 to fight about/over** : discutir por **4 to fight on** : seguir luchando — *vt* **1** : luchar contra, combatir contra **2 to fight back** REPRESS, CONTAIN : reprimir, contener **3 to fight off** : rechazar, combatir

fight[2] *n* **1** COMBAT : lucha *f*, pelea *f*, combate *m* **2** MATCH : pelea *f*, combate *m* (en boxeo) **3** QUARREL : disputa *f*, pelea *f*, pleito *m*

fighter ['faɪṭər] *n* **1** COMBATANT : luchador *m*, -dora *f*; combatiente *mf* **2** BOXER : boxeador *m*, -dora *f*

figment ['fɪgmənt] *n* **figment of the imagination** : producto *m* de la imaginación

figurative ['fɪgjərəṭɪv, -gə-] *adj* : figurado, metafórico

figuratively ['fɪgjərəṭɪvli, -gə-] *adv* : en sentido figurado, de manera metafórica

figure[1] ['fɪgjər, -gər] *v* **-ured; -uring** *vt* **1** CALCULATE : calcular **2** ESTIMATE : figurarse, calcular <he figured it was possible : se figuró que era posible> **3 to figure in** : incluir en los cálculos **4 to figure out** : entender — *vi* **1** FEATURE, STAND OUT : figurar, destacar **2 that figures!** : ¡obvio!, ¡no me extraña nada! **3 to figure on** : contar con, tener en cuenta **4 to figure on doing something** : pensar hacer algo

figure[2] *n* **1** DIGIT : número *m*, cifra *f* **2** PRICE : precio *m*, cifra *f* **3** PERSONAGE : figura *f*, personaje *m* **4** : figura *f*, tipo *m*, físico *m* <to have a good figure : tener buen tipo, tener un buen físico> **5** DESIGN, OUTLINE : figura *f* **6 figures** *npl* : aritmética *f*

figurehead ['fɪgjər,hɛd, -gər-] *n* : testaferro *m*, líder *mf* sin poder

figure of speech *n* : figura *f* retórica, figura *f* de hablar

figure out *vt* **1** UNDERSTAND : entender **2** RESOLVE : resolver (un problema, etc.)

figurine [,fɪgjə'ri:n] *n* : estatuilla *f*

Fijian ['fi:ʤiən, fɪ'ji:ən] *n* : fijiano *m*, -na *f* — **Fijian** *adj*

filament [ˈfɪləmənt] *n* : filamento *m*

filbert [ˈfɪlbərt] *n* : avellana *f*

filch [ˈfɪltʃ] *vt* : hurtar, birlar *fam*

file[1] [ˈfaɪl] *v* **filed; filing** *vt* **1** CLASSIFY : clasificar **2** : archivar (documentos) **3** SUBMIT : presentar ⟨to file charges : presentar cargos⟩ **4** SMOOTH : limar — *vi* : desfilar, entrar (o salir) en fila

file[2] *n* **1** : lima *f* ⟨nail file : lima de uñas⟩ **2** DOCUMENTS : archivo *m* **3** LINE : fila *f*

filial [ˈfɪliəl, ˈfɪljəl] *adj* : filial

filibuster[1] [ˈfɪləˌbʌstər] *vi* : practicar el obstruccionismo

filibuster[2] *n* : obstruccionismo *m*

filibusterer [ˈfɪləˌbʌstərər] *n* : obstruccionista *mf*

filigree [ˈfɪləˌgriː] *n* : filigrana *f*

Filipino [ˌfɪləˈpiːnoː] *n* : filipino *m*, -na *f* — **Filipino** *adj*

fill[1] [ˈfɪl] *vt* **1** : llenar, ocupar ⟨to fill a cup : llenar una taza⟩ ⟨to fill a room : ocupar una sala⟩ **2** STUFF : rellenar **3** PLUG : tapar, rellenar, empastar (un diente) **4** SATISFY : cumplir con, satisfacer **5** *or* **to fill in/out** : rellenar, llenar ⟨fill (in) the blanks : rellene los espacios⟩ ⟨to fill out a form : rellenar un formulario⟩ **6 to fill someone in on** : poner a alguien al corriente de **7 to fill up** : llenar (hasta arriba) — *vi or* **to fill up** : llenarse ⟨her eyes filled with tears : se le llenaron los ojos de lágrimas⟩

fill[2] *n* **1** FILLING, STUFFING : relleno *m* **2 to eat one's fill** : comer lo suficiente **3 to have one's fill of** : estar harto de

filler [ˈfɪlər] *n* : relleno *m*

fillet[1] [ˈfɪlət, fɪˈleɪ, ˈfɪˌleɪ] *vt* : cortar en filetes

fillet[2] *n* : filete *m*

fill in *vt* INFORM : informar, poner al corriente — *vi* **to fill in for** : reemplazar a

filling [ˈfɪlɪŋ] *n* **1** : relleno *m* **2** : empaste *m* (de un diente)

filling station → **gas station**

filly [ˈfɪli] *n, pl* **-lies** : potra *f*, potranca *f*

film[1] [ˈfɪlm] *vt* : filmar — *vi* : rodar

film[2] *n* **1** COATING : capa *f*, película *f* **2** : película *f* (fotográfica) **3** MOVIE : película *f*, filme *m*

filmmaker [ˈfɪlmˌmeɪkər] *n* : cineasta *mf*

filmy [ˈfɪlmi] *adj* **filmier; -est** **1** GAUZY : diáfano, vaporoso **2** : cubierto de una película

filter[1] [ˈfɪltər] *vt* : filtrar

filter[2] *n* : filtro *m*

filth [ˈfɪlθ] *n* : mugre *f*, porquería *f*, roña *f*

filthiness [ˈfɪlθinəs] *n* : suciedad *f*

filthy [ˈfɪlθi] *adj* **filthier; -est** **1** DIRTY : mugriento, sucio **2** OBSCENE : obsceno, indecente

filtration [fɪlˈtreɪʃən] *n* : filtración *f*

fin [ˈfɪn] *n* **1** : aleta *f* **2** : alerón *m* (de un automóvil o un avión)

finagle [fəˈneɪgəl] *vt* **-gled; -gling** : arreglárselas para conseguir

final[1] [ˈfaɪnəl] *adj* **1** DEFINITIVE : definitivo, final, inapelable **2** ULTIMATE : final **3** LAST : último, final

final[2] *n* **1** : final *f* (en deportes) **2 finals** *npl* : exámenes *mpl* finales

finale [fɪˈnæli, -ˈnɑ-] *n* : final *m* ⟨grand finale : final triunfal⟩

finalist [ˈfaɪnəlɪst] *n* : finalista *mf*

finality [faɪˈnæləṭi, fə-] *n, pl* **-ties** : finalidad *f*

finalize [ˈfaɪnəlˌaɪz] *vt* **-ized; -izing** : finalizar

finally [ˈfaɪnəli] *adv* **1** LASTLY : por último, finalmente **2** EVENTUALLY : por fin, al final **3** DEFINITIVELY : definitivamente

finance[1] [fəˈnænts, ˈfaɪˌnænts] *vt* **-nanced; -nancing** : financiar

finance[2] *n* **1** : finanzas *fpl* **2 finances** *npl* RESOURCES : recursos *mpl* financieros

financial [fəˈnæntʃəl, faɪ-] *adj* : financiero, económico

financially [fəˈnæntʃəli, faɪ-] *adv* : económicamente

financier [ˌfɪnənˈsɪr, ˌfaɪˌnæn-] *n* : financiero *m*, -ra *f*; financista *mf*

financing [fəˈnæntsɪŋ, ˈfæɪˌnæntsɪŋ] *n* : financiación *f*, financiamiento *m*

finch [ˈfɪntʃ] *n* : pinzón *m*

find[1] [ˈfaɪnd] *vt* **found** [ˈfaʊnd]; **finding** **1** : encontrar ⟨I can't find it : no lo encuentro⟩ ⟨to find one's way : encontrar el camino, orientarse⟩ ⟨to find that . . . : descubrir que . . .⟩ ⟨I find it strange/difficult : lo encuentro raro/difícil, me resulta raro/difícil⟩ **2** DECLARE : declarar, hallar ⟨they found him guilty : lo declararon culpable⟩ **3 to find fault** : criticar **4 to find out** : descubrir, averiguar

find[2] *n* : hallazgo *m*

finder [ˈfaɪndər] *n* : descubridor *m*, -dora *f*

finding [ˈfaɪndɪŋ] *n* **1** FIND : hallazgo *m* **2 findings** *npl* : conclusiones *fpl*

find out *vt* DISCOVER : descubrir, averiguar — *vi* LEARN : enterarse

fine[1] [ˈfaɪn] *vt* **fined; fining** : multar

fine[2] *adj* **finer; -est** **1** PURE : puro (dícese del oro y de la plata) **2** THIN : fino, delgado **3** : fino ⟨fine sand : arena fina⟩ **4** SMALL : pequeño, minúsculo ⟨fine print : letras minúsculas⟩ **5** SUBTLE : sutil, delicado **6** EXCELLENT : excelente, magnífico, selecto **7** FAIR : bueno ⟨it's a fine day : hace buen tiempo⟩ **8** EXQUISITE : exquisito, delicado, fino **9 fine arts** : bellas artes *fpl*

fine[3] *n* : multa *f*

finely [ˈfaɪnli] *adv* **1** EXCELLENTLY : con arte **2** ELEGANTLY : elegantemente **3** PRECISELY : con precisión **4 to chop finely** : picar muy fino, picar en trozos pequeños

fineness [ˈfaɪnnəs] *n* **1** EXCELLENCE : excelencia *f* **2** ELEGANCE : elegancia *f*, refinamiento *m* **3** DELICACY : delicadeza *f*, lo fino **4** PRECISION : preci-

sión *f* 5 SUBTLETY : sutileza *f* 6 PURITY : ley *f* (de oro y plata)
finery [ˈfaɪnəri] *n* : galas *fpl*, adornos *mpl*
finesse[1] [fəˈnɛs] *vt* **-nessed; -nessing** : ingeniar
finesse[2] *n* 1 REFINEMENT : refinamiento *m*, finura *f* 2 TACT : delicadeza *f*, tacto *m*, diplomacia *f* 3 CRAFTINESS : astucia *f*
finger[1] [ˈfɪŋgər] *vt* 1 HANDLE : tocar, toquetear 2 ACCUSE : acusar, delatar
finger[2] *n* : dedo *m* ⟨to lay a finger on someone : ponerle a alguien la mano encima⟩ ⟨not to lift a finger : no mover un dedo, no hacer nada⟩ ⟨to point a finger at someone : culpar a alguien⟩ ⟨to put one's finger on it : dar en el clavo⟩ ⟨to work one's fingers to the bone : deslomarse trabajando⟩
fingerling [ˈfɪŋgərlɪŋ] *n* : pez *m* pequeño y joven
fingernail [ˈfɪŋgər,neɪl] *n* : uña *f*
fingerprint[1] [ˈfɪŋgər,prɪnt] *vt* : tomar las huellas digitales a
fingerprint[2] *n* : huella *f* digital
fingertip [ˈfɪŋgər,tɪp] *n* : punta *f* del dedo, yema *f* del dedo
finicky [ˈfɪnɪki] *adj* : maniático, melindroso, mañoso
finish[1] [ˈfɪnɪʃ] *vt* 1 COMPLETE : acabar, terminar 2 : aplicar un acabado a (muebles, etc.) 3 RUIN, DESTROY : acabar con 4 **to finish off** : terminar 5 **to finish up** : terminar — *vi* 1 : terminar 2 **to finish up** : terminar, acabar
finish[2] *n* 1 END : fin *m*, final *m* 2 REFINEMENT : refinamiento *m* 3 : acabado *m* ⟨a glossy finish : un acabado brillante⟩
finite [ˈfaɪ,naɪt] *adj* : finito
fink [ˈfɪŋk] *n* : mequetrefe *mf fam*
Finn [ˈfɪn] *n* : finlandés *m*, -desa *f*
Finnish[1] [ˈfɪnɪʃ] *adj* : finlandés
Finnish[2] *n* : finlandés *m* (idioma)
fiord [fiˈɔrd] → **fjord**
fir [ˈfər] *n* : abeto *m*
fire[1] [ˈfaɪr] *vt* **fired; firing** 1 IGNITE, KINDLE : encender 2 ENLIVEN : animar, avivar 3 DISMISS : despedir ⟨I was fired : me despidieron⟩ 4 SHOOT : disparar ⟨to fire a gun at someone : dispararle a alguien (con un arma de fuego)⟩ 5 BAKE : cocer (cerámica) 6 **to fire off** : disparar (un arma, etc.) 7 **to fire off** : lanzar (preguntas) 8 **to fire up** : entusiasmar 9 **to fire up** START : arrancar, poner en marcha (un motor, etc.) — *vi* SHOOT : disparar ⟨to fire at someone : dispararle a alguien, disparar contra alguien⟩
fire[2] *n* 1 : fuego *m* 2 BURNING : incendio *m* ⟨forest fire : incendio forestal⟩ ⟨fire alarm : alarma contra incendios⟩ ⟨to be on fire : estar en llamas⟩ ⟨to catch (on) fire : prender fuego⟩ ⟨to set fire to : prenderle fuego a⟩ 3 ENTHUSIASM : ardor *m*, entusiasmo *m* 4 SHOOTING : fuego *m*, disparos *mpl* ⟨to open fire : abrir fuego⟩ ⟨to come under fire : entrar en la línea de fuego⟩ ⟨to hold one's fire : hacer alto el fuego⟩
firearm [ˈfaɪr,ɑrm] *n* : arma *f* de fuego
fireball [ˈfaɪr,bɔl] *n* 1 : bola *f* de fuego 2 METEOR : bólido *m*
firebreak [ˈfaɪr,breɪk] *n* : cortafuegos *m*
firebug [ˈfaɪr,bʌg] *n* : pirómano *m*, -na *f*; incendiario *m*, -ria *f*
firecracker [ˈfaɪr,krækər] *n* : petardo *m*
fire escape *n* : escalera *f* de incendios
firefighter [ˈfaɪr,faɪt̬ər] *n* : bombero *m*, -ra *f*
firefly [ˈfaɪr,flaɪ] *n, pl* **-flies** : luciérnaga *f*
fireman [ˈfaɪrmən] *n, pl* **-men** [-mən, -,mɛn] 1 FIREFIGHTER : bombero *m*, -ra *f* 2 STOKER : fogonero *m*, -ra *f*
fireplace [ˈfaɪr,pleɪs] *n* : hogar *m*, chimenea *f*
fireproof[1] [ˈfaɪr,pru:f] *vt* : hacer incombustible
fireproof[2] *adj* : incombustible, ignífugo
fireside[1] [ˈfaɪr,saɪd] *adj* : informal ⟨fireside chat : charla informal⟩
fireside[2] *n* 1 HEARTH : chimenea *f*, hogar *m* 2 HOME : hogar *m*, casa *f*
firewall [ˈfaɪr,wɔl] *n* : cortafuegos *m*
firewood [ˈfaɪr,wʊd] *n* : leña *f*
fireworks [ˈfaɪr,wərks] *npl* : fuegos *mpl* artificiales, pirotecnia *f*
firm[1] [ˈfərm] *vt or* **to firm up** : endurecer
firm[2] *adj* 1 VIGOROUS : fuerte, vigoroso 2 SOLID, UNYIELDING : firme, duro, sólido 3 UNCHANGING : firme, inalterable 4 RESOLUTE : firme, resuelto
firm[3] *n* : empresa *f*, firma *f*, compañía *f*
firmament [ˈfərməmənt] *n* : firmamento *m*
firmly [ˈfərmli] *adv* : firmemente
firmness [ˈfərmnəs] *n* : firmeza *f*
first[1] [ˈfərst] *adv* 1 : primero ⟨finish your homework first : primero termina tu tarea⟩ ⟨first and foremost : ante todo⟩ ⟨first of all : en primer lugar⟩ 2 : por primera vez ⟨I saw it first in Boston : lo vi por primera vez en Boston⟩
first[2] *adj* 1 : primero ⟨the first time : la primera vez⟩ ⟨at first sight : a primera vista⟩ ⟨in the first place : en primer lugar⟩ ⟨the first ten applicants : los diez primeros candidatos⟩ 2 FOREMOST : principal, primero ⟨first tenor : tenor principal⟩
first[3] *n* 1 : primero *m*, -ra *f* 2 *or* **first gear** : primera *f* 3 **at ~** : al principio
first aid *n* : primeros auxilios *mpl*
first–class[1] [ˈfərstˈklæs] *adv* : en primera ⟨to travel first-class : viajar en primera⟩
first–class[2] *adj* : de primera
first class *n* : primera clase *f*
firsthand[1] [ˈfərstˈhænd] *adv* : directamente
firsthand[2] *adj* : de primera mano

first lieutenant *n* : teniente *mf*; teniente primero *m*, teniente primera *f*

firstly [ˈfərstli] *adv* : primeramente, principalmente, en primer lugar

first–rate[1] [ˈfərstˈreɪt] *adv* : muy bien

first–rate[2] *adj* : de primera, de primera clase

first sergeant *n* : sargento *mf*

firth [ˈfərθ] *n* : estuario *m*

fiscal [ˈfɪskəl] *adj* : fiscal — **fiscally** *adv*

fish[1] [ˈfɪʃ] *vi* **1** : pescar **2 to fish for** SEEK : buscar, rebuscar ⟨to fish for compliments : andar a la caza de cumplidos⟩ — *vt* : pescar

fish[2] *n, pl* **fish** *or* **fishes** : pez *m* (vivo), pescado *m* (para comer)

fisherman [ˈfɪʃərmən] *n, pl* **-men** [-mən, -ˌmɛn] : pescador *m*, -dora *f*

fishery [ˈfɪʃəri] *n, pl* **-eries 1** → **fishing 2** : zona *f* pesquera, pesquería *f*

fishhook [ˈfɪʃˌhʊk] *n* : anzuelo *m*

fishing [ˈfɪʃɪŋ] *n* : pesca *f*, industria *f* pesquera

fishing pole *n* : caña *f* de pescar

fish market *n* : pescadería *f*

fishy [ˈfɪʃi] *adj* **fishier; -est 1** : a pescado ⟨a fishy taste : un sabor a pescado⟩ **2** QUESTIONABLE : dudoso, sospechoso ⟨there's something fishy going on : aquí hay gato encerrado⟩

fission [ˈfɪʃən, -ʒən] *n* : fisión *f*

fissure [ˈfɪʃər] *n* : fisura *f*, hendidura *f*

fist [ˈfɪst] *n* : puño *m*

fistful [ˈfɪstˌfʊl] *n* : puñado *m*

fisticuffs [ˈfɪstɪˌkʌfs] *npl* : lucha *f* a puñetazos

fit[1] [ˈfɪt] *v* **fitted; fitting** *vt* **1** MATCH : corresponder a, coincidir con ⟨the punishment fits the crime : el castigo corresponde al crimen⟩ **2** : quedar ⟨the dress doesn't fit me : el vestido no me queda⟩ **3** GO : caber, encajar en ⟨her key fits the lock : su llave encaja en la cerradura⟩ **4** INSERT, INSTALL : poner, colocar **5** ADAPT : adecuar, ajustar, adaptar **6** *or* **to fit out** EQUIP : equipar — *vi* **1** : quedar, entallar ⟨these pants don't fit : estos pantalones no me quedan⟩ **2** CONFORM : encajar, cuadrar **3 to fit in** : encajar, estar integrado

fit[2] *adj* **fitter; fittest 1** SUITABLE : adecuado, apropiado, conveniente **2** QUALIFIED : calificado, competente **3** HEALTHY : sano, en forma

fit[3] *n* **1** ATTACK : ataque *m*, acceso *m*, arranque *m* **2 to be a good fit** : quedar bien **3 to be a tight fit** : ser muy entallado (de ropa), estar apretado (de espacios)

fitful [ˈfɪtfəl] *adj* : irregular, intermitente — **fitfully** *adv*

fitness [ˈfɪtnəs] *n* **1** HEALTH : salud *f*, buena forma *f* (física) **2** SUITABILITY : idoneidad *f*

fitting[1] [ˈfɪṭɪŋ] *adj* : adecuado, apropiado

fitting[2] *n* : accesorio *m*

five[1] [ˈfaɪv] *adj* : cinco

five[2] *n* : cinco *m*

five hundred[1] *adj* : quinientos

five hundred[2] *n* : quinientos *m*

fix[1] [ˈfɪks] *vt* **1** ATTACH, SECURE : sujetar, asegurar, fijar **2** ESTABLISH, SET : fijar (precios, fechas, etc.), concretar (planes, etc.) **3** RIVET : fijar (los ojos, la mirada, etc.) **4** REPAIR : arreglar, reparar **5** SOLVE : resolver, solucionar **6** PREPARE : preparar ⟨to fix dinner : preparar la cena⟩ **7** RIG : arreglar, amañar ⟨to fix a race : arreglar una carrera⟩ **8** ARRANGE : arreglar ⟨to fix one's hair/face : peinarse/maquillarse⟩ ⟨she fixed it so we won't have to pay : lo arregló para que no tengamos que pagar⟩ **9** PUNISH : castigar ⟨I'll fix him! : ¡se las verá conmigo!⟩ **10 to fix oneself up** : arreglarse **11 to fix someone up** : arreglarle una cita a alguien **12 to fix someone up** ⟨I'll fix you up : te lo arreglaré todo⟩ ⟨they fixed us up with a rental car : nos consiguió un auto/carro/coche de alquiler⟩ **13 to fix up** : arreglar (una casa, etc.)

fix[2] *n* **1** PREDICAMENT : aprieto *m*, apuro *m* **2** : posición *f* ⟨to get a fix on : establecer la posición de⟩

fixate [ˈfɪkˌseɪt] *vi* **-ated; -ating** : obsesionarse

fixation [fɪkˈseɪʃən] *n* : fijación *f*, obsesión *f*

fixed [ˈfɪkst] *adj* **1** STATIONARY : estacionario, inmóvil **2** UNCHANGING : fijo, inalterable **3** INTENT : fijo ⟨a fixed stare : una mirada fija⟩ **4 to be comfortably fixed** : estar en posición acomodada

fixedly [ˈfɪksədli] *adv* : fijamente

fixedness [ˈfɪksədnəs, ˈfɪkst-] *n* : rigidez *f*

fixture [ˈfɪkstʃər] *n* **1** : parte *f* integrante, elemento *m* fijo **2 fixtures** *npl* : instalaciones *fpl* (de una casa)

fizz[1] [ˈfɪz] *vi* : burbujear

fizz[2] *n* : efervescencia *f*, burbujeo *m*

fizzle[1] [ˈfɪzəl] *vi* **-zled; -zling 1** FIZZ : burbujear **2** FAIL : fracasar

fizzle[2] *n* : fracaso *m*, fiasco *m*

fjord [fiˈɔrd] *n* : fiordo *m*

flab [ˈflæb] *n* : gordura *f*

flabbergast [ˈflæbərˌgæst] *vt* : asombrar, pasmar, dejar atónito

flabby [ˈflæbi] *adj* **-bier; -est** : blando, fofo, aguado *CA, Col, Mex*

flaccid [ˈflæksəd, ˈflæsəd] *adj* : fláccido

flag[1] [ˈflæg] *vi* **flagged; flagging 1** : hacer señales con banderas **2** WEAKEN : flaquear, desfallecer

flag[2] *n* : bandera *f*, pabellón *m*, estandarte *m*

flagon [ˈflægən] *n* : jarra *f* grande

flagpole [ˈflægˌpoːl] *n* : asta *f*, mástil *m*

flagrant [ˈfleɪgrənt] *adj* : flagrante — **flagrantly** *adv*

flagship [ˈflægˌʃɪp] *n* : buque *m* insignia

flagstaff [ˈflægˌstæf] → **flagpole**

flagstone [ˈflæg,sto:n] *n* : losa *f*, piedra *f*

flail[1] [ˈfleɪl] *vt* **1** : trillar (grano) **2** : sacudir, agitar (los brazos)

flail[2] *n* : mayal *m*

flair [ˈflær] *n* : don *m*, facilidad *f*

flak [ˈflæk] *ns & pl* **1** : fuego *m* antiaéreo **2** CRITICISM : críticas *fpl*

flake[1] [ˈfleɪk] *vi* **flaked; flaking** : desmenuzarse, pelarse (dícese de la piel)

flake[2] *n* : copo *m* (de nieve), escama *f* (de la piel), astilla *f* (de madera)

flamboyance [flæmˈbɔɪən*t*s] *n* : extravagancia *f*, rimbombancia *f*

flamboyant [flæmˈbɔɪənt] *adj* : exuberante, extravagante, rimbombante

flame[1] [ˈfleɪm] *vi* **flamed; flaming 1** BLAZE : arder, llamear **2** GLOW : brillar, encenderse

flame[2] *n* BLAZE : llama *f* ⟨to burst into flames : estallar en llamas⟩ ⟨to go up in flame : incendiarse⟩

flamenco [fləˈmɛŋko] *n* : flamenco *m* (música o baile) — **flamenco** *adj*

flamethrower [ˈfleɪm,θro:ər] *n* : lanzallamas *m*

flamingo [fləˈmɪŋgo] *n, pl* **-gos** : flamenco *m*

flammable [ˈflæməbəl] *adj* : inflamable, flamable

flange [ˈflænʤ] *n* : reborde *m*, pestaña *f*

flank[1] [ˈflæŋk] *vt* **1** : flanquear (para defender o atacar) **2** BORDER, LINE : bordear

flank[2] *n* : ijada *f* (de un animal), costado *m* (de una persona), falda *f* (de una colina), flanco *m* (de un cuerpo de soldados)

flannel [ˈflænəl] *n* : franela *f*

flap[1] [ˈflæp] *v* **flapped; flapping** *vi* **1** : aletear ⟨the bird was flapping (its wings) : el pájaro aleteaba⟩ **2** FLUTTER : ondear, agitarse — *vt* : batir, agitar

flap[2] *n* **1** FLAPPING : aleteo *m*, aletazo *m* (de alas) **2** : soplada *f* (de un sobre), hoja *f* (de una mesa), faldón *m* (de una chaqueta)

flapjack [ˈflæp,ʤæk] → **pancake**

flare[1] [ˈflær] *vi* **flared; flaring 1** FLAME, SHINE : llamear, brillar **2 to flare up** : estallar, explotar (de cólera)

flare[2] *n* **1** FLASH : destello *m* **2** SIGNAL : (luz *f* de) bengala *f* **3 solar flare** : erupción *f* solar

flash[1] [ˈflæʃ] *vi* **1** SHINE, SPARKLE : destellar, brillar, relampaguear **2** : pasar como un relámpago ⟨an idea flashed through my mind : una idea me cruzó la mente como un relámpago⟩ — *vt* : despedir, lanzar (una luz), transmitir (un mensaje)

flash[2] *adj* SUDDEN : repentino

flash[3] *n* **1** : destello *m* (de luz), fogonazo *m* (de una explosión) **2 flash of lightning** : relámpago *m* **3 in a flash** : de repente, de un abrir y cerrar los ojos

flashback [ˈflæʃ,bæk] *n* : flashback *m*

flashiness [ˈflæʃinəs] *n* : ostentación *f*

flashlight [ˈflæʃ,laɪt] *n* : linterna *f*

flashy [ˈflæʃi] *adj* **flashier; -est** : llamativo, ostentoso

flask [ˈflæsk] *n* : frasco *m*

flat[1] [ˈflæt] *vt* **flatted; flatting 1** FLATTEN : aplanar, achatar **2** : bajar de tono (en música)

flat[2] *adv* **1** EXACTLY : exactamente ⟨in ten minutes flat : en diez minutos exactos⟩ **2** : desafinado, demasiado bajo (en la música)

flat[3] *adj* **flatter; flattest 1** EVEN, LEVEL : plano, llano **2** SMOOTH : liso **3** DEFINITE : categórico, rotundo, explícito ⟨a flat refusal : una negativa categórica⟩ **4** DULL : aburrido, soso, monótono (dícese la voz) **5** DEFLATED : desinflado, pinchado, ponchado *Mex* **6** : bemol (en música) ⟨to sing flat : cantar desafinado⟩

flat[4] *n* **1** PLAIN : llano *m*, terreno *m* llano **2** : bemol *m* (en la música) **3** APARTMENT : apartamento *m*, departamento *m* **4** *or* **flat tire** : pinchazo *m*, ponchadura *f Mex*

flatbed [ˈflæt,bɛd] *n* : camión *m* de plataforma

flatcar [ˈflæt,kɑr] *n* : vagón *m* abierto

flatfish [ˈflæt,fɪʃ] *n* : platija *f*

flat–footed [ˈflæt,fʊṯəd, ,flætˈ-] *adj* : de pies planos

flatly [ˈflætli] *adv* DEFINITELY : categóricamente, rotundamente

flatness [ˈflætnəs] *n* **1** EVENNESS : lo llano, lisura *f*, uniformidad *f* **2** DULLNESS : monotonía *f*

flat–out [ˈflætˈaʊt] *adj* **1** : frenético, a toda máquina ⟨a flat-out effort : un esfuerzo frenético⟩ **2** CATEGORICAL : descarado, rotundo, categórico

flatten [ˈflætən] *vt* : aplanar, achatar

flatter [ˈflæṯər] *vt* **1** OVERPRAISE : adular **2** COMPLIMENT : halagar **3** : favorecer ⟨the photo flatters you : la foto te favorece⟩

flatterer [ˈflæṯərər] *n* : adulador *m*, -dora *f*

flattering [ˈflæṯərɪŋ] *adj* **1** COMPLIMENTARY : halagador **2** BECOMING : favorecedor

flattery [ˈflæṯəri] *n, pl* **-ries** : halagos *mpl*

flatulence [ˈflæʧələn*t*s] *n* : flatulencia *f*, ventosidad *f*

flatulent [ˈflæʧələnt] *adj* : flatulento

flatware [ˈflæt,wær] *n* : cubertería *f*, cubiertos *mpl*

flaunt[1] [ˈflɔnt] *vt* : alardear, hacer alarde de

flaunt[2] *n* : alarde *m*, ostentación *f*

flavor[1] [ˈfleɪvər] *vt* : dar sabor a, sazonar

flavor[2] *n* **1** : gusto *m*, sabor *m* **2** FLAVORING : sazón *f*, condimento *m*

flavorful [ˈfleɪvərfəl] *adj* : sabroso

flavoring [ˈfleɪvərɪŋ] *n* : condimento *m*, sazón *f*

flavorless [ˈfleɪvərləs] *adj* : sin sabor

flaw ['flɔ] *n* : falla *f*, defecto *m*, imperfección *f*

flawed ['flɔd] *adj* : imperfecto, con defectos

flawless ['flɔləs] *adj* : impecable, perfecto — **flawlessly** *adv*

flax ['flæks] *n* : lino *m*

flaxen ['flæksən] *adj* : rubio, blondo (dícese del pelo)

flay ['fleɪ] *vt* **1** SKIN : desollar, despellejar **2** VILIFY : criticar con dureza, vilipendiar

flea ['fli:] *n* : pulga *f*

fleck[1] ['flɛk] *vt* : salpicar

fleck[2] *n* : mota *f*, pinta *f*

fledgling ['flɛʤlɪŋ] *n* : polluelo *m*, pollito *m*

flee ['fli:] *v* **fled** ['flɛd]; **fleeing** *vi* : huir, escapar(se) — *vt* : huir de

fleece[1] ['fli:s] *vt* **fleeced; fleecing 1** SHEAR : esquilar, trasquilar **2** SWINDLE : estafar, defraudar

fleece[2] *n* : lana *f*, vellón *m*

fleet[1] ['fli:t] *vi* : moverse con rapidez

fleet[2] *adj* SWIFT : rápido, veloz

fleet[3] *n* : flota *f*

fleet admiral *n* : almirante *mf*

fleeting ['fli:t̬ɪŋ] *adj* : fugaz, breve

flesh ['flɛʃ] *n* **1** : carne *f* (de seres humanos y animales) **2** : pulpa *f* (de frutas)

flesh out *vt* : desarrollar, darle cuerpo a

fleshy ['flɛʃi] *adj* **fleshier; -est** : gordo (dícese de las personas), carnoso (dícese de la fruta)

flew → **fly**

flex ['flɛks] *vt* : doblar, flexionar

flexibility [,flɛksə'bɪlət̬i] *n, pl* **-ties** : flexibilidad *f*, elasticidad *f*

flexible ['flɛksəbəl] *adj* : flexible — **flexibly** [-bli] *adv*

flick[1] ['flɪk] *vt* : dar un capirotazo a (con el dedo) ⟨to flick a switch : darle al interruptor⟩ — *vi* **1** FLIT : revolotear **2 to flick through** : hojear (un libro)

flick[2] *n* : coletazo *m* (de una cola), capirotazo *m* (de un dedo)

flicker[1] ['flɪkər] *vi* **1** FLUTTER : revolotear, aletear **2** BLINK, TWINKLE : parpadear, titilar

flicker[2] *n* **1** : parpadeo *m*, titileo *m* **2** HINT, TRACE : indicio *m*, rastro *m* ⟨a flicker of hope : un rayo de esperanza⟩

flier ['flaɪər] *n* **1** AVIATOR : aviador *m*, -dora *f* **2** CIRCULAR : folleto *m* publicitario, circular *f*

flight ['flaɪt] *n* **1** : vuelo *m* (de aves o aviones), trayectoria *f* (de proyectiles) **2** TRIP : vuelo *m* **3** FLOCK, SQUADRON : bandada *f* (de pájaros), escuadrilla *f* (de aviones) **4** ESCAPE : huida *f*, fuga *f* **5 flight of fancy** : ilusiones *fpl*, fantasía *f* **6 flight of stairs** : tramo *m*

flight attendant *n* : auxiliar *mf* de vuelo

flightless ['flaɪtləs] *adj* : no volador

flighty ['flaɪt̬i] *adj* **flightier; -est** : caprichoso, frívolo

flimsy ['flɪmzi] *adj* **flimsier; -est 1** LIGHT, THIN : ligero, fino **2** WEAK : endeble, poco sólido **3** IMPLAUSIBLE : pobre, flojo, poco convincente ⟨a flimsy excuse : una excusa floja⟩

flinch ['flɪntʃ] *vi* **1** WINCE : estremecerse **2** RECOIL : recular, retroceder

fling[1] ['flɪŋ] *vt* **flung** ['flʌŋ]; **flinging 1** THROW : lanzar, tirar, arrojar **2 to fling oneself** : lanzarse, tirarse, precipitarse

fling[2] *n* **1** THROW : lanzamiento *m* **2** ATTEMPT : intento *m* **3** AFFAIR : aventura *f* **4** BINGE : juerga *f*

flint ['flɪnt] *n* : pedernal *m*

flinty ['flɪnti] *adj* **flintier; -est 1** : de pedernal **2** STERN, UNYIELDING : severo, inflexible

flip[1] ['flɪp] *v* **flipped; flipping** *vt* **1** TOSS : tirar ⟨to flip a coin : echar a cara o cruz⟩ **2** OVERTURN : dar la vuelta a, voltear — *vi* **1** : moverse bruscamente **2 to flip through** : hojear (un libro)

flip[2] *adj* : insolente, descarado

flip[3] *n* **1** FLICK : capirotazo *m*, golpe *m* ligero **2** SOMERSAULT : voltereta *f*

flip–flop ['flɪp,flɑp] *n* **1** REVERSAL : giro *m* radical **2** THONG : chancla *f*, chancleta *f*

flippancy ['flɪpəntsi] *n, pl* **-cies** : ligereza *f*, falta *f* de seriedad

flippant ['flɪpənt] *adj* : ligero, frívolo, poco serio

flipper ['flɪpər] *n* : aleta *f*

flirt[1] ['flərt] *vi* **1** : coquetear, flirtear **2** TRIFLE : jugar ⟨to flirt with death : jugar con la muerte⟩

flirt[2] *n* : coqueto *m*, -ta *f*

flirtation [,flər'teɪʃən] *n* : devaneo *m*, coqueteo *m*

flirtatious [,flər'teɪʃəs] *adj* : insinuante, coqueto

flit ['flɪt] *vi* **flitted; flitting 1** : revolotear **2 to flit about** : ir y venir rápidamente

float[1] ['flo:t] *vi* **1** : flotar **2** WANDER : vagar, errar — *vt* **1** : poner a flote, hacer flotar (un barco) **2** LAUNCH : hacer flotar (una empresa) **3** ISSUE : emitir (acciones en la bolsa)

float[2] *n* **1** : flotador *m*, corcho *m* (para pescar) **2** BUOY : boya *f* **3** : carroza *f* (en un desfile)

floating ['flo:t̬ɪŋ] *adj* : flotante

flock[1] ['flɑk] *vi* **1** : moverse en rebaño **2** CONGREGATE : congregarse, reunirse

flock[2] *n* : rebaño *m* (de ovejas), bandada *f* (de pájaros)

floe ['flo:] *n* : témpano *m* de hielo

flog ['flɑg] *vt* **flogged; flogging** : azotar, fustigar

flood[1] ['flʌd] *vt* : inundar, anegar

flood[2] *n* **1** INUNDATION : inundación *f* **2** TORRENT : avalancha *f*, diluvio *m*, torrente *m* ⟨a flood of tears : un mar de lágrimas⟩

floodlight ['flʌd,laɪt] *n* : foco *m*

floodwater ['flʌd,wɔt̬ər] *n* : crecida *f*, creciente *f*

floor[1] [ˈflor] *vt* **1** : solar, poner suelo a (una casa o una sala) **2** KNOCK DOWN : derribar, echar al suelo **3** NONPLUS : desconcertar, confundir, dejar perplejo
floor[2] *n* **1** : suelo *m*, piso *m* ⟨dance floor : pista de baile⟩ **2** STORY : piso *m*, planta *f* ⟨ground floor : planta baja⟩ ⟨second floor : primer piso⟩ **3** : mínimo *m* (de sueldos, precios, etc.)
floorboard [ˈflor,bord] *n* : tabla *f* del suelo, suelo *m*, piso *m*
flooring [ˈflorɪŋ] *n* : entarimado *m*
flop[1] [ˈflɑp] *vi* **flopped; flopping 1** FLAP : golpearse, agitarse **2** COLLAPSE : dejarse caer, desplomarse **3** FAIL : fracasar
flop[2] *n* **1** FAILURE : fracaso *m* **2 to take a flop** : caerse
floppy [ˈflɑpi] *adj* **-pier; -est 1** : blando, flexible **2 floppy disk** : diskette *m*, disquete *m*
flora [ˈflorə] *n* : flora *f*
floral [ˈflorəl] *adj* : floral, floreado
florid [ˈflorɪd] *adj* **1** FLOWERY : florido **2** REDDISH : rojizo
florist [ˈflorɪst] *n* : florista *mf*
floss[1] [ˈflɔs] *vi* : limpiarse los dientes con hilo dental
floss[2] *n* **1** : hilo *m* de seda (de bordar) **2** → **dental floss**
flotation [floˈteɪʃən] *n* : flotación *f*
flotilla [floˈtɪlə] *n* : flotilla *f*
flotsam [ˈflɑtsəm] *n* **1** : restos *mpl* flotantes (en el mar) **2 flotsam and jetsam** : desechos *mpl*, restos *mpl*
flounce[1] [ˈflaʊnts] *vi* **flounced; flouncing** : moverse haciendo aspavientos ⟨she flounced into the room : entró en la sala haciendo aspavientos⟩
flounce[2] *n* **1** RUFFLE : volante *m* **2** FLOURISH : aspaviento *m*
flounder[1] [ˈflaʊndər] *vi* **1** STRUGGLE : forcejear **2** STUMBLE : no saber qué hacer o decir, perder el hilo (en un discurso)
flounder[2] *n, pl* **flounder** *or* **flounders** : platija *f*
flour[1] [ˈflaʊər] *vt* : enharinar
flour[2] *n* : harina *f*
flourish[1] [ˈflərɪʃ] *vi* THRIVE : florecer, prosperar, crecer (dícese de las plantas) — *vt* BRANDISH : blandir
flourish[2] *n* : floritura *f*, floreo *m*
flourishing [ˈflərɪʃɪŋ] *adj* : floreciente, próspero
flout [ˈflaʊt] *vt* : desacatar, burlarse de
flow[1] [ˈflo:] *vi* **1** COURSE : fluir, manar, correr **2** CIRCULATE : circular, correr ⟨traffic is flowing smoothly : el tránsito está circulando con fluidez⟩
flow[2] *n* **1** FLOWING : flujo *m*, circulación *f* **2** STREAM : corriente *f*, chorro *m*
flower[1] [ˈflaʊər] *vi* : florecer, florear
flower[2] *n* : flor *f*
flowered [ˈflaʊərd] *adj* : florido, floreado
floweriness [ˈflaʊərinəs] *n* : floritura *f*
flowering[1] [ˈflaʊərɪŋ] *adj* : floreciente
flowering[2] *n* : floración *f*, florecimiento *m*
flowerpot [ˈflaʊər,pɑt] *n* : maceta *f*, tiesto *m*, macetero *m*
flowery [ˈflaʊəri] *adj* **1** : florido **2** FLOWERED : floreado, de flores
flowing [ˈflo:ɪŋ] *adj* : fluido, corriente
flown → **fly**
flu [ˈflu:] *n* : gripe *f*, gripa *f Col, Mex*
fluctuate [ˈflʌktʃʊ,eɪt] *vi* **-ated; -ating** : fluctuar
fluctuation [,flʌktʃʊˈeɪʃən] *n* : fluctuación *f*
flue [ˈflu:] *n* : tiro *m*, salida *f* de humos
fluency [ˈflu:əntsi] *n* : fluidez *f*, soltura *f*
fluent [ˈflu:ənt] *adj* : fluido
fluently [ˈflu:əntli] *adv* : con soltura, con fluidez
fluff[1] [ˈflʌf] *vt* **1** : mullir ⟨to fluff up the pillows : mullir las almohadas⟩ **2** BUNGLE : echar a perder, equivocarse
fluff[2] *n* **1** FUZZ : pelusa *f* **2** DOWN : plumón *m*
fluffy [ˈflʌfi] *adj* **fluffier; -est 1** DOWNY : lleno de pelusa, velloso **2** SPONGY : esponjoso
fluid[1] [ˈflu:ɪd] *adj* : fluido
fluid[2] *n* : fluido *m*, líquido *m*
fluidity [fluˈɪdət̬i] *n* : fluidez *f*
fluid ounce *n* : onza *f* líquida (29.57 mililitros)
fluke [ˈflu:k] *n* : golpe *m* de suerte, chiripa *f*, casualidad *f*
flung → **fling**
flunk [ˈflʌŋk] *vt* FAIL : reprobar — *vi* : salir reprobando
fluorescence [,flʊrˈɛsənts, ,flɔr-] *n* : fluorescencia *f*
fluorescent [,flʊrˈɛsənt, ,flɔr-] *adj* : fluorescente
fluoridate [ˈflɔrə,deɪt, ˈflʊr-] *vt* **-dated; -dating** : fluorizar
fluoridation [,flɔrəˈdeɪʃən, ,flʊr-] *n* : fluorización *f*, fluoración *f*
fluoride [ˈflɔr,aɪd, ˈflʊr-] *n* : fluoruro *m*
fluorine [ˈflʊr,i:n] *n* : flúor *m*
fluorocarbon [,flɔroˈkɑrbən, ,flʊr-] *n* : fluorocarbono *m*
flurry [ˈfləri] *n, pl* **-ries 1** GUST : ráfaga *f* **2** SNOWFALL : nevisca *f* **3** BUSTLE : frenesí *m*, bullicio *m* **4** BARRAGE : aluvión *m*, oleada *f* ⟨a flurry of questions : un aluvión de preguntas⟩
flush[1] [ˈflʌʃ] *vt* **1** : limpiar con agua ⟨to flush the toilet : jalar la cadena⟩ **2** RAISE : hacer salir, levantar (en la caza) — *vi* BLUSH : ruborizarse, sonrojarse
flush[2] *adv* : al mismo nivel, a ras
flush[3] *adj* **1** *or* **flushed** [ˈflʌʃt] : colorado, rojo, encendido (dícese de la cara) **2** FILLED : lleno a rebosar **3** ABUNDANT : copioso, abundante **4** AFFLUENT : adinerado **5** ALIGNED, SMOOTH : alineado, liso **6 flush against** : pegado a, contra
flush[4] *n* **1** FLOW, JET : chorro *m*, flujo *m* rápido **2** SURGE : arrebato *m*, arran-

que *m* ⟨a flush of anger : un arrebato de cólera⟩ **3** BLUSH : rubor *m*, sonrojo *m* **4** GLOW : resplandor *m*, flor *f* ⟨the flush of youth : la flor de la juventud⟩ ⟨in the flush of victory : en la euforia del triunfo⟩

fluster[1] [ˈflʌstər] *vt* : poner nervioso, aturdir

fluster[2] *n* : agitación *f*, confusión *f*

flute [ˈflu:t] *n* : flauta *f*

fluted [ˈflu:t̬əd] *adj* **1** GROOVED : estriado, acanalado **2** WAVY : ondulado

fluting [ˈflu:t̬ɪŋ] *n* : estrías *fpl*

flutist [ˈflu:t̬ɪst] *n* : flautista *mf*

flutter[1] [ˈflʌt̬ər] *vi* **1** : revolotear (dícese de un pájaro), ondear (dícese de una bandera), palpitar con fuerza (dícese del corazón) **2 to flutter about** : ir y venir, revolotear — *vt* : sacudir, batir

flutter[2] *n* **1** FLUTTERING : revoloteo *m*, aleteo *m* **2** COMMOTION, STIR : revuelo *m*, agitación *f*

flux [ˈflʌks] *n* **1** : flujo *m* (en física y medicina) **2** CHANGE : cambio *m* ⟨to be in a state of flux : estar cambiando continuamente⟩

fly[1] [ˈflaɪ] *v* **flew** [ˈflu:]; **flown** [ˈflo:n]; **flying** *vi* **1** : volar ⟨the birds flew off/away : los pájaros se echaron a volar⟩ **2** TRAVEL : volar ⟨we flew to Europe : volamos a Europa, fuimos en avión a Europa⟩ **3** SOAR, SAIL : volar ⟨he tripped and went flying : se tropezó y salió volando⟩ ⟨clouds flew across the sky : las nubes pasaban rápido por el cielo⟩ ⟨bullets were flying in all directions : las balas silbaban en todas direcciones⟩ **4** : ondear (dícese de una bandera, etc.) **5** FLEE : huir, escapar **6** RUSH : correr, irse volando **7** : correr (dícese de rumores), lanzarse (dícese de insultos) **8** PASS : pasar (volando) ⟨how time flies! : ¡cómo pasa el tiempo!⟩ ⟨our vacation flew by : las vacaciones se nos pasaron volando⟩ **9 to fly open** : abrir de golpe — *vt* **1** : pilotar (un avión), hacer volar (una cometa) **2** : transportar, llevar (en avión)

fly[2] *n, pl* **flies 1** : mosca *f* ⟨to drop like flies : caer como moscas⟩ **2** : bragueta *f* (de pantalones, etc.)

flyer → **flier**

flying saucer *n* : platillo *m* volador

flypaper [ˈflaɪˌpeɪpər] *n* : papel *m* matamoscas

flyspeck [ˈflaɪˌspɛk] *n* **1** : excremento *m* de mosca **2** SPECK : motita *f*, puntito *m*

flyswatter [ˈflaɪˌswɑt̬ər] *n* : matamoscas *m*

flywheel [ˈflaɪˌhwi:l] *n* : volante *m*

foal[1] [ˈfo:l] *vi* : parir

foal[2] *n* : potro *m*, -tra *f*

foam[1] [ˈfo:m] *vi* : hacer espuma

foam[2] *n* : espuma *f*

foamy [ˈfo:mi] *adj* **foamier; -est** : espumoso

focal [ˈfo:kəl] *adj* **1** : focal, central **2 focal point** : foco *m*, punto *m* de referencia

fo'c'sle [ˈfo:ksəl] → **forecastle**

focus[1] [ˈfo:kəs] *v* **-cused** *or* **-cussed; -cusing** *or* **-cussing** *vt* **1** : enfocar (un instrumento) **2** CONCENTRATE : concentrar, centrar — *vi* : enfocar, fijar la vista

focus[2] *n, pl* **-ci** [ˈfo:ˌsaɪ, -ˌkaɪ] **1** : foco *m* ⟨to be in focus : estar enfocado⟩ **2** FOCUSING : enfoque *m* **3** CENTER : centro *m*, foco *m*

fodder [ˈfɑdər] *n* : pienso *m*, forraje *m*

foe [ˈfo:] *n* : enemigo *m*, -ga *f*

fog[1] [ˈfɔg, ˈfɑg] *v* **fogged; fogging** *vt* : empañar — *vi* **to fog up** : empañarse

fog[2] *n* : niebla *f*, neblina *f*

foggy [ˈfɔgi, ˈfɑ-] *adj* **foggier; -est** : nebuloso, brumoso

foghorn [ˈfɔgˌhɔrn, ˈfɑg-] *n* : sirena *f* de niebla

fogy [ˈfo:gi] *n, pl* **-gies** : carca *mf fam*, persona *f* chapada a la antigua

foible [ˈfɔɪbəl] *n* : flaqueza *f*, debilidad *f*

foil[1] [ˈfɔɪl] *vt* : frustrar, hacer fracasar

foil[2] *n* **1** : lámina *f* de metal, papel *m* de aluminio **2** CONTRAST : contraste *m*, complemento *m* **3** SWORD : florete *m* (en esgrima)

foist [ˈfɔɪst] *vt* : encajar, endilgar *fam*, colocar

fold[1] [ˈfo:ld] *vt* **1** BEND : doblar, plegar **2** CLASP : cruzar (brazos), enlazar (manos), plegar (alas) **3** EMBRACE : estrechar, abrazar **4 to fold in** : incorporar ⟨fold in the cream : incorpore la crema⟩ — *vi* **1** FAIL : fracasar **2 to fold up** : doblarse, plegarse

fold[2] *n* **1** SHEEPFOLD : redil *m* (para ovejas) **2** FLOCK : rebaño *m* ⟨to return to the fold : volver al redil⟩ **3** CREASE : pliegue *m*, doblez *m*

folder [ˈfo:ldər] *n* **1** CIRCULAR : circular *f*, folleto *m* **2** BINDER : carpeta *f*

foliage [ˈfo:liɪʤ, -lɪʤ] *n* : follaje *m*

folio [ˈfo:liˌo:] *n, pl* **-lios** : folio *m*

folk[1] [ˈfo:k] *adj* : popular, folklórico ⟨folk customs : costumbres populares⟩ ⟨folk dance : danza folklórica⟩

folk[2] *n, pl* **folk** *or* **folks 1** PEOPLE : gente *f* **2 folks** *npl* : familia *f*, padres *mpl*

folklore [ˈfo:kˌlor] *n* : folklore *m*

folklorist [ˈfo:kˌlorɪst] *n* : folklorista *mf*

folksy [ˈfo:ksi] *adj* **folksier; -est** : campechano

follicle [ˈfɑlɪkəl] *n* : folículo *m*

follow [ˈfɑlo] *vt* **1** : seguir (un camino, a una persona, etc.) **2** PURSUE : seguir, perseguir **3** : venir después de, seguir a (en una serie, etc.) **4** OBEY : seguir (instrucciones, etc.), cumplir (la ley, etc.) **5** MONITOR : seguir **6** UNDERSTAND : entender ⟨I don't follow you : no (te) entiendo⟩ **7 to follow suit** : hacer lo mismo **8 to follow up** : darle seguimiento a (un caso, etc.), seguir (una pista) — *vi* **1** : seguir **2** UNDERSTAND : entender **3 as follows** ⟨it reads as follows . . . : dice lo siguiente

. . . , dice así . . .⟩ **4 it follows that . . .** : se deduce que . . . **5 to follow through** : continuar con algo **6 to follow through on/with** : continuar con (un plan, etc.), cumplir (una promesa, etc.) **7 to follow up** : dar seguimiento ⟨to follow up on a lead : seguir una pista⟩ ⟨he followed up with us later : nos contactó después⟩ ⟨she followed up with another best seller : después sacó otro best-seller⟩

follower [ˈfɑloər] *n* : seguidor *m*, -dora *f*

following[1] [ˈfɑloɪŋ] *adj* NEXT : siguiente

following[2] *n* FOLLOWERS : seguidores *mpl*

following[3] *prep* AFTER : después de

follow through *vi* **to follow through with** : continuar con, realizar

follow up *vt* : seguir (una sugerencia, etc.), investigar (una huella)

folly [ˈfɑli] *n, pl* **-lies** : locura *f*, desatino *m*

foment [foˈmɛnt] *vt* : fomentar

fond [ˈfɑnd] *adj* **1** LOVING : cariñoso, tierno **2** PARTIAL : aficionado **3** FERVENT : ferviente, fervoroso

fondle [ˈfɑndəl] *vt* **-dled; -dling** : acariciar

fondly [ˈfɑndli] *adv* : cariñosamente, afectuosamente

fondness [ˈfɑndnəs] *n* **1** LOVE : cariño *m* **2** LIKING : afición *f*

fondue [fɑnˈduː, -ˈdjuː] *n* : fondue *f*

font [ˈfɑnt] *n* **1** *or* **baptismal font** : pila *f* bautismal **2** FOUNTAIN : fuente *f*

food [ˈfuːd] *n* : comida *f*, alimento *m*

food chain *n* : cadena *f* alimenticia

foodstuffs [ˈfuːdˌstʌfs] *npl* : comestibles *mpl*

fool[1] [ˈfuːl] *vi* **1** JOKE : bromear, hacer el tonto ⟨I was only fooling : sólo estaba bromeando⟩ **2** *or* **to fool around** TOY : jugar, juguetear ⟨don't fool (around) with the computer : no juegues con la computadora⟩ **3 to fool around** : perder el tiempo ⟨he fools around instead of working : pierde el tiempo en vez de trabajar⟩ **4 to fool around** : tener líos (amorosos) — *vt* DECEIVE : engañar, burlar ⟨he had me fooled : me tenía convencido⟩ ⟨he fooled me into thinking that . . . : me hizo creer que . . .⟩ ⟨stop fooling yourself! : ¡desengáñate!⟩

fool[2] *n* **1** IDIOT : idiota *mf*; tonto *m*, -ta *f*; bobo *m*, -ba *f* **2** JESTER : bufón *m*, -fona *f*

foolhardiness [ˈfuːlˌhɑrdinəs] *n* : imprudencia *f*

foolhardy [ˈfuːlˌhɑrdi] *adj* RASH : imprudente, temerario, precipitado

foolish [ˈfuːlɪʃ] *adj* **1** STUPID : insensato, estúpido **2** SILLY : idiota, tonto

foolishly [ˈfuːlɪʃli] *adv* : tontamente

foolishness [ˈfuːlɪʃnəs] *n* : insensatez *f*, estupidez *f*, tontería *f*

foolproof [ˈfuːlˌpruːf] *adj* : infalible

foot [ˈfʊt] *n, pl* **feet** [ˈfiːt] **1** : pie *m* ⟨to go on foot : ir a pie⟩ ⟨to be on one's feet : estar de pie⟩ **2 to get/start off on the wrong foot** : empezar con mal pie **3 to put one's best foot forward** : tratar de dejar una buena impresión **4 to put one's foot down** : no ceder **5 to put one's foot in one's mouth** : meter la pata **6 to stand on one's own two feet** : valerse por sí mismo **7 to think on one's feet** : pensar con rapidez

footage [ˈfʊt̬ɪʤ] *n* : medida *f* en pies, metraje *m* (en el cine)

football [ˈfʊtˌbɔl] *n* : futbol *m* americano, fútbol *m* americano

footbridge [ˈfʊtˌbrɪʤ] *n* : pasarela *f*, puente *m* peatonal

foothills [ˈfʊtˌhɪlz] *npl* : estribaciones *fpl*

foothold [ˈfʊtˌhoːld] *n* **1** : punto *m* de apoyo **2 to gain a foothold** : afianzarse en una posición

footing [ˈfʊt̬ɪŋ] *n* **1** BALANCE : equilibrio *m* **2** FOOTHOLD : punto *m* de apoyo **3** BASIS : base *f* ⟨on an equal footing : en igualdad⟩

footlights [ˈfʊtˌlaɪts] *npl* : candilejas *fpl*

footlocker [ˈfʊtˌlɑkər] *n* : baúl *m* pequeño, cofre *m*

footloose [ˈfʊtˌluːs] *adj* : libre y sin compromiso

footman [ˈfʊtmən] *n, pl* **-men** [-mən, -ˌmɛn] : lacayo *m*

footnote [ˈfʊtˌnoːt] *n* : nota *f* al pie de la página

footpath [ˈfʊtˌpæθ] *n* : sendero *m*, senda *f*, vereda *f*

footprint [ˈfʊtˌprɪnt] *n* : huella *f*

footrace [ˈfʊtˌreɪs] *n* : carrera *f* pedestre

footrest [ˈfʊtˌrɛst] *n* : apoyapiés *m*, reposapiés *m*

footstep [ˈfʊtˌstɛp] *n* **1** STEP : paso *m* **2** FOOTPRINT : huella *f*

footstool [ˈfʊtˌstuːl] *n* : taburete *m*, escabel *m*

footwear [ˈfʊtˌwær] *n* : calzado *m*

footwork [ˈfʊtˌwərk] *n* : juego *m* de piernas, juego *m* de pies

fop [ˈfɑp] *n* : petimetre *m*, dandi *m*

for[1] [ˈfɔr] *conj* : puesto que, porque

for[2] *prep* **1** (*indicating purpose*) : para, de, por ⟨the food for the party : la comida para la fiesta⟩ ⟨clothes for children : ropa para niños⟩ ⟨it's time for dinner : es la hora de comer⟩ ⟨to travel for pleasure : viajar por placer⟩ ⟨what's that for? : ¿para qué es/sirve eso?⟩ **2** (*indicating a recipient*) : para ⟨a gift for you : un regalo para ti⟩ **3** (*indicating an object of thoughts or feelings*) : por ⟨his admiration for her : su admiración por ella⟩ ⟨I feel sorry for him : le tengo lástima⟩ **4** BECAUSE OF : por ⟨for fear of : por miedo de⟩ ⟨to jump for joy : saltar de alegría⟩ **5** : por, en beneficio de ⟨he fought for his country : luchó por su patria⟩ ⟨I did it for you : lo hice por ti⟩ ⟨for your own good : por tu propio bien⟩ **6** (*indicating to whom a statement applies*) : para ⟨it's difficult for me : me es difícil, es difícil para mí⟩ ⟨it's time for us to go : es hora de irnos⟩ ⟨I'd hate for you to miss it : sería una lástima que te lo perdieras⟩ **7** IN FAVOR OF : a favor de **8** (*indicating a goal*) : para ⟨to study for a test : estudiar para un examen⟩ ⟨a cure for cancer : una cura para el cáncer⟩ ⟨for more information, call . . . : para más información, llame al . . .⟩ ⟨they ran for safety : corrieron para ponerse a salvo⟩ **9** TOWARDS, TO : para ⟨he left for the office : salió para la oficina⟩ ⟨the train for London : el tren para Londres⟩ **10** (*indicating correspondence or exchange*) : por, para ⟨I bought it for $5 : lo compré por $5⟩ ⟨a lot of trouble for nothing : mucha molestia para nada⟩ **11** AS FOR : para, con respecto a **12** (*indicating duration*) : por, durante ⟨he's going for two years : se va por dos años⟩ ⟨I spoke for ten minutes : hablé (durante) diez minutos⟩ ⟨she has known it for three months : lo sabe desde hace tres meses⟩ ⟨they won't arrive for hours yet : tardarán horas en llegar⟩ ⟨he drove for 100 miles : hizo 100 millas⟩ **13** (*indicating a particular time*) : para, por ⟨the wedding is planned for April : la boda está prevista para abril⟩ ⟨that's enough for now : basta por ahora⟩ **14** INSTEAD OF, ON BEHALF OF : por ⟨to speak for someone : hablar por alguien⟩ ⟨say hello for me : dales saludos de mi parte⟩ **15** (*indicating association*) : para ⟨he works for the university : trabaja para la universidad⟩ **16** (*used in listing items*) : para ⟨for one thing . . . : para empezar . . .⟩ **17** : para (una enfermedad) ⟨for colds and flu : para resfriados y gripe⟩ **18** (*indicating amount or value*) : por, de ⟨a check for $100 : un cheque por/de $100⟩ **19** (*indicating meaning*) ⟨The French word for "good" is "bon" : en francés la palabra "bon" significa "bueno"⟩ **20** (*used in comparisons*) : para ⟨he's tall for his age : es alto para su edad⟩ **21** (*used in comparing numbers or amounts*) : por ⟨for every dollar invested, there's a return of five dollars : por cada dólar invertido, hay un retorno de cinco dólares⟩ **22** (*used for emphasis*) : por ⟨for crying out loud! : ¡por el amor de Dios!⟩ **23** : para, con ocasión de ⟨a gift for his birthday : un regalo para su cumpleaños⟩ **24 for all** IN SPITE OF : a pesar de **25 for all** : por ⟨she can go now for all I care : por mí que se vaya ahora⟩ ⟨for all I know : que yo sepa⟩ **26 for breakfast/lunch/dinner (etc.)** ⟨we had eggs for breakfast : desayunamos huevos⟩ ⟨what's for dinner/dessert? : ¿qué hay de comer/postre?⟩ **27 in for** ⟨he's in for a surprise : se va a llevar una sorpresa⟩ **28 in for it** ⟨if mom finds out, you're in for it : si mamá se entera, te mata⟩ **29 not for** ⟨it's not for you to say she can't go : no te corresponde a ti decir que no vaya⟩

forage[1] [ˈfɔrɪʤ] *v* **-aged; -aging** *vi* : hurgar (en busca de alimento) — *vt* : buscar (provisiones)

forage[2] *n* : forraje *m*

foray [ˈfɔrˌeɪ] *n* : incursión *f*

forbear[1] [fɔrˈbær] *vi* **-bore** [-ˈbor]; **-borne** [-ˈborn]; **-bearing 1** ABSTAIN : abstenerse **2** : tener paciencia

forbear[2] → **forbear**

forbearance [fɔrˈbærən*t*s] *n* **1** ABSTAINING : abstención *f* **2** PATIENCE : paciencia *f*

forbid [fərˈbɪd] *vt* **-bade** [-ˈbæd, -ˈbeɪd]; **-bidden** [-ˈbɪdən]; **-bidding 1** PROHIBIT : prohibir **2** PREVENT : impedir

forbidding [fərˈbɪdɪŋ] *adj* **1** IMPOSING : imponente **2** DISAGREEABLE : desagradable, ingrato **3** GRIM : severo

force[1] [ˈfors] *vt* **forced; forcing 1** COMPEL : obligar, forzar **2** : forzar ⟨to force open the window : forzar la ventana⟩ ⟨to force a lock : forzar una cerradura⟩ **3** IMPOSE : imponer, obligar

force[2] *n* **1** : fuerza *f* ⟨brute force : fuerza bruta⟩ ⟨the force of gravity : la fuerza de la gravedad⟩ ⟨force of habit : la fuerza de la costumbre⟩ ⟨security forces : fuerzas de seguridad⟩ **2 by force** : por la fuerza **3 in force** : en vigor/vigencia

forced [ˈforst] *adj* : forzado, forzoso

forceful [ˈforsfəl] *adj* : fuerte, enérgético, contundente

forcefully [ˈforsfəli] *adv* : con energía, con fuerza

forcefulness [ˈforsfəlnəs] *n* : contundencia *f*, fuerza *f*

forceps [ˈfɔrsəps, -ˌsɛps] *ns & pl* : fórceps *m*

forcible [ˈforsəbəl] *adj* **1** FORCED : forzoso **2** CONVINCING : contundente, convincente — **forcibly** [-bli] *adv*

ford[1] [ˈford] *vt* : vadear

ford[2] *n* : vado *m*

fore[1] [ˈfor] *adv* **1** FORWARD : hacia adelante **2 fore and aft** : de popa a proa

fore[2] *adj* **1** FORWARD : delantero, de adelante **2** FORMER : anterior

fore[3] *n* **1** : frente *m*, delantera *f* **2 to come to the fore** : empezar a destacar, saltar a primera plana

fore–and–aft [ˈforənˈæft, -ənd-] *adj* : longitudinal

forearm [ˈforˌɑrm] *n* : antebrazo *m*

forebear [ˈforˌbær] *n* : antepasado *m*, -da *f*

foreboding [forˈboːdɪŋ] *n* : premonición *f*, presentimiento *m*

forecast[1] [ˈforˌkæst] *vt* **-cast; -casting** : pronosticar, predecir

forecast[2] *n* : predicción *f*, pronóstico *m*

forecastle [ˈfoːksəl] *n* : castillo *m* de proa

foreclose [forˈkloːz] *vt* **-closed; -closing** : ejecutar (una hipoteca)
forefather [ˈforˌfɑðər] *n* : antepasado *m*, ancestro *m*
forefinger [ˈforˌfɪŋgər] *n* : índice *m*, dedo *m* índice
forefoot [ˈforˌfʊt] *n* : pata *f* delantera
forefront [ˈforˌfrʌnt] *n* : frente *m*, vanguardia *f* ⟨in the forefront : a la vanguardia⟩
forego [forˈgoː] *vt* **-went; -gone; -going** **1** PRECEDE : preceder **2** → **forgo**
foregoing [forˈgoːɪŋ] *adj* : precedente, anterior
foregone [forˈgɔn] *adj* : previsto ⟨a foregone conclusion : un resultado inevitable⟩
foreground [ˈforˌgraʊnd] *n* : primer plano *m*
forehand[1] [ˈforˌhænd] *adj* : directo, derecho
forehand[2] *n* : golpe *m* del derecho
forehead [ˈfɔrəd, ˈforˌhɛd] *n* : frente *f*
foreign [ˈfɔrən] *adj* **1** : extranjero, exterior ⟨foreign countries : países extranjeros⟩ ⟨foreign trade : comercio exterior⟩ **2** ALIEN : ajeno, extraño ⟨foreign to their nature : ajeno a su carácter⟩ ⟨a foreign body : un cuerpo extraño⟩
foreigner [ˈfɔrənər] *n* : extranjero *m*, -ra *f*
foreknowledge [forˈnɑlɪʤ] *n* : conocimiento *m* previo
foreleg [ˈforˌlɛg] *n* : pata *f* delantera
foreman [ˈformən] *n, pl* **-men** [-mən, -ˌmɛn] : capataz *mf* ⟨foreman of the jury : presidente del jurado⟩
foremost[1] [ˈforˌmoːst] *adv* : en primer lugar
foremost[2] *adj* : más importante, principal, grande
forenoon [ˈforˌnuːn] *n* : mañana *m*
forensic [fəˈrɛntsɪk] *adj* **1** RHETORICAL : retórico, de argumentación **2** : forense ⟨forensic medicine : medicina forense⟩
foreordain [ˌforɔrˈdeɪn] *vt* : predestinar, predeterminar
forequarter [ˈforˌkwɔrṭər] *n* : cuarto *m* delantero
forerunner [ˈforˌrʌnər] *n* : precursor *m*, -sora *f*
foresee [forˈsiː] *vt* **-saw; -seen; -seeing** : prever
foreseeable [forˈsiːəbəl] *adj* : previsible ⟨in the foreseeable future : en el futuro inmediato⟩
foreshadow [forˈʃædoː] *vt* : anunciar, prefigurar
foresight [ˈforˌsaɪt] *n* : previsión *f*
foresighted [ˈforˌsaɪṭəd] *adj* : previsto
forest [ˈfɔrəst] *n* : bosque *m* (en zonas templadas), selva *f* (en zonas tropicales)
forestall [forˈstɔl] *vt* **1** PREVENT : prevenir, impedir **2** PREEMPT : adelantarse a
forested [ˈfɔrəstəd] *adj* : arbolado
forester [ˈfɔrəstər] *n* : silvicultor *m*, -tora *f*
forestland [ˈfɔrəstˌlænd] *n* : zona *f* boscosa
forest ranger → **ranger**
forestry [ˈfɔrəstri] *n* : silvicultura *f*, ingeniería *f* forestal
foreswear → **forswear**
foretaste[1] [ˈforˌteɪst] *vt* **-tasted; -tasting** : anticipar
foretaste[2] *n* : anticipo *m*
foretell [forˈtɛl] *vt* **-told; -telling** : predecir, pronosticar, profetizar
forethought [ˈforˌθɔt] *n* : previsión *f*, reflexión *f* previa
forever [fɔrˈɛvər] *adv* **1** PERPETUALLY : para siempre, eternamente **2** CONTINUALLY : siempre, constantemente
forevermore [fɔrˌɛvərˈmor] *adv* : por siempre jamás
forewarn [forˈwɔrn] *vt* : prevenir, advertir
foreword [ˈforwərd] *n* : prólogo *m*
forfeit[1] [ˈfɔrfət] *vt* : perder el derecho a
forfeit[2] *n* **1** FINE, PENALTY : multa *f* **2** : prenda *f* (en un juego)
forge[1] [ˈforʤ] *v* **forged; forging** *vt* **1** : forjar (metal o un plan) **2** COUNTERFEIT : falsificar — *vi* **to forge ahead** : avanzar, seguir adelante
forge[2] *n* : forja *f*
forger [ˈforʤər] *n* : falsificador *m*, -dora *f*
forgery [ˈforʤəri] *n, pl* **-eries** : falsificación *f*
forget [fərˈgɛt] *v* **-got** [-ˈgɑt]; **-gotten** [-ˈgɑtən] *or* **-got; -getting** *vt* : olvidar — *vi* **to forget about** : olvidarse de, no acordarse de
forgetful [fərˈgɛtfəl] *adj* : olvidadizo
forget–me–not [fərˈgɛtmiˌnɑt] *n* : nomeolvides *mf*
forgettable [fərˈgɛṭəbəl] *adj* : poco memorable
forgivable [fərˈgɪvəbəl] *adj* : perdonable
forgive [fərˈgɪv] *vt* **-gave** [-ˈgeɪv]; **-given** [-ˈgɪvən]; **-giving** : perdonar
forgiveness [fərˈgɪvnəs] *n* : perdón *m*
forgiving [fərˈgɪvɪŋ] *adj* : indulgente, comprensivo, clemente
forgo *or* **forego** [forˈgoː] *vt* **-went; -gone; -going** : privarse de, renunciar a
fork[1] [ˈfɔrk] *vi* : ramificarse, bifurcarse — *vt* **1** : levantar (con un tenedor, una horca, etc.) **2 to fork over** : desembolsar
fork[2] *n* **1** : tenedor *m* (utensilio de cocina) **2** PITCHFORK : horca *f*, horquilla *f* **3** : bifurcación *f* (de un río o camino), horqueta *f* (de un árbol)
forked [ˈfɔrkt, ˈfɔrkəd] *adj* : bífido, ahorquillado
forklift [ˈfɔrkˌlɪft] *n* : carretilla *f* elevadora
forlorn [fɔrˈlɔrn] *adj* **1** DESOLATE : abandonado, desolado, desamparado **2** SAD : triste **3** DESPERATE : desesperado

forlornly [fɔr'lɔrnli] *adv* **1** SADLY : con tristeza **2** HALFHEARTEDLY : sin ánimo

form[1] ['fɔrm] *vt* **1** FASHION, MAKE : formar **2** DEVELOP : moldear, desarrollar **3** CONSTITUTE : constituir, formar **4** ACQUIRE : adquirir (un hábito), formar (una idea) — *vi* : tomar forma, formarse

form[2] *n* **1** SHAPE : forma *f*, figura *f* ⟨in the form of : en forma de⟩ **2** MANNER : manera *f*, forma *f* **3** DOCUMENT : formulario *m* ⟨tax form : formulario de declaración de renta⟩ ⟨to fill out a form : rellenar/llenar un formulario⟩ **4** : forma *f* ⟨in good form : en buena forma⟩ ⟨true to form : fiel a su costumbre⟩ **5** MOLD : molde *m* **6** KIND, VARIETY : clase *f*, tipo *m* ⟨some form of : algún tipo de⟩ **7** : forma *f* (en gramática) ⟨plural forms : formas plurales⟩

formal[1] ['fɔrməl] *adj* **1** CEREMONIOUS : formal, de etiqueta, ceremonioso **2** OFFICIAL : formal, oficial, de forma

formal[2] *n* **1** BALL : baile *m* formal, baile *m* de etiqueta **2** *or* **formal dress** : traje *m* de etiqueta

formaldehyde [fɔr'mældə,haɪd] *n* : formaldehído *m*

formality [fɔr'mæləṭi] *n, pl* **-ties** : formalidad *f*

formalize ['fɔrmə,laɪz] *vt* **-ized; -izing** : formalizar

formally ['fɔrməli] *adv* : formalmente

format[1] ['fɔr,mæt] *vt* **-matted; -matting** : formatear

format[2] *n* : formato *m*

formation [fɔr'meɪʃən] *n* **1** FORMING : formación *f* **2** SHAPE : forma *f* **3 in formation** : en formación

formative ['fɔrməṭɪv] *adj* : formativo

former ['fɔrmər] *adj* **1** PREVIOUS : antiguo, anterior ⟨the former president : el antiguo presidente⟩ **2** : primero (de dos)

formerly ['fɔrmərli] *adv* : anteriormente, antes

formidable ['fɔrmədəbəl, fɔr'mɪdə-] *adj* : formidable — **formidably** *adv*

formless ['fɔrmləs] *adj* : informe, amorfo

formula ['fɔrmjələ] *n, pl* **-las** *or* **-lae** [-,li:, -,laɪ] **1** : fórmula *f* **2 baby formula** : preparado *m* para biberón

formulate ['fɔrmjə,leɪt] *vt* **-lated; -lating** : formular, hacer

formulation [,fɔrmjə'leɪʃən] *n* : formulación *f*

fornicate ['fɔrnə,keɪt] *vi* **-cated; -cating** : fornicar

fornication [,fɔrnə'keɪʃən] *n* : fornicación *f*

forsake [fər'seɪk] *vt* **-sook** [-'sʊk]; **-saken** [-'seɪkən]; **-saking 1** ABANDON : abandonar, desamparar **2** RELINQUISH : renunciar a

forswear [fɔr'swær] *v* **-swore; -sworn; -swearing** *vt* RENOUNCE : renunciar a — *vi* : perjurar

forsythia [fər'sɪθiə] *n* : forsitia *f*

fort ['fort] *n* **1** STRONGHOLD : fuerte *m*, fortaleza *f*, fortín *m* **2** BASE : base *f* militar

forte ['fort, 'for,teɪ] *n* : fuerte *m*

forth ['forθ] *adv* **1** : adelante ⟨from this day forth : de hoy en adelante⟩ **2 and so forth** : etcétera

forthcoming [forθ'kʌmɪŋ, 'forθ,-] *adj* **1** COMING : próximo **2** DIRECT, OPEN : directo, franco, comunicativo

forthright ['forθ,raɪt] *adj* : directo, franco — **forthrightly** *adv*

forthrightness ['forθ,raɪtnəs] *n* : franqueza *f*

forthwith [forθ'wɪθ, -'wɪð] *adv* : inmediatamente, en el acto, enseguida

fortieth[1] ['fɔrṭiəθ] *adj* : cuadragésimo

fortieth[2] *n* **1** : cuadragésimo *m*, -ma *f* (en una serie) **2** : cuarentavo *m*, cuarentava parte *f*

fortification [,fɔrṭəfə'keɪʃən] *n* : fortificación *f*

fortify ['fɔrṭə,faɪ] *vt* **-fied; -fying** : fortificar

fortitude ['fɔrṭə,tu:d, -,tju:d] *n* : fortaleza *f*, valor *m*

fortnight ['fort,naɪt] *n* : quince días *mpl*, dos semanas *fpl*

fortnightly[1] ['fort,naɪtli] *adv* : cada quince días

fortnightly[2] *adj* : quincenal

fortress ['fɔrtrəs] *n* : fortaleza *f*

fortuitous [fər'tu:əṭəs, -'tju:-] *adj* : fortuito, accidental

fortunate ['fɔrtʃənət] *adj* : afortunado

fortunately ['fɔrtʃənətli] *adv* : afortunadamente, con suerte

fortune ['fɔrtʃən] *n* **1** : fortuna *f* ⟨to seek one's fortune : buscar uno su fortuna⟩ **2** LUCK : suerte *f*, fortuna *f* **3** DESTINY, FUTURE : destino *m*, buenaventura *f* **4** : dineral *m*, platal *m* ⟨she spent a fortune : se gastó un dineral⟩

fortune–teller ['fɔrtʃən,tɛlər] *n* : adivino *m*, -na *f*

fortune–telling ['fɔrtʃən,tɛlɪŋ] *n* : adivinación *f*

forty[1] ['fɔrṭi] *adj* : cuarenta

forty[2] *n, pl* **forties** : cuarenta *m*

forum ['forəm] *n, pl* **-rums** : foro *m*

forward[1] ['fɔrwərd] *vt* **1** PROMOTE : promover, adelantar, fomentar **2** SEND : remitir, enviar

forward[2] *adv* **1** : adelante, hacia adelante ⟨to go forward : irse adelante⟩ **2 from this day forward** : de aquí en adelante

forward[3] *adj* **1** : hacia adelante, delantero **2** BRASH : atrevido, descarado

forward[4] *n* : delantero *m*, -ra *f* (en deportes)

forwarder ['fɔrwərdər] *n* : agencia *f* de transportes, agente *mf* expedidor

forwardness ['fɔrwərdnəs] *n* : atrevimiento *m*, descaro *m*

forwards ['fɔrwərdz] *adv* → **forward**[2]

fossil[1] [ˈfɑsəl] *adj* : fósil
fossil[2] *n* : fósil *m*
fossilize [ˈfɑsəˌlaɪz] *vt* **-ized; -izing** : fosilizar — *vi* : fosilizarse
foster[1] [ˈfɔstər] *vt* : promover, fomentar
foster[2] *adj* : adoptivo ⟨foster child : niño adoptivo⟩
fought → **fight**
foul[1] [ˈfaʊl] *vi* : cometer faltas (en deportes) — *vt* **1** DIRTY, POLLUTE : contaminar, ensuciar **2** TANGLE : enredar
foul[2] *adv* **1** → **foully** **2** : contra las reglas
foul[3] *adj* **1** REPULSIVE : asqueroso, repugnante **2** CLOGGED : atascado, obstruido **3** TANGLED : enredado **4** OBSCENE : obsceno **5** BAD : malo ⟨foul weather : mal tiempo⟩ **6** : antirreglamentario (en deportes)
foul[4] *n* : falta *f*, faul *m*
foully [ˈfaʊli] *adv* : asquerosamente
foulmouthed [ˈfaʊlˌmæuːðd, -ˌmaʊθt] *adj* : malhablado
foulness [ˈfaʊlnəs] *n* **1** DIRTINESS : suciedad *f* **2** INCLEMENCY : inclemencia *f* **3** OBSCENITY : obscenidad *f*, grosería *f*
foul play *n* : actos *mpl* criminales
foul–up [ˈfaʊlˌʌp] *n* : lío *m*, confusión *f*, desastre *m*
foul up *vt* SPOIL : estropear, arruinar — *vi* BUNGLE : echar todo a perder
found[1] → **find**
found[2] [ˈfaʊnd] *vt* : fundar, establecer
foundation [faʊnˈdeɪʃən] *n* **1** FOUNDING : fundación *f* **2** BASIS : fundamento *m*, base *f* **3** INSTITUTION : fundación *f* **4** : cimientos *mpl* (de un edificio)
founder[1] [ˈfaʊndər] *vi* SINK : hundirse, irse a pique
founder[2] *n* : fundador *m*, -dora *f*
founding [ˈfaʊndɪŋ] *adj* : fundador ⟨the founding fathers : los fundadores⟩
foundling [ˈfaʊndlɪŋ] *n* : expósito *m*, -ta *f*
foundry [ˈfaʊndri] *n, pl* **-dries** : fundición *f*
fount [ˈfaʊnt] *n* SOURCE : fuente *f*, origen *m*
fountain [ˈfaʊntən] *n* **1** SPRING : fuente *f*, manantial *m* **2** SOURCE : fuente *f*, origen *m* **3** JET : chorro *m* (de agua), surtidor *m*
fountain pen *n* : pluma *f* fuente
four[1] [ˈfor] *adj* : cuatro
four[2] *n* **1** : cuatro *m* **2 on all fours** : a gatas
fourfold [ˈforˌfoːld, -ˈfoːld] *adj* : cuadruple
four hundred[1] *adj* : cuatrocientos
four hundred[2] *n* : cuatrocientos *m*
fourscore [ˈforˈskor] *adj* EIGHTY : ochenta *m*
fourteen[1] [forˈtiːn] *adj* : catorce
fourteen[2] *n* : catorce *m*
fourteenth[1] [forˈtiːnθ] *adj* : decimocuarto
fourteenth[2] *n* **1** : decimocuarto *m*, -ta *f* (en una serie) **2** : catorceavo *m*, catorceava parte *f*
fourth[1] [ˈforθ] *adj* : cuarto
fourth[2] *n* **1** : cuarto *m*, -ta *f* (en una serie) **2** : cuarto *m*, cuarta parte *f*
fowl [ˈfaʊl] *n, pl* **fowl** *or* **fowls** **1** BIRD : ave *f* **2** CHICKEN : pollo *m*
fox[1] [ˈfɑks] *vt* **1** TRICK : engañar **2** BAFFLE : confundir
fox[2] *n, pl* **foxes** : zorro *m*, -ra *f*
foxglove [ˈfɑksˌglʌv] *n* : dedalera *f*, digital *f*
foxhole [ˈfɑksˌhoːl] *n* : hoyo *m* para atrincherarse, trinchera *f* individual
foxy [ˈfɑksi] *adj* **foxier; -est** SHREWD : astuto
foyer [ˈfɔɪər, ˈfɔɪˌjeɪ] *n* : vestíbulo *m*
fracas [ˈfreɪkəs, ˈfræ-] *n, pl* **-cases** [-kəsəz] : altercado *m*, pelea *f*, reyerta *f*
fraction [ˈfrækʃən] *n* **1** : fracción *f*, quebrado *m* **2** PORTION : porción *f*, parte *f*
fractional [ˈfrækʃənəl] *adj* **1** : fraccionario **2** TINY : minúsculo, mínimo, insignificante
fractious [ˈfrækʃəs] *adj* **1** UNRULY : rebelde **2** IRRITABLE : malhumorado, irritable
fracture[1] [ˈfræktʃər] *vt* **-tured; -turing** : fracturar
fracture[2] *n* **1** : fractura *f* (de un hueso) **2** CRACK : fisura *f*, grieta *f*, falla *f* (geológica)
fragile [ˈfrædʒəl, -ˌdʒaɪl] *adj* : frágil
fragility [frəˈdʒɪləṭi] *n, pl* **-ties** : fragilidad *f*
fragment[1] [ˈfrægˌmɛnt] *vt* : fragmentar — *vi* : fragmentarse, hacerse añicos
fragment[2] [ˈfrægmənt] *n* : fragmento *m*, trozo *m*, pedazo *m*
fragmentary [ˈfrægmənˌtɛri] *adj* : fragmentario, incompleto
fragmentation [ˌfrægmənˈteɪʃən, -ˌmɛn-] *n* : fragmentación *f*
fragrance [ˈfreɪgrənts] *n* : fragancia *f*, aroma *m*
fragrant [ˈfreɪgrənt] *adj* : fragante, aromático — **fragrantly** *adv*
frail [ˈfreɪl] *adj* : débil, delicado
frailty [ˈfreɪlti] *n, pl* **-ties** : debilidad *f*, flaqueza *f*
frame[1] [ˈfreɪm] *vt* **framed; framing** **1** FORMULATE : formular, elaborar **2** BORDER : enmarcar, encuadrar **3** INCRIMINATE : incriminar
frame[2] *n* **1** BODY : cuerpo *m* **2** : armazón *f* (de un edificio, un barco, o un avión), bastidor *m* (de un automóvil), cuadro *m* (de una bicicleta), marco *m* (de un cuadro, una ventana, una puerta, etc.) **3 frames** *npl* : armazón *mf*, montura *f* (para anteojos) **4 frame of mind** : estado *m* de ánimo
framework [ˈfreɪmˌwərk] *n* **1** SKELETON, STRUCTURE : armazón *f*, estructura *f* **2** BASIS : marco *m*
franc [ˈfræŋk] *n* : franco *m*

franchise [ˈfrænˌʧaɪz] *n* **1** LICENSE : licencia *f* exclusiva, concesión *f* (en comercio) **2** SUFFRAGE : sufragio *m*
franchisee [ˌfrænˌʧaɪˈziː, -ʧə-] *n* : concesionario *m*, -ria *f*
Franciscan [frænˈsɪskən] *n* : franciscano *m*, -na *f* — **Franciscan** *adj*
frank[1] [ˈfræŋk] *vt* : franquear
frank[2] *adj* : franco, sincero, cándido — **frankly** *adv*
frank[3] *n* : franqueo *m* (de correo)
frankfurter [ˈfræŋkfərṭər, -ˌfər-] *or* **frankfurt** [-fərt] *n* : salchicha *f* (de Frankfurt, de Viena), perro *m* caliente
frankincense [ˈfræŋkənˌsɛnts] *n* : incienso *m*
frankness [ˈfræŋknəs] *n* : franqueza *f*, sinceridad *f*, candidez *f*
frantic [ˈfræntɪk] *adj* : frenético, desesperado — **frantically** *adv*
fraternal [frəˈtərnəl] *adj* : fraterno, fraternal
fraternity [frəˈtərnəṭi] *n, pl* **-ties** : fraternidad *f*
fraternization [ˌfræṭərnəˈzeɪʃən] *n* : fraternización *f*, confraternización *f*
fraternize [ˈfræṭərˌnaɪz] *vi* **-nized; -nizing** : fraternizar, confraternizar
fratricidal [ˌfrætrəˈsaɪdəl] *adj* : fratricida
fratricide [ˈfrætrəˌsaɪd] *n* : fratricidio *m*
fraud [ˈfrɔd] *n* **1** DECEPTION, SWINDLE : fraude *m*, estafa *f*, engaño *m* **2** IMPOSTOR : impostor *m*, -tora *f*; farsante *mf*
fraudulent [ˈfrɔʤələnt] *adj* : fraudulento — **fraudulently** *adv*
fraught [ˈfrɔt] *adj* **fraught with** : lleno de, cargado de
fray[1] [ˈfreɪ] *vt* **1** WEAR : desgastar, deshilachar **2** IRRITATE : crispar, irritar (los nervios) — *vi* : desgastarse, deshilacharse
fray[2] *n* : pelea *f* ⟨to join the fray : salir a la palestra⟩ ⟨to return to the fray : volver a la carga⟩
frazzle[1] [ˈfræzəl] *vt* **-zled; -zling** **1** FRAY : desgastar, deshilachar **2** EXHAUST : agotar, fatigar
frazzle[2] *n* EXHAUSTION : agotamiento *m*
freak [ˈfriːk] *n* **1** ODDITY : ejemplar *m* anormal, fenómeno *m*, rareza *f* **2** ENTHUSIAST : entusiasta *mf*
freakish [ˈfriːkɪʃ] *adj* : extraño, estrafalario, raro
freak out *vi* : ponerse como loco — *vt* : darle un ataque (a alguien)
freckle[1] [ˈfrɛkəl] *vi* **-led; -ling** : cubrirse de pecas
freckle[2] *n* : peca *f*
free[1] [ˈfriː] *vt* **freed; freeing** **1** LIBERATE : libertar, liberar, poner en libertad **2** RELIEVE, RID : librar, eximir **3** RELEASE, UNTIE : desatar, soltar **4** UNCLOG : desatascar, destapar
free[2] *adv* **1** FREELY : libremente **2** GRATIS : gratuitamente, gratis
free[3] *adj* **freer; freest** **1** : gratuito, gratis ⟨free tickets : entradas gratuitas⟩ ⟨it's free : es gratis⟩ **2** : libre ⟨to set free : liberar, dejar/poner en libertad⟩ ⟨to get free : escaparse⟩ **3** PERMITTED : libre ⟨to be free to do something : ser libre de hacer algo⟩ **4** : libre (dícese de un país, etc.) ⟨free speech : libertad de expresión⟩ ⟨free trade : libre comercio⟩ **5** EXEMPT : libre ⟨tax-free : libre de impuestos⟩ **6** VOLUNTARY : espontáneo, voluntario, libre **7** UNOCCUPIED : libre, desocupado ⟨I'm free tomorrow : mañana estoy libre⟩ ⟨a free seat : un asiento libre⟩ ⟨he waved with his free hand : nos saludó con su mano libre⟩ **8** LOOSE : suelto **9** : generoso ⟨they were very free with their money : fueron muy generosos con su dinero⟩ **10** **for free** : gratis **11** **free from/of** : libre de
freebooter [ˈfriːˌbuːṭər] *n* : pirata *mf*
freeborn [ˈfriːˈbɔrn] *adj* : nacido libre
freedom [ˈfriːdəm] *n* : libertad *f*
free–for–all [ˈfriːfərˌɔl] *n* : pelea *f*, batalla *f* campal
freelance[1] [ˈfriːˌlænts] *vi* **-lanced; -lancing** : trabajar por cuenta propia
freelance[2] *adj* : por cuenta propia, independiente
freeload [ˈfriːˌloːd] *vi* : gorronear *fam*, gorrear *fam*
freeloader [ˈfriːˌloːdər] *n* : gorrón *m*, -rrona *f*; gorrero *m*, -ra *f*; vividor *m*, -dora *f*
freely [ˈfriːli] *adv* **1** FREE : libremente **2** GRATIS : gratis, gratuitamente
freestanding [ˈfriːˈstændɪŋ] *adj* : de pie, no empotrado, independiente
freeway [ˈfriːˌweɪ] *n* : autopista *f*
freewill [ˈfriːˌwɪl] *adj* : de propia voluntad
free will *n* : libre albedrío *m*, propia voluntad *f*
freeze[1] [ˈfriːz] *v* **froze** [ˈfroːz]; **frozen** [ˈfroːzən]; **freezing** *vi* **1** : congelarse, helarse ⟨the water froze in the lake : el agua se congeló en el lago⟩ ⟨my blood froze : se me heló la sangre⟩ ⟨I'm freezing : me estoy helando⟩ **2** STOP : quedarse inmóvil — *vt* : helar, congelar (líquidos), congelar (alimentos, precios, activos)
freeze[2] *n* **1** FROST : helada *f* **2** FREEZING : congelación *f*, congelamiento *m*
freeze–dried [ˈfriːzˈdraɪd] *adj* : liofilizado
freeze–dry [ˈfriːzˈdraɪ] *vt* **-dried; -drying** : liofilizar
freezer [ˈfriːzər] *n* : congelador *m*
freezing [ˈfriːzɪŋ] *adj* : helando ⟨it's freezing! : ¡hace un frío espantoso!⟩
freezing point *n* : punto *m* de congelación
freight[1] [ˈfreɪt] *vt* : enviar como carga
freight[2] *n* **1** SHIPPING, TRANSPORT : transporte *m*, porte *m*, flete *m* **2** GOODS : mercancías *fpl*, carga *f*

freighter ['freɪt̬ər] *n* : carguero *m*, buque *m* de carga
French[1] ['frɛntʃ] *adj* : francés
French[2] *n* **1** : francés *m* (idioma) **2 the French** *npl* : los franceses
french fries ['frɛntʃ,fraɪz] *npl* : papas *fpl* fritas
Frenchman ['frɛntʃmən] *n, pl* **-men** [-mən, -,mɛn] : francés *m*
Frenchwoman ['frɛntʃ,wʊmən] *n, pl* **-women** [-,wɪmən] : francesa *f*
frenetic [frɪ'nɛt̬ɪk] *adj* : frenético — **frenetically** [-t̬ɪkli] *adv*
frenzied ['frɛnzid] *adj* : frenético
frenzy ['frɛnzi] *n, pl* **-zies** : frenesí *m*
frequency ['fri:kwəntsi] *n, pl* **-cies** : frecuencia *f*
frequent[1] [fri'kwɛnt, 'fri:kwənt] *vt* : frecuentar
frequent[2] ['fri:kwənt] *adj* : frecuente — **frequently** *adv*
fresco ['frɛs,ko:] *n, pl* **-coes** : fresco *m*
fresh ['frɛʃ] *adj* **1** : dulce ⟨freshwater : agua dulce⟩ **2** PURE : puro **3** : fresco ⟨fresh fruits : frutas frescas⟩ **4** CLEAN, NEW : limpio, nuevo ⟨fresh clothes : ropa limpia⟩ ⟨fresh evidence : evidencia nueva⟩ **5** REFRESHED : fresco, descansado **6** IMPERTINENT : descarado, impertinente
freshen ['frɛʃən] *vt* : refrescar, arreglar — *vi* **to freshen up** : arreglarse, lavarse
freshet ['frɛʃət] *n* : arroyo *m* desbordado
freshly ['frɛʃli] *adv* : recientemente, recién
freshman ['frɛʃmən] *n, pl* **-men** [-mən, -,mɛn] : estudiante *mf* de primer año universitario
freshness ['frɛʃnəs] *n* : frescura *f*
freshwater ['frɛʃ,wɔt̬ər] *n* : agua *f* dulce
fret[1] ['frɛt] *vi* **fretted; fretting** : preocuparse, inquietarse
fret[2] *n* **1** VEXATION : irritación *f*, molestia *f* **2** WORRY : preocupación *f* **3** : traste *m* (de un instrumento musical)
fretful ['frɛtfəl] *adj* : fastidioso, quejoso, neurótico
fretfully ['frɛtfəli] *adv* : ansiosamente, fastidiosamente, inquieto
fretfulness ['frɛtfəlnəs] *n* : inquietud *f*, irritabilidad *f*
friable ['fraɪəbəl] *adj* : friable, pulverizable
friar ['fraɪər] *n* : fraile *m*
fricassee[1] ['frɪkə,si:, ,frɪkə'si:] *vt* **-seed; -seeing** : cocinar al fricasé
fricassee[2] *n* : fricasé *m*
friction ['frɪkʃən] *n* **1** RUBBING : fricción *f* **2** CONFLICT : fricción *f*, roce *m*
Friday ['fraɪ,deɪ, -di] *n* : viernes *m*
fridge ['frɪʤ] → **refrigerator**
friend ['frɛnd] *n* : amigo *m*, -ga *f*
friendless ['frɛndləs] *adj* : sin amigos
friendliness ['frɛndlinəs] *n* : simpatía *f*, amabilidad *f*
friendly ['frɛndli] *adj* **-lier; -est** **1** : simpático, amable, de amigo ⟨a friendly child : un niño simpático⟩ ⟨friendly advice : consejo de amigo⟩ **2** : agradable, acogedor ⟨a friendly atmosphere : un ambiente agradable⟩ **3** GOOD-NATURED : amigable, amistoso ⟨friendly competition : competencia amistosa⟩
friendship [frɛnd,ʃɪp] *n* : amistad *f*
frieze ['fri:z] *n* : friso *m*
frigate ['frɪgət] *n* : fragata *f*
fright ['fraɪt] *n* : miedo *m*, susto *m*
frighten ['fraitən] *vt* : asustar, espantar
frightened ['fraitənd] *adj* : asustado, temeroso
frightening ['fraitənɪŋ] *adj* : espantoso, aterrador
frightful ['fraɪtfəl] *adj* **1** → **frightening** **2** TREMENDOUS : espantoso, tremendo
frightfully ['fraɪtfəli] *adv* : terriblemente, tremendamente
frigid ['frɪʤɪd] *adj* : glacial, extremadamente frío
frigidity [frɪ'ʤɪdət̬i] *n* **1** COLDNESS : frialdad *f* **2** : frigidez *f* (sexual)
frill ['frɪl] *n* **1** RUFFLE : volante *m* **2** EMBELLISHMENT : floritura *f*, adorno *m*
frilly ['frɪli] *adj* **frillier; -est** **1** RUFFLY : con volantes **2** OVERDONE : recargado
fringe[1] ['frɪnʤ] *vt* **fringed; fringing** : orlar, bordear
fringe[2] *n* **1** BORDER : fleco *m*, orla *f* **2** EDGE : periferia *f*, margen *m* **3 fringe benefits** : incentivos *mpl*, extras *mpl*
frisk ['frɪsk] *vi* FROLIC : retozar, juguetear — *vt* SEARCH : cachear, registrar
friskiness ['frɪskinəs] *n* : vivacidad *f*
frisky ['frɪski] *adj* **friskier; -est** : retozón, juguetón
fritter[1] ['frɪt̬ər] *vt* : desperdiciar, malgastar ⟨I frittered away the money : malgasté el dinero⟩
fritter[2] *n* : buñuelo *m*
frivolity [frɪ'vɑlət̬i] *n, pl* **-ties** : frivolidad *f*
frivolous ['frɪvələs] *adj* : frívolo, de poca importancia
frivolously ['frɪvələsli] *adv* : frívolamente, a la ligera
frizz[1] ['frɪz] *vi* : rizarse, encresparse, ponerse chino *Mex*
frizz[2] *n* : rizos *mpl* muy apretados
frizzy ['frɪzi] *adj* **frizzier; -est** : rizado, crespo, chino *Mex*
fro ['fro:] *adv* **to and fro** : de aquí para allá, de un lado para otro
frock ['frɑk] *n* DRESS : vestido *m*
frog ['frɔg, 'frɑg] *n* **1** : rana *f* **2** FASTENER : alamar *m* **3 to have a frog in one's throat** : tener carraspera
frogman ['frɔg,mæn, 'frɑg-, -mən] *n, pl* **-men** [-mən, -,mɛn] : hombre *m* rana, submarinista *mf*
frolic[1] ['frɑlɪk] *vi* **-icked; -icking** : retozar, juguetear

frolic[2] *n* FUN : diversión *f*
frolicsome [ˈfrɑlɪksəm] *adj* : juguetón
from [ˈfrʌm, ˈfrɑm] *prep* **1** (*indicating a starting, central, or lowest point*) : desde, de, a partir de ⟨from Cali to Bogota : de Cali a Bogotá⟩ ⟨where are you from? : ¿de dónde eres?⟩ ⟨he watched us from above : nos miraba desde arriba⟩ ⟨from that time onward : desde entonces⟩ ⟨from January to March : de enero a marzo, desde enero hasta marzo⟩ ⟨from tomorrow : a partir de mañana⟩ ⟨they cost from 5 to 10 dollars : cuestan entre 5 y 10 dólares⟩ ⟨to speak from the heart : hablar con el corazón⟩ **2** OFF, OUT OF : de ⟨she took it from the drawer : lo sacó del cajón⟩ **3** (*indicating a source or sender*) : de ⟨a letter from my friend : una carta de mi amiga⟩ ⟨a quote from Shakespeare : una cita de Shakespeare⟩ **4** (*indicating distance*) : de ⟨10 feet from the entrance : a 10 pies de la entrada⟩ ⟨we got separated from the group : nos vimos separados del grupo⟩ **5** (*indicating a cause*) : de ⟨red from crying : rojos de llorar⟩ ⟨he died from the cold : murió del frío⟩ **6** (*indicating material*) : de ⟨made from wood : (hecho) de madera⟩ **7** (*indicating blocking, removal, etc.*) : de ⟨to protect from : proteger de⟩ ⟨to provide relief from : aliviar⟩ ⟨to refrain from : abstenerse de⟩ ⟨to omit from : omitir de⟩ ⟨she was excluded from the club : no la admitieron en el club⟩ **8** (*indicating a change*) : de ⟨from bad to worse : de mal en peor⟩ **9** (*in mathematics*) : de ⟨to deduct something from something : deducir/descontar algo de algo⟩ ⟨to subtract 10 from 30 : restarle 10 a 30, restar 10 de 30⟩ **10** (*indicating alternatives*) : de ⟨to choose from (among) : elegir de (entre)⟩
frond [ˈfrɑnd] *n* : fronda *f*, hoja *f*
front[1] [ˈfrʌnt] *vi* **1** FACE : dar, estar orientado ⟨the house fronts north : la casa da al norte⟩ **2** : servir de pantalla ⟨he fronts for his boss : sirve de pantalla para su jefe⟩
front[2] *adj* : delantero, de adelante, primero ⟨the front row : la primera fila⟩
front[3] *n* **1** : frente *m*, parte *f* de adelante, delantera *f* ⟨the front of the class : el frente de la clase⟩ ⟨at the front of the train : en la parte delantera del tren⟩ **2** AREA, ZONE : frente *m*, zona *f* ⟨the Eastern front : el frente oriental⟩ ⟨on the educational front : en el frente de la enseñanza⟩ **3** FACADE : fachada *f* (de un edificio o una persona) **4** : frente *m* (en meteorología)
frontage [ˈfrʌntɪʤ] *n* : fachada *f*, frente *m*
frontal [ˈfrʌntəl] *adj* : frontal, de frente
frontier [ˌfrʌnˈtɪr] *n* : frontera *f*
frontiersman [ˌfrʌnˈtɪrzmən] *n, pl* **-men** [-mən, -ˌmɛn] : hombre *m* de la frontera
frontispiece [ˈfrʌntəsˌpiːs] *n* : frontispicio *m*
frost[1] [ˈfrɔst] *vt* **1** FREEZE : helar **2** ICE : escarchar (pasteles)
frost[2] *n* **1** : helada *f* (en meteorología) **2** : escarcha *f* ⟨frost on the window : escarcha en la ventana⟩
frostbite [ˈfrɔstˌbaɪt] *n* : congelación *f*
frostbitten [ˈfrɔstˌbɪtən] *adj* : congelado (dícese de una persona), quemado (dícese de una planta)
frosting [ˈfrɔstɪŋ] *n* ICING : glaseado *m*, betún *m Mex*
frosty [ˈfrɔsti] *adj* **frostier; -est** **1** CHILLY : helado, frío **2** COOL, UNFRIENDLY : frío, glacial
froth [ˈfrɔθ] *n, pl* **froths** [ˈfrɔθs, ˈfrɔðz] : espuma *f*
frothy [ˈfrɔθi] *adj* **frothier; -est** : espumoso
frown[1] [ˈfraʊn] *vi* **1** : fruncir el ceño, fruncir el entrecejo **2 to frown at** : mirar (algo) con ceño, mirar (a alguien) con ceño
frown[2] *n* : ceño *m* (fruncido)
frowsy *or* **frowzy** [ˈfraʊzi] *adj* **frowsier** *or* **frowzier; -est** : desaliñado, desaseado
froze → **freeze**
frozen → **freeze**
frugal [ˈfruːgəl] *adj* : frugal, ahorrativo, parco — **frugally** *adv*
frugality [fruˈgæləṭi] *n* : frugalidad *f*
fruit[1] [ˈfruːt] *vi* : dar fruto
fruit[2] *n* **1** : fruta *f* (término genérico), fruto *m* (término particular) **2 fruits** *npl* REWARDS : frutos *mpl* ⟨the fruits of his labor : los frutos de su trabajo⟩
fruitcake [ˈfruːtˌkeɪk] *n* : pastel *m* de frutas
fruitful [ˈfruːtfəl] *adj* : fructífero, provechoso
fruition [fruˈɪʃən] *n* **1** : cumplimiento *m*, realización *f* **2 to bring to fruition** : realizar
fruitless [ˈfruːtləs] *adj* : infructuoso, inútil — **fruitlessly** *adv*
fruity [ˈfruːṭi] *adj* **fruitier; -est** : (con sabor) a fruta
frumpy [ˈfrʌmpi] *adj* **frumpier; -est** : anticuado y sin atractivo
frustrate [ˈfrʌsˌtreɪt] *vt* **-trated; -trating** : frustrar
frustrating [ˈfrʌsˌtreɪṭɪŋ] *adj* : frustrante — **frustratingly** *adv*
frustration [ˌfrʌsˈtreɪʃən] *n* : frustración *f*
fry[1] [ˈfraɪ] *vt* **fried; frying** : freír
fry[2] *n, pl* **fries** **1** : fritura *f*, plato *m* frito **2** : fiesta *f* en que se sirven frituras **3** *pl* **fry** : alevín *m* (pez)
frying pan *n* : sartén *mf*
fuchsia [ˈfjuːʃə] *n* **1** : fucsia *f* (planta) **2** : fucsia *m* (color)
fuddle [ˈfʌdəl] *vt* **-dled; -dling** : confundir, atontar

fuddy–duddy ['fʌdi,dʌdi] *n, pl* **-dies** : persona *f* chapada a la antigua, carca *mf*
fudge[1] ['fʌʤ] *vt* **fudged; fudging** **1** FALSIFY : amañar, falsificar **2** DODGE : esquivar
fudge[2] *n* : dulce *m* blando de chocolate y leche
fuel[1] ['fju:əl] *vt* **-eled** *or* **-elled; -eling** *or* **-elling** **1** : abastecer de combustible **2** STIMULATE : estimular
fuel[2] *n* : combustible *m*, carburante *m* (para motores)
fugitive[1] ['fju:ʤəṭɪv] *adj* **1** RUNAWAY : fugitivo **2** FLEETING : efímero, pasajero, fugaz
fugitive[2] *n* : fugitivo *m*, -va *f*
fugue ['fju:g] *n* : fuga *f*
fulcrum ['fʊlkrəm, 'fʌl-] *n, pl* **-crums** *or* **-cra** [-krə] : fulcro *m*
fulfill *or* **fulfil** [fʊl'fɪl] *vt* **-filled; -filling** **1** PERFORM : cumplir con, realizar, llevar a cabo **2** SATISFY : satisfacer
fulfillment [fʊl'fɪlmənt] *n* **1** PERFORMANCE : cumplimiento *m*, ejecución *f* **2** SATISFACTION : satisfacción *f*, realización *f*
full[1] ['fʊl, 'fʌl] *adv* **1** VERY : muy ⟨full well : muy bien, perfectamente⟩ **2** ENTIRELY : completamente ⟨she swung full around : giró completamente⟩ **3** DIRECTLY : de lleno, directamente ⟨he looked me full in the face : me miró directamente a la cara⟩
full[2] *adj* **1** FILLED : lleno ⟨a full glass : un vaso lleno⟩ ⟨I'm full : estoy lleno⟩ ⟨full of holes : lleno de agujeros⟩ **2** COMPLETE : completo, detallado ⟨two full weeks : dos semanas completas⟩ ⟨a full report : un informe detallado⟩ **3** MAXIMUM : todo, pleno ⟨at full speed : a toda velocidad⟩ ⟨in full bloom : en plena flor⟩ **4** PLUMP : redondo, llenito *fam*, regordete *fam* ⟨a full face : una cara redonda⟩ ⟨a full figure : un cuerpo llenito⟩ **5** AMPLE : amplio ⟨a full skirt : una falda amplia⟩
full[3] *n* **1 to pay in full** : pagar en su totalidad **2 to the full** : al máximo
full–fledged ['fʊl'flɛʤd] *adj* : hecho y derecho
fullness ['fʊlnəs] *n* **1** ABUNDANCE : plenitud *f*, abundancia *f* **2** : amplitud *f* (de una falda)
fully ['fʊli] *adv* **1** COMPLETELY : completamente, totalmente **2** : al menos, por lo menos ⟨fully half of them : al menos la mitad de ellos⟩
fulsome ['fʊlsəm] *adj* : excesivo, exagerado, efusivo
fumble[1] ['fʌmbəl] *v* **-bled; -bling** *vt* **1** : dejar caer, fumblear **2 to fumble one's way** : ir a tientas — *vi* **1** GROPE : hurgar, tantear **2 to fumble with** : manejar con torpeza
fumble[2] *n* : fumble *m* (en futbol americano)
fume[1] ['fju:m] *vi* **fumed; fuming** **1** SMOKE : echar humo, humear **2** : estar furioso
fume[2] *n* : gas *m*, humo *m*, vapor *m*
fumigate ['fju:mə,geɪt] *vt* **-gated; -gating** : fumigar
fumigation [,fju:mə'geɪʃən] *n* : fumigación *m*
fun[1] ['fʌn] *adj* : divertido, entretenido
fun[2] *n* **1** AMUSEMENT : diversión *f*, entretenimiento *m* **2** ENJOYMENT : disfrute *m* **3 to have fun** : divertirse **4 to make fun of** : reírse de, burlarse de
function[1] ['fʌŋkʃən] *vi* : funcionar, desempeñarse, servir
function[2] *n* **1** PURPOSE : función *f* **2** GATHERING : reunión *f* social, recepción *f* **3** CEREMONY : ceremonia *f*, acto *m*
functional ['fʌŋkʃənəl] *adj* : funcional — **functionally** *adv*
functionary ['fʌŋkʃə,nɛri] *n, pl* **-aries** : funcionario *m*, -ria *f*
fund[1] ['fʌnd] *vt* : financiar
fund[2] *n* **1** SUPPLY : reserva *f*, cúmulo *m* **2** : fondo *m* ⟨investment fund : fondo de inversiones⟩ **3 funds** *npl* RESOURCES : fondos *mpl*
fundamental[1] [,fʌndə'mɛntəl] *adj* **1** BASIC : fundamental, básico **2** PRINCIPAL : esencial, principal **3** INNATE : innato, intrínseco
fundamental[2] *n* : fundamento *m*
fundamentalism [,fʌndə'mɛntəl,ɪzəm] *n* : integrismo *m*, fundamentalismo *m*
fundamentalist [,fʌndə'mɛntəlɪst] *n* : integrista *mf*, fundamentalista *mf* — **fundamentalist** *adj*
fundamentally [,fʌndə'mɛntəli] *adv* : fundamentalmente, básicamente
funding ['fʌndɪŋ] *n* : financiación *f*
fund–raiser ['fʌnd,reɪzər] *n* : función *f* para recaudar fondos
funeral[1] ['fju:nərəl] *adj* **1** : funeral, funerario, fúnebre ⟨funeral procession : cortejo fúnebre⟩ **2 funeral home** : funeraria *f*
funeral[2] *n* : funeral *m*, funerales *mpl*
funereal [fju:'nɪriəl] *adj* : fúnebre
fungal ['fʌŋgəl] *adj* : de hongos, micótico
fungicidal [,fʌnʤə'saɪdəl, ,fʌngə-] *adj* : fungicida
fungicide ['fʌnʤə,saɪd, 'fʌŋgə-] *n* : fungicida *m*
fungous ['fʌŋgəs] *adj* : fungoso
fungus ['fʌŋgəs] *n, pl* **fungi** ['fʌn,ʤaɪ, 'fʌŋ,gaɪ] : hongo *m*
funk ['fʌŋk] *n* **1** FEAR : miedo *m* **2** DEPRESSION : depresión *f*
funky ['fʌŋki] *adj* **funkier; -est** ODD, QUAINT : raro, extraño, original
funnel[1] ['fʌnəl] *vt* **-neled; -neling** CHANNEL : canalizar, encauzar
funnel[2] *n* **1** : embudo *m* **2** SMOKESTACK : chimenea *f* (de un barco o vapor)
funnies ['fʌniz] *npl* : tiras *fpl* cómicas

funny ['fʌni] *adj* **funnier; -est 1** AMUSING : divertido, cómico **2** STRANGE : extraño, raro
fur[1] ['fər] *adj* : de piel
fur[2] *n* **1** : pelaje *m*, piel *f* **2** : prenda *f* de piel
furbish ['fərbɪʃ] *vt* : pulir, limpiar
furious ['fjʊriəs] *adj* **1** ANGRY : furioso **2** FRANTIC : violento, frenético, vertiginoso (dícese de la velocidad)
furiously ['fjʊriəsli] *adv* **1** ANGRILY : furiosamente **2** FRANTICALLY : frenéticamente
furlong ['fər,lɔŋ] *n* : estadio *m* (201.2 m)
furlough[1] ['fər,lo:] *vt* : dar permiso a, dar licencia a
furlough[2] *n* LEAVE : permiso *m*, licencia *f*
furnace ['fərnəs] *n* : horno *m*
furnish ['fərnɪʃ] *vt* **1** SUPPLY : proveer, suministrar **2** : amueblar <furnished apartment : departamento amueblado>
furnishings ['fərnɪʃɪŋz] *npl* **1** ACCESSORIES : accesorios *mpl* **2** FURNITURE : muebles *mpl*, mobiliario *m*
furniture ['fərnɪʧər] *n* : muebles *mpl*, mobiliario *m*
furor ['fjʊr,ɔr, -ər] *n* **1** RAGE : furia *f*, rabia *f* **2** UPROAR : escándalo *m*, jaleo *m*, alboroto *m*
furrier ['fəriər] *n* : peletero *m*, -ra *f*
furrow[1] ['fəro:] *vt* **1** : surcar **2 to furrow one's brow** : fruncir el ceño
furrow[2] *n* **1** GROOVE : surco *m* **2** WRINKLE : arruga *f*, surco *m*
furry ['fəri] *adj* **furrier; -est** : peludo (dícese de un animal), peluche (dícese de un objeto)
further[1] ['fərðər] *vt* : promover, fomentar
further[2] *adv* **1** FARTHER : más lejos, más adelante **2** MOREOVER : además **3** MORE : más <I'll consider it further in the morning : lo consideraré más en la mañana>
further[3] *adj* **1** FARTHER : más lejano **2** ADDITIONAL : adicional, más
furtherance ['fərðərən*t*s] *n* : promoción *f*, fomento *m*, adelantamiento *m*
furthermore ['fərðər,mor] *adv* : además
furthermost ['fərðər,mo:st] *adj* : más lejano, más distante
furthest ['fərðəst] → **farthest**[1], farthest[2]
furtive ['fərt̬ɪv] *adj* : furtivo, sigiloso — **furtively** *adv*
furtiveness ['fərt̬ɪvnəs] *n* STEALTH : sigilo *m*
fury ['fjʊri] *n, pl* **-ries 1** RAGE : furia *f*, ira *f* **2** VIOLENCE : furia *f*, furor *m*
fuse[1] ['fju:z] *or* **fuze** *vt* **fused** *or* **fuzed; fusing** *or* **fuzing** : equipar con un fusible
fuse[2] *v* **fused; fusing** *vt* **1** SMELT : fundir **2** MERGE : fusionar, fundir — *vi* : fundirse, fusionarse
fuse[3] *n* : fusible *m*
fuselage ['fju:sə,lɑʒ, -zə-] *n* : fuselaje *m*
fusillade ['fju:sə,lɑd, -,leɪd, ,fju:sə'-, -zə-] *n* : descarga *f* de fusilería
fusion ['fju:ʒən] *n* : fusión *f*
fuss[1] ['fʌs] *vi* **1** WORRY : preocuparse **2 to fuss with** : juguetear con, toquetear **3 to fuss over** : mimar
fuss[2] *n* **1** COMMOTION : alboroto *m*, escándalo *m* **2** ATTENTION : atenciones *fpl* **3** COMPLAINT : quejas *fpl*
fussbudget ['fʌs,bʌʤət] *n* : quisquilloso *m*, -sa *f*; melindroso *m*, -sa *f*
fussiness ['fʌsinəs] *n* **1** IRRITABILITY : irritabilidad *f* **2** ORNATENESS : lo recargado **3** METICULOUSNESS : meticulosidad *f*
fussy ['fʌsi] *adj* **fussier; -est 1** IRRITABLE : irritable, nervioso **2** OVERELABORATE : recargado **3** METICULOUS : meticuloso **4** FASTIDIOUS : quisquilloso, exigente
futile ['fju:t̬əl, 'fju:,taɪl] *adj* : inútil, vano
futility [fju'tɪlət̬i] *n, pl* **-ties** : inutilidad *f*
future[1] ['fju:ʧər] *adj* : futuro
future[2] *n* : futuro *m*
futuristic [,fju:ʧə'rɪstɪk] *adj* : futurista
fuze → **fuse**[1]
fuzz ['fʌz] *n* : pelusa *f*
fuzziness ['fʌzinəs] *n* **1** DOWNINESS : vellosidad *f* **2** INDISTINCTNESS : falta *f* de claridad
fuzzy ['fʌzi] *adj* **fuzzier; -est 1** FLUFFY, FURRY : con pelusa, peludo **2** INDISTINCT : indistinto, borroso <a fuzzy image : una imagen borrosa>

G

g ['ʤi:] *n, pl* **g's** *or* **gs** ['ʤi:z] : séptima letra del alfabeto inglés
gab[1] ['gæb] *vi* **gabbed; gabbing** : charlar, cotorrear *fam*, parlotear *fam*
gab[2] *n* CHATTER : cotorreo *m fam*, parloteo *m fam*
gabardine ['gæbər,di:n] *n* : gabardina *f*
gabby ['gæbi] *adj* **gabbier; -est** : hablador, parlanchín
gable ['geɪbəl] *n* : hastial *m*, aguilón *m*
Gabonese [,gæbə'ni:z, -'ni:s] *n* : gabonés *m*, -nesa *f* — **Gabonese** *adj*
gad ['gæd] *vi* **gadded; gadding** WANDER : deambular, vagar, callejear
gadfly ['gæd,flaɪ] *n, pl* **-flies 1** : tábano *m* (insecto) **2** FAULTFINDER : criticón *m*, -cona *f fam*
gadget ['gæʤət] *n* : artilugio *m*, aparato *m*
gadgetry ['gæʤətri] *n* : artilugios *mpl*, aparatos *mpl*

Gaelic [ˈgeɪlɪk, ˈgæ] *n* : gaélico *m* (idioma) — **Gaelic** *adj*
gaff [ˈgæf] *n* **1** : garfio *m* **2** → **gaffe**
gaffe [ˈgæf] *n* : metedura *f* de pata *fam*
gag¹ [ˈgæg] *v* **gagged; gagging** *vt* : amordazar ⟨to tie up and gag : atar y amordazar⟩ — *vi* **1** CHOKE : atragantarse **2** RETCH : hacer arcadas
gag² *n* **1** : mordaza *f* (para la boca) **2** JOKE : chiste *m*
gage → **gauge**
gaggle [ˈgægəl] *n* : bandada *f*, manada *f* (de gansos)
gaiety [ˈgeɪət̬i] *n, pl* **-eties** **1** MERRYMAKING : juerga *f* **2** MERRIMENT : alegría *f*, regocijo *m*
gaily [ˈgeɪli] *adv* : alegremente
gain¹ [ˈgeɪn] *vt* **1** ACQUIRE, OBTAIN : ganar, obtener, adquirir, conseguir ⟨to gain knowledge : adquirir conocimientos⟩ ⟨to gain a victory : obtener una victoria⟩ **2** REACH : alcanzar, llegar a **3** INCREASE : ganar, aumentar ⟨to gain weight : aumentar de peso⟩ **4** : adelantarse, ganar ⟨the watch gains two minutes a day : el reloj se adelanta dos minutos por día⟩ — *vi* **1** PROFIT : beneficiarse **2** INCREASE : aumentar
gain² *n* **1** PROFIT : beneficio *m*, ganancia *f*, lucro *m*, provecho *m* **2** INCREASE : aumento *m*
gainful [ˈgeɪnfəl] *adj* : lucrativo, beneficioso, provechoso ⟨gainful employment : trabajo remunerado⟩
gait [ˈgeɪt] *n* : paso *m*, andar *m*, manera *f* de caminar
gal [ˈgæl] *n* : muchacha *f*
gala¹ [ˈgeɪlə, ˈgæ-, ˈgɑ-] *adj* : de gala
gala² *n* : gala *f*, fiesta *f*
galactic [gəˈlæktɪk] *adj* : galáctico
galaxy [ˈgæləksi] *n, pl* **-axies** : galaxia *f*
gale [ˈgeɪl] *n* **1** WIND : vendaval *f*, viento *m* fuerte **2** **gales of laughter** : carcajadas *fpl*
gall¹ [ˈgɔl] *vt* **1** CHAFE : rozar **2** IRRITATE, VEX : irritar, molestar
gall² *n* **1** BILE : bilis *f*, hiel *f* **2** INSOLENCE : audacia *f*, insolencia *f*, descaro *m* **3** SORE : rozadura *f* (de un caballo) **4** : agalla *f* (de una planta)
gallant [ˈgælənt] *adj* **1** BRAVE : valiente, gallardo **2** CHIVALROUS, POLITE : galante, cortés
gallantry [ˈgæləntri] *n, pl* **-ries** : galantería *f*, caballerosidad *f*
gallbladder [ˈgɔlˌblædər] *n* : vesícula *f* biliar
galleon [ˈgæljən] *n* : galeón *m*
gallery [ˈgæləri] *n, pl* **-leries** **1** BALCONY : galería *f* (para espectadores) **2** CORRIDOR : pasillo *m*, galería *f*, corredor *m* **3** : galería *f* (para exposiciones)
galley [ˈgæli] *n, pl* **-leys** : galera *f*
gallium [ˈgæliəm] *n* : galio *m*
gallivant [ˈgæləˌvænt] *vi* : callejear
gallon [ˈgælən] *n* : galón *m*
gallop¹ [ˈgæləp] *vi* : galopar
gallop² *n* : galope *m*
gallows [ˈgæˌlo:z] *n, pl* **-lows** *or* **-lowses** [-ˌlo:zəz] : horca *f*
gallstone [ˈgɔlˌsto:n] *n* : cálculo *m* biliar
galore [gəˈlor] *adj* : en abundancia ⟨bargains galore : muchísimas gangas⟩
galoshes [gəˈlɑʃəz] *npl* : galochas *fpl*, chanclos *mpl*
galvanize [ˈgælvənˌaɪz] *vt* **-nized; -nizing** **1** STIMULATE : estimular, excitar, impulsar **2** : galvanizar (metales)
Gambian [ˈgæmbiən] *n* : gambiano *m*, -na *f* — **Gambian** *adj*
gambit [ˈgæmbɪt] *n* **1** : gambito *m* (en ajedrez) **2** STRATAGEM : estratagema *f*, táctica *f*
gamble¹ [ˈgæmbəl] *v* **-bled; -bling** *vi* : jugar, arriesgarse — *vt* **1** BET, WAGER : apostar, jugarse **2** RISK : arriesgar
gamble² *n* **1** BET : apuesta *f* **2** RISK : riesgo *m*
gambler [ˈgæmbələr] *n* : jugador *m*, -dora *f*
gambling [ˈgæmbəlɪŋ] *n* : juego *m*
gambol [ˈgæmbəl] *vi* **-boled** *or* **-bolled; -boling** *or* **-bolling** FROLIC : retozar, juguetear
game¹ [ˈgeɪm] *adj* **1** READY : listo, dispuesto ⟨we're game for anything : estamos listos para lo que sea⟩ **2** LAME : cojo
game² *n* **1** : juego *m* ⟨card game : juego de cartas/naipes⟩ ⟨board game : juego de mesa⟩ ⟨video game : videojuego⟩ **2** MATCH : partido *m* (de fútbol, ajedrez, etc.), partida *f* (de ajedrez, etc.) **3** ROUND : juego *m* **4** : caza *f* ⟨big game : caza mayor⟩ **5** **early in the game** : al principio **6** **late in the game** : tarde ⟨it's a little late in the game for that : ya es tarde para eso⟩ **7** **to be ahead of the game** : llevar la delantera **8** **to be on/off one's game** : estar/no estar en forma **9** **to beat someone at their own game** : vencer a alguien con sus propias armas **10** **to play games (with someone)** : jugar con alguien, manipular a alguien
gamecock [ˈgeɪmˌkɑk] *n* : gallo *m* de pelea
gamekeeper [ˈgeɪmˌki:pər] *n* : guardabosque *mf*
gamely [ˈgeɪmli] *adv* : animosamente
gamma ray [ˈgæmə] *n* : rayo *m* gamma
gamut [ˈgæmət] *n* : gama *f*, espectro *m* ⟨to run the gamut : pasar por toda la gama⟩
gamy *or* **gamey** [ˈgeɪmi] *adj* **gamier; -est** : con sabor de animal de caza, fuerte
gander [ˈgændər] *n* **1** : ganso *m* (animal) **2** GLANCE : mirada *f*, vistazo *m*, ojeada *f*
gang¹ [ˈgæŋ] *vi* **to gang up** : agruparse, unirse
gang² *n* : banda *f*, pandilla *f*
gangling [ˈgæŋglɪŋ] *adj* LANKY : larguirucho *fam*

ganglion [ˈgæŋgliən] *n, pl* **-glia** [-gliə] : ganglio *m*
gangplank [ˈgæŋˌplæŋk] *n* : pasarela *f*
gangrene [ˈgæŋˌgri:n, ˈgæn-; gæŋˈ-, gænˈ-] *n* : gangrena *f*
gangrenous [ˈgæŋgrənəs] *adj* : gangrenoso
gangster [ˈgæŋstər] *n* : gángster *mf*
gangway [ˈgæŋˌweɪ] *n* **1** : pasarela *f* **2 gangway!** : ¡abran paso!
gap [ˈgæp] *n* **1** BREACH, OPENING : espacio *m*, brecha *f*, abertura *f* **2** GORGE : desfiladero *m*, barranco *m* **3** : laguna *f* ⟨a gap in my education : una laguna en mi educación⟩ **4** INTERVAL : pausa *f*, intervalo *m* **5** DISPARITY : brecha *f*, disparidad *f*
gape[1] [ˈgeɪp] *vi* **gaped; gaping 1** OPEN : abrirse, estar abierto **2** STARE : mirar fijamente con la boca abierta, mirar boquiabierto
gape[2] *n* **1** OPENING : abertura *f*, brecha *f* **2** STARE : mirada *f* boquiabierta
garage[1] [gəˈrɑʒ, -ˈrɑʤ] *vt* **-raged; -raging** : dejar en un garaje
garage[2] *n* : garaje *m*, cochera *f*
garb[1] [ˈgɑrb] *vt* : vestir, ataviar
garb[2] *n* : vestimenta *f*, atuendo *f*
garbage [ˈgɑrbɪʤ] *n* : basura *f*, desechos *mpl*
garbageman [ˈgɑrbɪʤmən] *n, pl* **-men** [-mən, -ˌmɛn] : basurero *m*
garble [ˈgɑrbəl] *vt* **-bled; -bling** : tergiversar, distorsionar
garbled [ˈgɑrbəld] *adj* : incoherente, incomprensible
garden[1] [ˈgɑrdən] *vi* : trabajar en el jardín
garden[2] *n* : jardín *m*
gardener [ˈgɑrdənər] *n* : jardinero *m*, -ra *f*
gardenia [gɑrˈdi:njə] *n* : gardenia *f*
gardening [ˈgɑrdənɪŋ] *n* : jardinería *f*
gargantuan [gɑrˈgæntʃʊən] *adj* : gigantesco, colosal
gargle[1] [ˈgɑrgəl] *vi* **-gled; -gling** : hacer gárgaras, gargarizar
gargle[2] *n* : gárgara *f*
gargoyle [ˈgɑrˌgɔɪl] *n* : gárgola *f*
garish [ˈgærɪʃ] *adj* GAUDY : llamativo, chillón, charro — **garishly** *adv*
garland[1] [ˈgɑrlənd] *vt* : adornar con guirnaldas
garland[2] *n* : guirnalda *f*
garlic [ˈgɑrlɪk] *n* : ajo *m*
garment [ˈgɑrmənt] *n* : prenda *f*
garner [ˈgɑrnər] *vt* : recoger, cosechar
garnet [ˈgɑrnət] *n* : granate *m*
garnish[1] [ˈgɑrnɪʃ] *vt* : aderezar, guarnecer
garnish[2] *n* : aderezo *m*, guarnición *f*
garret [ˈgærət] *n* : buhardilla *f*, desván *m*
garrison[1] [ˈgærəsən] *vt* **1** QUARTER : acuartelar (tropas) **2** OCCUPY : guarnecer, ocupar (con tropas)
garrison[2] *n* **1** : guarnición *f* (ciudad) **2** FORT : fortaleza *f*, poste *m* militar
garrulous [ˈgærələs] *adj* : charlatán, parlanchín, garlero *Col fam*
garter [ˈgɑrt̬ər] *n* : liga *f*
gas[1] [ˈgæs] *v* **gassed; gassing** *vt* : gasear — *vi* **to gas up** : llenar el tanque con gasolina
gas[2] *n, pl* **gases** [ˈgæsəz] **1** : gas *m* ⟨tear gas : gas lacrimógeno⟩ **2** GASOLINE : gasolina *f*
gaseous [ˈgæʃəs, ˈgæsiəs] *adj* : gaseoso
gash[1] [ˈgæʃ] *vt* : hacer un tajo en, cortar
gash[2] *n* : cuchillada *f*, tajo *m*
gasket [ˈgæskət] *n* : junta *f*
gas mask *n* : máscara *f* antigás
gasoline [ˈgæsəˌli:n, ˌgæsəˈ-] *n* : gasolina *f*, nafta *f*
gasp[1] [ˈgæsp] *vi* **1** : boquear ⟨to gasp with surprise : gritar de asombro⟩ **2** PANT : jadear, respirar con dificultad
gasp[2] *n* **1** : boqueada *f* ⟨a gasp of surprise : un grito sofocado⟩ **2** PANTING : jadeo *m*
gas station *n* : estación *f* de servicio, gasolinera *f*
gastric [ˈgæstrɪk] *adj* : gástrico ⟨gastric juice : jugo gástrico⟩
gastronomic [ˌgæstrəˈnɑmɪk] *adj* : gastronómico
gastronomy [gæsˈtrɑnəmi] *n* : gastronomía *f*
gate [ˈgeɪt] *n* : portón *m*, verja *f*, puerta *f*
gatekeeper [ˈgeɪtˌki:pər] *n* : guarda *mf*; guardián *m*, -diana *f*
gateway [ˈgeɪtˌweɪ] *n* : puerta *f* (de acceso), entrada *f*
gather [ˈgæðər] *vt* **1** ASSEMBLE : juntar, recoger, reunir **2** HARVEST : recoger, cosechar **3** : fruncir (una tela) **4** INFER : deducir, suponer
gathering [ˈgæðərɪŋ] *n* : reunión *f*
gauche [ˈgo:ʃ] *adj* : torpe, falto de tacto
gaudy [ˈgɔdi] *adj* **gaudier; -est** : chillón, llamativo
gauge[1] [ˈgeɪʤ] *vt* **gauged; gauging 1** MEASURE : medir **2** ESTIMATE, JUDGE : estimar, evaluar, juzgar
gauge[2] *n* **1** : indicador *m* ⟨pressure gauge : indicador de presión⟩ **2** CALIBER : calibre *m* **3** INDICATION : indicio *m*, muestra *f*
gaunt [ˈgɔnt] *adj* : demacrado, enjuto, descarnado
gauntlet [ˈgɔntlət] *n* : guante *m* ⟨to run the gauntlet of : exponerse a⟩
gauze [ˈgɔz] *n* : gasa *f*
gauzy [ˈgɔzi] *adj* **gauzier; -est** : diáfano, vaporoso
gave → **give**
gavel [ˈgævəl] *n* : martillo *m* (de un juez, un subastador, etc.)
gawk [ˈgɔk] *vi* GAPE : mirar boquiabierto
gawky [ˈgɔki] *adj* **gawkier; -est** : desmañado, torpe, desgarbado
gay [ˈgeɪ] *adj* **1** MERRY : alegre **2** BRIGHT, COLORFUL : vistoso, vivo **3** HOMOSEXUAL : homosexual

gaze[1] [ˈgeɪz] *vi* **gazed; gazing** : mirar (fijamente)
gaze[2] *n* : mirada *f* (fija)
gazelle [gəˈzɛl] *n* : gacela *f*
gazette [gəˈzɛt] *n* : gaceta *f*
gazetteer [ˌgæzəˈtɪr] *n* : diccionario *m* geográfico
gear[1] [ˈgɪr] *vt* ADAPT, ORIENT : adaptar, ajustar, orientar ⟨a book geared to children : un libro adaptado a los niños⟩ — *vi* **to gear up** : prepararse
gear[2] *n* **1** CLOTHING : ropa *f* **2** BELONGINGS : efectos *mpl* personales **3** EQUIPMENT, TOOLS : equipo *m*, aparejo *m*, herramientas *fpl* ⟨fishing gear : aparejo de pescar⟩ ⟨landing gear : tren de aterrizaje⟩ **4** COGWHEEL : rueda *f* dentada **5** : marcha *f*, velocidad *f* (de un vehículo) ⟨to put in gear : poner en marcha⟩ ⟨to change gear(s) : cambiar de velocidad⟩
gearshift [ˈgɪrˌʃɪft] *n* : palanca *f* de cambio, palanca *f* de velocidad
geek [ˈgiːk] *n fam* : intelectual *mf*
geese → **goose**
Geiger counter [ˈgaɪgərˌkaʊntər] *n* : contador *m* Geiger
gel [ˈʤɛl] *n* : gel *m*
gelatin [ˈʤɛlətən] *n* : gelatina *f*
gem [ˈʤɛm] *n* : joya *f*, gema *f*, alhaja *f*
Gemini [ˈʤɛməˌnaɪ] *n* : Géminis *mf*
gemstone [ˈʤɛmˌstoːn] *n* : piedra *f* (semipreciosa o preciosa), gema *f*
gender [ˈʤɛndər] *n* **1** SEX : sexo *m* **2** : género *m* (en la gramática)
gene [ˈʤiːn] *n* : gen *m*, gene *m*
genealogical [ˌʤiːniəˈlɑʤɪkəl] *adj* : genealógico
genealogy [ˌʤiːniˈɑləʤi, ˌʤɛ-, -ˈæ-] *n, pl* **-gies** : genealogía *f*
genera → **genus**
general[1] [ˈʤɛnrəl, ˈʤɛnə-] *adj* : general ⟨in general : en general, por lo general⟩
general[2] *n* : general *mf*
generality [ˌʤɛnəˈrælət̬i] *n, pl* **-ties** : generalidad *f*
generalization [ˌʤɛnrələˈzeɪʃən, ˌʤɛnərə-] *n* : generalización *f*
generalize [ˈʤɛnrəˌlaɪz, ˈʤɛnərə-] *v* **-ized; -izing** : generalizar
generally [ˈʤɛnrəli, ˈʤɛnərə-] *adv* : generalmente, por lo general, en general
generate [ˈʤɛnəˌreɪt] *vt* **-ated; -ating** : generar, producir
generation [ˌʤɛnəˈreɪʃən] *n* : generación *f*
generator [ˈʤɛnəˌreɪt̬ər] *n* : generador *m*
generic [ʤəˈnɛrɪk] *adj* : genérico
generosity [ˌʤɛnəˈrɑsət̬i] *n, pl* **-ties** : generosidad *f*
generous [ˈʤɛnərəs] *adj* **1** OPENHANDED : generoso, dadivoso, desprendido **2** ABUNDANT, AMPLE : abundante, amplio, generoso — **generously** *adv*
genetic [ʤəˈnɛt̬ɪk] *adj* : genético — **genetically** [-t̬ɪkli] *adv*
geneticist [ʤəˈnɛt̬əsɪst] *n* : genetista *mf*
genetics [ʤəˈnɛt̬ɪks] *n* : genética *f*
genial [ˈʤiːniəl] *adj* GRACIOUS : simpático, cordial, afable — **genially** *adv*
geniality [ˌʤiːniˈælət̬i] *n* : simpatía *f*, afabilidad *f*
genie [ˈʤiːni] *n* : genio *m*
genital [ˈʤɛnət̬əl] *adj* : genital
genitals [ˈʤɛnət̬əlz] *npl* : genitales *mpl*
genius [ˈʤiːnjəs] *n* : genio *m*
genocide [ˈʤɛnəˌsaɪd] *n* : genocidio *m*
genre [ˈʒɑnrə, ˈʒɑr] *n* : género *m*
genteel [ʤɛnˈtiːl] *adj* : cortés, fino, refinado
gentile[1] [ˈʤɛnˌtaɪl] *adj* : gentil
gentile[2] *n* : gentil *mf*
gentility [ʤɛnˈtɪlət̬i] *n, pl* **-ties** **1** : nobleza *f* (de nacimiento) **2** POLITENESS, REFINEMENT : cortesía *f*, refinamiento *m*
gentle [ˈʤɛntəl] *adj* **-tler; -tlest** **1** NOBLE : bien nacido, noble **2** DOCILE : dócil, manso **3** KINDLY : bondadoso, amable **4** MILD : suave, apacible ⟨a gentle breeze : una brisa suave⟩ **5** SOFT : suave (dícese de un sonido), ligero (dícese del tacto) **6** MODERATE : moderado, gradual ⟨a gentle slope : una cuesta gradual⟩
gentleman [ˈʤɛntəlmən] *n, pl* **-men** [-mən, -ˌmɛn] : caballero *m*, señor *m*
gentlemanly [ˈʤɛntəlmənli] *adj* : caballeroso
gentleness [ˈʤɛntəlnəs] *n* : delicadeza *f*, suavidad *f*, ternura *f*
gentlewoman [ˈʤɛntəlˌwʊmən] *n, pl* **-women** [-ˌwɪmən] : dama *f*, señora *f*
gently [ˈʤɛntli] *adv* **1** CAREFULLY, SOFTLY : con cuidado, suavemente, ligeramente **2** KINDLY : amablemente, con delicadeza
gentry [ˈʤɛntri] *n, pl* **-tries** : aristocracia *f*
genuflect [ˈʤɛnjʊˌflɛkt] *vi* : doblar la rodilla, hacer una genuflexión
genuflection [ˌʤɛnjʊˈflɛkʃən] *n* : genuflexión *f*
genuine [ˈʤɛnjʊwən] *adj* **1** AUTHENTIC, REAL : genuino, verdadero, auténtico **2** SINCERE : sincero — **genuinely** *adv*
genus [ˈʤiːnəs] *n, pl* **genera** [ˈʤ-nərə] : género *m*
geographer [ʤiˈɑgrəfər] *n* : geógrafo *m*, -fa *f*
geographical [ˌʤiːəˈgræfɪkəl] *or* **geographic** [-fɪk] *adj* : geográfico — **geographically** [-fɪkli] *adv*
geography [ʤiˈɑgrəfi] *n, pl* **-phies** : geografía *f*
geologic [ˌʤiːəˈlɑʤɪk] *or* **geological** [-ʤɪkəl] *adj* : geológico — **geologically** [-ʤɪkli] *adv*
geologist [ʤiˈɑləʤɪst] *n* : geólogo *m*, -ga *f*
geology [ʤiˈɑləʤi] *n* : geología *f*
geometric [ˌʤiːəˈmɛtrɪk] *or* **geometrical** [-trɪkəl] *adj* : geométrico

geometry [ʤiˈɑmətri] *n, pl* **-tries** : geometría *f*
geopolitical [ˌʤi:opəˈlɪt̮ɪkəl] *adj* : geopolítico
Georgian [ˈʤɔrʤən] *n* **1** : georgiano *m* (idioma) **2** : georgiano *m*, -na *f* — **Georgian** *adj*
geranium [ʤəˈreɪniəm] *n* : geranio *m*
gerbil [ˈʤərbəl] *n* : jerbo *m*, gerbo *m*
geriatric [ˌʤɛriˈætrɪk] *adj* : geriátrico
geriatrics [ˌʤɛriˈætrɪks] *n* : geriatría *f*
germ [ˈʤərm] *n* **1** MICROORGANISM : microbio *m*, germen *m* **2** BEGINNING : germen *m*, principio *m* ⟨the germ of a plan : el germen de un plan⟩
German [ˈʤərmən] *n* **1** : alemán *m*, -mana *f* **2** : alemán *m* (idioma) — **German** *adj*
germane [ʤərˈmeɪn] *adj* : relevante, pertinente
Germanic¹ [ʤərˈmænɪk] *adj* : germánico, germano
Germanic² *n* : germánico *m* (idioma)
germanium [ʤərˈmeɪniəm] *n* : germanio *m*
germ cell *n* : célula *f* germen
germicide [ˈʤərməˌsaɪd] *n* : germicida *m*
germinate [ˈʤərməˌneɪt] *v* **-nated; -nating** *vi* : germinar — *vt* : hacer germinar
germination [ˌʤərməˈneɪʃən] *n* : germinación *f*
gerund [ˈʤɛrənd] *n* : gerundio *m*
gestation [ʤɛˈsteɪʃən] *n* : gestación *f*
gesture¹ [ˈʤɛsʧər] *vi* **-tured; -turing** : gesticular, hacer gestos
gesture² *n* **1** : gesto *m*, ademán *m* **2** SIGN, TOKEN : gesto *m*, señal *f* ⟨a gesture of friendship : una señal de amistad⟩
get [ˈgɛt] *v* **got** [ˈgɑt]; **got** *or* **gotten** [ˈgɑtən]; **getting** *vt* **1** OBTAIN : conseguir, obtener, adquirir ⟨to get a job : conseguir trabajo⟩ ⟨she got the dress on sale : compró el vestido rebajado⟩ ⟨to get someone's attention : atraer la atención de alguien⟩ ⟨to get a good night's sleep : dormir bien, dormir por la noche⟩ **2** RECEIVE : recibir ⟨to get a letter : recibir una carta⟩ ⟨we've been getting a lot of rain : ha llovido mucho⟩ **3** EARN : ganar ⟨he gets $10 an hour : gana $10 por hora⟩ **4** FETCH : traer ⟨get me my book : tráeme el libro⟩ ⟨go (and) get your coat : vete a buscar tu abrigo⟩ **5** CATCH : tomar (un tren, etc.), agarrar (una pelota, etc.) **6** SEIZE, GRASP : agarrar ⟨he got me by the arm : me agarró del brazo⟩ **7** CAPTURE : agarrar, capturar **8** SEND : mandar, hacer llegar ⟨we got a message to her : le hicimos llegar un mensaje⟩ **9** TAKE : llevar ⟨we have to get him to the hospital : tenemos que llevarlo al hospital⟩ **10** : hacer ir/mover (etc.) ⟨he got them out of bed : los sacó de la cama⟩ ⟨we got ourselves through customs : pasamos por la aduana⟩ **11** : hacer progresar ⟨flattery will get you nowhere : con halagos no conseguirás nada⟩ **12** FIT : hacer entrar/pasar (etc.) ⟨we can get a few more into this box : en esta caja podemos meter unos cuantos más⟩ ⟨I can't get the key into the lock : la llave no entra en la cerradura⟩ ⟨can you get it through the door? : ¿va a pasar por la puerta?⟩ **13** CONTRACT : contagiarse de, contraer ⟨she got the measles : le dio el sarampión⟩ **14** SUFFER, SUSTAIN : sufrir (una herida, etc.) **15** PREPARE : preparar (una comida) **16** : tener (una impresión, etc.) ⟨where did you get that idea? : ¿de dónde sacaste esa idea?⟩ **17** CAUSE, ELICIT : causar, provocar ⟨to get a laugh : hacer reír⟩ **18** (*to cause to do something*) ⟨I can't get them to behave : no puedo hacer que se porten bien⟩ ⟨I got him to agree : logré convencerlo⟩ ⟨she got the computer working, she got the computer to work : hizo funcionar la computadora⟩ **19** (*to cause to be*) ⟨I got my feet wet : me mojé los pies⟩ ⟨to get one's hair cut : cortarse el pelo⟩ ⟨they got themselves ready to go : se prepararon para ir⟩ ⟨let me get this straight : a ver si te entiendo⟩ **20** ANSWER : contestar (el teléfono), abrir (la puerta) **21** *fam* BOTHER : molestar, irritar ⟨what really gets me is . . . : lo que más me molesta es . . .⟩ **22** UNDERSTAND : entender ⟨now I get it! : ¡ya entiendo!⟩ ⟨I didn't get your name : no oí su nombre⟩ **23** NOTICE : notar, ver **24** STUMP : agarrar, pillar **25** TRICK : engañar **26** MOVE, SADDEN : conmover **27** RECEIVE : captar, recibir (un canal, etc.) **28** HIT : dar ⟨it got him in the leg : le dio en la pierna⟩ **29** KILL : matar, acabar con **30 to get across** : comunicar, hacer entender **31 to get back** : recuperar (dinero, etc.) **32 to get someone back** : vengarse de alguien **33 to get down** : bajar (de un estante, etc.) **34 to get down** SWALLOW : tragar **35 to get down** DEPRESS, SADDEN : deprimir **36 to get down** WRITE DOWN : anotar **37 to get in** SUBMIT, DELIVER : entregar **38 to get in** : hacer (un comentario, etc.), dar (un golpe, etc.) ⟨to get a word in edgewise : meter baza⟩ **39 to get in** : arreglárselas para hacer ⟨we got in a visit to the museum : pudimos visitar el museo⟩ **40 to get into** : meter (a alguien) en (un asunto) ⟨to get oneself into trouble : meterse en un lío⟩ **41 to get off** REMOVE : quitar **42 to get off** : librar de, salvar de (un castigo) **43 to get off** SEND : mandar, enviar **44 to get out** EXTRACT, REMOVE : sacar, quitar **45 to get something out of someone** : sacarle algo a alguien **46 to get something over with** : quitarse algo de encima **47 to get through** : hacer llegar (un mensaje, etc.) **48 to get through** SUSTAIN

: mantener, sustentar **49 to get through** LAST : alcanzar **50 to get together** COLLECT : juntar, reunir ⟨to get oneself together : organizarse⟩ **51 to get up** RAISE, LIFT : subir **52 to get up** MUSTER : armarse de (valor), cobrar (fuerzas) **53 to get up** : organizar (una petición, etc.) **54 to have got** : tener ⟨I've got a headache : tengo un dolor de cabeza⟩ **55 to have got to** : tener que ⟨you've got to come : tienes que venir⟩ — *vi* **1** BECOME : ponerse, volverse, hacerse ⟨to get angry : ponerse furioso, enojarse⟩ ⟨to get wet/dirty : mojarse/ensuciarse⟩ ⟨to get dressed : vestirse⟩ ⟨to get used to something : acostumbrarse a algo⟩ ⟨to get lost : perderse⟩ ⟨it's getting late : se hace tarde⟩ **2** GO, MOVE : ir, avanzar ⟨he didn't get far : no avanzó mucho⟩ **3** PROGRESS : progresar, avanzar ⟨now we're getting somewhere! : ¡ahora sí que estamos progresando!⟩ **4** ARRIVE : llegar ⟨to get home : llegar a casa⟩ ⟨she got to the last page of the book : llegó a la última página del libro⟩ **5 get out (of here)!** (*expressing surprise or disbelief*) : ¡anda!, ¡qué va! **6 to get across** COMMUNICATE : comunicarse, hacerse entender **7 to get after** *fam* NAG : estar encima de/a **8 to get ahead** : adelantarse, progresar **9 to get along** : llevarse bien (con alguien), congeniar **10 to get along** MANAGE : arreglárselas **11 to get along** PROGRESS : marchar, progresar **12 to get around** SPREAD, CIRCULATE : difundirse ⟨word got around that . . . : se corrió la voz de que . . .⟩ **13 to get around** CIRCUMVENT : evitar, vencer **14 to get around** WALK : caminar, andar **15 to get around** TRAVEL : viajar **16 to get around to doing something** : encontrar el tiempo para hacer algo **17 to get at** REACH : llegar a, alcanzar **18 to get at** DISCOVER : descubrir **19 to get at** IMPLY : insinuar **20 to get away** : salir ⟨I can't get away until later : no puedo salir hasta más tarde⟩ **21 to get away** ESCAPE : escaparse **22 to get away** : ir de vacaciones **23 to get away** MANAGE : arreglárselas (con/sin algo) **24 to get away with** ⟨to get away with a crime : salir impune de un delito⟩ ⟨I don't know how he gets away with such rudeness : no sé cómo se le permite ser tan grosero⟩ **25 to get back** RETURN : volver **26 to get back** RETREAT : echarse atrás **27 to get back at someone** : vengarse de alguien **28 to get back to** : volver a (una actividad) **29 to get back to** : volver a contactar **30 to get behind** : atrasarse **31 to get behind** SUPPORT : apoyar **32 to get by** MANAGE : arreglárselas **33 to get down to something** : ponerse a hacer algo **34 to get going** LEAVE : irse **35 to get going** : ponerse a hablar **36 to get going on something** : ponerse a hacer algo **37 to get in** ENTER : entrar ⟨the burglar got in through the window : el ladrón entró por la ventana⟩ **38 to get in** ARRIVE : llegar **39 to get in** : entrar, ser aceptado **40 to get into** : entrar en/a (una universidad, etc) **41 to get into** : meterse en (una situación) ⟨to get into trouble : meterse en un lío⟩ ⟨to get into an argument : empezar a discutir⟩ **42 to get into** : entusiasmarse con, interesarse en **43 to get into** : afectar a ⟨what's gotten into him? : ¿qué le pasa?⟩ **44 to get into** : llegar a (un lugar) **45 to get into** : ponerse ⟨I can't get into these jeans anymore : estos jeans ya no me entran⟩ **46 to get in/into** BOARD : subir (a) **47 to get it** ⟨when mom finds out, you're going to get it! : cuando mamá se entere, ¡te mata!⟩ **48 to get off** : quedar impune ⟨to get off with a warning : librarse con sólo una amonestación⟩ **49 to get off** : salir (del trabajo) **50 to get off** : salirse de (un tema, etc.) **51 to get off (of)** EXIT : bajarse (de) **52 to get on** : llevarse bien (con alguien) **53 to get on** ⟨how are you getting on? : ¿qué tal te va?⟩ **54 to get on** SUCCEED : tener éxito **55 to get on** : ocuparse de ⟨I'll get right on it : lo haré ahora mismo⟩ **56 to get on/onto** MOUNT : montarse (a) **57 to get on/onto** BOARD : subirse (a) **58 to get onto** : empezar a hablar de (un tema) **59 to get on with** : seguir con (una actividad) **60 to get out** LEAVE : salir **61 to get out** LEAK : difundirse, filtrarse **62 to get out (of)** EXIT : bajarse (de) **63 to get out of** : escapar de **64 to get out of** : salvarse de **65 to get over** : recuperarse de (una enfermedad, etc.), superar (el miedo, etc.), aceptar (una situación), no guardar (rencor), olvidar a (un amante), consolarse de (una pérdida) **66 to get through** : sobrevivir (el invierno), superar (una crisis, etc.) **67 to get through** : aprobar (un exámen) **68 to get through** : comunicar (por teléfono) **69 to get through** : hacer entender ⟨I think I finally got through (to him) : creo que por fin lo hice entender⟩ **70 to get through (with)** FINISH : terminar, acabar **71 to get to** BOTHER : molestar, irritar **72 to get to be** : llegar a ser ⟨she got to be the director : llegó a ser directora⟩ **73 to get together** MEET : reunirse **74 to get together** UNITE : unirse, juntarse **75 to get up** : levantarse **76 to get up on** : subirse a **77 to get up to** : hacer (travesuras, etc.) **78 to get up to** REACH : alcanzar, llegar hasta — *v aux* ⟨I got paid : me pagaron⟩ ⟨they got married : se casaron⟩

getaway [ˈgɛṭəˌweɪ] *n* ESCAPE : fuga *f*, huida *f*, escapada *f*

geyser [ˈgaɪzər] *n* : géiser *m*

Ghanaian ['ganiən, 'gæ-] *n* : ghanés *m*, -nesa *f* — **Ghanaian** *adj*
ghastly ['gæstli] *adj* **-lier; -est** **1** HORRIBLE : horrible, espantoso **2** PALE : pálido, cadavérico
gherkin ['gərkən] *n* : pepinillo *m*
ghetto ['gɛt̬o:] *n, pl* **-tos** *or* **-toes** : gueto *m*
ghost ['go:st] *n* **1** : fantasma *m*, espectro *m* **2 the Holy Ghost** : el Espíritu Santo
ghostly ['go:stli] *adv* : fantasmal
ghoul ['gu:l] *n* **1** : demonio *m* necrófago **2** : persona *f* de gustos macabros
GI [ˌdʒi:'aɪ] *n, pl* **GI's** *or* **GIs** : soldado *m* estadounidense
giant[1] ['dʒaɪənt] *adj* : gigante, gigantesco, enorme
giant[2] *n* : gigante *m*, -ta *f*
gibberish ['dʒɪbərɪʃ] *n* : galimatías *m*, jerigonza *f*
gibbon ['gɪbən] *n* : gibón *m*
gibe[1] ['dʒaɪb] *vi* **gibed; gibing** : mofarse, burlarse
gibe[2] *n* : pulla *f*, burla *f*, mofa *f*
giblets ['dʒɪbləts] *npl* : menudos *mpl*, menudencias *fpl*
giddiness ['gɪdinəs] *n* **1** DIZZINESS : vértigo *m*, mareo *m* **2** SILLINESS : frivolidad *f*, estupidez *f*
giddy ['gɪdi] *adj* **-dier; -est** **1** DIZZY : mareado, vertiginoso **2** FRIVOLOUS, SILLY : frívolo, tonto
gift ['gɪft] *n* **1** TALENT : don *m*, talento *m*, dotes *fpl* **2** PRESENT : regalo *m*, obsequio *m*
gifted ['gɪftəd] *adj* TALENTED : talentoso
gig ['gɪg] *vi* : trabajo *m* (de duración limitada) ⟨to play a gig : tocar en un concierto⟩
gigabyte ['dʒɪgəˌbaɪt, 'gɪ-] *n* : gigabyte *m*
gigantic [dʒaɪ'gæntɪk] *adj* : gigantesco, enorme, colosal
giggle[1] ['gɪgəl] *vi* **-gled; -gling** : reírse tontamente
giggle[2] *n* : risita *f*, risa *f* tonta
gild ['gɪld] *vt* **gilded** *or* **gilt** ['gɪlt]; **gilding** : dorar
gill ['gɪl] *n* : agalla *f*, branquia *f*
gilt[1] ['gɪlt] *adj* : dorado
gilt[2] *n* : dorado *m*
gimlet ['gɪmlət] *n* **1** : barrena *f* (herramienta) **2** : bebida *f* de vodka o ginebra y limón
gimmick ['gɪmɪk] *n* **1** GADGET : artilugio *m* **2** CATCH : engaño *m*, trampa *f* **3** SCHEME, TRICK : ardid *m*, truco *m*
gin ['dʒɪn] *n* **1** : desmotadora *f* (de algodón) **2** : ginebra *f* (bebida alcohólica)
ginger ['dʒɪndʒər] *n* : jengibre *m*
ginger ale *n* : ginger ale *m*, gaseosa *f* de jengibre
gingerbread ['dʒɪndʒərˌbrɛd] *n* : pan *m* de jengibre
gingerly ['dʒɪndʒərli] *adv* : con cuidado, cautelosamente
gingham ['gɪŋəm] *n* : guinga *f*
ginseng ['dʒɪnˌsɪŋ, -ˌsɛŋ] *n* : ginseng *m*
giraffe [dʒə'ræf] *n* : jirafa *f*
gird ['gərd] *vt* **girded** *or* **girt** ['gərt]; **girding** **1** BIND : ceñir, atar **2** ENCIRCLE : rodear **3 to gird oneself** : prepararse
girder ['gərdər] *n* : viga *f*
girdle[1] ['gərdəl] *vt* **-dled; -dling** **1** GIRD : ceñir, atar **2** SURROUND : rodear, circundar
girdle[2] *n* : faja *f*
girl ['gərl] *n* **1** : chica *f*, muchacha *f* **2** *or* **little girl** : niña *f*, chica *f* **3** SWEETHEART : novia *f* **4** DAUGHTER : hija *f*
girlfriend ['gərlˌfrɛnd] *n* : novia *f*, amiga *f*
girlhood ['gərlˌhʊd] *n* : niñez *f*, juventud *f* (de una muchacha)
girlish ['gərlɪʃ] *adj* : de niña
girth ['gərθ] *n* **1** : circunferencia *f* (de un árbol, etc.), cintura *f* (de una persona) **2** CINCH : cincha *f* (para caballos, etc.)
gist ['dʒɪst] *n* : quid *m*, meollo *m*
give[1] ['gɪv] *v* **gave** ['geɪv]; **given** ['gɪvən]; **giving** *vt* **1** HAND : dar, entregar ⟨give it to me : dámelo⟩ **2** PRESENT : dar, regalar ⟨they gave him a gold watch : le regalaron un reloj de oro⟩ **3** DONATE : dar, donar ⟨to give blood : dar sangre⟩ ⟨to give money to charity : dar dinero a organizaciones benéficas⟩ **4** PAY : dar, pagar ⟨I'll give you $10 for the blue one : te daré $10 por el azul⟩ **5** : dar (un grito, un salto, etc.) ⟨she gave me a kiss : me dio un beso⟩ ⟨he gave us the signal : nos dio la señal⟩ **6** ADMINISTER : dar (un castigo, una inyección, etc.) **7** OFFER : dar ⟨he gave me his hand : me dio la mano⟩ ⟨she didn't give a reason : no dijo por qué⟩ **8** PROVIDE : dar ⟨to give one's word : dar uno su palabra⟩ ⟨she gave me a ride to work : me llevó a la oficina⟩ ⟨cows give milk : las vacas dan leche⟩ **9** ATTRIBUTE : dar ⟨to give credit to someone : darle el mérito a alguien⟩ **10** PRONOUNCE : dictar (una sentencia) **11** CAUSE : dar, causar, ocasionar ⟨to give trouble : causar problemas⟩ ⟨to give someone to understand : darle a entender a alguien⟩ **12** GRANT : dar, otorgar ⟨to give permission : dar permiso⟩ **13 to give away** : regalar **14 to give away** REVEAL : revelar **15 to give away** : llevar (una novia) al altar **16 to give away** BETRAY : delatar **17 to give back** RETURN : devolver **18 to give in (to)** : ceder (a) **19 to give off** EMIT : despedir **20 to give oneself (over) to** : entregarse a **21 to give out** DISTRIBUTE : distribuir — *vi* **1** : hacer regalos **2** *or* **to give way** YIELD : ceder, romperse ⟨it gave under the weight of the crowd : cedió bajo el peso de la muchedumbre⟩ **3 to give in/up** SURRENDER : rendirse, entregarse **4 to give out**

: agotarse, acabarse ⟨the supplies gave out : las provisiones se agotaron⟩
give[2] *n* FLEXIBILITY : flexibilidad *f*, elasticidad *f*
giveaway [ˈgɪvəˌweɪ] *n* **1** : revelación *f* involuntaria **2** GIFT : regalo *m*, obsequio *m*
given [ˈgɪvən] *adj* **1** INCLINED : dado, inclinado ⟨he's given to quarreling : es muy dado a discutir⟩ **2** SPECIFIC : dado, determinado ⟨at a given time : en un momento dado⟩
given name *n* : nombre *m* de pila
give up *vt* : dejar, renunciar a, abandonar ⟨to give up smoking : dejar de fumar⟩
gizzard [ˈgɪzərd] *n* : molleja *f*
glacial [ˈgleɪʃəl] *adj* : glacial — **glacially** *adv*
glacier [ˈgleɪʃər] *n* : glaciar *m*
glad [ˈglæd] *adj* **gladder; gladdest** **1** PLEASED : alegre, contento ⟨she was glad I came : se alegró de que haya venido⟩ ⟨glad to meet you! : ¡mucho gusto!⟩ **2** HAPPY, PLEASING : feliz, agradable ⟨glad tidings : buenas nuevas⟩ **3** WILLING : dispuesto, gustoso ⟨I'll be glad to do it : lo haré con mucho gusto⟩
gladden [ˈglædən] *vt* : alegrar
glade [ˈgleɪd] *n* : claro *m*
gladiator [ˈglædiˌeɪţər] *n* : gladiador *m*
gladiolus [ˌglædiˈoːləs] *n, pl* **-li** [-li, -ˌlaɪ] : gladiolo *m*, gladíolo *m*
gladly [ˈglædli] *adv* : con mucho gusto
gladness [ˈglædnəs] *n* : alegría *f*, gozo *m*
glamor *or* **glamour** [ˈglæmər] *n* : atractivo *m*, hechizo *m*, encanto *m*
glamorous [ˈglæmərəs] *adj* : atractivo, encantador
glance[1] [ˈglænts] *vi* **glanced; glancing** **1** RICOCHET : rebotar ⟨it glanced off the wall : rebotó en la pared⟩ **2 to glance at** : mirar, echar un vistazo a **3 to glance away** : apartar los ojos
glance[2] *n* : mirada *f*, vistazo *m*, ojeada *f*
gland [ˈglænd] *n* : glándula *f*
glandular [ˈglændʒulər] *adj* : glandular
glare[1] [ˈglær] *vi* **glared; glaring** **1** SHINE : brillar, relumbrar **2** STARE : mirar con ira, lanzar una mirada feroz
glare[2] *n* **1** BRIGHTNESS : resplandor *m*, luz *f* deslumbrante **2** : mirada *f* feroz
glaring [ˈglærɪŋ] *adj* **1** BRIGHT : deslumbrante, brillante **2** FLAGRANT, OBVIOUS : flagrante, manifiesto ⟨a glaring error : un error que salta a la vista⟩
glass [ˈglæs] *n* **1** : vidrio *m*, cristal *m* ⟨stained glass : vidrio de color⟩ **2** : vaso *m* ⟨a glass of milk : un vaso de leche⟩ **3 glasses** *npl* SPECTACLES : gafas *fpl*, anteojos *mpl*, lentes *mpl*, espejuelos *mpl*
glassblowing [ˈglæsˌbloːɪŋ] *n* : soplado *m* del vidrio
glassful [ˈglæsˌfʊl] *n* : vaso *m*, copa *f*
glassware [ˈglæsˌwær] *n* : cristalería *f*
glassy [ˈglæsi] *adj* **glassier; -est** **1** VITREOUS : vítreo **2** : vidrioso ⟨glassy eyes : ojos vidriosos⟩
glaucoma [glaʊˈkoːmə, glɔ-] *n* : glaucoma *m*
glaze[1] [ˈgleɪz] *vt* **glazed; glazing** **1** : ponerle vidrios a (una ventana, etc.) **2** : vidriar (cerámica) **3** : glasear (papel, verduras, etc.)
glaze[2] *n* : vidriado *m*, glaseado *m*, barniz *m*
glazier [ˈgleɪʒər] *n* : vidriero *m*, -ra *f*
gleam[1] [ˈgliːm] *vi* : brillar, destellar, relucir
gleam[2] *n* **1** LIGHT : luz *f* (oscura) **2** GLINT : destello *m* **3** GLIMMER : rayo *m*, vislumbre *f* ⟨a gleam of hope : un rayo de esperanza⟩
glean [ˈgliːn] *vt* : recoger, espigar
glee [ˈgliː] *n* : alegría *f*, júbilo *m*, regocijo *m*
gleeful [ˈgliːfəl] *adj* : lleno de alegría
glen [ˈglɛn] *n* : cañada *f*
glib [ˈglɪb] *adj* **glibber; glibbest** **1** : simplista ⟨a glib reply : una respuesta simplista⟩ **2** : con mucha labia (dícese de una persona)
glibly [ˈglɪbli] *adv* : con mucha labia
glide[1] [ˈglaɪd] *vi* **glided; gliding** : deslizarse (en una superficie), planear (en el aire)
glide[2] *n* : planeo *m*
glider [ˈglaɪdər] *n* **1** : planeador *m* (aeronave) **2** : mecedor *m* (tipo de columpio)
glimmer[1] [ˈglɪmər] *vi* : brillar con luz trémula
glimmer[2] *n* **1** : luz *f* trémula, luz *f* tenue **2** GLEAM : rayo *m*, vislumbre *f* ⟨a glimmer of understanding : un rayo de entendimiento⟩
glimpse[1] [ˈglɪmps] *vt* **glimpsed; glimpsing** : vislumbrar, entrever
glimpse[2] *n* : mirada *f* breve ⟨to catch a glimpse of : alcanzar a ver, vislumbrar⟩
glint[1] [ˈglɪnt] *vi* GLEAM, SPARKLE : destellar, fulgurar
glint[2] *n* **1** SPARKLE : destello *m*, centelleo *m* **2 to have a glint in one's eye** : chispearle los ojos a uno
glisten[1] [ˈglɪsən] *vi* : brillar, centellear
glisten[2] *n* : brillo *m*, centelleo *m*
glitch [ˈglɪʧ] *n* **1** MALFUNCTION : mal funcionamiento *m* **2** SNAG : problema *m*, complicación *f*
glitter[1] [ˈglɪţər] *vi* **1** SPARKLE : destellar, relucir, brillar **2** FLASH : relampaguear ⟨his eyes glittered in anger : le relampagueaban los ojos de ira⟩
glitter[2] *n* **1** BRIGHTNESS : brillo *m* **2** : purpurina *f* (para decoración)
glitz [ˈglɪts] *n* : oropel *m*
gloat [ˈgloːt] *vi* **to gloat over** : regodearse en

glob [ˈglɑb] *n* : plasta *f*, masa *f*, grumo *m*

global [ˈglo:bəl] *adj* **1** SPHERICAL : esférico **2** WORLDWIDE : global, mundial — **globally** *adv*

globalization [ˌglo:bələˈzeɪʃən] *n* : globalización *f*

global warming *n* : calentamiento *m* global

globe [ˈglo:b] *n* **1** SPHERE : esfera *f*, globo *m* **2** EARTH : globo *m*, Tierra *f* **3** : globo *m* terráqueo (modelo de la Tierra)

globe–trotter [ˈglo:bˌtrɑt̬ər] *n* : trotamundos *mf*

globular [ˈglɑbjʊlər] *adj* : globular

globule [ˈglɑˌbju:l] *n* : glóbulo *m*

gloom [ˈglu:m] *n* **1** DARKNESS : penumbra *f*, oscuridad *f* **2** MELANCHOLY : melancolía *f*, tristeza *f*

gloomily [ˈglu:məli] *adv* : tristemente

gloomy [ˈglu:mi] *adj* **gloomier; -est** **1** DARK : oscuro, tenebroso ⟨gloomy weather : tiempo gris⟩ **2** MELANCHOLY : melancólico **3** PESSIMISTIC : pesimista **4** DEPRESSING : deprimente, lúgubre

glorification [ˌglorəfəˈkeɪʃən] *n* : glorificación *f*

glorify [ˈglorəˌfaɪ] *vt* **-fied; -fying** : glorificar

glorious [ˈgloriəs] *adj* **1** ILLUSTRIOUS : glorioso, ilustre **2** MAGNIFICENT : magnífico, espléndido, maravilloso — **gloriously** *adv*

glory[1] [ˈglori] *vi* **-ried; -rying** EXULT : exultar, regocijarse

glory[2] *n, pl* **-ries** **1** RENOWN : gloria *f*, fama *f*, honor *m* **2** PRAISE : gloria *f* ⟨glory to God : gloria a Dios⟩ **3** MAGNIFICENCE : magnificencia *f*, esplendor *m*, gloria *f* **4 to be in one's glory** : estar uno en su gloria

gloss[1] [ˈglɔs, ˈglɑs] *vt* **1** EXPLAIN : glosar, explicar **2** POLISH : lustrar, pulir **3 to gloss over** : quitarle importancia a, minimizar

gloss[2] *n* **1** SHINE : lustre *m*, brillo *m* **2** EXPLANATION : glosa *f*, explicación *f* breve **3** → **glossary**

glossary [ˈglɔsəri, ˈglɑ-] *n, pl* **-ries** : glosario *m*

glossy [ˈglɔsi, ˈglɑ-] *adj* **glossier; -est** : brillante, lustroso, satinado (dícese del papel)

glove [ˈglʌv] *n* : guante *m*

glow[1] [ˈglo:] *vi* **1** SHINE : brillar, resplandecer **2** BRIM : rebosar ⟨to glow with health : rebosar de salud⟩

glow[2] *n* **1** BRIGHTNESS : resplandor *m*, brillo *m*, luminosidad *f* **2** FEELING : sensación *f* (de bienestar), oleada *f* (de sentimiento) **3** INCANDESCENCE : incandescencia *f*

glower [ˈglaʊər] *vi* : fruncir el ceño

glowworm [ˈglo:ˌwərm] *n* : luciérnaga *f*

glucose [ˈglu:ˌko:s] *n* : glucosa *f*

glue[1] [ˈglu:] *vt* **glued; gluing** *or* **glueing** : pegar, encolar

glue[2] *n* : pegamento *m*, cola *f*

gluey [ˈglu:i] *adj* **gluier; -est** : pegajoso

glum [ˈglʌm] *adj* **glummer; glummest** **1** SULLEN : hosco, sombrío **2** DREARY, GLOOMY : sombrío, triste, melancólico

glut[1] [ˈglʌt] *vt* **glutted; glutting** **1** SATIATE : saciar, hartar **2** : inundar (el mercado)

glut[2] *n* : exceso *m*, superabundancia *f*

glutinous [ˈglu:tənəs] *adj* STICKY : pegajoso, glutinoso

glutton [ˈglʌtən] *n* : glotón *m*, -tona *f*

gluttonous [ˈglʌtənəs] *adj* : glotón

gluttony [ˈglʌtəni] *n, pl* **-tonies** : glotonería *f*, gula *f*

gnarled [ˈnɑrld] *adj* **1** KNOTTY : nudoso **2** TWISTED : retorcido

gnash [ˈnæʃ] *vt* : hacer rechinar (los dientes)

gnat [ˈnæt] *n* : jején *m*

gnaw [ˈnɔ] *vt* : roer

gnome [ˈno:m] *n* : gnomo *m*

gnu [ˈnu:, ˈnju:] *n, pl* **gnu** *or* **gnus** : ñu *m*

go[1] [ˈgo:] *v* **went** [ˈwɛnt]; **gone** [ˈgɔn ˈgɑn]; **going; goes** [ˈgo:z] *vi* **1** : ir ⟨to go slow : ir despacio⟩ ⟨to go shopping : ir de compras⟩ ⟨to go to work : ir a trabajar⟩ ⟨to go to school : ir a la escuela⟩ ⟨we went to Spain : fuimos a España⟩ ⟨we went to see a movie : fuimos a ver una película⟩ ⟨you should go (to/and) see her : deberías ir a verla⟩ ⟨we went up/down to the mountains : fuimos a las montañas, fuimos al norte/sur a ver las montañas⟩ ⟨to go for a drive : ir a dar una vuelta en coche⟩ ⟨to go on foot : ir a pie⟩ **2** (*used figuratively*) : ir ⟨she'll go far : llegará lejos⟩ ⟨I wouldn't go so far as to say that . . . : no diría tanto como que . . .⟩ ⟨this time he's gone too far : esta vez se ha pasado⟩ ⟨to go a long way towards : ayudar en gran medida a⟩ **3** LEAVE : irse, marcharse, salir ⟨let's go! : ¡vámonos!⟩ ⟨the train went on time : el tren salió a tiempo⟩ **4** DISAPPEAR : desaparecer, pasarse, irse ⟨those days have gone : esos días ya pasaron⟩ **5** DIE : morir **6** EXTEND : ir, extenderse, llegar ⟨this road goes to the river : este camino se extiende hasta el río⟩ ⟨to go from top to bottom : ir de arriba abajo⟩ **7** LEAD, CONNECT : dar ⟨that door goes to the cellar : esa puerta da al sótano⟩ **8** FUNCTION : funcionar, marchar ⟨the car won't go : el coche no funciona⟩ ⟨to get something going : poner algo en marcha⟩ **9** SELL : venderse ⟨it goes for $15 : se vende por $15⟩ **10** (*to be disposed of*) ⟨that one can go : podemos deshacernos de ése⟩ **11** FAIL : fallarse (dícese de la vista, etc.), gastarse (dícese de pilas, etc.), estropearse (dícese de un motor, etc.) **12** GIVE WAY : ceder, romperse (dícese de un dique, etc.) **13** PROGRESS : ir, andar, seguir ⟨my exam went well : me fue bien en el examen⟩ ⟨how did the meeting go? : ¿qué tal la reunión?⟩ **14** BECOME : volverse, quedarse ⟨he's going bald : se está quedando calvo⟩ ⟨the tire went flat : la llanta se desinfló⟩ **15** (*describing a condition*) ⟨to go hungry : pasar hambre⟩ ⟨to go barefoot : ir descalzo⟩ ⟨to go unnoticed : pasar desapercibido⟩ **16** (*describing a story, song, etc.*) ⟨how does the story go? : ¿qué pasa en el cuento?⟩ ⟨how does the song go?—it goes like this : . . . : ¿cómo es la canción?—es así : . . .⟩ ⟨the legend goes that . . . : cuenta la leyenda que . . . , según (dice) la leyenda . . .⟩ **17** FIT : caber ⟨it will go through the door : cabe por la puerta⟩ **18** : pasar (dícese del tiempo) ⟨the time went quickly : el tiempo pasó rápidamente⟩ **19** SOUND : sonar **20 anything goes!** : ¡todo vale! **21 to be good/ready to go** : estar listo **22 to go** : faltar ⟨only 10 days to go : faltan sólo 10 días⟩ ⟨we still have a long way to go : aún nos queda mucho camino por recorrer⟩ **23 to go** : para llevar (dícese de comida, etc.) **24 to go about** DO : hacer **25 to go about** APPROACH, TACKLE : abordar, emprender **26 to go after** PURSUE : perseguir **27 to go against** : ir en contra de **28 to go against** : jugar contra (en deportes) **29 to go ahead** (*to proceed without delay or hesitation*) ⟨go ahead and start without me : empiecen sin mí⟩ ⟨I went ahead and bought it : me decidí y lo compré⟩ ⟨sure, go (right) ahead! : ¡por supuesto!⟩ **30 to go ahead (with)** : seguir adelante (con) **31 to go all out** : hacer lo máximo ⟨he went all out for his wife's birthday : en el cumpleaños de su esposa tiró la casa por la ventana⟩ **32 to go along** PROCEED : ir, marchar **33 to go along** ACQUIESCE : acceder ⟨to go along with something : acceder a algo, aceptar algo⟩ ⟨to go along with someone : cooperar con alguien⟩ **34 to go along with** ⟨the stress that goes along with the job : el estrés que conlleva el trabajo⟩ **35 to go around** : correr (dícese de un rumor, etc.), circular ⟨there's a bug going around : hay un virus dando vueltas por ahí⟩ **36 to go around** ⟨there's enough/plenty to go around : hay para todos⟩ **37 to go at** ATTACK : atacar (a alguien) **38 to go at** : atacar, abordar (un problema, etc.) **39 to go at it** ARGUE, FIGHT : discutir, pelearse **40 to go away** LEAVE : irse **41 to go away** DISAPPEAR : desaparecer **42 to go back** RETURN : volver (a un lugar, un tema, etc.) ⟨he never went back : nunca volvió⟩ **43 to go back** : remontarse ⟨the records go back to 1900 : los registros se remontan a 1900⟩ ⟨we go back a long way : nos conocemos desde hace muchos años⟩ **44 to go back on** : faltar uno a (su promesa) **45 to go back to** RESUME : volver a (una actividad) **46 to go bad** SPOIL : estropearse, echarse a perder **47 to go beyond** : ir más allá de **48 to go by** PASS : pasar **49 to go by** : guiarse por (una regla, etc.), juzgar por (las apariencias, etc.) **50 to go by** : hacerse llamar ⟨he goes by "Ed" : se hace llamar "Ed"⟩ **51 to go by** STOP BY : pasar por **52 to go down** : hundirse (dícese de un barco), caer (dícese de un avión), caerse (dícese de una persona) **53 to go down** DECREASE : bajar, disminuir **54 to go down** : dejar de funcionar (dícese de un sistema, etc.) **55 to go down** : caer (dícese de un gobierno, etc.) **56 to go down** SET : ponerse (dícese del sol) **57 to go down** : pasar (dícese de comida) ⟨it went down the wrong way : se me atragantó, se me fue por mal camino⟩ **58 to go down in history** : pasar a la historia **59 to go down well/badly** : caer bien/mal, tener una buena/mala acogida **60 to go for** : interesarse uno en, gustarle a uno (algo, alguien) ⟨I don't go for that : eso no me interesa⟩ **61 to go for** SELECT : decidirse por **62 to go for** ACCEPT : aceptar **63 to go for** ATTACK : atacar **64 to go for** PURSUE : ir tras, ir a por *Spain* **65 to go for** : ir por ⟨that goes for you, too! : ¡también va por ti!⟩ **66 to go in** : esconderse (dícese del sol o de la luna) **67 to go in on** ⟨we both/all went in on the gift together : el regalo lo compramos a medias/entre todos⟩ **68 to go in for** LIKE : interesarse uno en, gustarle a uno (algo) **69 to go into** : entrar en ⟨to go into action/effect : entrar en acción/vigor⟩ ⟨to go into hiding : esconderse⟩ **70 to go into** DISCUSS : entrar en **71 to go into** LOOK INTO : investigar **72 to go into** : dedicarse a (una profesión) **73 to go off** : estallar, explotar (dícese de una bomba, etc.), dispararse (dícese de una pistola, etc.) **74 to go off** SOUND : sonar **75 to go off** : echarse a perder (dícese de la comida, etc.) **76 to go off** TURN OFF : apagarse **77 to go off on** *fam* SCOLD : regañar **78 to go on** CONTINUE : seguir, continuar ⟨life goes on : la vida sigue⟩ ⟨we can't go on like this : no podemos seguir así⟩ ⟨we went on to Chicago : seguimos el viaje a Chicago, continuamos nuestro camino a Chicago⟩ ⟨she went on working : siguió trabajando⟩ ⟨she went on to say that . . . : pasó a decir que . . .⟩ ⟨to go on to become : llegar/pasar a ser⟩ **79 to go on** LAST : durar **80 to go on** HAPPEN : pasar, occurrir ⟨what's going on? : ¿qué pasa?⟩ **81 to go on** RAMBLE : no parar de hablar **82 to go on** : guiarse por (pruebas, etc.) **83 to go on (ahead)** : ir adelante, adelantarse **84 to go out** LEAVE : salir **85 to go out** : apagarse ⟨the power went out : se fue la electricidad⟩ **86 to go out** : bajar (dícese de la marea) **87 to go out** : emitirse (dícese de un anuncio, etc.) **88 to go out with** DATE : salir con **89 to go over** EXAMINE, REVIEW : examinar, repasar **90 to go over to** : pasarse a (la competencia, etc.) **91 to go over to** APPROACH : acercarse a **92 to go over well/badly** : caer bien/mal, tener una buena/mala acogida **93 to go there** *fam* ⟨let's not go there : no quiero hablar/pensar de eso⟩ **94 to go through** PIERCE : penetrar, atravesar **95 to go through** USE UP : gastar, agotar **96 to go through** SEARCH : registrar, revolver en **97 to go through** : pasar por (dificultades, etapas, etc.) **98 to go through** PERFORM : hacer **99 to go through** : ser aprobado (dícese de un proyecto de ley, etc.) **100 to go through someone's head/mind** : pasársele por la cabeza/mente a alguien **101 to go through with** : llevar a cabo **102 to go to** : otorgarse a, transmitirse a ⟨the prize went to . . . : el premio se lo llevó . . .⟩ **103 to go to** (*to begin to be in*) ⟨to go to sleep : dormirse⟩ ⟨to go to war : entrar en guerra⟩ **104 to go together** MATCH : combinar, hacer juego, armonizar **105 to go to show/prove** : demostrar **106 to go to trouble/expense (etc.)** ⟨he went to a lot of trouble : se esmeró mucho⟩ ⟨they went to great expense : gastaron mucho⟩ **107 to go towards** : contribuir a **108 to go under** FOUNDER : hundirse **109 to go up** RISE, INCREASE : subir **110 to go up** : levantarse (dícese de un edificio) **111 to go with** MATCH : armonizar con, hacer juego con, ir bien con **112 to go with** CHOOSE : elegir, decidirse por **113 to go without** MAKE DO : arreglárselas (sin algo) **114 to go without something** : prescindir de algo — *v aux* **to be going to** : ir a ⟨I'm going to write a letter : voy a escribir una carta⟩ ⟨it's not going to last : no va a durar⟩

go[2] *n, pl* **goes** **1** ATTEMPT : intento *m* ⟨to have a go at : intentar, probar⟩ **2** SUCCESS : éxito *m* **3** ENERGY : energía *f*, empuje *m* ⟨to be on the go : no parar, no descansar⟩

goad[1] [ˈgoːd] *vt* : aguijonear (un animal), incitar (a una persona)

goad[2] *n* : aguijón *m*

goal [ˈgoːl] *n* **1** : gol *m* (en deportes) ⟨to score a goal : anotar un gol⟩ **2** *or* **goalposts** : portería *f* **3** AIM, OBJECTIVE : meta *m*, objetivo *m*

goalie [ˈgoːli] → **goalkeeper**

goalkeeper [ˈgoːlˌkiːpər] *n* : portero *m*, -ra *f*; guardameta *mf*; arquero *m*, -ra *f*

goaltender [ˈgoːlˌtɛndər] → **goalkeeper**

goat [ˈgoːt] *n* **1** : cabra *f* (hembra) **2** **billy goat** : macho *m* cabrío, chivo *m*

goatee [goːˈtiː] *n* : barbita *f* de chivo, piocha *f Mex*

goatskin [ˈgoːtˌskɪn] *n* : piel *f* de cabra

gob [ˈgɑb] *n* : masa *f*, grumo *m*

gobble [ˈgɑbəl] *v* **-bled; -bling** *vt* **to gobble up** : tragar, engullir — *vi* : hacer ruidos de pavo

gobbledygook [ˈgɑbəldiˌgʊk, -ˌguːk] *n* GIBBERISH : jerigonza *f*

go–between [ˈgoːbɪˌtwiːn] *n* : intermediario *m*, -ria *f*; mediador *m*, -dora *f*

goblet [ˈgɑblət] *n* : copa *f*

goblin [ˈgɑblən] *n* : duende *m*, trasgo *m*

god [ˈgɑd, ˈgɔd] *n* **1** : dios *m* **2 God** : Dios *m*

godchild [ˈgɑdˌʧaɪld, ˈgɔd-] *n, pl* **-children** : ahijado *m*, -da *f*

goddess [ˈgɑdəs, ˈgɔ-] *n* : diosa *f*

godfather [ˈgɑdˌfɑðər, ˈgɔd-] *n* : padrino *m*

godless [ˈgɑdləs, ˈgɔd-] *adj* : ateo

godlike [ˈgɑdˌlaɪk, ˈgɔd-] *adj* : divino

godly [ˈgɑdli, ˈgɔd-] *adj* **-lier; -est** **1** DIVINE : divino **2** DEVOUT, PIOUS : piadoso, devoto, beato

godmother [ˈgɑdˌmʌðər, ˈgɔd-] *n* : madrina *f*

godparents [ˈgɑdˌpærənts, ˈgɔd-] *npl* : padrinos *mpl*

godsend [ˈgɑdˌsɛnd, ˈgɔd-] *n* : bendición *f*, regalo *m* divino

goes → **go**

go–getter [ˈgoːˌgɛt̬ər] *n* : persona *f* ambiciosa, buscavidas *mf fam*

goggle [ˈgɑgəl] *vi* **-gled; -gling** : mirar con ojos desorbitados

goggles [ˈgɑgəlz] *npl* : gafas *fpl* (protectoras), anteojos *mpl*

goings–on [ˌgoːɪŋzˈɑn, -ˈɔn] *npl* : sucesos *mpl*, ocurrencias *fpl*

goiter [ˈgɔɪt̬ər] *n* : bocio *m*

gold [ˈgoːld] *n* : oro *m*

golden [ˈgoːldən] *adj* **1** : (hecho) de oro **2** : dorado, de color oro ⟨golden hair : pelo rubio⟩ **3** FLOURISHING, PROSPEROUS : dorado, próspero ⟨golden years : años dorados⟩ **4** FAVORABLE : favorable, excelente ⟨a golden opportunity : una excelente oportunidad⟩

goldenrod [ˈgoːldənˌrɑd] *n* : vara *f* de oro

golden rule *n* : regla *f* de oro

goldfinch [ˈgoːldˌfɪnʧ] *n* : jilguero *m*

goldfish [ˈgoːldˌfɪʃ] *n* : pez *m* de colores

goldsmith [ˈgoːldˌsmɪθ] *n* : orífice *mf*, orfebre *mf*

golf[1] [ˈgɑlf, ˈgɔlf] *vi* : jugar (al) golf

golf[2] *n* : golf *m*

golfer [ˈgɑlfər, ˈgɔl-] *n* : golfista *mf*

gondola [ˈgɑndələ, gɑnˈdoːlə] *n* : góndola *f*

gone [ˈgɔn] *adj* **1** DEAD : muerto **2** PAST : pasado, ido **3** LOST : perdido, desaparecido **4 to be far gone** : estar muy avanzado **5 to be gone on** : estar loco por

goner [ˈgɔnər] *n* **to be a goner** : estar en las últimas

gong [ˈgɔŋ, ˈgɑŋ] *n* : gong *m*

gonorrhea [ˌgɑnəˈriːə] *n* : gonorrea *f*

good[1] [ˈgʊd] *adv* **1** (*used as an intensifier*) : bien ⟨a good strong rope : una cuerda bien fuerte⟩ **2** WELL : bien

good[2] *adj* **better** [ˈbɛt̬ər]; **best** [ˈbɛst] **1** (*of high quality*) : bueno ⟨a good restaurant : un buen restaurante⟩ ⟨the book is no good : el libro es malísimo⟩ ⟨in good condition : en buenas condiciones⟩ ⟨keep up the good work! : ¡buen trabajo! sigue así⟩ **2** ACCEPTABLE : aceptable **3** PLEASANT : bueno, agradable ⟨good weather : buen tiempo⟩ ⟨the sauce is good : la salsa está buena⟩ ⟨that dress looks good on you : ese vestido te queda bien⟩ ⟨to have a good time : divertirse⟩ ⟨have a good day! : ¡qué te vaya bien!⟩ **4** FORTUNATE : bueno ⟨good news : buenas noticias⟩ ⟨good luck : buena suerte⟩ ⟨it's a good thing that . . . : menos mal que . . .⟩ **5** SUITABLE : bueno ⟨a good day for a picnic : un buen día para ir de picnic⟩ ⟨these tires are no good : estas llantas no sirven⟩ **6** SOUND : bueno, sensato ⟨good advice : buenos consejos⟩ ⟨with good reason : con razón⟩ **7** PROMISING : bueno ⟨a good deal : un buen negocio⟩ ⟨a good bet : una apuesta segura⟩ **8** HEALTHY : bueno ⟨good for a cold : bueno para los resfriados⟩ ⟨it's good for you : es bueno para uno⟩ ⟨a good diet : una buena alimentación⟩ ⟨to be in good health : estar bien de salud⟩ ⟨I'm not feeling very good : no me siento bien⟩ **9** FULL : completo, entero ⟨a good hour : una hora entera⟩ ⟨to get a good night's sleep : dormir por la noche⟩ **10** THOROUGH : bueno ⟨a good kick : una buena patada⟩ ⟨take a good look at it : míralo bien⟩ ⟨we had a good laugh : nos reímos mucho⟩ **11** CONSIDERABLE : bueno, bastante ⟨a good many people : muchísima gente, un buen número de gente⟩ **12** ATTRACTIVE, DESIRABLE : bueno ⟨a good salary/price : un buen sueldo/precio⟩ **13** (*referring to status*) : bueno ⟨a good family : una buena familia⟩ **14** APPROVING : bueno ⟨good reviews : buena crítica⟩ **15** KIND, VIRTUOUS : bueno, amable ⟨she's a good person : es buena gente⟩ ⟨that's good of you! : ¡qué amable!⟩ ⟨good deeds : buenas obras⟩ ⟨the good guys : los buenos⟩ **16** CLOSE : íntimo ⟨we're good friends : somos muy amigos⟩ **17** WELL-BEHAVED : bueno ⟨be good : sé bueno⟩ **18** LOYAL, FAITHFUL : bueno, fiel **19** : bueno (dícese de un saque, etc.) **20** SKILLED : bueno, hábil ⟨to be good at : tener facilidad para⟩ ⟨a good cook : un buen cocinero⟩ ⟨he's good with children : es bueno con los niños⟩ **21** PLEASED, CHEERFUL : bueno ⟨in a good mood : de buen humor⟩ ⟨helping others makes me feel good : me siento bien ayudando a los demás⟩ **22** SATISFIED : satisfecho ⟨no thanks—I'm good : no, gracias—estoy bien⟩ **23** FRESH : fresco **24** FUNNY : gracioso ⟨she's always good for a laugh : es muy divertida⟩ ⟨he said he didn't know? that's a good one : ¿dijo que no lo sabía? no me hagas reír⟩ **25** (*within bounds*) : bueno (en deportes) **26** (*in greetings*) : bueno ⟨good morning : buenos días⟩ ⟨good afternoon/evening : buenas tardes⟩ ⟨good night : buenas noches⟩ **27** (*used as a response*) ⟨I'm ready—good, let's go : estoy listo—bueno, vamos⟩ **28 as good as** NEARLY : casi **29 as good as it gets** *fam* ⟨this is as good as it gets : mejor imposible, no hay mejor⟩ **30 good and** (*used for emphasis*) ⟨good and hot : muy caliente⟩ ⟨I hit him good and hard : le pegué bien duro⟩ ⟨when I'm good and ready : cuando me dé la gana⟩ **31 good God/heavens!** : ¡Dios mío! **32 good old** : el bueno de, la buena de ⟨good old Carl : el bueno de Carl⟩ **33 to be good about** ⟨she's very good about calling us : nunca se olvida de llamarnos⟩ ⟨I'm trying to be better about exercising : estoy tratando de hacer más ejercicio⟩ **34 to be good for** *fam* ⟨he's good for the money : seguro que te pagará⟩ **35 to be good (for/until)** : valer (por/hasta) ⟨good for one free meal : vale por una comida gratis⟩ ⟨the car is good for a few more years : al carro le quedan unos años más⟩ **36 to be good to go** *fam* : estar listo **37 too good to be true** : demasiado bueno para ser cierto **38 to make good** : tener éxito **39 to make good on** : cumplir con

good[3] *n* **1** RIGHT : bien *m* ⟨to do good : hacer el bien⟩ ⟨to be up to no good : estar tramando algo⟩ **2** GOODNESS : bondad *f* **3** BENEFIT : bien *m*, provecho *m* ⟨it's for your own good : es por tu propio bien⟩ ⟨for the common good : por el bien común⟩ **4 goods** *npl* PROPERTY : efectos *mpl* personales, posesiones *fpl* **5 goods** *npl* WARES : mercancía *f*, mercadería *f*, artículos *mpl* ⟨consumer goods : bienes de consumo⟩ **6 for ~** : para siempre **7 the good** : los buenos **8 to be in good with someone** *fam* : estar a bien con alguien **9 to be no good** : no servir (para nada) **10 to deliver the goods** *fam* : cumplir con lo prometido **11 to get/have the goods on** *fam* : obtener/tener pruebas contra

good–bye *or* **good–by** [gʊdˈbaɪ] *n* : adiós *m*

good–for–nothing [ˈgʊdfərˌnʌθɪŋ] *n* : inútil *mf*; haragán *m*, -gana *f*; holgazán *m*, -zana *f*

Good Friday *n* : Viernes *m* Santo

good–hearted [ˈgʊdˈhɑrt̬əd] *adj* : bondadoso, benévolo, de buen corazón

good–looking ['gʊd'lʊkɪŋ] *adj* : bello, bonito, guapo

goodly ['gʊdli] *adj* **-lier; -est** : considerable, importante ⟨a goodly number : un número considerable⟩

good–natured ['gʊd'neɪʧərd] *adj* : amigable, amistoso, bonachón *fam*

goodness ['gʊdnəs] *n* **1** : bondad *f* **2 thank goodness!** : ¡gracias a Dios!, ¡menos mal!

good–tempered ['gʊd'tɛmpərd] *adj* : de buen genio

goodwill [ˌgʊd'wɪl] *n* **1** BENEVOLENCE : benevolencia *f*, buena voluntad *f* **2** : buen nombre *m* (de comercios), renombre *m* comercial

goody ['gʊdi] *n, pl* **goodies** : cosa *f* rica para comer, golosina *f*

gooey ['gu:i] *adj* **gooier; gooiest** : pegajoso

goof[1] ['gu:f] *vi* **1 to goof off** : holgazanear **2 to goof around** : hacer tonterías **3 to goof up** BLUNDER : cometer un error

goof[2] *n* **1** : bobo *m*, -ba *f*; tonto *m*, -ta *f* **2** BLUNDER : error *m*, planchazo *m fam*

goofy ['gu:fi] *adj* **goofier; -est** SILLY : tonto, bobo

goose ['gu:s] *n, pl* **geese** ['gi:s] : ganso *m*, -sa *f*; ánsar *m*; oca *f*

gooseberry ['gu:sˌbɛri:, 'gu:z-] *n, pl* **-berries** : grosella *f* espinosa

goose bumps *npl* : carne *f* de gallina

gooseflesh ['gu:sˌflɛʃ] → **goose bumps**

goose pimples → **goose bumps**

gopher ['go:fər] *n* : taltuza *f*

gore[1] ['gor] *vt* **gored; goring** : cornear

gore[2] *n* BLOOD : sangre *f*

gorge[1] ['gɔrʤ] *vt* **gorged; gorging 1** SATIATE : saciar, hartar **2 to gorge oneself** : hartarse, atiborrarse, atracarse *fam*

gorge[2] *n* RAVINE : desfiladero *m*

gorgeous ['gɔrʤəs] *adj* : hermoso, espléndido, magnífico

gorilla [gə'rɪlə] *n* : gorila *m*

gory ['gori] *adj* **gorier; -est** BLOODY : sangriento

gosling ['gɑzlɪŋ, 'gɔz-] *n* : ansarino *m*

gospel ['gɑspəl] *n* **1** *or* **Gospel** : evangelio *m* ⟨the four Gospels : los cuatro evangelios⟩ **2 the gospel truth** : el evangelio, la pura verdad

gossamer ['gɑsəmər, 'gɑzə-] *adj* : tenue, sutil ⟨gossamer wings : alas tenues⟩

gossip[1] ['gɑsɪp] *vi* : chismear, contar chismes

gossip[2] *n* **1** : chismoso *m*, -sa *f* (persona) **2** RUMOR : chisme *m*, rumor *m*

gossipy ['gɑsɪpi] *adj* : chismoso

got → **get**

Gothic ['gɑθɪk] *adj* : gótico

gotten → **get**

gouge[1] ['gaʊʤ] *vt* **gouged; gouging 1** : excavar, escoplear (con una gubia) **2** SWINDLE : estafar, extorsionar

gouge[2] *n* **1** CHISEL : gubia *f*, formón *m* **2** GROOVE : ranura *f*, hoyo *m* (hecho por un formón)

goulash ['gu:ˌlɑʃ, -ˌlæʃ] *n* : estofado *m*, guiso *m* al estilo húngaro

gourd ['gord, 'gʊrd] *n* : calabaza *f*

gourmand ['gʊrˌmɑnd] *n* **1** GLUTTON : glotón *m*, -tona *f* **2** → **gourmet**

gourmet ['gʊrˌmeɪ, gʊr'meɪ] *n* : gourmet *mf*; gastrónomo *m*, -ma *f*

gout ['gaʊt] *n* : gota *f*

govern ['gʌvərn] *vt* **1** RULE : gobernar **2** CONTROL, DETERMINE : determinar, controlar, guiar **3** RESTRAIN : dominar (las emociones, etc.) — *vi* : gobernar

governess ['gʌvərnəs] *n* : institutriz *f*

government ['gʌvərmənt] *n* : gobierno *m*

governmental [ˌgʌvər'mɛntəl] *adj* : gubernamental, gubernativo

governor ['gʌvənər, 'gʌvərnər] *n* **1** : gobernador *m*, - dora *f* (de un estado, etc.) **2** : regulador *m* (de una máquina)

governorship ['gʌvənərˌʃɪp, 'gʌvərnər-] *n* : cargo *m* de gobernador

gown ['gaʊn] *n* **1** : vestido *m* ⟨evening gown : traje de fiesta⟩ **2** : toga *f* (de magistrados, clérigos, etc.)

grab[1] ['græb] *v* **grabbed; grabbing** *vt* SNATCH : agarrar, arrebatar — *vi* : agarrarse

grab[2] *n* **1 to make a grab for** : tratar de agarrar **2 up for grabs** : disponible, libre

grace[1] ['greɪs] *vt* **graced; gracing 1** HONOR : honrar **2** ADORN : adornar, embellecer

grace[2] *n* **1** : gracia *f* ⟨by the grace of God : por la gracia de Dios⟩ **2** BLESSING : bendición *f* (de la mesa) **3** RESPITE : plazo *m*, gracia *f* ⟨a five days' grace (period) : un plazo de cinco días⟩ **4** GRACIOUSNESS : gentileza *f*, cortesía *f* **5** ELEGANCE : elegancia *f*, gracia *f* **6 to be in the good graces of** : estar en buenas relaciones con **7 with good grace** : de buena gana

graceful ['greɪsfəl] *adj* : lleno de gracia, garboso, grácil

gracefully ['greɪsfəli] *adv* : con gracia, con garbo

gracefulness ['greɪsfəlnəs] *n* : gracilidad *f*, apostura *f*, gallardía *f*

graceless ['greɪsləs] *adj* **1** DISCOURTEOUS : descortés **2** CLUMSY, INELEGANT : torpe, desgarbado, poco elegante

gracious ['greɪʃəs] *adj* : cortés, gentil, cordial

graciously ['greɪʃəsli] *adv* : gentilmente

graciousness ['greɪʃəsnəs] *n* : gentileza *f*

gradation [greɪ'deɪʃən, grə-] *n* : gradación *f*

grade[1] ['greɪd] *vt* **graded; grading 1** SORT : clasificar **2** LEVEL : nivelar **3** : calificar (exámenes, alumnos)

grade[2] *n* **1** QUALITY : categoría *f*, calidad *f* **2** RANK : grado *m*, rango *m* (militar) **3** YEAR : grado *m*, curso *m*, año *m* ⟨sixth grade : el sexto grado⟩ **4** MARK : nota *f*, calificación *f* (en educación) **5** SLOPE : cuesta *f*, pendiente *f*, gradiente *f*

grade school → **elementary school**

gradient [ˈgreɪdiənt] *n* : gradiente *f*

gradual [ˈgrædʒʊəl] *adj* : gradual, paulatino

gradually [ˈgrædʒʊəli, ˈgrædʒəli] *adv* : gradualmente, poco a poco

graduate[1] [ˈgrædʒʊˌeɪt] *v* **-ated; -ating** *vi* : graduarse, licenciarse — *vt* : graduar ⟨a graduated thermometer : un termómetro graduado⟩

graduate[2] [ˈgrædʒʊət] *adj* : de postgrado ⟨graduate course : curso de postgrado⟩

graduate[3] *n* **1** : licenciado *m*, -da *f*; graduado *m*, -da *f* (de la universidad) **2** : bachiller *mf* (de la escuela secundaria)

graduate student *n* : postgraduado *m*, -da *f*

graduation [ˌgrædʒʊˈeɪʃən] *n* : graduación *f*

graffiti [grəˈfiːt̬i, græ-] *npl* : pintadas *fpl*, graffiti *mpl*

graft[1] [ˈgræft] *vt* : injertar

graft[2] *n* **1** : injerto *m* ⟨skin graft : injerto cutáneo⟩ **2** CORRUPTION : soborno *m* (político), ganancia *f* ilegal

grain [ˈgreɪn] *n* **1** : grano *m* ⟨a grain of corn : un grano de maíz⟩ ⟨like a grain of sand : como grano de arena⟩ **2** CEREALS : cereales *mpl* **3** : veta *f*, vena *f*, grano *m* (de madera) **4** SPECK, TRACE : pizca *f*, ápice *m* ⟨a grain of truth : una pizca de verdad⟩ **5** grano *m* (unidad de peso)

gram [ˈgræm] *n* : gramo *m*

grammar [ˈgræmər] *n* : gramática *f*

grammar school → **elementary school**

grammatical [grəˈmæt̬ɪkəl] *adj* : gramatical — **grammatically** [-kli] *adv*

granary [ˈgreɪnəri, ˈgræ-] *n, pl* **-ries** : granero *m*

grand [ˈgrænd] *adj* **1** FOREMOST : grande **2** IMPRESSIVE : impresionante, magnífico ⟨a grand view : una vista magnífica⟩ **3** LAVISH : grandioso, suntuoso, lujoso ⟨to live in a grand manner : vivir a lo grande⟩ **4** FABULOUS : fabuloso, magnífico ⟨to have a grand time : pasarlo estupendamente, pasarlo en grande⟩ **5 grand total** : total *m*, suma *f* total

grandchild [ˈgrændˌtʃaɪld] *n, pl* **-children** : nieto *m*, -ta *f*

granddaughter [ˈgrændˌdɔt̬ər] *n* : nieta *f*

grandeur [ˈgrændʒər] *n* : grandiosidad *f*, esplendor *m*

grandfather [ˈgrændˌfɑðər] *n* : abuelo *m*

grandiose [ˈgrændiˌoːs, ˌgrændiˈ-] *adj* **1** IMPOSING : imponente, grandioso **2** POMPOUS : pomposo, presuntuoso

grandma [ˈgræ*n*ˌmɑ, -ˌmɔ] *n* : abuelita *f*, nana *f*

grandmother [ˈgrændˌmʌðər] *n* : abuela *f*

grandpa [ˈgræmˌpɑ, -ˌpɔ] *n* : abuelito *m*

grandparents [ˈgrændˌpærənts] *npl* : abuelos *mpl*

grandson [ˈgrændˌsʌn] *n* : nieto *m*

grandstand [ˈgrændˌstænd] *n* : tribuna *f*

granite [ˈgrænɪt] *n* : granito *m*

grant[1] [ˈgrænt] *vt* **1** ALLOW : conceder ⟨to grant a request : conceder una petición⟩ **2** BESTOW : conceder, dar, otorgar ⟨to grant a favor : otorgar un favor⟩ **3** ADMIT : reconocer, admitir ⟨I'll grant that he's clever : reconozco que es listo⟩ **4 to take for granted** : dar (algo) por sentado

grant[2] *n* **1** GRANTING : concesión *f*, otorgamiento *m* **2** SCHOLARSHIP : beca *f* **3** SUBSIDY : subvención *f*

granular [ˈgrænjʊlər] *adj* : granular

granulated [ˈgrænjʊˌleɪt̬əd] *adj* : granulado

grape [ˈgreɪp] *n* : uva *f*

grapefruit [ˈgreɪpˌfruːt] *n* : toronja *f*, pomelo *m*

grapevine [ˈgreɪpˌvaɪn] *n* **1** : vid *f*, parra *f* **2 through the grapevine** : por vías secretas ⟨I heard it through the grapevine : me lo contaron⟩

graph [ˈgræf] *n* : gráfica *f*, gráfico *m*

graphic[1] [ˈgræfɪk] *adj* **1** VIVID : vívido, gráfico **2 graphic arts** : artes gráficas

graphic[2] *n* **1** GRAPH, CHART : gráfica *f*, gráfico *m* **2 graphics** *npl* : gráficos *mpl*, infografía *f*

graphically [ˈgræfɪkli] *adv* : gráficamente

graphite [ˈgræˌfaɪt] *n* : grafito *m*

grapnel [ˈgræpnəl] *n* : rezón *m*

grapple [ˈgræpəl] *v* **-pled; -pling** *vt* GRIP : agarrar (con un garfio) — *vi* STRUGGLE : forcejear, luchar (con un problema, etc.)

grasp[1] [ˈgræsp] *vt* **1** GRIP, SEIZE : agarrar, asir **2** COMPREHEND : entender, comprender — *vi* **to grasp at** : aprovechar

grasp[2] *n* **1** GRIP : agarre *m* **2** CONTROL : control *m*, garras *fpl* **3** REACH : alcance *m* ⟨within your grasp : a su alcance⟩ **4** UNDERSTANDING : comprensión *f*, entendimiento *m*

grass [ˈgræs] *n* **1** : hierba *f* (planta) **2** PASTURE : pasto *m*, zacate *m CA, Mex* **3** LAWN : césped *m*, pasto *m*

grasshopper [ˈgræsˌhɑpər] *n* : saltamontes *m*

grassland [ˈgræsˌlænd] *n* : pradera *f*

grassy [ˈgræsi] *adj* **grassier; -est** : cubierto de hierba

grate[1] [ˈgreɪt] *v* **grated; -ing** *vt* **1** : rallar (en cocina) **2** SCRAPE : rascar **3 to**

grate one's teeth : hacer rechinar los dientes — *vi* **1** RASP, SQUEAK : chirriar **2** IRRITATE : irritar ⟨to grate on one's nerves : crisparle los nervios a uno⟩
grate[2] *n* **1** : parrilla *f* (para cocinar) **2** GRATING : reja *f*, rejilla *f*, verja *f* (en una ventana)
grateful [ˈgreɪtfəl] *adj* : agradecido
gratefully [ˈgreɪtfəli] *adv* : con agradecimiento
gratefulness [ˈgreɪtfəlnəs] *n* : gratitud *f*, agradecimiento *m*
grater [ˈgreɪt̬ər] *n* : rallador *m*
gratification [ˌgræt̬əfəˈkeɪʃən] *n* : gratificación *f*
gratify [ˈgræt̬əˌfaɪ] *vt* **-fied; -fying 1** PLEASE : complacer **2** SATISFY : satisfacer, gratificar
grating [ˈgreɪt̬ɪŋ] *n* : reja *f*, rejilla *f*
gratis[1] [ˈgræt̬əs, ˈgreɪ-] *adv* : gratis, gratuitamente
gratis[2] *adj* : gratis, gratuito
gratitude [ˈgræt̬əˌtu:d, -ˌtju:d] *n* : gratitud *f*, agradecimiento *m*
gratuitous [grəˈtu:ət̬əs] *adj* : gratuito
gratuity [grəˈtu:ət̬i] *n, pl* **-ities** TIP : propina *f*
grave[1] [ˈgreɪv] *adj* **graver; -est 1** IMPORTANT : grave, de mucha gravedad **2** SERIOUS, SOLEMN : grave, serio
grave[2] *n* : tumba *f*, sepultura *f*
gravel [ˈgrævəl] *n* : grava *f*, gravilla *f*
gravelly [ˈgrævəli] *adj* **1** : de grava **2** HARSH : áspero (dícese de la voz)
gravely [ˈgreɪvli] *adv* : gravemente
gravestone [ˈgreɪvˌsto:n] *n* : lápida *f*
graveyard [ˈgreɪvˌjɑrd] *n* CEMETERY : cementerio *m*, panteón *m*, camposanto *m*
gravitate [ˈgrævəˌteɪt] *vi* **-tated; -tating** : gravitar
gravitation [ˌgrævəˈteɪʃən] *n* : gravitación *f*
gravitational [ˌgrævəˈteɪʃənəl] *adj* : gravitacional
gravity [ˈgrævət̬i] *n, pl* **-ties 1** SERIOUSNESS : gravedad *f*, seriedad *f* **2** : gravedad *f* ⟨the law of gravity : la ley de la gravedad⟩
gravy [ˈgreɪvi] *n, pl* **-vies** : salsa *f* (preparada con el jugo de la carne asada)
gray[1] [ˈgreɪ] *vt* : hacer gris — *vi* : encanecer, ponerse gris
gray[2] *adj* **1** : gris (dícese del color) **2** : cano, canoso ⟨gray hair : pelo canoso⟩ ⟨to go gray : volverse cano⟩ **3** DISMAL, GLOOMY : gris, triste
gray[3] *n* : gris *m*
grayish [ˈgreɪɪʃ] *adj* : grisáceo
graze [ˈgreɪz] *v* **grazed; grazing** *vi* : pastar, pacer — *vt* **1** : pastorear (ganado) **2** BRUSH : rozar **3** SCRATCH : raspar
grease[1] [ˈgri:s, ˈgri:z] *vt* **greased; greasing** : engrasar, lubricar
grease[2] [ˈgri:s] *n* : grasa *f*
greasy [ˈgri:si, -zi] *adj* **greasier; -est 1** : grasiento **2** OILY : graso, grasoso
great [ˈgreɪt] *adj* **1** LARGE : grande ⟨a great mountain : una montaña grande⟩ ⟨a great crowd : una gran muchedumbre⟩ ⟨a great big house : una casa grandísima⟩ ⟨a great success : un gran éxito⟩ **2** EXTREME, INTENSE : grande, intenso, fuerte ⟨with great care/difficulty : con gran cuidado/difficultad⟩ ⟨in great pain : muy dolorido⟩ ⟨there's no great hurry : no hay prisa⟩ ⟨a great admirer of : un gran admirador de⟩ **3** IMPORTANT : grande ⟨a great poet : un gran poeta⟩ ⟨great works of art : grandes obras de arte⟩ **4** EXCELLENT, TERRIFIC : excelente, estupendo, fabuloso ⟨to have a great time : pasarlo en grande⟩ ⟨a great movie : una película estupenda⟩ ⟨he's great at soccer : juega muy bien al fútbol⟩ ⟨you look great! : ¡te ves muy bien!⟩ **5** : bis- ⟨great grandfather : bisabuelo⟩ ⟨great niece : sobrina nieta⟩ **6 a great deal (of)** : mucho, un montón (de) **7 a great while** : mucho tiempo **8 great!** : ¡qué bien!
great–aunt [ˌgreɪtˈænt, -ˈant] *n* : tía *f* abuela
greater [ˈgreɪt̬ər] *comparative of* **great** : mayor
greatest [ˈgreɪt̬əst] *superlative of* **great** : el mayor, la mayor
great–grandchild [ˌgreɪtˈgrænd-ˌʧaɪld] *n, pl* **-children** [-ˌʧɪldrən] : bisnieto *m*, -ta *f*
great–grandfather [ˌgreɪtˈgrænd-ˌfɑðər] *n* : bisabuelo *m*
great–grandmother [ˌgreɪtˈgrænd-ˌmʌðər] *n* : bisabuela *f*
greatly [ˈgreɪtli] *adv* **1** MUCH : mucho, sumamente ⟨to be greatly improved : haber mejorado mucho⟩ **2** VERY : muy ⟨greatly superior : muy superior⟩
greatness [ˈgreɪtnəs] *n* : grandeza *f*
great–uncle [ˌgreɪtˈʌŋkəl] *n* : tío *m* abuelo
grebe [ˈgri:b] *n* : somorgujo *m*
greed [ˈgri:d] *n* **1** AVARICE : avaricia *f*, codicia *f* **2** GLUTTONY : glotonería *f*, gula *f*
greedily [ˈgri:dəli] *adv* : con avaricia, con gula
greediness [ˈgri:dinəs] → **greed**
greedy [ˈgri:di] *adj* **greedier; -est 1** AVARICIOUS : codicioso, avaricioso **2** GLUTTONOUS : glotón
Greek [ˈgri:k] *n* **1** : griego *m*, -ga *f* **2** : griego *m* (idioma) — **Greek** *adj*
green[1] [ˈgri:n] *adj* **1** : verde (dícese del color) **2** UNRIPE : verde, inmaduro **3** INEXPERIENCED : verde, novato
green[2] *n* **1** : verde *m* **2 greens** *npl* VEGETABLES : verduras *fpl*
greenery [ˈgri:nəri] *n, pl* **-eries** : plantas *fpl* verdes, vegetación *f*
greenhorn [ˈgri:nˌhɔrn] *n* : novato *m*, -ta *f*
greenhouse [ˈgri:nˌhaʊs] *n* : invernadero *m*
greenhouse effect : efecto *m* invernadero

greenish ['gri:nɪʃ] *adj* : verdoso

Greenlander ['gri:nləndər, -ˌlæn-] *n* : groenlandés *m*, -desa *f*

greenness ['gri:nnəs] *n* **1** : verdor *m* **2** INEXPERIENCE : inexperiencia *f*

green thumb *n* **to have a green thumb** : tener buena mano para las plantas

greet ['gri:t] *vt* **1** : saludar ⟨to greet a friend : saludar a un amigo⟩ **2** : acoger, recibir ⟨they greeted him with boos : lo recibieron con abucheos⟩

greeting ['gri:t̬ɪŋ] *n* **1** : saludo *m* **2** **greetings** *npl* REGARDS : saludos *mpl*, recuerdos *mpl*

gregarious [grɪ'gæriəs] *adj* : gregario (dícese de los animales), sociable (dícese de las personas) — **gregariously** *adv*

gregariousness [grɪ'gæriəsnəs] *n* : sociabilidad *f*

gremlin ['grɛmlən] *n* : duende *m*

grenade [grə'neɪd] *n* : granada *f*

Grenadian [grə'neɪdiən] *n* : granadino *m*, -na *f* — **Grenadian** *adj*

grew → **grow**

grey → **gray**

greyhound ['greɪˌhaʊnd] *n* : galgo *m*

grid ['grɪd] *n* **1** GRATING : rejilla *f* **2** NETWORK : red *f* (de electricidad, etc.) **3** : cuadriculado *m* (de un mapa)

griddle ['grɪdəl] *n* : plancha *f*

griddle cake → **pancake**

gridiron ['grɪdˌaɪərn] *n* **1** GRILL : parrilla *f* **2** : campo *m* de futbol americano

gridlock ['grɪdˌlɑk] *n* : atasco *m* completo (de una red de calles)

grief ['gri:f] *n* **1** SORROW : dolor *m*, pena *f* **2** ANNOYANCE, TROUBLE : problemas *mpl*, molestia *f*

grievance ['gri:vənts] *n* COMPLAINT : queja *f*

grieve ['gri:v] *v* **grieved; grieving** *vt* DISTRESS : afligir, entristecer, apenar — *vi* **1** : sufrir, afligirse **2** **to grieve for** *or* **to grieve over** : llorar, lamentar

grievous ['gri:vəs] *adj* **1** OPPRESSIVE : gravoso, opresivo, severo **2** GRAVE, SERIOUS : grave, severo, doloroso

grievously ['gri:vəsli] *adv* : gravemente, de gravedad

grill[1] ['grɪl] *vt* **1** : asar (a la parrilla) **2** INTERROGATE : interrogar

grill[2] *n* **1** : parrilla *f* (para cocinar) **2** : parrillada *f* (comida) **3** RESTAURANT : grill *m*

grille *or* **grill** ['grɪl] *n* : reja *f*, enrejado *m*

grim ['grɪm] *adj* **grimmer; grimmest** **1** CRUEL : cruel, feroz **2** STERN : adusto, severo ⟨a grim expression : un gesto severo⟩ **3** GLOOMY : sombrío, deprimente **4** SINISTER : macabro, siniestro **5** UNYIELDING : inflexible, persistente ⟨with grim determination : con una voluntad de hierro⟩

grimace[1] ['grɪməs, grɪ'meɪs] *vi* **-maced; -macing** : hacer muecas

grimace[2] *n* : mueca *f*

grime ['graɪm] *n* : mugre *f*, suciedad *f*

grimly ['grɪmli] *adv* **1** STERNLY : severamente **2** RESOLUTELY : inexorablemente

grimy ['graɪmi] *adj* **grimier; -est** : mugriento, sucio

grin[1] ['grɪn] *vi* **grinned; grinning** : sonreír abiertamente

grin[2] *n* : sonrisa *f* abierta

grind[1] ['graɪnd] *v* **ground** ['graʊnd]; **grinding** *vt* **1** CRUSH : moler, machacar, triturar **2** SHARPEN : afilar **3** POLISH : pulir, esmerilar (lentes, espejos) **4** **to grind one's teeth** : rechinarle los dientes a uno **5** **to grind down** OPPRESS : oprimir, agobiar — *vi* **1** : funcionar con dificultad, rechinar ⟨to grind to a halt : pararse poco a poco, llegar a un punto muerto⟩ **2** STUDY : estudiar mucho

grind[2] *n* : trabajo *m* pesado ⟨the daily grind : la rutina diaria⟩

grinder ['graɪndər] *n* : molinillo *m* ⟨coffee grinder : molinillo de café⟩

grindstone ['graɪndˌsto:n] *n* : piedra *m* de afilar

grip[1] ['grɪp] *vt* **gripped; gripping** **1** GRASP : agarrar, asir **2** HOLD, INTEREST : captar el interés de

grip[2] *n* **1** GRASP : agarre *m*, asidero *m* ⟨to have a firm grip on something : agarrarse bien de algo⟩ **2** CONTROL, HOLD : control *m*, dominio *m* ⟨to lose one's grip on : perder el control de⟩ ⟨inflation tightened its grip on the economy : la inflación se afianzó en su dominio de la economía⟩ **3** UNDERSTANDING : comprensión *f*, entendimiento *m* ⟨to come to grips with : llegar a entender⟩ **4** HANDLE : asidero *m*, empuñadura *f* (de un arma)

gripe[1] ['graɪp] *v* **griped; griping** *vt* IRRITATE, VEX : irritar, fastidiar, molestar — *vi* COMPLAIN : quejarse, rezongar

gripe[2] *n* : queja *f*

grippe ['grɪp] *n* : influenza *f*, gripe *f*, gripa *f* *Col, Mex*

grisly ['grɪzli] *adj* **-lier; -est** : horripilante, horroroso, truculento

grist ['grɪst] *n* : molienda *f* ⟨it's all grist for the mill : todo ayuda, todo es provechoso⟩

gristle ['grɪsəl] *n* : cartílago *m*

gristly ['grɪsli] *adj* **-tlier; -est** : cartilaginoso

grit[1] ['grɪt] *vt* **gritted; gritting** : hacer rechinar (los dientes, etc.)

grit[2] *n* **1** SAND : arena *f* **2** GRAVEL : grava *f* **3** COURAGE : valor *m*, coraje *m* **4** **grits** *npl* : sémola *f* de maíz

gritty ['grɪt̬i] *adj* **-tier; -est** **1** : arenoso ⟨a gritty surface : una superficie arenosa⟩ **2** PLUCKY : valiente

grizzled ['grɪzəld] *adj* : entrecano

grizzly bear ['grɪzli] *n* : oso *m* pardo

groan[1] ['gro:n] *vi* **1** MOAN : gemir, quejarse **2** CREAK : crujir

groan[2] *n* **1** MOAN : gemido *m*, quejido *m* **2** CREAK : crujido *m*

grocer ['gro:sər] *n* : tendero *m*, -ra *f*
grocery ['gro:səri, -ʃəri] *n, pl* **-ceries** **1** *or* **grocery store** : tienda *f* de comestibles, tienda *f* de abarrotes **2 groceries** *npl* : comestibles *mpl*, abarrotes *mpl*
groggy ['grɑgi] *adj* **-gier; -est** : atontado, grogui, tambaleante
groin ['grɔɪn] *n* : ingle *f*
grommet ['grɑmət, 'grʌ-] *n* : arandela *f*
groom[1] ['gru:m, 'grʊm] *vt* **1** : cepillar, almohazar (un animal) **2** : arreglar, cuidar ⟨well-groomed : bien arreglado⟩ **3** PREPARE : preparar
groom[2] *n* **1** : mozo *m*, -za *f* de cuadra **2** BRIDEGROOM : novio *m*
groove[1] ['gru:v] *vt* **grooved; grooving** : acanalar, hacer ranuras en, surcar
groove[2] *n* **1** FURROW, SLOT : ranura *f*, surco *m* **2** RUT : rutina *f*
grope ['gro:p] *v* **groped; groping** *vi* : andar a tientas, tantear ⟨he groped for the switch : buscó el interruptor a tientas⟩ — *vt* **to grope one's way** : avanzar a tientas
gross[1] ['gro:s] *vt* : tener entrada bruta de, recaudar en bruto
gross[2] *adj* **1** FLAGRANT : flagrante, grave ⟨a gross error : un error flagrante⟩ ⟨a gross injustice : una injusticia grave⟩ **2** FAT : muy gordo, obeso **3** : bruto ⟨gross national product : producto nacional bruto⟩ **4** COARSE, VULGAR : grosero, basto
gross[3] *n* **1** *pl* **gross** : gruesa *f* (12 docenas) **2** *or* **gross income** : ingresos *mpl* brutos
grossly ['gro:sli] *adv* **1** EXTREMELY : extremadamente ⟨grossly unfair : totalmente injusto⟩ **2** CRUDELY : groseramente
grotesque [gro:'tɛsk] *adj* : grotesco
grotesquely [gro:'tɛskli] *adv* : de forma grotesca
grotto ['grɑṭo:] *n, pl* **-toes** : gruta *f*
grouch[1] ['graʊʧ] *vi* : refunfuñar, rezongar
grouch[2] *n* **1** COMPLAINT : queja *f* **2** GRUMBLER : gruñón *m*, -ñona *f*; cascarrabias *mf fam*
grouchy ['graʊʧi] *adj* **grouchier; -est** : malhumorado, gruñón
ground[1] ['graʊnd] *vt* **1** BASE : fundar, basar **2** INSTRUCT : enseñar los conocimientos básicos a ⟨to be well grounded in : ser muy entendido en⟩ **3** : conectar a tierra (un aparato eléctrico) **4** : varar, hacer encallar (un barco) **5** : restringir (un avión o un piloto) a la tierra
ground[2] *n* **1** EARTH, SOIL : suelo *m*, tierra *f* ⟨to dig (in) the ground : cavar la tierra⟩ ⟨to fall to the ground : caerse al suelo⟩ **2** LAND, TERRAIN : terreno *m* ⟨high ground : terreno alto⟩ ⟨to be on solid/firm ground : pisar terreno firme⟩ **3** BASIS, REASON : razón *f*, motivo *m* ⟨grounds for complaint : motivos de queja⟩ **4** INFORMATION : información *f* ⟨we've covered a lot of ground : hemos abarcado muchos temas/puntos⟩ ⟨familiar ground : terreno conocido⟩ **5** VIEWS : terreno *m* ⟨to find a common/middle ground : encontrar un terreno común⟩ **6** BACKGROUND : fondo *m* **7** FIELD : campo *m*, plaza *f* ⟨parade ground : plaza de armas⟩ **8** : tierra *f* (para electricidad) **9 grounds** *npl* PREMISES : recinto *m*, terreno *m* **10 grounds** *npl* DREGS : posos *mpl* (de café) **11 from the ground up** COMPLETELY : completamente, radicalmente **12 from the ground up** FRESH : de cero ⟨to build/start from the ground up : construir/empezar de cero⟩ **13 into the ground** ⟨he ran the business into the ground : llevó la empresa a la ruina⟩ ⟨she's working herself into the ground : se mata trabajando⟩ **14 to break new ground** : abrir nuevos caminos **15 to gain/lose ground** : ganar/perder terreno **16 to get off the ground** : llegar a concretarse **17 to hold/stand one's ground** : no ceder terreno
ground[3] → **grind**
groundhog ['graʊnd,hɔg] *n* : marmota *f* (de América)
groundless ['graʊndləs] *adj* : infundado
groundwork ['graʊnd,wərk] *n* **1** FOUNDATION : fundamento *m*, base *f* **2** PREPARATION : trabajo *m* preparatorio
group[1] ['gru:p] *vt* : agrupar
group[2] *n* : grupo *m*, agrupación *f*, conjunto *m*, compañía *f*
grouper ['gru:pər] *n* : mero *m*
grouse[1] ['graʊs] *vi* **groused; grousing** : quejarse, rezongar, refunfuñar
grouse[2] *n, pl* **grouse** *or* **grouses** : urogallo *m* (ave)
grout ['graʊt] *n* : lechada *f*
grove ['gro:v] *n* : bosquecillo *m*, arboleda *f*, soto *m*
grovel ['grɑvəl, 'grʌ-] *vi* **-eled** *or* **-elled; -eling** *or* **-elling** **1** CRAWL : arrastrarse **2** : humillarse, postrarse ⟨to grovel before someone : postrarse ante alguien⟩
grow ['gro:] *v* **grew** ['gru:]; **grown** ['gro:n]; **growing** *vi* **1** : crecer ⟨palm trees grow on the islands : en las islas crecen palmas⟩ ⟨my hair grows very fast : mi pelo crece muy rápido⟩ **2** DEVELOP, MATURE : desarrollarse, madurar **3** INCREASE : crecer, aumentar **4** BECOME : hacerse, volverse, ponerse ⟨she was growing angry : se estaba poniendo furiosa⟩ ⟨to grow dark : oscurecerse⟩ **5 to grow apart** : distanciarse **6 to grow from** : nacer de **7 to grow into** BECOME : convertirse en **8 to grow on someone** : empezar a gustarle a alguien **9 to grow out of** : dejar atrás (las cosas de la niñez) **10 to grow to** : llegar a ⟨I grew to love the city : aprendí a amar la ciudad⟩ **11 to grow up** : hacerse mayor ⟨grow up! : ¡no seas niño!⟩ — *vt* **1** CULTIVATE, RAISE : cultivar **2** : dejar crecer ⟨to

grow one's hair : dejarse crecer el pelo⟩ **3** EXPAND, DEVELOP : expansionar, desarollar (una empresa, etc.)

grower ['gro:ər] *n* : cultivador *m*, -dora *f*

growl[1] ['graʊl] *vi* : gruñir (dícese de un animal), refunfuñar (dícese de una persona)

growl[2] *n* : gruñido *m*

grown–up[1] ['gro:n,əp] *adj* : adulto, mayor

grown–up[2] *n* : adulto *m*, -ta *f*; persona *f* mayor

growth ['gro:θ] *n* **1** : crecimiento *m* ⟨to stunt one's growth : detener el crecimiento⟩ **2** INCREASE : aumento *m*, crecimiento *m*, expansión *f* **3** DEVELOPMENT : desarrollo *m* ⟨economic growth : desarrollo económico⟩ ⟨a five days' growth of beard : una barba de cinco días⟩ **4** LUMP, TUMOR : bulto *m*, tumor *m*

grub[1] ['grʌb] *vi* **grubbed; grubbing** **1** DIG : escarbar **2** RUMMAGE : hurgar, buscar **3** DRUDGE : trabajar duro

grub[2] *n* **1** : larva *f* ⟨beetle grub : larva del escarabajo⟩ **2** DRUDGE : esclavo *m*, -va *f* del trabajo **3** FOOD : comida *f*

grubby ['grʌbi] *adj* **grubbier; -est** : mugriento, sucio

grudge[1] ['grʌʤ] *vt* **grudged; grudging** : resentir, envidiar

grudge[2] *n* : rencor *m*, resentimiento *m* ⟨to hold a grudge : guardar rencor⟩

grueling *or* **gruelling** ['gru:lɪŋ, 'gru:ə-] *adj* : extenuante, agotador, duro

gruesome ['gru:səm] *adj* : horripilante, truculento, horroroso

gruff ['grʌf] *adj* **1** BRUSQUE : brusco ⟨a gruff reply : una respuesta brusca⟩ **2** HOARSE : ronco — **gruffly** *adv*

grumble[1] ['grʌmbəl] *vi* **-bled; -bling** **1** COMPLAIN : refunfuñar, rezongar, quejarse **2** RUMBLE : hacer un ruido sordo, retumbar (dícese del trueno)

grumble[2] *n* **1** COMPLAINT : queja *f* **2** RUMBLE : ruido *m* sordo, estruendo *m*

grumbler ['grʌmbələr] *n* : gruñón *m*, -ñona *f*

grumpy ['grʌmpi] *adj* **grumpier; -est** : malhumorado, gruñón

grungy ['grʌnʤi] *adj* : sucio

grunt[1] ['grʌnt] *vi* : gruñir

grunt[2] *n* : gruñido *m*

guacamole [,gwɑkə'mo:li] *n* : guacamole *m*, guacamol *m*

guarantee[1] [,gærən'ti:] *vt* **-teed; -teeing** **1** PROMISE : asegurar, prometer **2** : poner bajo garantía, garantizar (un producto o servicio)

guarantee[2] *n* **1** PROMISE : garantía *f*, promesa *f* ⟨lifetime guarantee : garantía de por vida⟩ **2** → **guarantor**

guarantor [,gærən'tɔr] *n* : garante *mf*; fiador *m*, -dora *f*

guaranty [,gærən'ti:] → **guarantee**

guard[1] ['gɑrd] *vt* **1** DEFEND, PROTECT : defender, proteger **2** : guardar, vigilar, custodiar ⟨to guard the frontier : vigilar la frontera⟩ ⟨she guarded my secret well : guardó bien mi secreto⟩ — *vi* **to guard against** : protegerse contra, evitar

guard[2] *n* **1** WATCHMAN : guarda *mf* ⟨security guard : guarda de seguridad⟩ **2** SOLDIERS : guardia *f* **3** VIGILANCE : guardia *f*, vigilancia *f* ⟨to be on guard : estar en guardia⟩ ⟨to let one's guard down : bajar la guardia⟩ ⟨to catch someone off guard : agarrar a alguien desprevenido⟩ ⟨to keep under guard : vigilar⟩ **4** SAFEGUARD : salvaguardia *f*, dispositivo *m* de seguridad (en una máquina) **5** PRECAUTION : precaución *f*, protección *f* **6** : guardia *mf* (en deportes)

guardhouse ['gɑrd,haʊs] *n* : cuartel *m* de la guardia

guardian ['gɑrdiən] *n* **1** PROTECTOR : guardián *m*, -diana *f*; custodio *m*, -dia *f* **2** : tutor *m*, -tora *f* (de un niño)

guardianship ['gɑrdiən,ʃɪp] *n* : custodia *f*, tutela *f*

Guatemalan [,gwɑţə'mɑlən] *n* : guatemalteco *m*, -ca *f* — **Guatemalan** *adj*

guava ['gwɑvə] *n* : guayaba *f*

gubernatorial [,gu:bənə'tori:əl, ,gju:-] *adj* : del gobernador

guerrilla *or* **guerilla** [gə'rɪlə] *n* : guerrillero *m*, -ra *f*

guess[1] ['gɛs] *vt* **1** CONJECTURE : adivinar, conjeturar ⟨guess what happened! : ¡adivina lo que pasó!⟩ **2** SUPPOSE : pensar, creer, suponer ⟨I guess so : supongo que sí⟩ **3** : adivinar correctamente, acertar ⟨to guess the answer : acertar la respuesta⟩ — *vi* : adivinar

guess[2] *n* : conjetura *f*, suposición *f*

guesswork ['gɛs,wərk] *n* : suposiciones *fpl*, conjeturas *fpl*

guest ['gɛst] *n* : huésped *mf*; invitado *m*, -da *f*

guffaw[1] [gə'fɔ] *vi* : reírse a carcajadas, carcajearse *fam*

guffaw[2] [gə'fɔ, 'gʌ,fɔ] *n* : carcajada *f*, risotada *f*

guidance ['gaɪdənts] *n* : orientación *f*, consejos *mpl*

guide[1] ['gaɪd] *vt* **guided; guiding** **1** DIRECT, LEAD : guiar, dirigir, conducir **2** ADVISE, COUNSEL : aconsejar, orientar

guide[2] *n* : guía *f*

guidebook ['gaɪd,bʊk] *n* : guía *f* (para viajeros)

guideline ['gaɪd,laɪn] *n* : pauta *f*, directriz *f*

guild ['gɪld] *n* : gremio *m*, sindicato *m*, asociación *f*

guile ['gaɪl] *n* : astucia *f*, engaño *m*

guileless ['gaɪlləs] *adj* : inocente, cándido, sin malicia

guillotine[1] ['gɪlə,ti:n, 'gi:jə,-] *vt* **-tined; -tining** : guillotinar

guillotine[2] *n* : guillotina *f*

guilt ['gɪlt] *n* : culpa *f*, culpabilidad *f*
guilty ['gɪlti] *adj* **guiltier; -est** : culpable
guinea fowl ['gɪni] *n* : gallina *f* de Guinea
guinea pig *n* : conejillo *m* de Indias, cobaya *f*
guise ['gaɪz] *n* : apariencia *f*, aspecto *m*, forma *f*
guitar [gə'tɑr, gɪ-] *n* : guitarra *f*
guitarist [gə'tɑrɪst, gɪ-] *n* : guitarrista *mf*
gulch ['gʌltʃ] *n* : barranco *m*, quebrada *f*
gulf ['gʌlf] *n* **1** : golfo *m* ⟨the Gulf of Mexico : el Golfo de México⟩ **2** GAP : brecha *f* ⟨the gulf between generations : la brecha entre las generaciones⟩ **3** CHASM : abismo *m*
gull ['gʌl] *n* : gaviota *f*
gullet ['gʌlət] *n* : garganta *f*
gullible ['gʌlɪbəl] *adj* : crédulo
gully ['gʌli] *n, pl* **-lies** : barranco *m*, hondonada *f*
gulp[1] ['gʌlp] *vt* **1** : engullir, tragar ⟨he gulped down the whiskey : engulló el whisky⟩ **2** SUPPRESS : suprimir, reprimir, tragar ⟨to gulp down a sob : reprimir un sollozo⟩ — *vi* : tragar saliva, tener un nudo en la garganta
gulp[2] *n* : trago *m*
gum ['gʌm] *n* **1** CHEWING GUM : goma *f* de mascar, chicle *m* **2 gums** *npl* : encías *fpl*
gumbo ['gʌm,bo:] *n* : sopa *f* de quingombó
gumdrop ['gʌm,drɑp] *n* : pastilla *f* de goma
gummy ['gʌmi] *adj* **gummier; -est** : gomoso
gumption ['gʌmpʃən] *n* : iniciativa *f*, agallas *fpl fam*
gun[1] ['gʌn] *vt* **gunned; gunning 1** *or* **to gun down** : matar a tiros, asesinar **2** : acelerar (rápidamente) ⟨to gun the engine : acelerar el motor⟩
gun[2] *n* **1** CANNON : cañón *m* **2** FIREARM : arma *f* de fuego **3** SPRAY GUN : pistola *f* **4 to jump the gun** : adelantarse, salir antes de tiempo
gunboat ['gʌn,bo:t] *n* : cañonero *m*
gunfight ['gʌn,faɪt] *n* : tiroteo *m*, balacera *f*
gunfire ['gʌn,faɪr] *n* : disparos *mpl*
gunman ['gʌnmən] *n, pl* **-men** [-mən, -,mɛn] : pistolero *m*, gatillero *m Mex*
gunner ['gʌnər] *n* : artillero *m*, -ra *f*
gunnysack ['gʌni,sæk] *n* : saco *m* de yute
gunpowder ['gʌn,paʊdər] *n* : pólvora *f*
gunshot ['gʌn,ʃɑt] *n* : disparo *m*, tiro *m*, balazo *m*
gunwale ['gʌnəl] *n* : borda *f*
guppy ['gʌpi] *n, pl* **-pies** : lebistes *m*
gurgle[1] ['gərgəl] *vi* **-gled; -gling 1** : borbotar, gorgotear (dícese de un líquido) **2** : gorjear (dícese de un niño)
gurgle[2] *n* **1** : borboteo *m*, gorgoteo *m* (de un líquido) **2** : gorjeo *m* (de un niño)
gush ['gʌʃ] *vi* **1** SPOUT : surgir, salir a chorros, chorrear **2** : hablar con entusiasmo efusivo ⟨she gushed with praise : se deshizo en elogios⟩
gust ['gʌst] *n* : ráfaga *f*, racha *f*
gusto ['gʌs,to:] *n, pl* **gustoes** : entusiasmo *m* ⟨with gusto : con deleite, con ganas⟩
gusty ['gʌsti] *adj* **gustier; -est** : racheado
gut[1] ['gʌt] *vt* **gutted; gutting 1** EVISCERATE : destripar (un pollo, etc.), limpiar (un pescado) **2** : destruir el interior de (un edificio)
gut[2] *n* **1** INTESTINE : intestino *m* **2 guts** *npl* INNARDS : tripas *fpl fam*, entrañas *fpl* **3 guts** *npl* COURAGE : valentía *f*, agallas *fpl*
gutter ['gʌt̬ər] *n* **1** : canal *mf*, canaleta *f* (de un techo) **2** : cuneta *f*, arroyo *m* (de una calle)
guttural ['gʌt̬ərəl] *adj* : gutural
guy ['gaɪ] *n* **1** *or* **guyline** : cuerda *f* tensora, cable *m* **2** FELLOW : tipo *m*, hombre *m*
guzzle ['gʌzəl] *vt* **-zled; -zling** : chupar, tragarse
gym ['ʤɪm] → **gymnasium**
gymnasium [ʤɪm'neɪziəm, -ʒəm] *n, pl* **-siums** *or* **-sia** [-zi:ə, -ʒə] : gimnasio *m*
gymnast ['ʤɪmnəst, -,næst] *n* : gimnasta *mf*
gymnastic [ʤɪm'næstɪk] *adj* : gimnástico
gymnastics [ʤɪm'næstɪks] *ns & pl* : gimnasia *f*
gynecologist [,gaɪnə'kɑləʤɪst, ,ʤɪnə-] *n* : ginecólogo *m*, -ga *f*
gynecology [,gaɪnə'kɑləʤi, ,ʤɪnə-] *n* : ginecología *f*
gyp[1] ['ʤɪp] *vt* **gypped; gypping** : estafar, timar
gyp[2] *n* **1** SWINDLER : estafador *m*, -dora *f* **2** FRAUD, SWINDLE : estafa *f*, timo *m fam*
gypsum ['ʤɪpsəm] *n* : yeso *m*
Gypsy ['ʤɪpsi] *n, pl* **-sies** : gitano *m*, -na *f*
gyrate ['ʤaɪ,reɪt] *vi* **-rated; -rating** : girar, rotar
gyration [ʤaɪ'reɪʃən] *n* : giro *m*, rotación *f*
gyroscope ['ʤaɪrə,sko:p] *n* : giroscopio *m*, giróscopo *m*

H

h [ˈeɪʧ] *n, pl* **h's** *or* **hs** [ˈeɪʧəz] : octava letra del alfabeto inglés

ha [ˈhɑ] *interj* : ¡ja!

haberdashery [ˈhæbərˌdæʃəri] *n, pl* **-eries** : tienda *f* de ropa para caballeros

habit [ˈhæbɪt] *n* **1** CUSTOM : hábito *m*, costumbre *f* **2** : hábito *m* (de un monje o una religiosa) **3** ADDICTION : dependencia *f*, adicción *f*

habitable [ˈhæbɪṭəbəl] *adj* : habitable

habitat [ˈhæbɪˌtæt] *n* : hábitat *m*

habitation [ˌhæbɪˈteɪʃən] *n* **1** OCCUPANCY : habitación *f* **2** RESIDENCE : residencia *f*, morada *f*

habit–forming [ˈhæbɪtˌfɔrmɪŋ] *adj* : que crea dependencia

habitual [həˈbɪʧʊəl] *adj* **1** CUSTOMARY : habitual, acostumbrado **2** INVETERATE : incorregible, empedernido — **habitually** *adv*

habituate [həˈbɪʧʊˌeɪt] *vt* **-ated; -ating** : habituar, acostumbrar

hack[1] [ˈhæk] *vt* : cortar, tajear (a hachazos, etc.) ⟨to hack one's way : abrirse paso⟩ — *vi* **1** : hacer tajos **2** COUGH : toser

hack[2] *n* **1** CHOP : hachazo *m*, tajo *m* **2** HORSE : caballo *m* de alquiler **3** WRITER : escritor *m*, -tora *f* a sueldo; escritorzuelo *m*, -la *f* **4** COUGH : tos *f* seca

hackles [ˈhækəlz] *npl* **1** : pluma *f* erizada (de un ave), pelo *m* erizado (de un perro, etc.) **2 to get one's hackles up** : ponerse furioso

hackney [ˈhækni] *n, pl* **-neys** : caballo *m* de silla, caballo *m* de tiro

hackneyed [ˈhæknid] *adj* TRITE : trillado, gastado

hacksaw [ˈhækˌsɔ] *n* : sierra *f* para metales

had → **have**

haddock [ˈhædək] *ns & pl* : eglefino *m*

hadn't [ˈhædənt] *contraction of* **had not** → **have**

haft [ˈhæft] *n* : mango *m*, empuñadura *f*

hag [ˈhæg] *n* **1** WITCH : bruja *f*, hechicera *f* **2** CRONE : vieja *f* fea

haggard [ˈhægərd] *adj* : demacrado, macilento — **haggardly** *adv*

haggle [ˈhægəl] *vi* **-gled; -gling** : regatear

ha–ha [ˌhɑˈhɑ, ˈhɑˈhɑ] *interj* : ¡ja, ja!

hail[1] [ˈheɪl] *vt* **1** GREET : saludar **2** SUMMON : llamar ⟨to hail a taxi : llamar un taxi⟩ — *vi* : granizar (en meteorología)

hail[2] *n* **1** : granizo *m* **2** BARRAGE : aluvión *m*, lluvia *f*

hail[3] *interj* : ¡salve!

hailstone [ˈheɪlˌsto:n] *n* : granizo *m*, piedra *f* de granizo

hailstorm [ˈheɪlˌstɔrm] *n* : granizada *f*

hair [ˈhær] *n* **1** : pelo *m*, cabello *m* ⟨to get one's hair cut : cortarse el pelo⟩ **2** : vello *m* (en las piernas, etc.)

hairbreadth [ˈhærˌbrɛdθ] *or* **hairsbreadth** [ˈhærz-] *n* **by a hairbreadth** : por un pelo

hairbrush [ˈhærˌbrʌʃ] *n* : cepillo *m* (para el pelo)

haircut [ˈhærˌkʌt] *n* : corte *m* de pelo

hairdo [ˈhærˌdu:] *n, pl* **-dos** : peinado *m*

hairdresser [ˈhærˌdrɛsər] *n* : peluquero *m*, -ra *f*

hairiness [ˈhærinəs] *n* : vellosidad *f*

hairless [ˈhærləs] *adj* : sin pelo, calvo, pelón

hairline [ˈhærˌlaɪn] *n* **1** : línea *f* delgada **2** : nacimiento *m* del pelo ⟨to have a receding hairline : tener entradas⟩

hairpin [ˈhærˌpɪn] *n* : horquilla *f*

hair–raising [ˈhærˌreɪzɪŋ] *adj* : espeluznante

hair spray *n* : laca *f*, fijador *m* (para el pelo)

hairstyle [ˈhærˌstaɪl] *n* : peinado *m*

hairy [ˈhæri] *adj* **hairier; -est** : peludo, velludo

Haitian [ˈheɪʃən, ˈheɪṭiən] *n* : haitiano *m*, -na *f* — **Haitian** *adj*

hake [ˈheɪk] *n* : merluza *f*

hale[1] [ˈheɪl] *vt* **haled; haling** : arrastrar, halar ⟨to hale to court : arrastrar al tribunal⟩

hale[2] *adj* : saludable, robusto

half[1] [ˈhæf, ˈhaf] *adv* : medio, a medias ⟨half cooked : medio cocido⟩

half[2] *adj* : medio, a medias ⟨a half hour : una media hora⟩ ⟨a half truth : una verdad a medias⟩

half[3] *n, pl* **halves** [ˈhævz, ˈhavz] **1** : mitad *f* ⟨half of my friends : la mitad de mis amigos⟩ ⟨in half : por la mitad⟩ **2** : tiempo *m* (en deportes)

half brother *n* : medio hermano *m*, hermanastro *m*

halfhearted [ˈhæfˈhɑrṭəd] *adj* : sin ánimo, poco entusiasta

halfheartedly [ˈhæfˈhɑrṭədli] *adv* : con poco entusiasmo, sin ánimo

half–life [ˈhæfˌlaɪf] *n, pl* **half–lives** : media vida *f*

half sister *n* : media hermana *f*, hermanastra *f*

halfway[1] [ˈhæfˈweɪ] *adv* : a medio camino, a mitad de camino

halfway[2] *adj* : medio, intermedio ⟨a halfway point : un punto intermedio⟩

half–wit [ˈhæfˌwɪt] *n* : tonto *m*, -ta *f*; imbécil *mf*

half–witted [ˈhæfˌwɪṭəd] *adj* : estúpido

halibut [ˈhælɪbət] *ns & pl* : halibut *m*

hall [ˈhɔl] *n* **1** BUILDING : residencia *f* estudiantil, facultad *f* (de una universidad) **2** VESTIBULE : entrada *f*, vestíbulo *m*, zaguán *m* **3** CORRIDOR : corredor *m*, pasillo *m* **4** AUDITORIUM : sala *f*, salón *m* ⟨concert hall : sala de conciertos⟩ **5 city hall** : ayuntamiento *m*

hallelujah [ˌhæləˈluːjə, ˌhɑ-] *interj* : ¡aleluya!

hallmark [ˈhɔlˌmɑrk] *n* : sello *m* (distintivo)

hallow [ˈhæˌloː] *vt* : santificar, consagrar

hallowed [ˈhæˌloːd, ˈhæˌloːəd, ˈhɑˌloːd] *adj* : sagrado

Halloween [ˌhæləˈwiːn, ˌhɑ-] *n* : víspera *f* de Todos los Santos

hallucinate [hæˈluːsənˌeɪt] *vi* **-nated; -nating** : alucinar

hallucination [həˌluːsənˈeɪʃən] *n* : alucinación *f*

hallucinatory [həˈluːsənəˌtori] *adj* : alucinante

hallucinogen [həˈluːsənəʤən] *n* : alucinógeno *m*

hallucinogenic [həˌluːsənəˈʤɛnɪk] *adj* : alucinógeno

hallway [ˈhɔlˌweɪ] *n* **1** ENTRANCE : entrada *f* **2** CORRIDOR : corredor *m*, pasillo *m*

halo [ˈheɪˌloː] *n, pl* **-los** *or* **-loes** : aureola *f*, halo *m*

halt[1] [ˈhɔlt] *vi* : detenerse, pararse — *vt* **1** STOP : detener, parar (a una persona) **2** INTERRUPT : interrumpir (una actividad)

halt[2] *n* **1** : alto *m*, parada *f* **2 to come to a halt** : pararse, detenerse

halter [ˈhɔltər] *n* **1** : cabestro *m*, ronzal *m* (para un animal) **2** : blusa *f* sin espalda

halting [ˈhɔltɪŋ] *adj* HESITANT : vacilante, titubeante — **haltingly** *adv*

halve [ˈhæv, ˈhav] *vt* **halved; halving 1** DIVIDE : partir por la mitad **2** REDUCE : reducir a la mitad

halves → **half**

ham [ˈhæm] *n* **1** : jamón *m* **2** *or* **ham actor** : comicastro *m*, -tra *f* **3** *or* **ham radio operator** : radioaficionado *m*, -da *f* **4 hams** *npl* HAUNCHES : ancas *fpl*

hamburger [ˈhæmˌbərgər] *or* **hamburg** [-ˌbərg] *n* **1** : carne *f* molida **2** : hamburguesa *f* (emparedado)

hamlet [ˈhæmlət] *n* VILLAGE : aldea *f*, poblado *m*

hammer[1] [ˈhæmər] *vt* **1** STRIKE : clavar, golpear **2** NAIL : clavar, martillar **3 to hammer out** NEGOTIATE : elaborar, negociar, llegar a — *vi* : martillar, golpear

hammer[2] *n* **1** : martillo *m* **2** : percusor *m*, percutor *m* (de un arma de fuego)

hammock [ˈhæmək] *n* : hamaca *f*

hamper[1] [ˈhæmpər] *vt* : obstaculizar, dificultar

hamper[2] *n* : cesto *m*, canasta *f*

hamster [ˈhæmpstər] *n* : hámster *m*

hamstring [ˈhæmˌstrɪŋ] *vt* **-strung** [-ˌstrʌŋ]; **-stringing 1** : cortarle el tendón del corvejón a (un animal) **2** INCAPACITATE : incapacitar, inutilizar

hand[1] [ˈhænd] *vt* **1** : pasar, dar, entregar **2 to hand back** RETURN : devolver **3 to hand down** : dejar en herencia **4 to hand in** SUBMIT : entregar, presentar **5 to hand it to** : aplaudir, felicitar ⟨I've got to hand it to you—you did a great job! : ¡tengo que reconocer que hiciste muy bien!⟩ **6 to hand out** DISTRIBUTE : distribuir **7 to hand over** SURRENDER : entregar

hand[2] *n* **1** : mano *f* ⟨made by hand : hecho a mano⟩ ⟨hand in hand : tomados de la mano⟩ ⟨to hold hands : ir tomados de la mano⟩ ⟨to raise one's hand : levantar la mano⟩ ⟨to join hands : darse las manos⟩ **2** POINTER : manecilla *f*, aguja *f* (de un reloj o instrumento) **3** SIDE : lado *m* ⟨on the one hand . . . on the other hand . . . : por un lado . . . por otro lado . . .⟩ **4** HANDWRITING : letra *f*, escritura *f* **5** APPLAUSE : aplauso *m* ⟨let's give them all a hand! : ¡aplausos para todos!⟩ **6** : mano *f*, cartas *fpl* (en juegos de naipes) **7** WORKER : obrero *m*, -ra *f*; trabajador *m*, -dora *f* **8 hands** *npl* CONTROL : manos *fpl* ⟨to fall into the hands of : caer en manos de⟩ ⟨it's out of my hands : no está en mis manos⟩ **9 at hand** NEAR : a mano ⟨to keep close at hand : tener a mano⟩ ⟨the problem at hand : el problema más acuciante⟩ **10 on hand** AVAILABLE : a mano, disponible **11 on hand** PRESENT, NEAR : presente, cerca **12 on one's hands** ⟨I had some time on my hands : tenía un rato libre⟩ ⟨she has all that work on her hands : tiene tanto trabajo que hacer⟩ **13 on one's hands and knees** : a gatas **14 out of hand** : descontrolado ⟨the situation is getting out of hand : la situación se les/nos (etc.) va de las manos⟩ **15 out of hand** IMMEDIATELY : sin miramientos **16 to ask for someone's hand (in marriage)** : pedir la mano de alguien **17 to give/lend a hand** : echar una mano **18 to go hand in hand** : ir de la mano **19 to have a hand in** : tener parte en **20 to have one's hands full** : estar muy ocupado **21 to have one's hands tied** : tener las manos atadas **22 to live from hand to mouth** : vivir al día **23 to try one's hand at** : probar a hacer **24 to wait on someone hand and foot** : hacerle de sirviente a alguien

handbag [ˈhændˌbæg] *n* : cartera *f*, bolso *m*, bolsa *f Mex*

handball [ˈhændˌbɔl] *n* : frontón *m*, pelota *f*

handbill [ˈhændˌbɪl] *n* : folleto *m*, volante *m*

handbook [ˈhændˌbʊk] *n* : manual *m*

handcuff [ˈhændˌkʌf] *vt* : esposar, ponerle esposas (a alguien)

handcuffs [ˈhændˌkʌfs] *npl* : esposas *fpl*

handful [ˈhændˌfʊl] *n* : puñado *m*

handgun [ˈhændˌgʌn] *n* : pistola *f*, revólver *m*

handheld [ˈhændˌhɛld] *adj* : de mano
handicap[1] [ˈhændiˌkæp] *vt* **-capped; -capping** 1 : asignar un handicap a (en deportes) 2 HAMPER : obstaculizar, poner en desventaja
handicap[2] *n* 1 DISABILITY : minusvalía *f*, discapacidad *f* 2 DISADVANTAGE : desventaja *f*, handicap *m* (en deportes)
handicapped [ˈhændiˌkæpt] *adj* DISABLED : minusválido, discapacitado
handicraft [ˈhændiˌkræft] *n* : artesanía *f*
handily [ˈhændəli] *adv* EASILY : fácilmente, con facilidad
handiwork [ˈhændiˌwərk] *n* 1 WORK : trabajo *m* 2 CRAFTS : artesanías *fpl*
handkerchief [ˈhæŋkərʧəf, -ˌʧi:f] *n, pl* **-chiefs** : pañuelo *m*
handle[1] [ˈhændəl] *v* **-dled; -dling** *vt* 1 TOUCH : tocar 2 MANAGE : tratar, manejar, despachar 3 SELL : comerciar con, vender — *vi* : responder, conducirse (dícese de un vehículo)
handle[2] *n* : asa *m*, asidero *m*, mango *m* (de un cuchillo, etc.), pomo *m* (de una puerta), tirador *m* (de un cajón)
handlebars [ˈhændəlˌbɑrz] *npl* : manubrio *m*, manillar *m*
handler [ˈhændələr] *n* : cuidador *m*, -dora *f*
handling [ˈhændəlɪŋ] *n* 1 MANAGEMENT : manejo *m* 2 TOUCHING : manoseo *m* 3 **shipping and handling** : porte *m*, transporte *m*
handmade [ˈhændˌmeɪd] *adj* : hecho a mano
hand–me–downs [ˈhændmiˌdaʊnz] *npl* : ropa *f* usada
handout [ˈhændˌaʊt] *n* 1 AID : dádiva *f*, limosna *f* 2 LEAFLET : folleto *m*
handpick [ˈhændˈpɪk] *vt* : seleccionar con cuidado
handrail [ˈhændˌreɪl] *n* : pasamanos *m*, barandilla *f*, barandal *m*
handsaw [ˈhændˌsɔ] *n* : serrucho *m*
hands down *adv* 1 EASILY : con facilidad 2 UNQUESTIONABLY : con mucho, de lejos
handshake [ˈhændˌʃeɪk] *n* : apretón *m* de manos
handsome [ˈhæntsəm] *adj* **-somer; -est** 1 ATTRACTIVE : apuesto, guapo, atractivo 2 GENEROUS : generoso 3 SIZABLE : considerable
handsomely [ˈhæntsəmli] *adv* 1 ELEGANTLY : elegantemente 2 GENEROUSLY : con generosidad
handspring [ˈhændˌsprɪŋ] *n* : voltereta *f*
handstand [ˈhændˌstænd] *n* **to do a handstand** : pararse de manos
hand–to–hand [ˈhændtəˈhænd] *adj* : cuerpo a cuerpo
handwriting [ˈhændˌraɪţɪŋ] *n* : letra *f*, escritura *f*
handwritten [ˈhændˌrɪtən] *adj* : escrito a mano
handy [ˈhændi] *adj* **handier; -est** 1 NEARBY : a mano, cercano 2 USEFUL : útil, práctico 3 DEXTEROUS : hábil
hang[1] [ˈhæŋ] *v* **hung** [ˈhʌŋ]; **hanging** *vt* 1 SUSPEND : colgar, tender (ropa lavada), colocar (una pintura, etc.) 2 *past tense often* **hanged** EXECUTE : colgar, ahorcar 3 **to hang one's head** : bajar la cabeza — *vi* 1 FALL : caer (dícese de las telas y la ropa) 2 DANGLE : colgar 3 HOVER : flotar, sostenerse en el aire 4 : ser ahorcado 5 DROOP : inclinarse 6 **to hang around/out** *fam* : pasar el rato 7 **to hang back** : quedar atrás 8 **to hang in there** : seguir adelante 9 **to hang on** WAIT : esperar 10 **to hang on (to)** : agarrarse (a) 11 **to hang out with someone** : andar con alguien 12 **to be hanging over one** *or* **to be hanging over one's head** : tener pendiente, quedarle a alguien por resolver/terminar (etc.) ⟨I can't relax with this test hanging over me : no puedo relajarme hasta que me quite de encima este examen⟩ 13 **to hang tight** : seguir adelante 14 **to hang tough** : mantenerse firme 15 **to hang up** : colgar ⟨he hung up on me : me colgó⟩
hang[2] *n* 1 DRAPE : caída *f* 2 **to get the hang of something** : agarrarle la onda a algo
hangar [ˈhæŋər, ˈhæŋgər] *n* : hangar *m*
hanger [ˈhæŋər] *n* : percha *f*, gancho *m* (para ropa)
hangman [ˈhæŋmən] *n, pl* **-men** [-mən, -ˌmɛn] : verdugo *m*
hangnail [ˈhæŋˌneɪl] *n* : padrastro *m*
hangout [ˈhæŋˌaʊt] *n* : lugar *m* popular, sitio *m* muy frecuentado
hangover [ˈhæŋˌo:vər] *n* : resaca *f*
hank [ˈhæŋk] *n* : madeja *f*
hanker [ˈhæŋkər] *vi* **to hanker for** : tener ansias de, tener ganas de
hankering [ˈhæŋkərɪŋ] *n* : ansia *f*, anhelo *m*
hansom [ˈhæntsəm] *n* : coche *m* de caballos
Hanukkah [ˈxɑnəkə, ˈhɑ-] *n* : Januká, Hanukkah
haphazard [hæpˈhæzərd] *adj* : casual, fortuito, al azar — **haphazardly** *adv*
hapless [ˈhæpləs] *adj* UNFORTUNATE : desafortunado, desventurado — **haplessly** *adv*
happen [ˈhæpən] *vi* 1 OCCUR : pasar, ocurrir, suceder, tener lugar 2 BEFALL : pasar, acontecer ⟨what happened to her? : ¿qué le ha pasado?⟩ 3 CHANCE : resultar, ocurrir por casualidad ⟨it happened that I wasn't home : resulta que estaba fuera de casa⟩ ⟨he happens to be right : da la casualidad de que tiene razón⟩
happening [ˈhæpənɪŋ] *n* : suceso *m*, acontecimiento *m*
happiness [ˈhæpinəs] *n* : felicidad *f*, dicha *f*
happy [ˈhæpi] *adj* **-pier; -est** 1 JOYFUL : feliz, contento, alegre 2 FORTUNATE

: afortunado, feliz — **happily** [-pəli] *adv*

happy–go–lucky [ˈhæpigo:ˈlʌki] *adj* : despreocupado

harangue[1] [həˈræŋ] *vt* **-rangued; -ranguing** : arengar

harangue[2] *n* : arenga *f*

harass [həˈræs, ˈhærəs] *vt* 1 BESIEGE, HOUND : acosar, asediar, hostigar 2 ANNOY : molestar

harassment [həˈræsmənt, ˈhærəsmənt] *n* : acoso *m*, hostigamiento *m* ⟨sexual harrassment : acoso sexual⟩

harbinger [ˈharbɪnʤər] *n* 1 HERALD : heraldo *m*, precursor *m* 2 OMEN : presagio *m*

harbor[1] [ˈharbər] *vt* 1 SHELTER : dar refugio a, albergar 2 CHERISH, KEEP : abrigar, guardar, albergar ⟨to harbor doubts : guardar dudas⟩

harbor[2] *n* 1 REFUGE : refugio *m* 2 PORT : puerto *m*

hard[1] [ˈhard] *adv* 1 FORCEFULLY : fuerte, con fuerza ⟨the wind blew hard : el viento sopló fuerte⟩ 2 STRENUOUSLY : duro, mucho ⟨to work hard : trabajar duro⟩ 3 **to take something hard** : tomarse algo muy mal, estar muy afectado por algo

hard[2] *adj* 1 FIRM, SOLID : duro, firme, sólido 2 DIFFICULT : difícil, arduo 3 SEVERE : severo, duro ⟨a hard winter : un invierno severo⟩ 4 UNFEELING : insensible, duro 5 DILIGENT : diligente ⟨to be a hard worker : ser muy trabajador⟩ 6 FORCEFUL : fuerte (dícese de un golpe, etc.) 7 HARSH : fuerte (dícese de una luz), definido (dícese de una línea) 8 **hard liquor** : bebidas *fpl* fuertes 9 **hard water** : agua *f* dura 10 **to be hard on** *fam* CRITICIZE, PUNISH : ser duro con 11 **to be hard on** *fam* HARM : ser malo para 12 **to be hard on** *fam* STRESS : ser difícil para 13 **to be hard up** *fam* : estar/andar mal de dinero 14 **to be hard up for** *fam* : andar escaso de 15 **to have a hard time** *fam* : pasarlo mal 16 **to have a hard time with/doing something** *fam* : costarle a uno hacer algo 17 **to learn the hard way** *fam* : aprender a las malas 18 **to do something the hard way** *fam* : complicar las cosas

hardcover [ˈhardˌkʌvər] *adj* : de pasta dura, de tapa dura

hard disk *n* : disco *m* duro

hard drive → **hard disk**

harden [ˈhardən] *vt* : endurecer

hardheaded [ˌhardˈhɛdəd] *adj* 1 STUBBORN : testarudo, terco 2 REALISTIC : realista, práctico — **hardheadedly** *adv*

hard–hearted [ˌhardˈhart̬əd] *adj* : despiadado, insensible — **hard–heartedly** *adv*

hard–heartedness [ˌhardˈhart̬ədnəs] *n* : dureza *f* de corazón

hardly [ˈhardli] *adv* 1 SCARCELY : apenas, casi ⟨I hardly knew her : apenas la conocía⟩ ⟨hardly ever : casi nunca⟩ 2 NOT : difícilmente, poco, no ⟨they can hardly blame me! : ¡difícilmente pueden echarme la culpa!⟩ ⟨it's hardly likely : es poco probable⟩

hardness [ˈhardnəs] *n* 1 FIRMNESS : dureza *f* 2 DIFFICULTY : dificultad *f* 3 SEVERITY : severidad *f*

hardship [ˈhardˌʃɪp] *n* : dificultad *f*, privación *f*

hardware [ˈhardˌwær] *n* 1 TOOLS : ferretería *f* 2 : hardware *m* (de una computadora)

hardwood [ˈhardˌwʊd] *n* : madera *f* dura, madera *f* noble

hardworking [ˈhardˈwərkɪŋ] *adj* : trabajador

hardy [ˈhardi] *adj* **-dier; -est** : fuerte, robusto, resistente (dícese de las plantas) — **hardily** [-dəli] *adv*

hare [ˈhær] *n, pl* **hare** *or* **hares** : liebre *f*

harebrained [ˈhærˌbreɪnd] *adj* : estúpido, absurdo, disparatado

harelip [ˈhærˌlɪp] *n* : labio *m* leporino

harem [ˈhærəm] *n* : harén *m*

hark [ˈhark] *vi* 1 (*used only in the imperative*) LISTEN : escuchar 2 **hark back** RETURN : volver 3 **hark back** RECALL : recordar

harlequin [ˈharlɪkən, -kwən] *n* : arlequín *m*

harm[1] [ˈharm] *vt* : hacerle daño a, perjudicar

harm[2] *n* : daño *m*, perjuicio *m*

harmful [ˈharmfəl] *adj* : dañino, perjudicial — **harmfully** *adv*

harmless [ˈharmləs] *adj* : inofensivo, inocuo — **harmlessly** *adv*

harmlessness [ˈharmləsnəs] *n* : inocuidad *f*

harmonic [harˈmanɪk] *adj* : armónico — **harmonically** [-nɪkli] *adv*

harmonica [harˈmanɪkə] *n* : armónica *f*

harmonious [harˈmo:niəs] *adj* : armonioso — **harmoniously** *adv*

harmonize [ˈharməˌnaɪz] *v* **-nized; -nizing** : armonizar

harmony [ˈharməni] *n, pl* **-nies** : armonía *f*

harness[1] [ˈharnəs] *vt* 1 : enjaezar (un animal) 2 UTILIZE : utilizar, aprovechar

harness[2] *n* : arreos *mpl*, guarniciones *fpl*, arnés *m*

harp[1] [ˈharp] *vi* **to harp on** : insistir sobre, machacar sobre

harp[2] *n* : arpa *m*

harpist [ˈharpɪst] *n* : arpista *mf*

harpoon[1] [harˈpu:n] *vt* : arponear

harpoon[2] *n* : arpón *m*

harpsichord [ˈharpsɪˌkɔrd] *n* : clavicémbalo *m*

harrow[1] [ˈhærˌo:] *vt* 1 CULTIVATE : gradar, labrar (la tierra) 2 TORMENT : atormentar

harrow[2] *n* : grada *f*, rastra *f*

harry [ˈhæri] *vt* **-ried; -rying** HARASS : acosar, hostigar
harsh [ˈhɑrʃ] *adj* **1** ROUGH : áspero **2** SEVERE : duro, severo **3** : discordante (dícese de los sonidos) — **harshly** *adv*
harshness [ˈhɑrʃnəs] *n* **1** ROUGHNESS : aspereza *f* **2** SEVERITY : dureza *f*, severidad *f*
harvest[1] [ˈhɑrvəst] *v* : cosechar
harvest[2] *n* **1** HARVESTING : siega *f*, recolección *f* **2** CROP : cosecha *f*
harvester [ˈhɑrvəstər] *n* : segador *m*, -dora *f*; cosechadora *f* (máquina)
has → **have**
hash[1] [ˈhæʃ] *vt* **1** MINCE : picar **2 to hash over** DISCUSS : discutir, repasar
hash[2] *n* **1** : picadillo *m* (comida) **2** JUMBLE : revoltijo *m*, fárrago *m*
hasn't [ˈhæzənt] *contraction of* **has not** → **has**
hasp [ˈhæsp] *n* : picaporte *m*, pestillo *m*
hassle[1] [ˈhæsəl] *vt* **-sled; -sling** : fastidiar, molestar
hassle[2] *n* **1** ARGUMENT : discusión *f*, disputa *f*, bronca *f* **2** FIGHT : pelea *f*, riña *f* **3** BOTHER, TROUBLE : problemas *mpl*, lío *m*
hassock [ˈhæsək] *n* **1** CUSHION : almohadón *m*, cojín *m* **2** FOOTSTOOL : escabel *m*
haste [ˈheɪst] *n* **1** : prisa *f*, apuro *m* **2 to make haste** : darse prisa, apurarse
hasten [ˈheɪsən] *vt* : acelerar, precipitar — *vi* : apresurarse, apurarse
hasty [ˈheɪsti] *adj* **hastier; -est** **1** HURRIED, QUICK : rápido, apresurado, apurado **2** RASH : precipitado — **hastily** [-təli] *adv*
hat [ˈhæt] *n* : sombrero *m*
hatch[1] [ˈhætʃ] *vt* **1** : incubar, empollar (huevos) **2** DEVISE : idear, tramar — *vi* : salir del cascarón
hatch[2] *n* : escotilla *f*
hatchery [ˈhætʃəri] *n, pl* **-ries** : criadero *m*
hatchet [ˈhætʃət] *n* : hacha *f*
hatchway [ˈhætʃˌweɪ] *n* : escotilla *f*
hate[1] [ˈheɪt] *vt* **hated; hating** : odiar, aborrecer, detestar
hate[2] *n* : odio *m*
hateful [ˈheɪtfəl] *adj* : odioso, aborrecible, detestable — **hatefully** *adv*
hatred [ˈheɪtrəd] *n* : odio *m*
hatter [ˈhæt̬ər] *n* : sombrerero *m*, -ra *f*
haughtiness [ˈhɔt̬inəs] *n* : altanería *f*, altivez *f*
haughty [ˈhɔt̬i] *adj* **-tier; -est** : altanero, altivo — **haughtily** [-t̬əli] *adv*
haul[1] [ˈhɔl] *vt* **1** DRAG, PULL : arrastrar, jalar **2** TRANSPORT : transportar
haul[2] *n* **1** PULL : tirón *m*, jalón *m* **2** CATCH : redada *f* **3** JOURNEY : viaje *m*, trayecto *m* ⟨it's a long haul : es un trayecto largo⟩
haulage [ˈhɔlɪdʒ] *n* : transporte *m*, tiro *m*
hauler [ˈhɔlər] *n* : transportista *mf*
haunch [ˈhɔntʃ] *n* **1** HIP : cadera *f* **2 haunches** *npl* HINDQUARTERS : ancas *fpl*, cuartos *mpl* traseros
haunt[1] [ˈhɔnt] *vt* **1** : aparecer en (dícese de un fantasma) **2** FREQUENT : frecuentar, rondar **3** PREOCCUPY : perseguir, obsesionar
haunt[2] *n* : guarida *f* (de animales o ladrones), lugar *m* predilecto
haunting [ˈhɔntɪŋ] *adj* : obsesionante, evocador — **hauntingly** *adv*
haute [ˈoːt] *adj* **1** : de moda, de categoría **2 haute couture** [ˌoːtkʊˈtʊr] : alta costura *f* **3 haute cuisine** [ˌoːtkwɪˈziːn] : alta cocina *f*
have [ˈhæv, *in sense 7 as an auxiliary verb usu* ˈhæf] *v* **had** [ˈhæd]; **having; has** [ˈhæz, *in sense 7 as an auxiliary verb usu* ˈhæs] *vt* **1** POSSESS : tener ⟨she has long hair : tiene el pelo largo⟩ ⟨they have three children : tienen tres hijos⟩ ⟨do you have change? : ¿tienes cambio?⟩ ⟨you can have it : te lo doy⟩ **2** OBTAIN : conseguir ⟨I must have it! : ¡no puedo sin ello!⟩ **3** (*indicating availability*) : tener ⟨when you have a minute : cuando tengas un momento⟩ **4** : tener (en casa) ⟨we have guests : tenemos visita⟩ **5** EXPERIENCE, UNDERGO : tener ⟨I have a toothache : tengo un dolor de muelas⟩ ⟨to have surgery : operarse⟩ ⟨to have a good time : pasarlo bien⟩ **6** : tener (una idea, una opinión, etc.) **7** INCLUDE : tener, incluir ⟨April has 30 days : abril tiene 30 días⟩ **8** CONSUME : comer, tomar **9** RECEIVE : tener, recibir ⟨he had my permission : tenía mi permiso⟩ **10** ALLOW : permitir, tolerar ⟨I won't have it! : ¡no lo permitiré!⟩ **11** HOLD : hacer ⟨to have a party : dar una fiesta⟩ ⟨to have a meeting : celebrar una reunión⟩ **12** DO : hacer ⟨to have a nap : echarse una siesta⟩ ⟨to have a look at : mirar⟩ ⟨I'll have a talk with him : hablaré con él⟩ **13** HOLD : tener ⟨he had me in his power : me tenía en su poder⟩ ⟨she had me by the arm : me tenía agarrado del brazo⟩ **14** BEAR : tener (niños) **15** (*indicating causation*) ⟨she had a dress made : mandó hacer un vestido⟩ ⟨to have one's hair cut : cortarse el pelo⟩ ⟨have her call me : dile que me llame⟩ ⟨he had it ready : lo tenía listo⟩ **16** (*indicating loss, damage, etc.*) ⟨she had her car stolen : le robaron el auto⟩ **17 to be had** : ser engañado ⟨I've been had! : ¡me han engañado!⟩ **18 to be had** ⟨there were none to be had : no había disponibles⟩ **19 to have back** ⟨can I have my book back? : ¿me puedes devolver el libro?⟩ **20 to have back** : volver a invitar ⟨we must have you back : tienes que volver a visitarnos⟩ **21 to have back** ⟨it's good to have you back! : ¡qué gusto volver a verte por aquí!⟩ **22 to have it easy/rough (etc.)** : tenerlo todo muy fácil/difícil

(etc.) **23 to have it in for** : tenerle manía a **24 to have it in one** : ser capaz ⟨she doesn't have it in her to be cruel : no es capaz de ser cruel⟩ **25 to have it out (with)** : aclarar(le) las cosas (a) **26 to have off** : tener (un día, etc.) libre **27 to have on** WEAR : llevar **28 to have over** : invitar (a casa) **29 to have on one** : tener/llevar encima ⟨I don't have it on me : no lo tengo encima⟩ **30 to have with one** : traer (a alguien), tener/llevar (algo) encima — *v aux* **1** : haber ⟨she has been very busy : ha estado muy ocupada⟩ ⟨I've lived here three years : hace tres años que vivo aquí⟩ **2** (*used in tags*) ⟨you've finished, haven't you? : ha terminado, ¿no?⟩ **3 to have got** (*used in the present tense*), *fam* : tener ⟨I've got an idea : tengo una idea⟩ ⟨we've got to leave : tenemos que salir⟩ **4 you've got me!** : ¡no sé!, ¡ni idea! **5 to have had it** : no dar para más (dícese de una cosa) **6 to have had it (with someone/something)** : estar harto (de alguien/algo) **7 to have to** : deber, tener que ⟨we have to leave : tenemos que salir⟩

haven [ˈheɪvən] *n* : refugio *m*

havoc [ˈhævək] *n* **1** DESTRUCTION : estragos *mpl*, destrucción *f* **2** CHAOS, DISORDER : desorden *m*, caos *m*

Hawaiian[1] [həˈwaɪən] *adj* : hawaiano

Hawaiian[2] *n* : hawaiano *m*, -na *f*

hawk[1] [ˈhɔk] *vt* : pregonar, vender (mercancías) en la calle

hawk[2] *n* : halcón *m*

hawker [ˈhɔkər] *n* : vendedor *m*, -dora *f* ambulante

hawthorn [ˈhɔˌθɔrn] *n* : espino *m*

hay [ˈheɪ] *n* : heno *m*

hay fever *n* : fiebre *f* del heno

hayloft [ˈheɪˌlɔft] *n* : pajar *m*

hayseed [ˈheɪˌsiːd] *n* : palurdo *m*, -da *f*

haystack [ˈheɪˌstæk] *n* : almiar *m*

haywire [ˈheɪˌwaɪr] *adj* : descompuesto, desbaratado ⟨to go haywire : estropearse⟩

hazard[1] [ˈhæzərd] *vt* : arriesgar, aventurar

hazard[2] *n* **1** DANGER : peligro *m*, riesgo *m* **2** CHANCE : azar *m*

hazardous [ˈhæzərdəs] *adj* : arriesgado, peligroso

haze[1] [ˈheɪz] *vt* **hazed; hazing** : abrumar, acosar

haze[2] *n* : bruma *f*, neblina *f*

hazel [ˈheɪzəl] *n* **1** : avellano *m* (árbol) **2** : color *m* avellana

hazelnut [ˈheɪzəlˌnʌt] *n* : avellana *f*

haziness [ˈheɪzinəs] *n* **1** MISTINESS : nebulosidad *f* **2** VAGUENESS : vaguedad *f*

hazy [ˈheɪzi] *adj* **hazier; -est** **1** MISTY : brumoso, neblinoso, nebuloso **2** VAGUE : vago, confuso

he [ˈhiː] *pron* : él

head[1] [ˈhɛd] *vt* **1** LEAD : encabezar **2** DIRECT : dirigir — *vi* : dirigirse

head[2] *adj* MAIN : principal ⟨the head office : la oficina central, la sede⟩

head[3] *n* **1** : cabeza *f* ⟨from head to foot : de pies a cabeza⟩ ⟨to stand on one's head : pararse de cabeza⟩ ⟨to nod one's head : asentir con la cabeza⟩ **2** MIND : mente *f*, cabeza *f* ⟨use your head! : ¡usa la cabeza!⟩ ⟨to add in one's head : sumar mentalmente⟩ ⟨it's all in your head : es pura imaginación tuya⟩ ⟨to come into one's head : venirle a la cabeza⟩ ⟨to enter one's head : pasársele por la cabeza⟩ ⟨to put something out of your head : sacarse algo de la cabeza⟩ ⟨don't put ideas in his head! : ¡no le metas ideas a la cabeza!⟩ ⟨she's gotten it into her head that . . . : se le ha metido en la cabeza que . . .⟩ **3** TIP, TOP : cabeza *f* (de un clavo, un martillo, etc.), cabecera *f* (de una mesa o un río), punta *f* (de una flecha), flor *m* (de un repollo, etc.), encabezamiento *m* (de una carta, etc.), espuma *f* (de cerveza) **4** DIRECTOR, LEADER : director *m*, -tora *f*; jefe *m*, -fa *f*; cabeza *f* (de una familia) ⟨head of state/government : jefe de Estado/gobierno⟩ **5** : cara *f* (de una moneda) ⟨heads or tails : cara o cruz⟩ **6** : cabeza *f* ⟨500 head of cattle : 500 cabezas de ganado⟩ ⟨$10 a head : $10 por cabeza⟩ **7 to come to a head** : llegar a un punto crítico **8 heads or/nor tails** ⟨I can't make heads nor tails of it : para mí no tiene ni pies ni cabeza⟩ **9 heads will roll** : van a rodar cabezas **10 over one's head** ⟨it's over my head : no alcanzo a entenderlo⟩ ⟨the joke went over his head : no entendió el chiste⟩ **11 to be head over heels (in love)** : estar perdidamente enamorado **12 to be out of one's head** : estar como una cabra **13 to go to someone's head** : subírsele a la cabeza a alguien **14 to have a good head on one's shoulders** : tener cabeza **15 to hold one's head high** : ir con la cabeza bien alta **16 to keep/lose one's head** : mantener/perder la calma **17 to keep one's head above water** : mantenerse a flote **18 to keep one's head down** : mantenerse al margen **19 to rear its (ugly) head** : aparecer

headache [ˈhɛdˌeɪk] *n* : dolor *m* de cabeza, jaqueca *f*

headband [ˈhɛdˌbænd] *n* : cinta *f* del pelo

headdress [ˈhɛdˌdrɛs] *n* : tocado *m*

headfirst [ˈhɛdˈfərst] *adv* : de cabeza

headgear [ˈhɛdˌgɪr] *n* : gorro *m*, casco *m*, sombrero *m*

heading [ˈhɛdɪŋ] *n* **1** DIRECTION : dirección *f* **2** TITLE : encabezamiento *m*, título *m* **3** : membrete *m* (de una carta)

headland [ˈhɛdlənd, -ˌlænd] *n* : cabo *m*

headlight [ˈhɛdˌlaɪt] *n* : faro *m*, foco *m*, farol *m Mex*

headline [ˈhɛdˌlaɪn] *n* : titular *m*

headlong[1] ['hɛd'lɔŋ] *adv* **1** HEADFIRST : de cabeza **2** HASTILY : precipitadamente
headlong[2] ['hɛd,lɔŋ] *adj* : precipitado
headmaster ['hɛd,mæstər] *n* : director *m*
headmistress ['hɛd,mɪstrəs, -'mɪs-] *n* : directora *f*
head–on ['hɛd'ɑn, -'ɔn] *adv & adj* : de frente
headphones ['hɛd,fo:nz] *npl* : audífonos *mpl*, cascos *mpl*
headquarters ['hɛd,kwɔrt̬ərz] *ns & pl* **1** SEAT : oficina *f* central, sede *f* **2** : cuartel *m* general (de los militares)
headrest ['hɛd,rɛst] *n* : apoyacabezas *m*
headship ['hɛd,ʃɪp] *n* : dirección *f*
head start *n* : ventaja *f*
headstone ['hɛd,sto:n] *n* : lápida *f*
headstrong ['hɛd'strɔŋ] *adj* : testarudo, obstinado, empecinado
headwaiter ['hɛd'weɪt̬ər] *n* : jefe *m*, -fa *f* de comedor
headwaters ['hɛd,wɔt̬ərz, -,wɑ-] *npl* : cabecera *f*
headway ['hɛd,weɪ] *n* : progreso *m* ⟨to make headway against : avanzar contra⟩
heady ['hɛdi] *adj* **headier; -est** **1** INTOXICATING : embriagador, excitante **2** SHREWD : astuto, sagaz
heal ['hi:l] *vt* : curar, sanar — *vi* **1** : sanar, curarse **2 to heal up** : cicatrizarse
healer ['hi:lər] *n* **1** : curandero *m*, -dera *f* **2** : curador *m*, -dora *f* (cosa)
health ['hɛlθ] *n* : salud *f*
healthful ['hɛlθfəl] *adj* : saludable, salubre — **healthfully** *adv*
healthy ['hɛlθi] *adj* **healthier; -est** : sano, bien — **healthily** [-θəli] *adv*
heap[1] ['hi:p] *vt* **1** PILE : amontonar, apilar **2** SHOWER : colmar
heap[2] *n* : montón *m*, pila *f*
hear ['hɪr] *v* **heard** ['hərd]; **hearing** *vt* **1** : oír ⟨do you hear me? : ¿me oyes?⟩ ⟨I can't hear myself think : no puedo pensar con tanto ruido⟩ **2** HEED : oír, prestar atención a **3** LEARN : oír, enterarse de **4 to hear out** : escuchar hasta el final — *vi* **1** : oír ⟨to hear about : oír hablar de⟩ **2 to hear from** : tener noticias de **3 to hear of** : oír hablar de ⟨I've heard of him : lo conozco de oídas⟩ **4 not to hear of** : no permitir ⟨I won't hear of it! : ¡no lo permitiré!, ¡ni hablar!⟩ **5 not/never to hear the end of** ⟨I'll never hear the end of it, she'll never let me hear the end of it : nunca me lo dejará olvidar⟩
hearing ['hɪrɪŋ] *n* **1** : oído *m* ⟨hard of hearing : duro de oído⟩ **2** : vista *f* (en un tribunal) **3** ATTENTION : consideración *f*, oportunidad *f* de expresarse **4** EARSHOT : alcance *m* del oído
hearing aid *n* : audífono *m*
hearken ['hɑrkən] *vt* : escuchar
hearsay ['hɪr,seɪ] *n* : rumores *mpl*
hearse ['hərs] *n* : coche *m* fúnebre
heart ['hɑrt] *n* **1** : corazón *m* ⟨heart rate : ritmo cardíaco⟩ ⟨heart disease : enfermedades cardíacas⟩ ⟨heart surgery : cirugía cardíaca⟩ ⟨heart murmur : soplo en el corazón⟩ **2** CENTER, CORE : corazón *m*, centro *m* ⟨the heart of the matter : el meollo del asunto⟩ **3** FEELINGS : corazón *m*, sentimientos *mpl* ⟨a broken heart : un corazón destrozado⟩ ⟨to have a good heart : tener buen corazón⟩ ⟨to take something to heart : tomarse algo a pecho⟩ ⟨from the heart : con toda sinceridad⟩ ⟨to be close to one's heart : significar mucho a alguien⟩ ⟨with a light heart : con el corazón alegre⟩ ⟨with a heavy heart : deprimido, acongojado⟩ ⟨my heart sank : se me cayó el alma a los pies⟩ **4** COURAGE : valor *m*, corazón *m* ⟨to take heart : animarse, cobrar ánimos⟩ **5 hearts** *npl* : corazones *mpl* (en juegos de naipes) **6 at heart** : en el fondo **7 by heart** : de memoria **8 to one's heart's content** : a voluntad, todo lo que quiere
heartache ['hɑrt̬,eɪk] *n* : pena *f*, angustia *f*
heart attack *n* : infarto *m*, ataque *m* al corazón
heartbeat ['hɑrt,bi:t] *n* : latido *m* (del corazón)
heartbreak ['hɑrt,breɪk] *n* : congoja *f*, angustia *f*
heartbreaking ['hɑrt,breɪkɪŋ] *adj* : desgarrador, que parte el corazón
heartbroken ['hɑrt,bro:kən] *adj* : desconsolado, destrozado
heartburn ['hɑrt,bərn] *n* : acidez *f* estomacal
hearten ['hɑrtən] *vt* : alentar, animar
heartfelt ['hɑrt,fɛlt] *adj* : sentido
hearth ['hɑrθ] *n* : hogar *m*, chimenea *f*
heartily ['hɑrt̬əli] *adv* **1** ENTHUSIASTICALLY : de buena gana, con entusiasmo **2** TOTALLY : totalmente, completamente
heartless ['hɑrtləs] *adj* : desalmado, despiadado, cruel
heartsick ['hɑrt,sɪk] *adj* : abatido, desconsolado
heartstrings ['hɑrt,strɪŋz] *npl* : fibras *fpl* del corazón
heartwarming ['hɑrt,wɔrmɪŋ] *adj* : conmovedor, emocionante
hearty ['hɑrt̬i] *adj* **heartier; -est** **1** CORDIAL, WARM : cordial, caluroso **2** STRONG : fuerte ⟨to have a hearty appetite : ser de buen comer⟩ **3** SUBSTANTIAL : abundante, sustancioso ⟨a hearty breakfast : un desayuno abundante⟩
heat[1] ['hi:t] *vt* : calentar
heat[2] *n* **1** WARMTH : calor *m* **2** HEATING : calefacción *f* **3** EXCITEMENT : calor *m*, entusiasmo *m* ⟨in the heat of the moment : en el calor del momento⟩ **4** ESTRUS : celo *m*

heated [ˈhi:t̬əd] *adj* **1** WARMED : calentado **2** IMPASSIONED : acalorado, apasionado
heater [ˈhi:t̬ər] *n* : calentador *m*, estufa *f*, calefactor *m*
heath [ˈhi:θ] *n* **1** MOOR : brezal *m*, páramo *m* **2** HEATHER : brezo *m*
heathen[1] [ˈhi:ðən] *adj* : pagano
heathen[2] *n, pl* **-thens** *or* **-then** : pagano *m*, -na *f*; infiel *mf*
heather [ˈhɛðər] *n* : brezo *m*
heave[1] [ˈhi:v] *v* **heaved** *or* **hove** [ˈho:v]; **heaving** *vt* **1** LIFT, RAISE : levantar con esfuerzo **2** HURL : lanzar, tirar **3 to heave a sigh** : echar un suspiro, suspirar — *vi* **1** : subir y bajar, palpitar (dícese del pecho) **2 to heave up** RISE : levantarse
heave[2] *n* **1** EFFORT : gran esfuerzo *m* (para levantar algo) **2** THROW : lanzamiento *m*
heaven [ˈhɛvən] *n* **1** : cielo *m* ⟨for heaven's sake : por Dios⟩ **2 heavens** *npl* SKY : cielo *m* ⟨the heavens opened up : empezó a llover a cántaros⟩
heavenly [ˈhɛvənli] *adj* **1** : celestial, celeste **2** DELIGHTFUL : divino, encantador
heavily [ˈhɛvəli] *adv* **1** : pesadamente, con mucho peso **2** LABORIOUSLY : trabajosamente, penosamente **3** : mucho
heaviness [ˈhɛvinəs] *n* : peso *m*, pesadez *f*
heavy [ˈhɛvi] *adj* **heavier; -est** **1** WEIGHTY : pesado ⟨to be heavy : pesar mucho, ser pesado⟩ ⟨how heavy is it? : ¿cuánto pesa?⟩ **2** DENSE, THICK : denso, espeso, grueso ⟨a heavy coat : un grueso abrigo⟩ ⟨a heavy beard : una barba poblada⟩ **3** LARGE, HIGH : grande, alto ⟨heavy turnout : alta concurrencia⟩ **4** INTENSE : intenso ⟨heavy traffic : denso tráfico⟩ ⟨heavy trading : mucha actividad (en la bolsa, etc.)⟩ **5** FORCEFUL : fuerte **6** SEVERE : severo ⟨heavy losses : grandes pérdidas⟩ **7** SERIOUS, IMPORTANT : serio, importante **8** PROFOUND : profundo ⟨to be a heavy sleeper : tener el sueño pesado⟩ **9** FILLING : pesado, fuerte **10** SLUGGISH : lento, tardo **11** STOUT : corpulento
heavy–duty [ˈhɛviˈdu:t̬i, -ˈdju:-] *adj* : muy resistente, fuerte
heavyweight [ˈhɛvi͵weɪt] *n* : peso *m* pesado (en deportes)
Hebrew[1] [ˈhi:͵bru:] *adj* : hebreo
Hebrew[2] *n* **1** : hebreo *m*, -brea *f* **2** : hebreo *m* (idioma)
heck [ˈhɛk] *n* : ¡caramba!, ¡caray! ⟨a heck of a lot : un montón⟩ ⟨what the heck is . . . ? : ¿que diablos es . . . ?⟩
heckle [ˈhɛkəl] *vt* **-led; -ling** : interrumpir (a un orador)
hectare [ˈhɛk͵tær] *n* : hectárea *f*
hectic [ˈhɛktɪk] *adj* : agitado, ajetreado — **hectically** [-tɪkli] *adv*
he'd [ˈhi:d] *contraction of* **he had** *or* **he would** → **have, would**
hedge[1] [ˈhɛʤ] *v* **hedged; hedging** *vt* **1** : cercar con un seto **2 to hedge one's bet** : cubrirse — *vi* **1** : dar rodeos, contestar con evasivas **2 to hedge against** : cubrirse contra, protegerse contra
hedge[2] *n* **1** : seto *m* vivo **2** SAFEGUARD : salvaguardia *f*, protección *f*
hedgehog [ˈhɛʤ͵hɔg, -hɑg] *n* : erizo *m*
heed[1] [ˈhi:d] *vt* : prestar atención a, hacer caso de
heed[2] *n* : atención *f*
heedless [ˈhi:dləs] *adj* : descuidado, despreocupado, inconsciente ⟨to be heedless of : hacer caso omiso de⟩ — **heedlessly** *adv*
heel[1] [ˈhi:l] *vi* : inclinarse
heel[2] *n* **1** : talón *m* (del pie), tacón *m* (de calzado) **2 to be close/hard/hot on the heels of** : ir pisándole los talones (a alguien), seguir (algo) inmediatamente **3 to cool one's heels** *fam* : esperar **4 to dig one's heels in** : no ceder
heft [ˈhɛft] *vt* : sopesar
hefty [ˈhɛfti] *adj* **heftier; -est** : robusto, fornido, pesado
hegemony [hɪˈʤɛməni] *n, pl* **-nies** : hegemonía *f*
heifer [ˈhɛfər] *n* : novilla *f*
height [ˈhaɪt] *n* **1** PEAK : cumbre *f*, cima *f*, punto *m* alto ⟨at the height of her career : en la cumbre de su carrera⟩ ⟨the height of stupidity : el colmo de la estupidez⟩ **2** TALLNESS : estatura *f* (de una persona), altura *f* (de un objeto) **3** ALTITUDE : altura *f*
heighten [ˈhaɪtən] *vt* **1** : hacer más alto **2** INTENSIFY : aumentar, intensificar — *vi* : aumentarse, intensificarse
heinous [ˈheɪnəs] *adj* : atroz, abominable, nefando
heir [ˈær] *n* : heredero *m*, -ra *f*
heiress [ˈærəs] *n* : heredera *f*
heirloom [ˈær͵lu:m] *n* : reliquia *f* de familia
held → **hold**
helicopter [ˈhɛlə͵kɑptər] *n* : helicóptero *m*
helium [ˈhi:liəm] *n* : helio *m*
helix [ˈhi:lɪks] *n, pl* **helices** [ˈhɛlə͵si:z, ˈhi:-] *or* **helixes** [ˈhi:lɪksəz] : hélice *f*
hell [ˈhɛl] *n* **1** : infierno *m* **2** (*referring to a bad situation*) ⟨a living hell : un auténtico infierno⟩ ⟨to go through hell : vivir un infierno, pasar las de Caín⟩ ⟨all hell broke loose : se armó la gorda⟩ **3** *fam*, (*used for emphasis*) ⟨she was mad as hell : estaba que echaba chispas⟩ ⟨a/one hell of a (nice) guy : un tipo genial⟩ ⟨it hurts like hell : duele muchísimo⟩ ⟨to run like hell : correr como loco⟩ ⟨what (in) the hell . . . ? : ¿que diablos/demonios . . . ?⟩ ⟨you scared the hell out of me! : ¡qué susto me pegaste!⟩ **4 come hell or high water** *fam* : sea como sea, pase lo que pase **5 go to hell!** *fam* : ¡vete al infierno! **6 (just) for the hell of it** *fam*

: sólo por divertirse **7 like hell** *fam* : malísimo ⟨you look like hell : tienes muy mala cara⟩ **8 like hell I did/will (etc.)!** *fam* : ¡y un cuerno! **9 there will be hell to pay** : se va a armar la gorda **10 to catch hell** *fam* ⟨she caught hell from the boss : el jefe le echó la bronca⟩ **11 to give someone hell** *fam* : echarle la bronca a alguien **12 to raise hell** *fam* : armar un buen lío, armar jarana

he'll [ˈhiːl, ˈhɪl] *contraction of* **he shall** *or* **he will** → **shall, will**

hellish [ˈhɛlɪʃ] *adj* : horroroso, infernal

hello [həˈloː, hɛ-] *interj* : ¡hola!

helm [ˈhɛlm] *n* **1** : timón *m* **2 to take the helm** : tomar el mando

helmet [ˈhɛlmət] *n* : casco *m*

help[1] [ˈhɛlp] *vt* **1** : ayudar ⟨can I help you? : ¿en qué puedo servirle?⟩ **2** ALLEVIATE : aliviar **3** SERVE : servir ⟨help yourself! : ¡sírvete!⟩ **4** AVOID : evitar ⟨it can't be helped : no lo podemos evitar, no hay más remedio⟩ ⟨I couldn't help smiling : no pude menos que sonreír⟩ **5 to help out** : echarle una mano a — *vi* **1** : ayudar ⟨I was only trying to help : sólo quería ayudar⟩ **2 to help out** : echar una mano

help[2] *n* **1** ASSISTANCE : ayuda *f* ⟨help! : ¡socorro!, ¡auxilio!⟩ ⟨to call for help : pedir ayuda⟩ ⟨to go for help : ir a buscar ayuda⟩ ⟨she was a big help : me ayudó mucho⟩ ⟨she's no help : no me ayuda en absoluto⟩ ⟨thanks for your help : gracias por ayudarme⟩ ⟨help menu/screen : menú/pantalla de ayuda⟩ **2** STAFF : personal *m* (en una oficina), servicio *m* doméstico ⟨help wanted : se necesita personal⟩

helper [ˈhɛlpər] *n* : ayudante *mf*

helpful [ˈhɛlpfəl] *adj* **1** OBLIGING : servicial, amable, atento **2** USEFUL : útil, práctico — **helpfully** *adv*

helpfulness [ˈhɛlpfəlnəs] *n* **1** KINDNESS : bondad *f*, amabilidad *f* **2** USEFULNESS : utilidad *f*

helping [ˈhɛlpɪŋ] *n* : porción *f*

helpless [ˈhɛlpləs] *adj* **1** POWERLESS : incapaz, impotente **2** DEFENSELESS : indefenso

helplessly [ˈhɛlpləsli] *adv* : en vano, inútilmente

helplessness [ˈhɛlpləsnəs] *n* POWERLESSNESS : incapacidad *f*, impotencia *f*

helter–skelter [ˌhɛltərˈskɛltər] *adv* : atropelladamente, precipitadamente

hem[1] [ˈhɛm] *vt* **hemmed; hemming 1** : dobladillar **2 to hem in** : encerrar

hem[2] *n* : dobladillo *m*, bastilla *f*

hemisphere [ˈhɛməˌsfɪr] *n* : hemisferio *m*

hemispheric [ˌhɛməˈsfɪrɪk, -ˈsfɛr-] *or* **hemispherical** [-ɪkəl] *adj* : hemisférico

hemlock [ˈhɛmˌlɑk] *n* : cicuta *f*

hemoglobin [ˈhiːməˌgloːbən] *n* : hemoglobina *f*

hemophilia [ˌhiːməˈfɪliə] *n* : hemofilia *f*

hemorrhage[1] [ˈhɛmərɪʤ] *vi* **-rhaged; -rhaging** : sufrir una hemorragia

hemorrhage[2] *n* : hemorragia *f*

hemorrhoids [ˈhɛməˌrɔɪdz, ˈhɛm-ˌrɔɪdz] *npl* : hemorroides *fpl*, almorranas *fpl*

hemp [ˈhɛmp] *n* : cáñamo *m*

hen [ˈhɛn] *n* : gallina *f*

hence [ˈhɛnts] *adv* **1** : de aquí, de ahí ⟨10 years hence : de aquí a 10 años⟩ ⟨a dog bit me, hence my dislike of animals : un perro me mordió, de ahí mi aversión a los animales⟩ **2** THEREFORE : por lo tanto, por consiguiente

henceforth [ˈhɛntsˌforθ, ˌhɛntsˈ-] *adv* : de ahora en adelante

henchman [ˈhɛntʃmən] *n, pl* **-men** [-mən, -ˌmɛn] : secuaz *mf*, esbirro *m*

henpeck [ˈhɛnˌpɛk] *vt* : dominar (al marido)

hepatitis [ˌhɛpəˈtaɪtəs] *n, pl* **-titides** [-ˈtɪtəˌdiːz] : hepatitis *f*

her[1] [ˈhər] *adj* : su, sus, de ella ⟨her house : su casa, la casa de ella⟩

her[2] [ˈhər, ər] *pron* **1** (*used as direct object*) : la ⟨I saw her yesterday : la vi ayer⟩ **2** (*used as indirect object*) : le, se ⟨he gave her the book : le dio el libro⟩ ⟨he sent it to her : se lo mandó⟩ **3** (*used as object of a preposition*) : ella ⟨we did it for her : lo hicimos por ella⟩ ⟨taller than her : más alto que ella⟩

herald[1] [ˈhɛrəld] *vt* ANNOUNCE : anunciar, proclamar

herald[2] *n* **1** MESSENGER : heraldo *m* **2** HARBINGER : precursor *m*

heraldic [hɛˈrældɪk, hə-] *adj* : heráldico

heraldry [ˈhɛrəldri] *n, pl* **-ries** : heráldica *f*

herb [ˈərb, ˈhərb] *n* : hierba *f*

herbal [ˈərbəl, ˈhər-] *adj* : herbario

herbicide [ˈərbəˌsaɪd, ˈhər-] *n* : herbicida *m*

herbivore [ˈərbəˌvor, ˈhər-] *n* : herbívoro *m*

herbivorous [ˌərˈbɪvərəs, ˌhər-] *adj* : herbívoro

herculean [ˌhərkjəˈliːən, ˌhərˈkjuː-liən] *adj* : hercúleo, sobrehumano

herd[1] [ˈhərd] *vt* : reunir en manada, conducir en manada — *vi* : ir en manada (dícese de los animales), apiñarse (dícese de la gente)

herd[2] *n* : manada *f*

herder [ˈhərdər] → **herdsman**

herdsman [ˈhərdzmən] *n, pl* **-men** [-mən, -ˌmɛn] : vaquero *m* (de ganado), pastor *m* (de ovejas)

here [ˈhɪr] *adv* **1** : aquí, acá ⟨come here! : ¡ven acá!⟩ ⟨right here : aquí mismo⟩ ⟨she's not here : no está⟩ **2** NOW : en este momento, ahora, ya ⟨here he comes : ya viene⟩ ⟨here it's three o'clock (already) : ahora son las tres⟩ **3** : en este punto ⟨here we agree : estamos de acuerdo en este punto⟩ **4 here and now** : ahora mismo, en este mismo momento **5 here and there** : aquí y allá **6 here (you are/go)!** : ¡toma! **7 the here and now** : el presente, el momento **8 to be neither here nor there** : no venir al caso

hereabouts [ˈhɪrəˌbaʊts] *or* **hereabout** [-ˌbaʊt] *adv* : por aquí (cerca)

hereafter[1] [hɪrˈæftər] *adv* **1** : de aquí en adelante, a continuación **2** : en el futuro

hereafter[2] *n* **the hereafter** : el más allá

hereby [hɪrˈbaɪ] *adv* : por este medio

hereditary [həˈrɛdəˌtɛri] *adj* : hereditario

heredity [həˈrɛdət̬i] *n* : herencia *f*

herein [hɪrˈɪn] *adv* : aquí

hereof [hɪrˈʌv] *adv* : de aquí

hereon [hɪrˈɑn, -ˈɔn] *adv* : sobre esto

heresy [ˈhɛrəsi] *n, pl* **-sies** : herejía *f*

heretic [ˈhɛrəˌtɪk] *n* : hereje *mf*

heretical [həˈrɛt̬ɪkəl] *adj* : herético

hereto [hɪrˈtu:] *adv* : a esto

heretofore [ˈhɪrt̬əˌfor] *adv* HITHERTO : hasta ahora

hereunder [hɪrˈʌndər] *adv* : a continuación, abajo

hereupon [hɪrəˈpɑn, -ˈpɔn] *adv* : con esto, en ese momento

herewith [hɪrˈwɪθ] *adv* : adjunto

heritage [ˈhɛrət̬ɪʤ] *n* : patrimonio *m* (nacional)

hermaphrodite [hərˈmæfrəˌdaɪt] *n* : hermafrodita *mf*

hermetic [hərˈmɛt̬ɪk] *adj* : hermético — **hermetically** [-t̬ɪkli] *adv*

hermit [ˈhərmət] *n* : ermitaño *m*, -ña *f*; eremita *mf*

hernia [ˈhərniə] *n, pl* **-nias** *or* **-niae** [-niˌi:, -niˌaɪ] : hernia *f*

hero [ˈhi:ˌro:, ˈhɪrˌo:] *n, pl* **-roes 1** : héroe *m* **2** PROTAGONIST : protagonista *mf*

heroic [hɪˈro:ɪk] *adj* : heroico — **heroically** [-ɪkli] *adv*

heroics [hɪˈro:ɪks] *npl* : actos *mpl* heroicos

heroin [ˈhɛroən] *n* : heroína *f*

heroine [ˈhɛroən] *n* **1** : heroína *f* **2** PROTAGONIST : protagonista *f*

heroism [ˈhɛroˌɪzəm] *n* : heroísmo *m*

heron [ˈhɛrən] *n* : garza *f*

herpes [ˈhərˌpi:z] *n* : herpes *m*

herring [ˈhɛrɪŋ] *n, pl* **-ring** *or* **-rings** : arenque *m*

hers [ˈhərz] *pron* : suyo, -ya; suyos, -yas; de ella ⟨these shoes are hers : estos zapatos son suyos⟩ ⟨hers are bigger : los de ella son más grandes⟩

herself [hərˈslf] *pron* **1** (*used reflexively*) : se ⟨she dressed herself : se vistió⟩ **2** (*used emphatically*) : ella misma ⟨she fixed it herself : lo arregló ella misma, lo arregló por sí sola⟩

hertz [ˈhərts, ˈhrts] *ns & pl* : hercio *m*

he's [ˈhi:z] *contraction of* **he is** *or* **he has** → **be, have**

hesitancy [ˈhɛzət̬əntsi] *n, pl* **-cies** : vacilación *f*, titubeo *m*, indecisión *f*

hesitant [ˈhɛzət̬ənt] *adj* : titubeante, vacilante — **hesitantly** *adv*

hesitate [ˈhɛzəˌteɪt] *vi* **-tated; -tating** : vacilar, titubear

hesitation [ˌhɛzəˈteɪʃən] *n* : vacilación *f*, indecisión *f*, titubeo *m*

heterogeneous [ˌhɛt̬ərəˈʤi:niəs, -njəs] *adj* : heterogéneo

heterosexual[1] [ˌhɛt̬əroˈskʃuəl] *adj* : heterosexual

heterosexual[2] *n* : heterosexual *mf*

heterosexuality [ˌhɛt̬əroˌskʃuˈæləti] *n* : heterosexualidad *f*

hew [ˈhju:] *v* **hewed; hewed** *or* **hewn** [ˈhju:n]; **hewing** *vt* **1** CUT : cortar, talar (árboles) **2** SHAPE : labrar, tallar — *vi* CONFORM : conformarse, ceñirse

hex[1] [ˈhɛks] *vt* : hacerle un maleficio (a alguien)

hex[2] *n* : maleficio *m*

hexagon [ˈhɛksəˌgɑn] *n* : hexágono *m*

hexagonal [hɛkˈsægənəl] *adj* : hexagonal

hey [ˈheɪ] *interj* : ¡eh!, ¡oye!

heyday [ˈheɪˌdeɪ] *n* : auge *m*, apogeo *m*

hi [ˈhaɪ] *interj* : ¡hola!

hiatus [haɪˈeɪt̬əs] *n* **1** : hiato *m* **2** PAUSE : pausa *f*

hibernate [ˈhaɪbərˌneɪt] *vi* **-nated; -nating** : hibernar, invernar

hibernation [ˌhaɪbərˈneɪʃən] *n* : hibernación *f*

hiccup[1] [ˈhɪkəp] *vi* **-cuped; -cuping** : hipar, tener hipo

hiccup[2] *n* : hipo *m* ⟨to have the hiccups : tener hipo⟩

hick [ˈhɪk] *n* BUMPKIN : palurdo *m*, -da *f*

hickory [ˈhɪkəri] *n, pl* **-ries** : nogal *m* americano

hidden [ˈhɪdən] *adj* : oculto

hide[1] [ˈhaɪd] *v* **hid** [ˈhɪd]; **hidden** [ˈhɪdən] *or* **hid; hiding** *vt* **1** CONCEAL : esconder **2** : ocultar ⟨to hide one's motives : ocultar uno sus motivos⟩ **3** SCREEN : tapar, no dejar ver — *vi* : esconderse

hide[2] *n* : piel *f*, cuero *m* ⟨to save one's hide : salvar el pellejo⟩

hide–and–seek [ˈhaɪdəndˈsi:k] *n* **to play hide–and–seek** : jugar a las escondidas

hidebound [ˈhaɪdˌbaʊnd] *adj* : rígido, conservador

hideous [ˈhɪdiəs] *adj* : horrible, horroroso, espantoso — **hideously** *adv*

hideout [ˈhaɪdˌaʊt] *n* : guarida *f*, escondrijo *m*

hierarchical [ˌhaɪəˈrɑrkɪkəl] *adj* : jerárquico

hierarchy [ˈhaɪəˌrɑrki] *n, pl* **-chies** : jerarquía *f*

hieroglyphic [ˌhaɪərəˈglɪfɪk] *n* : jeroglífico *m*

hi–fi [ˈhaɪˈfaɪ] *n* **1** → **high fidelity 2** : equipo *m* de alta fidelidad

high[1] [ˈhaɪ] *adv* **1** : alto ⟨to aim high : apuntar alto⟩ **2 high and low** : por todas partes **3 to leave high and dry** : dejar tirado

high[2] *adj* **1** TALL : alto ⟨a high wall : un muro alto⟩ ⟨it's two feet high : tiene dos pies de altura⟩ **2** ELEVATED : alto, elevado ⟨high ground : terreno elevado⟩ ⟨high prices : precios elevados⟩ ⟨high blood pressure : presión alta⟩

⟨at a high rate of speed : a gran velocidad⟩ **3** GREAT : grande ⟨a high number : un número grande⟩ ⟨high hopes : grandes esperanzas⟩ **4** GOOD, FAVORABLE : bueno, favorable ⟨in high esteem : en gran estima⟩ ⟨on a high note : con una nota de optimismo⟩ ⟨the high point of the trip : el mejor momento del viaje⟩ **5** STRONG : fuerte ⟨high winds : fuertes vientos⟩ **6** : alto ⟨high society : alta sociedad⟩ ⟨high-ranking : alto, de alto rango⟩ ⟨the high life : la gran vida⟩ **7** : alto (en música) **8** : pleno ⟨in high summer : en pleno verano⟩ **9** INTOXICATED : borracho, drogado

high[3] *n* **1** : récord *m*, punto *m* máximo ⟨to reach an all-time high : batir el récord⟩ **2** : zona *f* de alta presión (en meteorología) **3** *or* **high gear** : directa *f* **4 on high** : en las alturas

highbrow [ˈhaɪˌbraʊ] *n* : intelectual *mf*

higher [ˈhaɪər] *adj* : superior

high fidelity *n* : alta fidelidad *f*

high–flown [ˈhaɪˈflo:n] *adj* : altisonante

high–handed [ˈhaɪˈhændəd] *adj* : arbitrario

highlands [ˈhaɪləndz] *npl* : tierras *fpl* altas, altiplano *m*

highlight[1] [ˈhaɪˌlaɪt] *vt* **1** EMPHASIZE : destacar, poner en relieve, subrayar **2** : ser el punto culminante de

highlight[2] *n* : punto *m* culminante

highly [ˈhaɪli] *adv* **1** VERY : muy, sumamente **2** FAVORABLY : muy bien ⟨to speak highly of : hablar muy bien de⟩ ⟨to think highly of : tener en mucho a⟩

highness [ˈhaɪnəs] *n* **1** HEIGHT : altura *f* **2 Highness** : Alteza *f* ⟨Your Royal Highness : Su Alteza Real⟩

high–pitched [ˈhaɪˈpɪtʃt] *adj* : agudo

high–rise [ˈhaɪˌraɪz] *adj* : alto, de muchas plantas

high school *n* : escuela *f* superior, escuela *f* secundaria

high seas *npl* : alta mar *f*

high–spirited [ˈhaɪˈspɪrəṭəd] *adj* : vivaz, muy animado, brioso

high–strung [ˌhaɪˈstrʌŋ] *adj* : nervioso, excitable

highway [ˈhaɪˌweɪ] *n* : carretera *f*

highwayman [ˈhaɪˌweɪmən] *n, pl* **-men** [- mən, -ˌmɛn] : salteador *m* (de caminos), bandido *m*

hijack[1] [ˈhaɪˌdʒæk] *vt* : secuestrar

hijack[2] *n* : secuestro *m*

hijacker [ˈhaɪˌdʒækər] *n* : secuestrador *m*, -dora *f*

hike[1] [ˈhaɪk] *v* **hiked; hiking** *vi* : hacer una caminata — *vt* RAISE : subir

hike[2] *n* **1** : caminata *f*, excursión *f* **2** INCREASE : subida *f* (de precios)

hiker [ˈhaɪkər] *n* : excursionista *mf*

hilarious [hɪˈlæriəs, haɪˈ-] *adj* : muy divertido, hilarante

hilarity [hɪˈlærəṭi, haɪ-] *n* : hilaridad *f*

hill [ˈhɪl] *n* **1** : colina *f*, cerro *m* **2** SLOPE : cuesta *f*, pendiente *f*

hillbilly [ˈhɪlˌbɪli] *n, pl* **-lies** : palurdo *m*, -da *f* (de las montañas)

hillock [ˈhɪlək] *n* : loma *f*, altozano *m*, otero *m*

hillside [ˈhɪlˌsaɪd] *n* : ladera *f*, cuesta *f*

hilltop [ˈhɪlˌtɑp] *n* : cima *f*, cumbre *f*

hilly [ˈhɪli] *adj* **hillier; -est** : montañoso, accidentado

hilt [ˈhɪlt] *n* : puño *m*, empuñadura *f*

him [ˈhɪm, əm] *pron* **1** (*used as direct object*) : lo ⟨I found him : lo encontré⟩ **2** (*used as indirect object*) : le, se ⟨we gave him a present : le dimos un regalo⟩ ⟨I sent it to him : se lo mandé⟩ **3** (*used as object of a preposition*) : él ⟨she was thinking of him : pensaba en él⟩ ⟨younger than him : más joven que él⟩

himself [hɪmˈsɛlf] *pron* **1** (*used reflexively*) : se ⟨he washed himself : se lavó⟩ **2** (*used emphatically*) : él mismo ⟨he did it himself : lo hizo él mismo, lo hizo por sí solo⟩

hind[1] [ˈhaɪnd] *adj* : trasero, posterior ⟨hind legs : patas traseras⟩

hind[2] *n* : cierva *f*

hinder [ˈhɪndər] *vt* : dificultar, impedir, estorbar

Hindi [ˈhɪndi:] *n* : hindi *m*

hindquarters [ˈhaɪndˌkwɔrṭərz] *npl* : cuartos *mpl* traseros

hindrance [ˈhɪndrən*t*s] *n* : estorbo *m*, obstáculo *m*, impedimento *m*

hindsight [ˈhaɪndˌsaɪt] *n* : retrospectiva *f* ⟨with the benefit of hindsight : en retrospectiva, con la perspectiva que da la experiencia⟩

Hindu[1] [ˈhɪnˌdu:] *adj* : hindú

Hindu[2] *n* : hindú *mf*

Hinduism [ˈhɪndu:ˌɪzəm] *n* : hinduismo *m*

hinge[1] [ˈhɪndʒ] *v* **hinged; hinging** *vt* : unir con bisagras — *vi* **to hinge on** : depender de

hinge[2] *n* : bisagra *f*, gozne *m*

hint[1] [ˈhɪnt] *vt* : insinuar, dar a entender — *vi* : soltar indirectas

hint[2] *n* **1** INSINUATION : insinuación *f*, indirecta *f* **2** TIP : consejo *m*, sugerencia *f* **3** TRACE : pizca *f*, indicio *m*

hinterland [ˈhɪntərˌlænd, -lənd] *n* : interior *m* (de un país)

hip [ˈhɪp] *n* : cadera *f*

hip–hop [ˈhɪpˌhɑp] *n* : hip-hop *m*

hippie [ˈhɪpi] *n* : hippie *mf*, hippy *mf*

hippopotamus [ˌhɪpəˈpɑṭəməs] *n, pl* **-muses** *or* **-mi** [-ˌmaɪ] : hipopótamo *m*

hippo [ˈhɪpo:] *n, pl* **hippos** → **hippopotamus**

hire[1] [ˈhaɪr] *vt* **hired; hiring** **1** EMPLOY : contratar, emplear **2** RENT : alquilar, arrendar

hire[2] *n* **1** RENT : alquiler *m* ⟨for hire : se alquila⟩ **2** WAGES : paga *f*, sueldo *m* **3** EMPLOYEE : empleado *m*, -da *f*

his[1] [ˈhɪz, ɪz] *adj* : su, sus, de él ⟨his hat : su sombrero, el sombrero de él⟩

his[2] *pron* : suyo, -ya; suyos, suyas; de él ⟨the decision is his : la decisión es

suya⟩ ⟨it's his, not hers : es de él, no de ella⟩
Hispanic[1] [hɪˈspænɪk] *adj* : hispano, hispánico
Hispanic[2] *n* : hispano *m*, -na *f*; hispánico *m*, -ca *f*
hiss[1] [ˈhɪs] *vi* : sisear, silbar — *vt* : decir entre dientes
hiss[2] *n* : siseo *m*, silbido *m*
historian [hɪˈstɔriən] *n* : historiador *m*, -dora *f*
historic [hɪˈstɔrɪk] *or* **historical** [-ɪkəl] *adj* : histórico — **historically** [-ɪkli] *adv*
history [ˈhɪstəri] *n, pl* **-ries** **1** : historia *f* **2** RECORD : historial *m* ⟨family history : historial personal⟩ **3 to go down in history** : pasar a la historia **4 to make history** : hacer historia
histrionics [ˌhɪstriˈɑnɪks] *ns & pl* : histrionismo *m*
hit[1] [ˈhɪt] *v* **hit; hitting** *vt* **1** STRIKE : golpear (algo), pegarle a (alguien), batear (una pelota) ⟨he hit the dog : le pegó al perro⟩ **2** : chocar contra, dar con, dar en (el blanco) ⟨the car hit a tree : el coche chocó contra un árbol⟩ ⟨it hit me in the face : me dio en la cara⟩ ⟨he hit his head against the door : se dio con la cabeza contra la puerta⟩ **3** *fam* OPERATE : apretar (un botón), darle a (un freno, un interruptor, etc.) **4** ATTACK : atacar **5** AFFECT : afectar ⟨the news hit us hard : la noticia nos afectó mucho⟩ **6** ENCOUNTER : tropezar con, toparse con ⟨to hit a snag : tropezar con un obstáculo⟩ **7** : ocurrírsele a uno ⟨it hit me that . . . : se me ocurrió que . . . , me di cuenta de que . . .⟩ **8** REACH : llegar a, alcanzar ⟨the price hit $10 a pound : el precio alcanzó los $10 dólares por libra⟩ ⟨to hit the headlines : ser noticia⟩ **9** ARRIVE AT : llegar a ⟨to hit town : llegar a la ciudad⟩ ⟨let's hit the beach! : ¡vamos a la playa!⟩ **10** MAKE : hacer ⟨to hit a home run : hacer un jonrón⟩ **11 to hit it off (with)** : congeniar (con) **12 to hit someone up for something** *fam* : pedirle algo a alguien **13 to hit the ceiling/roof** *fam* : poner el grito en el cielo **14 to hit the hay/sack** *fam* : irse al catre, acostarse **15 to hit the nail on the head** *fam* : dar en el clavo **16 to hit the road** *fam* : ponerse en marcha — *vi* **1** : golpear **2 to hit back** : devolver el golpe **3 to hit on** *fam* : tratar de ligarse a **4 to hit on/upon** : dar con (una solución, etc.)
hit[2] *n* **1** BLOW : golpe *m* **2** : impacto *m* (de un arma) **3** SUCCESS : éxito *m*
hitch[1] [ˈhɪʧ] *vt* **1** : mover con sacudidas **2** ATTACH : enganchar, atar, amarrar **3** → **hitchhike** **4 to hitch up** : subirse (los pantalones, etc.)
hitch[2] *n* **1** JERK : tirón *m*, jalón *m* **2** OBSTACLE : obstáculo *m*, impedimento *m*, tropiezo *m*
hitchhike [ˈhɪʧˌhaɪk] *vi* **-hiked; -hiking** : hacer autostop, ir de aventón *Col, Mex fam*
hitchhiker [ˈhɪʧˌhaɪkər] *n* : autostopista *mf*
hither [ˈhɪðər] *adv* : acá, por aquí
hitherto [ˈhɪðərˌtuː, ˌhɪðərˈ-] *adv* : hasta ahora
hitter [ˈhɪṭər] *n* BATTER : bateador *m*, -dora *f*
HIV [ˌeɪʧˌaɪˈviː] *n* (*h*uman *i*mmunodeficiency *v*irus) : VIH *m*, virus *m* del sida
hive [ˈhaɪv] *n* **1** : colmena *f* **2** SWARM : enjambre *m* **3** : lugar *m* muy activo ⟨a hive of activity : un hervidero de actividad⟩
hives [ˈhaɪvz] *ns & pl* : urticaria *f*
hoard[1] [ˈhord] *vt* : acumular, atesorar
hoard[2] *n* : tesoro *m*, reserva *f*, provisión *f*
hoarfrost [ˈhorˌfrɔst] *n* : escarcha *f*
hoarse [ˈhors] *adj* **hoarser; -est** : ronco — **hoarsely** *adv*
hoarseness [ˈhorsnəs] *n* : ronquera *f*
hoary [ˈhori] *adj* **hoarier; -est** **1** : cano, canoso **2** OLD : vetusto, antiguo
hoax[1] [ˈhoːks] *vt* : engañar, embaucar, bromear
hoax[2] *n* : engaño *m*, broma *f*
hobble[1] [ˈhɑbəl] *v* **-bled; -bling** *vi* LIMP : cojear, renguear — *vt* : manear (un animal)
hobble[2] *n* **1** LIMP : cojera *f*, rengo *m* **2** : maniota *f* (para un animal)
hobby [ˈhɑbi] *n, pl* **-bies** : pasatiempo *m*, afición *f*
hobgoblin [ˈhɑbˌgɑblən] *n* : duende *m*
hobnail [ˈhɑbˌneɪl] *n* : tachuela *f*
hobnob [ˈhɑbˌnɑb] *vi* **-nobbed; -nobbing** : codearse
hobo [ˈhoːˌboː] *n, pl* **-boes** : vagabundo *m*, -da *f*
hock[1] [ˈhɑk] *vt* PAWN : empeñar
hock[2] *n* **in hock** : empeñado
hockey [ˈhɑki] *n* : hockey *m*
hodgepodge [ˈhɑʤˌpɑʤ] *n* : mezcolanza *f*
hoe[1] [ˈhoː] *vt* **hoed; hoeing** : azadonar
hoe[2] *n* : azada *f*, azadón *m*
hog[1] [ˈhɔg, ˈhɑg] *vt* **hogged; hogging** : acaparar, monopolizar
hog[2] *n* **1** PIG : cerdo *m*, -da *f* **2** GLUTTON : glotón *m*, -tona *f*
hogshead [ˈhɔgzˌhɛd, ˈhɑgz-] *n* : tonel *m*
hoist[1] [ˈhɔɪst] *vt* : levantar, alzar, izar (una bandera, una vela)
hoist[2] *n* : grúa *f*
hold[1] [ˈhoːld] *v* **held** [ˈhɛld]; **holding** *vt* **1** POSSESS : tener ⟨to hold office : ocupar un puesto⟩ **2** RESTRAIN : detener, controlar ⟨to hold one's temper : controlar su mal genio⟩ **3** CLASP, GRASP : agarrar, coger ⟨to hold hands : agarrarse de la mano⟩ ⟨hold it tightly : agárralo fuerte⟩ **4** CARRY : llevar, tener (en la mano o las manos) **5** : sujetar, mantener fijo ⟨hold this nail for me : sujétame este clavo⟩ ⟨hold it upright : mantenlo derecho⟩ ⟨hold the

door : sostén la puerta⟩ **6** CONTAIN : dar cabida a, tener capacidad para (personas, etc.), tener una capacidad de (litros, etc.) **7** *or* **to hold in store** : deparar **8** SUPPORT : aguantar, sostener **9** REGARD : considerar, tener ⟨he held me responsible : me consideró responsable⟩ **10** CONDUCT : celebrar (una reunión, una elección), realizar (un evento), mantener (una conversación) **11** KEEP, RESERVE : guardar **12** MAINTAIN : mantener **13** DETAIN : detener **14 to hold against** : tomar en cuenta, guardar rencor por **15 to hold back** REPRESS, CONTAIN : reprimir, contener **16 to hold back** WITHHOLD : retener, ocultar (información) **17 to hold down** : conservar (un trabajo) **18 to hold in** CONTAIN : contener **19 to hold off** RESIST : resistir **20 to hold one's liquor** : ser de buen beber **21 to hold one's tongue** : callarse **22 to hold out** : extender, tender (la mano, etc.), dar (esperanzas) **23 to hold over** POSTPONE : postergar, aplazar **24 to hold up** DELAY : retrasar **25 to hold up** LIFT : levantar **26 to hold up** *fam* ROB : robarle (a alguien), atracar, asaltar — *vi* **1** : aguantar, resistir ⟨the rope will hold : la cuerda resistirá⟩ **2** : ser válido, valer ⟨my offer still holds : mi oferta todavía es válida⟩ **3 to hold forth** : perorar, arengar **4 to hold off** WAIT : esperar, aguantar **5 to hold off (on)** DELAY : retrasar **6 to hold on** WAIT : esperar, aguantar **7 to hold on to** : agarrarse a **8 to hold out** LAST : aguantar, durar **9 to hold out** RESIST : resistir **10 to hold out for** AWAIT : esperar (algo mejor) **11 to hold to** : mantenerse firme en **12 to hold together** : mantenerse unidos **13 to hold up** : aguantar ⟨how are you holding up? : ¿cómo estás?, ¿cómo lo estás llevando?⟩ **14 to hold with** : estar de acuerdo con

hold² *n* **1** GRIP : agarre *m*, llave *f* (en deportes) **2** CONTROL : control *m*, dominio *m* ⟨to get hold of oneself : controlarse⟩ **3** DELAY : demora *f* **4** : bodega *f* (en un barco o un avión) **5 on hold** DELAYED : suspendido ⟨to put on hold : suspender temporalmente⟩ **6 on hold** : en espera (en el teléfono) ⟨to be/put on hold : estar/poner en espera⟩ **7 no holds barred** : sin restricciones **8 to get hold of** : conseguir, localizar **9 to take hold** : establecerse **10 to take hold of** GRASP : agarrar

holder [ˈhoːldər] *n* : poseedor *m*, -dora *f*; titular *mf*

holdings [ˈhoːldɪŋz] *npl* : propiedades *fpl*

hold out *vi* **1** LAST : aguantar, durar **2** RESIST : resistir

holdup [ˈhoːldˌʌp] *n* **1** ROBBERY : atraco *m* **2** DELAY : retraso *m*, demora *f*

hold up *vt* **1** ROB : robarle (a alguien), atracar, asaltar **2** DELAY : retrasar

hole [ˈhoːl] *n* : agujero *m*, hoyo *m*

holiday [ˈhɑləˌdeɪ] *n* **1** : día *m* feriado, fiesta *f* **2** VACATION : vacaciones *fpl*

holiness [ˈhoːlinəs] *n* **1** : santidad *f* **2 His Holiness** : Su Santidad

holistic [hoːˈlɪstɪk] *adj* : holístico

holler¹ [ˈhɑlər] *vi* : gritar, chillar

holler² *n* : grito *m*, chillido *m*

hollow¹ [ˈhɑˌloː] *vt or* **to hollow out** : ahuecar

hollow² *adj* **-lower; -est 1** : hueco, hundido (dícese de las mejillas, etc.), cavernoso (dícese de un sonido) **2** EMPTY, FALSE : vacío, falso

hollow³ *n* **1** CAVITY : hueco *m*, depresión *f*, cavidad *f* **2** VALLEY : hondonada *f*, valle *m*

hollowness [ˈhɑˌloːnəs] *n* **1** HOLLOW : hueco *m*, cavidad *f* **2** FALSENESS : falsedad *f* **3** EMPTINESS : vacuidad *f*

holly [ˈhɑli] *n, pl* **-lies** : acebo *m*

hollyhock [ˈhɑliˌhɑk] *n* : malvarrosa *f*

holocaust [ˈhɑləˌkɔst, ˈhoː-, ˈhɔ-] *n* : holocausto *m*

hologram [ˈhoːləˌgræm, ˈhɑ-] *n* : holograma *m*

holster [ˈhoːlstər] *n* : pistolera *f*

holy [ˈhoːli] *adj* **-lier; -est** : santo, sagrado

Holy Ghost → Holy Spirit

Holy Spirit *n* **the Holy Spirit** : el Espíritu Santo

homage [ˈɑmɪʤ, ˈhɑ-] *n* : homenaje *m*

home [ˈhoːm] *n* **1** : hogar *m*, casa *f* ⟨home sweet home : hogar dulce hogar⟩ ⟨there's no place like home : como en casa no se está en ningún sitio⟩ ⟨to leave home : irse de casa⟩ ⟨to hit close to home : tocar muy de cerca⟩ **2** HOUSE, RESIDENCE : casa *f*, domicilio *m* ⟨to own one's own home : tener casa propia⟩ ⟨a home away from home : una segunda casa⟩ **3** SEAT : sede *f* **4** HABITAT : hábitat *m* **5** INSTITUTION : residencia *f*, asilo *m* **6 → home plate 7 at home** : en casa ⟨is Julia at home? : ¿está Julia (en casa)?⟩ **8 at home** : cómodo ⟨make yourself at home : estás en tu casa⟩ **9 to play at home** : jugar en casa

homecoming [ˈhoːmˌkʌmɪŋ] *n* : regreso *m* (a casa)

homegrown [ˈhoːmˈgroːn] *adj* **1** : de cosecha propia **2** LOCAL : local

homeland [ˈhoːmˌlænd] *n* : patria *f*, tierra *f* natal, terruño *m*

homeless [ˈhoːmləs] *adj* : sin hogar, sin techo

homely [ˈhoːmli] *adj* **-lier; -est 1** DOMESTIC : casero, hogareño **2** UGLY : feo, poco atractivo

homemade [ˈhoːmˈmeɪd] *adj* : casero, hecho en casa

homemaker [ˈhoːmˌmeɪkər] *n* : ama *f* de casa, persona *f* que se ocupa de la casa

home plate *n* : base *f* del bateador

home run *n* : jonrón *m*

homesick [ˈhoːmˌsɪk] *adj* : nostálgico ⟨to be homesick : echar de menos a la familia⟩
homesickness [ˈhoːmˌsɪknəs] *n* : nostalgia *f*, morriña *f*
homespun [ˈhoːmˌspʌn] *adj* : simple, sencillo
homestead [ˈhoːmˌstɛd] *n* : estancia *f*, hacienda *f*
homeward[1] [ˈhoːmwərd] *or* **homewards** [-wərdz] *adv* : de vuelta a casa, hacia casa
homeward[2] *adj* : de vuelta, de regreso
homework [ˈhoːmˌwərk] *n* : tarea *f*, deberes *mpl Spain*, asignación *f PRi*
homey [ˈhoːmi] *adj* **homier; -est** : hogareño
homicidal [ˌhɑməˈsaɪdəl, ˌhoː-] *adj* : homicida
homicide [ˈhɑməˌsaɪd, ˈhoː-] *n* : homicidio *m*
hominy [ˈhɑməni] *n* : maíz *m* descascarillado
homogeneity [ˌhoːməʤəˈniːət̬i, -ˈneɪ-] *n, pl* **-ties** : homogeneidad *f*
homogeneous [ˌhoːməˈʤiːniəs, -njəs] *adj* : homogéneo — **homogeneously** *adv*
homogenize [hoːˈmɑʤəˌnaɪz, hə-] *vt* **-nized; -nizing** : homogeneizar
homograph [ˈhɑməˌgræf, ˈhoː-] *n* : homógrafo *m*
homologous [hoːˈmɑləgəs, hə-] *adj* : homólogo
homonym [ˈhɑməˌnɪm, ˈhoː-] *n* : homónimo *m*
homophone [ˈhɑməˌfoːn, ˈhoː-] *n* : homófono *m*
homosexual[1] [ˌhoːməˈsɛkʃuəl] *adj* : homosexual
homosexual[2] *n* : homosexual *mf*
homosexuality [ˌhoːməˌsɛkʃuˈæləṯi] *n* : homosexualidad *f*
honcho [ˈhɑnˌʧoː] *n* : pez *m* gordo ⟨the head honcho : el jefe⟩
Honduran [hɑnˈdurən, -ˈdjur-] *n* : hondureño *m*, -ña *f* — **Honduran** *adj*
hone [ˈhoːn] *vt* **honed; honing** : afilar
honest [ˈɑnəst] *adj* : honesto, honrado — **honestly** *adv*
honesty [ˈɑnəsti] *n, pl* **-ties** : honestidad *f*, honradez *f*
honey [ˈhʌni] *n, pl* **-eys** : miel *f*
honeybee [ˈhʌniˌbiː] *n* : abeja *f*
honeycomb [ˈhʌniˌkoːm] *n* : panal *m*
honeymoon[1] [ˈhʌniˌmuːn] *vi* : pasar la luna de miel
honeymoon[2] *n* : luna *f* de miel
honeysuckle [ˈhʌniˌsʌkəl] *n* : madreselva *f*
honk[1] [ˈhɑŋk, ˈhɔŋk] *vi* **1** : graznar (dícese del ganso) **2** : tocar la bocina (dícese de un vehículo), pitar
honk[2] *n* : graznido *m* (del ganso), bocinazo *m* (de un vehículo)
honor[1] [ˈɑnər] *vt* **1** RESPECT : honrar **2** : cumplir con ⟨to honor one's word : cumplir con su palabra⟩ **3** : aceptar (un cheque, etc.)
honor[2] *n* **1** : honor *m* ⟨in honor of : en honor de⟩ ⟨a man of honor : un hombre de honor/palabra⟩ ⟨guest of honor : invitado de honor⟩ **2 honors** *npl* AWARDS : honores *mpl*, condecoraciones *fpl* **3 on my honor** : juro por mi honor **4 to do someone the honor of** : hacerle a alguien el honor de **5 to do the honors** : hacer los honores **6 Your Honor** : Su Señoría
honorable [ˈɑnərəbəl] *adj* : honorable, honroso — **honorably** [-bli] *adv*
honorary [ˈɑnəˌrɛri] *adj* : honorario
hood [ˈhud] *n* **1** : capucha *f* **2** : capó *m*, bonete *m Car* (de un automóvil)
hooded [ˈhudəd] *adj* : encapuchado
hoodlum [ˈhudləm, ˈhuːd-] *n* THUG : maleante *mf*, matón *m*
hoodwink [ˈhudˌwɪŋk] *vt* : engañar
hoof [ˈhuf, ˈhuːf] *n, pl* **hooves** [ˈhuvz, ˈhuːvz] *or* **hoofs** : pezuña *f*, casco *m*
hoofed [ˈhuft, ˈhuːft] *adj* : ungulado
hook[1] [ˈhuk] *vt* **1** : enganchar **2** CATCH : pescar **3 to hook up** CONNECT : conectar (algo a algo) **4 to hook up** *fam* ⟨don't worry—I'll hook you up : no te preocupes, te lo arreglaré todo⟩ — *vi* **1** : abrocharse, engancharse **2 to hook up** *fam* MEET : reunirse **3 to hook up** *fam* JOIN, UNITE : juntarse, unirse
hook[2] *n* : gancho *m*, percha *f*
hooked [ˈhukt] *adj* **1** : en forma de gancho **2 to be hooked on** : estar enganchado a
hooker [ˈhukər] *n* : prostituta *f*, fulana *f fam*
hookworm [ˈhukˌwərm] *n* : anquilostoma *m*
hooligan [ˈhuːlɪgən] *n* : gamberro *m*, -rra *f*
hoop [ˈhuːp] *n* : aro *m*
hooray [huˈreɪ] → **hurrah**
hoot[1] [ˈhuːt] *vi* **1** SHOUT : gritar ⟨to hoot with laughter : morirse de risa, reírse a carcajadas⟩ **2** : ulular (dícese de un búho), tocar la bocina (dícese de un vehículo), silbar (dícese de un tren o un barco)
hoot[2] *n* **1** : ululato *m* (de un búho), silbido *m* (de un tren), bocinazo *m* (de un vehículo) **2** GUFFAW : carcajada *f*, risotada *f* **3 I don't give a hoot** : me vale un comino, me importa un pito
hop[1] [ˈhɑp] *vi* **hopped; hopping** : brincar, saltar
hop[2] *n* **1** LEAP : salto *m*, brinco *m* **2** FLIGHT : vuelo *m* corto **3** : lúpulo *m* (planta)
hope[1] [ˈhoːp] *v* **hoped; hoping** *vi* : esperar — *vt* : esperar que ⟨we hope she comes : esperamos que venga⟩ ⟨I hope not : espero que no⟩
hope[2] *n* : esperanza *f*
hopeful [ˈhoːpfəl] *adj* : esperanzado — **hopefully** *adv*
hopeless [ˈhoːpləs] *adj* **1** DESPAIRING : desesperado **2** IMPOSSIBLE : imposible ⟨a hopeless case : un caso perdido⟩

hopelessly [ˈhoːpləsli] *adv* **1** : sin esperanzas, desesperadamente **2** COMPLETELY : totalmente, completamente **3** IMPOSSIBLY : imposiblemente
hopelessness [ˈhoːpləsnəs] *n* : desesperanza *f*
hopper [ˈhɑpər] *n* : tolva *f*
hopscotch [ˈhɑpˌskɑtʃ] *n* : tejo *m*
horde [ˈhord] *n* : horda *f*, multitud *f*
horizon [həˈraɪzən] *n* : horizonte *m*
horizontal [ˌhorəˈzɑntəl] *adj* : horizontal — **horizontally** *adv*
hormone [ˈhɔrˌmoːn] *n* : hormona *f* — **hormonal** [hɔrˈmoːnəl] *adj*
horn [ˈhɔrn] *n* **1** : cuerno *m* (de un toro, una vaca, etc.) **2** : cuerno *m*, trompa *f* (instrumento musical) **3** : bocina *f*, claxon *m* (de un vehículo)
horned [ˈhɔrnd, ˈhɔrnəd] *adj* : cornudo, astado, con cuernos
hornet [ˈhɔrnət] *n* : avispón *m*
horny [ˈhɔrni] *adj* **hornier; -est** **1** CALLOUS : calloso **2** LUSTFUL *fam* : caliente *fam*
horoscope [ˈhɔrəˌskoːp] *n* : horóscopo *m*
horrendous [hɔˈrɛndəs] *adj* : horrendo, horroroso, atroz
horrible [ˈhɔrəbəl] *adj* : horrible, espantoso, horroroso — **horribly** [-bli] *adv*
horrid [ˈhɔrɪd] *adj* : horroroso, horrible — **horridly** *adv*
horrific [hɔˈrɪfɪk] *adj* : terrorífico, horroroso
horrify [ˈhɔrəˌfaɪ] *vt* **-fied; -fying** : horrorizar
horrifying [ˈhɔrəˌfaɪɪŋ] *adj* : horripilante, horroroso
horror [ˈhɔrər] *n* : horror *m*
hors d'oeuvre [ɔrˈdərv] *n, pl* **hors d'oeuvres** [-ˈdərvz] : entremés *m*
horse [ˈhɔrs] *n* **1** : caballo *m* **2 a horse of a different color** : harina de otra costal **3 from the horse's mouth** ⟨I heard it straight from the horse's mouth : me lo dijo él mismo, me lo dijo ella misma⟩ **4 hold your horses** : un momentito
horseback [ˈhɔrsˌbæk] *n* **on ~** : a caballo
horse chestnut *n* : castaña *f* de Indias
horsefly [ˈhɔrsˌflaɪ] *n, pl* **-flies** : tábano *m*
horsehair [ˈhɔrsˌhær] *n* : crin *f*
horseman [ˈhɔrsmən] *n, pl* **-men** [-mən, -ˌmɛn] : jinete *m*, caballista *m*
horsemanship [ˈhɔrsmənˌʃɪp] *n* : equitación *f*
horseplay [ˈhɔrsˌpleɪ] *n* : payasadas *fpl*
horsepower [ˈhɔrsˌpaʊər] *n* : caballo *m* de fuerza
horseradish [ˈhɔrsˌrædɪʃ] *n* : rábano *m* picante
horseshoe [ˈhɔrsˌʃuː] *n* : herradura *f*
horsewhip [ˈhɔrsˌ*h*wɪp] *vt* **-whipped; -whipping** : azotar, darle fuetazos (a alguien)
horsewoman [ˈhɔrsˌwʊmən] *n, pl* **-women** [-ˌwɪmən] : amazona *f*, jinete *f*, caballista *f*
horsey *or* **horsy** [ˈhɔrsi] *adj* **horsier; -est** : relacionado a los caballos, caballar
horticultural [ˌhɔrt̬əˈkʌltʃərəl] *adj* : hortícola
horticulture [ˈhɔrt̬əˌkʌltʃər] *n* : horticultura *f*
hose[1] [ˈhoːz] *vt* **hosed; hosing** : regar o lavar con manguera
hose[2] *n* **1** *pl* **hose** SOCKS : calcetines *mpl*, medias *fpl* **2** *pl* **hose** STOCKINGS : medias *fpl* **3** *pl* **hoses** : manguera *f*, manga *f*
hosiery [ˈhoːʒəri, ˈhoːzə-] *n* : calcetería *f*, medias *fpl*
hospice [ˈhɑspəs] *n* : hospicio *m*
hospitable [hɑˈspɪt̬əbəl, ˈhɑsˌpɪ-] *adj* : hospitalario — **hospitably** [-bli] *adv*
hospital [ˈhɑsˌpɪt̬əl] *n* : hospital *m*
hospitality [ˌhɑspəˈtæləṯi] *n, pl* **-ties** : hospitalidad *f*
hospitalization [ˌhɑsˌpɪt̬ələˈzeɪʃən] *n* : hospitalización *f*
hospitalize [ˈhɑsˌpɪt̬əlˌaɪz] *vt* **-ized; -izing** : hospitalizar
host[1] [ˈhoːst] *vt* : presentar (un programa de televisión, etc.)
host[2] *n* **1** : anfitrión *m*, -triona *f* (en la casa, a un evento); presentador *m*, -dora *f* (de un programa de televisión, etc.) **2** *or* **host organism** : huésped *m* **3** TROOPS : huestes *fpl* **4** MULTITUDE : multitud *f* ⟨for a host of reasons : por muchas razones⟩ **5** EUCHARIST : hostia *f*, Eucaristía *f*
hostage [ˈhɑstɪdʒ] *n* : rehén *m*
hostel [ˈhɑstəl] *n* : albergue *m* juvenil
hostess [ˈhoːstɪs] *n* : anfitriona *f* (en la casa), presentadora *f* (de un programa)
hostile [ˈhɑstəl, -ˌtaɪl] *adj* : hostil — **hostilely** *adv*
hostility [hɑsˈtɪləṯi] *n, pl* **-ties** : hostilidad *f*
hot [ˈhɑt] *adj* **hotter; hottest** **1** : caliente, cálido, caluroso ⟨hot water : agua caliente⟩ ⟨a hot climate : un clima cálido⟩ ⟨a hot day : un día caluroso⟩ ⟨it's hot in here : hace calor aquí dentro⟩ **2** ARDENT, FIERY : ardiente, acalorado ⟨to have a hot temper : tener mal genio⟩ **3** SPICY : picante **4** FRESH : reciente, nuevo ⟨hot news : noticias de última hora⟩ ⟨hot off the press : de último momento⟩ **5** EAGER : ávido **6** STOLEN : robado **7** SEXY : guapo, bueno **8 hot and bothered** *or* **hot under the collar** : enojado — **hotly** *adv*
hot air *n* : palabrería *f*
hotbed [ˈhɑtˌbɛd] *n* **1** : semillero *m* (de plantas) **2** : hervidero *m*, semillero *m* (de crimen, etc.)
hot dog *n* : perro *m* caliente
hotel [hoːˈtɛl] *n* : hotel *m*
hothead [ˈhɑtˌhɛd] *n* : exaltado *m*, -da *f*
hotheaded [ˈhɑtˈhɛdəd] *adj* : exaltado
hothouse [ˈhɑtˌhaʊs] *n* : invernadero *m*
hot plate *n* : placa *f* (de cocina)

hot rod *n* : coche *m* con motor modificado

hot water *n* **to get into hot water** : meterse en un lío

hound[1] ['haʊnd] *vt* : acosar, perseguir

hound[2] *n* : perro *m* (de caza)

hour ['aʊər] *n* **1** : hora *f* ⟨on the hour : a la hora en punto⟩ ⟨60 miles an/per hour : 60 millas por hora⟩ ⟨by the hour : por hora(s)⟩ ⟨at all hours : a todas horas⟩ ⟨until all hours : hasta las tantas, hasta muy tarde⟩ ⟨in the wee hours : a altas horas de la madrugada⟩ ⟨open 24 hours (a day) : abierto 24 horas (al día)⟩ **2 hours** *npl* : horas *pl*, horario *m* (de una empresa, etc.)

hourglass ['aʊər,glæs] *n* : reloj *m* de arena

hourly ['aʊərli] *adv & adj* : cada hora, por hora

house[1] ['haʊz] *vt* **housed; housing** : albergar, alojar, hospedar

house[2] ['haʊs] *n, pl* **houses** ['haʊzəz, -səz] **1** HOME : casa *f* ⟨come (over) to my house : ven a mi casa⟩ ⟨house pet : animal doméstico⟩ ⟨house painter : pintor de casas⟩ **2** : cámara *f* (del gobierno) **3** BUSINESS : casa *f*, empresa *f* **4 on the house** : gratis ⟨it's on the house : invita la casa⟩ **5 to bring the house down** : ser muy aplaudido **6 to clean house** : limpiar la casa **7 to get/put/set one's house in order** : poner sus asuntos en orden, ordenar sus asuntos **8 to keep house** : ocuparse de la casa **9 to play house** : jugar a las casitas **10 to set up house** : poner casa

houseboat ['haʊs,bo:t] *n* : casa *f* flotante

housebroken ['haʊs,bro:kən] *adj* : enseñado

housefly ['haʊs,flaɪ] *n, pl* **-flies** : mosca *f* común

household[1] ['haʊs,ho:ld] *adj* **1** DOMESTIC : doméstico, de la casa **2** FAMILIAR : conocido por todos

household[2] *n* : casa *f*, familia *f*

householder ['haʊs,ho:ldər] *n* : dueño *m*, -ña *f* de casa

housekeeper ['haʊs,ki:pər] *n* : ama *f* de llaves

housekeeping ['haʊs,ki:pɪŋ] *n* : gobierno *m* de la casa, quehaceres *mpl* domésticos

housemaid ['haʊs,meɪd] *n* : criada *f*, mucama *f*, muchacha *f*, sirvienta *f*

housewarming ['haʊs,wɔrmɪŋ] *n* : fiesta *f* de estreno de una casa

housewife ['haʊs,waɪf] *n, pl* **-wives** : ama *f* de casa

housework ['haʊs,wərk] *n* : faenas *fpl* domésticas, quehaceres *mpl* domésticos

housing ['haʊzɪŋ] *n* **1** HOUSES : vivienda *f* **2** COVERING : caja *f* protectora

hove → **heave**

hovel ['hʌvəl, 'hɑ-] *n* : casucha *f*, tugurio *m*

hover ['hʌvər, 'hɑ-] *vi* **1** : cernerse, sostenerse en el aire **2 to hover about** : rondar

hovercraft ['hʌvər,kræft] *n* : aerodeslizador *m*

how ['haʊ] *adv* **1** : cómo ⟨how are you? : ¿cómo estás?⟩ ⟨I don't know how to fix it : no sé cómo arreglarlo⟩ ⟨how do I look? : ¿cómo estoy?⟩ ⟨how big is it? : ¿cómo es de grande?, ¿qué tan grande es?⟩ ⟨how bad is it? : ¿de qué gravedad es?, ¿qué tan grave es?⟩ ⟨how do you do : mucho gusto⟩ **2** (*used for emphasis*) : qué ⟨how beautiful! : ¡qué bonito!⟩ ⟨how right you are! : ¡cuánta razón tiene!⟩ ⟨I can't tell you how grateful I am : no puedo decirte lo agradecida que estoy⟩ **3** : cuánto ⟨how old are you? : ¿cuántos años tienes?⟩ ⟨how many people are here? : ¿cuánta gente está aquí?⟩ **4 and how!** : ¡y cómo! **5 how about . . . ?** : ¿qué te parece . . . ? **6 how come?** *fam* : ¿cómo es eso?, ¿por qué? **7 how come . . . ?** *fam* : ¿cómo es que . . . ?, ¿por qué . . . ? **8 how much** : cuánto **9 how so?** : ¿por qué dice(s) eso? **10 how's that?** *fam* : ¿qué?, ¿cómo?

however[1] [haʊ'ɛvər] *adv* **1** : por mucho que, por más que ⟨however hot it is : por mucho calor que haga⟩ **2** NEVERTHELESS : sin embargo, no obstante

however[2] *conj* : comoquiera que, de cualquier manera que

howl[1] ['haʊl] *vi* : aullar

howl[2] *n* : aullido *m*, alarido *m*

hub ['hʌb] *n* **1** CENTER : centro *m* **2** : cubo *m* (de una rueda)

hubbub ['hʌ,bʌb] *n* : algarabía *f*, alboroto *m*, jaleo *m*

hubcap ['hʌb,kæp] *n* : tapacubos *m*

huckster ['hʌkstər] *n* : buhonero *m*, -ra *f*; vendedor *m*, -dora *f* ambulante

huddle[1] ['hʌdəl] *vi* **-dled; -dling 1** : apiñarse, amontonarse **2 to huddle together** : acurrucarse

huddle[2] *n* : grupo *m* (cerrado) ⟨to go into a huddle : conferenciar en secreto⟩

hue ['hju:] *n* : color *m*, tono *m*

huff ['hʌf] *n* : enojo *m*, enfado *m* ⟨to be in a huff : estar enojado⟩

huffy ['hʌfi] *adj* **huffier; -est** : enojado, enfadado

hug[1] ['hʌg] *vt* **hugged; hugging 1** EMBRACE : abrazar **2** : ir pegado a ⟨the road hugs the river : el camino está pegado al río⟩

hug[2] *n* : abrazo *m*

huge ['hju:ʤ] *adj* **huger; hugest** : inmenso, enorme — **hugely** *adv*

hulk ['hʌlk] *n* **1** : persona *f* fornida **2** : casco *m* (barco), armatoste *m* (edificio, etc.)

hulking ['hʌlkɪŋ] *adj* : grandote *fam*, pesado

hull[1] ['hʌl] *vt* : pelar

hull[2] *n* **1** HUSK : cáscara *f* **2** : casco *m* (de un barco, un avión, etc.)

hullabaloo [ˈhʌləbəˌlu:] *n, pl* **-loos** : alboroto *m*, jaleo *m*
hum[1] [ˈhʌm] *v* **hummed; humming** *vi* **1** BUZZ : zumbar **2** : estar muy activo, moverse ⟨to hum with activity : bullir de actividad⟩ — *vt* : tararear (una melodía)
hum[2] *n* : zumbido *m*, murmullo *m*
human[1] [ˈhju:mən, ˈju:-] *adj* : humano — **humanly** *adv*
human[2] *n* : ser *m* humano
humane [hju:ˈmeɪn, ju:-] *adj* : humano, humanitario — **humanely** *adv*
humanism [ˈhju:məˌnɪzəm, ˈju:-] *n* : humanismo *m*
humanist[1] [ˈhju:mənɪst, ˈju:-] *n* : humanista *mf*
humanist[2] *or* **humanistic** [ˌhju:məˈnɪstɪk, ˌju:-] *adj* : humanístico
humanitarian[1] [hju:ˌmænəˈtriən, ju:-] *adj* : humanitario
humanitarian[2] *n* : humanitario *m*, -ria *f*
humanity [hju:ˈmænət̬i, ju:-] *n, pl* **-ties** : humanidad *f*
humankind [ˈhju:mənˈkaɪnd, ˈju:-] *n* : género *m* humano
humble[1] [ˈhʌmbəl] *vt* **-bled; -bling** **1** : humillar **2 to humble oneself** : humillarse
humble[2] *adj* **-bler; -blest** : humilde, modesto — **humbly** [ˈhʌmbli] *adv*
humbug [ˈhʌmˌbʌg] *n* **1** FRAUD : charlatán *m*, -tana *f*; farsante *mf* **2** NONSENSE : patrañas *fpl*, tonterías *fpl*
humdrum [ˈhʌmˌdrʌm] *adj* : monótono, rutinario
humid [ˈhju:məd, ˈju:-] *adj* : húmedo
humidifier [hju:ˈmɪdəˌfaɪər, ju:-] *n* : humidificador *m*
humidify [hju:ˈmɪdəˌfaɪ, ju:-] *vt* **-fied; -fying** : humidificar
humidity [hju:ˈmɪdət̬i, ju:-] *n, pl* **-ties** : humedad *f*
humiliate [hju:ˈmɪliˌeɪt, ju:-] *vt* **-ated; -ating** : humillar
humiliating [hju:ˈmɪliˌeɪt̬ɪŋ, ju:-] *adj* : humillante
humiliation [hju:ˌmɪliˈeɪʃən, ju:-] *n* : humillación *f*
humility [hju:ˈmɪlət̬i, ju:-] *n* : humildad *f*
hummingbird [ˈhʌmɪŋˌbərd] *n* : colibrí *m*, picaflor *m*
hummock [ˈhʌmək] *n* : montículo *m*
humor[1] [ˈhju:mər, ˈju:-] *vt* : seguir el humor a, complacer
humor[2] *n* : humor *m*
humorist [ˈhju:mərɪst, ˈju:-] *n* : humorista *mf*
humorless [ˈhju:mərləs, ˈju:-] *adj* : sin sentido del humor ⟨a humorless smile : una sonrisa forzada⟩
humorous [ˈhju:mərəs, ˈju:-] *adj* : humorístico, cómico — **humorously** *adv*
hump [ˈhʌmp] *n* : joroba *f*, giba *f*
humpback [ˈhʌmpˌbæk] *n* **1** HUMP : joroba *f*, giba *f* **2** HUNCHBACK : jorobado *m*, -da *f*; giboso *m*, -sa *f*
humpbacked [ˈhʌmpˌbækt] *adj* : jorobado, giboso
humus [ˈhju:məs, ˈju:-] *n* : humus *m*
hunch[1] [ˈhʌntʃ] *vt* : encorvar — *vi or* **to hunch up** : encorvarse
hunch[2] *n* PREMONITION : presentimiento *m*
hunchback [ˈhʌntʃˌbæk] *n* **1** HUMP : joroba *f*, giba *f* **2** HUMPBACK : jorobado *m*, -da *f*; giboso *m*, -sa *f*
hunchbacked [ˈhʌntʃˌbækt] *adj* : jorobado, giboso
hundred[1] [ˈhʌndrəd] *adj* : cien, ciento
hundred[2] *n, pl* **-dreds** *or* **-dred** : ciento *m*
hundredth[1] [ˈhʌndrədθ] *adj* : centésimo
hundredth[2] *n* **1** : centésimo *m*, -ma *f* (en una serie) **2** : centésimo *m*, centésima parte *f*
hung → **hang**
Hungarian [hʌŋˈgæriən] *n* **1** : húngaro *m*, -ra *f* **2** : húngaro *m* (idioma) — **Hungarian** *adj*
hunger[1] [ˈhʌŋgər] *vi* **1** : tener hambre **2 to hunger for** : ansiar, anhelar
hunger[2] *n* : hambre *m*
hungrily [ˈhʌŋgrəli] *adv* : ávidamente
hungry [ˈhʌŋgri] *adj* **-grier; -est** **1** : hambriento **2 to be hungry** : tener hambre
hunk [ˈhʌŋk] *n* : trozo *m*, pedazo *m*
hunt[1] [ˈhʌnt] *vt* **1** PURSUE : cazar **2 to hunt for** : buscar
hunt[2] *n* **1** PURSUIT : caza *f*, cacería *f* **2** SEARCH : búsqueda *f*, busca *f*
hunter [ˈhʌntər] *n* : cazador *m*, -dora *f*
hunting [ˈhʌntɪŋ] *n* : caza *f* ⟨to go hunting : ir de caza⟩
hurdle[1] [ˈhərdəl] *vt* **-dled; -dling** : saltar, salvar (un obstáculo)
hurdle[2] *n* : valla *f* (en deportes), obstáculo *m*
hurl [ˈhərl] *vt* : arrojar, tirar, lanzar
hurrah [hʊˈrɑ, -ˈrɔ] *interj* : ¡hurra!
hurricane [ˈhərəˌkeɪn] *n* : huracán *m*
hurried [ˈhərid] *adj* : apresurado, precipitado
hurriedly [ˈhərədli] *adv* : apresuradamente, de prisa
hurry[1] [ˈhəri] *v* **-ried; -rying** *vi* : apurarse, darse prisa, apresurarse — *vt* : apurar, darle prisa (a alguien)
hurry[2] *n* : prisa *f*, apuro *f*
hurt[1] [ˈhərt] *v* **hurt; hurting** *vt* **1** INJURE : hacer daño a, herir, lastimar ⟨to hurt oneself : hacerse daño⟩ **2** DISTRESS, OFFEND : hacer sufrir, ofender, herir — *vi* : doler ⟨my foot hurts : me duele el pie⟩
hurt[2] *n* **1** INJURY : herida *f* **2** DISTRESS, PAIN : dolor *m*, pena *f*
hurtful [ˈhərtfəl] *adj* : hiriente, doloroso
hurtle [ˈhərt̬əl] *vi* **-tled; -tling** : lanzarse, precipitarse
husband[1] [ˈhʌzbənd] *vt* : economizar, bien administrar
husband[2] *n* : esposo *m*, marido *m*
husbandry [ˈhʌzbəndri] *n* **1** MANAGEMENT, THRIFT : economía *f*, buena

administración *f* **2** AGRICULTURE : agricultura *f* ⟨animal husbandry : cría de animales⟩

hush[1] [ˈhʌʃ] *vt* **1** SILENCE : hacer callar, acallar **2** CALM : calmar, apaciguar

hush[2] *n* : silencio *m*

hush–hush [ˈhʌʃˌhʌʃ, ˌhʌʃˈhʌʃ] *adj* : muy secreto, confidencial

husk[1] [ˈhʌsk] *vt* : descascarar

husk[2] *n* : cáscara *f*

huskily [ˈhʌskəli] *adv* : con voz ronca

husky[1] [ˈhʌski] *adj* **-kier; -est** **1** HOARSE : ronco **2** BURLY : fornido

husky[2] *n, pl* **-kies** : perro *m*, -rra *f* esquimal

hustle[1] [ˈhəsəl] *v* **-tled; -tling** *vt* : darle prisa (a alguien), apurar ⟨they hustled me in : me hicieron entrar a empujones⟩ — *vi* : apurarse, ajetrearse

hustle[2] *n* BUSTLE : ajetreo *m*

hut [ˈhʌt] *n* : cabaña *f*, choza *f*, barraca *f*

hutch [ˈhʌtʃ] *n* **1** CUPBOARD : alacena *f* **2 rabbit hutch** : conejera *f*

hyacinth [ˈhaɪəˌsɪnθ] *n* : jacinto *m*

hybrid[1] [ˈhaɪbrɪd] *adj* : híbrido

hybrid[2] *n* : híbrido *m*

hydrant [ˈhaɪdrənt] *n* : boca *f* de riego, hidrante *m CA, Col* ⟨fire hydrant : boca de incendios⟩

hydraulic [haɪˈdrɔlɪk] *adj* : hidráulico — **hydraulically** *adv*

hydrocarbon [ˌhaɪdroˈkɑrbən] *n* : hidrocarburo *m*

hydrochloric acid [ˌhaɪdroˈklorɪk] *n* : ácido *m* clorhídrico

hydroelectric [ˌhaɪdroɪˈlɛktrɪk] *adj* : hidroeléctrico

hydrogen [ˈhaɪdrədʒən] *n* : hidrógeno *m*

hydrogen bomb *n* : bomba *f* de hidrógeno

hydrogen peroxide *n* : agua *f* oxigenada, peróxido *m* de hidrógeno

hydrophobia [ˌhaɪdrəˈfoːbiə] *n* : hidrofobia *f*, rabia *f*

hydroplane [ˈhaɪdrəˌpleɪn] *n* : hidroplano *m*

hyena [haɪˈiːnə] *n* : hiena *f*

hygiene [ˈhaɪˌdʒiːn] *n* : higiene *f*

hygienic [haɪˈdʒɛnɪk, -ˈdʒiː-; ˌhaɪ-dʒiˈnɪk] *adj* : higiénico — **hygienically** [-nɪkli] *adv*

hygienist [haɪˈdʒiːnɪst, -ˈdʒɛ-; ˈhaɪ-ˌdʒiː-] *n* : higienista *mf*

hygrometer [haɪˈgrɑmət̬ər] *n* : higrómetro *m*

hymn [ˈhɪm] *n* : himno *m*

hymnal [ˈhɪmnəl] *n* : himnario *m*

hype [ˈhaɪp] *n* : bombo *m* publicitario

hyperactive [ˌhaɪpərˈæktɪv] *adj* : hiperactivo

hyperactivity [ˌhaɪpərˌækˈtɪvət̬i] *n, pl* **-ties** : hiperactividad *f*

hyperbole [haɪˈpərbəli] *n* : hipérbole *f*

hyperbolic [ˌhaɪpərˈbɑlɪk] *adj* : hiperbólico

hypercritical [ˌhaɪpərˈkrɪt̬əkəl] *adj* : hipercrítico

hyperlink [ˈhaɪpərˌlɪŋk] *n* : hiperenlace *m*

hypermarket [ˈhaɪpərˌmɑrkət] *n* : hipermercado *m*

hypersensitivity [ˌhaɪpərˌsɛntsəˈtɪ-vət̬i] *n* : hipersensibilidad *f*

hypertension [ˈhaɪpərˌtɛntʃən] *n* : hipertensión *f*

hyphen [ˈhaɪfən] *n* : guión *m*

hyphenate [ˈhaɪfənˌeɪt] *vt* **-ated; -ating** : escribir con guión

hypnosis [hɪpˈnoːsɪs] *n, pl* **-noses** [-ˌsiːz] : hipnosis *f*

hypnotic [hɪpˈnɑt̬ɪk] *adj* : hipnótico, hipnotizador

hypnotism [ˈhɪpnəˌtɪzəm] *n* : hipnotismo *m*

hypnotize [ˈhɪpnəˌtaɪz] *vt* **-tized; -tizing** : hipnotizar

hypochondria [ˌhaɪpəˈkɑndriə] *n* : hipocondría *f*

hypochondriac [ˌhaɪpəˈkɑndriˌæk] *n* : hipocondríaco *m*, -ca *f*

hypocrisy [hɪpˈɑkrəsi] *n, pl* **-sies** : hipocresía *f*

hypocrite [ˈhɪpəˌkrɪt] *n* : hipócrita *mf*

hypocritical [ˌhɪpəˈkrɪt̬ɪkəl] *adj* : hipócrita

hypodermic[1] [ˌhaɪpəˈdərmɪk] *adj* : hipodérmico

hypodermic[2] *n* : aguja *f* hipodérmica

hypotenuse [haɪˈpɑtənˌuːs, -ˌuːz, -ˌjuːs, -ˌjuːz] *n* : hipotenusa *f*

hypothesis [haɪˈpɑθəsɪs] *n, pl* **-eses** [-ˌsiːz] : hipótesis *f*

hypothetical [ˌhaɪpəˈθɛt̬ɪkəl] *adj* : hipotético — **hypothetically** [-t̬ɪkli] *adv*

hysteria [hɪsˈtɛriə, -ˈtɪr-] *n* : histeria *f*, histerismo *m*

hysterical [hɪsˈtɛrɪkəl] *adj* : histérico — **hysterically** [-ɪkli] *adv*

hysterics [hɪsˈtɛrɪks] *n* : histeria *f*, histerismo *m*

I

i [ˈaɪ] *n, pl* **i's** *or* **is** [ˈaɪz] : novena letra del alfabeto inglés

I [ˈaɪ] *pron* : yo

Iberian [aɪˈbɪriən] *adj* : ibérico

ibis [ˈaɪbəs] *n, pl* **ibis** *or* **ibises** : ibis *f*

ice[1] [ˈaɪs] *v* **iced; icing** *vt* **1** FREEZE : congelar, helar **2** CHILL : enfriar **3 to ice a cake** : escarchar un pastel — *vi* : helarse, congelarse

ice[2] *n* **1** : hielo *m* **2** SHERBET : sorbete *m*, nieve *f Cuba, Mex, PRi*

iceberg [ˈaɪsˌbərg] *n* : iceberg *m*

icebox [ˈaɪsˌbɑks] → **refrigerator**

icebreaker ['aɪsˌbreɪkər] *n* : rompehielos *m*
ice cap *n* : casquete *m* glaciar
ice–cold ['aɪs'ko:ld] *adj* : helado
ice cream *n* : helado *m*, mantecado *m PRi*
Icelander ['aɪsˌlændər, -lən-] *n* : islandés *m*, -desa *f*
Icelandic[1] [aɪs'lændɪk] *adj* : islandés
Icelandic[2] *n* : islandés *m* (idioma)
ice–skate ['aɪsˌskeɪt] *vi* **-skated; -skating** : patinar
ice skater *n* : patinador *m*, -dora *f*
ichthyology [ˌɪkθi'ɑlədʒi] *n* : ictiología *f*
icicle ['aɪˌsɪkəl] *n* : carámbano *m*
icily ['aɪsəli] *adv* : fríamente, con frialdad <he stared at me icily : me fijó la mirada con mucha frialdad>
icing ['aɪsɪŋ] *n* : glaseado *m*, betún *m Mex*
icon ['aɪˌkɑn, -kən] *n* : icono *m*
iconoclasm [aɪ'kɑnəˌklæzəm] *n* : iconoclasia *f*
iconoclast [aɪ'kɑnəˌklæst] *n* : iconoclasta *mf*
icy ['aɪsi] *adj* **icier; -est 1** : cubierto de hielo <an icy road : una carretera cubierta de hielo> **2** FREEZING : helado, gélido, glacial **3** ALOOF : frío, distante
id ['ɪd] *n* : id *m*
I'd ['aɪd] *contraction of* **I should** *or* **I would** → **should, would**
idea [aɪ'di:ə] *n* : idea *f*
ideal[1] [aɪ'di:əl] *adj* : ideal
ideal[2] *n* : ideal *m*
idealism [aɪ'di:əˌlɪzəm] *n* : idealismo *m*
idealist [aɪ'di:əlɪst] *n* : idealista *mf*
idealistic [aɪˌdi:ə'lɪstɪk] *adj* : idealista
idealistically [aɪˌdi:ə'lɪstɪkli] *adv* : con idealismo
idealization [aɪˌdi:ələ'zeɪʃən] *n* : idealización *f*
idealize [aɪ'di:əˌlaɪz] *vt* **-ized; -izing** : idealizar
ideally [aɪ'di:əli] *adv* : perfectamente
identical [aɪ'dɛntɪkəl] *adj* : idéntico — **identically** [-tɪkli] *adv*
identifiable [aɪˌdɛntə'faɪəbəl] *adj* : identificable
identification [aɪˌdɛntəfə'keɪʃən] *n* **1** : identificación *f* **2 identification card** : carnet *m*, cédula *f* de identidad, identificación *f*
identify [aɪ'dɛntəˌfaɪ] *v* **-fied; -fying** *vt* : identificar — *vi* **to identify with** : identificarse con
identity [aɪ'dɛntəṭi] *n, pl* **-ties** : identidad *f*
ideological [ˌaɪdiə'lɑdʒɪkəl, ˌɪ-] *adj* : ideológico — **ideologically** [-dʒɪkli] *adv*
ideology [ˌaɪdi'ɑlədʒi, ˌɪ-] *n, pl* **-gies** : ideología *f*
idiocy ['ɪdiəsi] *n, pl* **-cies 1** : idiotez *f* **2** NONSENSE : estupidez *f*, tontería *f*
idiom ['ɪdiəm] *n* **1** LANGUAGE : lenguaje *m* **2** EXPRESSION : modismo *m*, expresión *f* idiomática
idiomatic [ˌɪdiə'mæṭɪk] *adj* : idiomático
idiosyncrasy [ˌɪdio'sɪŋkrəsi] *n, pl* **-sies** : idiosincrasia *f*
idiosyncratic [ˌɪdiosɪn'kræṭɪk] *adj* : idiosincrásico — **idiosyncratically** [-ṭɪkli] *adv*
idiot ['ɪdiət] *n* **1** : idiota *mf* (en medicina) **2** FOOL : idiota *mf*; tonto *m*, -ta *f*; imbécil *mf fam*
idiotic [ˌɪdi'ɑṭɪk] *adj* : estúpido, idiota
idiotically [ˌɪdi'ɑṭɪkli] *adv* : estúpidamente
idle[1] ['aɪdəl] *v* **idled; idling** *vi* **1** LOAF : holgazanear, flojear, haraganear **2** : andar al ralentí (dícese de un automóvil), marchar en vacío (dícese de una máquina) — *vt* : dejar sin trabajo
idle[2] *adj* **idler; idlest 1** VAIN : frívolo, vano, infundado <idle curiosity : pura curiosidad> **2** INACTIVE : inactivo, parado, desocupado **3** LAZY : holgazán, haragán, perezoso
idleness ['aɪdəlnəs] *n* **1** INACTIVITY : inactividad *f*, ociosidad *f* **2** LAZINESS : holgazanería *f*, flojera *f*, pereza *f*
idler ['aɪdələr] *n* : haragán *m*, -gana *f*; holgazán *m*, -zana *f*
idly ['aɪdəli] *adv* : ociosamente
idol ['aɪdəl] *n* : ídolo *m*
idolater *or* **idolator** [aɪ'dɑləṭər] *n* : idólatra *mf*
idolatrous [aɪ'dɑlətrəs] *adj* : idólatra
idolatry [aɪ'dɑlətri] *n, pl* **-tries** : idolatría *f*
idolize ['aɪdəlaɪz] *vt* **-ized; -izing** : idolatrar
idyll ['aɪdəl] *n* : idilio *m*
idyllic [aɪ'dɪlɪk] *adj* : idílico
if ['ɪf] *conj* **1** : si <I would do it if I could : lo haría si pudiera> <if so : si es así> <as if : como si> <if I were you : yo que tú> <if not : si no, de lo contrario> <if only it were true! : ¡si fuera verdad!> **2** WHETHER : si <I don't know if they're ready : no sé si están listos> **3** THOUGH : aunque, si bien <it's pretty, if somewhat old-fashioned : es lindo aunque algo anticuado>
igloo ['ɪˌglu:] *n, pl* **-loos** : iglú *m*
ignite [ɪg'naɪt] *v* **-nited; -niting** *vt* : prenderle fuego a, encender — *vi* : prender, encenderse
ignition [ɪg'nɪʃən] *n* **1** IGNITING : ignición *f*, encendido *m* **2** *or* **ignition switch** : encendido *m*, arranque *m* <to turn on the ignition : arrancar el motor>
ignoble [ɪg'no:bəl] *adj* : innoble — **ignobly** *adv*
ignominious [ˌɪgnə'mɪniəs] *adj* : ignominioso, deshonroso — **ignominiously** *adv*
ignominy ['ɪgnəˌmɪni] *n, pl* **-nies** : ignominia *f*
ignoramus [ˌɪgnə'reɪməs] *n* : ignorante *mf*; bestia *mf*; bruto *m*, -ta *f*
ignorance ['ɪgnərənts] *n* : ignorancia *f*
ignorant ['ɪgnərənt] *adj* **1** : ignorante **2 to be ignorant of** : no ser consciente de, desconocer, ignorar

ignorantly [ˈɪgnərəntli] *adv* : ignorantemente, con ignorancia

ignore [ɪgˈnor] *vt* **-nored; -noring** : ignorar, hacer caso omiso de, no hacer caso de

iguana [ɪˈgwɑnə] *n* : iguana *f*, garrobo *f* *CA*

ilk [ˈɪlk] *n* : tipo *m*, clase *f*, índole *f*

ill[1] [ˈɪl] *adv* **worse** [ˈwərs]; **worst** [ˈwərst] : mal ⟨to speak ill of : hablar mal de⟩ ⟨he can ill afford to fail : mal puede permitirse el lujo de fracasar⟩

ill[2] *adj* **worse; worst 1** SICK : enfermo **2** BAD : malo ⟨ill luck : mala suerte⟩

ill[3] *n* **1** EVIL : mal *m* **2** MISFORTUNE : mal *m*, desgracia *f* **3** AILMENT : enfermedad *f*

I'll [ˈaɪl] *contraction of* **I shall** *or* **I will** → **shall, will**

illegal [ɪlˈli:gəl] *adj* : ilegal — **illegally** *adv*

illegality [ɪliˈgæləţi] *n* : ilegalidad *f*

illegibility [ɪlˌlɛʤəˈbɪləţi] *n, pl* **-ties** : ilegibilidad *f*

illegible [ɪlˈlɛʤəbəl] *adj* : ilegible — **illegibly** [-bli] *adv*

illegitimacy [ˌɪlɪˈʤɪţəməsi] *n* : ilegitimidad *f*

illegitimate [ˌɪlɪˈʤɪţəmət] *adj* **1** BASTARD : ilegítimo, bastardo **2** UNLAWFUL : ilegítimo, ilegal — **illegitimately** *adv*

ill–fated [ˈɪlˈfeɪţəd] *adj* : malhadado, infortunado, desventurado

illicit [ɪlˈlɪsət] *adj* : ilícito — **illicitly** *adv*

illiteracy [ɪlˈlɪţərəsi] *n, pl* **-cies** : analfabetismo *m*

illiterate[1] [ɪlˈlɪţərət] *adj* : analfabeto

illiterate[2] *n* : analfabeto *m*, -ta *f*

ill–mannered [ˌɪlˈmanərd] *adj* : descortés, maleducado

ill–natured [ˌɪlˈneɪʧərd] *adj* : desagradable, de mal genio

ill–naturedly [ˌɪlˈneɪʧərdli] *adv* : desagradablemente

illness [ˈɪlnəs] *n* : enfermedad *f*

illogical [ɪlˈlɑʤɪkəl] *adj* : ilógico — **illogically** [-kli] *adv*

ill–tempered [ˌɪlˈtempərd] → **ill–natured**

ill–treat [ˌɪlˈtri:t] *vt* : maltratar

ill–treatment [ˌɪlˈtri:tmənt] *n* : maltrato *m*

illuminate [ɪˈlu:məˌneɪt] *vt* **-nated; -nating 1** : iluminar, alumbrar **2** ELUCIDATE : esclarecer, elucidar

illumination [ɪˌlu:məˈneɪʃən] *n* **1** LIGHTING : iluminación *f*, luz *f* **2** ELUCIDATION : esclarecimiento *m*, elucidación *f*

ill–use [ˈɪlˈju:z] → **ill–treat**

illusion [ɪˈlu:ʒən] *n* : ilusión *f*

illusory [ɪˈlu:səri, -zəri] *adj* : engañoso, ilusorio

illustrate [ˈɪləsˌtreɪt] *v* **-trated; -trating** : ilustrar

illustration [ˌɪləˈstreɪʃən] *n* **1** PICTURE : ilustración *f* **2** EXAMPLE : ejemplo *m*, ilustración *f*

illustrative [ɪˈlʌstrəţɪv, ˈɪləˌstreɪţɪv] *adj* : ilustrativo — **illustratively** *adv*

illustrator [ˈɪləˌstreɪţər] *n* : ilustrador *m*, -dora *f*; dibujante *mf*

illustrious [ɪˈlʌstriəs] *adj* : ilustre, eminente, glorioso

illustriousness [ɪˈlʌstriəsnəs] *n* : eminencia *f*, prestigio *m*

ill will *n* : animosidad *f*, malquerencia *f*, mala voluntad *f*

I'm [ˈaɪm] *contraction of* **I am** → **be**

image[1] [ˈɪmɪʤ] *vt* **-aged; -aging** : imaginar, crear una imagen de

image[2] *n* : imagen *f*

imagery [ˈɪmɪʤri] *n, pl* **-eries 1** IMAGES : imágenes *fpl* **2** : imaginería *f* (en el arte)

imaginable [ɪˈmæʤənəbəl] *adj* : imaginable — **imaginably** [-bli] *adv*

imaginary [ɪˈmæʤəˌnɛri] *adj* : imaginario

imagination [ɪˌmæʤəˈneɪʃən] *n* : imaginación *f*

imaginative [ɪˈmæʤənəţɪv, -əˌneɪţɪv] *adj* : imaginativo — **imaginatively** *adv*

imagine [ɪˈmæʤən] *vt* **-ined; -ining** : imaginar(se)

imbalance [ɪmˈbælənts] *n* : desajuste *m*, desbalance *m*, desequilibrio *m*

imbecile[1] [ˈɪmbəsəl, -ˌsɪl] *or* **imbecilic** [ˌɪmbəˈsɪlɪk] *adj* : imbécil, estúpido

imbecile[2] *n* **1** : imbécil *mf* (en medicina) **2** FOOL : idiota *mf*; imbécil *mf* *fam*; estúpido *m*, -da *f*

imbecility [ˌɪmbəˈsɪləţi] *n, pl* **-ties** : imbecilidad *f*

imbibe [ɪmˈbaɪb] *v* **-bibed; -bibing** *vt* **1** DRINK : beber **2** ABSORB : absorber, embeber — *vi* : beber

imbue [ɪmˈbju:] *vt* **-bued; -buing** : imbuir

imitate [ˈɪməˌteɪt] *vt* **-tated; -tating** : imitar, remedar

imitation[1] [ˌɪməˈteɪʃən] *adj* : de imitación, artificial

imitation[2] *n* : imitación *f*

imitative [ˈɪməˌteɪţɪv] *adj* : imitativo, imitador, poco original

imitator [ˈɪməˌteɪţər] *n* : imitador *m*, -dora *f*

immaculate [ɪˈmækjələt] *adj* **1** PURE : inmaculado, puro **2** FLAWLESS : impecable, intachable — **immaculately** *adv*

immaterial [ˌɪməˈtɪriəl] *adj* **1** INCORPOREAL : incorpóreo **2** UNIMPORTANT : irrelevante, sin importancia

immature [ˌɪməˈʧʊr, -ˈtjʊr, -ˈtʊr] *adj* : inmaduro, verde (dícese de la fruta)

immaturity [ˌɪməˈʧʊrəţi, -ˈtjʊr-, -ˈtʊr-] *n, pl* **-ties** : inmadurez *f*, falta *f* de madurez

immeasurable [ɪˈmɛʒərəbəl] *adj* : inconmensurable, incalculable — **immeasurably** [-bli] *adv*

immediacy [ɪˈmi:diəsi] *n* : inmediatez *f*

immediate [ɪˈmi:diət] *adj* **1** INSTANT : inmediato, instantáneo ⟨immediate relief : alivio instantáneo⟩ **2** DIRECT

: inmediato, directo ⟨the immediate cause of death : la causa directa de la muerte⟩ **3** URGENT : urgente, apremiante **4** CLOSE : cercano, próximo, inmediato ⟨her immediate family : sus familiares más cercanos⟩ ⟨in the immediate vicinity : en los alrededores, en las inmediaciones⟩

immediately [ɪˈmiːdiətli] *adv* : inmediatamente, enseguida

immemorial [ˌɪməˈmoriəl] *adj* : inmemorial

immense [ɪˈmɛnts] *adj* : inmenso, enorme — **immensely** *adv*

immensity [ɪˈmɛntsət̬i] *n, pl* **-ties** : inmensidad *f*

immerse [ɪˈmərs] *vt* **-mersed; -mersing** **1** SUBMERGE : sumergir **2 to immerse oneself in** : enfrascarse en

immersion [ɪˈmərʒən] *n* **1** : inmersión *f* (en un líquido) **2** : enfrascamiento *m* (en una actividad)

immigrant [ˈɪmɪgrənt] *n* : inmigrante *mf*

immigrate [ˈɪməˌgreɪt] *vi* **-grated; -grating** : inmigrar

immigration [ˌɪməˈgreɪʃən] *n* : inmigración *f*

imminence [ˈɪmənənts] *n* : inminencia *f*

imminent [ˈɪmənənt] *adj* : inminente — **imminently** *adv*

immobile [ɪmˈoːbəl] *adj* **1** FIXED, IMMOVABLE : inmovible, fijo **2** MOTIONLESS : inmóvil

immobility [ˌɪmoˈbɪlət̬i] *n, pl* **-ties** : inmovilidad *f*

immobilize [ɪˈmoːbəˌlaɪz] *vt* **-lized; -lizing** : inmovilizar, paralizar

immoderate [ɪˈmɑdərət] *adj* : inmoderado, desmesurado, desmedido, excesivo — **immoderately** *adv*

immodest [ɪˈmɑdəst] *adj* **1** INDECENT : inmodesto, indecente, impúdico **2** CONCEITED : inmodesto, presuntuoso, engreído — **immodestly** *adv*

immodesty [ɪˈmɑdəsti] *n* : inmodestia *f*

immoral [ɪˈmɔrəl] *adj* : inmoral

immorality [ˌɪmɔˈrælət̬i, ˌɪmə-] *n, pl* **-ties** : inmoralidad *f*

immorally [ɪˈmɔrəli] *adv* : de manera inmoral

immortal[1] [ɪˈmɔrtəl] *adj* : inmortal

immortal[2] *n* : inmortal *mf*

immortality [ˌɪˌmɔrˈtælət̬i] *n* : inmortalidad *f*

immortalize [ɪˈmɔrtəlˌaɪz] *vt* **-ized; -izing** : inmortalizar

immovable [ɪˈmuːvəbəl] *adj* **1** FIXED : fijo, inmovible **2** UNYIELDING : inflexible

immune [ɪˈmjuːn] *adj* **1** : inmune ⟨immune to smallpox : inmune a la viruela⟩ **2** EXEMPT : exento, inmune

immune system *n* : sistema *m* inmunológico

immunity [ɪˈmjuːnət̬i] *n, pl* **-ties** **1** : inmunidad *f* **2** EXEMPTION : exención *f*

immunization [ˌɪmjʊnəˈzeɪʃən] *n* : inmunización *f*

immunize [ˈɪmjʊˌnaɪz] *vt* **-nized; -nizing** : inmunizar

immunology [ˌɪmjʊˈnɑləʤi] *n* : inmunología *f*

immutable [ɪˈmjuːt̬əbəl] *adj* : inmutable

imp [ˈɪmp] *n* RASCAL : diablillo *m*; pillo *m*, -lla *f*

impact[1] [ɪmˈpækt] *vt* **1** STRIKE : chocar con, impactar **2** AFFECT : afectar, impactar, impresionar — *vi* **1** STRIKE : hacer impacto, golpear **2 to impact on** : tener un impacto sobre

impact[2] [ˈɪmˌpækt] *n* **1** COLLISION : impacto *m*, choque *m*, colisión *f* **2** EFFECT : efecto *m*, impacto *m*, consecuencias *fpl*

impacted [ɪmˈpæktəd] *adj* : impactado, incrustado (dícese de los dientes)

impair [ɪmˈpær] *vt* : perjudicar, dañar, afectar

impairment [ɪmˈpærmənt] *n* : perjuicio *m*, daño *m*

impala [ɪmˈpɑlə, -ˈpæ-] *n, pl* **impalas** *or* **impala** : impala *m*

impale [ɪmˈpeɪl] *vt* **-paled; -paling** : empalar

impanel [ɪmˈpænəl] *vt* **-eled** *or* **-elled; -eling** *or* **-elling** : elegir (un jurado)

impart [ɪmˈpɑrt] *vt* **1** CONVEY : impartir, dar, conferir **2** DISCLOSE : revelar, divulgar

impartial [ɪmˈpɑrʃəl] *adj* : imparcial — **impartially** *adv*

impartiality [ɪmˌpɑrʃiˈælət̬i] *n, pl* **-ties** : imparcialidad *f*

impassable [ɪmˈpæsəbəl] *adj* : infranqueable, intransitable — **impassably** [-bli] *adv*

impasse [ˈɪmˌpæs] *n* **1** DEADLOCK : impasse *m*, punto *m* muerto **2** DEAD END : callejón *m* sin salida

impassioned [ɪmˈpæʃənd] *adj* : apasionado, vehemente

impassive [ɪmˈpæsɪv] *adj* : impasible, indiferente

impassively [ɪmˈpæsɪvli] *adv* : impasiblemente, sin emoción

impatience [ɪmˈpeɪʃənts] *n* : impaciencia *f*

impatient [ɪmˈpeɪʃənt] *adj* : impaciente — **impatiently** *adv*

impeach [ɪmˈpiːʧ] *vt* : destituir (a un funcionario) de su cargo

impeachment [ɪmˈpiːʧmənt] *n* **1** ACCUSATION : acusación *f* **2** DISMISSAL : destitución *f*

impeccable [ɪmˈpɛkəbəl] *adj* : impecable — **impeccably** [-bli] *adv*

impecunious [ˌɪmpɪˈkjuːniəs] *adj* : falto de dinero

impede [ɪmˈpiːd] *vt* **-peded; -peding** : impedir, dificultar, obstaculizar

impediment [ɪmˈpɛdəmənt] *n* **1** HINDRANCE : impedimento *m*, obstáculo *m* **2 speech impediment** : defecto *m* del habla

impel [ɪmˈpɛl] *vt* **-pelled; -pelling** : impeler

impend [ɪmˈpɛnd] *vi* : ser inminente

impenetrable [ɪm'pɛnətrəbəl] *adj* **1** : impenetrable ⟨an impenetrable forest : una selva impenetrable⟩ **2** INSCRUTABLE : incomprensible, inescrutable, impenetrable — **impenetrably** [-bli] *adv*
impenitent [ɪm'pɛnətənt] *adj* : impenitente
imperative[1] [ɪm'pɛrət̬ɪv] *adj* **1** AUTHORITATIVE : imperativo, imperioso **2** NECESSARY : imprescindible — **imperatively** *adv*
imperative[2] *n* : imperativo *m*
imperceptible [ˌɪmpər'sɛptəbəl] *adj* : imperceptible — **imperceptibly** [-bli] *adv*
imperfect [ɪm'pərfɪkt] *adj* : imperfecto, defectuoso — **imperfectly** *adv*
imperfection [ɪmˌpər'fkʃən] *n* : imperfección *f*, defecto *m*
imperial [ɪm'pɪriəl] *adj* **1** : imperial **2** SOVEREIGN : soberano **3** IMPERIOUS : imperioso, señorial
imperialism [ɪm'pɪriəˌlɪzəm] *n* : imperialismo *m*
imperialist[1] [ɪm'pɪriəlɪst] *adj* : imperialista
imperialist[2] *n* : imperialista *mf*
imperialistic [ɪmˌpɪri:ə'lɪstɪk] *adj* : imperialista
imperil [ɪm'pɛrəl] *vt* **-iled** *or* **-illed; -iling** *or* **-illing** : poner en peligro
imperious [ɪm'pɪriəs] *adj* : imperioso — **imperiously** *adv*
imperishable [ɪm'pɛrɪʃəbəl] *adj* : imperecedero
impermanent [ɪm'pərmənənt] *adj* : pasajero, inestable, efímero — **impermanently** *adv*
impermeable [ɪm'pərmiəbəl] *adj* : impermeable
impersonal [ɪm'pərsənəl] *adj* : impersonal — **impersonally** *adv*
impersonate [ɪm'pərsənˌeɪt] *vt* **-ated; -ating** : hacerse pasar por, imitar
impersonation [ɪmˌpərsən'eɪʃən] *n* : imitación *f*
impersonator [ɪm'pərsənˌeɪt̬ər] *n* : imitador *m*, -dora *f*
impertinence [ɪm'pərtənənts] *n* : impertinencia *f*
impertinent [ɪm'pərtənənt] *adj* **1** IRRELEVANT : impertinente, irrelevante **2** INSOLENT : impertinente, insolente
impertinently [ɪm'pərtənəntli] *adv* : con impertinencia, impertinentemente
imperturbable [ˌɪmpər'tərbəbəl] *adj* : imperturbable
impervious [ɪm'pərviəs] *adj* **1** IMPENETRABLE : impermeable **2** INSENSITIVE : insensible ⟨impervious to criticism : insensible a la crítica⟩
impetuosity [ɪmˌpɛʧʊ'ɑsət̬i] *n, pl* **-ties** : impetuosidad *f*
impetuous [ɪm'pɛʧʊəs] *adj* : impetuoso, impulsivo
impetuously [ɪm'pɛʧʊəsli] *adv* : de manera impulsiva, impetuosamente
impetus ['ɪmpət̬əs] *n* : ímpetu *m*, impulso *m*
impiety [ɪm'paɪət̬i] *n, pl* **-ties** : impiedad *f*
impinge [ɪm'pɪnʤ] *vi* **-pinged; -pinging** **1 to impinge on** AFFECT : afectar a, incidir en **2 to impinge on** VIOLATE : violar, vulnerar
impious ['ɪmpiəs, ɪm'paɪəs] *adj* : impío, irreverente
impish ['ɪmpɪʃ] *adj* MISCHIEVOUS : pícaro, travieso
impishly ['ɪmpɪʃli] *adv* : con picardía
implacable [ɪm'plækəbəl] *adj* : implacable — **implacably** [-bli] *adv*
implant[1] [ɪm'plænt] *vt* **1** INCULCATE, INSTILL : inculcar, implantar **2** INSERT : implantar, insertar
implant[2] ['ɪmˌplænt] *n* : implante *m* (de pelo), injerto *m* (de piel)
implantation [ˌɪmˌplæn'teɪʃən] *n* : implantación *f*
implausibility [ɪmˌplɔzə'bɪlət̬i] *n, pl* **-ties** : inverosimilitud *f*
implausible [ɪm'plɔzəbəl] *adj* : inverosímil, poco convincente
implement[1] ['ɪmpləˌmnt] *vt* : poner en práctica, implementar
implement[2] ['ɪmpləmənt] *n* : utensilio *m*, instrumento *m*, implemento *m*
implementation [ˌɪmpləmən'teɪʃən] *n* : implementación *f*, ejecución *f*, cumplimiento *m*
implicate ['ɪmpləˌkeɪt] *vt* **-cated; -cating** : implicar, involucrar
implication [ˌɪmplə'keɪʃən] *n* **1** CONSEQUENCE : implicación *f*, consecuencia *f* **2** INFERENCE : insinuación *f*, inferencia *f*
implicit [ɪm'plɪsət] *adj* **1** IMPLIED : implícito, tácito **2** ABSOLUTE : absoluto, completo ⟨implicit faith : fe ciega⟩ — **implicitly** *adv*
implied [ɪm'plaɪd] *adj* : implícito, tácito
implode [ɪm'plo:d] *vi* **-ploded; -ploding** : implosionar
implore [ɪm'plor] *vt* **-plored; -ploring** : implorar, suplicar
implosion [ɪm'plo:ʒən] *n* : implosión *f*
imply [ɪm'plaɪ] *vt* **-plied; -plying** **1** SUGGEST : insinuar, dar a entender **2** INVOLVE : implicar, suponer ⟨rights imply obligations : los derechos implican unas obligaciones⟩
impolite [ˌɪmpə'laɪt] *adj* : descortés, maleducado
impoliteness [ˌɪmpə'laɪtnəs] *n* : descortesía *f*, falta *f* de educación
impolitic [ɪm'pɑləˌtɪk] *adj* : imprudente, poco político
imponderable[1] [ɪm'pɑndərəbəl] *adj* : imponderable
imponderable[2] *n* : imponderable *m*
import[1] [ɪm'port] *vt* **1** SIGNIFY : significar **2** : importar ⟨to import foreign cars : importar autos extranjeros⟩
import[2] ['ɪmˌport] *n* **1** SIGNIFICANCE : importancia *f*, significación *f* **2** → **importation**

importance [ɪmˈportənts] *n* : importancia *f*
important [ɪmˈpɔrtənt] *adj* : importante
importantly [ɪmˈpɔrtəntli] *adv* **1** : con importancia **2 more importantly** : lo que es más importante
importation [ˌɪmˌpɔrˈteɪʃən] *n* : importación *f*
importer [ɪmˈporṭər] *n* : importador *m*, -dora *f*
importunate [ɪmˈpɔrʧənət] *adj* : importuno, insistente
importune [ˌɪmpərˈtu:n, -ˈtju:n; ɪmˈpɔrʧən] *vt* **-tuned; -tuning** : importunar, implorar
impose [ɪmˈpo:z] *v* **-posed; -posing** *vt* : imponer ⟨to impose a tax : imponer un impuesto⟩ — *vi* **to impose on** : abusar de, molestar ⟨to impose on her kindness : abusar de su bondad⟩
imposing [ɪmˈpo:zɪŋ] *adj* : imponente, impresionante
imposition [ˌɪmpəˈzɪʃən] *n* : imposición *f*
impossibility [ɪmˌpɑsəˈbɪləṭi] *n, pl* **-ties** : imposibilidad *f*
impossible [ɪmˈpɑsəbəl] *adj* **1** : imposible ⟨an impossible task : una tarea imposible⟩ ⟨to make life impossible for : hacerle la vida imposible a⟩ **2** UNACCEPTABLE : inaceptable
impossibly [ɪmˈpɑsəbli] *adv* : imposiblemente, increíblemente
impostor *or* **imposter** [ɪmˈpɑstər] *n* : impostor *m*, -tora *f*
impotence [ˈɪmpətənts] *n* : impotencia *f*
impotency [ˈɪmpətəntsi] → **impotence**
impotent [ˈɪmpətənt] *adj* : impotente
impound [ɪmˈpaʊnd] *vt* : incautar, embargar, confiscar
impoverish [ɪmˈpɑvərɪʃ] *vt* : empobrecer
impoverishment [ɪmˈpɑvərɪʃmənt] *n* : empobrecimiento *m*
impracticable [ɪmˈpræktɪkəbəl] *adj* : impracticable
impractical [ɪmˈpræktɪkəl] *adj* : poco práctico
imprecise [ˌɪmprɪˈsaɪs] *adj* : impreciso
imprecisely [ˌɪmprɪˈsaɪsli] *adv* : con imprecisión
impreciseness [ˌɪmprɪˈsaɪsnəs] → **imprecision**
imprecision [ˌɪmprɪˈsɪʒən] *n* : imprecisión *f*, falta de precisión *f*
impregnable [ɪmˈprɛgnəbəl] *adj* : inexpugnable, impenetrable, inconquistable
impregnate [ɪmˈprɛgˌneɪt] *vt* **-nated; -nating** **1** FERTILIZE : fecundar **2** PERMEATE, SATURATE : impregnar, empapar, saturar
impresario [ˌɪmprəˈsɑriˌo, -ˈsær-] *n, pl* **-rios** : empresario *m*, -ria *f*
impress [ɪmˈprɛs] *vt* **1** IMPRINT : imprimir, estampar **2** : impresionar, causar impresión a ⟨I was not impressed : no me hizo buena impresión⟩ **3 to impress (something) on someone** : recalcarle (algo) a alguien — *vi* : impresionar, hacer una impresión
impression [ɪmˈprɛʃən] *n* **1** IMPRINT : marca *f*, huella *f*, molde *m* (de los dientes) **2** EFFECT : impresión *f*, efecto *m*, impacto *m* **3** PRINTING : impresión *f* **4** NOTION : impresión *f*, noción *f*
impressionable [ɪmˈprɛʃənəbəl] *adj* : impresionable
impressionism [ɪmˈprɛʃəˌnɪzəm] *n* : impresionismo *m*
impressionist [ɪmˈprɛʃənɪst] *n* : impresionista *mf* — **impressionist** *adj*
impressive [ɪmˈprɛsɪv] *adj* : impresionante — **impressively** *adv*
impressiveness [ɪmˈprɛsɪvnəs] *n* : calidad de ser impresionante
imprint[1] [ɪmˈprɪnt, ˈɪmˌ-] *vt* : imprimir, estampar
imprint[2] [ˈɪmˌprɪnt] *n* : marca *f*, huella *f*
imprison [ɪmˈprɪzən] *vt* **1** JAIL : encarcelar, aprisionar **2** CONFINE : recluir, encerrar
imprisonment [ɪmˈprɪzənmənt] *n* : encarcelamiento *m*
improbability [ɪmˌprɑbəˈbɪləṭi] *n, pl* **-ties** : improbabilidad *f*, inverosimilitud *f*
improbable [ɪmˈprɑbəbəl] *adj* : improbable, inverosímil
impromptu[1] [ɪmˈprɑmpˌtu:, -ˌtju:] *adv* : sin preparación, espontáneamente
impromptu[2] *adj* : espontáneo, improvisado
impromptu[3] *n* : improvisación *f*
improper [ɪmˈprɑpər] *adj* **1** INCORRECT : incorrecto, impropio **2** INDECOROUS : indecoroso
improperly [ɪmˈprɑpərli] *adv* : incorrectamente, indebidamente
impropriety [ˌɪmprəˈpraɪəṭi] *n, pl* **-eties** **1** INDECOROUSNESS : indecoro *m*, falta *f* de decoro **2** ERROR : impropiedad *f*, incorrección *f*
improve [ɪmˈpru:v] *v* **-proved; -proving** : mejorar
improvement [ɪmˈpru:vmənt] *n* : mejoramiento *m*, mejora *f*
improvidence [ɪmˈprɑvədənts] *n* : imprevisión *f*
improvisation [ɪmˌprɑvəˈzeɪʃən, ˌɪmprəvə-] *n* : improvisación *f*
improvise [ˈɪmprəˌvaɪz] *v* **-vised; -vising** : improvisar
imprudence [ɪmˈpru:dənts] *n* : imprudencia *f*, indiscreción *f*
imprudent [ɪmˈpru:dənt] *adj* : imprudente, indiscreto
impudence [ˈɪmpjədənts] *n* : insolencia *f*, descaro *m*
impudent [ˈɪmpjədənt] *adj* : insolente, descarado — **impudently** *adv*
impugn [ɪmˈpju:n] *vt* : impugnar
impulse [ˈɪmˌpʌls] *n* **1** : impulso *m* **2 on impulse** : sin reflexionar
impulsive [ɪmˈpʌlsɪv] *adj* : impulsivo — **impulsively** *adv*
impulsiveness [ɪmˈpʌlsɪvnəs] *n* : impulsividad *f*

impunity [ɪm'pju:nəṭi] *n* **1** : impunidad *f* **2 with impunity** : impunemente

impure [ɪm'pjʊr] *adj* **1** : impuro ⟨impure thoughts : pensamientos impuros⟩ **2** CONTAMINATED : con impurezas, impuro

impurity [ɪm'pjʊrəṭi] *n, pl* **-ties** : impureza *f*

impute [ɪm'pju:t] *vt* **-puted; -puting** ATTRIBUTE : imputar, atribuir

in[1] ['ɪn] *adv* **1** INSIDE : dentro, adentro ⟨let's go in : vamos adentro⟩ ⟨the burglars broke in through the window : los ladrones entraron por la ventana⟩ **2** (*to or towards a place*) ⟨they flew in yesterday : llegaron ayer (en avión)⟩ ⟨she leaned farther in : se inclinó más (hacia adelante)⟩ **3** (*indicating a union*) ⟨mix the flour in : añade la harina⟩ **4** (*indicating containment*) ⟨to shut in : encerrar⟩ **5** (*indicating participation*) ⟨count me in : yo me apunto⟩ **6** (*to a job or position*) ⟨she was voted in : fue elegida, ganó las elecciones⟩ **7** (*indicating collection*) ⟨the crops are in : las cosechas ya están recogidas⟩ ⟨are all the votes in? : ¿tenemos todos los votos?⟩ ⟨the results are in : se conocen los resultados⟩ **8** (*within bounds*) : dentro (en deportes) **9 in that** : en el sentido de que **10 to be in** : estar ⟨is Linda in? : ¿está Linda?⟩ ⟨is the train in? : ¿ha llegado el tren?⟩ **11 to be in** : estar en poder ⟨the Democrats are in : los demócratas están en el poder⟩ **12 to be in for** ⟨they're in for a treat : les va a encantar⟩ ⟨he's in for a surprise : se va a llevar una sorpresa⟩ **13 to be in on** : participar en, tomar parte en **14 to be in with someone** : ser muy amigo de alguien **15 to get in good/bad with someone** : quedar bien/mal con alguien

in[2] *adj* **1** INSIDE : interior ⟨the in part : la parte interior⟩ **2** FASHIONABLE : de moda

in[3] *prep* **1** (*indicating location or position*) ⟨in the lake : en el lago⟩ ⟨a pain in the leg : un dolor en la pierna⟩ ⟨in the sun : al sol⟩ ⟨in the rain : bajo la lluvia⟩ **2** (*with superlatives*) : de ⟨the best in the world : el mejor del mundo⟩ **3** INTO : en, a ⟨he broke it in pieces : lo rompió en pedazos⟩ ⟨she went in the house : se metió a la casa⟩ **4** DURING : por, en, durante ⟨in the afternoon : por la tarde⟩ **5** WITHIN : dentro de ⟨I'll be back in a week : vuelvo dentro de una semana⟩ **6** (*indicating belonging*) : en, de ⟨she plays in a band : toca en una banda⟩ ⟨the first scene in the movie : la primera escena de la película⟩ **7** (*indicating manner or form*) : en, con, de ⟨in Spanish : en español⟩ ⟨written in pencil : escrito con lápiz⟩ ⟨in this way : de esta manera⟩ ⟨in some respects : en algún sentido⟩ ⟨in a circle : en un círculo⟩ ⟨in height : de altura⟩ ⟨in theory : en teoría⟩ ⟨she was in uniform : llevaba uniforme⟩ ⟨she was (dressed) in blue : iba (vestido) de azul⟩ **8** (*indicating states or circumstances*) ⟨to be in luck : tener suerte⟩ ⟨to be in love : estar enamorado⟩ ⟨to be in a hurry : tener prisa⟩ ⟨to be/get in trouble : estar/meterse en un lío⟩ **9** (*indicating purpose*) : en ⟨in reply : en respuesta, como réplica⟩ **10** (*with regard to*) : en ⟨do you believe in ghosts? : ¿crees en los fantasmas?⟩ **11** : en (un campo) ⟨he works in insurance : trabaja en seguros⟩ **12** (*in approximations*) ⟨she's in her thirties : tiene treinta y tantos años⟩ ⟨in the 1940's : en los años cuarenta⟩ **13** (*indicating a ratio*) : de ⟨one in five : uno de cada cinco⟩

in[4] *n* **ins and outs** : pormenores *mpl*

inability [ˌɪnə'bɪləṭi] *n, pl* **-ties** : incapacidad *f*

inaccessibility [ˌɪnɪkˌsɛsə'bɪləṭi] *n, pl* **-ties** : inaccesibilidad *f*

inaccessible [ˌɪnɪk'sɛsəbəl] *adj* : inaccesible

inaccuracy [ɪn'ækjərəsi] *n, pl* **-cies** **1** : inexactitud *f* **2** MISTAKE : error *m*

inaccurate [ɪn'ækjərət] *n* : inexacto, erróneo, incorrecto

inaccurately [ɪn'ækjərətli] *adv* : incorrectamente, con inexactitud

inaction [ɪn'ækʃən] *n* : inactividad *f*, inacción *f*

inactive [ɪn'æktɪv] *adj* : inactivo

inactivity [ˌɪnˌæk'tɪvəṭi] *n, pl* **-ties** : inactividad *f*, ociosidad *f*

inadequacy [ɪn'ædɪkwəsi] *n, pl* **-cies** **1** INSUFFICIENCY : insuficiencia *f* **2** INCOMPETENCE : ineptitud *f*, incompetencia *f*

inadequate [ɪn'ædɪkwət] *adj* **1** INSUFFICIENT : insuficiente, inadecuado **2** INCOMPETENT : inepto, incompetente

inadmissible [ˌɪnæd'mɪsəbəl] *adj* : inadmisible

inadvertent [ˌɪnəd'vərtənt] *adj* : inadvertido, involuntario — **inadvertently** *adv*

inadvisable [ˌɪnæd'vaɪzəbəl] *adj* : desaconsejable

inalienable [ɪn'eɪljənəbəl, -'eɪliənə-] *adj* : inalienable

inane [ɪ'neɪn] *adj* **inaner; -est** : estúpido, idiota, necio

inanimate [ɪn'ænəmət] *adj* : inanimado, exánime

inanity [ɪ'nænəṭi] *n, pl* **-ties** **1** STUPIDITY : estupidez *f* **2** NONSENSE : idiotez *f*, disparate *m*

inapplicable [ɪn'æplɪkəbəl, ˌɪnə'plɪkəbəl] *adj* IRRELEVANT : inaplicable, irrelevante

inappreciable [ˌɪnə'pri:ʃəbəl] *adj* : inapreciable, imperceptible

inappropriate [ˌɪnə'pro:priət] *adj* : inapropiado, inadecuado, impropio

inappropriateness [ˌɪnə'pro:priətnəs] *n* : lo inapropiado, impropiedad *f*

inapt [ɪn'æpt] *adj* **1** UNSUITABLE : inadecuado, inapropiado **2** INEPT : inepto
inarticulate [ˌɪnɑr'tɪkjələt] *adj* : inarticulado, incapaz de expresarse
inarticulately [ˌɪnɑr'tɪkjələtli] *adv* : inarticuladamente
inasmuch as [ˌɪnæz'mʌʧæz] *conj* : ya que, dado que, puesto que
inattention [ˌɪnə'tɛnʧən] *n* : falta *f* de atención, distracción *f*
inattentive [ˌɪnə'tɛntɪv] *adj* : distraído, despistado
inattentively [ˌɪnə'tɛntɪvli] *adv* : distraídamente, sin prestar atención
inaudible [ɪn'ɔdəbəl] *adj* : inaudible
inaudibly [ɪn'ɔdəbli] *adv* : de forma inaudible
inaugural[1] [ɪ'nɔgjərəl, -gərəl] *adj* : inaugural, de investidura
inaugural[2] *n* **1** *or* **inaugural address** : discurso *m* de investidura **2** INAUGURATION : investidura *f* (de una persona)
inaugurate [ɪ'nɔgjəˌreɪt, -gə-] *vt* **-rated; -rating 1** BEGIN : inaugurar **2** INDUCT : investir ⟨to inaugurate the president : investir al presidente⟩
inauguration [ɪˌnɔgjə'reɪʃən, -gə-] *n* **1** : inauguración *f* (de un edificio, un sistema, etc.) **2** : investidura *f* (de una persona)
inauspicious [ˌɪnɔ'spɪʃəs] *adj* : desfavorable, poco propicio
inborn ['ɪnˌbɔrn] *adj* **1** CONGENITAL, INNATE : innato, congénito **2** HEREDITARY : hereditario
inbred ['ɪnˌbrɛd] *adj* **1** : engendrado por endogamia **2** INNATE : innato
inbreed ['ɪnˌbri:d] *vt* **-bred; -breeding** : engendrar por endogamia
inbreeding ['ɪnˌbri:dɪŋ] *n* : endogamia *f*
Inca ['ɪŋkə] *n* : inca *mf*
incalculable [ɪn'kælkjələbəl] *adj* : incalculable — **incalculably** [-bli] *adv*
incandescence [ˌɪnkən'dɛsənts] *n* : incandescencia *f*
incandescent [ˌɪnkən'dɛsənt] *adj* **1** : incandescente **2** BRILLIANT : brillante
incantation [ˌɪnˌkæn'teɪʃən] *n* : conjuro *m*, ensalmo *m*
incapable [ɪn'keɪpəbəl] *adj* : incapaz
incapacitate [ˌɪnkə'pæsəˌteɪt] *vt* **-tated; -tating** : incapacitar
incapacity [ˌɪnkə'pæsəṭi] *n, pl* **-ties** : incapacidad *f*
incarcerate [ɪn'kɑrsəˌreɪt] *vt* **-ated; -ating** : encarcelar
incarceration [ɪnˌkɑrsə'reɪʃən] *n* : encarcelamiento *m*, encarcelación *f*
incarnate[1] [ɪn'kɑrˌneɪt] *vt* **-nated; -nating** : encarnar
incarnate[2] [ɪn'kɑrnət, -ˌneɪt] *adj* : encarnado
incarnation [ˌɪnˌkɑr'neɪʃən] *n* : encarnación *f*
incendiary[1] [ɪn'sɛndiˌri] *adj* : incendiario
incendiary[2] *n, pl* **-aries** : incendiario *m*, -ria *f*; pirómano *m*, -na *f*
incense[1] [ɪn'sɛnts] *vt* **-censed; -censing** : indignar, enfadar, enfurecer
incense[2] ['ɪnˌsɛnts] *n* : incienso *m*
incentive [ɪn'sɛntɪv] *n* : incentivo *m*, aliciente *m*, motivación *f*, acicate *m*
inception [ɪn'sɛpʃən] *n* : comienzo *m*, principio *m*
incessant [ɪn'sɛsənt] *adj* : incesante, continuo — **incessantly** *adv*
incest ['ɪnˌsɛst] *n* : incesto *m*
incestuous [ɪn'sɛsʧuəs] *adj* : incestuoso
inch[1] ['ɪnʧ] *v* : avanzar poco a poco
inch[2] *n* **1** : pulgada *f* **2 every inch** : absoluto, seguro ⟨every inch a winner : un seguro ganador⟩ **3 within an inch of** : a punto de
incidence ['ɪntsədənts] *n* **1** FREQUENCY : frecuencia *f*, índice *m* ⟨a high incidence of crime : un alto índice de crímenes⟩ **2 angle of incidence** : ángulo *m* de incidencia
incident[1] ['ɪntsədənt] *adj* : incidente
incident[2] *n* : incidente *m*, incidencia *f*, episodio *m* (en una obra de ficción)
incidental[1] [ˌɪntsə'dɛntəl] *adj* **1** SECONDARY : incidental, secundario **2** ACCIDENTAL : casual, fortuito
incidental[2] *n* **1** : algo incidental **2 incidentals** *npl* : imprevistos *mpl*
incidentally [ˌɪntsə'dɛntəli, -'dɛntli] *adv* **1** BY CHANCE : incidentalmente, casualmente **2** BY THE WAY : a propósito, por cierto
incinerate [ɪn'sɪnəˌreɪt] *vt* **-ated; -ating** : incinerar
incinerator [ɪn'sɪnəˌreɪṭər] *n* : incinerador *m*
incipient [ɪn'sɪpiənt] *adj* : incipiente, naciente
incise [ɪn'saɪz] *vt* **-cised; -cising 1** ENGRAVE : grabar, cincelar, inscribir **2** : hacer una incisión en
incision [ɪn'sɪʒən] *n* : incisión *f*
incisive [ɪn'saɪsɪv] *adj* : incisivo, penetrante
incisively [ɪn'saɪsɪvli] *adv* : con agudeza
incisor [ɪn'saɪzər] *n* : incisivo *m*
incite [ɪn'saɪt] *vt* **-cited; -citing** : incitar, instigar
incitement [ɪn'saɪtmənt] *n* : incitación *f*
inclemency [ɪn'klɛməntsi] *n, pl* **-cies** : inclemencia *f*
inclement [ɪn'klɛmənt] *adj* : inclemente, tormentoso
inclination [ˌɪnklə'neɪʃən] *n* **1** PROPENSITY : inclinación *f*, tendencia *f* **2** DESIRE : deseo *m*, ganas *fpl* **3** BOW : inclinación *f*
incline[1] [ɪn'klaɪn] *v* **-clined; -clining** *vi* **1** SLOPE : inclinarse **2** TEND : inclinarse, tender ⟨he is inclined to be late : tiende a llegar tarde⟩ — *vt* **1** LOWER : inclinar, bajar ⟨to incline one's head : bajar la cabeza⟩ **2** SLANT : inclinar **3** PREDISPOSE : predisponer

incline[2] [ˈɪn,klaɪn] *n* : inclinación *f*, pendiente *f*
inclined [ɪnˈklaɪnd] *adj* **1** SLOPING : inclinado **2** PRONE : prono, dispuesto, dado
inclose, inclosure → **enclose, enclosure**
include [ɪnˈklu:d] *vt* **-cluded; -cluding** : incluir, comprender
inclusion [ɪnˈklu:ʒən] *n* : inclusión *f*
inclusive [ɪnˈklu:sɪv] *adj* : inclusivo
incognito [,ɪn,kɑgˈni:t̬o, ɪnˈkɑgnə-,to:] *adv & adj* : de incógnito
incoherence [,ɪnkoˈhɪrənts, -ˈhɛr-] *n* : incoherencia *f*
incoherent [,ɪnkoˈhɪrənt, -ˈhɛr-] *adj* : incoherente — **incoherently** *adv*
incombustible [,ɪnkəmˈbʌstəbəl] *adj* : incombustible
income [ˈɪn,kʌm] *n* : ingresos *mpl*, entradas *fpl*
income tax *n* : impuesto *m* sobre la renta
incoming [ˈɪn,kʌmɪŋ] *adj* **1** ARRIVING : que se recibe (dícese del correo), que llega (dícese de las personas), ascendente (dícese de la marea) **2** NEW : nuevo, entrante ‹the incoming president : el nuevo presidente› ‹the incoming year : el año entrante›
incommunicado [,ɪnkə,mju:nəˈkɑdo] *adj* : incomunicado
incomparable [ɪnˈkɑmpərəbəl] *adj* : incomparable, sin igual
incompatible [,ɪnkəmˈpæt̬əbəl] *adj* : incompatible
incompetence [ɪnˈkɑmpət̬ənts] *n* : incompetencia *f*, impericia *f*, ineptitud *f*
incompetent [ɪnˈkɑmpət̬ənt] *adj* : incompetente, inepto, incapaz
incomplete [,ɪnkəmˈpli:t] *adj* : incompleto — **incompletely** *adv*
incomprehensible [,ɪn,kɑmpriˈhɛntsəbəl] *adj* : incomprensible
inconceivable [,ɪnkənˈsi:vəbəl] *adj* **1** INCOMPREHENSIBLE : incomprensible **2** UNBELIEVABLE : inconcebible, increíble
inconceivably [,ɪnkənˈsi:vəbli] *adv* : inconcebiblemente, increíblemente
inconclusive [,ɪnkənˈklu:sɪv] *adj* : inconcluyente, no decisivo
incongruity [,ɪnkənˈgru:ət̬i, -,kɑn-] *n, pl* **-ties** : incongruencia *f*
incongruous [ɪnˈkɑŋgrʊəs] *adj* : incongruente, inapropiado, fuera de lugar
incongruously [ɪnˈkɑŋgrʊəsli] *adv* : de manera incongruente, inapropiadamente
inconsequential [,ɪn,kɑnsəˈkwɛntʃəl] *adj* : intrascendente, de poco importancia
inconsiderable [,ɪnkənˈsɪdərəbəl] *adj* : insignificante
inconsiderate [,ɪnkənˈsɪdərət] *adj* : desconsiderado, sin consideración — **inconsiderately** *adv*
inconsistency [,ɪnkənˈsɪstəntsi] *n, pl* **-cies** : inconsecuencia *f*, inconsistencia *f*
inconsistent [,ɪnkənˈsɪstənt] *adj* : inconsecuente, inconsistente
inconsolable [,ɪnkənˈso:ləbəl] *adj* : inconsolable — **inconsolably** [-bli] *adv*
inconspicuous [,ɪnkənˈspɪkjʊəs] *adj* : discreto, no conspicuo, que no llama la atención
inconspicuously [,ɪnkənˈspɪkjʊəsli] *adv* : discretamente, sin llamar la atención
incontestable [,ɪnkənˈtɛstəbəl] *adj* : incontestable, indiscutible — **incontestably** [-bli] *adv*
incontinence [ɪnˈkɑntənənts] *n* : incontinencia *f*
incontinent [ɪnˈkɑntənənt] *adj* : incontinente
inconvenience[1] [,ɪnkənˈvi:njənts] *vt* **-nienced; -niencing** : importunar, incomodar, molestar
inconvenience[2] *n* : incomodidad *f*, molestia *f*
inconvenient [,ɪnkənˈvi:njənt] *adj* : inconveniente, importuno, incómodo — **inconveniently** *adv*
incorporate [ɪnˈkɔrpə,reɪt] *vt* **-rated; -rating** **1** INCLUDE : incorporar, incluir **2** : incorporar, constituir en sociedad (dícese de un negocio)
incorporation [ɪn,kɔrpəˈreɪʃən] *n* : incorporación *f*
incorporeal [,ɪn,kɔrˈporiəl] *adj* : incorpóreo
incorrect [,ɪnkəˈrɛkt] *adj* **1** INACCURATE : incorrecto **2** WRONG : equivocado, erróneo **3** IMPROPER : impropio — **incorrectly** *adv*
incorrigible [ɪnˈkɔrədʒəbəl] *adj* : incorregible
incorruptible [,ɪnkəˈrʌptəbəl] *adj* : incorruptible
increase[1] [ɪnˈkri:s, ˈɪn,kri:s] *v* **-creased; -creasing** *vi* GROW : aumentar, crecer, subir (dícese de los precios) — *vt* AUGMENT : aumentar, acrecentar
increase[2] [ˈɪn,kri:s, ɪnˈkri:s] *n* : aumento *m*, incremento *m*, subida *f* (de precios)
increasing [ɪnˈkri:sɪŋ, ˈɪn,kri:sɪŋ] *adj* : creciente
increasingly [ɪnˈkri:sɪŋli] *adv* : cada vez más
incredible [ɪnˈkrɛdəbəl] *adj* : increíble — **incredibly** [-bli] *adv*
incredulity [,ɪnkrɪˈdu:lət̬i, -ˈdju:-] *n* : incredulidad *f*
incredulous [ɪnˈkrɛdʒələs] *adj* : incrédulo, escéptico
incredulously [ɪnˈkrɛdʒələsli] *adv* : con incredulidad
increment [ˈɪŋkrəmənt, ˈɪn-] *n* : incremento *m*, aumento *m*
incremental [,ɪŋkrəˈmɛntəl, ,ɪn-] *adj* : de incremento
incriminate [ɪnˈkrɪmə,neɪt] *vt* **-nated; -nating** : incriminar
incrimination [ɪn,krɪməˈneɪʃən] *n* : incriminación *f*

incriminatory [ɪnˈkrɪmənəˌtori] *adj* : incriminatorio
incubate [ˈɪŋkjʊˌbeɪt, ˈɪn-] *v* **-bated; -bating** *vt* : incubar, empollar — *vi* : incubar(se), empollar
incubation [ˌɪŋkjʊˈbeɪʃən, ˌɪn-] *n* : incubación *f*
incubator [ˈɪŋkjʊˌbeɪt̬ər, ˈɪn-] *n* : incubadora *f*
inculcate [ɪnˈkʌlˌkeɪt, ˈɪnˌkʌl-] *vt* **-cated; -cating** : inculcar
incumbency [ɪnˈkʌmbən*t*si] *n, pl* **-cies** 1 OBLIGATION : incumbencia *f* 2 : mandato *m* (en la política)
incumbent[1] [ɪnˈkʌmbənt] *adj* : obligatorio
incumbent[2] *n* : titular *mf*
incur [ɪnˈkər] *vt* **incurred; incurring** : provocar (al enojo), incurrir en (gastos, obligaciones)
incurable [ɪnˈkjʊrəbəl] *adj* : incurable, sin remedio
incursion [ɪnˈkərʒən] *n* : incursión *f*
indebted [ɪnˈdɛt̬əd] *adj* 1 : endeudado 2 **to be indebted to** : estar en deuda con, estarle agradecido a
indebtedness [ɪnˈdɛt̬ədnəs] *n* : endeudamiento *m*
indecency [ɪnˈdiːsən*t*si] *n, pl* **-cies** : indecencia *f*
indecent [ɪnˈdiːsənt] *adj* : indecente — **indecently** *adv*
indecipherable [ˌɪndɪˈsaɪfərəbəl] *adj* : indescifrable
indecision [ˌɪndɪˈsɪʒən] *n* : indecisión *f*, irresolución *f*
indecisive [ˌɪndɪˈsaɪsɪv] *adj* 1 INCONCLUSIVE : indeciso, que no es decisivo 2 IRRESOLUTE : indeciso, irresoluto, vacilante 3 INDEFINITE : indefinido — **indecisively** *adv*
indecorous [ɪnˈdɛkərəs, ˌɪndɪˈkorəs] *adj* : indecoroso — **indecorously** *adv*
indecorousness [ɪnˈdkərəsnəs, ˌɪndɪˈkorəs-] *n* : indecoro *m*
indeed [ɪnˈdiːd] *adv* 1 TRULY : verdaderamente, de veras 2 (*used as intensifier*) ⟨thank you very much indeed : muchísimas gracias⟩ 3 OF COURSE : claro, por supuesto
indefatigable [ˌɪndɪˈfæt̬ɪgəbəl] *adj* : incansable, infatigable — **indefatigably** [-bli] *adv*
indefensible [ˌɪndɪˈfɛn*t*səbəl] *adj* 1 VULNERABLE : indefendible, vulnerable 2 INEXCUSABLE : inexcusable
indefinable [ˌɪndɪˈfaɪnəbəl] *adj* : indefinible
indefinite [ɪnˈdɛfənət] *adj* 1 : indefinido, indeterminado ⟨indefinite pronouns : pronombres indefinidos⟩ 2 VAGUE : vago, impreciso
indefinitely [ɪnˈdɛfənətli] *adv* : indefinidamente, por un tiempo indefinido
indelible [ɪnˈdɛləbəl] *adj* : indeleble, imborrable — **indelibly** [-bli] *adv*
indelicacy [ɪnˈdɛləkəsi] *n* : falta *f* de delicadeza
indelicate [ɪnˈdɛlɪkət] *adj* 1 IMPROPER : indelicado, indecoroso 2 TACTLESS : indiscreto, falto de tacto
indemnify [ɪnˈdɛmnəˌfaɪ] *vt* **-fied; -fying** 1 INSURE : asegurar 2 COMPENSATE : indemnizar, compensar
indemnity [ɪnˈdɛmnət̬i] *n, pl* **-ties** 1 INSURANCE : indemnidad *f* 2 COMPENSATION : indemnización *f*
indent [ɪnˈdɛnt] *vt* : sangrar (un párrafo)
indentation [ˌɪnˌdɛnˈteɪʃən] *n* 1 NOTCH : muesca *f*, mella *f* 2 INDENTING : sangría *f* (de un párrafo)
indenture[1] [ɪnˈdɛntʃər] *vt* **-tured; -turing** : ligar por contrato
indenture[2] *n* : contrato de aprendizaje
independence [ˌɪndəˈpɛndən*t*s] *n* : independencia *f*
Independence Day *n* : día *m* de la Independencia (4 de julio en los EE.UU.)
independent[1] [ˌɪndəˈpɛndənt] *adj* : independiente — **independently** *adv*
independent[2] *n* : independiente *mf*
indescribable [ˌɪndɪˈskraɪbəbəl] *adj* : indescriptible, incalificable — **indescribably** [-bli] *adv*
indestructibility [ˌɪndɪˌstrʌktəˈbɪlət̬i] *n* : indestructibilidad *f*
indestructible [ˌɪndɪˈstrʌktəbəl] *adj* : indestructible
indeterminate [ˌɪndɪˈtərmənət] *adj* 1 VAGUE : vago, impreciso, indeterminado 2 INDEFINITE : indeterminado, indefinido
index[1] [ˈɪnˌdɛks] *vt* 1 : ponerle un índice a (un libro o una revista) 2 : incluir en un índice ⟨all proper names are indexed : todos los nombres propios están incluidos en el índice⟩ 3 INDICATE : indicar, señalar 4 REGULATE : indexar, indiciar ⟨to index prices : indiciar los precios⟩
index[2] *n, pl* **-dexes** *or* **-dices** [ˈɪndəˌsiːz] 1 : índice *m* (de un libro, de precios) 2 INDICATION : indicio *m*, índice *m*, señal *f* ⟨an index of her character : una señal de su carácter⟩
index finger *n* FOREFINGER : dedo *m* índice
Indian [ˈɪndiən] *n* 1 : indio *m*, -dia *f* 2 → **American Indian** — **Indian** *adj*
indicate [ˈɪndəˌkeɪt] *vt* **-cated; -cating** 1 POINT OUT : indicar, señalar 2 SHOW, SUGGEST : ser indicio de, ser señal de 3 EXPRESS : expresar, señalar 4 REGISTER : marcar, poner (una medida, etc.)
indication [ˌɪndəˈkeɪʃən] *n* : indicio *m*, señal *f*
indicative [ɪnˈdɪkət̬ɪv] *adj* : indicativo
indicator [ˈɪndəˌkeɪt̬ər] *n* : indicador *m*
indict [ɪnˈdaɪt] *vt* : acusar, procesar (por un crímen)
indictment [ɪnˈdaɪtmənt] *n* : acusación *f*
indifference [ɪnˈdɪfrən*t*s, -ˈdɪfə-] *n* : indiferencia *f*

indifferent [ɪnˈdɪfrənt, -ˈdɪfə-] *adj* **1** UNCONCERNED : indiferente **2** MEDIOCRE : mediocre
indifferently [ɪnˈdɪfrəntli, -ˈdɪfə-] *adv* **1** : con indiferencia, indiferentemente **2** SO-SO : de modo regular, más o menos
indigence [ˈɪndɪʤənts] *n* : indigencia *f*
indigenous [ɪnˈdɪʤənəs] *adj* : indígena, nativo
indigent [ˈɪndɪʤənt] *adj* : indigente, pobre
indigestible [ˌɪndaɪˈʤɛstəbəl, -dɪ-] *adj* : difícil de digerir
indigestion [ˌɪndaɪˈʤɛsʧən, -dɪ-] *n* : indigestión *f*, empacho *m*
indignant [ɪnˈdɪgnənt] *adj* : indignado
indignantly [ɪnˈdɪgnəntli] *adv* : con indignación
indignation [ˌɪndɪgˈneɪʃən] *n* : indignación *f*
indignity [ɪnˈdɪgnəṯi] *n, pl* **-ties** : indignidad *f*
indigo [ˈɪndɪˌgo:] *n, pl* **-gos** *or* **-goes** : añil *m*, índigo *m*
indirect [ˌɪndəˈrɛkt, -daɪ-] *adj* : indirecto — **indirectly** *adv*
indiscernible [ˌɪndɪˈsərnəbəl, -ˈzər-] *adj* : imperceptible
indiscreet [ˌɪndɪˈskri:t] *adj* : indiscreto, imprudente — **indiscreetly** *adv*
indiscretion [ˌɪndɪˈskrɛʃən] *n* : indiscreción *f*, imprudencia *f*
indiscriminate [ˌɪndɪˈskrɪmənət] *adj* : indiscriminado
indiscriminately [ˌɪndɪˈskrɪmənətli] *adv* : sin discriminación, sin discernimiento
indispensable [ˌɪndɪˈspɛntsəbəl] *adj* : indispensable, necesario, imprescindible — **indispensably** [-bli] *adv*
indisposed [ˌɪndɪˈspo:zd] *adj* **1** ILL : indispuesto, enfermo **2** AVERSE, DISINCLINED : opuesto, reacio ⟨to be indisposed toward working : no tener ganas de trabajar⟩
indisputable [ˌɪndɪˈspju:ṯəbəl, ɪnˈdɪspjʊṯə-] *adj* : indiscutible, incuestionable, incontestable — **indisputably** [-bli] *adv*
indistinct [ˌɪndɪˈstɪŋkt] *adj* : indistinto — **indistinctly** *adv*
indistinctness [ˌɪndɪˈstɪŋktnəs] *n* : falta *f* de claridad
indistinguishable [ˌɪndɪˈstɪŋgwɪʃəbəl] *adj* : indistinguible
individual[1] [ˌɪndəˈvɪʤʊəl] *adj* **1** PERSONAL : individual, personal ⟨individual traits : características personales⟩ **2** SEPARATE : individual, separado **3** PARTICULAR : particular, propio
individual[2] *n* : individuo *m*
individualism [ˌɪndəˈvɪʤəwəˌlɪzəm] *n* : individualismo *m*
individualist [ˌɪndəˈvɪʤʊəlɪst] *n* : individualista *mf*
individuality [ˌɪndəˌvɪʤʊˈæləṯi] *n, pl* **-ties** : individualidad *f*
individually [ˌɪndəˈvɪʤʊəli, -ʤəli] *adv* : individualmente
indivisible [ˌɪndɪˈvɪzəbəl] *adj* : indivisible
indoctrinate [ɪnˈdɑktrəˌneɪt] *vt* **-nated; -nating** **1** TEACH : enseñar, instruir **2** PROPAGANDIZE : adoctrinar
indoctrination [ɪnˌdɑktrəˈneɪʃən] *n* : adoctrinamiento *m*
indolence [ˈɪndələnts] *n* : indolencia *f*
indolent [ˈɪndələnt] *adj* : indolente
indomitable [ɪnˈdɑməṯəbəl] *adj* : invencible, indomable, indómito — **indomitably** [-bli] *adv*
Indonesian [ˌɪndoˈni:ʒən, -ʃən] *n* : indonesio *m*, -sia *f* — **Indonesian** *adj*
indoor [ˈɪnˈdor] *adj* : interior (dícese de las plantas), para estar en casa (dícese de la ropa), cubierto (dícese de las piscinas, etc.), bajo techo (dícese de los deportes)
indoors [ˈɪnˈdorz] *adv* : adentro, dentro
indubitable [ɪnˈdu:bəṯəbəl, -ˈdju:-] *adj* : indudable, incuestionable, indiscutible
indubitably [ɪnˈdu:bəṯəbli, -ˈdju:-] *adv* : indudablemente
induce [ɪnˈdu:s, -ˈdju:s] *vt* **-duced; -ducing** **1** PERSUADE : persuadir, inducir **2** CAUSE : inducir, provocar ⟨to induce labor : provocar un parto⟩
inducement [ɪnˈdu:smənt, -ˈdju:s-] *n* **1** INCENTIVE : incentivo *m*, aliciente *m* **2** : inducción *f*, provocación *f* (de un parto)
induct [ɪnˈdʌkt] *vt* **1** INSTALL : instalar, investir **2** ADMIT : admitir (como miembro) **3** CONSCRIPT : reclutar (al servicio militar)
inductee [ˌɪnˌdʌkˈti:] *n* : recluta *mf*, conscripto *m*, -ta *f*
induction [ɪnˈdʌkʃən] *n* **1** INTRODUCTION : iniciación *f*, introducción *f* **2** : inducción *f* (en la lógica o la electricidad)
inductive [ɪnˈdʌktɪv] *adj* : inductivo
indulge [ɪnˈdʌlʤ] *v* **-dulged; -dulging** *vt* **1** GRATIFY : gratificar, satisfacer **2** SPOIL : consentir, mimar — *vi* **to indulge in** : permitirse
indulgence [ɪnˈdʌlʤənts] *n* **1** SATISFYING : satisfacción *f*, gratificación *f* **2** HUMORING : complacencia *f*, indulgencia *f* **3** SPOILING : consentimiento *m* **4** : indulgencia *f* (en la religión)
indulgent [ɪŋˈdʌlʤənt] *adj* : indulgente, consentido — **indulgently** *adv*
industrial [ɪnˈdʌstriəl] *adj* : industrial — **industrially** *adv*
industrialist [ɪnˈdʌstriəlɪst] *n* : industrial *mf*
industrialization [ɪnˌdʌstriələˈzeɪʃən] *n* : industrialización *f*
industrialize [ɪnˈdʌstriəˌlaɪz] *vt* **-ized; -izing** : industrializar
industrious [ɪnˈdʌstriəs] *adj* : diligente, industrioso, trabajador
industriously [ɪnˈdʌstriəsli] *adv* : con diligencia, con aplicación

industriousness [ɪnˈdʌstriəsnəs] *n* : diligencia *f*, aplicación *f*
industry [ˈɪndəstri] *n, pl* **-tries 1** DILIGENCE : diligencia *f*, aplicación *f* **2** : industria *f* ⟨the steel industry : la industria siderúrgica⟩
inebriated [ɪˈniːbriˌeɪt̬əd] *adj* : ebrio, embriagado
inebriation [ɪˌniːbriˈeɪʃən] *n* : ebriedad *f*, embriaguez *f*
ineffable [ɪnˈɛfəbəl] *adj* : inefable — **ineffably** [-bli] *adv*
ineffective [ˌɪnɪˈfɛktɪv] *adj* **1** INEFFECTUAL : ineficaz, inútil **2** INCAPABLE : incompetente, ineficiente, incapaz
ineffectively [ˌɪnɪˈfɛktɪvli] *adv* : ineficazmente, infructuosamente
ineffectual [ˌɪnɪˈfɛktʃʊəl] *adj* : inútil, ineficaz — **ineffectually** *adv*
inefficiency [ˌɪnɪˈfɪʃəntsi] *n, pl* **-cies** : ineficiencia *f*, ineficacia *f*
inefficient [ˌɪnɪˈfɪʃənt] *adj* **1** : ineficiente, ineficaz **2** INCAPABLE, INCOMPETENT : incompetente, incapaz — **inefficiently** *adv*
inelegance [ɪnˈɛləgənts] *n* : inelegancia *f*
inelegant [ɪnˈɛləgənt] *adj* : inelegante, poco elegante
ineligibility [ɪnˌɛləʤəˈbɪlət̬i] *n* : inelegibilidad *f*
ineligible [ɪnˈɛləʤəbəl] *adj* : inelegible
inept [ɪˈɛnpt] *adj* : inepto ⟨inept at : incapaz para⟩
ineptitude [ɪˈɛnptəˌtuːd, -ˌtjuːd] *n* : ineptitud *f*, incompetencia *f*, incapacidad *f*
inequality [ˌɪnɪˈkwɑlət̬i] *n, pl* **-ties** : desigualdad *f*
inert [ɪˈnərt] *adj* **1** INACTIVE : inerte, inactivo **2** SLUGGISH : lento
inertia [ɪˈnərʃə] *n* : inercia *f*
inescapable [ˌɪnɪˈskeɪpəbəl] *adj* : inevitable, ineludible — **inescapably** [-bli] *adv*
inessential [ˌɪnɪˈsɛntʃəl] *adj* : que no es esencial, innecesario
inestimable [ɪnˈɛstəməbəl] *adj* : inestimable, inapreciable
inevitability [ɪnˌɛvət̬əˈbɪlət̬i] *n, pl* **-ties** : inevitabilidad *f*
inevitable [ɪnˈɛvət̬əbəl] *adj* : inevitable — **inevitably** [-bli] *adv*
inexact [ˌɪnɪgˈzækt] *adj* : inexacto
inexactly [ˌɪnɪgˈzæktli] *adv* : sin exactitud
inexcusable [ˌɪnɪkˈskjuːzəbəl] *adj* : inexcusable, imperdonable — **inexcusably** [-bli] *adv*
inexhaustible [ˌɪnɪgˈzɔstəbəl] *adj* **1** INDEFATIGABLE : infatigable, incansable **2** ENDLESS : inagotable — **inexhaustibly** [-bli] *adv*
inexorable [ɪnˈɛksərəbəl] *adj* : inexorable — **inexorably** [-bli] *adv*
inexpensive [ˌɪnɪkˈspɛntsɪv] *adj* : barato, económico
inexperience [ˌɪnɪkˈspɪriənts] *n* : inexperiencia *f*
inexperienced [ˌɪnɪkˈspɪriəntst] *adj* : inexperto, novato
inexplicable [ˌɪnɪkˈsplɪkəbəl] *adj* : inexplicable — **inexplicably** [-bli] *adv*
inexpressible [ˌɪnɪkˈsprɛsəbəl] *adj* : inexpresable, inefable
inextricable [ˌɪnɪkˈstrɪkəbəl, ɪˈnɛk-ˌstrɪ-] *adj* : inextricable — **inextricably** [-bli] *adv*
infallibility [ɪnˌfæləˈbɪlət̬i] *n* : infalibilidad *f*
infallible [ɪnˈfæləbəl] *adj* : infalible — **infallibly** [-bli] *adv*
infamous [ˈɪnfəməs] *adj* : infame — **infamously** *adv*
infamy [ˈɪnfəmi] *n, pl* **-mies** : infamia *f*
infancy [ˈɪnfəntsi] *n, pl* **-cies** : infancia *f*
infant [ˈɪnfənt] *n* : bebé *m*; niño *m*, -ña *f*
infantile [ˈɪnfənˌtaɪl, -təl, -ˌtiːl] *adj* : infantil, pueril
infantile paralysis → **poliomyelitis**
infantry [ˈɪnfəntri] *n, pl* **-tries** : infantería *f*
infatuated [ɪnˈfæʧʊˌeɪt̬əd] *adj* **to be infatuated with** : estar encaprichado con
infatuation [ɪnˌfæʧʊˈeɪʃən] *n* : encaprichamiento *m*, enamoramiento *m*
infect [ɪnˈfɛkt] *vt* : infectar, contagiar
infection [ɪnˈfɛkʃən] *n* : infección *f*, contagio *m*
infectious [ɪnˈfɛkʃəs] *adj* : infeccioso, contagioso
infer [ɪnˈfər] *vt* **inferred; inferring 1** DEDUCE : deducir, inferir **2** SURMISE : concluir, suponer, tener entendido **3** IMPLY : sugerir, insinuar
inference [ˈɪnfərənts] *n* : deducción *f*, inferencia *f*, conclusión *f*
inferior[1] [ɪnˈfɪriər] *adj* : inferior, malo
inferior[2] *n* : inferior *mf*
inferiority [ɪnˌfɪriˈɔrət̬i] *n, pl* **-ties** : inferioridad *f* ⟨inferiority complex : complejo de inferioridad⟩
infernal [ɪnˈfərnəl] *adj* **1** : infernal ⟨infernal fires : fuegos infernales⟩ **2** DIABOLICAL : infernal, diabólico **3** DAMNABLE : maldito, condenado
inferno [ɪnˈfərˌnoː] *n, pl* **-nos** : infierno *m*
infertile [ɪnˈfərt̬əl, -ˌtaɪl] *adj* : estéril, infecundo
infertility [ˌɪnfərˈtɪlət̬i] *n* : esterilidad *f*, infecundidad *f*
infest [ɪnˈfɛst] *vt* : infestar, plagar
infestation [ˌɪnˌfɛsˈteɪʃən] *n* : infestación *f*, plaga *f*
infidel [ˈɪnfədəl, -ˌdɛl] *n* : infiel *mf*
infidelity [ˌɪnfəˈdɛlət̬i, -faɪ-] *n, pl* **-ties 1** UNFAITHFULNESS : infidelidad *f* **2** DISLOYALTY : deslealtad *f*
infield [ˈɪnˌfiːld] *n* : cuadro *m*, diamante *m*
infiltrate [ɪnˈfɪlˌtreɪt, ˈɪnfɪl-] *v* **-trated; -trating** *vt* : infiltrar — *vi* : infiltrarse
infiltration [ˌɪnfɪlˈtreɪʃən] *n* : infiltración *f*

infinite [ˈɪnfənət] *adj* **1** LIMITLESS : infinito, sin límites **2** VAST : infinito, vasto, extenso
infinitely [ˈɪnfənətli] *adv* : infinitamente
infinitesimal [ˌɪnˌfɪnəˈtɛsəməl] *adj* : infinitésimo, infinitesimal — **infinitesimally** *adv*
infinitive [ɪnˈfɪnət̬ɪv] *n* : infinitivo *m*
infinity [ɪnˈfɪnət̬i] *n, pl* **-ties** **1** : infinito *m* (en matemáticas, etc.) **2** : infinidad *f* ⟨an infinity of stars : una infinidad de estrellas⟩
infirm [ɪnˈfərm] *adj* **1** FEEBLE : enfermizo, endeble **2** INSECURE : inseguro
infirmary [ɪnˈfərməri] *n, pl* **-ries** : enfermería *f*, hospital *m*
infirmity [ɪnˈfərmət̬i] *n, pl* **-ties** **1** FRAILTY : debilidad *f*, endeblez *f* **2** AILMENT : enfermedad *f*, dolencia *f* ⟨the infirmities of age : los achaques de la vejez⟩
inflame [ɪnˈfleɪm] *v* **-flamed; -flaming** *vt* **1** KINDLE : inflamar, encender **2** : inflamar (una herida) **3** STIR UP : encender, provocar, inflamar — *vi* : inflamarse
inflammable [ɪnˈflæməbəl] *adj* **1** FLAMMABLE : inflamable **2** IRASCIBLE : irascible, explosivo
inflammation [ˌɪnfləˈmeɪʃən] *n* : inflamación *f*
inflammatory [ɪnˈflæməˌtori] *adj* : inflamatorio, incendiario
inflatable [ɪnˈfleɪt̬əbəl] *adj* : inflable
inflate [ɪnˈfleɪt] *vt* **-flated; -flating** : inflar, hinchar
inflation [ɪnˈfleɪʃən] *n* : inflación *f*
inflationary [ɪnˈfleɪʃəˌnɛri] *adj* : inflacionario, inflacionista
inflect [ɪnˈflɛkt] *vt* **1** CONJUGATE, DECLINE : conjugar, declinar **2** MODULATE : modular (la voz)
inflection [ɪnˈflɛkʃən] *n* : inflexión *f*
inflexibility [ɪnˌflɛksəˈbɪlət̬i] *n, pl* **-ties** : inflexibilidad *f*
inflexible [ɪnˈflɛksɪbəl] *adj* : inflexible
inflict [ɪnˈflɪkt] *vt* **1** : infligir, causar, imponer **2 to inflict oneself on** : imponer uno su presencia (a alguien)
infliction [ɪnˈflɪkʃən] *n* : imposición *f*
influence[1] [ˈɪnˌfluːənts, ɪnˈfluːənts] *vt* **-enced; -encing** : influenciar, influir en
influence[2] *n* **1** : influencia *f*, influjo *m* ⟨to exert influence over : ejercer influencia sobre⟩ ⟨the influence of gravity : el influjo de la gravidad⟩ **2 under the influence** : bajo la influencia del alcohol, embriagado
influential [ˌɪnfluˈɛntʃəl] *adj* : influyente
influenza [ˌɪnfluˈɛnzə] *n* : gripe *f*, influenza *f*, gripa *f Col, Mex*
influx [ˈɪnˌflʌks] *n* : afluencia *f* (de gente), entrada *f* (de mercancías), llegada *f* (de ideas)
inform [ɪnˈfɔrm] *vt* : informar, notificar, avisar — *vi* **to inform on** : delatar, denunciar
informal [ɪnˈfɔrməl] *adj* **1** UNCEREMONIOUS : sin ceremonia, sin etiqueta **2** CASUAL : informal, familiar (dícese del lenguaje) **3** UNOFFICIAL : extraoficial
informality [ˌɪnfɔrˈmælət̬i, -fər-] *n, pl* **-ties** : informalidad *f*, familiaridad *f*, falta *f* de ceremonia
informally [ɪnˈfɔrməli] *adv* : sin ceremonias, de manera informal, informalmente
informant [ɪnˈfɔrmənt] *n* : informante *mf*; informador *m*, -dora *f*
information [ˌɪnfərˈmeɪʃən] *n* : información *f*
information technology *n* : informática *f*
informative [ɪnˈfɔrmət̬ɪv] *adj* : informativo, instructivo
informer [ɪnˈfɔrmər] *n* : informante *mf*; informador *m*, -dora *f*
infraction [ɪnˈfrækʃən] *n* : infracción *f*, violación *f*, transgresión *f*
infrared [ˌɪnfrəˈrɛd] *adj* : infrarrojo
infrastructure [ˈɪnfrəˌstrʌktʃər] *n* : infraestructura *f*
infrequent [ɪnˈfriːkwənt] *adj* : infrecuente, raro
infrequently [ɪnˈfriːkwəntli] *adv* : raramente, con poca frecuencia
infringe [ɪnˈfrɪndʒ] *v* **-fringed; -fringing** *vt* : infringir, violar — *vi* **to infringe on** : abusar de, violar
infringement [ɪnˈfrɪndʒmənt] *n* **1** VIOLATION : violación *f* (de la ley), incumplimiento *m* (de un contrato) **2** ENCROACHMENT : usurpación *f* (de derechos, etc.)
infuriate [ɪnˈfjʊriˌeɪt] *vt* **-ated; -ating** : enfurecer, poner furioso
infuriating [ɪnˈfjʊriˌeɪt̬ɪŋ] *adj* : indignante, exasperante
infuse [ɪnˈfjuːz] *vt* **-fused; -fusing** **1** INSTILL : infundir **2** STEEP : hacer una infusión de
infusion [ɪnˈfjuːʒən] *n* : infusión *f*
ingenious [ɪnˈdʒiːnjəs] *adj* : ingenioso — **ingeniously** *adv*
ingenue *or* **ingénue** [ˈɑndʒəˌnuː, ˈæn-; ˈæʒə-, ˈɑ-] *n* : ingenua *f*
ingenuity [ˌɪndʒəˈnuːət̬i, -ˈnjuː-] *n, pl* **-ities** : ingenio
ingenuous [ɪnˈdʒɛnjʊəs] *adj* **1** FRANK : cándido, franco **2** NAIVE : ingenuo — **ingenuously** *adv*
ingenuousness [ɪnˈdʒɛnjʊəsnəs] *n* **1** FRANKNESS : candidez *f*, candor *m* **2** NAÏVETÉ : ingenuidad *f*
ingest [ɪnˈdʒɛst] *vt* : ingerir
ingestion [ɪnˈdʒɛstʃən] *n* : ingestión *f*
inglorious [ɪnˈgloriəs] *adj* : deshonroso, ignominioso
ingot [ˈɪŋgət] *n* : lingote *m*
ingrained [ɪnˈgreɪnd] *adj* : arraigado
ingrate [ˈɪnˌgreɪt] *n* : ingrato *m*, -ta *f*
ingratiate [ɪnˈgreɪʃiˌeɪt] *vt* **-ated; -ating** : conseguir la benevolencia de ⟨to ingratiate oneself with someone : congraciarse con alguien⟩
ingratiating [ɪnˈgreɪʃiˌeɪt̬ɪŋ] *adj* : halagador, zalamero, obsequioso

ingratitude [ɪnˈgrætəˌtu:d, -ˌtju:d] *n* : ingratitud *f*
ingredient [ɪnˈgri:diənt] *n* : ingrediente *m*, componente *m*
ingrown [ˈɪnˌgro:n] *adj* **1** : crecido hacia adentro **2 ingrown toenail** : uña *f* encarnada
inhabit [ɪnˈhæbət] *vt* : vivir en, habitar, ocupar
inhabitable [ɪnˈhæbətəbəl] *adj* : habitable
inhabitant [ɪnˈhæbətənt] *n* : habitante *mf*
inhalant [ɪnˈheɪlənt] *n* : inhalante *m*
inhalation [ˌɪnhəˈleɪʃən, ˌɪnə-] *n* : inhalación *f*
inhale [ɪnˈheɪl] *v* **-haled; -haling** *vt* : inhalar, aspirar — *vi* : inspirar
inhaler [ɪnˈheɪlər] *n* : inhalador *m*
inhere [ɪnˈhɪr] *vi* **-hered; -hering** : ser inherente
inherent [ɪnˈhɪrənt, -ˈhɛr-] *adj* : inherente, intrínseco — **inherently** *adv*
inherit [ɪnˈhɛrət] *vt* : heredar
inheritance [ɪnˈhɛrətənts] *n* : herencia *f*
inheritor [ɪnˈhɛrətər] *n* : heredero *m*, -da *f*
inhibit [ɪnˈhɪbət] *vt* IMPEDE : inhibir, impedir
inhibition [ˌɪnhəˈbɪʃən, ˌɪnə-] *n* : inhibición *f*, cohibición *f*
inhuman [ɪnˈhju:mən, -ˈju:-] *adj* : inhumano, cruel — **inhumanly** *adv*
inhumane [ˌɪnhjuˈmeɪn, -ju-] *adj* INHUMAN : inhumano, cruel
inhumanity [ˌɪnhjuˈmænəti, -ju-] *n, pl* **-ties** : inhumanidad *f*, crueldad *f*
inimical [ɪˈnɪmɪkəl] *adj* **1** UNFAVORABLE : adverso, desfavorable **2** HOSTILE : hostil — **inimically** *adv*
inimitable [ɪˈnɪmətəbəl] *adj* : inimitable
iniquitous [ɪˈnɪkwətəs] *adj* : inicuo, malvado
iniquity [ɪˈnɪkwəti] *n, pl* **-ties** : iniquidad *f*
initial[1] [ɪˈnɪʃəl] *vt* **-tialed** *or* **-tialled; -tialing** *or* **-tialling** : poner las iniciales a, firmar con las iniciales
initial[2] *adj* : inicial, primero — **initially** *adv*
initial[3] *n* : inicial *f*
initiate[1] [ɪˈnɪʃiˌeɪt] *vt* **-ated; -ating 1** BEGIN : comenzar, iniciar **2** INDUCT : instruir **3** INTRODUCE : introducir, instruir
initiate[2] [ɪˈnɪʃiət] *n* : iniciado *m*, -da *f*
initiation [ɪˌnɪʃiˈeɪʃən] *n* : iniciación *f*
initiative [ɪˈnɪʃətɪv] *n* : iniciativa *f*
initiatory [ɪˈnɪʃiəˌtori] *adj* **1** INTRODUCTORY : introductorio **2** : de iniciación ⟨initiatory rites : ritos de iniciación⟩
inject [ɪnˈʤɛkt] *vt* : inyectar
injection [ɪnˈʤɛkʃən] *n* : inyección *f*
injudicious [ˌɪnʤʊˈdɪʃəs] *adj* : imprudente, indiscreto, poco juicioso
injunction [ɪnˈʤʌŋkʃən] *n* **1** ORDER : orden *f*, mandato *m* **2** COURT ORDER : mandamiento *m* judicial
injure [ˈɪnʤər] *vt* **-jured; -juring 1** WOUND : herir, lesionar **2** HURT : lastimar, dañar, herir **3 to injure oneself** : hacerse daño
injurious [ɪnˈʤʊriəs] *adj* : perjudicial ⟨injurious to one's health : perjudicial a la salud⟩
injury [ˈɪnʤəri] *n, pl* **-ries 1** WRONG : mal *m*, injusticia *f* **2** DAMAGE, HARM : herida *f*, daño *m*, perjuicio *m*
injustice [ɪnˈʤʌstəs] *n* : injusticia *f*
ink[1] [ˈɪŋk] *vt* : entintar
ink[2] *n* : tinta *f*
inkling [ˈɪŋklɪŋ] *n* : presentimiento *m*, indicio *m*, sospecha *f*
inkwell [ˈɪŋkˌwɛl] *n* : tintero *m*
inky [ˈɪŋki] *adj* **1** : manchado de tinta **2** BLACK : negro, impenetrable ⟨inky darkness : negra oscuridad⟩
inland[1] [ˈɪnˌlænd, -lənd] *adv* : hacia el interior, tierra adentro
inland[2] *adj* : interior
inland[3] *n* : interior *m*
in–law [ˈɪnˌlɔ] *n* **1** : pariente *m* político **2 in–laws** *npl* : suegros *mpl*
inlay[1] [ɪnˈleɪ, ˈɪnˌleɪ] *vt* **-laid** [-ˈleɪd, -ˌleɪd]; **-laying** : incrustar, taracear
inlay[2] [ˈɪnˌleɪ] *n* **1** : incrustación *f* **2** : empaste *m* (de un diente)
inlet [ˈɪnˌlɛt, -lət] *n* : cala *f*, ensenada *f*
inmate [ˈɪnˌmeɪt] *n* : paciente *mf* (en un hospital); preso *m*, -sa *f* (en una prisión); interno *m*, -na *f* (en un asilo)
in memoriam [ˌɪnməˈmoriəm] *prep* : en memoria de
inmost [ˈɪnˌmo:st] → **innermost**
inn [ˈɪn] *n* **1** : posada *f*, hostería *f*, fonda *f* **2** TAVERN : taberna *f*
innards [ˈɪnərdz] *npl* : entrañas *fpl*, tripas *fpl fam*
innate [ɪˈneɪt] *adj* **1** INBORN : innato **2** INHERENT : inherente
inner [ˈɪnər] *adj* : interior, interno
innermost [ˈɪnərˌmo:st] *adj* : más íntimo, más profundo
innersole [ˈɪnərˈso:l] → **insole**
inning [ˈɪnɪŋ] *n* : entrada *f*
innkeeper [ˈɪnˌki:pər] *n* : posadero *m*, -ra *f*
innocence [ˈɪnəsənts] *n* : inocencia *f*
innocent[1] [ˈɪnəsənt] *adj* : inocente — **innocently** *adv*
innocent[2] *n* : inocente *mf*
innocuous [ɪˈnɑkjəwəs] *adj* **1** HARMLESS : inocuo **2** INOFFENSIVE : inofensivo
innovate [ˈɪnəˌveɪt] *vi* **-vated; -vating** : innovar
innovation [ˌɪnəˈveɪʃən] *n* : innovación *f*, novedad *f*
innovative [ˈɪnəˌveɪtɪv] *adj* : innovador
innovator [ˈɪnəˌveɪtər] *n* : innovador *m*, -dora *f*
innuendo [ˌɪnjʊˈɛndo] *n, pl* **-dos** *or* **-does** : insinuación *f*, indirecta *f*
innumerable [ɪˈnu:mərəbəl, -ˈnju:-] *adj* : innumerable
inoculate [ɪˈnɑkjəˌleɪt] *vt* **-lated; -lating** : inocular
inoculation [ɪˌnɑkjəˈleɪʃən] *n* : inoculación *f*

inoffensive [ˌɪnəˈfɛntsɪv] *adj* : inofensivo
inoperable [ɪnˈɑpərəbəl] *adj* : inoperable
inoperative [ɪnˈɑpərət̬ɪv, -ˌreɪ-] *adj* : inoperante
inopportune [ɪnˌɑpərˈtuːn, -ˈtjuːn] *adj* : inoportuno — **inopportunely** *adv*
inordinate [ɪnˈɔrdənət] *adj* : excesivo, inmoderado, desmesurado — **inordinately** *adv*
inorganic [ˌɪnˌɔrˈgænɪk] *adj* : inorgánico
inpatient [ˈɪnˌpeɪʃənt] *n* : paciente *mf* hospitalizado
input[1] [ˈɪnˌpʊt] *vt* **inputted** *or* **input; inputting** : entrar (datos, información)
input[2] *n* **1** CONTRIBUTION : aportación *f*, contribución *f* **2** ENTRY : entrada *f* (de datos) **3** ADVICE, OPINION : consejos *mpl*, opinión *f*
inquest [ˈɪnˌkwɛst] *n* INQUIRY, INVESTIGATION : investigación *f*, averiguación *f*, pesquisa *f* (judicial)
inquire [ɪnˈkwaɪr] *v* **-quired; -quiring** *vt* : preguntar, informarse de, inquirir ⟨he inquired how to get in : preguntó como entrar⟩ — *vi* **1** ASK : preguntar, informarse ⟨to inquire about : informarse sobre⟩ ⟨to inquire after (someone) : preguntar por (alguien)⟩ **2 to inquire into** INVESTIGATE : investigar, inquirir sobre
inquiringly [ɪnˈkwaɪrɪŋli] *adv* : inquisitivamente
inquiry [ˈɪnˌkwaɪri, ɪnˈkwaɪri; ˈɪnkwəri, ˈɪŋ-] *n, pl* **-ries** **1** QUESTION : pregunta *f* ⟨to make inquiries about : pedir información sobre⟩ **2** INVESTIGATION : investigación *f*, inquisición *f*, pesquisa *f*
inquisition [ˌɪnkwəˈzɪʃən, ˌɪŋ-] *n* **1** : inquisición *f*, interrogatorio *m*, investigación *f* **2 the Inquisition** : la Inquisición *f*
inquisitive [ɪnˈkwɪzət̬ɪv] *adj* : inquisidor, inquisitivo, curioso — **inquisitively** *adv*
inquisitiveness [ɪnˈkwɪzət̬ɪvnəs] *n* : curiosidad *f*
inquisitor [ɪnˈkwɪzət̬ər] *n* : inquisidor *m*, -dora *f*; interrogador *m*, -dora *f*
inroad [ˈɪnˌroːd] *n* **1** ENCROACHMENT, INVASION : invasión *f*, incursión *f* **2 to make inroads into** : ocupar parte de (un tiempo), agotar parte de (ahorros, recursos), invadir (un territorio)
insane [ɪnˈseɪn] *adj* **1** MAD : loco, demente ⟨to go insane : volverse loco⟩ **2** ABSURD : absurdo, insensato ⟨an insane scheme : un proyecto insensato⟩
insanely [ɪnˈseɪnli] *adv* : como un loco ⟨insanely suspicious : loco de recelo⟩
insanity [ɪnˈsænət̬i] *n, pl* **-ties** **1** MADNESS : locura *f* **2** FOLLY : locura *f*, insensatez *f*
insatiable [ɪnˈseɪʃəbəl] *adj* : insaciable — **insatiably** [-bli] *adv*
inscribe [ɪnˈskraɪb] *vt* **-scribed; -scribing** **1** ENGRAVE : inscribir, grabar **2** ENROLL : inscribir **3** DEDICATE : dedicar (un libro)
inscription [ɪnˈskrɪpʃən] *n* : inscripción *f* (en un monumento), dedicación *f* (en un libro), leyenda *f* (de una ilustración, etc.)
inscrutable [ɪnˈskruːt̬əbəl] *adj* : inescrutable, misterioso — **inscrutably** [-bli] *adv*
inseam [ˈɪnˌsiːm] *n* : entrepierna *f*
insect [ˈɪnˌsɛkt] *n* : insecto *m*
insecticidal [ɪnˌsɛktəˈsaɪdəl] *adj* : insecticida
insecticide [ɪnˈsɛktəˌsaɪd] *n* : insecticida *m*
insecure [ˌɪnsɪˈkjʊr] *adj* : inseguro, poco seguro
insecurely [ˌɪnsɪˈkjʊrli] *adv* : inseguramente
insecurity [ˌɪnsɪˈkjʊrət̬i] *n, pl* **-ties** : inseguridad *f*
inseminate [ɪnˈsɛməˌneɪt] *vt* **-nated; -nating** : inseminar
insemination [ɪnˌsɛməˈneɪʃən] *n* : inseminación *f*
insensibility [ɪnˌsɛntsəˈbɪlət̬i] *n, pl* **-ties** : insensibilidad *f*
insensible [ɪnˈsɛntsəbəl] *adj* **1** UNCONSCIOUS : inconsciente, sin conocimiento **2** NUMB : insensible, entumecido **3** UNAWARE : inconsciente
insensitive [ɪnˈsɛntsət̬ɪv] *adj* : insensible
insensitivity [ɪnˌsɛntsəˈtɪvət̬i] *n, pl* **-ties** : insensibilidad *f*
inseparable [ɪnˈsɛpərəbəl] *adj* : inseparable
insert[1] [ɪnˈsərt] *vt* **1** : insertar, introducir, poner, meter ⟨insert your key in the lock : mete tu llave en la cerradura⟩ **2** INTERPOLATE : interpolar, intercalar
insert[2] [ˈɪnˌsərt] *n* : inserción *f*, hoja *f* insertada (en una revista, etc.)
insertion [ɪnˈsərʃən] *n* : inserción *f*
inset [ˈɪnˌsɛt] *n* : página *f* intercalada (en un libro), entredós *m* (de encaje en la ropa)
inshore[1] [ˈɪnˈʃor] *adv* : hacia la costa
inshore[2] *adj* : cercano a la costa, costero ⟨inshore fishing : pesca costera⟩
inside[1] [ɪnˈsaɪd, ˈɪnˌsaɪd] *adv* : adentro, dentro ⟨to run inside : correr para adentro⟩ ⟨inside and out : por dentro y por fuera⟩
inside[2] *adj* **1** : interior, de adentro, de dentro ⟨the inside lane : el carril interior⟩ **2** : confidencial ⟨inside information : información confidencial⟩
inside[3] *n* **1** : interior *m*, parte *f* de adentro **2 insides** *npl* BELLY, GUTS : tripas *fpl fam* **3 inside out** : al revés
inside[4] *prep* **1** INTO : al interior de **2** WITHIN : dentro de **3** (*referring to time*) : en menos de ⟨inside an hour : en menos de una hora⟩
inside of *prep* INSIDE : dentro de
insider [ɪnˈsaɪdər] *n* : persona *f* enterada

insidious [ɪn'sɪdiəs] *adj* : insidioso — **insidiously** *adv*

insidiousness [ɪn'sɪdiəsnəs] *n* : insidia *f*

insight ['ɪn,saɪt] *n* : perspicacia *f*, penetración *f*

insightful [ɪn'saɪtfəl] *adj* : perspicaz

insignia [ɪn'sɪgniə] *or* **insigne** [-,ni:] *n, pl* **-nia** *or* **-nias** : insignia *f*, enseña *f*

insignificance [,ɪnsɪg'nɪfɪkənts] *n* : insignificancia *f*

insignificant [,ɪnsɪg'nɪfɪkənt] *adj* : insignificante

insincere [,ɪnsɪn'sɪr] *adj* : insincero, poco sincero

insincerely [,ɪnsɪn'sɪrli] *adv* : con poca sinceridad

insincerity [,ɪnsɪn'sɛrət̬i, -'sɪr-] *n, pl* **-ties** : insinceridad *f*

insinuate [ɪn'sɪnjʊ,eɪt] *vt* **-ated; -ating** : insinuar

insinuation [ɪn,sɪnjʊ'eɪʃən] *n* : insinuación *f*

insipid [ɪn'sɪpəd] *adj* : insípido

insist [ɪn'sɪst] *v* : insistir

insistence [ɪn'sɪstənts] *n* : insistencia *f*

insistent [ɪn'sɪstənt] *adj* : insistente — **insistently** *adv*

insofar as [,ɪnso'fɑræz] *conj* : en la medida en que, en tanto que, en cuanto a

insole ['ɪn,so:l] *n* : plantilla *f*

insolence ['ɪntsələnts] *n* : insolencia *f*

insolent ['ɪntsələnt] *adj* : insolente

insolubility [ɪn,sɑljʊ'bɪlət̬i] *n* : insolubilidad *f*

insoluble [ɪn'sɑljʊbəl] *adj* : insoluble

insolvency [ɪn'sɑlvəntsi] *n, pl* **-cies** : insolvencia *f*

insolvent [ɪn'sɑlvənt] *adj* : insolvente

insomnia [ɪn'sɑmniə] *n* : insomnio *m*

insomuch as [,ɪnso'mʌtʃæz] → **inasmuch as**

insomuch that *conj* SO : así que, de manera que

inspect [ɪn'spɛkt] *vt* : inspeccionar, examinar, revisar

inspection [ɪn'spɛkʃən] *n* : inspección *f*, examen *m*, revisión *f*, revista *f* (de tropas)

inspector [ɪn'spɛktər] *n* : inspector *m*, -tora *f*

inspiration [,ɪntspə'reɪʃən] *n* : inspiración *f*

inspirational [,ɪntspə'reɪʃənəl] *adj* : inspirador

inspire [ɪn'spaɪr] *v* **-spired; -spiring** *vt* **1** INHALE : inhalar, aspirar **2** STIMULATE : estimular, animar, inspirar **3** INSTILL : inspirar, infundir — *vi* : inspirar

instability [,ɪntstə'bɪlət̬i] *n, pl* **-ties** : inestabilidad *f*

install [ɪn'stɔl] *vt* **-stalled; -stalling** **1** : instalar ⟨to install the new president : instalar el presidente nuevo⟩ ⟨to install a fan : montar un abanico⟩ **2 to install oneself** : instalarse

installation [,ɪntstə'leɪʃən] *n* : instalación *f*

installment [ɪn'stɔlmənt] *n* **1** : plazo *m*, cuota *f* ⟨to pay in four installments : pagar a cuatro plazos⟩ **2** : entrega *f* (de una publicación o telenovela) **3** INSTALLATION : instalación *f*

instance ['ɪntstənts] *n* **1** INSTIGATION : instancia *f* **2** EXAMPLE : ejemplo *m* ⟨for instance : por ejemplo⟩ **3** OCCASION : instancia *f*, caso *m*, ocasión *f* ⟨he prefers, in this instance, to remain anonymous : en este caso prefiere quedarse anónimo⟩

instant[1] ['ɪntstənt] *adj* **1** IMMEDIATE : inmediato, instantáneo ⟨an instant reply : una respuesta inmediata⟩ **2** : instantáneo ⟨instant coffee : café instantáneo⟩

instant[2] *n* : momento *m*, instante *m*

instantaneous [,ɪntstən'teɪniəs] *adj* : instantáneo

instantaneously [,ɪntstən'teɪniəsli] *adv* : instantáneamente, al instante

instantly ['ɪntstəntli] *adv* : al instante, instantáneamente

instead [ɪn'stɛd] *adv* **1** : en cambio, en lugar de eso, en su lugar ⟨Dad was going, but Mom went instead : papá iba a ir, pero mamá fue en su lugar⟩ **2** RATHER : al contrario

instead of *prep* : en vez de, en lugar de

instep ['ɪn,stɛp] *n* : empeine *m*

instigate ['ɪntstə,geɪt] *vt* **-gated; -gating** INCITE, PROVOKE : instigar, incitar, provocar, fomentar

instigation [,ɪntstə'geɪʃən] *n* : instancia *f*, incitación *f*

instigator ['ɪntstə,geɪt̬ər] *n* : instigador *m*, -dora *f*; incitador *m*, -dora *f*

instill [ɪn'stɪl] *vt* **-stilled; -stilling** : inculcar, infundir

instinct ['ɪn,stɪŋkt] *n* **1** TALENT : instinto *m*, don *m* ⟨an instinct for the right word : un don para escoger la palabra apropiada⟩ **2** : instinto *m* ⟨maternal instincts : instintos maternales⟩

instinctive [ɪn'stɪŋktɪv] *adj* : instintivo

instinctively [ɪn'stɪŋktɪvli] *adv* : instintivamente, por instinto

instinctual [ɪn'stɪŋktʃʊəl] *adj* : instintivo

institute[1] ['ɪntstə,tu:t, -,tju:t] *vt* **-tuted; -tuting** **1** ESTABLISH : establecer, instituir, fundar **2** INITIATE : iniciar, empezar, entablar

institute[2] *n* : instituto *m*

institution [,ɪntstə'tu:ʃən, -'tju:-] *n* **1** ESTABLISHING : institución *f*, establecimiento *m* **2** CUSTOM : institución *f*, tradición *f* ⟨the institution of marriage : la institución del matrimonio⟩ **3** ORGANIZATION : institución *f*, organismo *m* **4** ASYLUM : asilo *m*

institutional [,ɪntstə'tu:ʃənəl, -'tju:-] *adj* : institucional

institutionalize [,ɪntstə'tu:ʃənə,laɪz, -'tju:-] *vt* **-ized; -izing** **1** : institucionalizar ⟨institutionalized values : valores institucionalizados⟩ **2** : internar ⟨institutionalized orphans : huérfanos internados⟩

instruct [ɪn'strʌkt] *vt* **1** TEACH, TRAIN : instruir, adiestrar, enseñar **2** COMMAND : mandar, ordenar, dar instrucciones a

instruction [ɪn'strʌkʃən] *n* **1** TEACHING : instrucción *f*, enseñanza *f* **2** COMMAND : orden *f*, instrucción *f* **3 instructions** *npl* DIRECTIONS : instrucciones *fpl*, modo *m* de empleo

instructional [ɪn'strʌkʃənəl] *adj* : instructivo, educativo

instructive [ɪn'strʌktɪv] *adj* : instructivo

instructor [ɪn'strʌktər] *n* : instructor *m*, -tora *f*

instrument ['ɪntstrəmənt] *n* : instrumento *m*

instrumental [ˌɪntstrə'mɛntəl] *adj* : instrumental

instrumentalist [ˌɪntstrə'mɛntəlɪst] *n* : instrumentista *mf*

insubordinate [ˌɪnsə'bɔrdənət] *adj* : insubordinado

insubordination [ˌɪnsəˌbɔrdən'eɪʃən] *n* : insubordinación *f*

insubstantial [ˌɪnsəb'stæntʃəl] *adj* : insustancial, poco nutritivo (dícese de una comida), poco sólido (dícese de una estructura o un argumento)

insufferable [ɪn'sʌfərəbəl] *adj* UNBEARABLE : insufrible, intolerable, inaguantable, insoportable — **insufferably** [-bli] *adv*

insufficiency [ˌɪnsə'fɪʃəntsi] *n, pl* **-cies** : insuficiencia *f*

insufficient [ˌɪnsə'fɪʃənt] *adj* : insuficiente — **insufficiently** *adv*

insular ['ɪntsʊlər, -sjʊ-] *adj* **1** : isleño (dícese de la gente), insular (dícese del clima) ⟨insular residents : residentes de la isla⟩ **2** NARROW-MINDED : de miras estrechas

insularity [ˌɪntsʊ'lærət̬i, -sjʊ-] *n* : insularidad *f*

insulate ['ɪntsəˌleɪt] *vt* **-lated; -lating** : aislar

insulation [ˌɪntsə'leɪʃən] *n* : aislamiento *m*

insulator ['ɪntsəˌleɪt̬ər] *n* : aislador *m* (pieza), aislante *m* (material)

insulin ['ɪntsələn] *n* : insulina *f*

insult[1] [ɪn'sʌlt] *vt* : insultar, ofender, injuriar

insult[2] ['ɪnˌsʌlt] *n* : insulto *m*, injuria *f*, agravio *m*

insulting [ɪn'sʌltɪŋ] *adj* : ofensivo, injurioso, insultante

insultingly [ɪn'sʌltɪŋli] *adv* : ofensivamente, de manera insultante

insuperable [ɪn'su:pərəbəl] *adj* : insuperable — **insuperably** [-bli] *adv*

insurable [ɪn'ʃʊrəbəl] *adj* : asegurable

insurance [ɪn'ʃʊrənts, 'ɪnˌʃʊr-] *n* : seguro *m* ⟨life insurance : seguro de vida⟩ ⟨insurance company : compañía de seguros⟩

insure [ɪn'ʃʊr] *vt* **-sured; -suring 1** UNDERWRITE : asegurar **2** ENSURE : asegurar, garantizar

insured [ɪn'ʃʊrd] *n* : asegurado *m*, -da *f*

insurer [ɪn'ʃʊrər] *n* : asegurador *m*, -dora *f*

insurgent[1] [ɪn'sərdʒənt] *adj* : insurgente

insurgent[2] *n* : insurgente *mf*

insurmountable [ˌɪnsər'maʊntəbəl] *adj* : insuperable, insalvable — **insurmountably** [-bli] *adv*

insurrection [ˌɪnsə'rɛkʃən] *n* : insurrección *f*, levantamiento *m*, alzamiento *m*

intact [ɪn'tækt] *adj* : intacto

intake ['ɪnˌteɪk] *n* **1** OPENING : entrada *f*, toma *f* ⟨fuel intake : toma de combustible⟩ **2** : entrada *f* (de agua o aire), consumo *m* (de sustancias nutritivas) **3 intake of breath** : inhalación *f*

intangible [ɪn'tændʒəbəl] *adj* : intangible, impalpable — **intangibly** [-bli] *adv*

integer ['ɪntɪdʒər] *n* : entero *m*

integral ['ɪntɪgrəl] *adj* : integral, esencial

integrate ['ɪntəˌgreɪt] *v* **-grated; -grating** *vt* **1** UNITE : integrar, unir **2** DESEGREGATE : eliminar la segregación de — *vi* : integrarse

integration [ˌɪntə'greɪʃən] *n* : integración *f*

integrity [ɪn'tɛgrət̬i] *n* : integridad *f*

intellect ['ɪntəlˌɛkt] *n* : intelecto *m*, inteligencia *f*, capacidad *f* intelectual

intellectual[1] [ˌɪntə'lɛktʃʊəl] *adj* : intelectual — **intellectually** *adv*

intellectual[2] *n* : intelectual *mf*

intellectualism [ˌɪntə'lɛktʃʊəˌlɪzəm] *n* : intelectualismo *m*

intelligence [ɪn'tɛlədʒənts] *n* **1** : inteligencia *f* **2** INFORMATION, NEWS : inteligencia *f*, información *f*, noticias *fpl*

intelligent [ɪn'tɛlədʒənt] *adj* : inteligente — **intelligently** *adv*

intelligentsia [ɪnˌtɛlə'dʒɛntsiə, -'gɛn-] *ns & pl* : intelectualidad *f*

intelligibility [ɪnˌtɛlədʒə'bɪlət̬i] *n* : inteligibilidad *f*

intelligible [ɪn'tɛlədʒəbəl] *adj* : inteligible, comprensible — **intelligibly** [-bli] *adv*

intemperance [ɪn'tɛmpərənts] *n* : inmoderación *f*, intemperancia *f*

intemperate [ɪn'tɛmpərət] *adj* : excesivo, inmoderado, desmedido

intend [ɪn'tɛnd] *vt* **1** MEAN : querer decir ⟨that's not what I intended : eso no es lo que quería decir⟩ **2** PLAN : tener planeado, proyectar, proponerse ⟨I intend to finish by Thursday : me propongo acabar para el jueves⟩

intended [ɪn'tɛndəd] *adj* **1** PLANNED : previsto, proyectado **2** INTENTIONAL : intencional, deliberado

intense [ɪn'tɛnts] *adj* **1** EXTREME : intenso, extremo ⟨intense pain : dolor

intenso⟩ **2** : profundo, intenso ⟨to my intense relief : para mi alivio profundo⟩ ⟨intense enthusiasm : entusiasmo ardiente⟩
intensely [ɪnˈtɛntsli] *adv* : sumamente, profundamente, intensamente
intensification [ɪnˌtɛntsəfəˈkeɪʃən] *n* : intensificación *f*
intensify [ɪnˈtɛntsəˌfaɪ] *v* **-fied; -fying** *vt* **1** STRENGTHEN : intensificar, redoblar ⟨to intensify one's efforts : redoblar uno sus esfuerzos⟩ **2** SHARPEN : intensificar, agudizar (dolor, ansiedad) — *vi* : intensificarse, hacerse más intenso
intensity [ɪnˈtɛntsət̬i] *n, pl* **-ties** : intensidad *f*
intensive [ɪnˈtɛntsɪv] *adj* : intensivo — **intensively** *adv*
intent[1] [ɪnˈtɛnt] *adj* **1** FIXED : concentrado, fijo ⟨an intent stare : una mirada fija⟩ **2 intent on** *or* **intent upon** : resuelto a, atento a
intent[2] *n* **1** PURPOSE : intención *f*, propósito *m* **2 for all intents and purposes** : a todos los efectos, prácticamente
intention [ɪnˈtɛntʃən] *n* : intención *f*, propósito *m*
intentional [ɪnˈtɛntʃənəl] *adj* : intencional, deliberado
intentionally [ɪnˈtɛntʃənəli] *adv* : a propósito, adrede
intently [ɪnˈtɛntli] *adv* : atentamente, fijamente
inter [ɪnˈtər] *vt* **-terred; -terring** : enterrar, inhumar
interact [ˌɪntərˈækt] *vi* : interactuar, actuar recíprocamente, relacionarse
interaction [ˌɪntərˈækʃən] *n* : interacción *f*, interrelación *f*
interactive [ˌɪntərˈæktɪv] *adj* : interactivo
interbreed [ˌɪntərˈbriːd] *v* **-bred** [-ˈbrɛd]; **-breeding** *vt* : cruzar — *vi* : cruzarse
intercalate [ɪnˈtərkəˌleɪt] *vt* **-lated; -lating** : intercalar
intercede [ˌɪntərˈsiːd] *vi* **-ceded; -ceding** : interceder
intercept [ˌɪntərˈsɛpt] *vt* : interceptar
interception [ˌɪntərˈsɛpʃən] *n* : intercepción *f*
intercession [ˌɪntərˈsɛʃən] *n* : intercesión *f*
interchange[1] [ˌɪntərˈtʃeɪndʒ] *vt* **-changed; -changing** : intercambiar
interchange[2] [ˈɪntərˌtʃeɪndʒ] *n* **1** EXCHANGE : intercambio *m*, cambio *m* **2** JUNCTION : empalme *m*, enlace *m* de carreteras
interchangeable [ˌɪntərˈtʃeɪndʒəbəl] *adj* : intercambiable
intercity [ˈɪntərˈsɪt̬i] *adj* : interurbano
intercollegiate [ˌɪntərkəˈliːdʒət, -dʒiət] *adj* : interuniversitario
intercom [ˈɪntərˌkɑm] *n* : interfono *m*, interfón *m Mex*
interconnect [ˌɪntərkəˈnɛkt] *vt* **1** : conectar, interconectar (en tecnología) **2** RELATE : interrelacionar — *vi* **1** : conectar **2** : interrelacionarse
intercontinental [ˌɪntərˌkɑntənˈnɛtəl] *adj* : intercontinental
intercourse [ˈɪntərˌkors] *n* **1** RELATIONS : relaciones *fpl*, trato *m* **2** COPULATION : acto *m* sexual, relaciones *fpl* sexuales, coito *m*
interdenominational [ˌɪntərdɪˌnɑməˈneɪʃənəl] *adj* : interconfesional
interdepartmental [ˌɪntərdɪˌpɑrt-ˈmɛntəl, -ˌdiː-] *adj* : interdepartamental
interdependence [ˌɪntərdɪˈpɛndənts] *n* : interdependencia *f*
interdependent [ˌɪntərdɪˈpɛndənt] *adj* : interdependiente
interdict [ˌɪntərˈdɪkt] *vt* **1** PROHIBIT : prohibir **2** : cortar (las líneas de comunicación o provisión del enemigo)
interest[1] [ˈɪntrəst, -təˌrɛst] *vt* : interesar
interest[2] *n* **1** SHARE, STAKE : interés *m*, participación *f* **2** BENEFIT : provecho *m*, beneficio *m*, interés *m* ⟨in the public interest : en el interés público⟩ **3** CHARGE : interés *m*, cargo *m* ⟨compound interest : interés compuesto⟩ ⟨interest rate : tipo de interés⟩ **4** CURIOSITY : interés *m*, curiosidad *f* ⟨to take an interest in : interesarse por⟩ ⟨to lose interest : perder interés⟩ **5** COLOR : color *m*, interés *m* ⟨places of local interest : lugares de color local⟩ **6** HOBBY : afición *f*
interesting [ˈɪntrəstɪŋ, -təˌrɛstɪŋ] *adj* : interesante — **interestingly** *adv*
interface [ˈɪntərˌfeɪs] *n* **1** : punto *m* de contacto ⟨oil-water interface : punto de contacto entre el agua y el aceite⟩ **2** : interfaz *f* (de una computadora), interfase *f*
interfere [ˌɪntərˈfɪr] *vi* **-fered; -fering 1** INTERPOSE : interponerse, hacer interferencia ⟨to interfere with a play : obstruir una jugada⟩ **2** MEDDLE : entrometerse, interferir, intervenir **3 to interfere with** DISRUPT : afectar (una actividad), interferir (la radiotransmisión) **4 to interfere with** TOUCH : tocar ⟨someone interfered with my papers : alguien tocó mis papeles⟩
interference [ˌɪntərˈfɪrənts] *n* : interferencia *f*, intromisión *f*
intergalactic [ˌɪntərgəˈlæktɪk] *adj* : intergaláctico
intergovernmental [ˌɪntərˌgʌvər-ˈmɛntəl, -vərn-] *adj* : intergubernamental
interim[1] [ˈɪntərəm] *adj* : interino, provisional
interim[2] *n* **1** : interín *m*, intervalo *m* **2 in the interim** : en el interín, mientras tanto
interior[1] [ɪnˈtɪriər] *adj* : interior
interior[2] *n* : interior *m*
interject [ˌɪntərˈdʒɛkt] *vt* : interponer, agregar
interjection [ˌɪntərˈdʒɛkʃən] *n* **1** : interjección *f* (en lingüística) **2** EXCLAMATION : exclamación *f* **3** INTERPOSI-

TION, INTERRUPTION : interposición *f*, interrupción *f*
interlace [ˌɪntərˈleɪs] *vt* **-laced; -lacing** **1** INTERWEAVE : entrelazar **2** INTERSPERSE : intercalar
interlock [ˌɪntərˈlɑk] *vt* **1** UNITE : trabar, unir **2** ENGAGE, MESH : engranar — *vi* : entrelazarse, trabarse
interloper [ˌɪntərˈlo:pər] *n* **1** INTRUDER : intruso *m*, -sa *f* **2** MEDDLER : entrometido *m*, -da *f*
interlude [ˈɪntərˌlu:d] *n* **1** INTERVAL : intervalo *m*, intermedio *m* (en el teatro) **2** : interludio *m* (en música)
intermarriage [ˌɪntərˈmærɪʤ] *n* **1** : matrimonio *m* mixto (entre miembros de distintas razas o religiones) **2** : matrimonio *m* entre miembros del mismo grupo
intermarry [ˌɪntərˈmæri] *vi* **-married; -marrying** **1** : casarse (con miembros de otros grupos) **2** : casarse entre sí (con miembros del mismo grupo)
intermediary[1] [ˌɪntərˈmi:diˌɛri] *adj* : intermediario
intermediary[2] *n, pl* **-aries** : intermediario *m*, -ria *f*
intermediate[1] [ˌɪntərˈmi:diət] *adj* : intermedio
intermediate[2] *n* GO-BETWEEN : intermediario *m*, -ria *f*; mediador *m*, -dora *f*
interment [ɪnˈtərmənt] *n* : entierro *m*
interminable [ɪnˈtərmənəbəl] *adj* : interminable, constante — **interminably** [-bli] *adv*
intermingle [ˌɪntərˈmɪŋgəl] *vt* **-mingled; -mingling** : entremezclar, mezclar — *vi* : entremezclarse
intermission [ˌɪntərˈmɪʃən] *n* : intermisión *f*, intervalo *m*, intermedio *m*
intermittent [ˌɪntərˈmɪtənt] *adj* : intermitente — **intermittently** *adv*
intermix [ˌɪntərˈmɪks] *vt* : entremezclar
intern[1] [ˈɪnˌtərn, ɪnˈtərn] *vt* : confinar (durante la guerra) — *vi* : servir de interno, hacer las prácticas
intern[2] [ˈɪnˌtərn] *n* : interno *m*, -na *f*
internal [ɪnˈtərnəl] *adj* : interno, interior ⟨internal bleeding : hemorragia interna⟩ ⟨internal affairs : asuntos interiores, asuntos domésticos⟩ — **internally** *adv*
international [ˌɪntərˈnæʃənəl] *adj* : internacional — **internationally** *adv*
internationalize [ˌɪntərˈnæʃənəˌlaɪz] *vt* **-ized; -izing** : internacionalizar
internee [ˌɪnˌtərˈni:] *n* : interno *m*, -na *f*
Internet [ˈɪntərˌnɛt] *n* : Internet *mf*
internist [ˈɪnˌtərnɪst] *n* : internista *mf*
interpersonal [ˌɪntərˈpərsənəl] *adj* : interpersonal
interplay [ˈɪntərˌpleɪ] *n* : interacción *f*, juego *m*
interpolate [ɪnˈtərpəˌleɪt] *vt* **-lated; -lating** : interpolar
interpose [ˌɪntərˈpo:z] *v* **-posed; -posing** *vt* : interponer, interrumpir con — *vi* : interponerse
interposition [ˌɪntərpəˈzɪʃən] *n* : interposición *f*
interpret [ɪnˈtərprət] *vt* : interpretar
interpretation [ɪnˌtərprəˈteɪʃən] *n* : interpretación *f*
interpretative [ɪnˈtərprəˌteɪt̬ɪv] *adj* : interpretativo
interpreter [ɪnˈtərprət̬ər] *n* : intérprete *mf*
interpretive [ɪnˈtərprət̬ɪv] *adj* : interpretativo
interracial [ˌɪntərˈreɪʃəl] *adj* : interracial
interrelate [ˌɪntərɪˈleɪt] *v* **-related; -relating** : interrelacionar
interrelationship [ˌɪntərɪˈleɪʃənˌʃɪp] *n* : interrelación *f*
interrogate [ɪnˈtɛrəˌgeɪt] *vt* **-gated; -gating** : interrogar, someter a un interrogatorio
interrogation [ɪnˌtɛrəˈgeɪʃən] *n* : interrogación *f*
interrogative[1] [ˌɪntəˈrɑgət̬ɪv] *adj* : interrogativo
interrogative[2] *n* : interrogativo *m*
interrogator [ɪnˈtɛrəˌgeɪt̬ər] *n* : interrogador *m*, -dora *f*
interrogatory [ˌɪntəˈrɑgəˌtɔri] *adj* → **interrogative**[1]
interrupt [ˌɪntəˈrʌpt] *v* : interrumpir
interruption [ˌɪntəˈrʌpʃən] *n* : interrupción *f*
intersect [ˌɪntərˈsɛkt] *vt* : cruzar, cortar — *vi* : cruzarse (dícese de los caminos), intersectarse (dícese de las líneas o figuras), cortarse
intersection [ˌɪntərˈsɛkʃən] *n* : intersección *f*, cruce *m*
intersperse [ˌɪntərˈspərs] *vt* **-spersed; -spersing** : intercalar, entremezclar
interstate [ˌɪntərˈsteɪt] *adj* : interestatal
interstellar [ˌɪntərˈstɛlər] *adj* : interestelar
interstice [ɪnˈtərstəs] *n, pl* **-stices** [-stəˌsi:z, -stəsəz] : intersticio *m*
intertwine [ˌɪntərˈtwaɪn] *vi* **-twined; -twining** : entrelazarse
interval [ˈɪntərvəl] *n* : intervalo *m*
intervene [ˌɪntərˈvi:n] *vi* **-vened; -vening** **1** ELAPSE : transcurrir, pasar ⟨the intervening years : los años intermediarios⟩ **2** INTERCEDE : intervenir, interceder, mediar
intervention [ˌɪntərˈvɛnʧən] *n* : intervención *f*
interview[1] [ˈɪntərˌvju:] *vt* : entrevistar — *vi* : hacer entrevistas
interview[2] *n* : entrevista *f*
interviewer [ˈɪntərˌvju:ər] *n* : entrevistador *m*, -dora *f*
interweave [ˌɪntərˈwi:v] *v* **-wove** [-ˈwo:v]; **-woven** [-ˈwo:vən]; **-weaving** *vt* : entretejer, entrelazar — *vi* INTERTWINE : entrelazarse, entretejerse
interwoven [ˌɪntərˈwo:vən] *adj* : entretejido
intestate [ɪnˈtɛsˌteɪt, -tət] *adj* : intestado
intestinal [ɪnˈtɛstənəl] *adj* : intestinal

intestine [ɪn'tɛstən] *n* **1** : intestino *m* **2 small intestine** : intestino *m* delgado **3 large intestine** : intestino *m* grueso
intimacy ['ɪntəməsi] *n, pl* **-cies** **1** CLOSENESS : intimidad *f* **2** FAMILIARITY : familiaridad *f*
intimate[1] ['ɪntə,meɪt] *vt* **-mated; -mating** : insinuar, dar a entender
intimate[2] ['ɪntəmət] *adj* **1** CLOSE : íntimo, de confianza ⟨intimate friends : amigos íntimos⟩ **2** PRIVATE : íntimo, privado ⟨intimate clubs : clubes íntimos⟩ **3** INNERMOST, SECRET : íntimo, secreto ⟨intimate fantasies : fantasías secretas⟩
intimate[3] *n* : amigo *m* íntimo, amiga *f* íntima
intimidate [ɪn'tɪmə,deɪt] *vt* **-dated; -dating** : intimidar
intimidation [ɪn,tɪmə'deɪʃən] *n* : intimidación *f*
into ['ɪn,tu:] *prep* **1** (*indicating motion*) : en, a, contra, dentro de ⟨she got into bed : se metió en la cama⟩ ⟨to get into a plane : subir a un avión⟩ ⟨he crashed into the wall : chocó contra la pared⟩ ⟨looking into the sun : mirando al sol⟩ **2** (*indicating state or condition*) : a, en ⟨to burst into tears : echarse a llorar⟩ ⟨the water turned into ice : el agua se convirtió en hielo⟩ ⟨to translate into English : traducir al inglés⟩ **3** (*indicating time*) ⟨far into the night : hasta bien entrada la noche⟩ ⟨he's well into his eighties : tiene los ochenta bien cumplidos⟩ **4** (*in mathematics*) ⟨3 into 12 is 4 : 12 dividido por 3 es 4⟩
intolerable [ɪn'tɑlərəbəl] *adj* : intolerable — **intolerably** [-bli] *adv*
intolerance [ɪn'tɑlərən*t*s] *n* : intolerancia *f*
intolerant [ɪn'tɑlərənt] *adj* : intolerante
intonation [,ɪnto'neɪʃən] *n* : entonación *f*
intone [ɪn'to:n] *vt* **-toned; -toning** : entonar
intoxicant [ɪn'tɑksɪkənt] *n* : bebida *f* alcohólica
intoxicate [ɪn'tɑksə,keɪt] *vt* **-cated; -cating** : emborrachar, embriagar
intoxicated [ɪn'tɑksə,keɪt̬əd] *adj* : borracho, embriagado
intoxicating [ɪn'tɑksə,keɪt̬ɪŋ] *adj* : embriagador
intoxication [ɪn,tɑksə'keɪʃən] *n* : embriaguez *f*
intractable [ɪn'træktəbəl] *adj* : obstinado, intratable
intramural [,ɪntrə'mjʊrəl] *adj* : interno, dentro de la universidad
intransigence [ɪn'træn*t*səʤən*t*s, -'trænzə-] *n* : intransigencia *f*
intransigent [ɪn'træn*t*səʤənt, -'trænzə-] *adj* : intransigente
intransitive [ɪn'træn*t*sət̬ɪv, -'trænzə-] *adj* : intransitivo
intravenous [,ɪntrə'vi:nəs] *adj* : intravenoso — **intravenously** *adv*
intrepid [ɪn'trɛpəd] *adj* : intrépido
intricacy ['ɪntrɪkəsi] *n, pl* **-cies** : complejidad *f*, lo intrincado
intricate ['ɪntrɪkət] *adj* : intrincado, complicado — **intricately** *adv*
intrigue[1] [ɪn'tri:g] *v* **-trigued; -triguing** : intrigar
intrigue[2] ['ɪn,tri:g, ɪn'tri:g] *n* : intriga *f*
intriguing [ɪn'tri:gɪŋ] *adj* : intrigante, fascinante
intrinsic [ɪn'trɪnzɪk, -'trɪn*t*sɪk] *adj* : intrínseco, esencial — **intrinsically** [-zɪkli, -sɪ-] *adv*
introduce [,ɪntrə'du:s, -'dju:s] *vt* **-duced; -ducing** **1** : presentar ⟨let me introduce my father : permítame presentar a mi padre⟩ **2** : introducir (algo nuevo), lanzar (un producto), presentar (una ley), proponer (una idea o un tema)
introduction [,ɪntrə'dʌkʃən] *n* : introducción *f*, presentación *f*
introductory [,ɪntrə'dʌktəri] *adj* : introductorio, preliminar, de introducción
introspection [,ɪntrə'spɛkʃən] *n* : introspección *f*
introspective [,ɪntrə'spɛktɪv] *adj* : introspectivo — **introspectively** *adv*
introvert ['ɪntrə,vərt] *n* : introvertido *m*, -da *f*
introverted ['ɪntrə,vərt̬əd] *adj* : introvertido
intrude [ɪn'tru:d] *v* **-truded; -truding** *vi* **1** INTERFERE : inmiscuirse, entrometerse **2** DISTURB, INTERRUPT : molestar, estorbar, interrumpir — *vt* : introducir por fuerza
intruder [ɪn'tru:dər] *n* : intruso *m*, -sa *f*
intrusion [ɪn'tru:ʒən] *n* : intrusión *f*
intrusive [ɪn'tru:sɪv] *adj* : intruso
intuit [ɪn'tu:ɪt, -'tju:-] *vt* : intuir
intuition [,ɪntʊ'ɪʃən, -tjʊ-] *n* : intuición *f*
intuitive [ɪn'tu:ət̬ɪv, -'tju:-] *adj* : intuitivo — **intuitively** *adv*
inundate ['ɪnən,deɪt] *vt* **-dated; -dating** : inundar
inundation [,ɪnən'deɪʃən] *n* : inundación *f*
inure [ɪ'nʊr, -'njʊr] *vt* **-ured; -uring** : acostumbrar, habituar
invade [ɪn'veɪd] *vt* **-vaded; -vading** : invadir
invader [ɪn'veɪdər] *n* : invasor *m*, -sora *f*
invalid[1] [ɪn'vælǝd] *adj* : inválido, nulo
invalid[2] ['ɪnvələd] *adj* : inválido, discapacitado
invalid[3] ['ɪnvələd] *n* : inválido *m*, -da *f*
invalidate [ɪn'vælə,deɪt] *vt* **-dated; -dating** : invalidar
invalidity [,ɪnvə'lɪdət̬i] *n, pl* **-ties** : invalidez *f*, falta de validez *f*
invaluable [ɪn'væljəbəl, -'væljʊə-] *adj* : invalorable, inestimable, inapreciable
invariable [ɪn'væriəbəl] *adj* : invariable, constante — **invariably** [-bli] *adv*
invasion [ɪn'veɪʒən] *n* : invasión *f*
invasive [ɪn'veɪsɪv] *adj* : invasivo
invective [ɪn'vɛktɪv] *n* : invectiva *f*, improperio *m*, vituperio *m*

inveigh [ɪnˈveɪ] *vi* **to inveigh against** : arremeter contra, lanzar invectivas contra

inveigle [ɪnˈveɪgəl, -ˈviː-] *vt* **-gled; -gling** : engatusar, embaucar, persuadir con engaños

invent [ɪnˈvɛnt] *vt* : inventar

invention [ɪnˈvɛntʃən] *n* : invención *f*, invento *m*

inventive [ɪnˈvɛntɪv] *adj* : inventivo

inventiveness [ɪnˈvɛntɪvnəs] *n* : ingenio *m*, inventiva *f*

inventor [ɪnˈvɛntər] *n* : inventor *m*, -tora *f*

inventory[1] [ˈɪnvənˌtɔri] *vt* **-ried; -rying** : inventariar

inventory[2] *n, pl* **-ries** **1** LIST : inventario *m* **2** STOCK : existencias *fpl*

inverse[1] [ɪnˈvərs, ˈɪnˌvərs] *adj* : inverso — **inversely** *adv*

inverse[2] *n* : inverso *m*

inversion [ɪnˈvɛrʒən] *n* : inversión *f*

invert [ɪnˈvərt] *vt* : invertir

invertebrate[1] [ɪnˈvərţəbrət, -ˌbreɪt] *adj* : invertebrado

invertebrate[2] *n* : invertebrado *m*

invest [ɪnˈvɛst] *vt* **1** AUTHORIZE : investir, autorizar **2** CONFER : conferir **3** : invertir, dedicar ⟨he invested his savings in stocks : invirtió sus ahorros en acciones⟩ ⟨to invest one's time : dedicar uno su tiempo⟩

investigate [ɪnˈvɛstəˌgeɪt] *v* **-gated; -gating** : investigar

investigation [ɪnˌvɛstəˈgeɪʃən] *n* : investigación *f*, estudio *m*

investigative [ɪnˈvɛstəˌgeɪţɪv] *adj* : investigador

investigator [ɪnˈvɛstəˌgeɪţər] *n* : investigador *m*, -dora *f*

investiture [ɪnˈvɛstəˌtʃʊr, -tʃər] *n* : investidura *f*

investment [ɪnˈvɛstmənt] *n* : inversión *f*

investor [ɪnˈvɛstər] *n* : inversor *m*, -sora *f*; inversionista *mf*

inveterate [ɪnˈvɛţərət] *adj* **1** DEEP-SEATED : inveterado, enraizado **2** HABITUAL : empedernido, incorregible

invidious [ɪnˈvɪdiəs] *adj* **1** OBNOXIOUS : repugnante, odioso **2** UNJUST : injusto — **invidiously** *adv*

invigorate [ɪnˈvɪgəˌreɪt] *vt* **-rated; -rating** : vigorizar, animar

invigorating [ɪnˈvɪgəˌreɪţɪŋ] *adj* : vigorizante, estimulante

invigoration [ɪnˌvɪgəˈreɪʃən] *n* : animación *f*

invincibility [ɪnˌvɪn*t*səˈbɪləţi] *n* : invencibilidad *f*

invincible [ɪnˈvɪn*t*səbəl] *adj* : invencible — **invincibly** [-bli] *adv*

inviolable [ɪnˈvaɪələbəl] *adj* : inviolable

inviolate [ɪnˈvaɪələt] *adj* : inviolado, puro

invisibility [ɪnˌvɪzəˈbɪləţi] *n* : invisibilidad *f*

invisible [ɪnˈvɪzəbəl] *adj* : invisible — **invisibly** [-bli] *adv*

invitation [ˌɪnvəˈteɪʃən] *n* : invitación *f*

invite [ɪnˈvaɪt] *vt* **-vited; -viting** **1** ATTRACT : atraer, tentar ⟨a book that invites interest : un libro que atrae el interés⟩ **2** PROVOKE : provocar, buscar ⟨to invite trouble : buscarse problemas⟩ **3** ASK : invitar ⟨we invited them for dinner : los invitamos acenar⟩ **4** SOLICIT : solicitar, buscar (preguntas, comentarios, etc.)

inviting [ɪnˈvaɪţɪŋ] *adj* : atractivo, atrayente

invocation [ˌɪnvəˈkeɪʃən] *n* : invocación *f*

invoice[1] [ˈɪnˌvɔɪs] *vt* **-voiced; -voicing** : facturar

invoice[2] *n* : factura *f*

invoke [ɪnˈvoːk] *vt* **-voked; -voking** **1** : invocar, apelar a ⟨she invoked our aid : apeló a nuestra ayuda⟩ **2** CITE : invocar, citar ⟨to invoke a precedent : invocar un precedente⟩ **3** CONJURE UP : hacer aparecer, invocar

involuntary [ɪnˈvɑlənˌtɛri] *adj* : involuntario — **involuntarily** [ɪn-ˌvɑlənˈtrəli] *adv*

involve [ɪnˈvɑlv] *vt* **-volved; -volving** **1** ENGAGE : ocupar (con una tarea, etc.) **2** IMPLICATE : involucrar, enredar, implicar ⟨to be involved in a crime : estar involucrado en un crimen⟩ **3** CONCERN : concernir, afectar **4** CONNECT : conectar, relacionar **5** ENTAIL, INCLUDE : suponer, incluir, consistir en ⟨what does the job involve? : ¿en qué consiste el trabajo?⟩ **6 to be involved with someone** : tener una relación (amorosa) con alguien

involved [ɪnˈvɑlvd] *adj* **1** COMPLEX, INTRICATE : complicado, complejo **2** CONCERNED : interesado, afectado

involvement [ɪnˈvɑlvmənt] *n* **1** PARTICIPATION : participación *f*, complicidad *f* **2** RELATIONSHIP : relación *f*

invulnerable [ɪnˈvʌlnərəbəl] *adj* : invulnerable

inward[1] [ˈɪnwərd] *or* **inwards** [-wərdz] *adv* : hacia adentro, hacia el interior

inward[2] *adj* INSIDE : interior, interno

inwardly [ˈɪnwərdli] *adv* **1** MENTALLY, SPIRITUALLY : por dentro **2** INTERNALLY : internamente, interiormente **3** PRIVATELY : para sus adentros, para sí

iodide [ˈaɪəˌdaɪd] *n* : yoduro *m*

iodine [ˈaɪəˌdaɪn, -dən] *n* : yodo *m*, tintura *f* de yodo

iodize [ˈaɪəˌdaɪz] *vt* **-dized; -dizing** : yodar

ion [ˈaɪən, ˈaɪˌɑn] *n* : ion *m*

ionic [aɪˈɑnɪk] *adj* : iónico

ionize [ˈaɪəˌnaɪz] *v* **ionized; ionizing** : ionizar

ionosphere [aɪˈɑnəˌsfɪr] *n* : ionosfera *f*

iota [aɪˈoːţə] *n* : pizca *f*, ápice *m*

IOU [ˌaɪˌoˈjuː] *n* : pagaré *m*, vale *m*

IPA [ˌaɪˌpiːˈeɪ] *n* *I*nternational *P*honetic *A*lphabet : AFI *m*

IQ [ˌaɪˈkjuː] *n* (*i*ntelligence *q*uotient) : CI *m*, coeficiente *m* intelectual
Iranian [ɪˈreɪniən, -ˈræ-, -ˈrɑ-; aɪˈ-] *n* : iraní *mf* — **Iranian** *adj*
Iraqi [ɪˈrɑkiː] *n* : iraquí *mf* — **Iraqi** *adj*
irascibility [ɪˌræsəˈbɪləṭi] *n* : irascibilidad *f*
irascible [ɪˈræsəbəl] *adj* : irascible
irate [aɪˈreɪt] *adj* : furioso, airado, iracundo — **irately** *adv*
ire [ˈaɪr] *n* : ira *f*, cólera *f*
iridescence [ˌɪrəˈdɛsənts] *n* : iridiscencia *f*
iridescent [ˌɪrəˈdɛsənt] *adj* : iridiscente
iridium [ɪˈrɪdiəm] *n* : iridio *m*
iris [ˈaɪrəs] *n, pl* **irises** *or* **irides** [ˈaɪrəˌdiːz, ˈɪr-] **1** : iris *m* (del ojo) **2** : lirio *m* (planta)
Irish[1] [ˈaɪrɪʃ] *adj* : irlandés
Irish[2] **1** : irlandés *m* (idioma) **2 the Irish** *npl* : los irlandeses
Irishman [ˈaɪrɪʃmən] *n, pl* **-men** : irlandés *m*
Irishwoman [ˈaɪrɪʃˌwʊmən] *n, pl* **-women** : irlandesa *f*
irk [ˈərk] *vt* : fastidiar, irritar, preocupar
irksome [ˈərksəm] *adj* : irritante, fastidioso — **irksomely** *adv*
iron[1] [ˈaɪərn] *v* : planchar
iron[2] *n* **1** : hierro *m*, fierro *m* ⟨a will of iron : una voluntad de hierro, una voluntad férrea⟩ **2** : plancha *f* (para planchar la ropa)
ironclad [ˈaɪərnˈklæd] *adj* **1** : acorazado, blindado **2** STRICT : riguroso, estricto
ironic [aɪˈrɑnɪk] *or* **ironical** [-nɪkəl] *adj* : irónico — **ironically** [-kli] *adv*
ironing [ˈaɪərnɪŋ] *n* **1** PRESSING : planchada *f* **2** : ropa *f* para planchar
ironing board *n* : tabla *f* (de planchar)
ironwork [ˈaɪərnˌwərk] *n* **1** : obra *f* de hierro **2 ironworks** *npl* : fundición *f*
ironworker [ˈaɪərnˌwərkər] *n* : fundidor *m*, -dora *f*
irony [ˈaɪrəni] *n, pl* **-nies** : ironía *f*
irradiate [ɪˈreɪdiˌeɪt] *vt* **-ated; -ating** : irradiar, radiar
irradiation [ɪˌreɪdiˈeɪʃən] *n* : irradiación *f*, radiación *f*
irrational [ɪˈræʃənəl] *adj* : irracional — **irrationally** *adv*
irrationality [ɪˌræʃəˈnæləṭi] *n, pl* **-ties** : irracionalidad *f*
irreconcilable [ɪˌrɛkənˈsaɪləbəl] *adj* : irreconciliable
irrecoverable [ˌɪrɪˈkʌvərəbəl] *adj* : irrecuperable — **irrecoverably** [-bli] *adv*
irredeemable [ˌɪrɪˈdiːməbəl] *adj* **1** : irredimible (dícese de un bono) **2** HOPELESS : irremediable, irreparable
irreducible [ˌɪrɪˈduːsəbəl, -ˈdjuː-] *adj* : irreducible — **irreducibly** [-bli] *adv*
irrefutable [ˌɪrɪˈfjuːṭəbəl, ɪrˈrɛfjə-] *adj* : irrefutable
irregular[1] [ɪˈrɛgjələr] *adj* : irregular — **irregularly** *adv*
irregular[2] *n* **1** : soldado *m* irregular **2 irregulars** *npl* : artículos *mpl* defectuosos
irregularity [ɪˌrɛgjəˈlærəṭi] *n, pl* **-ties** : irregularidad *f*
irrelevance [ɪˈrɛləvənts] *n* : irrelevancia *f*
irrelevant [ɪˈrɛləvənt] *adj* : irrelevante
irreligious [ˌɪrɪˈlɪʤəs] *adj* : irreligioso
irreparable [ɪˈrɛpərəbəl] *adj* : irreparable
irreplaceable [ˌɪrɪˈpleɪsəbəl] *adj* : irreemplazable, insustituible
irrepressible [ˌɪrɪˈprɛsəbəl] *adj* : incontenible, incontrolable
irreproachable [ɪrɪˈproːʧəbəl] *adj* : irreprochable, intachable
irresistible [ˌɪrɪˈzɪsṭəbəl] *adj* : irresistible — **irresistibly** [-bli] *adv*
irresolute [ɪˈrɛzəˌluːt] *adj* : irresoluto, indeciso
irresolutely [ɪˈrɛzəˌluːtli, -ˌrzəˈluːt-] *adv* : de manera indecisa
irresolution [ɪˌrɛzəˈluːʃən] *n* : irresolución *f*
irrespective of [ˌɪrɪˈspɛktɪvəv] *prep* : sin tomar en consideración, sin tener en cuenta
irresponsibility [ˌɪrɪˌspɑntsəˈbɪləṭi] *n, pl* **-ties** : irresponsabilidad *f*, falta *f* de responsabilidad
irresponsible [ˌɪrɪˈspɑntsəbəl] *adj* : irresponsable — **irresponsibly** [-bli] *adv*
irretrievable [ˌɪrɪˈtriːvəbəl] *adj* IRRECOVERABLE : irrecuperable
irreverence [ɪˈrɛvərənts] *n* : irreverencia *f*, falta *f* de respeto
irreverent [ɪˈrɛvərənt] *adj* : irreverente, irrespetuoso
irreversible [ˌɪrɪˈvərsəbəl] *adj* : irreversible
irrevocable [ɪˈrɛvəkəbəl] *adj* : irrevocable — **irrevocably** [-bli] *adv*
irrigate [ˈɪrəˌgeɪt] *vt* **-gated; -gating** : irrigar, regar
irrigation [ˌɪrəˈgeɪʃən] *n* : irrigación *f*, riego *m*
irritability [ˌɪrəṭəˈbɪləṭi] *n, pl* **-ties** : irritabilidad *f*
irritable [ˈɪrəṭəbəl] *adj* : irritable, colérico
irritably [ˈɪrəṭəbli] *adv* : con irritación
irritant[1] [ˈɪrətənt] *adj* : irritante
irritant[2] *n* : agente *m* irritante
irritate [ˈɪrəˌteɪt] *vt* **-tated; -tating 1** ANNOY : irritar, molestar **2** : irritar (en medicina)
irritating [ˈɪrəˌteɪṭɪŋ] *adj* : irritante
irritatingly [ˈɪrəˌteɪṭɪŋli] *adv* : de modo irritante, fastidiosamente
irritation [ˌɪrəˈteɪʃən] *n* : irritación *f*
is → **be**
Islam [ɪsˈlɑm, ɪz-, -ˈlæm; ˈɪsˌlɑm, ˈɪz-, -ˌlæm] *n* : el Islam
Islamic [ɪsˈlɑmɪk, ɪz-, -ˈlæ-] *adj* : islámico
island [ˈaɪlənd] *n* : isla *f*
islander [ˈaɪləndər] *n* : isleño *m*, -ña *f*

isle [ˈaɪl] *n* : isla *f*, islote *m*
islet [ˈaɪlət] *n* : islote *m*
isolate [ˈaɪsəˌleɪt] *vt* **-lated; -lating** : aislar
isolated [ˈaɪsəˌleɪt̬əd] *adj* : aislado, solo
isolation [ˌaɪsəˈleɪʃən] *n* : aislamiento *m*
isometric [ˌaɪsəˈmɛtrɪk] *adj* : isométrico
isometrics [ˌaɪsəˈmɛtrɪks] *ns & pl* : isometría *f*
isosceles [aɪˈsɑsəˌliːz] *adj* : isósceles
isotope [ˈaɪsəˌtoːp] *n* : isótopo *m*
Israeli [ɪzˈreɪli] *n* : israelí *mf* — **Israeli** *adj*
issue[1] [ˈɪˌʃuː] *v* **-sued; -suing** *vi* **1** EMERGE : emerger, salir, fluir **2** DESCEND : descender (dícese de los padres o antepasados específicos) **3** EMANATE, RESULT : emanar, surgir, resultar — *vt* **1** EMIT : emitir **2** DISTRIBUTE : emitir, distribuir ⟨to issue a new stamp : emitir un sello nuevo⟩ **3** PUBLISH : publicar
issue[2] *n* **1** EMERGENCE, FLOW : emergencia *f*, flujo *m* **2** PROGENY : descendencia *f*, progenie *f* **3** OUTCOME, RESULT : desenlace *m*, resultado *m*, consecuencia *f* **4** MATTER, QUESTION : asunto *m*, cuestión *f* **5** PUBLICATION : publicación *f*, distribución *f*, emisión *f* **6** : número *m* (de un periódico o una revista)
isthmus [ˈɪsməs] *n* : istmo *m*
it [ˈɪt] *pron* **1** (*as subject; generally omitted*) : él, ella, ello ⟨it's a big building : es un edificio grande⟩ ⟨who was it? : ¿quién era?⟩ ⟨one more and that's it : uno más y se acabó⟩ **2** (*as indirect object*) : le ⟨I'll give it some water : voy a darle agua⟩ ⟨give it time : dale tiempo⟩ **3** (*as direct object*) : lo, la ⟨give it to me : dámelo⟩ ⟨I don't understand it : no lo entiendo⟩ ⟨stop it! : ¡basta!⟩ **4** (*as object of a preposition; generally omitted*) : él, ella, ello ⟨behind it : detrás, detrás de él⟩ **5** (*in impersonal constructions*) ⟨it's raining : está lloviendo⟩ ⟨what time is it? : ¿qué hora es?⟩ ⟨it's 8 o'clock : son las ocho⟩ ⟨it's hot/cold : hace calor/frío⟩ **6** (*as the implied subject or object of a verb*) ⟨it is necessary to study : es necesario estudiar⟩ ⟨it's good to see you : (me) da gusto verte⟩ ⟨it is known/said that . . . : se sabe/dice que . . .⟩ ⟨it would seem so : eso parece⟩ ⟨to give it all one's got : dar lo mejor de sí⟩
Italian [ɪˈtæliən, aɪ-] *n* **1** : italiano *m*, -na *f* **2** : italiano *m* (idioma) — **Italian** *adj*
italic[1] [ɪˈtælɪk, aɪ-] *adj* : en cursiva, en bastardilla
italic[2] *n* : cursiva *f*, bastardilla *f*
italicize [ɪˈtæləˌsaɪz, aɪ-] *vt* **-cized; -cizing** : poner en cursiva
itch[1] [ˈɪʧ] *vi* **1** : picar ⟨her arm itched : le pica el brazo⟩ **2** : morirse ⟨they were itching to go outside : se morían por salir⟩ — *vt* : dar picazón, hacer picar
itch[2] *n* **1** ITCHING : picazón *f*, picor *m*, comezón *f* **2** RASH : sarpullido *m*, erupción *f* **3** DESIRE : ansia *f*, deseo *m*
itchy [ˈɪʧi] *adj* **itchier; -est** : que pica, que da comezón
it'd [ˈɪt̬əd] *contraction of* **it had** *or* **it would** → **have, would**
item [ˈaɪt̬əm] *n* **1** OBJECT : artículo *m*, pieza *f* ⟨item of clothing : prenda de vestir⟩ **2** : punto *m* (en una agenda), número *m* (en el teatro), ítem *m* (en un documento) **3 news item** : noticia *f*
itemize [ˈaɪt̬əˌmaɪz] *vt* **-ized; -izing** : detallar, enumerar, listar
itinerant [aɪˈtɪnərənt] *adj* : itinerante, ambulante
itinerary [aɪˈtɪnəˌrɛri] *n, pl* **-aries** : itinerario *m*
it'll [ˈɪt̬əl] *contraction of* **it shall** *or* **it will** → **shall, will**
its [ˈɪts] *adj* : su, sus ⟨its kennel : su perrera⟩ ⟨a city and its inhabitants : una ciudad y sus habitantes⟩
it's [ˈɪts] *contraction of* **it is** *or* **it has** → **be, have**
itself [ɪtˈsɛlf] *pron* **1** (*used reflexively*) : se ⟨the cat gave itself a bath : el gato se bañó⟩ **2** (*used for emphasis*) : (él) mismo, (ella) misma, sí (mismo), solo ⟨he is courtesy itself : es la misma cortesía⟩ ⟨in and of itself : por sí mismo⟩ ⟨it opened by itself : se abrió solo⟩
IUD [ˌaɪˌjuːˈdiː] *n* *i*ntra*u*terine *d*evice : DIU *m*, dispositivo *m* intrauterino
I've [ˈaɪv] *contraction of* **I have** → **have**
ivory [ˈaɪvəri] *n, pl* **-ries** **1** : marfil *m* **2** : color *m* de marfil
ivy [ˈaɪvi] *n, pl* **ivies** **1** : hiedra *f*, yedra *f* **2** → **poison ivy**

J

j [ˈʤeɪ] *n, pl* **j's** *or* **js** [ˈʤeɪz] : décima letra del alfabeto inglés
jab[1] [ˈʤæb] *v* **jabbed; jabbing** *vt* **1** PUNCTURE : clavar, pinchar **2** POKE : dar, golpear (con la punta de algo) ⟨he jabbed me in the ribs : me dio un codazo en las costillas⟩ — *vi* **to jab at** : dar, golpear
jab[2] *n* **1** PRICK : pinchazo *m* **2** POKE : golpe *m* abrupto
jabber[1] [ˈʤæbər] *v* : farfullar
jabber[2] *n* : galimatías *m*, farfulla *f*

jack[1] ['ʤæk] *vt* **to jack up** **1** : levantar (con un gato) **2** INCREASE : subir, aumentar

jack[2] *n* **1** : gato *m*, cric *m* ⟨hydraulic jack : gato hidráulico⟩ **2** FLAG : pabellón *m* **3** SOCKET : enchufe *m* hembra **4** : jota *f*, valet *m* ⟨jack of hearts : jota de corazones⟩ **5** **jacks** *npl* : cantillos *mpl*

jackal ['ʤækəl] *n* : chacal *m*

jackass ['ʤækˌæs] *n* : asno *m*, burro *m*

jacket ['ʤækət] *n* **1** : chaqueta *f* **2** COVER : sobrecubierta *f* (de un libro), carátula *f* (de un disco)

jackhammer ['ʤækˌhæmər] *n* : martillo *m* neumático

jack–in–the–box ['ʤækɪnðəˌbɑks] *n* : caja *f* de sorpresa

jackknife[1] ['ʤækˌnaɪf] *vi* **-knifed; -knifing** : doblarse como una navaja, plegarse

jackknife[2] *n* : navaja *f*

jack–of–all–trades *n* : persona *f* que sabe un poco de todo, persona *f* de muchos oficios

jack–o'–lantern ['ʤækəˌlæntərn] *n* : linterna *f* hecha de una calabaza

jackpot ['ʤækˌpɑt] *n* **1** : primer premio *m*, gordo *m* **2** **to hit the jackpot** : sacarse la lotería, sacarse el gordo

jackrabbit ['ʤækˌræbət] *n* : liebre *f* grande de Norteamérica

jade ['ʤeɪd] *n* : jade *m*

jaded ['ʤeɪdəd] *adj* **1** TIRED : agotado **2** BORED : hastiado

jagged ['ʤægəd] *adj* : dentado, mellado

jaguar ['ʤægˌwɑr, 'ʤægjʊˌwɑr] *n* : jaguar *m*

jai alai ['haɪˌlaɪ] *n* : jai alai *m*, pelota *f* vasca

jail[1] ['ʤeɪl] *vt* : encarcelar

jail[2] *n* : cárcel *f*

jailbreak ['ʤeɪlˌbreɪk] *n* : fuga *f*, huida *f* (de la cárcel)

jailer *or* **jailor** ['ʤeɪlər] *n* : carcelero *m*, -ra *f*

jalapeño [ˌhɑlə'peɪnjo, ˌhæ-, -'pi:no] *n* : jalapeño *m*

jalopy [ʤə'lɑpi] *n, pl* **-lopies** : cacharro *m fam*, carro *m* destartalado

jalousie ['ʤæləsi] *n* : celosía *f*

jam[1] ['ʤæm] *v* **jammed; jamming** *vt* **1** CRAM : apiñar, embutir **2** BLOCK : atascar, atorar **3** **to jam on the brakes** : frenar en seco — *vi* STICK : atascarse, atrancarse

jam[2] *n* **1** *or* **traffic jam** : atasco *m*, embotellamiento *m* (de tráfico) **2** PREDICAMENT : lío *m*, aprieto *m*, apuro *m* **3** : mermelada *f* ⟨strawberry jam : mermelada de fresa⟩

Jamaican [ʤə'meɪkən] *n* : jamaiquino *m*, -na *f*; jamaicano *m*, -na *f* — **Jamaican** *adj*

jamb ['ʤæm] *n* : jamba *f*

jamboree [ˌʤæmbə'ri:] *n* : fiesta *f* grande

jangle[1] ['ʤæŋgəl] *v* **-gled; -gling** *vi* : hacer un ruido metálico — *vt* **1** : hacer sonar **2** **to jangle one's nerves** : irritar, crispar

jangle[2] *n* : ruido *m* metálico

janitor ['ʤænət̬ər] *n* : portero *m*, -ra *f*; conserje *mf*

January ['ʤænjʊˌɛri] *n* : enero *m*

Japanese [ˌʤæpə'ni:z, -'ni:s] *n* **1** : japonés *m*, -nesa *f* **2** : japonés *m* (idioma) — **Japanese** *adj*

jar[1] ['ʤɑr] *v* **jarred; jarring** *vi* **1** GRATE : chirriar **2** CLASH : desentonar **3** SHAKE : sacudirse **4** **to jar on** : crispar, enervar — *vt* JOLT : sacudir

jar[2] *n* **1** GRATING : chirrido *m* **2** JOLT : vibración *f*, sacudida *f* **3** : tarro *m*, bote *m*, pote *m* ⟨a jar of honey : un tarro de miel⟩

jargon ['ʤɑrgən] *n* : jerga *f*

jasmine ['ʤæzmən] *n* : jazmín *m*

jasper ['ʤæspər] *n* : jaspe *m*

jaundice ['ʤɔndɪs] *n* : ictericia *f*

jaundiced ['ʤɔndɪst] *adj* **1** : ictérico **2** EMBITTERED, RESENTFUL : amargado, resentido, negativo ⟨with a jaundiced eye : con una actitud de cinismo⟩

jaunt ['ʤɔnt] *n* : excursión *f*, paseo *m*

jauntily ['ʤɔntəli] *adv* : animadamente

jauntiness ['ʤɔntinəs] *n* : animación *f*, vivacidad *f*

jaunty ['ʤɔnti] *adj* **-tier; -est** **1** SPRIGHTLY : animado, alegre **2** RAKISH : desenvuelto, desenfadado

Javanese [ˌʤævə'ni:z, ˌʤɑ-, -'ni:s] *n* **1** : javanés *m* (idioma) **2** : javanés *m*, -nesa *f* — **Javanese** *adj*

javelin ['ʤævələn] *n* : jabalina *f*

jaw[1] ['ʤɔ] *vi* GAB : cotorrear *fam*, parlotear *fam*

jaw[2] *n* **1** : mandíbula *f*, quijada *f* **2** : mordaza *f* (de una herramienta) **3** **the jaws of death** : las garras *f* de la muerte

jawbone ['ʤɔˌbo:n] *n* : mandíbula *f*

jay ['ʤeɪ] *n* : arrendajo *m*, chara *f Mex*, azulejo *m Mex*

jaybird ['ʤeɪˌbərd] → **jay**

jaywalk ['ʤeɪˌwɔk] *vi* : cruzar la calle sin prudencia

jaywalker ['ʤeɪˌwɔkər] *n* : peatón *m* imprudente

jazz[1] ['ʤæz] *vt* **to jazz up** : animar, alegrar

jazz[2] *n* : jazz *m*

jazzy ['ʤæzi] *adj* **jazzier; -est** **1** : con ritmo de jazz **2** FLASHY, SHOWY : llamativo, ostentoso

jealous [ˈʤɛləs] *adj* : celoso, envidioso — **jealously** *adv*

jealousy [ˈʤɛləsi] *n* : celos *mpl*, envidia *f*

jeans [ˈʤiːnz] *npl* : jeans *mpl*, vaqueros *mpl*

jeep [ˈʤiːp] *n* : jeep *m*

jeer[1] [ˈʤɪr] *vi* **1** BOO : abuchear **2** SCOFF : mofarse, burlarse — *vt* RIDICULE : mofarse de, burlarse de

jeer[2] *n* **1** : abucheo *m* **2** TAUNT : mofa *f*, burla *f*

Jehovah [ʤɪˈhoːvə] *n* : Jehová *m*

jell [ˈʤɛl] *vi* **1** SET : gelificarse, cuajar **2** FORM : cuajar, formarse (una idea, etc.)

jelly[1] [ˈʤɛli] *v* **jellied; jellying** *vi* **1** JELL : gelificarse, cuajar **2** : hacer jalea — *vt* : gelificar

jelly[2] *n, pl* **-lies** **1** : jalea *f* **2** GELATIN : gelatina *f*

jellyfish [ˈʤɛliˌfɪʃ] *n* : medusa *f*

jeopardize [ˈʤɛpərˌdaɪz] *vt* **-dized; -dizing** : arriesgar, poner en peligro

jeopardy [ˈʤɛpərdi] *n* : peligro *m*, riesgo *m*

jerk[1] [ˈʤərk] *vt* **1** JOLT : sacudir **2** TUG, YANK : darle un tirón a — *vi* JOLT : dar sacudidas ⟨the train jerked along : el tren iba moviéndose a sacudidas⟩

jerk[2] *n* **1** TUG : tirón *m*, jalón *m* **2** JOLT : sacudida *f* brusca **3** FOOL : estúpido *m*, -da *f*; idiota *mf*

jerkin [ˈʤərkən] *n* : chaqueta *f* sin mangas, chaleco *m*

jerky [ˈʤərki] *adj* **jerkier; -est** **1** : espasmódico (dícese de los movimientos) **2** CHOPPY : inconexo (dícese de la prosa) — **jerkily** [-kəli] *adv*

jerry–built [ˈʤɛriˌbɪlt] *adj* : mal construido, chapucero

jersey [ˈʤərzi] *n, pl* **-seys** : jersey *m*

jest[1] [ˈʤɛst] *vi* : bromear

jest[2] *n* : broma *f*, chiste *m*

jester [ˈʤɛstər] *n* : bufón *m*, -fona *f*

Jesuit [ˈʤɛzuət] *n* : jesuita *m* — **Jesuit** *adj*

Jesus [ˈʤiːzəs, -zəz] *n* **1** : Jesús *m* **2** **Jesus Christ** : Jesucristo *m* **3** **Jesus (Christ)!** *fam* : ¡por Dios!

jet[1] [ˈʤɛt] *v* **jetted; jetting** *vt* SPOUT : arrojar a chorros — *vi* **1** GUSH : salir a chorros, chorrear **2** FLY : viajar en avión, volar

jet[2] *n* **1** STREAM : chorro *m* **2** *or* **jet airplane** : avión *m* a reacción, reactor *m* **3** : azabache *m* (mineral) **4** **jet engine** : reactor *m*, motor *m* a reacción **5** **jet lag** : desajuste *m* de horario (debido a un vuelo largo)

jet–propelled *adj* : a reacción

jetsam [ˈʤɛtsəm] *n* **flotsam and jetsam** : restos *mpl*, desechos *mpl*

jettison [ˈʤɛt̬əsən] *vt* **1** : echar al mar **2** DISCARD : desechar, deshacerse de

jetty [ˈʤɛt̬i] *n, pl* **-ties** **1** PIER, WHARF : desembarcadero *m*, muelle *m* **2** BREAKWATER : malecón *m*, rompeolas *m*

Jew [ˈʤuː] *n* : judío *m*, -día *f*

jewel [ˈʤuːəl] *n* **1** : joya *f*, alhaja *f* **2** GEM : piedra *f* preciosa, gema *f* **3** : rubí *m* (de un reloj) **4** TREASURE : joya *f*, tesoro *m*

jeweler *or* **jeweller** [ˈʤuːələr] *n* : joyero *m*, -ra *f*

jewelry [ˈʤuːəlri] *n* : joyas *fpl*, alhajas *fpl*

Jewish [ˈʤuːɪʃ] *adj* : judío

jib [ˈʤɪb] *n* : foque *m* (de un barco)

jibe [ˈʤaɪb] *vi* **jibed; jibing** AGREE : concordar

jiffy [ˈʤɪfi] *n, pl* **-fies** : santiamén *m*, segundo *m*, momento *m*

jig[1] [ˈʤɪg] *vi* **jigged; jigging** : bailar la giga

jig[2] *n* **1** : giga *f* **2** **the jig is up** : se acabó la fiesta

jigger [ˈʤɪgər] *n* : medida de 1 a 2 onzas (para licores)

jiggle[1] [ˈʤɪgəl] *v* **-gled; -gling** *vt* : agitar o sacudir ligeramente — *vi* : agitarse, vibrar

jiggle[2] *n* : sacudida *f*, vibración *f*

jigsaw [ˈʤɪgˌsɔ] *n* **1** : sierra *f* de vaivén **2** **jigsaw puzzle** : rompecabezas *m*

jilt [ˈʤɪlt] *vt* : dejar plantado, dar calabazas a

jimmy[1] [ˈʤɪmi] *vt* **-mied; -mying** : forzar con una palanqueta

jimmy[2] *n, pl* **-mies** : palanqueta *f*

jingle[1] [ˈʤɪŋgəl] *v* **-gled; -gling** *vi* : tintinear — *vt* : hacer sonar

jingle[2] *n* **1** TINKLE : tintineo *m*, retintín *m* **2** : canción *f* rimada

jingoism [ˈʤɪŋgoˌɪzəm] *n* : jingoísmo *m*, patriotería *f*

jingoistic [ˌʤɪŋgoˈɪstɪk] *or* **jingoist** [ˈʤɪŋgoɪst] *adj* : jingoísta, patriotero

jinx[1] [ˈʤɪŋks] *vt* : traer mala suerte a, salar *CoRi, Mex*

jinx[2] *n* **1** : cenizo *m*, -za *f* **2** **to put a jinx on** : echarle el mal de ojo a

jitters [ˈʤɪt̬ərz] *npl* : nervios *mpl* ⟨he got the jitters : se puso nervioso⟩

jittery [ˈʤɪt̬əri] *adj* : nervioso

job [ˈʤɑb] *n* **1** : trabajo *m* ⟨he did odd jobs for her : le hizo algunos trabajos⟩ **2** CHORE, TASK : tarea *f*, quehacer *m* **3** EMPLOYMENT : trabajo *m*, empleo *m*, puesto *m*

jobber [ˈʤɑbər] *n* MIDDLEMAN : intermediario *m*, -ria *f*

jock [ˈʤɑk] *n* : deportista *mf*, atleta *mf*

jockey[1] [ˈʤɑki] *v* **-eyed; -eying** *vt* **1** MANIPULATE : manipular **2** MANEUVER : maniobrar — *vi* **to jockey for position** : maniobrar para conseguir algo
jockey[2] *n, pl* **-eys** : jockey *mf*
jocose [ʤoˈko:s] *adj* : jocoso
jocular [ˈʤɑkjʊlər] *adj* : jocoso — **jocularly** *adv*
jocularity [ˌʤɑkjʊˈlærət̬i] *n* : jocosidad *f*
jodhpurs [ˈʤɑdpərz] *npl* : pantalones *mpl* de montar
jog[1] [ˈʤɑg] *v* **jogged; jogging** *vt* **1** NUDGE : dar, empujar, codear **2 to jog one's memory** : refrescar la memoria — *vi* **1** RUN : correr despacio, trotar, hacer footing (como ejercicio) **2** TRUDGE : andar a trote corto
jog[2] *n* **1** PUSH, SHAKE : empujoncito *m*, sacudida *f* leve **2** TROT : trote *m* corto, footing *m* (en deportes) **3** TWIST : recodo *m*, vuelta *f*, curva *f*
jogger [ˈʤɑgər] *n* : persona *f* que hace footing
join[1] [ˈʤɔɪn] *vt* **1** CONNECT, LINK : unir, juntar ⟨to join in marriage : unir en matrimonio⟩ ⟨to join hands : tomarse de la mano⟩ **2** ADJOIN : lindar con, colindar con **3** MEET : reunirse con, encontrarse con ⟨we joined them for lunch : nos reunimos con ellos para almorzar⟩ ⟨may I join you? : ¿puedo sentarme aquí?⟩ **4** ACCOMPANY : acompañar **5** : hacerse socio de (una organización), afiliarse a (un partido), entrar en (una empresa) ⟨to join the ranks of : sumarse a las filas de⟩ — *vi* **1** UNITE : unirse **2** MERGE : empalmar (dícese de las carreteras), confluir (dícese de los ríos) **3** : hacerse socio, afiliarse, entrar **4 to join in** PARTICIPATE : participar, tomar parte **5 to join up** ENLIST : enrolarse, alistarse
join[2] *n* JUNCTURE : juntura *f*, unión *f*
joiner [ˈʤɔɪnər] *n* **1** CARPENTER : carpintero *m*, -ra *f* **2** : persona *f* que se une a varios grupos
joint[1] [ˈʤɔɪnt] *adj* : conjunto, colectivo, mutuo ⟨a joint effort : un esfuerzo conjunto⟩ — **jointly** *adv*
joint[2] *n* **1** : articulación *f*, coyuntura *f* ⟨out of joint : dislocado⟩ **2** ROAST : asado *m* **3** JUNCTURE : juntura *f*, unión *f* **4** DIVE : antro *m*, tasca *f*
joist [ˈʤɔɪst] *n* : viga *f*
joke[1] [ˈʤo:k] *vi* **joked; joking** : bromear
joke[2] *n* **1** STORY : chiste *m* **2** PRANK : broma *f*
joker [ˈʤo:kər] *n* **1** PRANKSTER : bromista *mf* **2** : comodín *m* (en los naipes)
jokingly [ˈʤo:kɪŋli] *adv* : en broma
jollity [ˈʤɑlət̬i] *n, pl* **-ties** MERRIMENT : alegría *f*, regocijo *m*
jolly [ˈʤɑli] *adj* **-lier; -est** : alegre, jovial
jolt[1] [ˈʤo:lt] *vi* JERK : dar tumbos, dar sacudidas — *vt* : sacudir
jolt[2] *n* **1** JERK : sacudida *f* brusca **2** SHOCK : golpe *m* (emocional)
jonquil [ˈʤɑnkwɪl] *n* : junquillo *m*
Jordanian [ʤɔrˈdeɪniən] *n* : jordano *m*, -na *f* — **Jordanian** *adj*
josh [ˈʤɑʃ] *vt* TEASE : tomarle el pelo (a alguien) — *vi* JOKE : bromear
jostle [ˈʤɑsəl] *v* **-tled; -tling** *vi* **1** SHOVE : empujar, dar empellones **2** CONTEND : competir — *vt* **1** SHOVE : empujar **2 to jostle one's way** : abrirse paso a empellones
jot[1] [ˈʤɑt] *vt* **jotted; jotting** : anotar, apuntar ⟨jot it down : apúntalo⟩
jot[2] *n* BIT : ápice *m*, jota *f*, pizca *f*
jounce[1] [ˈʤæʊnts] *v* **jounced; jouncing** *vt* JOLT : sacudir — *vi* : dar tumbos, dar sacudidas
jounce[2] *n* JOLT : sacudida *f*, tumbo *m*
journal [ˈʤərnəl] *n* **1** DIARY : diario *m* **2** PERIODICAL : revista *f*, publicación *f* periódica **3** NEWSPAPER : periódico *m*, diario *m*
journalism [ˈʤərnəlˌɪzəm] *n* : periodismo *m*
journalist [ˈʤərnəlɪst] *n* : periodista *mf*
journalistic [ˌʤərnəlˈɪstɪk] *adj* : periodístico
journey[1] [ˈʤərni] *vi* **-neyed; -neying** : viajar
journey[2] *n, pl* **-neys** : viaje *m*
journeyman [ˈʤərnimən] *n, pl* **-men** [-mən, -ˌmɛn] : oficial *m*
joust[1] [ˈʤæʊst] *vi* : justar
joust[2] *n* : justa *f*
jovial [ˈʤo:viəl] *adj* : jovial — **jovially** *adv*
joviality [ˌʤo:viˈælət̬i] *n* : jovialidad *f*
jowl [ˈʤæʊl] *n* **1** JAW : mandíbula *f* **2** CHEEK : mejilla *f*, cachete *m*
joy [ˈʤɔɪ] *n* **1** HAPPINESS : gozo *m*, alegría *f*, felicidad *f* **2** DELIGHT : placer *m*, deleite *m* ⟨the child is a real joy : el niño es un verdadero placer⟩
joyful [ˈʤɔɪfəl] *adj* : gozoso, alegre, feliz — **joyfully** *adv*
joyless [ˈʤɔɪləs] *adj* : sin alegría, triste
joyous [ˈʤɔɪəs] *adj* : alegre, feliz, eufórico — **joyously** *adv*
joyousness [ˈʤɔɪəsnəs] *n* : alegría *f*, felicidad *f*, euforia *f*
joyride [ˈʤɔɪˌraɪd] *n* : paseo *m* temerario e irresponsable (en coche)
joystick [ˈʤɔɪˌstɪk] *n* : joystick *m*

jubilant ['ʤu:bələnt] *adj* : jubiloso, alborozado — **jubilantly** *adv*
jubilation [ˌʤu:bə'leɪʃən] *n* : júbilo *m*
jubilee ['ʤu:bəˌli:] *n* **1** : quincuagésimo aniversario *m* **2** CELEBRATION : celebración *f*, festejos *mpl*
Judaic [ʤʊ'deɪɪk] *adj* : judaico
Judaism ['ʤu:dəˌɪzəm, 'ʤu:di-, 'ʤu:ˌdeɪ-] *n* : judaísmo *m*
judge[1] ['ʤʌʤ] *vt* **judged; judging 1** ASSESS : evaluar, juzgar **2** DEEM : juzgar, considerar **3** TRY : juzgar (ante el tribunal) **4 judging by** : a juzgar por
judge[2] *n* **1** : juez *mf*, jueza *f* **2 to be a good judge of** : saber juzgar a, entender mucho de
judgment *or* **judgement** ['ʤʌʤ-mənt] *n* **1** RULING : fallo *m*, sentencia *f* **2** OPINION : opinión *f* **3** DISCERNMENT : juicio *m*, discernimiento *m*
judgmental [ˌʤʌʤ'mntəl] *adj* : crítico — **judgmentally** *adv*
judicature ['ʤu:dɪkəˌʧʊr] *n* : judicatura *f*
judicial [ʤʊ'dɪʃəl] *adj* : judicial — **judicially** *adv*
judiciary[1] [ʤʊ'dɪʃiˌri, -'dɪʃəri] *adj* : judicial
judiciary[2] *n* **1** JUDICATURE : judicatura *f* **2** : poder *m* judicial
judicious [ʤʊ'dɪʃəs] *adj* SOUND, WISE : juicioso, sensato — **judiciously** *adv*
judo ['ʤu:ˌdo:] *n* : judo *m*
jug ['ʤʌg] *n* **1** : jarra *f*, jarro *m*, cántaro *m* **2** JAIL : cárcel *f*, chirona *f fam*
juggernaut ['ʤʌgərˌnɔt] *n* : gigante *m*, fuerza *f* irresistible ⟨a political juggernaut : un gigante político⟩
juggle ['ʤʌgəl] *v* **-gled; -gling** *vt* **1** : hacer juegos malabares con **2** MANIPULATE : manipular, jugar con — *vi* : hacer juegos malabares
juggler ['ʤʌgələr] *n* : malabarista *mf*
jugular ['ʤʌgjʊlər] *adj* : yugular ⟨jugular vein : vena yugular⟩
juice ['ʤu:s] *n* **1** : jugo *m* (de carne, de frutas) *m*, zumo *m* (de frutas) **2** ELECTRICITY : electricidad *f*, luz *f*
juicer ['ʤu:sər] *n* : exprimidor *m*
juiciness ['ʤu:sinəs] *n* : jugosidad *f*
juicy ['ʤu:si] *adj* **juicier; -est 1** SUCCULENT : jugoso, suculento **2** PROFITABLE : jugoso, lucrativo **3** RACY : picante
jukebox ['ʤu:kˌbɑks] *n* : rocola *f*, máquina *f* de discos
julep ['ʤu:ləp] *n* : bebida *f* hecha con whisky americano y menta
July [ʤʊ'laɪ] *n* : julio *m*
jumble[1] ['ʤʌmbəl] *vt* **-bled; -bling** : mezclar, revolver
jumble[2] *n* : revoltijo *m*, fárrago *m*, embrollo *m*
jumbo[1] ['ʤʌmˌbo:] *adj* : gigante, enorme, de tamaño extra grande
jumbo[2] *n, pl* **-bos** : coloso *m*, cosa *f* de tamaño extra grande
jump[1] ['ʤʌmp] *vi* **1** LEAP : saltar, brincar **2** START : levantarse de un salto, sobresaltarse **3** MOVE, SHIFT : moverse, pasar ⟨to jump from job to job : pasar de un empleo a otro⟩ **4** INCREASE, RISE : dar un salto, aumentarse de golpe, subir bruscamente **5** BUSTLE : animarse, ajetrearse **6 to jump at** : no dejar escapar (una oportunidad) **7 to jump in** : meterse (en una conversación, etc.) **8 to jump on** ATTACK, CRITICIZE : atacar, criticar **9 to jump on** SCOLD : regañar, reprender, reñir **10 to jump out at** POUNCE ON : abalanzarse sobre **11 to jump out at** : llamar la atención de ⟨it jumps out at you : salta a la vista⟩ **12 to jump to conclusions** : sacar conclusiones precipitadas — *vt* **1** : saltar **2** SKIP : saltarse **3** ATTACK : atacar, asaltar **4 to jump the gun** : precipitarse
jump[2] *n* **1** LEAP : salto *m* **2** START : sobresalto *m*, respingo *m* **3** INCREASE : subida *f* brusca, aumento *m* **4** ADVANTAGE : ventaja *f* ⟨we got the jump on them : les llevamos la ventaja⟩
jumper ['ʤʌmpər] *n* **1** : saltador *m*, -dora *f* (en deportes) **2** : jumper *m*, vestido *m* sin mangas
jumpy ['ʤʌmpi] *adj* **jumpier; -est** : asustadizo, nervioso
junction ['ʤʌŋkʃən] *n* **1** JOINING : unión *f* **2** : cruce *m* (de calles), empalme *m* (de un ferrocarril), confluencia *f* (de ríos)
juncture ['ʤʌŋkʧər] *n* **1** UNION : juntura *f*, unión *f* **2** MOMENT, POINT : coyuntura *f* ⟨at this juncture : en esta coyuntura, en este momento⟩
June ['ʤu:n] *n* : junio *m*
jungle ['ʤʌŋgəl] *n* : jungla *f*, selva *f*
junior[1] ['ʤu:njər] *adj* **1** YOUNGER : más joven ⟨John Smith, Junior : John Smith, hijo⟩ **2** SUBORDINATE : subordinado, subalterno
junior[2] *n* **1** : persona *f* de menor edad ⟨she's my junior : es menor que yo⟩ **2** SUBORDINATE : subalterno *m*, -na *f*; subordinado *m*, -da *f* **3** : estudiante *mf* de penúltimo año
juniper ['ʤu:nəpər] *n* : enebro *m*
junk[1] ['ʤʌŋk] *vt* : echar a la basura
junk[2] *n* **1** RUBBISH : desechos *mpl*, desperdicios *mpl* **2** STUFF : trastos *mpl fam*, cachivaches *mpl fam* **3 piece of junk** : cacharro *m*, porquería *f*

junket [ˈʤʌŋkət] *n* : viaje *m* (pagado con dinero público)
junta [ˈhʊntə, ˈʤʌn-, ˈhʌn-] *n* : junta *f* militar
Jupiter [ˈʤu:pəṭər] *n* : Júpiter *m*
jurisdiction [ˌʤʊrəsˈdɪkʃən] *n* : jurisdicción *f*
jurisprudence [ˌʤʊrəsˈpru:dənts] *n* : jurisprudencia *f*
jurist [ˈʤʊrɪst] *n* : jurista *mf*; magistrado *m*, -da *f*
juror [ˈʤʊrər] *n* : jurado *m*, -da *f*
jury [ˈʤʊri] *n, pl* **-ries** : jurado *m*
just[1] [ˈʤʌst] *adv* **1** EXACTLY : justo, precisamente, exactamente ⟨it was just what she hoped for : fue exactamente lo que esperaba⟩ ⟨it is just what I need : es justo lo que necesito⟩ ⟨just as/when : justo cuando⟩ **2** POSSIBLY : posiblemente ⟨it just might work : tal vez resulte⟩ **3** BARELY : justo, apenas ⟨just in time : justo a tiempo⟩ ⟨I had just enough time : tenía el tiempo justo⟩ ⟨just over an hour : una hora larga, una hora y pico⟩ ⟨we just missed the plane : perdimos el avión por un pelo⟩ ⟨we just missed each other : no nos vimos por poco⟩ ⟨it's just around the corner : está a la vuelta de la esquina⟩ **4** ONLY : sólo, solamente, nada más ⟨just us : sólo nosotros⟩ ⟨just one more : sólo uno más⟩ ⟨she's just a child : es sólo una niña⟩ ⟨just for fun : sólo por diversión⟩ ⟨just a moment/minute, please : un momento, por favor⟩ ⟨I'm just kidding : (sólo) estoy bromeando⟩ ⟨she's not just my friend, she's my lawyer : además de ser mi amiga, es mi abogada⟩ **5** (*used for emphasis*) ⟨it's just horrible! : ¡qué horrible!⟩ ⟨I just don't understand it : simplemente no lo entiendo⟩ ⟨I just knew it! : ¡ya me lo sospechaba!⟩ ⟨just imagine! : ¡imagínate!⟩ ⟨just tell him how you feel! : ¿por qué no le dices lo que sientes?⟩ ⟨don't just stand there—do something! : no te quedes ahí parado—¡haz algo!⟩ **6 to have just done something** : acabar de hacer algo ⟨he just called : acaba de llamar⟩ **7 just about** ALMOST : casi **8 just about to** : al punto de **9 just as . . . as** : tan . . . como ⟨just as good as : tan bueno como⟩ **10 just as soon** RATHER ⟨I'd just as soon stay home : prefiero quedarme en casa⟩ **11 just as well (that)** : menos mal (que) **12 just like that** : de repente **13 just now** : hace un momento ⟨I saw him just now : acabo de verlo⟩ **14 just now** RIGHT NOW : ahora mismo **15 just so** PERFECT : perfecto **16 just the thing** ⟨just the thing for you : justo lo que necesitas⟩ **17 just yet** ⟨are you ready?—not just yet : ¿estás lista?—casi⟩ ⟨don't buy it just yet : no lo compres ahora mismo⟩
just[2] *adj* : justo — **justly** *adv*
justice [ˈʤʌstɪs] *n* **1** : justicia *f* **2** JUDGE : juez *mf*, jueza *f*
justification [ˌʤʌstəfəˈkeɪʃən] *n* : justificación *f*
justify [ˈʤʌstəˌfaɪ] *vt* **-fied; -fying** : justificar — **justifiable** [ˌʤʌstə-ˈfaɪəbəl] *adj*
jut [ˈʤʌt] *vi* **jutted; jutting** : sobresalir
jute [ˈʤu:t] *n* : yute *m*
juvenile[1] [ˈʤu:vəˌnaɪl, -vənəl] *adj* **1** : juvenil ⟨juvenile delinquent : delincuente juvenil⟩ ⟨juvenile court : tribunal de menores⟩ **2** CHILDISH : infantil
juvenile[2] *n* : menor *mf*
juxtapose [ˈʤʌkstəˌpo:z] *vt* **-posed; -posing** : yuxtaponer
juxtaposition [ˌʤʌkstəpəˈzɪʃən] *n* : yuxtaposición *f*

K

k [ˈkeɪ] *n, pl* **k's** *or* **ks** [ˈkeɪz] : undécima letra del alfabeto inglés
kaiser [ˈkaɪzər] *n* : káiser *m*
kale [ˈkeɪl] *n* : col *f* rizada
kaleidoscope [kəˈlaɪdəˌsko:p] *n* : calidoscopio *m*
kamikaze [ˌkɑmɪˈkɑzi] *n* : kamikaze *m* — **kamikaze** *adj*
kangaroo [ˌkæŋgəˈru:] *n, pl* **-roos** : canguro *m*
kaolin [ˈkeɪələn] *n* : caolín *m*
karaoke [ˌkæriˈo:ki] *n* : karaoke *m*
karat [ˈkærət] *n* : quilate *m*
karate [kəˈrɑṭi] *n* : karate *m*
katydid [ˈkeɪṭiˌdɪd] *n* : saltamontes *m*
kayak [ˈkaɪˌæk] *n* : kayac *m*, kayak *m*
keel[1] [ˈki:l] *vi* **to keel over** : volcar (dícese de un barco), desplomarse (dícese de una persona)
keel[2] *n* : quilla *f*
keen [ˈki:n] *adj* **1** SHARP : afilado, filoso ⟨a keen blade : una hoja afilada⟩ **2** PENETRATING : cortante, penetrante ⟨a keen wind : un viento cortante⟩ **3** ENTHUSIASTIC : entusiasta **4** ACUTE : agudo, fino ⟨keen hearing : oído fino⟩ ⟨keen intelligence : inteligencia aguda⟩
keenly [ˈki:nli] *adv* **1** ENTHUSIASTICALLY : con entusiasmo **2** INTENSELY : vivamente, profundamente ⟨keenly aware of : muy consciente de⟩

keenness [ˈkiːnnəs] *n* **1** SHARPNESS : lo afilado, lo filoso **2** ENTHUSIASM : entusiasmo *m* **3** ACUTENESS : agudeza *f*

keep[1] [ˈkiːp] *v* **kept** [ˈkɛpt]; **keeping** *vt* **1** RETAIN : guardar, conservar, quedarse con ⟨do you want to keep these papers? : ¿quieres guardar estos papeles?⟩ ⟨he kept the money : se quedó con el dinero⟩ ⟨to keep one's cool : mantener la calma⟩ **2** : mantener ⟨keep me informed : mantenme informado⟩ ⟨she keeps herself fit : se mantiene en forma⟩ ⟨he kept his coat on : se quedó con el abrigo puesto⟩ ⟨to keep something a secret : mantener algo en secreto⟩ **3** DETAIN : retener, detener ⟨I won't keep you any longer : no te entretengo más⟩ ⟨what kept you? : ¿por qué tardaste?⟩ **4** (*with a present participle*) ⟨don't keep her waiting : no la hagas esperar⟩ ⟨he kept the company going : mantuvo la compañía a flote⟩ **5** : cumplir (su palabra), acudir a (una cita) **6** PRESERVE : guardar ⟨to keep a secret : guardar un secreto⟩ ⟨he kept it to himself : no se lo contó a nadie⟩ **7** HIDE : ocultar ⟨he kept it from her : se lo ocultó, no se lo dijo⟩ **8** OBSERVE : observar (una fiesta) **9** STORE : guardar **10** RESERVE : guardar **11** GUARD : guardar, cuidar **12** : llevar, escribir (un diario, etc.) **13** SUPPORT : mantener (una familia) **14** RAISE : criar (animales) **15** : mantener (a un amante) **16 to keep after (school)** : hacer quedar después de clase **17 to keep back** : no dejar acercarse a **18 to keep back** : hacer repetir un año (a un estudiante) **19 to keep back** HIDE, REPRESS : ocultar, retener **20 to keep company** : hacerle compañía a **21 to keep company with** : andar en compañía de **22 to keep down** : mantener bajo ⟨to keep prices down : mantener los precios bajos⟩ **23 to keep down** : retener (en el estómago) **24 to keep in** : no dejar salir **25 to keep it down** : no hacer tanto ruido **26 to keep in** CONTAIN : contener **27 to keep off** : no dejar pisar/tocar (etc.) ⟨keep the dog off the sofa : no dejes que el perro se suba al sofá⟩ **28 to keep off** : hacer evitar (un tema) **29 to keep weight off** ⟨he has kept the weight off : ha mantenido el peso (tras adelgazar)⟩ **30 to keep on** : mantener (a un empleado) en el puesto **31 to keep out** BLOCK : no dejar pasar **32 to keep up** CONTINUE : seguir con **33 to keep up** MAINTAIN : mantener **34 to keep up one's end of something** : cumplir (con) su parte de algo — *vi* **1** REMAIN, STAY : mantener ⟨to keep quiet : mantener silencio⟩ ⟨to keep still : estarse quieto⟩ ⟨to keep calm : mantener la calma⟩ ⟨she likes to keep busy : le gusta estar ocupada⟩ **2** : conservarse (dícese de los alimentos) ⟨the soup will keep for a week : la sopa se conserva una semana⟩ **3** *or* **to keep on** (*with a present participle*) CONTINUE : seguir, no dejar de ⟨keep going straight : sigue todo recto⟩ ⟨he keeps on pestering us : no deja de molestarnos⟩ **4 to keep after** NAG : estarle encima a ⟨he kept after me to quit smoking : me estaba encima para que deje de fumar⟩ **5 to keep at it** PERSIST : seguir dándole **6 to keep back** : no acercarse **7 to keep down** : no levantarse **8 to keep from** : abstenerse de ⟨I couldn't keep from laughing : no pude contener la risa⟩ **9 to keep off** : no pisar (el césped, etc.) **10 to keep off** AVOID : evitar (un tema) **11 to keep on** CONTINUE : seguir, continuar ⟨the rain kept on : seguía lloviendo⟩ **12 to keep out (of)** : no entrar (en) ⟨the sign says "keep out" : el letrero dice "prohibido el paso"⟩ ⟨to keep out of an argument : no meterse en una discusión⟩ **13 to keep to** : no apartarse de (un camino, etc.), quedarse dentro de (una casa, etc.) **14 to keep to** : ceñirse a (las reglas, un tema, etc.) **15 to keep to oneself** : ser muy reservado **16 to keep up** CONTINUE : seguir, continuar ⟨the rain kept up : seguía lloviendo⟩ **17 to keep up** : mantenerse al corriente ⟨he kept up with the news : se mantenía al tanto de las noticias⟩ **18 to keep up with someone** : mantener contacto con alguien

keep[2] *n* **1** TOWER : torreón *m* (de un castillo), torre *f* del homenaje **2** SUSTENANCE : manutención *f*, sustento *m* **3 for keeps** : para siempre

keeper [ˈkiːpər] *n* **1** : guarda *mf* (en un zoológico); conservador *m*, -dora *f* (en un museo) **2** GAMEKEEPER : guardabosque *mf*

keeping [ˈkiːpɪŋ] *n* **1** CONFORMITY : conformidad *f*, acuerdo *m* ⟨in keeping with : de acuerdo con⟩ **2** CARE : cuidado *m* ⟨in the keeping of : al cuidado de⟩

keepsake [ˈkiːpˌseɪk] *n* : recuerdo *m*

keep up *vt* CONTINUE, MAINTAIN : mantener, seguir con — *vi* **1** : mantenerse al corriente ⟨he kept up with the news : se mantenía al tanto de las noticias⟩ **2** CONTINUE : continuar **3 to keep up with someone** : mantener contacto con alguien

keg [ˈkɛg] *n* : barril *m*

kelp [ˈkɛlp] *n* : alga *f* marina

ken [ˈkɛn] *n* **1** SIGHT : vista *f*, alcance *m* de la vista **2** UNDERSTANDING : comprensión *f*, alcance *m* del conocimiento ⟨it's beyond his ken : no lo puede entender⟩

kennel [ˈkɛnəl] *n* : caseta *f* para perros, perrera *f*

Kenyan [ˈkɛnjən, ˈkiːn-] *n* : keniano *m*, -na *f* — **Kenyan** *adj*

kept → **keep**

kerchief [ˈkərtʃəf, -ˌtʃiːf] *n* : pañuelo *m*

kernel [ˈkərnəl] *n* **1** : almendra *f* (de semillas y nueces) **2** : grano *m* (de cerea-

les) **3** CORE : meollo *m* ⟨a kernel of truth : un fondo de verdad⟩
kerosene *or* **kerosine** [ˈkɛrəˌsiːn, ˌkɛrəˈ-] *n* : queroseno *m*, kerosén *m*, kerosene *m*
ketchup [ˈkɛtʃəp, ˈkæ-] *n* : salsa *f* catsup
kettle [ˈkɛtəl] *n* **1** : hervidor *m*, pava *f Arg, Bol, Chile* **2** → **teakettle**
kettledrum [ˈkɛtəlˌdrʌm] *n* : timbal *m*
key[1] [ˈkiː] *vt* **1** ATTUNE : adaptar, adecuar **2 to key up** : poner nervioso, inquietar
key[2] *adj* : clave, fundamental
key[3] *n* **1** : llave *f* **2** SOLUTION : clave *f*, soluciones *fpl* **3** : tecla *f* (de un piano o una máquina) **4** : tono *m*, tonalidad *f* (en la música) **5** ISLET, REEF : cayo *m*, islote *m*
keyboard [ˈkiːˌbord] *n* : teclado *m*
keyhole [ˈkiːˌhoːl] *n* : bocallave *f*, ojo *m* (de una cerradura)
keynote[1] [ˈkiːˌnoːt] *vt* **-noted; -noting 1** : establecer la tónica de (en música) **2** : pronunciar el discurso principal de
keynote[2] *n* **1** : tónica *f* (en música) **2** : idea *f* fundamental
keypad [ˈkiːˌpæd] *n* : teclado *m* numérico
keystone [ˈkiːˌstoːn] *n* : clave *f*, dovela *f*
keystroke [ˈkiːˌstroːk] *n* : pulsación *f* (de tecla)
khaki [ˈkæki, ˈkɑ-] *n* : caqui *m*
khan [ˈkɑn, ˈkæn] *n* : kan *m*
kibbutz [kəˈbʊts, -ˈbuːts] *n, pl* **-butzim** [-ˌbʊtˈsiːm, -ˌbuːt-] : kibutz *m*
kibitz [ˈkɪbɪts] *vi* : dar consejos molestos
kibitzer [ˈkɪbɪtsər, kɪˈbɪt-] *n* : persona *f* que da consejos molestos
kick[1] [ˈkɪk] *vi* **1** : dar patadas (dícese de una persona), cocear (dícese de un animal) **2** PROTEST : patalear, protestar **3** RECOIL : dar un culatazo (dícese de un arma de fuego) **4 to kick around** *fam* : andar dando vueltas (por), viajar (por) **5 to kick back** *fam* : relajarse **6 to kick in** *fam* : arrancar (dícese de un motor, etc.), hacer efecto (dícese de drogas), tener efecto (dícese de una ley) **7 to kick off** BEGIN : empezar **8 to kick off** : hacer el saque inicial (en deportes) — *vt* **1** : patear, darle una patada (a alguien) ⟨to kick someone when they're down : pegarle a alguien en el suelo⟩ **2** : dejar, perder (un vicio) **3 to kick around** *fam* : considerar, barajar (ideas, etc.) **4 to kick in** *fam* CONTRIBUTE : contribuir, poner **5 to kick off** : empezar, iniciar **6 to kick oneself** *fam* : castigarse, culparse **7 to kick out** EJECT : echar **8 to kick up** : levantar (polvo, etc.) **9 to kick up a fuss** *fam* : armar una bronca
kick[2] *n* **1** : patada *f*, puntapié *m*, coz *f* (de un animal) **2** RECOIL : culatazo *m* (de un arma de fuego) **3** : fuerza *f* ⟨a drink with a kick : una bebida fuerte⟩
kicker [ˈkɪkər] *n* : pateador *m*, -dora *f* (en deportes)
kickoff [ˈkɪkˌɔf] *n* : saque *m* (inicial)
kick off *vi* **1** : hacer el saque inicial (en deportes) **2** BEGIN : empezar — *vt* : empezar
kid[1] [ˈkɪd] *v* **kidded; kidding** *vt* **1** FOOL : engañar **2** TEASE : tomarle el pelo (a alguien) — *vi* JOKE : bromear ⟨I'm only kidding : lo digo en broma⟩
kid[2] *n* **1** : chivo *m*, -va *f*; cabrito *m*, -ta *f* **2** CHILD : chico *m*, -ca *f*; niño *m*, -ña *f*
kidder [ˈkɪdər] *n* : bromista *mf*
kiddingly [ˈkɪdɪŋli] *adv* : en broma
kidnap [ˈkɪdˌnæp] *vt* **-napped** *or* **-naped** [-ˌnæpt]; **-napping** *or* **-naping** [-ˌnæpɪŋ] : secuestrar, raptar
kidnapper *or* **kidnaper** [ˈkɪdˌnæpər] *n* : secuestrador *m*, -dora *f*; raptor *m*, -tora *f*
kidnapping [ˈkɪdˌnæpɪŋ] *n* : secuestro *m*
kidney [ˈkɪdni] *n, pl* **-neys** : riñón *m*
kidney bean *n* : frijol *m*
kill[1] [ˈkɪl] *vt* **1** : matar **2** END : acabar con, poner fin a **3 to kill time** : matar el tiempo
kill[2] *n* **1** KILLING : matanza *f* **2** PREY : presa *f*
killer [ˈkɪlər] *n* : asesino *m*, -na *f*
killjoy [ˈkɪlˌdʒɔɪ] *n* : aguafiestas *mf*
kiln [ˈkɪl, ˈkɪln] *n* : horno *m*
kilo [ˈkiːˌloː] *n, pl* **-los** : kilo *m*
kilobyte [ˈkɪləˌbaɪt] *n* : kilobyte *m*
kilocycle [ˈkɪləˌsaɪkəl] *n* : kilociclo *m*
kilogram [ˈkɪləˌgræm, ˈkiː-] *n* : kilogramo *m*
kilohertz [ˈkɪləˌhərts] *n* : kilohertzio *m*
kilometer [kɪˈlɑmətər, ˈkɪləˌmiː-] *n* : kilómetro *m*
kilowatt [ˈkɪləˌwɑt] *n* : kilovatio *m*
kilt [ˈkɪlt] *n* : falda *f* escocesa
kilter [ˈkɪltər] *n* **1** ORDER : buen estado *m* **2 out of kilter** : descompuesto, estropeado
kimono [kəˈmoːno, -nə] *n, pl* **-nos** : kimono *m*, quimono *m*
kin [ˈkɪn] *n* : familiares *mpl*, parientes *mpl*
kind[1] [ˈkaɪnd] *adj* : amable, bondadoso, benévolo
kind[2] *n* **1** ESSENCE : esencia *f* ⟨a difference in degree, not in kind : una diferencia cuantitativa y no cualitativa⟩ **2** CATEGORY : especie *f*, género *m* **3** TYPE : clase *f*, tipo *m*, índole *f*
kindergarten [ˈkɪndərˌgɑrtən, -dən] *n* : kinder *m*, kindergarten *m*, jardín *m* de infantes, jardín *m* de niños *Mex*
kindhearted [ˌkaɪndˈhɑrtəd] *adj* : bondadoso, de buen corazón
kindle [ˈkɪndəl] *v* **-dled; -dling** *vt* **1** IGNITE : encender **2** AROUSE : despertar, suscitar — *vi* : encenderse
kindliness [ˈkaɪndlinəs] *n* : bondad *f*
kindling [ˈkɪndlɪŋ, ˈkɪndlən] *n* : astillas *fpl*, leña *f*

kindly[1] ['kaɪndli] *adv* **1** AMIABLY : amablemente, bondadosamente **2** COURTEOUSLY : cortésmente, con cortesía ⟨we kindly ask you not smoke : les rogamos que no fumen⟩ **3** PLEASE : por favor **4 to take kindly to** : aceptar de buena gana

kindly[2] *adj* **-lier; -est** : bondadoso, amable

kindness ['kaɪndnəs] *n* : bondad *f*

kind of *adv* SOMEWHAT : un tanto, algo

kindred[1] ['kɪndrəd] *adj* SIMILAR : similar, afín ⟨kindred spirits : almas gemelas⟩

kindred[2] *n* **1** FAMILY : familia *f*, parentela *f* **2 → kin**

kinfolk ['kɪnˌfo:k] *or* **kinfolks** [-ˌfo:ks] *npl* **→ kin**

king ['kɪŋ] *n* : rey *m*

kingdom ['kɪŋdəm] *n* : reino *m*

kingfisher ['kɪŋˌfɪʃər] *n* : martín *m* pescador

kingly ['kɪŋli] *adj* **-lier; -est** : regio, real

king–size ['kɪŋˌsaɪz] *or* **king–sized** [-ˌsaɪzd] *adj* : de tamaño muy grande, extra largo (dícese de cigarrillos)

kink ['kɪŋk] *n* **1** : rizo *m* (en el pelo), vuelta *f* (en una cuerda) **2** CRAMP : calambre *m* ⟨to have a kink in the neck : tener tortícolis⟩

kinky ['kɪŋki] *adj* **-kier; -est** : rizado (dícese del pelo), enroscado (dícese de una cuerda)

kinship ['kɪnˌʃɪp] *n* : parentesco *m*

kinsman ['kɪnzmən] *n, pl* **-men** [-mən, -ˌmɛn] : familiar *m*, pariente *m*

kinswoman ['kɪnzˌwʊmən] *n, pl* **-women** [-ˌwɪmən] : familiar *f*, pariente *f*

kiosk ['ki:ˌɑsk] *n* : quiosco *m*

kipper ['kɪpər] *n* : arenque *m* ahumado

kiss[1] ['kɪs] *vt* : besar — *vi* : besarse

kiss[2] *n* : beso *m*

kit ['kɪt] *n* **1** SET : juego *m*, kit *m* **2** CASE : estuche *m*, caja *f* **3 first–aid kit** : botiquín *m* **4 tool kit** : caja *f* de herramientas **5 travel kit** : neceser *m*

kitchen ['kɪʧən] *n* : cocina *f*

kite ['kaɪt] *n* **1** : milano *m* (ave) **2** : cometa *f*, papalote *m Mex* ⟨to fly a kite : hacer volar una cometa⟩

kith ['kɪθ] *n* : amigos *mpl* ⟨kith and kin : amigos y parientes⟩

kitten ['kɪtən] *n* : gatito *m*, -ta *f*

kitty ['kɪṭi] *n, pl* **-ties** **1** FUND, POOL : bote *m*, fondo *m* común **2** CAT : gato *m*, gatito *m*

kitty–corner ['kɪṭiˌkɔrnər] *or* **kitty–cornered** [-nərd] **→ catercorner**

kiwi ['ki:ˌwi:] *n* : kiwi *m*

kleptomania [ˌklɛptə'meɪniə] *n* : cleptomanía *f*

kleptomaniac [ˌklɛptə'meɪniˌæk] *n* : cleptómano *m*, -na *f*

knack ['næk] *n* : maña *f*, facilidad *f*

knapsack ['næpˌsæk] *n* : mochila *f*, morral *m*

knave ['neɪv] *n* : bellaco *m*, pícaro *m*

knead ['ni:d] *vt* **1** : amasar, sobar **2** MASSAGE : masajear

knee ['ni:] *n* : rodilla *f*

kneecap ['ni:ˌkæp] *n* : rótula *f*

kneel ['ni:l] *vi* **knelt** ['nɛlt] *or* **kneeled** ['ni:ld]; **kneeling** : arrodillarse, ponerse de rodillas

knell ['nɛl] *n* : doble *m*, toque *m* ⟨death knell : toque de difuntos⟩

knew → know

knickers ['nɪkərz] *npl* : pantalones *mpl* bombachos de media pierna

knickknack ['nɪkˌnæk] *n* : chuchería *f*, baratija *f*

knife[1] ['naɪf] *vt* **knifed** ['naɪft]; **knifing** : acuchillar, apuñalar

knife[2] *n, pl* **knives** ['naɪvz] : cuchillo *m*

knight[1] ['naɪt] *vt* : conceder el título de *Sir* a

knight[2] *n* **1** : caballero *m* ⟨knight errant : caballero andante⟩ **2** : caballo *m* (en ajedrez) **3** : uno que tiene el título de *Sir*

knighthood ['naɪtˌhʊd] *n* **1** : caballería *f* **2** : título *m* de *Sir*

knightly ['naɪtli] *adj* : caballeresco

knit[1] ['nɪt] *v* **knit** *or* **knitted** ['nɪṭəd]; **knitting** *vt* **1** UNITE : unir, enlazar **2** : tejer ⟨to knit a sweater : tejer un suéter⟩ **3 to knit one's brows** : fruncir el ceño — *vi* **1** : tejer **2** : soldarse (dícese de los huesos)

knit[2] *n* : prenda *f* tejida

knitter ['nɪṭər] *n* : tejedor *m*, -dora *f*

knob ['nɑb] *n* **1** LUMP : bulto *m*, protuberancia *f* **2** HANDLE : perilla *f*, tirador *m*, botón *m*

knobbed ['nɑbd] *adj* **1** KNOTTY : nudoso **2** : que tiene perilla o botón

knobby ['nɑbi] *adj* **knobbier; -est** **1** KNOTTY : nudoso **2 knobby knees** : rodillas *fpl* huesudas

knock[1] ['nɑk] *vt* **1** HIT, RAP : golpear, golpetear **2** : hacer chocar ⟨they knocked heads : se dieron en la cabeza⟩ **3** CRITICIZE : criticar **4 to knock around** *fam* BEAT : pegarle a **5 to knock back** *fam* DRINK : beberse, tomarse **6 to knock dead** *fam* STUN : dejar boquiabierto **7 to knock down** : derribar, echar abajo (una puerta, etc.), tirar al suelo (a una persona) **8 to knock off** *fam* KILL : asesinar, liquidar *fam* **9 to knock off** *fam* : quitar (puntos, etc.) ⟨he knocked 10% off the price : rebajó el precio un 10%⟩ **10 to knock off** *fam* RIP OFF : copiar (un diseño, etc.) ilegalmente **11 knock it off!** *fam* : ¡basta ya!, ¡déjala! **12 to knock out** : dejar sin sentido, dejar fuera de combate (en el boxeo) **13 to knock out** ELIMINATE : eliminar **14 to knock out** DESTROY : destruir (un edificio, etc.) ⟨the storm knocked out the power : la tormenta nos dejó sin luz⟩ **15 to knock oneself out** *fam* : matarse (trabajando, etc.) ⟨go ahead—knock yourself out! : ¡adelante!, ¡disfruta!⟩ **16 to knock over** OVERTURN : tirar, volcar **17 to knock over** *fam* ROB : robar **18 to knock up** *fam* : dejar embarazada — *vi* **1** RAP : dar un golpe, llamar (a la puerta) **2** COLLIDE : darse, chocar **3 to knock around in** *fam* : viajar por **4 to knock off** *fam* : salir del trabajo ⟨to knock off early : salir temprano⟩

knock[2] *n* : golpe *m*, llamada *f* (a la puerta), golpeteo *m* (de un motor)

knock down *vt* : derribar, echar al suelo

knocker [ˈnakər] *n* : aldaba *f*, llamador *m*

knock–kneed [ˈnakˈni:d] *adj* : patizambo

knockout [ˈnak͵aʊt] *n* : nocaut *m*, knockout *m* (en deportes)

knock out *vt* : dejar sin sentido, poner fuera de combate (en el boxeo)

knoll [ˈno:l] *n* : loma *f*, otero *m*, montículo *m*

knot[1] [ˈnat] *v* **knotted; knotting** *vt* : anudar — *vi* : anudarse

knot[2] *n* **1** : nudo *m* (en cordel o madera), nódulo *m* (en los músculos) **2** CLUSTER : grupo *m* **3** : nudo *m* (unidad de velocidad)

knotty [ˈnat̬i] *adj* **-tier; -est 1** GNARLED : nudoso **2** COMPLEX : espinoso, enredado, complejo

know [ˈno:] *v* **knew** [ˈnu:, ˈnju:]; **known** [ˈno:n]; **knowing** *vt* **1** : saber ⟨he knows French/the answer : sabe francés/la respuesta⟩ ⟨I might/should have known that . . . : debería haber sabido que . . .⟩ ⟨he made it known that . . . : hizo saber que . . .⟩ ⟨she let me know that . . . : me avisó que . . .⟩ ⟨to know something for a fact : constarse que algo es así⟩ **2** : conocer (a una persona, un lugar) ⟨do you know Julia? : ¿conoces a Julia?⟩ ⟨she knows the city well : conoce bien la ciudad⟩ ⟨he's better known as . . . : es más conocido por el nombre de . . .⟩ ⟨to be known for : conocerse por⟩ **3** RECOGNIZE : reconocer **4** DISCERN, DISTINGUISH : distinguir, discernir **5 before you know it** : antes de que te des cuenta **6 for all I know** : que yo sepa **7 God/heaven (only) knows** : quién sabe **8 if you know what I mean** : si me entiendes **9 not to know the first thing about** : no saber nada de, no tener ni idea de **10 to know how to do something** : saber hacer algo **11 to know something inside out** *or* **to know something like the back of your hand** : saberse algo al dedillo **12 to know what's best** : saber lo que es lo mejor — *vi* **1** : saber ⟨yes, I know : sí, lo sé⟩ ⟨how should I know? : ¿qué sé yo?⟩ **2 to know best** : saber lo que es lo mejor **3 to know better** ⟨you're old enough to know better : a tu edad no debes hacer eso⟩ ⟨she doesn't know any better : es demasiado joven/novata (etc.) para saber lo que hace⟩ ⟨you know better than to ask : ya deberías saber que es mejor no preguntar⟩ **4 you know** (*used for emphasis*) ⟨you know, we really have to go : bueno, ya es hora de irnos⟩ ⟨it's cold out, you know : hace frío, ¿eh?⟩ **5 you know** (*expressing uncertainty*) ⟨we're going to, you know, hang out : vamos a . . . pues nada, pasar el rato⟩ **6 you never know** : nunca se sabe

knowable [ˈno:əbəl] *adj* : conocible

knowing [ˈno:ɪŋ] *adj* **1** KNOWLEDGEABLE : informado ⟨a knowing look : una mirada de complicidad⟩ **2** ASTUTE : astuto **3** DELIBERATE : deliberado, intencional

knowingly [ˈno:ɪŋli] *adv* **1** : con complicidad ⟨she smiled knowingly : sonrió con una mirada de complicidad⟩ **2** DELIBERATELY : a sabiendas, adrede, a propósito

know–it–all [ˈno:ɪt̬͵ɔl] *n* : sabelotodo *mf* *fam*

knowledge [ˈnalɪʤ] *n* **1** AWARENESS : conocimiento *m* **2** LEARNING : conocimientos *mpl*, saber *m*

knowledgeable [ˈnalɪʤəbəl] *adj* : informado, entendido, enterado

known [ˈno:n] *adj* : conocido, familiar

knuckle [ˈnʌkəl] *n* : nudillo *m*

koala [koˈwalə] *n* : koala *m*

kohlrabi [͵ko:lˈrabi, -ˈræ-] *n, pl* **-bies** : colinabo *m*

Koran [kəˈran, -ˈræn] *n* **the Koran** : el Corán

Korean [kəˈri:ən] *n* **1** : coreano *m*, -na *f* **2** : coreano *m* (idioma) — **Korean** *adj*

kosher [ˈko:ʃər] *adj* : aprobado por la ley judía

kowtow [͵kaʊˈtaʊ, ˈkaʊ͵taʊ] *vi* **to kowtow to** : humillarse ante, doblegarse ante

krypton [ˈkrɪp͵tan] *n* : criptón *m*

kudos [ˈkju:͵das, ˈku:-, -͵do:z] *n* : fama *f*, renombre *m*

kumquat [ˈkʌm͵kwat] *n* : naranjita *f* china

Kurd [ˈkʊrd, ˈkərd] *n* : kurdo *m*, -da *f*

Kurdish [ˈkʊrdɪʃ, ˈkər-] *adj* : kurdo

Kuwaiti [kʊˈweɪt̬i] *n* : kuwaití *mf* — **Kuwaiti** *adj*

L

l [ˈɛl] *n, pl* **l's** *or* **ls** [ˈlz] : duodécima letra del alfabeto inglés

lab [ˈlæb] → **laboratory**

label[1] [ˈleɪbəl] *vt* **-beled** *or* **-belled; -beling** *or* **-belling 1** : etiquetar, poner etiqueta a **2** BRAND, CATEGORIZE : calificar, tildar, tachar ⟨they labeled him as a fraud : lo calificaron de farsante⟩

label[2] *n* **1** : etiqueta *f*, rótulo *m* **2** DESCRIPTION : calificación *f*, descripción *f* **3** BRAND : marca *f*

labial [ˈleɪbiəl] *adj* : labial

labor[1] [ˈleɪbər] *vi* **1** WORK : trabajar **2** STRUGGLE : avanzar penosamente (dícese de una persona), funcionar con dificultad (dícese de un motor) **3 to labor under a delusion** : hacerse ilusiones, tener una falsa impresión — *vt* BELABOR : insistir en, extenderse sobre
labor[2] *n* **1** EFFORT, WORK : trabajo *m*, esfuerzos *mpl* **2** : parto *m* ‹to be in labor : estar de parto› **3** TASK : tarea *f*, labor *m* **4** WORKERS : mano *f* de obra
laboratory [ˈlæbrəˌtori, ləˈbɔrə-] *n, pl* **-ries** : laboratorio *m*
Labor Day *n* : Día *m* del Trabajo
laborer [ˈleɪbərər] *n* : peón *m*; trabajador *m*, -dora *f*
laborious [ləˈboriəs] *adj* : laborioso, difícil
laboriously [ləˈboriəsli] *adv* : laboriosamente, trabajosamente
labor union → **union**
labyrinth [ˈlæbəˌrɪnθ] *n* : laberinto *m*
lace[1] [ˈleɪs] *vt* **laced; lacing 1** TIE : acordonar, atar los cordones de **2** : adornar de encaje ‹I laced the dress in white : adorné el vestido de encaje blanco› **3** SPIKE : echar licor a
lace[2] *n* **1** : encaje *m* **2** SHOELACE : cordón *m* (de zapatos), agujeta *f Mex*
lacerate [ˈlæsəˌreɪt] *vt* **-ated; -ating** : lacerar
laceration [ˌlæsəˈreɪʃən] *n* : laceración *f*
lack[1] [ˈlæk] *vt* : carecer de, no tener ‹she lacks patience : carece de paciencia› — *vi* : faltar ‹they lack for nothing : no les falta nada›
lack[2] *n* : falta *f*, carencia *f*
lackadaisical [ˌlækəˈdeɪzɪkəl] *adj* : apático, indiferente, lánguido — **lackadaisically** [-kli] *adv*
lackey [ˈlæki] *n, pl* **-eys 1** FOOTMAN : lacayo *m* **2** TOADY : adulador *m*, -dora *f*
lackluster [ˈlækˌlʌstər] *adj* **1** DULL : sin brillo, apagado, deslustrado **2** MEDIOCRE : deslucido, mediocre
laconic [ləˈkɑnɪk] *adj* : lacónico — **laconically** [-nɪkli] *adv*
lacquer[1] [ˈlækər] *vt* : laquear, pintar con laca
lacquer[2] *n* : laca *f*
lacrosse [ləˈkrɔs] *n* : lacrosse *f*
lactic acid [ˈlæktɪk] *n* : ácido *m* láctico
lacuna [ləˈku:nə, -ˈkju:-] *n, pl* **-nae** [-ˌni:, -ˌnaɪ] *or* **-nas** : laguna *f*
lacy [ˈleɪsi] *adj* **lacier; -est** : de encaje, como de encaje
lad [ˈlæd] *n* : muchacho *m*, niño *m*
ladder [ˈlædər] *n* : escalera *f*
laden [ˈleɪdən] *adj* : cargado
ladle[1] [ˈleɪdəl] *vt* **-dled; -dling** : servir con cucharón
ladle[2] *n* : cucharón *m*, cazo *m*
lady [ˈleɪdi] *n, pl* **-dies 1** : señora *f*, dama *f* **2** WOMAN : mujer *f*
ladybird [ˈleɪdiˌbərd] → **ladybug**
ladybug [ˈleɪdiˌbʌg] *n* : mariquita *f*
lag[1] [ˈlæg] *vi* **lagged; lagging** : quedarse atrás, retrasarse, rezagarse
lag[2] *n* **1** DELAY : retraso *m*, demora *f* **2** INTERVAL : lapso *m*, intervalo *m*
lager [ˈlɑgər] *n* : cerveza *f* rubia
laggard[1] [ˈlægərd] *adj* : retardado, retrasado
laggard[2] *n* : rezagado *m*, -da *f*
lagoon [ləˈgu:n] *n* : laguna *f*
laid → **lay**[1]
laid–back [ˈleɪdˈbæk] *adj* : tranquilo, relajado
lain *pp* → **lie**[1]
lair [ˈlær] *n* : guarida *f*, madriguera *f*
laissez–faire [ˌlɛˌseɪˈfær, ˌleɪˌzeɪ-] *n* : liberalismo *m* económico
laity [ˈleɪət̬i] *n* **the laity** : los laicos, el laicado
lake [ˈleɪk] *n* : lago *m*
lama [ˈlɑmə] *n* : lama *m*
lamb [ˈlæm] *n* **1** : cordero *m*, borrego *m* (animal) **2** : carne *f* de cordero
lambaste [læmˈbeɪst] *or* **lambast** [-ˈbæst] *vt* **-basted; -basting 1** BEAT, THRASH : golpear, azotar, darle una paliza (a alguien) **2** CENSURE : arremeter contra, censurar
lame[1] [ˈleɪm] *vt* **lamed; laming** : lisiar, hacer cojo
lame[2] *adj* **lamer; lamest 1** : cojo, renco, rengo **2** WEAK : pobre, débil, poco convincente ‹a lame excuse : una excusa débil›
lamé [lɑˈmeɪ, læ-] *n* : lamé *m*
lame duck *n* : persona *f* sin poder ‹a lame-duck President : un presidente saliente›
lamely [ˈleɪmli] *adv* : sin convicción
lameness [ˈleɪmnəs] *n* **1** : cojera *f*, renquera *f* **2** : falta *f* de convicción, debilidad *f*, pobreza *f* ‹the lameness of her response : la pobreza de su respuesta›
lament[1] [ləˈmɛnt] *vt* **1** MOURN : llorar, llorar por **2** DEPLORE : lamentar, deplorar — *vi* : llorar
lament[2] *n* : lamento *m*
lamentable [ˈlæməntəbəl, ləˈmɛntə-] *adj* : lamentable, deplorable — **lamentably** [-bli] *adv*
lamentation [ˌlæmənˈteɪʃən] *n* : lamentación *f*, lamento *m*
laminate[1] [ˈlæməˌneɪt] *vt* **-nated; -nating** : laminar
laminate[2] [ˈlæmənət] *n* : laminado *m*
laminated [ˈlæməˌneɪt̬əd] *adj* : laminado
lamp [ˈlæmp] *n* : lámpara *f*
lampoon[1] [læmˈpu:n] *vt* : satirizar
lampoon[2] *n* : sátira *f*
lamprey [ˈlæmpri] *n, pl* **-preys** : lamprea *f*
lance[1] [ˈlænts] *vt* **lanced; lancing** : abrir con lanceta, sajar
lance[2] *n* : lanza *f*
lance corporal *n* : cabo *m* interino, soldado *m* de primera clase
lancet [ˈlæntsət] *n* : lanceta *f*
land[1] [ˈlænd] *vt* **1** : desembarcar (pasajeros de un barco), hacer aterrizar (un avión) **2** CATCH : pescar, sacar (un

pez) del agua **3** GAIN, SECURE : conseguir, ganar ⟨to land a job : conseguir empleo⟩ **4** DELIVER : dar, asestar ⟨he landed a punch : asestó un puñetazo⟩ — *vi* **1** : aterrizar, tomar tierra, atracar ⟨the plane just landed : el avión acaba de aterrizar⟩ ⟨the ship landed an hour ago : el barco atracó hace una hora⟩ **2** ALIGHT : posarse, aterrizar ⟨to land on one's feet : caer de pie⟩

land[2] *n* **1** GROUND : tierra *f* ⟨dry land : tierra firme⟩ **2** TERRAIN : terreno *m* **3** NATION : país *m*, nación *f* **4** DOMAIN : mundo *m*, dominio *m* ⟨the land of dreams : el mundo de los sueños⟩

landfill [ˈlændˌfɪl] *n* : vertedero *m* (de basuras)

landing [ˈlændɪŋ] *n* **1** : aterrizaje *m* (de aviones), desembarco *m* (de barcos) **2** : descansillo *m* (de una escalera)

landing field *n* : campo *m* de aterrizaje

landing strip → **airstrip**

landlady [ˈlændˌleɪdi] *n, pl* **-dies** : casera *f*, dueña *f*, arrendadora *f*

landless [ˈlændləs] *adj* : sin tierra

landlocked [ˈlændˌlɑkt] *adj* : sin salida al mar

landlord [ˈlændˌlɔrd] *n* : dueño *m*, casero *m*, arrendador *m*

landlubber [ˈlændˌlʌbər] *n* : marinero *m* de agua dulce

landmark [ˈlændˌmɑrk] *n* **1** : señal *f* (geográfica), punto *m* de referencia **2** MILESTONE : hito *m* ⟨a landmark in our history : un hito en nuestra historia⟩ **3** MONUMENT : monumento *m* histórico

landowner [ˈlændˌoːnər] *n* : hacendado *m*, -da *f*; terrateniente *mf*

landscape[1] [ˈlændˌskeɪp] *vt* **-scaped; -scaping** : ajardinar

landscape[2] *n* : paisaje *m*

landslide [ˈlændˌslaɪd] *n* **1** : desprendimiento *m* de tierras, derrumbe *m* **2** **landslide victory** : victoria *f* arrolladora

landward [ˈlændwərd] *adv* : en dirección de la tierra, hacia tierra

lane [ˈleɪn] *n* **1** PATH, WAY : camino *m*, sendero *m* **2** : carril *m* (de una carretera)

language [ˈlæŋgwɪʤ] *n* **1** : idioma *m*, lengua *f* ⟨the English language : el idioma inglés⟩ **2** : lenguaje *m* ⟨body language : lenguaje corporal⟩

languid [ˈlæŋgwɪd] *adj* : lánguido — **languidly** *adv*

languish [ˈlæŋgwɪʃ] *vi* **1** WEAKEN : languidecer, debilitarse **2** PINE : consumirse, suspirar (por) ⟨to languish for love : suspirar por el amor⟩ ⟨he languished in prison : estuvo pudriéndose en la cárcel⟩

languor [ˈlæŋgər] *n* : languidez *f*

languorous [ˈlæŋgərəs] *adj* : lánguido — **languorously** *adv*

lank [ˈlæŋk] *adj* **1** THIN : delgado, larguirucho *fam* **2** LIMP : lacio

lanky [ˈlæŋki] *adj* **lankier; -est** : delgado, larguirucho *fam*

lanolin [ˈlænəlɪn] *n* : lanolina *f*

lantern [ˈlæntərn] *n* : linterna *f*, farol *m*

Laotian [leɪˈoːʃən, ˈlaʊʃən] *n* : laosiano *m*, -na *f* — **Laotian** *adj*

lap[1] [ˈlæp] *v* **lapped; lapping** *vt* **1** FOLD : plegar, doblar **2** WRAP : envolver **3** : lamer, besar ⟨waves were lapping the shore : las olas lamían la orilla⟩ **4 to lap up** : beber a lengüetadas (como un gato) — *vi* OVERLAP : traslaparse

lap[2] *n* **1** : falda *f*, regazo *m* (del cuerpo) **2** OVERLAP : traslapo *m* **3** : vuelta *f* (en deportes) **4** STAGE : etapa *f* (de un viaje)

lapdog [ˈlæpˌdɔg] *n* : perro *m* faldero

lapel [ləˈpɛl] *n* : solapa *f*

Lapp [ˈlæp] *n* : lapón *m*, -pona *f* — **Lapp** *adj*

lapse[1] [ˈlæps] *vi* **lapsed; lapsing** **1** FALL, SLIP : caer ⟨to lapse into bad habits : caer en malos hábitos⟩ ⟨to lapse into unconsciousness : perder el conocimiento⟩ ⟨to lapse into silence : quedarse callado⟩ **2** FADE : decaer, desvanecerse ⟨her dedication lapsed : su dedicación se desvaneció⟩ **3** CEASE : cancelarse, perderse **4** ELAPSE : transcurrir, pasar **5** EXPIRE : caducar

lapse[2] *n* **1** SLIP : lapsus *m*, desliz *m*, falla *f* ⟨a lapse of memory : una falla de memoria⟩ **2** INTERVAL : lapso *m*, intervalo *m*, período *m* **3** EXPIRATION : caducidad *f*

laptop[1] [ˈlæpˌtɑp] *adj* : portátil, laptop

laptop[2] *n* : laptop *m*

larboard [ˈlɑrbərd] *n* : babor *m*

larcenous [ˈlɑrsənəs] *adj* : de robo

larceny [ˈlɑrsəni] *n, pl* **-nies** : robo *m*, hurto *m*

larch [ˈlɑrʧ] *n* : alerce *f*

lard [ˈlɑrd] *n* : manteca *f* de cerdo

larder [ˈlɑrdər] *n* : despensa *f*, alacena *f*

large [ˈlɑrʤ] *adj* **larger; largest** **1** BIG : grande **2** COMPREHENSIVE : amplio, extenso **3 by and large** : por lo general

largely [ˈlɑrʤli] *adv* : en gran parte, en su mayoría

largeness [ˈlɑrʤnəs] *n* : lo grande

largesse *or* **largess** [lɑrˈʒɛs, -ˈʤɛs] *n* : generosidad *f*, largueza *f*

lariat [ˈlæriət] *n* : lazo *m*

lark [ˈlɑrk] *n* **1** FUN : diversión *f* ⟨what a lark! : ¡qué divertido!⟩ **2** : alondra *f* (pájaro)

larva [ˈlɑrvə] *n, pl* **-vae** [-ˌviː, -ˌvaɪ] : larva *f* — **larval** [-vəl] *adj*

laryngitis [ˌlærənˈʤaɪt̬əs] *n* : laringitis *f*

larynx [ˈlærɪŋks] *n, pl* **-rynges** [ləˈrɪnˌʤiːz] *or* **-ynxes** [ˈlærɪŋksəz] : laringe *f*

lasagna [ləˈzɑnjə] *n* : lasaña *f*

lascivious [ləˈsɪviəs] *adj* : lascivo

lasciviousness [ləˈsɪviəsnəs] *n* : lascivia *f*, lujuria *f*

laser [ˈleɪzər] *n* : láser *m*

laser disc *n* : disco *m* láser

lash[1] [ˈlæʃ] *vt* **1** WHIP : azotar **2** BIND : atar, amarrar

lash[2] *n* **1** WHIP : látigo *m* **2** STROKE : latigazo *m* **3** EYELASH : pestaña *f*

lass [ˈlæs] *or* **lassie** [ˈlæsi] *n* : muchacha *f*, chica *f*

lassitude [ˈlæsəˌtu:d, -ˌtju:d] *n* : lasitud *f*

lasso[1] [ˈlæˌso:, læˈsu:] *vt* : lazar

lasso[2] *n, pl* **-sos** *or* **-soes** : lazo *m*, reata *f Mex*

last[1] [ˈlæst] *vi* **1** CONTINUE : durar ⟨how long will it last? : ¿cuánto durará?⟩ **2** ENDURE : aguantar, durar **3** SURVIVE : durar, sobrevivir **4** SUFFICE : durar, bastar — *vt* **1** : durar ⟨it will last a lifetime : durará toda la vida⟩ **2 to last out** : aguantar

last[2] *adv* **1** : en último lugar, al último ⟨we came in last : llegamos en último lugar⟩ **2** : por última vez, la última vez ⟨I saw him last in Bogota : lo vi por última vez en Bogotá⟩ **3** FINALLY : por último, en conclusión

last[3] *adj* **1** FINAL : último, final **2** PREVIOUS : pasado ⟨last year : el año pasado⟩

last[4] *n* **1** : el último, la última, lo último ⟨at last : por fin, al fin, finalmente⟩ **2** : horma *f* (de zapatero)

lasting [ˈlæstɪŋ] *adj* : perdurable, duradero, estable

lastly [ˈlæstli] *adv* : por último, finalmente

latch[1] [ˈlætʃ] *vt* : cerrar con picaporte

latch[2] *n* : picaporte *m*, pestillo *m*, pasador *m*

late[1] [ˈleɪt] *adv* **later; latest 1** : tarde ⟨to arrive late : llegar tarde⟩ ⟨to sleep late : dormir hasta tarde⟩ **2** : a última hora, a finales ⟨late in the month : a finales del mes⟩ **3** RECENTLY : recién, últimamente ⟨as late as last year : todavía en el año pasado⟩

late[2] *adj* **later; latest 1** TARDY : tardío, de retraso ⟨to be late : llegar tarde⟩ **2** : avanzado ⟨because of the late hour : a causa de la hora avanzada⟩ **3** DECEASED : difunto, fallecido **4** RECENT : reciente, último ⟨our late quarrel : nuestra última pelea⟩

latecomer [ˈleɪtˌkʌmər] *n* : rezagado *m*, -da *f*

lately [ˈleɪtli] *adv* : recientemente, últimamente

lateness [ˈleɪtnəs] *n* **1** DELAY : retraso *m*, atraso *m*, tardanza *f* **2** : lo avanzado (de la hora)

latent [ˈleɪtənt] *adj* : latente — **latently** *adv*

lateral [ˈlæt̬ərəl] *adj* : lateral — **laterally** *adv*

latex [ˈleɪˌtɛks] *n, pl* **-tices** [ˈleɪt̬əˌsi:z, ˈlæt̬ə-] *or* **-texes** : látex *m*

lath [ˈlæθ, ˈlæð] *n, pl* **laths** *or* **lath** : listón *m*

lathe [ˈleɪð] *n* : torno *m*

lather[1] [ˈlæðər] *vt* : enjabonar — *vi* : espumar, hacer espuma

lather[2] *n* **1** : espuma *f* (de jabón) **2** : sudor *m* (de caballo) **3 to get into a lather** : ponerse histérico

Latin[1] *adj* : latino

Latin[2] *n* **1** : latín *m* (idioma) **2** → **Latin American**

Latin–American [ˈlætənəˈmrikən] *adj* : latinoamericano

Latin American *n* : latinoamericano *m*, -na *f*

latitude [ˈlæt̬əˌtu:d, -ˌtju:d] *n* : latitud *f*

latrine [ləˈtri:n] *n* : letrina *f*

latte [ˈlɑˌteɪ] *n* : café *m* con leche

latter[1] [ˈlæt̬ər] *adj* **1** SECOND : segundo **2** LAST : último

latter[2] *pron* **the latter** : éste, ésta, éstos *pl*, éstas *pl*

lattice [ˈlæt̬əs] *n* : enrejado *m*, celosía *f*

Latvian [ˈlætviən] *n* : letón *m*, -tona *f* — **Latvian** *adj*

laud[1] [ˈlɔd] *vt* : alabar, loar

laud[2] *n* : alabanza *f*, loa *f*

laudable [ˈlɔdəbəl] *adj* : loable — **laudably** [-bli] *adv*

laugh[1] [ˈlæf] *vi* **1** : reír, reírse **2 to laugh at** : reírse de — *vt* **to laugh off** : tomarse en/a broma

laugh[2] *n* **1** LAUGHTER : risa *f* **2** JOKE : chiste *m*, broma *f* ⟨he did it for a laugh : lo hizo en broma, lo hizo para divertirse⟩

laughable [ˈlæfəbəl] *adj* : risible, de risa

laughingstock [ˈlæfɪŋˌstɑk] *n* : hazmerreír *m*

laughter [ˈlæftər] *n* : risa *f*, risas *fpl*

launch[1] [ˈlɔntʃ] *vt* **1** HURL : lanzar **2** : botar (un barco) **3** START : iniciar, empezar

launch[2] *n* **1** : lancha *f* (bote) **2** LAUNCHING : lanzamiento *m*

launder [ˈlɔndər] *vt* **1** : lavar y planchar (ropa) **2** : blanquear, lavar (dinero)

launderer [ˈlɔndərər] *n* : lavandero *m*, -ra *f*

laundress [ˈlɔndrəs] *n* : lavandera *f*

laundry [ˈlɔndri] *n, pl* **laundries 1** : ropa *f* sucia, ropa *f* para lavar ⟨to do the laundry : lavar la ropa⟩ **2** : lavandería *f* (servicio de lavar)

laureate [ˈlɔriət] *n* : laureado *m*, -da *f* ⟨poet laureate : poeta laureado⟩

laurel [ˈlɔrəl] *n* **1** : laurel *m* (planta) **2 laurels** *npl* : laureles *mpl* ⟨to rest on one's laurels : dormirse uno en sus laureles⟩

lava [ˈlɑvə, ˈlæ-] *n* : lava *f*

lavatory [ˈlævəˌtori] *n, pl* **-ries** : baño *m*, cuarto *m* de baño

lavender [ˈlævəndər] *n* : lavanda *f*, espliego *m*

lavish[1] [ˈlævɪʃ] *vt* : prodigar (a), colmar (de)

lavish[2] *adj* **1** EXTRAVAGANT : pródigo, generoso, derrochador **2** ABUNDANT : abundante **3** LUXURIOUS : lujoso, espléndido

lavishly [ˈlævɪʃli] *adv* : con generosidad, espléndidamente ⟨to live lavishly : vivir a lo grande⟩

lavishness ['lævɪʃnəs] *n* : generosidad *f*, esplendidez *f*
law ['lɔ] *n* **1** : ley *f* ⟨to break the law : violar la ley⟩ **2** : derecho *m* ⟨criminal law : derecho criminal⟩ ⟨to study law : estudiar derecho⟩ ⟨law school : facultad de Derecho⟩ **3** : abogacía *f* ⟨to practice law : ejercer la abogacía⟩ **4** PRINCIPLE : ley *f* ⟨the laws of physics : las leyes de la física⟩ **5** RULE : ley *f* (en religión, etc.) **6 the law** POLICE : policía *f* ⟨to be in trouble with the law : tener problemas con la ley⟩
law–abiding ['lɔəˌbaɪdɪŋ] *adj* : observante de la ley
lawbreaker ['lɔˌbreɪkər] *n* : infractor *m*, -tora *f* de la ley
lawful ['lɔfəl] *adj* : legal, legítimo, lícito — **lawfully** *adv*
lawgiver ['lɔˌgɪvər] *n* : legislador *m*, -dora *f*
lawless ['lɔləs] *adj* : anárquico, ingobernable — **lawlessly** *adv*
lawlessness ['lɔləsnəs] *n* : anarquía *f*, desorden *m*
lawmaker ['lɔˌmeɪkər] *n* : legislador *m*, -dora *f*
lawman ['lɔmən] *n, pl* **-men** [-mən, -ˌmɛn] : agente *m* del orden
lawn ['lɔn] *n* : césped *m*, pasto *m*
lawn mower *n* : cortadora *f* de césped
lawsuit ['lɔˌsuːt] *n* : pleito *m*, litigio *m*, demanda *f*
lawyer ['lɔɪər, 'lɔjər] *n* : abogado *m*, -da *f*
lax ['læks] *adj* : laxo, relajado — **laxly** *adv*
laxative ['læksəṭɪv] *n* : laxante *m*
laxity ['læksəṭi] *n* : relajación *f*, descuido *m*, falta *f* de rigor
lay[1] ['leɪ] *v* **laid** ['leɪd]; **laying** *vt* **1** PLACE, PUT : poner, colocar ⟨she laid it on the table : lo puso en la mesa⟩ ⟨to lay a hand/finger on someone : ponerle a alguien la mano encima⟩ **2** INSTALL : poner, colocar (ladrillos, etc.), tender (vías, cables, etc.) ⟨to lay a foundation : poner los cimientos⟩ **3** PREPARE : preparar ⟨to lay a trap : tender una trampa⟩ ⟨the best-laid plans : los planes mejor trazados⟩ **4** BET : apostar **5** PLACE : poner (énfasis, etc.) ⟨to lay the blame on : echarle la culpa a⟩ **6 to be laid over** : hacer escala **7 to be laid up** : estar enfermo, tener que guardar cama **8 to lay aside** : dejar a un lado **9 to lay aside/by** SAVE : guardar, ahorrar **10 to lay down** IMPOSE, ESTABLISH : imponer, establecer **11 to lay down** : dejar, deponer (armas) **12 to lay eggs** : poner huevos **13 to lay in** STOCK : comprar, proveerse de **14 to lay it on (thick)** : exagerar, cargar las tintas **15 to lay off** : despedir (a un empleado) **16 to lay out** PRESENT : presentar, exponer ⟨he laid out his plan : presentó su proyecto⟩ **17 to lay out** DESIGN : diseñar (el trazado de) **18 to lay up** STORE : guardar, almacenar — *vi* **1 to lay into** ATTACK : arremeter contra **2 to lay off** : dejar (un vicio) **3 to lay off** : dejar en paz ⟨lay off him! : ¡déjalo en paz!⟩ ⟨lay off! : ¡basta ya!⟩ **4 to lay over** : hacer escala
lay[2] → **lie**[1]
lay[3] *adj* SECULAR : laico, lego
lay[4] *n* **1** : disposición *f*, configuración *f* ⟨the lay of the land : la configuración del terreno⟩ **2** BALLAD : romance *m*, balada *f*
layer ['leɪər] *n* **1** : capa *f* (de pintura, etc.), estrato *m* (de roca) **2** : gallina *f* ponedora
layman ['leɪmən] *n, pl* **-men** [-mən, -ˌmɛn] : laico *m*, lego *m*
layoff ['leɪˌɔf] *n* : despido *m*
lay off *vt* : despedir
layout ['leɪˌaʊt] *n* : disposición *f*, distribución *f* (de una casa, etc.), trazado *m* (de una ciudad)
lay up *vt* **1** STORE : guardar, almacenar **2 to be laid up** : estar enfermo, tener que guardar cama
laywoman ['leɪˌwʊmən] *n, pl* **-women** [-ˌwɪmən] : laica *f*, lega *f*
laziness ['leɪzinəs] *n* : pereza *f*, flojera *f*
lazy ['leɪzi] *adj* **-zier; -est** : perezoso, holgazán — **lazily** ['leɪzəli] *adv*
leach ['liːʧ] *vt* : filtrar
lead[1] ['liːd] *v* **led** ['lɛd]; **leading** *vt* **1** GUIDE : conducir, llevar, guiar **2** DIRECT : dirigir **3** HEAD : encabezar, ir al frente de **4** : llevar (una vida) **5 to lead on** : engañar — *vi* **1** : conducir a, llevar a **2** : dar a (dícese de una puerta) **3** : ir a la cabeza, ir en cabeza (en una competición, etc.) ⟨they're leading by 20 points : van ganando por 20 puntos, tienen 20 puntos de ventaja⟩ **4 to lead to** : resultar en, llevar a ⟨it only leads to trouble : sólo resulta en problemas⟩ **5 to lead up to** PRECEDE : preceder a **6 to lead up to** INTRODUCE : introducir
lead[2] *n* **1** : delantera *f*, primer lugar *m* ⟨to take the lead : tomar la delantera⟩ ⟨to be in the lead : ir a la cabeza, ir en cabeza⟩ ⟨to follow someone's lead : seguir el ejemplo de alguien⟩ **2** *or* **lead actor** : primer actor *m*, primera actriz *f* **3** *or* **lead role** : papel *m* principal **4** *or* **lead singer/guitarist (etc.)** : cantante/guitarista *mf* (etc.) principal **5** *or* **lead story** : artículo *m* principal **6** CLUE : pista *f* **7** : correa *f* (de un perro)
lead[3] ['lɛd] *n* **1** : plomo *m* (metal) **2** : mina *f* (de lápiz) **3 lead poisoning** : saturnismo *m*
leaden ['lɛdən] *adj* **1** : plomizo ⟨a leaden sky : un ciel plomizo⟩ **2** HEAVY : pesado
leader ['liːdər] *n* : jefe *m*, -fa *f*; líder *mf*; dirigente *mf*; gobernante *mf*
leadership ['liːdərˌʃɪp] *n* : mando *m*, dirección *f*
leaf[1] ['liːf] *vi* **1** : echar hojas (dícese de un árbol) **2 to leaf through** : hojear (un libro)

leaf[2] *n, pl* **leaves** [ˈliːvz] **1** : hoja *f* (de plantas o libros) **2 to turn over a new leaf** : hacer borrón y cuenta nueva
leafless [ˈliːfləs] *adj* : sin hojas, pelado
leaflet [ˈliːflət] *n* : folleto *m*
leafy [ˈliːfi] *adj* **leafier; -est** : frondoso
league[1] [ˈliːg] *v* **leagued; leaguing** *vt* : aliar, unir — *vi* : aliarse, unirse
league[2] *n* **1** : legua *f* (medida de distancia) **2** ASSOCIATION : alianza *f*, sociedad *f*, liga *f*
leak[1] [ˈliːk] *vt* **1** : perder, dejar escapar (un líquido o un gas) **2** : filtrar (información) — *vi* **1** : gotear, escaparse, fugarse (dícese de un líquido o un gas) **2** : hacer agua (dícese de un bote) **3** : filtrarse, divulgarse (dícese de información)
leak[2] *n* **1** HOLE : agujero *m* (en recipientes), gotera *f* (en un tejado) **2** ESCAPE : fuga *f*, escape *m* **3** : filtración *f* (de información)
leakage [ˈliːkɪʤ] *n* : escape *m*, fuga *f*
leaky [ˈliːki] *adj* **leakier; -est** : agujereado (dícese de un recipiente), que hace agua (dícese de un bote), con goteras (dícese de un tejado)
lean[1] [ˈliːn] *vi* **1** BEND : inclinarse, ladearse **2** RECLINE : reclinarse **3** RELY : apoyarse (en), depender (de) **4** INCLINE, TEND : inclinarse, tender — *vt* : apoyar
lean[2] *adj* **1** THIN : delgado, flaco **2** : sin grasa, magro (dícese de la carne)
leanness [ˈliːnnəs] *n* : delgadez *f*
lean–to [ˈliːnˌtuː] *n* : cobertizo *m*
leap[1] [ˈliːp] *vi* **leaped** [ˈliːpt, ˈlɛpt] *or* **leapt; leaping** : saltar, brincar
leap[2] *n* : salto *m*, brinco *m*
leap year *n* : año *m* bisiesto
learn [ˈlərn] *vt* **1** : aprender ⟨to learn to sing : aprender a cantar⟩ **2** MEMORIZE : aprender de memoria **3** DISCOVER : saber, enterarse de — *vi* **1** : aprender ⟨to learn from experience : aprender por experiencia⟩ **2** FIND OUT : enterarse, saber
learned [ˈlərnəd] *adj* : erudito
learner [ˈlərnər] *n* : principiante *mf*, estudiante *mf*
learning [ˈlərnɪŋ] *n* : erudición *f*, saber *m*
lease[1] [ˈliːs] *vt* **leased; leasing** : arrendar
lease[2] *n* : contrato *m* de arrendamiento
leash[1] [ˈliːʃ] *vt* : atraillar (un animal)
leash[2] *n* : traílla *f*
least[1] [ˈliːst] *adv* : menos ⟨when least expected : cuando menos se espera⟩
least[2] *adj, superlative of* **little** : menor, más mínimo
least[3] *n* **1** : lo menos ⟨at least : por lo menos⟩ **2 to say the least** : por no decir más
leather [ˈlɛðər] *n* : cuero *m*
leathery [ˈlɛðəri] *adj* : curtido (dícese de la piel), correoso (dícese de la carne)
leave[1] [ˈliːv] *v* **left** [ˈlɛft]; **leaving** *vt* **1** DEPART : salir(se) de, ir(se) de ⟨she left the office/party : salió de la oficina/fiesta⟩ ⟨I left home after high school : me fui de casa después de terminar el colegio⟩ **2** : dejar ⟨we left her doing her work : la dejamos trabajando⟩ **3** : dejar (que alguien haga algo) ⟨leave the dishes for me : deja los trastes, los lavaré después⟩ ⟨we left all the arrangements to him : dejamos que él lo arreglara todo⟩ ⟨I'll leave it (up) to you (to decide) : te dejo a ti decidir⟩ ⟨leave it to me! : ¡yo me encargo!⟩ ⟨leave it to her to arrive early : llegó temprano, como siempre⟩ **4** ABANDON : dejar (uno a su familia, etc.) ⟨they left me to clean up : se fueron y me tocó a mi limpiar⟩ **5** QUIT, GIVE UP : dejar (un trabajo, etc.) **6** *or* **to leave behind** FORGET : dejar, olvidarse (en casa, etc.) **7** *or* **to leave behind** : dejar ⟨she left her home/family (behind) : dejó (atrás) su hogar/a su familia⟩ ⟨to leave the past behind : dejar atrás el pasado⟩ **8** DEPOSIT : dejar ⟨leave it on the table/with me : déjalo en la mesa/conmigo⟩ ⟨I left him at the airport : lo dejé en el aeropuerto⟩ ⟨to leave a message : dejar un mensaje⟩ **9** : dejar (en un estado) ⟨I left the lights on : dejé las luces encendidas⟩ ⟨he was left paralyzed : se quedó paralizado⟩ **10** ALLOW, RESERVE : dejar (espacio, etc.) **11** : dejar (una marca, etc.) **12** BEQUEATH : dejar, legar **13** : dejar ⟨he left (behind) a wife and child : dejó esposa y un hijo⟩ **14 to be left** : quedar ⟨it's all I have left : es todo lo que me queda⟩ **15 to be left over** : sobrar **16 to be/get left behind** : quedarse atrás **17 to leave off** : dejar de, parar de **18 to leave off/out** OMIT : omitir, excluir — *vi* : irse, salir, partir, marcharse ⟨she left yesterday morning : se fue ayer por la mañana⟩ ⟨they left for Paris : salieron para París⟩
leave[2] *n* **1** PERMISSION : permiso *m* ⟨by your leave : con su permiso⟩ **2** *or* **leave of absence** : permiso *m*, licencia *f* ⟨maternity leave : licencia por maternidad⟩ **3 to take one's leave** : despedirse
leaven [ˈlɛvən] *n* : levadura *f*
leaves → **leaf**[2]
leaving [ˈliːvɪŋ] *n* **1** : salida *f*, partida *f* **2 leavings** *npl* : restos *mpl*, sobras *fpl*
Lebanese [ˌlɛbəˈniːz, -ˈniːs] *n* : libanés *m*, -nesa *f* — **Lebanese** *adj*
lecherous [ˈlɛʧərəs] *adj* : lascivo, libidinoso — **lecherously** *adv*
lechery [ˈlɛʧəri] *n* : lascivia *f*, lujuria *f*
lecture[1] [ˈlɛkʧər] *v* **-tured; -turing** *vi* : dar clase, dictar clase, dar una conferencia — *vt* SCOLD : sermonear, echar una reprimenda a, regañar
lecture[2] *n* **1** : conferencia *f* **2** REPRIMAND : reprimenda *f*

lecturer ['lɛktʃərər] *n* **1** SPEAKER : conferenciante *mf* **2** TEACHER : profesor *m*, -sora *f*
led → **lead**[1]
ledge ['lɛdʒ] *n* : repisa *f* (de una pared), antepecho *m* (de una ventana), saliente *m* (de una montaña)
ledger ['lɛdʒər] *n* : libro *m* mayor, libro *m* de contabilidad
lee[1] ['li:] *adj* : de sotavento
lee[2] *n* : sotavento *m*
leech ['li:tʃ] *n* : sanguijuela *f*
leek ['li:k] *n* : puerro *m*
leer[1] ['lɪr] *vi* : mirar con lascivia
leer[2] *n* : mirada *f* lasciva
leery ['lɪri] *adj* : receloso
lees ['li:z] *npl* : posos *mpl*, heces *fpl*
leeward[1] ['li:wərd, 'lu:ərd] *adj* : de sotavento
leeward[2] *n* : sotavento *m*
leeway ['li:ˌweɪ] *n* : libertad *f*, margen *m*
left[1] ['lɛft] *adv* : hacia la izquierda
left[2] → **leave**[1]
left[3] *adj* : izquierdo
left[4] *n* : izquierda *f* ⟨on the left : a la izquierda⟩
left–hand ['lɛft'hand] *adj* **1** : de la izquierda **2** → **left–handed**
left–handed ['lɛft'handəd] *adj* **1** : zurdo (dícese de una persona) **2** : con doble sentido ⟨a left-handed compliment : un cumplido a medias⟩
leftist ['lɛftɪst] *n* : izquierdista *mf* — **leftist** *adj*
leftover ['lɛftˌo:vər] *adj* : sobrante, que sobra
leftovers ['lɛftˌo:vərz] *npl* : restos *mpl*, sobras *fpl*
left wing *n* **the left wing** : la izquierda
left–winger ['lɛft'wɪŋər] *n* : izquierdista *mf*
leg ['lɛg] *n* **1** : pierna *f* (de una persona, de carne, de ropa), pata *f* (de un animal, de muebles) **2** STAGE : etapa *f* (de un viaje), vuelta *f* (de una carrera)
legacy ['lɛgəsi] *n, pl* **-cies** : legado *m*, herencia *f*
legal ['li:gəl] *adj* **1** : legal, jurídico ⟨legal advisor : asesor jurídico⟩ ⟨the legal profession : la abogacía⟩ **2** LAWFUL : legítimo, legal
legalistic [ˌli:gə'lɪstɪk] *adj* : legalista
legality [li'gæləṭi] *n, pl* **-ties** : legalidad *f*
legalize ['li:gəˌlaɪz] *vt* **-ized; -izing** : legalizar
legally ['li:gəli] *adv* : legalmente
legate ['lɛgət] *n* : legado *m*
legation [lɪ'geɪʃən] *n* : legación *f*
legend ['lɛdʒənd] *n* **1** STORY : leyenda *f* **2** INSCRIPTION : leyenda *f*, inscripción *f* **3** : signos *mpl* convencionales (en un mapa)
legendary ['lɛdʒənˌdɛri] *adj* : legendario
legerdemain [ˌlɛdʒərdə'meɪn] → **sleight of hand**
leggings ['lɛgɪŋz, 'lɛgənz] *npl* : mallas *fpl*
legibility [ˌlɛdʒə'bɪləṭi] *n* : legibilidad *f*
legible ['lɛdʒəbəl] *adj* : legible
legibly ['lɛdʒəbli] *adv* : de manera legible
legion ['li:dʒən] *n* : legión *f*
legionnaire [ˌli:dʒə'nær] *n* : legionario *m*, -ria *f*
legislate ['lɛdʒəsˌleɪt] *vi* **-lated; -lating** : legislar
legislation [ˌlɛdʒəs'leɪʃən] *n* : legislación *f*
legislative ['lɛdʒəsˌleɪṭɪv] *adj* : legislativo, legislador
legislator ['lɛdʒəsˌleɪṭər] *n* : legislador *m*, -dora *f*
legislature ['lɛdʒəsˌleɪtʃər] *n* : asamblea *f* legislativa
legitimacy [lɪ'dʒɪṭəməsi] *n* : legitimidad *f*
legitimate [lɪ'dʒɪṭəmət] *adj* **1** VALID : legítimo, válido, justificado **2** LAWFUL : legítimo, legal
legitimately [lɪ'dʒɪṭəmətli] *adv* : legítimamente
legitimize [lɪ'dʒɪṭəˌmaɪz] *vt* **-mized; -mizing** : legitimar, hacer legítimo
legume ['lɛˌgju:m, lɪ'gju:m] *n* : legumbre *f*
leisure ['li:ʒər, 'lɛ-] *n* **1** : ocio *m*, tiempo *m* libre ⟨a life of leisure : una vida de ocio⟩ **2 to take one's leisure** : reposar **3 at your leisure** : cuando te venga bien, cuando tengas tiempo
leisurely ['li:ʒərli, 'lɛ-] *adj & adv* : lento, sin prisas
lemming ['lɛmɪŋ] *n* : lemming *m*
lemon ['lɛmən] *n* : limón *m*
lemonade [ˌlɛmə'neɪd] *n* : limonada *f*
lemony ['lɛməni] *adj* : a limón
lend ['lɛnd] *vt* **lent** ['lɛnt]; **lending** **1** : prestar ⟨to lend money : prestar dinero⟩ **2** GIVE : dar ⟨it lends force to his criticism : da fuerza a su crítica⟩ **3 to lend oneself to** : prestarse a
length ['lɛŋkθ] *n* **1** : longitud *f*, largo *m* ⟨10 feet in length : 10 pies de largo⟩ **2** DURATION : duración *f* **3** : trozo *m* (de madera), corte *m* (de tela) **4 to go to any lengths** : hacer todo lo posible **5 at ~** : extensamente ⟨to speak at length : hablar largo y tendido⟩
lengthen ['lɛŋkθən] *vt* **1** : alargar ⟨can they lengthen the dress? : ¿se puede alargar el vestido?⟩ **2** EXTEND, PROLONG : prolongar, extender — *vi* : alargarse, crecer ⟨the days are lengthening : los días están creciendo⟩
lengthways ['lɛŋkθˌweɪz] → **lengthwise**
lengthwise ['lɛŋkθˌwaɪz] *adv* : a lo largo, longitudinalmente
lengthy ['lɛŋkθi] *adj* **lengthier; -est** **1** OVERLONG : largo y pesado **2** EXTENDED : prolongado, largo
leniency ['li:niəntsi] *n, pl* **-cies** : lenidad *f*, indulgencia *f*
lenient ['li:niənt] *adj* : indulgente, poco severo

leniently [ˈliːniəntli] *adv* : con lenidad, con indulgencia

lens [ˈlɛnz] *n* **1** : cristalino *m* (del ojo) **2** : lente *mf* (de un instrumento o una cámara) **3** → **contact lens**

lent → **lend**

Lent [ˈlɛnt] *n* : Cuaresma *f*

lentil [ˈlɛntəl] *n* : lenteja *f*

Leo [ˈliːoː] *n* : Leo *mf*

leopard [ˈlɛpərd] *n* : leopardo *m*

leotard [ˈliːəˌtɑrd] *n* : leotardo *m*, malla *f*

leper [ˈlɛpər] *n* : leproso *m*, -sa *f*

leprechaun [ˈlɛprəˌkɑn] *n* : duende *m* (irlandés)

leprosy [ˈlɛprəsi] *n* : lepra *f* — **leprous** [ˈlɛprəs] *adj*

lesbian[1] [ˈlɛzbiən] *adj* : lesbiano

lesbian[2] *n* : lesbiana *f*

lesbianism [ˈlɛzbiəˌnɪzəm] *n* : lesbianismo *m*

lesion [ˈliːʒən] *n* : lesión *f*

less[1] [ˈlɛs] *adv, comparative of* **little**[1] : menos ⟨the less you know, the better : cuanto menos sepas, mejor⟩ ⟨less and less : cada vez menos⟩

less[2] *adj, comparative of* **little**[2] : menos ⟨less than three : menos de tres⟩ ⟨less money : menos dinero⟩ ⟨nothing less than perfection : nada menos que la perfección⟩

less[3] *pron* : menos ⟨I'm earning less : estoy ganando menos⟩

less[4] *prep* : menos ⟨one month less two days : un mes menos dos días⟩

lessee [lɛˈsiː] *n* : arrendatario *m*, -ria *f*

lessen [ˈlɛsən] *vt* : disminuir, reducir — *vi* : disminuir, reducirse

lesser [ˈlɛsər] *adj* : menor ⟨to a lesser degree : en menor grado⟩

lesson [ˈlɛsən] *n* **1** CLASS : clase *f*, curso *m* **2** : lección *f* ⟨the lessons of history : las lecciones de la historia⟩

lessor [ˈlɛˌsɔr, lˈsɔr] *n* : arrendador *m*, -dora *f*

lest [ˈlɛst] *conj* : para (que) no ⟨lest we forget : para que no olvidemos⟩

let [ˈlɛt] *v* **let; letting** *vt* **1** ALLOW : dejar, permitir ⟨let me see it : déjame verlo⟩ ⟨let it chill : dejarlo enfriar⟩ ⟨let him in/out : déjalo entrar/salir⟩ **2** MAKE : hacer ⟨let me know : házmelo saber, avísame⟩ ⟨let them wait! : ¡que esperen!⟩ **3** RENT : alquilar **4** (*used in the first person plural imperative*) ⟨let's go! : ¡vamos!, ¡vámonos!⟩ ⟨let us pray : oremos⟩ **5 let alone** : ni mucho menos, (y) menos aún ⟨I can barely understand it, let alone explain it : apenas puedo entenderlo, ni mucho menos explicarlo⟩ **6 to let down** LOWER : bajar **7 to let down** DISAPPOINT : fallar ⟨to let someone down gently : suavizarle el golpe a alguien⟩ **8 to let go** RELEASE, FREE : soltar ⟨let me go! : ¡suéltame!⟩ **9 to let oneself go** : dejarse, abandonarse **10 to let in on** ⟨to let someone in on a secret : contarle un secreto a alguien⟩ **11 to let off** FORGIVE : perdonar ⟨they let him off the hook : lo dejaron ir sin castigo⟩ ⟨they let her off lightly : la dieron un leve castigo⟩ **12 to let off** : echar (vapor), hacer estallar (un petardo, etc.) **13 to let oneself in for** : exponerse a (críticas), buscarse (problemas) ⟨I didn't know what I was letting myself in for : no sabía en la que me estaba metiendo⟩ **14 to let out** REVEAL : revelar **15 to let out** : soltar (un grito, etc.) **16 to let out** : ensanchar (un vestido, etc.) — *vi* **1 to let go** RELAX : soltarse el pelo **2 to let go (of)** : soltar ⟨let go (of me)! : ¡suélta(me)!⟩ **3 to let on** REVEAL, SHOW : revelar, demostrar ⟨don't let on! : ¡no digas nada!⟩ ⟨he didn't let on that he knew : hizo como si no lo supiera⟩ **4 to let on** PRETEND, SEEM : fingir, parecer **5 to let out** END : terminar ⟨school lets out in June : el año escolar termina en junio⟩ **6 to let up** ABATE : amainar, disminuir ⟨the pace never lets up : el ritmo nunca disminuye⟩ **7 to let up** STOP : parar **8 to let up on** : soltar (un freno, etc.), no ser tan duro con (alguien)

letdown *n* : chasco *m*, decepción *f*

lethal [ˈliːθəl] *adj* : letal — **lethally** *adv*

lethargic [lɪˈθɑrʤɪk] *adj* : letárgico

lethargy [ˈlɛθərʤi] *n* : letargo *m*

let on *vi* **1** ADMIT : reconocer ⟨don't let on! : ¡no digas nada!⟩ **2** PRETEND : fingir

let's [ˈlɛts] *contraction of* **let us** → **let**

letter[1] [ˈlɛṭər] *vt* : marcar con letras, inscribir letras en

letter[2] *n* **1** : letra *f* (del alfabeto) **2** : carta *f* ⟨a letter to my mother : una carta a mi madre⟩ **3 letters** *npl* ARTS : letras *fpl* **4 to the letter** : al pie de la letra

lettering [ˈlɛṭərɪŋ] *n* : letra *f*

lettuce [ˈlɛṭəs] *n* : lechuga *f*

leukemia [luːˈkiːmiə] *n* : leucemia *f*

levee [ˈlɛvi] *n* : dique *m*

level[1] [ˈlɛvəl] *vt* **-eled** *or* **-elled; -eling** *or* **-elling 1** FLATTEN : nivelar, aplanar **2** AIM : apuntar (una pistola), dirigir (una acusación) **3** RAZE : rasar, arrasar

level[2] *adj* **1** EVEN : llano, plano, parejo **2** CALM : tranquilo ⟨to keep a level head : no perder la cabeza⟩

level[3] *n* : nivel *m*

leveler [ˈlɛvələr] *n* : nivelador *m*, -dora *f*

levelheaded [ˈlɛvəlˈhɛdəd] *adj* : sensato, equilibrado

levelly [ˈlɛvəli] *adv* CALMLY : con ecuanimidad *f*, con calma

levelness [ˈlɛvəlnəs] *n* : uniformidad *f*

lever [ˈlɛvər, ˈliː-] *n* : palanca *f*

leverage [ˈlɛvərɪʤ, ˈliː-] *n* **1** : apalancamiento *m* (en física) **2** INFLUENCE : influencia *f*, palanca *f fam*

leviathan [lɪˈvaɪəθən] *n* : leviatán *m*, gigante *m*

levity [ˈlɛvəṭi] *n* : ligereza *f*, frivolidad *f*

levy[1] [ˈlɛvi] *vt* **levied; levying 1** IMPOSE : imponer, exigir, gravar (un impuesto) **2** COLLECT : recaudar (un impuesto)

levy[2] *n, pl* **levies** : impuesto *m*, gravamen *m*

lewd [ˈlu:d] *adj* : lascivo — **lewdly** *adv*

lewdness [ˈlu:dnəs] *n* : lascivia *f*

lexical [ˈlɛksikəl] *adj* : léxico

lexicographer [ˌlɛksəˈkɑgrəfər] *n* : lexicógrafo *m*, -fa *f*

lexicographical [ˌlɛksəkoˈgræfɪkəl] *or* **lexicographic** [-ˈgræfɪk] *adj* : lexicográfico

lexicography [ˌlɛksəˈkɑgrəfi] *n* : lexicografía *f*

lexicon [ˈlɛksɪˌkɑn] *n, pl* **-ica** [-kə] *or* **-icons** : léxico *m*, lexicón *m*

liability [ˌlaɪəˈbɪləṭi] *n, pl* **-ties 1** RESPONSIBILITY : responsabilidad *f* **2** SUSCEPTIBILITY : propensión *f* **3** DRAWBACK : desventaja *f* **4 liabilities** *npl* DEBTS : deudas *fpl*, pasivo *m*

liable [ˈlaɪəbəl] *adj* **1** RESPONSIBLE : responsable **2** SUSCEPTIBLE : propenso **3** PROBABLE : probable ⟨it's liable to happen : es probable que suceda⟩

liaison [ˈli:əˌzɑn, liˈeɪ-] *n* **1** CONNECTION : enlace *m*, relación *f* **2** AFFAIR : amorío *m*, aventura *f*

liar [ˈlaɪər] *n* : mentiroso *m*, -sa *f*; embustero *m*, -ra *f*

libel[1] [ˈlaɪbəl] *vt* **-beled** *or* **-belled; -beling** *or* **-belling** : difamar, calumniar

libel[2] *n* : difamación *f*, calumnia *f*

libeler [ˈlaɪbələr] *n* : difamador *m*, -dora *f*; calumniador *m*, -dora *f*; libelista *mf*

libelous *or* **libellous** [ˈlaɪbələs] *adj* : difamatorio, calumnioso, injurioso

liberal[1] [ˈlɪbrəl, ˈlɪbərəl] *adj* **1** TOLERANT : liberal, tolerante **2** GENEROUS : generoso **3** ABUNDANT : abundante **4 liberal arts** : humanidades *fpl*, artes *fpl* liberales

liberal[2] *n* : liberal *mf*

liberalism [ˈlɪbrəˌlɪzəm, ˈlɪbərə-] *n* : liberalismo *m*

liberality [ˌlɪbəˈræləṭi] *n, pl* **-ties** : liberalidad *f*, generosidad *f*

liberalize [ˈlɪbrəˌlaɪz, ˈlɪbərə-] *vt* **-ized; -izing** : liberalizar

liberally [ˈlɪbrəli, ˈlɪbərə-] *adv* **1** GENEROUSLY : generosamente **2** ABUNDANTLY : abundantemente **3** FREELY : libremente

liberate [ˈlɪbəˌreɪt] *vt* **-ated; -ating** : liberar, libertar

liberation [ˌlɪbəˈreɪʃən] *n* : liberación *f*

liberator [ˈlɪbəˌreɪṭər] *n* : libertador *m*, -dora *f*

Liberian [laɪˈbɪriən] *n* : liberiano *m*, -na *f* — **Liberian** *adj*

libertine [ˈlɪbərˌti:n] *n* : libertino *m*, -na *f*

liberty [ˈlɪbərṭi] *n, pl* **-ties 1** : libertad *f* **2 to take the liberty of** : tomarse la libertad de **3 to take liberties with** : tomarse confianzas con, tomarse libertades con

libido [ləˈbi:do:, -ˈbaɪ-] *n, pl* **-dos** : libido *f* — **libidinous** [ləˈbɪdənəs] *adj*

Libra [ˈli:brə] *n* : Libra *mf*

librarian [laɪˈbrɛriən] *n* : bibliotecario *m*, -ria *f*

library [ˈlaɪˌbrɛri] *n, pl* **-braries** : biblioteca *f*

librettist [lɪˈbrɛṭɪst] *n* : libretista *mf*

libretto [lɪˈbrɛṭo] *n, pl* **-tos** *or* **-ti** [-ṭi:] : libreto *m*

Libyan [ˈlɪbiən] *n* : libio *m*, -bia *f* — **Libyan** *adj*

lice → **louse**

license[1] [ˈlaɪsənts] *vt* **licensed; licensing** : licenciar, autorizar, dar permiso a

license[2] *or* **licence** *n* **1** PERMISSION : licencia *f*, permiso *m* **2** PERMIT : licencia *f*, carnet *m Spain* ⟨driver's license : licencia de conducir⟩ **3** FREEDOM : libertad *f* **4** LICENTIOUSNESS : libertinaje *m*

licentious [laɪˈsɛntʃəs] *adj* : licencioso, disoluto — **licentiously** *adv*

licentiousness [laɪˈsɛntʃəsnəs] *n* : libertinaje *m*

lichen [ˈlaɪkən] *n* : liquen *m*

licit [ˈlɪsət] *adj* : lícito

lick[1] [ˈlɪk] *vt* **1** : lamer **2** BEAT : darle una paliza (a alguien)

lick[2] *n* **1** : lamida *f*, lengüetada *f* ⟨a lick of paint : una mano de pintura⟩ **2** BIT : pizca *f*, ápice *m* **3 a lick and a promise** : una lavada a la carrera

licorice [ˈlɪkərɪʃ, -rəs] *n* : regaliz *m*, dulce *m* de regaliz

lid [ˈlɪd] *n* **1** COVER : tapa *f* **2** EYELID : párpado *m*

lie[1] [ˈlaɪ] *vi* **lay** [ˈleɪ]; **lain** [ˈleɪn]; **lying** [ˈlaɪɪŋ] **1** *or* **to lie down** : acostarse, echarse, tumbarse, tenderse ⟨I lay down on the bed : me acosté en la cama⟩ ⟨lie on your back : acuéstate boca arriba⟩ ⟨he was lying unconscious on the floor : estaba tendido en el suelo sin sentido⟩ ⟨to take something lying down : dejar pasar algo sin protestar⟩ **2** : estar, estar situado, encontrarse ⟨the book lay on the table : el libro estaba en la mesa⟩ ⟨the city lies to the south : la ciudad se encuentra al sur⟩ ⟨there were papers lying around : había papeles tirados por todos lados⟩ **3** CONSIST : consistir **4 to lie ahead** AWAIT : estar por venir **5 to lie around** RELAX : holgazanear **6 to lie back** : reclinarse **7 to lie down on the job** : no cumplir **8 to lie in/with** : residir en ⟨the power lies in the people : el poder reside en el pueblo⟩ **9 to lie low** : tratar de no llamar la atención

lie[2] *vi* **lied; lying** [ˈlaɪɪŋ] : mentir

lie[3] *n* **1** UNTRUTH : mentira *f* ⟨to tell lies : decir mentiras⟩ **2** POSITION : posición *f*

liege [ˈli:dʒ] *n* : señor *m* feudal

lien [ˈli:n, ˈli:ən] *n* : derecho *m* de retención

lieutenant [luːˈtɛnənt] *n* : teniente *mf*

lieutenant colonel *n* : teniente *mf* coronel

lieutenant commander *n* : capitán *m*, -tana *f* de corbeta

lieutenant general *n* : teniente *mf* general

life [ˈlaɪf] *n, pl* **lives** [ˈlaɪvz] **1** : vida *f* ⟨plant life : la vida vegetal⟩ **2** EXISTENCE : vida *f* ⟨early/late in life : en la juventud/vejez⟩ ⟨later in life : a una edad más avanzada⟩ ⟨I've lived here my whole/entire life, I've lived here all my life : siempre he vivido aquí⟩ ⟨never in my life : (jamás) en la vida⟩ ⟨life of crime : vida delictiva⟩ ⟨way of life : estilo de vida⟩ **3** BIOGRAPHY : biografía *f*, vida *f* **4** DURATION : duración *f*, vida *f* **5** LIVELINESS : vivacidad *f*, animación *f* **6** *or* **life imprisonment** : cadena *f* perpetua **7 a matter of life and death** : una cuestión de vida o muerte **8 as big as life** : en carne y hueso **9 for dear life** : desesperadamente **10 for the life of me** : por nada del mundo **11 not on your life** : ni pensarlo **12 that's life** : así es la vida **13 the life of the party** : el alma de la fiesta **14 to bring back to life** : resucitar **15 to come to life** : animarse **16 to claim/take someone's life** : cobrarle la vida a alguien **17 to frighten/scare the life out of** : darle/pegarle un susto mortal a **18 to lose one's life** : perder la vida **19 to risk life and limb** : arriesgar la vida **20 to save someone's life** : salvarse la vida **21 to take one's own life** : suicidarse **22 true to life** : verosímil

lifeblood [ˈlaɪfˌblʌd] *n* : parte *f* vital, sustento *m*

lifeboat [ˈlaɪfˌboːt] *n* : bote *m* salvavidas

lifeguard [ˈlaɪfˌgɑrd] *n* : socorrista *mf*, salvavidas *mf*

lifeless [ˈlaɪfləs] *adj* : sin vida, muerto

lifelike [ˈlaɪfˌlaɪk] *adj* : que parece vivo, natural, verosímil

lifelong [ˈlaɪfˈlɔŋ] *adj* : de toda la vida ⟨a lifelong friend : un amigo de toda la vida⟩

life preserver *n* : salvavidas *m*

lifesaver [ˈlaɪfˌseɪvər] *n* **1** : salvación *f* **2** → **lifeguard**

lifesaving [ˈlaɪfˌseɪvɪŋ] *n* : socorrismo *m*

lifestyle [ˈlaɪfˌstaɪl] *n* : estilo *m* de vida

lifetime [ˈlaɪfˌtaɪm] *n* : vida *f*, curso *m* de la vida

lift[1] [ˈlɪft] *vt* **1** RAISE : levantar, alzar, subir **2** END : levantar ⟨to lift a ban : levantar una prohibición⟩ — *vi* **1** RISE : levantarse, alzarse **2** CLEAR UP : despejar ⟨the fog lifted : se disipó la niebla⟩

lift[2] *n* **1** LIFTING : levantamiento *m*, alzamiento *m* **2** BOOST : impulso *m*, estímulo *m* **3 to give someone a lift** : llevar en coche a alguien

liftoff [ˈlɪftˌɔf] *n* : despegue *m*

ligament [ˈlɪgəmənt] *n* : ligamento *m*

ligature [ˈlɪgəˌʧʊr, -ʧər] *n* : ligadura *f*

light[1] [ˈlaɪt] *v* **lit** [ˈlɪt] *or* **lighted; lighting** *vt* **1** ILLUMINATE : iluminar, alumbrar **2** IGNITE : encender, prenderle fuego a — *vi* : encenderse, prender

light[2] *vi* **lighted** *or* **lit** [ˈlɪt]; **lighting 1** LAND, SETTLE : posarse **2** DISMOUNT : bajarse, apearse

light[3] [ˈlaɪt] *adv* **1** LIGHTLY : suavemente, ligeramente **2 to travel light** : viajar con poco equipaje

light[4] *adj* **1** LIGHTWEIGHT : ligero, liviano, poco pesado **2** EASY : fácil, ligero, liviano ⟨light reading : lectura fácil⟩ ⟨light work : trabajo liviano⟩ **3** GENTLE, MILD : fino, suave, leve ⟨a light breeze : una brisa suave⟩ ⟨a light rain : una lluvia fina⟩ **4** DELICATE : leve, ligero ⟨she wore light makeup : llevaba poco maquillaje⟩ **5** LOW : bajo ⟨light turnout : baja asistencia⟩ ⟨light trading : poco movimiento (en los mercados)⟩ ⟨traffic was light : había poco tráfico⟩ **6** MINOR, SUPERFICIAL : de poca importancia, superficial **7** BRIGHT : brillante (dícese de una luz), luminosa (dícese de una habitación) ⟨to be light out : ser de día⟩ ⟨to get light out : amanecer⟩ **8** PALE : claro (dícese de los colores), rubio (dícese del pelo) **9** *or* **lite** : light

light[5] *n* **1** ILLUMINATION : luz *f* **2** DAYLIGHT : luz *f* del día **3** DAWN : amanecer *m*, madrugada *f* **4** LAMP : lámpara *f* ⟨to turn off the light : apagar la luz⟩ **5** ASPECT : aspecto *m* ⟨in a new light : con otros ojos⟩ ⟨to show in a good/bad light : dar una imagen positiva/negativa a⟩ ⟨in (the) light of : en vista de, a la luz de⟩ **6** MATCH : fósforo *m*, cerillo *m* **7 the light at the end of the tunnel** : la luz al final del túnel **8 the light of someone's life** : la niña de los ojos de alguien **9 to be out like a light** : dormirse como un tronco **10 to bring to light** : sacar a (la) luz **11 to cast/shed/throw light on** : arrojar luz sobre **12 to come to light** : salir a (la) luz **13 to see the light** : abrir los ojos

lightbulb [ˈlaɪtˌbʌlb] *n* : bombilla *f*, foco *m*, bombillo *m CA, Col, Ven*

lighten [ˈlaɪtən] *vt* **1** ILLUMINATE : iluminar, dar más luz a **2** : aclararse (el pelo) **3** : aligerar (una carga, etc.) **4** RELIEVE : aliviar **5** GLADDEN : alegrar ⟨it lightened his heart : alegró su corazón⟩

lighter [ˈlaɪt̬ər] *n* : encendedor *m*

lighthearted [ˈlaɪtˈhɑrt̬əd] *adj* : alegre, despreocupado, desenfadado — **lightheartedly** *adv*

lightheartedness [ˈlaɪtˈhɑrt̬ədnəs] *n* : desenfado *m*, alegría *f*

lighthouse [ˈlaɪtˌhaʊs] *n* : faro *m*

lighting [ˈlaɪt̬ɪŋ] *n* : iluminación *f*

lightly [ˈlaɪtli] *adv* **1** GENTLY : suavemente **2** SLIGHTLY : ligeramente **3** FRIVOLOUSLY : a la ligera **4 to let off lightly** : tratar con indulgencia

lightness [ˈlaɪtnəs] *n* **1** BRIGHTNESS : luminosidad *f*, claridad *f* **2** GENTLENESS : ligereza *f*, suavidad *f*, delicadeza *f* **3** : ligereza *f*, liviandad *f* (de peso)
lightning [ˈlaɪtnɪŋ] *n* : relámpago *m*, rayo *m*
lightning bug → **firefly**
lightproof [ˈlaɪtˌpru:f] *adj* : impenetrable por la luz, opaco
lightweight [ˈlaɪtˈweɪt] *adj* : ligero, liviano, de poco peso
light–year [ˈlaɪtˌjɪr] *n* : año *m* luz
lignite [ˈlɪgˌnaɪt] *n* : lignito *m*
likable *or* **likeable** [ˈlaɪkəbəl] *adj* : simpático, agradable
like[1] [ˈlaɪk] *v* **liked; liking** *vt* **1** : gustarle, agradarle (algo a uno) ⟨he likes rice : le gusta el arroz⟩ ⟨she doesn't like flowers : a ella no le gustan las flores⟩ ⟨I like you : me caes bien⟩ **2** WANT : querer, desear ⟨I'd like a hamburger : quiero una hamburguesa⟩ ⟨he would like more help : le gustaría tener más ayuda⟩ ⟨I'd like to come : quiero venir⟩ ⟨I'd like to think (that) . . . : quiero creer que . . .⟩ — *vi* : querer ⟨do as you like : haz lo que quieras⟩ ⟨if you like : si quieres, si te parece⟩ ⟨whenever you like : cuando quieras⟩
like[2] *adj* : parecido, semejante, similar
like[3] *n* **1** PREFERENCE : preferencia *f*, gusto *m* **2 the like** : cosa *f* parecida, cosas *fpl* por el estilo ⟨I've never seen the like : nunca he visto cosa parecida⟩
like[4] *conj* **1** AS IF : como si ⟨they looked at me like I was crazy : se me quedaron mirando como si estuviera loca⟩ **2** AS : como, igual que ⟨she doesn't love you like I do : ella no te quiere como yo⟩
like[5] *prep* **1** : como, parecido a ⟨she acts like my mother : se comporta como mi madre⟩ ⟨he looks like me : se parece a mí⟩ **2** : propio de, típico de ⟨that's just like her : eso es muy típico de ella⟩ **3** : como ⟨animals like cows : animales como vacas⟩ **4 like this, like that** : así ⟨do it like that : hazlo así⟩
likelihood [ˈlaɪkliˌhʊd] *n* : probabilidad *f* ⟨in all likelihood : con toda probabilidad⟩
likely[1] [ˈlaɪkli] *adv* : probablemente ⟨most likely he's sick : lo más probable es que esté enfermo⟩ ⟨they're likely to come : es probable que vengan⟩
likely[2] *adj* **-lier; -est** **1** PROBABLE : probable ⟨to be likely to : ser muy probable que⟩ **2** SUITABLE : apropiado, adecuado **3** BELIEVABLE : verosímil, creíble **4** PROMISING : prometedor
liken [ˈlaɪkən] *vt* : comparar
likeness [ˈlaɪknəs] *n* **1** SIMILARITY : semejanza *f*, parecido *m* **2** PORTRAIT : retrato *m*
likewise [ˈlaɪkˌwaɪz] *adv* **1** SIMILARLY : de la misma manera, asimismo **2** ALSO : también, además, asimismo
liking [ˈlaɪkɪŋ] *n* **1** FONDNESS : afición *f* (por una cosa), simpatía *f* (por una persona) **2** TASTE : gusto *m* ⟨is it to your liking? : ¿te gusta?⟩
lilac [ˈlaɪlək, -ˌlæk, -ˌlɑk] *n* : lila *f*
lilt [ˈlɪlt] *n* : cadencia *f*, ritmo *m* alegre
lily [ˈlɪli] *n, pl* **lilies** **1** : lirio *m*, azucena *f* **2 lily of the valley** : lirio *m* de los valles, muguete *m*
lima bean [ˈlaɪmə] *n* : frijol *m* de media luna
limb [ˈlɪm] *n* **1** APPENDAGE : miembro *m*, extremidad *f* **2** BRANCH : rama *f*
limber[1] [ˈlɪmbər] *vi or* **to limber up** : calentarse, prepararse
limber[2] *adj* : ágil (dícese de las personas), flexible (dícese de los objetos)
limbo [ˈlɪmˌbo:] *n, pl* **-bos** **1** : limbo *m* (en la religión) **2** OBLIVION : olvido *m* ⟨the project is in limbo : el proyecto ha caído en el olvido⟩
lime [ˈlaɪm] *n* **1** : cal *f* (óxido) **2** : lima *f* (fruta), limón *m* verde *Mex*
limelight [ˈlaɪmˌlaɪt] *n* **to be in the limelight** : ser el centro de atención, estar en el candelero
limerick [ˈlɪmərɪk] *n* : poema *m* jocoso de cinco versos
limestone [ˈlaɪmˌsto:n] *n* : piedra *f* caliza, caliza *f*
limit[1] [ˈlɪmət] *vt* : limitar, restringir
limit[2] *n* **1** MAXIMUM : límite *m*, máximo *m* ⟨speed limit : límite de velocidad⟩ **2 limits** *npl* : límites *mpl*, confines *mpl* ⟨city limits : límites de la ciudad⟩ **3 that's the limit!** : ¡eso es el colmo!
limitation [ˌlɪməˈteɪʃən] *n* : limitación *f*, restricción *f*
limited [ˈlɪmət̬əd] *adj* : limitado, restringido
limitless [ˈlɪmətləs] *adj* : ilimitado, sin límites
limousine [ˈlɪməˌzi:n, ˌlɪməˈ-] *n* : limusina *f*
limp[1] [ˈlɪmp] *vi* : cojear
limp[2] *adj* **1** FLACCID : fláccido **2** LANK : lacio (dícese del pelo) **3** WEAK : débil ⟨to feel limp : sentirse desfallecer, sentirse sin fuerzas⟩
limp[3] *n* : cojera *f*
limpid [ˈlɪmpəd] *adj* : límpido, claro
limply [ˈlɪmpli] *adv* : sin fuerzas
limpness [ˈlɪmpnəs] *n* : flaccidez *f*, debilidad *f*
linden [ˈlɪndən] *n* : tilo *m*
line[1] [ˈlaɪn] *v* **lined; lining** *vt* **1** : forrar, cubrir ⟨to line a dress : forrar un vestido⟩ ⟨to line the walls : cubrir las paredes⟩ **2** MARK : rayar, trazar líneas en **3** BORDER : bordear **4** ALIGN : alinear — *vi* **to line up** : ponerse in fila, hacer cola
line[2] *n* **1** MARK : línea *f*, raya *f* ⟨straight line : (línea) recta⟩ ⟨dotted line : línea de puntos⟩ **2** BOUNDARY : línea *f*, límite *m* ⟨dividing line : línea divisoria⟩ ⟨property line : límite de la propiedad⟩ ⟨to draw the line : fijar límites⟩ ⟨to draw the line at something : no tolerar algo⟩ **3** ROW : fila *f*, hilera *f* **4**

QUEUE : cola *f* ⟨to wait in line : hacer cola⟩ **5 lines** *npl* SILHOUETTE : líneas *fpl* **6** CORD, ROPE : cuerda *f* **7** → **pipeline** **8** WIRE : cable *m* ⟨power line : cable eléctrico⟩ **9** : línea *f* (de teléfono) ⟨the line is busy : está ocupado⟩ ⟨the boss is on the line : te llama el jefe⟩ **10** : línea *f* (de texto), verso *m* (de poesía) **11** NOTE : nota *f*, líneas *fpl* ⟨drop me a line : mándame unas líneas⟩ **12 lines** *npl* : diálogo *m* (de un actor) **13** COMMENT : comentario *m* **14** WRINKLE : línea *f*, arruga *f* (de la cara) **15** PATH : línea *f* ⟨line of fire : línea de fuego⟩ **16** SERVICE : línea *f* ⟨bus line : línea de autobuses⟩ **17** : línea *f*, cadena *f* ⟨production line : línea de producción⟩ **18** SERIES : serie *f* (de problemas, etc.) **19** LINEAGE : línea *f*, linaje *m* **20** MANNER : línea *f* ⟨line of inquiry : línea de investigación⟩ ⟨to take a firm line on : ponerse firme sobre⟩ **21** POSITION : línea *f* ⟨the party line : la línea del partido⟩ **22** OCCUPATION : ocupación *f*, rama *f*, especialidad *f* **23 lines** *npl* RANKS : líneas *fpl*, filas *fpl* ⟨behind enemy lines : tras las líneas enemigas⟩ **24** RANGE : línea *f* ⟨product line : línea de productos⟩ **25** AGREEMENT : conformidad *f* ⟨to be in line with : estar conforme con⟩ ⟨to fall into line : conformarse⟩ **26 along the line** ⟨somewhere along the line : en algún momento⟩ **27 along the lines of** : por el estilo de **28 down the line** : en el futuro **29 in line** ⟨he's in line for a promotion : lo consideran para un ascenso⟩ ⟨first/next in line to succeed the President : primero en la línea de sucesión a la presidencia⟩ **30 in line** ⟨to keep someone in line : mantener a alguien a raya⟩ **31 on the line** ENDANGERED : en peligro **32 out of line** DISRESPECTFUL : fuera de lugar (dícese de un comentario) ⟨you're out of line : te has pasado de la raya⟩ **33 to lay it on the line** : no andarse con rodeos **34 to read between the lines** : leer entre líneas

lineage [ˈlɪniɪʤ] *n* : linaje *m*, abolengo *m*

lineal [ˈlɪniəl] *adj* : en línea directa

lineaments [ˈlɪniəmənts] *npl* : facciones *fpl* (de la cara), rasgos *mpl*

linear [ˈlɪniər] *adj* : lineal

linen [ˈlɪnən] *n* : lino *m*

liner [ˈlaɪnər] *n* **1** LINING : forro *m* **2** SHIP : buque *m*, transatlántico *m*

lineup [ˈlaɪnˌəp] *n* **1** : fila *f* de sospechosos **2** : formación *f* (en deportes) **3** ALIGNMENT : alineación *f*

linger [ˈlɪŋgər] *vi* **1** TARRY : quedarse, entretenerse, rezagarse **2** PERSIST : persistir, sobrevivir

lingerie [ˌlɑnʤəˈreɪ, ˌlænʒəˈri:] *n* : ropa *f* íntima femenina, lencería *f*

lingo [ˈlɪŋgo] *n, pl* **-goes** **1** LANGUAGE : idioma *m* **2** JARGON : jerga *f*

linguist [ˈlɪŋgwɪst] *n* : lingüista *mf*

linguistic [lɪŋˈgwɪstɪk] *adj* : lingüístico

linguistics [lɪŋˈgwɪstɪks] *n* : lingüística *f*

liniment [ˈlɪnəmənt] *n* : linimento *m*

lining [ˈlaɪnɪŋ] *n* : forro *m*

link[1] [ˈlɪŋk] *vt* : unir, enlazar, conectar — *vi* **to link up** : unirse, conectar

link[2] *n* **1** : eslabón *m* (de una cadena) **2** BOND : conexión *f*, lazo *m*, vínculo *m*

linkage [ˈlɪŋkɪʤ] *n* : conexión *f*, unión *f*, enlace *m*

linoleum [ləˈno:liəm] *n* : linóleo *m*

linseed oil [ˈlɪnˌsi:d] *n* : aceite *m* de linaza

lint [ˈlɪnt] *n* : pelusa *f*

lintel [ˈlɪntəl] *n* : dintel *m*

lion [ˈlaɪən] *n* : león *m*

lioness [ˈlaɪənɪs] *n* : leona *f*

lionize [ˈlaɪəˌnaɪz] *vt* **-ized; -izing** : tratar a una persona como muy importante

lip [ˈlɪp] *n* **1** : labio *m* **2** EDGE, RIM : pico *m* (de una jarra), borde *m* (de una taza)

lip–read [ˈlɪpˌri:d] *vi* : leer los labios

lipreading [ˈlɪpˌri:dɪŋ] *n* : lectura *f* de los labios

lipstick [ˈlɪpˌstɪk] *n* : lápiz *m* de labios, barra *f* de labios

liquefy [ˈlɪkwəˌfaɪ] *v* **-fied; -fying** *vt* : licuar — *vi* : licuarse

liqueur [lɪˈkʊr, -ˈkər, -ˈkjʊr] *n* : licor *m*

liquid[1] [ˈlɪkwəd] *adj* : líquido

liquid[2] *n* : líquido *m*

liquidate [ˈlɪkwəˌdeɪt] *vt* **-dated; -dating** : liquidar

liquidation [ˌlɪkwəˈdeɪʃən] *n* : liquidación *f*

liquidity [lɪkˈwɪdəţi] *n* : liquidez *f*

liquor [ˈlɪkər] *n* : alcohol *m*, bebidas *fpl* alcohólicas, licor *m*

lisp[1] [ˈlɪsp] *vi* : cecear

lisp[2] *n* : ceceo *m*

lissome [ˈlɪsəm] *adj* **1** FLEXIBLE : flexible **2** LITHE : ágil y grácil

list[1] [ˈlɪst] *vt* **1** ENUMERATE : hacer una lista de, enumerar **2** INCLUDE : poner en una lista, incluir — *vi* : escorar (dícese de un barco)

list[2] *n* **1** ENUMERATION : lista *f* **2** SLANT : escora *f*, inclinación *f*

listen [ˈlɪsən] *vi* **1** : escuchar, oír **2 to listen to** HEED : prestar atención a, hacer caso de, escuchar **3 to listen to reason** : atender a razones

listener [ˈlɪsənər] *n* : oyente *mf*, persona *f* que sabe escuchar

listless [ˈlɪstləs] *adj* : lánguido, apático — **listlessly** *adv*

listlessness [ˈlɪstləsnəs] *n* : apatía *f*, languidez *f*, desgana *f*

lit [ˈlɪt] → **light**

litany [ˈlɪtəni] *n, pl* **-nies** : letanía *f*

liter [ˈli:ţər] *n* : litro *m*

literacy [ˈlɪţərəsi] *n* : alfabetismo *m*

literal [ˈlɪţərəl] *adj* : literal — **literally** *adv*

literary ['lɪṭəˌrri] *adj* : literario

literate ['lɪṭərət] *adj* : alfabetizado

literature ['lɪṭərəˌtʃʊr, -tʃər] *n* : literatura *f*

lithe ['laɪð, 'laɪθ] *adj* : ágil y grácil

lithesome ['laɪðsəm, 'laɪθ-] → **lissome**

lithium ['lɪθiəm] *n* : litio *m*

lithograph ['lɪθəˌgræf] *n* : litografía *f*

lithographer [lɪ'θɑgrəfər, 'lɪθə-ˌgræfər] *n* : litógrafo *m*, -fa *f*

lithography [lɪ'θɑgrəfi] *n* : litografía *f*

lithosphere ['lɪθəˌsfɪr] *n* : litosfera *f*

Lithuanian [ˌlɪθə'weɪniən] *n* **1** : lituano *m* (idioma) **2** : lituano *m*, -na *f* — **Lithuanian** *adj*

litigant ['lɪṭɪgənt] *n* : litigante *mf*

litigate ['lɪṭəˌgeɪt] *vi* **-gated; -gating** : litigar

litigation [ˌlɪṭə'geɪʃən] *n* : litigio *m*

litmus paper ['lɪtməs] *n* : papel *m* de tornasol

litter[1] ['lɪṭər] *vt* : tirar basura en, ensuciar — *vi* : tirar basura

litter[2] *n* **1** : camada *f*, cría *f* ⟨a litter of kittens : una cría de gatitos⟩ **2** STRETCHER : camilla *f* **3** RUBBISH : basura *f* **4** : arena *f* higiénica (para gatos)

little[1] ['lɪtəl] *adv* **less** ['lɛs]; **least** ['li:st] **1** : poco ⟨she sings very little : canta muy poco⟩ **2 little did I know that . . .** : no tenía la menor idea de que . . . **3 as little as possible** : lo menos posible

little[2] *adj* **littler** *or* **less** ['lɛs] *or* **lesser** ['lɛsər]; **littlest** *or* **least** ['li:st] **1** SMALL : pequeño **2** : poco ⟨they speak little Spanish : hablan poco español⟩ ⟨little by little : poco a poco⟩ **3** TRIVIAL : sin importancia, trivial

little[3] *n* **1** : poco *m* ⟨little has changed : poco ha cambiado⟩ **2 a little** : un poco, algo ⟨it's a little surprising : es algo sorprendente⟩

Little Dipper → **dipper**

liturgical [lə'tərdʒɪkəl] *adj* : litúrgico — **liturgically** [-kli] *adv*

liturgy ['lɪṭərdʒi] *n, pl* **-gies** : liturgia *f*

livable ['lɪvəbəl] *adj* : habitable

live[1] ['lɪv] *v* **lived; living** *vi* **1** EXIST : vivir ⟨as long as I live : mientras viva⟩ ⟨to live from day to day : vivir al día⟩ ⟨long live the Queen/King! : ¡viva el rey/la reina!⟩ **2** : llevar una vida, vivir ⟨he lived simply : llevó una vida sencilla⟩ ⟨they lived happily ever after : vivieron felices (y comieron perdices)⟩ **3** SUBSIST : vivir, mantenerse ⟨to live within/beyond one's means : vivir dentro/fuera de sus posibilidades⟩ **4** RESIDE : vivir, residir ⟨where do you live? : ¿dónde vives?⟩ **5 live and let live** : vive y deja vivir a los demás **6 to live down** ⟨they'll never let you live it down, you'll never live it down : nunca te dejarán olvidarlo⟩ **7 to live off** : vivir de (algo), vivir a costa de (alguien) **8 to live on** : vivir de (un sueldo, etc.), alimentarse de (comida) ⟨they live on less than a dollar a day : viven con menos de un dólar por día⟩ **9 to live on** PERSIST : permanecer **10 to live out one's life** : vivir toda su vida **11 to live through** SURVIVE : sobrevivir **12 to live together** : vivir juntos **13 to live up to** : estar a la altura de (las expectativas, etc.) **14 to live up to** : cumplir (su palabra, etc.) **15 to live with** : vivir con (alguien) **16 to live with** ACCEPT : aceptar — *vt* : llevar, vivir ⟨he lived a simple life : llevó una vida sencilla⟩ ⟨to live the good life : vivir la buena vida⟩

live[2] ['laɪv] *adj* **1** LIVING : vivo **2** BURNING : encendido ⟨a live coal : una brasa⟩ **3** : con corriente ⟨live wires : cables con corriente⟩ **4** : cargado, sin estallar ⟨a live bomb : una bomba sin estallar⟩ **5** CURRENT : de actualidad ⟨a live issue : un asunto de actualidad⟩ **6** : en vivo, en directo ⟨a live interview : una entrevista en vivo⟩

livelihood ['laɪvliˌhʊd] *n* : sustento *m*, vida *f*, medio *m* de vida

liveliness ['laɪvlinəs] *n* : animación *f*, vivacidad *f*

livelong ['lɪv'lɔŋ] *adj* : entero, completo

lively ['laɪvli] *adj* **-lier; -est** : animado, vivaz, vivo, enérgico

liven ['laɪvən] *vt* : animar — *vi* : animarse

liver ['lɪvər] *n* : hígado *m*

livery ['lɪvəri] *n, pl* **-eries** : librea *f*

lives → **life**

livestock ['laɪvˌstɑk] *n* : ganado *m*

live wire *n* : persona *f* vivaz y muy activa

livid ['lɪvəd] *adj* **1** BLACK-AND-BLUE : amoratado **2** PALE : lívido **3** ENRAGED : furioso

living[1] ['lɪvɪŋ] *adj* : vivo

living[2] *n* **to make a living** : ganarse la vida

living room *n* : living *m*, sala *f* de estar

lizard ['lɪzərd] *n* : lagarto *m*

llama ['lɑmə, 'jɑ-] *n* : llama *f*

load[1] ['lo:d] *vt* **1** : cargar, embarcar (vehículos, cargamento, etc.) **2** : embarcar (pasajeros) **3** : cargar (una pistola, etc.) **4** : cargar (un programa, etc.) **5** : cargar, sobrecargar ⟨she loaded (up) her plate with food : llenó el plato de comida⟩ **6 to load down with** BURDEN : cargar de ⟨to be loaded down with debt : estar agobiado por las deudas⟩ — *vi* **1** : cargar **2 to load up on** : pasarse con (la comida, etc.)

load[2] *n* **1** CARGO : carga *f* **2** WEIGHT : peso *m* **3** BURDEN : carga *f*, peso *m* **4 loads** *npl* : montón *m*, pila *f*, cantidad *f* ⟨loads of work : un montón de trabajo⟩

loaf[1] ['lo:f] *vi* : holgazanear, flojear, haraganear

loaf[2] *n, pl* **loaves** ['lo:vz] **1** : pan *m*, pan *m* de molde, barra *f* de pan **2 meat loaf** : pan *m* de carne

loafer [ˈlo:fər] *n* : holgazán *m*, -zana *f*; haragán *m*, -gana *f*; vago *m*, -ga *f*
loam [ˈlo:m] *n* : marga *f*, suelo *m*
loan[1] [ˈlo:n] *vt* : prestar
loan[2] *n* : préstamo *m*, empréstito *m* (del banco)
loath [ˈlo:θ, ˈlo:ð] *adj* : poco dispuesto ⟨I am loath to say it : me resisto a decirlo⟩
loathe [ˈlo:ð] *vt* **loathed; loathing** : odiar, aborrecer
loathing [ˈlo:ðɪŋ] *n* : aversión *f*, odio *m*, aborrecimiento *m*
loathsome [ˈlo:θsəm, ˈlo:ð-] *adj* : odioso, repugnante
lob[1] [ˈlɑb] *vt* **lobbed; lobbing** : hacerle un globo (a otro jugador)
lob[2] *n* : globo *m* (en deportes)
lobby[1] [ˈlɑbi] *v* **-bied; -bying** *vt* : presionar, ejercer presión sobre — *vi* **to lobby for** : presionar para (lograr algo)
lobby[2] *n, pl* **-bies** **1** FOYER : vestíbulo *m* **2** LOBBYISTS : grupo *m* de presión, lobby *m*
lobbyist [ˈlɑbiɪst] *n* : miembro *m* de un lobby
lobe [ˈlo:b] *n* : lóbulo *m*
lobed [ˈlo:bd] *adj* : lobulado
lobotomy [ləˈbɑṭəmi, lo-] *n, pl* **-mies** : lobotomía *f*
lobster [ˈlɑbstər] *n* : langosta *f*
local[1] [ˈlo:kəl] *adj* : local
local[2] *n* **1** : anestesia *f* local **2 the locals** : los vecinos del lugar, los habitantes
locale [loˈkæl] *n* : lugar *m*, escenario *m*
locality [loˈkæləṭi] *n, pl* **-ties** : localidad *f*
localize [ˈlo:kəˌlaɪz] *vt* **-ized; -izing** : localizar
locally [ˈlo:kəli] *adv* : en la localidad, en la zona
locate [ˈlo:ˌkeɪt, loˈkeɪt] *v* **-cated; -cating** *vt* **1** POSITION : situar, ubicar **2** FIND : localizar, ubicar — *vi* SETTLE : establecerse
location [loˈkeɪʃən] *n* **1** POSITION : posición *f*, emplazamiento *m*, ubicación *f* **2** PLACE : lugar *m*, sitio *m*
lock[1] [ˈlɑk] *vt* **1** FASTEN : cerrar (con llave) **2** CONFINE : encerrar ⟨they locked me in the room : me encerraron en la habitación⟩ **3** IMMOBILIZE : bloquear (una rueda) **4 to lock away/up** : encerrar (a alguien), guardar (algo) bajo llave **5 to lock out** : dejar fuera a, cerrar la puerta a ⟨I locked myself out : me quedé fuera (sin llaves)⟩ — *vi* **1** *or* **to lock up** : cerrar (con llave) **2** : cerrarse (dícese de una puerta) **3** : trabarse, bloquearse (dícese de una rueda) **4 to lock horns** : chocar, pelearse **5 to lock on/onto** TARGET : fijar (el blanco)
lock[2] *n* **1** : mechón *m* (de pelo) **2** FASTENER : cerradura *f*, cerrojo *m*, chapa *f* **3** : esclusa *f* (de un canal)
locker [ˈlɑkər] *n* : armario *m*, cajón *m* con llave, lócker *m*
locket [ˈlɑkət] *n* : medallón *m*, guardapelo *m*, relicario *m*
lockjaw [ˈlɑkˌʤɔ] *n* : tétano *m*
lockout [ˈlɑkˌaʊt] *n* : cierre *m* patronal, lockout *m*
locksmith [ˈlɑkˌsmɪθ] *n* : cerrajero *m*, -ra *f*
lockup [ˈlɑkˌʌp] *n* JAIL : cárcel *f*
locomotion [ˌlo:kəˈmo:ʃən] *n* : locomoción *f*
locomotive[1] [ˌlo:kəˈmo:ṭɪv] *adj* : locomotor
locomotive[2] *n* : locomotora *f*
locust [ˈlo:kəst] *n* **1** : langosta *f*, chapulín *m CA, Mex* **2** CICADA : cigarra *f*, chicharra *f* **3** : acacia *f* blanca (árbol)
locution [loˈkju:ʃən] *n* : locución *f*
lode [ˈlo:d] *n* : veta *f*, vena *f*, filón *m*
lodestar [ˈlo:dˌstɑr] *n* : estrella *f* polar
lodestone [ˈlo:dˌsto:n] *n* : piedra *f* imán
lodge[1] [ˈlɑʤ] *v* **lodged; lodging** *vt* **1** HOUSE : hospedar, alojar **2** FILE : presentar ⟨to lodge a complaint : presentar una demanda⟩ — *vi* **1** : posarse, meterse ⟨the bullet lodged in the door : la bala se incrustó en la puerta⟩ **2** STAY : hospedarse, alojarse
lodge[2] *n* **1** : pabellón *m*, casa *f* de campo ⟨hunting lodge : refugio de caza⟩ **2** : madriguera *f* (de un castor) **3** : logia *f* ⟨Masonic lodge : logia masónica⟩
lodger [ˈlɑʤər] *n* : inquilino *m*, -na *f*; huésped *m*, -peda *f*
lodging [ˈlɑʤɪŋ] *n* **1** : alojamiento *m* **2 lodgings** *npl* ROOMS : habitaciones *fpl*
loft [ˈlɔft] *n* **1** ATTIC : desván *m*, ático *m*, buhardilla *f* **2** : loft *m* (en un depósito comercial) **3** HAYLOFT : pajar *m* **4** : galería *f* ⟨choir loft : galería del coro⟩
loftily [ˈlɔftəli] *adv* : altaneramente, con altivez
loftiness [ˈlɔftinəs] *n* **1** NOBILITY : nobleza *f* **2** ARROGANCE : altanería *f*, arrogancia *f* **3** HEIGHT : altura *f*, elevación *f*
lofty [ˈlɔfti] *adj* **loftier; -est** **1** NOBLE : noble, elevado **2** HAUGHTY : altivo, arrogante, altanero **3** HIGH : majestuoso, elevado
log[1] [ˈlɔg, ˈlɑg] *vi* **logged; logging** **1** : talar (árboles) **2** RECORD : registrar, anotar **3 to log on** : entrar (al sistema) **4 to log off** : salir (del sistema)
log[2] *n* **1** : tronco *m*, leño *m* **2** RECORD : diario *m*
logarithm [ˈlɔgəˌrɪðəm, ˈlɑ-] *n* : logaritmo *m*
logger [ˈlɔgər, ˈlɑ-] *n* : leñador *m*, -dora *f*
loggerhead [ˈlɔgərˌhd, ˈlɑ-] *n* **1** : tortuga *f* boba **2 to be at loggerheads** : estar en pugna, estar en desacuerdo
logic [ˈlɑʤɪk] *n* : lógica *f* — **logical** [ˈlɑʤɪkəl] *adj* — **logically** [-kli] *adv*
logistic [ləˈʤɪstɪk, lo-] *adj* : logístico

logistics [lə'ʤɪstɪks, lo-] *ns & pl* : logística *f*
logo ['lo:ˌgo:] *n, pl* **logos** [-ˌgo:z] : logotipo *m*
loin ['lɔɪn] *n* **1** : lomo *m* ⟨pork loin : lomo de cerdo⟩ **2 loins** *npl* : lomos *mpl* ⟨to gird one's loins : prepararse para la lucha⟩
loiter ['lɔɪṭər] *vi* : vagar, perder el tiempo
loll ['lɑl] *vi* **1** SLOUCH : repantigarse **2** IDLE : holgazanear, hacer el vago
lollipop *or* **lollypop** ['lɑliˌpɑp] *n* : dulce *m* en palito, chupete *m Chile, Peru*, paleta *f CA, Mex*
lone ['lo:n] *adj* **1** SOLITARY : solitario **2** ONLY : único
loneliness ['lo:nlinəs] *n* : soledad *f*
lonely ['lo:nli] *adj* **-lier; -est** **1** SOLITARY : solitario, aislado **2** LONESOME : solo ⟨to feel lonely : sentirse muy solo⟩
loner ['lo:nər] *n* : solitario *m*, -ria *f*; recluso *m*, -sa *f*
lonesome ['lo:nsəm] *adj* : solo, solitario
long[1] ['lɔŋ] *vi* **1 to long for** : añorar, desear, anhelar **2 to long to** : anhelar, estar deseando ⟨they longed to see her : estaban deseando verla, tenían muchas ganas de verla⟩
long[2] *adv* **1** : mucho, mucho tiempo ⟨it didn't take long : no llevó mucho tiempo⟩ ⟨will it last long? : ¿va a durar mucho?⟩ ⟨will you be long? : ¿tardarás mucho?⟩ ⟨a (little) bit longer : un poco más (tiempo)⟩ ⟨I didn't have long enough to visit : no me alcanzó el tiempo para visitar⟩ **2 all day long** : todo el día **3 as/so long as** IF : mientras, con tal (de) que **4 as/so long as** SINCE : ya que **5 as/so long as** WHILE : mientras **6 before long** : antes de poco **7 long ago** : hace mucho tiempo **8 long before/after** : mucho antes/después **9 long gone** ⟨that building is long gone : ese edificio se desapareció hace mucho⟩ **10 long since** : hace mucho **11 no longer** *or* **(not) any longer** ⟨it's no longer needed : ya no hace falta⟩ ⟨I can't wait any longer : no puedo esperar más⟩ **12 so long!** : ¡hasta luego!, ¡adiós!
long[3] *adj* **longer** ['lɔŋgər]; **longest** ['lɔŋgəst] **1** (*indicating length*) : largo ⟨long hair : pelo largo⟩ ⟨the dress is too long : el vestido es demasiado largo⟩ ⟨the book is two hundred pages long : el libro tiene doscientas páginas⟩ ⟨a long way from : bastante lejos de⟩ **2** (*indicating time*) : largo, prolongado ⟨a long illness : una enfermedad prolongada⟩ ⟨a long walk : un paseo largo⟩ ⟨a long time ago : hace mucho (tiempo)⟩ ⟨I've known him for a long time : lo conozco desde hace mucho⟩ ⟨the drive is five hours long : el viaje dura cinco horas⟩ ⟨at long last : por fin⟩ ⟨in the long run : a la larga⟩ **3 to be long on** : estar cargado de
long[4] *n* **1 before long** : dentro de poco **2 the long and the short** : lo esencial, lo fundamental
longevity [lɑn'ʤɛvəṭi] *n* : longevidad *f*
longhand ['lɔŋˌhænd] *n* : escritura *f* a mano, escritura *f* cursiva
longhorn ['lɔŋˌhɔrn] *n* : longhorn *mf*
longing [lɔŋɪŋ] *n* : vivo deseo *m*, ansia *f*, anhelo *m*
longingly [lɔŋɪŋlli] *adv* : ansiosamente, con ansia
longitude ['lɑnʤəˌtu:d, -ˌtju:d] *n* : longitud *f*
longitudinal [ˌlɑnʤə'tu:dənəl, -'tju:-] *adj* : longitudinal — **longitudinally** *adv*
long–lived ['lɔŋ'lɪvd, -'laɪvd] *adj* : longevo
longshoreman ['lɔŋ'ʃormən] *n, pl* **-men** [-mən, -ˌmɛn] : estibador *m*, -dora *f*
long–standing ['lɔŋ'stændɪŋ] *adj* : de larga data
long–suffering ['lɔŋ'sʌfərɪŋ] *adj* : paciente, sufrido
look[1] ['lʊk] *vi* **1** : mirar ⟨to look out the window : mirar por la ventana⟩ ⟨to look ahead/back : mirar hacia adelante/atrás⟩ ⟨look around you : mira a tu alrededor⟩ ⟨look! there he is : ¡mira! ahí está⟩ **2** INVESTIGATE : buscar, mirar ⟨look in the closet : busca en el closet⟩ ⟨look before you leap : mira lo que haces⟩ **3** SEEM : parecer ⟨he looks happy : parece estar contento⟩ ⟨you look very nice! : ¡estás guapísima!⟩ ⟨she looked (to be) about forty : parecía tener alrededor de cuarenta años⟩ **4** (*used to warn, express anger, etc.*) ⟨look, it's not going to work : mira, no va a funcionar⟩ ⟨now look what you've done! : ¡mira lo que has hecho!⟩ ⟨(now) look here! : ¡oye!⟩ **5** FACE, POINT : dar a **6 to look after** TAKE CARE OF : cuidar, cuidar de (personas o animales), encargarse de (una empresa, etc.) **7 to look ahead** : mirar hacia el futuro **8 to look around** EXPLORE : mirar, echar un vistazo a **9 to look around for** : buscar **10 to look as if/though** : parecer que ⟨it looks as if it will rain : parece que va llover⟩ **11 to look at** : mirar **12 to look at** CONSIDER : considerar **13 to look at** EXAMINE : examinar **14 to look at** FACE : estar frente a, enfrentarse a (problemas, etc.) **15 to look back** : mirar hacia el pasado **16 to look down on** : despreciar, menospreciar **17 to look for** EXPECT : esperar **18 to look for** SEEK : buscar **19 to look forward to** ANTICIPATE : estar ansioso de (hacer algo), estar ansioso de que llegue(n) (una fecha, etc.) **20 to look in on** : ir a ver (a alguien) **21 to look into** INVESTIGATE : investigar **22 to look like** : parecer, parecerse ⟨it looks like a large bird : parece un pájaro grande⟩

⟨it looks like (it will) rain : parece que va a llover⟩ ⟨I look like my mother : me parezco a mi madre⟩ **23 to look on** WATCH : mirar **24 to look on** CONSIDER : considerar ⟨I look on her as a friend : la considero una amiga⟩ ⟨he looked on his accomplishments with pride : sus logros lo llenaba de orgullo⟩ **25 to look out** : tener cuidado **26 to look out for** WATCH FOR : estar alerta por **27 to look out for** PROTECT : mirar por ⟨she only looks out for number one : sólo piensa en sí misma⟩ **28 to look the other way** : hacer la vista gorda **29 to look through** : hojear (una revista, etc.) **30 to look to . . . for . . .** ⟨to look to someone for something : recurrir a alguien para hacer algo⟩ ⟨they looked to history for an answer : buscaron la solución en la historia⟩ **31 to look up** IMPROVE : mejorar **32 to look up to** ADMIRE : respetar, admirar — *vt* **1** : mirar ⟨look what I found! : ¡mira lo que encontré!⟩ **2** HOPE, EXPECT : esperar ⟨we look to have a good year, we're looking to have a good year : esperamos tener un buen año⟩ **3 to look over/through** EXAMINE : revisar **4 to look up** : buscar (en un diccionario, etc.) **5 to look up** CALL, VISIT : llamar, visitar

look[2] *n* **1** GLANCE : mirada *f* **2** EXPRESSION : cara *f* ⟨a look of disapproval : una cara de desaprobación⟩ **3** ASPECT : aspecto *m*, apariencia *f*, aire *m* **4 looks** *npl* : belleza *f*

lookout [ˈlʊkˌaʊt] *n* **1** : centinela *mf*, vigía *mf* **2 to be on the lookout for** : estar al acecho de, andar a la caza de

loom[1] [ˈlu:m] *vi* **1** : aparecer, surgir ⟨the city loomed up in the distance : la ciudad surgió en la distancia⟩ **2** IMPEND : amenazar, ser inminente **3 to loom large** : cobrar mucha importancia

loom[2] *n* : telar *m*

loon [ˈlu:n] *n* : somorgujo *m*, somormujo *m*

loony *or* **looney** [ˈlu:ni] *adj* **-nier; -est** : loco, chiflado *fam*

loop[1] [ˈlu:p] *vt* **1** : hacer lazadas con **2 to loop around** : pasar alrededor de — *vi* **1** : rizar el rizo (dícese de un avión) **2** : serpentear (dícese de una carretera)

loop[2] *n* **1** : lazada *f* (en hilo o cuerda) **2** BEND : curva *f* **3** CIRCUIT : circuito *m* cerrado **4** : rizo *m* (en la aviación) ⟨to loop the loop : rizar el rizo⟩

loophole [ˈlu:pˌho:l] *n* : escapatoria *f*, pretexto *m*

loose[1] [ˈlu:s] *vt* **loosed; loosing 1** RELEASE : poner en libertad, soltar **2** UNTIE : deshacer, desatar **3** DISCHARGE, UNLEASH : descargar, desatar

loose[2] → **loosely**

loose[3] *adj* **looser; -est 1** INSECURE : flojo, suelto, poco seguro ⟨a loose tooth : un diente flojo⟩ **2** ROOMY : suelto, holgado ⟨loose clothing : ropa holgada⟩ **3** OPEN : suelto, abierto ⟨loose soil : suelo suelto⟩ ⟨a loose weave : una tejida abierta⟩ **4** FREE : suelto ⟨to break loose : soltarse⟩ ⟨to let loose : soltar⟩ ⟨loose sheets of paper : papeles sueltos⟩ ⟨loose change : dinero suelto⟩ **5** SLACK : flojo, flexible **6** APPROXIMATE : libre, aproximado ⟨a loose translation : una traducción aproximada⟩

loosely [ˈlu:sli] *adv* **1** : sin apretar **2** ROUGHLY : aproximadamente, más o menos

loosen [ˈlu:sən] *vt* : aflojar

loose–leaf [ˈlu:sˈli:f] *adj* : de hojas sueltas

looseness [ˈlu:snəs] *n* **1** : aflojamiento *m*, holgura *f* (de ropa) **2** IMPRECISION : imprecisión *f*

loot[1] [ˈlu:t] *vt* : saquear, robar

loot[2] *n* : botín *m*

looter [ˈlu:t̬ər] *n* : saqueador *m*, -dora *f*

lop [ˈlɑp] *vt* **lopped; lopping** : cortar, podar

lope[1] [ˈlo:p] *vi* **loped; loping** : correr a paso largo

lope[2] *n* : paso *m* largo

lopsided [ˈlɑpˌsaɪdəd] *adj* **1** CROOKED : torcido, chueco, ladeado **2** ASYMETRICAL : asimétrico

loquacious [loˈkweɪʃəs] *adj* : locuaz

lord [ˈlɔrd] *n* **1** : señor *m*, noble *m* **2** : lord *m* (en la Gran Bretaña) **3 the Lord** : el Señor **4 good Lord!** : ¡Dios mío!

lordly [ˈlɔrdli] *adj* **-lier; -est** HAUGHTY : arrogante, altanero

lordship [ˈlɔrdˌʃɪp] *n* : señoría *f*

Lord's Supper *n* : Eucaristía *f*

lore [ˈlor] *n* : saber *m* popular, tradición *f*

lose [ˈlu:z] *v* **lost** [ˈlɔst]; **losing** [ˈlu:-zɪŋ] *vt* **1** MISLAY : perder ⟨I lost my umbrella : perdí mi paraguas⟩ **2** : perder (un partido, etc.) **3** (*to fail to keep*) : perder ⟨to lose blood : perder sangre⟩ ⟨to lose one's appetite : perder el apetito⟩ ⟨to lose track of the time : perder la noción del tiempo⟩ ⟨to have nothing to lose : no tener nada que perder⟩ ⟨to lose sight of : perder de vista⟩ **4** : perder (dinero) **5** (*to be deprived of*) : perder ⟨they lost everything : lo perdieron todo⟩ ⟨we lost power : se cortó la luz⟩ ⟨to lose one's voice : quedarse afónico⟩ ⟨she lost her husband : perdió a su esposo⟩ ⟨we're sorry to lose you! : ¡qué pena que te vayas!⟩ **6** (*to gradually have less of*) : perder (peso, interés, etc.) **7** : perder (valor) **8** WASTE : perder ⟨there's no time to lose : no hay tiempo que perder⟩ **9** : perder (la calma, el control, etc.) ⟨to lose one's temper : perder los estribos, enojarse, enfadarse⟩ ⟨to lose one's nerve : perder el valor⟩ **10** : costar, hacer perder ⟨the errors lost him his job : los errores le costaron su empleo⟩ **11** : atrasar ⟨my watch loses 5 minutes a day : mi reloj se atrasa 5 minutos por día⟩ **12** CONFUSE : confundir **13** GET RID OF : deshacerse de **14** GET AWAY FROM : deshacerse de **15 to lose oneself** : perderse, ensimismarse **16 to lose one's way** : perderse — *vi* : perder ⟨we lost to the other team : perdimos contra el otro equipo⟩

loser [ˈlu:zər] *n* : perdedor *m*, -dora *f*

loss [ˈlɔs] *n* **1** LOSING : pérdida *f* ⟨loss of memory : pérdida de memoria⟩ ⟨to sell at a loss : vender con pérdida⟩ ⟨to cut one's losses : reducir las pérdidas (económicas)⟩ ⟨to be at a loss to : no saber cómo⟩ ⟨to be at a loss for words : no saber qué decir⟩ **2** DEFEAT : derrota *f*, juego *m* perdido **3 losses** *npl* DEATHS : muertos *mpl*

lost [ˈlɔst] *adj* **1** : perdido ⟨a lost cause : una causa perdida⟩ ⟨lost in thought : absorto⟩ **2 to get lost** : perderse **3 to make up for lost time** : recuperar el tiempo perdido

lot [ˈlɑt] *n* **1** DRAWING : sorteo *m* ⟨by lot : por sorteo⟩ **2** SHARE : parte *f*, porción *f* **3** FATE : suerte *f* **4** LAND, PLOT : terreno *m*, solar *m*, lote *m*, parcela *f* ⟨parking lot : estacionamiento⟩ **5 a lot** : mucho ⟨I liked it a lot : me gustó mucho⟩ ⟨she doesn't travel a lot : no viaja mucho⟩ **6 a lot** *or* **lots** : mucho ⟨a lot better : mucho mejor⟩ ⟨thanks a lot : muchas gracias⟩ ⟨there's lots to do : hay mucho que hacer⟩ **7 a lot of** *or* **lots of** : mucho, un montón de, bastante ⟨lots of books : un montón de libros, muchos libros⟩ ⟨a lot of people : mucha gente⟩

loth [ˈlo:θ, ˈlo:ð] → **loath**

lotion [ˈlo:ʃən] *n* : loción *f*

lottery [ˈlɑt̬əri] *n, pl* **-teries** : lotería *f*

lotus [ˈlo:t̬əs] *n* : loto *m*

loud[1] [ˈlaʊd] *adv* : alto, fuerte ⟨out loud : en voz alta⟩

loud[2] *adj* **1** : alto, fuerte ⟨a loud voice : una voz alta⟩ **2** NOISY : ruidoso ⟨a loud party : una fiesta ruidosa⟩ **3** FLASHY : llamativo, chillón

loudly [ˈlaʊdli] *adv* : alto, fuerte, en voz alta

loudness [ˈlaʊdnəs] *n* : volumen *m*, fuerza *f* (del ruido)

loudspeaker [ˈlaʊdˌspi:kər] *n* : altavoz *m*, altoparlante *m*

lounge[1] [ˈlaʊnʤ] *vi* **lounged; lounging** : holgazanear, gandulear

lounge[2] *n* : salón *m*, sala *f* de estar

louse [ˈlaʊs] *n, pl* **lice** [ˈlaɪs] : piojo *m*

lousy [ˈlaʊzi] *adj* **lousier; -est** **1** : piojoso, lleno de piojos **2** BAD : pésimo, muy malo

lout [ˈlaʊt] *n* : bruto *m*, patán *m*

louver *or* **louvre** [ˈlu:vər] *n* : persiana *f*, listón *m* de persiana

lovable [ˈlʌvəbəl] *adj* : adorable, amoroso, encantador

love[1] [ˈlʌv] *v* **loved; loving** *vt* **1** : querer, amar ⟨I love you : te quiero⟩ **2** ENJOY : encantarle a alguien, ser (muy) aficionado a, gustarle mucho a uno (algo) ⟨she loves flowers : le encantan las flores⟩ ⟨he loves golf : es muy aficionado al golf⟩ ⟨I'd love to go with you : me gustaría mucho acompañarte⟩ — *vi* : querer, amar

love[2] *n* **1** : amor *m*, cariño *m* ⟨to be in love with : estar enamorado de⟩ ⟨to fall in love with : enamorarse de⟩ ⟨to fall out of love with : dejar de querer a⟩ ⟨love affair : aventura⟩ ⟨love life : vida amorosa⟩ **2** ENTHUSIASM, INTEREST : amor *m*, afición *m*, gusto *m* ⟨love of music : afición a la música⟩ **3** BELOVED : amor *m*; amado *m*, -da *f*; enamorado *m*, -da *f* ⟨yes, my love : sí, mi amor⟩ **4** REGARDS : recuerdos *mpl* ⟨Love, Brian : cariños, Brian⟩ **5 love at first sight** : amor a primera vista **6 no/little love lost** ⟨there is no love lost between them : no se pueden ver⟩ **7 not for love or money** : por nada del mundo **8 to make love** : hacer el amor

loveless [ˈlʌvləs] *adj* : sin amor

loveliness [ˈlʌvlinəs] *n* : belleza *f*, hermosura *f*

lovelorn [ˈlʌvˌlɔrn] *adj* : herido de amor, perdidamente enamorado

lovely [ˈlʌvli] *adj* **-lier; -est** : hermoso, bello, lindo, precioso

lover [ˈlʌvər] *n* : amante *mf* (de personas); aficionado *m*, -da *f* (a alguna actividad)

loving [ˈlʌvɪŋ] *adj* : amoroso, cariñoso

lovingly [ˈlʌvɪŋli] *adv* : cariñosamente

low[1] [ˈlo:] *vi* : mugir

low[2] *adv* : bajo, profundo ⟨to aim low : apuntar bajo⟩ ⟨to lie low : mantenerse escondido⟩ ⟨to turn the lights down low : bajar las luces⟩

low[3] *adj* **lower** [ˈlo:ər]; **-est** **1** : bajo ⟨a low building : un edificio bajo⟩ ⟨a low bow : una profunda reverencia⟩ **2** : bajo ⟨low temperatures/speeds : bajas temperaturas/velocidades⟩ ⟨low-calorie/low-fat : bajo en calorías/grasas⟩ **3** SHALLOW : bajo, poco profundo **4** WEAK, GENTLE : flojo (dícese del viento), tenue (dícese de la luz) ⟨over low heat : a fuego lento⟩ **5** SOFT : bajo, suave ⟨in a low voice : en voz baja⟩ **6** DEEP : grave, profundo (dícese de la voz, etc.) **7** HUMBLE : humilde, modesto **8** DEPRESSED : deprimido, bajo de moral **9** INFERIOR : bajo, inferior **10** UNFAVORABLE : mal ⟨she has a low opinion of him : tiene un mal concepto de él⟩ **11** LOW-CUT : escotado **12 to be low on** : tener poco de, estar escaso de ⟨we're low on gas : nos queda muy poca gasolina⟩

low[4] *n* **1** : punto *m* bajo ⟨to reach an all-time low : estar más bajo que nunca⟩ **2** *or* **low gear** : primera velocidad *f* **3** : mugido *m* (de una vaca)

lowbrow [ˈlo:ˌbraʊ] *n* : persona *f* inculta

lower[1] [ˈlo:ər] *vt* **1** DROP : bajar ⟨to lower one's voice : bajar la voz⟩ **2** : arriar, bajar ⟨to lower the flag : arriar la bandera⟩ **3** REDUCE : reducir, bajar **4 to lower oneself** : rebajarse

lower[2] [ˈlo:ər] *adj* : inferior, más bajo, de abajo

lowland [ˈlo:lənd, -ˌlænd] *n* : tierras *fpl* bajas

lowly [ˈlo:li] *adj* **-lier; -est** : humilde, modesto

loyal [ˈlɔɪəl] *adj* : leal, fiel — **loyally** *adv*

loyalist [ˈlɔɪəlɪst] *n* : partidario *m*, -ria *f* del régimen

loyalty [ˈlɔɪəlti] *n, pl* **-ties** : lealtad *f*, fidelidad *f*

lozenge [ˈlɑzənʤ] *n* : pastilla *f*

LSD [ˌɛlˌɛsˈdi:] *n* : LSD *m*

lubricant [ˈlu:brɪkənt] *n* : lubricante *m*

lubricate [ˈlu:brɪˌkeɪt] *vt* **-cated; -cating** : lubricar — **lubrication** [ˌlu:brɪˈkeɪʃən] *n*

lucid [ˈlu:səd] *adj* : lúcido, claro — **lucidly** *adv*

lucidity [lu:ˈsɪdət̬i] *n* : lucidez *f*

luck [ˈlʌk] *n* **1** : suerte *f* ⟨hard luck : mala suerte⟩ **2 as luck would have it** : quiso la suerte que **3 good luck!** : ¡(buena) suerte! **4 the luck of the draw** ⟨to depend on the luck of the draw : ser cuestión de suerte⟩ **5 to be down on one's luck** : estar de mala racha **6 to be in luck** : estar de suerte **7 to be out of luck** : no estar de suerte **8 to have bad luck** : tener mala suerte **9 to press/push one's luck** : desafiar a la suerte **10 to try one's luck** : probar suerte **11 with any luck** : con un poco de suerte

luckily [ˈlʌkəli] *adv* : afortunadamente, por suerte

luckless [ˈlʌkləs] *adj* : desafortunado

lucky [ˈlʌki] *adj* **luckier; -est** **1** : afortunado, que tiene suerte ⟨a lucky woman : una mujer afortunada⟩ **2** FORTUITOUS : fortuito, de suerte **3** OPPORTUNE : oportuno **4** : de (la) suerte ⟨lucky number : número de la suerte⟩

lucrative [ˈlu:krət̬ɪv] *adj* : lucrativo, provechoso — **lucratively** *adv*

ludicrous [ˈlu:dəkrəs] *adj* : ridículo, absurdo — **ludicrously** *adv*

ludicrousness [ˈlu:dəkrəsnəs] *n* : ridiculez *f*, absurdo *m*

lug [ˈlʌg] *vt* **lugged; lugging** : arrastrar, transportar con dificultad

luggage [ˈlʌgɪʤ] *n* : equipaje *m*

lugubrious [lʊˈgu:briəs] *adj* : lúgubre — **lugubriously** *adv*

lukewarm [ˈlu:kˈwɔrm] *adj* **1** TEPID : tibio **2** HALFHEARTED : poco entusiasta

lull[1] [ˈlʌl] *vt* **1** CALM, SOOTHE : calmar, sosegar **2 to lull to sleep** : arrullar, adormecer

lull[2] *n* : calma *f*, pausa *f*

lullaby [ˈlʌləˌbaɪ] *n, pl* **-bies** : canción *f* de cuna, arrullo *m*, nana *f*

lumber[1] [ˈlʌmbər] *vt* : aserrar (madera) — *vi* : moverse pesadamente

lumber[2] *n* : madera *f*

lumberjack [ˈlʌmbərˌʤæk] *n* : leñador *m*, -dora *f*

lumberyard [ˈlʌmbərˌjɑrd] *n* : almacén *m* de maderas

luminary [ˈlu:məˌnɛri] *n, pl* **-naries** : lumbrera *f*, luminaria *f*

luminescence [ˌlu:məˈnɛsənts] *n* : luminiscencia *f* — **luminescent** [-ˈnɛs-ənt] *adj*

luminosity [ˌlu:məˈnɑsət̬i] *n, pl* **-ties** : luminosidad *f*

luminous [ˈlu:mənəs] *adj* : luminoso — **luminously** *adv*

lump[1] [ˈlʌmp] *vt or* **to lump together** : juntar, agrupar, amontonar — *vi* CLUMP : agruparse, aglutinarse

lump[2] *n* **1** GLOB : grumo *m* **2** PIECE : pedazo *m*, trozo *m*, terrón *m* ⟨a lump of coal : un trozo de carbón⟩ ⟨a lump of sugar : un terrón de azúcar⟩ **3** SWELLING : bulto *m*, hinchazón *f*, protuberancia *f* **4 to have a lump in one's throat** : tener un nudo en la garganta

lumpy [ˈlʌmpi] *adj* **lumpier; -est** **1** : lleno de grumos (dícese de una salsa) **2** UNEVEN : desigual, disparejo

lunacy [ˈlu:nəsi] *n, pl* **-cies** : locura *f*

lunar [ˈlu:nər] *adj* : lunar

lunatic[1] [ˈlu:nəˌtɪk] *adj* : lunático, loco

lunatic[2] *n* : loco *m*, -ca *f*

lunch[1] [ˈlʌntʃ] *vi* : almorzar, comer

lunch[2] *n* : almuerzo *m*, comida *f*, lonche *m*

luncheon [ˈlʌntʃən] *n* **1** : comida *f*, almuerzo *m* **2 luncheon meat** : fiambres *fpl*

lung [ˈlʌŋ] *n* : pulmón *m*

lunge[1] [ˈlʌnʤ] *vi* **lunged; lunging** **1** THRUST : atacar (en la esgrima) **2 to lunge forward** : arremeter, lanzarse

lunge[2] *n* **1** : arremetida *f*, embestida *f* **2** : estocada *f* (en la esgrima)

lurch[1] [ˈlərtʃ] *vi* **1** PITCH : cabecear, dar bandazos, dar sacudidas **2** STAGGER : tambalearse

lurch[2] *n* **1** : sacudida *f*, bandazo *m* (de un vehículo) **2** : tambaleo *m* (de una persona)

lure[1] [ˈlʊr] *vt* **lured; luring** : atraer

lure[2] *n* **1** ATTRACTION : atractivo *m* **2** ENTICEMENT : señuelo *m*, aliciente *m* **3** BAIT : cebo *m* artificial (en la pesca)

lurid [ˈlʊrəd] *adj* **1** GRUESOME : espeluznante, horripilante **2** SENSATIONAL : sensacionalista, chocante **3** GAUDY : chillón

lurk [ˈlərk] *vi* : estar al acecho

luscious [ˈlʌʃəs] *adj* **1** DELICIOUS : delicioso, exquisito **2** SEDUCTIVE : seductor, cautivador

lush [ˈlʌʃ] *adj* **1** LUXURIANT : exuberante, lozano **2** LUXURIOUS : suntuoso, lujoso

lust[1] [ˈlʌst] *vi* **to lust after** : desear (a una persona), codiciar (riquezas, etc.)

lust[2] *n* **1** LASCIVIOUSNESS : lujuria *f*, lascivia *f* **2** CRAVING : deseo *m*, ansia *f*, anhelo *m*
luster *or* **lustre** [ˈlʌstər] *n* **1** GLOSS, SHEEN : lustre *m*, brillo *m* **2** SPLENDOR : lustre *m*, esplendor *m*
lusterless [ˈlʌstərləs] *adj* : deslustrado, sin brillo
lustful [ˈlʌstfəl] *adj* : lujurioso, lascivo, lleno de deseo
lustrous [ˈlʌstrəs] *adj* : brillante, brilloso, lustroso
lusty [ˈlʌsti] *adj* **lustier; -est** : fuerte, robusto, vigoroso — **lustily** [ˈlʌstəli] *adv*
lute [ˈlu:t] *n* : laúd *m*
luxuriant [ˌlʌgˈʒʊriənt, ˌlʌkˈʃʊr-] *adj* **1** : exuberante, lozano (dícese de las plantas) **2** : abundante y hermoso (dícese del pelo) — **luxuriantly** *adv*
luxuriate [ˌlʌgˈʒʊriˌeɪt, ˌlʌkˈʃʊr-] *vi* **-ated; -ating** **1** : disfrutar **2 to luxuriate in** : deleitarse con
luxurious [ˌlʌgˈʒʊriəs, ˌlʌkˈʃʊr-] *adj* : lujoso, suntuoso — **luxuriously** *adv*
luxury [ˈlʌkʃəri, ˈlʌgʒə-] *n, pl* **-ries** : lujo *m*
lye [ˈlaɪ] *n* : lejía *f*
lying → **lie**[1], lie[2]
lymph [ˈlɪmpf] *n* : linfa *f*
lymphatic [lɪmˈfæt̬ɪk] *adj* : linfático
lynch [ˈlɪntʃ] *vt* : linchar
lynx [ˈlɪŋks] *n, pl* **lynx** *or* **lynxes** : lince *m*
lyre [ˈlaɪr] *n* : lira *f*
lyric[1] [ˈlɪrɪk] *adj* : lírico
lyric[2] *n* **1** : poema *m* lírico **2 lyrics** *npl* : letra *f* (de una canción)
lyrical [ˈlɪrɪkəl] *adj* : lírico, elocuente

M

m [ˈɛm] *n, pl* **m's** *or* **ms** [ˈɛmz] : decimotercera letra del alfabeto inglés
ma'am [ˈmæm] → **madam**
macabre [məˈkɑb, -ˈkɑbər, -ˈkɑbrə] *adj* : macabro
macadam [məˈkædəm] *n* : macadán *m*
macaroni [ˌmækəˈro:ni] *n* : macarrones *mpl*
macaroon [ˌmækəˈru:n] *n* : macarrón *m*, mostachón *m*
macaw [məˈkɔ] *n* : guacamayo *m*
mace [ˈmeɪs] *n* **1** : maza *f* (arma o símbolo) **2** : macis *f* (especia)
machete [məˈʃɛt̬i] *n* : machete *m*
machination [ˌmækəˈneɪʃən, ˌmæʃə-] *n* : maquinación *f*, intriga *f*
machine[1] [məˈʃi:n] *vt* **-chined; -chining** : trabajar a máquina
machine[2] *n* **1** : máquina *f* ⟨machine shop : taller de máquinas⟩ ⟨machine language : lenguaje de la máquina⟩ **2** : aparato *m*, maquinaria *f* (en política)
machine gun *n* : ametralladora *f*
machinery [məˈʃi:nəri] *n, pl* **-eries** **1** : maquinaria *f* **2** WORKS : mecanismo *m*
machinist [məˈʃi:nɪst] *n* : maquinista *mf*
machismo [mɑˈtʃi:zmo:] *n* : machismo *m*, masculinidad *f*
macho [ˈmɑtʃo:] *adj* : machote, macho
mackerel [ˈmækərəl] *n, pl* **-el** *or* **-els** : caballa *f*
mackinaw [ˈmækəˌnɔ] *n* : chaqueta *f* escocesa de lana
mad [ˈmæd] *adj* **madder; maddest** **1** INSANE : loco, demente **2** RABID : rabioso **3** FOOLISH : tonto, insensato **4** ANGRY : enojado, furioso **5** CRAZY : loco ⟨I'm mad about you : estoy loco por ti⟩
Madagascan [ˌmædəˈgæskən] *n* : malgache *mf* — **Madagascan** *adj*
madam [ˈmædəm] *n, pl* **mesdames** [meɪˈdɑm, -ˈdæm] : señora *f*
madcap[1] [ˈmædˌkæp] *adj* ZANY : alocado, disparatado
madcap[2] *n* : alocado *m*, -da *f*
madden [ˈmædən] *vt* : enloquecer, enfurecer
maddening [ˈmædənɪŋ] *adj* : enloquecedor, exasperante ⟨I find it maddening : me saca de quicio⟩
made → **make**[1]
madhouse [ˈmædˌhaʊs] *n* : manicomio *m* ⟨the office was a madhouse : la oficina parecía una casa de locos⟩
madly [ˈmædli] *adv* : como un loco, locamente
madman [ˈmædˌmæn, -mən] *n, pl* **-men** [-mən, -ˌmɛn] : loco *m*, demente *m*
madness [ˈmædnəs] *n* : locura *f*, demencia *f*
madwoman [ˈmædˌwʊmən] *n, pl* **-women** [-ˌwɪmən] : loca *f*, demente *f*
maelstrom [ˈmeɪlstrəm] *n* : remolino *m*, vorágine *f*
maestro [ˈmaɪˌstro:] *n, pl* **-stros** *or* **-stri** [-ˌstri:] : maestro *m*
Mafia [ˈmɑfiə] *n* : Mafia *f*
magazine [ˈmægəˌzi:n] *n* **1** STOREHOUSE : almacén *m*, polvorín *m* (de explosivos) **2** PERIODICAL : revista *f* **3** : cargador *m* (de un arma de fuego)
magenta [məˈdʒɛntə] *n* : magenta *f*, color *m* magenta
maggot [ˈmægət] *n* : gusano *m*
magic[1] [ˈmædʒɪk] *or* **magical** [ˈmædʒɪkəl] *adj* : mágico
magic[2] *n* : magia *f*
magically [ˈmædʒɪkli] *adv* : mágicamente ⟨they magically appeared : aparecieron como por arte de magia⟩
magician [məˈdʒɪʃən] *n* **1** SORCERER : mago *m*, -ga *f* **2** CONJURER : prestidigitador *m*, -dora *f*; mago *m*, -ga *f*

magistrate ['mæʤə,streɪt] *n* : magistrado *m*, -da *f*
magma ['mægmə] *n* : magma *m*
magnanimity [,mægnə'nɪməṯi] *n, pl* **-ties** : magnanimidad *f*
magnanimous [mæg'nænəməs] *adj* : magnánimo, generoso — **magnanimously** *adv*
magnate ['mæg,neɪt, -nət] *n* : magnate *mf*
magnesium [mæg'ni:ziəm, -ʒəm] *n* : magnesio *m*
magnet ['mægnət] *n* : imán *m*
magnetic [mæg'nɛṯɪk] *adj* : magnético — **magnetically** [-ṯɪkli] *adv*
magnetic field *n* : campo *m* magnético
magnetism ['mægnə,tɪzəm] *n* : magnetismo *m*
magnetize ['mægnə,taɪz] *vt* **-tized; -tizing** **1** : magnetizar, imantar **2** ATTRACT : magnetizar, atraer
magnification [,mægnəfə'keɪʃən] *n* : aumento *m*, ampliación *f*
magnificence [mæg'nɪfəsənts] *n* : magnificencia *f*
magnificent [mæg'nɪfəsənt] *adj* : magnífico — **magnificently** *adv*
magnify ['mægnə,faɪ] *vt* **-fied; -fying** **1** ENLARGE : ampliar **2** EXAGGERATE : magnificar, exagerar
magnifying glass *n* : lupa *f*
magnitude ['mægnə,tu:d, -,tju:d] *n* **1** GREATNESS : magnitud *f*, grandeza *f* **2** QUANTITY : cantidad *f* **3** IMPORTANCE : magnitud *f*, envergadura *f*
magnolia [mæg'no:ljə] *n* : magnolia *f* (flor), magnolio *m* (árbol)
magpie ['mæg,paɪ] *n* : urraca *f*
mahogany [mə'hɑgəni] *n, pl* **-nies** : caoba *f*
maid ['meɪd] *n* **1** MAIDEN : doncella *f* **2** *or* **maidservant** ['meɪd,sərvənt] : sirvienta *f*, muchacha *f*, mucama *f*, criada *f*
maiden[1] ['meɪdən] *adj* **1** UNMARRIED : soltera **2** FIRST : primero ⟨maiden voyage : primera travesía⟩
maiden[2] *n* : doncella *f*
maidenhood ['meɪdən,hʊd] *n* : doncellez *f*
maiden name *n* : nombre *m* de soltera
mail[1] ['meɪl] *vt* : enviar por correo, echar al correo
mail[2] *n* **1** : correo *m* ⟨airmail : correo aéreo⟩ **2** : malla *f* ⟨coat of mail : cota de malla⟩
mailbox ['meɪl,bɑks] *n* : buzón *m*
mailman ['meɪl,mæn, -mən] *n, pl* **-men** [-mən, -,mn] : cartero *m*
maim ['meɪm] *vt* : mutilar, desfigurar, lisiar
main[1] ['meɪn] *adj* : principal, central ⟨the main office : la oficina central⟩
main[2] *n* **1** HIGH SEAS : alta mar *f* **2** : tubería *f* principal (de agua o gas), cable *m* principal (de un circuito) **3** **with might and main** : con todas sus fuerzas
mainframe ['meɪn,freɪm] *n* : mainframe *m*, computadora *f* central
mainland ['meɪn,lænd, -lənd] *n* : continente *m*
mainly ['meɪnli] *adv* **1** PRINCIPALLY : principalmente, en primer lugar **2** MOSTLY : principalmente, en la mayor parte
mainstay ['meɪn,steɪ] *n* : pilar *m*, sostén *m* principal
mainstream[1] ['meɪn,stri:m] *adj* : dominante, corriente, convencional
mainstream[2] *n* : corriente *f* principal
maintain [meɪn'teɪn] *vt* **1** SERVICE : dar mantenimiento a (una máquina) **2** PRESERVE : mantener, conservar ⟨to maintain silence : guardar silencio⟩ **3** SUPPORT : mantener, sostener **4** ASSERT : mantener, sostener, afirmar
maintenance ['meɪntənənts] *n* : mantenimiento *m*
maize ['meɪz] *n* : maíz *m*
majestic [mə'ʤɛstɪk] *adj* : majestuoso — **majestically** [-tɪkli] *adv*
majesty ['mæʤəsti] *n, pl* **-ties** **1** : majestad *f* ⟨Your Majesty : su Majestad⟩ **2** SPLENDOR : majestuosidad *f*, esplendor *m*
major[1] ['meɪʤər] *vi* **-jored; -joring** : especializarse
major[2] *adj* **1** GREATER : mayor **2** NOTEWORTHY : mayor, notable **3** SERIOUS : grave **4** : mayor (en la música)
major[3] *n* **1** : mayor *mf*, comandante *mf* (en las fuerzas armadas) **2** : especialidad *f* (universitaria)
Majorcan [mɑ'ʤɔrkən, mə-, -'jɔr-] *n* : mallorquín *m*, -quina *f* — **Majorcan** *adj*
major general *n* : general *mf* de división
majority [mə'ʤɔrəṯi] *n, pl* **-ties** **1** ADULTHOOD : mayoría *f* de edad **2** : mayoría *f*, mayor parte *f* ⟨the vast majority : la inmensa mayoría⟩
make[1] ['meɪk] *v* **made** ['meɪd;]; **making** *vt* **1** CREATE, PRODUCE : hacer, fabricar (máquinas, etc.), promulgar (leyes) ⟨she made a dress : hizo un vestido⟩ ⟨to make a fire : hacer un fuego⟩ ⟨to make a movie : hacer una película⟩ ⟨the milk is made into cheese : con la leche se hace queso⟩ ⟨to be made from : hacerse de⟩ ⟨made (out) of stone : hecho de piedra⟩ **2** CAUSE, PRODUCE : hacer (ruido, etc.) ⟨to make trouble : hacer problemas⟩ ⟨to make a mistake : cometer un error⟩ ⟨to make room for : hacer lugar para⟩ **3** ARRANGE : hacer (planes, etc.) ⟨to make an appointment : hacer/pedir/concertar una cita, pedir hora⟩ **4** PREPARE : hacer (una cama, etc.), preparar (una comida, etc.) **5** RENDER : hacer, poner ⟨it makes him nervous : lo pone nervioso⟩ ⟨it made me happy : me hizo feliz, me alegró⟩ ⟨it made me sad : me dio pena⟩ ⟨it made her famous : la hizo famosa⟩ **6** : hacer, convertir en ⟨it'll make a man of you : te hará hombre⟩ ⟨to make a fool of

: dejar en ridículo⟩ ⟨to make a big deal of : hacer un problema por⟩ ⟨to make a mess of things : meter la pata⟩ ⟨wait—make that a cheeseburger : o mejor, dame una hamburguesa con queso⟩ **7** BE, BECOME : ser ⟨you'll make a fine doctor : serás una médica buenísima⟩ **8** EQUAL : ser ⟨two plus two makes four : dos y dos son cuatro⟩ ⟨that makes two of us! : ¡ya somos dos!⟩ **9** SCORE : hacer, marcar **10** PERFORM : hacer ⟨to make a gesture : hacer un gesto⟩ ⟨to make a speech : pronunciar un discurso⟩ **11** : no perder (un vuelo, etc.), cumplir con (una fecha de entrega) **12** REACH : llegar a (un lugar, etc.) ⟨they made the finals : llegaron a las finales⟩ **13** ATTEND : asistir a **14** COMPEL : hacer, forzar, obligar **15** EARN : hacer (dinero, amigos) ⟨to make a living : ganarse la vida⟩ **16 to make do (with something)** : arreglárselas (con algo) **17 to make into** : convertir en **18 to make it** SUCCEED : tener éxito en la vida **19 to make it** SURVIVE : vivir, sobrevivir **20 to make it** : llegar ⟨we made it home safely : llegamos bien a casa⟩ ⟨I'm glad you could make it! : ¡me alegro de que hayas podido venir!⟩ **21 to make it up to someone** ⟨I'll make it up to you : te lo compensaré⟩ **22 to make of** : pensar de ⟨I don't know what to make of him/it : no sé qué pensar de él/ello⟩ ⟨I can't make anything of it : no lo entiendo⟩ **23 to make or break** : ser el éxito o la ruina de **24 to make out** DISCERN : distinguir **25 to make out** : comprender, entender (a alguien) **26 to make out** WRITE : hacer (una lista, etc.) ⟨to make a check out to : extender un cheque a nombre de⟩ **27 to make out** PORTRAY : pintar, hacer parecer **28 to make over** : transformar, maquillar (a alguien), redecorar (una habitación) **29 to make someone's day** : alegrarle el día a alguien **30 to make up** INVENT : inventar **31 to make up** PREPARE : preparar **32 to make up** FORM : formar, constituir **33 to make up** : compensar (tiempo) **34 to make up one's mind** : decidirse — *vi* **1** HEAD : ir, dirigirse ⟨we made for home : nos fuimos a casa⟩ **2 to make away with** : escaparse con **3 to make do** : arreglárselas **4 to make for** HEAD FOR : dirigirse a **5 to make for** PROMOTE : contribuir a **6 to make good** REPAY : pagar **7 to make good** SUCCEED : tener éxito **8 to make off** : salir corriendo **9 to make off with** : escaparse con **10 to make out** *fam* : besuquearse ⟨to make out with someone : besar y acariciar a alguien⟩ **11 to make up for** : compensar

make[2] *n* BRAND : marca *f*

make–believe[1] [ˌmeɪkbəˈli:v] *adj* : imaginario

make–believe[2] *n* : fantasía *f*, invención *f* ⟨a world of make-believe : un mundo de ensueño⟩

make out *vt* **1** WRITE : hacer (un cheque) **2** DISCERN : distinguir, divisar **3** UNDERSTAND : comprender, entender — *vi* : arreglárselas ⟨how did you make out? : ¿qué tal te fue?⟩

maker [ˈmeɪkər] *n* : fabricante *mf*

makeshift [ˈmeɪkˌʃɪft] *adj* : provisional, improvisado

makeup [ˈmeɪkˌʌp] *n* **1** COMPOSITION : composición *f* **2** CHARACTER : carácter *m*, temperamento *m* **3** COSMETICS : maquillaje *m*

make up *vt* **1** INVENT : inventar **2** : recuperar ⟨she made up the time : recuperó las horas perdidas⟩ — *vi* RECONCILE : hacer las paces, reconciliarse

making [ˈmeɪkɪŋ] *n* **1** : creación *f*, producción *f* ⟨in the making : en ciernes⟩ **2 to have the makings of** : tener madera de (dícese de personas), tener los ingredientes para

maladjusted [ˌmæləˈdʒʌstəd] *adj* : inadaptado

malady [ˈmælədi] *n, pl* **-dies** : dolencia *f*, enfermedad *f*, mal *m*

malaise [məˈleɪz, mæ-] *n* : malestar *m*

malapropism [ˈmæləˌprɑˌpɪzəm] *n* : uso *m* incorrecto y cómico de una palabra

malaria [məˈlɛriə] *n* : malaria *f*, paludismo *m*

malarkey [məˈlɑrki] *n* : tonterías *fpl*, estupideces *fpl*

Malawian [məˈlɑwiən] *n* : malauiano *m*, -na *f* — **Malawian** *adj*

Malay [məˈleɪ, ˈmeɪˌleɪ] *n* **1** *or* **Malayan** [məˈleɪən, meɪ-; ˈmeɪˌleɪən] : malayo *m*, -ya *f* **2** : malayo *m* (idioma) — **Malay** *or* **Malayan** *adj*

Malaysian [məˈleɪʒən, -ʃən] *n* : malasio *m*, -sia *f*; malaisio *m*, -sia *f* — **Malaysian** *adj*

male[1] [ˈmeɪl] *adj* **1** : macho **2** MASCULINE : masculino

male[2] *n* : macho *m* (de animales o plantas), varón *m* (de personas)

malefactor [ˈmæləˌfæktər] *n* : malhechor *m*, -chora *f*

maleness [ˈmeɪlnəs] *n* : masculinidad *f*

malevolence [məˈlɛvələnts] *n* : malevolencia *f*

malevolent [məˈlɛvələnt] *adj* : malévolo

malformation [ˌmælfɔrˈmeɪʃən] *n* : malformación *f*

malformed [mælˈfɔrmd] *adj* : mal formado, deforme

malfunction[1] [mælˈfʌŋkʃən] *vi* : funcionar mal

malfunction[2] *n* : mal funcionamiento *m*

malice [ˈmælɪs] *n* **1** : malicia *f*, malevolencia *f* **2 with malice aforethought** : con premeditación

malicious [məˈlɪʃəs] *adj* : malicioso, malévolo — **maliciously** *adv*

malign[1] [məˈlaɪn] *vt* : calumniar, difamar

malign[2] *adj* : maligno
malignancy [mə'lɪgnəntsi] *n, pl* **-cies** : malignidad *f*
malignant [mə'lɪgnənt] *adj* : maligno
malinger [mə'lɪŋgər] *vi* : fingirse enfermo
malingerer [mə'lɪŋgərər] *n* : uno que se finge enfermo
mall ['mɔl] *n* **1** PROMENADE : alameda *f*, paseo *m* (arbolado) **2** : centro *m* comercial ⟨shopping mall : galería comercial⟩
mallard ['mælərd] *n, pl* **-lard** *or* **-lards** : pato *m* real, ánade *mf* real
malleable ['mæliəbəl] *adj* : maleable
mallet ['mælət] *n* : mazo *m*
malnourished [mæl'nərɪʃt] *adj* : desnutrido, malnutrido
malnutrition [ˌmælnʊ'trɪʃən, -njʊ-] *n* : desnutrición *f*, malnutrición *f*
malodorous [mæl'o:dərəs] *adj* : maloliente
malpractice [ˌmæl'præktəs] *n* : mala práctica *f*, negligencia *f*
malt ['mɔlt] *n* : malta *f*
maltreat [mæl'tri:t] *vt* : maltratar
mama *or* **mamma** ['mɑmə] *n* : mamá *f*
mammal ['mæməl] *n* : mamífero *m*
mammalian [mə'meɪliən, mæ-] *adj* : mamífero
mammary ['mæməri] *adj* **1** : mamario **2 mammary gland** : glándula mamaria
mammogram ['mæməˌgræm] *n* : mamografía *f*
mammoth[1] ['mæməθ] *adj* : colosal, gigantesco
mammoth[2] *n* : mamut *m*
man[1] ['mæn] *vt* **manned; manning** : tripular (un barco o avión), encargarse de (un servicio)
man[2] *n, pl* **men** ['mɛn] **1** PERSON : hombre *m*, persona *f* ⟨the man in the street : el hombre de la calle⟩ ⟨to a man : todos sin excepción⟩ ⟨every man for himself : sálvese quien pueda⟩ ⟨to be one's own man : ser independiente⟩ **2** MALE : hombre *m* **3** MANKIND : humanidad *f* **4** HUSBAND, BOYFRIEND : marido *m*, novio *m* **5 men** *npl* : trabajadores *mpl* (de una empresa), soldados *mpl* (en el ejército) **6 hey, man** *fam* : hola amigo
manacles ['mænɪkəlz] *npl* HANDCUFFS : esposas *fpl*
manage ['mænɪʤ] *v* **-aged; -aging** *vt* **1** HANDLE : controlar, manejar **2** DIRECT : administrar, dirigir **3** CONTRIVE : lograr, ingeniárselas para — *vi* COPE : arreglárselas
manageable ['mænɪʤəbəl] *adj* : manejable
management ['mænɪʤmənt] *n* **1** DIRECTION : administración *f*, gestión *f*, dirección *f* **2** HANDLING : manejo *m* **3** MANAGERS : dirección *f*, gerencia *f*
manager ['mænɪʤər] *n* : director *m*, -tora *f*; gerente *mf*; administrador *m*, -dora *f*
managerial [ˌmænə'ʤɪriəl] *adj* : directivo, gerencial
mandarin ['mændərən] *n* **1** : mandarín *m* **2** *or* **mandarin orange** : mandarina *f*
mandate ['mænˌdeɪt] *n* : mandato *m*
mandatory ['mændəˌtori] *adj* : obligatorio
mandible ['mændəbəl] *n* : mandíbula *f*
mandolin [ˌmændə'lɪn, 'mændələn] *n* : mandolina *f*
mane ['meɪn] *n* : crin *f* (de un caballo), melena *f* (de un león o una persona)
maneuver[1] [mə'nu:vər, -'nju:-] *vt* **1** PLACE, POSITION : maniobrar, posicionar, colocar **2** MANIPULATE : manipular, maniobrar — *vi* : maniobrar
maneuver[2] *n* : maniobra *f*
manfully ['mænfəli] *adv* : valientemente
manganese ['mæŋgəˌni:z, -ˌni:s] *n* : manganeso *m*
mange ['meɪnʤ] *n* : sarna *f*
manger ['meɪnʤər] *n* : pesebre *m*
mangle ['mæŋgəl] *vt* **-gled; -gling** **1** CRUSH, DESTROY : aplastar, despedazar, destrozar **2** MUTILATE : mutilar ⟨to mangle a text : mutilar un texto⟩
mango ['mæŋˌgo:] *n, pl* **-goes** : mango *m*
mangrove ['mænˌgro:v, 'mæŋ-] *n* : mangle *m*
mangy ['meɪnʤi] *adj* **mangier; -est** **1** : sarnoso **2** SHABBY : gastado
manhandle ['mænˌhændəl] *vt* **-dled; -dling** : maltratar, tratar con poco cuidado
manhole ['mænˌho:l] *n* : boca *f* de alcantarilla
manhood ['mænˌhʊd] *n* **1** : madurez *f* (de un hombre) **2** COURAGE, MANLINESS : hombría *f*, valor *m* **3** MEN : hombres *mpl*
manhunt ['mænˌhʌnt] *n* : búsqueda *f* (de un criminal)
mania ['meɪniə, -njə] *n* : manía *f*
maniac ['meɪniˌæk] *n* : maníaco *m*, -ca *f*; maniático *m*, -ca *f*
maniacal [mə'naɪəkəl] *adj* : maníaco, maniaco
manicure[1] ['mænəˌkjʊr] *vt* **-cured; -curing** **1** : hacer la manicura a **2** TRIM : recortar
manicure[2] *n* : manicura *f*
manicurist ['mænəˌkjʊrɪst] *n* : manicuro *m*, -ra *f*
manifest[1] ['mænəˌfɛst] *vt* : manifestar
manifest[2] *adj* : manifiesto, patente — **manifestly** *adv*
manifestation [ˌmænəfə'steɪʃən] *n* : manifestación *f*
manifesto [ˌmænə'fɛsˌto:] *n, pl* **-tos** *or* **-toes** : manifiesto *m*
manifold[1] ['mænəˌfo:ld] *adj* : diverso, variado
manifold[2] *n* : colector *m* (de escape)
manipulate [mə'nɪpjəˌleɪt] *vt* **-lated; -lating** : manipular
manipulation [məˌnɪpjə'leɪʃən] *n* : manipulación *f*

manipulative [mə'nɪpjə,leɪṯɪv, -lət̬ɪv] *adj* : manipulador

mankind ['mæn'kaɪnd, ,kaɪnd] *n* : género *m* humano, humanidad *f*

manliness ['mænlinəs] *n* : hombría *f*, masculinidad *f*

manly ['mænli] *adj* **-lier; -est** : varonil, viril

man–made ['mæn'meɪd] *adj* : artificial ⟨man-made fabrics : telas sintéticas⟩

manna ['mænə] *n* : maná *m*

mannequin ['mænɪkən] *n* **1** DUMMY : maniquí *m* **2** MODEL : modelo *mf*

manner ['mænər] *n* **1** KIND, SORT : tipo *m*, clase *f* **2** WAY : manera *f*, modo *m* **3** STYLE : estilo *m* (artístico) **4 manners** *npl* CUSTOMS : costumbres *fpl* ⟨Victorian manners : costumbres victorianas⟩ **5 manners** *npl* ETIQUETTE : modales *mpl*, educación *f*, etiqueta *f* ⟨good manners : buenos modales⟩

mannered ['mænərd] *adj* **1** AFFECTED, ARTIFICIAL : amanerado, afectado **2 well–mannered** : educado, cortés **3** → **ill–mannered**

mannerism ['mænə,rɪzəm] *n* : peculiaridad *f*, gesto *m* particular

mannerly ['mænərli] *adj* : cortés, bien educado

mannish ['mænɪʃ] *adj* : masculino, hombruno

man–of–war [,mænə'wɔr, -əv'wɔr] *n, pl* **men–of–war** [,mɛn-] WARSHIP : buque *m* de guerra

manor ['mænər] *n* **1** : casa *f* solariega, casa *f* señorial **2** ESTATE : señorío *m*

manpower ['mæn,paʊər] *n* : personal *m*, mano *f* de obra

mansion ['mæntʃən] *n* : mansión *f*

manslaughter ['mæn,slɔṯər] *n* : homicidio *m* sin premeditación

mantel ['mæntəl] *n* : repisa *f* de chimenea

mantelpiece ['mæntəl,pi:s] → **mantel**

mantis ['mæntəs] *n, pl* **-tises** *or* **-tes** ['mæn,ti:z] : mantis *f* religiosa

mantle ['mæntəl] *n* : manto *m*

manual[1] ['mænjʊəl] *adj* : manual — **manually** *adv*

manual[2] *n* : manual *m*

manufacture[1] [,mænjə'fæktʃər] *vt* **-tured; -turing** : fabricar, manufacturar, confeccionar (ropa), elaborar (comestibles)

manufacture[2] *n* : manufactura *f*, fabricación *f*, confección *f* (de ropa), elaboración *f* (de comestibles)

manufacturer [,mænjə'fæktʃərər] *n* : fabricante *m*; manufacturero *m*, -ra *f*

manure [mə'nʊr, -'njʊr] *n* : estiércol *m*

manuscript ['mænjə,skrɪpt] *n* : manuscrito *m*

many[1] ['mɛni] *adj* **more** ['mor]; **most** ['mo:st] : muchos

many[2] *pron* : muchos *pl*, -chas *pl*

map[1] ['mæp] *vt* **mapped; mapping 1** : trazar el mapa de **2** PLAN : planear, proyectar ⟨to map out a program : planear un programa⟩

map[2] *n* : mapa *m*

maple ['meɪpəl] *n* : arce *m*

mar ['mɑr] *vt* **marred; marring 1** SPOIL : estropear, echar a perder **2** DEFACE : desfigurar

maraca [mə'rɑkə] *n* : maraca *f*

maraschino [,mærə'ski:no:, -'ʃi:-] *n, pl* **-nos** : cereza *f* al marrasquino

marathon ['mærə,θɑn] *n* **1** RACE : maratón *m* **2** CONTEST : competencia *f* de resistencia

maraud [mə'rɔd] *vi* : merodear

marauder [mə'rɔdər] *n* : merodeador *m*, -dora *f*

marble ['mɑrbəl] *n* **1** : mármol *m* **2** : canica *f* ⟨to play marbles : jugar a las canicas⟩

march[1] ['mɑrtʃ] *vi* **1** : marchar, desfilar ⟨they marched past the grandstand : desfilaron ante la tribuna⟩ **2** : caminar con resolución ⟨she marched right up to him : se le acercó sin vacilación⟩

march[2] *n* **1** MARCHING : marcha *f* **2** PASSAGE : paso *m* (del tiempo) **3** PROGRESS : avance *m*, progreso *m* **4** : marcha *f* (en música)

March ['mɑrtʃ] *n* : marzo *m*

marchioness ['mɑrʃənɪs] *n* : marquesa *f*

Mardi Gras ['mɑrdi,grɑ] *n* : martes *m* de Carnaval

mare ['mær] *n* : yegua *f*

margarine ['mɑrdʒərən] *n* : margarina *f*

margin ['mɑrdʒən] *n* : margen *m*

marginal ['mɑrdʒənəl] *adj* **1** : marginal **2** MINIMAL : mínimo — **marginally** *adv*

marigold ['mærə,go:ld] *n* : maravilla *f*, caléndula *f*

marijuana [,mærə'*h*wɑnə] *n* : marihuana *f*

marina [mə'ri:nə] *n* : puerto *m* deportivo

marinade [,mærə'nɑd] *n* : adobo *m*, marinada *f*

marinate ['mærə,neɪt] *vt* **-nated; -nating** : marinar

marine[1] [mə'ri:n] *adj* **1** : marino ⟨marine life : vida marina⟩ **2** NAUTICAL : náutico, marítimo **3** : de la infantería de marina

marine[2] *n* : soldado *m* de marina

mariner ['mærɪnər] *n* : marinero *m*, marino *m*

marionette [,mæriə'nɛt] *n* : marioneta *f*, títere *m*

marital ['mærəṯəl] *adj* **1** : matrimonial **2 marital status** : estado *m* civil

maritime ['mærə,taɪm] *adj* : marítimo

marjoram ['mɑrdʒərəm] *n* : mejorana *f*

mark[1] ['mɑrk] *vt* **1** : marcar **2** MAR : dejar marca en **3** CHARACTERIZE : caracterizar 4 SIGNAL : señalar, marcar 5 GRADE : corregir (exámenes, etc.) 6 **mark my words!** : ¡acuérdate de lo que te digo! 7 **to mark down** : rebajar 8 **to mark off** : demarcar, delimitar 9 **to mark up** : anotar (un manuscrito, etc.) 10 **to mark up** : aumentar el precio de

mark[2] *n* 1 TARGET : blanco *m* ⟨to miss the mark, to be wide of the mark : no dar en el blanco⟩ 2 : marca *f*, señal *f* ⟨put a mark where you left off : pon una señal donde terminaste⟩ 3 INDICATION : señal *f*, indicio *m* ⟨a mark of respect : una señal de respeto⟩ 4 GRADE : nota *f* 5 LEVEL : nivel *m* ⟨to reach the halfway mark : llegar al ecuador⟩ ⟨we've topped the one million dollar mark : hemos superado el millón de dólares⟩ 6 IMPRINT : huella *f*, marca *f* 7 BLEMISH : marca *f*, imperfección *f* 8 **on your mark(s), get set, go!** : en sus marcas, listos, ¡ya!; en sus marcas, listos, ¡fuera! *Mex*; preparados, listos, ¡ya! *Spain* 9 **to fall short of the mark** : quedarse corto 10 **to make/leave one's mark** : dejar su impronta 11 **to miss the mark** ERR, FAIL : errar, fracasar

marked ['markt] *adj* : marcado, notable — **markedly** ['markədli] *adv*

marker ['markər] *n* : marcador *m*

market[1] ['markət] *vt* : poner en venta, comercializar

market[2] *n* 1 MARKETPLACE : mercado *m* ⟨the open market : el mercado libre⟩ 2 DEMAND : demanda *f*, mercado *m* 3 STORE : tienda *f* 4 → **stock market**

marketable ['markəṭəbəl] *adj* : vendible

marketing ['markəṭɪŋ] *n* : mercadotecnia *f*, mercadeo *m*

marketplace ['markət,pleɪs] *n* : mercado *m*

marksman ['marksmən] *n, pl* **-men** [-mən, -,mn] : tirador *m*

marksmanship ['marksmən,ʃɪp] *n* : puntería *f*

marlin ['marlɪn] *n* : marlín *m*

marmalade ['marmə,leɪd] *n* : mermelada *f*

marmoset ['marmə,sɛt] *n* : tití *m*

marmot ['marmət] *n* : marmota *f*

maroon[1] [mə'ru:n] *vt* : abandonar, aislar

maroon[2] *n* : rojo *m* oscuro, granate *m*

marquee [mar'ki:] *n* : marquesina *f*

marquess ['markwɪs] *or* **marquis** ['markwɪs, mar'ki:] *n, pl* **-quesses** *or* **-quises** [-'ki:z, -'ki:zəz] *or* **-quis** [-'ki:, -'ki:z] : marqués *m*

marquise [mar'ki:z] → **marchioness**

marriage ['mærɪʤ] *n* 1 : matrimonio *m* 2 WEDDING : casamiento *m*, boda *f*

marriageable ['mærɪʤəbəl] *adj* **of marriageable age** : de edad de casarse

married ['mærid] *adj* 1 : casado 2 **to get married** : casarse

marrow ['mæro:] *n* : médula *f*, tuétano *m*

marry ['mæri] *vt* **-ried; -rying** 1 : casar ⟨the priest married them : el cura los casó⟩ 2 : casarse con ⟨she married John : se casó con John⟩

Mars ['marz] *n* : Marte *m*

marsh ['marʃ] *n* 1 : pantano *m* 2 **salt marsh** : marisma *f*

marshal[1] ['marʃəl] *vt* **-shaled** *or* **-shalled; -shaling** *or* **-shalling** 1 : poner en orden, reunir 2 USHER : conducir

marshal[2] *n* 1 : maestro *m* de ceremonias 2 : mariscal *m* (en el ejército); jefe *m*, -fa *f* (de la policía, de los bomberos, etc.)

marshmallow ['marʃ,mɛlo:, -,mælo:] *n* : malvavisco *m*

marshy ['marʃi] *adj* **marshier; -est** : pantanoso

marsupial [mar'su:piəl] *n* : marsupial *m*

mart ['mart] *n* MARKET : mercado *m*

marten ['martən] *n, pl* **-ten** *or* **-tens** : marta *f*

martial ['marʃəl] *adj* : marcial

martin ['martən] *n* 1 SWALLOW : golondrina *f* 2 SWIFT : vencejo *m*

martyr[1] ['marṭər] *vt* : martirizar

martyr[2] *n* : mártir *mf*

martyrdom ['marṭərdəm] *n* : martirio *m*

marvel[1] ['marvəl] *vi* **-veled** *or* **-velled; -veling** *or* **-velling** : maravillarse

marvel[2] *n* : maravilla *f*

marvelous ['marvələs] *or* **marvellous** *adj* : maravilloso — **marvelously** *adv*

Marxism ['mark,sɪzəm] *n* : marxismo *m*

Marxist[1] ['marksɪst] *adj* : marxista

Marxist[2] *n* : marxista *mf*

mascara [mæs'kærə] *n* : rímel *m*, rimel *m*

mascot ['mæs,kat, -kət] *n* : mascota *f*

masculine ['mæskjələn] *adj* : masculino

masculinity [,mæskjə'lɪnəṭi] *n* : masculinidad *f*

mash[1] ['mæʃ] *vt* 1 : hacer puré de (papas, etc.) 2 CRUSH : aplastar, majar

mash[2] *n* 1 FEED : afrecho *m* 2 : malta *f* (para hacer bebidas alcohólicas) 3 PASTE, PULP : papilla *f*, pasta *f*

mask[1] ['mæsk] *vt* 1 CONCEAL, DISGUISE : enmascarar, ocultar 2 COVER : cubrir, tapar

mask[2] *n* : máscara *f*, careta *f*, mascarilla *f* (de un cirujano o dentista)

masochism ['mæsə,kɪzəm, 'mæzə-] *n* : masoquismo *m*

masochist ['mæsə,kɪst, 'mæzə-] *n* : masoquista *mf*

masochistic [,mæsə'kɪstɪk, ,mæzə-] *adj* : masoquista

mason ['meɪsən] *n* 1 BRICKLAYER : albañil *mf* 2 *or* **stonemason** ['sto:n,-] : mampostero *m*, cantero *m*

masonry [ˈmeɪsənri] *n, pl* **-ries 1** BRICKLAYING : albañería *f* **2** *or* **stonemasonry** [ˈsto:n,-] : mampostería *f*
masquerade[1] [ˌmæskəˈreɪd] *vi* **-aded; -ading 1** : disfrazarse (de), hacerse pasar (por) **2** : asistir a una mascarada
masquerade[2] *n* **1** : mascarada *f*, baile *m* de disfraces **2** FACADE : farsa *f*, fachada *f*
mass[1] [ˈmæs] *vi* : concentrarse, juntarse en masa — *vt* : concentrar
mass[2] *n* **1** : masa *f* ⟨atomic mass : masa atómica⟩ **2** BULK : mole *f*, volumen *m* **3** MULTITUDE : cantidad *f*, montón *m* (de cosas), multitud *f* (de gente) **4 the masses** : las masas, el pueblo, el populacho
Mass [ˈmæs] *n* : misa *f*
massacre[1] [ˈmæsɪkər] *vt* **-cred; -cring** : masacrar
massacre[2] *n* : masacre *f*
massage[1] [məˈsɑʒ, -ˈsɑʤ] *vt* **-saged; -saging** : masajear
massage[2] *n* : masaje *m*
masseur [mæˈsər] *n* : masajista *m*
masseuse [mæˈsøz, -ˈsu:z] *n* : masajista *f*
massive [ˈmæsɪv] *adj* **1** BULKY : voluminoso, macizo **2** HUGE : masivo, enorme — **massively** *adv*
mast [ˈmæst] *n* : mástil *m*, palo *m*
master[1] [ˈmæstər] *vt* **1** SUBDUE : dominar **2** : llegar a dominar ⟨she mastered French : llegó a dominar el francés⟩
master[2] *n* **1** TEACHER : maestro *m*, profesor *m* **2** EXPERT : experto *m*, -ta *f*; maestro *m*, -tra *f* **3** : amo *m* (de animales o esclavos), señor *m* (de la casa) **4 master's degree** : maestría *f*
masterful [ˈmæstərfəl] *adj* **1** IMPERIOUS : autoritario, imperioso, dominante **2** SKILLFUL : magistral — **masterfully** *adv*
masterly [ˈmæstərli] *adj* : magistral
mastermind [ˈmæstər,maɪnd] *n* : cerebro *m*, artífice *mf*
masterpiece [ˈmæstər,pi:s] *n* : obra *f* maestra
masterwork [ˈmæstər,wərk] → **masterpiece**
mastery [ˈmæstəri] *n* **1** DOMINION : dominio *m*, autoridad *f* **2** SUPERIORITY : superioridad *f* **3** EXPERTISE : maestría *f*
masticate [ˈmæstə,keɪt] *v* **-cated; -cating** : masticar
mastiff [ˈmæstɪf] *n* : mastín *m*
mastodon [ˈmæstə,dɑn] *n* : mastodonte *m*
masturbate [ˈmæstər,beɪt] *v* **-bated; bating** *vi* : masturbarse — *vt* : masturbar
masturbation [ˌmæstərˈbeɪʃən] *n* : masturbación *f*
mat[1] [ˈmæt] *v* **matted; matting** *vt* TANGLE : enmarañar — *vi* : enmarañarse
mat[2] *n* **1** : estera *f* **2** TANGLE : maraña *f* **3** PAD : colchoneta *f* (de gimnasia) **4** *or* **matt** *or* **matte** [ˈmæt] FRAME : marco *m* (de cartón)
mat[3] → **matte**
matador [ˈmæṭə,dɔr] *n* : matador *m*
match[1] [ˈmæʧ] *vt* **1** PIT : enfrentar, oponer **2** EQUAL, FIT : igualar, corresponder a, coincidir con **3** : combinar con, hacer juego con ⟨her shoes match her dress : sus zapatos hacen juego con su vestido⟩ — *vi* **1** CORRESPOND : concordar, coincidir **2** : hacer juego ⟨with a tie to match : con una corbata que hace juego⟩
match[2] *n* **1** EQUAL : igual *mf* ⟨he's no match for her : no puede competir con ella⟩ **2** FIGHT, GAME : partido *m*, combate *m* (en boxeo) **3** MARRIAGE : matrimonio *m*, casamiento *m* **4** : fósforo *m*, cerilla *f*, cerillo *m* (*in various countries*) ⟨he lit a match : encendió un fósforo⟩ **5 to be a good match** : hacer buena pareja (dícese de las personas), hacer juego (dícese de la ropa)
matchless [ˈmæʧləs] *adj* : sin igual, sin par
matchmaker [ˈmæʧ,meɪkər] *n* : casamentero *m*, -ra *f*
mate[1] [ˈmeɪt] *v* **mated; mating** *vi* **1** FIT : encajar **2** PAIR : emparejarse **3** (*relating to animals*) : aparearse, copular — *vt* : aparear, acoplar (animales)
mate[2] *n* **1** COMPANION : compañero *m*, -ra *f*; camarada *mf* **2** : macho *m*, hembra *f* (de animales) **3** : oficial *mf* (de un barco) ⟨first mate : primer oficial⟩ **4** : compañero *m*, -ra *f*; pareja *f* (de un zapato, etc.)
maté [ˈmɑ,teɪ] *n* : yerba *f*, mate *m*
material[1] [məˈtɪriəl] *adj* **1** PHYSICAL : material, físico ⟨the material world : el mundo material⟩ ⟨material needs : necesidades materiales⟩ **2** IMPORTANT : importante, esencial **3 material evidence** : prueba *f* sustancial
material[2] *n* **1** : material *m* **2** CLOTH : tejido *m*, tela *f*
materialism [məˈtɪriə,lɪzəm] *n* : materialismo *m*
materialist [məˈtɪriəlɪst] *n* : materialista *mf*
materialistic [mə,tɪriəˈlɪstɪk] *adj* : materialista
materialize [məˈtɪriə,laɪz] *v* **-ized; -izing** *vt* : materializar, hacer aparecer — *vi* : materializarse, aparecer
maternal [məˈtərnəl] *adj* MOTHERLY : maternal — **maternally** *adv*
maternity[1] [məˈtərnəṭi] *adj* : de maternidad ⟨maternity clothes : ropa de futura mamá⟩ ⟨maternity leave : licencia por maternidad⟩
maternity[2] *n, pl* **-ties** : maternidad *f*
math [ˈmæθ] → **mathematics**
mathematical [ˌmæθəˈmæṭɪkəl] *adj* : matemático — **mathematically** *adv*
mathematician [ˌmæθəməˈtɪʃən] *n* : matemático *m*, -ca *f*
mathematics [ˌmæθəˈmæṭɪks] *ns & pl* : matemáticas *fpl*, matemática *f*

matinee *or* **matinée** [ˌmætənˈeɪ] *n* : matiné *f*

matriarch [ˈmeɪtriˌɑrk] *n* : matriarca *f*

matriarchy [ˈmeɪtriˌɑrki] *n, pl* **-chies** : matriarcado *m*

matriculate [məˈtrɪkjəˌleɪt] *v* **-lated; -lating** *vt* : matricular — *vi* : matricularse

matriculation [məˌtrɪkjəˈleɪʃən] *n* : matrícula *f*, matriculación *f*

matrimony [ˈmætrəˌmoːni] *n* : matrimonio *m* — **matrimonial** [ˌmætrəˈmoːniəl] *adj*

matrix [ˈmeɪtrɪks] *n, pl* **-trices** [ˈmeɪtrəˌsiːz, ˈmæ-] *or* **-trixes** [ˈmeɪtrɪksəz] : matriz *f*

matron [ˈmeɪtrən] *n* : matrona *f*

matronly [ˈmeɪtrənli] *adj* : de matrona, matronal

matte [ˈmæt] *adj* : mate, de acabado mate

matter[1] [ˈmæt̬ər] *vi* : importar ⟨it doesn't matter : no importa⟩

matter[2] *n* **1** QUESTION : asunto *m*, cuestión *f* ⟨a matter of taste/opinion/time : una cuestión de gusto/opiniones/tiempo⟩ **2** SUBSTANCE : materia *f*, sustancia *f* **3 matters** *npl* CIRCUMSTANCES : situación *f*, cosas *fpl* ⟨to make matters worse : para colmo de males⟩ **4 as a matter of course** : automáticamente **5 as a matter of fact** : en efecto, en realidad **6 for that matter** : de hecho **7 no matter how much** : por mucho que **8 the fact/truth of the matter** : la verdad **9 to be no laughing matter** : no ser motivo de risa **10 to be the matter** : pasar ⟨what's the matter? : ¿qué pasa?⟩

matter–of–fact [ˈmæt̬ərəvˈfækt] *adj* : práctico, realista

mattress [ˈmætrəs] *n* : colchón *m*

mature[1] [məˈtʊr, -ˈtjʊr, -ˈʧʊr] *vi* **-tured; -turing 1** : madurar **2** : vencer ⟨when does the loan mature? : ¿cuándo vence el préstamo?⟩

mature[2] *adj* **-turer; -est 1** : maduro **2** DUE : vencido

maturity [məˈtʊrət̬i, -ˈtjʊr-, -ˈʧʊr-] *n* : madurez *f*

maudlin [ˈmɔdlɪn] *adj* : sensiblero

maul[1] [ˈmɔl] *vt* **1** BEAT : golpear, pegar **2** MANGLE : mutilar **3** MANHANDLE : maltratar

maul[2] *n* MALLET : mazo *m*

Mauritanian [ˌmɔrəˈteɪniən] *n* : mauritano *m*, -na *f* — **Mauritanian** *adj*

mausoleum [ˌmɔsəˈliːəm, ˌmɔzə-] *n, pl* **-leums** *or* **-lea** [-ˈliːə] : mausoleo *m*

mauve [ˈmoːv, ˈmɔv] *n* : malva *m*

maven *or* **mavin** [ˈmeɪvən] *n* EXPERT : experto *m*, -ta *f*

maverick [ˈmævrɪk, ˈmævə-] *n* **1** : ternero *m* sin marcar **2** NONCONFORMIST : inconformista *mf*, disidente *mf*

mawkish [ˈmɔkɪʃ] *adj* : sensiblero

maxim [ˈmæksəm] *n* : máxima *f*

maximize [ˈmæksəˌmaɪz] *vt* **-mized; -mizing** : maximizar, llevar al máximo

maximum[1] [ˈmæksəməm] *adj* : máximo

maximum[2] *n, pl* **-ma** [ˈmæksəmə] *or* **-mums** : máximo *m*

may [ˈmeɪ] *v aux, past* **might** [ˈmaɪt] *present s & pl* **may 1** (*expressing permission*) : poder ⟨you may go : puedes ir⟩ **2** (*expressing possibility or probability*) : poder ⟨you may be right : puede que tengas razón⟩ ⟨it may happen occasionally : puede pasar de vez en cuando⟩ **3** (*expressing desires, intentions, or contingencies*) ⟨may the best man win : que gane el mejor⟩ ⟨I laugh that I may not weep : me río para no llorar⟩ ⟨come what may : pase lo que pase⟩

May [ˈmeɪ] *n* : mayo *m*

Maya [ˈmaɪə] *or* **Mayan** [ˈmaɪən] *n* : maya *mf* — **Maya** *or* **Mayan** *adj*

maybe [ˈmeɪbi] *adv* PERHAPS : quizás, tal vez

mayfly [ˈmeɪˌflaɪ] *n, pl* **-flies** : efímera *f*

mayhem [ˈmeɪˌhɛm, ˈmeɪəm] *n* **1** MUTILATION : mutilación *f* **2** DEVASTATION : estragos *mpl*

mayonnaise [ˈmeɪəˌneɪz] *n* : mayonesa *f*

mayor [ˈmeɪər, ˈmɛr] *n* : alcalde *m*, -desa *f*

mayoral [ˈmeɪərəl, ˈmɛrəl] *adj* : de alcalde

maze [ˈmeɪz] *n* : laberinto *m*

me [ˈmiː] *pron* **1** : me ⟨she called me : me llamó⟩ ⟨give it to me : dámelo⟩ **2** (*after a preposition*) : mí ⟨for me : para mí⟩ ⟨with me : conmigo⟩ **3** (*after conjunctions and verbs*) : yo ⟨it's me : soy yo⟩ ⟨as big as me : tan grande como yo⟩ **4** (*emphatic use*) : yo ⟨me, too! : ¡yo también!⟩ ⟨who, me? : ¿quién, yo?⟩

meadow [ˈmɛdoː] *n* : prado *m*, pradera *f*

meadowland [ˈmɛdoˌlænd] *n* : pradera *f*

meadowlark [ˈmɛdoˌlɑrk] *n* : pájaro *m* cantor con el pecho amarillo

meager *or* **meagre** [ˈmiːgər] *adj* **1** THIN : magro, flaco **2** POOR, SCANTY : exiguo, escaso, pobre

meagerly [ˈmiːgərli] *adv* : pobremente

meagerness [ˈmiːgərnəs] *n* : escasez *f*, pobreza *f*

meal [ˈmiːl] *n* **1** : comida *f* ⟨a hearty meal : una comida sustanciosa⟩ **2** : harina *f* (de maíz, etc.)

mealtime [ˈmiːlˌtaɪm] *n* : hora *f* de comer

mean[1] [ˈmiːn] *vt* **meant** [ˈmɛnt]; **meaning 1** INTEND : querer, pensar, tener la intención de ⟨I didn't mean to do it : lo hice sin querer⟩ ⟨what do you mean to do? : ¿qué piensas hacer?⟩ ⟨I don't mean you any harm : no quiero hacerte daño⟩ ⟨she meant for him to come : su intención era que viniera⟩ **2** : querer decir ⟨what do you mean? : ¿qué quieres decir?⟩ ⟨if you know what I mean : si me entiendes⟩ ⟨I meant it : lo dije en serio⟩ ⟨she meant it as a compliment : lo dijo como un cumplido⟩ **3** SIGNIFY : querer decir, significar ⟨what does that mean? : ¿qué quiere decir eso?⟩ ⟨that means nothing to me : no significa nada para mí⟩ ⟨that means trouble : eso supone problemas⟩ **4** : importar ⟨health means everything : lo que más importa es la salud⟩ ⟨she means the world to me : ella es muy importante para mí⟩ **5 to mean well** : tener buenas intenciones

mean[2] *adj* **1** HUMBLE : humilde **2** NEGLIGIBLE : despreciable ⟨it's no mean feat : no es poca cosa⟩ **3** STINGY : mezquino, tacaño **4** CRUEL : malo, cruel ⟨to be mean to someone : tratar mal a alguien⟩ **5** AVERAGE, MEDIAN : medio

mean[3] *n* **1** MIDPOINT : término *m* medio **2** AVERAGE : promedio *m*, media *f* aritmética **3 means** *npl* WAY : medio *m*, manera *f*, vía *f* **4 means** *npl* RESOURCES : medios *mpl*, recursos *mpl* **5 by all means** : por supuesto, cómo no **6 by means of** : por medio de **7 by no means** : de ninguna manera, de ningún modo

meander [miˈændər] *vi* **-dered; -dering 1** WIND : serpentear **2** WANDER : vagar, andar sin rumbo fijo

meaning [ˈmiːnɪŋ] *n* **1** : significado *m*, sentido *m* ⟨double meaning : doble sentido⟩ **2** INTENT : intención *f*, propósito *m*

meaningful [ˈmiːnɪŋfəl] *adj* : significativo — **meaningfully** *adv*

meaningless [ˈmiːnɪŋləs] *adj* : sin sentido

meanness [ˈmiːnnəs] *n* **1** CRUELTY : crueldad *f*, mezquindad *f* **2** STINGINESS : tacañería *f*

meantime[1] [ˈmiːnˌtaɪm] *adv* → **meanwhile**[1]

meantime[2] *n* **1** : interín *m* **2 in the meantime** : entretanto, mientras tanto

meanwhile[1] [ˈmiːnˌhwaɪl] *adv* : entretanto, mientras tanto

meanwhile[2] *n* → **meantime**[2]

measles [ˈmiːzəlz] *ns & pl* : sarampión *m*

measly [ˈmiːzli] *adj* **-slier; -est** : miserable, mezquino

measurable [ˈmɛʒərəbəl, ˈmeɪ-] *adj* : mensurable — **measurably** [-bli] *adv*

measure[1] [ˈmɛʒər, ˈmeɪ-] *v* **-sured; -suring** : medir ⟨he measured the table : midió la mesa⟩ ⟨it measures 15 feet tall : mide 15 pies de altura⟩

measure[2] *n* **1** AMOUNT : medida *f*, cantidad *f* ⟨in large measure : en gran medida⟩ ⟨a full measure : una cantidad exacta⟩ ⟨a measure of proficiency : una cierta competencia⟩ ⟨for good measure : de ñapa, por añadidura⟩ **2** DIMENSIONS, SIZE : medida *f*, tamaño *m* **3** RULER : regla *f* ⟨tape measure : cinta métrica⟩ **4** MEASUREMENT : medida *f* ⟨cubic measure : medida de capacidad⟩ **5** MEASURING : medición *f* **6 measures** *npl* : medidas *fpl* ⟨security measures : medidas de seguridad⟩

measureless [ˈmɛʒərləs, ˈmeɪ-] *adj* : inmensurable

measurement [ˈmɛʒərmənt, ˈmeɪ-] *n* **1** MEASURING : medición *f* **2** DIMENSION : medida *f*

measure up *vi* **to measure up to** : estar a la altura de

meat [ˈmiːt] *n* **1** FOOD : comida *f* **2** : carne *f* ⟨meat and fish : carne y pescado⟩ **3** SUBSTANCE : sustancia *f*, esencia *f* ⟨the meat of the story : la sustancia del cuento⟩

meatball [ˈmiːtˌbɔl] *n* : albóndiga *f*

meaty [ˈmiːt̬i] *adj* **meatier; -est** : con mucha carne, carnoso

mechanic [mɪˈkænɪk] *n* : mecánico *m*, -ca *f*

mechanical [mɪˈkænɪkəl] *adj* : mecánico — **mechanically** *adv*

mechanics [mɪˈkænɪks] *ns & pl* **1** : mecánica *f* ⟨fluid mechanics : la mecánica de fluidos⟩ **2** MECHANISMS : mecanismos *mpl*, aspectos *mpl* prácticos

mechanism [ˈmɛkəˌnɪzəm] *n* : mecanismo *m*

mechanization [ˌmɛkənəˈzeɪʃən] *n* : mecanización *f*

mechanize [ˈmɛkəˌnaɪz] *vt* **-nized; -nizing** : mecanizar

medal [ˈmɛdəl] *n* : medalla *f*, condecoración *f*

medalist [ˈmɛdəlɪst] *or* **medallist** *n* : medallista *mf*

medallion [məˈdæljən] *n* : medallón *m*

meddle [ˈmɛdəl] *vi* **-dled; -dling** : meterse, entrometerse

meddler [ˈmɛdələr] *n* : entrometido *m*, -da *f*

meddlesome [ˈmɛdəlsəm] *adj* : entrometido

media [ˈmiːdiə] *npl* : medios *mpl* de comunicación

median[1] [ˈmiːdiən] *adj* : medio

median[2] *n* : valor *m* medio

mediate [ˈmiːdiˌeɪt] *vi* **-ated; -ating** : mediar

mediation [ˌmiːdiˈeɪʃən] *n* : mediación *f*

mediator [ˈmiːdiˌeɪt̬ər] *n* : mediador *m*, -dora *f*

medical [ˈmɛdɪkəl] *adj* : médico

medicate [ˈmɛdəˌkeɪt] *vt* **-cated; -cating** : medicar ⟨medicated powder : polvos medicinales⟩

medication [ˌmɛdəˈkeɪʃən] *n* **1** TREATMENT : tratamiento *m*, medicación *f* **2** MEDICINE : medicamento *m* ⟨to be on medication : estar medicado⟩

medicinal [məˈdɪsənəl] *adj* : medicinal

medicine [ˈmɛdəsən] *n* **1** MEDICATION : medicina *f*, medicamento *m* **2** : medicina *f* ⟨he's studying medicine : estudia medicina⟩

medicine man *n* : hechicero *m*

medieval *or* **mediaeval** [mɪ'di:vəl, ˌmi:-, ˌm-, -di'i:vəl] *adj* : medieval
mediocre [ˌmi:di'o:kər] *adj* : mediocre
mediocrity [ˌmi:di'ɑkrət̬i] *n, pl* **-ties** : mediocridad *f*
meditate ['mɛdəˌteɪt] *vi* **-tated; -tating** : meditar
meditation [ˌmɛdə'teɪʃən] *n* : meditación *f*
meditative ['mɛdəˌteɪt̬ɪv] *adj* : meditabundo
medium[1] ['mi:diəm] *adj* : mediano ⟨of medium height : de estatura mediana, de estatura regular⟩
medium[2] *n, pl* **-diums** *or* **-dia** ['mi:-diə] **1** MEAN : punto *m* medio, término *m* medio ⟨happy medium : justo medio⟩ **2** MEANS : medio *m* **3** SUBSTANCE : medio *m*, sustancia *f* ⟨a viscous medium : un medio viscoso⟩ **4** : medio *m* de comunicación **5** : medio *m* (artístico)
medley ['mɛdli] *n, pl* **-leys** : popurrí *m* (de canciones)
meek ['mi:k] *adj* **1** LONG-SUFFERING : paciente, sufrido **2** SUBMISSIVE : sumiso, dócil, manso
meekly ['mi:kli] *adv* : dócilmente
meekness ['mi:knəs] *n* : mansedumbre *f*, docilidad *f*
meet[1] ['mi:t] *v* **met** ['mɛt]; **meeting** *vt* **1** ENCOUNTER : encontrarse con ⟨he met me at the park : nos encontramos en el parque⟩ **2** JOIN : unirse con **3** CONFRONT : enfrentarse a **4** ENCOUNTER : encontrar **5** SATISFY : satisfacer, cumplir con ⟨to meet costs : cubrir los gastos⟩ **6** REACH : alcanzar (una meta, etc.) **7** MATCH : igualar **8** : conocer ⟨I met his sister : conocí a su hermana⟩ **9 to meet someone halfway** : llegar a un arreglo con alguien **10 to meet someone's eyes/gaze** : mirarlo a la cara a alguien — *vi* **1** : encontrarse ⟨I hope we meet again : espero que nos volvamos a encontrar⟩ **2** ASSEMBLE : reunirse, congregarse **3** COMPETE, BATTLE : enfrentarse **4** : conocerse **5** JOIN : unirse **6** : encontrarse (dícese de los ojos) **7** : cerrarse (dícese de una chaqueta, etc.), tocar (dícese de dos extremos) **8 to meet up** : encontrarse **9 to meet with** : reunirse con **10 to meet with** RECEIVE : ser recibido con
meet[2] *n* : encuentro *m*
meeting ['mi:t̬ɪŋ] *n* **1** : reunión *f* ⟨to open the meeting : abrir la sesión⟩ **2** ENCOUNTER : encuentro *m* **3** : entrevista *f* (formal)
meetinghouse ['mi:t̬ɪŋˌhaʊs] *n* : iglesia *f* (de ciertas confesiones protestantes)
megabyte ['mɛgəˌbaɪt] *n* : megabyte *m*
megahertz ['mɛgəˌhərts, -ˌhrts] *n* : megahercio *m*
megaphone ['mɛgəˌfo:n] *n* : megáfono *m*
melancholy[1] ['mɛlənˌkɑli] *adj* : melancólico, triste, sombrío
melancholy[2] *n, pl* **-cholies** : melancolía *f*
melanoma [ˌmɛlə'no:mə] *n, pl* **-mas** : melanoma *m*
meld ['mɛld] *vt* : fusionar, unir — *vi* : fusionarse, unirse
melee ['meɪˌleɪ, meɪ'leɪ] *n* BRAWL : reyerta *f*, riña *f*, pelea *f*
meliorate ['mi:ljəˌreɪt, 'mi:liə-] → **ameliorate**
mellow[1] ['mɛlo:] *vt* : suavizar, endulzar — *vi* : suavizarse, endulzarse
mellow[2] *adj* **1** RIPE : maduro **2** MILD : apacible ⟨a mellow character : un carácter apacible⟩ ⟨mellow wines : vinos añejos⟩ **3** : suave, dulce ⟨mellow colors : colores suaves⟩ ⟨mellow tones : tonos dulces⟩
mellowness ['mɛlonəs] *n* : suavidad *f*, dulzura *f*
melodic [mə'lɑdɪk] *adj* : melódico — **melodically** [-dɪkli] *adv*
melodious [mə'lo:diəs] *adj* : melodioso — **melodiously** *adv*
melodiousness [mə'lo:diəsnəs] *n* : calidad *f* de melódico
melodrama ['mɛləˌdrɑmə, -ˌdræ-] *n* : melodrama *m*
melodramatic [ˌmɛlədrə'mæt̬ɪk] *adj* : melodramático — **melodramatically** [-t̬ɪkli] *adv*
melody ['mɛlədi] *n, pl* **-dies** : melodía *f*, tonada *f*
melon ['mɛlən] *n* : melón *m*
melt ['mɛlt] *vt* **1** : derretir, disolver **2** SOFTEN : ablandar ⟨it melted his heart : ablandó su corazón⟩ — *vi* **1** : derretirse, disolverse **2** SOFTEN : ablandarse **3** DISAPPEAR : desvanecerse, esfumarse ⟨the clouds melted away : las nubes se desvanecieron⟩
melting point *n* : punto *m* de fusión
member ['mɛmbər] *n* **1** LIMB : miembro *m* **2** : miembro *m* (de un grupo); socio *m*, -cia *f* (de un club) **3** PART : miembro *m*, parte *f*
membership ['mɛmbərˌʃɪp] *n* **1** : membresía *f* ⟨application for membership : solicitud de entrada⟩ **2** MEMBERS : membresía *f*, miembros *mpl*, socios *mpl*
membrane ['mɛmˌbreɪn] *n* : membrana *f* — **membranous** ['mɛmbrə-nəs] *adj*
memento [mɪ'mɛnˌto:] *n, pl* **-tos** *or* **-toes** : recuerdo *m*
memo ['mɛmo:] *n, pl* **memos** : memorándum *m*
memoirs ['mɛmˌwɑrz] *npl* : memorias *fpl*, autobiografía *f*
memorabilia [ˌmɛmərə'biliə, -'bɪljə] *npl* **1** : objetos *mpl* de interés histórico **2** MEMENTOS : recuerdos *mpl*
memorable ['mɛmərəbəl] *adj* : memorable, notable — **memorably** [-bli] *adv*
memorandum [ˌmɛmə'rændəm] *n, pl* **-dums** *or* **-da** [-də] : memorándum *m*
memorial[1] [mə'moriəl] *adj* : conmemorativo

memorial[2] *n* : monumento *m* conmemorativo
Memorial Day *n* : el último lunes de mayo (observado en Estados Unidos como día feriado para conmemorar a los caídos en guerra)
memorialize [mə'moriə,laɪz] *vt* **-ized; -izing** COMMEMORATE : conmemorar
memorization [,mɛmərə'zeɪʃən] *n* : memorización *f*
memorize ['mɛmə,raɪz] *vt* **-rized; -rizing** : memorizar, aprender de memoria
memory ['mɛmri, 'mɛmə-] *n, pl* **-ries 1** : memoria *f* ⟨he has a good memory : tiene buena memoria⟩ **2** RECOLLECTION : recuerdo *m* **3** COMMEMORATION : memoria *f*, conmemoración *f*
men → **man**[2]
menace[1] ['mɛnəs] *vt* **-aced; -acing 1** THREATEN : amenazar **2** ENDANGER : poner en peligro
menace[2] *n* : amenaza *f*
menacing ['mɛnəsɪŋ] *adj* : amenazador, amenazante
menagerie [mə'næʤəri, -'næʒəri] *n* : colección *f* de animales salvajes
mend[1] ['mɛnd] *vt* **1** CORRECT : enmendar, corregir ⟨to mend one's ways : enmendarse⟩ **2** REPAIR : remendar, arreglar, reparar — *vi* HEAL : curarse
mend[2] *n* : remiendo *m*
mendicant ['mɛndɪkənt] *n* BEGGAR : mendigo *m*, -ga *f*
menhaden [mɛn'heɪdən, mən-] *ns & pl* : pez *m* de la misma familia que los arenques
menial[1] ['mi:niəl] *adj* : servil, bajo
menial[2] *n* : sirviente *m*, -ta *f*
meningitis [,mɛnən'ʤaɪṭəs] *n, pl* **-gitides** [-'ʤɪṭə,di:z] : meningitis *f*
menopause ['mɛnə,pɔz] *n* : menopausia *f*
menorah [mə'norə] *n* : candelabro *m* (usado en los oficios religiosos judíos)
menstrual ['mɛn*t*strʊəl] *adj* : menstrual
menstruate ['mɛn*t*strʊ,eɪt] *vi* **-ated; -ating** : menstruar
menstruation [,mɛn*t*strʊ'eɪʃən] *n* : menstruación *f*
mental ['mɛntəl] *adj* : mental ⟨mental hospital : hospital psiquiátrico⟩ — **mentally** *adv*
mentality [mɛn'tæləṭi] *n, pl* **-ties** : mentalidad *f*
menthol ['mɛn,θɔl, -,θo:l] *n* : mentol *m*
mentholated [,mɛn*t*θə,leɪṭəd] *adj* : mentolado
mention[1] ['mɛnʧən] *vt* : mencionar, mentar, referirse a ⟨don't mention it! : ¡de nada!, ¡no hay de qué!⟩
mention[2] *n* : mención *f*
mentor ['mɛn,tɔr, 'mɛntər] *n* : mentor *m*
menu ['mɛn,ju:] *n* **1** : menú *m*, carta *f* (en un restaurante) **2** : menú *m* (de computadoras)
meow[1] [mi:'aʊ] *vi* : maullar
meow[2] *n* : maullido *m*, miau *m*
mercantile ['mərkən,ti:l, -,taɪl] *adj* : mercantil
mercenary[1] ['mərsənɛ,ri] *adj* : mercenario
mercenary[2] *n, pl* **-naries** : mercenario *m*, -ria *f*
merchandise ['mərʧən,daɪz, -,daɪs] *n* : mercancía *f*, mercadería *f*
merchandiser ['mərʧən,daɪzər] *n* : comerciante *mf*; vendedor *m*, -dora *f*
merchant ['mərʧənt] *n* : comerciante *mf*
merchant marine *n* : marina *f* mercante
merciful ['mərsɪfəl] *adj* : misericordioso, clemente
mercifully ['mərsɪfli] *adv* **1** : con misericordia, con compasión **2** FORTUNATELY : afortunadamente
merciless ['mərsɪləs] *adj* : despiadado — **mercilessly** *adv*
mercurial [,mər'kjʊriəl] *adj* TEMPERAMENTAL : temperamental, volátil
mercury ['mərkjəri] *n, pl* **-ries** : mercurio *m*
Mercury *n* : Mercurio *m*
mercy ['mərsi] *n, pl* **-cies 1** CLEMENCY : misericordia *f*, clemencia *f* **2** BLESSING : bendición *f*
mere ['mɪr] *adj, superlative* **merest** : mero, simple
merely ['mɪrli] *adv* : solamente, simplemente
merge ['mərʤ] *v* **merged; merging** *vi* : unirse, fusionarse (dícese de las compañías), confluir (dícese de los ríos, las calles, etc.) — *vt* : unir, fusionar, combinar
merger ['mərʤər] *n* : unión *f*, fusión *f*
meridian [mə'rɪdiən] *n* : meridiano *m*
meringue [mə'ræŋ] *n* : merengue *m*
merino [mə'ri:no] *n, pl* **-nos 1** : merino *m*, -na *f* **2** *or* **merino wool** : lana *f* merino
merit[1] ['mɛrət] *vt* : merecer, ser digno de
merit[2] *n* : mérito *m*, valor *m*
meritorious [,mɛrə'toriəs] *adj* : meritorio
mermaid ['mər,meɪd] *n* : sirena *f*
merriment ['mɛrɪmənt] *n* : alegría *f*, júbilo *m*, regocijo *m*
merry ['mɛri] *adj* **-rier; -est** : alegre — **merrily** ['mɛrəli] *adv*
merry–go–round ['mɛrigo,raʊnd] *n* : carrusel *m*, tiovivo *m*
merrymaker ['mɛri,meɪkər] *n* : juerguista *mf*
merrymaking ['mɛri,meɪkɪŋ] *n* : juerga *f*
mesa ['meɪsə] *n* : mesa *f*
mesdames → **madam, Mrs.**
mesh[1] ['mɛʃ] *vi* **1** ENGAGE : engranar (dícese de las piezas mecánicas) **2** TANGLE : enredarse **3** COORDINATE : coordinarse, combinar
mesh[2] *n* **1** : malla *f* ⟨wire mesh : malla metálica⟩ **2** NETWORK : red *f* **3** MESH-

ING : engranaje *m* ⟨in mesh : engranado⟩

mesmerize [ˈmɛzmə,raɪz] *vt* **-ized; -izing 1** HYPNOTIZE : hipnotizar **2** FASCINATE : cautivar, embelesar, fascinar

mess[1] [ˈmɛs] *vt* **1 to mess up** DISARRANGE : desordenar, desarreglar **2 to mess up** BUNGLE : echar a perder — *vi* **1 to mess around** HANG OUT : pasar el rato, entretenerse **2 to mess around** : tener líos (amorosos) ⟨to mess around with other men/women : andar con otros hombres/otras mujeres⟩ **3 to mess (around) with** : tocar, jugar con ⟨don't mess with my things! : ¡no toques mis cosas!⟩ **4 to mess with** PROVOKE : meterse con

mess[2] *n* **1** : rancho *m* (para soldados, etc.) **2** DISORDER : desorden *m* ⟨your room is a mess : tienes el cuarto hecho un desastre⟩ **3** CONFUSION, TURMOIL : confusión *f*, embrollo *m*, lío *m fam*

message [ˈmɛsɪʤ] *n* : mensaje *m*, recado *m*

messenger [ˈmɛsənʤər] *n* : mensajero *m*, -ra *f*

Messiah [məˈsaɪə] *n* : Mesías *m*

Messrs. → **Mr.**

messy [ˈmɛsi] *adj* **messier; -est** UNTIDY : desordenado, sucio

met → **meet**

metabolic [,mɛt̬əˈbɑlɪk] *adj* : metabólico

metabolism [məˈtæbə,lɪzəm] *n* : metabolismo *m*

metabolize [məˈtæbə,laɪz] *vt* **-lized; -lizing** : metabolizar

metal [ˈmɛt̬əl] *n* : metal *m*

metallic [məˈtælɪk] *adj* : metálico

metallurgical [,mɛt̬əlˈərʤɪkəl] *adj* : metalúrgico

metallurgy [ˈmɛt̬əl,ərʤi] *n* : metalurgia *f*

metalwork [ˈmɛt̬əl,wərk] *n* : objeto *m* de metal

metalworking [ˈmɛt̬əl,wərkɪŋ] *n* : metalistería *f*

metamorphosis [,mɛt̬əˈmɔrfəsɪs] *n, pl* **-phoses** [-,si:z] : metamorfosis *f*

metaphor [ˈmɛt̬ə,fɔr, -fər] *n* : metáfora *f*

metaphoric [,mɛt̬əˈfɔrɪk] *or* **metaphorical** [-ɪkəl] *adj* : metafórico

metaphysical [,mɛt̬əˈfɪzəkəl] *adj* : metafísico

metaphysics [,mɛt̬əˈfɪzɪks] *n* : metafísica *f*

mete [ˈmi:t] *vt* **meted; meting** ALLOT : repartir, distribuir ⟨to mete out punishment : imponer castigos⟩

meteor [ˈmi:t̬iər, -t̬i:,ɔr] *n* : meteoro *m*

meteoric [,mi:t̬iˈɔrɪk] *adj* : meteórico

meteorite [ˈmi:t̬iə,raɪt] *n* : meteorito *m*

meteorologic [,mi:t̬i,ɔrəˈlɑʤɪk] *or* **meteorological** [-ˈlɑʤɪkəl] *adj* : meteorológico

meteorologist [,mi:t̬iəˈrɑləʤɪst] *n* : meteorólogo *m*, -ga *f*

meteorology [,mi:t̬iəˈrɑləʤi] *n* : meteorología *f*

meter [ˈmi:t̬ər] *n* **1** : metro *m* ⟨it measures 2 meters : mide 2 metros⟩ **2** : contador *m*, medidor *m* (de electricidad, etc.) ⟨parking meter : parquímetro⟩ **3** : metro *m* (en literatura o música)

methane [ˈmɛ,θeɪn] *n* : metano *m*

method [ˈmɛθəd] *n* : método *m*

methodical [məˈθɑdɪkəl] *adj* : metódico — **methodically** *adv*

Methodist [ˈmɛθədɪst] *n* : metodista *mf* — **Methodist** *adj*

methodology [,mɛθəˈdɑləʤi] *n, pl* **-gies** : metodología *f*

meticulous [məˈtɪkjələs] *adj* : meticuloso — **meticulously** *adv*

meticulousness [məˈtɪkjələsnəs] *n* : meticulosidad *f*

metric [ˈmɛtrɪk] *or* **metrical** [-trɪkəl] *adj* : métrico

metric system *n* : sistema *m* métrico

metronome [ˈmɛtrə,no:m] *n* : metrónomo *m*

metropolis [məˈtrɑpələs] *n* : metrópoli *f*, metrópolis *f*

metropolitan [,mɛtrəˈpɑlətən] *adj* : metropolitano

mettle [ˈmɛt̬əl] *n* : temple *m*, valor *m* ⟨on one's mettle : dispuesto a mostrar su valía⟩

Mexican [ˈmɛksɪkən] *n* : mexicano *m*, -na *f* — **Mexican** *adj*

mezzanine [ˈmɛzə,ni:n, ,mɛzəˈni:n] *n* **1** : entrepiso *m*, entresuelo *m* **2** : primer piso *m* (de un teatro)

miasma [maɪˈæzmə] *n* : miasma *m*

mica [ˈmaɪkə] *n* : mica *f*

mice → **mouse**

micro [ˈmaɪkro] *adj* : muy pequeño, microscópico

microbe [ˈmaɪ,kro:b] *n* : microbio *m*

microbiology [,maɪkrobaɪˈɑləʤi] *n* : microbiología *f*

microchip [ˈmaɪkro,ʧɪp] *n* : microchip *m*

microcomputer [ˈmaɪkrokəm,pju:t̬ər] *n* : microcomputadora *f*

microcosm [ˈmaɪkro,kɑzəm] *n* : microcosmo *m*

microfilm [ˈmaɪkro,fɪlm] *n* : microfilm *m*

micrometer [maɪˈkrɑmət̬ər] *n* : micrómetro *m*

micron [ˈmaɪ,krɑn] *n* : micrón *m*

microorganism [,maɪkroˈɔrgə,nɪzəm] *n* : microorganismo *m*, microbio *m*

microphone [ˈmaɪkrə,fo:n] *n* : micrófono *m*

microprocessor [ˈmaɪkro,prɑ,ssər] *n* : microprocesador *m*

microscope [ˈmaɪkrə,sko:p] *n* : microscopio *m*

microscopic [,maɪkrəˈskɑpɪk] *adj* : microscópico

microscopy [maɪˈkrɑskəpi] *n* : microscopía *f*

microwave [ˈmaɪkrəˌweɪv] *n* **1** : microonda *f* **2** *or* **microwave oven** : microondas *m*

mid [ˈmɪd] *adj* : medio ⟨mid morning : a media mañana⟩ ⟨in mid-August : a mediados de agosto⟩ ⟨in mid ocean : en alta mar⟩

midair [ˈmɪdˈær] *n* **in ~** : en el aire ⟨to catch in midair : agarrar al vuelo⟩

midday [ˈmɪdˈdeɪ] *n* NOON : mediodía *m*

middle[1] [ˈmɪdəl] *adj* **1** CENTRAL : medio, del medio, de en medio **2** INTERMEDIATE : intermedio, mediano ⟨middle age : la mediana edad⟩

middle[2] *n* **1** CENTER : medio *m*, centro *m* ⟨fold it down the middle : dóblalo por la mitad⟩ **2 in the middle of** : en medio de (un espacio), a mitad de (una actividad) ⟨in the middle of the month : a mediados del mes⟩

Middle Ages *npl* : Edad *f* Media

middle class *n* : clase *f* media

middleman [ˈmɪdəlˌmæn] *n, pl* **-men** [-mən, -ˌmɛn] : intermediario *m*, -ria *f*

middling [ˈmɪdlɪŋ, -lən] *adj* **1** MEDIUM, MIDDLE : mediano **2** MEDIOCRE : mediocre, regular

midfielder [ˈmɪdˌfiːldər] *n* : mediocampista *mf*

midge [ˈmɪʤ] *n* : mosca *f* pequeña

midget [ˈmɪʤət] *n* **1** : enano *m*, -na *f* (persona) **2** : cosa *f* diminuta

midland [ˈmɪdlənd, -ˌlænd] *n* : región *f* central (de un país)

midnight [ˈmɪdˌnaɪt] *n* : medianoche *f*

midpoint [ˈmɪdˌpɔɪnt] *n* : punto *m* medio, término *m* medio

midriff [ˈmɪdˌrɪf] *n* : diafragma *m*

midshipman [ˈmɪdˌʃɪpmən, ˌmɪdˈʃɪp-] *n, pl* **-men** [-mən, -ˌmɛn] : guardiamarina *m*

midst[1] [ˈmɪdst] *n* : medio *m* ⟨in our midst : entre nosotros⟩ ⟨in the midst of : en medio de⟩

midst[2] *prep* : entre

midstream [ˈmɪdˈstriːm, -ˌstriːm] *n* : medio *m* de la corriente ⟨in the midstream of his career : en medio de su carrera⟩

midsummer [ˈmɪdˈsʌmər, -ˌsʌ-] *n* : pleno verano *m*

midtown [ˈmɪdˌtaʊn] *n* : centro *m* (de una ciudad)

midway [ˈmɪdˌweɪ] *adv* HALFWAY : a mitad de camino

midweek [ˈmɪdˌwiːk] *n* : medio *m* de la semana ⟨in midweek : a media semana⟩

midwife [ˈmɪdˌwaɪf] *n, pl* **-wives** [-ˌwaɪvz] : partera *f*, comadrona *f*

midwinter [ˈmɪdˈwɪntər, -ˌwin-] *n* : pleno invierno *m*

midyear [ˈmɪdˌjɪr] *n* : medio *m* del año ⟨at midyear : a mediados del año⟩

mien [ˈmiːn] *n* : aspecto *m*, porte *m*, semblante *m*

miff [ˈmɪf] *vt* : ofender

might[1] [ˈmaɪt] (*used to express permission or possibility or as a polite alternative to* **may**) → **may** ⟨it might be true : podría ser verdad⟩ ⟨might I speak with Sarah? : ¿se puede hablar con Sarah?⟩

might[2] *n* : fuerza *f*, poder *m*

mightily [ˈmaɪṭəli] *adv* : con mucha fuerza, poderosamente

mighty[1] [ˈmaɪṭi] *adv* VERY : muy ⟨mighty good : muy bueno, buenísimo⟩

mighty[2] *adj* **mightier; -est** **1** POWERFUL : poderoso, potente **2** GREAT : grande, imponente

migraine [ˈmaɪˌgreɪn] *n* : jaqueca *f*, migraña *f*

migrant [ˈmaɪgrənt] *n* : trabajador *m*, -dora *f* ambulante

migrate [ˈmaɪˌgreɪt] *vi* **-grated; -grating** : emigrar

migration [maɪˈgreɪʃən] *n* : migración *f*

migratory [ˈmaɪgrəˌtori] *adj* : migratorio

mild [ˈmaɪld] *adj* **1** GENTLE : apacible, suave ⟨a mild disposition : un temperamento suave⟩ **2** LIGHT : leve, ligero ⟨a mild punishment : un castigo leve, un castigo poco severo⟩ **3** TEMPERATE : templado (dícese del clima) — **mildly** *adv*

mildew[1] [ˈmɪlˌduː, -ˌdjuː] *vi* : enmohecerse

mildew[2] *n* : moho *m*

mildness [ˈmaɪldnəs] *n* : apacibilidad *f*, suavidad *f*

mile [ˈmaɪl] *n* : milla *f*

mileage [ˈmaɪlɪʤ] *n* **1** ALLOWANCE : viáticos *mpl* (pagados por milla recorrida) **2** : distancia *f* recorrida (en millas), kilometraje *m*

milestone [ˈmaɪlˌstoːn] *n* LANDMARK : hito *m*, jalón *m* ⟨a milestone in his life : un hito en su vida⟩

milieu [miːlˈjuː, -ˈjø] *n, pl* **-lieus** *or* **-lieux** [-ˈjuːz, -ˈjø] SURROUNDINGS : entorno *m*, medio *m*, ambiente *m*

militant[1] [ˈmɪlətənt] *adj* : militante, combativo

militant[2] *n* : militante *mf*

militarism [ˈmɪləṭəˌrɪzəm] *n* : militarismo *m*

militaristic [ˌmɪləṭəˈrɪstɪk] *adj* : militarista

military[1] [ˈmɪləˌtɛri] *adj* : militar

military[2] *n* **the military** : las fuerzas armadas

militia [məˈlɪʃə] *n* : milicia *f*

milk[1] [ˈmɪlk] *vt* **1** : ordeñar (una vaca, etc.) **2** EXPLOIT : explotar

milk[2] *n* : leche *f*

milkman [ˈmɪlkˌmæn, -mən] *n, pl* **-men** [-mən, -ˌmɛn] : lechero *m*

milk shake *n* : batido *m*, licuado *m*

milkweed [ˈmɪlkˌwiːd] *n* : algodoncillo *m*

milky [ˈmɪlki] *adj* **milkier; -est** : lechoso

Milky Way *n* : Vía *f* Láctea

mill[1] [ˈmɪl] *vt* : moler (granos), fresar (metales), acordonar (monedas) — *vi* **to mill about** : arremolinarse

mill[2] *n* **1** : molino *m* (para moler granos) **2** FACTORY : fábrica *f* ⟨textile mill : fábrica textil⟩ **3** GRINDER : molinillo *m*

millennium [məˈlɛniəm] *n, pl* **-nia** [-niə] *or* **-niums** : milenio *m*

miller [ˈmɪlər] *n* : molinero *m*, -ra *f*

millet [ˈmɪlət] *n* : mijo *m*

milligram [ˈmɪləˌgræm] *n* : miligramo *m*

milliliter [ˈmɪləˌli:t̬ər] *n* : mililitro *m*

millimeter [ˈmɪləˌmi:t̬ər] *n* : milímetro *m*

milliner [ˈmɪlənər] *n* : sombrerero *m*, -ra *f* (de señoras)

millinery [ˈmɪləˌnɛri] *n* : sombreros *mpl* de señora

million[1] [ˈmɪljən] *adj* **a million** : un millón de

million[2] *n, pl* **millions** *or* **million** : millón *m*

millionaire [ˌmɪljəˈnær, ˈmɪljəˌnær] *n* : millonario *m*, -ria *f*

millionth[1] [ˈmɪljənθ] *adj* : millonésimo

millionth[2] *n* : millonésimo *m*

millipede [ˈmɪləˌpi:d] *n* : milpiés *m*

millstone [ˈmɪlˌsto:n] *n* : rueda *f* de molino, muela *f*

mime[1] [ˈmaɪm] *v* **mimed; miming** *vt* MIMIC : imitar, remedar — *vi* PANTOMIME : hacer la mímica

mime[2] *n* **1** : mimo *mf* **2** PANTOMIME : pantomima *f*

mimeograph [ˈmɪmiəˌgræf] *n* : mimeógrafo *m*

mimic[1] [ˈmɪmɪk] *vt* **-icked; -icking** : imitar, remedar

mimic[2] *n* : imitador *m*, -dora *f*

mimicry [ˈmɪmɪkri] *n, pl* **-ries** : mímica *f*, imitación *f*

minaret [ˌmɪnəˈrɛt] *n* : alminar *m*, minarete *m*

mince [ˈmɪn*t*s] *v* **minced; mincing** *vt* **1** CHOP : picar, moler (carne) **2 not to mince one's words** : no tener uno pelos en la lengua — *vi* : caminar de manera afectada

mincemeat [ˈmɪn*t*sˌmi:t] *n* : mezcla *f* de fruta picada, sebo, y especias

mind[1] [ˈmaɪnd] *vt* **1** TEND : cuidar, atender ⟨mind the children : cuida a los niños⟩ **2** OBEY : obedecer **3** : preocuparse por, sentirse molestado por ⟨I don't mind his jokes : sus bromas no me molestan⟩ ⟨if you don't mind my saying so : si me permites⟩ ⟨never mind him : no le hagas caso⟩ **4** : tener cuidado con ⟨mind the ladder! : ¡cuidado con la escalera!⟩ **5 never mind** LET ALONE : ni mucho menos, (y) menos aún ⟨I can barely understand it, never mind explain it : apenas puedo entenderlo, ni mucho menos explicarlo⟩ — *vi* **1** OBEY : obedecer **2** CARE : importarle a uno ⟨I don't mind : no me importa, me es igual⟩ **3 never mind** : no importa, no se preocupe

mind[2] *n* **1** : mente *f* ⟨the mind and the body : la mente y el cuerpo⟩ ⟨it's all in your mind : es pura imaginación tuya⟩ ⟨what's on your mind? : ¿qué te preocupa?⟩ **2** INTENTION : intención *f*, propósito *m* **3** : razón *f* ⟨he's out of his mind : está loco⟩ **4** OPINION : opinión *f* ⟨in/to my mind : a mi parecer⟩ **5** INTELLECT : mente *f* ⟨she has a brilliant mind : tiene una mente brillante⟩ **6** ATTENTION : atención *f* ⟨pay him no mind : no le hagas caso⟩ **7 at/in the back of one's mind** : en el fondo **8 great minds think alike** : los genios pensamos igual **9 state of mind** : estado *m* de ánimo **10 to be of one mind** *or* **to be of the same mind** : estar de acuerdo **11 to be of two minds about** : estar indeciso sobre **12 to blow someone's mind** *fam* : maravillar a alguien **13 to call/bring to mind** : recordar, traer a la memoria **14 to change one's mind** : cambiar de opinión **15 to change someone's mind** : hacerle a alguien cambiar de opinión **16 to come/leap/spring to mind** : occurrírsele a alguien **17 to cross someone's mind** : pasársele a alguien por la cabeza **18 to give someone a piece of one's mind** : cantarle las cuarentas a alguien **19 to have a good mind to** *or* **to have half a mind to** : tener ganas de (regañar a alguien, etc.) **20 to have a mind of one's own** : ser independiente **21 to have in mind** : tener (algo, a alguien) en mente, tener pensado (hacer algo) ⟨what did you have in mind? : ¿qué tenías en mente?⟩ **22 to have one's mind set on** : estar empeñado en **23 to keep an open mind** : mantener la mente abierta **24 to keep/bear in mind** : tener en cuenta **25 to keep one's mind on** : concentrarse en **26 to lose one's mind** : perder la razón **27 to make up one's mind** : decidirse **28 to put/set one's mind to** : poner empeño en **29 to put someone in mind of something** : recordarle algo a alguien **30 to speak one's mind** : hablar sin rodeos **31 to take a load/weight off one's mind** : quitarse un peso de encima

minded [ˈmaɪndəd] *adj* **1** (*used in combination*) ⟨narrow-minded : de mentalidad cerrada⟩ ⟨health-minded : preocupado por la salud⟩ **2** INCLINED : inclinado

mindful [ˈmaɪndfəl] *adj* AWARE : consciente — **mindfully** *adv*

mindless [ˈmaɪndləs] *adj* **1** SENSELESS : estúpido, sin sentido ⟨mindless violence : violencia sin sentido⟩ **2** HEEDLESS : inconsciente

mindlessly [ˈmaɪndləsli] *adv* **1** SENSELESSLY : sin sentido **2** HEEDLESSLY : inconscientemente

mine[1] [ˈmaɪn] *vt* **mined; mining** **1** : extraer (oro, etc.) **2** : minar (con artefactos explosivos)
mine[2] *n* : mina *f* ⟨gold mine : mina de oro⟩
mine[3] *pron* : mío, mía ⟨that one's mine : ése es el mío⟩ ⟨some friends of mine : unos amigos míos⟩
minefield [ˈmaɪn:fi:ld] *n* : campo *m* de minas
miner [ˈmaɪnər] *n* : minero *m*, -ra *f*
mineral [ˈmɪnərəl] *n* : mineral *m* — **mineral** *adj*
mineralogy [ˌmɪnəˈrɑləʤi, -ˈræ-] *n* : mineralogía *f*
mingle [ˈmɪŋgəl] *v* **-gled; -gling** *vt* MIX : mezclar — *vi* **1** MIX : mezclarse **2** CIRCULATE : circular
miniature[1] [ˈmɪniəˌʧʊr, ˈmɪnɪˌʧʊr, -ʧər] *adj* : en miniatura, diminuto
miniature[2] *n* : miniatura *f*
minibus [ˈmɪniˌbʌs] *n* : microbús *m*, pesera *f Mex*
minicomputer [ˈmɪnikəmˌpju:ṭər] *n* : minicomputadora *f*
minimal [ˈmɪnəməl] *adj* : mínimo
minimally [ˈmɪnəməli] *adv* : en grado mínimo
minimize [ˈmɪnəˌmaɪz] *vt* **-mized; -mizing** : minimizar
minimum[1] [ˈmɪnəməm] *adj* : mínimo
minimum[2] *n, pl* **-ma** [ˈmɪnəmə] *or* **-mums** : mínimo *m*
miniseries [ˈmɪniˌsɪri:z] *n* : miniserie *f*
miniskirt [ˈmɪniˌskərt] *n* : minifalda *f*
minister[1] [ˈmɪnəstər] *vi* **to minister to** : cuidar (de), atender a
minister[2] *n* **1** : pastor *m*, -tora *f* (de una iglesia) **2** : ministro *m*, -tra *f* (en política)
ministerial [ˌmɪnəˈstɪriəl] *adj* : ministerial
ministry [ˈmɪnəstri] *n, pl* **-tries** **1** : ministerio *m* (en política) **2** : sacerdocio *m* (en el catolicismo), clerecía *f* (en el protestantismo)
minivan [ˈmɪniˌvæn] *n* : minivan *f*
mink [ˈmɪŋk] *n, pl* **mink** *or* **minks** : visón *m*
minnow [ˈmɪno:] *n, pl* **-nows** : pececillo *m* de agua dulce
minor[1] [ˈmaɪnər] *adj* : menor
minor[2] *n* **1** : menor *mf* (de edad) **2** : asignatura *f* secundaria (de estudios)
minority [məˈnɔrəṭi, maɪ-] *n, pl* **-ties** : minoría *f*
minstrel [ˈmɪntstrəl] *n* : juglar *m*, trovador *m* (en el medioevo)
mint[1] [ˈmɪnt] *vt* : acuñar
mint[2] *adj* : sin usar ⟨in mint condition : como nuevo⟩
mint[3] *n* **1** : menta *f* ⟨mint tea : té de menta⟩ **2** : pastilla *f* de menta **3** : casa *f* de la moneda ⟨the U.S. Mint : la casa de la moneda de los EE.UU.⟩ **4** FORTUNE : dineral *m*, fortuna *f*
minuet [ˌmɪnjʊˈɛt] *n* : minué *m*
minus[1] [ˈmaɪnəs] *n* **1** : cantidad *f* negativa **2 minus sign** : signo *m* de menos
minus[2] *prep* **1** : menos ⟨four minus two : cuatro menos dos⟩ **2** WITHOUT : sin ⟨minus his hat : sin su sombrero⟩
minuscule *or* **miniscule** [ˈmɪnəsˌkju:l, mɪˈnʌs-] *adj* : minúsculo
minute[1] [maɪˈnu:t, mɪ-, -ˈnju:t] *adj* **-nuter; -est** **1** TINY : diminuto, minúsculo **2** DETAILED : minucioso
minute[2] [ˈmɪnət] *n* **1** : minuto *m* **2** MOMENT : momento *m* ⟨at any minute : en cualquier momento⟩ **3 minutes** *npl* : actas *fpl* (de una reunión) **4 at the last minute** : a último momento, a última hora **5 hang/hold on a minute** *or* **wait a minute** : espera un momento **6 just a minute** : un momento **7 this minute** : ahora mismo, inmediatamente
minutely [maɪˈnu:tli, mɪ-, -ˈnju:t-] *adv* : minuciosamente
miracle [ˈmɪrɪkəl] *n* : milagro *m*
miraculous [məˈrækjələs] *adj* : milagroso — **miraculously** *adv*
mirage [mɪˈrɑʒ, *chiefly Brit* ˈmɪrˌɑʒ] *n* : espejismo *m*
mire[1] [ˈmaɪr] *vi* **mired; miring** : atascarse
mire[2] *n* **1** MUD : barro *m*, lodo *m* **2** : atolladero *m* ⟨stuck in a mire of debt : agobiado por la deuda⟩
mirror[1] [ˈmɪrər] *vt* : reflejar
mirror[2] *n* : espejo *m*
mirth [ˈmərθ] *n* : alegría *f*, regocijo *m*
mirthful [ˈmərθfəl] *adj* : alegre, regocijado
misadventure [ˌmɪsədˈvɛnʧər] *n* : malaventura *f*, desventura *f*
misanthrope [ˈmɪsənˌθro:p] *n* : misántropo *m*, -pa *f*
misanthropic [ˌmɪsənˈθrɑpɪk] *adj* : misantrópico
misanthropy [mɪˈsænθrəpi] *n* : misantropía *f*
misapprehend [ˌmɪsˌæprəˈhɛnd] *vt* : entender mal
misapprehension [ˌmɪsˌæprəˈhɛnʧən] *n* : malentendido *m*
misappropriate [ˌmɪsəˈpro:priˌeɪt] *vt* **-ated; -ating** : malversar
misbegotten [ˌmɪsbiˈgɑtən] *adj* **1** ILLEGITIMATE : ilegítimo **2** : mal concebido ⟨misbegotten laws : leyes mal concebidas⟩
misbehave [ˌmɪsbiˈheɪv] *vi* **-haved; -having** : portarse mal
misbehavior [ˌmɪsbiˈheɪvjər] *n* : mala conducta *f*
miscalculate [mɪsˈkælkjəˌleɪt] *v* **-lated; -lating** : calcular mal
miscalculation [mɪsˌkælkjəˈleɪʃən] *n* : error *m* de cálculo, mal cálculo *m*
miscarriage [ˌmɪsˈkærɪʤ, ˈmɪsˌkærɪʤ] *n* **1** : aborto *m* **2** FAILURE : fracaso *m*, malogro *m* ⟨a miscarriage of justice : una injusticia, un error judicial⟩

miscarry [ˌmɪsˈkæri, ˈmɪsˌkæri] *vi* **-ried; -rying 1** ABORT : abortar **2** FAIL : malograrse, fracasar

miscellaneous [ˌmɪsəˈleɪniəs] *adj* : misceláneo

miscellany [ˈmɪsəˌleɪni] *n, pl* **-nies** : miscelánea *f*

mischance [mɪsˈʧænts] *n* : desgracia *f*, infortunio *m*, mala suerte *f*

mischief [ˈmɪsʧəf] *n* : diabluras *fpl*, travesuras *fpl*

mischievous [ˈmɪsʧəvəs] *adj* : travieso, pícaro

mischievously [ˈmɪsʧəvəsli] *adv* : de manera traviesa

misconception [ˌmɪskənˈsɛpʃən] *n* : concepto *m* erróneo, idea *f* falsa

misconduct [mɪsˈkɑndəkt] *n* : mala conducta *f*

misconstrue [ˌmɪskənˈstruː] *vt* **-strued; -struing** : malinterpretar

misdeed [mɪsˈdiːd] *n* : fechoría *f*

misdemeanor [ˌmɪsdɪˈmiːnər] *n* : delito *m* menor

miser [ˈmaɪzər] *n* : avaro *m*, -ra *f*; tacaño *m*, -ña *f*

miserable [ˈmɪzərəbəl] *adj* **1** UNHAPPY : triste, desdichado **2** WRETCHED : miserable, desgraciado ⟨a miserable hut : una choza miserable⟩ **3** UNPLEASANT : desagradable, malo ⟨miserable weather : tiempo malísimo⟩ **4** CONTEMPTIBLE : despreciable, mísero ⟨for a miserable $10 : por unos míseros diez dólares⟩

miserably [ˈmɪzərəbli] *adv* **1** SADLY : tristemente **2** WRETCHEDLY : miserablemente, lamentablemente **3** UNFORTUNATELY : desgraciadamente

miserly [ˈmaɪzərli] *adj* : avaro, tacaño

misery [ˈmɪzəri] *n, pl* **-eries** : miseria *f*, sufrimiento *m*

misfire [mɪsˈfaɪr] *vi* **-fired; -firing** : fallar

misfit [ˈmɪsˌfɪt] *n* : inadaptado *m*, -da *f*

misfortune [mɪsˈfɔrʧən] *n* : desgracia *f*, desventura *f*, infortunio *m*

misgiving [mɪsˈgɪvɪŋ] *n* : duda *f*, recelo *m*

misguided [mɪsˈgaɪdəd] *adj* : desacertado, equivocado, mal informado

mishap [ˈmɪsˌhæp] *n* : contratiempo *m*, percance *m*, accidente *m*

misinform [ˌmɪsɪnˈfɔrm] *vt* : informar mal

misinterpret [ˌmɪsɪnˈtərprət] *vt* : malinterpretar

misinterpretation [ˌmɪsɪnˌtərprəˈteɪ-ʃən] *n* : mala interpretación *f*, malentendido *m*

misjudge [mɪsˈʤʌʤ] *vt* **-judged; -judging** : juzgar mal

mislay [mɪsˈleɪ] *vt* **-laid** [-leɪd]; **-laying** : extraviar, perder

mislead [mɪsˈliːd] *vt* **-led** [-ˈlɛd]; **-leading** : engañar

misleading [mɪsˈliːdɪŋ] *adj* : engañoso

mismanage [mɪsˈmænɪʤ] *vt* **-aged; -aging** : administrar mal

mismanagement [mɪsˈmænɪʤmənt] *n* : mala administración *f*

misnomer [mɪsˈnoːmər] *n* : nombre *m* inapropiado

misogynist [mɪˈsɑʤənɪst] *n* : misógino *m*

misogyny [məˈsɑʤəni] *n* : misoginia *f*

misplace [mɪsˈpleɪs] *vt* **-placed; -placing** : extraviar, perder

misprint [ˈmɪsˌprɪnt, mɪsˈ-] *n* : errata *f*, error *m* de imprenta

mispronounce [ˌmɪsprəˈnaʊnts] *vt* **-nounced; -nouncing** : pronunciar mal

mispronunciation [ˌmɪsprəˌnʌntsiˈeɪʃən] *n* : pronunciación *f* incorrecta

misquote [mɪsˈkwoːt] *vt* **-quoted; -quoting** : citar incorrectamente

misread [mɪsˈriːd] *vt* **-read; -reading 1** : leer mal ⟨she misread the sentence : leyó mal la frase⟩ **2** MISUNDERSTAND : malinterpretar ⟨they misread his intention : malinterpretaron su intención⟩

misrepresent [ˌmɪsˌrɛprɪˈzɛnt] *vt* : distorsionar, falsear, tergiversar

misrule[1] [mɪsˈruːl] *vt* **-ruled; -ruling** : gobernar mal

misrule[2] *n* : mal gobierno *m*

miss[1] [ˈmɪs] *vt* **1** : errar, faltar ⟨to miss the target : no dar en el blanco⟩ **2** : no encontrar, perder ⟨they missed each other : no se encontraron⟩ ⟨I missed the plane : perdí el avión⟩ **3** : echar de menos, extrañar ⟨we miss him a lot : lo echamos mucho de menos⟩ **4** OVERLOOK : pasar por alto ⟨to miss the point : no entender algo⟩ ⟨you can't miss it : no puedes dejar de verlo⟩ **5** : no enterarse de (una noticia), no oír (palabras habladas) **6** : perderse (una oportunidad, etc.) **7** PASS UP : pasar por alto **8** : faltar a (una reunión, etc.) **9** AVOID : evitar ⟨they just missed hitting the tree : por muy poco chocan contra el árbol⟩ **10** OMIT : saltarse ⟨he missed breakfast : se saltó el desayuno⟩ **11 to be missing** : faltarle (algo a uno) ⟨he's missing two teeth : le faltan dos dientes⟩ **12 to miss out on** : perderse (una oportunidad, etc.)

miss[2] *n* **1** : fallo *m* (de un tiro, etc.) **2** FAILURE : fracaso *m* **3** : señorita *f* ⟨Miss Jones called us : nos llamó la señorita Jones⟩ ⟨excuse me, miss : perdone, señorita⟩

missal [ˈmɪsəl] *n* : misal *m*

misshapen [mɪˈʃeɪpən] *adj* : deforme

missile [ˈmɪsəl] *n* **1** : misil *m* ⟨guided missile : misil guiado⟩ **2** PROJECTILE : proyectil *m*

missing [ˈmɪsɪŋ] *adj* **1** ABSENT : ausente ⟨who's missing? : ¿quién falta?⟩ **2** LOST : perdido, desaparecido ⟨missing persons : los desaparecidos⟩

mission [ˈmɪʃən] *n* **1** : misión *f* (mandada por una iglesia) **2** DELEGATION : misión *f*, delegación *f*, embajada *f* **3** TASK : misión *f*

missionary[1] [ˈmɪʃəˌnɛri] *adj* : misionero
missionary[2] *n, pl* **-aries** : misionero *m*, -ra *f*
missive [ˈmɪsɪv] *n* : misiva *f*
misspell [mɪsˈspɛl] *vt* : escribir mal
misspelling [mɪsˈspɛlɪŋ] *n* : falta *f* de ortografía
misstep [ˈmɪsˌstɛp] *n* : traspié *m*, tropezón *m*
mist [ˈmɪst] *n* **1** HAZE : neblina *f*, niebla *f* **2** SPRAY : rocío *m*
mistake[1] [mɪˈsteɪk] *vt* **-took** [-ˈstʊk]; **-taken** [-ˈsteɪkən]; **-taking 1** MISINTERPRET : malinterpretar **2** CONFUSE : confundir ⟨he mistook her for Clara : la confundió con Clara⟩
mistake[2] *n* **1** MISUNDERSTANDING : malentendido *m*, confusión *f* **2** ERROR : error *m* ⟨I made a mistake : me equivoqué, cometí un error⟩
mistaken [mɪˈsteɪkən] *adj* WRONG : equivocado — **mistakenly** *adv*
mister [ˈmɪstər] *n* : señor *m* ⟨watch out, mister : cuidado, señor⟩
mistiness [ˈmɪstinəs] *n* : nebulosidad *f*
mistletoe [ˈmɪsəlˌto:] *n* : muérdago *m*
mistreat [mɪsˈtri:t] *vt* : maltratar
mistreatment [mɪsˈtri:tmənt] *n* : maltrato *m*, abuso *m*
mistress [ˈmɪstrəs] *n* **1** : dueña *f*, señora *f* (de una casa) **2** LOVER : amante *f*
mistrust[1] [mɪsˈtrʌst] *vt* : desconfiar de
mistrust[2] *n* : desconfianza *f*
mistrustful [mɪsˈtrʌstfəl] *adj* : desconfiado
misty [ˈmɪsti] *adj* **mistier; -est 1** : neblinoso, nebuloso **2** TEARFUL : lloroso
misunderstand [ˌmɪsˌʌndərˈstænd] *vt* **-stood** [-ˈstʊd]; **-standing 1** : entender mal **2** MISINTERPRET : malinterpretar ⟨don't misunderstand me : no me malinterpretes⟩
misunderstanding [ˌmɪsˌʌndərˈstændɪŋ] *n* **1** MISINTERPRETATION : malentendido *m* **2** DISAGREEMENT, QUARREL : disputa *f*, discusión *f*
misuse[1] [mɪsˈju:z] *vt* **-used; -using 1** : emplear mal **2** ABUSE, MISTREAT : abusar de, maltratar
misuse[2] [mɪsˈju:s] *n* **1** : mal empleo *m*, mal uso *m* **2** WASTE : derroche *m*, despilfarro *m* **3** ABUSE : abuso *m*
mite [ˈmaɪt] *n* **1** : ácaro *m* **2** BIT : poco *m* ⟨a mite tired : un poquito cansado⟩
miter *or* **mitre** [ˈmaɪt̬ər] *n* **1** : mitra *f* (de un obispo) **2** *or* **miter joint** : inglete *m*
mitigate [ˈmɪt̬əˌgeɪt] *vt* **-gated; -gating** : mitigar, aliviar
mitigation [ˌmɪt̬əˈgeɪʃən] *n* : mitigación *f*, alivio *m*
mitosis [maɪˈto:sɪs] *n, pl* **-toses** [-ˌsi:z] : mitosis *f*
mitt [ˈmɪt] *n* : manopla *f*, guante *m* (de béisbol)
mitten [ˈmɪtən] *n* : manopla *f*, mitón *m*
mix[1] [ˈmɪks] *vt* **1** COMBINE : mezclar **2** STIR : remover, revolver **3 to mix up** CONFUSE : confundir — *vi* : mezclarse
mix[2] *n* : mezcla *f*
mixer [ˈmɪksər] *n* **1** : batidora *f* (de la cocina) **2 cement mixer** : hormigonera *f*
mixture [ˈmɪkstʃər] *n* : mezcla *f*
mix-up [ˈmɪksˌʌp] *n* CONFUSION : confusión *f*, lío *m fam*
mnemonic [nɪˈmɑnɪk] *adj* : mnemónico
moan[1] [ˈmo:n] *vi* : gemir
moan[2] *n* : gemido *m*
moat [ˈmo:t] *n* : foso *m*
mob[1] [ˈmɑb] *vt* **mobbed; mobbing 1** ATTACK : atacar en masa **2** HOUND : acosar, rodear
mob[2] *n* **1** THRONG : multitud *f*, turba *f*, muchedumbre *f* **2** GANG : pandilla *f*
mobile[1] [ˈmo:bəl, -ˌbi:l, -ˌbaɪl] *adj* : móvil ⟨mobile home : caravana, casa rodante⟩
mobile[2] [ˈmoˌbi:l] *n* : móvil *m*
mobility [moˈbɪlət̬i] *n* : movilidad *f*
mobilize [ˈmo:bəˌlaɪz] *vt* **-lized; -lizing** : movilizar
moccasin [ˈmɑkəsən] *n* **1** : mocasín *m* **2** *or* **water moccasin** : serpiente *f* venenosa de Norteamérica
mocha [ˈmo:kə] *n* **1** : mezcla *f* de café y chocolate **2** : color *m* chocolate
mock[1] [ˈmɑk, ˈmɔk] *vt* **1** RIDICULE : burlarse de, mofarse de **2** MIMIC : imitar, remedar (de manera burlona)
mock[2] *adj* **1** SIMULATED : simulado **2** PHONY : falso
mockery [ˈmɑkəri, ˈmɔ-] *n, pl* **-eries 1** JEER, TAUNT : burla *f*, mofa *f* ⟨to make a mockery of : burlarse de⟩ **2** FAKE : imitación *f* (burlona)
mockingbird [ˈmɑkɪŋˌbərd, ˈmɔ-] *n* : sinsonte *m*
mode [ˈmo:d] *n* **1** FORM : modo *m*, forma *f* **2** MANNER : modo *m*, manera *f*, estilo *m* **3** FASHION : moda *f*
model[1] [ˈmɑdəl] *v* **-eled** *or* **-elled; -eling** *or* **-elling** *vt* SHAPE : modelar — *vi* : trabajar de modelo
model[2] *adj* **1** EXEMPLARY : modelo, ejemplar ⟨a model student : un estudiante modelo⟩ **2** MINIATURE : en miniatura
model[3] *n* **1** PATTERN : modelo *m* **2** MINIATURE : modelo *m*, miniatura *f* **3** EXAMPLE : modelo *m*, ejemplo *m* **4** MANNEQUIN : modelo *mf* **5** DESIGN : modelo *m* ⟨the '97 model : el modelo '97⟩
modem [ˈmo:dəm, -ˌdɛm] *n* : módem *m*
moderate[1] [ˈmɑdəˌreɪt] *v* **-ated; -ating** *vt* : moderar, temperar — *vi* **1** CALM : moderarse, calmarse **2** : fungir como moderador (en un debate, etc.)
moderate[2] [ˈmɑdərət] *adj* : moderado
moderate[3] [ˈmɑdərət] *n* : moderado *m*, -da *f*
moderately [ˈmɑdərətli] *adv* **1** : con moderación **2** FAIRLY : medianamente

moderation [ˌmadəˈreɪʃən] *n* : moderación *f*
moderator [ˈmadəˌreɪt̬ər] *n* : moderador *m*, -dora *f*
modern [ˈmadərn] *adj* : moderno
modernism [ˈmadərˌnɪzəm] *n* : modernismo *m*
modernist [ˈmadərnɪst] *n* : modernista *mf* — **modernist** *adj*
modernity [məˈdərnət̬i] *n* : modernidad *f*
modernization [ˌmadərnəˈzeɪʃən] *n* : modernización *f*
modernize [ˈmadərˌnaɪz] *v* **-ized; -izing** *vt* : modernizar — *vi* : modernizarse
modest [ˈmadəst] *adj* **1** HUMBLE : modesto **2** DEMURE : recatado, pudoroso **3** MODERATE : modesto, moderado — **modestly** *adv*
modesty [ˈmadəsti] *n* : modestia *f*
modicum [ˈmadɪkəm] *n* : mínimo *m*, pizca *f*
modification [ˌmadəfəˈkeɪʃən] *n* : modificación *f*
modifier [ˈmadəˌfaɪər] *n* : modificante *m*, modificador *m*
modify [ˈmadəˌfaɪ] *vt* **-fied; -fying** : modificar, calificar (en gramática)
modish [ˈmo:dɪʃ] *adj* STYLISH : a la moda, de moda
modular [ˈmaʤələr] *adj* : modular
modulate [ˈmaʤəˌleɪt] *vt* **-lated; -lating** : modular
modulation [ˌmaʤəˈleɪʃən] *n* : modulación *f*
module [ˈmaˌʤu:l] *n* : módulo *m*
mogul [ˈmo:gəl] *n* : magnate *mf*; potentado *m*, -da *f*
mohair [ˈmo:ˌhær] *n* : mohair *m*
moist [ˈmɔɪst] *adj* : húmedo
moisten [ˈmɔɪsən] *vt* : humedecer
moistness [ˈmɔɪstnəs] *n* : humedad *f*
moisture [ˈmɔɪsʧər] *n* : humedad *f*
moisturize [ˈmɔɪsʧəˌraɪz] *vt* **-ized; -izing** : humedecer (el aire), humectar (la piel)
moisturizer [ˈmɔɪʧəˌraɪzər] *n* : crema *f* hidratante, crema *f* humectante
molar [ˈmo:lər] *n* : muela *f*, molar *m*
molasses [məˈlæsəz] *n* : melaza *f*
mold[1] [ˈmo:ld] *vt* : moldear, formar (carácter, etc.) — *vi* : enmohecerse ⟨the bread will mold : el pan se enmohecerá⟩
mold[2] *n* **1** *or* **leaf mold** : mantillo *m* **2** FORM : molde *m* ⟨to break the mold : romper el molde⟩ **3** FUNGUS : moho *m*
molder [ˈmo:ldər] *vi* CRUMBLE : desmoronarse
molding [ˈmo:ldɪŋ] *n* : moldura *f* (en arquitectura)
moldy [ˈmo:ldi] *adj* **moldier; -est** : mohoso
mole [ˈmo:l] *n* **1** : lunar *m* (en la piel) **2** : topo *m* (animal)
molecule [ˈmalɪˌkju:l] *n* : molécula *f* — **molecular** [məˈlɛkjələr] *adj*
molehill [ˈmo:lˌhɪl] *n* : topera *f*
molest [məˈlɛst] *vt* **1** ANNOY, DISTURB : molestar **2** : abusar (sexualmente)
mollify [ˈmaləˌfaɪ] *vt* **-fied; -fying** : apaciguar, aplacar
mollusk *or* **mollusc** [ˈmaləsk] *n* : molusco *m*
mollycoddle [ˈmaliˌkadəl] *vt* **-dled; -dling** PAMPER : consentir, mimar
molt [ˈmo:lt] *vi* : mudar, hacer la muda
molten [ˈmo:ltən] *adj* : fundido
mom [ˈmam, ˈmʌm] *n* : mamá *f*
moment [ˈmo:mənt] *n* **1** INSTANT : momento *m* ⟨one moment, please : un momento, por favor⟩ **2** TIME : momento *m* ⟨from that moment : desde entonces⟩ **3 at any moment** : de un momento a otro **4 at the moment** : de momento, actualmente **5 for the moment** : de momento, por el momento **6 the moment of truth** : la hora de la verdad
momentarily [ˌmo:mənˈtɛrəli] *adv* **1** : momentáneamente **2** SOON : dentro de poco, pronto
momentary [ˈmo:mənˌtɛri] *adj* : momentáneo
momentous [moˈmɛntəs] *adj* : de suma importancia, fatídico
momentum [moˈmɛntəm] *n, pl* **-ta** [-tə] *or* **-tums** **1** : momento *m* (en física) **2** IMPETUS : ímpetu *m*, impulso *m*
mommy [ˈmami, ˈmʌ-] *n* : mami *f*
monarch [ˈmaˌnark, -nərk] *n* : monarca *mf*
monarchism [ˈmaˌnarˌkɪzəm, -nər-] *n* : monarquismo *m*
monarchist [ˈmaˌnarkɪst, -nər-] *n* : monárquico *m*, -ca *f*
monarchy [ˈmaˌnarki, -nər-] *n, pl* **-chies** : monarquía *f*
monastery [ˈmanəˌstɛri] *n, pl* **-teries** : monasterio *m*
monastic [məˈnæstɪk] *adj* : monástico — **monastically** [-tɪkli] *adv*
Monday [ˈmʌnˌdeɪ, -di] *n* : lunes *m*
monetary [ˈmanəˌtɛri, ˈmʌnə-] *adj* : monetario
money [ˈmʌni] *n, pl* **-eys** *or* **-ies** [ˈmʌniz] **1** : dinero *m*, plata *f* ⟨to make/lose money : ganar/perder dinero⟩ **2 monies** *npl* : sumas *fpl* de dinero **3 for my money** : en mi opinión, para mí **4 money talks** : poderoso caballero es don Dinero **5 on the money** : exacto, correcto
moneyed [ˈmʌnid] *adj* : adinerado
moneylender [ˈmʌniˌlɛndər] *n* : prestamista *mf*
money order *n* : giro *m* postal
Mongol [ˈmaŋgəl, -ˌgo:l] → **Mongolian**
Mongolian [manˈgo:liən, maŋ-] *n* : mongol *m*, -gola *f* — **Mongolian** *adj*
mongoose [ˈmanˌgu:s, ˈmaŋ-] *n, pl* **-gooses** : mangosta *f*
mongrel [ˈmaŋgrəl, ˈmʌŋ-] *n* **1** : perro *m* mestizo, perro *m* corriente *Mex* **2** HYBRID : híbrido *m*
monitor[1] [ˈmanət̬ər] *vt* : controlar, monitorear

monitor[2] *n* **1** : ayudante *mf* (en una escuela) **2** : monitor *m* (de una computadora, etc.)
monk [ˈmʌŋk] *n* : monje *m*
monkey[1] [ˈmʌŋki] *vi* **-keyed; -keying** **1 to monkey around** : hacer payasadas, payasear **2 to monkey with** : juguetear con
monkey[2] *n, pl* **-keys** : mono *m*, -na *f*
monkeyshines [ˈmʌŋkiˌʃaɪnz] *npl* PRANKS : picardías *fpl*, travesuras *fpl*
monkey wrench *n* : llave *f* inglesa
monocle [ˈmɑnɪkəl] *n* : monóculo *m*
monogamous [məˈnɑgəməs] *adj* : monógamo
monogamy [məˈnɑgəmi] *n* : monogamia *f*
monogram[1] [ˈmɑnəˌgræm] *vt* **-grammed; -gramming** : marcar con monograma ⟨monogrammed towels : toallas con monograma⟩
monogram[2] *n* : monograma *m*
monograph [ˈmɑnəˌgræf] *n* : monografía *f*
monolingual [ˌmɑnəˈlɪŋgwəl] *adj* : monolingüe
monolith [ˈmɑnəˌlɪθ] *n* : monolito *m*
monolithic [ˌmɑnəˈlɪθɪk] *adj* : monolítico
monologue [ˈmɑnəˌlɔg] *n* : monólogo *m*
monoplane [ˈmɑnəˌpleɪn] *n* : monoplano *m*
monopolize [məˈnɑpəˌlaɪz] *vt* **-lized; -lizing** : monopolizar
monopoly [məˈnɑpəli] *n, pl* **-lies** : monopolio *m*
monosyllabic [ˌmɑnosəˈlæbɪk] *adj* : monosilábico
monosyllable [ˈmɑnoˌsɪləbəl] *n* : monosílabo *m*
monotheism [ˈmɑnoθiːˌɪzəm] *n* : monoteísmo *m*
monotheistic [ˌmɑnoθiːˈɪstɪk] *adj* : monoteísta
monotone [ˈmɑnəˌtoːn] *n* : voz *f* monótona
monotonous [məˈnɑtənəs] *adj* : monótono — **monotonously** *adv*
monotony [məˈnɑtəni] *n* : monotonía *f*, uniformidad *f*
monoxide [məˈnɑkˌsaɪd] *n* : monóxido *m*
monsoon [mɑnˈsuːn] *n* : monzón *m*
monster [ˈmɑntstər] *n* : monstruo *m*
monstrosity [mɑnˈstrɑsət̬i] *n, pl* **-ties** : monstruosidad *f*
monstrous [ˈmɑntstrəs] *adj* : monstruoso — **monstrously** *adv*
montage [mɑnˈtɑʒ] *n* : montaje *m*
month [ˈmʌnθ] *n* : mes *m*
monthly[1] [ˈmʌnθli] *adv* : mensualmente
monthly[2] *adj* : mensual
monthly[3] *n, pl* **-lies** : publicación *f* mensual
monument [ˈmɑnjəmənt] *n* : monumento *m*
monumental [ˌmɑnjəˈmɛntəl] *adj* : monumental — **monumentally** *adv*
moo[1] [ˈmuː] *vi* : mugir
moo[2] *n* : mugido *m*
mood [ˈmuːd] *n* : humor *m* ⟨to be in a good mood : estar de buen humor⟩ ⟨to be in the mood for : tener ganas de⟩ ⟨to be in no mood for : no estar para⟩
moodiness [ˈmuːdinəs] *n* **1** SADNESS : melancolía *f*, tristeza *f* **2** : cambios *mpl* de humor, carácter *m* temperamental
moody [ˈmuːdi] *adj* **moodier; -est** **1** GLOOMY : melancólico, deprimido **2** TEMPERAMENTAL : temperamental, de humor variable
moon [ˈmuːn] *n* : luna *f*
moonbeam [ˈmuːnˌbiːm] *n* : rayo *m* de luna
moonlight[1] [ˈmuːnˌlaɪt] *vi* : estar pluriempleado
moonlight[2] *n* : claro *m* de luna, luz *f* de la luna
moonlit [ˈmuːnˌlɪt] *adj* : iluminado por la luna ⟨a moonlit night : una noche de luna⟩
moonshine [ˈmuːnˌʃaɪn] *n* **1** MOONLIGHT : luz *f* de la luna **2** NONSENSE : disparates *mpl*, tonterías *fpl* **3** : whisky *m* destilado ilegalmente
moor[1] [ˈmʊr, ˈmɔr] *vt* : amarrar
moor[2] *n* : brezal *m*, páramo *m*
Moor [ˈmʊr] *n* : moro *m*, -ra *f*
mooring [ˈmʊrɪŋ, ˈmɔr-] *n* DOCK : atracadero *m*
Moorish [ˈmʊrɪʃ] *adj* : moro
moose [ˈmuːs] *ns & pl* : alce *m* (norteamericano)
moot [ˈmuːt] *adj* DEBATABLE : discutible
mop[1] [ˈmɑp] *vt* **mopped; mopping** : trapear
mop[2] *n* : trapeador *m*
mope [ˈmoːp] *vi* **moped; moping** : andar deprimido, quedar abatido
moped [ˈmoːˌpɛd] *n* : ciclomotor *m*
moraine [məˈreɪn] *n* : morena *f*
moral[1] [ˈmɔrəl] *adj* : moral ⟨moral judgment : juicio moral⟩ ⟨moral support : apoyo moral⟩ — **morally** *adv*
moral[2] *n* **1** : moraleja *f* (de un cuento, etc.) **2 morals** *npl* : moral *f*, moralidad *f*
morale [məˈræl] *n* : moral *f*
moralist [ˈmɔrəlɪst] *n* : moralista *mf*
moralistic [ˌmɔrəˈlɪstɪk] *adj* : moralista
morality [məˈrælət̬i] *n, pl* **-ties** : moralidad *f*
morass [məˈræs] *n* **1** SWAMP : ciénaga *f*, pantano *m* **2** CONFUSION, MESS : lío *m* *fam*, embrollo *m*
moratorium [ˌmɔrəˈtoriəm] *n, pl* **-riums** *or* **-ria** [-iə] : moratoria *f*
moray [ˈmɔrˌeɪ, məˈreɪ] *n* : morena *f*
morbid [ˈmɔrbɪd] *adj* **1** : mórbido, morboso (en medicina) **2** GRUESOME : morboso, horripilante
morbidity [mɔrˈbɪdət̬i] *n, pl* **-ties** : morbosidad *f*

more[1] ['mor] *adv* : más ⟨what more can I say? : ¿qué más puedo decir?⟩ ⟨more important : más importante⟩ ⟨once more : una vez más⟩
more[2] *adj* : más ⟨nothing more than that : nada más que eso⟩ ⟨more work : más trabajo⟩
more[3] *n* : más *m* ⟨the more you eat, the more you want : cuanto más comes, tanto más quieres⟩
more[4] *pron* : más ⟨more were found : se encontraron más⟩
moreover [mor'o:vər] *adv* : además
mores ['mɔr,eɪz, -i:z] *npl* CUSTOMS : costumbres *fpl*, tradiciones *fpl*
morgue ['mɔrg] *n* : morgue *f*
moribund ['mɔrə,bʌnd] *adj* : moribundo
Mormon ['mɔrmən] *n* : mormón *m*, -mona *f* — **Mormon** *adj*
morn ['mɔrn] → **morning**
morning ['mɔrnɪŋ] *n* : mañana *f* ⟨good morning! : ¡buenos días!⟩
Moroccan [mə'rɑkən] *n* : marroquí *mf* — **Moroccan** *adj*
moron ['mor,ɑn] *n* **1** : retrasado *m*, -da *f* mental **2** DUNCE : estúpido *m*, -da *f*; tonto *m*, -ta *f*
morose [mə'ro:s] *adj* : hosco, sombrío — **morosely** *adv*
moroseness [mə'ro:snəs] *n* : malhumor *m*
morphine ['mɔr,fi:n] *n* : morfina *f*
morphology [mɔr'fɑləʤi] *n, pl* **-gies** : morfología *f*
morrow ['mɑro:] *n* : día *m* siguiente
Morse code ['mɔrs] *n* : código *m* morse
morsel ['mɔrsəl] *n* **1** BITE : bocado *m* **2** FRAGMENT : pedazo *m*
mortal[1] ['mɔrṭəl] *adj* : mortal ⟨mortal blow : golpe mortal⟩ ⟨mortal fear : miedo mortal⟩ — **mortally** *adv*
mortal[2] *n* : mortal *mf*
mortality [mɔr'tæləṭi] *n* : mortalidad *f*
mortar ['mɔrṭər] *n* **1** : mortero *m*, molcajete *m Mex* ⟨mortar and pestle : mortero y maja⟩ **2** : mortero *m* ⟨mortar shell : granada de mortero⟩ **3** CEMENT : mortero *m*, argamasa *f*
mortgage[1] ['mɔrgɪʤ] *vt* **-gaged; -gaging** : hipotecar
mortgage[2] *n* : hipoteca *f*
mortification [,mɔrṭəfə'keɪʃən] *n* **1** : mortificación *f* **2** HUMILIATION : humillación *f*, vergüenza *f*
mortify ['mɔrṭə,faɪ] *vt* **-fied; -fying** **1** : mortificar (en religión) **2** HUMILIATE : humillar, avergonzar
mortuary ['mɔrʧə,wɛri] *n, pl* **-aries** FUNERAL HOME : funeraria *f*
mosaic [mo'zeɪɪk] *n* : mosaico *m*
Moslem ['mɑzləm] → **Muslim**
mosque ['mɑsk] *n* : mezquita *f*
mosquito [mə'ski:ṭo] *n, pl* **-toes** : mosquito *m*, zancudo *m*
moss ['mɔs] *n* : musgo *m*
mossy ['mɔsi] *adj* **-ier; -est** : musgoso
most[1] ['mo:st] *adv* : más ⟨the most interesting book : el libro más interesante⟩
most[2] *adj* **1** : la mayoría de, la mayor parte de ⟨most people : la mayoría de la gente⟩ **2** GREATEST : más (dícese de los números), mayor (dícese de las cantidades) ⟨the most ability : la mayor capacidad⟩
most[3] *n* : más *m*, máximo *m* ⟨the most I can do : lo más que puedo hacer⟩ ⟨three weeks at the most : tres semanas como máximo⟩
most[4] *pron* : la mayoría, la mayor parte ⟨most will go : la mayoría irá⟩
mostly ['mo:stli] *adv* MAINLY : en su mayor parte, principalmente
mote ['mo:t] *n* SPECK : mota *f*
motel [mo'tɛl] *n* : motel *m*
moth ['mɔθ] *n* : palomilla *f*, polilla *f*
mother[1] ['mʌðər] *vt* **1** BEAR : dar a luz a **2** PROTECT : cuidar de, proteger
mother[2] *n* : madre *f*
motherhood ['mʌðər,hʊd] *n* : maternidad *f*
mother-in-law ['mʌðərɪn,lɔ] *n, pl* **mothers-in-law** : suegra *f*
motherland ['mʌðər,lænd] *n* : patria *f*
motherly ['mʌðərli] *adj* : maternal
mother-of-pearl [,mʌðərəv'pərl] *n* : nácar *m*, madreperla *f*
motif [mo'ti:f] *n* : motivo *m*
motion[1] ['mo:ʃən] *vt* : hacerle señas (a alguien) ⟨she motioned us to come in : nos hizo señas para que entráramos⟩
motion[2] *n* **1** MOVEMENT : movimiento *m* ⟨to set in motion : poner en marcha⟩ **2** PROPOSAL : moción *f* ⟨to second a motion : apoyar una moción⟩
motionless ['mo:ʃənləs] *adj* : inmóvil, quieto
motion picture *n* MOVIE : película *f*
motivate ['mo:ṭə,veɪt] *vt* **-vated; -vating** : motivar, mover, inducir
motivation [,mo:ṭə'veɪʃən] *n* : motivación *f*
motive[1] ['mo:ṭɪv] *adj* : motor ⟨motive power : fuerza motriz⟩
motive[2] *n* : motivo *m*, móvil *m*
motley ['mɑtli] *adj* : abigarrado, variopinto
motor[1] ['mo:ṭər] *vi* : viajar en coche
motor[2] *n* : motor *m*
motorbike ['mo:ṭər,baɪk] *n* : motocicleta *f* (pequeña), moto *f*
motorboat ['mo:ṭər,bo:t] *n* : bote *m* a motor, lancha *f* motora
motorcar ['mo:ṭər,kɑr] *n* : automóvil *m*
motorcycle ['mo:ṭər,saɪkəl] *n* : motocicleta *f*
motorcyclist ['mo:ṭər,saɪkəlɪst] *n* : motociclista *mf*
motorist ['mo:ṭərɪst] *n* : automovilista *mf*, motorista *mf*
mottle ['mɑtəl] *vt* **-tled; -tling** : manchar, motear ⟨mottled skin : piel manchada⟩ ⟨a mottled surface : una superficie moteada⟩
motto ['mɑṭo:] *n, pl* **-toes** : lema *m*
mould ['mo:ld] → **mold**
mound ['maʊnd] *n* **1** PILE : montón *m* **2** KNOLL : montículo *m* **3 burial mound** : túmulo *m*

mount[1] ['maʊnt] *vt* **1** : montar a (un caballo), montar en (una bicicleta), subir a **2** : montar (artillería, etc.) — *vi* INCREASE : aumentar

mount[2] *n* **1** SUPPORT : soporte *m* **2** HORSE : caballería *f*, montura *f* **3** MOUNTAIN : monte *m*, montaña *f*

mountain ['maʊntən] *n* : montaña *f*

mountaineer [ˌmaʊntən'ɪr] *n* : alpinista *mf*; montañero *m*, -ra *f*

mountaineering [ˌmaʊntən'ɪrɪŋ] *n* : alpinismo *m*

mountainous ['maʊntənəs] *adj* : montañoso

mountaintop ['maʊntənˌtɑp] *n* : cima *f*, cumbre *f*

mourn ['morn] *vt* : llorar (por), lamentar ⟨to mourn the death of : llorar la muerte de⟩ — *vi* : llorar, estar de luto

mourner ['mornər] *n* : doliente *mf*

mournful ['mornfəl] *adj* **1** SORROWFUL : lloroso, plañidero, triste **2** GLOOMY : deprimente, entristecedor — **mournfully** *adv*

mourning ['mornɪŋ] *n* : duelo *m*, luto *m*

mouse ['maʊs] *n, pl* **mice** ['maɪs] **1** : ratón *m*, -tona *f* **2** : ratón *m* (de una computadora)

mousetrap ['maʊsˌtræp] *n* : ratonera *f*

mousse ['mu:s] *n* : mousse *mf*

moustache ['mʌˌstæʃ, mə'stæʃ] → **mustache**

mouth[1] ['maʊð] *vt* **1** : decir con poca sinceridad, repetir sin comprensión **2** : articular en silencio ⟨she mouthed the words : formó las palabras con los labios⟩

mouth[2] ['maʊθ] *n* : boca *f* (de una persona o un animal), entrada *f* (de un túnel), desembocadura *f* (de un río)

mouthful ['maʊθˌfʊl] *n* : bocado *m* (de comida), bocanada *f* (de líquido o humo)

mouthpiece ['maʊθˌpi:s] *n* : boquilla *f* (de un instrumento musical)

mouthwash ['maʊθˌwɔʃ, -ˌwɑʃ] *n* : enjuague *m* bucal

movable ['mu:vəbəl] *or* **moveable** *adj* : movible, móvil

move[1] ['mu:v] *v* **moved; moving** *vi* **1** GO : ir ⟨to move closer : acercarse⟩ ⟨to move forward/back : echarse (hacia) adelante/atrás⟩ **2** RELOCATE : mudarse, trasladarse **3** STIR : moverse ⟨don't move! : ¡no te muevas!⟩ **4** ACT : actuar **5 to move aside** : hacerse a un lado **6 to move along** PROCEED : circular **7 to move away** LEAVE : marcharse **8 to move away** STEP BACK : apartarse **9 to move heaven and earth** : hacer todo lo posible **10 to move in** : mudarse (a un lugar) ⟨to move in with someone : irse a vivir con alguien⟩ **11 to move on** LEAVE : marcharse **12 to move on** CONTINUE : pasar **13 to move out** : mudarse (de un lugar) **14 to move over** : hacer sitio **15 to move up** : subir — *vt* **1** : mover ⟨he kept moving his feet : no dejaba de mover los pies⟩ ⟨move it forward/back : muévalo hacia adelante/atrás⟩ ⟨move it over there : ponlo allí⟩ **2** RELOCATE : trasladar **3** INDUCE, PERSUADE : inducir, persuadir, mover **4** TOUCH : conmover ⟨it moved him to tears : lo hizo llorar⟩ **5** PROPOSE : proponer **6 to move along** : dispersar, hacer circular **7 to move up** : adelantar (una fecha)

move[2] *n* **1** MOVEMENT : movimiento *m* **2** RELOCATION : mudanza *f* (de casa), traslado *m* **3** STEP : paso *m* ⟨a good move : un paso acertado⟩

movement ['mu:vmənt] *n* : movimiento *m*

mover ['mu:vər] *n* : persona *f* que hace mudanzas

movie ['mu:vi] *n* **1** : película *f* **2 movies** *npl* : cine *m*

moving ['mu:vɪŋ] *adj* **1** : en movimiento ⟨a moving target : un blanco móvil⟩ **2** TOUCHING : conmovedor, emocionante

mow[1] ['mo:] *vt* **mowed; mowed** *or* **mown** ['mo:n]; **mowing** : cortar (la hierba)

mow[2] ['maʊ] *n* : pajar *m*

mower ['mo:ər] → **lawn mower**

MP3 [ˌɛmˌpi:'θri:] *n* : MP3 *m*

Mr. ['mɪstər] *n, pl* **Messrs.** ['mɛsərz] : señor *m*

Mrs. ['mɪsəz, -səs, *esp South* 'mɪzəz, -zəs] *n, pl* **Mesdames** [meɪ'dɑm, -'dæm] : señora *f*

Ms. ['mɪz] *n* : señora *f*, señorita *f*

much[1] ['mʌtʃ] *adv* **more** ['mor]; **most** ['mo:st] : mucho ⟨I'm much happier : estoy mucho más contenta⟩ ⟨she talks as much as I do : habla tanto como yo⟩

much[2] *adj* **more; most** : mucho ⟨it has much validity : tiene mucha validez⟩ ⟨too much time : demasiado tiempo⟩

much[3] *pron* : mucho, -cha ⟨I don't need much : no necesito mucho⟩

mucilage ['mju:səlɪʤ] *n* : mucílago *m*

muck ['mʌk] *n* **1** MANURE : estiércol *m* **2** DIRT, FILTH : mugre *f*, suciedad *f* **3** MIRE, MUD : barro *m*, fango *m*, lodo *m*

mucous ['mju:kəs] *adj* : mucoso ⟨mucous membrane : membrana mucosa⟩

mucus ['mju:kəs] *n* : mucosidad *f*

mud ['mʌd] *n* : barro *m*, fango *m*, lodo *m*

muddle[1] ['mʌdəl] *v* **-dled; -dling** *vt* **1** CONFUSE : confundir **2** BUNGLE : echar a perder, malograr — *vi* : andar confundido ⟨to muddle through : arreglárselas⟩

muddle[2] *n* : confusión *f*, embrollo *m*, lío *m*

muddleheaded [ˌmʌdəl'hɛdəd, 'mʌdəlˌ-] *adj* CONFUSED : confuso, despistado

muddy[1] ['mʌdi] *vt* **-died; -dying** : llenar de barro

muddy[2] *adj* **-dier; -est** : barroso, fangoso, lodoso, enlodado ⟨you're all muddy : estás cubierto de barro⟩
muff[1] [ˈmʌf] *vt* BUNGLE : echar a perder, fallar (un tiro, etc.)
muff[2] *n* : manguito *m*
muffin [ˈmʌfən] *n* : magdalena *f*, mantecada *f Mex*
muffle [ˈmʌfəl] *vt* **-fled; -fling** **1** ENVELOP : cubrir, tapar **2** DEADEN : amortiguar (un sonido)
muffler [ˈmʌflər] *n* **1** SCARF : bufanda *f* **2** : silenciador *m*, mofle *m CA*, *Mex* (de un automóvil)
mug[1] [ˈmʌg] *v* **mugged; mugging** *vi* : posar (con afectación), hacer muecas ⟨mugging for the camera : haciendo muecas para la cámara⟩ — *vt* ASSAULT : asaltar, atracar
mug[2] *n* CUP : tazón *m*
mugger [ˈmʌgər] *n* : atracador *m*, -dora *f*
mugginess [ˈmʌginəs] *n* : bochorno *m*
muggy [ˈmʌgi] *adj* **-gier; -est** : bochornoso
mulatto [mʊˈlɑto, -ˈlæ-] *n, pl* **-toes** *or* **-tos** : mulato *m*, -ta *f*
mulberry [ˈmʌlˌbɛri] *n, pl* **-ries** : morera *f* (árbol), mora *f* (fruta)
mulch[1] [ˈmʌltʃ] *vt* : cubrir con pajote
mulch[2] *n* : pajote *m*
mule [ˈmju:l] *n* **1** : mula *f* **2** : obstinado *m*, -da *f*; terco *m*, -ca *f*
mulish [ˈmju:lɪʃ] *adj* : obstinado, terco
mull [ˈmʌl] *vt* **to mull over** : reflexionar sobre
mullet [ˈmʌlət] *n, pl* **-let** *or* **-lets** : mújol *m*, múgil *m*
multicolored [ˌmʌltiˈkʌlərd, ˌmʌltaɪ-] *adj* : multicolor, abigarrado
multicultural [ˌmʌltiˈkʌltʃərəl] *adj* : multicultural
multifaceted [ˌmʌltiˈfæsəṭəd, ˌmʌltaɪ-] *adj* : multifacético
multifamily [ˌmʌltiˈfæmli, ˌmʌltaɪ-] *adj* : multifamiliar
multifarious [ˌmʌltəˈfæriəs] *adj* DIVERSE : diverso, variado
multilateral [ˌmʌltiˈlæṭərəl, ˌmʌltaɪ-] *adj* : multilateral
multimedia [ˌmʌltiˈmi:diə, ˌmʌltaɪ-] *adj* : multimedia
multimillionaire [ˌmʌltiˌmɪljəˈnær, ˌmʌltaɪ-, -ˈmɪljəˌnær] *adj* : multimillonario
multinational [ˌmʌltiˈnæʃənəl, ˌmʌltaɪ-] *adj* : multinacional
multiple[1] [ˈmʌltəpəl] *adj* : múltiple
multiple[2] *n* : múltiplo *m*
multiple sclerosis [skləˈro:sɪs] *n* : esclerosis *f* múltiple
multiplication [ˌmʌltəpləˈkeɪʃən] *n* : multiplicación *f*
multiplicity [ˌmʌltəˈplɪsəṭi] *n, pl* **-ties** : multiplicidad *f*
multiplier [ˈmʌltəˌplaɪər] *n* : multiplicador *m* (en matemáticas)
multiply [ˈmʌltəˌplaɪ] *v* **-plied; -plying** *vt* : multiplicar — *vi* : multiplicarse
multipurpose [ˌmʌltiˈpərpəs, ˌmʌltaɪ-] *adj* : multiuso
multitude [ˈmʌltəˌtu:d, -ˌtju:d] *n* **1** CROWD : multitud *f*, muchedumbre *f* **2** HOST : multitud *f*, gran cantidad *f* ⟨a multitude of ideas : numerosas ideas⟩
multivitamin [ˌmʌltiˈvaɪṭəmən, ˌmʌltaɪ-] *adj* : multivitamínico
mum[1] [ˈmʌm] *adj* SILENT : callado
mum[2] *n* → **chrysanthemum**
mumble[1] [ˈmʌmbəl] *v* **-bled; -bling** *vt* : mascullar, musitar — *vi* : mascullar, hablar entre dientes, murmurar
mumble[2] *n* **to speak in a mumble** : hablar entre dientes
mummy [ˈmʌmi] *n, pl* **-mies** : momia *f*
mumps [ˈmʌmps] *ns & pl* : paperas *fpl*
munch [ˈmʌntʃ] *v* : mascar, masticar
mundane [ˌmʌnˈdeɪn, ˈmʌnˌ-] *adj* **1** EARTHLY, WORLDLY : mundano, terrenal **2** COMMONPLACE : rutinario, ordinario
municipal [mjʊˈnɪsəpəl] *adj* : municipal
municipality [mjʊˌnɪsəˈpæləṭi] *n, pl* **-ties** : municipio *m*
munitions [mjʊˈnɪʃənz] *npl* : municiones *fpl*
mural[1] [ˈmjʊrəl] *adj* : mural
mural[2] [ˈmjʊrəlɪst] *n* : mural *m*
murder[1] [ˈmərdər] *vt* : asesinar, matar — *vi* : matar
murder[2] *n* : asesinato *m*, homicidio *m*
murderer [ˈmərdərər] *n* : asesino *m*, -na *f*; homicida *mf*
murderess [ˈmərdərɪs, -dəˌrɛs, -dərəs] *n* : asesina *f*, homicida *f*
murderous [ˈmərdərəs] *adj* : asesino, homicida
murk [ˈmərk] *n* DARKNESS : oscuridad *f*, tinieblas *fpl*
murkiness [ˈmərkinəs] *n* : oscuridad *f*, tenebrosidad *f*
murky [ˈmərki] *adj* **-kier; -est** : oscuro, tenebroso
murmur[1] [ˈmərmər] *vi* **1** DRONE : murmurar **2** GRUMBLE : refunfuñar, regañar, rezongar — *vt* MUMBLE : murmurar
murmur[2] *n* **1** COMPLAINT : queja *f* **2** DRONE : murmullo *m*, rumor *m*
muscle[1] [ˈmʌsəl] *vi* **-cled; -cling** : meterse ⟨to muscle in on : meterse por la fuerza en, entrometerse en⟩
muscle[2] *n* **1** : músculo *m* **2** STRENGTH : fuerza *f*
muscular [ˈmʌskjələr] *adj* **1** : muscular ⟨muscular tissue : tejido muscular⟩ **2** BRAWNY : musculoso
muscular dystrophy *n* : distrofia *f* muscular
musculature [ˈmʌskjələˌtʃʊr, -tʃər] *n* : musculatura *f*
muse[1] [ˈmju:z] *vi* **mused; musing** PONDER, REFLECT : cavilar, meditar, reflexionar
muse[2] *n* : musa *f*
museum [mjʊˈzi:əm] *n* : museo *m*
mush [ˈmʌʃ] *n* **1** : gachas *fpl* (de maíz) **2** SENTIMENTALITY : sensiblería *f*

mushroom[1] [ˈmʌʃˌru:m, -ˌrʊm] *vi* GROW, MULTIPLY : crecer rápidamente, multiplicarse
mushroom[2] *n* : hongo *m*, champiñón *m*, seta *f*
mushy [ˈmʌʃi] *adj* **mushier; -est** 1 SOFT : blando 2 MAWKISH : sensiblero
music [ˈmju:zɪk] *n* : música *f*
musical[1] [ˈmju:zɪkəl] *adj* : musical, de música — **musically** *adv*
musical[2] *n* : comedia *f* musical
music box *n* : cajita *f* de música
musician [mjʊˈzɪʃən] *n* : músico *m*, -ca *f*
musk [ˈmʌsk] *n* : almizcle *m*
musket [ˈmʌskət] *n* : mosquete *m*
musketeer [ˌmʌskəˈtɪr] *n* : mosquetero *m*
muskrat [ˈmʌskˌræt] *n, pl* **-rat** *or* **-rats** : rata *f* almizclera
Muslim[1] [ˈmʌzləm, ˈmʊs-, ˈmʊz-] *adj* : musulmán
Muslim[2] *n* : musulmán *m*, -mana *f*
muslin [ˈmʌzlən] *n* : muselina *f*
muss[1] [ˈmʌs] *vt* : desordenar, despeinar (el pelo)
muss[2] *n* : desorden *m*
mussel [ˈmʌsəl] *n* : mejillón *m*
must[1] [ˈmʌst] *v aux* 1 (*expressing obligation or necessity*) : deber, tener que ⟨you must stop : debes parar⟩ ⟨we must obey : tenemos que obedecer⟩ 2 (*expressing probability*) : deber (de), haber de ⟨you must be tired : debes de estar cansado⟩ ⟨it must be late : ha de ser tarde⟩
must[2] *n* : necesidad *f* ⟨exercise is a must : el ejercicio es imprescindible⟩
mustache [ˈmʌˌstæʃ, mʌˈstæʃ] *n* : bigote *m*, bigotes *mpl*
mustang [ˈmʌˌstæŋ] *n* : mustang *m*
mustard [ˈmʌstərd] *n* : mostaza *f*
muster[1] [ˈmʌstər] *vt* 1 ASSEMBLE : reunir 2 **to muster up** : armarse de, cobrar (valor, fuerzas, etc.)
muster[2] *n* 1 INSPECTION : revista *f* (de tropas) ⟨it didn't pass muster : no resistió un examen minucioso⟩ 2 COLLECTION : colección *f*
mustiness [ˈmʌstinəs] *n* : lo mohoso
musty [ˈmʌsti] *adj* **mustier; -est** : mohoso, que huele a moho, que huele a encerrado
mutant[1] [ˈmju:tənt] *adj* : mutante
mutant[2] *n* : mutante *m*
mutate [ˈmju:ˌteɪt] *vi* **-tated; -tating** 1 : mutar (genéticamente) 2 CHANGE : transformarse
mutation [mju:ˈteɪʃən] *n* : mutación *f* (genética)
mute[1] [ˈmju:t] *vt* **muted; muting** MUFFLE : amortiguar, ponerle sordina a (un instrumento musical)
mute[2] *adj* **muter; mutest** : mudo — **mutely** *adv*
mute[3] *n* 1 : mudo *m*, -da *f* (persona) 2 : sordina *f* (para un instrumento musical)
mutilate [ˈmju:t̬əˌleɪt] *vt* **-lated; -lating** : mutilar
mutilation [ˌmju:t̬əˈleɪʃən] *n* : mutilación *f*
mutineer [ˌmju:tənˈɪr] *n* : amotinado *m*, -da *f*
mutinous [ˈmju:tənəs] *adj* : amotinado
mutiny[1] [ˈmju:təni] *vi* **-nied; -nying** : amotinarse
mutiny[2] *n, pl* **-nies** : amotinamiento *m*, motín *m*
mutt [ˈmʌt] *n* MONGREL : perro *m* mestizo, perro *m* corriente *Mex*
mutter [ˈmʌt̬ər] *vi* 1 MUMBLE : mascullar, hablar entre dientes, murmurar 2 GRUMBLE : refunfuñar, regañar, rezongar
mutton [ˈmʌtən] *n* : carne *f* de carnero
mutual [ˈmju:ʧʊəl] *adj* 1 : mutuo ⟨mutual respect : respeto mutuo⟩ 2 COMMON : común ⟨a mutual friend : un amigo común⟩
mutually [ˈmju:ʧʊəli, -ʧəli] *adv* 1 : mutuamente ⟨mutually beneficial : mutuamente beneficioso⟩ 2 JOINTLY : conjuntamente
muzzle[1] [ˈmʌzəl] *vt* **-zled; -zling** : ponerle un bozal a (un animal), amordazar
muzzle[2] *n* 1 SNOUT : hocico *m* 2 : bozal *m* (para un perro, etc.) 3 : boca *f* (de un arma de fuego)
my[1] [ˈmaɪ] *adj* : mi ⟨my parents : mis padres⟩
my[2] *interj* : ¡caramba!, ¡Dios mío!
myopia [maɪˈo:piə] *n* : miopía *f*
myopic [maɪˈo:pɪk, -ˈɑ-] *adj* : miope
myriad[1] [ˈmɪriəd] *adj* INNUMERABLE : innumerable
myriad[2] *n* : miríada *f*
myrrh [ˈmər] *n* : mirra *f*
myrtle [ˈmərt̬əl] *n* : mirto *m*, arrayán *m*
myself [maɪˈsɛlf] *pron* 1 (*used reflexively*) : me ⟨I washed myself : me lavé⟩ 2 (*used for emphasis*) : yo mismo, yo misma ⟨I did it myself : lo hice yo mismo⟩
mysterious [mɪˈstɪriəs] *adj* : misterioso — **mysteriously** *adv*
mysteriousness [mɪˈstɪriəsnəs] *n* : lo misterioso
mystery [ˈmɪstəri] *n, pl* **-teries** : misterio *m*
mystic[1] [ˈmɪstɪk] *adj* : místico
mystic[2] *n* : místico *m*, -ca *f*
mystical [ˈmɪstɪkəl] *adj* : místico — **mystically** *adv*
mysticism [ˈmɪstəˌsɪzəm] *n* : misticismo *m*
mystify [ˈmɪstəˌfaɪ] *vt* **-fied; -fying** : dejar perplejo, confundir
mystique [mɪˈsti:k] *n* : aura *f* de misterio
myth [ˈmɪθ] *n* : mito *m*
mythic [ˈmɪθɪk] *adj* : mítico
mythical [ˈmɪθɪkəl] *adj* : mítico
mythological [ˌmɪθəˈlɑʤɪkəl] *adj* : mitológico
mythology [mɪˈθɑləʤi] *n, pl* **-gies** : mitología *f*

N

n [ˈɛn] *n, pl* **n's** *or* **ns** [ˈɛnz] : decimocuarta letra del alfabeto inglés
nab [ˈnæb] *vt* **nabbed; nabbing** : prender, pillar *fam*, pescar *fam*
nadir [ˈneɪdər, ˈneɪˌdɪr] *n* : nadir *m*, punto *m* más bajo
nag[1] [ˈnæg] *v* **nagged; nagging** *vi* **1** COMPLAIN : quejarse, rezongar **2 to nag at** HASSLE : molestar, darle (la) lata (a alguien) — *vt* **1** PESTER : molestar, fastidiar **2** SCOLD : regañar, estarle encima a *fam*
nag[2] *n* **1** GRUMBLER : gruñón *m*, -ñona *f* **2** HORSE : jamelgo *m*
naiad [ˈneɪəd, ˈnaɪ-, -ˌæd] *n, pl* **-iads** *or* **-iades** [-əˌdiːz] : náyade *f*
nail[1] [ˈneɪl] *vt* : clavar, sujetar con clavos
nail[2] *n* **1** FINGERNAIL : uña *f* ⟨nail file : lima (de uñas)⟩ ⟨nail polish : laca de uñas⟩ **2** : clavo *m* ⟨to hit the nail on the head : dar en el clavo⟩
naive *or* **naïve** [nɑˈiːv] *adj* **-iver; -est** **1** INGENUOUS : ingenuo, cándido **2** GULLIBLE : crédulo
naively [nɑˈiːvli] *adv* : ingenuamente
naïveté [ˌnɑˌiːvəˈteɪ, nɑˈiːvəˌ-] *n* : ingenuidad *f*
naked [ˈneɪkəd] *adj* **1** UNCLOTHED : desnudo **2** UNCOVERED : desenvainado (dícese de una espada), pelado (dícese de los árboles), expuesto al aire (dícese de una llama) **3** OBVIOUS, PLAIN : manifiesto, puro, desnudo ⟨the naked truth : la pura verdad⟩ **4 to the naked eye** : a simple vista
nakedly [ˈneɪkədli] *adv* : manifiestamente
nakedness [ˈneɪkədnəs] *n* : desnudez *f*
name[1] [ˈneɪm] *vt* **named; naming** **1** CALL : llamar, bautizar, ponerle nombre a **2** MENTION : mentar, mencionar, dar el nombre de ⟨they have named a suspect : han dado el nombre de un sospechoso⟩ **3** APPOINT : nombrar **4 to name a price** : fijar un precio
name[2] *adj* **1** KNOWN : de nombre ⟨name brand : marca conocida⟩ **2** PROMINENT : de renombre, de prestigio
name[3] *n* **1** : nombre *m* ⟨what is your name? : ¿cómo se llama?⟩ ⟨my name is Ted : me llamo Ted⟩ ⟨first name : nombre de pila⟩ ⟨middle name : segundo nombre⟩ ⟨last name : apellido⟩ ⟨full name : nombre completo, nombre y apellido(s)⟩ ⟨she wasn't mentioned by name : no dieron su nombre⟩ **2** EPITHET : epíteto *m* ⟨to call somebody names : insultar a alguien⟩ **3** REPUTATION : fama *f*, reputación *f* ⟨to make a name for oneself : darse a conocer, hacerse famoso⟩ ⟨to have a good name : tener buena fama⟩ **4 in all/everything but name** : a todos los efectos **5 in name only** : sólo de nombre **6 in the name of** : en nombre de **7 to drop names** : mencionar a gente importante
nameless [ˈneɪmləs] *adj* **1** ANONYMOUS : anónimo **2** INDESCRIBABLE : indecible, indescriptible
namelessly [ˈneɪmləsli] *adv* : anónimamente
namely [ˈneɪmli] *adv* : a saber
namesake [ˈneɪmˌseɪk] *n* : tocayo *m*, -ya *f*; homónimo *m*, -ma *f*
Namibian [nəˈmɪbiən] *n* : namibio *m*, -bia *f* — **Namibian** *adj*
nanny [ˈnæni] *n, pl* **nannies** : niñera *f*; nana *f CA, Col, Mex, Ven*
nap[1] [ˈnæp] *vi* **napped; napping** **1** : dormir, dormir la siesta **2 to be caught napping** : estar desprevenido
nap[2] *n* **1** SLEEP : siesta *f* ⟨to take a nap : echarse una siesta⟩ **2** FUZZ, PILE : pelo *m*, pelusa *f* (de telas)
nape [ˈneɪp, ˈnæp] *n* : nuca *f*, cerviz *f*, cogote *m*
naphtha [ˈnæfθə] *n* : nafta *f*
napkin [ˈnæpkən] *n* : servilleta *f*
narcissism [ˈnɑrsəˌsɪzəm] *n* : narcisismo *m*
narcissist [ˈnɑrsəsɪst] *n* : narcisista *mf*
narcissistic [ˌnɑrsəˈsɪstɪk] *adj* : narcisista
narcissus [nɑrˈsɪsəs] *n, pl* **-cissus** *or* **-cissuses** *or* **-cissi** [-ˈsɪˌsaɪ, -ˌsiː] : narciso *m*
narcotic[1] [nɑrˈkɑt̬ɪk] *adj* : narcótico
narcotic[2] *n* : narcótico *m*, estupefaciente *m*
narrate [ˈnærˌeɪt] *vt* **-rated; -rating** : narrar, relatar
narration [næˈreɪʃən] *n* : narración *f*
narrative[1] [ˈnærət̬ɪv] *adj* : narrativo
narrative[2] *n* : narración *f*, narrativa *f*, relato *m*
narrator [ˈnærˌeɪt̬ər] *n* : narrador *m*, -dora *f*
narrow[1] [ˈnærˌoː] *vi* : estrecharse, angostarse ⟨the river narrowed : el río se estrechó⟩ — *vt* **1** : estrechar, angostar **2** LIMIT : restringir, limitar ⟨to narrow the search : limitar la búsqueda⟩
narrow[2] *adj* **1** : estrecho, angosto **2** LIMITED : estricto, limitado ⟨in the narrowest sense of the word : en el sentido más estricto de la palabra⟩ **3 to have a narrow escape** : escapar por un pelo
narrowly [ˈnæroli] *adv* **1** BARELY : por poco **2** CLOSELY : de cerca
narrow–minded [ˌnæroˈmaɪndəd] *adj* : de miras estrechas
narrowness [ˈnæronəs] *n* : estrechez *f*
narrows [ˈnæroːz] *npl* STRAIT : estrecho *m*
narwhal [ˈnɑrˌhwɑl, ˈnɑrwəl] *n* : narval *m*
nasal [ˈneɪzəl] *adj* : nasal, gangoso ⟨a nasal voice : una voz gangosa⟩

nasally [ˈneɪzəli] *adv* **1** : por la nariz **2** : con voz gangosa
nastily [ˈnæstəli] *adv* : con maldad, cruelmente
nastiness [ˈnæstinəs] *n* : porquería *f*
nasturtium [nəˈstərʃəm, næ-] *n* : capuchina *f*
nasty [ˈnæsti] *adj* **-tier; -est** **1** FILTHY : sucio, mugriento **2** OBSCENE : obsceno **3** MEAN, SPITEFUL : malo, malicioso **4** UNPLEASANT : desagradable, feo **5** REPUGNANT : asqueroso, repugnante ⟨a nasty smell : un olor asqueroso⟩
natal [ˈneɪt̬əl] *adj* : natal
nation [ˈneɪʃən] *n* : nación *f*
national[1] [ˈnæʃənəl] *adj* : nacional
national[2] *n* : ciudadano *m*, -na *f*; nacional *mf*
nationalism [ˈnæʃənəˌlɪzəm] *n* : nacionalismo *m*
nationalist[1] [ˈnæʃənəlɪst] *adj* : nacionalista
nationalist[2] *n* : nacionalista *mf*
nationalistic [ˌnæʃənəˈlɪstɪk] *adj* : nacionalista
nationality [ˌnæʃəˈnælət̬i] *n, pl* **-ties** : nacionalidad *f*
nationalization [ˌnæʃənələˈzeɪʃən] *n* : nacionalización *f*
nationalize [ˈnæʃənəˌlaɪz] *vt* **-ized; -izing** : nacionalizar
nationally [ˈnæʃənəli] *adv* : a escala nacional, a nivel nacional
nationwide [ˈneɪʃənˈwaɪd] *adj* : en toda la nación, por todo el país
native[1] [ˈneɪt̬ɪv] *adj* **1** INNATE : innato **2** : natal ⟨her native city : su ciudad natal⟩ **3** INDIGENOUS : indígena, autóctono
native[2] *n* **1** ABORIGINE : nativo *m*, -va *f*; indígena *mf* **2** : natural *m* ⟨he's a native of Mexico : es natural de México⟩
Native American → **American Indian**
nativity [nəˈtɪvət̬i, neɪ-] *n, pl* **-ties** **1** BIRTH : navidad *f* **2 the Nativity** : la Natividad, la Navidad
natty [ˈnæt̬i] *adj* **-tier; -est** : elegante, garboso
natural[1] [ˈnætʃərəl] *adj* **1** : natural, de la naturaleza ⟨natural woodlands : bosques naturales⟩ ⟨natural childbirth : parto natural⟩ **2** INNATE : innato, natural **3** UNAFFECTED : natural, sin afectación **4** LIFELIKE : natural, vivo
natural[2] *n* **to be a natural** : tener un talento innato (para algo)
natural gas *n* : gas *m* natural
natural history *n* : historia *f* natural
naturalism [ˈnætʃərəˌlɪzəm] *n* : naturalismo *m*
naturalist [ˈnætʃərəlɪst] *n* : naturalista *mf* — **naturalist** *adj*
naturalistic [ˌnætʃərəˈlɪstɪk] *adj* : naturalista
naturalization [ˌnætʃərələˈzeɪʃən] *n* : naturalización *f*
naturalize [ˈnætʃərəˌlaɪz] *vt* **-ized; -izing** : naturalizar
naturally [ˈnætʃərəli] *adv* **1** INHERENTLY : naturalmente, intrínsecamente **2** UNAFFECTEDLY : de manera natural **3** OF COURSE : por supuesto, naturalmente
naturalness [ˈnætʃərəlnəs] *n* : naturalidad *f*
natural science *n* : ciencias *fpl* naturales
nature [ˈneɪtʃər] *n* **1** : naturaleza *f* ⟨the laws of nature : las leyes de la naturaleza⟩ **2** KIND, SORT : índole *f*, clase *f* ⟨things of this nature : cosas de esta índole⟩ **3** DISPOSITION : carácter *m*, natural *m*, naturaleza *f* ⟨it is his nature to be friendly : es de natural simpático⟩ ⟨human nature : la naturaleza humana⟩
naught [ˈnɔt] *n* **1** : nada *f* ⟨to come to naught : reducirse a nada, fracasar⟩ **2** ZERO : cero *m*
naughtily [ˈnɔt̬əli] *adv* : traviesamente, con malicia
naughtiness [ˈnɔt̬inəs] *n* : mala conducta *f*, travesuras *fpl*, malicia *f*
naughty [ˈnɔt̬i] *adj* **-tier; -est** **1** MISCHIEVOUS : travieso, pícaro **2** RISQUÉ : picante, subido de tono
nausea [ˈnɔziə, ˈnɔʃə] *n* **1** SICKNESS : náuseas *fpl* **2** DISGUST : asco *m*
nauseate [ˈnɔziˌeɪt, -ʒi-, -si-, -ʃi-] *vt* **-ated; -ating** **1** SICKEN : darle náuseas (a alguien) **2** DISGUST : asquear, darle asco (a alguien)
nauseating *adj* : nauseabundo, repugnante
nauseatingly [ˈnɔziˌeɪt̬ɪŋli, -ʒi-, -si-, -ʃi-] *adv* : hasta el punto de dar asco ⟨nauseatingly sweet : tan dulce que da asco⟩
nauseous [ˈnɔʃəs, -ziəs] *adj* **1** SICK : mareado, con náuseas **2** SICKENING : nauseabundo
nautical [ˈnɔt̬ɪkəl] *adj* : náutico
nautilus [ˈnɔt̬ələs] *n, pl* **-luses** *or* **-li** [-ˌlaɪ, -ˌliː] : nautilo *m*
Navajo [ˈnævəˌhoː, ˈnɑ-] *n* : navajo *m*, -ja *f* — **Navajo** *adj*
naval [ˈneɪvəl] *adj* : naval
nave [ˈneɪv] *n* : nave *f*
navel [ˈneɪvəl] *n* : ombligo *m*
navigability [ˌnævɪgəˈbɪlət̬i] *n* : navegabilidad *f*
navigable [ˈnævɪgəbəl] *adj* : navegable
navigate [ˈnævəˌgeɪt] *v* **-gated; -gating** *vi* : navegar — *vt* **1** STEER : gobernar (un barco), pilotar (un avión) **2** : navegar por (un río, etc.)
navigation [ˌnævəˈgeɪʃən] *n* : navegación *f*
navigator [ˈnævəˌgeɪt̬ər] *n* : navegante *mf*
navy [ˈneɪvi] *n, pl* **-vies** **1** FLEET : flota *f* **2** : marina *f* de guerra, armada *f* ⟨the United States Navy : la armada de los Estados Unidos⟩ **3** *or* **navy blue** : azul *m* marino

nay[1] [ˈneɪ] *adv* : no

nay[2] *n* : no *m*, voto *m* en contra

Nazi [ˈnɑtsi, ˈnæt-] *n* : nazi *mf*

Nazism [ˈnɑtˌsɪzəm, ˈnæt-] *or* **Naziism** [ˈnɑtsiˌɪzəm, ˈnæt-] *n* : nazismo *m*

Neanderthal man [niˈændərˌθɔl, -ˌtɔl] *n* : hombre *m* de Neanderthal

near[1] [ˈnɪr] *vt* **1** : acercarse a ⟨the ship is nearing port : el barco se está acercando al puerto⟩ **2** : estar a punto de ⟨she is nearing graduation : está a punto de graduarse⟩

near[2] *adv* **1** CLOSE : cerca ⟨my family lives quite near : mi familia vive muy cerca⟩ **2** NEARLY : casi ⟨I came near to finishing : casi terminé⟩

near[3] *adj* **1** CLOSE : cercano, próximo **2** SIMILAR : parecido, semejante

near[4] *prep* : cerca de

nearby[1] [nɪrˈbaɪ, ˈnɪrˌbaɪ] *adv* : cerca

nearby[2] *adj* : cercano

nearly [ˈnɪrli] *adv* **1** ALMOST : casi ⟨nearly asleep : casi dormido⟩ **2 not nearly** : ni con mucho, ni mucho menos ⟨it was not nearly so bad as I had expected : no fue ni con mucho tan malo como esperaba⟩

nearness [ˈnɪrnəs] *n* : proximidad *f*

nearsighted [ˈnɪrˌsaɪṭəd] *adj* : miope, corto de vista

nearsightedly [ˈnɪrˌsaɪṭədli] *adv* : con miopía

nearsightedness [ˈnɪrˌsaɪṭədnəs] *n* : miopía *f*

neat [ˈniːt] *adj* **1** CLEAN, ORDERLY : ordenado, pulcro, limpio **2** UNDILUTED : solo, sin diluir **3** SIMPLE, TASTEFUL : sencillo y de buen gusto **4** CLEVER : hábil, ingenioso ⟨a neat trick : un truco ingenioso⟩

neatly [ˈniːtli] *adv* **1** TIDILY : ordenadamente **2** CLEVERLY : ingeniosamente

neatness [ˈniːtnəs] *n* : pulcritud *f*, limpieza *f*, orden *m*

nebula [ˈnɛbjʊlə] *n, pl* **-lae** [-ˌliː, -ˌlaɪ] : nebulosa *f*

nebulous [ˈnɛbjʊləs] *adj* : nebuloso, vago

necessarily [ˌnɛsəˈsɛrəli] *adv* : necesariamente, forzosamente

necessary[1] [ˈnɛsəˌsɛri] *adj* **1** INEVITABLE : inevitable **2** COMPULSORY : necesario, obligatorio **3** ESSENTIAL : imprescindible, preciso, necesario

necessary[2] *n, pl* **-saries** : lo esencial, lo necesario

necessitate [nɪˈsɛsəˌteɪt] *vt* **-tated; -tating** : necesitar, requerir

necessity [nɪˈsɛsəṭi] *n, pl* **-ties** **1** NEED : necesidad *f* **2** REQUIREMENT : requisito *m* indispensable **3** POVERTY : indigencia *f*, necesidad *f* **4** INEVITABILITY : inevitabilidad *f*

neck[1] [ˈnɛk] *vi* : besuquearse

neck[2] *n* **1** : cuello *m* (de una persona), pescuezo *m* (de un animal) **2** COLLAR : cuello *m* **3** : cuello *m* (de una botella), mástil *m* (de una guitarra)

neckerchief [ˈnɛkərʧəf, -ˌʧiːf] *n, pl* **-chiefs** [-ʧəfs, -ˌʧiːfs] : pañuelo *m* (para el cuello), mascada *f Mex*

necklace [ˈnɛkləs] *n* : collar *m*

neckline [ˈnɛkˌlaɪn] *n* : escote *m*

necktie [ˈnɛkˌtaɪ] *n* : corbata *f*

nectar [ˈnɛktər] *n* : néctar *m*

nectarine [ˌnɛktəˈriːn] *n* : nectarina *f*

née *or* **nee** [ˈneɪ] *adj* : de soltera ⟨Mrs. Smith, née Whitman : la señora Smith, de soltera Whitman⟩

need[1] [ˈniːd] *vt* **1** : necesitar ⟨I need your help : necesito su ayuda⟩ ⟨I need money : me falta dinero⟩ **2** REQUIRE : requerir, exigir ⟨that job needs patience : ese trabajo exige paciencia⟩ **3 to need to** : tener que ⟨he needs to study : tiene que estudiar⟩ ⟨they need to be scolded : hay que reprenderlos⟩ — *v aux* **1** MUST : tener que, deber ⟨need you shout? : ¿tienes que gritar?⟩ **2 to be needed** : hacer falta ⟨you needn't worry : no hace falta que te preocupes, no hay por qué preocuparse⟩

need[2] *n* **1** NECESSITY : necesidad *f* ⟨in case of need : en caso de necesidad⟩ **2** LACK : falta *f* ⟨the need for better training : la falta de mejor capacitación⟩ ⟨to be in need : necesitar⟩ **3** POVERTY : necesidad *f*, indigencia *f* **4 needs** *npl* : requisitos *mpl*, carencias *fpl*

needful [ˈniːdfəl] *adj* : necesario

needle[1] [ˈniːdəl] *vt* **-dled; -dling** : pinchar

needle[2] *n* **1** : aguja *f* ⟨to thread a needle : enhebrar una aguja⟩ ⟨knitting needle : aguja de tejer⟩ **2** POINTER : aguja *f*, indicador *m*

needlepoint [ˈniːdəlˌpɔɪnt] *n* **1** LACE : encaje *m* de mano **2** EMBROIDERY : bordado *m* en cañamazo

needless [ˈniːdləs] *adj* : innecesario

needlessly [ˈniːdləsli] *adv* : sin ninguna necesidad, innecesariamente

needlework [ˈniːdəlˌwərk] *n* : bordado *m*

needn't [ˈniːdənt] *contraction of* **need not** → **need**

needy[1] [ˈniːdi] *adj* **needier; -est** : necesitado

needy[2] *n* **the needy** : los necesitados *mpl*

nefarious [nɪˈfæriəs] *adj* : nefario, nefando, infame

negate [nɪˈgeɪt] *vt* **-gated; -gating** **1** DENY : negar **2** NULLIFY : invalidar, anular

negation [nɪˈgeɪʃən] *n* : negación *f*

negative[1] [ˈnɛgəṭɪv] *adj* : negativo

negative[2] *n* **1** : negación *f* (en lingüística) **2** : negativa *f* ⟨to answer in the negative : contestar con una negativa⟩ **3** : término *m* negativo (en matemáticas) **4** : negativo *m*, imagen *f* en negativo (en fotografía)

negatively [ˈnɛgəṭɪvli] *adv* : negativamente

neglect[1] [nɪˈglɛkt] *vt* **1** : desatender, descuidar ⟨to neglect one's health : descuidar la salud⟩ **2** : no cumplir con, faltar a ⟨to neglect one's obligations : faltar uno a sus obligaciones⟩ ⟨he neglected to tell me : omitió decírmelo⟩

neglect[2] *n* **1** : negligencia *f*, descuido *m*, incumplimiento *m* ⟨through neglect : por negligencia⟩ ⟨neglect of duty : incumplimiento del deber⟩ **2 in a state of neglect** : abandonado, descuidado

neglectful [nɪˈglɛktfəl] *adj* : descuidado *m*

negligee [ˌnɛgləˈʒeɪ] *n* : negligé *m*

negligence [ˈnɛglɪʤən*t*s] *n* : descuido *m*, negligencia *f*

negligent [ˈnɛglɪʤənt] *adj* : negligente, descuidado — **negligently** *adv*

negligible [ˈnɛglɪʤəbəl] *adj* : insignificante, despreciable

negotiable [nɪˈgoːʃəbəl, -ʃiə-] *adj* : negociable

negotiate [nɪˈgoːʃiˌeɪt] *v* **-ated; -ating** *vi* : negociar — *vt* **1** : negociar, gestionar ⟨to negotiate a treaty : negociar un trato⟩ **2** : salvar, franquear ⟨they negotiated the obstacles : salvaron los obstáculos⟩ ⟨to negotiate a turn : tomar una curva⟩

negotiation [nɪˌgoːʃiˈeɪʃən, -siˈeɪ-] *n* : negociación *f*

negotiator [nɪˈgoːʃiˌeɪt̬ər, -siˌeɪ-] *n* : negociador *m*, -dora *f*

Negro [ˈniːˌgroː] *n, pl* **-groes** : negro *m*, -gra *f*

neigh[1] [ˈneɪ] *vi* : relinchar

neigh[2] *n* : relincho *m*

neighbor[1] [ˈneɪbər] *vt* : ser vecino de, estar junto a ⟨her house neighbors mine : su casa está junto a la mía⟩ — *vi* : estar cercano, lindar, colindar ⟨her land neighbors on mine : sus tierras lindan con las mías⟩

neighbor[2] *n* **1** : vecino *m*, -na *f* **2 love thy neighbor** : ama a tu prójimo

neighborhood [ˈneɪbərˌhʊd] *n* **1** : barrio *m*, vecindad *f*, vecindario *m* **2 in the neighborhood of** : alrededor de, cerca de

neighborly [ˈneɪbərli] *adv* : amable, de buena vecindad

neither[1] [ˈniːðər, ˈnaɪ-] *adj* : ninguno (de los dos)

neither[2] *conj* **1** : ni ⟨neither asleep nor awake : ni dormido ni despierto⟩ **2** NOR : ni (tampoco) ⟨I'm not asleep—neither am I : no estoy dormido—ni yo tampoco⟩

neither[3] *pron* : ninguno

nemesis [ˈnɛməsɪs] *n, pl* **-eses** [-ˌsiːz] **1** RIVAL : rival *mf* **2** RETRIBUTION : justo castigo *m*

Neoclassical [ˌniːoˈklæsɪkəl] *adj* : neoclásico

neologism [niˈɑləˌʤɪzəm] *n* : neologismo *m*

neon[1] [ˈniːˌɑn] *adj* : de neón ⟨neon sign : letrero de neón⟩

neon[2] *n* : neón *m*

neophyte [ˈniːəˌfaɪt] *n* : neófito *m*, -ta *f*

Nepali [nəˈpɔli, -ˈpɑ-, -ˈpæ-] *n* : nepalés *m*, -lesa *f* — **Nepali** *adj*

nephew [ˈnɛˌfjuː, *chiefly British* ˈnɛˌvjuː] *n* : sobrino *m*

nepotism [ˈnɛpəˌtɪzəm] *n* : nepotismo *m*

Neptune [ˈnɛpˌtuːn, -ˌtjuːn] *n* : Neptuno *m*

nerd [ˈnərd] *n* : ganso *m*, -sa *f*

nerve [ˈnərv] *n* **1** : nervio *m* **2** COURAGE : coraje *m*, valor *m*, fuerza *f* de la voluntad ⟨to lose one's nerve : perder el valor⟩ **3** AUDACITY, GALL : atrevimiento *m*, descaro *m* ⟨of all the nerve! : ¡qué descaro!⟩ **4 nerves** *npl* : nervios *mpl* ⟨a fit of nerves : un ataque de nervios⟩

nervous [ˈnərvəs] *adj* **1** : nervioso ⟨the nervous system : el sistema nervioso⟩ **2** EXCITABLE : nervioso, excitable ⟨to get nervous : excitarse, ponerse nervioso⟩ **3** FEARFUL : miedoso, temeroso

nervously [ˈnərvəsli] *adv* : nerviosamente

nervousness [ˈnərvəsnəs] *n* : nerviosismo *m*, nerviosidad *f*, ansiedad *f*

nervy [ˈnərvi] *adj* **nervier; -est 1** COURAGEOUS : valiente **2** IMPUDENT : atrevido, descarado, fresco *fam* **3** NERVOUS : nervioso

nest[1] [ˈnɛst] *vi* : anidar

nest[2] *n* **1** : nido *m* (de un ave), avispero *m* (de una avispa), madriguera *f* (de un animal) **2** REFUGE : nido *m*, refugio *m* **3** SET : juego *m* ⟨a nest of tables : un juego de mesitas⟩

nestle [ˈnɛsəl] *vi* **-tled; -tling** : acurrucarse, arrimarse cómodamente

net[1] [ˈnɛt] *vt* **netted; netting 1** CATCH : pescar, atrapar con una red **2** CLEAR : ganar neto ⟨they netted $5000 : ganaron $5000 netos⟩ **3** YIELD : producir neto

net[2] *adj* : neto ⟨net weight : peso neto⟩ ⟨net gain : ganancia neta⟩

net[3] *n* : red *f*, malla *f*

nether [ˈnɛðər] *adj* **1** : inferior, más bajo **2 the nether regions** : el infierno

nettle[1] [ˈnɛt̬əl] *vt* **-tled; -tling** : irritar, provocar, molestar

nettle[2] *n* : ortiga *f*

network [ˈnɛtˌwərk] *n* **1** SYSTEM : red *f* **2** CHAIN : cadena *f* ⟨a network of supermarkets : una cadena de supermercados⟩

neural [ˈnʊrəl, ˈnjʊr-] *adj* : neural

neuralgia [nʊˈrælʤə, njʊ-] *n* : neuralgia *f*

neuritis [nʊˈraɪt̬əs, njʊ-] *n, pl* **-ritides** [-ˈrɪt̬əˌdiːz] *or* **-ritises** : neuritis *f*

neurological [ˌnʊrəˈlɑʤɪkəl, ˌnjʊr-] *or* **neurologic** [ˌnʊrəˈlɑʤɪk, ˌnjʊr-] *adj* : neurológico

neurologist [nʊˈrɑləʤɪst, njʊ-] *n* : neurólogo *m*, -ga *f*
neurology [nʊˈrɑləʤi, njʊ-] *n* : neurología *f*
neurosis [nʊˈro:sɪs, njʊ-] *n, pl* **-roses** [-ˌsi:z] : neurosis *f*
neurotic[1] [nʊˈrɑṭɪk, njʊ-] *adj* : neurótico
neurotic[2] *n* : neurótico *m*, -ca *f*
neuter[1] [ˈnu:ṭər, ˈnju:-] *vt* : castrar
neuter[2] *adj* : neutro
neutral[1] [ˈnu:trəl, ˈnju:-] *adj* **1** IMPARTIAL : neutral, imparcial ⟨to remain neutral : permanecer neutral⟩ **2** : neutro ⟨a neutral color : un color neutro⟩ **3** : neutro (en la química o la electricidad)
neutral[2] *n* : punto *m* muerto (de un automóvil)
neutrality [nu:ˈtræləṭi:, nju:-] *n* : neutralidad *f*
neutralization [ˌnu:trələˈzeɪʃən, ˌnju:-] *n* : neutralización *f*
neutralize [ˈnu:trəˌlaɪz, ˈnju:-] *vt* **-ized; -izing** : neutralizar
neutron [ˈnu:ˌtrɑn, ˈnju:-] *n* : neutrón *m*
never [ˈnɛvər] *adv* **1** : nunca, jamás ⟨he never studies : nunca estudia⟩ **2 never again** : nunca más, nunca jamás **3 never mind** : no importa
nevermore [ˌnɛvərˈmor] *adv* : nunca más
nevertheless [ˌnɛvərðəˈlɛs] *adv* : sin embargo, no obstante
new [ˈnu:, ˈnju:] *adj* **1** : nuevo ⟨a new dress : un vestido nuevo⟩ **2** RECENT : nuevo, reciente ⟨what's new? : ¿qué hay de nuevo?⟩ ⟨a new arrival : un recién llegado⟩ **3** DIFFERENT : nuevo, distinto ⟨this problem is new : este problema es distinto⟩ ⟨new ideas : ideas nuevas⟩ **4 like new** : como nuevo
newborn [ˈnu:ˌbɔrn, ˈnju:-] *adj* : recién nacido
newcomer [ˈnu:ˌkʌmər, ˈnju:-] *n* : recién llegado *m*, recién llegada *f*
newfangled [ˈnu:ˈfæŋgəld, ˈnju:-] *adj* : novedoso
newfound [ˈnu:ˈfaʊnd, ˈnju:-] *adj* : recién descubierto
newly [ˈnu:li, ˈnju:-] *adv* : recién, recientemente
newlywed [ˈnu:liˌwɛd, ˈnju:-] *n* : recién casado *m*, -da *f*
new moon *n* : luna *f* nueva
newness [ˈnu:nəs, ˈnju:-] *n* : novedad *f*
news [ˈnu:z, ˈnju:z] *n* : noticias *fpl*
newscast [ˈnu:zˌkæst, ˈnju:z-] *n* : noticiero *m*, informativo *m*
newscaster [ˈnu:zˌkæstər, ˈnju:z-] *n* : presentador *m*, -dora *f*; locutor *m*, -tora *f*
newsletter [ˈnu:zˌlɛṭər, ˈnju:z-] *n* : boletín *m* informativo
newsman [ˈnu:zmən, ˈnju:z-, -ˌmæn] *n, pl* **-men** [-mən, -ˌmɛn] : periodista *m*, reportero *m*
newspaper [ˈnu:zˌpeɪpər, ˈnju:z-] *n* : periódico *m*, diario *m*
newspaperman [ˈnu:zˌpeɪpərˌmæn, ˈnju:z-] *n, pl* **-men** [-mən, -ˌmɛn] **1** REPORTER : periodista *m*, reportero *m* **2** : dueño *m* de un periódico
newsprint [ˈnu:zˌprɪnt, ˈnju:z-] *n* : papel *m* de prensa
newsstand [ˈnu:zˌstænd, ˈnju:z-] *n* : quiosco *m*, puesto *m* de periódicos
newswoman [ˈnu:zˌwʊmən, ˈnju:z-] *n, pl* **-women** [-ˌwɪmən] : periodista *f*, reportera *f*
newsworthy [ˈnu:zˌwərði, ˈnju:z-] *adj* : de interés periodístico
newsy [ˈnu:zi:, ˈnju:-] *adj* **newsier; -est** : lleno de noticias
newt [ˈnu:t, ˈnju:t] *n* : tritón *m*
New Testament *n* : Nuevo Testamento *m*
New Year *n* : Año *m* Nuevo
New Year's Day *n* : día *m* del Año Nuevo
New Yorker [nu:ˈjɔrkər, nju:-] *n* : neoyorquino *m*, -na *f*
New Zealander [nu:ˈzi:ləndər, nju:-] *n* : neozelandés *m*, -desa *f*
next[1] [ˈnɛkst] *adv* **1** AFTERWARD : después, luego ⟨what will you do next? : ¿qué harás después?⟩ **2** NOW : después, ahora, entonces ⟨next I will sing a song : ahora voy a cantar una canción⟩ **3** : la próxima vez ⟨when next we meet : la próxima vez que nos encontremos⟩
next[2] *adj* **1** ADJACENT : contiguo, de al lado **2** COMING : que viene, próximo ⟨next Friday : el viernes que viene⟩ **3** FOLLOWING : siguiente ⟨the next year : el año siguiente⟩
next–door [ˈnɛkstˈdor] *adj* : de al lado
next to[1] *adv* ALMOST : casi, prácticamente ⟨next to impossible : casi imposible⟩
next to[2] *prep* : junto a, al lado de
nexus [ˈnɛksəs] *n* : nexo *m*
nib [ˈnɪb] *n* : plumilla *f*
nibble[1] [ˈnɪbəl] *v* **-bled; -bling** *vt* : pellizcar, mordisquear, picar — *vi* : picar
nibble[2] *n* : mordisco *m*
Nicaraguan [ˌnɪkəˈrɑgwən] *n* : nicaragüense *mf* — **Nicaraguan** *adj*
nice [ˈnaɪs] *adj* **nicer; nicest 1** REFINED : pulido, refinado **2** SUBTLE : fino, sutil **3** PLEASING : agradable, bueno, lindo ⟨nice weather : buen tiempo⟩ **4** RESPECTABLE : bueno, decente **5 nice and** : bien, muy ⟨nice and hot : bien caliente⟩ ⟨nice and slow : despacito⟩
nicely [ˈnaɪsli] *adv* **1** KINDLY : amablemente **2** POLITELY : con buenos modales **3** ATTRACTIVELY : de buen gusto
niceness [ˈnaɪsnəs] *n* : simpatía *f*, amabilidad *f*
nicety [ˈnaɪsəṭi] *n, pl* **-ties 1** DETAIL, SUBTLETY : sutileza *f*, detalle *m* **2 niceties** *npl* : lujos *mpl*, detalles *mpl*
niche [ˈnɪʧ] *n* **1** RECESS : nicho *m*, hornacina *f* **2** : nicho *m*, hueco *m* ⟨to make a niche for oneself : hacerse un

hueco, encontrarse una buena posición⟩
nick[1] [ˈnɪk] *vt* : cortar, hacer una muesca en
nick[2] *n* **1** CUT : corte *m*, muesca *f* **2 in the nick of time** : en el momento crítico, justo a tiempo
nickel [ˈnɪkəl] *n* **1** : níquel *m* **2** : moneda *f* de cinco centavos
nickname[1] [ˈnɪkˌneɪm] *vt* **-named; -naming** : apodar
nickname[2] *n* : apodo *m*, mote *m*, sobrenombre *m*
nicotine [ˈnɪkəˌti:n] *n* : nicotina *f*
niece [ˈni:s] *n* : sobrina *f*
Nigerian [naɪˈʤɪriən] *n* : nigeriano *m*, -na *f* — **Nigerian** *adj*
niggardly [ˈnɪgərdli] *adj* : mezquino, tacaño
niggling [ˈnɪgəlɪŋ] *adj* **1** PETTY : insignificante **2** PERSISTENT : constante, persistente ⟨a niggling doubt : una duda constante⟩
nigh[1] [ˈnaɪ] *adv* **1** NEARLY : casi **2 to draw nigh** : acercarse, avecinarse
nigh[2] *adj* : cercano, próximo
night[1] [ˈnaɪt] *adj* : nocturno, de la noche ⟨the night sky : el cielo nocturno⟩ ⟨night shift : turno de la noche⟩
night[2] *n* **1** EVENING : noche *f* ⟨at night : de noche⟩ ⟨last night : anoche⟩ ⟨tomorrow night : mañana por la noche⟩ **2** DARKNESS : noche *f*, oscuridad *f* ⟨night fell : cayó la noche⟩
nightclothes [ˈnaɪtˌklo:ðz, -ˌklo:z] *npl* : ropa *f* de dormir
nightclub [ˈnaɪtˌklʌb] *n* : cabaret *m*, club *m* nocturno
night crawler [ˈnaɪtˌkrɔlər] *n* EARTHWORM : lombriz *f* (de tierra)
nightfall [ˈnaɪtˌfɔl] *n* : anochecer *m*
nightgown [ˈnaɪtˌgaʊn] *n* : camisón *m* (de noche)
nightingale [ˈnaɪtənˌgeɪl, ˈnaɪt̬ɪŋ-] *n* : ruiseñor *m*
nightly[1] [ˈnaɪtli] *adv* : cada noche, todas las noches
nightly[2] *adj* : de todas las noches
nightmare [ˈnaɪtˌmær] *n* : pesadilla *f*
nightmarish [ˈnaɪtˌmærɪʃ] *adj* : de pesadilla
night owl *n* : noctámbulo *m*, -la *f*
nightshade [ˈnaɪtˌʃeɪd] *n* : hierba *f* mora
nightshirt [ˈnaɪtˌʃərt] *n* : camisa *f* de dormir
nightstick [ˈnaɪtˌstɪk] *n* : porra *f*
nighttime [ˈnaɪtˌtaɪm] *n* : noche *f*
nihilism [ˈnaɪəˌlɪzəm] *n* : nihilismo *m*
nil [ˈnɪl] *n* : nada *f*, cero *m*
nimble [ˈnɪmbəl] *adj* **-bler; -blest** **1** AGILE : ágil **2** CLEVER : hábil, ingenioso
nimbleness [ˈnɪmbəlnəs] *n* : agilidad *f*
nimbly [ˈnɪmbli] *adv* : con agilidad, ágilmente
nincompoop [ˈnɪnkəmˌpu:p, ˈnɪŋ-] *n* FOOL : tonto *m*, -ta *f*; bobo *m*, -ba *f*
nine[1] [ˈnaɪn] *adj* **1** : nueve **2 nine times out of ten** : casi siempre
nine[2] *n* : nueve *m*
nine hundred[1] *adj* : novecientos
nine hundred[2] *n* : novecientos *m*
ninepins [ˈnaɪnˌpɪnz] *n* : bolos *mpl*
nineteen[1] [naɪnˈti:n] *adj* : diecinueve
nineteen[2] *n* : diecinueve *m*
nineteenth[1] [naɪnˈti:nθ] *adj* : decimonoveno, decimonono ⟨the nineteenth century : el siglo diecinueve⟩
nineteenth[2] *n* **1** : decimonoveno *m*, -na *f*; decimonono *m*, -na *f* (en una serie) **2** : diecinueveavo *m*, diecinueveava parte *f*
ninetieth[1] [ˈnaɪnt̬iəθ] *adj* : nonagésimo
ninetieth[2] *n* **1** : nonagésimo *m*, -ma *f* (en una serie) **2** : noventavo *m*, noventava parte *f*
ninety[1] [ˈnaɪnt̬i] *adj* : noventa
ninety[2] *n, pl* **-ties** : noventa *m*
ninth[1] [ˈnaɪnθ] *adj* : noveno
ninth[2] *n* **1** : noveno *m*, -na *f* (en una serie) **2** : noveno *m*, novena parte *f*
ninny [ˈnɪni] *n, pl* **ninnies** FOOL : tonto *m*, -ta *f*; bobo *m*, -ba *f*
nip[1] [ˈnɪp] *vt* **nipped; nipping** **1** PINCH : pellizcar **2** BITE : morder, mordisquear **3 to nip in the bud** : cortar de raíz
nip[2] *n* **1** TANG : sabor *m* fuerte **2** PINCH : pellizco *m* **3** NIBBLE : mordisco *m* **4** SWALLOW : trago *m*, traguito *m* **5 there's a nip in the air** : hace fresco
nipple [ˈnɪpəl] *n* : pezón *m* (de una mujer), tetilla *f* (de un hombre)
nippy [ˈnɪpi] *adj* **-pier; -est** **1** SHARP : fuerte, picante **2** CHILLY : frío ⟨it's nippy today : hoy hace frío⟩
nit [ˈnɪt] *n* : liendre *f*
nitrate [ˈnaɪˌtreɪt] *n* : nitrato *m*
nitric acid [ˈnaɪtrɪk] *n* : ácido *m* nítrico
nitrite [ˈnaɪˌtraɪt] *n* : nitrito *m*
nitrogen [ˈnaɪtrəʤən] *n* : nitrógeno *m*
nitroglycerin *or* **nitroglycerine** [ˌnaɪtroˈglɪsərən] *n* : nitroglicerina *f*
nitwit [ˈnɪtˌwɪt] *n* : zonzo *m*, -za *f*; bobo *m*, -ba *f*
no[1] [ˈno:] *adv* : no ⟨are you leaving?—no : ¿te vas?—no⟩ ⟨no less than : no menos de⟩ ⟨to say no : decir que no⟩ ⟨like it or no : quieras o no quieras⟩
no[2] *adj* **1** : ninguno ⟨it's no trouble : no es ningún problema⟩ ⟨she has no money : no tiene dinero⟩ **2** (*indicating a small amount*) ⟨we'll be there in no time : llegamos dentro de poco, no tardamos nada⟩ **3** (*expressing a negation*) ⟨he's no liar : no es mentiroso⟩
no[3] *n, pl* **noes** *or* **nos** [ˈno:z] **1** DENIAL : no *m* ⟨I won't take no for an answer : no aceptaré un no por respuesta⟩ **2** : vota *f* en contra ⟨the noes have it : se ha rechazado la moción⟩
nobility [noˈbɪlət̬i] *n* : nobleza *f*
noble[1] [ˈno:bəl] *adj* **-bler; -blest** **1** ILLUSTRIOUS : noble, glorioso **2** ARISTOCRATIC : noble **3** STATELY : majestuoso, magnífico **4** LOFTY : noble, elevado ⟨noble sentiments : sentimientos elevados⟩

noble[2] *n* : noble *mf*, aristócrata *mf*

nobleman [ˈno:bəlmən] *n, pl* **-men** [-mən, -ˌmɛn] : noble *m*, aristócrata *m*

nobleness [ˈno:bəlnəs] *n* : nobleza *f*

noblewoman [ˈno:bəlˌwʊmən] *n, pl* **-women** [-ˌwɪmən] : noble *f*, aristócrata *f*

nobly [ˈno:bli] *adv* : noblemente

nobody[1] [ˈno:bədi, -ˌbɑdi] *n, pl* **-bodies** : don nadie *m* ⟨he's a mere nobody : es un don nadie⟩

nobody[2] *pron* : nadie

nocturnal [nɑkˈtərnəl] *adj* : nocturno

nocturne [ˈnɑkˌtərn] *n* : nocturno *m*

nod[1] [ˈnɑd] *v* **nodded; nodding** *vi* **1** : saludar con la cabeza, asentir con la cabeza **2 to nod off** : dormirse, quedarse dormido — *vt* : inclinar (la cabeza) ⟨to nod one's head in agreement : asentir con la cabeza⟩

nod[2] *n* : saludo *m* con la cabeza, señal *m* con la cabeza, señal *m* de asentimiento

node [ˈno:d] *n* : nudo *m* (de una planta)

nodule [ˈnɑˌʤu:l] *n* : nódulo *m*

noel [noˈɛl] *n* **1** CAROL : villancico *m* de Navidad **2 Noel** CHRISTMAS : Navidad *f*

noes → **no**[3]

noise[1] [ˈnɔɪz] *vt* **noised; noising** : rumorear, publicar

noise[2] *n* : ruido *m*

noiseless [ˈnɔɪzləs] *adj* : silencioso, sin ruido

noiselessly [ˈnɔɪzləsli] *adv* : silenciosamente

noisemaker [ˈnɔɪzˌmeɪkər] *n* : matraca *f*

noisiness [ˈnɔɪzinəs] *n* : ruido *m*

noisome [ˈnɔɪsəm] *adj* : maloliente, fétido

noisy [ˈnɔɪzi] *adj* **noisier; -est** : ruidoso — **noisily** [ˈnɔɪzəli] *adv*

nomad[1] [ˈno:ˌmæd] → **nomadic**

nomad[2] *n* : nómada *mf*

nomadic [noˈmædɪk] *adj* : nómada

nomenclature [ˈno:mənˌkleɪʧər] *n* : nomenclatura *f*

nominal [ˈnɑmənəl] *adj* **1** : nominal ⟨the nominal head of his party : el jefe nominal de su partido⟩ **2** TRIFLING : insignificante

nominally [ˈnɑmənəli] *adv* : sólo de nombre, nominalmente

nominate [ˈnɑməˌneɪt] *vt* **-nated; -nating 1** PROPOSE : proponer (como candidato), nominar **2** APPOINT : nombrar

nomination [ˌnɑməˈneɪʃən] *n* **1** PROPOSAL : propuesta *f*, postulación *f* **2** APPOINTMENT : nombramiento *m*

nominative[1] [ˈnɑmənət̬ɪv] *adj* : nominativo

nominative[2] *n or* **nominative case** : nominativo *m*

nominee [ˌnɑməˈni:] *n* : candidato *m*, -ta *f*

nonaddictive [ˌnɑnəˈdɪktɪv] *adj* : que no crea dependencia

nonalcoholic [ˌnɑnˌælkəˈhɔlɪk] *adj* : sin alcohol, no alcohólico

nonaligned [ˌnɑnəˈlaɪnd] *adj* : no alineado

nonbeliever [ˌnɑnbəˈli:vər] *n* : no creyente *mf*

nonbreakable [ˌnɑnˈbreɪkəbəl] *adj* : irrompible

nonce [ˈnɑnts] *n* **for the nonce** : por el momento

nonchalance [ˌnɑnʃəˈlɑnts] *n* : indiferencia *f*, despreocupación *f*

nonchalant [ˌnɑnʃəˈlɑnt] *adj* : indiferente, despreocupado, impasible

nonchalantly [ˌnɑnʃəˈlɑntli] *adv* : con aire despreocupado, con indiferencia

noncombatant [ˌnɑnkəmˈbætənt, -ˈkɑmbə-] *n* : no combatiente *mf*

noncommissioned officer [ˌnɑnkəˈmɪʃənd] *n* : suboficial *mf*

noncommittal [ˌnɑnkəˈmɪt̬əl] *adj* : evasivo, que no se compromete

nonconductor [ˌnɑnkənˈdʌktər] *n* : aislante *m*

nonconformist [ˌnɑnkənˈfɔrmɪst] *n* : inconformista *mf*, inconforme *mf*

nonconformity [ˌnɑnkənˈfɔrmət̬i] *n* : inconformidad *f*, no conformidad *f*

noncontagious [ˌnɑnkənˈteɪʤəs] *adj* : no contagioso

nondenominational [ˌnɑndɪˌnɑməˈneɪʃənəl] *adj* : no sectario

nondescript [ˌnɑndɪˈskrɪpt] *adj* : anodino, soso

nondiscriminatory [ˌnɑndɪˈskrɪmənəˌtori] *adj* : no discriminatorio

nondrinker [ˌnɑnˈdrɪŋkər] *n* : abstemio *m*, -mia *f*

none[1] [ˈnʌn] *adv* : de ninguna manera, de ningún modo, nada ⟨he was none too happy : no se sintió nada contento⟩ ⟨I'm none the worse for it : no estoy peor por ello⟩ ⟨none too soon : a buena hora⟩

none[2] *pron* : ninguno, ninguna

nonentity [ˌnɑnˈɛntət̬i] *n, pl* **-ties** : persona *f* insignificante, nulidad *f*

nonessential [ˌnɑnɪˈsɛnʧəl] *adj* : secundario, no esencial

nonessentials [ˌnɑnɪˈsɛnʧəlz] *npl* : cosas *fpl* secundarias, cosas *fpl* accesorias

nonetheless [ˌnʌnðəˈlɛs] *adv* : sin embargo, no obstante

nonexistence [ˌnɑnɪgˈzɪstənts] *n* : inexistencia *f*

nonexistent [ˌnɑnɪgˈzɪstənt] *adj* : inexistente

nonfat [ˌnɑnˈfæt] *adj* : sin grasa

nonfattening [ˌnɑnˈfætənɪŋ] *adj* : que no engorda

nonfiction [ˌnɑnˈfɪkʃən] *n* : no ficción *f*

nonflammable [ˌnɑnˈflæməbəl] *adj* : no inflamable

nonintervention [ˌnɑnˌɪntərˈvɛnʧən] *n* : no intervención *f*

nonmalignant [ˌnɑnməˈlɪgnənt] *adj* : no maligno, benigno

nonnegotiable [ˌnɑnnɪˈgo:ʃəbəl, -ʃiə-] *adj* : no negociable

nonpareil[1] [ˌnɑnpəˈrɛl] *adj* : sin parangón, sin par
nonpareil[2] *n* : persona *f* sin igual, cosa *f* sin par
nonpartisan [ˌnɑnˈpɑrt̬əzən, -sən] *adj* : imparcial
nonpaying [ˌnɑnˈpeɪɪŋ] *adj* : que no paga
nonpayment [ˌnɑnˈpeɪmənt] *n* : impago *m*, falta *f* de pago
nonperson [ˌnɑnˈpərsən] *n* : persona *f* sin derechos
nonplus [ˌnɑnˈplʌs] *vt* **-plussed; -plussing** : confundir, desconcertar, dejar perplejo
nonprescription [ˌnɑnprɪˈskrɪpʃən] *adj* : disponible sin receta del médico
nonproductive [ˌnɑnprəˈdʌktɪv] *adj* : improductivo
nonprofit [ˌnɑnˈprɑfət] *adj* : sin fines lucrativos
nonproliferation [ˌnɑnprəˌlɪfəˈreɪʃən] *adj* : no proliferación
nonresident [ˌnɑnˈrɛzədənt, -ˌdɛnt] *n* : no residente *mf*
nonscheduled [ˌnɑnˈskɛˌʤu:ld] *adj* : no programado, no regular
nonsectarian [ˌnɑnˌsɛkˈtæriən] *adj* : no sectario
nonsense [ˈnɑnˌsɛn*t*s, ˈnɑn*t*sən*t*s] *n* : tonterías *fpl*, disparates *mpl*
nonsensical [nɑnˈsɛn*t*sɪkəl] *adj* ABSURD : absurdo, disparatado — **nonsensically** [-kli] *adv*
nonsmoker [ˌnɑnˈsmo:kər] *n* : no fumador *m*, -dora *f*; persona *f* que no fuma
nonstandard [ˌnɑnˈstændərd] *adj* : no regular, no estándar
nonstick [ˌnɑnˈstɪk] *adj* : antiadherente
nonstop[1] [ˌnɑnˈstɑp] *adv* : sin parar ⟨he talked nonstop : habló sin parar⟩
nonstop[2] *adj* : directo, sin escalas ⟨nonstop flight : vuelo directo⟩
nonsupport [ˌnɑnsəˈpɔrt] *n* : falta *f* de manutención
nontaxable [ˌnɑnˈtæksəbəl] *adj* : exento de impuestos
nontoxic [ˌnɑnˈtɑksɪk] *adj* : no tóxico
nonviolence [ˌnɑnˈvaɪlən*t*s, -ˈvaɪə-] *n* : no violencia *f*
nonviolent [ˌnɑnˈvaɪlənt, -ˈvaɪə-] *adj* : pacífico, no violento
noodle [ˈnu:dəl] *n* : fideo *m*, tallarín *m*
nook [ˈnʊk] *n* : rincón *m*, recoveco *m*, escondrijo *m* ⟨in every nook and cranny : en todos los rincones⟩
noon [ˈnu:n] *n* : mediodía *m*
noonday [ˈnu:nˌdeɪ] *n* : mediodía *m* ⟨the noonday sun : el sol de mediodía⟩
no one *pron* NOBODY : nadie
noontime [ˈnu:nˌtaɪm] *n* : mediodía *m*
noose [ˈnu:s] *n* **1** LASSO : lazo *m* **2 hangman's noose** : dogal *m*, soga *f*
nor [ˈnɔr] *conj* : ni ⟨neither good nor bad : ni bueno ni malo⟩ ⟨nor I! : ¡ni yo tampoco!⟩
Nordic [ˈnɔrdɪk] *adj* : nórdico
norm [ˈnɔrm] *n* **1** STANDARD : norma *f*, modelo *m* **2** CUSTOM, RULE : regla *f* general, lo normal
normal [ˈnɔrməl] *adj* : normal — **normally** *adv*
normalcy [ˈnɔrməlsi] *n* : normalidad *f*
normality [nɔrˈmæləṭi] *n* : normalidad *f*
normalize [ˈnɔrməˌlaɪz] *vt* : normalizar
Norse [ˈnɔrs] *adj* : nórdico
north[1] [ˈnɔrθ] *adv* : al norte
north[2] *adj* : norte, del norte ⟨the north coast : la costa del norte⟩
north[3] *n* **1** : norte *m* **2 the North** : el Norte *m*
North American *n* : norteamericano *m*, -na *f* — **North American** *adj*
northbound [ˈnɔrθˌbaʊnd] *adv* : con rumbo al norte
northeast[1] [nɔrθˈi:st] *adv* : hacia el nordeste
northeast[2] *adj* : nordeste, del nordeste
northeast[3] *n* : nordeste *m*, noreste *m*
northeasterly[1] [nɔrθˈi:stərli] *adv* : hacia el nordeste
northeasterly[2] *adj* : nordeste, del nordeste
northeastern [nɔrθˈi:stərn] *adj* : nordeste, del nordeste
northerly[1] [ˈnɔrðərli] *adv* : hacia el norte
northerly[2] *adj* : del norte ⟨a northerly wind : un viento del norte⟩
northern [ˈnɔrðərn] *adj* : norte, norteño, septentrional
Northerner [ˈnɔrðərnər] *n* : norteño *m*, -ña *f*
northern lights → **aurora borealis**
North Pole : Polo *m* Norte
North Star *n* : estrella *f* polar
northward [ˈnɔrθwərd] *adv & adj* : hacia el norte
northwest[1] [nɔrθˈwɛst] *adv* : hacia el noroeste
northwest[2] *adj* : del noroeste
northwest[3] *n* : noroeste *m*
northwesterly[1] [nɔrθˈwɛstərli] *adv* : hacia el noroeste
northwesterly[2] *adj* : del noroeste
northwestern [nɔrθˈwɛstərn] *adj* : noroeste, del noroeste
Norwegian [nɔrˈwi:ʤən] *n* **1** : noruego *m*, -ga *f* **2** : noruego *m* (idioma) — **Norwegian** *adj*
nose[1] [ˈno:z] *v* **nosed; nosing** *vt* **1** SMELL : olfatear **2** : empujar con el hocico ⟨the dog nosed open the bag : el perro abrió el saco con el hocico⟩ **3** EDGE, MOVE : mover poco a poco — *vi* **1** PRY : entrometerse, meter las narices **2** EDGE : avanzar poco a poco
nose[2] *n* **1** : nariz *f* (de una persona), hocico *m* (de un animal) ⟨to blow one's nose : sonarse las narices⟩ **2** SMELL : (sentido *m* del) olfato *m* **3** FRONT : parte *f* delantera, nariz *f* (de un avión), proa *f* (de un barco) **4 to be right on the nose** : dar en el clavo **5 to follow one's nose** : dejarse guiar

por el instinto **6 to look down one's nose at someone** : mirar a alguien por encima del hombro **7 to pay through the nose** : pagar un ojo de la cara **8 to poke/stick one's nose in** : meter las narices en **9 to turn up one's nose at** : hacerle ascos a **10 to win by a nose** : ganar por un pelo **11 under one's nose** : delante de las narices

nosebleed ['no:z,bli:d] *n* : hemorragia *f* nasal

nosedive ['no:z,daɪv] *n* **1** : descenso *m* en picada (de un avión) **2** : caída *f* súbita (de precios, etc.)

nose–dive ['no:z,daɪv] *vi* : descender en picada, caer en picada

nostalgia [nɑ'stælʤə, nə-] *n* : nostalgia *f*

nostalgic [nɑ'stælʤɪk, nə-] *adj* : nostálgico

nostril ['nɑstrəl] *n* : ventana *f* de la nariz

nostrum ['nɑstrəm] *n* : panacea *f*

nosy *or* **nosey** ['no:zi] *adj* **nosier; -est** : entrometido

not ['nɑt] *adv* **1** (*used to form a negative*) : no ⟨she is not tired : no está cansada⟩ ⟨not many came : no vinieron muchos⟩ ⟨not to say something would be wrong : no decir nada sería injusto⟩ ⟨not at all : en absoluto⟩ ⟨not a chance : de ninguna manera⟩ ⟨not only . . . but also . . . : no sólo . . . sino también . . .⟩ **2** (*used to replace a negative clause*) : no ⟨are we going or not? : ¿vamos a ir o no?⟩ ⟨of course not! : ¡claro que no!⟩ ⟨I hope/think not : espero/creo que no⟩ ⟨believe it or not : aunque no lo creas⟩ **3** : menos de ⟨not six inches away : a menos de seis pulgadas⟩ ⟨not all of us agree : no todos estamos de acuerdo⟩

notable[1] ['no:t̬əbəl] *adj* **1** NOTEWORTHY : notable, de notar **2** DISTINGUISHED, PROMINENT : distinguido, destacado

notable[2] *n* : persona *f* importante, personaje *m*

notably ['no:t̬əbli] *adv* : notablemente, particularmente

notarize ['no:t̬ə,raɪz] *vt* **-rized; -rizing** : autenticar, autorizar

notary public ['no:t̬əri] *n, pl* **-ries public** *or* **-ry publics** : notario *m*, -ria *f*; escribano *m*, -na *f*

notation [no'teɪʃən] *n* **1** NOTE : anotación *f*, nota *f* **2** : notación *f* ⟨musical notation : notación musical⟩

notch[1] ['nɑʧ] *vt* : hacer una muesca en, cortar

notch[2] *n* : muesca *f*, corte *m*

note[1] ['no:t] *vt* **noted; noting 1** NOTICE : notar, observar, tomar nota de **2** RECORD : anotar, apuntar

note[2] *n* **1** : nota *f* (musical) **2** COMMENT : nota *f*, comentario *m* **3** ANNOTATION : nota *f*, apunte *m* ⟨to take notes : tomar notas/apuntes⟩ ⟨to compare notes : cambiar impresiones⟩ ⟨I'll make a note of it : lo apuntaré⟩ **4** LETTER : nota *f*, cartita *f* ⟨to leave a note : dejar una nota⟩ **5** PROMINENCE : prestigio *m* ⟨a musician of note : un músico destacado⟩ **6** ATTENTION : atención *f* ⟨to take note of : tomar nota de, prestar atención a⟩ **7** TOUCH : nota *f*, dejo *m* **8 on a high note** : con una nota de optimismo

notebook ['no:t,bʊk] *n* **1** : libreta *f*, cuaderno *m* **2** : notebook *m* (computadora)

noted ['no:t̬əd] *adj* EMINENT : renombrado, eminente, celebrado

noteworthy ['no:t,wərði] *adj* : notable, de notar, de interés

nothing[1] ['nʌθɪŋ] *adv* **1** : de ninguna manera ⟨nothing daunted, we carried on : sin amilanarnos, seguimos adelante⟩ **2 nothing like** : no . . . en nada ⟨he's nothing like his brother : no se parece en nada a su hermano⟩

nothing[2] *n* **1** NOTHINGNESS : nada *f* **2** ZERO : cero *m* **3** : persona *f* de poca importancia, cero *m* **4** TRIFLE : nimiedad *f*

nothing[3] *pron* : nada ⟨there's nothing better : no hay nada mejor⟩ ⟨there's nothing like . . . : no hay nada como . . .⟩ ⟨there's nothing to it : es facilísimo⟩ ⟨nothing else : nada más⟩ ⟨nothing but : solamente⟩ ⟨they're nothing but trouble : no traen más que problemas⟩ ⟨they mean nothing to me : ellos me son indiferentes⟩ ⟨I got it for nothing : me lo dieron gratis⟩ ⟨it was all for nothing : todo fue en vano⟩ ⟨are you hurt?—it's nothing : ¿te hiciste daño?—no es nada⟩ ⟨he's nothing if not polite : es muy cortés⟩

nothingness ['nʌθɪŋnəs] *n* **1** VOID : vacío *m*, nada *f* **2** NONEXISTENCE : inexistencia *f* **3** TRIFLE : nimiedad *f*

notice[1] ['no:t̬ɪs] *vt* **-ticed; -ticing** : notar, observar, advertir, darse cuenta de

notice[2] *n* **1** NOTIFICATION : aviso *m*, notificación *f* ⟨at/on short notice, at a moment's notice : con poca antelación⟩ ⟨until further notice : hasta nuevo aviso⟩ ⟨without notice : sin previo aviso⟩ ⟨to give notice : presentar la renuncia⟩ **2** ATTENTION : atención *f* ⟨to take notice of : prestar atención a⟩ ⟨to make someone sit up and take notice : hacer que alguien preste atención⟩

noticeable ['no:t̬ɪsəbəl] *adj* : evidente, perceptible — **noticeably** [-bli] *adv*

notification [,no:t̬əfə'keɪʃən] *n* : notificación *f*, aviso *m*

notify ['no:t̬ə,faɪ] *vt* **-fied; -fying** : notificar, avisar

notion ['no:ʃən] *n* **1** IDEA : idea *f*, noción *f* **2** WHIM : capricho *m*, antojo *m* **3 notions** *npl* : artículos *mpl* de mercería

notoriety [,no:t̬ə'raɪət̬i] *n* : mala fama *f*, notoriedad *f*

notorious [no'to:riəs] *adj* : de mala fama, célebre, bien conocido

notwithstanding[1] [ˌnɑtwɪθˈstændɪŋ, -wɪð-] *adv* NEVERTHELESS : no obstante, sin embargo
notwithstanding[2] *conj* : a pesar de que
notwithstanding[3] *prep* : a pesar de, no obstante
nougat [ˈnu:gət] *n* : turrón *m*
nought [ˈnɔt, ˈnɑt] → **naught**
noun [ˈnaʊn] *n* : nombre *m*, sustantivo *m*
nourish [ˈnərɪʃ] *vt* **1** FEED : alimentar, nutrir, sustentar **2** FOSTER : fomentar, alentar
nourishing [ˈnərɪʃɪŋ] *adj* : alimenticio, nutritivo
nourishment [ˈnərɪʃmənt] *n* : nutrición *f*, alimento *m*, sustento *m*
novel[1] [ˈnɑvəl] *adj* : original, novedoso
novel[2] *n* : novela *f*
novelist [ˈnɑvəlɪst] *n* : novelista *mf*
novelty [ˈnɑvəlt̬i] *n, pl* **-ties** **1** : novedad *f* **2 novelties** *npl* TRINKETS : baratijas *fpl*, chucherías *fpl*
November [noˈvɛmbər] *n* : noviembre *m*
novice [ˈnɑvɪs] *n* : novato *m*, -ta *f*; principiante *mf*; novicio *m*, -cia *f*
now[1] [ˈnaʊ] *adv* **1** PRESENTLY : ahora, ya, actualmente ⟨from now on : de ahora en adelante⟩ ⟨for now : por ahora⟩ ⟨for several months now : desde hace varios meses⟩ ⟨between now and . . . , from now until . . . : de aquí a . . .⟩ ⟨long before now : ya hace tiempo⟩ ⟨now or never : ahora o nunca⟩ **2** SOON : dentro de poco, pronto ⟨any day now : cualquier día de estos⟩ ⟨they'll be here any minute now : estarán por caer⟩ **3** : ahora, como están las cosas ⟨do you believe me now? : ¿ahora me crees?⟩ **4** IMMEDIATELY : ahora (mismo), inmediatamente ⟨do it right now! : ¡hazlo ahora mismo!⟩ **5** THEN : ya, entonces ⟨now they were ready : ya estaban listos⟩ **6** (*used to introduce a statement, a question, a command, or a transition*) ⟨now hear this! : ¡presten atención!⟩ ⟨now what do you think of that? : ¿qué piensas de eso?⟩ **7 now and then** : de vez en cuando **8 now, now** : vamos, vamos
now[2] *n* (*indicating the present time*) ⟨until now : hasta ahora⟩ ⟨by now : ya⟩ ⟨ten years from now : dentro de 10 años⟩
now[3] *conj* **now that** : ahora que, ya que
nowadays [ˈnaʊəˌdeɪz] *adv* : hoy en día, actualmente, en la actualidad
nowhere[1] [ˈno:ˌhwɛr] *adv* **1** : en ninguna parte, a ningún lado ⟨nowhere to be found : en ninguna parte, por ningún lado⟩ ⟨you're going nowhere : no estás yendo a ningún lado, no estás yendo a ninguna parte⟩ **2 nowhere near** : ni con mucho, nada cerca ⟨it's nowhere near here : no está nada cerca de aquí⟩
nowhere[2] *n* **1** : ninguna parte *f* **2 out of nowhere** : de la nada
noxious [ˈnɑkʃəs] *adj* : nocivo, dañino, tóxico
nozzle [ˈnɑzəl] *n* : boca *f*
nuance [ˈnu:ˌɑnts, ˈnju:-] *n* : matiz *m*
nub [ˈnʌb] *n* **1** KNOB, LUMP : protuberancia *f*, nudo *m* **2** GIST : quid *m*, meollo *m*
nuclear [ˈnu:kliər, ˈnju:-] *adj* : nuclear
nucleus [ˈnu:kliəs, ˈnju:-] *n, pl* **-clei** [-kliˌaɪ] : núcleo *m*
nude[1] [ˈnu:d, ˈnju:d] *adj* **nuder; nudest** : desnudo
nude[2] *n* : desnudo *m*
nudge[1] [ˈnʌʤ] *vt* **nudged; nudging** : darle con el codo (a alguien)
nudge[2] *n* : toque *m* que se da con el codo
nudism [ˈnu:ˌdɪzəm, ˈnju:-] *n* : nudismo *m*
nudist [ˈnu:dɪst, ˈnju:-] *n* : nudista *mf*
nudity [ˈnu:dət̬i, ˈnju:-] *n* : desnudez *f*
nugget [ˈnʌgət] *n* : pepita *f*
nuisance [ˈnu:sənts, ˈnju:-] *n* **1** BOTHER : fastidio *m*, molestia *f*, lata *f* **2** PEST : pesado *m*, -da *f fam*
nuke[1] [ˈnu:k, ˈnju:k] *n* : arma *m* nuclear
nuke[2] *vt* **nuked; nuking** **1** : atacar con armas nucleares **2** *fam* : cocinar en el microondas
null [ˈnʌl] *adj* : nulo ⟨null and void : nulo y sin efecto⟩
null [ˈnʌl] *adj* : nulo ⟨null and void : nulo y sin efecto⟩
nullify [ˈnʌləˌfaɪ] *vt* **-fied; -fying** : invalidar, anular
nullity [ˈnələt̬i] *n, pl* **-ties** : nulidad *f*
numb[1] [ˈnʌm] *vt* : entumecer, adormecer
numb[2] *adj* : entumecido, dormido ⟨numb with fear : paralizado de miedo⟩
number[1] [ˈnʌmbər] *vt* **1** COUNT, INCLUDE : contar, incluir **2** : numerar ⟨number the pages : numera las páginas⟩ **3** TOTAL : ascender a, sumar
number[2] *n* **1** : número *m* ⟨in round numbers : en números redondos⟩ ⟨telephone number : número de teléfono⟩ **2 a number of** : varios, unos pocos, unos cuantos **3 any number of** : una cantidad de **4 to look out for number one** : pensar ante todo en el propio interés
numberless [ˈnʌmbərləs] *adj* : innumerable, sin número
numbness [ˈnʌmnəs] *n* : entumecimiento *m*
numeral [ˈnu:mərəl, ˈnju:-] *n* : número *m* ⟨Roman numeral : número romano⟩
numerator [ˈnu:məˌreɪt̬ər, ˈnju:-] *n* : numerador *m*
numeric [nʊˈmɛrɪk, njʊ-] *adj* : numérico
numerical [nʊˈmɛrɪkəl, njʊ-] *adj* : numérico — **numerically** [-kli] *adv*

numerous [ˈnuːmərəs, ˈnjuː-] *adj* : numeroso
numismatics [ˌnuːməzˈmæt̬ɪks, ˌnjuː-] *n* : numismática *f*
numskull [ˈnʌmˌskʌl] *n* : tonto *m*, -ta *f*; mentecato *m*, -ta *f*; zoquete *m fam*
nun [ˈnʌn] *n* : monja *f*
nuptial [ˈnʌpʃəl] *adj* : nupcial
nuptials [ˈnʌpʃəlz] *npl* WEDDING : nupcias *fpl*, boda *f*
nurse[1] [ˈnərs] *vt* **nursed; nursing** **1** SUCKLE : amamantar **2** : cuidar (de), atender <to nurse the sick : cuidar a los enfermos> <to nurse a cold : curarse de un resfriado>
nurse[2] *n* **1** : enfermero *m*, -ra *f* **2** → **nursemaid**
nursemaid [ˈnərsˌmeɪd] *n* : niñera *f*
nursery [ˈnərsəri] *n, pl* **-eries** **1** *or* **day nursery** : guardería *f* **2** : vivero *m* (de plantas)
nursing home *n* : hogar *m* de ancianos, clínica *f* de reposo
nurture[1] [ˈnərtʃər] *vt* **-tured; -turing** **1** FEED, NOURISH : nutrir, alimentar **2** EDUCATE : criar, educar **3** FOSTER : alimentar, fomentar
nurture[2] *n* **1** UPBRINGING : crianza *f*, educación *f* **2** FOOD : alimento *m*
nut [ˈnʌt] *n* **1** : nuez *f* **2** : tuerca *f* <nuts and bolts : tuercas y tornillos> **3** LUNATIC : loco *m*, -ca *f*; chiflado *m*, -da *f fam* **4** ENTHUSIAST : fanático *m*, -ca *f*; entusiasta *mf*
nutcracker [ˈnʌtˌkrækər] *n* : cascanueces *m*
nuthatch [ˈnʌtˌhætʃ] *n* : trepador *m*
nutmeg [ˈnʌtˌmɛg] *n* : nuez *f* moscada
nutrient [ˈnuːtriənt, ˈnjuː-] *n* : nutriente *m*, alimento *m* nutritivo
nutriment [ˈnuːtrəmənt, ˈnjuː-] *n* : nutrimento *m*
nutrition [nʊˈtrɪʃən, njʊ-] *n* : nutrición *f*
nutritional [nʊˈtrɪʃənəl, njʊ-] *adj* : alimenticio
nutritious [nʊˈtrɪʃəs, njʊ-] *adj* : nutritivo, alimenticio
nuts [ˈnʌts] *adj* **1** FANATICAL : fanático **2** CRAZY : loco, chiflado *fam*
nutshell [ˈnʌtˌʃɛl] *n* **1** : cáscara *f* de nuez **2 in a nutshell** : en pocas palabras
nutty [ˈnʌt̬i] *adj* **-tier; -tiest** : loco, chiflado *fam*
nuzzle [ˈnʌzəl] *v* **-zled; -zling** *vi* NESTLE : acurrucarse, arrimarse — *vt* : acariciar con el hocico
nylon [ˈnaɪˌlɑn] *n* **1** : nilón *m* **2 nylons** *npl* : medias *fpl* de nilón
nymph [ˈnɪmpf] *n* : ninfa *f*

O

o [ˈoː] *n, pl* **o's** *or* **os** [ˈoːz] **1** : decimoquinta letra del alfabeto inglés **2** ZERO : cero *m*
O [ˈoː] → **oh**
oaf [ˈoːf] *n* : zoquete *m*; bruto *m*, -ta *f*
oafish [ˈoːfɪʃ] *adj* : torpe, lerdo
oak [ˈoːk] *n, pl* **oaks** *or* **oak** : roble *m*
oaken [ˈoːkən] *adj* : de roble
oar [ˈor] *n* : remo *m*
oarlock [ˈorˌlɑk] *n* : tolete *m*, escálamo *m*
oasis [oˈeɪsɪs] *n, pl* **oases** [-ˌsiːz] : oasis *m*
oat [ˈoːt] *n* : avena *f*
oath [ˈoːθ] *n, pl* **oaths** [ˈoːðz, ˈoːθs] **1** : juramento *m* <to take an oath : prestar juramento> **2** SWEARWORD : mala palabra *f*, palabrota *f*
oatmeal [ˈoːtˌmiːl] *n* : avena *f* <instant oatmeal : avena instantánea>
obdurate [ˈɑbdʊrət, -djʊ-] *adj* : inflexible, firme, obstinado
obedience [oˈbiːdiənts] *n* : obediencia *f*
obedient [oˈbiːdiənt] *adj* : obediente — **obediently** *adv*
obelisk [ˈɑbəˌlɪsk] *n* : obelisco *m*
obese [oˈbiːs] *adj* : obeso
obesity [oˈbiːsət̬i] *n* : obesidad *f*
obey [oˈbeɪ] *v* **obeyed; obeying** : obedecer <to obey the law : cumplir la ley>
obfuscate [ˈɑbfəˌskeɪt] *vt* **-cated; -cating** : ofuscar, confundir
obituary [əˈbɪtʃʊˌɛri] *n, pl* **-aries** : obituario *m*, necrología *f*
object[1] [əbˈdʒɛkt] *vt* : objetar — *vi* : oponerse, poner reparos, hacer objeciones
object[2] [ˈɑbdʒɪkt] *n* **1** : objeto *m* **2** OBJECTIVE, PURPOSE : objetivo *m*, propósito *m* **3** : complemento *m* (en gramática)
objection [əbˈdʒɛkʃən] *n* : objeción *f*
objectionable [əbˈdʒɛkʃənəbəl] *adj* : ofensivo, indeseable — **objectionably** [-bli] *adv*
objective[1] [əbˈdʒɛktɪv] *adj* **1** IMPARTIAL : objetivo, imparcial **2** : de complemento, directo (en gramática)
objective[2] *n* **1** : objetivo *m* **2** *or* **objective case** : acusativo *m*
objectively [əbˈdʒɛktɪvli] *adv* : objetivamente
objectivity [ˌɑbˌdʒɛkˈtɪvət̬i] *n, pl* **-ties** : objetividad *f*
obligate [ˈɑbləˌgeɪt] *vt* **-gated; -gating** : obligar
obligation [ˌɑbləˈgeɪʃən] *n* : obligación *f*
obligatory [əˈblɪgəˌtori] *adj* : obligatorio
oblige [əˈblaɪdʒ] *vt* **obliged; obliging** **1** COMPEL : obligar **2** : hacerle un favor (a alguien), complacer <to oblige a friend : hacerle un favor a un amigo>

3 to be much obliged : estar muy agradecido
obliging [ə'blaɪʤɪŋ] *adj* : servicial, complaciente — **obligingly** *adv*
oblique [o'bli:k] *adj* **1** SLANTING : oblicuo **2** INDIRECT : indirecto — **obliquely** *adv*
obliterate [ə'blɪţə,reɪt] *vt* **-ated; -ating 1** ERASE : obliterar, borrar **2** DESTROY : destruir, eliminar
obliteration [ə,blɪţə'reɪʃən] *n* : obliteración *f*
oblivion [ə'blɪviən] *n* : olvido *m*
oblivious [ə'blɪviəs] *adj* : inconsciente — **obliviously** *adv*
oblong[1] ['ɑ,blɔŋ] *adj* : oblongo
oblong[2] *n* : figura *f* oblonga, rectángulo *m*
obnoxious [ɑb'nɑkʃəs, əb-] *adj* : repugnante, odioso — **obnoxiously** *adv*
oboe ['o:,bo:] *n* : oboe *m*
oboist ['o,boɪst] *n* : oboe *mf*
obscene [ɑb'si:n, əb-] *adj* : obsceno, indecente — **obscenely** *adv*
obscenity [ɑb'sɛnəţi, əb-] *n, pl* **-ties** : obscenidad *f*
obscure[1] [ɑb'skjʊr, əb-] *vt* **-scured; -scuring 1** CLOUD, DIM : oscurecer, nublar **2** HIDE : ocultar
obscure[2] *adj* **1** DIM : oscuro **2** REMOTE, SECLUDED : recóndito **3** VAGUE : oscuro, confuso, vago **4** UNKNOWN : desconocido <an obscure poet : un poeta desconocido> — **obscurely** *adv*
obscurity [ɑb'skjʊrəţi, əb-] *n, pl* **-ties** : oscuridad *f*
obsequious [əb'si:kwiəs] *adj* : servil, excesivamente atento
observable [əb'zərvəbəl] *adj* : observable, perceptible
observance [əb'zərvənts] *n* **1** FULFILLMENT : observancia *f*, cumplimiento *m* **2** PRACTICE : práctica *f*
observant [əb'zərvənt] *adj* : observador
observation [,ɑbsər'veɪʃən, -zər-] *n* : observación *f*
observatory [əb'zərvə,tori] *n, pl* **-ries** : observatorio *m*
observe [əb'zərv] *v* **-served; -serving** *vt* **1** OBEY : observar, obedecer **2** CELEBRATE : celebrar, guardar (una práctica religiosa) **3** WATCH : observar, mirar **4** REMARK : observar, comentar — *vi* LOOK : mirar
observer [ɑb'zərvər] *n* : observador *m*, -dora *f*
obsess [əb'sɛs] *vt* : obsesionar
obsession [ɑb'sɛʃən, əb-] *n* : obsesión *f*
obsessive [ɑb'sɛsɪv, əb-] *adj* : obsesivo — **obsessively** *adv*
obsolescence [,ɑbsə'lɛsənts] *n* : obsolescencia *f*
obsolescent [,ɑbsə'lɛsənt] *adj* : obsolescente <to become obsolescent : caer en desuso>
obsolete [,ɑbsə'li:t, 'ɑbsə,-] *adj* : obsoleto, anticuado
obstacle ['ɑbstɪkəl] *n* : obstáculo *m*, impedimento *m*
obstetric [əb'stɛtrɪk] *or* **obstetrical** [-trɪkəl] *adj* : obstétrico
obstetrician [,ɑbstə'trɪʃən] *n* : obstetra *mf*; tocólogo *m*, -ga *f*
obstetrics [əb'stɛtrɪks] *ns & pl* : obstetricia *f*, tocología *f*
obstinacy ['ɑbstənəsi] *n, pl* **-cies** : obstinación *f*, terquedad *f*
obstinate ['ɑbstənət] *adj* : obstinado, terco — **obstinately** *adv*
obstreperous [əb'strɛpərəs] *adj* **1** CLAMOROUS : ruidoso, clamoroso **2** UNRULY : rebelde, indisciplinado
obstruct [əb'strʌkt] *vt* : obstruir, bloquear
obstruction [əb'strʌkʃən] *n* : obstrucción *f*, bloqueo *m*
obstructive [əb'strəktɪv] *adj* : obstructor
obtain [əb'teɪn] *vt* : obtener, conseguir — *vi* PREVAIL : imperar, prevalecer
obtainable [əb'teɪnəbəl] *adj* : obtenible, asequible
obtrude [əb'tru:d] *v* **-truded; -truding** *vt* **1** EXTRUDE : expulsar **2** IMPOSE : imponer — *vi* INTRUDE : inmiscuirse, entrometerse
obtrusive [əb'tru:sɪv] *adj* **1** IMPERTINENT, MEDDLESOME : impertinente, entrometido **2** PROTRUDING : prominente
obtuse [ɑb'tu:s, əb-, -'tju:s] *adj* : obtuso, torpe
obtuse angle *n* : ángulo obtuso
obviate ['ɑbvi,eɪt] *vt* **-ated; -ating** : obviar, evitar
obvious ['ɑbviəs] *adj* : obvio, evidente, manifiesto
obviously ['ɑbviəsli] *adv* **1** CLEARLY : obviamente, evidentemente **2** OF COURSE : claro, por supuesto
occasion[1] [ə'keɪʒən] *vt* : ocasionar, causar
occasion[2] *n* **1** OPPORTUNITY : oportunidad *f*, ocasión *f* **2** CAUSE : motivo *m*, razón *f* **3** INSTANCE : ocasión *f* **4** EVENT : ocasión *f*, acontecimiento *m* **5 on ~** : de vez en cuando, ocasionalmente
occasional [ə'keɪʒənəl] *adj* : ocasional
occasionally [ə'keɪʒənəli] *adv* : de vez en cuando, ocasionalmente
occidental [,ɑksə'dɛntəl] *adj* : oeste, del oeste, occidental
occult[1] [ə'kʌlt, 'ɑ,kʌlt] *adj* **1** HIDDEN, SECRET : oculto, secreto **2** ARCANE : arcano, esotérico
occult[2] *n* **the occult** : las ciencias ocultas
occupancy ['ɑkjəpəntsi] *n, pl* **-cies** : ocupación *f*, habitación *f*
occupant ['ɑkjəpənt] *n* : ocupante *mf*
occupation [,ɑkjə'peɪʃən] *n* : ocupación *f*, profesión *f*, oficio *m*
occupational [,ɑkjə'peɪʃənəl] *adj* : ocupacional
occupy ['ɑkjə,paɪ] *vt* **-pied; -pying** : ocupar
occur [ə'kər] *vi* **occurred; occurring 1** EXIST : encontrarse, existir **2** HAPPEN

: ocurrir, acontecer, suceder, tener lugar **3** : ocurrirse ⟨it occurred to him that . . . : se le ocurrió que . . .⟩

occurrence [ə'kərənts] *n* : acontecimiento *m*, suceso *m*, ocurrencia *f*

ocean ['o:ʃən] *n* : océano *m*

oceanic [ˌo:ʃi'ænɪk] *adj* : oceánico

oceanography [ˌo:ʃə'nɑgrəfi] *n* : oceanografía *f*

ocelot ['ɑsəˌlɑt, 'o:-] *n* : ocelote *m*

ocher *or* **ochre** ['o:kər] *n* : ocre *m*

o'clock [ə'klɑk] *adv* (*used in telling time*) ⟨it's ten o'clock : son las diez⟩ ⟨at six o'clock : a las seis⟩

octagon ['ɑktəˌgɑn] *n* : octágono *m*

octagonal [ɑk'tægənəl] *adj* : octagonal

octave ['ɑktɪv] *n* : octava *f*

October [ɑk'to:bər] *n* : octubre *m*

octopus ['ɑktəˌpʊs, -pəs] *n, pl* **-puses** *or* **-pi** [-ˌpaɪ] : pulpo *m*

ocular ['ɑkjələr] *adj* : ocular

oculist ['ɑkjəlɪst] *n* **1** OPHTHALMOLOGIST : oftalmólogo *m*, -ga *f*; oculista *mf* **2** OPTOMETRIST : optometrista *mf*

odd ['ɑd] *adj* **1** : sin pareja, suelto ⟨an odd sock : un calcetín sin pareja⟩ **2** UNEVEN : impar ⟨odd numbers : números impares⟩ **3** : y pico, y tantos ⟨forty odd years ago : hace cuarenta y pico años⟩ **4** : alguno, uno que otro ⟨odd jobs : algunos trabajos⟩ **5** STRANGE : extraño, raro

oddball ['ɑdˌbɔl] *n* : excéntrico *m*, -ca *f*; persona *f* rara

oddity ['ɑdət̬i] *n, pl* **-ties** : rareza *f*, cosa *f* rara

oddly ['ɑdli] *adv* : de manera extraña

oddness ['ɑdnəs] *n* : rareza *f*, excentricidad *f*

odds ['ɑdz] *npl* **1** CHANCES : probabilidades *fpl* **2** : puntos *mpl* de ventaja (de una apuesta) **3 to be at odds** : estar en desacuerdo

odds and ends *npl* : costillas *fpl*, cosas *fpl* sueltas, cachivaches *mpl*

ode ['o:d] *n* : oda *f*

odious ['o:diəs] *adj* : odioso — **odiously** *adv*

odor ['o:dər] *n* : olor *m*

odorless ['o:dərləs] *adj* : inodoro, sin olor

odorous ['o:dərəs] *adj* : oloroso

odyssey ['ɑdəsi] *n, pl* **-seys** : odisea *f*

o'er ['or] → **over**

of ['ʌv, 'ɑv] *prep* **1** FROM : de ⟨a man of the city : un hombre de la ciudad⟩ **2** (*indicating a quality or characteristic*) : de ⟨a woman of great ability : una mujer de gran capacidad⟩ ⟨a boy of twelve : un niño de doce años⟩ ⟨her husband of 30 years : su marido, con quien lleva 30 años de casada⟩ **3** (*describing behavior*) : de parte de (alguien) ⟨that was very nice of you : fue muy amable de tu parte⟩ **4** (*indicating cause*) : de ⟨he died of the flu : murió de la gripe⟩ **5** BY : de ⟨the works of Shakespeare : las obras de Shakespeare⟩ **6** (*indicating contents, material, or quantity*) : de ⟨a house of wood : una casa de madera⟩ ⟨a glass of water : un vaso de agua⟩ ⟨thousands of people : miles de personas⟩ **7** (*indicating belonging or connection*) : de ⟨the front of the house : el frente de la casa⟩ ⟨a friend of mine : un amigo mío⟩ ⟨the President of the United States : el presidente de los Estados Unidos⟩ ⟨the best of intentions : las mejores intenciones⟩ **8** (*indicating belonging to a group*) : de ⟨one of my friends : uno de mis amigos⟩ ⟨the four of us went : fuimos los cuatro⟩ ⟨two of which : dos de los/las cuales⟩ **9** ABOUT : sobre, de ⟨tales of the West : los cuentos del Oeste⟩ **10** (*indicating a particular example*) : de ⟨the city of Caracas : la ciudad de Caracas⟩ **11** FOR : por, a ⟨love of country : amor por la patria⟩ **12** (*indicating time or date*) ⟨five minutes of ten : las diez menos cinco⟩ ⟨the eighth of April : el ocho de abril⟩

off[1] ['ɔf] *adv* **1** (*indicating change of position or state*) ⟨to march off : marcharse⟩ ⟨he dozed off : se puso a dormir⟩ **2** (*indicating distance in space or time*) ⟨some miles off : a varias millas⟩ ⟨the holiday is three weeks off : faltan tres semanas para la fiesta⟩ **3** (*indicating removal*) ⟨the knob came off : se le cayó el pomo⟩ **4** (*indicating termination*) ⟨shut the television off : apaga la televisión⟩ **5** (*indicating suspension of work*) ⟨to take a day off : tomarse un día de descanso⟩ **6 off and on** : de vez en cuando

off[2] *adj* **1** FARTHER : más remoto, distante ⟨the off side of the building : el lado distante del edificio⟩ **2** STARTED : empezado ⟨to be off on a spree : irse de juerga⟩ **3** OUT : apagado ⟨the light is off : la luz está apagada⟩ **4** CANCELED : cancelado, suspendido **5** INCORRECT : erróneo, incorrecto **6** REMOTE : remoto, lejano ⟨an off chance : una posibilidad remota⟩ **7** FREE : libre ⟨I'm off today : hoy estoy libre⟩ **8 to be well off** : vivir con desahogo, tener bastante dinero

off[3] *prep* **1** (*indicating physical separation*) : de ⟨she took it off the table : lo tomó de la mesa⟩ ⟨a shop off the main street : una tienda al lado de la calle principal⟩ **2** : a la costa de, a expensas de ⟨he lives off his sister : vive a expensas de su hermana⟩ **3** (*indicating the suspension of an activity*) ⟨to be off duty : estar libre⟩ ⟨he's off liquor : ha dejado el alcohol⟩ **4** BELOW : por debajo de ⟨he's off his game : está por debajo de su juego normal⟩

offal ['ɔfəl] *n* **1** RUBBISH, WASTE : desechos *mpl*, desperdicios *mpl* **2** VISCERA : vísceras *fpl*, asaduras *fpl*

offend [ə'fɛnd] *vt* **1** VIOLATE : violar, atentar contra **2** HURT : ofender ⟨to be easily offended : ser muy susceptible⟩

offender [ə'fɛndər] *n* : delincuente *mf*; infractor *m*, -tora *f*

offense *or* **offence** [ə'fɛnts, 'ɔ,fɛnts] *n* **1** INSULT : ofensa *f*, injuria *f*, agravio *m* ⟨to take offense : ofenderse⟩ **2** ASSAULT : ataque *m* **3** : ofensiva *f* (en deportes) **4** CRIME, INFRACTION : infracción *f*, delito *m*

offensive[1] [ə'fɛntsɪv, 'ɔ,fɛnt-] *adj* : ofensivo — **offensively** *adv*

offensive[2] *n* : ofensiva *f*

offer[1] ['ɔfər] *vt* **1** : ofrecer ⟨they offered him the job : le ofrecieron el puesto⟩ **2** PROPOSE : proponer, sugerir **3** SHOW : ofrecer, mostrar ⟨to offer resistance : ofrecer resistencia⟩

offer[2] *n* : oferta *f*, ofrecimiento *m*, propuesta *f*

offering ['ɔfərɪŋ] *n* : ofrenda *f*

offhand[1] ['ɔf'hænd] *adv* : sin preparación, sin pensarlo

offhand[2] *adj* **1** IMPROMPTU : improvisado **2** ABRUPT : brusco

office ['ɔfəs] *n* **1** : cargo *m* ⟨to run for office : presentarse como candidato⟩ **2** : oficina *f*, despacho *m*, gabinete *m* (en la casa) ⟨office hours : horas de oficina⟩

officeholder ['ɔfəs,ho:ldər] *n* : titular *mf*

officer ['ɔfəsər] *n* **1** *or* **police officer** : policía *mf*, agente *mf* de policía **2** OFFICIAL : oficial *mf*; funcionario *m*, -ria *f*; director *m*, -tora *f* (en una empresa) **3** COMMISSIONED OFFICER : oficial *mf*

official[1] [ə'fɪʃəl] *adj* : oficial — **officially** *adv*

official[2] *n* : funcionario *m*, -ria *f*; oficial *mf*

officiate [ə'fɪʃi,eɪt] *v* **-ated; -ating** *vi* **1** : arbitrar (en deportes) **2 to officiate at** : oficiar, celebrar — *vt* : arbitrar

officious [ə'fɪʃəs] *adj* : oficioso

offing ['ɔfɪŋ] *n* **in the offing** : en perspectiva

offset ['ɔf,sɛt] *vt* **-set; -setting** : compensar

offshoot ['ɔf,ʃu:t] *n* **1** OUTGROWTH : producto *m*, resultado *m* **2** BRANCH, SHOOT : retoño *m*, rama *f*, vástago *m* (de una planta)

offshore[1] ['ɔf'ʃor] *adv* : a una distancia de la costa

offshore[2] *adj* **1** : de (la) tierra ⟨an offshore wind : un viento que sopla de tierra⟩ **2** : (de) costa afuera, cercano a la costa ⟨an offshore island : una isla costera⟩

offspring ['ɔf,sprɪŋ] *ns & pl* **1** YOUNG : crías *fpl* (de los animales) **2** PROGENY : prole *f*, progenie *f*

off–white ['ɔf'*h*waɪt] *adj* : blancuzco

often ['ɔfən, 'ɔftən] *adv* : muchas veces, a menudo, seguido

oftentimes ['ɔfən,taɪmz, 'ɔftən-] *or* **ofttimes** ['ɔft,taɪms] → **often**

ogle ['o:gəl] *vt* **ogled; ogling** : comerse con los ojos, quedarse mirando a

ogre ['o:gər] *n* : ogro *m*

oh ['o:] *interj* : ¡oh!, ¡ah!, ¡ay! ⟨oh, of course : ah, por supuesto⟩ ⟨oh no! : ¡ay no!⟩ ⟨oh really? : ¿de veras?⟩

ohm ['o:m] *n* : ohm *m*, ohmio *m*

oil[1] ['ɔɪl] *vt* : lubricar, engrasar, aceitar

oil[2] *n* **1** : aceite *m* **2** PETROLEUM : petróleo *m* **3** *or* **oil painting** : óleo *m*, pintura *f* al óleo **4** *or* **oil paint(s)** : óleo *m*

oilcloth ['ɔɪl,klɔθ] *n* : hule *m*

oiliness ['ɔɪlinəs] *n* : lo aceitoso

oilskin ['ɔɪl,skɪn] *n* **1** : hule *m* **2 oilskins** *npl* : impermeable *m*

oily ['ɔɪli] *adj* **oilier; -est** : aceitoso, grasiento, grasoso ⟨oily fingers : dedos grasientos⟩

ointment ['ɔɪntmənt] *n* : ungüento *m*, pomada *f*

OK[1] [,o:'keɪ] *vt* **OK'd** *or* **okayed** [,o:'keɪd]; **OK'ing** *or* **okaying** APPROVE, AUTHORIZE : dar el visto bueno a, autorizar, aprobar

OK[2] *or* **okay** [,o:'keɪ] *adv* **1** WELL : bien **2** YES : sí, por supuesto

OK[3] *adj* : bien ⟨he's OK : está bien⟩ ⟨it's OK with me : estoy de acuerdo⟩

OK[4] *n* : autorización *f*, visto *m* bueno

okra ['o:krə, *South also* -kri] *n* : quingombó *m*

old[1] ['o:ld] *adj* **1** ANCIENT : antiguo ⟨old civilizations : civilizaciones antiguas⟩ **2** FAMILIAR : viejo ⟨old friends : viejos amigos⟩ ⟨the same old story : la misma historia de siempre⟩ **3** (*indicating a certain age*) ⟨how old is he? : ¿cuántos años tiene?⟩ ⟨he's ten years old : tiene diez años (de edad)⟩ **4** AGED : viejo, anciano ⟨an old woman : una anciana⟩ **5** FORMER : antiguo ⟨her old neighborhood : su antiguo barrio⟩ **6** WORN-OUT : viejo, gastado **7 any old** *fam* : cualquier

old[2] *n* **1 the old** : los viejos, los ancianos **2 in the days of old** : antaño, en los tiempos antiguos

olden ['o:ldən] *adj* : de antaño, de antigüedad

old–fashioned ['o:ld'fæʃənd] *adj* : anticuado, pasado de moda

old maid *n* **1** SPINSTER : soltera *f* **2** FUSSBUDGET : maniático *m*, -ca *f*; melindroso *m*, -sa *f*

Old Testament *n* : Antiguo Testamento *m*

old–time ['o:ld'taɪm] *adj* : antiguo

old–timer ['o:ld'taɪmər] *n* **1** VETERAN : veterano *m*, -na *f* **2** *or* **oldster** : anciano *m*, -na *f*

old–world ['o:ld'wərld] *adj* : pintoresco (de antaño)

oleander ['o:li,ændər] *n* : adelfa *f*

oleomargarine [,o:lio'mɑrʤərən] → **margarine**

olfactory [ɑl'fæktəri, ol-] *adj* : olfativo

oligarchy ['ɑlə,gɑrki, 'o:lə-] *n, pl* **-chies** : oligarquía *f*

olive [ˈɑlɪv, -ləv] *n* **1** : aceituna *f*, oliva *f* (fruta) **2** : olivo *m* (árbol) **3** *or* **olive green** : color *m* aceituna, verde *m* oliva

Olmec [ˈɑlˌmɛk, ˈoːl-] *n* : olmeca *mf* — **Olmec** *adj*

Olympic [əˈlɪmpɪk, o-] *adj* : olímpico

Olympic Games *npl* : Juegos *mpl* Olímpicos

Olympics [əˈlɪmpɪks, o-] *npl* : olimpiadas *fpl*

Omani [oˈmɑni, -ˈmæ-] *n* : omaní *mf* — **Omani** *adj*

ombudsman [ˈɑmˌbʊdzmən, ɑm-ˈbʊdz-] *n, pl* **-men** [-mən, -ˌmɛn] : ombudsman *m*

omelet *or* **omelette** [ˈɑmlət, ˈɑmə-] *n* : omelette *mf*, tortilla *f* (de huevo)

omen [ˈoːmən] *n* : presagio *m*, augurio *m*, agüero *m*

ominous [ˈɑmənəs] *adj* : ominoso, agorero, de mal agüero

ominously [ˈɑmənəsli] *adv* : de manera amenazadora

omission [oˈmɪʃən] *n* : omisión *f*

omit [oˈmɪt] *vt* **omitted; omitting** **1** LEAVE OUT : omitir, excluir **2** NEGLECT : omitir 〈they omitted to tell us : omitieron decírnoslo〉

omnipotence [ɑmˈnɪpət̬ənts] *n* : omnipotencia *f* — **omnipotent** [ɑmˈnɪpət̬ənt] *adj*

omnipresent [ˌɑmnɪˈprɛzənt] *adj* : omnipresente

omniscient [ɑmˈnɪʃənt] *adj* : omnisciente

omnivorous [ɑmˈnɪvərəs] *adj* **1** : omnívoro **2** AVID : ávido, voraz

on[1] [ˈɑn, ˈɔn] *adv* **1** (*indicating contact with a surface*) 〈put the top on : pon la tapa〉 〈he has a hat on : lleva un sombrero puesto〉 **2** (*indicating forward movement*) 〈from that moment on : a partir de ese momento〉 〈farther on : más adelante〉 **3** (*indicating operation or an operating position*) 〈turn the light on : prende la luz〉

on[2] *adj* **1** (*being in operation*) 〈the radio is on : el radio está prendido〉 **2** (*taking place*) 〈the game is on : el juego ha comenzado〉 **3 to be on to** : estar enterado de

on[3] *prep* **1** (*indicating location or position*) : en, sobre, encima de 〈on the table : en/sobre la mesa, encima de la mesa〉 〈shadows on the wall : sombras en la pared〉 〈on foot/horseback : a pie/caballo〉 〈on one's hands and knees : a gatas〉 〈she kissed him on the cheek : lo besó en la mejilla〉 〈on page 102 : en la página 102〉 〈on a web site : en un sitio web〉 **2** BY, BESIDE : junto a, al lado de 〈a house on the lake : una casa junto al lago〉 **3** AT, TO : a 〈it's on the right : está a la derecha〉 **4** ABOARD, IN : en, a 〈on the plane : en el avión〉 〈he got on the train : subió al tren〉 **5** (*indicating time*) 〈she worked on Saturdays : trabajaba los sábados〉 〈every hour on the hour : cada hora en punto〉 **6** (*indicating means or agency*) : por 〈he cut himself on a tin can : se cortó con una lata〉 〈to talk on the telephone : hablar por teléfono〉 **7** (*indicating source*) : de 〈to live on a salary : vivir de un sueldo〉 〈it runs on diesel : funciona con diesel〉 〈based on fact : basado en hechos reales〉 **8** ACCORDING TO : de, según 〈on good authority : de buena fuente〉 **9** (*indicating a state or process*) : en 〈on fire : en llamas〉 〈on the increase : en aumento〉 〈on sale : rebajado〉 **10** (*indicating connection or membership*) : en 〈on a committee : en una comisión〉 **11** (*indicating an activity*) 〈on vacation : de vacaciones〉 〈on a diet : a dieta〉 **12** ABOUT, CONCERNING : sobre 〈a book on insects : un libro sobre insectos〉 〈reflect on that : reflexiona sobre eso〉 **13** : tomando 〈to be on medication : tomar medicamentos〉 〈to be on drugs : drogarse〉 **14 on it** *fam* 〈don't worry—I'm on it : no te preocupes, yo me encargo de eso〉 **15 on one** : encima 〈I don't have it on me : no lo llevo/tengo encima〉 **16 on someone** : por cuenta de alguien 〈drinks are on the house : invita la casa〉

once[1] [ˈwʌnts] *adv* **1** : una vez 〈once a month : una vez al mes〉 〈once and for all : de una vez por todas〉 **2** EVER : alguna vez **3** FORMERLY : antes, anteriormente

once[2] *adj* FORMER : antiguo

once[3] *n* **1** : una vez **2 at ~** SIMULTANEOUSLY : al mismo tiempo, simultáneamente **3 at ~** IMMEDIATELY : inmediatamente, en seguida

once[4] *conj* : una vez que, tan pronto como

once–over [ˌwʌntsˈoːvər, ˈwʌntsˌ-] *n* **to give someone the once–over** : echarle un vistazo a alguien

oncoming [ˈɑnˌkʌmɪŋ, ˈɔn-] *adj* : que viene

one[1] [ˈwʌn] *adj* **1** (*being a single unit*) : un, una 〈he only wants one apple : sólo quiere una manzana〉 **2** (*being a particular one*) : un, una 〈he arrived early one morning : llegó temprano una mañana〉 **3** (*being the same*) : mismo, misma 〈they're all members of one team : todos son miembros del mismo equipo〉 〈one and the same thing : la misma cosa〉 **4** SOME : alguno, alguna; un, una 〈I'll see you again one day : algún día te veré otra vez〉 〈at one time or another : en una u otra ocasión〉

one[2] *n* **1** : uno *m* (número) **2** (*indicating the first of a set or series*) 〈from day one : desde el primer momento〉 **3** (*indicating a single person or thing*) 〈the one (girl) on the right : la de la derecha〉 〈he has the one but needs the other : tiene uno pero necesita el otro〉

one[3] *pron* **1** : uno, una ⟨one of his friends : una de sus amigas⟩ ⟨one never knows : uno nunca sabe, nunca se sabe⟩ ⟨to cut one's finger : cortarse el dedo⟩ **2 one and all :** todos, todo el mundo **3 one another :** el uno al otro, se ⟨they loved one another : se amaban⟩ **4 that one :** aquél, aquella **5 which one? :** ¿cuál?

one–on–one [wʌnɔnˈwʌn, -ɑn-] *adj* : uno a uno — **one–on–one** *adv*

onerous [ˈɑnərəs, ˈoːnə-] *adj* : oneroso, gravoso

oneself [ˌwʌnˈsɛlf] *pron* **1** (*used reflexively or for emphasis*) : se, sí mismo, uno mismo ⟨to control oneself : controlarse⟩ ⟨to talk to oneself : hablarse a sí mismo⟩ ⟨to do it oneself : hacérselo uno mismo⟩ **2 by ~ :** solo

one–sided [ˈwʌnˈsaɪdəd] *adj* **1** : de un solo lado **2** LOPSIDED : asimétrico **3** BIASED : parcial, tendencioso **4** UNILATERAL : unilateral

onetime [ˈwʌnˈtaɪm] *adj* FORMER : antiguo

one–way [ˈwʌnˈweɪ] *adj* **1** : de sentido único, de una sola dirección ⟨a one-way street : una calle de sentido único⟩ **2** : de ida, sencillo ⟨a one-way ticket : un boleto de ida⟩

ongoing [ˈɑnˌgoːɪŋ] *adj* **1** CONTINUING : en curso, corriente **2** DEVELOPING : en desarrollo

onion [ˈʌnjən] *n* : cebolla *f*

online [ˈɔnˈlaɪn, ˈɑn-] *adj* : en línea

onlooker [ˈɔnˌlʊkər, ˈɑn-] *n* : espectador *m*, -dora *f*, circunstante *mf*

only[1] [ˈoːnli] *adv* **1** MERELY : sólo, solamente, nomás ⟨for only two dollars : por tan sólo dos dólares⟩ ⟨only once : sólo una vez, no más de una vez⟩ ⟨I only did it to help : lo hice por ayudar nomás⟩ **2** SOLELY : únicamente, sólo, solamente ⟨only he knows it : solamente él lo sabe⟩ ⟨only because you asked me to : sólo porque tú me lo pediste⟩ **3** ASSUMING : sólo, solamente ⟨I'll go only if he goes with me : iré sólo si él me acompaña⟩ **4** (*indicating a result*) ⟨it will only cause him problems : no hará más que crearle problemas⟩ **5** (*used for emphasis*) ⟨I only hope it will work! : ¡espero que resulte!⟩ **6** (*indicating that something was recent*) ⟨it seems like only yesterday : parece que fue ayer⟩ **7 if only** : ojalá, por lo menos ⟨if only it were true! : ¡ojalá sea cierto!⟩ ⟨if he could only dance : si por lo menos pudiera bailar⟩ **8 not only . . . but also . . . :** no sólo . . . sino también **9 only just** BARELY : apenas ⟨we've only just begun : acabamos de empezar⟩ ⟨I only just missed the flight : perdí el vuelo por un pelo⟩

only[2] *adj* : único ⟨an only child : un hijo único⟩ ⟨the only chance : la única oportunidad⟩

only[3] *conj* BUT : pero ⟨I would go, only I'm sick : iría, pero estoy enfermo⟩

onset [ˈɑnˌsɛt] *n* : comienzo *m*, llegada *f*

onslaught [ˈɑnˌslɔt, ˈɔn-] *n* : arremetida *f*, embestida *f*, embate *m*

onto [ˈɑnˌtuː, ˈɔn-] *prep* : sobre

onus [ˈoːnəs] *n* : responsabilidad *f*, carga *f*

onward[1] [ˈɑnwərd, ˈɔn-] *or* **onwards** *adv* FORWARD : adelante, hacia adelante

onward[2] *adj* : hacia adelante

onyx [ˈɑnɪks] *n* : ónix *m*

ooze[1] [ˈuːz] *v* **oozed; oozing** *vi* : rezumar — *vt* **1** : rezumar **2** EXUDE : irradiar, rebosar ⟨to ooze confidence : irradiar confianza⟩

ooze[2] *n* SLIME : cieno *m*, limo *m*

opacity [oˈpæsət̬i] *n, pl* **-ties** : opacidad *f*

opal [ˈoːpəl] *n* : ópalo *m*

opaque [oˈpeɪk] *adj* **1** : opaco **2** UNCLEAR : poco claro

open[1] [ˈoːpən] *vt* **1** : abrir ⟨open the door : abre la puerta⟩ ⟨open your books : abran sus libros⟩ **2** UNCOVER : abrir, destapar (una botella, etc.) **3** UNFOLD : abrir, desplegar **4** CLEAR : abrir (un camino, etc.) **5** INAUGURATE : abrir (una tienda), inaugurar (una exposición, etc.) **6** INITIATE : iniciar, entablar, abrir ⟨to open the meeting : abrir la sesión⟩ ⟨to open a discussion : entablar un debate⟩ ⟨to open a document : abrir un documento⟩ **7 to open fire (on)** : abrir fuego (sobre) **8 to open up** : abrir — *vi* **1** : abrirse **2** BEGIN : empezar, comenzar **3 to open onto** : dar a **4 to open up** : abrirse **5 to open up** : abrir (dícese de una empresa, etc.)

open[2] *adj* **1** : abierto ⟨an open window : una ventana abierta⟩ **2** FRANK : abierto, franco, directo ⟨to be open with : ser sincero/franco con⟩ **3** UNCOVERED : abierto, descubierto ⟨an open box : una caja abierta⟩ **4** EXTENDED : abierto, extendido ⟨with open arms : con los brazos abiertos⟩ **5** UNRESTRICTED : libre, abierto ⟨in the open air : al aire libre⟩ ⟨open to the public : abierto al público⟩ ⟨open admission : entrada libre⟩ ⟨an open letter : una carta abierta⟩ **6** : abierto (dícese de una tienda, etc.) **7** UNDECIDED : pendiente, por decidir, sin resolver ⟨an open question : una cuestión pendiente⟩ **8** AVAILABLE : vacante, libre ⟨the job is open : el puesto está vacante⟩ **9** EXPOSED, VULNERABLE : expuesto, vulnerable ⟨he has left himself open to criticism : se ha expuesto a las críticas⟩ ⟨to be open to abuse : prestarse al abuso⟩ ⟨to be open to doubt/question : ser discutible⟩

open[3] *n* **in the open 1** OUTDOORS : al aire libre **2** KNOWN : conocido, sacado a la luz

open–air [ˈoːpənˈær] *adj* OUTDOOR : al aire libre
open–and–shut [ˈoːpənəndˈʃʌt] *adj* : claro, evidente ⟨an open-and-shut case : un caso muy claro⟩
opener [ˈoːpənər] *n* : destapador *m*, abrelatas *m*, abridor *m*
openhanded [ˌoːpənˈhændəd] *adj* : generoso, liberal
openhearted [ˌoːpənˈhɑrṭəd] *adj* **1** FRANK : franco, sincero **2** : generoso, de gran corazón
opening [ˈoːpənɪŋ] *n* **1** BEGINNING : comienzo *m*, principio *m*, apertura *f* **2** APERTURE : abertura *f*, brecha *f*, claro *m* (en el bosque) **3** OPPORTUNITY : oportunidad *f*
openly [ˈoːpənli] *adv* **1** FRANKLY : abiertamente, francamente **2** PUBLICLY : públicamente, declaradamente
openness [ˈoːpənnəs] *n* : franqueza *f*
opera [ˈɑprə, ˈɑpərə] *n* **1** : ópera *f* **2** → **opus**
opera glasses *npl* : gemelos *mpl* de teatro
operate [ˈɑpəˌreɪt] *v* **-ated; -ating** *vi* **1** ACT, FUNCTION : operar, funcionar, actuar **2 to operate on (someone)** : operar a (alguien) — *vt* **1** WORK : operar, manejar, hacer funcionar (una máquina) **2** MANAGE : manejar, administrar (un negocio)
operatic [ˌɑpəˈræṭɪk] *adj* : operístico
operation [ˌɑpəˈreɪʃən] *n* **1** FUNCTIONING : funcionamiento *m* **2** USE : uso *m*, manejo *m* (de máquinas) **3** SURGERY : operación *f*, intervención *f* quirúrgica
operational [ˌɑpəˈreɪʃənəl] *adj* : operacional, de operación
operative [ˈɑpərəṭɪv, -ˌreɪ-] *adj* **1** OPERATING : vigente, en vigor **2** WORKING : operativo **3** SURGICAL : quirúrgico
operator [ˈɑpəˌreɪṭər] *n* : operador *m*, -dora *f*
operetta [ˌɑpəˈrɛṭə] *n* : opereta *f*
ophthalmologist [ˌɑfˌθælˈmɑləʤɪst, -θəˈmɑ-] *n* : oftalmólogo *m*, -ga *f*
ophthalmology [ˌɑfˌθælˈmɑləʤi, -θəˈmɑ-] *n* : oftalmología *f*
opiate [ˈoːpiət, -piˌeɪt] *n* : opiato *m*
opinion [əˈpɪnjən] *n* : opinión *f*
opinionated [əˈpɪnjəˌneɪṭəd] *adj* : testarudo, dogmático
opium [ˈoːpiəm] *n* : opio *m*
opossum [əˈpɑsəm] *n* : zarigüeya *f*, oposum *m*
opponent [əˈpoːnənt] *n* : oponente *mf*; opositor *m*, -tora *f*; contrincante *mf* (en deportes)
opportune [ˌɑpərˈtuːn, -ˈtjuːn] *adj* : oportuno — **opportunely** *adv*
opportunist [ˌɑpərˈtuːnɪst, -ˈtjuː-] *n* : oportunista *mf*
opportunistic [ˌɑpərtuˈnɪstɪk, -tju-] *adj* : oportunista *mf*
opportunity [ˌɑpərˈtuːnəṭi, -ˈtjuː-] *n, pl* **-ties** : oportunidad *f*, ocasión *f*, chance *m*, posibilidades *fpl*
oppose [əˈpoːz] *vt* **-posed; -posing** **1** : ir en contra de, oponerse a ⟨good opposes evil : el bien se opone al mal⟩ **2** COMBAT : luchar contra, combatir, resistir
opposite[1] [ˈɑpəzət] *adv* : enfrente
opposite[2] *adj* **1** FACING : de enfrente ⟨the opposite side : el lado de enfrente⟩ **2** CONTRARY : opuesto, contrario ⟨in opposite directions : en direcciones contrarias⟩ ⟨the opposite sex : el sexo opuesto, el otro sexo⟩
opposite[3] *n* : lo contrario, lo opuesto
opposite[4] *prep* : enfrente de, frente a
opposition [ˌɑpəˈzɪʃən] *n* **1** : oposición *f*, resistencia *f* **2 in opposition to** AGAINST : en contra de
oppress [əˈprɛs] *vt* **1** PERSECUTE : oprimir, perseguir **2** BURDEN : oprimir, agobiar
oppression [əˈprɛʃən] *n* : opresión *f*
oppressive [əˈprɛsɪv] *adj* **1** HARSH : opresivo, severo **2** STIFLING : agobiante, sofocante ⟨oppressive heat : calor sofocante⟩
oppressor [əˈprɛsər] *n* : opresor *m*, -sora *f*
opprobrium [əˈproːbriəm] *n* : oprobio *m*
opt [ˈɑpt] *vi* : optar
optic [ˈɑptɪk] *or* **optical** [-tɪkəl] *adj* : óptico
optical disk *n* : disco *m* óptico
optician [ɑpˈtɪʃən] *n* : óptico *m*, -ca *f*
optics [ˈɑptɪks] *npl* : óptica *f*
optimal [ˈɑptəməl] *adj* : óptimo
optimism [ˈɑptəˌmɪzəm] *n* : optimismo *m*
optimist [ˈɑptəmɪst] *n* : optimista *mf*
optimistic [ˌɑptəˈmɪstɪk] *adj* : optimista
optimistically [ˌɑptəˈmɪstɪkli] *adv* : con optimismo, positivamente
optimum[1] [ˈɑptəməm] *adj* → **optimal**
optimum[2] *n, pl* **-ma** [ˈɑptəmə] : lo óptimo, lo ideal
option [ˈɑpʃən] *n* : opción *f* ⟨she has no option : no tiene más remedio⟩
optional [ˈɑpʃənəl] *adj* : facultativo, optativo
optometrist [ɑpˈtɑmətrɪst] *n* : optometrista *mf*
optometry [ɑpˈtɑmətri] *n* : optometría *f*
opulence [ˈɑpjələnts] *n* : opulencia *f*
opulent [ˈɑpjələnt] *adj* : opulento
opus [ˈoːpəs] *n, pl* **opera** [ˈoːpərə, ˈɑpə-] : opus *m*, obra *f* (de música)
or [ˈɔr] *conj* **1** (*indicating an alternative*) : o (**u** *before words beginning with o or ho*) ⟨coffee or tea : café o té⟩ ⟨one day or another : un día u otro⟩ **2** (*following a negative*) : ni ⟨he didn't have his keys or his wallet : no llevaba ni sus llaves ni su billetera⟩
oracle [ˈɔrəkəl] *n* : oráculo *m*
oral [ˈorəl] *adj* : oral — **orally** *adv*
orange [ˈɔrɪnʤ] *n* **1** : naranja *f*, china *f* *PRi* (fruto) **2** : naranja *m* (color), color *m* de china *PRi*

orangeade [ˌɔrɪnʤˈeɪd] *n* : naranjada *f*

orangutan [əˈræŋəˌtæŋ, -ˈræŋgə-, -ˌtæn] *n* : orangután *m*

oration [əˈreɪʃən] *n* : oración *f*, discurso *m*

orator [ˈɔrəṭər] *n* : orador *m*, -dora *f*

oratorio [ˌɔrəˈtoriˌoː] *n, pl* **-rios** : oratorio *m*

oratory [ˈɔrəˌtori] *n, pl* **-ries** : oratoria *f*

orb [ˈɔrb] *n* : orbe *m*

orbit[1] [ˈɔrbət] *vt* **1** CIRCLE : girar alrededor de, orbitar **2** : poner en órbita (un satélite, etc.) — *vi* : orbitar

orbit[2] *n* : órbita *f*

orbital [ˈɔrbəṭəl] *adj* : orbital

orchard [ˈɔrʧərd] *n* : huerto *m*

orchestra [ˈɔrkəstrə] *n* : orquesta *f*

orchestral [ɔrˈkɛstrəl] *adj* : orquestal

orchestrate [ˈɔrkəˌstreɪt] *vt* **-trated; -trating 1** : orquestar, instrumentar (en música) **2** ORGANIZE : arreglar, organizar

orchestration [ˌɔrkəˈstreɪʃən] *n* : orquestación *f*

orchid [ˈɔrkɪd] *n* : orquídea *f*

ordain [ɔrˈdeɪn] *vt* **1** : ordenar (en religión) **2** DECREE : decretar, ordenar

ordeal [ɔrˈdiːl, ˈɔrˌdiːl] *n* : prueba *f* dura, experiencia *f* terrible

order[1] [ˈɔrdər] *vt* **1** ORGANIZE : arreglar, ordenar, poner en orden **2** COMMAND : ordenar, mandar **3** REQUEST : pedir, encargar ⟨to order a meal : pedir algo de comer⟩ — *vi* : hacer un pedido

order[2] *n* **1** : orden *f* ⟨a religious order : una orden religiosa⟩ **2** COMMAND : orden *f*, mandato *m* ⟨to give an order : dar una orden⟩ ⟨to give the order to do something : dar orden de hacer algo⟩ ⟨by order of : por orden de⟩ **3** REQUEST : orden *f*, pedido *m* ⟨purchase order : orden de compra⟩ ⟨to place/take an order : hacer/tomar un pedido⟩ ⟨to be on order : estar pedido⟩ **4** SERVING : porción *f*, ración *f* ⟨an order of fries : una porción de papas fritas⟩ **5** ARRANGEMENT : orden *m* ⟨in chronological order : por orden cronológico⟩ ⟨out of order : desordenado⟩ ⟨everything seems to be in order : parece que todo está en orden⟩ **6** DISCIPLINE : orden *m* ⟨law and order : el orden público⟩ ⟨to keep order : mantener el orden⟩ **7 in order for** : para que ⟨in order for this to work : para que esto funcione⟩ **8 in order that** : para que ⟨in order that others might live : para que otros puedan vivir⟩ **9 in order to** : para **10 in (working) order** : funcionando **11 out of order** BROKEN : descompuesto, averiado **12 orders** *npl or* **holy orders** : órdenes *fpl* sagradas

orderliness [ˈɔrdərlinəs] *n* : orden *m*

orderly[1] [ˈɔrdərli] *adj* **1** METHODICAL : ordenado, metódico **2** PEACEFUL : pacífico, disciplinado

orderly[2] *n, pl* **-lies 1** : ordenanza *m* (en el ejército) **2** : camillero *m* (en un hospital)

ordinal [ˈɔrdənəl] *n or* **ordinal number** : ordinal *m*, número *m* ordinal

ordinance [ˈɔrdənənts] *n* : ordenanza *f*, reglamento *m*

ordinarily [ˌɔrdənˈɛrəli] *adv* : ordinariamente, por lo general

ordinary [ˈɔrdənˌɛri] *adj* **1** NORMAL, USUAL : normal, usual **2** AVERAGE : común y corriente, normal **3** MEDIOCRE : mediocre, ordinario

ordination [ˌɔrdənˈeɪʃən] *n* : ordenación *f*

ordnance [ˈɔrdnənts] *n* : artillería *f*

ore [ˈor] *n* : mineral *m* (metalífero), mena *f*

oregano [əˈrɛgəˌnoː] *n* : orégano *m*

organ [ˈɔrgən] *n* **1** : órgano *m* (instrumento) **2** : órgano *m* (del cuerpo) **3** PERIODICAL : publicación *f* periódica, órgano *m*

organic [ɔrˈgænɪk] *adj* : orgánico — **organically** *adv*

organism [ˈɔrgəˌnɪzəm] *n* : organismo *m*

organist [ˈɔrgənɪst] *n* : organista *mf*

organization [ˌɔrgənəˈzeɪʃən] *n* **1** ORGANIZING : organización *f* **2** BODY : organización *f*, organismo *m*

organizational [ˌɔrgənəˈzeɪʃənəl] *adj* : organizativo

organize [ˈɔrgəˌnaɪz] *vt* **-nized; -nizing** : organizar, arreglar, poner en orden

organizer [ˈɔrgəˌnaɪzər] *n* : organizador *m*, -dora *f*

orgasm [ˈɔrˌgæzəm] *n* : orgasmo *m*

orgy [ˈɔrʤi] *n, pl* **-gies** : orgía *f*

orient [ˈoriˌɛnt] *vt* : orientar

Orient *n* **the Orient** : el Oriente

oriental [ˌoriˈɛntəl] *adj* : del Oriente, oriental

Oriental *n* : oriental *mf*

orientation [ˌoriənˈteɪʃən] *n* : orientación *f*

orifice [ˈɔrəfəs] *n* : orificio *m*

origin [ˈɔrəʤən] *n* **1** ANCESTRY : origen *m*, ascendencia *f* **2** SOURCE : origen *m*, raíz *f*, fuente *f*

original[1] [əˈrɪʤənəl] *adj* : original

original[2] *n* : original *m*

originality [əˌrɪʤəˈnæləṭi] *n* : originalidad *f*

originally [əˈrɪʤənəli] *adv* **1** AT FIRST : al principio, originariamente **2** CREATIVELY : originalmente, con originalidad

originate [əˈrɪʤəˌneɪt] *v* **-nated; -nating** *vt* : originar, iniciar, crear — *vi* **1** BEGIN : originarse, empezar **2** COME : provenir, proceder, derivarse

originator [əˈrɪʤəˌneɪṭər] *n* : creador *m*, -dora *f*; inventor *m*, -tora *f*

oriole [ˈoriˌoːl, -iəl] *n* : oropéndola *f*

ornament[1] [ˈɔrnəmənt] *vt* : adornar, decorar, ornamentar

ornament[2] *n* : ornamento *m*, adorno *m*, decoración *f*

ornamental [ˌɔrnəˈmɛntəl] *adj* : ornamental, de adorno, decorativo
ornamentation [ˌɔrnəmənˈteɪʃən, -mɛn-] *n* : ornamentación *f*
ornate [ɔrˈneɪt] *adj* : elaborado, recargado
ornery [ˈɔrnəri, ˈɑrnəri] *adj* **ornerier; -est** : de mal genio, malhumorado
ornithologist [ˌɔrnəˈθɑləʤɪst] *n* : ornitólogo *m*, -ga *f*
ornithology [ˌɔrnəˈθɑləʤi] *n, pl* **-gies** : ornitología *f*
orphan[1] [ˈɔrfən] *vt* : dejar huérfano
orphan[2] *n* : huérfano *m*, -na *f*
orphanage [ˈɔrfənɪʤ] *n* : orfelinato *m*, orfanato *m*
orthodontics [ˌɔrθəˈdɑntɪks] *n* : ortodoncia *f*
orthodontist [ˌɔrθəˈdɑntɪst] *n* : ortodoncista *mf*
orthodox [ˈɔrθəˌdɑks] *adj* : ortodoxo
orthodoxy [ˈɔrθəˌdɑksi] *n, pl* **-doxies** : ortodoxia *f*
orthographic [ˌɔrθəˈgræfɪk] *adj* : ortográfico
orthography [ɔrˈθɑgrəfi] *n, pl* **-phies** SPELLING : ortografía *f*
orthopedic [ˌɔrθəˈpiːdɪk] *adj* : ortopédico
orthopedics [ˌɔrθəˈpiːdɪks] *ns & pl* : ortopedia *f*
orthopedist [ˌɔrθəˈpiːdɪst] *n* : ortopedista *mf*
oscillate [ˈɑsəˌleɪt] *vi* **-lated; -lating** : oscilar
oscillation [ˌɑsəˈleɪʃən] *n* : oscilación *f*
osmosis [ɑzˈmoːsɪs, ɑs-] *n* : ósmosis *f*, osmosis *f*
osprey [ˈɑspri, -ˌpreɪ] *n* : pigargo *m*
ostensible [ɑˈstɛn*t*səbəl] *adj* APPARENT : aparente, ostensible — **ostensibly** [-bli] *adv*
ostentation [ˌɑstənˈteɪʃən] *n* : ostentación *f*, boato *m*
ostentatious [ˌɑstənˈteɪʃəs] *adj* : ostentoso — **ostentatiously** *adv*
osteopath [ˈɑstiəˌpæθ] *n* : osteópata *f*
osteopathy [ˌɑstiˈɑpəθi] *n* : osteopatía *f*
osteoporosis [ˌɑstiopəˈroːsɪs] *n, pl* **-roses** [-ˌsiːz] : osteoporosis *f*
ostracism [ˈɑstrəˌsɪzəm] *n* : ostracismo *m*
ostracize [ˈɑstrəˌsaɪz] *vt* **-cized; -cizing** : condenar al ostracismo, marginar, aislar
ostrich [ˈɑstrɪʧ, ˈɔs-] *n* : avestruz *m*
other[1] [ˈʌðər] *adv* **other than** : aparte de, fuera de
other[2] *adj* : otro ⟨the other boys : los otros muchachos⟩ ⟨smarter than other people : más inteligente que los demás⟩ ⟨on the other hand : por otra parte, por otro lado⟩ ⟨every other day : cada dos días⟩
other[3] *pron* **1** : otro, otra ⟨one in front of the other : uno tras otro⟩ ⟨either one or the other : uno u otro, una u otra⟩ ⟨myself and three others : yo y tres otros/más⟩ ⟨from one extreme to the other : de un extremo al otro⟩ ⟨somewhere or other : en alguna parte⟩ ⟨somehow or other : de alguna manera⟩ **2 the others** : los otros, las otras, los/las demás
otherwise[1] [ˈʌðərˌwaɪz] *adv* **1** DIFFERENTLY : de otro modo, de manera distinta ⟨he could not act otherwise : no pudo actuar de manera distinta⟩ **2** : eso aparte, por lo demás ⟨I'm dizzy, but otherwise I'm fine : estoy mareado pero, por lo demás, estoy bien⟩ **3** OR ELSE : de lo contrario, si no ⟨do what I tell you, otherwise you'll be sorry : haz lo que te digo, de lo contrario, te arrepentirás⟩
otherwise[2] *adj* : diferente, distinto ⟨the facts are otherwise : la realidad es diferente⟩
otter [ˈɑt̬ər] *n* : nutria *f*
Ottoman [ˈɑt̬əmən] *n* **1** : otomano *m*, -na *f* **2** : otomana *f* (mueble) — **Ottoman** *adj*
ouch [ˈaʊʧ] *interj* : ¡ay!, ¡huy!
ought [ˈɔt] *v aux* : deber ⟨you ought to take care of yourself : deberías cuidarte⟩
oughtn't [ˈɔtənt] *contraction of* **ought not** → **ought**
ounce [ˈaʊn*t*s] *n* : onza *f*
our [ˈɑr, ˈaʊr] *adj* : nuestro
ours [ˈaʊrz, ˈɑrz] *pron* : nuestro, nuestra ⟨a cousin of ours : un primo nuestro⟩
ourselves [ɑrˈsɛlvz, aʊr-] *pron* **1** (*used reflexively*) : nos, nosotros ⟨we amused ourselves : nos divertimos⟩ ⟨we were always thinking of ourselves : siempre pensábamos en nosotros⟩ **2** (*used for emphasis*) : nosotros mismos, nosotras mismas ⟨we did it ourselves : lo hicimos nosotros mismos⟩
oust [ˈaʊst] *vt* : desbancar, expulsar
ouster [ˈaʊstər] *n* : expulsión *f* (de un país, etc.), destitución *f* (de un puesto)
out[1] [ˈaʊt] *vi* : revelarse, hacerse conocido
out[2] *adv* **1** (*indicating direction or movement*) OUTSIDE : para afuera ⟨she opened the door and looked out : abrió la puerta y miró para afuera⟩ ⟨he went out to the garden : salió al jardín⟩ ⟨she took the dog out : sacó al perro⟩ **2** (*indicating location*) OUTSIDE : fuera, afuera ⟨out in the garden : afuera en el jardín⟩ ⟨it's sunny out : hace sol⟩ ⟨your shirt is hanging out : tienes la camisa afuera⟩ **3** (*indicating outward movement*) ⟨they flew out yesterday : salieron ayer (en avión)⟩ ⟨out to sea : mar adentro⟩ **4** (*indicating distance*) ⟨they live out in the country : viven en el campo⟩ **5** (*indicating omission*) ⟨you left out a comma : omitiste una coma⟩ ⟨count me out : no cuentes conmigo⟩ **6** (*indicating removal, loss, or incorrect placement*) ⟨they voted him out : no lo reeligieron⟩ ⟨his hair is falling out : se le está cayendo el pelo⟩ ⟨she threw out her shoulder : se lastimó el hombro⟩

7 (*indicating drawing from a group*) ⟨she picked out a shirt : escogió una camisa⟩ **8** (*indicating a location away from home or work*) : fuera, afuera ⟨to eat out : comer afuera⟩ ⟨he asked her out : la invitó a salir⟩ **9** (*indicating loss of control or possession*) ⟨they let the secret out : sacaron el secreto a la luz⟩ **10** (*indicating ending or stopping*) ⟨his money ran out : se le acabó el dinero⟩ ⟨to turn out the light : apagar la luz⟩ **11** (*indicating completion*) ⟨to fill out a form : rellenar un formulario⟩ **12** ALOUD : en voz alta, en alto ⟨to cry out : gritar⟩ **13** UNCONSCIOUS : inconsciente **14** : abiertamente homosexual **15** → **out-of-bounds** **16 to be out for** : estar buscando (venganza, etc.) **17 to be out to** : querer (vengarse, etc.) ⟨he's out to get me : me la tiene jurada⟩

out[3] *adj* **1** EXTERNAL : externo, exterior **2** OUTLYING : alejado, distante ⟨the out islands : las islas distantes⟩ **3** ABSENT : ausente **4** UNFASHIONABLE : fuera de moda **5** EXTINGUISHED : apagado

out[4] *prep* **1** (*used to indicate an outward movement*) : por ⟨I looked out the window : miré por la ventana⟩ ⟨she ran out the door : corrió por la puerta⟩ **2** → **out of**

out–and–out [ˈaʊtənˈaʊt] *adj* UTTER : redomado, absoluto

outboard motor [ˈaʊtˌbord] *n* : motor *m* fuera de borde

outbound [ˈaʊtˌbaʊnd] *adj* : que sale, de salida

outbreak [ˈaʊtˌbreɪk] *n* : brote *m* (de una enfermedad), comienzo *m* (de guerra), ola *f* (de violencia), erupción *f* (de granos)

outbuilding [ˈaʊtˌbɪldɪŋ] *n* : edificio *m* anexo

outburst [ˈaʊtˌbərst] *n* : arranque *m*, arrebato *m*

outcast [ˈaʊtˌkæst] *n* : marginado *m*, -da *f*; paria *mf*

outcome [ˈaʊtˌkʌm] *n* : resultado *m*, desenlace *m*, consecuencia *f*

outcrop [ˈaʊtˌkrɑp] *n* : afloramiento *m*

outcry [ˈaʊtˌkraɪ] *n, pl* **-cries** : clamor *m*, protesta *f*

outdated [ˌaʊtˈdeɪṭəd] *adj* : anticuado, fuera de moda

outdistance [ˌaʊtˈdɪstənts] *vt* **-tanced; -tancing** : aventajar, dejar atrás

outdo [ˌaʊtˈdu:] *vt* **-did** [-ˈdɪd]; **-done** [-ˈdʌn]; **-doing; -does** [-ˈdʌz] : superar

outdoor [ˈaʊtˈdor] *adj* : al aire libre ⟨outdoor sports : deportes al aire libre⟩ ⟨outdoor clothing : ropa de calle⟩

outdoors[1] [ˈaʊtˈdorz] *adv* : afuera, al aire libre

outdoors[2] *n* : aire *m* libre

outer [ˈaʊṭər] *adj* **1** : exterior, externo **2 outer space** : espacio *m* exterior

outermost [ˈaʊṭərˌmo:st] *adj* : más remoto, más exterior, extremo

outfield [ˈaʊtˌfi:ld] *n* **the outfield** : los jardines

outfielder [ˈaʊtˌfi:ldər] *n* : jardinero *m*, -ra *f*

outfit[1] [ˈaʊtˌfɪt] *vt* **-fitted; -fitting** EQUIP : equipar

outfit[2] *n* **1** EQUIPMENT : equipo *m* **2** COSTUME, ENSEMBLE : traje *m*, conjunto *m* **3** GROUP : conjunto *m*

outgo [ˈaʊtˌgo:] *n, pl* **outgoes** : gasto *m*

outgoing [ˈaʊtˌgo:ɪŋ] *adj* **1** OUTBOUND : que sale **2** DEPARTING : saliente ⟨an outgoing president : un presidente saliente⟩ **3** EXTROVERTED : extrovertido, expansivo

outgrow [ˌaʊtˈgro:] *vt* **-grew** [-ˈgru:]; **-grown** [-ˈgro:n]; **-growing** **1** : crecer más que ⟨that tree outgrew all the others : ese árbol creció más que todos los otros⟩ **2 to outgrow one's clothes** : quedarle pequeña la ropa a uno

outgrowth [ˈaʊtˌgro:θ] *n* **1** OFFSHOOT : brote *m*, vástago *m* (de una planta) **2** CONSEQUENCE : consecuencia *f*, producto *m*, resultado *m*

outing [ˈaʊṭɪŋ] *n* : excursión *f*

outlandish [aʊtˈlændɪʃ] *adj* : descabellado, muy extraño

outlast [ˌaʊtˈlæst] *vt* : durar más que

outlaw[1] [ˈaʊtˌlɔ] *vt* : hacerse ilegal, declarar fuera de la ley, prohibir

outlaw[2] *n* : bandido *m*, -da *f*; bandolero *m*, -ra *f*; forajido *m*, -da *f*

outlay [ˈaʊtˌleɪ] *n* : gasto *m*, desembolso *m*

outlet [ˈaʊtˌlɛt, -lət] *n* **1** EXIT : salida *f*, escape *m* ⟨electrical outlet : toma de corriente⟩ **2** RELIEF : desahogo *m* **3** MARKET : mercado *m*, salida *f*

outline[1] [ˈaʊtˌlaɪn] *vt* **-lined; -lining** **1** SKETCH : diseñar, esbozar, bosquejar **2** DEFINE, EXPLAIN : perfilar, delinear, explicar ⟨she outlined our responsibilities : delineó nuestras responsabilidades⟩

outline[2] *n* **1** PROFILE : perfil *m*, silueta *f*, contorno *m* **2** SKETCH : bosquejo *m*, boceto *m* **3** SUMMARY : esquema *m*, resumen *m*, sinopsis *m* ⟨an outline of world history : un esquema de la historia mundial⟩

outlive [ˌaʊtˈlɪv] *vt* **-lived; -living** : sobrevivir a

outlook [ˈaʊtˌlʊk] *n* **1** VIEW : vista *f*, panorama *f* **2** POINT OF VIEW : punto *m* de vista **3** PROSPECTS : perspectivas *fpl*

outlying [ˈaʊtˌlaɪɪŋ] *adj* : alejado, distante, remoto ⟨the outlying areas : las afueras⟩

outmoded [ˌaʊtˈmo:dəd] *adj* : pasado de moda, anticuado

outnumber [ˌaʊtˈnʌmbər] *vt* : superar en número a, ser más numeroso de

out of *prep* **1** (*indicating direction or movement from within*) : de, por ⟨we ran out of the house : salimos corriendo de la casa⟩ ⟨to look out of the window : mirar por la ventana⟩ **2** (*being beyond the limits of*) ⟨out of control : fuera de control⟩ ⟨to be out of sight : desaparecer de vista⟩ **3** OF : de ⟨one out of four : uno de cada cuatro⟩ **4** (*indicating absence or loss*) : sin ⟨out of money : sin dinero⟩ ⟨we're out of matches : nos hemos quedado sin fósforos⟩ **5** BECAUSE OF : por ⟨out of curiosity : por curiosidad⟩ **6** FROM : de ⟨made out of plastic : hecho de plástico⟩

out–of–date [ˌaʊt̬əvˈdeɪt] *adj* : anticuado, obsoleto, pasado de moda

out–of–door [ˌaʊt̬əvˈdor] *or* **out–of–doors** [-ˈdorz] → **outdoor**

out–of–doors *n* → **outdoors**[2]

outpatient [ˈaʊtˌpeɪʃənt] *n* : paciente *m* externo, paciente *f* externa

outpost [ˈaʊtˌpoːst] *n* : puesto *m* avanzado

output[1] [ˈaʊtˌpʊt] *vt* **-putted** *or* **-put; -putting** : producir

output[2] *n* : producción *f* (de una fábrica), rendimiento *m* (de una máquina), productividad *f* (de una persona)

outrage[1] [ˈaʊtˌreɪʤ] *vt* **-raged; -raging** **1** INSULT : ultrajar, injuriar **2** INFURIATE : indignar, enfurecer

outrage[2] *n* **1** ATROCITY : atropello *m*, atrocidad *f*, atentado *m* **2** SCANDAL : escándalo *m* **3** ANGER : ira *f*, furia *f*

outrageous [ˌaʊtˈreɪʤəs] *adj* **1** SCANDALOUS : escandaloso, ofensivo, atroz **2** UNCONVENTIONAL : poco convencional, extravagante **3** EXORBITANT : exorbitante, excesivo (dícese de los precios, etc.)

outright[1] [ˌaʊtˈraɪt] *adv* **1** COMPLETELY : por completo, totalmente ⟨to sell outright : vender por completo⟩ ⟨he refused it outright : lo rechazó rotundamente⟩ **2** DIRECTLY : directamente, sin reserva **3** INSTANTLY : al instante, en el acto

outright[2] [ˈaʊtˌraɪt] *adj* **1** COMPLETE : completo, absoluto, categórico ⟨an outright lie : una mentira absoluta⟩ **2** : sin reservas ⟨an outright gift : un regalo sin reservas⟩

outset [ˈaʊtˌsɛt] *n* : comienzo *m*, principio *m*

outshine [ˌaʊtˈʃaɪn] *vt* **-shone** [-ˈʃoːn, -ˈʃɑn] *or* **-shined; -shining** : eclipsar

outside[1] [ˌaʊtˈsaɪd, ˈaʊtˌ-] *adv* : fuera, afuera

outside[2] *adj* **1** : exterior, externo ⟨the outside edge : el borde exterior⟩ ⟨outside influences : influencias externas⟩ **2** REMOTE : remoto ⟨an outside chance : una posibilidad remota⟩

outside[3] *n* **1** EXTERIOR : parte *f* de afuera, exterior *m* **2** MOST : máximo *m* ⟨three weeks at the outside : tres semanas como máximo⟩ **3 from the outside** : desde afuera, desde fuera

outside[4] *prep* : fuera de, afuera de ⟨outside my window : fuera de mi ventana⟩ ⟨outside regular hours : fuera del horario normal⟩ ⟨outside the law : afuera de la ley⟩

outside of *prep* **1** → **outside**[4] **2** → **besides**[2]

outsider [ˌaʊtˈsaɪdər] *n* : forastero *m*, -ra *f*

outskirts [ˈaʊtˌskərts] *npl* : afueras *fpl*, alrededores *mpl*

outsmart [ˌaʊtˈsmɑrt] → **outwit**

outspoken [ˌaʊtˈspoːkən] *adj* : franco, directo

outstanding [ˌaʊtˈstændɪŋ] *adj* **1** UNPAID : pendiente **2** NOTABLE : destacado, notable, excepcional, sobresaliente

outstandingly [ˌaʊtˈstændɪŋli] *adv* : excepcionalmente

outstretched [ˌaʊtˈstrɛʧt] *adj* : extendido

outstrip [ˌaʊtˈstrɪp] *vt* **-stripped** *or* **-stript** [-ˈstrɪpt]; **-stripping** **1** : aventajar, dejar atrás ⟨he outstripped the other runners : aventajó a los otros corredores⟩ **2** SURPASS : aventajar, sobrepasar

outward[1] [ˈaʊtwərd] *or* **outwards** [-wərdz] *adv* : hacia afuera, hacia el exterior

outward[2] *adj* **1** : hacia afuera ⟨an outward flow : un flujo hacia afuera⟩ **2** : externo ⟨outward beauty : belleza externa⟩

outwardly [ˈaʊtwərdli] *adv* **1** EXTERNALLY : exteriormente **2** APPARENTLY : aparentemente ⟨outwardly friendly : aparentemente simpático⟩

outwit [ˌaʊtˈwɪt] *vt* **-witted; -witting** : ser más listo que

ova → **ovum**

oval[1] [ˈoːvəl] *adj* : ovalado, oval

oval[2] *n* : óvalo *m*

ovarian [oˈværiən] *adj* : ovárico

ovary [ˈoːvəri] *n, pl* **-ries** : ovario *m*

ovation [oˈveɪʃən] *n* : ovación *f*

oven [ˈʌvən] *n* : horno *m*

over[1] [ˈoːvər] *adv* **1** (*indicating movement across*) ⟨he flew over to London : voló a Londres⟩ ⟨come on over! : ¡ven acá!⟩ ⟨we crossed over to the other side : cruzamos al otro lado⟩ **2** (*indicating movement from an upright position*) ⟨to fall over : caerse⟩ ⟨to push someone over : tirar a alguien al suelo⟩ **3** (*indicating reversal of position*) ⟨to turn/flip something over : darle la vuelta a algo, voltear algo⟩ ⟨roll over, please : date la vuelta, por favor⟩ **4** (*indicating an additional amount*) ⟨the show ran 10 minutes over : el espectáculo terminó 10 minutos tarde⟩ ⟨there's a lot of food left over : sobra/queda mucha comida⟩ ⟨women 65 and over : mujeres de 65 años en adelante⟩ ⟨parties of six or over : grupos de seis o más⟩ **5** (*indicating a later time*) ⟨to sleep over : quedarse a dormir⟩ ⟨some money to tide him over : un poco de dinero para sacarlo del apuro⟩ **6** (*indicating covering*) ⟨the sky clouded over : se nubló⟩ **7** THOROUGHLY : bien ⟨read it over : léelo bien⟩ **8** ABOVE, OVERHEAD : por encima **9** (*indicating repetition*) ⟨over and over : una y otra vez⟩ ⟨to start over : volver a empezar⟩ ⟨twice over : dos veces⟩ ⟨many times over : muchas veces⟩ **10 all over** EVERYWHERE : por todas partes **11 over (and done) with** ⟨I want to get this over (and done) with : quiero quitarme esto de encima⟩ **12 over and out** (*in radio transmissions*) : cambio y corto/fuera, corto y cambio

over[2] *adj* **1** HIGHER, UPPER : superior **2** REMAINING : sobrante, que sobra **3** ENDED : terminado, acabado ⟨the work is over : el trabajo está terminado⟩

over[3] *prep* **1** ABOVE : encima de, arriba de, sobre ⟨over the fireplace : encima de la chimenea⟩ ⟨the hawk flew over the hills : el halcón voló sobre los cerros⟩ **2** : más de ⟨over $50 : más de $50⟩ **3** ALONG : por, sobre ⟨to glide over the ice : deslizarse sobre el hielo⟩ **4** (*indicating motion through a place or thing*) ⟨they showed me over the house : me mostraron la casa⟩ **5** ACROSS : por encima de, sobre ⟨he jumped over the ditch : saltó por encima de la zanja⟩ ⟨we crossed over the border : cruzamos la frontera⟩ **6** BEYOND : más allá de ⟨just over that hill : un poco más allá de esa colina⟩ **7** OFF : por ⟨she fell over the side of the boat : se cayó por la borda del barco⟩ **8** (*indicating direction*) : por ⟨it's over here somewhere : está por acá⟩ ⟨look over there! : ¡mira allí!⟩ **9** UPON : sobre ⟨a cape over my shoulders : una capa sobre los hombros⟩ ⟨she hit him over the head : le dio en la cabeza⟩ **10** ON : por ⟨to speak over the phone : hablar por teléfono⟩ ⟨over the radio : por la radio⟩ **11** DURING : en, durante ⟨over the past 25 years : durante los últimos 25 años⟩ **12** PAST, THROUGH : terminado con ⟨we're over the worst of it : hemos pasado lo peor⟩ **13** BECAUSE OF : por ⟨they fought over the money : se pelearon por el dinero⟩ ⟨to laugh over something : reírse por algo⟩ **14** CONCERNING : sobre **15** (*indicating comparison*) ⟨to be an improvement over : ser mejor que⟩ ⟨to choose one thing over another : elegir una cosa en lugar de otra⟩ ⟨to have an advantage over : tener una ventaja sobre⟩ **16** DESPITE : a pesar de (objeciones, etc.) **17** (*indicating omission*) ⟨to skip over something : saltarse algo⟩ **18** (*referring to power or authority*) : por encima de, sobre ⟨those over you : los que están por encima de ti⟩ ⟨to have control over : tener control sobre⟩ **19 all over** ⟨there was water all over the floor : había agua por todo el suelo⟩ ⟨all over the place : por todas partes⟩ **20 over and above** : además de

overabundance [ˌoːvərəˈbʌndənts] *n* : superabundancia *f*

overabundant [ˌoːvərəˈbʌndənt] *adj* : superabundante

overactive [ˌoːvərˈæktɪv] *adj* : hiperactivo

overall [ˌoːvərˈɔl] *adj* : total, global, de conjunto

overalls [ˈoːvərˌɔlz] *npl* : overol *m*

overawe [ˌoːvərˈɔ] *vt* **-awed; -awing** : intimidar, impresionar

overbearing [ˌoːvərˈbærɪŋ] *adj* : dominante, imperioso, prepotente

overblown [ˌoːvərˈbloːn] *adj* **1** INFLATED : inflado, exagerado **2** BOMBASTIC : grandilocuente, rimbombante

overboard [ˈoːvərˌbord] *adv* : por la borda, al agua

overburden [ˌoːvərˈbərdən] *vt* : sobrecargar, agobiar

overcast [ˈoːvərˌkæst] *adj* CLOUDY : nublado

overcharge [ˌoːvərˈʧɑrʤ] *vt* **-charged; -charging** : cobrarle de más (a alguien)

overcoat [ˈoːvərˌkoːt] *n* : abrigo *m*

overcome [ˌoːvərˈkʌm] *v* **-came** [-ˈkeɪm]; **-come; -coming** *vt* **1** CONQUER : vencer, derrotar, superar **2** OVERWHELM : abrumar, agobiar — *vi* : vencer

overconfidence [ˌoːvərˈkɑnfədənts] *n* : exceso *m* de confianza

overconfident [ˌoːvərˈkɑnfədənt] *adj* : demasiado confiado

overcook [ˌoːvərˈkʊk] *vt* : recocer, cocer demasiado

overcrowded [ˌoːvərˈkraʊdəd] *adj* **1** PACKED : abarrotado, atestado de gente **2** OVERPOPULATED : superpoblado

overdo [ˌoːvərˈduː] *vt* **-did** [-ˈdɪd]; **-done** [-ˈdʌn]; **-doing; -does** [-ˈdʌz] **1** : hacer demasiado **2** EXAGGERATE : exagerar **3** OVERCOOK : recocer

overdose [ˈoːvərˌdoːs] *n* : sobredosis *f*

overdraft [ˈoːvərˌdræft] *n* : sobregiro *m*, descubierto *m*

overdraw [ˌoːvərˈdrɔ] *vt* **-drew** [-ˈdruː]; **-drawn** [-ˈdrɔn]; **-drawing** **1** : sobregirar ⟨my account is overdrawn : tengo la cuenta en descubierto⟩ **2** EXAGGERATE : exagerar

overdue [ˌoːvərˈduː] *adj* **1** UNPAID : vencido y sin pagar **2** TARDY : de retraso, tardío

overeat [ˌoːvərˈiːt] *vi* **-ate** [-ˈeɪt]; **-eaten** [-ˈiːtən]; **-eating** : comer demasiado

overelaborate [ˌoːvərɪˈlæbərət] *adj* : recargado

overestimate [ˌoːvərˈɛstəˌmeɪt] *vt* **-mated; -mating** : sobreestimar

overexcited [ˌoːvərɪkˈsaɪṭəd] *adj* : sobreexcitado

overexpose [ˌo:vərɪk'spo:z] *vt* **-posed; -posing** : sobreexponer
overfeed [ˌo:vər'fi:d] *vt* **-fed** [-'fɛd]; **-feeding** : sobrealimentar
overflow[1] [ˌo:vər'flo:] *vt* **1** : desbordar **2** INUNDATE : inundar — *vi* : desbordarse, rebosar
overflow[2] ['o:vərˌflo:] *n* **1** : derrame *m*, desbordamiento *m* (de un río) **2** SURPLUS : exceso *m*, excedente *m*
overfly [ˌo:vər'flaɪ] *vt* **-flew** [-'flu:]; **-flown** [-'flo:n]; **-flying** : sobrevolar
overgrown [ˌo:vər'gro:n] *adj* **1** : cubierto ⟨overgrown with weeds : cubierto de malas hierbas⟩ **2** : demasiado grande
overhand[1] ['o:vərˌhænd] *adv* : por encima de la cabeza
overhand[2] *adj* : por lo alto (tirada)
overhang[1] [ˌo:vər'hæŋ] *v* **-hung** [-'hʌŋ]; **-hanging** *vt* **1** : sobresalir por encima de **2** THREATEN : amenazar — *vi* : sobresalir
overhang[2] ['o:vərˌhæŋ] *n* : saliente *mf*
overhaul [ˌo:vər'hɔl] *vt* **1** : revisar ⟨to overhaul an engine : revisar un motor⟩ **2** OVERTAKE : adelantar
overhead[1] [ˌo:vər'hɛd] *adv* : por encima, arriba, por lo alto
overhead[2] ['o:vərˌhɛd] *adj* : de arriba
overhead[3] ['o:vərˌhɛd] *n* : gastos *mpl* generales
overhear [ˌo:vər'hɪr] *vt* **-heard; -hearing** : oír por casualidad
overheat [ˌo:vər'hi:t] *vt* : recalentar, sobrecalentar, calentar demasiado
overjoyed [ˌo:vər'ʤɔɪd] *adj* : rebosante de alegría
overkill ['o:vərˌkɪl] *n* : exceso *m*, excedente *m*
overland[1] ['o:vərˌlænd, -lənd] *adv* : por tierra
overland[2] *adj* : terrestre, por tierra
overlap[1] [ˌo:vər'læp] *v* **-lapped; -lapping** *vt* : traslapar — *vi* : traslaparse, solaparse
overlap[2] ['o:vərˌlæp] *n* : traslapo *m*
overlay[1] [ˌo:vər'leɪ] *vt* **-laid** [-'leɪd]; **-laying** : recubrir, revestir
overlay[2] ['o:vərˌleɪ] *n* : revestimiento *m*
overload [ˌo:vər'lo:d] *vt* : sobrecargar
overlong [ˌo:vər'lɔŋ] *adj* : excesivamente largo, largo y pesado
overlook [ˌo:vər'lʊk] *vt* **1** INSPECT : inspeccionar, revisar **2** : tener vista a, dar a ⟨a house overlooking the valley : una casa que tiene vista al valle⟩ **3** MISS : pasar por alto **4** EXCUSE : dejar pasar, disculpar
overly ['o:vərli] *adv* : demasiado
overnight[1] [ˌo:vər'naɪt] *adv* **1** : por la noche, durante la noche **2** : de la noche a la mañana ⟨we can't do it overnight : no podemos hacerlo de la noche a la mañana⟩
overnight[2] ['o:vər'naɪt] *adj* **1** : de noche ⟨an overnight stay : una estancia de una noche⟩ ⟨an overnight bag : una bolsa de viaje⟩ **2** SUDDEN : repentino
overpass ['o:vərˌpæs] *n* : paso *m* elevado, paso *m* a desnivel *Mex*
overpopulated [ˌo:vər'pɑpjəˌleɪt̬əd] *adj* : sobrepoblado
overpower [ˌo:vər'paʊər] *vt* **1** CONQUER, SUBDUE : vencer, superar **2** OVERWHELM : abrumar, agobiar ⟨overpowered by the heat : sofocado por el calor⟩
overpraise [ˌo:vər'preɪz] *vt* **-praised; -praising** : adular
overrate [ˌo:vər'reɪt] *vt* **-rated; -rating** : sobrevalorar, sobrevaluar
override [ˌo:vər'raɪd] *vt* **-rode** [-'ro:d]; **-ridden** [-'rɪdən]; **-riding** **1** : predominar sobre, contar más que ⟨hunger overrode our manners : el hambre predominó sobre los modales⟩ **2** ANNUL : anular, invalidar ⟨to override a veto : anular un veto⟩
overrule [ˌo:vər'ru:l] *vt* **-ruled; -ruling** : anular (una decisión), desautorizar (una persona), denegar (un pedido)
overrun [ˌo:vər'rʌn] *v* **-ran** [-'ræn]; **-running** *vt* **1** INVADE : invadir **2** INFEST : infestar, plagar **3** EXCEED : exceder, rebasar — *vi* : rebasar el tiempo previsto
overseas[1] [ˌo:vər'si:z] *adv* : en el extranjero ⟨to travel overseas : viajar al extranjero⟩
overseas[2] ['o:vərˌsi:z] *adj* : extranjero, exterior
oversee [ˌo:vər'si:] *vt* **-saw** [-'sɔ]; **-seen** [-'si:n]; **-seeing** SUPERVISE : supervisar
overseer ['o:vərˌsi:ər] *n* : supervisor *m*, -sora *f*; capataz *mf*
overshadow [ˌo:vər'ʃæˌdo:] *vt* **1** DARKEN : oscurecer, ensombrecer **2** ECLIPSE, OUTSHINE : eclipsar
overshoe ['o:vərˌʃu:] *n* : chanclo *m*
overshoot [ˌo:vər'ʃu:t] *vt* **-shot** [-'ʃɑt]; **-shooting** : pasarse de ⟨to overshoot the mark : pasarse de la raya⟩
oversight ['o:vərˌsaɪt] *n* : descuido *m*, inadvertencia *f*
oversleep [ˌo:vər'sli:p] *vi* **-slept** [-'slɛpt]; **-sleeping** : no despertarse a tiempo, quedarse dormido
overspread [ˌo:vər'sprɛd] *vt* **-spread; -spreading** : extenderse sobre
overstaffed [ˌo:vər'stæft] *adj* : con exceso de personal
overstate [ˌo:vər'steɪt] *vt* **-stated; -stating** EXAGGERATE : exagerar
overstatement [ˌo:vər'steɪtmənt] *n* : exageración *f*
overstep [ˌo:vər'stɛp] *vt* **-stepped; -stepping** EXCEED : sobrepasar, traspasar, exceder
overt [o'vərt, 'o:ˌvərt] *adj* : evidente, manifiesto, patente
overtake [ˌo:vər'teɪk] *vt* **-took** [-'tʊk]; **-taken** [-'teɪkən]; **-taking** : pasar, adelantar, rebasar *Mex*
overthrow[1] [ˌo:vər'θro:] *vt* **-threw** [-'θru:]; **-thrown** [-'θro:n]; **-throwing** **1** OVERTURN : dar la vuelta a, volcar **2** DE-

FEAT, TOPPLE : derrocar, derribar, deponer
overthrow[2] [ˈoːvərˌθroː] *n* : derrocamiento *m*, caída *f*
overtime [ˈoːvərˌtaɪm] *n* **1** : horas *fpl* extras (de trabajo) **2** : prórroga *f* (en deportes)
overtly [oˈvərtli, ˈoːˌvərt-] *adv* OPENLY : abiertamente
overtone [ˈoːvərˌtoːn] *n* **1** : armónico *m* (en música) **2** HINT, SUGGESTION : tinte *m*, insinuación *f*
overture [ˈoːvərˌʧʊr, -ʧər] *n* **1** PROPOSAL : propuesta *f* **2** : obertura *f* (en música)
overturn [ˌoːvərˈtərn] *vt* **1** UPSET : dar la vuelta a, volcar **2** NULLIFY : anular, invalidar — *vi* TURN OVER : volcar, dar un vuelco
overuse [ˌoːvərˈjuːz] *vt* **-used; -using** : abusar de
overview [ˈoːvərˌvjuː] *n* : resumen *m*, visión *f* general
overweening [ˌoːvərˈwiːnɪŋ] *adj* **1** ARROGANT : arrogante, soberbio **2** IMMODERATE : desmesurado
overweight [ˌoːvərˈweɪt] *adj* : demasiado gordo, demasiado pesado
overwhelm [ˌoːvərˈ*h*wɛlm] *vt* **1** CRUSH, DEFEAT : aplastar, arrollar **2** SUBMERGE : inundar, sumergir **3** OVERPOWER : abrumar, agobiar ⟨overwhelmed by remorse : abrumado de remordimiento⟩
overwhelming [ˌoːvərˈ*h*wɛlmɪŋ] *adj* **1** CRUSHING : abrumador, apabullante **2** SWEEPING : arrollador, aplastante ⟨an overwhelming majority : una mayoría aplastante⟩
overwork [ˌoːvərˈwərk] *vt* **1** : hacer trabajar demasiado **2** OVERUSE : abusar de — *vi* : trabajar demasiado
overwrought [ˌoːvərˈrɔt] *adj* : alterado, sobreexcitado
ovoid [ˈoːˌvɔɪd] *or* **ovoidal** [oˈvɔɪdəl] *adj* : ovoide
ovulate [ˈɑvjəˌleɪt, ˈoː-] *vi* **-lated; -lating** : ovular
ovulation [ˌɑvjəˈleɪʃən, ˌoː-] *n* : ovulación *f*
ovum [ˈoːvəm] *n, pl* **ova** [-və] : óvulo *m*
owe [ˈoː] *vt* **owed; owing** : deber ⟨you owe me $10 : me debes $10⟩ ⟨he owes his wealth to his father : le debe su riqueza a su padre⟩
owing to *prep* : debido a
owl [ˈaʊl] *n* : búho *m*, lechuza *f*, tecolote *m Mex*
own[1] [ˈoːn] *vt* **1** POSSESS : poseer, tener, ser dueño de **2** ADMIT : reconocer, admitir — *vi* **to own up** : reconocer (algo), admitir (algo)
own[2] *adj* : propio, personal, particular ⟨his own car : su propio coche⟩
own[3] *pron* **my; (your, his/her, our, their); own** : el mío, la mía; el tuyo, la tuya; el suyo, la suya; el nuestro, la nuestra ⟨to each his own : cada uno a lo suyo⟩ ⟨money of my own : mi propio dinero⟩ ⟨to be on one's own : estar solo⟩
owner [ˈoːnər] *n* : dueño *m*, -ña *f*; propietario *m*, -ria *f*
ownership [ˈoːnərˌʃɪp] *n* : propiedad *f*
ox [ˈɑks] *n, pl* **oxen** [ˈɑksən] : buey *m*
oxidation [ˌɑksəˈdeɪʃən] *n* : oxidación *f*
oxide [ˈɑkˌsaɪd] *n* : óxido *m*
oxidize [ˈɑksəˌdaɪz] *vt* **-dized; -dizing** : oxidar
oxygen [ˈɑksɪʤən] *n* : oxígeno *m*
oyster [ˈɔɪstər] *n* : ostra *f*, ostión *m Mex*
ozone [ˈoːˌzoːn] *n* : ozono *m*

P

p [ˈpiː] *n, pl* **p's** *or* **ps** [ˈpiːz] : decimosexta letra del alfabeto inglés
pace[1] [ˈpeɪs] *v* **paced; pacing** *vi* : caminar, ir y venir — *vt* **1** : caminar por ⟨she paced the floor : caminaba de un lado a otro del cuarto⟩ **2 to pace a runner** : marcarle el ritmo a un corredor
pace[2] *n* **1** STEP : paso *m* **2** RATE : paso *m*, ritmo *m* ⟨to set the pace : marcar el paso, marcar la pauta⟩
pacemaker [ˈpeɪsˌmeɪkər] *n* : marcapasos *m*
pacific [pəˈsɪfɪk] *adj* : pacífico
pacifier [ˈpæsəˌfaɪər] *n* : chupete *m*, chupón *m*, mamila *f Mex*
pacifism [ˈpæsəˌfɪzəm] *n* : pacifismo *m*
pacifist [ˈpæsəfɪst] *n* : pacifista *mf*
pacify [ˈpæsəˌfaɪ] *vt* **-fied; -fying** **1** SOOTHE : apaciguar, pacificar **2** : pacificar (un país, una región, etc.)
pack[1] [ˈpæk] *vt* **1** PACKAGE : empaquetar, embalar, envasar **2** : empacar, meter (en una maleta) ⟨to pack one's bags : hacer las maletas⟩ **3** FILL : llenar, abarrotar ⟨a packed theater : un teatro abarrotado⟩ **4** TAMP : apisonar (tierra), compactar (nieve) ⟨firmly packed brown sugar : azúcar morena bien compacta⟩ **5 to pack in** LEAVE : dejar **6 to pack in/into** : meter en ⟨they packed us all into one room : nos metieron a todos en una sala⟩ ⟨to pack them in : atraer una multitud⟩ **7 to pack it in** *fam* QUIT, STOP: parar **8 to pack off** SEND : mandar **9 to pack up** : recoger, guardar (para llevar) — *vi or* **to pack up** : empacar, hacer las maletas
pack[2] *n* **1** BUNDLE : bulto *m*, fardo *m* **2** BACKPACK : mochila *f* **3** PACKAGE : paquete *m*, cajetilla *f* (de cigarrillos,

etc.) **4** : manada *f* (de lobos, etc.), jauría *f* (de perros) ⟨a pack of thieves : una pandilla de ladrones⟩

package[1] [ˈpækɪʤ] *vt* **-aged; -aging** : empaquetar, embalar

package[2] *n* : paquete *m*, bulto *m*

packaging [ˈpækɪʤɪŋ] *n* **1** : embalaje *m* **2** WRAPPING : envoltorio *m*

packer [ˈpækər] *n* : empacador *m*, -dora *f*

packet [ˈpækət] *n* : paquete *m*

packing [ˈpækɪŋ] *n* : embalaje *m*

pact [ˈpækt] *n* : pacto *m*, acuerdo *m*

pad[1] [ˈpæd] *vt* **padded; padding 1** FILL, STUFF : rellenar, acolchar (una silla, una pared) **2** : meter paja en, rellenar ⟨to pad a speech : rellenar un discurso⟩

pad[2] *n* **1** CUSHION : almohadilla *f* ⟨a shoulder pad : una hombrera⟩ **2** TABLET : bloc *m* (de papel) **3** *or* **lily pad** : hoja *f* grande (de un nenúfar) **4 ink pad** : tampón *m* **5 launching pad** : plataforma *f* (de lanzamiento)

padding [ˈpædɪŋ] *n* **1** FILLING : relleno *m* **2** : paja *f* (en un discurso, etc.)

paddle[1] [ˈpædəl] *v* **-dled; -dling** *vt* **1** : hacer avanzar (una canoa) con canalete **2** HIT : azotar, darle nalgadas a (con una pala o paleta) — *vi* **1** : remar (en una canoa) **2** SPLASH : chapotear, mojarse los pies

paddle[2] *n* **1** : canalete *m*, zagual *m* (de una canoa, etc.) **2** : pala *f*, paleta *f* (en deportes)

paddock [ˈpædək] *n* **1** PASTURE : potrero *m* **2** : paddock *m*, cercado *m* (en un hipódromo)

paddy [ˈpædi] *n, pl* **-dies** : arrozal *m*

padlock[1] [ˈpædˌlɑk] *vt* : cerrar con candado

padlock[2] *n* : candado *m*

paella [pɑˈɛlə, -ˈeɪljə, -ˈeɪə] *n* : paella *f*

pagan[1] [ˈpeɪgən] *adj* : pagano

pagan[2] *n* : pagano *m*, -na *f*

paganism [ˈpeɪgənˌɪzəm] *n* : paganismo *m*

page[1] [ˈpeɪʤ] *vt* **paged; paging** : llamar por altavoz

page[2] *n* **1** BELLHOP : botones *m* **2** : página *f* (de un libro, etc.)

pageant [ˈpæʤənt] *n* **1** SPECTACLE : espectáculo *m* **2** PROCESSION : desfile *m*

pageantry [ˈpæʤəntri] *n* : pompa *f*, fausto *m*

pager [ˈpeɪʤər] *n* BEEPER : buscapersonas *m*

pagoda [pəˈgoːdə] *n* : pagoda *f*

paid → **pay**

pail [ˈpeɪl] *n* : balde *m*, cubo *m*, cubeta *f Mex*

pailful [ˈpeɪlˌfʊl] *n* : balde *m*, cubo *m*, cubeta *f Mex*

pain[1] [ˈpeɪn] *vt* : doler

pain[2] *n* **1** PENALTY : pena *f* ⟨under pain of death : so pena de muerte⟩ **2** SUFFERING : dolor *m*, malestar *m*, pena *f* (mental) **3 pains** *npl* EFFORT : esmero *m*, esfuerzo *m* ⟨to take pains : esmerarse⟩

painful [ˈpeɪnfəl] *adj* : doloroso — **painfully** *adv*

painkiller [ˈpeɪnˌkɪlər] *n* : analgésico *m*

painless [ˈpeɪnləs] *adj* : indoloro, sin dolor

painlessly [ˈpeɪnləsli] *adv* : sin dolor

painstaking [ˈpeɪnˌsteɪkɪŋ] *adj* : esmerado, cuidadoso, meticuloso — **painstakingly** *adv*

paint[1] [ˈpeɪnt] *v* : pintar

paint[2] *n* : pintura *f*

paintbrush [ˈpeɪntˌbrʌʃ] *n* : pincel *m* (de un artista), brocha *f* (para pintar casas, etc.)

painter [ˈpeɪntər] *n* : pintor *m*, -tora *f*

painting [ˈpeɪntɪŋ] *n* : pintura *f*

pair[1] [ˈpær] *vt* : emparejar, poner en parejas — *vi* : emparejarse

pair[2] *n* : par *m* (de objetos), pareja *f* (de personas o animales) ⟨a pair of scissors : unas tijeras⟩

pajamas [pəˈʤɑməz, -ˈʤæ-] *npl* : pijama *m*, piyama *mf*

Pakistani [ˌpækɪˈstæni, ˌpɑkɪˈstɑni] *n* : paquistaní *mf* — **Pakistani** *adj*

pal [ˈpæl] *n* : amigo *m*, -ga *f*; compinche *mf fam*; chamo *m*, -ma *f Ven fam*; cuate *m*, -ta *f Mex*

palace [ˈpæləs] *n* : palacio *m*

palatable [ˈpælət̬əbəl] *adj* : sabroso

palate [ˈpælət] *n* **1** : paladar *m* (de la boca) **2** TASTE : paladar *m*, gusto *m*

palatial [pəˈleɪʃəl] *adj* : suntuoso, espléndido

palaver [pəˈlævər, -ˈlɑ-] *n* : palabrería *f*

pale[1] [ˈpeɪl] *v* **paled; paling** *vi* : palidecer — *vt* : hacer pálido

pale[2] *adj* **paler; palest 1** : pálido ⟨to turn pale : palidecer, ponerse pálido⟩ **2** : claro (dícese de los colores)

paleness [ˈpeɪlnəs] *n* : palidez *f*

paleontologist [ˌpeɪliˌɑnˈtɑləʤɪst] *n* : paleontólogo *m*, -ga *f*

paleontology [ˌpeɪliˌɑnˈtɑləʤi] *n* : paleontología *f*

Palestinian [ˌpæləˈstɪniən] *n* : palestino *m*, -na *f* — **Palestinian** *adj*

palette [ˈpælət] *n* : paleta *f* (para mezclar pigmentos)

palisade [ˌpæləˈseɪd] *n* **1** FENCE : empalizada *f*, estacada *f* **2** CLIFFS : acantilado *m*

pall[1] [ˈpɔl] *vi* : perder su sabor, dejar de gustar

pall[2] *n* **1** : paño *m* mortuorio (sobre un ataúd) **2** COVER : cortina *f* (de humo, etc.) **3 to cast a pall over** : ensombrecer

pallbearer [ˈpɔlˌbɛrər] *n* : portador *m*, -dora *f* del féretro

pallet [ˈpælət] *n* **1** BED : camastro *m* **2** PLATFORM : plataforma *f* de carga

palliative [ˈpæliˌeɪt̬ɪv, ˈpæljət̬ɪv] *adj* : paliativo

pallid [ˈpæləd] *adj* : pálido

pallor [ˈpælər] *n* : palidez *f*

palm[1] [ˈpɑm, ˈpɑlm] *vt* **1** CONCEAL : escamotear (un naipe, etc.) **2 to palm**

off : encajar, endilgar *fam* ⟨he palmed it off on me : me lo endilgó⟩
palm[2] *n* **1** *or* **palm tree** : palmera *f* **2** : palma *f* (de la mano)
Palm Sunday *n* : Domingo *m* de Ramos
palomino [ˌpælə'mi:ˌno:] *n, pl* **-nos** : caballo *m* de color dorado
palpable ['pælpəbəl] *adj* : palpable — **palpably** [-bli] *adv*
palpitate ['pælpəˌteɪt] *vi* **-tated; -tating** : palpitar
palpitation [ˌpælpə'teɪʃən] *n* : palpitación *f*
palsy ['pɔlzi] *n, pl* **-sies 1** : parálisis *f* **2** → **cerebral palsy**
paltry ['pɔltri] *adj* **-trier; -est** : mísero, mezquino, insignificante ⟨a paltry excuse : una mala excusa⟩
pampas ['pæmpəz, 'pɑmpəs] *npl* : pampa *f*
pamper ['pæmpər] *vt* : mimar, consentir, chiquear *Mex*
pamphlet ['pæmpflət] *n* : panfleto *m*, folleto *m*
pan[1] ['pæn] *vt* **panned; panning** CRITICIZE : poner por los suelos — *vi* **to pan for gold** : cribar el oro con batea, lavar oro
pan[2] *n* **1** : cacerola *f*, cazuela *f* **2 frying pan** : sartén *mf*, freidera *f Mex*
panacea [ˌpænə'si:ə] *n* : panacea *f*
Panamanian [ˌpænə'meɪniən] *n* : panameño *m*, -ña *f* — **Panamanian** *adj*
pancake ['pænˌkeɪk] *n* : panqueque *m*
pancreas ['pæŋkriəs, 'pæn-] *n* : páncreas *m*
panda ['pændə] *n* : panda *mf*
pandemonium [ˌpændə'mo:niəm] *n* : pandemonio *m*, pandemónium *m*
pander ['pændər] *vi* **to pander to** : satisfacer, complacer (a alguien) ⟨to pander to popular taste : satisfacer el gusto popular⟩
pane ['peɪn] *n* : cristal *m*, vidrio *m*
panel[1] ['pænəl] *vt* **-eled** *or* **-elled; -eling** *or* **-elling** : adornar con paneles
panel[2] *n* **1** : lista *f* de nombres (de un jurado, etc.) **2** GROUP : panel *m*, grupo *m* ⟨discussion panel : panel de discusión⟩ **3** : panel *m* (de una pared, etc.) **4 instrument panel** : tablero *m* de instrumentos
paneling ['pænəlɪŋ] *n* : paneles *mpl*
pang ['pæŋ] *n* : puntada *f*, punzada *f*
panic[1] ['pænɪk] *v* **-icked; -icking** *vt* : llenar de pánico — *vi* : ser presa de pánico
panic[2] *n* : pánico *m*
panicky ['pænɪki] *adj* : presa de pánico
panorama [ˌpænə'ræmə, -'rɑ-] *n* : panorama *m*
panoramic [ˌpænə'ræmɪk, -'rɑ-] *adj* : panorámico
pansy ['pænzi] *n, pl* **-sies** : pensamiento *m*
pant[1] ['pænt] *vi* : jadear, resoplar
pant[2] *n* : jadeo *m*, resoplo *m*
pantaloons [ˌpæntə'lu:nz] → **pants**
pantheon ['pæntθiˌɑn, -ən] *n* : panteón *m*
panther ['pænθər] *n* : pantera *f*
panties ['pæntiz] *npl* : calzones *mpl*; pantaletas *fpl Mex, Ven*; bragas *fpl Spain*
pantomime[1] ['pæntəˌmaɪm] *v* **-mimed; -miming** *vt* : representar mediante la pantomima — *vi* : hacer la mímica
pantomime[2] *n* : pantomima *f*
pantry ['pæntri] *n, pl* **-tries** : despensa *f*
pants ['pænts] *npl* **1** TROUSERS : pantalón *m*, pantalones *mpl* **2** → **panties**
panty hose ['pænti] *ns & pl* : medias *fpl*, panties *mfpl*, pantimedias *fpl Mex*
pap ['pæp] *n* : papilla *f* (para bebés, etc.)
papa ['pɑpə] *n* : papá *m*
papal ['peɪpəl] *adj* : papal
papaya [pə'paɪə] *n* : papaya *f* (fruta)
paper[1] ['peɪpər] *vt* WALLPAPER : empapelar
paper[2] *adj* : de papel
paper[3] *n* **1** : papel *m* ⟨a piece of paper : un papel⟩ **2** DOCUMENT : papel *m*, documento *m* **3** NEWSPAPER : periódico *m*, diario *m*
paperback ['peɪpərˌbæk] *n* : libro *m* en rústica
paper clip *n* : clip *m*, sujetapapeles *m*
paperweight ['peɪpərˌweɪt] *n* : pisapapeles *m*
paperwork ['peɪpərˌwərk] *n* : papeleo *m*
papery ['peɪpəri] *adj* : parecido al papel
papier–mâché [ˌpeɪpərmə'ʃeɪ, ˌpæˌpjeɪ[h] mæ'ʃeɪ] *n* : papel *m* maché
papoose [pæ'pu:s, pə-] *n* : niño *m*, -ña *f* de los indios norteamericanos
paprika [pə'pri:kə, pæ-] *n* : pimentón *m*, paprika *f*
papyrus [pə'paɪrəs] *n, pl* **-ruses** *or* **-ri** [-ri, -ˌraɪ] : papiro *m*
par ['pɑr] *n* **1** VALUE : valor *m* (nominal), par *f* ⟨below par : debajo de la par⟩ **2** EQUALITY : igualdad *f* ⟨to be on a par with : estar al mismo nivel que⟩ **3** : par *m* (en golf)
parable ['pærəbəl] *n* : parábola *f*
parabola [pə'ræbələ] *n* : parábola *f* (en matemáticas)
parachute[1] ['pærəˌʃu:t] *vi* **-chuted; -chuting** : lanzarse en paracaídas
parachute[2] *n* : paracaídas *m*
parachutist ['pærəˌʃu:ṭɪst] *n* : paracaidista *mf*
parade[1] [pə'reɪd] *vi* **-raded; -rading 1** MARCH : desfilar **2** SHOW OFF : pavonearse, lucirse
parade[2] *n* **1** PROCESSION : desfile *m* **2** DISPLAY : alarde *m*
paradigm ['pærəˌdaɪm] *n* : paradigma *m*
paradise ['pærəˌdaɪs, -ˌdaɪz] *n* : paraíso *m*
paradox ['pærəˌdɑks] *n* : paradoja *f*
paradoxical [ˌpærə'dɑksɪkəl] *adj* : paradójico — **paradoxically** *adv*
paraffin ['pærəfən] *n* : parafina *f*

paragon [ˈpærəˌgɑn, -gən] *n* : dechado *m*
paragraph[1] [ˈpærəˌgræf] *vt* : dividir en párrafos
paragraph[2] *n* : párrafo *m*, acápite *m*
Paraguayan [ˌpærəˈgwaɪən, -ˈgweɪ-] *n* : paraguayo *m*, -ya *f* — **Paraguayan** *adj*
parakeet [ˈpærəˌki:t] *n* : periquito *m*
paralegal [ˌpærəˈli:gəl] *n* : asistente *mf* de abogado
parallel[1] [ˈpærəˌlɛl, -ləl] *vt* **1** MATCH, RESEMBLE : ser paralelo a, ser análogo a, corresponder con **2** : extenderse en línea paralela con ⟨the road parallels the river : el camino se extiende a lo largo del río⟩
parallel[2] *adj* : paralelo
parallel[3] *n* **1** : línea *f* paralela, superficie *f* paralela **2** : paralelo *m* (en geografía) **3** SIMILARITY : paralelismo *m*, semejanza *f*
parallelogram [ˌpærəˈlɛləˌgræm] *n* : paralelogramo *m*
paralysis [pəˈræləsɪs] *n, pl* **-yses** [-ˌsi:z] : parálisis *f*
paralyze [ˈpærəˌlaɪz] *vt* **-lyzed; -lyzing** : paralizar
parameter [pəˈræmət̬ər] *n* : parámetro *m*
paramount [ˈpærəˌmaʊnt] *adj* : supremo ⟨of paramount importance : de suma importancia⟩
paranoia [ˌpærəˈnɔɪə] *n* : paranoia *f*
paranoid [ˈpærəˌnɔɪd] *adj* : paranoico
parapet [ˈpærəpət, -ˌpɛt] *n* : parapeto *m*
paraphernalia [ˌpærəfəˈneɪljə, -fər-] *ns & pl* : parafernalia *f*
paraphrase[1] [ˈpærəˌfreɪz] *vt* **-phrased; -phrasing** : parafrasear
paraphrase[2] *n* : paráfrasis *f*
paraplegic[1] [ˌpærəˈpli:ʤɪk] *adj* : parapléjico
paraplegic[2] *n* : parapléjico *m*, -ca *f*
parasite [ˈpærəˌsaɪt] *n* : parásito *m*
parasitic [ˌpærəˈsɪt̬ɪk] *adj* : parasitario
parasol [ˈpærəˌsɔl] *n* : sombrilla *f*, quitasol *m*, parasol *m*
paratrooper [ˈpærəˌtru:pər] *n* : paracaidista *mf* (militar)
parboil [ˈpɑrˌbɔɪl] *vt* : sancochar, cocer a medias
parcel[1] [ˈpɑrsəl] *vt* **-celed** *or* **-celled; -celing** *or* **-celling** *or* **to parcel out** : repartir, parcelar (tierras)
parcel[2] *n* **1** LOT : parcela *f*, lote *m* **2** PACKAGE : paquete *m*, bulto *m*
parch [ˈpɑrʧ] *vt* : resecar
parchment [ˈpɑrʧmənt] *n* : pergamino *m*
pardon[1] [ˈpɑrdən] *vt* **1** FORGIVE : perdonar, disculpar ⟨pardon me! : ¡perdone!, ¡disculpe la molestia!⟩ **2** REPRIEVE : indultar (a un delincuente)
pardon[2] *n* **1** FORGIVENESS : perdón *m* **2** REPRIEVE : indulto *m*
pardonable [ˈpɑrdənəbəl] *adj* : perdonable, disculpable
pare [ˈpær] *vt* **pared; paring** **1** PEEL : pelar **2** TRIM : recortar **3** REDUCE : reducir ⟨he pared it (down) to 50 pages : lo redujo a 50 páginas⟩
parent [ˈpærənt] *n* **1** : madre *f*, padre *m* **2 parents** *npl* : padres *mpl*
parentage [ˈpærəntɪʤ] *n* : linaje *m*, abolengo *m*, origen *m*
parental [pəˈrɛntəl] *adj* : de los padres
parenthesis [pəˈrɛnθəsɪs] *n, pl* **-theses** [-ˌsi:z] : paréntesis *m*
parenthetic [ˌpærənˈθɛt̬ɪk] *or* **parenthetical** [-t̬ɪkəl] *adj* : parentético — **parenthetically** [-t̬ɪkli] *adv*
parenthood [ˈpærəntˌhʊd] *n* : paternidad *f*
parfait [pɑrˈfeɪ] *n* : postre *m* elaborado con frutas y helado
pariah [pəˈraɪə] *n* : paria *mf*
parish [ˈpærɪʃ] *n* : parroquia *f*
parishioner [pəˈrɪʃənər] *n* : feligrés *m*, -gresa *f*
parity [ˈpærət̬i] *n, pl* **-ties** : paridad *f*
park[1] [ˈpɑrk] *vt* : estacionar, parquear, aparcar *Spain* — *vi* : estacionarse, parquearse, aparcar *Spain*
park[2] *n* : parque *m*
parka [ˈpɑrkə] *n* : parka *f*
parking [ˈpɑrkɪŋ] *n* : estacionamiento *m*, aparcamiento *m Spain*
parkway [ˈpɑrkˌweɪ] *n* : carretera *f* ajardinada, bulevar *m*
parley[1] [ˈpɑrli] *vi* : parlamentar, negociar
parley[2] *n, pl* **-leys** : negociación *f*, parlamento *m*
parliament [ˈpɑrləmənt, ˈpɑrljə-] *n* : parlamento *m*
parliamentary [ˌpɑrləˈmɛntəri, ˌpɑrljə-] *adj* : parlamentario
parlor [ˈpɑrlər] *n* **1** : sala *f*, salón *m* (en una casa) **2** : salón *m* ⟨beauty parlor : salón de belleza⟩ **3 funeral parlor** : funeraria *f*
parochial [pəˈro:kiəl] *adj* **1** : parroquial **2** PROVINCIAL : pueblerino, de miras estrechas
parody[1] [ˈpærədi] *vt* **-died; -dying** : parodiar
parody[2] *n, pl* **-dies** : parodia *f*
parole [pəˈro:l] *n* : libertad *f* condicional
paroxysm [ˈpærəkˌsɪzəm, pəˈrɑk-] *n* : paroxismo *m*
parquet [ˈpɑrˌkeɪ, pɑrˈkeɪ] *n* : parquet *m*, parqué *m*
parrakeet → **parakeet**
parrot [ˈpærət] *n* : loro *m*, papagayo *m*
parry[1] [ˈpæri] *v* **-ried; -rying** *vi* : parar un golpe — *vt* EVADE : esquivar (una pregunta, etc.)
parry[2] *n, pl* **-ries** : parada *f*
parsimonious [ˌpɑrsəˈmo:niəs] *adj* : tacaño, mezquino
parsley [ˈpɑrsli] *n* : perejil *m*
parsnip [ˈpɑrsnɪp] *n* : chirivía *f*
parson [ˈpɑrsən] *n* : pastor *m*, -tora *f*; clérigo *m*
parsonage [ˈpɑrsənɪʤ] *n* : rectoría *f*, casa *f* del párroco

part[1] [ˈpɑrt] *vi* **1** SEPARATE : separarse, despedirse ⟨we should part as friends : debemos separarnos amistosamente⟩ **2** OPEN : abrirse ⟨the curtains parted : las cortinas se abrieron⟩ **3 to part with** : deshacerse de — *vt* **1** SEPARATE : separar **2 to part one's hair** : hacerse la raya, peinarse con raya

part[2] *n* **1** SECTION, SEGMENT : parte *f*, sección *f* ⟨for the better part of a year : durante casi un año⟩ ⟨in the latter part of the century : hacia finales de siglo⟩ ⟨the western part of the state : la parte oeste del estado⟩ ⟨the best/worst part is that . . . : lo mejor/peor es que . . .⟩ **2** PIECE : pieza *f* (de una máquina, etc.) **3** ROLE : papel *m* (en teatro, etc.) ⟨to play a part : hacer un papel⟩ **4** ROLE, INFLUENCE : papel *m* ⟨to play a part : jugar un papel⟩ ⟨to look the part : tener el aspecto para el papel⟩ ⟨to want no part of/in : no querer tener nada que ver con⟩ **5** : raya *f* (del pelo) **6 for my/his (etc.) part** : por mi/su (etc.) parte **7 for the most part** MOSTLY : en su mayoría, en su mayor parte **8 for the most part** USUALLY : en general **9 in part** : en parte **10 in these parts** : por aquí **11 on the part of** : de/por parte de **12 to take part (in)** : tomar parte (en), participar (en)

partake [pɑrˈteɪk, pər-] *vi* **-took** [-ˈtʊk]; **-taken** [-ˈteɪkən]; **-taking 1 to partake of** CONSUME : comer, beber, tomar **2 to partake in** : participar en (una actividad, etc.)

partial [ˈpɑrʃəl] *adj* **1** BIASED : parcial, tendencioso **2** INCOMPLETE : parcial, incompleto **3 to be partial to** : ser aficionado a

partiality [ˌpɑrʃiˈæləṭi] *n, pl* **-ties** : parcialidad *f*

partially [ˈpɑrʃəli] *adv* : parcialmente

participant [pərˈtɪsəpənt, pɑr-] *n* : participante *mf*

participate [pərˈtɪsəˌpeɪt, pɑr-] *vi* **-pated; -pating** : participar

participation [pərˌtɪsəˈpeɪʃən, pɑr-] *n* : participación *f*

participle [ˈpɑrṭəˌsɪpəl] *n* : participio *m*

particle [ˈpɑrṭɪkəl] *n* : partícula *f*

particular[1] [pɑrˈtɪkjələr] *adj* **1** SPECIFIC : particular, en particular ⟨this particular person : esta persona en particular⟩ **2** SPECIAL : particular, especial ⟨with particular emphasis : con un énfasis especial⟩ **3** FUSSY : exigente, maniático ⟨to be very particular : ser muy especial⟩ ⟨I'm not particular : me da igual⟩

particular[2] *n* **1** DETAIL : detalle *m*, sentido *m* **2 in particular** : en particular, en especial

particularly [pɑrˈtɪkjələrli] *adv* **1** ESPECIALLY : particularmente, especialmente **2** SPECIFICALLY : específicamente, en especial

partisan [ˈpɑrṭəzən, -sən] *n* **1** ADHERENT : partidario *m*, -ria *f* **2** GUERRILLA : partisano *m*, -na *f*; guerrillero *m*, -ra *f*

partition[1] [pərˈtɪʃən, pɑr-] *vt* : dividir ⟨to partition off (a room) : dividir (una habitación) con un tabique⟩

partition[2] *n* **1** DISTRIBUTION : partición *f*, división *f*, reparto *m* **2** DIVIDER : tabique *m*, mampara *f*, biombo *m*

partly [ˈpɑrtli] *adv* : en parte, parcialmente

partner [ˈpɑrtnər] *n* **1** COMPANION : compañero *m*, -ra *f* **2** : pareja *f* (en un juego, etc.) ⟨dancing partner : pareja de baile⟩ **3** SPOUSE : cónyuge *mf* **4** *or* **business partner** : socio *m*, -cia *f*; asociado *m*, -da *f*

partnership [ˈpɑrtnərˌʃɪp] *n* **1** ASSOCIATION : asociación *f*, compañerismo *m* **2** : sociedad *f* (de negociantes) ⟨to form a partnership : asociarse⟩

part of speech : categoría *f* gramatical

partridge [ˈpɑrtrɪʤ] *n, pl* **-tridge** *or* **-tridges** : perdiz *f*

party [ˈpɑrṭi] *n, pl* **-ties 1** : partido *m* (político) **2** PARTICIPANT : parte *f*, participante *mf* **3** GROUP : grupo *m* (de personas) **4** GATHERING : fiesta *f* ⟨to throw a party : dar una fiesta⟩

parvenu [ˈpɑrvəˌnuː, -ˌnjuː] *n* : advenedizo *m*, -za *f*

pass[1] [ˈpæs] *vi* **1** : pasar, cruzarse ⟨a plane passed overhead : pasó un avión⟩ ⟨we passed in the hallway : nos cruzamos en el pasillo⟩ **2** CEASE : pasarse ⟨the pain passed : se pasó el dolor⟩ **3** ELAPSE : pasar, transcurrir **4** PROCEED : pasar ⟨let me pass : déjame pasar⟩ **5** HAPPEN : pasar, ocurrir **6** : pasar, aprobar (en un examen) **7** *or* **to pass down** : pasar ⟨the throne passed to his son : el trono pasó a su hijo⟩ **8 to let pass** OVERLOOK, IGNORE : pasar por alto, dejar pasar **9 to pass as** : pasar por **10 to pass away/on** DIE : fallecer, morir **11 to pass by** : pasar ⟨a car passed by : pasó un coche⟩ **12 to pass out** FAINT : desmayarse **13 to pass the time** : pasar el rato — *vt* **1** : pasar por ⟨they passed the church : pasaron por la iglesia⟩ **2** OVERTAKE : pasar, adelantar **3** SPEND : pasar (tiempo) **4** HAND : pasar ⟨pass me the salt : pásame la sal⟩ **5** : aprobar (un examen) **6** APPROVE : aprobar (una ley) **7 to pass by** : escapársele a (alguien) ⟨don't let life pass you by : no dejes que la vida se te pase⟩ **8 to pass off as** : hacer pasar por ⟨to pass oneself off as : hacerse pasar por⟩ **9 to pass on** TRANSMIT, RELAY : pasar **10 to pass over** SKIP, OMIT : pasar por alto **11 to pass up** DECLINE : dejar pasar

pass[2] *n* **1** CROSSING, GAP : paso *m*, desfiladero *m*, puerto *m* ⟨mountain pass : puerto de montaña⟩ **2** PERMIT : pase *m*, permiso *m* **3** : pase *m* (en deportes) **4** SITUATION : situación *f* (difícil)

‹things have come to a pretty pass! : ¡hasta dónde hemos llegado!›
passable [ˈpæsəbəl] *adj* **1** ADEQUATE : adecuado, pasable **2** : transitable (dícese de un camino, etc.)
passably [ˈpæsəbli] *adv* : pasablemente
passage [ˈpæsɪʤ] *n* **1** PASSING : paso *m* ‹the passage of time : el paso del tiempo› **2** PASSAGEWAY : pasillo *m* (dentro de un edificio), pasaje *m* (entre edificios) **3** VOYAGE : travesía *f* (por el mar), viaje *m* ‹to grant safe passage : dar un salvoconducto› **4** SECTION : pasaje *m* (en música o literatura)
passageway [ˈpæsɪʤˌweɪ] *n* : pasillo *m*, pasadizo *m*, corredor *m*
passbook [ˈpæsˌbʊk] *n* BANKBOOK : libreta *f* de ahorros
passé [pæˈseɪ] *adj* : pasado de moda
passenger [ˈpæsənʤər] *n* : pasajero *m*, -ra *f*
passerby [ˌpæsərˈbaɪ, ˈpæsərˌ-] *n, pl* **passersby** : transeúnte *mf*
passing [ˈpæsɪŋ] *n* DEATH : fallecimiento *m*
passion [ˈpæʃən] *n* : pasión *f*, ardor *m*
passionate [ˈpæʃənət] *adj* **1** IRASCIBLE : irascible, iracundo **2** ARDENT : apasionado, ardiente, ferviente, fogoso
passionately [ˈpæʃənətli] *adv* : apasionadamente, fervientemente, con pasión
passive[1] [ˈpæsɪv] *adj* : pasivo — **passively** *adv*
passive[2] *n* : voz *f* pasiva (en gramática)
passivity [pæˈsɪvət̬i] *n* : pasividad *f*
Passover [ˈpæsˌoːvər] *n* : Pascua *f* (en el judaísmo)
passport [ˈpæsˌport] *n* : pasaporte *m*
password [ˈpæsˌwərd] *n* : contraseña *f*
past[1] [ˈpæst] *adv* : por delante ‹he drove past : pasamos en coche›
past[2] *adj* **1** AGO : hace ‹10 years past : hace 10 años› **2** LAST : último ‹the past few months : los últimos meses› **3** BYGONE : pasado ‹in past times : en tiempos pasados› **4** : pasado (en gramática)
past[3] *n* : pasado *m*
past[4] *prep* **1** BY : por, por delante de ‹he ran past the house : pasó por la casa corriendo› **2** BEYOND : más allá de ‹just past the corner : un poco más allá de la esquina› ‹we went past the exit : pasamos la salida› **3** AFTER : después de ‹past noon : después del mediodía› ‹half past two : las dos y media›
pasta [ˈpɑstə, ˈpæs-] *n* : pasta *f*
paste[1] [ˈpeɪst] *vt* **pasted; pasting** : pegar (con engrudo)
paste[2] *n* **1** : pasta *f* ‹tomato paste : pasta de tomate› **2** : engrudo *m* (para pegar)
pasteboard [ˈpeɪstˌbord] *n* : cartón *m*, cartulina *f*
pastel [pæˈstɛl] *n* : pastel *m* — **pastel** *adj*
pasteurization [ˌpæsʧərəˈzeɪʃən, ˌpæstjə-] *n* : pasteurización *f*
pasteurize [ˈpæsʧəˌraɪz, ˈpæstjə-] *vt* **-ized; -izing** : pasteurizar
pastime [ˈpæsˌtaɪm] *n* : pasatiempo *m*
pastor [ˈpæstər] *n* : pastor *m*, -tora *f*
pastoral [ˈpæstərəl] *adj* : pastoral
past participle *n* : participio *m* pasado
pastry [ˈpeɪstri] *n, pl* **-ries** **1** DOUGH : pasta *f*, masa *f* **2 pastries** *npl* : pasteles *mpl*
pasture[1] [ˈpæsʧər] *v* **-tured; -turing** *vi* GRAZE : pacer, pastar — *vt* : apacentar, pastar
pasture[2] *n* : pastizal *m*, potrero *m*, pasto *m*
pasty [ˈpeɪsti] *adj* **pastier; -est** **1** : pastoso (en consistencia) **2** PALLID : pálido
pat[1] [ˈpæt] *vt* **patted; patting** : dar palmaditas a, tocar
pat[2] *adv* : de memoria ‹to have down pat : saberse de memoria›
pat[3] *adj* **1** APT : apto, apropiado **2** GLIB : fácil **3** UNYIELDING : firme ‹to stand pat : mantenerse firme›
pat[4] *n* **1** TAP : golpecito *m*, palmadita *f* ‹a pat on the back : una palmadita en la espalda› **2** CARESS : caricia *f* **3** : porción *f* ‹a pat of butter : una porción de mantequilla›
patch[1] [ˈpæʧ] *vt* **1** MEND, REPAIR : remendar, parchar, ponerle un parche a **2 to patch together** IMPROVISE : confeccionar, improvisar **3 to patch up** : arreglar ‹they patched things up : hicieron las paces›
patch[2] *n* **1** : parche *m*, remiendo *m* (para la ropa) ‹eye patch : parche para el ojo› **2** PIECE : mancha *f*, trozo *m* ‹a patch of sky : un trozo de cielo› **3** PLOT : parcela *f*, terreno *m* ‹cabbage patch : parcela de repollos›
patchwork [ˈpæʧˌwərk] *n* : labor *f* de retazos
patchy [ˈpæʧi] *adj* **patchier; -est** **1** IRREGULAR : irregular, desigual **2** INCOMPLETE : parcial, incompleto
patent[1] [ˈpætənt] *vt* : patentar
patent[2] [ˈpætənt, ˈpeɪt-] *adj* **1** OBVIOUS : patente, evidente **2** [ˈpæt-] PATENTED : patentado
patent[3] [ˈpætənt] *n* : patente *f*
patently [ˈpætəntli] *adv* : patentemente, evidentemente
paternal [pəˈtərnəl] *adj* **1** FATHERLY : paternal **2** : paterno ‹paternal grandfather : abuelo paterno›
paternity [pəˈtərnət̬i] *n* : paternidad *f*
path [ˈpæθ, ˈpaθ] *n* **1** TRACK, TRAIL : camino *m*, sendero *m*, senda *f* **2** COURSE, ROUTE : recorrido *m*, trayecto *m*, trayectoria *f*
pathetic [pəˈθɛt̬ɪk] *adj* : patético — **pathetically** [-t̬ɪkli] *adv*
pathological [ˌpæθəˈlɑʤɪkəl] *adj* : patológico
pathologist [pəˈθɑləʤɪst] *n* : patólogo *m*, -ga *f*

pathology [pəˈθɑləʤi] *n, pl* **-gies** : patología *f*

pathos [ˈpeɪˌθɑs, ˈpæ-, -ˌθɔs] *n* : patetismo *m*

pathway [ˈpæθˌweɪ] *n* : camino *m*, sendero *m*, senda *f*, vereda *f*

patience [ˈpeɪʃənts] *n* : paciencia *f*

patient[1] [ˈpeɪʃənt] *adj* : paciente — **patiently** *adv*

patient[2] *n* : paciente *mf*

patio [ˈpæṭiˌoː] *n, pl* **-tios** : patio *m*

patriarch [ˈpeɪtriˌɑrk] *n* : patriarca *m*

patriarchy [ˈpeɪtriˌɑrki] *n, pl* **-chies** : patriarcado *m*

patrimony [ˈpætrəˌmoːni] *n, pl* **-nies** : patrimonio *m*

patriot [ˈpeɪtriət] *n* : patriota *mf*

patriotic [ˌpeɪtriˈɑṭɪk] *adj* : patriótico — **patriotically** *adv*

patriotism [ˈpeɪtriəˌtɪzəm] *n* : patriotismo *m*

patrol[1] [pəˈtroːl] *v* **-trolled; -trolling** : patrullar

patrol[2] *n* : patrulla *f*

patrolman [pəˈtroːlmən] *n, pl* **-men** [-mən, -ˌmɛn] : policía *mf*, guardia *mf*

patron [ˈpeɪtrən] *n* **1** SPONSOR : patrocinador *m*, -dora *f* **2** CUSTOMER : cliente *m*, -ta *f* **3** *or* **patron saint** : patrono *m*, -na *f*

patronage [ˈpeɪtrənɪʤ, ˈpæ-] *n* **1** SPONSORSHIP : patrocinio *m* **2** CLIENTELE : clientela *f* **3** : influencia *f* (política)

patronize [ˈpeɪtrəˌnaɪz, ˈpæ-] *vt* **-ized; -izing 1** SPONSOR : patrocinar **2** : ser cliente de (un negocio) **3** : tratar con condescendencia

patter[1] [ˈpæṭər] *vi* **1** TAP : golpetear, tamborilear (dícese de la lluvia) **2 to patter about** : corretear (con pasos ligeros)

patter[2] *n* **1** TAPPING : golpeteo *m*, tamborileo *m* (de la lluvia), correteo *m* (de pies) **2** CHATTER : palabrería *f*, parloteo *m fam*

pattern[1] [ˈpæṭərn] *vt* **1** BASE : basar (en un modelo) **2 to pattern after** : hacer imitación de

pattern[2] *n* **1** MODEL : modelo *m*, patrón *m* (de costura) **2** DESIGN : diseño *m*, dibujo *m*, estampado *m* (de tela) **3** NORM, STANDARD : pauta *f*, norma *f*, patrón *m*

patty [ˈpæṭi] *n, pl* **-ties** : porción *f* de carne picada (u otro alimento) en forma de ruedita ⟨a hamburger patty : una hamburguesa⟩

paucity [ˈpɔsəṭi] *n* : escasez *f*

paunch [ˈpɔntʃ] *n* : panza *f*, barriga *f*

pauper [ˈpɔpər] *n* : pobre *mf*, indigente *mf*

pause[1] [ˈpɔz] *vi* **paused; pausing** : hacer una pausa, pararse (brevemente)

pause[2] *n* : pausa *f*

pave [ˈpeɪv] *vt* **paved; paving** : pavimentar ⟨to pave with stones : empedrar⟩

pavement [ˈpeɪvmənt] *n* : pavimento *m*, empedrado *m*

pavilion [pəˈvɪljən] *n* : pabellón *m*

paving [ˈpeɪvɪŋ] → **pavement**

paw[1] [ˈpɔ] *vt* : tocar, manosear, sobar

paw[2] *n* : pata *f*, garra *f*, zarpa *f*

pawn[1] [ˈpɔn] *vt* : empeñar, prendar

pawn[2] *n* **1** PLEDGE, SECURITY : prenda *f* **2** PAWNING : empeño *m* **3** : peón *m* (en ajedrez)

pawnbroker [ˈpɔnˌbroːkər] *n* : prestamista *mf*

pawnshop [ˈpɔnˌʃɑp] *n* : casa *f* de empeños, monte *m* de piedad

pay[1] [ˈpeɪ] *v* **paid** [ˈpeɪd]; **paying** *vt* **1** : pagar ⟨she paid the bill/rent : pagó la cuenta/renta⟩ ⟨he paid $200 for the bike : pagó $200 por la bici⟩ ⟨they paid her to mow the lawn : la pagaron para cortar el pasto⟩ **2 to pay attention** : poner atención, prestar atención, hacer caso **3 to pay a visit** : hacer una visita **4 to pay back** : pagar (un preéstamo), devolver (dinero) ⟨she paid them back : les devolvió el dinero⟩ ⟨I'll pay you back (for what you did)! : ¡me las pagarás!⟩ **5 to pay off** SETTLE : saldar, cancelar (una deuda, etc.) **6 to pay one's respects** : presentar uno sus respetos — *vi* **1** : pagar ⟨to pay in cash : pagar en efectivo⟩ ⟨the job pays well : el trabajo está bien pagado⟩ **2** : valer la pena ⟨crime doesn't pay : no hay crimen sin castigo⟩ **3 to pay for** : pagar ⟨he paid for our dinner : nos pagó la comida⟩ ⟨she paid dearly for her mistakes : pagó caro sus errores⟩ ⟨you'll pay for this! : ¡me las pagarás!⟩ **4 to pay one's (own) way** ⟨she paid her way through college : se pagó los estudios⟩ ⟨he paid his own way at dinner : pagó su parte de la cena⟩ **5 to pay up** : pagar

pay[2] *n* : paga *f*

payable [ˈpeɪəbəl] *adj* DUE : pagadero

paycheck [ˈpeɪˌtʃɛk] *n* : sueldo *m*, cheque *m* del sueldo

payee [peɪˈiː] *n* : beneficiario *m*, -ria *f* (de un cheque, etc.)

payment [ˈpeɪmənt] *n* **1** : pago *m* **2** INSTALLMENT : plazo *m*, cuota *f* **3** REWARD : recompensa *f*

payoff [ˈpeɪˌɔf] *n* **1** REWARD : recompensa *f* **2** PROFIT : ganancia *f* **3** BRIBE : soborno *m*

payroll [ˈpeɪˌroːl] *n* : nómina *f*

PC [ˌpiːˈsiː] *n, pl* **PCs** *or* **PC's** : PC *mf*, computadora *f* personal

pea [ˈpiː] *n* : chícharo *m*, guisante *m*, arveja *f*

peace [ˈpiːs] *n* **1** : paz *f* ⟨peace treaty : tratado de paz⟩ ⟨peace and tranquillity : paz y tranquilidad⟩ **2** ORDER : orden *m* (público)

peaceable [ˈpiːsəbəl] *adj* : pacífico — **peaceably** [-bli] *adv*

peaceful [ˈpiːsfəl] *adj* **1** PEACEABLE : pacífico **2** CALM, QUIET : tranquilo, sosegado — **peacefully** *adv*

peacemaker [ˈpiːsˌmeɪkər] *n* : conciliador *m*, -dora *f*; mediador *m*, -dora *f*

peach ['pi:tʃ] *n* : durazno *m*, melocotón *m*
peacock ['pi:ˌkak] *n* : pavo *m* real
peak[1] ['pi:k] *vi* : alcanzar su nivel máximo
peak[2] *adj* : máximo
peak[3] *n* **1** POINT : punta *f* **2** CREST, SUMMIT : cima *f*, cumbre *f* **3** APEX : cúspide *f*, apogeo *m*, nivel *m* máximo
peaked ['pi:kəd] *adj* SICKLY : pálido
peal[1] ['pi:l] *vi* : repicar
peal[2] *n* : repique *m*, tañido *m* (de campanada) ⟨peals of laughter : carcajadas⟩
peanut ['pi:ˌnʌt] *n* : maní *m*, cacahuate *m Mex*, cacahuete *m Spain*
pear ['pær] *n* : pera *f*
pearl ['pərl] *n* : perla *f*
pearly ['pərli] *adj* **pearlier; -est** : nacarado
peasant ['pɛzənt] *n* : campesino *m*, -na *f*
peat ['pi:t] *n* : turba *f*
pebble ['pɛbəl] *n* : guijarro *m*, piedrecita *f*, piedrita *f*
pecan [pɪ'kan, -'kæn, 'pi:ˌkæn] *n* : pacana *f*, nuez *f Mex*
peccadillo [ˌpɛkə'dɪlo] *n, pl* **-loes** *or* **-los** : pecadillo *m*
peccary ['pɛkəri] *n, pl* **-ries** : pécari *m*, pecarí *m*
peck[1] ['pɛk] *vt* : picar, picotear
peck[2] *n* **1** : medida *f* de áridos equivalente a 8.810 litros **2** : picotazo *m* (de un pájaro) ⟨a peck on the cheek : un besito en la mejilla⟩
pectoral ['pɛktərəl] *adj* : pectoral
peculiar [pɪ'kju:ljər] *adj* **1** DISTINCTIVE : propio, peculiar, característico ⟨peculiar to this area : propio de esta zona⟩ **2** STRANGE : extraño, raro — **peculiarly** *adv*
peculiarity [pɪˌkju:l'jærəṭi, -ˌkju:li'ær-] *n, pl* **-ties** **1** DISTINCTIVENESS : peculiaridad *f* **2** ODDITY, QUIRK : rareza *f*, idiosincrasia *f*, excentricidad *f*
pecuniary [pɪ'kju:niˌɛri] *adj* : pecuniario
pedagogical [ˌpɛdə'gaʤɪkəl, -'go:-] *adj* : pedagógico
pedagogy ['pɛdəˌgo:ʤi, -ˌga-] *n* : pedagogía *f*
pedal[1] ['pɛdəl] *v* **-aled** *or* **-alled; -aling** *or* **-alling** *vi* : pedalear — *vt* : darle a los pedales de
pedal[2] *n* : pedal *m*
pedant ['pɛdənt] *n* : pedante *mf*
pedantic [pɪ'dæntɪk] *adj* : pedante
pedantry ['pɛdəntri] *n, pl* **-ries** : pedantería *f*
peddle ['pɛdəl] *vt* **-dled; -dling** : vender (en las calles)
peddler ['pɛdlər] *n* : vendedor *m*, -dora *f* ambulante; mercachifle *m*
pedestal ['pɛdəstəl] *n* : pedestal *m*
pedestrian[1] [pə'dɛstriən] *adj* **1** COMMONPLACE : pedestre, ordinario **2** : de peatón, peatonal ⟨pedestrian crossing : paso de peatones⟩
pedestrian[2] *n* : peatón *m*, -tona *f*
pediatric [ˌpi:di'ætrɪk] *adj* : pediátrico
pediatrician [ˌpi:diə'trɪʃən] *n* : pediatra *mf*
pediatrics [ˌpi:di'ætrɪks] *ns & pl* : pediatría *f*
pedigree ['pɛdəˌgri:] *n* **1** FAMILY TREE : árbol *m* genealógico **2** LINEAGE : pedigrí *m* (de un animal), linaje *m* (de una persona)
pee[1] ['pi:] *vi fam* URINATE : hacer pipí *fam*
pee[2] *n fam* : pipí *m fam* ⟨to take a pee : hacer pipí⟩
peek[1] ['pi:k] *vi* **1** PEEP : espiar, mirar furtivamente **2** GLANCE : echar un vistazo
peek[2] *n* **1** : miradita *f* (furtiva) **2** GLANCE : vistazo *m*, ojeada *f*
peel[1] ['pi:l] *vt* **1** : pelar (fruta, etc.) **2** *or* **to peel away** : quitar — *vi* : pelarse (dícese de la piel), desconcharse (dícese de la pintura)
peel[2] *n* : cáscara *f*
peep[1] ['pi:p] *vi* **1** PEEK : espiar, mirar furtivamente **2** CHEEP : piar **3 to peep out** SHOW : asomarse
peep[2] *n* **1** CHEEP : pío *m* (de un pajarito) **2** GLANCE : vistazo *m*, ojeada *f*
peer[1] ['pɪr] *vi* : mirar detenidamente, mirar con atención
peer[2] *n* **1** EQUAL : par *m*, igual *mf* **2** NOBLE : noble *mf*
peerage ['pɪrɪʤ] *n* : nobleza *f*
peerless ['pɪrləs] *adj* : sin par, incomparable
peeve[1] ['pi:v] *vt* **peeved; peeving** : fastidiar, irritar, molestar
peeve[2] *n* : queja *f*
peevish ['pi:vɪʃ] *adj* : quejoso, fastidioso — **peevishly** *adv*
peevishness ['pi:vɪʃnəs] *n* : irritabilidad *f*
peg[1] ['pɛg] *vt* **pegged; pegging** **1** PLUG : tapar (con una clavija) **2** FASTEN, FIX : sujetar (con estaquillas) **3 to peg out** MARK : marcar (con estaquillas)
peg[2] *n* : estaquilla *f* (para clavar), clavija *f* (para tapar)
pejorative [pɪ'ʤɔrəṭɪv] *adj* : peyorativo — **pejoratively** *adv*
pelican ['pɛlɪkən] *n* : pelícano *m*
pellagra [pə'lægrə, -'leɪ-] *n* : pelagra *f*
pellet ['pɛlət] *n* **1** BALL : bolita *f* ⟨food pellet : bolita de comida⟩ **2** SHOT : perdigón *m*
pell–mell ['pɛl'mɛl] *adv* : desordenadamente, atropelladamente
pelt[1] ['pɛlt] *vt* **1** THROW : lanzar, tirar (algo a alguien) **2 to pelt with stones** : apedrear — *vi* BEAT : golpear con fuerza ⟨the rain was pelting down : llovía a cántaros⟩
pelt[2] *n* : piel *f*, pellejo *m*
pelvic ['pɛlvɪk] *adj* : pélvico
pelvis ['pɛlvɪs] *n, pl* **-vises** *or* **-ves** ['pɛlˌvi:z] : pelvis *f*

pen[1] [ˈpɛn] *vt* **penned; penning** **1** *or* **pen in** : encerrar (animales) **2** WRITE : escribir

pen[2] *n* **1** CORRAL : corral *m*, redil *m* (para ovejas) **2** : pluma *f* ⟨fountain pen : pluma fuente⟩ ⟨ballpoint pen : bolígrafo⟩

penal [ˈpiːnəl] *adj* : penal

penalize [ˈpiːnəlˌaɪz, ˈpɛn-] *vt* **-ized; -izing** : penalizar, sancionar, penar

penalty [ˈpɛnəlti] *n, pl* **-ties** **1** PUNISHMENT : pena *f*, castigo *m* **2** DISADVANTAGE : desventaja *f*, castigo *m*, penalty *m* (en deportes) **3** FINE : multa *f*

penance [ˈpɛnənts] *n* : penitencia *f*

pence → **penny**

penchant [ˈpɛntʃənt] *n* : inclinación *f*, afición *f*

pencil[1] [ˈpɛntsəl] *vt* **-ciled** *or* **-cilled; -ciling** *or* **-cilling** : escribir con lápiz, dibujar con lápiz

pencil[2] *n* : lápiz *m*

pendant [ˈpɛndənt] *n* : colgante *m*

pending[1] [ˈpɛndɪŋ] *adj* : pendiente

pending[2] *prep* **1** DURING : durante **2** AWAITING : en espera de

pendulum [ˈpɛndʒələm, -djʊləm] *n* : péndulo *m*

penetrate [ˈpɛnəˌtreɪt] *vt* **-trated; -trating** : penetrar

penetrating [ˈpɛnəˌtreɪṭɪŋ] *adj* : penetrante, cortante

penetration [ˌpɛnəˈtreɪʃən] *n* : penetración *f*

penguin [ˈpɛŋgwɪn, ˈpɛn-] *n* : pingüino *m*

penicillin [ˌpɛnəˈsɪlən] *n* : penicilina *f*

peninsula [pəˈnɪntsələ, -ˈnɪntʃʊlə] *n* : península *f*

penis [ˈpiːnəs] *n, pl* **-nes** [-ˌniːz] *or* **-nises** : pene *m*

penitence [ˈpɛnəṭənts] *n* : arrepentimiento *m*, penitencia *f*

penitent[1] [ˈpɛnəṭənt] *adj* : arrepentido, penitente

penitent[2] *n* : penitente *mf*

penitentiary [ˌpɛnəˈtɛntʃəri] *n, pl* **-ries** : penitenciaría *f*, prisión *m*, presidio *m*

penmanship [ˈpɛnmənˌʃɪp] *n* : escritura *f*, caligrafía *f*

pen name *n* : seudónimo *m*

pennant [ˈpɛnənt] *n* : gallardete *m* (de un barco), banderín *m*

penniless [ˈpɛniləs] *adj* : sin un centavo

penny [ˈpɛni] *n, pl* **-nies** *or* **pence** [ˈpɛnts] **1** : penique *m* (del Reino Unido) **2** *pl* **-nies** CENT : centavo *m* (de los Estados Unidos)

pension[1] [ˈpɛntʃən] *vt or* **to pension off** : jubilar

pension[2] *n* : pensión *m*, jubilación *f*

pensive [ˈpɛntsɪv] *adj* : pensativo, meditabundo — **pensively** *adv*

pent [ˈpɛnt] *adj* : encerrado ⟨pent-up feelings : emociones reprimidas⟩

pentagon [ˈpɛntəˌgɑn] *n* : pentágono *m*

pentagonal [pɛnˈtægənəl] *adj* : pentagonal

penthouse [ˈpɛntˌhaʊs] *n* : ático *m*, penthouse *m*

penultimate [pɪˈnʌltəmət] *adj* : penúltimo

penury [ˈpɛnjəri] *n* : penuria *f*, miseria *f*

peon [ˈpiːˌɑn, -ən] *n, pl* **-ons** *or* **-ones** [peɪˈoːniːz] : peón *m*

peony [ˈpiːəni] *n, pl* **-nies** : peonía *f*

people[1] [ˈpiːpəl] *vt* **-pled; -pling** : poblar

people[2] *ns & pl* **1 people** *npl* : gente *f*, personas *fpl* ⟨people like him : él le cae bien a la gente⟩ ⟨many people : mucha gente, muchas personas⟩ **2** *pl* **peoples** : pueblo *m* ⟨the Cuban people : el pueblo cubano⟩

pep[1] [ˈpɛp] *vt* **pepped; pepping** *or* **to pep up** : animar

pep[2] *n* : energía *f*, vigor *m*

pepper[1] [ˈpɛpər] *vt* **1** : añadir pimienta a **2** RIDDLE : acribillar (a balazos) **3** SPRINKLE : salpicar ⟨peppered with quotations : salpicado de citas⟩

pepper[2] *n* **1** : pimienta *f* (condimento) **2** : pimiento *m*, pimentón *m* (fruta) **3** → **chili**

peppermint [ˈpɛpərˌmɪnt] *n* : menta *f*

peppery [ˈpɛpəri] *adj* : picante

peppy [ˈpɛpi] *adj* **peppier; -est** : lleno de energía, vivaz

peptic [ˈpɛptɪk] *adj* **peptic ulcer** : úlcera *f* estomacal

per [ˈpər] *prep* **1** : por ⟨miles per hour : millas por hora⟩ **2** ACCORDING TO : según ⟨per his specifications : según sus especificaciones⟩

per annum [pərˈænəm] *adv* : al año, por año

percale [ˌpərˈkeɪl, ˈpər-ˌ; ˌpərˈkæl] *n* : percal *m*

per capita [pərˈkæpɪṭə] *adv & adj* : per cápita

perceive [pərˈsiːv] *vt* **-ceived; -ceiving** **1** REALIZE : percatarse de, concientizarse de, darse cuenta de **2** NOTE : percibir, notar

percent[1] [pərˈsɛnt] *adv* : por ciento

percent[2] *n, pl* **-cent** *or* **-cents** **1** : por ciento ⟨10 percent of the population : el 10 por ciento de la población⟩ **2** → **percentage**

percentage [pərˈsɛntɪdʒ] *n* : porcentaje *m*

perceptible [pərˈsɛptəbəl] *adj* : perceptible — **perceptibly** [-bli] *adv*

perception [pərˈsɛpʃən] *n* **1** : percepción *f* ⟨color perception : la percepción de los colores⟩ **2** INSIGHT : perspicacia *f* **3** IDEA : idea *f*, imagen *f*

perceptive [pərˈsɛptɪv] *adj* : perspicaz

perceptively [pərˈsɛptɪvli] *adv* : con perspicacia

perch[1] [ˈpərtʃ] *vi* **1** ROOST : posarse **2** SIT : sentarse (en un sitio elevado) — *vt* PLACE : posar, colocar

perch[2] *n* **1** ROOST : percha *f* (para los pájaros) **2** *pl* **perch** *or* **perches** : perca *f* (pez)

percolate ['pərkə,leɪt] *vi* **-lated; -lating** : colarse, filtrarse ⟨percolated coffee : café filtrado⟩
percolator ['pərkə,leɪṯər] *n* : cafetera *f* de filtro
percussion [pər'kʌʃən] *n* **1** STRIKING : percusión *f* **2** *or* **percussion instruments** : instrumentos *mpl* de percusión
peremptory [pə'rɛmptəri] *adj* : perentorio
perennial[1] [pə'rɛniəl] *adj* **1** : perenne, vivaz ⟨perennial flowers : flores perennes⟩ **2** RECURRENT : perenne, continuo ⟨a perennial problem : un problema eterno⟩
perennial[2] *n* : planta *f* perenne, planta *f* vivaz
perfect[1] [pər'fɛkt] *vt* : perfeccionar
perfect[2] ['pərfɪkt] *adj* : perfecto — **perfectly** *adv*
perfection [pər'fɛkʃən] *n* : perfección *f*
perfectionist [pər'fɛkʃənɪst] *n* : perfeccionista *mf*
perfidious [pər'fɪdiəs] *adj* : pérfido
perforate ['pərfə,reɪt] *vt* **-rated; -rating** : perforar
perforation [,pərfə'reɪʃən] *n* : perforación *f*
perform [pər'fɔrm] *vt* **1** CARRY OUT : realizar, hacer, desempeñar **2** PRESENT : representar, dar (una obra teatral, etc.) — *vi* : actuar (en una obra teatral), cantar (en una ópera, etc.), tocar (en un concierto, etc.), bailar (en un ballet, etc.)
performance [pər'fɔrmənts] *n* **1** EXECUTION : ejecución *f*, realización *f*, desempeño *m*, rendimiento *m* **2** INTERPRETATION : interpretación *f* ⟨his performance of Hamlet : su interpretación de Hamlet⟩ **3** PRESENTATION : representación *f* (de una obra teatral), función *f*
performer [pər'fɔrmər] *n* : artista *mf*; actor *m*, -triz *f*; intérprete *mf* (de música)
perfume[1] [pər'fju:m, 'pər,-] *vt* **-fumed; -fuming** : perfumar
perfume[2] ['pər,fju:m, pər'-] *n* : perfume *m*
perfunctory [pər'fʌŋktəri] *adj* : mecánico, superficial, somero
perhaps [pər'hæps] *adv* : tal vez, quizá, quizás
peril ['pɛrəl] *n* : peligro *m*
perilous ['pɛrələs] *adj* : peligroso — **perilously** *adv*
perimeter [pə'rɪməṯər] *n* : perímetro *m*
period ['pɪriəd] *n* **1** : punto *m* (en puntuación) **2** : período *m* ⟨a two-hour period : un período de dos horas⟩ **3** STAGE : época *f* (histórica), fase *f*, etapa *f*
periodic [,pɪri'ɑdɪk] *or* **periodical** [-dɪkəl] *adj* : periódico — **periodically** [-dɪkli] *adv*
periodical [,pɪri'ɑdɪkəl] *n* : publicación *f* periódica, revista *f*
peripheral [pə'rɪfərəl] *adj* : periférico
periphery [pə'rɪfəri] *n, pl* **-eries** : periferia *f*
periscope ['pɛrə,sko:p] *n* : periscopio *m*
perish ['pɛrɪʃ] *vi* DIE : perecer, morirse
perishable[1] ['pɛrɪʃəbəl] *adj* : perecedero
perishable[2] *n* : producto *m* perecedero
perjure ['pərʤər] *vt* **-jured; -juring** (*used in law*) **to perjure oneself** : perjurar, perjurarse
perjury ['pərʤəri] *n* : perjurio *m*
perk[1] ['pərk] *vt* **1** : levantar (las orejas, etc.) **2** *or* **to perk up** FRESHEN : arreglar — *vi* **to perk up** : animarse, reanimarse
perk[2] *n* : extra *m*
perky ['pərki] *adj* **perkier; -est** : animado, alegre, lleno de vida
permanence ['pərmənənts] *n* : permanencia *f*
permanent[1] ['pərmənənt] *adj* : permanente — **permanently** *adv*
permanent[2] *n* : permanente *f*
permeability [,pərmiə'bɪləṯi] *n* : permeabilidad *f*
permeable ['pərmiəbəl] *adj* : permeable
permeate ['pərmi,eɪt] *v* **-ated; -ating** *vt* **1** PENETRATE : penetrar, impregnar **2** PERVADE : penetrar, difundirse por — *vi* : penetrar
permissible [pər'mɪsəbəl] *adj* : permisible, lícito
permission [pər'mɪʃən] *n* : permiso *m*
permissive [pər'mɪsɪv] *adj* : permisivo
permit[1] [pər'mɪt] *vt* **-mitted; -mitting** : permitir, dejar ⟨weather permitting : si el tiempo lo permite⟩
permit[2] ['pər,mɪt, pər'-] *n* : permiso *m*, licencia *f*
pernicious [pər'nɪʃəs] *adj* : pernicioso
peroxide [pə'rɑk,saɪd] *n* **1** : peróxido *m* **2** → **hydrogen peroxide**
perpendicular[1] [,pərpən'dɪkjələr] *adj* **1** VERTICAL : vertical **2** : perpendicular ⟨perpendicular lines : líneas perpendiculares⟩ — **perpendicularly** *adv*
perpendicular[2] *n* : perpendicular *f*
perpetrate ['pərpə,treɪt] *vt* **-trated; -trating** : perpetrar, cometer (un delito)
perpetrator ['pərpə,treɪṯər] *n* : autor *m*, -tora *f* (de un delito)
perpetual [pər'pɛʧuəl] *adj* **1** EVERLASTING : perpetuo, eterno **2** CONTINUAL : perpetuo, continuo, constante
perpetually [pər'pɛʧuəli, -ʧəli] *adv* : para siempre, eternamente
perpetuate [pər'pɛʧʊ,eɪt] *vt* **-ated; -ating** : perpetuar
perpetuity [,pərpə'tu:əṯi, -'tju:-] *n, pl* **-ties** : perpetuidad *f*
perplex [pər'plɛks] *vt* : dejar perplejo, confundir
perplexed [pər'plɛkst] *adj* : perplejo
perplexity [pər'plɛksəṯi] *n, pl* **-ties** : perplejidad *f*, confusión *f*
persecute ['pərsɪ,kju:t] *vt* **-cuted; -cuting** : perseguir

persecution [ˌpərsɪˈkjuːʃən] *n* : persecución *f*

perseverance [ˌpərsəˈvɪrənts] *n* : perseverancia *f*

persevere [ˌpərsəˈvɪr] *vi* **-vered; -vering** : perseverar

Persian [ˈpərʒən] *n* **1** : persa *mf* **2** : persa *m* (idioma) — **Persian** *adj*

persist [pərˈsɪst] *vi* : persistir

persistence [pərˈsɪstənts] *n* **1** CONTINUATION : persistencia *f* **2** TENACITY : perseverancia *f*, tenacidad *f*

persistent [pərˈsɪstənt] *adj* : persistente — **persistently** *adv*

person [ˈpərsən] *n* **1** HUMAN, INDIVIDUAL : persona *f*, individuo *m*, ser *m* humano **2** : persona *f* (en gramática) **3 in person** : en persona

personable [ˈpərsənəbəl] *adj* : agradable

personage [ˈpərsənɪʤ] *n* : personaje *m*

personal [ˈpərsənəl] *adj* **1** OWN, PRIVATE : personal, particular, privado ⟨for personal reasons : por razones personales⟩ **2** : en persona ⟨to make a personal appearance : presentarse en persona, hacerse acto de presencia⟩ **3** : íntimo, personal ⟨personal hygiene : higiene personal⟩ **4** INDISCREET, PRYING : indiscreto, personal

personal computer *n* : computadora *f* personal, ordenador *m* personal *Spain*

personal digital assistant *n* : asistente *m* personal digital

personality [ˌpərsənˈæləṭi] *n, pl* **-ties 1** DISPOSITION : personalidad *f*, temperamento *m* **2** CELEBRITY : personalidad *f*, personaje *m*, celebridad *f*

personalize [ˈpərsənəˌlaɪz] *vt* **-ized; -izing** : personalizar

personally [ˈpərsənəli] *adv* **1** : personalmente, en persona ⟨I'll do it personally : lo haré personalmente⟩ **2** : como persona ⟨personally she's very amiable : como persona es muy amable⟩ **3** : personalmente ⟨personally, I don't believe it : yo, personalmente, no me lo creo⟩

personification [pərˌsɑnəfəˈkeɪʃən] *n* : personificación *f*

personify [pərˈsɑnəˌfaɪ] *vt* **-fied; -fying** : personificar

personnel [ˌpərsənˈɛl] *n* : personal *m*

perspective [pərˈspɛktɪv] *n* : perspectiva *f*

perspicacious [ˌpərspəˈkeɪʃəs] *adj* : perspicaz

perspiration [ˌpərspəˈreɪʃən] *n* : transpiración *f*, sudor *m*

perspire [pərˈspaɪr] *vi* **-spired; -spiring** : transpirar, sudar

persuade [pərˈsweɪd] *vt* **-suaded; -suading** : persuadir, convencer

persuasion [pərˈsweɪʒən] *n* : persuasión *f*

persuasive [pərˈsweɪsɪv, -zɪv] *adj* : persuasivo — **persuasively** *adv*

persuasiveness [pərˈsweɪsɪvnəs, -zɪv-] *n* : persuasión *f*

pert [ˈpərt] *adj* **1** SAUCY : descarado, impertinente **2** JAUNTY : alegre, animado ⟨a pert little hat : un sombrero coqueto⟩

pertain [pərˈteɪn] *vi* **1** BELONG : pertenecer (a) **2** RELATE : estar relacionado (con)

pertinence [ˈpərtənənts] *n* : pertinencia *f*

pertinent [ˈpərtənənt] *adj* : pertinente

perturb [pərˈtərb] *vt* : perturbar

perusal [pəˈruːzəl] *n* : lectura *f* cuidadosa

peruse [pəˈruːz] *vt* **-rused; -rusing 1** READ : leer con cuidado **2** SCAN : recorrer con la vista ⟨he perused the newspaper : echó un vistazo al periódico⟩

Peruvian [pəˈruːviən] *n* : peruano *m*, -na *f* — **Peruvian** *adj*

pervade [pərˈveɪd] *vt* **-vaded; -vading** : penetrar, difundirse por

pervasive [pərˈveɪsɪv, -zɪv] *adj* : penetrante

perverse [pərˈvərs] *adj* **1** CORRUPT : perverso, corrompido **2** STUBBORN : obstinado, porfiado, terco (sin razón) — **perversely** *adv*

perversion [pərˈvərʒən] *n* : perversión *f*

perversity [pərˈvərsəṭi] *n, pl* **-ties 1** CORRUPTION : corrupción *f* **2** STUBBORNNESS : obstinación *f*, terquedad *f*

pervert[1] [pərˈvərt] *vt* **1** DISTORT : pervertir, distorsionar **2** CORRUPT : pervertir, corromper

pervert[2] [ˈpərˌvərt] *n* : pervertido *m*, -da *f*

pesky [ˈpɛski] *adj* : molestoso, molesto

peso [ˈpeɪˌsoː] *n, pl* **-sos** : peso *m*

pessimism [ˈpɛsəˌmɪzəm] *n* : pesimismo *m*

pessimist [ˈpɛsəmɪst] *n* : pesimista *mf*

pessimistic [ˌpɛsəˈmɪstɪk] *adj* : pesimista

pest [ˈpɛst] *n* **1** NUISANCE : peste *f*; latoso *m*, -sa *f fam* ⟨to be a pest : dar (la) lata⟩ **2** : insecto *m* nocivo, animal *m* nocivo ⟨the squirrels were pests : las ardillas eran una plaga⟩

pester [ˈpɛstər] *vt* **-tered; -tering** : molestar, fastidiar

pesticide [ˈpɛstəˌsaɪd] *n* : pesticida *m*

pestilence [ˈpɛstələnts] *n* : pestilencia *f*, peste *f*

pestle [ˈpɛsəl, ˈpɛstəl] *n* : mano *f* de mortero, mazo *m*, maja *f*

pet[1] [ˈpɛt] *vt* **petted; petting** : acariciar

pet[2] *n* **1** : animal *m* doméstico **2** FAVORITE : favorito *m*, -ta *f*

petal [ˈpɛṭəl] *n* : pétalo *m*

petite [pəˈtiːt] *adj* : pequeña, menuda, chiquita

petition[1] [pəˈtɪʃən] *vt* : peticionar

petition[2] *n* : petición *f*

petitioner [pəˈtɪʃənər] *n* : peticionario *m*, -ria *f*

petrify [ˈpɛtrəˌfaɪ] *vt* **-fied; -fying** : petrificar

petroleum [pəˈtroːliəm] *n* : petróleo *m*

petticoat [ˈpɛṭiˌko:t] *n* : enagua *f*, fondo *m Mex*
pettiness [ˈpɛṭinəs] *n* **1** INSIGNIFICANCE : insignificancia *f* **2** MEANNESS : mezquindad *f*
petty [ˈpɛṭi] *adj* **-tier; -est** **1** MINOR : menor ⟨petty cash : dinero para gastos menores⟩ **2** INSIGNIFICANT : insignificante, trivial, nimio **3** MEAN : mezquino
petty officer *n* : suboficial *mf*
petulance [ˈpɛʧələnts] *n* : irritabilidad *f*, mal genio *m*
petulant [ˈpɛʧələnt] *adj* : irritable, de mal genio
petunia [pɪˈtu:njə, -ˈtju:-] *n* : petunia *f*
pew [ˈpju:] *n* : banco *m* (de iglesia)
pewter [ˈpju:ṭər] *n* : peltre *m*
pH [ˌpi:ˈeɪʧ] *n* : pH *m*
phallic [ˈfælɪk] *adj* : fálico
phallus [ˈfæləs] *n, pl* **-li** [ˈfæˌlaɪ] *or* **-luses** : falo *m*
phantasy [ˈfæntəsi] → **fantasy**
phantom [ˈfæntəm] *n* : fantasma *m*
pharaoh [ˈfɛrˌo:, ˈfeɪˌro:] *n* : faraón *m*
pharmaceutical [ˌfɑrməˈsu:ṭɪkəl] *adj* : farmacéutico
pharmacist [ˈfɑrməsɪst] *n* : farmacéutico *m*, -ca *f*
pharmacology [ˌfɑrməˈkɑləʤi] *n* : farmacología *f*
pharmacy [ˈfɑrməsi] *n, pl* **-cies** : farmacia *f*
pharynx [ˈfærɪŋks] *n, pl* **pharynges** [fəˈrɪnˌʤi:z] : faringe *f*
phase[1] [ˈfeɪz] *vt* **phased; phasing** **1** SYNCHRONIZE : sincronizar, poner en fase **2** STAGGER : escalonar **3 to phase in** : introducir progresivamente **4 to phase out** : retirar progresivamente, dejar de producir
phase[2] *n* **1** : fase *f* (de la luna, etc.) **2** STAGE : fase *f*, etapa *f*
pheasant [ˈfɛzənt] *n, pl* **-ant** *or* **-ants** : faisán *m*
phenomenal [fɪˈnɑmənəl] *adj* : extraordinario, excepcional
phenomenon [fɪˈnɑməˌnɑn, -nən] *n, pl* **-na** [-nə] *or* **-nons** **1** : fenómeno *m* **2** *pl* **-nons** PRODIGY : fenómeno *m*, prodigio *m*
philanthropic [ˌfɪlənˈθrɑpɪk] *adj* : filantrópico
philanthropist [fəˈlæntθrəpɪst] *n* : filántropo *m*, -pa *f*
philanthropy [fəˈlæntθrəpi] *n, pl* **-pies** : filantropía *f*
philately [fəˈlæṭəli] *n* : filatelia *f*
philodendron [ˌfɪləˈdɛndrən] *n, pl* **-drons** *or* **-dra** [-drə] : arácea *f*
philosopher [fəˈlɑsəfər] *n* : filósofo *m*, -fa *f*
philosophic [ˌfɪləˈsɑfɪk] *or* **philosophical** [-fɪkəl] *adj* : filosófico — **philosophically** [-kli] *adv*
philosophize [fəˈlɑsəˌfaɪz] *vi* **-phized; -phizing** : filosofar
philosophy [fəˈlɑsəfi] *n, pl* **-phies** : filosofía *f*
phlebitis [flɪˈbaɪṭəs] *n* : flebitis *f*
phlegm [ˈflɛm] *n* : flema *f*
phlox [ˈflɑks] *n, pl* **phlox** *or* **phloxes** : polemonio *m*
phobia [ˈfo:biə] *n* : fobia *f*
phoenix [ˈfi:nɪks] *n* : fénix *m*
phone[1] [ˈfo:n] *v* → **telephone**[1]
phone[2] *n* → **telephone**[2]
phoneme [ˈfo:ˌni:m] *n* : fonema *m*
phonetic [fəˈnɛṭɪk] *adj* : fonético
phonetics [fəˈnɛṭɪks] *n* : fonética *f*
phonics [ˈfɑnɪks] *n* : método *m* fonético de aprender a leer
phonograph [ˈfo:nəˌgræf] *n* : fonógrafo *m*, tocadiscos *m*
phony[1] *or* **phoney** [ˈfo:ni] *adj* **-nier; -est** : falso
phony[2] *or* **phoney** *n, pl* **-nies** : farsante *mf*; charlatán *m*, -tana *f*
phosphate [ˈfɑsˌfeɪt] *n* : fosfato *m*
phosphorescence [ˌfɑsfəˈrɛsənts] *n* : fosforescencia *f*
phosphorescent [ˌfɑsfəˈrɛsənt] *adj* : fosforescente — **phosphorescently** *adv*
phosphorus [ˈfɑsfərəs] *n* : fósforo *m*
photo [ˈfo:ṭo:] *n, pl* **-tos** : foto *f*
photocopier [ˈfo:ṭoˌkɑpiər] *n* : fotocopiadora *f*
photocopy[1] [ˈfo:ṭoˌkɑpi] *vt* **-copied; -copying** : fotocopiar
photocopy[2] *n, pl* **-copies** : fotocopia *f*
photoelectric [ˌfo:ṭoɪˈlɛktrɪk] *adj* : fotoeléctrico
photogenic [ˌfo:ṭəˈʤɛnɪk] *adj* : fotogénico
photograph[1] [ˈfo:ṭəˌgræf] *vt* : fotografiar
photograph[2] *n* : fotografía *f*, foto *f* ⟨to take a photograph of : tomarle una fotografía a, tomar una fotografía de⟩
photographer [fəˈtɑgrəfər] *n* : fotógrafo *m*, -fa *f*
photographic [ˌfo:ṭəˈgræfɪk] *adj* : fotográfico — **photographically** [-fɪkli] *adv*
photography [fəˈtɑgrəfi] *n* : fotografía *f*
photosynthesis [ˌfo:ṭoˈsɪntθəsɪs] *n* : fotosíntesis *f*
photosynthetic [ˌfo:ṭosɪnˈθɛṭɪk] *adj* : fotosintético, de fotosíntesis
phrase[1] [ˈfreɪz] *vt* **phrased; phrasing** : expresar
phrase[2] *n* : frase *f*, locución *f* ⟨to coin a phrase : para decirlo así⟩
phylum [ˈfaɪləm] *n, pl* **-la** [-lə] : phylum *m*
physical[1] [ˈfɪzɪkəl] *adj* **1** : físico ⟨physical laws : leyes físicas⟩ **2** MATERIAL : material, físico **3** BODILY : físico, corpóreo — **physically** [-kli] *adv*
physical[2] *n* CHECKUP : chequeo *m*, reconocimiento *m* médico
physician [fəˈzɪʃən] *n* : médico *m*, -ca *f*
physicist [ˈfɪzəsɪst] *n* : físico *m*, -ca *f*
physics [ˈfɪzɪks] *ns & pl* : física *f*
physiognomy [ˌfɪziˈɑgnəmi] *n, pl* **-mies** : fisonomía *f*
physiological [ˈfɪziəˈlɑʤɪkəl] *or* **physiologic** [-ʤɪk] *adj* : fisiológico

physiologist [ˌfɪziˈɑlədʒɪst] *n* : fisiólogo *m*, -ga *f*

physiology [ˌfɪziˈɑlədʒi] *n* : fisiología *f*

physique [fəˈzi:k] *n* : físico *m*

pi [ˈpaɪ] *n, pl* **pis** [ˈpaɪz] : pi *f*

pianist [piˈænɪst, ˈpi:ənɪst] *n* : pianista *mf*

piano [piˈæno:] *n, pl* **-anos** : piano *m*

piazza [piˈæzə, -ˈɑtsə] *n, pl* **-zas** *or* **-ze** [-ˈɑtˌseɪ] : plaza *f*

picaresque [ˌpɪkəˈrɛsk, ˌpi:-] *adj* : picaresco

picayune [ˌpɪkiˈju:n] *adj* : trivial, nimio, insignificante

piccolo [ˈpɪkəˌlo:] *n, pl* **-los** : flautín *m*

pick[1] [ˈpɪk] *vt* **1** SELECT : escoger, elegir ⟨pick a card : elige una carta⟩ **2** : quitar, sacar (poco a poco) ⟨to pick meat off the bones : quitar pedazos de carne de los huesos⟩ **3** : recoger, arrancar (frutas, flores, etc.) **4** PROVOKE : provocar ⟨to pick a fight : buscar pelea⟩ **5** : hurgarse (la nariz), escarbarse (los dientes) **6 to pick a lock** : forzar una cerradura **7 to pick out** CHOOSE : escoger **8 to pick out** IDENTIFY : identificar, distinguir **9 to pick someone's pocket** : robarle a alguien la cartera (etc.) del bolsillo **10 to pick up** LIFT : levantar **11 to pick up** TIDY : ordenar (una habitación, etc.), recoger (juguetes, etc.) **12 to pick up** FETCH : (ir a) recoger **13 to pick up** LOAD : recoger (pasajeros), cargar **14 to pick up** BUY, GET : comprar, conseguir **15 to pick up** LEARN : aprender (un idioma, etc.), adquirir (una costumbre) **16 to pick up** RESUME : continuar **17 to pick up** : captar (una señal) **18 to pick up** DETECT : detectar **19 to pick up speed** : ganar velocidad **20 to pick up the pace** : ir/trabajar (etc.) más rápido **21 to pick up the tab/bill/check** : cargar con la cuenta — *vi* **1** NIBBLE : picar, picotear **2 to pick and choose** : ser exigente **3 to pick at** : tocar, rascarse (una herida, etc.) **4 to pick on** TEASE : mofarse de, atormentar **5 to pick up** IMPROVE : mejorar **6 to pick up** : levantarse (dícese del viento), acelerarse (dícese de un ritmo, etc.) **7 to pick up** ANSWER : contestar (el teléfono) **8 to pick up** TIDY : ordenar ⟨pick up after yourself : ordena lo que has desordenado⟩ **9 to pick up** RESUME : continuar ⟨let's pick up where we left off : retomemos donde lo dejamos⟩ **10 to pick up on** : darse cuenta de

pick[2] *n* **1** CHOICE : selección *f* **2** BEST : lo mejor ⟨the pick of the crop : la crema y nata⟩ **3** → **pickax**

pickax [ˈpɪkˌæks] *n* : pico *m*, zapapico *m*, piqueta *f*

pickerel [ˈpɪkərəl] *n, pl* **-el** *or* **-els** : lucio *m* pequeño

picket[1] [ˈpɪkət] *v* : piquetear

picket[2] *n* **1** STAKE : estaca *f* **2** STRIKER : huelguista *mf*, integrante *mf* de un piquete

pickle[1] [ˈpɪkəl] *vt* **-led; -ling** : encurtir, escabechar

pickle[2] *n* **1** BRINE : escabeche *m* **2** GHERKIN : pepinillo *m* (encurtido) **3** JAM, TROUBLE : lío *m*, apuro *m*

pickpocket [ˈpɪkˌpɑkət] *n* : carterista *mf*

pickup [ˈpɪkˌəp] *n* **1** IMPROVEMENT : mejora *f* **2** *or* **pickup truck** : camioneta *f*

pick up *vt* **1** LIFT : levantar **2** TIDY : arreglar, ordenar — *vi* IMPROVE : mejorar

picnic[1] [ˈpɪkˌnɪk] *vi* **-nicked; -nicking** : ir de picnic

picnic[2] *n* : picnic *m*

pictorial [pɪkˈtoriəl] *adj* : pictórico

picture[1] [ˈpɪktʃər] *vt* **-tured; -turing** **1** DEPICT : representar **2** IMAGINE : imaginarse ⟨can you picture it? : ¿te lo puedes imaginar?⟩

picture[2] *n* **1** : cuadro *m* (pintado o dibujado), ilustración *f*, fotografía *f* **2** DESCRIPTION : descripción *f* **3** IMAGE : imagen *f* ⟨he's the picture of his father : es la viva imagen de su padre⟩ **4** MOVIE : película *f*

picturesque [ˌpɪktʃəˈrɛsk] *adj* : pintoresco

pie [ˈpaɪ] *n* : pastel *m* (con fruta o carne), empanada *f* (con carne)

piebald [ˈpaɪˌbɔld] *adj* : picazo, pío

piece[1] [ˈpi:s] *vt* **pieced; piecing** **1** PATCH : parchar, arreglar **2 to piece together** : construir pieza por pieza

piece[2] *n* **1** FRAGMENT : pedazo *m* ⟨to rip/tear something to pieces : hacer pedazos algo, romper algo en pedazos⟩ ⟨to fall to pieces : hacerse pedazos⟩ ⟨in pieces : en pedazos⟩ ⟨in one piece : intacto⟩ **2** SEGMENT : pedazo *m*, trozo *m* (de pan, carne, cordel, etc.) **3** COMPONENT : pieza *f* ⟨a three-piece suit : un traje de tres piezas⟩ **4** UNIT : pieza *f* ⟨a piece of fruit : una (pieza de) fruta⟩ ⟨a piece of clothing : una prenda⟩ ⟨a piece of paper : un papel⟩ **5** (*indicating an instance of something*) ⟨a piece of advice : un consejo⟩ ⟨a piece of news : una noticia⟩ ⟨a nice piece of work : un buen trabajo⟩ **6** WORK : obra *f*, pieza *f* (de música, etc.) **7** (*in board games*) : ficha *f*, pieza *f*, figura *f* (en ajedrez) **8** ARTICLE : artículo *m* **9** COIN : moneda *f*, pieza *f* **10** *fam* GUN : pistola *f* **11** *fam* DISTANCE : trecho *m* **12 in one piece** SAFE : sano y salvo **13 to fall/go to pieces** : venirse abajo **14 to give someone a piece of one's mind** : cantarle las cuarenta a alguien **15 to pick up the pieces** : sacarse las castañas del fuego **16 to pieces** : mucho, muy ⟨she was thrilled to pieces : estaba contentísima⟩ ⟨he loves her to pieces : la quiere muchísimo⟩

piecemeal[1] [ˈpi:sˌmi:l] *adv* : poco a poco, por partes

piecemeal[2] *adj* : hecho poco a poco, poco sistemático
pied ['paɪd] *adj* : pío
pier ['pɪr] *n* **1** : pila *f* (de un puente) **2** WHARF : muelle *m*, atracadero *m*, embarcadero *m* **3** PILLAR : pilar *m*
pierce ['pɪrs] *vt* **pierced; piercing** **1** PENETRATE : atravesar, traspasar, penetrar (en) ⟨the bullet pierced his leg : la bala le atravesó la pierna⟩ ⟨to pierce one's heart : traspasarle el corazón a uno⟩ **2** PERFORATE : perforar, agujerear (las orejas, etc.) **3 to pierce the silence** : desgarrar el silencio
piety ['paɪəṭi] *n, pl* **-eties** : piedad *f*
pig ['pɪg] *n* **1** HOG, SWINE : cerdo *m*, -da *f*; puerco *m*, -ca *f* **2** SLOB : persona *f* desaliñada; cerdo *m*, -da *f* **3** GLUTTON : glotón *m*, -tona *f* **4** *or* **pig iron** : lingote *m* de hierro
pigeon ['pɪʤən] *n* : paloma *f*
pigeonhole ['pɪʤən,ho:l] *n* : casilla *f*
pigeon–toed ['pɪʤən,to:d] *adj* : patituerto
piggish ['pɪgɪʃ] *adj* **1** GREEDY : glotón **2** DIRTY : cochino, sucio
piggyback ['pɪgi,bæk] *adv & adj* : a cuestas
pigheaded ['pɪg,hɛdəd] *adj* : terco, obstinado
piglet ['pɪglət] *n* : cochinillo *m*; lechón *m*, -chona *f*
pigment ['pɪgmənt] *n* : pigmento *m*
pigmentation [,pɪgmən'teɪʃən] *n* : pigmentación *f*
pigmy → **pygmy**
pigpen ['pɪg,pɛn] *n* : chiquero *m*, pocilga *f*
pigsty ['pɪg,staɪ] → **pigpen**
pigtail ['pɪg,teɪl] *n* : coleta *f*, trenza *f*
pike ['paɪk] *n, pl* **pike** *or* **pikes** **1** : lucio *m* (pez) **2** LANCE : pica *f* **3** → **turnpike**
pile[1] ['paɪl] *v* **piled; piling** *vt* : amontonar, apilar — *vi* **to pile up** : amontonarse, acumularse
pile[2] *n* **1** STAKE : pilote *m* **2** HEAP : montón *m*, pila *f* **3** NAP : pelo *m* (de telas)
piles ['paɪlz] *npl* HEMORRHOIDS : hemorroides *fpl*, almorranas *fpl*
pilfer ['pɪlfər] *vt* : robar (cosas pequeñas), ratear
pilgrim ['pɪlgrəm] *n* : peregrino *m*, -na *f*
pilgrimage ['pɪlgrəmɪʤ] *n* : peregrinación *f*
pill ['pɪl] *n* : pastilla *f*, píldora *f*
pillage[1] ['pɪlɪʤ] *vt* **-laged; -laging** : saquear
pillage[2] *n* : saqueo *m*
pillar ['pɪlər] *n* : pilar *m*, columna *f*
pillory ['pɪləri] *n, pl* **-ries** : picota *f*
pillow ['pɪ,lo:] *n* : almohada *f*
pillowcase ['pɪ,lo:,keɪs] *n* : funda *f*
pilot[1] ['paɪlət] *vt* : pilotar, pilotear
pilot[2] *n* : piloto *mf*
pilot light *n* : piloto *m*
pimento [pə'mɛn,to:] → **pimiento**
pimiento [pə'mɛn,to:, -'mjɛn-] *n, pl* **-tos** : pimiento *m* morrón
pimp ['pɪmp] *n* : proxeneta *m*
pimple ['pɪmpəl] *n* : grano *m*
pimply ['pɪmpəli] *adj* **-plier; -est** : cubierto de granos
pin[1] ['pɪn] *vt* **pinned; pinning** **1** FASTEN : prender, sujetar (con alfileres) **2** HOLD, IMMOBILIZE : inmovilizar, sujetar **3 to pin one's hopes on** : poner sus esperanzas en
pin[2] *n* **1** : alfiler *m* ⟨safety pin : alfiler de gancho⟩ ⟨a bobby pin : una horquilla⟩ **2** BROOCH : alfiler *m*, broche *m*, prendedor *m* **3** *or* **bowling pin** : bolo *m*
pinafore ['pɪnə,for] *n* : delantal *m*
pincer ['pɪntsər] *n* **1** CLAW : pinza *f* (de una langosta, etc.) **2 pincers** *npl* : pinzas *fpl*, tenazas *fpl*, tenaza *f*
pinch[1] ['pɪntʃ] *vt* **1** : pellizcar ⟨she pinched my cheek : me pellizcó el cachete⟩ **2** STEAL : robar — *vi* : apretar ⟨my shoes pinch : me aprietan los zapatos⟩
pinch[2] *n* **1** EMERGENCY : emergencia *f* ⟨in a pinch : en caso necesario⟩ **2** PAIN : dolor *m*, tormento *m* **3** SQUEEZE : pellizco *m* (con los dedos) **4** BIT : pizca *f*, pellizco *m* ⟨a pinch of cinnamon : una pizca de canela⟩
pinch hitter *n* **1** SUBSTITUTE : sustituto *m*, -ta *f* **2** : bateador *m* emergente (en beisbol)
pincushion ['pɪn,kʊʃən] *n* : acerico *m*, alfiletero *m*
pine[1] ['paɪn] *vi* **pined; pining** **1 to pine away** : languidecer, consumirse **2 to pine for** : añorar, suspirar por
pine[2] *n* **1** : pino *m* (árbol) **2** : madera *f* de pino
pineapple ['paɪn,æpəl] *n* : piña *f*, ananá *m*, ananás *m*
ping–pong ['pɪŋ,pɑŋ, -,pɔŋ] *n* : pingpong *m*
pinion[1] ['pɪnjən] *vt* : sujetar los brazos de, inmovilizar
pinion[2] *n* : piñón *m*
pink[1] ['pɪŋk] *adj* : rosa, rosado
pink[2] *n* **1** : clavelito *m* (flor) **2** : rosa *m*, rosado *m* (color) **3 to be in the pink** : estar en plena forma, rebosar de salud
pinkeye ['pɪŋk,aɪ] *n* : conjuntivitis *f* aguda
pinkish ['pɪŋkɪʃ] *adj* : rosáceo
pinnacle ['pɪnɪkəl] *n* **1** : pináculo *m* (de un edificio) **2** PEAK : cima *f*, cumbre *f* (de una montaña) **3** ACME : pináculo *m*, cúspide *f*, apogeo *m*
pinpoint ['pɪn,pɔɪnt] *vt* : precisar, localizar con precisión
pint ['paɪnt] *n* : pinta *f*
pinto ['pɪn,to:] *n, pl* **pintos** : caballo *m* pinto
pinworm ['pɪn,wərm] *n* : oxiuro *m*
pioneer[1] [,paɪə'nɪr] *vt* : promover, iniciar, introducir
pioneer[2] *n* : pionero *m*, -ra *f*

pious [ˈpaɪəs] *adj* **1** DEVOUT : piadoso, devoto **2** SANCTIMONIOUS : beato

piously [ˈpaɪəsli] *adv* **1** DEVOUTLY : piadosamente **2** SANCTIMONIOUSLY : santurronamente

pipe[1] [ˈpaɪp] *v* **piped; piping** *vi* : hablar en voz chillona — *vt* **1** PLAY : tocar (el caramillo o la flauta) **2** : conducir por tuberías ⟨to pipe water : transportar el agua por tubería⟩

pipe[2] *n* **1** : caramillo *m* (instrumento musical) **2** BAGPIPE : gaita *f* **3** : tubo *m*, caño *m* ⟨gas pipes : tubería de gas⟩ **4** : pipa *f* (para fumar)

pipeline [ˈpaɪpˌlaɪn] *n* **1** : conducto *m*, oleoducto *m* (para petróleo), gasoducto *m* (para gas) **2** CONDUIT : vía *f* (de información, etc.)

piper [ˈpaɪpər] *n* : músico *m*, -ca *f* que toca el caramillo o la gaita

piping [ˈpaɪpɪŋ] *n* **1** : música *f* del caramillo o de la gaita **2** TRIM : cordoncillo *m*, ribete *m* con cordón

piquant [ˈpiːkənt, ˈpɪkwənt] *adj* **1** SPICY : picante **2** INTRIGUING : intrigante, estimulante

pique[1] [ˈpiːk] *vt* **piqued; piquing 1** IRRITATE : picar, irritar **2** AROUSE : despertar (la curiosidad, etc.)

pique[2] *n* : pique *m*, resentimiento *m*

piracy [ˈpaɪrəsi] *n, pl* **-cies** : piratería *f*

piranha [pəˈrɑnə, -ˈrɑnjə, -ˈrænjə] *n* : piraña *f*

pirate[1] [ˈpaɪrət] *n* : pirata *mf*

pirate[2] *vt* **-rated; -rating** : piratear (software, etc.)

pirouette [ˌpɪrəˈwɛt] *n* : pirueta *f*

pis → **pi**

Pisces [ˈpaɪˌsiːz, ˈpɪ-; ˈpɪsˌkeɪs] *n* : Piscis *mf*

pistachio [pəˈstæʃiˌoː, -ˈstɑ-] *n, pl* **-chios** : pistacho *m*

pistil [ˈpɪstəl] *n* : pistilo *m*

pistol [ˈpɪstəl] *n* : pistola *f*

piston [ˈpɪstən] *n* : pistón *m*, émbolo *m*

pit[1] [ˈpɪt] *v* **pitted; pitting** *vt* **1** : marcar de hoyos, picar (una superficie) **2** : deshuesar (una fruta) **3 to pit against** : enfrentar a, oponer a — *vi* : quedar marcado

pit[2] *n* **1** HOLE : fosa *f*, hoyo *m* ⟨a bottomless pit : un pozo sin fondo⟩ **2** MINE : mina *f* **3** : foso *m* ⟨orchestra pit : foso orquestal⟩ **4** POCKMARK : marca *f* (en la cara), cicatriz *f* de viruela **5** STONE : hueso *m*, pepa *f* (de una fruta) **6 pit of the stomach** : boca *f* del estómago

pitch[1] [ˈpɪʧ] *vt* **1** SET UP : montar, armar (una tienda) **2** THROW : lanzar, arrojar **3** ADJUST, SET : dar el tono de (un discurso, un instrumento musical) — *vi* **1** *or* **to pitch forward** FALL : caerse **2** LURCH : cabecear (dícese de un barco o un avión), dar bandazos **3 to pitch in** : arrimar el hombro

pitch[2] *n* **1** LURCHING : cabezada *f*, cabeceo *m* (de un barco o un avión) **2** SLOPE : (grado de) inclinación *f*, pendiente *f* **3** : tono *m* (en música) ⟨perfect pitch : oído absoluto⟩ **4** THROW : lanzamiento *m* **5** DEGREE : grado *m*, nivel *m*, punto *m* ⟨the excitement reached a high pitch : la excitación llegó a un punto culminante⟩ **6** *or* **sales pitch** : presentación *f* (de un vendedor) **7** TAR : pez *f*, brea *f*

pitcher [ˈpɪʧər] *n* **1** JUG : jarra *f*, jarro *m*, cántaro *m*, pichel *m* **2** : lanzador *m*, -dora *f* (en béisbol, etc.)

pitchfork [ˈpɪʧˌfɔrk] *n* : horquilla *f*, horca *f*

piteous [ˈpɪt̬iəs] *adj* : lastimoso, lastimero — **piteously** *adv*

pitfall [ˈpɪtˌfɔl] *n* : peligro *m* (poco obvio), dificultad *f*

pith [ˈpɪθ] *n* **1** : médula *f* (de una planta) **2** CORE : meollo *m*, entraña *f*

pithy [ˈpɪθi] *adj* **pithier; -est** : conciso y sustancioso ⟨pithy comments : comentarios sucintos⟩

pitiable [ˈpɪt̬iəbəl] → **pitiful**

pitiful [ˈpɪt̬ɪfəl] *adj* **1** LAMENTABLE : lastimero, lastimoso, lamentable **2** CONTEMPTIBLE : despreciable, lamentable — **pitifully** [-fli] *adv*

pitiless [ˈpɪt̬ɪləs] *adj* : despiadado — **pitilessly** *adv*

pittance [ˈpɪtənts] *n* : miseria *f*

pituitary [pəˈtuːəˌtɛri, -ˈtjuː-] *adj* : pituitario

pity[1] [ˈpɪt̬i] *vt* **pitied; pitying** : compadecer, compadecerse de

pity[2] *n, pl* **pities 1** COMPASSION : compasión *f*, piedad *f* **2** SHAME : lástima *f*, pena *f* ⟨what a pity! : ¡qué lástima!⟩

pivot[1] [ˈpɪvət] *vi* **1** : girar sobre un eje **2 to pivot on** : girar sobre, depender de

pivot[2] *n* : pivote *m*

pivotal [ˈpɪvət̬əl] *adj* : fundamental, central

pixie *or* **pixy** [ˈpɪksi] *n, pl* **pixies** : elfo *m*, hada *f*

pizza [ˈpiːtsə] *n* : pizza *f*

pizzazz *or* **pizazz** [pəˈzæz] *n* **1** GLAMOR : encanto *m* **2** VITALITY : animación *f*, vitalidad *f*

placard [ˈplækərd, -ˌkɑrd] *n* POSTER : cartel *m*, póster *m*, afiche *m*

placate [ˈpleɪˌkeɪt, ˈplæ-] *vt* **-cated; -cating** : aplacar, apaciguar

place[1] [ˈpleɪs] *vt* **placed; placing 1** PUT, SET : poner, colocar ⟨she carefully placed the book on the table : colocó el libro con cuidado sobre la mesa⟩ **2** SITUATE : situar, ubicar, emplazar ⟨to be well placed : estar bien situado⟩ ⟨to place in a job : colocar en un trabajo⟩ **3** IDENTIFY, RECALL : identificar, ubicar, recordar ⟨I can't place him : no lo ubico⟩ **4 to place an order** : hacer un pedido

place[2] *n* **1** SPACE : sitio *m*, lugar *m* ⟨there's no place to sit : no hay sitio para sentarse⟩ **2** LOCATION : lugar *m*, sitio *m*, parte *f* ⟨place of work : lugar de trabajo⟩ ⟨faraway places : lugares remotos⟩ ⟨all over the place : por todas partes⟩ 3 HOME : casa *f* ⟨our summer place : nuestra casa de verano⟩ 4 POSITION, SPOT : lugar *m*, sitio *m* ⟨everything in its place : todo en su lugar⟩ ⟨to hold in place : sujetar⟩ ⟨I got distracted and lost my place : me distraje y ya no sé por donde iba⟩ 5 SEAT, SPOT : asiento *m*, sitio *m* ⟨she changed places with him : le cambió el asiento⟩ ⟨would you hold/save my place? : ¿me guardas el asiento?⟩ 6 *or* **place setting** : cubierto *m* 7 RANK : lugar *m*, puesto *m* ⟨he took first place : ganó el primer lugar⟩ 8 JOB : puesto *m* 9 ROLE : lugar *m*, papel *m* ⟨to trade places with someone : cambiarse por alguien, cambiarle el lugar a alguien⟩ ⟨put yourself in my place : ponte en mi lugar⟩ ⟨she put him in his place : lo puso en su lugar⟩ 10 : lugar *m* ⟨the ones/tens place : el lugar de las unidades/decenas⟩ ⟨a decimal place : un decimal⟩ 11 **in place** : en marcha ⟨to put a plan/system in place : poner en marcha un plan/sistema⟩ 12 **in place of** : en lugar de 13 **in the first place** : para empezar 14 **in the first/second place** : en primer/segundo lugar 15 **out of place** : fuera de lugar 16 **to go places** : tener éxito, llegar lejos 17 **to take place** : tener lugar 18 **to take the place of** : sustituir a

placebo [plə'si:ˌbo:] *n, pl* **-bos** : placebo *m*

placement ['pleɪsmənt] *n* : colocación *f*

placenta [plə'sɛntə] *n, pl* **-tas** *or* **-tae** [-ti, -ˌtaɪ] : placenta *f*

placid ['plæsəd] *adj* : plácido, tranquilo — **placidly** *adv*

plagiarism ['pleɪʤəˌrɪzəm] *n* : plagio *m*

plagiarist ['pleɪʤərɪst] *n* : plagiario *m*, -ria *f*

plagiarize ['pleɪʤəˌraɪz] *vt* **-rized; -rizing** : plagiar

plague[1] ['pleɪg] *vt* **plagued; plaguing** 1 AFFLICT : plagar, afligir ⟨plagued with problems : plagado de problemas⟩ 2 DISTRESS : acosar, atormentar ⟨plagued by doubts : acosado por dudas⟩

plague[2] *n* 1 : plaga *f* (de insectos, etc.) 2 : peste *f* (en medicina)

plaid[1] ['plæd] *adj* : escocés, de cuadros ⟨a plaid skirt : una falda escocesa⟩

plaid[2] *n* TARTAN : tela *f* escocesa, tartán *m*

plain[1] ['pleɪn] *adj* 1 SIMPLE, UNADORNED : liso, sencillo, sin adornos 2 CLEAR : claro ⟨in plain language : en palabras claras⟩ 3 FRANK : franco, puro ⟨the plain truth : la pura verdad⟩ 4 HOMELY : ordinario, poco atractivo 5 **in plain sight** : a la vista de todos

plain[2] *n* : llanura *f*, llano *m*, planicie *f*

plainly ['pleɪnli] *adv* 1 CLEARLY : claramente 2 FRANKLY : francamente, con franqueza 3 SIMPLY : sencillamente

plaintiff ['pleɪntɪf] *n* : demandante *mf*

plaintive ['pleɪntɪv] *adj* MOURNFUL : lastimero, plañidero

plait[1] ['pleɪt, 'plæt] *vt* 1 PLEAT : plisar 2 BRAID : trenzar

plait[2] *n* 1 PLEAT : pliegue *m* 2 BRAID : trenza *f*

plan[1] ['plæn] *v* **planned; planning** *vt* 1 : planear, proyectar, planificar ⟨to plan a trip : planear un viaje⟩ ⟨to plan a city : planificar una ciudad⟩ 2 INTEND : tener planeado, proyectar — *vi* : hacer planes

plan[2] *n* 1 DIAGRAM : plano *m*, esquema *m* 2 SCHEME : plan *m*, proyecto *m*, programa *m* ⟨to draw up a plan : elaborar un proyecto⟩

plane[1] ['pleɪn] *vt* **planed; planing** : cepillar (madera)

plane[2] *adj* : plano

plane[3] *n* 1 : plano *m* (en matemáticas, etc.) 2 LEVEL : nivel *m* 3 : cepillo *m* (de carpintero) 4 → **airplane**

planet ['plænət] *n* : planeta *f*

planetarium [ˌplænə'tɛriəm] *n, pl* **-iums** *or* **-ia** [-iə] : planetario *m*

planetary ['plænəˌtɛri] *adj* : planetario

plank ['plæŋk] *n* 1 BOARD : tablón *m*, tabla *f* 2 : artículo *m*, punto *m* (de una plataforma política)

plankton ['plæŋktən] *n* : plancton *m*

plant[1] ['plænt] *vt* 1 : plantar, sembrar (semillas) ⟨planted with flowers : plantado de flores⟩ 2 PLACE : plantar, colocar ⟨to plant an idea : inculcar una idea⟩

plant[2] *n* 1 : planta *f* ⟨leafy plants : plantas frondosas⟩ 2 FACTORY : planta *f*, fábrica *f* ⟨hydroelectric plant : planta hidroeléctrica⟩ 3 MACHINERY : maquinaria *f*, equipo *m*

plantain ['plæntən] *n* 1 : llantén *m* (mala hierba) 2 : plátano *m*, plátano *m* macho *Mex* (fruta)

plantation [plæn'teɪʃən] *n* : plantación *f*, hacienda *f* ⟨a coffee plantation : un cafetal⟩

planter ['plæntər] *n* 1 : hacendado *m*, -da *f* (de una hacienda) 2 FLOWERPOT : tiesto *m*, maceta *f*

plaque ['plæk] *n* 1 TABLET : placa *f* 2 : placa *f* (dental)

plasma ['plæzmə] *n* : plasma *m*

plaster[1] ['plæstər] *vt* 1 : enyesar, revocar (con yeso) 2 COVER : cubrir, llenar ⟨a wall plastered with notices : una pared cubierta de avisos⟩

plaster[2] *n* 1 : yeso *m*, revoque *m* (para paredes, etc.) 2 : escayola *f*, yeso *m* (en medicina) 3 **plaster of Paris** ['pærɪs] : yeso *m* mate

plaster cast *n* : vaciado *m* de yeso

plasterer ['plæstərər] *n* : revocador *m*, -dora *f*

plastic[1] ['plæstɪk] *adj* 1 : de plástico 2 PLIABLE : plástico, flexible 3 **plastic surgery** : cirugía *f* plástica

plastic[2] *n* : plástico *m*

plasticity [plæ'stɪsəţi] *n, pl* **-ties** : plasticidad *f*

plate[1] [ˈpleɪt] *vt* **plated; plating** : chapar (en metal)

plate[2] *n* **1** PLAQUE, SHEET : placa *f* ⟨a steel plate : una placa de acero⟩ **2** UTENSILS : vajilla *f* (de metal) ⟨silver plate : vajilla de plata⟩ **3** DISH : plato *m* **4** DENTURES : dentadura *f* postiza **5** ILLUSTRATION : lámina *f* (en un libro) **6 license plate** : matrícula *f*, placa *f* de matrícula

plateau [plæˈtoː] *n, pl* **-teaus** *or* **-teaux** [-ˈtoːz] : meseta *f*

platform [ˈplætˌfɔrm] *n* **1** STAGE : plataforma *f*, estrado *m*, tribuna *f* **2** : andén *m* (de una estación de ferrocarril) **3 political platform** : plataforma *f* política, programa *m* electoral

plating [ˈpleɪt̬ɪŋ] *n* **1** : enchapado *m* **2 silver plating** : plateado *m*

platinum [ˈplætənəm] *n* : platino *m*

platitude [ˈplæt̬əˌtuːd, -ˌtjuːd] *n* : lugar *m* común, perogrullada *f*

platonic [pləˈtɑnɪk] *adj* : platónico

platoon [pləˈtuːn] *n* : sección *f* (en el ejército)

platter [ˈplæt̬ər] *n* : fuente *f*

platypus [ˈplæt̬ɪpəs, -ˌpʊs] *n, pl* **platypuses** *or* **platypi** [-ˌpaɪ, -ˌpiː] : ornitorrinco *m*

plausibility [ˌplɔzəˈbɪlət̬i] *n, pl* **-ties** : credibilidad *f*, verosimilitud *f*

plausible [ˈplɔzəbəl] *adj* : creíble, convincente, verosímil — **plausibly** [-bli] *adv*

play[1] [ˈpleɪ] *vi* **1** : jugar ⟨to play with a doll : jugar con una muñeca⟩ ⟨to play with an idea : darle vueltas a una idea⟩ **2** FIDDLE, TOY : jugar, juguetear ⟨don't play with your food : no juegues con la comida⟩ **3** : tocar ⟨to play in a band : tocar en un grupo⟩ **4** : actuar (en una obra de teatro) — *vt* **1** : jugar (un deporte, etc.), jugar a (un juego), jugar contra (un contrincante) **2** : tocar (música o un instrumento) **3** PERFORM : interpretar, hacer el papel de (un carácter), representar (una obra de teatro) ⟨she plays the lead : hace el papel principal⟩ **4 to play back** : poner (una grabación) **5 to play down** : minimizar **6 to play up** : resaltar

play[2] *n* **1** GAME, RECREATION : juego *m* ⟨children at play : niños jugando⟩ ⟨a play on words : un juego de palabras⟩ **2** ACTION : juego *m* ⟨the ball is in play : la pelota está en juego⟩ ⟨to bring into play : poner en juego⟩ **3** DRAMA : obra *f* de teatro, pieza *f* (de teatro) **4** MOVEMENT : juego *m* (de la luz, una brisa, etc.) **5** SLACK : juego *m* ⟨there's not enough play in the wheel : la rueda no da lo suficiente⟩

playacting [ˈpleɪˌæktɪŋ] *n* : actuación *f*, teatro *m*

player [ˈpleɪər] *n* **1** : jugador *m*, -dora *f* (en un juego) **2** ACTOR : actor *m*, actriz *f* **3** MUSICIAN : músico *m*, -ca *f*

playful [ˈpleɪfəl] *adj* **1** FROLICSOME : juguetón **2** JOCULAR : jocoso — **playfully** *adv*

playfulness [ˈpleɪfəlnəs] *n* : lo juguetón, jocosidad *f*, alegría *f*

playground [ˈpleɪˌgraʊnd] *n* : patio *m* de recreo, jardín *m* para jugar

playhouse [ˈpleɪˌhaʊs] *n* **1** THEATER : teatro *m* **2** : casita *f* de juguete

playing card *n* : naipe *m*, carta *f*

playmate [ˈpleɪˌmeɪt] *n* : compañero *m*, -ra *f* de juego

play–off [ˈpleɪˌɔf] *n* : desempate *m*

playpen [ˈpleɪˌpɛn] *n* : corral *m* (para niños)

plaything [ˈpleɪˌθɪŋ] *n* : juguete *m*

playwright [ˈpleɪˌraɪt] *n* : dramaturgo *m*, -ga *f*

plaza [ˈplæzə, ˈplɑ-] *n* **1** SQUARE : plaza *f* **2 shopping plaza** MALL : centro *m* comercial

plea [ˈpliː] *n* **1** : acto *m* de declararse ⟨he entered a plea of guilty : se declaró culpable⟩ **2** APPEAL : ruego *m*, súplica *f*

plead [ˈpliːd] *v* **pleaded** *or* **pled** [ˈplɛd]; **pleading** *vi* **1** : declararse (culpable o inocente) **2 to plead for** : suplicar, implorar — *vt* **1** : alegar, pretextar ⟨he pleaded illness : pretextó la enfermedad⟩ **2 to plead a case** : defender un caso

pleasant [ˈplɛzənt] *adj* : agradable, grato, bueno — **pleasantly** *adv*

pleasantness [ˈplɛzəntnəs] *n* : lo agradable, amenidad *f*

pleasantries [ˈplɛzəntriz] *npl* : cumplidos *mpl*, cortesías *fpl* ⟨to exchange pleasantries : intercambiar cumplidos⟩

please[1] [ˈpliːz] *v* **pleased; pleasing** *vt* **1** GRATIFY : complacer ⟨please yourself! : ¡cómo quieras!⟩ **2** SATISFY : contentar, satisfacer — *vi* **1** SATISFY : complacer, agradar ⟨anxious to please : deseoso de complacer⟩ **2** LIKE : querer ⟨do as you please : haz lo que quieras, haz lo que te parezca⟩

please[2] *adv* : por favor

pleased [ˈpliːzd] *adj* : contento, satisfecho, alegre

pleasing [ˈpliːzɪŋ] *adj* : agradable — **pleasingly** *adv*

pleasurable [ˈplɛʒərəbəl] *adj* PLEASANT : agradable

pleasure [ˈplɛʒər] *n* **1** WISH : deseo *m*, voluntad *f* ⟨at your pleasure : cuando guste⟩ **2** ENJOYMENT : placer *m*, disfrute *m*, goce *m* ⟨with pleasure : con mucho gusto⟩ **3** : placer *m*, gusto *m* ⟨it's a pleasure to be here : me da gusto estar aquí⟩ ⟨the pleasures of reading : los placeres de leer⟩

pleat[1] [ˈpliːt] *vt* : plisar

pleat[2] *n* : pliegue *m*

plebeian [plɪˈbiən] *adj* : ordinario, plebeyo

pledge[1] [ˈplɛʤ] *vt* **pledged; pledging 1** PAWN : empeñar, prendar **2** PROMISE : prometer, jurar
pledge[2] *n* **1** SECURITY : garantía *f*, prenda *f* **2** PROMISE : promesa *f*
plenteous [ˈplɛntiəs] *adj* : copioso, abundante
plentiful [ˈplɛntɪfəl] *adj* : abundante — **plentifully** [-fli] *adv*
plenty [ˈplɛnti] *n* : abundancia *f* ⟨plenty of time : tiempo de sobra⟩ ⟨plenty of visitors : muchos visitantes⟩
plethora [ˈplɛθərə] *n* : plétora *f*
pleurisy [ˈplʊrəsi] *n* : pleuresía *f*
pliable [ˈplaɪəbəl] *adj* : flexible, maleable
pliant [ˈplaɪənt] → **pliable**
pliers [ˈplaɪərz] *npl* : alicates *mpl*, pinzas *fpl*
plight [ˈplaɪt] *n* : situación *f* difícil, apuro *m*
plod [ˈplɑd] *vi* **plodded; plodding 1** TRUDGE : caminar pesadamente y lentamente **2** DRUDGE : trabajar laboriosamente
plot[1] [ˈplɑt] *v* **plotted; plotting** *vt* **1** DEVISE : tramar **2 to plot out** : trazar, determinar (una posición, etc.) — *vi* CONSPIRE : conspirar
plot[2] *n* **1** LOT : terreno *m*, parcela *f*, lote *m* **2** STORY : argumento *m* (en el teatro), trama *f* (en un libro, etc.) **3** CONSPIRACY, INTRIGUE : complot *m*, intriga *f*
plotter [ˈplɑţər] *n* : conspirador *m*, -dora *f*; intrigante *mf*
plow[1] *or* **plough** [ˈplaʊ] *vt* **1** : arar (la tierra) **2 to plow the seas** : surcar los mares
plow[2] *or* **plough** *n* **1** : arado *m* **2** → **snowplow**
plowshare [ˈplaʊˌʃɛr] *n* : reja *f* del arado
ploy [ˈplɔɪ] *n* : estratagema *f*, maniobra *f*
pluck[1] [ˈplʌk] *vt* **1** PICK : arrancar **2** : desplumar (un pollo, etc.) — *vi* **to pluck at** : tirar de
pluck[2] *n* **1** TUG : tirón *m* **2** COURAGE, SPIRIT : valor *m*, ánimo *m*
plucky [ˈplʌki] *adj* **pluckier; -est** : valiente, animoso
plug[1] [ˈplʌg] *vt* **plugged; plugging 1** BLOCK : tapar **2** PROMOTE : hacerle publicidad a, promocionar **3 to plug in** : enchufar
plug[2] *n* **1** STOPPER : tapón *m* **2** : enchufe *m* (eléctrico) **3** ADVERTISEMENT : publicidad *f*, propaganda *f*
plum [ˈplʌm] *n* **1** : ciruela *f* (fruta) **2** : color *m* ciruela **3** PRIZE : premio *m*, algo muy atractivo
plumage [ˈplu:mɪʤ] *n* : plumaje *m*
plumb[1] [ˈplʌm] *vt* **1** : aplomar ⟨to plumb a wall : aplomar una pared⟩ **2** SOUND : sondear, sondar
plumb[2] *adv* **1** VERTICALLY : a plomo, verticalmente **2** EXACTLY : justo, exactamente **3** COMPLETELY : completamente, absolutamente ⟨plumb crazy : loco de remate⟩
plumb[3] *adj* : a plomo
plumb[4] *n or* **plumb line** : plomada *f*
plumber [ˈplʌmər] *n* : plomero *m*, -ra *f*; fontanero *m*, -ra *f*
plumbing [ˈplʌmɪŋ] *n* **1** : plomería *f*, fontanería *f* (trabajo del plomero) **2** PIPES : cañería *f*, tubería *f*
plume [ˈplu:m] *n* **1** FEATHER : pluma *f* **2** TUFT : penacho *m* (en un sombrero, etc.)
plumed [ˈplu:md] *adj* : con plumas ⟨white-plumed birds : aves de plumaje blanco⟩
plummet [ˈplʌmət] *vi* : caer en picada, desplomarse
plump[1] [ˈplʌmp] *vi or* **to plump down** : dejarse caer (pesadamente)
plump[2] *adv* **1** STRAIGHT : a plomo **2** DIRECTLY : directamente, sin rodeos ⟨he ran plump into the door : dio de cara con la puerta⟩
plump[3] *adj* : llenito *fam*, regordete *fam*, rechoncho *fam*
plumpness [ˈplʌmpnəs] *n* : gordura *f*
plunder[1] [ˈplʌndər] *vi* : saquear, robar
plunder[2] *n* : botín *m*
plunderer [ˈplʌndərər] *n* : saqueador *m*, -dora *f*
plunge[1] [ˈplʌnʤ] *v* **plunged; plunging** *vt* **1** IMMERSE : sumergir **2** THRUST : hundir, clavar — *vi* **1** DIVE : zambullirse (en el agua) **2** : meterse precipitadamente o violentamente ⟨they plunged into war : se enfrascaron en una guerra⟩ ⟨he plunged into depression : cayó en la depresión⟩ **3** DESCEND : descender en picada ⟨the road plunges dizzily : la calle desciende vertiginosamente⟩
plunge[2] *n* **1** DIVE : zambullida *f* **2** DROP : descenso *m* abrupto ⟨the plunge in prices : el desplome de los precios⟩
plural[1] [ˈplʊrəl] *adj* : plural
plural[2] *n* : plural *m*
plurality [plʊˈrælət̬i] *n, pl* **-ties** : pluralidad *f*
pluralize [ˈplʊrəˌlaɪz] *vt* **-ized; -izing** : pluralizar
plus[1] [ˈplʌs] *adj* **1** POSITIVE : positivo ⟨a plus factor : un factor positivo⟩ **2** (*indicating a quantity in addition*) ⟨a grade of C plus : una calificación entre C y B⟩ ⟨a salary of $30,000 plus : un sueldo de más de $30,000⟩
plus[2] *n* **1** *or* **plus sign** : más *m*, signo *m* de más **2** ADVANTAGE : ventaja *f*
plus[3] *prep* : más (en matemáticas)
plus[4] *conj* AND : y
plush[1] [ˈplʌʃ] *adj* **1** : afelpado **2** LUXURIOUS : lujoso
plush[2] *n* : felpa *f*, peluche *m*
plushy [ˈplʌʃi] *adj* **plushier; -est** : lujoso
Pluto [ˈplu:ţo:] *n* : Plutón *m*
plutocracy [plu:ˈtɑkrəsi] *n, pl* **-cies** : plutocracia *f*
plutonium [plu:ˈto:niəm] *n* : plutonio *m*

ply[1] [ˈplaɪ] *v* **plied; plying** *vt* **1** USE, WIELD : manejar ⟨to ply an ax : manejar un hacha⟩ **2** PRACTICE : ejercer ⟨to ply a trade : ejercer un oficio⟩ **3 to ply with questions** : acosar con preguntas

ply[2] *n, pl* **plies** **1** LAYER : chapa *f* (de madera), capa *f* (de papel) **2** STRAND : cabo *m* (de hilo, etc.)

plywood [ˈplaɪˌwʊd] *n* : contrachapado *m*

pneumatic [nʊˈmæt̬ɪk, njʊ-] *adj* : neumático

pneumonia [nʊˈmoːnjə, njʊ-] *n* : pulmonía *f*, neumonía *f*

poach [ˈpoːʧ] *vt* **1** : cocer a fuego lento ⟨to poach an egg : escalfar un huevo⟩ **2 to poach game** : cazar ilegalmente — *vi* : cazar ilegalmente

poacher [ˈpoːʧər] *n* : cazador *m* furtivo, cazadora *f* furtiva

pock [ˈpɑk] *n* **1** PUSTULE : pústula *f* **2** → **pockmark**

pocket[1] [ˈpɑkət] *vt* **1** : meterse en el bolsillo ⟨he pocketed the pen : se metió la pluma en el bolsillo⟩ **2** STEAL : embolsarse

pocket[2] *n* **1** : bolsillo *m*, bolsa *f Mex* ⟨a coat pocket : el bolsillo de un abrigo⟩ ⟨air pockets : bolsas de aire⟩ **2** CENTER : foco *m*, centro *m* ⟨a pocket of resistance : un foco de resistencia⟩

pocketbook [ˈpɑkətˌbʊk] *n* **1** PURSE : cartera *f*, bolso *m*, bolsa *f Mex* **2** MEANS : recursos *mpl*

pocketknife [ˈpɑkətˌnaɪf] *n, pl* **-knives** : navaja *f*

pocket–size [ˈpɑkətˈsaɪz] *adj* : de bolsillo

pockmark [ˈpɑkˌmɑrk] *n* : cicatriz *f* de viruela, viruela *f*

pod [ˈpɑd] *n* : vaina *f* ⟨pea pod : vaina de guisantes⟩

podcast [ˈpɑdˌkæst] *n* : podcast *m*

podiatrist [pəˈdaɪətrɪst, po-] *n* : podólogo *m*, -ga *f*

podiatry [pəˈdaɪətri, po-] *n* : podología *f*, podiatría *f*

podium [ˈpoːdiəm] *n, pl* **-diums** *or* **-dia** [-diə] : podio *m*, estrado *m*, tarima *f*

poem [ˈpoːəm] *n* : poema *m*, poesía *f*

poet [ˈpoːət] *n* : poeta *mf*

poetic [poˈɛt̬ɪk] *or* **poetical** [-t̬ɪkəl] *adj* : poético

poetry [ˈpoːətri] *n* : poesía *f*

pogrom [ˈpoːgrəm, pəˈgrɑm, ˈpɑgrəm] *n* : pogrom *m*

poignancy [ˈpɔɪnjən*t*si] *n, pl* **-cies** : lo conmovedor

poignant [ˈpɔɪnjənt] *adj* **1** PAINFUL : penoso, doloroso ⟨poignant grief : profundo dolor⟩ **2** TOUCHING : conmovedor, emocionante

poinsettia [pɔɪnˈsɛt̬iə, -ˈsɛt̬ə] *n* : flor *f* de Nochebuena

point[1] [ˈpɔɪnt] *vt* **1** : apuntar (una pistola, etc.), señalar con (el dedo) **2** DIRECT : encaminar ⟨can you point me towards the highway? : ¿me puedes indicar cómo llegar a la carretera?⟩ **3** INDICATE : señalar, indicar ⟨to point the way : señalar el camino⟩ **4** SHARPEN : afilar (la punta de) **5 to point out** : señalar, indicar — *vi* **1** : señalar (con el dedo) **2** : apuntar ⟨the needle points north : la aguja apunta hacia el norte⟩ **3** : apuntar (en una pantalla, etc.) ⟨to point and click : apuntar y hacer clic⟩ **4 to point at/to** : señalar (con el dedo) **5 to point to** REFERENCE : señalar **6 to point to/toward** INDICATE : señalar, indicar

point[2] *n* **1** ITEM : punto *m* ⟨the main points : los puntos principales⟩ **2** : argumento *m*, observación *f* ⟨what's your point? : ¿qué quieres decir?⟩ ⟨that's a good point : es cierto⟩ ⟨point taken : te entiendo⟩ ⟨to have a point : tener razón⟩ ⟨to make a point : hacer una observación⟩ ⟨to get one's point across : hacerse entender⟩ **3 the point** (*indicating the chief idea or meaning*) ⟨to get to the point : ir al grano⟩ ⟨to be beside the point : no venir al caso⟩ ⟨to stick to the point : no salirse del tema⟩ **4** PURPOSE : fin *m*, propósito *m* ⟨there's no point to it : no vale la pena, no sirve para nada⟩ ⟨to make a point of doing something : proponerse hacer algo⟩ **5** QUALITY : cualidad *f* ⟨her good points : sus buenas cualidades⟩ ⟨it's not his strong point : no es su (punto) fuerte⟩ **6** PLACE : punto *m*, lugar *m* ⟨points of interest : puntos interesantes⟩ **7** : punto *m* (en una escala) ⟨boiling point : punto de ebullición⟩ **8** MOMENT : momento *m*, coyuntura *f* ⟨at this point : en este momento⟩ **9** TIP : punta *f* **10** HEADLAND : punta *f*, cabo *m* **11** PERIOD : punto *m* (marca de puntuación) **12** UNIT : punto *m* ⟨he scored 15 points : ganó 15 puntos⟩ ⟨shares fell 10 points : las acciones bajaron 10 enteros⟩ **13 compass points** : puntos *mpl* cardinales **14 decimal point** : punto *m* decimal, coma *f* decimal **15 sore point** : asunto *m* delicado

point–blank[1] [ˈpɔɪntˈblæŋk] *adv* **1** : a quemarropa ⟨to shoot point-blank : disparar a quemarropa⟩ **2** BLUNTLY, DIRECTLY : a bocajarro, sin rodeos, francamente

point–blank[2] *adj* **1** : a quemarropa ⟨point-blank shots : disparos a quemarropa⟩ **2** BLUNT, DIRECT : directo, franco

pointed [ˈpɔɪntəd] *adj* **1** POINTY : puntiagudo **2** PERTINENT : atinado **3** CONSPICUOUS : marcado, manifiesto

pointedly [ˈpɔɪntədli] *adv* : intencionadamente, directamente

pointer [ˈpɔɪntər] *n* **1** STICK : puntero *m* (para maestros, etc.) **2** INDICATOR, NEEDLE : indicador *m*, aguja *f* **3** : perro *m* de muestra **4** HINT, TIP : consejo *m*

pointless ['pɔɪntləs] *adj* : inútil, ocioso, vano ⟨it's pointless to continue : no tiene sentido continuar⟩
point of view *n* : perspectiva *f*, punto *m* de vista
pointy ['pɔɪnti] *adj* : puntiagudo
poise[1] ['pɔɪz] *vt* **poised; poising** BALANCE : equilibrar, balancear
poise[2] *n* : aplomo *m*, compostura *f*
poison[1] ['pɔɪzən] *vt* **1** : envenenar, intoxicar **2** CORRUPT : corromper
poison[2] *n* : veneno *m*
poison ivy *n* : hiedra *f* venenosa
poisonous ['pɔɪzənəs] *adj* : venenoso, tóxico, ponzoñoso
poke[1] ['po:k] *v* **poked; poking** *vt* **1** JAB : golpear (con la punta de algo), dar ⟨he poked me with his finger : me dio con el dedo⟩ **2** THRUST : introducir, asomar ⟨I poked my head out the window : asomé la cabeza por la ventana⟩ — *vi* **1 to poke around** RUMMAGE : hurgar **2 to poke along** DAWDLE : demorarse, entretenerse
poke[2] *n* : golpe *m* abrupto (con la punta de algo)
poker ['po:kər] *n* **1** : atizador *m* (para el fuego) **2** : póker *m*, poker *m* (juego de naipes)
polar ['po:lər] *adj* : polar
polar bear *n* : oso *m* blanco
Polaris [po'lærɪs, -'lɑr-] → **North Star**
polarize ['po:lə,raɪz] *vt* **-ized; -izing** : polarizar
pole ['po:l] *n* **1** : palo *m*, poste *m*, vara *f* ⟨telephone pole : poste de teléfonos⟩ **2** : polo *m* ⟨the South Pole : el Polo Sur⟩ **3** : polo *m* (eléctrico o magnético)
Pole ['po:l] *n* : polaco *m*, -ca *f*
polecat ['po:l,kæt] *n, pl* **polecats** *or* **polecat 1** : turón *m* (de Europa) **2** SKUNK : mofeta *f*, zorrillo *m*
polemical [pə'lɛmɪkəl] *adj* : polémico
polemics [pə'lɛmɪks] *ns & pl* : polémica *f*
polestar ['po:l,stɑr] → **North Star**
police[1] [pə'li:s] *vt* **-liced; -licing** : mantener el orden en ⟨to police the streets : patrullar las calles⟩
police[2] *ns & pl* **1** : policía *f* (organización) **2** POLICE OFFICERS : policías *mfpl*
policeman [pə'li:smən] *n, pl* **-men** [-mən, -,mɛn] : policía *m*
police officer *n* : policía *mf*, agente *mf* de policía
policewoman [pə'li:s,wʊmən] *n, pl* **-women** [-,wɪmən] : policía *f*, mujer *f* policía
policy ['pɑləsi] *n, pl* **-cies 1** : política *f* ⟨foreign policy : política exterior⟩ **2** *or* **insurance policy** : póliza *f* de seguros, seguro *m*
polio[1] ['po:li,o:] *adj* : de polio ⟨polio vaccine : vacuna contra la polio⟩
polio[2] *n* → **poliomyelitis**
poliomyelitis [,po:li,o:,maɪə'laɪt̬əs] *n* : poliomielitis *f*, polio *f*
polish[1] ['pɑlɪʃ] *vt* **1** : pulir, lustrar, sacar brillo a ⟨to polish one's nails : pintarse las uñas⟩ **2** REFINE : pulir, perfeccionar
polish[2] *n* **1** LUSTER : brillo *m*, lustre *m* **2** REFINEMENT : refinamiento *m* **3** : betún *m* (para zapatos), cera *f* (para suelos y muebles), esmalte *m* (para las uñas)
Polish[1] ['po:lɪʃ] *adj* : polaco
Polish[2] *n* : polaco *m* (idioma)
polite [pə'laɪt] *adj* **-liter; -est** : cortés, correcto, educado
politely [pə'laɪtli] *adv* : cortésmente, correctamente, con buenos modales
politeness [pə'laɪtnəs] *n* : cortesía *f*
politic ['pɑlə,tɪk] *adj* : diplomático, prudente
political [pə'lɪt̬ɪkəl] *adj* : político — **politically** [-t̬ɪkli] *adv*
politician [,pɑlə'tɪʃən] *n* : político *m*, -ca *f*
politics ['pɑlə,tɪks] *ns & pl* : política *f*
polka ['po:lkə, 'po:kə] *n* : polka *f*
polka dot ['po:kə,dɑt] *n* : lunar *m* (en un diseño)
poll[1] ['po:l] *vt* **1** : obtener (votos) ⟨she polled over 1000 votes : obtuvo más de 1000 votos⟩ **2** CANVASS : encuestar, sondear — *vi* : obtener votos
poll[2] *n* **1** SURVEY : encuesta *f*, sondeo *m* **2 polls** *npl* : urnas *fpl* ⟨to go to the polls : acudir a las urnas, ir a votar⟩
pollen ['pɑlən] *n* : polen *m*
pollinate ['pɑlə,neɪt] *vt* **-nated; -nating** : polinizar
pollination [,pɑlə'neɪʃən] *n* : polinización *f*
pollster ['po:lstər] *n* : encuestador *m*, -dora *f*
pollutant [pə'lu:tənt] *n* : contaminante *m*
pollute [pə'lu:t] *vt* **-luted; -luting** : contaminar
pollution [pə'lu:ʃən] *n* : contaminación *f*
pollywog *or* **polliwog** ['pɑli,wɔg] *n* TADPOLE : renacuajo *m*
polo ['po:,lo:] *n* : polo *m*
poltergeist ['po:lt̬ər,gaɪst] *n* : poltergeist *m*, fantasma *m* travieso
polyester ['pɑli,ɛstər, ,pɑli'-] *n* : poliéster *m*
polygamous [pə'lɪgəməs] *adj* : polígamo
polygamy [pə'lɪgəmi] *n* : poligamia *f*
polygon ['pɑli,gɑn] *n* : polígono *m*
polymer ['pɑləmər] *n* : polímero *m*
Polynesian [,pɑlə'ni:ʒən, -ʃən] *n* : polinesio *m*, -sia *f* — **Polynesian** *adj*
polyunsaturated [,pɑli,ʌn'sætʃə-,reɪt̬əd] *adj* : poliinsaturado
pomegranate ['pɑmə,grænət, 'pɑm,grænət] *n* : granada *f* (fruta)
pommel[1] ['pʌməl] *vt* → **pummel**
pommel[2] ['pʌməl, 'pɑ-] *n* **1** : pomo *m* (de una espada) **2** : perilla *f* (de una silla de montar)

pomp ['pɑmp] *n* **1** SPLENDOR : pompa *f*, esplendor *m* **2** OSTENTATION : boato *m*, ostentación *f*

pom–pom ['pɑm,pɑm] *n* : borla *f*, pompón *m*

pomposity [pɑm'pɑsət̬i] *n, pl* **-ties** : pomposidad *f*

pompous ['pɑmpəs] *adj* : pomposo — **pompously** *adv*

poncho ['pɑn,ʧo:] *n, pl* **-chos** : poncho *m*

pond ['pɑnd] *n* : charca *f* (natural), estanque *m* (artificial)

ponder ['pɑndər] *vt* : reflexionar, considerar — *vi* **to ponder over** : reflexionar sobre, sopesar

ponderous ['pɑndərəs] *adj* : pesado

pontiff ['pɑntɪf] *n* POPE : pontífice *m*

pontificate [pɑn'tɪfə,keɪt] *vi* **-cated; -cating** : pontificar

pontoon [pɑn'tu:n] *n* : pontón *m*

pony ['po:ni] *n, pl* **-nies** : poni *m*, poney *m*, jaca *f*

ponytail ['po:ni,teɪl] *n* : cola *f* de caballo, coleta *f*

poodle ['pu:dəl] *n* : caniche *m*

pool[1] ['pu:l] *vt* : mancomunar, hacer un fondo común de

pool[2] *n* **1** : charca *f* ⟨a swimming pool : una piscina⟩ **2** PUDDLE : charco *m* **3** RESERVE, SUPPLY : fondo *m* común (de recursos), reserva *f* **4** : billar *m* (juego)

poor ['pʊr, 'por] *adj* **1** : pobre ⟨poor people : los pobres⟩ **2** SCANTY : pobre, escaso ⟨poor attendance : baja asistencia⟩ **3** UNFORTUNATE : pobre ⟨poor thing! : ¡pobrecito!⟩ **4** BAD : malo ⟨to be in poor health : estar mal de salud⟩

poorly ['pʊrli, 'por-] *adv* : mal

pop[1] ['pɑp] *v* **popped; popping** *vi* **1** BURST : reventarse, estallar **2** : saltar (dícese de un corcho) **3** : ir, venir, o aparecer abruptamente ⟨he popped into the house : se metió en la casa⟩ ⟨a menu pops up : aparece un menú⟩ **4 to pop out** PROTRUDE : salirse, saltarse ⟨my eyes popped out of my head : se me saltaban los ojos⟩ **5 to pop the question** *fam* : proponerle matrimonio a alguien — *vt* **1** BURST : reventar **2** : sacar o meter abruptamente ⟨he popped it into his mouth : se lo metió en la boca⟩ ⟨she popped her head out the window : sacó la cabeza por la ventana⟩

pop[2] *adj* : popular ⟨pop music : música popular⟩

pop[3] *n* **1** : estallido *m* pequeño (de un globo, etc.) **2** SODA : refresco *m*, gaseosa *f*

popcorn ['pɑp,kɔrn] *n* : palomitas *fpl* (de maíz)

pope ['po:p] *n* : papa *m* ⟨Pope John : el Papa Juan⟩

poplar ['pɑplər] *n* : álamo *m*

poplin ['pɑplɪn] *n* : popelín *m*, popelina *f*

poppy ['pɑpi] *n, pl* **-pies** : amapola *f*

populace ['pɑpjələs] *n* **1** MASSES : pueblo *m* **2** POPULATION : población *f*

popular ['pɑpjələr] *adj* **1** : popular ⟨the popular vote : el voto popular⟩ **2** COMMON : generalizado, común ⟨popular beliefs : creencias generalizadas⟩ **3** : popular, de gran popularidad ⟨a popular singer : un cantante popular⟩

popularity [,pɑpjə'lærət̬i] *n* : popularidad *f*

popularize ['pɑpjələ,raɪz] *vt* **-ized; -izing** : popularizar

popularly ['pɑpjələrli] *adv* : popularmente, vulgarmente

populate ['pɑpjə,leɪt] *vt* **-lated; -lating** : poblar

population [,pɑpjə'leɪʃən] *n* : población *f*

populist ['pɑpjəlɪst] *n* : populista *mf* — **populist** *adj*

populous ['pɑpjələs] *adj* : populoso

porcelain ['porsələn] *n* : porcelana *f*

porch ['porʧ] *n* : porche *m*

porcupine ['pɔrkjə,paɪn] *n* : puerco *m* espín

pore[1] ['por] *vi* **pored; poring 1** GAZE : mirar (con atención) **2 to pore over** : leer detenidamente, estudiar

pore[2] *n* : poro *m*

pork ['pork] *n* : carne *f* de cerdo, carne *f* de puerco

pornographic [,pɔrnə'græfɪk] *adj* : pornográfico

pornography [pɔr'nɑgrəfi] *n* : pornografía *f*

porous ['porəs] *adj* : poroso

porpoise ['pɔrpəs] *n* **1** : marsopa *f* **2** DOLPHIN : delfín *m*

porridge ['pɔrɪʤ] *n* : sopa *f* espesa de harina, gachas *fpl*

port[1] ['port] *adj* : de babor ⟨on the port side : a babor⟩

port[2] *n* **1** HARBOR : puerto *m* **2** ORIFICE : orificio *m* (de una válvula, etc.) **3** : puerto *m* (de una computadora) **4** PORTHOLE : portilla *f* **5** *or* **port side** : babor *m* (de un barco) **6** : oporto *m* (vino)

portable ['port̬əbəl] *adj* : portátil

portal ['port̬əl] *n* : portal *m*

portend [pɔr'tɛnd] *vt* : presagiar, augurar

portent ['pɔr,tɛnt] *n* : presagio *m*, augurio *m*

portentous [pɔr'tɛntəs] *adj* : profético, que presagia

porter ['port̬ər] *n* : maletero *m*, mozo *m* (de estación)

portfolio [port'fo:li,o] *n, pl* **-lios 1** FOLDER : cartera *f* (para llevar papeles), carpeta *f* **2** : cartera *f* (diplomática) **3 investment portfolio** : cartera de inversiones

porthole ['port,ho:l] *n* : portilla *f* (de un barco), ventanilla *f* (de un avión)

portico ['port̬ɪ,ko] *n, pl* **-coes** *or* **-cos** : pórtico *m*

portion[1] ['porʃən] *vt* DISTRIBUTE : repartir
portion[2] *n* PART, SHARE : porción *f*, parte *f*
portly ['portli] *adj* **-lier; -est** : corpulento
portrait ['portrət, -ˌtreɪt] *n* : retrato *m*
portray [por'treɪ] *vt* **1** DEPICT : representar, retratar **2** DESCRIBE : describir **3** PLAY : interpretar (un personaje)
portrayal [por'treɪəl] *n* **1** REPRESENTATION : representación *f* **2** PORTRAIT : retrato *m*
Portuguese [ˌportʃə'gi:z, -'gi:s] *n* **1** : portugués *m*, -guesa *f* (persona) **2** : portugués *m* (idioma) — **Portuguese** *adj*
pose[1] ['po:z] *v* **posed; posing** *vt* PRESENT : plantear (una pregunta, etc.), representar (una amenaza) — *vi* **1** : posar (para una foto, etc.) **2 to pose as** : hacerse pasar por
pose[2] *n* **1** : pose *f* ⟨to strike a pose : asumir una pose⟩ **2** PRETENSE : pose *f*, afectación *f*
posh ['pɑʃ] *adj* : elegante, de lujo
position[1] [pə'zɪʃən] *vt* : colocar, situar, ubicar
position[2] *n* **1** LOCATION : posición *f*, ubicación *f* **2** : posición *f*, postura *f* (del cuerpo) **3** OPINION, STANCE : posición *f*, postura *f*, planteamiento *m* **4** STATUS : posición *f* (en una jerarquía) **5** JOB : puesto *m* **6** : posición *f* (en un equipo) **7** SITUATION : situación *f* ⟨to be in no position to do something : no estar en condiciones de hacer algo⟩
positive ['pɑzət̬ɪv] *adj* **1** DEFINITE : incuestionable, inequívoco ⟨positive evidence : pruebas irrefutables⟩ **2** CONFIDENT : seguro **3** : positivo (en gramática, matemáticas, y física) **4** AFFIRMATIVE : positivo, afirmativo ⟨a positive response : una respuesta positiva⟩
positively ['pɑzət̬ɪvli] *adv* **1** FAVORABLY : favorablemente **2** OPTIMISTICALLY : positivamente **3** DEFINITELY : definitivamente, en forma concluyente **4** (*used for emphasis*) : realmente, verdaderamente ⟨it's positively awful! : ¡es verdaderamente malo!⟩
possess [pə'zɛs] *vt* **1** HAVE, OWN : poseer, tener **2** SEIZE : apoderarse de ⟨he was possessed by fear : el miedo se apoderó de él⟩
possession [pə'zɛʃən] *n* **1** POSSESSING : posesión *f* **2** : posesión *f* (por un demonio, etc.) **3 possessions** *npl* PROPERTY : bienes *mpl*, propiedad *f*
possessive[1] [pə'zɛsɪv] *adj* **1** : posesivo (en gramática) **2** JEALOUS : posesivo, celoso
possessive[2] *n or* **possessive case** : posesivo *m*
possessor [pə'zɛsər] *n* : poseedor *m*, -dora *f*
possibility [ˌpɑsə'bɪlət̬i] *n, pl* **-ties** : posibilidad *f*
possible ['pɑsəbəl] *adj* : posible
possibly ['pɑsəbli] *adv* **1** CONCEIVABLY : posiblemente ⟨it can't possibly be true! : ¡no puede ser!⟩ **2** PERHAPS : quizás, posiblemente
possum ['pɑsəm] → **opossum**
post[1] ['po:st] *vt* **1** MAIL : echar al correo, mandar por correo **2** ANNOUNCE : anunciar ⟨they've posted the grades : han anunciado las notas⟩ **3** AFFIX : fijar, poner (noticias, etc.) **4** STATION : apostar **5 to keep (someone) posted** : tener al corriente (a alguien)
post[2] *n* **1** POLE : poste *m*, palo *m* **2** STATION : puesto *m* **3** CAMP : puesto *m* (militar) **4** JOB, POSITION : puesto *m*, empleo *m*, cargo *m*
postage ['po:stɪdʒ] *n* : franqueo *m*
postal ['po:stəl] *adj* : postal
postcard ['po:stˌkɑrd] *n* : postal *f*, tarjeta *f* postal
poster ['po:stər] *n* : póster *m*, cartel *m*, afiche *m*
posterior[1] [pɑ'stɪriər, po-] *adj* : posterior
posterior[2] *n* BUTTOCKS : trasero *m*, nalgas *fpl*, asentaderas *fpl*
posterity [pɑ'stɛrət̬i] *n* : posteridad *f*
postgraduate[1] [ˌpo:st'grædʒuət] *adj* : de postgrado
postgraduate[2] *n* : postgraduado *m*, -da *f*
posthaste ['po:st'heɪst] *adv* : a toda prisa
posthumous ['pɑstʃəməs] *adj* : póstumo — **posthumously** *adv*
postman ['po:stmən, -ˌmæn] → **mailman**
postmark[1] ['po:stˌmɑrk] *vt* : matasellar
postmark[2] *n* : matasellos *m*
postmaster ['po:stˌmæstər] *n* : administrador *m*, -dora *f* de correos
postmodern [ˌpo:st'mɑdərn] *adj* : posmoderno
postmortem [ˌpo:st'mɔrt̬əm] *n* : autopsia *f*
postnatal [ˌpo:st'neɪt̬əl] *adj* : postnatal ⟨postnatal depression : depresión posparto⟩
post office *n* : correo *m*, oficina *f* de correos
postoperative [ˌpo:st'ɑpərət̬ɪv, -ˌreɪ-] *adj* : posoperatorio
postpaid [ˌpo:st'peɪd] *adv* : con franqueo pagado
postpone [ˌpo:st'po:n] *vt* **-poned; -poning** : postergar, aplazar, posponer
postponement [ˌpo:st'po:nmənt] *n* : postergación *f*, aplazamiento *m*
postscript ['po:stˌskrɪpt] *n* : postdata *f*, posdata *f*
postulate ['pɑstʃəˌleɪt] *vt* **-lated; -lating** : postular
posture[1] ['pɑstʃər] *vi* **-tured; -turing** : posar, asumir una pose
posture[2] *n* : postura *f*
postwar [ˌpo:st'wɔr] *adj* : de (la) posguerra
posy ['po:zi] *n, pl* **-sies** **1** FLOWER : flor *f* **2** BOUQUET : ramo *m*, ramillete *m*

pot[1] ['pɑt] *vt* **potted; potting** : plantar (en una maceta)
pot[2] *n* **1** : olla *f* (de cocina) **2 pots and pans** : cacharros *mpl*
potable ['po:t̬əbəl] *adj* : potable
potash ['pɑt,æʃ] *n* : potasa *f*
potassium [pə'tæsiəm] *n* : potasio *m*
potato [pə'teɪt̬o] *n, pl* **-toes** : papa *f*, patata *f Spain*
potato chips *npl* : papas *fpl* fritas (de bolsa)
potbellied ['pɑt,bɛlid] *adj* : panzón, barrigón *fam*
potbelly ['pɑt,bɛli] *n* : panza *f*, barriga *f*
potency ['po:tən*t*si] *n, pl* **-cies** **1** POWER : fuerza *f*, potencia *f* **2** EFFECTIVENESS : eficacia *f*
potent ['po:tənt] *adj* **1** POWERFUL : potente, poderoso **2** EFFECTIVE : eficaz ⟨a potent medicine : una medicina bien fuerte⟩
potential[1] [pə'tɛntʃəl] *adj* : potencial, posible
potential[2] *n* **1** : potencial *m* ⟨growth potential : potencial de crecimiento⟩ ⟨a child with potential : un niño que promete⟩ **2** : potencial *m* (eléctrico) — **potentially** *adv*
potful ['pɑt,fʊl] *n* : contenido *m* de una olla ⟨a potful of water : una olla de agua⟩
pothole ['pɑt,ho:l] *n* : bache *m*
potion ['po:ʃən] *n* : brebaje *m*, poción *f*
potluck ['pɑt,lʌk] *n* **to take potluck** : tomar lo que haya
potpourri [,po:pʊ'ri:] *n* : popurrí *m*
potshot ['pɑt,ʃɑt] *n* **1** : tiro *m* al azar ⟨to take potshots at : disparar al azar a⟩ **2** CRITICISM : crítica *f* (hecha al azar)
potter ['pɑt̬ər] *n* : alfarero *m*, -ra *f*
pottery ['pɑt̬əri] *n, pl* **-teries** : cerámica *f*
pouch ['paʊtʃ] *n* **1** BAG : bolsa *f* pequeña **2** : bolsa *f* (de un animal)
poultice ['po:lt̬əs] *n* : emplasto *m*, cataplasma *f*
poultry ['po:ltri] *n* : aves *fpl* de corral
pounce ['paʊn*t*s] *vi* **pounced; pouncing** : abalanzarse
pound[1] ['paʊnd] *vt* **1** CRUSH : machacar, machucar, majar **2** BEAT : golpear, machacar ⟨she pounded the lessons into them : les machacaba las lecciones⟩ ⟨he pounded home his point : les hizo entender su razonamiento⟩ — *vi* **1** BEAT : palpitar (dícese del corazón) **2** RESOUND : retumbar, resonar **3** : andar con paso pesado ⟨we pounded through the mud : caminamos pesadamente por el barro⟩
pound[2] *n* **1** : libra *f* (unidad de peso) **2** : libra *f* (unidad monetaria) **3 dog pound** : perrera *f*
pour ['por] *vt* **1** : echar, verter, servir (bebidas) ⟨pour it into a pot : viértalo en una olla⟩ **2** : proveer con abundancia ⟨they poured money into it : le invirtieron mucho dinero⟩ **3 to pour out** : dar salida a ⟨he poured out his feelings to her : se desahogó con ella⟩ — *vi* **1** FLOW : manar, fluir, salir ⟨blood was pouring from the wound : la sangre le manaba de la herida⟩ ⟨people poured out of the subway : la gente salía del metro a raudales⟩ ⟨the orders came pouring in : había un aluvión de pedidos⟩ **2 it's pouring (outside)** : está lloviendo a cántaros
pout[1] ['paʊt] *vi* : hacer pucheros
pout[2] *n* : puchero *m*
poverty ['pɑvərt̬i] *n* : pobreza *f*, indigencia *f*
powder[1] ['paʊdər] *vt* **1** : empolvar ⟨to powder one's face : empolvarse la cara⟩ **2** PULVERIZE : pulverizar
powder[2] *n* : polvo *m*, polvos *mpl*
powdery ['paʊdəri] *adj* : polvoriento, como polvo
power[1] ['paʊər] *vt* : impulsar, propulsar
power[2] *n* **1** CONTROL, AUTHORITY : poder *m*, autoridad *f* ⟨executive powers : poderes ejecutivos⟩ ⟨power struggle : lucha por el poder⟩ ⟨to have power over somebody : tener poder sobre alguien⟩ ⟨to come to power : llegar al poder⟩ ⟨to be in power : estar en el poder⟩ **2** ABILITY : capacidad *f*, poder *m* ⟨the power of speech : el habla⟩ ⟨I'll do everything in my power : haré todo lo que pueda⟩ ⟨it's not within my power : no está en mis manos⟩ **3** : potencia *f* (política) ⟨foreign powers : potencias extranjeras⟩ **4** STRENGTH : fuerza *f*, poder *m* ⟨the power of love : la fuerza del amor⟩ **5** : potencia *f* (en física y matemáticas) **6** : corriente *f* ⟨power failure : corte de corriente, apagón⟩
powerful ['paʊərfəl] *adj* : poderoso, potente — **powerfully** *adv*
powerhouse ['paʊər,haʊs] *n* : persona *f* dinámica
powerless ['paʊərləs] *adj* : impotente
power plant *n* : central *f* eléctrica
powwow ['paʊ,waʊ] *n* : conferencia *f*
pox ['pɑks] *n, pl* **pox** *or* **poxes** **1** CHICKEN POX : varicela *f* **2** SYPHILIS : sífilis *f*
practicable ['præktɪkəbəl] *adj* : practicable, viable, factible
practical ['præktɪkəl] *adj* : práctico
practicality [,præktɪ'kæləṯi] *n, pl* **-ties** : factibilidad *f*, viabilidad *f*
practical joke *n* : broma *f* (pesada)
practically ['præktɪkli] *adv* **1** : de manera práctica **2** ALMOST : casi, prácticamente
practice[1] *or* **practise** ['præktəs] *vt* **-ticed** *or* **-tised; -ticing** *or* **-tising** **1** : practicar ⟨he practiced his German on us : practicó el alemán con nosotros⟩ ⟨to practice politeness : practicar la cortesía⟩ **2** : ejercer ⟨to practice medicine : ejercer la medicina⟩
practice[2] *n* **1** USE : práctica *f* ⟨to put into practice : poner en práctica⟩ **2** CUSTOM : costumbre *f* ⟨it's a common

practice here : por aquí se acostumbra hacerlo⟩ **3** TRAINING : práctica *f* **4** : ejercicio *m* (de una profesión)

practitioner [præk'tɪʃənər] *n* **1** : profesional *mf* **2 general practitioner** : médico *m*, -ca *f*

pragmatic [præg'mæṭɪk] *adj* : pragmático — **pragmatically** *adv*

pragmatism ['prægmə,tɪzəm] *n* : pragmatismo

prairie ['prɛri] *n* : pradera *f*, llanura *f*

praise[1] ['preɪz] *vt* **praised; praising** : elogiar, alabar ⟨to praise God : alabar a Dios⟩

praise[2] *n* : elogio *m*, alabanza *f*

praiseworthy ['preɪz,wərði] *adj* : digno de alabanza, loable

prance[1] ['prænts] *vi* **pranced; prancing** **1** : hacer cabriolas, cabriolar ⟨a prancing horse : un caballo haciendo cabriolas⟩ **2** SWAGGER : pavonearse

prance[2] *n* : cabriola *f*

prank ['præŋk] *n* : broma *f*, travesura *f*

prankster ['præŋkstər] *n* : bromista *mf*

prattle[1] ['prætəl] *vt* **-tled; -tling** : parlotear *fam*, cotorrear *fam*, balbucear (como un niño)

prattle[2] *n* : parloteo *m fam*, cotorreo *m fam*, cháchara *f fam*

prawn ['prɔn] *n* : langostino *m*, camarón *m*, gamba *f*

pray ['preɪ] *vt* ENTREAT : rogar, suplicar — *vi* : rezar

prayer ['prɛr] *n* **1** : plegaria *f*, oración *f* ⟨to say one's prayers : orar, rezar⟩ ⟨the Lord's Prayer : el Padrenuestro⟩ **2** PRAYING : rezo *m*, oración *f* ⟨to kneel in prayer : arrodillarse para rezar⟩

praying mantis → **mantis**

preach ['pri:ʧ] *vi* : predicar — *vt* ADVOCATE : abogar por ⟨to preach cooperation : promover la cooperación⟩

preacher ['pri:ʧər] *n* **1** : predicador *m*, -dora *f* **2** MINISTER : pastor *m*, -tora *f*

preamble ['pri:,æmbəl] *n* : preámbulo *m*

prearrange [,pri:ə'reɪnʤ] *vt* **-ranged; -ranging** : arreglar de antemano

precarious [pri'kæriəs] *adj* : precario — **precariously** *adv*

precariousness [pri'kæriəsnəs] *n* : precariedad *f*

precaution [pri'kɔʃən] *n* : precaución *f*

precautionary [pri'kɔʃə,nɛri] *adj* : preventivo, cautelar, precautorio

precede [pri'si:d] *v* **-ceded; -ceding** : preceder a

precedence ['prɛsədənts, prɪ'si:dənts] *n* : precedencia *f*

precedent ['prɛsədənt] *n* : precedente *m*

precept ['pri:,sɛpt] *n* : precepto *m*

precinct ['pri:,sɪŋkt] *n* **1** DISTRICT : distrito *m* (policial, electoral, etc.) **2 precincts** *npl* PREMISES : recinto *m*, predio *m*, límites *mpl* (de una ciudad)

precious ['prɛʃəs] *adj* **1** : precioso ⟨precious gems : piedras preciosas⟩ **2** DEAR : querido **3** AFFECTED : afectado

precipice ['prɛsəpəs] *n* : precipicio *m*

precipitate [pri'sɪpə,teɪt] *v* **-tated; -tating** *vt* **1** HASTEN, PROVOKE : precipitar, provocar **2** HURL : arrojar **3** : precipitar (en química) — *vi* : precipitarse (en química), condensarse (en meteorología)

precipitation [pri,sɪpə'teɪʃən] *n* **1** HASTE : precipitación *f*, prisa *f* **2** : precipitaciones *fpl* (en meteorología)

precipitous [pri'sɪpəṭəs] *adj* **1** HASTY, RASH : precipitado **2** STEEP : escarpado, empinado ⟨a precipitous drop : una caída vertiginosa⟩

précis [preɪ'si:] *n, pl* **précis** [-'si:z] : resumen *m*

precise [pri'saɪs] *adj* **1** DEFINITE : preciso, explícito **2** EXACT : exacto, preciso ⟨precise calculations : cálculos precisos⟩ — **precisely** *adv*

preciseness [pri'saɪsnəs] *n* : precisión *f*, exactitud *f*

precision [pri'sɪʒən] *n* : precisión *f*

preclude [pri'klu:d] *vt* **-cluded; -cluding** : evitar, impedir, excluir (una posibilidad, etc.)

precocious [pri'ko:ʃəs] *adj* : precoz — **precociously** *adv*

precocity [pri'kɑsəṭi] *n* : precocidad *f*

preconceive [,pri:kən'si:v] *vt* **-ceived; -ceiving** : preconcebir

preconception [,pri:kən'spʃən] *n* : idea *f* preconcebida

precondition [,pri:kən'dɪʃən] *n* : precondición *f*, condición *f* previa

precook [,pri:'kʊk] *vt* : precocinar

precursor [pri'kərsər] *n* : precursor *m*, -sora *f*

predator ['prɛdəṭər] *n* : depredador *m*, -dora *f*

predatory ['prɛdə,tori] *adj* : depredador

predecessor ['prɛdə,sɛsər, 'pri:-] *n* : antecesor *m*, -sora *f*; predecesor *m*, -sora *f*

predestination [pri,dɛstə'neɪʃən] *n* : predestinación *f*

predestine [pri'dɛstən] *vt* **-tined; -tining** : predestinar

predetermine [,pri:dɪ'tərmən] *vt* **-mined; -mining** : predeterminar

predicament [pri'dɪkəmənt] *n* : apuro *m*, aprieto *m*

predicate[1] ['prɛdə,keɪt] *vt* **-cated; -cating** **1** AFFIRM : afirmar, aseverar **2 to be predicated on** : estar basado en

predicate[2] ['prɛdɪkət] *n* : predicado *m*

predict [pri'dɪkt] *vt* : pronosticar, predecir

predictable [pri'dɪktəbəl] *adj* : previsible — **predictably** [-bli] *adv*

prediction [pri'dɪkʃən] *n* : pronóstico *m*, predicción *f*

predilection [,prɛdəl'ɛkʃən, ,pri:-] *n* : predilección *f*

predispose [,pri:dɪ'spo:z] *vt* **-posed; -posing** : predisponer

predisposition [ˌpriːˌdɪspəˈzɪʃən] *n* : predisposición *f*
predominance [priˈdɑmənənts] *n* : predominio *m*
predominant [priˈdɑmənənt] *adj* : predominante — **predominantly** *adv*
predominate [priˈdɑməˌneɪt] *vi* **-nated; -nating** **1** : predominar (en cantidad) **2** PREVAIL : prevalecer
preeminence [priˈɛmənənts] *n* : preeminencia *f*
preeminent [priˈɛmənənt] *adj* : preeminente
preeminently [priˈɛmənəntli] *adv* : especialmente
preempt [priˈɛmpt] *vt* **1** APPROPRIATE : apoderarse de, apropiarse de **2** : reemplazar (un programa de televisión, etc.) **3** FORESTALL : adelantarse a (un ataque, etc.)
preen [ˈpriːn] *vt* : arreglarse (el pelo, las plumas, etc.)
prefabricated [ˌpriːˈfæbrəˌkeɪtəd] *adj* : prefabricado
preface [ˈprɛfəs] *n* : prefacio *m*, prólogo *m*
prefatory [ˈprɛfəˌtori] *adj* : preliminar
prefer [priˈfər] *vt* **-ferred; -ferring** **1** : preferir ⟨I prefer coffee : prefiero café⟩ **2 to prefer charges against** : presentar cargos contra
preferable [ˈprɛfərəbəl] *adj* : preferible
preferably [ˈprɛfərəbli] *adv* : preferentemente, de preferencia
preference [ˈprɛfrənts, ˈprɛfər-] *n* : preferencia *f*, gusto *m*
preferential [ˌprɛfəˈrɛntʃəl] *adj* : preferencial, preferente
prefigure [priˈfɪgjər] *vt* **-ured; -uring** FORESHADOW : prefigurar, anunciar
prefix [ˈpriːˌfɪks] *n* : prefijo *m*
pregnancy [ˈprɛgnəntsi] *n, pl* **-cies** : embarazo *m*, preñez *f*
pregnant [ˈprɛgnənt] *adj* **1** : embarazada (dícese de una mujer), preñada (dícese de un animal) **2** MEANINGFUL : significativo
preheat [ˌpriːˈhiːt] *vt* : precalentar
prehensile [priˈhɛntsəl, -ˈhɛnˌsaɪl] *adj* : prensil
prehistoric [ˌpriːhɪsˈtɔrɪk] *or* **prehistorical** [-ɪkəl] *adj* : prehistórico
prejudge [ˌpriːˈdʒʌdʒ] *vt* **-judged; -judging** : prejuzgar
prejudice[1] [ˈprɛdʒədəs] *vt* **-diced; -dicing** **1** DAMAGE : perjudicar **2** BIAS : predisponer, influir en
prejudice[2] *n* **1** DAMAGE : perjuicio *m* (en derecho) **2** BIAS : prejuicio *m*
prelate [ˈprɛlət] *n* : prelado *m*
preliminary[1] [priˈlɪməˌnɛri] *adj* : preliminar
preliminary[2] *n, pl* **-naries** **1** : preámbulo *m*, preludio *m* **2 preliminaries** *npl* : preliminares *mpl*
prelude [ˈprɛˌluːd, ˈprɛlˌjuːd; ˈpreɪˌluːd, ˈpriː-] *n* : preludio *m*
premarital [ˌpriːˈmærəṭəl] *adj* : prematrimonial
premature [ˌpriːməˈtʊr, -ˈtjʊr, -ˈtʃʊr] *adj* : prematuro — **prematurely** *adv*
premeditate [priˈmɛdəˌteɪt] *vt* **-tated; -tating** : premeditar
premeditation [priˌmɛdəˈteɪʃən] *n* : premeditación *f*
premenstrual [priˈmɛntstrʊəl] *adj* : premenstrual
premier[1] [priˈmɪr, -ˈmjɪr; ˈpriːmiər] *adj* : principal
premier[2] *n* PRIME MINISTER : primer ministro *m*, primera ministra *f*
premiere[1] [prɪˈmjɛr, -ˈmɪr] *vt* **-miered; -miering** : estrenar
premiere[2] *n* : estreno *m*
premise [ˈprɛmɪs] *n* **1** : premisa *f* ⟨the premise of his arguments : la premisa de sus argumentos⟩ **2 premises** *npl* : recinto *m*, local *m*
premium [ˈpriːmiəm] *n* **1** BONUS : prima *f* **2** SURCHARGE : recargo *m* ⟨to sell at a premium : vender (algo) muy caro⟩ **3 insurance premium** : prima *f* (de seguros) **4 to set a premium on** : darle un gran valor (a algo)
premonition [ˌpriːməˈnɪʃən, ˌprɛmə-] *n* : presentimiento *m*, premonición *f*
prenatal [ˌpriːˈneɪṭəl] *adj* : prenatal
preoccupation [priˌɑkjəˈpeɪʃən] *n* : preocupación *f*
preoccupied [priˈɑkjəˌpaɪd] *adj* : abstraído, ensimismado, preocupado
preoccupy [priˈɑkjəˌpaɪ] *vt* **-pied; -pying** : preocupar
preparation [ˌprɛpəˈreɪʃən] *n* **1** PREPARING : preparación *f* **2** MIXTURE : preparado *m* ⟨a preparation for burns : un preparado para quemaduras⟩ **3 preparations** *npl* ARRANGEMENTS : preparativos *mpl*
preparatory [priˈpærəˌtori] *adj* : preparatorio
prepare [priˈpær] *v* **-pared; -paring** *vt* : preparar — *vi* : prepararse
prepay [ˌpriːˈpeɪ] *vt* **-paid; -paying** : pagar por adelantado
preponderance [priˈpɑndərənts] *n* : preponderancia *f*
preponderant [priˈpɑndərənt] *adj* : preponderante — **preponderantly** *adv*
preposition [ˌprɛpəˈzɪʃən] *n* : preposición *f*
prepositional [ˌprɛpəˈzɪʃənəl] *adj* : preposicional
prepossessing [ˌpriːpəˈzɛsɪŋ] *adj* : atractivo, agradable
preposterous [priˈpɑstərəs] *adj* : absurdo, ridículo
prerequisite[1] [priˈrɛkwəzət] *adj* : necesario, esencial
prerequisite[2] *n* : condición *f* necesario, requisito *m* previo
prerogative [priˈrɑgəṭɪv] *n* : prerrogativa *f*
presage [ˈprɛsɪdʒ, priˈseɪdʒ] *vt* **-saged; -saging** : presagiar
preschool [ˈpriːˌskuːl] *adj* : preescolar ⟨preschool students : estudiantes de preescolar⟩

prescribe [pri'skraɪb] *vt* **-scribed; -scribing** **1** ORDAIN : prescribir, ordenar **2** : recetar (medicinas, etc.)
prescription [pri'skrɪpʃən] *n* : receta *f*
presence ['prɛzənts] *n* : presencia *f*
present[1] [pri'zɛnt] *vt* **1** INTRODUCE : presentar ⟨to present oneself : presentarse⟩ **2** : presentar (una obra de teatro, etc.) **3** GIVE : entregar (un regalo, etc.), regalar, obsequiar **4** SHOW : presentar, ofrecer ⟨it presents a lovely view : ofrece una vista muy linda⟩
present[2] ['prɛzənt] *adj* **1** : actual ⟨present conditions : condiciones actuales⟩ **2** : presente ⟨all the students were present : todos los estudiantes estaban presentes⟩
present[3] ['prɛzənt] *n* **1** GIFT : regalo *m*, obsequio *m* **2** : presente *m* ⟨at present : en este momento⟩ **3** *or* **present tense** : presente *m*
presentable [pri'zɛntəbəl] *adj* : presentable
presentation [ˌpriːˌzɛn'teɪʃən, ˌprɛzən-] *n* : presentación *f* ⟨presentation ceremony : ceremonia de entrega⟩
presentiment [pri'zɛntəmənt] *n* : presentimiento *m*, premonición *f*
presently ['prɛzəntli] *adv* **1** SOON : pronto, dentro de poco **2** NOW : actualmente, ahora
present participle *n* : participio *m* presente, participio *m* activo
preservation [ˌprɛzər'veɪʃən] *n* : conservación *f*, preservación *f*
preservative [pri'zərvəţɪv] *n* : conservante *m*
preserve[1] [pri'zərv] *vt* **-served; -serving** **1** PROTECT : proteger, preservar **2** : conservar (los alimentos, etc.) **3** MAINTAIN : conservar, mantener
preserve[2] *n* **1** *or* **preserves** *npl* : conserva *f* ⟨peach preserves : duraznos en conserva⟩ **2** : coto *m* ⟨game preserve : coto de caza⟩
preside [pri'zaɪd] *vi* **-sided; -siding** **1 to preside over** : presidir ⟨he presided over the meeting : presidió la reunión⟩ **2 to preside over** : supervisar ⟨she presides over the department : dirige el departamento⟩
presidency ['prɛzədəntsi] *n, pl* **-cies** : presidencia *f*
president ['prɛzədənt] *n* : presidente *m*, -ta *f*
presidential [ˌprɛzə'dɛntʃəl] *adj* : presidencial
press[1] ['prɛs] *vt* **1** PUSH : apretar (un botón, etc.) **2** SQUEEZE : apretar, prensar (frutas, flores, etc.) **3** IRON : planchar (ropa) **4** URGE : instar, apremiar ⟨he pressed me to come : insistió en que viniera⟩ **5** STRESS : recalcar ⟨to press the point/issue : insistir⟩ **6** IMPOSE : imponer **7 to press charges against** : demandar a **8 to press the flesh** *fam* : estrechar manos — *vi* **1** PUSH : apretar ⟨press hard : aprieta con fuerza⟩ **2** CROWD : apiñarse **3** : abrirse paso ⟨I pressed through the crowd : me abrí paso entre el gentío⟩ **4** URGE : presionar **5 to press ahead/on/forward** : seguir adelante **6 to press for** DEMAND : exigir, presionar para
press[2] *n* **1** CROWD : multitud *f* **2** : imprenta *f*, prensa *f* ⟨to go to press : entrar en prensa⟩ **3** URGENCY : urgencia *f*, prisa *f* **4** PRINTER, PUBLISHER : imprenta *f*, editorial *f* **5 the press** : la prensa ⟨freedom of the press : libertad de prensa⟩
pressing ['prɛsɪŋ] *adj* URGENT : urgente
pressure[1] ['prɛʃər] *vt* **-sured; -suring** : presionar, apremiar
pressure[2] *n* **1** : presión *f* ⟨to be under pressure : estar bajo presión⟩ **2** → **blood pressure**
pressurize ['prɛʃəˌraɪz] *vt* **-ized; -izing** : presurizar
prestige [prɛ'stiːʒ, -'stiːdʒ] *n* : prestigio *m*
prestigious [prɛ'stɪdʒəs] *adj* : prestigioso
presto ['prɛsˌtoː] *adv* : de pronto
presumably [pri'zuːməbli] *adv* : es de suponer, supuestamente ⟨presumably, he's guilty : supone que es culpable⟩
presume [pri'zuːm] *vt* **-sumed; -suming** **1** ASSUME, SUPPOSE : suponer, asumir, presumir **2 to presume to** : atreverse a, osar
presumption [pri'zʌmpʃən] *n* **1** AUDACITY : atrevimiento *m*, osadía *f* **2** ASSUMPTION : presunción *f*, suposición *f*
presumptuous [pri'zʌmptʃʊəs] *adj* : descarado, atrevido
presuppose [ˌpriːsə'poːz] *vt* **-posed; -posing** : presuponer
pretend [pri'tɛnd] *vt* **1** CLAIM : pretender **2** FEIGN : fingir, simular — *vi* : fingir
pretender [pri'tɛndər] *n* : pretendiente *mf* (al trono, etc.)
pretense *or* **pretence** ['priːˌtɛnts, pri'tɛnts] *n* **1** CLAIM : afirmación *f* (falsa), pretensión *f* **2** FEIGNING : fingimiento *m*, simulación *f* ⟨to make a pretense of doing something : fingir hacer algo⟩ ⟨a pretense of order : una apariencia de orden⟩ **3** PRETEXT : pretexto *m* ⟨under false pretenses : con pretextos falsos, de manera fraudulenta⟩
pretension [pri'tɛntʃən] *n* **1** CLAIM : pretensión *f*, afirmación *f* **2** ASPIRATION : aspiración *f*, ambición *f* **3** PRETENTIOUSNESS : pretensiones *fpl*, presunción *f*
pretentious [pri'tɛntʃəs] *adj* : pretencioso
pretentiousness [pri'tɛntʃəsnəs] *n* : presunción *f*, pretensiones *fpl*
preterit ['prɛţərət] *nm* : pretérito *m*
pretext ['priːˌtɛkst] *n* : pretexto *m*, excusa *f*
prettily ['prɪtəli] *adv* : atractivamente
prettiness ['prɪţinəs] *n* : lindeza *f*

pretty[1] ['prɪṭi] *adv* : bastante, bien ⟨it's pretty obvious : está bien claro⟩ ⟨it's pretty much the same : es más o menos igual⟩
pretty[2] *adj* **-tier; -est** : bonito, lindo, guapo ⟨a pretty girl : una muchacha guapa⟩ ⟨what a pretty dress! : ¡qué vestido más lindo!⟩
pretzel ['prɛtsəl] *n* : galleta *f* salada (en forma de nudo)
prevail [pri'veɪl] *vi* **1** TRIUMPH : prevalecer **2** PREDOMINATE : predominar **3** **to prevail upon** : persuadir, convencer ⟨I prevailed upon her to sing : la convencí para que cantara⟩
prevailing [pri'veɪlɪŋ] *adj* : imperante, prevaleciente
prevalence ['prɛvələnts] *n* : preponderancia *f*, predominio *m*
prevalent ['prɛvələnt] *adj* **1** COMMON : común y corriente, general **2** WIDESPREAD : extendido
prevaricate [pri'værə,keɪt] *vi* **-cated; -cating** LIE : mentir
prevarication [pri,værə'keɪʃən] *n* : mentira *f*
prevent [pri'vɛnt] *vt* **1** AVOID : prevenir, evitar ⟨steps to prevent war : medidas para evitar la guerra⟩ **2** HINDER : impedir
preventable [pri'vɛntəbəl] *adj* : evitable
preventative [pri'vɛntəṭɪv] → **preventive**
prevention [pri'vɛntʃən] *n* : prevención *f*
preventive [pri'vɛntɪv] *adj* : preventivo
preview ['pri:,vju] *n* : preestreno *m*
previous ['pri:viəs] *adj* : previo, anterior ⟨previous knowledge : conocimientos previos⟩ ⟨the previous day : el día anterior⟩ ⟨in the previous year : en el año pasado⟩
previously ['pri:viəsli] *adv* : antes
prewar [,pri:'wɔr] *adj* : de antes de la guerra
prey ['preɪ] *n, pl* **preys** : presa *f*
prey on *vt* **1** : cazar, alimentarse de ⟨it preys on fish : se alimenta de peces⟩ **2** **to prey on one's mind** : hacer presa en alguien, atormentar a alguien
price[1] ['praɪs] *vt* **priced; pricing** : poner un precio a
price[2] *n* : precio *m* ⟨peace at any price : la paz a toda costa⟩
priceless ['praɪsləs] *adj* : inestimable, inapreciable
pricey ['praɪsi] *adj* : caro
prick[1] ['prɪk] *vt* **1** : pinchar **2** **to prick up one's ears** : levantar las orejas — *vi* : pinchar
prick[2] *n* **1** STAB : pinchazo *m* ⟨a prick of conscience : un remordimiento⟩ **2** → **pricker**
pricker ['prɪkər] *n* THORN : espina *f*
prickle[1] ['prɪkəl] *vi* **-led; -ling** : sentir un cosquilleo, tener un hormigueo
prickle[2] *n* **1** : espina *f* (de una planta) **2** TINGLE : cosquilleo *m*, hormigueo *m*
prickly ['prɪkəli] *adj* **1** THORNY : espinoso **2** : que pica ⟨a prickly sensation : un hormigueo⟩
prickly pear *n* : tuna *f*
pride[1] ['praɪd] *vt* **prided; priding** : estar orgulloso de ⟨to pride oneself on : preciarse de, enorgullecerse de⟩
pride[2] *n* : orgullo *m*
priest ['pri:st] *n* : sacerdote *m*, cura *m*
priestess ['pri:stɪs] *n* : sacerdotisa *f*
priesthood ['pri:st,hʊd] *n* : sacerdocio *m*
priestly ['pri:stli] *adj* : sacerdotal
prig ['prɪg] *n* : mojigato *m*, -ta *f*; gazmoño *m*, -ña *f*
prim ['prɪm] *adj* **primmer; primmest** **1** PRISSY : remilgado **2** PRUDISH : mojigato, gazmoño
primarily [praɪ'mɛrəli] *adv* : principalmente, fundamentalmente
primary[1] ['praɪ,mɛri, 'praɪməri] *adj* **1** FIRST : primario **2** PRINCIPAL : principal **3** BASIC : fundamental
primary[2] *n, pl* **-ries** : elección *f* primaria
primary color *n* : color *m* primario
primary school → **elementary school**
primate *n* **1** ['praɪ,meɪt, -mət] : primado *m* (obispo) **2** [-,meɪt] : primate *m* (animal)
prime[1] ['praɪm] *vt* **primed; priming** **1** : cebar ⟨to prime a pump : cebar una bomba⟩ **2** PREPARE : preparar (una superficie para pintar) **3** COACH : preparar (a un testigo, etc.)
prime[2] *adj* **1** CHIEF, MAIN : principal, primero **2** EXCELLENT : de primera (categoría), excelente
prime[3] *n* **the prime of one's life** : la flor de la vida
prime minister *n* : primer ministro *m*, primera ministra *f*
primer[1] ['prɪmər] *n* **1** READER : cartilla *f* **2** MANUAL : manual *m*
primer[2] ['praɪmər] *n* **1** : cebo *m* (para explosivos) **2** : base *f* (de pintura)
prime time *n* : horas *fpl* de mayor audiencia
primeval [praɪ'mi:vəl] *adj* : primitivo, primigenio
primitive ['prɪməṭɪv] *adj* : primitivo
primly ['prɪmli] *adv* : mojigatamente
primness ['prɪmnəs] *n* : mojigatería *f*, gazmoñería *f*
primordial [praɪ'mɔrdiəl] *adj* : primordial, fundamental
primp ['prɪmp] *vi* : arreglarse, acicalarse
primrose ['prɪm,ro:z] *n* : primavera *f*, prímula *f*
prince ['prɪnts] *n* : príncipe *m*
princely ['prɪntsli] *adj* : principesco
princess ['prɪntsəs, 'prɪn,sɛs] *n* : princesa *f*
principal[1] ['prɪntsəpəl] *adj* : principal — **principally** *adv*
principal[2] *n* **1** PROTAGONIST : protagonista *mf* **2** : director *m*, -tora *f* (de una

escuela) 3 CAPITAL : principal *m*, capital *m* (en finanzas)
principality [ˌprɪntsəˈpæləṭi] *n, pl* **-ties** : principado *m*
principle [ˈprɪntsəpəl] *n* : principio *m*
print¹ [ˈprɪnt] *vt* : imprimir (libros, etc.) — *vi* : escribir con letra de molde
print² *n* **1** IMPRESSION : marca *f*, huella *f*, impresión *f* **2** : texto *m* impreso ⟨to be out of print : estar agotado⟩ **3** LETTERING : letra *f* **4** ENGRAVING : grabado *m* **5** : copia *f* (en fotografía) **6** : estampado *m* (de tela)
printer [ˈprɪntər] *n* **1** : impresor *m*, -sora *f* (persona) **2** : impresora *f* (máquina)
printing [ˈprɪntɪŋ] *n* **1** : impresión *f* (acto) ⟨the third printing : la tercera tirada⟩ **2** : imprenta *f* (profesión) **3** LETTERING : letras *fpl* de molde
printing press *n* : prensa *f*
print out *vt* : imprimir (de una computadora)
printout [ˈprɪntˌaʊt] *n* : copia *f* impresa (de una computadora)
prior [ˈpraɪər] *adj* **1** : previo **2 prior to** : antes de
priority [praɪˈɔrəṭi] *n, pl* **-ties** : prioridad *f*
priory [ˈpraɪəri] *n, pl* **-ries** : priorato *m*
prism [ˈprɪzəm] *n* : prisma *m*
prison [ˈprɪzən] *n* : prisión *f*, cárcel *f*
prisoner [ˈprɪzənər] *n* : preso *m*, -sa *f*; recluso *m*, -sa *f* ⟨prisoner of war : prisionero de guerra⟩
prissy [ˈprɪsi] *adj* **-sier; -est** : remilgado, melindroso
pristine [ˈprɪsˌtiːn, prɪsˈ-] *adj* : puro, prístino
privacy [ˈpraɪvəsi] *n, pl* **-cies** : privacidad *f*
private¹ [ˈpraɪvət] *adj* **1** PERSONAL : privado, particular ⟨private property : propiedad privada⟩ **2** INDEPENDENT : privado, independiente ⟨private studies : estudios privados⟩ **3** SECRET : secreto **4** SECLUDED : aislado, privado — **privately** *adv*
private² *n* : soldado *m* raso
privateer [ˌpraɪvəˈtɪr] *n* : corsario *m*
privation [praɪˈveɪʃən] *n* : privación *f*
privilege [ˈprɪvlɪʤ, ˈprɪvə-] *n* : privilegio *m*
privileged [ˈprɪvlɪʤd, ˈprɪvə-] *adj* : privilegiado
privy¹ [ˈprɪvi] *adj* **to be privy to** : estar enterado de
privy² *n, pl* **privies** : excusado *m*, retrete *m* (exterior)
prize¹ [ˈpraɪz] *vt* **prized; prizing** : valorar, apreciar
prize² *adj* **1** : premiado ⟨a prize stallion : un semental premiado⟩ **2** OUTSTANDING : de primera, excepcional
prize³ *n* **1** AWARD : premio *m* ⟨third prize : el tercer premio⟩ **2** : joya *f*, tesoro *m* ⟨he's a real prize : es un tesoro⟩
prizefighter [ˈpraɪzˌfaɪṭər] *n* : boxeador *m*, -dora *f* profesional
prizewinning [ˈpraɪzˌwɪnɪŋ] *adj* : premiado
pro¹ [ˈproː] *adv* : a favor
pro² *adj* → **professional¹**
pro³ *n* **1** : pro *m* ⟨the pros and cons : los pros y los contras⟩ **2** → **professional²**
probability [ˌprɑbəˈbɪləṭi] *n, pl* **-ties** : probabilidad *f*
probable [ˈprɑbəbəl] *adj* : probable — **probably** [-bli] *adv*
probate¹ [ˈproːˌbeɪt] *vt* **-bated; -bating** : autenticar (un testamento)
probate² *n* : autenticación *f* (de un testamento)
probation [proˈbeɪʃən] *n* **1** : período *m* de prueba (para un empleado, etc.) **2** : libertad *f* condicional (para un preso)
probationary [proˈbeɪʃəˌnɛri] *adj* : de prueba
probe¹ [ˈproːb] *vt* **probed; probing** **1** : sondar (en medicina y tecnología) **2** INVESTIGATE : investigar, sondear
probe² *n* **1** : sonda *f* (en medicina, etc.) ⟨space probe : sonda espacial⟩ **2** INVESTIGATION : investigación *f*, sondeo *m*
probity [ˈproːbəṭi] *n* : probidad *f*
problem¹ [ˈprɑbləm] *adj* : difícil
problem² *n* : problema *m*
problematic [ˌprɑbləˈmæṭɪk] *or* **problematical** [-ṭɪkəl] *adj* : problemático
proboscis [prəˈbɑsɪs] *n, pl* **-cises** *also* **-cides** [-səˌdiːz] : probóscide *f*
procedural [prəˈsiːʤərəl] *adj* : de procedimiento
procedure [prəˈsiːʤər] *n* : procedimiento *m* ⟨administrative procedures : trámites administrativos⟩
proceed [proˈsiːd] *vi* **1** : proceder ⟨to proceed to do something : proceder a hacer algo⟩ **2** CONTINUE : continuar, proseguir, seguir ⟨he proceeded to the next phase : pasó a la segunda fase⟩ **3** ADVANCE : avanzar ⟨as the conference proceeded : mientras seguía avanzando la conferencia⟩ ⟨the road proceeds south : la calle sigue hacia el sur⟩
proceeding [proˈsiːdɪŋ] *n* **1** PROCEDURE : procedimiento *m* **2 proceedings** *npl* EVENTS : acontecimientos *mpl* **3 proceedings** *npl* MINUTES : actas *fpl* (de una reunión, etc.)
proceeds [ˈproːˌsiːdz] *npl* : ganancias *fpl*
process¹ [ˈprɑˌsɛs, ˈproː-] *vt* : procesar, tratar
process² *n, pl* **-cesses** [ˈprɑˌsɛsəz, ˈproː-, -səsəz, -səˌsiːz] **1** : proceso *m* ⟨the process of elimination : el proceso de eliminación⟩ **2** METHOD : proceso *m*, método *m* ⟨manufacturing processes : procesos industriales⟩ **3** : acción *f* judicial ⟨due process of law : el debido proceso (de la ley)⟩ **4** SUMMONS : citación *f* **5** PROJECTION : protuberancia *f* (anatómica) **6 in the pro-**

cess of : en vías de ⟨in the process of repair : en reparaciones⟩

procession [prəˈsɛʃən] *n* : procesión *f*, desfile *m* ⟨a funeral procession : un cortejo fúnebre⟩

processional [prəˈsɛʃənəl] *n* : himno *m* para una procesión

processor [ˈprɑˌsɛsər, ˈpro:-, -səsər] *n* **1** : procesador *m* (de una computadora) **2 food processor** : procesador *m* de alimentos

proclaim [proˈkleɪm] *vt* : proclamar

proclamation [ˌprɑkləˈmeɪʃən] *n* : proclamación *f*

proclivity [proˈklɪvət̬i] *n, pl* **-ties** : proclividad *f*

procrastinate [prəˈkræstəˌneɪt] *vi* **-nated; -nating** : demorar, aplazar las responsabilidades

procrastination [prəˌkræstəˈneɪʃən] *n* : aplazamiento *m*, demora *f*, dilación *f*

procreate [ˈpro:kriˌeɪt] *vi* **-ated; -ating** : procrear

procreation [ˌpro:kriˈeɪʃən] *n* : procreación *f*

proctor[1] [ˈprɑktər] *vt* : supervisar (un examen)

proctor[2] *n* : supervisor *m*, -sora *f* (de un examen)

procure [prəˈkjʊr] *vt* **-cured; -curing 1** OBTAIN : procurar, obtener **2** BRING ABOUT : provocar, lograr, conseguir

procurement [prəˈkjʊrmənt] *n* : obtención *f*

prod[1] [ˈprɑd] *vt* **prodded; prodding 1** JAB, POKE : pinchar, golpear (con la punta de algo) **2** GOAD : incitar, estimular

prod[2] *n* **1** JAB, POKE : golpe *m* (con la punta de algo), pinchazo *m* **2** STIMULUS : estímulo *m* **3 cattle prod** : picana *f*, aguijón *m*

prodigal[1] [ˈprɑdɪgəl] *adj* SPENDTHRIFT : pródigo, despilfarrador, derrochador

prodigal[2] *n* : pródigo *m*, -ga *f*; derrochador *m*, -dora *f*

prodigious [prəˈdɪʤəs] *adj* **1** MARVELOUS : prodigioso, maravilloso **2** HUGE : enorme, vasto ⟨prodigious sums : muchísimo dinero⟩ — **prodigiously** *adv*

prodigy [ˈprɑdəʤi] *n, pl* **-gies** : prodigio *m* ⟨child prodigy : niño prodigio⟩

produce[1] [prəˈdu:s, -ˈdju:s] *vt* **-duced; -ducing 1** EXHIBIT : presentar, mostrar **2** YIELD : producir **3** CAUSE : producir, causar **4** CREATE : producir ⟨to produce a poem : escribir un poema⟩ **5** : poner en escena (una obra de teatro), producir (una película)

produce[2] [ˈprɑˌdu:s, ˈpro:-, -ˌdju:s] *n* : productos *mpl* agrícolas

producer [prəˈdu:sər, -ˈdju:-] *n* : productor *m*, -tora *f*

product [ˈprɑˌdʌkt] *n* : producto *m*

production [prəˈdʌkʃən] *n* : producción *f*

productive [prəˈdʌktɪv] *adj* : productivo

productivity [ˌpro:ˌdʌkˈtɪvət̬i, ˌprɑ-] *n* : productividad *f*

profane[1] [proˈfeɪn] *vt* **-faned; -faning** : profanar

profane[2] *adj* **1** SECULAR : profano **2** IRREVERENT : irreverente, impío

profanity [proˈfænət̬i] *n, pl* **-ties 1** IRREVERENCE : irreverencia *f*, impiedad *f* **2** : blasfemias *fpl*, obscenidades *fpl* ⟨don't use profanity : no digas blasfemias⟩

profess [prəˈfɛs] *vt* **1** DECLARE : declarar, manifestar **2** CLAIM : pretender **3** : profesar (una religión, etc.)

professedly [prəˈfɛsədli] *adv* **1** OPENLY : declaradamente **2** ALLEGEDLY : supuestamente

profession [prəˈfɛʃən] *n* : profesión *f*

professional[1] [prəˈfɛʃənəl] *adj* : profesional — **professionally** *adv*

professional[2] *n* : profesional *mf*

professionalism [prəˈfɛʃənəˌlɪzəm] *n* : profesionalismo *m*

professor [prəˈfɛsər] *n* : profesor *m* (universitario), profesora *f* (universitaria); catedrático *m*, -ca *f*

proffer [ˈprɑfər] *vt* **-fered; -fering** : ofrecer, dar

proficiency [prəˈfɪʃən*t*si] *n* : competencia *f*, capacidad *f*

proficient [prəˈfɪʃənt] *adj* : competente, experto — **proficiently** *adv*

profile [ˈpro:ˌfaɪl] *n* : perfil *m* ⟨a portrait in profile : un retrato de perfil⟩ ⟨to keep a low profile : no llamar la atención, hacerse pasar desapercibido⟩

profit[1] [ˈprɑfət] *vi* : sacar provecho (de), beneficiarse (de)

profit[2] *n* **1** ADVANTAGE : provecho *m*, partido *m*, beneficio *m* **2** GAIN : beneficio *m*, utilidad *f*, ganancia *f* ⟨to make a profit : sacar beneficios⟩

profitable [ˈprɑfət̬əbəl] *adj* : rentable, lucrativo — **profitably** [-bli] *adv*

profitless [ˈprɑfətləs] *adj* : infructuoso, inútil

profligate [ˈprɑflɪgət, -ˌgeɪt] *adj* **1** DISSOLUTE : disoluto, licencioso **2** SPENDTHRIFT : despilfarrador, derrochador, pródigo

profound [prəˈfaʊnd] *adj* : profundo

profoundly [prəˈfaʊndli] *adv* : profundamente, en profundidad

profundity [prəˈfʌndət̬i] *n, pl* **-ties** : profundidad *f*

profuse [prəˈfju:s] *adj* **1** COPIOUS : profuso, copioso **2** LAVISH : pródigo — **profusely** *adv*

profusion [prəˈfju:ʒən] *n* : abundancia *f*, profusión *f*

progenitor [proˈʤɛnət̬ər] *n* : progenitor *m*, -tora *f*

progeny [ˈprɑʤəni] *n, pl* **-nies** : progenie *f*

progesterone [proˈʤɛstəˌro:n] *n* : progesterona *f*

prognosis [prɑgˈno:sɪs] *n, pl* **-noses** [-ˌsi:z] : pronóstico *m* (médico)

program[1] [ˈpro:ˌgræm, -grəm] *vt* **-grammed** *or* **-gramed; -gramming** *or* **-graming** : programar
program[2] *n* : programa *m*
programmable [ˈpro:ˌgræməbəl] *adj* : programable
programmer [ˈpro:ˌgræmər] *n* : programador *m*, -dora *f*
programming [ˈpro:ˌgræmɪŋ] *n* : programación *f*
progress[1] [prəˈgrɛs] *vi* **1** PROCEED : progresar, adelantar **2** IMPROVE : mejorar
progress[2] [ˈprɑgrəs, -ˌgrɛs] *n* **1** ADVANCE : progreso *m*, adelanto *m*, avance *m* ⟨to make progress : hacer progresos⟩ **2** BETTERMENT : mejora *f*, mejoramiento *m*
progression [prəˈgrɛʃən] *n* **1** ADVANCE : avance *m* **2** SEQUENCE : desarrollo *m* (de eventos)
progressive [prəˈgrɛsɪv] *adj* **1** : progresista ⟨a progressive society : una sociedad progresista⟩ **2** : progresivo ⟨a progressive disease : una enfermedad progresiva⟩ **3** *or* **Progressive** : progresista (en política) **4** : progresivo (en gramática)
progressively [prəˈgrɛsɪvli] *adv* : progresivamente, poco a poco
prohibit [proˈhɪbət] *vt* : prohibir
prohibition [ˌpro:əˈbɪʃən, ˌpro:hə-] *n* : prohibición *f*
prohibitive [proˈhɪbət̬ɪv] *adj* : prohibitivo
project[1] [prəˈʤɛkt] *vt* **1** PLAN : proyectar, planear **2** : proyectar (imágenes, misiles, etc.) — *vi* PROTRUDE : sobresalir, salir
project[2] [ˈprɑˌʤɛkt, -ʤɪkt] *n* : proyecto *m*, trabajo *m* (de un estudiante) ⟨research project : proyecto de investigación⟩
projectile [prəˈʤɛktəl, -ˌtaɪl] *n* : proyectil *m*
projection [prəˈʤɛkʃən] *n* **1** PLAN : plan *m*, proyección *f* **2** : proyección *f* (de imágenes, misiles, etc.) **3** PROTRUSION : saliente *m*
projector [prəˈʤɛktər] *n* : proyector *m*
proletarian[1] [ˌpro:ləˈtɛriən] *adj* : proletario
proletarian[2] *n* : proletario *m*, -ria *f*
proletariat [ˌpro:ləˈtɛriət] *n* : proletariado *m*
proliferate [prəˈlɪfəˌreɪt] *vi* **-ated; -ating** : proliferar
proliferation [prəˌlɪfəˈreɪʃən] *n* : proliferación *f*
prolific [prəˈlɪfɪk] *adj* : prolífico
prologue [ˈpro:ˌlɔg] *n* : prólogo *m*
prolong [prəˈlɔŋ] *vt* : prolongar
prolongation [ˌpro:ˌlɔŋˈgeɪʃən] *n* : prolongación *f*
prom [ˈprɑm] *n* : baile *m* formal (de un colegio)
promenade[1] [ˌprɑməˈneɪd, -ˈnɑd] *vi* **-naded; -nading** : pasear, pasearse, dar un paseo
promenade[2] *n* : paseo *m*
prominence [ˈprɑmənənts] *n* **1** PROJECTION : prominencia *f* **2** EMINENCE : eminencia *f*, prestigio *m*
prominent [ˈprɑmənənt] *adj* **1** OUTSTANDING : prominente, destacado **2** PROJECTING : prominente, saliente
prominently [ˈprɑmənəntli] *adv* : destacadamente, prominentemente
promiscuity [ˌprɑmɪsˈkju:ət̬i] *n, pl* **-ties** : promiscuidad *f*
promiscuous [prəˈmɪskjuəs] *adj* : promiscuo — **promiscuously** *adv*
promise[1] [ˈprɑməs] *v* **-ised; -ising** : prometer
promise[2] *n* **1** : promesa *f* ⟨he kept his promise : cumplió su promesa⟩ **2 to show promise** : prometer
promising [ˈprɑməsɪŋ] *adj* : prometedor
promissory [ˈprɑməˌsori] *adj* : que promete ⟨a promissory note : un pagaré⟩
promontory [ˈprɑmənˌtori] *n, pl* **-ries** : promontorio *m*
promote [prəˈmo:t] *vt* **-moted; -moting** **1** : ascender (a un alumno o un empleado) **2** ADVERTISE : promocionar, hacerle publicidad a **3** FURTHER : promover, fomentar
promoter [prəˈmo:t̬ər] *n* : promotor *m*, -tora *f*; empresario *m*, -ria *f* (en deportes)
promotion [prəˈmo:ʃən] *n* **1** : ascenso *m* (de un alumno o un empleado) **2** FURTHERING : promoción *f*, fomento *m* **3** ADVERTISING : publicidad *f*, propaganda *f*
promotional [prəˈmo:ʃənəl] *adj* : promocional
prompt[1] [ˈprɑmpt] *vt* **1** INDUCE : provocar (una cosa), inducir (a una persona) ⟨curiosity prompted me to ask you : la curiosidad me indujo a preguntarle⟩ **2** : apuntar (a un actor, etc.)
prompt[2] *adj* : pronto, rápido ⟨prompt payment : pago puntual⟩
prompter [ˈprɑmptər] *n* : apuntador *m*, -dora *f* (en teatro)
promptly [ˈprɑmptli] *adv* : inmediatamente, rápidamente
promptness [ˈprɑmptnəs] *n* : prontitud *f*, rapidez *f*
promulgate [ˈprɑməlˌgeɪt] *vt* **-gated; -gating** : promulgar
prone [ˈpro:n] *adj* **1** LIABLE : propenso, proclive ⟨accident-prone : propenso a los accidentes⟩ **2** : boca abajo, decúbito prono ⟨in a prone position : en decúbito prono⟩
prong [ˈprɔŋ] *n* : punta *f*, diente *m*
pronoun [ˈpro:ˌnaʊn] *n* : pronombre *m*
pronounce [prəˈnaʊnts] *vt* **-nounced; -nouncing** **1** : pronunciar ⟨how do you pronounce your name? : ¿cómo se pronuncia su nombre?⟩ **2** DECLARE : declarar **3 to pronounce sentence** : dictar sentencia, pronunciar un fallo
pronounced [prəˈnaʊntst] *adj* MARKED : pronunciado, marcado

pronouncement [prə'naʊntsmənt] *n* : declaración *f*

pronunciation [prə,nʌntsi'eɪʃən] *n* : pronunciación *f*

proof[1] ['pru:f] *adj* : a prueba ⟨proof against tampering : a prueba de manipulación⟩

proof[2] *n* : prueba *f*

proofread ['pru:f,ri:d] *v* **-read; -reading** *vt* : corregir — *vi* : corregir pruebas

proofreader ['pru:f,ri:dər] *n* : corrector *m*, -tora *f* (de pruebas)

prop[1] ['prɑp] *vt* **propped; propping 1 to prop against** : apoyar contra **2 to prop up** SUPPORT : apoyar, apuntalar, sostener **3 to prop up** SUSTAIN : alentar (a alguien), darle ánimo (a alguien)

prop[2] *n* **1** SUPPORT : puntal *m*, apoyo *m*, soporte *m* **2** : accesorio *m* (en teatro)

propaganda [,prɑpə'gændə, ,pro:-] *n* : propaganda *f*

propagandize [,prɑpə'gæn,daɪz, ,pro:-] *v* **-dized; -dizing** *vt* : someter a propaganda — *vi* : hacer propaganda

propagate ['prɑpə,geɪt] *v* **-gated; -gating** *vi* : propagarse — *vt* : propagar

propagation [,prɑpə'geɪʃən] *n* : propagación *f*

propane ['pro:,peɪn] *n* : propano *m*

propel [prə'pɛl] *vt* **-pelled; -pelling** : impulsar, propulsar, impeler

propellant *or* **propellent** [prə'pɛlənt] *n* : propulsor *m*

propeller [prə'pɛlər] *n* : hélice *f*

propensity [prə'pɛntsəṭi] *n, pl* **-ties** : propensión *f*, tendencia *f*, inclinación *f*

proper ['prɑpər] *adj* **1** RIGHT, SUITABLE : apropiado, adecuado **2** : propio, mismo ⟨the city proper : la propia ciudad⟩ **3** CORRECT : correcto **4** GENTEEL : fino, refinado, cortés **5** OWN, SPECIAL : propio ⟨proper name : nombre propio⟩ — **properly** *adv*

property ['prɑpərṭi] *n, pl* **-ties 1** CHARACTERISTIC : característica *f*, propiedad *f* **2** POSSESSIONS : propiedad *f* **3** BUILDING : inmueble *m* **4** LAND, LOT : terreno *m*, lote *m*, parcela *f* **5** PROP : accesorio *m* (en teatro)

prophecy ['prɑfəsi] *n, pl* **-cies** : profecía *f*, vaticinio *m*

prophesy ['prɑfə,saɪ] *v* **-sied; -sying** *vt* **1** FORETELL : profetizar (como profeta) **2** PREDICT : profetizar, predecir, vaticinar — *vi* : hacer profecías

prophet ['prɑfət] *n* : profeta *m*, profetisa *f*

prophetic [prə'fɛṭɪk] *or* **prophetical** [-ṭɪkəl] *adj* : profético — **prophetically** [-ṭɪkli] *adv*

propitiate [pro'pɪʃi,eɪt] *vt* **-ated; -ating** : propiciar

propitious [prə'pɪʃəs] *adj* : propicio

proponent [prə'po:nənt] *n* : defensor *m*, -sora *f*; partidario *m*, -ria *f*

proportion[1] [prə'porʃən] *vt* : proporcionar ⟨well-proportioned : de buenas proporciones⟩

proportion[2] *n* **1** RATIO : proporción *f* **2** SYMMETRY : proporción *f*, simetría *f* ⟨out of proportion : desproporcionado⟩ **3** SHARE : parte *f* **4 proportions** *npl* SIZE : dimensiones *fpl*

proportional [prə'porʃənəl] *adj* : proporcional — **proportionally** *adv*

proportionate [prə'porʃənət] *adj* : proporcional — **proportionately** *adv*

proposal [prə'po:zəl] *n* **1** PROPOSITION : propuesta *f*, proposición *f* ⟨marriage proposal : propuesta de matrimonio⟩ **2** PLAN : proyecto *m*, propuesta *f*

propose [prə'po:z] *v* **-posed; -posing** *vi* : proponer matrimonio — *vt* **1** INTEND : pensar, proponerse **2** SUGGEST : proponer

proposition [,prɑpə'zɪʃən] *n* **1** PROPOSAL : proposición *f*, propuesta *f* **2** STATEMENT : proposición *f*

propound [prə'paʊnd] *vt* : proponer, exponer

proprietary [prə'praɪə,tɛri] *adj* : propietario, patentado

proprietor [prə'praɪəṭər] *n* : propietario *m*, -ria *f*

propriety [prə'praɪəṭi] *n, pl* **-eties 1** DECORUM : decencia *f*, decoro *m* **2 proprieties** *npl* CONVENTIONS : convenciones *fpl*, cánones *mpl* sociales

propulsion [prə'pʌlʃən] *n* : propulsión *f*

prosaic [pro'zeɪɪk] *adj* : prosaico

proscribe [pro'skraɪb] *vt* **-scribed; -scribing** : proscribir

prose ['pro:z] *n* : prosa *f*

prosecute ['prɑsɪ,kju:t] *vt* **-cuted; -cuting 1** CARRY OUT : llevar a cabo **2** : procesar, enjuiciar ⟨prosecuted for fraud : procesado por fraude⟩

prosecution [,prɑsɪ'kju:ʃən] *n* **1** : procesamiento *m* ⟨the prosecution of forgers : el procesamiento de falsificadores⟩ **2** PROSECUTORS : acusación *f* ⟨witness for the prosecution : testigo de cargo⟩

prosecutor ['prɑsɪ,kju:ṭər] *n* : acusador *m*, -dora *f*; fiscal *mf*

prospect[1] ['prɑ,spɛkt] *vi* : prospectar (el terreno) ⟨to prospect for gold : buscar oro⟩

prospect[2] *n* **1** VISTA : vista *f*, panorama *m* **2** POSSIBILITY : posibilidad *f* **3** OUTLOOK : perspectiva *f* **4** : posible cliente *m*, -ta *f* ⟨a salesman looking for prospects : un vendedor buscando nuevos clientes⟩

prospective [prə'spɛktɪv, 'prɑ,spɛk-] *adj* **1** EXPECTANT : futuro ⟨prospective mother : futura madre⟩ **2** POTENTIAL : potencial, posible ⟨prospective employee : posible empleado⟩

prospector ['prɑ,spɛktər, prɑ'spɛk-] *n* : prospector *m*, -tora *f*; explorador *m*, -dora *f*

prospectus [prə'spɛktəs] *n* : prospecto *m*

prosper [ˈprɑspər] *vi* : prosperar
prosperity [prɑˈspɛrət̬i] *n* : prosperidad *f*
prosperous [ˈprɑspərəs] *adj* : próspero
prostate [ˈprɑˌsteɪt] *n* : próstata *f*
prosthesis [prɑsˈθiːsɪs, ˈprɑsθə-] *n, pl* **-theses** [-ˌsiːz] : prótesis *f*
prostitute[1] [ˈprɑstəˌtuːt, -ˌtjuːt] *vt* **-tuted; -tuting** **1** : prostituir **2 to prostitute oneself** : prostituirse
prostitute[2] *n* : prostituto *m*, -ta *f*
prostitution [ˌprɑstəˈtuːʃən, -ˈtjuː-] *n* : prostitución *f*
prostrate[1] [ˈprɑˌstreɪt] *vt* **-trated; -trating** **1** : postrar **2 to prostrate oneself** : postrarse
prostrate[2] *adj* : postrado
prostration [prɑˈstreɪʃən] *n* : postración *f*
protagonist [proˈtægənɪst] *n* : protagonista *mf*
protect [prəˈtɛkt] *vt* : proteger
protection [prəˈtɛkʃən] *n* : protección *f*
protective [prəˈtɛktɪv] *adj* : protector
protector [prəˈtɛktər] *n* **1** : protector *m*, -tora *f* (persona) **2** GUARD : protector *m* (aparato)
protectorate [prəˈtɛktərət] *n* : protectorado *m*
protégé [ˈproːt̬əˌʒeɪ] *n* : protegido *m*, -da *f*
protein [ˈproːˌtiːn] *n* : proteína *f*
protest[1] [proˈtɛst] *vt* **1** ASSERT : afirmar, declarar **2** : protestar ⟨they protested the decision : protestaron (por) la decisión⟩ — *vi* **to protest against** : protestar contra
protest[2] [ˈproːˌtɛst] *n* **1** DEMONSTRATION : manifestación *f* (de protesta) ⟨a public protest : una manifestación pública⟩ **2** COMPLAINT : queja *f*, protesta *f*
Protestant [ˈprɑt̬əstənt] *n* : protestante *mf*
Protestantism [ˈprɑt̬əstənˌtɪzəm] *n* : protestantismo *m*
protocol [ˈproːt̬əˌkɔl] *n* : protocolo *m*
proton [ˈproˌtɑn] *n* : protón *m*
protoplasm [ˈproːt̬əˌplæzəm] *n* : protoplasma *m*
prototype [ˈproːt̬əˌtaɪp] *n* : prototipo *m*
protozoan [ˌproːt̬əˈzoːən] *n* : protozoario *m*, protozoo *m*
protract [proˈtrækt] *vt* : prolongar
protractor [proˈtræktər] *n* : transportador *m* (instrumento)
protrude [proˈtruːd] *vi* **-truded; -truding** : salir, sobresalir
protrusion [proˈtruːʒən] *n* : protuberancia *f*, saliente *m*
protuberance [proˈtuːbərən*t*s, -ˈtjuː-] *n* : protuberancia *f*
proud [ˈpraʊd] *adj* **1** HAUGHTY : altanero, orgulloso, arrogante **2** : orgulloso ⟨she was proud of her work : estaba orgullosa de su trabajo⟩ ⟨too proud to beg : demasiado orgulloso para rogar⟩ **3** GLORIOUS : glorioso — **proudly** *adv*
prove [ˈpruːv] *v* **proved; proved** *or* **proven** [ˈpruːvən]; **proving** *vt* **1** TEST : probar **2** DEMONSTRATE : probar, demostrar — *vi* : resultar ⟨it proved effective : resultó efectivo⟩
Provençal [ˌproːvɑnˈsɑl, ˌprɑvən-] *n* **1** : provenzal *mf* **2** : provenzal *m* (idioma) — **Provençal** *adj*
proverb [ˈprɑˌvərb] *n* : proverbio *m*, refrán *m*
proverbial [prəˈvərbiəl] *adj* : proverbial
provide [prəˈvaɪd] *v* **-vided; -viding** *vt* **1** STIPULATE : estipular **2 to provide with** : proveer de, proporcionar — *vi* **1** : proveer ⟨the Lord will provide : el Señor proveerá⟩ **2 to provide for** SUPPORT : mantener **3 to provide for** ANTICIPATE : hacer previsiones para, prever
provided [prəˈvaɪdəd] *or* **provided that** *conj* : con tal (de) que, siempre que
providence [ˈprɑvədən*t*s] *n* **1** PRUDENCE : previsión *f*, prudencia *f* **2** *or* **Providence** : providencia *f* ⟨divine providence : la Divina Providencia⟩ **3** **Providence** GOD : Providencia *f*
provident [ˈprɑvədənt] *adj* **1** PRUDENT : previsor, prudente **2** FRUGAL : frugal, ahorrativo
providential [ˌprɑvəˈdɛntʃəl] *adj* : providencial
provider [prəˈvaɪdər] *n* **1** PURVEYOR : proveedor *m*, -dora *f* **2** BREADWINNER : sostén *m* (económico)
providing that → **provided**
province [ˈprɑvɪn*t*s] *n* **1** : provincia *f* (de un país) ⟨to live in the provinces : vivir en las provincias⟩ **2** FIELD, SPHERE : campo *m*, competencia *f* ⟨it's not in my province : no es de mi competencia⟩
provincial [prəˈvɪntʃəl] *adj* **1** : provincial ⟨provincial government : gobierno provincial⟩ **2** : provinciano, pueblerino ⟨a provincial mentality : una mentalidad provinciana⟩
provision[1] [prəˈvɪʒən] *vt* : aprovisionar, abastecer
provision[2] *n* **1** PROVIDING : provisión *f*, suministro *m* **2** STIPULATION : condición *f*, salvedad *f*, estipulación *f* **3 provisions** *npl* : despensa *f*, víveres *mpl*, provisiones *fpl*
provisional [prəˈvɪʒənəl] *adj* : provisional, provisorio — **provisionally** *adv*
proviso [prəˈvaɪˌzoː] *n, pl* **-sos** *or* **-soes** : condición *f*, salvedad *f*, estipulación *f*
provocation [ˌprɑvəˈkeɪʃən] *n* : provocación *f*
provocative [prəˈvɑkət̬ɪv] *adj* : provocador, provocativo ⟨a provocative article : un artículo que hace pensar⟩
provoke [prəˈvoːk] *vt* **-voked; -voking** : provocar
prow [ˈpraʊ] *n* : proa *f*
prowess [ˈpraʊəs] *n* **1** VALOR : valor *m*, valentía *f* **2** SKILL : habilidad *f*, destreza *f*

prowl [ˈpraʊl] *vi* : merodear, rondar — *vt* : rondar por
prowler [ˈpraʊlər] *n* : merodeador *m*, -dora *f*
proximity [prɑkˈsɪməṭi] *n* : proximidad *f*
proxy [ˈprɑksi] *n, pl* **proxies** **1** : poder *m* (de actuar en nombre de alguien) ⟨by proxy : por poder⟩ **2** AGENT : apoderado *m*, -da *f*; representante *mf*
prude [ˈpru:d] *n* : mojigato *m*, -ta *f*; gazmoño *m*, -ña *f*
prudence [ˈpru:dənts] *n* **1** SHREWDNESS : prudencia *f*, sagacidad *f* **2** CAUTION : prudencia *f*, cautela *f* **3** FRUGALITY : frugalidad *f*
prudent [ˈpru:dənt] *adj* **1** SHREWD : prudente, sagaz **2** CAUTIOUS, FARSIGHTED : prudente, previsor, precavido **3** THRIFTY : frugal, ahorrativo — **prudently** *adv*
prudery [ˈpru:dəri] *n, pl* **-eries** : mojigatería *f*, gazmoñería *f*
prudish [ˈpru:dɪʃ] *adj* : mojigato, gazmoño
prune[1] [ˈpru:n] *vt* **pruned; pruning** : podar (arbustos, etc.), acortar (un texto), recortar (gastos, etc.)
prune[2] *n* : ciruela *f* pasa
prurient [ˈprʊriənt] *adj* : lascivo
pry [ˈpraɪ] *v* **pried; prying** *vi* : curiosear, huronear ⟨to pry into other people's business : meterse uno en lo que no le importa⟩ — *vt or* **to pry open** : abrir (con una palanca), apalancar
psalm [ˈsɑm, ˈsɑlm] *n* : salmo *m*
pseudonym [ˈsu:dəˌnɪm] *n* : seudónimo *m*
psoriasis [səˈraɪəsɪs] *n* : soriasis *f*, psoriasis *f*
psyche [ˈsaɪki] *n* : psique *f*, psiquis *f*
psychedelic[1] [ˌsaɪkəˈdɛlɪk] *adj* psicodélico :
psychedelic[2] *n* : droga *f* psicodélica
psychiatric [ˌsaɪkiˈætrɪk] *adj* : psiquiátrico, siquiátrico
psychiatrist [səˈkaɪətrɪst, saɪ-] *n* : psiquiatra *mf*, siquiatra *mf*
psychiatry [səˈkaɪətri, saɪ-] *n* : psiquiatría *f*, siquiatría *f*
psychic[1] [ˈsaɪkɪk] *adj* **1** : psíquico, síquico (en psicología) **2** CLAIRVOYANT : clarividente
psychic[2] *n* : vidente *mf*, clarividente *mf*
psychoanalysis [ˌsaɪkoəˈnæləsɪs] *n, pl* **-yses** : psicoanálisis *m*, sicoanálisis *m*
psychoanalyst [ˌsaɪkoˈænəlɪst] *n* : psicoanalista *mf*, sicoanalista *mf*
psychoanalytic [ˌsaɪkoˌænəlˈɪṭɪk] *adj* : psicoanalítico, sicoanalítico
psychoanalyze [ˌsaɪkoˈænəlˌaɪz] *vt* **-lyzed; -lyzing** : psicoanalizar, sicoanalizar
psychological [ˌsaɪkəˈlɑʤɪkəl] *adj* : psicológico, sicológico — **psychologically** *adv*
psychologist [saɪˈkɑləʤɪst] *n* : psicólogo *m*, -ga *f*; sicólogo *m*, -ga *f*
psychology [saɪˈkɑləʤi] *n, pl* **-gies** : psicología *f*, sicología *f*
psychopath [ˈsaɪkəˌpæθ] *n* : psicópata *mf*, sicópata *mf*
psychopathic [ˌsaɪkəˈpæθɪk] *adj* : psicopático, sicopático
psychosis [saɪˈko:sɪs] *n, pl* **-choses** [-ˈko:ˌsi:z] : psicosis *f*, sicosis *f*
psychosomatic [ˌsaɪkəsəˈmæṭɪk] *adj* : psicosomático, sicosomático
psychotherapist [ˌsaɪkoˈθɛrəpɪst] *n* : psicoterapeuta *mf*, sicoterapeuta *mf*
psychotherapy [ˌsaɪkoˈθɛrəpi] *n, pl* **-pies** : psicoterapia *f*, sicoterapia *f*
psychotic[1] [saɪˈkɑṭɪk] *adj* : psicótico, sicótico
psychotic[2] *n* : psicótico *m*, -ca *f*; sicótico *m*, -ca *f*
puberty [ˈpju:bərṭi] *n* : pubertad *f*
pubic [ˈpju:bɪk] *adj* : pubiano, púbico
public[1] [ˈpʌblɪk] *adj* **1** : público ⟨public opinion : opinión pública⟩ ⟨public transport : transporte público⟩ ⟨public relations : relaciones públicas⟩ ⟨a public figure : un personaje público⟩ **2 to go public** : salir a la bolsa (dícese de una empresa) **3 to go public with** REVEAL : revelar — **publicly** *adv*
public[2] *n* : público *m*
publication [ˌpʌbləˈkeɪʃən] *n* : publicación *f*
publicist [ˈpʌbləsɪst] *n* : publicista *mf*
publicity [pəˈblɪsəṭi] *n* : publicidad *f*
publicize [ˈpʌbləˌsaɪz] *vt* **-cized; -cizing** : publicitar
public school *n* : escuela *f* pública
publish [ˈpʌblɪʃ] *vt* : publicar
publisher [ˈpʌblɪʃər] *n* : casa *f* editorial (compañía); editor *m*, -tora *f* (persona)
publishing [ˈpʌblɪʃɪŋ] *n* : industria *f* editorial
pucker[1] [ˈpʌkər] *vt* : fruncir, arrugar — *vi* : arrugarse
pucker[2] *n* : arruga *f*, frunce *m*, fruncido *m*
pudding [ˈpʊdɪŋ] *n* : budín *m*, pudín *m*
puddle [ˈpʌdəl] *n* : charco *m*
pudgy [ˈpʌʤi] *adj* **pudgier; -est** : regordete *fam*, rechoncho *fam*, gordinflón *fam*
puerile [ˈpjʊrəl] *adj* : pueril
Puerto Rican[1] [ˌpwɛrṭəˈri:kən, ˌporṭə-] *adj* : puertorriqueño
Puerto Rican[2] *n* : puertorriqueño *m*, -ña *f*
puff[1] [ˈpʌf] *vi* **1** BLOW : soplar **2** PANT : resoplar, jadear **3 to puff up** SWELL : hincharse — *vt* **1** BLOW : soplar ⟨to puff smoke : echar humo⟩ **2** INFLATE : inflar, hinchar ⟨to puff out one's cheeks : inflar las mejillas⟩
puff[2] *n* **1** GUST : soplo *m*, ráfaga *f*, bocanada *f* (de humo) **2** DRAW : chupada *f* (a un cigarrillo) **3** SWELLING : hinchazón *f* **4 cream puff** : pastelito *m* de crema **5 powder puff** : borla *f*

puffy [ˈpʌfi] *adj* **puffier; -est** **1** SWOLLEN : hinchado, inflado **2** SPONGY : esponjoso, suave

pug [ˈpʌg] *n* **1** : doguillo *m* (perro) **2** *or* **pug nose** : nariz *f* achatada

pugnacious [ˌpʌgˈneɪʃəs] *adj* : pugnaz, agresivo

puke [ˈpjuːk] *vi* **puked; puking** : vomitar, devolver

pull[1] [ˈpʊl, ˈpʌl] *vt* **1** DRAW, TUG : tirar de, jalar **2** EXTRACT : sacar, extraer ⟨to pull teeth : sacar muelas⟩ ⟨to pull a gun on someone : amenazar a alguien con una pistola⟩ **3** TEAR : desgarrarse (un músculo, etc.) **4** DO : hacer (una broma, un turno, etc.) ⟨to pull a heist : dar un golpe⟩ ⟨to pull an all-nighter : trasnochar (estudiando, etc.)⟩ **5 to pull a fast one on** DECEIVE : engañar, jugarle una mala pasada a **6 to pull apart** SEPARATE, TEAR : separar, hacer pedazos **7 to pull aside** : llevar aparte, llevar a un lado **8 to pull down** : bajar, echar abajo, derribar (un edificio) **9 to pull in** ATTRACT : atraer (clientes, etc.) ⟨to pull in votes : conseguir votos⟩ **10 to pull off** REMOVE : sacar, quitar **11 to pull off** ACHIEVE : conseguir, lograr **12 to pull oneself together** : calmarse, tranquilizarse **13 to pull out** EXTRACT : sacar, arrancar **14 to pull out** RECALL, WITHDRAW : retirar **15 to pull over** : parar ⟨he was pulled over for speeding : lo pararon por exceso de velocidad⟩ **16 to pull through** SUSTAIN : sacar adelante **17 to pull up** RAISE : levantar, subir **18 to pull up** STOP : parar (un vehículo) — *vi* **1** DRAW, TUG : tirar, jalar **2** (*indicating movement of a vehicle in a specific direction*) ⟨he pulled off the highway : salió de la carretera⟩ ⟨they pulled in front of us : se nos metieron delante⟩ ⟨to pull to a stop : pararse⟩ **3 to pull ahead** : tomar la delantera **4 to pull at** : tirar, dar tirones de **5 to pull away** : alejarse **6 to pull back** : echarse atrás **7 to pull for** : apoyar a, alentar **8 to pull on** : tirar de, jalar **9 to pull on** DON : ponerse **10 to pull out** LEAVE : salir, arrancar (en un vehículo) **11 to pull out** WITHDRAW : retirarse **12 to pull over** : hacerse a un lado (en un vehículo) **13 to pull through** SURVIVE, ENDURE : sobrevivir, salir adelante **14 to pull together** COOPERATE : trabajar juntos, cooperar **15 to pull up** STOP : parar (en un vehículo)

pull[2] *n* **1** TUG : tirón *m*, jalón *m* ⟨he gave it a pull : le dio un tirón⟩ **2** ATTRACTION : atracción *f*, fuerza *f* ⟨the pull of gravity : la fuerza de la gravedad⟩ **3** INFLUENCE : influencia *f* **4** HANDLE : tirador *m* (de un cajón, etc.) **5 bell pull** : cuerda *f*

pullet [ˈpʊlət] *n* : polla *f*, gallina *f* (joven)

pulley [ˈpʊli] *n, pl* **-leys** : polea *f*

pullover [ˈpʊlˌoːvər] *n* : suéter *m*

pulmonary [ˈpʊlməˌnɛri, ˈpʌl-] *adj* : pulmonar

pulp [ˈpʌlp] *n* **1** : pulpa *f* (de una fruta, etc.) **2** MASH : papilla *f*, pasta *f* ⟨wood pulp : pasta de papel, pulpa de papel⟩ ⟨to beat to a pulp : hacer papilla (a alguien)⟩ **3** : pulpa *f* (de los dientes)

pulpit [ˈpʊlˌpɪt] *n* : púlpito *m*

pulsate [ˈpʌlˌseɪt] *vi* **-sated; -sating** **1** BEAT : latir, palpitar **2** VIBRATE : vibrar

pulsation [ˌpʌlˈseɪʃən] *n* : pulsación *f*

pulse [ˈpʌls] *n* : pulso *m*

pulverize [ˈpʌlvəˌraɪz] *vt* **-ized; -izing** : pulverizar

puma [ˈpuːmə, ˈpjuː-] *n* : puma *m*; león *m*, leona *f* (in various countries)

pumice [ˈpʌməs] *n* : piedra *f* pómez

pummel [ˈpʌməl] *vt* **-meled; -meling** : aporrear, apalear

pump[1] [ˈpʌmp] *vt* **1** : bombear ⟨to pump water : bombear agua⟩ ⟨to pump (up) a tire : inflar una llanta⟩ **2** : mover (una manivela, un pedal, etc.) de arriba abajo ⟨to pump someone's hand : darle un fuerte apretón de manos a alguien⟩ **3 to pump iron** : hacer pesas **4 to pump out** EXTRACT, EMPTY : sacar, vaciar (con una bomba) **5 to pump out** CHURN OUT : producir (en masa) — *vi* : bombear

pump[2] *n* **1** : bomba *f* ⟨water pump : bomba de agua⟩ **2** SHOE : zapato *m* de tacón

pumpernickel [ˈpʌmpərˌnɪkəl] *n* : pan *m* negro de centeno

pumpkin [ˈpʌmpkɪn, ˈpʌŋkən] *n* : calabaza *f*, zapallo *m Arg, Chile, Peru, Uru*

pun[1] [ˈpʌn] *vi* **punned; punning** : hacer juegos de palabras

pun[2] *n* : juego *m* de palabras, albur *m Mex*

punch[1] [ˈpʌntʃ] *vt* **1** HIT : darle un puñetazo (a alguien), golpear ⟨she punched him in the nose : le dio un puñetazo en la nariz⟩ **2** PERFORATE : perforar (papel, etc.), picar (un boleto)

punch[2] *n* **1** : perforadora *f* ⟨paper punch : perforadora de papel⟩ **2** BLOW : golpe *m*, puñetazo *m* **3** : ponche *m* ⟨fruit punch : ponche de frutas⟩

punctilious [pəŋkˈtɪliəs] *adj* : puntilloso

punctual [ˈpʌŋktʃʊəl] *adj* : puntual

punctuality [ˌpʌŋktʃʊˈæləti] *n* : puntualidad *f*

punctually [ˈpʌŋktʃʊəli] *adv* : puntualmente, a tiempo

punctuate [ˈpʌŋktʃʊˌeɪt] *vt* **-ated; -ating** : puntuar

punctuation [ˌpʌŋktʃʊˈeɪʃən] *n* : puntuación *f*

puncture[1] [ˈpʌŋktʃər] *vt* **-tured; -turing** : pinchar, punzar, perforar, ponchar *Mex*

puncture[2] *n* : pinchazo *m*, ponchadura *f Mex*

pundit [ˈpʌndɪt] *n* : experto *m*, -ta *f*

pungency [ˈpʌnʤəntsi] *n* : acritud *f*, acrimonia *f*

pungent [ˈpʌnʤənt] *adj* : acre

punish [ˈpʌnɪʃ] *vt* : castigar

punishable [ˈpʌnɪʃəbəl] *adj* : punible

punishment [ˈpʌnɪʃmənt] *n* : castigo *m*

punitive [ˈpjuːnət̬ɪv] *adj* : punitivo

punt[1] [ˈpʌnt] *vt* : impulsar (un barco) con una pértiga — *vi* : despejar (en deportes)

punt[2] *n* **1** : batea *f* (barco) **2** : patada *f* de despeje (en deportes)

puny [ˈpjuːni] *adj* **-nier; -est** : enclenque, endeble

pup [ˈpʌp] *n* : cachorro *m*, -rra *f* (de un perro); cría *f* (de otros animales)

pupa [ˈpjuːpə] *n, pl* **-pae** [-pi, -ˌpaɪ] *or* **-pas** : crisálida *f*, pupa *f*

pupil [ˈpjuːpəl] *n* **1** : alumno *m*, -na *f* (de colegio) **2** : pupila *f* (del ojo)

puppet [ˈpʌpət] *n* : títere *m*, marioneta *f*

puppy [ˈpʌpi] *n, pl* **-pies** : cachorro *m*, -rra *f*

purchase[1] [ˈpərʧəs] *vt* **-chased; -chasing** : comprar

purchase[2] *n* **1** PURCHASING : compra *f*, adquisición *f* **2** : compra *f* ⟨last- minute purchases : compras de última hora⟩ **3** GRIP : agarre *m*, asidero *m* ⟨she got a firm purchase on the wheel : se agarró bien del volante⟩

purchase order *n* : orden *f* de compra

pure [ˈpjʊr] *adj* **purer; purest** : puro

puree[1] [pjʊˈreɪ, -ˈriː] *vt* **-reed; -reeing** : hacer un puré con

puree[2] *n* : puré *m*

purely [ˈpjʊrli] *adv* **1** WHOLLY : puramente, completamente ⟨purely by chance : por pura casualidad⟩ **2** SIMPLY : sencillamente, meramente

purgative [ˈpərgət̬ɪv] *n* : purgante *m*

purgatory [ˈpərgəˌtori] *n, pl* **-ries** : purgatorio *m*

purge[1] [ˈpərʤ] *vt* **purged; purging** : purgar

purge[2] *n* : purga *f*

purification [ˌpjʊrəfəˈkeɪʃən] *n* : purificación *f*

purify [ˈpjʊrəˌfaɪ] *vt* **-fied; -fying** : purificar

puritan [ˈpjʊrətən] *n* : puritano *m*, -na *f* — **puritan** *adj*

puritanical [ˌpjuːrəˈtænɪkəl] *adj* : puritano

purity [ˈpjʊrət̬i] *n* : pureza *f*

purl[1] [ˈpərl] *v* : tejer al revés, tejer del revés

purl[2] *n* : punto *m* del revés

purloin [pərˈlɔɪn, ˈpərˌlɔɪn] *vt* : hurtar, robar

purple [ˈpərpəl] *n* : morado *m*, color *m* púrpura

purport [pərˈport] *vt* : pretender ⟨to purport to be : pretender ser⟩

purpose [ˈpərpəs] *n* **1** INTENTION : propósito *m*, intención *f* ⟨on purpose : a propósito, adrede⟩ **2** FUNCTION : función *f* **3** RESOLUTION : resolución *f*, determinación *f*

purposeful [ˈpərpəsfəl] *adj* : determinado, decidido, resuelto

purposefully [ˈpərpəsfəli] *adv* : decididamente, resueltamente

purposely [ˈpərpəsli] *adv* : intencionadamente, a propósito, adrede

purr[1] [ˈpər] *vi* : ronronear

purr[2] *n* : ronroneo *m*

purse[1] [ˈpərs] *vt* **pursed; pursing** : fruncir ⟨to purse one's lips : fruncir la boca⟩

purse[2] *n* **1** HANDBAG : cartera *f*, bolso *m*, bolsa *f Mex* ⟨a change purse : un monedero⟩ **2** FUNDS : fondos *mpl* **3** PRIZE : premio *m*

pursue [pərˈsuː] *vt* **-sued; -suing** **1** CHASE : perseguir **2** SEEK : buscar, tratar de encontrar ⟨to pursue pleasure : buscar el placer⟩ **3** FOLLOW : seguir ⟨the road pursues a northerly course : el camino sigue hacia el norte⟩ **4** : dedicarse a ⟨to pursue a hobby : dedicarse a un pasatiempo⟩

pursuer [pərˈsuːər] *n* : perseguidor *m*, -dora *f*

pursuit [pərˈsuːt] *n* **1** CHASE : persecución *f* **2** SEARCH : búsqueda *f*, busca *f* **3** ACTIVITY : actividad *f*, pasatiempo *m*

purveyor [pərˈveɪər] *n* : proveedor *m*, -dora *f*

pus [ˈpʌs] *n* : pus *m*

push[1] [ˈpʊʃ] *vt* **1** : empujar ⟨he pushed the chair back/forward : empujó la silla hacia atrás/adelante⟩ ⟨she pushed him aside : lo apartó (de un empujón)⟩ **2** PRESS : apretar, pulsar (un botón, etc.) **3** PRESSURE, URGE : presionar ⟨to push someone to do something : empujar a alguien a hacer algo⟩ ⟨to push someone too hard : exigir demasiado de alguien⟩ **4** STRESS : recalcar ⟨to push the point/issue : insistir⟩ **5** PROVOKE, PESTER : provocar, fastidiar ⟨don't push him too far : no lo provoques⟩ **6** FORCE : hacer cambiar ⟨to push prices up/down : hacer subir/bajar los precios⟩ **7** PROMOTE : promocionar **8** : pasar (drogas) **9** APPROACH : rayar, rozar (una edad, un número, un límite) **10 to push around** BULLY : intimidar, mangonear **11 to push back** : aplazar, postergar (una fecha) **12 to push it (too far)** : pasarse **13 to push through** : conseguir que se apruebe **14 to push one's luck** : tentar a la suerte **15 to push over** : echar abajo, tirar al suelo — *vi* **1** : empujar **2** INSIST : insistir, presionar **3 to push ahead/forward/on** : seguir adelante **4 to push for** DEMAND : exigir, presionar para **5 to push off** LEAVE : marcharse, irse, largarse *fam*

push[2] *n* **1** SHOVE : empujón *m* **2** DRIVE : empuje *m*, energía *f*, dinamismo *m* **3** EFFORT : esfuerzo *m*

push–button [ˈpʊʃˈbʌt̬ən] *adj* : de botones

pushcart [ˈpʊʃˌkɑrt] *n* : carretilla *f* de mano

pushy [ˈpʊʃi] *adj* **pushier; -est** : mandón, prepotente

pussy [ˈpʊsi] *n, pl* **pussies** : gatito *m*, -ta *f*; minino *m*, -na *f*

pussy willow *n* : sauce *m* blanco

pustule [ˈpʌsˌʧuːl] *n* : pústula *f*

put [ˈpʊt] *v* **put; putting** *vt* **1** PLACE : poner, colocar ⟨put it on the table : ponlo en la mesa⟩ ⟨put the car in the garage : guarda el auto en el garaje⟩ ⟨she put her arms around me : me abrazó⟩ **2** INSERT : meter **3** (*indicating causation of a state or feeling*) : poner ⟨it put her in a good mood : la puso de buen humor⟩ ⟨to put into effect : poner en práctica⟩ **4** IMPOSE : imponer ⟨they put a tax on it : lo gravaron con un impuesto⟩ **5** SUBJECT : someter, poner ⟨to put to the test : poner a prueba⟩ ⟨to put to death : ejecutar⟩ **6** EXPRESS : expresar, decir ⟨he put it simply : lo dijo sencillamente⟩ **7** APPLY : aplicar ⟨to put one's mind to something : proponerse hacer algo⟩ **8** SET : poner ⟨I put him to work : lo puse a trabajar⟩ **9** ATTACH : dar ⟨to put a high value on : dar gran valor a⟩ **10** PRESENT : presentar, exponer ⟨to put a question to someone : hacerle una pregunta a alguien⟩ **11 to put across/over** : comunicar (un mensaje, etc.) **12 to put oneself across/over as** : dar la impresión de ser **13 to put aside** : dejar a un lado **14 to put aside** RESERVE : guardar, reservar **15 to put at** : calcular en ⟨they put the number of deaths at 3,000 : calculan en 3,000 la cifra de muertos⟩ **16 to put away** SAVE : guardar **17 to put back/away** : volver a su sitio **18 to put before** : presentar a **19 to put behind one** : olvidar ⟨to put the past behind you : olvidar el pasado⟩ **20 to put down** DEPOSIT : dejar (en el suelo, etc.) **21 to put down** SUPPRESS : aplastar, suprimir **22 to put down** *fam* DISPARAGE : menospreciar **23 to put down** ATTRIBUTE : atribuir ⟨she put it down to luck : lo atribuyó a la suerte⟩ **24 to put down** : dejar (un depósito) **25 to put down** WRITE DOWN : escribir, apuntar **26 to put down** INSTALL, LAY : poner, colocar **27 to put down** EUTHANIZE : sacrificar **28 to put forth/forward** PROPOSE : proponer, presentar **29 to put in** INVEST : dedicar (tiempo), invertir (dinero) ⟨to put in a lot of effort : esforzarse mucho⟩ **30 to put in** DO : hacer, trabajar (horas extras, etc.) ⟨to put in one's time : cumplir su condena⟩ **31 to put in** PRESENT : presentar, hacer (una oferta, etc.) **32 to put in** INSTALL : instalar **33 to put in** MAKE : hacer (una llamada, etc.) ⟨to put in an appearance : hacer acto de presencia⟩ **34 to put in** INTERJECT : hacer (un comentario) **35 to put in a good word for** RECOMMEND, PRAISE : recomendar, hablar bien de **36 to put into** INVEST : dedicar (tiempo) a, invertir (dinero) en ⟨to put effort into something : esforzarse en algo⟩ ⟨to put thought into something : pensar algo⟩ **37 to put off** DEFER : aplazar, posponer **38 to put off** STALL, DISTRACT : hacer esperar, distraer **39 to put off** DISSUADE, DISCOURAGE : disuadir, desalentar ⟨it put him off his food : le quitó las ganas de comer⟩ **40 to put on** DON : ponerse (ropa, etc.) **41 to put on** ASSUME : afectar, adoptar ⟨to put on a brave face : ponerle buena cara a algo/alguien⟩ **42 to put on** ADD, INCREASE : añadir, aumentar ⟨to put on weight : engordar, ganar peso⟩ **43 to put on** PRODUCE : presentar (una obra de teatro, etc.) **44 to put on** TURN ON, START : encender (luces, etc.), poner (música) ⟨to put the water on (to boil) : poner el agua a calentar⟩ **45 to put on** : poner en (una lista, un menú, etc.) **46 to put on** : poner a (régimen, etc.), recetarle (medicina) a **47 to put on (the phone)** ⟨put Dad on (the phone) : pásame a papá⟩ **48 to put money (etc.) on** : apostar dinero (etc.) por **49 to put someone on** *fam* TEASE : tomarle el pelo (a alguien) **50 to put out** : apagar (llamas, luces, etc.) **51 to put out** BOTHER, INCONVENIENCE : molestar, incomodar **52 to put out** : sacar (la basura, etc.) **53 to put out** DISPLAY : disponer **54 to put out** EXTEND : extender, tender (la mano) **55 to put out** PRODUCE : producir **56 to put out** RELEASE, ISSUE : sacar (un álbum, etc.), publicar (un estudio, etc.), emitir (un aviso, etc.) ⟨to put word out that . . . : hacer correr la voz que . . .⟩ **57 to put something/one over on** TRICK : engañar **58 to put through** : pasar (una llamada) **59 to put through** : hacer pasar (dificultades, etc.) ⟨she put us through hell : nos hizo pasar las de Caín⟩ **60 to put someone through college** : pagarle los estudios a alguien **61 to put together** COMBINE : reunir, juntar **62 to put together** PREPARE : preparar, hacer **63 to put together** ASSEMBLE : armar, montar **64 to put up** RAISE : subir, levantar (la mano, etc.), izar (una bandera) ⟨to put up one's hair : recoger el pelo (en un moño o una coleta)⟩ **65 to put up** PRESERVE : hacer conserva de **66 to put up** LODGE : alojar **67 to put up** BUILD, ERECT, ASSEMBLE : construir, levantar, montar **68 to put up** HANG : poner, colgar **69 to put up** : oponer ⟨to put up a fight/struggle : oponer resistencia⟩ ⟨to put up a fuss : armar un lío⟩ **70 to put up** OFFER UP : ofrecer ⟨to put up for sale : poner a la venta⟩ ⟨to put up for adoption : dar en adopción⟩ **71 to put up** PRESENT : presentar (argumentos), hacer (una propuesta) **72 to put up** PROVIDE : poner (dinero), ofrecer (una recompensa) **73 to put someone up to something** : incitar a alguien a algo ⟨she put him up to this

: lo incitó a esto, lo animó a hacer esto⟩ — *vi* **1 to put forth** : echar, extender **2 to put in for** REQUEST : solicitar (una promoción, etc.) **3 to put to sea** : hacerse a la mar **4 to put up with** : aguantar, soportar

put away *vt* **1** KEEP : guardar **2** *or* **to put aside** : dejar a un lado

put by *vt* SAVE : ahorrar

put down *vt* **1** SUPPRESS : aplastar, suprimir **2** ATTRIBUTE : atribuir ⟨she put it down to luck : lo atribuyó a la suerte⟩

put in *vi* : presentarse ⟨I've put in for the position : me presenté para el puesto⟩ — *vt* DEVOTE : dedicar (unas horas, etc.)

put off *vt* DEFER : aplazar, posponer

put on *vt* **1** ASSUME : afectar, adoptar **2** PRODUCE : presentar (una obra de teatro, etc.) **3** WEAR : ponerse

put out *vt* INCONVENIENCE : importunar, incomodar

putrefy [ˈpjuːtrəˌfaɪ] *v* **-fied; -fying** *vt* : pudrir — *vi* : pudrirse

putrid [ˈpjuːtrɪd] *adj* : putrefacto, pútrido

putter [ˈpʌt̬ər] *vi or* **to putter around** : entretenerse

putty[1] [ˈpʌt̬i] *vt* **-tied; -tying** : poner masilla en

putty[2] *n, pl* **-ties** : masilla *f*

put up *vt* **1** LODGE : alojar **2** CONTRIBUTE : contribuir, pagar

puzzle[1] [ˈpʌzəl] *vt* **-zled; -zling 1** CONFUSE : confundir, dejar perplejo **2 to puzzle out** : dar vueltas a, tratar de resolver

puzzle[2] *n* **1** : rompecabezas *m* ⟨a crossword puzzle : un crucigrama⟩ **2** MYSTERY : misterio *m*, enigma *m*

puzzlement [ˈpʌzəlmənt] *n* : desconcierto *m*, perplejidad *f*

pygmy[1] [ˈpɪgmi] *adj* : enano, pigmeo

pygmy[2] *n, pl* **-mies 1** DWARF : enano *m*, -na *f* **2 Pygmy** : pigmeo *m*, -mea *f*

pylon [ˈpaɪˌlɑn, -lən] *n* **1** : torre *f* de conducta eléctrica **2** : pilón *m* (de un puente)

pyramid [ˈpɪrəˌmɪd] *n* : pirámide *f*

pyre [ˈpaɪr] *n* : pira *f*

pyromania [ˌpaɪroˈmeɪniə] *n* : piromanía *f*

pyromaniac [ˌpaɪroˈmeɪniˌæk] *n* : pirómano *m*, -na *f*

pyrotechnics [ˌpaɪrəˈtɛknɪks] *npl* **1** FIREWORKS : fuegos *mpl* artificiales **2** DISPLAY, SHOW : espectáculo *m*, muestra *f* de virtuosismo ⟨computer pyrotechnics : efectos especiales hechos por computadora⟩

python [ˈpaɪˌθɑn, -θən] *n* : pitón *f*, serpiente *f* pitón

Q

q [ˈkjuː] *n, pl* **q's** *or* **qs** [ˈkjuːz] : decimoséptima letra del alfabeto inglés

quack[1] [ˈkwæk] *vi* : graznar

quack[2] *n* **1** : graznido *m* (de pato) **2** CHARLATAN : curandero *m*, -ra *f*; matasanos *m fam*

quadrangle [ˈkwɑˌdræŋgəl] *n* **1** COURTYARD : patio *m* interior **2** → **quadrilateral**

quadrant [ˈkwɑdrənt] *n* : cuadrante *m*

quadrilateral [ˌkwɑdrəˈlæt̬ərəl] *n* : cuadrilátero *m*

quadruped [ˈkwɑdrəˌpɛd] *n* : cuadrúpedo *m*

quadruple [kwɑˈdruːpəl, -ˈdrʌ-; ˈkwɑdrə-] *v* **-pled; -pling** *vt* : cuadruplicar — *vi* : cuadruplicarse

quadruplet [kwɑˈdruːplət, -ˈdrʌ-; ˈkwɑdrə-] *n* : cuatrillizo *m*, -za *f*

quagmire [ˈkwægˌmaɪr, ˈkwɑg-] *n* **1** : lodazal *m*, barrizal *m* **2** PREDICAMENT : atolladero *m*

quail[1] [ˈkweɪl] *vi* : encogerse, acobardarse

quail[2] *n, pl* **quail** *or* **quails** : codorniz *f*

quaint [ˈkweɪnt] *adj* **1** ODD : extraño, curioso **2** PICTURESQUE : pintoresco — **quaintly** *adv*

quaintness [ˈkweɪntnəs] *n* : rareza *f*, lo curioso

quake[1] [ˈkweɪk] *vi* **quaked; quaking** : temblar

quake[2] *n* : temblor *m*, terremoto *m*

qualification [ˌkwɑləfəˈkeɪʃən] *n* **1** LIMITATION, RESERVATION : reserva *f*, limitación *f* ⟨without qualification : sin reservas⟩ **2** REQUIREMENT : requisito *m* **3 qualifications** *npl* ABILITY : aptitud *f*, capacidad *f*

qualified [ˈkwɑləˌfaɪd] *adj* : competente, capacitado

qualifier [ˈkwɑləˌfaɪər] *n* **1** : clasificado *m*, -da *f* (en deportes) **2** : calificativo *m* (en gramática)

qualify [ˈkwɑləˌfaɪ] *v* **-fied; -fying** *vt* **1** : matizar ⟨to qualify a statement : matizar una declaración⟩ **2** : calificar (en gramática) **3** : habilitar, capacitar ⟨the certificate qualified her to teach : el certificado la habilitó para enseñar⟩ — *vi* **1** : obtener el título, recibirse ⟨to qualify as an engineer : recibirse de ingeniero⟩ **2** : tener derecho ⟨to qualify for assistance : tener derecho a recibir ayuda⟩ **3** : clasificarse (en deportes)

quality [ˈkwɑlət̬i] *n, pl* **-ties 1** NATURE : carácter *m* **2** ATTRIBUTE : cualidad *f* **3** GRADE : calidad *f* ⟨of good quality : de buena calidad⟩

qualm [ˈkwɑm, ˈkwɑlm, ˈkwɔm] *n* **1** MISGIVING : duda *f*, aprensión *f* **2** RESERVATION, SCRUPLE : escrúpulo *m*, reparo *m*

quandary [ˈkwɑndri] *n, pl* **-ries** : dilema *m*
quantify [ˈkwɑntəˌfaɪ] *vt* **-fied; -fying** : cuantificar
quantitative [ˈkwɑntəˌteɪt̬ɪv] *adj* : cuantitativo
quantity [ˈkwɑntət̬i] *n, pl* **-ties** : cantidad *f*
quantum[1] [ˈkwɑntəm] *n* : cuanto *m* (en física)
quantum[2] *adj* : cuántico
quantum theory [ˈkwɑntəm] *n* : teoría *f* cuántica
quarantine[1] [ˈkwɔrənˌti:n] *vt* **-tined; -tining** : poner en cuarentena
quarantine[2] *n* : cuarentena *f*
quarrel[1] [ˈkwɔrəl] *vi* **-reled** *or* **-relled; -reling** *or* **-relling** : pelearse, reñir, discutir
quarrel[2] *n* : pelea *f*, riña *f*, disputa *f*
quarrelsome [ˈkwɔrəlsəm] *adj* : pendenciero, discutidor
quarry[1] [ˈkwɔri] *vt* **quarried; quarrying** **1** EXTRACT : extraer, sacar ⟨to quarry marble : extraer mármol⟩ **2** EXCAVATE : excavar ⟨to quarry a hill : excavar un cerro⟩
quarry[2] *n, pl* **quarries** **1** PREY : presa *f* **2** *or* **stone quarry** : cantera *f*
quart [ˈkwɔrt] *n* : cuarto *m* de galón
quarter[1] [ˈkwɔrt̬ər] *vt* **1** : dividir en cuatro partes **2** LODGE : alojar, acuartelar (tropas)
quarter[2] *n* **1** : cuarto *m*, cuarta parte *f* ⟨a foot and a quarter : un pie y cuarto⟩ ⟨a quarter after three : las tres y cuarto⟩ **2** : moneda *f* de 25 centavos, cuarto *m* de dólar **3** DISTRICT : barrio *m* ⟨business quarter : barrio comercial⟩ **4** PLACE : parte *f* ⟨from all quarters : de todas partes⟩ ⟨at close quarters : de muy cerca⟩ **5** MERCY : clemencia *f*, cuartel *m* ⟨to give no quarter : no dar cuartel⟩ **6 quarters** *npl* LODGING : alojamiento *m*, cuartel *m* (militar)
quarterback [ˈkwɔrt̬ərˌbæk] *n* : mariscal *m* de campo
quarterly[1] [ˈkwɔrt̬ərli] *adv* : cada tres meses, trimestralmente
quarterly[2] *adj* : trimestral
quarterly[3] *n, pl* **-lies** : publicación *f* trimestral
quartermaster [ˈkwɔrt̬ərˌmæstər] *n* : intendente *mf*
quartet [kwɔrˈtɛt] *n* : cuarteto *m*
quartz [ˈkwɔrts] *n* : cuarzo *m*
quash [ˈkwɑʃ, ˈkwɔʃ] *vt* **1** ANNUL : anular **2** QUELL : sofocar, aplastar
quaver[1] [ˈkweɪvər] *vi* **1** SHAKE : temblar ⟨her voice was quavering : le temblaba la voz⟩ **2** TRILL : trinar
quaver[2] *n* : temblor *m* (de la voz)
quay [ˈki:, ˈkeɪ, ˈkweɪ] *n* : muelle *m*
queasiness [ˈkwi:zinəs] *n* : mareo *m*, náusea *f*
queasy [ˈkwi:zi] *adj* **-sier; -est** : mareado
queen [ˈkwi:n] *n* : reina *f*
queenly [ˈkwi:nli] *adj* **-lier; -est** : de reina, regio
queer [ˈkwɪr] *adj* : extraño, raro, curioso — **queerly** *adv*
quell [ˈkwl] *vt* : aplastar, sofocar
quench [ˈkwɛntʃ] *vt* **1** EXTINGUISH : apagar, sofocar **2** SATISFY : saciar, satisfacer (la sed)
querulous [ˈkwɛrələs, ˈkwɛrjələs, ˈkwɪr-] *adj* : quejumbroso, quejoso — **querulously** *adv*
query[1] [ˈkwɪri, ˈkwɛr-] *vt* **-ried; -rying** **1** ASK : preguntar, interrogar ⟨we queried the professor : preguntamos al profesor⟩ **2** QUESTION : cuestionar, poner en duda ⟨to query a matter : cuestionar un asunto⟩
query[2] *n, pl* **-ries** **1** QUESTION : pregunta *f* **2** DOUBT : duda *f*
quest[1] [ˈkwɛst] *v* : buscar
quest[2] *n* : búsqueda *f*
question[1] [ˈkwɛstʃən] *vt* **1** ASK : preguntar **2** DOUBT : poner en duda, cuestionar **3** INTERROGATE : interrogar — *vi* INQUIRE : inquirir, preguntar
question[2] *n* **1** QUERY : pregunta *f* ⟨to ask a question : hacer una pregunta⟩ **2** ISSUE : cuestión *f*, asunto *m*, problema *f* **3** POSSIBILITY : posibilidad *f* ⟨it's out of the question : es absolutamente imposible⟩ **4** DOUBT : duda *f* ⟨without question : sin duda⟩ ⟨to call into question : poner en duda⟩ ⟨there's no question about it : no cabe duda⟩ **5 in question** : en cuestión ⟨the book in question : el libro en cuestión⟩
questionable [ˈkwɛstʃənəbəl] *adj* : dudoso, discutible, cuestionable ⟨questionable results : resultados discutibles⟩ ⟨questionable motives : motivos sospechosos⟩
questioner [ˈkwɛstʃənər] *n* : interrogador *m*, -dora *f*
question mark *n* : signo *m* de interrogación
questionnaire [ˌkwɛstʃəˈnær] *n* : cuestionario *m*
queue[1] [ˈkju:] *vi* **queued; queuing** *or* **queueing** : hacer cola
queue[2] *n* **1** PIGTAIL : coleta *f*, trenza *f* **2** LINE : cola *f*, fila *f*
quibble[1] [ˈkwɪbəl] *vi* **-bled; -bling** : quejarse por nimiedades, andar con sutilezas
quibble[2] *n* : objeción *f* de poca monta, queja *f* insignificante
quick[1] [ˈkwɪk] *adv* : rápidamente
quick[2] *adj* **1** RAPID : rápido **2** ALERT, CLEVER : listo, vivo, agudo **3 a quick temper** : un genio vivo
quick[3] *n* **1** FLESH : carne *f* viva **2 to cut someone to the quick** : herir a alguien en lo más vivo
quicken [ˈkwɪkən] *vt* **1** REVIVE : resucitar **2** AROUSE : estimular, despertar **3** HASTEN : acelerar ⟨she quickened her pace : aceleró el paso⟩
quickly [ˈkwɪkli] *adv* : rápidamente, rápido, de prisa
quickness [ˈkwɪknəs] *n* : rapidez *f*

quicksand [ˈkwɪkˌsænd] *n* : arena *f* movediza
quicksilver [ˈkwɪkˌsɪlvər] *n* : mercurio *m*, azogue *m*
quick–tempered [ˈkwɪkˈtɛmpərd] *adj* : irascible, de genio vivo
quick–witted [ˈkwɪkˈwɪṭəd] *adj* : agudo
quiet[1] [ˈkwaɪət] *vt* **1** SILENCE : hacer callar, acallar **2** CALM : calmar, tranquilizar — *vi* **to quiet down** : calmarse, tranquilizarse
quiet[2] *adv* : silenciosamente ⟨a quiet-running engine : un motor silencioso⟩
quiet[3] *adj* **1** CALM : tranquilo, calmoso **2** MILD : sosegado, suave ⟨a quiet disposition : un temperamento sosegado⟩ **3** SILENT : silencioso **4** UNOBTRUSIVE : discreto **5** SECLUDED : aislado ⟨a quiet nook : un rincón aislado⟩ — **quietly** *adv*
quiet[4] *n* **1** CALM : calma *f*, tranquilidad *f* **2** SILENCE : silencio *m*
quietness [ˈkwaɪətnəs] *n* : suavidad *f*, tranquilidad *f*, quietud *f*
quietude [ˈkwaɪəˌtu:d, -ˌtju:d] *n* : quietud *f*, reposo *m*
quill [ˈkwɪl] *n* **1** SPINE : púa *f* (de un puerco espín) **2** : pluma *f* (para escribir)
quilt[1] [ˈkwɪlt] *vt* : acolchar
quilt[2] *n* : colcha *f*, edredón *m*
quince [ˈkwɪnts] *n* : membrillo *m*
quinine [ˈkwaɪˌnaɪn] *n* : quinina *f*
quintessence [kwɪnˈtɛsənts] *n* : quintaesencia *f*
quintet [kwɪnˈtɛt] *n* : quinteto *m*
quintuple [kwɪnˈtu:pəl, -ˈtju:-, -ˈtʌ-; ˈkwɪntə-] *adj* : quíntuplo
quintuplet [kwɪnˈtʌplət, -ˈtu:-, -ˈtju:-; ˈkwɪntə-] *n* : quintillizo *m*, -za *f*
quip[1] [ˈkwɪp] *vi* **quipped; quipping** : bromear
quip[2] *n* : ocurrencia *f*, salida *f*
quirk [ˈkwərk] *n* : peculiaridad *f*, rareza *f* ⟨a quirk of fate : un capricho del destino⟩
quirky [ˈkwərki] *adj* **-kier; -est** : peculiar, raro
quit [ˈkwɪt] *v* **quit; quitting** *vt* : dejar, abandonar ⟨to quit smoking : dejar de fumar⟩ — *vi* **1** STOP : parar **2** RESIGN : dimitir, renunciar
quite [ˈkwaɪt] *adv* **1** VERY : muy, bastante ⟨quite near : bastante cerca⟩ ⟨quite ill : muy enfermo⟩ **2** COMPLETELY : completamente, totalmente ⟨I'm not quite sure : no estoy del todo seguro⟩ **3** EXACTLY : exactamente ⟨there's nothing quite like Paris : no hay como París⟩ **4** (*used as an intensifier*) ⟨that's quite enough! : ¡basta ya!⟩ ⟨that's quite all right : no fue nada⟩ ⟨I haven't seen her in quite a while : hace bastante tiempo que no la veo⟩ ⟨quite a few things : muchas cosas⟩ ⟨quite a lot/bit of money : bastante dinero⟩ ⟨quite a surprise : una gran sorpresa⟩ ⟨quite an experience : toda una experiencia⟩
quits [ˈkwɪts] *adj* **to call it quits** : quedar en paz
quitter [ˈkwɪṭər] *n* : derrotista *mf*
quiver[1] [ˈkwɪvər] *vi* : temblar, estremecerse, vibrar
quiver[2] *n* **1** : carcaj *m*, aljaba *f* (para flechas) **2** TREMBLING : temblor *m*, estremecimiento *m*
quixotic [kwɪkˈsɑṭɪk] *adj* : quijotesco
quiz[1] [ˈkwɪz] *vt* **quizzed; quizzing** : interrogar, hacer una prueba a (en el colegio)
quiz[2] *n, pl* **quizzes** : examen *m* corto, prueba *f*
quizzical [ˈkwɪzɪkəl] *adj* **1** TEASING : burlón **2** CURIOUS : curioso, interrogativo
quorum [ˈkworəm] *n* : quórum *m*
quota [ˈkwo:ṭə] *n* : cuota *f*, cupo *m*
quotable [ˈkwo:ṭəbəl] *adj* : citable
quotation [kwoˈteɪʃən] *n* **1** CITATION : cita *f* **2** ESTIMATE : presupuesto *m*, estimación *f* **3** PRICE : cotización *f*
quotation marks *npl* : comillas *fpl*
quote[1] [ˈkwo:t] *vt* **quoted; quoting 1** CITE : citar **2** VALUE : cotizar (en finanzas)
quote[2] *n* **1** → **quotation 2 quotes** *npl* → **quotation marks**
quotient [ˈkwo:ʃənt] *n* : cociente *m*

R

r [ˈɑr] *n, pl* **r's** *or* **rs** [ˈɑrz] : decimoctava letra del alfabeto inglés
rabbi [ˈræˌbaɪ] *n* : rabino *m*, -na *f*
rabbit [ˈræbət] *n, pl* **-bit** *or* **-bits** : conejo *m*, -ja *f*
rabble [ˈræbəl] *n* **1** MASSES : populacho *m* **2** RIFFRAFF : chusma *f*, gentuza *f*
rabid [ˈræbɪd] *adj* **1** : rabioso, afectado con la rabia **2** FURIOUS : furioso **3** FANATIC : fanático
rabies [ˈreɪbi:z] *ns & pl* : rabia *f*
raccoon [ræˈku:n] *n, pl* **-coon** *or* **-coons** : mapache *m*
race[1] [ˈreɪs] *vi* **raced; racing 1** : correr, competir (en una carrera) **2** RUSH : ir a toda prisa, ir corriendo
race[2] *n* **1** CURRENT : corriente *f* (de agua) **2** : carrera *f* ⟨dog race : carrera de perros⟩ ⟨the presidential race : la carrera presidential⟩ **3** : raza *f* ⟨the black race : la raza negra⟩ ⟨the human race : el género humano⟩
racecourse [ˈreɪsˌkors] *n* : pista *f* (de carreras)
racehorse [ˈreɪsˌhors] *n* : caballo *m* de carreras

racer ['reɪsər] *n* : corredor *m*, -dora *f*

racetrack ['reɪs,træk] *n* : pista *f* (de carreras)

racial ['reɪʃəl] *adj* : racial — **racially** *adv*

racism ['reɪ,sɪzəm] *n* : racismo *m*

racist ['reɪsɪst] *n* : racista *mf*

rack[1] ['ræk] *vt* **1** : atormentar ⟨racked with pain : atormentado por el dolor⟩ **2 to rack one's brains** : devanarse los sesos

rack[2] *n* **1** SHELF, STAND : estante *m* ⟨a luggage rack : un portaequipajes⟩ ⟨a coatrack : un perchero, una percha⟩ **2** : potro *m* (instrumento de la tortura)

racket ['rækət] *n* **1** : raqueta *f* (en deportes) **2** DIN : estruendo *m*, bulla *f*, jaleo *m fam* **3** SWINDLE : estafa *f*, timo *m fam*

racketeer [,rækə'tɪr] *n* : estafador *m*, -dora *f*

raconteur [,ræ,kɑn'tər] *n* : anecdotista *mf*

racy ['reɪsi] *adj* **racier; -est** : subido de tono, picante

radar ['reɪ,dɑr] *n* : radar *m*

radial ['reɪdiəl] *adj* : radial

radiance ['reɪdiən*t*s] *n* : resplandor *m*

radiant ['reɪdiənt] *adj* : radiante — **radiantly** *adv*

radiate ['reɪdi,eɪt] *v* **-ated; -ating** *vt* : irradiar, emitir ⟨to radiate heat : irradiar el calor⟩ ⟨to radiate happiness : rebosar de alegría⟩ — *vi* **1** : irradiar **2** SPREAD : salir, extenderse ⟨to radiate (out) from the center : salir del centro⟩

radiation [,reɪdi'eɪʃən] *n* : radiación *f*

radiator ['reɪdi,eɪţər] *n* : radiador *m*

radical[1] ['rædɪkəl] *adj* : radical — **radically** [-kli] *adv*

radical[2] *n* : radical *mf*

radicalism ['rædɪkə,lɪzəm] *n* : radicalismo *m*

radii → **radius**

radio[1] ['reɪdi,o:] *v* : llamar por radio, transmitir por radio

radio[2] *n, pl* **-dios** : radio *m* (aparato), radio *f* (emisora, radiodifusión)

radioactive ['reɪdio'æktɪv] *adj* : radiactivo, radioactivo

radioactivity [,reɪdio,æk'tɪvəţi] *n, pl* **-ties** : radiactividad *f*, radioactividad *f*

radiologist [,reɪdi'ɑləʤɪst] *n* : radiólogo *m*, -ga *f*

radiology [,reɪdi'ɑləʤi] *n* : radiología *f*

radish ['rædɪʃ] *n* : rábano *m*

radium ['reɪdiəm] *n* : radio *m*

radius ['reɪdiəs] *n, pl* **radii** [-di,aɪ] : radio *m*

radon ['reɪ,dɑn] *n* : radón *m*

raffle[1] ['ræfəl] *vt* **-fled; -fling** : rifar, sortear

raffle[2] *n* : rifa *f*, sorteo *m*

raft ['ræft] *n* **1** : balsa *f* ⟨rubber rafts : balsas de goma⟩ **2** LOT, SLEW : montón *m* ⟨a raft of documents : un montón de documentos⟩

rafter ['ræftər] *n* : par *m*, viga *f*

rag ['ræg] *n* **1** CLOTH : trapo *m* **2 rags** *npl* TATTERS : harapos *mpl*, andrajos *mpl*

ragamuffin ['rægə,mʌfən] *n* : pilluelo *m*, -la *f*

rage[1] ['reɪʤ] *vi* **raged; raging** **1** : estar furioso, rabiar ⟨to fly into a rage : enfurecerse⟩ **2** : bramar, hacer estragos ⟨the wind was raging : el viento bramaba⟩ ⟨flu raged through the school : la gripe hizo estragos por el colegio⟩

rage[2] *n* **1** ANGER : furia *f*, ira *f*, cólera *f* **2** FAD : moda *f*, furor *m*

ragged ['rægəd] *adj* **1** UNEVEN : irregular, desigual **2** TORN : hecho jirones **3** TATTERED : andrajoso, harapiento

ragout [ræ'gu:] *n* : ragú *m*, estofado *m*

ragtime ['ræg,taɪm] *n* : ragtime *m*

ragweed ['ræg,wi:d] *n* : ambrosía *f*

raid[1] ['reɪd] *vt* **1** : invadir, hacer una incursión en ⟨raided by enemy troops : invadido por tropas enemigas⟩ **2** : asaltar, atracar ⟨the gang raided the warehouse : la pandilla asaltó el almacén⟩ **3** : allanar, hacer una redada en ⟨police raided the house : la policía allanó la vivienda⟩

raid[2] *n* **1** : invasión *f* (militar) **2** : asalto *m* (por delincuentes) **3** : redada *f*, allanamiento *m* (por la policía)

raider ['reɪdər] *n* **1** ATTACKER : asaltante *mf*; invasor *m*, -sora *f* **2 corporate raider** : tiburón *m*

rail[1] ['reɪl] *vi* **1 to rail against** REVILE : denostar contra **2 to rail at** SCOLD : regañar, reprender

rail[2] *n* **1** BAR : barra *f*, barrera *f* **2** HANDRAIL : pasamanos *m*, barandilla *f* **3** TRACK : riel *m* (para ferrocarriles) **4** RAILROAD : ferrocarril *m*

railing ['reɪlɪŋ] *n* **1** : baranda *f* (de un balcón, etc.) **2** RAILS : verja *f*

raillery ['reɪləri] *n, pl* **-leries** : bromas *fpl*

railroad ['reɪl,ro:d] *n* : ferrocarril *m*

railway ['reɪl,weɪ] → **railroad**

raiment ['reɪmənt] *n* : vestiduras *fpl*

rain[1] ['reɪn] *vi* **1** : llover ⟨it's raining : está lloviendo⟩ **2 to rain down** SHOWER : llover ⟨insults rained down on him : le llovieron los insultos⟩

rain[2] *n* : lluvia *f*

rainbow ['reɪn,bo:] *n* : arco *m* iris

raincoat ['reɪn,ko:t] *n* : impermeable *m*

raindrop ['reɪn,drɑp] *n* : gota *f* de lluvia

rainfall ['reɪn,fɔl] *n* : lluvia *f*, precipitación *f*

rain forest *n* : bosque *m* tropical

rainstorm ['reɪn,stɔrm] *n* : temporal *m* (de lluvia)

rainwater ['reɪn,wɔţər] *n* : agua *f* de lluvia

rainy ['reɪni] *adj* **rainier; -est** : lluvioso

raise[1] ['reɪz] *vt* **raised; raising** **1** LIFT : levantar, subir, alzar ⟨to raise someone's spirits : levantarle el ánimo a alguien⟩ **2** ERECT : levantar, erigir **3** COLLECT : recaudar ⟨to raise money : recaudar dinero⟩ **4** REAR : criar ⟨she raised her two children : crió a sus dos niños⟩ **5** GROW : cultivar **6** INCREASE : aumentar, subir ⟨to raise one's voice : levantar la voz⟩ **7** PROMOTE : ascender **8** PROVOKE : provocar ⟨it raised a laugh : provocó una risa⟩ **9** BRING UP : sacar (temas, objeciones, etc.)

raise[2] *n* : aumento *m*

raisin [ˈreɪzən] *n* : pasa *f*

raja *or* **rajah** [ˈrɑʤə, -ˌʤɑ, -ˌʒɑ] *n* : rajá *m*

rake[1] [ˈreɪk] *v* **raked; raking** *vt* **1** : rastrillar ⟨to rake leaves : rastrillar las hojas⟩ **2** SWEEP : barrer ⟨raked with gunfire : barrido con metralla⟩ — *vi* **to rake through** : revolver, hurgar en

rake[2] *n* **1** : rastrillo *m* **2** LIBERTINE : libertino *m*, -na *f*; calavera *m*

rakish [ˈreɪkɪʃ] *adj* **1** JAUNTY : desenvuelto, desenfadado **2** DISSOLUTE : libertino, disoluto

rally[1] [ˈræli] *v* **-lied; -lying** *vi* **1** MEET, UNITE : reunirse, congregarse **2** RECOVER : recuperarse — *vt* **1** ASSEMBLE : reunir (tropas, etc.) **2** RECOVER : recobrar (la fuerza, el ánimo, etc.)

rally[2] *n, pl* **-lies** : reunión *f*, mitin *m*, manifestación *f*

ram[1] [ˈræm] *v* **rammed; ramming** *vt* **1** DRIVE : hincar, clavar ⟨he rammed it into the ground : lo hincó en la tierra⟩ **2** SMASH : estrellar, embestir — *vi* COLLIDE : chocar (contra), estrellarse

ram[2] *n* **1** : carnero *m* (animal) **2 battering ram** : ariete *m*

RAM [ˈræm] *n* : RAM *f*

ramble[1] [ˈræmbəl] *vi* **-bled; -bling 1** WANDER : pasear, deambular **2 to ramble on** : divagar, perder el hilo **3** SPREAD : trepar (dícese de una planta)

ramble[2] *n* : paseo *m*, excursión *f*

rambler [ˈræmblər] *n* **1** WALKER : excursionista *mf* **2** ROSE : rosa *f* trepadora

rambunctious [ræmˈbʌŋkʃəs] *adj* UNRULY : alborotado

ramification [ˌræməfəˈkeɪʃən] *n* : ramificación *f*

ramify [ˈræməˌfaɪ] *vi* **-fied; -fying** : ramificarse

ramp [ˈræmp] *n* : rampa *f*

rampage[1] [ˈræmˌpeɪʤ, ræmˈpeɪʤ] *vi* **-paged; -paging** : andar arrasando todo, correr destrozando

rampage[2] [ˈræmˌpeɪʤ] *n* : alboroto *m*, frenesí *m* (de violencia)

rampant [ˈræmpənt] *adj* : desenfrenado

rampart [ˈræmˌpɑrt] *n* : terraplén *m*, muralla *f*

ramrod [ˈræmˌrɑd] *n* : baqueta *f*

ramshackle [ˈræmˌʃækəl] *adj* : destartalado

ran → **run**

ranch [ˈræntʃ] *n* **1** : hacienda *f*, rancho *m*, finca *f* ganadera **2** FARM : granja *f* ⟨fruit ranch : granja de frutas⟩

rancher [ˈræntʃər] *n* : estanciero *m*, -ra *f*; ranchero *m*, -ra *f*

rancid [ˈræntsɪd] *adj* : rancio

rancor [ˈræŋkər] *n* : rencor *m*

random [ˈrændəm] *adj* **1** : fortuito, aleatorio **2 at ~** : al azar — **randomly** *adv*

rang → **ring**

range[1] [ˈreɪnʤ] *v* **ranged; ranging** *vt* ARRANGE : alinear, ordenar, arreglar — *vi* **1** ROAM : deambular ⟨to range through the town : deambular por el pueblo⟩ **2** EXTEND : extenderse ⟨the results range widely : los resultados se extienden mucho⟩ **3** VARY : variar ⟨discounts range from 20% to 40% : los descuentos varían entre 20% y 40%⟩

range[2] *n* **1** ROW : fila *f*, hilera *f* ⟨a mountain range : una cordillera⟩ **2** GRASSLAND : pradera *f*, pampa *f* **3** STOVE : cocina *f* **4** VARIETY : variedad *f*, gama *f* **5** SPHERE : ámbito *m*, esfera *f*, campo *m* **6** REACH : registro *m* (de la voz), alcance *m* (de un arma de fuego) ⟨out of range : fuera del alcance⟩ ⟨at close range : de cerca⟩ **7 shooting range** : campo *m* de tiro

ranger [ˈreɪnʤər] *n or* **forest ranger** : guardabosque *mf*

rangy [ˈreɪnʤi] *adj* **rangier; -est** : alto y delgado

rank[1] [ˈræŋk] *vt* **1** RANGE : alinear, ordenar, poner en fila **2** CLASSIFY : clasificar — *vi* **1 to rank above** : ser superior a **2 to rank among** : encontrarse entre, figurar entre

rank[2] *adj* **1** LUXURIANT : lozano, exuberante (dícese de una planta) **2** SMELLY : fétido, maloliente **3** OUTRIGHT : completo, absoluto ⟨a rank injustice : una injusticia manifiesta⟩

rank[3] *n* **1** LINE, ROW : fila *f* ⟨to close ranks : cerrar filas⟩ **2** GRADE, POSITION : grado *m*, rango *m* (militar) ⟨to pull rank : abusar de su autoridad⟩ **3** CLASS : categoría *f*, clase *f* **4 ranks** *npl* : soldados *mpl* rasos

rank and file *n* **1** RANKS : soldados *mpl* rasos **2** : bases *fpl* (de un partido, etc.)

rankle [ˈræŋkəl] *v* **-kled; -kling** *vi* : doler — *vt* : irritar, herir

ransack [ˈrænˌsæk] *vt* : revolver, desvalijar, registrar de arriba abajo

ransom[1] [ˈræntsəm] *vt* : rescatar, pagar un rescate por

ransom[2] *n* : rescate *m*

rant [ˈrænt] *vi or* **to rant and rave** : despotricar, desvariar

rap[1] [ˈræp] *v* **rapped; rapping** *vt* **1** KNOCK : golpetear, dar un golpe en **2** CRITICIZE : criticar — *vi* **1** CHAT : charlar, cotorrear *fam* **2** KNOCK : dar un golpe

rap[2] *n* **1** BLOW, KNOCK : golpe *m*, golpecito *m* **2** CHAT : charla *f* **3** *or* **rap music** : rap *m* **4 to take the rap** : pagar el pato *fam*

rapacious [rəˈpeɪʃəs] *adj* **1** GREEDY : avaricioso, codicioso **2** PREDATORY

: rapaz, de rapiña **3** RAVENOUS : voraz

rape[1] [ˈreɪp] *vt* **raped; raping** : violar

rape[2] *n* **1** : colza *f* (planta) **2** : violación *f* (de una persona)

rapid [ˈræpɪd] *adj* : rápido — **rapidly** *adv*

rapidity [rəˈpɪdət̬i] *n* : rapidez *f*

rapids [ˈræpɪdz] *npl* : rápidos *mpl*

rapier [ˈreɪpiər] *n* : estoque *m*

rapist [ˈreɪpɪst] *n* : violador *m*, -dora *f*

rapper [ˈræpər] *n* : cantante *mf* de rap; rapero *m*, -ra *f*

rapport [ræˈpor] *n* : relación *f* armoniosa, entendimiento *m*

rapt [ˈræpt] *adj* : absorto, embelesado

rapture [ˈræptʃər] *n* : éxtasis *m*

rapturous [ˈræptʃərəs] *adj* : extasiado, embelesado

rare [ˈrær] *adj* **rarer; rarest** **1** RAREFIED : enrarecido **2** FINE : excelente, excepcional ⟨a rare talent : un talento excepcional⟩ **3** UNCOMMON : raro, poco común **4** : poco cocido (dícese de la carne)

rarefy [ˈrærəˌfaɪ] *vt* **-fied; -fying** : rarificar, enrarecer

rarely [ˈrærli] *adv* SELDOM : pocas veces, rara vez

raring [ˈrærən, -ɪŋ] *adj* : lleno de entusiasmo, con muchas ganas

rarity [ˈrærət̬i] *n, pl* **-ties** : rareza *f*

rascal [ˈræskəl] *n* : pillo *m*, -lla *f*; pícaro *m*, -ra *f*

rash[1] [ˈræʃ] *adj* : imprudente, precipitado — **rashly** *adv*

rash[2] *n* : sarpullido *m*, erupción *f*

rashness [ˈræʃnəs] *n* : precipitación *f*, impetuosidad *f*

rasp[1] [ˈræsp] *vt* **1** SCRAPE : raspar, escofinar **2 to rasp out** : decir en voz áspera

rasp[2] *n* : escofina *f*

raspberry [ˈræzˌbɛri] *n, pl* **-ries** : frambuesa *f*

rat [ˈræt] *n* : rata *f*

ratchet [ˈrætʃət] *n* : trinquete *m*

rate[1] [ˈreɪt] *vt* **rated; rating** **1** CONSIDER, REGARD : considerar, estimar **2** DESERVE : merecer

rate[2] *n* **1** PACE, SPEED : velocidad *f*, ritmo *m* ⟨at this rate : a este paso⟩ **2** : índice *m*, tasa *f* ⟨birth rate : índice de natalidad⟩ ⟨interest rate : tasa de interés⟩ **3** CHARGE, PRICE : precio *m*, tarifa *f*

rather [ˈræðər, ˈrʌ-, ˈrɑ-] *adv* **1** (*indicating preference*) ⟨she would rather stay in the house : preferiría quedarse en casa⟩ ⟨I'd rather not : mejor que no⟩ **2** (*indicating preciseness*) ⟨my father, or rather my stepfather : mi padre, o mejor dicho mi padrastro⟩ **3** INSTEAD : sino que, más que, al contrario ⟨I'm not pleased; rather I'm disappointed : no estoy satisfecho, sino desilusionado⟩ **4** SOMEWHAT : algo, un tanto ⟨rather strange : un poco extraño⟩ **5** QUITE : bastante ⟨rather difficult : bastante difícil⟩

ratification [ˌræt̬əfəˈkeɪʃən] *n* : ratificación *f*

ratify [ˈræt̬əˌfaɪ] *vt* **-fied; -fying** : ratificar

rating [ˈreɪt̬ɪŋ] *n* **1** STANDING : clasificación *f*, posición *f* **2 ratings** *npl* : índice *m* de audiencia

ratio [ˈreɪʃio] *n, pl* **-tios** : proporción *f*, relación *f*

ration[1] [ˈræʃən, ˈreɪʃən] *vt* : racionar

ration[2] *n* **1** : ración *f* **2 rations** *npl* PROVISIONS : víveres *mpl*

rational [ˈræʃənəl] *adj* : racional, razonable, lógico — **rationally** *adv*

rationale [ˌræʃəˈnæl] *n* **1** EXPLANATION : explicación *f* **2** BASIS : base *f*, razones *fpl*

rationality [ˌræʃəˈnælət̬i] *n, pl* **-ties** : racionalidad *f*

rationalization [ˌræʃənələˈzeɪʃən] *n* : racionalización *f*

rationalize [ˈræʃənəˌlaɪz] *vt* **-ized; -izing** : racionalizar

rattle[1] [ˈræt̬əl] *v* **-tled; -tling** *vi* **1** CLATTER : traquetear, hacer ruido **2 to rattle on** CHATTER : parlotear *fam* — *vt* **1** : hacer sonar, agitar ⟨the wind rattled the door : el viento sacudió la puerta⟩ **2** DISCONCERT, WORRY : desconcertar, poner nervioso **3 to rattle off** : despachar, recitar, decir de corrido

rattle[2] *n* **1** CLATTER : traqueteo *m*, ruido *m* **2** *or* **baby's rattle** : sonajero *m* **3** : cascabel *m* (de una culebra)

rattler [ˈræt̬ələr] → **rattlesnake**

rattlesnake [ˈræt̬əlˌsneɪk] *n* : serpiente *f* de cascabel

ratty [ˈræt̬i] *adj* **rattier; -est** : raído, andrajoso

raucous [ˈrɔkəs] *adj* **1** HOARSE : ronco **2** BOISTEROUS : escandaloso, bullicioso — **raucously** *adv*

ravage[1] [ˈrævɪdʒ] *vt* **-aged; -aging** : devastar, arrasar, hacer estragos

ravage[2] *n* : destrozo *m*, destrucción *f* ⟨the ravages of war : los estragos de la guerra⟩

rave [ˈreɪv] *vi* **raved; raving** **1** : delirar, desvariar ⟨to rave like a maniac : desvariar como un loco⟩ **2 to rave about** : hablar con entusiasmo sobre, entusiasmarse por

ravel [ˈrævəl] *v* **-eled** *or* **-elled; -eling** *or* **-elling** *vt* UNRAVEL : desenredar, desenmarañar — *vi* FRAY : deshilacharse

raven [ˈreɪvən] *n* : cuervo *m*

ravenous [ˈrævənəs] *adj* : hambriento, voraz — **ravenously** *adv*

ravine [rəˈviːn] *n* : barranco *m*, quebrada *f*

ravish [ˈrævɪʃ] *vt* **1** PLUNDER : saquear **2** ENCHANT : embelesar, cautivar, encantar

raw [ˈrɔ] *adj* **rawer; rawest** **1** UNCOOKED : crudo **2** UNTREATED : sin tratar, sin refinar, puro ⟨raw data : datos en bruto⟩ ⟨raw materials : materias primas⟩ **3** INEXPERIENCED : novato, inexperto **4** OPEN : abierto, en carne viva ⟨a raw sore : una llaga abierta⟩ **5** : frío y húmedo ⟨a raw day : un día crudo⟩ **6** UNFAIR : injusto ⟨a raw deal : un trato injusto, una injusticia⟩

rawhide [ˈrɔˌhaɪd] *n* : cuero *m* sin curtir

ray [ˈreɪ] *n* **1** : rayo *m* (de la luz, etc.) ⟨a ray of hope : un resquicio de esperanza⟩ **2** : raya *f* (pez)

rayon [ˈreɪˌɑn] *n* : rayón *m*

raze [ˈreɪz] *vt* **razed; razing** : arrasar, demoler

razor [ˈreɪzər] *n* **1** *or* **straight razor** : navaja *f* (de afeitar) **2** *or* **safety razor** : maquinilla *f* de afeitar, rastrillo *m Mex* **3** SHAVER : afeitadora *f*, rasuradora *f*

reach[1] [ˈriːʧ] *vt* **1** EXTEND : extender, alargar ⟨to reach out one's hand : extender la mano⟩ **2** : alcanzar ⟨I couldn't reach the apple : no pude alcanzar la manzana⟩ **3** : llegar a/hasta ⟨the shadow reached the wall : la sombra llegó hasta la pared⟩ **4** CONTACT : contactar, ponerse en contacto con — *vi* **1** *or* **to reach out** : extender la mano **2** STRETCH : extenderse **3** **to reach for** : tratar de agarrar

reach[2] *n* : alcance *m*, extensión *f*

react [riˈækt] *vi* : reaccionar

reaction [riˈækʃən] *n* : reacción *f*

reactionary[1] [riˈækʃəˌnɛri] *adj* : reaccionario

reactionary[2] *n, pl* **-ries** : reaccionario *m*, -ria *f*

reactor [riˈæktər] *n* : reactor *m* ⟨nuclear reactor : reactor nuclear⟩

read[1] [ˈriːd] *v* **read** [ˈrɛd]; **reading** *vt* **1** : leer ⟨to read a story : leer un cuento⟩ **2** INTERPRET : interpretar ⟨it can be read two ways : se puede interpretar de dos maneras⟩ **3** : decir, poner ⟨the sign read "No smoking" : el letrero decía "No Fumar"⟩ **4** : marcar ⟨the thermometer reads 70° : el termómetro marca 70°⟩ **5** **to read aloud/out** : leer en voz alta **6** **to read between the lines** : leer entre las líneas **7** **to read into something** : buscarle el significado a algo ⟨don't read too much into it : no le des demasiada importancia⟩ **8** **to read through/over** : leer (del principio al fin) **9** **to read up on** : documentarse sobre — *vi* **1** : leer ⟨he can read : sabe leer⟩ **2** SAY : decir ⟨the list reads as follows : la lista dice lo siguiente⟩

read[2] *n* **to be a good read** : ser una lectura amena

readable [ˈriːdəbəl] *adj* : legible — **readably** [-bli] *adv*

reader [ˈriːdər] *n* : lector *m*, -tora *f*

readily [ˈrɛdəli] *adv* **1** WILLINGLY : de buena gana, con gusto **2** EASILY : fácilmente, con facilidad

readiness [ˈrɛdinəs] *n* **1** WILLINGNESS : buena disposición *f* **2** **to be in readiness** : estar preparado

reading [ˈriːdɪŋ] *n* : lectura *f*

readjust [ˌriːəˈʤʌst] *vt* : reajustar — *vi* : volverse a adaptar

readjustment [ˌriːəˈʤʌstmənt] *n* : reajuste *m*

ready[1] [ˈrɛdi] *vt* **readied; readying** : preparar

ready[2] *adj* **readier; -est** **1** PREPARED : listo, preparado **2** WILLING : dispuesto **3** : a punto de ⟨ready to cry : a punto de llorar⟩ **4** AVAILABLE : disponible ⟨ready cash : efectivo⟩ **5** QUICK : vivo, agudo ⟨a ready wit : un ingenio agudo⟩

ready–made [ˈrɛdiˈmeɪd] *adj* : preparado, confeccionado

reaffirm [ˌriːəˈfərm] *vt* : reafirmar

real[1] [ˈriːl] *adv* VERY : muy ⟨we had a real good time : lo pasamos muy bien⟩

real[2] *adj* **1** : inmobiliario ⟨real property : bien inmueble, bien raíz⟩ **2** GENUINE : auténtico, genuino **3** ACTUAL, TRUE : real, verdadero ⟨a real friend : un verdadero amigo⟩ **4** **for real** SERIOUSLY : de veras, de verdad **5** **for real** GENUINE, TRUE : auténtico, verdadero **6** **for real** SINCERE : sincero ⟨is that guy for real? : ¿nos está tomando el pelo?⟩ **7** **get real!** *fam* : ¡no te engañes! **8** **to keep it real** *fam* : ser sincero, no darse aires

real estate *n* : propiedad *f* inmobiliaria, bienes *mpl* raíces

realign [ˌriːəˈlaɪn] *vt* : realinear

realignment [ˌriːəˈlaɪnmənt] *n* : realineamiento *m*

realism [ˈriːəˌlɪzəm] *n* : realismo *m*

realist [ˈriːəlɪst] *n* : realista *mf*

realistic [ˌriːəˈlɪstɪk] *adj* : realista

realistically [ˌriːəˈlɪstɪkli] *adv* : de manera realista

reality [riˈæləṭi] *n, pl* **-ties** : realidad *f*

realizable [ˌriːəˈlaɪzəbəl] *adj* : realizable, asequible

realization [ˌriːələˈzeɪʃən] *n* : realización *f*

realize [ˈriːəˌlaɪz] *vt* **-ized; -izing** **1** ACCOMPLISH : realizar, llevar a cabo **2** GAIN : obtener, realizar, sacar ⟨to realize a profit : realizar beneficios⟩ **3** UNDERSTAND : darse cuenta de, saber

really [ˈrɪli, ˈriː-] *adv* **1** ACTUALLY : de verdad, en realidad **2** TRULY : verdaderamente, realmente **3** FRANKLY : francamente, en serio

realm [ˈrɛlm] *n* **1** KINGDOM : reino *m* **2** SPHERE : esfera *f*, campo *m*

ream[1] [ˈriːm] *vt* : escariar

ream[2] *n* **1** : resma *f* (de papel) **2** **reams** *npl* LOADS : montones *mpl*

reap [ˈriːp] *v* : cosechar

reaper [ˈriːpər] *n* **1** : cosechador *m*, -dora *f* (persona) **2** : cosechadora *f* (máquina)

reappear [ˌriːəˈpɪr] *vi* : reaparecer

reappearance [ˌriːəˈpɪrənts] *n* : reaparición *f*

rear[1] [ˈrɪr] *vt* **1** LIFT, RAISE : levantar **2** BREED, BRING UP : criar — *vi or* **to rear up** : encabritarse

rear[2] *adj* : trasero, posterior, de atrás

rear[3] *n* **1** BACK : parte *f* de atrás ⟨to bring up the rear : cerrar la marcha⟩ **2** *or* **rear end** : trasero *m*

rear admiral *n* : contraalmirante *mf*

rearrange [ˌriːəˈreɪndʒ] *vt* **-ranged; -ranging** : colocar de otra manera, volver a arreglar, reorganizar

rearview mirror [ˈrɪrˌvjuː-] *n* : retrovisor *m*

reason[1] [ˈriːzən] *vt* THINK : pensar — *vi* : razonar ⟨I can't reason with her : no puedo razonar con ella⟩

reason[2] *n* **1** CAUSE, GROUND : razón *f*, motivo *m* ⟨the reason for his trip : el motivo de su viaje⟩ ⟨for this reason : por esta razón, por lo cual⟩ ⟨the reason why : la razón por la cual, el porqué⟩ **2** SENSE : razón *f* ⟨to lose one's reason : perder los sesos⟩ ⟨to listen to reason : avenirse a razones⟩

reasonable [ˈriːzənəbəl] *adj* **1** SENSIBLE : razonable **2** INEXPENSIVE : barato, económico

reasonably [ˈriːzənəbli] *adv* **1** SENSIBLY : razonablemente **2** FAIRLY : bastante

reasoning [ˈriːzənɪŋ] *n* : razonamiento *m*, raciocinio *m*, argumentos *mpl*

reassess [ˌriːəˈsɛs] *vt* : revaluar, reconsiderar

reassurance [ˌriːəˈʃʊrənts] *n* : consuelo *m*, palabras *fpl* alentadoras

reassure [ˌriːəˈʃʊr] *vt* **-sured; -suring** : tranquilizar

reassuring [ˌriːəˈʃʊrɪŋ] *adj* : tranquilizador

reawaken [ˌriːəˈweɪkən] *vt* : volver a despertar, reavivar

rebate [ˈriːˌbeɪt] *n* : reembolso *m*, devolución *f*

rebel[1] [rɪˈbɛl] *vi* **-belled; -belling** : rebelarse, sublevarse

rebel[2] [ˈrɛbəl] *adj* : rebelde

rebel[3] [ˈrɛbəl] *n* : rebelde *mf*

rebellion [rɪˈbɛljən] *n* : rebelión *f*

rebellious [rɪˈbɛljəs] *adj* : rebelde

rebelliousness [rɪˈbɛljəsnəs] *n* : rebeldía *f*

rebirth [ˌriːˈbərθ] *n* : renacimiento *m*

reboot [riˈbuːt] *vt* : reiniciar (una computadora)

reborn [riːˈbɔrn] *adj* **to be reborn** : renacer

rebound[1] [ˈriːˌbaʊnd, ˌriːˈbaʊnd] *vi* : rebotar

rebound[2] [ˈriːˌbaʊnd] *n* : rebote *m*

rebuff[1] [riˈbʌf] *vt* : desairar, rechazar

rebuff[2] *n* : desaire *m*, rechazo *m*

rebuild [ˌriːˈbɪld] *vt* **-built** [-ˈbɪlt]; **-building** : reconstruir

rebuke[1] [riˈbjuːk] *vt* **-buked; -buking** : reprender, regañar

rebuke[2] *n* : reprimenda *f*, reproche *m*

rebut [riˈbʌt] *vt* **-butted; -butting** : rebatir, refutar

rebuttal [riˈbʌtəl] *n* : refutación *f*

recalcitrant [riˈkælsətrənt] *adj* : recalcitrante

recall[1] [riˈkɔl] *vt* **1** : llamar, retirar ⟨recalled to active duty : llamado al servicio activo⟩ **2** REMEMBER : recordar, acordarse de **3** REVOKE : revocar

recall[2] [riˈkɔl, ˈriːˌkɔl] *n* **1** : retirada *f* (de personas o mercancías) **2** MEMORY : memoria *f* ⟨to have total recall : poder recordar todo⟩

recant [riˈkænt] *vt* : retractarse de — *vi* : retractarse, renegar

recapitulate [ˌriːkəˈpɪtʃəˌleɪt] *v* **-lated; -lating** : resumir, recapitular

recapture [ˌriːˈkæptʃər] *vt* **-tured; -turing** **1** REGAIN : volver a tomar, reconquistar **2** RELIVE : revivir (la juventud, etc.)

recast [riːˈkæst] *vt* **-cast; -casting** **1** : refundir (metales) **2** REWRITE : refundir, modificar

recede [riˈsiːd] *vi* **-ceded; -ceding** **1** WITHDRAW : retirarse, retroceder **2** FADE : desvanecerse, alejarse **3** SLANT : inclinarse **4 to have a receding hairline** : tener entradas

receipt [riˈsiːt] *n* **1** : recibo *m* **2 receipts** *npl* : ingresos *mpl*, entradas *fpl*

receivable [riˈsiːvəbəl] *adj* **accounts receivable** : cuentas por cobrar

receive [riˈsiːv] *vt* **-ceived; -ceiving** **1** GET : recibir ⟨to receive a letter : recibir una carta⟩ ⟨to receive a blow : recibir un golpe⟩ **2** WELCOME : acoger, recibir ⟨to receive guests : tener invitados⟩ **3** : recibir, captar (señales de radio)

receiver [riˈsiːvər] *n* **1** : receptor *m*, -tora *f* (en futbol americano) **2** : receptor *m* (de radio o televisión) **3 telephone receiver** : auricular *m*

recent [ˈriːsənt] *adj* : reciente — **recently** *adv*

receptacle [riˈsɛptɪkəl] *n* : receptáculo *m*, recipiente *m*

reception [riˈsɛpʃən] *n* : recepción *f*

receptionist [riˈsɛpʃənɪst] *n* : recepcionista *mf*

receptive [riˈsɛptɪv] *adj* : receptivo

receptivity [ˌriːˌsɛpˈtɪvət̬i] *n* : receptividad *f*

recess[1] [ˈriːˌsɛs, rɪˈsɛs] *vt* **1** : poner en un hueco ⟨recessed lighting : iluminación empotrada⟩ **2** ADJOURN : suspender, levantar

recess[2] *n* **1** ALCOVE : hueco *m*, nicho *m* **2** BREAK : receso *m*, descanso *m*, recreo *m* (en el colegio)

recession [riˈsɛʃən] *n* : recesión *f*, depresión *f* económica

recessive [riˈsɛsɪv] *adj* : recesivo

recharge [ˌriːˈʧɑrʤ] *vt* **-charged; -charging** : recargar
rechargeable [ˌriːˈʧɑrʤəbəl] *adj* : recargable
recipe [ˈrɛsəˌpiː] *n* : receta *f*
recipient [riˈsɪpiənt] *n* : recipiente *mf*
reciprocal [riˈsɪprəkəl] *adj* : recíproco
reciprocate [riˈsɪprəˌkeɪt] *vi* **-cated; -cating** : reciprocar
reciprocity [ˌrɛsəˈprɑsət̬i] *n, pl* **-ties** : reciprocidad *f*
recital [riˈsaɪt̬əl] *n* **1** PERFORMANCE : recital *m* **2** ENUMERATION : relato *m*, enumeración *f*
recitation [ˌrsəˈteɪʃən] *n* : recitación *f*
recite [riˈsaɪt] *vt* **-cited; -citing** **1** : recitar (un poema, etc.) **2** RECOUNT : narrar, relatar, enumerar
reckless [ˈrɛkləs] *adj* : imprudente, temerario — **recklessly** *adv*
recklessness [ˈrɛkləsnəs] *n* : imprudencia *f*, temeridad *f*
reckon [ˈrɛkən] *vt* **1** CALCULATE : calcular, contar **2** CONSIDER : considerar
reckoning [ˈrɛkənɪŋ] *n* **1** CALCULATION : cálculo *m* **2** SETTLEMENT : ajuste *m* de cuentas ⟨day of reckoning : día del juicio final⟩
reclaim [riˈkleɪm] *vt* **1** : ganar, sanear ⟨to reclaim marshy land : sanear las tierras pantanosas⟩ **2** RECOVER : recobrar, reciclar ⟨to reclaim old tires : reciclar llantas desechadas⟩ **3** REGAIN : reclamar, recuperar ⟨to reclaim one's rights : reclamar uno sus derechos⟩
recline [riˈklaɪn] *vi* **-clined; -clining** **1** LEAN : reclinarse **2** REPOSE : recostarse
recluse [ˈrɛˌkluːs, riˈkluːs] *n* : solitario *m*, -ria *f*
recognition [ˌrɛkɪgˈnɪʃən] *n* : reconocimiento *m*
recognizable [ˈrɛkəgˌnaɪzəbəl] *adj* : reconocible
recognize [ˈrɛkɪgˌnaɪz] *vt* **-nized; -nizing** : reconocer
recoil[1] [riˈkɔɪl] *vi* : retroceder, dar un culatazo
recoil[2] [ˈriːˌkɔɪl, riˈ-] *n* : retroceso *m*, culatazo *m*
recollect [ˌrɛkəˈlɛkt] *v* : recordar
recollection [ˌrɛkəˈlɛkʃən] *n* : recuerdo *m*
recommend [ˌrɛkəˈmɛnd] *vt* **1** : recomendar ⟨she recommended the medicine : recomendó la medicina⟩ **2** ADVISE, COUNSEL : aconsejar, recomendar
recommendation [ˌrɛkəmənˈdeɪʃən] *n* : recomendación *f*
recompense[1] [ˈrɛkəmˌpɛnts] *vt* **-pensed; -pensing** : indemnizar, recompensar
recompense[2] *n* : indemnización *f*, compensación *f*
reconcile [ˈrɛkənˌsaɪl] *v* **-ciled; -ciling** *vt* **1** : reconciliar (personas), conciliar (ideas, etc.) **2 to reconcile oneself to** : resignarse a — *vi* MAKE UP : reconciliarse, hacer las paces
reconciliation [ˌrɛkənˌsɪliˈeɪʃən] *n* : reconciliación *f* (con personas), conciliación *f* (con ideas, etc.)
recondite [ˈrɛkənˌdaɪt, riˈkɑn-] *adj* : recóndito, abstruso
recondition [ˌriːkənˈdɪʃən] *vt* : reacondicionar
reconnaissance [riˈkɑnəzənts, -sənts] *n* : reconocimiento *m*
reconnoiter *or* **reconnoitre** [ˌriːkəˈnɔɪt̬ər, ˌrɛkə-] *v* **-tered** *or* **-tred; -tering** *or* **-tring** *vt* : reconocer — *vi* : hacer un reconocimiento
reconsider [ˌriːkənˈsɪdər] *vt* : reconsiderar, repensar
reconsideration [ˌriːkənˌsɪdəˈreɪʃən] *n* : reconsideración *f*
reconstruct [ˌriːkənˈstrʌkt] *vt* : reconstruir
reconstruction [ˌriːkənˈstrʌkʃən] *n* : reconstrucción *f*
record[1] [riˈkɔrd] *vt* **1** WRITE DOWN : anotar, apuntar **2** REGISTER : registrar, hacer constar **3** INDICATE : marcar (una temperatura, etc.) **4** TAPE : grabar
record[2] [ˈrɛkərd] *adj* : récord
record[3] [ˈrɛkərd] *n* **1** DOCUMENT : registro *m*, documento *m* oficial **2** HISTORY : historial *m* ⟨a good academic record : un buen historial académico⟩ ⟨criminal record : antecedentes penales⟩ **3** : récord *m* ⟨the world record : el récord mundial⟩ **4** : disco *m* (de música, etc.) **5 for the record** : que conste **6 off the record** : extraoficialmente **7 on record** ⟨he is on record as saying . . . : dijo públicamente que . . .⟩ **8 on record** : registrado ⟨the highest on record : el más alto registrado⟩ **9 on the record** : oficialmente **10 to set the record straight** : poner las cosas en su lugar
recorder [riˈkɔrdər] *n* **1** : flauta *f* dulce (instrumento de viento) **2 tape recorder** : grabadora *f*
recording [riˈkɔrdɪŋ] *n* : grabación *f*
recount[1] [riˈkaʊnt] *vt* **1** NARRATE : narrar, relatar **2** : volver a contar (votos, etc.)
recount[2] [ˈriːˌkaʊnt, ˌriˈ-] *n* : recuento *m*
recoup [riˈkuːp] *vt* : recuperar, recobrar
recourse [ˈriːˌkors, riˈ-] *n* : recurso *m* ⟨to have recourse to : recurrir a⟩
recover [riˈkʌvər] *vt* REGAIN : recobrar — *vi* RECUPERATE : recuperarse
recovery [riˈkʌvəri] *n, pl* **-eries** : recuperación *f*
re–create [ˌriːkriˈeɪt] *vt* **-ated; -ating** : recrear
recreation [ˌrɛkriˈeɪʃən] *n* : recreo *m*, esparcimiento *m*, diversión *f*
recreational [ˌrɛkriˈeɪʃənəl] *adj* : recreativo, de recreo

recrimination [ri,krımə'neıʃən] *n* : recriminación *f*
recruit[1] [ri'kru:t] *vt* : reclutar
recruit[2] *n* : recluta *mf*
recruitment [ri'kru:tmənt] *n* : reclutamiento *m*, alistamiento *m*
rectal ['rɛktəl] *adj* : rectal
rectangle ['rɛk,tæŋgəl] *n* : rectángulo *m*
rectangular [rɛk'tæŋgjələr] *adj* : rectangular
rectify ['rɛktə,faı] *vt* **-fied; -fying** : rectificar
rectitude ['rktə,tu:d, -,tju:d] *n* : rectitud *f*
rector ['rɛktər] *n* : rector *m*, -tora *f*
rectory ['rɛktəri] *n, pl* **-ries** : rectoría *f*
rectum ['rɛktəm] *n, pl* **-tums** *or* **-ta** [-tə] : recto *m*
recuperate [ri'ku:pə,reıt, -'kju:-] *v* **-ated; -ating** *vt* : recuperar — *vi* : recuperarse, restablecerse
recuperation [ri,ku:pə'reıʃən, -,kju:-] *n* : recuperación *f*
recur [ri'kər] *vi* **-curred; -curring** : volver a ocurrir, volver a producirse, repetirse
recurrence [ri'kərənts] *n* : repetición *f*, reaparición *f*
recurrent [ri'kərənt] *adj* : recurrente, que se repite
recyclable [ri'saıkələbəl] *adj* : reciclable
recycle [ri'saıkəl] *vt* **-cled; -cling** : reciclar
recycling [ri'saıkəlıŋ] *n* : reciclaje *m*
red[1] ['rɛd] *adj* **1** : rojo, colorado ⟨to be red in the face : ponerse colorado⟩ ⟨to have red hair : ser pelirrojo⟩ **2** COMMUNIST : rojo, comunista
red[2] *n* **1** : rojo *m*, colorado *m* **2 Red** COMMUNIST : comunista *mf*
red blood cell *n* : glóbulo *m* rojo
red–blooded ['rɛd'blʌdəd] *adj* : vigoroso
redcap ['rɛd,kæp] → **porter**
redden ['rɛdən] *vt* : enrojecer — *vi* BLUSH : enrojecerse, ruborizarse
reddish ['rɛdıʃ] *adj* : rojizo
redecorate [,ri:'dɛkə,reıt] *vt* **-rated; -rating** : renovar, pintar de nuevo
redeem [ri'di:m] *vt* **1** RESCUE, SAVE : rescatar, salvar **2** : desempeñar ⟨she redeemed it from the pawnshop : lo desempeñó de la casa de empeños⟩ **3** : redimir (en religión) **4** : canjear, vender ⟨to redeem coupons : canjear cupones⟩
redeemer [ri'di:mər] *n* : redentor *m*, -tora *f*
redefine [,ri:dı'faın] *vt* : redefinir
redemption [ri'dɛmpʃən] *n* : redención *f*
redesign [,ri:di'zaın] *vt* : rediseñar
red–handed ['rɛd'hændəd] *adj* : con las manos en la masa
redhead ['rɛd,hɛd] *n* : pelirrojo *m*, -ja *f*
red–hot ['rɛd'hɑt] *adj* **1** : al rojo vivo, candente **2** CURRENT : de candente actualidad **3** POPULAR : de gran popularidad
rediscover [,ri:di'skʌvər] *vt* : redescubrir
redistribute [,ri:di'strı,bju:t] *vt* **-uted; -uting** : redistribuir
red–letter ['rɛd'lɛṭər] *adj* **red–letter day** : día *m* memorable
redness ['rɛdnəs] *n* : rojez *f*
redo [,ri:'du:] *vt* **-did** [-dıd]; **-done** [-'dʌn]; **-doing** **1** : hacer de nuevo **2** → **redecorate**
redolence ['rɛdələnts] *n* : fragancia *f*
redolent ['rɛdələnt] *adj* **1** FRAGRANT : fragante, oloroso **2** SUGGESTIVE : evocador
redouble [ri'dʌbəl] *vt* **-bled; -bling** : redoblar, intensificar (esfuerzos, etc.)
redoubtable [r'dauṭəbəl] *adj* : temible
redress [ri'drɛs] *vt* : reparar, remediar, enmendar
red snapper *n* : pargo *m*, huachinango *m Mex*
red tape *n* : papeleo *m*
reduce [ri'du:s, -'dju:s] *v* **-duced; -ducing** *vt* **1** LESSEN : reducir, disminuir, rebajar (precios) **2** DEMOTE : bajar de categoría, degradar **3 to be reduced to** : verse rebajado a, verse forzado a **4 to reduce someone to tears** : hacer llorar a alguien — *vi* SLIM : adelgazar
reduction [ri'dʌkʃən] *n* : reducción *f*, rebaja *f*
redundancy [ri'dʌndəntsi] *n, pl* **-cies** **1** : superfluidad *f* **2** REPETITION : redundancia *f*
redundant [ri'dʌndənt] *adj* : superfluo, redundante
redwood ['rɛd,wʊd] *n* : secoya *f*
reed ['ri:d] *n* **1** : caña *f*, carrizo *m*, junco *m* **2** : lengüeta *f* (para instrumentos de viento)
reef ['ri:f] *n* : arrecife *m*, escollo *m*
reek[1] ['ri:k] *vi* : apestar
reek[2] *n* : hedor *m*
reel[1] ['ri:l] *vt* **1 to reel in** : enrollar, sacar (un pez) del agua **2 to reel off** : recitar de un tirón — *vi* **1** SPIN, WHIRL : girar, dar vueltas **2** STAGGER : tambalearse
reel[2] *n* **1** : carrete *m* (de pescar etc.), rollo *m* (de fotos) **2** : baile *m* escocés **3** STAGGER : tambaleo *m*
reelect [,ri:ı'lɛkt] *vt* : reelegir
reenact [,ri:ı'nækt] *vt* : representar de nuevo, reconstruir
reenter [,ri:'ɛntər] *vt* : volver a entrar
reestablish [,ri:ı'stæblıʃ] *vt* : restablecer
reevaluate [,ri:ı'væljʊ,eıt] *vt* **-ated; -ating** : revaluar
reevaluation [,ri:ı,væljʊ'eıʃən] *n* : revaluación *f*
reexamine [,ri:ıg'zæmən, -g-] *vt* **-ined; -ining** : volver a examinar, reexaminar
refer [ri'fər] *v* **-ferred; -ferring** *vt* DIRECT, SEND : remitir, enviar ⟨to refer a patient to a specialist : enviar a un paciente a un especialista⟩ — *vi* **to refer to** MENTION : referirse a, aludir a

referee[1] [ˌrɛfəˈriː] *v* **-eed; -eeing** : arbitrar

referee[2] *n* : árbitro *m*, -tra *f*; réferi *mf*

reference [ˈrɛfrənts, ˈrɛfə-] *n* **1** ALLUSION : referencia *f*, alusión *f* ⟨to make reference to : hacer referencia a⟩ **2** CONSULTATION : consulta *f* ⟨for future reference : para futuras consultas⟩ **3** *or* **reference book** : libro *m* de consulta **4** TESTIMONIAL : informe *m*, referencia *f*, recomendación *f*

referendum [ˌrɛfəˈrɛndəm] *n, pl* **-da** [-də] *or* **-dums** : referéndum *m*

refill[1] [ˌriːˈfɪl] *vt* : rellenar

refill[2] [ˈriːˌfɪl] *n* : recambio *m*

refinance [ˌriːˈfaɪˌnænts] *vt* **-nanced; -nancing** : refinanciar

refine [riˈfaɪn] *vt* **-fined; -fining 1** : refinar (azúcar, petróleo, etc.) **2** PERFECT : perfeccionar, pulir

refined [riˈfaɪnd] *adj* **1** : refinado (dícese del azúcar, etc.) **2** CULTURED : culto, educado, refinado

refinement [riˈfaɪnmənt] *n* : refinamiento *m*, fineza *f*, finura *f*

refinery [riˈfaɪnəri] *n, pl* **-eries** : refinería *f*

reflect [riˈflɛkt] *vt* **1** : reflejar ⟨to reflect light : reflejar la luz⟩ ⟨happiness is reflected in her face : la felicidad se refleja en su cara⟩ **2 to reflect that** : pensar que, considerar que — *vi* **1 to reflect on** : reflexionar sobre **2 to reflect badly on** : desacreditar, perjudicar

reflection [riˈflɛkʃən] *n* **1** : reflexión *f*, reflejo *m* (de la luz, de imágenes, etc.) **2** THOUGHT : reflexión *f*, meditación *f*

reflective [riˈflɛktɪv] *adj* **1** THOUGHTFUL : reflexivo, pensativo **2** : reflectante (en física)

reflector [riˈflɛktər] *n* : reflector *m*

reflex [ˈriːˌflɛks] *n* : reflejo *m*

reflexive [riˈflɛksɪv] *adj* : reflexivo ⟨a reflexive verb : un verbo reflexivo⟩

reform[1] [riˈfɔrm] *vt* : reformar — *vi* : reformarse

reform[2] *n* : reforma *f*

reformation [ˌrɛfərˈmeɪʃən] *n* : reforma *f* ⟨the Reformation : la Reforma⟩

reformatory [riˈfɔrməˌtori] *n, pl* **-ries** : reformatorio *m*

reformer [riˈfɔrmər] *n* : reformador *m*, -dora *f*

refract [riˈfrækt] *vt* : refractar — *vi* : refractarse

refraction [riˈfrækʃən] *n* : refracción *f*

refractory [riˈfræktəri] *adj* OBSTINATE : refractario, obstinado

refrain[1] [riˈfreɪn] *vi* **to refrain from** : abstenerse de

refrain[2] *n* : estribillo *m* (en música)

refresh [riˈfrɛʃ] *vt* : refrescar ⟨to refresh one's memory : refrescarle la memoria a uno⟩

refreshing [riˈfrɛʃɪŋ] *adj* : refrescante ⟨a refreshing sleep : un sueño reparador⟩

refreshment [riˈfrɛʃmənt] *n* **1** : refresco *m* **2 refreshments** *npl* : refrigerio *m*

refrigerate [riˈfrɪʤəˌreɪt] *vt* **-ated; -ating** : refrigerar

refrigeration [riˌfrɪʤəˈreɪʃən] *n* : refrigeración *f*

refrigerator [riˈfrɪʤəˌreɪt̬ər] *n* : refrigerador *m*, -dora *f*, nevera *f*

refuel [riːˈfjuːəl] *v* **-eled** *or* **-elled; -eling** *or* **-elling** *vi* : repostar — *vt* : llenar de combustible

refuge [ˈrɛˌfjuːʤ] *n* : refugio *m*

refugee [ˌrɛfjʊˈʤiː] *n* : refugiado *m*, -da *f*

refund[1] [riˈfʌnd, ˈriːˌfʌnd] *vt* : reembolsar, devolver

refund[2] [ˈriːˌfʌnd] *n* : reembolso *m*, devolución *f*

refundable [riˈfʌndəbəl] *adj* : reembolsable

refurbish [riˈfərbɪʃ] *vt* : renovar, restaurar

refusal [riˈfjuːzəl] *n* : negativa *f*, rechazo *m*, denegación *f* (de una petición)

refuse[1] [riˈfjuːz] *vt* **-fused; -fusing 1** REJECT : rechazar, rehusar **2** DENY : negar, rehusar, denegar ⟨to refuse permission : negar el permiso⟩ **3 to refuse to** : negarse a

refuse[2] [ˈrɛˌfjuːs, -ˌfjuːz] *n* : basura *f*, desechos *mpl*, desperdicios *mpl*

refutation [ˌrɛfjʊˈteɪʃən] *n* : refutación *f*

refute [riˈfjuːt] *vt* **-futed; -futing 1** DENY : desmentir, negar **2** DISPROVE : refutar, rebatir

regain [riːˈgeɪn] *vt* **1** RECOVER : recuperar, recobrar **2** REACH : alcanzar ⟨to regain the shore : llegar a la tierra⟩

regal [ˈriːgəl] *adj* : real, regio

regale [riˈgeɪl] *vt* **-galed; -galing 1** ENTERTAIN : agasajar, entretener **2** AMUSE, DELIGHT : deleitar, divertir

regalia [riˈgeɪljə] *npl* : ropaje *m*, vestiduras *fpl*, adornos *mpl*

regard[1] [riˈgɑrd] *vt* **1** OBSERVE : observar, mirar **2** HEED : tener en cuenta, hacer caso de **3** CONSIDER : considerar **4** RESPECT : respetar ⟨highly regarded : muy estimado⟩ **5 as regards** : en cuanto a, en lo que se refiere a

regard[2] *n* **1** CONSIDERATION : consideración *f* **2** ESTEEM : respeto *m*, estima *f* **3** PARTICULAR : aspecto *m*, sentido *m* ⟨in this regard : en este sentido⟩ **4 regards** *npl* : saludos *mpl*, recuerdos *mpl* **5 with regard to** : con relación a, con respecto a

regarding [riˈgɑrdɪŋ] *prep* : con respecto a, en cuanto a

regardless [riˈgɑrdləs] *adv* : a pesar de todo

regardless of *prep* : a pesar de, sin tener en cuenta ⟨regardless of our mistakes : a pesar de nuestros errores⟩ ⟨regardless of age : sin tener en cuenta la edad⟩

regenerate [riˈʤɛnəˌreɪt] *v* **-ated; -ating** *vt* : regenerar — *vi* : regenerarse

regeneration [ri,ʤɛnəˈreɪʃən] *n* : regeneración *f*
regent [ˈri:ʤənt] *n* **1** RULER : regente *mf* **2** : miembro *m* de la junta directiva (de una universidad, etc.)
reggae [ˈrɛ,geɪ, ˈreɪ-] *n* : reggae *m*
regime [reɪˈʒi:m, rɪ-] *n* : régimen *m*
regimen [ˈrɛʤəmən] *n* : régimen *m*
regiment[1] [ˈrɛʤə,mɛnt] *vt* : reglamentar
regiment[2] [ˈrɛʤəmənt] *n* : regimiento *m*
region [ˈri:ʤən] *n* **1** : región *f* **2 in the region of** : alrededor de
regional [ˈri:ʤənəl] *adj* : regional — **regionally** *adv*
register[1] [ˈrɛʤəstər] *vt* **1** RECORD : registrar, inscribir **2** INDICATE : marcar (temperatura, medidas, etc.) **3** REVEAL : manifestar, acusar ⟨to register surprise : acusar sorpresa⟩ **4** : certificar (correo) — *vi* ENROLL : inscribirse, matricularse
register[2] *n* : registro *m*
registrar [ˈrɛʤə,strɑr] *n* : registrador *m*, -dora *f* oficial
registration [,rɛʤəˈstreɪʃən] *n* **1** REGISTERING : inscripción *f*, matriculación *f*, registro *m* **2** *or* **registration number** : matrícula *f*, número *m* de matrícula
registry [ˈrɛʤəstri] *n, pl* **-tries** : registro *m*
regress [riˈgrɛs] *vi* : retroceder
regression [riˈgrɛʃən] *n* : retroceso *m*, regresión *f*
regressive [riˈgrɛsɪv] *adj* : regresivo
regret[1] [riˈgrɛt] *vt* **-gretted; -gretting** : arrepentirse de, lamentar ⟨he regrets nothing : no se arrepiente de nada⟩ ⟨I regret to tell you : lamento decirle⟩
regret[2] *n* **1** REMORSE : arrepentimiento *m*, remordimientos *mpl* **2** SADNESS : pesar *m*, dolor *m* **3 regrets** *npl* : excusas *fpl* ⟨to send one's regrets : excusarse⟩
regretful [riˈgrɛtfəl] *adj* : arrepentido, pesaroso
regretfully [riˈgrɛtfəli] *adv* : con pesar
regrettable [riˈgrɛt̬əbəl] *adj* : lamentable — **regrettably** [-bli] *adv*
regular[1] [ˈrɛgjələr] *adj* **1** NORMAL : normal ⟨regular(-sized) : de tamaño normal⟩ ⟨at the regular time : a la hora de siempre⟩ **2** ORDINARY : normal **3** : regular ⟨a regular pace/pattern : un ritmo/dibujo regular⟩ ⟨on a regular basis : regularmente, con regularidad⟩ **4** : habitual ⟨a regular customer : un cliente habitual⟩ **5** : regular (en gramática) **6** REAL : verdadero
regular[2] *n* : cliente *mf* habitual
regularity [,rɛgjəˈlærət̬i] *n, pl* **-ties** : regularidad *f*
regularly [ˈrɛgjələrli] *adv* : regularmente, con regularidad
regulate [ˈrɛgjə,leɪt] *vt* **-lated; -lating** : regular
regulation [,rɛgjəˈleɪʃən] *n* **1** REGULATING : regulación *f* **2** RULE : regla *f*, reglamento *m*, norma *f* ⟨safety regulations : reglas de seguridad⟩
regulator [ˈrɛgjə,leɪt̬ər] *n* **1** : regulador *m* (mecanismo) **2** : persona *f* que regula
regulatory [ˈrɛgjələ,tori] *adj* : regulador
regurgitate [riˈgərʤə,teɪt] *v* **-tated; -tating** : regurgitar, vomitar
rehabilitate [,ri:həˈbɪlə,teɪt, ,ri:ə-] *vt* **-tated; -tating** : rehabilitar
rehabilitation [,ri:hə,bɪləˈteɪʃən, ,ri:ə-] *n* : rehabilitación *f*
rehearsal [riˈhərsəl] *n* : ensayo *m*
rehearse [riˈhərs] *v* **-hearsed; -hearsing** : ensayar
reheat [,ri:ˈhi:t] *vt* : recalentar
reign[1] [ˈreɪn] *vi* **1** RULE : reinar **2** PREVAIL : reinar, predominar ⟨the reigning champion : el actual campeón⟩
reign[2] *n* : reinado *m*
reimburse [,ri:əmˈbərs] *vt* **-bursed; -bursing** : reembolsar
reimbursement [,ri:əmˈbərsmənt] *n* : reembolso *m*
rein[1] [ˈreɪn] *vt* : refrenar (un caballo)
rein[2] *n* **1** : rienda *f* ⟨to give free rein to : dar rienda suelta a⟩ **2** CHECK : control *m* ⟨to keep a tight rein on : llevar un estricto control de⟩
reincarnation [,ri:ɪn,kɑrˈneɪʃən] *n* : reencarnación *f*
reindeer [ˈreɪn,dɪr] *n* : reno *m*
reinforce [,ri:ənˈfors] *vt* **-forced; -forcing** : reforzar
reinforcement [,ri:ənˈforsmənt] *n* : refuerzo *m*
reinstate [,ri:ənˈsteɪt] *vt* **-stated; -stating** **1** : reintegrar, restituir (una persona) **2** RESTORE : restablecer (un servicio, etc.)
reinstatement [,ri:ənˈsteɪtmənt] *n* : reintegración *f*, restitución *f*, restablecimiento *m*
reiterate [riˈɪt̬ə,reɪt] *vt* **-ated; -ating** : reiterar, repetir
reiteration [ri,ɪt̬əˈreɪʃən] *n* : reiteración *f*, repetición *f*
reject[1] [riˈʤɛkt] *vt* : rechazar
reject[2] [ˈri:,ʤɛkt] *n* : desecho *m* (cosa), persona *f* rechazada
rejection [riˈʤɛkʃən] *n* : rechazo *m*
rejoice [riˈʤɔɪs] *vi* **-joiced; -joicing** : alegrarse, regocijarse
rejoin [,ri:ˈʤɔɪn] *vt* **1** : reincorporarse a, reintegrarse a ⟨he rejoined the firm : se reincorporó a la firma⟩ **2** [riˈ-] REPLY, RETORT : replicar
rejoinder [riˈʤɔɪndər] *n* : réplica *f*
rejuvenate [riˈʤu:və,neɪt] *vt* **-nated; -nating** : rejuvenecer
rejuvenation [ri,ʤu:vəˈneɪʃən] *n* : rejuvenecimiento *m*
rekindle [,ri:ˈkɪndəl] *vt* **-dled; -dling** : reavivar
relapse[1] [riˈlæps] *vi* **-lapsed; -lapsing** : recaer, volver a caer
relapse[2] [ˈri:,læps, riˈlæps] *n* : recaída *f*
relate [riˈleɪt] *v* **-lated; -lating** *vt* **1** TELL : relatar, contar **2** ASSOCIATE : relacio-

nar, asociar ⟨to relate crime to poverty : relacionar la delincuencia a la pobreza⟩ — *vi* **1** CONNECT : conectar, estar relacionado (con) **2** INTERACT : relacionarse (con), llevarse bien (con) **3 to relate to** UNDERSTAND : identificarse con, simpatizar con

related [ri'leɪt̬əd] *adj* : emparentado ⟨to be related to : ser pariente de⟩

relation [ri'leɪʃən] *n* **1** NARRATION : relato *m*, narración *f* **2** RELATIVE : pariente *mf*, familiar *mf* **3** RELATIONSHIP : relación *f* ⟨in relation to : en relación con, con relación a⟩ **4 relations** *npl* : relaciones *fpl* ⟨public relations : relaciones públicas⟩

relationship [ri'leɪʃən,ʃɪp] *n* **1** CONNECTION : relación *f* **2** KINSHIP : parentesco *m*

relative[1] ['rɛlət̬ɪv] *adj* : relativo — **relatively** *adv*

relative[2] *n* : pariente *mf*, familiar *mf*

relativism ['rɛlətɪ,vɪzəm] *n* : relativismo *m*

relativity [,rɛlə'tɪvət̬i] *n, pl* **-ties** : relatividad *f*

relax [ri'læks] *vt* : relajar, aflojar — *vi* : relajarse

relaxation [,ri:,læk'seɪʃən] *n* **1** RELAXING : relajación *f*, aflojamiento *m* **2** DIVERSION : esparcimiento *m*, distracción *f*

relaxing [ri'læksɪŋ] *adj* : relajante

relay[1] ['ri:,leɪ, ri'leɪ] *vt* **-layed; -laying** : transmitir

relay[2] ['ri:,leɪ] *n* **1** : relevo *m* **2** *or* **relay race** : carrera de relevos

release[1] [ri'li:s] *vt* **-leased; -leasing** **1** FREE : liberar, poner en libertad **2** LOOSEN : soltar, aflojar ⟨to release the brake : soltar el freno⟩ **3** RELINQUISH : renunciar a, ceder **4** ISSUE : publicar (un libro), estrenar (una película), sacar (un disco)

release[2] *n* **1** LIBERATION : liberación *f*, puesta *f* en libertad **2** : cesión *f* (de propiedad, etc.) **3** ISSUE : estreno *m* (de una película), puesta *f* en venta (de un disco), publicación *f* (de un libro) **4** ESCAPE : escape *m*, fuga *f* (de un gas)

relegate ['rɛlə,geɪt] *vt* **-gated; -gating** : relegar

relent [ri'lɛnt] *vi* : ablandarse, ceder

relentless [ri'lɛntləs] *adj* : implacable, sin tregua

relentlessly [ri'lɛntləsli] *adv* : implacablemente

relevance ['rɛləvənts] *n* : pertinencia *f*, relación *f*

relevant ['rɛləvənt] *adj* : pertinente — **relevantly** *adv*

reliability [ri,laɪə'bɪlət̬i] *n, pl* **-ties** **1** : fiabilidad *f*, seguridad *f* (de una cosa) **2** : formalidad *f*, seriedad *f* (de una persona)

reliable [ri'laɪəbəl] *adj* : confiable, fiable, fidedigno, seguro

reliably [ri'laɪəbli] *adv* : sin fallar ⟨to be reliably informed : saber (algo) de fuentes fidedignas⟩

reliance [ri'laɪənts] *n* **1** DEPENDENCE : dependencia *f* **2** CONFIDENCE : confianza *f*

reliant [ri'laɪənt] *adj* : dependiente

relic ['rɛlɪk] *n* **1** : reliquia *f* **2** VESTIGE : vestigio *m*

relief [ri'li:f] *n* **1** : alivio *m*, desahogo *m* ⟨relief from pain : alivio del dolor⟩ **2** AID, WELFARE : ayuda *f* (benéfica), asistencia *f* social **3** : relieve *m* (en la escultura) ⟨relief map : mapa en relieve⟩ **4** REPLACEMENT : relevo *m*

relieve [ri'li:v] *vt* **-lieved; -lieving** **1** ALLEVIATE : aliviar, mitigar ⟨to feel relieved : sentirse aliviado⟩ **2** FREE : liberar, eximir ⟨to relieve someone of responsibility for : eximir a alguien de la responsabilidad de⟩ **3** REPLACE : relevar (a un centinela, etc.) **4** BREAK : romper ⟨to relieve the monotony : romper la monotonía⟩

religion [ri'lɪʤən] *n* : religión *f*

religious [ri'lɪʤəs] *adj* : religioso — **religiously** *adv*

relinquish [ri'lɪŋkwɪʃ, -'lɪn-] *vt* **1** GIVE UP : renunciar a, abandonar **2** RELEASE : soltar

relish[1] ['rɛlɪʃ] *vt* : saborear (comida), disfrutar con (una idea, una perspectiva, etc.)

relish[2] *n* **1** ENJOYMENT : gusto *m*, deleite *m* **2** : salsa *f* (condimento)

relive [,ri:'lɪv] *vt* **-lived; -living** : revivir

relocate [,ri:'lo:,keɪt, ,ri:lo'keɪt] *v* **-cated; -cating** *vt* : reubicar, trasladar — *vi* : trasladarse

relocation [,ri:lo'keɪʃən] *n* : reubicación *f*, traslado *m*

reluctance [ri'lʌktənts] *n* : renuencia *f*, reticencia *f*, desgana *f*

reluctant [ri'lʌktənt] *adj* : renuente, reacio, reticente

reluctantly [ri'lʌktəntli] *adv* : a regañadientes

rely [ri'laɪ] *vi* **-lied; -lying** **1** DEPEND : depender (de), contar (con) **2** TRUST : confiar (en)

remain [ri'meɪn] *vi* **1** : quedar ⟨very little remains : queda muy poco⟩ ⟨the remaining 10 minutes : los 10 minutos que quedan⟩ **2** STAY : quedarse, permanecer **3** CONTINUE : continuar, seguir ⟨to remain the same : continuar siendo igual⟩ **4 to remain to** : quedar por ⟨to remain to be done : quedar por hacer⟩ ⟨it remains to be seen : está por ver⟩

remainder [ri'meɪndər] *n* : resto *m*, remanente *m*

remains [ri'meɪnz] *npl* : restos *mpl* ⟨mortal remains : restos mortales⟩

remake[1] [ri:'meɪk] *vt* **-made; -making** **1** TRANSFORM : rehacer **2** : hacer una nueva versión de (una película, etc.)

remake[2] ['ri:,meɪk] *n* : nueva versión *f*

remark[1] [ri'mɑrk] *vt* **1** NOTICE : observar **2** SAY : comentar, observar — *vi* **to remark on** : hacer observaciones sobre

remark[2] *n* : comentario *m*, observación *f*

remarkable [ri'mɑrkəbəl] *adj* : extraordinario, notable — **remarkably** [-bli] *adv*

rematch ['riː,mætʃ] *n* : revancha *f*

remedial [ri'miːdiəl] *adj* : correctivo ⟨remedial classes : clases para alumnos atrasados⟩

remedy[1] ['rɛmədi] *vt* **-died; -dying** : remediar

remedy[2] *n, pl* **-dies** : remedio *m*, medicamento *m*

remember [ri'mɛmbər] *vt* **1** RECOLLECT : acordarse de, recordar **2** : no olvidar ⟨remember my words : no olvides mis palabras⟩ ⟨to remember to : acordarse de⟩ **3** : dar saludos, dar recuerdos ⟨remember me to her : dale saludos de mi parte⟩ **4** COMMEMORATE : recordar, conmemorar

remembrance [ri'mɛmbrənts] *n* **1** RECOLLECTION : recuerdo *m* ⟨in remembrance of : en conmemoración de⟩ **2** MEMENTO : recuerdo *m*

remind [ri'maɪnd] *vt* : recordar ⟨remind me to do it : recuérdame que lo haga⟩ ⟨she reminds me of Clara : me recuerda de Clara⟩

reminder [ri'maɪndər] *n* : recuerdo *m*

reminisce [,rɛmə'nɪs] *vi* **-nisced; -niscing** : rememorar los viejos tiempos

reminiscence [,rɛmə'nɪsənts] *n* : recuerdo *m*, reminiscencia *f*

reminiscent [,rɛmə'nɪsənt] *adj* **1** NOSTALGIC : reminiscente, nostálgico **2** SUGGESTIVE : evocador, que recuerda — **reminiscently** *adv*

remiss [ri'mɪs] *adj* : negligente, descuidado, remiso

remission [ri'mɪʃən] *n* : remisión *f*

remit [ri'mɪt] *vt* **-mitted; -mitting** **1** PARDON : perdonar **2** SEND : remitir, enviar (dinero)

remittance [ri'mɪtənts] *n* : remesa *f*

remnant ['rɛmnənt] *n* : restos *mpl*, vestigio *m*

remodel [ri'mɑdəl] *vt* **-eled** *or* **-elled; -eling** *or* **-elling** : remodelar, reformar

remonstrate [ri'mɑn,streɪt] *vi* **-strated; -strating** : protestar ⟨to remonstrate with someone : quejarse a alguien⟩

remorse [ri'mɔrs] *n* : remordimiento *m*

remorseful [ri'mɔrsfəl] *adj* : arrepentido, lleno de remordimiento

remorseless [ri'mɔrsləs] *adj* **1** PITILESS : despiadado **2** RELENTLESS : implacable

remote [ri'moːt] *adj* **-moter; -est** **1** FAR-OFF : lejano, remoto ⟨remote countries : países remotos⟩ ⟨in the remote past : en el pasado lejano⟩ **2** SECLUDED : recóndito **3** : a distancia, remoto ⟨remote control : control remoto⟩ **4** SLIGHT : remoto **5** ALOOF : distante

remotely [ri'moːtli] *adv* **1** SLIGHTLY : remotamente **2** DISTANTLY : en un lugar remoto, muy lejos

remoteness [ri'moːtnəs] *n* : lejanía *f*

removable [ri'muːvəbəl] *adj* : removible

removal [ri'muːvəl] *n* : separación *f*, extracción *f*, supresión *f* (en algo escrito), eliminación *f* (de problemas, etc.)

remove [ri'muːv] *vt* **-moved; -moving** **1** : quitar, quitarse ⟨remove the lid : quite la tapa⟩ ⟨to remove one's hat : quitarse el sombrero⟩ **2** EXTRACT : sacar, extraer ⟨to remove the contents of : sacar el contenido de⟩ **3** ELIMINATE : eliminar, disipar

remunerate [ri'mjuːnə,reɪt] *vt* **-ated; -ating** : remunerar

remuneration [ri,mjuːnə'reɪʃən] *n* : remuneración *f*

remunerative [ri'mjuːnərətɪv, -,reɪ-] *adj* : remunerativo

renaissance [,rɛnə'sɑnts, -'zɑnts; 'rɛnə,-] *n* : renacimiento *m* ⟨the Renaissance : el Renacimiento⟩

renal ['riːnəl] *adj* : renal

rename [,riː'neɪm] *vt* **-named; -naming** : ponerle un nombre nuevo a

rend ['rɛnd] *vt* **rent** ['rɛnt]; **rending** : desgarrar

render ['rɛndər] *vt* **1** : derretir ⟨to render lard : derretir la manteca⟩ **2** GIVE : prestar, dar ⟨to render aid : prestar ayuda⟩ **3** MAKE : hacer, volver, dejar ⟨it rendered him helpless : lo dejó incapacitado⟩ **4** TRANSLATE : traducir, verter ⟨to render into English : traducir al inglés⟩

rendezvous ['rɑndɪ,vuː, -deɪ-] *ns & pl* : encuentro *m*, cita *f*

rendition [rɛn'dɪʃən] *n* : interpretación *f*

renegade ['rɛnɪ,geɪd] *n* : renegado *m*, -da *f*

renege [ri'nɪg, -'nɛg] *vi* **-neged; -neging** : no cumplir con (una promesa, etc.)

renew [ri'nuː, -'njuː] *vt* **1** REVIVE : renovar, reavivar ⟨to renew the sentiments of youth : renovar los sentimientos de la juventud⟩ **2** RESUME : reanudar **3** EXTEND : renovar ⟨to renew a subscription : renovar una suscripción⟩

renewable [ri'nuːəbəl, -'njuː-] *adj* : renovable

renewal [ri'nuːəl, -'njuː-] *n* : renovación *f*

renounce [ri'naʊnts] *vt* **-nounced; -nouncing** : renunciar a

renovate ['rɛnə,veɪt] *vt* **-vated; -vating** : restaurar, renovar

renovation [,rɛnə'veɪʃən] *n* : restauración *f*, renovación *f*

renown [ri'naʊn] *n* : renombre *m*, fama *f*, celebridad *f*

renowned [ri'naʊnd] *adj* : renombrado, célebre, famoso

rent[1] ['rɛnt] *vt* : rentar, alquilar

rent[2] *n* **1** : renta *f*, alquiler *m* ⟨for rent : se alquila⟩ **2** RIP : rasgadura *f*
rental[1] [ˈrɛntəl] *adj* RENT : de alquiler
rental[2] *n* : alquiler *m*
renter [ˈrɛntər] *n* : arrendatario *m*, -ria *f*
renunciation [riˌnʌntsiˈeɪʃən] *n* : renuncia *f*
reopen [ˌriːˈoːpən] *vt* : volver a abrir
reorganization [ˌriːˌɔrgənəˈzeɪʃən] *n* : reorganización *f*
reorganize [ˌriːˈɔrgənˌaɪz] *vt* **-nized; -nizing** : reorganizar
repair[1] [riˈpær] *vt* : reparar, arreglar, refaccionar
repair[2] *n* **1** : reparación *f*, arreglo *m* **2** CONDITION : estado *m* ⟨in bad repair : en mal estado⟩
reparation [ˌrɛpəˈreɪʃən] *n* **1** AMENDS : reparación *f* **2 reparations** *npl* COMPENSATION : indemnización *f*
repartee [ˌrɛpərˈtiː, -ˌpɑr-, -ˈteɪ] *n* : intercambio *m* de réplicas ingeniosas
repast [riˈpæst, ˈriːˌpæst] *n* : comida *f*
repatriate [riˈpeɪtriˌeɪt] *vt* **-ated; -ating** : repatriar
repay [riˈpeɪ] *vt* **-paid; -paying** : pagar, devolver, reembolsar
repeal[1] [riˈpiːl] *vt* : abrogar, revocar
repeal[2] *n* : abrogación *f*, revocación *f*
repeat[1] [riˈpiːt] *vt* : repetir
repeat[2] *n* : repetición *f*
repeatedly [riˈpiːt̬ədli] *adv* : repetidamente, repetidas veces
repel [riˈpɛl] *vt* **-pelled; -pelling** **1** REPULSE : repeler (un enemigo, etc.) **2** RESIST : repeler **3** REJECT : rechazar, repeler **4** DISGUST : repugnar, darle asco (a alguien)
repellent *or* **repellant** [riˈpɛlənt] *n* : repelente *m*
repent [riˈpɛnt] *vi* : arrepentirse
repentance [riˈpɛntənts] *n* : arrepentimiento *m*
repentant [riˈpɛntənt] *adj* : arrepentido
repercussion [ˌriːpərˈkʌʃən, ˌrɛpər-] *n* : repercusión *f*
repertoire [ˈrɛpərˌtwɑr] *n* : repertorio *m*
repertory [ˈrɛpərˌtori] *n, pl* **-ries** : repertorio *m*
repetition [ˌrɛpəˈtɪʃən] *n* : repetición *f*
repetitious [ˌrɛpəˈtɪʃəs] *adj* : repetitivo, reiterativo — **repetitiously** *adv*
repetitive [riˈpt̬ət̬ɪv] *adj* : repetitivo, reiterativo
replace [riˈpleɪs] *vt* **-placed; -placing** **1** : volver a poner ⟨replace it in the drawer : vuelve a ponerlo en el cajón⟩ **2** SUBSTITUTE : reemplazar, sustituir **3** : reponer ⟨to replace the worn carpet : reponer la alfombra raída⟩
replaceable [riˈpleɪsəbəl] *adj* : reemplazable
replacement [riˈpleɪsmənt] *n* **1** SUBSTITUTION : reemplazo *m*, sustitución *f* **2** SUBSTITUTE : sustituto *m*, -ta *f*; suplente *mf* (persona) **3 replacement part** : repuesto *m*, pieza *f* de recambio
replenish [riˈplɛnɪʃ] *vt* : rellenar, llenar de nuevo
replenishment [riˈplɛnɪʃmənt] *n* : reabastecimiento *m*
replete [riˈpliːt] *adj* : repleto, lleno
replica [ˈrɛplɪkə] *n* : réplica *f*, reproducción *f*
replicate [ˈrɛpləˌkeɪt] *v* **-cated; -cating** *vt* : duplicar, repetir — *vi* : duplicarse
replication [ˌrɛpləˈkeɪʃən] *n* **1** REPRODUCTION : reproducción *f* **2** REPETITION : repetición *f* **3** : replicación *f* (celular)
reply[1] [riˈplaɪ] *vi* **-plied; -plying** : contestar, responder
reply[2] *n, pl* **-plies** : respuesta *f*, contestación *f*
report[1] [rɪˈport] *vt* **1** : informar sobre (una noticia, etc.) **2** ANNOUNCE : anunciar **3** : decir, afirmar ⟨35% reported having voted : el 35% dijo haber votado⟩ **4** : dar parte de, reportar (un accidente, etc.), denunciar (un delito) — *vi* **1** : informar ⟨to report on : informar sobre⟩ **2 to report back** RETURN : volver (a la base, etc.) **3 to report back** : dar parte (a un jefe) **4 to report for duty** : presentarse, reportarse **5 to report to someone** : reportar a alguien
report[2] *n* **1** RUMOR : rumor *m* **2** REPUTATION : reputación *f* ⟨people of evil report : personas de mala fama⟩ **3** ACCOUNT : informe *m*, reportaje *m* (en un periódico, etc.) **4** BANG : estallido *m* (de un arma de fuego)
report card *n* : boletín *m* de calificaciones, boletín *m* de notas
reportedly [riˈport̬ədli] *adv* : según se dice, según se informa
reporter [riˈport̬ər] *n* : periodista *mf*; reportero *m*, -ra *f*
repose[1] [riˈpoːz] *vi* **-posed; -posing** : reposar, descansar
repose[2] *n* **1** : reposo *m*, descanso *m* **2** CALM : calma *f*, tranquilidad *f*
repository [riˈpɑzəˌtori] *n, pl* **-ries** : depósito *m*
repossess [ˌriːpəˈzɛs] *vt* : recuperar, recobrar la posesión de
reprehensible [ˌrɛpriˈhɛntsəbəl] *adj* : reprensible — **reprehensibly** *adv*
represent [ˌrɛprɪˈzɛnt] *vt* **1** SYMBOLIZE : representar ⟨the flag represents our country : la bandera representa a nuestro país⟩ **2** : representar, ser un representante de ⟨an attorney who represents his client : un abogado que representa su cliente⟩ **3** PORTRAY : presentar ⟨he represents himself as a friend : se presenta como amigo⟩
representation [ˌrɛprɪˌzɛnˈteɪʃən, -zən-] *n* : representación *f*
representative[1] [ˌrɛprɪˈzɛntət̬ɪv] *adj* : representativo
representative[2] *n* **1** : representante *mf* **2** : diputado *m*, -da *f* (en la política)
repress [riˈprɛs] *vt* : reprimir
repression [riˈprɛʃən] *n* : represión *f*
repressive [riˈprɛsɪv] *adj* : represivo

reprieve[1] [ri'pri:v] *vt* **-prieved; -prieving** : indultar
reprieve[2] *n* : indulto *m*
reprimand[1] ['rɛprə,mænd] *vt* : reprender
reprimand[2] *n* : reprimenda *f*
reprint[1] [ri'prɪnt] *vt* : reimprimir
reprint[2] ['ri:,prɪnt, ri'prɪnt] *n* : reedición *f*
reprisal [ri'praɪzəl] *n* : represalia *f*
reproach[1] [ri'pro:ʧ] *vt* : reprochar
reproach[2] *n* **1** DISGRACE : deshonra *f* **2** REBUKE : reproche *m*, recriminación *f*
reproachful [ri'pro:ʧfəl] *adj* : de reproche
reproduce [,ri:prə'du:s, -'dju:s] *v* **-duced; -ducing** *vt* : reproducir — *vi* BREED : reproducirse
reproduction [,ri:prə'dʌkʃən] *n* : reproducción *f*
reproductive [,ri:prə'dʌktɪv] *adj* : reproductor
reproof [ri'pru:f] *n* : reprobación *f*, reprimenda *f*, reproche *m*
reprove [ri'pru:v] *vt* **-proved; -proving** : reprender, censurar
reptile ['rɛp,taɪl] *n* : reptil *m*
republic [ri'pʌblɪk] *n* : república *f*
republican[1] [ri'pʌblɪkən] *adj* : republicano
republican[2] *n* : republicano *m*, -na *f*
repudiate [ri'pju:di,eɪt] *vt* **-ated; -ating** **1** REJECT : rechazar **2** DISOWN : repudiar, renegar de
repudiation [ri,pju:di'eɪʃən] *n* : rechazo *m*, repudio *m*
repugnance [ri'pʌgnənts] *n* : repugnancia *f*
repugnant [ri'pʌgnənt] *adj* : repugnante, asqueroso
repulse[1] [ri'pʌls] *vt* **-pulsed; -pulsing** **1** REPEL : repeler **2** REBUFF : desairar, rechazar
repulse[2] *n* : rechazo *m*
repulsive [ri'pʌlsɪv] *adj* : repulsivo, repugnante, asqueroso — **repulsively** *adv*
reputable ['rɛpjəṯəbəl] *adj* : acreditado, de buena reputación
reputation [,rɛpjə'teɪʃən] *n* : reputación *f*, fama *f*
repute [ri'pju:t] *n* : reputación *f*, fama *f*
reputed [ri'pju:ṯəd] *adj* : reputado, supuesto ⟨she's reputed to be the best : tiene fama de ser la mejor⟩
reputedly [ri'pju:ṯədli] *adv* : supuestamente, según se dice
request[1] [ri'kwɛst] *vt* : pedir, solicitar, rogar ⟨to request assistance : solicitar asistencia, pedir ayuda⟩ ⟨I requested him to do it : le pedí que lo hiciera⟩
request[2] *n* : petición *f*, solicitud *f*, pedido *m*
requiem ['rɛkwiəm, 'reɪ-] *n* : réquiem *m*
require [ri'kwaɪr] *vt* **-quired; -quiring** **1** CALL FOR, DEMAND : requerir, exigir ⟨if required : si se requiere⟩ ⟨to require that something be done : exigir que algo se haga⟩ **2** NEED : necesitar, requerir
requirement [ri'kwaɪrmənt] *n* **1** NECESSITY : necesidad *f* **2** DEMAND : requisito *m*, demanda *f*
requisite[1] ['rɛkwəzɪt] *adj* : esencial, necesario
requisite[2] *n* : requisito *m*, necesidad *f*
requisition[1] [,rɛkwə'zɪʃən] *vt* : requisar
requisition[2] *n* : requisición *f*, requisa *f*
reread [,ri:'ri:d] *vt* **-read; -reading** : releer
reroute [,ri:'ru:t, -'raʊt] *vt* **-routed; -routing** : desviar
rerun[1] [ri:'rʌn] *vt* **-ran; -run; -running** : reponer (un programa televisivo)
rerun[2] ['ri:,rʌn] *n* **1** : reposición *f* (de un programa televisivo) **2** REPEAT : repetición *f*
resale ['ri:,seɪl, ,ri:'seɪl] *n* : reventa *f* ⟨resale price : precio de venta⟩
rescind [ri'sɪnd] *vt* **1** CANCEL : rescindir, cancelar **2** REPEAL : abrogar, revocar
rescue[1] ['rɛs,kju:] *vt* **-cued; -cuing** : rescatar, salvar
rescue[2] *n* : rescate *m*
rescuer ['rɛskjuər] *n* : salvador *m*, -dora *f*
research[1] [ri'sərʧ, 'ri:,sərʧ] *v* : investigar
research[2] *n* : investigación *f*
researcher [ri'sərʧər, 'ri:,-] *n* : investigador *m*, -dora *f*
resemblance [ri'zɛmblənts] *n* : semejanza *f*, parecido *m*
resemble [ri'zɛmbəl] *vt* **-sembled; -sembling** : parecerse a, asemejarse a
resent [ri'zɛnt] *vt* : resentirse de, ofenderse por
resentful [ri'zɛntfəl] *adj* : resentido, rencoroso — **resentfully** *adv*
resentment [ri'zɛntmənt] *n* : resentimiento *m*
reservation [,rɛzər'veɪʃən] *n* **1** : reservación *f*, reserva *f* ⟨to make a reservation : hacer una reservación⟩ **2** DOUBT, MISGIVING : reserva *f*, duda *f* ⟨without reservations : sin reservas⟩ **3** : reserva *f* (de indios americanos)
reserve[1] [ri'zərv] *vt* **-served; -serving** : reservar
reserve[2] *n* **1** STOCK : reserva *f* ⟨to keep in reserve : guardar en reserva⟩ **2** RESTRAINT : reserva *f*, moderación *f* **3** **reserves** *npl* : reservas *fpl* (militares)
reserved [ri'zərvd] *adj* : reservado
reservoir ['rɛzər,vwɑr, -,vwɔr, -,vɔr] *n* : embalse *m*
reset [,ri:'sɛt] *vt* **-set; -setting** : reajustar, poner en hora (un reloj), reiniciar (una computadora)
reside [ri'zaɪd] *vi* **-sided; -siding** **1** DWELL : residir **2** LIE : radicar, residir ⟨the power resides in the presidency : el poder radica en la presidencia⟩
residence ['rɛzədənts] *n* : residencia *f*
resident[1] ['rɛzədənt] *adj* : residente
resident[2] *n* : residente *mf*

residential [ˌrɛzəˈdɛntʃəl] *adj* : residencial
residual [riˈzɪdʒʊəl] *adj* : residual
residue [ˈrɛzəˌduː, -ˌdjuː] *n* : residuo *m*, resto *m*
resign [riˈzaɪn] *vt* **1** QUIT : dimitir, renunciar **2 to resign oneself** : aguantarse, resignarse
resignation [ˌrɛzɪgˈneɪʃən] *n* : resignación *f*
resignedly [riˈzaɪnədli] *adv* : con resignación
resilience [riˈzɪljəntˢ] *n* **1** : capacidad *f* de recuperación, adaptabilidad *f* **2** ELASTICITY : elasticidad *f*
resiliency [riˈzɪljəntsi] → **resilience**
resilient [riˈzɪljənt] *adj* **1** STRONG : resistente, fuerte **2** ELASTIC : elástico
resin [ˈrɛzən] *n* : resina *f*
resist [riˈzɪst] *vt* **1** WITHSTAND : resistir ⟨to resist heat : resistir el calor⟩ **2** OPPOSE : oponerse a
resistance [riˈzɪstəntˢ] *n* : resistencia *f*
resistant [riˈzɪstənt] *adj* : resistente
resolute [ˈrɛzəˌluːt] *adj* : firme, resuelto, decidido
resolutely [ˈrɛzəˌluːtli, ˌrzəˈ-] *adv* : resueltamente, firmemente
resolution [ˌrɛzəˈluːʃən] *n* **1** SOLUTION : solución *f* **2** RESOLVE : resolución *f*, determinación *f* **3** DECISION : propósito *m*, decisión *f* ⟨New Year's resolutions : propósitos para el Año Nuevo⟩ **4** MOTION, PROPOSAL : moción *f*, resolución *f* (legislativa)
resolve[1] [riˈzɑlv] *vt* **-solved; -solving 1** SOLVE : resolver, solucionar **2** DECIDE : resolver ⟨she resolved to get more sleep : resolvió dormir más⟩
resolve[2] *n* : resolución *f*, determinación *f*
resonance [ˈrɛzənəntˢ] *n* : resonancia *f*
resonant [ˈrɛzənənt] *adj* : resonante, retumbante
resort[1] [riˈzɔrt] *vi* **to resort to** : recurrir ⟨to resort to force : recurrir a la fuerza⟩
resort[2] *n* **1** RECOURSE : recurso *m* ⟨as a last resort : como último recurso⟩ **2** HANGOUT : lugar *m* popular, lugar *m* muy frecuentado **3** : lugar *m* de vacaciones ⟨tourist resort : centro turístico⟩
resound [riˈzaʊnd] *vi* : retumbar, resonar
resounding [riˈzaʊndɪŋ] *adj* **1** RESONANT : retumbante, resonante **2** ABSOLUTE, CATEGORICAL : rotundo, tremendo ⟨a resounding success : un éxito rotundo⟩
resource [ˈriːˌsors, riˈsors] *n* **1** RESOURCEFULNESS : ingenio *m*, recursos *mpl* **2 resources** *npl* : recursos *mpl* ⟨natural resources : recursos naturales⟩ **3 resources** *npl* MEANS : recursos *mpl*, medios *mpl*, fondos *mpl*
resourceful [riˈsorsfəl, -ˈzors-] *adj* : ingenioso
resourcefulness [riˈsorsfəlnəs, -ˈzors-] *n* : ingenio *m*, recursos *mpl*, inventiva *f*
respect[1] [riˈspɛkt] *vt* : respetar, estimar
respect[2] *n* **1** REFERENCE : relación *f*, respeto *m* ⟨with respect to : en lo que respecta a⟩ **2** ESTEEM : respeto *m*, estima *f* **3** DETAIL, PARTICULAR : detalle *m*, sentido *m*, respeto *m* ⟨in some respects : en algunos sentidos⟩ **4 respects** *npl* : respetos *mpl* ⟨to pay one's respects : presentar uno susrespetos⟩
respectability [riˌspɛktəˈbɪləṭi] *n* : respetabilidad *f*
respectable [riˈspɛktəbəl] *adj* **1** PROPER : respetable, decente **2** CONSIDERABLE : considerable, respetable ⟨a respectable amount : una cantidad respetable⟩ — **respectably** [-bli] *adv*
respectful [riˈspɛktfəl] *adj* : respetuoso — **respectfully** *adv*
respectfulness [riˈspɛktfəlnəs] *n* : respetuosidad *f*
respective [riˈspɛktɪv] *adj* : respectivo ⟨their respective homes : sus casas respectivas⟩ — **respectively** *adv*
respiration [ˌrɛspəˈreɪʃən] *n* : respiración *f*
respirator [ˈrɛspəˌreɪṭər] *n* : respirador *m*
respiratory [ˈrɛspərəˌtori, rɪˈspaɪrə-] *adj* : respiratorio
respite [ˈrɛspɪt, rɪˈspaɪt] *n* : respiro *m*, tregua *f*
resplendent [riˈsplɛndənt] *adj* : resplandeciente — **resplendently** *adv*
respond [riˈspɑnd] *vi* **1** ANSWER : contestar, responder **2** REACT : responder, reaccionar ⟨to respond to treatment : responder al tratamiento⟩
response [riˈspɑntˢ] *n* : respuesta *f*
responsibility [riˌspɑntsəˈbɪləṭi] *n, pl* **-ties** : responsabilidad *f*
responsible [riˈspɑntsəbəl] *adj* : responsable — **responsibly** [-bli] *adv*
responsive [riˈspɑntsɪv] *adj* **1** ANSWERING : que responde **2** SENSITIVE : sensible, receptivo
responsiveness [riˈspɑntsɪvnəs] *n* : receptividad *f*, sensibilidad *f*
rest[1] [ˈrɛst] *vi* **1** : descansar ⟨to rest comfortably : descansar cómodamente⟩ **2** STOP : pararse, detenerse **3** DEPEND : basarse (en), descansar (sobre), depender (de) ⟨the decision rests with her : la decisión pesa sobre ella⟩ **4 to rest easy** : quedarse tranquilo **5 to rest on** : apoyarse en, descansar sobre ⟨to rest on one's arm : apoyarse en el brazo⟩ — *vt* **1** RELAX : descansar **2** SUPPORT : apoyar **3 to rest one's eyes on** : fijar la mirada en
rest[2] *n* **1** RELAXATION : descanso *m*, reposo *m* ⟨to get some rest : descansar⟩ **2** BREAK : descanso *m* **3** SUPPORT : soporte *m*, apoyo *m* **4** : silencio *m* (en música) **5** REMAINDER : resto *m* ⟨the rest (of us/them) : los demás⟩ **6 to come to rest** : pararse

restart [ri'stɑrt] *vt* **1** : volver a empezar **2** RESUME : reanudar **3** : volver a arrancar (un motor), reiniciar (una computadora) — *vi* **1** : reanudarse **2** : volver a arrancar
restatement [ˌri:'steɪtmənt] *n* : repetición *f*
restaurant ['rɛstəˌrɑnt, -rənt] *n* : restaurante *m*
restful ['rɛstfəl] *adj* **1** RELAXING : relajante **2** PEACEFUL : tranquilo, sosegado
restitution [ˌrɛstə'tu:ʃən, -'tju:-] *n* : restitución *f*
restive ['rɛstɪv] *adj* : inquieto, nervioso
restless ['rɛstləs] *adj* **1** FIDGETY : inquieto, agitado **2** IMPATIENT : impaciente **3** SLEEPLESS : desvelado ⟨a restless night : una noche en blanco⟩
restlessly ['rɛstləsli] *adv* : nerviosamente
restlessness ['rɛstləsnəs] *n* : inquietud *f*, agitación *f*
restoration [ˌrɛstə'reɪʃən] *n* : restauración *f*, restablecimiento *m*
restore [ri'stor] *vt* **-stored; -storing 1** RETURN : volver **2** REESTABLISH : restablecer **3** REPAIR : restaurar
restrain [ri'streɪn] *vt* **1** : refrenar, contener **2 to restrain oneself** : contenerse
restrained [ri'streɪnd] *adj* : comedido, templado, contenido
restraint [ri'streɪnt] *n* **1** RESTRICTION : restricción *f*, limitación *f*, control *m* **2** CONFINEMENT : encierro *m* **3** RESERVE : reserva *f*, control *m* de sí mismo
restrict [ri'strɪkt] *vt* : restringir, limitar, constreñir
restricted [ri'strɪktəd] *adj* **1** LIMITED : limitado, restringido **2** CLASSIFIED : secreto, confidencial
restriction [ri'strɪkʃən] *n* : restricción *f*
restrictive [ri'strɪktɪv] *adj* : restrictivo — **restrictively** *adv*
rest room *n* : servicios *mpl*, baño *m*
restructure [ri'strʌktʃər] *vt* **-tured; -turing** : reestructurar
result[1] [ri'zʌlt] *vi* : resultar ⟨to result in : resultar en, tener por resultado⟩
result[2] *n* : resultado *m*, consecuencia *f* ⟨as a result of : como consecuencia de⟩
resultant [ri'zʌltənt] *adj* : resultante
resume [ri'zu:m] *v* **-sumed; -suming** *vt* : reanudar — *vi* : reanudarse
résumé *or* **resume** *or* **resumé** ['rɛzəˌmeɪ, ˌrɛzə'-] *n* **1** SUMMARY : resumen *m* **2** CURRICULUM VITAE : currículum *m*, currículo *m*
resumption [ri'zʌmpʃən] *n* : reanudación *f*
resurface [ˌri:'sərfəs] *v* **-faced; -facing** *vt* : pavimentar (una carretera) de nuevo — *vi* : volver a salir en la superficie
resurgence [ri'sərdʒənts] *n* : resurgimiento *m*
resurrect [ˌrɛzə'rɛkt] *vt* : resucitar, desempolvar
resurrection [ˌrɛzə'rɛkʃən] *n* : resurrección *f*
resuscitate [ri'sʌsəˌteɪt] *vt* **-tated; -tating** : resucitar, revivir
resuscitation [riˌsʌsə'teɪʃən] *n* : reanimación *f*, resucitación *f*
retail[1] ['ri:ˌteɪl] *vt* : vender al por menor, vender al detalle
retail[2] *adv* : al por menor, al detalle
retail[3] *adj* : detallista, minorista
retail[4] *n* : venta *f* al detalle, venta *f* al por menor
retailer ['ri:ˌteɪlər] *n* : detallista *mf*, minorista *mf*
retain [ri'teɪn] *vt* : retener, conservar, guardar
retainer [ri'teɪnər] *n* **1** SERVANT : criado *m*, -da *f* **2** ADVANCE : anticipo *m*
retaliate [ri'tæliˌeɪt] *vi* **-ated; -ating** : responder, contraatacar, tomar represalias
retaliation [riˌtæli'eɪʃən] *n* : represalia *f*, retaliación *f*
retard [ri'tɑrd] *vt* : retardar, retrasar
retardation [ˌri:ˌtɑr'deɪʃən] *n* **1** : retardación *f* **2** *or* **mental retardation** : retraso *m* mental
retarded [ri'tɑrdəd] *adj* : retrasado
retch ['rɛtʃ] *vi* : hacer arcadas
retention [ri'tɛntʃən] *n* : retención *f*
retentive [ri'tɛntɪv] *adj* : retentivo
rethink [ri:'θɪŋk] *vt* **-thought; -thinking** : reconsiderar, repensar
reticence ['rɛtəsənts] *n* : reticencia *f*
reticent ['rɛtəsənt] *adj* : reticente
retina ['rɛtənə] *n, pl* **-nas** *or* **-nae** [-əni, -ənˌaɪ] : retina *f*
retinue ['rɛtənˌu:, -ˌju:] *n* : séquito *m*, comitiva *f*, cortejo *m*
retire [ri'taɪr] *vi* **-tired; -tiring 1** RETREAT, WITHDRAW : retirarse, retraerse **2** : retirarse, jubilarse (de su trabajo) **3** : acostarse, irse a dormir
retiree [riˌtaɪ'ri:] *n* : jubilado *m*, -da *f*
retirement [ri'taɪrmənt] *n* : jubilación *f*
retiring [ri'taɪrɪŋ] *adj* SHY : retraído
retort[1] [ri'tɔrt] *vt* : replicar
retort[2] *n* : réplica *f*
retrace [ˌri:'treɪs] *vt* **-traced; -tracing** : volver sobre, desandar ⟨to retrace one's steps : volver uno sobre sus pasos⟩
retract [ri'trækt] *vt* **1** TAKE BACK, WITHDRAW : retirar, retractarse de **2** : retraer (las garras) — *vi* : retractarse
retractable [ri'træktəbəl] *adj* : retractable
retrain [ˌri:'treɪn] *vt* : reciclar, reconvertir
retreat[1] [ri'tri:t] *vi* : retirarse
retreat[2] *n* **1** WITHDRAWAL : retirada *f*, repliegue *m*, retiro *m* ⟨to beat a retreat : batirse en retirada⟩ **2** REFUGE : retiro *m*, refugio *m*
retrench [ri'trɛntʃ] *vt* : reducir (gastos) — *vi* : economizar
retribution [ˌrɛtrə'bju:ʃən] *n* PUNISHMENT : castigo *m*, pena *f* merecida
retrieval [ri'tri:vəl] *n* : recuperación *f* ⟨beyond retrieval : irrecuperable⟩

⟨data retrieval : recuperación de datos⟩

retrieve [ri'tri:v] *vt* **-trieved; -trieving 1** : cobrar ⟨to retrieve game : cobrar la caza⟩ **2** RECOVER : recuperar

retriever [ri'tri:vər] *n* : perro *m* cobrador

retroactive [ˌrɛtro'æktɪv] *adj* : retroactivo — **retroactively** *adv*

retrograde ['rɛtrəˌgreɪd] *adj* : retrógrado

retrospect ['rɛtrəˌspɛkt] *n* **in retrospect** : mirando hacia atrás, retrospectivamente

retrospective [ˌrɛtrə'spɛktɪv] *adj* : retrospectivo

return[1] [rɪ'tərn] *vi* **1** : volver, regresar ⟨to return home : regresar a casa⟩ **2** REAPPEAR : reaparecer, resurgir **3** REVERT : volver (a un estado anterior) **4** : volver (a una actividad, un tema, etc.) **5** ANSWER : responder **6** : emitir (un veredicto) — *vt* **1** REPLACE, RESTORE : devolver, volver (a poner), restituir ⟨to return something to its place : volver a poner algo en su lugar⟩ **2** YIELD : producir, redituar, rendir **3** REPAY : devolver, corresponder a ⟨to return a compliment : devolver un cumplido⟩

return[2] *adj* : de vuelta

return[3] *n* **1** RETURNING : regreso *m*, vuelta *f*, retorno *m* **2** *or* **tax return** : declaración *f* de impuestos **3** YIELD : rédito *m*, rendimiento *m*, ganancia *f* **4 returns** *npl* DATA, RESULTS : resultados *mpl*, datos *mpl* **5 in return (for)** : a cambio (de)

reunion [ri'ju:njən] *n* : reunión *f*, reencuentro *m*

reunite [ˌri:jʊ'naɪt] *v* **-nited; -niting** *vt* : (volver a) reunir — *vi* : (volver a) reunirse

reusable [ri'ju:zəbəl] *adj* : reutilizable

reuse [ri'ju:z] *vt* **-used; -using** : reutilizar, usar de nuevo

revamp [ˌri'væmp] *vt* : renovar

reveal [ri'vi:l] *vt* **1** DIVULGE : revelar, divulgar ⟨to reveal a secret : revelar un secreto⟩ **2** SHOW : manifestar, mostrar, dejar ver

revealing [ri'vi:lɪŋ] *adj* : revelador

reveille ['rɛvəli] *n* : toque *m* de diana

revel[1] ['rɛvəl] *vi* **-eled** *or* **-elled; -eling** *or* **-elling 1** CAROUSE : ir de juerga **2 to revel in** : deleitarse en

revel[2] *n* : juerga *f*, parranda *f fam*

revelation [ˌrɛvə'leɪʃən] *n* : revelación *f*

reveler *or* **reveller** ['rɛvələr] *n* : juerguista *mf*

revelry ['rɛvəlri] *n, pl* **–ries** : juerga *f*, parranda *f fam*, jarana *f fam*

revenge[1] [ri'vɛndʒ] *vt* **-venged; -venging** : vengar ⟨to revenge oneself on : vengarse de⟩

revenge[2] *n* : venganza *f*

revenue ['rɛvəˌnu:, -ˌnju:] *n* : ingresos *mpl*, rentas *fpl*

reverberate [ri'vərbəˌreɪt] *vi* **-ated; -ating** : reverberar

reverberation [riˌvərbə'reɪʃən] *n* : reverberación *f*

revere [ri'vɪr] *vt* **-vered; -vering** : reverenciar, venerar

reverence ['rɛvərənts] *n* : reverencia *f*, veneración *f*

reverend ['rɛvərənd] *adj* : reverendo ⟨the Reverend John Chapin : el reverendo John Chapin⟩

reverent ['rɛvərənt] *adj* : reverente — **reverently** *adv*

reverie ['rɛvəri] *n, pl* **-eries** : ensueño *m*

reversal ['rɛvərsəl] *n* **1** INVERSION : inversión *f* (del orden normal) **2** CHANGE : cambio *m* total **3** SETBACK : revés *m*, contratiempo *m*

reverse[1] [ri'vərs] *v* **-versed; -versing** *vt* **1** INVERT : invertir **2** CHANGE : cambiar totalmente **3** ANNUL : anular, revocar — *vi* : dar marcha atrás

reverse[2] *adj* **1** : inverso ⟨in reverse order : en orden inverso⟩ ⟨the reverse side : el reverso⟩ **2** OPPOSITE : contrario, opuesto

reverse[3] *n* **1** OPPOSITE : lo contrario, lo opuesto **2** SETBACK : revés *m*, contratiempo *m* **3** BACK : reverso *m*, dorso *m*, revés *m* **4** *or* **reverse gear** : marcha *f* atrás, reversa *f Col, Mex*

reversible [ri'vərsəbəl] *adj* : reversible

reversion [ri'vərʒən] *n* : reversión *f*, vuelta *f*

revert [ri'vərt] *vi* : revertir

review[1] [ri'vju:] *vt* **1** REEXAMINE : volver a examinar, repasar (una lección) **2** CRITICIZE : reseñar, hacer una crítica de **3** EXAMINE : examinar, analizar ⟨to review one's life : examinar su vida⟩ **4 to review the troops** : pasar revista a las tropas

review[2] *n* **1** INSPECTION : revista *f* (de tropas) **2** ANALYSIS, OVERVIEW : resumen *m*, análisis *m* ⟨a review of current affairs : un análisis de las actualidades⟩ **3** CRITICISM : reseña *f*, crítica *f* (de un libro, etc.) **4** : repaso *m* (para un examen) **5** REVUE : revista *f* (musical)

reviewer [ri'vju:ər] *n* : crítico *m*, -ca *f*

revile [ri'vaɪl] *vt* **-viled; -viling** : injuriar, denostar

revise [ri'vaɪz] *vt* **-vised; -vising** : revisar, corregir, refundir ⟨to revise a dictionary : corregir un diccionario⟩

revision [ri'vɪʒən] *n* : revisión *f*

revival [ri'vaɪvəl] *n* **1** : renacimiento *m* (de ideas, etc.), restablecimiento *m* (de costumbres, etc.), reactivación *f* (de la economía) **2** : reanimación *f*, resucitación *f* (en medicina) **3** *or* **revival meeting** : asamblea *f* evangelista

revive [ri'vaɪv] *v* **-vived; -viving** *vt* **1** REAWAKEN : reavivar, reanimar, reactivar (la economía), resucitar (a un paciente) **2** REESTABLISH : restablecer — *vi* **1** : renacer, reanimarse, reactivarse **2** COME TO : recobrar el sentido, volver en sí

revoke [ri'vo:k] *vt* **-voked; -voking** : revocar

revolt[1] [ri'vo:lt] *vi* **1** REBEL : rebelarse, sublevarse **2 to revolt at** : sentir repugnancia por — *vt* DISGUST : darle asco (a alguien), repugnar

revolt[2] *n* REBELLION : rebelión *f*, revuelta *f*, sublevación *f*

revolting [ri'vo:ltɪŋ] *adj* : asqueroso, repugnante

revolution [ˌrɛvə'lu:ʃən] *n* : revolución *f*

revolutionary[1] [ˌrɛvə'lu:ʃənˌɛri] *adj* : revolucionario

revolutionary[2] *n, pl* **-aries** : revolucionario *m*, -ria *f*

revolutionize [ˌrɛvə'lu:ʃənˌaɪz] *vt* **-ized; -izing** : cambiar radicalmente, revolucionar

revolve [ri'vɑlv] *v* **-volved; -volving** *vt* ROTATE : hacer girar — *vi* **1** ROTATE : girar ⟨to revolve around : girar alrededor de⟩ **2 to revolve in one's mind** : darle vueltas en la cabeza a alguien

revolver [ri'vɑlvər] *n* : revólver *m*

revue [ri'vju:] *n* : revista *f* (musical)

revulsion [ri'vʌlʃən] *n* : repugnancia *f*

reward[1] [ri'wɔrd] *vt* : recompensar, premiar

reward[2] *n* : recompensa *f*

rewrite [ˌri:'raɪt] *vt* **-wrote; -written; -writing** : escribir de nuevo, volver a escribir

rhapsody ['ræpsədi] *n, pl* **-dies** **1** : elogio *m* excesivo ⟨to go into rhapsodies over : extasiarse por⟩ **2** : rapsodia *f* (en música)

rhetoric ['rɛt̬ərɪk] *n* : retórica *f*

rhetorical [rɪ'tɔrɪkəl] *adj* : retórico

rheumatic [rʊ'mæt̬ɪk] *adj* : reumático

rheumatism ['ru:məˌtɪzəm, 'rʊ-] *n* : reumatismo *m*

rhinestone ['raɪnˌsto:n] *n* : diamante *m* de imitación

rhino ['raɪˌno:] *n, pl* **rhino** *or* **rhinos** → **rhinoceros**

rhinoceros [raɪ'nɑsərəs] *n, pl* **-eroses** *or* **-eros** *or* **-eri** [-ˌraɪ] : rinoceronte *m*

rhododendron [ˌro:də'dɛndrən] *n* : rododendro *m*

rhombus ['rɑmbəs] *n, pl* **-buses** *or* **-bi** [-ˌbaɪ, -bi] : rombo *m*

rhubarb ['ru:ˌbɑrb] *n* : ruibarbo *m*

rhyme[1] ['raɪm] *vi* **rhymed; rhyming** : rimar

rhyme[2] *n* **1** : rima *f* **2** VERSE : verso *m* (en rima)

rhythm ['rɪðəm] *n* : ritmo *m*

rhythmic ['rɪðmɪk] *or* **rhythmical** [-mɪkəl] *adj* : rítmico — **rhythmically** [-mɪkli] *adv*

rib[1] ['rɪb] *vt* **ribbed; ribbing** **1** : hacer en canalé ⟨a ribbed sweater : un suéter en canalé⟩ **2** TEASE : tomarle el pelo (a alguien)

rib[2] *n* **1** : costilla *f* (de una persona o un animal) **2** : nervio *m* (de una bóveda o una hoja), varilla *f* (de un paraguas), canalé *m* (de una prenda tejida)

ribald ['rɪbəld] *adj* : escabroso, procaz

ribbon ['rɪbən] *n* **1** : cinta *f* **2 to tear to ribbons** : hacer jirones

rice ['raɪs] *n* : arroz *m*

rich ['rɪʧ] *adj* **1** WEALTHY : rico **2** SUMPTUOUS : suntuoso, lujoso **3** : pesado ⟨rich foods : comida pesada⟩ **4** ABUNDANT : abundante **5** : vivo, intenso ⟨rich colors : colores vivos⟩ **6** FERTILE : fértil, rico

riches ['rɪʧəz] *npl* : riquezas *fpl*

richly ['rɪʧli] *adv* **1** SUMPTUOUSLY : suntuosamente, ricamente **2** ABUNDANTLY : abundantemente **3 richly deserved** : bien merecido

richness ['rɪʧnəs] *n* : riqueza *f*

rickets ['rɪkəts] *n* : raquitismo *m*

rickety ['rɪkət̬i] *adj* : desvencijado, destartalado

ricksha *or* **rickshaw** ['rɪkˌʃɔ] *n* : cochecillo *m* tirado por un hombre

ricochet[1] ['rɪkəˌʃeɪ] *vi* **-cheted** [-ˌʃeɪd] *or* **-chetted** [-ˌʃɛt̬əd]; **-cheting** [-ˌʃeɪɪŋ] *or* **-chetting** [-ˌʃɛt̬ɪŋ] : rebotar

ricochet[2] *n* : rebote *m*

rid ['rɪd] *vt* **rid; ridding** **1** FREE : librar ⟨to rid the city of thieves : librar la ciudad de ladrones⟩ **2 to rid oneself of** : desembarazarse de

riddance ['rɪdənts] *n* : libramiento *m* ⟨good riddance! : ¡adiós y buen viaje!, ¡vete con viento fresco!⟩

riddle[1] ['rɪdəl] *vt* **-dled; -dling** : acribillar ⟨riddled with bullets : acribillado a balazos⟩ ⟨riddled with errors : lleno de errores⟩

riddle[2] *n* : acertijo *m*, adivinanza *f*

ride[1] ['raɪd] *v* **rode** ['ro:d]; **ridden** ['rɪdən]; **riding** *vt* **1** : montar, ir, andar ⟨to ride a horse : montar a caballo⟩ ⟨to ride a bicycle : montar/andar en bicicleta⟩ ⟨to ride the bus/train : ir en autobús/tren⟩ **2** : recorrer ⟨he rode 5 miles : recorrió 5 millas⟩ ⟨we rode the trails : recorrimos los senderos⟩ **3** TEASE : burlarse de, ridiculizar **4 to ride out** WEATHER : capear ⟨they rode out the storm : capearon el temporal⟩ **5 to ride the waves** : surcar los mares — *vi* **1** : montar a caballo, cabalgar **2** TRAVEL : ir, viajar (en coche, en bicicleta, etc.) **3** RUN : andar, marchar ⟨the car rides well : el coche anda bien⟩ **4 to be riding high** : estar encantado de la vida **5 to be riding on** : depender de **6 to be riding for a fall** : ir camino al desastre **7 to let something ride** *fam* : dejar pasar algo **8 to ride herd on** *fam* : vigilar **9 to ride shotgun** *fam* : ir en el asiento del pasajero delantero **10 to ride up** : subírsele (dícese de la ropa)

ride[2] *n* **1** : paseo *m*, vuelta *f* (en coche, en bicicleta, a caballo) ⟨to go for a ride : dar una vuelta⟩ ⟨to give someone a ride : llevar en coche a alguien⟩ **2** : aparato *m* (en un parque de diversiones)

rider [ˈraɪdər] *n* **1** : jinete *mf* ⟨the rider fell off his horse : el jinete se cayó de su caballo⟩ **2** CYCLIST : ciclista *mf* **3** MOTORCYCLIST : motociclista *mf* **4** CLAUSE : cláusula *f* añadida

ridge [ˈrɪʤ] *n* **1** CHAIN : cadena *f* (de montañas o cerros) **2** : caballete *m* (de un techo), cresta *f* (de una ola o una montaña), cordoncillo *m* (de telas)

ridicule[1] [ˈrɪdəˌkju:l] *vt* **-culed; -culing** : burlarse de, mofarse de, ridiculizar

ridicule[2] *n* : burlas *fpl*

ridiculous [rəˈdɪkjələs] *adj* : ridículo, absurdo

ridiculously [rəˈdɪkjələsli] *adv* : de forma ridícula

rife [ˈraɪf] *adj* : abundante, común ⟨to be rife with : estar plagado de⟩

riffraff [ˈrɪfˌræf] *n* : chusma *f*, gentuza *f*

rifle[1] [ˈraɪfəl] *v* **-fled; -fling** *vt* RANSACK : desvalijar, saquear — *vi* **to rifle through** : revolver

rifle[2] *n* : rifle *m*, fusil *m*

rift [ˈrɪft] *n* **1** FISSURE : grieta *f*, fisura *f* **2** BREAK : ruptura *f* (entre personas), división *f* (dentro de un grupo)

rig[1] [ˈrɪg] *vt* **rigged; rigging** **1** : aparejar (un barco) **2** EQUIP : equipar **3** FIX : amañar (una elección, etc.) **4 to rig up** CONSTRUCT : construir, erigir **5 to rig oneself out as** : vestirse de

rig[2] *n* **1** : aparejo *m* (de un barco) **2** *or* **oil rig** : torre *f* de perforación, plataforma *f* petrolífera

rigging [ˈrɪgɪŋ, -gən] *n* : jarcia *f*, aparejo *m*

right[1] [ˈraɪt] *vt* **1** FIX, RESTORE : reparar ⟨to right the economy : reparar la economía⟩ **2** STRAIGHTEN : enderezar

right[2] *adv* **1** : bien ⟨to live right : vivir bien⟩ **2** PRECISELY : precisamente, justo ⟨right in the middle : justo en medio⟩ **3** DIRECTLY, STRAIGHT : derecho, directamente ⟨he went right home : fue derecho a casa⟩ **4** IMMEDIATELY : inmediatamente ⟨right after lunch : inmediatamente después del almuerzo⟩ **5** COMPLETELY : completamente ⟨he felt right at home : se sintió completamente cómodo⟩ **6** : a la derecha ⟨to look left and right : mirar a la izquierda y a la derecha⟩

right[3] *adj* **1** MORAL : justo ⟨to be right : ser justo⟩ ⟨to do the right thing : hacer lo correcto⟩ ⟨you were right to forgive him : hiciste bien en perdonarlo⟩ **2** CORRECT : correcto ⟨the right answer : la respuesta correcta⟩ ⟨you're right : tienes razón⟩ ⟨you know him, right? : lo conoces, ¿verdad?⟩ ⟨that's right : así es⟩ **3** APPROPRIATE : apropiado, adecuado ⟨the right man for the job : el hombre indicado para el trabajo⟩ ⟨the right moment : el momento oportuno⟩ ⟨if the price is right : si está bien de precio⟩ **4** (*used for emphasis*) : bien, bueno ⟨right—let's go : bueno, vamos⟩ **5** (*used ironically*) ⟨it's true—yeah, right : es verdad—sí, claro⟩ **6** : derecho ⟨the right hand : la mano derecha⟩ **7** : bien ⟨I don't feel right : no me siento bien⟩ ⟨he's not in his right mind : no está bien de la cabeza⟩ **8 right side** : derecho *m* ⟨right side up : con el derecho para arriba⟩ ⟨right side out : del/al derecho⟩

right[4] *n* **1** GOOD : bien *m* ⟨you did right : hiciste bien⟩ ⟨to know right from wrong : saber la diferencia entre el bien y el mal⟩ **2** : derecha *f* ⟨on the right : a la derecha⟩ **3** : derecho *m* ⟨to have a right to : tener derecho a⟩ ⟨the right to vote : el derecho a votar⟩ ⟨women's rights : los derechos de la mujer⟩ **4 rights** *npl* : derechos *mpl* ⟨television rights : derechos televisivos⟩ **5 to take/make a right** : girar a la derecha ⟨take the next right : gire en la próxima a la derecha⟩ **6 the Right** : la derecha (en la política)

right angle *n* : ángulo *m* recto

right–angled [ˈraɪṭˈæŋgəld] *or* **right–angle** [-gəl] *adj* **1** : en ángulo recto **2 right–angled triangle** : triángulo *m* rectángulo

righteous [ˈraɪʧəs] *adj* : recto, honrado — **righteously** *adv*

righteousness [ˈraɪʧəsnəs] *n* : rectitud *f*, honradez *f*

rightful [ˈraɪṭfəl] *adj* **1** JUST : justo **2** LAWFUL : legítimo — **rightfully** *adv*

right–hand [ˈraɪtˈhænd] *adj* **1** : situado a la derecha **2** RIGHT-HANDED : para la mano derecha, con la mano derecha **3 right–hand man** : brazo *m* derecho

right–handed [ˈraɪtˈhændəd] *adj* **1** : diestro ⟨a right-handed pitcher : un lanzador diestro⟩ **2** : para la mano derecha, con la mano derecha **3** CLOCKWISE : en la dirección de las manecillas del reloj

rightly [ˈraɪtli] *adv* **1** JUSTLY : justamente, con razón **2** PROPERLY : debidamente, apropiadamente **3** CORRECTLY : correctamente

right–of–way [ˈraɪṭəˈweɪ, -əv-] *n, pl* **rights–of–way** **1** : preferencia (del tráfico) **2** ACCESS : derecho *m* de paso

rightward [ˈraɪtwərd] *adj* : a la derecha, hacia la derecha

right–wing [ˈraɪtˈwɪŋ] *adj* : derechista

right wing *n* **the right wing** : la derecha

right–winger [ˈraɪtˈwɪŋər] *n* : derechista *mf*

rigid [ˈrɪʤɪd] *adj* : rígido — **rigidly** *adv*

rigidity [rɪˈʤɪdəṭi] *n, pl* **-ties** : rigidez *f*

rigmarole [ˈrɪgməˌro:l, ˈrɪgə-] *n* **1** NONSENSE : galimatías *m*, disparates *mpl* **2** PROCEDURES : trámites *mpl*

rigor [ˈrɪgər] *n* : rigor *m*

rigor mortis [ˌrɪgərˈmɔrṭəs] *n* : rigidez *f* cadavérica

rigorous [ˈrɪgərəs] *adj* : riguroso — **rigorously** *adv*

rile [ˈraɪl] *vt* **riled; riling** : irritar

rill [ˈrɪl] *n* : riachuelo *m*
rim [ˈrɪm] *n* **1** EDGE : borde *m* **2** : llanta *f*, rin *m Col, Mex* (de una rueda) **3** FRAME : montura *f* (de anteojos)
rime [ˈraɪm] *n* : escarcha *f*
rind [ˈraɪnd] *n* : corteza *f*
ring[1] [ˈrɪŋ] *v* **rang** [ˈræŋ]; **rung** [ˈrʌŋ]; **ringing** *vi* **1** : sonar ⟨the doorbell rang : el timbre sonó⟩ ⟨to ring for : llamar⟩ **2** RESOUND : resonar **3** SEEM : parecer ⟨to ring true : parecer cierto⟩ — *vt* **1** : tocar, hacer sonar (un timbre, una alarma, etc.) **2** SURROUND : cercar, rodear
ring[2] *n* **1** : anillo *m*, sortija *f* ⟨wedding ring : anillo de matrimonio⟩ **2** BAND : aro *m*, anillo *m* ⟨piston ring : aro de émbolo⟩ **3** CIRCLE : círculo *m* **4** ARENA : arena *f*, ruedo *m* ⟨a boxing ring : un cuadrilátero, un ring⟩ **5** GANG : banda *f* (de ladrones, etc.) **6** SOUND : timbre *m*, sonido *m* **7** CALL : llamada *f* (por teléfono)
ringer [ˈrɪŋər] *n* **to be a dead ringer for** : ser un vivo retrato de
ringleader [ˈrɪŋˌli:dər] *n* : cabecilla *mf*
ringlet [ˈrɪŋlət] *n* : sortija *f*, rizo *m*
ringworm [ˈrɪŋˌwərm] *n* : tiña *f*
rink [ˈrɪŋk] *n* : pista *f* ⟨skating rink : pista de patinaje⟩
rinse[1] [ˈrɪnts] *vt* **rinsed; rinsing** : enjuagar ⟨to rinse out one's mouth : enjuagarse la boca⟩
rinse[2] *n* : enjuague *m*
riot[1] [ˈraɪət] *vi* : amotinarse
riot[2] *n* : motín *m*, tumulto *m*, alboroto *m*
rioter [ˈraɪət̬ər] *n* : alborotador *m*, -dora *f*
riotous [ˈraɪət̬əs] *adj* **1** UNRULY, WILD : desenfrenado, alborotado **2** ABUNDANT : abundante
rip[1] [ˈrɪp] *v* **ripped; ripping** *vt* **1** : rasgar, arrancar, desgarrar **2 to rip apart** : destruir **3 to rip up** : hacer pedazos — *vi* : rasgarse, desgarrarse
rip[2] *n* : rasgón *m*, desgarrón *m*
ripe [ˈraɪp] *adj* **riper; ripest 1** MATURE : maduro ⟨ripe fruit : fruta madura⟩ **2** READY : listo, preparado
ripen [ˈraɪpən] *v* : madurar
ripeness [ˈraɪpnəs] *n* : madurez *f*
rip–off [ˈrɪpˌɔf] *n* **1** THEFT : robo *m* **2** SWINDLE : estafa *f*, timo *m fam*
rip off *vt* **1** : rasgar, arrancar, desgarrar **2** SWINDLE *fam* : estafar, tifar
ripple[1] [ˈrɪpəl] *v* **-pled; -pling** *vi* : rizarse, ondear, ondular — *vt* : rizar
ripple[2] *n* : onda *f*, ondulación *f*
rise[1] [ˈraɪz] *vi* **rose** [ˈro:z]; **risen** [ˈrɪzən]; **rising 1** GET UP : levantarse ⟨to rise to one's feet : ponerse de pie⟩ **2** : elevarse, alzarse ⟨the mountains rose to the west : las montañas se elevaron al oeste⟩ **3** : salir (dícese del sol y de la luna) **4** : subir (dícese de las aguas, del humo, etc.) ⟨the river rose : las aguas del río subieron de nivel⟩ ⟨let the dough rise : dejar subir la masa⟩ ⟨my spirits rose : me animé⟩ **5** INCREASE : aumentar, subir **6** ORIGINATE : nacer, proceder **7 to rise in rank** : ascender **8 to rise to the occasion** : estar a la altura de las circunstancias **9 to rise up** REBEL : sublevarse, rebelarse
rise[2] *n* **1** ASCENT : ascensión *f*, subida *f* **2** ORIGIN : origen *m* **3** ELEVATION : elevación *f* **4** INCREASE : subida *f*, aumento *m*, alzamiento *m* **5** SLOPE : pendiente *f*, cuesta *f*
riser [ˈraɪzər] *n* **1** : contrahuella *f* (de una escalera) **2 early riser** : madrugador *m*, -dora *f* **3 late riser** : dormilón *m*, -lona *f*
risk[1] [ˈrɪsk] *vt* : arriesgar
risk[2] *n* : riesgo *m*, peligro *m* ⟨at risk : en peligro⟩ ⟨at your own risk : por su cuenta y riesgo⟩ ⟨to take a risk : arriesgarse⟩ ⟨to run the risk of : arriesgarse a, correr el riesgo de⟩ ⟨at the risk of : a riesgo de⟩
risky [ˈrɪski] *adj* **riskier; -est** : arriesgado, peligroso, riesgoso
risqué [rɪˈskeɪ] *adj* : escabroso, picante, subido de tono
rite [ˈraɪt] *n* : rito *m*
ritual[1] [ˈrɪʧʊəl] *adj* : ritual — **ritually** *adv*
ritual[2] *n* : ritual *m*
rival[1] [ˈraɪvəl] *vt* **-valed** *or* **-valled; -valing** *or* **-valling** : rivalizar con, competir con
rival[2] *adj* : competidor, rival
rival[3] *n* : rival *mf*; competidor *m*, -dora *f*
rivalry [ˈraɪvəlri] *n, pl* **-ries** : rivalidad *f*, competencia *f*
river [ˈrɪvər] *n* : río *m*
riverbank [ˈrɪvərˌbæŋk] *n* : ribera *f*, orilla *f*
riverbed [ˈrɪvərˌbɛd] *n* : cauce *m*, lecho *m*
riverside [ˈrɪvərˌsaɪd] *n* : ribera *f*, orilla *f*
rivet[1] [ˈrɪvət] *vt* **1** : remachar **2** FIX : fijar (los ojos, etc.) **3** FASCINATE : fascinar, cautivar
rivet[2] *n* : remache *m*
rivulet [ˈrɪvjələt] *n* : arroyo *m*, riachuelo *m* ⟨rivulets of sweat : gotas de sudor⟩
roach [ˈro:ʧ] → **cockroach**
road [ˈro:d] *n* **1** : carretera *f*, calle *f*, camino *m* **2** PATH : camino *m*, sendero *m*, vía *f* ⟨on the road to a solution : en vías de una solución⟩
roadblock [ˈro:dˌblɑk] *n* : control *m*
roadrunner [ˈro:dˌrʌnər] *n* : correcaminos *m*
roadside [ˈro:dˌsaɪd] *n* : borde *m* de la carretera
roadway [ˈro:dˌweɪ] *n* : carretera *f*, calzada *f*
roam [ˈro:m] *vi* : vagar, deambular, errar — *vt* : vagar por
roan[1] [ˈro:n] *adj* : ruano
roan[2] *n* : caballo *m* ruano
roar[1] [ˈror] *vi* : rugir, bramar ⟨to roar with laughter : reírse a carcajadas⟩ — *vt* : decir a gritos

roar[2] *n* **1** : rugido *m*, bramido *m* (de un animal) **2** DIN : clamor *m* (de gente), fragor *m* (del trueno), estruendo *m* (del tráfico, etc.)

roast[1] [ˈroːst] *vt* : asar (carne, papas), tostar (café, nueces) — *vi* : asarse

roast[2] *adj* **1** : asado ⟨roast chicken : pollo asado⟩ **2 roast beef** : rosbif *m*

roast[3] *n* : asado *m*

rob [ˈrɑb] *v* **robbed; robbing** *vt* **1** STEAL : robar **2** DEPRIVE : privar, quitar — *vi* : robar

robber [ˈrɑbər] *n* : ladrón *m*, -drona *f*

robbery [ˈrɑbəri] *n, pl* **-beries** : robo *m*

robe[1] [ˈroːb] *vt* **robed; robing** : vestirse

robe[2] *n* **1** : toga *f* (de magistrados, etc.), sotana *f* (de eclesiásticos) ⟨robe of office : traje de ceremonias⟩ **2** BATHROBE : bata *f*

robin [ˈrɑbən] *n* : petirrojo *m*

robot [ˈroːˌbɑt, -bət] *n* : robot *m*

robotic [roˈbɑṭɪk] *adj* : robótico, robotizado

robotics [roˈbɑṭɪks] *ns & pl* : robótica *f*

robust [roˈbʌst, ˈroːˌbʌst] *adj* : robusto, fuerte — **robustly** *adv*

rock[1] [ˈrɑk] *vt* **1** : acunar (a un niño), mecer (una cuna) **2** SHAKE : sacudir — *vi* SWAY : mecerse, balancearse

rock[2] *adj* : de rock

rock[3] *n* **1** ROCKING : balanceo *m* **2** *or* **rock music** : rock *m*, música *f* rock **3** : roca *f* (substancia) **4** STONE : piedra *f*

rock and roll *n* : rock and roll *m*

rocker [ˈrɑkər] *n* **1** : balancín *m* **2** *or* **rocking chair** : mecedora *f*, balancín *m* **3 to be off one's rocker** : estar chiflado, estar loco

rocket[1] [ˈrɑkət] *vi* : dispararse, subir rápidamente

rocket[2] *n* : cohete *m*

rocking horse *n* : caballito *m* (de balancín)

rock salt *n* : sal *f* gema

rocky [ˈrɑki] *adj* **rockier; -est** **1** : rocoso, pedregoso **2** UNSTEADY : inestable

rod [ˈrɑd] *n* **1** BAR : barra *f*, varilla *f*, vara *f* (de madera) ⟨a fishing rod : una caña (de pescar)⟩ **2** : medida *f* de longitud equivalente a 5.03 metros (5 yardas)

rode → **ride**[1]

rodent [ˈroːdənt] *n* : roedor *m*

rodeo [ˈroːdiˌoː, roˈdeɪˌoː] *n, pl* **-deos** : rodeo *m*

roe [ˈroː] *n* : hueva *f*

rogue [ˈroːg] *n* SCOUNDREL : pícaro *m*, -ra *f*; pillo *m*, -lla *f*

roguish [ˈroːgɪʃ] *adj* : pícaro, travieso

role [ˈroːl] *n* : papel *m*, función *f*, rol *m*

roll[1] [ˈroːl] *vi* **1** : rodar (dícese de una pelota, etc.) **2** SLIP : resbalar **3** : ir (en un vehículo) ⟨to roll to a stop : detenerse poco a poco⟩ ⟨to roll up : llegar⟩ **4** SWAY : balancearse **5** : tronar (dícese del trueno), redoblar (dícese de un tambor) **6** FILM : rodar **7** *or* **to get rolling** : ponerse en marcha **8** *or* **to roll over** : darse la vuelta ⟨to roll (over) onto one's back/stomach : ponerse boca arriba/abajo⟩ **9** *or* **to roll over** OVERTURN : volcarse **10** *or* **to roll up** CURL : enrollarse ⟨he rolled up into a ball : se hizo una bola⟩ **11 to be rolling in it** : ser ricachón **12 to roll around** THRASH : revolcarse **13 to roll around** : llegar (dícese de una fecha, etc.) **14 to roll by/past** : pasar — *vt* **1** : hacer rodar (una pelota, etc.) ⟨to roll the dice : echar los dados⟩ ⟨to roll one's eyes : poner los ojos en blanco⟩ **2** *fam* : hacer volcar ⟨he rolled his car : se volcó (en su auto)⟩ **3** : liar (un cigarrillo) **4** *or* **to roll up** : enrollar ⟨to roll something (up) into a ball : hacer una bola de algo⟩ **5** *or* **to roll out** FLATTEN : estirar (masa), laminar (metales) **6 to roll back** : rebajar (precios) **7 to roll back** : revertir (cambios, etc.) ⟨to roll back the clock : volver atrás⟩ **8 to roll down/up** : bajar/subir (una ventanilla, etc.) **9 to roll out** : lanzar (un producto) **10 to roll the cameras** : rodar **11 to roll up one's sleeves** : arremangarse

roll[2] *n* **1** LIST : lista *f* ⟨to call the roll : pasar lista⟩ ⟨to have on the roll : tener inscrito⟩ **2** *or* **bread roll** : panecito *m*, bolillo *m Mex* **3** : rollo *m* (de papel, de tela, etc.) ⟨a roll of film : un carrete⟩ ⟨a roll of bills : un fajo⟩ **4** : redoble *m* (de tambores), retumbo *m* (del trueno, etc.) **5** ROLLING, SWAYING : balanceo *m*

roller [ˈroːlər] *n* **1** : rodillo *m* **2** CURLER : rulo *m*

roller coaster [ˈroːlərˌkoːstər] *n* : montaña *f* rusa

roller–skate [ˈroːlərˌskeɪt] *vi* **-skated; -skating** : patinar (sobre ruedas)

roller skate *n* : patín *m* (de ruedas)

rollicking [ˈrɑlɪkɪŋ] *adj* : animado, alegre

rolling pin *n* : rodillo *m*

Roman[1] [ˈroːmən] *adj* : romano

Roman[2] *n* : romano *m*, -na *f*

Roman Catholic *n* : católico *m*, -ca *f* — **Roman Catholic** *adj*

Roman Catholicism *n* : catolicismo *m*

romance[1] [roˈmænts, ˈroːˌmænts] *vi* **-manced; -mancing** FANTASIZE : fantasear

romance[2] *n* **1** : romance *m*, novela *f* de caballerías **2** : novela *f* de amor, novela *f* romántica **3** AFFAIR : romance *m*, amorío *m*

Romanian [rʊˈmeɪniən, ro-] *n* **1** : rumano *m*, -na *f* **2** : rumano *m* (idioma) — **Romanian** *adj*

Roman numeral *n* : número *m* romano

romantic [roˈmæntɪk] *adj* : romántico — **romantically** [-tɪkli] *adv*

romp[1] [ˈrɑmp] *vi* FROLIC : retozar, juguetear

romp[2] *n* : retozo *m*

roof[1] [ˈruːf, ˈrʊf] *vt* : techar

roof[2] *n, pl* **roofs** [ˈruːfs, ˈrʊfs; ˈruːvz, ˈrʊvz] **1** : techo *m*, tejado *m*, techado *m* **2 roof of the mouth** : paladar *m*
roofing [ˈruːfɪŋ, ˈrʊfɪŋ] *n* : techumbre *f*
rooftop [ˈruːfˌtɑp, ˈrʊf-] *n* ROOF : tejado *m*
rook[1] [ˈrʊk] *vt* CHEAT : defraudar, estafar, timar
rook[2] *n* **1** : grajo *m* (ave) **2** : torre *f* (en ajedrez)
rookie [ˈrʊki] *n* : novato *m*, -ta *f*
room[1] [ˈruːm, ˈrʊm] *vi* LODGE : alojarse, hospedarse
room[2] *n* **1** SPACE : espacio *m*, sitio *m*, lugar *m* ⟨to make room for : hacer lugar para⟩ **2** : cuarto *m*, habitación *f* (en una casa), sala *f* (para reuniones, etc.) **3** BEDROOM : dormitorio *m*, habitación *f*, pieza *f* **4** (*indicating possibility or opportunity*) ⟨room for improvement : posibilidad de mejorar⟩ ⟨there's no room for error : no hay lugar para errores⟩
roomer [ˈruːmər, ˈrʊmər] *n* : inquilino *m*, -na *f*
rooming house *n* : pensión *f*
roommate [ˈruːmˌmeɪt, ˈrʊm-] *n* : compañero *m*, -ra *f* de cuarto
roomy [ˈruːmi, ˈrʊmi] *adj* **roomier; -est** **1** SPACIOUS : espacioso, amplio **2** LOOSE : suelto, holgado ⟨a roomy blouse : una blusa holgada⟩
roost[1] [ˈruːst] *vi* : posarse, dormir (en una percha)
roost[2] *n* : percha *f*
rooster [ˈruːstər, ˈrʊs-] *n* : gallo *m*
root[1] [ˈruːt, ˈrʊt] *vi* **1** : arraigar ⟨the plant rooted easily : la planta arraigó con facilidad⟩ ⟨deeply rooted traditions : tradiciones profundamente arraigadas⟩ **2** : hozar (dícese de los cerdos) ⟨to root around in : hurgar en⟩ **3 to root for** : apoyar a, alentar — *vt* **to root out** *or* **to root up** : desarraigar (plantas), extirpar (problemas, etc.)
root[2] *n* **1** : raíz *f* (de una planta) **2** ORIGIN : origen *m*, raíz *f* **3** CORE : centro *m*, núcleo *m* ⟨to get to the root of the matter : ir al centro del asunto⟩
rootless [ˈruːtləs, ˈrʊt-] *adj* : desarraigado
rope[1] [ˈroːp] *vt* **roped; roping** **1** TIE : amarrar, atar **2** LASSO : lazar **3 to rope off** : acordonar
rope[2] *n* : soga *f*, cuerda *f*
rosary [ˈroːzəri] *n, pl* **-ries** : rosario *m*
rose[1] → **rise**[1]
rose[2] [ˈroːz] *adj* : rosa, color de rosa
rose[3] *n* **1** : rosal *m* (planta), rosa *f* (flor) **2** : rosa *m* (color)
rosebush [ˈroːzˌbʊʃ] *n* : rosal *m*
rosemary [ˈroːzˌmɛri] *n, pl* **-maries** : romero *m*
rosette [roˈzɛt] *n* : escarapela *f* (hecho de cintas), roseta *f* (en arquitectura)
Rosh Hashanah [ˌrɑʃhɑˈʃɑnə, ˌroːʃ-] *n* : el Año Nuevo judío
rosin [ˈrɑzən] *n* : colofonia *f*
roster [ˈrɑstər] *n* : lista *f*
rostrum [ˈrɑstrəm] *n, pl* **-trums** *or* **-tra** [-trə] : tribuna *f*, estrado *m*
rosy [ˈroːzi] *adj* **rosier; -est** **1** : sonrosado, de color rosa **2** PROMISING : prometedor, halagüeño
rot[1] [ˈrɑt] *v* **rotted; rotting** *vi* : pudrirse, descomponerse — *vt* : pudrir, descomponer
rot[2] *n* : putrefacción *f*, descomposición *f*, podredumbre *f*
rotary[1] [ˈroːt̬əri] *adj* : rotativo, rotatorio
rotary[2] *n, pl* **-ries** **1** : máquina *f* rotativa **2** TRAFFIC CIRCLE : rotonda *f*, glorieta *f*
rotate [ˈroːˌteɪt] *v* **-tated; -tating** *vi* REVOLVE : girar, rotar — *vt* **1** TURN : hacer girar, darle vueltas a **2** ALTERNATE : alternar
rotation [roˈteɪʃən] *n* : rotación *f*
rote [ˈroːt] *n* **to learn by rote** : aprender de memoria
rotor [ˈroːt̬ər] *n* : rotor *m*
rotten [ˈrɑtən] *adj* **1** PUTRID : podrido, putrefacto **2** CORRUPT : corrompido **3** BAD : malo ⟨a rotten day : un día malísimo⟩
rottenness [ˈrɑtənnəs] *n* : podredumbre *f*
rotund [roˈtʌnd] *adj* **1** ROUNDED : redondeado **2** PLUMP : regordete *fam*, llenito *fam*
rouge [ˈruːʒ, ˈruːʤ] *n* : colorete *m*
rough[1] [ˈrʌf] *vt* **1** ROUGHEN : poner áspero **2 to rough out** SKETCH : esbozar, bosquejar **3 to rough up** BEAT : darle una paliza (a alguien) **4 to rough it** : vivir sin comodidades
rough[2] *adj* **1** COARSE : áspero, basto **2** UNEVEN : desigual, escabroso, accidentado (dícese del terreno) **3** : agitado (dícese del mar), tempestuoso (dícese del tiempo), violento (dícese del viento) **4** VIOLENT : violento, brutal ⟨a rough neighborhood : un barrio peligroso⟩ **5** DIFFICULT : duro, difícil **6** CRUDE : rudo, tosco, burdo ⟨a rough cottage : una casita tosca⟩ ⟨a rough draft : un borrador⟩ ⟨a rough sketch : un bosquejo⟩ **7** APPROXIMATE : aproximado ⟨a rough idea : una idea aproximada⟩
rough[3] *n* **1 the rough** : el rough (en golf) **2 in the rough** : en borrador
roughage [ˈrʌfɪʤ] *n* : fibra *f*
roughen [ˈrʌfən] *vt* : poner áspero — *vi* : ponerse áspero
roughly [ˈrʌfli] *adv* **1** : bruscamente ⟨to treat roughly : maltratar⟩ **2** CRUDELY : burdamente **3** APPROXIMATELY : aproximadamente, más o menos
roughneck [ˈrʌfˌnɛk] *n* : matón *m*
roughness [ˈrʌfnəs] *n* : rudeza *f*, aspereza *f*
roulette [ruːˈlɛt] *n* : ruleta *f*
round[1] [ˈraʊnd] *vt* **1** : redondear ⟨she rounded the edges : redondeó los bordes⟩ **2** TURN : doblar ⟨to round the corner : dar la vuelta a la esquina⟩ **3 to round off** : redondear (un número)

4 **to round off** *or* **to round out** COMPLETE : rematar, terminar **5 to round up** GATHER : reunir
round[2] *adv* → **around**[1]
round[3] *adj* **1** : redondo ⟨a round table : una mesa redonda⟩ ⟨in round numbers : en números redondos⟩ ⟨round shoulders : espaldas cargadas⟩ **2 round trip** : viaje *m* de ida y vuelta
round[4] *n* **1** CIRCLE : círculo *m* **2** SERIES : serie *f*, sucesión *f* ⟨a round of talks : una ronda de negociaciones⟩ ⟨the daily round : la rutina cotidiana⟩ **3** : asalto *m* (en boxeo), recorrido *m* (en golf), vuelta *f* (en varios juegos) **4** : salva *f* (de aplausos) **5 round of drinks** : ronda *f* **6 round of ammunition** : disparo *m*, cartucho *m* **7 rounds** *npl* : recorridos *mpl* (de un cartero), rondas *fpl* (de un vigilante), visitas *fpl* (de un médico) ⟨to make the rounds : hacer visitas⟩
round[5] *prep* → **around**[2]
roundabout [ˈraʊndəˌbaʊt] *adj* : indirecto ⟨to speak in a roundabout way : hablar con rodeos⟩
roundly [ˈraʊndli] *adv* **1** THOROUGHLY : completamente **2** BLUNTLY : francamente, rotundamente **3** VIGOROUSLY : con vigor
roundness [ˈraʊndnəs] *n* : redondez *f*
roundup [ˈraʊndˌʌp] *n* **1** : rodeo *m* (de animales), redada *f* (de delincuentes, etc.) **2** SUMMARY : resumen *m*
round up *vt* **1** : rodear (ganado), reunir (personas) **2** SUMMARIZE : hacer un resumen de
roundworm [ˈraʊndˌwərm] *n* : lombriz *f* intestinal
rouse [ˈraʊz] *vt* **roused; rousing 1** AWAKE : despertar **2** EXCITE : excitar ⟨it roused him to fury : lo enfureció⟩
rout[1] [ˈraʊt] *vt* **1** DEFEAT : derrotar, aplastar **2 to rout out** : hacer salir
rout[2] *n* **1** DISPERSAL : desbandada *f*, dispersión *f* **2** DEFEAT : derrota *f* aplastante
route[1] [ˈruːt, ˈraʊt] *vt* **routed; routing** : dirigir, enviar, encaminar
route[2] *n* : camino *m*, ruta *f*, recorrido *m*
routine[1] [ruːˈtiːn] *adj* : rutinario — **routinely** *adv*
routine[2] *n* : rutina *f*
rove [ˈroːv] *v* **roved; roving** *vi* : vagar, errar — *vt* : errar por
rover [ˈroːvər] *n* : vagabundo *m*, -da *f*
row[1] [ˈroː] *vt* **1** : avanzar a remo ⟨to row a boat : remar⟩ **2** : llevar a remo ⟨he rowed me to shore : me llevó hasta la orilla⟩ — *vi* : remar
row[2] [ˈraʊ] *n* **1** : paseo *m* en barca ⟨to go for a row : salir a remar⟩ **2** LINE, RANK : fila *f*, hilera *f* **3** SERIES : serie *f* ⟨three days in a row : tres días seguidos⟩ **4** RACKET : estruendo *m*, bulla *f* **5** QUARREL : pelea *f*, riña *f*
rowboat [ˈroːˌboːt] *n* : bote *m* de remos
rowdiness [ˈraʊdinəs] *n* : bulla *f*
rowdy[1] [ˈraʊdi] *adj* **-dier; -est** : escandaloso, alborotador
rowdy[2] *n, pl* **-dies** : alborotador *m*, -dora *f*
rower [ˈroːər] *n* : remero *m*, -ra *f*
royal[1] [ˈrɔɪəl] *adj* : real — **royally** *adv*
royal[2] *n* : persona de linaje real, miembro de la familia real
royalty [ˈrɔɪəlti] *n, pl* **-ties 1** : realeza *f* (posición) **2** : miembros *mpl* de la familia real **3 royalties** *npl* : derechos *mpl* de autor
rub[1] [ˈrʌb] *v* **rubbed; rubbing** *vt* **1** : frotar, restregar, friccionar ⟨to rub one's hands together : frotarse las manos⟩ ⟨rub the lotion into your skin : frote la loción en la piel⟩ **2** CHAFE : rozar **3** POLISH : frotar, pulir **4** SCRUB : fregar **5 to rub elbows with** : codearse con **6 to rub off on** ⟨the ink rubbed off on my fingers : se me mancharon los dedos de tinta⟩ ⟨his enthusiasm rubbed off on me : me contagió con su entusiasmo⟩ **7 to rub someone the wrong way** *fam* : crispar a alguien **8 to rub something in (someone's face)** *fam* : restregarle (en la cara) algo a alguien ⟨you don't have to rub it in : no tienes que restregármelo⟩ — *vi* **to rub against** : rozar
rub[2] *n* **1** RUBBING : frotamiento *m*, fricción *f* **2** DIFFICULTY : problema *m*
rubber [ˈrʌbər] *n* **1** : goma *f*, caucho *m*, hule *m Mex* **2 rubbers** *npl* OVERSHOES : chanclos *mpl*
rubber band *n* : goma *f* (elástica), gomita *f*
rubber–stamp [ˈrʌbərˈstæmp] *vt* **1** APPROVE : aprobar, autorizar **2** STAMP : sellar
rubber stamp *n* : sello *m* (de goma)
rubbery [ˈrʌbəri] *adj* : gomoso
rubbish [ˈrʌbɪʃ] *n* : basura *f*, desechos *mpl*, desperdicios *mpl*
rubble [ˈrʌbəl] *n* : escombros *mpl*, ripio *m*
ruble [ˈruːbəl] *n* : rublo *m*
ruby [ˈruːbi] *n, pl* **-bies 1** : rubí *m* (gema) **2** : color *m* de rubí
rudder [ˈrʌdər] *n* : timón *m*
ruddy [ˈrʌdi] *adj* **-dier; -est** : rubicundo (dícese de la cara, etc.), rojizo (dícese del cielo)
rude [ˈruːd] *adj* **ruder; rudest 1** CRUDE : tosco, rústico **2** IMPOLITE : grosero, descortés, maleducado **3** ABRUPT : brusco ⟨a rude awakening : una sorpresa desagradable⟩
rudely [ˈruːdli] *adv* : groseramente
rudeness [ˈruːdnəs] *n* **1** IMPOLITENESS : grosería *f*, descortesía *f*, falta *f* de educación **2** ROUGHNESS : tosquedad *f* **3** SUDDENNESS : brusquedad *f*
rudiment [ˈruːdəmənt] *n* : rudimento *m*, noción *f* básica ⟨the rudiments of Spanish : los rudimentos del español⟩
rudimentary [ˌruːdəˈmɛntəri] *adj* : rudimentario, básico

rue ['ru:] *vt* **rued; ruing** : lamentar, arrepentirse de
rueful ['ru:fəl] *adj* **1** PITIFUL : lastimoso **2** REGRETFUL : arrepentido, pesaroso
ruffian ['rʌfiən] *n* : matón *m*
ruffle[1] ['rʌfəl] *vt* **-fled; -fling** **1** AGITATE : agitar, rizar (agua) **2** RUMPLE : arrugar (ropa), despeinar (pelo) **3** ERECT : erizar (plumas) **4** VEX : alterar, irritar, perturbar **5** : fruncir volantes en (tela)
ruffle[2] *n* FLOUNCE : volante *m*
ruffly ['rʌfəli] *adj* : con volantes
rug ['rʌg] *n* : alfombra *f*, tapete *m*
rugged ['rʌgəd] *adj* **1** ROUGH, UNEVEN : accidentado, escabroso ⟨rugged mountains : montañas accidentadas⟩ **2** HARSH : duro, severo **3** ROBUST, STURDY : robusto, fuerte
ruin[1] ['ru:ən] *vt* **1** DESTROY : destruir, arruinar **2** BANKRUPT : arruinar, hacer quebrar
ruin[2] *n* **1** : ruina *f* ⟨to fall into ruin : caer en ruinas⟩ **2** : ruina *f*, perdición *f* ⟨to be the ruin of : ser la perdición de⟩ **3 ruins** *npl* : ruinas *fpl*, restos *mpl* ⟨the ruins of the ancient temple : las ruinas del templo antiguo⟩
ruinous ['ru:ənəs] *adj* : ruinoso
rule[1] ['ru:l] *v* **ruled; ruling** *vt* **1** CONTROL, GOVERN : gobernar (un país), controlar (las emociones) **2** DECIDE : decidir, fallar ⟨the judge ruled that . . . : el juez falló que . . .⟩ **3** DRAW : trazar con una regla — *vi* **1** GOVERN : gobernar, reinar **2** PREVAIL : prevalecer, imperar **3 to rule against** : fallar en contra de
rule[2] *n* **1** REGULATION : regla *f*, norma *f* **2** CUSTOM, HABIT : regla *f* general ⟨as a rule : por lo general⟩ **3** GOVERNMENT : gobierno *m*, dominio *m* **4** RULER : regla *f* (para medir)
ruler ['ru:lər] *n* **1** LEADER, SOVEREIGN : gobernante *mf*; soberano *m*, -na *f* **2** : regla *f* (para medir)
ruling ['ru:lɪŋ] *n* : resolución *f*, fallo *m*
rum ['rʌm] *n* : ron *m*
Rumanian [rʊ'meɪniən] → **Romanian**
rumble[1] ['rʌmbəl] *vi* **-bled; -bling** : retumbar, hacer ruidos (dícese del estómago)
rumble[2] *n* : estruendo *m*, ruido *m* sordo, retumbo *m*
ruminant[1] ['ru:mənənt] *adj* : rumiante
ruminant[2] *n* : rumiante *m*
ruminate ['ru:məˌneɪt] *vi* **-nated; -nating** **1** : rumiar (en zoología) **2** REFLECT : reflexionar, rumiar
rummage ['rʌmɪʤ] *v* **-maged; -maging** *vi* : hurgar — *vt* RANSACK : revolver ⟨they rummaged the attic : revolvieron el ático⟩
rummy ['rʌmi] *n* : rummy *m* (juego de naipes)
rumor[1] ['ru:mər] *vt* : rumorear ⟨it is rumored that . . . : se rumorea que . . . , se dice que . . .⟩
rumor[2] *n* : rumor *m*
rump ['rʌmp] *n* **1** : ancas *fpl*, grupa *f* (de un animal) **2** : cadera *f* ⟨rump steak : filete de cadera⟩
rumple ['rʌmpəl] *vt* **-pled; -pling** : arrugar (ropa, etc.), despeinar (pelo)
rumpus ['rʌmpəs] *n* : lío *m*, jaleo *m* *fam*
run[1] ['rʌn] *v* **ran** ['ræn]; **run; running** *vi* **1** : correr ⟨she ran to catch the bus : corrió para alcanzar el autobús⟩ ⟨run and fetch the doctor : corre a buscar al médico⟩ ⟨he ran to the store : salió rápido a la tienda⟩ ⟨to run after someone/something : correr tras alguien/algo⟩ **2** : circular, correr ⟨the train runs between Detroit and Chicago : el tren circula entre Detroit y Chicago⟩ ⟨to run on time : ser puntual⟩ **3** FUNCTION : funcionar, ir ⟨the engine runs on gasoline : el motor funciona con gasolina⟩ ⟨with the motor running : con el motor en marcha⟩ ⟨to run smoothly : ir bien⟩ **4** FLOW : correr, ir **5** LAST : durar ⟨the movie runs for two hours : la película dura dos horas⟩ ⟨the contract runs for three years : el contrato es válido por tres años⟩ **6** : desteñir, despintar (dícese de los colores) **7** EXTEND : correr, extenderse ⟨the path runs along the lake : el sendero bordea el lago⟩ **8** TRAVEL, SPREAD : correr, extenderse **9 to run away** : salir corriendo ⟨to run away from : fugarse de⟩ ⟨to run away from home : escaparse de casa⟩ **10 to run down** : agotarse, gastarse (dícese de pilas, etc.) **11 to run for office** : postularse, presentarse (como candidato) **12 to run out** : acabarse ⟨time is running out : se acaba el tiempo⟩ ⟨I ran out of money : se me acabó el dinero⟩ **13 to run over** OVERFLOW : rebosar — *vt* **1** : correr ⟨to run 10 miles : correr 10 millas⟩ ⟨to run errands : hacer los mandados⟩ ⟨to run out of town : hacer salir del pueblo⟩ **2** PASS : pasar ⟨she ran her fingers through her hair : se pasó la mano por el pelo⟩ **3** DRIVE : llevar (en coche) **4** OPERATE : hacer funcionar (un motor, etc.) **5** PERFORM : realizar (un análisis, etc.) **6** : echar ⟨to run water over : echarle agua a⟩ ⟨to run the water/faucet : abrir la llave (del agua)⟩ **7** MANAGE : dirigir, llevar (un negocio, etc.) **8** EXTEND : tender (un cable, etc.) **9 to run across** : encontrarse con **10 to run a risk** : correr un riesgo **11 to run down** USE UP : gastar, agotar **12 to run down/over** : atropellar **13 to run into** : encontrar **14 to run off** PRINT : tirar, sacar **15 to run through** : repasar, ensayar **16 to run up** : incurrir en **17 to run up against** : tropezar con
run[2] *n* **1** : carrera *f* ⟨at a run : a la carrera, corriendo⟩ ⟨to go for a run : ir a correr⟩ ⟨to make a run for it : huir corriendo⟩ ⟨to be on the run : estar fugitivo⟩ **2** TRIP : vuelta *f*, paseo *m* (en coche), viaje *m* (en avión) **3** SERIES : serie *f* ⟨a run of disappointments

: una serie de desilusiones⟩ ⟨in the long run : a la larga⟩ ⟨in the short run : a corto plazo⟩ **4** DEMAND : gran demanda *f* ⟨a run on the banks : una corrida bancaria⟩ **5** (*used for theatrical productions and films*) ⟨to have a long run : mantenerse mucho tiempo en la cartelera⟩ **6** TYPE : tipo *m* ⟨the average run of students : el tipo más común de estudiante⟩ **7** : carrera *f* (en béisbol) **8** : carrera *f* (en una media) **9** **to have the run of** : tener libre acceso de (una casa, etc.) **10** **ski run** : pista *f* (de esquí)

runaway[1] [ˈrʌnəˌweɪ] *adj* **1** FUGITIVE : fugitivo **2** UNCONTROLLABLE : incontrolable, fuera de control ⟨runaway inflation : inflación desenfrenada⟩ ⟨a runaway success : un éxito aplastante⟩

runaway[2] *n* : fugitivo *m*, -va *f*

rundown [ˈrʌnˌdaʊn] *n* SUMMARY : resumen *m*

run–down [ˈrʌnˈdaʊn] *adj* **1** DILAPIDATED : ruinoso, destartalado **2** SICKLY, TIRED : cansado, débil

rung[1] *pp* → **ring**[1]

rung[2] [ˈrʌŋ] *n* : peldaño *m*, escalón *m*

run–in [ˈrʌnˌɪn] *n* : disputa *f*, altercado *m*

runner [ˈrʌnər] *n* **1** RACER : corredor *m*, -dora *f* **2** MESSENGER : mensajero *m*, -ra *f* **3** TRACK : riel *m* (de un cajón, etc.) **4** : patín *m* (de un trineo), cuchilla *f* (de un patín) **5** : estolón *m* (planta)

runner–up [ˌrʌnərˈʌp] *n, pl* **runners–up** : subcampeón *m*, -peona *f*

running [ˈrʌnɪŋ] *adj* **1** FLOWING : corriente ⟨running water : agua corriente⟩ **2** CONTINUOUS : continuo ⟨a running battle : una lucha continua⟩ **3** CONSECUTIVE : seguido ⟨six days running : por seis días seguidos⟩

runny [ˈrʌni] *adj* **-nier; -est** **1** WATERY : caldoso **2** **to have a runny nose** : moquear

run over *vt* : atropellar — *vi* OVERFLOW : rebosar

runt [ˈrʌnt] *n* : animal *m* pequeño ⟨the runt of the litter : el más pequeño de la camada⟩

runway [ˈrʌnˌweɪ] *n* : pista *f* de aterrizaje

rupee [ruːˈpiː, ˈruːˌ-] *n* : rupia *f*

rupture[1] [ˈrʌptʃər] *v* **-tured; -turing** *vt* **1** BREAK, BURST : romper, reventar **2** : causar una hernia en — *vi* : reventarse

rupture[2] *n* **1** BREAK : ruptura *f* **2** HERNIA : hernia *f*

rural [ˈrʊrəl] *adj* : rural, campestre

ruse [ˈruːs, ˈruːz] *n* : treta *f*, ardid *m*, estratagema *f*

rush[1] [ˈrʌʃ] *vi* : correr, ir de prisa ⟨to rush around : correr de un lado a otro⟩ ⟨to rush off : irse corriendo⟩ — *vt* **1** HURRY : apresurar, apurar **2** ATTACK : abalanzarse sobre, asaltar

rush[2] *adj* : urgente

rush[3] *n* **1** HASTE : prisa *f*, apuro *m* **2** SURGE : ráfaga *f* (de aire), torrente *m* (de aguas), avalancha *f* (de gente) **3** DEMAND : demanda *f* ⟨a rush on sugar : una gran demanda para el azúcar⟩ **4** : carga *f* (en futbol americano) **5** : junco *m* (planta)

russet [ˈrʌsət] *n* : color *m* rojizo

Russian [ˈrʌʃən] *n* **1** : ruso *m*, -sa *f* **2** : ruso *m* (idioma) — **Russian** *adj*

rust[1] [ˈrʌst] *vi* : oxidarse — *vt* : oxidar

rust[2] *n* **1** : herrumbre *f*, orín *m*, óxido *m* (en los metales) **2** : roya *f* (en las plantas)

rustic[1] [ˈrʌstɪk] *adj* : rústico, campestre — **rustically** [-tɪkli] *adv*

rustic[2] *n* : rústico *m*, -ca *f*; campesino *m*, -na *f*

rustle[1] [ˈrʌsəl] *v* **-tled; -tling** *vt* **1** : hacer susurrar, hacer crujir ⟨to rustle a newspaper : hacer crujir un periódico⟩ **2** STEAL : robar (ganado) — *vi* : susurrar, crujir

rustle[2] *n* : murmullo *m*, susurro *m*, crujido *m*

rustler [ˈrʌsələr] *n* : ladrón *m*, -drona *f* de ganado

rusty [ˈrʌsti] *adj* **rustier; -est** : oxidado, herrumbroso

rut [ˈrʌt] *n* **1** GROOVE, TRACK : rodada *f*, surco *m* **2** **to be in a rut** : ser esclavo de la rutina

ruthless [ˈruːθləs] *adj* : despiadado, cruel — **ruthlessly** *adv*

ruthlessness [ˈruːθləsnəs] *n* : crueldad *f*, falta *f* de piedad

Rwandan [rʊˈɑndən] *n* : ruandés *m*, -desa *f* — **Rwandan** *adj*

rye [ˈraɪ] *n* **1** : centeno *m* **2** *or* **rye whiskey** : whisky *m* de centeno

S

s [ˈɛs] *n, pl* **s's** *or* **ss** [ˈɛsəz] : decimonovena letra del alfabeto inglés

Sabbath [ˈsæbəθ] *n* **1** : sábado *m* (en el judaísmo) **2** : domingo *m* (en el cristianismo)

saber [ˈseɪbər] *n* : sable *m*

sable [ˈseɪbəl] *n* **1** BLACK : negro *m* **2** : marta *f* cebellina (animal)

sabotage[1] [ˈsæbəˌtɑʒ] *vt* **-taged; -taging** : sabotear

sabotage[2] *n* : sabotaje *m*

sac [ˈsæk] *n* : saco *m* (anatómico)

saccharin [ˈsækərən] *n* : sacarina *f*

saccharine [ˈsækərən, -ˌriːn, -ˌraɪn] *adj* : meloso, empalagoso

sachet [sæˈʃeɪ] *n* : bolsita *f* (perfumada)

sack[1] [ˈsæk] *vt* **1** FIRE : echar (del trabajo), despedir **2** PLUNDER : saquear

sack[2] *n* BAG : saco *m*

sacrament [ˈsækrəmənt] *n* : sacramento *m*

sacramental [ˌsækrəˈmɛntəl] *adj* : sacramental

sacred [ˈseɪkrəd] *adj* **1** RELIGIOUS : sagrado, sacro ⟨sacred texts : textos sagrados⟩ **2** HOLY : sagrado **3 sacred to** : consagrado a

sacrifice[1] [ˈsækrəˌfaɪs] *vt* **-ficed; -ficing** **1** : sacrificar **2 to sacrifice oneself** : sacrificarse

sacrifice[2] *n* : sacrificio *m*

sacrilege [ˈsækrəlɪʤ] *n* : sacrilegio *m*

sacrilegious [ˌsækrəˈlɪʤəs, -ˈliː-] *adj* : sacrílego

sacrosanct [ˈsækroˌsæŋkt] *adj* : sacrosanto

sad [ˈsæd] *adj* **sadder; saddest** : triste — **sadly** *adv*

sadden [ˈsædən] *vt* : entristecer

saddle[1] [ˈsædəl] *vt* **-dled; -dling** : ensillar

saddle[2] *n* : silla *f* (de montar)

sadism [ˈseɪˌdɪzəm, ˈsæ-] *n* : sadismo *m*

sadist [ˈseɪdɪst, ˈsæ-] *n* : sádico *m*, -ca *f*

sadistic [səˈdɪstɪk] *adj* : sádico — **sadistically** [-tɪkli] *adv*

sadness [ˈsædnəs] *n* : tristeza *f*

safari [səˈfɑri, -ˈfær-] *n* : safari *m*

safe[1] [ˈseɪf] *adj* **safer; safest** **1** UNHARMED : ileso ⟨safe and sound : sano y salvo⟩ **2** SECURE : seguro **3 to be on the safe side** : para mayor seguridad **4 to play it safe** : ir a la segura

safe[2] *n* : caja *f* fuerte

safeguard[1] [ˈseɪfˌgɑrd] *vt* : salvaguardar, proteger

safeguard[2] *n* : salvaguarda *f*, protección *f*

safekeeping [ˈseɪfˈkiːpɪŋ] *n* : custodia *f*, protección *f* ⟨to put into safekeeping : poner en buen recaudo⟩

safely [ˈseɪfli] *adv* **1** UNHARMED : sin incidentes, sin novedades ⟨they landed safely : aterrizaron sin novedades⟩ **2** SECURELY : con toda seguridad, sin peligro

safety [ˈseɪfti] *n, pl* **-ties** : seguridad *f*

safety belt *n* : cinturón *m* de seguridad

safety pin *n* : alfiler *m* de gancho, alfiler *m* de seguridad, imperdible *m Spain*

saffron [ˈsæfrən] *n* : azafrán *m*

sag[1] [ˈsæg] *vi* **sagged; sagging** **1** DROOP, SINK : combarse, hundirse, inclinarse **2** : colgar, caer ⟨his jowls sagged : le colgaban las mejillas⟩ **3** FLAG : flaquear, decaer ⟨his spirits sagged : se le flaqueó el ánimo⟩

sag[2] *n* : combadura *f*

saga [ˈsɑgə, ˈsæ-] *n* : saga *f*

sagacious [səˈgeɪʃəs] *adj* : sagaz

sage[1] [ˈseɪʤ] *adj* **sager; -est** : sabio — **sagely** *adv*

sage[2] *n* **1** : sabio *m*, -bia *f* **2** : salvia *f* (planta)

sagebrush [ˈseɪʤˌbrʌʃ] *n* : artemisa *f*

Sagittarius [ˌsæʤəˈtɛriəs] *n* : Sagitario *mf*

said → **say**

sail[1] [ˈseɪl] *vi* **1** : navegar (en un barco) **2** : ir fácilmente ⟨we sailed right in : entramos sin ningún problema⟩ — *vt* **1** : gobernar (un barco) **2 to sail the seas** : cruzar los mares

sail[2] *n* **1** : vela *f* (de un barco) **2** : viaje *m* en velero ⟨to go for a sail : salir a navegar⟩

sailboat [ˈseɪlˌboːt] *n* : velero *m*, barco *m* de vela

sailfish [ˈseɪlˌfɪʃ] *n* : pez *m* vela

sailor [ˈseɪlər] *n* : marinero *m*

saint [ˈseɪnt, *before a name* ˌseɪnt *or* sənt] *n* : santo *m*, -ta *f* ⟨Saint Francis : San Francisco⟩ ⟨Saint Rose : Santa Rosa⟩

saintliness [ˈseɪntlinəs] *n* : santidad *f*

saintly [ˈseɪntli] *adj* **saintlier; -est** : santo

sake [ˈseɪk] *n* **1** BENEFIT : bien *m* ⟨for the children's sake : por el bien de los niños⟩ **2** (*indicating an end or a purpose*) ⟨art for art's sake : el arte por el arte⟩ ⟨let's say, for argument's sake, that he's wrong : pongamos que está equivocado⟩ **3 for goodness' sake!** : ¡por (el amor de) Dios!

salable *or* **saleable** [ˈseɪləbəl] *adj* : vendible

salacious [səˈleɪʃəs] *adj* : salaz — **salaciously** *adv*

salad [ˈsæləd] *n* : ensalada *f*

salamander [ˈsæləˌmændər] *n* : salamandra *f*

salami [səˈlɑmi] *n* : salami *m*

salary [ˈsæləri] *n, pl* **-ries** : sueldo *m*

sale [ˈseɪl] *n* **1** SELLING : venta *f* **2** : liquidación *f*, rebajas *fpl* ⟨on sale : de rebaja⟩ **3 sales** *npl* : ventas *fpl* ⟨to work in sales : trabajar en ventas⟩

salesman [ˈseɪlzmən] *n, pl* **-men** [-mən, -ˌmɛn] **1** : vendedor *m*, dependiente *m* (en una tienda) **2 traveling salesman** : viajante *m*, representante *m*

salesperson [ˈseɪlzˌpərsən] *n* : vendedor *m*, -dora *f*; dependiente *m*, -ta *f* (en una tienda)

saleswoman [ˈseɪlzˌwʊmən] *n, pl* **-women** [-ˌwɪmən] **1** : vendedora *f*, dependienta *f* (en una tienda) **2 traveling saleswoman** : viajante *f*, representante *f*

salient [ˈseɪljənt] *adj* : saliente, sobresaliente

saline [ˈseɪˌliːn, -ˌlaɪn] *adj* : salino

saliva [səˈlaɪvə] *n* : saliva *f*

salivary [ˈsæləˌvɛri] *adj* : salival ⟨salivary gland : glándula salival⟩

salivate [ˈsæləˌveɪt] *vi* **-vated; -vating** : salivar

sallow [ˈsæloː] *adj* : amarillento, cetrino

sally[1] [ˈsæli] *vi* **-lied; -lying** SET OUT : salir, hacer una salida

sally[2] *n, pl* **-lies** **1** : salida *f* (militar), misión *f* **2** QUIP : salida *f*, ocurrencia *f*
salmon [ˈsæmən] *ns & pl* **1** : salmón *m* (pez) **2** : color *m* salmón
salon [səˈlɑn, ˈsæˌlɑn, sæˈlɔ̃] *n* : salón *m* ⟨beauty salon : salón de belleza⟩
saloon [səˈlu:n] *n* **1** HALL : salón *m* (en un barco) **2** BARROOM : bar *m*
salsa [ˈsɔlsə, ˈsɑl-] *n* : salsa *f* mexicana, salsa *f* picante
salt[1] [ˈsɔlt] *vt* : salar, echarle sal a
salt[2] *adj* : salado
salt[3] *n* : sal *f*
saltwater [ˈsɔltˌwɔt̬ər, -ˌwɑ-] *adj* : de agua salada
salty [ˈsɔlt̬i] *adj* **saltier; -est** : salado
salubrious [səˈlu:briəs] *adj* : salubre
salutary [ˈsæljəˌtɛri] *adj* : saludable, salubre
salutation [ˌsæljəˈteɪʃən] *n* : saludo *m*, salutación *f*
salute[1] [səˈlu:t] *v* **-luted; -luting** *vt* **1** : saludar (con gestos o ceremonias) **2** ACCLAIM : reconocer, aclamar — *vi* : hacer un saludo
salute[2] *n* **1** : saludo *m* (gesto), salva *f* (de cañonazos) **2** TRIBUTE : reconocimiento *m*, homenaje *m*
Salvadoran [ˌsælvəˈdorən] → **El Salvadoran**
salvage[1] [ˈsælvɪʤ] *vt* **-vaged; -vaging** : salvar, rescatar
salvage[2] *n* **1** SALVAGING : salvamento *m*, rescate *m* **2** : objetos *mpl* salvados
salvation [sælˈveɪʃən] *n* : salvación *f*
salve[1] [ˈsæv, ˈsav] *vt* **salved; salving** : calmar, apaciguar ⟨to salve one's conscience : aliviarse la conciencia⟩
salve[2] *n* : ungüento *m*
salvo [ˈsælˌvo:] *n, pl* **-vos** *or* **-voes** : salva *f*
same[1] [ˈseɪm] *adj* : mismo, igual ⟨the results are the same : los resultados son iguales⟩ ⟨he said the same thing as you : dijo lo mismo que tú⟩
same[2] *pron* **1 the same** : lo mismo ⟨it's all the same to me : me da lo mismo, me da igual⟩ ⟨the same to you! : ¡igualmente!⟩ ⟨the same goes for you : también va por ti⟩ ⟨you should do the same : deberías hacer lo mismo⟩ ⟨they're one and the same : son la misma persona/cosa⟩ ⟨I could say the same : podría decir lo mismo⟩ **2 the same** : igual ⟨the two cars are the same : los dos coches son iguales⟩ **3 the same** : igual (que antes) ⟨things are still the same : las cosas siguen igual⟩ ⟨he was never quite the same again : ya no era el mismo de antes⟩ **4 all/just the same** : de todos modos **5 same here** *fam* : yo también, a mí también
sameness [ˈseɪmnəs] *n* **1** SIMILARITY : identidad *f*, semejanza *f* **2** MONOTONY : monotonía *f*
sample[1] [ˈsæmpəl] *vt* **-pled; -pling** : probar
sample[2] *n* : muestra *f*, prueba *f*
sampler [ˈsæmplər] *n* **1** : dechado *m* (de bordado) **2** COLLECTION : colección *f* **3** ASSORTMENT : surtido *m*
sanatorium [ˌsænəˈtoriəm] *n, pl* **-riums** *or* **-ria** [-iə] : sanatorio *m*
sanctify [ˈsæŋktəˌfaɪ] *vt* **-fied; -fying** : santificar
sanctimonious [ˌsæŋktəˈmo:niəs] *adj* : beato, santurrón
sanction[1] [ˈsæŋkʃən] *vt* : sancionar, aprobar
sanction[2] *n* **1** AUTHORIZATION : sanción *f*, autorización *f* **2 sanctions** *npl* : sanciones *fpl* ⟨to impose sanctions on : imponer sanciones a⟩
sanctity [ˈsæŋktət̬i] *n, pl* **-ties** : santidad *f*
sanctuary [ˈsæŋkʧʊˌɛri] *n, pl* **-aries** **1** : presbiterio *m* (en una iglesia) **2** REFUGE : refugio *m*, asilo *m*
sand[1] [ˈsænd] *vt* : lijar (madera)
sand[2] *n* : arena *f*
sandal [ˈsændəl] *n* : sandalia *f*
sandbank [ˈsændˌbæŋk] *n* : banco *m* de arena
sandpaper *n* : papel *m* de lija
sandpiper [ˈsændˌpaɪpər] *n* : andarríos *m*
sandstone [ˈsændˌsto:n] *n* : arenisca *f*
sandstorm [ˈsændˌstɔrm] *n* : tormenta *f* de arena
sandwich[1] [ˈsændˌwɪʧ] *vt* : intercalar, encajonar, meter (entre dos cosas)
sandwich[2] *n* : sandwich *m*, emparedado *m*, bocadillo *m Spain*
sandy [ˈsændi] *adj* **sandier; -est** : arenoso
sane [ˈseɪn] *adj* **saner; sanest** **1** : cuerdo **2** SENSIBLE : sensato, razonable
sang → **sing**
sanguine [ˈsæŋgwən] *adj* **1** RUDDY : sanguíneo, rubicundo **2** HOPEFUL : optimista
sanitarium [ˌsænəˈtɛriəm] *n, pl* **-iums** *or* **-ia** [-iə] → **sanatorium**
sanitary [ˈsænətɛri] *adj* **1** : sanitario ⟨sanitary measures : medidas sanitarias⟩ **2** HYGIENIC : higiénico **3 sanitary napkin** : compresa *f*, paño *m* higiénico
sanitation [ˌsænəˈteɪʃən] *n* : sanidad *f*
sanitize [ˈsænəˌtaɪz] *vt* **-tized; -tizing** **1** : desinfectar **2** EXPURGATE : expurgar
sanity [ˈsænət̬i] *n* : cordura *f*, razón *f* ⟨to lose one's sanity : perder el juicio⟩
sank → **sink**
Santa Claus [ˈsæntəˌklɔz] *n* : Papá Noel, San Nicolás
sap[1] [ˈsæp] *vt* **sapped; sapping** **1** UNDERMINE : socavar **2** WEAKEN : minar, debilitar
sap[2] *n* **1** : savia *f* (de una planta) **2** SUCKER : inocentón *m*, -tona *f*
sapling [ˈsæplɪŋ] *n* : árbol *m* joven
sapphire [ˈsæˌfaɪr] *n* : zafiro *m*
sarcasm [ˈsɑrˌkæzəm] *n* : sarcasmo *m*

sarcastic [sɑr'kæstɪk] *adj* : sarcástico — **sarcastically** [-t̬ɪkli] *adv*

sarcophagus [sɑr'kɑfəgəs] *n, pl* **-gi** [-ˌgaɪ, -ˌʤaɪ] : sarcófago *m*

sardine [sɑr'diːn] *n* : sardina *f*

sardonic [sɑr'dɑnɪk] *adj* : sardónico — **sardonically** [-nɪkli] *adv*

sarsaparilla [ˌsæspə'rɪlə, ˌsɑrs-] *n* : zarzaparrilla *f*

sash ['sæʃ] *n* **1** : faja *f* (de un vestido), fajín *m* (de un uniforme) **2** *pl* **sash** : marco *m* (de una ventana)

sassafras ['sæsəˌfræs] *n* : sasafrás *m*

sassy ['sæsi] *adj* **sassier; -est** → **saucy**

sat → **sit**

Satan ['seɪtən] *n* : Satanás *m*, Satán *m*

satanic [sə'tænɪk, seɪ-] *adj* : satánico — **satanically** [-nɪkli] *adv*

satchel ['sæʧəl] *n* : cartera *f*, saco *m*

sate ['seɪt] *vt* **sated; sating** : saciar

satellite ['sæt̬əˌlaɪt] *n* : satélite *m* ⟨spy satellite : satélite espía⟩

satiate ['seɪʃiˌeɪt] *vt* **-ated; -ating** : saciar, hartar

satin ['sætən] *n* : raso *m*, satín *m*, satén *m*

satire ['sæˌtaɪr] *n* : sátira *f*

satiric [sə'tɪrɪk] *or* **satirical** [-ɪkəl] *adj* : satírico

satirize ['sæt̬əˌraɪz] *vt* **-rized; -rizing** : satirizar

satisfaction [ˌsæt̬əs'fækʃən] *n* : satisfacción *f*

satisfactory [ˌsæt̬əs'fæktəri] *adj* : satisfactorio, bueno — **satisfactorily** [-rəli] *adv*

satisfy ['sæt̬əsˌfaɪ] *v* **-fied; -fying** *vt* **1** PLEASE : satisfacer, contentar **2** CONVINCE : convencer **3** FULFILL : satisfacer, cumplir con, llenar **4** SETTLE : pagar, saldar (una cuenta) — *vi* SUFFICE : bastar

saturate ['sæʧəˌreɪt] *vt* **-rated; -rating** **1** SOAK : empapar **2** FILL : saturar

saturation [ˌsæʧə'reɪʃən] *n* : saturación *f*

Saturday ['sæt̬ərˌdeɪ, -di] *n* : sábado *m*

Saturn ['sæt̬ərn] *n* : Saturno *m*

satyr ['seɪt̬ər, 'sæ-] *n* : sátiro *m*

sauce ['sɔs] *n* : salsa *f*

saucepan ['sɔsˌpæn] *n* : cacerola *f*, cazo *m*, cazuela *f*

saucer ['sɔsər] *n* : platillo *m*

sauciness ['sɔsinəs] *n* : descaro *m*, frescura *f*

saucy ['sɔsi] *adj* **saucier; -est** IMPUDENT : descarado, fresco *fam* — **saucily** *adv*

Saudi ['saʊdi, 'sɔ-] → **Saudi Arabian**

Saudi Arabian *n* : saudita *mf*, saudí *mf* — **Saudi Arabian** *adj*

sauna ['sɔnə, 'saʊnə] *n* : sauna *mf*

saunter ['sɔntər, 'sɑn-] *vi* : pasear, pasearse

sausage ['sɔsɪʤ] *n* : salchicha *f*, embutido *m*

sauté [sɔ'teɪ, soː-] *vt* **-téed** *or* **-téd; -téing** : saltear, sofreír

savage[1] ['sævɪʤ] *adj* : salvaje, feroz — **savagely** *adv*

savage[2] *n* : salvaje *mf*

savagery ['sævɪʤri, -ʤəri] *n, pl* **-ries** **1** FEROCITY : ferocidad *f* **2** WILDNESS : salvajismo *m*

savanna [sə'vænə] *n* : sabana *f*

save[1] ['seɪv] *v* **saved; saving** *vt* **1** RESCUE : salvar, rescatar ⟨six people were saved from the wreckage : seis personas fueron rescatadas de los restos⟩ **2** PRESERVE : salvar, preservar, conservar ⟨he hopes to save his job : espera salvar su trabajo⟩ **3** KEEP : guardar, ahorrar (dinero), almacenar (alimentos) ⟨to save one's strength : guardarse las fuerzas⟩ **4** : guardar (en informática) **5** ECONOMIZE : ahorrar (tiempo, espacio, combustible, etc.) **6** SPARE : ahorrar ⟨you saved me a trip : me ahorraste el viaje⟩ — *vi* : ahorrar ⟨to save for the future : ahorrar para el futuro⟩ ⟨you'll save on insurance : ahorrarás dinero en tu seguro⟩

save[2] *prep* EXCEPT : salvo, excepto, menos

savior ['seɪvjər] *n* **1** : salvador *m*, -dora *f* **2 the Savior** : el Salvador *m*

savor[1] ['seɪvər] *vt* : saborear

savor[2] *n* : sabor *m*

savory ['seɪvəri] *adj* : sabroso

saw[1] → **see**

saw[2] ['sɔ] *vt* **sawed; sawed** *or* **sawn** ['sɔn]; **sawing** : serrar, cortar (con sierra)

saw[3] *n* : sierra *f*

sawdust ['sɔˌdʌst] *n* : aserrín *m*, serrín *m*

sawhorse ['sɔˌhɔrs] *n* : caballete *m*, burro *m* (en carpintería)

sawmill ['sɔˌmɪl] *n* : aserradero *m*

saxophone ['sæksəˌfoːn] *n* : saxofón *m*

say[1] ['seɪ] *v* **said** ['sɛd]; **saying; says** ['sɛz] *vt* **1** EXPRESS, UTTER : decir, expresar ⟨to say yes/no : decir que sí/no⟩ ⟨to say again : repetir⟩ ⟨to say one's prayers : rezar⟩ ⟨she didn't say a word : no dijo ni una palabra⟩ **2** INDICATE : marcar (dícese de un reloj), poner (dícese de un letrero, etc.) **3** EXPRESS, REVEAL : decir, revelar ⟨her face says it all : su cara lo dice todo⟩ **4** OPINE : decir ⟨so they say : eso dicen⟩ **5** KNOW : decir, saber ⟨it's hard to say why : es difícil decir por qué⟩ **6** COMMAND : decir, mandar ⟨what she says goes : lo que ella dice va a misa⟩ ⟨do as I say : haz lo que te digo⟩ ⟨whatever you say : lo que tú digas⟩ **7** PRONOUNCE : decir, pronunciar **8** SUPPOSE : suponer, decir **9 if I say so myself** : modestia aparte **10 no sooner said than done** : dicho y hecho **11 that goes without saying** : ni que decir tiene **12 that is to say** : es decir **13 that said, . . .** : dicho esto, . . . **14 to say the least** : y me quedo corto **15 when all is said and done** : al fin y al cabo **16 you can say that again!** *fam* : ¡y tanto! **17 you said it!** *fam* : ¡de acuerdo! — *vi* **1** : decir ⟨I couldn't say : no podría decirte⟩ **2 I'll say!** : ¡y tanto! **3 you don't say!** : ¡no me digas!

say[2] *n, pl* **says** [ˈseɪz] : voz *f*, opinión *f* ⟨to have no say : no tener ni voz ni voto⟩ ⟨to have one's say : dar uno su opinión⟩

saying [ˈseɪɪŋ] *n* : dicho *m*, refrán *m*

scab [ˈskæb] *n* **1** : costra *f*, postilla *f* (en una herida) **2** STRIKEBREAKER : rompehuelgas *mf*, esquirol *mf*

scabbard [ˈskæbərd] *n* : vaina *f* (de una espada), funda *f* (de un puñal, etc.)

scabby [ˈskæbi] *adj* **scabbier; -est** : lleno de costras

scaffold [ˈskæfəld, -ˌfoːld] *n* **1** *or* **scaffolding** : andamio *m* (para obreros, etc.) **2** : patíbulo *m*, cadalso *m* (para ejecuciones)

scald [ˈskɔld] *vt* **1** BURN : escaldar **2** HEAT : calentar (hasta el punto de ebullición)

scale[1] [ˈskeɪl] *v* **scaled; scaling** *vt* **1** : escamar (un pescado) **2** CLIMB : escalar (un muro, etc.) **3 to scale down** : reducir — *vi* WEIGH : pesar ⟨he scaled in at 200 pounds : pesó 200 libras⟩

scale[2] *n* **1** *or* **scales** : balanza *f*, báscula *f* (para pesar), baremo *m* ⟨bathroom scale : báscula de baño⟩ ⟨kitchen scale : balanza de cocina⟩ ⟨to tip the scales in one's favor : inclinar la balanza a su favor⟩ **2** : escama *f* (de un pez, etc.) **3** EXTENT : escala *f*, proporción *f* **4** RANGE : escala *f* ⟨wage scale : escala salarial⟩ **5** : escala *f* (en cartografía, etc.) ⟨to draw to scale : dibujar a escala⟩ **6** : escala *f* (en música)

scallion [ˈskæljən] *n* : cebollino *m*, cebolleta *f*

scallop [ˈskɑləp, ˈskæ-] *n* **1** : vieira *f* (molusco) **2** : festón *m* (decoración)

scalp[1] [ˈskælp] *vt* : arrancar la cabellera a

scalp[2] *n* : cuero *m* cabelludo

scalpel [ˈskælpəl] *n* : bisturí *m*, escalpelo *m*

scaly [ˈskeɪli] *adj* **scalier; -est** : escamoso

scam [ˈskæm] *n* : estafa *f*, timo *m fam*, chanchullo *m fam*

scamp [ˈskæmp] *n* : bribón *m*, -bona *f*; granuja *mf*; travieso *m*, -sa *f*

scamper [ˈskæmpər] *vi* : corretear

scan[1] [ˈskæn] *vt* **scanned; scanning 1** : escandir (versos) **2** SCRUTINIZE : escudriñar, escrutar ⟨to scan the horizon : escudriñar el horizonte⟩ **3** PERUSE : echarle un vistazo a (un periódico, etc.) **4** EXPLORE : explorar (con radar), hacer un escáner de (en ecografía) **5** : escanear (una imagen)

scan[2] *n* **1** : ecografía *f*, examen *m* ultrasónico (en medicina) **2** : imagen *f* escaneada (en una computadora)

scandal [ˈskændəl] *n* **1** DISGRACE, OUTRAGE : escándalo *m* **2** GOSSIP : habladurías *fpl*, chismes *mpl*

scandalize [ˈskændəlˌaɪz] *vt* **-ized; -izing** : escandalizar

scandalous [ˈskændələs] *adj* : de escándalo

Scandinavian[1] [ˌskændəˈneɪviən] *adj* : escandinavo

Scandinavian[2] *n* : escandinavo *m*, -va *f*

scanner [ˈskænər] *n* : escáner *m*, scanner *m*

scant [ˈskænt] *adj* : escaso

scanty [ˈskænti] *adj* **scantier; -est** : exiguo, escaso ⟨a scanty meal : una comida insuficiente⟩ — **scantily** [-təli] *adv*

scapegoat [ˈskeɪpˌgoːt] *n* : chivo *m* expiatorio, cabeza *f* de turco

scapula [ˈskæpjələ] *n, pl* **-lae** [-ˌliː, -ˌlaɪ] *or* **-las** → **shoulder blade**

scar[1] [ˈskɑr] *v* **scarred; scarring** *vt* : dejar una cicatriz en — *vi* : cicatrizar

scar[2] *n* : cicatriz *f*, marca *f*

scarab [ˈskærəb] *n* : escarabajo *m*

scarce [ˈskɛrs] *adj* **scarcer; -est** : escaso

scarcely [ˈskɛrsli] *adv* **1** BARELY : apenas **2** : ni mucho menos, ni nada que se le parezca ⟨he's scarcely an expert : ciertamente no es experto⟩

scarcity [ˈskɛrsət̬i] *n, pl* **-ties** : escasez *f*

scare[1] [ˈskɛr] *vt* **scared; scaring** : asustar, espantar

scare[2] *n* **1** FRIGHT : susto *m*, sobresalto *m* **2** ALARM : pánico *m*

scarecrow [ˈskɛrˌkroː] *n* : espantapájaros *m*, espantajo *m*

scarf [ˈskɑrf] *n, pl* **scarves** [ˈskɑrvz] *or* **scarfs 1** MUFFLER : bufanda *f* **2** KERCHIEF : pañuelo *m*

scarlet [ˈskɑrlət] *n* : escarlata *f* — **scarlet** *adj*

scarlet fever *n* : escarlatina *f*

scary [ˈskɛri] *adj* **scarier; -est** : espantoso, pavoroso

scathing [ˈskeɪðɪŋ] *adj* : mordaz, cáustico

scatter [ˈskæt̬ər] *vt* : esparcir, desparramar — *vi* DISPERSE : dispersarse

scavenge [ˈskævənʤ] *v* **-venged; -venging** *vt* : rescatar (de la basura), pepenar *CA, Mex* — *vi* : rebuscar, hurgar en la basura ⟨to scavenge for food : andar buscando comida⟩

scavenger [ˈskævənʤər] *n* **1** : persona *f* que rebusca en las basuras; pepenador *m*, -dora *f CA, Mex* **2** : carroñero *m*, -ra *f* (animal)

scenario [səˈnæriˌoː, -ˈnɑr-] *n, pl* **-ios 1** PLOT : argumento *m* (en teatro), guión *m* (en cine) **2** SITUATION : situación *f* hipotética ⟨in the worst-case scenario : en el peor de los casos⟩

scene [ˈsiːn] *n* **1** : escena *f* (en una obra de teatro) **2** SCENERY : decorado *m* (en el teatro) **3** VIEW : escena *f* **4** LOCALE : escenario *m* **5** COMMOTION,

FUSS : escándalo *m*, escena *f* ⟨to make a scene : armar un escándalo⟩
scenery ['si:nəri] *n, pl* **-eries** **1** : decorado *m* (en el teatro) **2** LANDSCAPE : paisaje *m*
scenic ['si:nɪk] *adj* : pintoresco
scent[1] ['sɛnt] *vt* **1** SMELL : oler, olfatear **2** PERFUME : perfumar **3** SENSE : sentir, percibir
scent[2] *n* **1** ODOR : olor *m*, aroma *m* **2** : olfato *m* ⟨a dog with a keen scent : un perro con un buen olfato⟩ **3** PERFUME : perfume *m*
scented ['sɛntəd] *adj* : perfumado
scepter ['sɛptər] *n* : cetro *m*
sceptic ['skɛptɪk] → **skeptic**
schedule[1] ['skɛˌʤu:l, -ʤəl, *esp Brit* 'ʃɛdˌju:l] *vt* **-uled; -uling** : planear, programar
schedule[2] *n* **1** PLAN : programa *m*, plan *m* ⟨on schedule : según lo previsto⟩ ⟨behind schedule : atrasado, con retraso⟩ **2** TIMETABLE : horario *m*
scheme[1] ['ski:m] *vi* **schemed; scheming** : intrigar, conspirar
scheme[2] *n* **1** PLAN : plan *m*, proyecto *m* **2** PLOT, TRICK : intriga *f*, ardid *m* **3** FRAMEWORK : esquema *m* ⟨a color scheme : una combinación de colores⟩
schemer ['ski:mər] *n* : intrigante *mf*
schism ['sɪzəm, 'skɪ-] *n* : cisma *m*
schizophrenia [ˌskɪtsə'fri:niə, ˌskɪzə-, -'frɛ-] *n* : esquizofrenia *f*
schizophrenic [ˌskɪtsə'frɛnɪk, ˌskɪzə-] *n* : esquizofrénico *m*, -ca *f* — **schizophrenic** *adj*
scholar ['skɑlər] *n* **1** STUDENT : escolar *mf*; alumno *m*, -na *f* **2** EXPERT : especialista *mf*
scholarly ['skɑlərli] *adj* : erudito
scholarship ['skɑlərˌʃɪp] *n* **1** LEARNING : erudición *f* **2** GRANT : beca *f*
scholastic [skə'læstɪk] *adj* : académico
school[1] ['sku:l] *vt* : instruir, enseñar
school[2] *n* **1** : escuela *f*, colegio *m* (institución) **2** : estudiantes *mfpl* y profesores *mpl* (de una escuela) **3** : escuela *f* (en pintura, etc.) ⟨the Flemish school : la escuela flamenca⟩ **4 school of fish** : banco *m*, cardumen *m*
schoolboy ['sku:lˌbɔɪ] *n* : escolar *m*, colegial *m*
schoolgirl ['sku:lˌgərl] *n* : escolar *f*, colegiala *f*
schoolhouse ['sku:lˌhaʊs] *n* : escuela *f*
schoolmate ['sku:lˌmeɪt] *n* : compañero *m*, -ra *f* de escuela
schoolroom ['sku:lˌru:m, -ˌrʊm] → **classroom**
schoolteacher ['sku:lˌti:ʧər] *n* : maestro *m*, -tra *f*; profesor *m*, -sora *f*
schoolwork ['sku:lˌwərk] *n* : trabajo *m* escolar
schooner ['sku:nər] *n* : goleta *f*
science ['saɪənts] *n* : ciencia *f*
science fiction *n* : ciencia ficción *f*
scientific [ˌsaɪən'tɪfɪk] *adj* : científico — **scientifically** [-fɪkli] *adv*
scientist ['saɪəntɪst] *n* : científico *m*, -ca *f*
scintillating ['sɪntəˌleɪṭɪŋ] *adj* : chispeante, brillante
scissors ['sɪzərz] *npl* : tijeras *fpl*
sclerosis [sklə'ro:səs] *n, pl* **-roses** : esclerosis *f*
scoff ['skɑf] *vi* **to scoff at** : burlarse de, mofarse de
scold ['sko:ld] *vt* : regañar, reprender, reñir
scoop[1] ['sku:p] *vt* **1** : sacar (con pala o cucharón) **2 to scoop out** HOLLOW : vaciar, ahuecar
scoop[2] *n* : pala *f* (para harina, etc.), cucharón *m* (para helado, etc.)
scoot ['sku:t] *vi* : ir rápidamente ⟨she scooted around the corner : volvió la esquina a toda prisa⟩
scooter ['sku:ṭər] *n* : patineta *f*, monopatín *m*, patinete *m*
scope ['sko:p] *n* **1** RANGE : alcance *m*, ámbito *m*, extensión *f* **2** OPPORTUNITY : posibilidades *fpl*, libertad *f*
scorch ['skɔrʧ] *vt* : chamuscar, quemar
score[1] ['skor] *v* **scored; scoring** *vt* **1** RECORD : anotar **2** MARK, SCRATCH : marcar, rayar **3** : marcar, meter (en deportes) **4** GAIN : ganar, apuntarse **5** GRADE : calificar (exámenes, etc.) **6** : instrumentar, orquestar (música) — *vi* **1** : marcar (en deportes) **2** : obtener una puntuación (en un examen)
score[2] *n, pl* **scores** **1** *or pl* **score** TWENTY : veintena *f* **2** LINE, SCRATCH : línea *f*, marca *f* **3** : resultado *m* (en deportes) ⟨what's the score? : ¿cómo va el marcador?⟩ **4** GRADE, POINTS : calificación *f* (en un examen), puntuación *f* (en un concurso) **5** ACCOUNT : cuenta *f* ⟨to settle a score : ajustar una cuenta⟩ ⟨on that score : a ese respecto⟩ **6** : partitura *f* (musical)
scorn[1] ['skɔrn] *vt* : despreciar, menospreciar, desdeñar
scorn[2] *n* : desprecio *m*, menosprecio *m*, desdén *m*
scornful ['skɔrnfəl] *adj* : desdeñoso, despreciativo — **scornfully** *adv*
Scorpio ['skɔrpiˌo:] *n* : Escorpio *mf*, Escorpión *mf*
scorpion ['skɔrpiən] *n* : alacrán *m*, escorpión *m*
Scot ['skɑt] *n* : escocés *m*, -cesa *f*
Scotch[1] ['skɑʧ] *adj* → **Scottish**[1]
Scotch[2] *npl* **the Scotch** : los escoceses
scot–free ['skɑt'fri:] *adj* **to get off scot–free** : salir impune, quedar sin castigo
Scots ['skɑts] *n* : escocés *m* (idioma)
Scottish[1] ['skɑṭɪʃ] *adj* : escocés
Scottish[2] *n* → **Scots**
scoundrel ['skaʊndrəl] *n* : sinvergüenza *mf*; bellaco *m*, -ca *f*
scour ['skaʊər] *vt* **1** EXAMINE, SEARCH : registrar (un área), revisar (documentos, etc.) **2** SCRUB : fregar, restregar
scourge[1] ['skərʤ] *vt* **scourged; scourging** : azotar

scourge[2] *n* **:** azote *m*
scout[1] [ˈskaʊt] *vi* **1** RECONNOITER **:** reconocer **2 to scout around for :** explorar en busca de
scout[2] *n* **1 :** explorador *m*, -dora *f* **2** *or* **talent scout :** cazatalentos *mf*
scow [ˈskaʊ] *n* **:** barcaza *f*, gabarra *f*
scowl[1] [ˈskaʊl] *vi* **:** fruncir el ceño
scowl[2] *n* **:** ceño *m* fruncido
scram [ˈskræm] *vi* **scrammed; scramming :** largarse
scramble[1] [ˈskræmbəl] *v* **-bled; -bling** *vi* **1 :** trepar, gatear (con torpeza) ⟨he scrambled over the fence : se trepó a la cerca con dificultad⟩ **2** STRUGGLE **:** pelearse (por) ⟨they scrambled for seats : se pelearon por los asientos⟩ — *vt* **1** JUMBLE **:** mezclar **2 to scramble eggs :** hacer huevos revueltos
scramble[2] *n* **:** rebatiña *f*, pelea *f*
scrap[1] [ˈskræp] *v* **scrapped; scrapping** *vt* DISCARD **:** desechar — *vi* FIGHT **:** pelearse
scrap[2] *n* **1** FRAGMENT **:** pedazo *m*, trozo *m* **2** FIGHT **:** pelea *f* **3** *or* **scrap metal :** chatarra *f* **4 scraps** *npl* LEFTOVERS **:** restos *mpl*, sobras *fpl*
scrapbook [ˈskræpˌbʊk] *n* **:** álbum *m* de recortes
scrape[1] [ˈskreɪp] *v* **scraped; scraping** *vt* **1** GRAZE, SCRATCH **:** rozar, rascar ⟨to scrape one's knee : rasparse la rodilla⟩ **2** CLEAN **:** raspar ⟨to scrape carrots : raspar zanahorias⟩ **3 to scrape off :** raspar (pintura, etc.) **4 to scrape up** *or* **to scrape together :** juntar, reunir poco a poco — *vi* **1** RUB **:** rozar **2 to scrape by :** arreglárselas, ir tirando
scrape[2] *n* **1** SCRAPING **:** raspadura *f* **2** SCRATCH **:** rasguño *m* **3** PREDICAMENT **:** apuro *m*, aprieto *m*
scratch[1] [ˈskrætʃ] *vt* **1 :** rascarse (la cabeza, etc.) ⟨to scratch an itch : rascarse⟩ **2 :** arañar, rasguñar (con las uñas, etc.) **3** MARK **:** rayar, marcar **4 to scratch out :** tachar — *vi* **1 :** rascarse **2 :** arañar **3 :** rayar **4 to scratch at :** arañar, rasguñar (una puerta, etc.)
scratch[2] *n* **1 :** rasguño *m*, arañazo *m* (en la piel), rayón *m* (en un mueble, etc.) **2 :** sonido *m* rasposo ⟨I heard a scratch at the door : oí como que raspaban a la puerta⟩
scratchy [ˈskrætʃi] *adj* **scratchier; -est :** áspero, que pica ⟨a scratchy sweater : un suéter que pica⟩
scrawl[1] [ˈskrɔl] *v* **:** garabatear
scrawl[2] *n* **:** garabato *m*
scrawny [ˈskrɔni] *adj* **scrawnier; -est :** flaco, escuálido
scream[1] [ˈskri:m] *vi* **:** chillar, gritar
scream[2] *n* **:** chillido *m*, grito *m*
screech[1] [ˈskri:tʃ] *vi* **:** chillar (dícese de las personas o de los animales), chirriar (dícese de los frenos, etc.)
screech[2] *n* **1 :** chillido *m*, grito *m* (de una persona o un animal) **2 :** chirrido *m* (de frenos, etc.)
screen[1] [ˈskri:n] *vt* **1** SHIELD **:** proteger **2** CONCEAL **:** tapar, ocultar **3** EXAMINE **:** someter a una revisión, hacerle un chequeo (a un paciente) **4** SIEVE **:** cribar
screen[2] *n* **1** PARTITION **:** biombo *m*, pantalla *f* **2** SIEVE **:** criba *f* **3 :** pantalla *f* (de un televisor, una computadora, etc.) **4** MOVIES **:** cine *m* **5** *or* **window screen :** ventana *f* de tela metálica
screenplay [ˈskri:nˌpleɪ] *n* SCRIPT **:** guión *m*
screw[1] [ˈskru:] *vt* **1 :** atornillar (un tornillo) **2 :** atornillar, sujetar (con tornillos) **3 :** enroscar (una tapa) **4** *or* **to screw over** *fam* CHEAT, DECEIVE **:** estafar, engañar **5 to screw someone out of something** *fam* **:** quitarle algo a alguien (injustamente) — *vi* **1 to screw around** *fam* TOY **:** jugar, juguetear **2 to screw around** *fam* **:** perder el tiempo **3 to screw around** *fam* **:** tener líos (amorosos) **4 to screw in :** atornillarse **5 to screw up** *fam* **:** meter la pata
screw[2] *n* **1 :** tornillo *m* (para fijar algo) **2** TWIST **:** vuelta *f* **3** PROPELLER **:** hélice *f*
screwdriver [ˈskru:ˌdraɪvər] *n* **:** destornillador *m*, desarmador *m Mex*
scribble[1] [ˈskrɪbəl] *v* **-bled; -bling :** garabatear
scribble[2] *n* **:** garabato *m*
scribe [ˈskraɪb] *n* **:** escriba *m*
scrimmage [ˈskrɪmɪdʒ] *n* **:** escaramuza *f*
scrimp [ˈskrɪmp] *vi* **1 to scrimp on :** escatimar **2 to scrimp and save :** hacer economías
script [ˈskrɪpt] *n* **1** HANDWRITING **:** letra *f*, escritura *f* **2 :** guión *m* (de una película, etc.)
scriptural [ˈskrɪptʃərəl] *adj* **:** bíblico
scripture [ˈskrɪptʃər] *n* **1 :** escritos *mpl* sagrados (de una religión) **2 the Scriptures** *npl* **:** las Sagradas Escrituras
scriptwriter [ˈskrɪp*t*ˌraɪt̬ər] *n* **:** guionista *mf*, libretista *mf*
scroll [ˈskro:l] *n* **1 :** rollo *m* (de pergamino, etc.) **2 :** voluta *f* (adorno en arquitectura)
scrotum [ˈskro:t̬əm] *n, pl* **scrota** [-t̬ə] *or* **scrotums :** escroto *m*
scrounge [ˈskraʊndʒ] *v* **scrounged; scrounging** *vt* **1** BUM **:** gorrear *fam*, sablear *fam* (dinero) **2 to scrounge around for :** buscar, andar a la busca de — *vi* **to scrounge off someone :** vivir a costa de alguien
scrub[1] [ˈskrʌb] *vt* **scrubbed; scrubbing :** restregar, fregar
scrub[2] *n* **1** THICKET, UNDERBRUSH **:** maleza *f*, matorral *m*, matorrales *mpl* **2** SCRUBBING **:** fregado *m*, restregadura *f*
scrubby [ˈskrʌbi] *adj* **-bier; -est 1** STUNTED **:** achaparrado **2 :** cubierto de maleza
scruff [ˈskrʌf] *n* **by the scruff of the neck :** por el cogote, por el pescuezo

scrumptious [ˈskrʌmpʃəs] *adj* : delicioso, muy rico
scruple [ˈskru:pəl] *n* : escrúpulo *m*
scrupulous [ˈskru:pjələs] *adj* : escrupuloso — **scrupulously** *adv*
scrutinize [ˈskru:tənˌaɪz] *vt* **-nized; -nizing** : escrutar, escudriñar
scrutiny [ˈskru:təni] *n, pl* **-nies** : escrutinio *m*, inspección *f*
scuba [ˈsku:bə] *n* **1** *or* **scuba gear** : equipo *m* de submarinismo **2 scuba diver** : submarinista *mf* **3 scuba diving** : submarinismo *m*
scuff [ˈskʌf] *vt* : rayar, raspar ⟨to scuff one's feet : arrastrar los pies⟩
scuffle[1] [ˈskʌfəl] *vi* **-fled; -fling 1** TUSSLE : pelearse **2** SHUFFLE : caminar arrastrando los pies
scuffle[2] *n* **1** TUSSLE : refriega *f*, pelea *f* **2** SHUFFLE : arrastre *m* de los pies
scull[1] [ˈskʌl] *vi* : remar (con espadilla)
scull[2] *n* OAR : espadilla *f*
sculpt [ˈskʌlpt] *v* : esculpir
sculptor [ˈskʌlptər] *n* : escultor *m*, -tora *f*
scuptural [ˈskʌlptʃərəl] *adj* : escultórico
sculpture[1] [ˈskʌlptʃər] *vt* **-tured; -turing** : esculpir
sculpture[2] *n* : escultura *f*
scum [ˈskʌm] *n* **1** FROTH : espuma *f*, nata *f* **2** : verdín *m* (encima de un líquido)
scurrilous [ˈskərələs] *adj* : difamatorio, calumnioso, injurioso
scurry [ˈskəri] *vi* **-ried; -rying** : corretear
scurvy [ˈskərvi] *n* : escorbuto *m*
scuttle[1] [ˈskʌt̬əl] *v* **-tled; -tling** *vt* : hundir (un barco) — *vi* SCAMPER : corretear
scuttle[2] *n* : cubo *m* (para carbón)
scythe [ˈsaɪð] *n* : guadaña *f*
sea[1] [ˈsi:] *adj* : del mar
sea[2] *n* **1** : mar *mf* ⟨the Black Sea : el Mar Negro⟩ ⟨on the high seas : en alta mar⟩ ⟨heavy seas : mar gruesa, mar agitada⟩ **2** MASS : mar *m*, multitud *f* ⟨a sea of faces : un mar de rostros⟩
seabird [ˈsi:ˌbərd] *n* : ave *f* marina
seaboard [ˈsi:ˌbord] *n* : litoral *m*
seacoast [ˈsi:ˌko:st] *n* : costa *f*, litoral *m*
seafarer [ˈsi:ˌfærər] *n* : marinero *m*
seafaring[1] [ˈsi:ˌfærɪŋ] *adj* : marinero
seafaring[2] *n* : navegación *f*
seafood [ˈsi:ˌfu:d] *n* : mariscos *mpl*
seagull [ˈsi:ˌgʌl] *n* : gaviota *f*
sea horse [ˈsi:ˌhɔrs] *n* : hipocampo *m*, caballito *m* de mar
seal[1] [ˈsi:l] *vt* **1** CLOSE : sellar, cerrar ⟨to seal a letter : cerrar una carta⟩ ⟨to seal an agreement : sellar un acuerdo⟩ **2 to seal up** : tapar, rellenar (una grieta, etc.)
seal[2] *n* **1** : foca *f* (animal) **2** : sello *m* ⟨seal of approval : sello de aprobación⟩ **3** CLOSURE : cierre *m*, precinto *m*
sea level *n* : nivel *m* del mar
sea lion *n* : león *m* marino
sealskin [ˈsi:lˌskɪn] *n* : piel *f* de foca
seam[1] [ˈsi:m] *vt* **1** STITCH : unir con costuras **2** MARK : marcar
seam[2] *n* **1** STITCHING : costura *f* **2** LODE, VEIN : veta *f*, filón *m*
seaman [ˈsi:mən] *n, pl* **-men** [-mən, -ˌmɛn] **1** SAILOR : marinero *m* **2** : marino *m* (en la armada)
seamless [ˈsi:mləs] *adj* **1** : sin costuras, de una pieza **2** : perfecto ⟨a seamless transition : una transición fluida⟩
seamstress [ˈsi:mpstrəs] *n* : costurera *f*
seamy [ˈsi:mi] *adj* **seamier; -est** : sórdido
séance [ˈseɪˌɑnts] *n* : sesión *f* de espiritismo
seaplane [ˈsi:ˌpleɪn] *n* : hidroavión *m*
seaport [ˈsi:ˌport] *n* : puerto *m* marítimo
sear [ˈsɪr] *vt* **1** PARCH, WITHER : secar, resecar **2** SCORCH : chamuscar, quemar
search[1] [ˈsərtʃ] *vt* : registrar (un edificio, un área), cachear (a una persona), buscar en — *vi* **to search for** : buscar
search[2] *n* : búsqueda *f*, registro *m* (de un edificio, etc.), cacheo *m* (de una persona)
search engine *n* : buscador *m*
searchlight [ˈsərtʃˌlaɪt] *n* : reflector *m*
seashell [ˈsi:ˌʃɛl] *n* : concha *f* (marina)
seashore [ˈsi:ˌʃor] *n* : orilla *f* del mar
seasick [ˈsi:ˌsɪk] *adj* : mareado ⟨to get seasick : marearse⟩
seasickness [ˈsi:ˌsɪknəs] *n* : mareo *m*
seaside → **seacoast**
season[1] [ˈsi:zən] *vt* **1** FLAVOR, SPICE : sazonar, condimentar **2** CURE : curar, secar ⟨seasoned wood : madera seca⟩ ⟨a seasoned veteran : un veterano avezado⟩
season[2] *n* **1** : estación *f* (del año) **2** : temporada *f* (en deportes, etc.) ⟨baseball season : la temporada de beisbol⟩ ⟨the holiday season : las fiestas⟩ ⟨in/out of season : en/fuera de temporada⟩ **3** HEAT, ESTRUS : celo *m*
seasonable [ˈsi:zənəbəl] *adj* **1** : propio de la estación (dícese del tiempo, de las temperaturas, etc.) **2** TIMELY : oportuno
seasonal [ˈsi:zənəl] *adj* : estacional — **seasonally** *adv*
seasoning [ˈsi:zənɪŋ] *n* : condimento *m*, sazón *f*
seat[1] [ˈsi:t] *vt* **1** SIT : sentar ⟨please be seated : siéntense, por favor⟩ **2** HOLD : tener cabida para ⟨the stadium seats 40,000 : el estadio tiene 40,000 asientos⟩
seat[2] *n* **1** : asiento *m*, plaza *f* (en un vehículo) ⟨take a seat : tome asiento⟩ **2** BOTTOM : fondillos *mpl* (de la ropa), trasero *m* (del cuerpo) **3** : sede *f* (de un gobierno, etc.)
seat belt *n* : cinturón *m* de seguridad
sea urchin *n* : erizo *m* de mar

seawall ['siː,wɑl] *n* : rompeolas *m*, dique *m* marítimo
seawater ['siː,wɔt̬ər, -,wɑ-] *n* : agua *f* de mar
seaweed ['siː,wiːd] *n* : alga *f* marina
seaworthy ['siː,wərði] *adj* : en condiciones de navegar
secede [sɪ'siːd] *vi* **-ceded; -ceding** : separarse (de una nación, etc.)
seclude [sɪ'kluːd] *vt* **-cluded; -cluding** : aislar
seclusion [sɪ'kluːʒən] *n* : aislamiento *m*
second[1] ['sɛkənd] *vt* : secundar, apoyar (una moción)
second[2] *or* **secondly** ['sɛkəndli] *adv* : en segundo lugar
second[3] *adj* : segundo
second[4] *n* **1** : segundo *m*, -da *f* (en una serie) **2** : segundo *m*, ayudante *m* (en deportes) **3** MOMENT : segundo *m*, momento *m*
secondary ['sɛkən,dri] *adj* : secundario
secondhand ['sɛkənd'hænd] *adj* : de segunda mano
second lieutenant *n* : alférez *mf*, subteniente *mf*
second–rate ['sɛkənd'reɪt] *adj* : mediocre, de segunda categoría
secrecy ['siːkrəsi] *n, pl* **-cies** : secreto *m*
secret[1] ['siːkrət] *adj* : secreto — **secretly** *adv*
secret[2] *n* : secreto *m*
secretarial [,sɛkrə'triəl] *adj* : de secretario, de oficina
secretariat [,sɛkrə'triət] *n* : secretaría *f*, secretariado *m*
secretary ['sɛkrə,tri] *n, pl* **-taries 1** : secretario *m*, -ria *f* (en una oficina, etc.) **2** : ministro *m*, -tra *f*; secretario *m*, -ria *f* ⟨Secretary of State : Secretario de Estado⟩
secrete [sɪ'kriːt] *vt* **-creted; -creting 1** : secretar, segregar (en fisiología) **2** HIDE : ocultar
secretion [sɪ'kriːʃən] *n* : secreción *f*
secretive ['siːkrət̬ɪv, sɪ'kriːt̬ɪv] *adj* : reservado, callado, secreto
sect ['sɛkt] *n* : secta *f*
sectarian [sɛk'triən] *adj* : sectario
section ['sɛkʃən] *n* : sección *f*, parte *f* (de un mueble, etc.), sector *m* (de la población), barrio *m* (de una ciudad)
sectional ['sɛkʃənəl] *adj* **1** : en sección, en corte ⟨a sectional diagram : un gráfico en corte⟩ **2** FACTIONAL : de grupo, entre facciones **3** : modular ⟨sectional furniture : muebles modulares⟩
sector ['sɛktər] *n* : sector *m*
secular ['sɛkjələr] *adj* **1** : secular, laico ⟨secular life : la vida secular⟩ **2** : seglar (dícese de los sacerdotes, etc.)
secure[1] [sɪ'kjʊr] *vt* **-cured; -curing 1** FASTEN : asegurar (una puerta, etc.), sujetar **2** GET : conseguir
secure[2] *adj* **-curer; -est** : seguro — **securely** *adv*
security [sɪ'kjʊrət̬i] *n, pl* **-ties 1** SAFETY : seguridad *f* **2** GUARANTEE : garantía *f* **3 securities** *npl* : valores *mpl*
sedan [sɪ'dæn] *n* **1** *or* **sedan chair** : silla *f* de manos **2** : sedán *m* (automóvil)
sedate[1] [sɪ'deɪt] *vt* **-dated; -dating** : sedar
sedate[2] *adj* : sosegado — **sedately** *adv*
sedation [sɪ'deɪʃən] *n* : sedación *f*
sedative[1] ['sɛdət̬ɪv] *adj* : sedante
sedative[2] *n* : sedante *m*, calmante *m*
sedentary ['sɛdən,tɛri] *adj* : sedentario
sedge ['sɛʤ] *n* : juncia *f*
sediment ['sɛdəmənt] *n* : sedimento *m* (geológico), poso *m* (en un líquido)
sedimentary [,sɛdə'mɛntəri] *adj* : sedimentario
sedition [sɪ'dɪʃən] *n* : sedición *f*
seditious [sɪ'dɪʃəs] *adj* : sedicioso
seduce [sɪ'duːs, -'djuːs] *vt* **-duced; -ducing** : seducir
seduction [sɪ'dʌkʃən] *n* : seducción *f*
seductive [sɪ'dʌktɪv] *adj* : seductor, seductivo
see[1] ['siː] *v* **saw** ['sɔ]; **seen** ['siːn]; **seeing** *vt* **1** : ver ⟨I saw a dog : vi un perro⟩ ⟨see you later! : ¡hasta luego!⟩ ⟨I'll believe it when I see it : hasta que no lo vea, no lo creo⟩ ⟨so I see : ya veo⟩ ⟨did you see the game? : ¿viste el partido?⟩ ⟨see below : ver más abajo, véase más abajo⟩ **2** ASCERTAIN : ver ⟨see who's at the door : ve a abrir (la puerta)⟩ ⟨let's wait and see what happens : esperemos a ver qué pasa⟩ **3** READ : leer **4** EXPERIENCE : ver, conocer **5** UNDERSTAND : ver, entender **6** CONSIDER : ver ⟨as I see it : a mi entender⟩ **7** IMAGINE : imaginar **8** FORESEE : ver **9** ENSURE : asegurarse ⟨see that it's correct : asegúrese de que sea correcto⟩ **10** MEET, VISIT : ver **11** CONSULT : ver **12** ACCOMPANY : acompañar ⟨to see someone to the door : acompañar a alguien a la puerta⟩ **13 to be seeing someone** : salir con alguien **14 to see in someone** ⟨what does she see in him? : ¿qué le ve?⟩ **15 to see off** : despedir, despedirse de **16 to see out/through** COMPLETE : terminar **17 to see through** HELP : sacar adelante — *vi* **1** : ver ⟨seeing is believing : ver para creer⟩ **2** UNDERSTAND : entender, ver ⟨now I see! : ¡ya entiendo!⟩ **3** ASCERTAIN : ver ⟨can I go?—we'll see : ¿puedo ir?—vamos a ver⟩ ⟨you'll see : ya verás⟩ **4** CONSIDER : ver ⟨let's see : vamos a ver⟩ **5 see here!** : ¡oye!, ¡mira! **6 to see about** : ocuparse de (algo) **7 we'll see about that!** : ¡ya veremos! **8 to see after/to** : ocuparse de **9 to see through** : calar (a alguien)
see[2] *n* : sede *f* ⟨the Holy See : la Santa Sede⟩
seed[1] ['siːd] *vt* **1** SOW : sembrar **2** : despepitar, quitarle las semillas a

seed[2] *n, pl* **seed** *or* **seeds** **1** : semilla *f*, pepita *f* (de una fruta) **2** SOURCE : germen *m*, semilla *f*
seedless [ˈsiːdləs] *adj* : sin semillas
seedling [ˈsiːdlɪŋ] *n* : plantón *m*
seedpod [ˈsiːdˌpɑd] → **pod**
seedy [ˈsiːdi] *adj* **seedier; -est** **1** : lleno de semillas **2** SHABBY : raído (dícese de la ropa) **3** RUN-DOWN : ruinoso (dícese de los edificios, etc.), sórdido
seek [ˈsiːk] *v* **sought** [ˈsɔt]; **seeking** *vt* **1** : buscar ⟨to seek an answer : buscar una solución⟩ **2** REQUEST : solicitar, pedir **3 to seek to** : tratar de, intentar de — *vi* SEARCH : buscar
seem [ˈsiːm] *vi* : parecer
seeming [ˈsiːmɪŋ] *adj* : aparente, ostensible
seemingly [ˈsiːmɪŋli] *adv* : aparentemente, según parece
seemly [ˈsiːmli] *adj* **seemlier; -est** : apropiado, decoroso
seep [ˈsiːp] *vi* : filtrarse
seer [ˈsiːər] *n* : vidente *mf*, clarividente *mf*
seesaw[1] [ˈsiːˌsɔ] *vi* **1** : jugar en un subibaja **2** VACILLATE : vacilar, oscilar
seesaw[2] *n* : balancín *m*, subibaja *m*
seethe [ˈsiːð] *vi* **seethed; seething** **1** : bullir, hervir **2 to seethe with anger** : rabiar, estar furioso
segment [ˈsɛgmənt] *n* : segmento *m*
segmented [ˈsɛgˌmɛntəd, sɛgˈmɛn-] *adj* : segmentado
segregate [ˈsɛgrɪˌgeɪt] *vt* **-gated; -gating** : segregar
segregation [ˌsɛgrɪˈgeɪʃən] *n* : segregación *f*
seismic [ˈsaɪzmɪk, ˈsaɪs-] *adj* : sísmico
seize [ˈsiːz] *v* **seized; seizing** *vt* **1** CAPTURE : capturar, tomar, apoderarse de **2** ARREST : detener **3** CLUTCH, GRAB : agarrar, coger, aprovechar (una oportunidad) **4 to be seized with** : estar sobrecogido por — *vi or* **to seize up** : agarrotarse
seizure [ˈsiːʒər] *n* **1** CAPTURE : toma *f*, captura *f* **2** ARREST : detención *f* **3** : ataque *m* ⟨an epileptic seizure : un ataque epiléptico⟩
seldom [ˈsɛldəm] *adv* : pocas veces, rara vez, casi nunca
select[1] [səˈlɛkt] *vt* : escoger, elegir, seleccionar (a un candidato, etc.)
select[2] *adj* : selecto
selection [səˈlɛkʃən] *n* : selección *f*, elección *f*
selective [səˈlɛktɪv] *adj* : selectivo
selenium [səˈliːniəm] *n* : selenio *m*
self [ˈsɛlf] *n, pl* **selves** [ˈsɛlvz] **1** : ser *m*, persona *f* ⟨the self : el yo⟩ ⟨with his whole self : con todo su ser⟩ ⟨her own self : su propia persona⟩ **2** SIDE : lado (de la personalidad) ⟨his better self : su lado bueno⟩
self–addressed [ˌsɛlfəˈdrst] *adj* : con la dirección del remitente ⟨include a self-addressed envelope : incluya un sobre con su nombre y dirección⟩
self–appointed [ˌsɛlfəˈpɔɪntəd] *adj* : autoproclamado, autonombrado
self–assurance [ˌsɛlfəˈʃʊrənts] *n* : seguridad *f* en sí mismo
self–assured [ˌsɛlfəˈʃʊrd] *adj* : seguro de sí mismo
self–centered [ˌsɛlfˈsɛntərd] *adj* : egocéntrico
self–confidence [ˌsɛlfˈkɑnfədənts] *n* : confianza *f* en sí mismo
self–confident [ˌsɛlfˈkɑnfədənt] *adj* : seguro de sí mismo
self–conscious [ˌsɛlfˈkɑntʃəs] *adj* : cohibido, tímido
self–consciously [ˌsɛlfˈkɑntʃəsli] *adv* : de manera cohibida
self–consciousness [ˌsɛlfˈkɑntʃəsnəs] *n* : vergüenza *f*, timidez *f*
self–contained [ˌsɛlfkənˈteɪnd] *adj* **1** INDEPENDENT : independiente **2** RESERVED : reservado
self–control [ˌsɛlfkənˈtroːl] *n* : autocontrol *m*, control *m* de sí mismo
self–defense [ˌsɛlfdɪˈfɛnts] *n* : defensa *f* propia, defensa *f* personal ⟨to act in self-defense : actuar en defensa propia⟩ ⟨self-defense class : clase de defensa personal⟩
self–denial [ˌsɛlfdɪˈnaɪəl] *n* : abnegación *f*
self–destructive [ˌsɛlfdɪˈstrʌktɪv] *adj* : autodestructivo
self–determination [ˌsɛlfdɪˌtərməˈneɪʃən] *n* : autodeterminación *f*
self–discipline [ˌsɛlfˈdɪsəplən] *n* : autodisciplina *f*
self–employed [ˌsɛlfɪmˈplɔɪd] *adj* : que trabaja por cuenta propia, autónomo
self–esteem [ˌsɛlfɪˈstiːm] *n* : autoestima *f*, amor *m* propio
self–evident [ˌsɛlfˈɛvədənt] *adj* : evidente, manifiesto
self–explanatory [ˌsɛlfɪkˈsplænəˌtori] *adj* : fácil de entender, evidente
self–expression [ˌsɛlfɪkˈsprʃən] *n* : expresión *f* personal
self–government [ˌsɛlfˈgʌvərmənt, -vərn-] *n* : autogobierno *m*
self–help [ˌsɛlfˈhɛlp] *n* : autoayuda *f*
self–important [ˌsɛlfɪmˈpɔrtənt] *adj* **1** VAIN : vanidoso, presumido **2** ARROGANT : arrogante
self–indulgent [ˌsɛlfɪnˈdʌldʒənt] *adj* : que se permite excesos
self–inflicted [ˌsɛlfɪnˈflɪktəd] *adj* : autoinfligido
self–interest [ˌsɛlfˈɪntrəst, -təˌrst] *n* : interés *m* personal
selfish [ˈsɛlfɪʃ] *adj* : egoísta
selfishly [ˈsɛlfɪʃli] *adv* : de manera egoísta
selfishness [ˈsɛlfɪʃnəs] *n* : egoísmo *m*
selfless [ˈsɛlfləs] *adj* UNSELFISH : desinteresado
self–made [ˌsɛlfˈmeɪd] *adj* : próspero gracias a sus propios esfuerzos
self–pity [ˌsɛlfˈpɪti] *n, pl* **-ties** : autocompasión *f*
self–portrait [ˌsɛlfˈpɔrtrət] *n* : autorretrato *m*

self–propelled [ˌsɛlfproˈpɛld] *adj* : autopropulsado
self–reliance [ˌsɛlfriˈlaɪənts] *n* : independencia *f*, autosuficiencia *f*
self–respect [ˌsɛlfriˈspɛkt] *n* : autoestima *f*, amor *m* propio
self–restraint [ˌsɛlfriˈstreɪnt] *n* : autocontrol *m*, moderación *f*
self–righteous [ˌsɛlfˈraɪʧəs] *adj* : santurrón, moralista
self–sacrifice [ˌsɛlfˈsækrəˌfaɪs] *n* : abnegación *f*
selfsame [ˈsɛlfˌseɪm] *adj* : mismo
self–service [ˌsɛlfˈsərvɪs] *adj* **1** : de autoservicio **2 self-service restaurant** : autoservicio *m*
self–sufficiency [ˌsɛlfsəˈfɪʃəntsi] *n* : autosuficiencia *f*
self–sufficient [ˌsɛlfsəˈfɪʃənt] *adj* : autosuficiente
self–taught [ˌsɛlfˈtɔt] *adj* : autodidacta
sell [ˈsɛl] *v* **sold** [ˈsoːld]; **selling** *vt* **1** : vender ⟨to sell someone something, to sell something to someone : venderle algo a alguien⟩ **2 to sell at a loss** : vender con pérdidas **3 to sell off** : liquidar **4 to sell on** ⟨can you sell them on the project? : ¿puedes convencerles de los méritos del proyecto?⟩ ⟨she's not sold on the idea : la idea no la convence⟩ **5 to sell out** BETRAY : vender, traicionar a **6 to sell short** UNDERESTIMATE : subestimar, menospreciar — *vi* **1** : venderse ⟨this car sells well : este coche se vende bien⟩ **2 to sell out** : agotarse (dícese de entradas, etc.) **3 to sell out** : venderse (dícese de un músico, etc.)
seller [ˈsɛlər] *n* : vendedor *m*, -dora *f*
selves → **self**
semantic [sɪˈmæntɪk] *adj* : semántico
semantics [sɪˈmæntɪks] *ns & pl* : semántica *f*
semaphore [ˈsɛməˌfor] *n* : semáforo *m*
semblance [ˈsɛmbləntś] *n* : apariencia *f*
semen [ˈsiːmən] *n* : semen *m*
semester [səˈmɛstər] *n* : semestre *m*
semicolon [ˈsɛmiˌkoːlən, ˈsɛˌmaɪ-] *n* : punto y coma *m*
semiconductor [ˈsɛmikənˌdʌktər, ˈsɛˌmaɪ-] *n* : semiconductor *m*
semifinal [ˈsɛmiˌfaɪnəl, ˈsɛˌmaɪ-] *n* : semifinal *f*
seminar [ˈsɛməˌnɑr] *n* : seminario *m*
seminary [ˈsɛməˌnɛri] *n, pl* **-naries** : seminario *m*
Semitic [səˈmɪt̬ɪk] *adj* : semita
senate [ˈsɛnət] *n* : senado *m*
senator [ˈsɛnət̬ər] *n* : senador *m*, -dora *f*
send [ˈsɛnd] *vt* **sent** [ˈsɛnt]; **sending** **1** : mandar, enviar ⟨to send a letter : mandar una carta⟩ ⟨to send word : avisar, mandar decir⟩ ⟨he was sent to prison : lo mandaron a la cárcel, lo encarcelaron⟩ **2** PROPEL : mandar, lanzar ⟨he sent it into left field : lo mandó al jardín izquierdo⟩ ⟨it sent a shiver down my spine : me dio un escalofrío⟩ ⟨to send up dust : levantar polvo⟩ **3 to send away for** : pedir (por correo) **4 to send back** RETURN : devolver, mandar de vuelta **5 to send for** SUMMON : mandar llamar **6 to send for** REQUEST : pedir (ayuda, refuerzos, etc.) **7 to send in** SUBMIT : enviar, mandar, presentar **8 to send in** : enviar, mandar (tropas, etc.) **9 to send into a rage** : poner furioso **10 to send off** : mandar, enviar (por correo, etc.) **11 to send on** : enviar por adelantado **12 to send out** : enviar, mandar (invitaciones, etc.) **13 to send out** EMIT : emitir
sender [ˈsɛndər] *n* : remitente *mf* (de una carta, etc.)
Senegalese [ˌsɛnəgəˈliːz, -ˈliːs] *n* : senegalés *m*, -lesa *f* — **Senegalese** *adj*
senile [ˈsiːˌnaɪl] *adj* : senil
senility [sɪˈnɪlət̬i] *n* : senilidad *f*
senior[1] [ˈsiːnjər] *adj* **1** ELDER : mayor ⟨John Doe, Senior : John Doe, padre⟩ **2** : superior (en rango), más antiguo (en años de servicio) ⟨a senior official : un alto oficial⟩
senior[2] *n* **1** : superior *m* (en rango) **2 to be someone's senior** : ser mayor que alguien ⟨she's two years my senior : me lleva dos años⟩
senior citizen *n* : persona *f* de la tercera edad
seniority [ˌsiːˈnjɔrət̬i] *n* : antigüedad *f* (en años de servicio)
sensation [sɛnˈseɪʃən] *n* : sensación *f*
sensational [sɛnˈseɪʃənəl] *adj* : que causa sensación ⟨sensational stories : historias sensacionalistas⟩
sense[1] [ˈsɛnts] *vt* **sensed; sensing** : sentir ⟨he sensed danger : se dio cuenta del peligro⟩
sense[2] *n* **1** MEANING : sentido *m*, significado *m* **2** : sentido *m* ⟨the sense of smell : el sentido del olfato⟩ **3** : sentido *m* ⟨sense of humor : sentido del humor⟩ ⟨sense of duty : sentido del deber⟩ ⟨sense of direction : sentido de la orientación⟩ **4** FEELING : sensación *f* ⟨a huge sense of relief : un gran alivio⟩ ⟨his sense of accomplishment : su satisfacción (por haber logrado algo)⟩ **5** WISDOM : sensatez *f*, tino *m* ⟨he had the (good) sense to leave : tuvo la sensatez de retirarse⟩ ⟨common sense : sentido común⟩ ⟨to come to one's senses : entrar en razón⟩ ⟨there's no sense in arguing : no tiene sentido discutir⟩ **6 to make sense** : tener sentido **7 to make sense of** : entender
senseless [ˈsɛntsləs] *adj* **1** MEANINGLESS : sin sentido, sin razón **2** UNCONSCIOUS : inconsciente
senselessly [ˈsɛntsləsli] *adv* : sin sentido
sensibility [ˌsɛntsəˈbɪlət̬i] *n, pl* **-ties** : sensibilidad *f*
sensible [ˈsɛntsəbəl] *adj* **1** PERCEPTIBLE : sensible, perceptible **2** AWARE : consciente **3** REASONABLE : sensato ⟨a sensible man : un hombre sensato⟩

<sensible shoes : zapatos prácticos> — **sensibly** [-bli] *adv*

sensibleness ['sɛntsəbəlnəs] *n* : sensatez *f*, solidez *f*

sensitive ['sɛntsət̬ɪv] *adj* **1** : sensible, delicado <sensitive skin : piel sensible> **2** IMPRESSIONABLE : sensible, impresionable **3** TOUCHY : susceptible

sensitiveness ['sɛntsət̬ɪvnəs] → **sensitivity**

sensitivity [ˌsɛntsə'tɪvət̬i] *n, pl* **-ties** : sensibilidad *f*

sensitize ['sɛntsəˌtaɪz] *vt* **-tized; -tizing** : sensibilizar

sensor ['sɛnˌsɔr, 'sɛntsər] *n* : sensor *m*

sensory ['sɛntsəri] *adj* : sensorial

sensual ['sɛntʃuəl] *adj* : sensual — **sensually** *adv*

sensuality [ˌsɛntʃə'wæləţi] *n, pl* **-ties** : sensualidad *f*

sensuous ['sɛntʃuəs] *adj* : sensual

sent → **send**

sentence[1] ['sɛntənts, -ənz] *vt* **-tenced; -tencing** : sentenciar

sentence[2] *n* **1** JUDGMENT : sentencia *f* **2** : oración *f*, frase *f* (en gramática)

sentiment ['sɛntəmənt] *n* **1** BELIEF : opinión *f* **2** FEELING : sentimiento *m* **3** → **sentimentality**

sentimental [ˌsɛntə'mɛntəl] *adj* : sentimental

sentimentality [ˌsɛntəˌmɛn'tæləţi] *n, pl* **-ties** : sentimentalismo *m*, sensiblería *f*

sentinel ['sɛntənəl] *n* : centinela *mf*, guardia *mf*

sentry ['sɛntri] *n, pl* **-tries** : centinela *mf*

sepal ['si:pəl, 'sɛ-] *n* : sépalo *m*

separable ['sɛpərəbəl] *adj* : separable

separate[1] ['sɛpəˌreɪt] *v* **-rated; -rating** *vt* **1** DETACH, SEVER : separar **2** DISTINGUISH : diferenciar, distinguir — *vi* PART : separarse

separate[2] ['sɛprət, 'sɛpə-] *adj* **1** INDIVIDUAL : separado, aparte <a separate state : un estado separado> <in a separate envelope : en un sobre aparte> **2** DISTINCT : distinto

separately ['sɛprətli, 'sɛpə-] *adv* : por separado, separadamente, aparte

separation [ˌsɛpə'reɪʃən] *n* : separación *f*

sepia ['si:piə] *n* : color *m* sepia

September [sɛp'tɛmbər] *n* : septiembre *m*, setiembre *m*

septic ['sɛptɪk] *adj* : séptico <septic tank : fosa séptica>

sepulchre ['sɛpəlkər] *n* : sepulcro *m*

sequel ['si:kwəl] *n* **1** CONSEQUENCE : secuela *f*, consecuencia *f* **2** : continuación *f* (de una película, etc.)

sequence ['si:kwənts] *n* **1** SERIES : serie *f*, sucesión *f*, secuencia *f* (matemática o musical) **2** ORDER : orden *m*

sequester [sɪ'kwɛstər] *vt* : aislar

sequin ['si:kwən] *n* : lentejuela *f*

sequoia [sɪ'kwɔɪə] *n* : secoya *f*, secuoya *f*

sera → **serum**

Serb ['sərb] *or* **Serbian** ['sərbiən] *n* **1** : serbio *m*, -bia *f* **2** : serbio *m* (idioma) — **Serb** *or* **Serbian** *adj*

Serbo–Croatian [ˌsərbokro'eɪʃən] *n* : serbocroata *m* (idioma) — **Serbo–Croatian** *adj*

serenade[1] [ˌsɛrə'neɪd] *vt* **-naded; -nading** : darle una serenata (a alguien)

serenade[2] *n* : serenata *f*

serene [sə'ri:n] *adj* : sereno — **serenely** *adv*

serenity [sə'rɛnəţi] *n* : serenidad *f*

serf ['sərf] *n* : siervo *m*, -va *f*

serge ['sərdʒ] *n* : sarga *f*

sergeant ['sɑrdʒənt] *n* : sargento *mf*

serial[1] ['sɪriəl] *adj* : seriado

serial[2] *n* : serie *f*, serial *m* (de radio o televisión), publicación *f* por entregas

serially ['sɪriəli] *adv* : en serie

series ['sɪrˌi:z] *n, pl* **series** : serie *f*, sucesión *f*

serious ['sɪriəs] *adj* **1** SOBER : serio **2** DEDICATED, EARNEST : serio, dedicado <to be serious about something : tomar algo en serio> **3** GRAVE : serio, grave <serious problems : problemas graves>

seriously ['sɪriəsli] *adv* **1** EARNESTLY : seriamente, con seriedad, en serio **2** SEVERELY : gravemente

seriousness ['sɪriəsnəs] *n* : seriedad *f*, gravedad *f*

sermon ['sərmən] *n* : sermón *m*

serpent ['sərpənt] *n* : serpiente *f*

serrated [sə'reɪţəd, 'sɛrˌeɪţəd] *adj* : dentado, serrado

serum ['sɪrəm] *n, pl* **serums** *or* **sera** ['sɪrə] : suero *m*

servant ['sərvənt] *n* : criado *m*, -da *f*; sirviente *m*, -ta *f*

serve ['sərv] *v* **served; serving** *vi* **1** : servir <to serve in the navy : servir en la armada> <to serve on a jury : ser miembro de un jurado> **2** DO, FUNCTION : servir <to serve as : servir de, servir como> **3** : sacar (en deportes) — *vt* **1** : servir <to serve God : servir a Dios> **2** HELP : servir <it serves no purpose : no sirve para nada> **3** : servir (comida o bebida) <dinner is served : la cena está servida> **4** SUPPLY : abastecer **5** CARRY OUT : cumplir, hacer <to serve time : servir una pena> **6 to serve a summons** : entregar una citación

server ['sərvər] *n* **1** : camarero *m*, -ra *f*; mesero *m*, -ra *f* (en un restaurante) **2** *or* **serving dish** : fuente *f* (para servir comida) **3** : servidor *m* (en informática)

service[1] ['sərvəs] *vt* **-viced; -vicing** **1** MAINTAIN : darle mantenimiento a (una máquina), revisar **2** REPAIR : arreglar, reparar

service[2] *n* **1** HELP, USE : servicio *m* <to do someone a service : hacerle un servicio a alguien> <at your service : a sus órdenes> <to be out of service : no funcionar> **2** CEREMONY : oficio *m* (religioso) **3** DEPARTMENT, SYSTEM : servicio *m* ⟨social services : servicios sociales⟩ ⟨train service : servicio de trenes⟩ **4** SET : juego *m*, servicio *m* ⟨tea service : juego de té⟩ **5** MAINTENANCE : mantenimiento *m*, revisión *f*, servicio *m* **6** : saque *m* (en deportes) **7 armed services** : fuerzas *fpl* armadas

serviceable [ˈsərvəsəbəl] *adj* **1** USEFUL : útil **2** DURABLE : duradero

serviceman [ˈsərvəsˌmæn, -mən] *n, pl* **-men** [-mən, -ˌmɛn] : militar *m*

service station → **gas station**

servicewoman [ˈsərvəsˌwʊmən] *n, pl* **-women** [-ˌwɪmən] : militar *f*

servile [ˈsərvəl, -ˌvaɪl] *adj* : servil

serving [ˈsərvɪŋ] *n* HELPING : porción *f*, ración *f*

servitude [ˈsərvəˌtuːd, -ˌtjuːd] *n* : servidumbre *f*

sesame [ˈsɛsəmi] *n* : ajonjolí *m*, sésamo *m*

session [ˈsɛʃən] *n* : sesión *f*

set[1] [ˈsɛt] *v* **set; setting** *vt* **1** *or* **to set down** PLACE : poner, colocar ⟨set the books (down) on the table : pon los libros en la mesa⟩ **2** INSTALL : poner, colocar (ladrillos, etc.) **3** MOUNT : engarzar, montar (un diamante, etc.) **4** ESTABLISH : fijar (una fecha, un precio, etc.), establecer (reglas, un récord, etc.) ⟨to set (oneself) a goal : fijarse una meta⟩ ⟨to set a precedent : sentar precedente⟩ ⟨to set a good/bad example : dar buen/mal ejemplo⟩ **5** PREPARE : tender (una trampa), poner (un freno de mano, etc.) ⟨to set the table : poner la mesa⟩ **6** ADJUST : poner (un reloj, etc.) **7** (*indicating the causing of a certain condition*) ⟨to set fire to : prenderle fuego a⟩ ⟨she set it free : lo soltó⟩ **8** MAKE, START : poner, hacer ⟨I set them working : los puse a trabajar⟩ ⟨it set me (to) thinking : me hizo pensar⟩ ⟨to set something in motion : poner algo en marcha⟩ **9** : ambientar ⟨the book is set in Chicago : el libro está ambientado en Chicago⟩ **10** : componer (un hueso roto, etc.) **11** : tensar (la mandíbula, la boca, etc.) **12** : marcar (el pelo) **13** : componer (texto) **14 to set about** BEGIN : comenzar **15 to set aside** RESERVE : reservar, dejar de lado **16 to set back** DELAY : retrasar, atrasar — *vi* **1** SOLIDIFY : fraguar (dícese del cemento, etc.), cuajar (dícese de la gelatina, etc.) **2** : ponerse (dícese del sol o de la luna)

set[2] *adj* **1** ESTABLISHED, FIXED : fijo, establecido **2** RIGID : inflexible ⟨to be set in one's ways : tener costumbres muy arraigadas⟩ **3** READY : listo, preparado

set[3] *n* **1** COLLECTION : juego *m* ⟨a set of dishes : un juego de platos, una vajilla⟩ ⟨a tool set : una caja de herramientas⟩ **2** *or* **stage set** : decorado *m* (en el teatro), plató *m* (en el cine) **3** APPARATUS : aparato *m* ⟨a television set : un televisor⟩ **4** : conjunto *m* (en matemáticas)

setback [ˈsɛtˌbæk] *n* : revés *m*, contratiempo *m*

set in *vi* BEGIN : comenzar, empezar

set off *vt* **1** PROVOKE : provocar **2** EXPLODE : hacer estallar (una bomba, etc.) — *vi or* **to set forth** : salir

set out *vi* : salir (de viaje) — *vt* INTEND : proponerse

settee [sɛˈtiː] *n* : sofá *m*

setter [ˈsɛt̬ər] *n* : setter *mf* ⟨Irish setter : setter irlandés⟩

setting [ˈsɛt̬ɪŋ] *n* **1** : posición *f*, ajuste *m* (de un control) **2** : engaste *m*, montura *f* (de una gema) **3** SCENE : escenario *m* (de una novela, etc.) **4** SURROUNDINGS : ambiente *m*, entorno *m*, marco *m*

settle [ˈsɛt̬əl] *v* **settled; settling** *vi* **1** ALIGHT, LAND : posarse (dícese de las aves, una mirada, etc.), depositarse (dícese del polvo) **2** SINK : asentarse (dícese de los edificios) **3** : acomodarse ⟨he settled into the chair : se arrellanó en la silla⟩ **4** : resolver una disputa ⟨they settled out of court : resolvieron extrajudicialmente su disputa⟩ **5** DECIDE : decidir (un asunto) ⟨that settles it : ya está decidido⟩ **6** : instalarse (en una casa), establecerse (en una ciudad o región) **7 to settle down** : calmarse, tranquilizarse ⟨settle down! : ¡tranquilízate!, ¡cálmate!⟩ **8 to settle down** : sentar cabeza, hacerse sensato ⟨to marry and settle down : casarse y sentar cabeza⟩ **9 to settle for** : conformarse con **10 to settle in** : instalarse (en una casa, etc.), adaptarse (a un trabajo, etc.) **11 to settle up** : arreglar las cuentas — *vt* **1** ARRANGE, DECIDE : fijar, decidir, acordar (planes, etc.) **2** RESOLVE : resolver, solucionar ⟨to settle an argument : resolver una discusión⟩ **3** PAY : pagar ⟨to settle an account : saldar una cuenta⟩ **4** CALM : calmar (los nervios), asentar (el estómago) **5** : acomodar, poner ⟨he settled the baby into its crib : puso al bebé en su cuna⟩ **6** COLONIZE : colonizar **7 to settle oneself** : acomodarse, hacerse cómodo

settlement [ˈsɛt̬əlmənt] *n* **1** PAYMENT : pago *m*, liquidación *f* **2** COLONY : asentamiento *m* **3** RESOLUTION : acuerdo *m*

settler [ˈsɛt̬ələr] *n* : poblador *m*, -dora *f*; colono *m*, -na *f*

setup [ˈsɛtˌʌp] *n* **1** ASSEMBLY : montaje *m*, ensamblaje *m* **2** ARRANGEMENT : disposición *f* **3** PREPARATION : preparación *f* **4** TRAP, TRICK : encerrona *f*

set up *vt* **1** ASSEMBLE : montar, armar **2** ERECT : levantar, erigir **3** ESTABLISH : establecer, fundar, montar (un negocio) **4** CAUSE : armar ⟨they set up a clamor : armaron un alboroto⟩

seven[1] [ˈsɛvən] *adj* : siete

seven[2] *n* : siete *m*
seven hundred[1] *adj* : setecientos
seven hundred[2] *n* : setecientos *m*
seventeen[1] [ˌsɛvənˈtiːn] *adj* : diecisiete
seventeen[2] *n* : diecisiete *m*
seventeenth[1] [ˌsɛvənˈtiːnθ] *adj* : decimoséptimo
seventeenth[2] *n* **1** : decimoséptimo *m*, -ma *f* (en una serie) **2** : diecisieteavo *m*, diecisieteava parte *f*
seventh[1] [ˈsɛvənθ] *adj* : séptimo
seventh[2] *n* **1** : séptimo *m*, -ma *f* (en una serie) **2** : séptimo *m*, séptima parte *f*
seventieth[1] [ˈsɛvəntiəθ] *adj* : septuagésimo
seventieth[2] *n* **1** : septuagésimo *m*, -ma *f* (en una serie) **2** : setentavo *m*, setentava parte *f*, septuagésima parte *f*
seventy[1] [ˈsɛvənt̬i] *adj* : setenta
seventy[2] *n, pl* **-ties** : setenta *m*
sever [ˈsɛvər] *vt* **-ered; -ering** : cortar, romper
several[1] [ˈsɛvrəl, ˈsɛvə-] *adj* **1** DISTINCT : distinto **2** SOME : varios ⟨several weeks : varias semanas⟩
several[2] *pron* : varios, varias
severance [ˈsɛvrənts, sɛvə-] *n* **1** : ruptura *f* (de relaciones, etc.) **2 severance pay** : indemnización *f* (por despido)
severe [səˈvɪr] *adj* **severer; -est 1** STRICT : severo **2** AUSTERE : sobrio, austero **3** SERIOUS : grave ⟨a severe wound : una herida grave⟩ ⟨severe aches : dolores fuertes⟩ **4** DIFFICULT : duro, difícil — **severely** *adv*
severity [səˈvrət̬i] *n* **1** HARSHNESS : severidad *f* **2** AUSTERITY : sobriedad *f*, austeridad *f* **3** SERIOUSNESS : gravedad *f* (de una herida, etc.)
sew [ˈsoː] *v* **sewed; sewn** [ˈsoːn] *or* **sewed; sewing** : coser
sewage [ˈsuːɪʤ] *n* : aguas *fpl* negras, aguas *fpl* residuales
sewer[1] [ˈsoːər] *n* : uno que cose
sewer[2] [ˈsuːər] *n* : alcantarilla *f*, cloaca *f*
sewing [ˈsoːɪŋ] *n* : costura *f*
sex [ˈsɛks] *n* **1** : sexo *m* ⟨the opposite sex : el sexo opuesto⟩ **2** COPULATION : relaciones *fpl* sexuales
sexism [ˈsɛkˌsɪzəm] *n* : sexismo *m*
sexist[1] [ˈsɛksɪst] *adj* : sexista
sexist[2] *n* : sexista *mf*
sextant [ˈsɛkstənt] *n* : sextante *m*
sextet [sɛkˈstɛt] *n* : sexteto *m*
sexton [ˈsɛkstən] *n* : sacristán *m*
sexual [ˈsɛkʃʊəl] *adj* : sexual — **sexually** *adv*
sexuality [ˌsɛkʃʊˈæləṭi] *n* : sexualidad *f*
sexy [ˈsɛksi] *adj* **sexier; -est** : sexy
shabbily [ˈʃæbəli] *adv* **1** : pobremente ⟨shabbily dressed : pobremente vestido⟩ **2** UNFAIRLY : mal, injustamente
shabbiness [ˈʃæbinəs] *n* **1** : lo gastado (de ropa, etc.) **2** : lo mal vestido (de personas) **3** UNFAIRNESS : injusticia *f*
shabby [ˈʃæbi] *adj* **shabbier; -est 1** : gastado (dícese de la ropa, etc.) **2** : mal vestido (dícese de las personas) **3** UNFAIR : malo, injusto ⟨shabby treatment : mal trato⟩
shack [ˈʃæk] *n* : choza *f*, rancho *m*
shackle[1] [ˈʃækəl] *vt* **-led; -ling** : ponerle grilletes (a alguien)
shackle[2] *n* : grillete *m*
shad [ˈʃæd] *n* : sábalo *m*
shade[1] [ˈʃeɪd] *v* **shaded; shading** *vt* **1** SHELTER : proteger (del sol o de la luz) **2** *or* **to shade in** : matizar los colores de — *vi* : convertirse gradualmente ⟨his irritation shaded into rage : su irritación iba convirtiéndose en furia⟩
shade[2] *n* **1** : sombra *f* ⟨to give shade : dar sombra⟩ **2** : tono *m* (de un color) **3** NUANCE : matiz *m* **4** : pantalla *f* (de una lámpara), persiana *f* (de una ventana)
shadow[1] [ˈʃædoː] *vt* **1** DARKEN : ensombrecer **2** TRAIL : seguir de cerca, seguirle la pista (a alguien)
shadow[2] *n* **1** : sombra *f* **2** DARKNESS : oscuridad *f* **3** TRACE : sombra *f*, atisbo *m*, indicio *m* ⟨without a shadow of a doubt : sin sombra de duda, sin lugar a dudas⟩ **4 to cast a shadow over** : ensombrecer
shadowy [ˈʃædowi] *adj* **1** INDISTINCT : vago, indistinto **2** DARK : oscuro
shady [ˈʃeɪdi] *adj* **shadier; -est 1** : sombreado (dícese de un lugar), que da sombra (dícese de un árbol) **2** DISREPUTABLE : sospechoso (dícese de una persona), turbio (dícese de un negocio, etc.)
shaft [ˈʃæft] *n* **1** : asta *f* (de una lanza), astil *m* (de una flecha), mango *m* (de una herramienta) **2** *or* **mine shaft** : pozo *m*
shaggy [ˈʃægi] *adj* **shaggier; -est 1** HAIRY : peludo ⟨a shaggy dog : un perro peludo⟩ **2** UNKEMPT : enmarañado, despeinado (dícese del pelo, de las barbas, etc.)
shake[1] [ˈʃeɪk] *v* **shook** [ˈʃʊk]; **shaken** [ˈʃeɪkən]; **shaking** *vt* **1** : sacudir, agitar, hacer temblar ⟨he shook his head : negó con la cabeza⟩ **2** WEAKEN : debilitar, hacer flaquear ⟨it shook her faith : debilitó su confianza⟩ **3** UPSET : afectar, alterar **4 to shake hands with someone** : darle/estrecharle la mano a alguien **5 to shake off** : deshacer **6 to shake up** : restructurar, reorganizar — *vi* : temblar, sacudirse ⟨to shake with fear : temblar de miedo⟩
shake[2] *n* : sacudida *f*, apretón *m* (de manos)
shaker [ˈʃeɪkər] *n* **1 salt shaker** : salero *m* **2 pepper shaker** : pimentero *m* **3 cocktail shaker** : coctelera *f*
shake–up [ˈʃeɪkˌʌp] *n* : reorganización *f*
shakily [ˈʃeɪkəli] *adv* : temblorosamente
shaky [ˈʃeɪki] *adj* **shakier; -est 1** SHAKING : tembloroso **2** UNSTABLE : poco

firme, inestable 3 PRECARIOUS : precario, incierto 4 QUESTIONABLE : dudoso, cuestionable ⟨shaky arguments : argumentos discutibles⟩

shale [ˈʃeɪl] *n* : esquisto *m*

shall [ˈʃæl] *v aux, past* **should** [ˈʃʊd] *present s & pl* **shall** 1 (*used formally to express a command*) ⟨you shall do as I say : harás lo que te digo⟩ ⟨there shall be no talking during the test : se prohibe hablar durante el examen⟩ 2 (*used formally to request an opinion*) ⟨shall I call a taxi? : ¿quiere que llame un taxi?⟩ 3 (*used formally to express futurity*) ⟨we shall see : ya veremos⟩ ⟨when shall we expect you? : ¿cuándo te podemos esperar?⟩ ⟨I shall not mention it, I shan't mention it : no lo mencionaré⟩ 4 (*used formally to express determination*) ⟨you shall have the money : tendrás el dinero⟩

shallow [ˈʃælo:] *adj* 1 : poco profundo (dícese del agua, etc.) 2 SUPERFICIAL : superficial

shallows [ˈʃælo:z] *npl* : bajío *m*, bajos *mpl*

sham[1] [ˈʃæm] *v* **shammed; shamming** : fingir

sham[2] *adj* : falso, fingido

sham[3] *n* 1 FAKE, PRETENSE : farsa *f*, simulación *f*, imitación *f* 2 FAKER : impostor *m*, -tora *f*; farsante *mf*

shamble [ˈʃæmbəl] *vi* **-bled; -bling** : caminar arrastrando los pies

shambles [ˈʃæmbəlz] *ns & pl* : caos *m*, desorden *m*, confusión *f*

shame[1] [ˈʃeɪm] *vt* **shamed; shaming** 1 : avergonzar ⟨he was shamed by their words : sus palabras le dieron vergüenza⟩ 2 DISGRACE : deshonrar

shame[2] *n* 1 : vergüenza *f* ⟨to have no shame : no tener vergüenza⟩ 2 DISGRACE : vergüenza *f*, deshonra *f* 3 PITY : lástima *f*, pena *f* ⟨what a shame! : ¡qué pena!⟩

shamefaced [ˈʃeɪmˌfeɪst] *adj* : avergonzado

shameful [ˈʃeɪmfəl] *adj* : vergonzoso — **shamefully** *adv*

shameless [ˈʃeɪmləs] *adj* : descarado, desvergonzado — **shamelessly** *adv*

shampoo[1] [ʃæmˈpu:] *vt* : lavar (el pelo)

shampoo[2] *n, pl* **-poos** : champú *m*

shamrock [ˈʃæmˌrɑk] *n* : trébol *m*

shank [ˈʃæŋk] *n* : parte *f* baja de la pierna

shan't [ˈʃænt] *contraction of* **shall not** → **shall**

shanty [ˈʃænti] *n, pl* **-ties** : choza *f*, rancho *m*

shape[1] [ˈʃeɪp] *v* **shaped; shaping** *vt* 1 : dar forma a, modelar (arcilla, etc.), tallar (madera, piedra), formar (carácter) ⟨to be shaped like : tener forma de⟩ 2 DETERMINE : decidir, determinar — *vi or* **to shape up** : tomar forma

shape[2] *n* 1 : forma *f*, figura *f* ⟨in the shape of a circle : en forma de círculo⟩ 2 CONDITION : estado *m*, condiciones *fpl*, forma *f* (física) ⟨to get in shape : ponerse en forma⟩

shapeless [ˈʃeɪpləs] *adj* : informe

shapely [ˈʃeɪpli] *adj* **shapelier; -est** : curvilíneo, bien proporcionado

shard [ˈʃɑrd] *n* : fragmento *m*, casco *m* (de cerámica, etc.)

share[1] [ˈʃɛr] *v* **shared; sharing** *vt* 1 APPORTION : dividir, repartir 2 : compartir ⟨they share a room : comparten una habitación⟩ — *vi* : compartir

share[2] *n* 1 PORTION : parte *f*, porción *f* ⟨one's fair share : lo que le corresponde a uno⟩ 2 : acción *f* (en una compañía) ⟨to hold shares : tener acciones⟩

sharecropper [ˈʃɛrˌkrɑpər] *n* : aparcero *m*, -ra *f*

shareholder [ˈʃɛrˌho:ldər] *n* : accionista *mf*

shark [ˈʃɑrk] *n* : tiburón *m*

sharp[1] [ˈʃɑrp] *adv* : en punto ⟨at two o'clock sharp : a las dos en punto⟩

sharp[2] *adj* 1 : afilado, filoso ⟨a sharp knife : un cuchillo afilado⟩ 2 PENETRATING : cortante, fuerte 3 CLEVER : agudo, listo, perspicaz 4 ACUTE : agudo ⟨sharp eyesight : vista aguda⟩ 5 HARSH, SEVERE : duro, severo, agudo ⟨a sharp rebuke : una reprimenda mordaz⟩ 6 STRONG : fuerte ⟨sharp cheese : queso fuerte⟩ 7 ABRUPT : brusco, repentino 8 DISTINCT : nítido, definido ⟨a sharp image : una imagen bien definida⟩ 9 ANGULAR : anguloso (dícese de la cara) 10 : sostenido (en música)

sharp[3] *n* : sostenido *m* (en música)

sharpen [ˈʃɑrpən] *vt* : afilar, aguzar ⟨to sharpen a pencil : sacarle punta a un lápiz⟩ ⟨to sharpen one's wits : aguzar el ingenio⟩

sharpener [ˈʃɑrpənər] *n* : afilador *m* (para cuchillos, etc.), sacapuntas *m* (para lápices)

sharply [ˈʃɑrpli] *adv* 1 ABRUPTLY : bruscamente 2 DISTINCTLY : claramente, marcadamente

sharpness [ˈʃɑrpnəs] *n* 1 : lo afilado (de un cuchillo, etc.) 2 ACUTENESS : agudeza *f* (de los sentidos o de la mente) 3 INTENSITY : intensidad *f*, agudeza *f* (de dolores, etc.) 4 HARSHNESS : dureza *f*, severidad *f* 5 ABRUPTNESS : brusquedad *f* 6 CLARITY : nitidez *f*

sharpshooter [ˈʃɑrpˌʃu:t̬ər] *n* : tirador *m*, -dora *f* de primera

shatter [ˈʃæt̬ər] *vt* 1 : hacer añicos ⟨to shatter the silence : romper el silencio⟩ 2 **to be shattered by** : quedar destrozado por — *vi* : hacerse añicos, romperse en pedazos

shave[1] [ˈʃeɪv] *v* **shaved; shaved** *or* **shaven** [ˈʃeɪvən]; **shaving** *vt* 1 : afeitar, rasurar ⟨she shaved her legs : se rasuró las piernas⟩ ⟨they shaved (off) his beard : le afeitaron la barba⟩ 2

SLICE : cortar (en pedazos finos) — *vi* : afeitarse, rasurarse

shave[2] *n* : afeitada *f*, rasurada *f*

shaver [ˈʃeɪvər] *n* : afeitadora *f*, máquina *f* de afeitar, rasuradora *f*

shawl [ˈʃɔl] *n* : chal *m*, mantón *m*, rebozo *m*

she [ˈʃi:] *pron* : ella

sheaf [ˈʃi:f] *n, pl* **sheaves** [ˈʃi:vz] : gavilla *f* (de cereales), haz *m* (de flechas), fajo *m* (de papeles)

shear [ˈʃɪr] *vt* **sheared; sheared** *or* **shorn** [ˈʃorn]; **shearing** **1** : esquilar, trasquilar ⟨to shear sheep : trasquilar ovejas⟩ **2** CUT : cortar (el pelo, etc.)

shears [ˈʃɪrz] *npl* : tijeras *fpl* (grandes)

sheath [ˈʃi:θ] *n, pl* **sheaths** [ˈʃi:ðz, ˈʃi:θs] : funda *f*, vaina *f*

sheathe [ˈʃi:ð] *vt* **sheathed; sheathing** : envainar, enfundar

shed[1] [ˈʃɛd] *vt* **shed; shedding** **1** : derramar (sangre o lágrimas) **2** EMIT : emitir (luz) ⟨to shed light on : aclarar⟩ **3** DISCARD : mudar (la piel, etc.) ⟨to shed one's clothes : quitarse uno la ropa⟩

shed[2] *n* : cobertizo *m*

she'd [ˈʃi:d] *contraction of* **she had** *or* **she would** → **have, would**

sheen [ˈʃi:n] *n* : brillo *m*, lustre *m*

sheep [ˈʃi:p] *ns & pl* : oveja *f*

sheepfold [ˈʃi:pˌfo:ld] *n* : redil *m*

sheepish [ˈʃi:pɪʃ] *adj* : avergonzado

sheepskin [ˈʃi:pˌskɪn] *n* : piel *f* de oveja, piel *f* de borrego

sheer[1] [ˈʃɪr] *adv* **1** COMPLETELY : completamente, totalmente **2** VERTICALLY : verticalmente

sheer[2] *adj* **1** TRANSPARENT : vaporoso, transparente **2** ABSOLUTE, UTTER : puro ⟨by sheer luck : por pura suerte⟩ **3** STEEP : escarpado, vertical

sheet [ˈʃi:t] *n* **1** *or* **bedsheet** [ˈbɛd-ˌʃi:t] : sábana *f* **2** : hoja *f* (de papel) **3** : capa *f* (de hielo, etc.) **4** : lámina *f*, placa *f* (de vidrio, metal, etc.), plancha *f* (de metal, madera, etc.) ⟨baking sheet : placa de horno⟩

sheikh *or* **sheik** [ˈʃi:k, ˈʃeɪk] *n* : jeque *m*

shelf [ˈʃɛlf] *n, pl* **shelves** [ˈʃɛlvz] **1** : estante *m*, anaquel *m* (en una pared) **2** : banco *m*, arrecife *m* (en geología) ⟨continental shelf : plataforma continental⟩

shell[1] [ˈʃɛl] *vt* **1** : desvainar (chícharos), pelar (nueces, etc.) **2** BOMBARD : bombardear

shell[2] *n* **1** SEASHELL : concha *f* **2** : cáscara *f* (de huevos, nueces, etc.), vaina *f* (de chícharos, etc.), caparazón *m* (de crustáceos, tortugas, etc.) **3** : cartucho *m*, casquillo *m* ⟨a .45 caliber shell : un cartucho calibre .45⟩ **4** *or* **racing shell** : bote *m* (para hacer regatas de remos)

she'll [ˈʃi:l, ˈʃɪl] *contraction of* **she shall** *or* **she will** → **shall, will**

shellac[1] [ʃəˈlæk] *vt* **-lacked; -lacking** **1** : laquear (madera, etc.) **2** DEFEAT : darle una paliza (a alguien), derrotar

shellac[2] *n* : laca *f*

shellfish [ˈʃɛlˌfɪʃ] *n* : marisco *m*

shelter[1] [ˈʃɛltər] *vt* **1** PROTECT : proteger, abrigar **2** HARBOR : dar refugio a, albergar

shelter[2] *n* : refugio *m*, abrigo *m* ⟨to take shelter : refugiarse⟩

shelve [ˈʃɛlv] *vt* **shelved; shelving** **1** : poner en estantes **2** DEFER : dar carpetazo a

shenanigans [ʃəˈnænɪgənz] *npl* **1** TRICKERY : artimañas *fpl* **2** MISCHIEF : travesuras *fpl*

shepherd[1] [ˈʃɛpərd] *vt* **1** : cuidar (ovejas, etc.) **2** GUIDE : conducir, guiar

shepherd[2] *n* : pastor *m*

shepherdess [ˈʃɛpərdəs] *n* : pastora *f*

sherbet [ˈʃərbət] *or* **sherbert** [-bərt] *n* : sorbete *m*, nieve *f Cuba, Mex, PRi*

sheriff [ˈʃɛrɪf] *n* : sheriff *mf*

sherry [ˈʃɛri] *n, pl* **-ries** : jerez *m*

she's [ˈʃi:z] *contraction of* **she is** *or* **she has** → **be, have**

shield[1] [ˈʃi:ld] *vt* **1** PROTECT : proteger **2** CONCEAL : ocultar ⟨to shield one's eyes : taparse los ojos⟩

shield[2] *n* **1** : escudo *m* (armadura) **2** PROTECTION : protección *f*, blindaje *m* (de un cable)

shier, shiest → **shy**

shift[1] [ˈʃɪft] *vt* **1** CHANGE : cambiar ⟨to shift gears : cambiar de velocidad⟩ **2** MOVE : mover **3** TRANSFER : transferir ⟨to shift the blame : echarle la culpa (a otro)⟩ — *vi* **1** CHANGE : cambiar **2** MOVE : moverse **3 to shift for oneself** : arreglárselas solo

shift[2] *n* **1** CHANGE, TRANSFER : cambio *m* ⟨a shift in priorities : un cambio de prioridades⟩ **2** : turno *m* ⟨night shift : turno de noche⟩ **3** DRESS : vestido *m* (suelto) **4** → **gearshift**

shiftless [ˈʃɪftləs] *adj* : perezoso, vago, holgazán

shifty [ˈʃɪfti] *adj* **shiftier; -est** : taimado, artero ⟨a shifty look : una mirada huidiza⟩

shilling [ˈʃɪlɪŋ] *n* : chelín *m*

shimmer [ˈʃɪmər] *vi* GLIMMER : brillar con luz trémula

shin[1] [ˈʃɪn] *vi* **shinned; shinning** : trepar, subir ⟨she shinned up the pole : subió al poste⟩

shin[2] *n* : espinilla *f*, canilla *f*

shine[1] [ˈʃaɪn] *v* **shone** [ˈʃo:n] *or* **shined; shining** *vi* **1** : brillar, relucir ⟨the stars were shining : las estrellas brillaban⟩ **2** EXCEL : brillar, lucirse — *vt* **1** : alumbrar ⟨he shined the flashlight at it : lo alumbró con la linterna⟩ **2** POLISH : sacarle brillo a, lustrar

shine[2] *n* : brillo *m*, lustre *m*

shingle[1] [ˈʃɪŋgəl] *vt* **-gled; -gling** : techar

shingle[2] *n* : tablilla *f* (para techar)

shingles [ˈʃɪŋgəlz] *npl* : herpes *m*

shinny [ˈʃɪni] *vi* **-nied; -nying** → **shin**[1]

shiny [ˈʃaɪni] *adj* **shinier; -est** : brillante

ship[1] [ˈʃɪp] *vt* **shipped; shipping** **1** LOAD : embarcar (en un barco) **2** SEND : transportar (en barco), enviar ⟨to ship by air : enviar por avión⟩

ship[2] *n* **1** : barco *m*, buque *m* **2** → **spaceship**

shipboard [ˈʃɪpˌbord] *n* **on** ~ : a bordo

shipbuilder [ˈʃɪpˌbɪldər] *n* : constructor *m*, -tora *f* naval

shipment [ˈʃɪpmənt] *n* **1** SHIPPING : transporte *m*, embarque *m* **2** : envío *m*, remesa *f* ⟨a shipment of medicine : un envío de medicina⟩

shipping [ˈʃɪpɪŋ] *n* **1** SHIPS : barcos *mpl*, embarcaciones *fpl* **2** TRANSPORTATION : transporte *m* (de mercancías)

shipshape [ˈʃɪpˈʃeɪp] *adj* : ordenado

shipwreck[1] [ˈʃɪpˌrɛk] *vt* **to be shipwrecked** : naufragar

shipwreck[2] *n* : naufragio *m*

shipyard [ˈʃɪpˌjard] *n* : astillero *m*

shirk [ˈʃərk] *vt* : eludir, rehuir ⟨to shirk one's responsibilities : esquivar uno sus responsabilidades⟩

shirt [ˈʃərt] *n* : camisa *f*

shiver[1] [ˈʃɪvər] *vi* **1** : tiritar (de frío) **2** TREMBLE : estremecerse, temblar

shiver[2] *n* : escalofrío *m*, estremecimiento *m*

shoal [ˈʃoːl] *n* : banco *m*, bajío *m*

shock[1] [ˈʃak] *vt* **1** UPSET : conmover, conmocionar **2** STARTLE : asustar, sobresaltar **3** SCANDALIZE : escandalizar **4** : darle una descarga eléctrica a

shock[2] *n* **1** COLLISION, JOLT : choque *m*, sacudida *f* **2** UPSET : conmoción *f*, golpe *m* emocional **3** : shock *m* (en medicina) **4** *or* **electric shock** : descarga *f* eléctrica **5** SHEAVES : gavillas *fpl* **6 shock of hair** : mata *f* de pelo

shock absorber *n* : amortiguador *m*

shocking [ˈʃakɪŋ] *adj* **1** : chocante **2 shocking pink** : rosa *m* estridente

shoddy [ˈʃadi] *adj* **shoddier; -est** : de mala calidad ⟨a shoddy piece of work : un trabajo chapucero⟩

shoe[1] [ˈʃuː] *vt* **shod** [ˈʃad]; **shoeing** : herrar (un caballo)

shoe[2] *n* **1** : zapato *m* ⟨the shoe industry : la industria del calzado⟩ **2** HORSESHOE : herradura *f* **3 brake shoe** : zapata *f*

shoelace [ˈʃuːˌleɪs] *n* : cordón *m* (de zapatos)

shoemaker [ˈʃuːˌmeɪkər] *n* : zapatero *m*, -ra *f*

shone → **shine**

shook → **shake**

shoot[1] [ˈʃuːt] *v* **shot** [ˈʃat]; **shooting** *vt* **1** : disparar, tirar ⟨to shoot a bullet/pistol : disparar una bala/pistola⟩ **2** : pegarle un tiro a, darle un balazo a, balacear, balear ⟨he shot her : le pegó un tiro⟩ ⟨to shoot oneself : pegarse un tiro⟩ ⟨to shoot and kill, to shoot dead/down : matar a balazos⟩ **3** THROW : lanzar (una pelota, una mirada, etc.) **4** SCORE : anotar ⟨to shoot a basket : encestar⟩ **5** PLAY : jugar a (los dados, etc.) **6** PHOTOGRAPH : fotografiar **7** FILM : filmar **8 to shoot down** : derribar (un avión) **9 to shoot down** DEFEAT : echar por tierra **10 to shoot oneself in the foot** *fam* : crearse problemas — *vi* **1** : disparar (con un arma de fuego) **2** DART : ir rápidamente ⟨it shot past : pasó como una bala⟩ **3** : disparar (en deportes) **4 to shoot for** : poner como objetivo ⟨let's shoot for Monday : intentémoslo para el lunes⟩ **5 to shoot up** : pincharse, inyectarse **6 to shoot up** INCREASE : dispararse

shoot[2] *n* : brote *m*, retoño *m*, vástago *m*

shooting star *n* : estrella *f* fugaz

shop[1] [ˈʃap] *vi* **shopped; shopping** : hacer compras ⟨to go shopping : ir de compras⟩

shop[2] *n* **1** WORKSHOP : taller *m* **2** STORE : tienda *f*

shopkeeper [ˈʃapˌkiːpər] *n* : tendero *m*, -ra *f*

shoplift [ˈʃapˌlɪft] *vi* : hurtar mercancía (de una tienda) — *vt* : hurtar (de una tienda)

shoplifter [ˈʃapˌlɪftər] *n* : ladrón *m*, -drona *f* (que roba en una tienda)

shopper [ˈʃapər] *n* : comprador *m*, -dora *f*

shore[1] [ˈʃor] *vt* **shored; shoring** : apuntalar ⟨they shored up the wall : apuntalaron la pared⟩

shore[2] *n* **1** : orilla *f* (del mar, etc.) **2** PROP : puntal *m*

shoreline [ˈʃorˌlaɪn] *n* : orilla *f*

shorn → **shear**

short[1] [ˈʃɔrt] *adv* **1** ABRUPTLY : repentinamente, súbitamente ⟨the car stopped short : el carro se paró en seco⟩ ⟨the sight of it brought me up short : lo que vi me hizo parar en seco⟩ **2 to be running short** ⟨the food is running short, we're running short on food : se nos está acabando la comida⟩ **3 to cut short** : interrumpir **4 to fall short** : no alcanzar, quedarse corto ⟨to fall short of expectations : no estar a la altura de las expectativas⟩ **5 to stop short of doing something** : no llegar a hacer algo

short[2] *adj* **1** : corto (de medida), bajo (de estatura) ⟨a short distance away : a poca distancia⟩ **2** BRIEF : corto ⟨short and sweet : corto y bueno⟩ ⟨a short time ago : hace poco⟩ ⟨a short delay : una pequeña demora⟩ ⟨on short notice : con poca antelación⟩ **3** ABBREVIATED : abreviado ⟨to be short for : ser una forma breve de⟩ **4** CURT : brusco, cortante, seco **5** : corto (de dinero, etc.) ⟨I'm one dollar short : me falta un dólar⟩ ⟨to be short on/of time : andar corto de tiempo⟩ ⟨to be short of breath : quedarse sin aliento⟩ **6 nothing short of** : nada menos que, ni más ni menos que

short[3] *n* **1 shorts** *npl* : shorts *mpl*, pantalones *mpl* cortos **2** → **short circuit 3** : cortometraje *m* (en el cine) **4 for short** : para abreviar **5 in short** : en resumen

shortage [ˈʃɔrtɪʤ] *n* : falta *f*, escasez *f*, carencia *f*

shortcake [ˈʃɔrtˌkeɪk] *n* : tarta *f* de fruta

shortchange [ˈʃɔrtˈʧeɪnʤ] *vt* **-changed; -changing** : darle mal el cambio (a alguien)

short circuit *n* : cortocircuito *m*, corto *m* (eléctrico)

shortcoming [ˈʃɔrtˌkʌmɪŋ] *n* : defecto *m*

shortcut [ˈʃɔrtˌkʌt] *n* **1** : atajo *m* ⟨to take a shortcut : cortar camino⟩ **2** : alternativa *f* fácil, método *m* rápido

shorten [ˈʃɔrtən] *vt* : acortar — *vi* : acortarse

shorthand [ˈʃɔrtˌhænd] *n* : taquigrafía *f*

short–lived [ˈʃɔrtˈlɪvd, -ˈlaɪvd] *adj* : efímero

shortly [ˈʃɔrtli] *adv* **1** BRIEFLY : brevemente ⟨to put it shortly : para decirlo en pocas palabras⟩ **2** SOON : dentro de poco

shortness [ˈʃɔrtnəs] *n* **1** : lo corto ⟨shortness of stature : estatura baja⟩ **2** BREVITY : brevedad *f* **3** CURTNESS : brusquedad *f* **4** SHORTAGE : falta *f*, escasez *f*, carencia *f*

shortsighted [ˈʃɔrtˌsaɪṭəd] → **nearsighted**

shot [ˈʃɑt] *n* **1** : disparo *m*, tiro *m* ⟨to fire a shot : disparar⟩ **2** PELLETS : perdigones *mpl* **3** : tiro *m* (en deportes) **4** ATTEMPT : intento *m*, tentativa *f* ⟨to have/take a shot at : hacer un intento por⟩ **5** CHANCE : posibilidad *f*, chance *m* ⟨we have a shot at winning : tenemos posibilidades de ganar⟩ ⟨a long shot : una posibilidad remota⟩ **6** PHOTOGRAPH : foto *f* **7** INJECTION : inyección *f* **8** : trago *m* (de licor) **9** MARKSMAN : tirador *m*, -dora *f* ⟨a good/poor shot : un buen/mal tirador⟩

shotgun [ˈʃɑtˌgʌn] *n* : escopeta *f*

should [ˈʃʊ] *v aux, past of* **shall 1** (*expressing a condition*) ⟨if he should die : si muriera⟩ ⟨if they should call, tell me : si llaman, dímelo⟩ **2** (*indicating what is proper, required, or desirable*) ⟨they should be punished : deberían ser castigados⟩ ⟨what time should we meet? : ¿a qué hora nos encontramos?⟩ **3** (*indicating a preferred thing that did not happen*) ⟨I should have realized : tendría que haberme dado cuenta⟩ ⟨he shouldn't have said it : no debería haberlo dicho⟩ **4** (*expressing polite thanks*) ⟨you shouldn't have gone to all that trouble! : ¡no deberías haberte molestado tanto!⟩ **5** (*expressing a wish*) ⟨you should have seen her face! : ¡tendrías que haber visto la cara que puso!⟩ **6** (*requesting an opinion*) ⟨what should I do? : ¿qué hago?⟩ **7** (*expressing opinions, feelings, etc. about someone's words or behavior*) ⟨(it's) funny you should say that—I was just thinking the same thing : ¡qué casualidad! estaba pensando lo mismo⟩ **8** (*used for emphasis*) ⟨I should hope so/not! : ¡faltaría más!⟩ **9** (*expressing probability*) ⟨they should arrive soon : deben (de) llegar pronto⟩ ⟨why should he lie? : ¿porqué ha de mentir?⟩

shoulder[1] [ˈʃoːldər] *vt* **1** JOSTLE : empujar (con el hombro) **2** : ponerse al hombro (una mochila, etc.) **3** : cargar con (la responsabilidad, etc.)

shoulder[2] *n* **1** : hombro *m* ⟨to shrug one's shoulders : encogerse los hombros⟩ **2** : arcén *m* (de una carretera)

shoulder blade *n* : omóplato *m*, omoplato *m*, escápula *f*

shouldn't [ˈʃʊdənt] *contraction of* **should not** → **shall**

shout[1] [ˈʃaʊt] *v* : gritar, vocear

shout[2] *n* : grito *m*

shove[1] [ˈʃʌv] *v* **shoved; shoving** : empujar bruscamente

shove[2] *n* : empujón *m*, empellón *m*

shovel[1] [ˈʃʌvəl] *vt* **-veled** *or* **-velled; -veling** *or* **-velling 1** : mover con (una) pala ⟨they shoveled the dirt out : sacaron la tierra con palas⟩ **2** DIG : cavar (con una pala)

shovel[2] *n* : pala *f*

show[1] [ˈʃoː] *v* **showed; shown** [ˈʃoːn] *or* **showed; showing** *vt* **1** PRESENT, DISPLAY : mostrar, enseñar ⟨I showed him the photo : le mostré la foto⟩ **2** REVEAL : demostrar, manifestar, revelar ⟨he showed himself to be a coward : se reveló como cobarde⟩ ⟨to show signs of : dar muestras/señales/indicios de⟩ ⟨to show one's feelings : demostrar uno sus emociones⟩ **3** TEACH : enseñar ⟨show me how to do it : enséñame cómo hacerlo⟩ ⟨to show someone who's boss : demostrarle a alguien quién manda⟩ ⟨I'll show him! : ¡ya lo verá!⟩ **4** PROVE : demostrar, probar ⟨it just goes to show that . . . : esto demuestra que . . .⟩ **5** DEPICT : representar ⟨the photo shows children playing : la foto es de unos niños jugando⟩ **6** DISPLAY, READ : marcar **7** INDICATE : indicar **8** CONDUCT, DIRECT : llevar, acompañar ⟨to show someone the way : conducir a alguien⟩ ⟨to show someone out : acompañar a alguien a la puerta⟩ ⟨they showed us around their house : nos mostraron su casa⟩ **9** : proyectar (una película), dar (un programa de televisión) **10 to show off** : lucirse con **11 to show off**

ACCENTUATE : hacer resaltar **12 to show up** EMBARRASS : hacer quedar mal — *vi* **1** : notarse, verse ⟨the stain doesn't show : la mancha no se ve⟩ **2** APPEAR : aparecer, dejarse ver **3 to show off** : lucirse

show[2] *n* **1** : demostración *f* ⟨a show of force/strength : una demostración de fuerza⟩ **2** EXHIBITION : exposición *f*, exhibición *f* ⟨flower show : exposición de flores⟩ ⟨to be on show : estar expuesto⟩ **3** : espectáculo *m* (teatral), programa *m* (de televisión, etc.) ⟨to go to a show : ir al teatro⟩ **4** APPEARANCE : apariencia *f* ⟨she put on a show of sympathy : fingió compasión⟩ ⟨his friendliness was all show : su simpatía era puro teatro⟩ **5 to run the show** : ser el/la que manda

showcase [ˈʃoːˌkeɪs] *n* : vitrina *f*

showdown [ˈʃoːˌdaʊn] *n* : confrontación *f* (decisiva)

shower[1] [ˈʃaʊər] *vt* **1** SPRAY : regar, mojar **2** HEAP : colmar ⟨they showered him with gifts : lo colmaron de regalos, le llovieron los regalos⟩ — *vi* **1** BATHE : ducharse, darse una ducha **2** RAIN : llover

shower[2] *n* **1** : chaparrón *m*, chubasco *m* ⟨a chance of showers : una posibilidad de chaparrones⟩ **2** : ducha *f* ⟨to take a shower : ducharse⟩ **3** PARTY : fiesta *f* ⟨a bridal shower : una despedida de soltera⟩

show off *vt* : hacer alarde de, ostentar — *vi* : lucirse

show up *vi* APPEAR : aparecer — *vt* EXPOSE : revelar

showy [ˈʃoːi] *adj* **showier; -est** : llamativo, ostentoso — **showily** *adv*

shrank → **shrink**

shrapnel [ˈʃræpnəl] *ns & pl* : metralla *f*

shred[1] [ˈʃrɛd] *vt* **shredded; shredding** : hacer trizas, desmenuzar (con las manos), triturar (con una máquina) ⟨to shred vegetables : cortar verduras en tiras⟩

shred[2] *n* **1** STRIP : tira *f*, jirón *m* (de tela) **2** BIT : pizca *f* ⟨not a shred of evidence : ni la mínima prueba⟩

shrew [ˈʃruː] *n* **1** : musaraña *f* (animal) **2** : mujer *f* regañona, arpía *f*

shrewd [ˈʃruːd] *adj* : astuto, inteligente, sagaz — **shrewdly** *adv*

shrewdness [ˈʃruːdnəs] *n* : astucia *f*

shriek[1] [ˈʃriːk] *vi* : chillar, gritar

shriek[2] *n* : chillido *m*, alarido *m*, grito *m*

shrill [ˈʃrɪl] *adj* : agudo, estridente

shrilly [ˈʃrɪli] *adv* : agudamente

shrimp [ˈʃrɪmp] *n* : camarón *m*, langostino *m*

shrine [ˈʃraɪn] *n* **1** TOMB : sepulcro *m* (de un santo) **2** SANCTUARY : lugar *m* sagrado, santuario *m*

shrink [ˈʃrɪŋk] *vi* **shrank** [ˈʃræŋk] *or* **shrunk** [ˈʃrʌŋk]; **shrunk** *or* **shrunken** [ˈʃrʌŋkən]; **shrinking** **1** RECOIL : retroceder ⟨he shrank back : se echó para atrás⟩ **2** : encogerse (dícese de la ropa)

shrinkage [ˈʃrɪŋkɪʤ] *n* : encogimiento *m* (de ropa, etc.), contracción *f*, reducción *f*

shrivel [ˈʃrɪvəl] *vi* **-veled** *or* **-velled; -veling** *or* **-velling** : arrugarse, marchitarse

shroud[1] [ˈʃraʊd] *vt* : envolver

shroud[2] *n* **1** : sudario *m*, mortaja *f* **2** VEIL : velo *m* ⟨wrapped in a shroud of mystery : envuelto en un aura de misterio⟩

shrub [ˈʃrʌb] *n* : arbusto *m*, mata *f*

shrubbery [ˈʃrʌbəri] *n, pl* **-beries** : arbustos *mpl*, matas *fpl*

shrug [ˈʃrʌg] *vi* **shrugged; shrugging** : encogerse de hombros

shrunk → **shrink**

shuck[1] [ˈʃʌk] *vt* : pelar (mazorcas, etc.), abrir (almejas, etc.)

shuck[2] *n* **1** HUSK : cascarilla *f*, cáscara *f* (de una nuez, etc.), hojas *fpl* (de una mazorca) **2** SHELL : concha *f* (de una almeja, etc.)

shudder[1] [ˈʃʌdər] *vi* : estremecerse

shudder[2] *n* : estremecimiento *m*, escalofrío *m*

shuffle[1] [ˈʃʌfəl] *v* **-fled; -fling** *vt* MIX : mezclar, revolver, barajar (naipes) — *vi* : caminar arrastrando los pies

shuffle[2] *n* **1** : acto *m* de revolver ⟨each player gets a shuffle : a cada jugador le toca barajar⟩ **2** JUMBLE : revoltijo *m* **3** : arrastramiento *m* de los pies

shun [ˈʃʌn] *vt* **shunned; shunning** : evitar, esquivar, eludir

shunt [ˈʃʌnt] *vt* : desviar, cambiar de vía (un tren)

shut [ˈʃʌt] *v* **shut; shutting** *vt* **1** CLOSE : cerrar (una puerta, los ojos, un libro, etc.) ⟨shut the lid : tápalo⟩ **2 to shut away/in** : encerrar **3 to shut down** CLOSE : cerrar (un negocio, etc.) **4 to shut down** TURN OFF : apagar **5 to shut off** TURN OFF : cortar (la electricidad), apagar (las luces, etc.) **6 to shut off** ISOLATE : aislar **7 to shut out** EXCLUDE : excluir, dejar fuera a (personas), no dejar que entre (luz, ruido, etc.) **8 to shut up** CLOSE : cerrar **9 to shut up** CONFINE : encerrar **10 to shut up** *fam* SILENCE : callar — *vi* **1** : cerrarse **2 to shut down** : cerrar, cerrar sus puertas (dícese de una empresa) **3 to shut up** *fam* : callarse ⟨shut up! : ¡cállate (la boca)!⟩

shut–in [ˈʃʌtˌɪn] *n* : inválido *m*, -da *f* (que no puede salir de casa)

shutter [ˈʃʌt̬ər] *n* **1** : contraventana *f*, postigo *m* (de una ventana o puerta) **2** : obturador *m* (de una cámara)

shuttle[1] [ˈʃʌt̬əl] *v* **-tled; -tling** *vt* : transportar ⟨she shuttled him back and forth : lo llevaba de acá para allá⟩ — *vi* : ir y venir

shuttle[2] *n* **1** : lanzadera *f* (para tejer) **2** : vehículo *m* que hace recorridos cortos **3** → **space shuttle**

shuttlecock [ˈʃʌtəl͵kɑk] *n* : volante *m*

shut up *vi* : callarse ⟨shut up! : ¡cállate (la boca)!⟩

shy[1] [ˈʃaɪ] *vi* **shied; shying** : retroceder, asustarse

shy[2] *adj* **shier** *or* **shyer** [ˈʃaɪər]; **shiest** *or* **shyest** [ˈʃaɪəst] **1** TIMID : tímido **2** WARY : cauteloso ⟨he's not shy about asking : no vacila en preguntar⟩ **3** SHORT : corto (de dinero, etc.) ⟨I'm two dollars shy : me faltan dos dólares⟩

shyly [ˈʃaɪli] *adv* : tímidamente

shyness [ˈʃaɪnəs] *n* : timidez *f*

Siamese[1] [͵saɪəˈmiːz, -ˈmiːs-] *adj* : siamés ⟨Siamese twins : hermanos siameses⟩

Siamese[2] *n* **1** : siamés *m*, -mesa *f* **2** : siamés *m* (idioma) **3** *or* **Siamese cat** : gato *m* siamés

sibling [ˈsɪblɪŋ] *n* : hermano *m*, hermana *f*

Sicilian [səˈsɪljən] *n* : siciliano *m*, -na *f* — **Sicilian** *adj*

sick [ˈsɪk] *adj* **1** : enfermo **2** NAUSEOUS : mareado, con náuseas ⟨to get sick : vomitar⟩ **3** : para uso de enfermos ⟨sick day : día de permiso (por enfermedad)⟩

sickbed [ˈsɪk͵bɛd] *n* : lecho *m* de enfermo

sicken [ˈsɪkən] *vt* **1** : poner enfermo **2** REVOLT : darle asco (a alguien) — *vi* : enfermar(se), caer enfermo

sickening [ˈsɪkənɪŋ] *adj* : asqueroso, repugnante, nauseabundo

sickle [ˈsɪkəl] *n* : hoz *f*

sickly [ˈsɪkli] *adj* **sicklier; -est** **1** : enfermizo **2** → **sickening**

sickness [ˈsɪknəs] *n* **1** : enfermedad *f* **2** NAUSEA : náuseas *fpl*

side[1] [ˈsaɪd] *n* **1** : lado *m* ⟨by the side of the road : al lado de la calle⟩ ⟨the far side : el otro extremo⟩ ⟨on the left-hand side : a mano izquierda⟩ ⟨on both sides : a ambos lados⟩ ⟨on either side : a cada lado⟩ ⟨from side to side : de un lado a otro⟩ ⟨side by side : uno al lado del otro⟩ ⟨they attacked from all sides : atacaron desde todos los frentes⟩ ⟨there are mountains on all sides : todo alrededor hay montañas⟩ **2** : lado *m*, cara *f* (de una moneda, una caja, etc.) ⟨this side up : este lado hacia arriba⟩ **3** : falda *f* (de una montaña) **4** : lado *m*, costado *m* (de una persona), ijada *f* (de un animal) **5** *or* **side dish** : guarnición *f*, acompañamiento *m* ⟨with a side of fries : con papas fritas (como guarnición)⟩ **6** : lado *m*, parte *f* ⟨he's on my side : está de mi parte⟩ ⟨to take sides : tomar partido⟩ ⟨to listen to both sides (of the story) : escuchar las dos campanas⟩ **7** : aspecto *m* ⟨to look on the bright side : ver el aspecto positivo⟩ **8 on the side** SEPARATELY : aparte **9 on the side** : como segundo trabajo **10 on the side** ⟨a lover on the side : un/una amante (de una persona casada)⟩

side[2] *v* **sided; siding** *vt* : instalar revestimiento exterior en — *vi* **1 to side against** : ponerse en contra de **2 to side with** : ponerse de parte de

sideboard [ˈsaɪd͵bord] *n* : aparador *m*

sideburns [ˈsaɪd͵bərnz] *npl* : patillas *fpl*

sided [ˈsaɪdəd] *adj* : que tiene lados ⟨one-sided : de un lado⟩

side effect *n* : efecto *m* secundario

sideline [ˈsaɪd͵laɪn] *n* **1** : línea *f* de banda (en deportes) **2** : actividad *f* suplementaria (en negocios) **3 to be on the sidelines** : estar al margen

sidelong [ˈsaɪd͵lɔŋ] *adj* : de reojo, de soslayo

sideshow [ˈsaɪd͵ʃoː] *n* : espectáculo *m* secundario, atracción *f* secundaria

sidestep [ˈsaɪd͵stɛp] *v* **-stepped; -stepping** *vi* : dar un paso hacia un lado — *vt* AVOID : esquivar, eludir

sidetrack [ˈsaɪd͵træk] *vt* : desviar (una conversación, etc.), distraer (a una persona)

sidewalk [ˈsaɪd͵wɔk] *n* : acera *f*, vereda *f*, andén *m CA*, *Col*, banqueta *f Mex*

sideways[1] [ˈsaɪd͵weɪz] *adv* **1** : hacia un lado ⟨it leaned sideways : se inclinaba hacia un lado⟩ **2** : de lado, de costado ⟨lie sideways : acuéstese de costado⟩

sideways[2] *adj* : hacia un lado ⟨a sideways glance : una mirada de reojo⟩

siding [ˈsaɪdɪŋ] *n* **1** : apartadero *m* (para trenes) **2** : revestimiento *m* exterior (de un edificio)

sidle [ˈsaɪdəl] *vi* **-dled; -dling** : moverse furtivamente

siege [ˈsiːʤ, ˈsiːʒ] *n* : sitio *m* ⟨to be under siege : estar sitiado⟩

siesta [siːˈɛstə] *n* : siesta *f*

sieve [ˈsɪv] *n* : tamiz *m*, cedazo *m*, criba *f* (en mineralogía)

sift [ˈsɪft] *vt* **1** : tamizar, cerner ⟨sift the flour : tamice la harina⟩ **2** *or* **to sift through** : examinar cuidadosamente, pasar por el tamiz

sifter [ˈsɪftər] *n* : tamiz *m*, cedazo *m*

sigh[1] [ˈsaɪ] *vi* : suspirar

sigh[2] *n* : suspiro *m*

sight[1] [ˈsaɪt] *vt* : ver (a una persona), divisar (la tierra, un barco)

sight[2] *n* **1** EYESIGHT : vista *f* (facultad) **2** VIEW : vista *f* ⟨out of sight : fuera de vista⟩ ⟨to come into sight : aparecer⟩ ⟨in plain sight : a plena vista⟩ **3** : algo visto ⟨it's a familiar sight : se ve con frecuencia⟩ ⟨she's a sight for sore eyes : da gusto verla⟩ **4** : lugar *m* de interés (para turistas, etc.) **5** : mira *f* (de un rifle, etc.) **6** GLIMPSE : mirada *f* breve ⟨at first sight : a primera vista⟩ ⟨I know him by sight : lo conozco de vista⟩ ⟨I caught sight of her : la divisé, alcancé a verla⟩ ⟨to lose sight of : perder de vista⟩ ⟨he faints at the sight of blood : cuando ve sangre se desmaya⟩

⟨to shoot on sight : disparar sin previo aviso⟩

sighting ['saɪt̬ɪŋ] *n* : avistamiento *m*

sightless ['saɪtləs] *adj* : invidente, ciego

sightseer ['saɪt,si:ər] *n* : turista *mf*

sign[1] ['saɪn] *vt* **1** : firmar ⟨to sign a check : firmar un cheque⟩ **2** *or* **to sign on/up** HIRE : contratar (a un empleado), fichar (a un jugador) **3 to sign in/out** : registrar la entrada/salida de — *vi* **1** : hacer una seña ⟨she signed for him to stop : le hizo una seña para que se parara⟩ **2** : comunicarse por señas **3 to sign for** : firmar el recibo de **4 to sign in/out** : firmar el registro (al entrar/salir), registrar la entrada/salida **5 to sign off** : despedirse (en una carta, etc.) **6 to sign off (on)** APPROVE : dar el visto bueno (a) **7 to sign up** : inscribirse, matricularse

sign[2] *n* **1** SYMBOL : símbolo *m*, signo *m* ⟨minus sign : signo de menos⟩ **2** GESTURE : seña *f*, señal *f*, gesto *m* **3** : letrero *m*, cartel *m* ⟨neon sign : letrero de neón⟩ **4** TRACE : señal *f*, indicio *m*

signal[1] ['sɪgnəl] *vt* **-naled** *or* **-nalled; -naling** *or* **-nalling 1** : hacerle señas (a alguien) ⟨she signaled me to leave : me hizo señas para que saliera⟩ **2** INDICATE : señalar, indicar — *vi* : hacer señas, comunicar por señas

signal[2] *adj* NOTABLE : señalado, notable

signal[3] *n* : señal *f*

signature ['sɪgnə,ʧʊr] *n* : firma *f*

signet ['sɪgnət] *n* : sello *m*

significance [sɪg'nɪfɪkənts] *n* **1** MEANING : significado *m* **2** IMPORTANCE : importancia *f*

significant [sɪg'nɪfɪkənt] *adj* **1** IMPORTANT : importante **2** MEANINGFUL : significativo — **significantly** *adv*

signify ['sɪgnə,faɪ] *vt* **-fied; -fying 1** : indicar ⟨he signified his desire for more : haciendo señas indicó que quería más⟩ **2** MEAN : significar

sign language *n* : lenguaje *m* por señas

signpost ['saɪn,po:st] *n* : poste *m* indicador

silence[1] ['saɪlənts] *vt* **-lenced; -lencing** : silenciar, acallar

silence[2] *n* : silencio *m*

silent ['saɪlənt] *adj* **1** : callado ⟨to remain silent : quedarse callado, guardar silencio⟩ **2** QUIET, STILL : silencioso **3** MUTE : mudo ⟨a silent letter : una letra muda⟩

silently ['saɪləntli] *adv* : silenciosamente, calladamente

silhouette[1] [,sɪlə'wɛt] *vt* **-etted; -etting** : destacar la silueta de ⟨it was silhouetted against the sky : se perfilaba contra el cielo⟩

silhouette[2] *n* : silueta *f*

silica ['sɪlɪkə] *n* : sílice *f*

silicon ['sɪlɪkən, -,kɑn] *n* : silicio *m*

silk ['sɪlk] *n* : seda *f*

silken ['sɪlkən] *adj* **1** : de seda ⟨a silken veil : un velo de seda⟩ **2** SILKY : sedoso ⟨silken hair : cabellos sedosos⟩

silkworm ['sɪlk,wərm] *n* : gusano *m* de seda

silky ['sɪlki] *adj* **silkier; -est** : sedoso

sill ['sɪl] *n* : alféizar *m* (de una ventana), umbral *m* (de una puerta)

silliness ['sɪlinəs] *n* : tontería *f*, estupidez *f*

silly ['sɪli] *adj* **sillier; -est** : tonto, estúpido, ridículo

silo ['saɪ,lo:] *n, pl* **silos** : silo *m*

silt ['sɪlt] *n* : cieno *m*

silver[1] ['sɪlvər] *adj* **1** : de plata ⟨a silver spoon : una cuchara de plata⟩ **2** → **silvery**

silver[2] *n* **1** : plata *f* **2** COINS : monedas *fpl* **3** → **silverware 4** : color *m* plata

silverware ['sɪlvər,wær] *n* **1** : artículos *mpl* de plata, platería *f* **2** FLATWARE : cubertería *f*

silvery ['sɪlvəri] *adj* : plateado

similar ['sɪmələr] *adj* : similar, parecido, semejante

similarity [,sɪmə'lærət̬i] *n, pl* **-ties** : semejanza *f*, parecido *m*

similarly ['sɪmələrli] *adv* : de manera similar

simile ['sɪmə,li:] *n* : símil *m*

simmer ['sɪmər] *v* : hervir a fuego lento

simper[1] ['sɪmpər] *vi* : sonreír como un tonto

simper[2] *n* : sonrisa *f* tonta

simple ['sɪmpəl] *adj* **simpler; -plest 1** INNOCENT : inocente **2** PLAIN : sencillo, simple **3** EASY : simple, sencillo, fácil **4** STRAIGHTFORWARD : puro, simple ⟨the simple truth : la pura verdad⟩ **5** NAIVE : ingenuo, simple

simpleton ['sɪmpəltən] *n* : bobo *m*, -ba *f*; tonto *m*, -ta *f*

simplicity [sɪm'plɪsət̬i] *n* : simplicidad *f*, sencillez *f*

simplification [,sɪmpləfə'keɪʃən] *n* : simplificación *f*

simplify ['sɪmplə,faɪ] *vt* **-fied; -fying** : simplificar

simply ['sɪmpli] *adv* **1** PLAINLY : sencillamente **2** SOLELY : simplemente, sólo **3** REALLY : absolutamente

simulate ['sɪmjə,leɪt] *vt* **-lated; -lating** : simular

simulation [,sɪmjə'leɪʃən] *n* : simulación *f*

simultaneous [,saɪməl'teɪniəs] *adj* : simultáneo — **simultaneously** *adv*

sin[1] ['sɪn] *vi* **sinned; sinning** : pecar

sin[2] *n* : pecado *m*

since[1] ['sɪnts] *adv* **1** : desde entonces ⟨they've been friends ever since : desde entonces han sido amigos⟩ ⟨she's since become mayor : más tarde se hizo alcalde⟩ **2** AGO : hace ⟨he's long since dead : murió hace mucho⟩

since[2] *conj* **1** : desde que ⟨since he was born : desde que nació⟩ **2** INASMUCH AS : ya que, puesto que, dado que

since[3] *prep* : desde

sincere [sɪnˈsɪr] *adj* **-cerer; -est** : sincero — **sincerely** *adv*

sincerity [sɪnˈsɛrət̬i] *n* : sinceridad *f*

sinew [ˈsɪnˌjuː, ˈsɪˌnuː] *n* **1** TENDON : tendón *m*, nervio *m* (en la carne) **2** POWER : fuerza *f*

sinewy [ˈsɪnjʊi, ˈsɪnʊi] *adj* **1** STRINGY : fibroso **2** STRONG, WIRY : fuerte, nervudo

sinful [ˈsɪnfəl] *adj* : pecador (dícese de las personas), pecaminoso

sing [ˈsɪŋ] *v* **sang** [ˈsæŋ] *or* **sung** [ˈsʌŋ]; **sung; singing** : cantar

singe [ˈsɪndʒ] *vt* **singed; singeing** : chamuscar, quemar

singer [ˈsɪŋər] *n* : cantante *mf*

single[1] [ˈsɪŋgəl] *vt* **-gled; -gling** *or* **to single out** **1** SELECT : escoger **2** DISTINGUISH : señalar

single[2] *adj* **1** UNMARRIED : soltero **2** SOLE : solo ⟨a single survivor : un solo sobreviviente⟩ ⟨every single one : cada uno, todos⟩

single[3] *n* **1** : soltero *m*, -ra *f* ⟨for married couples and singles : para los matrimonios y los solteros⟩ **2** *or* **single room** : habitación *f* individual **3** DOLLAR : billete *m* de un dólar

single–handed [ˈsɪŋgəlˈhændəd] *adj* : sin ayuda, solo

singly [ˈsɪŋgli] *adv* : individualmente, uno por uno

singular[1] [ˈsɪŋgjələr] *adj* **1** : singular (en gramática) **2** OUTSTANDING : singular, sobresaliente **3** STRANGE : singular, extraño

singular[2] *n* : singular *m*

singularity [ˌsɪŋgjəˈlærət̬i] *n, pl* **-ties** : singularidad *f*

singularly [ˈsɪŋgjələrli] *adv* : singularmente

sinister [ˈsɪnəstər] *adj* : siniestro

sink[1] [ˈsɪŋk] *v* **sank** [ˈsæŋk] *or* **sunk** [ˈsʌŋk]; **sunk; sinking** *vi* **1** : hundirse (dícese de un barco, etc.) ⟨his foot sank into the mud : su pie se hundió en el barro⟩ **2** DROP, FALL : descender, caer ⟨to sink into a chair : dejarse caer en una silla⟩ ⟨her heart sank : se le cayó el alma a los pies⟩ ⟨I had the sinking feeling that . . . : tenía un mal presentimiento de que . . .⟩ **3** DECREASE : bajar ⟨the company's stock sank : las acciones de la compañía cayeron en picada⟩ ⟨his voice sank to a whisper : su voz se redujo a un susurro⟩ **4** FOUNDER : hundirse, irse a pique (dícese de una compañía, etc.) **5** STOOP : rebajarse (a hacer algo) ⟨to sink so/that low : caer tan bajo⟩ **6 to sink in** : hacer mella — *vt* **1** : hundir (un barco, etc.) **2** EXCAVATE : excavar (un pozo para minar), perforar (un pozo de agua) **3** PLUNGE, STICK : clavar, hincar **4** INVEST : invertir (fondos) **5** : meter (en deportes) ⟨to sink a basket : encestar⟩

sink[2] *n* **1 kitchen sink** : fregadero *m*, lavaplatos *m Chile, Col, Mex* **2 bathroom sink** : lavabo *m*, lavamanos *m*

sinner [ˈsɪnər] *n* : pecador *m*, -dora *f*

sinuous [ˈsɪnjʊəs] *adj* : sinuoso — **sinuously** *adv*

sinus [ˈsaɪnəs] *n* : seno *m*

sip[1] [ˈsɪp] *v* **sipped; sipping** *vt* : sorber — *vi* : beber a sorbos

sip[2] *n* : sorbo *m*

siphon[1] [ˈsaɪfən] *vt* : sacar con sifón

siphon[2] *n* : sifón *m*

sir [ˈsər] *n* **1** (*in titles*) : sir *m* **2** (*as a form of address*) : señor *m* ⟨Dear Sir : Muy señor mío⟩ ⟨yes sir! : ¡sí, señor!⟩

sire[1] [ˈsaɪr] *vt* **sired; siring** : engendrar, ser el padre de

sire[2] *n* : padre *m*

siren [ˈsaɪrən] *n* : sirena *f*

sirloin [ˈsərˌlɔɪn] *n* : solomillo *m*

sirup → **syrup**

sisal [ˈsaɪsəl, -zəl] *n* : sisal *m*

sissy [ˈsɪsi] *n, pl* **-sies** : mariquita *f fam*

sister [ˈsɪstər] *n* **1** : hermana *f* **2 Sister** : hermana *f*, Sor *f* ⟨Sister Mary : Sor María⟩

sisterhood [ˈsɪstərˌhʊd] *n* **1** : condición *f* de ser hermana **2** : sociedad *f* de mujeres

sister–in–law [ˈsɪstərɪnˌlɔ] *n, pl* **sisters–in–law** : cuñada *f*

sisterly [ˈsɪstərli] *adj* : de hermana

sit [ˈsɪt] *v* **sat** [ˈsæt]; **sitting** *vi* **1** : sentarse ⟨he sat down : se sentó⟩ ⟨he sat (down) in the chair : se sentó en la silla⟩ **2** : estar sentado ⟨she was sitting in the chair : estaba sentada en la silla⟩ ⟨they sat across from me : estaban sentados frente a mí⟩ **3** ROOST : posarse **4** : sesionar ⟨the legislature is sitting : la legislatura está en sesión⟩ **5** POSE : posar (para un retrato) **6** LIE, REST : estar (ubicado) ⟨the house sits on a hill : la casa está en una colina⟩ ⟨it was sitting right in front of me : lo tenía delante de las narices⟩ **7 to sit around** : relajarse, no hacer nada **8 to sit back** : relajarse **9 to sit in for** : sustituir a **10 to sit in on** : asistir a (como observador) **11 to sit on** : darle largas a (algo) **12 to sit out** ENDURE : aguantar **13 to sit out** : no participar en ⟨I'll sit this one out : no voy a bailar/jugar (etc.) esta vez⟩ **14 to sit through** : aguantar (un discurso, etc.) **15 to sit tight** : esperar **16 to sit up** : incorporarse **17 to sit up** : quedarse levantado ⟨we sat up talking : nos quedamos hablando hasta muy tarde⟩ — *vt* SEAT : sentar, colocar ⟨I sat him on the sofa : lo senté en el sofá⟩

sitcom [ˈsɪtˌkɑm] → **situation comedy**

site [ˈsaɪt] *n* **1** PLACE : sitio *m*, lugar *m* **2** LOCATION : emplazamiento *m*, ubicación *f*

sitter [ˈsɪt̬ər] → **baby–sitter**

sitting room → **living room**

situated [ˈsɪtʃʊˌeɪt̬əd] *adj* LOCATED : ubicado, situado

situation [ˌsɪtʃʊˈeɪʃən] *n* **1** LOCATION : situación *f*, ubicación *f*, emplazamiento *m* **2** CIRCUMSTANCES : situación *f* **3** JOB : empleo *m*
situation comedy *n* : comedia *f* de situación
six[1] [ˈsɪks] *adj* : seis
six[2] *n* : seis *m*
six–gun [ˈsɪksˌgʌn] *n* : revólver *m* (con seis cámaras)
six hundred[1] *adj* : seiscientos
six hundred[2] *n* : seiscientos *m*
six–shooter [ˈsɪksˌʃuːt̬ər] → **six–gun**
sixteen[1] [sɪksˈtiːn] *adj* : dieciséis
sixteen[2] *n* : dieciséis *m*
sixteenth[1] [sɪksˈtiːnθ] *adj* : decimosexto
sixteenth[2] *n* **1** : decimosexto *m*, -ta *f* (en una serie) **2** : dieciseisavo *m*, dieciseisava parte *f*
sixth[1] [ˈsɪksθ, ˈsɪkst] *adj* : sexto
sixth[2] *n* **1** : sexto *m*, -ta *f* (en una serie) **2** : sexto *m*, sexta parte *f*
sixtieth[1] [ˈsɪkst̬iəθ] *adj* : sexagésimo
sixtieth[2] *n* **1** : sexagésimo *m*, -ma *f* (en una serie) **2** : sesentavo *m*, sesentava parte *f*
sixty[1] [ˈsɪkst̬i] *adj* : sesenta
sixty[2] *n, pl* **-ties** : sesenta *m*
sizable *or* **sizeable** [ˈsaɪzəbəl] *adj* : considerable
size[1] [ˈsaɪz] *vt* **sized; sizing 1** : clasificar según el tamaño **2 to size up** : evaluar, apreciar
size[2] *n* **1** DIMENSIONS : tamaño *m*, talla *f* (de ropa), número *m* (de zapatos) **2** MAGNITUDE : magnitud *f*
sizzle [ˈsɪzəl] *vi* **-zled; -zling** : chisporrotear
skate[1] [ˈskeɪt] *vi* **skated; skating** : patinar
skate[2] *n* **1** : patín *m* ⟨roller skate : patín de ruedas⟩ **2** : raya *f* (pez)
skateboard [ˈskeɪtˌbord] *n* : monopatín *m*
skater [ˈskeɪt̬ər] *n* : patinador *m*, -dora *f*
skein [ˈskeɪn] *n* : madeja *f*
skeletal [ˈskɛlət̬əl] *adj* **1** : óseo (en anatomía) **2** EMACIATED : esquelético
skeleton [ˈskɛlətən] *n* **1** : esqueleto *m* (anatómico) **2** FRAMEWORK : armazón *mf*
skeptic [ˈskɛptɪk] *n* : escéptico *m*, -ca *f*
skeptical [ˈskɛptɪkəl] *adj* : escéptico
skepticism [ˈskɛptəˌsɪzəm] *n* : escepticismo *m*
sketch[1] [ˈskɛtʃ] *vt* : bosquejar — *vi* : hacer bosquejos
sketch[2] *n* **1** DRAWING, OUTLINE : esbozo *m*, bosquejo *m* **2** ESSAY : ensayo *m*
sketchy [ˈskɛtʃi] *adj* **sketchier; -est** : incompleto, poco detallado
skewer[1] [ˈskjuːər] *vt* : ensartar (carne, etc.)
skewer[2] *n* : brocheta *f*, broqueta *f*
ski[1] [ˈskiː] *vi* **skied; skiing** : esquiar
ski[2] *n, pl* **skis** : esquí *m*
skid[1] [ˈskɪd] *vi* **skidded; skidding** : derrapar, patinar
skid[2] *n* : derrape *m*, patinazo *m*
skier [ˈskiːər] *n* : esquiador *m*, -dora *f*
skiff [ˈskɪf] *n* : esquife *m*
skill [ˈskɪl] *n* **1** DEXTERITY : habilidad *f*, destreza *f* **2** CAPABILITY : capacidad *f*, arte *m*, técnica *f* ⟨organizational skills : la capacidad para organizar⟩
skilled [ˈskɪld] *adj* : hábil, experto
skillet [ˈskɪlət] *n* : sartén *mf*
skillful [ˈskɪlfəl] *adj* : hábil, diestro
skillfully [ˈskɪlfəli] *adv* : con habilidad, con destreza
skim[1] [ˈskɪm] *vt* **skimmed; skimming 1** *or* **to skim off** : espumar, descremar (leche) **2** : echarle un vistazo a (un libro, etc.), pasar rozando (una superficie)
skim[2] *adj* : descremado ⟨skim milk : leche descremada⟩
skimp [ˈskɪmp] *vi* **to skimp on** : escatimar
skimpy [ˈskɪmpi] *adj* **skimpier; -est** : exiguo, escaso, raquítico
skin[1] [ˈskɪn] *vt* **skinned; skinning** : despellejar, desollar
skin[2] *n* **1** : piel *f*, cutis *m* (de la cara) ⟨dark skin : piel morena⟩ **2** RIND : piel *f*
skin diving *n* : buceo *m*, submarinismo *m*
skinflint [ˈskɪnˌflɪnt] *n* : tacaño *m*, -ña *f*
skinned [ˈskɪnd] *adj* : de piel ⟨tough-skinned : de piel dura⟩
skinny [ˈskɪni] *adj* **skinnier; -est** : flaco
skip[1] [ˈskɪp] *v* **skipped; skipping** *vi* : ir dando brincos — *vt* : saltarse
skip[2] *n* : brinco *m*, salto *m*
skipper [ˈskɪpər] *n* : capitán *m*, -tana *f*
skirmish[1] [ˈskərmɪʃ] *vi* : escaramuzar
skirmish[2] *n* : escaramuza *f*, refriega *f*
skirt[1] [ˈskərt] *vt* **1** BORDER : bordear **2** EVADE : evadir, esquivar
skirt[2] *n* : falda *f*, pollera *f*
skit [ˈskɪt] *n* : sketch *m* (teatral)
skittish [ˈskɪt̬ɪʃ] *adj* : asustadizo, nervioso
skulk [ˈskʌlk] *vi* : merodear
skull [ˈskʌl] *n* **1** : cráneo *m*, calavera *f* **2 skull and crossbones** : calavera *f* (bandera pirata)
skunk [ˈskʌŋk] *n* : zorrillo *m*, mofeta *f*
sky [ˈskaɪ] *n, pl* **skies** : cielo *m*
skylark [ˈskaɪˌlɑrk] *n* : alondra *f*
skylight [ˈskaɪˌlaɪt] *n* : claraboya *f*, tragaluz *m*
skyline [ˈskaɪˌlaɪn] *n* : horizonte *m*
skyrocket [ˈskaɪˌrɑkət] *vi* : dispararse
skyscraper [ˈskaɪˌskreɪpər] *n* : rascacielos *m*
slab [ˈslæb] *n* : losa *f* (de piedra), tabla *f* (de madera), pedazo *m* grueso (de pan, etc.)
slack[1] [ˈslæk] *adj* **1** CARELESS : descuidado, negligente **2** LOOSE : flojo **3** SLOW : de poco movimiento
slack[2] *n* **1** : parte *f* floja ⟨to take up the slack : tensar (una cuerda, etc.)⟩ **2 slacks** *npl* : pantalones *mpl*

slacken [ˈslækən] *vt* : aflojar — *vi* : aflojarse
slacker [ˈslækər] *n* : vago *m*, -ga *f*; holgazán *m*, -zana *f*
slag [ˈslæg] *n* : escoria *f*
slain → **slay**
slake [ˈsleɪk] *vt* **slaked; slaking** : saciar (la sed), satisfacer (la curiosidad)
slam[1] [ˈslæm] *v* **slammed; slamming** *vt* **1** : cerrar de golpe ⟨he slammed the door : dio un portazo⟩ **2** : tirar o dejar caer de golpe ⟨he slammed down the book : dejó caer el libro de un golpe⟩ — *vi* **1** : cerrarse de golpe **2 to slam into** : chocar contra
slam[2] *n* : golpe *m*, portazo *m* (de una puerta)
slam dunk *n* : clavada *f*
slander[1] [ˈslændər] *vt* : calumniar, difamar
slander[2] *n* : calumnia *f*, difamación *f*
slanderous [ˈslændərəs] *adj* : difamatorio, calumnioso
slang [ˈslæŋ] *n* : argot *m*, jerga *f*
slant[1] [ˈslænt] *vi* : inclinarse, ladearse — *vt* **1** SLOPE : inclinar **2** ANGLE : sesgar, orientar, dirigir ⟨a story slanted towards youth : un artículo dirigido a los jóvenes⟩
slant[2] *n* **1** INCLINE : inclinación *f* **2** PERSPECTIVE : perspectiva *f*, enfoque *m*
slap[1] [ˈslæp] *vt* **slapped; slapping** : bofetear, cachetear, dar una palmada (en la espalda, etc.)
slap[2] *n* : bofetada *f*, cachetada *f*, palmada *f*
slash[1] [ˈslæʃ] *vt* **1** GASH : cortar, hacer un tajo en **2** REDUCE : reducir, rebajar (precios)
slash[2] *n* : tajo *m*, corte *m*
slat [ˈslæt] *n* : tablilla *f*, listón *m*
slate [ˈsleɪt] *n* **1** : pizarra *f* ⟨a slate roof : un techo de pizarra⟩ **2** : lista *f* de candidatos (políticos)
slaughter[1] [ˈslɔt̬ər] *vt* **1** BUTCHER : matar (animales) **2** MASSACRE : masacrar (personas)
slaughter[2] *n* **1** : matanza *f* (de animales) **2** MASSACRE : masacre *f*, carnicería *f*
slaughterhouse [ˈslɔt̬ərˌhaʊs] *n* : matadero *m*
Slav [ˈslɑv, ˈslæv] *n* : eslavo *m*, -va *f*
slave[1] [ˈsleɪv] *vi* **slaved; slaving** : trabajar como un burro
slave[2] *n* : esclavo *m*, -va *f*
slaver [ˈslævər, ˈsleɪ-] *vi* : babear
slavery [ˈsleɪvəri] *n* : esclavitud *f*
Slavic [ˈslɑvɪk, ˈslæ-] *adj* : eslavo
slavish [ˈsleɪvɪʃ] *adj* **1** SERVILE : servil **2** IMITATIVE : poco original
slay [ˈsleɪ] *vt* **slew** [ˈslu:]; **slain** [ˈsleɪn]; **slaying** : asesinar, matar
slayer [ˈsleɪər] *n* : asesino *m*, -na *f*
sleazy [ˈsli:zi] *adj* **sleazier; -est** **1** SHODDY : chapucero, de mala calidad **2** DILAPIDATED : ruinoso **3** DISREPUTABLE : de mala fama
sled[1] [ˈslɛd] *v* **sledded; sledding** *vi* : ir en trineo — *vt* : transportar en trineo
sled[2] *n* : trineo *m*
sledge [ˈslɛʤ] *n* **1** : trineo *m* (grande) **2** → **sledgehammer**
sledgehammer [ˈslɛʤˌhæmər] *n* : almádena *f*, combo *m Chile, Peru*
sleek[1] [ˈsli:k] *vt* SLICK : alisar
sleek[2] *adj* : liso y brillante
sleep[1] [ˈsli:p] *vi* **slept** [ˈslɛpt]; **sleeping** **1** : dormir **2 to sleep in** : levantarse tarde **3 to sleep together** : acostarse, tener relaciones **4 to sleep with** : acostarse con, tener relaciones con
sleep[2] *n* **1** : sueño *m* **2** : legañas *fpl* (en los ojos) **3 to go to sleep** : dormirse
sleeper [ˈsli:pər] *n* **1** : durmiente *mf* ⟨to be a light sleeper : tener el sueño ligero⟩ **2** *or* **sleeping car** : coche *m* cama, coche *m* dormitorio
sleepily [ˈsli:pəli] *adv* : de manera somnolienta
sleepiness [ˈsli:pinəs] *n* : somnolencia *f*
sleepless [ˈsli:pləs] *adj* : sin dormir, desvelado ⟨to have a sleepless night : pasar la noche en blanco⟩
sleepwalker [ˈsli:pˌwɔkər] *n* : sonámbulo *m*, -la *f*
sleepy [ˈsli:pi] *adj* **sleepier; -est** **1** DROWSY : somnoliento, soñoliento ⟨to be sleepy : tener sueño⟩ **2** LETHARGIC : aletargado, letárgico
sleet[1] [ˈsli:t] *vi* **to be sleeting** : caer aguanieve
sleet[2] *n* : aguanieve *f*
sleeve [ˈsli:v] *n* : manga *f* (de una camisa, etc.)
sleeveless [ˈsli:vləs] *adj* : sin mangas
sleigh[1] [ˈsleɪ] *vi* : ir en trineo
sleigh[2] *n* : trineo *m* (tirado por caballos)
sleight of hand [ˌslaɪt̬əvˈhænd] : prestidigitación *f*, juegos *mpl* de manos
slender [ˈslɛndər] *adj* **1** SLIM : esbelto, delgado **2** SCANTY : exiguo, escaso ⟨a slender hope : una esperanza lejana⟩
sleuth [ˈslu:θ] *n* : detective *mf*; sabueso *m*, -sa *f*
slew → **slay**
slice[1] [ˈslaɪs] *vt* **sliced; slicing** : cortar
slice[2] *n* : rebanada *f*, tajada *f*, lonja *f* (de carne, etc.), rodaja *f* (de una verdura, fruta, etc.), trozo *m* (de pastel, etc.)
slick[1] [ˈslɪk] *vt* : alisar
slick[2] *adj* **1** SLIPPERY : resbaladizo, resbaloso **2** CRAFTY : astuto, taimado
slicker [ˈslɪkər] *n* : impermeable *m*
slide[1] [ˈslaɪd] *v* **slid** [ˈslɪd]; **sliding** [ˈslaɪdɪŋ] *vi* **1** SLIP : resbalar **2** GLIDE : deslizarse **3** DECLINE : bajar ⟨to let things slide : dejar pasar las cosas⟩ — *vt* : correr, deslizar
slide[2] *n* **1** SLIDING : deslizamiento *m* **2** SLIP : resbalón *m* **3** : tobogán *m* (para niños) **4** TRANSPARENCY : diapositiva *f* (fotográfica) **5** DECLINE : descenso *m*
slier, sliest → **sly**
slight[1] [ˈslaɪt] *vt* : desairar, despreciar

slight[2] *adj* **1** SLENDER : esbelto, delgado **2** FLIMSY : endeble **3** TRIFLING : leve, insignificante ‹a slight pain : un leve dolor› **4** SMALL : pequeño, ligero ‹not in the slightest : en absoluto›
slight[3] *n* SNUB : desaire *m*
slightly [ˈslaɪtli] *adv* : ligeramente, un poco
slim[1] [ˈslɪm] *v* **slimmed; slimming** : adelgazar
slim[2] *adj* **slimmer; slimmest** **1** SLENDER : esbelto, delgado **2** SCANTY : exiguo, escaso
slime [ˈslaɪm] *n* **1** : baba *f* (secretada por un animal) **2** MUD, SILT : fango *m*, cieno *m*
slimy [ˈslaɪmi] *adj* **slimier; -est** : viscoso
sling[1] [ˈslɪŋ] *vt* **slung** [ˈslʌŋ]; **slinging** **1** THROW : lanzar, tirar **2** HANG : colgar
sling[2] *n* **1** : honda *f* (arma) **2** : cabestrillo *m* ‹my arm is in a sling : llevo el brazo en cabestrillo›
slingshot [ˈslɪŋˌʃɑt] *n* : tiragomas *m*, resortera *f Mex*
slink [ˈslɪŋk] *vi* **slunk** [ˈslʌŋk]; **slinking** : caminar furtivamente
slip[1] [ˈslɪp] *v* **slipped; slipping** *vi* **1** STEAL : ir sigilosamente ‹to slip away : escabullirse› ‹to slip out the door : escaparse por la puerta› ‹an error slipped through : se deslizó un error› **2** SLIDE : resbalarse, deslizarse ‹he slipped and fell : se resbaló y se cayó› **3** FALL, LAPSE : caer ‹she slipped into a coma : cayó en coma› **4** WORSEN, DECLINE : empeorar, bajar ‹I must be slipping : voy perdiendo facultades› **5 to let slip** : dejar escapar **6 to slip off** *or* **to slip out of** TAKE OFF : quitarse (una prenda) **7 to slip on/into** PUT ON : ponerse (una prenda) **8 to slip through one's fingers** : escaparse de las manos **9 to slip up** : meter la pata — *vt* **1** PUT : meter, poner **2** PASS : pasar ‹she slipped me a note : me pasó una nota› **3** ESCAPE : escaparse de **4 to slip one's mind** : olvidársele a uno
slip[2] *n* **1** PIER : atracadero *m* **2** MISHAP : percance *m*, contratiempo *m* **3** MISTAKE : error *m*, desliz *m* ‹a slip of the tongue : un lapsus› **4** PETTICOAT : enagua *f* **5** : injerto *m*, esqueje *m* (de una planta) **6 slip of paper** : papelito *m*
slipper [ˈslɪpər] *n* : zapatilla *f*, pantufla *f*
slipperiness [ˈslɪpərinəs] *n* **1** : lo resbaloso, lo resbaladizo **2** TRICKINESS : astucia *f*
slippery [ˈslɪpəri] *adj* **slipperier; -est** **1** : resbaloso, resbaladizo ‹a slippery road : un camino resbaloso› **2** TRICKY : artero, astuto, taimado **3** ELUSIVE : huidizo, escurridizo
slipshod [ˈslɪpˌʃɑd] *adj* : descuidado, chapucero
slip up *vi* : equivocarse
slit[1] [ˈslɪt] *vt* **slit; slitting** : cortar, abrir por lo largo
slit[2] *n* **1** OPENING : abertura *f*, rendija *f* **2** CUT : corte *m*, raja *f*, tajo *m*
slither [ˈslɪðər] *vi* : deslizarse
sliver [ˈslɪvər] *n* : astilla *f*
slob [ˈslɑb] *n* : persona *f* desaliñada ‹what a slob! : ¡qué cerdo!›
slobber[1] [ˈslɑbər] *vi* : babear
slobber[2] *n* : baba *f*
slogan [ˈsloːgən] *n* : lema *m*, eslogan *m*
sloop [ˈsluːp] *n* : balandra *f*
slop[1] [ˈslɑp] *v* **slopped; slopping** *vt* : derramar — *vi* : derramarse
slop[2] *n* : bazofia *f*
slope[1] [ˈsloːp] *vi* **sloped; sloping** : inclinarse ‹the road slopes upward : el camino sube (en pendiente)›
slope[2] *n* : inclinación *f*, pendiente *f*, declive *m*
sloppy [ˈslɑpi] *adj* **sloppier; -est** **1** MUDDY, SLUSHY : lodoso, fangoso **2** UNTIDY : descuidado (en el trabajo, etc.), desaliñado (de aspecto)
slot [ˈslɑt] *n* : ranura *f*
sloth [ˈslɔθ, ˈsloːθ] *n* **1** LAZINESS : pereza *f* **2** : perezoso *m* (animal)
slouch[1] [ˈslaʊʧ] *vi* : andar con los hombros caídos, repantigarse (en un sillón)
slouch[2] *n* **1** SLUMPING : mala postura *f* **2** BUNGLER, IDLER : haragán *m*, -gana *f*; inepto *m*, -ta *f* ‹to be no slouch : no quedarse atrás›
slough[1] [ˈslʌf] *vt* : mudar de (piel)
slough[2] [ˈsluː, ˈslaʊ] *n* SWAMP : ciénaga *f*
Slovak [ˈsloːˌvɑk, -ˌvæk] *or* **Slovakian** [sloːˈvɑkiən, -ˈvæ-] *n* : eslovaco *m*, -ca *f* — **Slovak** *or* **Slovakian** *adj*
Slovene [ˈsloːˌviːn] *or* **Slovenian** [sloːˈviːniən] *n* : esloveno *m*, -na *f* — **Slovene** *or* **Slovenian** *adj*
slovenly [ˈslɑvənli, ˈslʌv-] *adj* : descuidado (en el trabajo, etc.), desaliñado (de aspecto)
slow[1] [sloː] *vt* : retrasar, reducir la marcha de — *vi* : ir más despacio
slow[2] *adv* : despacio, lentamente
slow[3] *adj* **1** : lento ‹a slow process : un proceso lento› **2** : atrasado ‹my watch is slow : mi reloj está atrasado, mi reloj se atrasa› **3** SLUGGISH : lento, poco activo **4** STUPID : lento, torpe, corto de alcances
slowly [sloːli] *adv* : lentamente, despacio
slowness [sloːnəs] *n* : lentitud *f*, torpeza *f*
sludge [ˈslʌʤ] *n* : aguas *fpl* negras, aguas *fpl* residuales
slug[1] [ˈslʌg] *vt* **slugged; slugging** : pegarle un porrazo (a alguien)
slug[2] *n* **1** : babosa *f* (molusco) **2** BULLET : bala *f* **3** TOKEN : ficha *f* **4** BLOW : porrazo *m*, puñetazo *m*
sluggish [ˈslʌgɪʃ] *adj* : aletargado, lento

sluice[1] [ˈsluːs] *vt* **sluiced; sluicing** : lavar en agua corriente
sluice[2] *n* : canal *m*
slum [ˈslʌm] *n* : barriada *f*, barrio *m* bajo
slumber[1] [ˈslʌmbər] *vi* : dormir
slumber[2] *n* : sueño *m*
slump[1] [ˈslʌmp] *vi* **1** DECLINE, DROP : disminuir, bajar **2** SLOUCH : encorvarse, dejarse caer (en una silla, etc.)
slump[2] *n* : bajón *m*, declive *m* (económico)
slung → **sling**
slunk → **slink**
slur[1] [ˈslər] *vt* **slurred; slurring** : ligar (notas musicales), tragarse (las palabras)
slur[2] *n* **1** : ligado *m* (en música), mala pronunciación *f* (de las palabras) **2** ASPERSION : calumnia *f*, difamación *f*
slurp[1] [ˈslərp] *vi* : beber o comer haciendo ruido — *vt* : sorber ruidosamente
slurp[2] *n* : sorbo *m* (ruidoso)
slush [ˈslʌʃ] *n* : nieve *f* medio derretida
slut [ˈslʌt] *n* PROSTITUTE : ramera *f*, fulana *f*
sly [ˈslaɪ] *adj* **slier** [ˈslaɪər]; **sliest** [ˈslaɪʰəst] **1** CUNNING : astuto, taimado **2** UNDERHANDED : solapado — **slyly** *adv*
slyness [ˈslaɪnəs] *n* : astucia *f*
smack[1] [ˈsmæk] *vi* **to smack of** : oler a, saber a — *vt* **1** KISS : besar, plantarle un beso (a alguien) **2** SLAP : pegarle una bofetada (a alguien) **3 to smack one's lips** : relamerse
smack[2] *adv* : justo, exactamente ⟨smack in the face : en plena cara⟩
smack[3] *n* **1** TASTE, TRACE : sabor *m*, indicio *m* **2** : chasquido *m* (de los labios) **3** SLAP : bofetada *f* **4** KISS : beso *m*
small [ˈsmɔl] *adj* **1** : pequeño, chico ⟨a small house : una casa pequeña⟩ ⟨small change : monedas de poco valor⟩ **2** TRIVIAL : pequeño, insignificante
smallness [ˈsmɔlnəs] *n* : pequeñez *f*
smallpox [ˈsmɔl,pɑks] *n* : viruela *f*
smart[1] [ˈsmɑrt] *vi* **1** STING : escocer, picar, arder **2** HURT : dolerse, resentirse ⟨to smart under a rejection : dolerse ante un rechazo⟩
smart[2] *adj* **1** BRIGHT : listo, vivo, inteligente **2** STYLISH : elegante — **smartly** *adv*
smart[3] *n* **1** PAIN : escozor *m*, dolor *m* **2 smarts** *npl* : inteligencia *f*
smartness [ˈsmɑrtnəs] *n* **1** INTELLIGENCE : inteligencia *f* **2** ELEGANCE : elegancia *f*
smash[1] [ˈsmæʃ] *vt* **1** BREAK : romper, quebrar, hacer pedazos **2** WRECK : destrozar, arruinar **3** CRASH : estrellar, chocar — *vi* **1** SHATTER : hacerse pedazos, hacerse añicos **2** COLLIDE, CRASH : estrellarse, chocar
smash[2] *n* **1** BLOW : golpe *m* **2** COLLISION : choque *m* **3** BANG, CRASH : estrépito *m*
smattering [ˈsmæṭərɪŋ] *n* **1** : nociones *fpl* ⟨she has a smattering of programming : tiene nociones de programación⟩ **2** : un poco, unos cuantos ⟨a smattering of spectators : unos cuantos espectadores⟩
smear[1] [ˈsmɪr] *vt* **1** DAUB : embadurnar, untar (mantequilla, etc.) **2** SMUDGE : emborronar **3** SLANDER : calumniar, difamar
smear[2] *n* **1** SMUDGE : mancha *f* **2** SLANDER : calumnia *f*
smell[1] [ˈsmɛl] *v* **smelled** *or* **smelt** [ˈsmɛlt]; **smelling** *vt* : oler, olfatear ⟨to smell danger : olfatear el peligro⟩ — *vi* : oler ⟨to smell good : oler bien⟩
smell[2] *n* **1** : olfato *m*, sentido *m* del olfato **2** ODOR : olor *m*
smelly [ˈsmɛli] *adj* **smellier; -est** : maloliente
smelt[1] [ˈsmɛlt] *vt* : fundir
smelt[2] *n, pl* **smelts** *or* **smelt** : eperlano *m* (pez)
smile[1] [ˈsmaɪl] *vi* **smiled; smiling** : sonreír
smile[2] *n* : sonrisa *f*
smirk[1] [ˈsmərk] *vi* : sonreír con suficiencia
smirk[2] *n* : sonrisa *f* satisfecha
smite [ˈsmaɪt] *vt* **smote** [ˈsmoːt]; **smitten** [ˈsmɪtən] *or* **smote; smiting** **1** STRIKE : golpear **2** AFFLICT : afligir
smith [ˈsmɪθ] *n* : herrero *m*, -ra *f*
smithy [ˈsmɪθi] *n, pl* **smithies** : herrería *f*
smock [ˈsmɑk] *n* : bata *f*, blusón *m*
smog [ˈsmɑg, ˈsmɔg] *n* : smog *m*
smoke[1] [ˈsmoːk] *v* **smoked; smoking** *vi* **1** : echar humo, humear ⟨a smoking chimney : una chimenea que echa humo⟩ **2** : fumar ⟨I don't smoke : no fumo⟩ — *vt* : ahumar (carne, etc.)
smoke[2] *n* : humo *m*
smoke detector [dɪˈtɛktər] *n* : detector *m* de humo
smoker [ˈsmoːkər] *n* : fumador *m*, -dora *f*
smokestack [ˈsmoːk,stæk] *n* : chimenea *f*
smoky [ˈsmoːki] *adj* **smokier; -est** **1** SMOKING : humeante **2** : a humo ⟨a smoky flavor : un sabor a humo⟩ **3** : lleno de humo ⟨a smoky room : un cuarto lleno de humo⟩
smolder [ˈsmoːldər] *vi* **1** : arder sin llama **2** : arder (en el corazón) ⟨his anger smoldered : su rabia ardía⟩
smooth[1] [ˈsmuːð] *vt* : alisar
smooth[2] *adj* **1** : liso (dícese de una superficie) ⟨smooth skin : piel lisa⟩ **2** : suave (dícese de un movimiento) ⟨a smooth landing : un aterrizaje suave⟩ **3** : sin grumos ⟨a smooth sauce : una salsa sin grumos⟩ **4** : fluido ⟨smooth writing : escritura fluida⟩

smoothly [ˈsmu:ðli] *adv* **1** GENTLY, SOFTLY : suavemente **2** EASILY : con facilidad, sin problemas
smoothness [ˈsmu:ðnəs] *n* : suavidad *f*
smother [ˈsmʌðər] *vt* **1** SUFFOCATE : ahogar, sofocar **2** COVER : cubrir **3** SUPPRESS : contener — *vi* : asfixiarse
smudge[1] [ˈsmʌʤ] *v* **smudged; smudging** *vt* : emborronar — *vi* : correrse
smudge[2] *n* : mancha *f*, borrón *m*
smug [ˈsmʌg] *adj* **smugger; smuggest** : suficiente, pagado de sí mismo
smuggle [ˈsmʌgəl] *vt* **-gled; -gling** : contrabandear, pasar de contrabando
smuggler [ˈsmʌgələr] *n* : contrabandista *mf*
smugly [ˈsmʌgli] *adv* : con suficiencia
smut [ˈsmʌt] *n* **1** SOOT : tizne *m*, hollín *m* **2** FUNGUS : tizón *m* **3** OBSCENITY : obscenidad *f*, inmundicia *f*
smutty [ˈsmʌṭi] *adj* **smuttier; -est** **1** SOOTY : tiznado **2** OBSCENE : obsceno, indecente
snack [ˈsnæk] *n* : refrigerio *m*, bocado *m*, tentempié *m fam* ⟨an afternoon snack : una merienda⟩
snag[1] [ˈsnæg] *v* **snagged; snagging** *vt* : enganchar — *vi* : engancharse
snag[2] *n* : problema *m*, inconveniente *m*
snail [ˈsneɪl] *n* : caracol *m*
snake [ˈsneɪk] *n* : culebra *f*, serpiente *f*
snakebite [ˈsneɪkˌbaɪt] *n* : mordedura *f* de serpiente
snap[1] [ˈsnæp] *v* **snapped; snapping** *vi* **1** BREAK : romperse, quebrarse (haciendo un chasquido) ⟨the branch snapped : la rama se rompió⟩ **2** : intentar morder (dícese de un perro, etc.) **3** : hablar con severidad ⟨he snapped at me! : ¡me gritó!⟩ **4** : moverse de un golpe ⟨the trap snapped shut : la trampa se cerró de golpe⟩ ⟨the branch snapped back : la rama se volvió de golpe⟩ ⟨the pieces snap together : las piezas se encajan⟩ **5 to snap out of** *fam* : salir de (la depresión, el ensueño, etc.) ⟨snap out of it! : ¡anímate!, ¡espabílate!⟩ **6 to snap to it** *fam* : moverse, apurarse — *vt* **1** BREAK : partir (en dos), quebrar **2** : hacer (algo) de un golpe ⟨she snapped it open : lo abrió de golpe⟩ **3** RETORT : decir bruscamente **4** CLICK : chasquear ⟨to snap one's fingers : chasquear los dedos⟩ **5 to snap up** : no dejar escapar
snap[2] *n* **1** CLICK, CRACK : chasquido *m* **2** FASTENER : broche *m* **3** CINCH : cosa *f* fácil ⟨it's a snap : es facilísimo⟩
snapdragon [ˈsnæpˌdrægən] *n* : dragón *m* (flor)
snapper [ˈsnæpər] → **red snapper**
snappy [ˈsnæpi] *adj* **snappier; -est** **1** FAST : rápido ⟨make it snappy! : ¡date prisa!⟩ **2** LIVELY : vivaz **3** CHILLY : frío **4** STYLISH : elegante
snapshot [ˈsnæpˌʃɑt] *n* : instantánea *f*
snare[1] [ˈsnær] *vt* **snared; snaring** : atrapar
snare[2] *n* : trampa *f*, red *f*
snare drum *n* : tambor *m* con bordón
snarl[1] [ˈsnɑrl] *vi* **1** TANGLE : enmarañar, enredar **2** GROWL : gruñir
snarl[2] *n* **1** TANGLE : enredo *m*, maraña *f* **2** GROWL : gruñido *m*
snatch[1] [ˈsnæʧ] *vt* : arrebatar
snatch[2] *n* : fragmento *m*
sneak[1] [ˈsni:k] *vi* : ir a hurtadillas — *vt* : hacer furtivamente ⟨to sneak a look : mirar con disimulo⟩ ⟨he sneaked a smoke : fumó un cigarrillo a escondidas⟩
sneak[2] *n* : soplón *m*, -plona *f*
sneakers [ˈsni:kərz] *npl* : tenis *mpl*, zapatillas *fpl*
sneaky [ˈsni:ki] *adj* **sneakier; -est** : solapado
sneer[1] [ˈsnɪr] *vi* : sonreír con desprecio
sneer[2] *n* : sonrisa *f* de desprecio
sneeze[1] [ˈsni:z] *vi* **sneezed; sneezing** : estornudar
sneeze[2] *n* : estornudo *m*
snicker[1] [ˈsnɪkər] *vi* : reírse disimuladamente
snicker[2] *n* : risita *f*
snide [ˈsnaɪd] *adj* : sarcástico
sniff[1] [ˈsnɪf] *vi* **1** SMELL : oler, husmear (dícese de los animales) **2 to sniff at** : despreciar, desdeñar — *vt* **1** SMELL : oler **2 to sniff out** : olerse, husmear
sniff[2] *n* **1** SNIFFING : aspiración *f* por la nariz **2** SMELL : olor *m*
sniffle [ˈsnɪfəl] *vi* **-fled; -fling** : respirar con la nariz congestionada
sniffles [ˈsnɪfəlz] *npl* : resfriado *m*
snip[1] [ˈsnɪp] *vt* **snipped; snipping** : cortar (con tijeras)
snip[2] *n* : tijeretada *f*, recorte *m*
snipe[1] [ˈsnaɪp] *vi* **sniped; sniping** : disparar
snipe[2] *n, pl* **snipes** *or* **snipe** : agachadiza *f*
sniper [ˈsnaɪpər] *n* : francotirador *m*, -dora *f*
snippet [ˈsnɪpət] *n* : fragmento *m* (de un texto, etc.)
snivel [ˈsnɪvəl] *vi* **-veled** *or* **-velled; -veling** *or* **-velling** **1** → **snuffle** **2** WHINE : lloriquear
snob [ˈsnɑb] *n* : esnob *mf*, snob *mf*
snobbery [ˈsnɑbəri] *n, pl* **-beries** : esnobismo *m*
snobbish [ˈsnɑbɪʃ] *adj* : esnob, snob
snobbishness [ˈsnɑbɪʃnəs] *n* : esnobismo *m*
snoop[1] [ˈsnu:p] *vi* : husmear, curiosear
snoop[2] *n* : fisgón *m*, -gona *f*
snooze[1] [ˈsnu:z] *vi* **snoozed; snoozing** : dormitar
snooze[2] *n* : siestecita *f*, siestita *f*
snore[1] [ˈsnor] *vi* **snored; snoring** : roncar
snore[2] *n* : ronquido *m*
snort[1] [ˈsnɔrt] *vi* : bufar, resoplar
snort[2] *n* : bufido *m*, resoplo *m*

snout [ˈsnaʊt] *n* : hocico *m*, morro *m*
snow[1] [ˈsno:] *vi* **1** : nevar ⟨I'm snowed in : estoy aislado por la nieve⟩ **2 to be snowed under** : estar inundado
snow[2] *n* : nieve *f*
snowball [ˈsno:ˌbɔl] *n* : bola *f* de nieve
snowdrift [ˈsno:ˌdrɪft] *n* : ventisquero *m*
snowfall [ˈsno:ˌfɔl] *n* : nevada *f*
snowplow [ˈsno:ˌplaʊ] *n* : quitanieves *m*
snowshoe [ˈsno:ˌʃu:] *n* : raqueta *f* (para nieve)
snowstorm [ˈsno:ˌstɔrm] *n* : tormenta *f* de nieve, ventisca *f*
snowy [ˈsno:i] *adj* **snowier; -est** : nevoso ⟨a snowy road : un camino nevado⟩
snub[1] [ˈsnʌb] *vt* **snubbed; snubbing** : desairar
snub[2] *n* : desaire *m*
snub–nosed [ˈsnʌbˌno:zd] *adj* : de nariz respingada
snuff[1] [ˈsnʌf] *vt* **1** : apagar (una vela) **2** : sorber (algo) por la nariz
snuff[2] *n* : rapé *m*
snuffle [ˈsnʌfəl] *vi* **-fled; -fling** : respirar con la nariz congestionada
snug [ˈsnʌg] *adj* **snugger; snuggest 1** COMFORTABLE : cómodo **2** TIGHT : ajustado, ceñido ⟨snug pants : pantalones ajustados⟩
snuggle [ˈsnʌgəl] *vi* **-gled; -gling** : acurrucarse ⟨to snuggle up to someone : arrimársele a alguien⟩
snugly [ˈsnʌgli] *adv* **1** COMFORTABLY : cómodamente **2** : de manera ajustada ⟨the shirt fits snugly : la camisa queda ajustada⟩
so[1] [ˈso:] *adv* **1** (*indicating a stated or suggested degree*) : tan, tanto ⟨he'd never been so happy : nunca había estado tan contento⟩ ⟨she was so tired that she almost fell asleep : estaba tan cansada que casi se durmió⟩ ⟨would you be so kind as to help me? : ¿tendría la amabilidad de ayudarme?⟩ ⟨it's not so much a science as an art : no es tanto una ciencia como un arte⟩ ⟨all the more so because : tanto más cuanto que⟩ ⟨never more so than : nunca más que⟩ **2** VERY : tan, tanto ⟨it's so much fun : es tan divertido⟩ ⟨I'm so glad to meet you : me alegro tanto de conocerte⟩ ⟨he loves her so : la quiere tanto⟩ ⟨not so long ago : no hace mucho tiempo⟩ ⟨thank you so much : muchísimas gracias⟩ **3** ALSO : también ⟨so do I : yo también⟩ **4** THUS : así, de esta manera ⟨and so it began : y así empezó⟩ ⟨it so happened that . . . : resultó que . . .⟩ **5** (*used for emphasis*), *fam* ⟨it's so not fair : es totalmente injusto⟩ ⟨I so wanted to go : tenía tantas ganas de ir⟩ **6** CONSEQUENTLY : por lo tanto **7 and so forth/on** : etcétera **8 so much for** (*indicating that something has ended*) ⟨so much for that idea : hasta ahí llegó esa idea⟩ **9 so much so (that)** : tanto es así que **10 without so much as** : sin siquiera
so[2] *conj* **1** THEREFORE : así que **2** *or* **so that** : para que, así que, de manera que **3 so what?** : ¿y qué?
soak[1] [ˈso:k] *vi* : estar en remojo — *vt* **1** : poner en remojo **2 to soak up** ABSORB : absorber
soak[2] *n* : remojo *m*
soap[1] [ˈso:p] *vt* : enjabonar
soap[2] *n* : jabón *m*
soap opera *n* : culebrón *m*, telenovela *f*
soapsuds [ˈso:pˌsʌdz] → **suds**
soapy [ˈso:pi] *adj* **soapier; -est** : jabonoso ⟨a soapy taste : un gusto a jabón⟩ ⟨a soapy texture : una textura de jabón⟩
soar [ˈsor] *vi* **1** FLY : volar **2** RISE : remontar el vuelo (dícese de las aves) ⟨her hopes soared : su esperanza renació⟩ ⟨prices are soaring : los precios están subiendo vertiginosamente⟩
sob[1] [ˈsɑb] *vi* **sobbed; sobbing** : sollozar
sob[2] *n* : sollozo *m*
sober [ˈso:bər] *adj* **1** : sobrio ⟨he's not sober enough to drive : está demasiado borracho para manejar⟩ **2** SERIOUS : serio
soberly [ˈso:bərli] *adv* **1** : sobriamente **2** SERIOUSLY : seriamente
sobriety [səˈbraɪət̬i, so-] *n* **1** : sobriedad *f* ⟨sobriety test : prueba de alcoholemia⟩ **2** SERIOUSNESS : seriedad *f*
so–called [ˈso:ˈkɔld] *adj* : supuesto, presunto ⟨the so-called experts : los expertos, así llamados⟩
soccer [ˈsɑkər] *n* : futbol *m*, fútbol *m*
sociable [ˈso:ʃəbəl] *adj* : sociable
social[1] [ˈso:ʃəl] *adj* : social — **socially** *adv*
social[2] *n* : reunión *f* social
socialism [ˈso:ʃəˌlɪzəm] *n* : socialismo *m*
socialist[1] [ˈso:ʃəlɪst] *adj* : socialista
socialist[2] *n* : socialista *mf*
socialize [ˈso:ʃəˌlaɪz] *v* **-ized; -izing** *vt* **1** NATIONALIZE : nacionalizar **2** : socializar (en psicología) — *vi* : alternar, circular ⟨to socialize with friends : alternar con amigos⟩
social work *n* : asistencia *f* social
society [səˈsaɪət̬i] *n, pl* **-eties 1** COMPANIONSHIP : compañía *f* **2** : sociedad *f* ⟨a democratic society : una sociedad democrática⟩ ⟨high society : alta sociedad⟩ **3** ASSOCIATION : sociedad *f*, asociación *f*
socioeconomic [ˌso:sioˌi:kəˈnɑmɪk, -ˌɛkə-] *adj* : socioeconómico
sociological [ˌso:siəˈlɑʤɪkəl] *adj* : sociológico
sociologist [ˌso:siˈɑləʤɪst] *n* : sociólogo *m*, -ga *f*
sociology [ˌso:siˈɑləʤi] *n* : sociología *f*
sock[1] [ˈsɑk] *vt* : pegar, golpear, darle un puñetazo a

sock[2] *n* **1** *pl* **socks** *or* **sox** [ˈsɑks] : calcetín *m*, media *f* ⟨shoes and socks : zapatos y calcetines⟩ **2** *pl* **socks** [ˈsɑks] PUNCH : puñetazo *m*

socket [ˈsɑkət] *n* **1** *or* **electric socket** : enchufe *m*, toma *f* de corriente **2** : glena *f* (de una articulación) ⟨shoulder socket : glena del hombro⟩ **3 eye socket** : órbita *f*, cuenca *f*

sod[1] [ˈsɑd] *vt* **sodded; sodding** : cubrir de césped

sod[2] *n* TURF : césped *m*, tepe *m*

soda [ˈso:də] *n* **1** *or* **soda water** : soda *f* **2** *or* **soda pop** : gaseosa *f*, refresco *m* **3** *or* **ice–cream soda** : refresco *m* con helado

sodden [ˈsɑdən] *adj* SOGGY : empapado

sodium [ˈso:diəm] *n* : sodio *m*

sodium bicarbonate *n* : bicarbonato *m* de soda

sodium chloride → **salt**

sofa [ˈso:fə] *n* : sofá *m*

soft [ˈsɔft] *adj* **1** : blando ⟨a soft pillow : una almohada blanda⟩ **2** SMOOTH : suave (dícese de las texturas, de los sonidos, etc.) **3** NONALCOHOLIC : no alcohólico ⟨a soft drink : un refresco⟩

softball [ˈsɔftˌbɔl] *n* : softbol *m*

soften [ˈsɔfən] *vt* : ablandar (algo sólido), suavizar (la piel, un golpe, etc.), amortiguar (un impacto) — *vi* : ablandarse, suavizarse

softly [ˈsɔftli] *adv* : suavemente ⟨she spoke softly : habló en voz baja⟩

softness [ˈsɔftnəs] *n* **1** : blandura *f*, lo blando (de una almohada, de la mantequilla, etc.) **2** SMOOTHNESS : suavidad *f*

software [ˈsɔftˌwær] *n* : software *m*

soggy [ˈsɑgi] *adj* **soggier; -est** : empapado

soil[1] [ˈsɔɪl] *vt* : ensuciar — *vi* : ensuciarse

soil[2] *n* **1** DIRTINESS : suciedad *f* **2** DIRT, EARTH : suelo *m*, tierra *f* **3** COUNTRY : patria *f* ⟨her native soil : su tierra natal⟩

sojourn[1] [ˈso:ˌʤərn, so:ˈʤərn] *vi* : pasar una temporada

sojourn[2] *n* : estadía *f*, estancia *f*, permanencia *f*

solace [ˈsɑləs] *n* : consuelo *m*

solar [ˈso:lər] *adj* : solar ⟨the solar system : el sistema solar⟩

sold → **sell**

solder[1] [ˈsɑdər, ˈsɔ-] *vt* : soldar

solder[2] *n* : soldadura *f*

soldier[1] [ˈso:lʤər] *vi* : servir como soldado

soldier[2] *n* : soldado *mf*

sole[1] [ˈso:l] *adj* : único

sole[2] *n* **1** : suela *f* (de un zapato) **2** : lenguado *m* (pez)

solely [ˈso:li] *adv* : únicamente, sólo

solemn [ˈsɑləm] *adj* : solemne, serio — **solemnly** *adv*

solemnity [səˈlɛmnət̬i] *n, pl* **-ties** : solemnidad *f*

solicit [səˈlɪsət] *vt* : solicitar

solicitous [səˈlɪsət̬əs] *adj* : solícito

solicitude [səˈlɪsəˌtu:d, -ˌtju:d] *n* : solicitud *f*

solid[1] [ˈsɑləd] *adj* **1** : macizo ⟨a solid rubber ball : una bola maciza de caucho⟩ **2** CUBIC : tridimensional **3** COMPACT : compacto, denso **4** STURDY : sólido **5** CONTINUOUS : seguido, continuo ⟨two solid hours : dos horas seguidas⟩ ⟨a solid line : una línea continua⟩ **6** UNANIMOUS : unánime **7** DEPENDABLE : serio, fiable **8** PURE : macizo, puro ⟨solid gold : oro macizo⟩

solid[2] *n* : sólido *m*

solidarity [ˌsɑləˈdærət̬i] *n* : solidaridad *f*

solidify [səˈlɪdəˌfaɪ] *v* **-fied; -fying** *vt* : solidificar — *vi* : solidificarse

solidity [səˈlɪdət̬i] *n, pl* **-ties** : solidez *f*

solidly [ˈsɑlədli] *adv* **1** : sólidamente **2** UNANIMOUSLY : unánimemente

soliloquy [səˈlɪləkwi] *n, pl* **-quies** : soliloquio *m*

solitaire [ˈsɑləˌtɛr] *n* : solitario *m*

solitary [ˈsɑləˌtɛri] *adj* **1** ALONE : solitario **2** SECLUDED : apartado, retirado **3** SINGLE : solo

solitude [ˈsɑləˌtu:d, -ˌtju:d] *n* : soledad *f*

solo[1] [ˈso:ˌlo:] *vi* : volar en solitario (dícese de un piloto)

solo[2] *adv & adj* : en solitario, a solas

solo[3] *n, pl* **solos** : solo *m*

soloist [ˈso:loɪst] *n* : solista *mf*

solstice [ˈsɑlstɪs] *n* : solsticio *m*

soluble [ˈsɑljəbəl] *adj* : soluble

solution [səˈlu:ʃən] *n* : solución *f*

solve [ˈsɑlv] *vt* **solved; solving** : resolver, solucionar

solvency [ˈsɑlvən*t*si] *n* : solvencia *f*

solvent [ˈsɑlvənt] *n* : solvente *m*

Somali [soˈmɑli, sə-] *n* : somalí *mf* — **Somali** *adj*

somber [ˈsɑmbər] *adj* **1** DARK : sombrío, oscuro ⟨somber colors : colores oscuros⟩ **2** GRAVE : sombrío, serio **3** MELANCHOLY : sombrío, lúgubre

sombrero [səmˈbrɛrˌo:] *n, pl* **-ros** : sombrero *m* (mexicano)

some[1] [ˈsʌm] *adj* **1** : un, algún ⟨some lady stopped me : una mujer me detuvo⟩ ⟨some distant galaxy : alguna galaxia lejana⟩ **2** : algo de, un poco de ⟨he drank some water : tomó (un poco de) agua⟩ **3** : unos ⟨do you want some apples? : ¿quieres unas manzanas?⟩ ⟨some years ago : hace varios años⟩

some[2] *pron* **1** : algunos ⟨some went, others stayed : algunos se fueron, otros se quedaron⟩ **2** : un poco, algo ⟨there's some left : queda un poco⟩ ⟨I have gum; do you want some? : tengo chicle, ¿quieres?⟩

somebody [ˈsʌmbədi, -ˌbɑdi] *pron* : alguien

someday [ˈsʌmˌdeɪ] *adv* : algún día

somehow [ˈsʌmˌhaʊ] *adv* **1** : de alguna manera, de algún modo ⟨I'll do it somehow : lo haré de alguna manera⟩ **2** : por alguna razón ⟨somehow I don't

trust her : por alguna razón no me fío de ella⟩
someone [ˈsʌm͵wʌn] *pron* : alguien
someplace [ˈsʌm͵pleɪs] → **somewhere**
somersault[1] [ˈsʌmər͵sɔlt] *vi* : dar volteretas, dar un salto mortal
somersault[2] *n* : voltereta *f*, salto *m* mortal
something [ˈsʌmθɪŋ] *pron* : algo ⟨I want something else : quiero otra cosa⟩ ⟨she's writing a novel or something : está escribiendo una novela o no sé qué⟩
sometime [ˈsʌm͵taɪm] *adv* : algún día, en algún momento ⟨sometime next month : durante el mes que viene⟩
sometimes [ˈsʌm͵taɪmz] *adv* : a veces, algunas veces, de vez en cuando
somewhat [ˈsʌm͵hwʌt, -͵hwɑt] *adv* : algo, un tanto
somewhere [ˈsʌm͵*h*wɛr] *adv* **1** (*indicating location*) : en algún lugar ⟨it must be somewhere else : estará en otra parte⟩ **2** (*indicating destination*) : a algún lugar
son [ˈsʌn] *n* : hijo *m*
sonar [ˈsoː͵nɑr] *n* : sonar *m*
sonata [səˈnɑt̬ə] *n* : sonata *f*
song [ˈsɔŋ] *n* : canción *f*, canto *m* (de un pájaro)
songbird [ˈsɔŋ͵bərd] *n* : pájaro *m* cantor
songwriter [ˈsɔŋ͵raɪt̬ər] *n* : compositor *m*, -tora *f*
sonic [ˈsɑnɪk] *adj* **1** : sónico **2 sonic boom** : estampido *m* sónico
son-in-law [ˈsʌnɪn͵lɔ] *n, pl* **sons-in-law** : yerno *m*, hijo *m* político
sonnet [ˈsɑnət] *n* : soneto *m*
sonorous [ˈsɑnərəs, səˈnorəs] *adj* : sonoro
soon [ˈsuːn] *adv* **1** : pronto, dentro de poco ⟨he'll arrive soon : llegará pronto⟩ **2** QUICKLY : pronto ⟨as soon as possible : lo más pronto posible⟩ ⟨the sooner the better : cuanto antes mejor⟩ **3** : de buena gana ⟨I'd sooner walk : prefiero caminar⟩
soot [ˈsʊt, ˈsuːt, ˈsʌt] *n* : hollín *m*, tizne *m*
soothe [ˈsuːð] *vt* **soothed; soothing 1** CALM : calmar, tranquilizar **2** RELIEVE : aliviar
soothsayer [ˈsuːθ͵seɪər] *n* : adivino *m*, -na *f*
sooty [ˈsʊt̬i, ˈsuː-, ˈsʌ-] *adj* **sootier; -est** : cubierto de hollín, tiznado
sop[1] [ˈsɑp] *vt* **sopped; sopping 1** DIP : mojar **2** SOAK : empapar **3 to sop up** : rebañar, absorber
sop[2] *n* **1** CONCESSION : concesión *f* **2** BRIBE : soborno *m*
sophisticated [səˈfɪstə͵keɪt̬əd] *adj* **1** COMPLEX : complejo **2** WORLDLY-WISE : sofisticado
sophistication [sə͵fɪstəˈkeɪʃən] *n* **1** COMPLEXITY : complejidad *f* **2** URBANITY : sofisticación *f*
sophomore [ˈsɑf͵mor, ˈsɑfə͵mor] *n* : estudiante *mf* de segundo año
soporific [͵sɑpəˈrɪfɪk, ͵soː-] *adj* : soporífero
soprano [səˈpræ͵noː] *n, pl* **-nos** : soprano *mf*
sorcerer [ˈsɔrsərər] *n* : hechicero *m*, brujo *m*, mago *m*
sorceress [ˈsɔrsərəs] *n* : hechicera *f*, bruja *f*, maga *f*
sorcery [ˈsɔrsəri] *n* : hechicería *f*, brujería *f*
sordid [ˈsɔrdɪd] *adj* : sórdido
sore[1] [ˈsor] *adj* **sorer; sorest 1** PAINFUL : dolorido, doloroso ⟨I have a sore throat : me duele la garganta⟩ **2** ACUTE, SEVERE : extremo, grande ⟨in sore straits : en grandes apuros⟩ **3** ANGRY : enojado, enfadado
sore[2] *n* : llaga *f*
sorely [ˈsorli] *adv* : muchísimo ⟨it was sorely needed : se necesitaba urgentemente⟩ ⟨she was sorely missed : la echaban mucho de menos⟩
soreness [ˈsornəs] *n* : dolor *m*
sorghum [ˈsɔrgəm] *n* : sorgo *m*
sorority [səˈrɔrət̬i] *n, pl* **-ties** : hermandad *f* (de estudiantes femeninas)
sorrel [ˈsɔrəl] *n* **1** : alazán *m* (color o animal) **2** : acedera *f* (hierba)
sorrow [ˈsɑr͵oː] *n* : pesar *m*, dolor *m*, pena *f*
sorrowful [ˈsɑrofəl] *adj* : triste, afligido, apenado
sorrowfully [ˈsɑrofəli] *adv* : con tristeza
sorry [ˈsɑri] *adj* **sorrier; -est 1** PITIFUL : lastimero, lastimoso **2 to be sorry** : sentir, lamentar ⟨I'm sorry : lo siento⟩ **3 to feel sorry for** : compadecer ⟨I feel sorry for him : me da pena⟩
sort[1] [ˈsɔrt] *vt* **1** : dividir en grupos **2** CLASSIFY : clasificar **3 to sort out** ORGANIZE : poner en orden **4 to sort out** RESOLVE : resolver
sort[2] *n* **1** KIND : tipo *m*, clase *f* ⟨a sort of writer : una especie de escritor⟩ **2** NATURE : índole *f* **3 out of sorts** : de mal humor
sortie [ˈsɔrt̬i, sɔrˈtiː] *n* : salida *f*
SOS [͵ɛs͵oːˈɛs] *n* : SOS *m*
so-so [ˈsoːˈsoː] *adj & adv* : así así, de modo regular
soufflé [suːˈfleɪ] *n* : suflé *m*
sought → **seek**
soul [ˈsoːl] *n* **1** SPIRIT : alma *f* **2** ESSENCE : esencia *f* **3** PERSON : persona *f*, alma *f*
soulful [ˈsoːlfəl] *adj* : conmovedor, lleno de emoción
sound[1] [ˈsaʊnd] *vt* **1** : sondar (en navegación) **2** *or* **to sound out** PROBE : sondear **3** : hacer sonar, tocar (una trompeta, etc.) — *vi* **1** : sonar ⟨the alarm sounded : la alarma sonó⟩ **2** SEEM : parecer
sound[2] *adj* **1** HEALTHY : sano ⟨safe and sound : sano y salvo⟩ ⟨of sound mind and body : en pleno uso de sus facultades⟩ **2** FIRM, SOLID : sólido **3** SENSI-

BLE : lógico, sensato **4** DEEP : profundo ⟨a sound sleep : un sueño profundo⟩

sound[3] *n* **1** : sonido *m* ⟨the speed of sound : la velocidad del sonido⟩ **2** NOISE : sonido *m*, ruido *m* ⟨I heard a sound : oí un sonido⟩ **3** CHANNEL : brazo *m* de mar, canal *m* (ancho)

soundless [ˈsaʊndləs] *adj* : sordo

soundlessly [ˈsaʊndləsli] *adv* : silenciosamente

soundly [ˈsaʊndli] *adv* **1** SOLIDLY : sólidamente **2** SENSIBLY : lógicamente, sensatamente **3** DEEPLY : profundamente ⟨sleeping soundly : durmiendo profundamente⟩

soundness [ˈsaʊndnəs] *n* **1** SOLIDITY : solidez *f* **2** SENSIBLENESS : sensatez *f*, solidez *f*

soundproof [ˈsaʊndˌpruːf] *adj* : insonorizado

soundtrack [ˈsaʊn*d*ˌtræk] *n* : banda *f* sonora

sound wave *n* : onda *f* sonora

soup [ˈsuːp] *n* : sopa *f*

sour[1] [ˈsaʊər] *vi* : agriarse, cortarse (dícese de la leche) — *vt* : agriar, cortar (leche)

sour[2] *adj* **1** ACID : agrio, ácido (dícese de la fruta, etc.), cortado (dícese de la leche) **2** DISAGREEABLE : desagradable, agrio

source [ˈsors] *n* : fuente *f*, origen *m*, nacimiento *m* (de un río)

sourness [ˈsaʊərnəs] *n* : acidez *f*

south[1] [ˈsaʊθ] *adv* : al sur, hacia el sur ⟨the window looks south : la ventana mira al sur⟩ ⟨she continued south : continuó hacia el sur⟩

south[2] *adj* : sur, del sur ⟨the south entrance : la entrada sur⟩ ⟨South America : Sudamérica, América del Sur⟩

south[3] *n* : sur *m*

South African *n* : sudafricano *m*, -na *f* — **South African** *adj*

South American[1] *adj* : sudamericano, suramericano

South American[2] *n* : sudamericano *m*, -na *f*; suramericano *m*, -na *f*

southbound [ˈsaʊθˌbaʊnd] *adj* : con rumbo al sur

southeast[1] [saʊˈθiːst] *adj* : sureste, sudeste, del sureste

southeast[2] *n* : sureste *m*, sudeste *m*

southeasterly [saʊˈθiːstərli] *adv & adj* **1** : del sureste (dícese del viento) **2** : hacia el sureste

southeastern [saʊˈθiːstərn] *adj* → **southeast**[1]

southerly [ˈsʌðərli] *adv & adj* : del sur

southern [ˈsʌðərn] *adj* : sur, sureño, meridional, austral ⟨a southern city : una ciudad del sur del país, una ciudad meridional⟩ ⟨the southern side : el lado sur⟩

Southerner [ˈsʌðərnər] *n* : sureño *m*, -ña *f*

South Pole : Polo *m* Sur

southward [ˈsaʊθwərd] *or* **southwards** [-wərdz] *adv & adj* : hacia el sur

southwest[1] [saʊθˈwɛst, *as a nautical term often* saʊˈwɛst] *adj* : suroeste, sudoeste, del suroeste

southwest[2] *n* : suroeste *m*, sudoeste *m*

southwesterly [saʊθˈwɛstərli] *adv & adj* **1** : del suroeste (dícese del viento) **2** : hacia el suroeste

southwestern [saʊθˈwɛstərn] *adj* → **southwest**[1]

souvenir [ˌsuːvəˈnɪr, ˈsuːvəˌ-] *n* : recuerdo *m*, souvenir *m*

sovereign[1] [ˈsɑvərən] *adj* : soberano

sovereign[2] *n* **1** : soberano *m*, -na *f* (monarca) **2** : soberano *m* (moneda)

sovereignty [ˈsɑvərənti] *n, pl* **-ties** : soberanía *f*

Soviet [ˈsoːviˌɛt, ˈsɑ-, -viət] *adj* : soviético

sow[1] [ˈsoː] *vt* **sowed; sown** [ˈsoːn] *or* **sowed; sowing 1** PLANT : sembrar **2** SCATTER : esparcir

sow[2] [ˈsaʊ] *n* : cerda *f*

sox → **sock**

soy [ˈsɔɪ] *n* : soya *f*, soja *f*

soybean [ˈsɔɪˌbiːn] *n* : soya *f*, soja *f*

spa [ˈspɑ] *n* : balneario *m*

space[1] [ˈspeɪs] *vt* **spaced; spacing** : espaciar

space[2] *n* **1** PERIOD : espacio *m*, lapso *m*, período *m* **2** ROOM : espacio *m*, sitio *m*, lugar *m* ⟨is there space for me? : ¿hay sitio para mí?⟩ **3** : espacio *m* ⟨blank space : espacio en blanco⟩ **4** : espacio *m* (en física) **5** PLACE : plaza *f*, sitio *m* ⟨to reserve space : reservar plazas⟩ ⟨parking space : sitio para estacionarse⟩

spacecraft [ˈspeɪsˌkræft] *n* : nave *f* espacial

spaceflight [ˈspeɪsˌflaɪt] *n* : vuelo *m* espacial

spaceman [ˈspeɪsmən, -ˌmæn] *n, pl* **-men** [-mən, -ˌmɛn] : astronauta *m*, cosmonauta *m*

spaceship [ˈspeɪsˌʃɪp] *n* : nave *f* espacial

space shuttle *n* : transbordador *m* espacial

space suit *n* : traje *m* espacial

spacious [ˈspeɪʃəs] *adj* : espacioso, amplio

spade[1] [ˈspeɪd] *v* **spaded; spading** *vt* : palear — *vi* : usar una pala

spade[2] *n* **1** SHOVEL : pala *f* **2** : pica *f* (naipe)

spaghetti [spəˈgɛṭi] *n* : espagueti *m*, espaguetis *mpl*, spaghetti *mpl*

spam [ˈspæm] *n* : spam *m*, correo *m* electrónico no solicitado

span[1] [ˈspæn] *vt* **spanned; spanning** : abarcar (un período de tiempo), extenderse sobre (un espacio)

span[2] *n* **1** : lapso *m*, espacio *m* (de tiempo) ⟨life span : duración de la vida⟩ **2** : luz *f* (entre dos soportes)

spangle [ˈspæŋgəl] *n* : lentejuela *f*
Spaniard [ˈspænjərd] *n* : español *m*, -ñola *f*
spaniel [ˈspænjəl] *n* : spaniel *m*
Spanish[1] [ˈspænɪʃ] *adj* : español
Spanish[2] *n* **1** : español *m* (idioma) **2 the Spanish** *npl* : los españoles
spank [ˈspæŋk] *vt* : darle nalgadas (a alguien)
spar[1] [ˈspɑr] *vi* **sparred; sparring** : entrenarse (en boxeo)
spar[2] *n* : palo *m*, verga *f* (de un barco)
spare[1] [ˈspær] *vt* **spared; sparing 1** : perdonar ⟨to spare someone's life : perdonarle la vida a alguien⟩ ⟨to spare someone's feelings : no herir los sentimientos de alguien⟩ ⟨the fire spared their house : su casa se salvó del fuego⟩ **2** SAVE : ahorrar, evitar ⟨he spared us the trouble/embarrassment : nos ahorró la molestia/vergüenza⟩ ⟨spare me the details : ahórrate los detalles⟩ ⟨she was spared (from) punishment : se libró del castigo⟩ **3** : prescindir de ⟨I can't spare her : no puedo prescindir de ella⟩ ⟨I can't spare the time : no me da el tiempo⟩ ⟨can you spare a dollar? : ¿me das un dólar?⟩ ⟨can you spare a minute? : ¿tienes un momento?⟩ **4** STINT : escatimar ⟨they spared no expense : no repararon en gastos⟩ **5 to spare** : de sobra
spare[2] *adj* **1** : de repuesto, de recambio ⟨spare tire : llanta de repuesto⟩ **2** EXCESS : de más, de sobra ⟨spare time : tiempo libre⟩ **3** LEAN : delgado
spare[3] *n or* **spare part** : repuesto *m*, recambio *m*
sparing [ˈspærɪŋ] *adj* : parco, económico — **sparingly** *adv*
spark[1] [ˈspɑrk] *vi* : chispear, echar chispas — *vt* PROVOKE : despertar, provocar ⟨to spark interest : despertar interés⟩
spark[2] *n* **1** : chispa *f* ⟨to throw off sparks : echar chispas⟩ **2** GLIMMER, TRACE : destello *m*, pizca *f*
sparkle[1] [ˈspɑrkəl] *vi* **-kled; -kling 1** FLASH, SHINE : destellar, centellear, brillar **2** : estar muy animado (dícese de una conversación, etc.)
sparkle[2] *n* : destello *m*, centelleo *m*
sparkler [ˈspɑrklər] *n* : luz *f* de bengala
spark plug *n* : bujía *f*
sparrow [ˈspæroː] *n* : gorrión *m*
sparse [ˈspɑrs] *adj* **sparser; -est** : escaso — **sparsely** *adv*
spasm [ˈspæzəm] *n* **1** : espasmo *m* (muscular) **2** BURST, FIT : arrebato *m*
spasmodic [spæzˈmɑdɪk] *adj* **1** : espasmódico **2** SPORADIC : irregular, esporádico — **spasmodically** [-dɪkli] *adv*
spastic [ˈspæstɪk] *adj* : espástico
spat[1] → **spit**[1]
spat[2] [ˈspæt] *n* : discusión *f*, disputa *f*, pelea *f*
spatial [ˈspeɪʃəl] *adj* : espacial
spatter[1] [ˈspæṭər] *v* : salpicar
spatter[2] *n* : salpicadura *f*
spatula [ˈspætʃələ] *n* : espátula *f*, paleta *f* (para servir)
spawn[1] [ˈspɔn] *vi* : desovar, frezar — *vt* GENERATE : generar, producir
spawn[2] *n* : hueva *f*, freza *f*
spay [ˈspeɪ] *vt* : esterilizar (una perra, etc.)
speak [ˈspiːk] *v* **spoke** [ˈspoːk]; **spoken** [ˈspoːkən]; **speaking** *vi* **1** TALK : hablar ⟨to speak to/with someone : hablar con alguien⟩ ⟨who's speaking? : ¿de parte de quien?⟩ ⟨so to speak : por así decirlo⟩ ⟨generally speaking : por lo general, generalmente⟩ ⟨they're not speaking (to each other) : no se hablan⟩ ⟨she spoke at the conference : habló en el congreso⟩ ⟨she spoke well of you : habló bien de ti⟩ **2 to be spoken for** : estar reservado (dícese de un asiento, etc.), estar comprometido (dícese de una persona) **3 to speak for** : hablar en nombre de ⟨speak for yourself! : ¡habla por ti mismo!⟩ **4 to speak of** SIGNIFICANT : significante, que merece comentario ⟨there's been no progress to speak of : no han avanzado nada⟩ **5 to speak of** MENTION : mencionar ⟨(and) speaking of which . . . : a propósito . . .⟩ **6 to speak out** : hablar claramente **7 to speak out against** : denunciar **8 to speak up** : hablar en voz alta **9 to speak up for** : defender — *vt* **1** SAY : decir ⟨she spoke her mind : habló con franqueza⟩ **2** : hablar (un idioma)
speaker [ˈspiːkər] *n* **1** : hablante *mf* ⟨a native speaker : un hablante nativo⟩ **2** : orador *m*, -dora *f* ⟨the keynote speaker : el orador principal⟩ **3** LOUDSPEAKER : altavoz *m*, altoparlante *m*
spear[1] [ˈspɪr] *vt* : atravesar con una lanza
spear[2] *n* : lanza *f*
spearhead[1] [ˈspɪrˌhɛd] *vt* : encabezar
spearhead[2] *n* : punta *f* de lanza
spearmint [ˈspɪrmɪnt] *n* : menta *f* verde
special [ˈspɛʃəl] *adj* : especial ⟨nothing special : nada en especial, nada en particular⟩ — **specially** *adv*
special effects *npl* : efectos *mpl* especiales
specialist [ˈspɛʃəlɪst] *n* : especialista *mf*
specialization [ˌspɛʃələˈzeɪʃən] *n* : especialización *f*
specialize [ˈspɛʃəˌlaɪz] *vi* **-ized; -izing** : especializarse
specialty [ˈspɛʃəlṭi] *n, pl* **-ties** : especialidad *f*
species [ˈspiːˌʃiːz, -ˌsiːz] *ns & pl* : especie *f*
specific [spɪˈsɪfɪk] *adj* : específico, determinado — **specifically** [-fɪkli] *adv*
specification [ˌspɛsəfəˈkeɪʃən] *n* : especificación *f*

specify [ˈspɛsəˌfaɪ] *vt* **-fied; -fying** : especificar

specimen [ˈspɛsəmən] *n* **1** SAMPLE : espécimen *m*, muestra *f* **2** EXAMPLE : espécimen *m*, ejemplar *m*

speck [ˈspɛk] *n* **1** SPOT : manchita *f* **2** BIT, TRACE : mota *f*, pizca *f*, ápice *m*

speckled [ˈspɛkəld] *adj* : moteado

spectacle [ˈspɛktɪkəl] *n* **1** : espectáculo *m* **2 spectacles** *npl* GLASSES : lentes *fpl*, gafas *fpl*, anteojos *mpl*, espejuelos *mpl*

spectacular [spɛkˈtækjələr] *adj* : espectacular

spectator [ˈspɛkˌteɪt̬ər] *n* : espectador *m*, -dora *f*

specter *or* **spectre** [ˈspɛktər] *n* : espectro *m*, fantasma *m*

spectrum [ˈspɛktrəm] *n, pl* **spectra** [-trə] *or* **spectrums 1** : espectro *m* (de colores, etc.) **2** RANGE : gama *f*, abanico *m*

speculate [ˈspɛkjəˌleɪt] *vi* **-lated; -lating 1** : especular (en finanzas) **2** WONDER : preguntarse, hacer conjeturas

speculation [ˌspɛkjəˈleɪʃən] *n* : especulación *f*

speculative [ˈspɛkjəˌleɪt̬ɪv] *adj* : especulativo

speculator [ˈspɛkjəˌleɪt̬ər] *n* : especulador *m*, -dora *f*

speech [ˈspiːʧ] *n* **1** : habla *f*, modo *m* de hablar, expresión *f* **2** ADDRESS : discurso *m*

speechless [ˈspiːʧləs] *adj* : enmudecido, estupefacto

speed[1] [ˈspiːd] *v* **sped** [ˈspɛd] *or* **speeded; speeding** *vi* **1** : ir a toda velocidad, correr a toda prisa ⟨he sped off : se fue a toda velocidad⟩ **2** : conducir a exceso de velocidad ⟨a ticket for speeding : una multa por exceso de velocidad⟩ — *vt* **to speed up** : acelerar

speed[2] *n* **1** SWIFTNESS : rapidez *f* **2** VELOCITY : velocidad *f*

speedboat [ˈspiːdˌboːt] *n* : lancha *f* motora

speed bump *n* : badén *m*

speed limit *n* : velocidad *f* máxima, límite *m* de velocidad

speedometer [spɪˈdɑmət̬ər] *n* : velocímetro *m*

speedup [ˈspiːdˌʌp] *n* : aceleración *f*

speedy [ˈspiːdi] *adj* **speedier; -est** : rápido — **speedily** [-dəli] *adv*

spell[1] [ˈspɛl] *vt* **1** : escribir, deletrear (verbalmente) ⟨how do you spell it? : ¿cómo se escribe?, ¿cómo se deletrea?⟩ **2** MEAN : significar ⟨that could spell trouble : eso puede significar problemas⟩ **3** RELIEVE : relevar

spell[2] *n* **1** TURN : turno *m* **2** PERIOD, TIME : período *m* (de tiempo) **3** ENCHANTMENT : encanto *m*, hechizo *m*, maleficio *m*

spellbound [ˈspɛlˌbaʊnd] *adj* : embelesado

speller [ˈspɛlər] *n* : persona *f* que escribe ⟨she's a good speller : tiene buena ortografía⟩

spelling [ˈspɛlɪŋ] *n* : ortografía *f*

spend [ˈspɛnd] *vt* **spent** [ˈspɛnt]; **spending 1** : gastar (dinero, etc.) **2** PASS : pasar (el tiempo) ⟨to spend time on : dedicar tiempo a⟩

spendthrift [ˈspɛndˌθrɪft] *n* : derrochador *m*, -dora *f*; despilfarrador *m*, -dora *f*

sperm [ˈspərm] *n, pl* **sperm** *or* **sperms** : esperma *mf*

spew [ˈspjuː] *vi* : salir a chorros — *vt* : vomitar, arrojar (lava, etc.)

sphere [ˈsfɪr] *n* : esfera *f*

spherical [ˈsfɪrɪkəl, ˈsfɛr-] *adj* : esférico

spice[1] [ˈspaɪs] *vt* **spiced; spicing 1** SEASON : condimentar, sazonar **2** *or* **to spice up** : salpimentar, hacer más interesante

spice[2] *n* **1** : especia *f* **2** FLAVOR, INTEREST : sabor *m* ⟨the spice of life : la sal de la vida⟩

spick–and–span [ˈspɪkəndˈspæn] *adj* : limpio y ordenado

spicy [ˈspaɪsi] *adj* **spicier; -est 1** SPICED : condimentado, sazonado **2** HOT : picante **3** RACY : picante

spider [ˈspaɪdər] *n* : araña *f*

spigot [ˈspɪgət, -kət] *n* : llave *f*, grifo *m*, canilla *Arg, Uru*

spike[1] [ˈspaɪk] *vt* **spiked; spiking 1** FASTEN : clavar (con clavos grandes) **2** PIERCE : atravesar **3** : añadir alcohol a ⟨he spiked her drink with rum : le puso ron a la bebida⟩

spike[2] *n* **1** : clavo *m* grande **2** CLEAT : clavo *m* **3** : remache *m* (en voleibol) **4** PEAK : pico *m*

spill[1] [ˈspɪl] *vt* **1** SHED : derramar, verter ⟨to spill blood : derrame sangre⟩ **2** DIVULGE : revelar, divulgar — *vi* : derramarse

spill[2] *n* **1** SPILLING : derrame *m*, vertido *m* ⟨oil spill : derrame de petróleo⟩ **2** FALL : caída *f*

spin[1] [ˈspɪn] *v* **spun** [ˈspʌn]; **spinning** *vi* **1** : hilar **2** TURN : girar ⟨the car spun out of control : el auto giró fuera de control⟩ ⟨he spun around to look at me : se dio la vuelta para mirarme⟩ **3** REEL : dar vueltas ⟨my head is spinning : la cabeza me está dando vueltas⟩ — *vt* **1** : hilar (hilo, etc.) **2** : tejer ⟨to spin a web : tejer una telaraña⟩ **3** TWIRL : hacer girar **4** : darle un sesgo positivo a (en política) **5 to spin a yarn/tale** : contar un cuento **6 to spin one's wheels** *fam* STAGNATE : estancarse

spin[2] *n* : vuelta *f*, giro *m* ⟨to go for a spin : dar una vuelta (en coche)⟩

spinach [ˈspɪnɪʧ] *n* : espinacas *fpl*, espinaca *f*

spinal column [ˈspaɪnəl] *n* BACKBONE : columna *f* vertebral

spinal cord *n* : médula *f* espinal

spindle ['spɪndəl] *n* **1** : huso *m* (para hilar) **2** : eje *m* (de un mecanismo)
spindly ['spɪndli] *adj* : larguirucho *fam*, largo y débil (dícese de una planta)
spine ['spaɪn] *n* **1** BACKBONE : columna *f* vertebral, espina *f* dorsal **2** QUILL : púa *f* (de un animal) **3** THORN : espina *f* **4** : lomo *m* (de un libro)
spineless ['spaɪnləs] *adj* **1** : sin púas, sin espinas **2** INVERTEBRATE : invertebrado **3** WEAK : débil (de carácter)
spinet ['spɪnət] *n* : espineta *f*
spinster ['spɪntstər] *n* : soltera *f*
spiny ['spaɪni] *adj* **spinier; -est** : con púas (dícese de los animales), espinoso (dícese de las plantas)
spiral[1] ['spaɪrəl] *vi* **-raled** *or* **-ralled; -raling** *or* **-ralling** : ir en espiral
spiral[2] *adj* : espiral, en espiral ⟨a spiral staircase : una escalera de caracol⟩
spiral[3] *n* : espiral *f*
spire ['spaɪr] *n* : aguja *f*
spirit[1] ['spɪrət] *vt* **to spirit away** : hacer desaparecer
spirit[2] *n* **1** : espíritu *m* ⟨body and spirit : cuerpo y espíritu⟩ **2** GHOST : espíritu *m*, fantasma *m* **3** MOOD : espíritu *m*, humor *m* ⟨in the spirit of friendship : en el espíritu de amistad⟩ ⟨to be in good spirits : estar de buen humor⟩ **4** ENTHUSIASM, VIVACITY : espíritu *m*, ánimo *m*, brío *m* **5 spirits** *npl* : licores *mpl*
spirited ['spɪrət̬əd] *adj* : animado, energético
spiritless ['spɪrətləs] *adj* : desanimado
spiritual[1] ['spɪrɪʧʊəl, -ʧəl] *adj* : espiritual — **spiritually** *adv*
spiritual[2] *n* : espiritual *m* (canción)
spiritualism ['spɪrɪʧʊəˌlɪzəm, -ʧə-] *n* : espiritismo *m*
spirituality [ˌspɪrɪʧʊ'ælət̬i] *n, pl* **-ties** : espiritualidad *f*
spit[1] ['spɪt] *v* **spit** *or* **spat** ['spæt]; **spitting** : escupir
spit[2] *n* **1** SALIVA : saliva *f* **2** ROTISSERIE : asador *m* **3** POINT : lengua *f* (de tierra)
spite[1] ['spaɪt] *vt* **spited; spiting** : fastidiar, molestar
spite[2] *n* **1** : despecho *m*, rencor *m* **2 in spite of** : a pesar de (que), pese a (que)
spiteful ['spaɪtfəl] *adj* : malicioso, rencoroso
spitting image *n* **to be the spitting image of** : ser el vivo retrato de
spittle ['spɪt̬əl] *n* : saliva *f*
splash[1] ['splæʃ] *vt* : salpicar — *vi* **1** : salpicar **2 to splash around** : chapotear
splash[2] *n* **1** SPLASHING : salpicadura *f* **2** SQUIRT : chorrito *m* **3** SPOT : mancha *f*
splatter ['splæt̬ər] → **spatter**
splay ['spleɪ] *vt* : extender (hacia afuera) ⟨to splay one's fingers : abrir los dedos⟩ — *vi* : extenderse (hacia afuera)
spleen ['spli:n] *n* **1** : bazo *m* (órgano) **2** ANGER, SPITE : ira *f*, rencor *m*
splendid ['splɛndəd] *adj* : espléndido — **splendidly** *adv*
splendor ['splɛndər] *n* : esplendor *m*
splice[1] ['splaɪs] *vt* **spliced; splicing** : empalmar, unir
splice[2] *n* : empalme *m*, unión *f*
splint ['splɪnt] *n* : tablilla *f*
splinter[1] ['splɪntər] *vt* : astillar — *vi* : astillarse
splinter[2] *n* : astilla *f*
split[1] ['splɪt] *v* **split; splitting** *vt* **1** CLEAVE : partir, hender ⟨to split wood : partir madera⟩ **2** BURST : romper, rajar ⟨to split open : abrir⟩ **3** DIVIDE, SHARE : dividir, repartir — *vi* **1** : partirse (dícese de la madera, etc.) **2** BURST, CRACK : romperse, rajarse **3** *or* **to split up** : dividirse
split[2] *n* **1** CRACK : rajadura *f* **2** TEAR : rotura *f* **3** DIVISION : división *f*, escisión *f*
splurge[1] ['splərʤ] *v* **splurged; splurging** *vt* : derrochar — *vi* : derrochar dinero
splurge[2] *n* : derroche *m*
spoil[1] ['spɔɪl] *vt* **1** PILLAGE : saquear **2** RUIN : estropear, arruinar **3** PAMPER : consentir, mimar — *vi* : estropearse, echarse a perder
spoil[2] *n* PLUNDER : botín *m*
spoke[1] → **speak**
spoke[2] ['spo:k] *n* : rayo *m* (de una rueda)
spoken → **speak**
spokesman ['spo:ksmən] *n, pl* **-men** [-mən, -ˌmɛn] : portavoz *mf*; vocero *m*, -ra *f*
spokeswoman ['spo:ksˌwʊmən] *n, pl* **-women** [-ˌwɪmən] : portavoz *f*, vocera *f*
sponge[1] ['spʌnʤ] *vt* **sponged; sponging** : limpiar con una esponja
sponge[2] *n* : esponja *f*
spongy ['spʌnʤi] *adj* **spongier; -est** : esponjoso
sponsor[1] ['spɑntsər] *vt* : patrocinar, auspiciar, apadrinar (a una persona)
sponsor[2] *n* : patrocinador *m*, -dora *f*; padrino *m*, madrina *f*
sponsorship ['spɑntsərˌʃɪp] *n* : patrocinio *m*, apadrinamiento *m*
spontaneity [ˌspɑntə'ni:ət̬i, -'neɪ-] *n* : espontaneidad *f*
spontaneous [spɑn'teɪniəs] *adj* : espontáneo — **spontaneously** *adv*
spoof ['spu:f] *n* : burla *f*, parodia *f*
spook[1] ['spu:k] *vt* : asustar
spook[2] *n* : fantasma *m*, espíritu *m*, espectro *m*
spooky ['spu:ki] *adj* **spookier; -est** : que da miedo, espeluzante
spool ['spu:l] *n* : carrete *m*
spoon[1] ['spu:n] *vt* : comer, servir, o echar con cuchara
spoon[2] *n* : cuchara *f*
spoonful ['spu:nˌfʊl] *n* : cucharada *f* ⟨by the spoonful : a cucharadas⟩
spoor ['spʊr, 'spor] *n* : rastro *m*, pista *f*

sporadic [spəˈrædɪk] *adj* : esporádico — **sporadically** [-dɪkli] *adv*
spore [ˈspor] *n* : espora *f*
sport[1] [ˈsport] *vi* FROLIC : retozar, juguetear — *vt* SHOW OFF : lucir, ostentar
sport[2] *n* **1** : deporte *m* ⟨outdoor sports : deportes al aire libre⟩ **2** JEST : broma *f* **3 to be a good sport** : tener espíritu deportivo
sporting [ˈsporṭɪŋ] *adj* : deportivo ⟨a sporting chance : buenas posibilidades⟩
sports center *n* : centro *m* deportivo
sportsman [ˈsportsmən] *n, pl* **-men** [-mən, -ˌmɛn] : deportista *m*
sportsmanship [ˈsportsmənˌʃɪp] *n* : espíritu *m* deportivo, deportividad *f Spain*
sportswoman [ˈsportsˌwʊmən] *n, pl* **-women** [-ˌwɪmən] : deportista *f*
sporty [ˈsporṭi] *adj* **sportier; -est** : deportivo
spot[1] [ˈspɑt] *v* **spotted; spotting** *vt* **1** STAIN : manchar **2** RECOGNIZE, SEE : ver, reconocer ⟨to spot an error : descubrir un error⟩ — *vi* : mancharse
spot[2] *adj* : hecho al azar ⟨a spot check : un vistazo, un control aleatorio⟩
spot[3] *n* **1** STAIN : mancha *f* **2** DOT : punto *m* **3** PIMPLE : grano *m* ⟨to break out in spots : salirle granos a alguien⟩ **4** PREDICAMENT : apuro *m*, aprieto *m*, lío *m* ⟨in a tight spot : en apuros⟩ **5** PLACE : lugar *m*, sitio *m* ⟨to be on the spot : estar en el lugar⟩
spotless [ˈspɑtləs] *adj* : impecable, inmaculado — **spotlessly** *adv*
spotlight[1] [ˈspɑtˌlaɪt] *vt* **-lighted** *or* **-lit** [-ˌlɪt]; **-lighting** **1** LIGHT : iluminar (con un reflector) **2** HIGHLIGHT : destacar, poner en relieve
spotlight[2] *n* **1** : reflector *m*, foco *m* **2 to be in the spotlight** : ser el centro de atención
spotty [ˈspɑṭi] *adj* **spottier; -est** : irregular, desigual
spouse [ˈspaʊs] *n* : cónyuge *mf*
spout[1] [ˈspaʊt] *vt* **1** : lanzar chorros de **2** DECLAIM : declamar — *vi* : salir a chorros
spout[2] *n* **1** : pico *m* (de una jarra, etc.) **2** STREAM : chorro *m*
sprain[1] [ˈspreɪn] *vt* : sufrir un esguince en
sprain[2] *n* : esguince *m*, torcedura *f*
sprawl[1] [ˈsprɔl] *vi* **1** LIE : tumbarse, echarse, despatarrarse **2** EXTEND : extenderse
sprawl[2] *n* **1** : postura *f* despatarrada **2** SPREAD : extensión *f*, expansión *f*
spray[1] [ˈspreɪ] *vt* : rociar (una superficie), pulverizar (un líquido)
spray[2] *n* **1** BOUQUET : ramillete *m* **2** MIST : rocío *m* **3** ATOMIZER : atomizador *m*, pulverizador *m*
spray gun *n* : pistola *f*
spread[1] [ˈsprɛd] *v* **spread; spreading** *vt* **1** *or* **to spread out** : desplegar, extender **2** SCATTER, STREW : esparcir **3** SMEAR : untar (mantequilla, etc.) **4** DISSEMINATE : difundir, sembrar, propagar — *vi* **1** : difundirse, correr, propagarse **2** EXTEND : extenderse
spread[2] *n* **1** EXTENSION : extensión *f*, difusión *f* (de noticias, etc.), propagación *f* (de enfermedades, etc.) **2** : colcha *f* (para una cama), mantel *m* (para una mesa) **3** PASTE : pasta *f* ⟨cheese spread : pasta de queso⟩
spreadsheet [ˈsprɛdˌʃiːt] *n* : hoja *f* de cálculo
spree [ˈspri] *n* **1** : acción *f* desenfrenada ⟨to go on a shopping spree : comprar como loco⟩ **2** BINGE : parranda *f*, juerga *f* ⟨on a spree : de parranda, de juerga⟩
sprig [ˈsprɪg] *n* : ramita *f*, ramito *m*
sprightly [ˈspraɪtli] *adj* **sprightlier; -est** : vivo, animado ⟨with a sprightly step : con paso ligero⟩
spring[1] [ˈsprɪŋ] *v* **sprang** [ˈspræŋ] *or* **sprung** [ˈsprʌŋ]; **sprung; springing** *vi* **1** LEAP : saltar **2** : mover rápidamente ⟨the lid sprang shut : la tapa se cerró de un golpe⟩ ⟨he sprang to his feet : se paró de un salto⟩ **3 to spring up** : brotar (dícese de las plantas), surgir **4 to spring from** : surgir de — *vt* **1** RELEASE : soltar (de repente) ⟨to spring the news on someone : sorprender a alguien con las noticias⟩ ⟨to spring a trap : hacer saltar una trampa⟩ **2** ACTIVATE : accionar (un mecanismo) **3 to spring a leak** : hacer agua
spring[2] *n* **1** SOURCE : fuente *f*, origen *m* **2** : manantial *m*, fuente *f* ⟨hot spring : fuente termal⟩ **3** : primavera *f* ⟨spring and summer : la primavera y el verano⟩ **4** : resorte *m*, muelle *m* (de metal, etc.) **5** LEAP : salto *m*, brinco *m* **6** RESILIENCE : elasticidad *f*
springboard [ˈsprɪŋˌbord] *n* : trampolín *m*
springtime [ˈsprɪŋˌtaɪm] *n* : primavera *f*
springy [ˈsprɪŋi] *adj* **springier; -est** **1** RESILIENT : elástico **2** LIVELY : enérgico
sprinkle[1] [ˈsprɪŋkəl] *vt* **-kled; -kling** : rociar (con agua), espolvorear (con azúcar, etc.), salpicar
sprinkle[2] *n* : llovizna *f*
sprinkler [ˈsprɪŋkələr] *n* : rociador *m*, aspersor *m*
sprint[1] [ˈsprɪnt] *vi* : echar la carrera, esprintar (en deportes)
sprint[2] *n* : esprint *m* (en deportes)
sprinter [ˈsprɪntər] *n* : esprínter *mf*
sprite [ˈspraɪt] *n* : hada *f*, elfo *m*
sprocket [ˈsprɑkət] *n* : diente *m* (de una rueda dentada)
sprout[1] [ˈspraʊt] *vi* : brotar
sprout[2] *n* : brote *m*, retoño *m*, vástago *m*
spruce[1] [ˈspruːs] *v* **spruced; sprucing** *vt* : arreglar — *vi or* **to spruce up** : arreglarse, acicalarse

spruce[2] *adj* **sprucer; sprucest** : pulcro, arreglado

spruce[3] *n* : picea *f* (árbol)

spry [ˈspraɪ] *adj* **sprier** *or* **spryer** [ˈspraɪər]; **spriest** *or* **spryest** [ˈspraɪəst] : ágil, activo

spun → **spin**

spunk [ˈspʌŋk] *n* : valor *m*, coraje *m*, agallas *fpl fam*

spunky [ˈspʌŋki] *adj* **spunkier; -est** : animoso, corajudo

spur[1] [ˈspər] *vt* **spurred; spurring** *or* **to spur on** : espolear (un caballo), motivar (a una persona, etc.)

spur[2] *n* **1** : espuela *f*, acicate *m* **2** STIMULUS : acicate *m* **3** : espolón *m* (de aves gallináceas)

spurious [ˈspjʊriəs] *adj* : espurio

spurn [ˈspərn] *vt* : desdeñar, rechazar

spurt[1] [ˈspərt] *vt* SQUIRT : lanzar un chorro de — *vi* SPOUT : salir a chorros

spurt[2] *n* **1** : actividad *f* repentina ⟨a spurt of energy : una explosión de energía⟩ ⟨to do in spurts : hacer por rachas⟩ **2** JET : chorro *m* (de agua, etc.)

sputter[1] [ˈspʌt̬ər] *vi* **1** JABBER : farfullar **2** : chisporrotear (dícese de la grasa, etc.), petardear (dícese de un motor)

sputter[2] *n* **1** JABBER : farfulla *f* **2** : chisporroteo *m* (de grasa, etc.), petardeo *m* (de un motor)

spy[1] [ˈspaɪ] *v* **spied; spying** *vt* SEE : ver, divisar — *vi* : espiar ⟨to spy on someone : espiar a alguien⟩

spy[2] *n* : espía *mf*

squab [ˈskwɑb] *n, pl* **squabs** *or* **squab** : pichón *m*

squabble[1] [ˈskwɑbəl] *vi* **-bled; -bling** : reñir, pelearse, discutir

squabble[2] *n* : riña *f*, pelea *f*, discusión *f*

squad [ˈskwɑd] *n* : pelotón *m* (militar), brigada *f* (de policías), cuadrilla *f* (de obreros, etc.)

squadron [ˈskwɑdrən] *n* : escuadrón *m* (de militares), escuadrilla *f* (de aviones), escuadra *f* (de naves)

squalid [ˈskwɑlɪd] *adj* : miserable

squall [ˈskwɔl] *n* **1** : aguacero *m* tormentoso, chubasco *m* tormentoso **2** **snow squall** : tormenta *f* de nieve

squalor [ˈskwɑlər] *n* : miseria *f*

squander [ˈskwɑndər] *vt* : derrochar (dinero, etc.), desaprovechar (una oportunidad, etc.), desperdiciar (talentos, energías, etc.)

square[1] [ˈskwær] *vt* **squared; squaring** **1** : cuadrar **2** : elevar al cuadrado (en matemáticas) **3** CONFORM : conciliar (con), ajustar (con) **4** SETTLE : saldar (una cuenta) ⟨I squared it with him : lo arreglé con él⟩

square[2] *adj* **squarer; -est** **1** : cuadrado ⟨a square house : una casa cuadrada⟩ **2** RIGHT-ANGLED : a escuadra, en ángulo recto **3** : cuadrado (en matemáticas) ⟨a square mile : una milla cuadrada⟩ **4** HONEST : justo ⟨a square deal : un buen acuerdo⟩ ⟨fair and square : en buena lid⟩

square[3] *n* **1** : escuadra *f* (instrumento) **2** : cuadrado *m*, cuadro *m* ⟨to fold into squares : plegar en cuadrados⟩ **3** : plaza *f* (de una ciudad) **4** : cuadrado *m* (en matemáticas)

squarely [ˈskwærli] *adv* **1** EXACTLY : exactamente, directamente, justo **2** HONESTLY : honradamente, justamente

square root *n* : raíz *f* cuadrada

squash[1] [ˈskwɑʃ, ˈskwɔʃ] *vt* **1** CRUSH : aplastar **2** SUPPRESS : acallar (protestas), sofocar (una rebelión)

squash[2] *n* **1** *pl* **squashes** *or* **squash** : calabaza *f* (vegetal) **2** *or* **squash racquets** : squash *m* (deporte)

squat[1] [ˈskwɑt] *vi* **squatted; squatting** **1** CROUCH : agacharse, ponerse en cuclillas **2** : ocupar un lugar sin derecho

squat[2] *adj* **squatter; squattest** : bajo y ancho, rechoncho *fam* (dícese de una persona)

squat[3] *n* **1** : posición *f* en cuclillas **2** : ocupación *f* ilegal (de un lugar)

squaw [ˈskwɔ] *n* : india *f* (norteamericana)

squawk[1] [ˈskwɔk] *vi* : graznar (dícese de las aves), chillar

squawk[2] *n* : graznido *m* (de un ave), chillido *m*

squeak[1] [ˈskwi:k] *vi* : chillar (dícese de un animal), chirriar (dícese de un objeto)

squeak[2] *n* : chillido *m*, chirrido *m*

squeaky [ˈskwi:ki] *adj* **squeakier; -est** : chirriante ⟨a squeaky voice : una voz chillona⟩

squeal[1] [ˈskwi:l] *vi* **1** : chillar (dícese de las personas o los animales), chirriar (dícese de los frenos, etc.) **2** PROTEST : quejarse

squeal[2] *n* **1** : chillido *m* (de una persona o un animal) **2** SCREECH : chirrido *m* (de frenos, etc.)

squeamish [ˈskwi:mɪʃ] *adj* : impresionable, sensible ⟨he's squeamish about cockroaches : las cucarachas le dan asco⟩

squeeze[1] [ˈskwi:z] *vt* **squeezed; squeezing** **1** PRESS : apretar, exprimir (naranjas, etc.) **2** EXTRACT : extraer (jugo, etc.)

squeeze[2] *n* : apretón *m*

squelch [ˈskwɛltʃ] *vt* : aplastar (una rebelión, etc.)

squid [ˈskwɪd] *n, pl* **squid** *or* **squids** : calamar *m*

squint[1] [ˈskwɪnt] *vi* : mirar con los ojos entornados

squint[2] *adj or* **squint–eyed** [ˈskwɪntˌaɪd] : bizco

squint[3] *n* : ojos *mpl* bizcos, bizquera *f*

squire [ˈskwaɪr] *n* : hacendado *m*, -da *f*; terrateniente *mf*

squirm [ˈskwərm] *vi* : retorcerse

squirrel [ˈskwərəl] *n* : ardilla *f*

squirt[1] [ˈskwərt] *vt* : lanzar un chorro de — *vi* SPURT : salir a chorros

squirt[2] *n* : chorrito *m*

stab[1] [stæb] *vt* **stabbed; stabbing 1** KNIFE : acuchillar, apuñalar **2** STICK : clavar (con una aguja, etc.), golpear (con el dedo, etc.)

stab[2] *n* **1** : puñalada *f*, cuchillada *f* **2** JAB : pinchazo *m* (con una aguja, etc.), golpe *m* (con un dedo, etc.) **3 to take a stab at** : intentar

stability [stəˈbɪləţi] *n, pl* **-ties** : estabilidad *f*

stabilize [ˈsteɪbəˌlaɪz] *v* **-lized; -lizing** *vt* : estabilizar — *vi* : estabilizarse

stable[1] [ˈsteɪbəl] *vt* **-bled; -bling** : poner (ganado) en un establo, poner (caballos) en una caballeriza

stable[2] *adj* **-bler; -blest 1** FIXED, STEADY : fijo, sólido, estable **2** LASTING : estable, perdurable ⟨a stable government : un gobierno estable⟩ **3** : estacionario (en medicina), equilibrado (en psicología)

stable[3] *n* : establo *m* (para ganado), caballeriza *f* o cuadra *f* (para caballos)

staccato [stəˈkaţoː] *adj* : staccato

stack[1] [ˈstæk] *vt* **1** PILE : amontonar, apilar **2** COVER : cubrir, llenar ⟨he stacked the table with books : cubrió la mesa de libros⟩

stack[2] *n* **1** PILE : montón *m*, pila *f* **2** SMOKESTACK : chimenea *f*

stadium [ˈsteɪdiəm] *n, pl* **-dia** [-diə] *or* **-diums** : estadio *m*

staff[1] [ˈstæf] *vt* : proveer de personal

staff[2] *n, pl* **staffs** [ˈstæfs, stævz] *or* **staves** [ˈstævz, ˈsteɪvz] **1** : bastón *m* (de mando), báculo *m* (de obispo) **2** *pl* **staffs** PERSONNEL : personal *m* **3** *or* **stave** : pentagrama *m* (en música)

stag[1] [ˈstæg] *adv* : solo, sin pareja ⟨to go stag : ir solo⟩

stag[2] *adj* : sólo para hombres

stag[3] *n, pl* **stags** *or* **stag** : ciervo *m*, venado *m*

stage[1] [ˈsteɪʤ] *vt* **staged; staging** : poner en escena (una obra de teatro)

stage[2] *n* **1** PLATFORM : estrado *m*, tablado *m*, escenario *m* (de un teatro) **2** PHASE, STEP : fase *f*, etapa *f* ⟨stage of development : fase de desarrollo⟩ ⟨in stages : por etapas⟩ **3 the stage** : el teatro *m*

stagecoach [ˈsteɪʤˌkoːʧ] *n* : diligencia *f*

stagger[1] [ˈstægər] *vi* TOTTER : tambalearse — *vt* **1** ALTERNATE : alternar, escalonar (turnos de trabajo) **2** : hacer tambalear ⟨to be staggered by : quedarse estupefacto por⟩

stagger[2] *n* : tambaleo *m*

staggering [ˈstægərɪŋ] *adj* : asombroso

stagnant [ˈstægnənt] *adj* : estancado

stagnate [ˈstægˌneɪt] *vi* **-nated; -nating** : estancarse

staid [ˈsteɪd] *adj* : serio, sobrio

stain[1] [ˈsteɪn] *vt* **1** DISCOLOR : manchar **2** DYE : teñir (madera, etc.) **3** SULLY : manchar, empañar

stain[2] *n* **1** SPOT : mancha *f* **2** DYE : tinte *m*, tintura *f* **3** BLEMISH : mancha *f*, mácula *f*

stainless [ˈsteɪnləs] *adj* : sin mancha ⟨stainless steel : acero inoxidable⟩

stair [ˈstær] *n* **1** STEP : escalón *m*, peldaño *m* **2 stairs** *npl* : escalera *f*, escaleras *fpl*

staircase [ˈstærˌkeɪs] *n* : escalera *f*, escaleras *fpl*

stairway [ˈstærˌweɪ] *n* : escalera *f*, escaleras *fpl*

stake[1] [ˈsteɪk] *vt* **staked; staking 1** : estacar, marcar con estacas (una propiedad) **2** BET : jugarse, apostar **3 to stake a claim to** : reclamar, reivindicar

stake[2] *n* **1** POST : estaca *f* **2** BET : apuesta *f* ⟨to be at stake : estar en juego⟩ **3** INTEREST, SHARE : interés *m*, participación *f*

stalactite [stəˈlækˌtaɪt] *n* : estalactita *f*

stalagmite [stəˈlægˌmaɪt] *n* : estalagmita *f*

stale [ˈsteɪl] *adj* **staler; stalest** : viejo ⟨stale bread : pan duro⟩ ⟨stale news : viejas noticias⟩

stalemate [ˈsteɪlˌmeɪt] *n* : punto *m* muerto, impasse *m*

stalk[1] [ˈstɔk] *vt* : acechar — *vi* : caminar rígidamente (por orgullo, ira, etc.)

stalk[2] *n* : tallo *m* (de una planta)

stall[1] [ˈstɔl] *vt* **1** : parar (un motor) **2** DELAY : entretener (a una persona), demorar — *vi* **1** : pararse (dícese de un motor) **2** DELAY : demorar, andar con rodeos

stall[2] *n* **1** : compartimiento *m* (de un establo) **2** : puesto *m* (en un mercado, etc.)

stallion [ˈstæljən] *n* : caballo *m* semental

stalwart [ˈstɔlwərt] *adj* **1** STRONG : fuerte ⟨a stalwart supporter : un firme partidario⟩ **2** BRAVE : valiente, valeroso

stamen [ˈsteɪmən] *n* : estambre *m*

stamina [ˈstæmənə] *n* : resistencia *f*

stammer[1] [ˈstæmər] *vi* : tartamudear, titubear

stammer[2] *n* : tartamudeo *m*, titubeo *m*

stamp[1] [ˈstæmp] *vt* **1** : pisotear (con los pies) ⟨to stamp one's feet : patear, dar una patada⟩ **2** IMPRESS, IMPRINT : sellar (una factura, etc.), acuñar (monedas) **3** : franquear, ponerle estampillas a (correo)

stamp[2] *n* **1** : sello *m* (para documentos, etc.) **2** DIE : cuño *m* (para monedas) **3** *or* **postage stamp** : sello *m*, estampilla *f*, timbre *m* *CA, Mex*

stampede[1] [stæmˈpiːd] *vi* **-peded; -peding** : salir en estampida

stampede[2] *n* : estampida *f*

stance [ˈstænʦ] *n* : postura *f*

stanch [ˈstɔnʧ, ˈstɑnʧ] *vt* : detener, estancar (un líquido)

stand[1] [ˈstænd] *v* **stood** [ˈstʊd]; **standing** *vi* **1** : estar de pie, estar parado ⟨I was standing on the corner : estaba parada en la esquina⟩ ⟨to stand still : estarse quieto⟩ ⟨to stand in line : hacer cola⟩ ⟨to stand around waiting/watching : quedarse esperando/mirando (sin hacer nada)⟩ **2** MOVE : ponerse, pararse ⟨stand beside me : ponte a mi lado⟩ ⟨stand aside/back! : ¡apártate!⟩ **3** *or* **to stand up** : levantarse, pararse, ponerse de pie ⟨she stood up and left : se paró y se fue⟩ ⟨to stand up straight : ponerse derecho⟩ **4** (*indicating a specified position or location*) ⟨they stand third in the country : ocupan el tercer lugar en el país⟩ **5** (*referring to an opinion*) ⟨how does he stand on the matter? : ¿cuál es su postura respecto al asunto?⟩ **6** BE : estar ⟨the house stands on a hill : la casa está en una colina⟩ ⟨I won't stand in your way : no te lo voy a impedir⟩ **7** REMAIN : estar ⟨the machines are standing idle : las máquinas están paradas⟩ ⟨as things stand : tal (y) como están las cosas⟩ **8** CONTINUE : seguir ⟨the order still stands : el mandato sigue vigente⟩ **9** MEASURE : medir ⟨he stands six feet two (inches tall) : mide seis pies y dos pulgadas⟩ **10 to stand by** : estar listo, estar disponible **11 to stand by** SUPPORT : apoyar **12 to stand by** HONOR : cumplir con (una promesa, etc.) **13 to stand down** : bajar las armas (dícese de un soldado), retirarse (dícese de un ejército) **14 to stand firm** : mantenerse firme **15 to stand for** SIGNIFY, REPRESENT : significar, representar **16 to stand for** ALLOW : permitir **17 to stand guard** : hacer la guardia **18 to stand in (for)** : sustituir (a) **19 to stand on end** : ponerse de punta, pararse (dícese de los pelos) **20 to stand out** : resaltar **21 to stand out** EXCEL : destacarse **22 to stand up for** DEFEND : defender **23 to stand up to** WITHSTAND : resistir **24 to stand up to** CONFRONT : hacerle frente a — *vt* **1** PLACE, SET : poner, colocar ⟨he stood them in a row : los colocó en hilera⟩ **2** TOLERATE : aguantar, soportar ⟨he can't stand her : no la puede tragar⟩ **3** WITHSTAND : resistir **4** USE : beneficiarse de ⟨you could stand a nap : una siesta te vendría bien⟩ **5 to stand someone up** : dejar plantado a alguien

stand[2] *n* **1** RESISTANCE : resistencia *f* ⟨to make a stand against : resistir a⟩ **2** BOOTH, STALL : stand *m*, puesto *m*, kiosko *m* (para vender periódicos, etc) **3** BASE : pie *m*, base *f* **4** : grupo *m* (de árboles, etc.) **5** POSITION : posición *f*, postura *f* **6 stands** *npl* GRANDSTAND : tribuna *f*

standard[1] [ˈstændərd] *adj* **1** ESTABLISHED : estándar, oficial ⟨standard measures : medidas oficiales⟩ ⟨standard English : el inglés estándar⟩ **2** NORMAL : normal, estándar, común **3** CLASSIC : estándar, clásico ⟨a standard work : una obra clásica⟩

standard[2] *n* **1** BANNER : estandarte *m* **2** CRITERION : criterio *m* **3** RULE : estándar *m*, norma *f*, regla *f* **4** LEVEL : nivel *m* ⟨standard of living : nivel de vida⟩ **5** SUPPORT : poste *m*, soporte *m*

standardization [ˌstændərdəˈzeɪʃən] *n* : estandarización *f*

standardize [ˈstændərˌdaɪz] *vt* **-ized; -izing** : estandarizar

standard time *n* : hora *f* oficial

stand by *vt* : atenerse a, cumplir con (una promesa, etc.) — *vi* **1** : mantenerse aparte ⟨to stand by and do nothing : mirar sin hacer nada⟩ **2** : estar preparado, estar listo (para un anuncio, un ataque, etc.)

stand for *vt* **1** REPRESENT : significar **2** PERMIT, TOLERATE : permitir, tolerar

standing [ˈstændɪŋ] *n* **1** POSITION, RANK : posición *f* **2** DURATION : duración *f*

stand out *vi* **1** : destacar(se) ⟨she stands out from the rest : se destaca entre los otros⟩ **2 to stand out against** RESIST : oponerse a

standpoint [ˈstændˌpɔɪnt] *n* : punto *m* de vista

standstill [ˈstændˌstɪl] *n* **1** STOP : detención *f*, paro *m* ⟨to come to a standstill : pararse⟩ **2** DEADLOCK : punto *m* muerto, impasse *m*

stand up *vt* : dejar plantado ⟨he stood me up again : otra vez me dejó plantado⟩ — *vi* **1** ENDURE : durar, resistir **2 to stand up for** : defender **3 to stand up to** : hacerle frente (a alguien)

stank → **stink**

stanza [ˈstænzə] *n* : estrofa *f*

staple[1] [ˈsteɪpəl] *vt* **-pled; -pling** : engrapar, grapar

staple[2] *adj* : principal, básico ⟨a staple food : un alimento básico⟩

staple[3] *n* **1** : producto *m* principal **2** : grapa *f* (para engrapar papeles)

stapler [ˈsteɪplər] *n* : engrapadora *f*, grapadora *f*

star[1] [ˈstɑr] *v* **starred; starring** *vt* **1** : marcar con una estrella o un asterisco **2** FEATURE : estar protagonizado por — *vi* : tener el papel principal ⟨to star in : protagonizar⟩

star[2] *n* **1** : estrella *f* (en astronomía) **2** : estrella *f* (medalla, etc.), asterisco *m* (símbolo) **3** CELEBRITY : estrella *f* ⟨rock/movie star : estrella de rock/cine⟩ ⟨the star of the movie : el protagonista de la película⟩ ⟨our star player : la estrella de nuestro equipo⟩

starboard [ˈstɑrbərd] *n* : estribor *m*
starch¹ [ˈstɑrtʃ] *vt* : almidonar
starch² *n* : almidón *m*, fécula *f* (comida)
starchy [ˈstɑrtʃi] *adj* **starchier; -est** : lleno de almidón ⟨a starchy diet : una dieta feculenta⟩
stardom [ˈstɑrdəm] *n* : estrellato *m*
stare¹ [ˈstær] *vi* **stared; staring** : mirar fijamente
stare² *n* : mirada *f* fija
starfish [ˈstɑrˌfɪʃ] *n* : estrella *f* de mar
stark¹ [ˈstɑrk] *adv* : completamente ⟨stark raving mad : loco de remate⟩ ⟨stark naked : completamente desnudo⟩
stark² *adj* **1** ABSOLUTE : absoluto **2** BARREN, DESOLATE : desolado, desierto **3** BARE : desnudo **4** HARSH : severo, duro
starlight [ˈstɑrˌlaɪt] *n* : luz *f* de las estrellas
starling [ˈstɑrlɪŋ] *n* : estornino *m*
starry [ˈstɑri] *adj* **starrier; -est** : estrellado
start¹ [ˈstɑrt] *vi* **1** JUMP : sobresaltarse, dar un respingo **2** BEGIN : empezar, comenzar ⟨let's get started : empecemos⟩ ⟨she started (off/out) by thanking us : empezó por agradecernos⟩ ⟨he started (off/out) as a receptionist : empezó como recepcionista⟩ ⟨young couples who are just starting off/out : parejas jóvenes que acaban de casarse⟩ **3** *or* **to start off/out** SET OUT : salir (de viaje, etc.) **4** *or* **to start up** : arrancar (dícese de un motor, etc.) **5 to start from scratch** : empezar desde cero **6 to start in** : empezar ⟨after a break he started in again : tras un descanso empezó otra vez⟩ **7 to start over** : volver a empezar, empezar de nuevo — *vt* **1** BEGIN : empezar, comenzar, iniciar ⟨I started cleaning, I started to clean : empecé a limpiar⟩ ⟨she started (off/out) her speech with a joke : empezó su discurso con una broma⟩ **2** CAUSE : empezar (una discusión, etc.), provocar (un incendio, etc.), causar **3** SET : hacer, poner ⟨her questions started me thinking : sus preguntas me hicieron pensar⟩ ⟨I started them working : los puse a trabajar⟩ ⟨he started us (off) with some questions : para empezar nos hizo unas preguntas⟩ **4** ESTABLISH : fundar, montar, establecer ⟨to start (up) a business : montar un negocio⟩ **5** : arrancar, poner en marcha, encender ⟨to start (up) the car : arrancar el auto/carro/coche⟩ **6 to start a family** : tener hijos **7 to start over** : volver a empezar, empezar de nuevo
start² *n* **1** JUMP : sobresalto *m*, respingo *m* **2** BEGINNING : principio *m*, comienzo *m* ⟨to get an early start : salir temprano⟩
starter [ˈstɑrt̬ər] *n* **1** : participante *mf* (en una carrera, etc.); jugador *m* titular, jugadora *f* titular (en beisbol, etc.) **2** APPETIZER : entremés *m*, aperitivo *m* **3** *or* **starter motor** : motor *m* de arranque
startle [ˈstɑrt̬əl] *vt* **-tled; -tling** : asustar, sobresaltar
start–up [ˈstɑrtˈʌp] *adj* : de puesta en marcha
starvation [stɑrˈveɪʃən] *n* : inanición *f*, hambre *f*
starve [ˈstɑrv] *v* **starved; starving** *vi* : morirse de hambre — *vt* : privar de comida
stash [ˈstæʃ] *vt* : esconder, guardar (en un lugar secreto)
stat [ˈstæt] → **statistic**
state¹ [ˈsteɪt] *vt* **stated; stating** **1** REPORT : puntualizar, exponer (los hechos, etc.) ⟨state your name : diga su nombre⟩ **2** ESTABLISH, FIX : establecer, fijar
state² *n* **1** CONDITION : estado *m*, condición *f* ⟨a liquid state : un estado líquido⟩ ⟨state of mind : estado de ánimo⟩ ⟨in a bad state : en malas condiciones⟩ **2** NATION : estado *m*, nación *f* **3** : estado *m* (dentro de un país) ⟨the States : los Estados Unidos⟩
stateliness [ˈsteɪtlinəs] *n* : majestuosidad *f*
stately [ˈsteɪtli] *adj* **statelier; -est** : majestuoso
statement [ˈsteɪtmənt] *n* **1** DECLARATION : declaración *f*, afirmación *f* **2** *or* **bank statement** : estado *m* de cuenta
stateroom [ˈsteɪtˌruːm, -ˌrʊm] *n* : camarote *m*
statesman [ˈsteɪtsmən] *n, pl* **-men** [-mən, -ˌmɛn] : estadista *mf*
static¹ [ˈstæt̬ɪk] *adj* : estático
static² *n* : estática *f*, interferencia *f*
station¹ [ˈsteɪʃən] *vt* : apostar, estacionar
station² *n* **1** : estación *f* (de trenes, etc.) **2** RANK, STANDING : condición *f* (social) **3** : canal *m* (de televisión), estación *f* o emisora *f* (de radio) **4 police station** : comisaría *f* **5 fire station** : estación *f* de bomberos, cuartel *m* de bomberos
stationary [ˈsteɪʃəˌnɛri] *adj* **1** IMMOBILE : estacionario, inmovible **2** UNCHANGING : inmutable, inalterable
stationery [ˈsteɪʃəˌnɛri] *n* : papel *m* y sobres *mpl* (para correspondencia)
station wagon *n* : camioneta *f* ranchera, camioneta *f* guayín *Mex*
statistic [stəˈtɪstɪk] *n* : estadística *f* ⟨according to statistics : según las estadísticas⟩
statistical [stəˈtɪstɪkəl] *adj* : estadístico
statistician [ˌstætəˈstɪʃən] *n* : estadístico *m*, -ca *f*
statue [ˈstæˌtʃuː] *n* : estatua *f*
statuesque [ˌstætʃʊˈɛsk] *adj* : escultural
statuette [ˌstætʃʊˈɛt] *n* : estatuilla *f*
stature [ˈstætʃər] *n* **1** HEIGHT : estatura *f*, talla *f* **2** PRESTIGE : talla *f*, prestigio *m*

status [ˈsteɪt̬əs, ˈstæ-] *n* : condición *f*, situación *f*, estatus *m* (social) ⟨marital status : estado civil⟩

statute [ˈstæˌtʃu:t] *n* : ley *f*, estatuto *m*

staunch [ˈstɔntʃ] *adj* : acérrimo, incondicional, leal ⟨a staunch supporter : un partidario incondicional⟩ — **staunchly** *adv*

stave[1] [ˈsteɪv] *vt* **staved** *or* **stove** [ˈsto:v]; **staving** **1 to stave in** : romper **2 to stave off** : evitar (un ataque), prevenir (un problema)

stave[2] *n* : duela *f* (de un barril)

staves → **staff**

stay[1] [ˈsteɪ] *vi* **1** REMAIN : quedarse, permanecer ⟨she stayed after class : se quedó después de clase⟩ ⟨stay out of my room! : ¡no entres a/en mi cuarto!⟩ ⟨stay off the grass : no pisar el césped⟩ ⟨he stayed in the city : permaneció en la ciudad⟩ **2** CONTINUE : seguir, quedarse ⟨it stayed cloudy : seguía nublado⟩ ⟨to stay awake : mantenerse despierto⟩ ⟨stay in touch! : ¡mantente en contacto!⟩ ⟨they stayed friends : siguieron siendo amigos⟩ **3** LODGE : hospedarse, alojarse (en un hotel, etc.) **4 to stay away from** : no acercarse a (una persona, un lugar) ⟨I stay away from coffee : no puedo tomar café⟩ **5 to stay in** : quedarse en casa **6 to stay off** AVOID : evitar (un tema, etc.) ⟨to stay off drugs : no volver a tomar drogas⟩ **7 to stay on** : permanecer, quedarse (en un trabajo, etc.) **8 to stay out** : quedarse fuera **9 to stay out of** : no meterse en (problemas, una discusión, etc.) **10 to stay over** : quedarse a dormir **11 to stay up (late)** : quedarse levantado (hasta tarde) — *vt* **1** HALT : detener, suspender (una ejecución, etc.) **2 to stay the course** : aguantar hasta el final

stay[2] *n* **1** SOJOURN : estadía *f*, estancia *f*, permanencia *f* **2** SUSPENSION : suspensión *f* (de una sentencia) **3** SUPPORT : soporte *m*

stead [ˈstɛd] *n* **1** : lugar *m* ⟨she went in his stead : fue en su lugar⟩ **2 to stand (someone) in good stead** : ser muy útil a, servir de mucho a

steadfast [ˈstɛdˌfæst] *adj* : firme, resuelto ⟨a steadfast friend : un fiel amigo⟩ ⟨a steadfast refusal : una negativa categórica⟩

steadily [ˈstɛdəli] *adv* **1** CONSTANTLY : continuamente, sin parar **2** FIRMLY : con firmeza **3** FIXEDLY : fijamente

steady[1] [ˈstɛdi] *v* **steadied; steadying** *vt* : sujetar ⟨she steadied herself : recobró el equilibrio⟩ — *vi* : estabilizarse

steady[2] *adj* **steadier; -est** **1** FIRM, SURE : seguro, firme ⟨to have a steady hand : tener buen pulso⟩ **2** FIXED, REGULAR : fijo ⟨a steady income : ingresos fijos⟩ **3** CALM : tranquilo, ecuánime ⟨she has steady nerves : es imperturbable⟩ **4** DEPENDABLE : responsable, fiable **5** CONSTANT : constante

steak [ˈsteɪk] *n* : bistec *m*, filete *m*, churrasco *m*, bife *m Arg, Chile, Uru*

steal [ˈsti:l] *v* **stole** [ˈsto:l]; **stolen** [ˈsto:lən]; **stealing** *vt* : robar, hurtar — *vi* **1** : robar, hurtar **2** : ir sigilosamente ⟨to steal away : escabullirse⟩

stealth [ˈstɛlθ] *n* : sigilo *m*

stealthily [ˈstɛlθəli] *adv* : furtivamente

stealthy [ˈstɛlθi] *adj* **stealthier; -est** : furtivo, sigiloso

steam[1] [ˈsti:m] *vi* : echar vapor ⟨to steam away : moverse echando vapor⟩ — *vt* **1** : cocer al vapor (en cocina) **2 to steam open** : abrir con vapor

steam[2] *n* **1** : vapor *m* **2 to let off steam** : desahogarse

steamboat [ˈsti:mˌbo:t] → **steamship**

steam engine *n* : motor *m* de vapor

steamroller [ˈsti:mˌro:lər] *n* : apisonadora *f*

steamship [ˈsti:mˌʃɪp] *n* : vapor *m*, barco *m* de vapor

steamy [ˈsti:mi] *adj* **steamier; -est** **1** : lleno de vapor **2** EROTIC : erótico ⟨a steamy romance : un tórrido romance⟩

steed [ˈsti:d] *n* : corcel *m*

steel[1] [ˈsti:l] *vt* **to steel oneself** : armarse de valor

steel[2] *adj* : de acero

steel[3] *n* : acero *m*

steely [ˈsti:li] *adj* **steelier; -est** : como acero ⟨a steely gaze : una mirada fría⟩ ⟨steely determination : determinación férrea⟩

steep[1] [ˈsti:p] *vt* : remojar, dejar (té, etc.) en infusión

steep[2] *adj* **1** : empinado, escarpado ⟨a steep cliff : un precipicio escarpado⟩ **2** CONSIDERABLE : considerable, marcado **3** EXCESSIVE : excesivo ⟨steep prices : precios muy altos⟩

steeple [ˈsti:pəl] *n* : aguja *f*, campanario *m*

steeplechase [ˈsti:pəlˌtʃeɪs] *n* : carrera *f* de obstáculos

steeply [ˈsti:pli] *adv* : abruptamente

steer[1] [ˈstɪr] *vt* **1** : conducir (un coche), gobernar (un barco) **2** GUIDE : dirigir, guiar

steer[2] *n* : buey *m*

steering wheel *n* : volante *m*

stein [ˈstaɪn] *n* : jarra *f* (para cerveza)

stellar [ˈstɛlər] *adj* : estelar

stem[1] [ˈstɛm] *v* **stemmed; stemming** *vt* : detener, contener, parar ⟨to stem the tide : detener el curso⟩ — *vi* **to stem from** : provenir de, ser el resultado de

stem[2] *n* : tallo *m* (de una planta)

stench [ˈstɛntʃ] *n* : hedor *m*, mal olor *m*

stencil[1] [ˈstɛn*t*səl] *vt* **-ciled** *or* **-cilled; -ciling** *or* **-cilling** : marcar utilizando una plantilla

stencil[2] *n* : plantilla *f* (para marcar)

stenographer [stəˈnɑgrəfər] *n* : taquígrafo *m*, -fa *f*

stenographic [ˌstɛnəˈgræfɪk] *adj* : taquigráfico
stenography [stəˈnɑgrəfi] *n* : taquigrafía *f*
step[1] [ˈstɛp] *v* **stepped; stepping** *vi* **1** : dar un paso ⟨step this way, please : pase por aquí, por favor⟩ ⟨step aside : apártate⟩ ⟨to step forward/back : dar un paso (hacia) adelante/atrás⟩ ⟨he stepped outside : salió⟩ ⟨step right up! : ¡acérquense!⟩ **2 to step back** : distanciarse **3 to step down** RESIGN : renunciar **4 to step in** INTERVENE : intervenir **5 to step on** : pisar **6 to step out** *fam* : salir **7 to step up** INCREASE : aumentar **8 to step up** *fam* : mejorarse, esforzarse más — *vt* **1 to step up** INCREASE : aumentar **2 to step up** *fam* IMPROVE : mejorar
step[2] *n* **1** : paso *m* ⟨to take a step : dar un paso⟩ **2** : paso *m* (distancia) ⟨a few steps away : a unos pasos⟩ **3** : paso *m* (sonido) **4** FOOTPRINT : huella *f* **5** STAIR : escalón *m*, peldaño *m* **6** RUNG : escalón *m*, travesaño *m* **7** RANK, DEGREE : peldaño *m*, escalón *m* ⟨a step up : un ascenso⟩ **8** MEASURE, MOVE : medida *f*, paso *m* ⟨to take steps : tomar medidas⟩ **9** STAGE : paso *m* ⟨step by step : paso a paso⟩ **10** STRIDE : paso *m* ⟨with a quick step : con paso rápido⟩ **11 to be a/one step ahead of** : llevarle ventaja a **12 to be in step** : llevar el paso **13 to watch one's step** : mirar uno donde camina **14 to watch one's step** BEWARE : andarse con cuidado
stepbrother [ˈstɛpˌbrʌðər] *n* : hermanastro *m*
stepdaughter [ˈstɛpˌdɔt̬ər] *n* : hijastra *f*
stepfather [ˈstɛpˌfɑðər, -ˌfa-] *n* : padrastro *m*
stepladder [ˈstɛpˌlædər] *n* : escalera *f* de tijera
stepmother [ˈstɛpˌmʌðər] *n* : madrastra *f*
steppe [ˈstɛp] *n* : estepa *f*
stepping-stone [ˈstɛpɪŋˌsto:n] *n* : pasadera *f* (en un río, etc.), trampolín *m* (al éxito)
stepsister [ˈstɛpˌsɪstər] *n* : hermanastra *f*
stepson [ˈstɛpˌsʌn] *n* : hijastro *m*
step up *vt* INCREASE : aumentar
stereo[1] [ˈstɛriˌo:, ˈstɪr-] *adj* : estéreo
stereo[2] *n, pl* **stereos** : estéreo *m*
stereophonic [ˌstɛrioˈfɑnɪk, ˌstɪr-] *adj* : estereofónico
stereotype[1] [ˈstɛrioˌtaɪp, ˈstɪr-] *vt* **-typed; -typing** : estereotipar
stereotype[2] *n* : estereotipo *m*
sterile [ˈstɛrəl] *adj* : estéril
sterility [stəˈrɪlət̬i] *n* : esterilidad *f*
sterilization [ˌstɛrələˈzeɪʃən] *n* : esterilización *f*
sterilize [ˈstɛrəˌlaɪz] *vt* **-ized; -izing** : esterilizar
sterling [ˈstərlɪŋ] *adj* **1** : de ley ⟨sterling silver : plata de ley⟩ **2** EXCELLENT : excelente
stern[1] [ˈstərn] *adj* : severo, adusto — **sternly** *adv*
stern[2] *n* : popa *f*
sternness [ˈstərnnəs] *n* : severidad *f*
sternum [ˈstərnəm] *n, pl* **sternums** *or* **sterna** [-nə] : esternón *m*
stethoscope [ˈstɛθəˌsko:p] *n* : estetoscopio *m*
stevedore [ˈsti:vəˌdor] *n* : estibador *m*, -dora *f*
stew[1] [ˈstu:, ˈstju:] *vt* : estofar, guisar — *vi* **1** : cocer (dícese de la carne, etc.) **2** FRET : preocuparse
stew[2] *n* **1** : estofado *m*, guiso *m* **2 to be in a stew** : estar agitado
steward [ˈstu:ərd, ˈstju:-] *n* **1** MANAGER : administrador *m* **2** : auxiliar *m* de vuelo (en un avión), camarero *m* (en un barco)
stewardess [ˈstu:ərdəs, ˈstju:-] *n* **1** MANAGER : administradora *f* **2** : camarera *f* (en un barco) **3** : auxiliar *f* de vuelo, azafata *f*, aeromoza *f* (en un avión)
stick[1] [ˈstɪk] *v* **stuck** [ˈstʌk]; **sticking** *vt* **1** STAB : clavar **2** ATTACH : pegar **3** PUT : poner, meter ⟨she stuck the letter under the door : metió la carta por debajo de la puerta⟩ ⟨stick 'em up! : ¡manos arriba!, ¡arriba las manos!⟩ **4 to stick it to** : darle duro a **5 to stick out** : sacar (la lengua, etc.), extender (la mano) **6 to stick out** ENDURE : aguantar en **7 to stick someone with** : endilgarle (una responsabilidad) a alguien, dejar a alguien solo con (una persona) — *vi* **1** ADHERE : pegarse, adherirse **2** JAM : atascarse ⟨the door sticks : la puerta se atasca⟩ ⟨the song stuck in my head/mind : la canción se me grabó en la cabeza/mente⟩ **3 to stick around** : quedarse **4 to stick by** : no abandonar **5 to stick out** PROJECT : sobresalir (de una superficie), asomar (por detrás o debajo de algo) **6 to stick out** STAND OUT : resaltar **7 to stick to** : no abandonar, no desviarse de ⟨stick to your guns : manténgase firme⟩ ⟨to stick to the rules : atenerse a las reglas⟩ ⟨to stick to one's word : cumplir uno con su palabra⟩ **8 to stick up** : estar parado (dícese del pelo, etc.), sobresalir (de una superficie) **9 to stick up for** : defender **10 to stick with** : serle fiel a (una persona), seguir con (una cosa) ⟨I'll stick with what I know : prefiero lo conocido⟩
stick[2] *n* **1** BRANCH, TWIG : ramita *f* **2** : palo *m*, vara *f* ⟨a walking stick : un bastón⟩
sticker [ˈstɪkər] *n* : etiqueta *f* adhesiva
stickler [ˈstɪklər] *n* : persona *f* exigente ⟨to be a stickler for : insistir mucho en⟩

sticky ['stɪki] *adj* **stickier; -est 1** ADHESIVE : pegajoso, adhesivo **2** MUGGY : bochornoso **3** DIFFICULT : difícil

stiff ['stɪf] *adj* **1** RIGID : rígido, tieso ⟨a stiff dough : una masa firme⟩ **2** : agarrotado, entumecido ⟨stiff muscles : músculos entumecidos⟩ **3** STILTED : acartonado, poco natural **4** STRONG : fuerte (dícese del viento, etc.) **5** DIFFICULT, SEVERE : severo, difícil, duro

stiffen ['stɪfən] *vt* **1** STRENGTHEN : fortalecer, reforzar (tela, etc.) **2** : hacer más duro (un castigo, etc.) — *vi* **1** HARDEN : endurecerse **2** : entumecerse (dícese de los músculos)

stiffly ['stɪfli] *adv* **1** RIGIDLY : rígidamente **2** COLDLY : con frialdad

stiffness ['stɪfnəs] *n* **1** RIGIDITY : rigidez *f* **2** COLDNESS : frialdad *f* **3** SEVERITY : severidad *f*

stifle ['staɪfəl] *vt* **-fled; -fling** SMOTHER, SUPPRESS : sofocar, reprimir, contener ⟨to stifle a yawn : reprimir un bostezo⟩

stigma ['stɪgmə] *n, pl* **stigmata** [stɪg'mɑṭə, 'stɪgməṭə] *or* **stigmas** : estigma *m*

stigmatize ['stɪgmə,taɪz] *vt* **-tized; -tizing** : estigmatizar

stile ['staɪl] *n* : escalones *mpl* para cruzar un cerco

stiletto [stə'lɛ,ṭo:] *n, pl* **-tos** *or* **-toes** : estilete *m*

still[1] ['stɪl] *vt* CALM : pacificar, apaciguar — *vi* : pacificarse, apaciguarse

still[2] *adv* **1** QUIETLY : quieto ⟨sit still! : ¡quédate quieto!⟩ **2** : de todos modos, aún, todavía ⟨she still lives there : aún vive allí⟩ ⟨it's still the same : sigue siendo lo mismo⟩ **3** IN ANY CASE : de todos modos, aún así ⟨he still has doubts : aún así le quedan dudas⟩ ⟨I still prefer that you stay : de todos modos prefiero que te quedes⟩

still[3] *adj* **1** MOTIONLESS : quieto, inmóvil **2** SILENT : callado

still[4] *n* **1** SILENCE : quietud *f*, calma *f* **2** : alambique *m* (para destilar alcohol)

stillborn ['stɪl,bɔrn] *adj* : nacido muerto

stillness ['stɪlnəs] *n* : calma *f*, silencio *m*

stilt ['stɪlt] *n* : zanco *m*

stilted ['stɪltəd] *adj* : afectado, poco natural

stimulant ['stɪmjələnt] *n* : estimulante *m* — **stimulant** *adj*

stimulate ['stɪmjə,leɪt] *vt* **-lated; -lating** : estimular

stimulation [,stɪmjə'leɪʃən] *n* **1** STIMULATING : estimulación *f* **2** STIMULUS : estímulo *m*

stimulus ['stɪmjələs] *n, pl* **-li** [-,laɪ] **1** : estímulo *m* **2** INCENTIVE : acicate *m*

sting[1] ['stɪŋ] *v* **stung** ['stʌŋ]; **stinging** *vt* **1** : picar ⟨a bee stung him : le picó una abeja⟩ **2** HURT : hacer escocer (físicamente), herir (emocionalmente) — *vi* **1** : picar (dícese de las abejas, etc.) **2** SMART : escocer, arder

sting[2] *n* : picadura *f* (herida), escozor *m* (sensación)

stinger ['stɪŋər] *n* : aguijón *m* (de una abeja, etc.)

stinginess ['stɪndʒinəs] *n* : tacañería *f*

stingy ['stɪndʒi] *adj* **stingier; -est 1** MISERLY : tacaño, avaro **2** PALTRY : mezquino, mísero

stink[1] ['stɪŋk] *vi* **stank** ['stæŋk] *or* **stunk** ['stʌŋk]; **stunk; stinking** : apestar, oler mal

stink[2] *n* : hedor *m*, mal olor *m*, peste *f*

stint[1] ['stɪnt] *vt* : escatimar ⟨to stint oneself of : privarse de⟩ — *vi* **to stint on** : escatimar

stint[2] *n* : período *m*

stipend ['staɪ,pɛnd, -pənd] *n* : estipendio *m*

stipulate ['stɪpjə,leɪt] *vt* **-lated; -lating** : estipular

stipulation [,stɪpjə'leɪʃən] *n* : estipulación *f*

stir[1] ['stər] *v* **stirred; stirring** *vt* **1** AGITATE : mover, agitar **2** MIX : revolver, remover **3** INCITE : incitar, impulsar, motivar **4** *or* **to stir up** AROUSE : despertar (memorias, etc.), provocar (ira, etc.) — *vi* : moverse, agitarse

stir[2] *n* **1** MOTION : movimiento *m* **2** COMMOTION : revuelo *m*

stirrup ['stərəp, 'stɪr-] *n* : estribo *m*

stitch[1] ['stɪʧ] *vt* : coser, bordar (para decorar) — *vi* : coser

stitch[2] *n* **1** : puntada *f* **2** TWINGE : punzada *f*, puntada *f*

stock[1] ['stɑk] *vt* : surtir, abastecer, vender — *vi* **to stock up** : abastecerse

stock[2] *n* **1** SUPPLY : reserva *f*, existencias *fpl* (en comercio) ⟨to be out of stock : estar agotadas las existencias⟩ **2** SECURITIES : acciones *fpl*, valores *mpl* **3** LIVESTOCK : ganado *m* **4** ANCESTRY : linaje *m*, estirpe *f* **5** BROTH : caldo *m* **6 to take stock** : evaluar

stockade [stɑ'keɪd] *n* : estacada *f*

stockbroker ['stɑk,bro:kər] *n* : corredor *m*, -dora *f* de bolsa

stockholder ['stɑk,ho:ldər] *n* : accionista *mf*

stocking ['stɑkɪŋ] *n* : media *f* ⟨a pair of stockings : unas medias⟩

stock market *n* : bolsa *f*

stockpile[1] ['stɑk,paɪl] *vt* **-piled; -piling** : acumular, almacenar

stockpile[2] *n* : reservas *fpl*

stocky ['stɑki] *adj* **stockier; -est** : robusto, fornido

stockyard ['stɑk,jɑrd] *n* : corral *m*

stodgy ['stɑdʒi] *adj* **stodgier; -est 1** DULL : aburrido, pesado **2** OLD-FASHIONED : anticuado

stoic[1] ['sto:ɪk] *or* **stoical** [-ɪkəl] *adj* : estoico — **stoically** [-ɪkli] *adv*

stoic[2] *n* : estoico *m*, -ca *f*

stoicism ['sto:ə,sɪzəm] *n* : estoicismo *m*

stoke ['sto:k] *vt* **stoked; stoking** : atizar (un fuego), echarle carbón a (un horno)

stole[1] → **steal**

stole[2] [ˈsto:l] *n* : estola *f*

stolen → **steal**

stolid [ˈstɑlɪd] *adj* : impasible, imperturbable — **stolidly** *adv*

stomach[1] [ˈstʌmɪk] *vt* : aguantar, soportar

stomach[2] *n* **1** : estómago *m* **2** BELLY : vientre *m*, barriga *f*, panza *f* **3** DESIRE : ganas *fpl* ⟨he had no stomach for a fight : no quería pelea⟩

stomachache [ˈstʌmɪkˌeɪk] *n* : dolor *m* de estómago

stomp [ˈstɑmp, ˈstɔmp] *vt* : pisotear — *vi* : pisar fuerte

stone[1] [ˈsto:n] *vt* **stoned; stoning** : apedrear, lapidar

stone[2] *n* **1** : piedra *f* **2** PIT : hueso *m*, pepa *f* (de una fruta)

Stone Age *n* : Edad *f* de Piedra

stony [ˈsto:ni] *adj* **stonier; -est** **1** ROCKY : pedregoso **2** UNFEELING : insensible, frío ⟨a stony stare : una mirada glacial⟩

stood → **stand**

stool [ˈstu:l] *n* **1** SEAT : taburete *m*, banco *m* **2** FOOTSTOOL : escabel *m* **3** FECES : deposición *f* de heces

stoop[1] [ˈstu:p] *vi* **1** CROUCH : agacharse **2 to stoop to** : rebajarse a

stoop[2] *n* **1** : espaldas *fpl* encorvadas ⟨to have a stoop : ser encorvado⟩ **2** : entrada *f* (de una casa)

stop[1] [ˈstɑp] *v* **stopped; stopping** *vt* **1** PLUG : tapar **2** PREVENT : impedir, evitar ⟨she stopped me from leaving : me impidió que saliera⟩ **3** HALT : parar, detener ⟨I was stopped by the police : me paró un policía⟩ ⟨he stopped the car : paró el carro⟩ **4** CEASE, QUIT : dejar de ⟨he stopped talking : dejó de hablar⟩ ⟨stop it! : ¡basta!⟩ **5** END : terminar (una pelea, etc.), detener (una hemorragia) ⟨we must stop the violence : tenemos que poner fin a la violencia⟩ **6 to stop (payment on) a check** : dar orden de no pago (a un cheque) — *vi* **1** HALT : detenerse, parar ⟨she stopped to watch : se detuvo a mirar⟩ ⟨we stopped for gas : paramos a poner gasolina⟩ ⟨he stopped dead : paró en seco⟩ ⟨stop! who goes there? : ¡alto! ¿quién va?⟩ **2** : detenerse, parar ⟨let's stop and take a break : paremos para descansar⟩ ⟨to stop to consider something : detenerse a pensar en algo⟩ **3** : pararse (dícese de un motor, etc.) ⟨his heart stopped : se le paró el corazón⟩ **4** CEASE, END : cesar, terminar ⟨the rain won't stop : no deja de llover⟩ **5** STAY : quedarse ⟨I can't stop for long : no puedo quedarme mucho tiempo⟩ **6 to stop by/in** : pasar a ver, visitar **7 to stop off** : hacer una parada **8 to stop over** : parar, quedarse **9 to stop over** : hacer escala (dícese de un avión)

stop[2] *n* **1** STOPPER : tapón *m* **2** HALT : parada *f*, alto *m* ⟨to come to a stop : pararse, detenerse⟩ ⟨to put a stop to : poner fin a⟩ **3** : parada *f* ⟨bus stop : parada de autobús⟩

stopgap [ˈstɑpˌgæp] *n* : arreglo *m* provisorio

stoplight [ˈstɑpˌlaɪt] *n* : semáforo *m*

stoppage [ˈstɑpɪʤ] *n* : acto *m* de parar ⟨a work stoppage : un paro⟩

stopper [ˈstɑpər] *n* : tapón *m*

storage [ˈstorɪʤ] *n* : almacenamiento *m*, almacenaje *m*

storage battery *n* : acumulador *m*

store[1] [ˈstor] *vt* **stored; storing** : guardar, almacenar

store[2] *n* **1** RESERVE, SUPPLY : reserva *f* **2** SHOP : tienda *f* ⟨grocery store : tienda de comestibles⟩

storehouse [ˈstorˌhaʊs] *n* : almacén *m*, depósito *m*

storekeeper [ˈstorˌki:pər] *n* : tendero *m*, -ra *f*

storeroom [ˈstorˌru:m, -ˌrʊm] *n* : almacén *m*, depósito *m*

stork [ˈstɔrk] *n* : cigüeña *f*

storm[1] [ˈstɔrm] *vi* **1** : llover o nevar tormentosamente **2** RAGE : ponerse furioso, vociferar **3 to storm out** : salir echando pestes — *vt* ATTACK : asaltar

storm[2] *n* **1** : tormenta *f*, tempestad *f* **2** UPROAR : alboroto *m*, revuelo *m*, escándalo *m* ⟨a storm of abuse : un torrente de abusos⟩

stormy [ˈstɔrmi] *adj* **stormier; -est** : tormentoso

story [ˈstori] *n, pl* **stories** **1** NARRATIVE, TALE : cuento *m*, relato *m* ⟨a bedtime story : un cuento para dormir⟩ **2** ACCOUNT : historia *f*, relato *m* ⟨it's a long story : es largo de contar⟩ ⟨to make a long story short : en pocas palabras⟩ **3** ARTICLE : artículo *m* **4** TALE, LIE : cuento *m*, mentira *f* **5** INFORMATION : información *f* ⟨what's his story? : ¿qué me puedes contar de él?⟩ ⟨the story behind the changes : la razón de los cambios⟩ **6** : piso *m*, planta *f* (de un edificio) ⟨first story : planta baja⟩

stout [ˈstaʊt] *adj* **1** FIRM, RESOLUTE : firme, resuelto **2** STURDY : fuerte, robusto, sólido **3** FAT : corpulento, gordo

stove[1] [ˈsto:v] *n* : cocina *f* (para cocinar), estufa *f* (para calentar)

stove[2] → **stave**[1]

stow [ˈsto:] *vt* **1** STORE : poner, meter, guardar **2** LOAD : cargar — *vi* **to stow away** : viajar de polizón

stowaway [ˈsto:əˌweɪ] *n* : polizón *m*

straddle [ˈstrædəl] *vt* **-dled; -dling** : sentarse a horcajadas sobre

straggle [ˈstrægəl] *vi* **-gled; -gling** : rezagarse, quedarse atrás

straggler [ˈstrægələr] *n* : rezagado *m*, -da *f*

straight[1] [ˈstreɪt] *adv* **1** : derecho, directamente ⟨go straight, then turn right : sigue derecho, luego gira a la derecha⟩ **2** HONESTLY : honestamente ⟨to go straight : enmendarse⟩ **3** CLEARLY : con claridad **4** FRANKLY : francamente, con franqueza

straight[2] *adj* **1** : recto (dícese de las líneas, etc.), derecho (dícese de algo vertical), lacio (dícese del pelo) **2** HONEST, JUST : honesto, justo **3** NEAT, ORDERLY : arreglado, ordenado

straighten [ˈstreɪtən] *vt* **1** : enderezar, poner derecho **2 to straighten up** : arreglar, ordenar ⟨he straightened up the house : arregló la casa⟩

straightforward [streɪtˈfɔrwərd] *adj* **1** FRANK : franco, sincero **2** CLEAR, PRECISE : puro, simple, claro

straightway [ˈstreɪtˈweɪ, -ˌweɪ] *adv* : inmediatamente

strain[1] [ˈstreɪn] *vt* **1** EXERT : forzar (la vista, la voz) ⟨to strain oneself : hacer un gran esfuerzo⟩ **2** FILTER : colar, filtrar **3** INJURE : lastimarse, hacerse daño en ⟨to strain a muscle : sufrir un esguince⟩

strain[2] *n* **1** LINEAGE : linaje *m*, abolengo *m* **2** STREAK, TRACE : veta *f* **3** VARIETY : tipo *m*, variedad *f* **4** STRESS : tensión *f*, presión *f* **5** SPRAIN : esguince *m*, torcedura *f* (del tobillo, etc.) **6 strains** *npl* TUNE : melodía *f*, acordes *mpl*, compases *fpl*

strainer [ˈstreɪnər] *n* : colador *m*

strait [ˈstreɪt] *n* **1** : estrecho *m* **2 straits** *npl* DISTRESS : aprietos *mpl*, apuros *mpl* ⟨in dire straits : en serios aprietos⟩

straitened [ˈstreɪtənd] *adj* **in straitened circumstances** : en apuros económicos

strand[1] [ˈstrænd] *vt* **1** : varar **2 to be left stranded** : quedar(se) varado, quedar colgado ⟨they left me stranded : me dejaron abandonado⟩

strand[2] *n* **1** : hebra *f* (de hilo, etc.) ⟨a strand of hair : un pelo⟩ **2** BEACH : playa *f*

strange [ˈstreɪndʒ] *adj* **stranger; -est 1** QUEER, UNUSUAL : extraño, raro **2** UNFAMILIAR : desconocido, nuevo

strangely [ˈstreɪndʒli] *adv* ODDLY : de manera extraña ⟨to behave strangely : portarse de una manera rara⟩ ⟨strangely, he didn't call : curiosamente, no llamó⟩

strangeness [ˈstreɪndʒnəs] *n* **1** ODDNESS : rareza *f* **2** UNFAMILIARITY : lo desconocido

stranger [ˈstreɪndʒər] *n* : desconocido *m*, -da *f*; extraño *m*, -ña *f*

strangle [ˈstræŋgəl] *vt* **-gled; -gling** : estrangular

strangler [ˈstræŋglər] *n* : estrangulador *m*, -dora *f*

strap[1] [ˈstræp] *vt* **strapped; strapping 1** FASTEN : sujetar con una correa **2** FLOG : azotar (con una correa)

strap[2] *n* **1** : correa *f* **2 shoulder strap** : tirante *m*

strapless [ˈstræpləs] *n* : sin tirantes

strapping [ˈstræpɪŋ] *adj* : robusto, fornido

stratagem [ˈstræţədʒəm, -ˌdʒɛm] *n* : estratagema *f*, artimaña *f*

strategic [strəˈtiːdʒɪk] *adj* : estratégico

strategist [ˈstræţədʒɪst] *n* : estratega *mf*

strategy [ˈstræţədʒi] *n, pl* **-gies** : estrategia *f*

stratified [ˈstræţəˌfaɪd] *adj* : estratificado

stratosphere [ˈstræţəˌsfɪr] *n* : estratosfera *f*

stratospheric [ˌstræţəˈsfɪrɪk, -ˈsfɛr-] *adj* : estratosférico

stratum [ˈstreɪţəm, ˈstræ-] *n, pl* **strata** [-ţə] : estrato *m*, capa *f*

straw *n* **1** : paja *f* ⟨the last straw : el colmo⟩ **2** *or* **drinking straw** : pajita *f*, popote *m Mex*

strawberry [ˈstrɔˌbɛri] *n, pl* **-ries** : fresa *f*

stray[1] [ˈstreɪ] *vi* **1** WANDER : alejarse, extraviarse ⟨the cattle strayed away : el ganado se descarrió⟩ **2** DIGRESS : desviarse, divagar

stray[2] *adj* : perdido, callejero (dícese de un perro o un gato), descarriado (dícese del ganado)

stray[3] *n* : animal *m* perdido, animal *m* callejero

streak[1] [ˈstriːk] *vt* : hacer rayas en ⟨blue streaked with grey : azul veteado con gris⟩ — *vi* : ir como una flecha

streak[2] *n* **1** : raya *f*, veta *f* (en mármol, queso, etc.), mechón *m* (en el pelo) **2** : rayo *m* (de luz) **3** TRACE : veta *f* **4** : racha *f* ⟨a streak of luck : una racha de suerte⟩

stream[1] [ˈstriːm] *vi* : correr, salir a chorros ⟨tears streamed from his eyes : las lágrimas brotaban de sus ojos⟩ — *vt* : derramar, dejar correr ⟨to stream blood : derramar sangre⟩

stream[2] *n* **1** BROOK : arroyo *m*, riachuelo *m* **2** RIVER : río *m* **3** FLOW : corriente *f*, chorro *m*

streamer [ˈstriːmər] *n* **1** PENNANT : banderín *m* **2** RIBBON : serpentina *f* (de papel), cinta *f* (de tela)

streamlined [ˈstriːmˌlaɪnd] *adj* **1** : aerodinámico (dícese de los automóviles, etc.) **2** EFFICIENT : eficiente, racionalizado

street [ˈstriːt] *n* : calle *f*

streetcar [ˈstriːtˌkɑr] *n* : tranvía *m*

strength [ˈstrɛŋkθ] *n* **1** : fuerza *f* ⟨with all her strength : con toda(s) su(s) fuerza(s)⟩ ⟨to save one's strength : reservar uno sus energías⟩ **2** POWER : poder *m*, fuerza *f* ⟨economic/military strength : poder económico/militar⟩ ⟨there is strength in numbers : la unión hace la fuerza⟩ **3** FORTITUDE : fortaleza *f* ⟨strength of character : fortaleza/fuerza de carácter⟩ **4** SOLIDITY, TOUGHNESS : solidez *f*, resistencia *f*, dureza *f* (de un material) **5** INTENSITY : intensidad *f* (de emociones, etc.), fuerza *f* (del viento, etc.), lo fuerte (de un sabor, etc.) **6** CONCENTRATION : concentración *f* ⟨full strength : sin diluir⟩ **7** POTENCY : potencia *f* (de un medicamento) ⟨full/maximum strength : máxima potencia⟩ **8** : (punto *m*) fuerte *m* ⟨strengths and weaknesses : virtudes y defectos⟩ **9** NUMBER : número *m*, complemento *m* ⟨in full strength : en gran número⟩

strengthen [ˈstrɛŋkθən] *vt* **1** : fortalecer (los músculos, el espíritu, etc.) **2** REINFORCE : reforzar **3** INTENSIFY : intensificar, redoblar (esfuerzos, etc.) — *vi* **1** : fortalecerse, hacerse más fuerte **2** INTENSIFY : intensificarse

strenuous [ˈstrɛnjʊəs] *adj* **1** VIGOROUS : vigoroso, enérgico **2** ARDUOUS : duro, riguroso

strenuously [ˈstrɛnjʊəsli] *adv* : vigorosamente, duro

stress[1] [ˈstrɛs] *vt* **1** : someter a tensión (física) **2** EMPHASIZE : enfatizar, recalcar **3 to stress out** : estresar

stress[2] *n* **1** : tensión *f* (en un material) **2** EMPHASIS : énfasis *m*, acento *m* (en lingüística) **3** TENSION : tensión *f* (nerviosa), estrés *m*

stressful [ˈstrɛsfəl] *adj* : estresante

stretch[1] [ˈstrɛʧ] *vt* **1** : estirar (un suéter, un cable, etc.), extender (un lienzo, etc.), desplegar (alas) ⟨to stretch one's legs : estirar las piernas, caminar⟩ **2 to stretch the truth** : forzar la verdad, exagerar — *vi* **1** *or* **to stretch out** : estirarse **2** REACH : extenderse **3 to stretch back (in time)** : remontarse

stretch[2] *n* **1** STRETCHING : extensión *f*, estiramiento *m* (de músculos) **2** ELASTICITY : elasticidad *f* **3** EXPANSE : tramo *m*, trecho *m* ⟨the home stretch : la recta final⟩ **4** PERIOD : período *m* (de tiempo)

stretcher [ˈstrɛʧər] *n* : camilla *f*

strew [ˈstruː] *vt* **strewed; strewed** *or* **strewn** [ˈstruːn]; **strewing 1** SCATTER : esparcir (semillas, etc.), desparramar (papeles, etc.) **2 to strew with** : cubrir de

stricken [ˈstrɪkən] *adj* **stricken with** : aquejado de (una enfermedad), afligido por (tristeza, etc.)

strict [ˈstrɪkt] *adj* : estricto — **strictly** *adv*

strictness [ˈstrɪktnəs] *n* : severidad *f*, lo estricto

stricture [ˈstrɪkʧər] *n* : crítica *f*, censura *f*

stride[1] [ˈstraɪd] *vi* **strode** [ˈstroːd]; **stridden** [ˈstrɪdən]; **striding** : ir dando trancos, ir dando zancadas

stride[2] *n* : tranco *m*, zancada *f*

strident [ˈstraɪdənt] *adj* : estridente

strife [ˈstraɪf] *n* : conflictos *mpl*, disensión *f*

strike[1] [ˈstraɪk] *v* **struck** [ˈstrʌk]; **striking** *vt* **1** HIT : golpear, pegarle a (una persona) ⟨the bullet struck him in the leg : la bala lo alcanzó en la pierna⟩ **2** HIT : chocar contra, dar contra ⟨the car struck a tree : el carro chocó contra un árbol⟩ **3** DELETE : suprimir, tachar **4** COIN, MINT : acuñar (monedas) **5** : dar (la hora) **6** AFFLICT : sobrevenir ⟨he was stricken with a fever : le sobrevino una fiebre⟩ **7** IMPRESS : impresionar, parecer ⟨her voice struck me : su voz me impresionó⟩ ⟨it struck him as funny : le pareció chistoso⟩ **8** : occurrírsele a ⟨it struck me that . . . : se me ocurrió que . . .⟩ **9** : encender (un fósforo) **10** FIND : descubrir (oro, petróleo) **11** ADOPT : adoptar (una pose, etc.) **12** : tocar (en música) **13** REACH : llegar a, alcanzar (un acuerdo, etc.) **14 to strike a blow** : pegar un golpe **15 to strike down** : fulminar **16 to strike out** : tachar (palabras, etc.) **17 to strike up** : entablar (una conversación, una amistad), empezar a tocar (una canción) — *vi* **1** HIT : golpear ⟨to strike against : chocar contra⟩ **2** ATTACK : atacar **3** : declararse en huelga **4 to strike back at** : devolverle el golpe a **5 to strike out** : poncharse (en beisbol) **6 to strike out** FAIL : fracasar **7 to strike out at** ATTACK : arremeter contra **8 to strike out for** : emprender el camino hacia **9 to strike out on one's own** : emprender algo solo

strike[2] *n* **1** BLOW : golpe *m* **2** : huelga *f*, paro *m* ⟨to be on strike : estar en huelga⟩ **3** ATTACK : ataque *m*

strikebreaker [ˈstraɪkˌbreɪkər] *n* : rompehuelgas *mf*, esquirol *mf*

strike out *vi* **1** HEAD : salir (para) **2** : ser ponchado (en béisbol) ⟨the batter struck out : poncharon al bateador⟩

striker [ˈstraɪkər] *n* : huelguista *mf*

strike up *vt* START : entablar, empezar

striking [ˈstraɪkɪŋ] *adj* : notable, sorprendente, llamativo ⟨a striking beauty : una belleza imponente⟩ — **strikingly** *adv*

string[1] [ˈstrɪŋ] *vt* **strung** [ˈstrʌŋ]; **stringing 1** THREAD : ensartar ⟨to string beads : ensartar cuentas⟩ **2** HANG : colgar (con un cordel)

string[2] *n* **1** : cordel *m*, cuerda *f* **2** SERIES : serie *f*, sarta *f* (de insultos, etc.) **3 strings** *npl* : cuerdas *fpl* (en música)

string bean *n* : judía *f*, ejote *m Mex*

stringent [ˈstrɪnʤənt] *adj* : estricto, severo

stringy [ˈstrɪŋi] *adj* **stringier; -est** : fibroso

strip[1] [ˈstrɪp] *v* **stripped; stripping** *vt* : quitar (ropa, pintura, etc.), desnudar, despojar — *vi* UNDRESS : desnudarse

strip[2] *n* : tira *f* ⟨a strip of land : una faja⟩

stripe[1] [ˈstraɪp] *vt* **striped** [ˈstraɪpt]; **striping** : marcar con rayas o listas

stripe[2] *n* **1** : raya *f*, lista *f* **2** BAND : franja *f*

striped [ˈstraɪpt, ˈstraɪpəd] *adj* : a rayas, de rayas, rayado, listado

strive ['straɪv] *vi* **strove** ['stro:v]; **striven** ['strɪvən] *or* **strived; striving** **1 to strive for** : luchar por lograr **2 to strive to** : esforzarse por

strobe ['stro:b] *or* **strobe light** *n* : luz *f* estroboscópica

strode → **stride**

stroke[1] ['stro:k] *vt* **stroked; stroking** : acariciar

stroke[2] *n* **1** : apoplejía *f*, derrame *m* cerebral (en medicina) **2** : pincelada *f*, trazo *m* (en el arte) **3** : estilo *m* (de nadar) **4** : movimiento *m*, batir *m* (de alas), brazada *f* (al nadar), remada *f* (al remar) **5** CARESS : caricia *f* **6** : golpe *m* (en beisbol, etc.) **7** ACT : golpe *m* ⟨in one stroke : de un golpe⟩ ⟨a stroke of genius/inspiration : una genialidad/ inspiración⟩ **8** : golpe *m* ⟨a stroke of luck : un golpe de suerte⟩ **9** : campanada *f* (de un reloj)

stroll[1] ['stro:l] *vi* : pasear, pasearse, dar un paseo

stroll[2] *n* : paseo *m*

stroller ['stro:lər] *n* : cochecito *m* (para niños)

strong ['strɔŋ] *adj* **1** : fuerte ⟨strong arms : brazos fuertes⟩ ⟨strong winds : vientos fuertes⟩ ⟨a strong odor : un olor fuerte⟩ ⟨strong coffee/medicine : café/medicina fuerte⟩ ⟨strong language : lenguaje fuerte⟩ ⟨a strong candidate/leader : un candidato/líder fuerte⟩ ⟨strong opposition : fuerte oposición⟩ ⟨of strong character : de carácter fuerte⟩ ⟨his strong point : su (punto) fuerte⟩ **2** DURABLE : resistente, fuerte **3** HEALTHY : sano **4** NOTICEABLE : marcado **5** FIRM : firme (dícese de convicciones, etc.) **6** PERSUASIVE : poderoso, convincente **7** CONCENTRATED : concentrado (dícese de detergente, etc.) **8** : con mucho aumento (dícese de lentes) **9** (*with numbers*) ⟨an organization five hundred people strong : una organización de quinientas personas⟩

stronghold ['strɔŋ,ho:ld] *n* : fortaleza *f*, fuerte *m*, bastión *m* ⟨a cultural stronghold : un baluarte de la cultura⟩

strongly ['strɔŋli] *adv* **1** POWERFULLY : fuerte, con fuerza **2** STURDILY : fuertemente, sólidamente **3** INTENSELY : intensamente, profundamente **4** WHOLEHEARTEDLY : totalmente

struck → **strike**[1]

structural ['strʌktʃərəl] *adj* : estructural

structure[1] ['strʌktʃər] *vt* **-tured; -turing** : estructurar

structure[2] *n* **1** BUILDING : construcción *f* **2** ARRANGEMENT, FRAMEWORK : estructura *f*

struggle[1] ['strʌgəl] *vi* **-gled; -gling** **1** CONTEND : forcejear (físicamente), luchar, contender **2** : hacer con dificultad ⟨she struggled forward : avanzó con dificultad⟩

struggle[2] *n* : lucha *f*, pelea *f* (física)

strum ['strʌm] *vt* **strummed; strumming** : rasguear

strung → **string**[1]

strut[1] ['strʌt] *vi* **strutted; strutting** : pavonearse

strut[2] *n* **1** : pavoneo *m* ⟨he walked with a strut : se pavoneaba⟩ **2** : puntal *m* (en construcción, etc.)

strychnine ['strɪk,naɪn, -nən, -,ni:n] *n* : estricnina *f*

stub[1] ['stʌb] *vt* **stubbed; stubbing** **1 to stub one's toe** : darse en el dedo (del pie) **2 to stub out** : apagarse

stub[2] *n* : colilla *f* (de un cigarrillo), cabo *m* (de un lápiz, etc.), talón *m* (de un cheque)

stubble ['stʌbəl] *n* **1** : rastrojo *m* (de plantas) **2** BEARD : barba *f*

stubborn ['stʌbərn] *adj* **1** OBSTINATE : terco, obstinado, empecinado **2** PERSISTENT : pertinaz, persistente — **stubbornly** *adv*

stubbornness ['stʌbərnnəs] *n* **1** OBSTINACY : terquedad *f*, obstinación *f* **2** PERSISTENCE : persistencia *f*

stubby ['stʌbi] *adj* **stubbier; -est** : corto y grueso ⟨stubby fingers : dedos regordetes⟩

stucco ['stʌko:] *n, pl* **stuccos** *or* **stuccoes** : estuco *m*

stuck → **stick**[1]

stuck–up ['stʌk'ʌp] *adj* : engreído, creído *fam*

stud[1] ['stʌd] *vt* **studded; studding** : tachonar, salpicar

stud[2] *n* **1** *or* **stud horse** : semental *m* **2** : montante *m* (en construcción) **3** HOBNAIL : tachuela *f*, tachón *m*

student ['stu:dənt, 'stju:-] *n* : estudiante *mf*; alumno *m*, -na *f* (de un colegio)

studied ['stʌdid] *adj* : intencionado, premeditado

studio ['stu:di,o:, 'stju:-] *n, pl* **studios** : estudio *m*

studious ['stu:diəs, 'stju:-] *adj* : estudioso — **studiously** *adv*

study[1] ['stʌdi] *v* **studied; studying** **1** : estudiar **2** EXAMINE : examinar, estudiar

study[2] *n, pl* **studies** **1** STUDYING : estudio *m* **2** OFFICE : estudio *m*, gabinete *m* (en una casa) **3** RESEARCH : investigación *f*, estudio *m*

stuff[1] ['stʌf] *vt* : rellenar, llenar, atiborrar ⟨a stuffed toy : un juguete de peluche⟩

stuff[2] *n* **1** POSSESSIONS : cosas *fpl* ⟨my stuff : mis cosas⟩ **2** SUPPLIES, EQUIPMENT : cosas *fpl* ⟨baby stuff : cosas para bebés⟩ **3** *fam* : cosa *f*, cosas *fpl* ⟨some sticky stuff : una cosa pegajosa⟩ ⟨this stuff really works! : ¡esto funciona de maravilla!⟩ ⟨they're giving away free stuff : están regalando cosas⟩ ⟨and stuff (like that) : y cosas por el estilo⟩ **4** (*referring to something heard, read, etc.*), *fam* ⟨this is fascinating stuff : esto es fascinante⟩ ⟨the stuff he said isn't true : lo que dijo no es verdad⟩ **5** (*referring to behavior*), *fam* : cosas *fpl* ⟨she does stuff to bug me : hace cosas para fastidiarme⟩ ⟨how can he get away with that stuff? : ¿cómo es que siempre se sale con la suya?⟩ **6** ESSENCE : esencia *f* **7 to know your stuff** : ser experto

stuffing ['stʌfɪŋ] *n* : relleno *m*

stuffy ['stʌfi] *adj* **stuffier; -est 1** CLOSE : viciado, cargado ⟨a stuffy room : una sala mal ventilada⟩ ⟨stuffy weather : tiempo bochornoso⟩ **2** : tapado (dícese de la nariz) **3** STODGY : pesado, aburrido

stumble[1] ['stʌmbəl] *vi* **-bled; -bling 1** TRIP : tropezar, dar un traspié **2** FLOUNDER : quedarse sin saber qué hacer o decir **3 to stumble across** *or* **to stumble upon** : dar con, tropezar con

stumble[2] *n* : tropezón *m*, traspié *m*

stump[1] ['stʌmp] *vt* : dejar perplejo ⟨to be stumped : no tener respuesta⟩

stump[2] *n* **1** : muñón *m* (de un brazo o una pierna) **2** *or* **tree stump** : cepa *f*, tocón *m* **3** STUB : cabo *m*

stun ['stʌn] *vt* **stunned; stunning 1** : aturdir (con un golpe) **2** ASTONISH, SHOCK : dejar estupefacto, dejar atónito, aturdir

stung → **sting[1]**

stunk → **stink[1]**

stunning ['stʌnɪŋ] *adj* **1** ASTONISHING : asombroso, pasmoso, increíble **2** STRIKING : imponente, impresionante (dícese de la belleza)

stunt[1] ['stʌnt] *vt* : atrofiar

stunt[2] *n* : proeza *f* (acrobática)

stupefy ['stu:pəˌfaɪ, 'stju:-] *vt* **-fied; -fying 1** : aturdir, atontar (con drogas, etc.) **2** AMAZE : dejar estupefacto, dejar atónito

stupendous [stʊ'pɛndəs, stjʊ-] *adj* **1** MARVELOUS : estupendo, maravilloso **2** TREMENDOUS : tremendo — **stupendously** *adv*

stupid ['stu:pəd, 'stju:-] *adj* **1** IDIOTIC, SILLY : tonto, bobo, estúpido **2** DULL, OBTUSE : lento, torpe, lerdo

stupidity [stʊ'pɪdət̬i, stjʊ-] *n* : tontería *f*, estupidez *f*

stupidly ['stu:pədli, 'stju:-] *adv* **1** IDIOTICALLY : estúpidamente, tontamente **2** DENSELY : torpemente

stupor ['stu:pər, 'stju:-] *n* : estupor *m*

sturdily ['stərdəli] *adv* : sólidamente

sturdiness ['stərdinəs] *n* : solidez *f* (de muebles, etc.), robustez *f* (de una persona)

sturdy ['stərdi] *adj* **sturdier; -est** : fuerte, robusto, sólido

sturgeon ['stərdʒən] *n* : esturión *m*

stutter[1] ['stʌt̬ər] *vi* : tartamudear

stutter[2] *n* STAMMER : tartamudeo *m*

sty ['staɪ] *n* **1** *pl* **sties** PIGPEN : chiquero *m*, pocilga *f* **2** *pl* **sties** *or* **styes** : orzuelo *m* (en el ojo)

style[1] ['staɪl] *vt* **styled; styling 1** NAME : llamar **2** : peinar (pelo), diseñar (vestidos, etc.) ⟨carefully styled prose : prosa escrita con gran esmero⟩

style[2] *n* **1** : estilo *m* ⟨that's just his style : él es así⟩ ⟨to live in style : vivir a lo grande⟩ **2** FASHION : moda *f*

stylish ['staɪlɪʃ] *adj* : de moda, elegante, chic

stylishly ['staɪlɪʃli] *adv* : con estilo

stylishness ['staɪlɪʃnəs] *n* : estilo *m*

stylist ['staɪlɪst] *n* : estilista *mf*

stylize ['staɪˌlaɪz, 'staɪə-] *vt* : estilizar

stylus ['staɪləs] *n*, *pl* **styli** ['staɪˌlaɪ] **1** PEN : estilo *m* **2** NEEDLE : aguja *f* (de un tocadiscos)

stymie ['staɪmi] *vt* **-mied; -mieing** : obstaculizar

suave ['swɑv] *adj* : fino, urbano

sub[1] ['sʌb] *vi* **subbed; subbing** → **substitute[1]**

sub[2] *n* **1** → **substitute[2]** **2** → **submarine**

subcommittee ['sʌbkəˌmɪt̬i] *n* : subcomité *m*

subconscious[1] [səb'kɑntʃəs] *adj* : subconsciente — **subconsciously** *adv*

subconscious[2] *n* : subconsciente *m*

subcontract [ˌsʌb'kɑnˌtrækt] *vt* : subcontratar

subculture ['sʌbˌkʌltʃər] *n* : subcultura *f*

subdivide [ˌsʌbdə'vaɪd, 'sʌbdəˌvaɪd] *vt* **-vided; -viding** : subdividir

subdivision ['sʌbdəˌvɪʒən] *n* : subdivisión *f*

subdue [səb'du:, -'dju:] *vt* **-dued; -duing 1** OVERCOME : sojuzgar (a un enemigo), vencer, superar **2** CONTROL : dominar **3** SOFTEN : suavizar, atenuar (luz, etc.), moderar (lenguaje)

subgroup ['sʌbˌgru:p] *n* : subgrupo *m*

subhead ['sʌbˌhɛd] *or* **subheading** [-ˌhɛdɪŋ] *n* : subtítulo *m*

subject[1] [səb'dʒɛkt] *vt* **1** CONTROL, DOMINATE : controlar, dominar **2** : someter ⟨they subjected him to pressure : lo sometieron a presiones⟩

subject[2] ['sʌbdʒɪkt] *adj* **1** : subyugado, sometido ⟨a subject nation : una nación subyugada⟩ **2** PRONE : sujeto, propenso ⟨subject to colds : sujeto a resfriarse⟩ **3 subject to** : sujeto a ⟨subject to congressional approval : sujeto a la aprobación del congreso⟩

subject[3] ['sʌbdʒɪkt] *n* **1** : súbdito *m*, -ta *f* (de un gobierno) **2** TOPIC : tema *m* **3** : sujeto *m* (en gramática)

subjection [səb'dʒɛkʃən] *n* : sometimiento *m*

subjective [səb'dʒɛktɪv] *adj* : subjetivo — **subjectively** *adv*

subjectivity [ˌsʌbˌdʒɛk'tɪvət̬i] *n* : subjetividad *f*

subjugate ['sʌbdʒɪˌgeɪt] *vt* **-gated; -gating** : subyugar, someter, sojuzgar

subjunctive [səb'dʒʌŋktɪv] *n* : subjuntivo *m* — **subjunctive** *adj*

sublet ['sʌbˌlɛt] *vt* **-let; -letting** : subarrendar
sublime [sə'blaɪm] *adj* : sublime
sublimely [sə'blaɪmli] *adv* **1** : de manera sublime **2** UTTERLY : absolutamente, completamente
submarine[1] ['sʌbməˌri:n, ˌsʌbmə'-] *adj* : submarino
submarine[2] *n* : submarino *m*
submerge [səb'mərʤ] *v* **-merged; -merging** *vt* : sumergir — *vi* : sumergirse
submission [səb'mɪʃən] *n* **1** YIELDING : sumisión *f* **2** PRESENTATION : presentación *f*
submissive [səb'mɪsɪv] *adj* : sumiso, dócil
submit [səb'mɪt] *v* **-mitted; -mitting** *vi* YIELD : rendirse ⟨to submit to : someterse a⟩ — *vt* PRESENT : presentar
subnormal [ˌsʌb'nɔrməl] *adj* : por debajo de lo normal
subordinate[1] [sə'bɔrdənˌeɪt] *vt* **-nated; -nating** : subordinar
subordinate[2] [sə'bɔrdənət] *adj* : subordinado ⟨a subordinate clause : una oración subordinada⟩
subordinate[3] *n* : subordinado *m*, -da *f*; subalterno *m*, -na *f*
subordination [səˌbɔrdən'eɪʃən] *n* : subordinación *f*
subpoena[1] [sə'pi:nə] *vt* **-naed; -naing** : citar
subpoena[2] *n* : citación *f*, citatorio *m*
subscribe [səb'skraɪb] *vi* **-scribed; -scribing 1** : suscribirse (a una revista, etc.) **2 to subscribe to** : suscribir (una opinión, etc.), estar de acuerdo con
subscriber [səb'skraɪbər] *n* : suscriptor *m*, -tora *f* (de una revista, etc.); abonado *m*, -da *f* (de un servicio)
subscription [səb'skrɪpʃən] *n* : suscripción *f*
subsequent ['sʌbsɪkwənt, -səˌkwɛnt] *adj* : subsiguiente ⟨subsequent to : posterior a⟩
subsequently ['sʌbˌsɪkwɛntli, -kwənt-] *adv* : posteriormente
subservient [səb'sərviənt] *adj* : servil
subside [səb'saɪd] *vi* **-sided; -siding 1** SINK : hundirse, descender **2** ABATE : calmarse (dícese de las emociones), amainar (dícese del viento, etc.)
subsidiary[1] [səb'sɪdiˌɛri] *adj* : secundario
subsidiary[2] *n, pl* **-ries** : filial *f*, subsidiaria *f*
subsidize ['sʌbsəˌdaɪz] *vt* **-dized; -dizing** : subvencionar, subsidiar
subsidy ['sʌbsədi] *n, pl* **-dies** : subvención *f*, subsidio *m*
subsist [səb'sɪst] *vi* : subsistir, mantenerse, vivir
subsistence [səb'sɪstən*t*s] *n* : subsistencia *f*
substance ['sʌbstən*t*s] *n* **1** ESSENCE : sustancia *f*, esencia *f* **2** : sustancia *f* ⟨a toxic substance : una sustancia tóxica⟩ **3** WEALTH : riqueza *f* ⟨a woman of substance : una mujer acaudalada⟩
substandard [ˌsʌb'stændərd] *adj* : inferior, deficiente
substantial [səb'stænʧəl] *adj* **1** ABUNDANT : sustancioso ⟨a substantial meal : una comida sustanciosa⟩ **2** CONSIDERABLE : considerable, apreciable **3** SOLID, STURDY : sólido
substantially [səb'stænʧəli] *adv* : considerablemente
substantiate [səb'stænʧiˌeɪt] *vt* **-ated; -ating** : confirmar, probar, justificar
substitute[1] ['sʌbstəˌtu:t, -ˌtju:t] *v* **-tuted; -tuting** *vt* : sustituir — *vi* **to substitute for** : sustituir
substitute[2] *n* **1** : sustituto *m*, -ta *f*; suplente *mf* (persona) **2** : sucedáneo *m* ⟨sugar substitute : sucedáneo de azúcar⟩
substitute teacher *n* : profesor *m*, -sora *f* suplente
substitution [ˌsʌbstə'tu:ʃən, -'tju:-] *n* : sustitución *f*
subterfuge ['sʌbtərˌfju:ʤ] *n* : subterfugio *m*
subterranean [ˌsʌbtə'reɪniən] *adj* : subterráneo
subtitle ['sʌbˌtaɪţəl] *n* : subtítulo *m*
subtle ['sʌţəl] *adj* **-tler; -tlest 1** DELICATE, ELUSIVE : sutil, delicado **2** CLEVER : sutil, ingenioso
subtlety ['sʌţəlti] *n, pl* **-ties** : sutileza *f*
subtly ['sʌţəli] *adv* : sutilmente
subtotal ['sʌbˌto:ţəl] *n* : subtotal *m*
subtract [səb'trækt] *vt* : restar, sustraer
subtraction [səb'trækʃən] *n* : resta *f*, sustracción *f*
suburb ['sʌˌbərb] *n* : municipio *m* periférico, suburbio *m*
suburban [sə'bərbən] *adj* : de las afueras (de una ciudad), suburbano
subversion [səb'vərʒən] *n* : subversión *f*
subversive [səb'vərsɪv] *adj* : subversivo
subway ['sʌbˌweɪ] *n* : metro *m*, subterráneo *m Arg, Uru*
succeed [sək'si:d] *vt* FOLLOW : suceder a — *vi* : tener éxito (dícese de las personas), dar resultado (dícese de los planes, etc.) ⟨she succeeded in finishing : logró terminar⟩
success [sək'sɛs] *n* : éxito *m*
successful [sək'sɛsfəl] *adj* : exitoso, logrado — **successfully** *adv*
succession [sək'sɛʃən] *n* : sucesión *f* ⟨in succesion : sucesivamente⟩
successive [sək'sɛsɪv] *adj* : sucesivo, consecutivo — **successively** *adv*
successor [sək'sɛsər] *n* : sucesor *m*, -sora *f*
succinct [sək'sɪŋkt, sə'sɪŋkt] *adj* : sucinto — **succinctly** *adv*
succor[1] ['sʌkər] *vt* : socorrer
succor[2] *n* : socorro *m*
succotash ['sʌkəˌtæʃ] *n* : guiso *m* de maíz y frijoles
succulent[1] ['sʌkjələnt] *adj* : suculento, jugoso
succulent[2] *n* : suculenta *f* (planta)

succumb [sə'kʌm] *vi* : sucumbir

such[1] ['sʌʧ] *adv* **1** SO : tan ⟨such tall buildings : edificios tan grandes⟩ **2** VERY : muy ⟨he's not in such good shape : anda un poco mal⟩ **3 such that** : de tal manera que

such[2] *adj* : tal ⟨there's no such thing : no existe tal cosa⟩ ⟨in such cases : en tales casos⟩ ⟨animals such as cows and sheep : animales como vacas y ovejas⟩

such[3] *pron* **1** : tal ⟨such was the result : tal fue el resultado⟩ ⟨he's a child, and acts as such : es un niño, y se porta como tal⟩ **2** : algo o alguien semejante ⟨books, papers and such : libros, papeles y cosas por el estilo⟩

suck ['sʌk] *vi* **1** : chupar **2** : aspirar (dícese de las máquinas) **3** SUCKLE : mamar **4** *fam* : apestar *fam*, ser una lata *fam* ⟨this sucks : qué lata⟩ **5** *fam* : ser malísimo ⟨I suck at sports : soy malísimo en los deportes⟩ **6 to suck on** : chupar **7 to suck up to** : dar coba a — *vt* **1** : sorber (bebidas), chupar (dulces, etc.) **2** PULL, DRAG : arrastrar ⟨to suck under : sumergir, hundir⟩ **3** *or* **to suck up** ABSORB : absorber **4 to suck in** : meter (la panza), aspirar (aire) **5 to be/get sucked in** : dejarse engañar **6 to be/get sucked into** : verse envuelto en (un asunto)

sucker ['sʌkər] *n* **1** : ventosa *f* (de un insecto, etc.) **2** : chupón *m* (de una planta) **3** → **lollipop** **4** FOOL : tonto *m*, -ta *f*; idiota *mf*

suckle ['sʌkəl] *v* **-led; -ling** *vt* : amamantar — *vi* : mamar

suckling ['sʌklɪŋ] *n* : lactante *mf*

sucrose ['su:ˌkro:s, -ˌkro:z] *n* : sacarosa *f*

suction ['sʌkʃən] *n* : succión *f*

Sudanese [ˌsu:dən'i:z, -'i:s] *n* : sudanés *m*, -nesa *f* — **Sudanese** *adj*

sudden ['sʌdən] *adj* **1** : repentino, súbito ⟨all of a sudden : de pronto, de repente⟩ **2** UNEXPECTED : inesperado, improviso **3** ABRUPT, HASTY : precipitado, brusco

suddenly ['sʌdənli] *adv* **1** : de repente, de pronto **2** ABRUPTLY : bruscamente

suddenness ['sʌdənnəs] *n* **1** : lo repentino **2** ABRUPTNESS : brusquedad *f* **3** HASTINESS : lo precipitado

suds ['sʌdz] *npl* : espuma *f* (de jabón)

sue ['su:] *v* **sued; suing** *vt* : demandar — *vi* **to sue for** : demandar por (daños, etc.)

suede ['sweɪd] *n* : ante *m*, gamuza *f*

suet ['su:ət] *n* : sebo *m*

suffer ['sʌfər] *vi* : sufrir — *vt* **1** : sufrir, padecer (dolores, etc.) **2** PERMIT : permitir, dejar

sufferer ['sʌfərər] *n* : persona que padece (una enfermedad, etc.)

suffering ['sʌfərɪŋ] *n* : sufrimiento *m*

suffice [sə'faɪs] *vi* **-ficed; -ficing** : ser suficiente, bastar

sufficient [sə'fɪʃənt] *adj* : suficiente

sufficiently [sə'fɪʃəntli] *adv* : (lo) suficientemente, bastante

suffix ['sʌˌfɪks] *n* : sufijo *m*

suffocate ['sʌfəˌkeɪt] *v* **-cated; -cating** *vt* : asfixiar, ahogar — *vi* : asfixiarse, ahogarse

suffocation [ˌsʌfə'keɪʃən] *n* : asfixia *f*, ahogo *m*

suffrage ['sʌfrɪʤ] *n* : sufragio *m*, derecho *m* al voto

suffuse [sə'fju:z] *vt* **-fused; -fusing** : impregnar (de olores, etc.), bañar (de luz), teñir (de colores), llenar (de emociones)

sugar[1] ['ʃʊgər] *vt* : azucarar

sugar[2] *n* : azúcar *mf*

sugarcane ['ʃʊgərˌkeɪn] *n* : caña *f* de azúcar

sugary ['ʃʊgəri] *adj* **1** : azucarado ⟨sugary desserts : postres azucarados⟩ **2** SACCHARINE : empalagoso

suggest [səg'ʤɛst, sə-] *vt* **1** PROPOSE : sugerir **2** IMPLY : indicar, dar a entender

suggestible [səg'ʤɛstəbəl, sə-] *adj* : influenciable

suggestion [səg'ʤɛsʧən, sə-] *n* **1** PROPOSAL : sugerencia *f* **2** INDICATION : indicio *m* **3** INSINUATION : insinuación *f*

suggestive [səg'ʤɛstɪv, sə-] *adj* : insinuante — **suggestively** *adv*

suicidal [ˌsu:ə'saɪdəl] *adj* : suicida

suicide ['su:əˌsaɪd] *n* **1** : suicidio *m* (acto) **2** : suicida *mf* (persona)

suit[1] ['su:t] *vt* **1** ADAPT : adaptar **2** BEFIT : convenir a, ser apropiado a **3** BECOME : favorecer, quedarle bien (a alguien) ⟨the dress suits you : el vestido te queda bien⟩ **4** PLEASE : agradecer, satisfacer, convenirle bien (a alguien) ⟨does Friday suit you? : ¿le conviene el viernes?⟩ ⟨suit yourself! : ¡como quieras!⟩

suit[2] *n* **1** LAWSUIT : pleito *m*, litigio *m* **2** : traje *m* (ropa) **3** : palo *m* (de naipes)

suitability [ˌsu:ṭə'bɪləṭi] *n* : idoneidad *f*, lo apropiado

suitable ['su:ṭəbəl] *adj* : apropiado, idóneo — **suitably** [-bli] *adv*

suitcase ['su:tˌkeɪs] *n* : maleta *f*, valija *f*, petaca *f Mex*

suite ['swi:t, *for 2 also* 'su:t] *n* **1** : suite *f* (de habitaciones) **2** SET : juego *m* (de muebles)

suitor ['su:ṭər] *n* : pretendiente *m*

sulfur ['sʌlfər] *n* : azufre *m*

sulfuric acid [ˌsʌl'fjʊrɪk] *adj* : ácido *m* sulfúrico

sulfurous [ˌsʌl'fjʊrəs, 'sʌlfərəs, 'sʌlfjə-] *adj* : sulfuroso

sulk[1] ['sʌlk] *vi* : estar de mal humor, enfurruñarse *fam*

sulk[2] *n* : mal humor *m*

sulky ['sʌlki] *adj* **sulkier; -est** : malhumorado, taimado *Chile*

sullen ['sʌlən] *adj* 1 MOROSE : hosco, taciturno 2 DREARY : sombrío, deprimente
sullenly ['sʌlənli] *adv* 1 MOROSELY : hoscamente 2 GLOOMILY : sombríamente
sully ['sʌli] *vt* **sullied; sullying** : manchar, empañar
sultan ['sʌltən] *n* : sultán *m*
sultry ['sʌltri] *adj* **sultrier; -est** 1 : bochornoso ⟨sultry weather : tiempo sofocante, tiempo bochornoso⟩ 2 SENSUAL : sensual, seductor
sum[1] ['sʌm] *vt* **summed; summing** 1 : sumar (números) 2 → **sum up**
sum[2] *n* 1 AMOUNT : suma *f*, cantidad *f* 2 TOTAL : suma *f*, total *f* 3 : suma *f*, adición *f* (en matemáticas)
sumac ['ʃu:ˌmæk, 'su:-] *n* : zumaque *m*
summarize ['sʌməˌraɪz] *v* **-rized; -rizing** : resumir, compendiar
summary[1] ['sʌməri] *adj* 1 CONCISE : breve, conciso 2 IMMEDIATE : inmediato ⟨a summary dismissal : un despido inmediato⟩
summary[2] *n, pl* **-ries** : resumen *m*, compendio *m*
summer ['sʌmər] *n* : verano *m*
summery ['sʌməri] *adj* : veraniego
summit ['sʌmət] *n* 1 : cumbre *f*, cima *f* (de una montaña) 2 *or* **summit conference** : cumbre *f*
summon ['sʌmən] *vt* 1 CALL : convocar (una reunión, etc.), llamar (a una persona) 2 : citar (en derecho) 3 **to summon up** : armarse de (valor, etc.) ⟨to summon up one's strength : reunir fuerzas⟩
summons ['sʌmənz] *n, pl* **summonses** 1 SUBPOENA : citación *f*, citatorio *m* *Mex* 2 CALL : llamada *f*, llamamiento *m*
sumptuous ['sʌmptʃʊəs] *adj* : suntuoso
sum up *vt* 1 SUMMARIZE : resumir 2 EVALUATE : evaluar — *vi* : recapitular
sun[1] ['sʌn] *vt* **sunned; sunning** 1 : poner al sol 2 **to sun oneself** : asolearse, tomar el sol
sun[2] *n* 1 : sol *m* 2 SUNSHINE : luz *f* del sol
sunbeam ['sʌnˌbi:m] *n* : rayo *m* de sol
sunblock ['sʌnˌblɑk] *n* : filtro *m* solar
sunburn[1] ['sʌnˌbərn] *vi* **-burned** [-ˌbərnd] *or* **-burnt** [-ˌbərnt]; **-burning** : quemarse por el sol
sunburn[2] ['sʌnˌbərn] *n* : quemadura *f* de sol
sundae ['sʌndi] *n* : sundae *m*
Sunday ['sʌnˌdeɪ, -di] *n* : domingo *m*
sundial ['sʌnˌdaɪl] *n* : reloj *m* de sol
sundown ['sʌnˌdaʊn] → **sunset**
sundries ['sʌndriz] *npl* : artículos *mpl* diversos
sundry ['sʌndri] *adj* : varios, diversos
sunflower ['sʌnˌflaʊər] *n* : girasol *m*, mirasol *m*
sung → **sing**
sunglasses ['sʌnˌglæsəz] *npl* : gafas *fpl* de sol, lentes *mpl* de sol
sunk → **sink**[1]
sunken ['sʌŋkən] *adj* : hundido
sunlight ['sʌnˌlaɪt] *n* : sol *m*, luz *f* del sol
sunny ['sʌni] *adj* **sunnier; -est** : soleado
sunrise ['sʌnˌraɪz] *n* : salida *f* del sol
sunscreen ['sʌnˌskri:n] *n* : filtro *m* solar
sunset ['sʌnˌsɛt] *n* : puesta *f* del sol
sunshine ['sʌnˌʃaɪn] *n* : sol *m*, luz *f* del sol
sunspot ['sʌnˌspɑt] *n* : mancha *f* solar
sunstroke ['sʌnˌstro:k] *n* : insolación *f*
suntan ['sʌnˌtæn] *n* : bronceado *m*
sup ['sʌp] *vi* **supped; supping** : cenar
super ['su:pər] *adj* : súper ⟨super! : ¡fantástico!⟩
superabundance [ˌsu:pərə'bʌndənts] *n* : superabundancia *f*
superb [sʊ'pərb] *adj* : magnífico, espléndido — **superbly** *adv*
supercilious [ˌsu:pər'sɪliəs] *adj* : altivo, altanero, desdeñoso
supercomputer ['su:pərkəmˌpju:t̬ər] *n* : supercomputadora *f*
superficial [ˌsu:pər'fɪʃəl] *adj* : superficial — **superficially** *adv*
superfluous [sʊ'pərflʊəs] *adj* : superfluo
superhighway ['su:pərˌhaɪˌweɪ, ˌsu:pər'-] *n* : autopista *f*
superhuman [ˌsu:pər'*h*ju:mən] *adj* 1 SUPERNATURAL : sobrenatural 2 HERCULEAN : sobrehumano
superimpose [ˌsu:pərɪm'po:z] *vt* **-posed; -posing** : superponer, sobreponer
superintend [ˌsu:pərɪn'tɛnd] *vt* : supervisar
superintendent [ˌsu:pərɪn'tɛndənt] *n* : portero *m*, -ra *f* (de un edificio); director *m*, -tora *f* (de una escuela, etc.); superintendente *mf* (de policía)
superior[1] [sʊ'pɪriər] *adj* 1 BETTER : superior 2 HAUGHTY : altivo, altanero
superior[2] *n* : superior *m*
superiority [sʊˌpɪri'ɔrət̬i] *n, pl* **-ties** : superioridad *f*
superlative[1] [sʊ'pərlət̬ɪv] *adj* 1 : superlativo (en gramática) 2 SUPREME : supremo 3 EXCELLENT : excelente, excepcional
superlative[2] *n* : superlativo *m*
supermarket ['su:pərˌmɑrkət] *n* : supermercado *m*
supernatural [ˌsu:pər'nætʃərəl] *adj* : sobrenatural
supernaturally [ˌsu:pər'nætʃərəli] *adv* : de manera sobrenatural
superpower ['su:pərˌpaʊər] *n* : superpotencia *f*
supersede [ˌsu:pər'si:d] *vt* **-seded; -seding** : suplantar, reemplazar, sustituir
supersonic [ˌsu:pər'sɑnɪk] *adj* : supersónico
superstar ['su:pərˌstɑr] *n* : superestrella *f*

superstition [ˌsu:pərˈstɪʃən] *n* : superstición *f*
superstitious [ˌsu:pərˈstɪʃəs] *adj* : supersticioso
superstructure [ˈsu:pərˌstrʌkʧər] *n* : superestructura *f*
supervise [ˈsu:pərˌvaɪz] *vt* **-vised; -vising** : supervisar, dirigir
supervision [ˌsu:pərˈvɪʒən] *n* : supervisión *f*, dirección *f*
supervisor [ˈsu:pərˌvaɪzər] *n* : supervisor *m*, -sora *f*
supervisory [ˌsu:pərˈvaɪzəri] *adj* : de supervisor
supine [sʊˈpaɪn] *adj* **1** : en decúbito supino, en decúbito dorsal **2** ABJECT, INDIFFERENT : indiferente, apático
supper [ˈsʌpər] *n* : cena *f*, comida *f*
supplant [səˈplænt] *vt* : suplantar
supple [ˈsʌpəl] *adj* **-pler; -plest** : flexible
supplement[1] [ˈsʌpləˌmɛnt] *vt* : complementar, completar
supplement[2] [ˈsʌpləmənt] *n* **1** : complemento *m* ⟨dietary supplement : complemento alimenticio⟩ **2** : suplemento *m* (de un libro o periódico)
supplementary [ˌsʌpləˈmɛntəri] *adj* : suplementario
supplicate [ˈsʌpləˌkeɪt] *v* **-cated; -cating** *vi* : rezar — *vt* : suplicar
supplier [səˈplaɪər] *n* : proveedor *m*, -dora *f*; abastecedor *m*, -dora *f*
supply[1] [səˈplaɪ] *vt* **-plied; -plying** : suministrar, proveer de, proporcionar
supply[2] *n, pl* **-plies** **1** PROVISION : provisión *f*, suministro *m* ⟨supply and demand : la oferta y la demanda⟩ **2** STOCK : reserva *f*, existencias *fpl* (de un negocio) **3 supplies** *npl* PROVISIONS : provisiones *fpl*, víveres *mpl*, despensa *f*
support[1] [səˈport] *vt* **1** BACK : apoyar, respaldar **2** MAINTAIN : mantener, sostener, sustentar **3** PROP UP : sostener, apoyar, apuntalar, soportar
support[2] *n* **1** : apoyo *m* (moral), ayuda *f* (económica) **2** PROP : soporte *m*, apoyo *m*
supporter [səˈporṭər] *n* : partidario *m*, -ria *f*
supportive [səˈporṭɪv] *adj* : que apoya ⟨his family is very supportive : su familia lo apoya mucho⟩
suppose [səˈpo:z] *vt* **-posed; -posing** **1** ASSUME : suponer, imaginarse ⟨(let's) suppose that . . . : supongamos que . . .⟩ **2** BELIEVE : suponer, creer ⟨I suppose so/not : supongo que sí/no⟩ **3** (*used in polite requests*) ⟨I don't suppose you could help me? : ¿tú no podrías ayudarme?⟩ **4 to be supposed to** (*indicating expectation or intention*) ⟨he's supposed to arrive today : se supone que llegue hoy⟩ ⟨it was supposed to be a surprise : se suponía que iba a ser una sorpresa⟩ ⟨what's that supposed to mean? : ¿qué quieres decir con eso?⟩ **5 to be supposed to** (*indicating obligation or permission*) ⟨I'm supposed to study : (se supone que) tengo que estudiar⟩ ⟨you're not supposed to go : no deberías ir⟩ **6 to be supposed to** (*indicating what others say*) ⟨she's supposed to be the best : dicen que es la mejor⟩
supposed [səˈpo:zd, -ˈpo:zəd] *adj* : supuesto — **supposedly** [səˈpo:zədli] *adv*
supposition [ˌsʌpəˈzɪʃən] *n* : suposición *f*
suppository [səˈpɑzəˌtori] *n, pl* **-ries** : supositorio *m*
suppress [səˈprɛs] *vt* **1** SUBDUE : sofocar, suprimir, reprimir (una rebelión, etc.) **2** : suprimir, ocultar (información) **3** REPRESS : reprimir, contener ⟨to suppress a yawn : reprimir un bostezo⟩
suppression [səˈprɛʃən] *n* **1** SUBDUING : represión *f* **2** : supresión *f* (de información) **3** REPRESSION : represión *f*, inhibición *f*
supremacy [sʊˈprɛməsi] *n, pl* **-cies** : supremacía *f*
supreme [sʊˈpri:m] *adj* : supremo
Supreme Being *n* : Ser *m* Supremo
supremely [sʊˈpri:mli] *adv* : totalmente, sumamente
surcharge [ˈsərˌʧɑrʤ] *n* : recargo *m*
sure[1] [ˈʃʊr] *adv* **1** ALL RIGHT : por supuesto, claro **2** (*used as an intensifier*) ⟨it sure is hot! : ¡hace tanto calor!⟩ ⟨she sure is pretty! : ¡qué linda es!⟩
sure[2] *adj* **surer; -est** **1** : seguro ⟨a sure sign : una clara señal⟩ ⟨a sure method : un método seguro⟩ ⟨it's a sure thing that . . . : seguro que . . .⟩ **2 for sure** ⟨to know for sure : saber a ciencia cierta, saber con certeza⟩ ⟨for sure! : ¡ya lo creo!⟩ ⟨that's for sure : eso es seguro⟩ **3 to be sure** ⟨to be sure (about/of something) : estar seguro (de algo)⟩ ⟨to be sure that . . . : estar seguro de que . . .⟩ ⟨to be sure of oneself : estar seguro de sí mismo⟩ ⟨I'm not sure why : no sé por qué⟩ ⟨be sure to call! : ¡no dejes de llamar!⟩ **4 to make sure** ⟨he made sure (that) the door was locked : se aseguró de que la puerta estaba cerrada con llave⟩ ⟨make sure to call! : ¡no dejes de llamar!⟩ ⟨make sure it doesn't happen again : que no vuelva a pasar⟩
surely [ˈʃʊrli] *adv* **1** CERTAINLY : seguramente **2** (*used as an intensifier*) ⟨you surely don't mean that! : ¡no me digas que estás hablando en serio!⟩
sureness [ˈʃʊrnəs] *n* : certeza *f*, seguridad *f*
surety [ˈʃʊrəṭi] *n, pl* **-ties** : fianza *f*, garantía *f*
surf [ˈsərf] *n* **1** WAVES : oleaje *m* **2** FOAM : espuma *f*
surface[1] [ˈsərfəs] *v* **-faced; -facing** *vi* : salir a la superficie — *vt* : revestir (una carretera)

surface[2] *n* **1** : superficie *f* **2 on the surface** : en apariencia

surfboard [ˈsərfˌbord] *n* : tabla *f* de surf, tabla *f* de surfing

surfeit [ˈsərfət] *n* : exceso *m*

surfer [ˈsərfər] *n* **1** : surfista *mf* **2** : internauta *mf*

surfing [ˈsərfɪŋ] *n* : surf *m*, surfing *m*

surge[1] [ˈsərʤ] *vi* **surged; surging** **1** : hincharse (dícese del mar), levantarse (dícese de las olas) **2** SWARM : salir en tropel (dícese de la gente, etc.)

surge[2] *n* **1** : oleaje *m* (del mar), oleada *f* (de gente) **2** FLUSH : arranque *m*, arrebato *m* (de ira, etc.) **3** INCREASE : aumento *m* (súbito)

surgeon [ˈsərʤən] *n* : cirujano *m*, -na *f*

surgery [ˈsərʤəri] *n, pl* **-geries** : cirugía *f*

surgical [ˈsərʤɪkəl] *adj* : quirúrgico — **surgically** [-kli] *adv*

surly [ˈsərli] *adj* **surlier; -est** : hosco, arisco

surmise[1] [sərˈmaɪz] *vt* **-mised; -mising** : conjeturar, suponer, concluir

surmise[2] *n* : conjetura *f*

surmount [sərˈmaʊnt] *vt* **1** OVERCOME : superar, vencer, salvar **2** CLIMB : escalar **3** CAP, TOP : coronar

surname [ˈsərˌneɪm] *n* : apellido *m*

surpass [sərˈpæs] *vt* : superar, exceder, rebasar, sobrepasar

surplus [ˈsərˌplʌs] *n* : excedente *m*, sobrante *m*, superávit *m* (de dinero)

surprise[1] [səˈpraɪz, sər-] *vt* **-prised; -prising** : sorprender

surprise[2] *n* : sorpresa *f* ⟨to take by surprise : sorprender⟩

surprising [səˈpraɪzɪŋ, sər-] *adj* : sorprendente — **surprisingly** *adv*

surrender[1] [səˈrɛndər] *vt* **1** : entregar, rendir **2 to surrender oneself** : entregarse — *vi* : rendirse

surrender[2] *n* : rendición *m* (de una ciudad, etc.), entrega *f* (de posesiones)

surreptitious [ˌsərəpˈtɪʃəs] *adj* : subrepticio — **surreptitiously** *adv*

surrogate [ˈsərəgət, -ˌgeɪt] *n* : sustituto *m*

surround [səˈraʊnd] *vt* : rodear

surroundings [səˈraʊndɪŋz] *npl* : ambiente *m*, entorno *m*

surveillance [sərˈveɪlənts, -ˈveɪljənts, -ˈveɪənts] *n* : vigilancia *f*

survey[1] [sərˈveɪ] *vt* **-veyed; -veying** **1** : medir (un terreno) **2** EXAMINE : inspeccionar, examinar, revisar **3** POLL : hacer una encuesta de, sondear

survey[2] [ˈsərˌveɪ] *n, pl* **-veys** **1** INSPECTION : inspección *f*, revisión *f* **2** : medición *f* (de un terreno) **3** POLL : encuesta *f*, sondeo *m*

surveyor [sərˈveɪər] *n* : agrimensor *m*, -sora *f*

survival [sərˈvaɪvəl] *n* : supervivencia *f*, sobrevivencia *f*

survive [sərˈvaɪv] *v* **-vived; -viving** *vi* : sobrevivir — *vt* OUTLIVE : sobrevivir a

survivor [sərˈvaɪvər] *n* : superviviente *mf*, sobreviviente *mf*

susceptibility [səˌsɛptəˈbɪləṭi] *n, pl* **-ties** : vulnerabilidad *f*, propensión *f* (a enfermedades, etc.)

susceptible [səˈsɛptəbəl] *adj* **1** VULNERABLE : vulnerable, sensible ⟨susceptible to flattery : sensible a halagos⟩ **2** PRONE : propenso ⟨susceptible to colds : propenso a resfriarse⟩

suspect[1] [səˈspɛkt] *vt* **1** DISTRUST : dudar de **2** : sospechar (algo), sospechar de (una persona) **3** IMAGINE, THINK : imaginarse, creer

suspect[2] [ˈsʌsˌpɛkt, səˈspɛkt] *adj* : sospechoso, dudoso, cuestionable

suspect[3] [ˈsʌsˌpɛkt] *n* : sospechoso *m*, -sa *f*

suspend [səˈspɛnd] *vt* : suspender

suspenders [səˈspɛndərz] *npl* : tirantes *mpl*

suspense [səˈspɛnts] *n* : incertidumbre *f*, suspenso *m* (en una película, etc.)

suspenseful [səˈspɛntsfəl] *adj* : de suspenso

suspension [səˈspɛntʃən] *n* : suspensión *f*

suspicion [səˈspɪʃən] *n* **1** : sospecha *f* **2** TRACE : pizca *f*, atisbo *m*

suspicious [səˈspɪʃəs] *adj* **1** QUESTIONABLE : sospechoso, dudoso **2** DISTRUSTFUL : suspicaz, desconfiado

suspiciously [səˈspɪʃəsli] *adv* : de modo sospechoso, con recelo

sustain [səˈsteɪn] *vt* **1** NOURISH : sustentar **2** PROLONG : sostener **3** SUFFER : sufrir **4** SUPPORT, UPHOLD : apoyar, respaldar, sostener

sustainable [səˈsteɪnəbəl] *adj* : sostenible

sustenance [ˈsʌstənənts] *n* **1** NOURISHMENT : sustento *m* **2** SUPPORT : sostén *m*

svelte [ˈsfɛlt] *adj* : esbelto

swab[1] [ˈswɑb] *vt* **swabbed; swabbing** **1** CLEAN : lavar, limpiar **2** : aplicar a (con hisopo)

swab[2] *n or* **cotton swab** : hisopo *m* (para aplicar medicinas, etc.)

swaddle [ˈswɑdəl] *vt* **-dled; -dling** [ˈswɑdəlɪŋ] : envolver (en pañales)

swagger[1] [ˈswægər] *vi* : pavonearse

swagger[2] *n* : pavoneo *m*

swallow[1] [ˈswɑloː] *vt* **1** : tragar (comida, etc.) **2** ENGULF : tragarse, envolver **3** REPRESS : tragarse (insultos, etc.) — *vi* : tragar

swallow[2] *n* **1** : golondrina *f* (pájaro) **2** GULP : trago *m*

swam → **swim**[1]

swamp[1] [ˈswɑmp] *vt* : inundar

swamp[2] *n* : pantano *m*, ciénaga *f*

swampy [ˈswɑmpi] *adj* **swampier; -est** : pantanoso, cenagoso

swan [ˈswɑn] *n* : cisne *f*

swap[1] [ˈswɑp] *vt* **swapped; swapping** : cambiar, intercambiar ⟨to swap places : cambiarse de sitio⟩

swap[2] *n* : cambio *m*, intercambio *m*

swarm[1] [ˈswɔrm] *vi* : enjambrar

swarm[2] *n* : enjambre *m*
swarthy [ˈswɔrði, -θi] *adj* **swarthier; -est** : moreno
swashbuckling [ˈswɑʃˌbʌklɪŋ] *adj* : de aventurero
swat[1] [ˈswɑt] *vt* **swatted; swatting** : aplastar (un insecto), darle una palmada (a alguien)
swat[2] *n* : palmada *f* (con la mano), golpe *m* (con un objeto)
swatch [ˈswɑʧ] *n* : muestra *f*
swath [ˈswɑθ, ˈswɔθ] *or* **swathe** [ˈswɑð, ˈswɔð, ˈsweɪð] *n* : franja *f* (de grano segado)
swathe [ˈswɑð, ˈswɔð, ˈsweɪð] *vt* **swathed; swathing** : envolver
swatter [ˈswɑt̬ər] → **flyswatter**
sway[1] [ˈsweɪ] *vi* : balancearse, mecerse — *vt* INFLUENCE : influir en, convencer
sway[2] *n* **1** SWINGING : balanceo *m* **2** INFLUENCE : influjo *m*
swear [ˈswær] *v* **swore** [ˈswor]; **sworn** [ˈsworn]; **swearing** *vi* **1** VOW : jurar **2** CURSE : decir palabrotas — *vt* : jurar
swearword [ˈswærˌwərd] *n* : mala palabra *f*, palabrota *f*
sweat[1] [ˈswɛt] *vi* **sweat** *or* **sweated; sweating** **1** PERSPIRE : sudar, transpirar **2** OOZE : rezumar **3 to sweat over** : sudar la gota gorda por
sweat[2] *n* : sudor *m*, transpiración *f*
sweater [ˈswɛt̬ər] *n* : suéter *m*
sweatshirt [ˈswɛtˌʃərt] *n* : sudadera *f*
sweaty [ˈswɛt̬i] *adj* **sweatier; -est** : sudoroso, sudado, transpirado
Swede [ˈswi:d] *n* : sueco *m*, -ca *f*
Swedish[1] [ˈswi:dɪʃ] *adj* : sueco
Swedish[2] *n* **1** : sueco *m* (idioma) **2 the Swedish** *npl* : los suecos
sweep[1] [ˈswi:p] *v* **swept** [ˈswɛpt]; **sweeping** *vt* **1** : barrer (el suelo, etc.), limpiar (la suciedad, etc.) ⟨he swept the books aside : apartó los libros de un manotazo⟩ **2** *or* **to sweep through** : extenderse por (dícese del fuego, etc.), azotar (dícese de una tormenta) ⟨a craze that's sweeping the nation : una moda que está haciendo furor en todo el país⟩ **3** DRAG : barrer, arrastrar **4** : recorrer ⟨her gaze swept the class : recorrió la clase con la mirada⟩ **5** SEARCH : peinar **6** : ir (dramáticamente) ⟨she swept into the room : entró a lo grande en la habitación⟩ **7** DEFEAT : barrer con (un rival, etc.) **8** : barrer en, arrasar en (elecciones, etc.) ⟨the team swept the series : el equipo barrió en la serie⟩ **9 to sweep aside** DISMISS : desechar **10 to sweep up** : recoger — *vi* **1** : barrer, limpiar **2** : extenderse (en una curva), describir una curva ⟨the sun swept across the sky : el sol describía una curva en el cielo⟩ **3 to sweep up** : barrer
sweep[2] *n* **1** : barrido *m*, barrida *f* (con una escoba) **2** : movimiento *m* circular **3** SCOPE : alcance *m*
sweeper [ˈswi:pər] *n* : barrendero *m*, -ra *f*
sweeping [ˈswi:pɪŋ] *adj* **1** WIDE : amplio (dícese de un movimiento) **2** EXTENSIVE : extenso, radical **3** INDISCRIMINATE : indiscriminado, demasiado general **4** OVERWHELMING : arrollador, aplastante
sweepstakes [ˈswi:pˌsteɪks] *ns & pl* **1** : carrera *f* (en que el ganador se lleva el premio entero) **2** LOTTERY : lotería *f*
sweet[1] [ˈswi:t] *adj* **1** : dulce ⟨sweet desserts : postres dulces⟩ **2** FRESH : fresco **3** : sin sal (dícese de la mantequilla, etc.) **4** PLEASANT : dulce, agradable **5** DEAR : querido
sweet[2] *n* : dulce *m*
sweeten [ˈswi:tən] *vt* : endulzar
sweetener [ˈswi:tənər] *n* : endulzante *m*
sweetheart [ˈswi:tˌhɑrt] *n* : novio *m*, -via *f* ⟨thanks, sweetheart : gracias, cariño⟩
sweetly [ˈswi:tli] *adv* : dulcemente
sweetness [ˈswi:tnəs] *n* : dulzura *f*
sweet potato *n* : batata *f*, boniato *m*
swell[1] [ˈswɛl] *vi* **swelled; swelled** *or* **swollen** [ˈswo:lən, ˈswʌl-]; **swelling** **1** *or* **to swell up** : hincharse ⟨her ankle swelled : se le hinchó el tobillo⟩ **2** *or* **to swell out** : inflarse, hincharse (dícese de las velas, etc.) **3** INCREASE : aumentar, crecer
swell[2] *n* **1** : oleaje *m* (del mar) **2** → **swelling**
swelling [ˈswɛlɪŋ] *n* : hinchazón *f*
swelter [ˈswɛltər] *vi* : sofocarse de calor
swept → **sweep**[1]
swerve[1] [ˈswərv] *vi* **swerved; swerving** : virar bruscamente
swerve[2] *n* : viraje *m* brusco
swift[1] [ˈswɪft] *adj* **1** FAST : rápido, veloz **2** SUDDEN : repentino, súbito — **swiftly** *adv*
swift[2] *n* : vencejo *m* (pájaro)
swiftness [ˈswɪftnəs] *n* : rapidez *f*, velocidad *f*
swig[1] [ˈswɪg] *vi* **swigged; swigging** : tomar a tragos, beber a tragos
swig[2] *n* : trago *m*
swill[1] [ˈswɪl] *vt* : chupar, beber a tragos grandes
swill[2] *n* **1** SLOP : bazofia *f* **2** GARBAGE : basura *f*
swim[1] [ˈswɪm] *vi* **swam** [ˈswæm]; **swum** [ˈswʌm]; **swimming** **1** : nadar **2** FLOAT : flotar **3** REEL : dar vueltas ⟨his head was swimming : la cabeza le daba vueltas⟩
swim[2] *n* : baño *m*, chapuzón *m* ⟨to go for a swim : ir a nadar⟩
swimmer [ˈswɪmər] *n* : nadador *m*, -dora *f*
swindle[1] [ˈswɪndəl] *vt* **-dled; -dling** : estafar, timar
swindle[2] *n* : estafa *f*, timo *m fam*
swindler [ˈswɪndələr] *n* : estafador *m*, -dora *f*; timador *m*, -dora *f*
swine [ˈswaɪn] *ns & pl* : cerdo *m*, -da *f*

swing[1] ['swɪŋ] *v* **swung** ['swʌŋ]; **swinging** *vt* **1** : describir una curva con ⟨she swung the ax at the tree : le dio al árbol con el hacha⟩ ⟨he swung himself (up) into the truck : se subió al camión⟩ **2** : balancear (los brazos, etc.), hacer oscilar **3** SUSPEND : colgar **4** MANAGE : arreglar ⟨he'll come if he can swing it : vendrá si puede arreglarlo⟩ ⟨I can't swing a new car : no me alcanza para comprar un auto nuevo⟩ — *vi* **1** SWAY : balancearse (dícese de los brazos, etc.), oscilar (dícese de un objeto), columpiarse, mecerse (en un columpio) **2** SWIVEL : girar (en un pivote) ⟨the door swung shut : la puerta se cerró⟩ **3** CHANGE : virar, cambiar (dícese de las opiniones, etc.) **4** : intentar darle a algo/alguien ⟨he swung at me : intentó pegarme⟩ ⟨she swung (at the ball) but missed : bateó pero no conectó⟩ **5 to swing by** *fam* : pasar (por) ⟨I'll swing by later : pasaré a verte luego⟩ ⟨he'll swing by the store on his way home : pasará por la tienda de camino a casa⟩ **6 to swing into action** : entrar en acción

swing[2] *n* **1** SWINGING : vaivén *m*, balanceo *m* **2** CHANGE, SHIFT : viraje *m*, movimiento *m* **3** : columpio *m* (para niños) **4 to take a swing at someone** : intentar pegarle a alguien

swipe[1] ['swaɪp] *vt* **swiped; swiping 1** STRIKE : dar, pegar (con un movimiento amplio) **2** WIPE : limpiar **3** STEAL : birlar *fam*, robar

swipe[2] *n* BLOW : golpe *m*

swirl[1] ['swərl] *vi* : arremolinarse

swirl[2] *n* **1** EDDY : remolino *m* **2** SPIRAL : espiral *f*

swish[1] ['swɪʃ] *vt* : mover (produciendo un sonido) ⟨she swished her skirt : movía la falda⟩ — *vi* : moverse (produciendo un sonido) ⟨the cars swished by : se oían pasar los coches⟩

swish[2] *n* : silbido *m* (de un látigo, etc.), susurro *m* (de agua), crujido *m* (de ropa, etc.)

Swiss ['swɪs] *n* : suizo *m*, -za *f* — **Swiss** *adj*

swiss chard *n* : acelga *f*

switch[1] ['swɪʧ] *vt* **1** LASH, WHIP : azotar **2** CHANGE : cambiar de **3** EXCHANGE : intercambiar **4 to switch on** : encender, prender **5 to switch off** : apagar — *vi* **1** : moverse de un lado al otro **2** CHANGE : cambiar **3** SWAP : intercambiarse

switch[2] *n* **1** WHIP : vara *f* **2** CHANGE, SHIFT : cambio *m* **3** : interruptor *m*, llave *f* (de la luz, etc.)

switchboard ['swɪʧˌbord] *n* : conmutador *m*, centralita *f*

swivel[1] ['swɪvəl] *vi* **-veled** *or* **-velled; -veling** *or* **-velling** : girar (sobre un pivote)

swivel[2] *n* : base *f* giratoria

swollen *pp* → **swell**[1]

swoon[1] ['swuːn] *vi* : desvanecerse, desmayarse

swoon[2] *n* : desvanecimiento *m*, desmayo *m*

swoop[1] ['swuːp] *vi* : abatirse (dícese de las aves), descender en picada (dícese de un avión)

swoop[2] *n* : descenso *m* en picada

sword ['sɔrd] *n* : espada *f*

swordfish ['sɔrdˌfɪʃ] *n* : pez *m* espada

swore, sworn → **swear**

swum *pp* → **swim**[1]

swung → **swing**[1]

sycamore ['sɪkəˌmor] *n* : sicomoro *m*

sycophant ['sɪkəfənt, -ˌfænt] *n* : adulador *m*, -dora *f*

syllabic [sə'læbɪk] *adj* : silábico

syllable ['sɪləbəl] *n* : sílaba *f*

syllabus ['sɪləbəs] *n, pl* **-bi** [-ˌbaɪ] *or* **-buses** : programa *m* (de estudios)

symbol ['sɪmbəl] *n* : símbolo *m*

symbolic [sɪm'bɑlɪk] *adj* : simbólico — **symbolically** [-kli] *adv*

symbolism ['sɪmbəˌlɪzəm] *n* : simbolismo *m*

symbolize ['sɪmbəˌlaɪz] *vt* **-ized; -izing** : simbolizar

symmetrical [sə'mɛtrɪkəl] *or* **symmetric** [-trɪk] *adj* : simétrico — **symmetrically** [-trɪkli] *adv*

symmetry ['sɪmətri] *n, pl* **-tries** : simetría *f*

sympathetic [ˌsɪmpə'θɛt̬ɪk] *adj* **1** PLEASING : agradable **2** RECEPTIVE : receptivo, favorable **3** COMPASSIONATE, UNDERSTANDING : comprensivo, compasivo

sympathetically [ˌsɪmpə'θɛt̬ɪkli] *adv* : con compasión, con comprensión

sympathize ['sɪmpəˌθaɪz] *vi* **-thized; -thizing** : compadecer ⟨I sympathize with you : te compadezco⟩

sympathy ['sɪmpəθi] *n, pl* **-thies 1** COMPASSION : compasión *f* **2** UNDERSTANDING : comprensión *f* **3** AGREEMENT : solidaridad *f* ⟨in sympathy with : de acuerdo con⟩ **4** CONDOLENCES : pésame *m*, condolencias *fpl*

symphonic [sɪm'fɑnɪk] *adj* : sinfónico

symphony ['sɪmpfəni] *n, pl* **-nies** : sinfonía *f*

symposium [sɪm'poːziəm] *n, pl* **-sia** [-ziə] *or* **-siums** : simposio *m*

symptom ['sɪmptəm] *n* : síntoma *m*

symptomatic [ˌsɪmptə'mæt̬ɪk] *adj* : sintomático

synagogue ['sɪnəˌgɑg, -ˌgɔg] *n* : sinagoga *f*

sync ['sɪŋk] *n* : sincronización *f* ⟨in sync : sincronizado⟩

synchronize ['sɪŋkrəˌnaɪz, 'sɪn-] *v* **-nized; -nizing** *vi* : estar sincronizado — *vt* : sincronizar

syncopate ['sɪŋkəˌpeɪt, 'sɪn-] *vt* **-pated; -pating** : sincopar

syncopation [ˌsɪŋkə'peɪʃən, ˌsɪn-] *n* : síncopa *f*

syndicate[1] ['sɪndəˌkeɪt] *vi* **-cated; -cating** : formar una asociación

syndicate[2] [ˈsɪndɪkət] *n* : asociación *f*, agrupación *f*
syndrome [ˈsɪnˌdro:m] *n* : síndrome *m*
synonym [ˈsɪnəˌnɪm] *n* : sinónimo *m*
synonymous [səˈnɑnəməs] *adj* : sinónimo
synopsis [səˈnɑpsɪs] *n, pl* **-opses** [-ˌsi:z] : sinopsis *f*
syntactic [sɪnˈtæktɪk] *adj* : sintáctico
syntax [ˈsɪnˌtæks] *n* : sintaxis *f*
synthesis [ˈsɪnθəsɪs] *n, pl* **-theses** [-ˌsi:z] : síntesis *f*
synthesize [ˈsɪnθəˌsaɪz] *vt* **-sized; -sizing** : sintetizar
synthetic[1] [sɪnˈθɛt̬ɪk] *adj* : sintético, artificial — **synthetically** [-t̬ɪkli] *adv*
synthetic[2] *n* : producto *m* sintético
syphilis [ˈsɪfələs] *n* : sífilis *f*
Syrian [ˈsɪriən] *n* : sirio *m*, -ria *f* — **Syrian** *adj*
syringe [səˈrɪnʤ, ˈsɪrɪnʤ] *n* : jeringa *f*, jeringuilla *f*
syrup [ˈsərəp, ˈsɪrəp] *n* : jarabe *m*, almíbar *m* (de azúcar y agua)
system [ˈsɪstəm] *n* **1** METHOD : sistema *m*, método *m* **2** APPARATUS : sistema *m*, instalación *f*, aparato *m* ⟨electrical system : instalación eléctrica⟩ ⟨digestive system : aparato digestivo⟩ **3** BODY : organismo *m*, cuerpo *m* ⟨diseases that affect the whole system : enfermedades que afectan el organismo entero⟩ **4** NETWORK : red *f*
systematic [ˌsɪstəˈmæt̬ɪk] *adj* : sistemático — **systematically** [-t̬ɪkli] *adv*
systematize [ˈsɪstəməˌtaɪz] *vt* **-tized; -tizing** : sistematizar
systemic [sɪsˈtɛmɪk] *adj* : sistémico

T

t [ˈti:] *n, pl* **t's** *or* **ts** [ˈti:z] : vigésima letra del alfabeto inglés
tab [ˈtæb] *n* **1** FLAP, TAG : lengüeta *f* (de un sobre, una caja, etc.), etiqueta *f* (de ropa) **2** → **tabulator** **3** BILL, CHECK : cuenta *f* **4 to keep tabs on** : tener bajo vigilancia
tabby [ˈtæbi] *n, pl* **-bies** **1** *or* **tabby cat** : gato *m* atigrado **2** : gata *f*
tabernacle [ˈtæbərˌnækəl] *n* : tabernáculo *m*
table [ˈteɪbəl] *n* **1** : mesa *f* ⟨a table for two : una mesa para dos⟩ **2** LIST : tabla *f* ⟨multiplication table : tabla de multiplicar⟩ **3 table of contents** : índice *m* de materias
tableau [tæˈblo:, ˈtæˌ-] *n, pl* **-leaux** [-ˈblo:z, -ˌblo:z] : retablo *m*, cuadro *m* vivo (en teatro)
tablecloth [ˈteɪbəlˌklɔθ] *n* : mantel *m*
tablespoon [ˈteɪbəlˌspu:n] *n* **1** : cuchara *f* (de mesa) **2** → **tablespoonful**
tablespoonful [ˈteɪbəlˌspu:nˌfʊl] *n* : cucharada *f*
tablet [ˈtæblət] *n* **1** PLAQUE : placa *f* **2** PAD : bloc *m* (de papel) **3** PILL : tableta *f*, pastilla *f*, píldora *f* ⟨an aspirin tablet : una tableta de aspirina⟩
table tennis *n* : tenis *m* de mesa
tableware [ˈteɪbəlˌwær] *n* : vajillas *fpl*, cubiertos *mpl* (de mesa)
tabloid [ˈtæˌblɔɪd] *n* : tabloide *m*
taboo[1] [təˈbu:, tæ-] *adj* : tabú
taboo[2] *n* : tabú *m*
tabular [ˈtæbjələr] *adj* : tabular
tabulate [ˈtæbjəˌleɪt] *vt* **-lated; -lating** : tabular
tabulator [ˈtæbjəˌleɪt̬ər] *n* : tabulador *m*
tacit [ˈtæsɪt] *adj* : tácito, implícito — **tacitly** *adv*
taciturn [ˈtæsɪˌtərn] *adj* : taciturno
tack[1] [ˈtæk] *vt* **1** : sujetar con tachuelas **2 to tack on** ADD : añadir, agregar
tack[2] *n* **1** : tachuela *f* **2** COURSE : rumbo *m* ⟨to change tack : cambiar de rumbo⟩
tackle[1] [ˈtækəl] *vt* **-led; -ling** **1** : taclear (en futbol americano) **2** CONFRONT : abordar, enfrentar, emprender (un problema, un trabajo, etc.)
tackle[2] *n* **1** EQUIPMENT, GEAR : equipo *m*, aparejo *m* **2** : aparejo *m* (de un buque) **3** : tacleada *f* (en futbol americano)
tacky [ˈtæki] *adj* **tackier; -est** **1** STICKY : pegajoso **2** CHEAP, GAUDY : de mal gusto, naco *Mex*
tact [ˈtækt] *n* : tacto *m*, delicadeza *f*, discreción *f*
tactful [ˈtæktfəl] *adj* : discreto, diplomático, de mucho tacto
tactfully [ˈtæktfəli] *adv* : discretamente, con mucho tacto
tactic [ˈtæktɪk] *n* : táctica *f*
tactical [ˈtæktɪkəl] *adj* : táctico, estratégico
tactics [ˈtæktɪks] *ns & pl* : táctica *f*, estrategia *f*
tactile [ˈtæktəl, -ˌtaɪl] *adj* : táctil
tactless [ˈtæktləs] *adj* : indiscreto, poco delicado
tactlessly [ˈtæktləsli] *adv* : rudamente, sin tacto
tadpole [ˈtædˌpo:l] *n* : renacuajo *m*
taffeta [ˈtæfət̬ə] *n* : tafetán *m*, tafeta *f* *Arg, Mex, Uru*
taffy [ˈtæfi] *n, pl* **-fies** : caramelo *m* de melaza, chicloso *m* *Mex*
tag[1] [ˈtæg] *v* **tagged; tagging** *vt* **1** LABEL : etiquetar **2** TAIL : seguir de cerca **3** TOUCH : tocar (en varios juegos) — *vi* **to tag along** : pegarse, acompañar
tag[2] *n* **1** LABEL : etiqueta *f* **2** SAYING : dicho *m*, refrán *m*
tail[1] [ˈteɪl] *vt* FOLLOW : seguir de cerca, pegarse

tail[2] *n* **1** : cola *f*, rabo *m* (de un animal) **2** : cola *f*, parte *f* posterior ⟨a comet's tail : la cola de un cometa⟩ **3 tails** *npl* : cruz *f* (de una moneda) ⟨heads or tails : cara o cruz⟩

tailed [ˈteɪld] *adj* : que tiene cola

tailgate[1] [ˈteɪlˌgeɪt] *vi* **-gated; -gating** : seguir a un vehículo demasiado de cerca

tailgate[2] *n* : puerta *f* trasera (de un vehículo)

taillight [ˈteɪlˌlaɪt] *n* : luz *f* trasera (de un vehículo), calavera *f Mex*

tailor[1] [ˈteɪlər] *vt* **1** : confeccionar o alterar (ropa) **2** ADAPT : adaptar, ajustar

tailor[2] *n* : sastre *m*, -tra *f*

tailpipe [ˈteɪlˌpaɪp] *n* : tubo *m* de escape

tailspin [ˈteɪlˌspɪn] *n* : barrena *f*

taint[1] [ˈteɪnt] *vt* : contaminar, corromper

taint[2] *n* : corrupción *f*, impureza *f*

take[1] [ˈteɪk] *v* **took** [ˈtʊk]; **taken** [ˈteɪʰkən]; **taking** *vt* **1** GRASP : tomar, agarrar ⟨to take by the hand : tomar de la mano⟩ ⟨to take the bull by the horns : tomar al toro por los cuernos⟩ **2** BRING, CARRY : llevar, sacar, cargar ⟨take them with you : llévalos contigo⟩ ⟨take this note to your teacher : lleva esta nota a tu maestro⟩ ⟨I took her to school : la llevé a la escuela⟩ ⟨she took him aside : lo llevó aparte⟩ **3** REMOVE, EXTRACT : sacar, extraer ⟨take a beer from the fridge : saca una cerveza de la nevera⟩ ⟨to take blood : sacar sangre⟩ **4** CATCH : tomar, agarrar ⟨taken by surprise : tomado por sorpresa⟩ **5** CAPTURE, SEIZE : tomar ⟨to take someone prisoner : hacer/tomar a alguien prisionero⟩ ⟨to take someone hostage : tomar a alguien como rehén⟩ ⟨to take control of : tomar el control de⟩ **6** CAPTIVATE : encantar, fascinar **7** REMOVE, STEAL : llevarse ⟨someone took the painting : alguien se llevó la pintura⟩ ⟨he took it from her : se lo quitó⟩ ⟨to take someone's life : quitarle la vida a alguien⟩ **8** (*indicating selection*) ⟨I'll take the fish : dame el pescado⟩ ⟨I'll take it : me lo llevo⟩ ⟨take your pick : escoge el que quieras⟩ ⟨do you take cream in your coffee? : ¿le pones crema al café?⟩ **9** NEED, REQUIRE : tomar, requerir ⟨it will take a month to complete : llevará un mes terminarlo⟩ ⟨these things take time : estas cosas toman tiempo⟩ ⟨will it take long? : ¿tardará mucho (tiempo)?⟩ ⟨what size do you take? : ¿qué talla usas?⟩ ⟨it takes diesel : usa diesel⟩ **10** BORROW : tomar (una frase, etc.) ⟨to take one's inspiration from : inspirarse en⟩ **11** OCCUPY : ocupar ⟨to take a seat : tomar asiento⟩ ⟨this seat is taken : este asiento está ocupado⟩ ⟨to take the place of : ocupar el lugar de⟩ **12** INGEST : tomar, ingerir ⟨take two pills : tome dos píldoras⟩ ⟨to take drugs : drogarse⟩ **13** : tomar, coger (un tren, un autobús, etc.) **14** TRAVEL : tomar (un camino) **15** BEAR, ENDURE : soportar, aguantar (dolores, etc.), resistir (el frío, etc.) ⟨I can't take it anymore : no puedo más⟩ ⟨she can't take a joke : no sabe aguantar una broma⟩ ⟨to take something well/badly : llevar algo bien/mal⟩ **16** ACCEPT : aceptar (un cheque, un cliente, un trabajo, etc.), seguir (consejos), cargar con (la culpa, la responsabilidad) ⟨take it or leave it : tómalo o déjalo⟩ ⟨take it from me : hazme caso⟩ **17** ADOPT : adoptar (una perspectiva, etc.) **18** INTERPRET : tomar, interpretar ⟨don't take it the wrong way : no te lo tomes a mal, no me malinterpretes⟩ **19** FEEL : sentir ⟨to take offense : ofenderse⟩ ⟨to take pride in : sentirse orgulloso de⟩ **20** SUPPOSE : suponer ⟨I take it that . . . : supongo que . . .⟩ **21** CONSIDER : mirar (como ejemplo) **22** (*indicating an action or an undertaking*) ⟨to take a walk : dar un paseo⟩ ⟨to take a class : tomar una clase⟩ ⟨to take a picture : sacar una foto⟩ ⟨to take a right/left : girar a la derecha/izquierda⟩ **23** MEASURE, RECORD : tomar ⟨to take someone's temperature : tomarle la temperatura a alguien⟩ ⟨to take notes : tomar apuntes⟩ **24** EXACT ⟨to take a toll on : afectar⟩ ⟨to take revenge : vengarse⟩ **25** WIN : ganar **26 to be taken sick/ill** : caer enfermo **27 to take aback** : sorprender, desconcertar **28 to take a lot out of someone** : agotar a alguien **29 to take apart** : desmontar **30 to take away** REMOVE : quitar **31 take it away!** : ¡adelante!, ¡vamos! (dícese a un cantante, etc.) **32 to take back** : retirar (palabras, etc.) **33 to take back** RETURN : devolver **34 to take back** RECLAIM : llevarse **35 to take back** : aceptar la devolución de (mercancía), dejar regresar (a un amante) **36 to take down** NOTE : tomar nota de **37 to take down** DISASSEMBLE : desmontar **38 to take down** REMOVE : quitar **39 to take down** LOWER : bajar **40 to take for** : tomar por **41 to take in** : recoger (a un perro, etc.) **42 to take in** : detener, llevar a la comisaría **43 to take in** : hacer (dinero) **44 to take in** : tomarle a, achicar (un vestido, etc.) **45 to take in** INCLUDE : incluir, abarcar **46 to take in** ATTEND, VISIT : ir a (una película, etc.), visitar (un museo, etc.) **47 to take in** GRASP, UNDERSTAND : captar, entender **48 to take in** DECEIVE : engañar **49 to take it upon oneself (to do something)** : encargarse (de hacer algo) **50 to take note/notice of** : notar, prestarle atención a **51 to take off** REMOVE : quitar ⟨take off your hat : quítate el sombrero⟩ ⟨take your hands off me! : ¡quítame las manos de encima!⟩ **52 to take off**

: tomar (el día, etc.) libre **53 to take someone off (of)** : hacerle a alguien dejar (un proyecto, etc.) **54 to take on** TACKLE : abordar, enfrentar (problemas, etc.) **55 to take on** UNDERTAKE : encargarse de, emprender (una tarea), asumir (una responsabilidad) **56 to take on** ACCEPT : tomar (como un cliente, etc.) **57 to take on** CONTRACT : contratar (trabajadores) **58 to take on** ASSUME : adoptar, asumir, adquirir ⟨the neighborhood took on a dingy look : el barrio asumió una apariencia deprimente⟩ **59 to take out** REMOVE, WITHDRAW, EXTRACT : sacar ⟨take the trash out : saca la basura⟩ ⟨they took her tonsils out : la operaron de las amígdalas⟩ **60 to take out** OBTAIN : sacar **61 to take out** : sacar (libros, etc.) **62 to take out** : llevar (a cenar, etc.), sacar (a pasear, etc.) **63 to take out** DESTROY : eliminar **64 to take it out on someone** : desquitarse con alguien, agarrársela con alguien **65 to take over** SEIZE : apoderarse de **66 to take over** : hacerse cargo de (una compañía, etc.), asumir (una responsabilidad) **67 to take over** RELIEVE : sustituir, relevar **68 to take place** HAPPEN : tener lugar, suceder, ocurrir **69 to take shape/form** : tomar forma **70 to take something to something** ⟨he took an axe to the tree : empezó a cortar el árbol con un hacha⟩ **71 to take up** LIFT : levantar **72 to take up** SHORTEN : acortar (una falda, etc.) **73 to take up** BEGIN : empezar, dedicarse a (un pasatiempo, etc.) **74 to take up** OCCUPY : ocupar (espacio), llevar (tiempo) **75 to take up** PURSUE : volver a (una cuestión, un asunto) **76 to take up** CONTINUE : seguir con **77 to take someone up on** : aceptarle la invitación (etc.) a alguien — *vi* **1** : agarrar (dícese de un tinte), prender (dícese de una vacuna) **2 to take after** : parecerse a, salir a **3 to take away from** : restarle valor/atractivo (etc.) a **4 to take off** : despegar (dícese de un avión, etc.) **5 to take off** *fam* LEAVE : irse **6 to take over** : asumir el mando **7 to take to** : aficionarse a (un pasatiempo), adaptarse a (una situación), tomarle simpatía a (alguien) ⟨he doesn't take kindly to criticism : no le gusta nada que lo critiquen⟩ **8 to take to** START : empezar a, acostumbrarse a (hacer algo)

take² *n* **1** PROCEEDS : recaudación *f*, ingresos *mpl*, ganancias *fpl* **2** : toma *f* (de un rodaje o una grabación)

take back *vt* : retirar (palabras, etc.)

take in *vt* **1** : tomarle a, achicar (un vestido, etc.) **2** INCLUDE : incluir, abarcar **3** ATTEND : ir a ⟨to take in a movie : ir al cine⟩ **4** GRASP, UNDERSTAND : captar, entender **5** DECEIVE : engañar

takeoff ['teɪk,ɔf] *n* **1** PARODY : parodia *f* **2** : despegue *m* (de un avión o cohete)

take off *vt* REMOVE : quitar ⟨take off your hat : quítate el sombrero⟩ — *vi* **1** : despegar (dícese de un avión o un cohete) **2** LEAVE : irse, partir

take on *vt* **1** TACKLE : abordar, emprender (problemas, etc.) **2** ACCEPT : aceptar, encargarse de, asumir (una responsabilidad) **3** CONTRACT : contratar (trabajadores) **4** ASSUME : adoptar, asumir, adquirir ⟨the neighborhood took on a dingy look : el barrio asumió una apariencia deprimente⟩

takeover ['teɪk,o:vər] *n* : toma *f* (de poder o de control), adquisición *f* (de una empresa por otra)

take over *vt* : tomar el poder de, tomar las riendas de — *vi* : asumir el mando

taker ['teɪkər] *n* : persona *f* interesada ⟨available to all takers : disponible a cuantos estén interesados⟩

take up *vt* **1** LIFT : levantar **2** SHORTEN : acortar (una falda, etc.) **3** BEGIN : empezar, dedicarse a (un pasatiempo, etc.) **4** OCCUPY : ocupar, llevar (tiempo, espacio) **5** PURSUE : volver a (una cuestión, un asunto) **6** CONTINUE : seguir con

talc ['tælk] *n* : talco *m*

talcum powder ['tælkəm] *n* : talco *m*, polvos *mpl* de talco

tale ['teɪl] *n* **1** ANECDOTE, STORY : cuento *m*, relato *m*, anécdota *f* **2** FALSEHOOD : cuento *m*, mentira *f*

talent ['tælənt] *n* : talento *m*, don *m*

talented ['tæləntəd] *adj* : talentoso

talisman ['tælɪsmən, -lɪz-] *n, pl* **-mans** : talismán *m*

talk¹ ['tɔk] *vi* **1** : hablar ⟨he talks for hours : se pasa horas hablando⟩ **2** CHAT : charlar, platicar **3 to talk about/of** : hablar de **4 to talk back** : contestar (de manera impertinente) **5 to talk down to** : hablarle en tono condescendiente a — *vt* **1** SPEAK : hablar ⟨to talk French : hablar francés⟩ ⟨to talk business : hablar de negocios⟩ **2 to talk into** ⟨I talked him into coming : lo convencí de que viniera⟩ **3 to talk out of** ⟨she talked me out of it : me convenció de que no lo hiciera⟩ **4 to talk over** DISCUSS : hablar de, discutir

talk² *n* **1** CONVERSATION : charla *f*, plática *f*, conversación *f* **2** GOSSIP, RUMOR : chisme *m*, rumores *mpl*

talkative ['tɔkəṭɪv] *adj* : locuaz, parlanchín, charlatán

talker ['tɔkər] *n* : conversador *m*, -dora *f*; hablador *m*, -dora *f*

talk show *n* : programa *m* de entrevistas

tall ['tɔl] *adj* : alto ⟨how tall is he? : ¿cuánto mide?⟩

tallness ['tɔlnəs] *n* HEIGHT : estatura *f* (de una persona), altura *f* (de un objeto)

tallow [ˈtæloː] *n* : sebo *m*

tally[1] [ˈtæli] *v* **-lied; -lying** *vt* RECKON : contar, hacer una cuenta de — *vi* MATCH : concordar, corresponder, cuadrar

tally[2] *n, pl* **-lies** : cuenta *f* ⟨to keep a tally : llevar la cuenta⟩

talon [ˈtælən] *n* : garra *f* (de un ave de rapiña)

tambourine [ˌtæmbəˈriːn] *n* : pandero *m*, pandereta *f*

tame[1] [ˈteɪm] *vt* **tamed; taming** : domar, amansar, domesticar

tame[2] *adj* **tamer; -est 1** DOMESTICATED : domesticado, manso **2** DOCILE : manso, dócil **3** DULL : aburrido, soso

tamely [ˈteɪmli] *adv* : mansamente, dócilmente

tamer [ˈteɪmər] *n* : domador *m*, -dora *f*

tamp [ˈtæmp] *vt* : apisonar

tamper [ˈtæmpər] *vi* **to tamper with** : adulterar (una sustancia), forzar (un sello, una cerradura), falsear (documentos), manipular (una máquina)

tampon [ˈtæmˌpɑn] *n* : tampón *m*

tan[1] [ˈtæn] *v* **tanned; tanning** *vt* **1** : curtir (pieles) **2** : broncear — *vi* : broncearse

tan[2] *n* **1** SUNTAN : bronceado *m* ⟨to get a tan : broncearse⟩ **2** : color *m* canela, color *m* café con leche

tandem[1] [ˈtændəm] *adv or* **in tandem** : en tándem

tandem[2] *n* : tándem *m* (bicicleta)

tang [ˈtæŋ] *n* : sabor *m* fuerte

tangent [ˈtændʒənt] *n* : tangente *f* ⟨to go off on a tangent : irse por la tangente⟩

tangerine [ˈtændʒəˌriːn, ˌtændʒəˈ-] *n* : mandarina *f*

tangible [ˈtændʒəbəl] *adj* : tangible, palpable — **tangibly** [-bli] *adv*

tangle[1] [ˈtæŋgəl] *v* **-gled; -gling** *vt* : enredar, enmarañar — *vi* : enredarse

tangle[2] *n* : enredo *m*, maraña *f*

tango[1] [ˈtæŋˌgoː] *vi* : bailar el tango

tango[2] *n, pl* **-gos** : tango *m*

tangy [ˈtæŋi] *adj* **tangier; -est** : que tiene un sabor fuerte

tank [ˈtæŋk] *n* : tanque *m*, depósito *m* ⟨fuel tank : depósito de combustibles⟩

tankard [ˈtæŋkərd] *n* : jarra *f*

tanker [ˈtæŋkər] *n* : buque *m* cisterna, camión *m* cisterna, avión *m* cisterna ⟨an oil tanker : un petrolero⟩

tanner [ˈtænər] *n* : curtidor *m*, -dora *f*

tannery [ˈtænəri] *n, pl* **-neries** : curtiduría *f*, tenería *f*

tannin [ˈtænən] *n* : tanino *m*

tantalize [ˈtæntəˌlaɪz] *vt* **-lized; -lizing** : tentar, atormentar (con algo inasequible)

tantalizing [ˈtæntəˌlaɪzɪŋ] *adj* : tentador, seductor

tantamount [ˈtæntəˌmaʊnt] *adj* : equivalente

tantrum [ˈtæntrəm] *n* : rabieta *f*, berrinche *m* ⟨to throw a tantrum : hacer un berrinche⟩

tap[1] [ˈtæp] *vt* **tapped; tapping 1** : ponerle una espita a, sacar líquido de (un barril, un tanque, etc.) **2** : intervenir (una línea telefónica) **3** PAT, TOUCH : tocar, golpear ligeramente ⟨he tapped me on the shoulder : me tocó en el hombro⟩

tap[2] *n* **1** FAUCET : llave *f*, grifo *m* ⟨beer on tap : cerveza de barril⟩ **2** : extracción *f* (de líquido) ⟨a spinal tap : una punción lumbar⟩ **3** PAT, TOUCH : golpecito *m*, toque *m*

tape[1] [ˈteɪp] *vt* **taped; taping 1** : sujetar o arreglar con cinta adhesiva **2** RECORD : grabar

tape[2] *n* **1** : cinta *f* (adhesiva, magnética, etc.) **2** → **tape measure**

tape measure *n* : cinta *f* métrica

taper[1] [ˈteɪpər] *vi* **1** : estrecharse gradualmente ⟨its tail tapers towards the tip : su cola va estrechándose hacia la punta⟩ **2** *or* **to taper off** : disminuir gradualmente

taper[2] *n* **1** CANDLE : vela *f* larga y delgada **2** TAPERING : estrechamiento *m* gradual

tapestry [ˈtæpəstri] *n, pl* **-tries** : tapiz *m*

tapeworm [ˈteɪpˌwərm] *n* : solitaria *f*, tenia *f*

tapioca [ˌtæpiˈoːkə] *n* : tapioca *f*

tar[1] [ˈtɑr] *vt* **tarred; tarring** : alquitranar

tar[2] *n* : alquitrán *m*, brea *f*, chapopote *m* *Mex*

tarantula [təˈræntʃələ, -ˈræntələ] *n* : tarántula *f*

tardiness [ˈtɑrdinəs] *n* : tardanza *f*, retraso *m*

tardy [ˈtɑrdi] *adj* **-dier; -est** LATE : tardío, de retraso

target[1] [ˈtɑrgət] *vt* : fijar como objetivo, dirigir, destinar

target[2] *n* **1** : blanco *m* ⟨target practice : tiro al blanco⟩ **2** GOAL, OBJECTIVE : meta *f*, objetivo *m*

tariff [ˈtærɪf] *n* DUTY : tarifa *f*, arancel *m*

tarnish[1] [ˈtɑrnɪʃ] *vt* **1** DULL : deslustrar **2** SULLY : empañar, manchar (una reputación, etc.) — *vi* : deslustrarse

tarnish[2] *n* : deslustre *m*

tarpaulin [tɑrˈpɔlən, ˈtɑrpə-] *n* : lona *f* (impermeable)

tarragon [ˈtærəˌgɑn, -gən] *n* : estragón *m*

tarry[1] [ˈtæri] *vi* **-ried; -rying** : demorarse, entretenerse

tarry[2] [ˈtɑri] *adj* **1** : parecido al alquitrán **2** : cubierto de alquitrán

tart[1] [ˈtɑrt] *adj* **1** SOUR : ácido, agrio **2** CAUSTIC : mordaz, acrimonioso — **tartly** *adv*

tart[2] *n* : tartaleta *f*

tartan [ˈtɑrtən] *n* : tartán *m*

tartar [ˈtɑrt̬ər] *n* **1** : tártaro *m* ⟨tartar sauce : salsa tártara⟩ **2** : sarro *m* (dental)

tartness [ˈtɑrtnəs] *n* **1** SOURNESS : acidez *f* **2** ACRIMONY, SHARPNESS : mordacidad *f*, acrimonia *f*, acritud *f*
task [ˈtæsk] *n* : tarea *f*, trabajo *m*
taskmaster [ˈtæsk,mæstər] *n* **to be a hard taskmaster** : ser exigente, ser muy estricto
tassel [ˈtæsəl] *n* : borla *f*
taste[1] [ˈteɪst] *v* **tasted; tasting** *vt* : probar (alimentos), degustar, catar (vinos) ⟨taste this soup : prueba esta sopa⟩ — *vi* : saber ⟨this tastes good : esto sabe bueno⟩
taste[2] *n* **1** SAMPLE : prueba *f*, bocado *m* (de comida), trago *m* (de bebidas) **2** FLAVOR : gusto *m*, sabor *m* **3** : gusto *m* ⟨she has good taste : tiene buen gusto⟩ ⟨in bad taste : de mal gusto⟩
taste bud *n* : papila *f* gustativa
tasteful [ˈteɪstfəl] *adj* : de buen gusto
tastefully [ˈteɪstfəli] *adv* : con buen gusto
tasteless [ˈteɪstləs] *adj* **1** FLAVORLESS : sin sabor, soso, insípido **2** : de mal gusto ⟨a tasteless joke : un chiste de mal gusto⟩
taster [ˈteɪstər] *n* : degustador *m*, -dora *f*; catador *m*, -dora *f* (de vinos)
tastiness [ˈteɪstinəs] *n* : lo sabroso
tasty [ˈteɪsti] *adj* **tastier; -est** : sabroso, gustoso
tatter [ˈtæt̬ər] *n* **1** SHRED : tira *f*, jirón *m* (de tela) **2 tatters** *npl* : andrajos *mpl*, harapos *mpl* ⟨to be in tatters : estar por los suelos⟩
tattered [ˈtæt̬ərd] *adj* : andrajoso, en jirones
tattle [ˈtæt̬əl] *vi* **-tled; -tling** **1** CHATTER : parlotear *fam*, cotorrear *fam* **2 to tattle on someone** : acusar a alguien
tattletale [ˈtæt̬əl,teɪl] *n* : soplón *m*, -plona *f fam*
tattoo[1] [tæˈtu:] *vt* : tatuar
tattoo[2] *n* : tatuaje *m* ⟨to get a tattoo : tatuarse⟩
taught → **teach**
taunt[1] [ˈtɔnt] *vt* MOCK : mofarse de, burlarse de
taunt[2] *n* : mofa *f*, burla *f*
Taurus [ˈtɔrəs] *n* : Tauro *mf*
taut [ˈtɔt] *adj* : tirante, tenso — **tautly** *adv*
tautness [ˈtɔtnəs] *n* : tirantez *f*, tensión *f*
tavern [ˈtævərn] *n* : taberna *f*
tawdry [ˈtɔdri] *adj* **-drier; -est** : chabacano, vulgar
tawny [ˈtɔni] *adj* **-nier; -est** : leonado
tax[1] [ˈtæks] *vt* **1** : gravar, cobrar un impuesto sobre **2** CHARGE : acusar ⟨they taxed him with neglect : fue acusado de incumplimiento⟩ **3 to tax someone's strength** : ponerle a prueba las fuerzas (a alguien)
tax[2] *n* **1** : impuesto *m*, tributo *m* **2** BURDEN : carga *f*
taxable [ˈtæksəbəl] *adj* : sujeto a un impuesto
taxation [tækˈseɪʃən] *n* : impuestos *mpl*
tax–exempt [ˈtæksɪgˈzɛmpt, -ɛg-] *adj* : libre de impuestos
taxi[1] [ˈtæksi] *vi* **taxied; taxiing** *or* **taxying; taxis** *or* **taxies** **1** : ir en taxi **2** : rodar sobre la pista de aterrizaje (dícese de un avión)
taxi[2] *n, pl* **taxis** : taxi *m*, libre *m Mex*
taxicab [ˈtæksi,kæb] *n* → **taxi**[2]
taxidermist [ˈtæksə,dərmɪst] *n* : taxidermista *mf*
taxidermy [ˈtæksə,dərmi] *n* : taxidermia *f*
taxpayer [ˈtæks,peɪər] *n* : contribuyente *mf*, causante *mf Mex*
TB [,ti:ˈbi:] → **tuberculosis**
tea [ˈti:] *n* **1** : té *m* (planta y bebida) **2** : merienda *f*, té *m* (comida)
teach [ˈti:ʧ] *v* **taught** [ˈtɔt]; **teaching** *vt* : enseñar, dar clases de ⟨she teaches math : da clases de matemáticas⟩ ⟨she taught me everything I know : me enseñó todo lo que sé⟩ — *vi* : enseñar, dar clases
teacher [ˈti:ʧər] *n* : maestro *m*, -tra *f* (de enseñanza primaria); profesor *m*, -sora *f* (de enseñanza secundaria)
teaching [ˈti:ʧɪŋ] *n* : enseñanza *f*
teacup [ˈti:,kʌp] *n* : taza *f* para té
teak [ˈti:k] *n* : teca *f*
teakettle [ˈti:,ktəl] *n* : tetera *f*
teal [ˈti:l] *n, pl* **teal** *or* **teals** : cerceta *f* (pato)
team[1] [ˈti:m] *vi or* **to team up** **1** : formar un equipo (en deportes) **2** COLLABORATE : asociarse, juntarse, unirse
team[2] *adj* : de equipo
team[3] *n* **1** : tiro *m* (de caballos), yunta *f* (de bueyes o mulas) **2** : equipo *m* (en deportes, etc.)
teammate [ˈti:m,meɪt] *n* : compañero *m*, -ra *f* de equipo
teamster [ˈti:mstər] *n* : camionero *m*, -ra *f*
teamwork [ˈti:m,wərk] *n* : trabajo *m* en equipo, cooperación *f*
teapot [ˈti:,pɑt] *n* : tetera *f*
tear[1] [ˈtær] *v* **tore** [ˈtor]; **torn** [ˈtorn]; **tearing** *vt* **1** RIP : desgarrar, romper, rasgar (tela) ⟨to tear to pieces : hacer pedazos⟩ ⟨to tear apart : desgarrar⟩ **2** *or* **to tear apart** DIVIDE : dividir **3** REMOVE : arrancar ⟨torn from his family : arrancado de su familia⟩ **4 to tear down** : derribar **5 to tear off** : arrancar (un pedazo, etc.) **6 to tear out** : arrancar (una página, etc.) **7 to tear up** : hacer pedazos — *vi* **1** RIP : desgarrarse, romperse **2** RUSH : ir a gran velocidad ⟨she went tearing down the street : se fue como rayo por la calle⟩ **3 to tear into** ATTACK : arremeter contra
tear[2] *n* : desgarradura *f*, rotura *f*, desgarro *m* (muscular)
tear[3] [ˈtɪr] *n* : lágrima *f*
teardrop [ˈtɪr,drɑp] *n* → **tear**[3]
tearful [ˈtɪrfəl] *adj* : lloroso, triste — **tearfully** *adv*

tease[1] [ˈtiːz] *vt* **teased; teasing 1** MOCK : burlarse de, mofarse de **2** ANNOY : irritar, fastidiar

tease[2] *n* **1** TEASING : burla *f*, mofa *f* **2** : bromista *mf*; guasón *m*, -sona *f*

teaspoon [ˈtiːˌspuːn] *n* **1** : cucharita *f* **2** → **teaspoonful**

teaspoonful [ˈtiːˌspuːnˌfʊl] *n, pl* **-spoonfuls** [-ˌfʊlz] *or* **-spoonsful** [-ˌspuːnzˌfʊl] : cucharadita *f*

teat [ˈtiːt] *n* : tetilla *f*

technical [ˈtɛknɪkəl] *adj* : técnico — **technically** [-kli] *adv*

technicality [ˌtɛknəˈkæləṭi] *n, pl* **-ties** : detalle *m* técnico

technician [tɛkˈnɪʃən] *n* : técnico *m*, -ca *f*

technique [tɛkˈniːk] *n* : técnica *f*

technological [ˌtɛknəˈlɑʤɪkəl] *adj* : tecnológico

technology [tɛkˈnɑləʤi] *n, pl* **-gies** : tecnología *f*

teddy bear [ˈtɛdi] *n* : oso *m* de peluche

tedious [ˈtiːdiəs] *adj* : aburrido, pesado, monótono — **tediously** *adv*

tediousness [ˈtiːdiəsnəs] *n* : lo aburrido, lo pesado

tedium [ˈtiːdiəm] *n* : tedio *m*, pesadez *f*

tee [ˈtiː] *n* : tee *mf*

teem [ˈtiːm] *vi* **to teem with** : estar repleto de, estar lleno de

teenage [ˈtiːnˌeɪʤ] *or* **teenaged** [-eɪʤd] *adj* : adolescente, de adolescencia

teenager [ˈtiːnˌeɪʤər] *n* : adolescente *mf*

teens [ˈtiːnz] *npl* : adolescencia *f*

teepee → **tepee**

teeter[1] [ˈtiːṭər] *vi* : balancearse, tambalearse

teeter[2] *n or* **teeter–totter** [ˈtiːṭər-ˌtɑṭər] → **seesaw**

teeth → **tooth**

teethe [ˈtiːð] *vi* **teethed; teething** : formársele a uno los dientes ⟨the baby's teething : le están saliendo los dientes al niño⟩

telecast[1] [ˈtɛləˌkæst] *vt* **-cast; -casting** : televisar, transmitir por televisión

telecast[2] *n* : transmisión *f* por televisión

telecommunication [ˈtɛləkəˌmjuːnəˈkeɪʃən] *n* : telecomunicación *f*

telegram [ˈtɛləˌgræm] *n* : telegrama *m*

telegraph[1] [ˈtɛləˌgræf] *v* : telegrafiar

telegraph[2] *n* : telégrafo *m*

telepathic [ˌtɛləˈpæθɪk] *adj* : telepático — **telepathically** [-θɪkli] *adv*

telepathy [təˈlɛpəθi] *n* : telepatía *f*

telephone[1] [ˈtɛləˌfoːn] *v* **-phoned; -phoning** *vt* : llamar por teléfono a, telefonear — *vi* : telefonear

telephone[2] *n* : teléfono *m*

telescope[1] [ˈtɛləˌskoːp] *vi* **-scoped; -scoping** : plegarse (como un telescopio)

telescope[2] *n* : telescopio *m*

telescopic [ˌtɛləˈskɑpɪk] *adj* : telescópico

televise [ˈtɛləˌvaɪz] *vt* **-vised; -vising** : televisar

television [ˈtɛləˌvɪʒən] *n* : televisión *f*

tell [ˈtɛl] *v* **told** [ˈtoːld]; **telling** *vt* **1** : decir, contar ⟨he told us the story : nos contó la historia⟩ ⟨he told us what happened : nos contó qué pasó⟩ ⟨she told me the news : me dio la noticia⟩ ⟨tell me all about it : cuéntamelo todo⟩ ⟨tell her that . . . : dile que . . .⟩ ⟨tell her hello for me : dale saludos de mi parte⟩ **2** INFORM : decir ⟨tell me when they get here : dime cuando lleguen⟩ ⟨I won't tell anyone : no se lo diré a nadie⟩ ⟨I'm telling Mom! : ¡se lo voy a decir a mamá!⟩ **3** INSTRUCT : decir ⟨do what I tell you : haz lo que te digo⟩ ⟨they told her to wait : le dijeron que esperara⟩ **4** RELATE : contar ⟨to tell a story : contar una historia⟩ ⟨to tell a lie : decir una mentira⟩ **5** DISCERN : discernir, notar ⟨I can't tell the difference : no noto la diferencia⟩ ⟨I could tell that she was lying : me di cuenta de que estaba mintiendo⟩ **6** : indicar, señalar ⟨the evidence tells us that . . . : las pruebas nos indican que . . .⟩ **7 all told** : en total **8 don't tell me** : no me digas **9 I'll tell you what** (*introducing a suggestion*) : hagamos así **10 I told you so** : te lo dije **11 to tell apart** : distinguir **12 to tell it like it is** *fam* : contar/decir las cosas como son **13 to tell off** *fam* : regañar **14 to tell (you) the truth** : a decir verdad **15 you're telling me!** : ¡a mí me lo vas a decir! — *vi* **1** SAY : decir ⟨I won't tell : no voy a decírselo a nadie⟩ **2** KNOW : saber ⟨you never can tell : nunca se sabe⟩ ⟨as far as I can tell : que yo sepa, que yo haya notado⟩ **3** SHOW : notarse, hacerse sentir ⟨the strain is beginning to tell : la tensión se empieza a notar⟩ **4 to tell on** : denunciar

teller [ˈtɛlər] *n* **1** NARRATOR : narrador *m*, -dora *f* **2** *or* **bank teller** : cajero *m*, -ra *f*

temerity [təˈmɛrəṭi] *n, pl* **-ties** : temeridad *f*

temp [ˈtɛmp] *n* : empleado *m*, -da *f* temporal

temper[1] [ˈtɛmpər] *vt* **1** MODERATE : moderar, temperar **2** ANNEAL : templar (acero, etc.)

temper[2] *n* **1** DISPOSITION : carácter *m*, genio *m* **2** HARDNESS : temple *m*, dureza *f* (de un metal) **3** COMPOSURE : calma *f*, serenidad *f* ⟨to lose one's temper : perder los estribos⟩ **4** RAGE : furia *f* ⟨to fly into a temper : ponerse furioso⟩

temperament [ˈtɛmpərmənt, -prə-, -pərə-] *n* : temperamento *m*

temperamental [ˌtɛmpərˈmɛntəl, -prə-, -pərə-] *adj* : temperamental

temperance [ˈtɛmprən*t*s] *n* : templanza *f*, temperancia *f*

temperate [ˈtɛmpərət] *adj* : templado (dícese del clima, etc.), moderado

temperature ['tɛmpər,ʧʊr, -prə-, -pərə-, -ʧər] *n* **1** : temperatura *f* **2** FEVER : calentura *f*, fiebre *f*
tempest ['tɛmpəst] *n* : tempestad *f*
tempestuous [tɛm'pɛsʧʊəs] *adj* : tempestuoso
temple ['tɛmpəl] *n* **1** : templo *m* (en religión) **2** : sien *f* (en anatomía)
tempo ['tɛm,po:] *n, pl* **-pi** [-,pi:] *or* **-pos** : ritmo *m*, tempo *m* (en música)
temporal ['tɛmpərəl] *adj* : temporal
temporarily [,tɛmpə'rɛrəli] *adv* : temporalmente, provisionalmente
temporary ['tɛmpə,rɛri] *adj* : temporal, provisional, provisorio
tempt ['tɛmpt] *vt* : tentar
temptation [tɛmp'teɪʃən] *n* : tentación *f*
tempter ['tɛmptər] *n* : tentador *m*
temptress ['tɛmptrəs] *n* : tentadora *f*
ten[1] ['tɛn] *adj* : diez
ten[2] *n* **1** : diez *m* (número) **2** : decena *f* ⟨tens of thousands : decenas de millares⟩
tenable ['tɛnəbəl] *adj* : sostenible, defendible
tenacious [tə'neɪʃəs] *adj* : tenaz
tenacity [tə'næsəṭi] *n* : tenacidad *f*
tenancy ['tɛnəntsi] *n, pl* **-cies** : tenencia *f*, inquilinato *m* (de un inmueble)
tenant ['tɛnənt] *n* : inquilino *m*, -na *f*; arrendatario *m*, -ria *f*
tend ['tɛnd] *vt* : atender, cuidar (de), ocuparse de — *vi* : tender ⟨it tends to benefit the consumer : tiende a beneficiar al consumidor⟩
tendency ['tɛndəntsi] *n, pl* **-cies** : tendencia *f*, proclividad *f*, inclinación *f*
tender[1] ['tɛndər] *vt* : entregar, presentar ⟨I tendered my resignation : presenté mi renuncia⟩
tender[2] *adj* **1** : tierno, blando ⟨tender steak : bistec tierno⟩ **2** AFFECTIONATE, LOVING : tierno, cariñoso, afectuoso **3** DELICATE : tierno, sensible, delicado
tender[3] *n* **1** OFFER : propuesta *f*, oferta *f* (en negocios) **2 legal tender** : moneda *f* de curso legal
tenderize ['tɛndə,raɪz] *vt* **-ized; -izing** : ablandar (carnes)
tenderloin ['tɛndr,lɔɪn] *n* : lomo *f* (de res o de puerco)
tenderly ['tɛndərli] *adv* : tiernamente, con ternura
tenderness ['tɛndərnəs] *n* : ternura *f*
tendon ['tɛndən] *n* : tendón *m*
tendril ['tɛndrɪl] *n* : zarcillo *m*
tenement ['tɛnəmənt] *n* : casa *f* de vecindad
tenet ['tɛnət] *n* : principio *m*
tennis ['tɛnəs] *n* : tenis *m*
tenor ['tɛnər] *n* **1** PURPORT : tenor *m*, significado *m* **2** : tenor *m* (en música)
tenpins ['tɛn,pɪnz] *npl* : bolos *mpl*, boliche *m*
tense[1] ['tɛnts] *v* **tensed; tensing** *vt* : tensar — *vi* : tensarse, ponerse tenso
tense[2] *adj* **tenser; tensest 1** TAUT : tenso, tirante **2** NERVOUS : tenso, nervioso
tense[3] *n* : tiempo *m* (de un verbo)
tensely ['tɛntsli] *adv* : tensamente
tenseness ['tɛntsnəs] → **tension**
tension ['tɛnʧən] *n* **1** TAUTNESS : tensión *f*, tirantez *f* **2** STRESS : tensión *f*, nerviosismo *m*, estrés *m*
tent ['tɛnt] *n* : tienda *f* de campaña
tentacle ['tɛntɪkəl] *n* : tentáculo *m*
tentative ['tɛntəṭɪv] *adj* **1** HESITANT : indeciso, vacilante **2** PROVISIONAL : sujeto a cambios, provisional
tentatively ['tɛntəṭɪvli] *adv* : provisionalmente
tenth[1] ['tɛnθ] *adj* : décimo
tenth[2] *n* **1** : décimo *m*, -ma *f* (en una serie) **2** : décimo *m*, décima parte *f*
tenuous ['tɛnjʊəs] *adj* : tenue, débil ⟨tenuous reasons : razones poco convincentes⟩
tenuously ['tɛnjʊəsli] *adv* : tenuemente, ligeramente
tenure ['tɛnjər] *n* : tenencia *f* (de un cargo o una propiedad), titularidad *f* (de un puesto académico)
tepee ['ti:,pi:] *n* : tipi *m*
tepid ['tɛpɪd] *adj* : tibio
tequila [tə'ki:lə] *n* : tequila *m*
term[1] ['tərm] *vt* : calificar de, llamar, nombrar
term[2] *n* **1** PERIOD : término *m*, plazo *m*, período *m* **2** : término *m* (en matemáticas) **3** WORD : término *m*, vocablo *m* ⟨a term of endearment : un apelativo cariñoso⟩ ⟨medical terms : términos médicos⟩ **4 terms** *npl* CONDITIONS : términos *mpl*, condiciones *fpl* **5 terms** *npl* RELATIONS : relaciones *fpl* ⟨to be on good terms with : tener buenas relaciones con⟩ **6 in terms of** : con respecto a, en cuanto a **7 to come to terms with** : aceptar
terminal[1] ['tərmənəl] *adj* : terminal
terminal[2] *n* **1** : terminal *m*, polo *m* (en electricidad) **2** : terminal *m* (de una computadora) **3** STATION : terminal *f*, estación *f* (de transporte público)
terminate ['tərmə,neɪt] *v* **-nated; -nating** *vi* : terminar(se), concluirse — *vt* : terminar, poner fin a
termination [,tərmə'neɪʃən] *n* : cese *m*, terminación *f*
terminology [,tərmə'nɑləʤi] *n, pl* **-gies** : terminología *f*
terminus ['tərmənəs] *n, pl* **-ni** [-,naɪ] *or* **-nuses 1** END : término *m*, fin *m* **2** : terminal *f* (de transporte público)
termite ['tər,maɪt] *n* : termita *f*
tern ['tərn] *n* : golondrina *f* de mar
terrace[1] ['tɛrəs] *vt* **-raced; -racing** : formar en terrazas, disponer en bancales
terrace[2] *n* **1** PATIO : terraza *f*, patio *m* **2** : terraplén *m*, terraza *f*, bancal *m* (en agricultura)
terra–cotta [,tɛrə'kɑṭə] *n* : terracota *f*
terrain [tə'reɪn] *n* : terreno *m*

terrapin [ˈtɛrəpɪn] *n* : galápago *m* norteamericano

terrarium [təˈræriəm] *n, pl* **-ia** [-iə] *or* **-iums** : terrario *m*

terrestrial [təˈrɛstriəl] *adj* : terrestre

terrible [ˈtɛrəbəl] *adj* : atroz, horrible, terrible

terribly [ˈtɛrəbli] *adv* **1** BADLY : muy mal **2** EXTREMELY : terriblemente, extremadamente

terrier [ˈtɛriər] *n* : terrier *mf*

terrific [təˈrɪfɪk] *adj* **1** FRIGHTFUL : aterrador **2** EXTRAORDINARY : extraordinario, excepcional **3** EXCELLENT : excelente, estupendo

terrify [ˈtɛrəˌfaɪ] *vt* **-fied; -fying** : aterrorizar, aterrar, espantar

terrifying [ˈtɛrəˌfaɪɪŋ] *adj* : espantoso, aterrador

territory [ˈtɛrəˌtori] *n, pl* **-ries** : territorio *m* — **territorial** [ˌtɛrəˈtoriəl] *adj*

terror [ˈtɛrər] *n* : terror *m*

terrorism [ˈtɛrərˌɪzəm] *n* : terrorismo *m*

terrorist[1] [ˈtɛrərɪst] *adj* : terrorista

terrorist[2] *n* : terrorista *mf*

terrorize [ˈtɛrərˌaɪz] *vt* **-ized; -izing** : aterrorizar

terry [ˈtɛri] *n, pl* **-ries** *or* **terry cloth** : (tela de) toalla *f*

terse [ˈtərs] *adj* **terser; tersest** : lacónico, conciso, seco — **tersely** *adv*

tertiary [ˈtərʃiˌɛri] *adj* : terciario

test[1] [ˈtɛst] *vt* : examinar, evaluar — *vi* : hacer pruebas

test[2] *n* : prueba *f*, examen *m*, test *m* ⟨to put to the test : poner a prueba⟩

testament [ˈtɛstəmənt] *n* **1** WILL : testamento *m* **2** : Testamento *m* (en la Biblia) ⟨the Old Testament : el Antiguo Testamento⟩

testicle [ˈtɛstɪkəl] *n* : testículo *m*

testify [ˈtɛstəˌfaɪ] *v* **-fied; -fying** *vi* : testificar, atestar, testimoniar — *vt* : testificar

testimonial [ˌtɛstəˈmoːniəl] *n* **1** REFERENCE : recomendación *f* **2** TRIBUTE : homenaje *m*, tributo *m*

testimony [ˈtɛstəˌmoːni] *n, pl* **-nies** : testimonio *m*, declaración *f*

test tube *n* : probeta *f*, tubo *m* de ensayo

testy [ˈtɛsti] *adj* **-tier; -est** : irritable

tetanus [ˈtɛtənəs] *n* : tétano *m*, tétanos *m*

tête–à–tête [ˌtɛt̬əˈtɛt, ˌteɪt̬əˈteɪt] *n* : conversación *f* en privado

tether[1] [ˈtɛðər] *vt* : atar (con una cuerda), amarrar

tether[2] *n* : atadura *f*, cadena *f*, correa *f*

text [ˈtɛkst] *n* **1** : texto *m* **2** TOPIC : tema *m* **3** → **textbook**

textbook [ˈtɛkstˌbʊk] *n* : libro *m* de texto

textile [ˈtɛkˌstaɪl, ˈtɛkstəl] *n* : textil *m*, tela *f* ⟨the textile industry : la industria textil⟩

text message *n* : mensaje *m* de texto, SMS *m*

textual [ˈtɛksʧʊəl] *adj* : textual

texture [ˈtɛksʧər] *n* : textura *f*

Thai [ˈtaɪ] *n* **1** : tailandés *m*, -desa *f* **2** : tailandés *m* (idioma) — **Thai** *adj*

than[1] [ˈðæn] *conj* : que, de ⟨it's worth more than that : vale más que eso⟩ ⟨more than you think : más de lo que piensas⟩

than[2] *prep* : que, de ⟨you're better than he is : eres mejor que él⟩ ⟨more than once : más de una vez⟩

thank [ˈθæŋk] *vt* : agradecer, darle (las) gracias (a alguien) ⟨thank you! : ¡gracias!⟩ ⟨I thanked her for the present : le di las gracias por el regalo⟩ ⟨I thank you for your help : le agradezco su ayuda⟩

thankful [ˈθæŋkfəl] *adj* : agradecido

thankfully [ˈθæŋkfəli] *adv* **1** GRATEFULLY : con agradecimiento **2** FORTUNATELY : afortunadamente, por suerte ⟨thankfully, it's over : se acabó, gracias a Dios⟩

thankfulness [ˈθæŋkfəlnəs] *n* : agradecimiento *m*, gratitud *f*

thankless [ˈθæŋkləs] *adj* : ingrato ⟨a thankless task : un trabajo ingrato⟩

thanks [ˈθæŋks] *npl* **1** : agradecimiento *m* **2 thanks!** : ¡gracias!

Thanksgiving [θæŋksˈgɪvɪŋ, ˈθæŋksˌ-] *n* : el día de Acción de Gracias (fiesta estadounidense)

that[1] [ˈðæt] *adv* (*in negative constructions*) : tan ⟨it's not that expensive : no es tan caro⟩ ⟨not that much : no tanto⟩

that[2] *adj, pl* **those** : ese, esa, aquel, aquella ⟨do you see those children? : ¿ves a aquellos niños?⟩

that[3] *conj & pron* : que ⟨he said that he was afraid : dijo que tenía miedo⟩ ⟨the book that he wrote : el libro que escribió⟩

that[4] *pron, pl* **those** [ˈðoːz] **1** : ése, ésa, eso ⟨that's my father : ése es mi padre⟩ ⟨those are the ones he likes : ésos son los que le gustan⟩ ⟨what's that? : ¿qué es eso?⟩ ⟨why did you do that? : ¿por qué hiciste eso?⟩ ⟨that's impossible : (eso) es imposible⟩ ⟨is that so? : ¿de veras?, ¿ah, sí?⟩ ⟨after that : después, luego⟩ **2 those** *pl* (*referring to a group of people*) ⟨those who came : los que vinieron⟩ ⟨there are those who say . . . : hay quien dice . . .⟩ **3** (*referring to more distant objects or times*) : aquél, aquélla, aquello ⟨those are maples and these are elms : aquéllos son arces y éstos son olmos⟩ ⟨that came to an end : aquello se acabó⟩ **4 at that** ALSO, MOREOVER : además **5 at that** THEREUPON : al decir/oír (etc.) eso **6 at that** : sin decir más ⟨let's leave it at that : dejémoslo ahí⟩ **7 for all that** : a pesar de ello **8 that is (to say)** : o sea, es decir **9 that's it** ⟨that's it—it's finished : ya está (terminado)⟩ ⟨that's it—I'm leaving! : ¡se acabó! ¡me voy!⟩ ⟨do it like this—that's it! : hazlo así—¡eso es!⟩

thatch[1] [ˈθætʃ] *vt* : cubrir o techar con paja
thatch[2] *n* : paja *f* (usada para techos)
thaw[1] [ˈθɔ] *vt* : descongelar — *vi* : derretirse (dícese de la nieve), descongelarse (dícese de los alimentos)
thaw[2] *n* : deshielo *m*
the[1] [ðə, *before vowel sounds usu* ði:] *adv* **1** (*used to indicate comparison*) ⟨the sooner the better : cuanto más pronto, mejor⟩ ⟨she likes this one the best : éste es el que más le gusta⟩ **2** (*used as a conjunction*) : cuanto ⟨the more I learn, the less I understand : cuanto más aprendo, menos entiendo⟩
the[2] *art* : el, la, los, las, lo ⟨the gloves : los guantes⟩ ⟨the girl : la chica⟩ ⟨the winter : el invierno⟩ ⟨the worst part : lo peor⟩ ⟨forty cookies to the box : cuarenta galletas por caja⟩ ⟨today is the ninth : hoy es nueve⟩ ⟨the 18th of august : el 18 de agosto⟩ ⟨William the Conqueror : Guillermo el Conquistador⟩ ⟨the French : los franceses⟩ ⟨the Smiths : los Smith⟩ ⟨the Mississippi River : el río Mississippi⟩ ⟨the English language : la lengua inglesa, el idioma inglés⟩
theater *or* **theatre** [ˈθi:ət̬ər] *n* **1** : teatro *m* (edificio) **2** DRAMA : teatro *m*, drama *m*
theatrical [θiˈætrɪkəl] *adj* : teatral, dramático
thee [ˈði:] *pron* : te, ti
theft [ˈθɛft] *n* : robo *m*, hurto *m*
their [ˈðɛr] *adj* : su ⟨their friends : sus amigos⟩
theirs [ˈðɛrz] *pron* : (el) suyo, (la) suya, (los) suyos, (las) suyas ⟨they came for theirs : vinieron por el suyo⟩ ⟨theirs is bigger : la suya es más grande, la de ellos es más grande⟩ ⟨a brother of theirs : un hermano suyo, un hermano de ellos⟩
them [ˈðɛm] *pron* **1** (*as a direct object*) : los (*Spain sometimes* les), las ⟨I know them : los conozco⟩ **2** (*as indirect object*) : les, se ⟨I sent them a letter : les mandé una carta⟩ ⟨give it to them : dáselo (a ellos)⟩ **3** (*as object of a preposition*) : ellos, ellas ⟨go with them : ve con ellos⟩ **4** (*for emphasis*) : ellos, ellas ⟨I wasn't expecting them : no los esperaba a ellos⟩
thematic [θiˈmæt̬ɪk] *adj* : temático
theme [ˈθi:m] *n* **1** SUBJECT, TOPIC : tema *m* **2** COMPOSITION : composición *f*, trabajo *m* (escrito) **3** : tema *m* (en música)
themselves [ðəmˈsɛlvz, ðɛm-] *pron* **1** (*as a reflexive*) : se, sí ⟨they enjoyed themselves : se divirtieron⟩ ⟨they divided it among themselves : lo repartieron entre sí, se lo repartieron⟩ **2** (*for emphasis*) : ellos mismos, ellas mismas ⟨they built it themselves : ellas mismas lo construyeron⟩
then[1] [ˈðɛn] *adv* **1** : entonces, en ese tiempo ⟨I was sixteen then : tenía entonces dieciséis años⟩ ⟨by/since/until then : para/desde/hasta entonces⟩ **2** NEXT : después, luego ⟨we'll go to Toronto, then to Winnipeg : iremos a Toronto, y luego a Winnipeg⟩ **3** BESIDES, FURTHERMORE : además, aparte ⟨then there's the tax : y aparte está el impuesto⟩ **4** : entonces, en ese caso ⟨if you like music, then you should attend : si te gusta la música, entonces deberías asistir⟩ ⟨it's true, then? : ¿entonces es cierto?⟩ ⟨OK, then, I'll see you later : hasta luego, entonces⟩ ⟨you're sure? all right, then : ¿estás seguro? bueno, está bien⟩ **5 then and there** : en el momento
then[2] *adj* : entonces ⟨the then governor of Georgia : el entonces gobernador de Georgia⟩
thence [ˈðɛnts, ˈθɛnts] *adv* : de ahí, de ahí en adelante
theologian [ˌθi:əˈlo:dʒən] *n* : teólogo *m*, -ga *f*
theological [ˌθi:əˈlɑdʒɪkəl] *adj* : teológico
theology [θiˈɑlədʒi] *n, pl* **-gies** : teología *f*
theorem [ˈθi:ərəm, ˈθɪrəm] *n* : teorema *m*
theoretical [ˌθi:əˈrɛt̬ɪkəl] *adj* : teórico — **theoretically** *adv*
theorist [ˈθi:ərɪst] *n* : teórico *m*, -ca *f*
theorize [ˈθi:əˌraɪz] *vi* **-rized; -rizing** : teorizar
theory [ˈθi:əri, ˈθɪri] *n, pl* **-ries** : teoría *f*
therapeutic [ˌθɛrəˈpju:t̬ɪk] *adj* : terapéutico — **therapeutically** *adv*
therapist [ˈθɛrəpɪst] *n* : terapeuta *mf*
therapy [ˈθɛrəpi] *n, pl* **-pies** : terapia *f*
there[1] [ˈðær] *adv* **1** : ahí, allí, allá ⟨stand over there : párate ahí⟩ ⟨we can walk there : podemos ir a pie⟩ ⟨over there : por allí/allá⟩ ⟨out/in there : ahí fuera/dentro⟩ ⟨who's there? : ¿quién es?⟩ ⟨is Mom there? : ¿está mamá?⟩ ⟨there it is : ahí está⟩ ⟨there you are/go : aquí tienes, toma⟩ ⟨. . . and there you have it! : ¡ . . . y ya está!⟩ ⟨that clock there : ese reloj que ves allí⟩ ⟨you there! : ¡oye, tú!⟩ ⟨hello there! : ¡hola!⟩ **2** : ahí, en esto, en eso ⟨there is where we disagree : en eso es donde no estamos de acuerdo⟩ **3** THEN : entonces ⟨from there : de ahí, a partir de ese momento⟩ **4 to be out there** EXIST : existir **5 to have been there** (*referring to an experience*) ⟨I've been there myself : yo también he pasado por eso⟩
there[2] *pron* **1** (*introducing a sentence or clause*) ⟨there comes a time to decide : llega un momento en que tiene uno que decidir⟩ **2 there is, there are** : hay ⟨there are many children here : aquí hay muchos niños⟩ ⟨there's a good hotel downtown : hay un buen hotel en el centro⟩
thereabouts [ðærəˈbaʊts, ˈðærəˌ-] *or* **thereabout** [-ˈbaʊt, -ˌbaʊt] *adv* **or**

thereabouts : por ahí, más o menos ⟨at five o'clock or thereabouts : por ahí de las cinco⟩
thereafter [ðær'æftər] *adv* : después ⟨shortly thereafter : poco después⟩
thereby [ðær'baɪ, 'ðær,baɪ] *adv* : de tal modo, de esa manera, así
therefore ['ðær,for] *adv* : por lo tanto, por consiguiente
therein [ðær'ɪn] *adv* **1** : allí adentro, ahí adentro ⟨the contents therein : lo que allí se contiene⟩ **2** : allí, en ese aspecto ⟨therein lies the problem : allí está el problema⟩
thereof [ðær'ʌv, -'ɑv] *adv* : de eso, de esto
thereupon ['ðærə,pɑn, -,pɔn; ,ðærə'pɑn, -'pɔn] *adv* : acto seguido, inmediatamente (después)
therewith [ðær'wɪð, -'wɪθ] *adv* : con eso, con ello
thermal ['θərməl] *adj* **1** : térmico (en física) **2** HOT : termal
thermodynamics [,θərmodaɪ'næmɪks] *ns & pl* : termodinámica *f*
thermometer [θər'mɑmət̬ər] *n* : termómetro *m*
thermos ['θərməs] *n* : termo *m*
thermostat ['θərmə,stæt] *n* : termostato *m*
thesaurus [θɪ'sɔrəs] *n, pl* **-sauri** [-'sɔr,aɪ] *or* **-sauruses** [-'sɔrəsəz] : diccionario *m* de sinónimos
these → **this**
thesis ['θi:sɪs] *n, pl* **theses** ['θi:,si:z] : tesis *f*
they ['ðeɪ] *pron* : ellos, ellas ⟨they are here : están aquí⟩ ⟨they don't know : ellos no saben⟩
they'd ['ðeɪd] *contraction of* **they had** *or* **they would** → **have, would**
they'll ['ðeɪl, 'ðɛl] *contraction of* **they shall** *or* **they will** → **shall, will**
they're ['ðr] *contraction of* **they are** → **be**
they've ['ðeɪv] *contraction of* **they have** → **have**
thiamine ['θaɪəmɪn, -,mi:n] *n* : tiamina *f*
thick[1] ['θɪk] *adj* **1** : grueso ⟨a thick plank : una tabla gruesa⟩ **2** : espeso, denso ⟨thick syrup : jarabe espeso⟩ — **thickly** *adv*
thick[2] *n* **1 in the thick of** : en medio de ⟨in the thick of the battle : en lo más reñido de la batalla⟩ **2 through thick and thin** : a las duras y a las maduras
thicken ['θɪkən] *vt* : espesar (un líquido) — *vi* : espesarse
thickener ['θɪkənər] *n* : espesante *m*
thicket ['θɪkət] *n* : matorral *m*, maleza *f*, espesura *f*
thickness ['θɪknəs] *n* : grosor *m*, grueso *m*, espesor *m*
thickset ['θɪk'sɛt] *adj* STOCKY : robusto, fornido
thick–skinned ['θɪk'skɪnd] *adj* : poco sensible, que no se ofende fácilmente
thief ['θi:f] *n, pl* **thieves** ['θi:vz] : ladrón *m*, -drona *f*
thieve ['θi:v] *v* **thieved; thieving** : hurtar, robar
thievery ['θi:vəri] *n* : hurto *m*, robo *m*, latrocinio *m*
thigh ['θaɪ] *n* : muslo *m*
thighbone ['θaɪ,bo:n] *n* : fémur *m*
thimble ['θɪmbəl] *n* : dedal *m*
thin[1] ['θɪn] *v* **thinned; thinning** *vt* : hacer menos denso, diluir, aguar (un líquido), enrarecer (un gas) — *vi* : diluirse, aguarse (dícese de un líquido), enrarecerse (dícese de un gas)
thin[2] *adj* **thinner; -est** **1** LEAN, SLIM : delgado, esbelto, flaco **2** SPARSE : ralo, escaso ⟨a thin beard : una barba rala⟩ **3** WATERY : claro, aguado, diluido **4** FINE : delgado, fino ⟨thin slices : rebanadas finas⟩
thing ['θɪŋ] *n* **1** MATTER, FACT, IDEA : cosa *f* ⟨don't talk about those things : no hables de esas cosas⟩ ⟨how are things? : ¿cómo van las cosas?⟩ ⟨the main thing : lo principal⟩ ⟨the thing is . . . : el caso es que . . .⟩ ⟨to think things over : pensarlo (bien)⟩ ⟨for one thing, . . . : para empezar, . . .⟩ ⟨I said no such thing! : ¡no dije tal/semejante cosa!⟩ **2** ACT, EVENT : cosa *f* ⟨the flood was a terrible thing : la inundación fue una cosa terrible⟩ ⟨it's a good thing that . . . : menos mal que . . .⟩ ⟨to do the right thing : hacer lo correcto⟩ **3** OBJECT : cosa *f* ⟨don't forget your things : no olvides tus cosas⟩ ⟨baby things : cosas para bebés⟩ ⟨there's no such thing : no existe (tal cosa)⟩ ⟨I can't see a thing : no puedo ver nada⟩ ⟨I have just the thing for you : tengo justo lo que necesitas⟩ **4 as things stand** : tal como están las cosas **5 a thing or two** : unas cuantas cosas **6 first/last thing** : a primera/última hora ⟨I'll do it first thing tomorrow : lo haré mañana a primera hora⟩ **7 it's (just) one of those things** : son cosas de la vida **8 of all things** ⟨he's learning jousting, of all things! : ¡está aprendiendo a justar! ¿te lo imaginas?⟩ **9 to have another thing coming** : estar muy equivocado
think ['θɪŋk] *v* **thought** ['θɔt]; **thinking** *vt* **1** PLAN : pensar, creer ⟨he thinks (that) he'll return early : piensa regresar temprano⟩ ⟨I think (that) I'll call her : creo que la llamaré⟩ **2** BELIEVE : creer, opinar ⟨I think (that) I can go : creo que puedo ir⟩ ⟨I think so : creo que sí⟩ ⟨I don't think so : creo que no⟩ ⟨what do you think? : ¿qué opinas?⟩ ⟨who does she think she is? : ¿quién se cree?⟩ **3** PONDER : pensar ⟨"how odd," he thought : qué raro—pensó⟩ ⟨what were you thinking? : ¿en qué pensabas?⟩ **4** REMEMBER : acordarse de ⟨I didn't think to ask : no se me ocurrió preguntar⟩ **5 to think better of** : cambiar de idea **6 to think nothing of** ⟨she thinks nothing of running 10 miles : correr 10 millas no le parece

nada extraño⟩ ⟨think nothing of it : de nada, no hay de qué⟩ **7 to think out/through** : pensar bien, estudiar **8 to think over** CONSIDER : pensar **9 to think up** : idear, inventar ⟨we've thought up a plan : se nos ha ocurrido un plan⟩ — *vi* **1** : pensar ⟨let me think : déjame pensar⟩ **2 to think about/of** : pensar en ⟨I was just thinking about/of you when you called : pensaba en ti justo cuando llamaste⟩ **3 to think about/of** WEIGH : pensar (en) ⟨think about it : piénsalo⟩ ⟨I'm thinking about/of buying it : estoy pensando en comprarlo⟩ **4 to think about/of** : pensar en ⟨think about/of your family! : ¡piensa en tu familia!⟩ **5 to think about/of** : pensar de ⟨what did you think about/of the book? : ¿qué pensaste del libro?, ¿qué te pareció el libro?⟩ **6 to think again** : pensar dos veces **7 to think ahead** : ser previsor **8 to think aloud** : pensar en voz alta **9 to think back** : recordar **10 to think of** REMEMBER : acordarse de **11 to think of** : idear, inventar ⟨we'll think of something : algo se nos ocurrirá⟩ **12 to think poorly of** : pensar mal de **13 to think twice** : pensárselo dos veces **14 to think well of** : tener buena opinión de

thinker [ˈθɪŋkər] *n* : pensador *m*, -dora *f*

thinly [ˈθɪnli] *adv* **1** LIGHTLY : ligeramente **2** SPARSELY : escasamente ⟨thinly populated : poco populado⟩ **3** BARELY : apenas

thinness [ˈθɪnnəs] *n* : delgadez *f*

thin–skinned [ˈθɪnˈskɪnd] *adj* : susceptible, muy sensible

third[1] [ˈθərd] *or* **thirdly** [-li] *adv* : en tercer lugar ⟨she came in third : llegó en tercer lugar⟩

third[2] *adj* : tercero ⟨the third day : el tercer día⟩

third[3] *n* **1** : tercero *m*, -ra *f* (en una serie) **2** : tercero *m*, tercera parte *f*

third world *n* **the Third World** : el Tercer Mundo *m*

thirst[1] [ˈθərst] *vi* **1** : tener sed **2 to thirst for** DESIRE : tener sed de, estar sediento de

thirst[2] *n* : sed *f*

thirsty [ˈθərsti] *adj* **thirstier; -est** : sediento, que tiene sed ⟨I'm thirsty : tengo sed⟩

thirteen[1] [ˌθərˈtiːn] *adj* : trece

thirteen[2] *n* : trece *m*

thirteenth[1] [ˌθərˈtiːnθ] *adj* : décimo tercero

thirteenth[2] *n* **1** : decimotercero *m*, -ra *f* (en una serie) **2** : treceavo *m*, treceava parte *f*

thirtieth[1] [ˈθərt̬iəθ] *adj* : trigésimo

thirtieth[2] *n* **1** : trigésimo *m*, -ma *f* (en una serie) **2** : treintavo *m*, treintava parte *f*

thirty[1] [ˈθərt̬i] *adj* : treinta

thirty[2] *n, pl* **thirties** : treinta *m*

this[1] [ˈðɪs] *adv* : así, a tal punto ⟨this big : así de grande⟩

this[2] *adj, pl* **these** [ˈðiːz] : este ⟨these things : estas cosas⟩ ⟨read this book : lee este libro⟩

this[3] *pron, pl* **these** : esto ⟨what's this? : ¿qué es esto?⟩ ⟨this wasn't here yesterday : esto no estaba aquí ayer⟩

thistle [ˈθɪsəl] *n* : cardo *m*

thong [ˈθɔŋ] *n* **1** STRAP : correa *f*, tira *f* **2** FLIP-FLOP : chancla *f*, chancleta *f*

thorax [ˈθorˌæks] *n, pl* **-raxes** *or* **-races** [ˈθorəˌsiːz] : tórax *m*

thorn [ˈθɔrn] *n* : espina *f*

thorny [ˈθɔrni] *adj* **thornier; -est** : espinoso

thorough [ˈθəroː] *adj* **1** CONSCIENTIOUS : concienzudo, meticuloso **2** COMPLETE : absoluto, completo — **thoroughly** *adv*

thoroughbred [ˈθəroˌbrɛd] *adj* : de pura sangre (dícese de un caballo)

Thoroughbred *n or* **Thoroughbred horse** : pura sangre *mf*

thoroughfare [ˈθəroˌfær] *n* : vía *f* pública, carretera *f*

thoroughness [ˈθəronəs] *n* : esmero *m*, meticulosidad *f*

those → **that**

thou [ˈðaʊ] *pron* : tú

though[1] [ˈðoː] *adv* **1** HOWEVER, NEVERTHELESS : sin embargo, no obstante **2 as ~** : como si ⟨as though nothing had happened : como si nada hubiera pasado⟩

though[2] *conj* : aunque, a pesar de ⟨though it was raining, we went out : salimos a pesar de la lluvia⟩

thought[1] → **think**

thought[2] [ˈθɔt] *n* **1** THINKING : pensamiento *m*, ideas *fpl* ⟨Western thought : el pensamiento occidental⟩ **2** COGITATION : pensamiento *m*, reflexión *f*, raciocinio *m* **3** IDEA : idea *f*, ocurrencia *f* ⟨it was just a thought : fue sólo una idea⟩

thoughtful [ˈθɔtfəl] *adj* **1** PENSIVE : pensativo, meditabundo **2** CONSIDERATE : considerado, atento, cortés — **thoughtfully** *adv*

thoughtfulness [ˈθɔtfəlnəs] *n* : consideración *f*, atención *f*, cortesía *f*

thoughtless [ˈθɔtləs] *adj* **1** CARELESS : descuidado, negligente **2** INCONSIDERATE : desconsiderado — **thoughtlessly** *adv*

thousand[1] [ˈθaʊzənd] *adj* : mil

thousand[2] *n, pl* **-sands** *or* **-sand** : mil *m*

thousandth[1] [ˈθaʊzəntθ] *adj* : milésimo

thousandth[2] *n* **1** : milésimo *m*, -ma *f* (en una serie) **2** : milésimo *m*, milésima parte *f*

thrash [ˈθræʃ] *vt* **1** → **thresh** **2** BEAT : golpear, azotar, darle una paliza (a alguien) **3** FLAIL : sacudir, agitar bruscamente

thread[1] [ˈθrɛd] *vt* **1** : enhilar, enhebrar (una aguja) **2** STRING : ensartar (cuentas en un hilo) **3 to thread one's way** : abrirse paso

thread[2] *n* **1** : hilo *m*, hebra *f* ⟨needle and thread : aguja e hilo⟩ ⟨the thread of an argument : el hilo de un debate⟩ **2** : rosca *f*, filete *m* (de un tornillo)

threadbare [ˈθrɛdˈbær] *adj* **1** SHABBY, WORN : raído, gastado **2** TRITE : trillado, tópico, manido

threat [ˈθrɛt] *n* : amenaza *f*

threaten [ˈθrɛtən] *v* : amenazar

threatening [ˈθrɛtənɪŋ] *adj* : amenazador — **threateningly** *adv*

three[1] [ˈθriː] *adj* : tres

three[2] *n* : tres *m*

3–D [ˈθriːˈdiː] *adj* → **three–dimensional**

three–dimensional [ˈθriːdəˈmɛntʃənəl] *adj* : tridimensional

threefold [ˈθriːˌfoːld] *adj* TRIPLE : triple

three hundred[1] *adj* : trescientos

three hundred[2] *n* : trescientos *m*

threescore [ˈθriːˈskor] *adj* SIXTY : sesenta

thresh [ˈθrɛʃ] *vt* : trillar (grano)

thresher [ˈθrɛʃər] *n* : trilladora *f*

threshold [ˈθrɛʃˌhoːld, -ˌoːld] *n* : umbral *m*

threw → **throw**[1]

thrice [ˈθraɪs] *adv* : tres veces

thrift [ˈθrɪft] *n* : economía *f*, frugalidad *f*

thriftless [ˈθrɪftləs] *adj* : despilfarrador, manirroto

thrifty [ˈθrɪfti] *adj* **thriftier; -est** : económico, frugal — **thriftily** [ˈθrɪftəli] *adv*

thrill[1] [ˈθrɪl] *vt* : emocionar — *vi* **to thrill to** : dejarse conmover por, estremecerse con

thrill[2] *n* : emoción *f*

thriller [ˈθrɪlər] *n* **1** : evento *m* emocionante **2** : obra *f* de suspenso

thrilling [ˈθrɪlɪŋ] *adj* : emocionante, excitante

thrive [ˈθraɪv] *vi* **throve** [ˈθroːv] *or* **thrived; thriven** [ˈθrɪvən] **1** FLOURISH : florecer, crecer abundantemente **2** PROSPER : prosperar

throat [ˈθroːt] *n* : garganta *f*

throaty [ˈθroːt̬i] *adj* **throatier; -est** : ronco (dícese de la voz)

throb[1] [ˈθrɑb] *vi* **throbbed; throbbing** : palpitar, latir (dícese del corazón), vibrar (dícese de un motor, etc.)

throb[2] *n* : palpitación *f*, latido *m*, vibración *f*

throe [ˈθroː] *n* **1** PAIN, SPASM : espasmo *m*, dolor *m* ⟨the throes of childbirth : los dolores de parto⟩ **2 throes** *npl* : lucha *f* larga y ardua ⟨in the throes of : en el medio de⟩

throne [ˈθroːn] *n* : trono *m*

throng[1] [ˈθrɔŋ] *vt* CROWD : atestar, atiborrar, llenar — *vi* : aglomerarse, amontonarse

throng[2] *n* : muchedumbre *f*, gentío *m*, multitud *f*

throttle[1] [ˈθrɑtəl] *vt* **-tled; -tling** **1** STRANGLE : estrangular, ahogar **2 to throttle down** : desacelerar (un motor)

throttle[2] *n* **1** : válvula *f* reguladora **2 at full throttle** : a toda máquina

through[1] [ˈθruː] *adv* **1** : a través, de un lado a otro ⟨let them through : déjenlos pasar⟩ **2** : de principio a fin ⟨she read the book through : leyó el libro de principio a fin⟩ **3** COMPLETELY : completamente ⟨soaked through : completamente empapado⟩

through[2] *adj* **1** DIRECT : directo ⟨a through train : un tren directo⟩ **2** FINISHED : terminado, acabado ⟨we're through : hemos terminado⟩

through[3] *prep* **1** : a través de, por ⟨through the door : por la puerta⟩ ⟨a road through the woods : un camino que atraviesa el bosque⟩ **2** BETWEEN : entre ⟨a path through the trees : un sendero entre los árboles⟩ **3** BECAUSE OF : a causa de, como consecuencia de **4** DURING : por, durante ⟨through the night : durante la noche⟩ **5** : a, hasta ⟨from Monday through Friday : de lunes a viernes⟩ **6** (*indicating completion*) ⟨she's been through a lot : ha pasado muchas dificultades⟩ ⟨we're through the worst of it : hemos pasado lo peor⟩ **7** VIA : a través de, por ⟨I got the job through her cousin : conseguí el trabajo a través de su primo⟩

throughout[1] [θruːˈaʊt] *adv* **1** EVERYWHERE : por todas partes **2** THROUGH : desde el principio hasta el fin de (algo)

throughout[2] *prep* **1** : en todas partes de, a través de ⟨throughout the United States : en todo Estados Unidos⟩ **2** : de principio a fin de, durante ⟨throughout the winter : durante todo el invierno⟩

throve → **thrive**

throw[1] [ˈθroː] *vt* **threw** [ˈθruː]; **thrown** [ˈθroːn]; **throwing** **1** TOSS : tirar, lanzar, echar, arrojar, aventar *Col, Mex* ⟨to throw a ball : tirar una pelota⟩ **2** UNSEAT : desmontar (a un jinete) **3** CAST : proyectar ⟨it threw a long shadow : proyectó una sombra larga⟩ **4 to throw a party** : dar una fiesta **5 to throw into confusion** : desconcertar **6 to throw out** DISCARD : botar, tirar (en la basura)

throw[2] *n* TOSS : tiro *m*, tirada *f*, lanzamiento *m*, lance *m* (de dados)

thrower [ˈθroːər] *n* : lanzador *m*, -dora *f*

throw up *v* VOMIT : vomitar, devolver

thrush [ˈθrʌʃ] *n* : tordo *m*, zorzal *m*

thrust[1] [ˈθrʌst] *vt* **thrust; thrusting** **1** SHOVE : empujar bruscamente **2** PLUNGE, STAB : apuñalar, clavar ⟨he thrust a dagger into her heart : la apuñaló en el corazón⟩ **3 to thrust one's way** : abrirse paso **4 to thrust upon** : imponer a

thrust[2] *n* **1** PUSH, SHOVE : empujón *m*, empellón *m* **2** LUNGE : estocada *f* (en esgrima) **3** IMPETUS : ímpetu *m*, impulso *m*, propulsión *f* (de un motor)

thud[1] [ˈθʌd] *vi* **thudded; thudding** : producir un ruido sordo

thud[2] *n* : ruido *m* sordo (que produce un objeto al caer)

thug [ˈθʌg] *n* : matón *m*

thumb[1] [ˈθʌm] *vt* : hojear (con el pulgar)

thumb[2] *n* : pulgar *m*, dedo *m* pulgar

thumbnail [ˈθʌm,neɪl] *n* : uña *f* del pulgar

thumbtack [ˈθʌm,tæk] *n* : tachuela *f*, chinche *f*

thump[1] [ˈθʌmp] *vt* POUND : golpear, aporrear — *vi* : latir con vehemencia (dícese del corazón)

thump[2] *n* THUD : ruido *m* sordo

thunder[1] [ˈθʌndər] *vi* **1** : tronar ⟨it rained and thundered all night : llovió y tronó durante la noche⟩ **2** BOOM : retumbar, bramar, resonar — *vt* ROAR, SHOUT : decir a gritos, vociferar

thunder[2] *n* : truenos *mpl*

thunderbolt [ˈθʌndər,bo:lt] *n* : rayo *m*

thunderclap [ˈθʌndər,klæp] *n* : trueno *m*

thunderous [ˈθʌndərəs] *adj* : atronador, ensordecedor, estruendoso

thundershower [ˈθʌndər,ʃaʊər] *n* : lluvia *f* con truenos y relámpagos

thunderstorm [ˈθʌndər,stɔrm] *n* : tormenta *f* con truenos y relámpagos

thunderstruck [ˈθʌndər,strʌk] *adj* : atónito

Thursday [ˈθərz,deɪ, -di] *n* : jueves *m*

thus [ˈðʌs] *adv* **1** : así, de esta manera **2** SO : hasta (cierto punto) ⟨the weather's been nice thus far : hasta ahora ha hecho buen tiempo⟩ **3** HENCE : por consiguiente, por lo tanto

thwart [ˈθwɔrt] *vt* : frustrar

thy [ˈðaɪ] *adj* : tu

thyme [ˈtaɪm, ˈθaɪm] *n* : tomillo *m*

thyroid [ˈθaɪ,rɔɪd] *n or* **thyroid gland** : tiroides *mf*, glándula *f* tiroidea

thyself [ðaɪˈsɛlf] *pron* : ti, ti mismo

tiara [tiˈærə, -ˈɑr-] *n* : diadema *f*

Tibetan [təˈbɛtən] *n* **1** : tibetano *m*, -na *f* **2** : tibetano *m* (idioma) — **Tibetan** *adj*

tibia [ˈtɪbiə] *n, pl* **-iae** [-bi,i:] : tibia *f*

tic [ˈtɪk] *n* : tic *m*

tick[1] [ˈtɪk] *vi* **1** : hacer tictac **2** OPERATE, RUN : operar, andar (dícese de un mecanismo) ⟨what makes him tick? : ¿qué es lo que lo mueve?⟩ — *vt or* **to tick off** CHECK : marcar

tick[2] *n* **1** : tictac *m* (de un reloj) **2** CHECK : marca *f* **3** : garrapata *f* (insecto)

ticket[1] [ˈtɪkət] *vt* LABEL : etiquetar

ticket[2] *n* **1** : boleto *m*, entrada *f* (de un espectáculo), pasaje *m* (de avión, tren, etc.) **2** SLATE : lista *f* de candidatos

tickle[1] [ˈtɪkəl] *v* **-led; -ling** *vt* **1** AMUSE : divertir, hacerle gracia (a alguien) **2** : hacerle cosquillas (a alguien) ⟨don't tickle me! : ¡no me hagas cosquillas!⟩ — *vi* : picar

tickle[2] *n* : cosquilleo *m*, cosquillas *fpl*, picor *m* (en la garganta)

ticklish [ˈtɪkəlɪʃ] *adj* **1** : cosquilloso (dícese de una persona) **2** DELICATE, TRICKY : delicado, peliagudo

tidal [ˈtaɪdəl] *adj* : de marea, relativo a la marea

tidal wave *n* : maremoto *m*

tidbit [ˈtɪd,bɪt] *n* **1** BITE, SNACK : bocado *m*, golosina *f* **2** : dato *m* o noticia *f* interesante ⟨useful tidbits of information : informaciones útiles⟩

tide[1] [ˈtaɪd] *vt* **tided; tiding** *or* **to tide over** : proveer lo necesario para aguantar una dificultad ⟨this money will tide you over until you find work : este dinero te mantendrá hasta que encuentres empleo⟩

tide[2] *n* **1** : marea *f* **2** CURRENT : corriente *f* (de eventos, opiniones, etc.)

tidily [ˈtaɪdəli] *adv* : ordenadamente

tidiness [ˈtaɪdinəs] *n* : aseo *m*, limpieza *f*, orden *m*

tidings [ˈtaɪdɪŋz] *npl* : nuevas *fpl*

tidy[1] [ˈtaɪdi] *vt* **-died; -dying** : asear, limpiar, poner en orden

tidy[2] *adj* **-dier; -est** **1** CLEAN, NEAT : limpio, aseado, en orden **2** SUBSTANTIAL : grande, considerable ⟨a tidy sum : una suma considerable⟩

tie[1] [ˈtaɪ] *v* **tied; tying** *or* **tieing** *vt* **1** : atar, amarrar ⟨to tie a knot : atar un nudo⟩ ⟨to tie one's shoelaces : atarse los cordones⟩ **2** BIND, UNITE : ligar, atar **3** : empatar ⟨they tied the score : empataron el marcador⟩ **4 to be fit to be tied** : estar hecho una furia **5 to tie down/up** : atar **6 to tie in with** : relacionar con **7 to tie up** : ocupar (a alguien), inmovilizar (dinero), atascar (tráfico) — *vi* **1** : empatar ⟨the two teams were tied : los dos equipos empataron⟩ **2 to tie in with** : relacionarse con

tie[2] *n* **1** : ligadura *f*, cuerda *f*, cordón *m* (para atar algo) **2** BOND, LINK : atadura *f*, ligadura *f*, vínculo *m*, lazo *m* ⟨family ties : lazos familiares⟩ **3** *or* **railroad tie** : traviesa *f* **4** DRAW : empate *m* (en deportes) **5** NECKTIE : corbata *f*

tier [ˈtɪr] *n* : hilera *f*, escalón *m*

tiff [ˈtɪf] *n* : disgusto *m*, disputa *f*

tiger [ˈtaɪgər] *n* : tigre *m*

tight[1] [ˈtaɪt] *adv* TIGHTLY : bien, fuerte ⟨shut it tight : ciérralo bien⟩

tight[2] *adj* **1** : bien cerrado, hermético ⟨a tight seal : un cierre hermético⟩ **2** STRICT : estricto, severo **3** TAUT : tirante, tenso **4** SNUG : apretado, ajustado, ceñido ⟨a tight dress : un vestido ceñido⟩ **5** DIFFICULT : difícil ⟨to be in a tight spot : estar en un aprieto⟩ **6** STINGY : apretado, avaro, agarrado *fam* **7** CLOSE : reñido ⟨a tight game : un juego reñido⟩ **8** SCARCE : escaso ⟨money is tight : escasea el dinero⟩

tighten [ˈtaɪtən] *vt* : tensar (una cuerda, etc.), apretar (un nudo, un tornillo, etc.), apretarse (el cinturón), reforzar (las reglas)

tightly [ˈtaɪtli] *adv* : bien, fuerte

tightness [ˈtaɪtnəs] *n* : lo apretado, lo tenso, tensión *f*

tightrope [ˈtaɪtˌroːp] *n* : cuerda *f* floja

tights [ˈtaɪts] *npl* : leotardo *m*, malla *f*

tightwad [ˈtaɪtˌwɑd] *n* : avaro *m*, -ra *f*; tacaño *m*, -ña *f*

tigress [ˈtaɪgrəs] *n* : tigresa *f*

tile[1] [ˈtaɪl] *vt* **tiled; tiling** : embaldosar (un piso), revestir de azulejos (una pared), tejar (un techo)

tile[2] *n* **1** *or* **floor tile** : losa *f*, baldosa *f*, mosaico *m Mex* (de un piso) **2** : azulejo *m* (de una pared) **3** : teja *f* (de un techo)

till[1] [ˈtɪl] *vt* : cultivar, labrar

till[2] *n* : caja *f*, caja *f* registradora

till[3] *prep & conj* → **until**

tiller [ˈtɪlər] *n* **1** : cultivador *m*, -dora *f* (de la tierra) **2** : caña *f* del timón (de un barco)

tilt[1] [ˈtɪlt] *vt* : ladear, inclinar — *vi* : ladearse, inclinarse

tilt[2] *n* **1** SLANT : inclinación *f* **2** **at full tilt** : a toda velocidad

timber [ˈtɪmbər] *n* **1** : madera *f* (para construcción) **2** BEAM : viga *f*

timberland [ˈtɪmbərˌlænd] *n* : bosque *m* maderero

timbre [ˈtæmbər, ˈtɪm-] *n* : timbre *m*

time[1] [ˈtaɪm] *vt* **timed; timing** **1** SCHEDULE : fijar la hora de, calcular el momento oportuno para **2** CLOCK : cronometrar, medir el tiempo de (una competencia, etc.)

time[2] *n* **1** : tiempo *m* ⟨the passing of time : el paso del tiempo⟩ ⟨she doesn't have time : no tiene tiempo⟩ **2** MOMENT : tiempo *m*, momento *m* ⟨this is not the time to bring it up : no es el momento de sacar el tema⟩ ⟨it can wait until another time : podemos dejarlo para otro momento⟩ ⟨since that time : desde entonces⟩ **3** : vez *f* ⟨he called you three times : te llamó tres veces⟩ ⟨three times greater : tres veces mayor⟩ ⟨this time : esta vez⟩ ⟨one more time : una vez más⟩ **4** AGE : tiempo *m*, era *f* ⟨in your grandparents' time : en el tiempo de tus abuelos⟩ ⟨it was before your time : fue antes de que nacieras⟩ **5** TEMPO : tiempo *m*, ritmo *m* (en música) **6** : hora *f* (del día), época *f* (del año) ⟨what time is it? : ¿qué hora es?⟩ ⟨do you have the time? : ¿tienes hora?⟩ ⟨it's time for dinner : es hora de comer⟩ ⟨at the usual time : a la hora acostumbrada⟩ ⟨during work time : en horas de trabajo⟩ ⟨local time : hora local⟩ ⟨arrival/departure time : hora de llegada/salida⟩ **7** WHILE : tiempo *m*, rato *m* ⟨a short/long time ago : hace poco/mucho tiempo⟩ ⟨for (quite) some time now : desde hace mucho tiempo⟩ ⟨he watched us the whole/entire time : nos miraba (durante) todo el tiempo⟩ **8** EXPERIENCE : rato *m*, experiencia *f* ⟨we had a nice time together : pasamos juntos un rato agradable⟩ ⟨to have a rough time : pasarlo mal⟩ ⟨have a good time! : ¡que se diviertan!⟩ **9 against time** : contra el reloj **10 ahead of one's time** ⟨she was ahead of her time : se adelantó a su época⟩ **11 ahead of time** ⟨I prepared it ahead of time : lo preparé con antelación⟩ ⟨she handed it in ahead of time : lo entregó antes de tiempo⟩ ⟨he showed up ahead of time : apareció antes de la hora⟩ **12 all in good time** : todo a su debido tiempo **13 all the time** ALWAYS, OFTEN : todo el tiempo **14 all the time** THROUGHOUT : (durante) todo el tiempo **15 at all times** : siempre, en todo momento **16 (at) any time** : en cualquier momento **17 at a time** SIMULTANEOUSLY : al mismo tiempo, a la vez ⟨one at a time : uno por uno, de a uno⟩ ⟨two at a time : de dos en dos⟩ ⟨one thing at a time : una cosa por vez⟩ ⟨one step at a time : paso por paso⟩ **18 at a time** : sin parar ⟨he read for hours at a time : pasaba horas enteras leyendo⟩ ⟨she disappears for months at a time : desaparece por meses⟩ **19 at no time** : en ningún momento **20 at the same time** CONVERSELY : al mismo tiempo **21 at the same time** SIMULTANEOUSLY : al mismo tiempo, a la vez **22 at times** SOMETIMES : a veces **23 behind the times** OUTDATED : anticuado **24 each and every time** : cada vez **25 each/every time** : cada vez **26 for a time** : (por) un tiempo **27 for the time being** : por el momento, de momento **28 from time to time** OCCASIONALLY : de vez en cuando **29 in good time** : con tiempo **30 in no time** : enseguida, en un santiamén **31 in time** PUNCTUALLY : a tiempo **32 in time** EVENTUALLY : con el tiempo **33 it's about time** : ya es hora, ya va siendo hora ⟨it was about time (that) you got here : ya era hora de que llegaras⟩ **34 most of the time** : la mayor parte del tiempo **35 on time** : a tiempo **36 over time** : con el paso del tiempo **37 time after time** : una y otra vez **38 time flies** : el tiempo pasa volando **39 time marches on** : el tiempo pasa **40 time off** : tiempo *m* libre, vacaciones *fpl* **41 to buy time** : ganar tiempo **42 to give someone a hard time** : mortificar a alguien **43 to have time on one's hands** : sobrarle el tiempo a uno **44 to keep time** : marcar la hora (dícese de un reloj) **45 to keep time** : seguir/marcar el ritmo (en música) **46 to lose time** : atrasar (dícese de un reloj) **47 to make good time** : ir adelantado (en un viaje, etc.) **48 to make time for** : encontrar tiempo para **49 to pass the time** : pasar el rato **50 to serve/do**

time : cumplir una condena **51 to take one's time** : tomarse tiempo ⟨take your time : tómate todo el tiempo que necesites⟩ ⟨you sure took your time! : tardaste mucho⟩ **52 to take the time to** : tomar el tiempo para/de **53 to take time** : tomar tiempo, tomarse tiempo ⟨these things take time : estas cosas toman tiempo⟩ ⟨take all the time you need : tómate todo el tiempo que necesites⟩ **54 to waste time** : perder el tiempo

timekeeper [ˈtaɪmˌkiːpər] *n* : cronometrador *m*, -dora *f*

timeless [ˈtaɪmləs] *adj* : eterno

timely [ˈtaɪmli] *adj* **-lier; -est** : oportuno

timepiece [ˈtaɪmˌpiːs] *n* : reloj *m*

timer [ˈtaɪmər] *n* : temporizador *m*, cronómetro *m*

times [ˈtaɪmz] *prep* : por ⟨3 times 4 is 12 : 3 por 4 son 12⟩

timetable [ˈtaɪmˌteɪbəl] *n* : horario *m*

timid [ˈtɪmɪd] *adj* : tímido — **timidly** *adv*

timidity [təˈmɪdəti] *n* : timidez *f*

timorous [ˈtɪmərəs] *adj* : timorato, miedoso

timpani [ˈtɪmpəni] *npl* : timbales *mpl*

tin [ˈtɪn] *n* **1** : estaño *m*, hojalata *f* (metal) **2** CAN : lata *f*, bote *m*, envase *m*

tincture [ˈtɪŋktʃər] *n* : tintura *f*

tinder [ˈtɪndər] *n* : yesca *f*

tine [ˈtaɪn] *n* : diente *m* (de un tenedor, etc.)

tinfoil [ˈtɪnˌfɔɪl] *n* : papel *m* (de) aluminio

tinge[1] [ˈtɪndʒ] *vt* **tinged; tingeing** *or* **tinging** [ˈtɪndʒɪŋ] TINT : matizar, teñir ligeramente

tinge[2] *n* **1** TINT : matiz *m*, tinte *m* sutil **2** TOUCH : dejo *m*, sensación *f* ligera

tingle[1] [ˈtɪŋgəl] *vi* **-gled; -gling** : sentir (un) hormigueo, sentir (un) cosquilleo

tingle[2] *n* : hormigueo *m*, cosquilleo *m*

tinker [ˈtɪŋkər] *vi* **to tinker with** : arreglar con pequeños ajustes, toquetear (con intento de arreglar)

tinkle[1] [ˈtɪŋkəl] *vi* **-kled; -kling** : tintinear

tinkle[2] *n* : tintineo *m*

tinsel [ˈtɪntsəl] *n* : oropel *m*

tint[1] [ˈtɪnt] *vt* : teñir, colorear

tint[2] *n* : tinte *m*

tiny [ˈtaɪni] *adj* **-nier; -est** : diminuto, minúsculo

tip[1] [ˈtɪp] *v* **tipped; tipping** *vt* **1** *or* **to tip over** : volcar, voltear, hacer caer **2** TILT : ladear, inclinar ⟨to tip one's hat : saludar con el sombrero⟩ **3** TAP : tocar, golpear ligeramente **4** : darle una propina (a un mesero, etc.) ⟨I tipped him $5 : le di $5 de propina⟩ **5** : adornar o cubrir la punta de ⟨wings tipped in red : alas con puntas rojas⟩ **6 to tip off** : avisar a, dar información a (la policía, etc.) — *vi* **1** TILT : ladearse, inclinarse **2 to tip over** : volcarse, caerse

tip[2] *n* **1** END, POINT : punta *f*, extremo *m* ⟨on the tip of one's tongue : en la punta de la lengua⟩ **2** GRATUITY : propina *f* **3** ADVICE, INFORMATION : consejo *m*, información *f* (confidencial)

tip–off [ˈtɪpˌɔf] *n* **1** SIGN : indicación *f*, señal *f* **2** TIP : información *f* (confidencial)

tipple [ˈtɪpəl] *vi* **-pled; -pling** : tomarse unas copas

tipsy [ˈtɪpsi] *adj* **-sier; -est** : achispado

tiptoe[1] [ˈtɪpˌtoː] *vi* **-toed; -toeing** : caminar de puntillas

tiptoe[2] *adv* : de puntillas

tiptoe[3] *n* : punta *f* del pie

tip–top[1] [ˈtɪpˈtɑp, -ˌtɑp] *adj* EXCELLENT : excelente

tip–top[2] *n* SUMMIT : cumbre *f*, cima *f*

tirade [ˈtaɪˌreɪd] *n* : diatriba *f*

tire[1] [ˈtaɪr] *v* **tired; tiring** *vt* : cansar, agotar, fatigar — *vi* : cansarse

tire[2] *n* : llanta *f*, neumático *m*, goma *f*

tired [ˈtaɪrd] *adj* : cansado, agotado, fatigado ⟨to get tired : cansarse⟩

tireless [ˈtaɪrləs] *adj* : incansable, infatigable — **tirelessly** *adv*

tiresome [ˈtaɪrsəm] *adj* : fastidioso, pesado, tedioso — **tiresomely** *adv*

tissue [ˈtɪˌʃuː] *n* **1** : pañuelo *m* de papel **2** : tejido *m* ⟨lung tissue : tejido pulmonar⟩

titanic [taɪˈtænɪk, tə-] *adj* GIGANTIC : titánico, gigantesco

titanium [taɪˈteɪniəm, tə-] *n* : titanio *m*

titillate [ˈtɪtəlˌeɪt] *vt* **-lated; -lating** : excitar, estimular placenteramente

title[1] [ˈtaɪtəl] *vt* **-tled; -tling** : titular, intitular

title[2] *n* : título *m*

titter[1] [ˈtɪtər] *vi* GIGGLE : reírse tontamente

titter[2] *n* : risita *f*, risa *f* tonta

tizzy [ˈtɪzi] *n, pl* **tizzies** : estado *m* agitado o nervioso ⟨I'm all in a tizzy : estoy todo alterado⟩

TNT [ˌtiːˌɛnˈtiː] *n* : TNT *m*

to[1] [ˈtuː] *adv* **1** : a un estado consciente ⟨to come to : volver en sí⟩ **2 to and fro** : de aquí para allá, de un lado para otro

to[2] *prep* **1** (*indicating a place or activity*) : a ⟨to go to the doctor : ir al médico⟩ ⟨I'm going to John's : voy a casa de John⟩ ⟨we went to lunch : fuimos a almorzar⟩ **2** TOWARD : a, hacia ⟨two miles to the south : dos millas hacia el sur⟩ ⟨to the right : a la derecha⟩ ⟨she ran to her mother : corrió a su mamá⟩ **3** UP TO : hasta, a ⟨to a degree : hasta cierto grado⟩ ⟨from head to toe : de pies a cabeza⟩ ⟨the water came to my waist : el agua me llegaba a la cintura⟩ **4** (*in expressions of time*) ⟨it's quarter to seven : son las siete menos cuarto⟩ **5** UNTIL : a, hasta ⟨from May to December : de mayo a diciembre⟩ **6** (*indicating belonging or association*) : de, con ⟨the key to the lock : la llave del candado⟩ ⟨he's married to my sister

: está casado con mi hermana⟩ **7** (*indicating recipient*) : a ⟨I gave it to the boss : se lo di a la jefa⟩ ⟨she spoke to his parents : habló con sus padres⟩ ⟨listen to me : escúchame⟩ **8** (*indicating response or result*) : a ⟨dancing to the rhythm : bailando al compás⟩ ⟨the answer to your question : la respuesta a su pregunta⟩ ⟨to my surprise : para mi sorpresa⟩ **9** (*indicating comparison or proportion*) : a ⟨it's similar to mine : es parecido al mío⟩ ⟨they won 4 to 2 : ganaron 4 a 2⟩ **10** (*indicating agreement or conformity*) : a, de acuerdo con ⟨made to order : hecho a la orden⟩ ⟨to my knowledge : a mi saber⟩ **11** (*indicating opinion or viewpoint*) : a, para ⟨it's agreeable to all of us : nos parece bien a todos⟩ ⟨it seemed odd to us : nos pareció raro⟩ ⟨it's news to me : no lo sabía⟩ ⟨it means nothing to him : para él no significa nada⟩ **12** (*indicating inclusion*) : en cada, por ⟨twenty to the box : veinte por caja⟩ **13** (*indicating joining or touching*) : a ⟨he tied it to a tree : lo ató a un árbol⟩ ⟨apply salve to the wound : póngale ungüento a la herida⟩ **14** (*used to form the infinitive*) ⟨to understand : entender⟩ ⟨to go away : irse⟩ ⟨I didn't mean to (do it) : lo hice sin querer⟩ **15 (all) to oneself** : para sí sólo

toad ['to:d] *n* : sapo *m*

toadstool ['to:d,stu:l] *n* : hongo *m* (no comestible)

toady ['to:di] *n, pl* **toadies** : adulador *m*, -dora *f*

toast[1] ['to:st] *vt* **1** : tostar (pan) **2** : brindar por ⟨to toast the victors : brindar por los vencedores⟩ **3** WARM : calentar ⟨to toast oneself : calentarse⟩

toast[2] *n* **1** : pan *m* tostado, tostadas *fpl* **2** : brindis *m* ⟨to propose a toast : proponer un brindis⟩

toaster ['to:stər] *n* : tostador *m*

tobacco [tə'bæko:] *n, pl* **-cos** : tabaco *m*

toboggan[1] [tə'bɑgən] *vi* : deslizarse en tobogán

toboggan[2] *n* : tobogán *m*

today[1] [tə'deɪ] *adv* **1** : hoy ⟨she arrives today : hoy llega⟩ **2** NOWADAYS : hoy en día

today[2] *n* : hoy *m* ⟨today is a holiday : hoy es día de fiesta⟩

toddle ['tɑdəl] *vi* **-dled; -dling** : hacer pininos, hacer pinitos

toddler ['tɑdələr] *n* : niño *m* pequeño, niña *f* pequeña (que comienza a caminar)

to–do [tə'du:] *n, pl* **to–dos** [-'du:z] FUSS : lío *m*, alboroto *m*

toe ['to:] *n* : dedo *m* del pie

toenail ['to:,neɪl] *n* : uña *f* del pie

toffee *or* **toffy** ['tɔfi, 'tɑ-] *n, pl* **toffees** *or* **toffies** : caramelo *m* elaborado con azúcar y mantequilla

toga ['to:gə] *n* : toga *f*

together [tə'gɛðər] *adv* **1** : juntamente, juntos (el uno con el otro) ⟨Susan and Sarah work together : Susan y Sarah trabajan juntas⟩ **2 ~ with** : junto con

togetherness [tə'gɛðərnəs] *n* : unión *f*, compañerismo *m*

togs ['tɑgz, 'tɔgz] *npl* : ropa *f*

toil[1] ['tɔɪl] *vi* : trabajar arduamente

toil[2] *n* : trabajo *m* arduo

toilet ['tɔɪlət] *n* **1** : arreglo *m* personal **2** BATHROOM : (cuarto de) baño *m*, servicios *mpl* (públicos), sanitario *m Col, Mex, Ven* **3** : inodoro *m* ⟨to flush the toilet : jalar la cadena⟩

toilet paper *n* : papel *m* higiénico

toiletries ['tɔɪlətriz] *npl* : artículos *mpl* de tocador

token ['to:kən] *n* **1** PROOF, SIGN : prueba *f*, muestra *f*, señal *m* **2** SYMBOL : símbolo *m* **3** SOUVENIR : recuerdo *m* **4** : ficha *f* (para transporte público, etc.)

told → **tell**

tolerable ['tɑlərəbəl] *adj* : tolerable — **tolerably** [-bli] *adv*

tolerance ['tɑlərənts] *n* : tolerancia *f*

tolerant ['tɑlərənt] *adj* : tolerante — **tolerantly** *adv*

tolerate ['tɑlə,reɪt] *vt* **-ated; -ating** **1** ACCEPT : tolerar, aceptar **2** BEAR, ENDURE : tolerar, aguantar, soportar

toleration [,tɑlə'reɪʃən] *n* : tolerancia *f*

toll[1] ['to:l] *vt* : tañer, sonar (una campana) — *vi* : sonar, doblar (dícese de las campanas)

toll[2] *n* **1** : peaje *m* (de una carretera, un puente, etc.) **2** CASUALTIES : pérdida *f*, número *m* de víctimas **3** TOLLING : tañido *m* (de campanas)

tollbooth ['to:l,bu:θ] *n* : caseta *f* de peaje

tollgate ['to:l,geɪt] *n* : barrera *f* de peaje

tomahawk ['tɑmə,hɔk] *n* : hacha *f* de guerra (de los indígenas norteamericanos)

tomato [tə'meɪt̬o, -'mɑ-] *n, pl* **-toes** : tomate *m*

tomb ['tu:m] *n* : sepulcro *m*, tumba *f*

tomboy ['tɑm,bɔɪ] *n* : marimacho *mf*; niña *f* que se porta como muchacho

tombstone ['tu:m,sto:n] *n* : lápida *f*

tomcat ['tɑm,kæt] *n* : gato *m* (macho)

tome ['to:m] *n* : tomo *m*

tomorrow[1] [tə'mɑro] *adv* : mañana

tomorrow[2] *n* : mañana *m*

tom–tom ['tɑm,tɑm] *n* : tam-tam *m*

ton ['tən] *n* : tonelada *f*

tone[1] ['to:n] *vt* **toned; toning** **1** *or* **to tone down** : atenuar, suavizar, moderar **2** *or* **to tone up** STRENGTHEN : tonificar, vigorizar

tone[2] *n* : tono *m* ⟨in a friendly tone : en tono amistoso⟩ ⟨a greyish tone : un tono grisáceo⟩

tongs ['tɑŋz, 'tɔŋz] *npl* : tenazas *fpl*

tongue ['tʌŋ] *n* **1** : lengua *f* **2** LANGUAGE : lengua *f*, idioma *m*

tongue–tied [ˈtʌŋˌtaɪd] *adj* **to get tongue–tied** : trabársele la lengua a uno

tonic[1] [ˈtɑnɪk] *adj* : tónico

tonic[2] *n* **1** : tónico *m* **2** *or* **tonic water** : tónica *f*

tonight[1] [təˈnaɪt] *adv* : esta noche

tonight[2] *n* : esta noche *f*

tonsil [ˈtɑntsəl] *n* : amígdala *f*, angina *f Mex*

tonsillitis [ˌtɑntsəˈlaɪt̬əs] *n* : amigdalitis *f*, anginas *fpl Mex*

too [ˈtuː] *adv* **1** ALSO : también **2** EXCESSIVELY : demasiado ⟨it's too hot in here : aquí hace demasiado calor⟩

took → **take**[1]

tool[1] [ˈtuːl] *vt* **1** : fabricar, confeccionar (con herramientas) **2** EQUIP : instalar maquinaria en (una fábrica)

tool[2] *n* : herramienta *f*

toolbar [ˈtuːlˌbɑr] *n* : barra *f* de herramientas

toolbox [ˈtuːlˌbɑks] *n* : caja *f* de herramientas

toot[1] [ˈtuːt] *vt* : sonar (un claxon o un pito)

toot[2] *n* : pitido *m*, bocinazo *m* (de un claxon)

tooth [ˈtuːθ] *n, pl* **teeth** [ˈtiːθ] **1** : diente *m* **2 like pulling teeth** : casi imposible **3 long in the tooth** : viejo **4 to grit one's teeth** : apretar los dientes, aguantarse **5 to have a sweet tooth** : ser goloso, gustarle mucho los dulces a uno **6 to lie through one's teeth** : mentir descaradamente **7 tooth and nail** : a ultranza, a capa y espada **8 to set someone's teeth on edge** : crispar/erizar a alguien **9 to sink one's teeth into** : clavar los dientes en **10 to sink/get one's teeth into** : hincarle el diente a (una actividad, etc.)

toothache [ˈtuːθˌeɪk] *n* : dolor *m* de muelas

toothbrush [ˈtuːθˌbrʌʃ] *n* : cepillo *m* de dientes

toothless [ˈtuːθləs] *adj* : desdentado

toothpaste [ˈtuːθˌpeɪst] *n* : pasta *f* de dientes, crema *f* dental, dentífrico *m*

toothpick [ˈtuːθˌpɪk] *n* : palillo *m* (de dientes), mondadientes *m*

top[1] [ˈtɑp] *vt* **topped; topping 1** COVER : cubrir, coronar **2** SURPASS : sobrepasar, superar **3** CLEAR : pasar por encima de **4** : encabezar (una lista, etc.) ⟨to top the charts : ser el número uno en las listas de éxitos⟩ **5 to top off** END : terminar ⟨to top it all off : para colmo⟩ **6 to top off** : llenar hasta arriba (un depósito, un vaso, etc.)

top[2] *adj* : superior ⟨the top shelf : la repisa superior⟩ ⟨one of the top lawyers : uno de los mejores abogados⟩

top[3] *n* **1** : parte *f* superior, cumbre *f*, cima *f* (de un monte, etc.) ⟨to climb to the top : subir a la cumbre⟩ ⟨from top to bottom : de arriba abajo⟩ **2** COVER : tapa *f*, cubierta *f* **3** : trompo *m* (juguete) **4 at the top of one's lungs/voice** : a voz en grito/cuello, a grito pelado **5 on top of** : encima de **6 on top of** BESIDES : además de **7 on top of the world** : muy alegre **8 over the top** : exagerado **9 to be on top of** CONTROL : controlar, tener controlado **10 to be/stay on top of** : estar/mantenerse al día en (las noticias, etc.) **11 to come out on top** : salir ganando

topaz [ˈtoːˌpæz] *n* : topacio *m*

topcoat [ˈtɑpˌkoːt] *n* : sobretodo *m*, abrigo *m*

topic [ˈtɑpɪk] *n* : tema *m*, tópico *m*

topical [ˈtɑpɪkəl] *adj* : de interés actual

topmost [ˈtɑpˌmoːst] *adj* : más alto

top–notch [ˈtɑpˈnɑtʃ] *adj* : de lo mejor, de primera categoría

topographic [ˌtɑpəˈgræfɪk] *or* **topographical** [-fɪkəl] *adj* : topográfico

topography [təˈpɑgrəfi] *n, pl* **-phies** : topografía *f*

topple [ˈtɑpəl] *v* **-pled; -pling** *vi* : caerse, venirse abajo — *vt* : volcar, derrocar (un gobierno, etc.)

topsoil [ˈtɑpˌsɔɪl] *n* : capa *f* superior del suelo

topsy–turvy [ˌtɑpsiˈtərvi] *adv & adj* : patas arriba, al revés

torch [ˈtɔrtʃ] *n* : antorcha *f*

tore → **tear**[1]

torment[1] [tɔrˈmɛnt, ˈtɔrˌ-] *vt* : atormentar, torturar, martirizar

torment[2] [ˈtɔrˌmɛnt] *n* : tormento *m*, suplicio *m*, martirio *m*

tormentor [tɔrˈmɛntər] *n* : atormentador *m*, -dora *f*

torn *pp* → **tear**[1]

tornado [tɔrˈneɪdo] *n, pl* **-does** *or* **-dos** : tornado *m*

torpedo[1] [tɔrˈpiːdo] *vt* : torpedear

torpedo[2] *n, pl* **-does** : torpedo *m*

torpid [ˈtɔrpɪd] *adj* **1** SLUGGISH : aletargado **2** APATHETIC : apático

torpor [ˈtɔrpər] *n* : letargo *m*, apatía *f*

torrent [ˈtɔrənt] *n* : torrente *m*

torrential [tɔˈrɛntʃəl, tə-] *adj* : torrencial

torrid [ˈtɔrɪd] *adj* : tórrido

torso [ˈtɔrˌsoː] *n, pl* **-sos** *or* **-si** [-ˌsiː] : torso *m*

tortilla [tɔrˈtiːjə] *n* : tortilla *f* (de maíz)

tortoise [ˈtɔrt̬əs] *n* : tortuga *f* (terrestre)

tortoiseshell [ˈtɔrt̬əsˌʃɛl] *n* : carey *m*, concha *f*

tortuous [ˈtɔrtʃʊəs] *adj* : tortuoso

torture[1] [ˈtɔrtʃər] *vt* **-tured; -turing** : torturar, atormentar

torture[2] *n* : tortura *f*, tormento *m* ⟨it was sheer torture! : ¡fue un verdadero suplicio!⟩

torturer [ˈtɔrtʃərər] *n* : torturador *m*, -dora *f*

toss[1] [ˈtɔs, ˈtɑs] *vt* **1** AGITATE, SHAKE : sacudir, agitar ⟨to toss a salad : mezclar una ensalada⟩ **2** THROW : tirar, echar, lanzar ⟨to toss a coin : echarlo a cara o cruz⟩ **3 to toss away/out** DISCARD : botar, tirar (a la basura) **4 to toss back** *fam* : tomarse **5 to toss off**

fam : escribir (rápidamente) **6 to toss out** REJECT : rechazar **7 to toss out** EJECT : echar — *vi* : sacudirse, moverse agitadamente ⟨to toss and turn : dar vueltas⟩

toss^{2} *n* THROW : lanzamiento *m*, tiro *m*, tirada *f*, lance *m* (de dados, etc.)

toss–up [ˈtɔsˌʌp] *n* : posibilidad *f* igual ⟨it's a toss-up : quizá sí, quizá no⟩

tot [ˈtɑt] *n* : pequeño *m*, -ña *f*

total^{1} [ˈtoːtəl] *vt* **-taled** *or* **-talled; -taling** *or* **-talling** **1** *or* **to total up** ADD : sumar, totalizar **2** AMOUNT TO : ascender a, llegar a

total^{2} *adj* : total, completo, absoluto — **totally** *adv*

total^{3} *n* : total *m*

totalitarian [toːˌtæləˈtɛriən] *adj* : totalitario

totalitarianism [toːˌtæləˈtɛriəˌnɪzəm] *n* : totalitarismo *m*

totality [toːˈtæləṭi] *n, pl* **-ties** : totalidad *f*

tote [ˈtoːt] *vt* **toted; toting** : cargar, llevar

totem [ˈtoːtəm] *n* : tótem *m*

totter [ˈtɑtər] *vi* : tambalearse

touch^{1} [ˈtʌʧ] *vt* **1** FEEL, HANDLE : tocar, tentar **2** AFFECT, MOVE : conmover, afectar, tocar ⟨his gesture touched our hearts : su gesto nos tocó el corazón⟩ **3 to touch up** : retocar — *vi* **1** : tocar ⟨do not touch : no tocar⟩ **2** : tocarse ⟨our hands touched : nuestras manos se tocaron⟩ **3 to touch down** : aterrizar **4 to touch on** : tocar (un tema)

touch^{2} *n* **1** : tacto *m* (sentido) **2** DETAIL : toque *m*, detalle *m* ⟨a touch of color/humor : un toque de color/humor⟩ ⟨the finishing touches : los toques finales⟩ **3** BIT : pizca *f*, gota *f*, poco *m* **4** ABILITY : habilidad *f* ⟨to lose one's touch : perder la habilidad⟩ **5** CONTACT : contacto *m*, comunicación *f* ⟨to keep/stay in touch : mantenerse en contacto⟩ ⟨to lose touch : perder el contacto⟩ **6 out of touch** : desconectado (de la realidad, etc.)

touchdown [ˈtʌʧˌdaʊn] *n* : touchdown *m* (en futbol americano)

touching [ˈtʌʧɪŋ] *adj* MOVING : conmovedor

touchstone [ˈtʌʧˌstoːn] *n* : piedra *f* de toque

touch up *vt* : retocar

touchy [ˈtʌʧi] *adj* **touchier; -est** **1** : sensible, susceptible (dícese de una persona) **2** : delicado ⟨a touchy subject : un tema delicado⟩

tough^{1} [ˈtʌf] *adj* **1** STRONG : fuerte, resistente (dícese de materiales) **2** LEATHERY : correoso ⟨a tough steak : un bistec duro⟩ **3** HARDY : fuerte, robusto (dícese de una persona) **4** STRICT : severo, exigente **5** DIFFICULT : difícil **6** STUBBORN : terco, obstinado

tough^{2} *n* : matón *m*, persona *f* ruda y brusca

toughen [ˈtʌfən] *vt* : fortalecer, endurecer — *vi* : endurecerse, hacerse más fuerte

toughness [ˈtʌfnəs] *n* : dureza *f*

toupee [tuːˈpeɪ] *n* : peluquín *m*, bisoñé *m*

tour^{1} [ˈtʊr] *vi* : tomar una excursión, viajar — *vt* : recorrer, hacer una gira por

tour^{2} *n* **1** : gira *f*, tour *m*, excursión *f* **2 tour of duty** : período *m* de servicio

tourism [ˈtʊrˌɪzəm] *n* : turismo *m*

tourist [ˈtʊrɪst, ˈtər-] *n* : turista *mf*

tournament [ˈtərnəmənt, ˈtʊr-] *n* : torneo *m*

tourniquet [ˈtərnɪkət, ˈtʊr-] *n* : torniquete *m*

tousle [ˈtaʊzəl] *vt* **-sled; -sling** : desarreglar, despeinar (el cabello)

tout [ˈtaʊt] *vt* : promocionar, elogiar (con exageración)

tow^{1} [ˈtoː] *vt* : remolcar

tow^{2} *n* : remolque *m*

toward [ˈtord, təˈwɔrd] *or* **towards** [ˈtordz, təˈwɔrdz] *prep* **1** (*indicating direction*) : hacia, rumbo a ⟨heading toward town : dirigiéndose rumbo al pueblo⟩ ⟨efforts towards peace : esfuerzos hacia la paz⟩ **2** (*indicating time*) : alrededor de ⟨toward midnight : alrededor de la medianoche⟩ **3** REGARDING : hacia, con respecto a ⟨his attitude toward life : su actitud hacia la vida⟩ **4** FOR : para, como pago parcial de (una compra o deuda)

towel [ˈtaʊəl] *n* : toalla *f*

tower^{1} [ˈtaʊər] *vi* **to tower over** : descollar sobre, elevarse sobre, dominar

tower^{2} *n* : torre *f*

towering [ˈtaʊərɪŋ] *adj* : altísimo, imponente

town [ˈtaʊn] *n* : pueblo *m*, ciudad *f* (pequeña)

township [ˈtaʊnˌʃɪp] *n* : municipio *m*

tow truck [ˈtoːˌtrʌk] *n* : grúa *f*

toxic [ˈtɑksɪk] *adj* : tóxico

toxicity [tɑkˈsɪsəṭi] *n, pl* **-ties** : toxicidad *f*

toxin [ˈtɑksɪn] *n* : toxina *f*

toy^{1} [ˈtɔɪ] *vi* : juguetear, jugar

toy^{2} *adj* : de juguete ⟨a toy rifle : un rifle de juguete⟩

toy^{3} *n* : juguete *m*

trace^{1} [ˈtreɪs] *vt* **traced; tracing** **1** : calcar (un dibujo, etc.) **2** OUTLINE : delinear, trazar (planes, etc.) **3** TRACK : describir (un curso, una historia) **4** FIND : localizar, ubicar

trace^{2} *n* **1** SIGN, TRACK : huella *f*, rastro *m*, indicio *m*, vestigio *m* ⟨he disappeared without a trace : desapareció sin dejar rastro⟩ **2** BIT, HINT : pizca *f*, ápice *m*, dejo *m*

trachea [ˈtreɪkiə] *n, pl* **-cheae** [-kiˌiː] : tráquea *f*

tracing paper *n* : papel *m* de calcar

track^{1} [ˈtræk] *vt* **1** TRAIL : seguir la pista de, rastrear **2** : dejar huellas de ⟨he tracked mud all over : dejó huellas de lodo por todas partes⟩

track[2] *n* **1** : rastro *m*, huella *f* (de animales), pista *f* (de personas) **2** PATH : pista *f*, sendero *m*, camino *m* **3** *or* **railroad track** : vía *f* (férrea) **4** → **racetrack** **5** : oruga *f* (de un tanque, etc.) **6** : atletismo *m* (deporte) **7 the wrong side of the tracks** : los barrios bajos **8 to be on the right/wrong track** : ir bien/mal encaminado, ir por buen/mal camino **9 to be on track** : ir bien encaminado **10 to cover one's tracks** : no dejar rastros **11 to get back on track** : volver a encarrilarse **12 to get/go off track** : desviarse del tema/plan (etc.) **13 to keep track of** : llevar la cuenta de **14 to lose track of** : perder la cuenta de ⟨I lost track of the time : no me di cuenta de la hora⟩ **15 to throw someone off the track** : despistar a alguien

track–and–field [ˈtrækəndˈfi:ld] *adj* : de pista y campo

tract [ˈtrækt] *n* **1** AREA : terreno *m*, extensión *f*, área *f* **2** : tracto *m* ⟨digestive tract : tracto digestivo⟩ **3** PAMPHLET : panfleto *m*, folleto *m*

traction [ˈtrækʃən] *n* : tracción *f*

tractor [ˈtræktər] *n* **1** : tractor *m* (vehículo agrícola) **2** TRUCK : camión *m* (con remolque)

trade[1] [ˈtreɪd] *v* **traded; trading** *vi* **1** : comerciar, negociar **2** EXCHANGE : hacer un cambio **3 to trade on** : explotar — *vt* **1** EXCHANGE : cambiar, intercambiar, canjear ⟨we traded seats : nos cambiamos de asiento⟩ ⟨I'll trade (you) a cookie for a chocolate : te cambio una galleta por un chocolate⟩ **2 to trade in** : entregar en/como parte de pago

trade[2] *n* **1** OCCUPATION : oficio *m*, profesión *f*, ocupación *f* ⟨a carpenter by trade : carpintero de oficio⟩ **2** COMMERCE : comercio *m*, industria *f* ⟨free trade : libre comercio⟩ ⟨the book trade : la industria del libro⟩ **3** EXCHANGE : intercambio *m*, canje *m*

trade–in [ˈtreɪd,ɪn] *n* : artículo *m* que se canjea por otro

trademark [ˈtreɪd,mɑrk] *n* **1** : marca *f* registrada **2** CHARACTERISTIC : sello *m* característico (de un grupo, una persona, etc.)

trader [ˈtreɪdər] *n* : negociante *mf*, tratante *mf*, comerciante *mf*

tradesman [ˈtreɪdzmən] *n, pl* **-men** [-mən, -,mɛn] **1** CRAFTSMAN : artesano *m*, -na *f* **2** SHOPKEEPER : tendero *m*, -ra *f*; comerciante *mf*

trade wind *n* : viento *m* alisio

tradition [trəˈdɪʃən] *n* : tradición *f*

traditional [trəˈdɪʃənəl] *adj* : tradicional — **traditionally** *adv*

traffic[1] [ˈtræfɪk] *vi* **trafficked; trafficking** : traficar (con)

traffic[2] *n* **1** COMMERCE : tráfico *m*, comercio *m* ⟨the drug traffic : el narcotráfico⟩ **2** : tráfico *m*, tránsito *m*, circulación *f* (de vehículos, etc.)

traffic circle *n* : rotonda *f*, glorieta *f*

trafficker [ˈtræfɪkər] *n* : traficante *mf*

traffic light *n* : semáforo *m*, luz *f* (de tránsito)

tragedy [ˈtrædʒədi] *n, pl* **-dies** : tragedia *f*

tragic [ˈtrædʒɪk] *adj* : trágico — **tragically** *adv*

trail[1] [ˈtreɪl] *vi* **1** DRAG : arrastrarse **2** LAG : quedarse atrás, retrasarse **3 to trail away** *or* **to trail off** : disminuir, menguar, desvanecerse — *vt* **1** DRAG : arrastrar **2** PURSUE : perseguir, seguir la pista de

trail[2] *n* **1** TRACK : rastro *m*, huella *f*, pista *f* ⟨a trail of blood : un rastro de sangre⟩ **2** : cola *f*, estela *f* (de un meteoro) **3** PATH : sendero *m*, camino *m*, vereda *f*

trailer [ˈtreɪlər] *n* **1** : remolque *m*, tráiler *m* (de un camión) **2** : caravana *f* (vivienda ambulante)

train[1] [ˈtreɪn] *vt* **1** : adiestrar, entrenar (atletas), capacitar (trabajadores), amaestrar (animales) **2** POINT : apuntar (un arma, etc.) — *vi* : entrenar(se) (físicamente), prepararse (profesionalmente) ⟨she's training at the gym : se está entrenando en el gimnasio⟩

train[2] *n* **1** : cola *f* (de un vestido) **2** RETINUE : cortejo *m*, séquito *m* **3** SERIES : serie *f* (de eventos) **4** : tren *m* ⟨passenger train : tren de pasajeros⟩

trainee [treɪˈni:] *n* : aprendiz *m*, -diza *f*

trainer [ˈtreɪnər] *n* : entrenador *m*, -dora *f*

training [ˈtreɪnɪŋ] *n* : adiestramiento *m*, entrenamiento *m* (físico), capacitación *f* (de trabajadores)

traipse [ˈtreɪps] *vi* **traipsed; traipsing** : andar de un lado para otro, vagar

trait [ˈtreɪt] *n* : rasgo *m*, característica *f*

traitor [ˈtreɪt̬ər] *n* : traidor *m*, -dora *f*

traitorous [ˈtreɪt̬ərəs] *adj* : traidor

trajectory [trəˈdʒɛktəri] *n, pl* **-ries** : trayectoria *f*

tramp[1] [ˈtræmp] *vi* : caminar (a paso pesado) — *vt* : deambular por, vagar por ⟨to tramp the streets : vagar por las calles⟩

tramp[2] *n* **1** VAGRANT : vagabundo *m*, -da *f* **2** HIKE : caminata *f*

trample [ˈtræmpəl] *vt* **-pled; -pling** : pisotear, hollar

trampoline [,træmpəˈli:n, ˈtræmpə,-] *n* : trampolín *m*, cama *f* elástica

trance [ˈtræn*t*s] *n* : trance *m*

tranquil [ˈtræŋkwəl] *adj* : calmo, tranquilo, sereno — **tranquilly** *adv*

tranquilize [ˈtræŋkwə,laɪz] *vt* **-ized; -izing** : tranquilizar

tranquilizer [ˈtræŋkwə,laɪzər] *n* : tranquilizante *m*

tranquillity *or* **tranquility** [træŋˈkwɪlət̬i] *n* : sosiego *m*, tranquilidad *f*

transact [trænˈzækt] *vt* : negociar, gestionar, hacer (negocios)

transaction [trænˈzækʃən] *n* **1** : transacción *f*, negocio *m*, operación *f* **2 transactions** *npl* RECORDS : actas *fpl*

transatlantic [ˌtræntsət'læntɪk, ˌtrænz-] *adj* : transatlántico
transcend [træn'sɛnd] *vt* : trascender, sobrepasar
transcendent [træn*t*'sɛndənt] *adj* : trascendente — **transcendence** [træn*t*'sɛndən*t*s] *n*
transcendental [ˌtræn*t*ˌsɛn'dɛntəl, -sən-] *adj* : trascendental ⟨transcendental meditation : meditación trascendental⟩
transcribe [træn'skraɪb] *vt* **-scribed; -scribing** : transcribir
transcript ['trænˌskrɪpt] *n* : copia *f* oficial
transcription [træn'skrɪpʃən] *n* : transcripción *f*
transfer[1] [træn*t*s'fər, 'træn*t*sˌfər] *v* **-ferred; -ferring** *vt* **1** : trasladar (a una persona), transferir (fondos) **2** : transferir, traspasar, ceder (propiedad) **3** PRINT : imprimir (un diseño) — *vi* **1** MOVE : trasladarse, cambiarse **2** CHANGE : transbordar, cambiar (de un transporte a otro) ⟨he transfers at E Street : hace un transborde a la calle E⟩
transfer[2] ['træn*t*sˌfər] *n* **1** TRANSFERRING : transferencia *f* (de fondos, de propiedad, etc.), traslado *m* (de una persona) **2** DECAL : calcomanía *f* **3** : boleto *m* (para cambiar de un avión, etc., a otro)
transferable [træn*t*s'fərəbəl] *adj* : transferible
transference [træn*t*s'fərən*t*s] *n* : transferencia *f*
transfigure [træn*t*s'fɪgjər] *vt* **-ured; -uring** : transfigurar, transformar
transfix [træn*t*s'fɪks] *vt* **1** PIERCE : traspasar, atravesar **2** IMMOBILIZE : paralizar
transform [træn*t*s'fɔrm] *vt* : transformar
transformation [ˌtræn*t*sfər'meɪʃən] *n* : transformación *f*
transformer [træn*t*s'fɔrmər] *n* : transformador *m*
transfusion [træn*t*s'fju:ʒən] *n* : transfusión *f*
transgress [træn*t*s'grɛs, trænz-] *vt* : transgredir, infringir
transgression [træn*t*s'grɛʃən, trænz-] *n* : transgresión *f*
transient[1] ['træn*t*ʃənt, 'trænsiənt] *adj* : pasajero, transitorio — **transiently** *adv*
transient[2] *n* : transeúnte *mf*
transistor [træn'zɪstər, -'sɪs-] *n* : transistor *m*
transit ['træn*t*sɪt, 'trænzɪt] *n* **1** PASSAGE : pasaje *m*, tránsito *m* ⟨in transit : en tránsito⟩ **2** TRANSPORTATION : transporte *m* (público) **3** : teodolito *m* (instrumento topográfico)
transition [træn'sɪʃən, -'zɪʃ-] *n* : transición *f*
transitional [træn'sɪʃənəl, -'zɪʃ-] *adj* : de transición
transitive ['træn*t*səṭɪv, 'trænzə-] *adj* : transitivo
transitory ['træn*t*səˌtori, 'trænzə-] *adj* : transitorio
translate [træn*t*s'leɪt, trænz-; 'træn*t*sˌ-, 'trænsˌ-] *vt* **-lated; -lating** : traducir
translation [træn*t*s'leɪʃən, trænz-] *n* : traducción *f*
translator [træn*t*s'leɪṭər, trænz-; 'træn*t*sˌ-, 'trænsˌ-] *n* : traductor *m*, -tora *f*
translucent [træn*t*s'lu:sənt, trænz-] *adj* : translúcido
transmission [træn*t*s'mɪʃən, trænz-] *n* : transmisión *f*
transmit [træn*t*s'mɪt, trænz-] *vt* **-mitted; -mitting** : transmitir
transmitter [træn*t*s'mɪṭər, trænz-; 'træn*t*sˌ-, 'trænsˌ-] *n* : transmisor *m*, emisor *m*
transom ['træn*t*səm] *n* : montante *m* (de una puerta), travesaño *m* (de una ventana)
transparency [træn*t*s'pærən*t*si] *n, pl* **-cies** : transparencia *f*
transparent [træn*t*s'pærənt] *adj* **1** : transparente, traslúcido ⟨a transparent fabric : una tela transparente⟩ **2** OBVIOUS : transparente, obvio, claro — **transparently** *adv*
transpiration [ˌtræn*t*spə'reɪʃən] *n* : transpiración *f*
transpire [træn*t*s'paɪr] *vi* **-spired; -spiring** **1** : transpirar (en biología y botánica) **2** TURN OUT : resultar **3** HAPPEN : suceder, ocurrir, tener lugar
transplant[1] [træn*t*s'plænt] *vt* : trasplantar
transplant[2] ['træn*t*sˌplænt] *n* : trasplante *m*
transport[1] [træn*t*s'port, 'træn*t*sˌ-] *vt* **1** CARRY : transportar, acarrear **2** ENRAPTURE : transportar, extasiar
transport[2] ['træn*t*sˌport] *n* **1** TRANSPORTATION : transporte *m*, transportación *f* **2** RAPTURE : éxtasis *m* **3** *or* **transport ship** : buque *m* de transporte (de personal militar)
transportation [ˌtræn*t*spər'teɪʃən] *n* : transporte *m*, transportación *f*
transpose [træn*t*s'po:z] *vt* **-posed; -posing** : trasponer, trasladar, transportar (una composición musical)
transverse [træn*t*s'vərs, trænz-] *adj* : transversal, transverso, oblicuo — **transversely** *adv*
trap[1] ['træp] *vt* **trapped; trapping** : atrapar, apresar (en una trampa)
trap[2] *n* : trampa *f* ⟨to set a trap : tender una trampa⟩
trapdoor ['træp'dor] *n* : trampilla *f*, escotillón *m*
trapeze [træ'pi:z] *n* : trapecio *m*
trapezoid ['træpəˌzɔɪd] *n* : trapezoide *m*, trapecio *m*
trapper ['træpər] *n* : trampero *m*, -ra *f*; cazador *m*, -dora *f* (que usa trampas)
trappings ['træpɪŋz] *npl* **1** : arreos *mpl*, jaeces *mpl* (de un caballo) **2** ADORNMENTS : adornos *mpl*, pompa *f*

trash ['træʃ] *n* : basura *f*
trashy ['træʃi] *adj* : de pacotilla
trauma ['trɔmə, 'traʊ-] *n* : trauma *m*
traumatic [trə'mæţɪk, trɔ-, traʊ-] *adj* : traumático
travel[1] ['trævəl] *vi* **-eled** *or* **-elled; -eling** *or* **-elling** **1** JOURNEY : viajar **2** GO, MOVE : desplazarse, moverse, ir ⟨the waves travel at uniform speed : las ondas se desplazan a una velocidad uniforme⟩
travel[2] *n or* **travels** *npl* : viajes *mpl*
traveler *or* **traveller** ['trævələr] *n* : viajero *m*, -ra *f*
traverse [trə'vərs, træ'vərs, 'trævərs] *vt* **-versed; -versing** CROSS : atravesar, extenderse a través de, cruzar
travesty ['trævəsti] *n, pl* **-ties** : parodia *f*
trawl[1] ['trɔl] *vi* : pescar con red de arrastre, rastrear
trawl[2] *n or* **trawl net** : red *f* de arrastre
trawler ['trɔlər] *n* : barco *m* de pesca (utilizado para rastrear)
tray ['treɪ] *n* : bandeja *f*, charola *f Bol, Mex, Peru*
treacherous ['trɛʧərəs] *adj* **1** TRAITOROUS : traicionero, traidor **2** DANGEROUS : peligroso
treacherously ['trɛʧərəsli] *adv* : a traición
treachery ['trɛʧəri] *n, pl* **-eries** : traición *f*
tread[1] ['trɛd] *v* **trod** ['trɑd]; **trodden** ['trɑdən] *or* **trod; treading** *vt* TRAMPLE : pisotear, hollar — *vi* **1** WALK : caminar, andar **2 to tread on** : pisar
tread[2] *n* **1** STEP : paso *m*, andar *m* **2** : banda *f* de rodadura (de un neumático, etc.) **3** : escalón *m* (de una escalera)
treadle ['trɛdəl] *n* : pedal *m* (de una máquina)
treadmill ['trɛd,mɪl] *n* **1** : rueda *f* de andar **2** ROUTINE : rutina *f*
treason ['tri:zən] *n* : traición *f* (a la patria, etc.)
treasure[1] ['trɛʒər, 'treɪ-] *vt* **-sured; -suring** : apreciar, valorar
treasure[2] *n* : tesoro *m*
treasurer ['trɛʒərər, 'treɪ-] *n* : tesorero *m*, -ra *f*
treasury ['trɛʒəri, 'treɪ-] *n, pl* **-suries** : tesorería *f*, tesoro *m*
treat[1] ['tri:t] *vt* **1** DEAL WITH : tratar (un asunto) ⟨the article treats of poverty : el artículo trata de la pobreza⟩ **2** HANDLE : tratar (a una persona), manejar (un objeto) ⟨to treat something as a joke : tomar(se) algo a broma⟩ **3** INVITE : invitar, convidar ⟨he treated me to a meal : me invitó a comer⟩ **4** : tratar, atender (en medicina) **5** PROCESS : tratar ⟨to treat sewage : tratar las aguas negras⟩
treat[2] *n* : gusto *m*, placer *m* ⟨it was a treat to see you : fue un placer verte⟩ ⟨it's my treat : yo invito⟩
treatise ['tri:ţɪs] *n* : tratado *m*, estudio *m*
treatment ['tri:tmənt] *n* : trato *m*, tratamiento *m* (médico)
treaty ['tri:ţi] *n, pl* **-ties** : tratado *m*, convenio *m*
treble[1] ['trɛbəl] *vt* **-bled; -bling** : triplicar
treble[2] *adj* **1** → **triple** **2** : de tiple, soprano (en música) **3 treble clef** : clave *f* de sol
treble[3] *n* : tiple *m*, parte *f* de soprano
tree ['tri:] *n* : árbol *m*
treeless ['tri:ləs] *adj* : carente de árboles
trek[1] ['trɛk] *vi* **trekked; trekking** : hacer un viaje largo y difícil
trek[2] *n* : viaje *m* largo y difícil
trellis ['trɛlɪs] *n* : enrejado *m*, espaldera *f*, celosía *f*
tremble ['trɛmbəl] *vi* **-bled; -bling** : temblar
tremendous [trɪ'mɛndəs] *adj* : tremendo — **tremendously** *adv*
tremor ['trɛmər] *n* : temblor *m*
tremulous ['trɛmjələs] *adj* : trémulo, tembloroso
trench ['trɛnʧ] *n* **1** DITCH : zanja *f* **2** : trinchera *f* (militar)
trenchant ['trɛnʧənt] *adj* : cortante, mordaz
trend[1] ['trɛnd] *vi* : tender, inclinarse
trend[2] *n* **1** TENDENCY : tendencia *f* **2** FASHION : moda *f*
trendy ['trɛndi] *adj* **trendier; -est** : de moda
trepidation [,trɛpə'deɪʃən] *n* : inquietud *f*, ansiedad *f*
trespass[1] ['trɛspəs, -,pæs] *vi* **1** SIN : pecar, transgredir **2** : entrar ilegalmente (en propiedad ajena)
trespass[2] *n* **1** SIN : pecado *m*, transgresión *f* ⟨forgive us our trespasses : perdónanos nuestras deudas⟩ **2** : entrada *f* ilegal (en propiedad ajena)
tress ['trɛs] *n* : mechón *m*
trestle ['trɛsəl] *n* **1** : caballete *m* (armazón) **2** *or* **trestle bridge** : puente *m* de caballete
triad ['traɪ,æd] *n* : tríada *f*
trial[1] ['traɪəl] *adj* : de prueba ⟨trial period : período de prueba⟩
trial[2] *n* **1** : juicio *m*, proceso *m* ⟨to stand trial : ser sometido a juicio⟩ **2** AFFLICTION : aflicción *f*, tribulación *f* **3** TEST : prueba *f*, ensayo *m*
triangle ['traɪ,æŋgəl] *n* : triángulo *m*
triangular [traɪ'æŋgjələr] *adj* : triangular
tribal ['traɪbəl] *adj* : tribal
tribe ['traɪb] *n* : tribu *f*
tribesman ['traɪbzmən] *n, pl* **-men** [-mən, -,mɛn] : miembro *m* de una tribu
tribulation [,trɪbjə'leɪʃən] *n* : tribulación *f*
tribunal [traɪ'bju:nəl, trɪ-] *n* : tribunal *m*, corte *f*

tributary [ˈtrɪbjəˌtɛri] *n, pl* **-taries** : afluente *m*
tribute [ˈtrɪbˌju:t] *n* : tributo *m*
trick[1] [ˈtrɪk] *vt* : engañar, embaucar
trick[2] *n* **1** RUSE : trampa *f*, treta *f*, artimaña *f* **2** PRANK : broma *f* ⟨we played a trick on her : le gastamos una broma⟩ **3** : truco *m* ⟨magic tricks : trucos de magia⟩ ⟨the trick is to wait five minutes : el truco está en esperar cinco minutos⟩ **4** MANNERISM : peculiaridad *f*, manía *f* **5** : baza *f* (en juegos de naipes)
trickery [ˈtrɪkəri] *n* : engaños *mpl*, trampas *fpl*
trickle[1] [ˈtrɪkəl] *vi* **-led; -ling** : gotear, chorrear
trickle[2] *n* : goteo *m*, hilo *m*
trickster [ˈtrɪkstər] *n* : estafador *m*, -dora *f*; embaucador *m*, -dora *f*
tricky [ˈtrɪki] *adj* **trickier; -est** **1** SLY : astuto, taimado **2** DIFFICULT : delicado, peliagudo, difícil
tricycle [ˈtraɪsəkəl, -ˌsɪkəl] *n* : triciclo *m*
trident [ˈtraɪdənt] *n* : tridente *m*
triennial [ˈtraɪˈɛniəl] *adj* : trienal
trifle[1] [ˈtraɪfəl] *vi* **-fled; -fling** : jugar, juguetear
trifle[2] *n* : nimiedad *f*, insignificancia *f*
trifling [ˈtraɪflɪŋ] *adj* : trivial, insignificante
trigger[1] [ˈtrɪgər] *vt* : causar, provocar
trigger[2] *n* : gatillo *m*
trigonometry [ˌtrɪgəˈnɑmətri] *n* : trigonometría *f*
trill[1] [ˈtrɪl] *vi* QUAVER : trinar, gorjear — *vt* : vibrar ⟨to trill the *r* : vibrar la *r*⟩
trill[2] *n* **1** QUAVER : trino *m*, gorjeo *m* **2** : vibración *f* (en fonética)
trillion [ˈtrɪljən] *n* : billón *m*
trilogy [ˈtrɪləʤi] *n, pl* **-gies** : trilogía *f*
trim[1] [ˈtrɪm] *vt* **trimmed; trimming** **1** DECORATE : adornar, decorar **2** CUT : recortar **3** REDUCE : recortar, reducir ⟨to trim the excess : recortar el exceso⟩
trim[2] *adj* **trimmer; trimmest** **1** SLIM : esbelto **2** NEAT : limpio y arreglado, bien cuidado
trim[3] *n* **1** CONDITION : condición *f*, estado *m* ⟨to keep in trim : mantenerse en buena forma⟩ **2** CUT : recorte *m* **3** TRIMMING : adornos *mpl*
trimming [ˈtrɪmɪŋ] *n* : adornos *mpl*, accesorios *mpl*
Trinity [ˈtrɪnəṭi] *n* : Trinidad *f*
trinket [ˈtrɪŋkət] *n* : chuchería *f*, baratija *f*
trio [ˈtri:ˌo:] *n, pl* **trios** : trío *m*
trip[1] [ˈtrɪp] *v* **tripped; tripping** *vi* **1** : caminar (a paso ligero) **2** STUMBLE : tropezar **3 to trip up** ERR : equivocarse, cometer un error — *vt* **1** : hacerle una zancadilla (a alguien) ⟨you tripped me on purpose! : ¡me hiciste la zancadilla a propósito!⟩ **2** ACTIVATE : activar (un mecanismo) **3 to trip up** : hacer equivocar (a alguien)
trip[2] *n* **1** JOURNEY : viaje *m* ⟨to take a trip : hacer un viaje⟩ **2** STUMBLE : tropiezo *m*, traspié *m*
tripartite [traɪˈpɑrˌtaɪt] *adj* : tripartito
tripe [ˈtraɪp] *n* **1** : mondongo *m*, callos *mpl*, pancita *f Mex* **2** TRASH : porquería *f*
triple[1] [ˈtrɪpəl] *vt* **-pled; -pling** : triplicar
triple[2] *adj* : triple
triple[3] *n* : triple *m*
triplet [ˈtrɪplət] *n* **1** : terceto *m* (en poesía, música, etc.) **2** : trillizo *m*, -za *f* (persona)
triplicate [ˈtrɪplɪkət] *n* : triplicado *m*
tripod [ˈtraɪˌpɑd] *n* : trípode *m*
trite [ˈtraɪt] *adj* **triter; tritest** : trillado, tópico, manido
triumph[1] [ˈtraɪəmpf] *vi* : triunfar
triumph[2] *n* : triunfo *m*
triumphal [traɪˈʌmpfəl] *adj* : triunfal
triumphant [traɪˈʌmpfənt] *adj* : triunfante, triunfal — **triumphantly** *adv*
trivia [ˈtrɪviə] *ns & pl* : trivialidades *fpl*, nimiedades *fpl*
trivial [ˈtrɪviəl] *adj* : trivial, intrascendente, insignificante
triviality [ˌtrɪviˈæləṭi] *n, pl* **-ties** : trivialidad *f*
trod, trodden → **tread**[1]
troll [ˈtro:l] *n* : duende *m* o gigante *m* de cuentos folklóricos
trolley [ˈtrɑli] *n, pl* **-leys** : tranvía *m*
trombone [trɑmˈbo:n] *n* : trombón *m*
trombonist [trɑmˈbo:nɪst] *n* : trombón *m*
troop[1] [ˈtru:p] *vi* : desfilar, ir en tropel
troop[2] *n* **1** : escuadrón *m* (de caballería) **2** GROUP : grupo *m*, banda *f* (de personas) **3 troops** *npl* SOLDIERS : tropas *fpl*, soldados *mpl*
trooper [ˈtru:pər] *n* **1** : soldado *m* (de caballería) **2** : policía *m* montado **3** : policía *m* (estatal)
trophy [ˈtro:fi] *n, pl* **-phies** : trofeo *m*
tropic[1] [ˈtrɑpɪk] *or* **tropical** [-pɪkəl] *adj* : tropical
tropic[2] *n* **1** : trópico *m* ⟨tropic of Cancer : trópico de Cáncer⟩ **2 the tropics** : el trópico
trot[1] [ˈtrɑt] *vi* **trotted; trotting** : trotar
trot[2] *n* : trote *m*
trouble[1] [ˈtrʌbəl] *v* **-bled; -bling** *vt* **1** DISTURB, WORRY : molestar, perturbar, inquietar **2** AFFLICT : afligir, afectar — *vi* : molestarse, hacer un esfuerzo ⟨they didn't trouble to come : no se molestaron en venir⟩
trouble[2] *n* **1** PROBLEMS : problemas *mpl*, dificultades *fpl* ⟨to be in trouble : estar en un aprieto⟩ ⟨heart trouble : problemas de corazón⟩ **2** EFFORT : molestia *f*, esfuerzo *m* ⟨to take the trouble : tomarse la molestia⟩ ⟨it's not worth the trouble : no vale la pena⟩
troublemaker [ˈtrʌbəlˌmeɪkər] *n* : agitador *m*, -dora *f*; alborotador *m*, -dora *f*
troublesome [ˈtrʌbəlsəm] *adj* : problemático, dificultoso — **troublesomely** *adv*

trough [ˈtrɔf] *n, pl* **troughs** [ˈtrɔfs, ˈtrɔvz] **1** : comedero *m*, bebedero *m* (de animales) **2** CHANNEL, HOLLOW : depresión *f* (en el suelo), seno *m* (de olas)

trounce [ˈtraʊnts] *vt* **trounced; trouncing** **1** THRASH : apalear, darle una paliza (a alguien) **2** DEFEAT : derrotar contundentemente

troupe [ˈtru:p] *n* : troupe *f*

trousers [ˈtraʊzərz] *npl* : pantalón *m*, pantalones *mpl*

trout [ˈtraʊt] *n, pl* **trout** : trucha *f*

trowel [ˈtraʊəl] *n* **1** : llana *f*, paleta *f* (de albañil) **2** : desplantador *m* (de jardinero)

truant [ˈtru:ənt] *n* : alumno *m*, -na *f* que falta a clase sin permiso

truce [ˈtru:s] *n* : tregua *f*, armisticio *m*

truck[1] [ˈtrʌk] *vt* : transportar en camión

truck[2] *n* **1** : camión *m* (vehículo automóvil), carro *m* (manual) **2** DEALINGS : tratos *mpl* ⟨to have no truck with : no tener nada que ver con⟩

trucker [ˈtrʌkər] *n* : camionero *m*, -ra *f*

truculent [ˈtrʌkjələnt] *adj* : agresivo, beligerante

trudge [ˈtrʌʤ] *vi* **trudged; trudging** : caminar a paso pesado

true[1] [ˈtru:] *vt* **trued; trueing** : aplomar (algo vertical), nivelar (algo horizontal), centrar (una rueda)

true[2] *adv* **1** TRUTHFULLY : lealmente, sinceramente **2** ACCURATELY : exactamente, certeramente

true[3] *adj* **truer; truest** **1** LOYAL : fiel, leal **2** : cierto, verdadero, verídico ⟨it's true : es cierto, es la verdad⟩ ⟨a true story : una historia verídica⟩ **3** GENUINE : auténtico, genuino — **truly** *adv*

true–blue [ˈtru:ˈblu:] *adj* LOYAL : leal, fiel

truffle [ˈtrʌfəl] *n* : trufa *f*

truism [ˈtru:ˌɪzəm] *n* : perogrullada *f*, verdad *f* obvia

trump[1] [ˈtrʌmp] *vt* : matar (en juegos de naipes)

trump[2] *n* : triunfo *m* (en juegos de naipes)

trumped–up [ˈtrʌmptˈʌp] *adj* : inventado, fabricado ⟨trumped-up charges : falsas acusaciones⟩

trumpet[1] [ˈtrʌmpət] *vi* **1** : sonar una trompeta **2** : berrear, bramar (dícese de un animal) — *vt* : proclamar a los cuatro vientos

trumpet[2] *n* : trompeta *f*

trumpeter [ˈtrʌmpət̬ər] *n* : trompetista *mf*

truncate [ˈtrʌŋˌkeɪt, ˈtrʌn-] *vt* **-cated; -cating** : truncar

trundle [ˈtrʌndəl] *v* **-dled; -dling** *vi* : rodar lentamente — *vt* : hacer rodar, empujar lentamente

trunk [ˈtrʌŋk] *n* **1** : tronco *m* (de un árbol o del cuerpo) **2** : trompa *f* (de un elefante) **3** CHEST : baúl *m* **4** : maletero *m*, cajuela *f Mex* (de un auto) **5** **trunks** *npl* : traje *m* de baño (de caballero)

truss[1] [ˈtrʌs] *vt* : atar (con fuerza)

truss[2] *n* **1** FRAMEWORK : armazón *m* (de una estructura) **2** : braguero *m* (en medicina)

trust[1] [ˈtrʌst] *vi* : confiar, esperar ⟨to trust in God : confiar en Dios⟩ — *vt* **1** ENTRUST : confiar, encomendar **2** : confiar en, tenerle confianza a ⟨I trust you : te tengo confianza⟩

trust[2] *n* **1** CONFIDENCE : confianza *f* **2** HOPE : esperanza *f*, fe *f* **3** CREDIT : crédito *m* ⟨to sell on trust : fiar⟩ **4** : fideicomiso *m* ⟨to hold in trust : guardar en fideicomiso⟩ **5** : trust *m* (consorcio empresarial) **6** CUSTODY : responsabilidad *f*, custodia *f*

trustee [ˌtrʌsˈti:] *n* : fideicomisario *m*, -ria *f*; fiduciario *m*, -ria *f*

trustful [ˈtrʌstfəl] *adj* : confiado — **trustfully** *adv*

trustworthiness [ˈtrəstˌwərðinəs] *n* : integridad *f*, honradez *f*

trustworthy [ˈtrəstˌwərði] *adj* : digno de confianza, confiable

trusty [ˈtrəsti] *adj* **trustier; -est** : fiel, confiable

truth [ˈtru:θ] *n, pl* **truths** [ˈtru:ðz, ˈtru:θs] : verdad *f*

truthful [ˈtru:θfəl] *adj* : sincero, veraz — **truthfully** *adv*

truthfulness [ˈtru:θfəlnəs] *n* : sinceridad *f*, veracidad *f*

try[1] [ˈtraɪ] *v* **tried; trying** *vt* **1** : enjuiciar, juzgar, procesar ⟨he was tried for murder : fue procesado por homicidio⟩ **2** : probar ⟨did you try the salad? : ¿probaste la ensalada?⟩ **3** TEST : tentar, poner a prueba ⟨to try one's patience : tentarle la paciencia a uno⟩ **4** ATTEMPT : tratar (de), intentar **5** *or* **to try on** : probarse (ropa) — *vi* : tratar, intentar

try[2] *n, pl* **tries** : intento *m*, tentativa *f*

tryout [ˈtraɪˌaʊt] *n* : prueba *f*

tsar [ˈzɑr, ˈtsɑr, ˈsɑr] → **czar**

T–shirt [ˈti:ˌʃərt] *n* : camiseta *f*

tub [ˈtʌb] *n* **1** CASK : cuba *f*, barril *m*, tonel *m* **2** CONTAINER : envase *m* (de plástico, etc.) ⟨a tub of margarine : un envase de margarina⟩ **3** BATHTUB : tina *f* (de baño), bañera *f*

tuba [ˈtu:bə, ˈtju:-] *n* : tuba *f*

tube [ˈtu:b, ˈtju:b] *n* **1** PIPE : tubo *m* **2** : tubo *m* (de dentífrico, etc.) **3** *or* **inner tube** : cámara *f* **4** : tubo *m* (de un aparato electrónico) **5** : trompa *f* (en anatomía)

tubeless [ˈtu:bləs, ˈtju:b-] *adj* : sin cámara (dícese de una llanta)

tuber [ˈtu:bər, ˈtju:-] *n* : tubérculo *m*

tubercular [tʊˈbərkjələr, tjʊ-] → **tuberculous**

tuberculosis [tʊˌbərkjəˈlo:sɪs, tjʊ-] *n, pl* **-loses** [-ˌsi:z] : tuberculosis *f*

tuberculous [tʊˈbərkjələs, tjʊ-] *adj* : tuberculoso

tuberous [ˈtu:bərəs, ˈtju:-] *adj* : tuberoso
tubing [ˈtu:bɪŋ, ˈtju:-] *n* : tubería *f*
tubular [ˈtu:bjələr, ˈtju:-] *adj* : tubular
tuck[1] [ˈtʌk] *vt* **1** PLACE, PUT : meter, colocar ⟨tuck in your shirt : métete la camisa⟩ **2** : guardar, esconder ⟨to tuck away one's money : guardar uno bien su dinero⟩ **3** COVER : arropar (a un niño en la cama)
tuck[2] *n* : pliegue *m*, alforza *f*
Tuesday [ˈtu:zˌdeɪ, ˈtju:z-, -di] *n* : martes *m*
tuft [ˈtʌft] *n* : penacho *m* (de plumas), copete *m* (de pelo)
tug[1] [ˈtʌg] *v* **tugged; tugging** *vi* : tirar, jalar, dar un tirón — *vt* : jalar, arrastrar, remolcar (con un barco)
tug[2] *n* **1** : tirón *m*, jalón *m* **2** → **tugboat**
tugboat [ˈtʌgˌbo:t] *n* : remolcador *m*
tug–of–war [ˌtʌgəˈwɔr] *n, pl* **tugs–of–war** : tira y afloja *m*
tuition [tuˈɪʃən] *n or* **tuition fees** : tasas *fpl* de matrícula, colegiatura *f Mex*
tulip [ˈtu:lɪp, ˈtju:-] *n* : tulipán *m*
tumble[1] [ˈtʌmbəl] *v* **-bled; -bling** *vi* **1** : dar volteretas (en acrobacia) **2** FALL : caerse, venirse abajo — *vt* **1** TOPPLE : volcar **2** TOSS : hacer girar
tumble[2] *n* : voltereta *f*, caída *f*
tumbler [ˈtʌmblər] *n* **1** ACROBAT : acróbata *mf*, saltimbanqui *mf* **2** GLASS : vaso *m* (de mesa) **3** : clavija *f* (de una cerradura)
tummy [ˈtʌmi] *n, pl* **-mies** BELLY : panza *f*, vientre *m*
tumor [ˈtu:mər, ˈtju:-] *n* : tumor *m*
tumult [ˈtu:ˌmʌlt, ˈtju:-] *n* : tumulto *m*, alboroto *m*
tumultuous [tʊˈmʌltʃʊəs, tju:-] *adj* : tumultuoso
tuna [ˈtu:nə, ˈtju:-] *n, pl* **-na** *or* **-nas** : atún *m*
tundra [ˈtʌndrə] *n* : tundra *f*
tune[1] [ˈtu:n, ˈtju:n] *v* **tuned; tuning** *vt* **1** ADJUST : ajustar, hacer más preciso, afinar (un motor) **2** : afinar (un instrumento musical) **3** : sintonizar (un radio o televisor) — *vi* **to tune in** : sintonizar (con una emisora)
tune[2] *n* **1** MELODY : tonada *f*, canción *f*, melodía *f* **2 in tune** : afinado (dícese de un instrumento o de la voz), sintonizado, en sintonía
tuneful [ˈtu:nfəl, ˈtju:n-] *adj* : armonioso, melódico
tuner [ˈtu:nər, ˈtju:-] *n* : afinador *m*, -dora *f* (de instrumentos); sintonizador *m* (de un radio o un televisor)
tungsten [ˈtʌŋkstən] *n* : tungsteno *m*
tunic [ˈtu:nɪk, ˈtju:-] *n* : túnica *f*
tuning fork *n* : diapasón *m*
Tunisian [tu:ˈni:ʒən, tju:ˈnɪziən] *n* : tunecino *m*, -na *f* — **Tunisian** *adj*
tunnel[1] [ˈtʌnəl] *vi* **-neled** *or* **-nelled; -neling** *or* **-nelling** : hacer un túnel
tunnel[2] *n* : túnel *m*
turban [ˈtərbən] *n* : turbante *m*
turbid [ˈtərbɪd] *adj* : turbio
turbine [ˈtərbən, -ˌbaɪn] *n* : turbina *f*
turboprop [ˈtərbo:ˌprɑp] *n* : turbopropulsor *m* (motor), avión *m* turbopropulsado
turbulence [ˈtərbjələnts] *n* : turbulencia *f*
turbulent [ˈtərbjələnt] *adj* : turbulento — **turbulently** *adv*
tureen [təˈri:n, tjʊ-] *n* : sopera *f*
turf [ˈtərf] *n* SOD : tepe *m*
turgid [ˈtərdʒɪd] *adj* **1** SWOLLEN : turgente **2** : ampuloso, hinchado ⟨turgid style : estilo ampuloso⟩
Turk [ˈtərk] *n* : turco *m*, -ca *f*
turkey [ˈtərki] *n, pl* **-keys** : pavo *m*
Turkish[1] [ˈtərkɪʃ] *adj* : turco
Turkish[2] *n* : turco *m* (idioma)
turmoil [ˈtərˌmɔɪl] *n* : agitación *f*, desorden *m*, confusión *f*
turn[1] [ˈtərn] *vt* **1** : girar, voltear, volver ⟨to turn one's head : voltear la cabeza⟩ ⟨she turned her chair toward the fire : giró su asiento hacia la hoguera⟩ **2** ROTATE, SPIN : darle vuelta(s) a, hacer girar ⟨turn the handle : dale vuelta a la manivela⟩ **3** FLIP : darle vuelta a, dar vuelta, voltear ⟨to turn the page : darle vuelta a la página/hoja, voltear/pasar la hoja/página⟩ ⟨to turn face up/down : volver boca arriba/abajo⟩ **4** SET : poner (un termostato, etc.) **5** SPRAIN, WRENCH : torcer, dislocar **6** DIRECT : dirigir (los esfuerzos, la atención, etc.) ⟨to turn one's mind/thoughts to : ponerse a pensar en⟩ **7** UPSET : revolver (el estómago) **8** TRANSFORM : convertir ⟨to turn water into wine : convertir el agua en vino⟩ **9** SHAPE : tornear (en carpintería) **10 to turn against** : poner (a alguien) en contra de **11 to turn a profit** : obtener ganancias/beneficios **12 to turn around** SPIN : hacer girar **13 to turn around** FLIP : dar la vuelta a, dar vuelta, voltear **14 to turn away** : no dejar/permitir entrar **15 to turn back** : hacer volver **16 to turn down** REFUSE, REJECT : rehusar, rechazar ⟨they turned down our invitation : rehusaron nuestra invitación⟩ **17 to turn down** LOWER : bajar (el volumen) **18 to turn in** : entregar ⟨to turn in one's work : entregar uno su trabajo⟩ ⟨they turned in the suspect : entregaron al sospechoso⟩ **19 to turn off/out** : apagar (la luz, la radio, etc.) **20 to turn on** : prender (la luz, etc.), encender (un motor, etc.) **21 to turn on** : interesarle a, excitar (sexualmente) **22 to turn on to** : despertarle el interés por **23 to turn out** EVICT, EXPEL : expulsar, echar, desalojar **24 to turn out** PRODUCE : producir **25 to turn over** TRANSFER : entregar, transferir (un cargo, una responsabilidad) **26 to turn over** FLIP : voltear, darle la vuelta a ⟨turn the pancake over : voltea el panqueque⟩ **27 to turn over** CONSIDER : considerar ⟨I kept turning the

problem over in my mind : el problema me estaba dando vueltas en la cabeza⟩ **28 to turn up** : subir (el volumen) — *vi* **1** ROTATE, SPIN : girar, dar vueltas **2** : girar, doblar, dar una vuelta (en un vehículo) ⟨turn left : gira/dobla a la izquierda⟩ ⟨to turn around : dar la media vuelta⟩ ⟨turn onto Main : toma la calle Main⟩ **3** : volverse, darse la vuelta, voltearse ⟨to turn towards : volverse hacia⟩ ⟨I turned (around) and left : di media vuelta y me fui⟩ **4** BECOME : hacerse, volverse, ponerse ⟨it got cold (out) : (el tiempo) se volvió frío⟩ ⟨she turned red : se puso colorado, se sonrojó⟩ ⟨he turned 80 : cumplió los 80⟩ **5** CHANGE : cambiar (dícese de la marea, etc.) **6** SOUR : agriarse, cortarse (dícese de la leche) **7 to turn against** : volverse en contra de **8 to turn away** : volverse (de espaldas), darse la vuelta, voltearse **9 to turn back** RETURN : volverse **10 to turn in** : acostarse, irse a la cama **11 to turn into** : convertirse en **12 to turn off** : salir (de una carretera), desviarse de ⟨turn off at/onto Main : toma (la calle) Main⟩ ⟨turn off (of) First onto Main : sal de First tomando Main⟩ **13 to turn on** ATTACK : atacar (inesperadamente) **14 to turn out** : concurrir, presentarse ⟨many turned out to vote : muchos concurrieron a votar⟩ **15 to turn out** PROVE, RESULT : resultar **16 to turn over** : darse (la) vuelta (dícese de una persona, etc.), volcarse (dícese de un vehículo) **17 to turn over** START : arrancar **18 to turn to** : recurrir a ⟨they have no one to turn to : no tienen quien les ayude⟩ ⟨to turn to violence : recurrir a la violencia⟩ **19 to turn up** APPEAR : aparecer, presentarse **20 to turn up** HAPPEN : ocurrir, suceder (inesperadamente)

turn[2] *n* **1** : vuelta *f*, giro *m* ⟨give it a turn : dale vuelta⟩ ⟨a sudden turn : una vuelta repentina⟩ **2** CHANGE : cambio *m* ⟨to take a turn for the better/worse : mejorar/empeorar⟩ ⟨turn of events : giro de los acontecimientos⟩ **3** INTERSECTION : bocacalle *f* ⟨we took a wrong turn : nos equivocamos de calle/salida (etc.), dimos una vuelta equivocada⟩ **4** CURVE : curva *f* (en un camino) **5** : turno *m* ⟨they're awaiting their turn : están esperando su turno⟩ ⟨whose turn is it? : ¿a quién le toca?⟩ ⟨to take turns : turnarse⟩ **6 at every turn** : a cada paso **7 in turn** : sucesivamente **8 in turn** LIKEWISE : a su vez **9 one good turn deserves another** : favor por favor se paga **10 out of turn** : fuera de lugar **11 the turn of the century** : el final del siglo

turnaround [ˈtərnəˌraʊnd] *n* PROCESSING : procesamiento *m*

turncoat [ˈtərnˌkoːt] *n* : traidor *m*, -dora *f*

turn down *vt* **1** REFUSE : rehusar, rechazar ⟨they turned down our invitation : rehusaron nuestra invitación⟩ **2** LOWER : bajar (el volumen)

turn in *vt* : entregar ⟨to turn in one's work : entregar uno su trabajo⟩ ⟨they turned in the suspect : entregaron al sospechoso⟩ — *vi* : acostarse, irse a la cama

turnip [ˈtərnəp] *n* : nabo *m*

turn off *vt* : apagar (la luz, la radio, etc.)

turn on *vt* : prender (la luz, etc.), encender (un motor, etc.)

turnout [ˈtərnˌaʊt] *n* : concurrencia *f*

turn out *vt* **1** EVICT, EXPEL : expulsar, echar, desalojar **2** PRODUCE : producir **3** → **turn off** — *vi* **1** : concurrir, presentarse ⟨many turned out to vote : muchos concurrieron a votar⟩ **2** PROVE, RESULT : resultar

turnover [ˈtərnˌoːvər] *n* **1** : empanada *f* (salada o dulce) **2** : volumen *m* (de ventas) **3** : rotación *f* (de personal) ⟨a high turnover : un alto nivel de rotación⟩

turn over *vt* **1** TRANSFER : entregar, transferir (un cargo o una responsabilidad) **2** : voltear, darle la vuelta a ⟨turn the cassette over : voltea el cassette⟩

turnpike [ˈtərnˌpaɪk] *n* : carretera *f* de peaje

turnstile [ˈtərnˌstaɪl] *n* : torniquete *m* (de acceso)

turntable [ˈtərnˌteɪbəl] *n* : tornamesa *mf*

turn up *vi* **1** APPEAR : aparecer, presentarse **2** HAPPEN : ocurrir, suceder (inesperadamente) — *vt* : subir (el volumen)

turpentine [ˈtərpənˌtaɪn] *n* : aguarrás *m*, trementina *f*

turquoise [ˈtərˌkɔɪz, -ˌkwɔɪz] *n* : turquesa *f*

turret [ˈtərət] *n* **1** TOWER : torre *f* pequeña **2** : torreta *f* (de un tanque, un avión, etc.)

turtle [ˈtərt̬əl] *n* : tortuga *f* (marina)

turtledove [ˈtərt̬əlˌdʌv] *n* : tórtola *f*

turtleneck [ˈtərt̬əlˌnɛk] *n* : cuello *m* de tortuga, cuello *m* alto

tusk [ˈtʌsk] *n* : colmillo *m*

tussle[1] [ˈtʌsəl] *vi* **-sled; -sling** SCUFFLE : pelearse, reñir

tussle[2] *n* : riña *f*, pelea *f*

tutor[1] [ˈtuːt̬ər, ˈtjuː-] *vt* : darle clases particulares (a alguien)

tutor[2] *n* : tutor *m*, -tora *f*; maestro *m*, -tra *f* (particular)

tuxedo [ˌtəkˈsiːˌdoː] *n*, *pl* **-dos** *or* **-does** : esmoquin *m*, smoking *m*

TV [ˌtiːˈviː, ˈtiːˌviː] → **television**

twain [ˈtweɪn] *n* : dos *m*

twang[1] [ˈtwæŋ] *vt* : pulsar la cuerda de (una guitarra) — *vi* : hablar en tono nasal

twang[2] *n* **1** : tañido *m* (de una cuerda de guitarra) **2** : tono *m* nasal (de voz)

tweak[1] [ˈtwiːk] *vt* : pellizcar

tweak[2] *n* : pellizco *m*
tweed [ˈtwiːd] *n* : tweed *m*
tweet[1] [ˈtwiːt] *vi* : piar
tweet[2] *n* : gorjeo *m*, pío *m*
tweezers [ˈtwiːzərz] *npl* : pinzas *fpl*
twelfth[1] [ˈtwɛlfθ] *adj* : duodécimo
twelfth[2] *n* **1** : duodécimo *m*, -ma *f* (en una serie) **2** : doceavo *m*, doceava parte *f*
twelve[1] [ˈtwɛlv] *adj* : doce
twelve[2] *n* : doce *m*
twentieth[1] [ˈtwʌntiəθ, ˈtwɛn-] *adj* : vigésimo
twentieth[2] *n* **1** : vigésimo *m*, -ma *f* (en una serie) **2** : veinteavo *m*, veinteava parte *f*
twenty[1] [ˈtwʌnti, ˈtwɛn-] *adj* : veinte
twenty[2] *n, pl* **-ties** : veinte *m*
twice [ˈtwaɪs] *adv* : dos veces ⟨twice a day : dos veces al día⟩ ⟨it costs twice as much : cuesta el doble⟩
twig [ˈtwɪg] *n* : ramita *f*
twilight [ˈtwaɪˌlaɪt] *n* : crepúsculo *m*
twill [ˈtwɪl] *n* : sarga *f*, tela *f* cruzada
twin[1] [ˈtwɪn] *adj* : gemelo, mellizo
twin[2] *n* : gemelo *m*, -la *f*; mellizo *m*, -za *f*
twine[1] [ˈtwaɪn] *v* **twined; twining** *vt* : entrelazar, entrecruzar — *vi* : enroscarse (alrededor de algo)
twine[2] *n* : cordel *m*, cuerda *f*, mecate *m* *CA, Mex, Ven*
twinge[1] [ˈtwɪndʒ] *vi* **twinged; twinging** *or* **twingeing** : sentir punzadas
twinge[2] *n* : punzada *f*, dolor *m* agudo
twinkle[1] [ˈtwɪŋkəl] *vi* **-kled; -kling** **1** : centellear, titilar (dícese de las estrellas o de la luz) **2** : chispear, brillar (dícese de los ojos)
twinkle[2] *n* : centelleo *m* (de las estrellas), brillo *m* (de los ojos)
twirl[1] [ˈtwərl] *vt* : girar, darle vueltas a — *vi* : girar, dar vueltas (rápidamente)
twirl[2] *n* : giro *m*, vuelta *f*
twist[1] [ˈtwɪst] *vt* : torcer, retorcer ⟨he twisted my arm : me torció el brazo⟩ — *vi* : retorcerse, enroscarse, serpentear (dícese de un río, un camino, etc.)
twist[2] *n* **1** BEND : vuelta *f*, recodo *m* (en el camino, el río, etc.) **2** TURN : giro *m* ⟨give it a twist : hazlo girar⟩ **3** SPIRAL : espiral *f* ⟨a twist of lemon : una rodajita de limón⟩ **4** : giro *m* inesperado (de eventos, etc.)
twisted [ˈtwɪstəd] *adj* : retorcido ⟨a twisted mind : una mente retorcida⟩
twister [ˈtwɪstər] **1** → **tornado** **2** → **waterspout**
twitch[1] [ˈtwɪʧ] *vi* : moverse nerviosamente, contraerse espasmódicamente (dícese de un músculo)
twitch[2] *n* : espasmo *m*, sacudida *f* ⟨a nervous twitch : un tic nervioso⟩
twitter[1] [ˈtwɪt̬ər] *vi* CHIRP : gorjear, cantar (dícese de los pájaros)
twitter[2] *n* : gorjeo *m*
two[1] [ˈtuː] *adj* : dos
two[2] *n, pl* **twos** : dos *m*
twofold[1] [ˈtuːˈfoːld] *adv* : al doble
twofold[2] [ˈtuːˌfoːld] *adj* : doble
two hundred[1] *adj* : doscientos
two hundred[2] *n* : doscientos *m*
twosome [ˈtuːsəm] *n* COUPLE : pareja *f*
tycoon [taɪˈkuːn] *n* : magnate *mf*
tying → **tie**[1]
type[1] [ˈtaɪp] *v* **typed; typing** *vt* **1** TYPEWRITE : escribir a máquina, pasar (un texto) a máquina **2** CATEGORIZE : categorizar, identificar — *vi* : escribir a máquina
type[2] *n* **1** KIND : tipo *m*, clase *f*, categoría *f* **2** *or* **printing type** : tipo *m*
typeface [ˈtaɪpˌfeɪs] *n* : tipo *m* de imprenta
typewrite [ˈtaɪpˌraɪt] *v* **-wrote; -written** : escribir a máquina
typewriter [ˈtaɪpˌraɪt̬ər] *n* : máquina *f* de escribir
typhoid[1] [ˈtaɪˌfɔɪd, taɪˈ-] *adj* : relativo al tifus o a la tifoidea
typhoid[2] *n or* **typhoid fever** : tifoidea *f*
typhoon [taɪˈfuːn] *n* : tifón *m*
typhus [ˈtaɪfəs] *n* : tifus *m*, tifo *m*
typical [ˈtɪpɪkəl] *adj* : típico, característico — **typically** *adv*
typify [ˈtɪpəˌfaɪ] *vt* **-fied; -fying** : ser típico o representativo de (un grupo, una clase, etc.)
typist [ˈtaɪpɪst] *n* : mecanógrafo *m*, -fa *f*
typographic [ˌtaɪpəˈgræfɪk] *or* **typographical** [-fɪkəl] *adj* : tipográfico — **typographically** [-fɪkli] *adv*
typography [taɪˈpɑgrəfi] *n* : tipografía *f*
tyrannical [təˈrænɪkəl, taɪ-] *adj* : tiránico — **tyrannically** [-nɪkli] *adv*
tyrannize [ˈtɪrəˌnaɪz] *vt* **-nized; -nizing** : tiranizar
tyranny [ˈtɪrəni] *n, pl* **-nies** : tiranía *f*
tyrant [ˈtaɪrənt] *n* : tirano *m*, -na *f*
tzar [ˈzɑr, ˈtsɑr, ˈsɑr] → **czar**

U

u [ˈjuː] *n, pl* **u's** *or* **us** [ˈjuːz] : vigésima primera letra del alfabeto inglés
ubiquitous [juːˈbɪkwət̬əs] *adj* : ubicuo, omnipresente
udder [ˈʌdər] *n* : ubre *f*
UFO [ˌjuːˌɛfˈoː, ˈjuːˌfoː] *n, pl* **UFO's** *or* **UFOs** (*u*nidentified *f*lying *o*bject) : ovni *m*, OVNI *m*
Ugandan [juːˈgændən, -ˈgɑn-; uːˈgɑn-] *n* : ugandés *m*, -desa *f* — **Ugandan** *adj*
ugliness [ˈʌglinəs] *n* : fealdad *f*
ugly [ˈʌgli] *adj* **uglier; -est** **1** UNATTRACTIVE : feo **2** DISAGREEABLE : desagradable, feo ⟨ugly weather : tiempo feo⟩ ⟨to have an ugly temper : tener mal genio⟩

Ukrainian [ju:ˈkreɪniən, -ˈkraɪ-] *n* **1** : ucraniano *m*, -na *f* **2** : ucraniano *m* (idioma) — **Ukrainian** *adj*
ukulele [ˌju:kəˈleɪli] *n* : ukelele *m*
ulcer [ˈʌlsər] *n* : úlcera *f* (interna), llaga *f* (externa)
ulcerate [ˈʌlsəˌreɪt] *vi* **-ated; -ating** : ulcerarse
ulceration [ˌʌlsəˈreɪʃən] *n* **1** : ulceración *f* **2** ULCER : úlcera *f*, llaga *f*
ulcerous [ˈʌlsərəs] *adj* : ulceroso
ulna [ˈʌlnə] *n* : cúbito *m*
ulterior [ˌʌlˈtɪriər] *adj* : oculto ⟨ulterior motive : motivo oculto, segunda intención⟩
ultimate [ˈʌltəmət] *adj* **1** FINAL : último, final **2** SUPREME : supremo, máximo **3** FUNDAMENTAL : fundamental, esencial
ultimately [ˈʌltəmətli] *adv* **1** FINALLY : por último, finalmente **2** EVENTUALLY : a la larga, con el tiempo
ultimatum [ˌʌltəˈmeɪt̬əm, -ˈmɑ-] *n, pl* **-tums** *or* **-ta** [-t̬ə] : ultimátum *m*
ultrasonic [ˌʌltrəˈsɑnɪk] *adj* : ultrasónico
ultrasound [ˈʌltrəˌsaʊnd] *n* **1** : ultrasonido *m* **2** : ecografía *f* (técnica o imagen)
ultraviolet [ˌʌltrəˈvaɪələt] *adj* : ultravioleta
umbilical cord [ˌʌmˈbɪlɪkəl] *n* : cordón *m* umbilical
umbrage [ˈʌmbrɪʤ] *n* **to take umbrage at** : ofenderse por
umbrella [ˌʌmˈbrɛlə] *n* **1** : paraguas *m* **2 beach umbrella** : sombrilla *f*
umpire[1] [ˈʌmˌpaɪr] *v* **-pired; -piring** : arbitrar
umpire[2] *n* : árbitro *m*, -tra *f*
umpteenth [ˌʌmpˈti:nθ] *adj* : enésimo
unable [ˌʌnˈeɪbəl] *adj* : incapaz ⟨to be unable to : no poder⟩
unabridged [ˌʌnəˈbrɪʤd] *adj* : íntegro
unacceptable [ˌʌnɪkˈsɛptəbəl] *adj* : inaceptable
unaccompanied [ˌʌnəˈkʌmpənid] *adj* : solo, sin acompañamiento (en música)
unaccountable [ˌʌnəˈkaʊntəbəl] *adj* : inexplicable, incomprensible — **unaccountably** [-bli] *adv*
unaccustomed [ˌʌnəˈkʌstəmd] *adj* **1** UNUSUAL : desacostumbrado, inusual **2** UNUSED : inhabituado ⟨unaccustomed to noise : inhabituado al ruido⟩
unacquainted [ˌʌnəˈkweɪnt̬əd] *adj* **to be unacquainted with** : desconocer, ignorar
unadorned [ˌʌnəˈdɔrnd] *adj* : sin adornos, puro y simple
unadulterated [ˌʌnəˈdʌltəˌreɪt̬əd] *adj* **1** PURE : puro ⟨unadulterated food : comida pura⟩ **2** ABSOLUTE : completo, absoluto
unaffected [ˌʌnəˈfɛktəd] *adj* **1** : no afectado, indiferente **2** NATURAL : sin afectación, natural
unaffectedly [ˌʌnəˈfɛktədli] *adv* : de manera natural
unafraid [ˌʌnəˈfreɪd] *adj* : sin miedo
unaided [ˌʌnˈeɪdəd] *adj* : sin ayuda, solo
unambiguous [ˌʌnæmˈbɪgjʊəs] *adj* : inequívoco
unanimity [ˌju:nəˈnɪmət̬i] *n* : unanimidad *f*
unanimous [jʊˈnænəməs] *adj* : unánime — **unanimously** *adv*
unannounced [ˌʌnəˈnaʊnst] *adj* : sin dar aviso
unanswered [ˌʌnˈæntsərd] *adj* : sin contestar
unappealing [ˌʌnəˈpi:lɪŋ] *adj* : desagradable
unappetizing [ˌʌnˈæpəˌtaɪzɪŋ] *adj* : poco apetitoso, poco apetecible
unarmed [ˌʌnˈɑrmd] *adj* : sin armas, desarmado
unassisted [ˌʌnəˈsɪstəd] *adj* : sin ayuda
unassuming [ˌʌnəˈsu:mɪŋ] *adj* : modesto, sin pretensiones
unattached [ˌʌnəˈtæʧt] *adj* **1** LOOSE : suelto **2** INDEPENDENT : independiente **3** : solo (ni casado ni prometido)
unattractive [ˌʌnəˈtræktɪv] *adj* : poco atractivo
unauthorized [ˌʌnˈɔθəˌraɪzd] *adj* : sin autorización, no autorizado
unavailable [ˌʌnəˈveɪləbəl] *adj* : no disponible
unavoidable [ˌʌnəˈvɔɪdəbəl] *adj* : inevitable, ineludible
unaware[1] [ˌʌnəˈwær] *adv* → **unawares**
unaware[2] *adj* : inconsciente
unawares [ˌʌnəˈwærz] *adv* **1** : por sorpresa ⟨to catch someone unawares : agarrar a alguien desprevenido⟩ **2** UNINTENTIONALLY : inconscientemente, inadvertidamente
unbalanced [ˌʌnˈbæləntst] *adj* : desequilibrado
unbearable [ˌʌnˈbærəbəl] *adj* : insoportable, inaguantable — **unbearably** [-bli] *adv*
unbecoming [ˌʌnbɪˈkʌmɪŋ] *adj* **1** UNSEEMLY : impropio, indecoroso **2** UNFLATTERING : poco favorecedor
unbelievable [ˌʌnbəˈli:vəbəl] *adj* : increíble — **unbelievably** [-bli] *adv*
unbend [ˌʌnˈbɛnd] *vi* **-bent** [-ˈbɛnt]; **-bending** RELAX : relajarse
unbending [ˌʌnˈbɛndɪŋ] *adj* : inflexible
unbiased [ˌʌnˈbaɪəst] *adj* : imparcial, objetivo
unbind [ˌʌnˈbaɪnd] *vt* **-bound** [-ˈbaʊnd]; **-binding** **1** UNFASTEN, UNTIE : desatar, desamarrar **2** RELEASE : liberar
unbolt [ˌʌnˈbo:lt] *vt* : abrir el cerrojo de, descorrer el pestillo de
unborn [ˌʌnˈbɔrn] *adj* : aún no nacido, que va a nacer
unbosom [ˌʌnˈbʊzəm, -ˈbu:-] *vt* : revelar, divulgar
unbreakable [ˌʌnˈbreɪkəbəl] *adj* : irrompible

unbridled [ˌʌnˈbraɪdəld] *adj* : desenfrenado
unbroken [ˌʌnˈbro:kən] *adj* **1** INTACT : intacto, sano **2** CONTINUOUS : continuo, ininterrumpido
unbuckle [ˌʌnˈbʌkəl] *vt* **-led; -ling** : desabrochar
unburden [ˌʌnˈbərdən] *vt* **1** UNLOAD : descargar **2 to unburden oneself** : desahogarse
unbutton [ˌʌnˈbʌtən] *vt* : desabrochar, desabotonar
uncalled–for [ˌʌnˈkɔldˌfɔr] *adj* : inapropiado, innecesario
uncanny [ənˈkæni] *adj* **-nier; -est** **1** STRANGE : extraño **2** EXTRAORDINARY : raro, extraordinario — **uncannily** [-ˈkænəli] *adv*
unceasing [ˌʌnˈsi:sɪŋ] *adj* : incesante, continuo — **unceasingly** *adv*
unceremonious [ˌʌnˌsɛrəˈmo:niəs] *adj* **1** INFORMAL : sin ceremonia, sin pompa **2** ABRUPT : abrupto, brusco — **unceremoniously** *adv*
uncertain [ˌʌnˈsərtən] *adj* **1** INDEFINITE : indeterminado **2** UNSURE : incierto, dudoso **3** CHANGEABLE : inestable, variable ⟨uncertain weather : tiempo inestable⟩ **4** HESITANT : indeciso **5** VAGUE : poco claro
uncertainly [ˌʌnˈsərtənli] *adv* : dudosamente, con desconfianza
uncertainty [ˌʌnˈsərtənti] *n, pl* **-ties** : duda *f*, incertidumbre *f*
unchangeable [ˌʌnˈʧeɪnʤəbəl] *adj* : inalterable, inmutable
unchanged [ˌʌnˈʧeɪnʤd] *adj* : sin cambiar
unchanging [ˌʌnˈʧeɪnʤɪŋ] *adj* : inalterable, inmutable, firme
uncharacteristic [ˌʌnˌkærɪktəˈrɪstɪk] *adj* : inusual, desacostumbrado
uncharged [ˌʌnˈʧɑrʤd] *adj* : sin carga (eléctrica)
uncivilized [ˌʌnˈsɪvəˌlaɪzd] *adj* **1** BARBAROUS : incivilizado, bárbaro **2** WILD : salvaje
uncle [ˈʌŋkəl] *n* : tío *m*
unclean [ˌʌnˈkli:n] *adj* **1** IMPURE : impuro **2** DIRTY : sucio
unclear [ˌʌnˈklɪr] *adj* : confuso, borroso, poco claro
Uncle Sam [ˈsæm] *n* : el Tío Sam
unclog [ˌʌnˈklɑg] *vt* **-clogged; -clogging** : desatascar, destapar
unclothed [ˌʌnˈklo:ðd] *adj* : desnudo
uncomfortable [ˌʌnˈkʌmpfərt̬əbəl] *adj* **1** : incómodo (dícese de una silla, etc.) **2** UNEASY : inquieto, incómodo
uncommitted [ˌʌnkəˈmɪt̬əd] *adj* : sin compromisos
uncommon [ˌʌnˈkɑmən] *adj* **1** UNUSUAL : raro, poco común **2** REMARKABLE : excepcional, extraordinario
uncommonly [ˌʌnˈkɑmənli] *adv* : extraordinariamente
uncompromising [ˌʌnˈkɑmprəˌmaɪzɪŋ] *adj* : inflexible, intransigente
unconcerned [ˌʌnkənˈsərnd] *adj* : indiferente — **unconcernedly** [-ˈsərnədli] *adv*
unconditional [ˌʌnkənˈdɪʃənəl] *adj* : incondicional — **unconditionally** *adv*
unconscious[1] [ˌʌnˈkɑnʧəs] *adj* : inconsciente — **unconsciously** *adv*
unconscious[2] *n* : inconsciente *m*
unconsciousness [ˌʌnˈkɑnʧəsnəs] *n* : inconsciencia *f*
unconstitutional [ˌʌnˌkɑntstəˈtu:ʃənəl, -ˈtju:-] *adj* : inconstitucional
uncontrollable [ˌʌnkənˈtro:ləbəl] *adj* : incontrolable, incontenible — **uncontrollably** [-bli] *adv*
uncontrolled [ˌʌnkənˈtro:ld] *adj* : incontrolado
unconventional [ˌʌnkənˈvɛnʧənəl] *adj* : poco convencional
unconvincing [ˌʌnkənˈvɪntsɪŋ] *adj* : poco convincente
uncouth [ˌʌnˈku:θ] *adj* CRUDE, ROUGH : grosero, rudo
uncover [ˌʌnˈkʌvər] *vt* **1** : destapar (un objeto), dejar al descubierto **2** EXPOSE, REVEAL : descubrir, revelar, exponer
uncultivated [ˌʌnˈkʌltəˌveɪt̬əd] *adj* : inculto
uncurl [ˌʌnˈkərl] *vt* UNROLL : desenrollar — *vi* : desenrollarse, desrizarse (dícese del pelo)
uncut [ˌʌnˈkʌt] *adj* **1** : sin cortar ⟨uncut grass : hierba sin cortar⟩ **2** : sin tallar, en bruto ⟨an uncut diamond : un diamante en bruto⟩ **3** UNABRIDGED : completo, íntegro
undaunted [ˌʌnˈdɔntəd] *adj* : impávido
undecided [ˌʌndiˈsaɪdəd] *adj* **1** IRRESOLUTE : indeciso, irresoluto **2** UNRESOLVED : pendiente, no resuelto
undefeated [ˌʌndiˈfi:t̬əd] *adj* : invicto
undeniable [ˌʌndiˈnaɪəbəl] *adj* : innegable — **undeniably** [-bli] *adv*
under[1] [ˈʌndər] *adv* **1** LESS : menos ⟨$10 or under : $10 o menos⟩ **2** UNDERWATER : debajo del agua **3** : bajo los efectos de la anestesia
under[2] *adj* **1** LOWER : (más) bajo, inferior **2** SUBORDINATE : inferior **3** : insuficiente ⟨an under dose of medicine : una dosis insuficiente de medicina⟩
under[3] *prep* **1** BELOW, BENEATH : debajo de, abajo de ⟨under the table : abajo de la mesa⟩ ⟨we walked under the arch : pasamos por debajo del arco⟩ ⟨under the sun : bajo el sol⟩ **2** : menos de ⟨in under 20 minutes : en menos de 20 minutos⟩ **3** : bajo (un nombre, una categoría, etc.) **4** (*indicating rank or authority*) : bajo ⟨under the command of : bajo las órdenes de⟩ **5** SUBJECT TO : bajo ⟨under suspicion : bajo sospecha⟩ ⟨he's under stress : está estresado, sufre de estrés⟩ ⟨under the influence of alcohol : bajo los efectos del alcohol⟩ ⟨under the circumstances : dadas las circunstancias⟩ ⟨I was under the impression that . . . : tenía la impresión de que . . .⟩ **6** : en

(una condición) ⟨under arrest : detenido⟩ ⟨under construction : en construcción⟩ ⟨it's under discussion : se está discutiendo⟩ **7** ACCORDING TO : según, de acuerdo con, conforme a ⟨under the present laws : según las leyes actuales⟩

underage [ˌʌndərˈeɪʤ] *adj* : menor de edad

underbrush [ˈʌndərˌbrəʃ] *n* : maleza *f*

underclothes [ˈʌndərˌklo:z, -ˌklo:ðz] → **underwear**

underclothing [ˈʌndərˌklo:ðɪŋ] → **underwear**

undercover [ˌʌndərˈkʌvər] *adj* : secreto, clandestino

undercurrent [ˈʌndərˌkərənt] *n* **1** : corriente *f* submarina **2** UNDERTONE : corriente *f* oculta, trasfondo *m*

undercut [ˌʌndərˈkʌt] *vt* **-cut; -cutting** : vender más barato que

underdeveloped [ˌʌndərdɪˈvɛləpt] *adj* : subdesarrollado, atrasado

underdog [ˈʌndərˌdɔg] *n* : persona *f* que tiene menos posibilidades

underdone [ˌʌndərˈdʌn] *adj* RARE : poco cocido

underestimate [ˌʌndərˈɛstəˌmeɪt] *vt* **-mated; -mating** : subestimar, menospreciar

underexposed [ˌʌndərɪkˈspo:zd] *adj* : subexpuesto (en fotografía)

underfoot [ˌʌndərˈfʊt] *adv* **1** : bajo los pies ⟨to trample underfoot : pisotear⟩ **2 to be underfoot** : estorbar ⟨they're always underfoot : están siempre estorbando⟩

undergarment [ˈʌndərˌgɑrmənt] *n* : prenda *f* íntima

undergo [ˌʌndərˈgo:] *vt* **-went** [-ˈwɛnt]; **-gone** [-ˈgɔn]; **-going** : sufrir, experimentar ⟨to undergo an operation : someterse a una intervención quirúrgica⟩

undergraduate [ˌʌndərˈgræʤʊət] *n* : estudiante *m* universitario, estudiante *f* universitaria

underground[1] [ˌʌndərˈgraʊnd] *adv* **1** : bajo tierra **2** SECRETLY : clandestinamente, en secreto ⟨to go underground : pasar a la clandestinidad⟩

underground[2] [ˈʌndərˌgraʊnd] *adj* **1** SUBTERRANEAN : subterráneo **2** SECRET : secreto, clandestino

underground[3] [ˈʌndərˌgraʊnd] *n* : movimiento *m* o grupo *m* clandestino

undergrowth [ˈʌndərˈgro:θ] *n* : maleza *f*, broza *f*

underhand[1] [ˈʌndərˌhænd] *adv* **1** SECRETLY : de manera clandestina **2** *or* **underhanded** : sin levantar el brazo por encima del hombro (en deportes)

underhand[2] *adj* **1** SLY : solapado **2** : por debajo del hombro (en deportes)

underhanded [ˌʌndərˈhændəd] *adj* **1** SLY : solapado **2** SHADY : turbio, poco limpio

underline [ˈʌndərˌlaɪn] *vt* **-lined; -lining** **1** : subrayar **2** EMPHASIZE : subrayar, acentuar, hacer hincapié en

underlying [ˌʌndərˈlaɪɪŋ] *adj* **1** : subyacente ⟨the underlying rock : la roca subyacente⟩ **2** FUNDAMENTAL : fundamental, esencial

undermine [ˌʌndərˈmaɪn] *vt* **-mined; -mining** **1** : socavar (una estructura, etc.) **2** SAP, WEAKEN : minar, debilitar

underneath[1] [ˌʌndərˈni:θ] *adv* : debajo, abajo ⟨the part underneath : la parte de abajo⟩

underneath[2] *prep* : debajo de, abajo de

undernourished [ˌʌndərˈnərɪʃt] *adj* : desnutrido

underpants [ˈʌndərˌpænts] *npl* : calzoncillos *mpl*, calzones *mpl*

underpass [ˈʌndərˌpæs] *n* : paso *m* a desnivel

underprivileged [ˌʌndərˈprɪvlɪʤd] *adj* : desfavorecido

underrate [ˌʌndərˈreɪt] *vt* **-rated; -rating** : subestimar, menospreciar

underscore [ˈʌndərˌskor] *vt* **-scored; -scoring** → **underline**

undersea[1] [ˌʌndərˈsi:] *or* **underseas** [-ˈsi:z] *adv* : bajo la superficie del mar

undersea[2] *adj* : submarino

undersecretary [ˌʌndərˈsɛkrəˌtɛri] *n, pl* **-ries** : subsecretario *m*, -ria *f*

undersell [ˌʌndərˈsɛl] *vt* **-sold; -selling** : vender más barato que

undershirt [ˈʌndərˌʃərt] *n* : camiseta *f*

undershorts [ˈʌndərˌʃɔrts] *npl* : calzoncillos *mpl*

underside [ˈʌndərˌsaɪd, ˌʌndərˈsaɪd] *n* : parte *f* de abajo

undersized [ˌʌndərˈsaɪzd] *adj* : más pequeño de lo normal

understand [ˌʌndərˈstænd] *v* **-stood** [-ˈstʊd]; **-standing** *vt* **1** COMPREHEND : comprender, entender ⟨I don't understand it : no lo entiendo⟩ ⟨that's understood : eso se comprende⟩ ⟨to make oneself understood : hacerse entender⟩ **2** BELIEVE : entender ⟨to give someone to understand : dar a alguien a entender⟩ **3** INFER : tener entendido ⟨I understand that she's leaving : tengo entendido que se va⟩ — *vi* : comprender, entender

understandable [ˌʌndərˈstændəbəl] *adj* : comprensible

understanding[1] [ˌʌndərˈstændɪŋ] *adj* : comprensivo, compasivo

understanding[2] *n* **1** GRASP : comprensión *f*, entendimiento *m* **2** SYMPATHY : comprensión *f* (mutua) **3** INTERPRETATION : interpretación *f* ⟨it's my understanding that . . . : tengo la impresión de que . . . , tengo entendido que . . .⟩ **4** AGREEMENT : acuerdo *m*, arreglo *m*

understate [ˌʌndərˈsteɪt] *vt* **-stated; -stating** : minimizar, subestimar

understatement [ˌʌndərˈsteɪtmənt] *n* : atenuación *f* ⟨that's an understate-

ment : decir sólo eso es quedarse corto⟩
understudy [ˈʌndərˌstʌdi] *n, pl* **-dies** : sobresaliente *mf*, suplente *mf* (en el teatro)
undertake [ˌʌndərˈteɪk] *vt* **-took** [-ˈtʊk]; **-taken** [-ˈteɪkən]; **-taking** **1** : emprender (una tarea), asumir (una responsabilidad) **2** PROMISE : comprometerse (a hacer algo)
undertaker [ˈʌndərˌteɪkər] *n* : director *m*, -tora *f* de funeraria
undertaking [ˈʌndərˌteɪkɪŋ, ˌʌndərˈ-] *n* **1** ENTERPRISE, TASK : empresa *f*, tarea *f* **2** PLEDGE : promesa *f*, garantía *f*
undertone [ˈʌndərˌto:n] *n* **1** : voz *f* baja ⟨to speak in an undertone : hablar en voz baja⟩ **2** HINT, UNDERCURRENT : trasfondo *m*, matiz *m*
undertow [ˈʌndərˌto:] *n* : resaca *f*
undervalue [ˌʌndərˈvælˌju:] *vt* **-ued; -uing** : menospreciar, subestimar
underwater[1] [ˌʌndərˈwɔt̬ər, -ˈwɑ-] *adv* : debajo (del agua)
underwater[2] *adj* : submarino
under way [ˌʌndərˈweɪ] *adv* : en marcha, en camino ⟨to get under way : ponerse en marcha⟩
underwear [ˈʌndərˌwær] *n* : ropa *f* interior, ropa *f* íntima
underworld [ˈʌndərˌwərld] *n* **1** HELL : infierno *m* **2 the underworld** CRIMINALS : la hampa, los bajos fondos
underwrite [ˈʌndərˌraɪt, ˌʌndərˈ-] *vt* **-wrote** [-ˌro:t, -ˈro:t]; **-written** [-ˌrɪtən, -ˈrɪtən]; **-writing** **1** INSURE : asegurar **2** FINANCE : financiar **3** BACK, ENDORSE : suscribir, respaldar
underwriter [ˈʌndərˌraɪt̬ər, ˌʌndərˈ-] *n* INSURER : asegurador *m*, -dora *f*
undeserving [ˌʌndiˈzərvɪŋ] *adj* : indigno
undesirable[1] [ˌʌndiˈzaɪrəbəl] *adj* : indeseable
undesirable[2] *n* : indeseable *mf*
undeveloped [ˌʌndiˈvɛləpt] *adj* : sin desarrollar, sin revelar (dícese de una película)
undies [ˈʌndi:z] → **underwear**
undignified [ˌʌnˈdɪgnəfaɪd] *adj* : indecoroso
undiluted [ˌʌndaɪˈlu:t̬əd, -də-] *adj* : sin diluir, concentrado
undiscovered [ˌʌndɪˈskʌvərd] *adj* : no descubierto
undisputed [ˌʌndɪˈspju:t̬əd] *adj* : indiscutible
undisturbed [ˌʌndɪˈstərbd] *adj* : tranquilo (dícese de una persona), sin tocar (dícese de un objeto)
undivided [ˌʌndɪˈvaɪdəd] *adj* : íntegro, completo
undo [ˌʌnˈdu:] *vt* **-did** [-ˈdɪd]; **-done** [-ˈdʌn]; **-doing** **1** UNFASTEN : desabrochar, desatar, abrir **2** ANNUL : anular **3** REVERSE : deshacer, reparar (daños, etc.) **4** RUIN : arruinar, destruir
undoing [ˌʌnˈdu:ɪŋ] *n* : ruina *f*, perdición *f*
undoubted [ˌʌnˈdaʊt̬əd] *adj* : cierto, indudable — **undoubtedly** *adv*
undress [ˌʌnˈdrɛs] *vt* : desvestir, desabrigar, desnudar — *vi* : desvestirse, desnudarse
undrinkable [ˌʌnˈdrɪŋkəbəl] *adj* : no potable
undue [ˌʌnˈdu:, -ˈdju:] *adj* : excesivo, indebido — **unduly** *adv*
undulate [ˈʌndʒəˌleɪt] *vi* **-lated; -lating** : ondular
undulation [ˌʌndʒəˈleɪʃən] *n* : ondulación *f*
undying [ˌʌnˈdaɪɪŋ] *adj* : perpetuo, imperecedero
unearth [ˌʌnˈərθ] *vt* **1** EXHUME : desenterrar, exhumar **2** DISCOVER : descubrir
unearthly [ˌʌnˈərθli] *adj* **-lier; -est** : sobrenatural, de otro mundo
uneasily [ˌʌnˈi:zəli] *adv* : inquietamente, con inquietud
uneasiness [ˌʌnˈi:zinəs] *n* : inquietud *f*
uneasy [ˌʌnˈi:zi] *adj* **-easier; -est** **1** AWKWARD : incómodo **2** WORRIED : preocupado, inquieto **3** RESTLESS : inquieto, agitado
uneducated [ˌʌnˈɛdʒəˌkeɪt̬əd] *adj* : inculto, sin educación
unemployed [ˌʌnɪmˈplɔɪd] *adj* : desempleado
unemployment [ˌʌnɪmˈplɔɪmənt] *n* : desempleo *m*
unending [ˌʌnˈɛndɪŋ] *adj* : sin fin, interminable
unendurable [ˌʌnɪnˈdʊrəbəl, -ɛn-, -ˈdjʊr-] *adj* : insoportable, intolerable
unequal [ˌʌnˈi:kwəl] *adj* **1** : desigual **2** INADEQUATE : incapaz, incompetente ⟨to be unequal to a task : no estar a la altura de una tarea⟩
unequaled *or* **unequalled** [ˌʌnˈi:kwəld] *adj* : sin igual
unequivocal [ˌʌnɪˈkwɪvəkəl] *adj* : inequívoco, claro — **unequivocally** *adv*
unerring [ˌʌnˈɛrɪŋ, -ˈər-] *adj* : infalible
unethical [ˌʌnˈɛθɪkəl] *adj* : poco ético
uneven [ˌʌnˈi:vən] *adj* **1** ODD : impar (dícese de un número) **2** : desigual, desnivelado (dícese de una superficie) ⟨uneven terrain : terreno accidentado⟩ **3** IRREGULAR : irregular, poco uniforme **4** UNEQUAL : desigual
unevenly [ˌʌnˈi:vənli] *adv* : desigualmente, irregularmente
uneventful [ˌʌnɪˈvɛntfəl] *adj* : sin incidentes, tranquilo
unexpected [ˌʌnɪkˈspɛktəd] *adj* : imprevisto, inesperado — **unexpectedly** *adv*
unfailing [ˌʌnˈfeɪlɪŋ] *adj* **1** CONSTANT : constante **2** INEXHAUSTIBLE : inagotable **3** SURE : a toda prueba, indefectible
unfair [ˌʌnˈfær] *adj* : injusto — **unfairly** *adv*
unfairness [ˌʌnˈfærnəs] *n* : injusticia *f*
unfaithful [ˌʌnˈfeɪθfəl] *adj* : desleal, infiel — **unfaithfully** *adv*

unfaithfulness [ˌʌnˈfeɪθfəlnəs] *n* : infidelidad *f*, deslealtad *f*
unfamiliar [ˌʌnfəˈmɪljər] *adj* **1** STRANGE : desconocido, extraño ⟨an unfamiliar place : un lugar nuevo⟩ **2 to be unfamiliar with** : no estar familiarizado con, desconocer
unfamiliarity [ˌʌnfəˌmɪliˈærət̬i] *n* : falta *f* de familiaridad
unfashionable [ˌʌnˈfæʃənəbəl] *adj* : fuera de moda
unfasten [ˌʌnˈfæsən] *vt* : desabrochar, desatar (una cuerda, etc.), abrir (una puerta)
unfavorable [ˌʌnˈfeɪvərəbəl] *adj* : desfavorable, mal — **unfavorably** [-bli] *adv*
unfeeling [ˌʌnˈfi:lɪŋ] *adj* : insensible — **unfeelingly** *adv*
unfinished [ˌʌnˈfɪnɪʃd] *adj* : inacabado, incompleto
unfit [ˌʌnˈfɪt] *adj* **1** UNSUITABLE : inadecuado, impropio **2** UNSUITED : no apto, incapaz **3** : incapacitado (físicamente) ⟨to be unfit : no estar en forma⟩
unflappable [ˌʌnˈflæpəbəl] *adj* : imperturbable
unflattering [ˌʌnˈflæt̬ərɪŋ] *adj* : poco favorecedor
unfold [ˌʌnˈfo:ld] *vt* **1** EXPAND : desplegar, desdoblar, extender ⟨to unfold a map : desplegar un mapa⟩ **2** DISCLOSE, REVEAL : revelar, exponer (un plan, etc.) — *vi* **1** DEVELOP : desarrollarse, desenvolverse ⟨the story unfolded : el cuento se desarrollaba⟩ **2** EXPAND : extenderse, desplegarse
unforeseeable [ˌʌnforˈsi:əbəl] *adj* : imprevisible
unforeseen [ˌʌnforˈsi:n] *adj* : imprevisto
unforgettable [ˌʌnfərˈgɛt̬əbəl] *adj* : inolvidable, memorable — **unforgettably** [-bli] *adv*
unforgivable [ˌʌnfərˈgɪvəbəl] *adj* : imperdonable
unfortunate[1] [ˌʌnˈfɔrtʃənət] *adj* **1** UNLUCKY : desgraciado, infortunado, desafortunado ⟨how unfortunate! : ¡qué mala suerte!⟩ **2** INAPPROPRIATE : inoportuno ⟨an unfortunate comment : un comentario poco feliz⟩
unfortunate[2] *n* : desgraciado *m*, -da *f*
unfortunately [ˌʌnˈfɔrtʃənətli] *adv* : desafortunadamente
unfounded [ˌʌnˈfaʊndəd] *adj* : infundado
unfreeze [ˌʌnˈfri:z] *v* **-froze** [-ˈfro:z]; **-frozen** [-ˈfro:zən]; **-freezing** *vt* : descongelar — *vi* : descongelarse
unfriendliness [ˌʌnˈfrɛndlinəs] *n* : hostilidad *f*, antipatía *f*
unfriendly [ˌʌnˈfrɛndli] *adj* **-lier; -est** : poco amistoso, hostil
unfurl [ˌʌnˈfərl] *vt* : desplegar, desdoblar — *vi* : desplegarse
unfurnished [ˌʌnˈfərnɪʃt] *adj* : desamueblado
ungainly [ˌʌnˈgeɪnli] *adj* : desgarbado
ungodly [ˌʌnˈgɔdli, -ˈgɑd-] *adj* **1** IMPIOUS : impío **2** OUTRAGEOUS : atroz, terrible ⟨at an ungodly hour : a una hora intempestiva⟩
ungrateful [ˌʌnˈgreɪtfəl] *adj* : desagradecido, ingrato — **ungratefully** *adv*
ungratefulness [ˌʌnˈgreɪtfəlnəs] *n* : ingratitud *f*
unhappily [ˌʌnˈhæpəli] *adv* **1** SADLY : tristemente **2** UNFORTUNATELY : desafortunadamente, lamentablemente
unhappiness [ˌʌnˈhæpinəs] *n* : infelicidad *f*, tristeza *f*, desdicha *f*
unhappy [ˌʌnˈhæpi] *adj* **-pier; -est 1** UNFORTUNATE : desafortunado, desventurado **2** MISERABLE, SAD : infeliz, triste, desdichado **3** INOPPORTUNE : inoportuno, poco feliz
unharmed [ˌʌnˈhɑrmd] *adj* : salvo, ileso
unhealthy [ˌʌnˈhɛlθi] *adj* **-thier; -est 1** UNWHOLESOME : insalubre, malsano, nocivo a la salud ⟨an unhealthy climate : un clima insalubre⟩ **2** SICKLY : de mala salud, enfermizo
unheard–of [ˌʌnˈhərdəv] *adj* : sin precedente, inaudito, insólito
unhinge [ˌʌnˈhɪndʒ] *vt* **-hinged; -hinging 1** : desquiciar (una puerta, etc.) **2** DISRUPT, UNSETTLE : trastornar, perturbar
unholy [ˌʌnˈho:li] *adj* **-lier; -est 1** : profano, impío **2** UNGODLY : atroz, terrible
unhook [ˌʌnˈhʊk] *vt* **1** : desenganchar, descolgar (de algo) **2** UNDO : desabrochar
unhurt [ˌʌnˈhərt] *adj* : ileso
unicorn [ˈju:nəˌkɔrn] *n* : unicornio *m*
unidentified [ˌʌnaɪˈdɛntəˌfaɪd] *adj* : no identificado ⟨unidentified flying object : objeto volador no identificado⟩
unification [ˌju:nəfəˈkeɪʃən] *n* : unificación *f*
uniform[1] [ˈju:nəˌfɔrm] *adj* : uniforme, homogéneo, constante
uniform[2] *n* : uniforme *m*
uniformed [ˈju:nəˌfɔrmd] *adj* : uniformado
uniformity [ˌju:nəˈfɔrmət̬i] *n, pl* **-ties** : uniformidad *f*
unify [ˈju:nəˌfaɪ] *vt* **-fied; -fying** : unificar, unir
unilateral [ˌju:nəˈlæt̬ərəl] *adj* : unilateral — **unilaterally** *adv*
unimaginable [ˌʌnɪˈmædʒənəbəl] *adj* : inimaginable, inconcebible
unimportant [ˌʌnɪmˈpɔrtənt] *adj* : intrascendente, insignificante, sin importancia
uninhabited [ˌʌnɪnˈhæbət̬əd] *adj* : deshabitado, desierto, despoblado
uninhibited [ˌʌnɪnˈhɪbət̬əd] *adj* : desenfadado, desinhibido, sin reservas
uninjured [ˌʌnˈɪndʒərd] *adj* : ileso
unintelligent [ˌʌnɪnˈtɛlədʒənt] *adj* : poco inteligente
unintelligible [ˌʌnɪnˈtɛlədʒəbəl] *adj* : ininteligible, incomprensible

unintentional [ˌʌnɪnˈtɛntʃənəl] *adj* : no deliberado, involuntario

unintentionally [ˌʌnɪnˈtɛntʃənəli] *adv* : involuntariamente, sin querer

uninterested [ˌʌnˈɪntəˌrɛstəd, -trəstəd] *adj* : indiferente

uninteresting [ˌʌnˈɪntəˌrɛstɪŋ, -trəstɪŋ] *adj* : poco interesante, sin interés

uninterrupted [ˌʌnˌɪntəˈrʌptəd] *adj* : ininterrumpido, continuo

union [ˈju:njən] *n* **1** : unión *f* **2** *or* **labor union** : sindicato *m*, gremio *m*

unionize [ˈju:njəˌnaɪz] *v* **-ized; -izing** *vt* : sindicalizar, sindicar — *vi* : sindicalizarse

unique [jʊˈni:k] *adj* **1** SOLE : único, solo **2** UNUSUAL : extraordinario

uniquely [jʊˈni:kli] *adv* **1** EXCLUSIVELY : exclusivamente **2** EXCEPTIONALLY : excepcionalmente

unison [ˈju:nəsən, -zən] *n* **1** : unísono *m* (en música) **2** CONCORD : acuerdo *m*, armonía *f*, concordia *f* **3 in ~** SIMULTANEOUSLY : simultáneamente, al unísono

unit [ˈju:nɪt] *n* **1** : unidad *f* **2** : módulo *m* (de un mobiliario)

unitary [ˈju:nəˌtɛri] *adj* : unitario

unite [jʊˈnaɪt] *v* **united; uniting** *vt* : unir, juntar, combinar — *vi* : unirse, juntarse

unity [ˈju:nət̬i] *n, pl* **-ties** **1** UNION : unidad *f*, unión *f* **2** HARMONY : armonía *f*, acuerdo *m*

universal [ˌju:nəˈvərsəl] *adj* **1** GENERAL : general, universal ⟨a universal rule : una regla universal⟩ **2** WORLDWIDE : universal, mundial — **universally** *adv*

universe [ˈju:nəˌvərs] *n* : universo *m*

university [ˌju:nəˈvərsət̬i] *n, pl* **-ties** : universidad *f*

unjust [ˌʌnˈdʒʌst] *adj* : injusto — **unjustly** *adv*

unjustifiable [ˌʌnˌdʒʌstəˈfaɪəbəl] *adj* : injustificable

unjustified [ˌʌnˈdʒʌstəˌfaɪd] *adj* : injustificado

unkempt [ˌʌnˈkɛmpt] *adj* : descuidado, desaliñado, despeinado (dícese del pelo)

unkind [ˌʌnˈkaɪnd] *adj* : poco amable, cruel — **unkindly** *adv*

unkindness [ˌʌnˈkaɪndnəs] *n* : crueldad *f*, falta *f* de amabilidad

unknowing [ˌʌnˈno:ɪŋ] *adj* : inconsciente, ignorante — **unknowingly** *adv*

unknown [ˌʌnˈno:n] *adj* : desconocido

unlawful [ˌʌnˈlɔfəl] *adj* : ilícito, ilegal — **unlawfully** *adv*

unleash [ˌʌnˈli:ʃ] *vt* : soltar, desatar

unless [ənˈlɛs] *conj* : a menos que, salvo que, a no ser que

unlike[1] [ˌʌnˈlaɪk] *adj* **1** DIFFERENT : diferente, distinto **2** UNEQUAL : des[illegible]ual

[illegible]**e**[2] *prep* **1** : diferente de, distinto de [illegible]ke the others : distinto a los [illegible] **2** : a diferencia de ⟨unlike her sister, she is shy : a diferencia de su hermana, es tímida⟩

unlikelihood [ˌʌnˈlaɪkliˌhʊd] *n* : improbabilidad *f*

unlikely [ˌʌnˈlaɪkli] *adj* **-lier; -est** **1** IMPROBABLE : improbable, poco probable **2** UNPROMISING : poco prometedor

unlimited [ˌʌnˈlɪmət̬əd] *adj* : ilimitado

unload [ˌʌnˈlo:d] *vt* **1** REMOVE : descargar, desembarcar (mercancías o pasajeros) **2** : descargar (un avión, un camión, etc.) **3** DUMP : deshacerse de — *vi* : descargar (dícese de un avión, un camión, etc.)

unlock [ˌʌnˈlɑk] *vt* **1** : abrir (con llave) **2** DISCLOSE, REVEAL : revelar

unluckily [ˌʌnˈlʌkəli] *adv* : desgraciadamente

unlucky [ˌʌnˈlʌki] *adj* **-luckier; -est** **1** : de mala suerte, desgraciado, desafortunado ⟨an unlucky year : un año de mala suerte⟩ **2** INAUSPICIOUS : desfavorable, poco propicio **3** REGRETTABLE : lamentable

unmanageable [ˌʌnˈmænɪdʒəbəl] *adj* : difícil de controlar, poco manejable, ingobernable

unmarried [ˌʌnˈmærid] *adj* : soltero

unmask [ˌʌnˈmæsk] *vt* EXPOSE : desenmascarar

unmerciful [ˌʌnˈmərsɪfəl] *adj* MERCILESS : despiadado — **unmercifully** *adv*

unmistakable [ˌʌnmɪˈsteɪkəbəl] *adj* : evidente, inconfundible, obvio — **unmistakably** [-bli] *adv*

unmoved [ˌʌnˈmu:vd] *adj* : impasible ⟨to be unmoved by : permanecer impasible ante⟩

unnatural [ˌʌnˈnætʃərəl] *adj* **1** ABNORMAL, UNUSUAL : anormal, poco natural, poco normal **2** AFFECTED : afectado, forzado ⟨an unnatural smile : una sonrisa forzada⟩ **3** PERVERSE : perverso, antinatural

unnecessary [ˌʌnˈnɛsəˌsɛri] *adj* : innecesario — **unnecessarily** [-ˌnɛsəˈsɛrəli] *adv*

unnerve [ˌʌnˈnərv] *vt* **-nerved; -nerving** : turbar, desconcertar, poner nervioso

unnoticed [ˌʌnˈno:t̬əst] *adj* : inadvertido ⟨to go unnoticed : pasar inadvertido⟩

unobstructed [ˌʌnəbˈstrʌktəd] *adj* : libre, despejado

unobtainable [ˌʌnəbˈteɪnəbəl] *adj* : inasequible

unobtrusive [ˌʌnəbˈstru:sɪv] *adj* : discreto

unoccupied [ˌʌnˈɑkjəˌpaɪd] *adj* **1** IDLE : desempleado, desocupado **2** EMPTY : desocupado, libre, deshabitado

unofficial [ˌʌnəˈfɪʃəl] *adj* : extraoficial, oficioso, no oficial

unorganized [ˌʌnˈɔrgəˌnaɪzd] *adj* : desorganizado

unorthodox [ˌʌnˈɔrθəˌdɑks] *adj* : poco ortodoxo, poco convencional

unpack [ˌʌnˈpæk] *vt* : desempacar — *vi* : desempacar, deshacer las maletas

unpaid [ˌʌnˈpeɪd] *adj* : no remunerado, no retribuido ⟨an unpaid bill : una cuenta pendiente⟩

unparalleled [ˌʌnˈpærəˌlɛld] *adj* : sin igual

unpatriotic [ˌʌnˌpeɪtriˈɑt̬ɪk] *adj* : antipatriótico

unpleasant [ˌʌnˈplɛzənt] *adj* : desagradable — **unpleasantly** *adv*

unplug [ˌʌnˈplʌg] *vt* **-plugged; -plugging 1** UNCLOG : destapar, desatascar **2** DISCONNECT : desconectar, desenchufar

unpopular [ˌʌnˈpɑpjələr] *adj* : impopular, poco popular

unpopularity [ˌʌnˌpɑpjəˈlærət̬i] *n* : impopularidad *f*

unprecedented [ˌʌnˈprɛsəˌdɛntəd] *adj* : sin precedentes, inaudito, nuevo

unpredictable [ˌʌnpriˈdɪktəbəl] *adj* : impredecible

unprejudiced [ˌʌnˈprɛʤədəst] *adj* : imparcial, objetivo

unprepared [ˌʌnpriˈpærd] *adj* : no preparado ⟨an unprepared speech : un discurso improvisado⟩

unpretentious [ˌʌnpriˈtɛnʧəs] *adj* : modesto, sin pretensiones

unprincipled [ˌʌnˈprɪn*t*səpəld] *adj* : sin principios, carente de escrúpulos

unproductive [ˌʌnprəˈdʌktɪv] *adj* : improductivo

unprofitable [ˌʌnˈprɑfət̬əbəl] *adj* : no rentable, poco provechoso

unpromising [ˌʌnˈprɑməsɪŋ] *adj* : poco prometedor

unprotected [ˌʌnprəˈtɛktəd] *adj* : sin protección, desprotegido

unprovoked [ˌʌnprəˈvo:kt] *adj* : no provocado

unpublished [ˌʌnˈpʌblɪʃt] *adj* : inédito

unpunished [ˌʌnˈpʌnɪʃt] *adj* : impune ⟨to go unpunished : escapar sin castigo⟩

unqualified [ˌʌnˈkwɑləˌfaɪd] *adj* **1** : no calificado, sin título **2** COMPLETE : completo, absoluto ⟨an unqualified denial : una negación incondicional⟩

unquestionable [ˌʌnˈkwɛsʧənəbəl] *adj* : incuestionable, indudable, indiscutible — **unquestionably** [-bli] *adv*

unquestioning [ˌʌnˈkwɛsʧənɪŋ] *adj* : incondicional, absoluto, ciego

unravel [ˌʌnˈrævəl] *v* **-eled** *or* **-elled; -eling** *or* **-elling** *vt* **1** DISENTANGLE : desenmarañar, desenredar **2** SOLVE : aclarar, desenmarañar, desentrañar — *vi* : deshacerse

unreal [ˌʌnˈri:l] *adj* : irreal

unrealistic [ˌʌnˌri:əˈlɪstɪk] *adj* : poco realista

unreasonable [ˌʌnˈri:zənəbəl] *adj* **1** IRRATIONAL : poco razonable, irrazonable, irracional **2** EXCESSIVE : excesivo ⟨unreasonable prices : precios excesivos⟩

unreasonably [ˌʌnˈri:zənəbli] *adv* **1** IRRATIONALLY : irracionalmente, de manera irrazonable **2** EXCESSIVELY : excesivamente

unrefined [ˌʌnriˈfaɪnd] *adj* **1** : no refinado, sin refinar (dícese del azúcar, de la harina, etc.) **2** : poco refinado, inculto (dícese de una persona)

unrelated [ˌʌnriˈleɪt̬əd] *adj* : no relacionado, inconexo

unrelenting [ˌʌnriˈlɛntɪŋ] *adj* **1** STERN : severo, inexorable **2** CONSTANT, RELENTLESS : constante, implacable

unreliable [ˌʌnriˈlaɪəbəl] *adj* : que no es de fiar, de poca confianza, inestable (dícese del tiempo)

unrepentant [ˌʌnriˈpɛntənt] *adj* : impenitente

unresolved [ˌʌnriˈzɑlvd] *adj* : pendiente, no resuelto

unrest [ˌʌnˈrɛst] *n* : inquietud *f*, malestar *m* ⟨political unrest : disturbios políticos⟩

unrestrained [ˌʌnriˈstreɪnd] *adj* : desenfrenado, incontrolado

unrestricted [ˌʌnriˈstrɪktəd] *adj* : sin restricción ⟨unrestricted access : libre acceso⟩

unrewarding [ˌʌnriˈwɔrdɪŋ] *adj* THANKLESS : ingrato

unripe [ˌʌnˈraɪp] *adj* : inmaduro, verde

unrivaled *or* **unrivalled** [ˌʌnˈraɪvəld] *adj* : incomparable

unroll [ˌʌnˈro:l] *vt* : desenrollar — *vi* : desenrollarse

unruffled [ˌʌnˈrʌfəld] *adj* **1** SERENE : sereno, tranquilo **2** SMOOTH : tranquilo, liso ⟨unruffled waters : aguas tranquilas⟩

unruliness [ˌʌnˈru:linəs] *n* : indisciplina *f*

unruly [ˌʌnˈru:li] *adj* : indisciplinado, díscolo, rebelde

unsafe [ˌʌnˈseɪf] *adj* : inseguro

unsaid [ˌʌnˈsɛd] *adj* : sin decir ⟨to leave unsaid : quedar por decir⟩

unsanitary [ˌʌnˈsænəˌtɛri] *adj* : antihigiénico

unsatisfactory [ˌʌnˌsæt̬əsˈfæktəri] *adj* : insatisfactorio

unsatisfied [ˌʌnˈsæt̬əsˌfaɪd] *adj* : insatisfecho

unscathed [ˌʌnˈskeɪðd] *adj* UNHARMED : ileso

unscheduled [ˌʌnˈskɛˌʤu:ld] *adj* : no programado, imprevisto

unscientific [ˌʌnˌsaɪənˈtɪfɪk] *adj* : poco científico

unscrupulous [ˌʌnˈskru:pjələs] *adj* : inescrupuloso, sin escrúpulos — **unscrupulously** *adv*

unseal [ˌʌnˈsi:l] *vt* : abrir, quitarle el sello a

unseasonable [ˌʌnˈsi:zənəbəl] *adj* **1** : extemporáneo ⟨unseasonable rain : lluvia extemporánea⟩ **2** UNTIMELY : extemporáneo, inoportuno

unseemly [ˌʌnˈsi:mli] *adj* **-lier; -est 1** INDECOROUS : indecoroso **2** INAPPROPRIATE : impropio, inapropiado

unseen [ˌʌnˈsi:n] *adj* **1** UNNOTICED : inadvertido **2** INVISIBLE : oculto, invisible

unselfish [ˌʌnˈsɛlfɪʃ] *adj* : generoso, desinteresado — **unselfishly** *adv*

unselfishness [ˌʌnˈsɛlfɪʃnəs] *n* : generosidad *f*, desinterés *m*

unsettle [ˌʌnˈsɛt̬əl] *vt* **-tled; -tling** DISTURB : trastornar, alterar, perturbar

unsettled [ˌʌnˈsɛt̬əld] *adj* **1** CHANGEABLE : inestable, variable ⟨unsettled weather : tiempo inestable⟩ **2** DISTURBED : agitado, inquieto ⟨unsettled waters : aguas agitadas⟩ **3** UNDECIDED : pendiente (dícese de un asunto), indeciso (dícese de una persona) **4** UNPAID : sin saldar, pendiente **5** UNINHABITED : despoblado, no colonizado

unshaped [ˌʌnˈʃeɪpt] *adj* : sin forma, informe

unsightly [ˌʌnˈsaɪtli] *adj* UGLY : feo, de aspecto malo

unskilled [ˌʌnˈskɪld] *adj* : no calificado

unskillful [ˌʌnˈskɪlfəl] *adj* : inexperto, poco hábil

unsnap [ˌʌnˈsnæp] *vt* **-snapped; -snapping** : desabrochar

unsociable *adj* : poco sociable

unsolved [ˌʌnˈsɔlvd] *adj* : no resuelto, sin resolver

unsophisticated [ˌʌnsəˈfɪstəˌkeɪt̬əd] *adj* **1** NAIVE : ingenuo, de poco mundo **2** SIMPLE : simple, poco sofisticado, rudimentario

unsound [ˌʌnˈsaʊnd] *adj* **1** UNHEALTHY : enfermizo, de mala salud **2** : poco sólido, defectuoso (dícese de una estructura, etc.) **3** INVALID : inválido, erróneo **4 of unsound mind** : mentalmente incapacitado

unspeakable [ˌʌnˈspiːkəbəl] *adj* **1** INDESCRIBABLE : indecible, inexpresable, incalificable **2** HEINOUS : atroz, nefando, abominable — **unspeakably** [-bli] *adv*

unspecified [ˌʌnˈspɛsəˌfaɪd] *adj* : indeterminado, sin especificar

unspoiled [ˌʌnˈspɔɪld] *adj* **1** : conservado, sin estropear (dícese de un lugar) **2** : que no está mimado (dícese de un niño)

unstable [ˌʌnˈsteɪbəl] *adj* **1** CHANGEABLE : variable, inestable, cambiable ⟨an unstable pulse : un pulso irregular⟩ **2** UNSTEADY : inestable, poco sólido (dícese de una estructura)

unsteadily [ˌʌnˈstɛdəli] *adv* : de modo inestable

unsteadiness [ˌʌnˈstɛdinəs] *n* : inestabilidad *f*, inseguridad *f*

unsteady [ˌʌnˈstɛdi] *adj* **1** UNSTABLE : inestable, variable **2** SHAKY : tembloroso

unstoppable [ˌʌnˈstɑpəbəl] *adj* : irrefrenable, incontenible

unsubstantiated [ˌʌnsəbˈstæntʃiˌeɪt̬əd] *adj* : no corroborado, no demostrado

successful [ˌʌnsəkˈsɛsfəl] *adj* : fraca-o, infructuoso

able [ˌʌnˈsuːt̬əbəl] *adj* : inade- impropio, inapropiado ⟨an unsuitable time : una hora inconveniente⟩

unsuited [ˌʌnˈsuːt̬əd] *adj* : inadecuado, inepto

unsung [ˌʌnˈsʌŋ] *adj* : olvidado

unsure [ˌʌnˈʃʊr] *adj* : incierto, dudoso

unsurpassed [ˌʌnsərˈpæst] *adj* : sin par, sin igual

unsuspecting [ˌʌnsəˈspɛktɪŋ] *adj* : desprevenido, desapercibido, confiado

unsympathetic [ˌʌnˌsɪmpəˈθɛt̬ɪk] *adj* : poco comprensivo, indiferente

untangle [ˌʌnˈteɪŋgəl] *vt* **-gled; -gling** : desenmarañar, desenredar

unthinkable [ˌʌnˈθɪŋkəbəl] *adj* : inconcebible, impensable

unthinking [ˌʌnˈθɪŋkɪŋ] *adj* : irreflexivo, inconsciente — **unthinkingly** *adv*

untidy [ˌʌnˈtaɪdi] *adj* **1** SLOVENLY : desaliñado **2** DISORDERLY : desordenado, desarreglado

untie [ˌʌnˈtaɪ] *vt* **-tied; -tying** *or* **-tieing** : desatar, deshacer

until[1] [ˌʌnˈtɪl] *prep* : hasta ⟨until now : hasta ahora⟩

until[2] *conj* : hasta que ⟨until they left : hasta que salieron⟩ ⟨don't answer until you're sure : no contestes hasta que (no) estés seguro⟩

untimely [ˌʌnˈtaɪmli] *adj* **1** PREMATURE : prematuro ⟨an untimely death : una muerte prematura⟩ **2** INOPPORTUNE : inoportuno, intempestivo

untold [ˌʌnˈtoːld] *adj* **1** : nunca dicho ⟨the untold secret : el secreto sin contar⟩ **2** INCALCULABLE : incalculable, indecible

untouched [ˌʌnˈtʌtʃt] *adj* **1** INTACT : intacto, sin tocar, sin probar (dícese de la comida) **2** UNAFFECTED : insensible, indiferente

untoward [ˌʌnˈtɔrd, -ˈtoːərd, -təˈwɔrd] *adj* **1** : indecoroso, impropio (dícese del comportamiento) **2** ADVERSE, UNFORTUNATE : desafortunado, adverso ⟨untoward effects : efectos perjudiciales⟩ **3** UNSEEMLY : indecoroso

untrained [ˌʌnˈtreɪnd] *adj* : inexperto, no capacitado

untreated [ˌʌnˈtriːt̬əd] *adj* : no tratado (dícese de una enfermedad, etc.), sin tratar (dícese de un material)

untroubled [ˌʌnˈtrʌbəld] *adj* : tranquilo ⟨to be untroubled by : no estar afectado por⟩

untrue [ˌʌnˈtruː] *adj* **1** UNFAITHFUL : infiel **2** FALSE : falso

untrustworthy [ˌʌnˈtrʌstˌwərði] *adj* : de poca confianza (dícese de una persona), no fidedigno (dícese de la información)

untruth [ˌʌnˈtruːθ, ˈʌnˌ-] *n* : mentira *f*, falsedad *f*

untruthful [ˌʌnˈtruːθfəl] *adj* : mentiroso, falso

unusable [ˌʌnˈjuːzəbəl] *adj* : inútil, inservible

unused [ˌʌnˈjuːzd, *in sense 1 usually* -ˈjuːst] *adj* **1** UNACCUSTOMED : inhabituado **2** NEW : nuevo **3** IDLE : no utilizado (dícese de la tierra) **4** REMAINING : restante ⟨the unused portion : la porción restante⟩

unusual [ˌʌnˈjuːʒʊəl] *adj* : inusual, poco común, raro

unusually [ˌʌnˈjuːʒʊəli, -ˈjuːʒəli] *adv* : excepcionalmente, extraordinariamente, fuera de lo común

unwanted [ˌʌnˈwɑntəd] *adj* : superfluo, de sobre

unwarranted [ˌʌnˈwɔrəntəd] *adj* : injustificado

unwary [ˌʌnˈwæri] *adj* : incauto

unwavering [ˌʌnˈweɪvərɪŋ] *adj* : firme, inquebrantable ⟨an unwavering gaze : una mirada fija⟩

unwelcome [ˌʌnˈwɛlkəm] *adj* : importuno, molesto

unwell [ˌʌnˈwɛl] *adj* : enfermo, mal

unwholesome [ˌʌnˈhoːlsəm] *adj* **1** UNHEALTHY : malsano, insalubre **2** PERNICIOUS : pernicioso **3** LOATHSOME : repugnante, muy desagradable

unwieldy [ˌʌnˈwiːldi] *adj* CUMBERSOME : difícil de manejar, torpe y pesado

unwilling [ˌʌnˈwɪlɪŋ] *adj* : poco dispuesto ⟨to be unwilling to : no estar dispuesto a⟩

unwillingly [ˌʌnˈwɪlɪŋli] *adv* : a regañadientes, de mala gana

unwind [ˌʌnˈwaɪnd] *v* **-wound** [-ˈwaʊnd]; **-winding** *vt* UNROLL : desenrollar — *vi* **1** : desenrollarse **2** RELAX : relajar

unwise [ˌʌnˈwaɪz] *adj* : imprudente, desacertado, poco aconsejable

unwisely [ˌʌnˈwaɪzli] *adv* : imprudentemente

unwitting [ˌʌnˈwɪṭɪŋ] *adj* **1** UNAWARE : inconsciente **2** INADVERTENT : involuntario, inadvertido ⟨an unwitting mistake : un error inadvertido⟩ — **unwittingly** *adv*

unworthiness [ˌʌnˈwərðinəs] *n* : falta *f* de valía

unworthy [ˌʌnˈwərði] *adj* **1** UNDESERVING : indigno ⟨to be unworthy of : no ser digno de⟩ **2** UNMERITED : inmerecido

unwrap [ˌʌnˈræp] *vt* **-wrapped; -wrapping** : desenvolver, deshacer

unwritten [ˌʌnˈrɪtən] *adj* : no escrito

unyielding [ˌʌnˈjiːldɪŋ] *adj* : firme, inflexible, rígido

unzip [ˌʌnˈzɪp] *vt* **-zipped; -zipping** : abrir el cierre de

up[1] [ˈʌp] *v* **upped** [ˈʌpt]; **upping; ups** *vt* INCREASE : aumentar, subir ⟨they upped the prices : aumentaron los precios⟩ — *vi* **to up and** : agarrar y *fam* ⟨she up and left : agarró y se fue⟩

up[2] *adv* **1** ABOVE : arriba, en lo alto ⟨up in the mountains : arriba en las montañas⟩ ⟨put it up on the shelf : ponlo en el estante⟩ ⟨we keep it up in the attic : lo guardamos arriba en el desván⟩ ⟨what's going on up there? : ¿qué pasa allí arriba?⟩ **2** UPWARDS : hacia arriba ⟨push it up : empújalo hacia arriba⟩ ⟨pull up your pants : súbete los pantalones⟩ ⟨the sun came up : el sol salió⟩ ⟨prices went up : los precios subieron⟩ ⟨she called up to me : me llamó desde abajo⟩ ⟨he looked up at the sky : miró al cielo⟩ **3** (*indicating an upright position*) ⟨to sit up : ponerse derecho⟩ **4** (*indicating a waking state*) ⟨they got up late : se levantaron tarde⟩ ⟨I stayed up all night : pasé toda la noche sin dormir⟩ **5** (*indicating a usable state*) ⟨we set up the equipment : instalamos el equipo⟩ **6** (*indicating closure*) ⟨I sealed up the package : precinté el paquete⟩ **7** (*indicating activity or excitement*) ⟨they stirred up the crowd : incitaron a la muchedumbre⟩ **8** (*indicating greater or higher volume or intensity*) ⟨to speak up : hablar más fuerte⟩ ⟨to speed up : acelerar⟩ **9** (*indicating a northerly direction*) ⟨the climate up north : el clima del norte⟩ ⟨I'm going up to Canada : voy para Canadá⟩ ⟨come up and see us! : ¡ven a visitarnos!⟩ **10** (*indicating the appearance or existence of something*) ⟨the book turned up : el libro apareció⟩ **11** (*indicating consideration*) ⟨she brought the matter up : mencionó el asunto⟩ **12** COMPLETELY : completamente ⟨eat it up : cómetelo todo⟩ **13** : en pedazos ⟨he tore it up : lo rompió en pedazos⟩ **14** (*indicating approaching and stopping*) ⟨the car pulled up to the curb : el carro paró al borde de la acera⟩ ⟨he walked up to her : se le acercó⟩ **15** (*indicating advancement or progress*) ⟨we moved up to the front of the line : nos pusimos al principio de la fila⟩ ⟨she has moved up in the company : ha ascendido en la compañía⟩ ⟨to grow up : hacerse mayor⟩ **16** (*indicating greater importance in a series, etc.*) ⟨it's pretty far/high up on my list : es muy importante para mí⟩ **17** (*indicating an even score*) ⟨the game was 10 up : empataron a 10⟩ **18 to be one up on someone** : tener ventaja sobre alguien **19 up and down** : de arriba abajo

up[3] *adj* **1** (*above the horizon*) ⟨the sun is up : ha salido el sol⟩ **2** (*above a surface*) ⟨the tulips are up : los tulipanes han salido⟩ **3** (*in a high or higher position*) ⟨it's up on the top shelf : está en el estante de arriba⟩ ⟨it's further up : está más arriba⟩ ⟨I'm up here : estoy aquí arriba⟩ **4** (*in a forward place or position*) ⟨we were up near the stage : estábamos cerca del escenario⟩ ⟨the table was up against the wall : la mesa estaba contra la pared⟩ **5** (*above a normal or former level*) ⟨prices are up : los precios han aumentado⟩ ⟨the river is up : las aguas están altas⟩ **6** (*equal to a given level*) ⟨it wasn't up to our expectations : no estuvo a la altura de lo que esperábamos⟩ ⟨I've had it up to here with your nonsense! : ¡estoy hasta las narices de tus tonterías!⟩ **7** : despierto, levantado ⟨up all night : despierto toda la noche⟩ **8** BUILT : construido ⟨the supports are up : han colocado los soportes⟩ **9** OPEN : abierto ⟨the windows are up : las ventanas están abiertas⟩ **10** (*moving or going upward*) ⟨the up staircase : la escalera para subir⟩ **11** ABREAST : enterado, al día, al corriente ⟨to be up on the news : estar al corriente de las noticias⟩ **12** PREPARED : preparado ⟨we were up for the test : estuvimos preparados para el examen⟩ **13** CAPABLE : capaz ⟨she's up to the task : es capaz de hacerlo⟩ **14** FUNCTIONING : funcionando ⟨the system is back up, the system is up and running again : el sistema ha vuelto a funcionar⟩ **15** AHEAD : ganando ⟨they're up (by) ten points : van ganando por diez puntos⟩ **16** FINISHED : terminado, acabado ⟨time is up : se ha terminado el tiempo permitido⟩ **17 to be up** : pasar ⟨what's up? : ¿qué pasa?⟩ **18 to be up against** : enfrentarse a **19 to be up to something** : estar tramando algo

up[4] *prep* **1** (*to, toward, or at a higher point of*) ⟨he went up the stairs : subió la escalera⟩ **2** (*to or toward the source of*) ⟨to go up the river : ir río arriba⟩ **3** ALONG : a lo largo, por ⟨up the coast : a lo largo de la costa⟩ ⟨just up the way : un poco más adelante⟩ ⟨up and down the city : por toda la ciudad⟩

upbraid [ˌʌpˈbreɪd] *vt* : reprender, regañar

upbringing [ˈʌpˌbrɪŋɪŋ] *n* : crianza *f*, educación *f*

upcoming [ˌʌpˈkʌmɪŋ] *adj* : próximo

update[1] [ˌʌpˈdeɪt] *vt* **-dated; -dating** : poner al día, poner al corriente, actualizar

update[2] [ˈʌpˌdeɪt] *n* : actualización *f*, puesta *f* al día

upend [ˌʌpˈɛnd] *vt* **1** : poner vertical **2** OVERTURN : volcar

upgrade[1] [ˈʌpˌgreɪd, ˌʌpˈ-] *vt* **-graded; -grading 1** PROMOTE : ascender **2** IMPROVE : mejorar

upgrade[2] [ˈʌpˌgreɪd] *n* **1** SLOPE : cuesta *f*, pendiente *f* **2** RISE : aumento *m* de categoría (de un puesto), ascenso *m* (de un empleado) **3** IMPROVEMENT : mejoramiento *m*

upheaval [ˌʌpˈhiːvəl] *n* **1** : levantamiento *m* (en geología) **2** DISTURBANCE, UPSET : trastorno *m*, agitación *f*, conmoción *f*

uphill[1] [ˌʌpˈhɪl] *adv* : cuesta arriba

uphill[2] [ˈʌpˌhɪl] *adj* **1** ASCENDING : en subida **2** DIFFICULT : difícil, arduo

uphold [ˌʌpˈhoːld] *vt* **-held; -holding 1** SUPPORT : sostener, apoyar, mantener **2** RAISE : levantar **3** CONFIRM : confirmar (una decisión judicial)

upholster [ˌʌpˈhoːlstər] *vt* : tapizar

upholsterer [ˌʌpˈhoːlstərər] *n* : tapicero *m*, -ra *f*

upholstery [ˌʌpˈhoːlstəri] *n, pl* **-steries** : tapicería *f*

upkeep [ˈʌpˌkiːp] *n* : mantenimiento *m*

upland [ˈʌplənd, -ˌlænd] *n* : altiplanicie *f*, altiplano *m*

uplift[1] [ˌʌpˈlɪft] *vt* **1** RAISE : elevar, levantar **2** ELEVATE : elevar, animar (el espíritu, la mente, etc.)

uplift[2] [ˈʌpˌlɪft] *n* : elevación *f*

upon [əˈpɔn, əˈpɑn] *prep* : en, sobre ⟨upon the desk : sobre el escritorio⟩ ⟨upon leaving : al salir⟩ ⟨questions upon questions : pregunta tras pregunta⟩

upper[1] [ˈʌpər] *adj* **1** HIGHER : superior ⟨the upper classes : las clases altas⟩ **2** : alto (en geografía) ⟨the upper Mississippi : el alto Mississippi⟩

upper[2] *n* : parte *f* superior (del calzado, etc.)

uppercase [ˌʌpərˈkeɪs] *adj* : mayúsculo

upper hand *n* : ventaja *f*, dominio *m*

uppermost [ˈʌpərˌmoːst] *adj* : más alto ⟨it was uppermost in his mind : era lo que más le preocupaba⟩

upright[1] [ˈʌpˌraɪt] *adj* **1** VERTICAL : vertical **2** ERECT : erguido, derecho **3** JUST : recto, honesto, justo

upright[2] *n* : montante *m*, poste *m*, soporte *m*

uprising [ˈʌpˌraɪzɪŋ] *n* : insurrección *f*, revuelta *f*, alzamiento *m*

uproar [ˈʌpˌror] *n* COMMOTION : alboroto *m*, jaleo *m*, escándalo *m*

uproarious [ˌʌpˈroriəs] *adj* **1** CLAMOROUS : estrepitoso, clamoroso **2** HILARIOUS : muy divertido, hilarante — **uproariously** *adv*

uproot [ˌʌpˈruːt, -ˈrʊt] *vt* : desarraigar

upset[1] [ˌʌpˈsɛt] *vt* **-set; -setting 1** OVERTURN : volcar **2** SPILL : derramar **3** DISTURB : perturbar, disgustar, inquietar, alterar **4** SICKEN : sentar mal a ⟨it upsets my stomach : me sienta mal al estómago⟩ **5** DISRUPT : trastornar, desbaratar (planes, etc.) **6** DEFEAT : derrotar (en deportes)

upset[2] *adj* **1** DISPLEASED, DISTRESSED : disgustado, alterado **2 to have an upset stomach** : estar mal del estómago, estar descompuesto (de estómago)

upset[3] [ˈʌpˌsɛt] *n* **1** OVERTURNING : vuelco *m* **2** DISRUPTION : trastorno *m* (de planes, etc.) **3** DEFEAT : derrota *f* (en deportes)

upshot [ˈʌpˌʃɑt] *n* : resultado *m* final

upside–down [ˌʌpˌsaɪdˈdaʊn] *adj* : al revés

upside down [ˌʌpˌsaɪdˈdaʊn] *adv* **1** : al revés **2** : en confusión, en desorden

upstairs[1] [ˌʌpˈstærz] *adv* : arriba, en el piso superior

upstairs[2] [ˈʌpˌstærz, ˌʌpˈ-] *adj* : de arriba

upstairs[3] [ˈʌpˌstærz, ˌʌpˈ-] *ns & pl* : piso *m* de arriba, planta *f* de arriba

upstanding [ˌʌpˈstændɪŋ, ˈʌpˌ-] *adj* HONEST, UPRIGHT : honesto, íntegro, recto

upstart [ˈʌpˌstɑrt] *n* : advenedizo *m*, -za *f*
upswing [ˈʌpˌswɪŋ] *n* : alza *f*, mejora *f* notable ⟨to be on the upswing : estar mejorándose⟩
uptight [ˌʌpˈtaɪt] *adj* : tenso, nervioso
up to *prep* **1** : hasta ⟨up to a year : hasta un año⟩ ⟨in mud up to my ankles : en barro hasta los tobillos⟩ **2 to be up to** : estar a la altura de ⟨I'm not up to going : no estoy en condiciones de ir⟩ **3 to be up to** : depender de ⟨it's up to the director : depende del director⟩
up–to–date [ˌʌptəˈdeɪt] *adj* **1** CURRENT : corriente, al día ⟨to keep up-to-date : mantenerse al corriente⟩ **2** MODERN : moderno
uptown [ˈʌpˈtaʊn] *adv* : hacia la parte alta de la ciudad, hacia el distrito residencial
upturn [ˈʌpˌtərn] *n* : mejora *f*, auge *m* (económico)
upward[1] [ˈʌpwərd] *or* **upwards** [-wərdz] *adv* **1** : hacia arriba **2 ~ of** : más de
upward[2] *adj* : ascendente, hacia arriba
upwind [ˌʌpˈwɪnd] *adv & adj* : contra el viento
uranium [jʊˈreɪniəm] *n* : uranio *m*
Uranus [jʊˈreɪnəs, ˈjʊrənəs] *n* : Urano *m*
urban [ˈərbən] *adj* : urbano
urbane [ˌərˈbeɪn] *adj* : urbano, cortés
urchin [ˈərtʃən] *n* **1** SCAMP : granuja *mf*; pillo *m*, -lla *f* **2 sea urchin** : erizo *m* de mar
Urdu [ˈʊrdu:, ˈər-] *n* : urdu *m*
urethra [jʊˈri:θrə] *n, pl* **-thras** *or* **-thrae** [-ˌθri:] : uretra *f*
urge[1] [ˈərdʒ] *vt* **urged; urging** **1** PRESS : instar, apremiar, insistir ⟨we urged him to come : insistimos en que viniera⟩ **2** ADVOCATE : recomendar, abogar por **3 to urge on** : animar, alentar
urge[2] *n* : impulso *m*, ganas *fpl*, compulsión *f*
urgency [ˈərdʒəntsi] *n, pl* **-cies** : urgencia *f*
urgent [ˈərdʒənt] *adj* **1** PRESSING : urgente, apremiante **2** INSISTENT : insistente **3 to be urgent** : urgir
urgently [ˈərdʒəntli] *adv* : urgentemente
urinal [ˈjʊrənəl, *esp Brit* jʊˈraɪnəl] *n* : orinal *m* (recipiente), urinario *m* (lugar)
urinary [ˈjʊrəˌnɛri] *adj* : urinario
urinate [ˈjʊrəˌneɪt] *vi* **-nated; -nating** : orinar
urination [ˌjʊrəˈneɪʃən] *n* : orinación *f*
urine [ˈjʊrən] *n* : orina *f*
urn [ˈərn] *n* **1** VASE : urna *f* **2** : recipiente *m* (para servir café, etc.)
Uruguayan [ˌʊrəˈgwaɪən, ˌjʊr-, -ˈgweɪ-] *n* : uruguayo *m*, -ya *f* — **Uruguayan** *adj*
us [ˈʌs] *pron* **1** (*as direct object*) : nos ⟨they were visiting us : nos visitaban⟩ **2** (*as indirect object*) : nos ⟨he gave us a present : nos dio un regalo⟩ **3** (*as object of preposition*) : nosotros, nosotras ⟨stay with us : quédese con nosotros⟩ ⟨both of us : nosotros dos⟩ **4** (*for emphasis*) : nosotros ⟨it's us! : ¡somos nosotros!⟩
usable [ˈju:zəbəl] *adj* : utilizable
usage [ˈju:sɪdʒ, -zɪdʒ] *n* **1** HABIT : costumbre *f*, hábito *m* **2** USE : uso *m*
use[1] [ˈju:z] *v* **used** [ˈju:zd, *in phrase "used to" usually* ˈju:stu:]; **using** *vt* **1** EMPLOY, UTILIZE: usar, utilizar, emplear ⟨can I use your phone? : ¿puedo usar tu teléfono?⟩ ⟨they use traditional methods : utilizan métodos tradicionales⟩ ⟨use your head! : ¡usa la cabeza!⟩ ⟨we used a contractor : contratamos a un contratista⟩ ⟨use this to clean it : usa esto para limpiarlo, límpialo con esto⟩ ⟨he uses it as an office : lo usa de/como oficina⟩ ⟨she used the money for college : usó el dinero para pagar la matrícula (universitaria)⟩ **2** CONSUME : consumir (electricidad, etc.), tomar (drogas, etc.) **3** EXPLOIT : usar, utilizar ⟨he used his friends to get ahead : usó a sus amigos para mejorar su posición⟩ **4** TREAT : tratar ⟨they used the horse cruelly : maltrataron al caballo⟩ **5** STAND : beneficiarse de ⟨you could use a nap : una siesta te vendría bien⟩ **6 to use up** : agotar, consumir, gastar — *vi* (*used in the past with* **to** to indicate a former fact or state) : soler, acostumbrar ⟨winters used to be colder : los inviernos solían ser más fríos, los inviernos eran más fríos⟩ ⟨she used to dance : acostumbraba bailar⟩
use[2] [ˈju:s] *n* **1** : uso *m*, empleo *m*, utilización *f* ⟨ready for use : listo para usar⟩ ⟨the use of seatbelts : el uso de los cinturones de seguridad⟩ ⟨to wear down from/with use : desgastarse por el uso⟩ **2** USEFULNESS : utilidad *f* ⟨to be of use : ser útil⟩ ⟨to be of no use : no servir (para nada)⟩ ⟨it's no use! : ¡es inútil!⟩ **3** : uso *m* ⟨a tool with many uses : una herramienta con muchos usos⟩ ⟨to find a use for : encontrarle uso a⟩ **4** : uso *m* ⟨to have the use of : poder usar, tener acceso a⟩ ⟨for member use only : para uso exclusivo de los socios⟩ **5** : uso *m* (de las piernas, etc.) **6 to be in use** : usarse, estar en uso (dícese de máquinas, palabras, etc.) ⟨the room is in use : la sala está ocupada⟩ **7 to fall out of use** : caer en desuso **8 to have no use for** : no necesitar ⟨she has no use for poetry : a ella no le gusta la poesía⟩ **9 to make use of** : servirse de, aprovechar **10 to put to (good) use** : hacer (buen) uso de
used [ˈju:zd] *adj* **1** SECONDHAND : usado, de segunda mano ⟨used cars : coches usados⟩ **2** ACCUSTOMED : acostumbrado ⟨used to the heat : acostumbrado al calor⟩
useful [ˈju:sfəl] *adj* : útil, práctico — **usefully** *adv*
usefulness [ˈju:sfəlnəs] *n* : utilidad *f*

useless [ˈju:sləs] *adj* : inútil — **uselessly** *adv*
uselessness [ˈju:sləsnəs] *n* : inutilidad *f*
user [ˈju:zər] *n* : usuario *m*, -ria *f*
usher[1] [ˈʌʃər] *vt* **1** ESCORT : acompañar, conducir **2 to usher in** : hacer pasar (a alguien) ⟨to usher in a new era : anunciar una nueva época⟩
usher[2] *n* : acomodador *m*, -dora *f*
usherette [ˌʌʃəˈrɛt] *n* : acomodadora *f*
usual [ˈju:ʒuəl] *adj* **1** NORMAL : usual, normal **2** CUSTOMARY : acostumbrado, habitual, de costumbre **3** ORDINARY : ordinario, típico
usually [ˈju:ʒuəli, ˈju:ʒəli] *adv* : usualmente, normalmente
usurp [jʊˈsərp, -ˈzərp] *vt* : usurpar
usurper [jʊˈsərpər, -ˈzər-] *n* : usurpador *m*, -dora *f*
utensil [jʊˈtɛn*t*səl] *n* **1** : utensilio *m* (de cocina) **2** IMPLEMENT : implemento *m*, útil *m* (de labranza, etc.)
uterine [ˈju:ṭəˌraɪn, -rən] *adj* : uterino
uterus [ˈju:ṭərəs] *n, pl* **uteri** [-ˌraɪ] : útero *m*, matriz *f*
utilitarian [ju:ˌtɪləˈtɛriən] *adj* : utilitario
utility [ju:ˈtɪləṭi] *n, pl* **-ties** **1** USEFULNESS : utilidad *f* **2 public utility** : empresa *f* de servicio público
utilization [ˌju:ṭələˈzeɪʃən] *n* : utilización *f*
utilize [ˈju:ṭəlˌaɪz] *vt* **-lized; -lizing** : utilizar, hacer uso de
utmost[1] [ˈʌtˌmo:st] *adj* **1** FARTHEST : extremo, más lejano **2** GREATEST : sumo, mayor ⟨of the utmost importance : de suma importancia⟩
utmost[2] *n* : lo más posible ⟨to the utmost : al máximo⟩
utopia [jʊˈto:piə] *n* : utopía *f*
utopian [jʊˈto:piən] *adj* : utópico
utter[1] [ˈʌṭər] *vt* : decir, articular, pronunciar (palabras)
utter[2] *adj* : absoluto — **utterly** *adv*
utterance [ˈʌṭərən*t*s] *n* : declaración *f*, articulación *f*

V

v [ˈvi:] *n, pl* **v's** *or* **vs** [ˈvi:z] : vigésima segunda letra del alfabeto inglés
vacancy [ˈveɪkən*t*si] *n, pl* **-cies** **1** EMPTINESS : vacío *m*, vacuidad *f* **2** : vacante *f*, puesto *m* vacante ⟨to fill a vacancy : ocupar un puesto⟩ **3** : habitación *f* libre (en un hotel) ⟨no vacancies : completo⟩
vacant [ˈveɪkənt] *adj* **1** EMPTY : libre, desocupado (dícese de los edificios, etc.) **2** : vacante (dícese de los puestos) **3** BLANK : vacío, ausente ⟨a vacant stare : una mirada ausente⟩
vacate [ˈveɪˌkeɪt] *vt* **-cated; -cating** : desalojar, desocupar
vacation[1] [veɪˈkeɪʃən, və-] *vi* : pasar las vacaciones, vacacionar *Mex*
vacation[2] *n* : vacaciones *fpl* ⟨to be on vacation : estar de vacaciones⟩
vacationer [veɪˈkeɪʃənər, və-] *n* : turista *mf*, veraneante *mf*, vacacionista *mf CA, Mex*
vaccinate [ˈvæksəˌneɪt] *vt* **-nated; -nating** : vacunar
vaccination [ˌvæksəˈneɪʃən] *n* : vacunación *f*
vaccine [vækˈsi:n, ˈvækˌ-] *n* : vacuna *f*
vacillate [ˈvæsəˌleɪt] *vi* **-lated; -lating** **1** HESITATE : vacilar **2** SWAY : oscilar
vacillation [ˌvæsəˈleɪʃən] *n* : indecisión *f*, vacilación *f*
vacuous [ˈvækjʊəs] *adj* **1** EMPTY : vacío **2** INANE : vacuo, necio, estúpido
vacuum[1] [ˈvæˌkju:m, -kjəm] *vt* : limpiar con aspiradora, pasar la aspiradora por
vacuum[2] *n, pl* **vacuums** *or* **vacua** [ˈvækjʊə] : vacío *m*
vacuum cleaner *n* : aspiradora *f*
vagabond[1] [ˈvægəˌbɑnd] *adj* : vagabundo
vagabond[2] *n* : vagabundo *m*, -da *f*
vagary [ˈveɪgəri, vəˈgɛri] *n, pl* **-ries** : capricho *m*
vagina [vəˈdʒaɪnə] *n, pl* **-nae** [-ˌni:, -ˌnaɪ] *or* **-nas** : vagina *f*
vagrancy [ˈveɪgrən*t*si] *n, pl* **-cies** : vagancia *f*
vagrant[1] [ˈveɪgrənt] *adj* : vagabundo
vagrant[2] *n* : vagabundo *m*, -da *f*
vague [ˈveɪg] *adj* **vaguer; -est** **1** IMPRECISE : vago, impreciso ⟨a vague feeling : una sensación indefinida⟩ ⟨I haven't the vaguest idea : no tengo la más remota idea⟩ **2** UNCLEAR : borroso, poco claro ⟨a vague outline : un perfil indistinto⟩ **3** ABSENTMINDED : distraído
vaguely [ˈveɪgli] *adv* : vagamente, de manera imprecisa
vagueness [ˈveɪgnəs] *n* : vaguedad *f*, imprecisión *f*
vain [ˈveɪn] *adj* **1** WORTHLESS : vano **2** FUTILE : vano, inútil ⟨in vain : en vano⟩ **3** CONCEITED : vanidoso, presumido
vainly [ˈveɪnli] *adv* : en vano, vanamente, inútilmente
valance [ˈvælən*t*s, ˈveɪ-] *n* **1** FLOUNCE : volante *m* (de una cama, etc.) **2** : galería *f* de cortina (sobre una ventana)
vale [ˈveɪl] *n* : valle *m*
valedictorian [ˌvæləˌdɪkˈtoriən] *n* : estudiante *mf* que pronuncia el discurso de despedida en ceremonia de graduación
valedictory [ˌvæləˈdɪktəri] *adj* : de despedida
valentine [ˈvælənˌtaɪn] *n* : tarjeta *f* que se manda el Día de los Enamorados (el 14 de febrero)

Valentine's Day *n* : Día *m* de los Enamorados
valet [ˈvæˌleɪ, væˈleɪ, ˈvælət] *n* : ayuda *m* de cámara
valiant [ˈvæljənt] *adj* : valiente, valeroso
valiantly [ˈvæljəntli] *adv* : con valor, valientemente
valid [ˈvæləd] *adj* : válido
validate [ˈvæləˌdeɪt] *vt* **-dated; -dating** : validar, dar validez a
validity [vəˈlɪdət̬i, væ-] *n* : validez *f*
valise [vəˈli:s] *n* : maleta *f* (de mano)
valley [ˈvæli] *n, pl* **-leys** : valle *m*
valor [ˈvælər] *n* : valor *m*, valentía *f*
valorous [ˈvælərəs] *adj* : valeroso, valiente
valuable[1] [ˈvæljuəbəl, ˈvæljəbəl] *adj* **1** EXPENSIVE : valioso, de valor **2** WORTHWHILE : valioso, apreciable
valuable[2] *n* : objeto *m* de valor
valuation [ˌvæljuˈeɪʃən] *n* **1** APPRAISAL : valoración *f*, tasación *f* **2** VALUE : valuación *f*
value[1] [ˈvælˌju:] *vt* **-ued; -uing** **1** APPRAISE : valorar, avaluar, tasar **2** APPRECIATE : valorar, apreciar
value[2] *n* **1** : valor *m* ⟨of little value : de poco valor⟩ ⟨to be a good value : estar bien de precio, tener buen precio⟩ ⟨at face value : en su sentido literal⟩ **2 values** *npl* : valores *mpl* (morales), principios *mpl*
valueless [ˈvælju:ləs] *adj* : sin valor
valve [ˈvælv] *n* : válvula *f*
vampire [ˈvæmˌpaɪr] *n* **1** : vampiro *m* **2** *or* **vampire bat** : vampiro *m*
van[1] [ˈvæn] → **vanguard**
van[2] *n* : furgoneta *f*, camioneta *f*
vanadium [vəˈneɪdiəm] *n* : vanadio *m*
vandal [ˈvændəl] *n* : vándalo *m*
vandalism [ˈvændəlˌɪzəm] *n* : vandalismo *m*
vandalize [ˈvændəlˌaɪz] *vt* : destrozar, destruir, estropear
vane [ˈveɪn] *n or* **weather vane** : veleta *f*
vanguard [ˈvænˌgɑrd] *n* : vanguardia *f*
vanilla [vəˈnɪlə, -ˈnɛ-] *n* : vainilla *f*
vanish [ˈvænɪʃ] *vi* : desaparecer, disiparse, desvanecerse
vanity [ˈvænət̬i] *n, pl* **-ties** **1** : vanidad *f* **2** *or* **vanity table** : tocador *m*
vanquish [ˈvæŋkwɪʃ, ˈvæn-] *vt* : vencer, conquistar
vantage point [ˈvæntɪʤ] *n* : posición *f* ventajosa
vapid [ˈvæpəd, ˈveɪ-] *adj* : insípido, insulso
vapor [ˈveɪpər] *n* : vapor *m*
vaporize [ˈveɪpəˌraɪz] *v* **-rized; -rizing** *vt* : vaporizar — *vi* : vaporizarse, evaporarse
vaporizer [ˈveɪpəˌraɪzər] *n* : vaporizador *m*
variability [ˌvɛriəˈbɪlət̬i] *n, pl* **-ties** : variabilidad *f*
variable[1] [ˈvɛriəbəl] *adj* : variable ⟨variable cloudiness : nubosidad variable⟩
variable[2] *n* : variable *f*, factor *m*
variance [ˈvɛriənts] *n* **1** DISCREPANCY : varianza *f*, discrepancia *f* **2** DISAGREEMENT : desacuerdo *m* ⟨at variance with : en desacuerdo con⟩
variant[1] [ˈvɛriənt] *adj* : variante, divergente
variant[2] *n* : variante *f*
variation [ˌvɛriˈeɪʃən] *n* : variación *f*, diferencias *fpl*
varicose [ˈværəˌko:s] *adj* : varicoso
varicose veins *npl* : varices *fpl*, várices *fpl*
varied [ˈvɛrid] *adj* : variado, dispar, diferente
variegated [ˈvɛriəˌgeɪt̬d] *adj* : abigarrado, multicolor
variety [vəˈraɪət̬i] *n, pl* **-ties** **1** DIVERSITY : diversidad *f*, variedad *f* **2** ASSORTMENT : surtido *m* ⟨for a variety of reasons : por diversas razones⟩ **3** SORT : clase *f* **4** BREED : variedad *f* (de plantas)
various [ˈvɛriəs] *adj* : varios, diversos
varnish[1] [ˈvɑrnɪʃ] *vt* : barnizar
varnish[2] *n* : barniz *f*
varsity [ˈvɑrsət̬i] *n, pl* **-ties** : equipo *m* universitario
vary [ˈvɛri] *v* **varied; varying** *vt* : variar, diversificar — *vi* **1** CHANGE : variar, cambiar **2** DEVIATE : desviarse
vascular [ˈvæskjələr] *adj* : vascular
vase [ˈveɪs, ˈveɪz, ˈvɑz] *n* : jarrón *m*, florero *m*
vassal [ˈvæsəl] *n* : vasallo *m*, -lla *f*
vast [ˈvæst] *adj* : inmenso, enorme, vasto
vastly [ˈvæstli] *adv* : enormemente
vastness [ˈvæstnəs] *n* : vastedad *f*, inmensidad *f*
vat [ˈvæt] *n* : cuba *f*, tina *f*
vaudeville [ˈvɔdvəl, -ˌvɪl; ˈvɔdəˌvɪl] *n* : vodevil *m*
vault[1] [ˈvɔlt] *vi* LEAP : saltar
vault[2] *n* **1** JUMP : salto *m* ⟨pole vault : salto de pértiga, salto con garrocha⟩ **2** DOME : bóveda *f* **3** : bodega *f* (para vino), bóveda *f* de seguridad (de un banco) **4** CRYPT : cripta *f*
vaulted [ˈvɔltəd] *adj* : abovedado
vaunted [ˈvɔntəd] *adj* : cacareado, alardeado ⟨a much vaunted wine : un vino muy alardeado⟩
VCR [ˌvi:ˌsi:ˈɑr] *n* : video *m*, videocasetera *f*
veal [ˈvi:l] *n* : ternera *f*, carne *f* de ternera
veer [ˈvɪr] *vi* : virar (dícese de un barco), girar (dícese de un coche), torcer (dícese de un camino)
vegetable[1] [ˈvɛʤtəbəl, ˈvɛʤət̬ə-] *adj* : vegetal
vegetable[2] *n* **1** : vegetal *m* ⟨the vegetable kingdom : el reino vegetal⟩ **2** : verdura *f*, hortaliza *f* (para comer)
vegetarian [ˌvɛʤəˈtɛriən] *n* : vegetariano *mf*
vegetarianism [ˌvɛʤəˈtɛriəˌnɪzəm] *n* : vegetarianismo *m*

vegetate [ˈvɛʤəˌteɪt] *vi* **-tated; -tating** : vegetar

vegetation [ˌvɛʤəˈteɪʃən] *n* : vegetación *f*

vegetative [ˈvɛʤəˌteɪt̬ɪv] *adj* : vegetativo

vehemence [ˈviːəmən*t*s] *n* : intensidad *f*, vehemencia *f*

vehement [ˈviːəmənt] *adj* : intenso, vehemente

vehemently [ˈviːəməntli] *adv* : vehementemente, con vehemencia

vehicle [ˈviːəkəl, ˈviːˌhɪkəl] *n* **1** *or* **motor vehicle** : vehículo *m* **2** MEDIUM : vehículo *m*, medio *m*

vehicular [viˈhɪkjələr, və-] *adj* : vehicular ⟨vehicular homicide : muerte por atropello⟩

veil[1] [ˈveɪl] *vt* **1** CONCEAL : velar, disimular **2** : cubrir con un velo ⟨to veil one's face : cubrirse con un velo⟩

veil[2] *n* : velo *m* ⟨bridal veil : velo de novia⟩

vein [ˈveɪn] *n* **1** : vena *f* (en anatomía, botánica, etc.) **2** LODE : veta *f*, vena *f*, filón *m* **3** STYLE : vena *f* ⟨in a humorous vein : en vena humorística⟩

veined [ˈveɪnd] *adj* : veteado (dícese del queso, de los minerales, etc.)

velocity [vəˈlɑsət̬i] *n, pl* **-ties** : velocidad *f*

velour [vəˈlʊr] *or* **velours** [-ˈlʊrz] *n* : velour *m*

velvet[1] [ˈvɛlvət] *adj* **1** : de terciopelo **2** → **velvety**

velvet[2] *n* : terciopelo *m*

velvety [ˈvɛlvət̬i] *adj* : aterciopelado

venal [ˈviːnəl] *adj* : venal, sobornable

vend [ˈvɛnd] *vt* : vender

vendetta [vɛnˈdɛt̬ə] *n* : vendetta *f*

vendor [ˈvɛndər] *n* : vendedor *m*, -dora *f*; puestero *m*, -ra *f*

veneer[1] [vəˈnɪr] *vt* : enchapar, chapar

veneer[2] *n* **1** : enchapado *m*, chapa *f* **2** APPEARANCE : apariencia *f*, barniz *m* ⟨a veneer of culture : un barniz de cultura⟩

venerable [ˈvɛnərəbəl] *adj* : venerable

venerate [ˈvɛnəˌreɪt] *vt* **-ated; -ating** : venerar

veneration [ˌvɛnəˈreɪʃən] *n* : veneración *f*

venereal disease [vəˈnɪriəl] *n* : enfermedad *f* venérea

venetian blind [vəˈniːʃən] *n* : persiana *f* veneciana

Venezuelan [ˌvɛnəˈzweɪlən, -zʊˈeɪ-] *n* : venezolano *m*, -na *f* — **Venezuelan** *adj*

vengeance [ˈvɛnʤən*t*s] *n* : venganza *f* ⟨to take vengeance on : vengarse de⟩

vengeful [ˈvɛnʤfəl] *adj* : vengativo

venial [ˈviːniəl] *adj* : venial ⟨a venial sin : un pecado venial⟩

venison [ˈvɛnəsən, -zən] *n* : venado *m*, carne *f* de venado

venom [ˈvɛnəm] *n* **1** : veneno *m* **2** MALICE : veneno *m*, malevolencia *f*

venomous [ˈvɛnəməs] *adj* : venenoso

vent[1] [ˈvɛnt] *vt* : desahogar, dar salida a ⟨to vent one's feelings : desahogarse⟩

vent[2] *n* **1** OPENING : abertura *f* (de escape), orificio *m* **2** *or* **air vent** : respiradero *m*, rejilla *f* de ventilación **3** OUTLET : desahogo *m* ⟨to give vent to one's anger : desahogar la ira⟩

ventilate [ˈvɛntəlˌeɪt] *vt* **-lated; -lating** : ventilar

ventilation [ˌvɛntəlˈeɪʃən] *n* : ventilación *f*

ventilator [ˈvɛntəlˌeɪt̬ər] *n* : ventilador *m*

ventricle [ˈvɛntrɪkəl] *n* : ventrículo *m*

ventriloquism [vɛnˈtrɪləˌkwɪzəm] *n* : ventriloquia *f*

ventriloquist [vɛnˈtrɪləˌkwɪst] *n* : ventrílocuo *m*, -cua *f*

venture[1] [ˈvɛnʧər] *v* **-tured; -turing** *vt* **1** RISK : arriesgar **2** OFFER : aventurar ⟨to venture an opinion : aventurar una opinión⟩ — *vi* : arriesgarse, atreverse, aventurarse

venture[2] *n* **1** UNDERTAKING : empresa *f* **2** GAMBLE, RISK : aventura *f*, riesgo *m*

venturesome [ˈvɛnʧərsəm] *adj* **1** ADVENTUROUS : audaz, atrevido **2** RISKY : arriesgado

venue [ˈvɛnˌjuː] *n* **1** PLACE : lugar *m* **2** : jurisdicción *f* (en derecho)

Venus [ˈviːnəs] *n* : Venus *m*

veracity [vəˈræsət̬i] *n, pl* **-ties** : veracidad *f*

veranda *or* **verandah** [vəˈrændə] *n* : terraza *f*, veranda *f*

verb [ˈvərb] *n* : verbo *m*

verbal [ˈvərbəl] *adj* : verbal

verbalize [ˈvərbəˌlaɪz] *vt* **-ized; -izing** : expresar con palabras, verbalizar

verbally [ˈvərbəli] *adv* : verbalmente, de palabra

verbatim[1] [vərˈbeɪt̬əm] *adv* : palabra por palabra, textualmente

verbatim[2] *adj* : literal, textual

verbose [vərˈboːs] *adj* : verboso, prolijo

verdant [ˈvərdənt] *adj* : verde, verdeante

verdict [ˈvərdɪkt] *n* **1** : veredicto *m* (de un jurado) **2** JUDGMENT, OPINION : juicio *m*, opinión *f*

verge[1] [ˈvərʤ] *vi* **verged; verging** : estar al borde, rayar ⟨it verges on madness : raya en la locura⟩

verge[2] *n* **1** EDGE : borde *m* **2 to be on the verge of** : estar a pique de, estar al borde de, estar a punto de

verification [ˌvɛrəfəˈkeɪʃən] *n* : verificación *f*

verify [ˈvɛrəˌfaɪ] *vt* **-fied; -fying** : verificar, comprobar, confirmar

veritable [ˈvɛrət̬əbəl] *adj* : verdadero — **veritably** *adv*

vermicelli [ˌvərməˈʧɛli, -ˈsɛli] *n* : fideos *mpl* finos

vermin [ˈvərmən] *ns & pl* : alimañas *fpl*, bichos *mpl*, sabandijas *fpl*

vermouth [vərˈmuːθ] *n* : vermut *m*

vernacular[1] [vər'nækjələr] *adj* : vernáculo
vernacular[2] *n* : lengua *f* vernácula
versatile ['vərsəṭəl] *adj* : versátil
versatility [ˌvərsə'tɪləṭi] *n* : versatilidad *f*
verse ['vərs] *n* **1** LINE, STANZA : verso *m*, estrofa *f* **2** POETRY : poesía *f* **3** : versículo *m* (en la Biblia)
versed ['vərst] *adj* : versado ⟨to be well versed in : ser muy versado en⟩
version ['vərʒən] *n* : versión *f*
versus ['vərsəs] *prep* : versus
vertebra ['vərtəbrə] *n, pl* **-brae** [-ˌbreɪ, -ˌbri:] *or* **-bras** : vértebra *f*
vertebrate[1] ['vərtəbrət, -ˌbreɪt] *adj* : vertebrado
vertebrate[2] *n* : vertebrado *m*
vertex ['vərˌtɛks] *n, pl* **vertices** ['vərtəˌsi:z] **1** : vértice *m* (en matemáticas y anatomía) **2** SUMMIT, TOP : ápice *m*, cumbre *f*, cima *f*
vertical[1] ['vərtɪkəl] *adj* : vertical — **vertically** *adv*
vertical[2] *n* : vertical *f*
vertigo ['vərtɪˌgo:] *n, pl* **-goes** *or* **-gos** : vértigo *m*
verve ['vərv] *n* : brío *m*
very[1] ['vɛri] *adv* **1** EXTREMELY : muy, sumamente ⟨very few : muy pocos⟩ ⟨I am very sorry : lo siento mucho⟩ **2** (*used for emphasis*) ⟨at the very least : por lo menos, como mínimo⟩ ⟨the very same dress : el mismo vestido⟩
very[2] *adj* **verier; -est 1** EXACT, PRECISE : mismo, exacto ⟨at that very moment : en ese mismo momento⟩ ⟨it's the very thing : es justo lo que hacía falta⟩ **2** BARE, MERE : solo, mero ⟨the very thought of it : sólo pensarlo⟩ **3** EXTREME : extremo, de todo ⟨at the very top : arriba de todo⟩
vesicle ['vɛsɪkəl] *n* : vesícula *f*
vespers ['vɛspərz] *npl* : vísperas *fpl*
vessel ['vɛsəl] *n* **1** CONTAINER : vasija *f*, recipiente *m* **2** BOAT, CRAFT : nave *f*, barco *m*, buque *m* **3** : vaso *m* ⟨blood vessel : vaso sanguíneo⟩
vest[1] ['vɛst] *vt* **1** CONFER : conferir ⟨to vest authority in : conferirle la autoridad a⟩ **2** CLOTHE : vestir
vest[2] *n* **1** : chaleco *m* **2** UNDERSHIRT : camiseta *f*
vestibule ['vɛstəˌbju:l] *n* : vestíbulo *m*
vestige ['vɛstɪʤ] *n* : vestigio *m*, rastro *m*
vestment ['vɛstmənt] *n* : vestidura *f*
vestry ['vɛstri] *n, pl* **-tries** : sacristía *f*
vet ['vɛt] *n* **1** → **veterinarian 2** → **veteran**[2]
veteran[1] ['vɛṭərən, 'vɛtrən] *adj* : veterano
veteran[2] *n* : veterano *m*, -na *f*
Veterans Day *n* : día *m* del Armisticio (celebrado el 11 de noviembre en los Estados Unidos)
veterinarian [ˌvɛṭərə'nɛriən, ˌvɛṭə'nɛr-] *n* : veterinario *m*, -ria *f*
veterinary ['vɛṭərəˌnɛri] *adj* : veterinario
veto[1] ['vi:ˌto] *vt* **1** FORBID : prohibir **2** : vetar ⟨to veto a bill : vetar un proyecto de ley⟩
veto[2] *n, pl* **-toes 1** : veto *m* ⟨the power of veto : el derecho de veto⟩ **2** BAN : veto *m*, prohibición *f*
vex ['vɛks] *vt* : contrariar, molestar, irritar
vexation [vɛk'seɪʃən] *n* : contrariedad *f*, irritación *f*
via ['vaɪə, 'vi:ə] *prep* : por, vía
viability [ˌvaɪə'bɪləṭi] *n* : viabilidad *f*
viable ['vaɪəbəl] *adj* : viable
viaduct ['vaɪəˌdʌkt] *n* : viaducto *m*
vial ['vaɪəl] *n* : frasco *m*
vibrant ['vaɪbrənt] *adj* **1** LIVELY : vibrante, animado, dinámico **2** BRIGHT : fuerte, vivo (dícese de los colores)
vibrate ['vaɪˌbreɪt] *vi* **-brated; -brating 1** OSCILLATE : vibrar, oscilar **2** THRILL : bullir ⟨to vibrate with excitement : bullir de emoción⟩
vibration [vaɪ'breɪʃən] *n* : vibración *f*
vicar ['vɪkər] *n* : vicario *m*, -ria *f*
vicarious [vaɪ'kæri:əs, vɪ-] *adj* : indirecto — **vicariously** *adv*
vice ['vaɪs] *n* : vicio *m*
vice admiral *n* : vicealmirante *mf*
vice president *n* : vicepresidente *m*, -ta *f*
viceroy ['vaɪsˌrɔɪ] *n* : virrey *m*, -rreina *f*
vice versa [ˌvaɪsɪ'vərsə, ˌvaɪs'vər-] *adv* : viceversa
vicinity [və'sɪnəṭi] *n, pl* **-ties 1** NEIGHBORHOOD : vecindad *f*, inmediaciones *fpl* **2** NEARNESS : proximidad *f*
vicious ['vɪʃəs] *adj* **1** DEPRAVED : depravado, malo **2** SAVAGE : malo, fiero, salvaje ⟨a vicious dog : un perro feroz⟩ **3** MALICIOUS : malicioso
viciously ['vɪʃəsli] *adv* : con saña, brutalmente
viciousness ['vɪʃəsnəs] *n* : brutalidad *f*, ferocidad *f* (de un animal), malevolencia *f* (de un comentario, etc.)
vicissitudes [və'sɪsəˌtu:dz, vaɪ-, -ˌtju:dz] *npl* : vicisitudes *fpl*
victim ['vɪktəm] *n* : víctima *f*
victimize ['vɪktəˌmaɪz] *vt* **-mized; -mizing** : tomar como víctima, perseguir, victimizar *Arg, Mex*
victor ['vɪktər] *n* : vencedor *m*, -dora *f*
Victorian [vɪk'to:riən] *adj* : victoriano
victorious [vɪk'to:riəs] *adj* : victorioso — **victoriously** *adv*
victory ['vɪktəri] *n, pl* **-ries** : victoria *f*, triunfo *m*
victuals ['vɪṭəlz] *npl* : víveres *mpl*, provisiones *fpl*
video[1] ['vɪdiˌo:] *adj* : de video ⟨video recording : grabación de video⟩
video[2] *n* **1** : video *m* (medio o grabación) **2** → **videotape**[2]
video camera *n* : videocámara *f*
videocassette [ˌvɪdiokə'sɛt] *n* : videocasete *m*, videocassette *m*
videocassette recorder → **VCR**

video game *n* : videojuego *m*, juego *m* de video
videotape[1] [ˈvɪdioˌteɪp] *vt* **-taped; -taping** : grabar en video, videograbar
videotape[2] *n* : videocinta *f*
vie [ˈvaɪ] *vi* **vied; vying** [ˈvaɪɪŋ] : competir, rivalizar
Vietnamese [viˌɛtnəˈmi:z, -ˈmi:s] *n* **1** : vietnamita *mf* **2** : vietnamita *m* (idioma) — **Vietnamese** *adj*
view[1] [ˈvju:] *vt* **1** OBSERVE : mirar, ver, observar **2** CONSIDER : considerar, contemplar
view[2] *n* **1** SIGHT : vista *f* ⟨to come into view : aparecer⟩ **2** ATTITUDE, OPINION : opinión *f*, parecer *m*, actitud *f* ⟨in my view : en mi opinión⟩ **3** SCENE : vista *f*, panorama *f* **4** INTENTION : idea *f*, vista *f* ⟨with a view to : con vistas a, con la idea de⟩ **5 in view of** : dado que, en vista de (que)
viewer [ˈvju:ər] *n or* **television viewer** : telespectador *m*, -dora *f*; televidente *mf*
viewpoint [ˈvju:ˌpɔɪnt] *n* : punto *m* de vista
vigil [ˈvɪʤəl] *n* **1** : vigilia *f*, vela *f* **2 to keep vigil** : velar
vigilance [ˈvɪʤələn*t*s] *n* : vigilancia *f*
vigilant [ˈvɪʤələnt] *adj* : vigilante
vigilante [ˌvɪʤəˈlænˌti:] *n* : integrante *mf* de un comité de vigilancia (que actúa como policía)
vigilantly [ˈvɪʤələntli] *adv* : con vigilancia
vigor [ˈvɪgər] *n* : vigor *m*, energía *f*, fuerza *f*
vigorous [ˈvɪgərəs] *adj* : vigoroso, enérgico — **vigorously** *adv*
Viking [ˈvaɪkɪŋ] *n* : vikingo *m*, -ga *f*
vile [ˈvaɪl] *adj* **viler; vilest** **1** WICKED : vil, infame **2** REVOLTING : asqueroso, repugnante **3** TERRIBLE : horrible, atroz ⟨vile weather : tiempo horrible⟩ ⟨to be in a vile mood : estar de un humor de perros⟩
vilify [ˈvɪləˌfaɪ] *vt* **-fied; -fying** : vilipendiar, denigrar, difamar
villa [ˈvɪlə] *n* : casa *f* de campo, quinta *f*
village [ˈvɪlɪʤ] *n* : pueblo *m* (grande), aldea *f* (pequeña)
villager [ˈvɪlɪʤər] *n* : vecino *m*, -na *f* (de un pueblo); aldeano *m*, -na *f* (de una aldea)
villain [ˈvɪlən] *n* : villano *m*, -na *f*; malo *m*, -la *f* (en ficción, películas, etc.)
villainess [ˈvɪlənɪs, -nəs] *n* : villana *f*
villainous [ˈvɪlənəs] *adj* : infame, malvado
villainy [ˈvɪləni] *n, pl* **-lainies** : vileza *f*, maldad *f*
vim [ˈvɪm] *n* : brío *m*, vigor *m*, energía *f*
vindicate [ˈvɪndəˌkeɪt] *vt* **-cated; -cating** **1** EXONERATE : vindicar, disculpar **2** JUSTIFY : justificar
vindication [ˌvɪndəˈkeɪʃən] *n* : vindicación *f*, justificación *f*
vindictive [vɪnˈdɪktɪv] *adj* : vengativo
vine [ˈvaɪn] *n* **1** GRAPEVINE : vid *f*, parra *f* **2** : planta *f* trepadora, enredadera *f*
vinegar [ˈvɪnɪgər] *n* : vinagre *m*
vinegary [ˈvɪnɪgəri] *adj* : avinagrado
vineyard [ˈvɪnjərd] *n* : viña *f*, viñedo *m*
vintage[1] [ˈvɪntɪʤ] *adj* **1** : añejo (dícese de un vino) **2** CLASSIC : clásico, de época
vintage[2] *n* **1** : cosecha *f* ⟨the 1947 vintage : la cosecha de 1947⟩ **2** ERA : época *f*, era *f* ⟨slang of recent vintage : argot de la época reciente⟩
vinyl [ˈvaɪnəl] *n* : vinilo
viola [vi:ˈo:lə] *n* : viola *f*
violate [ˈvaɪəˌleɪt] *vt* **-lated; -lating** **1** BREAK : infringir, violar, quebrantar ⟨to violate the rules : violar las reglas⟩ **2** RAPE : violar **3** DESECRATE : profanar
violation [ˌvaɪəˈleɪʃən] *n* **1** : violación *f*, infracción *f* (de una ley) **2** DESECRATION : profanación *f*
violence [ˈvaɪlən*t*s, ˈvaɪə-] *n* : violencia *f*
violent [ˈvaɪlənt, ˈvaɪə-] *adj* : violento
violently [ˈvaɪləntli, ˈvaɪə-] *adv* : violentamente, con violencia
violet [ˈvaɪlət, ˈvaɪə-] *n* : violeta *f*
violin [ˌvaɪəˈlɪn] *n* : violín *m*
violinist [ˌvaɪəˈlɪnɪst] *n* : violinista *mf*
violoncello [ˌvaɪələnˈʧɛlo:, ˌvi:-] → **cello**
VIP [ˌvi:ˌaɪˈpi:] *n, pl* **VIPs** [-ˈpi:z] : VIP *mf*, persona *f* de categoría
viper [ˈvaɪpər] *n* : víbora *f*
viral [ˈvaɪrəl] *adj* : viral, vírico ⟨viral pneumonia : pulmonía viral⟩
virgin[1] [ˈvərʤən] *adj* **1** CHASTE : virginal ⟨the virgin birth : el alumbramiento virginal⟩ **2** : virgen, intacto ⟨a virgin forest : una selva virgen⟩ ⟨virgin wool : lana virgen⟩
virgin[2] *n* : virgen *mf*
virginity [vərˈʤɪnət̬i] *n* : virginidad *f*
Virgo [ˈvərˌgo:, ˈvɪr-] *n* : Virgo *mf*
virile [ˈvɪrəl, -ˌaɪl] *adj* : viril, varonil
virility [vəˈrɪlət̬i] *n* : virilidad *f*
virtual [ˈvərʧʊəl] *adj* : virtual ⟨a virtual dictator : un virtual dictador⟩ ⟨virtual reality : realidad virtual⟩
virtually [ˈvərʧʊəli, ˈvərʧəli] *adv* : en realidad, de hecho, casi
virtue [ˈvərˌʧu:] *n* **1** : virtud *f* **2 by virtue of** : en virtud de, debido a
virtuosity [ˌvərʧʊˈɑsət̬i] *n, pl* **-ties** : virtuosismo *m*
virtuoso [ˌvərʧʊˈo:so:, -zo:] *n, pl* **-sos** *or* **-si** [-ˌsi:, -ˌzi:] : virtuoso *m*, -sa *f*
virtuous [ˈvərʧʊəs] *adj* : virtuoso, bueno — **virtuously** *adv*
virulence [ˈvɪrələn*t*s, ˈvɪrjə-] *n* : virulencia *f*
virulent [ˈvɪrələnt, ˈvɪrjə-] *adj* : virulento
virus [ˈvaɪrəs] *n* : virus *m*
visa [ˈvi:zə, -sə] *n* : visa *f*
vis–à–vis [ˌvi:zəˈvi:, -sə-] *prep* : con relación a, con respecto a
viscera [ˈvɪsərə] *npl* : vísceras *fpl*

visceral [ˈvɪsərəl] *adj* : visceral
viscosity [vɪsˈkɑsət̬i] *n, pl* **-ties** : viscosidad *f*
viscount [ˈvaɪˌkæʊnt] *n* : vizconde *m*
viscountess [ˈvaɪˌkæʊntɪs] *n* : vizcondesa *f*
viscous [ˈvɪskəs] *adj* : viscoso
vise [ˈvaɪs] *n* : torno *m* de banco, tornillo *m* de banco
visibility [ˌvɪzəˈbɪlət̬i] *n, pl* **-ties** : visibilidad *f*
visible [ˈvɪzəbəl] *adj* **1** : visible ⟨the visible stars : las estrellas visibles⟩ **2** OBVIOUS : evidente, patente
visibly [ˈvɪzəbli] *adv* : visiblemente
vision [ˈvɪʒən] *n* **1** EYESIGHT : vista *f*, visión *f* **2** APPARITION : visión *f*, aparición *f* **3** FORESIGHT : visión *f* (del futuro), previsión *f* **4** IMAGE : imagen *f* ⟨she had visions of a disaster : se imaginaba un desastre⟩
visionary[1] [ˈvɪʒəˌnɛri] *adj* **1** FAR-SIGHTED : visionario, con visión de futuro **2** UTOPIAN : utópico, poco realista
visionary[2] *n, pl* **-ries** : visionario *m*, -ria *f*
visit[1] [ˈvɪzət] *vt* **1** : visitar, ir a ver **2** AFFLICT : azotar, afligir ⟨visited by troubles : afligido con problemas⟩ — *vi* : hacer (una) visita
visit[2] *n* : visita *f*
visitor [ˈvɪzət̬ər] *n* : visitante *mf* (a una ciudad, etc.), visita *f* (a una casa)
visor [ˈvaɪzər] *n* : visera *f*
vista [ˈvɪstə] *n* : vista *f*
visual [ˈvɪʒʊəl] *adj* : visual ⟨the visual arts : las artes visuales⟩ — **visually** *adv*
visualize [ˈvɪʒʊəˌlaɪz] *vt* **-ized; -izing** : visualizar, imaginarse, hacerse una idea de — **visualization** [ˌvɪʒəwələˈzeɪʃən] *n*
vital [ˈvaɪt̬əl] *adj* **1** : vital ⟨vital organs : órganos vitales⟩ **2** CRUCIAL : esencial, crucial, decisivo ⟨of vital importance : de suma importancia⟩ **3** LIVELY : enérgico, lleno de vida, vital
vitality [vaɪˈtælət̬i] *n, pl* **-ties** : vitalidad *f*, energía *f*
vitally [ˈvaɪt̬əli] *adv* : sumamente
vital statistics *npl* : estadísticas *fpl* demográficas
vitamin [ˈvaɪt̬əmən] *n* : vitamina *f* ⟨vitamin deficiency : carencia vitamínica⟩
vitreous [ˈvɪtriəs] *adj* : vítreo
vitriolic [ˌvɪtriˈɑlɪk] *adj* : mordaz, virulento
vituperation [vaɪˌtu:pəˈreɪʃən, -ˌtju:-] *n* : vituperio *m*
vivacious [vəˈveɪʃəs, vaɪ-] *adj* : vivaz, animado, lleno de vida
vivaciously [vəˈveɪʃəsli, vaɪ-] *adv* : con vivacidad, animadamente
vivacity [vəˈvæsət̬i, vaɪ-] *n* : vivacidad *f*
vivid [ˈvɪvəd] *adj* **1** LIVELY : lleno de vitalidad **2** BRILLIANT : vivo, intenso ⟨vivid colors : colores vivos⟩ **3** INTENSE, SHARP : vívido, gráfico ⟨a vivid dream : un sueño vívido⟩
vividly [ˈvɪvədli] *adv* **1** BRIGHTLY : con colores vivos **2** SHARPLY : vívidamente
vividness [ˈvɪvədnəs] *n* **1** BRIGHTNESS : intensidad *f*, viveza *f* **2** SHARPNESS : lo gráfico, nitidez *f*
vivisection [ˌvɪvəˈsɛkʃən, ˈvɪvəˌ-] *n* : vivisección *f*
vixen [ˈvɪksən] *n* : zorra *f*, raposa *f*
vocabulary [vo:ˈkæbjəˌlɛri] *n, pl* **-laries** **1** : vocabulario *m* **2** LEXICON : léxico *m*
vocal [ˈvo:kəl] *adj* **1** : vocal **2** LOUD, OUTSPOKEN : ruidoso, muy franco
vocal cords *npl* : cuerdas *fpl* vocales
vocalist [ˈvo:kəlɪst] *n* : cantante *mf*, vocalista *mf*
vocalize [ˈvo:kəlˌaɪz] *vt* **-ized; -izing** : vocalizar
vocation [voˈkeɪʃən] *n* : vocación *f* ⟨to have a vocation for : tener vocación de⟩
vocational [voˈkeɪʃənəl] *adj* : profesional ⟨vocational guidance : orientación profesional⟩
vociferous [voˈsɪfərəs] *adj* : ruidoso, vociferante
vodka [ˈvɑdkə] *n* : vodka *m*
vogue [ˈvo:g] *n* : moda *f*, boga *f* ⟨to be in vogue : estar de moda, estar en boga⟩
voice[1] [ˈvɔɪs] *vt* **voiced; voicing** : expresar
voice[2] *n* **1** : voz *f* ⟨in a low voice : en voz baja⟩ ⟨a high/deep voice : una voz aguda/profunda⟩ ⟨to raise/lower one's voice : hablar más alto/bajo⟩ ⟨to lose one's voice : quedarse sin voz⟩ ⟨his voice is changing : le está cambiando la voz⟩ ⟨to have a good (singing) voice : tener una buena voz, cantar bien⟩ **2** WISH, OPINION : voz *f* ⟨the voice of the people : la voz del pueblo⟩ **3** SAY, INFLUENCE : voz *f* ⟨to have no voice : no tener voz, no tener ni voz ni voto⟩ **4** : voz *f* (en gramática) **5 to make one's voice heard** : hacerse oír
voice box → **larynx**
voiced [ˈvɔɪst] *adj* : sonoro
voice mail *n* : correo *m* de voz
void[1] [ˈvɔɪd] *vt* : anular, invalidar ⟨to void a contract : anular un contrato⟩
void[2] *adj* **1** EMPTY : vacío, desprovisto ⟨void of content : desprovisto de contenido⟩ **2** INVALID : inválido, nulo
void[3] *n* : vacío *m*
volatile [ˈvɑlət̬əl] *adj* : volátil, inestable
volatility [ˌvɑləˈtɪlət̬i] *n* : volatilidad *f*, inestabilidad *f*
volcanic [vɑlˈkænɪk] *adj* : volcánico
volcano [vɑlˈkeɪˌno:] *n, pl* **-noes** *or* **-nos** : volcán *m*
vole [ˈvo:l] *n* : campañol *m*
volition [voˈlɪʃən] *n* : volición *f*, voluntad *f* ⟨of one's own volition : por voluntad propia⟩
volley [ˈvɑli] *n, pl* **-leys** **1** : descarga *f* (de tiros) **2** : torrente *m*, lluvia *f* (de insultos, etc.) **3** : salva *f* (de aplausos) **4** : volea *f* (en deportes)

volleyball [ˈvɑliˌbɔl] *n* : voleibol *m*
volt [ˈvo:lt] *n* : voltio *m*
voltage [ˈvo:ltɪʤ] *n* : voltaje *m*
volubility [ˌvɑljəˈbɪləṯi] *n* : locuacidad *f*
voluble [ˈvɑljəbəl] *adj* : locuaz
volume [ˈvɑljəm, -ju:m] *n* **1** BOOK : volumen *m*, tomo *m* **2** SPACE : capacidad *f*, volumen *m* (en física) **3** AMOUNT : cantidad *f*, volumen *m* **4** LOUDNESS : volumen *m*
voluminous [vəˈlu:mənəs] *adj* : voluminoso
voluntary [ˈvɑlənˌtɛri] *adj* : voluntario — **voluntarily** [ˌvɑlənˈtɛrəli] *adv*
volunteer[1] [ˌvɑlənˈtɪr] *vt* : ofrecer, dar ⟨to volunteer one's assistance : ofrecer la ayuda⟩ — *vi* : ofrecerse, alistarse como voluntario
volunteer[2] *n* : voluntario *m*, -ria *f*
voluptuous [vəˈlʌpʧʊəs] *adj* : voluptuoso
vomit[1] [ˈvɑmət] *v* : vomitar
vomit[2] *n* : vómito *m*
voodoo [ˈvu:ˌdu:] *n, pl* **voodoos** : vudú *m*
voracious [vɔˈreɪʃəs, və-] *adj* : voraz
voraciously [vɔˈreɪʃəsli, və-] *adv* : vorazmente, con voracidad
vortex [ˈvɔrˌtɛks] *n, pl* **vortices** [ˈvɔrtəˌsi:z] : vórtice *m*
vote[1] [ˈvo:t] *v* **voted; voting** *vi* **1** : votar ⟨to vote Democratic/Republican : votar por los demócratas/republicanos⟩ **2 to vote against** : votar en contra de **3 to vote for** : votar, votar a favor de (una propuesta, etc.), votar por (un candidato) **4 to vote on** : someter a votación, votar sobre — *vt* **1** : votar **2 to vote down** : rechazar **3 to vote in** : elegir **4 to vote out** : no reelegir
vote[2] *n* **1** : voto *m* **2** SUFFRAGE : sufragio *m*, derecho *m* al voto
voter [ˈvo:ṯər] *n* : votante *mf*
voting [ˈvo:ṯɪŋ] *n* : votación *f*
vouch [ˈvæʊʧ] *vi* **to vouch for** : garantizar (algo), responder de (algo), responder por (alguien)
voucher [ˈvæʊʧər] *n* **1** RECEIPT : comprobante *m* **2** : vale *m* ⟨travel voucher : vale de viajar⟩
vow[1] [væʊ] *vt* : jurar, prometer, hacer voto de
vow[2] *n* : promesa *f*, voto *m* (en la religión) ⟨a vow of poverty : un voto de pobreza⟩
vowel [ˈvæʊəl] *n* : vocal *m*
voyage[1] [ˈvɔɪɪʤ] *vi* **-aged; -aging** : viajar
voyage[2] *n* : viaje *m*
voyager [ˈvɔɪɪʤər] *n* : viajero *m*, -ra *f*
vulcanize [ˈvʌlkəˌnaɪz] *vt* **-nized; -nizing** : vulcanizar
vulgar [ˈvʌlgər] *adj* **1** COMMON, PLEBIAN : ordinario, populachero, del vulgo **2** COARSE, CRUDE : grosero, de mal gusto, majadero *Mex* **3** INDECENT : indecente, colorado (dícese de un chiste, etc.)
vulgarity [ˌvʌlˈgærəṯi] *n, pl* **-ties** : grosería *f*, vulgaridad *f*
vulgarly [ˈvʌlgərli] *adv* : vulgarmente, groseramente
vulnerability [ˌvʌlnərəˈbɪləṯi] *n, pl* **-ties** : vulnerabilidad *f*
vulnerable [ˈvʌlnərəbəl] *adj* : vulnerable
vulture [ˈvʌlʧər] *n* : buitre *m*, zopilote *m* *CA, Mex*
vying → **vie**

W

w [ˈdʌbəlˌju:] *n, pl* **w's** *or* **ws** [-ˌju:z] : vigésima tercera letra del alfabeto inglés
wad[1] [ˈwɑd] *vt* **wadded; wadding** **1** : hacer un taco con, formar en una masa **2** STUFF : rellenar
wad[2] *n* : taco *m* (de papel), bola *f* (de algodón, etc.), fajo *m* (de billetes)
waddle[1] [ˈwɑdəl] *vi* **-dled; -dling** : andar como un pato
waddle[2] *n* : andar *m* de pato
wade [ˈweɪd] *v* **waded; wading** *vi* **1** : caminar por el agua **2 to wade through** : leer (algo) con dificultad — *vt or* **to wade across** : vadear
wading bird *n* : zancuda *f*, ave *f* zancuda
wafer [ˈweɪfər] *n* : barquillo *m*, galleta *f* de barquillo
waffle [ˈwɑfəl] *n* **1** : wafle *m* **2 waffle iron** : waflera *f*
waft [ˈwɑft, ˈwæft] *vt* : llevar por el aire — *vi* : flotar
wag[1] [ˈwæg] *v* **wagged; wagging** *vt* : menear — *vi* : menearse, moverse
wag[2] *n* **1** : meneo *m* (de la cola) **2** JOKER, WIT : bromista *mf*
wage[1] [ˈweɪʤ] *vt* **waged; waging** : hacer, librar ⟨to wage war : hacer la guerra⟩
wage[2] *n or* **wages** *npl* : sueldo *m*, salario *m* ⟨minimum wage : salario mínimo⟩
wager[1] [ˈweɪʤər] *v* : apostar
wager[2] *n* : apuesta *f*
waggish [ˈwægɪʃ] *adj* : burlón, bromista (dícese de una persona), chistoso (dícese de un comentario)
waggle [ˈwægəl] *vt* **-gled; -gling** : menear, mover (de un lado a otro)
wagon [ˈwægən] *n* **1** : carro *m* (tirado por caballos) **2** CART : carrito *m* **3** → **station wagon**
waif [ˈweɪf] *n* : niño *m* abandonado, animal *m* sin hogar
wail[1] [ˈweɪl] *vi* : gemir, lamentarse

wail[2] *n* : gemido *m*, lamento *m*

wainscot [ˈweɪnskət, -ˌskɑt, -ˌsko:t] *or* **wainscoting** [-skət̬ɪŋ, -ˌskɑ-, -ˌsko:-] *n* : boiserie *f*, revestimiento *m* de paneles de madera

waist [ˈweɪst] *n* : cintura *f* (del cuerpo humano), talle *m* (de ropa)

waistline [ˈweɪstˌlaɪn] → **waist**

wait[1] [ˈweɪt] *vi* **1** : esperar ⟨wait and see! : ¡espera y verás!⟩ ⟨I can't wait : me muero de ganas⟩ **2 to wait for** : esperar ⟨what are you waiting for? : ¿a qué esperas?⟩ **3 to wait on** : servir **4 to wait up (for someone)** : quedarse despierto esperando (a alguien) — *vt* **1** AWAIT : esperar ⟨wait your turn : espera a que te toque⟩ ⟨wait a minute : espere un momento⟩ **2** SERVE : servir, atender ⟨to wait tables : servir (a la mesa)⟩ **3 to wait out** : esperar hasta que pase

wait[2] *n* **1** : espera *f* **2 to lie in wait** : estar al acecho

waiter [ˈweɪt̬ər] *n* : mesero *m*, camarero *m*, mozo *m Arg, Chile, Col, Peru*

waiting room *n* : sala *f* de espera

waitress [ˈweɪtrəs] *n* : mesera *f*, camarera *f*, moza *f Arg, Chile, Col, Peru*

waive [ˈweɪv] *vt* **waived; waiving** : renunciar a ⟨to waive one's rights : renunciar a sus derechos⟩ ⟨to waive the rules : no aplicar las reglas⟩

waiver [ˈweɪvər] *n* : renuncia *f*

wake[1] [ˈweɪk] *v* **woke** [ˈwo:k]; **woken** [ˈwo:kən] *or* **waked; waking** *vi or* **to wake up** : despertar(se) ⟨he woke at noon : se despertó al mediodía⟩ ⟨wake up! : ¡despiértate!⟩ — *vt* : despertar

wake[2] *n* **1** VIGIL : velatorio *m*, velorio *m* (de un difunto) **2** TRAIL : estela *f* (de un barco, un huracán, etc.) **3** AFTERMATH : consecuencias *fpl* ⟨in the wake of : tras, como consecuencia de⟩

wakeful [ˈweɪkfəl] *adj* **1** SLEEPLESS : desvelado **2** VIGILANT : alerta, vigilante

waken [ˈweɪkən] → **awake**

walk[1] [ˈwɔk] *vi* **1** : caminar, andar, pasear ⟨you're walking too fast : estás caminando demasiado rápido⟩ ⟨to walk around the city : pasearse por la ciudad⟩ **2** : ir andando, ir a pie ⟨we had to walk home : tuvimos que ir a casa a pie⟩ **3** : recibir una base por bolas (dícese de un bateador) **4 to walk away** LEAVE : irse **5 to walk away** : salir ileso (de un accidente, etc.) **6 to walk away from** ABANDON : abandonar, retirarse de (negociaciones, etc.), rechazar (un acuerdo, etc.) **7 to walk away with** : ganar fácilmente (un premio, etc.) **8 to walk in on** INTERRUPT, SURPRISE : interrumpir, sorprender **9 to walk off** LEAVE : irse **10 to walk off with** : llevarse **11 to walk out** LEAVE : irse **12 to walk out** STRIKE : declararse en huelga **13 to walk out on** : abandonar — *vt* **1** : recorrer, caminar ⟨she walked two miles : caminó dos millas⟩ **2** ACCOMPANY : acompañar **3** : sacar a pasear (a un perro) **4** : darle una base por bolas (a un bateador) **5 to walk off** : caminar para aliviar (un calambre, etc.)

walk[2] *n* **1** : paseo *m*, caminata *f* ⟨to go for a walk : ir a caminar, dar un paseo⟩ **2** PATH : camino *m* **3** GAIT : andar *m* **4** : marcha *f* (en beisbol) **5 walk of life** : esfera *f*, condición *f*

walker [ˈwɔkər] *n* **1** : paseante *mf* **2** HIKER : excursionista *mf* **3** : andador *m* (aparato)

walking stick *n* : bastón *m*

walkout [ˈwɔkˌaʊt] *n* STRIKE : huelga *f*

walk out *vi* **1** STRIKE : declararse en huelga **2** LEAVE : salir, irse **3 to walk out on** : abandonar, dejar

walkway [ˈwɔkˌweɪ] *n* **1** SIDEWALK : acera *f* **2** PATH : sendero *m* **3** PASSAGEWAY : pasadizo *m*

wall[1] [ˈwɔl] *vt* **1 to wall in** : cercar con una pared o un muro, tapiar, amurallar **2 to wall off** : separar con una pared o un muro **3 to wall up** : tapiar, condenar (una ventana, etc.)

wall[2] *n* **1** : muro *m* (exterior) ⟨the walls of the city : las murallas de la ciudad⟩ **2** : pared *f* (interior) **3** BARRIER : barrera *f* ⟨a wall of mountains : una barrera de montañas⟩ **4** : pared *f* (en anatomía)

wallaby [ˈwɑləbi] *n, pl* **-bies** : ualabí *m*

walled [ˈwɔld] *adj* : amurallado

wallet [ˈwɑlət] *n* : billetera *f*, cartera *f*

wallflower [ˈwɔlˌflaʊər] *n* **1** : alhelí *m* (flor) **2 to be a wallflower** : comer pavo

wallop[1] [ˈwɑləp] *vt* **1** TROUNCE : darle una paliza (a alguien) **2** SOCK : pegar fuerte

wallop[2] *n* : golpe *m* fuerte, golpazo *m*

wallow[1] [ˈwɑˌlo:] *vi* **1** : revolcarse ⟨to wallow in the mud : revolcarse en el lodo⟩ **2** DELIGHT : deleitarse ⟨to wallow in luxury : nadar en lujos⟩

wallow[2] *n* : revolcadero *m* (para animales)

wallpaper[1] [ˈwɔlˌpeɪpər] *vt* : empapelar

wallpaper[2] *n* : papel *m* pintado

walnut [ˈwɔlˌnʌt] *n* **1** : nuez *f* (fruta) **2** : nogal *m* (árbol y madera)

walrus [ˈwɔlrəs, ˈwɑl-] *n, pl* **-rus** *or* **-ruses** : morsa *f*

waltz[1] [ˈwɔlts] *vi* **1** : valsar, bailar el vals **2** BREEZE : pasar con ligereza ⟨to waltz in : entrar tan campante⟩

waltz[2] *n* : vals *m*

wan [ˈwɑn] *adj* **wanner; -est** **1** PALLID : pálido **2** DIM : tenue ⟨wan light : luz tenue⟩ **3** LANGUID : lánguido ⟨a wan smile : una sonrisa lánguida⟩ — **wanly** *adv*

wand [ˈwɑnd] *n* : varita *f* (mágica)

wander [ˈwɑndər] *vi* **1** RAMBLE : deambular, vagar, vagabundear **2** STRAY : alejarse, desviarse, divagar ⟨she let her mind wander : dejó vagar la imaginación⟩ — *vt* : recorrer ⟨to wander the streets : vagar por las calles⟩

wanderer [ˈwɑndərər] *n* : vagabundo *m*, -da *f*; viajero *m*, -ra *f*

wanderlust [ˈwɑndərˌlʌst] *n* : pasión *f* por viajar

wane¹ [ˈweɪn] *vi* **waned; waning** **1** : menguar (dícese de la luna) **2** DECLINE : disminuir, decaer, menguar

wane² *n* **on the wane** : decayendo, en decadencia

wangle [ˈwæŋgəl] *vt* **-gled; -gling** FINAGLE : arreglárselas para conseguir

wannabe [ˈwɑnəˌbiː] *n* : aspirante *mf* (a algo); imitador *m*, -dora *f* (de alguien)

want¹ [ˈwɑnt, ˈwɔnt] *vt* **1** LACK : faltar **2** REQUIRE : requerir, necesitar **3** DESIRE : querer, desear

want² *n* **1** LACK : falta *f* **2** DESTITUTION : indigencia *f*, miseria *f* **3** DESIRE, NEED : deseo *m*, necesidad *f*

wanting [ˈwɑntɪŋ, ˈwɔn-] *adj* **1** ABSENT : ausente **2** DEFICIENT : deficiente ⟨he's wanting in common sense : le falta sentido común⟩

wanton [ˈwɑntən, ˈwɔn-] *adj* **1** LEWD, LUSTFUL : lascivo, lujurioso, licencioso **2** INHUMANE, MERCILESS : despiadado ⟨wanton cruelty : crueldad despiadada⟩

wapiti [ˈwɑpət̬i] *n, pl* **-ti** *or* **-tis** : uapití *m*

war¹ [ˈwɔr] *vi* **warred; warring** : combatir, batallar, hacer la guerra

war² *n* : guerra *f* ⟨to go to war : entrar en guerra⟩

warble¹ [ˈwɔrbəl] *vi* **-bled; -bling** : gorjear, trinar

warble² *n* : trino *m*, gorjeo *m*

warbler [ˈwɔrblər] *n* : pájaro *m* gorjeador, curruca *f*

ward¹ [ˈwɔrd] *vt* **to ward off** : desviar, protegerse contra

ward² *n* **1** : sala *f* (de un hospital, etc.) ⟨maternity ward : sala de maternidad⟩ **2** : distrito *m* electoral o administrativo (de una ciudad) **3** : pupilo *m*, -la *f* (de un tutor, etc.)

warden [ˈwɔrdən] *n* **1** KEEPER : guarda *mf*; guardián *m*, -diana *f* ⟨game warden : guardabosque⟩ **2** *or* **prison warden** : alcaide *m*

wardrobe [ˈwɔrdˌroːb] *n* **1** CLOSET : armario *m* **2** CLOTHES : vestuario *m*, guardarropa *f*

ware [ˈwær] *n* **1** POTTERY : cerámica *f* **2 wares** *npl* GOODS : mercancía *f*, mercadería *f*

warehouse [ˈwærˌhaʊs] *n* : depósito *m*, almacén *m*, bodega *f Chile, Col, Mex*

warfare [ˈwɔrˌfær] *n* **1** WAR : guerra *f* **2** STRUGGLE : lucha *f* ⟨the warfare against drugs : la lucha contra las drogas⟩

warhead [ˈwɔrˌhɛd] *n* : ojiva *f*, cabeza *f* (de un misil)

warily [ˈwærəli] *adv* : cautelosamente, con cautela

wariness [ˈwærinəs] *n* : cautela *f*

warlike [ˈwærˌlaɪk] *adj* : belicoso, guerrero

warm¹ [ˈwɔrm] *vt* **1** HEAT : calentar, recalentar **2 to warm one's heart** : reconfortar a uno, alegrar el corazón **3 to warm up** : calentar (los músculos, un automóvil, etc.) — *vi* **1** : calentarse **2 to warm to** : tomarle simpatía (a alguien), entusiasmarse con (algo)

warm² *adj* **1** LUKEWARM : tibio, templado **2** : caliente, cálido, caluroso ⟨a warm wind : un viento cálido⟩ ⟨a warm day : un día caluroso, un día de calor⟩ ⟨warm hands : manos calientes⟩ **3** : caliente, que abriga ⟨warm clothes : ropa de abrigo⟩ ⟨I feel warm : tengo calor⟩ **4** CARING, CORDIAL : cariñoso, cordial **5** : cálido (dícese de colores) **6** FRESH : fresco, reciente ⟨a warm trail : un rastro reciente⟩ **7** (*used for riddles*) : caliente

warm–blooded [ˈwɔrmˈblʌdəd] *adj* : de sangre caliente

warmhearted [ˈwɔrmˈhɑrt̬əd] *adj* : cariñoso

warmly [ˈwɔrmli] *adv* **1** AFFECTIONATELY : calurosamente, afectuosamente **2 to dress warmly** : abrigarse

warmonger [ˈwɔrˌmɑŋgər, -ˌmʌŋ-] *n* : belicista *mf*

warmth [ˈwɔrmpθ] *n* **1** : calor *m* **2** AFFECTION : cariño *m*, afecto *m* **3** ENTHUSIASM : ardor *m*, entusiasmo *m*

warm–up [ˈwɔrmˌʌp] *n* : calentamiento *m*

warn [ˈwɔrn] *vt* **1** CAUTION : advertir, alertar **2** INFORM : avisar, informar

warning [ˈwɔrnɪŋ] *n* **1** ADVICE : advertencia *f*, aviso *m* **2** ALERT : alerta *f*, alarma *f*

warp¹ [ˈwɔrp] *vt* **1** : alabear, combar **2** PERVERT : pervertir, deformar — *vi* : pandearse, alabearse, combarse

warp² *n* **1** : urdimbre *f* ⟨the warp and the weft : la urdimbre y la trama⟩ **2** : alabeo *m* (en la madera, etc.)

warrant¹ [ˈwɔrənt] *vt* **1** ASSURE : asegurar, garantizar **2** GUARANTEE : garantizar **3** JUSTIFY, MERIT : justificar, merecer

warrant² *n* **1** AUTHORIZATION : autorización *f*, permiso *m* ⟨an arrest warrant : una orden de detención⟩ **2** JUSTIFICATION : justificación *f*

warranty [ˈwɔrənti, ˌwɔrənˈtiː] *n, pl* **-ties** : garantía *f*

warren [ˈwɔrən] *n* : madriguera *f* (de conejos)

warrior [ˈwɔriər] *n* : guerrero *m*, -ra *f*

warship [ˈwɔrˌʃɪp] *n* : buque *m* de guerra

wart [ˈwɔrt] *n* : verruga *f*

wartime [ˈwɔrˌtaɪm] *n* : tiempo *m* de guerra

wary [ˈwæri] *adj* **warier; -est** : cauteloso, receloso ⟨to be wary of : desconfiar de⟩

was → **be**

wash¹ [ˈwɔʃ, ˈwɑʃ] *vt* **1** CLEAN : lavar(se), limpiar, fregar ⟨to wash the dishes : lavar los platos> <to wash one's hands : lavarse las manos> **2** DRENCH : mojar **3** LAP : bañar <waves were washing the shore : las olas bañaban la orilla> **4** CARRY, DRAG : arrastrar <they were washed out to sea : fueron arrastrados por el mar> **5 to wash away** : llevarse (un puente, etc.) **6 to wash down** : lavar (paredes, etc.) **7 to wash down** : tragarse (con agua, etc.) **8 to wash off** : lavar **9 to wash off** : quitar (la suciedad, etc.) **10 to wash out** : lavar (un recipiente) **11 to wash out** : destruir, inundar (una carretera, etc.) **12 to wash out** : quitar (una mancha, etc.) **13 to be/get washed out** : cancelarse por lluvia — *vi* **1** : lavar(se) <I'll wash, you dry : yo lavo y tú secas> <wash before dinner : lávate antes de cenar> <the dress washes well : el vestido se lava bien> **2 to wash over** : bañar <relief washed over me : sentí un gran alivio> **3 to wash off/out** : quitarse **4 to wash up** BATHE : lavarse **5 to wash up/ashore** : ser arrojado por el mar

wash[2] *n* **1** : lavado *m* <to give something a wash : lavar algo> **2** LAUNDRY : artículos *mpl* para lavar, ropa *f* sucia **3** : estela *f* (de un barco)

washable [ˈwɔʃəbəl, ˈwɑ-] *adj* : lavable

washboard [ˈwɔʃˌbord, ˈwɑʃ-] *n* : tabla *f* de lavar

washbowl [ˈwɔʃˌboːl, ˈwɑʃ-] *n* : lavabo *m*, lavamanos *m*

washcloth [ˈwɔʃˌklɔθ, ˈwɑʃ-] *n* : toallita *f* (para lavarse)

washed–out [ˈwɔʃtˈaʊt, ˈwɑʃt-] *adj* **1** : desvaído (dícese de colores) **2** EXHAUSTED : agotado, desanimado

washed–up [ˈwɔʃtˈʌp, ˈwɑʃt-] *adj* : acabado (dícese de una persona), fracasado (dícese de un negocio, etc.)

washer [ˈwɔʃər, ˈwɑ-] *n* **1** → **washing machine** **2** : arandela *f* (de una llave, etc.)

washing [ˈwɔʃɪŋ, ˈwɑ-] *n* WASH : ropa *f* para lavar

washing machine *n* : máquina *f* de lavar, lavadora *f*

washout [ˈwɔʃˌaʊt, ˈwɑʃ-] *n* **1** : erosión *f* (de la tierra) **2** FAILURE : fracaso *m* <she's a washout : es un desastre>

washroom [ˈwɔʃˌruːm, ˈwɑʃ-, -ˌrʊm] *n* : servicios *mpl* (públicos), baño *m*, sanitario *m Col, Mex, Ven*

wasn't [ˈwʌzənt] *contraction of* **was not** → **be**

wasp [ˈwɑsp] *n* : avispa *f*

waspish [ˈwɑspɪʃ] *adj* **1** IRRITABLE : irritable, irascible **2** CAUSTIC : cáustico, mordaz

waste[1] [ˈweɪst] *v* **wasted; wasting** *vt* **1** DEVASTATE : arrasar, arruinar, devastar **2** SQUANDER : desperdiciar, despilfarrar, malgastar <to waste time : perder tiempo> — *vi or* **to waste away** : consumirse, chuparse

waste[2] *adj* **1** BARREN : yermo, baldío **2** DISCARDED : de desecho **3** EXCESS : sobrante

waste[3] *n* **1** → **wasteland** **2** MISUSE : derroche *m*, desperdicio *m*, despilfarro *m* <a waste of time : una pérdida de tiempo> **3** RUBBISH : basura *f*, desechos *mpl*, desperdicios *mpl* **4** EXCREMENT : excremento *m*

wastebasket [ˈweɪstˌbæskət] *n* : cesto *m* (de basura), papelera *f*, zafacón *m Car*

wasteful [ˈweɪstfəl] *adj* : despilfarrador, derrochador, pródigo

wastefulness [ˈweɪstfəlnəs] *n* : derroche *m*, despilfarro *m*

wasteland [ˈweɪstˌlænd, -lənd] *n* : baldío *m*, yermo *m*, desierto *m*

watch[1] [ˈwɑʧ] *vt* **1** OBSERVE : mirar, observar <to watch television : mirar/ver la television> <watch this! : ¡mira!> **2** MONITOR : vigilar **3** *or* **to watch over** : vigilar, cuidar (a niños, etc.) <would you watch my things? : ¿me puedes cuidar/vigilar las cosas?> **4** : tener cuidado de, vigilar <watch what you do : ten cuidado con lo que haces> <I have to watch my cholesterol : tengo que vigilar el colesterol> — *vi* **1** OBSERVE : mirar, ver, observar **2** *or* **to keep watch** : velar **3 to watch for** AWAIT : esperar, quedar a la espera de **4 to watch out** : tener cuidado <watch out! : ¡ten cuidado!, ¡ojo!>

watch[2] *n* **1** : guardia *f* <to be on watch : estar de guardia> **2** SURVEILLANCE : vigilancia *f* **3** LOOKOUT : guardia *mf*, centinela *f*, vigía *mf* **4** TIMEPIECE : reloj *m*

watchdog [ˈwɑʧˌdɔg] *n* : perro *m* guardián

watcher [ˈwɑʧər] *n* : observador *m*, -dora *f*

watchful [ˈwɑʧfəl] *adj* : alerta, vigilante, atento

watchfulness [ˈwɑʧfəlnəs] *n* : vigilancia *f*

watchman [ˈwɑʧmən] *n, pl* **-men** [-mən, -ˌmɛn] : vigilante *m*, guarda *m*

watchword [ˈwɑʧˌwərd] *n* **1** PASSWORD : contraseña *f* **2** SLOGAN : lema *m*, eslogan *m*

water[1] [ˈwɔt̬ər, ˈwɑ-] *vt* **1** : regar (el jardín, etc.) **2 to water down** DILUTE : diluir, aguar — *vi* : lagrimear (dícese de los ojos), hacérsele agua la boca a uno <my mouth is watering : se me hace agua la boca>

water[2] *n* **1** : agua *f* <drinking water : agua potable> <running water : agua corriente> **2 waters** *npl* : aguas *fpl* **3 not to hold water** : hacer agua por todos lados **4 to pass water** : orinar

water buffalo *n* : búfalo *m* de agua

watercolor [ˈwɔt̬ərˌkʌlər, ˈwɑ-] *n* : acuarela *f*

watercourse [ˈwɔt̬ərˌkors, ˈwɑ-] *n* : curso *m* de agua

watercress [ˈwɔt̬ərˌkrɛs, ˈwɑ-] *n* : berro *m*

waterfall [ˈwɔt̬ər,fɔl, ˈwɑ-] *n* : cascada *f*, salto *m* de agua, catarata *f*

waterfowl [ˈwɔt̬ər,faʊl, ˈwɑ-] *n* : ave *f* acuática

waterfront [ˈwɔt̬ər,frʌnt, ˈwɑ-] *n* **1** : tierra *f* que bordea un río, un lago, o un mar **2** WHARF : muelle *m*

water lily *n* : nenúfar *m*

waterlogged [ˈwɔt̬ər,lɔgd, ˈwɑt̬ər-,lɑgd] *adj* : lleno de agua, empapado, inundado (dícese del suelo)

watermark [ˈwɔt̬ər,mɑrk, ˈwɑ-] *n* **1** : marca *f* del nivel de agua **2** : filigrana *f* (en el papel)

watermelon [ˈwɔt̬ər,mɛlən, ˈwɑ-] *n* : sandía *f*

water moccasin → **moccasin**

waterpower [ˈwɔt̬ər,paʊər, ˈwɑ-] *n* : energía *f* hidráulica

waterproof[1] [ˈwɔt̬ər,pruːf, ˈwɑ-] *vt* : hacer impermeable, impermeabilizar

waterproof[2] *adj* : impermeable, a prueba de agua

watershed [ˈwɔt̬ər,ʃɛd, ˈwɑ-] *n* **1** : línea *f* divisoria de aguas **2** BASIN : cuenca *f* (de un río)

waterskiing [ˈwɔt̬ər,skiːɪŋ, ˈwɑ-] *n* : esquí *m* acuático

waterspout [ˈwɔt̬ər,spaʊt, ˈwɑ-] *n* WHIRLWIND : tromba *f* marina

watertight [ˈwɔt̬ər,taɪt, ˈwɑ-] *adj* **1** : hermético **2** IRREFUTABLE : irrebatible, irrefutable ⟨a watertight contract : un contrato sin lagunas⟩

waterway [ˈwɔt̬ər,weɪ, ˈwɑ-] *n* : vía *f* navegable

waterworks [ˈwɔt̬ər,wərks, ˈwɑ-] *npl* : central *f* de abastecimiento de agua

watery [ˈwɔt̬əri, ˈwɑ-] *adj* **1** : acuoso, como agua **2** : aguado, diluido ⟨watery soup : sopa aguada⟩ **3** : lloroso ⟨watery eyes : ojos llorosos⟩ **4** WASHED-OUT : desvaído (dícese de colores)

watt [ˈwɑt] *n* : vatio *m*

wattage [ˈwɑt̬ɪʤ] *n* : vataje *m*

wattle [ˈwɑt̬əl] *n* : carúncula *f* (de un ave, etc.)

wave[1] [ˈweɪv] *v* **waved; waving** *vi* **1** : saludar con la mano, hacer señas con la mano ⟨she waved at him : lo saludó con la mano⟩ **2** FLUTTER, SHAKE : ondear, agitarse **3** UNDULATE : ondular — *vt* **1** SHAKE : agitar **2** BRANDISH : blandir **3** CURL : ondular, marcar (el pelo) **4** SIGNAL : hacerle señas a (con la mano) ⟨he waved farewell : se despidió con la mano⟩

wave[2] *n* **1** : ola *f* (de agua) **2** CURL : onda *f* (en el pelo) **3** : onda *f* (en física) **4** SURGE : oleada *f* ⟨a wave of enthusiasm : una oleada de entusiasmo⟩ **5** GESTURE : señal *f* con la mano, saludo *m* con la mano

wavelength [ˈweɪv,lɛŋkθ] *n* : longitud *f* de onda

waver [ˈweɪvər] *vi* **1** VACILLATE : vacilar, fluctuar **2** FLICKER : parpadear, titilar, oscilar **3** FALTER : flaquear, tambalearse

wavy [ˈweɪvi] *adj* **wavier; -est** : ondulado

wax[1] [ˈwæks] *vi* **1** : crecer (dícese de la luna) **2** BECOME : volverse, ponerse ⟨to wax indignant : indignarse⟩ — *vt* : encerar

wax[2] *n* **1** BEESWAX : cera *f* de abejas **2** : cera *f* ⟨floor wax : cera para el piso⟩ **3** *or* **earwax** [ˈɪr,wæks] : cerilla *f*, cerumen *m*

waxen [ˈwæksən] *adj* : de cera

waxy [ˈwæksi] *adj* **waxier; -est** : ceroso

way [ˈweɪ] *n* **1** PATH, ROAD : camino *m*, vía *f* ⟨they live across the way : viven enfrente⟩ **2** ROUTE : camino *m*, ruta *f* ⟨to go the wrong way : equivocarse de camino⟩ ⟨to lose one's way : perderse⟩ ⟨do you know the way? : ¿sabes el camino?⟩ ⟨can you tell me the way to . . . ? : ¿me puedes indicar cómo llegar a . . . ?⟩ ⟨I'm on my way : estoy de camino⟩ ⟨we should be on our way : tenemos que irnos⟩ ⟨on the way back : en el camino de regreso/vuelta⟩ ⟨the only way in/out : la única entrada/salida⟩ **3** : línea *f* de conducta, camino *m* ⟨he chose the easy way : optó por el camino fácil⟩ **4** MANNER, MEANS : manera *f*, modo *m*, forma *f* ⟨in the same way : del mismo modo, igualmente⟩ ⟨in no way : de ninguna manera⟩ ⟨to my way of thinking : a mi modo de ver⟩ ⟨the way she spends money, you would think she was rich! : gasta dinero como si fuera rica⟩ ⟨their way of life : su modo de vida⟩ **5** (*indicating a wish*) ⟨have it your way : como tú quieras⟩ ⟨to get one's own way : salirse uno con la suya⟩ **6** (*indicating progress*) ⟨we inched our way forward : avanzamos poco a poco⟩ ⟨to talk one's way out of something : librarse de algo (engatusándole a alguien)⟩ **7** (*indicating a condition or situation*) ⟨he's in a bad way : está muy mal de salud⟩ ⟨that's just the way things are : así son las cosas⟩ **8** (*indicating one of two alternatives*) ⟨either way : de cualquier manera⟩ ⟨you can't have it both ways : tienes que elegir⟩ **9** (*indicating a portion*) ⟨we split it three ways : lo dividimos en tres⟩ **10** RESPECT : aspecto *m*, sentido *m* ⟨in a way, it was a relief : en cierto modo fue un alivio⟩ ⟨in every way : en todo⟩ **11** CUSTOM : costumbre *f* ⟨to change/mend one's ways : dejar las malas costumbres, enmendarse⟩ ⟨to be set in one's ways : ser inflexible⟩ **12** PASSAGE : camino *m* ⟨to be/get in the way : estar/meterse en el camino⟩ ⟨get it out of the way! : ¡quítalo de en medio!⟩ ⟨to make way for, to clear the way for : abrirle paso a⟩ **13** DISTANCE : distancia *f* ⟨to come a long way : hacer grandes progresos⟩ ⟨he talked the whole way home : habló durante todo el camino a casa⟩ ⟨she ran all the way there : corrió hasta allí⟩ ⟨it stretches all the way along the beach : se extiende a lo largo de la playa⟩ ⟨we went all the way up : subimos hasta arriba⟩ ⟨we sat all the way at the back : nos sentamos al fondo⟩ ⟨you came all this way just to see me? : ¿viniste desde tan lejos sólo para verme?⟩ **14** DIRECTION : dirección *f* ⟨come this way : venga por aquí⟩ ⟨this way and that : de un lado a otro⟩ ⟨which way did he go? : ¿por dónde fue?⟩ **15 all the way** COMPLETELY : completamente **16 all the way** CONTINUOUSLY : en todo momento ⟨he was with us all the way : nos apoyó en todo momento⟩ ⟨all the way through the concert : durante todo el concierto⟩ **17 by the way** : a propósito, por cierto **18 by way of** VIA : vía, pasando por **19 by way of** *or* **in the way of** AS : a modo de, a manera de **20 every step of the way** : en todo momento **21 no way** : de ninguna manera, ni hablar **22 out of the way** REMOTE : remoto, recóndito **23 out of the way** FINISHED : acabado ⟨to get a task out of the way : quitar una tarea de en medio⟩ **24 the other way (around)** : al revés **25 there are no two ways about it** : no cabe la menor duda **26 to give way** COLLAPSE : romperse, hundirse, ceder **27 to give way to** : ceder a **28 to go out of one's way (to)** : tomarse muchas molestias (para), desvivirse (por) **29 to go someone's way** : salirle bien a alguien **30 to have a way of** : soler, tender a ⟨things have a way of working out : las cosas suelen arreglarse solas⟩ ⟨she has a way of exaggerating : tiende a exagerar las cosas⟩ **31 to have a way with** : saber como tratar a (los niños, los animales, etc.) ⟨to have a way with words : tener facilidad de palabra⟩ **32** → **under way 33 way to go!** *fam* : ¡bien hecho!

wayfarer [ˈweɪˌfærər] *n* : caminante *mf*

waylay [ˈweɪˌleɪ] *vt* **-laid** [-ˌleɪd]; **-laying** ACCOST : abordar

wayside [ˈweɪˌsaɪd] *n* : borde *m* del camino

wayward [ˈweɪwərd] *adj* **1** UNRULY : díscolo, rebelde **2** UNTOWARD : adverso

we [ˈwi:] *pron* : nosotros, nosotras

weak [ˈwi:k] *adj* **1** : débil ⟨weak arms/eyes : brazos/ojos débiles⟩ ⟨a weak leader/character : un líder/carácter débil⟩ ⟨a weak drug/signal/economy : una droga/señal/economía débil⟩ **2** GENTLE : flojo (dícese de un golpe), leve (dícese de un viento) **3** : flojo (dícese de un estudiante, etc.) **4** : flojo (dícese de una pieza, etc.) **5** : débil, flojo, endeble (dícese de un argumento, una excusa, etc.) ⟨a weak attempt : un intento tímido⟩ **6** DILUTED : aguado, diluido ⟨weak tea : té poco cargado⟩ **7** FAINT : tenue (dícese de los colores, las luces, los sonidos, etc.) **8** : poco pronunciado (dícese de la barbilla) **9** : regular (en gramática)

weaken [ˈwi:kən] *vt* : debilitar — *vi* : debilitarse, flaquear

weakling [ˈwi:klɪŋ] *n* : alfeñique *m fam*; debilucho *m*, -cha *f*

weakly[1] [ˈwi:kli] *adv* : débilmente

weakly[2] *adj* **weaklier; -est** : débil, enclenque

weakness [ˈwi:knəs] *n* **1** FEEBLENESS : debilidad *f* **2** FAULT, FLAW : flaqueza *f*, punto *m* débil

wealth [ˈwɛlθ] *n* **1** RICHES : riqueza *f* **2** PROFUSION : abundancia *f*, profusión *f*

wealthy [ˈwɛlθi] *adj* **wealthier; -est** : rico, acaudalado, adinerado

wean [ˈwi:n] *vt* **1** : destetar (a los niños o las crías) **2 to wean someone away from** : quitarle a alguien la costumbre de

weapon [ˈwɛpən] *n* : arma *f* ⟨biological/chemical weapon : arma biológica/química⟩ ⟨weapon of mass destruction : arma de destrucción masiva⟩

weaponless [ˈwɛpənləs] *adj* : desarmado

weaponry [ˈwɛpənri] *n* : armamento *m*

wear[1] [ˈwær] *v* **wore** [ˈwor]; **worn** [ˈworn]; **wearing** *vt* **1** : llevar (ropa, un reloj, etc.), calzar (zapatos) ⟨to wear a smile : sonreír⟩ **2** *or* **to wear away** : gastar, desgastar, erosionar (rocas, etc.) ⟨the carpet was badly worn : la alfombra estaba muy gastada⟩ **3** : hacer (por el uso) ⟨he wore a hole in his pants : se le hizo un agujero en los pantalones⟩ **4 to wear down** DRAIN : agotar **5 to wear down** : convencer por cansancio **6 to wear on** IRRITATE : molestar, irritar **7 to wear one's heart on one's sleeve** : no ocultar uno sus sentimientos **8 to wear out** : gastar ⟨he wore out his shoes : gastó sus zapatos⟩ **9 to wear out** EXHAUST : agotar, fatigar ⟨to wear oneself out : agotarse⟩ **10 to wear through** : gastar (completamente) ⟨he wore through his shoes : se le hizo agujeros en los zapatos⟩ — *vi* **1** LAST : durar **2 to wear away** : desgastarse **3 to wear off** DIMINISH, VANISH : disminuir, desaparecer ⟨the drug wears off in a few hours : los efectos de la droga desaparecen después de unas horas⟩ **4 to wear on** CONTINUE, DRAG : continuar, alargarse **5 to wear out** : gastarse **6 to wear the pants** : llevar los pantalones **7 to wear thin** : gastarse (dícese de tela, etc.) **8 to wear thin** : agotarse (dícese de la paciencia, etc.), perder la gracia (dícese de un chiste)

wear[2] *n* **1** USE : uso *m* ⟨for everyday wear : para todos los días⟩ **2** CLOTHING : ropa *f* ⟨children's wear : ropa de niños⟩ **3** DETERIORATION : desgaste *m* ⟨to be the worse for wear : estar deteriorado⟩

wearable [ˈwærəbəl] *adj* : que puede ponerse (dícese de una prenda)

wear and tear *n* : desgaste *m*

weariness ['wɪrinəs] *n* : fatiga *f*, cansancio *m*
wearisome ['wɪrisəm] *adj* : aburrido, pesado, cansado
weary[1] ['wɪri] *v* **-ried; -rying** *vt* **1** TIRE : cansar, fatigar **2** BORE : hastiar, aburrir — *vi* : cansarse
weary[2] *adj* **-rier; -est** **1** TIRED : cansado **2** FED UP : harto **3** BORED : aburrido
weasel ['wi:zəl] *n* : comadreja *f*
weather[1] ['wɛðər] *vt* **1** WEAR : erosionar, desgastar **2** ENDURE : aguantar, sobrellevar, capear ⟨to weather the storm : capear el temporal⟩
weather[2] *n* : tiempo *m*
weather–beaten ['wɛðər,bi:tən] *adj* : curtido
weatherman ['wɛðər,mæn] *n, pl* **-men** [-mən, -,mɛn] METEOROLOGIST : meteorólogo *m*, -ga *f*
weatherproof ['wɛðər,pru:f] *adj* : que resiste a la intemperie, impermeable
weather vane → **vane**
weave[1] ['wi:v] *v* **wove** ['wo:v] *or* **weaved; woven** ['wo:vən] *or* **weaved; weaving** *vt* **1** : tejer (tela) **2** INTERLACE : entretejer, entrelazar **3 to weave one's way through** : abrirse camino por — *vi* **1** : tejer **2** WIND : serpentear, zigzaguear
weave[2] *n* : tejido *m*, trama *f*
weaver ['wi:vər] *n* : tejedor *m*, -dora *f*
web[1] ['wɛb] *vt* **webbed; webbing** : cubrir o proveer con una red
web[2] *n* **1** COBWEB, SPIDERWEB : telaraña *f*, tela *f* de araña **2** ENTANGLEMENT, SNARE : red *f*, enredo *m* ⟨a web of intrigue : una red de intriga⟩ **3** : membrana *f* interdigital (de aves) **4** NETWORK : red *f* ⟨a web of highways : una red de carreteras⟩ **5 the Web** : la web
webbed ['wɛbd] *adj* : palmeado ⟨webbed feet : patas palmeadas⟩
Web site *n* : sitio *m* web
web browser *n* : navegador *m*
webcam ['wɛb,kæm] *n* : webcam *f*
webmaster ['wɛb,mæstər] *n* : webmaster *mf*
Web page *n* : página *f* web
wed ['wɛd] *vt* **wedded; wedding** **1** MARRY : casarse con **2** UNITE : ligar, unir
we'd ['wi:d] *contraction of* **we had, we should,** *or* **we would** → **have, should, would**
wedding ['wɛdɪŋ] *n* : boda *f*, casamiento *m*
wedge[1] ['wɛʤ] *vt* **wedged; wedging** **1** : apretar (con una cuña) ⟨to wedge open : mantener abierto con una cuña⟩ **2** CRAM : meter, embutir
wedge[2] *n* **1** : cuña *f* **2** PIECE : porción *f*, trozo *m*
wedlock ['wɛd,lɑk] → **marriage**
Wednesday ['wɛnz,deɪ, -di] *n* : miércoles *m*
wee ['wi:] *adj* : pequeño, minúsculo ⟨in the wee hours : a las altas horas⟩
weed[1] ['wi:d] *vt* **1** : desherbar, desyerbar **2 to weed out** : eliminar, quitar
weed[2] *n* : mala hierba *f*
weedy ['wi:di] *adj* **weedier; -est** **1** : cubierto de malas hierbas **2** LANKY, SKINNY : flaco, larguirucho *fam*
week ['wi:k] *n* : semana *f*
weekday ['wi:k,deɪ] *n* : día *m* laborable
weekend ['wi:k,ɛnd] *n* : fin *m* de semana
weekly[1] ['wi:kli] *adv* : semanalmente
weekly[2] *adj* : semanal
weekly[3] *n, pl* **-lies** : semanario *m*
weep ['wi:p] *v* **wept** ['wɛpt]; **weeping** : llorar
weeping willow *n* : sauce *m* llorón
weepy ['wi:pi] *adj* **weepier; -est** : lloroso, triste
weevil ['wi:vəl] *n* : gorgojo *m*
weft ['wɛft] *n* : trama *f*
weigh ['weɪ] *vt* **1** : pesar **2** CONSIDER : considerar, sopesar **3 to weigh anchor** : levar anclas **4 to weigh down** : sobrecargar (con una carga), abrumar (con preocupaciones, etc.) **5 to weigh up** : hacerse una idea de — *vi* **1** : pesar ⟨it weighs 10 pounds : pesa 10 libras⟩ **2** COUNT : tener importancia, contar ⟨to weigh for/against : favorecer/perjudicar⟩ **3 to weigh in** : intervenir **4 to weigh on one's mind** : preocuparle a uno
weight[1] ['weɪt] *vt* **1** : poner peso en, sujetar con un peso **2** BURDEN : cargar, oprimir
weight[2] *n* **1** HEAVINESS : peso *m* ⟨to lose weight : bajar de peso, adelgazar⟩ **2** : peso *m* ⟨weights and measures : pesos y medidas⟩ **3** : pesa *f* ⟨to lift weights : levantar pesas⟩ **4** BURDEN : peso *m*, carga *f* ⟨to take a weight off one's mind : quitarle un peso de encima a uno⟩ **5** IMPORTANCE : peso *m* **6** INFLUENCE : influencia *f*, autoridad *f* ⟨to throw one's weight around : hacer sentir su influencia⟩
weighty ['weɪţi] *adj* **weightier; -est** **1** HEAVY : pesado **2** IMPORTANT : importante, de peso
weird ['wɪrd] *adj* **1** MYSTERIOUS : misterioso **2** STRANGE : extraño, raro — **weirdly** *adv*
welcome[1] ['wɛlkəm] *vt* **-comed; -coming** : darle la bienvenida a, recibir
welcome[2] *adj* : bienvenido ⟨to make someone welcome : acoger bien a alguien⟩ ⟨you're welcome! : ¡de nada!, ¡no hay de qué!⟩
welcome[3] *n* : bienvenida *f*, recibimiento *m*, acogida *f*
weld[1] ['wɛld] *v* : soldar
weld[2] *n* : soldadura *f*
welder ['wɛldər] *n* : soldador *m*, -dora *f*
welfare ['wɛl,fær] *n* **1** WELL-BEING : bienestar *m* **2** : asistencia *f* social
well[1] ['wɛl] *vi or* **to well up** : brotar, manar
well[2] *adv* **better** ['bɛţər]; **best** ['bɛst] **1** RIGHTLY : bien, correctamente **2** SATISFACTORILY : bien ⟨to turn out well

: resultar/salir bien⟩ ⟨well done! : ¡muy bien!⟩ **3** SKILLFULLY : bien ⟨she sings well : canta bien⟩ **4** (*indicating benevolence*) : bien ⟨to speak well of : hablar bien de⟩ ⟨to wish someone well : desearle lo mejor a alguien⟩ ⟨he means well : tiene buenas intenciones⟩ **5** COMPLETELY : completamente ⟨well-hidden : completamente escondido⟩ **6** INTIMATELY : bien ⟨I knew him well : lo conocía bien⟩ **7** CONSIDERABLY, FAR : muy, bastante ⟨well ahead : muy adelante⟩ ⟨well before the deadline : bastante antes de la fecha⟩ **8** CERTAINLY : bien ⟨you know very well that . . . : sabes muy bien que . . .⟩ ⟨he can well afford it : bien puede permitírselo⟩ **9** LIKELY : bien ⟨it could/may/might well be true : bien puede/podría/pudiera ser verdad⟩ **10** (*used for emphasis*) ⟨one might well ask if . . . : uno podría preguntarse si . . .⟩ ⟨I couldn't very well refuse! : ¿cómo iba a decir que no?⟩ **11 as well** ALSO : también **12 as well** (*indicating advisability*) ⟨we may/might as well get started : más vale que empecemos⟩ **13 as well** (*indicating equivalence*) ⟨I might as well have stayed home : bien podría haberme quedado en casa⟩ **14 → as well as 15 well and truly** : completamente

well[3] *adj* **1** SATISFACTORY : bien ⟨all is well : todo está bien⟩ **2** DESIRABLE : conveniente ⟨it would be well if you left : sería conveniente que te fueras⟩ **3** HEALTHY : bien, sano

well[4] *n* **1** : pozo *m* (de agua, petróleo, gas, etc.), aljibe *m* (de agua) **2** SOURCE : fuente *f* ⟨a well of information : una fuente de información⟩ **3** *or* **stairwell** : caja *f*, hueco *m* (de la escalera)

well[5] *interj* **1** (*used to introduce a remark*) : bueno **2** (*used to express surprise*) : ¡vaya!

we'll [ˈwiːl, wɪl] *contraction of* **we shall** *or* **we will → shall, will**

well–balanced [ˈwɛlˈbælənst] *adj* : equilibrado

well–being [ˈwɛlˈbiːɪŋ] *n* : bienestar *m*

well–bred [ˈwɛlˈbrɛd] *adj* : fino, bien educado

well–defined [ˌwɛldiˈfaɪnd] *adj* : bien definido

well–done [ˈwɛlˈdʌn] *adj* **1** : bien hecho ⟨well-done! : ¡bravo!⟩ **2** : bien cocido

well–known [ˈwɛlˈnoːn] *adj* : famoso, bien conocido

well–meaning [ˈwɛlˈmiːnɪŋ] *adj* : bienintencionado, que tiene buenas intenciones

well–nigh [ˈwɛlˈnaɪ] *adv* : casi ⟨well-nigh impossible : casi imposible⟩

well–off [ˈwɛlˈɔf] → **well–to–do**

well–rounded [ˈwɛlˈraʊndəd] *adj* : completo, equilibrado

well–to–do [ˌwɛltəˈduː] *adj* : próspero, adinerado, rico

Welsh [ˈwɛlʃ] *n* **1** : galés *m*, galesa *f* **2** : galés *m* (idioma) — **Welsh** *adj*

welt [ˈwɛlt] *n* **1** : vira *f* (de un zapato) **2** WHEAL : verdugón *m*

welter [ˈwɛltər] *n* : fárrago *m*, revoltijo *m* ⟨a welter of data : un fárrago de datos⟩

wend [ˈwɛnd] *vi* **to wend one's way** : ponerse en camino, encaminar sus pasos

went → go[1]

wept → weep

were → be

we're [ˈwɪr, ˈwər, ˈwiːər] *contraction of* **we are → be**

werewolf [ˈwɪrˌwʊlf, ˈwɛr-, ˈwər-, -ˌwʌlf] *n, pl* **-wolves** [-ˌwʊlvz, -ˌwʌlvz] : hombre *m* lobo

west[1] [ˈwɛst] *adv* : al oeste

west[2] *adj* : oeste, del oeste, occidental ⟨west winds : vientos del oeste⟩

west[3] *n* **1** : oeste *m* **2 the West** : el Oeste, el Occidente

westerly [ˈwɛstərli] *adv & adj* : del oeste

western [ˈwɛstərn] *adj* **1** : Occidental, del Oeste **2** : occidental, oeste

Westerner [ˈwɛstərnər] *n* : habitante *mf* del oeste

West Indian *n* : antillano *m*, -na *f* — **West Indian** *adj*

westward [ˈwɛstwərd] *adv & adj* : hacia el oeste

wet[1] [ˈwɛt] *vt* **wet** *or* **wetted; wetting** : mojar, humedecer

wet[2] *adj* **wetter; wettest 1** : mojado, húmedo ⟨wet clothes : ropa mojada⟩ **2** RAINY : lluvioso **3 wet paint** : pintura *f* fresca

wet[3] *n* **1** MOISTURE : humedad *f* **2** RAIN : lluvia *f*

we've [ˈwiːv] *contraction of* **we have → have**

whack[1] [ˈhwæk] *vt* : golpear (fuertemente), aporrear

whack[2] *n* **1** : golpe *m* fuerte, porrazo *m* **2** ATTEMPT : intento *m*, tentativa *f*

whale[1] [ˈhweɪl] *vi* **whaled; whaling** : cazar ballenas

whale[2] *n, pl* **whales** *or* **whale** : ballena *f*

whaleboat [ˈhweɪlˌboːt] *n* : ballenero *m*

whalebone [ˈhweɪlˌboːn] *n* : barba *f* de ballena

whaler [ˈhweɪlər] *n* **1** : ballenero *m*, -ra *f* **2 → whaleboat**

wharf [ˈhwɔrf] *n, pl* **wharves** [ˈhwɔrvz] : muelle *m*, embarcadero *m*

what[1] [ˈhwɑt, ˈhwʌt] *adv* **1** HOW : cómo, qué, cúanto ⟨what does it matter? : ¿qué importa?⟩ **2 what with** : entre ⟨what with one thing and another : entre una cosa y otra⟩ **3 so what?** : ¿y qué?

what[2] *adj* **1** (*used in questions*) : qué ⟨what more do you want? : ¿qué más quieres?⟩ ⟨what color is it? : ¿de qué color es?⟩ **2** (*used in exclamations*) : qué ⟨what an idea! : ¡qué idea!⟩ **3**

ANY, WHATEVER : cualquier ⟨give what help you can : da cualquier contribución que puedas⟩

what[3] *pron* **1** (*used in direct questions*) : qué ⟨what happened? : ¿qué pasó?⟩ ⟨what does it cost? : ¿cuánto cuesta?⟩ ⟨what does this mean? : ¿que significa esto?⟩ ⟨what's it called? : ¿cómo se llama?⟩ ⟨what's the problem? : ¿cuál es el problema?⟩ ⟨what (did you say)? : ¿qué?, ¿cómo?⟩ ⟨what else did she say? : ¿qué más dijo?⟩ **2** : lo que, qué ⟨tell me what happened : dime qué pasó⟩ ⟨I don't know what to do : no sé qué hacer⟩ ⟨do what I tell you : haz lo que te digo⟩ ⟨guess what! : ¿sabes qué?⟩ **3 and/or what have you** : y no sé qué, y cosas por el estilo **4 what about** ⟨we're all going together—what about Kenny? : vamos todos juntos—¿y Kenny?⟩ ⟨what about if . . . ? : ¿qué te parece si . . . ?⟩ **5 what for** WHY : por qué ⟨what did you do that for? : ¿por qué hiciste eso?⟩ **6 what if** : y si ⟨what if he knows? : ¿y si lo sabe?⟩ **7 what's more** : además **8 what's up?** *fam* : ¿qué pasa? **9 what's up?** (*used as a greeting*), *fam* : ¿qué hay?, ¿qué tal? **10 what's with . . . ?** *fam* : ¿a qué viene/vienen . . . ?

whatever[1] [*h*wɑṭ'ɛvər, ˌ*h*wʌṭ-] *adj* **1** ANY : cualquier, cualquier . . . que ⟨whatever way you prefer : de cualquier manera que prefiera, como prefiera⟩ **2** (*in negative constructions*) ⟨there's no chance whatever : no hay ninguna posibilidad⟩ ⟨nothing whatever : nada en absoluto⟩

whatever[2] *pron* **1** ANYTHING : (todo) lo que ⟨I'll do whatever I want : haré lo que quiera⟩ **2** (*no matter what*) ⟨whatever it may be : sea lo que sea⟩ **3** WHAT : qué ⟨whatever do you mean? : ¿qué quieres decir?⟩

whatsoever[1] [ˌ*h*wɑtso'ɛvər, ˌ*h*wʌṭ-] *adj* → **whatever**[1]

whatsoever[2] *pron* → **whatever**[2]

wheal ['*h*wi:l] *n* : verdugón *m*

wheat ['*h*wi:t] *n* : trigo *m*

wheaten ['*h*wi:tən] *adj* : de trigo

wheedle ['*h*wi:dəl] *vt* **-dled; -dling** CAJOLE : engatusar ⟨to wheedle something out of someone : sonsacarle algo a alguien⟩

wheel[1] ['*h*wi:l] *vt* : empujar (una bicicleta, etc.), mover (algo sobre ruedas) — *vi* **1** ROTATE : girar, rotar **2 to wheel around** TURN : darse la vuelta

wheel[2] *n* **1** : rueda *f* **2** *or* **steering wheel** : volante *m* (de automóviles, etc.), timón *m* (de barcos o aviones) **3 wheels** *npl* : maquinaria *f*, fuerza *f* impulsora ⟨the wheels of government : la maquinaria del gobierno⟩

wheelbarrow ['*h*wi:lˌbærˌo:] *n* : carretilla *f*

wheelchair ['*h*wi:lˌʧær] *n* : silla *f* de ruedas

wheeze[1] ['*h*wi:z] *vi* **wheezed; wheezing** : resollar, respirar con dificultad

wheeze[2] *n* : resuello *m*

whelk ['*h*wɛlk] *n* : buccino *m*

whelp[1] ['*h*wɛlp] *vi* : parir

whelp[2] *n* : cachorro *m*, -rra *f*

when[1] ['*h*wɛn] *adv* : cuándo ⟨when will you return? : ¿cuándo volverás?⟩ ⟨he asked me when I would be home : me preguntó cuándo estaría en casa⟩

when[2] *conj* **1** (*referring to a particular time*) : cuando, en que ⟨when you are ready : cuando estés listo⟩ ⟨the days when I clean the house : los días en que limpio la casa⟩ **2** IF : cuando, si ⟨how can I go when I have no money? : ¿cómo voy a ir si no tengo dinero?⟩ **3** ALTHOUGH : cuando ⟨you said it was big when actually it's small : dijiste que era grande cuando en realidad es pequeño⟩

when[3] *pron* : cuándo ⟨since when are you the boss? : ¿desde cuándo eres el jefe?⟩

whence ['*h*wɛn*t*s] *adv* : de donde

whenever[1] [*h*wɛn'vər] *adv* **1** : cuando sea ⟨tomorrow or whenever : manaña o cuando sea⟩ **2** (*in questions*) : cuándo

whenever[2] *conj* **1** : siempre que, cada vez que ⟨whenever I go, I'm disappointed : siempre que voy, quedo desilusionado⟩ **2** WHEN : cuando ⟨whenever you like : cuando quieras⟩

where[1] ['*h*wɛr] *adv* : dónde, adónde ⟨where is he? : ¿dónde está?⟩ ⟨where did they go? : ¿adónde fueron?⟩

where[2] *conj* : donde, adonde ⟨she knows where the house is : sabe donde está la casa⟩ ⟨she goes where she likes : va adonde quiera⟩

where[3] *pron* : donde ⟨Chicago is where I live : Chicago es donde vivo⟩

whereabouts[1] ['*h*wɛrəˌbaʊts] *adv* : dónde, por dónde ⟨whereabouts is the house? : ¿dónde está la casa?⟩

whereabouts[2] *ns & pl* : paradero *m*

whereas [*h*wɛr'æz] *conj* **1** : considerando que (usado en documentos legales) **2** : mientras que ⟨I like the white one whereas she prefers the black : me gusta el blanco mientras que ella prefiere el negro⟩

whereby [*h*wɛr'baɪ] *adv* : por lo cual

wherefore ['*h*wɛrˌfor] *adv* : por qué

wherein [*h*wɛr'ɪn] *adv* : en el cual, en el que

whereof [*h*wɛr'ʌv, -ɑv] *conj* : de lo cual

whereupon ['*h*wɛrəˌpɑn, -ˌpɔn] *conj* : con lo cual, después de lo cual

wherever[1] [*h*wɛr'ɛvər] *adv* **1** WHERE : dónde, adónde **2** : en cualquier parte ⟨or wherever : o donde sea⟩

wherever[2] *conj* : dondequiera que, donde sea ⟨wherever you go : dondequiera que vayas⟩

wherewithal ['*h*wɛrwɪˌðɔl, -ˌθɔl] *n* : medios *mpl*, recursos *mpl*

whet ['*h*wɛt] *vt* **whetted; whetting 1** SHARPEN : afilar **2** STIMULATE : esti-

mular ⟨to whet the appetite : estimular el apetito⟩
whether [ˈ*h*wɛðər] *conj* **1** : si ⟨I don't know whether it is finished : no sé si está acabado⟩ ⟨we doubt whether he'll show up : dudamos que aparezca⟩ **2** (*used in comparisons*) ⟨whether I like it or not : tanto si quiero como si no⟩ ⟨whether he comes or he doesn't : venga o no⟩
whetstone [ˈ*h*wɛt,sto:n] *n* : piedra *f* de afilar
whey [ˈ*h*weɪ] *n* : suero *m* (de la leche)
which[1] [ˈ*h*wɪʧ] *adj* : qué, cuál ⟨which tie do you prefer? : ¿cuál corbata prefieres?⟩ ⟨which ones? : ¿cuáles?⟩ ⟨tell me which house is yours : dime qué casa es la tuya⟩
which[2] *pron* **1** : cuál ⟨which is the right answer? : ¿cuál es la respuesta correcta?⟩ **2** : que, el (la) cual ⟨the cup which broke : la taza que se quebró⟩ ⟨the house, which is made of brick : la casa, la cual es de ladrillo⟩
whichever[1] [*h*wɪʧˈɛvər] *adj* : el (la) que, cualquiera que ⟨whichever book you like : cualquier libro que te guste⟩
whichever[2] *pron* : el (la) que, cualquiera que ⟨take whichever you want : toma el que quieras⟩ ⟨whichever I choose : cualquiera que elija⟩
whiff[1] [ˈ*h*wɪf] *v* PUFF : soplar
whiff[2] *n* **1** PUFF : soplo *m*, ráfaga *f* **2** SNIFF : olor *m* **3** HINT : dejo *m*, pizca *f*
while[1] [ˈ*h*waɪl] *vt* **whiled; whiling** : pasar ⟨to while away the time : matar el tiempo⟩
while[2] *n* **1** TIME : rato *m*, tiempo *m* ⟨after a while : después de un rato⟩ ⟨in a while : dentro de poco⟩ **2 to be worth one's while** : valer la pena
while[3] *conj* **1** : mientras ⟨whistle while you work : silba mientras trabajas⟩ **2** WHEREAS : mientras que **3** ALTHOUGH : aunque ⟨while it's very good, it's not perfect : aunque es muy bueno, no es perfecto⟩
whim [ˈ*h*wɪm] *n* : capricho *m*, antojo *m*
whimper[1] [ˈ*h*wɪmpər] *vi* : lloriquear, gimotear
whimper[2] *n* : quejido *m*
whimsical [ˈ*h*wɪmzɪkəl] *adj* **1** CAPRICIOUS : caprichoso, fantasioso **2** ERRATIC : errático — **whimsically** *adv*
whine[1] [ˈ*h*waɪn] *vi* **whined; whining** **1** : lloriquear, gimotear, gemir **2** COMPLAIN : quejarse
whine[2] *n* : quejido *m*, gemido *m*
whinny[1] [ˈ*h*wɪni] *vi* **-nied; -nying** : relinchar
whinny[2] *n, pl* **-nies** : relincho *m*
whip[1] [ˈ*h*wɪp] *v* **whipped; whipping** *vt* **1** SNATCH : arrebatar ⟨she whipped the cloth off the table : arrebató el mantel de la mesa⟩ **2** LASH : azotar **3** MOVE, STIR : agitar (con fuerza) **4** FLING : lanzar, tirar (rápidamente) **5** *fam* DEFEAT : vencer, derrotar **6** INCITE : incitar, despertar, provocar ⟨to whip up enthusiasm : despertar el entusiasmo⟩ ⟨to whip up a controversy : provocar una polémica⟩ ⟨he whipped the crowd into a frenzy : enardeció a la multitud⟩ **7** BEAT : batir (huevos, crema, etc.) **8 to whip into shape** *fam* : poner en forma **9 to whip out** *faml* : sacar (rápidamente) **10 to whip up** *fam* PREPARE : improvisar, preparar (rápidamente) — *vi* **1** FLAP : agitarse **2** RACE : ir rápidamente ⟨I whipped through my chores : hice las tareas volando⟩ ⟨to whip past/by : pasar como una bala⟩
whip[2] *n* **1** : látigo *m*, azote *m*, fusta *f* (de jinete) **2** : miembro *m* de un cuerpo legislativo encargado de disciplina
whiplash [ˈ*h*wɪp,læʃ] *n or* **whiplash injury** : traumatismo *m* cervical
whippet [ˈ*h*wɪpət] *n* : galgo *m* pequeño, galgo *m* inglés
whir[1] [ˈ*h*wər] *vi* **whirred; whirring** : zumbar
whir[2] *n* : zumbido *m*
whirl[1] [ˈ*h*wərl] *vi* **1** SPIN : dar vueltas, girar ⟨my head is whirling : la cabeza me está dando vueltas⟩ **2 to whirl about** : arremolinarse, moverse rápidamente
whirl[2] *n* **1** SPIN : giro *m*, vuelta *f*, remolino *m* (dícese del polvo, etc.) **2** BUSTLE : bullicio *m*, torbellino *m* (de actividad, etc.) **3 to give it a whirl** : intentar hacer, probar
whirlpool [ˈ*h*wərl,pu:l] *n* : vorágine *f*, remolino *m*
whirlwind [ˈ*h*wərl,wɪnd] *n* : remolino *m*, torbellino *m*, tromba *f*
whisk[1] [ˈ*h*wɪsk] *vt* **1** : llevar ⟨she whisked the children off to bed : llevó a los niños a la cama⟩ **2** : batir ⟨to whisk eggs : batir huevos⟩ **3 to whisk away** *or* **to whisk off** : sacudir
whisk[2] *n* **1** WHISKING : sacudida *f* (movimiento) **2** : batidor *m* (para batir huevos, etc.)
whisk broom *n* : escobilla *f*
whisker [ˈ*h*wɪskər] *n* **1** : pelo *m* (de la barba o el bigote) **2 whiskers** *npl* : bigotes *mpl* (de animales)
whiskey *or* **whisky** [ˈ*h*wɪski] *n, pl* **-keys** *or* **-kies** : whisky *m*
whisper[1] [ˈ*h*wɪspər] *vi* : cuchichear, susurrar — *vt* : decir en voz baja, susurrar
whisper[2] *n* **1** WHISPERING : susurro *m*, cuchicheo *m* **2** RUMOR : rumor *m* **3** TRACE : dejo *m*, pizca *f*
whistle[1] [ˈ*h*wɪsəl] *v* **-tled; -tling** *vi* : silbar, chiflar, pitar (dícese de un tren, etc.) — *vt* : silbar ⟨to whistle a tune : silbar una melodía⟩
whistle[2] *n* **1** WHISTLING : chiflido *m*, silbido *m* **2** : silbato *m*, pito *m* (instrumento)
whit [ˈ*h*wɪt] *n* BIT : ápice *m*, pizca *f*
white[1] [ˈ*h*waɪt] *adj* **whiter; -est** : blanco

white[2] *n* **1** : blanco *m* (color) **2** : clara *f* (de huevos) **3** *or* **white person** : blanco *m*, -ca *f*
white blood cell *n* : glóbulo *m* blanco
whitecaps [ˈhwaɪtˌkæps] *npl* : cabrillas *fpl*
white–collar [ˈhwaɪtˈkɑlər] *adj* **1** : de oficina **2 white–collar worker** : oficinista *mf*
whitefish [ˈhwaɪtˌfɪʃ] *n* : pescado *m* blanco
whiten [ˈhwaɪtən] *vt* : blanquear — *vi* : ponerse blanco
whiteness [ˈhwaɪtnəs] *n* : blancura *f*
white–tailed deer [ˈhwaɪtˈteɪld] *n* : ciervo *f* de Virginia
whitewash[1] [ˈhwaɪtˌwɔʃ] *vt* **1** : enjalbegar, blanquear ⟨to whitewash a fence : enjalbegar una valla⟩ **2** CONCEAL : encubrir (un escándalo, etc.)
whitewash[2] *n* **1** : jalbegue *m*, lechada *f* **2** COVER-UP : encubrimiento *m*
whither [ˈhwɪðər] *adv* : adónde
whiting [ˈhwaɪt̬ɪŋ] *n* : merluza *f*, pescadilla *f* (pez)
whitish [ˈhwaɪt̬ɪʃ] *adj* : blancuzco
whittle [ˈhwɪt̬əl] *vt* **-tled; -tling** **1** : tallar (madera) **2 to whittle down** : reducir, recortar ⟨to whittle down expenses : reducir los gastos⟩
whiz[1] *or* **whizz** [ˈhwɪz] *vi* **whizzed; whizzing** **1** BUZZ : zumbar **2 to whiz by** : pasar muy rápido, pasar volando
whiz[2] *or* **whizz** *n, pl* **whizzes** **1** BUZZ : zumbido *m* **2 to be a whiz** : ser un prodigio, ser muy hábil
who [ˈhu:] *pron* **1** (*used in direct and indirect questions*) : quién ⟨who is that? : ¿quién es ése?⟩ ⟨who did it? : ¿quién lo hizo?⟩ ⟨we know who they are : sabemos quiénes son⟩ **2** (*used in relative clauses*) : que, quien ⟨the lady who lives there : la señora que vive allí⟩ ⟨for those who wait : para los que esperan, para quienes esperan⟩
whodunit [hu:ˈdʌnɪt] *n* : novela *f* policíaca
whoever [hu:ˈɛvər] *pron* **1** : quienquiera que, quien ⟨whoever did it : quienquiera que lo hizo⟩ ⟨give it to whoever you want : dalo a quien quieras⟩ **2** (*used in questions*) : quién ⟨whoever could that be? : ¿quién podría ser?⟩
whole[1] [ˈho:l] *adj* **1** UNHURT : ileso **2** INTACT : intacto, sano **3** ENTIRE : entero, íntegro ⟨the whole island : toda la isla⟩ ⟨whole milk : leche entera⟩ **4 a whole lot** : muchísimo
whole[2] *n* **1** : todo *m* **2 as a whole** : en conjunto **3 on the whole** : en general
wholehearted [ˈho:lˈhɑrt̬əd] *adj* : sin reservas, incondicional
whole number *n* : entero *m*
wholesale[1] [ˈho:lˌseɪl] *v* **-saled; -saling** *vt* : vender al por mayor — *vi* : venderse al por mayor
wholesale[2] *adv* : al por mayor
wholesale[3] *adj* **1** : al por mayor ⟨wholesale grocer : tendero al por mayor⟩ **2** TOTAL : total, absoluto ⟨wholesale slaughter : matanza sistemática⟩
wholesale[4] *n* : mayoreo *m*
wholesaler [ˈho:lˌseɪlər] *n* : mayorista *mf*
wholesome [ˈho:lsəm] *adj* **1** : sano ⟨wholesome advice : consejo sano⟩ **2** HEALTHY : sano, saludable
whole wheat *adj* : de trigo integral
wholly [ˈho:li] *adv* **1** COMPLETELY : completamente **2** SOLELY : exclusivamente, únicamente
whom [ˈhu:m] *pron* **1** (*used in direct questions*) : a quién ⟨whom did you choose? : ¿a quién elegiste?⟩ **2** (*used in indirect questions*) : de quién, con quién, en quién ⟨I don't know whom to consult : no sé con quién consultar⟩ **3** (*used in relative clauses*) : que, a quien ⟨the lawyer whom I recommended to you : el abogado que te recomendé⟩
whomever [hu:mˈɛvər] *pron* WHOEVER : quienquiera, quien ⟨marry whomever you please : cásate con quien quieras⟩
whoop[1] [ˈhwu:p, ˈhwʊp] *vi* : gritar, chillar
whoop[2] *n* : grito *m*
whooping cough *n* : tos *f* ferina
whopper [ˈhwɑpər] *n* **1** : cosa *f* enorme **2** LIE : mentira *f* colosal
whopping [ˈhwɑpɪŋ] *adj* : enorme
whore [ˈhor] *n* : puta *f*, ramera *f*
whorl [ˈhwɔrl, ˈhwərl] *n* : espiral *f*, espira *f* (de una concha), línea *f* (de una huella digital)
whose[1] [ˈhu:z] *adj* **1** (*used in questions*) : de quién ⟨whose truck is that? : ¿de quién es ese camión?⟩ **2** (*used in relative clauses*) : cuyo ⟨the person whose work is finished : la persona cuyo trabajo está terminado⟩
whose[2] *pron* : de quién ⟨tell me whose it was : dime de quién era⟩
why[1] [ˈhwaɪ] *adv* : por qué ⟨why did you do it? : ¿por qué lo hizo?⟩
why[2] *n, pl* **whys** REASON : porqué *m*, razón *f*
why[3] *conj* : por qué ⟨I know why he left : yo sé por qué salió⟩ ⟨there's no reason why it should exist : no hay razón para que exista⟩
why[4] *interj* (*used to express surprise*) : ¡vaya!, ¡mira!
wick [ˈwɪk] *n* : mecha *f*
wicked [ˈwɪkəd] *adj* **1** EVIL : malo, malvado **2** MISCHIEVOUS : travieso, pícaro ⟨a wicked grin : una sonrisa traviesa⟩ **3** TERRIBLE : terrible, horrible ⟨a wicked storm : una tormenta horrible⟩
wickedly [ˈwɪkədli] *adv* : con maldad
wickedness [ˈwɪkədnəs] *n* : maldad *f*
wicker[1] [ˈwɪkər] *adj* : de mimbre
wicker[2] *n* **1** : mimbre *m* **2** → **wickerwork**

wickerwork ['wɪkər,wərk] *n* : artículos *mpl* de mimbre

wicket ['wɪkət] *n* **1** WINDOW : ventanilla *f* **2** *or* **wicket gate** : postigo *m* **3** : aro *m* (en croquet), palos *mpl* (en críquet)

wide[1] ['waɪd] *adv* **wider; widest** **1** WIDELY : por todas partes ⟨to travel far and wide : viajar por todas partes⟩ **2** COMPLETELY : completamente, totalmente ⟨wide open : abierto de par en par⟩ **3 wide apart** : muy separados

wide[2] *adj* **wider; widest** **1** VAST : vasto, extensivo ⟨a wide area : una área extensiva⟩ **2** : ancho ⟨three meters wide : tres metros de ancho⟩ **3** BROAD : ancho, amplio **4** *or* **wide–open** : muy abierto **5 wide of the mark** : desviado, lejos del blanco

wide–awake ['waɪdə'weɪk] *adj* : (completamente) despierto

wide–eyed ['waɪd'aɪd] *adj* **1** : con los ojos muy abiertos **2** NAIVE : inocente, ingenuo

widely ['waɪdli] *adv* : extensivamente, por todas partes

widen ['waɪdən] *vt* : ampliar, ensanchar — *vi* : ampliarse, ensancharse

widespread ['waɪd'sprɛd] *adj* : extendido, extenso, difuso

widow[1] ['wɪ,do:] *vt* : dejar viuda ⟨to be widowed : enviudar⟩

widow[2] *n* : viuda *f*

widower ['wɪdowər] *n* : viudo *m*

width ['wɪdθ] *n* : ancho *m*, anchura *f*

wield ['wi:ld] *vt* **1** USE : usar, manejar ⟨to wield a broom : usar una escoba⟩ **2** EXERCISE : ejercer ⟨to wield influence : influir⟩

wiener ['wi:nər] → **frankfurter**

wife ['waɪf] *n, pl* **wives** ['waɪvz] : esposa *f*, mujer *f*

wifely ['waɪfli] *adj* : de esposa, conyugal

wig ['wɪg] *n* : peluca *f*

wiggle[1] ['wɪgəl] *v* **-gled; -gling** *vt* : menear, contonear ⟨to wiggle one's hips : contonearse⟩ — *vi* : menearse

wiggle[2] *n* : meneo *m*, contoneo *m*

wiggly ['wɪgəli] *adj* **-glier; -est** **1** : que se menea **2** WAVY : ondulado

wigwag ['wɪg,wæg] *vi* **-wagged; -wagging** : comunicar por señales

wigwam ['wɪg,wɑm] *n* : wigwam *m*

wild[1] ['waɪld] *adv* **1** → **wildly** **2 to run wild** : descontrolarse

wild[2] *adj* **1** : salvaje, silvestre, cimarrón ⟨wild horses : caballos salvajes⟩ ⟨wild rice : arroz silvestre⟩ **2** DESOLATE : yermo, agreste **3** UNRULY : desenfrenado **4** CRAZY : loco, fantástico ⟨wild ideas : ideas locas⟩ **5** BARBAROUS : salvaje, bárbaro **6** ERRATIC : errático ⟨a wild throw : un tiro errático⟩

wild[3] *n* → **wilderness**

wild card *n* **1** : factor *m* desconocido **2** : comodín *m* (carta o símbolo)

wildcat ['waɪld,kæt] *n* **1** : gato *m* montés **2** BOBCAT : lince *m* rojo

wilderness ['wɪldərnəs] *n* : yermo *m*, desierto *m*

wildfire ['waɪld,faɪr] *n* **1** : fuego *m* descontrolado **2 to spread like wildfire** : propagarse como un reguero de pólvora

wildflower ['waɪld,flaʊər] *n* : flor *f* silvestre

wildfowl ['waɪld,faʊl] *n* : ave *f* de caza

wildlife ['waɪld,laɪf] *n* : fauna *f*

wildly ['waɪldli] *adv* **1** FRANTICALLY : frenéticamente, como un loco **2** EXTREMELY : extremadamente ⟨wildly happy : loco de felicidad⟩

wile[1] ['waɪl] *vt* **wiled; wiling** LURE : atraer

wile[2] *n* : ardid *m*, artimaña *f*

will[1] ['wɪl] *v, past* **would** ['wʊd]; *pres sing & pl* **will** *vt* WISH : querer ⟨do what you will : haz lo que quieras⟩ — *v aux* **1** (*expressing willingness*) ⟨no one would take the job : nadie aceptaría el trabajo⟩ ⟨I won't do it : no lo haré⟩ **2** (*expressing habitual action*) ⟨he will get angry over nothing : se pone furioso por cualquier cosa⟩ **3** (*forming the future tense*) ⟨tomorrow we will go shopping : mañana iremos de compras⟩ **4** (*expressing capacity*) ⟨the couch will hold three people : en el sofá cabrán tres personas⟩ **5** (*expressing determination*) ⟨I will go despite them : iré a pesar de ellos⟩ **6** (*expressing probability*) ⟨that will be the mailman : eso ha de ser el cartero⟩ **7** (*expressing inevitability*) ⟨accidents will happen : los accidentes ocurrirán⟩ **8** (*expressing a command*) ⟨you will do as I say : harás lo que digo⟩

will[2] — *vt* **1** ORDAIN : disponer, decretar ⟨if God wills it : si Dios lo dispone, si Dios quiere⟩ **2** : lograr a fuerza de voluntad ⟨they were willing him to succeed : estaban deseando que tuviera éxito⟩ **3** BEQUEATH : legar

will[3] *n* **1** DESIRE : deseo *m*, voluntad *f* **2** VOLITION : voluntad *f* ⟨free will : libre albedrío⟩ **3** WILLPOWER : voluntad *f*, fuerza *f* de voluntad ⟨a will of iron : una voluntad férrea⟩ **4** : testamento *m* ⟨to make a will : hacer testamento⟩

willful *or* **wilful** ['wɪlfəl] *adj* **1** OBSTINATE : obstinado, terco **2** INTENTIONAL : intencionado, deliberado — **willfully** *adv*

willing ['wɪlɪŋ] *adj* **1** INCLINED, READY : listo, dispuesto **2** OBLIGING : servicial, complaciente

willingly ['wɪlɪŋli] *adv* : con gusto

willingness ['wɪlɪŋnəs] *n* : buena voluntad *f*

willow ['wɪ,lo:] *n* : sauce *m*

willowy ['wɪlowi] *adj* : esbelto

willpower ['wɪl,paʊər] *n* : voluntad *f*, fuerza *f* de voluntad

wilt [ˈwɪlt] *vi* **1** : marchitarse (dícese de las flores) **2** LANGUISH : debilitarse, languidecer
wily [ˈwaɪli] *adj* **wilier; -est** : artero, astuto
wimp [ˈwɪmp] *n* **1** COWARD : gallina *f*, cobarde *mf* **2** WEAKLING : debilucho *m*, -cha *f*, alfeñique *m*
win[1] [ˈwɪn] *v* **won** [ˈwʌn]; **winning** *vi* : ganar — *vt* **1** : ganar, conseguir **2 to win over** : ganarse a **3 to win someone's heart** : conquistar a alguien
win[2] *n* : triunfo *m*, victoria *f*
wince[1] [ˈwɪnts] *vi* **winced; wincing** : estremecerse, hacer una mueca de dolor
wince[2] *n* : mueca *f* de dolor
winch [ˈwɪntʃ] *n* : torno *m*
wind[1] [ˈwɪnd] *vt* : dejar sin aliento ⟨to be winded : quedarse sin aliento⟩
wind[2] [ˈwaɪnd] *v* **wound** [ˈwaʊnd]; **winding** *vi* MEANDER : serpentear — *vt* **1** COIL, ROLL : envolver, enrollar **2** TURN : hacer girar ⟨to wind a clock : darle cuerda a un reloj⟩
wind[3] [ˈwɪnd] *n* **1** : viento *m* ⟨against the wind : contra el viento⟩ **2** BREATH : aliento *m* **3** FLATULENCE : flatulencia *f*, ventosidad *f* **4 to get wind of** : enterarse de
wind[4] [ˈwaɪnd] *n* **1** TURN : vuelta *f* **2** BEND : recodo *m*, curva *f*
windbreak [ˈwɪndˌbreɪk] *n* : barrera *f* contra el viento, abrigadero *m*
windfall [ˈwɪndˌfɔl] *n* **1** : fruta *f* caída **2** : beneficio *m* imprevisto
wind instrument *n* : instrumento *m* de viento
windlass [ˈwɪndləs] *n* : cabrestante *m*
windmill [ˈwɪndˌmɪl] *n* : molino *m* de viento
window [ˈwɪnˌdoː] *n* **1** : ventana *f* (de un edificio o una computadora), ventanilla *f* (de un vehículo o avión), vitrina *f* (de una tienda) **2** → **windowpane**
windowpane [ˈwɪnˌdoːˌpeɪn] *n* : vidrio *m*
window–shop [ˈwɪndoˌʃɑp] *vi* **-shopped; -shopping** : mirar las vitrinas
windpipe [ˈwɪndˌpaɪp] *n* : tráquea *f*
windshield [ˈwɪndˌʃiːld] *n* **1** : parabrisas *m* **2 windshield wiper** : limpiaparabrisas *m*
windsurfing [ˈwɪndˌsərfɪŋ] *n* : windsurf *m*
windup [ˈwaɪndˌʌp] *n* : conclusión *f*
wind up *vt* END : terminar, concluir — *vi* : terminar, acabar
windward[1] [ˈwɪndwərd] *adj* : de barlovento
windward[2] *n* : barlovento *m*
windy [ˈwɪndi] *adj* **windier; -est 1** : ventoso ⟨it's windy : hace viento⟩ **2** VERBOSE : verboso, prolijo
wine[1] [ˈwaɪn] *v* **wined; wining** *vi* : beber vino — *vt* **to wine and dine** : agasajar
wine[2] *n* : vino *m*
wing[1] [ˈwɪŋ] *vi* FLY : volar
wing[2] *n* **1** : ala *f* (de un ave o un avión) ⟨to take wing : levantar vuelo⟩ **2** : ala *f* (de un edificio) **3** FACTION : ala *f* ⟨the right wing of the party : el ala derecha del partido⟩ **4 wings** *npl* : bastidores *mpl* (de un teatro) ⟨to be waiting in the wings : estar esperando su momento⟩ **5 on the wing** : al vuelo, volando **6 under one's wing** : bajo el cargo de uno ⟨to take someone under one's wing : encargarse de alguien⟩
winged [ˈwɪŋd, ˈwɪŋəd] *adj* : alado
wink[1] [ˈwɪŋk] *vi* **1** : guiñar el ojo **2** BLINK : pestañear, parpadear **3** FLICKER : parpadear, titilar
wink[2] *n* **1** : guiño *m* (del ojo) **2** NAP : siesta *f* ⟨not to sleep a wink : no pegar el ojo⟩
winner [ˈwɪnər] *n* : ganador *m*, -dora *f*
winning [ˈwɪnɪŋ] *adj* **1** VICTORIOUS : ganador **2** CHARMING : encantador
winnings [ˈwɪnɪŋz] *npl* : ganancias *fpl*
winnow [ˈwɪˌnoː] *vt* : aventar (el grano, etc.)
winsome [ˈwɪnsəm] *adj* CHARMING : encantador
winter[1] [ˈwɪntər] *adj* : invernal, de invierno
winter[2] *n* : invierno *m*
wintergreen [ˈwɪntərˌgriːn] *n* : gaulteria *f*
wintertime [ˈwɪntərˌtaɪm] *n* : invierno *m*
wintry [ˈwɪntri] *adj* **wintrier; -est 1** WINTER : invernal, de invierno **2** COLD : frío ⟨she gave us a wintry greeting : nos saludó fríamente⟩
wipe[1] [ˈwaɪp] *v* **wiped; wiping** *vt* **1** *or* **to wipe off** : limpiar, pasarle un trapo a ⟨to wipe one's feet : limpiarse los pies⟩ ⟨to wipe dry : secar⟩ **2** *or* **to wipe off** REMOVE : limpiar, quitar **3** *or* **to wipe clean** ERASE : borrar (un disco, etc.) **4 to wipe away** REMOVE : limpiar (suciedad), secar (lágrimas), borrar (una memoria) **5 to wipe down** : pasarle un trapo a **6 to wipe out** ANNIHILATE : aniquilar, destruir **7 to wipe up** : limpiar, secar (líquido, etc.) — *vi* **to wipe out** *fam* FALL : caerse (violentamente)
wipe[2] *n* : pasada *f* (con un trapo, etc.)
wire[1] [ˈwaɪr] *vt* **wired; wiring 1** : instalar el cableado en (una casa, etc.) **2** BIND : atar con alambre **3** TELEGRAPH : telegrafiar, mandarle un telegrama (a alguien)
wire[2] *n* **1** : alambre *m* ⟨barbed wire : alambre de púas⟩ **2** : cable *m* (eléctrico o telefónico) **3** CABLEGRAM, TELEGRAM : telegrama *m*, cable *m*
wireless [ˈwaɪrləs] *adj* : inalámbrico
wiretapping [ˈwaɪrˌtæpɪŋ] *n* : intervención *f* electrónica
wiring [ˈwaɪrɪŋ] *n* : cableado *m*
wiry [ˈwaɪri] *adj* **wirier; -est 1** : hirsuto, tieso (dícese del pelo) **2** : esbelto y musculoso (dícese del cuerpo)

wisdom ['wɪzdəm] *n* **1** KNOWLEDGE : sabiduría *f* **2** JUDGMENT, SENSE : sensatez *f*
wisdom tooth *n* : muela *f* de juicio
wise[1] ['waɪz] *adj* **wiser; wisest** **1** LEARNED : sabio **2** SENSIBLE : sabio, sensato, prudente **3** KNOWLEDGEABLE : entendido, enterado ⟨they're wise to his tricks : conocen muy bien sus mañas⟩
wise[2] *n* : manera *f*, modo *m* ⟨in no wise : de ninguna manera⟩
wisecrack ['waɪz,kræk] *n* : broma *f*, chiste *m*
wisely ['waɪzli] *adv* : sabiamente, sensatamente
wish[1] ['wɪʃ] *vt* **1** : pedir (como deseo) ⟨I wish I were rich : ojalá fuera rica⟩ ⟨I wish I'd known : ojalá lo hubiera sabido⟩ ⟨I wish you'd be quiet! : ¿quieres callarte?⟩ **2** WANT : desear, querer ⟨I wish to be alone : quiero estar sólo⟩ **3** : desear ⟨they wished me well : me desearon lo mejor⟩ ⟨I wish you luck : te deseo suerte⟩ ⟨I wish you a Happy New Year! : ¡que tengas un feliz Año Nuevo!⟩ — *vi* **1** : pedir un deseo ⟨to wish upon a star : pedir un deseo a una estrella⟩ **2** : querer ⟨as you wish : como quiera⟩ **3 to wish for** : pedir (como deseo)
wish[2] *n* **1** : deseo *m* ⟨to grant a wish : conceder un deseo⟩ **2 wishes** *npl* : saludos *mpl*, recuerdos *mpl* ⟨to send best wishes : mandar muchos recuerdos⟩
wishbone ['wɪʃ,bo:n] *n* : espoleta *f*
wishful ['wɪʃfəl] *adj* **1** HOPEFUL : deseoso, lleno de esperanza **2 wishful thinking** : ilusiones *fpl*
wishy-washy ['wɪʃi,wɔʃi, -,wɑʃi] *adj* : insípido, soso
wisp ['wɪsp] *n* **1** BUNCH : manojo *m* (de paja) **2** STRAND : mechón *m* (de pelo) **3** : voluta *f* (de humo)
wispy ['wɪspi] *adj* **wispier; -est** : tenue, ralo (dícese del pelo)
wisteria [wɪs'tɪriə] *n* : glicinia *f*
wistful ['wɪstfəl] *adj* : añorante, anhelante, melancólico — **wistfully** *adv*
wistfulness ['wɪstfəlnəs] *n* : añoranza *f*, melancolía *f*
wit ['wɪt] *n* **1** INTELLIGENCE : inteligencia *f* **2** CLEVERNESS : ingenio *m*, gracia *f*, agudeza *f* **3** HUMOR : humorismo *m* **4** JOKER : chistoso *m*, -sa *f* **5 wits** *npl* : razón *f*, buen juicio *m* ⟨scared out of one's wits : muerto de miedo⟩ ⟨to be at one's wits' end : estar desesperado⟩
witch ['wɪʧ] *n* : bruja *f*
witchcraft ['wɪʧ,kræft] *n* : brujería *f*, hechicería *f*
witch doctor *n* : hechicero *m*, -ra *f*
witchery ['wɪʧəri] *n, pl* **-eries** **1** → **witchcraft** **2** CHARM : encanto *m*
witch-hunt ['wɪʧ,hʌnt] *n* : caza *f* de brujas
with ['wɪð, 'wɪθ] *prep* **1** : con ⟨I'm going with you : voy contigo⟩ ⟨coffee with milk : café con leche⟩ **2** AGAINST : con ⟨to argue with someone : discutir con alguien⟩ **3** (*used in descriptions*) : con, de ⟨the girl with red hair : la muchacha de pelo rojo⟩ **4** (*indicating manner, means, or cause*) : con ⟨to cut with a knife : cortar con un cuchillo⟩ ⟨fix it with tape : arréglalo con cinta⟩ ⟨with luck : con suerte⟩ ⟨trembling with fear : temblando de miedo⟩ **5** DESPITE : a pesar de, aún con ⟨even with all his work, the business failed : a pesar de todo su trabajo, el negocio fracasó⟩ **6** REGARDING : con respecto a, con ⟨the trouble with your plan : el problema con su plan⟩ **7** ACCORDING TO : según ⟨it varies with the season : varía según la estación⟩ **8** (*indicating support or understanding*) : con ⟨I'm with you all the way : estoy contigo hasta el final⟩
withdraw [wɪð'drɔ, wɪθ-] *v* **-drew** [-'dru:]; **-drawn** [-'drɔn]; **-drawing** *vt* **1** REMOVE : retirar, apartar, sacar (dinero) **2** RETRACT : retractarse de — *vi* : retirarse, recluirse (de la sociedad)
withdrawal [wɪð'drɔəl, wɪθ-] *n* **1** : retirada *f*, retiro *m* (de fondos, etc.), retraimiento *m* (social) **2** : retractación *f* (de una afirmación) **3 withdrawal symptoms** : síndrome *m* de abstinencia
withdrawn [wɪð'drɔn, wɪθ-] *adj* : retraído, reservado, introvertido
wither ['wɪðər] *vt* : marchitar, agostar — *vi* **1** WILT : marchitarse **2** WEAKEN : decaer, debilitarse
withhold [wɪθ'ho:ld, wɪð-] *vt* **-held** [-'hld]; **-holding** : retener (fondos), aplazar (una decisión), negar (permiso, etc.)
within[1] [wɪð'ɪn, wɪθ-] *adv* : dentro
within[2] *prep* **1** : dentro de ⟨within the limits : dentro de los límites⟩ **2** (*in expressions of distance*) : a menos de ⟨within 10 miles of the ocean : a menos de 10 millas del mar⟩ **3** (*in expressions of time*) : dentro de ⟨within an hour : dentro de una hora⟩ ⟨within a month of her birthday : a poco menos de un mes de su cumpleaños⟩
without[1] [wɪð'aʊt, wɪθ-] *adv* **1** OUTSIDE : fuera **2 to do without** : pasar sin algo
without[2] *prep* **1** OUTSIDE : fuera de **2** : sin ⟨without fear : sin temor⟩ ⟨he left without his briefcase : se fue sin su portafolios⟩
withstand [wɪθ'stænd, wɪð-] *vt* **-stood** [-'stʊd]; **-standing** **1** BEAR : aguantar, soportar **2** RESIST : resistir, resistirse a
witless ['wɪtləs] *adj* : estúpido, tonto
witness[1] ['wɪtnəs] *vt* **1** SEE : presenciar, ver, ser testigo de **2** : atestiguar (una firma, etc.) — *vi* TESTIFY : atestiguar, testimoniar

witness[2] *n* **1** TESTIMONY : testimonio *m* ⟨to bear witness : atestiguar, testimoniar⟩ **2** : testigo *mf* ⟨witness for the prosecution : testigo de cargo⟩
witticism [ˈwɪt̬əˌsɪzəm] *n* : agudeza *f*, ocurrencia *f*
witty [ˈwɪt̬i] *adj* **-tier; -est** : ingenioso, ocurrente, gracioso
wives → **wife**
wizard [ˈwɪzərd] *n* **1** SORCERER : mago *m*, brujo *m*, hechicero *m* **2** : genio *m* ⟨a math wizard : un genio en matemáticas⟩
wizened [ˈwɪzənd, ˈwiː-] *adj* : arrugado, marchito
wobble[1] [ˈwɑbəl] *vi* **-bled; -bling** : bambolearse, tambalearse, temblar (dícese de la voz)
wobble[2] *n* : tambaleo *m*, bamboleo *m*
wobbly [ˈwɑbəli] *adj* : bamboleante, tambaleante, inestable
woe [ˈwoː] *n* **1** GRIEF, MISFORTUNE : desgracia *f*, infortunio *m*, aflicción *f* **2 woes** *npl* TROUBLES : penas *fpl*, males *mpl*
woeful [ˈwoːfəl] *adj* **1** SORROWFUL : afligido, apenado, triste **2** UNFORTUNATE : desgraciado, infortunado **3** DEPLORABLE : lamentable
woke, woken → **wake**[1]
wolf[1] [ˈwʊlf] *vt or* **to wolf down** : engullir
wolf[2] *n, pl* **wolves** [ˈwʊlvz] : lobo *m*, -ba *f*
wolfram [ˈwʊlfrəm] → **tungsten**
wolverine [ˌwʊlvəˈriːn] *n* : glotón *m* (animal)
woman [ˈwʊmən] *n, pl* **women** [ˈwɪmən] : mujer *f*
womanhood [ˈwʊmənˌhʊd] *n* **1** : condición *f* de mujer **2** WOMEN : mujeres *fpl*
womanly [ˈwʊmənli] *adj* : femenino
womb [ˈwuːm] *n* : útero *m*, matriz *f*
won → **win**
wonder[1] [ˈwʌndər] *vi* **1** SPECULATE : preguntarse, pensar ⟨to wonder about : preguntarse por⟩ **2** MARVEL : asombrarse, maravillarse — *vt* : preguntarse ⟨I wonder if they're coming : me pregunto si vendrán⟩
wonder[2] *n* **1** MARVEL : maravilla *f*, milagro *m* ⟨to work wonders : hacer maravillas⟩ **2** AMAZEMENT : asombro *m*
wonderful [ˈwʌndərfəl] *adj* : maravilloso, estupendo
wonderfully [ˈwʌndərfəli] *adv* : maravillosamente, de maravilla
wonderland [ˈwʌndərˌlænd, -lənd] *n* : país *m* de las maravillas
wonderment [ˈwʌndərmənt] *n* : asombro *m*
wondrous [ˈwʌndrəs] → **wonderful**
wont[1] [ˈwɔnt, ˈwoːnt, ˈwɑnt] *adj* : acostumbrado, habituado
wont[2] *n* : hábito *m*, costumbre *f*
won't [ˈwoːnt] *contraction of* **will not** → **will**[1]
woo [ˈwuː] *vt* **1** COURT : cortejar **2** : buscar el apoyo de (clientes, votantes, etc.)
wood[1] [ˈwʊd] *adj* : de madera
wood[2] *n* **1** *or* **woods** *npl* FOREST : bosque *m* **2** : madera *f* (materia) **3** FIREWOOD : leña *f*
woodchuck [ˈwʊdˌtʃʌk] *n* : marmota *f* de América
woodcut [ˈwʊdˌkʌt] *n* **1** : plancha *f* de madera (para imprimir imágenes) **2** : grabado *m* en madera
woodcutter [ˈwʊdˌkʌt̬ər] *n* : leñador *m*, -dora *f*
wooded [ˈwʊdəd] *adj* : arbolado, boscoso
wooden [ˈwʊdən] *adj* **1** : de madera ⟨a wooden cross : una cruz de madera⟩ **2** STIFF : rígido, inexpresivo (dícese del estilo, de la cara, etc.)
woodland [ˈwʊdlənd, -ˌlænd] *n* : bosque *m*
woodpecker [ˈwʊdˌpɛkər] *n* : pájaro *m* carpintero
woodshed [ˈwʊdˌʃɛd] *n* : leñera *f*
woodsman [ˈwʊdzmən] → **woodcutter**
woodwind [ˈwʊdˌwɪnd] *n* : instrumento *m* de viento de madera
woodworking [ˈwʊdˌwərkɪŋ] *n* : carpintería *f*
woody [ˈwʊdi] *adj* **woodier; -est** **1** → **wooded** **2** : leñoso ⟨woody plants : plantas leñosas⟩ **3** : leñoso (dícese de la textura), a madera (dícese del aroma, etc.)
woof [ˈwʊf] → **weft**
wool [ˈwʊl] *n* : lana *f*
woolen[1] *or* **woollen** [ˈwʊlən] *adj* : de lana
woolen[2] *or* **woollen** *n* **1** : lana *f* (tela) **2 woolens** *npl* : prendas *fpl* de lana
woolly [ˈwʊli] *adj* **-lier; -est** **1** : lanudo **2** CONFUSED : confuso, vago
woozy [ˈwuːzi] *adj* **-zier; -est** : mareado
word[1] [ˈwərd] *vt* : expresar, formular, redactar
word[2] *n* **1** : palabra *f*, vocablo *m*, voz *f* ⟨word for word : palabra por palabra⟩ ⟨words fail me : me quedo sin habla⟩ ⟨I can't understand a word she says : no entiendo ni una sola palabra de lo que dice⟩ **2** REMARK : palabra *f* ⟨by word of mouth : de palabra⟩ ⟨in a word : en una palabra⟩ ⟨in other words : en otras palabras⟩ ⟨in one's own words : en/con sus propias palabras⟩ ⟨in so many words : con esas palabras⟩ ⟨the last word : la última palabra⟩ ⟨to have a word with : hablar (dos palabras) con⟩ ⟨don't believe a word of it : no te creas ni una sola palabra⟩ ⟨don't say/breathe a word of this (to anyone) : de esto ni una palabra (a nadie)⟩ **3** COMMAND : orden *f* ⟨to give the word : dar la orden⟩ ⟨just say the word : no tienes más que decirlo⟩ **4** MESSAGE, NEWS : noticias *fpl* ⟨is there any word from her? : ¿hay noticias de ella?⟩ ⟨to send word : mandar un recado⟩ ⟨word has it that . . .

: dicen que . . . , corre el rumor de que . . .⟩ **5** PROMISE : palabra *f* ⟨word of honor : palabra de honor⟩ ⟨to keep one's word : cumplir uno su palabra⟩ ⟨you have my word (on it) : te doy mi palabra⟩ ⟨take my word for it : te lo digo yo⟩ ⟨to take someone at their word : creer a alguien⟩ **6 words** *npl* QUARREL : palabra *f*, riña *f* ⟨to have words with : tener unas palabras con, reñir con⟩ **7 words** *npl* TEXT : letra *f* (de una canción, etc.) **8 from the word go** : desde el principio **9 to get a word in edgewise** : meter la cuchara **10 to have the last word** : tenir/decir la última palabra **11 to put in a good word for someone** : recomendar a alguien **12 to put words into someone's mouth** : atribuirle a alguien algo que no dijo **13 to take the words out of someone's mouth** : quitarle las palabras de la boca a alguien **14 to waste words** : gastar saliva

wordiness [ˈwərdinəs] *n* : verbosidad *f*

wording [ˈwərdɪŋ] *n* : redacción *f*, lenguaje *m* (de un documento)

word processing *n* : procesamiento *m* de textos

word processor *n* : procesador *m* de textos

wordy [ˈwərdi] *adj* **wordier; -est** : verboso, prolijo

wore → **wear**[1]

work[1] [ˈwərk] *v* **worked** [ˈwərkt] *or* **wrought** [ˈrɔt]; **working** *vi* **1** LABOR : trabajar ⟨to work hard : trabajar mucho/duro⟩ ⟨to work full-time : trabajar a tiempo completo⟩ ⟨to work part-time : trabajar a medio tiempo⟩ ⟨to work overtime : trabajar horas extras⟩ **2** FUNCTION : funcionar, servir **3 to work around** : esquivar (un problema, etc.) **4 to work at** : esforzarse para mejorar ⟨she's working at controlling her temper : está tratando de aprender a controlar su mal genio⟩ ⟨you'll have to work harder at it : tendrás que esforzarte más⟩ **5 to work loose** : soltarse, desprenderse **6 to work on** : trabajar en (un proyecto, etc.) ⟨to work on a cure : trabajar para encontrar una cura⟩ ⟨she's working on (controlling) her temper : está tratando de aprender a controlar su mal genio⟩ **7 to work out** TURN OUT : resultar, salir **8 to work out** SUCCEED : dar resultado, salir bien **9 to work out** EXERCISE : hacer ejercicio **10 to work up to** (*indicating a gradual increase*) ⟨to work up to full speed : ir cobrando velocidad poco a poco⟩ — *vt* **1** : trabajar ⟨to work long hours : trabajar muchas horas⟩ ⟨to work weekends : trabajar los fines de semana⟩ ⟨to work nights : trabajar de noche⟩ ⟨to work the night shift : hacer el turno de noche⟩ ⟨she works two jobs : tiene dos empleos⟩ **2** : trabajar, labrar (la tierra, etc.) **3** : hacer trabajar (a alguien) **4** OPERATE : trabajar, operar **5** : hacer/conseguir (etc.) con esfuerzo ⟨gradually work in the flour : incorpore la harina poco a poco⟩ ⟨to work one's way up : lograr subir por sus propios esfuerzos⟩ **6** EFFECT : efectuar, llevar a cabo, obrar (milagros) **7** MANIPULATE, SHAPE : trabajar, formar ⟨work the dough : trabaje la masa⟩ ⟨a beautifully wrought vase : un florero bellamente elaborado⟩ **8** HANDLE : manejar (a alguien) ⟨he knows how to work a crowd/room : sabe conquistar al público⟩ **9 to work off** : pagar trabajando **10 to work out** DEVELOP, PLAN : idear, planear, desarrollar **11 to work out** RESOLVE : solucionar, resolver ⟨to work out the answer : calcular la solución⟩ **12 to work over** : darle una paliza a **13 to work up** : estimular, excitar ⟨don't work yourself up : no te agites⟩ **14 to work up** PRODUCE : generar ⟨to work up the courage to : armarse de valor para⟩ ⟨to work up a sweat : empezar a sudar⟩

work[2] *adj* : laboral

work[3] *n* **1** : trabajo *m* ⟨work to do : trabajo que hacer⟩ ⟨the quality of his work : la calidad de su trabajo⟩ ⟨to bring work home : llevar trabajo a casa⟩ **2** EMPLOYMENT : trabajo *m*, empleo *m* ⟨out of work : desempleado⟩ ⟨line of work : profesión⟩ **3** : trabajo *m* (lugar) ⟨to go to work : ir a trabajar⟩ ⟨to leave work : salir del trabajo⟩ ⟨she's at work : está en el trabajo⟩ **4** EFFORT : trabajo *m* **5** DEED : obra *f*, labor *f* ⟨works of charity : obras de caridad⟩ **6** : obra *f* (de arte o literatura) **7** : obras *fpl* ⟨road work : obras viales⟩ **8** → **workmanship** **9 works** *npl* FACTORY : fábrica *f* **10 works** *npl* MECHANISM : mecanismo *m* **11 the works** EVERYTHING : absolutamente todo *m* **12 at ∼** WORKING : trabajando **13 at ∼** INVOLVED : en juego **14 in the works** : en trámite **15 it's all in a day's work** : es el pan nuestro de cada día **16 to have one's work cut out for one** : tener mucho trabajo por delante **17 to make short work of** : hacer rápidamente

workable [ˈwərkəbəl] *adj* **1** : explotable (dícese de una mina, etc.) **2** FEASIBLE : factible, realizable

workaday [ˈwərkəˌdeɪ] *adj* : ordinario, banal

workbench [ˈwərkˌbɛntʃ] *n* : mesa *f* de trabajo

workday [ˈwərkˌdeɪ] *n* **1** : jornada *f* laboral **2** WEEKDAY : día *m* hábil, día *m* laborable

worker [ˈwərkər] *n* : trabajador *m*, -dora *f*; obrero *m*, -ra *f*

working [ˈwərkɪŋ] *adj* **1** : que trabaja ⟨working mothers : madres que trabajan⟩ ⟨the working class : la clase obrera⟩ **2** : de trabajo ⟨working hours : horas de trabajo⟩ **3** FUNCTIONING : que funciona, operativo **4** SUFFI-

CIENT : suficiente ⟨a working majority : una mayoría suficiente⟩ ⟨working knowledge : conocimientos básicos⟩
workingman [ˈwərkɪŋˌmæn] *n, pl* **-men** [-mən, -ˌmɛn] : obrero *m*
workman [ˈwərkmən] *n, pl* **-men** [-mən, -ˌmɛn] **1** → **workingman 2** ARTISAN : artesano *m*
workmanlike [ˈwərkmənˌlaɪk] *adj* : bien hecho, competente
workmanship [ˈwərkmənˌʃɪp] *n* **1** WORK : ejecución *f*, trabajo *m* **2** CRAFTSMANSHIP : artesanía *f*, destreza *f*
workout [ˈwərkˌaʊt] *n* : ejercicios *mpl* físicos, entrenamiento *m*
work out *vt* **1** DEVELOP, PLAN : idear, planear, desarrollar **2** RESOLVE : solucionar, resolver ⟨to work out the answer : calcular la solución⟩ — *vi* **1** TURN OUT : resultar **2** SUCCEED : lograr, dar resultado, salir bien **3** EXERCISE : hacer ejercicio
workroom [ˈwərkˌruːm, -ˌrʊm] *n* : taller *m*
workshop [ˈwərkˌʃɑp] *n* : taller *m* ⟨ceramics workshop : taller de cerámica⟩
workstation [ˈwərkˌsteɪʃən] *n* : estación *f* de trabajo (en informática)
world[1] [ˈwərld] *adj* : mundial, del mundo ⟨world championship : campeonato mundial⟩
world[2] *n* **1** : mundo *m* ⟨around the world : alrededor del mundo⟩ **2** : mundo *m* ⟨the industrialized world : el mundo industrializado⟩ **3** SOCIETY : mundo *m* ⟨the real world : la realidad⟩ **4** PEOPLE : mundo *m*, gente *f* ⟨to watch the world go by : ver pasar a la gente⟩ **5** REALM : mundo *m* ⟨the fashion world : el mundo de la moda⟩ **6** LIFE : mundo *m*, vida *f* ⟨his world fell apart : su mundo se derrumbó⟩ **7** PLANET : mundo *m*, planeta *f* **8 the world** EVERYTHING : todo *m* ⟨to mean the world to someone : ser todo para alguien⟩ **9 a world of** ⟨a world of difference : una diferencia enorme⟩ ⟨it'll do you a world of good : te hará la mar de bien⟩ **10 for all the world** *fam* EXACTLY : exactamente **11 for the world** *fam* : por nada del mundo **12 in one's own world** *or* **in a world of one's own** *fam* : en su mundo **13 in the world** *fam* : del mundo ⟨the best in the world : el mejor del mundo⟩ ⟨what in the world . . . ? : ¿qué diablos/demonios . . . ?⟩ **14 out of this world** *fam* : increíble, fantástico **15 the (whole) world over** *fam* : por/en/de todo el mundo **16 to have all the time in the world** : tener todo el tiempo del mundo **17 to come/move up in the world** : prosperar, tener éxito **18 to think the world of someone** *fam* : tener a alguien en alta estima
worldly [ˈwərldli] *adj* **1** : mundano ⟨wordly goods : bienes materiales⟩ **2** SOPHISTICATED : sofisticado, de mundo
worldwide[1] [ˈwərldˈwaɪd] *adv* : mundialmente, en todo el mundo
worldwide[2] *adj* : global, mundial
World Wide Web *n* : World Wide Web *f*
worm[1] [ˈwərm] *vi* CRAWL : arrastrarse, deslizarse (como gusano) — *vt* **1** : desparasitar (un animal) **2 to worm one's way into** : introducirse en ⟨he wormed his way into her confidence : se ganó su confianza⟩ **3 to worm something out of someone** : sonsacarle algo a alguien
worm[2] *n* **1** : gusano *m*, lombriz *f* **2 worms** *npl* : lombrices *fpl* (parásitos)
wormy [ˈwərmi] *adj* **wormier; -est** : infestado de gusanos
worn *pp* → **wear**[1]
worn–out [ˈwornˈaʊt] *adj* **1** USED : gastado, desgastado **2** TIRED : agotado
worried [ˈwərid] *adj* : inquieto, preocupado
worrier [ˈwəriər] *n* : persona *f* que se preocupa mucho
worrisome [ˈwərisəm] *adj* **1** DISTURBING : preocupante, inquietante **2** : que se preocupa mucho (dícese de una persona)
worry[1] [ˈwəri] *v* **-ried; -rying** *vt* : preocupar, inquietar — *vi* : preocuparse, inquietarse, angustiarse
worry[2] *n, pl* **-ries** : preocupación *f*, inquietud *f*, angustia *f*
worse[1] [ˈwərs] *adv, comparative of* **bad** *or of* **ill** : peor
worse[2] *adj, comparative of* **bad** *or of* **ill** : peor ⟨from bad to worse : de mal en peor⟩ ⟨to get worse : empeorar⟩ ⟨to feel worse : sentirse peor⟩
worse[3] *n* : estado *m* peor ⟨to take a turn for the worse : ponerse peor⟩ ⟨so much the worse : tanto peor⟩
worsen [ˈwərsən] *vt* : empeorar — *vi* : empeorar(se)
worship[1] [ˈwərʃəp] *v* **-shiped** *or* **-shipped; -shiping** *or* **-shipping** *vt* : adorar, venerar ⟨to worship God : adorar a Dios⟩ — *vi* : practicar una religión
worship[2] *n* : adoración *f*, culto *m*
worshiper *or* **worshipper** [ˈwərʃəpər] *n* : devoto *m*, -ta *f*; adorador *m*, -dora *f*
worst[1] [ˈwərst] *vt* DEFEAT : derrotar
worst[2] *adv, superlative of* **ill** *or of* **bad** *or* **badly** : peor ⟨the worst dressed of all : el peor vestido de todos⟩
worst[3] *adj, superlative of* **bad** *or of* **ill** : peor ⟨the worst movie : la peor película⟩
worst[4] *n* **the worst** : lo peor, el (la) peor ⟨the worst is over : ya ha pasado lo peor⟩
worsted [ˈwʊstəd, ˈwərstəd] *n* : estambre *m*
worth[1] [ˈwərθ] *n* **1** : valor *m* (monetario) ⟨ten dollars' worth of gas : diez dólares de gasolina⟩ **2** MERIT : valor *m*, mérito *m*, valía *f* ⟨an employee of

great worth : un empleado de gran valía⟩

worth[2] *prep* **to be worth** : valer ⟨her holdings are worth a fortune : sus propiedades valen una fortuna⟩ ⟨it's not worth it : no vale la pena⟩

worthiness [ˈwərðinəs] *n* : mérito *m*

worthless [ˈwərθləs] *adj* **1** : sin valor ⟨worthless trinkets : chucherías sin valor⟩ **2** USELESS : inútil

worthwhile [wərθˈhwaɪl] *adj* : que vale la pena

worthy [ˈwərði] *adj* **-thier; -est 1** : digno ⟨worthy of promotion : digno de un ascenso⟩ **2** COMMENDABLE : meritorio, encomiable

would [ˈwʊd] *past of* **will 1** (*expressing preference, desire, or willingness*) ⟨I would rather go alone than with her : preferiría ir sola que con ella⟩ ⟨I would like to help : me gustaría ayudar⟩ ⟨he would do anything for her : haría cualquier cosa por ella⟩ **2** (*expressing intent*) ⟨those who would ban certain books : aquellos que prohibirían ciertos libros⟩ **3** (*expressing habitual action*) ⟨he would often take his kids to the park : solía llevar a sus hijos al parque⟩ **4** (*expressing possibility or contingency*) ⟨I would go if I had the money : iría yo si tuviera el dinero⟩ ⟨I would if I could : lo haría si pudiera⟩ **5** (*offering or requesting advice*) ⟨if I were you, I would do it : yo en tu lugar lo haría⟩ ⟨what would you do? : ¿qué harías tú?⟩ **6** (*expressing probability*) ⟨she would have won if she hadn't tripped : habría ganado si no hubiera tropezado⟩ **7** (*expressing a request*) ⟨would you kindly help me with this? : ¿tendría la bondad de ayudarme con esto?⟩ ⟨would you mind waiting? : ¿le importaría esperar?⟩

would–be [ˈwʊdˈbiː] *adj* : potencial ⟨a would-be celebrity : un aspirante a celebridad⟩

wouldn't [ˈwʊdˈənt] *contraction of* **would not** → **would**

wound[1] [ˈwuːnd] *vt* : herir

wound[2] *n* : herida *f*

wound[3] [ˈwaʊnd] → **wind**[2]

wove, woven → **weave**[1]

wow [ˈwaʊ] *interj* : ¡guau!, ¡híjole! *Mex*, ¡hala! *Spain*

wrangle[1] [ˈræŋgəl] *vi* **-gled; -gling** : discutir, reñir ⟨to wrangle over : discutir por⟩

wrangle[2] *n* : riña *f*, disputa *f*

wrap[1] [ˈræp] *v* **wrapped; wrapping** *vt* **1** COVER : envolver, cubrir ⟨to wrap a package : envolver un paquete⟩ ⟨wrapped in mystery : envuelto en misterio⟩ **2** ENCIRCLE : rodear, ceñir ⟨to wrap one's arms around someone : estrechar a alguien⟩ **3 to wrap up** FINISH : darle fin a (algo) — *vi* **1** COIL : envolverse, enroscarse **2 to wrap up** DRESS : abrigarse ⟨wrap up warmly : abrígate bien⟩

wrap[2] *n* **1** WRAPPER : envoltura *f* **2** : prenda *f* que envuelve (como un chal, una bata, etc.)

wrapper [ˈræpər] *n* : envoltura *f*, envoltorio *m*

wrapping [ˈræpɪŋ] *n* : envoltura *f*, envoltorio *m*

wrath [ˈræθ] *n* : ira *f*, cólera *f*

wrathful [ˈræθfəl] *adj* : iracundo

wreak [ˈriːk] *vt* : infligir, causar ⟨to wreak havoc : crear caos, causar estragos⟩

wreath [ˈriːθ] *n, pl* **wreaths** [ˈriːðz, ˈriːθs] : corona *f* (de flores, etc.)

wreathe [ˈriːð] *vt* **wreathed; wreathing 1** ADORN : coronar (de flores, etc.) **2** ENVELOP : envolver ⟨wreathed in mist : envuelto en niebla⟩

wreck[1] [ˈrɛk] *vt* : destruir, arruinar, estrellar (un automóvil), naufragar (un barco)

wreck[2] *n* **1** WRECKAGE : restos *mpl* (de un buque naufragado, un avión siniestrado, etc.) **2** RUIN : ruina *f*, desastre *m* ⟨this place is a wreck! : ¡este lugar está hecho un desastre!⟩ ⟨to be a nervous wreck : tener los nervios destrozados⟩

wreckage [ˈrɛkɪʤ] *n* : restos *mpl* (de un buque naufragado, un avión siniestrado, etc.), ruinas *fpl* (de un edificio)

wrecker [ˈrɛkər] *n* **1** TOW TRUCK : grúa *f* **2** : desguazador *m* (de autos, barcos, etc.), demoledor *m* (de edificios)

wren [ˈrɛn] *n* : chochín *m*

wrench[1] [ˈrɛnʧ] *vt* **1** PULL : arrancar (de un tirón) **2** SPRAIN, TWIST : torcerse (un tobillo, un músculo, etc.)

wrench[2] *n* **1** TUG : tirón *m*, jalón *m* **2** SPRAIN : torcedura *f* **3** *or* **monkey wrench** : llave *f* inglesa

wrest [ˈrɛst] *vt* : arrancar

wrestle[1] [ˈrɛsəl] *v* **-tled; -tling** *vi* **1** : luchar, practicar la lucha (en deportes) **2** STRUGGLE : luchar ⟨to wrestle with a dilemma : lidiar con un dilema⟩ — *vt* : luchar contra

wrestle[2] *n* STRUGGLE : lucha *f*

wrestler [ˈrɛsələr] *n* : luchador *m*, -dora *f*

wrestling [ˈrɛsəlɪŋ] *n* : lucha *f*

wretch [ˈrɛʧ] *n* : infeliz *mf*; desgraciado *m*, -da *f*

wretched [ˈrɛʧəd] *adj* **1** MISERABLE, UNHAPPY : desdichado, afligido ⟨I feel wretched : me siento muy mal⟩ **2** UNFORTUNATE : miserable, desgraciado, lastimoso ⟨wretched weather : tiempo espantoso⟩ **3** INFERIOR : inferior, malo

wretchedly [ˈrɛʧədli] *adv* : miserablemente, lamentablemente

wriggle [ˈrɪgəl] *vi* **-gled; -gling** : retorcerse, menearse

wring [ˈrɪŋ] *vt* **wrung** [ˈrʌŋ]; **wringing 1** *or* **to wring out** : escurrir, exprimir (el lavado) **2** EXTRACT : arrancar, sacar (por la fuerza) **3** TWIST : torcer, retor-

cer **4 to wring someone's heart** : partirle el corazón a alguien
wringer [ˈrɪŋər] *n* : escurridor *m*
wrinkle[1] [ˈrɪŋkəl] *v* **-kled; -kling** *vt* : arrugar — *vi* : arrugarse
wrinkle[2] *n* : arruga *f*
wrinkly [ˈrɪŋkəli] *adj* **wrinklier; -est** : arrugado
wrist [ˈrɪst] *n* **1** : muñeca *f* (en anatomía) **2** *or* **wristband** [ˈrɪst-ˌbænd] CUFF : puño *m*
writ [ˈrɪt] *n* : orden *f* (judicial)
write [ˈraɪt] *v* **wrote** [ˈro:t]; **written** [ˈrɪtən]; **writing** *vi* **1** : escribir **2 to write back** : contestar **3 to write in** : escribir — *vt* **1** : escribir **2 to write back** : contestar **3 to write down** : apuntar, anotar **4 to write in** INSERT : escribir, insertar **5 to write into** : incluir (en un contrato, etc.) **6 to write off** : declarar siniestro total (en contabilidad) **7 to write off** DEDUCT : deducir, descontar (de los impuestos) **8 to write off** : dar por perdido ⟨he wrote it off as a failure : lo consideró un fracaso⟩ **9 to write out** : escribir **10 to write out** : hacer (un cheque, una factura) **11 to write someone out of** : eliminar a alguien de (un testamento, etc.) **12 to write up** : redactar **13 to write up** REPORT : ponerle una multa a (un conductor), darle una carta de amonestación a (un empleado)
write [ˈraɪt] *v* **wrote** [ˈro:t]; **written** [ˈrɪtən]; **writing** : escribir
write down *vt* : apuntar, anotar
write off *vt* CANCEL : cancelar
writer [ˈraɪt̬ər] *n* : escritor *m*, -tora *f*
writhe [ˈraɪð] *vi* **writhed; writhing** : retorcerse
writing [ˈraɪt̬ɪŋ] *n* **1** : escritura *f* **2** HANDWRITING : letra *f* **3 writings** *npl* WORKS : escritos *mpl*, obra *f*
wrong[1] [ˈrɔŋ] *vt* **wronged; wronging** : ofender, ser injusto con
wrong[2] *adv* : mal, incorrectamente
wrong[3] *adj* **wronger** [ˈrɔŋər]; **wrongest** [ˈrɔŋəst] **1** EVIL, SINFUL : malo, injusto, inmoral **2** IMPROPER, UNSUITABLE : inadecuado, inapropiado, malo **3** INCORRECT : incorrecto, erróneo, malo ⟨a wrong answer : una mala respuesta⟩ **4 to be wrong** : equivocarse, estar equivocado
wrong[4] *n* **1** INJUSTICE : injusticia *f*, mal *m* **2** OFFENSE : ofensa *f*, agravio *m* (en derecho) **3 to be in the wrong** : haber hecho mal, estar equivocado
wrongdoer [ˈrɔŋˌdu:ər] *n* : malhechor *m*, -chora *f*
wrongdoing [ˈrɔŋˌdu:ɪŋ] *n* : fechoría *f*, maldad *f*
wrongful [ˈrɔŋfəl] *adj* **1** UNJUST : injusto **2** UNLAWFUL : ilegal
wrongly [ˈrɔŋli] *adv* **1** : injustamente **2** INCORRECTLY : erróneamente, incorrectamente
wrote → **write**
wrought [ˈrɔt] *adj* **1** SHAPED : formado, forjado ⟨wrought iron : hierro forjado⟩ **2** *or* **wrought up** : agitado, excitado
wrung → **wring**
wry [ˈraɪ] *adj* **wrier** [ˈraɪər]; **wriest** [ˈraɪəst] **1** TWISTED : torcido ⟨a wry neck : un cuello torcido⟩ **2** : irónico, sardónico (dícese del humor)

X

x[1] *n, pl* **x's** *or* **xs** [ˈɛksəz] **1** : vigésima cuarta letra del alfabeto inglés **2** : incógnita *f* (en matemáticas)
x[2] [ˈks] *vt* **x–ed** [ˈɛkst]; **x–ing** *or* **x'ing** [ˈɛksiŋ] DELETE : tachar
xenon [ˈzi:ˌnɑn, ˈzɛ-] *n* : xenón *m*
xenophobia [ˌzɛnəˈfo:biə, ˌzi:-] *n* : xenofobia *f*
Xmas [ˈkrɪsməs] *n* : Navidad *f*
x–ray [ˈɛksˌreɪ] *vt* : radiografiar
X ray [ˈɛksˌreɪ] *n* **1** : rayo *m* X **2** *or* **X–ray photograph** : radiografía *f*
xylophone [ˈzaɪləˌfo:n] *n* : xilófono *m*

Y

y [ˈwaɪ] *n, pl* **y's** *or* **ys** [ˈwaɪz] : vigésima quinta letra del alfabeto inglés
yacht[1] [ˈjɑt] *vi* : navegar (a vela), ir en yate ⟨to go yachting : irse a navegar⟩
yacht[2] *n* : yate *m*
yak [ˈjæk] *n* : yac *m*
yam [ˈjæm] *n* **1** : ñame *m* **2** SWEET POTATO : batata *f*, boniato *m*
yank[1] [ˈjæŋk] *vt* : tirar de, jalar, darle un tirón a
yank[2] *n* : tirón *m*
Yankee [ˈjæŋki] *n* : yanqui *mf*
yap[1] [ˈjæp] *vi* **yapped; yapping 1** BARK, YELP : ladrar, gañir **2** CHATTER : cotorrear *fam*, parlotear *fam*
yap[2] *n* : ladrido *m*, gañido *m*
yard [ˈjɑrd] *n* **1** : yarda *f* (medida) **2** SPAR : verga *f* (de un barco) **3** COURTYARD : patio *m* **4** : jardín *m* (de una casa) **5** : depósito *m* (de mercancías, etc.)
yardage [ˈjɑrdɪʤ] *n* : medida *f* en yardas
yardarm [ˈjɑrdˌɑrm] *n* : penol *m*

yardstick [ˈjɑrdˌstɪk] *n* **1** : vara *f* **2** CRITERION : criterio *m*, norma *f*
yarn [ˈjɑrn] *n* **1** : hilado *m* **2** TALE : historia *f*, cuento *m* ⟨to spin a yarn : inventar una historia⟩
yawl [ˈjɔl] *n* : yola *f*
yawn[1] [ˈjɔn] *vi* **1** : bostezar **2** OPEN : abrirse
yawn[2] *n* : bostezo *m*
ye [ˈjiː] *pron* : vosotros, vosotras
yea[1] [ˈjeɪ] *adv* YES : sí
yea[2] *n* : voto *m* a favor
year [ˈjɪr] *n* **1** : año *m* ⟨last year : el año pasado⟩ ⟨he's ten years old : tiene diez años⟩ **2** : curso *m*, año *m* (escolar) **3 years** *npl* AGES : siglos *mpl*, años *mpl* ⟨I haven't seen them in years : hace siglos que no los veo⟩
yearbook [ˈjɪrˌbʊk] *n* : anuario *m*
yearling [ˈjɪrlɪŋ, ˈjərlən] *n* : animal *m* menor de dos años
yearly[1] [ˈjɪrli] *adv* : cada año, anualmente
yearly[2] *adj* : anual
yearn [ˈjərn] *vi* : anhelar, ansiar
yearning [ˈjərnɪŋ] *n* : anhelo *m*
yeast [ˈjiːst] *n* : levadura *f*
yell[1] [ˈjɛl] *vi* : gritar, chillar — *vt* : gritar
yell[2] *n* : grito *m*, alarido *m* ⟨to let out a yell : dar un grito⟩
yellow[1] [ˈjɛlo] *vi* : ponerse amarillo, volverse amarillo
yellow[2] *adj* **1** : amarillo **2** COWARDLY : cobarde
yellow[3] *n* : amarillo *m*
yellow fever *n* : fiebre *f* amarilla
yellowish [ˈjɛloɪʃ] *adj* : amarillento
yellow jacket *n* : avispa *f* (con rayas amarillas)
yelp[1] [ˈjɛlp] *vi* : dar un gañido (dícese de un animal), dar un grito (dícese de una persona)
yelp[2] *n* : gañido *m* (de un animal), grito *m* (de una persona)
yen [ˈjɛn] *n* **1** DESIRE : deseo *m*, ganas *fpl* **2** : yen *m* (moneda japonesa)
yeoman [ˈjoːmən] *n, pl* **-men** [-mən, -mɛn] : suboficial *mf* de marina
yes[1] [ˈjɛs] *adv* : sí ⟨to say yes : decir que sí⟩
yes[2] *n* : sí *m*
yesterday[1] [ˈjɛstərˌdeɪ, -di] *adv* : ayer
yesterday[2] *n* **1** : ayer *m* **2 the day before yesterday** : anteayer
yet[1] [ˈjɛt] *adv* **1** BESIDES, EVEN : aún ⟨yet more problems : más problemas aún⟩ ⟨yet again : otra vez⟩ **2** SO FAR : aún, todavía ⟨not yet : todavía no⟩ ⟨as yet : hasta ahora, todavía⟩ **3** : ya ⟨has he come yet? : ¿ya ha venido?⟩ **4** EVENTUALLY : todavía, algún día **5** NEVERTHELESS : sin embargo
yet[2] *conj* : pero
yew [ˈjuː] *n* : tejo *m*
yield[1] [ˈjiːld] *vt* **1** SURRENDER : ceder ⟨to yield the right of way : ceder el paso⟩ **2** PRODUCE : producir, dar, rendir (en finanzas) — *vi* **1** GIVE : ceder ⟨to yield under pressure : ceder por la presión⟩ **2** GIVE IN, SURRENDER : ceder, rendirse, entregarse
yield[2] *n* : rendimiento *m*, rédito *m* (en finanzas)
yin and yang [ˈjɪnændˈjæŋ, -ˈjɑŋ] *n* : yin *m* y yang *f*
yodel[1] [ˈjoːdəl] *vi* **-deled** *or* **-delled; -deling** *or* **-delling** : cantar al estilo tirolés
yodel[2] *n* : canción *f* al estilo tirolés
yoga [ˈjoːgə] *n* : yoga *m*
yogurt [ˈjoːgərt] *n* : yogur *m*, yogurt *m*
yoke[1] [ˈjoːk] *vt* **yoked; yoking** : uncir (animales)
yoke[2] *n* **1** : yugo *m* (para uncir animales) ⟨the yoke of oppression : el yugo de la opresión⟩ **2** TEAM : yunta *f* (de bueyes) **3** : canesú *m* (de ropa)
yokel [ˈjoːkəl] *n* : palurdo *m*, -da *f*
yolk [ˈjoːk] *n* : yema *f* (de un huevo)
Yom Kippur [ˌjoːmkɪˈpʊr, ˌjɑm-, -ˈkɪpər] *n* : el Día *m* del Perdón, Yom Kippur
yon [ˈjɑn] → **yonder**
yonder[1] [ˈjɑndər] *adv* : allá ⟨over yonder : allá lejos⟩
yonder[2] *adj* : aquel ⟨yonder hill : aquella colina⟩
yore [ˈjoːr] *n* **in days of yore** : antaño
you [ˈjuː] *pron* **1** (*used as subject — familiar*) : tú; vos (*in some Latin American countries*); ustedes *pl*; vosotros, vosotras *pl Spain* **2** (*used as subject — formal*) : usted, ustedes *pl* **3** (*used as indirect object — familiar*) : te, les *pl* (se *before lo, la, los, las*), os *pl Spain* ⟨he told it to you : te lo contó⟩ ⟨I gave them to (all of, both of) you : se los di⟩ **4** (*used as indirect object — formal*) : lo (*Spain sometimes* le), la; los (*Spain sometimes* les), las *pl* **5** (*used after a preposition — familiar*) : ti; vos (*in some Latin American countries*); ustedes *pl*; vosotros, vosotras *pl Spain* **6** (*used after a preposition — formal*) : usted, ustedes *pl* **7** (*used as an impersonal subject*) ⟨you never know : nunca se sabe⟩ ⟨you have to be aware : hay que ser consciente⟩ ⟨you mustn't do that : eso no se hace⟩ **8 with you** (*familiar*) : contigo; con ustedes *pl*; con vosotros, con vosotras *pl Spain* **9 with you** (*formal*) : con usted, con ustedes *pl*
you'd [ˈjuːd, ˈjʊd] *contraction of* **you had** *or* **you would** → **have, would**
you'll [ˈjuːl, ˈjʊl] *contraction of* **you shall** *or* **you will** → **shall, will**
young[1] [ˈjʌŋ] *adj* **younger** [ˈjʌŋgər]; **youngest** [-gəst] **1** : joven, pequeño, menor ⟨young people : los jóvenes⟩ ⟨my younger brother : mi hermano menor⟩ ⟨she is the youngest : es la más pequeña⟩ **2** FRESH, NEW : tierno (dícese de las verduras), joven (dícese del vino) **3** YOUTHFUL : joven, juvenil
young[2] *npl* : jóvenes *mfpl* (de los humanos), crías *fpl* (de los animales)
youngster [ˈjʌŋkstər] *n* **1** YOUTH : joven *mf* **2** CHILD : chico *m*, -ca *f*; niño *m*, -ña *f*

your [ˈjʊr, ˈjoːr, jər] *adj* **1** (*familiar singular*) : tu ⟨your cat : tu gato⟩ ⟨your books : tus libros⟩ ⟨wash your hands : lávate las manos⟩ **2** (*familiar plural*) : su, vuestro *Spain* ⟨your car : su coche, el coche de ustedes⟩ **3** (*formal*) : su ⟨your houses : sus casas⟩ **4** (*impersonal*) : el, la, los, las ⟨on your left : a la izquierda⟩

you're [ˈjʊr, ˈjoːr, ˈjər, ˈjuːər] *contraction of* **you are** → **be**

yours [ˈjʊrz, ˈjoːrz] *pron* **1** (*belonging to one person — familiar*) : (el) tuyo, (la) tuya, (los) tuyos, (las) tuyas ⟨those are mine; yours are there : ésas son mías; las tuyas están allí⟩ ⟨is this one yours? : ¿éste es tuyo?⟩ **2** (*belonging to more than one person — familiar*) : (el) suyo, (la) suya, (los) suyos, (las) suyas; (el) vuestro, (la) vuestra, (los) vuestros, (las) vuestras *Spain* ⟨our house and yours : nuestra casa y la suya⟩ **3** (*formal*) : (el) suyo, (la) suya, (los) suyos, (las) suyas

yourself [jərˈsɛlf] *pron, pl* **yourselves** [-ˈslvz] **1** (*used reflexively — familiar*) : te, se *pl*, os *pl Spain* ⟨wash yourself : lávate⟩ ⟨you dressed yourselves : se vistieron, os vestisteis⟩ **2** (*used reflexively — formal*) : se ⟨did you hurt yourself? : ¿se hizo daño?⟩ ⟨you've gotten yourselves dirty : se ensuciaron⟩ **3** (*used for emphasis*) : tú mismo, tú misma; usted mismo, usted misma; ustedes mismos, ustedes mismas *pl*; vosotros mismos, vosotras mismas *pl Spain* ⟨you did it yourselves? : ¿lo hicieron ustedes mismos?, ¿lo hicieron por sí solos?⟩

youth [ˈjuːθ] *n, pl* **youths** [ˈjuːðz, ˈjuːθs] **1** : juventud *f* ⟨in her youth : en su juventud⟩ **2** BOY : joven *m* **3** : jóvenes *mfpl*, juventud *f* ⟨the youth of our city : los jóvenes de nuestra ciudad⟩

youthful [ˈjuːθfəl] *adj* **1** : de juventud **2** YOUNG : joven **3** JUVENILE : juvenil

youthfulness [ˈjuːθfəlnəs] *n* : juventud *f*

you've [ˈjuːv] *contraction of* **you have** → **have**

yowl[1] [ˈjæʊl] *vi* : aullar

yowl[2] *n* : aullido *m*

yo–yo [ˈjoːˌjoː] *n, pl* **-yos** : yoyo *m*, yoyó *m*

yucca [ˈjʌkə] *n* : yuca *f*

Yugoslavian [ˌjuːgoˈslɑviən] *n* : yugoslavo *m*, -va *f* — **Yugoslavian** *adj*

yule [ˈjuːl] *n* CHRISTMAS : Navidad *f*

yuletide [ˈjuːlˌtaɪd] *n* : Navidades *fpl*

yuppie [ˈjʌpi] *n* : yuppy *mf*

Z

z [ˈziː] *n, pl* **z's** *or* **zs** : vigésima sexta letra del alfabeto inglés

Zambian [ˈzæmbiən] *n* : zambiano *m*, -na *f* — **Zambian** *adj*

zany[1] [ˈzeɪni] *adj* **-nier; -est** : alocado, disparatado

zany[2] *n, pl* **-nies** : bufón *m*, -fona *f*

zap[1] [ˈzæp] *vt* **zapped; zapping 1** ELIMINATE : eliminar **2** : enviar o transportar rápidamente — *vi* : ir rápidamente

zap[2] *n* **1** ZEST : sabor *m*, sazón *f* **2** BLAST : golpe *m* fuerte

zap[3] *interj* : ¡zas!

zeal [ˈziːl] *n* : fervor *m*, celo *m*, entusiasmo *m*

zealot [ˈzɛlət] *n* : fanático *m*, -ca *f*

zealous [ˈzɛləs] *adj* : celoso — **zealously** *adv*

zebra [ˈziːbrə] *n* : cebra *f*

zenith [ˈziːnəθ] *n* **1** : cenit *m* (en astronomía) **2** PEAK : apogeo *m*, cenit *m* ⟨at the zenith of his career : en el apogeo de su carrera⟩

zephyr [ˈzɛfər] *n* : céfiro *m*

zeppelin [ˈzɛplən, -pəlɪn] *n* : zepelín *m*

zero[1] [ˈziːro, ˈzɪro] *vi* **to zero in on** : apuntar hacia, centrarse en (un problema, etc.)

zero[2] *adj* : cero, nulo ⟨zero degrees : cero grados⟩ ⟨zero opportunities : oportunidades nulas⟩

zero[3] *n, pl* **-ros** : cero *m* ⟨below zero : bajo cero⟩

zest [ˈzɛst] *n* **1** GUSTO : entusiasmo *m*, brío *m* **2** FLAVOR : sabor *m*, sazón *f*

zestful [ˈzɛstfəl] *adj* : brioso

zigzag[1] [ˈzɪgˌzæg] *vi* **-zagged; -zagging** : zigzaguear

zigzag[2] *adv & adj* : en zigzag

zigzag[3] *n* : zigzag *m*

Zimbabwean [zɪmˈbɑbwiən, -bweɪ-] *n* : zimbabuense *mf* — **Zimbabwean** *adj*

zinc [ˈzɪŋk] *n* : cinc *m*, zinc *m*

zing [ˈzɪŋ] *n* **1** HISS, HUM : zumbido *m*, silbido *m* **2** ENERGY : brío *m*

zinnia [ˈzɪniə, ˈziː-, -njə] *n* : zinnia *f*

Zionism [ˈzaɪəˌnɪzəm] *n* : sionismo *m*

Zionist [ˈzaɪənɪst] *n* : sionista *mf*

zip[1] [ˈzɪp] *v* **zipped; zipping** *vt or* **to zip up** : cerrar el cierre de — *vi* **1** SPEED : pasarse volando ⟨the day zipped by : el día se pasó volando⟩ **2** HISS, HUM : silbar, zumbar

zip[2] *n* **1** ZING : zumbido *m*, silbido *m* **2** ENERGY : brío *m*

zip code *n* : código *m* postal

zipper [ˈzɪpər] *n* : cierre *m*, cremallera *f*, zíper *m CA, Mex*

zippy [ˈzɪpi] *adj* **-pier; -est** : brioso

zircon [ˈzərˌkɑn] *n* : circón *m*, zircón *m*

zirconium [ˌzərˈkoːniəm] *n* : circonio *m*

zither [ˈzɪðər, -θər] *n* : cítara *f*

zodiac [ˈzoːdiˌæk] *n* : zodíaco *m*

zombie [ˈzɑmbi] *n* : zombi *mf*, zombie *mf*

zone[1] [ˈzoːn] *vt* **zoned; zoning 1** : dividir en zonas **2** DESIGNATE : declarar ⟨to zone for business : declarar como zona comercial⟩

zone[2] *n* : zona *f*

zoo [ˈzuː] *n, pl* **zoos** : zoológico *m*, zoo *m*

zoological [ˌzoːəˈlɑʤɪkəl, ˌzuːə-] *adj* : zoológico

zoologist [zoˈɑləʤɪst, zuː-] *n* : zoólogo *m*, -ga *f*

zoology [zoˈɑləʤi, zuː-] *n* : zoología *f*

zoom[1] [ˈzuːm] *vi* **1** : zumbar, ir volando ⟨to zoom past : pasar volando⟩ **2** CLIMB : elevarse ⟨the plane zoomed up : el avión se elevó⟩

zoom[2] *n* **1** : zumbido *m* ⟨the zoom of an engine : el zumbido de un motor⟩ **2** : subida *f* vertical (de un avión, etc.) **3** *or* **zoom lens** : zoom *m*

zucchini [zʊˈkiːni] *n, pl* **-ni** *or* **-nis** : calabacín *m*, calabacita *f Mex*

Zulu [ˈzuːluː] *n* **1** : zulú *mf* **2** : zulú *m* (idioma) — **Zulu** *adj*

zygote [ˈzaɪˌgoːt] *n* : zigoto *m*, cigoto *m*

Abreviaturas comunes en español

ABREVIATURA ESPAÑOLA Y EXPANSIÓN		EQUIVALENTE INGLÉS	
abr.	abril	**Apr.**	April
A.C., a.C.	antes de Cristo	**BC**	before Christ
a. de J.C.	antes de Jesucristo	**BC**	before Christ
admon., admón.	administración	—	administration
a/f	a favor	—	in favor
ago.	agosto	**Aug.**	August
Apdo.	apartado (de correos)	—	P.O. box
aprox.	aproximadamente	**approx.**	approximately
Aptdo.	apartado (de correos)	—	P.O. box
Arq.	arquitecto	**arch.**	architect
A.T.	Antiguo Testamento	**O.T.**	Old Testament
atte.	atentamente	—	sincerely
atto., atta.	atento, atenta	—	kind, courteous
av., avda.	avenida	**ave.**	avenue
a/v.	a vista	—	on receipt
BID	Banco Interamericano de Desarrollo	**IDB**	Interamerican Development Bank
B°	banco	—	bank
BM	Banco Mundial	—	World Bank
c/, C/	calle	**st.**	street
C	centígrado, Celsius	**C**	centigrade, Celsius
C.	compañía	**Co.**	company
CA	corriente alterna	**AC**	alternating current
cap.	capítulo	**ch., chap.**	chapter
c/c	cuenta corriente	—	current account, checking account
c.c.	centímetros cúbicos	**cu. cm**	cubic centimeters
CC	corriente continua	**DC**	direct current
c/d	con descuento	—	with discount
Cd.	ciudad	—	city
CE	Comunidad Europea	**EC**	European Community
CEE	Comunidad Económica	**EEC**	European Economic Community
cf.	confróntese	**cf.**	compare
cg.	centígramo	**cg**	centigram
CGT	Confederación General de Trabajadores *or* del Trabajo	—	confederation of workers, workers' union
CI	coeficiente intelectual *or* de inteligencia	**IQ**	intelligence quotient
Cía.	compañía	**Co.**	company
cm.	centímetro	**cm**	centimeter
Cnel.	coronel	**Col.**	colonel
col.	columna	**col.**	column
Col. *Mex*	colonia	—	residential area
Com.	comandante	**Cmdr.**	commander
comp.	compárese	**comp.**	compare
Cor.	coronel	**Col.**	colonel
C.P.	código postal	—	zip code

CSF, c.s.f.	coste, seguro y flete	**c.i.f.**	cost, insurance, and freight
cta.	cuenta	**ac., acct.**	account
cte.	corriente	**cur.**	current
c/u	cada uno, cada una	**ea.**	each
CV	caballo de vapor	**hp**	horsepower
D.	Don	—	—
Da., D.ª	Doña	—	—
d.C.	después de Cristo	**AD**	anno Domini (in the year of our Lord)
dcha.	derecha	—	right
d. de J.C.	después de Jesucristo	**AD**	anno Domini (in the year of our lord)
dep.	departamento	**dept.**	department
DF, D.F.	Distrito Federal	—	Federal District
dic.	diciembre	**Dec.**	December
dir.	director, directora	**dir.**	director
dir.	dirección	—	address
DÒa.	Doña	—	—
do.	domingo	**Sun.**	Sunday
dpto.	departamento	**dept.**	department
Dr.	doctor	**Dr.**	doctor
Dra.	doctora	**Dr.**	doctor
dto.	descuento	—	discount
E, E.	Este, este	**E**	East, east
Ed.	editorial	—	publishing house
Ed., ed.	edición	**ed.**	edition
edif.	edificio	**bldg.**	building
edo.	estado	**st.**	state
EEUU, EE.UU.	Estados Unidos	**US, U.S.**	United States
ej.	por ejemplo	**e.g.**	for example
E.M.	esclerosis multiple	**MS**	multiple sclerosis
ene.	enero	**Jan.**	January
etc.	etcétera	**etc.**	et cetera
ext.	extensión	**ext.**	extension
F	Fahrenheit	**F**	Fahrenheit
f.a.b.	franco a bordo	**f.o.b.**	free on board
FC	ferrocarril	**RR**	railroad
feb.	febrero	**Feb.**	February
FF AA, FF.AA.	Fuerzas Armadas	—	armed forces
FMI	Fondo Monetario Internacional	**IMF**	International Monetary Fund
g.	gramo	**g., gm, gr.**	gram
G.P.	giro postal	**M.O.**	money order
gr.	gramo	**g., gm, gr.**	gram
Gral.	general	**Gen.**	general
h.	hora	**hr.**	hour
Hnos.	hermanos	**Bros.**	brothers
I + D, I & D, I y D	investigación y desarrollo	**R & D**	research and development
i.e.	esto es, es decir	**i.e.**	that is
incl.	inclusive	**incl.**	inclusive, inclusively
Ing.	ingeniero, ingeniera	**eng.**	engineer
IPC	indice de precios al consumo	**CPI**	consumer price index
IVA	impuesto al valor agregado	**VAT**	value-added tax
izq.	izquierda	**l.**	left
juev.	jueves	**Thurs.**	Thursday
jul.	julio	**Jul.**	July

jun.	junio	**Jun.**	June
kg.	kilogramo	**kg**	kilogram
km.	kilómetro	**km**	kilometer
km/h	kilómetros por hora	**kph**	kilometers per hour
kv, kV	kilovatio	**kw, kW**	kilowatt
l.	litro	**l, lit.**	liter
Lic.	licenciado, licenciada	—	—
Ltda.	limitada	**Ltd.**	limited
lun.	lunes	**Mon.**	Monday
m	masculino	**m**	masculine
m	metro	**m**	meter
m	minuto	**m**	minute
mar.	marzo	**Mar.**	March
mart.	martes	**Tues.**	Tuesday
mg.	miligramo	**mg**	milligram
miÈrc.	miércoles	**Wed.**	Wednesday
min	minuto	**min.**	minute
mm.	milímetro	**mm**	millimeter
M-N, m/n	moneda nacional	—	national currency
Mons.	monseñor	**Msgr.**	monsignor
Mtra.	maestra	—	teacher
Mtro.	maestro	—	teacher
N, N.	Norte, norte	**N, no.**	North, north
n/	nuestro	—	our
n.º	número	**no.**	number
N. de (la) R.	nota de (la) redacción	—	editor's note
NE	nordeste	**NE**	northeast
NN.UU.	Naciones Unidas	**UN**	United Nations
NO	noroeste	**NW**	northwest
nov.	noviembre	**Nov.**	November
N.T.	Nuevo Testamento	**N.T.**	New Testament
ntra., ntro.	nuestra, nuestro	—	our
NU	Naciones Unidas	**UN**	United Nations
núm.	número	**num.**	number
O, O.	Oeste, oeste	**W**	West, west
oct.	octubre	**Oct.**	October
OEA, O.E.A.	Organización de Estados Americanos	**OAS**	Organization of American States
OMS	Organización Mundial de la Salud	**WHO**	World Health Organization
ONG	organización no gubernamental	**NGO**	non-governmental organization
ONU	Organización de las Naciones Unidas	**UN**	United Nations
OTAN	Organización del Tratado del Atlántico Norte	**NATO**	North Atlantic Treaty Organization
p.	página	**p.**	page
P, P.	padre	**Fr.**	father
pág.	página	**pg.**	page
pat.	patente	**pat.**	patent
PCL	pantalla de cristal líquido	**LCD**	liquid crystal display
P.D.	post data	**P.S.**	postscript
p. ej.	por ejemplo	**e.g.**	for example
PNB	Producto Nacional Bruto	**GNP**	gross national product
pº	paseo	**Ave.**	avenue
p.p.	porte pagado	**ppd.**	postpaid
PP, p.p.	por poder, por poderes	**p.p.**	by proxy
prom.	promedio	**av., avg.**	average
ptas., pts.	pesetas	—	—
q.e.p.d.	que en paz descanse	**R.I.P.**	may he/she rest in peace
R, R/	remite	—	sender
RAE	Real Academia Española	—	—

ref., ref.ª	referencia	**ref.**	reference
rep.	república	**rep.**	republic
r.p.m.	revoluciones por minuto	**rpm.**	revolutions per minute
rte.	remite, remitente	—	sender
s.	siglo	**c., cent.**	century
s/	su, sus	—	his, her, your, their
S, S.	Sur, sur	**S, so.**	South, south
S.	san, santo	**St.**	saint
S.A.	sociedad anónima	**Inc.**	incorporated (company)
sáb.	sábado	**Sat.**	Saturday
s/c	su cuenta	—	your account
SE	sudeste, sureste	**SE**	southeast
seg.	segundo, segundos	**sec.**	second, seconds
sep., sept.	septiembre	**Sept.**	September
s.e.u.o.	salvo error u omisión	—	errors and omissions excepted
Sgto.	sargento	**Sgt.**	sergeant
S.L.	sociedad limitada	**Ltd.**	limited (corporation)
S.M.	Su Majestad	**HM**	His Majesty, Her Majesty
s/n	sin número	—	no (street) number
s.n.m.	sobre el nivel de mar	**a.s.l.**	above sea level
SO	sudoeste/suroeste	**SW**	southwest
S.R.C.	se ruega contestación	**R.S.V.P.**	please reply
ss.	siguientes	—	the following ones
SS, S.S.	Su Santidad	**H.H.**	His Holiness
Sta.	santa	**St.**	Saint
Sto.	santo	**St.**	saint
t, t.	tonelada	**t., tn.**	ton
TAE	tasa anual efectiva	**APR**	annual percentage rate
tb.	también	—	also
tel., Tel.	teléfono	**tel.**	telephone
Tm.	tonelada métrica	**MT**	metric ton
Tn.	tonelada	**t., tn.**	ton
trad.	traducido	**tr., trans., transl.**	translated
UE	Unión Europea	**EU**	European Union
Univ.	universidad	**Univ., U.**	university
UPC	unidad procesadora central	**CPU**	central processing unit
Urb.	urbanización	—	residential area
v	versus	**v., vs.**	versus
v	verso	**v., ver., vs.**	verse
v.	véase	**vid.**	see
Vda.	viuda	—	widow
v.g., v.gr.	verbigracia	**e.g.**	for example
vier., viern.	viernes	**Fri.**	Friday
V.M.	Vuestra Majestad	—	Your Majesty
VºBº, V.ºB.º	visto bueno	—	OK, approved
vol, vol.	volumen	**vol.**	volume
vra., vro.	vuestra, vuestro	—	your

Abreviaturas comunes en inglés

ABREVIATURA INGLESA Y EXPANSIÓN		EQUIVALENTE ESPAÑOL	
AAA	American Automobile Association	—	—
AD	anno Domini (in the year of our Lord)	**d.C., d. de J.C.**	después de Cristo, después de Jesucristo
AK	Alaska	—	Alaska
AL, Ala.	Alabama	—	Alabama
Alas.	Alaska	—	Alaska
a.m., AM	ante meridiem (before noon)	**a.m.**	ante meridiem (de la mañana)
Am., Amer.	America, American	—	América, americano
amt.	amount	—	cantidad
anon.	anonymous	—	anónimo
ans.	answer	—	respuesta
Apr.	April	**abr.**	abril
AR	Arkansas	—	Arkansas
Ariz.	Arizona	—	Arizona
Ark.	Arkansas	—	Arkansas
asst.	assistant	**ayte.**	ayudante
atty.	attorney	—	abogado, -da
Aug.	August	**ago.**	agosto
ave.	avenue	**av., avda.**	avenida
AZ	Arizona	—	Arizona
BA	Bachelor of Arts	**Lic.**	Licenciado, -da en Filosofía y Letras
BA	Bachelor of Arts (degree)	—	Licenciatura en Filosofía y Letras
BC	before Christ	**a.C., A.C., a. de J.C.**	antes de Cristo, antes de Jesucristo
BCE	before the Christian Era, before the Common Era	—	antes de la era cristiana, antes de la era común
bet.	between	—	entre
bldg.	building	**edif.**	edificio
blvd.	boulevard	**blvar., br.**	bulevar
Br., Brit.	Britain, British	—	Gran Bretaña, británico
Bro(s).	brother(s)	**Hno(s).**	hermano(s)
BS	Bachelor of Science	**Lic.**	Licenciado, -da en Ciencias
BS	Bachelor of Science (degree)	—	Licenciatura en Ciencias
c	carat	—	quilate
c	cent	—	centavo
c	centimeter	**cm.**	centímetro
c	century	**s.**	siglo
c	cup	—	taza
C	Celsius, centigrade	**C**	Celsius, centígrado
CA, Cal., Calif.	California	—	California
Can., Canad.	Canada, Canadian	—	Canadá, canadiense
cap.	capital	—	capital
cap.	capital	—	mayúscula

Capt.	captain	—	capitán
cent.	century	**s.**	siglo
CEO	chief executive officer	—	presidente, -ta (de una corporación)
ch., chap.	chapter	**cap.**	capítulo
CIA	Central Intelligence Agency	—	—
cm	centimeter	**cm.**	centímetro
Co.	company	**C., Cía.**	compañía
co.	county	—	condado
CO	Colorado	—	Colorado
c/o	care of	**a/c**	a cargo de
COD	cash on delivery, collect on delivery	—	(pago) contra reembolso
col.	column	**col.**	columna
Col., Colo.	Colorado	—	Colorado
Conn.	Connecticut	—	Connecticut
corp.	corporation	—	corporación
CPR	cardiopulmonary resuscitation	**RCP**	reanimación cardiopulmonar, resucitación cardiopulmonar
ct.	cent	—	centavo
CT	Connecticut	—	Connecticut
D.A.	district attorney	—	fiscal (del distrito)
DC	District of Columbia	—	—
DDS	Doctor of Dental Surgery	—	doctor de cirugía dental
DE	Delaware	—	Delaware
Dec.	December	**dic.**	diciembre
Del.	Delaware	—	Delaware
DJ	disc jockey	—	**disc-jockey**
dept.	department	**dep., dpto.**	departamento
DMD	Doctor of Dental Medicine	—	doctor de medicina dental
doz.	dozen	—	docena
Dr.	doctor	**Dr., Dra.**	doctor, doctora
DST	daylight saving time	—	—
DVM	Doctor of Veterinary Medicine	—	doctor de medicina veterinaria
E	East, east	**E, E.**	Este, este
ea.	each	**c/u**	cada uno, cada una
e.g.	for example	**v.g., v.gr.**	verbigracia
EMT	emergency medical technician	—	técnico, -ca en urgencias médicas
Eng.	England, English	—	Inglaterra, inglés
esp.	especially	—	especialmente
EST	eastern standard time	—	—
etc.	et cetera	**etc.**	etcétera
f	false	—	falso
f	female	**f**	femenino
F	Fahrenheit	**F**	Fahrenheit
FBI	Federal Bureau of Investigation	—	—
Feb.	February	**feb.**	febrero
fem.	feminine	—	femenino
FL, Fla.	Florida	—	Florida
Fri.	Friday	**vier., viern.**	viernes
ft.	feet, foot	—	pie(s)
g	gram	**g., gr.**	gramo
Ga., GA	Georgia	—	Georgia
gal.	gallon	—	galón
Gen.	general	**Gral.**	general
gm	gram	**g., gr.**	gramo

gov.	governor	—	gobernador, -dora
govt.	government	—	gobierno
gr.	gram	**g., gr.**	gramo
HI	Hawaii	—	Hawai, Hawaii
hr.	hour	**h.**	hora
HS	high school	—	colegio secundario
ht.	height	—	altura
Ia., IA	Iowa	—	Iowa
ID	Idaho	—	Idaho
i.e.	id est (that is)	**i.e.**	id est (esto es, es decir)
IL, Ill.	Illinois	—	Illinois
in.	inch	—	pulgada
IN	Indiana	—	Indiana
Inc.	incorporated (company)	**S.A.**	sociedad anónima
Ind.	Indian, Indiana	—	Indiana
Jan.	January	**ene.**	enero
Jul.	July	**jul.**	julio
Jun.	June	**jun.**	junio
Jr., Jun.	Junior	**Jr.**	Júnior
Kan., Kans.	Kansas	—	Kansas
kg	kilogram	**kg.**	kilogramo
km	kilometer	**km.**	kilómetro
KS	Kansas	—	Kansas
Ky., KY	Kentucky	—	Kentucky
l	liter	**l.**	litro
l.	left	**izq.**	izquierda
L	large	**G**	(talla) grande
La., LA	Louisiana	—	Luisiana, Louisiana
lb.	pound	—	libra
Ltd.	limited (corporation)	**S.L.**	sociedad limitada
m	male	**m**	masculino
m	meter	**m**	metro
m	mile	—	milla
M	medium	**M**	(talla) mediana
MA	Massachusetts	—	Massachusetts
Maj.	major	—	mayor
Mar.	March	**mar.**	marzo
masc.	masculine	—	masculino
Mass.	Massachusetts	—	Massachusetts
Md., MD	Maryland	—	Maryland
M.D.	Doctor of Medicine	—	doctor de medicina
Me., ME	Maine	—	Maine
Mex.	Mexican, Mexico	**MÈx.**	mexicano, México
mg	milligram	**mg.**	miligramo
mi.	mile	—	milla
MI, Mich.	Michigan	—	Michigan
min.	minute	**min**	minuto
Minn.	Minnesota	—	Minnesota
Miss.	Mississippi	—	Mississippi, Misisipí
ml	mililiter	**ml.**	mililitro
mm	millimeter	**mm.**	milímetro
MN	Minnesota	—	Minnesota
mo.	month	—	mes
Mo., MO	Missouri	—	Missouri
Mon.	Monday	**lun.**	lunes
Mont.	Montana	—	Montana
mpg	miles per gallon	—	millas por galón
mph	miles per hour	—	millas por hora
MS	Mississippi	—	Mississippi, Misisipí
mt.	mount, mountain	—	monte, montaña
MT	Montana	—	Montana
mtn.	mountain	—	montaña
N	North, north	**N**	Norte, norte

NASA	National Aeronautics and Space Administration	—	—
NC	North Carolina	—	Carolina del Norte, North Carolina
ND, N. Dak.	North Dakota	—	Dakota del Norte, North Dakota
NE	northeast	**NE**	nordeste
NE, Neb., Nebr.	Nebraska	—	Nebraska
Nev.	Nevada	—	Nevada
NH	New Hampshire	—	New Hampshire
NJ	New Jersey	—	Nueva Jersey, New Jersey
NM., N. Mex.	New Mexico	—	Nuevo México, New Mexico
no.	north	**N**	norte
no.	number	**n.º**	número
Nov.	November	**nov.**	noviembre
N.T.	New Testament	**N.T.**	Nuevo Testamento
NV	Nevada	—	Nevada
NW	northwest	**NO**	noroeste
NY	New York	**NY**	Nueva York, New York
O	Ohio	—	Ohio
Oct.	October	**oct.**	octubre
OH	Ohio	—	Ohio
OK, Okla.	Oklahoma	—	Oklahoma
OR, Ore., Oreg.	Oregon	—	Oregon
O.T.	Old Testament	**A.T.**	Antiguo Testamento
oz.	ounce, ounces	—	onza, onzas
p.	page	**p.**	página
Pa., PA	Pennsylvania	—	Pennsylvania, Pensilvania
pat.	patent	**pat.**	patente
PD	police department	—	departamento de policía
PE	physical education	—	educación física
Penn., Penna.	Pennsylvania	—	Pennsylvania, Pensilvania
pg.	page	**pág.**	página
PhD	Doctor of Philosophy	—	doctor, -tora (en filosofía)
pkg.	package	—	paquete
p.m., PM	post meridiem (afternoon)	**p.m.**	post meridiem (de la tarde)
P.O.	post office	—	oficina de correos, correo
pp.	pages	**págs.**	páginas
PR	Puerto Rico	**PR**	Puerto Rico
pres.	present	—	presente
pres.	president	—	presidente, -ta
prof.	professor	—	profesor, -sora
P.S.	postscript	**P.D.**	postdata
P.S.	public school	—	escuela pública
pt.	pint	—	pinta
pt.	point	**pto.**	punto
PTA	Parent-Teacher Association	—	—
PTO	Parent-Teacher Organization	—	—
q, qt.	quart	—	cuarto de galón
r.	right	**dcha.**	derecha
rd.	road	**c/, C/**	calle
RDA	recommended daily allowance	—	consumo diario recomendado
recd.	received	—	recibido

Rev.	reverend	**Rdo.**	reverendo
RI	Rhode Island	—	Rhode Island
rpm	revolutions per minute	**r.p.m.**	revoluciones por minuto
RR	railroad	**FC**	ferrocarril
R.S.V.P.	please reply (répondez s'il vous plaît)	**S.R.C.**	se ruega contestación
rt.	right	**dcha.**	derecha
rte.	route	—	ruta
S	small	**P**	(talla) pequeña
S	South, south	**S**	Sur, sur
S.A.	South America	—	Sudamérica, América del Sur
Sat.	Saturday	**sáb.**	sábado
SC	South Carolina	—	Carolina del Sur, South Carolina
SD, S. Dak.	South Dakota	—	Dakota del Sur, South Dakota
SE	southeast	**SE**	sudeste, sureste
Sept.	September	**sep., sept.**	septiembre
so.	south	**S**	sur
sq.	square	—	cuadrado
Sr.	Senior	**Sr.**	Sénior
Sr.	sister (*in religion*)	—	sor
st.	state	—	estado
st.	street	**c/, C/**	calle
St.	saint	**S., Sto., Sta.**	santo, santa
Sun.	Sunday	**dom.**	domingo
SW	southwest	**SO**	sudoeste, suroeste
t.	teaspoon	—	cucharadita
T, tb., tbsp.	tablespoon	—	cucharada (grande)
Tenn.	Tennessee	—	Tennessee
Tex.	Texas	—	Texas
Thu., Thur., Thurs.	Thursday	**juev.**	jueves
TM	trademark	—	marca (de un producto)
TN	Tennessee	—	Tennessee
tsp.	teaspoon	—	cucharadita
Tue., Tues.	Tuesday	**mart.**	martes
TX	Texas	—	Texas
UN	United Nations	**NU, NN.UU.**	Naciones Unidas
US	United States	**EEUU, EE.UU.**	Estados Unidos
USA	United States of America	**EEUU, EE.UU.**	Estados Unidos de América
usu.	usually	—	usualmente
UT	Utah	—	Utah
v.	versus	**v**	versus
Va., VA	Virginia	—	Virginia
vol.	volume	**vol.**	volumen
VP	vice president	—	vicepresidente, -ta
vs.	versus	**v**	versus
Vt., VT	Vermont	—	Vermont
W	West, west	**O**	Oeste, oeste
WA, Wash.	Washington (state)	—	Washington
Wed.	Wednesday	**miérc.**	miércoles
WI, Wis., Wisc.	Wisconsin	—	Wisconsin
wt.	weight	—	peso
WV, W. Va.	West Virginia	—	Virginia del Oeste, West Virginia
WY, Wyo.	Wyoming	—	Wyoming
yd.	yard	—	yarda
yr.	year	—	año

Números españoles

Números cardinales

1	uno	40	cuarenta
2	dos	50	cincuenta
3	tres	60	sesenta
4	cuatro	70	setenta
5	cinco	80	ochenta
6	seis	90	noventa
7	siete	100	cien
8	ocho	101	ciento uno
9	nueve	200	doscientos
10	diez	300	trescientos
11	once	400	cuatrocientos
12	doce	500	quinientos
13	trece	600	seiscientos
14	catorce	700	setecientos
15	quince	800	ochocientos
16	dieciséis	900	novecientos
17	diecisiete	1,000	mil
20	veinte	1,001	mil uno
21	veintiuno	2,000	dos mil
22	veintidós	100,000	cien mil
23	veintitrés	1,000,000	un millón
30	treinta	1,000,000,000	mil millones
31	treinta y uno	1,000,000,000,000	un billón

Números ordinales

1st	primero, -ra	17th	decimoséptimo, -ma
2nd	segundo, -da	18th	decimoctavo, -va
3rd	tercero, -ra	19th	decimonoveno, -na; *or* decimonono, -na
4th	cuarto, -ta	20th	vigésimo, -ma
5th	quinto, -ta	21st	vigésimoprimero, vigésimaprimera
6th	sexto, -ta	30th	trigésimo, -ma
7th	séptimo, -ma	40th	cuadragésimo, -ma
8th	octavo, -va	50th	quincuagésimo, -ma
9th	noveno, -na	60th	sexagésimo, -ma
10th	décimo, -ma	70th	septuagésimo, -ma
11th	undécimo, -ma	80th	octogésimo, -ma
12th	duodécimo, -ma	90th	nonagésimo, -ma
13th	decimotercero, -ra	100th	centésimo, -ma
14th	decimocuarto, -ta	1,000th	milésimo, -ma
15th	decimoquinto, -ta		
16th	decimosexto, -ta		

Números ingleses

Números cardinales

1	one	50	fifty
2	two	60	sixty
3	three	70	seventy
4	four	80	eighty
5	five	90	ninety
6	six	100	one hundred
7	seven	101	one hundred and one
8	eight	200	two hundred
9	nine	300	three hundred
10	ten	400	four hundred
11	eleven	500	five hundred
12	twelve	600	six hundred
13	thirteen	700	seven hundred
14	fourteen	800	eight hundred
15	fifteen	900	nine hundred
16	sixteen	1,000	one thousand
17	seventeen	1,001	one thousand and one
18	eighteen	2,000	two thousand
19	nineteen	10,000	ten thousand
20	twenty	100,000	one hundred thousand
21	twenty-one	1,000,000	one million
30	thirty	1,000,000,000	one billion
40	forty	1,000,000,000,000	one trillion

Números ordinales

1st	first	17th	seventeenth
2nd	second	18th	eighteenth
3rd	third	19th	nineteenth
4th	fourth	20th	twentieth
5th	fifth	21st	twenty-first
6th	sixth	30th	thirtieth
7th	seventh	40th	fortieth
8th	eighth	50th	fiftieth
9th	ninth	60th	sixtieth
10th	tenth	70th	seventieth
11th	eleventh	80th	eightieth
12th	twelfth	90th	ninetieth
13th	thirteenth	100th	hundredth
14th	fourteenth	1,000th	thousandth
15th	fifteenth	1,000,000th	millionth
16th	sixteenth	1,000,000,000th	billionth

Naciones del mundo

ESPAÑOL	INGLÉS
Africa/Africa	
Angola	Angola
Argelia	Algeria
Benin	Benin
Botswana, Botsuana	Botswana
Burkina Faso	Burkina Faso
Burundi	Burundi
Cabo Verde	Cape Verde
Camerún	Cameroon
Chad	Chad
Comores, Comoras	Comoros
Congo, República del	Congo, Republic of the
Congo, República Democrática del	Congo, Democratic Republic of the
Costa de Marfil	Ivory Coast
Egipto	Egypt
Eritrea	Eritrea
Etiopía	Ethiopia
Gabón	Gabon
Gambia	Gambia
Ghana	Ghana
Guinea	Guinea
Guinea-Bissau	Guinea-Bissau
Guinea Ecuatorial	Equatorial Guinea
Kenya, Kenia	Kenya
Lesotho, Lesoto	Lesotho
Liberia	Liberia
Libia	Libya
Madagascar	Madagascar
Malawi, Malaui	Malawi
Malí	Mali
Marruecos	Morocco
Mauricio	Mauritius
Mauritania	Mauritania
Mozambique	Mozambique
Namibia	Namibia
Níger	Niger
Nigeria	Nigeria
República Centroafricana	Central African Republic
Ruanda, Rwanda	Rwanda
Santo Tomé y Príncipe	São Tomé and Principe
Senegal	Senegal
Seychelles	Seychelles
Sierra Leona	Sierra Leone
Somalia	Somalia
Sudáfrica, República de	South Africa, Republic of
Sudán	Sudan
Sudán del Sur	South Sudan
Swazilandia, Suazilandia	Swaziland
Tanzanía, Tanzania	Tanzania
Togo	Togo
Túnez	Tunisia
Uganda	Uganda

Yibuti, Djibouti	Djibouti
Zambia	Zambia
Zimbabwe, Zimbabue	Zimbabwe

Antártida/Antarctica

No tiene países independientes

Asia/Asia

Afganistán	Afghanistan
Arabia Saudita, Arabia Saudí	Saudi Arabia
Armenia	Armenia
Azerbaiyán, Azerbaiján	Azerbaijan
Bahrein	Bahrain
Bangladesh	Bangladesh
Brunei	Brunei
Bután, Bhután	Bhutan
Camboya	Cambodia
China	China
Corea del Norte	North Korea
Corea del Sur	South Korea
Emiratos Árabes Unidos	United Arab Emirates
Filipinas	Philippines
Georgia	Georgia
India	India
Indonesia	Indonesia
Irán	Iran
Iraq, Irak	Iraq
Israel	Israel
Japón	Japan
Jordania	Jordan
Kazajistán, Kazajstán	Kazakhstan
Kirguizistán, Kirguistán	Kyrgyzstan
Kuwait	Kuwait
Laos	Laos
Líbano	Lebanon
Malasia	Malaysia
Maldivas	Maldives
Mongolia	Mongolia
Myanmar (Birmania)	Myanmar (Burma)
Nepal	Nepal
Omán	Oman
Pakistán, Paquistán	Pakistan
Qatar	Qatar
Singapur	Singapore
Siria	Syria
Sri Lanka	Sri Lanka
Tailandia	Thailand
Taiwán, Taiwan	Taiwan
Tayikistán	Tajikistan
Timor Oriental	East Timor
Turkmenistán	Turkmenistan
Turquía	Turkey
Uzbekistán	Uzbekistan
Vietnam	Vietnam
Yemen	Yemen

Europa/Europe

Albania	Albania
Alemania	Germany
Andorra	Andorra
Austria	Austria
Belarús	Belarus
Bélgica	Belgium
Bosnia-Herzegovina	Bosnia and Herzegovina
Bulgaria	Bulgaria
Chipre	Cyprus
Ciudad del Vaticano	Vatican City
Croacia	Croatia
Dinamarca	Denmark
Eslovaquia	Slovakia
Eslovenia	Slovenia
España	Spain
Estonia	Estonia
Finlandia	Finland
Francia	France
Grecia	Greece
Hungría	Hungary
Irlanda	Ireland
Islandia	Iceland
Italia	Italy
Kosovo	Kosovo
Letonia	Latvia
Liechtenstein	Liechtenstein
Lituania	Lithuania
Luxemburgo	Luxembourg
Macedonia	Macedonia
Malta	Malta
Moldova	Moldova
Mónaco	Monaco
Montenegro	Montenegro
Noruega	Norway
Países Bajos	Netherlands
Polonia	Poland
Portugal	Portugal
Reino Unido	United Kingdom
República Checa	Czech Republic
Rumanía, Rumania	Romania
Rusia	Russia
San Marino	San Marino
Serbia	Serbia
Suecia	Sweden
Suiza	Switzerland
Ucrania	Ukraine

Norteamérica/North America

Antigua y Barbuda	Antigua and Barbuda
Bahamas	Bahamas
Barbados	Barbados
Belice	Belize
Canadá	Canada
Costa Rica	Costa Rica
Cuba	Cuba
Dominica	Dominica

El Salvador	El Salvador
Estados Unidos de América	United States of America
Granada	Grenada
Guatemala	Guatemala
Haití	Haiti
Honduras	Honduras
Jamaica	Jamaica
México, Méjico	Mexico
Nicaragua	Nicaragua
Panamá	Panama
República Dominicana	Dominican Republic
Saint Kitts y Nevis, San Cristóbal y Nieves	Saint Kitts and Nevis
Santa Lucía	Saint Lucia
San Vicente y las Granadinas	Saint Vincent and the Grenadines
Trinidad y Tobago	Trinidad and Tobago

Oceanía/Oceania

Australia	Australia
Fiji, Fiyi	Fiji
Islas Marshall	Marshall Islands
Islas Salomón	Solomon Islands
Kiribati	Kiribati
Micronesia, Estados Federados de	Micronesia, Federated States of
Nauru	Nauru
Nueva Zelanda, Nueva Zelandia	New Zealand
Palaos	Palau
Papúa Nueva Guinea, Papua Nueva Guinea	Papua New Guinea
Samoa	Samoa
Tonga	Tonga
Tuvalu	Tuvalu
Vanuatu	Vanuatu

Sudamérica/South America

Argentina	Argentina
Bolivia	Bolivia
Brasil	Brazil
Chile	Chile
Colombia	Colombia
Ecuador	Ecuador
Guyana	Guyana
Paraguay	Paraguay
Perú	Peru
Surinam	Suriname
Uruguay	Uruguay
Venezuela	Venezuela

Sistema métrico : conversiones

Longitud

unidad	número de metros	equivalentes aproximados de los EE.UU.	
milímetro	0.001	0.039	pulgada
centímetro	0.01	0.39	pulgada
metro	1	39.37	pulgadas
kilómetro	1,000	0.62	milla

Length

unit	number of meters	approximate U.S. equivalents	
millimeter	0.001	0.039	inch
centimeter	0.01	0.39	inch
meter	1	39.37	inches
kilometer	1,000	0.62	mile

Superficie

unidad	número de metros cuadrados	equivalentes aproximados de los EE.UU.	
centímetro cuadrado	0.0001	0.155	pulgada cuadrada
metro cuadrado	1	10.764	pies cuadrados
hectárea	10,000	2.47	acres
kilómetro cuadrado	1,000,000	0.3861	milla cuadrada

Area

unit	number of square meters	approximate U.S. equivalents	
square centimeter	0.0001	0.155	square inch
square meter	1	10.764	square feet
hectare	10,000	2.47	acres
square kilometer	1,000,000	0.3861	square mile

Volumen

unidad	número de metros cúbicos	equivalentes aproximados de los EE.UU	
centímetro cúbico	0.000001	0.061	pulgada cúbica
metro cúbico	1	1.307	yardas cúbicas

Volume

unit	number of cubic meters	approximate U.S. equivalents	
cubic centimeter	0.000001	0.061	cubic inch
cubic meter	1	1.307	cubic yards

Capacidad

unidad	número de litros	equivalentes aproximados de los EE.UU.		
		CÚBICO	SECO	LÍQUIDO
litro	1	61.02 pulgadas cúbicas	0.908 cuarto	1.057 cuartos

Capacity

unit	number of liters	approximate U.S. equivalents		
		CUBIC	DRY	LIQUID
liter	1	61.02 cubic inches	0.908 quart	1.057 quarts

Masa y peso

unidad	número de gramos	equivalentes aproximados de los EE.UU.	
miligramo	0.001	0.015	grano
centigramo	0.01	0.154	grano
gramo	1	0.035	onza
kilogramo	1.000	2.2046	libras
tonelada métrica	1,000,000	1.102	toneladas cortas

Mass and Weight

unit	number of grams	approximate U.S. equivalents	
milligram	0.001	0.015	grain
centigram	0.01	0.154	grain
gram	1	0.035	ounce
kilogram	1,000	2.2046	pounds
metric ton	1,000,000	1.102	short tons